Theologisches Handwörterbuch zum
Alten Testament

Band I

Theologisches Handwörterbuch zum Alten Testament

Zwei Bände

Herausgegeben von
ERNST JENNI
unter Mitarbeit von
CLAUS WESTERMANN

THAT

Band I

אָב *'āb* — מָתַי *mātaj*

1978
CHR. KAISER VERLAG MÜNCHEN
THEOLOGISCHER VERLAG ZÜRICH

3. durchgesehene Auflage 1978

ISBN 3 459 00788 5 (Gesamtausgabe)
ISBN 3 459 00608 0 (Bd.I)
ISBN 3 459 00789 3 (Bd.II)

Theologischer Verlag Zürich

ISBN 3 290 11277 2 (Gesamtausgabe)
ISBN 3 290 11259 4 (Bd.I)
ISBN 3 290 11276 4 (Bd.II)

Umschlagentwurf von Jan Buchholz
Gesamtherstellung: Graphischer Großbetrieb Friedrich Pustet, Regensburg
Printed in Germany

VORWORT

Das in seinem ersten Teil vorliegende Wörterbuch hat zum Ziel, für die wissenschaftliche Arbeit am Alten Testament, aber auch für die kirchliche Lehre und Verkündigung ein verläßliches Hilfsmittel zu bieten. Es war das Bemühen der daran Beteiligten, die Erarbeitung des Sinnes und des Gebrauches der einzelnen Vokabeln auf eine methodisch möglichst breite Basis zu stellen. In den letzten Jahrzehnten wurde in der Forschung am Alten Testament eine gewisse Übereinstimmung darin erreicht, daß beim Fragen nach der Bedeutung einer Vokabel (und insbesondere nach der theologischen Bedeutung) jede methodische Engführung zu vermeiden ist, und daß nur ein abgewogenes Ins-Spiel-Bringen möglichst vieler und verschiedenartiger Zugänge zu einem überzeugenden Resultat führen kann. Eine Engführung war der Versuch, ein Wort allein von grammatisch-philologischen Gesichtspunkten aus deuten zu wollen, eine Engführung auch, in jedem Fall den gesamten Bestand einer Vokabel von einer postulierten Grundbedeutung her aufzuschlüsseln, ebenso wie die Konstruktion einer einlinigen Begriffsgeschichte, die keinen Raum mehr für ein Nebeneinander verschiedenartiger Gebrauchsgruppen ließ. Schließlich ist eine Engführung auch in einer mechanischen Sonderung von profanem und religiösem Gebrauch zu sehen, wobei oft eo ipso der profane als der ältere Gebrauch angesehen wurde.

All solchen einlinigen Erklärungsversuchen entgegen ist in diesem Wörterbuch angestrebt, keiner einzelnen Methode der Wortforschung eine absolute Bedeutung zuzuerkennen, sondern dem gegenwärtigen Stand der alttestamentlichen Wissenschaft und der allgemeinen Sprachwissenschaft entsprechend die Fragestellung möglichst breit anzulegen und offen zu halten.

Gegenüber früheren Wörterbüchern zum Alten Testament ist da besonders der Ertrag einer ganzen Fülle von formgeschichtlichen und traditionsgeschichtlichen Untersuchungen einzubringen, die in vielen Fällen eine erhebliche Korrektur in der sachlichen Gruppierung sowohl wie in der zeitlichen Schichtung des Vokabelgebrauches erfordern. Einerseits kann durch die feste und eindeutige Zuordnung einer bestimmten Gebrauchsgruppe eines Verbums oder Nomens etwa zu einer bestimmten Rechtsform, zu einer prophetischen Redeform, zu einer Psalmgattung oder zu einer bestimmten Traditionslinie von Erzählungen oder Berichten der Kontext, aus dem das betreffende Verbum oder Nomen zu exegesieren ist, jetzt mit

Sicherheit überblickt werden. Andererseits wird man mit ›früherem‹ und ›späterem‹ Gebrauch einer bestimmten Vokabel nicht mehr so leicht bei der Hand sein und bei stark verzweigtem Gebrauch eines Wortes gewöhnlich ebenso mit einem Nebeneinander wie mit einem Nacheinander rechnen.

Ein wesentlicher Ertrag der neuen Sprachwissenschaft ist besonders beachtet worden: daß die Grundeinheit sprachlicher Kommunikation nicht das Wort, sondern der Satz ist. Er korrespondiert dem, was wir aus der Form- und Traditionsgeschichte gelernt haben. Im Unterschied zur literargeschichtlichen Forschungsweise, in der der Gebrauch einer isolierten Vokabel für die zeitliche Einordnung entscheidend sein konnte, ist in der neueren Forschung immer deutlicher herausgetreten, daß allein der Satz oder ein Gebilde aus mehreren Sätzen traditionsfähig ist. Für die Erarbeitung des Bestandes einer Vokabel hat das eine sehr wesentliche Bedeutung: bei der Gliederung des Vorkommens der Vokabel wird man von den Sätzen, in denen sie vorkommt, ausgehen und von deren Funktion im größeren Zusammenhang.

Eine weitere wichtige Korrektur erfährt die Arbeit des Wörterbuches durch die sogenannte Wortfeldforschung, deren Nutzen für die Bedeutungsbestimmung von Wörtern, die sich inhaltlich sehr nahe stehen oder synonym zu sein scheinen, aber auch für die Übertragung in eine andere Sprache, wo die Wortfelder oft anders strukturiert sind, hier nur angedeutet werden kann.

Abschließend muß darauf hingewiesen werden, daß die gewaltige Erweiterung des Bestandes an Texten in semitischen Sprachen, die Fortschritte in der Erforschung der hebräischen Grammatik und Syntax, die Differenzierung und Verfeinerung der philologischen Methoden und die vielen neuen Versuche in der allgemeinen Sprachwissenschaft das Erarbeiten eines Wörterbuches des Alten Testaments wahrhaftig nicht erleichtert haben, auch wenn sie viele Fortschritte ermöglichten. Es muß eingestanden werden, daß bei der Bestimmung des allgemeinen wie des theologischen Gebrauches einer hebräischen Vokabel in vielen Fällen Unsicherheitsfaktoren bleiben. Das Schwergewicht der Arbeit des hier vorgelegten Wörterbuches liegt im Bewußtsein der bleibenden Schwierigkeiten auf der sorgfältigen Herausarbeitung der Funktion, die das hebräische Wort jeweils in seinem Zusammenhang hat. An dieser Stelle geht die Arbeit des Wörterbuches in die Arbeit der Exegese über, der sie dienen will.

Basel und Heidelberg, im April 1971 E. Jenni/C. Westermann

INHALT

Einleitung . . . . S. XI–XLI

A. Zielsetzung des Wörterbuches XI
B. Anlage des Wörterbuches XIII
C. Anlage der Artikel XV
D. Erläuterungen zur Umschrift des Hebräischen XX
E. Konkordanz abweichender Verszählungen . XXIII
F. Zur Herausgabe des ersten Bandes XXIV

Abkürzungsverzeichnis . . . . S. XXVI–XLI

Lexikalischer Teil . . . . Sp. 1–936

'āb	Vater	E. Jenni	1
'bd	zugrunde gehen	E. Jenni	17
'bh	wollen	E. Gerstenberger	20
'abbīr	stark	H. H. Schmid	25
'bl	trauern	F. Stolz	27
'ādōn	Herr	E. Jenni	31
'addīr	gewaltig	E. Jenni	38
'ādām	Mensch	C. Westermann	41
'ᵃdāmā	Erdboden	H. H. Schmid	57
'hb	lieben	E. Jenni	60
'ᵃhāh	ach	E. Jenni	73
'wh pi.	wünschen	E. Gerstenberger	74
'ᵆwīl	Tor	M. Sæbø	77
'ūlaj	vielleicht	E. Jenni	79
'ắwæn	Unheil	R. Knierim	81
'ōr	Licht	M. Sæbø	84
'ōt	Zeichen	F. Stolz	91
'ṓzæn	Ohr	G. Liedke	95
'āḥ	Bruder	E. Jenni	98
'æḥād	einer	G. Sauer	104
'ḥz	ergreifen	H. H. Schmid	107
'ḥr	danach	E. Jenni	110
'ōjēb	Feind	E. Jenni	118
'ēd	Unglück	M. Sæbø	122
'ajjē	wo?	E. Jenni	125
'ájin	Nichtsein	S. Schwertner	127
'īš	Mann	J. Kühlewein	130
'kl	essen	G. Gerleman	138
'ēl	Gott	W. H. Schmidt	142
'ālā	Verfluchung	C. A. Keller	149
'ᵆlōhīm	Gott	W. H. Schmidt	153
'ᵆlīl	Nichtigkeit	S. Schwertner	167
'almānā	Witwe	J. Kühlewein	169

'ēm	Mutter	J. Kühlewein	173
'mn	fest, sicher	H. Wildberger	177
'mṣ	stark sein	A. S. van der Woude	209
'mr	sagen	H. H. Schmid	211
'anī	ich	K. Günther	216
'af	Zorn	G. Sauer	220
'arī	Löwe	F. Stolz	225
'ǽræṣ	Erde, Land	H. H. Schmid	228
'rr	verfluchen	C. A. Keller	236
'rś pi.	anverloben	J. Kühlewein	240
'ēš	Feuer	F. Stolz	242
'iššā	Frau	J. Kühlewein	247
'āšām	Schuldverpflichtung	R. Knierim	251
'šr pi.	glücklich preisen	M. Sæbø	257
bgd	treulos handeln	M. A. Klopfenstein	261
bō'	kommen	E. Jenni	264
bōš	zuschanden werden	F. Stolz	269
bḥn	prüfen	E. Jenni	272
bḥr	erwählen	H. Wildberger	275
bṭḥ	vertrauen	E. Gerstenberger	300
bīn	verstehen	H. H. Schmid	305
bájit	Haus	E. Jenni	308
bkh	weinen	F. Stolz	313
bēn	Sohn	J. Kühlewein	316
bnh	bauen	A. R. Hulst	325
bá'al	Besitzer	J. Kühlewein	327
bqš pi.	suchen	G. Gerleman	333
br'	schaffen	W. H. Schmidt	336
berīt	Verpflichtung	E. Kutsch	339
brk pi.	segnen	C. A. Keller (I–III)/ G. Wehmeier (IV–V)	353
bāśār	Fleisch	G. Gerleman	376
g'h	hoch sein	H.-P. Stähli	379
g'l	erlösen	J. J. Stamm	383
gbh	hoch sein	H.-P. Stähli	394
gbr	überlegen sein	J. Kühlewein	398
gādōl	groß	E. Jenni	402
gūr	als Fremdling weilen	R. Martin-Achard	409
gōrāl	Los	H. H. Schmid	412
gīl	jauchzen	C. Westermann	415
glh	aufdecken	C. Westermann/ R. Albertz	418
gml	antun, erweisen	G. Sauer	426
g'r	schelten	G. Liedke	429
dbq	anhangen	E. Jenni	431
dābār	Wort	G. Gerleman	433
dōr	Generation	G. Gerleman	443
dīn	richten	G. Liedke	445
dām	Blut	G. Gerleman	448
dmh	gleichen	E. Jenni	451
dǽræk	Weg	G. Sauer	456
drš	fragen nach	G. Gerleman (1–4a.5)/ E. Ruprecht (4b–e)	460

hǽbæl	Hauch	R. Albertz	467
hādār	Pracht	G. Wehmeier (1–3)/ D. Vetter (4–5)	469
hōd	Hoheit	D. Vetter	472
hōj	wehe	E. Jenni	474
hjh	sein	S. Amsler	477
hlk	gehen	G. Sauer	486
hll pi.	loben	C. Westermann	493
hmm	verwirren	F. Stolz	502
hinnē	siehe	D. Vetter	504
zkr	gedenken	W. Schottroff	507
znh	huren	J. Kühlewein	518
zār	fremd	R. Martin-Achard	520
zerōaʿ	Arm	A. S. van der Woude	522
ḥādāš	neu	C. Westermann	524
ḥwh hišt.	sich niederwerfen	H.-P. Stähli	530
ḥzh	schauen	D. Vetter	533
ḥzq	fest sein	A. S. van der Woude	538
ḥṭʾ	sich verfehlen	R. Knierim	541
ḥjh	leben	G. Gerleman	549
ḥkm	weise sein	M. Sæbø	557
ḥlh	krank sein	F. Stolz	567
ḥll pi.	entweihen	F. Maass	570
ḥlq	teilen	H. H. Schmid	576
ḥmd	begehren	E. Gerstenberger	579
ḥēmā	Erregung	G. Sauer	581
ḥāmās	Gewalttat	H. J. Stoebe	583
ḥnn	gnädig sein	H. J. Stoebe	587
ḥnp	pervertiert sein	R. Knierim	597
ḥǽsæd	Güte	H. J. Stoebe	600
ḥsh	sich bergen	E. Gerstenberger	621
ḥpṣ	Gefallen haben	G. Gerleman	623
ḥqq	einritzen, festsetzen	G. Liedke	626
ḥrh	entbrennen	G. Sauer	633
ḥéræm	Bann	C. Brekelmans	635
ḥrš	schweigen	M. Delcor	639
ḥšb	denken	W. Schottroff	641
ṭhr	rein sein	F. Maass	646
ṭōb	gut	H. J. Stoebe	652
ṭmʾ	unrein sein	F. Maass	664
jād	Hand	A. S. van der Woude	667
jdh hi.	preisen	C. Westermann	674
jdʿ	erkennen	W. Schottroff	682
Jhwh	Jahwe	E. Jenni	701
jōm	Tag	E. Jenni	707
jḥl pi./hi.	warten	C. Westermann	727
jkḥ hi.	feststellen, was recht ist	G. Liedke	730
jld	gebären	J. Kühlewein	732
jsd	gründen	W. H. Schmidt	736
jsr	züchtigen	M. Sæbø	738
jʿd	bestimmen	G. Sauer	742
jʿl hi.	nützen	M. Sæbø	746
jʿṣ	raten	H.-P. Stähli	748

jpʿ hi.	aufstrahlen	E. Jenni	753
jṣʾ	hinausgehen	E. Jenni	755
jṣr	formen	W. H. Schmidt	761
jrʾ	fürchten	H.-P. Stähli	765
jrš	beerben	H. H. Schmid	778
Jiśrāʾēl	Israel	G. Gerleman	782
jšʿ hi.	helfen	F. Stolz	785
jšr	gerade, recht sein	G. Liedke	790
kbd	schwer sein	C. Westermann	794
kūn ni.	feststehen	E. Gerstenberger	812
kzb	lügen	M. A. Klopfenstein	817
kōaḥ	Kraft	A. S. van der Woude	823
kḥš pi.	leugnen	M. A. Klopfenstein	825
kōl	Gesamtheit	G. Sauer	828
klh	zu Ende sein	G. Gerleman	831
kānāf	Flügel	A. S. van der Woude	833
kᵉsīl	Tor	M. Sæbø	836
kʿs	sich ärgern	F. Stolz	838
kpr pi.	sühnen	F. Maass	842
krt	abschneiden	E. Kutsch	857
lēb	Herz	F. Stolz	861
lbš	sich bekleiden	E. Jenni	867
lūn	rebellieren	R. Knierim	870
lmd	lernen	E. Jenni	872
lqḥ	nehmen	H. H. Schmid	875
mʾs	verwerfen	H. Wildberger	879
mūt	sterben	G. Gerleman	893
mlʾ	voll sein, füllen	M. Delcor	897
malʾāk	Bote	R. Ficker	900
mǽlæk	König	J. A. Soggin	908
mʿl	treulos sein	R. Knierim	920
mṣʾ	finden	G. Gerleman	922
mrd	sich auflehnen	R. Knierim	925
mrh	widerspenstig sein	R. Knierim	928
mšl	herrschen	J. A. Soggin	930
mātaj	wann?	E. Jenni	933

Register der deutschen Stichwörter 937

EINLEITUNG

A. Zielsetzung des Wörterbuches

Dem Hebraisten stehen für das Alte Testament seit langem verhältnismäßig gute Wörterbücher zur Verfügung, von denen hier GB, KBL, Zorell und die erste Lieferung des HAL (für die Abkürzungen s. u. S. XXVI ff.) als die am häufigsten benutzten zu erwähnen sind. Dennoch ist es unverkennbar, daß diese Lexika in ihrer herkömmlichen Anordnung als Listen von deutschen Übersetzungsmöglichkeiten eines hebräischen Wortes (mit teilweise stark ausgebautem, aber nur für den Spezialisten aufschlußreichem etymologischem Eingangsteil) ohne Darlegung und Diskussion der Probleme in ganzen Sätzen schon aus Raumgründen nicht so über den Gebrauch und das Leben der Wörter im AT orientieren können, wie es dem Stande der heutigen Erkenntnis entspricht. Es kommt hinzu, daß neben den traditionellen philologischen Arbeitsrichtungen die Semasiologie und die form- und traditionsgeschichtlichen Methoden in den letzten Jahren immer mehr Bedeutung erlangt haben; ihre Ergebnisse und Fragestellungen lassen sich im üblichen Rahmen der Wörterbücher kaum adäquat darlegen. Besonders bei den theologisch wichtigen Vokabeln wird es immer schwieriger, die von der internationalen alttestamentlichen Wissenschaft auf dem Gebiete der Wortforschung geleistete Arbeit zu überblicken. Es entspricht daher sicher einem Bedürfnis, wenn versucht wird, ein Spezialwörterbuch zu schaffen, das, wie es in der Wegleitung für die Mitarbeiter am THAT als Ergebnis der Planungsarbeit im Laufe des Jahres 1966 formuliert wurde, »in Ergänzung zu den vorliegenden hebräischen Wörterbüchern auf streng wissenschaftlich-linguistischer Grundlage unter besonderer Berücksichtigung der semasiologischen und der form- und traditionsgeschichtlichen Methoden die theologisch relevanten Vokabeln des Alten Testaments hinsichtlich ihres Gebrauchs, ihrer Geschichte und ihrer Bedeutung für die alttestamentliche Theologie in möglichster Knappheit und Vollständigkeit und unter Verweis auf die vorhandene Literatur darstellt«.

Daß das Ergebnis, wie es hier nach fünfjähriger Arbeit in seiner ersten Hälfte vorliegt, dem angestrebten Ideal in jeder Hinsicht entspreche, soll freilich nicht behauptet werden. Dagegen dient es der nötigen Klarheit, wenn von vornherein auch gesagt wird, was das THAT sich nicht zum Ziel gesetzt hat:

(a) Obwohl die für den zweiten Band vorgesehenen Register zeigen werden, daß ein sehr großer Teil des atl. Wortschatzes erfaßt worden ist, kann das THAT schon wegen der Auswahl seiner Stichwörter die herkömmlichen Lexika nicht ersetzen, sondern nur ergänzen. Selbst bei den behandelten Wurzeln und Vokabeln sind die reichen lexikalischen, grammatischen, textkritischen und bibliographischen Angaben gerade auch des HAL, soweit es bis jetzt vorliegt, bei weitem nicht ausgeschöpft.

(b) Bei aller Aufgeschlossenheit für neuere Entwicklungen in der Sprachwissenschaft (vgl. z.B. die umfassende Darstellung in der Encyclopédie de la Pléiade, Le langage, hrsg. von A. Martinet, 1968, oder die speziellere Einführung von O. Reichmann, Deutsche Wortforschung, 1969) und in der Exegese (vgl. u.a. K. Koch, Was ist Formgeschichte?, [2]1967) kann es nicht die Aufgabe eines solchen Gemeinschaftswerkes sein, eine bestimmte Theorie und Methode einheitlich durchzuexerzieren und damit etwas bahnbrechend Neues zu schaffen. Weder sind die meisten Alttestamentler Fachlinguisten, noch existiert bisher eine einheitliche linguistische und exegetische Methode, auf die man alle Mitarbeiter verschiedener Herkunft festlegen könnte. Der Fachmann wird wohl auch stillschweigend manches in seine strenge Terminologie übersetzen können, was er da und dort an ungeschützter Ausdrucksweise entdeckt (»Grundbedeutung«, »Wortfeld« usw.). Dem einen wird die Formgeschichte oder ein anderer Gesichtspunkt überbetont, dem anderen zu wenig berücksichtigt erscheinen. Auch hier konnte und wollte der Herausgeber nicht alles auf den gleichen Nenner bringen.

(c) Obwohl der theologische Sprachgebrauch im Mittelpunkt des Interesses steht, kann es sich beim THAT nicht um eine auf lexikalische Stichwörter aufgeteilte Darstellung der atl. Theologie handeln. Ganz abgesehen davon, daß die am Handwörterbuch beteiligten Mitarbeiter in keiner Weise auf eine bestimmte theologische Schule oder Richtung festzulegen sind und auch der Herausgeber in theologicis am allerwenigsten eingegriffen hat, läßt sich mit Wortuntersuchungen allein keine Theologie aufbauen (dazu J. Barr, Bibelexegese und moderne Semantik, 1965). Das THAT geht von den Wörtern und ihrem Gebrauch aus, was gewiß auch zu geprägten theologischen Begriffen führen kann, nicht aber von theologischen Vorstellungen und Begriffen als solchen (»Allmacht«, »Sünde«, »Monotheismus« usw.), die sich womöglich zu einem System zusammenfügen lassen. Obwohl gerade bei abstrakten Größen der Unterschied zwischen Wortbedeutung und gemeinter Sache gerne verwischt wird (vgl. hier auch die Ausführungen von H.H. Schmid, Gerechtigkeit als Weltordnung, 1968, 4ff. über hebr. Sprache und isr. Wirklichkeitsverständnis) und die Semasiologie mit gutem Recht auch durch die onomasiologische Fragestellung ergänzt werden kann, bleibt das THAT nach seiner Intention ein Wörterbuch und ersetzt nicht ein theologisches Sachlexikon, das Auskunft gibt über »die Sünde im AT«, »das atl. Menschenbild«, »die isr. Bundesvorstellung« usw., erst recht nicht eine Gesamtdarstellung der Theologie des Alten Testaments, für die es ein bloßes Hilfsmittel bildet.

(d) Als Leser und Benützer dieses Spezialwörterbuches sind in erster Linie Theologen und Pfarrer mit einigen minimalen Kenntnissen des Hebräischen und der atl. Bibelwissenschaft vorausgesetzt, doch ist auch Nicht-Hebraisten durch laufende Beigabe der Übersetzung zu hebr. Wörtern und Texten, durch Transkription der hebr. Schrift und durch die Register der Gebrauch möglichst erleichtert worden. Es ist somit zwar das Bestreben des THAT, die von den Spezialisten an weit zerstreuten Publikationsstellen geförderte Erkenntnis übersichtlich zusammenzutragen und einem größeren Kreis zugänglich zu machen, und es ist zu hoffen, daß diese Arbeit dem Verständnis des Alten Testaments und seiner Verkündigung zugute kommt. Zugleich sind aber auch die dem Wörterbuch gesetzten Grenzen zu sehen: Es vermag nicht, dem Pfarrer die Auslegung der Texte und gar ihre Übersetzung in die heutige Sprache abzunehmen, sondern bleibt auch hier ein bloßes Hilfsmittel der Exegese.

B. Anlage des Wörterbuches

Bei der Auswahl der »theologisch relevanten Vokabeln« lassen sich subjektive Ansichten nicht ganz vermeiden. Dies hängt natürlich damit zusammen, daß auch der »theologische Sprachgebrauch« nicht präzis von einem »allgemeinen oder profanen Wortgebrauch« abgegrenzt werden kann. Im ganzen schien eine möglichst weite Auffassung von »theologischem Gebrauch« angebracht zu sein, d.h. eine Berücksichtigung nicht nur der Stellen mit Verben, bei denen Gott Subjekt oder Objekt ist, bzw. mit Nomina, die als Bezeichnung Gottes dienen, sondern möglichst aller Fälle, in denen etwas im Wechselgeschehen zwischen Gott und Volk bzw. Gott und Mensch zum Ausdruck kommt. Gerade dann aber läßt es sich nicht verhindern, daß der eine allerlei vermissen wird, während dem anderen der Rahmen eher zu weit gespannt erscheint.

Um das Abrücken vom Begriffswörterbuch zu dokumentieren, sind neben der Masse der Nomina und der Verben auch einige andere Wortarten wie Pronomina (→*'anī* »ich«, →*kōl* »alle«), Adverbien (→*'ūlaj* »vielleicht«, →*'ajjē* »wo?«, →*mātaj* »wann?«), Präpositionen (→*'im* »mit«) und sogar Interjektionen (→*'ahāh* »ach«, →*hōj* »wehe«, →*hinnē* »siehe«) als eigene Artikel aufgenommen worden.

Auf der anderen Seite sind eine Reihe von Wörtern, die man hier vielleicht erwarten würde, nicht in eigenen Artikeln behandelt worden. Dies gilt sowohl von einigen häufig vorkommenden Substantiven (*har* »Berg«, *májim* »Wasser«) oder Verben (*jšb* »sitzen, wohnen«, *ktb* »schreiben«) als auch von vielen Realien und namentlich auch von den Kultrealien, für die auf die Bibelwörterbücher verwiesen werden kann. Das THAT ist bewußt nicht als religionsgeschichtlich-archäologisches Nachschlagewerk geplant worden, da sonst das Schwergewicht (ähnlich wie bei einem theologischen Sach- oder Begriffslexikon) zu sehr von der Bedeutungsfunktion der Wörter auf die Beschreibung des Bezeichneten und seiner Geschichte verlagert worden wäre. Wer also archäologische oder religionsgeschichtliche Auskunft über das Ladeheiligtum, das Opferwesen oder das Priestertum sucht, wird diese hier nicht unter dem Vorwand einer Wortuntersuchung über *'ᵃrōn* »Kasten«, *zbḥ* »schlachten, opfern« oder *kōhēn* »Priester« finden. Solche Vokablen sind hier ebenso wie *'ēzōb* »Ysop«, *'ēfōd* »Ephod«, *'ᵃrī'ēl* »Opferherd«, *bāmā* »Kulthöhe« usw. mit wenigen Ausnahmen weggelassen worden, da sonst der Rahmen eines theologischen Handwörterbuches allzu weit gesprengt worden wäre.

Dasselbe gilt nun auch für die Eigennamen, die mit Ausnahme der Gottesbezeichnungen Jahwe und Schaddaj und der zu religiösen Ehrennamen gewordenen Namen Israel und Zion keine eigenen Artikel erhalten haben. Gewiß sind Abraham und die Abrahamsüberlieferung, David und die Davidstradition, Jerusalem und wohl auch Kanaan und Babel nicht theologisch irrelevante Größen, aber sie sind im Rahmen eines semasiologisch orientierten Wörterbuches nicht mehr unterzubringen.

Es ist dabei zu beachten, daß zahlreiche Vokabeln, die keine eigenen Artikel erhalten, bei anderen Wörtern behandelt werden, sei es als Synonyma oder Opposita oder als sonstwie in das Wortfeld eines behandelten Wortes passende Elemente. So ist für *har* »Berg« in theologischen Zusammenhängen eine Unterbringung bei →*Ṣijjōn* »Zion« möglich, für *májim* »Wasser« und *jām* »Meer« in ihrer mythischen Bedeutung bei →*tᵉhōm* »Urflut«, für *jšb* »sitzen, wohnen« bei →*škn* »wohnen« usw. Bei einigen häufig vorkommenden Vokabeln ist daher bereits in der alphabetischen Reihenfolge der Stichwörter der Hinweis auf den entsprechenden Artikel, wo das Wort mitbehandelt ist, eingesetzt worden; in vielen anderen Fällen werden die Register am Ende des zweiten Bandes das Auffinden leicht ermöglichen.

Was die Anordnung der zu behandelnden Wörter anbetrifft, so wären an sich verschiedene Möglichkeiten denkbar gewesen. In erster Linie hätte es verlockend erscheinen können, nach einem inhaltlichen Ordnungsprinzip vorzugehen und den Versuch zu wagen, den Wortschatz in seiner inhaltlichen Struktur vorzuführen. Sowohl theoretische als auch vor allem praktische Gründe haben uns dazu bewogen, beim formalen alphabetischen Anordnungsprinzip zu bleiben und die notwendigen inhaltlichen Beziehungen in der Darstellung selber und durch Querverweise herzustellen. Dabei sind, wie es für eine semitische Sprache naheliegt, die Wörter gleicher Wurzel zusammen in jeweils einem einzigen Artikel behandelt worden, was natürlich nicht heißt, daß die bedeutungsmäßige Autonomie der Wörter einem falschen »Wurzelwahn« (vgl. J. Barr, a.a.O. 104ff.) geopfert und ihre Bedeutung der Etymologie untergeordnet werden mußte. Solche Verzerrungen sind übrigens auch bei rein alphabetischer Anordnung der einzelnen Wörter nicht automatisch ausgeschlossen; andererseits ist die unterschiedliche Behandlung der Nominalbildungen und der Verbalstammformen derselben Wurzel in den herkömmlichen Lexika auch nicht über jede Kritik erhaben, wo *ṣædæq* und *ṣᵉdāqā* verschiedene Lemmata bilden, nicht aber *ṣiddēq* und *hiṣdīq*. Wiederum sind hier praktische Erwägungen der Darstellung gegenüber rein theoretischen Prinzipien ausschlaggebend gewesen, was natürlich bedingt, daß auch in der Anlage der einzelnen Artikel eine gewisse Freiheit und Elastizität der Anordnung bestehen bleiben mußte (vgl. z.B. →*'bh*, wo *'æbjōn* als selbständige Vokabel zu behandeln war, und →*'mn*, wo die wichtigsten Derivate in den Hauptabschnitten 3./4. eigene Unterartikel haben).

Eine subjektive Ermessensfrage bildet schließlich noch der Umfang, der den einzelnen Artikeln zuzumessen war. Die ursprüngliche Einteilung in kurze, normale, lange und überlange Artikel ist erwartungsgemäß in der praktischen Ausführung von selbst einigermaßen verwischt worden. Gewiß hätte manches straffer und manches ausführlicher behandelt werden müssen, doch dürften die Unterschiede in der Diktion nicht das bei einem solchen Gemeinschaftswerk zu Erwartende überschreiten. Im großen und ganzen ist auch die jedem Herausgeber bekannte Gefahr, daß sich die Beiträge zu eigentlichen Abhandlungen auswachsen, dank der Disziplin der Mitarbeiter erfolgreich gebannt worden.

C. Anlage der Artikel

Als Zusammenfassung der Ergebnisse von Wortuntersuchungen sollte jeder Artikel im Unterschied zu den herkömmlichen Wörterbüchern möglichst Aussagen in ganzen Sätzen in knappem, gedrängtem Lexikonstil bieten. Anstelle von Zwischenüberschriften und einem Anmerkungsapparat treten als wichtigste Gliederungsmittel die Numerierung der Abschnitte und die

Einteilung in Normal- und Petit-Satz; recht häufig ist für Nebengedanken, Belegstellen, Literaturhinweise usw. von Parenthesen Gebrauch gemacht.

Die Artikelüberschrift gibt ein einziges hebr. Stichwort, meistens die (Verbal-)Wurzel oder ein Primärnomen, in besonderen Fällen auch den wichtigsten Vertreter der behandelten Wortgruppe (z.B. →*tōrā*), dazu die Hauptbedeutung in deutscher Übersetzung. Da die Überschrift zugleich als Kolumnentitel fungiert, muß sie kurz gehalten sein. Sie dient nur dem praktischen Zweck der Identifikation des Artikels und kann dessen Inhalt noch nicht vorwegnehmen. Bei den Wurzeln →*'ḥr* und →*'mn* ohne repräsentatives Qal, aber mit zahlreichen gleichberechtigten, bedeutungsmäßig divergierenden Ableitungen sind chiffreartige Approximationen der Wurzelbedeutung gewählt worden (»danach«, »fest, sicher«).

Der Artikel selber weist regelmäßig fünf feste Teile auf, von denen der dritte und der vierte am umfangreichsten sind. Die Numerierung der Hauptteile geschieht bei gewissen längeren Artikeln durch römische, bei den übrigen durch arabische Ziffern. Die Hierarchie der Abschnittsbezeichnungen ist dabei die folgende: **I. II.** . . . **1. 2.** . . . a) b) . . . (1) (2) . . .; eine Verwechslung bei den halbfetten arabischen Ziffern, die sowohl Unterabschnitte der mit römischen Ziffern bezeichneten fünf Hauptteile als auch normalerweise die fünf Hauptteile eines Artikels markieren, ist wohl nicht zu befürchten.

Zu den gleichbleibenden Hauptteilen sei folgendes angemerkt:

1. Wurzel und Ableitungen. Der erste Hauptteil soll das über die Wurzel Wissenswerte mitteilen. Dazu kommt die Aufzählung der Derivate, die in dem betreffenden Artikel behandelt werden, öfters mit Angabe der Art der Ableitung (Funktion der Verbalstammform, Nominalbildungsklasse usw.), wenn daraus für die Bedeutung Schlüsse gezogen werden können (vgl. D. Michel, Archiv für Begriffsgeschichte 12, 1968, 32ff.). In dieser Funktion des ersten Hauptteils als einer Art Inhaltsangabe, in der die zu behandelnde Wortgruppe vorgestellt wird, ist es begründet, nicht in einer Überbewertung der Etymologie für die Bestimmung der aktuellen Bedeutung der Vokabeln im Alten Testament, daß die Angaben über das Vorkommen der Wurzel in anderen semitischen Sprachen, Überlegungen zur gemeinsamen »Grundbedeutung« der Wortgruppe und allfällige weitere Bemerkungen zur Etymologie an den Anfang des Artikels gestellt werden und nicht an das Ende, wie das von der modernen Lexikographie oft nachdrücklich empfohlen wird. In zahlreichen Fällen wird denn auch auf die Grenzen der gerade auch bei Theologen beliebten etymologischen Methode hingewiesen und vor Spekulationen gewarnt. Im übrigen ist es aber doch auch für den Alttestamentler von Interesse, über die Verbreitung einer Wortgruppe in den anderen semitischen Sprachen, eventuell auch über deren Vertretung durch andere Wurzeln in bestimmten Bereichen usw. in Kürze etwas zu erfahren. Daß dabei im Unterschied zu einem (auf unserem Gebiet immer noch nicht existierenden) etymologischen Wörterbuch auf Vollständigkeit der Angaben wenig Gewicht liegen kann – meistens sind nur die gegenüber dem AT älteren oder gleichzeitigen semitischen Sprachen, namentlich das Akkadische, Ugaritische, Phönizisch-Punische und ältere Aramäische genauer berücksichtigt worden –, dürfte verständlich sein.

2. Statistik. In einem zweiten, ebenfalls verhältnismäßig kurzen Hauptteil werden die statistischen Angaben über das Vorkommen der Vokabeln im AT und seinen einzelnen Teilen gegeben, in gewissen Fällen in Form einer Tabelle. Über die reine Bestandesaufnahme hinaus können hier schon Besonderheiten der Streuung hervorgehoben werden. In der neueren Sprachwissenschaft beginnt auch die Sprachstatistik sich langsam ihren Platz zu erobern; wenn auch – wie bei jeder Statistik – damit allerlei Mißbrauch getrieben werden kann, schien es doch richtig, zuverlässige Grundlagen für eine Wortstatistik des AT zu erarbeiten, da im Gegensatz zur Lage beim NT (R. Morgenthaler, Statistik des ntl. Wortschatzes, 1958) hier noch wenig Greifbares vorlag.

Wie bei jeder Statistik ist auch hier erstes Gebot die sorgfältige Angabe dessen, was gezählt wird. Die Zahlenangaben im THAT basieren auf dem nicht emendierten masoretischen Text der BH^3 und rechnen jedes Vorkommen eines gegebenen Wortes in seinen verschiedenen grammatischen Formen als Einheit. Danach gilt z. B. der Inf. abs. mit finitem Verbum als zweimaliges Vorkommen. Gezählt werden also nicht die verschiedenen Sinnzusammenhänge oder die Verse, welche die Vokabel (bisweilen mehrfach) enthalten, sondern die einzelnen Wortvorkommen je für sich. Obwohl kleinere Zählfehler oder Aufrundungen für den Wert der aus den Zahlen zu ziehenden Schlüsse praktisch bedeutungslos sind, wurde bei der Statistik auf größtmögliche Exaktheit geachtet. So wurden regelmäßig die beiden voneinander unabhängigen und verschieden aufgebauten Konkordanzen von Mandelkern (inkl. Nachträge von S. Herner) und Lisowsky nach biblischen Büchern einzeln ausgezählt und die Ergebnisse bei Differenzen durch Kollation nachgeprüft. Wo zwischen verschiedenen grammatischen Auffassungen und Wortidentifikationen zu wählen war, wurde die getroffene Wahl soweit nötig kurz angegeben, da eine Statistik nur bei genau abgegrenztem Zählgut nachprüfbar ist. Die dabei als Nebenfrucht abfallenden Korrekturen an der Konkordanz von Lisowsky sind von daher und gewiß nicht als Kritik an der großen Leistung, welche dieses Werk darstellt, zu verstehen. Wo in der Literatur anderslautende statistische Angaben begegnen, liegt der Grund sehr oft in einem verschiedenen Zählmodus, der natürlich in sich genauso vertretbar wie der hier angewendete sein kann, vorausgesetzt, daß er erkennbar ist und konsequent durchgeführt wird.

Der Wert der statistischen Angaben wäre für die Sprachgeschichte natürlich bedeutend größer, wenn sie nicht mechanisch nach biblischen Büchern, sondern nach der Abfassungszeit der einzelnen literarischen Komplexe hätten geordnet werden können. Da aber die literarische Analyse und die Datierung vieler Texte umstritten oder unmöglich ist, konnte dieser Weg für die Wortstatistik nicht oder nur in Ausnahmefällen beschritten werden. Auch die regelmäßige Sonderbehandlung etwa Deuterojesajas (und Tritojesajas?) hätte das Verfahren bereits stark kompliziert. Für den einzelnen Fall lassen sich solche Verfeinerungen ja jederzeit ohne allzu große Mühe nachholen.

Um die relative Häufigkeit eines Wortes in einem bestimmten biblischen Buch, sei sie nun statistisch signifikant oder nicht, messen zu können, bedarf es einer Vergleichstabelle des Gesamtbestandes der einzelnen biblischen Bücher. Als vorläufiges Hilfsmittel mag folgende (auf dem statistischen Material in Bd. II beruhende) Tabelle des Umfangs der Bücher des AT in (angenäherten) Promille dienen:

Gen	68	Jes	55	Ps	64
Ex	55	Jer	71	Hi	27
Lev	39	Ez	61	Spr	23
Num	54	Hos	8	Ruth	4
Dtn	47	Jo	3	Hhld	4
Pentateuch	263	Am	7	Pred	10
		Ob	1	Klgl	5
Jos	33	Jon	2	Est	10
Ri	32	Mi	5	Dan	20
1Sam	43	Nah	2	Esr	12
2Sam	36	Hab	2	Neh	17
1Kön	43	Zeph	3	1Chr	35
2Kön	40	Hag	2	2Chr	44
Jos–2Kön	227	Sach	10	Ketubim	275
		Mal	3		
Gen–2Kön	490	Propheten	235	AT	1000

(davon aram. 16: Dan 12 von 20, Esr 4 von 12).

3. Bedeutung und Bedeutungsgeschichte. Im dritten Hauptteil folgt die Darstellung der allgemeinen Verwendung des Wortes bzw. der Wortgruppe im AT. Der Rahmen ist auf die Bücher des hebr. Kanons beschränkt; gelegentlich, aber nicht regelmäßig, werden auch die hebr. erhaltenen Teile des

Sirachbuches einbezogen. Das nachbiblische Hebr. und die nur in gr. Übersetzung erhaltene intertestamentale Literatur wurden nicht berücksichtigt; wichtigere Punkte können im Schlußteil des Artikels kurz gestreift werden.

In der Darstellung ist den Verfassern große Freiheit gelassen worden. Die Einteilung kann nach semasiologischen (Hauptbedeutung, Erweiterungen, Übertragungen usw.), grammatisch-syntaktischen (Sing./Plur., verschiedene Konstruktionen der Verben usw.) oder auch geschichtlichen Gesichtspunkten vorgenommen sein; in der Regel sind auch die in den Wörterbüchern aus Raumgründen meist fehlenden Angaben über Reihungen, Wortfelder, Opposita, Abgrenzung gegenüber sinnverwandten Wörtern, Gründe des Bedeutungswandels, im AT fehlende Bedeutungen usw. hier berücksichtigt worden. Dagegen sollten über die Wortuntersuchungen hinausgehende kulturgeschichtliche oder exegetische Exkurse möglichst vermieden werden. Hier genügen gegebenenfalls die Hinweise auf die Literatur (Handbücher, Kommentare, Spezialuntersuchungen).

Da eine regelmäßige bibliographische Rubrik nicht unbedingt vorteilhaft erschien, sind die Hinweise an den geeigneten Stellen laufend untergebracht worden, in einigen Fällen auch in der Form eines kurzen Überblicks über die Geschichte der Forschung. Bei umstrittenen Thesen sollte die Gegenposition wenigstens kurz angedeutet werden; die Artikel sollten bei aller Profiliertheit doch auch objektiv über den gegenwärtigen Stand der Diskussion orientieren.

4. Theologischer Sprachgebrauch. Auf dem Hintergrund des allgemeineren dritten Hauptteiles kann sodann der speziellere theologische Sprachgebrauch dargestellt werden. Eine strenge Abgrenzung zwischen »profan« und »theologisch« ist hinsichtlich der Wortbedeutung in den wenigsten Fällen möglich, wohl aber gibt es – bei den verschiedenen Vokabeln ungleich deutlich – eine gewisse Abstufung der Anwendung der Wörter in theologisch mehr oder weniger relevanten Zusammenhängen, die sehr oft von der formgeschichtlichen und der traditionsgeschichtlichen Untersuchung her verdeutlicht werden kann. Keineswegs soll der Anschein erweckt werden, als ließen sich überall scharfe Grenzen ziehen: in der Regel werden im dritten Hauptteil allgemeine Übersichten (mit Aussparung besonderer theologischer Verwendungen) geboten, im vierten dagegen die spezielleren Probleme theologischer Art behandelt. Es besteht auch die Möglichkeit, die Abschnitte 3. und 4. zu vereinigen (z. B. →*ṭm'*); in einigen Artikeln sind auch einfach zwei verschiedene Vokabeln oder Wortgruppen auf die Abschnitte verteilt worden (→*'bh*, →*'ḥr*).

Auch innerhalb des vierten Hauptteiles ist die Anordnung nicht näher normiert worden. Hier findet man semasiologische, geschichtliche und theologische Gesichtspunkte nach dem freien Ermessen der Autoren bevorzugt.

Aus dem außerbiblischen Vergleichsmaterial sind naturgemäß fast nur die älteren oder mit dem AT gleichzeitigen akkadischen und nordwestsemitischen Texte, manchmal auch ägyptische, herangezogen; auf ständige Rubriken über die Verwendung äquivalenter Wörter von Mesopotamien bis Ägypten oder auf religionsgeschichtliche Exkurse ist, um den Rahmen des Wörterbuches nicht zu sprengen, aber auch aus Rücksicht auf die gegebenen Möglichkeiten, verzichtet worden.

5. *Nachgeschichte.* Der Schlußteil gibt ganz kurz an, ob und wo die Geschichte des theologischen Sprachgebrauches ins Spätjudentum und ins Neue Testament bzw. ins Urchristentum hinüberreicht. Gewöhnlich müssen hier knappe Literaturhinweise genügen. Die Angaben der wichtigsten gr. Äquivalente der hebr. Wörter in der Septuaginta und im Neuen Testament lassen sich meistens mit Hinweisen auf entsprechende Artikel im ThW verbinden. Im übrigen sind auch hier wie bei anderen Randgebieten keine erschöpfenden Angaben möglich. Es soll auch nicht eine alles überhöhende biblisch-theologische Summa gezogen, sondern nur ein knapper Hinweis auf den für den Theologen notwendigen Anschluß zum Nachbarfach hinüber gegeben werden.

D. Erläuterungen zur Umschrift des Hebräischen

Mit Ausnahme der Artikelüberschriften und ganz weniger Stellen, wo masoretische Feinheiten zu bezeichnen waren, ist im vorliegenden Wörterbuch aus drucktechnischen Gründen auf hebräische Lettern verzichtet worden – zum Leidwesen vieler Hebraisten, denen das vertraute Schriftbild fehlt und die sich nicht so leicht an die Umschrift gewöhnen. Ein Blick in die gegenwärtige wissenschaftliche Produktion zeigt, daß die Verwendung der Umschrift im Zunehmen begriffen ist, vermag sie doch bei sachgemäßer Handhabung allen berechtigten Ansprüchen zu genügen, besser jedenfalls als der drucktechnische Kompromiß, nur unvokalisierte hebräische Lettern zu verwenden.

Konsonanten:

(Aleph)	ʾ	(Tet)	*ṭ*	(Pe)	*p,f*
(Bet)	*b*	(Jod)	*j*	(Sade)	*ṣ*
(Gimel)	*g*	(Kaph)	*k*	(Qoph)	*q*
(Dalet)	*d*	(Lamed)	*l*	(Resch)	*r*
(He)	*h*	(Mem)	*m*	(Sin)	*ś*
(Waw)	*w*	(Nun)	*n*	(Schin)	*š*
(Zajin)	*z*	(Samek)	*s*	(Taw)	*t*
(Chet)	*ḥ*	(Ajin)	ʿ		

Vokale:

	kurz	lang			
(Qames)		*ā*	(Qames Chatuph)	*o*	(in unbetonter geschlossener Silbe)
(Patach)	*a*		(Cholem magnum)	*ō*	
(Sere)		*ē*	(Schureq)	*ū*	
(Segol)	*æ,*	*ǣ*	(Schwa mobile)	*ᵉ*	
(Chireq)	*i,*	*ī*	(Chateph Patach)	*ᵃ*	
(Cholem)		*ō*	(Chateph Qames)	*ᵒ*	
(Qibbus)	*u,*	*ū*	(Chateph Segol)	*ᵆ*	

Das hier benutzte Umschriftsystem ist als praktischer Behelf, das masoretische Hebräisch nach der an unseren Universitäten üblichen Aussprachetradition zu vergegenwärtigen, zu verstehen. Es soll nicht als genaue Transliteration sämtliche Einzelheiten der tiberiensischen Orthographie wiedergeben, dient aber auch nicht rein phonematischen Zielen oder dem Versuch, hinter die gängigen grammatischen Traditionen zu sprachgeschichtlich adäquateren Formen vorzustoßen. Die folgenden Erläuterungen zu Einzelheiten sind in erster Linie für die Nicht-Spezialisten gedacht; die bei der Herausgabe des Wörterbuches notwendigen praktischen Entscheidungen, bei denen auch auf die satztechnischen Möglichkeiten Rücksicht zu nehmen war, beanspruchen keine absolute Normativität.

Bei der Aussprache der Konsonanten (vgl. zu den Einzelheiten die Grammatiken, z. B. Meyer I, 41 ff.) ist zu beachten, daß ʾ und ʿ konventionell als fester Stimmeinsatz (wie in dt. »ge'ehrt«), *z* als stimmhafter s-Laut (wie franz. z), *ḥ* wie dt. ch (z. B. in »ach«), *ṣ* wie dt. z (ts), *ś* wie s, *š* wie dt. sch gesprochen werden. Bei den sog. Begadkefat-Lauten *b*, *g*, *d*, *k*, *p* und *t*, die nach Vokalen nicht als Verschlußlaute, sondern als Reibelaute ausgesprochen wurden, ist der Unterschied nur bei *p* in der Umschrift berücksichtigt (*p* im Anlaut und nach Konsonant, *f* nach Vokal). Die verbreitete Aussprache des b nach Vokal als w und des k nach Vokal als ch läßt sich auch ohne Anhalt im Schriftbild leicht durchführen.

Die zur Bezeichnung langer Vokale verwendeten Konsonantenzeichen *h*, *w* und *j* (Vokalbuchstaben, matres lectionis) sind nur bei der Verwendung der Umschrift zur Wiedergabe eines unpunktierten Textes (außerbiblische Inschriften, Qumrantexte, Ketib usw.) sowie für die Alphabetisierung berücksichtigt, außerdem *h* (am Wortende) bei den verba tertiae infirmae (III w/j) in der Nennform (3. Sing. masc. Perf.), die auch sonst außer bei den Verben mit mittlerem langem Vokal (Inf. cs. *bō'*, *bīn*, *gūr* usw.) nur als unvokalisierte Konsonantenwurzel dargestellt wird (z. B. *'bd*, *'bh*, *'bl*, auszusprechen *'ābad*, *'ābā*, *'ābal* mit Betonung auf der zweiten Silbe, in gewissen Fällen auch mit *ē* statt *a* in der zweiten Silbe: *ḥpṣ* = *ḥāfēṣ*, ferner von den Stichwörtern des ersten Bandes *ṭhr*, *jr'*, *kbd*, *lbš*). Verwechslungsmöglichkeit mit konsonantischem *h* als drittem Radikal besteht im ersten Band nur bei *gbh* (= *gābah*), wo aber im Text eigens auf die richtige Aussprache hingewiesen ist (Sp. 394). In vokalisierten Wörtern bleibt *h* als Vokalbuchstabe unberücksichtigt, so namentlich bei der Feminin-Endung -*ā* (z. B. *malkā* »Königin«, nicht *malkāh* = »ihr König«). Etwas anders ist die Behandlung des quiescierenden Aleph: als reiner Vokalbuchstabe wird ' nicht umschrieben in Wörtern wie *lō* »nicht«, *hū* »er«, *rōš* »Kopf«, aram. *malkā* »der König«; wo aber quiescierendes und lautbares ' innerhalb eines grammatischen Paradigmas oder in einer eng zusammengehörigen Wortgruppe nebeneinander vorkommen, wird auch das nicht mehr ausgesprochene ' gewöhnlich geschrieben, um die Identifizierung der Wurzel zu erleichtern (z. B. von der Wurzel *jr'* die Ableitung *nōrā'* »furchtbar« neben *jir'ā* »Furcht«).

Bei den Vokalen sind entsprechend der grammatischen Tradition hebr. Sere und Cholem immer als lange Vokale *ē* und *ō* behandelt.

Die Betonung liegt in der Regel auf der Endsilbe und bleibt dann unbezeichnet. Auf der zweitletzten Silbe betonte lexikalische Nennformen, so vor allem die Segolata (Nomina mit unbetonten *æ* in der Endsilbe), erhalten einen Akut, nicht dagegen die Flexionsformen mit unbetonten Endungen (z. B. *lā́mmā* »warum«, *'ā́wæn* »Unheil«, *ḥḗræm* »Bann«, *'ṓzæn* »Ohr« neben *dābār* »Wort«, *'æmæt* »Treue« mit Endbetonung und *kātabtā* »du hast geschrieben«, gesprochen *kātā́btā*). Bei den überaus häufigen und leicht erkennbaren Segolaten vom Typus *mǽlæk* »König«, *dǽræk* »Weg«, *ḥǽsæd* »Güte« usw. ist die (übrigens umstrittene) Länge des Stammvokals der Einfachheit halber unbezeichnet geblieben; im Kleindruck ist aus typographischen Gründen auch der Akut weggefallen.

Eigennamen erhalten große Anfangsbuchstaben (außer bei ' und ʻ).

Für die Umschrift der verwandten semitischen Sprachen sind die einschlägigen Grammatiken und Wörterbücher zu vergleichen; die Umschrift des Akkadischen folgt GAG und AHw, die des Ugaritischen UT (zu beachten ist hier, daß *a*, *i* und *u* nicht Vokale, sondern verschieden vokalisiertes konsonantisches Aleph bezeichnen).

E. Konkordanz abweichender Verszählungen

Das THAT folgt der Kapitel- und Verszählung der hebräischen Bibel, mit der diejenige der Vulgata und anderer Übersetzungen nicht immer übereinstimmt. Um den Benützern der weit verbreiteten Zürcher Bibel (1931) und der Revised Standard Version (1952) das Auffinden der Stellen zu erleichtern, werden hier die Unterschiede in einer Tabelle zusammengestellt.

Hebräische Bibel		Zürcher Bibel		Revised Standard Version	
Gen	32,1	Gen	*31,55*	Gen	*31,55*
	32,2–33		*32,1–32*		*32,1–32*
Ex	7,26–29	Ex	*8,1–4*	Ex	*8,1–4*
	8,1–28		*8,5–32*		*8,5–32*
	21,37		*22,1*		*22,1*
	22,1–30		*22,2–31*		*22,2–31*
Lev	5,20–26	Lev	*6,1–7*	Lev	*6,1–7*
	6,1–23		*6,8–30*		*6,8–30*
Num	12,16	Num	*13,1*	Num	12,16
	13,1–33		*13,2–34*		13,1–33
	17,1–15		*16,35–50*		17,1–15
	17,16–28		*17,1–13*		17,16–28
	30,1		30,1		*29,40*
	30,2–17		30,2–17		*30,1–16*
Dtn	13,1	Dtn	*12,32*	Dtn	*12,32*
	13,2–19		*13,1–18*		*13,1–18*
	23,1		*22,30*		*22,30*
	23,2–26		*23,1–25*		*23,1–25*
	28,69		*29,1*		*29,1*
	29,1–28		*29,2–29*		*29,2–29*
1Kön	5,1–14	1Kön	5,1–14	1Kön	*4,21–34*
	5,15–32		5,15–32		*5,1–18*
2Kön	12,1	2Kön	*11,21*	2Kön	*11,21*
	12,2–22		*12,1–21*		*12,1–21*
Jes	8,23	Jes	*9,1*	Jes	*9,1*
	9,1–20		*9,2–21*		*9,2–21*
	63,19a		*63,19*		*63,19*
	63,19b		*64,1*		*64,1*
	64,1–11		*64,2–12*		*64,2–12*
Jer	8,23	Jer	*9,1*	Jer	*9,1*
	9,1–25		*9,2–26*		*9,2–26*
Hos	2,1–2	Hos	*1,10–11*	Hos	*1,10–11*
	2,3–25		*2,1–23*		*2,1–23*
	12,1		12,1		*11,12*
	12,2–15		12,2–15		*12,1–14*
	14,1		*13,16*		*13,16*
	14,2–10		*14,1–9*		*14,1–9*

Hebräische Bibel		Zürcher Bibel		Revised Standard Version	
Jo	3,1–5	Jo	*2,28–32*	Jo	*2,28–32*
	4,1–21		*3,1–21*		*3,1–21*
Jon	2,1	Jon	2,1	Jon	*1,17*
	2,2–11		2,2–11		*2,1–10*
Mi	4,14	Mi	*5,1*	Mi	*5,1*
	5,1–14		*5,2–15*		*5,2–15*
Nah	2,1	Nah	2,1	Nah	*1,15*
	2,2–14		2,2–14		*2,1–13*
Sach	2,1–4	Sach	*1,18–21*	Sach	*1,18–21*
	2,5–17		*2,1–13*		*2,1–13*
Mal	3,19–24	Mal	*4,1–6*	Mal	*4,1–6*
Hi	40,1–5	Hi	*39,31–35*	Hi	40,1–5
	40,6–24		*40,1–19*		40,6–24
	40,25–32		*40,20–27*		*41,1–8*
	41,1		*40,28*		*41,9*
	41,2–26		*41,1–25*		*41,10–34*
Hhld	7,1	Hhld	7,1	Hhld	*6,13*
	7,2–14		7,2–14		*7,1–13*
Pred	4,17	Pred	4,17	Pred	*5,1*
	5,1–19		5,1–19		*5,2–20*
	6,12		*7,1*		6,12
	7,1–29		*7,2–30*		7,1–29
Dan	3,31–33	Dan	3,31–33	Dan	*4,1–3*
	4,1–34		4,1–34		*4,4–37*
	6,1		*5,31*		*5,31*
	6,2–29		*6,1–28*		*6,1–28*
Neh	3,33–38	Neh	*4,1–6*	Neh	*4,1–6*
	4,1–17		*4,7–23*		*4,7–23*
	10,1		*9,38*		*9,38*
	10,2–40		*10,1–39*		*10,1–39*
1Chr	5,27–41	1Chr	*6,1–15*	1Chr	*6,1–15*
	6,1–66		*6,16–81*		*6,16–81*
	12,4–5		*12,4*		*12,4*
	12,6–41		*12,5–40*		*12,5–40*
2Chr	1,18	2Chr	*2,1*	2Chr	*2,1*
	2,1–17		*2,2–18*		*2,2–18*
	13,23		*14,1*		*14,1*
	14,1–14		*14,2–15*		*14,2–15*

F. Zur Herausgabe des ersten Bandes

Für die Gewinnung eines großen Teiles der rund vierzig Mitarbeiter am vorliegenden ersten Band des THAT ist der Herausgeber seinem verehrten Kollegen, Herrn Prof. D.C. Westermann, Heidelberg, der auch den Anstoß zum Plan gegeben und die Verbindung zum Verlag hergestellt hat, zu großem Dank verpflichtet. Daß sich in der Zusammensetzung der Mitarbeiter zwei geographische Schwerpunkte herausgebildet haben, einer in Heidelberg, der andere in der Schweiz, ist von den persönlichen Beziehungen her verständlich, doch stammen die Beiträge des ersten Bandes aus etwa zehn verschiedenen Ländern.

Die Manuskripte fremdsprachiger Autoren sind vom Herausgeber übersetzt worden. Sämtliche Artikel sind von ihm einer Bearbeitung hinsichtlich der Formalien und zur Herstellung einer gewissen Einheitlichkeit unterzogen worden, wobei alle Manuskripte neu erstellt wurden. Vom ausbedungenen Recht zu Änderungen auch sachlicher Art (in gewichtigeren Fällen nach Rücksprache mit dem Autor) ist öfters Gebrauch gemacht worden, weniger in Streichungen als in Zusätzen, von denen eine Anzahl, wenn sie sich thematisch genügend abhoben oder um des Gesamtaufbaus des Wörterbuches willen (Unterbringung sinnverwandter Wörter usw.) erfolgten und daher nicht als Kritik am Beitrag des Autors aufzufassen waren, durch ein * als Zusatz des Herausgebers bezeichnet worden sind (* neben Abschnittziffern oder -buchstaben gilt für den ganzen betreffenden Abschnitt, * nach einem Absatz nur für den betreffenden Absatz). Die wesentlichsten Eingriffe waren dabei in den ersten beiden Hauptteilen nötig; für die Nachprüfung der statistischen Angaben trägt der Herausgeber allein die Verantwortung. Da nur die langen Artikel den Autoren zur Fahnenkorrektur vorgelegt worden sind, gehen auch sonst mehr als gewöhnlich die Versehen und Druckfehler zu Lasten des Herausgebers.

Besonderer Dank gebührt den Herren Pfr. Dr. theol. Thomas Willi (jetzt Eichberg, Kanton St. Gallen), Pfr. Dr. theol. Gerhard Wehmeier (jetzt Dharwar, Mysore St., Indien) und Matthias Suter, die von Ende 1968 an nacheinander als Assistenten des Herausgebers die mühevolle Arbeit der Kontrolle der Stellenangaben und der Zitate sowie schließlich des Korrekturenlesens auf sich genommen haben.

Basel, im April 1971 Ernst Jenni

ABKÜRZUNGSVERZEICHNIS

Biblische Bücher:

Gen Ex Lev Num Dtn Jos Ri 1Sam 2Sam 1Kön 2Kön Jes Jer Ez Hos Jo Am Ob Jon Mi Nah Hab Zeph Hag Sach Mal Ps Hi Spr Ruth Hhld Pred Klgl Est Dan Esr Neh 1Chr 2Chr

Bar EpJer 3Esr Jdt 1Makk 2Makk 3Makk OrMan Sir Tob Weish ZusDan ZusEst

Mt Mk Lk Joh Apg Röm 1Kor 2Kor Gal Eph Phil Kol 1Thess 2Thess 1Tim 2Tim Tit Phlm Hebr Jak 1Petr 2Petr 1Joh 2Joh 3Joh Jud Apk

Abgekürzt angeführte Kommentare:

Gen:	G. von Rad, ATD 2–4, 1949–52; C. Westermann, BK I, 1966ff.
Ex:	M. Noth, ATD 5, 1959.
Lev:	M. Noth, ATD 6, 1962; K. Elliger, HAT 4, 1966.
Num:	M. Noth, ATD 7, 1966.
Dtn:	G. von Rad, ATD 8, 1964.
Jos:	M. Noth, HAT 7, ^{2}1953.
1Kön:	M. Noth, BK IX/1, 1968.
Jes:	O. Kaiser, ATD 17, 1960; H. Wildberger, BK X, 1965ff.
Dtjes:	C. Westermann, ATD 19, 1966; K. Elliger, BK XI, 1970ff.
Jer:	W. Rudolph, HAT 12, ^{3}1968 (abweichende Seitenzahlen gegenüber ^{2}1958).
Ez:	G. Fohrer–K. Galling, HAT 13, 1955; W. Eichrodt, ATD 22, 1959/66; W. Zimmerli, BK XIII, 1969.
Hos:	H. W. Wolff, BK XIV/1, 1961; W. Rudolph, KAT XIII/1, 1966.
Jo, Am:	H. W. Wolff, BK XIV/2, 1966.
Ps:	H.-J. Kraus, BK XV, 1960.
Hi:	G. Fohrer, KAT XVI, 1963; F. Horst, BK XVI/1, 1968.
Spr:	B. Gemser, HAT 16, ^{2}1963; H. Ringgren, ATD 16/1, 1962.
Ruth, Hhld:	W. Rudolph, KAT XVII/1.2, 1962; G. Gerleman, BK XVIII, 1965; E. Würthwein, HAT 18, ^{2}1969.
Pred:	W. Zimmerli, ATD 16/1, 1962; H. W. Hertzberg, KAT XVII/4, 1963; K. Galling, HAT 18, ^{2}1969.
Klgl:	H.-J. Kraus, BK XX, ^{2}1960; W. Rudolph, KAT XVII/3, 1962; O. Plöger, HAT 18, ^{2}1969.
Est:	H. Bardtke, KAT XVII/5, 1963; G. Gerleman, BK XXI, 1970ff.
Dan:	A. Bentzen, HAT 19, ^{2}1952; O. Plöger, KAT XVIII, 1965.
Esr, Neh:	W. Rudolph, HAT 20, 1949.
1/2Chr:	W. Rudolph, HAT 21, 1955.

Qumran-Texte:

Zum heute üblichen Bezeichnungssystem vgl. D. Barthélemy–J. T. Milik, Qumran Cave I, = DJD I, 1955, 46f.; Ch. Burchard, Bibliographie zu den Handschriften vom Toten Meer, 1957, 114–118; O. Eißfeldt, Einleitung in das AT, ^{3}1964, 875; G. Fohrer (–E. Sellin), Einleitung in das AT, ^{10}1965, 544–547; die wichtigsten nichtbiblischen Texte (vgl. Die Texte aus Qumran. Hebräisch und deutsch, hrsg. von E. Lohse, 1964) sind:

CD	Damaskusschrift.
1QH	Hodajoth, Danklieder.
1QM	Kriegsrolle.
1QpHab	Habakkuk-Kommentar.
1QS	Sektenregel.
1QSb	Segenssprüche.
4QFl	Florilegium.

Texte aus Ugarit:

Die Texte werden vorläufig noch nach dem System von C. H. Gordon, Ugaritic Textbook, 1965, bezeichnet, mit Angabe der Abkürzungen nach Eißfeldt in Klammern (vgl. J. Aistleitner, Wörterbuch der ugaritischen Sprache, ^{3}1967, 348–356: Konkordanz und Erstveröffentlichungsstellen). Für die Umstellung auf die sich neuerdings mehr und mehr durchsetzende Zitierweise nach der Edition von A. Herdner, Corpus des tablettes en cunéiformes alphabétiques, 1963 (= CTA), können die Tabellen bei Herdner, a.a.O. XIX–XXXIV, oder z.B. H. Gese (u.a.), Die Religionen Altsyriens ..., 1970, 231f., benützt werden. Es bedeuten:

AB	Anat-Baal-Zyklus.
Aqht	Aqhat-Text.
D	Aqhat-Text.
K, Krt	Keret-Text.
MF	Mythologische Fragmente.
NK	Nikkal-Gedicht.
SS	Šaḥr- und Šalim-Text.

Zeichen:

→	siehe (Verweis auf ein anderes Lemma).
* (vor einzelnen Formen)	erschlossene, nicht belegte Form.
* (vor oder nach Abschnitten)	vom Herausgeber verfaßt (s.o. S. XXV).
>	geworden zu.
<	entstanden aus.

Allgemeine und bibliographische Abkürzungen:

AANLR	Atti della Accademia Nazionale dei Lincei. Rendiconti.
a.a.O.	am angegebenen Ort.
AbB	Altbabylonische Briefe in Umschrift und Übersetzung. Hrsg. von F. R. Kraus. Heft 1ff., 1964ff.

ABR	Australian Biblical Review.
abs.	absolutus.
AcOr	Acta Orientalia.
act.	activus, -a, -um.
Adj.; adj.	Adjektiv; adjektivisch.
adv.	adverbiell.
af.	Af'el.
AfO	Archiv für Orientforschung.
äg.	ägyptisch.
ägyptolog.	ägyptologisch.
Aḥ.; Ah.	aramäischer Aḥiqar-Roman (→ Cowley).
AHw	W. von Soden, Akkadisches Handwörterbuch, 1959 ff.
AION	Annali dell' Istituto Universitario Orientale di Napoli.
AIPHOS	Annuaire de l'Institut de Philologie et d'Histoire Orientales et Slaves.
akk.	akkadisch.
Akk.	Akkusativ; Akkadisch.
AJSL	American Journal of Semitic Languages and Literatures.
ALBO	Analecta Lovaniensia Biblica et Orientalia.
Alt, KS I–III	A. Alt, Kleine Schriften. Bd. 1, ³1963; Bd. 2, ³1964; Bd. 3, 1959.
ALUOS	Annual of the Leeds University Oriental Society.
amorit.	amoritisch.
ANEP	The Ancient Near East in Pictures Relating to the Old Testament. Ed. by J. B. Pritchard. 1954.
ANET	Ancient Near Eastern Texts Relating to the Old Testament. Ed. by J. B. Pritchard. ²1955.
Anm.	Anmerkung.
AO	Der Alte Orient.
AOB	Altorientalische Bilder zum Alten Testament. Hrsg. von H. Gressmann. ²1927.
AOT	Altorientalische Texte zum Alten Testament. Hrsg. von H. Gressmann, ²1926.
arab.	arabisch.
aram.	aramäisch.
ARM	Archives Royales de Mari.
ArOr	Archiv Orientální.
Art.	Artikel.
ARW	Archiv für Religionswissenschaft.
ass.	assyrisch.
Ass.Mos.	Assumptio Mosis.
ASTI	Annual of the Swedish Theological Institute.
AT; A.T.	Altes Testament; Ancien Testament.
ATD	Das Alte Testament Deutsch. Hrsg. von (V. Herntrich und) A. Weiser.
äth.	äthiopisch.
AThR	Anglican Theological Review.
atl.	alttestamentlich.
Aufs.	Aufsatz.

BA	The Biblical Archaeologist.
bab.	babylonisch.

Barr, CPT	J. Barr, Comparative Philology and the Text of the Old Testament. 1968.
Barth	J. Barth, Die Nominalbildung in den semitischen Sprachen. ^{2}1894.
BASOR	Bulletin of the American Schools of Oriental Research.
BBB	Bonner Biblische Beiträge.
Bd.	Band.
Bed.	Bedeutung.
Begrich, GesStud	J. Begrich, Gesammelte Studien zum Alten Testament. 1964.
Ben Jehuda	Elieser ben Jehuda, Thesaurus totius Hebraitatis et veteris et recentioris I–XVI, 1908–59.
BeO	Bibbia e Oriente.
Bergstr. I–II	G. Bergsträsser, Hebräische Grammatik. Bd. I, 1918; Bd. II, 1929.
Bergstr. Einf.	G. Bergsträsser, Einführung in die semitischen Sprachen. 1928.
Bertholet	A. Bertholet, Kulturgeschichte Israels. 1919.
bes.	besonders.
BEThL	Bibliotheca Ephemeridum Theologicarum Lovaniensium.
betr.	betreffend.
BFChrTh	Beiträge zur Förderung christlicher Theologie.
BH^{3}	Biblia Hebraica. Ed. R. Kittel, A. Alt, O. Eißfeldt. ^{3}1937 = ^{7}1951.
BHH I–III	Biblisch-Historisches Handwörterbuch. Hrsg. von B. Reicke und L. Rost. Bd. I–III, 1962–66.
BHS	Biblia Hebraica Stuttgartensia. Ed. K. Elliger et W. Rudolph. 1968 ff.
Bibl	Biblica.
bibl.-aram.	biblisch-aramäisch.
BiOr	Bibliotheca Orientalis.
BJRL	Bulletin of the John Rylands Library.
BK	Biblischer Kommentar. Altes Testament. Hrsg. von M. Noth † und H. W. Wolff.
BL	H. Bauer – P. Leander, Historische Grammatik der hebräischen Sprache. I, 1922.
BLA	H. Bauer – P. Leander, Grammatik des Biblisch-Aramäischen. 1927.
Blass-Debrunner	F. Blass – A. Debrunner, Grammatik des neutestamentlichen Griechisch. ^{12}1965.
BLex^{2}	Bibel-Lexikon. Hrsg. von H. Haag. ^{2}1968.
BM	G. Beer – R. Meyer, Hebräische Grammatik. Bd. I, ^{2}1952; Bd. II, ^{2}1955; Bd. III, ^{2}1960 (s. auch Meyer).
BMAP	E. G. Kraeling, The Brooklyn Museum Aramaic Papyri. 1953.
Böhl	F. M. Th. de Liagre Böhl, Opera Minora. 1953.
Bousset-Gressmann	W. Bousset – H. Gressmann, Die Religion des Judentums im späthellenistischen Zeitalter. ^{3}1926.
Bresciani-Kamil	siehe Hermop.
BRL	K. Galling, Biblisches Reallexikon. HAT 1, 1937.
Brønno	E. Brønno, Studien über hebräische Morphologie und Vokalismus. 1943.
BrSynt	C. Brockelmann, Hebräische Syntax. 1956.
BSOAS	Bulletin of the School of Oriental and African Studies.
Buccellati	G. Buccellati, The Amorites of the Ur III Period. 1966.
Burchardt I–II	M. Burchardt, Die altkanaanäischen Fremdworte und Eigennamen im Ägyptischen. Bd. I–II, 1909–10.

BWA(N)T	Beiträge zur Wissenschaft vom Alten (und Neuen) Testament.
BWL	W.G. Lambert, Babylonian Wisdom Literature. 1960.
BZ	Biblische Zeitschrift.
BZAW	Beiheft zur Zeitschrift für die alttestamentliche Wissenschaft.
BZNW	Beiheft zur Zeitschrift für die neutestamentliche Wissenschaft.
bzw.	beziehungsweise.
c	cum.
c.	capitulum; Kapitel.
CAD	The Assyrian Dictionary of the Oriental Institute of the University of Chicago. 1956ff.
Calice	F.Calice, Grundlagen der ägyptisch-semitischen Wortvergleichung. 1936.
CBQ	Catholic Biblical Quarterly.
Chr.; chr(on).	Chronist; chronistisch.
chr.-pal.	christlich-palästinisch.
CIS	Corpus Inscriptionum Semiticarum. 1881ff.
cj	conjectura.
Cod.	Codex.
col.	columna.
Conti Rossini	K.Conti Rossini, Chrestomathia Arabica Meridionalis Epigraphica. 1931.
Cooke	G.A.Cooke, A Text-Book of North-Semitic Inscriptions. 1903.
Cowley	A.Cowley, Aramaic Papyri of the Fifth Century B.C. 1923.
CRAIBL	Comptes Rendus de l'Académie des Inscriptions et Belles-Lettres.
cs.	constructus.
CV	Communio Viatorum.
D	Doppelungsstamm.
DAFA	R. Blachère–M. Chouémi–C. Denizeau, Dictionnaire arabe-français-anglais (langue classique et moderne). 1963ff.
Dahood, Proverbs	M.Dahood, Proverbs and Northwest Semitic Philology. 1963.
Dahood, UHPh	M.Dahood, Ugaritic-Hebrew Philology. 1965.
Dalman	G.Dalman, Aramäisch-Neuhebräisches Handwörterbuch. [3]1938.
Dalman, AuS I–VII	G.Dalman, Arbeit und Sitte in Palästina. Bd. 1–7, 1928–42.
del	delendum.
Delitzsch	F.Delitzsch, Die Lese- und Schreibfehler im Alten Testament. 1920.
dergl.; dgl.	dergleichen.
ders.	derselbe.
d.h.	das heißt.
Dhorme	E.Dhorme, L'emploi métaphorique des noms de parties du corps en hébreu et en akkadien. 1923.
Dillmann	A.Dillmann, Lexicon Linguae Aethiopicae. 1865.
Diringer	D.Diringer, Le iscrizioni antico-ebraiche Palestinesi. 1934.
DISO	Ch.F. Jean–J.Hoftijzer, Dictionnaire des inscriptions sémitiques de l'ouest. 1965.
Diss.	Dissertation.
DJD	Discoveries in the Judaean Desert. Bd. 1ff., 1955ff.
Driver, CML	G.R.Driver, Canaanite Myths and Legends. 1956.

Driver, AD	G.R.Driver, Aramaic Documents of the Fifth Century B.C. 1957.
Driver-Miles I–II	G.R.Driver–J.C.Miles, Babylonian Laws. Bd. I–II,1952–55.
Drower-Macuch	E.S.Drower–R.Macuch, A Mandaic Dictionary. 1963.
dt.	deutsch.
Dtjes.	Deuterojesaja.
Dtn; dtn.	Deuteronomium; deuteronomisch.
Dtr.; dtr.	Deuteronomist; deuteronomistisch.
Duden, Etymologie	K.Duden, Etymologie. Herkunftswörterbuch der deutschen Sprache. Bearbeitet von der Dudenredaktion unter Leitung von P.Grebe. Der Große Duden Bd. 7, 1963.
Dyn.	Dynastie.
E	Elohistische Quellenschrift.
EA	El-Amarna-Tafel, nach der Ausgabe: J.A.Knudtzon, Die El-Amarna-Tafeln. 1915. Weitergeführt in: A.F.Rainey, El Amarna Tablets 359–379. 1970.
ebd.	ebenda.
ed.	edidit; edited.
Eichrodt I–III	W.Eichrodt, Theologie des Alten Testaments. Teil 1, ^{8}1968; Teil 2/3, ^{5}1964.
eig.	eigentlich.
Eißfeldt, KS	O.Eißfeldt, Kleine Schriften. Bd. 1ff., 1962ff.
EKL	Evangelisches Kirchenlexikon. Hrsg. von H.Brunotte und O. Weber. 3 Bde. ^{2}1962.
Ellenbogen	M.Ellenbogen, Foreign Words in the Old Testament. 1962.
ELKZ	Evangelisch-Lutherische Kirchenzeitung.
engl.	englisch.
erg.	ergänzt; ergänze.
Erman-Grapow	A.Erman–H.Grapow, Wörterbuch der ägyptischen Sprache. Bd. 1–7, 1926–63.
ET	Expository Times.
etc.	et cetera.
EThL	Ephemerides Theologicae Lovanienses.
Etpe.	Etpe'el.
etw.	etwas.
ev.	eventuell.
Evg.	Evangelium.
EvTh	Evangelische Theologie.
f.	folgend.
Fem.; fem.	Femininum; feminin.
ff.	und folgende.
FF	Forschungen und Fortschritte.
FGH	F.Jacoby (ed.), Die Fragmente der griechischen Historiker. 1923ff.
Fitzmyer, Gen.Ap.	J.A.Fitzmyer, The Genesis Apocryphon of Qumran Cave I. A Commentary. Biblica et Orientalia 18, 1966.
Fitzmyer, Sef.	J.A.Fitzmyer, The Aramaic Inscriptions of Sefîre. Biblica et Orientalia 19, 1967.
Fohrer, Jes. I–III	G.Fohrer, Das Buch Jesaja. Zürcher Bibelkommentare. Bd. 1–3, 1960–64.

Fraenkel	S. Fraenkel, Die aramäischen Fremdwörter im Arabischen. 1886.
Fragm.	Fragment.
franz.	französisch.
Friedrich	J. Friedrich, Phönizisch-punische Grammatik. 1951.
FS	Festschrift.
FS Albright 1961	The Bible and the Ancient Near East. Essays in Honor of W. F. Albright. 1961.
FS Alleman 1960	Biblical Studies in Memory of H. C. Alleman. 1960.
FS Alt 1953	Geschichte und Altes Testament. 1953.
FS Baetke 1964	Festschrift W. Baetke. Dargebracht zu seinem 80. Geburtstag am 28. März 1964. Hrsg. v. K. Rudolph, R. Heller und E. Walter. 1966.
FS Bardtke 1968	Bibel und Qumran. 1968.
FS Basset 1928	Mémorial H. Basset. 1928.
FS Baudissin 1918	Abhandlungen zur semitischen Religionskunde und Sprachwissenschaft. 1918.
FS Baumgärtel 1959	Festschrift F. Baumgärtel zum 70. Geburtstag. 1959.
FS Baumgartner 1967	Hebräische Wortforschung. Festschrift zum 80. Geburtstag von W. Baumgartner. SVT 16, 1967.
FS Beer 1933	Festschrift für G. Beer zum 70. Geburtstag. 1933.
FS Bertholet 1950	Festschrift für A. Bertholet. 1950.
FS Browne 1922	Oriental Studies. 1922.
FS Christian 1956	Vorderasiatische Studien. Festschrift für V. Christian. 1956.
FS Davies 1970	Proclamation and Presence. Old Testament Essays in Honour of G. H. Davies. 1970.
FS Delekat 1957	Libertas Christiana. F. Delekat zum 65. Geburtstag. 1957.
FS Driver 1963	Hebrew and Semitic Studies presented to G. R. Driver. 1963.
FS Dussaud 1939	Mélanges syriens offerts à R. Dussaud. 1939.
FS Eichrodt 1970	Wort–Gebot–Glaube. W. Eichrodt zum 80. Geburtstag. 1970.
FS Eilers 1967	Festschrift für W. Eilers. 1967.
FS Eißfeldt 1947	Festschrift O. Eißfeldt zum 60. Geburtstag. 1947.
FS Eißfeldt 1958	Von Ugarit nach Qumran. Beiträge ... O. Eißfeldt zum 1. September 1957 dargebracht. 1958.
FS Friedrich 1959	Festschrift für J. Friedrich. 1959.
FS Galling 1970	Archäologie und Altes Testament. Festschrift für K. Galling. 1970.
FS Gaster 1936	M. Gaster Anniversary Volume. 1936.
FS Grapow 1955	Ägyptologische Studien H. Grapow. 1955.
FS Haupt 1926	Oriental Studies, published in Commemoration ... of P. Haupt. 1926.
FS Heim 1954	Theologie als Glaubenswagnis. 1954.
FS Hermann 1957	Solange es Heute heißt. Festgabe für Rudolf Hermann. 1957.
FS Herrmann 1960	Hommage à L. Herrmann. Collection Latomus 44, 1960.
FS Hertzberg 1965	Gottes Wort und Gottes Land. 1965.
FS Herwegen 1938	Heilige Überlieferung. I. Herwegen zum silbernen Abtsjubiläum dargebracht. 1938.
FS Irwin 1956	A Stubborn Faith. Papers ... Presented to Honor W. A. Irwin. Ed by E. C. Hobbs. 1956.
FS Jacob 1932	Festschrift G. Jacob. 1932.
FS Junker 1961	Lex tua veritas. Festschrift für H. Junker. 1961.
FS Kahle 1968	In memoriam P. Kahle. BZAW 103, 1968.
FS Kittel 1913	Alttestamentliche Studien, R. Kittel dargebracht. BWAT 13, 1913.

FS Kohut 1897	Semitic Studies in Memory of A. Kohut. 1897.
FS Kopp 1954	Charisteria I. Kopp octogenario oblata. 1954.
FS Koschaker 1939	Symbolae P. Koschaker dedicatae. Studia et documenta ad iura Orientis Antiqui pertinentia 2, 1939.
FS Landsberger 1965	Studies in Honor of B. Landsberger on his seventy-fifth Birthday. 1965.
FS Lévy 1955	Mélanges I. Lévy. 1955.
FS Meiser 1951	Viva Vox Evangelii, Festschrift Bischof Meiser. 1951.
FS Mowinckel 1955	Interpretationes ad Vetus Testamentum pertinentes S. Mowinckel septuagenario missae. 1955.
FS Neuman 1962	Studies and Essays in Honor of A. A. Neuman. 1962.
FS Nötscher 1950	Alttestamentliche Studien. F. Nötscher zum 60. Geburtstag gewidmet. 1950.
FS Pedersen 1953	Studia Orientalia J. Pedersen dicata. 1953.
FS Procksch 1934	Festschrift O. Procksch. 1934.
FS von Rad 1961	Studien zur Theologie der alttestamentlichen Überlieferungen. 1961.
FS Rinaldi 1967	Studi sull' Oriente e la Bibbia, offerti al P. G. Rinaldi. 1967.
FS Robert 1957	Mélanges bibliques. Rédigés en l'honneur de A. Robert, 1957.
FS Robinson 1950	Studies in Old Testament Prophecy. Presented to Th. H. Robinson. 1950.
FS Rost 1967	Das ferne und das nahe Wort. Festschrift L. Rost zur Vollendung seines 70. Lebensjahres am 30. November 1966 gewidmet. BZAW 105, 1967.
FS Rudolph 1961	Verbannung und Heimkehr. 1961.
FS Sachau 1915	Festschrift W. Sachau zum siebzigsten Geburtstage gewidmet. 1915.
FS Schmaus 1967	Wahrheit und Verkündigung. M. Schmaus zum 70. Geburtstag. 1967.
FS Schmidt 1961	Festschrift Eberhardt Schmidt, hrsg. von P. Brockelmann ... 1961.
FS Sellin 1927	Beiträge zur Religionsgeschichte und Archäologie Palästinas. 1927.
FS Söhngen 1962	Einsicht und Glaube. G. Söhngen zum 70. Geburtstag. 1962.
FS Thomas 1968	Words and Meanings. Essays presented to D. W. Thomas. 1968.
FS Thomsen 1912	Festschrift V. Thomsen zur Vollendung des 70. Lebensjahres. 1912.
FS Vischer 1960	Hommage à W. Vischer. 1960.
FS Vogel 1962	Vom Herrengeheimnis der Wahrheit. 1962.
FS Vriezen 1966	Studia biblica et semitica. Th. C. Vriezen ... dedicata. 1966.
FS Wedemeyer 1956	Sino-Japonica. Festschrift A. Wedemeyer zum 80. Geburtstag. 1956.
FS Weiser 1963	Tradition und Situation. A. Weiser zum 70. Geburtstag. 1963.
FS Wellhausen 1914	Studien ... J. Wellhausen gewidmet. BZAW 27, 1914.

G	Septuaginta (s. auch LXX).
G^A etc.	Cod. Alexandrinus etc.
GAG	W. von Soden, Grundriß der akkadischen Grammatik. 1952. Ergänzungsheft zum GAG 1969.
GB	W. Gesenius–F. Buhl, Hebräisches und aramäisches Handwörterbuch über das Alte Testament. ^{17}1915.
Gen.	Genetiv.

GenAp	Genesis Apocryphon.
Gesenius, Thesaurus	W. Gesenius, Thesaurus . . . Linguae Hebraicae et Chaldaicae. Vol. I–III, 1835–58.
GesStud	Gesammelte Studien.
Gilg.	Gilgamesch-Epos (s. auch Schott).
GK	W. Gesenius – E. Kautzsch, Hebräische Grammatik. ^{28}1909.
gr.	griechisch.
Grapow	H. Grapow, Wie die alten Ägypter sich anredeten, wie sie sich grüßten und wie sie miteinander sprachen. ^{2}1960.
Gray, Legacy	J. Gray, The Legacy of Canaan. ^{2}1965.
Gröndahl	F. Gröndahl, Die Personennamen der Texte aus Ugarit. 1967.
Gt; Gtn	Akkadischer Grundstamm (G) mit -ta-, resp. -tan- Infix.
GThT	Gereformeerd Theologisch Tijdschrift.
Gulkowitsch	L. Gulkowitsch, Die Bildung von Abstraktbegriffen in der hebräischen Sprachgeschichte. 1931.
Gunkel, Gen.	H. Gunkel, Genesis, Handkommentar zum AT I/1. ^{7}1966.
Gunkel-Begrich	H. Gunkel – J. Begrich, Einleitung in die Psalmen. 1933.
GVG	C. Brockelmann, Grundriß der vergleichenden Grammatik der semitischen Sprachen. Bd. 1–2, 1908–13.
H	Heiligkeitsgesetz (Lev 17–26).
H.	Heft.
Ha.; ha.	Haf'el.
HAL	W. Baumgartner, Hebräisches und aramäisches Lexikon zum Alten Testament. Lieferung 1, 1967 (= KBL 3. Auflage).
Harris	Z. S. Harris, A Grammar of the Phoenician Language. 1936.
HAT	Handbuch zum Alten Testament. Hrsg. von O. Eißfeldt.
Haussig I	H. W. Haussig (hrsg.), Wörterbuch der Mythologie. Abteilung 1, 1961.
HdO	Handbuch der Orientalistik. Hrsg. von B. Spuler.
hebr.	hebräisch.
Herdner, CT(C)A	A. Herdner, Corpus des tablettes en cunéiformes alphabétiques découvertes à Ras Shamra-Ugarit de 1929 à 1939. Mission de Ras Shamra X. 1963.
Hermop.	Hermopolis-Papyri, nach der Ausgabe von E. Bresciani – M. Kamil, Atti della Accademia Nazionale dei Lincei. Memorie, Ser. VIII, vol. 12, 1966.
heth.	hethitisch.
Hi.; hi.	Hif'il.
Hitp.; hitp.	Hitpa'el.
Hitpe.; hitpe.	Hitpe'el.
Hitpo.; hitpo.	Hitpolel.
Ho.; ho.	Hof'al.
Hrsg.; hrsg.	Herausgeber; herausgegeben.
HSAT	Die Heilige Schrift des Alten Testaments, hrsg. von E. Kautzsch – A. Bertholet. ^{4}1922/23.
HThR	Harvard Theological Review.
HUCA	Hebrew Union College Annual.
Huffmon	H. B. Huffmon, Amorite Personal Names in the Mari Texts. 1965.
IDB I–IV	The Interpreter's Dictionary of the Bible. 1962.
IEJ	Israel Exploration Journal.

idg.	indogermanisch.
Imp.	Imperativ.
Impf.	Imperfekt.
impf. cons.	imperfectum consecutivum.
Inf.	Infinitiv.
inkl.	inklusiv.
ins	insere.
isr.	israelitisch.
itp.	itpe'el.
itpa.	itpa'al.
J	Jahwistische Quellenschrift.
Jacob	E. Jacob, Théologie de l'Ancien Testament. 1955.
Jahnow	H. Jahnow, Das hebräische Leichenlied im Rahmen der Völkerdichtung. 1923.
JAOS	Journal of the American Oriental Society.
Jastrow	M. Jastrow, A Dictionary of the Targumim, the Talmud Babli and Yerushalmi, and the Midrashic Literature. [2]1950.
jaud.	jaudisch.
JBL	Journal of Biblical Literature.
JCS	Journal of Cuneiform Studies.
JE	The Jewish Encyclopedia, hrsg. von J. Singer. Bd. 1–12, 1901–06.
jem.	jemand.
Jenni, HP	E. Jenni, Das hebräische Pi'el. 1968.
JEOL	Jaarbericht van het Vooraziatisch-Egyptisch Gezelschap (Genootschap) Ex Oriente Lux.
Jh.	Jahrhundert.
Jif.; jif.	Jif'il.
JJSt	Journal of Jewish Studies.
JNES	Journal of Near Eastern Studies.
Joüon	P. Joüon, Grammaire de l'hébreu biblique. 1923.
JQR	Jewish Quarterly Review.
JSS	Journal of Semitic Studies.
Jt.	Jahrtausend.
JThSt	Journal of Theological Studies.
jüd.	jüdisch.
K	Ketib.
KAI	H. Donner – W. Röllig, Kanaanäische und aramäische Inschriften. Bd. I Texte, [2]1966; Bd. II Kommentar, [2]1968; Bd. III Glossare etc., [2]1969.
kan.	kanaanäisch.
Kar.	Karatepe-Inschrift.
KAT	Kommentar zum Alten Testament. Hrsg. von W. Rudolph, K. Elliger und F. Hesse.
KBL	L. Koehler – W. Baumgartner, Lexicon in Veteris Testamenti libros. [2]1958.
Kil.	Kilamuwa-Inschrift.
klass.	klassisch.
Kluge	F. Kluge – W. Mitzka, Etymologisches Wörterbuch der deutschen Sprache. [11]1963.

Köhler, Theol.	L. Köhler, Theologie des Alten Testaments. ^{4}1966.
Kol.	Kolumne.
Komm.	Kommentar; Kommentare.
König	E. König, Hebräisches und aramäisches Wörterbuch zum Alten Testament $^{6.7}$1936.
König, Syntax	E. König, Historisch-kritisches Lehrgebäude der hebräischen Sprache mit steter Beziehung auf Qimchi und die anderen Auctoritäten. Bd. II/2: Historisch-comparative Syntax der hebräischen Sprache. 1897.
kopt.	koptisch.
KS	Kleine Schriften.
KuD	Kerygma und Dogma.
Kuhn, Konk.	K. G. Kuhn, Konkordanz zu den Qumrantexten. 1960.
L	Laienquelle (Quellenschrift des Pentateuch).
L	Längungsstamm.
l	lege.
Lambert, BWL	W. G. Lambert, Babylonian Wisdom Literature. 1960.
Lande	I. Lande, Formelhafte Wendungen der Umgangssprache im Alten Testament. 1949.
Lane I–VIII	E. W. Lane, Al-Qamūsu, an Arabic-English Lexicon. Bd. 1–8, 1863–93.
lat.	lateinisch.
Leander	P. Leander, Laut- und Formenlehre des Ägyptisch-Aramäischen. 1928.
van der Leeuw	G. van der Leeuw, Phänomenologie der Religion. ^{2}1956.
Leslau	W. Leslau, Ethiopic and South Arabic Contributions to the Hebrew Lexicon. 1958.
Levy	M. A. Levy, Siegel und Gemmen mit aramäischen, phoenizischen, althebräischen . . . Inschriften. 1869.
Levy I–IV	J. Levy, Wörterbuch über die Talmudim und Midraschim. ^{2}1924.
de Liagre Böhl	s. unter Böhl.
Lidzbarski, NE	M. Lidzbarski, Handbuch der nordsemitischen Epigraphik. 1898.
Lidzbarski, KI	M. Lidzbarski, Kanaanäische Inschriften. 1907.
Lis.	G. Lisowsky, Konkordanz zum hebräischen Alten Testament. 1958.
Lit.	Literatur.
Littmann-Höfner	E. Littmann–M. Höfner, Wörterbuch der Tigre-Sprache. 1962.
LS	C. Brockelmann, Lexicon Syriacum. ^{2}1928.
LW	Lehnwort.
LXX	Septuaginta (s. auch G).
mand.	mandäisch.
Mand.	S. Mandelkern, Veteris Testamenti concordantiae hebraicae atque chaldaicae. ^{2}1926.
MAOG	Mitteilungen der Altorientalischen Gesellschaft.
masc.	maskulin.
Masch.	Maschinenschrift.
MDAI	Mitteilungen des Deutschen Archäologischen Instituts.

m.E.	meines Erachtens.
Meyer	R. Meyer, Hebräische Grammatik. Bd. 1, ³1966; Bd. 2, ³1969.
Midr.	Midrasch.
MIO	Mitteilungen des Instituts für Orientforschung.
moab.	moabitisch.
Montgomery, Dan.	J. A. Montgomery, A Critical and Exegetical Commentary on the Book of Daniel. International Critical Commentary. ²1950.
Montgomery, Kings	J. A. Montgomery, A Critical and Exegetical Commentary on the Books of Kings. Ed. by H. S. Gehman. International Critical Commentary. 1951.
Moscati, EEA	S. Moscati, L'epigrafia ebraica antica. Biblica et Orientalia 15, 1951.
Moscati, Introduction	S. Moscati (ed.), An Introduction to the Comparative Grammar of the Semitic Languages. 1964.
MT	Masoretischer Text (s. auch BH³).
Muséon	Le Muséon. Revue d'Etudes Orientales.
MUSJ	Mélanges de l'Université St. Joseph.
nab.	nabatäisch.
NAWG	Nachrichten (von) der Akademie der Wissenschaften in Göttingen.
n.Chr.	nach Christi Geburt.
NE	s. Lidzbarski, NE.
NedGerefTTs	Nederduitse Gereformeerde Teologiese Tydskrif.
NedThT	Nederlands Theologisch Tijdschrift.
NF; N.F.	Neue Folge.
Ni.; ni.	Nif'al.
Nitp.	Nitpa'el.
NKZ	Neue Kirchliche Zeitschrift.
Nöldeke, BS	Th. Nöldeke, Beiträge zur semitischen Sprachwissenschaft. 1904.
Nöldeke, MG	Th. Nöldeke, Mandäische Grammatik. 1875.
Nöldeke, NB	Th. Nöldeke, Neue Beiträge zur semitischen Sprachwissenschaft. 1910.
Noth, IP	M. Noth, Die israelitischen Personennamen im Rahmen der gemeinsemitischen Namengebung. 1928.
Noth, ÜPt	M. Noth, Überlieferungsgeschichte des Pentateuch. 1948.
Noth, GI	M. Noth, Geschichte Israels. ⁶1966.
Noth, GesStud I–II	M. Noth, Gesammelte Studien zum Alten Testament. Bd. I, ³1966; Bd. II, 1969.
NP	nomen proprium, Eigenname.
Nr.	Nummer.
NS; N.S.	Nova Series.
NT	Neues Testament.
ntl.	neutestamentlich.
NTS	Nieuwe Theologische Studiën.
NTT	Norsk Teologisk Tidsskrift.
nwsem.	nordwestsemitisch.
Nyberg	H. S. Nyberg, Hebreisk Grammatik. 1952.
o.	oben.
o.ä.	oder ähnlich.
Obj.	Objekt.

od.	oder
OLZ	Orientalistische Literaturzeitung.
OrAnt	Oriens Antiquus.
OrNS	Orientalia (Nova series).
OT; O.T.	Old Testament; Oude Testament.
OTS	Oudtestamentische Studiën.
OuTWP	Die Ou Testamentiese Werkgemeenskap in Suid-Afrika Pretoria.
P	Priesterschrift (Quellenschrift des Pentateuch).
p.	pagina.
Pa.; pa.	Pa'el.
pal.	palästinisch.
palm.	palmyrenisch.
Pap.	Papyrus.
par.	parallel; Parallele(n).
Part.	Partizip.
pass.	passivus, -a, -um.
Payne Smith	R. Payne Smith, Thesaurus Syriacus, Bd. 1–2, 1868–97.
Pedersen, Israel I–II, III–IV	J. Pedersen, Israel, Its Life and Culture. Bd. 1–2, 1926; Bd. 3–4, 1934.
PEQ	Palestine Exploration Quarterly.
Perf.	Perfekt.
pers.	persisch.
Pers.	Person.
phön.	phönizisch.
Pi.; pi.	Pi'el.
PJB	Palästinajahrbuch.
Plur.; plur.	Plural; pluralisch.
PN	Personenname.
Poen.	Plautus, Poenulus (s. auch Sznycer).
Pol.; pol.	Polel.
pr	pro.
Präp.	Präposition.
Prol.	Prolog.
proph.	prophetisch.
prps	propositus, -a, -um.
PRU	Le Palais Royal d'Ugarit. Bd. 2–6, 1955–70.
Pu.; pu.	Pu'al.
pun.	punisch.
Q	Qere.
Q.; q.	Qal.
RA; RAAO	Revue d'Assyriologie et d'Archéologie Orientale.
RAC	Reallexikon für Antike und Christentum. 1950ff.
von Rad I–II	G. von Rad, Theologie des Alten Testaments. Bd. 1, [5]1966; Bd. 2, [4]1965.
von Rad, Gottesvolk	G. von Rad, Das Gottesvolk im Deuteronomium. 1929.
von Rad, GesStud	G. von Rad, Gesammelte Studien zum Alten Testament. [3]1965.
RB	Revue Biblique.

Reg.	Register.
REJ	Revue des Etudes Juives.
RES	Répertoire d'épigraphie sémitique.
rev.	reverse (Rückseite).
RGG I–VI	Religion in Geschichte und Gegenwart. Hrsg. von K. Galling. Bd. 1–6, [3]1957–62.
RHPhR	Revue d'Histoire et de Philosophie religieuses.
RHR	Revue de l'Histoire des Religions.
RivBibl	Rivista Biblica Italiana.
Rost, KC	L. Rost, Das kleine Credo und andere Studien zum Alten Testament. 1965.
RQ	Revue de Qumrân.
RS	Ras Shamra (Texte angegeben nach Ausgrabungsnummern; s. auch PRU).
RScPhTh	Revue des Sciences Philosophiques et Théologiques.
RSO	Rivista degli Studi Orientali.

Š	Šaf'el.
S.	Seite.
s.	siehe.
SAB	Sitzungsberichte der Deutschen Akademie der Wissenschaften zu Berlin.
SAHG	A. Falkenstein – W. von Soden, Sumerische und akkadische Hymnen und Gebete. 1953.
sam.	samaritanisch.
sc.; scil.	scilicet, das heißt.
Schott	Das Gilgamesch-Epos. Neu übersetzt und mit Anmerkungen versehen von A. Schott. Durchgesehen und ergänzt von W. von Soden. 1958.
Sef. I–III	Sefire-Stelen I–III (s. auch Fitzmyer, Sef.).
Sellin-Fohrer	Einleitung in das Alte Testament. Begründet von E. Sellin, völlig neu bearbeitet von G. Fohrer. [10]1965.
Sem	Semitica.
sem.	semitisch.
Ser.	Serie.
Seux	M.-J. Seux, Epithètes royales akkadiennes et sumériennes. 1967.
Sing.; sing.	Singular; singularisch.
sog.	sogenannt.
spez.	speziell.
st(at).	status; abs. (absolutus); cs. (constructus); emph. (emphaticus).
Stamm, AN	J. J. Stamm, Die akkadische Namengebung. [2]1968.
Stamm, HEN	J. J. Stamm, Hebräische Ersatznamen, FS Landsberger 1965, 413–424.
SThU	Schweizerische Theologische Umschau.
StOr	Studia Orientalia.
StrB I–VI	(H. L. Strack–) P. Billerbeck, Kommentar zum Neuen Testament aus Talmud und Midrasch. Bd. 1–6, 1923–61.
StTh	Studia Theologica.
Subj.	Subjekt.
Subst.	Substantiv.
sum.	sumerisch.
Suppl.	Supplement.

s.v.	sub voce.
SVT	Supplements to Vetus Testamentum.
syr.	syrisch.
Sznycer	M. Sznycer, Les passages puniques en transcription latine dans le »Poenulus« de Plaute. 1967.
Tallqvist	K. Tallqvist, Akkadische Götterepitheta. 1938.
Targ.Jon.	Targum Jonathan.
TGI[1]; TGI[2]	K. Galling (Hrsg.), Textbuch zur Geschichte Israels. [1]1950; [2]1968.
TGUOS	Transactions of the Glasgow University Oriental Society.
ThBl	Theologische Blätter.
ThBNT	Theologisches Begriffslexikon zum Neuen Testament. Hrsg. von L. Coenen, E. Beyreuther, H. Bietenhard. 1967ff.
Theol.; theol.	Theologie; theologisch.
ThLZ	Theologische Literaturzeitung.
ThQ	Theologische Quartalschrift.
ThR	Theologische Rundschau.
ThSt	Theologische Studien.
ThStKr	Theologische Studien und Kritiken.
ThStudies	Theological Studies.
ThT	Theologisch Tijdschrift.
ThW	G. Kittel – G. Friedrich (Hrsg.), Theologisches Wörterbuch zum Neuen Testament. Bd. 1ff., 1932ff.
ThZ	Theologische Zeitschrift.
tigr.	s. Littmann – Höfner.
Trip.	Tripolitana. (Zählung nach G. Levi della Vida, vgl. DISO XXVIII).
txt?	fraglicher bzw. verderbter Text.
txt em	textus emendatus; textus emendandus.
u.	unten.
u.a.	unter anderem; unter anderen.
u.ä.	und ähnliche(s).
u.a.m.	und andere(s) mehr.
übr.	übrige(s).
UF	Ugarit-Forschungen.
ug.	ugaritisch.
Ugaritica V	J. Nougayrol – E. Laroche – C. Virolleaud – C.F.A. Schaeffer, Ugaritica V. 1968.
UJE	The Universal Jewish Encyclopedia, hrsg. von L. Landman. 1948.
u.ö.	und öfters.
usw.	und so weiter.
UT	C.H. Gordon, Ugaritic Textbook. 1965.
u.U.	unter Umständen.
V.	Vers.
v.	von.
v.a.	vor allem.
VAB	Vorderasiatische Bibliothek.

de Vaux I–II	R. de Vaux, Les institutions de l'Ancien Testament. Bd. 1–2, 1958–60.
v. Chr.	vor Christi Geburt.
VD	Verbum Domini.
vergl.	vergleiche(nd).
Vers	Versio(nes).
vgl.	vergleiche.
Vol.	Volumen (Band).
Vriezen, Theol.	Th. C. Vriezen, Theologie des Alten Testaments in Grundzügen. 1957.
VT	Vetus Testamentum.
Wagner	M. Wagner, Die lexikalischen und grammatikalischen Aramaismen im alttestamentlichen Hebräisch. 1966.
WdO	Welt des Orients.
Wehr	H. Wehr, Arabisches Wörterbuch für die Schriftsprache der Gegenwart. [4]1959–68.
WKAS	M. Ullmann (Hrsg.), Wörterbuch der klassischen arabischen Sprache. 1957 ff.
Wolff, GesStud	H. W. Wolff, Gesammelte Studien zum Alten Testament. 1964.
wsem.	westsemitisch.
WuD	Wort und Dienst (Jahrbuch der Theologischen Schule Bethel).
WUS	J. Aistleitner, Wörterbuch der ugaritischen Sprache. Hrsg. von O. Eißfeldt. [3]1967.
WZ	Wissenschaftliche Zeitschrift.
WZKM	Wiener Zeitschrift für die Kunde des Morgenlandes.
XII	Dodekapropheton (Hos–Mal).
Yadin	Y. Yadin, The Scroll of the War. 1962.
Z.	Zeile.
ZA	Zeitschrift für Assyriologie.
ZÄS	Zeitschrift für Ägyptische Sprache und Altertumskunde.
ZAW	Zeitschrift für die alttestamentliche Wissenschaft.
z. B.	zum Beispiel.
ZDMG	Zeitschrift der Deutschen Morgenländischen Gesellschaft.
ZDPV	Zeitschrift des Deutschen Palästina-Vereins.
ZEE	Zeitschrift für evangelische Ethik.
Zimmerli, GO	W. Zimmerli, Gottes Offenbarung. Gesammelte Aufsätze zum Alten Testament. 1963.
Zimmern	H. Zimmern, Akkadische Fremdwörter. [2]1917.
ZKG	Zeitschrift für Kirchengeschichte.
ZNW	Zeitschrift für die neutestamentliche Wissenschaft.
Zorell	F. Zorell, Lexicon Hebraicum et Aramaicum Veteris Testamenti. 1968.
ZRGG	Zeitschrift für Religions- und Geistesgeschichte.
ZS	Zeitschrift für Semitistik.
z. St.	zur Stelle.
z. T.	zum Teil.
ZThK	Zeitschrift für Theologie und Kirche.
zus.	zusammen.

LEXIKALISCHER TEIL

אָב *'āb* Vater

I. Das zweiradikalige Wort *'*ab*- »Vater« (GVG I,331; BL 450.524) ist wie die anderen wichtigsten Verwandtschaftswörter (→'*ēm* »Mutter«, →*bēn* »Sohn«, →'*āḫ* »Bruder«) gemeinsemitisch. Es geht wie '*ēm* »Mutter« und die Entsprechungen in zahlreichen Sprachen auf ein Lallwort der Kindersprache zurück (L. Köhler, ZAW 55, 1937, 169–172; ders., JSS 1, 1956, 12f.); Ableitung von einer Verbalwurzel (z. B. →'*bh* »wollen«) ist daher verfehlt.

Weiterbildungen aus dem Grundwort (Abstrakt- und Adjektivbildungen, Deminutiv, besondere Anredeformen) fehlen im atl. Hebr.; vgl. dagegen akk. *abbūtu* »Vaterschaft« (AHw 6a; CAD A/I, 50f.), meist in übertragener Bedeutung (»väterliche Handlungsweise«; *abbūta epēšu/ṣabātu/aḫāzu* = »Fürsprache einlegen«), auch in familienrechtlichen Urkunden, z. B. in Nuzi von der Verleihung der Familiengewalt an die Ehefrau nach dem Tode des Adoptanten (P. Koschaker, OLZ 35, 1932, 400).

Auch phön. ist die Abstraktbildung belegt: Karatepe-Inschrift I, Z. 12f. (= KAI Nr. 26) »sogar zur Vaterschaft erwählte mich (*b'bt p'ln*) jeder König wegen meiner Gerechtigkeit und wegen meiner Weisheit und wegen der Güte meines Herzens« (Friedrich 91.130; KAI II, 40; DISO 3); anders, aber nicht gesichert M. Dahood, Bibl 44, 1963, 70.291; HAL 2a: '*ābōt* als plur. excellentiae, auch in Jes 14,21 und Ps 109,14 singularisch zu verstehen.

Aus akk. *abbūta aḫāzu* »Fürsprache einlegen« (CAD A/I, 178) übernommen erscheint '*ḫd 'bwt*' im Syr. (C. Brockelmann, ZA 17, 1903, 251f.; LS 1a) und als »calque« aus dem Aram. im Hebr. von Qumran: 1QS 2,9 '*ōḫ^{a}zē 'ābūt* »Fürbitter« (P. Wernberg-Møller, VT 3, 1953, 196f.; ders. The Manual of Discipline, 1957, 53f.; E. Y. Kutscher, Tarbiz 33, 1963/64, 125f.).

II. Mit etwas über 1200 Belegen steht '*āb* unter den nach der Häufigkeit geordneten Substantiven nach *dābār* und vor '*īr* an 11. Stelle.

In der folgenden Statistik sind weggelassen: '*ābī* als Interjektion (1Sam 24,12; 2Kön 5,13; Hi 34,36) und das Plus der Bombergiana in 2Chr 10,14; gezählt ist '*ābī(w)* beim Personennamen *Ḥūrām* (2Chr 2,12; 4,16); bei Lis. fehlt Gen. 46,34.

Hebr.	Sing.	Plur.	zusammen
Gen	198	10	208
Ex	10	14	24
Lev	22	3	25
Num	28	57	85
Dtn	20	51	71
Jos	17	18	35
Ri	44	10	54
1Sam	48	5	53
2Sam	27	1	28
1Kön	64	31	95
2Kön	31	38	69
Jes	16	5	21
Jer	15	48	63
Ez	13	14	27
Hos	–	1	1
Jo	–	1	1
Am	1	1	2
Mi	1	1	2
Sach	2	5	7
Mal	3	4	7
Ps	5	14	19
Hi	6	3	9
Spr	23	3	26
Ruth	3	–	3
Klgl	1	1	2
Est	3	–	3
Dan	–	8	8
Esr	–	14	14
Neh	1	19	20
1Chr	60	46	106
2Chr	58	65	123
Aram.			
Dan	4	1	5
Esr	–	2	2
AT			
hebr.	720	491	1211
aram.	4	3	7

III. 1. In der grundlegenden Bed. »(leiblicher) Vater (seiner Kinder)« ist die Korrelation zu Sohn/Tochter/Kind oder deren Plur. bereits mitgesetzt; das Wort wird denn auch im AT, außer in gewissen Fällen mit übertragenem Gebrauch (Ehrentitel, »Urheber« o.ä.), nie ohne diese explizite oder implizite Gegenüberstellung verwendet. Ein Absinken zum bloßen Beziehungsbegriff wie teilweise bei der arab. Kunja (z. B. »Vater der Wüste« = Vogel Strauß) begegnet im AT nicht (zu '^{a}*bī-'ad* Jes 9,5 s. u. 3).

Als Beziehungsbegriff innerhalb der Familie wird der Sing. in der überwiegenden Mehrzahl der Fälle (14/15) mit nachfolgendem Genetiv bzw. mit Possessivsuffix verwendet; daher steht er auch nur dreimal mit (generellem) Artikel.

Als männlicher Elternteil steht »Vater« im Komplementärverhältnis zu »Mutter«, wodurch eine zweite, weniger stark ausgeprägte Opposition innerhalb des Wortfeldes entsteht. Die beiden Begriffe werden daher häufig in nominalen Aufreihungen verbunden; die Reihenfolge Vater–Mutter ist durch die Vorrangstellung des Vaters in der vaterrechtlich organisierten Familie (G. Quell, ThW V, 961ff.) gegeben.

Im parallelismus membrorum stehen »Vater« und »Mutter« in Ps 109, 14; Hi 17, 14; 31, 18; Spr 1, 8; 4, 3; 6,20; 19,26; 23,22; 30,11.17; Mi 7,6; vgl. ferner ohne strengen Formzwang Jer 16,3; 20,14f.; Ez 16, 3.45 mit teilweise sachlich bedingter Umstellung der Elemente.

Von 52 nominalen Aufreihungen (Liste bei B. Hartmann, Die nominalen Aufreihungen im AT, 1953, 7, dazu Lev 20,9b; Ri 14,6; 1Kön 22,53; 2Kön 3,13; del Jer 6,21) zeigen drei die Reihenfolge Mutter-Vater (Lev 19,3; 20,19; 21,2; über die Gründe vgl. Elliger, HAT 4,256 Anm. 5).

An einigen dieser Stellen könnte man »Vater und Mutter« sachlich durch »Eltern« wiedergeben (Gen 2,24; 28,7; Dtn 21,13; Ri 14,2ff.; 1Sam 22,3; 2Sam 19,38; Sach 13,3.3 mit *jōl^edāw* »die ihn erzeugt haben«; Ruth 2,11; Est 2,7.7; vgl. LXX und Zürcher Bibel zu Est 2,7). Die Verwendung des Plurals *'ābōt* für »Eltern« begegnet erst nach-atl.; vgl. noch akk. *abbū* (AHw 7b, selten), syr. *'abāhē* und arab. Dual *'abawāni*.

In der Grundbedeutung wird *'āb* durch keine Synonyma konkurrenziert.

Im Ug. begegnen neben häufigerem *ab* auch *ad*, *adn* und *ḥtk* zur Bezeichnung des Vaters. Dabei scheint *ad* (in 52 [= SS],32.43 *ad ad* par. *um um* bzw. *mt mt*) ein Kosewort zu sein (vgl. Driver, CML 123a. 135a: »dad[dy]«; UT Nr. 71; WUS Nr. 73; ferner Huffmon 130.156), das in der Anrede im Familienkreis das normale Wort vertritt. Umgekehrt ersetzt *adn* »Herr, Gebieter« die Vaterbezeichnung in respektvoller Rede (77 [= NK],33; 125 [= II K], 44. 57.60; A. van Selms, Marriage and Family Life in Ugaritic Literature, 1954, 62.113), woraus aber nicht einfache Gleichsetzung von →*'ādōn* mit »Vater« folgt (gegen M. Dahood, CBQ 23, 1961, 463f. zu Jer 22, 18; 34,5; Spr 27,18; vgl. z.B. Gen 31,35 »da sprach sie zu ihrem Vater: Mein Herr ...«). Bei *ḥtk* (Part. oder nomen agentis) ist die verbale Grundbedeutung (UT Nr. 911; WUS Nr. 985; arab. *ḥataka* »abschneiden«) noch nicht sicher erkennbar (vgl. E. Ullendorff, JSS 7, 1962, 341: »circumciser«; Gray, Legacy 71 Anm. 2). Ein Vorkommen der Wurzel in Ps 52,7 (A. F. Scharf, VD 38, 1960, 213–222; Dahood, UHPh 58: pi. privativum »unfather«) ist unwahrscheinlich.

Im Unterschied zu *'ēm* (Ex 22,29 Muttertier von Rind und Schaf; Dtn 22,6 Vogelmutter) wird *'āb* nicht von Tieren verwendet.

2. Erweiterter Gebrauch des Wortes ist gemeinsemitisch und zeigt sich einerseits in der Ausdehnung des Begriffs auf die Vorfahren (a), andererseits in der Einbeziehung der durch Adoption o.ä. entstandenen nichtleiblichen Vaterschaft (b).

a) Wie im Idg. existiert kein eigenes Wort für »Großvater«, was mit den soziologischen Gegebenheiten zusammenhängen dürfte: In der Großfamilie gebietet der pater familias nicht nur über die Söhne, sondern auch über die Enkel und Urenkel (E. Risch, Museum Helveticum 1, 1944, 115–122).

Beim Großvater väterlicherseits genügt im AT einfaches *'āb* (Gen 28,13 Jakob-Abraham; 2Sam 9,7 und 16,3 Meribaal-Saul), während für den Großvater mütterlicherseits *'^abī 'imm^ekā* »Vater deiner Mutter« gesagt wird (Gen 28,2 Jakob-Bethuel).

Im Akk. begegnet *abi abi* oder mit Sandhi *ababi* (CAD A/I,70; AHw 7b), auch als (Ersatz-)PN (Stamm, AN 302; ders., HEN 422); vgl. noch die PN Αβαβουϛ in Dura (F. Rosenthal, Die aramaistische Forschung, 1939, 99 Anm. 1) und syr. *'bbwj* (J. B. Segal, BSOAS 16, 1954, 23).

Die LXX verwendet je einmal πάππος »Großvater« (Sir Prol. 7) und πρόπαππος »(Ur)großvater« (Ex 10,6, wo aber *'^abōt '^abōtǣkā* nach dem Kontext »deine Vorväter« bedeutet).

Das Neuhebr. behilft sich mit *'āb zāqēn* »Altvater« (vgl. dagegen Gen 43,27 und 44,20 »alter Vater«).

Die Ausdehnung des Begriffs auf die Aszendenz erfolgt in erster Linie im Plural *'ābōt*, der mit dem eigenen Vater den Großvater (Gen 48,15.16 Isaak und Abraham als »Väter« Jakobs) und den Urgroßvater (2Kön 12,19 Josaphat, Joram und Ahasja als »Väter« des Joas) oder eine unbestimmte Zahl von Generationen zusammenschließt.

In dieser erweiterten Bed. »Vorfahren« (vgl. *'^abōtām hārīšōnīm* Jer 11,10) erhält das Wort nun auch Synonyma, nämlich *rīšōnīm* Lev 26,45; Dtn 19,14, G πατέρες, G^A πρότεροι; Jes 61,4; Ps 79,8) und *haqqadmōnī* (1Sam 24,14 kollektiv, falls nicht *-nīm* zu lesen), ferner *'ammīm* in der Wendung *'sp* ni. *'æl-'ammǣkā/'ammāw* »zu den Stammesgenossen versammelt werden« (Gen 25,8.17; 35,29; 49,29 txt em. 33; Num 20,24; 27,13; 31,2; Dtn 32,50; →*'am*).

Der Plur. der Grundbedeutung (»Väter verschiedener Familien«) kommt zwar im AT auch vor (Ri 21,22 die Väter oder Brüder der geraubten Töchter von Silo; Jer 16,3 »ihre Väter, die sie zeugen«; dazu noch etwa zwei Dutzend Stellen mit allgemeiner Gegenüberstellung der älteren und der jüngeren Generation), ist aber erheblich seltener als die Bed. »Vorfahren«, die bei der Verbindung des Wortes mit einem singularischen Suffix (»meine Väter« usw.) schon aus biologischen Gründen die allein mögliche ist.

Ob die feminine Pluralform auf *-ōt* damit zusammenhängt, daß *'āb* von Natur aus ein sing. tantum ist (L. Köhler, ZAW 55, 1937, 172), ist unsicher. Nöldeke, BS 69, vermutete Analogiebildung zum polaren Begriff *'immōt* »Mütter« (so auch GVG I,449; BL 515.615; Meyer II,45; G. Rinaldi, BeO 10, 1968, 24).

Belege für den Plur. »Vorfahren« in nwsem. Inschriften und im Akk. geben DISO 1 und CAD A/I, 72 (neben *abbū* im wsem. Einflußbereich auch *abbūtu*).

Die potenzierte Wendung »weder deine/seine Väter noch die Väter deiner/seiner Väter« (Ex 10,6 vom Pharao; Dan 11,24 von Antiochus IV.) meint im negierten Satz nichts anderes als die gesamte Reihe der Vorfahren.

Auch der Singular kann die Bed. »Vorfahre« annehmen (80×), bezeichnet aber dann immer den Vorfahren par excellence (vgl. Jes 43,27 *'ābīkā hārīšōn*), nämlich den Ahnherrn eines Clans (Rekabiten Jer 35,6–18), eines Stammes (Dan Jos 19, 47; Ri 18,29; Levi Num 18,2), einer Berufsgruppe (Gen 4,21f.22 txt em; Aaroniden 1Chr 24,19), einer Dynastie (David 1Kön 15,3b.11.24 usw., 14×), eines Volkes (Israel: Abraham Jos 24,3; Jes 51,2; Jakob Dtn 26,5; Jes 58,14; alle drei Patriarchen 1Chr 29,18). Während bei den heroes eponymi entsprechend der Fiktion noch von einem »Vater« gesprochen werden kann (Ham-Kanaan Gen 9,18.22; Kemuel-Aram Gen 22,21; Hemor-Sichem Gen 33, 19; 34,6; Jos 24,32; Ri 9,28; Arba-Enak Jos 15,13; 21,11; Machir-Gilead Jos 17,1; 1Chr 2,21.23; 7,14; vgl. noch in der Bildrede vom personifizierten Jerusalem Ez 16,3.45), wäre bei Völkern eher mit »Stammvater« zu übersetzen (Söhne Hebers Gen 10,21; Moabiter und Ammoniter Gen 19,37f.; Edomiter Gen 36,9.43).

In 1Chr 2,24.42–55; 4,3–21; 7,31; 8,29; 9,35 (31×) enthält die Formel »x, Vater des y« (M. Noth, ZDPV 55, 1932, 100; Rudolph, HAT 21,13f.) nicht nur Geschlechter-, sondern auch Ortsnamen.

In Gen 17,4.5 *'ab(-)hamōn gōjīm* »Vater vieler Völker« ist die ungewöhnliche Constructus-Form durch das Wortspiel mit *'abrāhām* bedingt.

b) Die Bedeutungserweiterung in Richtung auf adoptive Vaterschaft ist dadurch erleichtert, daß die Beziehung zwischen Kind und Vater von Natur aus weniger direkt ist als diejenige zwischen Kind und Mutter. Das babylonische Recht unterscheidet nicht zwischen der Legitimation eines von der Sklavin geborenen eigenen Kindes und der Adoption eines fremden Kindes (Driver-Miles I,351.384). Dennoch wird, abgesehen vom rein metaphorischen Sprachgebrauch, das Wort *'āb* sehr wenig bei nicht-leiblicher Vaterschaft verwendet, wie denn auch die Adoption im eigentlichen Sinn, d.h. außerhalb der Verwandtschaft, im AT kaum belegt ist (de Vaux I, 85–87; H. Donner, Adoption oder Legitimation? OrAnt 8, 1969, 87–119). Zu Jahwe als »Vater« des davidischen Königs s.u. IV/3b.

Im Akk. wird zwischen *abum murabbīšu* »Ziehvater« und *abum wālidum* »leiblicher Vater« unterschieden (CAD A/I, 68b).

Wie in Babylonien (Driver-Miles I, 392–394) können auch bei den Israeliten Lehrlinge und Gesellen zu ihrem Handwerksmeister in einer Art Adoptionsverhältnis gestanden haben; doch wird die Verwendung der Verwandtschaftsbegriffe »Sohn« und »Vater« für Mitgliedschaft und Leitung einer Handwerkerzunft in erster Linie dadurch bedingt sein, daß die Söhne normalerweise eben den Beruf des Vaters übernahmen. *'āb* als Gründer oder Leiter einer Handwerkergilde könnte in 1Chr 4, 14 (vgl. 4,12.23) vorliegen (I. Mendelsohn, BASOR 80, 1940, 19).

Möglicherweise wurde auch der Leiter einer Prophetenzunft, der zugleich der »geistliche« Vater war, *'āb* genannt (L. Dürr, Heilige Vaterschaft im antiken Orient, FS Herwegen 1938, 9ff.; J. Lindblom, Prophecy in Ancient Israel, 1962, 69f.; J.G. Williams, The Prophetic »Father«, JBL 85, 1966, 344–348); wenigstens finden wir für Elia und Elisa die Anrede *'ābī* »mein Vater« (2Kön 2,12; 13,14; auch von Nichtangehörigen der *benē hannebī'īm* gebraucht: 2Kön 6,21, vgl. 8,9 »dein Sohn«). Jedoch ist hier der Übergang zu *'āb* als Ehrentitel (s.u. 3) fließend (Lande 21f.; K. Galling, ZThK 53, 1956, 130f.; A. Phillips, FS Thomas 1968, 183–194).

In 1Sam 24,12 und 2Kön 5,13 ist wohl eine Interjektion anzusetzen (GVG II, 644; Joüon § 105f; gegen ThW V,970 Anm. 141; andernfalls müßte in 1Sam 24, 12 ein Ehrentitel oder Anrede an den Schwiegervater und in 2Kön 5,13 eine erstarrte Anredeformel mit Singularsuffix im Munde einer Mehrzahl angenommen werden, vgl. L. Köhler, ZAW 40, 1922, 39).

Entsprechend der Anrede des Jüngeren mit *benī* »mein Sohn«, namentlich in der Weisheitsliteratur (→*bēn*), könnte man damit rechnen, daß *'āb* auch für den Weisheitslehrer als den geistigen Vater verwendet würde (vgl. für das Äg.: Dürr, a.a.O. 6ff.; H. Brunner, Altäg. Erziehung, 1957, 10; für Mesopotamien: Lambert, BWL 95.102.106). Sichere Trennung vom normalen Gebrauch ist aber im AT nirgends möglich (vgl. allenfalls Spr 4,1 und 13,1).

3. In übertragener Verwendung des Wortes (Vergleich und Metapher) wird ein Aspekt der Vorstellung besonders hervorgehoben. Neben der Respektsperson ist der Vater auch in den verwandten Sprachen namentlich der schützende Fürsorger.

Zum Akk. vgl. CAD A/I, 51f.68a.71–73.76; AHw 8a. Phön.: Kilamuwa-Inschrift (= KAI Nr. 24) I,10 »ich aber war dem einen Vater und dem andern Mutter und dem dritten Bruder«; Karatepe-Inschrift (= KAI Nr. 26) I,3 »Ba'al machte mich den Danuna zum Vater und zur Mutter« (vgl. I,12, s.o. I); J. Zobel, Der bildliche Gebrauch der Verwandtschaftsnamen im Hebr. mit Berücksichtigung der übrigen sem. Sprachen, 1932, 7ff. (auch zum rabbinischen Material).

Von der Verwendung in bezug auf Gott abgesehen (s.u. IV/3) begegnet die okkasionelle Übertragung im AT nur bei Hiob (Urheber des Regens: Hi 38,28; Fürsorge gegenüber den Armen: Hi 29,16; 31,18, vgl. BrSynt § 97a; enge Zugehörigkeit: Hi 17,14, mit der »Kindesformel« »du bist mein Vater«, vgl. Fohrer, KAT XVI, 295).

Auf dem Wege zur usuellen Verfestigung sind die in den verschiedenen Bereichen und Zeiten belegten Ehrentitel für priesterliche und politische Amtsträger: Ri 17,10 und 18,19 »Vater und Priester« (vgl. G. Quell, ThW V,961f., nach Bertholet 256); Jes 22,21 »Vater für die Bewohner Jerusalems und des Hauses Juda« (vom Palastvorsteher, vgl. de Vaux I, 199f.); danach wohl auch der Thronname des Messias in Jes 9,5 »ewiger Vater« (vgl. H. Wildberger, ThZ 16, 1960, 317f.); außerisr. Aḥ. 55 »Vater von ganz Assur« (Cowley 213.221); Est G 3,13f. δεύτερος πατήρ; 8,12; 1Makk 11,32.

In Gen 45,8 »zum Vater für Pharao« ist eine die Anstößigkeit der Gottesbezeichnung für den König beseitigende Übertragung des äg. Titels *jt-nṯr* »Gottesvater« ins Hebr. anzunehmen (J. Vergote, Joseph en Égypte, 1959, 114f.). Zur Geschichte des äg. Titels für Wesire und Priester, ursprünglich wohl für den Kronprinzenerzieher verwendet, vgl. A. H. Gardiner, Ancient Egyptian Onomastica I, 1947, 47*–53*; H. Brunner, ZÄS 86, 1961, 90–100; H. Kees, ebd. 115–125.

Nach Rudolph, HAT 21,200.208, ist *'ābī* bzw. *'ābīw* in 2Chr 2,12 und 4,16 nicht als Namensbestandteil aufzufassen, sondern als Titel »mein/sein Meister« zu übersetzen (so auch Stamm, HEN 422; vgl. noch CAD A/I,73a).

Die Anrede *'ābī* für Elia und Elisa ist oben (2b) bereits erwähnt worden. Akk. *abu* als ehrenvolle Anrede ist in Briefen belegt (vgl. CAD A/I,71).

4. Enge Wortverbindung geht *'āb* als nomen rectum mit *bájit* »Haus« ein. *bēt-'āb* »Vaterhaus, Familie« bedeutet »ursprünglich die in einem gemeinsamen Hause zusammenwohnende Großfamilie, an deren Spitze der pater familias steht. Sie umfaßt außer der Frau oder den Frauen des pater familias die Söhne, mögen sie unverheiratet sein oder bereits selbst eine Familie gegründet haben, die Töchter, soweit sie unverheiratet oder verwitwet sind oder das Haus ihres Mannes verlassen haben, ferner die Frauen und Kinder der verheirateten Söhne« (L. Rost, Die Vorstufen von Kirche und Synagoge im AT, 1938 [²1967], 44).

Während in vorexilischer Zeit das »Vaterhaus« nur familien- und erbrechtlich von Bedeutung ist, wird es nach der Katastrophe von 587, die den Zusammenbruch der Sippenorganisation mit sich bringt, anstelle der *mišpāḥā* (→*'am*) zur grundlegenden Zelle im Aufbau des Gemeinwesens. In (den sekundären Teilen) der Priesterschrift und im chronistischen Geschichtswerk gliedert sich die →*'ēdā* »Gemeinde« (bzw. →*qāhāl*) in *maṭṭōt* »Stämme« und *bēt-'ābōt* »Vaterhäuser«, an deren Spitze ein *nāśī'* »Stammesfürst« bzw. ein *rōš* »Haupt« stehen (Rost, a.a.O. 56–76. 84).

Von 83 Stellen mit dem Sing. (überwiegend vorexilisch: Gen 18×, Ri 12×, 1Sam 13×) zeigen elf den nachexilischen technischen Gebrauch (Stellen bei Rost, a.a.O.56).

Der Plur. *bēt-'ābōt* (68×, davon 30× in Num 1–4, 10× in 1Chr 4–7; Stellen bei Rost, a.a.O. 56, erg. 1Chr 7,40; älteste Stelle wohl Ex 12,3) wird eigenartigerweise nur durch Pluralisierung des zweiten Gliedes gebildet (GK § 124p; Joüon § 136n), was auf eine sehr enge Wortverbindung schließen läßt (unklar ThW V,960, Z. 40ff.). Anstelle der doppelten Constructus-Verbindungen wie *rāšē bēt-'ᵃbōtām* (z.B. Ex 6,14) tritt auch abkürzendes *rāšē 'ābōt* (z.B. Ex 6,25) ohne *bēt-* (43×, Stellen bei Rost, a.a.O. 56, erg. Esr 8,1; ferner *nᵉśī'ē hā'ābōt* 1Kön 8,1; 2Chr 5,2; *śārē hā'ābōt* Esr 8,29; 1Chr 29,6; vgl. die dt. sog. Kopfwort- und Schwanzwortbildungen wie »Ober[-kellner]« und »[Eisenbahn-]Zug«), vor allem wenn nicht nur das Suffix der 3. Plur., sondern noch weitere Näherbestimmungen folgen (diese Unterscheidung durchgängig an den P-Stellen, während im chronistischen Geschichtswerk auch *rāšē (hā)'ābōt* ohne Näherbestimmungen und sogar *'ābōt* selbständig [Neh 11,13; 1Chr 24,31] begegnen kann). Bei Verbindungen mit *'ᵃḥuzzā* »Besitz« (Lev 25,41), *naḥᵃlā* »Erbteil« (Num 36,3.8) und *maṭṭæ* »Stamm« (Num 33,54; 36,3.8) ist einfacher mit »Väter« zu übersetzen (gegen Rost, a.a.O. 56f.).

Insgesamt ergeben sich so 201 Stellen mit *'āb* in der Bed. »Vaterhaus«, davon 129 im späteren terminologischen Sinn.

5. Mit *'āb* gebildete Eigennamen begegnen in der ganzen altsemitischen Namengebung.

Lit.: akk.: Stamm, AN; Mari und ostkan.: Huffmon; ug.: Gröndahl; phön.: Harris; südarab.: G. Ryckmans, Les noms propres sud-sémitiques, 1934; hebr.: Noth, IP; ältere Zusammenstellung des Materials durch M. Noth, Gemeinsemitische Erscheinungen in der isr. Namengebung, ZDMG 81, 1927, 1–45, mit statistischer Übersicht S. 14–17; zum Aram. vgl. A. Caquot, Sur l'onomastique religieuse de Palmyre, Syria 39, 1962, 236.240f.

Im AT gibt es gegen 40 Namensformen mit *'āb* als Element, wobei *'āb* meistens an erster Stelle steht, fast immer als Subjekt und nie als st. cs. aufzufassen ist. Bevor dieses Namenmaterial religionsgeschichtlich ausgewertet werden kann, ist die Scheidung zwischen theophorem und profanem Gebrauch des Verwandtschaftswortes vorzunehmen. Während die älteren Untersuchungen von W. W. Baudissin (Kyrios als Gottesname im Judentum, III, 1929, 309–379) und M. Noth (s.o.) fast ausschließlich mit theophorer Verwendung der Verwandtschaftswörter zur Bezeichnung des Stammesgottes rechneten, macht Stamm, HEN 413–424, bei mehr als einem Viertel der Formen profane Verwendung in sog. Ersatznamen wahrscheinlich, d.h. in »Namen, nach denen im Neugeborenen die ersetzende Wiederverkörperung eines verstorbenen Familiengliedes gesehen wurde« (J.J.Stamm, RGG IV, 1301).

Beispiele von Satznamen sind *'ijjōb* »Hiob« (mit Fragepartikel gebildete Klage »wo ist der Vater«), *'[a]bīšaj* »Abisai« (»der Vater existiert wieder«, nach H. Bauer, ZAW 48, 1930, 77), von Bezeichnungsnamen *'aḥ'āb* »Ahab« (»Vatersbruder«). In Fällen wie *'[a]bī'ēl*, *'[æ]lī'āb*, *'[a]bijjā*, *Jō'āb* oder *'[a]bīmælæk* (vgl. *'[æ]līmælæk*), *'[a]bīdān* (vgl. *Dānijjēl*) u.a.m. ist die theophore Bedeutung des Elements *'āb* jedoch gesichert.

Die religionsgeschichtliche Auswertung muß damit rechnen, daß die Namen einerseits aus Konservatismus weiterverwendet werden, auch wenn die bei der Namenprägung aktuelle Situation sich längst geändert hat (vgl. Noth, IP 141 zu den Bekenntnisnamen wie *Jō'āb*: ursprünglich Gleichsetzung des alten Stammesgottes mit dem neuen Bundesgott, aber noch in nachexilischer Zeit weiter im Gebrauch), daß andererseits auch grammatisch-syntaktische und inhaltliche (metaphorische) Neudeutungen erfolgen können (H. Bauer, OLZ 33, 1930, 593ff.). Insbesondere ist es bei den Namensetymologien, die auf eine als Blutsverwandten des Clans betrachtete Gottheit zurückführen, »sicher, daß in Israels geschichtlicher Zeit der Sinn der zugehörigen Namen dadurch verändert wurde, daß man die Vater, Bruder oder Onkel genannte Gottheit mit Jahwe gleichsetzte« Stamm, HEN 418). Nach W.Marchel, Abba, Père, 1963, 13.27ff., ist die in den Eigennamen auf die Gottheit bezogene Verwandtschaftsbezeichnung überhaupt von Anfang an nur metaphorisch zu verstehen.

IV. 1. Ausgehend von den Gottesbezeichnungen in den Patriarchen- und Mose-Erzählungen, die als zweites Glied einer Genetivverbindung einen Personennamen enthalten (»der Gott Abrahams« usw.), und unter Vergleichung nabatäischer Analogien hat A.Alt (Der Gott der Väter, 1929 = KS I,1–78) das Vorhandensein des Religionstypus des »Vätergottes« in der Frühzeit Israels wahrscheinlich gemacht (zustimmend W.F.Albright, Von der Steinzeit zum Christentum, 1949, 248f.; von Rad I,21f.; J.Bright, A History of Israel, 1960, 86–93; V.Maag, SThU 28, 1958, 2–28; H.Ringgren, Isr. Religion, 1963, 17f.; ablehnend J.Hoftijzer, Die Verheißungen an die drei Erzväter, 1956, 85ff., vgl. dazu M.Noth, VT 7,1957, 430 bis 433). Die Person X, nach der die Gottheit »Gott des X« genannt wird, hat dabei als Offenbarungsempfänger und Kultstifter zu gelten; in der Sippe des X wird die Gottheit als »Gott des Vaters« (θεὸς πατρῷος) weiter verehrt. Die Bindung dieser Gottheiten nicht an einen Ort, sondern an eine Menschengruppe mit ihren wechselnden Schicksalen bedingt ihren Zug zu sozialen und historischen Funktionen und eine Abwendung vom Naturalismus (W. Eichrodt, Religionsgeschichte Israels, 1969, 7–11). Im Blick auf die in der Frühzeit Israels erfolgte Verschmelzung der verschiedenen Vätergötter untereinander und mit Jahwe sagt Alt (a.a.O. 63): »Die Götter der Väter waren die παιδαγωγοί auf den größeren Gott, der später ganz an ihre Stelle trat.«

An den hiehergehörigen Stellen bei J und E in der Gen bezieht sich das Wort *'āb* im Sing. (26,24; 28,13; 31,5.29.42.53.53; 32,10.10; 43,23; 46,1.3; 49,25; 50,17, jeweils mit Personalsuffix) entsprechend der vorausgesetzten genealogischen Verknüpfung der Erzväter bei Isaak auf Abraham (26,24), bei Jakob auf Isaak (z.B. 46,1) bzw. auf Abraham und Isaak (32,10; Doppelformel mit nur einmaligem *'āb* auch 28,13; 31,42; vgl. 48,15), bei den Söhnen Jakobs auf Jakob (50,17), wenn auch, wie gerade an letzterer Stelle, der Eigenname nicht zu stehen braucht. Bei den singularischen Stellen in Ex (3,6 neben »der Gott Abrahams, Isaaks und Jakobs«, der sam. Text gleicht an den Plur. an; 15,2 par. zu »mein Gott«; 18,4) kann man fragen, ob der Ausdruck »der Gott meines/deines Vaters« genauer den Patriarchengott oder (sachlich gleichbedeutend) allgemeiner den in der Familie Moses schon früher verehrten Gott meint (zu 3,6 vgl. Alt, a.a.O. 13 Anm. 2; anders Ph.Hyatt, VT 5,1955, 130–136); die späteren Stellen, die sich auf den Gott des Ahnherrn David beziehen (2Kön 20,5 = Jes 38,5; 1Chr 28,9; 2Chr 17,4; 21,12; 34,3) bezeichnen jedenfalls einfach die Kontinuität der Gottesverehrung innerhalb der Familie bzw. Dynastie. Vereinzelt begegnet noch 1Chr 29,10 »der Gott unseres Vaters Israel« (vgl. 29,18.20).

Die pluralische Formulierung »der Gott eurer/ihrer Väter« findet sich bei der Gleichsetzung Jahwes mit dem Gott Abrahams, Isaaks und Jakobs in Ex 3,13.15.16; 4,5 (Alt, a.a.O. 9–13). Die übrigen Stellen, die den »Gott der Väter« erwähnen (Dtn 1,11.21; 4,1; 6,3; 12,1; 26,7; 27,3; 29,24; Jos 18,3; Ri 2,12; 2Kön 21,22 und weitere 30× in Dan, Esr und Chr) sind vom dtn. Gebrauch des Ausdrucks »Väter« abhängig (s.u. 2b). Dan 11,37 handelt von den Göttern (Plur.) der Väter des heidnischen Fürsten (vgl. noch Ez 20,24 *gillūlē 'ᵃbōtām* »Götzen ihrer Väter«).

2. Der Plur. *'ābōt* »Väter« begegnet in einer Reihe von mehr oder weniger festgeprägten Wendungen von unterschiedlichem theologischem Gewicht.

a) Theologisch neutral sind zunächst die euphemistischen Umschreibungen für »sterben« wie »sich zu seinen Vätern legen«, die B. Alfrink, OTS 2,1943, 106–118 und 5,1948, 118–131, untersucht hat (vgl. noch O. Schilling, Der Jenseitsgedanke im AT, 1951, 11–15; M.D. Goldman, ABR 1,1951, 64f.; ebd. 3,1953, 51; G.R. Driver, FS Neuman, 1962,128–143).

Die verwendeten Verben sind: (1) *škb* »sich hinlegen« Gen 47,30; Dtn 31,16; 2Sam 7,12; ferner 26× in 1/2Kön und 11× in 2Chr, insgesamt 40×; in 2Sam 7,12 mit der Präp. *'æt-*, sonst immer mit *'im-*. Die Wendung bezieht sich auf den Tod, nicht auf das Begräbnis; sie wird, wie Alfrink gezeigt hat, nur bei friedlichem Sterben verwendet (bei 9 von 18 Königen des Nordreiches und bei 13 von 19 Königen von Juda; zum Problem bei Ahab [2Kön 22,40] vgl. C.F. Whitley, VT 2, 1952, 148f.); (2) *qbr* »begraben« Gen 49,29 (mit *'æl-*), 1Kön 14,31 und weitere 13× in 1/2Kön und 2Chr (mit *'im-*); (3) *'sp* »versammeln« Ri 2,10 (mit *'æl*); 2Kön 22,20 = 2Chr 34,28 (mit *'al-*); die Formel in Ri 2,10 scheint eine Kontamination der Wendung *'sp* ni. *'æl-'ammāw* »zu seinen Stammesgenossen versammelt werden« (Gen 25,8 und weitere 9 Stellen im Pentateuch; vgl. Alfrink, OTS 5, 1948, 118f.) mit Formel (1) zu sein; (4) *bō'* »eingehen« Gen 15,15 (mit *'æl-*); Ps 49,20 (mit *'ad-*); (5) *hlk* »gehen« 1Chr 17,11 (mit *'im-*, vgl. Rudolph, HAT 21,131).

Substantivische Verbindungen mit *'ābōt* bezüglich Grab und Bestattung finden sich in 1Kön 13,22; Jer 34,5; Neh 2,3.5; 2Chr 21,19; Bestattung im Grab des Vaters (Sing.) wird erwähnt in Ri 8,32; 16, 31; 2Sam 2,32; 17,23; 21,14. Irgendein religiöses Gewicht im Sinne des Ahnenkultes kann den »Vätern« hier nirgends beigelegt werden (gegen G. Hölscher, Geschichte der isr. und jüd. Religion, 1922, 30f.).

b) Etwa vom 7. Jh. an wird der Plur. »die Väter« zu einem wichtigen Begriff der theologischen Sprache; er wahrt die heilsgeschichtliche Dimension in den Aussagen über das Volk Israel, das in den Vätern und Söhnen sowohl bei deren Zusammenordnung als auch bei deren Abhebung voneinander eine organische Einheit bildet.

Im Anschluß an die Erzvätertradition spielen in der dtn. Theologie namentlich die Verheißungen an die Väter eine wichtige Rolle. In der vom Dtn abhängigen Sprache werden sodann die Väter als Empfänger verschiedener Heilsgaben immer wieder genannt (vgl. zum Dtn O. Bächli, Israel und die Völker, 1962, 119–121).

Schon bei Hosea begegnen einmal die »Väter«, allerdings nicht in der Erzvätertradition, sondern in dem poetischen Bild von der Auffindung in der Wüste (9,10 »eure Väter« par. zu »Israel«).

Die dominierende Formel in den dtn. Erwähnungen der Väterverheißung lautet »das Land, das Jahwe den Vätern zu geben geschworen hat« o.ä. Stellen mit *šb'* ni. »schwören« in der dtn.-dtr. Literatur sind Ex 13,5.11; Num 11,12; 14,23; Dtn 1,8.35; 4,31; 6,10.18.23; 7,8.12.13; 8,1. 18; 9,5; 10,11; 11,9.21; 13,18; 19,8; 26,3.15; 28,11; 29,12; 30,20; 31,7.20.(21 erg.); Jos 1,6; 5,6; 21,43.44; Ri 2,1; Jer 11,5; 32,22; Mi 7,20; mit *dbr* pi. »verheißen« Dtn 19,8, vgl. *'mr* Neh 9,23. Vgl. zum Schwur Jahwes an die Erzväter G. von Rad, Das Gottesvolk im Dtn, 1929,5; N. Lohfink, Das Hauptgebot, 1963, 86–89 mit Tabelle 307f. Neben der Landverheißung werden aber auch andere Inhalte wie Mehrung der Nachkommenschaft und, aus dem Bereich der Väterüberlieferung heraustretend, Erwählung, Liebeszuwendung und Bundesschluß als Gaben an die Väter erwähnt (vgl. noch Dtn 4,37; 5,3 mit paränetischer Verlagerung des Bundesschlusses auf die jetzige Generation; 10,15; 30,5.9). Im Zusammenhang mit diesen Formeln ist auch die Rede vom »Gott der Väter« in der dtn. Theologie und später zu verstehen (Stellen s.o. IV/1). Manchmal werden Abraham, Isaak und Jakob als Väter namentlich aufgezählt (Dtn 1,8; 6,10; 9,5; 29,12; 30,20; ferner 1Chr 29,18); Dtn 10,22 redet von den Vätern als siebzig Seelen, die nach Ägypten hinabzogen.

Aus der Fülle der nach-dtn. Stellen mit den Vätern als Empfängern von Heilsgaben seien vorweg herausgegriffen die an die dtn. Schwurformel anschließenden formelhaften Wendungen vom »Land, das Jahwe den Vätern gegeben hat« (Verbum *ntn*): 1Kön 8,34.40.48 (= 2Chr 6,25.31.38); 14,15; 2Kön 21,8 (= 2Chr 33,8 txt em); Jer 7,7.14; 16,15; 23,39; 24,10 (echt jeremianisch?); 25,5; 30,3; 35,15; Ez 20, 42; 36,28; 47,14; Neh 9,36; mit *nḥl* hi. Jer 3,18.

Weiter sind zu nennen die dtr. Geschichtsübersichten in Jos 24 (die aus Ägypten herausgeführten Väter V. 6.17 werden abgehoben von den heidnischen Vätern jenseits des Stromes V. 2.14.15); Ri 2,17.19.20.22; 3,4; 1Sam 12,6–8; 1Kön 8,21.53.57.58; 9,9; 2Kön 17,13.15; 21,15; ferner dtr. Stellen wie Jer 7,22.25; 11,4.7. 10; 17,22; 34,13; 44,10 und Ps 78,12, sowie einige zerstreute Stellen: Jes 64,10; Ez 37,25; Mal 2,10; Ps 22,5; 39,13; 1Chr 29,15. Nicht aufgeführt sind negative Sätze wie Dtn 9,15 usw., spezielle Vorfahren (z.B. Num 20,15; 1Kön 21,3f.) und andere, theologisch unergiebige Erwähnungen der Väter (z.B. Dan 9,6.8).

Die Überlieferung der Heilsgeschichte von den Vätern auf die Söhne illustrieren Stellen wie Jos 4,21; Ri 6,13; Ps 44,2; 78,3.5 (vgl. ohne unser Stichwort Ex 10,1f.; 12,26f.; Dtn 6,20ff.); als bab. Parallele vgl. den Epilog des Enūma eliš (VII,147).

Die Väter sind aber nicht nur Verheißungs- und Segensempfänger, sondern sie belasten durch ihre Sünden auch die Gottesbeziehung der Späteren, wobei das Problem der Solidarität der Söhne mit den Vätern in verschiedener Weise zum Austrag kommt; vgl. zum Ganzen die Arbeit von J. Scharbert, Solidarität in Segen und Fluch im AT und in seiner Umwelt, Bd. I: Väterfluch und Vätersegen, 1958.

Vom Abfall der Väter, in deren Gefolge auch die Späteren sündigen, redet zuerst Jeremia, wobei die Scheidung in echte und sekundäre Stellen nicht immer leicht ist (Jer 2,5; 3,25; 7,26; 9,13; 11,10; 14,20; 16,11.12; 23,27; 31,32; 34,14; 44,9.17.21; 50,7).

Aus den nachjeremianischen Texten sind zu nennen: Lev 26,39.40; 2Kön 17, 14.41; 22,13 (=2Chr 34,21); Jes 65,7; Ez 2,3; 20,4.18.24.27.30.36; Am 2,4; Sach 1,2.4.5.6; 8,14; Mal 3,7; Ps 78,8.57 (vgl. 79,8 *ʿawōnōt rišōnīm* »Sünden der Vorfahren«); 95,9; 106,6.7; Klgl 5,7; Dan 9,16; Esr 5,12; 9,7; Neh 9,2.16; 2Chr 29,6.9; 30,7.8. J. Scharbert, Unsere Sünden und die Sünden unserer Väter, BZ 2,1958, 14–26, verfolgt die Geschichte der Gattung des Sündenbekenntnisses der eigenen und der Vätersünden von Jeremia an (Jer 3,25; 14,20) bis in die nach-atl. Zeit hinein (Tob 3,3.5; Jud 7,28; Bar 1,15–3,8; 1QS 1,25f.; CD 20,29; 1QH 4,34).

Die prinzipiellen Aussagen über die Solidarhaftung der Kinder mit den Vätern bzw. über deren Aufhebung verwenden den Plur. »Väter« nicht in der bisher behandelten Bed. »Vorfahren Israels«, sondern in allgemeiner Gegenüberstellung Väter-Söhne. Zu der alten Bekenntnisformel »Jahwe ..., der die Schuld der Väter heimsucht an den Kindern und Kindeskindern bis ins dritte und vierte Geschlecht« (Ex 20,5; 34,7; Num 14,18; Dtn 5,9; Jer 32,18) vgl. J. Scharbert, Formgeschichte und Exegese von Ex 34, 6f. und seiner Parallelen, Bibl 38,1957, 130–150; L. Rost, Die Schuld der Väter, FS Hermann 1957, 229–233; R. Knierim, Die Hauptbegriffe für Sünde im AT, 1965, 204–207. Zum Verbot der Solidarhaftung in Dtn 24,16; 2Kön 14,6; 2Chr 25,4 vgl. Scharbert, Solidarität 114f.124f.251, und von Rad, ATD 8,1964, 109. Zum Sprichwort von den Vätern, die saure Trauben gegessen haben, und den Söhnen, denen die Zähne davon stumpf geworden sind (Jer 31,29; Ez 18,2), vgl. die Komm. und Scharbert, Solidarität 218–226.

3. Obwohl »die Anrufung der Gottheit unter dem Vaternamen zu den Urphänomenen der Religionsgeschichte gehört« (G. Schrenk, ThW V, 951ff.; G. Mensching, RGG VI, 1232f.), ist das AT in der Verwendung der V a t e r b e z e i c h n u n g f ü r J a h w e sehr zurückhaltend (G. Quell, ThW V, 964–974; H.-J. Kraus, RGG VI, 1233f.). Dies gilt in stärkstem Maße für die im AT im Vollsinn ausgeschlossenen Aussagen über eine physische Vaterschaft Gottes (a), aber auch für die Adoptionsvorstellung (b) und noch für den metaphorischen Gebrauch des Wortes (c).

a) Die mythischen Vorstellungen von Gottheiten als Erzeugern und Erschaffern der Götter und Menschen lassen sich in der näheren Umwelt des AT gut verfolgen in den ug. Texten (zu Ägypten und Babylonien →*jld*), wo dem obersten Gott des Pantheons, El, in einer Reihe von stereotypen Formeln das Epithet »Vater« gegeben wird.

Als *ab bn il* »Vater der Götter« erscheint El in einer Entsühnungsliturgie (2,[16].25.33; O. Eißfeldt, El im ug. Pantheon, 1951, 62–66). Ähnliche Bed. scheint das umstrittene *mlk ab šnm* (49 [= I AB], I 8; 51 [= II AB], IV 24; 2Aqht [= II D], VI 49; 129 [= III AB, C], 5 [erg.]; ʿnt pl. VI [= V AB], V 16; ʿnt pl. IX–X [= VI AB], III 24) zu haben, wenn man *ab šnm* nicht mit Driver (CML 109) u.a. »Vater der Jahre« oder mit Eißfeldt (a.a.O. 30f.) »Vater der Sterblichen« übersetzt, sondern mit M.H. Pope (El in the Ugaritic Texts, SVT 2, 1955, 32f.) »Vater der Erhabenen (= der Götter)« (so auch Gray, Legacy 114.155f.; W. Schmidt, Königtum Gottes in Ugarit und Israel, [2]1966, 59 Anm. 3). Je einmal begegnen *il abh* »El, ihr Vater« (6,21 von Anat) und *il abn* »El, unser Vater« (75 [= BH], I 9, in fragmentarischem Zusammenhang; vgl. Eißfeldt, a.a.O. 34). Am häufigsten ist die Formel *ṯr il aby/abk/abh* »Stier, El, mein/dein/sein/ihr Vater« (49 [= I AB], IV 34; VI 27; 51 [= II AB], IV 47; 129 [= III AB, C], 16.17.19.21; 2Aqht [= II D], I 24; ʿnt [= V AB], V [7].18.43; erg. in ʿnt pl. IX–X [= VI AB], III 26 und V 22) oder, mit anderer Reihenfolge der Elemente, *ṯr abk/abh il* »Stier, dein/sein Vater, El« (137 [= III AB, B], 16. 33.36; Krt [= I K], 59.77.169; 2001 [= PRU V, 1 = IX Myth. Fr.], 15. rev. 2; in Krt 41 *ṯr abh* fehlt *il* wegen vorangehendem *ġlm il*), wobei das Personalsuffix sich auf die jeweils gerade auftretenden oder genannten Götter und Göttinnen (auch auf Krt) bezieht. Schließlich finden wir im Krt-Epos noch *ab adm* »Vater der Menschheit« (Krt 37.43.136.151.278.291).

Von Bedeutung für die Erklärung der Stelle Dtn 32,6b »ist nicht er dein Vater, der dich (sc. das Volk) erschaffen, nicht er es, der dich gemacht und bereitet (*kūn* pol.)« ist in gewisser Hinsicht die Beobachtung, daß die Formel *ṯr il abh* »Stier El, sein (sc. Baals) Vater« an einigen Stellen als Parallelglied *il mlk dyknnh* »El, der König, der ihn bereitete (*kūn* pol.)« bei sich hat (51 [=II AB], IV 47f.; erg. I 5f.; 'nt [=V AB], V 43f.; vgl. Schmidt, a.a.O. 23.59). In Verbindung mit Dtn 32,18 ist bei V. 6b mindestens in der poetischen Diktion ein Nachhall mythischer kanaanäischer Vorstellungen anzunehmen, welche sonst in der prophetischen Auseinandersetzung mit dem Vegetations- und Fruchtbarkeitskult scharf abgewiesen werden: Jer 2,27 »(zu Schanden werden ...) die da sagen zum Baum: Du bist mein Vater! und zum Stein: Du hast mich geboren!« (vgl. Quell, ThW V,967; P. Humbert, Yahvé Dieu Géniteur?, Asiatische Studien 18/19, 1965, 247–251).

Zu Jes 1,2 G ἐγέννησα vgl. J. Hempel, Gott und Mensch im AT, ²1936, 170 Anm. 6, und Wildberger, BK X,8.

b) Im Bereiche der Adoptionsvorstellung bewegen sich die Aussagen über das Vater-Sohn-Verhältnis zwischen Jahwe und dem davididischen König (2Sam 7,14 »ich will ihm Vater sein und er soll mir Sohn sein«; Ps 89,27; 1Chr 17,13; 22,10; 28,6; vgl. auch die Adoptionsformel in Ps 2,7 »mein Sohn bist du, heute habe ich dich gezeugt«). Die Einwirkung äg. Königsideologie (S. Morenz, Äg. Religion, 1960, 35–43.154f.; RGG VI,118) auf das jerusalemische Krönungszeremoniell ist offensichtlich, aber auch der Unterschied in der Auffassung der Gottessohnschaft, die in Ägypten unmittelbar physisch, im AT nur per adoptionem kraft prophetischer Erwählungszusage verstanden wurde (J. Hempel, a.a.O. 173ff.; Alt, KS II,63f.218; G. von Rad, ThLZ 72, 1947, 214 = Ges Stud 222–224; K.-H. Bernhardt, Das Problem der altorientalischen Königsideologie im AT, 1961, 74–76.84–86).

Auf das Verhältnis Jahwes zu seinem Volk angewendet erscheint der Sohn-Begriff bereits Ex 4,22 (Noth, ATD 5,22. 33f.: sekundärer Zuwachs zu J oder JE); Hos 11,1 (hier in adoptionellem Sinn mit Betonung des Liebes- und Erziehungsgedankens, vgl. Wolff, BK XIV/1, 255–257); Jes 1,2 (fürsorgliche erzieherische Güte gegenüber den Söhnen [Plur.], vielleicht auf dem Hintergrund der geistigen Sohnschaft im Bereich der Weisheit [s. o., III/2b] zu verstehen, vgl. Wildberger, BK X, 12–14) und 30,9 (→*bēn*; zum Dtn vgl. D. J. McCarthy, CBQ 27, 1965, 144–147). Das Wort *'āb* taucht aber, ebenfalls deutlich adoptionell und im Sinne der liebevollen Zuwendung, erst bei Jeremia auf: 3,4 (mit Duhm u.a. als Eintragung aus V. 19 anzusehen, vgl. Rudolph, HAT 12,22); 3,19 »mein Vater!« als Anrede, welche die Versetzung unter die Söhne anerkennt (vgl. noch S. H. Blank, HUCA 32, 1961, 79–82); 31,9 »denn ich bin Israels Vater geworden«.

In bezug auf den Einzelnen klingt das Adoptionsmotiv in Ps 27,10 an, aber ohne daß Jahwe direkt als Vater bezeichnet würde.

c) Es bleiben nur noch wenige Stellen übrig, an denen Jahwe entweder mit einem Vater verglichen oder metaphorisch »Vater« genannt wird. Soweit es sich nicht um reine Vergleiche aus dem Familienleben (Ps 103,13; Spr 3,12) oder um gemeinaltorientalische Ideale (Ps 68,6) handelt, stehen diese (nachexilischen) Aussagen überwiegend wohl im Gefolge der Bezeichnung Jahwes als des Schöpfers des Volkes durch Deuterojesaja (Jes 43,6f.15.21; 44, 2.21.24; 45,10f.).

Geht die Blickrichtung vom Sohn aus zum Vater, so liegt im Vergleichsbild das Gewicht auf der autoritativen Stellung des pater familias und auf der Gehorsamspflicht ihm gegenüber. So erscheint, allerdings nur indirekt, Jahwe als Vater in Jes 45,10 (vgl. V. 11), parallel zum Bild des souverän verfügenden Töpfers, das auch in Jes 64,7 zusammen mit der direkten Anrede »du bist unser Vater« (formelhaft zweimal auch in 63,16) aufgenommen wird. In Mal 1,6a steht »ein Sohn ehrt seinen Vater« parallel zu »ein Knecht fürchtet seinen Herrn«; in V. 6b wird aus der Vaterstellung Gottes, die auch in 2,10 auf Grund der Schöpferwürde als gegeben vorausgesetzt wird, die Respektsforderung abgeleitet, während in 2,10 der Gedanke der Bruderschaft unter den Söhnen des einen Vaters (= Gottes, vgl. die Komm. und Quell, ThW V,973; gegen Horst, HAT 14,269, der an Jakob denkt) maßgebend ist (→*'āḥ* 4c). Eine Ausweitung des Vatergedankens ins Universalistische findet nicht statt, da die Schöpferaussage innerhalb dieser Tradition auf das Volk bezogen ist (gegen R. Gyllenberg, Gott der Vater im AT und in der Predigt Jesu, StOr 1, 1925, 53f.).

Richtet sich dagegen der Blick vom Vater zum Kind, so wird mehr die Verbundenheit und Fürsorge betont. So ergeht in Jes 63,16 (vgl. V.15 »blicke herab . . .«) der Appell an den Vater und Erlöser (*gō'ᵃlēnū*, →*g'l*) von uran, der den irdischen Vätern weit überlegen ist.

Ebenso bildet schließlich in den verhältnismäßig seltenen Vergleichen Jahwes mit einem Vater die Liebeszuwendung das tertium comparationis (ähnlich wie im reichhaltigen bab. Material, vgl. CAD A/I, 69b): Ps 103,13 »wie sich ein Vater über seine Kinder erbarmt, so erbarmt sich Jahwe über die, die ihn fürchten« (vgl. Dtn 1,31 ohne *'āb*) und Spr 3,12 »denn wen Jahwe lieb hat, den züchtigt er, wie ein Vater den Sohn, dem er wohl will« (so MT; nach G ist allerdings *ūkᵉ'āb* in *wᵉjak'īb* zu korrigieren; zum Inhalt vgl. Dtn 8,5 ohne *'āb*).

Das Motiv des »Vaters der Vaterlosen« in Ps 68,6 ist, wenn auch nicht so pointiert, im AT und in seiner Umwelt weit verbreitet (vgl. Dtn 10,18; Ps 10,14.18; 82,3f.; 146,9; ferner Hi 29,16; 31,18; Sir 4,10 und das altorientalische Material bei Wildberger, BK X,48); speziell äg. Herkunft (so Quell, ThW V,966 Anm. 118) braucht kaum angenommen zu werden.

Die Bezeichnung Gottes als des Vaters des einzelnen Gläubigen kommt im AT noch nicht vor (zuerst wohl Sir 50,10 [hebr.] in Anlehnung an Ps 89,27); zur intertestamentalen jüdischen Literatur vgl. Bousset-Gressmann 377 und vor allem J. Jeremias, Abba, 1966, 19–33.

V. Die ntl. Untersuchungen über ἀββᾶ und πατήρ behandeln gewöhnlich auch die Vorgeschichte des Begriffes im AT sowie im palästinischen und hellenistischen Judentum. Es seien genannt: G. Kittel, Art. ἀββᾶ, ThW I,4–6; G. Schrenk, Art. πατήρ, ThW V,974–1024; D. Marin, Abba, Pater, FS Herrmann 1960,503–508; W. Marchel, Abba, Père! La prière du Christ et des Chrétiens, 1963; ders., Abba, Vater! Die Vaterbotschaft des NT, 1963; J. Jeremias, Art. Vatername Gottes, III., RGG VI, 1234f.; ders., Abba, Studien zur ntl. Theologie und Zeitgeschichte, 1966,15–67. 145–148. *E. Jenni*

אבד *'bd* zugrunde gehen

1. *'bd* ist gemeinsemitisch (Bergstr. Einf. 190), in der Bed. »verloren, zugrunde gehen« aber nur im NWSem. lebendig.

Im Akk. ist *abātu* (d > t dissimiliert, vgl. GAG p. XXV zu § 51d; anders GVG I,152; Bergstr. I,109) transitiv »zerstören«, altass. aber auch intransitiv »weglaufen« (J. Lewy, Or NS 29, 1960, 22–27; CAD A/I, 45).

Von der Wurzel werden im AT außer qal, pi. »vernichten« und hi. »zugrunde gehen lassen« (aram. qal, ha. und ho.) nur die Verbalnomina *'ᵃbēdā* »Verlorenes« und *'ᵃbaddōn* »Untergang« gebildet (dazu *'abdān* und *'obdān* »Untergang« als aram. LW, vgl. Wagner Nr. 1/1a).

Von einer zweiten Wurzel *'bd* »dauern«, die im Arab. vorkommt und auch für das Ug. vermutet wird (J. Gray, ZAW 64, 1952, 51.55; UT Nr. 17; WUS Nr. 15; dagegen M. Dietrich-O. Loretz, WdO III/3, 1966, 221), dürfte *'ᵃdē 'ōbēd* »für immer« in Num 24,20.24 abzuleiten sein (D. Künstlinger, OLZ 34, 1931, 609–611), während die Vermutungen für Spr 11,7 (J. Reider, VT 2, 1952, 124) und Hi 30,2 (G. Rinaldi, BeO 5, 1963, 142) unsicher bleiben.

2. Statistik: qal 117 × (Ps 21 ×, Jer 16 ×, Dtn 13 ×, Hi 13 ×), aram. 1 × ; pi. 41 × (Est 10 ×); hi. 26 ×, aram. ha. 5 ×, ho. 1 × ; Verbum total hebr. 184 ×, aram. 7 × ; *'ᵃbēdā* 4 ×, *'ᵃbaddōn* 6 ×, *'abdān* 1 ×, *'obdān* 1 ×. Die Wurzel fehlt in Gen und in Chr/Esr/Neh (vgl. 2Kön 11,1; 21,3 mit 2Chr 22,10; 33,3; sowie 2Kön 9,8 mit 2Chr 22,7).

In 1Sam 12,15; Jes 46,12 und Spr 17,5 ist Korrektur nach LXX zu erwägen (vgl. BH³).

3. Je nach dem Subjekt (einzelne Dinge, kollektive Größen, Lebewesen) und dem Gebrauch von Präpositionen (*bᵉ*, *min*) stehen im Deutschen verschiedene Übersetzungsmöglichkeiten für die relativ einheitliche Hauptbed. des Qal »zugrunde gehen« zur Verfügung (»verloren gehen, umkommen, weggerafft werden« usw., vgl. HAL 2b). Die Bedeutungen der Wurzel in den verwandten sem. Sprachen (vgl. akk., arab., äth.) könnten nahelegen, in der spezielleren Bed. »sich verlaufen, umherirren, weglaufen« (Dtn 26,5; 1Sam 9,3.20; Jer 50,6; Ez 34,4.16; Ps 2,12; 119,176) das Ursprüngliche zu sehen (vgl. Th. Nöldeke, ZDMG 40, 1886, 726).

Wegen seiner wenig speziellen und negativen Bedeutung besitzt das Verbum keinen ständigen Gegenbegriff; als mögliche Entgegensetzungen sind →*'md* »bleiben« (Ps 102,27; vgl. 112,9f.), →*hjh* »werden« (Jon 4,10) und *'rk* hi. *jāmīm* »lange leben« (Dtn 4,26; 30,18) anzuführen.

Im Bedeutungsumfang deckt sich *'bd* ziemlich genau mit akk. *ḫalāqu* (AHw 310f. »verschwinden, zugrunde gehen, fliehen«; auch ug. und äth.); vgl. den Amarnabrief EA 288, Z. 52 (aus Jerusalem): »alle Länder des Königs gehen verloren [*ḫal-qa-at*]« mit kan. Glosse *a-ba-da-at*. Diese Wurzel *ḫlq* III ist auch in

Ps 17,14; 73,18; Hi 21,17; Klgl 4,16 vermutet worden (M.Dahood, Bibl 44, 1963, 548; 45, 1964, 408; 47,1966,405; zu Jes 57,6 W.H.Irwin, CBQ 29, 1967, 31–40), aber wegen der Bedeutungsnähe zu *ḥlq* I (*ḥalāqōt* Ps 73,18 »das Schlüpfrige«) und II (pi. »zerstreuen« Gen 49,7 und Ps 17,14, vgl. G.R.Driver, JThSt 15, 1964, 342) nicht sicher begründbar.

Im Pi. und Hi. »vernichten« steht *'bd* vor allem mit →*krt* und →*šmd* in Konkurrenz.

Zum Bedeutungsunterschied zwischen pi. »vernichten, ausmerzen« und hi. »zugrunde gehen lassen« (letzteres meist von Personen und futurisch verwendet) vgl. E.Jenni, Faktitiv und Kausativ von *'bd* »zugrunde gehen«, FS Baumgartner 1967, 143 bis 157.

Zu *'abaddōn* »Untergang, Untergangsort« →*še'ōl*.

4. An über zwei Drittel der Stellen mit Qal und Hi. (Pi. 1/3) ist Jahwe direkter oder indirekter Urheber des Unterganges. Hier hat *'bd* kaum je neutralen Klang (vgl. Ps 102,27; 146,4), sondern bedeutet das von Gott verhängte Untergehen des Gottfeindlichen. Formelhaft geprägter Gebrauch ist, entsprechend wohl der sehr allgemeinen Wortbedeutung, wenig zu erkennen; das Wort hat sich nicht zu einem theologischen Terminus verfestigt.

In der »Ausrottungsformel« steht nur einmal in Lev 23,30 *'bd* statt des üblichen, konkreteren *krt* (Elliger, HAT 4,310.319 Anm. 24). Auch der »Angstruf« (Num 17,27; vgl. Num 21,29 par. Jer 48,46, und Mt 8,25 par. Lk 8,24) ist nicht an *'bd* gebunden (vgl. Jes 6,5; Jer 4,13; G.Wanke, ZAW 78, 1966, 216f.).

Als Bereiche, in denen *'bd* zum angestammten Vokabular gehört, sind vorzugsweise zu erwähnen:

a) die Aussagen über den Tun-Ergehen-Zusammenhang (vgl. H.Gese, Lehre und Wirklichkeit in der alten Weisheit, 1958,42ff.) in der Weisheitsliteratur (Ps 1,6; 37,20; 49,11; 73,27; 112,10; Hi 4,7.9; 8,13; 11,20; 18,17; 20,7; Spr 10,28; 11,7.7.10; 19,9; 21,28; 28,28); ausgesprochen oder unausgesprochen sorgt hier immer Jahwe dafür, daß der Frevler, sein Name, seine Hoffnung usw. untergeht.

b) die bedingten Fluchdrohungen in den das Heiligkeitsgesetz und das dtn. Gesetz abschließenden Segen-Fluch-Formularen (Lev 26,38; Dtn 28,20.22; zur kultisch-sakralen Herkunft vgl. Elliger, HAT 4, 372) und in der dtr. Predigt (Dtn 4,26; 8,19.20; 11,17; 30,18; Jos 23,13.16; vgl. noch 1Q 22 I,10); sie lassen Beziehungen zu Fluchformeln in nwsem. Inschriften und altorientalischen Vertragstexten erwarten (Lit. bei D.R.Hillers, Treaty-Curses and the OT Prophets, 1964). Vgl. in einer phön. Grabinschrift des 9. Jh.s aus Zypern: »und diese[r Fluch (?)] richte [jenen Mens]chen zugrunde (*wj'bd* jif.)« (KAI Nr.30, Z.3; vgl. Friedrich 127, anders DISO 1f.); in aram. Grabinschriften des 7. Jh.s aus Nērab bei Aleppo: »und seine Nachkommenschaft soll zugrunde gehen (*t'bd* qal)« (KAI Nr. 226, Z.10); »ŠHR, Šamaš, Nikkal und Nusku mögen ausrotten (*jh'bdw* ha.) deinen Namen...« (KAI Nr. 225, Z.11); zu *ḫalāqu* (s.o. 3) in akk. Fluchformeln F.C.Fensham, ZAW 74,1962,5f.; 75,1963,159.

c) in den mit b) verwandten prophetischen Gerichtsdrohungen ist *'bd* im 8. Jh. verhältnismäßig selten (Qal in Jes 29,14; Am 1,8; 2,14; 3,15); Pi. und Hi. mit Jahwe als Subjekt werden erst seit der Zeit Jeremias sporadisch verwendet (älteste Stelle Mi 5,9, falls echt; pi.: Jes 26,14; Jer 12,17; 15,7; 51,55; Ez 6,3; 28,16; Zeph 2,13; hi.: Jer 1,10; 18,7; 25,10; 31,28; 49,38; Ez 25,7.16; 30,13; 32,13; Ob 8; Mi 5,9; Zeph 2,5).

5. Für ein jenseitiges, ewiges Verderben wird *'bd* und *'abaddōn* im AT (und in Qumran) noch nicht verwendet, auch wo Ausdrücke für »ewig« dabeistehen (*lānæṣaḥ* Hi 4,20; 20,7; vgl. auch in der Mesa-Inschrift *wjśr'l 'bd 'bd 'lm* »und Israel ist für immer zugrunde gegangen«, KAI Nr.181, Z.7).

Zum NT vgl. A.Oepke, Art. ἀπόλλυμι, ThW I,393–396; J.Jeremias, Art. Ἀβαδδών, ebd. 4. *E.Jenni*

אבה *'bh* wollen

1. Die Wurzel *'bh* (*'bj*) findet sich außer im Hebr. hauptsächlich im Südsem., dort aber mit eigentümlicher Ausbildung entgegengesetzter Bedeutungen (klass.-arab., äth. »nicht wollen«, dialektarab. »wollen«).

Ein Zusammenhang mit äg. *'bj* »wünschen« ist möglich (vgl. aber Calice Nr. 462).

Zu den angeblichen akk. Entsprechungen vgl. HAL 3a.

Im Aram. ist die Wurzel nicht üblich, wenn man den targumischen Hebraismus *'abā* abrechnet (Nöldeke, BS 66 Anm. 7). Umstritten ist *htn'bw* in der altaram. Barrākib-Inschrift KAI Nr. 216, Z. 14 (Hittanaf'al von *'bh* oder *j'b*, KAI II,233f.; vgl. G. Garbini, L'aramaico antico, AANLR VIII/7, 1956, 274, aber ders., Ricerche Linguistiche 5, 1962, 181 Anm. 28).

Im Aram. kommt das möglicherweise mit *'bh* (*'bj*) verwandte Verbum *j'b* »sich sehnen, begehren« vor (DISO 103; LS 293a), das einmal als Aramaismus auch im Hebr. begegnet (Ps 119,131; Wagner Nr. 119; Garbini, a.a.O. 180).

Eine weitere hebr. Nebenform *t'b* »verlangen nach« (Ps 119,40.174) wird nicht als Aramaismus, sondern als sekundäre Rückbildung aus *ta'abā* »Verlangen« (Ps 119,20), einer Nominalbildung mit *t*-Präformativ zu *'bh*, zu erklären sein (A. M. Honeyman, JAOS 64, 1944, 81; Garbini, a.a.O. 180f.).

Die gegensinnige semantische Entwicklung im Arab. (Äth.) dürfte als innersüdsemitische Angelegenheit zu betrachten sein, wobei mehrere verschiedene neutrale Grundbedeutungen, die sich positiv und negativ entwickelt haben, denkbar sind, z. B. »entschieden sein« (F. Delitzsch, Prolegomena eines neuen hebr.-aram. Wörterbuchs zum AT, 1886, 111), »hartnäckig sein« (W. M. Müller, nach GB 3a), »mouvement psychologique de la volonté« (C. Landberg, Glossaire Datînois I, 1920, 21ff.), »se flecti sivit« (Zorell 3a), »ermangeln« (Honeyman, a.a.O. 81f.). Zur Erklärung der Tatsache, daß *'bh* im Hebr. fast immer negiert vorkommt (s. u. 3a), ist das Arab. und Aeth. nicht herbeizuziehen (gegen Nöldeke, BS 66: Negationspartikel nur als Verstärkung der ursprünglich negativen Bedeutung, danach L. Köhler, ZS 4, 1926, 196f.; dagegen GVG II,186; BrSynt 53.158; Honeyman, a.a.O. 81).*

Von der Wurzel *'bh* (in der angenommenen Bed. »haben wollen«, »ermangeln« o.ä.) wird gewöhnlich auch das Adj. *'æbjōn* »dürftig, arm« hergeleitet (z. B. GB 4a; BL 500: eig. »bettelnd«(?); A. Kuschke, ZAW 57, 1959, 53; Honeyman, a.a.O. 82; P. Humbert, RHPhR 32, 1952, 1ff. = Opuscules d'un hébraïsant, 1958, 187ff.; HAL 5a); fraglich ist, wie weit diese etymologische Herkunft noch für dic Bedeutung von *'æbjōn* maßgebend ist (vgl. E. Bammel, ThW VI, 889). Vgl. jetzt auch W. von Soden, Zur Herkunft von hebr. *'ebjōn* »arm«, MIO 15, 1969, 322–326 (von **'bī* »arm, bedürftig sein« abzuleitendes »altamoritisches« Adjektiv als LW im Ug., Hebr. und im Akk. von Mari [*abijānum* »arm, bekümmert, elend«]). *'bh* und *'æbjōn* werden daher unten in 3 und 4–5 gesondert besprochen.

Kopt. EBIHN dürfte LW aus dem Sem. sein (vgl. W. A. Ward, JNES 20, 1961, 31f., gegen T. O. Lambdin, Egyptian Loan Words in the OT, JAOS 73, 1953, 145f.).

Die ug. Belege *abynm* (313 [= 122], 6) und *abynt* (2Aqht [= II D] I, 17) sind nicht ergiebig (vgl. WUS Nr. 18/20; UT Nr. 23/24).

Die Ableitung von *'abōj* »wehe« (Spr 23,29) von *'bh* ist fraglich (vgl. HAL 4a mit Lit.), ebenso diejenige von *'ābī* »o daß doch« (Hi 34,36; vgl. 1Sam 24, 12; 2Kön 5,13; →*'āb* III/2b; vgl. Honeyman, a.a.O. 82; HAL 4a).

2. Das Verbum *'bh* ist 54 × in Qal-Formen belegt, und zwar mit Vorrang in der erzählenden Literatur (2Sam 10 ×, Dtn 7 ×, Jes 5 ×, Ri, 1Sam, 1Chr und Spr je 4 ×).

'æbjōn (61 ×) hat seinen Sitz hauptsächlich in vom Kultus geprägten Texten (Ps 23 ×, dazu 1Sam 2,8; Jes 25,4; Jer 20,13), ist aber auch in der prophetischen, gesetzlichen und weisheitlichen Literatur vertreten (Dtn 7 ×, Hi 6 ×, Jes und Am je 5 ×).

3. a) Eigenartigerweise ist das Verbum *'bh* fast durchweg verneint und bedeutet dann »nicht wollen, ablehnen, sich weigern«; damit befindet es sich im Bedeutungsfeld der Ausdrücke *m'n* pi. »sich weigern« (46 ×; einmal in Num 22,13 mit Jahwe als Subjekt, ohne daß ein theologischer Sprachgebrauch erkennbar wäre; parallel zu *'bh* in Dtn 25,7; 2Sam 2,21.23; Jes 1,19f.; Spr 1,24f.), *mn'* »vorenthalten, verweigern«, →*n'ṣ* »verschmähen« usw. Die beiden einzigen Sätze, in denen *'bh* grammatisch positiv gebraucht wird (Jes 1,19 in einem Konditionalsatz, parallel zu →*šm'* »gehorchen«; Hi 39,9 in einer rhetorischen Frage, die praktisch einer Negation gleichkommt), sind bedeutungsmäßig nicht uneingeschränkt positiv.

Die Erklärung dafür hat nicht von etymologisch-sprachgeschichtlichen Kombinationen (s. o. 1), sondern von Überlegungen in bezug auf das aktuelle Wortfeld auszugehen (vgl. E. Jenni, »Wollen« und »Nichtwollen« im Hebr., FS Dupont-Sommer 1971, in Vorb.). Positives »willig sein, wollen« wird im Hebr. durch das Verbum *j'l* hi. »sich entschließen, geruhen, anfangen« ausgedrückt (18 ×), das seinerseits *nie* negiert wird. Als sog. innerlich-kausatives Hi. (»sich selber veranlassen, etwas in Angriff zu nehmen« o. ä.) kann dieses Verbum, das immer eine nicht-akzidentielle Handlung ausdrückt, nicht negiert werden (vgl. Jenni, HP 95ff., auch 250ff.256); andererseits ist gerade das innerlich-kausative Hi. sehr gut geeignet, das intentionale Handeln des Subjekts auszudrücken, besser als ein neutrales *'bh* q. in der Bed. »(faktisch, akzidentiell) willig sein«. So ergänzen sich positives *j'l* hi. und negiertes oder konditionales *'bh* q. gegenseitig (vgl. Ri 19,6–10, wo beide Verben einander gegenüberstehen).*

b) Volle Verbalkraft (»willfahren, willig sein« o. ä.) zeigt das Verbum nur in wenigen Fällen: Spr 1,30 »sie haben sich meinem Rat nicht gefügt«; 1,25 »meine Ermahnung habt ihr nicht befolgt«; Dtn 13,9 »gib ihm nicht nach«. Gemeint ist in diesen Fällen eine spezifische Willensentscheidung gegenüber einer von außen herangetragenen Forderung, ein – durchaus wertneutrales – Sich-Widersetzen. Nominale Objekte werden dann entweder mit *le* eingeführt (Dtn 13,9; Spr 1,30; vgl. Ps 81, 12) oder stehen im Akkusativ (Spr 1,25). Formelhaft begegnet *'bh* in dem zweipoligen Ausdruck »nicht hören und sich widersetzen« (Dtn 13,9; 1Kön 20,8; Ps 81, 12; vgl. Jes 1,19; 42,24). Vielfach liegt nur scheinbar absoluter Wortgebrauch, in Wirklichkeit aber elliptische Redeweise vor, vgl. z. B. Ri 11,17 (G!); 1Sam 31,4 =

1Chr 10,4; 2Sam 12,17; 1Kön 22,50; Jes 30,15; vgl. Spr 1,10; 6,35.

c) In den allermeisten Fällen wird *'bh* von einem Aktionsverbum begleitet und damit in die Rolle eines Hilfszeitwortes gedrängt (z.B. Gen 24,5.8 »wenn sie nicht mitgehen will«). Vielleicht im Anschluß an die oben genannte Formel hat sich die Wendung »nicht hören wollen« besonders eingebürgert (Lev 26,21; Dtn 23,6; Jos 24,10; Ri 19,25; 20,13; 2Sam 13,14.16; Jes 28,12; 30,9; Ez 3,7.7; 20,8).

Es können aber alle möglichen anderen Handlungen nicht gewollt, verweigert, abgelehnt werden (Dtn 1,26; Ri 19,10; 1Sam 22,17; 26,23; 2Sam 2,21; 6,10; 13,25; 14,29.29; 23,16.17 = 1Chr 11,18.19; 2Kön 8,19 = 2Chr 21,7; 2Kön 24,4; 1Chr 19,19); das Hauptverbum steht meistens im Inf. mit *le* (Ausnahmen: Dtn 2,30; 10,10; 25,7; 29,19; 1Sam 15,9; 2Kön 13,23; Jes 28,12; 30,9; 42,24; Hi 39,9).

d) Wo das Nicht-Wollen als die Folge einer inneren Verhärtung oder Verstokkung gilt, könnte sich für *'bh* die Spur eines technischen theologischen Wortgebrauches andeuten (Ex 10,27 »Jahwe hatte das Herz des Pharao verhärtet, darum wollte er sie nicht fortlassen«; vgl. Dtn 2,30), der ev. auf eine formelhafte Wendung in der prophetischen Gerichts- oder Anklagerede hinläuft: »... ihr habt nicht gewollt!« (Jes 30,15; vgl. Mt 23,37 mit dem Verbum θέλειν, das in der LXX in etwa der Hälfte aller Fälle *'bh* wiedergibt, vgl. G. Schrenk, Art. βούλομαι ThW I, 628–636; ders., Art. θέλω, ThW III, 43 bis 63). Die Verhärtung kann aber auch ganz innermenschlich, fast klinisch, betrachtet werden (2Sam 13,2.14.16; vgl. K. L. Schmidt, ThW V,1024ff.; F. Hesse, RGG VI,1383).

4. a) *'æbjōn* gehört in die Reihe der Wörter, die im AT die sozial Schwachen bezeichnen (*dal*, *miskēn*, *'ānī*, *rāš* usw., →*'nh* II; vgl. A. Kuschke, Arm und reich im AT, ZAW 57,1939, 31–57; J. van der Ploeg, Les pauvres d'Israel et leur piété, OTS 7, 1950, 236–270; P. Humbert, Le mot biblique *èbyōn*, RHPhR 32,1952, 1–6 = Opuscules d'un hébraïsant, 1958, 187–192; F. Hauck, Art. πένης, ThW VI,37–40; F. Hauck – E. Bammel, Art. πτωχός, ThW VI,885–915 mit Lit.). Die spezifische Wortbedeutung »haben wollen« (Kuschke, a.a.O. 53), »le pauvre qui quémande« (Humbert, a.a.O. 188), läßt sich kaum mehr ausmachen (Bammel, a.a.O. 889 Anm. 24). In gesetzlichen und prophetischen Texten ist der *'æbjōn* der Ausgebeutete (Ex 23,6.11; Dtn 15,1–11; 24,14; Am 2,6; 4,1; 5,12; 8,4.6; Jer 2,34; 5,28; 22,16; Ez 16,49; 18,12; 22,29). Weisheitliche Passagen haben manchmal lediglich das materielle Elend im Gegensatz zum Reichtum vor Augen (Ps 49,3; 112,9; Spr 31,20; vgl. *rāš* »arm«, →*'nh* II).

b) Der sozial Schwache hat überall im Alten Orient ein besonderes Verhältnis zur Gottheit.

Vgl. Lambert, BWL 18 Anm. 1 (»the poor of this world, rich in faith«, denen die Götter besondere Aufmerksamkeit schenken, so daß sich sogar Nabopolassar ihnen zugehörig weiß), mit Aufzählung der Ausdrücke für »arm« im Akk. (Textnachweisungen und Lit. in AHw s.v. *akû*, *dunnamû*, *enšu*, *katû*, *lapnu*, *muškēnu* u.a.). Vgl. W. Schwer, RAC I,689ff.; RGG I,616ff.; ferner die Hymne an Schamasch (Lambert, BWL 121ff.) und Ps 82,3 als Reflex altorientalischer Vorstellungen.

Vor diesem Hintergrund ist es verständlich, daß *'æbjōn* im AT eine religiöse Färbung bekommt. In den im Kult wurzelnden Gattungen (vor allem im Klage- und Danklied) tritt der Beter als der Arme, Bedürftige vor Jahwe. Er muß seine Inferiorität dem gewaltigen und gerechten Gott eingestehen, vgl. Hi 42,2ff. Mit einem solchen Eingeständnis macht aber der Arme gleichzeitig einen gewissen Rechtsanspruch geltend: Es gehört zu den Pflichten des Mächtigen, also wohl auch Gottes (dabei braucht der Bundesgedanke noch gar nicht mitzuspielen), sich des Elenden zu erbarmen (vgl. Dtn 14,28f.; Jes 58,7; Ez 18,7; Ps 72,2.4.12.13; 82,3; 112,9; Spr 3,27f.; 31,20). Reichtum ist immer verliehene Gabe, der Mensch im Normalzustand ist arm und unbeschützt (vgl. Gen 3,21; Ez 16,4ff.; Hos 2,10; Ps 104,14f.27ff. usw.); das AT lebt von der Gewißheit, daß Jahwe gerade dem Elenden wohlwill. Klassischen Ausdruck hat der Glaube, daß Jahwe Hoheit und Niedrigkeit zumißt und in Umkehrung menschlicher Rangordnungen den Armen nach oben bringt, in 1Sam 2,1ff. gefunden.

c) Die Weise, wie *'æbjōn* in den kultischen Texten im einzelnen gebraucht wird, bestätigt den allgemeinen Eindruck. Die Nuancen der verschiedenen Ausdrücke für »arm, gering« sind ganz verschwunden, ihre gesellschaftliche Bedeutung tritt zurück.

Als Symptome des »Armseins vor Gott« gelten: böse Widerfahrnisse (Ps 40,13), Verachtung (69,9.11ff.), Verfolgung (35,1ff.; 109,2ff.), Krankheit (109,22ff.), Todverfallenheit (88,4ff.) u.a. (vgl. S. Mowinckel, The Psalms in Israel's Worship, II, 1962, 91f.). Die Feinde des Armen sind wenig profiliert; es sind mancherlei Handlanger und Vollstrecker jahwefeindlichen Wollens (vgl. Mowinckel, a.a.O. II,5ff.).

Die formelhafte Wendung »ich bin elend und arm« (Ps 40,18; 70,6; 86,1; 109,22; vgl. auch Ps 25,16; 69,30; 88,16; 1Sam 18,23) bezeichnet die Lage des Beters; sie ist (Schuld-)Bekenntnis, Anerkennung der überragenden Macht Jahwes und Begründung der Bitte in einem. Jahwe aber ist einer, der »den Elenden vor dem rettet, der die Übermacht hat, und den Armen vor dem, der ihn auszieht« (Ps 35, 10; vgl. ähnliche hymnische Prädikationen in Hi 5,15; 1Sam 2,8; Ps 113,7 u.ö.). Daß fast immer zwei oder mehr Synonyma für »arm« gebraucht werden (meistens *'ānī we'æbjōn* »elend und arm«, Ps 35,10; 37,14; 40,18; 70,6; 74,21; 86,1; 109,16. 22; vgl. Dtn 24,14; Jer 22,16; Ez 16,49; 18,12; 22,29; Hi 24,14; Spr 31,9), kann auf eine feste Verankerung in einem Sprachstil deuten, der vom parallelismus membrorum geprägt ist. In Danklied (vgl. Ps 107,41) und prophetischer bzw. priesterlicher Heilszusage (vgl. Jes 14,30; 29, 19; 41,17; Ps 132,15) wird die vollendete oder verbürgte Rettung des Armen bezeugt.

5. In manchen religiösen Texten der zwischentestamentlichen Zeit gewinnt der Arme eine noch größere Bedeutung, wohl auch im Gefolge einer weitergehenden Stratifizierung der Gesellschaft. Besonders die Qumrangemeinde beargwöhnt den Privatbesitz und hält Armut und Niedrigkeit für eine Vorbedingung für das geistliche Leben. Die positive Einstellung zur Armut setzt sich ins NT fort (Bergpredigt, Lukas, Paulus), und die Ebioniten sind nicht die einzigen oder letzten Christen, die dem Status der Niedrigkeit vor Gott programmatische Bedeutung geben. Vgl. E. Bammel, Art. πτωχός, ThW VI, 894ff.; RGG s.v. »Armenpflege«, »Armut«, »Ebioniten«; L.E. Keck, The Poor among the Saints in Jewish Christianity and Qumran, ZNW 57, 1964, 54–78; A. Gelin, Les Pauvres de Yahvé, (1953) ²1967. *E. Gerstenberger*

אֶבְיוֹן *'æbjōn* **arm** → **אבה** *'bh.*

אַבִּיר *'abbīr* stark

1. Daß *'abbīr* »stark, gewaltig« und *'ābīr* (mit grundsätzlich gleicher Bedeutung, s.u. 4) zusammengehören, ist deutlich; unklar ist, ob auch *'ēbær* und *'æbrā* »Schwinge, Flügel« (→*kānāf*) sowie das davon denominierte *'br* hi. »sich aufschwingen« (Hi 39,26) zur gleichen Wurzel gehören (so GB 4f.7; anders HAL 6a.9; vgl. AHw 7a).

Ebenso undurchsichtig ist in manchem das Vorkommen der Wurzel in den anderen sem. Sprachen.

Zu *'ēbær* »Flügel« gehören akk. *abru* »Flügel«, ug. *'br* »fliegen(?)« (WUS Nr.33; anders UT Nr.39), syr. *'ebrā* »Feder«; diese Wortgruppe liegt bedeutungsmäßig zu weit ab und wird im folgenden nicht berücksichtigt.

Zu *'abbīr* gehören ug. *ibr* »Stier« (WUS Nr.34; UT Nr.39; zum i bzw. e in der ersten Silbe als Umlaut vgl. W. Vycichl, AfO 17, 1954/56, 357a; zu den mit *ibr* gebildeten ug. Personennamen vgl. Gröndahl 88.133) und als kan. LW äg. *jbr* »Hengst« (Burchardt II,2; W.F. Albright, BASOR 62,1936, 30).

Von den in AHw 4b.7a angenommenen akk. Vokabeln *abru* »stark, kräftig(?)«, *abāru* »Umklammerung, Gewalt« und *abāru* »umspannen« läßt CAD A/I,38.63 nur noch *abāru* »Stärke« gelten.

Aus dem nwsem. Bereich sind noch zu erwähnen: ein pun. PN *'brb'l* (CIS I 1886; W.W. Baudissin, Kyrios, III,1929, 85 »stark ist Baal«; Harris 73: irrtümlich statt *'drb'l*?) und altaram. *'brw* »Größe, Mächtigkeit« (DISO 3; KAI Nr.214, Z.15.21, vgl. II,219).

Mittelhebr. *'br* pi. »stark machen« ist nach E.Y. Kutscher, FS Baumgartner 1967, 165, als sekundäre Bildung zu betrachten.

Recht unwahrscheinlich sind die Kombinationen der Wurzel *'br* mit gotisch *abrs* »stark« und weiteren altnordischen, tscheremissischen und ev. keltischen Entsprechungen sowie mit sum. *áb* »Kuh«, die auf eine gemeinsame vorgeschichtliche kulturelle Situation zurückweisen sollen, bei H. Wagner, Zeitschrift für vergl. Sprachforschung 75,1958, 62–75.

2. *'abbīr* begegnet 17 ×, vom Deboralied bis zu den Elihureden der Hiobdichtung über das ganze AT gestreut. *'ābīr* ist 6 × belegt, ausnahmslos als Teil eines Gottesnamens, je einmal im Josephspruch des Jakobsegens, bei Jesaja, Deutero- und Tritojesaja, sowie zweimal in Ps 132.

3. *'abbīr* wird durchgehend substantivisch verwendet und bewegt sich in seiner Bedeutung im Umkreis von »stark, gewaltig« (vgl. ἰσχυρός und δυνατός in den LXX-Übersetzungen in Ri 5,22; Klgl 1, 15 und Hi 24,22). Es bezeichnet

a) auf Menschen bezogen den »Gewalthaber, Tyrannen, Helden, Anführer« (1 Sam 21,8; Jes 10,13K; Hi 24,22; 34,20; Klgl 1,15; wahrscheinlich auch Jer 46,15: Pharao, anders LXX: Apis), in der Verbindung *'abbīr* →*lēb* den »Tapferen« (Ps 76, 6 par. »Kriegshelden«; vgl. Jes 46,12);

b) auf Tiere bezogen das »Pferd« (Ri 5, 22; Jer 8,16 par. *sūs* »Pferd«, LXX: ἵππος; Jer 47,3 neben *rǽkæb* »Wagen«; 50,11 wie 8,16 neben *ṣhl* »wiehern«) und den »Stier« (Jes 34,7; Ps 22,13; 50,13 par. *'attūd* »Bock«; LXX jeweils ταῦρος), während Ps 68,31 mit der Doppelbedeutung »Starker« und »Stier« spielt;

c) auf dem Weg zu theologischer Bedeutung steht Ps 78,25 mit dem Ausdruck *láḥæm 'abbīrīm* »Engelsbrot« (Manna; LXX: ἄρτος ἀγγέλων; par. *d^egan šāmájim* »Himmelskorn« in V. 24; vgl. Ps 105,40; SapSal 16,20; Joh 6,31).

Die These von K. Budde, ZAW 39,1921, 38f., an manchen Stellen sei *'ēfōd* ein späterer Ersatz für *'abbīr* »Stierbild«, vermag nicht zu überzeugen. Die Widerlegung durch H. Torczyner, ebd. 296–300, schießt jedoch darin über das Ziel hinaus, daß er der Wurzel sowohl die Verwendung für »Pferd« als auch für »Stier« überhaupt abspricht (vgl. auch W. Caspari, Hebr. *abīr* als dynamistischer Ausdruck, ZS 6,1928, 71–75).

Auffällig ist die LXX-Übersetzung in Hi 24,22 und 34,20 mit ἀδύνατος »machtlos« (in Hi noch 4× für graphisch ähnliches *'æbjōn* »arm«) und diejenige in Ps 76,6 mit ἀσύνετος »einsichtslos« (vgl. Jes 46,12), jeweils im Zusammenhang eines Eingreifens Gottes. Wird damit von der LXX eine theologische Korrektur vorgenommen, die meint, vor Gott sei selbst der Mächtige schwach?

4. Der Gottesname *'^abīr Ja'^aqōb* (Gen 49, 24; Jes 49,26; 60,16; Ps 132,2.5) bzw. *'^abīr Jiśrā'ēl* (Jes 1,24; vgl. Wildberger, BK X,63f.) »der Starke Jakobs/Israels«, früher im allgemeinen mit »Stier Jakobs/ Israels« übersetzt, wurde von A. Alt, Der Gott der Väter, 1929 = KS I,1–78 (vor allem 24ff.), als Vätergott-Epitheton erkannt. Gen 49,24 steht er in Parallele mit »Hirte Israels« und »Gott deines Vaters« (vgl. V. Maag, Der Hirte Israels, SThU 28, 1958, 2–28, mit eingehender Darstellung der Vätergott-Vorstellungen; ganz anders J. Hoftijzer, Die Verheißungen an die drei Erzväter, 1956, vor allem 95f.). Im allgemeinen wird vermutet, daß die Differenzierung im Nominaltypus (*'ābīr* gegen *'abbīr*) sekundär vorgenommen worden sei. Andererseits könnte nach Meyer II,30 (*qattīl* geht im st. cs. zuweilen in *qātīl* über) der Unterschied einfach grammatikalisch bedingt sein (1Sam 21,8 txt?, vgl. G und BH³ z. St., spricht nicht dagegen). Noch nicht erschöpfend geklärt ist die eigenartige Streuung der Belege.

5. Vom »Starken Jakobs« ist noch einmal in dem zu Sir 51,12 (hebr.) eingefügten Psalm (vgl. A. A. Di Lella, The Hebrew Text of Sirach, 1966, 101f.) die Rede; in Qumran und im NT fehlen entsprechende Formulierungen. *H. H. Schmid*

אבל *'bl* trauern

1. Die Wurzel *'bl* kommt im NWSem. und im Akk. vor, jedoch nur nwsem. in der Bed. »trauern«, während im Akk. die für das Hebr. vermutete Übertragung vom Physischen (*abālu* »vertrocknen«) auf das Seelische nicht erfolgt.

Seit G. R. Driver, FS Gaster 1936, 73–82, wird auch für das Hebr. die Bed. »vertrocknen« mehr und mehr anerkannt (HAL 7a mit acht Stellen gegenüber KBL 6b mit drei); eine Aufspaltung der Wurzel in *'bl* I »trauern« und *'bl* II »vertrocknen« ist aber wohl nicht nötig (J. Scharbert, Der Schmerz im AT, 1955, 47–58; E. Kutsch, ThSt 78, 1965, 35f.), s. u. 3a.

Ein Zusammenhang mit arab. *'abbana* (so nach Th. Nöldeke, ZDMG 40, 1886, 724, die Wörterbücher) ist kaum wahrscheinlich, da dieses einen ziemlich anderen Bedeutungsbereich hat (vgl. Scharbert, a.a.O. 48 Anm. 95; Wehr 2a: »[einen Toten] feiern, preisen«).

Eine weitere Wurzel *'bl* (Nebenform zu *jbl*) kommt in einigen mit *'ābēl* »Wasserlauf« zusammengesetzten Ortsnamen vor (HAL 7; volksetymologisch mit *'bl* »trauern« erklärt in Gen 50,11). Zu welcher Wurzel ug. *qrt ablm*, die Stadt des Mondgottes (1Aqht 163.165; 3Aqht 8. rev. 30), gehört, ist unsicher.

Für Ez 31,15 (s. u. 3a) braucht keine weitere Wurzel *'bl* »verschliessen« (GB 5b: denominiert von akk. *abullu* > aram. *'^abūlā* »Tor«) angenommen zu werden (HAL 7a).

Derivate sind neben dem (intransitiven) Verbum das Verbaladjektiv *'ābēl* »trauernd« und das Subst. *'ēbæl* »Trauer«, sowie, von der Grundbedeutung »vertrocknen« her zu verstehen, *tēbēl* »Festland« (möglicherweise LW aus dem Akk.: *tābalu* »(trockenes) Festland«, GAG § 56k; vgl. Zimmern 43; Driver, a.a.O. 73).

2. Statistik: qal 18× (nur prophetische Texte sowie Hi 14,22), hitp. 19× (vorwiegend in erzählenden Texten), hi. 2×; *'ābēl* 8×, *'ēbæl* 24×; *tēbēl* 36× (nur in poetischen Texten, oft als Parallelwort zu →*'æræṣ* »Erde«).

3. a) Die Bedeutung von *'bl* im Qal ist nicht auf ein einziges dt. Äquivalent festzulegen, sondern reicht von »vertrocknen« über »verkommen, trostlos daliegen« o.ä. bis zu »trauern« (Kutsch, a.a.O. 36, konstruiert als Oberbegriff »minder werden«).

Subjekt sind Erde/Land, Acker, Triften, Weinberg, Juda (Jes 24,4; 33,9; Jer 4,28; 12,4.11; 14,2; 23,10; Hos 4,3; Jo 1,10; Am 1,2), der Wein (Jes 24,7; hier und bei den vorherigen Stellen legt sich die Übersetzung mit »vertrocknen, versiegen, veröden« nahe, falls man nicht Metaphern annehmen will), ferner Tore (Jes 3,26), Seele (Hi 14,22) und Personen (Jes 19,8; Hos 10,5; Jo 1,9; Am 8,8; 9,5; an diesen Stellen ist wohl mit »trauern« zu übersetzen).

Parallelbegriffe sind: *'umlal* (pu'lal zu *'ml*) »welken, vertrocknen, dahinschwinden« (Jes 19,8; 24,4.4.7; 33,9; Jer 14,2;

Hos 4,3; Jo 1,10), *jābēš* »vertrocknen« (Jer 12,4; 23,10; Jo 1,10; Am 1,2), *nābēl* »welken, zerfallen« (Jes 24,4), *šāmēm* »veröden« (Jer 12,11; vgl. Klgl 1,4), *qdr* »finster, trüb werden, trauern« (Jer 4,28; 14, 2), *'nh* »klagen« (Jes 3,26; 19,8), *'nḥ* »seufzen, stöhnen« (Jes 24,7). Dabei ist es nicht so, daß *'bl* zusammen mit Verben des Vertrocknens nur von der Natur, mit Verben des Stöhnens usw. nur vom Menschen ausgesagt werden könnte (vgl. Jes 19,8 mit *'bl*, *'nh* und *'umlal* bei menschlichen Subjekten).

Zu Hi 14,22 vgl. Scharbert, a.a.O. 56–58, und Horst, BK XVI,214.

Die beiden Stellen mit Hi.-Gebrauch (Ez 31,15; Klgl 2,8) sind mit »trauern lassen« zu übersetzen (zu Ez 31,15 vgl. Zimmerli, BK XIII,747.750.761).

Zu den Verben des Klagens, Wehklagens, Stöhnens, Seufzens →*ṣ'q* »schreien«; zu den Opposita →*nḥm* »trösten«, →*śmḥ* »sich freuen«.

Dieselbe Nichtunterscheidung von physischem und seelischem Zustand läßt sich auch bei *'umlal* »welken, dahinschwinden« (HAL 61a) und bei *šmm* »verödet sein, erstarren, verstört sein« (N. Lohfink, VT 12, 1962, 267–275) beobachten.

b) Der Bedeutungsinhalt des Hitp. läßt sich mit »trauern« ziemlich vollständig wiedergeben. Im Unterschied zum rein zuständlichen Qal bedeutet es »sich (bewußt, in 2Sam 14,2 fingiert) als *'ābēl* verhalten«.

Es kann sich um die Trauer um Tote (Gen 37,34; 1Sam 6,19; 2Sam 13,37; 14,2.2; 19,2; 1Chr 7,22; 2Chr 35,24) oder über schweres Unglück oder Verschulden nahestehender Menschen handeln (1Sam 15,35; 16,1; Esr 10,6; Neh 1,4). *'bl* hitp. kann sich auch auf eine Sache beziehen (Ez 7,12, es liegt die Bed. »sich ärgern« nahe) oder auf das eigene ungerechte Verhalten (Ex 33,4; Num 14,39; Neh 8,9, in der Nähe zu »bereuen«). In Dan 10,2 ist die Askese zur Vorbereitung des Offenbarungsempfangs gemeint (Montgomery, Dan. 406f.; vgl. die Entwicklung zu syr. *'abīlā* »traurig« und »Asket, Mönch«, als LW auch im Mandäischen [Nöldeke, MG p. XXIX] und im Arab. [Fraenkel 270]). Ezechiel sagt in einer Gerichtsankündigung eine Zeit der Trauer an (Ez 7, 27); ein apokalyptisch gefärbtes Weltgefühl beschreibt die Gegenwart mit *'bl* hitp. (Jes 66,10; Gegenbegriff ist die eschatologische Freude, *śīś*).

'ābēl »trauernd« zeigt ähnliche Verwendungsweisen (bei Todesfall: Gen 37,35; Ps 35,14; Hi 29,25; Unglück: Est 4,3; 9,22; endzeitliche Trauer: Jes 57,18; 61,2f.); in Klgl 1,4 entspricht das prädikative Adjektiv dem Qal.

Ebenso ist *'ēbæl* »Trauer« meistens auf Totentrauer bezogen (Gen 47,21; 50,10f.; Dtn 34,8; 2Sam 11,27; 14,2; 19,3; Jer 6,26; 16,7; Ez 24,17; Am 5,16; 8,10; Pred 7,2.4; Klgl 5,15; allgemeiner: Mi 1,8; Hi 30,31; Est 4,3; 9,22; Verwandlung endzeitlicher Trauer in Freude: Jes 60,20; 61,3; Jer 31,13).

Die Trauer äußert sich beim Hitp. meistens in bestimmtem Verhalten (Weinen, Trauerkleidung, Klagelieder, Enthaltungen usw., vgl. Gen 37,34; Ex 33,4; 2Sam 14,2; 19,2; Dan 10,2; Esr 10,6; Neh 1,4; 8,9; 2Chr 35,24; vgl. BHH III,2021ff. mit Lit.; E. Kutsch, »Trauerbräuche« und »Selbstminderungsriten« im AT, ThSt 78, 1965, 25–42), aber ohne daß man die Grundbedeutung von *'bl* auf die äußerlichen Trauerbräuche festlegen müßte (so KBL 6a und V. Maag, Text, Wortschatz und Begriffswelt des Buches Amos, 1951, 115–117; G. Rinaldi, Bibl 40, 1959, 267f.).

Zur Abgrenzung von *qdr* »finster, schmutzig sein, trauern« (etwas enger L. Delekat, VT 14, 1964, 55f.), *'gm/'gm* »traurig sein« (Jes 19,10; Hi 30,25) und *spd* »klagen« (ursprünglich »zur Klage auf die Brust schlagen«, vgl. Kutsch, a.a.O. 38f.) vgl. Scharbert, a.a.O. 58–62.

4. Die Totenklage hat in Israel keine religiöse Bedeutung, da jegliche Form des Totenkultes durch den isr. Gottesdienst ausgeschlossen ist (vgl. von Rad I,288ff.; V. Maag, SThU 34, 1964, 17ff.); entsprechend hat *'bl* hitp. keine religiöse Bedeutung, außer wo es sich um Selbstdemütigung vor Gott handelt (Ex 33,4; Num 14, 39; Dan 10,2; Esr 10,6; Neh 1,4; 8,9; vgl. Kutsch, a.a.O. 28f.36; →*'nh* II). Der Gebrauch im Qal und das entsprechende Wortfeld dagegen gehören einem der Prophetie geläufigen Motiv an, das seinen Sitz zuerst in Gerichtsankündigungen hat (Jes 3,26; 19,8; Hos 4,3; Am 8,8). Bei Jeremia wird der allgemein zu beobachtende formale Übergang von der Gerichtsankündigung zur Unheilsschilderung deutlich (Jer 4,28; 12,4.11; 14,2; 23,10). In der Apokalyptik endlich charakterisiert das Motiv die endzeitliche Drangsal (Jo 1,9. 10; Jes 24,4.7; 33,9).

Der Ursprung des Motivs wird vielleicht in Am 1,2 (dazu M. Weiß, ThZ 23, 1967, 1–25) sichtbar. Das Gericht mit seinen Wirkungen auf Natur und Menschen ist Folge von Jahwes Theophanie (Anspielungen auf die Theophanie auch Am 9,5; Jes 33,9).

Als Parallele zu Am 1,2 zitiert Weiß, a.a.O. 19, die Worte des Hundes in einer mittelass. Fuchs-Fabel (Lambert, BWL 192f. 334): »Ich bin gewaltig an Kraft, ... ein leibhaftiger Löwe ... vor meiner schrecklichen Stimme verwelken (*abālu* Gtn) Berge und Flüsse«.

5. Im NT werden die Trauerbräuche des AT vorausgesetzt, von Jesus aber in ihrer Bedeutung für den Menschen negiert (Mt 8,21f.). Bedeutsam wird die apokalyptische Vorstellung, daß die Endzeit durch »Trauer« charakterisiert ist (Mt 24,30 u.ö.). Die Seligpreisung Mt 5,4 nimmt Jes

61,2 auf. Vgl. G. Stählin, Art. κοπετός, ThW III, 829ff.; R. Bultmann, Art. πένθος, ThW VI, 40–43. *F. Stolz*

אֶבֶן ***'æbæn* Stein** → צוּר *ṣūr*.

אָדוֹן ***'ādōn* Herr**

I. Das Wort unbestimmter Herkunft *'ādōn* »Herr« ist in seinem Vorkommen auf den kan. Sprachzweig beschränkt. Die übrigen sem. Sprachen besitzen für »Herr« je verschiedene Bezeichnungen: akk. *bēlu*, aram. *mārē'*, arab. *rabb*, äth. *'egzī'*.

Verschiedene, unsicher bleibende Etymologisierungsvorschläge sind in HAL 12b verzeichnet (noch weiter abliegende bei F. Zimmermann, VT 12, 1962, 194). Nach BL 16.253 ist *'ᵃdōnāj* vielleicht nichtsem. Fremdwort mit sekundär abgeleitetem Sing. *'ādōn*. Rein hypothetisch ist auch die Ableitung von ug. *ad* »Vater« (→*'āb* III/1); eine Grundbedeutung »Vater« für *'ādōn* (KBL 10b fragend) ist nicht belegbar, auch wenn in respektvoller Rede ein Vater als »Herr« angeredet wird (ug. 77[= NK], 33; Gen 31,35, s.u. III/3); ebensogut könnte dann nach Text 138[= 146], 19 ug. *adn* auch »Bruder« bedeuten.

Im Ug. ist neben *adn* »Herr« auch ein Fem. *adt* »Herrin« belegt (WUS Nr. 86). Die für die Vokalisierung und Ableitung der Formen wichtigen Eigennamen aus EA, Mari, Ugarit usw. sind bei Huffmon 156.159 und Gröndahl 88–90 verzeichnet und (ohne abschließendes Ergebnis) diskutiert.

Phön.-pun. *'dn* »Herr« ist häufig (DISO 5; Eigennamen: Harris 74); auch hier existiert das Fem. *'dt* »Herrin« (vereinzelt, wohl als Kanaanismus, auch in einer palm. Inschrift, vgl. M. Noth, OLZ 40, 1937, 345f.). Von daher vermutet O. Eißfeldt (OLZ 41, 1938, 489) in Jer 22,18 hinter *hōdō* ein verschriebenes fem. Parallelwort zu *'ādōn* (anders Rudolph, HAT 12, 142; M. Dahood, CBQ 23, 1961, 462–464).

Außerbibl.-hebr. ist *'dnj* »mein Herr« gebräuchlich in den Lachisch-Briefen (KAI Nr. 192–197 passim); vgl. auch *'dnj hśr* »mein Herr, der Statthalter« im Ostrakon von Yavneh-Yam (KAI Nr. 200, Z. 1).

Die für die Bezeichnung Jahwes reservierte Form *'ᵃdōnāj* wird gewöhnlich als erstarrte Anredeform des Majestätsplurals mit Personalsuffix in (affektbetonter) Pausa »meine Herren = mein Herr = der Herr« aufgefaßt (ausführlich W. W. Baudissin, Kyrios, II, 1929, 27ff.), doch ist die grammatische Analyse der Endung *-āj* umstritten.

II. In der Statistik sind die verschiedenen Formen von *'ādōn* (inkl. *'ᵃdōnaj* »meine Herren« Gen 19,2) und die Gottesbezeichnung *'ᵃdōnāj* (inkl. Gen 19,18) separat aufzuführen. In Mand. fehlt, entsprechend der editio Bombergiana, 2Sam 7,22; in Lis. fehlt Ez 14,20.

	'ādōn	*'ᵃdōnāj*	*zusammen*
Gen	71	9	80
Ex	10	6	16
Lev	–	–	–
Num	6	1	7
Dtn	4	2	6
Jos	3	2	5
Ri	7	4	11
1Sam	38	–	38
2Sam	52	7	59
1Kön	34	5	39
2Kön	37	2	39
Jes	16	48	64
Jer	6	14	20
Ez	–	222	222
Hos	1	–	1
Jo	–	–	–
Am	1	25	26
Ob	–	1	1
Jon	–	–	–
Mi	1	2	3
Nah	–	–	–
Hab	–	1	1
Zeph	1	1	2
Hag	–	–	–
Sach	7	2	9
Mal	3	2	5
Ps	13	54	67
Hi	1	1	2
Spr	3	–	3
Ruth	1	–	1
Hhld	–	–	–
Pred	–	–	–
Klgl	–	14	14
Est	–	–	–
Dan	6	11	17
Esr	–	1	1
Neh	3	2	5
1Chr	5	–	5
2Chr	4	–	4
total	334	439	773

Die Häufungen sind bei *'ādōn* (Gen, 1/2 Sam, 1/2Kön) inhaltlich, bei *'ᵃdōnāj* (Ez, Am) redaktionell bedingt.

Bibl.-aram. *mārē'* »Herr« ist in Dan 4× belegt.

III. 1. Als Verhältnisbegriff innerhalb der sozialen Ordnung ist *'ādōn* in seiner Grundbedeutung »Herr, Gebieter (über untergebene Personen)« durch die im Sprachgebrauch fast immer vorhandenen oder wenigstens vorausgesetzten Gegenbegriffe wie *'æbæd* »Knecht« bestimmt (vgl. besonders Gen 24,9.65; Ex 21,4–8; Dtn 23,16; Ri 3,25; 1Sam 25,10; Jes 24,2; Mal 1,6; Ps 123,2; Hi 3,19; Spr 30,10; mit *na'ar* »Knecht« Ri 19,11; 1Sam 20,38 u.ö.; mit *'āmā* bzw. *šifḥā* »Magd« 1Sam 25, 25.27f.41 u.ö.); dementsprechend wird das Wort fast ausschließlich mit folgendem Genetiv oder Pronominalsuffix verwendet (Umschreibung der Beziehung durch *lᵉ* in

Gen 45,8.9; 1Kön 22,17 = 1Chr 18,16; Ps 12,5; 105,21; durch besondere verbale Aussagen in Jes 19,4; 26,13; absolut gebrauchtes *'ādōn* findet sich nur in der formelhaften Totenklage Jer 22,18; 34,5, sowie etwa 10× als Bezeichnung Jahwes, s.u. IV/2.4).

'ādōn unterscheidet sich darin sehr deutlich von →*bá'al* »Herr als Besitzer und Eigentümer einer Sache« (als Besitztum gilt auch die Ehefrau bei *bá'al* in der Bed. »Ehemann«).

Der in ThW III, 1052 zitierte Satz von F. Baethgen, Beiträge zur sem. Religionsgeschichte, 1888, 41: »Der Herr heißt im Verhältnis zum Sklaven *bá'al*, insofern er der Besitzer des Sklaven ist; er heißt *'ādōn*, insofern er mit diesem Besitz verfügen kann, wie er will«, stimmt deswegen nicht ganz, weil *bá'al* im AT nicht in bezug auf einen *'æbæd* ausgesagt wird.

Im Ug. scheint die Unterscheidung zwischen *adn* und *b'l* nicht so scharf zu sein; vgl. *b'ly* »mein Herr« in der Anrede an den König im Briefstil (WUS Nr. 544, 3*) entsprechend dem akk. Formular, ferner den poetischen Parallelismus *b'lkm/adnkm* in 137 [= III AB, B], 17.33f., und 62 rev. [= I AB VI], 57 »*Nqmd*, König von Ugarit, *adn* von *Yrgb*, *b'l* von *Trmn*«.

Als seltenes Synonym zu *'ādōn* begegnet in Gen 27,29.37 *gᵉbīr* »Herr, Gebieter« (gegenüber *'ᵃbādīm* »Knechte« in V. 37); gebräuchlicher ist das Fem. *gᵉbīrā* »Herrin, Gebieterin« (gegenüber *šifḥā* »Magd« Gen 16, 4.8.9; Jes 24,2; Ps 123,2; Spr 30,23; neben *na'ᵃrā* »Mädchen« 2Kön 5,3; →*gbr* 3e).

2. Nur einmal wird *'ādōn* im Sinne der Verfügungsgewalt über unpersönliche Größen verwendet: 1Kön 16,24 *'ᵃdōnē hāhār* »(Semer,) der (frühere) Besitzer des Berges (Samaria)«. Wo von der Stellung eines Herrn über das Haus Pharaos (Gen 45,8) oder über das Land Ägypten (Gen 42,30.33; 45,9; Jes 19,4; Ps 105,21) die Rede ist, wird damit nichts anderes als die Überordnung über die Angehörigen des betr. Hauses oder Landes gemeint sein.

Aus dem Ug. wäre die oben (III/1) zitierte Stelle mit *adn Yrgb* zu nennen; in der phön. Beschwörung aus Arslan Taş (7. Jh.) ist der Lesung in Z. 15 [']*dn 'rṣ* »Herr der Erde« (Th.H. Gaster, Or NS 11, 1942, 44.61; HAL 12b) die durch W.F. Albright, BASOR 76, 1939, 8, vorgeschlagene, in KAI (Nr. 27) aufgenommene Lesung *b'l pn 'rṣ* »Herr der Oberfläche der Erde« vorzuziehen.

3. Wie in zahlreichen Sprachen (z.B. mittellat. »senior«, danach dt. »Herr«, ursprünglich Komparativ zu »hehr [= alt, ehrwürdig]«, vgl. Kluge 305a; franz. »monsieur«, mit erstarrtem Gebrauch des Pronomens) wird das Wort in Anrede und Aussage nicht nur beim Vorliegen eines wirklichen Herr-Knecht-Verhältnisses (sehr häufig z.B. im höfischen *'ᵃdōnī hammǽlæk* »mein Herr, der König«), sondern als Höflichkeitsform auch gegenüber andern Personen, die man mit dieser Bezeichnung ehren will, verwendet (L. Köhler, ZAW 36, 1916, 27; 40, 1922, 39ff.; Lande 28ff.81); dem entspricht die unterwürfige Selbstbezeichnung mit →*'ǽbæd* »Sklave«. So können der Vater (Gen 31, 35 Anrede Rahels an Laban), der Bruder (Gen 32,5f.19; 33,8ff. Jakob–Esau; Ex 32,22; Num 12,11 Aaron–Mose), der Onkel (2Sam 13,32f. Jonadab–David), der Ehegatte (Gen 18,12 Sara–Abraham; Ri 19,26f. Nebenfrau–Levit; Am 4,1 die »Basankühe«; Ps 45,12 Königshochzeit) als *'ādōn* bezeichnet werden, aber auch ganz fremde (z.B. im Munde von Frauen Gen 24,18 Rebekka–Knecht Isaaks; Ri 4,18 Jael–Sisera; Ruth 2,13 Ruth–Boas) oder rangmäßig eigentlich niedriger- oder gleichstehende Personen (1Kön 18,7.13 Obadja –Elia; 20,4.9 Ahab–Benhadad; 2Kön 8,12 Hasael–Elisa). Der Übergang von »du/dein« zu »mein Herr« (z.B. Num 32,25.27) geschieht ebenso leicht wie der Rollenwechsel von »ich/mein« zu »dein/sein Sklave« (z.B. 1Sam 22,15). *'ᵃdōnī* »mein Herr (vgl. monsieur)« wird häufig formstarr anstelle von »unser Herr« von einer Mehrheit gebraucht (Gen 23,6; 42,10; 43, 20; Num 32,25.27; 36,2; 2Sam 4,8; 15, 15; 2Kön 2,19).

Zur Formel *bī 'ᵃdōnī* bzw. *bī 'ᵃdōnāj* »mit Verlaub, Herr« (7× bzw. 5×) vgl. L. Köhler, ZAW 36, 1916, 26f.; Lande 16–19; HAL 117.

IV. 1. Die Verwendung von *'ādōn*/*'ᵃdōnāj* in bezug auf Jahwe (W.W. Baudissin, Kyrios I–IV, 1929; G. Quell, ThW III, 1056ff.; Eichrodt I, 128f.; O. Eißfeldt, RGG I, 97) schließt zunächst eng an die Verwendung im profanen Bereich an, da es, ähnlich wie für andere Religionsgemeinschaften in der Umwelt ihren prominenten Göttern gegenüber, so auch für Israel bzw. Einzelne oder Gruppen in Israel naheliegt, Jahwe als den Höherstehenden in Analogie zu irdischen (wirklichen oder fiktiven) Knecht-Herr-Verhältnissen als Herrn anzureden oder von ihm als dem Herrn eine Aussage zu machen, wie ja auch Israel, terminologisch mindestens seit Dtjes., als Knecht Jahwes bezeichnet werden kann (ThW V, 660f.; →*'bd*). Die Aussage (2.) ist dabei verhältnismäßig selten und atypisch, häufig und formelhaft dagegen die Anrede (3.) und der formelhafte Gebrauch als Gottesepitheton (4.), der sich, der Einzigartigkeit dieses Herrn entsprechend, zu einer absolut verwendbaren Wesensbezeichnung (Herr par excellence, Allherr o.ä.) entwickelt und schließlich sogar den Gottesnamen ersetzt (5.).

2. In einer Aussage begegnet *'ādōn* mit Personalsuffix »sein Herr« nur in der prophetischen Strafansage gegen Ephraim in Hos 12,15 »darum wird ihr Herr ihre Blutschuld auf sie werfen«, wo die Vokabel in ihrem Vollsinn wohl das Paradox des Ungehorsams unterstreichen soll; ähnlich ist Neh 3,5 »ihre Vornehmen jedoch beugten den Nacken nicht zum Dienst ihres Herrn«. Vgl. noch Jes 51,22 »dein Herr« in positiver Verwendung des Vollsinnes, parallel zu »der die Sache seines Volkes führt«.

Aussagen mit »unser Herr« (Ps 135,5; 147,5; Neh 8,10; 10,30) sind dagegen wohl als späte Variationen des formelhaften Gebrauchs von *'ādōn* als Gottesepitheton bzw. als Ersatz des Gottesnamens zu werten.

Nicht eigentliche Gottesbezeichnung, sondern Vergleich mit einem irdischen (Vater bzw.) Herrn, bei dem die Wortbedeutung thematisch wird, liegt in Mal 1,6 »bin ich Herr, wo ist die Furcht vor mir?« vor. In Mal 3,1 »der Herr, nach dem ihr verlangt« ist die Verwendung von *hā'ādōn* durch die Gegenüberstellung zu dem diesem Herrn vorauslaufenden Boten bedingt, wobei natürlich wie in 1,6 der damals bekannte absolute Gebrauch für Jahwe mitschwingen mag.

3. In der Anrede ist *'ᵃdōnāj* »mein Herr« bereits früh bezeugt. Anders als z.B. *mælæk* »König« dient das Wort ursprünglich nicht zur Beschreibung des Wesens Gottes als des souveränen Herrschers oder des machterfüllten Gebieters, sondern ist bloßer Ehrentitel, wie er vom Niedrigerstehenden im Verkehr mit jedem Höhergestellten verwendet wird (Eichrodt I,128; anders Köhler, Theol. 12, der aber in der für ihn paradigmatischen Stelle Ps 105,21 die Bedeutung von *'ādōn* zu sehr nach dem parallelen, aber nicht sinngleichen *mōšēl* »Gebieter« bestimmt; vgl. noch Baudissin, a.a.O. II,246). So sind neben anderen, hier nicht einzeln aufzuzählenden Stellen (gehäuft z.B. im Gebet Davids 2Sam 7, 18–22.28f., 7× *'ᵃdōnāj Jhwh*, sonst in 1/2 Sam fehlend) sicher die alten und textkritisch unverdächtigen Formeln *bī 'ᵃdōnāj* »mit Verlaub, Herr« (Ex 4,10.13; Jos 7,8; Ri 6,15; 13,8; vgl. Ri 6,13 *bī 'ᵃdōnī*) und *'ᵃhāh 'ᵃdōnāj Jhwh* »ach, mein Herr Jahwe« (Jos 7,7; Ri 6,22; ferner 8× bei Jer und Ez, →*'ᵃhāh*) zu verstehen (vgl. auch den Gebrauch von *'ᵃdōnī* gegenüber Engelwesen in Jos 5,14; Sach 1,9; 4,4.5.13; 6,4; Dan 10,16.17.17.19; 12,8).

Die Anrede durch eine Mehrzahl »Jahwe, unser Herr« ist auf Ps 8,2.10 beschränkt und scheint den im nächsten Abschnitt zu erwähnenden Prädizierungen Jahwes nahezustehen.

4. Absolut verwendetes *'ādōn* erscheint ebenfalls schon früh als formelhaftes Gottesepitheton. Auch hier geht die Wortbedeutung zunächst nicht über das Bisherige hinaus, so im Wallfahrtsgebot Ex 23,17 und 34,23 mit dem feierlichen Titel *hā'ādōn Jhwh* (*'ᵉlōhē Jiśrā'ēl*) »der Herr Jahwe (der Gott Israels)«, ebenso in der von Jesaja mehrfach gebrauchten, wohl auf Jerusalemer Tradition zurückgehenden Formel *hā'ādōn Jhwh ṣᵉbā'ōt* (Jes 1,24; 3,1; 10,16.33; 19,4; vgl. Wildberger, BK X, 62f.).

In phön.-pun. Inschriften ist das Epitheton *'dn* »Herr« für zahlreiche Gottheiten belegt und kommt häufig vor (Baudissin, a.a.O. III, 52ff.; DISO 5, mit Liste der betr. Gottheiten). Der Übergang vom Titel zum Eigennamen läßt sich in Eigennamen (vgl. *'šmn'dn*/*'dn'šmn* »Esmun ist Herr« mit *'dnplṭ* »*'dn* hat errettet«) und vor allem bei der sterbenden und auferstehenden Vegetationsgottheit Adonis aus Byblos (W.W. Baudissin, Adonis und Esmun, 1911; O. Eißfeldt, RGG I,97f.; G. von Lücken, Kult und Abkunft des Adonis, FuF 36,1962, 240-245) erkennen.

Bei der weiten Verbreitung solcher Epitheta im Alten Orient (äg. *nb*, sum. *en*, akk. *bēlu*, aram. *mr'*, heth. *išḫa-*) bedarf der Titel *'ādōn* für Jahwe keiner speziellen Herleitung, doch kann man vermuten, daß die Jerusalemer Kulttradition, der offenbar die genannten Formeln angehören, durch kan. Sprachgebrauch beeinflußt ist (vgl. auch die mit *'ādōn* gebildeten Eigennamen wie *'ᵃdōnijjāhū*, *'ᵃdōnīṣædæq*, *'ᵃdōnīqām*, *'ᵃdōnīrām* mit ihren ug. und phön. Seitenstücken, s.o. I; Noth, IP 114ff.).

Das Alter des Ausdrucks *'ᵃdōnāj Jhwh* außerhalb der Anrede, also »der Herr Jahwe« mit nominativischer Verwendung des erstarrten Vokativs, ist umstritten. Entgegen der von Baudissin (a.a.O. I,558ff.; II,81ff.) vertretenen Ansicht, daß *'ᵃdōnāj* hier jeweils neben oder anstelle von *Jhwh* sekundär eingetragen worden sei, kann nach Eissfeldt (RGG I,97) die nominativische Verwendung alt sein; nach F. Baumgärtel (Zu den Gottesnamen in den Büchern Jer und Ez, FS Rudolph 1961, 1–29) sind die Formeln wie *kō 'āmar 'ᵃdōnāj Jhwh* und *nᵉ'ūm 'ᵃdōnāj Jhwh* in Jer und Ez ursprünglich (mit J. Herrmann, FS Kittel 1913, 70ff., gegen Baudissin); vgl. nunmehr ausführlich Zimmerli, BK XIII,1250–1258.1265.

Manche Stellen, darunter gerade die älteren, bleiben textkritisch umstritten (zu Am vgl. V. Maag, Text, Wortschatz und Begriffswelt des Buches Amos

1951, 118f., und Wolff, BK XIV/2, 122.161; zu 1Kön 2,26 die Komm.).

Im einzelnen ist auch nicht immer zu erkennen, warum gewisse Autoren (bzw. Redaktoren) die Wendung *'adōnāj Jhwh* bevorzugen. Bei Ez (217×) nimmt Baumgärtel (a.a.O. 27ff.) bewußte Vermeidung der (mit der Lade im Zionstempel verbundenen, noch bei Jer üblichen) Gottesbezeichnung *Jhwh ṣebā'ōt* in der Exilssituation und ihren Ersatz durch *'adōnāj Jhwh* im Anschluß an einen alten Kultnamen an.

5. Den Übergang vom Gottesepitheton zur auch absolut verwendbaren Wesensbezeichnung *'adōnāj* im Sinne von »Herr par excellence« oder »Allherr« vermitteln die Verbindungen von *'ādōn* mit einem folgenden Genetiv, welcher den universalen Bereich der Herrschaft angibt. Solche steigernden, hyperbolischen Wendungen sind auch im bab. Repertoire der Titel für Götter (z.B. *bēl bēlē* »Herr der Herren«, vgl. Tallqvist 40–57) und ebenso für Könige (neben *bēl bēlē* z.B. auch *bēl šarrāni* »Herr der Könige«, *bēl gimri* und *bēl kiššati* »Herr der Gesamtheit«, vgl. Seux 55–57.90f.) bekannt, sind also nicht an sich schon Zeugnis für einen rein monotheistischen Gottesglauben. Im hebr. AT begegnen die Wendungen »Gott der Götter und Herr der Herren« (Dtn 10,17; Ps 136,2f.) und *'adōn kol-hā'āræṣ* »Herr der ganzen Erde« (Jos 3,11.13; Mi 4,13; Sach 4,14; 6,5; Ps 97,5; 114,7 txt em, vgl. Kraus, BK XV, 778.783; ein Teil dieser Stellen dürfte noch vorexilisch sein, vgl. Noth, HAT 7,25; H.-M Lutz, Jahwe, Jerusalem und die Völker, 1968, 94.96; nach Kraus, BK XV, 199, ist der Ausdruck wahrscheinlich »aus den Kulttraditionen der alten Jebusiterstadt übernommen worden«).

mārē', das bibl.-aram. Äquivalent zu *'ādōn*, wird zweimal in der Anrede *mārī* »mein Herr« gegenüber dem König verwendet (Dan 4,16.21), und zweimal mit folgendem Genetiv von Gott: Dan 2,47 *mārē' malkīn* »Herr der Könige« und 5,23 *mārē'-šemajjā* »Herr des Himmels«. Für die Parallelen in den aram. Inschriften (Titel für Könige und Götter) vgl. Baudissin, a.a.O. III,57–61; DISO 166f. (zu phön. *'dn mlkm* und aram. *mr' mlkn* »Herr der Könige« gegenüber Königen vgl. K. Galling, Eschmunazar und der Herr der Könige, ZDPV 79, 1963, 140–151). Das Genesis-Apokryphon aus Qumran hat die Zahl dieser Ausdrücke (mit der Schreibung *mrh*) beträchtlich vermehrt, vgl. Fitzmyer, Gen.Ap. 69.75.88.116.220.

Bei alleinstehendem *'adōnāj* »der Herr« außerhalb der Anrede (ca. 70×, hauptsächlich in Jes, Ps, Klgl: 1Kön 3,10.15; 22,6; 2Kön 7,6; 19,23; Jes 3,17.18; 4,4; 6,1.8; 7,14.20 u.ö.; Ez 18,25.29; 21,14; 33,17.20; Am 5,16; 7,7.8; 9,1; Mi 1,2; Sach 9,4; Mal 1,12.14; Ps 2,4; 22,31; 37,13; 54,6 u.ö.; Hi 28,28; Klgl 1,14.15; 2,1 u.ö.; Dan 1,2; 9,3.9; Esr 10,3, wo aber *'adōnī* zu lesen und auf Esra zu beziehen ist; Neh 4,8) besteht die oben (IV/4) erwähnte Unsicherheit in bezug auf die Ursprünglichkeit des Textes. Der jetzige Text setzt jedenfalls die exklusive Bedeutung »der Herr κατ' ἐξοχήν« voraus. Im Gebrauch von *'adōnāj* im Zuge der Vermeidung des Jahwenamens seit dem 3. Jh.v. Chr. (Bousset-Gressmann 307ff.), die auch in den Qumrantexten zu beobachten ist (M. Delcor, Les Hymnes de Qumran, 1962, 195; vgl. in der Anrede 1QH 2,20 u.ö. mit Jes 12,1; Ps 86,12; 1QH 7,28 mit Ex 15,11; außerhalb der Anrede 1QM 12,8 mit Ps 99,9; 1QSb 3,1 mit Num 6,26), und die schließlich zum Qerē perpetuum *'adōnāj* für das Tetragramm führt (→*Jhwh*), verliert das Wort vollends seinen ursprünglichen appellativischen Charakter, indem es zum deutend umschreibenden Namensersatz wird.

V. Zum Gebrauch von *'ādōn* bzw. κύριος im Spätjudentum und im NT vgl. W. Foerster, Art. κύριος, ThW III, 1081–1098; K.H. Rengstorf, Art. δεσπότης, ThW II, 43–48; K.G. Kuhn, Art. μαραναθά, ThW IV, 470–475; weitere Lit. in den ntl. Theologien und in den Abhandlungen über die christologischen Hoheitstitel. *E. Jenni*

אַדִּיר *'addīr* gewaltig

1. Die Wurzel *'dr* »gewaltig, mächtig, herrlich sein« ist auf das Kan. beschränkt (ug.: UT Nr. 92; WUS Nr. 95; Gröndahl 90; phön.-pun.: DISO 5f.; Harris 74f.).

Von den Verbalstammformen sind Qal »mächtig sein« und Pi. »mächtig machen/verherrlichen« nur im Phön. (DISO 5), dagegen Ni. Part. »herrlich« (Ex 15,6.11) und Hi. »etw. sich als herrlich erweisen lassen« (Jes 42,21) nur im Hebr. belegt.

Unter den Ableitungen ist das Adj. *'addīr* »mächtig, gewaltig, herrlich, vornehm« am wichtigsten. Es begegnet im Ug. und Phön.-Pun. verhältnismäßig häufig, auch in alltäglicherer Sprache (z.B. ug. *att adrt* in der Liste 119 [=107], Z. 4.7.9. 16.18, nach UT Nr. 92 »upper-class wife«, vgl. A. van Selms, Marriage and Family Life in Ugaritic Literature, 1954, 19f. 58f.; pun. KAI Nr. 65, Z. 2 = Nr. 81, Z. 5: »vom Großen bis zum Kleinen an ihnen [den Bauten]«; die Wurzel *gdl* »groß sein« fehlt im Phön.-Pun.), während es im Hebr. ein nach Nominalbildung und Verwendung eher archaisches bzw. archaisierendes Wort zu sein scheint (Gulkowitsch 95).

Als Fem. dazu existiert *'addæræt* (< *'addirt-, BL 479), einerseits als Abstraktum »Pracht« (Ez 17,8; Sach 11,3), andererseits in der konkreten Bedeutung »Mantel« (vgl. H.W. Hönig, Die Bekleidung des Hebräers, 1957, 66ff.). Eine Grundbedeutung »weit sein« (GB 12a), auf die sich »Pracht« und »Mantel« zurückführen ließen, ist nirgends erweisbar; vielmehr dürfte, wenn *'addæræt* »Mantel« zur Wurzel *'dr* gehört, das stehende Attribut stellvertretend für die Sache (»das Prächtige« < »das prächtige [Kleid]«) gebraucht worden sein.

Exegetisch und textlich ziemlich umstritten ist das Subst. *'ædær* »Pracht(?)« (Sach 11,13; Mi 2,8 txt em *'addæræt* »Mantel«?); vgl. dazu die Komm. und zuletzt G.W. Ahlström, VT 17, 1967, 1–7.

Der Eigenname *'adrammælæk* (2Kön 19,37 = Jes 37,38) hat sein Gegenstück im Phön. (*'drmlk* = »Mlk ist mächtig«; Harris 75). In 2Kön 17,31 ist der gleichlautende Gottesname jedoch aus akk. *Adadmilki* (»König [ist] Adad«) entstellt worden (Eißfeldt, KS III,335–339; K. Deller, OrNS 34, 1965, 382f.).

2. Die Verbreitung der Wortsippe ist, wenn man von *'addǽræt* in der Bed. »Mantel« (10 ×) absieht, fast ganz auf die poetischen Texte beschränkt: Ni. 2 ×, Hi. 1 × (Stellen s.o.); *'addīr* 27 ×, neben Ex 15,10 (Meerlied) und Ri 5,13.25 (Deboralied) 13 × in metrisch gehaltenen proph. Texten und 7 × im Psalter, in Prosa nur 1Sam 4,8 (im Munde der Philister) und Neh 3,5; 10,30; 2Chr 23,20 (in der Bed. »Vornehme«); *'addǽræt* »Pracht« 2 × (proph. Texte, s.o.). Inkl. *'ǽdær* (2 ×) ist die Wurzel 44 × belegt.

Vgl. noch Sir 36,7 (hi.); 43,11 und 49,13 (ni.); 40,13; 46,17; 50,16 (*'addīr*); zu den Qumrantexten vgl. Kuhn, Konk. 2f.

3. Die Gewaltigkeit, Mächtigkeit und Pracht wird (wie im Ug. und Phön.) sowohl von unpersönlichen Dingen (Wassermassen: Ex 15,10; Ps 93,4a; vgl. ug. *gšm adr* »starker Regen« in 2059 [= PRU V,59], Z. 14; Bäume: Jes 10,34 txt?, anders M. Dahood, Bibl 38, 1957, 65f.; Ez 17,8.23; Sach 11,2; Schiff: Jes 33,21b; vgl. phön. *'rṣt dgn h'drt* »die prächtigen Kornländer«, KAI Nr. 14, Z. 19) als auch von Personen ausgesagt (Könige: Ps 136,18; vgl. phön. u.a. KAI Nr. 24, Z. 5f.; Herrscher: Jer 30,21; Herren der Herde = Hirten: Jer 25,34.35.36; Vornehme: Ri 5,13.25; Jer 14,3; Nah 2,6; 3, 18; Ps 16,3; Neh 3,5; 10,30; 2Chr 23,20; Ez 32,18 txt?; ug. WUS Nr. 92,2*b; neupun. KAI Nr. 119, Z. 4, und Nr. 126, Z. 7: »die Mächtigen von Leptis und das ganze Volk von L.«, entsprechend lat. ordo et populus).

Die genannten Stellen aus Neh und den Inschriften erweisen den Begriff als sozial undifferenzierte Personenbezeichnung, etwa im Sinne von »Magnaten« (E. Meyer, Die Entstehung des Judentums, 1896, 132f.). Daher dient er in 2Chr 23,20 als allgemeiner Ersatz für das spezielle, unverstandene *kārī* »Karier« von 2Kön 11,19.

Als sinnverwandte Wörter begegnen im Kontext: *gādōl* »groß« (Ps 136,18; vgl. Jes 42,21), *mōšēl* »Herrscher« (Jer 30,21; 2Chr 23,20), *gibbōr* »Held« (Ri 5, 13); vgl. noch Ps 76,5. Bezeichnend ist auch das Oppositum *ṣā'īr* »klein, gering, jung« (Jer 14,3 »Diener«, vgl. S.E. Loewenstamm, Tarbiz 36, 1966/67, 110–115), das auch in den oben (1.) genannten pun. Inschriften vorkommt.

4. Wie *gādōl* »groß« (→*gdl*) und andere Adjektiva, die eine staunende Stellungnahme gegenüber dem Mächtigen zum Ausdruck bringen, wird auch *'addīr* ohne weiteres in bezug auf Gott und Göttliches verwendet (W.W. Baudissin, Kyrios, III, 1929, 85f.120).

Im Ug. (Text 2001 [= PRU V,1], Z. 7 *adrt* wahrscheinlich von Astarte) und namentlich im Phön.-Pun. sind *'dr* und fem. *'drt* feste Epitheta verschiedener Gottheiten: phön. *B'l 'dr*, KAI Nr. 9B, Z. 5 (Byblos um 500 v.Chr.); *'skn 'dr*, KAI Nr. 58 (Piräus, 3. Jh. v.Chr.); Isis/Astarte, KAI Nr. 48, Z. 2 (Memphis, 2.–1. Jh. v. Chr.); pun. (und neupun.) Astarte, *Tnt* und *B'l 'dr* (DISO 5f.; KAI II,11.89; J.-G. Février, Semitica 2, 1949, 21–28; A. Berthier-R. Charlier, Le sanctuaire punique d'El Hofra à Constantine, 1955, 14.237).

Da in Jes 10,34 (s.o. 3.) und 33,21a Text und Deutung sehr fraglich sind, bleiben als Stellen mit theologischer Verwendung von *'addīr* bzw. *'dr* ni./hi. nur Ex 15,6 »deine Rechte, Jahwe, herrlich in Kraft«; V. 11 »wer ist wie du herrlich in Heiligkeit?«; 1Sam 4,8 »wer wird uns aus der Hand dieses gewaltigen Gottes retten?«; Jes 42,21 »Jahwe gefiel es um seiner Treue willen, die Weisung groß und herrlich zu machen«; Ps 8,2.10 »Jahwe, unser Herr, wie gewaltig ist dein Name auf der ganzen Erde«; 76,5 »furchtbar bist du, herrlich«; 93,4 »hehrer als das Brausen großer Wasser, als die Brandung des Meeres, hehr ist Jahwe in der Höhe«.

Die Aussagen über Jahwes Rechte, seinen Namen, seine Weisung und über ihn selber lassen keinen formelhaften Gebrauch erkennen. Zu beachten sind die komparativisch-superlativischen Wendungen in Ex 15,11 und Ps 93,4. Eine spezielle theologische Bedeutungsnuance des Wortes (in der dt. Übersetzung wird in diesen Fällen »hehr« oder »herrlich« bevorzugt) ist nicht vorhanden und wegen der Gradation auch gar nicht anzunehmen.

Beim kan. Hintergrund des Wortes ist es wohl nicht zufällig, daß es in der Anwendung auf Jahwe besonders in der älteren, kan. beeinflußten Jerusalemer Tradition beheimatet ist (1Sam 4,8 in der Ladeerzählung; Ps 76,5 in einem vorexilischen Zionslied, vgl. H.-M. Lutz, Jahwe, Jerusalem und die Völker, 1968, 167f.; 93,4 in einem ebenfalls alten Jahwe-König-Psalm, vgl. Kraus, BK XV, 648; vgl. auch die dreigliedrigen Verse in Ex 15,11 und Ps 93,4 mit dem auch im Ug. bekannten klimaktischen Parallelismus).

5. Unter den zahlreichen Übersetzungsmöglichkeiten der LXX für *'addīr* sind besonders θαυμαστός (6× in Ps) und μέγας (→*gdl*) hervorzuheben.

Der orientalisch-hellenistischen Gottesprädikation μέγας »groß« (W. Grundmann, Art. μέγας, ThW IV, 535–550), die im NT in der Akklamationsformel für die Artemis der Epheser (Apg 19,27f.34f.) erscheint und auch in Tit 2,13 »unseres großen Gottes und (des) Heilandes Jesus Christus« nachhallt, entspricht im sem. Bereich nicht *gādōl*, sondern neben aram. *rab* (akk. *rabû*, phön. nur *rbt* »Herrin« als Titel) phön. *'dr*. *E. Jenni*

אָדָם *'ādām* Mensch

1. a) *'ādām* »Mensch, Menschen« begegnet nur im Kan. (Hebr. und nachbibl. Literatur, Phön.-Pun. und Ug.) und vereinzelt im Südsem. (HAL 14a).

Im Ug. findet sich *adm* »Menschen« einmal parallel zu *lim* (= hebr. *le'ōm* »Leute«) in 'nt [= V AB] II, 8, sowie in dem Ausdruck *ab adm* »Vater der Menschheit« im Krt-Epos (→*'āb* IV/3a).

Im Phön.-Pun. wird zu *'dm* auch der Plur. *'dmm* gebildet (DISO 4).

Altsüdarab. *'dm* hat die Bed. »Knecht« (Conti Rossini 100b).

Zur mittelhebr. Form *'ādān* vgl. E.Y. Kutscher, FS Baumgartner 1967, 160.

Die Frage der Herleitung des Wortes ist bis jetzt zu keinem sicheren Ergebnis gekommen (vgl. die Lexika und die Komm. zu Gen 2,7; bes. auch Th.C. Vriezen, Onderzoek naar de Paradijsvoorstelling bij de oude semietische Volken, 1937, 63f. 129–132.239).

Vriezen (a.a.O.) referiert die Versuche, das Wort aus dem Sum. oder Bab.-Ass. abzuleiten sowie die Gestalt Adams von Götternamen oder mythischen Gestalten (als Kulturträger in Analogie zu Adapa nach de Liagre-Böhl) her zu erklären und kommt zu dem Schluß, daß keiner dieser Versuche zu einem sicheren Ergebnis führt. Da diese Versuche (vgl. auch GB 10a; KBL 12f.) auch sonst kaum oder gar nicht aufgenommen wurden, werden sie hier nicht aufgezählt.

Sodann fragt Vriezen nach dem Verhältnis von *'ādām* zu *'adāmā* (vgl. Gen 2,7 mit einem typisch hebr. Wortspiel): Liegt hier nur Volksetymologie oder doch ein ursprünglicher sprachlicher Zusammenhang vor? Die bisherigen Antworten auf diese Frage divergieren; während Köhler u.a. die sprachliche Herleitung des *'ādām* von *'adāmā* sicher erscheint (Theol. 237 Anm. 57; 240 Anm. 97), meinen Th. Nöldeke (ARW 8, 1905, 161) u.a., daß die beiden Wörter sprachlich nichts miteinander zu tun haben. Vriezen kommt zu dem Schluß, daß das Wort nur entweder allein aus dem Hebr. (hier käme das Verbum *'dm* »rot sein« in Frage) oder aus verschiedenen Möglichkeiten im Arab. zu erklären sei. Ihm ist am wahrscheinlichsten die Herleitung von H. Bauer, ZDMG 71, 1917, 413; ZA 37, 1927, 310f., von arab. *'adam(at)* »Haut, Oberfläche«, das im Südarab. und Hebr. als pars pro toto die Bed. »Mensch« angenommen habe, während im Arab. die alte Bedeutung erhalten blieb. Dann ist eine Verbindung zwischen *'ādām* und *'adāmā* »Erdoberfläche« möglich, aber anders, als sie der Verfasser von Gen 2–3 voraussetzt. Vgl. aber auch →*'adāmā* (1).

Die erwähnte arab. Bed. »Haut, Leder« ist von G.R. Driver, JThSt 39, 1938, 161 (HAL 14b; vgl. Barr, CPT 154) auch für Hos 11,4 (parallel zu *'ahabā*, wofür ebenfalls die Bed. »Leder« postuliert wird, →*'hb* I) angenommen worden, kann aber nicht als gesichert angesehen werden (vgl. Wolff, BK XIV/1, 258; Rudolph, KAT XIII/1, 210).

b) Neben *'ādām* begegnet im Hebr. relativ selten das auf eine gemeinsem. Wurzel zurückgehende Wort *'anōš*, während im Bibl.-Aram. *'anāš* das normale Wort für »Mensch(en)« ist (< **'unāš*; vgl. Wagner Nr. 19/20; P. Fronzaroli, AANLR VIII/19, 1964, 244.262.275; →*'īš* I).

2. a) Das Wort begegnet im AT 554× (inkl. Hos 6,7; 11,4; 13,2, aber ohne den Personennamen Adam in Gen 4,25; 5,1. 1.3.4.5; 1Chr 1,1). Die Verteilung der Stellen ist auffallend. Allein auf Ez fallen 132 Stellen (von diesen 93 auf die Anrede Gottes an den Propheten: *bæn-'ādām*). Abgesehen von Ez findet sich das dichteste Vorkommen von *'ādām* an zwei Stellen: in Gen 1–11 allein 46× (dagegen in Gen 12–50 außer Gen 16,12 *pæræ' 'ādām* gar nicht), dazu in Pred 49×. Eine gewisse Häufung ist sonst nur noch in Spr (45×) und Ps (62×) zu beobachten; im übrigen ist die Verteilung ganz zufällig (Jer 30×, Jes und Hi 27×, Num 24×, Lev 15×, Ex 14×, übrige Bücher unter 10×, fehlt in Ob, Nah, Ruth, Hhld, Est, Esr).

b) *'anōš* begegnet 42× (Hi 18×, Ps 13×, Jes 8×; ferner Dtn 32,26; Jer 20,10; 2Chr 14,10), und zwar nur in poetischen Texten (2Chr 14,10 bildet als Gebetswort keine Ausnahme). Dazu kommt *'anōš* als Eigenname in Gen 4,26; 5,6–11; 1Chr 1,1.

Aram. *'anāš* steht 25× (Dan 23×, Esr 2×; in Dan 4,14 ist statt des hebr. Plur. *'anāšīm* die Form *'anāšā* zu lesen), entweder kollektiv/generell oder individualisiert in der Wendung *bar 'ænāš* (Dan 7,13; vgl. C.Colpe, ThW VIII, 403ff. mit Lit.) bzw. plur. *benē 'ænāšā* (Dan 2,38; 5,21), sowohl in poetischen als auch in nichtpoetischen Texten.

3. a) *'ādām* bedeutet kollektiv »der Mensch (als Art), die Menschheit, die Menschen« und wird (anders als →*'īš* »Mann«) nur im Sing. und im stat. abs., nie mit Suffixen verwendet. Der »einzelne Mensch« wird mit *bæn-'ādām*, der Plur. »die (einzelnen) Menschen« mit *benē/benōt (hā)'ādām* bezeichnet (vgl. L.Köhler, ThZ 1, 1945, 77f.; ders., Theol. 114f.; →*bēn*). Die Bedeutung des Wortes bleibt durch das ganze AT hindurch gleich. Es kann in Zusammensetzungen wie »Menschenblut« (Gen 9,6; nach KBL 12b etwa 40 solcher Verbindungen), auch als Genetiv in Vertretung eines Adjektivs »in menschlicher Weise« (2Sam 7,14; Hos 11,4) gebraucht werden, ferner in allgemeinen Wendungen, wo es »jemand« (Lev 1,2 u.ö.), »alle« (Ps 64,10), negiert »keiner« (1Kön 8,46; Neh 2,12) übersetzt werden kann (vgl. auch unten 4j).

Als feste Wendung begegnet nur *mē'ādām (we)'ad-behēmā* »sowohl die Menschen als auch das Vieh« (Gen 6,7; 7,23; Ex 9,25; 12,12; Num 3,13; Jer 50, 3; 51,62; Ps 135,8). Weitere Reihungen mit *behēmā* »Vieh, Tiere« sind Ex 8,13.14; 9,9.10.19.22.25; 13, 2.15; Lev 7,21; 27,28; Num 8,17; 18,15.15; 31,11. 26.30.47; Jer 7,20; 21,6; 27,5; 31,27; 32,43; 33,10. 12; 36,29; Ez 14,13.17.19.21; 25,13; 29,8; 36,11; Jon 3,7.8; Zeph 1,3; Hag 1,11; Sach 2,8; Ps 36,7; vgl. Pred 3,19.

Die häufigste Entsprechung im Parallelismus ist →*'īš* (III/4c), vgl. 2Kön 7,10; Jes 2,9; 5,15; 52,14; Ps 49,3; 62,10; mit *'anāšīm* Jes 2,11.17 u.ö.

b) *'ænōš* hat niemals den Artikel und begegnet nur im Singular. Es ist in einem strengeren Sinne als *'ādām* Kollektivbegriff, bedeutet also an allen Stellen »die Menschen« oder »Menschen«; einmal ist es individualisiert: *bæn-'ænōš* (Ps 144,3). L.Köhler bezeichnet es als »im Gebrauch absterbend« (KBL 68a); das ist vielleicht zu stark ausgedrückt, wenn es in dem späten Hiob-Buch noch 18 × vorkommt. Wohl aber kann man sagen, daß es in seinem Gebrauch stark begrenzt ist: nur in poetischen Texten, nur ohne Artikel und nur in einem sehr schmalen Bedeutungsfeld. Dabei kann man die Begrenzungen des Gebrauchs voraussetzen, die bei der Vokabel *'ādām* festzustellen sind (s.u. 4a): auch die Vokabel *'ænōš* kommt niemals in geschichtlichen Texten, in geschichtlichen oder »heilsgeschichtlichen« Zusammenhängen vor.

In Hi und Ps überwiegen die Stellen, an denen vom Menschen in seiner Sterblichkeit, Hinfälligkeit, Begrenztheit gesprochen wird: Ps 103,15 »des Menschen Tage sind wie das Gras«; ähnlich 73,5; 90,3; 8,5 = 144,3; Hi 7,1; 14,19; 25,6; 28,13. Der Mensch kann vor Gott nicht gerecht (rein) sein: Hi 4,17; 9,2; 15,14; 25,4; 33,26. Er wird als *'ænōš* im Gegensatz zu Gott bezeichnet: Hi 7,17; 10,4.5; 13,9; 32,8; 33,12; 36,25. In die Nähe dieser Bedeutung gehört auch die Bezeichnung der Feinde in den Psalmen an einigen Stellen: Ps 9,20.21; 10,18; 56,2; 66,12; vgl. 55,14. Die Verbindung zeigt 9,21 »die Heiden sollen erkennen, daß sie Menschen sind«. Zur gleichen Bedeutungsgruppe gehören außerhalb von Ps und Hi sechs Stellen im Jesajabuch: Jes 13,7.12; 24,6; 33,8; 51, 7.12; dazu 2Chr 14,10. So sind es 33 von 42 Stellen, die eine zusammengehörige Bedeutungsgruppe bilden (vgl. dazu u. 4e–h).

Von der genannten Verwendungsweise weichen ab die Stellen Dtn 32,26; Jes 8,1; 56,2; Jer 20,10; Ps 55,14; 104,15.15; Hi 5,17; 28,4. Bei den wenigen Ausnahmen handelt es sich um feste Wendungen oder um enge Wortverbindungen: *'ašrē 'ænōš* »wohl dem Menschen« (Jes 56,2; Hi 5,17); *lebab 'ænōš* »Menschenherz« (Jes 13,7; Ps 104,15.15); *ḥæræṭ 'ænōš* »Menschen- (= unter Menschen üblicher) Griffel« (Jes 8,1; vgl. aber Wildberger, BK X,311f.); *'ænōš šelōmī* »mein Vertrauter« (Jer 20,10; vgl. Ps 55,14 *'ænōš ke'ærkī* »ein Mensch meinesgleichen«). Wenn sich *'ænōš* in diesen Zusammensetzungen in der neutralen Bedeutung erhalten hat, so scheint das auf eine ältere Sprachstufe zu deuten, auf der *'ænōš* noch einen weiteren, allgemeineren Gebrauch hatte. Außer in Zusammensetzungen begegnet die neutrale Bedeutung nur in Dtn 32,26 und Hi 28,4; hier könnte *mē'ænōš* »(von) unter den Menschen« eine feste Wendung sein.

Zu diesem allgemeinen und neutralen Sinn (s.u. 4j) sind die Stellen zu rechnen, an denen *'ænōš* Eigenname ist (Gen 4,26; 5,6.7.9.10.11; 1Chr 1,1; vgl. Westermann, BK I, zu Gen 4,26).

4. a) Es wird im AT nicht unterschiedslos überall von *'ādām* gesprochen, wo das Wesen homo sapiens vorkommt, sondern überwiegend dort, wo dieses Wesen in irgendeiner Weise in Beziehung auf sein Geschaffensein oder ein besonderes Element seines Geschaffenseins gesehen wird. Nicht der irgendwo in der Familie, der Politik, dem alltäglichen Besorgen oder dem Miteinandersein begegnende Mensch ist *'ādām*, sondern dort wird vom *'ādām* geredet, wo dieser *jenseits* aller dieser Bezogenheiten in seinem *bloßen* Menschsein gemeint ist. Vor allem aber: Gottes spezifisches Heilshandeln, Gottes Geschichte mit seinem Volk hat es nicht mit dem *'ādām* zu tun. Nicht nur die beiden literarischen Komplexe, in denen *'ādām* am häufigsten vorkommt (Gen 1–11 und Pred), sondern auch die sachlich zusammengehörigen Gruppen des Gebrauchs haben es mit dem Menschen als Geschöpf oder mit einem Element seiner Geschöpflichkeit zu tun; feste literarische oder sachliche Komplexe oder Redeformen in Geschichts- oder prophetischen Büchern, in denen *'ādām* einen festen Platz hätte, gibt es nicht.

b) Die Vokabel *'ādām* hat ihren eigentlichen Ort in der Urgeschichte, und zwar in denjenigen Teilen von Gen 1–11, die vom Menschen im Urgeschehen handeln: Erschaffung des Menschen (Gen 1,26–30 und 2,4b–24), Vertreibung aus dem Paradies (Gen 3), Sintflut (Gen 6–9) und Zerstreuung der Menschen (Gen 11, 1–10). Außerhalb dieser Erzählungen begegnet die Vokabel nur 4,1 (*hā'ādām*).25 und 5,1.1; hier aber ist *'ādām* zum Eigennamen geworden (oder auf dem Wege dazu). Die Dichte des Vorkommens in diesen Erzählungen der Urgeschichte und seine Begrenzung auf diese zeigt an, daß *'ādām* im AT den Menschen (im kollektiven Sinn) *vor* und *außer* allen Determinierungen, die mit den Namen in den Genealogien beginnen, und vor allen Scheidungen der Menschheit in Völker, anfangend mit Gen 11 bzw. mit der Völkertafel, bedeutet. Die Erzählungen, die in diesem Sinn vom Menschen handeln, verteilen sich auf zwei Grundmotive: sie handeln von der Erschaffung des Menschen (c) und von der Begrenztheit des Menschendaseins in den Erzählungen von Schuld und Strafe (d). Sie ergeben die beiden Grundaussagen, die das AT vom Menschen macht: er ist Gottes Geschöpf, und er hat als Geschöpf im Gegensatz zu Gott eine begrenzte Existenz.

c) Die Erzählungen von der Erschaffung des Menschen (vgl. E. Lussier, Adam in Gen 1,1–4,24, CBQ 18, 1956, 137–139) liegen in Gen 1,26–30 und 2, 4b–24 vor.

Der religionsgeschichtliche Hintergrund der Schöpfungsgeschichten ergibt, daß die Erschaffung der Welt und die Erschaffung des Menschen ursprünglich je eigene Traditionslinien darstellen. Es zeigt sich z. B., daß in den primitiven Kulturen Schöpfung fast nur als Menschenschöpfung vorkommt, daß dagegen in Ägypten Schöpfung ganz überwiegend Weltschöpfung, also Kosmogonie ist. Die in den Hochkulturen vorherrschende Kosmogonie hat dann die Menschenschöpfung an sich gezogen; so ist beides verbunden in Enuma eliš und in Gen 1. Dagegen gehört Gen 2 in die Traditionslinie der Menschenschöpfung. Es ist dann nicht richtig, von zwei Schöpfungsgeschichten, einer älteren (Gen 2–3) und einer jüngeren (Gen 1) zu sprechen; vielmehr kann man als parallel zu Gen 2 nur Gen 1,26–30, nicht aber Gen 1,1–2,4a gelten lassen. Die traditionsgeschichtliche Auslegung von Gen 1 zeigt die ursprüngliche Selbständigkeit von Gen 1,26–30 noch deutlich (Westermann, BK I, 198ff.).

Gen 2–3 ist eine von J gefügte literarisch einheitliche Erzählung, hinter der sich aber noch eindeutig zwei ursprünglich selbständige Erzählungen erkennen lassen: eine Erzählung von der Erschaffung des Menschen in 2,4b–24 und die Erzählung von der Vertreibung aus dem Garten 2,9.16.17.25; 3,1–24. Die erste gehört zum Motivkreis Erschaffung des Menschen, die zweite erklärt die Begrenztheit des Menschen. Mit der Zusammenfügung hat J die Zusammengehörigkeit dieser beiden Grundmotive zum Ausdruck gebracht.

Die beiden Darstellungen der Erschaffung des Menschen in Gen 1,26–30 und 2,4b–24 haben gemeinsam, daß der Mensch seine Existenz von Gott hat (1), daß er von vornherein als Mensch in der Gemeinschaft verstanden ist (2), daß mit seiner Erschaffung die Versorgung des Menschen mit Nahrung verbunden ist (3) und daß er mit der Herrschaft über die Tiere und das übrige Geschaffene beauftragt ist (4). P hat darüber hinaus die besondere Aussage, daß Gott den Menschen gesegnet hat (5) und ihn nach seinem Bilde (→*ṣǽlæm*) geschaffen hat (6).

(1) Keine der beiden Darstellungen meint eigentlich, daß Gott den (die) ersten Menschen schuf. Die Erschaffung des Menschen ist vielmehr eine urgeschichtliche Aussage, sie ist erfahrbarer und dokumentierbarer Geschichte jenseitig. Es ist damit gesagt, daß die Menschheit, und d.h. jeder Mensch, seine Existenz von Gott hat, nicht mehr und nicht weniger. Der von Gott geschaffene Mensch wird Adam (Name) erst damit, daß die Reihe der Geschlechter beginnt (4,1.25; 5,1); der in den Schöpfungserzählungen erschaffene Mensch ist nicht einer in einer fixierbaren Reihe. Wohl aber sagt die Erzählung von der Erschaffung des Menschen, daß es den Menschen nicht anders denn als Geschöpf Gottes gibt; den Menschen als solchen von seinem Geschaffensein zu abstrahieren ist hier nicht möglich. Der Mensch ist, was er ist, als Gottes Geschöpf.

(2) Die Erschaffung des Menschen zur Gemeinschaft wird in Gen 1,26–30 lapidar festgestellt: »als Mann und Frau schuf er sie«. In Gen 2,4b–24 ist sie Skopos der Erzählung: der von Gott aus Erde gebildete Mensch (2,7) ist noch nicht das eigentlich von Gott gemeinte Geschöpf (»es ist nicht gut...« 2,18); erst mit der Erschaffung der Frau ist die Menschenschöpfung wirklich gelungen. J hat also diese Seite der Erschaffung des Menschen, daß er seine Eigentlichkeit erst in der Gemeinschaft erhält, besonders hervorgekehrt (vgl. hierzu Pedersen, Israel I/II, 61f.).

(3) Nach beiden Darstellungen wird der Mensch zunächst mit pflanzlicher Nahrung versorgt (1,29; 2,8.9.15); die tierische Nahrung kommt erst im Zusammenhang der Entfernung von Gott hinzu. Zu diesem Motiv gehören all die Stellen, besonders in den Psalmen, die sagen, daß Gott seine Geschöpfe mit Nahrung versorgt.

(4) Im Gegensatz besonders zur sumerisch-babylonischen Darstellung der Menschenschöpfung ist im AT bei J und P der Mensch nicht zum Bedienen der Götter, also für den Kultus, sondern für die Herrschaft über die Tiere (1,26b.28b; 2,19.20) und damit das übrige Geschaffene (1,28) und für das Bearbeiten des Bodens (2,15; vgl. 2,5b) geschaffen. Das kulturelle Wirken, das Wirken auf der Erde also ist in der oder zusammen mit der Erschaffung des Menschen selbst begründet. Diese Kulturaufgabe ist vom Menschsein des Menschen nicht ablösbar.

(5) P berichtet ausdrücklich von der Segnung des Menschen im Zusammenhang mit seiner Erschaffung (1,28). Was P begrifflich sagt, wird bei J erzählt: Die im Segen gemeinte Kraft der Fruchtbarkeit wirkt sich in der Generationenfolge, in der Zeugung und Geburt der Nachkommen aus (4,1.2.25). Der von Gott geschaffene Mensch ist als ein sich in die Generationenfolge fortzeugendes Wesen geschaffen.

(6) Zu der Aussage, daß Gott den Menschen nach seinem Bilde geschaffen habe, gibt es eine Fülle von Erklärungsversuchen; dazu vgl. Westermann, BK I, 197ff. Dort ist auf religionsgeschichtlichem Hintergrund die Deutung begründet: Gott schuf den Menschen zu seiner Entsprechung, als sein Gegenüber, so daß zwischen diesem Geschöpf und seinem Schöpfer etwas geschehen, daß es seinen Schöpfer hören und ihm antworten kann. Diese Näherbestimmung hat explikativen Charakter; es wird der Erschaffung des Menschen damit nicht noch etwas hinzugefügt; es wird vielmehr damit verdeutlicht, was mit dem Geschaffensein des Menschen gemeint ist (so auch z.B. K. Barth, Kirchliche Dogmatik, III/1, 1945, 206f.). Wenn diese besondere Aussage auch bei J fehlt, das Gemeinte kommt bei ihm durch die Verbindung der eigentlichen Schöpfungsgeschichte 2,4–24 mit der Erzählung von der Übertretung des Gebots und der Vertreibung aus dem Garten zum Ausdruck: Gott hat den Menschen geschaffen, damit etwas zwischen ihm und seinem Geschöpf geschehe.

d) Eine zweite Gruppe bilden die Erzählungen von Schuld und Strafe. Wo immer es Erzählungen von der Menschenschöpfung oder Aussagen vom Geschaffensein des Menschen gibt, sind sie begleitet von Erzählungen und Aussagen, die etwas von der Begrenztheit des Menschen sagen. Beides ist durch einen Kontrast verbunden: warum ist der Mensch, der doch Gottes Geschöpf ist, so vielfach begrenzt in seiner Existenz? Die Antworten auf diese Frage können verschieden sein; im AT – wie an vielen anderen Stellen auch – wird die Erklärung in einem Vergehen der Menschen gesehen.

Die Erzählung von der Vertreibung aus dem Garten in Gen 3 enthält als Hauptlinie das einfache Geschehen: Gott setzt die von ihm geschaffenen Menschen in einen Fruchtgarten, in dem er ihnen die Früchte aller Bäume zur Nahrung überläßt; nur von einem Baum verbietet er ihnen zu essen. Die Menschen essen dennoch von den Früchten dieses Baumes und werden darum aus dem Garten verwiesen. Damit sind sie von Gott entfernt, und diese Entfernung von Gott bedeutet das auf vielerlei Weise begrenzte Dasein. Diese Hauptlinie ist mit einer Reihe anderer Motive verwoben und bereichert, die einmal selbständigen anderen Erzählungen des gleichen Erzählkreises angehörten; so vor allem das Motiv des Lebensbaumes, das auch sonst (z.B. im Gilgameschepos und im Adapamythus) bekannt ist, so die einzelnen, das Begrenztsein des Daseins explizierenden Strafsprüche und vielleicht auch die Verführungsszene mit der Schlange.

Was J mit dieser Erzählung vom Menschen sagen will, kann abgekürzt so zusammengefaßt werden: (1) Nicht nur das Geschaffensein, auch die Begrenztheit der menschlichen Existenz ist in einem Urgeschehen zwischen Gott und Mensch begründet. (2) Das Übertreten des Gebotes Gottes und die Bestrafung dieser Übertretung ist ein Urgeschehen, das in seiner Rätselhaftigkeit und Unerklärbarkeit stehen gelassen wird. Schuld und Strafe bestimmen den Menschen als solchen; es gibt keine menschliche Existenz, die daran nicht teilhätte. (3) Gott bejaht den Menschen, der sich gegen ihn vergangen hat. Auch wenn er ihn aus seiner Nähe weist und so das in Mühsal, Schmerzen und Tod begrenzte Dasein verordnet, läßt er ihm das Leben und ermöglicht ihm das Leben in die Zeit hinein.

Nur diese drei Aussagen miteinander können wiedergeben, was die Erzählung sagen will. Eine Auslegung, nach der ein paradiesischer status der Unschuld durch den »Sündenfall« in einen status der gefallenen Menschheit gewandelt wird, entspricht dem Text und dem Sinn der Erzählung nicht. In der Erzählung ist Gebot, Übertretung und Bestrafung in gleicher Weise Urgeschehen, das nicht in geschichtliche Perioden übertragbar ist. Die Bezeichnung »Sündenfall«, die diese ein wenig andere Nuance (mit allerdings weitreichenden Folgen) in die Auslegung der Erzählung hineinbrachte, stammt aus dem Spätjudentum (IV. Esra).

Die Möglichkeit menschlicher Verfehlung, die zum Urgeschehen gehört, erhält in der Sintfluterzählung in Gen 6–9 einen anderen Aspekt. Während in Gen 3 (und 4) das Vergehen eines einzelnen Menschen im Blick steht, geht es in Gen 6–9 um das Menschheitsphänomen, daß eine Gruppe, eine ganze Menschengemeinschaft verderben, verfallen kann. Hier erst tritt die Möglichkeit auf, daß der Schöpfer seine Schöpfung wieder vernichtet. Sie ist potentiell schon damit gegeben, daß die Welt bzw. die Menschheit einen Schöpfer hat: der Schöpfer hat als solcher die Macht, sein Werk wieder zu zerstören. Deshalb sind Erzählungen von der Sintflut (oder dem Sintbrand) auf der Erde genauso verbreitet wie Schöpfungserzählungen. Hier ist das Schema Urzeit–Endzeit begründet: der Möglichkeit der Verderbnis des Menschengeschlechts entspricht die Möglichkeit ihrer Vernichtung. In der Apokalyptik geht es daher wie in der Urzeit um die Menschheit.

Für das Verständnis des Menschen ergibt sich aus Gen 6–9: (1) Die sich fortpflanzende Menschheit hat die Möglichkeit der Verderbnis in der Menge. (2) Der Schöpfer hat die Möglichkeit, die von ihm geschaffene Menschheit wieder zu vernichten. (3) Mit der Flut und der Rettung des einen aus der Flut tritt zur Existenz des Menschen das Leben aus der Rettung oder Bewahrung in den großen Katastrophen hinzu. (4) Die Verheißung des Nichteintretens einer Weltkatastrophe »solange die Erde steht« begründet die Geschichte der Menschheit, die (partielle) Verderbnis einer ganzen Gruppe und (partielle) Katastrophen einschließt. Damit wird auch die Rettung und Bewahrung zu einem Menschheitsphänomen.

In der Erzählung vom Turmbau wird eine die Menschheit besonders gefährdende Grenzüberschreitung in der Selbstüberhöhung des Menschen im Bereich des Politischen (Stadt und Turm) und im Bereich des technischen Fortschritts (der als solcher bejaht ist) gesehen. Hier ist die »gnädige« Strafe, die wiederum das Leben beläßt, die Zerstreuung und die Entfremdung.

e) An einer Reihe von Stellen wird an die Erschaffung des Menschen erinnert oder an Schöpfungsmotive angespielt, z. B. Dtn 4,32 »von dem Tage an, da Gott Menschen auf der Erde schuf«, oder Ex 4,11; Jes 17,7; 45,12; Jer 27,5; Sach 12,1; Ps 8,5ff.; 139,13ff.; Hi 15,7; 20,4; Spr 8,31 (die Weisheit bei der Schöpfung: »und hatte mein Ergötzen an den Menschen«); ferner Ps 115,16 (Gott hat den Menschen die Erde gegeben); Dtn 32,8 (eine Anspielung auf die Scheidung der Völker).

In engem Zusammenhang mit dem Geschaffensein des Menschen stehen auch die Aussagen, in denen der Mensch als Geschöpf einen Wert oder eine Würde erhält, die bewahrt oder geschützt werden müssen. Das Leben des Menschen ist geschützt, weil er Gottes Geschöpf ist (Gen 9,5f.). In den Gesetzen wird das aufgenommen: »wer einen Menschen erschlägt . . .« (Lev 24,17.21).

Wenn in Gen 9,6 die Begründung dafür das Erschaffensein des Menschen nach dem Bilde Gottes ist, so zeigt sich hier der Ansatz zu dem modernen Begriff der »Menschenwürde«; sie beruht im Geschaffensein des Menschen und wirkt sich darin aus, daß das Leben des Menschen als des Geschöpfes Gottes geschützt ist. Eine Konzeption von Menschenwürde steht auch hinter einem Satz wie Hab 1,14 »wenn er (der Eroberer) den Menschen tut wie den Fischen im Meere«. Sie zeigt sich darin, daß »der Mensch nicht von Brot allein lebt« (Dtn 8,9), oder in der Klage »ich aber bin ein Wurm und kein Mensch« (Ps 22,7) und besonders ausgeprägt in dem Gottesknechtlied Jes 52,14 »so unmenschlich entstellt war sein Aussehen und nicht mehr menschlich sein Anblick«. Ähnlich reden von Menschlichkeit auch 2Sam 7,14 und Hos 11,4.

Auch diese Würde hat der Mensch nicht an sich selbst; sie beruht darin, daß Gott sich seiner annimmt: »Was ist der Mensch (*'ᵉnōš*), daß du seiner gedenkst, und des Menschen Kind (*bæn-'ādām*), daß du dich seiner annimmst?« (Ps 8,5). So redet eine Fülle von Stellen von der Bewahrung des Menschen durch Gott; er ist der »Menschenhüter« (Hi 7,20), in solchem Behüten und Bewahren tut er »seine Wunder an den Menschenkindern« (Ps 107,8.15.21.31; dazu Ps 36,7.8; 80,18 u.ö.).

f) Was der Mensch eigentlich ist, wird im AT besonders im Sein des Menschen gegenüber Gott, in seinem Abstand von ihm und in seiner Abhängigkeit von ihm gesehen. In dieser Gruppe des Gebrauchs von *'ādām* (etwa 60 Stellen) liegt ein besonderer Schwerpunkt. Das Menschenverständnis des AT geht nicht von einem an sich seienden, in seiner eigenen Existenz beruhenden Menschen aus, der dann so oder so in Beziehung zu Gott tritt; vielmehr ist mit *'ādām* ein zu Gott in Beziehung stehendes Menschsein gemeint. Der Mensch kann als solcher gar nicht bestimmt, gar nicht verstanden werden, ohne daß seine Existenz im Gegenüber zu Gott gesehen ist.

Dem Geschaffensein, wie es in der Urgeschichte dargestellt wird, entspricht es durchaus, wenn in dieser Stellengruppe das Gegenüber von Gott und Mensch vornehmlich als Gegensatz erscheint. Zum Menschsein gehört die Begrenzung durch dieses Gegenüber notwendig hinzu und in deren Mißachten oder Übersehen liegt eine besondere Gefährdung des Menschen in seinem Menschsein: »Kein Mensch bleibt am Leben, der mich sieht« (Ex 33,20).

Zu einem besonders prägnanten, einmaligen Ausdruck kommt das bei Jesaja in einem Wort gegen die Bündnispolitik mit Ägypten: »doch Ägypten ist Mensch und nicht Gott...« (Jes 31,3). In 31,8 begegnet die Vokabel noch einmal in ähnlichem Sinn: »Assur wird fallen durchs Schwert – nicht eines Mannes, das Schwert – nicht eines Menschen – wird es fressen.« Der Satz Jes 31,3 wird von Ezechiel aufgenommen in der Anrede an den Fürsten von Tyrus (Ez 28,2.9). Es ist zu beachten, daß es bei Jes an beiden Stellen Erweiterungen des Schemas des Prophetenwortes sind, in denen der Prophet über die ihm vorgegebenen prophetischen Redeformen hinaus etwas für seine Verkündigung Spezifisches zum Ausdruck bringt. Die eigentliche Begründung der Warnung vor dem Bündnis mit Ägypten in Jes 31,1–3 ist die Ankündigung der Vernichtung des »Beschützers« in V. 3b. Diese Begründung erweitert Jes durch den Hinweis auf die Begrenztheit aller menschlichen Mächte, die mit dem Menschsein als solchem gegeben ist. Hinter 31,8 steht der gleiche Hinweis: Assur wird vernichtet werden, aber nicht durch das Schwert von Menschen (z.B. Ägyptens); allein der Nicht-Mensch, der Schöpfer ist hier am Werk, der als solcher auch der Herr der Geschichte ist. Der Satz »Ägypten ist Mensch und nicht Gott« ist also eine im Erschaffensein des Menschen gründende Aussage; sie ist von der besonderen Geschichte Gottes mit Israel unabhängig.

In den gleichen Zusammenhang gehört der Kehrvers Jes 2,9.11.17; 5,15: »Da wird der Mensch gebeugt und der Mann erniedrigt...« (o.ä.). Wildberger, BK X, 103f., weist mit Recht darauf hin, daß dieser Satz von der Erniedrigung des Hohen nicht eigentlich prophetische Sprache ist: »Zweifellos zitiert also Jesaja ein weisheitliches Wort, das er in V. 9 in das impf.cons. gesetzt, aber in noch ursprünglicherer Form auch in 2,17 und 5,15 verwendet hat«. Er verweist auf den gleichen Parallelismus von *'īš* und *'ādām* in Spr 12,14; 19,22; 24,30; 30,2; Ps 49,3: »In solchen Sprüchen ist Beugung und Erniedrigung als Folge stolzer Überheblichkeit gesehen« (vgl. auch Jer 10,14; 51,17). Wenn Jesaja in 2,12–17 »den Tag« ankündigt, der über alles Stolze und Ragende kommt und an dem Jahwe allein erhaben sein wird, und wenn er damit ein weisheitliches Wort verbindet, das Mensch und Gott einander gegenüberstellt, zeigt sich hier eine wichtige Berührung von prophetischer und weisheitlicher Sprache: die Ausweitung der Gerichtsankündigung, die eigentlich Israel gilt, auf »Menschen und Männer« ist bedingt durch den Gegensatz Gott–Mensch, der jeder Grenzüberschreitung wehrt.

Derselbe Gegensatz begegnet auch sonst: »Gott ist nicht Mensch (*'īš*), daß er lüge, kein Menschensohn (*bæn-'ādām*), daß ihn gereue« (Num 23,19; vgl. 1Sam 15, 29). In solchen Sätzen wird das Herunterziehen Gottes in die Sphäre des Menschlichen abgewehrt, ähnlich Mal 3,8 »... kann je ein Mensch Gott betrügen?«. Solche Sätze zeigen aber auch, daß das Wahren der Grenze zwischen Gott und Mensch nicht zu ontischen Bestimmungen führt. Es werden weder abstrakte Aussagen über das Sein Gottes noch das des Menschen gemacht. Es bleibt ein Gegenüber im Geschehen und wird niemals ein Gegenüber von Vorhandenem. Darum fehlen Aussagen vollständig, die eine verschiedene Seinsart von Gott und Mensch zum Ausdruck bringen. Entscheidend wichtig wird der Gegensatz vielmehr dort, wo ein Mensch vor der Entscheidung steht, worauf er sich verlassen soll, und wenn das Sich-Verlassen auf Gott in aller Schärfe dem Sich-Verlassen auf Menschen entgegengesetzt wird: Jer 17,5; Mi 5,8; Ps 36, 8; 118,8; 146,3; »denn die Hilfe von Menschen ist nichtig« (Ps 60,13; 108,13); man möchte lieber in die Hände Gottes als in die von Menschen fallen (2Sam 24,14 = 1Chr 21,13); traut man auf Gott, braucht man sich nicht zu fürchten vor Menschen (Jes 51,12).

Auch darin zeigt sich der Gegensatz, daß das Anfertigen von Götterbildern scharf bekämpft wird: die Götterbilder sind Werke von Menschenhänden (2Kön 19,18 = Jes 37,19; Ps 115,4; 135,15; Jer 16,20 »wie kann ein Mensch sich Götter machen!«; vgl. Jes 44,11.13).

In den gleichen Zusammenhang gehört die über 90× begegnende Anrede Gottes an den Propheten Ezechiel »Du, Menschensohn!«. Vgl. hierzu Zimmerli, BK XIII, 70f.: »Der Akzent liegt auf dem *'ādām*, zu dem unausgesprochen das Gegenwort *'ēl* (Jes 31,1; Ez 28,2) mitgehört werden muß.« Es ist also die gleiche Entgegensetzung von Gott und Mensch wie in Jes 31,3 und 2,11.17, nur daß hier der Prophet selber in seiner bloßen, begrenzten Geschöpflichkeit Gott gegenübergestellt wird.

g) In der Erschaffung des Menschen ist es begründet, daß Mensch und Tier als die lebendigen Wesen zusammengesehen werden. Bei J steht die Erschaffung der Tiere im engsten Zusammenhang mit der der Menschen (Gen 2,7.18–24), bei P empfangen die Tiere und die Menschen den Segen des Schöpfers (Gen 1,22.28). Ebenso begegnen Tiere und Menschen zusammen bei der Flut (Gen 6,3; 7,23). Das Zusammengehören von Mensch und Tier kommt zum Ausdruck in der offenbar einzigen festen Redewendung, die mit *'ādām* gebildet worden ist: *me'ādām 'ad behēmā* »sowohl die Menschen als auch das Vieh« (s.o. 3).

In vielen anderen Zusammenhängen werden Menschen und Tiere zusammen genannt, ohne daß die Formel gebraucht wird: beim Auslösen der Erstgeburt von Menschen und Vieh (Ex 12,12; 13,2.13.15; Num 3,13; 8,17; 18,15), bei der Kriegsbeute (Num 31,11.26.35.40.46; Jos 11,14), bei der kultischen Abgabe von der Kriegsbeute (Num 31,28.30.47). Wie bei der Erschaffung, so werden bei der Vernichtung oft Menschen und Tiere zusammen genannt, so bei den Plagen in Ägypten (Ex 8,13.14; 9,9.10.19.22.25; 12,12; Ps 135,8); Menschen und Tiere werden beim Untergang Babylons vernichtet (Jer 50,3). Oft umfaßt die völlige Vernichtung Menschen und Tiere (Jer 36,29 »und dieses Land verwüsten und Mensch und Vieh darin vernichten«; weiter Jer 7,20; 21,6; 27,5f.; 50,3; 51,62; Ez 14,13.17.19.21; 25,13; 29,8; 38,20; Zeph 1,3; Hag 1,11; nur Menschen Sach 11, 6). Menschen und Tiere werden betroffen bei der Buße im Zusammenhang der Vernichtungsankündigung in Jon 3,7.8; auch in der Anklage Habakuks gegen den Eroberer stehen sie in einer Linie (Hab 2,8 und 17). Es fällt auf, daß Ankündigungen der Vernichtung von Menschen und Tieren nur bei den ägyptischen Plagen und dann erst wieder bei den Propheten von Jeremia ab begegnen. Auch bei der Verheißung für die Zeit nach dem Gericht werden manchmal Tiere und Menschen zusammen genannt: Ez 36,11 »Menschen und Vieh werde ich zahlreich machen auf euch«; so auch Jer 31,27; Sach 2,8; 8,10 (nur Menschen: Jer 51,14; Ez 36,10.12.37.38; Mi 2,12).

h) Mit den Tieren teilt der Mensch die Vergänglichkeit; der Prediger spricht es einmal ausdrücklich aus: »denn das Geschick der Menschenkinder ist gleich dem Geschick des Tieres« (3,19; vgl. Ps 49, 13). Auch sie ist im Urgeschehen begründet (Gen 3,19.24), ebenso wie die Fehlbarkeit oder das Bösesein des Menschen (in den Erzählungen von Schuld und Strafe), das oft mit der Hinfälligkeit verbunden ist.

Einfach konstatierend wird von der Hinfälligkeit in Sätzen wie Num 16,29 gesprochen: »wenn diese sterben, wie alle Menschen sterben, wenn sie trifft, was alle Menschen trifft« (ähnlich Ez 31,14; Ps 73, 5; 82,7; vgl. auch Ri 16,7.11.17). Seinen besonderen Ort hat das Reden von der Vergänglichkeit des Menschen in der Vergänglichkeitsklage, einer Erweiterung der Ich-(Wir-)Klage (Ps 39,6.12 »ein Hauch ist alles, was Mensch heißt«; 49,13.21; 62,10; 89,48; 90,3; 144,4; Hi 14,1.10; 25,6; 34,15; Jes 2,22). Besonders ausgebildet ist diese Vergänglichkeitsklage bei Hiob, vor allem in 14,1–12. Man kann auch hier nicht sagen, daß die Vokabel »Mensch« als solche zur Klage gehöre; vielmehr begegnet *'ādām* nur in der Erweiterung, in der die besondere Klage des Leidenden entschränkt wird, so daß er sich mit seinem besonderen Leid als der an der Vergänglichkeit aller Menschen Teilhabende sieht.

Diese Nichtigkeit oder Hinfälligkeit steht in engem Zusammenhang mit der Fehlbarkeit des Menschen oder seinem Bösesein, wie in Gen 1–11 so auch in Hi 14,1–12 (V. 4 »wie könnte ein Reiner von Unreinen kommen? Auch nicht einer!«) und entsprechend in Ps 90,7–9 (vgl. Num 5,6 »Sünde, wie Menschen sie begehen«). Aus diesem Zusammenhang ist der auffallende Tatbestand zu erklären, daß in den Klagepsalmen des Einzelnen (und an anderen Stellen) nur bei den Feinden, den Frevlern allgemein von den »Menschen« geredet wird (Ps 140,2 »errette mich, Jahwe, von den bösen Menschen«; ähnlich oft: Ps 12,2.9; 57,5; 116,11; 119,134; 124,2; Hi 20,29; 27,13; 33,17; 34,30; oft in den Proverbien, vgl. Spr 6,12; 11,7; 12,3; 15,20; 17,18; 19,3; 21,20; 24,30; 28,17; 23,28; viel seltener wird in den Proverbien *'ādām* gesagt, wo vom weisen oder klugen Menschen geredet wird, vgl. Spr 12,23.27; 16,9; 19,11.22; 28,2; vgl. Hi 35,8).

i) Im Buch des Predigers ist das Reden von der Vergänglichkeit oder Hinfälligkeit des Menschen dadurch radikalisiert, daß es nicht einfach konstatiert oder beklagt wird; es ist vielmehr Ergebnis der Reflexion, die sich gründlich forschend (1,13) mit dem Menschsein beschäftigt hat (2,3). Auch er geht vom Urgeschehen aus; die Hinfälligkeit steht in Spannung zum Geschaffensein des Menschen, und hier kommt Schuld hinein: 7,29 »Ich habe gefunden . . ., daß Gott die Menschen recht geschaffen hat; sie aber suchen viele Künste«, vgl. 9,3. In solchem Verstehen des Menschen als Geschöpf bewahrt Qohelet die Verbindung mit der Theologie trotz seiner Skepsis (vgl. 3,11; 7,29; 8,17).

Der Grundzug seines Menschenverständnisses ist (1) die radikale Erkenntnis der Nichtigkeit des Menschen, seines Seins-zum-Tode. In seiner Hinfälligkeit ist der Mensch dem Tiere gleich (3,18.19.21). Das eigentliche Sein des Menschen sieht man eher im Haus der Trauer als in dem des Gelages (7,2). Das Sein-zum-Tode wird dadurch noch verschärft, daß der Tod den Charakter des Überfalls hat (8,8; 9,12). (2) Was ist dann der Sinn dieses zum Tode eilenden Daseins? Was ein Mensch sich wirkend oder forschend in seinem

Leben erarbeitet, muß er wieder lassen (1,3 »was hat der Mensch für Gewinn von all seiner Mühe, womit er sich abmüht unter der Sonne?«; 2,12.18.21.22; 6,1f.10. 11.12; 7,14; 10,14; 12,5). Gerade im Angesicht der Mühsal, Eitelkeit und Hinfälligkeit des Daseins bekommt der Augenblick, die Gegenwart, das Bejahen des einfach Gegebenen einen Sinn (2,24 »es gibt nichts Besseres für den Menschen, als daß er esse und trinke und sich gütlich tue bei seiner Mühsal«; 3,13.22; 5,18 »sein Teil hinzunehmen und sich zu freuen«; 7,14; 8,15; 11,8). Diese Bejahung der Lebensfreude und des Lebensgenusses wird mehrfach betont als ein Bejahen des Geschaffenseins durch Gott gesehen (2,24; 3,13; 5,18; 7,14; 8,15). Gerade in solchem Bejahen des Augenblicks, in der Freude an den guten Gaben des Lebens kann der Mensch in der Erkenntnis der Begrenztheit seines Daseins seinen Schöpfer bejahen.

Das Menschenverständnis des Predigers zeigt sich (3) wohl am deutlichsten in 8,17: »Da erkannte ich, daß es dem Menschen unmöglich ist, das ganze Tun Gottes zu ergründen, alles, was unter der Sonne geschieht; denn wie immer der Mensch sich abmüht, zu suchen, er ergründet es nicht . . .«. Der Prediger hat gefunden, daß dem Menschen eine Gotteserkenntnis in umfassendem Sinn unmöglich ist, dementsprechend aber auch eine Erkenntnis der Ganzheit des Geschehenden. Dem hat er sich zu stellen: die Begrenztheit menschlicher Existenz bestimmt Daseinsverständnis und Gotteserkenntnis. Nur in diesen Grenzen kann ein Menschendasein Sinn haben, nur in diesen Grenzen kann ein Reden von Gott sinnvoll sein.

j) Während bei allen bisher behandelten Gruppen des Gebrauchs eine Beziehung zum Geschaffensein des Menschen und dem, was es bedeutet, zu erkennen war, kennt das AT auch einen n e u t r a l e n G e b r a u c h, in dem eine solche Beziehung nicht vorhanden ist; hier wird das Wort so weitläufig und unbestimmt gebraucht wie in unseren neuzeitlichen Sprachen.

In einer Gruppe von Aussagesprüchen in den Proverbien wird vom Sein und Handeln des Menschen ganz allgemein gesprochen; es sind Sprüche, die Beobachtungen am Menschen festhalten wie Spr 20, 27: »der Atem des Menschen ist eine Leuchte Jahwes« (ähnlich 27,19.20), oder Beobachtungen und Erfahrungen aus dem Zusammenleben, meist das Verhalten des Menschen betreffend, wie 18,16 »Geschenke schaffen dem Menschen Raum«, weiter 16,1; 19,22; 20,24.25; 24,9; 29,23.25; vgl. Jes 29,21; Ps 58,2; Hi 5,7.

Ganz allgemeine und neutrale Aussagen über den Menschen begegnen auch sonst, etwa Ps 17,4: »der Lohn, den der Mensch empfängt«; 1Sam 16,7; 2Sam 23,3; Jes 44,15; 58,5; Jer 47,2; Ps 104,23; Pred 8,1; Klgl 3,36.39. In solcher verallgemeinernder Sprache kann dann auch von mancherlei Handeln Gottes am Menschen geredet werden: Hi 34,11 »er vergilt dem Menschen nach seinem Tun«; Ez 20,11.13.21 »Satzungen und Gebote, die der Mensch halten soll, damit er am Leben bleibe« (vgl. Neh 9,29); Am 4,13 »der dem Menschen kundtut, was sein Sinnen ist«. Diese kleine Gruppe fällt aus dem sonstigen Sprachgebrauch sehr heraus; es scheint sich hier etwas wie eine allgemeine Ethik anzubahnen, die aus dem gottesdienstlichen und dem heilsgeschichtlichen Rahmen heraustritt.

'ādām ist in diesen Gebrauchsgruppen eine bloße Gattungsbezeichnung, bei der davon abstrahiert ist, daß der Mensch Geschöpf und als solches in mancherlei Weise vom Geschöpfsein bestimmt ist; so z.B. deutlich in Dtn 20,19 »sind denn die Bäume des Feldes Menschen?«, vgl. auch Ez 19,3.6; 36,13.14.

Zum Gebrauch als bloßer Gattungsbezeichnung gehört die Gruppe von Stellen bei Ez, in der das, was dem Propheten erscheint, mit einem Menschen verglichen wird (Ez 1,5 »die waren anzusehen wie Menschengestalten«; dazu 1,8.10.26; 10,8.14.21; 41,19; vgl. Jes 44,13; Dan 10,16.18). Hierher gehören auch die Zusammensetzungen wie Menschenhand (Dtn 4,28 u.ö.), Menschenstimme (Dan 8,16), Menschenkot (Ez 4,12.15), Menschengebeine (1Kön 13,2; 2Kön 23,14.20; Ez 39,15), Leiche eines Menschen (Num 9,6.7; 19,11.13.14.16; Jer 9,21; 33,5; Ez 44,25), Menschenleib (Ex 30,32).

In der Linie dieses ganz allgemeinen Gebrauchs als bloßer Gattungsbezeichnung sind dann auch die vielen Stellen zu verstehen, in denen *'ādām* steht für »jemand«, negiert »niemand, kein Mensch«, weiter »viele Menschen«, »alle Menschen« oder »bei, unter, vor den Menschen«, bei Zahlangaben (wie Mi 5,4; Jon 4,11; 1Chr 5,21) oder in Wendungen wie »wohl (*'ašrē* . . .) dem, der . . .« (Jes 56,2; Ps 32, 2; 84,6.13; Spr 3,13.13; 8,34; 28,14). Hier überall wird *'ādām* gleichbedeutend etwa mit →*'īš* gebraucht (s.o. 3).

k) Zusammenfassend kann gesagt werden: Das hebr. *'ādām* entspricht nur teilweise dem Wort »Mensch« in den modernen Sprachen. Mit *'ādām* ist nicht der Mensch als Exemplar, nicht primär der einzelne Mensch oder das Individuum gemeint, sondern die Gattung Mensch, die Menschheit, wie sie als Ganzheit existiert, zu der der einzelne Mensch gehört. Die Menschheit ist bestimmt durch ihren Ursprung, ihr Geschaffensein (4b–e). Die meisten Gruppen des Gebrauchs haben es direkt oder indirekt mit dem Geschaffensein zu tun: der Mensch existiert im Gegenüber zu Gott (4f), als lebendes Wesen (4g), in der mit der Geschöpflichkeit gegebenen Begrenztheit (4h–i). Darüber hinaus kann auch ganz allgemein vom Menschen gesprochen werden, wie in unseren Sprachen (4j).

5. Zum ntl. Sprachgebrauch und Menschenverständnis vgl. u.a. J. Jeremias, Art. ἄνθρωπος, ThW I,365–367; N.A. Dahl, Art. Mensch III, RGG IV,863–867 (mit Lit.); W. Schmithals, Art. Mensch, BHH II,1189–1191 (mit Lit.). Wenn der Gestalt des Adam im NT, besonders bei Paulus, eine so ausgeprägt heilsgeschichtliche Bedeutung gegeben wird, so liegt dies nicht in der Linie des allgemeinen Gebrauchs des Wortes im AT (vgl. J. Jeremias, Art. 'Αδάμ, ThW I,141–143; J. de Fraine, Adam und seine Nachkommen, 1962, 129–141).

C. Westermann

אֲדָמָה *'ᵃdāmā* Erdboden

1. *'ᵃdāmā* gehört sehr wahrscheinlich zur gemeinsemitischen (im Aram. durch *śmq* verdrängten) Wurzel *'dm* »rot sein« und erscheint in der Bed. »(rötliches) Ackerland, Erdboden, Land« außer im Hebr. auch neupun. (Inschrift von Mactar, KAI Nr. 145, Z. 3 »für ihr Volk, das im Lande wohnt«; DISO 5) und aram. (jüd.-aram. und syr. *'adamtā*; vielleicht schon altaram. in KAI Nr. 222 A, Z. 10 *'dm[h]* »Kulturland«, vgl. KAI II,239.246; anders Fitzmyer, Sef. 36).

Zur Etymologie vgl. Dalman, AuS I,333; II,26f.; Rost, KC 77; Galling, BRL 151; R. Gradwohl, Die Farben im AT, 1963, 5f.; HAL 14f. Die Ansicht Hertzbergs (BHH I,464), *'ādōm* sei als »erdfarben« von *'ᵃdāmā* abgeleitet, ist um einiges unwahrscheinlicher als die entgegengesetzte Entwicklung. Die Möglichkeit einer Ableitung der Farbbezeichnung *'ādōm* als »fleischfarben« von **'adam* »Haut« (arab. *'adamat*), wonach als primäre Bedeutung von *'ᵃdāmā* »Oberfläche« anzunehmen wäre, erwägen BL 466 (vgl. noch →*'ādām* I).

Die Annahme der Bed. »Erdboden« auch für einige Stellen mit *'ādām* (M. Dahood, CBQ 25, 1963, 123f.; ders., Proverbs and Northwest Semitic Philology, 1963, 57f.; danach teilweise auch HAL 14b) ist erwägenswert, muß aber doch wohl abgelehnt werden (bei Gen 16,12 »Wildesel der Steppe« statt »Wildpferdmensch« steht »Steppe« im Widerspruch zu »Ackerland«; Jes 29,19 und Jer 32,20 wird die Übersetzung unnötig banalisiert, in Spr 30,14 die Parallelität zu *'æræṣ* überbewertet; an den exegetisch schwierigen Stellen Hi 11,12; 36,28; Sach 9,1; 13,5 sind zusätzliche Hypothesen nötig).*

2. Die 225 Belege, von denen nur ein einziger (Ps 49,12 »Ländereien«) den Plur. der Vokabel bildet, sind über das ganze AT verstreut, allerdings mit deutlichem Schwergewicht in Gen (43×, davon 27× in der Urgeschichte und 12× in Gen 47), Dtn (37×), Ez (28×) und Jer (18×).

Die weiteren Vorkommen sind: Jes 16×, Am 10×, Ex 9×, 1Kön 8×, Ps und 2Chr je 6×, Num und 2Sam je 5×, 2Kön und Neh je 4×, 1Sam, Sach und Dan je 3×, Lev, Jos, Jo, Zeph, Hi und Spr je 2×, Hos, Jon, Hag, Mal und 1Chr je 1×.

In dieser Aufstellung ist *'ᵃdāmā* in 1Kön 7,46 = 2Chr 4,17 nach Noth, BK IX,164, als Appellativum »Erde« und nicht als Ortsname (vgl. *'ᵃdāmā* Jos 19,36; *'ādām* Jos 3,16; *'admā* Gen 10,19; 14,2.8; Dtn 29,22; Hos 11,8; vgl. HAL 14b.15b) gezählt, ebenso Dtn 32,43 (HAL 15b nach Tur-Sinai: »Rotblut«).

3. Zur Verwendung des Wortes im AT vgl. L. Rost, Die Bezeichnungen für Land und Volk im AT, FS Procksch 1934, 125–148 = KC 76–101; A. Schwarzenbach, Die geographische Terminologie im Hebr. des AT, 1954, 133-136.174.187.200.

a) *'ᵃdāmā* bezeichnet in seiner Grundbedeutung das bebaubare Kulturland, den rötlichen (s.o. 1) Ackerboden (vgl. von Rad I,34.163), im Gegensatz zur Steppe und Wüste (*midbār*, *'ᵃrābā*, *jᵉšīmōn*, *šᵉmāmā*; vgl. B. Baentsch, Die Wüste in den atl. Schriften, 1883; A. Haldar, The Notion of the Desert in Sumero-Accadian and West-Semitic Religions, 1950; Schwarzenbach, a.a.O. 93-112; IDB I,828f.).

Kain wird dadurch zum Nomaden, daß er von der *'ᵃdāmā* vertrieben wird (Gen 4, 11.14). Sie ist der Ort, der bebaut werden kann (→*'bd*: Gen 2,5; 3,23; 4,12; 2Sam 9, 10; Jes 30,24; Jer 27,11; Spr 12,11; 28, 19; vgl. 1Chr 27,26). *'ōbēd hā'ᵃdāmā* ist der Ackersmann (Gen 4,2; Sach 13,5; vgl. *'īš hā'ᵃdāmā* Gen 9,20). In den Umkreis der Vokabel gehören daher Verben des Säens (*zr'*: Gen 47,23; Jes 30,23) und des Sprossens (*ṣmḥ*: Gen 2,9; Hi 5,6; vgl. Gen 19, 25).

Erst wo die *'ᵃdāmā* getränkt wird, ist Leben möglich (Gen 2,6); die Arbeit auf ihr muß aufhören, wenn der Regen ausbleibt (Jer 14,4 txt?). Tau und Regen fallen auf die *'ᵃdāmā* (2Sam 17,12; 1Kön 17, 14; 18,1), und in Verbindung mit ihr ist von Dünger (Jer 8,2; 16,4; 25,33; Ps 83, 11), Frucht (Gen 4,3; Dtn 7,13; 28,4.11. 18.42.51; 30,9; Jer 7,20; Ps 105,35; Mal 3,11), Erstlingen (Ex 23,19; 34,26; Dtn 26,2.10; Neh 10,36), Ertrag (Dtn 11,17; Jes 30,23; vgl. 1,7) und Zehnten (Neh 10, 38) die Rede.

b) In materieller Bedeutung bezeichnet *'ᵃdāmā* die »Ackererde«; häufigstes Synonym dazu ist →*'āfār* (vgl. Schwarzenbach, a.a.O. 123–133).

Man kann sich *'adāmā* auf das Haupt streuen (1 Sam 4,12; 2Sam 1,2; 15,32; Neh 9,1), von ihr eine »Last« mit sich nehmen (1Kön 5,17), in ihr Geräte gießen (1Kön 7,46 = 2Chr 4,17, s.o. 2). Aus ihr selber werden Gefäße geformt (Jes 45,9) und kann ein Altar gebaut werden (Ex 20,24); aus ihr sind die Tiere des Feldes und die Vögel gemacht (Gen 2,19). Vgl. die davon etwas unterschiedene Ausdrucksweise bezüglich des Menschen: der *'ādām* ist von der *'adāmā* genommen (Gen 3,19.23) bzw. aus Staub von der *'adāmā* gebildet (Gen 2,7).

c) In erweiterter Verwendungsart steht *'adāmā* allgemein für den Erdboden, auf dem man steht (Ex 3,5; 8,17), der sich spalten kann (Num 16,30f.), der das Gewürm der *'adāmā* trägt (Gen 1,25; 6,20; 7,8; 9,2; Lev 20,25; Ez 38,20; Hos 2,20).

d) Noch universaler heißt *'adāmā* »Erde« schlechthin, meist im Sinne der »bewohnten Erde« (vgl. »Geschlechter der Erde« Gen 12,3; 28,14; Am 3,2), von der einer »vertilgt« werden kann o.ä. (*šmd* hi.: Dtn 6,15; 1Kön 13,34; Am 9,8).

Die dabei verwendeten Konstruktionen erinnern noch immer an die unter c) genannte Bed. »Erdboden« bzw. »Erdoberfläche«: *'al hā'adāmā* »auf der Erde« 1Sam 20,31; Jes 24,21 u.ö.; *penē hā'adāmā* »Erdoberfläche« Gen 8,13; *'al penē hā'adāmā* »auf der Erde« Gen 6,1.7; 7,4.23; 8,8; Ex 32,12; 33,16; Num 12,3; Dtn 6,15; 7,6; 14,2; 1Sam 20,15; 2Sam 14,7; 1Kön 13,34; Jes 23,17; Jer 25,26; 28,16; Ez 38,20; Am 9,8; Zeph 1,2f.).

4. Zur theologischen Verwendung der Vokabel ist neben einigen singulären Formulierungen wie *'admat (haq)qōdæš* »heiliges Land« (Ex 3,5; Sach 2,16), *'admat Jhwh* »Land Jahwes« (Jes 14,2) und der göttlichen Verfluchung der *'adāmā* (Gen 3,17; vgl. 5,29; 8,21), durch welche die Mühsal der Ackerarbeit begründet wird (Gen 3,17ff.; 5,29), auf die vor allem dtn.-dtr. Formel von der *'adāmā*, die Jahwe den Vätern zugeschworen hat und Israel geben wird bzw. gegeben hat, zu verweisen (Ex 20,12; Num 11,12; 32,11; Dtn 4,10.40; 5,16; 7,13; 11,9.21; 12,1.19; 21,1; 25,15; 26,15; 28,11; 30,20; 31,20; [vgl. 30,18; 31,13; 32,47]; 1Kön 8,34.40 = 2Chr 6, 25.31; 1Kön 9,7; 14,15; 2Kön 21,8; 2Chr 7,20; 33,8). Ihr entspricht die Fluchformel vom Ausgerissenwerden aus der *'adāmā* (Dtn 28,21.63; Jos 23,13.15; 1Kön 9,7; 13,34 u.ö.). Aus der *'adāmā* werden Israel und Juda in die Verbannung ziehen (2Kön 17,23; 25,21 = Jer 52,27) und eben dahin wieder zurückkehren (Jes 14,1f.; Jer 16, 15; 23,8; Ez 28,25; vgl. Am 9,15 u.ö.).

Eine inhaltliche Differenz zwischen diesem Gebrauch von *'adāmā* und dem ihm entsprechenden von →*'æræṣ* (4c) läßt sich nicht feststellen.

J.G. Plöger, Literarkritische, formgeschichtliche und stilkritische Untersuchungen zum Dtn, 1967, 121–129, hat gezeigt, daß die Bemerkung von G. Minette de Tillesse, VT 12,1962, 53 Anm. 1, wonach der Deuteronomist und die Ihr-Sektionen des Dtn im allgemeinen die Verwendung von *'æræṣ* im Sinn von »Verheißungsland«, die Du-Sektionen dagegen *'adāmā* in viel allgemeinerer Bedeutung vorzögen, einer genaueren Untersuchung nicht standhält (ein Blick auf den Befund im dtr. Geschichtswerk weist in die gleiche Richtung), sondern daß – zumindest im Dtn – die Begriffswahl mit festen Wortverbindungen zusammenhängt. *'adāmā* steht im Dtn in den Verbindungen *perī hā'adāmā* »die Frucht des Landes«, *ḥajjīm 'al-hā'adāmā* »im Lande lebend« und *'rk* hi. *jāmīm 'al-hā'adāmā* »lange leben im Lande« (feste Wortverbindungen mit *'æræṣ* bei Plöger, a.a.O.). Nachdeuteronomisch verwischt sich auch diese Differenzierung.

Während bei der Verwendung von *'æræṣ* in diesen Zusammenhängen das Land vor allem als geographische, gelegentlich als politische Größe in Erscheinung tritt, liegen beim Gebrauch von *'adāmā* Reminiszenzen an überlieferungsgeschichtlich ältere Ausdrucksweisen vor: Verheißen ist dem Nomaden ursprünglich nicht ein geographisch oder politisch begrenztes »Land«, sondern Besitz von »Ackerland« schlechthin. Die promiscue-Verbindung im ganzen AT zeigt, daß mindestens seit der Zeit des Jahwisten die allgemeine Verheißung der Seßhaftwerdung mit der konkreten des Besitzes gerade des Landes Kanaan ohne weiteres identifiziert wird. In den gleichen Vorstellungsbereich gehört auch die nur bei Ezechiel, dort aber 17× vorkommende Bezeichnung *'admat Jiśrā'ēl*, die Israel nicht politisch, sondern theologisch qualifiziert (vgl. Rost, KC 78f.; Zimmerli, BK XIII, 147.168f.); vgl. aber auch *'admat Jehūdā* in Jes 19,17.

Ebenfalls recht altertümlich ist die Ausdrucksweise, die *'adāmā* mit dem Possessiv-Pronomen determiniert und mit »mein/dein/sein Land« der Bedeutung »Heimat« nahekommt (Gen 28,15; Am 7,11.17; Jon 4,2; Dan 11,9; vgl. Ps 137,4 »fremde Erde«).

5. Die wenigen Belege der Vokabel in Qumran fügen sich den atl. Verwendungsweisen ein. Das Griechische des NT unterscheidet ebensowenig wie dasjenige der LXX zwischen *'adāmā* und *'æræṣ*. Für beides tritt γῆ ein. Vgl. H. Sasse, Art. γῆ, ThW I, 676–680, der allerdings wichtige Aspekte übergeht. *H.H. Schmid*

אהב *'hb* lieben

I. Die Wurzel *'hb* »lieben« ist nur im Kan. verbreitet (im Akk. entspricht weitgehend *râmum* [*r'm*], im Aram. *ḥbb* und *rḥm*, im Arab. *ḥbb* und *wdd*).

Im Ug. (UT Nr. 105; WUS Nr. 103; A. van Selms, Marriage and Family Life in Ugaritic Literature, 1954, 47.67) begegnet das Verbum *yuhb* in 67 (= I* AB), V 18 euphemistisch mit Subj. *B'l* und Obj. *'glt* »junge Kuh«, das Subst. *'hbt* »Liebe« in 51 (= II AB), IV 39 und *'nt* III 4 (= V AB,C 4) par. zu *yd* »Liebe« (Wurzel *jdd*). Unsicher ist *lihbt* in 1002,46 (= MF V 46).

In einer neupun. Grabinschrift aus Cherchel (Algerien) (NP 130 = NE 438d = Cooke Nr. 56) vermutete J. G. Février, RHR 141, 1952, 19ff. Part.pu.fem. *mhbt* »geliebt«, doch ist diese Form nach J. T. Milik, Bibl 38, 1957, 254 Anm. 2, besser von *ḥbb* abzuleiten (ḥ > h).

Aram. *'hbth* in CIS II, 150 (= Cowley 75,3, Papyrusfragment aus Elephantine) ist ganz unsicher (vgl. DISO 6).

Unter Annahme einer biliteralen, durch ' erweiterten (onomatopoetischen) Grundlage *hb* »blasen, heftig atmen, verlangen« (vgl. arab. *habba*) stellt D. W. Thomas, The root *'āhēb* ›love‹ in Hebrew, ZAW 57, 1939, 57-64 (nach Schultens, Wünsche, Schwally) das Verbum zu ähnlichen Wurzeln (*š'p*, *nḥm*, *nšm* etc.), welche die Vorstellungen des Atmens und der Gemütserregung miteinander verbinden (so auch Wolff, BK XIV/1, 42). Exegetische Folgerungen sind aber aus dieser Etymologie nicht zu ziehen (Thomas, a. a. O. 64).

Ein etymologischer Zusammenhang mit dem für Hhld 3,10 (weniger wahrscheinlich auch für Hos 11,4) vermuteten *'ahᵃbā* II »Leder« (vgl. Driver, CML 133 Anm. 2; HAL 18a) ist nicht anzunehmen (gegen H. H. Hirschberg, VT 11, 1961, 373f.).

Von den Derivaten sind gebräuchlich *'ōhēb* (Part. und Subst. »Freund«) und *'ahᵃbā* (Inf. und Verbalnomen »Liebe«), selten dagegen die nomina actionis bzw. Abstraktbildungen *'ᵃhābīm* »Liebschaften« (Hos 8,9, vgl. Rudolph, KAT XIII/1, 159), »Lieblichkeit« (Spr 5,19), und *'ᵒhābīm* »Liebesfreuden« (Spr 7,18).

In Eigennamen ist die Wurzel (im Unterschied zu *jdd*, *ḥpṣ* oder gar *ḥnn*) atl. nicht belegt, außerbiblisch dagegen in Elephantine *n'hbt/nhbt* (Part.ni.fem. »amabilis«, Cowley 1,4; 22,91.96.107) und auf einem hebr. Siegel (Levy 46 = Diringer 217), vgl. Noth, IP Nr. 924.937; J. J. Stamm, Hebr. Frauennamen, FS Baumgartner 1967, 325.

II. Statistik: Von den 251 Belegen der Wurzel im AT entfallen 231 auf das Qal (inkl. 65 × *'ōhēb* und 53 × *'ahᵃbā*), 1 auf Ni., 16 auf Pi., 2 auf *'ᵃhābīm* und 1 auf *'ᵒhābīm*. Am stärksten vertreten ist das Verbum in Ps (41 ×), Spr (32 ×), Dtn (23 ×), Hos (19 ×), Hhld (18 ×) und Gen (15 ×). Die Belege für Pi. konzentrieren sich auf Jer/Ez/Hos, diejenigen für *'ōhēb* in Ps und Spr (je 17 ×), diejenigen für *'ahᵃbā* in Hhld (11 ×, inkl. 3,10) und Dtn (9 ×).

Nach Gerleman, BK XVIII, 75, fallen von den rund 30 Stellen mit dem Verbum *'hb* als Ausdruck erotischer Liebe 7 auf Hhld und 11 auf den Jahwisten und die ungefähr gleichzeitigen Erzählungswerke von Davids Aufstieg und von der Thronnachfolge.

Auffällig ist das Fehlen von *'hb* in Hi (nur 19,19); →*rēaᶜ*.

III. 1. In der Weite des Bedeutungsumfangs und der damit verbundenen weitgehenden Beherrschung des Wortfeldes ist *'hb* dem deutschen »lieben« ziemlich ähnlich (vgl. dagegen das Nebeneinander von griech. στέργειν, ἐρᾶν, φιλεῖν und ἀγαπᾶν). *'hb* gehört zusammen mit andern Verben der Gemütsbewegung wie →*ḥpṣ* »gern haben«, →*jr'* »fürchten« und →*śn'* »hassen« zu den wenigen Verben neutrischer Flexion mit transitiver Verwendung (Bergstr. II, 76). Eine Gliederung der Gebrauchsweisen geschieht zweckmäßig nach den als Objekt auftretenden Kategorien (III/2 Liebe von Mann und Frau, III/3 andere Personbeziehungen, III/4 Sachbeziehung), wobei auch die allgemeineren Aussagen über substantiviertes *'ahᵃbā* ohne Objekt mitbehandelt werden können. Die Personbeziehung (sowohl Eros, Philia und Agape umfassend) dürfte semasiologisch gegenüber der Sachbeziehung primär sein, sodaß Liebe zu Dingen oder Handlungen als abgeleiteter, übertragener Sprachgebrauch zu werten ist (Quell, ThW I, 22).

'hb wird öfters durch Parallelbegriffe inhaltlich näherbestimmt: →*dbq* »anhangen« (Gen 34,3 mit weiteren parallelen Formulierungen; 1Kön 11,2; Spr 18,24; vgl. Eichrodt I, 162; III, 205); →*ḥpṣ* »gern haben, Gefallen haben an« (1Sam 18,22; Ps 109,17); *ḥšq* »hangen an« (→*dbq*) und →*bḥr* »erwählen« (Dtn 10,15; vgl. Eichrodt a. a. O.; O. Bächli, Israel und die Völker, 1962, 134ff.). Parallel zu *'ōhēb* steht →*rēaᶜ* »Genosse, Freund« (Ps 38,12, hier auch *qārōb* »Nächster«; 88,19, verbunden mit *mᵉjuddāᶜ* »Vertrauter«, vgl. BHS und Kraus, BK XV, 607 zum Text). Neben *'ahᵃbā* finden wir, allerdings nur in theologischem Gebrauch, bei der Liebe des Menschen zu Gott *jr'* »fürchten«, *ᶜbd* »dienen«, *lǣkæt bᵉkol-dᵉrākāw* »in all seinen Wegen gehen« (Dtn 10,12; vgl. Eichrodt III, 205; ThW I, 27 Anm. 39), bei der Liebe Gottes zu seinem Volk →*ḥǽsæd* »Gnade« (Jer 2,2; 31,2; vgl. Ps 37,28) und *ḥæmlā* (→*rḥm*) »Erbarmen« (Jes 63,9).

Als seltene Synonyma zu *'hb* begegnen im AT: *ḥbb* »lieben«, die Entsprechung zu *'hb* im Aram. und Arab. (Wagner Nr. 82a), in Dtn 33,3 in schwierigem

Text, mit Gott als Subjekt; ferner *'gb* »(sinnlich) verlangen nach« (Jer 4,30; Ez 23,5.7.9.12.16.20; Ez 16, 37 txt em, vgl. Zimmerli, BK XIII,339.543) mit speziellerer Bedeutung.

Die im Sem. weitverbreitete Wurzel *jdd* (KBL 363b) ist nur in Nomina (*jādīd* »lieblich« Ps 84,2; »Liebling, Freund«, Jes 5,1.1; Jer 11,15 txt em; vier weitere Stellen s.u. IV/2; *jedīdūt* »Liebling« Jer 12,7; *šīr jedīdōt* »Liebeslied« Ps 45,1) und in Eigennamen (Noth, IP Nr. 571.576.577.843) vorhanden.

rḥm pi. »sich erbarmen« liegt bedeutungsmäßig schon weiter ab; das einmalige, aram. klingende *rḥm* q. »lieben« in Ps 18,2 (Objekt Jahwe) wird meistens durch Emendation (mit *'arōmimkā* »ich will dich erheben«) beseitigt.

Als Substantiv ist zu erwähnen *dōd* (61×) mit seinen entsprechend dem vermuteten Ursprung in einem »Lallwort« sehr vielfältigen Bedeutungen (J. J. Stamm, SVT 7,1960, 174ff.):

a) »Liebling, Geliebter« (Jes 5,1 und 33× in Hhld, neben fem. *ra'jā* »Geliebte«, →*rē a'*; akk. *dādu*, vgl. AHw 149a; CAD D 20);

b) im Plur. »Liebe, Liebeslust« (9×; Ez 16,8; 23,17; Spr 7,18; Hhld 1,2.4; 4,10.10; 5,1; 7,13; akk. *dādū* plur. »love-making«, CAD D 20a; ug. *dd* 51 [= II AB], VI 12; 77 [= NK], 23; 'nt [= V AB], III 2.4);

c) »Onkel« (18×; →*'āḥ* 3a), eine Sonderbedeutung, die das Hebr. mit dem Arab. und dem Aram. teilt (Stamm, a.a.O. 175ff.).

Ständiges Oppositum zu *'hb* ist →*śn'* »hassen«. Die beiden Verben treten an über 30 Stellen gemeinsam auf (Gen 29,31f.; 37,4; Ex 20,5f.; Lev 19,17f.; Dtn 5,9f.; 21,15.16; Ri 14,16; 2Sam 13,15 Umschlagen der Liebe in Haß; 19,7; Jes 61,8; Ez 16,37; Hos 9,15; Am 5,15; Mi 3,2; Sach 8,17; Mal 1,2f.; Ps 11,5; 45,8; 97,10; 109, 3f.5; 119,113.127f.163; Spr 1,22; 8,36; 9,8; 12,1; 13,24; 14,20; 15,17; Pred 3,8; 9,6; 2Chr 19,2). Gelegentliche Gegenüberstellungen, z.B. mit *śṭn* »anfeinden« in Ps 109,4, fallen demgegenüber nicht ins Gewicht. Merkwürdigerweise wird das Gegensatzpaar *'ōhēb* »Freund« und *'ōjēb* »Feind« mit seiner Assonanz stilistisch fast gar nicht ausgenützt, vgl. Ri 5,31 und allenfalls Klgl 1,2.

Die abgeleiteten Stammformen des Verbs begegnen nur in Partizipialformen. Nur einmal finden wir Ni. *hannæ'æhābīm* »die Liebenswerten« in gerundivischer Bedeutung als Epithet Sauls und Jonathans im Klagelied Davids (2Sam 1,23, par. *hanne'īmīm* »die Holden«); s.o. I. zu den Eigennamen. Das Pi. kommt nur im Part. plur. *me'ahabīm* mit der pejorativen Bed. »Liebhaber, Buhlen« vor (Jer 22,20.22; 30,14; Ez 16,33.36.37; 23,5.9.22; Hos 2,7.9.12.14.15; Sach 13,6; Klgl 1,19), während für die normale Bed. »Freund, Liebender« das Part.Qal verwendet wird. Das Pi. »buhlen« ist nicht als ein Intensiv, sondern als ein die sukzessiven Einzelhandlungen, die nicht gleichzeitig aktualisiert werden können, zusammenfassender Resultativ »(mehrere wechselweise) lieben« aufzufassen (vgl. Jenni, HP 158).

Ein Hi. »beliebt machen« ist in Sir 4,7 und mittelhebr. vorhanden. Unsicher ist *Pe'al'al 'hbhb* »liebeln«, das in Hos 4,18 vermutet wird (HAL 17b).

2. Die primäre Liebesbeziehung unter Menschen ist diejenige zwischen Mann und Frau (terminologisch in 2Sam 1,26 *'ahabat nāšīm* »Frauenliebe«, als Vergleichspunkt zu Freundesliebe): Isaak-Rebekka (Gen 24,67), Jakob-Rahel (29,18.20.30. 32), Sichem-Dina (34,3), Simson-Philisterin (Ri 14,16), Simson-Delila (16,4.15), Elkana-Hanna (1Sam 1,5), David-Michal (18,20.28; vgl. Gerleman, BK XVIII,73: einzige Stelle außerhalb Hhld mit einer Frau als Subjekt), Amnon-Thamar (2Sam 13,1.4.15), Salomo – viele ausländische Frauen (disqualifizierend betont, vgl. Quell, ThW I,23 Anm. 20) neben der Tochter des Pharao (1Kön 11,1.2), Rehabeam-Maacha (2Chr 11,21; zur »Haremswirtschaft« vgl. Rudolph, HAT 21,233), Ahasveros-Esther (Est 2,17). Zum Sonderfall Hoseas (Hos 3,1) vgl. Wolff, BK XIV/1,75 und Rudolph, KAT XIII/1, 89. In den genannten Fällen ist die Liebe offenkundig sexuell bestimmt.

Daß die Liebe für das Rechtsinstitut der Ehe nur bedingt konstitutiv ist, zeigt sich u.a. an den komparativen Aussagen: Gen 29,30 (mit *min*); 1Sam 1,5 (*'hb* »lieber haben«); 2Chr 11,21 und Est 2,17 (superlativisch). Das Erbgesetz in Dtn 21,15–17 rechnet geradezu mit dem Nebeneinander einer geliebten (*'ahūbā*) und einer zurückgesetzten (→*śn'*) Frau.

Hier schließt sich an, was die hebr. Lyrik (und die Weisheitsliteratur) zur Liebe zu sagen hat (vgl. besonders Gerleman, BK XVIII, 72–75). Die verbalen Aussagen beschreiben die Anziehungskraft des Geliebten (Hhld 1,3.4), der im Hhld gewöhnlich *dōdī* »mein Geliebter« genannt wird, in poetisch-variierender Umschreibung aber auch »der, den meine Seele liebt« (1,7; 3,1–4). In 7,7 ist wahrscheinlich *'ahūbā* »Geliebte« statt *'ahabā* (abstractum pro concreto, vgl. aber Gerleman 201) zu lesen. Das Nomen *'ahabā* »Liebe« begegnet in 2,4 eigenartig verdinglicht als Aushängeschild über dem Weinhaus und wird von den Übersetzern in Anführungszeichen gesetzt (Rudolph, KAT XVII/2, 130f.; Gerleman 117f.); 2,5 und 5,8 ist das Mädchen »krank vor Liebe« (zur Liebeskrankheit vgl. 2Sam 13,2 und Rudolph 131 Anm. 4; Gerleman 119); 2,7 (=3,5) und 8,4 soll die Liebe nicht vorzeitig geweckt oder gestört werden. Die übrigen Stellen mit *'ahᵃbī* bringen allgemeine Aussagen, aber ohne die Liebe zu hypostasieren: sie ist stark wie der Tod (8,6), große Wasser können sie nicht löschen (8,7), sie ist unbezahlbar (8,7).

Beim Vergleich »besser als Wein« (Hhld 1,2.4; 4,10) und auch sonst spezieller für den (berauschenden) Liebesgenuß (Hhld 5,1; 7,13; Spr 5,19b txt em; 7,18) wird *dōdīm* gebraucht, an den beiden Spr-Stellen aber parallel zu *'ahᵃbā* bzw. *'ᵒhābīm*.

In der Weisheitsliteratur begegnet die Wurzel *'hb* im erotischen Sinn noch zur Bezeichnung der Geliebten in Spr 5,19a (*'ajjælæt 'ahᵃbā* »liebliche Hindin«), ferner Pred 9,9 (*'iššā 'ᵃšær 'āhabtā*) von der Ehegattin (Hertzberg, KAT XVII/4, 172).

Zu Hhld 3,10 s.o.I. über *'ahᵃbā* II »Leder(?)«.

Die unbekümmert-natürliche Darstellung der Liebe und des Sexuellen versucht nicht, die Liebe geistig-geistlich zu sublimieren oder sie moralistisch zu verurteilen und dadurch psychologisch zu verdrängen; gerade dadurch aber wird sie ihres numinosen Charakters entkleidet und abgehoben vom sexualmythischen Geschehen der religiösen Umgebung Israels. Im Kampf gegen die erotisch-orgiastische Baalsreligion spielt das Hohelied eine große Rolle (vgl. von Rad I,36: »Israel hat sich an der ›Divinierung‹ des Geschlechtlichen nicht beteiligt«).

3. Unter den anderen Personbeziehungen ist zuerst die Liebe zwischen Eltern und Kindern zu nennen, von der aber in der erzählenden Literatur nur in besonderen Fällen die Rede ist (Einzigkeit des Sohnes, einseitige Vorliebe, z.B. für den Jüngsten): Abraham-Isaak (Gen 22,2), Isaak-Esau und Rebekka-Jakob (25, 28), Israel-Joseph (37,3.4 komparativ im Sinne des Vorziehens), Jakob-Benjamin (44,20). Die Ausländerin Ruth liebt ihre Schwiegermutter Naemi (Ruth 4,15). Der Normalfall ist vorausgesetzt in der Paradoxie Spr 13,24 (»wer seinen Sohn lieb hat, züchtigt ihn«); im übrigen vgl. eher →*rḥm*.

Auch Herr und Knecht können in Liebe miteinander verbunden sein, so im Bundesbuch Ex 21,15 (inkl. Weib und Kinder) und im dtn. Gesetz Dtn 15,16, ferner in der erzählenden Literatur Saul-David (1Sam 16,21); auch die Beliebtheit Davids beim Volk (18,16.22) gehört hierher.

Ein Sonderfall in der Verwendung von *'hb* ist die Freundesbeziehung Jonathan-David. Jonathans Seele ist verbunden (*qšr*) mit der Seele Davids (1Sam 18,1), er liebt David *keᵉnafšō* »wie sein Leben« (18, 1.3; 20,17; gegen die Deutung als Perversität vgl. M.A.Cohen, HUCA 36,1965, 83f.) und schwört David »bei seiner Liebe« (20,17), während David im Klagelied bekennt: »deine Liebe war mir wundersamer (Hertzberg, ATD 10,189) als Frauenliebe« (2Sam 1,26, vgl. V. 23).

Wenn die Freundesliebe hier zu einem Bundesschluß führt (dazu Quell, ThW II,112f.; →*bᵉrīt*), so wird damit die emotionelle Basis nicht preisgegeben. Aus Fällen wie diesem wird aber verständlich, wie die Vokabel »lieben« auch im politisch-juristischen Sprachgebrauch des Vertragswesens als Ausdruck für aufrichtige Loyalität Eingang gewinnen konnte; W.L.Moran, CBQ 25,1963, 82 Anm. 33, und Th.C. Vriezen, ThZ 22,1966, 4–7, verweisen u.a. auf die Parallele aus den Vasallenverträgen Asarhaddons: »(schwöret) daß ihr Assurbanipal wie eure Seele (*kī napšātkunu*) lieben werdet«, mit dem Verbum *râmu* »lieben« (D.J.Wiseman, The Vassal-Treaties of Esarhaddon [= Iraq 20/1], 1958, 49, col. IV,268). S.u. IV/3.

Deutlich auf internationale politische Beziehungen übertragen ist *'hb* in 1Kön 5,15, wo König Hiram von Tyrus als *'ōhēb*, als befreundeter Bundespartner Davids, erscheint (Moran, a.a.O. 78–81, mit analogen Wendungen aus den Amarnabriefen; Noth BK IX,89). Auch in 1Sam 18,16 und namentlich 2Sam 19,7 besitzt *'ōhēb* nach Moran den politischen Nebensinn der Loyalität des Untertanen gegenüber dem König. In religionspolitischem Zusammenhang steht das Wort im Vorwurf des Propheten 2Chr 19,2, Josaphat habe »Freundschaft gepflegt mit denen, die Jahwe hassen« (gemeint sind Ahab und das Nordreich). Abschätzigen Klang besitzt die Bezeichnung »alle deine/seine Freunde« im Sinne von »Parteigänger« bei negativ geschilderten Leuten wie Pashur (Jer 20, 4.6) und Haman (Est 5,10.14; 6,13).

Es bleibt noch der Gebrauch von *'hb* zur Umschreibung mitmenschlicher Beziehungen in den allgemeineren Aussagen der Psalmen und der Weisheitsliteratur zu behandeln. Der Psalmist klagt über die Störung des Normalzustandes: seine Freunde wenden sich von ihm ab (Ps 38, 13; ähnlich Hi 19,19), Jahwe hat sie ihm entfremdet (88,19), seine Liebe wird nur mit Anfeindung und Haß vergolten (109, 4.5). In den Proverbien werden »Freund« und »Liebe« als bekannte Größen und positive Faktoren in der Ordnung der Werte vorausgesetzt. Neben Einzelbeobachtungen (Spr 14,20 der Reiche hat viele Freunde; 9,8 der Weise liebt den Zurechtweisenden, ähnlich 27,5.6; 16,13 der König liebt den, der aufrichtig redet) steht Prinzipielleres: der (wahre) Freund liebt zu jeder Zeit (17,17), mancher Freund ist sogar anhänglicher (→*dbq*) als ein Bruder (18, 24). Allgemeine Aussagen über die Liebe finden sich in 10,12 (Liebe deckt alle Vergehen zu, ähnlich 17,9) und im Komparativspruch 15,17 (»besser ein Gericht Gemüse mit Liebe, als ein gemästeter Ochse mit Haß«). Am weitesten ist die Abstraktion in den meristischen Aussagen bei Qohelet vorgeschritten: Lieben und Hassen hat seine Zeit (Pred 3,8), weder Liebe noch Haß erkennen die Menschen (9,1), Lieben und Hassen ist längst dahin (9,6).

Über Nächstenliebe, Fremdenliebe und Selbstliebe s.u. IV/1.

4. *'hb* in der gegenüber der Personbeziehung abgeleiteten Beziehung zu Dingen, Zuständen und Handlungen hebt das Merkmal des zielgerichteten, einseitig wählenden Affekts aus dem Begriff heraus und vernachlässigt das Moment der Reziprozität; Personifikation des Objekts findet dabei nicht statt (über die Liebe zur Weisheit und deren Gegenliebe s.u. IV/3). Stärker als →*ḥpṣ* und →*rṣh* »gern haben, Gefallen haben« behält *'hb* einen leidenschaftlichen Klang. Neben neutralen (z.B. 2Chr 26,10 Usia liebte den Landbau) oder positiven Größen (z.B. Sach 8,19 Wahrheit und Friede) treten in der Anklage häufig auch verwerfliche Dinge und Handlungen als Objekt auf (z.B. Jes 1,23 Bestechung; Hos 12,8 Übervorteilen).

Weitere Stellen im nicht-theologischen Gebrauch sind: Gen 27,4.9.14 (leckeres Gericht); Jes 56,10 (Schlafen); 57,8 (Beilager); Jer 5,31; 14,10; Am 4,5 (*kēn* »so«); Hos 3,1 (Rosinenkuchen); 4,18 (Schande); 9,1 (Buhlerlohn); 10,1 (Dreschen); Am 5,15 (das Gute); Mi 3,2 (das Böse); 6,8 (→*ḥæsæd*); Sach 8,17 (Falscheid); Ps 4,3 (Eitles); 11,5 (Frevel); 34,13 (gute Tage); 45,8 (Gerechtigkeit); 52,5 (das Böse mehr als das Gute). 6 (verderbliches Reden); 109,17 (Fluch); Spr 1,22 (Einfalt); 12,1 (Zucht, Erkenntnis); 15,12 (Rüge); 17,19 (Zank, Frevel); 18,21 (Zunge); 19,8 (sein Leben); 20,13 (Schlaf). 17 (Lustbarkeit); 21,17 (Wein); Pred 5,9 (Geld, Reichtum).

IV. Die theologisch relevanten Aussagen mit *'hb* werden in den folgenden drei Abschnitten behandelt: 1) Nächstenliebe (Fremdenliebe, Selbstliebe), 2) Liebe Gottes zum Menschen, 3) Liebe des Menschen zu Gott.

1. Die im NT (Mt 5,43; 19,19; 22,39; Mk 12,31; Lk 10,27; Röm 13,9; Gal 5,14; Jak 2,8) mehrfach zitierte Stelle Lev 19,18 »du sollst deinen Nächsten lieben wie dich selbst« (J. Fichtner, WuD N.F. 4, 1955, 23–52, = Gottes Weisheit, 1965, 88–114, spez. 102ff.) steht im AT ganz vereinzelt da. Das Heiligkeitsgesetz stößt zu dieser die äußerlichen gesetzlichen Regelungen weit hinter sich lassenden Liebesforderung dadurch vor, daß es eine ältere Reihe von negativen Verboten betr. das Verhalten der Israeliten im Rechtsleben paränetisch verallgemeinernd und verinnerlichend in positive Gebote umformt (vgl. V. 17 »du sollst deinen Bruder nicht hassen in deinem Herzen«). Im Unterschied zum NT bleibt aber das Gebot auf die »Volksgenossen« (→*rēa'*) beschränkt und faßt auch noch nicht als Obersatz die ganze Ethik des mitmenschlichen Verhaltens in sich zusammen, wie dies im ersten Teil des Doppelgebots der Liebe (Dtn 6,5) in bezug auf das Verhalten gegenüber Gott bereits geschieht.

Ein Nachtrag in Lev 19,34 »wie ein Einheimischer aus eurer eigenen Mitte soll euch der Fremdling (*gēr*, →*gūr*) gelten, der bei euch wohnt, und du sollst ihn lieben wie dich selbst« schließt auch den Schutzbürger in das Gebot ein (Elliger, HAT 4, 259), grenzt aber implizit auch den Ausländer (*nokrī*, →*nkr*), für den andere Maßstäbe gelten, aus. Positive Liebe zum Fremdling wird auch in Dtn 10,19 »und ihr sollt den Fremdling lieben« gefordert, hier im Zusammenhang mit der altisr. Forderung (vgl. die negativen Formulierungen in Ex 22,20ff.) der Barmherzigkeit mit den Schwachen (V. 18 Waisen, Witwen, Fremdlinge; →*rḥm*). An allen Stellen ist das Gebot der Nächsten- bzw. Fremdenliebe nicht einfach Ausdruck der Sippenmoral (Pedersen, Israel I–II, 309; dagegen Th.C. Vriezen, Bubers Auslegung des Liebesgebots, ThZ 22, 1966, 8f.), sondern theologisch mit der Liebe Jahwes zum Volk bzw. zum Fremdling motiviert und ruht, wie die übrigen Jahwegebote, auf dem Bundesverhältnis (Lev 19,18b folgt »ich bin Jahwe«, →*'anī*; Ex 22,20b; Lev 19,34b und Dtn 10,19b erinnern an die eigene Fremdlingschaft Israels in Ägypten). Dafür sprechen auch die Parallelen aus dem altorientalischen politisch-juristischen Sprachgebrauch (s.o. III/3), welche zugleich zeigen, daß die Selbstliebe (Lev 19,18.34 *kāmōkā* »wie dich selbst«; vgl. auch 1Sam 18,1.3; 20,17 »wie sein eigenes Leben«; Dtn 13,7 »wie dein Leben«) als etwas Normales einfach vorausgesetzt (H. van Oyen, Ethik des AT, 1967, 101f.) und nicht etwa als eigentlich durch Selbstverleugnung zu bekämpfende gefährliche Versuchung betrachtet wird (so F. Maass, Die Selbstliebe nach Lev 19,18, FS Baumgärtel 1959, 109–113).

Die für den Begriff der Feindesliebe in Anspruch genommenen atl. Stellen wie Ex 23,4f. und Spr 25,21 verwenden *'hb* nicht.

2. Von der Liebe Jahwes ist im folgenden nur die Rede, soweit *'hb* verwendet wird (zum Gesamtthema der Liebe Gottes z.B. Eichrodt I,162–168; Jacob 86–90; J. Deák, Die Gottesliebe in den alten semitischen Religionen, 1914; J. Ziegler, Die Liebe Gottes bei den Propheten, 1930; →*ḥǽsæd*, →*qn'*, →*rḥm*).

Daß Jahwe sein Volk Israel liebt, ist eine verhältnismäßig junge Aussage. Sie begegnet zuerst innerhalb eines Tradentenkreises, in dem Hosea, das Deuteronomium und Jeremia stehen (von Rad, Gottesvolk 78–83; Alt, KS II, 272), und zwar dort, wo im Zuge der theologischen Entfaltung des Erwählungsglaubens nach dem Grund der göttlichen Erwählung Israels gefragt wird (H. Breit, Die Predigt des Deuteronomisten, 1933, 113ff.; H. Wildberger, Jahwes Eigentumsvolk, 1960, 110ff.; O. Bächli, Israel und die Völker, 1962, 134ff.). Der Grund liegt in der Liebe Gottes als dessen souveränem, nicht weiter ableitbarem Willensentschluß.

Hosea (F. Buck, Die Liebe Gottes beim Propheten Osee, 1953) verwendet die Metaphern der Vaterliebe (11,1 »als Israel jung war, gewann ich es lieb«; V. 4 »mit Stricken der Liebe«) und der Gattenliebe (3,1 »liebe ein Weib, das einen andern liebt und eine Ehebrecherin ist, gleichwie Jahwe die Israeliten liebt«), braucht aber *'hb* auch allgemeiner (9,15 »ich will sie fortan nicht mehr lieben«; 14,5 »in freier Gnade [*n^edābā*] will ich sie lieben«).

Im Dtn tritt neben *'hb* das Verbum *ḥšq* »hangen an jem.«, beide in großer Nähe zu →*bḥr* »erwählen« (4,37 »weil er deine Väter geliebt und ihre Nachkommen erwählt hat«; 7,7f. »nicht weil ihr zahlreicher wäret als alle Völker, hat Jahwe sein Herz euch zugewandt [*ḥšq*] und euch erwählt ..., sondern weil Jahwe euch liebte ...«; 7,13; 10,15 »doch nur deinen Vätern hat Jahwe sein Herz zugewandt [*ḥšq*], daß er sie liebte, und hat euch, ihre Nachkommen, erwählt«; 23,6). In Jer 31,3 (»mit ewiger Liebe habe ich dich geliebt; darum habe ich dich zu mir gezogen aus Güte«) tritt als Parallele zu *'ah^abā* der Begriff →*ḥǽsæd* auf, »ein Zeichen dafür, daß die beiden Überlieferungskreise von der Erwählung und Bundschließung für Jeremia zusammenzufließen beginnen« (Wildberger, a.a.O. 112).

Als spätere Nachwirkungen dieser Traditionen sind 1Kön 10,9 (= 2Chr 2,10 = 9,8); Jes 43,4; 63,9; Zeph 3,17; Mal 1,2 zu erwähnen.

Wird so *'hb* von der Liebe Gottes gegenüber seinem Volk in verhältnismäßig begrenztem Rahmen verwendet, so erst recht in bezug auf Einzelpersonen. Abgesehen von Ps 47,5 (»den Stolz Jakobs, den er liebt«), wo weder das Subjekt noch das Objekt eindeutig bestimmt sind, und den Aussagen betreffend ganze Kategorien (Fremdling Dtn 10,18, s.o. IV/1; Ps 97,10 txt em »die das Böse hassen«; 146,8 die Gerechten; Spr 3,12 »wen Jahwe lieb hat, den züchtigt er«; 15,9 »wer der Gerechtigkeit nachjagt«; 22,11 »wer reines Herzens ist«) sind es nur zwei königliche Personen, bei denen von einer Liebeszuwendung Jahwes die Rede ist: Salomo (2Sam 12,24, wahrscheinlich im Zusammenhang mit dem Namen *J^edīd^ejā* »Liebling Jahwes« in V. 25, vgl. Noth, IP 149; Neh 13, 26 »indem er ein Liebling [*'āhūb*] seines Gottes war«) und Kyros (Jes 48,14 »er, den Jahwe lieb hat«). Es ist anzunehmen, daß hier die Sprache der altorientalischen Königsideologie nachklingt (Quell, ThW I,29), vgl. akk. *narāmu/rīmu* »Liebling« als Königsepithet (Seux 189ff.251) und in Eigennamen (z.B. Naram-Sin, Rim-Sin); äg.: H. Ranke, Die äg. Personennamen II, 1952, 226.

Ebenfalls gemeinaltorientalisch ableitbar sind Wendungen mit *'hb* in bezug auf Dinge und Zustände (vgl. III/4): Jahwe liebt Recht und Gerechtigkeit (Jes 61,8; Ps 11,7; 33,5; 37,28; 99,4; *mišpāṭ* →*špṭ*, *ṣ^edāqā* →*ṣdq*; vgl. die Parallelen in den akk. Königsinschriften bei Seux 236f.). Von der dtr. Erwählungstheologie her geprägt sind Aussagen von der Liebe Jahwes zu seinem Heiligtum auf Zion (Mal 2,11; Ps 78,68 parallel zu *bḥr*, vgl. 132,12; auch 87,2 »mehr als alle Wohnstätten Jakobs« ist komparativisch und enthält den Erwählungsgedanken).

Zu erwähnen sind in diesem Zusammenhang noch Aussagen mit *jādīd* (Dtn 33,12 »Benjamin ist der Liebling Jahwes«; Ps 60,7 = 108,7 »die dir lieb sind«; 127,2 »seinem Liebling«); zu *ḥbb* s.o. III/1.

3. Noch später als von der Liebe Jahwes ist im AT von der Liebe zu Jahwe die Rede; der Schwerpunkt der Aussagen liegt wiederum in der dtn. Theologie (Lit.: G. Winter, Die Liebe zu Gott im AT, ZAW 9, 1889, 211–246; H. Breit, a.a.O. 156–165; C. Wiéner, Recherches sur l'amour pour Dieu dans l'A.T., 1957; Eichrodt II/III, 200–207; J. Coppens, La doctrine biblique sur l'amour de Dieu et du prochain, ALBO IV/16, 1964).

Es ist zu unterscheiden zwischen indikativischem und imperativischem Gebrauch der Vokabel. Die konstatierenden substantivischen Wendungen mit *'ōhēb* (meist im Plur.) in der Bed. »Anhänger« (s.o. III/3) im Gegensatz zu »Hasser« (→*śn'*) und »Feind« (→*'ōjēb*) können kultisch-liturgischer Formulierung entstammen (N. Lohfink, Das Hauptgebot, 1963, 78). Es handelt sich um die Formel »derer, die mich lieben« Ex 20,6 und Dtn 5,10 in den nicht sicher datierbaren, möglicherweise dtn. Zusätzen zum Dekalog (ähnlich Dtn 7,9 und später, ohne Gegenbegriff, Dan 9,4 und Neh 1,5; zur ganzen Formel vgl. J. Scharbert, Bibl 38,1957, 130–150), ferner um den in seinem Alter umstrittenen Schluß des Deboraliedes Ri 5,31 (vgl. A. Weiser, ZAW 71,1959, 94) und Ps 145,20. In Jes 41,8 wird *'ōhᵃbī* »der mich liebte« von Abraham ausgesagt (davon abhängig 2Chr 20,7; Jak 2,23; auch Sure 4,125 [124] »Gott hat sich Abraham zum Freund [*ḫalīl*] genommen«). Jer 2,2 »die Liebe (*'ahᵃbā*) deiner Brautzeit«, die älteste sicher datierbare Stelle, geht auf hoseanische Gedanken zurück (Rudolph, HAT 12,14f.).

Die Forderung der Liebe zu Gott setzt in der dtn. Paränese ein und richtet sich auf das ganze Volk (Dtn 6,5; 10,12; 11,1.13. 22; 13,4; 19,9; 30,6.16.20; davon abhängig Jos 22,5; 23,11; 1Kön 3,3 Forderung durch Salomo erfüllt). *'hb* ist hier weder vom Ehe-Gleichnis noch von der Vater-Sohn-Beziehung her bestimmt und daher nicht von Hosea her beeinflußt. Die Liebe wird befohlen (sonst nur noch im didaktischen Mahnwort des Dankpsalms Ps 31, 24), sie steht in einer Reihe mit →*jr'* »fürchten« (R. Sander, Furcht und Liebe im palästinischen Judentum, 1935), →*'bd* »dienen« und ähnlichen Verben des Verhältnisses zu Jahwe (N. Lohfink, a.a.O. 73ff., Tabelle 303f.; vgl. auch →*dbq* »anhangen« in Dtn 11,22; 13,5; 30,20; Jos 22,5; 23,12), sie konkretisiert sich als auf die Liebe Jahwes antwortende Gegenliebe in Treue und Gehorsam innerhalb des Jahwebundes. Alle diese Kennzeichen führen nach W. L. Moran, The Ancient Near Eastern Background of the Love of God in Deuteronomy, CBQ 25,1963, 77–87, auf eine Herleitung des dtn. Sprachgebrauchs aus der diplomatischen Terminologie des Alten Orients (s.o. III/3; Beispiele namentlich aus den Amarna-Briefen). *'hb* bedeutet demnach soviel wie »aufrichtige Loyalität gegenüber dem Bundespartner üben« und gehört, hier allerdings religiös gewendet, zum Sprachgebrauch der Bundesvorstellung. Der Zusatz »von ganzem Herzen, von ganzer Seele und mit aller deiner Kraft« in Dtn 6,5 (ähnliche Formel aber auch in 10,12; 11,13 nach *'bd* »dienen«) und die Wendung von der Beschneidung des Herzens durch Jahwe (30,6) zeigen die Tendenz (aber auch die Notwendigkeit), die leicht abgegriffene Vokabel zu verstärken und zu verinnerlichen.

Liebe zu Gott als subjektives religiöses Gefühl kommt im AT kaum vor, was beim Fehlen der mystischen Religiosität nicht verwundert. Textlich unsicher sind Ps 18,2 »ich liebe dich, Jahwe, meine Stärke« mit *rḥm* q. (Kraus, BK XV,138; s.o. III/1) und 116,1 »ich liebe, denn Jahwe erhört« mit *'hb* (Kraus, a.a.O. 793). Am ehesten kommt noch in Frage 73,25 »wenn ich dich habe, so wünsche ich nichts auf Erden« mit →*ḥpṣ*, aber nicht auf Jahwe direkt bezogen.

Entsprechend dieser Hemmung, Jahwe als Objekt zu *'hb* zu verwenden, bevorzugt die Psalmenfrömmigkeit sächliche Umschreibungen (s.o. III/4). Als Objekt erscheinen: der Name Jahwes (→*šēm*) in Ps 5,12; 69,37; 119,132; auch Jes 56,6; sein Heil Ps 40,17 = 70,5; sein Heiligtum 26,8; vgl. 122,6 und Jes 66,10 Jerusalem; ferner sein Gesetz, Gebot usw. Ps 119,47f.97.113.119.127.140.159.163.167.

Einen Vorstellungskreis für sich bilden die Sätze über die Liebe der Weisheit und die Liebe zur Weisheit. Sie können hier angefügt werden, da die hypostasierte Weisheit nahe an Jahwe herangerückt ist. Die Formeln sind, im Unterschied etwa zu den dtn. Wendungen, alle reziprok: Spr 4,6 »behalte sie lieb, so behütet sie dich«; 8,17 »ich habe lieb, die mich lieben«; 8,21 »daß ich denen, die mich lieben, Reichtum gebe«; vgl. 8,36 »alle die mich hassen, lieben den Tod« (in 29,3 »wer Weisheit liebt, der macht seinem Vater Freude« ist die Weisheit nicht personifiziert; die Stelle ist an die in III/4 aufgezählten Fälle anzureihen). Die äg. Parallelen, die von der Liebe der Maat und der Liebe zur Maat, der von Gott gestifteten Weltordnung handeln, machen es wahrscheinlich, daß die atl. Aussagen über die hypostasierte Chokma von dort her angeregt sind (Ch. Kayatz, Studien zu Proverbien 1–9, 1966, 98–102; anders früher G. Boström, Proverbienstudien, 1935, 156ff.; vgl. noch Spr 7,4 »sage zur Weisheit: Du bist meine Schwester [→*'āḥ* 3c], und heiße die Einsicht deine Vertraute, daß sie dich bewahre...«).

Im Rahmen der besprochenen Verwendungen bleibt es, wenn *'hb* in Jer 2,25 »denn ich liebe die Fremden« (unter dem Einfluß Hoseas; vgl. 2,33) und in 8,2 »vor der Sonne und dem Mond und dem ganzen Heere des Himmels, die sie geliebt und denen sie gedient haben« (mit dtr. Diktion) mit fremden Gotttheiten als Objekt verwendet wird.

Hos 3,1 *'ᵃhūbat rēᵃ'* »die sich von andern lieben läßt« (Rudolph, KAT XIII/1, 84) und das Part.plur. von *'hb* pi. »Liebhaber, Buhlen« (s.o. III/1), Hos 2,7. 9.12.14.15 auf die Baale, Jer 22,20.22; 30,14; Ez 16, 33.36.37; 23,5.9.22; Klgl 1,19 (vgl. 1,2) auf vermeintliche politische Freunde bezogen (Sach 13,6 ohne Bildrede), behalten auch innerhalb der Bildrede ihre eigentliche Bedeutung »Liebhaber« und sind nicht durch Vermengung mit dem unter dem Bild sachlich gemeinten kanaanäisch-synkretistischen Religionswesen als kulttechnische Ausdrücke aufzufassen (gegen A.D. Tushingham, JNES 12,1953, 150ff.).

V. Das NT ist schon durch die Verwendung der Kernstellen Lev 19,18 und Dtn 6,4f. und des vorchristlich außer in der LXX kaum bezeugten Substantivs ἀγάπη eng mit dem AT verbunden. Erste Übersichten und Literaturangaben über das reiche Material im NT bieten die Lexikonartikel mit jeweils vorangehendem atl. Abschnitt, z.B. G. Quell - E. Stauffer, Art. ἀγαπάω, ThW I,20–55; W. Zimmerli - N.A. Dahl, RGG IV,363–367; E.M. Good - G. Johnston, IDB III, 168–178. An größeren Monographien sei nur genannt C. Spicq, Agapè dans le NT, I–III, 1958–60.

E. Jenni

אֲהָהּ *'ᵃhāh* ach

1. Bei reinen Interjektionen (Lautgebärden) wie *'ᵃhāh* »ach!«, →*hōj* »wehe!« usw. ist eine Ableitung von Wurzeln gegenstandslos (anders z.B. bei *ḥālīlā* »fern sei es!«, →*ḥll*). Lautgestalt und Schreibung besitzen oft eine gewisse Schwankungsbreite, so daß man die individuellen Wortformen bei gleicher oder ähnlicher Funktion zu Gruppen zusammenfassen muß. So werden hier neben *'ᵃhāh* auch *hāh* (Ez 20,2) und das wahrscheinlich aus *'āh*+*nā* »doch« zusammengesetzte אָנָּה/אָנָּא (*'ānnā*, BL 652) mitbehandelt.

2. *'ᵃhāh* begegnet 15×, mit Schwerpunkten in den Elisa-Erzählungen, bei Jer und bei Ez. *'ānnā* ist 13× belegt.

3. Den spontanen Ausruf abwehrenden Erschreckens *'ᵃhāh* »ach!« finden wir, stilmäßig nicht zufällig (vgl. P. Grebe, Duden Grammatik der deutschen Gegenwartssprache, 1959, 324), nur in der volkstümlichen, märchenhafte Motive verwendenden Legende: Ri 11,35 (Jephthas Gelübde); 2Kön 3,10; 6,5.15 (Elisa-Geschichten). Das in 2Kön 6,5.15 folgende *'ᵃdōnī* »mein Herr« ist auf die angeredete Person (Elisa) zu beziehen (vgl. Ri 11,35 *bittī* »meine Tochter«), nicht auf Gott.

'ānnā »ach« als klagender Seufzer zur Einleitung einer Bitte gegenüber einem Höhergestellten kommt nur in Gen 50,17 in nichttheologischem Gebrauch vor.

4. Die übrigen Stellen mit *'ᵃhāh* gehören fast durchwegs der Gebetssprache an. Mit der Formel *'ᵃhāh 'ᵃdōnāj Jhwh* »ach, Herr, Jahwe« werden in Jos 7,7; Ri 6,22; Jer 1,6; 4,10; 14,13; 32,17; Ez 4,14; 9,8; 11,13; 21,5 meist stark emotionelle Klage- und Bittgebete eingeleitet, bei denen der Beter sich gegen Gottes wirklichen oder vermeintlichen Willen aufbäumt. Daß es sich bei *'ᵃhāh 'ᵃdōnāj Jhwh* um eine alte feststehende Formel bei kultischen Bittgebeten handelt, hat F. Baumgärtel (FS Rudolph 1961, 2.9f.18f.27) gezeigt.

Eine weitere geprägte Formel, den Schreckensruf zur Ansage des Tages Jahwes, eingeleitet mit *hēlīlū* »heulet!«, erkennt Wolff, BK XIV/2,25f., in Ez 30,2 *hāh lajjōm* und Jo 1,15 *'ᵃhāh lajjōm* »ach, welch ein Tag« (vgl. noch Jes 13,6; Zeph 1,11.14ff.).

Je 6× dienen *'ānnā'* (Ex 32,31; Ps 118,25.25; Dan 9,4; Nah 1,5.11) und *'ānnā* (2Kön 20,3 = Jes 38,3; Jon 1,14; 4,2; Ps 116,4.16) als Einleitung oder als Neueinsatz bei einem Bittgebet. Außer Ex 32,31 folgt immer die Gottesanrede, nur Dan 9,4 mit *'ᵃdōnāj*, sonst immer mit *Jhwh*. Entsprechend seiner Zusammensetzung aus einer Interjektion des Schmerzes und der auffordernden Partikel *nā'* enthält der Ruf gleichzeitig Klage und Bitte.

5. Interjektionen in Verbindung mit der Anrufung Gottes (die LXX gibt *'ᵃhāh* mit ὦ, ἆ ἆ, οἴμμοι, μηδαμῶς oder δέομαι wieder) kennt das NT nicht.

E. Jenni

אֹהֶל *'ōhæl* Zelt → בַּיִת *bájit*.

אוה *'wh* pi. wünschen

1. *'wh* pi. »wünschen, begehren« besitzt keine unmittelbaren außerhebr. Entsprechungen.

Ein Verbum mit der Stammlautfolge *'wh* (*'wj*) ist im Arab. (*'awā* »sich hinbegeben«, vgl. Nöldeke, NB 190) und im Syr. (*'ewā* »übereinstimmen«) bekannt. J.L. Palache, Semantic Notes on the Hebrew Lexicon, 1959, 2–5, möchte als gemeinsemitische Grundbedeutung »passen, übereinstimmen« eruieren (pi. ästimativ »für passend/schön halten« > »begehren«); bedeutungsmäßig liegt aber ein Zusammenhang mit *hwh* III (hebr. *hawwā* »Willkür, Gier«; arab. *hawija* »lieben«, *hawan* »Begier, Willkür«) viel näher.

Vom Verbum sind Pi. und Hitp. gebräuchlich (die vermuteten Ni.-Formen »schön, lieblich sein; sich ziemen« in Jes 52,7; Ps 93,5; Hhld 1,10 dürften trotz BL 422 und HAL 20a zu *n'h* gehören). Dazu kommen drei Nominalbildungen: mit Präformativ *ma-* (*ma'ᵃwajjīm* »Lust«, nur Ps 140,9 »gewähre nicht die Wünsche der Gottlosen«) bzw. *ta-* (*ta'ᵃwā* »Wunsch, Begierde«) und die Ableitung vom Doppelungsstamm (*'awwā* »Begehren«).

2. Bei insgesamt 27 Vorkommen (Pi. 11×, Hitp. 16×, aber s. BH³ zu Num 34,10) verteilt sich das Verbum auf fast alle literarischen Gattungen des AT; beim

Nomen *ta'awā* (21×, dazu 5× in der Ortsbezeichnung *Qibrōt hatta'awā*, Num 11,34f.; 33,16f.; Dtn 9,22) dagegen ist eine deutliche Häufung in den Psalmen und Sprüchen festzustellen (16×, davon allerdings Spr 18,1 und 19,22 textlich sehr unsicher). *'awwā* (7×) ist sicher belegt in Dtn 12,15. 20.21; 18,6; 1Sam 23,20; Jer 2,24 (zu Hos 10,10 s. die Komm.).

3. *'wh* pi. und hitp. bieten innerhalb eines begrenzten Wortfeldes ein nuancenreiches Bedeutungsspektrum: die beiden Verbalstämme bezeichnen das seiner Intensität und Zielrichtung nach sehr unterschiedliche Wünschen, Sehnen, Wollen des Menschen. Elementare Lebensbedürfnisse, auch triebhafter Art, wecken das Verlangen nach bestimmten Dingen: David möchte Wasser trinken (2Sam 23,15); die Israeliten wollen Fleisch essen (Dtn 12,20); den geladenen Gast reizen die Leckerbissen der Tafel (Spr 23,3.6); man sehnt sich nach glücklichen Tagen, nach Gutem allgemein (Jes 26,9; Am 5,18; Mi 7,1); der Bräutigam begehrt die Braut (Ps 45,12). Dieses vielschichtige Wünschen wird als gesund, normal und gut angesehen; der Weise ist sich klar darüber, daß ein erfüllter Wunsch (*ta'awā bā'ā* bzw. *nihjā*, Spr 13,12.19) wohltut.

Das Begehren kann jedoch über das rechte Maß hinausgehen, sich auf verkehrte Gegenstände richten (Spr 21,10 »der Gottlose ist begierig auf das Böse«); es kann den anderen schädigen oder die eigene Chance verspielen (Spr 13,4). Darum ist fehlgeleitetes, unangemessenes Wünschen, die Begehrlichkeit, untersagt (Spr 23,3.6; 24,1; Dtn 5,21).

Das Wortfeld von *'wh* berührt sich also eng mit dem von →*ḥmd*. W.L.Moran, The Conclusion of the Decalogue (Ex 20,17 = Dtn 5,21), CBQ 29,1967, 543ff., unterscheidet *ḥmd* als Begehren, das durch den Anblick von Schönem erregt wird (nur Dan 10,3 in Verbindung mit Speise), und *'wh* als Verlangen, das aus innerem Bedürfnis entsteht (Hunger, Durst usw.; nur Gen 3,6 durch die Augen vermittelt).

Man vergleiche ferner →*š'l* »verlangen« (Dtn 14,26), →*qwh* pi. »auf etw. harren« (Jes 26,8), *šḥr* pi. »auf etw. aus sein« (Jes 26,9), *'ūṣ* »auf etw. drängen« (Jer 17,16), →*bḥr* »erwählen« (Ps 132,13) in Parallele zu *'wh*; dazu *ksp q.*/ni. »sich sehnen«, *'rg* »verlangen nach etw.«, bibl.-aram. *ṣbh* »begehren, wollen«, und die Subst. *'aræšæt* »Verlangen« (Ps 21,3), *mōrāš* »Wunsch« (Hi 17,11), *baqqāšā* »Begehren« (Esr 7,6 und 7× in Est), *hawwā* »Gier« (Mi 7,3; Spr 10,3; 11,6), *miš'ālā* »Begehren« (Ps 20,6; 37,4).

Das Nomen *ta'awā* bezeichnet wie das Verbum ohne feststehende Wertung den mehr oder minder starken Wunsch (des Gerechten: Spr 10,24; 11,23; des Königs: Ps 21,3; des Bösen: Ps 10,3; 112,10; des Faulen: Spr 21,25) und – verobjektivierend, wie auch beim deutschen Wort »Wunsch« möglich – das Wünschbare, den erstrebenswerten Gegenstand: *'ēṣ ta'awā* »Lustbaum« (Gen 3,6), *ma'akal ta'awā* »Lieblingsspeise« (Hi 33,20).

Zur Ortsnamenerklärung von *Qibrōt hatta'awā* »Lustgräber« in Num 11,34 vgl. Noth, ATD 7,76.

Bedeutungsmodifikationen der beiden Verbalstämme Pi. und Hitp. an sich lassen sich kaum feststellen, wohl aber syntaktische Besonderheiten, die dann semasiologische Konsequenzen haben. Das Pi. hat fast immer *næfæš* »Seele« zum Subjekt, d.h. das Wünschen wird als typischer Ausdruck der Lebenskraft, des Ichs, angesehen. Auch das Nomen *'awwā* (nicht augmentierter Doppelungsstamm) liegt in der festen Verbindung vor: *kol-'awwat næfæš* »nach Herzenslust« (nur Jer 2,24 fehlt *kol*, dort ist die Brunst der Kamelstute gemeint; generalisierende Wendungen mit *'wh* pi.: Dtn 14, 26; 1Sam 2,16; 3,21; 1Kön 11,37; hitp.: Pred 6,2). Das Hitp. hat zum Teil ein Objekt bei sich (in der Regel ist die Subjektsperson direkt genannt, vgl. Dtn 5,21; Jer 17,16; Am 5,18; Ps 45,12; Spr 23,3.6; 24,1), es tendiert aber anscheinend zum absoluten Gebrauch (etwa: »lüstern, gierig, geil sein«), so 2Sam 23,15 (=1Chr 11,17) und mit innerem Objekt: *hit'awwā ta'awā* in Spr 21,26; Num 11,4; Ps 106,14.

4. An den letzten beiden Stellen liegt eminent theologischer Sprachgebrauch vor: Das unersättliche Begehren an sich richtet sich gegen Jahwe (Wüstentradition!), vgl. Ps 78,29f. Ansonsten ist weder beim Verbum noch bei den Nomina eine spezifisch theologische Wortbedeutung festzustellen, auch nicht Jes 26,8f. (die Beter sehnen sich nach Jahwe); Ps 132,13 (Jahwe hatte das Verlangen, sich in Zion niederzulassen); Hi 23,13 (Gott setzt durch, was er will).

5. Von den atl. Ursprüngen (vgl. besonders Num 11,4.34; Ps 106,14; Ps 78, 29f.) ist es im Judentum und Christentum (hellenistische Lehren sind dabei mit eingeflossen) zu den Aussagen über die Sündhaftigkeit des Begehrens und der Triebe gekommen, vgl. 1QS 9,25; 10,19 und 1QS 4,9ff.; 5,5 für die Qumransekte; rabbinische Quellen bei StrB III,234ff.; zum ntl. Befund F.Büchsel, Art. ἐπιθυμία, ThW III,168–173; RGG VI,482ff.; P.Wilpert, Art. Begierde, RAC II,62ff.

E. Gerstenberger

אֱוִיל 'ᵆwīl Tor

1. Die Nomina *'ᵆwīl* »Tor, Dummkopf« (Subst. der Form **qitīl*, vgl. GVG I,356; BL 471), *'ᵆwīlī* »töricht« (Adj. mit Suffix *-ī* der Zugehörigkeit, falls in Sach 11,15 nicht ein Schreibfehler vorliegt, vgl. Delitzsch § 53a) und *'iwwælæt* »Torheit« (fem. Abstraktbildung, vgl. BL 477; Nyberg 215), die nur im Hebr. begegnen (die neusüdarab. Vokabeln bei Leslau 10 liegen zu weit ab), werden allgemein von einer etymologisch vielfach erörterten (vgl. GB 16a und König 7b mit Zorell 21a und HAL 21a, die zurückhaltender sind) und als Verbum nicht belegten Wurzel *'wl* hergeleitet.

Eine arab. Etymologie *'wl* »gerinnen, dick werden« > »dumm werden« bietet fragend HAL 21a. Zu vergleichen ist das nahestehende Verbum *j'l* »töricht sein/handeln«, das 4× im Ni. belegt ist (s. KBL 358a).

'ᵆwīl wird in einigen Fällen als Adj. aufgefaßt, so von GB 7×, von Lis. und HAL nur an drei Stellen, nämlich Jer 4,22; Hos 9,7; Spr 29,9; eindeutig ist wohl nur Spr 29,9, wo *'ᵆwīl* Attribut zu *'īš* »Mann« ist; vgl. Barth § 29a.

2. Ist die etymologische Ableitung noch unsicher, so sind die Wörter in semantischer Hinsicht eher eindeutig. Dafür ist schon ihre Streuung aufschlußreich, indem sich die Vokabeln in erster Linie als weisheitliche Termini älteren Datums erweisen.

Abgesehen von dem nur in Sach 11,15 belegten *'ᵆwīlī* (V. 17 ist das Wort kaum zu lesen, vgl. B. Otzen, Deuterosacharja, 1964, 260) kommen die Wörter ganz überwiegend im Buch der Sprüche vor: *'ᵆwīl* weist hier 19 von insgesamt 26 Belegen auf (70%), während *'iwwælæt* hier 23× von total 25× vorkommt (92%). Dabei sind vor allem die anerkannt älteren Spruchsammlungen vertreten (dazu Gemser, HAT 16,4f.55ff.93ff.; U. Skladny, Die ältesten Spruchsammlungen in Israel, 1962, 6ff.; auch H. H. Schmid, Wesen und Geschichte der Weisheit, 1966, 145ff.); und zwar sind in der II. Spruchsammlung (10,1–22, 16) *'ᵆwīl* 13 × und *'iwwælæt* 16 ×, in der V. Sammlung (c. 25–29) *'ᵆwīl* 3× und *'iwwælæt* 4× belegt, zusammen also 36× (von total 42× in Spr).

Die Wortsippe (insgesamt 52 Belege) ist in Pred nicht vertreten; in Hi kommt nur *'ᵆwīl* 2× vor (5,2f.).

3. Die Hauptbedeutung des personal-konkreten *'ᵆwīl* ist »Tor« bzw. »töricht«, die des abstrakten *'iwwælæt* »Torheit«. Für das Profil ihres Bedeutungsbereiches sind die Synonyma und die Opposita besonders wichtig (vgl. T. Donald, The Semantic Field of »Folly« in Proverbs, Job, Psalms and Ecclesiastes, VT 13, 1963, 285–292).

In den älteren Teilen der Spr ist *'ᵆwīl* zunächst ein wichtiger Gegenbegriff zu (*'īš*) *ḥākām*, dem »Weisen« (10,8.10.14; 12,15; 14,3; 17,28; 29,9), zu *nābōn*, dem »Verständigen« (17,28), zu *'ārūm*, dem »Klugen« (12,16; vgl. 15,5). Im Gegensatz zum *ḥᵃkam lēb* (10,8; 11,29) ist er ein *ḥᵃsar lēb*, »dem es an Verstand fehlt« (10,21), doch steht der synonyme Ausdruck nicht im Parallelismus zu *'ᵆwīl* (auch nicht andere Synonyma; s. aber *pōtā* »Einfältiger« in Hi 5,2 und *bānīm sᵉkālīm* »einfältige Kinder« in Jer 4,22). Weitere Wörter ähnlicher Bedeutung sind →*kᵉsīl* (mit 70 Belegen das wichtigste Synonym; zum Bedeutungsunterschied gegenüber *'ᵆwīl* vgl. z. B. Skladny, a.a.O. 52 Anm. 30), →*nābāl* und *pætī* (→*pth*); weiter entfernt ist *mᵉšuggā'* »verrückt« (Hos 9,7).

'iwwælæt wird mehrfach mit *kᵉsīl* verbunden (so 3× im Torenspiegel Spr 26,1–12; weiter 12,23; 13,6; 14,8.24; 15,2.14; 17,12), sonst mit *'ᵆwīl* (16,22; 27,22), *pᵉtājīm* »Einfältige« (14,18; →*pth*), *ḥᵃsar lēb* »Unverständiger« (15,21; vgl. 10,21), *qᵉṣar 'appājim/rūᵃḥ* »Jähzorniger« (14,17.29). Ein Parallelwort zu *'iwwælæt* ist *kᵉlimmā* »Schande« (18,13); wichtigstes Oppositum ist *dá'at* »Wissen, Erkenntnis« (12,23; 13,16; 14,18; 15,2.14), sonst *tᵉbūnā* »Einsicht« (14,29), *śēkæl* »Verstand« (16,22), sowie *ḥakmōt* (sic)/*ḥokmā* »Weisheit« (14,1.8).

Als Typus ist der *'ᵆwīl* durchaus negativ gezeichnet; er ist in allem der »Gegenpart des Weisen« (Skladny, a.a.O. 12). Sein Mangel an Verstand ist wohl zunächst als »Dummheit« zu verstehen; denn »im Tore« muß der Tor schweigen, die Weisheit ist ihm »zu hoch« (24,7); seine Torheit ist öfter mit Mund/Lippen, d.h. mit seinen (geringen) geistigen Äußerungen verbunden (17,28; auch 10,8.10.14; 14,3, sowie 12,23; 15,2.14Q; 18,13). Hinzu kommen aber moralische und soziale Aspekte: er ist jähzornig (12,16; 27,3; 29,9; vgl. 14,17.29 und Hi 5,2) und streitbar, wobei es ihm an *kābōd* »Ehre« mangelt (20,3; 29,9); selbstklug hört er nicht, wie der Weise, auf *'ēṣā* »Rat« (12,15), verachtet vielmehr *mūsār* »Zucht« (→*jsr*; 15,5; auch 1,7; 5,23; 7,22 ohne Textänderung; 14,3; 16,22, s. u. 4.). Beim jungen Mann läßt sich *'iwwælæt* durch »die Rute der Zucht« allerdings entfernen (22,15), aber sonst ist der *'ᵆwīl* untrennbar an seine Torheit gebunden (27,22).

4. Durch die Untrennbarkeit von »Tor« und »Torheit« haftet aber an der Torheit als Haltung eine schicksalwirkende Gebundenheit von Tat und Folge (K. Koch, ZThK 52, 1955, 2ff.; G. von Rad, KuD 2, 1956, 68f.). Denn des Toren Torheit wird ihm zur »Züchtigung« (Gegensatz: »Quelle des Lebens« 16,22; vgl. 14,3). Mehr noch: der Mund des Toren ist ein »drohendes Verderben« (10,14; vgl. 10,8.10); die Toren sterben durch Unverstand (10,21; vgl. 19,3; Hi 5,2). Die Torheit bewirkt Unheil und führt in den Tod; sie ist im religiösen Sinne disqualifizierend und wird ein Äquivalent zu »Gottlosigkeit/ Frevel«; so wird sie auch in 5,23, also im jüngeren Teil der Spr, mit dem Tod des »Frevlers« (→*rš'*) verbunden, und der *'ᵉwīl* in 1,7 negativ auf »die Furcht vor Jahwe« bezogen; aber schon im älteren Teil (c. 10ff.) kann der »Gerechte« (→*ṣdq*; 10,21; vgl. 14,9) der Gegenpart sein, wie hier überhaupt der Gegensatz »Weiser-Tor« dem Gegensatz »Gerechter-Frevler« weithin entspricht (Skladny, a.a.O. 7ff.; Gemser, HAT 16, und Ringgren, ATD 16, zu c. 10ff.). In diesem ausgesprochen theologischen Sinne kann *'ᵉwīl* auch gelegentlich in einem prophetischen Scheltwort auf Israel übertragen werden (Jer 4,22); dagegen ist das Wort in Hos 9,7 in der Form eines ironischen Zitats traditionell weisheitlich zu verstehen (vgl. noch Jes 19,11; anders 35,8).

Im übrigen kann *'iwwælæt* auch beim Sündenbekenntnis im Klagegebet verwendet werden (Ps 38,6; 69,6; vgl. *'ᵉwīlīm* im Danklied Ps 107,17, wo der Text allerdings unsicher ist).

5. Im Qumran-Schrifttum kommt *'ᵉwīl* 1× und *'iwwǽlæt* 5× vor (Kuhn, Konk. 4b). In der LXX wird *'ᵉwīl* durch acht verschiedene Wörter, vor allem aber durch ἄφρων (13×), *'iwwǽlæt* ebenfalls durch acht Wörter, vor allem durch ἀφροσύνη (8×) und ἄφρων (3×) wiedergegeben (dazu und zum ntl. Begriff der Torheit vgl. G. Bertram, Art. μωρός, ThW IV, 837–852; W. Caspari, Über den bibl. Begriff der Torheit, NKZ 39,1928, 668–695; U. Wilckens, Weisheit und Torheit, 1959).

M. Sæbø

אוּלַי *'ūlaj* vielleicht

1. Das modale Adverb *'ūlaj* »vielleicht« wird gewöhnlich als Zusammensetzung der Partikeln *'ō* »oder« und (dissimiliertem) *lō* »nicht« (bzw. *lū* »wenn doch«) verstanden (GB 16a; HAL 21a), doch ist die Etymologie für den Sprachgebrauch nicht mehr maßgebend. Durchsichtiger ist die erstarrte Wendung *mī jōdēaʿ* »wer weiß?« für »vielleicht«.

In den verwandten semitischen Dialekten werden je verschiedene einzelsprachliche Bildungen verwendet (mittelhebr. *sæmmā*; syr. *dalmā*, *kᵉbar* und *ṭāk* < gr. τάχα; zu akk. *piqat*, *minde* [< *mīn īde* »was weiß ich?«, AHw 655a], *assurri*, *issurre* vgl. W. von Soden, »Vielleicht« im Akkadischen, OrNS 18,1949, 385–391).

2. *'ūlaj* kommt 45× im AT vor, hauptsächlich in erzählenden Texten (Gen bis 2Kön und Hi 1,5 30×, prophetische Lit. und Klgl 3,29 15×, fehlt in Ps und den übrigen Ketubim). Num 22,33 ist *'ūlaj* in *lūlē* »wenn nicht« zu korrigieren.

mī jōdēaʿ in der Bed. »vielleicht« begegnet 4× (2Sam 12,22; Jo 2,14; Jon 3,9; Est 4,14).

Einen außerbiblischen Beleg für *'ūlaj* [> *'ūlē*] vermutete W. F. Albright, JAOS 67, 1947, 155 Anm. 23, in Z. 2 der Ahiram-Inschrift (vgl. aber DISO 13).

3. Neben *'ūlaj* in präteritalem oder präsentischem Zusammenhang (Hi 1,5 »vielleicht haben meine Söhne sich versündigt« mit Perf.; Gen 43,12; Jos 9,7; 1Kön 18, 27 in Nominalsätzen; Gen 18,24 und Klgl 3,29 mit *jēš*; Gen 18,28–32 mit Impf.) findet sich »vielleicht« vorwiegend im Blick auf die Zukunft (Jos 14,12 im Nominalsatz, 32× mit Impf.). In den negierten Sätzen Gen 24,5.39 sowie in 27,12 drückt es eine Befürchtung aus (LXX μήποτε, auch Gen 43,12; 1Kön 18,27; Hi 1,5; μή Jos 9,7; sonst εἰ/ἐάν (πως), ἵνα, ὅπως, ἴσως). Hos 8,7 kann konzessiv mit »selbst wenn« untergeordnet werden. Alle andern Stellen enthalten eine mehr oder weniger zögernde oder zuversichtliche Hoffnung (ironisch in Jes 47,12.12; Jer 51,8; ähnlich bereits 1Kön 18,27 »vielleicht schläft er«).

4. An etwa einem Dutzend Stellen wird der mit *'ūlaj* zum Ausdruck gebrachte Unsicherheitsfaktor in den Willen Gottes verlegt (Num 23,3 »ob mir vielleicht Jahwe begegnet«; 23,27 »vielleicht gefällt es Gott«; Jos 14,12 »vielleicht ist Jahwe mit mir«; 1Sam 6,5 »vielleicht nimmt er dann seine schwere Hand von euch«; 14,6 »vielleicht tut Jahwe etwas für uns«; 2Sam 16, 12 »vielleicht sieht Jahwe mein Elend an«; 2Kön 19,4 = Jes 37,4 »vielleicht hört Jahwe«; Jer 21,2 »vielleicht tut Jahwe an uns ein Wunder, wie er sonst getan«; Am 5,15 s.u.; Jon 1,6 »vielleicht nimmt er Rücksicht auf uns«; Zeph 2,3 s.u.), ebenso an drei Stellen mit *mī jōdēaʿ* (2Sam 12,22 »wer weiß, vielleicht ist Jahwe mir gnädig«; Jo 2,14 »wer weiß, vielleicht gereut es ihn doch noch«; Jon 3,9 »wer weiß, vielleicht gereut es Gott doch noch«; die vierte Stelle Est 4,14 »und wer weiß, ob du nicht gerade um einer solchen Gelegenheit willen zum Königtum gelangt bist?« bezieht sich auf eine irrationale Schicksalsfügung). Die Aussage über Jahwe ist dabei aber nicht Ausdruck der Unsicherheit des Menschen einem launischen Despoten gegenüber, sondern bewußt demütige Haltung dessen, der mit der souveränen Freiheit Gottes rechnet. Dies gilt namentlich auch in den beiden prophetischen, sehr verhaltenen Heilsworten Am 5,15 »vielleicht wird dann Jahwe ... dem Rest Josephs

gnädig sein« und Zeph 2,3 »vielleicht werdet ihr geborgen am Zornestage Jahwes« (vgl. R. Fey, Amos und Jesaja, 1963, 53). Wolff, BK XIV/2, 59, schreibt zu Jo 2,14: »Das ›Vielleicht‹ der Hoffnung gehört zur Demut des Beters (2Sam 12,22; Klgl 3,29b); in der Verkündigung des Boten unterstreicht es, daß der zur Umkehr Gerufene zunächst unter der Gerichtsbotschaft steht (Am 5,15; Zeph 2,3; Jon 3,9) und ihr standhalten muß. Daß der treue und barmherzige Gott auch gegenüber seinem Zorn frei ist (*'rk 'pjm*), begründet die Hoffnung im ›Vielleicht‹.«

5. Von den ntl. Stellen mit ἴσως (Lk 20, 13) und τάχα (Röm 5,7; Phlm 15) erinnert nur Phlm 15 entfernt an den Gedankengang in Est 4,14. *E. Jenni*

אָוֶן *'āwæn* Unheil

1. Das hebr. Nomen *'āwæn* »Unheil«, meist von einer Wurzel **'wn* »stark, wuchtig sein« abgeleitet (HAL 21b), scheint nur im NWSem. Entsprechungen zu haben.

Das Wort, das nur nominal begegnet, dürfte im absichtlichen Gegensatz zum positiv abgeleiteten *'ōn* »Zeugungskraft, Körperkraft, Reichtum« (HAL 22a) als Segolatum mit negativer Bedeutung gebildet sein. Die Ableitung *te'ūnīm* (Ez 24,12) ist textlich sehr zweifelhaft (vgl. Zimmerli, BK XIII, 558). Zur gleichen Wurzel gehören wohl die Eigennamen *'ōn* (Num 16,1 txt?), *'ōnām* und *'ōnān* (vgl. Noth, IP 225), nicht aber das Subst. *'ōnī* »Trauer« (Gen 35,18; Dtn 26,14; Hos 9,4; Wurzel *'nj*, vgl. C. Rabin, Scripta Hierosolymitana 8, 1961, 386f.).

Bei den als ug. Entsprechungen angeführten Wörtern *an* und *un* (WUS Nr. 292.295; UT Nr. 238.240) sind Herleitung und Bedeutungsbestimmung schwierig; am ehesten ist auf *anm* (Plur. »Kraft«, 49 [= I AB] I,22) zu verweisen. Inwiefern auch das aram. *'wjn*, das in KAI Nr. 222 B, Z. 30 neben *mwt* »Tod« steht, hierher gehört, bleibt unklar (vgl. KAI II, 256; Fitzmyer, Sef. 69). Auch *'wn* in Aḥ. 160 (DISO 6) ist unsicher.

2. *'āwæn* ist kein Wort der erzählenden/berichtenden Sprache. Die 80 atl. Belege (inkl. Ez 30,17, wo aber der Ortsname *'ōn* zu vokalisieren ist) finden sich mit nur einer Ausnahme (Ez 11,2) in poetischen Texten, seien diese im Kultus, in der Weisheit, der Prophetie oder der literarischen Dichtung (Hiob) beheimatet.

Zwei Drittel der Belege stehen in Ps (29×), Hi (15×) und Spr (10×). Nach Abzug von Num 23,21 und 1Sam 15,23 verbleiben 24 Belege für verschiedene prophetische Bücher (davon Jes 12×).

Die ältesten Belege sind 1Sam 15,23 und Num 23, 21. Die Stellen Am 5,5; Hos 6,8; 10,8; 12,12; Jes 1,13; 10,1; 31,2; Mi 2,1; Hab 1,3(?); 3,7; Ps 7,15; 28,3; 41,7; 59,3.6; 101,8 sind ebenfalls vorexilisch. Der Rest ist teils sicher, teils wahrscheinlich exilisch oder nachexilisch.

Das Subst. *'ōn* »Kraft, Reichtum« kommt 10× vor (Gen 49,3; Dtn 21,17; Jes 40,26.29; Hos 12,4.9; Ps 78,51; 105,36; Hi 20,10; 40,16).

3. Die Hauptbedeutung des Begriffes deckt sich weithin mit seiner Etymologie: Unheilsmacht (S. Mowinckel, Psalmenstudien I, 1921, 30ff.). Seine Verwendung setzt jedoch das dynamistische Daseinsverständnis (Tatsphäredenken) direkt voraus: Unheil ist ein machtvoller Geschehensverlauf, und: Macht, wenn negative Gestalt annehmend, ist Unheilsgeschehen.

a) *'āwæn* kann in verschiedenen Arten von unheilvoller Aktivität geschehen: in Gesinnung (Jes 32,6; Ps 55,4.11; 66,18) oder planendem Denken (die Verbindung von *'āwæn* mit →*ḥšb* »sinnen« und Derivaten findet sich in Jes 55,7; 59,7; Jer 4,14; Ez 11,2; Mi 2,1; Ps 36,5; Spr 6,18), im Sprechen von Worten (Jes 58,9; Ps 10,7; 36,4; Hi 22,15; 34,36; Spr 17,4; 19,28), in Taten von allerlei Art, z. B. kultisch (Jes 1,13; Sach 10,2), politisch (Jes 31,2), rechtlich (Jes 10,1; 29,20), kriegerisch (Ps 56,8) usw. Vgl. für diesen Bereich die charakteristische Wortverbindung von *'āwæn* mit →*p'l* »tun« (23× *pō'ᵃlē 'āwæn* Part. »Übeltäter«: Jes 31,2; Hos 6,8; Ps 5,6; 6,9; 14,4; 28,3; 36,13; 53,5; 59,3; 64,3; 92,8. 10; 94,4.16; 101,8; 125,5; 141,4.9; Hi 31,3; 34,8.22; Spr 10,29; 21,15; 1× Perf.: Spr 30,20). Die generelle Offenheit des Begriffes für alle Arten von unheilvoller Aktivität ist häufig erkennbar, vgl. Jes 59,4–7; Ps 5,6; 7,15; 55,4.11; 92,8.10; Hi 5,6; Spr 12,21; speziell Spr 6,12–14; Hi 31, 3ff.

b) *'āwæn* bezeichnet aber nicht nur unheilvolle Aktivitäten, sondern auch deren Folgen, vgl. Num 23,21; Jer 4,15; Am 5,5; Hab 1,3; 3,7; Ps 90,10; Hi 21,19; Spr 22,8 usw. Diese Belege und solche, in denen das Blickfeld des Wortes beides, Tat und Folge, umfaßt (Ps 55,4; 56,8; Hi 15, 35; 18,7.12; Jes 59,4.6b.7; vgl. auch Hi 4,8; Spr 22,8), zeigen, daß das Wort entsprechend dem dynamistischen Vorverständnis grundsätzlich immer auf das Ganze eines Unheilslaufes blickt.

c) Die unter a) und b) getroffenen Feststellungen besagen, daß *'āwæn* kein Materialbegriff ist, der eine spezielle Aktivität oder das Stadium eines Geschehensverlaufes beschreibend benennt.

Eine usprüngliche Bedeutung von *'āwæn* als »Zauber« (Mowinckel) ist daher weder von der Etymologie her zu erwarten noch vom Gebrauch des Begriffes im AT her erkennbar. Dies schließt jedoch nicht aus, daß der Begriff sich auf Zauberhandlungen oder ihre unheilvollen Folgen beziehen konnte (vgl. den Zusammenhang zwischen Num 23,21 und V.23; vgl. 1Sam 15,23; Sach 10,2; Ps 59,3.8?; 64,3.6f.?). Dies lag insofern nahe, als der Zauber das gemäßeste – aber nicht das einzige – Machtmittel zur Manipulation der Tatsphäre war. Das Gesagte gilt auch für die *'āwæn*-Täter in den Psalmen (s.o. 3a). Worin ihre Taten bestehen, kann nur aus dem Kontext, in dem der Begriff verwendet ist, nicht aber aus dem Begriff selbst erschlossen werden (vgl. G.W. Anderson, Enemies and Evildoers in the Book of Psalms, BJRL 48,1965, 18–30). Außerdem sind sie nicht nur Unrechtstäter, sondern auch Unheilsbewirker, wie die gelegentliche Dimension des vollendenden Bewirkens in *p'l* »tun« zeigt. *'āwæn* ist schließlich weder »ein Mittel zum Zweck« (Mowinckel, a.a.O. 8.12.15. 29 u.ö.) noch der Zweck eines Tuns. Die Bezeichnung von Taten, Tatfolgen und Zuständen als *'āwæn* weist auf eine andere Funktion des Wortes hin.

d) *'āwæn* ist ein Qualifikationsbegriff, der ein Geschehen als gefährliche Unheilsmacht disqualifiziert. Bezeichnend dafür ist, daß das Wort immer als Verurteilung des Tuns einer anderen Person, nie als Bezeichnung des eigenen Tuns gebraucht wird. Die Ehebrecherin in Spr 30,20 bestreitet wohl nicht den Ehebruch, sondern den Vorwurf, daß ihr Ehebruch eine unheilsträchtige Tat sei. Die Wortfelduntersuchung bestätigt das Gesagte: Von etwa 45 Nachbarbegriffen führen mit Abstand *ra'* »böse, übel« (17×), *rāšā'* »schuldig« (17×) und *'āmāl* »Mühsal« (11×). Opposita wie *mišpāṭ* »Recht«, *tōm* »Lauterkeit«, *ṣædæq* »Gerechtigkeit«, *'ᵆmūnā* »Zuverlässigkeit« bezeugen das Gleiche.

e) Die Grundbedeutung »Unheilsmacht« stößt in der Übersetzung gelegentlich wegen unserer andersartigen Ontologie auf Schwierigkeiten. Wir nennen eine Tat nicht mehr »Unheil«, sondern »Untat«, »Unrecht«, »Frevel« (vgl. HAL 21f.). Da einem solchen Phänomen der Charakter des Nicht-Gültigen anhaftet, mag gelegentlich eine Übersetzung mit »Trug«, »Nichts« (Jes 41,29) gerechtfertigt sein. Dagegen kann der Begriff sich wohl auf »abgöttischen Kult« beziehen, aber kaum so übersetzt werden (1Sam 15,23; Sach 10,2; Hos 10,8; vgl. aber Jes 66,3, →*'ᵆlīl* 4). Vgl. V. Maag, Text, Wortschatz und Begriffswelt des Buches Amos, 1951, 120.

4. Die Tatsache, daß *'āwæn* im AT ein Wort für ein zu disqualifizierendes Unheilsphänomen ist und daß es nie für ein Tun Gottes gebraucht ist (im Unterschied zu *rā'ā* »Unheil«, z.B. Jes 31,2 »doch auch er ist weise und führt Unheil her«; vgl. Jer 4,6; 6,19; 11,11.17.23; Mi 2,3 u.ö.), bedeutet, daß jede Art von *'āwæn*-Tat oder *'āwæn*-Sphäre implizit oder explizit gottwidrig ist und damit immer im theologischen Sinne als disqualifiziert erscheint. Während die »Sitze im Leben«, von denen aus disqualifiziert wird (Weisheit, Seher- oder Prophetenrede, Gebet im Tempel u. a.), und dementsprechend die Form des Disqualifizierens (durch Weisheitsspruch, prophetische Gerichtsrede) den Umständen entsprechen, ist das Kriterium für die Disqualifikation die Auffassung, daß das mit *'āwæn* Angesprochene eine Pervertierung der heilwirkenden Machtsphäre und damit der heilwirkenden göttlichen Gegenwart ist.

'āwæn geschieht darum: im Orakelgebrauch als Ersatz für Gehorsam gegen Jahwe (1Sam 15,23; Sach 10,2), in der Pervertierung des Sinnes der Heiligtümer (Am 5,5; Hos 10,8; Jes 1,13), in allem Tun, das im Kontrast steht zu den heilvollen Wirkungen von Gesetz, Recht und Gerechtigkeit (Hos 6,8; 12,12; Mi 2,1; Ps 14,4; Spr 12,21; 21,15). Der *'āwæn*-Täter wird letztlich als Gottesleugner offenbar (Jes 32,6; Jer 4,14–18; Ps 10,7; 14,4; 53,5; 92,8.10; Hi 22,15; 34,8.22.36; Spr 19,28). Nach Jesaja sind die *pō'ᵃlē 'āwæn* Leute, »die nicht auf den Heiligen Israels schauen und Jahwe nicht befragen« (31,1f.). Darum ist Jahwe gegen sie (Ps 5,6; 36,4.5.13; Spr 10,29) und befiehlt ihnen, vom *'āwæn* abzulassen (Hi 36,10.21). Nach Hi 5,6f. wird *'āwæn* vom Menschen verursacht: »denn nicht aus dem Staube geht Unheil auf, nicht sproßt aus der Erde das Leid; vielmehr der Mensch erzeugt das Leid ...«. Vgl. Hi 11,11.14 (ganz anders Ps 90,7–10).

Der Grund, warum das Tun der Übeltäter in den Psalmen *'āwæn* genannt wird, scheint darin zu bestehen, daß entweder das Unheil, das sie über den Angefochtenen bringen wollen, ungerechtfertigt ist, oder daß sie ihn wegen seines Leidens, von dem er befallen ist, im Unheil behaften wollen, obwohl er sich Jahwes Schutz (-orakel) anvertraut hat. In beiden Fällen handeln sie gegen Jahwe. Ihre Charakterisierung als *pō'ᵃlē 'āwæn* impliziert deshalb ein spezifisch theologisches Urteil.

5. Die LXX gibt *'āwæn* unregelmäßig mit ἀνομία, κόπος, μάταιος, πονηρία, ἀδικία usw. wieder. Hier ist das im Hebr. Implizierte verlorengegangen. Dagegen lebt es in Qumran weiter; vgl. die Stellen bei Kuhn, Konk. 4. *R. Knierim*

אוֹר *'ōr* Licht

1. Mit *'ōr* »Licht« verwandte Vokabeln sind fast ausschließlich im Akk. und Kan. bezeugt (akk. *ūru/urru* »Licht«, meistens »Tag«; ug. *ar*, WUS Nr. 368, vgl. Nr. 370. 372; UT Nr. 114; phön. *'r*- in Eigennamen, vgl. Harris 73; ferner Huffmon 169f.; Gröndahl 103), während sonst für »Licht« andere Wurzeln verwendet werden (akk. *nūru* und arab. *nūr*; aram. *nhr*, z.B. bibl.-aram. *nehōr* Dan 2,22 Q, vgl. KBL 1098b; zu jüd.-aram. *'ūrtā* vgl. Levy I,46a; ferner DISO 23).

Im Hebr. werden von der Wurzel das Verbum *'ōr*, das im Qal »hell werden«, wohl auch im (unsicheren) Ni., besonders aber im Hi. (kausativ »hell sein lassen, erleuchten« und innerlich-kausativ »leuchten«) vorkommt, sowie die Substantive *'ōr* (masc., jedoch in Jer 13,16 txt? und Hi 36,32 txt? fem.) und *'ōrā* »Licht«, *'ūr* »Schein« und *mā'ōr* »Licht = Lichtkörper, Leuchte« gebildet.

Als Derivat dieser Wurzel wird von GB 393a, BDB 22b, Zorell 404b u.a. auch das Nomen *me'ūrā* Jes 11,8 erklärt, von KBL 489b jedoch (unter Verweis auf Perles) nach akk. *mūru* »Jungtier« durch »das Junge« wiedergegeben (so auch Fohrer, Jes I, 151, und Kaiser, ATD 17, 116). Auch *'ūr* II (im Ausdruck *'ūrīm wetummīm*) und III (*'ūr Kaśdīm*) sind von dieser Wurzel fernzuhalten. Dagegen ist kaum mit Recht nach I. Eitan, HUCA 12/13, 1938, 65f., *'ōr* in Jes 18,4 und Hi 37,11 im Sinne von »Regen« oder »Tau« nach arab. *'arj* zu erklären und in diesem Fall mit einem homonymen *'ōr* zu rechnen.

2. Die genaue Statistik des Nomens *'ōr* ist dadurch erschwert, daß die Form in einigen Fällen auch als Inf. q. aufgefaßt werden kann (vgl. HAL 24a, Nr. 3; Zorell 23b). Nach Lis. begegnet das Verbum 41 ×, und zwar im Qal 5 × (Mand. nimmt auch Gen 44,3 und 1Sam 29,10 dazu, während er 2Sam 2,32 als ni. auffaßt), im Ni. 2 × (Ps 76,5 und Hi 33,10, textlich unsicher) und im Hi. 34 × (davon 15 × in Ps). Seine Streuung ist weniger charakteristisch als die des Nomens *'ōr*, das 124 × (davon 1 × Plur. in Ps 136,7) belegt ist und vor allem weisheitlich bestimmt zu sein scheint.

So ist *'ōr* 32× in Hi, 4× in Spr und 3× in Pred belegt. Von 19 Belegen in den Ps (dazu 1× in Klgl 3,2) sind mehrere in Weisheitspsalmen oder von der Weisheit beeinflußten Texten anzutreffen (36,10; 37,6; 49,20; 89,16; 97,11; 104,2; 112,4; 119,105; 139,11).

Weiter fällt auf, daß von 47 prophetischen Belegen sich 27 in dem öfters weisheitsgeprägten Jes-Buch finden (13× in Protojes, vornehmlich in jüngeren Stellen, 6× in Dtjes, wozu in 1Q Is^{ab} 53,11 hinzukommt, und 8× in Tritojes, wo vor allem 60,1.3.19.20 auffällig sind), bei Jer 5 und in Ez nur 2 (32,7f.). Im Dodekapropheton verteilen sich 13 Belege auf die dem Jes nahestehenden Am (5,18.20; 8,8[txt?].9; vgl. H.W.Wolff, Amos' geistige Heimat, 1964, 57) und Mi (2,1; 7,8.9) sowie auf die sog. Jes-Jünger Hab (3,4.11) und Zeph (3,5) und die späten Stellen Sach 14,6(txt?).7, während das Wort bei Hos nur 1× vorkommt (6,5 txt?).

In der erzählenden Literatur begegnet *'ōr* fast nur in der formelhaften Zeitbestimmung *'ad 'ōr habbōqær* »bis zum Tagesanbruch« (Ri 16,2; 1Sam 14,36; 25,[22].34.36; 2Sam 17,22; 2Kön 7,9; abgekürzt Ri 19,26; vgl. Gen 44,3; 1Sam 29,10; Neh 8,3), sonst noch in Ex 10,23; 2Sam 23,4 und 6× in Gen 1,3–5.18 P (zur weisheitlichen Prägung von Gen 1 vgl. S. Herrmann, ThLZ 86, 1961, 413–424).

Die alleinige Plur.-Form *'ōrīm* in Ps 136,7 »(große) Lichter« entspricht wohl am ehesten den *me'ōrōt* »Lichter, Leuchten« von Gen 1. *mā'ōr* kommt 19× vor (9× in Ex-Num in kultischem Zusammenhang, 5× in Gen 1 von den Gestirnen); *'ūr* ist 6× belegt, davon 5× in jüngeren Teilen des Jes-Buches. Am jüngsten dürfte die fem. Form *'ōrā* sein (Ps 139,12; Est 8,16).

In der obigen Statistik von *'ōr* ist 1Sam 25,22 nicht eingeschlossen (vgl. BH[3]), wohl aber Jes 18,4 (bei Mand. unter *'ōr* II) und Am 8,8 (bei Lis. unter *je'ōr*).

3. Die Grundbedeutung des Hauptnomens *'ōr* ist »Licht«; ihre Nähe zu »Feuer« (am stärksten bei *'ūr*, Jes 31,9; 44,16; 47,14; 50,11; Ez 5,2; vielleicht auch Hi 38,24, vgl. G.R.Driver, SVT 3,1955, 91f.; Barr, CPT 260f.) tritt gelegentlich hervor (vgl. Jes 10,17; Ps 78,14; auch erscheint *nēr* »Leuchte« öfter als Parallelwort (Ps 119,105; Hi 18,6; 29,3; Spr 6,23; 13,9; vgl. Jer 25,10). Unter »Licht« ist dabei zunächst das Tageslicht zu verstehen (vgl. die formelhafte Verwendung in der Erzählliteratur, s.o. 2, sowie Mi 2,1; Spr 4,18). *'ōr* ist jedoch nicht mit dem Sonnenlicht identisch, denn es kann auch mit dem Licht von Mond und Sternen (Jes 13,10; 30,26; Ez 32,7) sowie mit *šáḥar* »erstes Morgenlicht« (Jes 58,8; Hi 3,9; 41,10; Dalman, AuS I,601; anders L.Köhler, ZAW 44, 1926,56–59, und KBL 962: »Morgenröte«) verbunden werden; auch eine Verbindung mit den Verben *zrḥ* und *jṣ'* in der Bed. »aufgehen« ist nicht an sich ein »Zeichen dafür, daß der Aufgang der Sonne einbezogen ist« (S.Aalen, Die Begriffe »Licht« und »Finsternis« im AT, im Spätjudentum und im Rabbinismus, 1951, 39, der die »präsolare« Weltauffassung der Israeliten und den Wechsel von Tag und Nacht als ein Grundelement derselben betont, a.a.O. 10ff.; ders., RGG IV,357–359, und BHH II,1082; anders W.H. Schmidt, Die Schöpfungsgeschichte der Priesterschrift, 1964, 95–100).

Eben der Nacht-Tag-Wechsel hat weithin zu einem metaphorischen und symbolischen Gebrauch des Wortes geführt. Einerseits ist das hervorbrechende Morgenlicht (oft nur *bōqær* »Morgen«) ein Symbol der göttlichen Rettung im Sinne von Sieg im militärischen Bereich (vgl. Ex 14,24; 2Kön 19,35 = Jes 37,26; Jes 17,14;

Ps 46,6), von Gerechtsprechung im juristischen (Zeph 3,5; Ps 37,6; auch Hos 6,5, vgl. Jes 59,9) und von Heilung und Hilfe im medizinischen (Ps 56,14; vgl. Jes 58,8; in Hi 33,28.30 ist *šáḥat* »Grab« Gegenbegriff; »Licht sehen« = »leben« in Ps 49,20; Hi 3,16, vgl. V. 20) geworden (so J.Hempel, Die Lichtsymbolik im AT, Studium Generale 13,1960, 352–368, nach Aalen, a.a.O., sowie J.Ziegler, Die Hilfe Gottes »am Morgen«, FS Nötscher 1950, 281 bis 288).

'ōr erhält häufig Parallelausdrücke, in denen irgendein Wort für »Finsternis« den Gegenbegriff bildet, so vor allem im weisheitlichen Bereich.

Das wichtigste Oppositum ist dabei *ḥōšæk* »Finsternis« (Gen 1,3–5.18; Jes 5,20.30; 9,1; 58,10; 59,9; Am 5,18.20; Mi 7,8; Ps 112,4; 139,11; Hi 12,22.25; 18,18; 29,3; 38,19; Pred 2,13; Klgl 3,2; das Wort kommt insgesamt 80× vor, davon 23× in Hi und 14× in Jes). Mit dem Verbum *ḥšk* q. »finster sein« (11×), hi. »verfinstern« (6×) wird *'ōr* verbunden in Hi 18,6; Pred 12,2; vgl. Jes 13,10; Am 5,8; 8,9; Hi 3,9. *ḥašēkā* »Finsternis« (6×) steht in Ps 139, 12 neben *'ōrā*, *maḥšāk* »finsterer Ort« (7×) in Jes 42,16 neben *'ōr* (vgl. auch bibl.-aram. *ḥašōk* in Dan 2,22 neben *nehōr*).

Sonstige Gegenbegriffe sind *'ōfæl* »Dunkel« (9×, davon 6× in Hi) in Hi 30,26, *'āfēl* »dunkel« (1×) in Am 5,20; *'afēlā* »Dunkel« (10×) in Jes 58,10; 59,9; *'arāfæl* »Wolkendunkel« (15×) in Jer 13,16; *ṣalmāwæt* »Finsternis« (18×, davon 10× in Hi) in Jes 9,1; Jer 13,16; Hi 12,22 (zur Etymologie vgl. D.W.Thomas, JSS 7,1962, 191–200; zur Verwendung in der Weisheitsliteratur J.L.Crenshaw, ZAW 79,1967, 50).

Weitere Vokabeln des Wortfeldes sind *'alāṭā* »Finsternis« (Gen 15,17; Ez 12,6.7.12), *'ēfā* »Dunkelheit« (Am 4,13; Hi 10,22), *mū'āf* »Dunkel« (Jes 8,22[txt em].23), *qadrūt* »Verfinsterung« (Jes 50,3), *qdr* q. »sich verfinstern« (Jer 4,28 u.ö.; hitp. 1Kön 18,45; hi. Ez 32,7.8), *ṣll* q. »dunkel werden« (Neh 13,19; zu *ṣēl* »Schatten« →*'ūz*), auch *næšæf* »Abend-/Morgendämmerung« (12×, »Finsternis« z.B. in Jes 59,10). Vgl. zur ganzen Wortgruppe S. Aalen, a.a.O.; H.Conzelmann, Art. σκότος, ThW VII, 424–446.

Die Synonyme und Parallelwörter zu *'ōr* sind nicht so eindeutig wie seine Opposita. Außer *nēr* »Leuchte« (s.o.) ist vor allem *nōgah* »Glanz« (19×, dazu aram. *negah* in Dan 6,20) in Jes 60,3; Am 5,20; Hab 3, 4.11; Spr 4,18 und *negōhā* in Jes 59,9 zu erwähnen; *ngh* q. »leuchten« (3×) ist in Jes 9,1; Hi 22,28, hi. »aufleuchten lassen« (3×) in Jes 13,10 mit *'ōr* verbunden.

Vgl. ferner →*šæmæš* »Sonne« in Pred 11,7, →*kebōd Jhwh* in Jes 60,1 (vgl. V.2b mit *zrḥ* »aufgehen« von Jahwe) und weitere Parallelwörter wie Freude, Gerechtigkeit, Heil usw., die den übertragenen und theologischen Gebrauch von *'ōr* betreffen (u.a. Jes 42,6; Jer 25,10; Mi 7,9; Ps 27,1; 36,10; 97,11).

Bedeutungsverwandte Vokabeln sind ferner die Verben *'hl* hi. »scheinen« (Hi 25,5), *hll* hi. »leuchten (lassen)« (Jes 13,10; Hi 29,3; 31,26; 41,10), *zhr* hi. »glänzen« (Dan 12,3), *zrḥ* »aufgehen, strahlen« (18×, →*šæmæš*), *zrq* q. »hell sein« (Hos 7,9), *ṣhl* hi. »leuchten machen« (Ps 104,15), die Substantiva *zōhar* »Glanz« (Ez 8,2; Dan 12,3), *jif'ā* »Glanz« (Ez 28,7.17), *nēṣaḥ* »Glanz« (Klgl 3,18; 1Chr 29,11) und die Adjektiva *bāhīr* »glänzend(?)« (Hi 37,21; vgl. Wagner Nr.35), *ṣaḥ* und *ṣāḥīaḥ* »glänzend« (Jes 32,4; Hhld 5,10 bzw. Ez 24.7.8; 26,4.14; vgl. auch J.A.Soggin, ZAW 77,1965, 83–86); →*jp'* hi.

nhr q. »leuchten« (Jes 60,5; Jer 31,12; Ps 34,6) und *nehārā* »(Tages)licht« (Hi 3,4) sind Aramaismen (Wagner Nr.184.185). Das bibl.-aram. Wort für »Glanz« ist *zīw* (Dan 2,31; 4,33).

4. Die übliche Unterscheidung von eigentlichem und metaphorischem Gebrauch des Wortes *'ōr* reicht kaum dazu aus, dessen theologisches Profil aufzudecken, da dieses beides umfaßt. Eher dürfte eine Einteilung der Verwendungsweisen a) im weisheitlichen Ordnungsdenken und b) im kultischen Heilsdenken angemessen sein, wobei noch dem Gebrauch c) in der eschatologischen Verkündigung und d) in Aussagen, die sich speziell auf Gott beziehen, gesondert nachzugehen ist.

a) Im weisheitlichen Ordnungsdenken ist das Licht Gottes erstes und »gutes« Schöpfungswerk (Gen 1,3f.). Ähnliches wird in Gen 1 von der Finsternis nicht gesagt; sie bleibt theologisch ambivalent, denn trotz ihrer positiven Einordnung in die Schöpfung Gottes als Nacht, die durch Gottes Trennen und Benennen (Gen 1, 4f.; vgl. Westermann, BK I,157–159) oder Abgrenzen zwischen Licht und Finsternis (Hi 26,10; vgl. 38,19) geschieht, ist die Nacht die Zeit des Verbrechens (Hi 24,13ff.), ist die Finsternis ein Symbol für Not und Gericht und wird sie in der Endzeit aufgehoben sein (s.u. c). So besteht zwischen Licht und Finsternis eine Spannung (vgl. Aalen, a.a.O 16f.), die nur in der »Pankausalität« und Macht Gottes (vgl. Jes 45,7 »der ich das Licht bilde und die Finsternis schaffe«) festgehalten werden kann (s.u. d).

Wie Licht und Finsternis verhalten sich (1) für den Einzelnen Leben und Tod (vgl. Hi 3,4.9.16.20f. und in den Elihu-Reden 33,28.30; auch Pred 12,2ff.), (2) im sozialen Bereich die »Gerechten« und die »Frevler« (Hi 12,25; 18,5f.18; 22,28; 38,15; Spr 4, 18; 13,9; auch Ps 97,11; 112,4), wobei es um die »Gerechtigkeit als Weltordnung« geht (vgl. das gleichnamige Buch von H.H.Schmid, 1968) und die Theodizeefrage sich einstellen kann (vgl. etwa Hi 24), (3) erkenntnismäßig (aber nicht ohne eine religiös-ethische Note) Weisheit und Torheit (Pred 2,13; →*'æwīl*). Wenn die gesetzte Ordnung gestört wird, erhebt Jesaja seinen Weheruf (Jes 5,20).

b) Das gegensätzliche Begriffspaar wird auch auf Gottes Heil und Gericht bezogen. Im kultischen Heilsdenken ist das Licht (des Angesichtes) Gottes Ausdruck seiner gnädigen Zuwendung, wie es im Priestersegen Num 6,25 (*'ōr* hi.) mit altem Material (in jüngerer Rahmung, vgl. Noth, ATD 7, 53f.; C. Westermann, Der Segen in der Bibel und im Handeln der Kirche, 1968, 45ff.) und später in den Psalmen mehrfach zum Vorschein kommt (vgl. Ps 36,10; sonst in Vertrauensäußerungen Ps 4,7; 27, 1; im Danklied 56,14 und im Klagelied 43,3 sowie im weisheitlichen Mahnwort 37,6; vgl. 89,16; A. M. Gierlich, Der Lichtgedanke in den Psalmen, 1940), und wie es auch in der prophetischen Literatur Nachhall findet (Jes 2,5).

Heilsgeschichtlich wichtig sind Ps 78,14, wo *'ōr* mit der Wüstenwanderung (vgl. Ex 13,21f.; Ps 105, 39), sowie Ps 44,4, wo es mit der Landnahme verbunden wird. Auch mit dem heilbringenden König wird *'ōr* in Zusammenhang gebracht (2Sam 23,4; Spr 16,15).

c) In der prophetischen Gerichtsverkündigung und Naherwartung wird das Licht des Heils in die Finsternis der nahenden Katastrophe verkehrt (Am 5,18.20; Jes 13,10; vgl. F.C. Fensham, ZAW 75, 1963, 170f., zum Tag Jahwes; sonst Am 8,9; Jes 5,30; Jer 4,23; 25,10; Ez 32,7f.; in Jer 13,16 im Rahmen einer prophetischen Mahnrede); Klgl 3,2 zeigt die Klage nach eingetroffener Katastrophe.

Andererseits wandelt sich in der prophetischen Heilseschatologie die Finsternis der Not in das Licht des neu kommenden Heils (Jes 8,23–9,1; 10,17; 42,16; 58,8.10; Mi 7,8f.). Das Heil wird nicht nur Israel gelten, sondern auch den Völkern (Jes 51,4); es wird ihnen durch einen besonderen Heilsmittler zugeeignet (Jes 42,6; 49,6).

Der späteren Eschatologie ist es eigen, daß das kommende Heilsereignis in einer Entsprechung zum Früheren dargestellt wird (vgl. Jer 31,35, wo die Gewißheit des Heils durch die Gewißheit der Schöpfungsordnung herausgestellt wird, so daß hier ein neues Zusammenwirken von Ordnungsdenken und Heilsdenken entsteht, wie es sonst bei Dtjes charakteristisch ist; dazu von Rad, GesStud 136ff.), oder in einer Überbietung des Bestehenden (vgl. Jes 30,26; auch 10,17), oder auch in einer Aufhebung der Schöpfungsordnung (Jes 60,19f.; Sach 14,6f.; vgl. auch Hab 3,11; weitere Stellen bei Aalen, a.a.O. 20ff.; vgl. H.-J. Kraus, ZAW 78, 1966, 317–332). Auch in Sach 14,6f. hat sich aber das Interesse der nachexilischen Gemeinde wohl nicht so sehr auf eine direkte Aufhebung der Schöpfungsordnung, sondern eher auf die Person Gottes und seine herrliche Endtheophanie verlagert (vgl. M. Sæbø, Sacharja 9–14, 1969, 298–300).

d) Indem das Licht – wie auch die »Lichtträger« (*m^e'ōrōt* Gen 1,14ff.; Ps 136, 7–9) – ein Schöpfungswerk Gottes ist, wird es ihm auch völlig untergeordnet. Das Licht gehört nicht zu seinem Wesen, sondern zu seiner Erscheinungsweise, etwa in der Theophanie (vgl. Jes 60,1ff.; Hab 3,4.11; auch Ps 44,4; vgl. Aalen, a.a.O. 73ff.; J. Jeremias, Theophanie, 1965, 24ff. u.ö.; auch F. Schnutenhaus, ZAW 76, 1964, 1–22). Nicht nur beim Kommen, sondern auch im himmlischen Wohnen umhüllt sich Gott mit Licht (Ps 104,2; weder hier noch in Ez 1 oder 43 läßt sich das Gottesbild in solaren Kategorien erfassen, so Aalen, a.a.O. 82ff., gegen J. Morgenstern u.a.). Wie ihn das Licht »kleidet« (→*lbš*), so gehört es auch zu seinem offenbarten Wort und Gesetz (Ps 119, 105; Spr 6,23). Er ist der erhabene Herrscher über sein Schöpfungswerk (Ps 139, 11f.; Hi 12,22; 28,11); er allein kennt daher seine Herkunft (Hi 38,19f.). Ihn loben »alle leuchtenden Sterne« (Ps 148,2).

Die mit Wörtern für »Licht« gebildeten theophoren Eigennamen wie *'ūrī'ēl*, *'ūrijjā(hū)*, *'^abīnēr*, *'abnēr*, *Nērijjā(hū)* sind, wie wohl auch die meisten der außerbiblischen Namen dieser Art (akk.: Stamm, AN Reg. s.v. *nūru*, *namāru* usw.; Huffmon 169f.237.243; palm.: A. Caquot, Syria 39, 1962, 243 mit Lit.), nicht als Zeugnisse für Astralreligion aufzufassen, sondern bildlich (Licht = Glück, Heil) zu verstehen (Noth, IP 167–169).

So ist *'ōr* »Licht« theologisch ein sehr wichtiger Begriff, der in erster Linie ein Schöpfungswerk und eine Erscheinungsweise Gottes meint. Von dieser doppelten Begriffsmitte her hat er sich in mehreren Richtungen ausgewirkt, vor allem was Gottes Heil – zuerst für Israel und dann auch für die Völker – betrifft.

5. In der LXX hat *'ōr* zahlreiche Wiedergaben, von denen die meisten nur einmalig sind, während φῶς ganz überwiegt (vgl. Gierlich, a.a.O. 3 u.ö.). Zum spätjüdischen und rabbinischen Befund vgl. Aalen, a.a.O. 96ff.237ff. In den Qumranschriften stimmt die Verwendung von *'ōr* (nach Kuhn, Konk. 4f., begegnet das Subst. 42×, das Verbum 17×) im großen und ganzen mit dem AT überein (vgl. F. Nötscher, Zur theol. Terminologie der Qumran-Texte, 1956, 76ff.; H. W. Huppenbauer, Der Mensch zwischen zwei Welten, 1959, 26ff.71.80ff.); doch ist der Gegensatz zwischen »Licht« und »Finsternis« (auch sozial) betonter.

Anders als im AT und im Qumran-Schrifttum wird im NT das Licht auf Gottes Wesen bezogen, so vor allem in der johanneischen Theologie (vgl. etwa 1Joh 1, 5; auch Joh 1,1–18, und dazu R. Bultmann, Das Evg. des Joh, 1957, 22ff.; P. Humbert, Le thème vétérotestamentaire de la lumière, RThPh 99, 1966, 1–6). *M. Sæbø*

אות *'ōt* Zeichen

1. Das Wort begegnet im NWSem. (in atl. Zeit nur hebr. und bibl.-aram. *'āt*) und im Arab.; wahrscheinlich ist mit *'ōt* auch akk. *ittu* zu vergleichen, dessen Bedeutungsumfang demjenigen des nwsem.-arab. Wortes ähnlich ist (AHw 406; CAD I 304–310). Die Ableitung ist unbekannt; es ist an eine Wurzel *'wj* zu denken.

Der Bedeutungsbereich des Wortes ist in den erwähnten Sprachen sehr weit und umfaßt die profane wie die religiöse Sphäre (zum Arab. s. Lane I,135, zum Syr. s. Payne-Smith 412f.). In einer neupun. Inschrift bedeutet *'t* offenbar »Erinnerungsmal« (KAI Nr. 141, Z. 4).

2. *'ōt* kommt hebr. 79 × vor, 44 × Sing. und 35 × Plur. (Pentateuch 39 ×, in allen Erzählerfäden; der Begriff fehlt mit Ausnahme von Hi 21,29 in der weisheitlichen Lit., die Belege sind sonst gleichmäßig in erzählender, prophetischer und psalmistischer Lit. verteilt; vgl. die chronologische und sachliche Statistik bei C. A. Keller, Das Wort OTH als Offenbarungszeichen Gottes, 1946, 7f.), dazu 3 × aram. (Dan 3, 32f.; 6,28).

Durch Textänderung zu ergänzen ist *'ōt* in Num 15,39 und 1Sam 10,1 (LXX), ev. in Jo 2,23 (W. Rudolph, FS Baumgartner 1967, 249).

Außerbiblisch, kurz vor dem Exil, wird *'ōt* in einem Lachisch-Ostrakon verwendet (KAI Nr. 194, Z. 10ff.). Der Text lautet: »er (der Briefempfänger) möge wissen, daß wir Rauchsignale (*mś't*, terminus technicus für diesen Begriff, vgl. Ri 20,38.40; Jer 6,1) von Lachisch erwarten, während wir uns halten an all die Zeichen (*'tt*), welche mein Herr gegeben hat; denn ein Zeichen (*'t*) von 'Azeqah ist nicht zu sehen«. Die Übersetzung der letzten Zeile ist allerdings umstritten (Lit. dazu s. DISO 29). *'tt* meint hier offenbar »militärische Signale«. Diese Bed., sonst im Hebr. nicht belegt, kann ähnlich auch das arab. Äquivalent *'ājat* haben (Lane I,135).

3. Die atl. Verwendung des Begriffes *'ōt* (vgl. neben Keller, a.a.O., auch B.O. Long, The Problem of Etiological Narrative in the OT, 1968, 65–86) läßt sich von Anfang an nicht auf bestimmte Lebensbereiche einengen (anders Keller, a.a.O. 66ff.). Grundbedeutung ist »Zeichen« im Sinne von »Ausweis« und »Hinweis«.

In sehr ursprünglichem Gebrauch des Wortes bezeichnet das »Kainszeichen« Gen 4,15 ein auf die Stirn tätowiertes Sippenzeichen, das die Zugehörigkeit zu den Kenitern und deren Stammesverpflichtungen (siebenfache Blutrache!) ausweist. Das Zeichen erfährt durch den Jahwisten eine theologische Deutung im Gesamtzusammenhang der Urgeschichte.

Auch der Ausdruck *ṭōṭāfōt* »Merkzeichen« (3× parallel zu *'ōt*) hat wahrscheinlich ursprünglich eine ähnliche Bedeutung. Der dtr. Ausdruck »ein *'ōt* auf der Hand und *ṭōṭāfōt* zwischen den Augen« (Ex 13, 16; Dtn 6,8; 11,18; in Ex 13,9 mit *zikkārōn* »Gedenkzeichen« statt *ṭōṭāfōt*, →*zkr*) ist zwar spiritualisierend gemeint, geht aber auf die Vorstellung einer Tätowierung zurück (vgl. noch Noth, ATD 5,79: »Kopfschmuckanhänger«).

In profanen Zusammenhängen meint *'ōt* in der weiteren Entwicklung auch »Feldzeichen« (Num 2,2 und danach in der Kriegsrolle von Qumran; wahrscheinlich auch in Ps 74,4, vgl. Kraus, BK XV, 512f.516).

Dem *'ōt* von Num 2,2 zugeordnet ist *dægæl* »Feldzeichen, Banner > Stammesabteilung« (Num 1,52; 2,2–34; 10,14–25; 13×); in Hhld 2,4 scheint die Grundbedeutung »Zeichen, Fahne« o.ä. noch vorhanden zu sein (vgl. Rudolph, KAT XVII/2,130f.; Gerleman, BK XVIII,117f.), während in den Elephantinepapyri (DISO 55; BMAP 41f.) und in der Kriegsrolle von Qumran (Yadin 38–64) nur die Bed. »militärische Abteilung« belegt ist.

Ebenfalls in militärischen Zusammenhang gehören als Vokabeln mit verwandter Bed. *nēs* »Standarte, Signal« (21×, außer Ex 17,15; Num 21,8.9; 26,10 und Ps 60,6 immer in prophetischer Lit.; vgl. BRL 160f.), das in Num 26,10, auf die umgekommene Rotte Korah bezogen, die allgemeine Bed. »Mahnzeichen« bekommt, und *tōræn* »Mastbaum, Signalstange« (Jes 30,17; 33,23; Ez 27,5, jeweils parallel zu *nēs*).

In Hi 21,29 und Ez 14,8 (parallel zu *māšāl* »Sprichwort«) legt sich die Bed. »Denkwürdigkeit« im weitesten Sinne nahe, in Jos 2,12 »Pfand« (nach Noth, HAT 7,24f. späte Glosse), in Jer 10,2 und Jes 44,25 »astrologisches Vorzeichen«.

4. a) Schon der Jahwist braucht *'ōt* auch als religiösen Terminus; er wendet ihn, wohl schon der Tradition folgend, auf die Ägypten-Geschichte an (Ex 8,19; 10,1f.). Das Zeichen besteht in einer Machttat, durch welche Jahwe die Sendung Moses legitimiert. Der elohistischen Schrift gehören die Belege Ex 3,12 und 4,17.30 an. Die beiden letzteren Stellen (ebenso die Vorkommen von *'ōt* in Ex 4,8f.28; Num 14,11, die der Endredaktion zuzurechnen sind) schließen sich an den jahwistischen Gebrauch an; 3,12 hat einen etwas anderen Sinn: Mose wird selbst seines göttlichen Auftrages versichert (der eigentliche Inhalt des *'ōt* ist ausgefallen, vgl. Noth, ATD 5,29). Die Stelle berührt sich eng mit Ri 6,17ff., wo dem Charismatiker Gideon sein Auftrag beglaubigt wird. *'ōt* ist dem designierten Charismatiker Ausweis für seine Aufgabe.

Ähnlich kann *'ōt* das (auch unkultische) Orakelzeichen meinen (1Sam 14,10; Inhalt des *'ōt* ist hier das Verhalten der Feinde). Kultische Orakel – sie gehören wohl in den Aufgabenbereich der Kultpropheten – können in Ps 74,9; 86,17 nachklingen.

Als spezielle Vokabel der Beschäftigung mit (guten oder bösen) Vorzeichen begegnet *nḥš* (auch aram. und arab.; W. von Soden, WZKM 53, 1956, 157; O. Eißfeldt, JBL 82, 1963, 195–200), pi. »Vorzeichen suchen, weissagen; als Zeichen nehmen« (Gen 44,5. 15; 1Kön 20,33; »durch Zeichen erfahren« Gen 30, 27; anders J. Sperber, OLZ 16, 1913, 389; H. Torczyner, ebd. 20, 1917, 10ff.; Subst. *náḥaš* »Omen« Num 23,23; 24,1) und allgemeiner »wahrsagen« (für Israel verboten: Lev 19,26; Dtn 18,10; 2Kön 17,17; 21,6; 2Chr 33,6).*

Ein etwas veränderter Gebrauch zeigt sich in frühprophetischer Umgebung. Der *'ōt* hat die Funktion, das Prophetenwort zu legitimieren, tritt aber erst in der Zukunft ein und wird vom Propheten vorausgesagt (allgemein formuliert Dtn 13,2f., mit dem charakteristischen Verbum →*bō'* »eintreffen«, das auch 1Sam 2,34; 10,[1.]7.9 steht; vgl. weiter 2Kön 19,29; 20,8f. = Jes 37,20; 38,7.22; Jer 44,29; etwas vielschichtiger Jes 7,11.14). Der Inhalt des *'ōt* steht in diesen Fällen in keinem direkten Zusammenhang mit der prophetischen Botschaft. Das Zeichen ist gewissermaßen technisches Hilfsmittel des Propheten, um bei seinen Hörern Erkenntnis und Glauben zu erlangen (→*jd'* bei *'ōt* Ex 10,2; Dtn 4,35; 11,2f. u.ö., vgl. Keller, a.a.O. 58f.; →*'mn* hi. Ex 4,30; Num 14,11; vgl. Jes 7,9ff).

Im weiteren kann *'ōt* »Merkmal« oder »Denkmal« bedeuten, das auf eine zurückliegende Heilstat Gottes hinweist (Jos 4,6; ähnlich einige Stellen bei P, s.u.), oder das eine zukünftige, endzeitliche Station der Gottesgeschichte anvisiert (in Texten, die sich apokalyptischem Vorstellungshorizont nähern, Jes 19,20; 55,13; 66,19).

b) Zu wesentlicher theologischer Bedeutung kommt der Begriff *'ōt* in der klassischen Prophetie, in der deuteronomistischen Theologie und in der Priesterschrift.

In der klassischen Prophetie kann im Zusammenhang mit »Zeichenhandlungen« *'ōt* bzw. *mōfēt* verwendet werden (beide Begriffe in Jes 8,18 und 20,3; *'ōt* allein in Ez 4,3; *mōfēt* in Ez 12,6.11; 24, 24.27; Sach 3,8). Der Sache nach gehören auch die andern im AT berichteten Zeichenhandlungen hierher (vgl. G. Fohrer, ZAW 64, 1952, 101–120; ders., Die prophetischen Zeichenhandlungen, 1953). Im Unterschied zu den erwähnten prophetischen Beweiszeichen hat der Inhalt des *'ōt* hier einen sachlichen Bezug zur Botschaft des Propheten. Dieser vollzieht ein Geschehen, das noch aussteht, und das gerade durch die Zeichenhandlung in die Gegenwart und Wirklichkeit hereingeholt wird. Das »Zeichen« hat damit eine Funktion, die der des Prophetenwortes analog ist (vgl. Fohrer 85ff.; von Rad II, 104–107).

Die Deuteronomistik faßt das ganze Ägypten-Geschehen in eine Formel, in welcher der Ausdruck *'ōtōt ūmōfeṯīm* ein Element bildet (zusammen mit der »Herausführung mit starker Hand und ausgerecktem Arm«, Dtn 4,34; 6,22; 7,19; 11, 2f.; 26,8; 29,2; 34,11; zur ganzen Formel vgl. B. S. Childs, Deuteronomic Formulae of the Exodus Traditions, FS Baumgartner 1967, 30–39). Mit *'ōt* sind nicht nur die »Plagen« bezeichnet, sondern die ganze Gottesgeschichte in Ägypten, also das Grunddatum deuteronomistischer Theologie; *'ōt* ist so die Gestalt der Jahwe-Offenbarung, die gegenwärtig verstanden werden will. Darum auch die Frage, ob Israel die *'ōtōt* auch zu erkennen und zu verstehen vermöge (Dtn 29,2ff.). – Von der Deuteronomistik sind die andern Stellen abhängig, welche von *'ōtōt* und *mōfeṯīm* in Ägypten reden (Jer 32,20f.; Ps 78,43; 105,27; 135,9; Neh 9,10; ferner Ex 7,3 P; nur *'ōtōt* Num 14,22; Jos 24,17 und, ohne deutliche Bezugnahme auf Ägypten, Ps 65,9).

Der Begriff *'ōt* wird deuteronomistisch auch in andern Zusammenhängen gebraucht (zu Dtn 13,2f. s.o. 4a). Nach Ex 13,9.16 ist die Passahaggada *'ōt* und *zikkārōn* bzw. *ṭōṭāfōt* (s.o. 3) für Israel, nach Dtn 6,8 das Glaubensbekenntnis (*šema'*), nach 11,18 die ganze dtn. Predigt. Die Funktion des *'ōt* ist also auch hier, vergangene Heilsgeschichte zu vergegenwärtigen. Nach Dtn 28,46 sind verheißener Segen und angedrohter Fluch »Zeichen« für Israel; auch die Zukunft wird durch den *'ōt* der Gegenwart erschlossen.

Die Priesterschrift übernimmt den Begriff *'ōt* in großer Breite: für die »Zeichen und Wunder« in Ägypten (Ex 7,3), für gewisse Denkmale der Kultgeschichte Israels (Num 15,39 txt em »Merkzeichen«; 17,3 »Mahnzeichen«; 17,25 »Erinnerungszeichen«); das Passablut Ex 12,13 ist »Schutzzeichen«, der Sabbat (Ex 31,13.17; vgl. schon Ez 20,12) ist Zeichen für das Verhältnis zwischen Jahwe und Israel. Das Wort wird auch in die Begrifflichkeit der Bundschließung eingetragen: Abraham- und Noahbund haben ihre Zeichen (Gen 9,12f.17 Regenbogen; 17,11 Beschneidung). Schließlich sind auch die Gestirne *'ōtōt* (Gen 1,14, neben *mō'adīm* »Zeiten«, →*j'd*).

'ōt bezeichnet hier das Sichtbarwerden einer umfassenden Gottesordnung, die Na-

tur und Zeit umgreift, sich in der Geschichte Israels verdichtet und schließlich im Kult zu ihrer Vollendung kommt.

Der Begriff *mōfēt* (36×) ist etymologisch unerklärt (Keller, a.a.O. 60f.115; ein vermuteter Beleg in einer phön. Inschrift aus Zypern ist ganz ungesichert, vgl. KAI Nr. 30, Z. 1). Er begegnet erstmals Jes 8,18 und 20,3, schon hier parallel zu *'ōt* wie im dtr. Sprachgebrauch und einigen davon abhängigen Stellen (Ex 7,3 P; Dtn 4,34; 6,22; 7,19; 13,2.3; 26,8; 28,46; 29,2; 34,11; Jer 32,20f.; Ps 78,43; 105, 27; 135,9; Neh 9,10; insgesamt 18×, dazu aram.: Dan 3,32f.; 6,28 *'ātīn weṯimhīn* »Zeichen und Wunder«). Der Sprachgebrauch von *mōfēt* ist wesentlich der von *'ōt*, später vielleicht stärker das Wunderhafte betonend (parallel zu *niflā'ōt* Ps 105,5 = 1Chr 16,12, →*pl'*): Machttaten in Ägypten: Ex 4,21 (redaktionell); 7,3.9 und 11,9.10 (P); Dtn 4,34; 6,22; 7,19; 26,8; 29,2; 34,11; Jer 32,20f.; Ps 78,43; 105,27; 135,9; Neh 9,10; allg. Schreckens- oder Wunderzeichen Gottes: Dtn 28,46; Jo 3,3; Ps 71,7 = 1Chr 16,12; prophetisches Beweiszeichen: Dtn 13,2f.; 1Kön 13, 3.3.5; 2Chr 32,24.31; prophetische Zeichenhandlung: Jes 8,18; 20,3; Ez 4,3; 12,6.11; 24,24.27; Sach 3,8.*

5. Im Spätjudentum lebt der atl. Sprachgebrauch weitgehend fort (Qumran: s.o. 3; in der rabbinischen Lit. z.T. neue Bedeutungen und Verdrängung von *'ōt* durch *sīmān*, wohl < griech. σημεῖον). Zum NT vgl. K.H.Rengstorf, Art. σημεῖον, ThW VII,199–268 (darin 207–217 auch ausführlich über *'ōt* im AT). *F.Stolz*

אֹזֶן *'ōzæn* Ohr

1. Das Subst. *'ōzæn* »Ohr« ist gemeinsemitisch (**'uḏn-*; HAL 27a), auch äg. *jdn* (Erman-Grapow I,154; verdrängt durch *mśḏr* »Ort, auf dem man schläft«, vgl. W. Helck, ZÄS 80, 1955, 144f.; W.C.Till, Zum Sprachtabu im Ägyptischen, Ägyptolog. Studien, hrsg. v. O.Firchow, 1955, 327.335). Von dem als Körperteil femininen Subst. ist das Verbum *'zn* hi. »mit den Ohren handeln, hören« denominiert (GK § 53g).

In dem Namen *'aẓanjā* (Neh 10,10) findet sich das Qal, in *Ja'aẓanjāhū* (2Kön 25,23; Jer 40,8; Ez 8,11; *Ja'aẓanjā* Jer 35,3; Ez 11,1; verkürzt *Jeẓanjā[hū]* Jer 40,8; 42,1) das sonst ausschließlich gebrauchte Hi. (Noth IP 36.198; außerbibl. begegnet der Name *J'znjhw* auf einem Siegel [W.F. Badè, ZAW 51, 1933, 150–156; Moscati, EEA 70], im Lachisch-Ostrakon 1, Z. 2.3 [TGI[1] Nr. 34], ferner *J'znjh* und *Jzn'l* auf Siegeln [Diringer Nr. 21.28]; zu den Namensformen aus Elephantine vgl. Noth IP 198; L.Delekat, VT 8, 1958, 251f.).

2. Im AT ist das Subst. 187×, das Verbum 41× (Ps 15×) in normaler Streuung belegt. Das Subst. begegnet überwiegend im Dual (108×, davon 80× mit *be*), das Verbum häufig im Imp. (30×).

3. Selten bezeichnet *'ōzæn* den menschlichen Körperteil ohne Hinblick auf das Hören.

Zu erwähnen sind folgende Bräuche: Tragen von Ohrringen (Gen 35,4; Ex 32,2f.; Ez 16,12; BRL 398–402); Durchbohren des Ohres als Sklavenzeichen (Ex 21,6; Dtn 15,17; ThW V,546; anders de Vaux I,132); Rituale bei Priesterweihe und Reinigung des Aussätzigen (*tenūk 'ōzæn* »Ohrläppchen« in Ex 29,20.20; Lev 8,23f.; 14,14.17.25.28 P; Elliger, HAT 4,119); Abschneiden der Ohren als Verstümmelungsstrafe (Ez 23,25; Zimmerli, BK XIII,549). Ohren von Tieren werden genannt in Am 3,12 (*bedal 'ōzæn* »Ohrläppchen« eines Herdentieres) und Spr 26,7 (des Hundes).

Sonst ist das Ohr immer Organ des Hörens: es hört (→*šm'*, Ez 24,26; Ps 92, 12; Hi 13,1 u.ö.); es merkt auf (→*qšb* hi., Ps 10,17; Neh 1,6.11 u.ö). Bei Verben des Redens, vor allem bei *dbr* pi. (z.B. Gen 20,8) und *qr'* (z.B. Ex 24,7), werden die Hörer oft mit *be'ōzæn* eingeführt. Manchmal sind die Hörer damit als Zeugen gekennzeichnet (Gen 23,10.13.16). Auch nach *šm'* hat *be'ōzæn* (instrumentales *be*) diese Funktion (Jer 26,11; 2Sam 7,22; Ps 44,2). Dagegen heißt *šēma' 'ōzæn* »Hörensagen« (Ps 18,45; Hi 42,5). Die Mitteilung (oft lebens-)wichtiger Dinge wird durch die Wendung →*glh 'oznō* »jemandes Ohr entblößen« bezeichnet (1Sam 20,2. 12f.; 22,8.8.17; der Verfasser der Aufstiegsgeschichte Davids liebt diese Wendung; auch Ruth 4,4; mit Jahwe als Subjekt s.u. 4; →*'ájin*). Zum Hören kann der Weisheitslehrer mit dem Ausdruck *nṭh* hi. *'ōzæn* »das Ohr neigen« auffordern (Ps 78, 1; Spr 4,20; 5,1.13; 22,17; ähnlich Jes 55, 3; Ps 45,11 und 49,5; weiter s.u. 4).

Reihungen verschiedener Körperteile betonen deren jeweilige Funktionen: meist Augen–Ohren (2Kön 19,16 = Jes 37,17; Jes 11,3; 30,20f.; 35,5; 43,8; Jer 5,21; Ez 8,18; 12,2; Ps 34,16; 92,12; 94,9; Hi 13,1; 29,11; 42,5; Spr 20,12; Pred 1,8; Dan 9,18; Neh 1,6; 2Chr 6,40; 7,15), Hände–Augen–Ohren (Jes 33,15), Herz–Ohr (Jer 11,8; Ez 3,10; Spr 2,2; 18,15; 22,17; 23,12), Herz–Auge–Ohr (Dtn 29,3; Jes 6,10; 32,3; Ez 40,4; 44,5), Ohr–Gaumen (Hi 12, 11; 34,3), Ohr–Zunge (Jes 50,4f.), Hände–Hals–Nase–Ohren–Kopf (Ez 16,11f.), Mund–Augen–Ohren–Nase–Hände–Füße–Kehle (Ps 115,5ff.; vgl. 135, 16ff.). In der Talionsformel (Ex 21,23ff.; Lev 24, 19f.) fehlt das Ohr.

Als Vokabeln des Nicht-Hören-Könnens und -Wollens sind zu nennen: →*ḥrš* q. »taub sein« (Mi 7,16; Ps 28,1; 35,22; 39,13; 50,3; 83,2; 109,1), *ḥērēš* »taub« (Ex 4,11; Lev 19,14; Ps 38,14; 58,5; in übertragener Bed. Jes 29,18; 35,5; 42,18f.; 43,8); *'ṭm* »verstopfen« (Jes 33,15; Ps 58,5; Spr 21,13), *kbd* hi. »verstocken« (Jes 6,10; Sach 7,11), *'lm* hi. »verhüllen« (Klgl 3,56).*

Das Verbum *'zn* hi. begegnet in dem imperativischen Aufruf zum Hören, der Lieder (Dtn 32,1; Ri 5,3; Gen 4,23), Weisheitssprüche (Jes 28,23; Ps 49,2; 78,1), Rechtsbelehrungen (Hi 33,1; 34,2.16; 37, 14) und prophetische Worte (Jes 1,2.10; 32,9; 51,4; Jer 13,15; Hos 5,1; Jo 1,2; vgl. Num 23,18) einleitet. Meist steht im parallelismus membrorum *šm'* oder/und *qšb* hi. (Wolff, BK XIV/1,122f. »Lehreröffnungsformel«, anders L. Köhler, Dtjes. stilkritisch untersucht, 1923, 112 »Zweizeugenruf«; zuletzt: I. von Loewenclau, EvTh 26, 1966, 296ff.).

Inhalt des Hörens sind meist *debārīm* (Worte oder Geschehnisse, Gen 20,8; 44, 18). Zu den Präpositionen nach *'zn* hi. vgl. HAL 27a.

Über das Hören hinaus ist *'ōzæn* vor allem in der Weisheit das Organ des Erkennens und Verstehens (Hi 12,11; 13,1; 34,3; Spr 2,2; 5,1.13; 18,15; 22,17; 23,12; Jes 32,3). Es konkurriert hier mit dem Herzen (vgl. Ch. Kayatz, Studien zu Proverbien 1–9, 1966, 43–47).

Vgl. HAL 27b zu akk. *uznu* »Ohr > Verstand« und *ḫasīsu* »Ohr, Hören < Verständnis, Klugheit« (AHw 330b; CAD Ḫ 126f.; zu *ḫasāsu* »gedenken«), dazu Dhorme 89f.

4. Von Jahwes Ohren wird unbefangen gesprochen (Num 11,1.18; 14,28; 1Sam 8,21 u.ö.; von den Ohren der Engel 1QM 10,11; zu den Anthropomorphismen Köhler, Theol. 4–6). Die Bitte um Erhörung mit der Formel »Neige dein Ohr zu mir!« ist typisch für die Klagelieder des Einzelnen (*nṭh* hi.: Ps 17,6; 31,3; 71,2; 86, 1; 88,3; 102,3; 2Kön 19,16 = Jes 37,17; vgl. Dan 9,18; im Lob Ps 116,2), ebenso der Imp. von *'zn* hi. neben *šm'* und *qšb* hi. (Ps 5,2; 17,1; 39,13; 54,4; 55,2; 86,6; 140,7; 141,1; 143,1; im Klagelied des Volkes 80,2; in der Fürbitte 84,9). Jahwe hört die Menschen (Ps 94,9; Jes 59,1; aber Hi 9,16), auch ihr Übermut steigt in seine Ohren hinauf (2Kön 19,28 = Jes 37, 29). Die Götzen hören nicht (Ps 115,6; 135,17; vgl. Kraus, BK XV, 788; Zimmerli, BK XIII,260; anders Weiser, ATD 20,54).

Jahwe gräbt, pflanzt, schafft das Ohr des Menschen (Ps 40,7; 94,9; Spr 20,12; Dtn 29,3; vgl. Gen 2,7). Er »entblößt das Ohr« des Menschen (1Sam 9,15; 2Sam 7,27 = 1Chr 17,25; Hi 33,16; 36, 10.15; 1QH 1,21 u.ö.; vgl. Jes 22,14), er weckt (*'ūr* hi.) und öffnet (*ptḥ*) das Ohr des Propheten (Jes 50,4f.; vgl. Ez 9,1; Jes 5, 9; Hi 4,12). Im Botenauftrag wird dem Propheten befohlen, »in die Ohren« zu reden (Ex 11,2; Jer 2,2; 26,15; Dtn 31, 11; Ri 7,3). Eine dtr. Prägung ist der Spruch vom »Gellen in den Ohren« (*ṣll* in 1Sam 3,11; 2Kön 21,12; Jer 19,3). Israel hört Jahwes Worte und Gebote (Ex 24,7; 15,26; 2Kön 23,2; Jes 1,10 u.ö.). Die dtn. Paränese verwendet den Stamm *'zn* nicht (→*šm'*). Israel verschließt sich Jahwes Wort, s. die Formel in der Jer-C-Schicht »sie hörten nicht und neigten ihr Ohr nicht (und wandelten ...)« (Jer 7,24.26; 11,8; 17,23; 25,4; 34,14; 35,15; 44,5; vgl. beim Chronisten negiertes *'zn* hi. in Neh 9,30; 2Chr 24,19). Obwohl das Volk Ohren hat, hört es nicht (Jer 5,21; Jes 43,8; Ez 12,2), mit Vorhaut ist sein Ohr versehen (Jer 6,10; vgl. H.-J. Hermisson, Sprache und Ritus im altisr. Kult, 1965, 71), Jahwe selbst verstockt es (Jes 6,9f.; Dtn 29,3; vgl. von Rad II, 158ff.). Aber in der Endzeit werden die Ohren der Tauben aufgetan (*pqḥ* ni. in Jes 35,5; O. Procksch, Jesaja I, 1930, 435; →*'ájin*).

5. Qumran knüpft an den theol. Gebrauch des AT an. Zu Philo, Josephus, Rabbinen, NT: G. Kittel, Art. ἀκούω, ThW I,216–225; J. Horst, Art. οὖς, ebd. V,543–558.

Vgl. die apertio aurium der altkirchlichen Taufliturgie (RGG VI,651f.); zu Augustin: U. Duchrow, Sprachverständnis und biblisches Hören bei Augustin, 1965 (Lit.). *G. Liedke*

אָח *'āḥ* Bruder

1. **'aḫ-* »Bruder« und **'aḫāt-* »Schwester« sind (wie →*'āb* »Vater«) gemeinsemitisch (Bergstr. Einf. 182) und in allen Sprachzweigen auch in erweiterter Bedeutung (s.u. 3b) gebräuchlich.

Abgeleitet werden im AT das Abstraktum *'aḥawā* »Bruderschaft« (zwischen Juda und Israel, Sach 11,14), eine Deminutivbildung *'aḥjān* »Brüderchen« (nur als Eigenname, 1Chr 7,19; Stamm, HEN 422), sowie eventuell ein denominiertes Verbum *'ḥḥ* ni. »sich verbrüdern« (*nāḥā < na'aḥā* in Jes 7,2, vgl. HAL 30a; anders Eißfeldt, KS III,124–127; L. Delekat, VT 8, 1958, 237–240; H. Donner, SVT 11, 1964, 8), vgl. akk. *aḫû* Gt »sich miteinander verbrüdern« (*atḫû* »Genossen, Gefährten«), Št »sich paaren, sich zusammentun« (*šutāḫû* »paarig einander gegenüberstehend«), N »sich verbrüdern« (AHw 22b).

2. *'āḥ* »Bruder« kommt 629 × vor (296 × Sing. und 333 × Plur., dazu 1 × aram. Plur. in Esr 7,18), am häufigsten in den Familiengeschichten der Gen (178 ×, davon 100 × Sing.); es folgen 1Chr (99 ×, davon 79 × Plur., oft in Listen wie 1Chr

25,10–31) und Dtn (48×), wo der Begriff stark hervorgehoben wird (s.u. 4c).

'āḥōt »Schwester« begegnet 114× (davon 9× Plur.), gehäuft in Gen (24×) und in 2Sam 13, Ez 16 und 23.

3. a) Auszugehen ist von der Bezeichnung der leiblichen Geschwisterschaft (bei Voll- oder auch Stiefbrüdern, z.B. 2Sam 13,4, vgl. 2Sam 3,2f.; Pedersen, Israel I-II,58ff.), die manchmal zur Unterscheidung von einem erweiterten Begriff präzisiert wird: Gen 37,27 »unser Bruder und unser Fleisch«; 42,13.32 »Brüder, Söhne eines Mannes / unseres Vaters«; Dtn 13,7 »dein Bruder, der Sohn deiner Mutter«, ähnlich Ri 8,19 und im parallelismus membrorum Gen 27,29; Ps 50,20; 69,9; Hhld 8,1 (so schon ug.: Krt 9 »sieben Brüder« par. »acht Söhne einer Mutter«; 49 [= I AB], VI 10f.14f.).

Engere Bedeutung liegt auch in den zusammengesetzten Verwandtschaftsbezeichnungen vor: 1) »Vatersbruder« (Lev 18,14, juristisch umschreibend [W. Kornfeld, Studien zum Heiligkeitsgesetz, 1952, 103] für *dōd*, das übliche Wort für »patruus« in Lev 10,4; 20,20; 25,49.49; Num 36,11; 1Sam 10,14–16; 14,50; 2Kön 24,17; Jer 32,7.8.9.12; Am 6,10; 1Chr 27,32; Est 2,7.15; vgl. HAL 206b mit Lit. und Fitzmyer, Gen. Ap. 120f.; zu →*'am* in der Bed. »Onkel«, im Hebr. durch *dōd* zurückgedrängt, vgl. L. Rost, FS Procksch 1934, 143f. (= KC 90f.); J. J. Stamm, ArOr 17, 1949, 379–382; ders., SVT 7, 1960, 165–183; ders., HEN 418f.422; Huffmon 196f.;

2) »Vatersschwester« (Lev 18,12; 20,19; vgl. *dōdā* »Vatersschwester« in Ex 6,20, aber in Lev 18,14; 20,20 »Frau des Vatersbruders«);

3) »Muttersbruder« (Gen 28,2; 29,10; das akk./aram./arab. spezielle Wort für »Muttersbruder«, **ḫāl-*, fehlt im Hebr.; Huffmon 194);

4) »Muttersschwester« (Lev 18,13; 20,19);

5) »Brudersfrau« (Lev 18,16, statt *j^ebāmā* »Schwägerin« in Dtn 25,7.9; Ruth 1,15; →*'almānā*);

6) »Brudersssohn« (Gen 12,5);
ebenso bei Eingrenzung der Bedeutung durch benachbarte Begriffe im Wortfeld, z.B. in den Aufzählungen der engsten Blutsverwandten in Lev 21,2f.; 25,48f.; Num 6,7; Ez 44,21.

Vgl. noch G. Ryckmans, Les noms de parenté en safaïtique, RB 58, 1951, 377–392.

b) Wie in vielen auch außersemitischen Sprachen geschieht der Übergang zur erweiterten Bed. »naher Verwandter, Stammesgenosse, Volksgenosse« oder »Kollege, Freund« bis hin zur weitgehend entleerten Bed. »der/das andere« in Gegenseitigkeitsverhältnissen (»einander«) im Hebr. sehr leicht (etwa 45% der Stellen mit *'āḥ* im AT), indem nach dem Modell der Familie auch Mitglieder sonstiger enger Gemeinschaften als »Brüder« bzw. »Schwestern« bezeichnet werden. Dabei tritt je nachdem das Element der Zusammengehörigkeit, Zuneigung oder Gleichartigkeit, Gleichberechtigung als Vergleichspunkt im übertragenen Gebrauch stärker hervor, vgl. J. Zobel, Der bildliche Gebrauch der Verwandtschaftsnamen im Hebräischen, 1932, 35–42.

Eine scharfe Trennung zwischen engerem und weiterem Sinn ist nicht immer möglich (in Gen 49,5 »Simeon und Levi sind Brüder« enthält der Begriff prägnant beide Bedeutungen), vgl. die Übersicht über die Lev-Stellen bei Elliger, HAT 4,137 Anm. 12.259 Anm. 37, über die Dtn-Stellen bei C. Steuernagel, Das Dtn, ²1923, 42, ferner Fitzmyer, Sef. 112 zu Sef. (= KAI Nr. 224) III, 9. Kontrollierbare Stellen mit »Bruder« für das Verhältnis Onkel-Neffe oder zwischen Vettern/Basen sind Gen 13,8; 14,16 (Neffe, in GenAp 22,11 korrigiert zu *br 'ḥwhj*, Fitzmyer, Gen.Ap. 153); 29,12.15; Lev 10,4 (Söhne der Vettern); 1Chr 23,22; »Schwester« für Stiefschwester in Gen 20,12.

Die Bed. »Verwandte« (im Plur.) ist deutlich in Gen 16,12; 25,18; 31,23.25.32.37.46.54; Ex 2,11; 4,18; Ri 9,26.31.46 u.ö. (vgl. Ez 11,15 »all deine Brüder, deine Sippenangehörigen«; Zimmerli, BK XIII,190.200.248; →*g'l*), kann aber von der Bed. »Stammesangehöriger, Volksgenosse« (z.B. Num 36, 2; Ri 9,18; 2Sam 19,13; zu Am 1,9 vgl. J. Priest, The Covenant of Brothers, JBL 84, 1965, 400–406; in Num 25,18 »Volksgenossin«) nicht immer scharf abgegrenzt werden, und diese wiederum nicht immer von »Kollege« (z.B. 2Kön 9,2 unter Soldaten; Jes 41,6 unter Handwerkern; Num 8,26; Esr 3,8; Neh 5,14 und öfters im chronistischen Geschichtswerk von den Leviten). Ein ähnliches Bild ergibt sich in den Inschriften aus Zincirli (KAI Nr. 214, Z. 27–31; Nr. 215, Z. 3.12.17; Nr. 216, Z. 14; DISO 8).

Die Synonyma zur erweiterten Bedeutung sind bei →*rēa'* zu behandeln.

c) Als metaphorischer Sprachgebrauch ist die Anrede »mein Bruder / meine Schwester« auch Nicht-Verwandten gegenüber charakteristisch: Gen 19,7; 29, 4; Ri 19,23; 1Sam 30,23; 2Sam 20,9; 1Chr 28,2 (vgl. Lande 20.23–25, mit Hinweis auf die bei höflicher Redeweise gerne mitschwingenden Nebengedanken). Hieran schließt die Verwendung von »Bruder« unter Gleichgestellten in der Botenrede (Num 20,14; 1Sam 25,6 txt em), im höflichen Briefstil und im diplomatischen Verkehr (1Kön 9,13 Hiram-Salomo; 20,32f. Ahab-Benhadad).

Außerbiblische Belege für diesen Briefstil sind zahlreich: akk.: CAD A/I,200–202; ug.: 18,17; 138, 3.10.15.18 (zwischen Vater und Sohn); 1016,3 (Königin als Schwester); 1019,8.10 (par. *r'* »Freund«); PRU V 59,2.3.26 (Könige von Tyrus und Ugarit); 65,17.19.21; 130,4; 159,2; vgl. A. van Selms, Marriage and Family Life in Ugaritic Literature, 1954, 113; phön. und aram.: vgl. DISO 8 und Fitzmyer, Gen.Ap. 77.

Ähnlich ist auch die formelhafte Anrede in der Totenklage zu verstehen (1Kön 13, 30 »wehe mein Bruder!«; Jer 22,18 »wehe mein Bruder, wehe meine Schwester!«; davon beeinflußt wohl auch 2Sam 1,26 »es ist mir leid um dich, mein Bruder Jonathan«; vgl. Jahnow 61ff.; Lande 25f.).

Als Zärtlichkeitsmetapher begegnet »meine Schwester (Braut)« für die Geliebte (sonst im Hhld *ra'jā* »Freundin« genannt, →*rēa'*) in Hhld 4,9.10.12; 5,1.2 wie in der äg. Liebesdichtung (Grapow 32; A. Hermann, Altäg. Liebesdichtung, 1959, 75 bis 78; Rudolph, KAT XVII, 150) und im Ug. (3Aqht rev. 24 Anat zu Aqhat: »du bist mein Bruder, ich bin deine Schwester«; vgl. van Selms, a.a.O. 70.120.122; M. Dahood, Bibl 42, 1961, 236). Vgl. noch Spr 7,4 »sage zur Weisheit: Du bist meine Schwester«, von der personifizierten Weisheit (Ch. Kayatz, Studien zu Proverbien 1–9, 1966, 98).

Zusammengehörigkeit und Gleichartigkeit werden durch *'āḥ* bezeichnet in Hi 30, 29 »ein Bruder der Schakale bin ich geworden«; Spr 18,9 »Bruder des Verderbers«, vgl. 28,24 »Geselle des Bösewichts« mit *ḥābēr*; mit *'āḥōt*: Hi 17,14 »zur Grube sage ich ›Meine Mutter‹! und ›Meine Schwester!‹ zum Gewürm«.

Vgl. im Akk. z.B. CAD A/I,172a: »die beiden Augen sind Schwestern«; im Ug. 127 (= II K, VI), 35.51 »wie eine Schwester ist dir die Krankheit geworden«, falls nicht mit Driver, CML 47.133 u.a. *aḫt* verbal »du bist ein Bruder« aufzufassen ist.

d) Pronominaler Gebrauch in Wendungen mit *'īš-'āḥīw* (»alter ... alter«) begegnet in bezug auf Personen (Gen 9,5; 13,11; 26,31; 37,19; 42,21.28; Ex 10,23; 16,15; Lev 7,10; 25,14.46; 26,37; Num 14,4; Dtn 1,16; 25,11; 2Kön 7,6; Jes 3, 6; 19,2; 41,6; Jer 13,14; 23,35; 25,26; 31,34; 34,17; Ez 4,17; 24,23; 33,30; 38, 21; 47,14; Jo 2,8; Mi 7,2; Hag 2,22; Sach 7,9.10; Mal 2,10; Neh 4,13; 5,7, teilweise mit Erhaltung der speziellen Bed. »Bruder«), aber auch auf Dinge (Ex 25,20 und 37,9 Cherube aus Gold; Hi 41,9 Schuppen des Krokodils); fem. *'iššā – 'āḥōt* ebenfalls von Dingen (Vorhänge Ex 26,3.5.6.17; Flügel Ez 1,9; 3,13).

Die Parallelen im Akk. (*aḫu aḫa, aḫu ana aḫi* etc.) beziehen sich ebenfalls auf Personen oder Dinge (CAD A/I,203f.), ebenso hebr. *tō'amīm/te'ōmīm* (R. Köbert, Bibl 35, 1954, 139–141) »Zwillinge« (Gen 25,24 Jakob und Esau; 38,27 Perez und Serah; Hhld 4,5 = 7,4 Gazellen; aber Ex 26,24 und 36,29 Bretter).

4. a) Die theologisch relevanten Verwendungen des Wortes knüpfen nicht an die engere Bed. »leiblicher Bruder« mit ihren familienrechtlichen Implikationen, sondern an die allgemeinere Bed. »Mitglied, Glied (einer Gemeinschaft)« oder an die metaphorische Verwendung des Wortes an.

Familienrechtliches: Zum Verbot der geschwisterlichen Geschlechtsbeziehung (Lev 18,9.11; 20,17; Dtn 27,22) vgl. W. Kornfeld, Studien zum Heiligkeitsgesetz, 1952, 110ff.; zur Institution der Schwagerehe (Levirat) vgl. F. Horst, RGG IV,338f.; Rudolph, KAT XVII, 60–65 (Lit.); →*g'l*; Spuren von Fratriarchie, die namentlich im hurritischen Bereich nachgewiesen werden können (P. Koschaker, Fratriarchat, Hausgemeinschaft und Mutterrecht in Keilschrifttexten, ZA 41, 1933, 1–89), vermutet C. H. Gordon, JBL 54, 1935, 223–231, auch im AT: Fratronymie (Gen 4,22; 36,22; 1Chr 2,32.42; 24,25; auch ug. 300,5 *Ršpab aḫ Ubn*) und einzelne fratriarchalische Motive in den Patriarchengeschichten (z. B. Gen 24 Laban-Rebekka), vgl. aber de Vaux I,37. Zu Gen 12,13 »sage doch, du seiest meine Schwester« als Formel für bedingte Scheidung vgl. L. Rost, FS Hertzberg 1965, 186–192.

b) Ethische Reflexionen über die rechte Bruderschaft im alltäglichen Leben betonen inner- und außerbiblisch die brüderliche Zuneigung, Verläßlichkeit, Hilfsbereitschaft usw. In Vergleichen kann »Bruder« parallel zu »Vater« stehen, z.B. akk. in einem Mari-Text: »ich bin dir gegenüber wie ein Vater und ein Bruder, du aber mir gegenüber wie ein Gegner und Feind« (G. Dossin, Syria 33, 1956, 65); phön.: Kil. I,10 (→*'āb* III/3). Die atl. Beispiele aus der Weisheitsliteratur stellen den Bruder mit dem »Freund« (→*rēa'*) und mit dem »Nachbarn« zusammen, wobei der Vergleich auch zuungunsten des Bruders ausfallen kann (Spr 17,17 »zu jeder Zeit liebt der Freund, und ein Bruder wird für die Not geboren«; aber 18,24 »mancher Freund ist anhänglicher als ein Bruder« und 27,10 »besser ein naher Nachbar als ein ferner Bruder«). Weitere weisheitliche Stellen zum Thema Brüderlichkeit sind Ps 133,1 »siehe, wie fein und lieblich ist es, wenn Brüder einträchtig beieinander wohnen« und aram. Aḥ. 49 »dort verpflegte ich dich, wie jemand seinen Bruder behandelt« (Cowley 221; AOT 456). Vgl. auch die Bezeichnung der Freunde Gilgameš und Enkidu als »Brüder« (Gilg. VI,156 = Schott 58).

c) Theologische Färbung erhält der Begriff »Bruder« am ehesten im dtn. Sprachgebrauch und im Gebot der Nächstenliebe im Heiligkeitsgesetz (Lev 19,17 →*rēa'*; 25,35.36.39.46.47.48 →*g'l*). Dabei liegt in der dtn. Bezeichnung des Angehörigen des Volkes bzw. der Gemeinde nicht etwa eine neuartige Verwendung des Wortes vor. Der religiöse Unterton ergibt sich im Zusammenhang der Gebotseinschärfung lediglich durch die betonte Verwendung des Wortes mit Suffix, meistens *'āḥīkā* »dein Bruder« (so an allen Stellen des dtn. Gesetzes Dtn 12–26, soweit nicht wie in 13,7 und 25,5–9 spezielle familienrechtliche Bestimmungen vorliegen (15,2. 3.7.9.11.12; 17,15.20; 18,15.18; 19,18.19; 20,8; 22,1–4; 23,20.21; 24,7.14; 25,3.[11]; Leviten 18,2.7; Edomiter 23,8; vgl. O. Bächli, Israel und die Völker, 1962, 121 bis 123). Direkte Nachwirkungen des dtn. Sprachgebrauchs finden sich in Jer 34,9. 14.17; das chronistische Geschichtswerk verwendet »Bruder« im übertragenen Sinn fast ausschließlich im Plur.; vgl. noch H. C.M.Vogt, Studie zur nachexilischen Gemeinde in Esra-Nehemia, 1966, 113–115, vor allem zu Neh 5.

Bereits in Gen 4,9 »wo ist dein Bruder Abel?« spielt die Suffixform in der exemplarischen Darstellung des Verhältnisses zwischen Gott, Mensch und Mitmensch eine besondere Rolle (W.Vischer, Das Christuszeugnis des AT I, 1935, 90f.: »Die Verantwortung vor Gott ist die Verantwortung für den Bruder«).

Der dtn. Sprachgebrauch entwickelt sich innerhalb der dtn. Vorstellung vom Gottesvolk (G.von Rad, Das Gottesvolk im Dtn, 1929, 13.50; H.Breit, Die Predigt des Deuteronomisten, 1933, 179.185; O. Procksch, Theol. des AT, 1950, 239). »Das Volk ist die ins Große gesteigerte Familie, die eine Einheit bildet. Die Verwendung von Bruder als konstitutives Element des Volksbegriffes hat aber auch die Aufgabe der Nivellierung: Brüder stehen auf gleicher Stufe, haben gleiche Rechte und Pflichten und sind sich gegenseitig verantwortlich« (Bächli 123).

Der Gedanke der Bruderschaft der Israeliten unter dem einen Vater (→*'āb* IV/3c) ist in Mal 2,10 zwar da, aber nicht terminologisch fixiert (»warum handeln wir denn treulos aneinander«, vgl. 3d).

d) Für die Bezeichnung der Gottheit als »Bruder« in theophoren Eigennamen der altsemitischen Namengebung gilt mutatis mutandis das zu →*'āb* »Vater« (III/5 mit Lit.) Gesagte.

Auch hier begegnen neben theophoren Namen (*'aḥijjāhū*/*'aḥijjā*/*Jō'āḥ* »Jahwe ist [mein] Bruder«; *'aḥīmælæk*, *Ḥī'ēl* < **'aḥī'ēl*, *Ḥīrām* < phön. *'ḥrm*, vgl. Friedrich § 94) eine Reihe von Ersatznamen, z.B. *'aḥīqām* »mein Bruder ist (wieder) erstanden«, *'aḥ'āb* »Vatersbruder«, *'aḥūmaj* »Bruder meiner Mutter« (nach Nöldeke, BS 95), vgl. Stamm, HEN 417f.422; zu *Dōdō* »sein Onkel« und *Dāwīd* »Onkel« vgl. Stamm, SVT 7, 1960, 165–183; zu *'ammōn* »kleiner Onkel« ders., ArOr 17, 1949, 379–382.

5. Die weitere Entwicklung des atl. Sprachgebrauchs im Judentum und im NT ist eng mit dem Begriff des »Nächsten« (→*rēa'*) verknüpft, vgl. H.von Soden, Art. ἀδελφός, ThW I,144–146; H.Greeven/J. Fichtner, Art. πλησίον, ThW VI,309–316; RAC II,631–646; ThBNT I,146–151; J. Fichtner, Der Begriff des »Nächsten« im AT mit einem Ausblick auf Spätjudentum und NT, WuD N.F. 4, 1955, 23–52 (= Gottes Weisheit, 1965, 88–114). *E.Jenni*

אֶחָד *'æḥād* einer

1. a) Das Zahlwort für die Zahl »eins« ist in seinem dreiradikaligen Grundbestand *'ḥd* gemeinsemitisch (GVG I,484; Bergstr. Einf. 191; ug.: UT Nr. 126; WUS Nr. 131; nwsem. Inschriften: DISO 9; zu aram. *ḥad* mit abgeworfenem ' vgl. GVG I,243.257; BLA 54.248f.).

Im Akk. hat die Wurzel die Form (*w*)*ēdum* (später *ēdu*) mit der Bed. »einzig, allein« (GAG § 71c; AHw 184.186–188; CAD E 27f.33.36–39, mit weiteren Ableitungen), während für »eins« das Wort *ištēnum* (GAG § 69b; AHw 400f.; CAD I/J 275–279) zur Verfügung steht, das auch dem Hebr. bekannt ist (*'aštē 'āśār* »elf«, stets in Verbindung mit *'āśār* »zehn«, nach Zimmern 65 und z.B. Meyer II,87 LW aus dem Akk., kommt aber auch ug. vor).

Neben der ursprünglichen Form *'aḥad* (Gen 48,22; 2Sam 17,22; Jes 27,12; Ez 33,30; Sach 11,7; vgl. BL 622; Meyer II,85) steht fast immer *'æḥād* mit sekundärer Verdoppelung des mittleren Radikals (GVG I, 68; BL 219), wobei der Vokal vor dem *ḥ* mit Qāmæṣ zu *æ* dissimiliert wurde (Bergstr. I,152; BL 216).

b) Im Hebr. (und Ug., vgl. UT 43f., Nr. 126) ist auch der Plur. *'aḥādīm* im Gebrauch (Gen 11,1 »einerlei Worte«; 27, 44; 29,20; Dan 11,20 »einige Tage«; Ez 37,17 »sodaß sie eines werden«, nach Gordon, UT a.a.O.: »ein Paar«; vgl. noch BrSynt 74f.).

c) Verbal begegnet die Wurzel kaum: hebr. *'ḥd* hitp. »sich vereinigen« nur Ez 21,21 in anfechtbarem Text; ug. *'ḥd* D »(sich) vereinen« (WUS Nr. 131) ist ebenfalls ganz unsicher.

d) Der Eigenname *'ēḥūd* (1Chr 8,6, Glied des Stammes Benjamin) ist wohl in *'ēhūd* zu ändern (Noth, IP Nr. 76; Rudolph, HAT 21,76; HAL 30a).

e) Neben *'ḥd* existiert als verwandte Wurzel *wḥd* (nwsem. *jḥd*) in allen sem. Sprachzweigen: akk. *wēdum* »einzig, allein« (s.o. 1a); ug. *yḥd* »einsam« (WUS Nr. 1153; UT Nr. 1087); altaram. *jḥd* ha. »vereinigen« (DISO 106); für weitere (nach-atl.) Formen vgl. KBL 376b. Im Hebr. begegnet das Verbum selten: *jḥd* q. »sich vereinigen« Gen 48,6 (anders M.Dahood, Bibl 40, 1959, 169); Jes 14,20; unsicher pi. in Ps 86,11. Häufiger sind das (in den Qumrantexten gebräuchliche) Subst. *jáḥad* »Vereinigung« (Dtn 33,5; 1Chr 12,18; vgl. S. Talmon, VT 3, 1953, 133–140), adverbiell in den Formen *jáḥad* (44 ×, inkl. Jer 48,7 K) und *jaḥdāw* (94 ×, exkl. Jer 48,7 Q; *-āw* ist vielleicht eine alte, umgedeutete Lokativendung, vgl. GVG I,460.465; BL 529f.; J.C. de Moor, VT 7, 1957, 350–355; vgl. noch *jaḫudunni* »zusammen mit mir« als kan. LW in einem Amarna-Brief, CAD I/J 321), beide in der Bed. »miteinander« (und weiteren modalen, lokalen und temporalen Nuancen, s. de Moor, a.a.O. 354f.; nicht aber »allein«, wie J. Mauchline, TGUOS 13, 1951, und M.D. Goldman, ABR 1, 1951, 61–63, für gewisse Stellen annehmen), und *jāḥīd* »einzig, allein, einsam« (12 × ; oft vom »einzigen Sohn«, in Ps 22,21 und 35,17 »mein Einziges = mein Leben«).*

2. Das 970 × (dazu als Schreibfehler Ez 18,10 *'āḥ* und 33,30 *ḥad*, vgl. Zimmerli, BK XIII,393.816) gebrauchte Zahlwort (mask. 703 ×, fem. 267 ×, mit 2Sam 17, 12 Q; 1Kön 19,4 Q; Jes 66,17 Q; Hhld 4, 9 K) begegnet in fast allen Schriften des AT (fehlt in Jo, Mi, Nah, Hab), besonders gehäuft naturgemäß in den Büchern, die Aufzählungen, gesetzliche Partien, Beschreibungen usw. enthalten (Num 180 ×, davon allein 89 × in Num 7; Ez 106 × ; Ex 99 × ; 1Kön 63 × ; Jos 60 ×); aram. *ḥad* kommt 14 × vor.

3. Die Verwendung des Wortes zeigen ausführlicher GB 22f. und HAL 29f. Die Hauptbedeutung ist »eins, einer« im Sinne der Kardinalzahl, wobei es sich um Gott (Dtn 6,4; vgl. Gen 3,22), Menschen, Tiere oder Sachen handeln kann. Hieraus ist auch der absolute Gebrauch »der eine« (1Sam 13,17f. u.ö.; gelegentlich mit dem Artikel determiniert, vgl. GVG II,69) und der distributive Gebrauch »je einer« (z.B. Dtn 1,23) abzuleiten. Zur Bezeichnung einer nicht determinierten Einheit kann das Zahlwort im Sinne von »irgendeiner« gebraucht werden, z.B. 1Sam 26,15 *'aḥad hā'ām* »einer aus dem Volke« (zur Verwendung von *min* in dieser Verbindung vgl. GVG II,84); mit Negation *lō* oder *'ēn* bedeutet es »keiner«. Gelegentlich kann *'æḥād* das Ordinalzahlwort vertreten, z.B. Gen 1,5 »Tag eins = der erste Tag«; so auch bei Angaben des Datums. Sonst ist in diesem Falle *rišōn* »der erste« gebraucht. Im Sinne von »einmal« steht *'aḥat* z.B. in Lev 16,34 und 2Kön 6,10.

4. a) Große Relevanz bekommt das Zahlwort im theol. Sprachgebrauch. Die Intoleranz und – damit verbunden – die intransigente Dynamik des atl. Jahweglaubens schloß jede Vergöttlichung des Menschen (Gen 3,22) und jede Verehrung anderer Götter oder Mächte neben Jahwe kategorisch aus. Damit tritt der *eine* Gott beherrschend in den Mittelpunkt, wie es schon der Dekalog fordert, der dem als göttliche Einheit verstandenen »Ich« (Ex 20,2; Dtn 5,6) die »anderen Götter« (Ex 20,3; Dtn 5,7; →*'ḥr*) gegenüberstellt. Während andere Götter viele Namen haben, hat Jahwe nur *einen* (Ex 3,14f.; vgl. von Rad I,199).

Klassischen Ausdruck erhielt diese Vorstellung in dem aus josianischer Zeit (Eichrodt I,145) stammenden Satz: *šᵉma' Jiśrā'ēl Jhwh 'ᵉlōhēnū Jhwh 'æḥād* »höre Israel, Jahwe, unser Gott, ist *ein* Jahwe« (Dtn 6, 4; eine andere mögliche Übersetzung ist: »Jahwe ist unser Gott, Jahwe als einer [allein]«), der – ganz gleich wie sein genauer syntaktischer Aufbau zu verstehen ist (hierzu vgl. u.a. S.R. Driver, Deuteronomy, ³1902 (1952), 89f.; G. Quell, ThW III,1079f.; von Rad, ATD 8,44–46), und wie seine primäre Frontstellung (gegen den Polyjahwismus oder den Polytheismus) bestimmt wird – die Einheit und Ausschließlichkeit Jahwes aufs deutlichste zum Ausdruck bringt (vgl. E. König, Theologie des AT, 1922, 129–132, mit dem Hinweis auf das Sterben des Märtyrers R. Akiba unter den Worten des Šᵉma'; ferner H. Breit, Die Predigt des Deuteronomisten, 1933, 60–65; Vriezen, Theol. 136.147–152; von Rad I,240). Sie steht indes nicht isoliert da, sondern ist eingebettet in das Gebot, diesen einzigen Herrn ebenso einzigartig zu lieben (Dtn 6,5; vgl. N. Lohfink, Das Hauptgebot, 1963, 163f.; ders., Höre, Israel, 1965, 63). Hieraus ist folgerichtig auch die Forderung nach der Verehrung des *einen* Gottes an nur *einem* Ort (vgl. 2Chr 32,12) abzuleiten (von Rad I,240).

Der Gedanke der Einzigartigkeit Jahwes ist allerdings nicht an die Verwendung der Vokabel *'æḥād* gebunden (z.B. Ex 15, 11; 2Sam 7,22; Jes 44,6; vgl. C.J. Labuschagne, The Incomparability of Yahweh in the OT, 1966). An der späten Stelle Sach 14,9 begegnet jedoch *'æḥād* nochmals in theologischem Gebrauch bei der Schilderung der eschatologischen Erfüllung der Forderung von Dtn 6,4f. in universalistischer Ausweitung: »an jenem Tage wird Jahwe einzig sein, und sein Name einzig« (vgl. G.A.F. Knight, The Lord is One, ET 79, 1967/68, 8–10).

In anderer Weise wird *'æḥād* in Mal 2,10 »haben wir nicht alle *einen* Vater? hat uns nicht *ein* Gott geschaffen? Warum handeln wir denn treulos aneinander ...« in den Dienst des Ideals der Einheit des Volkes gestellt (vgl. auch Hi 31,15); zu beachten ist ferner die betonte Verwendung des Wortes in eschatologischen Zusammenhängen wie Jer 32,39 »*ein* Herz und *ein* Weg« (Rudolph, HAT 12,212); Ez 34, 23 und 37,24 »*ein* Hirte«; 37,22 »*ein* Volk... *ein* König«; Hos 2,2 »*ein* Haupt«; Zeph 3,9 »ihm mit *einer* Schulter = einträchtig dienen«.*

b) In diesem Zusammenhang kann auf die Vokabeln der Wurzel *bdd*, die sich bedeutungsmäßig teilweise mit gewissen Verwendungen von *'æḥād* berühren, hingewiesen werden: *bad* »Alleinsein«, adverbiell *l^ebad*, *mill^ebad* »allein, außer« (158×); *bōdēd* »allein« (3×); *bādād* »allein« (11×). Nicht selten wird Jahwes Einzigartigkeit mit *l^ebad* zum Ausdruck gebracht: Dtn 4,35 »Jahwe allein ist Gott und keiner sonst«; 1Kön 8,39 = 2Chr 6,30 »du allein kennst das Herz aller Menschenkinder«; 2Kön 19,15.19 = Jes 37,16.20 »du allein bist Gott«; Jes 2,11.17 »erhaben ist Jahwe allein an jenem Tage«; Jes 44,24 und Hi 9,8 »der die Himmel ausgespannt ganz allein«; ferner Jes 63,3; Ps 72,18; 83,19; 86,10; 136,4; 148,13; Neh 9,6; mit *bādād* Dtn 32,12 »Jahwe allein leitete es, kein fremder Gott war mit ihm«. Dem entspricht die mit *l^ebad* ausgedrückte Ausschließlichkeit der Beziehung zu Jahwe in Ex 22,19 »wer andern Göttern opfert und nicht Jahwe allein«; 1Sam 7,3.4; Jes 26, 13; Ps 51,6; 71,16; mit *l^ebādād* Ps 4,9; die Konsequenzen für das Volk zeigt Num 23,9 »ein Volk, das abseits wohnt, das sich nicht rechnet unter die Heiden«.*

5. Im Judentum kann »der Eine« zur Ersatzbezeichnung für Gott werden (StrB II,28).

Gerade der Aspekt der Einzigartigkeit Gottes, der den Menschen in gleicher Einzigartigkeit herausfordert, ist es, der den nachhaltigsten Einfluß auf das NT und seine Gedankenwelt ausgeübt hat (Mk 12, 29f.; Röm 3,30). Nur Gott allein gebührt Anbetung und Dienst (Mt 4,10; 6,24). Die göttliche Einheit spiegelt sich in dem *einen* Gottessohn Jesus wider (1Kor 8,6; Eph 4,4–6), der mit seinem ἐγώ εἰμι alle anderen Möglichkeiten religiösen Denkens und Argumentierens verbietet (Joh 6,48; 8,12; 11,25; 14,6). Vgl. E. Stauffer, Art. εἷς, ThW· II, 432–440; F. Büchsel, Art. μονογενής, ThW IV, 745–750.

Dem im NT wichtigen Ausdruck ἐφάπαξ (vgl. G. Stählin, Art. ἅπαξ, ThW I,380–383) kommt im AT adverbielles *'aḥat* »ein für allemal« in Ps 89,36 am nächsten (H. Gunkel, Die Psalmen, 1926, 394).

G. Sauer

אָחוֹת *'āḥot* Schwester → אָח *'āḥ*.

אחז *'ḥz* ergreifen

1. Die Wurzel *'*ḥd* »ergreifen« ist gemeinsemitisch (Bergstr. Einf. 188) und erscheint, je nach der Entwicklung und Schreibung des 2. und des 3. Radikals, arab. und altsüdarab. als *'ḫḏ*, akk. und äth. als *'ḫz*, hebr. (moab., ? pun.) und altaram. als *'ḥz*, ug. und vom Reichsaram. an als *'ḫd* (die nwsem. Belegstellen bei WUS Nr. 135 und DISO 9f.).

Für die technische Verwendung von *'ḥz* q. in 1Kön 6,10 (nach Noth, BK IX,96.99 ist pi. statt q. zu lesen), *'ḥz* pi. in Hi 26,9 und ho. (bzw. pu.) in 2Chr 9, 18 (vgl. 1Kön 10,19) setzt HAL 31b ein (mit *'ḥz* I ursprünglich identisches) *'ḥz* II »überziehen« an, und zwar als Lehnbedeutung aus akk. *uḫḫuzu* »überziehen«, das von *iḫzu* »Einfassung« denominiert ist (vgl. *tāfūś* »eingefaßt« in Hab 2,19, von *tpś* »fassen«).

Eine weitere Lehnbedeutung, diesmal aus dem Aram., liegt in Neh 7,3 »verriegeln« vor (vgl. Wagner Nr. 7a); dazu gehören wohl *ḥīdā* (aram. Part.pass. mit abgeworfenem '; bibl.-aram. *'aḥīdā* Dan 5,12) mit der Bed. (»Ergriffenes, Umfangenes > Verschlossenes« >) »Rätsel« (17×, davon 8× in Ri 14,12–19) und, davon denominiert, *ḥūd* q. »Rätsel stellen« (Ri 14,12.13.16; Ez 17,2), vgl. Wagner Nr. 100.101 (etwas anders G. Rinaldi, Bibl 40, 1959, 274–276.; H.-P. Müller, Der Begriff »Rätsel« im AT, VT 20, 1970, 465-489).

Das Verbum begegnet im Qal und im Ni. (passiv in Gen 22,13; Pred 9,12; sonst denominiert von *'aḥuzzā* »Besitz« in der Bed. »ansässig sein«); zum Pi. und Ho. s.o.

Daneben wird von der Wurzel das Subst. *'aḥuzzā* »Besitz« in einer für Rechtstermini gebräuchlichen Nominalbildung abgeleitet. Schließlich kennt das AT eine Reihe von Eigennamen, welche die Wurzel *'ḥz* enthalten (s.u. 4).

Zur umstrittenen Bedeutung von *'āḥūz* in Hhld 3,8 (Part.q. »haltend« oder Adjektiv »gelehrt, kundig«) vgl. HAL 31b mit Lit.

2. Im hebr. AT ist das Qal des Verbums 58× belegt, Ni. 7×, Pi. und Ho. je 1×. Die Vorkommen verteilen sich über das ganze AT; daß spätere Schriften etwas zahlreichere Belege aufweisen, dürfte zufällig sein. Demgegenüber stehen die 66 Stellen, die das Subst. *'aḥuzzā* verwenden, neben Ps 2,8 nur in späten Texten, vorab in der Priesterschrift und in Ez 44–48.

3. In der überwiegenden Zahl der Fälle ist das Verbum mit »ergreifen, packen, fassen, festhalten« o.ä. zu übersetzen (zu weiteren, daraus abgeleiteten technischen Bedeutungen in 1Kön 6,6 und Ez 41,6 vgl. HAL 30a.31a).

Weitgehend synonym zu *'ḥz* sind *tpś* »packen, ergreifen, zu tun haben mit« (q. 49×, ni. 15×, pi. 1×, Spr 30,28 txt?), *tmk* »ergreifen, halten« (q. 20×, ni. 1×; auch phön., akk.) und *qmṭ* »packen« (q. Hi 16,8; pu. Hi 22,16; auch aram. und arab.), ferner →*lqḥ* und →*ḥzq* hi. in einem Teil der Formen.

Das Objekt wird mit *b^e* oder mit dem Akkusativ eingeführt (Belege bei HAL 31a). So werden etwa festgehalten: die

Ferse (Gen 25,26), die Hörner des Widders (Gen 22,13, ni.), der Schwanz der Schlange (Ex 4,4), die Flügel des Stadttores (Ri 16,3), die Lade (2Sam 6,6 = 1Chr 13,9), der Bart (2Sam 20,9), die Hörner des Altars (1Kön 1,51), die Augenlider (Ps 77,5), die Enden der Erde (Hi 38, 13), ein Umwurf (Ruth 3,15), der Geliebte (Hhld 3,4), Rispen (7,9), Tücher (Est 1, 6), Speer und Schild (2Chr 25,5; vgl. Hhld 3,8); entsprechend packt die Schlinge (Hi 18,9; Pred 12,9) und das Netz (Pred 12,9 ni.); übertragen geht es um das Ergreifen bzw. Festhalten seines Weges (Hi 17,9), der Spur (Hi 23,11), der Torheit (Pred 2, 3; vgl. 7,18).

Besonders oft findet das Verbum Verwendung, wenn im Rahmen einer feindseligen oder sonst gewalttätigen Unternehmung einer ergriffen, gepackt bzw. gefangen genommen wird (Ri 1,6; 12,6; 16,21; 20,6; 2Sam 2,21; 4,10; Jes 5,29; Ps 56,1; 137,9; Hi 16,12; Hhld 2,15).

Noch etwas häufiger ist die übertragene Ausdrucksweise, daß Angst, Zittern, Krampf, Schwäche, Wehen, Zornesglut o.ä. den Menschen ergreift (Ex 15,14.15; 2Sam 1,9; Jes 13,8; 21,3; 33,14; Jer 13, 21; 49,24; Ps 48,7; 119,53; Hi 18,20; 21, 6; 30,16).

Sehr allgemein ist schließlich die Verwendung in Num 31,30.47 »(ein Herausgegriffener =) einer von fünfzig«, ähnlich 1Chr 24,6 (vgl. Rudolph, HAT 21, 160).

Einige Ni.-Stellen (Gen 34,10; 47,27; Num 32,30; Jos 22,9.19) sind wiederzugeben mit »sich festsetzen (im Lande)«, »(das Land) in Besitz nehmen«. In ihren Umkreis gehört das Subst. *'ᵃḥuzzā*, das durchgängig »Besitz, Innehabung«, meist im Sinne von Land- bzw. Grundbesitz, bedeutet (Gen 23,4.9.20: Besitz eines Grabes; Lev 25,45f.: Besitz von Sklaven). Übertragene Bedeutung erhält das Nomen, wo bestimmt wird, daß die Leviten keinen Grundbesitz haben sollen, da Jahwe ihr »Grundbesitz« sei (Ez 44,28; vgl. Zimmerli, BK XIII,1137; von Rad I, 416f.). Parallelbegriffe zu *'ᵃḥuzzā* sind *naḥᵃlā* (→*nḥl*), *ḥēlæq* (→*ḥlq*), →*gōrāl*, *jᵉruššā*/*jᵉrēšā* (→*jrš*). Zu *'ᵃḥuzzā* (und zur Abgrenzung gegenüber *naḥᵃlā*) vgl. F. Horst, Zwei Begriffe für Eigentum (Besitz): *naḥᵃlā* und *'ᵃḥuzzā*, FS Rudolph 1961, 135–156, bes. 153ff.

4. Eine eigentlich theologische Bedeutung hat die Wortgruppe nicht. Zwar kann einmal Jahwe Subjekt des Verbums werden (Ps 73,23 »du hältst meine rechte Hand«; vgl. auch die Aussagen über Jahwes heilvolles Festhalten mit dem Verbum *tmk* in Jes 41,10; 42,1; Ps 16,5; 41,13; 63,9); zweimal ist es die Hand Jahwes: sie ergreift auch den, der sich zu äußerst am Meer niederläßt (Ps 139,10), sie greift zum Gericht (Dtn 32,41). Ein besonderes theologisches Gewicht erhält *'ḥz* dadurch aber nicht.

Das gleiche gilt für *'ᵃḥuzzā*: So sehr der Land- und Grundbesitz als Gabe Jahwes verstanden wird (Gen 17,8; 48,4; Lev 14, 34; Dtn 32,49 u.ö.), so wenig wird dies in besonderer Weise durch *'ᵃḥuzzā* zum Ausdruck gebracht, selbst da nicht, wo von einer *'ᵃḥuzzat 'ōlām*, einem »ewigen Besitz« (Gen 17,8; 48,4; Lev 25,34) oder einmal sogar von der *'ᵃḥuzzat Jhwh* (Jos 22,19; vgl. H.-J. Hermisson, Sprache und Ritus im altisr. Kult, 1965, 108) die Rede ist.

Eines Hinweises bedürfen in diesem Zusammenhang die mit *'ḥz* gebildeten Personennamen, da sie alle (ursprünglich) theophore Namen sind: *Jᵉhō'āḥāz*/*Jō'āḥāz* »Jahwe hat (schützend) ergriffen« (vgl. Noth, IP 21. 62.179), *'ᵃḥazjā(hū)* und weitere, gleichbedeutende Neben- und Kurzformen, die teilweise auch auf Siegeln und Ostraka belegt sind (*'āḥāz*, keilschriftlich *Ja-u-ḫa-zi*; ferner *'aḥzaj*, *'ᵃḥuzzām*, *'ᵃḥuzzat*).

5. Eine spezifische Nachgeschichte der Wortgruppe läßt sich nicht feststellen. Die Belege in Qumran bewegen sich im Rahmen atl. Ausdrucksweise (1QH 4,33; CD 2,18; zu 1QS 2,9 →*'āb* I; Subst. *'ḥzh* CD 16,16 und *'wḥzh* 1QS 11,7). Ein prägnantes ntl. Äquivalent ist nicht anzugeben, wie schon die LXX das Verbum mit 27 und das Nomen mit 6 verschiedenen griechischen Vokabeln wiedergibt (zu κρατέω vgl. W. Michaelis, ThW III,910f.).

H. H. Schmid

אחר *'ḥr* danach

1. a) Die gemeinsem. Wurzel **'ḥr* drückt in zahlreichen Wortarten und Wortformen eine Vielfalt von Bedeutungen aus, die sich alle vom Begriff des zeitlichen Hinterherkommens ableiten. Die lokalen Bedeutungen treten wenig hervor und erklären sich leicht als Übertragungen von einem vorgestellten Bewegungsablauf her, bei dem das Spätere das Hintere ist.

Es ist also nicht mit G. R. Driver (JThSt 34, 1933, 377f.; ZDMG 91, 1937, 346) bei *'aḥar* von einer Körperteilbezeichnung (Dual *'aḥᵃrē* »Hinterbacken«) auszugehen, wie dies bei der Wurzel **wark-* (hebr. *jārēk* »Hüfte, Gesäß; Seite«, 34×; *jarkā* »Rücken;

entlegenster Teil«, 28×) möglich ist (vgl. Dhorme 98–100). Das *-ē* in *'aḥ^a^rē* ist nicht als Dual-Endung, sondern als Angleichung an das Oppositum *lifnē* »vor« zu verstehen (BL 644f.); die Bed. »Rückseite, Hinterteil« bei *'āḥōr* (2Kön 7,25 = 2Chr 4,4) ist abstrakter Art.

Die lokale Bed. »hinter« ist im Akk. durch *(*w*)ark-* vertreten und kommt bei der Wurzel *'ḫr* nur (unter kan. Einfluß?, vgl. W. von Soden, Or NS 18, 1949, 391f.) in Mari (*aḫarātum* »hinteres Ufer«, AHw 18a; CAD A/I, 170a) und als kan. Glosse in einem Amarna-Brief aus Megiddo vor (EA 245,10 *arki-šu/aḫ-ru-un-ú* »hinter ihm«, CAD A/I, 194b).

Auch im Ug. kommen bisher nur temporale, vorwiegend adverbiale Verwendungen der Wurzel *'ḫr* vor (UT Nr. 138; WUS Nr. 150). In den kan. Inschriften ist die Wurzel nur selten belegt (*'ḥr 'bj* »nach meinem Vater« in der Mesa-Inschrift, KAI Nr. 181, Z. 3; vgl. DISO 10).

Im älteren Aram. (seit Sef. III = KAI Nr. 224, Z. 24 *'ḥrn* »ein anderer«; oft in den Elephantine-Papyri) sind adverbiale, präpositionale und nominale Verwendungen (auch in der Bed. »Nachkommenschaft«, vgl. DISO 10) häufig, verbale dagegen nicht belegt. Lokales »hinter ... her« ist wohl nur in der Ahiqar-Erzählung (Cowley 214, Z. 63 [']*ḥrjn* »nach uns [senden]«) zu erschließen. Im späteren Aram. wird die Wurzel durch *bātar* zurückgedrängt (vgl. KBL 1049a).

b) Beim Verbum ist hauptsächlich der Doppelungsstamm (»verzögern« u.ä.) gebräuchlich; das Qal ist im Hebr. wie auch in anderen sem. Sprachen sehr wenig bezeugt.

Im Akk. ist der Grundstamm *aḫāru* »spät sein« nur in EA 59,26 belegt (CAD A/I, 170b).

Hebr. *'ḥr* q. »sich aufhalten, verweilen« (Gen 32, 5) und hi. »sich verspäten« (2Sam 20,5 Q, innerlich-transitiv) sind Hapaxlegomena. Zu pi. »zurückhalten« vgl. Jenni, HP 99. In Qumran kommt auch *'ḥr* hitp. »zurückbleiben, nachher tun« vor (1QS 1,14; CD 11,23).

Die nominale Bildung *'āḥōr* »Rückseite, Westen« wird gerne auch adverbial verwendet: »nachher; (nach) hinten«; dazu gibt es die seltene Adverbialbildung *'^a^ḥōrannīt* »rückwärts« (BL 633). Als Verbaladjektiv (mit sekundärer Schärfung des mittleren Radikals im Sing.) unterscheidet sich *'aḥēr* »nachkommend, folgend, andersartig, anderer« auch bedeutungsmäßig von den eigentlichen Adjektivbildungen mit Afformativen, *'aḥ^a^rōn* »später, künftig, letzter; hinterer, westlich« und *'aḥ^a^rīt* »Zukunft, Ende, Nachkommenschaft«.

Das Abstraktum *'aḥ^a^rīt* ist doch wohl substantiviertes Fem. einer Adjektivbildung auf *-ī* (vgl. GK § 95 t; G.W. Buchanan, JNES 20, 1961, 188; anders BL 505; Meyer II, 77). Verwandte Bildungen sind akk. *aḫrû* (AHw 21a) und ug. *uḫryt* (2Aqht [= II D] VI,35), nach J. Aistleitner, Untersuchungen zur Grammatik des Ug., 1954, 21, und WUS Nr. 150: »zur späteren Zeit gehörig = Zukunft, spätere Zeit«; vgl. ANET 151: »further life«; CML 134a; Gray, Legacy 113; UT Nr. 138: »latter end«.

Nur adverbial und präpositional werden *'aḥár* (mit virtueller Verdoppelung des *ḥ*, nicht Segolatum) und *'aḥ^a^rē* »nach, hinter ... her, hinter« gebraucht.

2Sam 2,23 dürfte *'^a^ḥōrē haḥ^a^nīt* »hinteres Ende des Speeres« zu lesen sein; in Gen 16,13 und Ex 33,8 kann die Präp. »hinter ... her (blicken)« belassen werden (HAL 34b: »Rückseite«).

Neben der temporalen Bed. »nach« und der daran anschließenden lokalen Bed. »hinter ... her« bei Bewegungsabläufen ist die rein statische Bed. »hinter« (auf die Frage wo? oder wohin? antwortend) verhältnismäßig selten: *'aḥar* »hinter« in Ex 11,5; Hhld 2,9; »bis hinter« Ex 3,1; in Gen 22,13 ist *'æḥād* zu lesen (BH³), in 2Kön 11,6 *'aḥēr* (vgl. W. Rudolph, FS Bertholet 1950, 474f.); *'aḥ^a^rē* »hinter« in Gen 18,10; Num 3,23; Dtn 11,30; Ri 18,12 (»westlich«); 1Sam 21,10; in Ez 41,15 ist *'^a^ḥōræhā* zu lesen (BH³); »hinter sich (werfen/schauen)« Gen 19,17; 1Kön 14,9; Jes 38,17; Ez 23,35; Neh 9,26; *mē'aḥ^a^rē* »hinter« Gen 19, 26 (txt?); Ex 14,19.19; Jos 8,2.4.14; 2Sam 2,23; 1Kön 10,19; Jer 9,21; *mē'aḥ^a^rē l^e^* »hinter« Neh 4,7.

Die für *'aḥar/'aḥ^a^rē* aufgestellten »sekundären Bedeutungen« wie »an, bei, mit« (R.B.Y. Scott, JThSt 50, 1949, 178f.) oder gar »entsprechend, wegen, trotz« (W.J.P. Boyd, JThSt NS 12, 1961, 54–56) betreffen nur Feinheiten der Wiedergabe im Dt. bzw. Engl. infolge der andersartigen Idiomatik (Ex 11,5 »hinter der Handmühle« = »an der Handmühle«; »hinter jem. gehen« = »mit jem. gehen« usw.). Diese Beobachtungen dürfen nicht vergröbert werden, als ob die Präposition im Hebr. (oder im Ug.) jederzeit auch die Bed. *'im* »mit« haben könnte (so M. Dahood, Bibl 43, 1962, 363f.; 44, 1963, 292f.; ug. 77,32 ist *'ḫr nkl yrḫ ytrḫ* nicht parallel zu *'mn nkl ḫtny* »mit Nkl ...« mit »with Nikkal will the Moon enter into wedlock« zu übersetzen, sondern mit W. Herrmann, Yariḫ und Nikkal ..., 1968, 19, adverbial mit »danach erkaufte sich ...«). Pred 12,2 »bevor ... die Wolken nach dem Regen (immer) wiederkehren« (Zimmerli, ATD 16/1, 242.246) ist nicht eine »meteorological absurdity« (R.B.Y. Scott, Proverbs/Ecclesiastes, 1965, 255), sondern ergibt im Altersgleichnis von 12,1ff. gerade eine Pointe (H.W. Hertzberg, ZDPV 73, 1957, 115).

Zur Wurzel *'ḥr* sind wohl auch *māḥār* »morgen« und *moḥ^o^rāt* »folgender Tag« zu zählen (GVG I, 241).

Ein Personenname *'aḥēr* (1Chr 7,12) wäre als Ersatzname zu verstehen (HAL 34b), muß aber doch wohl nach Rudolph, HAT 21,66, einer Textänderung weichen.

c) Über das in 1b Ausgeführte hinaus soll der allgemeine Sprachgebrauch dieser Wortgruppe nicht untersucht werden. In theologisch einigermaßen relevanten Zusammenhängen kommen nur *'aḥēr* »anderer« und *'aḥ^a^rīt* »Ende« vor; diese beiden bedeutungsmäßig weit voneinander abliegenden Vokabeln sollen in den Abschnitten 3 (*'aḥēr*) und 4 (*'aḥ^a^rīt*) noch besprochen werden.

2. Die Wurzel ist im hebr. AT 1140 × belegt: *'aḥ^a^rē* 617 × (Gen 69 ×, 2Sam 58 ×) neben 96 × *'aḥar* (Gen 16 ×, Num 10 ×); *'aḥēr* 166 × (ohne 1Chr 7,12; in Lis. fehlt

1Kön 3,22), am häufigsten in Dtn (25 ×), Jer (25 ×), Gen (15 ×), 2Chr (10 ×), 1/2 Kön (je 9 ×). Weiter kommen in der Reihenfolge der Häufigkeit *'aḥarīt* 61 ×, *māḥār* 52 ×, *'aḥarōn* 51 ×, *'āḥōr* 41 ×, *moḥorāt* 32 ×, das Verbum *'ḥr* 17 × (pi. 15 ×, q. und hi. je 1 ×), *'aḥōrannīt* 7 × vor.

Die aram. Teile des AT enthalten *'oḥorān* (fem. *'oḥorī*) »anderer« 11 ×, *'aḥarē* »nach« 3 ×, *'aḥarī* »Ende« 1 ×, *'ad 'ḥrjn* (mit umstrittener Punktation, vgl. KBL 1049a) »zuletzt« 1 × (Dan 4,5); alle 16 Stellen stammen aus Dan.

3. Die Ausdrücke *'ēl 'aḥēr* »ein anderer Gott« (nur Ex 34,14) und *'ælōhīm 'aḥērīm* »andere Götter« (63 ×) erhalten ihre theologische Bedeutung zunächst im Umkreis des ersten Gebotes (vgl. R. Knierim, Das erste Gebot, ZAW 77, 1965, 20–39), wo *'aḥēr* den logischen Gegensatz zum einen, einzigen erlaubten Gott bildet und innerhalb der negativ formulierten Sätze früher als etwa →*'æḥād*, das eine positive Aussage voraussetzt, terminologisch wird. Ohne näheres Eintreten auf die Frage des relativen und des absoluten Alters der verschiedenen Formulierungen des Fremdgötterverbotes (vgl. z.B. von Rad I,216f.; Knierim, a.a.O. 27ff.) seien diese hier zusammengestellt: Ex 20,3 = Dtn 5,7 »du sollst keine anderen Götter (die Übersetzung mit dem Sing., die A. Jepsen, ZAW 79, 1967, 287, befürwortet, bringt innerhalb des negativ gehaltenen Satzes keine sachliche Veränderung) neben mir (oder »mir zum Trotz« bzw. »mir gegenüber«, vgl. J. J. Stamm, ThR 27, 1961, 237f.; Knierim, a.a.O. 24f.) haben«; Ex 22,19 »wer anderen Göttern opfert, soll gebannt werden« (txt em, vgl. BH[3]; etwas anders Alt, KS I,311 Anm. 2); 23,13 »den Namen anderer Götter sollst du nicht anrufen«; 34,14 »du sollst nicht vor einem anderen Gott niederfallen«.

Anstelle von *'aḥēr* können in traditionsmäßig nahestehenden Texten auch Ausdeutungen mit »fremd, unbekannt« treten, z.B. Hos 13,4 »einen Gott außer mir kennst (→*jd'*) du nicht« (vgl. Dtn 11,28; 13,3.7.14 u.ö.); Ps 81,10 *'ēl* →*zār* und *'ēl* →*nēkār* »ein fremder Gott«.

Der auch sonst mit dem Dekalog vertraute Prophet Hosea nimmt die Wendung »andere Götter« in 3,1 »sich anderen Göttern zuwenden« auf (vgl. Wolff, BK XIV/1,75f.). In seiner Linie liegt auch der Gebrauch der Formel bei Jeremia (mindestens Jer 1,16 dürfte echt sein, vgl. Rudolph, HAT 12,10f.) und schließlich derjenige in der dtn.-dtr. Theologie (vgl. O. Bächli, Israel und die Völker, 1962, 44–47).

Die Häufung der Vokabel in Dtn, Jer und 1/2Kön (s.o. 2) ist durch diesen formelhaften Gebrauch der Wendung »andere Götter« bedingt (Dtn außer 5,7 noch 6,14; 7,4; 8,19; 11,16.28; 13,3.7.14; 17,3; 18,20; 28,14.36.64; 29,25; 30,17; 31,18.20; Jos 23,16; Ri 2,12.17.19; 10,13; 1Sam 8,8; 1Kön 9,6.9 = 2Chr 7,19.22; 1Kön 11,4.10; 14,9; 2Kön 17,7.35.37.38; 22,17 = 2Chr 34,25; Jer außer 1,16 noch 7,6.9.18; 11,10; 13,10; 16,11.13; 19,4.13; 22,9; 25,6; 32,29; 35,15; 44,3.5.8.15; 2Chr 28,25).

Die Stellen Jos 24,2.16 gelten als vordeuteronomisch (Noth, HAT 7,139) und reflektieren die alte Tradition über den Landtag von Sichem mit der Abrenuntiation der fremden Götter (Alt, KS I,79–88; H.-J. Kraus, Gottesdienst in Israel, [2]1962, 161–166), die in engstem Zusammenhang mit dem ersten Gebot steht; nach Knierim (a.a.O. 35ff.) ist hier überhaupt die erstmalige Formulierung des Fremdgötterverbotes anzusetzen.

Die mit *'ælōhīm 'aḥērīm* verbundenen Verben sind recht mannigfaltig. Stereotyp wirken →*'bd* »dienen« (Dtn 7,4; 11,16; 13,7.14; 17,3; 28,36.64; 29,25; Jos 23,16; Ri 10,13; 1Sam 8,8; 1Kön 9,6 = 2Chr 7,19; Jer 44,3; vgl. Jos 24,2.16; 1Sam 26,19) und →*hlk 'aḥarē* »folgen« (Dtn 6,14; 8,19; 11,28; 13,3; 28,14; Ri 2,12.19; 1Kön 11,10; Jer 7,6.9; 11,10; 13,10; 16,11; 25,6; 35,15), ferner *qṭr* »räuchern« (2Kön 22,17 = 2Chr 34,25; Jer 19,4; 44,5.8.15; 2Chr 28,25; vgl. Jer 1,16).

Während die meisten Stellen mit *'ælōhīm 'aḥērīm* am ersten Gebot orientiert sind, ist zweimal noch in einem anderen Zusammenhang von »fremden Göttern« die Rede, nämlich wo vorausgesetzt wird, daß Jahwe nur in seinem eigenen Land verehrt werden könne (1Sam 26,19; 2Kön 5,17).

Im Dienste einer monotheistischen hymnischen Aussage steht *'aḥēr* »ein anderer« (ohne *'ælōhīm*) bei Dtjes (Jes 42,8 »ich will meine Ehre keinem anderen geben, noch meinen Ruhm den Götzen«; ähnlich 48,11); vgl. auch bibl.-aram. *'oḥorān* in Dan 3,29 »denn es gibt keinen andern Gott, der so zu erretten vermöchte«.

In Est 4,14 dient nach der Meinung zahlreicher Ausleger die Wendung »von anderer Stelle« zur Vermeidung des Gottesnamens (z.B. Ringgren, ATD 16/2,116.131; zurückhaltender Bardtke, KAT XVII/5,332f.).

4. a) Zum Verständnis des Wortes *'aḥarīt* (zur Ableitung s.o. 1b) sind weniger die griech. Wiedergaben in der LXX (etwa zwei Drittel der Stellen mit ἔσχατος »letzter«, 5 × mit ἐγκατάλειμμα »Überrest«/κατάλοιπος »übrig« in Ps 37,37.38 bzw. Ez 23,25.25; Am 9,1; 6 × mit τελευταῖος »letzter«/τελευτή, συντέλεια »Ende« in Spr 14,12.13; 16,25; 20,21 [= 9b LXX] bzw. 24,14 und Dtn 11,12), als vielmehr gewisse Analogien in den verwandten sem. Sprachen zu beachten, so ug. *uḫryt* (s.o. 1b) sowie die Bed. »Nachkommenschaft« neben »Zukunft« im Akk. (*aḫrâtu*/*aḫrûtu*, vgl. AHw 21a; CAD A/I, 194b. 195a) und Aram. (*'ḥrth* »seine Nachkommenschaft« in einer Inschrift des 7. Jh. v. Chr. aus Nērab, KAI Nr. 226, Z. 10; nab. *'ḥr* »Nachkommenschaft«, vgl. DISO 10). Hält man sich ferner vor Augen, daß das Hebr. beim Adjektiv keine besondere Form für den Komparativ oder den Superlativ unterscheidet und daß wie in den meisten Sprachen nicht ein abstrakter Zeitbegriff vom »Zeitinhalt« gesondert wird, so ist die Verwendung von *'aḥᵃrīt* in der Grundbed. »was nachher kommt« an allen atl. Stellen zwanglos erklärbar.

Die Bed. »Rest, Überrest« (z.B. KBL 33b; vgl. LXX), welche zum Begriff des Späteren das Merkmal des immer noch Vorhandenen, Übrigen hinzufügt, ist zugunsten von »was nachher kommt = Nachkommenschaft« in Jer 31,17 (par. »Kinder«); Ez 23, 25.25 (par. »Söhne und Töchter«; die Differenzierung bei Zimmerli, BK XIII, 533, ist nicht zwingend); Am 4,2 und 9,1 (in unklarem Kontext); Ps 37,37.38 (oder »Zukunft«); 109,13 (par. »anderes Geschlecht«); Dan 11,4 zu eliminieren (vgl. GB 27a; HAL 36b).

Je nachdem ob der dem Sprechenden vorschwebende Zeitraum unabgegrenzt oder abgegrenzt ist, erhält *'aḥᵃrīt* mehr komparativische (»spätere Zeit = Folgezeit, Zukunft«) oder superlativische (»letzte Zeit = Ausgang, Ende«) Färbung, wobei aber nie ein Endpunkt im Sinne des bloßen Abbruches (dafür →*qēṣ*, von *qṣṣ* »abschneiden«) gemeint ist.

Deutlich nicht-extreme Bedeutung hat *'aḥᵃrīt* in Jer 29,11 »Zukunft und Hoffnung«; Spr 23,18 = 24,14 »Zukunft« (par. »Hoffnung«); 24,20 »der Böse hat keine Zukunft« (vgl. W. Zimmerli, ZAW 51, 1933, 198). Deutlich extremen Sinn hat *'aḥᵃrīt* in Dtn 11,12 »von Anfang des Jahres bis zum Ende des Jahres«; Jer 5,31 »wenn es damit zu Ende ist«; Dan 12,8 »was ist das Ende von diesen Dingen?«, sowie in der Bed. »letzte Zeit« (Dan 8,19. 23). Fortgang *und* Ende sind enthalten in den Bedeutungen »Ausgang (einer Sache)« (Jes 41,22; 46,10; 47,7; Am 8,10; Spr 14,12 = 16,25; 14,13 txt em; 20,21; 25, 8; Pred 7,8 neben *rēšīt* »Anfang«; 10,13 neben *tᵉḥillā* »Anfang«; Klgl 1,9, vgl. Rudolph, KAT XVII, 213) und »Ende, das es mit jem. nimmt« (Num 23,10 par. »Tod«; 24,20; Dtn 32,20.29; Jer 17,11 neben »Mitte seiner Tage«; Ps 73,17; Hi 8,7 neben »Anfang«; Spr 29,21; in Jer 12, 4 ist wohl *'orḥōtēnū* »unsere Pfade« zu lesen). Bei den Stellen, die im Dt. am besten durch adverbiale Wendungen wiedergegeben werden, ist eine eindeutige Wahl zwischen den beiden Möglichkeiten oft gar nicht möglich (Dtn 8,16 »schließlich«; Hi 42,12 und Spr 23,32 »hernach«; Spr 5,4. 11 »zuletzt«; in Spr 19,20, wo man zwischen »in Zukunft« und «an deinem Ende« schwanken könnte, wird die Emendation *bᵉ'orḥōtǣkā* »auf deinen Wegen« vorgeschlagen).

In Verbindung mit einem Ausdruck der Bewegung bekommt (superlativisches) *'aḥᵃrīt* »was zuletzt kommt« lokale Bedeutung in Ps 139,9 »nähme ich Flügel der Morgenröte und ließe mich nieder zu äußerst am Meer« (vgl. dagegen das rein statische *qīṣōn* »äußerster« in Ex 26,4.10; 36,11.17 »der äußerste Teppich«).

Eine qualitative Bed. »letzter = geringster«, die unter Berufung auf *rēšīt* »Erstes, Bestes« (vgl. Num 24,20 und Am 6,1 »erstes der Völker«) für Jer 50,12 weithin angenommen wird (»das letzte der Völker«, u.a. B. Duhm, Das Buch Jeremia, 1901, 362; Weiser, ATD 21,427; KBL 33b), ist mit P. Volz, Der Prophet Jeremia, ²1928, 424f., und W. Rudolph, ZAW 48, 1930, 285, aus exegetischen Gründen abzulehnen (Rudolph, HAT 12,300: »siehe, [das ist] das Ende der Heiden«; vgl. Jer 17,11).

b) Auf dem Hintergrund des bisher Gesagten ist die vieldiskutierte Wendung *bᵉ'aḥᵃrīt hajjāmīm* (13×: Gen 49,1; Num 24,14; Dtn 4,30; 31,29; Jes 2,2 = Mi 4,1; Jer 23,20 = 30,24; 48,47; 49,39; Ez 38, 16; Hos 3,5; Dan 10,14; dazu aram. *bᵉ'aḥᵃrīt jōmajjā* Dan 2,28) zu verstehen, die zusammen mit *bᵉ'aḥᵃrīt haššānīm* (Ez 38,8) bisher noch ausgespart worden ist. Nachdem die Interpretation der Wendung allzu lange von der späteren Verwendung des Begriffes ἔσχατος in der Apokalyptik bestimmt und durch die Diskussion über das Wesen und Alter der atl. Eschatologie belastet gewesen war, ist in der neueren Literatur eine adäquatere Beurteilung der Formel im Rahmen der Gegebenheiten der hebr. Sprache und der atl. Religionsgeschichte erkennbar (vgl. u.a. G. W. Buchanan, Eschatology and the »End of Days«, JNES 20, 1961, 188–193; A. Kapelrud, VT 11, 1961, 395f.; H. Kosmala, »At the End of the Days«, ASTI 2, 1963, 27–37; Wildberger, BK X, 75; Zimmerli, BK XIII, 949f.).

Zu den älteren Positionen vgl. Kosmala, a.a.O. 27f.: Indem man mit W. Staerk, ZAW 11, 1891, 247 bis 253, den Ausdruck mit »am Ende der Tage« oder »in den letzten Tagen« übersetzte und als eschatologisch im engeren Sinn auffaßte, kam man zwangsläufig entweder zu Frühdatierungen der Eschatologie (z.B. H. Gressmann, Der Messias, 1929, 74ff. 82ff.) oder zur durchgängigen Spätdatierung der betreffenden Stellen (u.a. S. Mowinckel, He That Cometh, 1956, 131).

Da der Ausdruck *hajjāmīm* »die Tage« (bzw. *haššānīm* »die Jahre«) nicht abstrakt die Zeit überhaupt meint (→*jōm*; zum Fehlen des abstrakten, »leeren« Zeitbegriffes vgl. von Rad II, 108ff.), aber auch nicht sonstwie einen abgegrenzten Zeitraum (Weltzeit, gegenwärtige Weltperiode), sondern »die gegenwärtig laufende Zeit« (mit leicht demonstrativer Kraft des Artikels, vgl. Kosmala, a.a.O. 29), ist bei *'aḥ*^a^*rīt* nicht die extreme Bed. »Ende« anzunehmen, sondern wie in akk. *ina/ana aḫrât ūmī* »in Zukunft« o.ä. (AHw 21a; CAD A/I, 194) die nicht-extreme Bed. »spätere Zeit, Fortgang, Folgezeit, Zukunft«. Dem ganzen Ausdruck *b*^e^*'aḥ*^a^*rīt hajjāmīm* »in der Folge der Zeit, in künftigen Tagen« eignet also von Hause aus keine speziell eschatologische Bedeutung; er besagt praktisch nicht mehr als das in Hos 3,5 vorausgehende *'aḥar* »hernach« und das in Dan 2, 29 (vgl. 45) folgende *aḥ*^a^*rē d*^e^*nā* »danach« (Buchanan, a.a.O. 190; Kosmala, a.a.O. 29).

Zum Alter der einzelnen Stellen vgl. Wildberger, a.a.O. 81: Außer Gen 49,1 (Einleitung der Weissagungen des Jakobsegens) und Num 24,14 (»was dieses Volk deinem Volk in späterer Zeit tun wird«) dürften auch Jes 2,2 (»es wird geschehen in der Folge der Tage«) und Jer 23,20 (Rudolph, HAT 12,152f.: »hintendrein wirds euch klar und deutlich werden«) vorexilisch sein, wogegen Jer 30,24 (= 23,20); 48, 47 und 49,39 (»aber hernach werde ich Moab/Elam wiederherstellen«) als nachexilische Zusätze anzusehen sind, ebenso Hos 3,5 (Abschlußformel einer Verheißung) und Mi 4,1 (= Jes 2,2).

An den sekundär-dtn. Stellen Dtn 4,30 und 31,29 wird vom Standpunkt des exilischen Verfassers die notvolle Gegenwart, vom Standpunkt des fiktiv redenden Mose aus jedoch eine nicht näher bezeichnete Zukunft visiert (4,30 »wenn in deiner Not dich dies alles treffen wird in der Folgezeit«; 31,29 »nach meinem Tode ... dann wird euch in der Folgezeit das Unglück treffen«; vgl. in 4,32 »die früheren Tage = Vergangenheit« als Gegenbegriff zur Zukunft von V. 30); eine Sonderbehandlung nur gerade dieser beiden Stellen wegen ihres vermeintlich eschatologischen Inhalts (H.H. Schmid, Das Verständnis der Geschichte im Dtn., ZThK 64, 1967, 12 Anm. 71) erscheint nicht gerechtfertigt.

Bei den späten Stellen Ez 38,8.16 und Dan 2,28; 10,14 ist zwar der allgemeine Kontext durchaus eschatologisch im engeren Sinne, aber auch hier ist eigentlich nur von den Weissagungen über die spätere Zukunft die Rede. Übersetzt man mit »letzte Zeit« (vgl. *'aḥ*^a^*rīt* in Dan 8,19.23; 12,8), so wird der an sich elastische Ausdruck von den Vorstellungen der Umgebung her geprägt. Terminologisch steht aber im Danielbuch für das Ende im eigentlichen Sinn das Wort →*qēṣ* zur Verfügung, das mit *'aḥ*^a^*rīt* noch nicht synonym ist (Kosmala, a.a.O. 30f.).

Ein formelhafter Gebrauch der Wendung (wie bei *bajjōm hahū* »an jenem Tag«, *bajjāmīm hāhēm* »in jenen Tagen«, *bā'ēt hahī* »zu jener Zeit«, *hinnē jāmīm bā'īm* »siehe, es kommen Tage«, den bedeutungsmäßig von *b*^e^*'aḥ*^a^*rīt hajjāmīm* nicht weit entfernten prophetischen Einleitungsformeln) ist nicht erkennbar (gegen Gressmann, a.a.O. 84). Nur Jes 2,2 »und es wird geschehen in der Folge der Tage« käme dafür in Frage, bleibt aber als Einleitungsformel isoliert; sonst handelt es sich nach Streuung und Stellung im Satz um eine nicht besonders ausgezeichnete, normale Zeitbestimmung (daß sie gerne an das Satzende tritt [vgl. Gen 49,1; Jer 48,47; 49,39; Hos 3,5], ist in ihrem Sinn begründet).

5. Zum Fortleben der in 4b behandelten Wendung in den intertestamentalen und ntl. Schriften vgl. Kosmala, a.a.O. 32ff.; G. Kittel, Art. ἔσχατος, ThW II, 694f. Zur Ausschließung jedes anderen Gottes (s.o. 3) im NT vgl. H.W. Beyer, Art. ἕτερος, ThW II, 699–702. *E. Jenni*

אֹיֵב *'ōjēb* Feind

1. Die Wurzel *'jb* »befeinden« ist nur im Akk. und Kan. vorhanden. Im AT begegnet *'jb* q. mit einer Ausnahme immer im Part., das nur selten verbal (1Sam 18,29; vgl. Ps 69,5; Klgl 3,52), in der Regel substantiviert verwendet wird. Als Derivat kommt dazu das Abstraktnomen *'ēbā* »Feindschaft«.

Akk. *ajjābu* (mit Ableitungen, vgl. AHw 23f.; CAD A/I, 221–224) und ug. *ib* (WUS Nr. 7; UT Nr. 144; vgl. noch kan. *ibi* in EA 129,96 und 252,28 nach W.F. Albright, BASOR 89, 1943, 32 Anm. 26) sind nur nominal, in je verschiedenen Nominalbildungen belegt. In 51 [= II AB] VII, 35f. steht *ib* parallel zu *šnu* »Hasser«; zu der mit Ps 92,10 vergleichbaren Stelle 68 [= III AB] A, 8f. vgl. H. Donner, ZAW 79, 1967, 344–346.

Das Aram. verwendet für »Feind« vornehmlich das Part. von →*śn'* »hassen« (z.B. in den Sfire-Inschriften KAI Nr. 222B, Z. 26; Nr. 223B, Z. 14; Nr. 224, Z. 10–12; bibl.-aram. in Dan 4,16, par. *'ār*, →*ṣrr*) und später, z.B. syr., *b*^e^*'eld*^e^*bābā* (< akk. *bēl dabābi*).

Der Eigenname *'ijjōb* (Hiob) dürfte anderswoher stammen, vgl. Stamm, HEN 416; →*'āb* III/5 und →*'ajjē* 1.

2. *'ōjēb* begegnet 282 × (inkl. 1Sam 18, 29 und fem. *'ōjǽbæt* in Mi 7,8.10), davon 80 × im Sing. und 202 × im Plur. (2Sam 19,10 Plur. gegen Mand. 41c). Am häufigsten ist die Vokabel in Ps (74 ×); es folgen Dtn 25 ×, 1Sam 20 ×, Jer 19 ×, 2Sam 16 ×, Klgl 15 ×, Lev 13 × (nur in Lev 26,7–44), Jos 11 ×; die Schwerpunkte liegen in den Klagepsalmen und in den geschichtlichen Büchern, während das Wort in der Weisheitsliteratur (und in Jes) stark zurücktritt.

'jb q. steht 1 × als verbum finitum (Ex 23,22 in einer figura etymologica, par. →*ṣrr*), *'ēbā* 5 × (Gen 3, 15; Num 35,21f.; Ez 25,15; 35,5).

3. a) Der Sing. *'ōjēb* bezeichnet nur selten den einzelnen, bestimmten Feind (im Rechtsstreit: Ex 23,4; Num 35,23; Simson: Ri 16,23.24; Saul und David: 1Sam 18,29; 19,17; 24,5; 26,8; 2Sam 4,8; Elia gegenüber Ahab: 1Kön 21,20; Nebukadnezar: Jer 44,30b; Hiob gegenüber Gott: Hi 13,24; 33,10; Haman: Est 7,6; zu Jahwe als Feind s.u. 4). Gewöhnlich steht »der Feind« generell im Sinne des Plurals »die Feinde« (vgl. z.B. 1Kön 8,37.44 mit 2Chr 6,28.34 und den Wechsel von Sing. und Plur. in Klgl).

In den meisten Fällen sind politisch-militärische Feinde des Volkes Israel gemeint, so in der Geschichtsschreibung verschiedenster Schattierung (Num 10,9; 14, 42; 32,21; Dtn 1,42; 6,19; 12,10; 25,19; 11 × in Jos 7,8–23,1; Ri 2,14.14.18; 3, 28; 8,34; 11,36; 1Sam 4,3; 12,10.11; 14, 30; 29,8; 2Sam 3,18; 19,10; 2Kön 17,39; 21,14.14; Est 8,13; 9,1.5.16.22; Esr 8,22. 31; 5 × in Neh; 2Chr 20,27.29; 25,8; 26, 13), in Volksklageliedern (Ps 44,17; 74, 3.10.18; 80,7) und Hymnen (Ps 78,53; 81, 15; 106,10.42; vgl. Dtn 32,27.31.42; 33, 27), auch in den dtn. Kriegsgesetzen (Dtn 20,1.3.4.14; 21,10; 23,10.15) und im Tempelweihgebet Salomos (6 × in 1Kön 8, 33–48 par. 2Chr 6,24–36). Zu beachten sind Häufungen des Wortes in Segenswünschen, Fluchdrohungen und ähnlichen Zusammenhängen (Gen 22,17; 49,8; Ex 23, 22.27; 13 × in Lev 26,7–44; Num 10,35; 23,11; 24,10.18 txt em; 8 × in Dtn 28, 7–68; 30,7; 33,29; 1Sam 25,26.29; 2Sam 18,32; 1Kön 3,11), an die sich inhaltlich die Vorkommen in den prophetischen Heils- und Unheilsworten anschließen (in Jes nur 9,10; 62,8; sonst alle Stellen außer Jer 30,14; Nah 1,2.8, s.u. 4; Mi 7,6, s.u.; Mi 7,8.10 ist »Feindin« ein personifiziertes Fremdvolk).

Weniger häufig sind, abgesehen von den Psalmen (s.u. b), die Feinde eines Einzelnen erwähnt (1Sam 2,1; 14,24.47; 18,25; 20,15.16; 24,5; 29,8; 2Sam 5,20 = 1Chr 14,11; 2Sam 7,1.9.11 = 1Chr 17,8.10; 2Sam 18,19; Mi 7,6; Ps 127,5 in einem Weisheitspsalm; Hi 27,7; Spr 16,7; 24,17; 1Chr 21,12; 22,9), wobei im Falle des Königs (2Sam 22 = Ps 18,1.4.18.38.41.49; Ps 21,9; 45,6; 72,9; 89,23.43; 110,1.2; 132, 18) die Feinde meist mit denen des Volkes gleichzusetzen sind.

Zum euphemistischen Einschub von *'ōjᵉbē* in 1Sam 20,16; 25,22; 2Sam 12,14 vgl. HAL 37b mit Lit. und die Komm.

Unter den Parallelausdrücken sind am häufigsten die Part. q./pi. von →*śn'* »Hasser« (q.: Ex 23,4; Lev 26,17; Dtn 30,7; 2Sam 22,18 = Ps 18,18; Ps 21,9; 35,19; 38,20; 69,5; 106,10; Est 9,1.5.16; pi.: Num 10,35; 2Sam 22,41 = Ps 18,41; Ps 55,13; 68,2; 83,3) und *ṣar* »Bedränger« (→*ṣrr*; Num 10,9; Dtn 32,27; Jes 1,24; 9,10 txt?; Mi 5,8; Nah 1,2; Ps 13,5; 27,2; 74,10; 81,15; 89,43; Klgl 1,5; 2,4.17; 4,12; Est 7,6; vgl. *ṣōrēr* Ex 23,22; Num 10,9; Ps 8,3; 143,12).

Weitere neben *'ōjēb* auftretende Quasisynonyma sind u.a. *mᵉbaqqēš rā'ā* bzw. *næfæš* »einer, der Böses sinnt« bzw. »der nach dem Leben trachtet« (→*bqš*; Num 35,23; 1Sam 25,26 bzw. Jer 19,7.9; 21,7; 34, 20.21; 44,30.30; 49,37), *qām* »Widersacher« (→*qūm*; Ex 15,6; 2Sam 22,49 = Ps 18,49; Nah 1,8 txt em; vgl. 2Sam 18,32; *mitqōmēm* Ps 59,2; Hi 27,7), *mitnaqqēm* »Rachgieriger« (→*nqm*; Ps 8,3; 44,17). Nicht unmittelbar neben *'ōjēb* kommt das Synonym *šōrēr* »Feind« in Ps 5,9; 27,11; 54,7; 56,3; 59,11 vor. Vgl. noch →*śṭn* und die Liste in Gunkel-Begrich 196f.

Zum Oppositum *'ōhēb* »Freund« → *'hb* III/1.

b) Über die Frage, wer die Feinde des Einzelnen in den individuellen Klage- und Dankpsalmen seien, ist schon viel diskutiert worden (G. Marschall, Die »Gottlosen« des ersten Psalmenbuches, 1929; H. Birkeland, Die Feinde des Individuums in der isr. Psalmenliteratur, 1933; ders., The Evildoers in the Book of Psalms, 1955; N.H. Ridderbos, De »werkers der ongerechtigheid« in de individueele Psalmen, 1939; A.F. Puukko, Der Feind in den atl. Psalmen, OTS 8,1950, 47–65; C. Westermann, Struktur und Geschichte der Klage im AT, ZAW 66,1954, 44–80; Zusammenfassungen bei J.J. Stamm, ThR 23,1955, 50–55; Kraus, BK XV, 40–43).

Das Material ist u.a. bei Gunkel-Begrich 196f. ausgebreitet; die Stellen mit *'ōjēb*, sämtlich in den Gattungen des Klage- und Dankliedes des Einzelnen (inkl. Vertrauenslieder) enthalten, sind Ps 7,6; 9,7; 13,3.5; 31,9; 41,12; 42,10; 43,2; 55,4.13; 61,4; 64,2; 143,3 mit dem Sing. und Ps 3,8; 6,11; 9,4; 17,9; 25,2.19; 27,2.6; 30,2; 31,16; 35,19; 38,20;

41,3.6; 54,9; 56,10; 59,2; 69,5.19; 71,10; 102,9; 138,7; 139,22; 143,9.12; vgl. 119,98, mit dem Plur.

Abzulehnen sind im großen und ganzen die Deutungen auf Parteigegensätze im Judentum (ältere Psalmenexegese), auf Zauberer (S.Mowinckel, Psalmenstudien I, 1921) und auf auswärtige Feinde (Birkeland, a.a.O.). Die Aussagen über die Feinde des Einzelnen (ihre drohenden Anschläge, ihre höhnenden Reden, ihre Verderbtheit; vgl. Westermann, a.a.O. 61–66) unterscheiden sich deutlich von denjenigen über die Feinde in den Volksklageliedern. Während die Feinde dort Israel bereits geschlagen haben, bedrohen sie hier erst den Kranken oder in Rechtsnot Geratenen. Sie führen die Not nicht herbei, sondern greifen den Beter an, weil er ins Unglück geraten ist (vgl. Ps 71,11). Gerade daß der Bruch innerhalb des bestehenden Gemeinschaftsverhältnisses verläuft, fällt erschwerend ins Gewicht (vgl. Ps 41,7; 55,22).

Am ehesten dürfte eine Erklärung und Veranschaulichung auf dem Hintergrund des Hiobbuches zu geben sein. Weil Hiob in Not geraten ist, halten ihn seine Freunde für schuldig und verdächtigen ihn eines geheimen Vergehens. Auch David wird in 2Sam 16 nach seiner Vertreibung durch Absalom Gegenstand der Verachtung und sogar tätlicher Angriffe. Plötzlicher Fall ins Elend ist in der damaligen Welt noch Anlaß zur Isolierung, zu Vorwürfen, Verachtung und Feindschaft. Private Gegensätze und religiöse Differenzen verschärfen die Isolierung dessen, der sich bereits halbwegs in der Sphäre des Todes befindet (C. Barth, Die Errettung vom Tode in den individuellen Klage- und Dankliedern des AT, 1947, 104–107).

4. a) Die Stellen, an denen vom Einschreiten Jahwes gegen die Feinde des Volkes oder des Einzelnen die Rede ist (z.B. Ex 23,22 »wenn du ... alles tust, was ich befehle, so will ich deiner Feinde Feind und der Bedränger deiner Bedränger sein«), brauchen nicht aufgezählt zu werden. Daß Jahwe aber auch sein Volk den Feinden preisgibt, wie es die prophetische Unheilspredigt (Hos 8,3; Am 9,4) und die Segen-Fluch-Kapitel Lev 26 und Dtn 28 als Möglichkeit erkennen lassen, wird vor allem bei Jeremia (6,25; 12,7; 15,9.14; 17,4; 18,17; 19,7.9; 20,4.5; 21,7; 34,20. 21; 44,30; *'ōjēb* kommt sonst bei Jer nur noch in 15,11 txt?; 30,14 s.u. b; 31,16 in einem Heilswort; 49,37 in einem Fremdvölkerwort vor), in den Klgl (alle Stellen) und im dtr. Geschichtswerk (Ri 2,14; 1Kön 8,33.37.46.48 par.; 2Kön 21,14; vgl. Neh 9,28) ausgesprochen.

b) Daß Jahwe sich gegen seine eigenen Feinde durchsetzt, ist Thema schon der ältesten Lieder, in denen Jahwe als Krieger verherrlicht wird (Ex 15,6 »deine Rechte, Jahwe, zerschmettert den Feind«, vgl. V. 9; Num 10,35 im Ladespruch »stehe auf, Jahwe, daß deine Feinde zerstieben«; Ri 5,31 »so mögen umkommen, Jahwe, all deine Feinde«). Ähnliche Aussagen finden sich im Psalter vor allem in hymnischen Teilen mit teilweise archaischem Klang (Ps 8,3; 66,3; 68,2.22.24; 89,11.52; 92, 10.10). Bei den Propheten setzen Jes 42, 13; 59,18; 66,6.14 und Nah 1,2.8 diese Linie fort.

Vereinzelt sind Stellen wie 1Sam 30,26 (»Geschenk aus der Beute der Feinde Jahwes« mit propagandistischem Beigeschmack, wenn *'ōjebē* nicht sekundärer Einschub ist, vgl. W.Caspari, Die Samuelbücher, 1926, 387); Jes 1,24 (Feinde Jahwes innerhalb Israels); Ps 37,20 (weisheitliche Gleichsetzung der Gottlosen mit den Feinden Jahwes); 83,3 (die Feinde des Volkes werden im Volksklagelied in einem sog. »Motiv des göttlichen Einschreitens« Jahwe als »deine Feinde« vorgerückt).

c) Jahwe selber wird nur in Jes 63,10 direkt Feind Israels genannt (»da wandelte er sich ihnen zum Feinde«). In Jer 30,14 und Klgl 2,4.5 wird Jahwes Handeln mit dem eines Feindes verglichen (»wie ein Feind«). In allen Fällen ist ein Paradox konstatiert.

5. In der LXX wird *'ōjēb* fast ausschließlich durch ἐχθρός wiedergegeben. In den Qumrantexten ist *'ōjēb* häufig in 1QM (Kuhn, Konk. 4). Zum NT und seiner Umwelt vgl. W.Foerster, Art. ἐχθρός, ThW II,810–815.

Für den im AT noch fehlenden Begriff der »Feindesliebe« wäre allenfalls Ex 23,4f. zu nennen, wo aber nur die Gleichbehandlung des Rechtsgegners bei Hilfeleistungen im Alltag gefordert wird (Spr 25, 21 verwendet →*śn'*). *E.Jenni*

אֵיד *'ēd* Unglück

1. Es läßt sich nicht sicher ausmachen, von welcher Wurzel das Nomen *'ēd* »Unglück« abzuleiten ist. Gewöhnlich wird ein unbelegtes Verbum *'ūd* als Stammwort angenommen, wobei man arab. Wörter, etwa *'āda* (*ū*) (so u.a. Zorell 40; gegen P. Humbert, ThZ 5,1949, 88, vgl. L.Kopf, VT 6,1956,289), heranzieht. HAL 38a führt das Wort auf **'aid* oder **'ajid* zurück.

Ein Verbum *'ūd* wäre jedoch belegt, wenn man (*le*)*'ēd* in Spr 17,5 als Part. auffaßte, wie G.R.Driver,

Bibl 32, 1951, 182, der aber zu (*lā*)*'ed* (»as it ought to be written«!) ändert, vorgeschlagen hat, und wie es von M. Dahood, Proverbs and Northwest Semitic Philology, 1963, 38f., mit Hinweis auf das Ug. ungeändert als »a stative participle« verstanden worden ist; vgl. noch Gemser, HAT 16,72f.; Barr, CPT 266.321 (zu Hi 31,23 und 2Sam 13,16).

Doch wäre vielleicht eher von akk. *edû*(*m*) II »(bedrohliche) Wasserflut, Wogenschwall« (AHw 187b), wobei »a rare and catastrophic event« (CAD E 36a) gemeint ist, auszugehen und hier ein sum.-akk. Lehnwort anzunehmen (vgl. E. A. Speiser, BASOR 140, 1955, 9–11; M. Sæbø, Die hebr. Nomina *'ed* und *'ēd*, StTh 24, 1970, 130–141).

2. *'ēd* begegnet 24 × : in Hi und Spr je 6 ×, Jer 5 ×, Ob 13 3 × ; sonst Dtn 32,35; Ez 35,5; 2Sam 22,19 = Ps 18,19. Ez 35,5 sowie Spr 17,5; 27,10 und Hi 31,23 sind textlich mehrfach angefochten worden. Außer Ez 35,5 kommt *'ēd* nur in poetischen Texten vor. Es trägt nie den bestimmten Artikel, wird aber 2 × durch Eigennamen und 17 × durch Suffixe näher bestimmt.

3. Das Wort stellt einen relativ feststehenden Terminus für »Unglück« dar; eine Bedeutungsgeschichte läßt sich kaum nachweisen. Doch heben sich zwei Anwendungsweisen so deutlich voneinander ab, daß die Hauptbedeutung demgemäß semantisch zu differenzieren ist, und zwar wird *'ēd* einerseits (A) im politischen oder militärischen Sinn in bezug auf ein *Volk* (auch 2Sam 22,19 = Ps 18,19) und andererseits (B) vom Geschick eines *Einzelnen* bzw. einer kleineren Gruppe von Einzelmenschen verwendet; im letzteren Fall geht es um die 12 weisheitlichen Belege aus Hi und Spr.

In beiden Fällen wird *'ēd* öfter mit »Tag« (Dtn 32, 35; 2Sam 22,19 = Ps 18,19; Jer 18,17; 46,21; Ob 13 3×; Hi 21,30; Spr 27,10) oder »Zeit« (*'ēt*, Ez 35,5; vgl. Jer 46,21; 49,8) verbunden; mit der Präposition *b^e^* ist es eine wichtige Zeit- und Situationsbestimmung. Ebenfalls in beiden Gruppen kann gesagt werden, daß *'ēd* »plötzlich«, wohl im Sinne von menschlich »unberechenbar«, *kommt* (Dtn 32,35; Jer 48,16; Spr 6,15; 24,22; vgl. 1,27). Das Prädikat hat öfter *bō'*, entweder im Qal »kommen« (Jer 46,21; Spr 6,15; Hi 21,17; vgl. Jer 48,16 und *'ātā* »kommen« Spr 1,27) oder kausativ im Hi. »kommen lassen« (Jer 49,8.32); dabei ist es noch 3× mit *'al* verbunden (Jer 46,21; 49,8; Hi 21,17; vgl. 30,12; Spr 1,27). Sonst heißt es in A, daß *'ēd* »nahe ist« (*qārōb*; Dtn 32,35; Jer 48,16), oder in B, daß es »ersteht« (*qūm*; Spr 24,22), oder daß es dem Frevler »bereit (*nākōn*) zu seinem Sturz steht« (Hi 18,12).

Das Wort hat in beiden Gruppen mehrere Synonyme, aber fast kein Oppositum (vgl. jedoch *nēr* »Lampe« Hi 21,17; auch 18,5 und Horst, BK XVI, 270); aber auch die Synonyme verteilen sich auf A und B.

In A begegnen das häufig vorkommende *rā'ā* »Böses, Unglück« (Jer 48,16; Ob 13; vgl. sonst etwa Jes 7,5; Jer 1,14) und Ausdrücke, die das bei den Propheten beliebte Thema der göttlichen Heimsuchung anklingen lassen (Jer 46,21; 49,8); vgl. noch Ez 35,5 »zur Zeit ihrer Endstrafe« sowie Ob 12.14 »am Tag seines Unglücks / ihres Untergangs / der Not«. In B sind andererseits zwei seltene Wörter für »Unglück« anzutreffen, nämlich *pīd* (Spr 24,22; sonst nur Hi 12,5; 30,24; 31,29; vgl. KBL 759a und Fohrer, KAT XVI,232.237: »Untergang«) und *nēkær* (Hi 31,3; vgl. Ob 12; »etwas Fremdes« = »Unheilvolles«); sodann das häufigere *páḥad* »Schrecken« (Spr 1,26f.; vgl. Hi 31,23 u.ö.), *jōm 'ᵃbārōt* »Tag des Zorns« (Hi 21,30) und *ḥᵃbālīm* »Schmerzen« (Hi 21, 17), wobei *'ēd* mit Krankheit verbunden wird; so auch in Hi 30, wo es V. 12 mit *'orḥōt* »Wege« (HAL 84a: »Dämme«) konstruiert ist; in Spr 1,27 wird *'ēd* mit einem Sturmwind verglichen (vgl. noch Jer 18, 17).

Gegenüber der prophetischen Verwendung von *'ēd* in A, die traditioneller erscheint, ist die weisheitliche in B mannigfacher und reicher. Das Wort dürfte im weisheitlichen Raum seinen eigentlichen Lebensbereich gehabt haben, ist aber dann von der (späteren) prophetischen Sprache aufgenommen worden.

4. Das abstrakte Nomen ist wohl nur in Spr 27,10 theologisch neutral; sonst sind die Belege in Hi und Spr Ausdruck einer theologisch begründeten (Erfahrungs-) Weisheit. *'ēd* ist positiv auf Gott bezogen; wenn es auch personifiziert ist (besonders Hi 18,12; vgl. Fohrer, KAT XVI, 303), so ist es doch nie ein »Fatum«, sondern Gott, der es herbeiführt (vgl. Hi 31,23; Spr 24,22), untergeben. Negativ ist es mit dem unheilvollen Geschick der Gottlosen (*'awwāl, ra', r^e^šā'īm*) verbunden; es ist »das endgültige und zum Tode führende Verderben« (Fohrer, a.a.O.). Es gehört in das weisheitliche Schema von »Tat und Folge« (vgl. K. Koch, ZThK 52,1955, 2ff.) hinein; so kann es auch in der Theodizee und Klage des angefochtenen Frommen auftauchen (Hi 21,17.30); letzten Endes ist es auf die Gerechtigkeit Gottes zurückzuführen. In dieselbe Richtung zeigen wohl auch die prophetischen Belege, von denen mehrere um die nationale und religiöse Katastrophe des Jahres 587 kreisen (Ob 13; Ez 35,5; vgl. Jer 49,8.32); *'ēd* ist ein Ausdruck des Gerichtshandelns Gottes (vgl. Jer 18,17; 46,21; 48,16; auch Dtn 32,35). In dem (vielleicht späten) Danklied Ps 18 und par. ist *'ēd* Gegenpol zur göttlichen Hilfe und Rettung.

5. Das Wort hat in LXX keinen äquivalenten Begriff, sondern wird durch nicht weniger als zwölf griech. Wörter wiedergegeben, von denen ἀπώλεια (9 ×) und καταστροφή (2 ×) erwähnt werden dürfen. Das Wort ist endlich unerwähnt im Qumran-

Schrifttum und scheint im NT keine Bedeutung gehabt zu haben. *M. Sæbø*

אַיֵּה *'ajjē* wo?

1. Das in sämtlichen sem. Sprachen vorhandene Element **'aj-* bildet in verschiedenen Formen Frageadverbien und Fragepronomina (Barth, Pronominalbildung 144–149; GVG I, 327f.; Moscati, Introduction 114f.120f.), darunter die hier zu behandelnden hebr. Fragepartikeln *'ē*, *'ēfō* und *'ajjē* »wo?« (vgl. ug. *iy*, WUS Nr. 161; UT Nr. 143), ferner *'ē mizzǣ* und *mē'ájin* »woher?«, *'ān*/*'ānā* »(wo), wohin?« und *'ī-* »wo ist...?« in Eigennamen (HAL 37b; Stamm, HEN 416). Aus der rhetorischen Frage »wo ist...?« kann sich die negierte Aussage »...ist nicht da« entwickeln (→*'ájin*; vgl. GVG I,500; II,114; BL 633f.; I. Guidi, Particelle interrogative e negative nelle lingue semitiche, FS Browne 1922, 175–178; A. Goetze, Ugaritic Negations, FS Pedersen 1953, 115–123; vgl. akk. *jānu* »nicht ist/sind« < *ajjānum* »wo?«, GAG § 111b; CAD I/J 323f.)

'ēkā (Hhld 1,7.7) und *'ēkō* (2Kön 6,13) in der Bed. »wo?« sind Aramaismen (Wagner Nr. 10).

Die Vermutung von G.R. Driver, WdO I/1, 1947, 31, *'al* in 1Sam 27,10 (gewöhnlich in *'æl-mī* oder *'ān* geändert) hänge mit akk. *ali* »wo?« zusammen, ist nicht wahrscheinlich.

2. Die gegen 90 Stellen im AT mit der Frage »wo?« (neben 27× »woher?« und 20× »wohin?«) benützen eine ganze Reihe von Fragewörtern, die aber alle mit **'aj-* gebildet sind; am häufigsten und für den theologisch relevanteren Sprachgebrauch am wichtigsten ist *'ajjē*.

In der Bed. »wo?« begegnen 1) *'ē* 4× (Gen 4,9; Dtn 32,37; 1Sam 26,16; Spr 31,4 Q txt?, vgl. Gemser, HAT 16,108; anders N.M. Sarna, JNES 15, 1956, 118f.; UT § 6.31 und Nr. 42: »any liquor«);

2) *'ē zǣ* / *'ē-zǣ* 17×, teilweise auch pronominal »welches?« (1Sam 9,18; 1Kön 13,12; 22,24 = 2Chr 18,23 + *haddæræk*; 2Kön 3,8; Jes 50,1; 66,1.1; Jer 6,16; Hi 28,12.20; 38,19.19.24; Pred 2,3; 11,6; Est 7,5; vgl. noch *'ē mizzǣ* »woher?« 9× neben *mē'ájin* »woher?« 17× inkl. 2Kön 5,25 Q; dazu einmal *'ē lāzōt* »weshalb?« in Jer 5,7);

3) *'ēfō* (*'jph*) 10× (Gen 37,16; Ri 8,18; 1Sam 19, 22; 2Sam 9,4; Jes 49,21; Jer 3,2; 36,19; Hi 4,7; 38,4; Ruth 2,19; nicht zu verwechseln mit dem *'pw'* oder *'pw* geschriebenen *'ēfō* »denn, also«, das verstärkend zu Fragewörtern wie *'ajjē* treten kann);

4) *'ēkā* 2× (Hhld 1,7.7; sonst 15× in der Bed. »wie?« neben 60× *'ēk*, 4× *'ēkākā* und 2× *hēk* [Aramaismus, vgl. Wagner Nr. 73 und bibl.-aram. *hē-kᵉdī* »wie« in Dan 2,43, < *hēk dī*, KBL 1068a]);

5) *'ēkō* 1× (2Kön 6,13);

6) *'ānā* 1× (Ruth 2,19; sonst 19× »wohin?« und 3× *'ānǣ wā'ānā* »hierhin und dorthin«, sowie 13× »(bis) wann?«, →*mātaj*); vgl. *'ān* in *mē'ān* »woher?« 2Kön 5,25 K, »wohin?« 1Sam 10,14; »(bis) wann?« Hi 8,2;

7) *'ajjē* 45× (Jes 10×, Jer 6×, Ps und Hi je 5×, Gen 4×; in Ri 9,38 und Hi 17,15 durch *'ēfō* »denn«, in Ps 115,2 durch *nā* »denn« verstärkt);

8) mit Pronominalsuffix an *'ē* bzw. *'ajjē* 8× (Gen 3,9; Ex 2,20; 2Kön 19,13; Jes 19,12 mit *'ēfō* »wo sind denn...?«; Mi 7,10; Nah 3,17; Hi 14,10; 20,7).

Aram. *'ān* (DISO 18) ist im Bibl.-Aram. nicht belegt.

3. Nur etwa die Hälfte der Fragen nach dem Wo sind im AT echte Fragen. In der Mehrzahl der Fälle bei *'ajjē* (Ausnahmen sind Gen 18,9; 19,5; 22,7; 38,21; Ex 2,20; 2Sam 16,3; 17,20; Jer 2,6.8; Hi 35,10; Klgl 2,12; in Nah 3,17 und Hi 15,23 ist der Text zu ändern), viel weniger bei *'ē(-zǣ)* und *'ēfō* (nur Dtn 32,37; Jes 50,1 bzw. Jer 3,2; Hi 4,7; 38,4), handelt es sich um rhetorische Fragen, bei denen aus verschiedenen stilistischen Gründen (nachdrückliche Behauptung, Ironie und Spott, Ausdruck der Klage, Ratlosigkeit usw.) die Antwort »nirgends« vorausgesetzt wird. Beispiele aus der profanen Sprache sind Ri 9,38 »wo ist denn nun dein Maul, der du sagtest...«; Nah 2,12 »wo ist nun die Lagerstatt der Löwen...«; Hi 17,15 »wo denn ist für mich noch Hoffnung?«

Die Fragen mit »woher?« und »wohin?« sind meistens echte Fragen (auch Ps 121,1 »woher kommt mir Hilfe?«), die bisweilen zu etwas formelhaften Wendungen der Gesprächseröffnung erstarren können (z.B. Ri 19,17 »wo willst du hin und woher kommst du?«; vgl. Lande 40f.). Daneben kommen auch rhetorische Fragen zum Ausdruck der Ratlosigkeit des Fragenden oder der Unmöglichkeit eines Auswegs vor (mit *mē'ájin*: Num 11,13; 2Kön 6,27; Nah 3,7; mit *'ānā*: Gen 37,30; 2Sam 13,13; Jes 10,3).

4. In der Psalmensprache und in der prophetischen oder weisheitlichen Auseinandersetzung wird die rhetorische Frage »wo ist denn nun... (= nirgends ist...)« in mannigfachen Ausprägungen verwendet (vgl. F. Asensio, Teología e historia del pacto en torno a una interrogación bíblica, Gregorianum 47, 1966, 665–684).

Davon zu unterscheiden sind die Fälle, bei denen der Fragende die Antwort (»hier« o.ä.) zum voraus schon kennt, die Frage aber dennoch stellt, um damit eindringlich an jemandes Verantwortlichkeit zu appellieren: Gen 3,9 »Adam, wo bist du?«; 4,9 »wo ist dein Bruder Abel?«; 1Sam 26,16 »wo ist der Speer des Königs?«; auch 2Kön 2,14 »wo ist nun Jahwe, der Gott Elias?« als Anrufung Jahwes, sich im Wunder zu manifestieren.

Die rhetorische Wo-Frage in bezug auf Gott (anders das echte, jedoch bei den Gemeinten vermißte Sich-Kümmern um Gott in Jer 2,6.8; Hi 35,10) ist in den meisten Fällen als böswillige Negation der Existenz und Wirksamkeit Gottes zu verstehen, seltener (bei der Frage nach Gottes Machttaten) als Klage des Angefochtenen und als Appell an den verborgenen Gott, seine (frühere) Macht zu erweisen (Ri 6,13; Jes 63,11.11.15; Mal 2,17; Ps 89,50 »wo sind deine früheren Gnadenbeweise?«). In den Volksklageliedern wird die höhnende Frage der Feinde zitiert: »Wo ist nun ihr Gott?« (Jo 2,17; Ps 79,10; 115,2; vgl. Mi 7,10; von daher auch im individuellen Klagelied Ps 42,4 11 »wo ist nun dein Gott?«; ähnlich im Klagegebet Jeremias Jer 17,15 »wo bleibt denn das Wort Jahwes?«). Die Rede des Rabsake mit der Frage: »Wo sind die Götter von Hamath...« (2Kön 18,34.34 = Jes 36,19.19; vgl. 2Kön 19,13 = Jes 37,13) trifft implizit auch den Gott Israels. Umgekehrt kann Jahwe über die Ohnmacht der Götzen spotten (Dtn 32,37 »wo sind ihre Götter?«; Jer 2,28 »wo sind deine Götter, die du dir gemacht hast?«).

In der lebhaften Sprache der prophetischen und weisheitlichen Disputation wird auch sonst das rhetorische Wo in den verschiedensten Zusammenhängen verwendet, vgl. Jes 19,12; 33,18.18.18; 50,1; 51,13; Jer 3,2; 13,20; 37,19; Ez 13,12; Hos 13,10. 14.14, jeweils *'ajjē* statt *'æhī* zu lesen; Sach 1,5; Mal 1,6.6; Hi 4,7; 14,10; 20,7; 21,28.28; 38,4; unbeantwortbare Fragen als Beweis für die Begrenztheit der Erkenntnis: Hi 28,12.20; 38,19.19.24.

5. Die rhetorischen Fragen mit ποῦ »wo?« im NT (Lk 8,25; Röm 3,27; 1Kor 1,20 zit. Jes 19,11f.; 12,17; 15,55 nach Hos 13,14; Gal 4,15; 1Petr 4,18 zit. Spr 11,31 G; 2Petr 3,4) können bei der weiten Verbreitung des Stilmittels (J. Konopásek, Les »questions rhétoriques« dans le NT, RHPhR 12,1932, 47–66.141–161; Blass-Debrunner I,230; II,83) nur bei gleichzeitiger inhaltlicher Abhängigkeit aus atl. Tradition hergeleitet werden. *E. Jenni*

אַיִן *'ájin* Nichtsein

1. Hebr. *'ájin* »Nichtsein, nicht ist« hat seine Entsprechungen im akk. *jānu* (GAG §111b.190b, mittel- und spätbab.), ug. *in* (WUS Nr. 294; UT Nr. 149.252), moab. *'n* (KAI Nr. 181, Z. 24), vgl. pun. *ynny* (Poen. 1006, Sznycer 142).

Die Basis des im Hebr. als Segolatum behandelten Wortes scheint dieselbe zu sein wie jene des Frageworts →*'ajjē* »wo«. Daher wird *'ájin* »Nichtsein, nicht ist« überwiegend aus dieser Fragepartikel hergeleitet: »der rhetorische Fragesatz »wo ist X?« konnte sich zu einem Aussagesatz »X ist nicht da« entwickeln« (BL 633; vgl. HAL 40b). Für diese Erklärung spricht die ähnliche Entwicklung im Akk. (→*'ajjē* 1).

Außerbiblische hebr. Belege finden sich in der zweiten Silwan-Inschrift (KAI Nr. 191 B, Z. 1) und auf dem Lachisch-Ostrakon Nr. 4 (KAI Nr. 194, Z. 5.7).

2. Das Wort kommt im AT 789× vor (*'ájin* 42×, inkl. Jes 41,24; Jer 30,7; *'ēn* 747×, davon 103× mit Suffixen).

Das Gegenstück *jēš* »Vorhandensein« begegnet 140× (inkl. *'īš* in 2Sam 14,19 und Mi 6,10, vgl. Wagner Nr. 28a.b; Gen 21×, Pred 16×, Spr 13×, Hi 12×).

Die bibl.-aram. Entsprechungen sind *'ītaj* (8×) und negiert *lā 'ītaj* (9×).

3. Die Grundbedeutung ist »Nichtsein/Nichtvorhandensein« (parallel zu *belī*, *biltī*, *'ǽfæs*, *tōhū*) als Negation von *jēš* »Sein/Vorhandensein« (vgl. Jes 44,8). Zum Gebrauch des Wortes vgl. GK §152 i–p. u.

4. Unter den mannigfachen Aussagen über Gott, in denen *'ájin* verwendet wird, ragen diejenigen hervor, die einen gewissen formelhaften Charakter haben. Ihr Hauptvorkommen liegt bei Deuterojesaja; sie begegnen außerdem noch an einigen dtr. Stellen und bei Hosea.

Als erstes ist die Formel *'ēn ke*... »es gibt keinen wie...« zu nennen, welche die Unvergleichlichkeit einer Person aussagen soll (vgl. C.J. Labuschagne, The Incomparability of Yahweh in the OT, 1966). Hinter ihr müssen wir uns die Frage »wer ist wie du?« (1Sam 26,15) denken; die Antwort lautet dann »keiner ist wie du«. Diese Aussage der Unvergleichlichkeit in der Anrede gibt es im AT nicht in bezug auf einen Menschen (in der dritten Person: 1Sam 10,24; Hi 1,8; 2,3; vgl. Lande 103); sie kommt aber des öfteren in Gebeten gegenüber Jahwe vor (1Sam 2,2; 2Sam 7,22 = 1Chr 17,20; 1Kön 8,23 = 2Chr 6,14; Jer 10,6.7; Ps 86,8). In der dritten Person begegnet sie auch in der Erkenntnisformel Ex 8,6 und in dem beschreibenden Lob Dtn 33,26, als Selbstaussage Jahwes in Ex 9,14.

Neben der Aussage über die Unvergleichlichkeit findet sich die über die Einzigkeit oder Ausschließlichkeit. In dieser Reihenfolge stehen die beiden Redeformen in 1Sam 2,2 »niemand ist heilig wie Jahwe, denn außer dir ist keiner« und 2Sam 7,22 = 1Chr 17,20 »darum bist du groß, o Herr mein Gott, denn keiner ist dir gleich und kein Gott ist außer dir«. In der Erkenntnisformel dtr. Prägung wird die Ausschließlichkeit mit *'ēn 'ōd* betont: »du sollst/alle

Völker sollen erkennen, daß Jahwe Gott ist und keiner sonst« (Dtn 4,35.39; 1Kön 8,60; vgl. Dtn 32,39). Eine Verbindung geht die Einzigkeitsaussage mit der Selbstvorstellungsformel (W. Zimmerli, Ich bin Jahwe, FS Alt 1953, 179–209 = GO 11–40) bei Hosea ein (Hos 13,4; vgl. 5,14). Bei Deuterojesajas Betonung der Ausschließlichkeit des Wirkens des *einen* Gottes, Jahwes, in Schöpfung, Lenkung der Geschichte und Errettung ist es nicht verwunderlich, daß diese Verbindung bei ihm häufig auftritt. Seine Vorliebe für diese Form ist wohl auch durch den hymnischen Selbstruhm oder -preis einer Gottheit in seiner babylonischen Umwelt mitbedingt (vgl. Westermann, ATD 19, 126f.). Die einfache Form steht im Kyrosorakel Jes 45, 5.6 »ich bin Jahwe und keiner sonst« und in der Gerichtsrede 45,18.22; erweitert um »und neben mir ist kein Helfer« in 43,11, um »und keiner reißt aus meiner Hand« in 43,13 (Gerichtsrede), um »ein wahrhaftiger, rettender Gott ist nicht neben mir« in 45,21, um »bin Gott und nichts ist wie ich« in 46,9 (Disputationswort).

Daß diese Wendungen nicht als »monotheistische Formeln« (so B. Hartmann, ZDMG 110,1961, 229–235) zu verstehen sind, wird am deutlichsten aus der Gattung, in der sie stehen: Jahwe befindet sich in einem Gerichtsverfahren den anderen Göttern gegenüber. Der Satz »und außer mir ist kein Gott« (44,6, vgl. V. 8) ist keine Aussage, sondern Anspruch (Westermann, ATD 19,114; vgl. 69ff.). Jahwe fordert von den Göttern der Völker Beweise ihres Gottseins im kontinuierlichen Geschichtshandeln, die sie nicht erbringen können. Die Gegenpartei kann nur schweigen (41, 26 »niemand sagt aus, niemand läßt hören, keiner hört von euch einen Laut«) und verläßt die Szene (41,28 »doch da ist niemand, von ihnen weiß keiner Rat«). Welches Gewicht das Wort *'ájin* bei Dtjes hat, zeigt schon die Disputationsrede 40,12–31, in der er es gleich sechsmal gebraucht: zweimal um die Reiche und Mächte der Welt als »Nichts« vor Jahwe zu erklären (V. 17; vgl. 41,11.12); Jahwe macht sie »zunichte« (V. 23; vgl. Ez 26,21; 27,36; 28,19); der Libanon mit seinem Holz und Waldbestand ist nicht ausreichend zur Opferdarbringung (V. 16); Jahwes Einsicht ist nicht zu ergründen (V. 28), er hilft dem Ohnmächtigen (V. 29); vgl. ferner 50,2 und 63,3.

Die Gottesleugnung *'ēn 'ᵉlōhīm* »es gibt keinen Gott« in Ps 10,4; 14,1 = 53,2 ist nicht theoretisch, sondern wohl im Sinne von 3,3 »er hat keine Hilfe bei Gott« praktisch als »Gott ist nicht gegenwärtig / greift nicht ein« zu verstehen (→*'ᵉlōhīm* IV/5; vgl. Kraus, BK XV, 106 mit Zitat aus Köhler, Theol. 1). Vgl. auch die positiven Aussagen mit *jēš* »ist gegenwärtig« in Gen 28,16; Ex 17,7; Ri 6,13; 1Sam 17, 46; Jes 44,8 (*jēš* sonst in theologischen Zusammenhängen: 2Kön 3,12; Jer 14,22; 37,17; Ps 73,11; 2Chr 25,8).

5. In der LXX stehen für *'ájin/'ēn* außer den Negationen oft auch Zusammensetzungen mit α privativum. Die Unvergleichlichkeitsformel und die Einzigkeitsformel treten im NT zusammen mit der Auseinandersetzung mit fremden Göttern zurück; vgl. aber 1Kor 8,4. *S. Schwertner*

אִישׁ *'īš* Mann

I. Die Bezeichnungen für »Mann« sind in den sem. Sprachen (im Unterschied zu denjenigen für »Frau«, →*iššā*) durch verschiedene Neuerungen uneinheitlich geworden. So kommt *'īš* nur im Hebr., Phön.-Pun. und älteren Aram. (DISO 26) sowie im Altsüdarab. (W. W. Müller, ZAW 75,1963, 306) vor, während im Akk. (*awīlu*, *eṭlu*, *mutu*), Ug. (*bnš*, *mt*), Aram. (→*gbr*), Arab. (*mar'*) andere Bezeichnungen vorherrschen.

Die Etymologie ist ganz ungesichert, z.B. auch der Versuch von K. Elliger, Studien zum Habakuk-Kommentar vom Toten Meer, 1953, 78f. 189, und FS Alt 1953, 100f., das Wort auf Grund von *'jšjm* »Männer(?)« in 1QpHab 6,11 (danach auch in Jes 16,7 vermutet, vgl. HAL 91b) von einer Wurzel *'jš* (KBL 93b: »fest, gedrängt sein«; HAL 91b: arab. *'aṯṯa* »üppig sprossen«) abzuleiten.

Der Plur. wird im Phön.-Pun. regulär gebildet; sonst tritt wie im hebr. *'ᵃnāšīm* eine Bildung der Wurzel *'nš* (P. Fronzaroli, AANLR VIII/19,1964, 244.262.275) dafür ein (vgl. hebr. *'ᵉnōš* »Mensch«; nicht auf dieser Wurzel beruht →*'iššā* »Frau« < **'anṯ-at-*). Der selten belegte Plur. *'īšīm* dürfte jüngere Analogiebildung zum Sing. sein (Jes 53,3; Ps 141,4; Spr 8,4; BL 616).

Als Derivat ist die Deminutivform *'īšōn* »Männchen (im Auge) = Pupille« (Dtn 32,10; Ps 17,8; Spr 7,2; Parallelen in andern Sprachen s. HAL 42a) zu nennen, während das Verbum *'šš* hitpol. »sich ermannen« in Jes 46,8 textlich und grammatisch umstritten ist (vgl. HAL 96b; Bibl 41, 1960, 173* Nr. 2620).

Zu den Eigennamen *'æšbá'al* (1Chr 8,33; 9,39; in 2Sam 2–4 tendenziös in *'īš-bōšæt* »Mann der Schande« abgeändert) und *'īšhōd* (1Chr 7,18) vgl. Noth, IP 138. 225, wobei aber die Möglichkeit volksetymologischer Neudeutung ursprünglich andersartiger Bildungen (vgl. HAL 89b) offen bleibt (ebenso bei *Jiššākār*, nach Gen 30,18 oft als *'īš śākār* »Mietling« verstanden). Zu *'īš-ṭōb* (2Sam 10,6.8) vgl. A. Jirku, ZAW 62, 1950, 319; HAL 43a.

II. Die insgesamt 2183 Belege (inkl. 2Sam 16,23 Q; 23,21 Q; exkl. Spr 18,24) des sechsthäufigsten Substantivs sind normal über das ganze AT verteilt, etwas dichter in den erzählenden (Gen, Ri, 1/2Sam) und den gesetzlichen Büchern (auch Spr):

	Sing.	Plur.	total
Gen	107	51	158
Ex	83	13	96
Lev	93	1	94
Num	98	33	131
Dtn	76	14	90
Jos	39	33	72
Ri	155	44	199
1Sam	141	70	211
2Sam	105	34	139
1Kön	69	16	85
2Kön	104	23	127
Jes	49	14+1	64
Jer	114	47	161
Ez	65	24	89
Hos	10	–	10
Jo	2	2	4
Am	2	1	3
Ob	1	2	3
Jon	4	5	9
Mi	7	1	8
Nah	–	1	1
Hab	–	–	–
Zeph	2	2	4
Hag	3	–	3
Sach	20	3	23
Mal	4	–	4
Ps	38	6+1	45
Hi	29	13	42
Spr	84	5+1	90
Ruth	19	2	21
Hhld	3	–	3
Pred	8	2	10
Klgl	1	–	1
Est	20	–	20
Dan	7	1	8
Esr	4	10	14
Neh	24	20	44
1Chr	24	17	41
2Chr	43	13	56
AT total	1657	523+3	2183*

III. 1. In seiner Grundbedeutung ist das Wort mit »Mann« (die im Gegensatz zur Frau als männlich bestimmte erwachsene Person) wiederzugeben. Somit ist ein natürliches Wortfeld gegeben, in welchem sich Mann und Frau gegenüberstehen.

Geläufig sind nominale Aufreihungen wie »Mann und Frau«, »Männer und Frauen« (Sing. neben Plur. in Ri 9,49.51 und 16,27.27), wobei in der patriarchalisch ausgerichteten Gesellschaftsstruktur Israels (→*'āb* III/1) der Mann jeweils an erster Stelle steht. Die Wendung »Mann und/oder Frau« begegnet gerne in Rechtstexten in der Bedeutung von »irgend einer, wer auch immer« (Ex 21,28.29; 35,29; 36,6; Lev 13, 29.38; 20,27; Num 5,6; 6,2; Dtn 17,2.5; 29,17; Est 4,11; vgl. 2Chr 15,13). »Mann und Frau« bzw. »Männer und Frauen« kann auch zur Bezeichnung der Gesamtheit verwendet werden (Jos 6,21; 8,25; 1Sam 15,3; 22,19; 27,9.11; 2Sam 6,19 = 1Chr 16,3; Jer 6,11; 51,22; Neh 8,2.3, teilweise auch in längeren Reihen). Daneben gibt es auch dreigliedrige Reihen »Männer/Frauen/Kinder« (Dtn 31,12; Jer 40,7; Esr 10,1; vgl. Jer 44,7; mit *m*^{e}*tīm* Dtn 2,34; 3,6; mit *g*^{e}*bārīm* Jer 41,16). Nur unspezifisch ist im Wortfeld auch der Begriff *bēn* »Sohn« zu finden (z.B. Gen 42, 11.13; Dtn 1,31; Ez 16,45.45; Mal 3,17).

Der Mann sucht die Geschlechtsgemeinschaft mit der Frau (Gen 2,24) oder umgekehrt die Frau mit ihm (vgl. Jer 29,6).

»Verheiratet sein« von der Frau aus gesehen heißt *hāj*^{e}*tā l*^{e}*'īš* (Lev 21,3; Ez 44,25). Umgekehrt kann eine Jungfrau als solche definiert werden, der noch nie ein Mann beigewohnt hat (*lō jād*^{e}*'ā 'īš* Ri 11,39; 21,12; vgl. Gen 19,8; 24,16). Eine ganze Reihe von Fragen bei außerehelichen geschlechtlichen Beziehungen zwischen Mann und Frau (Sklavin, Jungfrau, Verlobte) werden in Rechtssätzen geregelt (Lev 19, 20; Dtn 22,22–29); ebenso der geschlechtliche Umgang mit einer Frau während des Monatsflusses (Lev 15,24.33), die Frage der Schwagerehe (Dtn 25,7), wenn Samenerguß beim Manne eintritt (Lev 15, 16ff.) usw.

In der Grundbedeutung ist als Synonym *gǽbær* zu nennen (→*gbr*; Dtn 22,5 im Gegensatz zu *'iššā*; oft wie *'īš* verwendet: Num 24,3.15), das allerdings viel seltener gebraucht wird. Selten ist auch das nur im Plur. vorkommende *m*^{e}*tīm* »Männer, Leute« (22×, davon je 6× in Dtn und Hi; akk. *mutu*, ug. *mt*, äth. *met* »Mann, Ehemann«; vgl. noch die Eigennamen *M*^{e}*tūšā'ēl* Gen 4,18 und *M*^{e}*tūšǽlaḥ* Gen 5,21–27; 1Chr 1,3).

Speziell zur Bezeichnung des Geschlechts findet sich *zākār* »männlich, Mann« (82×, davon je 18× in Lev und Num, 14× in Gen, 12× in Esr 8; dazu das alte Kollektivum *z*^{e}*kūr* »was männlich ist« im Wallfahrtsgesetz Ex 23,17 = 34,23 = Dt 16,16 und im Banngebot Dtn 20,13; die Wurzel **ḏakar-* »männlich« ist gemeinsem.), dessen Oppositum regelmäßig *n*^{e}*qēbā* »weiblich« ist (22×, mit Ausnahme der schwierigen Stelle Jer 31,22 [vgl. Rudolph, HAT 12,198f.] nur im Pentateuch).

Von Tieren wird *'īš* in der Grundbedeutung nur Gen 7,2.2 gebraucht (sonst *zākār*, Gen 6,19; 7,3 u.ö.).

2. Die Grundbedeutung wird nicht selten in spezialisiertem Sinne eingeengt:

a) Häufig ist *'īš* einfach als »Ehemann« zu übersetzen (Gen 3,6.16 u.ö.). In den Gesetzestexten gehören hierher vor allem Zusammenhänge, in welchen eherechtliche Fragen angeschnitten werden (Num 5,12ff. bei Ehebruchsverdacht; 30,8ff. bei Gelübden vor der Verheiratung; Dtn 22,13ff. im Scheidungsfall; 24,1–4 Wiederverheiratung nach Scheidung, vgl. Jer 3,1; Dtn 24,5 Freistellung vom Kriegsdienst).

Zur Bezeichnung Jahwes als »Ehemann« s.u. IV/3.

In der Bedeutung »Ehemann« ist der Begriff → *bá'al* »Eheherr« als Synonym zu nennen (2Sam 11,26 parallel zu *'îš*); vgl. auch →*'ādōn* (Gen 18,12; Ri 19, 26f.; Am 4,1; Ps 45,12).

b) An einigen Stellen dient *'îš* speziell zur Charakterisierung typisch männlicher Eigenschaften wie Stärke, Einflußkraft, Kampfesmut (1Sam 4,9; 26,15; 1Kön 2,2; vgl. Gen 44,15; Ri 8,21 u.a.). Synonym ist das allerdings selten in diesem Sinne gebrauchte *gæbær* (Hi 38,3; 40,7).

c) Nur scheinbar wird *'îš* an einigen Stellen auf die Bedeutung »Vater« bzw. »Sohn« eingeengt, wenn *'îš* »einer, jemand« im Gegenüber zu Söhnen bzw. Eltern in allgemeinem Sinne anstelle der genaueren Verwandtschaftsbezeichnung steht (Vater: Kind Gen 42,11.13; Dtn 1,31; 8,5; Mal 3,17; Sohn: Eltern Gen 2,24; 1Sam 1,11; Am 2,7; Jes 66,13; vgl. auch Gen 4,1).

d) Auch der Plural kann je nach dem Kontext als Ersatzwort für speziellere Bezeichnungen fungieren. So sind die »Männer« in Gen 12,20 Geleitschutz Pharaos für Abraham, in Jos 9,14 Unterhändler, in Jos 10,18 Wächter, in 2Sam 18,28 Aufständische, usw. Besonders häufig sind die »Männer« Kundschafter (Num 13f.; Dtn 1; Jos 2; 6f.) oder Begleiter, vor allem in Sam und Kön (häufig in der Suffixform *'anāšāw* »seine Männer«). Gerade als Gefolgsleute Davids (ca. 30 ×), Sauls, Abners oder Joabs haben sie in der Regel kriegerische Funktionen auszuüben (anders z.B. Gen 24,54.59; 2Kön 5,24).

3. Der Begriff wird gerne kollektiv gebraucht, zumal in Verbindung mit Zahlwörtern (z.B. 2Kön 4,43; 10,6.14). Dieser Gebrauch ist in den erzählenden Büchern beheimatet; vgl. auch die feste Wortverbindung *'îš* →*Jiśrā'ēl*.

4. Nicht selten wird *'îš* in der Bedeutung »Mensch« verallgemeinert verwendet:

a) Die Tendenz zu Verallgemeinerung läßt sich namentlich auch in Gesetzestexten (z.B. Ex 21,12 »wer einen Mann schlägt ...«; natürlich gilt dieselbe Straffolge für denjenigen, der eine Frau schlägt), in weisheitlichen Texten (z.B. Spr 12,25; Ps 37,7) und in Fluch- bzw. Segenssprüchen (Dtn 27,15 »verflucht ist der Mann, der ...«; Ps 1,1; 112,1.5 u.ö.) feststellen.

b) Die allgemeine Bedeutung »Mensch« liegt dort auf der Hand, wo *'îš* im Gegensatz zum Tier gebraucht wird (Ex 11,7; 19,13; Ps 22,7), ebenso dort, wo vom Menschen im Unterschied zu Gott die Rede ist: ganz markant Num 23,19; Ri 9,9.13; 1Sam 2,26 u.ö., vgl. *b^e šēbæṭ 'anāšîm* »mit menschlichen Ruten« (2Sam 7,14); *miṣwat 'îš* »Menschensatzung« (Jes 29,13) (s.u. IV/5b).

c) Die Verallgemeinerung zeigt sich vor allem in Wortverbindungen: *'anšē habbájit* »Gesinde« (Gen 39,11.14, es umfaßt männliche und weibliche Glieder), *b^e'ammat 'îš* »nach gewöhnlicher Elle« (Dtn 3,11), u.a. In dieser allgemeinen Bedeutung ist →*'ādām* als Synonymbegriff zu vergleichen, das gelegentlich zu *'îš* im Parallelismus zu finden ist (Jes 2,9.11.17; 5,15; Ps 62,10 u.a.); vgl. auch den Begriff *'ænōš*, der in der Spätzeit meist im Sinn von »schwache Sterbliche« gebraucht wird (→*'ādām*).

d) Auf den häufigen Gebrauch von *'îš* als Pronomen im Sinne von »jeder, jedermann, irgendeiner«, negiert »keiner«, sei nur hingewiesen.

5. *'îš* geht eine ganze Reihe von Wortverbindungen ein, von denen nur die wichtigsten genannt seien:

a) Zur Bezeichnung der Bewohner einer Stadt bzw. eines Landes neben dem geläufigen *jōšēb* »Bewohner« (Einwohner einer Stadt: entweder durch die Verbindung *'anšē hā'îr*, z.B. Gen 24,13, oder *'anšē hammāqōm*, z.B. Gen 26,7, oder in Verbindung mit dem Ortsnamen, z.B. Jos 7,4f.; Angehörige eines Landes: entweder im Plur.cs. *'anšē Jiśrā'ēl*, z.B. 1Sam 7,11, oder kollektiv *'îš Jiśrā'ēl*, *'îš J^ehūdā* usw.). Zur Bezeichnung einzelner Stadt- oder Landesbewohner finden sich Bezeichnungen wie *'îš ṣōrî* »Mann aus Tyrus« (1Kön 7,14), *'îš miṣrî* »Ägypter« (Gen 39,1) usw.

b) An fünf Stellen ist von *'anšē habbájit* die Rede: Gen 17,23.27 (männliche Haussklaven, die beschnitten werden); 39,11.14 (Gesinde Potiphars); Mi 7,6 (häusliche Mitbewohner).

c) Viele Wortverbindungen geht *'îš* zur Berufsbezeichnung ein. *'îš milḥāmā* (bzw. Plur.) ist der »Kriegsmann« (Ex 15,3, s.u. IV/1; Jos 17,1; 1Sam 18,5 u.ö.; aber auch »Kriegsgegner« 2Sam 8,10 = 1Chr 18,10; Jes 41,12). Zur Zeit Salomos scheint damit eine feste Berufsgruppe bezeichnet worden zu sein (1Kön 9,22); am häufigsten läßt sich der Begriff in der späten Königszeit belegen (als Synonyme vgl. *m^etîm* in Dtn 33,6; Jes 3,25, und *baḥūrîm* Jes 9, 16). Ganz in die Nähe gehört *'îš ḥájil*. Es handelt sich um »tüchtige Männer« in der Rechtsprechung (Ex 18,21.25), geeignete Aufseher über die Herden Pharaos (Gen 47,6) oder auch brauchbare Torhüter (1Chr 26,8) usw. Seit der Richterzeit sind die *'anšē ḥájil* »tüchtige Krieger« (Ri 3,29; 2Sam 11,16 u.ö.; vgl. *gibbōr ḥájil*, →*gbr*). Weitere Berufsbezeichnungen sind *'îš nābî'* »Prophet« (Ri 6,8), *'îš hā'adāmā* »Landwirt« (Gen 9,20), *'îš jōdē^a' ṣájid* »Jäger« (25,27), usw. Als weitere Verbindungen, welche die Tätigkeit oder das Sein eines Mannes bezeichnen, sind *'îš habbēnájim* »Zweikämpfer« (1Sam 17,4.23), *'îš raglî* »Fußvolk« (2Sam 8,4 = 1Chr 18,4; 1 Chr 19,18), usw. zu nennen.

d) Zur Umschreibung eines Adjektivs dient *'îš* z.B. in *'îš śā'ir* »behaart« und *'îš ḥālāq* (Gen 27,11).

e) Einigemal kommt die Wendung *b^enē 'îš* vor (Ps 4,3; Klgl 3,33; parallel zu *b^enē 'ādām* in Ps 49,3 und 62,10). Diese Verbindung ist frühestens seit exilischer Zeit belegt und wohl einfach mit »Menschen« zu übersetzen; nur Ps 49,3 läßt an die Übersetzung »Vornehme« denken (vgl. HAL 42a; Kraus, BK XV,33.365).

f) Die Wendung *ke'īš 'æḥād* »wie *ein* Mann« dient zur Bezeichnung der Einheit und Gesamtheit mehrerer Menschen, z.B. wenn sich die Gemeinde »wie *ein* Mann« versammelt (Ri 20,1; Esr 3,1; Neh 8,1) oder wenn sie »wie *ein* Mann« zum Kampfe auszieht (1Sam 11,7 u.ö.). »Wie *einen* Mann« kann man aber auch eine größere Anzahl von Menschen töten (Num 14,15 u.ö.); vgl. die Vorstellung vom Bann im Jahwekrieg (→*ḥrm*).

g) Schließlich sind noch Redewendungen zu nennen, in denen die Bedeutung von *'īš* stark verallgemeinert ist (s.o. III/4d). In Verbindung mit →*rēa'* und →*'āḥ* verblaßt die Grundbedeutung zu »einer den andern, einander« (z.B. Ex 18,7 und Gen 42,21). Am weitesten von der ursprünglichen Bedeutung entfernt sich Gen 15,10, wo selbst der personale Bezug verlorengegangen ist: »Abraham legte je einen Teil (der zerschnittenen Tiere) dem andern gegenüber.«

IV. 1. Obwohl man sich im AT Jahwe als Mann vorstellt, wird doch von ihm als *'īš* nur selten und metaphorisch gesprochen.

In dem beschreibenden Lobsatz Ex 15,3 wird Jahwe als ein *'īš milḥāmā* »Kriegsmann« bezeichnet. Dies ist die Zusammenfassung einer Entdeckung, die Israel in den kriegerischen Auseinandersetzungen mit seinen Nachbarn machte. In Dtjes 42, 13 wird sowohl diese Sprachform als auch der Begriff *'īš milḥāmōt* »Kriegsmann« wieder aufgenommen; hier wird allerdings Jahwes Tun mit dem eines Kriegsmannes nur verglichen (*ke'īš milḥāmōt*).

2. a) In der alten Verheißungserzählung Gen 18 ist seltsam wechselweise von Jahwe und den drei Männern die Rede. Da Jahwe in V. 13 als Subjekt ausdrücklich genannt ist (V. 1 ist jünger), dürfte er auch in den übrigen singularischen Versen (3.10.14b. 15b) als Subjekt gemeint sein. In Gen 18 stellt man sich also Jahwe als einen vor, der in der Gestalt von »drei Männern« erscheint, wobei Jahwe allerdings nie explizit mit diesen drei Männern identifiziert wird. Vgl. die zwei Männer in Gen 19 und den »Mann« in Gen 32,23ff. In der ältesten Zeit Israels bestanden offenbar keine Bedenken, im Anschluß an vorisraelitische Sagenstoffe Jahwe als Mann sich vorzustellen, der wie andere Männer aussieht, auf der Erde einhergeht, ißt oder kämpft (eine ähnliche Vorstellung ist möglicherweise auch in Jos 5,13–15 und Ez 8,2 zu finden).

b) In einigen nachexilischen Belegen im Zusammenhang mit der prophetischen Zukunftsschau werden die zu den Menschen (Propheten) gesandten Himmelswesen gelegentlich als *'īš* bezeichnet, wobei diese Menschen zwar nicht mit Gott identisch, aber auch nicht immer eindeutig von ihm unterschieden sind:

Ez 9,2ff. (»sechs Männer mit dem Zerstörungsgerät«, »Mann mit dem Linnengewand«; vgl. Ex 12, 12 P; 12,23 J, wo es Jahwe selbst ist, der in der Gestalt des Würgeengels durch Ägypten zieht); Ez 40,3–5; 43,6; 47,3 (»Mann mit dem Meßgerät«); Sach 1,8.10 (»Mann zwischen den Myrtenbäumen«); Sach 2,5 (»Mann mit der Meßschnur«); Dan 10,5; 12,6f. (»Mann im Linnengewand«).

3. In Hos 2,4.9.18 wird Jahwe als der Ehemann Israels bezeichnet. In Israels Frühzeit wäre das unmöglich gewesen. Denn damit ist eine Vorstellung aus der kanaanäischen Baalsreligion mit ihrem Hieros Gamos und der kultischen Prostitution aufgenommen. Hosea erst konnte es wagen, ein solches Bild zu verwenden, wobei ihm aber das aufgenommene Bild gerade dazu dient, diejenigen anzuklagen, welche sich von diesen kanaanäischen Sexualkulten angezogen fühlten (vgl. Wolff, BK XIV/1,60, und Rudolph, KAT XIII/1, 78f.).

Diese Bildrede wird dann bei Ezechiel wieder aufgenommen (Ez 16, deutlich in V. 32 und 45; vgl. aber auch V. 8.20). Der Sache nach wäre hier auch Jer 3,6ff. und Ez 23 zu nennen, wo aber der Begriff *'īš* fehlt.

Auch sonst wird Jahwe bzw. sein Handeln direkt mit dem eines Menschen verglichen: Ex 33,11 (wie ein Mann mit seinem Freund redet, so Gott mit Mose); Dtn 1,31; 8,5; Mal 3,17 (wie ein Mann sein Kind trägt / züchtigt / sich seiner erbarmt).

4. Der »Gottesmann« steht eindeutig auf seiten der Menschen; er ist Beauftragter, Bote Gottes. Der Begriff *'īš hā'ælōhīm* kommt im AT 76 × vor, davon allein 55 × in den Königsbüchern.

Als Gottesmänner werden bezeichnet: Elisa (29× in 2Kön 4,7–13,19); Elia (7× in 1Kön 17,18.24; 2Kön 1,9–13); Mose (6× in Dtn 33,1; Jos 14,6; Ps 90,1; Esr 3,2; 1Chr 23,14; 2Chr 30,16); Samuel (4× in 1Sam 9,6–10); David (3× in Neh 12,24.36; 2Chr 8,14); Semaja (1Kön 12,22; 2Chr 11,2); Hanan (Jer 35,4); anonyme Gottesmänner (24×, in Ri 13,6.8; 1Sam 2,27; 1Kön 13,1–29; 20,28; 2Kön 23,16.17; 2Chr 25,7.9.9); →*'ælōhīm* III/6.

'īš hā'ælōhīm ist neben *rō'æ* »Seher« (→*r'h*) und →*nābī'* »Prophet« einer der tragenden Begriffe bei der frühesten Prophetie Israels. Trotz einiger Bedeutungsnuancen (Elia und Elisa sind »Gottesmänner«, ihre Schüler heißen »Prophetenjünger«; 1Kön 13 stehen sich ein »Gottesmann« und ein »Prophet« geradezu gegenüber) übt der Gottesmann der Frühzeit prophetische Funktionen aus.

Im Wortfeld findet sich die »Wort-Ergehensformel« (1Kön 12,22; 17,2.8), der Botenauftrag (1Kön 12,23; 2Kön 1,3.15) und die Botenformel (1Sam 2,27; 1Kön 12,24; 13,2; 17,14; 20,28 u.a.). Wie Propheten kündigen auch die Gottesmänner der frühen Prophetenerzählungen Heil oder Unheil an. Häufig wird »Gottesmann« und »Prophet« synonym gebraucht (1Sam 9,8f.; 1Kön 13,18 u.a.); vgl. C. Kuhl, Israels Propheten, 1956, 14f.; von Rad II, 16f.

Zur Bezeichnung der sog. Schriftpropheten des 8.–6. Jh. wird der Begriff nie verwendet. In der Spätzeit verblaßt er zum bloßen Titel für große Männer (Mose, David).

Daneben wird von Männern berichtet, die Jahwe mit einer besondern Aufgabe betraut hat: »der Stab des Mannes, den ich erwähle« (Num 17,20; vgl. 2Chr 6,5); »Mann meines Plans« (= Kyros, Jes 46, 11); »Mann, der im Namen Jahwes weissagte« (Jer 26,20); »Mann deiner Rechten« (Ps 80,18) u.a.

5. Die oben genannten Belege, in welchen Gott direkt als *'îš* bezeichnet oder sein Tun mit dem eines *'îš* verglichen wird (IV/3), sind selten im Vergleich zu denen, in welchen der *'îš* als Geschöpf Gottes und damit in klarem Unterschied zu Gott vorgestellt wird.

a) In Gen 2–3 ist der Begriff selten (2, 23f.; 3,6.16; der tragende Begriff ist →*'ādām*).

b) An einigen Stellen wird der Unterschied zwischen Gott und Mensch sehr exakt betont: Der Mensch ist im Gegensatz zu Gott vergänglich (Ps 39,7; 62,10); anders als der Mensch lügt Gott nicht (Num 23,19) und steht fest zu seinem Wort (Hos 11,9). Auf diesen Gegensatz weist auch besonders die weisheitliche Literatur hin: Spr 21,2; 14,12 u.a. Vgl. noch Stellen wie Gen 32,29; Jos 10,14; Ri 9,9. 13; 2Sam 7,14; 2Kön 5,7; Jes 40,6ff. (→*bāśār*).

6. Was den Mann selbst betrifft, so ist sein Handeln und vor allem sein sexuelles Verhalten durch eine Reihe von Gottesgeboten geregelt, deren Übertretung den Zorn und die Strafe Jahwes hervorruft. Auf einige Zusammenhänge sei noch hingewiesen:

a) Zum Akt der Gesetzesverlesung müssen sich alle versammeln, Männer, Frauen, Kinder, Fremdlinge (Dtn 31,12; vgl. Jos 8,35). In den Volksversammlungen, die Esra und Nehemia abhalten, sind solche Reihen wieder aufgenommen (Esr 10,1; Neh 8,2f.).

b) Vom Banngebot der Jahwekriege waren Männer, Frauen, Kinder (Rinder, Schafe, Esel) betroffen (Jos 6,21; 8,25; 1Sam 15,3 u.a.). Die Prophetie nimmt ähnliche Reihungen wieder auf, nur daß die Feinde Jahwes, die total vernichtet werden, jetzt die Israeliten selbst sind (Jer 6,11; 44,7; vgl. 51,22).

c) Die Heirat eines Israeliten mit einer Ausländerin war zuzeiten möglich, wurde aber in Israel je länger desto schärfer theologisch negativ beurteilt, denn heidnische Frauen bedeuten die Einfuhr heidnischer Kulte (Gen 34,14; vor allem in nachexilischer Zeit: Num 25,6; Esr 10,17; Neh 13,25).

d) Gegen die Einfuhr und Übernahme heidnischer Kulte hat sich Israel seit dem Dtn besonders heftig gewehrt. Darum werden auch die götzendienerischen Männer hart bestraft (Dtn 17,2.5; 29,19; Ez 8,11.16; 11,1; 14,3.8).

e) Wer sich gegen diese Gebote vergeht, wird bestraft, denn Jahwe »vergilt dem Menschen nach seinem Tun« (Hi 34,11; vgl. u.a. 1Sam 26,23; 1Kön 8,39 = 2Chr 6,30; Jer 31,30; 32,19; Ez 7,16; Ps 62, 13; Spr 24,29; 2Chr 25,4).

V. Im NT ist unterschieden zwischen ἀνήρ »Mann, Mensch« (A. Oepke, Art. ἀνήρ ThW I,362–364) und ἄνθρωπος »Mensch« (J. Jeremias, Art. ἄνθρωπος ThW I,365–367). Die einzelnen Linien aus dem AT setzen sich hier fort. Klar wird geschieden zwischen Gott und Mensch (Mt 21,25; Apg 5,29 mit ἄνθρωπος; Joh 1,13 mit ἀνήρ), während die Verbindung zwischen Gott und Mensch in Jesus von Nazareth gesehen wird (Mk 14,71; 15,39; Joh 19,5 mit ἄνθρωπος; Joh 1,30; Apg 2, 22; 17,31 mit ἀνήρ). *J. Kühlewein*

אכל *'kl* essen

1. Die Wurzel *'kl* ist gemeinsem. (äth. nur als Subst.). Verbal erscheint sie im hebr. AT im Qal, Ni., Pu. und Hi., aram. nur im Qal (s.u. 3a). Die relativ zahlreichen nominalen Ableitungen (nur hebr.) mit der allgemeinen Bed. »Speise«, die Segolatbildungen *'ōkæl* und fem. *'oklā*, die aramaisierende Form *'akīlā*, die Nomina mit Präformativ *ma-*, *ma'akāl* und *ma'akōlæt* (1Kön 5,25 *makkōlæt*, GK § 23f.), sind in 3b zu differenzieren. Als nomen instrumenti erscheint *ma'akælæt* »Messer«.

Einigermaßen synonym ist *lḥm* »speisen« (6×, auch ug. neben *'kl*; zu phön. Kil. I,6 vgl. DISO 137 und KAI II,32; akk. *la'āmum*, *laḫāmu*, *lêmu* »zu sich nehmen, essen«, AHw 527b.543b) mit dem Subst. *læḥæm* »Brot, Nahrung« (299×, inkl. Jes 47,14 und Hi 30,4 dazu 1× aram. in Dan 5,1 »Mahl«; auch pun., aram.; zu arab. *laḥm* »Fleisch« vgl. L. Köhler, JSS 1,1956, 10; zum Äth. vgl. E. Ullendorff, VT 6, 1956, 192), das in theol. Zusammenhang bei Aussagen über Jahwes Schöpfermacht vorkommt (Ps 136,25; 146,7; 147,9; zu Dtn 8,3 vgl. von Rad, ATD 8,51; H. Brunner, VT 8, 1958, 428f.).

Verwandten Sinn hat *ṭ'm* »kosten« (11 ×, davon übertragen »empfinden, erfahren« in Ps 34,9; Spr 31,18) mit dem Subst. *ṭá'am* »Geschmack«, übertragen »Verstand« (12 ×, dazu Jon 3,7 »Befehl« als Lehnbed. aus dem Aram. bzw. Akk., vgl. Wagner Nr. 117); bibl.-aram. *ṭ'm* pa. »zu essen geben«, Subst. *ṭá'am* und *ṭᵉ'ēm* »Verstand; Befehl, Bericht«.

Weitere Vokabeln des Essens mit teilweise speziellerer Bed. sind *brh* »Krankenkost essen« (*birjā* und *bārūt* »Kranken-, Trauerkost«), *gzr* »fressen« (Jes 9,19), *zūn* »nähren« (Hi 36,31 txt em; *māzōn* »Nahrung«; aram. hitpe. »sich nähren« und *māzōn*), *ṣjd* hitp. »sich verproviantieren« (*ṣájid* und *ṣēdā* »Reiseproviant«), dazu *'ᵃrūḥā* »(Weg-)Zehrung« (vgl. HAL 84b) und *mispō'* »Futter« (ug. *sp'* »essen«); vgl. ferner die nicht zufällig mit dem Zungenlaut *l* beginnenden Wurzeln *lhṭ* »verzehren«, *lḥk* »auflecken, abfressen«, *l'ṭ* »verschlingen«, *lāšād* »Backwerk« (Num 11,8; arab. *lsd* »lutschen«); zu *l'* »schlürfen« und *lqq* »auflecken« →*šth* »trinken«.*

2. Das Verbum ist im AT nach Mand. und Lis. (s. aber u. 3b) 809 × hebr. und 7 × aram. belegt (qal 739 × + 7 × aram., ni. 45 ×, pu. 5 ×, hi. 20 ×), *'ōkæl* 44 ×, *'oklā* 18 × (nur Ez und P außer Jer 12,9, immer mit der Präp. *lᵉ*), *'ᵃkīlā* 1 ×, *ma'ᵃkāl* 30 ×, *ma'ᵃkōlæt* 2 ×, *makkōlæt* 1 ×, *ma'ᵃkálæt* 4 × (außer dem letzten kommen die Nomina nur im Sing. vor).

3. a) An den weitaus meisten Stellen hat das Verbum den eigentlichen Sinn »essen, fressen« als Bezeichnung einer Grundfunktion des menschlichen und tierischen Lebens. In Verbindung mit Sehen, Hören und Riechen kann *'kl* als Beweis des Lebendigseins gelten, Dtn 4,28. Außer Menschen und Tieren können jedoch zahlreiche andere Nomina als Subjekt von *'kl* in übertragener Bed. (»verzehren« o.ä.) auftreten: Feuer (etwa 70 ×), Schwert (12 ×), Land (Lev 26,38; Num 13,32; Ez 36,13f.), Wald (2Sam 18,8), Hitze und Kälte (Gen 31,40), Fluch (Jes 24,6), Zornglut (Ex 15,7), Hunger und Pest (Ez 7, 15), Krankheit (Hi 18,13). Ebensowenig sind die Objekte des Verbs auf die Bezeichnung verschiedener Speisen beschränkt: Land (Jer 8,16; 2Chr 7,13), Acker (Gen 3,17; Jes 1,7), Trümmer (Jes 5,17), Erbteil (Dtn 18,1; hi. Jes 58,14), Besitztum (Gen 31,15; Jes 61,6; Pred 5, 10.18; 6,2), Sünde (Hos 4,8) usw. In diesen Verbindungen ergeben sich Sinnerweiterungen in verschiedener Richtung: »ein Ende bereiten«, aber auch »genießen, nutznießen, die Folgen tragen« (so besonders mit dem Objekt »Frucht«, Jes 3,10; Spr 1,31 u.ö.). Daneben ist auch drastische bildliche Redeweise mit persönlichem Objekt, z.B. Volk, Völker, die Armen, beliebt (Ps 14,4 = 53,5; Dtn 7,16; Jer 10, 25 Wortspiel mit *klh* pi. »vernichten«; 30, 16 u.ö.; Hab 3,14; Spr 30,14).

Ein ähnlicher Bedeutungszuwachs findet sich auch beim akk. *akālu*, das u.a. mit den Subjekten Feuer, Götter, Seuchen, Schmerzen, Kummer stehen kann. Wie im Hebr. kann das Verbum im Akk. je nach dem Objekt (Feld, Besitz, Geld usw.) den allgemeineren Sinn »verbrauchen« oder »nutznießen« haben.

Auch ohne Objekt hat das Verbum bisweilen einen erweiterten Sinn, »ausbeuten« (2Sam 19,43) oder »schmausen« (Pred 10,16). Eine Bedeutungserweiterung mit Parallelen im Akk. liegt in Ez 42,5 vor, wo *'kl* nicht zu ändern ist, sondern »Fläche, Raum in Anspruch nehmen« meint (vgl. AHw 27a).

Der aus dem Akk. (CAD A/I, 255f.; M. Held, JCS 15, 1961, 12) und Aram. (KBL 1121) bekannte Ausdruck *'kl qarṣīn* »verleumden« (eig. »Abgekniffenes essen«) findet sich Dan 3,8 und 6,25.

Zum Ausdruck »sein Fleisch essen« (Pred 4,5; hi. Jes 49,26) vgl. die in der Kilamuwa-Inschrift I,6–8 erscheinende Redeweise vom Essen des eigenen Bartes und der eigenen Hand als Zeichen der äußersten Verzweiflung (KAI II,31f.; M. Dahood, CBQ 22, 1960, 404f.).

Zum (berichteten oder in Flüchen angedrohten) Essen des Fleisches der eigenen Kinder oder Angehörigen in einer Hungersnot (2Kön 6,28f.; Lev 26, 29; Dtn 28,53–57; Jes 9,19; Jer 19,9; Ez 5,10; Sach 11,9; vgl. Klgl 4,10) sind die ass. Parallelen zu beachten (CAD A/I, 250b; D. R. Hillers, Treaty-Curses and the OT Prophets, 1964, 62f.).

Das Nicht-Essen ist, auch wenn es sich nicht um kultisches Fasten handelt, Zeichen der Traurigkeit (1Sam 1,7, vgl. V. 18; 20,34; 1Kön 21,4f. vgl. V. 7; Esr 10, 6). Umgekehrt wird das Essen gerne in Verbindung mit Freude gesetzt (1Sam 30, 16; Hi 21,25; Pred 9,7; Jes 22,13, vgl. Gilg. X,III,6ff. = Schott 77f.).

b) Auf das Problem des Nebeneinanders von 6 bzw. 5 Nominalformen für »Nahrung, Speise« hat L. Köhler, JSS 1, 1956, 20–22 hingewiesen. Die Beobachtung des Kontextes erlaubt folgende Differenzierungen:

1) *'ōkæl* ist Kollektivbegriff für die konkrete, quantitative Größe »Nahrung« (oft = »Getreide«, vgl. akk. *ak(a)lu* »Brot«, äth. *'ekel* »Getreide«; ug. *akl* auch »Getreide«, Dahood, UHPh 50). Die Stellen Ex 12,4; 16,16.18.21 »gemäß seinem Appetit« und Hi 20,21 »für seine Gefräßigkeit« sind als Inf.Qal zu betrachten (dadurch Qal 744 ×, *'ōkæl* 39 ×). Ruth 2,14 »Essenszeit« spricht nicht unbedingt für ein Verbalabstraktum. – 2) *'oklā* (außer Jer 12,9 nur Ez und P, immer mit *lᵉ*) ist als fem.Inf. (nach Bergstr. II,84 in der jüngeren Zeit bevorzugt) und damit als nomen actionis aufzufassen. – 3) *'ᵃkīlā* (1Kön 19,8 »wanderte

kraft dieser Speise 40 Tage«) entspricht einem Part. pass. und bezeichnet die »gegessene Speise«. – 4) *ma'akāl* entspricht nach Nyberg 205ff. einem substantivierten Relativsatz (»das, was man ißt«) und bezeichnet die Speise in bezug auf ihre Eßbarkeit und qualitative Verschiedenartigkeit (vgl. *ma'akāl* neben *le'oklā* in Gen 6,21). – 5) *ma'akōlæt* (Jes 9,4.18 »Fraß des Feuers«) entspricht wohl ebenfalls einem Part. pass. (anders *makkōlæt* »Versorgung« 1Kön 5,25).*

4. Im Unterschied zu den ass.-bab. oder ug. Gottheiten (vgl. G.E.Wright, The OT Against Its Environment, 1950, 102ff.; W.Herrmann, Götterspeise und Göttertrank in Ugarit und Israel, ZAW 72, 1960, 205–216) steht Jahwe nur äußerst selten und dann nur negiert oder in Vergleichen als Subjekt zu *'kl*: Dtn 4,24 und 9,3 Jahwe als »fressendes Feuer« (dazu und zum »Gottesfeuer« →*'ēš* 4, →*kābōd*); Hos 13, 8 »und ich werde sie dort fressen wie ein Löwe« (wo aber mit den Komm. der Text zu ändern ist: »da fressen die Hunde sie auf«); in Ps 50,13 wird gegen die Vorstellung vom Essen Jahwes polemisiert: »sollte ich das Fleisch von Stieren essen und das Blut von Böcken trinken?« (vgl. Dtn 32,37f. »wo sind ihre Götter ... die das Fett ihrer Opfer aßen?«; Eichrodt I, 84–86; de Vaux II,338–340).

Dagegen steht Jahwe 13× als Subjekt des Hi. »zu essen geben«, sei es als Spender guter Gaben (Ex 16,32 und Dtn 8,3. 16 Manna; ferner Jes 58,14; Ez 16,19; Hos 11,4 txt?; Ps 81,17; in Ez 3,2 göttliche Buchrolle bei der Berufung), sei es in Ausführung des Gerichts (Jes 49,26; Jer 9,14; 19,9; 23,15; Ps 80,6).

Als religiöser Akt findet sich das Essen vor allem in den Opfervorschriften (L.Rost, BHH II,1345–50) und Speisegesetzen (Lev 11; Dtn 14; W.Bunte, BHH III,1828), sowie in den Bestimmungen und Erzählungen über das Nicht-Essen (und Nicht-Trinken) als rituelles Fasten (→*ṣūm*). Allein in Lev erscheint *'kl* q. 82×, dazu 22× ni. Wie das profane Essen hat auch das Kultmahl ein fröhliches Vorzeichen (Dtn 14,26 u.ö.; vgl. B.Reicke, Diakonie, Festfreude und Zelos, 1951, 167ff.).

Zum Mahl als Element des Bundesschlußritus (Gen 26,30; 31,46.54; Ex 24, 11; Jos 9,14f.) →*berīt*. W.Beyerlin, Herkunft und Geschichte der ältesten Sinaitraditionen, 1961, 40–42, vermutet in »essen und trinken« einen terminus technicus für den Bundesschluß.

Zu den Trauerriten gehörte das Essen einer speziellen Trauerspeise, Dtn 26,14; Jer 16,7 (txt em); Ez 24,17.22 (txt em); Hos 9,4 *læḥæm 'ōnīm*; vgl. H. Cazelles, RB 55, 1948, 54–71; T.Worden, VT 3, 1953, 290f.; J.Scharbert, Der Schmerz im AT, 1955, 123f.

5. Der erweiterte Gebrauch des Verbs läßt sich auch in Qumran nachweisen; es kann außer dem profanen oder kultischen Essen auch eine Aktivität des Feuers oder des Schwertes bezeichnen. In der LXX finden sich als Übersetzungen von *'kl* mehr als 20 Vokabeln, in denen die Sinnerweiterung des hebr. Wortes jeweilig ausgedrückt wird (verbrauchen, verbrennen, ernten usw.). Zum NT vgl. J.Behm, Art. ἐσθίω, ThW II,686–693; L.Goppelt, Art. τρώγω, ebd. VIII,236f. *G. Gerleman*

אֵל *'ēl* Gott

I. **'il-* ist ein frühes (vom Äth. abgesehen) gemeinsem. Wort für »Gott«, das besonders im Akk. (CAD I/J 91–103) und NWSem. (DISO 13) verbreitet ist. Seine Etymologie bleibt trotz vielfältigen Vorschlägen umstritten.

Man hat es hauptsächlich in Verbindung gebracht mit *'ūl* »vorne, erster« bzw. »stark sein« oder *'lh* »stark sein«, aber auch – schon weniger wahrscheinlich – mit der Präposition *'l* »zu, Richtung« bzw. *'lj*/*'lh* »hinstreben, erreichen«, *'ll* »binden«, arab. *'ill* »Verhältnis« u.a. (vgl. zuletzt F.Zimmermann, VT 12, 1962, 190–195; P.Fronzaroli, AANLR VIII/20, 1965, 248.262.267, und die in den einschlägigen Lexika genannte Lit.).

Für keine Ableitung lassen sich sichere Anhaltspunkte gewinnen. Auch die Redensart *jæš-le'ēl jādī* »es steht in meiner Macht« (Gen 31,29; ähnlich Dtn 28,32; Mi 2,1; Spr 3,27; Neh 5,5) verhilft zu keiner befriedigenden Lösung, da sich die Wendung gleichfalls etymologisch nicht eindeutig erklären läßt (vgl. HAL 47a mit Lit.). Vielleicht entzieht sich das Wort *'ēl* wegen seines Alters einer Ableitung; doch könnte seine Grundbedeutung – rein vermutungsweise – (wie ähnliche Gottesbezeichnungen: →*ba'al*, →*'ādōn* »Herr« oder →*mælæk* »König«) den Machtcharakter zum Ausdruck gebracht haben.

II. Belege für das Wort *'ēl* finden sich im AT (238×) in sehr früher wie auch noch in später Zeit; sie sind ungleichmäßig verteilt und haben ihr Schwergewicht in den Büchern Ps (77×), Hi (55×), Jes (24×, davon Dtjes 40–46 15×), Gen (18×), Dtn (13×). Demnach begegnet *'ēl* gerne in rhythmisch geformten Texten (vgl. noch die Bileamsprüche Num 23–24, 8×), auch in archaisierender Sprache. Ob einzelne Bücher (Sam, Kön, Jer, Chr u.a.) das Wort – aus einem unbekannten Grund – meiden wollen, ist daher fraglich. Der Plur. *'ēlīm* ist im AT selten (s.u. III/3 und Ps 58,2 txt em); der anderen sem. Sprachen vertraute fem. Sing. fehlt überhaupt.

III. *'ēl* ist z.T. Eigenname einer bestimmten Gottheit wie auch reines Appellativum für »Gott« (Plur. *'ēlīm*). Der vielfältige Gebrauch des Wortes läßt sich, stark vergröbert, auf verschiedene Bereiche aufteilen, die sich wohl nur mit großem Vorbehalt als Stadien im geschichtlichen Nacheinander verstehen lassen: von dem stärker religionsgeschichtlich bestimmten Vorkommen (III/1 El in der Umwelt des AT; III/2 El-Gottheiten der Genesis; III/3 spätere Belege; III/4 superlativischer Gebrauch) über die Beschreibung von Gottes Wesen mit Adjektiven (IV/1) zum Gebrauch bei Deuterojesaja (IV/2), im Hiobbuch (IV/3), in der Gegenüberstellung von Gott und Mensch (IV/4) und im Anruf Gottes (IV/5).

1. Vor allem die (mythologischen) Texte von Ras Schamra–Ugarit weisen El als Gott von besonderem Rang aus. Als »König« steht er an der Spitze des Götterkreises. Er ist »Vater« der Götter, »Schöpfer der Geschöpfe« (eine Kosmogonie ist allerdings bisher nicht belegt), »weise«, »freundlich«, vielleicht auch »heilig«, heißt aber auch »Stier El«. Er trägt Zeichen des Alters und wohnt in mythischer Ferne (vgl. O. Eissfeldt, El im ugaritischen Pantheon, 1951; M.H. Pope, El in the Ugaritic Texts, 1955; M.J. Mulder, Kanaänitische Goden in het Oude Testament, 1965, 13ff.).

Westsemitische Inschriften kennen ebenfalls den Gott El, nennen ihn in Götteraufzählungen aber nicht mehr an erster Stelle (vgl. W. Röllig, El als Gottesbezeichnung im Phönizischen, FS Friedrich 1959, 403-416; R. Rendtorff, El, Ba'al und Jahwe, ZAW 78, 1966, 277–292). Obwohl El auch in später Zeit noch erwähnt wird (z.B. bei Philo v. Byblos), tritt er anscheinend hinter Baal (bis hin zu Palmyra) zurück (vgl. noch U.Oldenburg, The Conflict between El and Baal in Canaanite Religion, 1970).

2. Im AT begegnet *'ēl* zunächst (von Gen 14,18ff. an) in verschiedenen Zusammensetzungen für Gottheiten, die an bestimmten Orten erscheinen.

Gegenüber dem Anruf »du bist *'ēl r^{e}'ī*«, der »Gott, der mich sieht(?)« (Gen 16,13 J) enthält der wohl ältere Brunnenname *b^{e}'ēr laḥaj rō'ī* »Brunnen des Lebendigen, der mich sieht(?)« nicht das Element *'ēl*, so daß das Numen vielleicht ursprünglich gar nicht als El-Gottheit galt.

Der aus Beerseba bezeugte Name *'ēl 'ōlām* (Gen 21,33 J) wird in gewisser Weise durch den aus Ugarit (*špš 'lm*, PRU V,8) und Karatepe (*šmš 'lm*, KAI Nr. 26, A III,19) bekannten »Sonnengott der Ewigkeit« wie durch den in der Kosmogonie vor Mochos erwähnten Ulomos (Damascius, De principiis 125; FGH 784) gestützt.

In Gen 35,7 (E) enthält *'ēl bēt-'ēl* »Gott (von) Bethel« die Bezeichnung einer Stätte, obwohl *bēt-'ēl* aus der Umwelt sowohl als Orts- (und Stein-) wie Gottesname belegt ist (Eißfeldt, KS I,206–233; H. Donner, Zu Gen 28,22, ZAW 74,1962, 68–70). Das Wort »ich bin der Gott (von) Bethel« (31,13 E; vgl. 28,10ff.) geht kaum auf alte Tradition zurück, da der Name mit Artikel gebildet ist (vgl. 35,1.3 *'ēl* mit Artikel), nicht mehr in seiner ursprünglichen Ortsbindung erscheint und die Übertragung der Selbstvorstellungsformel auf die Gottheit wohl sekundär ist. Zudem ist in beiden Fällen der Text unsicher (s. LXX).

Auch *'ēl šaddaj* (Gen 17,1; 28,3; 35,11; 48,3; Ex 6,3 P) hat man im Anschluß an O. Eißfeldt (KS III, 364 Anm. 4.396 Anm. 1; vgl. M. Weippert, ZDMG 111,1961, 42–62; R. Bailey, JBL 87, 1968, 434-438) für eine lokale Sonderform des Gottes El, etwa in Hebron, gehalten; aber das AT kennt eine solche feste Ortsbindung nicht. Vor allem ist aus älterer Zeit nur das – in seiner Bedeutung umstrittene - Element → *šaddaj* sicher bezeugt (Num 24,4.16), während Gen 43,14 J/E (nachträgliche Angleichung an P) und 49,25 (Korrektur des MT in 3 MSS und Übersetzungen durch Anpassung an den üblichen Namen?) fraglich sind. So liegen erst seit dem 6. Jh. vertrauenswürdige Belege des Doppelnamens vor (Ez 10,5 und P), so daß er eine spätere Kombination darstellen kann, was seine Besonderheit (Ortsungebundenheit) erklären würde. P faßt mit ihm die verschiedenen Bezeichnungen der Vätergötter und El-Gottheiten zusammen und hebt so die Andersartigkeit der Patriarchenzeit (Gen 17,1–Ex 6,3) hervor.

Keiner dieser Gottesnamen ist in der vorliegenden Form außerhalb des AT bezeugt; nur die Einzelelemente lassen sich z.T. in der Umwelt nachweisen. So bleibt unsicher, ob ihre Verbindung in alte Zeit zurückgeht. Vielleicht spiegeln sich die religionsgeschichtlichen Verhältnisse im vorisraelitischen Palästina nur noch sehr gebrochen im AT wider, weil es die Überlieferung stärker umgestaltet hat, als man gewöhnlich annimmt. Alle Gottesbezeichnungen können ja auch nur gegen ihren Sinn im vorliegenden Zusammenhang auf von Jahwe unterschiedene Gottheiten bezogen werden. Außerdem läßt sich nur vermuten, wie sich die in der Gen genannten Ortsgottheiten zu dem in westsem. Texten erwähnten ortsungebundenen El verhalten (lokale Erscheinungen des Hochgottes?). Jedenfalls ist aus den verschiedenen Beinamen nicht zu erschließen, daß Jahwe ursprünglich eine El-Gottheit war.

Soweit die Formulierungen auf frühe Tradition zurückzugehen scheinen, haften sie in Kanaan (vgl. auch Ortsnamen wie *P^{e}nū'ēl* u.a.). Die Frage, ob schon die Nomaden eine El-Religion kannten, ist nur schwer beantwortbar.

Eigentlich bieten nur die charakteristischen theophoren Eigennamenbildungen (Verbum im Imperfekt mit Gottesnamen), z.B. »Israel«, »Ismael« oder in Kurzform

»Jakob«, »Isaak«, einen Anhalt für diese Vermutung. Andere Begründungen bleiben ungewiß.

Das Alter der Wendung »*'ēl* (ist der?) Gott Israels« (in Gen 33,20 E? Name eines Altars) ist umstritten. Ist die Verbindung ursprünglich oder sekundär, ist der »Gott Israels« ein sog. Vatergott (vgl. R. Smend, Die Bundesformel, 1963, 15.35f.; H.Seebaß, Der Erzvater Israel, 1966)? Jedenfalls hat der Doppelausdruck eine andere Struktur als die übrigen mit *'ēl* gebildeten Gottesnamen der Gen und ist so unvergleichbar.

Die göttliche Selbstvorstellung an Jakob »ich bin *'ēl* (mit Artikel), der Gott deines Vaters« (Gen 46,3 E), der Jakobsegen, der mit einem singulären Ausdruck Joseph die Hilfe von seiten des »*'ēl* deines Vaters« zuspricht (Gen 49,25), und die Erklärung des Eigennamens Elieser als »der Gott meines Vaters ist meine Hilfe« verbinden wohl nachträglich Züge der El-Religion und des Vätergott-Glaubens.

Sollten die Nomaden schon ihre Gottheiten als *'ēl* angerufen haben, so haben sie die näher bestimmten Gottesnamen wie *'ēl 'ōlām*, die die Erzählungen der Gen prägen, doch erst an den Heiligtümern im Kulturland kennengelernt.

3. In späteren Belegen von *'ēl* sind teils Fremdeinflüsse, teils Neuinterpretationen des AT erkennbar.

Nach Ri 9,46 wurde in Sichem ein *'ēl berīt* verehrt; doch ist der Name des Gottes uneinheitlich überliefert. Er lautete noch *bá'al berīt* (Ri 8,33; 9,4), obwohl El und Baal verschiedene Gottheiten sind. Außerdem ist ein Bund (→*berīt*) zwischen Gott und einer Menschengruppe aus Israels Umwelt bisher nicht bezeugt, so daß der Sinn des Namens undeutlich bleibt.

Ob der nach Jerusalem weisende Titel *'ēl 'æljōn* »der höchste Gott bzw. El der Höchste, Schöpfer (→*qnh*) Himmels und der Erde« (Gen 14,19.22) eine ursprüngliche Prädikation des Gottes El ist und nicht zwei zunächst selbständige Elemente vereint, ist strittig (vgl. nach G. Levi della Vida und R. Dussaud zuletzt R. Rendtorff, a.a.O.). Aus Texten von Karatepe, Leptis Magna, Palmyra und vielleicht Boghazköj ist *qn 'rṣ* »Schöpfer der Erde« als Beiname Els belegt, doch fehlt bisher ein Gegenstück »Schöpfer des Himmels«. Unsicher ist auch, ob *'æljōn* zunächst eine eigene Gottheit oder ein Epitheton des Gottes El war. Zumindest müssen beide Götter schon früh miteinander verbunden worden sein, da sie auf einer Inschrift von Sfīre (KAI Nr. 222, A 11; vgl. Fitzmyer, Sef. 37f.) nebeneinander stehen und im AT im Parallelismus gleichgesetzt werden können (Num 24,16; Dtn 32,8 txt em; Ps 73, 11; 77,10f.; 78,17f.; 107,11; vor allem 78,35; vgl. 82,1.6; Jes 14,13f.).

Altorientalische, speziell kanaanäische Vorstellungen klingen nach, wenn etwa Ps 82,1 von einer »Versammlung Els« (*'adat-'ēl*), Ps 19,2 von der »Ehre Els« (*kebōd 'ēl*; vgl. 29,2) oder Num 23,22 im Vergleich von den Wildstierhörnern Gottes sprechen (vgl. W.H. Schmidt, Königtum Gottes in Ugarit und Israel, ²1966, 25ff.40ff.83). Auch im Prahlwort des Königs von Babel »über die Sterne Els will ich meinen Thron erheben« (Jes 14,13) und des Fürsten von Tyrus »El bin ich, auf einem Göttersitz throne ich« (Ez 28,2) wird der Gottesname »Jahwe« bezeichnenderweise gemieden (vgl. noch Dtn 32, 18; Ps 104,21; Hi 38,41?). Im strengen Sinne ist *'ēl* aber wohl nirgends im AT als Name einer bestimmten Gottheit erhalten, sondern durchweg als Appellativ aufzufassen, wenn auch der Eigennamencharakter noch mehrfach durchschimmert. So müssen sich Deutungen, die einigen atl. Worten eine Überordnung Els über Jahwe entnehmen (vgl. Eissfeldt, KS III,389ff.), eigentlich gegen den Textsinn richten.

Wenn im AT vielleicht in archaisierender Sprache der Begriff *'ēl* durch das Adjektiv *ḥaj* »lebend« bestimmt wird (Jos 3, 10; Hos 2,1; Ps 84,3; im Schwur Hi 27, 2; vgl. Ps 42,3.9), so könnte das nicht nur in dem Personennamen *Ḥyil* (WUS Nr. 917), sondern auch in der mythischen Aussage vom »Leben« Els (ug. 51 [= II AB], IV 42 u.a.) sein Vorbild haben, obwohl El kein sterbender und auferstehender Gott ist.

Wie die *benē 'ēlīm* »Göttersöhne« (Ps 29, 1; 89,7; vgl. Dtn 32,8 txt em) ursprünglich wohl die dem Götteroberhaupt unterstellten Götter (vgl. Ps 82,1.6), im AT aber nur noch niedere Gottwesen meinen (vgl. W. Herrmann, Die Göttersöhne, ZRGG 12, 1960, 242–251; G. Cooke, ZAW 76 1964, 22–47) so wird auch die dem Polytheismus entstammende Frage »wer ist wie du unter den Göttern?« (Ex 15,11) auf den himmlischen Hofstaat bezogen worden sein. Ähnliche, verschiedenartige Vergleichsfragen bzw. Unvergleichlichkeitsaussagen, die z.T. noch den religionsgeschichtlichen Hintergrund erkennen lassen, enthalten das Wort *'ēl* im Sing. (Dtn 3,24; 33,26; 2Sam 22,32; Jes 40,18; Mi 7,18; Ps 77,14; vgl. 89,7f.).

Dagegen hat Israel mit der Beifügung *qannā'* »eifernd« die altorientalische Gottesbezeichnung vollständig vom eigenen Gottesverständnis her gedeutet; ein »eifernder Gott«, der – statt nur einen Vorrang – die Ausschließlichkeit der Beziehung fordert und ihre Übertretung ahndet, ist der Umwelt unbekannt. Israel hat wohl erst später von der Exklusivität seines Gottesverhältnisses unmittelbar auf eine Eigenschaft Gottes geschlossen; denn der Hinweis auf Jahwes »Eifer« findet sich erst in späteren Zusätzen zum Dekalog, die das erste Gebot begründen, im Dtn u.a. (Ex 20,5; 34, 14; Dtn 4,24; 5,9; 6,15; vgl. Jos 24,19; Nah 1,2; →*qn'*).

Schließlich bewirkte die Eigenart des Jahweglaubens eine Umprägung des Begriffes *'ēl*, wenn er durch Appositionen wie »fremder, anderer« (→*'ḥr*, →*zār*, →*nēkār*) charakterisiert wird (Ex 34,14; Ps 44,21; 81, 10; vgl. Dtn 32,12; Mal 2,11). Diese Abgrenzung kann sich sogar zur Negation steigern: Der Abfall geschieht zum »Nicht-Gott« (*lō-'ēl* Dtn 32,21). Dabei wird das Gottesverhältnis jeweils wörtlich oder zumindest sachlich vom ersten Gebot her bestimmt.

4. Wie →*'ᵉlōhīm* (III/3) kann auch *'ēl* mit abgeschwächter Bedeutung zur Steigerung gebraucht werden: »Gottesberge« (Ps 36, 7; 50,10 txt em) und »Gotteszedern« (Ps 80,11) sind durch besondere Größe ausgezeichnet (ev. auch Jes 14,13 »Gottessterne«, während Hi 41,17 »Mächtige, Helden« von *'ájil* abzuleiten ist, vgl. Ez 32,21).

Der auffälligen Wendung *Jhwh 'ᵉlōhīm* (→*'ᵉlōhīm* IV/5) ähnelt *Jhwh 'ēl* (Ps 10,12), vgl. *hā'ēl Jhwh* (Ps 85,9; Jes 42,5). Die Häufung der Gottesbezeichnungen in Ps 50,1; Jos 22,22 ist feierlich gehobene Redeweise, ähnlich die den Superlativ umschreibende Genetivverbindung *'ēl 'ēlīm* »Gott der Götter«, d.h. »der höchste Gott« (Dan 11,36).

IV. 1. Obwohl das AT nur relativ wenige Prädikate Gott selbst beilegt, häuft sich in späterer Zeit – etwa vom Dtn ab – der Gebrauch von *'ēl* in Verbindung mit Adjektiven; das Wort kann wegen seiner Allgemeinheit vielfältige Bestimmungen aufnehmen. Der »eifernde Gott« (s.o. III/3) wacht über das Israel, das sich fremden Göttern anvertraut; der »heilige Gott« (*hā'ēl haqqādōš* Jes 5,16, sekundär) erweist sich im Gericht als heilig. Doch kann sich der »große Gott« (*'ēl gādōl* Ps 95,3) für Israel einsetzen (Dtn 7,21; 10, 17) wie Schuld vergeben (Jer 32,18; vgl. Neh 1,5; 9,32; Dan 9,4). Die ebenfalls erst später belegte Bekenntnisformel *'ēl raḥūm wᵉḥannūn* »barmherziger und gnädiger Gott« o.ä. (Ex 34,6; vgl. Dtn 4,31; Jon 4,2; Ps 86,15; Neh 9,31), die sich – für das AT ungewöhnlich – nicht auf ein Geschichtsereignis beruft, entstammt der Weisheit, die eine grundsätzliche, allgemeingültige Aussage über Gottes Wesen macht, so daß man hier die Anfänge einer Eigenschaftslehre Gottes finden kann (vgl. R.C.Dentan, VT 13, 1963, 34–51).

Vergleichbar sind Näherbestimmungen wie »ein gerechter = wahrer Gott« (Jes 45,21; vgl. 45,15 »ein sich verbergender Gott«), »ein vergebender Gott« (Ps 99,8) oder »der treue Gott« (Dtn 7,9). Gleichbedeutend sind Constructus-Verbindungen: »Gott der Treue« (Dtn 32,4 bzw. Ps 31,6; vgl. 68,21). Als Richter kann der »Gott der Rache« (Ps 94,1; vgl. Jer 51,56) angerufen werden. Zu anderen Wendungen, zumal mit *'ēl* als nomen rectum (z.B. Ps 78,7 »Taten Gottes«; vgl. Hi 37,14) vgl. HAL 48b.

2. In Deuterojesajas Verkündigung der Einzigkeit Jahwes (»ich bin Gott und sonst niemand«) spielt das Appellativum *'ēl* (nur in Jes 40–46) eine gewichtige Rolle (bes. 40,18; 43,12; 45,22; vgl. 43, 10). Doch klingt dabei kaum noch die Identifizierung Jahwes mit der Gottheit El nach. *'ēl* ist kein Eigenname mehr, sondern – z.T. parallel (45,14f.; 46,9) oder im Wechsel mit *'ᵉlōhīm* (45,5.18 u.a.; vgl. Ez 28,2.9) – Allgemeinbegriff für »Gott« schlechthin, den Jahwe für sich allein beansprucht. Daneben findet sich *'ēl* in der Auseinandersetzung mit den Fremdgottheiten (Jes 45,20; in sekundären Abschnitten »einen Gott bilden, machen«: 44,10. 15.17; 46,6).

3. Im Hiobbuch, besonders in den Elihureden, wird *'ēl* (mit und ohne Artikel) – neben *'ᵉlōᵃh* und oft parallel zu *šaddaj* – zur häufigsten Gottesbezeichnung, während *'ᵉlōhīm* fast ganz zurücktritt (vgl. Fohrer, KAT XVI, 117f.). So ist der Gebrauch im ganzen kaum durch die mit *'ēl* gegebene Tradition, sondern durch das Thema des Hiobbuches bestimmt (vgl. etwa 8,3.20; 13,3; 31,14; 34,5.12).

Durch diesen Sachverhalt ist gegeben, daß *'ēl* im Hiobbuch weder mit Suffix erscheint – so tritt die Differenz von Gott und Mensch stärker hervor als im Psalter – noch mit appositionellem Adjektiv, wenn auch die »Erhabenheit« Gottes betont wird (36,5.22. 26).

Vergleichbar sind Begrifflichkeit wie Thematik mancher Psalmen. So bestreiten die Gottlosen nach Ps 73,11 ausdrücklich, daß der transzendente Gott vom Treiben der Menschen auf Erden Kenntnis nimmt (vgl. Hi 22,13).

Die Spätzeit vermag so allgemein die Bezeichnung *'ēl* zu verwenden, weil sie ihren Gott als Gott der Welt (vgl. *'ēl* »im Himmel«: Dtn 3,24; Ps 136,26; Klgl 3,41) nicht mehr von anderen Göttern zu unterscheiden braucht.

4. Mehrfach stehen im AT *'ēl* »Gott« und Mensch ausdrücklich gegenüber. »Nicht Mensch ist Gott, daß er lüge« (Num 23,19) umschreibt Gottes zuverlässige Treue zu seinem Wort. Der Prophet Hosea (11,9) begründet mit der Antithese »Gott bin ich und nicht ein Mensch« seine Interpretation der Heiligkeit als vergebender Liebe statt strafenden Zorns. Jesajas Wort »Ägypten ist Mensch und nicht Gott« (31,3) trennt zwischen Macht und Ohnmacht. Ähnlich hält Ezechiel dem überheblichen Fürsten von Tyrus entgegen: »Du bist ein Mensch und nicht Gott« (28,2.9). Schließlich wird der Unterschied von Gott und Mensch im Hiobbuch (außer 32,13) zum Gegenüber von Recht und Unrecht: »Wie kann ein Mensch vor Gott Recht haben?« (9,2; 25,4; vgl. 4,17 u.a.). Gottes und des Menschen Sein sind so andersartig, daß zwischen beiden Rede und Gegenrede, also ein Rechtsverkehr, unmöglich ist (vgl. 9,32).

5. Außerdem vermag *'ēl* enge Verbundenheit mit Gott auszusagen (vgl. »Gott meines Lebens« Ps 42,9 u.a.); auch in diesem Sprachgebrauch wie in der Gebetsanrede könnte eine Israels Umwelt geläufige Redeweise (vgl. zu den bab. Gebeten z.B. J. Begrich, ZAW 46, 1928, 236. 242.244f.) nachklingen. »Mein Gott« (Suffixe der 2. und 3. Pers. sowie der 1. Pers.Plur. fehlen) ist der Ruf des Einzelnen, zumal im Klage- und Danklied: »mein Gott, mein Gott, warum hast du mich verlassen?« (Ps 22,2; auch 18,3; 63,2; 102, 25; Ex 15,2; vom König Ps 89,27; vgl. 68,25), und das Bekenntnis »du bist mein Gott« spricht Vertrauen aus (Ps 22,11; 118,28; 140,7; vor dem Götzenbild Jes 44,17; vgl. Eissfeldt, KS III,35–47). Doch kann *'ēl* im Vokativ auch ohne Suffix Anrede des Einzelnen (Ps 16,1; 17,6; vgl. 10,12; 31,6) wie der Gemeinschaft sein (Ps 83,2; 90,2; Num 16,22; vgl. *'immānū 'ēl* Jes 7,14; 8,8.10, →*'im*).

V. →*'elōhīm*. *W. H. Schmidt*

אָלָה *'ālā* Verfluchung

1. Die Wurzel *'lh* (*'lw*) »verfluchen« scheint nur im Hebr., Phön. und Arab. gebraucht zu sein.

Phön. *'lt* auf einem Amulett aus Arslan Taş (KAI Nr.27) bedeutet in Z.9 »Bund«, Z.13.14.15 »Fluch« (KAI II,45 nach Th.C.Gaster, Or NS 11,1942,65f.; andere Deutungen DISO 14). Der in DISO 14 angegebene jaud. Beleg *'lh* »conspiration(?)« aus KAI Nr. 215, Z.2, fällt nach KAI II,223.225 weg.

Arab. *'ālā* (*'lw* IV) bedeutet »schwören«, vgl. J. Pedersen, Der Eid bei den Semiten, 1914,12f.

Akk. *i'lu* »Vertrag« (AHw 373b) gehört zu *e'ēlu* »(vertraglich) binden« (AHw 189a) und ist mit hebr. *'ālā* nicht wurzelverwandt. Dem Gebrauch von *'ālā* entspricht am ehesten akk. *māmītu*, vgl. Pedersen, a.a.O. 82; H.C. Brichto, The Problem of »Curse« in the Hebrew Bible, 1963, 16f.71–76; AHw 599f.

Das Verbum *'lh* kommt im Qal und Hi. vor; neben dem Subst. *'ālā* ist als weitere Ableitung *ta'alā* »(realisierter) Fluch« (so J. Scharbert, Bibl 39, 1958, 5) zu erwähnen (vgl. jedoch Brichto, a.a.O. 69).

2. Im hebr. AT sind Ableitungen von der Wurzel 43× bezeugt: Qal und Hi. je 3× (in 1Sam 14,24 ist vermutlich *wajjā'al* zu lesen), *'ālā* 36×, *ta'alā* 1× (Klgl 3,65).

Hervorzuheben sind die relativ seltene Verwendung in den alten Erzählungen (Gen 24,41.41; 26,28; Ri 17,2; 1Sam 14,24) und das häufigere Vorkommen in den Propheten (13×).

3. a) *'ālā* ist im wesentlichen ein Terminus des Rechtslebens. Im Unterschied zu →*'rr* »verfluchen, mit einem Bannfluch belegen«, →*qll* pi. »beschimpfen, verwünschen« und anderen Ausdrücken für das schädigende Reden (vgl. J. Scharbert, »Fluchen« und »Segnen« im AT, Bibl 39, 1958, 1–26; H.C. Brichto, The Problem of »Curse« in the Hebrew Bible, 1963) bezeichnet *'ālā* nach F. Horst, RGG V, 1651, den Fluch »als Rechtsbehelf zur Sicherung von Eid (Gen 24,41; Hos 4,2; Neh 10, 30), Vertrag (Gen 26,28; Ez 17,19), Bund (Dtn 29,19f.; 2Chr 34,24), als Ordal-Fluch (Num 5,21) wie als Rechtsrache gegen unbekannte Diebe, Meineidige und Mitwisser (Ri 17,2f.; Lev 5,1; Sach 5,3; Spr 29,24)«.

Es handelt sich jeweils um eine bedingte Verfluchung, die entweder der Sprechende selber auf sich nimmt oder einem anderen auferlegt. Anwendungsgebiete sind danach einerseits die mit einem Fluch als Sanktion begleiteten Eidesleistungen (→*šb'*), die zum Abschluß eines Vertrages oder Bundes (→*berīt*) gehören (b), andererseits die gegen andere, bekannte oder unbekannte Personen gerichtete Unterstellung unter einen Fluch (Brichto, a.a.O. 41: »adjuration«), um einen Befehl durchzusetzen oder einen Rechtsbrecher der Strafe zuzuführen (c). In beiden Fällen ist teilweise mit metonymischem Wortgebrauch zu rechnen.

b) An etwa der Hälfte der Stellen steht *'ālā* in sachlichem Zusammenhang mit Eid (→*šb'* ni./hi., *šebū'ā*) und Bund (→*berīt*; auch →*tōrā* als geschriebenes, verpflichtendes Gesetz). Gemeint ist zunächst die in jeder Eidesleistung enthaltene Sanktion durch eine bedingte Selbstverfluchung, der im

Falle des Eidbruches ausgelöste Fluch, dann aber auch metonymisch (als pars pro toto) die eidliche Verpflichtung bzw. der Vertrag selber.

Die Übersetzung »Fluch(sanktion)« bietet sich an in Dtn 29,19 (mit *rbṣ* »auflauern«). 20 (*'ālōt habbᵉrīt* »Bundesflüche«); 30,7; Jes 24,6 (mit *'kl* »fressen«; vgl. V.5 *bᵉrīt*; ähnlich Jer 23,10 txt? ohne *bᵉrīt*); Dan 9,11 (par. *šᵉbū'ā*, in der *tōrā* Moses aufgeschrieben); 2Chr 34,24 (im Buche geschrieben). Mit »Eid« ist zu übersetzen in Gen 24,41.41 (mit →*nqh min* »ledig sein«; vgl. V.8 *šᵉbū'ā*, V.3.9.37 *šb'*); Ez 16,59 und 17,16.18.19 (mit *bzh* »verachten«, par. *prr* hi. *bᵉrīt* »Bund brechen«); Hos 10,4 (*'lh* Inf. *šāw'* »falsche Eide schwören«, neben *bᵉrīt*); Neh 10,30 (*'ālā* und *šᵉbū'ā* als Hendiadys). Der beschworene Vertrag ist gemeint in Gen 26,28; Dtn 29,11.13.18; Ez 17,13 (jeweils in Parallele zu *bᵉrīt*).

In Jer 29,18; 42,18; 44,12 werden die abgefallenen Judäer als »(Beispiel für) Verfluchung« bezeichnet; diese Bedeutungserweiterung findet sich hier bezeichnenderweise nur in einer Synonymenreihung mit »Entsetzen, Auszischen bzw. Verwünschung (*qᵉlālā*), Beschimpfung«.

c) Bedingte Verfluchungen über andere Personen begegnen bei sehr verschiedenen Anlässen, denen aber gemeinsam ist, daß die *'ālā* als (bei richtigem Gebrauch) legales Rechtsmittel auftritt, so namentlich bei öffentlichen Proklamationen, um deren Befolgung durchzusetzen, und bei Gottesurteilsverfahren; wer der Aufforderung nicht nachkommt bzw. der Schuldige soll durch den Fluch getroffen werden.

Saul stellt sein Heer unter eine Verwünschung (*'lh* hi.; nicht: »schwören lassen«, vgl. Brichto, a.a.O. 45–48) für den Fall, daß jemand das ausgerufene Enthaltungsgebot übertritt (1Sam 14,24); Lev 5,1 redet von einem Zeugen, der bei einer Gerichtssache dem öffentlichen, mit Fluchandrohung im Falle der Nichtbeachtung begleiteten Aufruf (*qōl 'ālā*), sich zu melden, nicht nachkommt (Elliger, HAT 4, 73; anders Noth, ATD 6,33), Spr 29,24 von einem Hehler, der von der öffentlichen Verfluchung eines Diebes, den er begreiflicherweise nicht anzeigen kann, mitbetroffen wird, Ri 17,2 von einem geständigen Dieb, für den die früher erfolgte Verfluchung (*'lh* q.) durch ein Segenswort rückgängig gemacht wird (→*brk* nur hier und Dtn 29,18 neben *'ālā*). In Sach 5,3 wird *'ālā* in der visionär geschauten Schriftrolle verkörpert vorgestellt als von Jahwe ausgehender Fluch über Diebe und Meineidige.

Num 5,11–31 handelt es sich im Rahmen eines Fluch-Ordals (vgl. R. Press, ZAW 51, 1933, 122ff.) gegenüber einer des Ehebruchs verdächtigen Frau nicht um eine der Frau auferlegte Selbstverfluchung, sondern um eine bedingte Verfluchung durch den Priester (V.21 aα mit *šᵉbū'ā*; V.23 Plur.), die sich im Falle der Schuld auswirkt (Brichto, a.a.O. 48–52); die Frau wird dann zu einem »(Beispiel für einen) Fluch, Fluchwort« (V.21aβ.27; metonymischer Gebrauch von *'ālā*, vgl. Scharbert, a.a.O. 5.11f.). Ebenfalls als legales (aber gefährliches) Rechtsmittel gegen einen Feind erscheint *'ālā* in 1Kön 8,31 (*'lh* hi. und zweimal *'ālā*[l *ūbā'ā* in V.31b]; par. 2Chr 6,22) und Hi 31,30 (so Brichto, a.a.O. 52–56; anders Noth, BK IX, 186: Reinigungseid des Beschuldigten).

Da eine solche bedingte Verfluchung immer eine Anklage enthält, kann *'ālā* auch die weitere Bed. »Anklage« bekommen (Hos 4,2 und Ps 59,13 zusammen mit →*kḥš* ; Ps 10,7 in unrechtmäßiger Handhabung; Brichto, a.a.O. 56–59).

4. a) Insofern als die bedingte Selbstverwünschung bei zwischenmenschlichen Abmachungen wie auch die bedingte Verfluchung anderer als Rechtsmittel an Gottes Garantie einer gerechten Ordnung geknüpft ist (Jahwe hört die *'ālā*, 1Kön 8, 31f. = 2Chr 6,22f., und handelt entsprechend, Num 5,21; Ez 17,15–19; er selber geht vor gegen den Mißbrauch der *'ālā*, Hos 4,2 und 10,4, oder setzt sie in Gang, Sach 5,3; vgl. aber auch die Aufhaltung der *'ālā* durch einen Segensspruch in Ri 17,2), schwankt ihr Wert und ihre Beurteilung je nachdem, ob Gott ernst genommen wird. In krassen Fällen mochte die *'ālā* skrupellos in Verachtung Gottes und damit in Mißachtung des Mitmenschen mißbraucht werden (vgl. Hos 4,2; 10,4; Ps 10,7; 59,13; Hi 31,30 für das private Recht; Ez 17,13.16.18.19 für das Völkerrecht). Beispiele für eine in legitimer Absicht ausgesprochene *'ālā* finden sich Gen 24,41; 26,28; Ri 17,2; 1Sam 14,24; Spr 29,24; dazu gehören natürlich auch die allgemeinen Erwähnungen der Institution Lev 5,1; Num 5,21–27; 1Kön 8,31 = 2Chr 6,22; vgl. Sach 5,3.

b) Erst recht hat die *'ālā* einen theologischen Aspekt, wenn sie als Sanktion im Rahmen eines Bundes zwischen Jahwe und Israel auftritt (15 Stellen seit Jer und Dtn). Das Eintreffen des Fluches ist dabei im Moment des Bundesschlusses noch offen (Dtn 29,11–20; Neh 10,30), muß aber im Gericht über den Abfall anerkannt werden (Jes 24,6; Jer 23,10; 29,18; 42,18; 44, 12; Ez 16,59; Dan 9,11; 2Chr 34,24); wenn das Volk umkehrt, treffen die Flüche nicht Israel, sondern seine Feinde (Dtn 30,7).

5. Im Schriftum von Qumran ist vor allem der aus Dtn 29,20 stammende Ausdruck *'ālōt habbᵉrīt* »Bundesflüche« beliebt (1QS 2,16; 5,12; CD 15,2f.; vgl. 1,17; außerdem noch *šᵉbū'at hā'ālā* in CD 9,12).

Die LXX übersetzt vornehmlich mit ἀρά und Derivaten, seltener (6×) mit ὅρκος und dessen Ableitungen.

Im NT tritt wegen der veränderten Rechtsverhältnisse und wegen der Ablehnung des Schwörens das mit *'ālā* verbundene Vorstellungsgut stark zurück. Vgl. L. Brun, Segen und Fluch im Urchristentum, 1932; F. Büchsel, Art. ἀρά, ThW I, 449–452; J. Schneider, Art. ὅρκος, ThW V, 458–467. *C. A. Keller*

אֱלֹהִים ’ᵃlōhīm Gott

I. Die Etymologie des Wortes *’ᵃlōhīm* ist – wie die von →*’ēl* – umstritten.

1. Da der Sing. *’ᵃlōᵃh* im AT mit wenigen Ausnahmen nur in nachexilischer Literatur begegnet (s.u. II), ist zu vermuten, daß der Sing. den Plur. *’ᵃlōhīm* voraussetzt. Allein vom Hebr. her liegt also die Schlußfolgerung nahe: *’ᵃlōhīm* ist (neben *’ēlīm*) eine Pluralform von *’ēl*, aus der nachträglich ein Sing. gebildet wurde.

Zur Stütze kann man – wegen der unsicheren Textlage nur mit Vorbehalt – auf das Ug. verweisen, in dem der Plur. von *ilt* »Göttin« *ilht* zu sein scheint und sich neben dem Plur.masc. *ilm* möglicherweise auch *ilhm* findet (WUS Nr.182; UT Nr.163 und § 8,8).

Doch begegnet der Sing. **’ilāh* schon früh im Aram. (DISO 14) wie im Arab. (aber nicht im Akk.), so daß sich von daher eine Ableitung von *’ᵃlōhīm* aus *’ilāh* mehr empfiehlt.

Jedenfalls wird man für **’ilāh* keine eigene, von **’il* unterschiedene Etymologie, sondern eine Verwandtschaft beider Wörter anzunehmen haben – wohl in dem Sinne, daß das ältere **’il* später eine Wurzelerweiterung erfuhr. Die Ableitung von arab. *’aliha* »sich scheuen« (z.B. König, Syntax §263a) ist ebenso unwahrscheinlich wie ein direkter Zusammenhang mit *’ēlā/’ēlōn* »Baum« (F.Zimmermann, VT 12, 1962, 190–195). Wenn sich *’ᵃlōhīm* nie in Orts- und Personennamen findet, sondern durch *’ēl* vertreten wird, dann könnte Israel die Verbindung beider Gottesbezeichnungen sogar noch bewußt gewesen sein.

2. Gewöhnlich hält man *’ᵃlōhīm* für einen Abstrakt-, Intensitäts- oder Hoheits- bzw. Herrschaftsplural (König, Syntax §163; GK §124g). Doch erklärt sich auf diese Weise nur schwer, daß das Wort anscheinend seit je auch den numerischen Plur. »Götter« bezeichnet (s.u. III/1). Möchte man diesen doppelten Gebrauch auf eine einheitliche Entstehung zurückführen, so liegt die Annahme nahe, daß ein ursprünglich wirklicher Plur. später oder zugleich als Abstraktplural verstanden wurde. Ob der Ausdruck dabei als Zusammenfassung der »göttlichen Mächte« zur Einheit zu deuten ist, muß zumindest fraglich bleiben. Jedenfalls ist der singularische Sinn der Pluralform für das AT so unbestritten, daß es das Wort überall ohne jede Einschränkung (Verdacht auf Polytheismus) verwendet.

Eine gewisse Parallele stellt die Verwendung des Plur. *ilāni-ja* als Anrede an den Pharao in den Amarnabriefen und der Gebrauch von *’lm* im Phön. als Epitheton eines Gottes dar (vgl. bes. J.Hehn, Die biblische und die babylonische Gottesidee, 1913, 168ff.; W.Röllig, FS Friedrich 1959, 403–416; auch O.Eißfeldt, El im ugaritischen Pantheon, 1951, 27f.). Wieweit diese Redeweise (Pluralform bei Singularbedeutung) monotheistische Tendenzen enthüllt, muß unentschieden bleiben. – Im übrigen ist die Annahme, daß Israel *’ᵃlōhīm* in pluralischer wie singularischer Bedeutung von den Kanaanäern übernommen habe, bisher nicht nachweisbar.

II. 1.* *’ᵃlōhīm* ist nach *bēn* »Sohn« mit 2600 Belegen das zweithäufigste Substantiv im AT.

Gen	219	Nah	1
Ex	139	Hab	2
Lev	53	Zeph	5
Num	27	Hag	3
Dtn	374	Sach	11
Jos	76	Mal	7
Ri	73	**Ps**	**365**
1Sam	100	Hi	17
2Sam	54	Spr	5
1Kön	107	Hhld	–
2Kön	97	Ruth	4
Jes	94	Klgl	–
Jer	145	Pred	40
Ez	36	Est	–
Hos	26	Dan	22
Jo	11	Esr	55
Am	14	Neh	70
Ob	–	1Chr	118
Jon	16	2Chr	203
Mi	11		

Pentateuch	812
Jos – 2Kön	507
Propheten	382
Ketubim	899
hebr. AT total	2600

In obiger Tabelle ist 2Kön 17,31 K zu *’ᵃlōᵃh* gerechnet. Lis. führt 1Kön 1,47 (K/Q), Mand. Gen 21,4; Ps 108,6.8 doppelt auf. Nicht gezählt sind die im Cod.Leningradensis fehlenden Varianten in 2Sam 7,22a und 1Chr 15,2b.

Dazu kommen 58 Belege für *’ᵃlōᵃh*: 41 × in Hi 3–40; ferner vereinzelt Ps und Dan 4 ×, Dtn und Hab 2 ×, 2Kön, Jes, Spr, Neh und 2Chr je 1 ×.

Die aram. Teile des AT enthalten *’ᵉlāh* 95 × (17 × Plur., davon 4 × in Singularbedeutung): Jer 10,11 1 ×, Dan 51 ×, Esr 43 ×.

2. Zur Streuung von *’ᵃlōhīm* sei nur auf eine Besonderheit hingewiesen: Die Propheten, abgesehen von der Jona-Erzählung, meiden *’ᵃlōhīm* ohne Beifügung als Subjekt des Satzes (vgl. Lis. 97c), weil ihnen die Gottesbezeichnung wohl zu wenig konkret ist, während sich das Wort in dieser Stellung im Pentateuch wie im deuteronomistischen und chronistischen Geschichtswerk häufig findet.

Im Hiobbuch tritt, die Rahmenerzählung nicht gerechnet, *’ᵃlōhīm* zugunsten von *'ēl* (s. dort IV/3) und *'ᵉlōᵃh* fast ganz zurück (vgl. Fohrer, KAT XVI,117f.). Im übrigen AT begegnet der Sing. *'ᵉlōᵃh* nur relativ selten und zudem fast ausschließlich in poetischen Texten (Dtn 32,15.17; Jes 44,8; Hab 3,3; Ps 18,32; 50,22; 139, 19; Spr 30,5; Dan 11,37–39). Das Wort trägt nie den Artikel (einmal ein Suffix: Hab 1,11; in Verbindungen noch Ps 114, 7; Neh 9,17), was allerdings durch eine Eigenart gehobener, poetischer Sprache bedingt sein könnte. In der Regel setzt der Sing. bereits den Übergang der Gattungsbezeichnung »Gott« zum Eigennamen voraus (vgl. aber Dan 11,37ff.).

III. Anders als *'ēl* ist *'ᵉlōhīm* ursprünglich nur Gottesbezeichnung, nicht Gottesname, gewinnt aber im Laufe der Geschichte den Charakter eines Eigennamens, so daß *'ᵉlōhīm* ohne Artikel auftreten (Gen 1,1; GK § 125f) oder im Vokativ als Anrede an »Gott« dienen kann (Ps 5,11; 51, 3 u.ö.). Doch bedeutet das Wort nicht nur »(der) Gott«, sondern auch »(die) Götter« (III/1). Im Folgenden werden – wobei die Stellenangaben bei der Masse der Belege meist nur beispielhaft sein können – in III/1–7 die mehr grammatisch-semasiologischen und religionsgeschichtlichen, in IV/1–6 die mehr theologischen Seiten des Sprachgebrauchs behandelt.

1. *'ᵉlōhīm* wird gebraucht für fremde Gottheiten, so mit dem Genetiv des Verehrerkreises: »Götter Ägyptens« (Ex 12, 12; Jer 43,12f.; vgl. Ri 10,6; 2Kön 17, 31 Q; 18,34f.; 2Chr 28,23). In anderen Wendungen spricht sich die Ausschließlichkeit und Bildlosigkeit der eigenen Gottesverehrung aus: »Götter der Fremde« (Gen 35,2.4; Ri 10,16; 1Sam 7,3; vgl. Dtn 31,16; Jer 5,19), »Götter der Völker« (Dtn 6,14; Ri 2,12; Ps 96,5; vgl. 2Kön 19,12 u.a.), »Götter der Länder« (2Kön 18,35; Assyrer von Jahwe: 17,26f.), »Götter der Erde« (Zeph 2,11), »andere Götter« (Hos 3,1; häufig in Dtn, Dtr, Jer – z.T. als Sing. zu verstehen, vgl. III/2?), »alle Götter« (Ex 18,11; Ps 95,3; 96,4; 97,7.9; 2Chr 2,4), »Götter von Silber und Gold« (Ex 20,23; vgl. 34,17; Lev 19,4).

Die Pluralform wird auch für einzelne Fremdgottheiten verwendet (Ri 11,24; 2Kön 1,2; 19,37; vgl. Am 5,26 »ihr Sterngott«; 8,14; Num 25,2; Sing.: Dan 11,37ff.; Dtn 32,17), aber auch für die weibliche Gottheit Astarte (1Kön 11,5.33; vgl. 1Chr 10,10 mit 1Sam 31,10), da im Hebr. ein Ausdruck für »Göttin« fehlt.

2. Als Bezeichnung für Israels Gott wird *'ᵉlōhīm* in der Regel mit dem Sing. konstruiert (Gen 1,1; Ps 7,10; 2Kön 19,4), kann aber auch ein pluralisches Attribut oder Prädikat nach sich ziehen, ohne daß ein Bedeutungsunterschied erkennbar wäre. Manchmal finden sich beide Möglichkeiten nebeneinander: *'ᵉlōhīm ḥajjīm* »lebendiger Gott« (Dtn 5,26; 1Sam 17, 26.36; Jer 10,10; 23,36) neben *'ᵉlōhīm ḥaj* (2Kön 19,4.16; vgl. 2Sam 2,27), »heiliger Gott« (Jos 24,19 neben 1Sam 6,20); vgl. noch Dtn 4,7; 1Sam 4,8; 28,13; Ps 58,12 (GK § 132h; König, Syntax § 263c). Belege mit pluralischem Verbum sind (abgesehen von 1Kön 19,2; 20,10, wo wie 1Sam 4,8 Nichtisraeliten sprechen) meist mehrdeutig: Gen 20,13E (dazu H. Strack, Die Genesis, [2]1905, 77); 35,7E (vgl. Gunkel, Gen. 224); vgl. 31,53J; Ex 22,8; 1Sam 2,25. Die Bekenntnisformel 1Kön 12,28, auch Ex 32,4.8, ist bewußt doppelsinnig, um die Stierverehrung als Götzendienst zu brandmarken. Später wird die Pluralkonstruktion »aus Scheu vor Mißdeutung« gemieden (vgl. Neh 9,18 mit Ex 32,4.8; 1Chr 17,21 mit 2Sam 7,23; GK § 145i). Religionsgeschichtliche Folgerungen – auf einen ursprünglichen Polytheismus Israels, der sich zumal beim Elohisten erhalten haben soll – erlauben diese sprachlichen Besonderheiten nicht.

3. Der Bedeutungsumfang von *'ᵉlōhīm* reicht weiter als »Gott« über Schutzgottheiten, Totengeister bis hin zum übertragenen Gebrauch, ja dem abgeblaßten Sinn eines Superlativs.

Nach Ex 21,6 (gekürzt Dtn 15,17) wird ein Sklave, der ständig bei seinem Herrn bleiben will, zum Empfang eines Zeichens »vor Gott« bzw. »an die Tür« geführt. *'ᵉlōhīm* sind hier wohl die Hausgottheiten, die die Familie beschützen (vgl. Gen 31,30; auch Ri 18,24). Entsprechend werden die Bestimmungen Ex 22,7f. zu verstehen sein: In unaufklärbaren privaten Rechtsangelegenheiten wandte man sich in alter Zeit an Hausgötter (die Bed. »Richter« hat *'ᵉlōhīm* auch in Ex 18,19; 22,27; 1Sam 2,25; Ps 82,1; 138,1 nicht; vgl. A.E. Draffkorn, JBL 76,1957, 216–224; H.W. Jüngling, Der Tod der Götter, 1969, 24ff.; W. Beyerlin, Die Rettung der Bedrängten in den Feindpsalmen der Einzelnen auf institutionelle Zusammenhänge untersucht, 1970, 56f.).

Totengeister können *'ᵉlōhīm* heißen (1Sam 28,13; Jes 8,19; vgl. Mi 3,7?), obwohl sie nicht von sich aus in menschliches Leben eingreifen können, nur (bei Nacht) nach Befragung sprechen und (trotz 1Sam 28,14) keinen Kult empfangen (vgl. L. Wächter, Der Tod im AT, 1967, 192).

In bestimmten Zusammensetzungen wie »Gottesmann« oder »Gottesgeist« (s.u. III/6) hat *'ᵉlōhīm* vielleicht nur den abgeschwächten Sinn von »göttlich« oder gar »dämonisch«.

Der König wird in der umstrittenen Stelle Ps 45,7 als *'ᵉlōhīm* angeredet. Sach 12,8 verheißt für »jenen Tag«: Selbst der schwächste Jerusalemer wird erstarken »wie David, und das Haus Davids wie *'ᵉlōhīm*«, was ein Zusatz zu »Engel Jahwes« abschwächt (Ri 13,22 bezeichnet umgekehrt den »Engel Jahwes« als *'ᵃlōhīm*).

Bildhaft-übertragene Bedeutung von *'ᵃlōhīm* liegt vor, wenn das Verhältnis zwischen Mose als Auftraggeber und Aaron als prophetischem Sprecher bestimmt wird: »Er soll dir zum Munde, und du sollst ihm zu Gott werden« (Ex 4,16; vgl. 7,1).

Wie *'ēl* (III/4) vermag auch *'ᵃlōhīm* Steigerungsfunktion auszuüben: »Gottesberg« (Ps 68,16; vgl. 36,7), »eine für Gott (= über die Maßen) große Stadt« (Jon 3,3), »Gottesweisheit« (1Kön 3,28), »Gottesschrecken« (1Sam 14,15; vgl. Gen 35,5; 2Chr 20,29). Dabei verliert jedoch *'ᵃlōhīm* seine Bedeutung nicht völlig; denn die Steigerung kommt dadurch zustande, daß die betreffende Sache (oder Person) in Bezug zu Gott gebracht wird, z.B. »furchtbare (= von Gott gesandte?) Donner« (Ex 9,28; vgl. 9,23) oder »Gottes Heerlager« (Gen 32,3; 1Chr 12,23); vgl. noch »Gottesfürst« (Gen 23,6), »Gotteskämpfe« (Gen 30,8), »Gottesfeuer« (2Kön 1,12; Hi 1,16), vielleicht »Gotteshauch« (Gen 1,2), »Gotteshuld« (s.u. III/7); dazu zuletzt D.W.Thomas, VT 3,1953, 209–224; 18,1968, 120–124; F.Dexinger, Sturz der Göttersöhne oder Engel vor der Sintflut?, 1966, 41ff. So ist der Sinn des Wortes *'ᵃlōhīm* in den meisten Fällen nicht sicher feststellbar; es klingen verschiedene Nuancen an. Außerdem sind die Verbindungen von ihrem Ursprung her verschieden zu erklären; z.T. sind sie religionsgeschichtlich vorgegeben, z.T. liegen spätere Bildungen vor (vgl. auch III/5).

4. Die ältesten Überlieferungen, in denen *'ᵃlōhīm* fest verwurzelt ist, sind die Namen der »Vätergötter« und des »Gottesberges«. Dagegen scheint die Tradition vom »Jahwekrieg« das Wort ursprünglich nicht zu kennen; denn in dem Ausdruck »Volk Gottes« für den Heerbann (Ri 20,2 gegenüber 5,11.13 »Volk Jahwes«; vgl. 2Sam 14,13) und in dem Ruf »Gott hat die Feinde in eure Hand gegeben« (Ri 7,14; 8,3; 18,10; vgl. 1Sam 23,14) hat *'ᵃlōhīm* den Jahwenamen bzw. das göttliche Ich verdrängt (vgl. G. von Rad, Der Heilige Krieg im alten Israel, ³1958, 7ff.).

In der Vätertradition (→*'āb* IV/1) begegnet *'ᵃlōhīm* in zwei verschiedenen Wendungen, die wohl beide auf ein hohes Alter zurückgehen: »Gott meines/deines Vaters« (Gen 31,5.29 txt em; 46,3; vgl. Ex 15,2; 18,4 u.a.) und »Gott Abrahams« (Gen 31,42), während »Gott meines Vaters Abraham« (32,10; vgl. 26,24 u.ä.) eine Mischform darstellt. In dem Eid, den Jakob und Laban nach einem Grenzvertrag ablegen, rufen beide Partner ihren Gott als Hüter des Abkommens an: »Der Gott Abrahams und der Gott Nahors sollen richten zwischen uns« (Gen 31,53). Hier ist noch erkennbar, daß beide Gottheiten einmal unterschieden waren, während ein Zusatz beide zu dem »Gott ihres Vaters« zusammenzufassen scheint. Erst recht sind Formulierungen wie »Gott deines Vaters, Gott Abrahams, Gott Isaaks, Gott Jakobs« (Ex 3,6) oder »Gott eurer Väter« (3,13.15f.; vgl. 4,5), die die einzelnen Vätergötter verbinden und mit Jahwe gleichsetzen, nachträglich. Das AT erkennt unter den verschiedenen Bezeichnungen überhaupt nur Israels Gott wieder, so daß man gegen den Sinn der Texte auf eine Vorform zurückschließen muß und im einzelnen schwer zu entscheiden ist, wieweit die Überlieferung noch in ihrem Frühstadium vorliegt (vgl. zum Vätergott nach Alt, KS I,1–78, die Lit. bei K.T. Andersen, StTh 16, 1962, 170–188; M. Haran, ASTI 4, 1965, 30–55).

Später werden in den Rahmenreden des Dtn und besonders in der Chr Bezeichnungen wie »Gott deiner/seiner/unserer/eurer Väter« o.ä., die die Traditionsbindung des eigenen Glaubens zum Ausdruck bringen, sehr beliebt. Aber auch die Wendung »Gott Jakobs«, deren Alter (ähnlich »Gott Isaaks«; Gen 28,13) ungewiß ist, erhält, zumal im Gottesdienst, größere Bedeutung (2Sam 23,1; Jes 2,3; Ps 20,2; 46,8.12; 84,9 u.a.; G. Wanke, Die Zionstheologie der Korachiten in ihrem traditionsgeschichtlichen Zusammenhang, 1966, 54ff.); vgl. »Gott Abrahams« in Ps 47,10 (1Kön 18,36). Analog sind gebildet »Gott deines Vaters David« (2Kön 20,5 = Jes 38,5; 2Chr 21,12), »Gott Elias« (2Kön 2,14), aber auch »Gott Sems« (Gen 9,26).

Ist der Vätergott seinem Namen entsprechend an Menschen gebunden, so weiß die »Gottesberg«-Tradition (Ex 3,1; 4,27; 18,5; 24,13, teilweise E) von der Bindung eines Gottes an einen Ort, den man aufsuchen muß, um die göttliche Gegenwart zu erfahren. Da (außer Ex 24,13) Berichte vom »Sinai« und »Gottesberg« unterschieden sind, ist nicht ganz eindeutig, ob sich beide Überlieferungen auf denselben Ort beziehen. Sollten sie einen gemeinsamen Ursprung haben, so bleibt auffällig, wie stark sie sich voneinander getrennt haben. Die »Gottesberg«-Tradition spielt im Bereich der Midianiter (vgl. die Kultgemeinschaft Ex 18,12), von denen die Sinai-Erzählung schweigt, bietet aber keine Ex 19,16ff. entsprechende Theophanie (vgl. höchstens Ex 3).

5. Vor allem in Jerusalemer Traditionen leben bestimmte altorientalisch-mythische Vorstellungen weiter, die durch die Ausdrücke »Gottesstadt« (Ps 46,5; 48,2.9; 87,3), »Gottesbach« (Ps 65,10), »Gottesberg« (Ez 28,14.16; vgl. 28,2; Ps 68,16; 1Kön 19,8), »Gottesgarten« (Ez 28,13; 31,8f.; vgl. Jes 51,3) angedeutet sind; vgl. noch aus der Mose-Überlieferung »Gottesstab« (Ex 4,20; 17,9), »Gottesfinger« (Ex 8,15; 31,18; Dtn 9,10) und »Gottesschrift« (Ex 32,16). Wie *bᵉnē 'ēlīm* – ein auch außerhalb des AT bezeugter und darum vielleicht älterer Ausdruck – sind auch *bᵉnē 'ᵃlōhīm* (Gen 6,2.4; Hi 1,6; 2,1; 38,7; vgl. Dan 3,25) Jahwe unterstellte »Göttersöhne«, d.h. Gottwesen.

In der mythischen Erzählung Gen 6,1–4 kommt ihnen noch größere Eigenmacht zu als im Rahmenbericht des Hiobbuches, in dem sie nur noch eine dienstbar ergebene himmlische Ratsversammlung bilden. Doch ist auch in der Geschichte von den »Engelehen« die vorgegebene Vorstellung, nach der aus der Vermischung von Göttern und Menschen die Riesen entstanden, getilgt; der Mythos ist vom geschichtlichen Selbstverständnis Israels umgeprägt, um Verantwortung und Schuld des Menschen aufzudecken.

Auch sonst hat Israel fremde Mächte Jahwe untergeordnet. So wird in der mythischen Gerichtsszene von Ps 82 den »Göttern« (V. 1.6 *'ᵃlōhīm*) das Todesurteil gesprochen, weil sie den Hilfsbedürftigen kein Recht zu schaffen vermögen (vgl. Ps 58,2ff.).

6. Für die angeführten mythisch bestimmten Wendungen wie für die Superlativform (s.o. III/3; vgl. noch IV/5) ist bezeichnend, daß sie nur selten mit dem Jahwenamen und durchweg mit dem Appellativ »Gott« gebildet werden. Überhaupt begegnet *'ᵃlōhīm* auffallend häufig in festen Zusammensetzungen, zumal in vorgeformtem altertümlichem Sprachgut (vgl. zu III/6–7: F. Baumgärtel, Elohim außerhalb des Pentateuch, 1914). Wie das AT eine »Gottessöhne« analoge Formulierung »Jahwesöhne« nicht kennt (vielleicht wird die naheliegende Vorstellung einer Vaterschaft gemieden), so fehlt etwa eine *'īš (hā) 'ᵃlōhīm* »Gottesmann« entsprechende Bezeichnung mit Jahwe. Andere Verbindungen sind mehr oder weniger *'ᵃlōhīm* vorbehalten oder gewinnen durch den Gattungsnamen eine besondere Note.

Der Titel »Gottesmann« (ein Plur. ist nicht belegt) hat seinen Schwerpunkt in den Elia- und besonders den Elisa-Erzählungen, die den Propheten als Wundertäter zeichnen (von 1Kön 17,18 an); er begegnet u.a. auch für Samuel (1Sam 9,6ff.) und wurde übertragen auf Mose (Dtn 33,1; Jos 14,6; Ps 90,1; 1Chr 23,14; 2Chr 30,16; Esr 3,2) und in Chr auf David (2Chr 8,14; Neh 12,24.36; dazu R. Rendtorff, ThW VI, 809). Vgl. ähnliche Ausdrücke wie »Gottgeweihter« (Ri 13,5.7; 16,17) oder »Gottesfürst« (Gen 23,6).

Die allgemeine Bezeichnung »Lade Gottes« (1Sam 3,3; 4,11ff.) könnte älter sein als der spezifisch israelitische Name »Lade Jahwes (Gott Zebaoths)« (1Sam 4,6; 2Sam 6,2). Daneben findet sich u.a. »Lade des Bundes Gottes« (Ri 20,27), »Lade des Gottes Israels« (1Sam 5,7ff.; vgl. J. Maier, Das altisraelitische Ladeheiligtum, 1965, 82ff.).

»Haus Gottes« (Gen 28,17.22; Ri 9,27; 17,5; 18,31; vgl. Jer 43,12f. u.a.) wird im chronistischen Geschichtswerk ein häufiger Terminus für den Tempel (Esr 1,4; 4,24ff. u.ö.), wenn auch keine gleichbleibende Begründung für den Wechsel mit »Haus Jahwes« (z.B. 2Chr 28,24) zu erkennen ist. Doch ist der Titel »Vorsteher (*nāgīd*) des Hauses Gottes« (Neh 11,11; 1Chr 9,11; 2Chr 31,13; 35,8) fest geprägt.

Im Namen »Speise Gottes« (Lev 21,6.8. 17.21f.; 22,25) hat sich eine altertümliche Opfervorstellung erhalten, die in den genannten Gesetzen z.T. durch den unverfänglicheren Ausdruck *'iššē Jhwh* »(Feuer-) Opfer Jahwes« erläutert wird; vgl. ähnliche Bezeichnungen Lev 21,12; 23,14; Num 6,7; ev. Ps 51,19.

Bei Ezechiel (1,1; 8,3; 40,2; vgl. 11,24; 43,3) findet sich als feste Verbindung »Gottesgesichte« für den prophetischen Offenbarungsempfang.

Der »Geist Gottes« (→*rūᵃḥ*) kommt über den Propheten (Num 24,2; 1Sam 10,10; 11,6; 19,20.23; Ez 11,24; 2Chr 15,1; 24,20), gibt Weisheit (Gen 41,38; Ex 31,3; 35,31) und befähigt zur Traumdeutung (vgl. Dan 4,6 »Geist der heiligen Götter« mit 2,28.47), stellt aber auch die Lebenskraft des Menschen dar (Hi 27,3). In 1Sam 16,14–16 (vgl. 16,23; 18,10) wird ein von Jahwe gesandter böser Geist als »Gottesgeist« vom »Geist Jahwes« unterschieden. Vielleicht hat hier *'ᵃlōhīm* abwertend den Sinn des Göttlich-Dämonischen.

Auch andere Wendungen scheinen geprägte Ausdrucksweise zu sein, obwohl sie keineswegs auf die Bildung mit *'ᵃlōhīm* beschränkt sind, wie »gottesfürchtig« (Gen 22,12; Ex 18,21; Hi 1,1; Pred 7,18 u.a.), »Gott fürchten« (Ex 1,17.21; Hi 1,9 u.a.), »Gott fluchen (bzw. euphemistisch: segnen)« (1Sam 3,13 txt em; Hi 1,5; 2,9; vgl. Dtn 21,23 »Gottesfluch«), »Gott fragen« (Ri 18,5; 20,18; 1Sam 14,36f.), »Gottesspruch« (Ri 3,20; 1Sam 9,27; 2Sam 16, 23; vgl. 1Kön 12,22; Mi 3,7) oder »Gotteserkenntnis« (Hos 4,1; 6,6; Spr 2,5). Solche Verbindungen beziehen sich z.T. absichtlich auf die »Gottheit« (vgl. auch die Leugnung »Gottes« u. IV/5).

7. *'ᵃlōhīm* begegnet weiter in mehr oder weniger fest geprägten Redensarten, wie »Gott tue mir dies und das« o.ä. (1Sam 3,17 u.ö.; Plural bei Nichtisraeliten: 1Kön

19,2; 20,10; anders 1Sam 20,13; Ruth 1, 17), »Gott und dem König fluchen (bzw. euphemistisch: segnen)« (1Kön 21,10.13; vgl. Jes 8,21; Ex 22,27; anders Spr 24,21), ev. »jemandem Gotteshuld (=einen Liebesdienst) erweisen« (2Sam 9,3; vgl. 2,5; anders 1Sam 20,14) u.a. Ein Teil dieser Wendungen könnte auch Israels Umwelt geläufig gewesen sein.

Die Formel »als *'ᵆlōhīm* Sodom und Gomorrha zerstörte(n?)« (Jes 13,19; Jer 50,40; Am 4,11; vgl. Dtn 29,22; Jes 1,7 txt em; Jer 49,18) ist vielleicht vorisraelitischer Herkunft, wenn sie sich ursprünglich auf eine andere Gottheit (oder Götter) als Urheber des Untergangs der beiden Orte bezogen haben sollte, während die Sage Gen 18f. die Tat bereits Jahwe zuschreibt.

Die neben »Engel Jahwes« (→*mal'āk*) seltenere Bezeichnung »Engel Gottes« (Gen 21,17; 28,12 Plur.; Ri 6,20 u.a.) für den von Gott gesandten Boten findet sich mehrfach sprichwortartig (Ri 13,6; 1Sam 29,9; 2Sam 14,17.20; 19,28; anders Sach 12,8) im Vergleich.

Gilt das jemanden treffende Unheil als von »Gottes Hand« gesandt (1Sam 5,11; Hi 19,21), so beschreibt in nachexilischer Zeit die Wendung »Gottes (gute) Hand über mir« o.ä. Gottes gütiges Walten (Esr 7,6.9.28; 8,18.22.31; Neh 2,8.18). Das Organ wird jeweils von seiner Wirkung her verstanden.

Zu nennen ist vielleicht noch der Doppelausdruck »Götter und Menschen« (Ri 9,9.13) bzw. »mit *'ᵆlōhīm* und Menschen streiten« (Gen 32,29; vgl. Hos 12,4). Gerade in der letzten Wendung wird der Gottesname Jahwe gemieden; dabei bleibt die Bedeutung von *'ᵆlōhīm* durch die verwickelte Traditionsgeschichte der Pnuel-Erzählung schillernd.

IV. 1. In bestimmten Verbindungen oder mit Suffix dient *'ᵆlōhīm* dazu, die Beziehung zwischen Gott und Volk auszusagen. So ist »Gott Israels« geradezu ein stehender Ausdruck (alle Belege bei C. Steuernagel, FS Wellhausen 1914, 329ff.). Das früheste vertrauenswürdige Zeugnis für ihn ist das Deboralied aus der frühen Richterzeit (Ri 5,3.5).

Das Alter der Belege in Gen 33,20; Jos 8,30; 24,2.23, aus denen man den Kultnamen einer in Sichem verehrten Gottheit erschließen könnte (vgl. etwa M. Noth, Das System der zwölf Stämme Israels, 1930, 93f.), bleibt ungewiß, da die Struktur der Formel von Gen 33,20 anderer Art ist als die übrigen mit *'ēl* gebildeten Gottesnamen (→*'ēl* III/2) und die Entstehungszeit von Jos 8 und 24 umstritten ist. Erst recht scheint die Formel im Bereich der Sinaitradition (Ex 24,10; vgl. 5,1; 34,23) nicht ursprünglich zu sein. Ungefähr seit der Exilszeit wird die Wendung beliebter (Redeeinführungen bei Jer, Chr u.a.). Sie findet sich in ganz verschiedenen Zusammenhängen, so in Doxologie und Gebet (1Kön 8,15.23; 2Kön 19,15), im Schwur (1Kön 17,1) u.a. Der Prophet Ezechiel kennt neben der üblichen Formulierung »Herrlichkeit (→*kbd*) Jahwes« (1,28 u.ö.) die singuläre »Herrlichkeit des Gottes Israels« (8,4; 9,3; 10,19; 43,2).

Ähnliche Verbindungen sind »Gott der Hebräer« (Ex 3,18 u.ö.) oder »Gott Jakobs« (s.o. III/4).

2. Häufiger wird die Beziehung Gottes zum Volk durch suffigiertes *'ᵆlōhīm* »dein/unser/euer Gott« o.ä. (z.B. Jos 24, 17f.27; Ex 32,4.8; Ri 11,24; Mi 4,5; von Fremdgöttern: 1Sam 5,7; Jer 48,35) oder auch zum Einzelnen durch »mein Gott« ausgesprochen.

Die Bedeutung solcher durch Pronomina erweiterten Formen (vgl. Ruth 1,16) kann hier nur beispielhaft angedeutet werden. So spiegelt sich das Gegenüber von Mose und Pharao mehrfach in dem Wechsel von »unser bzw. euer Gott« (Ex 8,21ff.; 10,16f.25f.). – In der zweiten Begegnung mit Ahas bietet Jesaja (7,10–17) dem König an: »Fordere dir ein Zeichen von Jahwe, *deinem* Gott!« Als sich Ahas weigert, fragt der Prophet drohend: »Ist es euch zu wenig, Menschen zu ermüden, so daß ihr auch noch *meinen* Gott ermüdet?« Durch die Ablehnung des Angebots ist die Zusage »dein Gott« verwehrt. – Deuterojesaja beginnt in einer Zeit, in der die Gemeinschaft zwischen Gott und Volk gemäß der Gerichtsankündigung seiner prophetischen Vorgänger zerbrochen zu sein scheint, seine Verkündigung mit dem Ruf: »Tröstet, tröstet mein Volk, spricht *euer* Gott!« (Jes 40,1; vgl. 40,8 »das Wort *unseres* Gottes«). Er ändert vielleicht die überlieferte Proklamation »Jahwe ist König geworden« in »*dein* Gott ist König geworden« um (52,7) und läßt bereits einen Boten die Nachricht bringen: »siehe da, *euer* Gott!« (40,9; vgl. 35,4). – Schon in Hoseas Verheißung (2,25) faßt die Anrede des Volkes »mein Gott« alles zusammen, was die Heilszeit bringen wird (ähnlich Sach 13,9; Jes 25,9 »unser Gott«). Überhaupt finden sich solche Suffixformen bei Hosea häufig; noch mehr prägt die deuteronomisch-deuteronomistische Literatur Israel ein, daß Jahwe »dein/euer Gott« ist.

Der Hos 2,25 kollektiv gedachte Ruf »mein Gott« (vgl. Jes 40,27 u.a.) ist häufig Anrede des Einzelnen, der mit ihr in der Not die Klage zu Gott eröffnet, Vertrauen, Hoffnung und Dank ausspricht (Ps 3,8; 5,3; 7,2.4; 22,3; 25,2; 38,22; 91,2; 1Kön 17,20f.; Dan 9,18f. u.ö.; vgl. O. Eißfeldt, »Mein Gott« im AT, ZAW 61, 1945–48, 3–16 = KS III, 35–47). Eine Erweiterung stellt die Bekenntnisformel »du bist mein/unser Gott« dar (Ps 31,15; 86,2; 143,10; Jes 25,1 bzw. 2Chr 14,10; vom Gottesbild: Jes 44,17; vgl. Gen 31,30; Ri 18,24).

3. Schließlich sind Suffixformen von *'ᵆlōhīm* für die sog. Selbstvorstellungsformel »Ich bin Jahwe, dein/euer Gott« und die sog. Bundesformel »Ich will ihr Gott sein, und sie sollen mein Volk sein« grundlegend.

Die dem alten Orient vertraute Selbstvorstellungsformel »Ich bin...« ist in Israel auf Jahwe bezogen und durch die Zusage »dein/euer Gott« (zur sog. Huldformel) erweitert worden; sie erscheint im AT in verschiedenen Zusammenhängen mit wechselnder Bedeutung (z.T. ist auch die Übersetzung »Ich, Jahwe, bin dein Gott« gerechtfertigt). Sie verweist häufig auf die Geschichte, bes. auf die Ereignisse in Ägypten (Hos 12,10; 13,4; Ps 81,11), und im Dekalog bildet die feierliche Ich-Rede Gottes den Vorspruch, aus dem die Einzelgebote folgen (Ex 20,2; vgl. Ri 6, 10). Das Hauptvorkommen der Redeweise gehört wieder dem Exil an; denn sie häuft sich in der Priesterschrift, bes. im Heiligkeitsgesetz (Lev 18,2 u.ö.), und bei Ezechiel (20,5 u.a.). In Verbindung mit »erkennen, daß« (Ex 6,7 P; Ez 20,20 u.a.; →*jd'*) wird das göttliche Ich Ziel menschlicher Erkenntnis, vgl. W. Zimmerli, GO 11ff.41ff.125f.; K. Elliger, Kleine Schriften zum AT, 1966, 211–231.

Die Bundesformel, die sich (etwa seit dem Ausgang der vorexilischen Zeit) in verschiedener Gestalt einerseits in der späteren Mosetradition (Dtn 26,17f.; 29,12; Ex 6,7 P u.a.), andererseits in prophetischen Verheißungen (Jer 31,33; Ez 11,20 u.a.) findet, sagt die bestehende oder – kritisch – die erst kommende Identität Jahwes mit dem Gott Israels und Israels mit dem Volk Jahwes an, vgl. R. Smend, Die Bundesformel, 1963.

4. Vielfach wird *'elōhīm* näher bestimmt, häufiger durch Constructus-Verbindungen wie »Gott des Himmels«, »Gott meiner Hilfe«, als durch Adjektive: »der gerechte Gott«, »der lebendige Gott« o.ä. In jedem Fall wird so bekundet, wie Gott ist oder wie er begegnet.

»Gott des Himmels« findet sich als Apposition zum Jahwenamen oder gar an dessen Stelle, abgesehen von Gen 24,7 (V.3 »Gott des Himmels und der Erde«), erst in nachexilischer Zeit (Jon 1,9; Esr 1,2 = 2Chr 36,23; Neh 1,4f. u.ö.; aram.: Dan 2,18f. u.ö.; vgl. Ps 136,26), zumal im Umgang mit oder in Reden vor Fremden. Die Bezeichnung ist vielleicht unter persischem Einfluß entstanden, dient jedenfalls dem Verkehr mit der persischen Verwaltung (vgl. Esras Titel »Schreiber des Gesetzes des Himmelsgottes« Esr 7,12). Doch ist Israel schon früh die Vorstellung geläufig, daß Gott im Himmel wohnt (→*šāmájim*), und Mi 6,6 heißt Jahwe »Gott der Höhe«. Da dieser Ausdruck singulär ist, muß unentschieden bleiben, wieweit er eine geläufige Jerusalemer Gottesbezeichnung darstellt (vgl. Ps 92,9; Jos 2,11 u.a.).

Ähnlich betonen andere Verbindungen in verschiedener Weise die Universalität Gottes bzw. seines Wirkungsbereichs, so »Gott der Ewigkeit« (Jes 40,28; vgl. Gen 31,33; Dtn 33,27; →*'ōlām*) oder »Gott alles Fleisches« (Jer 32,27; vgl. Num 16,22; 27,16). Vielleicht ist hier auch der häufige Name »Jahwe (Gott) Zebaoth« (2Sam 5,10 u.ö., →*ṣābā'*; vgl. 1Sam 17,45 »Gott der Schlachtreihen Israels«) zu nennen, der gewiß Jahwes Macht hervorheben will, dessen Sinn im einzelnen aber umstritten ist.

Schon formelhaft klingt die Zuversicht aussprechende Wendung »Gott meines Heils« o.ä. (Ps 18,47; 24,5; 27,9; 65,6; 79,9; 85,5; Jes 17,10; Mi 7,7 u.a.), mag sie durch Erfahrung oder Erwartung geprägt sein; vgl. »Gott meiner Hilfe« (Ps 51,16; anders 88,2), »Gott der Treue« (Jes 65,16) u.a. Selbst der Name »Gott des Rechts« (Jes 30,18) kann Gottes »Gnade« oder »Erbarmen« aussagen (anders Mal 2,17).

Die Constructus-Verbindungen ersetzen oft adjektivische Bestimmungen (z.B. Ps 59,11.18 »Gott meiner Gnade« = »mein gnädiger Gott«), die sich aber auch finden (s.o. III/2). So erweist sich der »lebendige Gott« durch sein rettendes Eingreifen (1Sam 17,26.36; 2Kön 19,4 16; vgl. Dan 6,21.27) als der »wahre« Gott (Jer 10,10; vgl. 2Chr 15,3), wie er auch die Not des Einzelnen zu wenden vermag (Ps 42,3).

5. Mit Hilfe des Ausdrucks *'elōhīm* wird in einigen Texten in besonderer Weise Gottes Gottheit oder seine Beziehung zum Menschen thematisch. In dem Bekenntnis *Jhwh hū hā'elōhīm* »Jahwe ist (der wahre, einzige) Gott« (Dtn 4,35. 39; 1Kön 8,60; 18,39; vgl. Dtn 7,9; 10,17; Jos 2,11; Ps 100,3 u.a.; als Anrede: 2Sam 7,28 = 1Chr 17,26; 2Kön 19,15.19; Neh 9,7) klingt noch die Auseinandersetzung Jahwes mit anderen Göttern nach, wenn sich auch die Ausschließlichkeit seiner Verehrung durchgesetzt hat. Wie in der Unvergleichlichkeitsaussage (2Sam 7,22 = 1Chr 17,20; Jes 44,6.8; 45,5.14.21; 64,3; vgl. 2Kön 5,15; Dtn 32,39 u.a.; vgl. C.J. Labuschagne, The Incomparability of Yahweh in the OT, 1966) wird gegen mögliche Zweifel die Wahrheit der Gottheit Gottes bekräftigt; auch die einen Superlativ umschreibende Wendung »Gott der Götter« (Dtn 10,17; Ps 136,2; vgl. Dan 2,47) hat ähnlichen Sinn.

Die auffällige Verbindung *Jhwh 'elōhīm* begegnet auch außerhalb von Gen 2,4b–3,23 (nur *'elōhīm*: 3,1b.3.5) mehrfach (Ex 9,30; 2Sam 7,25; Jon 4,6; Ps 72,18; 84,12; 1Chr 17,16f.; vgl. 22,1 u.a.). Könnte der Doppelname in der jahwistischen Schöpfungs- und Paradieserzählung auf Einfluß von *'elōhīm* in der priesterschriftlichen Schöpfungsgeschichte beruhen, so bleiben die übrigen Belege im Grunde unerklärbar (eher »Jahwe der wahre Gott« als »Jahwe der Götter« zu lesen); vgl. zuletzt O.H. Steck, Die Paradieserzählung, 1970, 28 Anm. 35.

Wie *'ēl* (s. dort IV/4) kann auch *'ælōhīm*, wenn auch nicht so pointiert, dazu dienen, den Unterschied von Gott und Mensch (z.B. Gen 30,2; 45,8; 50,19; 2Kön 5,7; Ps 82,6; vgl. Hi 4,17; Mal 3,8) oder Gott und »Nicht-Gott« (Dtn 32,17; 2Chr 13,9 u.a.) auszusagen. Kriterium ist die Wirksamkeit: Die fremden Götter sind »nichtsnutzig« (Jer 2,11 *lō 'ælōhīm*; vgl. 5,7; 16, 20), »Menschenwerk« (2Kön 19,18 = Jes 37,19; 2Chr 32,19; vgl. Hos 8,6 und die Formulierung »Götter machen« Ex 20,23; 32,1; Jer 16,20 u.a.). Entsprechend bestreitet eine Gottesleugnung (»es ist kein Gott« Ps 10,4; 14,1 = 53,2; vgl. 10,13; 36,2) nicht die Existenz, sondern die Wirksamkeit Gottes auf Erden, wie sich die Frage »wo ist dein Gott?« (Ps 42,4.11; vgl. 79,10; 115,2; Jo 2,17) auf das Erscheinen seiner helfenden Macht bezieht.

Während die Schlange in der Paradieserzählung dem Menschen verheißt, zu »sein wie Gott« (Gen 3,5; die Bestimmung bleibt wegen der Überlieferungsgeschichte, die auf altorientalisch-mythische Vorstellungen zurückgeht, vgl. Ez 28,2.9.13, mehrdeutig), bestätigt Gott dieses Versprechen nur abgeschwächt als »sein wie unsereiner« (3,22). Die Gottgleichheit wird nur als Gleichheit mit den himmlischen Wesen anerkannt. Dagegen vollzieht erst die LXX (vgl. auch zu Ps 97,7; 138,1) eine solche Abschwächung bei der »Gottebenbildlichkeit« (W. H. Schmidt, Die Schöpfungsgeschichte der Priesterschrift, ²1967, 141). Das AT selbst schränkt die Aussage, daß der Mensch »als Bild Gottes« (d.h. als Gottes Repräsentant, Stellvertreter, Statthalter) geschaffen ist (Gen 1,26f.; 5,1; 9,6 P; →*ṣælæm*), in keiner erkennbaren Weise ein. Allerdings vergleicht Ps 8 in einem ähnlichen Zusammenhang den Menschen mit »Gott« (V.6) und nicht mit »Jahwe« (V.2), scheint demnach die Differenz zwischen dem Eigennamen und Gattungsbegriff auszunutzen, um die Besonderheit Jahwes zu wahren. Vielleicht wirkt bei diesem Sprachgebrauch auch die vorgegebene Redeweise nach, die – wie in anderen festen Wendungen mit *'ælōhīm* (o. III/6–7) – eben das Verhältnis des Menschen zu »Gott« und nicht zu »Jahwe« bedenkt. Jedenfalls trifft jene Unterscheidung nicht für die priesterschriftliche Urgeschichte zu, weil sie sich durchgängig der Gottesbezeichnung *'ælōhīm* bedient.

6. In verschiedenen Bereichen des AT wird betont nicht der Jahwename, sondern *'ælōhīm* (mit und ohne Artikel) als Gottesbezeichnung verwendet: in zwei Quellenschriften des Pentateuch, dem Elohisten und der Priesterschrift, im sog. elohistischen Psalter, bei Kohelet und z.T. in der Chronik (zum Hiobbuch s.o. II). Dabei tritt jeweils, negativ gesprochen, durch Gebrauch des Allgemeinbegriffs für »Gott« und Vermeidung des Eigennamens die Besonderheit Israels zurück, aber positiv läßt sich eine gemeinsame Tendenz der verschiedenen Literaturwerke nur schwer feststellen, da sichere Ansatzpunkte für eine Begründung des Sprachgebrauchs fehlen. Soll die Universalität Gottes zum Ausdruck gebracht werden? Da die einzelnen Schriften so verschiedenen Zeiten entstammen, werden auch verschiedene Anlässe und Gründe maßgeblich gewesen sein.

Wahrscheinlich benutzt der Elohist das Wort *'ælōhīm* (Gen 20,3.6 u.ö.) nicht ausschließlich, sondern nur weit vorwiegend, hält also – besonders nach der Offenbarung an Mose Ex 3,14 – gelegentlich am Jahwenamen fest (vgl. zuletzt H. Seebaß, Der Erzvater Israel ..., 1966, 56 Anm. 4). Man hat nach diesem Merkmal sogar zwei elohistische Schichten unterscheiden wollen; es liegt aber eher Einwirkung der üblichen Ausdrucksweise oder auch nachträglicher Einfluß der anderen Quellenschriften vor. – Der Gebrauch von *'ælōhīm* läßt sich nicht als Rest eines alten israelitischen Polytheismus interpretieren (vgl. W. Eichrodt, Die Quellen der Genesis, 1916, 106ff.; E. König, Die Genesis, ²·³1925, 62ff.). Da die Allgemeinbezeichnung zumindest in der Regel nach Ex 3,14 noch durchgehalten wird, hat der Elohist auch nicht wie die Priesterschrift einzelne Epochen der Offenbarung unterscheiden wollen. Vielleicht möchte er Gottes Transzendenz betonen (vgl. Gottes Erscheinungen im Traum und durch den »Engel Gottes«, o. III/7), aber letztlich bleibt die Erklärung auf unsichere Vermutungen angewiesen.

Dagegen liegt die Annahme nahe, daß die Priesterschrift Israels Gott als Gott der Menschheit, ja der Welt bekennen will, wenn sie in der Schöpfungs- und Urgeschichte bis zur Offenbarung an Abraham Gen 17,1 (→*'ēl* III/1) ausschließlich (und dann wechselnd) das Appellativum *'ælōhīm* verwendet.

Im elohistischen Psalter (Ps 42–83) tritt das Phänomen insofern verschärft hervor, als der ursprünglich vorhandene Jahwename nachträglich durch den Allgemeinbegriff *'ælōhīm* ersetzt wurde (vgl. Ps 53 mit Ps 14). Ähnlich, wenn auch mit weit weniger Konsequenz, ist die Chronik bei der Aufnahme von Texten aus dem deuteronomistischen Geschichtswerk verfahren (vgl. z.B. »Haus Gottes« in 2Chr 4,11 mit 1Kön 7,40; s.o. III/6 und M. Rehm, Textkritische Untersuchungen zu den Parallelstellen der Samuel-Königsbücher und der Chronik, 1937, 108f.; zu den häufigen Namen »Gott Israels« und »Gott der Väter« s.o. III/4; IV/1). Vielleicht darf man für diese Spätzeit bereits voraussetzen, daß der Jahwename zurücktreten konnte, weil die Unterscheidung zwischen Eigenname und Gattungsbegriff durch das Bekenntnis zu Israels Gott als dem einzigen wahren Weltherrn hinfällig wurde. Zu dieser Betonung der Transzendenz und damit der Differenz von Gott und Mensch (vgl. auch das Hiobbuch) mag die aufkommende Scheu vor der Aussprache des Jahwenamens hinzugekommen sein; doch wurde er zumal in der Chronik noch keineswegs grundsätzlich gemieden. Schließlich wird auch beim »Prediger« für die Wahl der Gottesbezeichnung ausschlaggebend gewesen sein, daß er mit dem Allgemeinbegriff *'ᵃlōhīm* (meist mit Artikel) Gottes Allmacht angesichts der Nichtigkeit des Menschen hervorheben konnte.

V. Insgesamt hat also der Gattungsname *'ᵃlōhīm* dem AT geholfen, den eigenen Gott der Geschichte als Gott der Welt zu verstehen und zu verkünden. Zu den Nachwirkungen des atl. Sprachgebrauchs im nachbiblischen Judentum und im NT vgl. H Kleinknecht – G. Quell – E. Stauffer – K.G. Kuhn, Art. θεός, ThW III, 65–123. *W.H. Schmidt*

אֱלִיל *'ᵃlīl* Nichtigkeit

1. Das nur im AT und dem davon abhängigen Schrifttum belegte Wort *'ᵃlīl* »Nichtigkeit« findet seine nächsten Entsprechungen in akk., aram. und arab. Adjektivbildungen der Wurzel *'ll* mit der Bed. »schwach« o.ä. (vgl. HAL 54a). Über die mannigfachen, aber für die Bedeutung kaum ergiebigen Ableitungsversuche referiert Wildberger, BK X, 102 (vgl. noch J.A. Montgomery, JAOS 56, 1936, 442). Zur (aramaisierenden?) Nominalform des Wortes vgl. Wagner 122.

Ein Wort *ill* »Vernichtung« ist im Ug. nicht nachgewiesen (WUS Nr. 216; UT Nr. 184; gegen Driver, CML 136a; Gray, Legacy 60; Herdner, CTCA 36, liest jetzt in 67 [= I*AB] V, 16 *ilm*).

2. *'ᵃlīl* kommt im AT 20× vor, davon allein 10× in Jes (2,8.18.20.20; 10,10.11; 19,1.3; 31,7.7), 2× in Lev (19,4; 26,1) und Ps (96,5 = 1Chr 16,26; 97,7), je 1× in Jer 14,14Q; Ez 30,13; Hab 2,18; Sach 11,17; Hi 13,4.

Vgl. noch Sir 11,3; 1QM 14,1 (vgl. Jes 19,1); 1Q 22 I,8.

Textänderungen werden vorgeschlagen zu Jes 10,10; Ez 30,13; Sach 11,17 (vgl. die Komm.).

3. *'ᵃlīl* wird an drei Stellen singularisch als nomen rectum einer Cs.-Verbindung gebraucht und kann mit »nichtig, unbedeutend« wiedergegeben werden (Jer 14, 14 txt em »nichtige Wahrsagerei«; Sach 11,17 »nichtsnutzige Hirten«; Hi 13,4 »Pfuschärzte«; vgl. noch Sir 11,3 »gar unscheinbar unter dem Flügelvolk ist die Biene«).

An den übrigen Stellen (außer Jes 10,10 txt?) steht das Nomen im Plural und ist eine geringschätzige Bezeichnung für fremde Götter. Wie sich dieser pluralische Gebrauch aus dem singularischen Abstraktum entwickelte, zeigt Ps 96,5 = 1Chr 16, 26 »alle Götter sind Nichtse« (vgl. auch Ps 97,7). Allenfalls mag in der prophetischen Literatur und in dem von ihr abhängigen Heiligkeitsgesetz (Lev 19,4; 26,1) die Parodie auf *'ēl*/*'ᵃlōhīm* »Gott« mitspielen.

4. Über die *'ᵃlīlīm* wird ausgesagt: Sie sind das Werk menschlicher Hände (Jes 2,8.20; 31,7; Lev 26,1), sie sind stumm (Hab 2,18), man kann sie daher auch wegwerfen (Jes 31,7); vor Jahwe erbeben sie (Jes 19,1) und vergehen vor ihm (2,18). In dem Ausdruck *'ᵃlīlīm* klingt also die Ohnmacht, die Nichtigkeit der fremden Götter an. Was mit ihm ausgedrückt werden soll, wird wohl am deutlichsten in Ps 96,5: »denn alle Götter der Völker sind Nichtse, Jahwe aber hat den Himmel gemacht«. Dazu Wildberger, BK X, 102f.: »Das Vorkommen der Bezeichnung in den beiden... Gott-König-Psalmen zeigt, daß sie in der Jerusalemer Kulttradition zu Hause war, von woher ihre Kenntnis Jesaja zugekommen sein wird. Es kann kein Zufall sein, daß sonst nur noch das Heiligkeitsgesetz (Lev 19,4; 26,1) und Habakuk (2,18) diese Bezeichnung aufgegriffen haben«.

'ᵃlīlīm steht parallel mit *pǽsæl*/*pāsīl* »gehauenes Bild« (Jes 10,10; Lev 26,1; Hab 2,18; Ps 97,7), mit *ʿᵃṣabbīm* »Schnitzbilder« (Jes 10,11), mit *gillūlīm* »Götzen« (Ez 30,13) und mit *massēkā* »Gußbild« (Lev 19,4; Hab 2,18). Eine Zusammenstellung der im AT vorkommenden Bezeichnungen für »Götze« in fünf Gruppen mit Stellenangaben gibt Eissfeldt, KS I,271f.: 1) Schimpfbezeichnungen: *bóšæt* »Schande« (→*bōš*), *šiqqūṣ* »Scheusal«, *tōʿēbā* »Greuel« (→*tʿb*), *ḥaṭṭā't* »Sünde« (→*ḥṭ'*), *'ēmā* »Entsetzen«; 2) Bezeichnungen, die das Sein in Abrede stellen: →*hæbæl* »Hauch«, *šǽqær* »Lüge« (→*šqr*), →*šāw'* »Eitles«, *'ᵃlīl* »Nichts«, *lō-'ēl* und *lō-'ᵃlōhīm* »Nicht-Gott« (→*'ēl* III/3; →*'ᵃlōhīm* IV/5); 3) Bezeichnungen, welche den Götzen die göttliche Dignität absprechen und sie in die Sphäre der niederen und bösen Geister herabdrücken: *śeʿīrīm* »Bocksgeister«, *šēdīm* »Dämonen«, →*'áwæn* »böse Macht«; 4) Benennungen, die von ihnen aussagen, daß sie fremd sind und damit mehr oder weniger deutlich sie als nichtig hinstellen: Zusammensetzungen mit →*'aḥēr* »anderer«, →*zār* »auswärtig«, →*nēkār* »Fremde«, →*ḥādāš* »neu«; 5) Benennungen, die sie mit ihren Bildern identifizieren und so als totes Material ausgeben:

massēkā und *næsæk* »Gußbild«, *pæsæl* und *pāsîl* »gehauenes Bild«, *'ōṣæb* und *'āṣāb* »Schnitzbild«, →*ṣælæm* und *sæmæl* »geschnittenes Bild«, *gillûlîm* »(bearbeitete) Steinblöcke«, *ṣîr* »Bild«, *maśkît* »Schaustück«, *nᵉśû'ā* »Prozessionsbild«.

5. Die LXX gibt *'ᵉlîlîm* sehr verschieden wieder, am häufigsten mit χειροποίητα »Menschenwerk« (6×) und εἴδωλα »Götzen« (4×). Im NT wird εἴδωλον als Bezeichnung für die heidnischen Götter aufgenommen, und zwar in der von der LXX und dem Judentum geprägten Bedeutung (vgl. F. Büchsel, Art. εἴδωλον, ThW II, 373–377). *S. Schwertner*

אַלְמָנָה *'almānā* Witwe

1. *'almānā* »Witwe« ist, mit Variation der Sonorlaute im Aram. und Arab. (*'armaltā* bzw. *'armalat* gegenüber akk. *almattu* < **almantu*, ug. *almnt*, phön. *'lmt*), gemeinsem. (vgl. GVG I, 220.227).

Die Etymologie ist ungewiß; vgl. die in HAL 56b verzeichneten Ableitungsvorschläge.

Von *'almānā* werden die Abstraktbildungen *'almānût* »Witwenstand« (*bigdē 'almᵉnûtāh* »ihre Witwenkleider« Gen 38,14.19; zu 2Sam 20,3 und Jes 54,4 s.u. 3b) und *'almōn* »Witwenschaft« (Jes 47,9 par. *šᵉkōl* »Kinderlosigkeit«, s.u. 3b) abgeleitet; vgl. akk. *almānūtu* (CAD A/I, 362a) und ug. 52 (= SS), 9 *ḫṭ ulmn* »Szepter der Verwitwung« par. *ḫṭ ṯkl* »Szepter der Kinderlosigkeit« in der Hand des Gottes Mot (Gray, Legacy 95f.).

Die Rückbildung *'almān* »verwitwet, Witwer« kommt in Jer 51,5 nur in übertragener Bed. »Israel und Juda ist nicht verlassen von seinem Gott« (Rudolph, HAT 12, 306f.) vor. Zu angeblichem akk. *almānum* »Witwer« (Syria 19, 1938, 108) vgl. CAD A/I, 362a.

2. Von den 55 Belegen für *'almānā* entfallen auf Gen 1, Ex 2, Lev 2, Num 1, Dtn 11, 2Sam 1, 1Kön 5, Jes 5, Jer 5, Ez 6 (zu Ez 19,7 s. Zimmerli, BK XIII, 418f.), Sach 1, Mal 1, Ps 5, Hi 6, Klgl 2, Spr 1. Dazu *'almānût* 4×, *'almōn* und *'almān* je 1×. Ein Drittel der Belege begegnet in Rechtstexten.

Nicht mitgerechnet ist der bei Mand. genannte Beleg Jes 13,22, wo *'almᵉnôtāw* »seine Paläste« als Nebenform zu *'armōn* aufzufassen ist (s. auch Ez 19,7).

3. a) *'almānā* ist an sämtlichen Stellen mit »Witwe« zu übersetzen; es handelt sich dabei um eine Frau, die durch den Tod ihres Ehemannes ihren sozialen und wirtschaftlichen Rückhalt verliert (insofern ist hier »Witwe« nicht nur Bezeichnung des Zivilstandes »ehemalige Frau eines Verstorbenen«, vgl. L. Köhler, ZAW 40, 1922, 34; G. van der Leeuw, Phänomenologie der Religion, [2]1956, 276; CAD A/I, 364). Das Los einer Witwe ist in jedem Falle traurig, sei es, daß keine Kinder da sind und die Witwe in ihr Elternhaus zurückkehrt (Gen 38,11, mit der Möglichkeit der Leviratsehe), oder sei es, daß Kinder vorhanden sind (*'iššā 'almānā* in 2Sam 14,5; 1Kön 17,9.10; auch 1Kön 7,14 (Mutter des Hiram von Tyrus) und 11,26 (Mutter Jerobeams), wo der Vater vor der Geburt des Sohnes gestorben ist (vgl. in der phön. Ešmun'azar-Inschrift Z.3 »Sohn einer Witwe«, KAI II, 19.21 f.). Die bekannteste Witwenerzählung, das Büchlein Ruth, verwendet den Begriff »Witwe« nicht.

Von Witwen ist in der Regel in einem Atemzug mit denen die Rede, die ein ähnlich hartes Los tragen: Waisen (*jātōm*), Verstoßenen (*gᵉrûšā*), Fremdlingen (→*gēr*), Armen (*dal*), Elenden (→*'ānî*), Kinderlosen (*šakkūlā*), auch Leviten und Sklaven.

So ergeben sich folgende nominale Aufreihungen: Witwen/Waisen (Ex 22,21.23; Dtn 10,18; Jes 9,16); Witwen/Waisen/Fremdlinge/Elende (Sach 7, 10; vgl. Dtn 27,19; Mal 3,5); Witwe/Verstoßene (Lev 22,13; Num 30,10; Ez 44,22; vgl. Lev 21,14); Levit/Fremder/Waise/Witwe (Dtn 14,29; 26,12f.; ähnlich Dtn 16,11.14; 24,17.19–21; Jer 7,6; Ez 22,7).

Im parallelismus membrorum stehen: Waise – Witwe (Jes 1,17.23; Jer 49,11; Ps 68,6; Hi 22,9; 24,3; Klgl 5,3); Arme/Elende – Witwen/Waisen (Jes 10,2, zitiert in CD 6,16); Witwe – Kinderlose (Jes 47,8, mit *'almōn* in 47,9; Jer 15,8; 18,21). Andere Parallelismen: Ps 94,6; 146,9; Hi 24,21; 29,13; 31,16.

Als genau umrissene Personenstandsbezeichnung, die sich für geprägte Reihen gut eignet, besitzt *'almānā* keine Synonyma.

b) In übertragener Bedeutung begegnet *'almānût* in 2Sam 20,3 »Witwenschaft bei Lebzeiten (des Mannes)« (oder mit Textänderung »Witwen eines Lebenden bzw. auf Lebenszeit«) für die von David nach dem Aufstand Sebas in der Isolierung gehaltenen Nebenfrauen. Ähnlich umschreibt im Elephantine-Papyrus Cowley Nr. 30, Z. 20 »unsere Frauen sind wie Witwen geworden« den Verzicht auf ehelichen Umgang als Trauerbrauch.

Weiter kann bildlich auch eine Stadt als Witwe bezeichnet werden: Klgl 1,1 »wie ist sie zur Witwe geworden« schildert Jerusalem nach der Katastrophe; Jes 47,8 (Völkerspruch gegen Babel) spricht das übermütige Babel: »ich sitze nicht als Witwe ...«, wobei aber gerade dieser Stadt in 47,9 Kinderlosigkeit und Witwenschaft (*'almōn*) angekündigt wird. In Jes 54,4 ist für die Witwenschaft Israels *'almānût* verwendet.

4. a) Witwen sind innerhalb der Gemeinschaft, in der sie leben, schutzlos, arm und einsam. Sie stehen darum seit alters unter

dem Rechtsschutz Jahwes: in der alten Fluchreihe des sichemitischen Dodekalogs (Dtn 27,19 »verflucht ist, wer das Recht des Fremdlings, der Waise und der Witwe beugt«), im Bundesbuch (Ex 22,21 »Witwen und Waisen sollt ihr nicht bedrücken«, wobei die in V.23 folgende Gebotsparänese den alten Rechtssatz durch eine Taliondrohung noch verstärkt: »eure Frauen werden zu Witwen«); vgl. im dtn. Gesetz Dtn 24,17.

Im Wortfeld stoßen wir auf folgende Verben: 1) *nṭh* hi. mit Obj. *mišpāṭ* »das Recht beugen« (Dtn 27, 19); 2) *'nh* pi. »bedrücken« (Ex 22,21); 3) *ḥbl* »zum Pfand nehmen« (Dtn 24,17 Kleid; vgl. Hi 24,21 Rind); 4) *'šq* »bedrücken« (Jer 7,6; Sach 7,10; Mal 3,5); 5) *jnh* hi. »plagen« (Jer 22,3; Ez 22,7).

Auch in den ug. Texten geht es jeweils um das »Recht« der Witwen (*dn almnt* 2Aqht [= II D] V,8; 127 [= II K], VI,33.46; vgl. A. van Selms, Marriage and Family Life in Ugaritic Literature, 1954, 142f.).

In einer zweiten Gruppe von Rechtstexten im Dtn, die das Recht der Armen und Besitzlosen regeln, werden der Witwe (neben Leviten/Fremdling/Waise) besondere Vergünstigungen eingeräumt: sie dürfen bei der Ernte Nachlese halten (Dtn 24,19–21), beim Wochen- und Laubhüttenfest sollen sich auch die Witwen mitfreuen (Dtn 16,11.14), und wenn der Zehnte abgegeben wird, darf sich die Witwe satt essen (Dtn 14,29; 26,12f.). Verglichen mit anderen Festbestimmungen (Ex 23,14ff.; 34,18ff.; Lev 23) handelt es sich dabei um eine dem dtn. Gesetz eigene paränetische Rechtsauslegung.

Drei verstreute Rechtssätze werfen noch weiteres Licht auf die Rechtslage der Witwe: Ein Hoherpriester darf (anders als der Priester, Lev 21,7) keine Witwe heiraten (Lev 21,14). Wenn eine Priestertochter als kinderlose Witwe in ihr Vaterhaus zurückkehrt, darf sie wieder von den Opfergaben essen (Lev 22,13); vgl. noch Num 30,10 (über das Gelübde einer Witwe).

Zusammenfassend könnte man mit Dtn 10,18 sagen: Jahwe ist der Gott, »der der Waise und der Witwe Recht schafft (*'ōśǣ mišpāṭ*)«; vgl. unten Ps 68,6; 146,9. Parallelen aus der Umwelt Israels sind gesammelt bei F.C. Fensham, Widow, Orphan, and the Poor in Ancient Near Eastern Legal and Wisdom Literature, JNES 21,1962, 129–139; Wildberger, BK X, 48.

b) Was sich in den verschiedenen Rechtsbestimmungen niedergeschlagen hat, wurde in der Prophetie, in der Gebetssprache und im Buch Hiob wieder aufgenommen.

In der *Prophetie* kommen vor allem Jes, Jer und Ez auf die alten Rechtssätze zum Schutze der Witwen zurück (erstaunlicherweise nicht Am und Mi, wo übrigens auch die Begriffe »Waise« und »Fremdling« fehlen). Im Rahmen der prophetischen Anklage werden diejenigen apostrophiert, die für das Recht (→*rīb*) der Witwen nicht eintreten (Jes 1,23), die Waisen und Witwen bedrücken (Jes 10,2; Ez 22,7; Mal 3,5) oder die überhaupt Frauen zu Witwen machen (Ez 22,25). In der rückblickenden Klage Jahwes (Jer 15,8) und in der Klage Jeremias (18,21) ist der Begriff ebenfalls zu finden, ebenso in der Gerichtsankündigung (Jes 9,16: Jahwe wird sich der Witwen nicht erbarmen). Umgekehrt bedeutet es Heil für Israel, wenn im Fremdvölkerspruch Jes 47,8f. Babel angekündigt wird, es werde zur Witwe werden (zu Jer 49,11 und Jer 51,5 vgl. Rudolph, HAT 12,288. 306f.; eine Schilderung des Tyrannenloses auch in Hi 27,15); vgl. die bedingte Heilsankündigung in Jer 7,6 (»wenn ihr ... die Witwe nicht bedrückt«). Am klarsten sind die alten Rechtssätze in der prophetischen Thora aufgenommen: Jes 1,17; Jer 22,3; Sach 7,10. Innerhalb der Zukunftsschau Ezechiels (44,22) wird Lev 21,14 modifiziert.

In der *Gebetssprache* kann Jahwe gelobt werden als der Richter (*dajjān*) der Witwen (Ps 68,6; vgl. 146,9); zugleich wird in der Feind-Klage über die geklagt, die Witwe und Fremdling erwürgen (Ps 94,6 mit *hrg*), und der Wunsch ausgesprochen, daß die Frauen eines solchen Übeltäters zur Witwe würden (109,9; vgl. Jer 18,21). In Klgl wird geklagt, wie Jerusalem selbst (1,1) und seine Mütter (5,3) zu Witwen geworden seien.

Im Buch *Hiob* wird die Redeweise aus den Psalmen wieder aufgenommen, etwa in der Klage über die Frevler, welche die Witwe unterdrücken (24,3.21; ihre Katastrophe ist 27,15 geschildert). Typisch ist die Beschuldigung durch die Freunde, Hiob habe die Witwen leer fortgeschickt (22,9), was Hiob aber im Rückblick der Schlußklage zurückweist (29,13; 31,16).

Wird der Rechtsschutz verletzt, unter dem die Witwen stehen, so erhebt sich die Anklage, Klage oder auch die Gerichtsankündigung, die dem Übertreter das Gericht Gottes ansagt. Auch Spr 15,25 bringt das zum Ausdruck: »Jahwe reißt weg das Haus der Stolzen, aber die Grenze der Witwe setzt er fest«.

5. In Qumran (CD 6,16) und vor allem im NT setzen sich die aufgezeigten Linien fort: Mk 12,40 u.a. Lk 4,25f. nimmt 1Kön 17 auf, Apk 18,7 die Stelle Jes 47,8f. Neu ist das Motiv der Warnung vor »jungen Witwen« (1Tim 5,9ff.). *J. Kühlewein*

אֵם *'ēm* Mutter

1. *'ēm* »Mutter« geht zurück auf gemeinsem. **'imm-* (akk., ug. und arab. unter dem Einfluß des Labials **'umm-*, vgl. GVG I, 199 und →*lēb*). Entgegen früheren Ableitungen (z.B. F. Delitzsch, Prolegomena eines neuen hebr.-aram. Wörterbuchs zum AT, 1886, 109) folgt man heute L. Köhler, ZAW 55, 1937, 171: *'ēm* ist »aus dem uns bekannten Vorrate semitischer Wurzeln überhaupt nicht ableitbar«; →*'āb* und *'ēm* sind »Lallwörter« aus der Sprache des Kindes (Papa, Mama).

2. Von den insgesamt 220 Belegen entfallen auf Gen 26, Ex 7, Lev 15, Num 2, Dtn 13, Jos 3, Ri 20, 1Sam 4, 2Sam 3, 1Kön 16, 2Kön 22, Jes 5 (Dtjes 3, Tritojes 1), Jer 9, Ez 10, Hos 4, Mi 1, Sach 2, Ps 12, Hi 3, Spr 14, Ruth 2, Hhld 7, Pred 1, Klgl 3, Est 2, 1Chr 2, 2 Chr 12. Es ergeben sich vier Schwerpunkte: in den Geschichtsbüchern (Gen, Ri, Kön, dabei allerdings Nennung des Namens der Königinmutter 19 × in Kön, 9 × in Chr); im Rahmen gesetzlicher Bestimmungen (35 ×); in der Gebetssprache und in den Proverbien.

3. a) In seiner Grundbedeutung bezeichnet *'ēm* die leibliche Mutter ihrer Kinder (Sohn/Tochter). Damit ist ein erstes natürliches Wortfeld innerhalb der Familie abgesteckt. Diese innerfamiliäre Beziehung ist bis auf ganz wenige Ausnahmen stets durch nachfolgenden Genetiv oder am häufigsten durch ein Possessivsuffix zum Ausdruck gebracht. Bezeichnenderweise ist *'ēm* nur 3 × mit Artikel belegt (Dtn 22,6.6.7), und von den 220 Belegen sind 189 suffigierte Formen.

Ein zweites, allerdings weniger häufiges Wortfeld ist ebenfalls natürlich gegeben: *'ēm* als der mütterliche entspricht →*'āb* als dem väterlichen Elternteil. *'āb* ist immerhin gegen 70 × im Wortfeld zu finden, zumeist in nominalen Aufreihungen (→*'āb* III/1), wobei in einer vaterrechtlich organisierten Gesellschaft wie Israel (vgl. W. Plautz, Zur Frage des Mutterrechts im AT, ZAW 74, 1962, 9–30) »Vater« in der Regel voransteht.

Ein synonymes Substantiv zu *'ēm* gibt es in der Grundbedeutung nicht; allerdings begegnen hie und da Verbalformen von *hrh* »schwanger sein« und *jld* »gebären« im Parallelismus zu *'ēm*, so das Part. von *hrh* in Hos 2,7; Hhld 3,4; die Form *jōlædæt* »Gebärerin« in Jer 15,8f.; Spr 23,25; Hhld 6,9, in Spr 17,25 selbständig im Parallelismus zu »Vater«; andere Verbformen von *jld* parallel zu *'ēm* in Jer 50,12; Hhld 8,5.

Bei Tieren dient *'ēm* zur Bezeichnung des Muttertieres (Rind, Schaf, Ziege: Ex 22,29; 23,19; 34,26; Lev 22,27; Dtn 14,21; Vögel: Dtn 22,6f.).

b) Zur Bezeichnung von Verwandtschaftsverhältnissen geht der Begriff eine ganze Reihe enger Wortverbindungen ein (zum Ersatz des im AT fehlenden Begriffes »Eltern« durch »Vater und Mutter« →*'āb* [III/1]; das Part.Plur. *hōraj* »die mich empfangen haben« in Gen 49,26 ist textlich unsicher). Statt Bruder und Schwester kann auch »Sohn meiner/deiner/seiner Mutter« oder »Tochter meiner/deiner/seiner Mutter« gesagt werden.

So findet sich »Sohn meiner Mutter« (bzw. Plur.) parallel zu *'āḥ* »Bruder« in Gen 43,29; Dtn 13,7; Ri 8,19; Ps 50,20; 69,9; Hhld 1,6; ebenso »Tochter meiner Mutter« parallel zu *'āḥōt* »Schwester« in Gen 20,12; Lev 18,9; 20,17; Dtn 27,22; vgl. Ez 23,2 »Töchter einer Mutter«. Dabei dient der Ausdruck zur Bezeichnung des *leiblichen* Bruders bzw. Schwester, während *'āḥ* und *'āḥōt* auch den Stiefbruder bzw. die Stiefschwester bedeuten können. Anders weisen »die Söhne deiner Mutter« in Gen 27,29 (parallel zu »Brüder«) auf eine weitere Verwandtschaft hin.

Weitere Wortverbindungen zur Bezeichnung der Verwandtschaft mütterlicherseits sind: »Vater deiner Mutter« = »Großvater« (Gen 28,2); »Bruder deiner Mutter« = »Onkel« (Gen 28,2, vgl. 29,10; Ri 9,1.3); »Schwester deiner Mutter« = »Tante« (Lev 18,13; 20,19).

c) Der Begriff *'ēm* ist gelegentlich erweitert zur Bezeichnung von nicht-leiblicher Mutterschaft. Wie für »Großvater« kennt das Hebr. auch keinen eigenen Begriff für »Großmutter«. Hier behilft man sich wohl mit einfachem *'ēm* (zu 1Kön 15, 10 vgl. jedoch Noth, BK IX, 335f.; zur Stellung der *gᵉbīrā* »Königinmutter« →*gbr* und s.u. 4b). In Gen 37,10 – so dürfen wir dem Zusammenhang (35,16ff.) entnehmen – ist mit *'ēm* Josephs Stiefmutter gemeint.

Für »Schwiegermutter« (Mutter des Ehemannes) existiert die gemeinsem. Bezeichnung *ḥāmōt* (Mi 7,6; Ruth 1,14–3,17 10 × ; Fem. zu *ḥām* »Schwiegervater« = Vater des Ehemannes, Gen 38,13.25; 1Sam 4,19.21); die Mutter der Ehefrau heißt *ḥōtænæt* (Dtn 27,23; Fem. zu *ḥōtēn* »Schwiegervater« = Vater der Ehefrau, vom *ḥātān* »Tochtermann« aus gesehen, Ex 3,1; 4,18; 18,1–27 13 × ; Num 10,29; Ri 1,16; 4,11, jeweils von Mose; Ri 19,4.7.9); Umschreibung mit »die Frau und ihre Mutter« in Lev 20,14.*

Noch stärker erweitert ist der Begriff in Gen 3,20, wo Eva (*Ḥawwā*) in einer Namensätiologie als »Mutter aller Lebenden«

bezeichnet wird (»Urmutter, Stammutter«); zu Ez 16,3.45 s.u. 4c). Ein Ausdruck »Mutter Erde« existiert im AT nicht (vgl. A.Dietrich, Mutter Erde, [3]1925; L.Franz, Die Muttergöttin im vorderen Orient, 1937; Haussig I,103ff.).

Einen dem Begriff *'ābōt* »Väter, Vorväter« und dessen Sinn entsprechenden Plural von *'ēm* gibt es nicht. Typisch dafür ist Ps 109,14: »Der Schuld seiner Väter werde gedacht, und seiner Mutter Verfehlung werde nie getilgt«.

d) In übertragener Bedeutung dient der Begriff zur Personifikation eines Volkes oder einer Stadt.

So wird in Hos 2,4.7 (Hos 4,5 wird mit *'ēm* weniger das Volk als vielmehr die Mutter des hier erwähnten Priesters gemeint sein, vgl. Wolff, BK XIV/1,95f.; anders Rudolph, KAT XIII/1,97.102); Jes 50,1.1 das Volk Israel (Ez 19,2.10 Juda bzw. das Königshaus, vgl. Zimmerli, BK XIII,423f.), in Jer 50,12 Babel mit »Mutter« bezeichnet.

Als Ehrentitel begegnet »Mutter in Israel« sowohl für die Einzelperson Debora (Ri 5,7; aus dem Zusammenhang wird freilich nicht ganz klar, welche Funktion ihr zu diesem Titel verholfen hat) als auch für die Stadt Abel-Beth-Maacha (2Sam 20,19, Mutter im Vergleich zu den »Tochterstädten« der Nachbarschaft?; vgl. *'m* »Metropolis« auf phön. Münzen, DISO 15f.); Hos 10,14 sind wohl in einer geprägten Wendung (ähnlich Gen 32,12) gewöhnliche Mütter mit ihren Kindern gemeint, vgl. Rudolph, KAT XIII/1,206.

Ebenfalls in übertragener Bedeutung nennt Hiob in seiner Klage (17,14) das Gewürm der Scheol »meine Mutter und meine Schwester«; nur hier findet er die familiäre Gemeinschaft, welche ihm im irdischen Leben zerbrochen ist.

e) Feste Wortverbindungen geht *'ēm* zur Bezeichnung von »Mutterleib« und »Mutterbrust« ein: *bǽṭæn 'immī* mit Präp. b^e oder *min* »schon in/aus meiner Mutter Leib« bzw. »seit meiner Geburt« (Ri 16,17; Ps 22,11; 139,13; Hi 1,21; 31,18; Pred 5,14); *m^e'ē 'immī* (Jes 49,1; Ps 71,6) und *rǽḥæm 'immō* (Num 12,12) »meiner/seiner Mutter Leib«; »Mutterbrust«: *$š^e$dē 'immī* (Ps 22,10; Hhld 8,1), *ḥēq 'immōtām* (Klgl 2,12). Alle diese Begriffe können auch ohne die Verbindung mit *'ēm* dasselbe aussagen.

Am weitesten hat sich der Begriff von seiner Grundbedeutung entfernt in der Wortverbindung *'ēm haddǽræk* (Ez 21,26) »Weg-Mutter«, d.h. die Stelle, an der aus dem Mutterweg ein neuer Weg geboren wird, Scheideweg (vgl. Zimmerli, BK XIII, 490).

Als Bestandteil hebr. Eigennamen spielt *'ēm* [illegible] Rolle.

4. a) Die Mutter steht (zusammen mit dem Vater) unter dem besonderen Rechtsschutz Jahwes:

Vater und Mutter sind zu ehren (*kbd* pi.: Ex 20,12; Dtn 5,16), zu fürchten (*jr'*: Lev 19,3). Wer Vater und Mutter geringschätzt, wird verflucht (Dtn 27,16), wer sie schlägt oder ihnen flucht, wird getötet (Ex 21,15.17; Lev 20,9; vgl. das Gesetz betr. den störrischen Sohn in Dtn 21,18–21).

In den verschiedensten Regeln der Gemeinschaft spiegelt sich die von Gott sanktionierte Ordnung wider: daß man keinen ehelichen Umgang pflegt mit seiner Mutter (Lev 18,7), Schwiegermutter (Lev 20,14) oder der Schwester der Mutter (Lev 18,13; 20,19); daß eine Gefangene, die man heiratet, zuerst einen Monat lang ihre Eltern beweinen soll (Dtn 21,13); daß man nicht wegläuft, ohne zum Abschied die Eltern nochmals geküßt zu haben (1Kön 19,20); daß man Vater und Mutter nach ihrem Tod begräbt (Lev 21,2; Ez 44,25; anders Lev 21,11 beim Hohenpriester und Num 6,7 beim Nasiräer).

Daneben hat die Weisung, Vater und Mutter zu ehren, sicherlich von vornherein in der weisheitlichen Familienbelehrung ihren Ort gehabt: Spr 23,22; 30,17. Wer Vater und Mutter verachtet, ist »töricht« (Spr 10,1; 15,20; vgl. 19,26; 20,20; 28,24; 30,11). Die Belehrung der Kinder obliegt zwar in der Regel den Vätern (Dtn 6,20ff. u.ö., →*'āb* IV,2b), aber auch die Mutter gibt Weisung (Spr 1,8; 6,20; 31,1).

Wo diese Gebote übertreten werden, setzt darum mit Recht die prophetische Anklage ein (Ez 22,7; Mi 7,6).

b) Im Vergleich mit den »Vätern« spielt *'ēm* in der dtr. Geschichtsschau keine Rolle. Es gibt allerdings vier Belege, in welchen ein König theologisch danach bewertet wird, ob er auf den sündigen Wegen seiner Eltern (1Kön 22,53; 2Kön 3,2) bzw. seiner Mutter (2Kön 9,22; 2Chr 22,3) wandelte oder nicht (vgl. Ps 51,7; 109,14). Überhaupt scheint die Königinmutter besonderen Einfluß auf die Politik und theologische Haltung des Königs gehabt zu haben; vgl. den Titel »Gebieterin« (*g^ebīrā*) 1Kön 15,13; 2Kön 10,13; Jer 13,18; 29,2; 2Chr 15,16; in 22,3 als »Ratgeberin«; vgl. G.Molin, Die Stellung der Gebira im Staate Juda, ThZ 10,1954, 161–175; H.Donner, Art und Herkunft des Amtes der Königinmutter im AT, FS Friedrich 1959, 105–145). Das zeigt die Stellung der Bathseba am Hofe Salomos (1Kön 1f.) oder die der Athalja (1Kön 11); das zeigt nicht zuletzt die Tatsache, daß im dtr. Rahmen der Königsgeschichte fast ohne Ausnahme der Name der Königinmutter verzeichnet ist (1Kön 11,26 u.ö.).

c) Der Prophet Hosea ist der erste, der *Israel* als »Mutter« bezeichnet (2,4.7). In einem »Rechtsverfahren wegen ehelicher Untreue« (Wolff, BK XIV/1, 37) wird die treulose Mutter von ihrem Mann und den Kindern des Ehebruchs angeklagt (V. 4) und in der Begründung der Gerichtsankündigung als Dirne bezeichnet (V. 7). Das Bild der Ehe, das Hosea der kanaanäischen Mythologie entnahm, dient dazu, Israels Neigung zu diesem Kult mit seiner kultischen Prostitution zu bekämpfen. Dies wird aufgenommen in Ez 16; hier weist der Begriff (V. 3.45) auf die dunkle Vergangenheit der Stadt Jerusalem, während das Sprichwort »wie die Mutter, so die Tochter« (V. 44) die Verbindung zur Gegenwart herstellt (vgl. weiter Jes 50,1 und Westermann, ATD 19,180f.). Zu Ez 19,2.10, wo Juda bzw. das Königshaus als ’ēm bezeichnet werden, vgl. Zimmerli, BK XIII, 423f.

d) Die Wortverbindung »Mutterschoß« (s. o. 3e) hat in der Gebetssprache ihren besonderen Ort, und zwar primär in Vertrauensäußerungen wie Ps 22,10f.: »Von Mutterleib an bist du mein Gott«, vgl. 71,6; 139,13; Hi 31,18. Dann begegnet sie in der Berufung des Knechtes in Jes 49,1 (vgl. Ri 16,17 und, ohne ’ēm, Jer 1,5). Die Umkehrung dazu ist in der Klage des Propheten zu sehen: »Wehe mir, Mutter, daß du mich geboren« (Jer 15,10; 20, 14.17). Schließlich findet sich die Wortverbindung noch in der späten weisheitlichen Literatur: Hi 1,21 als Vertrauensäußerung; Pred 5,14 mit stark skeptischem Unterton.

e) Der Begriff ’ēm dient im Gegensatz zu ’āb »Vater« und ’iš »Mann« nie direkt zur Charakterisierung Jahwes. Jahwe ist nach atl. Vorstellung eine männliche Gottheit. Nur ein einziges Mal, in nachexilischer Zeit, wird diese Regel durchbrochen, indem Jahwes Heilshandeln mit dem Tun einer Mutter verglichen wird: Jes 66,13 (»wie einen seine Mutter tröstet, so will ich euch trösten«); vgl. 49,15 (ohne ’ēm).

5. Im NT wird der Begriff vor allem durch die besondere Stellung der Mutter Jesu bedeutungsvoll; vgl. aber Jesu Wort von den »wahren Verwandten« Mk 3,31ff. (vgl. Dtn 33,9). *J. Kühlewein*

אָמָה ’āmā **Magd** → עֶבֶד ‘æbæd

אָמַן ’mn **fest, sicher**

Inhaltsübersicht: Die Abschnitte I. (Wurzel und Ableitungen), II. (Statistik) und V. (Nachalttestamentliches) behandeln die gesamte Wurzel. Die Hauptabschnitte III./IV. (allgemeiner und theologischer Gebrauch) werden aufgefächert in die Unterteile

A. ’mn ni.	Sp. 182,
B. ’mn hi.	187,
C. ’āmēn	193,
D. ’ᵃmūnā	196,
E. ’ᵃmæt	201.

I.1. Die Wurzel ’mn »fest, sicher, zuverlässig sein« ist im Akk., Ug., Phön. und Altaram. nicht belegt, dagegen seit den zwar seltenen Vorkommen im Reichsaram. bzw. Bibl.-Aram. im Aram. und in den südsem. Sprachzweigen. So gibt die Sprachuntersuchung, die sich im wesentlichen auf nach-atl. Material stützen muß, für das AT nur in beschränktem Maße Aufschluß; zudem ist bei der Sonderbedeutung ’mn hi. »glauben« mit Bedeutungsentlehnungen aus dem Hebr. ins Syr. (LS 175a), Mand. (Nöldeke, MG 211) und Arab. (J. Horovitz, Koranische Untersuchungen, 1926, 55f.) zu rechnen.

Ein Zusammenhang mit äg. *mn* »fest sein, bleiben« (Erman-Grapow II,60ff.) ist möglich (Calice Nr. 198; M.Cohen, Essai comparatif sur le vocabulaire... Chamito-Sémitique, 1947, 83).
Zu angeblich kan. *imti* »Zuverlässigkeit(?)« in EA 71,8 vgl. W.F.Albright, JNES 5, 1946, 8 Anm. 8; CAD E 152b (cj *em-⟨qu-ti-ka?⟩*).
Die Bed. »wahrlich« für ug. *imt* in 67 (= I*AB) I,18f. (Driver, CML 102f.136; M.Dahood, CBQ 22, 1960, 406) ist ungesichert (WUS Nr. 274: »Gras, Heu[?]«).
Aus dem Phön. könnte höchstens der Eigenname *ľmn* auf einem Siegel (Harris 77f.) in Betracht gezogen werden. Zu pun. *emanethi* (Poen. 937) vgl. M. Sznycer, Les passages puniques en transcription latine, 1967, 92–94.
Zwei Stellen in den jaudischen Inschriften des 8. Jh.s (KAI Nr. 214, Z. 11; 215, Z. 21) sind ganz unsicher (vgl. DISO 17).
Der älteste aram. Beleg dürfte *mjn* »fest, dauerhaft« in einem Papyrus aus Saqqāra sein (Ende des 7. Jh.s; KAI Nr. 266, Z. 3 »fest, solange der Himmel steht«). Vgl. ferner *hjmwth* »seine Zuverlässigkeit« in den Aḥiqar-Sprüchen (Z. 132; Cowley 217.224; AOT 460 »die Beliebtheit eines Mannes beruht auf seiner Zuverlässigkeit«) und *š mhjmn* »ein zuverlässiger Mann« in Hermop. IV,9 (Bresciani-Kamil 398f.; J.T.Milik, Bibl 48, 1967, 583).
Die späteren aram. und hebr. Vokabeln sind zusammengestellt bei HAL 61b; J. Barr, Bibelexegese und moderne Semantik, 1965, 187f.

2. Von den Verbalstammformen sind das Ni. »Bestand haben, dauern, zuverlässig sein, treu sein« und das Hi. »fest stehen, vertrauen, Glauben haben, glauben« relativ häufig (s.u. A. und B.). Das Qal scheint wenigstens durch die Partizipien vertreten zu sein, doch stehen diese in ihrer Bedeutung neben den übrigen Derivaten von ’mn so isoliert da, daß es naheliegt, eine Wurzel ’mn II anzunehmen.

Zu dieser im Unterschied zu KBL 60b in HAL 62b aufgestellten Wurzel ’mn II gehören: ’ōmēn »Wärter« (Num 11,12; Jes 49,23), »Vormund« (2Kön 10, 1.5; Est 2,7); *'ōmænæt* »Amme« (2Sam 4,4; Ruth 4, 16); Part.pass. Plur. *'ᵃmūnīm* »getragen, gehegt« (Klgl 4,5); *'omnā* »Obhut« (Est 2,20); *'mn* ni. »getragen, betreut werden (Kind)« (Jes 60,4). Ein Zusammenhang mit akk. *ummānu* (HAL 62a; s.u. 5) bleibt sehr fraglich. Vgl. S. Porúbčan, La radice *'mn* nell' A.T., RivBibl 8, 1960, 324–336; 9, 1961, 173–183. 221–234.

Zu *næ'ᵉmān* in Num 12,7; 1Sam 3,20 und *'ᵉmūnā* in 1Chr 9,22.26.31; 2Chr 31,18, wo eine Ableitung von *'mn* II erwogen werden kann, s.u. A III. und D III.

3. Unter den nominalen Ableitungen sind am wichtigsten die beiden fem. Subst. *'ᵉmūnā* »Festigkeit, Zuverlässigkeit, Treue, Redlichkeit« / »Amtspflicht« (s.u. D.) und *'ᵉmæt* »Beständigkeit, Dauer, Zuverlässigkeit, Treue, Wahrheit« (s.u. E.). *'ᵉmæt* dürfte auf *'*amint-* zurückgehen (BL 608). In diesem Fall ist das Wort substantiviertes Fem. des Adj. *'āmēn* und verhält sich zu diesem wie *'ᵉmūnā* zu *'ēmūn*. Ferner sind zu nennen: die »Bestätigungsformel« *'āmēn* »gewiß« (s.u. C.); das Subst. *'ōmæn* »Zuverlässigkeit« (Jes 25,1 in der adverbiell verwendeten asyndetischen Verbindung *'ᵉmūnā 'ōmæn*), und davon mit der Endung *-ām* (BL 529) abgeleitet die Adverbien *'omnām* »gewiß, wirklich, wahrlich« und gleichbedeutend *'umnām* (immer mit He interrogativum); auch das zugehörige Fem. *'omnā* wird adverbiell verwendet (zu diesen adverbiellen Verwendungen s.u. D.). Als Adjektiv fungiert weithin das Part.ni. *næ'ᵉmān* »zuverlässig, treu«, daneben *'ēmūn*, das als Adj. nur im Plur. vorkommt, als Subst. »Treue, Zuverlässigkeit« einmal im Sing. und etwas häufiger im Plur. *'ᵉmūnīm* (s.u. A.). Relativ spät taucht das Subst. *'ᵃmānā* »Vereinbarung, offizielle Abmachung« (Neh 10,1, mit dem Verbum →*krt* verbunden) und »Verordnung« (Neh 11,23, par. *miṣwat hammælæk* »königliche Vorschrift«) auf.

Unsicher ist, ob *'ōmᵉnōt* (Plur.) in 2Kön 18,16, das gewöhnlich mit »Türpfosten« übersetzt wird, vielleicht aber den (goldenen) Beschlag derselben meint, von *'mn* abzuleiten ist (vgl. HAL 63a).

4. Dazu kommt eine Reihe von Eigennamen: *'āmōn* (2Kön 21,18ff. u.ö.; neben Neh 7,59 steht in Esr 2,57 die [Kurz-] Form *'āmī*), wahrscheinlich Hypokoristikon einer theophoren Namensbildung (vgl. phön. *'l'mn*, s.o. I/1), oder, wie bei *'amnōn* (2Sam 3,2; 13,1ff. u.ö.; in 2Sam 13,20 ist *'ᵃmīnōn* wohl Textfehler), Bezeichnung einer geistigen Eigenschaft (Noth, IP 228: »zuverlässig, treu«; etwas anders J. Lewy, HUCA 18, 1944, 456, vgl. aber J.-R. Kupper, Les nomades ... 1957, 71.76). Von *'ᵉmæt* abgeleitet ist *'ᵃmittaj* (2Kön 14,25; Jon 1,1; nach Noth, IP 162, Kurzform, vgl. *Ḥælqaj* neben *Ḥilqijjāhū*).

Zur Wurzel *'mn* dürfte auch der Name des Damaskus durchfließenden Flusses *'ᵃmānā* gehören (2Kön 5,12 Q, K: *'ᵃbānā*); er wäre dann als der zuverlässige, nie versiegende bezeichnet, vgl. *náḥal 'ētān* »beständiger (d.h. immer wasserführender) Bach« (Dtn 21,4; Am 5,24) und das Oppositum *'akzāb* »trügerisch« par. *májim lō næ'ᵉmānū* »Wasser, auf das kein Verlaß ist« (Jer 15,18; vgl. Ph. Reymond, L'eau ... dans l'A.T., 1958, 72.114).

Noch unsicherer ist, ob *'ᵃmānā* als Name für den Antilibanon (Hhld 4,8) von *'mn* »fest sein« abzuleiten ist.

Ganz auszuscheiden hat natürlich der äg. Gott *'āmōn* (Jer 46,25; *Nō' 'āmōn* = Theben, Nah 3,8).

5. *'ommān* (Hhld 7,2) und *'āmōn* (Jer 52,15; Spr 8,30) »Handwerker« hat, entgegen früheren Ansichten, mit unserer Wurzel nichts zu tun, sondern geht über akk. *ummânu* »Handwerker, Künstler« auf sum. *ummea* zurück (vgl. Wagner Nr. 18a). Zu Spr 8,30 (nicht »Hätschelkind, Liebling«, sondern »Künstler«) vgl. Ringgren, ATD 16,40; H.H. Schmid, Wesen und Geschichte der Weisheit, 1966, 150, je mit Lit.

6. Die Grundbedeutung der Wurzel *'mn* ist umstritten. Die traditionelle Auffassung setzt »fest, zuverlässig, sicher sein« an (GB 48a; HAL 61b; H. Wildberger, »Glauben«, Erwägungen zu *h'mjn*, FS Baumgartner 1967, 372–386; ferner E. Pfeiffer, Der atl. Hintergrund der liturgischen Formel »Amen«, KuD 4, 1958, 129 bis 141). Zorell 63b kommt von *'ōmᵉnōt* in 2Kön 18,16 (s.o. 3.) her zur Grundbedeutung »festhalten« bzw. von den oben (2.) erwähnten Partizipien zu »tragen«. Da aber die Zugehörigkeit dieser Formen zu *'mn* I fraglich ist, müssen sie zur Bestimmung der Grundbedeutung beiseite gelassen werden. A. Weiser, Art. πιστεύω, ThW VI,183–191.197, meint, daß die gewöhnliche Übersetzung mit »fest, sicher, zuverlässig« nicht bis zur letzten Grundbedeutung hinabreiche; *'mn* erweise sich bei genauerer Betrachtung als Formalbegriff, dessen Inhalt in jedem Fall durch das besondere Subjekt anders bestimmt werde; das Wort meine die Beziehung der Wirklichkeit zu dem, was für das jeweilige Subjekt charakteristisch sei (S. 184). Daran anknüpfend kommt Porúbčan (a.a.O. 232f., s.o. 2.) zum Schluß, die Grundbedeutung von *'mn* lasse sich durch ein »so – wie« ausdrücken, sie meine die »conformitas intellectus et rei«. Demgegenüber ist trotz der teilweise sehr differenzierten Bedeutungsentwicklung einzelner Formen und Derivate an der oben angenommenen Grundbedeutung als deren gemeinsamem Nenner – auch im Blick auf die Kognaten der andern semitischen Sprachen – festzuhalten. Man beachte allerdings die berechtigten

Einwände gegen eine Überbewertung etymologischer Zusammenhänge gerade bei der Wurzel *'mn* bei J. Barr, Bibelexegese und moderne Semantik, 1965, 164–206 (gegen den »Formalbegriff« spez. S. 182f.).

Zahlreiche Beobachtungen im einzelnen sprechen mit Sicherheit dafür, daß jene Grundbedeutung auch den Verfassern der jüngeren atl. Schichten noch bewußt gewesen ist. Noch an Stellen wie Hi 39,24 (s.u. B III/2) ist der ursprüngliche Sinn mit Händen zu greifen, und sogar im Qumranschrifttum begegnet als Neubildung das Subst. *næ'^{a}mānūt* »Gewähr, Garantie« (CD 7,5; 14,2; 19,1), dessen Sinn der Grundbedeutung recht nahe steht.

7. Als bedeutungsverwandte Wurzel steht →*kūn* der Wurzel *'mn* in mancher Hinsicht überraschend nahe (*kūn* ni. »feststehen, gesichert sein, Bestand haben«, mit dem *næ'^{a}mān* entsprechenden Part. *nākōn* »zuverlässig, wahr«, und *kūn* hi., das wie *'mn* hi. intransitiv verwendet sein kann: »unbeweglich stehen«). Im Akk. steht die Semantik von *kânu* dem hebr. *'mn* noch näher: G »Dauer haben, treu, zuverlässig, wahr sein«, Gt »für die Dauer Bestand gewinnen«, Adj. *kīnu* »dauerhaft, zuverlässig, treu, redlich, wahr«, Subst. *kīnūtu* »Treue« und *kittu* »Stetigkeit, Zuverlässigkeit, Wirklichkeit, Rechtschaffenheit, Treue, Wahrh(aftigk)eit« (AHw 438–440.481f. 494f.). Diese Parallelität spricht dafür, daß man doch von einer semitischen Struktur des Wahrheitsbegriffes im Unterschied zum griechischen sprechen kann (H. von Soden, Was ist Wahrheit?, Urchristentum und Geschichte I, 1951, 1–24; W. von Soden, WdO 4/1, 1967, 44; vgl. ferner die in E III/8 angegebene Lit.).

II. Die Verbreitung der Wurzel *'mn* im hebr. AT (330 Belege ohne die Eigennamen) zeigt folgende Tabelle:

	Ni.	Hi.	*'āmēn*	*'^{a}mūnā*	*'^{a}mæt*	übr.	zus.
Gen	1	2	–	–	6	2	11
Ex	–	8	–	1	2	–	11
Lev	–	–	–	–	–	–	–
Num	1	2	2	–	–	1	6
Dtn	3	3	12	1	3	1	23
Jos	–	–	–	–	3	1	4
Ri	–	1	–	–	3	–	4
1Sam	5	1	–	1	1	–	8
2Sam	1	–	–	–	3	1	5
1Kön	2	1	1	–	5	1	10
2Kön	–	1	–	2	2	2	7
Jes	9	4	2	4	12	3	34
Jer	2	2	2	4	11	–	21
Ez	–	–	–	–	2	–	2
Hos	2	–	–	1	1	–	4
Jon	–	1	–	–	–	–	1
Mi	–	1	–	–	1	–	2
Hab	–	1	–	1	–	–	2
Sach	–	–	–	–	6	–	6
Mal	–	–	–	–	1	–	1
Ps	8	7	7	22	37	3	84
Hi	1	9	–	–	–	6	16
Spr	3	2	–	3	12	3	23
Ruth	–	–	–	–	–	1	1
Hhld	–	–	–	–	–	–	–
Pred	–	–	–	–	1	–	1
Klgl	–	1	–	1	–	–	2
Est	–	–	–	–	1	–	1
Dan	–	–	–	–	6	–	6
Esr	–	–	–	–	–	–	–
Neh	2	–	3	–	3	2	10
1Chr	2	–	1	3	–	–	6
2Chr	3	4	–	5	5	1	18
	45	51	30	49	127	28	330*

Beim Ni. steht 32× das Part. *næ'^{a}mān*. Nicht mitgezählt ist Jes 60,4 (s.o. I/2 zu *'mn* II). Textkritisch unsicher ist Hos 12,1.

Zum Hi. kommen hinzu die drei aram. Belege mit Ha. (Dan 2,45; 6,5.24). Ri 11,20 ist *wajj^{e}mā'ēn* zu lesen; textkritisch umstritten sind ferner Jes 30,21 und Hi 39,24.

'āmēn steht an fünf Stellen verdoppelt (Num 5,22; Ps 41,14; 72,19; 89,53; Neh 8,6; im Psalter also jeweils als liturgischer Abschluß einer Teilsammlung, weswegen die syr. Übersetzung auch in Ps 106,48 die Verdoppelung ergänzt). Unsicher ist die Lesung in Jes 65,16.16.

'^{a}mūnā steht einmal in Spr 28,20 im Plur. (*'īš '^{a}mūnōt*). Der Text ist unsicher in Jes 33,6; Ps 89,9; 119,90; 143,1; 2Chr 31,18.

'^{a}mæt ist textlich unsicher in Jes 42,3; Ez 18,9; Ps 54,7; 111,7. Hingegen mag Ps 22,26 *'^{a}mittō* für *mē'itt^{e}kā*, 101,2 *'^{a}mæt* für *mātaj*, 138,2b *'^{a}mittākā* für *'imrātākā* und Jes 53,10 *'^{a}mæt śām* für *'im-tāśīm* (M. Dahood, CBQ 22, 1960, 406) zu lesen sein. Der Plur. existiert nicht.

Die 28 übrigen Vorkommen der Wurzel setzen sich zusammen aus: *'ōmæn* 1× (Jes 25,1); *'omnām* 9× (2Kön 19,17 = Jes 37,18; Ruth 3,12, und 6× in Hi); *'umnām* 5× (Gen 18,13; Num 22,37; 1Kön 8,27; Ps 58,2; 2Chr 6,18); *'omnā* 2× (Gen 20,12; Jos 7,20; zu Est 2,20 s.o. I/2).; *'ēmūn* 1× (Dtn 32,20) und *'^{a}mūnīm* 7× (Adj.: 2Sam 20,19; Ps 12,2; 31,24; Subst.: Jes 26,2; Spr 13,17; 14,5; 20,6); *'^{a}mānā* 2× (Neh 10,1; 11,23); *'ōm^{e}nā* 1× (2Kön 18,16).

A. *'mn* ni.

III. 1. Das Ni. kann eindeutig eine Dauer, ein Bestandhaben bezeichnen (Jes 33,16 Wasser, das im Sommer nicht versiegt, vgl. Jer 15,18; Dtn 28,59 andauernde, langwierige Plagen und Krankheiten; 1Sam 25,28 »dauerndes Haus« eines Dynasten, 1Sam 2,35 eines Priesters, s.u. IV/4; 1Chr 17,24 Name). Andererseits bringt es das Moment der Festigkeit und vor allem, ethisch-religiös gewertet, das der Zuverlässigkeit und Treue zum Ausdruck (Jes 22,23.25 »fester Ort«, der sich für das Einschlagen eines Nagels eignet; Gen 42,20 »daß eure Worte sich als zuverlässig erweisen«; 1Sam 22,14 zuverlässiger Knecht; Spr 25,13 zuverlässiger Bote; 11,13 *næ'ᵉman-rûªḥ* »der treu Gesinnte« im Gegensatz zum Schwätzer, der Geheimnisse ausplaudert; Hi 12,20 *næ'ᵉmānīm* »Wohlbewährte« als Ehrentitel für Amtsträger, vgl. V. 17–19 mit dem Parallelwort *'ētānīm*, ferner Neh 13,13 und 1Sam 2,35; Jes 8,2 →*'ēd næ'ᵉmān* »zuverlässiger Zeuge«, vgl. Jer 42,5 und Ps 89,38 txt? von Jahwe).

2. Bedeutet *'mn* ni. auch »wahr sein, wahr werden, sich als wahr erweisen«? Da das Subst. *'ᵉmæt* wenigstens in späten Texten die Bedeutung »Wahrheit« angenommen hat (s.u. E IV/5; zu *'ᵉmūnā* D III/6; IV/2), kann man auch beim Verbum eine Ausweitung gegen den Wahrheitsbegriff hin nicht zum vornherein ausschließen, obwohl z.B. die LXX zur Übersetzung von *'mn* ni. nie ἀληθής verwendet. Gelegentlich taucht im Wortfeld von *'mn* ni. der Begriff der Lüge auf (*kzb* o.ä.; Hos 12,1f. neben *káḥaš* »Lüge« und *mirmā* »Trug«; Ps 78,36f. neben *pth* pi. »betören«; zu Jer 15,18 s.o. 4.), ebenso beim Adj. *'ēmūn* (Ps 101,6f. *rᵉmijjā* »Trug« und *šᵉqārīm* »Lüge«; 12,2f. *šāw'* »Falschheit« und *śᵉfat ḥªlāqōt* »glatte Zunge«). Damit ist wohl die Affinität von *'mn* ni. zum Begriff der Wahrheit statuiert; man mag an mancher Stelle mit »wahr« übersetzen (so die Zürcher Bibel in Gen 42,20; 1Kön 8,26; 1Chr 17,23f.; 2Chr 1,9; 6,17). Man muß sich dann aber darüber klar sein, daß der Begriff »Wahrheit« von der Vorstellung der Festigkeit, Zuverlässigkeit und Treue her zu verstehen ist (dasselbe gilt von *nākōn* an Stellen wie Ps 5,10; Hi 42,7ff.).

3. Dem Part.ni. *næ'ᵉmān* in seinem adjektivischen Gebrauch steht das Adj. *'ēmūn* »zuverlässig, treu« nahe. Daß dieses so selten vorkommt, bedeutet nicht, daß dem AT die Eigenschaft der Treue nicht wichtig gewesen sei, sondern ist dadurch bedingt, daß der Hebräer solche Eigenschaften mit Vorliebe durch den Gen. des Abstraktums ausdrückt. So steht neben *ṣīr næ'ᵉmān* (Spr 25,13) *ṣīr 'ᵉmūnīm* (Spr 13,17), neben *'ēdīm næ'ᵉmānīm* (Jes 8,2) *'ēd 'ᵉmūnīm* (Spr 14,5) oder *'ēd 'ᵉmæt wᵉnæ'ᵉmān* (Jer 42, 5), neben substantiviertem *næ'ᵉmān* (Ps 101,6; Hi 12, 20) die Verbindung *'īš 'ᵉmūnīm* (Spr 20,6) bzw. *'īš 'ᵉmæt* (Neh 7,2). Neben *'ēl næ'ᵉmān* (Dtn 7,9, vgl. Jes 49,7) kann auch vom *'ᵉlōhē 'ᵉmæt* (2Chr 15,3) gesprochen werden.

Das Aram. verwendet als Adj. das Part.pass.ha. *mᵉhēman* »zuverlässig« (Dan 2,45; 6,5; vgl. Hermop. IV,9, s.o. I/1.).

4. Parallelbegriffe dazu sind: *tāmīm* »untadelig, aufrichtig« (Ps 19,8; vgl. 101,6) und *jāšār* »gerade, redlich« (Ps 19,8f.; 111,7f.). Einmal steht *'ᵉmūnīm* neben *ḥāsīd* »fromm« (Ps 31,24), während *'ᵉmūnā* und *'ᵉmæt* oft mit →*ḥæsæd* verbunden sind. Näher steht *'mn* ni. jedoch →*kūn* ni. (2Sam 7,16; Ps 89, 38; 1Chr 17,24, vgl. 23; vgl. auch Ps 78,8.37).

Ein ständiger Gegenbegriff fehlt; man gebraucht die Negation *lō* (Jes 7,9; Jer 15,18; Ps 78,8.37; vgl. *lō nākōn* Ex 8,22). In einem weiteren Sinn sei auf →*bgd* »treulos handeln« (Adj. *bāgōd* »treulos«), →*m'l* »pflichtwidrig handeln, untreu sein«, →*kzb* pi. »lügen« und →*pš'* »sich auflehnen« verwiesen.

5. In eigentümlicher Weise ist *'mn* ni. in Num 12,7 verwendet: Mose ist »betraut (*næ'ᵉmān*) mit (der Sorge für) mein ganzes Haus« (s. dazu die christologische Meditation in Hebr 3,1–6). Und nach 1Sam 3,20 ist Samuel dazu »bestellt (*næ'ᵉmān*)«, Prophet für Jahwe zu sein. Man kann sich fragen, ob *'mn* ni. an diesen beiden Stellen nicht als denominierte Ableitung von *'ōmēn* »Wärter« (s.o. I/2.) aufzufassen ist: »zum Wärter, Betreuer bestellt sein«.

IV. 1. *'mn* ni. ist in reichem Maß in den Dienst theologischer Aussagen gestellt worden. So ist Jahwe »der getreue Gott« (Dtn 7,9, vgl. Jes 49,7). Man könnte erwarten, daß der Ausdruck viel häufiger verwendet wäre, scheint er doch ausgezeichnet dazu geeignet zu sein, Jahwes Wesen zu umschreiben. Aber dem AT liegt nichts an einer Aufzählung der Eigenschaften Gottes. Es ist darum gewiß auch kein Zufall, daß nicht das eigentliche Adj. *'ēmūn* zur Beschreibung der Treue Gottes verwendet wird, sondern das Part. *næ'ᵉmān*, das genau genommen den, »der sich als treu *erweist*«, meint. In Dtn 7,9 wird darum *hā'ēl hannæ'ᵉmān* sogleich interpretiert als der Gott, »der den Bund hält und seine Huld denen, die ihn lieben, bewahrt ...«, und in Jes 49,7 wird »Jahwe, der getreu ist« durch die Parallele »der Heilige Israels, der dich erwählt hat« gegen das Mißverständnis abgesichert, es handle sich um eine Beschreibung des göttlichen Seins. Israel kann nicht von der Treue Gottes reden, es sei denn von *der* Treue, die sich je und dann im Verhalten zu seinem Volk *manifestiert*. Man bittet Gott, sein Wort als verläßlich zu *erweisen* (1Kön 8,26 = 2Chr 6,17). Er hat über die Stämme Israels eine Botschaft verkündet, deren Zuverlässigkeit ohne Zweifel an den Tag kommen wird (Hos 5,9). Es wird von der Verläßlichkeit seiner Willenskundgabe gesprochen (Ps 19,8 und 93,5 *'ēdūt* »Zeugnis«; 111,7 *piqqūdīm* »Gebote«; 1Chr 17,23 und 2Chr 1,9 *dābār* »Wort«). In Gottes Handeln an Israel erweist sich Jahwes Name als verläßlich und groß (1Chr 17,24).

2. Es gehört zum richtigen Verhalten des Menschen, daß er sich als zuverlässig, aufrichtig, treu erweist. Durch seine Treue stellt er sich in gebührender Weise in die Ordnungen der Welt, zumal des sozialen Zusammenlebens, hinein. Deren Respektierung bringt Leben und Segen (vgl. Spr 11,13; 25,13). Es spricht für die Tiefe der Einsichten der Weisheit in die Bedingungen menschlichen Zusammenlebens, daß ihr Treue kein starres Prinzip ist: Schläge von Freunden können mehr Zeichen der Treue sein als Küsse von Feinden (Spr 27,6). Der Fromme im Sinne der Kultreligion hat seine Treue in seinem Verhältnis zu Gott zu bewähren (Ps 78,8), was konkret Treue gegenüber seinem Bund heißt (78,37; 89,29). Treue zu Gott hat sich also keineswegs bloß in der auf Gott ausgerichteten inneren Gesinnung zu bewähren, sondern soll sich in der Orientierung des Lebens nach Gottes Willensoffenbarung realisieren. Die Treuen im Lande, auf die Gottes Auge schaut, sind diejenigen, »die auf redlichem Wege wandeln« (Ps 101,6). Der Verläßlichkeit der göttlichen Willensoffenbarung hat die Treue des Gottesvolkes in der Respektierung der von Gott gesetzten Ordnungen zu entsprechen.

3. Da *'mn* hi. die theologische Spezialbedeutung »glauben« angenommen hat (s.u. B.), stellt sich die Frage, ob *næ'ᵃmān* oder *'ēmūn* nicht auch »glaubend« oder »gläubig« meinen können. Man kann das in der Tat etwa bei der eben genannten Stelle Ps 101,6 erwägen, wobei aber, damit kein Mißverständnis entsteht, genau festzuhalten ist, daß nach dem Kontext der Glaube dieser Gläubigen sich in einem den Idealen der Weisheit entsprechenden Verhalten zu den Mitmenschen bewähren muß. In einem ähnlichen Zusammenhang ist in Ps 12,2 von den *'ᵉmūnīm* die Rede, und nach 31,24 sind diese die *ḥᵃsīdīm*, die Jahwe liebhaben (vgl. auch V. 25). *'ēmūn* ist offensichtlich auf dem Weg, ein Ausdruck für »gläubig« zu werden, wie *'ᵉmūnā* nach der Bedeutung »Glaube« tendiert.

Eigentümlich ist die Verwendung von *'ᵉmūnē Jiśrā'ēl* in 2Sam 20,19 »man frage doch in Abel und Dan, ob nicht mehr gilt, was die ›Getreuen Israels‹ verordnet haben« (txt em, s. BH³). Weiser (ThW VI, 190f.) glaubt, der Ausdruck habe seinen Sitz in der sakralen Jahwebundesgenossenschaft gehabt. Die Stelle ist aber zu isoliert, als daß sich darüber ein Urteil fällen ließe.

4. Von großer Bedeutung für die Glaubensgeschichte Israels ist die sog. Nathanweissagung von 2Sam 7 mit der Zusage: »dein Haus und dein Königtum sollen immerdar vor mir Bestand haben« (V. 16, zum Grundbestand der Überlieferung gehörig, vgl. L.Rost, Die Überlieferung von der Thronnachfolge Davids, 1926, 47–74 [S.63], und A.Weiser, VT 16, 1966, 346ff.; anders M.Tsevat, HUCA 34, 1963, 73, und R.Smend, FS Baumgartner 1967, 288).

Das Motiv selbst, der dauernde Bestand des Königtums, gehört zur altorientalischen Königsideologie. Asarhaddon betet: »... wie der Himmel und die Erde möge meine Regierung feststehen« (R.Borger, Die Inschriften Asarhaddons, 1956, 26f.; weitere Beispiele: VAB 4,78f.; SAHG 281; G.W.Ahlström, Psalm 89, 1959, 53ff.).

Durch die Nathanweissagung ist das davidische Königtum religiös sanktioniert. Sie hat im AT ein reiches Echo gefunden (vgl. auch 2Sam 23,5). In 1Sam 25,28 läßt der Erzähler schon Abigail aussprechen, daß Jahwe David ein »dauerndes Haus« verleihen werde, und in 1Kön 11,38 wird Jerobeam durch Ahia von Silo verheißen, daß Jahwe ihm ein »dauerndes Haus« bauen werde, wie er ein solches David gebaut habe. Ursprünglich war die Verheißung offensichtlich eine bedingungslose Zusage. Aber der Erzähler weiß bereits, welches das Schicksal der Dynastie Jerobeams gewesen ist und hat sie darum unter die Forderung des Gehorsams gestellt (vgl. auch 2Sam 7,14f.). Auf derselben Linie liegt die Formulierung bei Jes 7,9: »glaubet ihr nicht, so bleibet ihr nicht«. Es kann kein Zweifel bestehen, daß der Prophet mit dem Verbum *'mn* ni. auf die Nathanweissagung Bezug nimmt (E.Würthwein, FS Heim 1954, 61; Wildberger, BK X, 271). Aber angesichts der vertrauenslosen Haltung des Königs schmelzt er die durch die Tradition gegebene Verheißung in eine Warnung um, indem er sie unter die conditio des Glaubens stellt.

Mit einem ähnlichen Wortspiel (Verbum *kânu*, s.o. I/7) formuliert Nabopolassar in einer seiner Inschriften: »Wer gegen Bel treu ist, dessen Grund steht fest« (VAB 4,68f.).

Dem Verfasser des 89. Psalms scheint die Nathanweissagung durch den tatsächlichen Verlauf der Geschichte in Frage gestellt zu sein. Aber er gibt sie nicht preis: »Für immer will ich ihm meine Gnade bewahren und mein Bund soll ihm festbleiben« (V.29, vgl. V.38). Nicht mehr vom Bestandhaben des Hauses Davids, sondern der Gnade (*ḥæsæd*) und des Bundes wird hier also gesprochen (vgl. auch 2Sam 7,28 und Ps 132,12; A.Caquot, La prophétie de Nathan et ses échos lyriques, SVT 9, 1963, 213 bis 224).

Auch nach dem Sturz der Davididen gibt Israel die Verheißung nicht preis. Im (dtr.) Tempelweihgebet bittet Salomo um das Wahrwerden der Verheißung an David (1Kön 8,26). Der Deuteronomist scheint auf die Wiederaufrichtung der davidischen Herrschaft gehofft zu haben (G. von Rad, Dtn.studien, 1947, 61f. = Ges Stud 200ff.). Für Deuterojesaja hat die Dynastie der Davididen keine Zukunft mehr. Trotzdem ist auch für ihn die Verheißung an David nicht hinfällig, so gewiß Jahwe *næ'ᵆmān* ist (Jes 49,7). So deutet er denn das *næ'ᵆmān* auf die Verläßlichkeit der göttlichen Gnade gegen *Israel* (55,3). Beim Chronisten ist aber die Hoffnung für die Davididen wieder da: 1Chr 17,23f.; 2Chr 1,9; 6,17 (vgl. G. von Rad, a.a.O. 59–64 bzw. 198–203).

Eine noch radikalere Umdeutung hat die Nathanweissagung in 1Sam 2,35 gefunden: Adressat ist jetzt ein *kōhēn næ'ᵆmān*, »ein zuverlässiger Priester«, der nach Jahwes Sinn handeln wird (zum Alter der Stelle vgl. M. Tsevat, HUCA 32, 1961, 195).

In CD 3,19 ist der Ausdruck *bájit næ'ᵆmān* in für Qumran bezeichnender Weise weitergebildet. »Er baute ihnen ein dauerndes Haus in Israel . . ., die daran festhalten, sind für das ewige Leben (bestimmt)«. Das »dauernde Haus« ist hier (wie »Haus der Wahrheit« in 1QS 5,6 und »Haus des Gesetzes« in CD 20, 10.13) zur Selbstbezeichnung der Gemeinde geworden.

Das *næ'ᵆmān* der Verheißung an David ist so zum Angelpunkt der messianischen Hoffnung geworden (von Rad I, 362f.); auf anderer Ebene aber ist es Ausdruck der Gewißheit der Erwählung Israels und darum mit erstaunlicher Zähigkeit durch alle Phasen der Geschichte Israels hindurch festgehalten worden. Mit beidem ist es ein eindrückliches Zeugnis vom Wissen Israels um die Treue seines Gottes.

5. In Neh 9,8 wird Gen 15,6 aufgenommen: »Du hast sein (Abrahams) Herz treu gegen dich gefunden und mit ihm einen Bund geschlossen« (vgl. Weiser, ThW VI, 185). Der Glaube Abrahams wird hier als Treue seiner Gesinnung gegen Gott interpretiert. Damit hat sich allerdings der Sinn der Genesisstelle (s.u. B IV/2) deutlich verschoben.

6. Schließlich sei noch auf Jes 1,21.26 verwiesen, wo Jerusalem der Ehrenname *qirjā næ'ᵆmānā* »treue Stadt« zwar für die Gegenwart aberkannt, für die Heilszukunft aber als zutreffend zugesprochen wird. *næ'ᵆmān*, das sonst nicht auf Jerusalem bezogen wird, scheint hier an die Stelle des von der Tradition angebotenen *nākōn* (Part. von →*kūn* ni. »fest sein«) getreten zu sein (Ps 48,9; 87,5; vgl. auch Jes 2,2). Jesaja hat den Parallelbegriff *næ'ᵆmān* gewählt, weil es ihm nicht wie in der Zionstradition um die Festigkeit der Gottesstadt im Sinne ihrer Unüberwindlichkeit, sondern um die Treue ihrer Bewohner geht. Dabei ist für sein Verständnis der Treue der Parallelausdruck *'īr haṣṣædæq* »Stadt des Rechts« bezeichnend. Mit Hilfe von *næ'ᵆmān* ist somit ein wesentliches Motiv der Zionsüberlieferung aktualisiert (s. dazu Wildberger, BK X, 58ff.).

B. *'mn* hi.

III. 1. *'mn* hi. ist wegen seiner theol. Relevanz in der Bed. »Vertrauen, Glauben haben (an), glauben« oft untersucht worden:

L. Bach, Der Glaube nach der Anschauung des AT, BFChrTh IV/6, 1900, 1–96 (immer noch grundlegend); A. Weiser, Glauben im AT, FS Beer 1933, 88–99; J.C.C. van Dorssen, De derivata van de stam *'mn* in het Hebreeuwsch van het Oude Testament, 1951; Th.C. Vriezen, Geloven en Vertrouwen, 1957; E. Pfeiffer, Glaube im AT, ZAW 71, 1959, 151–164; A. Weiser, Art. πιστεύω, ThW VI (1959), 182–191; J. Barr, Bibelexegese und moderne Semantik, 1965, 164–206; R. Smend, Zur Geschichte von *h'mjn*, FS Baumgartner 1967, 284–290; H. Wildberger, »Glauben«, Erwägungen zu *h'mjn*, ebd. 372–386 (Lit.); ders., »Glauben« im AT, ZThK 65, 1968, 129–159 (Lit.).

2. *'mn* hi. ist ein intransitives bzw. innerlich-transitives Hi. (vgl. Jenni, HP 43ff. 250ff.), falls nicht ein sog. Pseudo-Hi. vorliegt (vgl. H. Wildberger, a.a.O. 384f. Anm. 2). Mit dem Akkusativ ist *'mn* hi. einzig in Ri 11,20 konstruiert (aber s.o. II. zum Text), so daß sich die deklarativ-ästimative Auffassung (E. Pfeiffer, a.a.O. 152) nicht halten läßt.

Die ursprüngliche, konkret-physische Bed. »feststehen, stillehalten« (vom Schlachtroß) liegt noch in Hi 39,24 vor. Weit häufiger ist die psychologische Bed. »Vertrauen haben, zuversichtlich sein«, im profanen Bereich in Hab 1,5 und Hi 29,24 (zur Auffassung dieser Stellen vgl. Wildberger, a.a.O. 376f.), aber auch in der Kultsprache der Psalmen: Ps 27,13 und 116,10. Wie an diesen Stellen ist auch in Jes 7,9 und 28,16 *'mn* hi. absolut verwendet (im ganzen 7 ×).

3. Dieselbe Bedeutung liegt bei der Konstruktion mit *bᵉ* vor (17 × mit Personen, 7 × unpersönlich), im profanen Bereich Hi 24,22 »er steht wieder auf, wenn er schon kein Vertrauen mehr zu seinem Leben hat (= wenn er am Leben schon verzweifelt [Zürcher Bibel])«, s. auch Dtn 28,66 und Hi 15,31 (vgl. Wildberger, a.a.O. 379). Für *hæ'ᵆmīn bᵉ* in theol. Zusammenhängen sei auf Gen 15,6 und Ex 14,31 hingewiesen (s.u. IV/2.6).

4. Anders gelagert sind die Fälle, wo *'mn* hi. mit *lᵉ* verbunden ist, z.B. Gen 45,26 »da blieb sein Herz kalt, denn er glaubte ihnen nicht«. Man darf auch bei dieser Verwendung keine ästimative Grundbedeutung (»jem. für glaubwürdig halten«) postulieren. Gemeint ist: »Vertrauen gewinnen im Hinblick auf eine Person (7 ×) oder Sache (7 ×)«. Das Interesse des Erzählers ist auf das Subjekt des Vertrauensaktes und nicht auf sein personelles oder sachliches Gegenüber gerichtet. So heißt Ex 4,9 nicht: »wenn sie diesen beiden Zeichen nicht glauben«, sondern »wenn sie nicht glauben auf diese beiden Zeichen hin« (s. die Zürcher Bibel). Nur an ganz wenigen Stellen hat *hæ'ᵃmīn lᵉ* faktisch die Bed. »für wahr halten« (1Kön 10,7; Jes 53,1). Dieselbe Entwicklung, d.h. das Abgleiten des Interesses vom Subjekt des Glaubens oder des Vertrauens auf den zu glaubenden Sachverhalt liegt vor, wo sich ein Satz mit *kī* »daß« anschließt (Ex 4,5; Hi 9,16; Klgl 4,12) oder eine Infinitivkonstruktion folgt (Hi 15,22; vgl. auch Ps 27,13).

5. Neben *'mn* hi. stehen im AT zahlreiche nähere oder fernere Parallelbegriffe.

Im Kultlied Ps 27 sind es →*ḥzq*, →*bṭḥ*, *lō* →*jr'*, →*qwh* pi. und →*'mṣ* pi. *lēb* (vgl. auch Ps 31,25 und Jes 28, 15b.17b). Statt zu sagen, daß er glaubt, kann der Beter bekennen, daß ihm Jahwe Schutz, Schirm, Zuflucht, Fels und Burg sei (Ps 27,5). In Jes 7,9 tauchen im Umkreis der Mahnung zum Glauben die Imperative »fürchte dich nicht und erschrecke nicht (wörtlich: dein Herz werde nicht weich)« auf (V. 4). In Jes 30,15 ist »glauben« mit »Ruhe, Stillehalten, Vertrauen« umschrieben (dazu Wildberger, ZThK 65, 1968, 151f.).

Es ist aber für die Differenziertheit des Begriffes *'mn* hi. bezeichnend, daß in andern Zusammenhängen (und zwar meist an Stellen, wo das Verbum mit *lᵉ* konstruiert ist) eine völlig andere Gruppe von Parallel- und Gegenbegriffen in Erscheinung tritt: →*šm'* »hören (auf jemandes Stimme)« (Ex 4,1–9; Dtn 9,23), →*mrh* hi. »widerspenstig sein« (Dtn 9,23), »halsstarrig sein« (2Kön 17,14). Grund des Unglaubens ist in diesen Zusammenhängen nicht Mangel an Vertrauen, menschliche Verzagtheit und Skepsis, auch nicht Zweifel an Gott und seinem Wort, sondern Ungehorsam, Widerspruch, Rebellion.

So wichtig *'mn* hi. im AT ist, so gewiß muß man sich vergegenwärtigen, daß die *Sache* des Glaubens keineswegs nur an den relativ wenigen Stellen zur Sprache kommt, wo *'mn* hi. verwendet wird. Der wichtigste Parallelbegriff, im religiösen Bereich zum mindesten, ist →*bṭḥ* »vertrauen« (57 × in religiöser Bedeutung, davon 37 × in den Psalmen). Wo wir von »glauben« reden würden, kann das AT aber auch →*jr'* »fürchten«, →*jd'* »erkennen« und →*drš* »suchen« sagen, oder es gebraucht →*jḥl* »harren« und *ḥkh* pi. »hoffen« (→*qwh*). »Das AT ... sagt das, was wir mit Glaube meinen, mit mannigfaltigen Ausdrucksformen, in deren Zusammenklang die Sache transparent wird« (F. Baumgärtel, RGG II, 1588; vgl. auch C. Westermann, Der Segen in der Bibel ..., 1968, 19f.).

IV. 1. Von den 51 Stellen mit *'mn* hi. gehören nach Bach 33 dem »heiligen Sprachgebrauch« an (a.a.O. 30f. mit Tabelle). Der Begriff in seiner theologischen Verwendung ist nicht wegen der Zahl, sondern wegen des Gewichts der Stellen, an denen er vorkommt, so bedeutsam geworden; zudem hat ihm die LXX offensichtlich besondere Beachtung geschenkt: sie übersetzt (außer in Spr 26,25 mit πείθομαι) immer mit πιστεύω und Komposita, und sie reserviert πιστεύω (mit Ausnahme von Jer 25,8 für *šm'* »hören«) immer für Formen von *'mn*.

2. Die profane Bedeutung von *'mn* hi. *lᵉ* »einer Person oder Sache Glauben schenken«, die nach Ausweis von Stellen wie Gen 45,26 (J) und 1Kön 10,7 (vgl. auch Jer 40,14) schon früh üblich war und auch in der weisheitlichen Belehrung verwendet wurde (Spr 14,15; vgl. 26,25), ist in alter Zeit nicht zum Tragen gekommen (zum Alter von Stellen wie Ex 4,1.5.8.9; 19,9 vgl. Smend, a.a.O. 289).

Hingegen scheint *'mn* hi. schon früh im Heilsorakel, speziell wo es an Heerführer gerichtet war, seinen »Sitz im Leben« gehabt zu haben. Diese Gattung ist gemeinaltorientalisch; wir treffen in ihr auch außerhalb Israels inhaltlich mit *'mn* hi. verwandte Begriffe, z.B. »[fürchte dich nicht, Asarha]ddon, [ich bin Ištar von Arbe]la... habe Vertrauen (*tazzazma*, vgl. AHw 410a) ... und ehre mich« (ANET 450b = IV R 61, Kol. VI, Z. 1f. 12f.); weitere Beispiele s. Wildberger, a.a.O. 135f.). Einem solchen Orakel ist Gen 15,1–6 nachgebildet (zur Analyse vgl. u.a. O. Kaiser, ZAW 70, 1958, 107–126; H. Cazelles, RB 69,1962, 321–349; Wildberger, a.a.O. 142–147). Überliefert ist uns allerdings nicht die Aufforderung zum Glauben selbst, dafür aber die abschließende Mitteilung, daß Abraham auf Grund der ihm erteilten Zusage an Jahwe glaubte und Gott ihm das zur Gerechtigkeit anrechnete. Abrahams Glaube ist ohne Zweifel als Antwort auf die mit der Verheißung großen Lohnes verbundene Mahnung von V.1 »fürchte dich nicht« gedacht, sodaß *hæ'ᵃmīn bᵉJhwh* in diesem Zusammenhang etwa sagen will: »er war voll Vertrauen und Zuversicht, wohlgegründet in Jahwe«.

Eine Nachahmung eines solchen Orakels an einen König liegt auch in Jes 7,4–9 vor. Jesaja begegnet der Verzagtheit des Königs mit dem Aufruf »fürchte dich nicht« (V.4), den er am Ende des Orakels mit der Forderung, Glauben zu halten, noch einmal aufnimmt. Im Gegensatz zu Gen 15,6 ist hier *'mn* hi. absolut verwendet, gewiß mit Absicht. Nicht das steht zur Diskussion, ob Ahas an Jahwe glaubt – er ist gewiß nicht Götzendiener oder Atheist gewesen –, genau genommen nicht einmal, ob er das prophetische Wort für glaubwürdig hält oder nicht, sondern das Gewicht des Aufrufs liegt allein darauf, daß er sich in der bedrohlichen Situation als ein Mann bewähren soll, der Ruhe, Vertrauen, Zuversicht bewahrt. Glauben ist Ahas zuzumuten, weil ja die Verheißung dauernden Bestandes über dem Davidshause steht (s.o. A IV/4).

Daß *'mn* hi. im Zusammenhang mit solchen Kriegsorakeln verwendet wurde, zeigen des weiteren Ex 4,31 und Dtn 1,32 (vgl. dazu Wildberger, a.a.O. 134).

Es scheint, daß auch im Heilsorakel, durch das im Heiligtum die Klage des Einzelnen eine Antwort erhielt, zum Glauben gemahnt wurde. Jedenfalls kann der Beter im Klagelied beteuern, daß er glaube, oder im Danklied bezeugen, daß er auch in tiefer Not den Glauben nicht preisgegeben habe (Ps 27,13; 116,10). Der Bedrohung von außen und der Anfechtung von innen stellt der Fromme seinen Glauben entgegen. Einen indirekten Beleg für die Verwendung von *'mn* hi. im Heilsorakel besitzen wir in Hab 2,2–4 mit dem volltönenden Schluß »der Gerechte wird auf Grund seines Glaubens das Leben haben«. Das Orakel antwortet auf die Klage von 1,12–17; es ist wie Jes 7,4ff. in eine Situation schwerer politischer Bedrohung hineingesprochen. Wenn dort *'mn* hi. mit »glauben« übersetzt wird, so ist nicht einzusehen, warum in diesem situationsmäßig und formgeschichtlich so ähnlichen Zusammenhang *'ᵉmūnā* nicht mit »Glauben« wiedergegeben werden soll (so Röm 1,17; vgl. van Dorssen, a.a.O. 121.129; Eichrodt II/III, 196).

Gen 15,6 und Hab 2,4b, die für die Entfaltung des ntl. Glaubensbegriffes so wichtig geworden sind, haben gemeinsam, daß in ihnen der Glaube zur Gerechtigkeit in Beziehung gesetzt ist. G. von Rad, Die Anrechnung des Glaubens zur Gerechtigkeit, ThLZ 76,1951, 129–132 = GesStud 130–135), hat darauf hingewiesen, daß →*ḥšb* »anrechnen« als Terminus der Kultsprache bei der Qualifizierung von Opfern einen souveränen priesterlich-juridischen Akt bezeichnet und nicht das Verrechnen einer Leistung im Rahmen eines kommerziellen Geschäftes meint. Im Zuspruch der *ṣᵉdāqā* an Abraham wird anerkannt, daß sein Glaube dasjenige Verhalten ist, das der Stellung des Menschen vor Gott entspricht. In seinem Glauben tritt zutage, daß seine Stellung zu Gott »in Ordnung« ist. Ein meritum ist der Glaube keinesfalls; die Verheißung des Lohnes ist unbedingt und geht der Feststellung von Abrahams Gerechtigkeit voraus. Hab 2,4b aber ist in seiner Formulierung von der »deklaratorischen Formel« her zu verstehen, die bei Ezechiel begegnet: »gerecht ist er, er soll unbedingt leben« (18,9; vgl. von Rad, a.a.O., und W. Zimmerli, »Leben« und »Tod« im Buch des Propheten Ezechiel, ThZ 13,1957, 494–508 = GO 178–191). Während nach der Ezechielstelle die Erfüllung bestimmter kultisch-ethischer Forderungen Kennzeichen der Gerechtigkeit ist, die zum Leben führt, so ist es nach Habakuk der Glaube, über dem die Verheißung des Lebens aufleuchten kann.

3. Die oben ins Auge gefaßten Vorkommen von *'mn* hi. gehören formgeschichtlich ähnlichen Zusammenhängen an, in denen der Glaube als Haltung zuversichtlichen Vertrauens, das im Wissen um Gott und seine Verheißung seinen Grund hat, verstanden ist. Jes 28,16 »wer glaubt, weicht nicht« (zur Übersetzung vgl. HAL 288a) fügt sich hier gut an, führt aber auch weiter. Jesaja wendet sich gegen Vertreter der Jerusalemer Kulttheologie, die sich im Schutz des Tempels für gesichert halten. Ihrer Vertrauensseligkeit stellt er den wahren Glauben entgegen, der Recht als Meßschnur und Gerechtigkeit zur Waage hat. Damit wird deutlich, warum die Propheten vom Glaubensbegriff so wenig Gebrauch machen. Er ist ihnen verdächtig, weil er so leicht zu frommem Ersatz wirklicher Hingabe an Jahwe im Dienst der Gerechtigkeit wird. Sie protestieren gegen die »Sorglosen in Zion, die Vertrauensseligen (→*bṭḥ*) auf dem Berge Samariens« (Am 6,1; vgl. Jes 32,9.11; Jer 7,4). Wo sie ihre Forderung an das Jahwevolk zusammenfassen, fordern sie darum nicht Vertrauen oder Glauben, sondern Gehorsam: suchet Jahwe! (Am 5,14; Hos 10,12; Jes 9,12; 31,1; Jer 10,21; 30,14; vgl. auch Ps 24,6).

4. Ein wesentlich anderer Aspekt des theologischen Gebrauchs von *'mn* hi. liegt an den sechs Stellen in Ex 4,1–9.31a vor. Schon formal zeigt sich das daran, daß das Verbum hier mit *lᵉ* verbunden ist. Es handelt sich wie bei Ex 19,9 um die Frage, ob Mose das Vertrauen des Volkes finden werde. Soweit ein paralleler Ausdruck verwendet ist, erscheint *šm' bᵉ* oder *šm' bᵉqōl* (V.1.9; vgl. *šm'* in V.8). Theologisch wirklich relevant ist diese Seite des Glaubensbegriffs beim Deuteronomisten geworden: Dtn 9,23 »da wart ihr widerspenstig gegen den Befehl eures Gottes und ihr glaubtet ihm nicht und hörtet nicht auf seine Stimme«, ähnlich 2Kön 17,14: »sie gehorchten nicht, sondern waren halsstarrig wie ihre Väter, die Jahwe, ihrem Gott, nicht glaubten«. Letztere Stelle gehört zur grundsätzlichen Reflexion des Dtr. über den Zusammenbruch Israels. Die Ursache ist Israels Unglaube als Widerspenstigkeit gegen Gott, die nicht nur als momentanes Versagen in Erscheinung trat, sondern in Israels Ursünde, seinem Murren schon während der Zeit seiner Wüstenwanderung.

5. Weder Jesaja noch der Deuteronomist haben mit ihrer Glaubensauffassung im übrigen AT viel Echo gefunden. Deuterojesaja verwendet *'mn* hi. in einer fiktiven Gerichtsrede. Israel soll für Jahwe Zeuge sein, damit die Völker »Erkenntnis erlangen, an ihn glauben und zur Einsicht kommen, daß er es ist«, nämlich der wirkliche Gott, neben dem es keinen Helfer gibt (Jes 43,10). Hier erscheinen überraschend noch einmal ganz andere Parallelbegriffe: →*jd'* und →*bīn* hi. Glauben schließt ein bestimmtes Erkennen in sich, und zwar konkret, daß Jahwe und kein anderer Gott Herr der Geschichte ist. Glauben heißt hier: eine Glaubenswahrheit als solche kennen und anerkennen (vgl. *'æmæt* in V.9).

6. Eine weitere Abwandlung des Glaubensbegriffes beobachten wir in Ps 78, der bereits dtr. Einfluß verrät. V.4 heißt es: »sie glaubten nicht an Gott und vertrauten nicht auf seine Hilfe«. Wie das zu verstehen ist, zeigt V.32: »bei all dem glaubten sie nicht an seine Wunder«. Dieser Satz nimmt offensichtlich Num 14,11 auf: »wie lange glauben sie nicht *an mich* trotz allen Zeichen, die ich in ihrer Mitte getan habe?« Aus dem Glauben an Gott ist das Fürwahrhalten seiner Wunder geworden.

Eine ähnliche Neufassung des Glaubensbegriffes ist in Ps 106, der bereits die Endgestalt des Pentateuchs voraussetzt, zu beobachten, V.12: »da glaubten sie *an seine Worte* und sangen seinen Ruhm«. Damit ist Ex 14,31 rezipiert. Aber während dort vom Glauben an Jahwe (»und seinen Knecht« dürfte sekundär sein) gesprochen wird, so hier vom Glauben an seine Worte. In ähnlicher Weise ist in 2Chr 20,20 Jes 7,9 aufgenommen (Wildberger, a.a.O. 131f.). Der profane Gebrauch von *'mn* hi., der schon in 1Kön 10,7 begegnet, ist also beim Überdenken der alten Texte auch theologisch relevant geworden.

7. Eine letzte Variation ist in Ps 119 zu beobachten: »ich glaube an deine Gebote« (V.66). »Gebote« scheint hier einfach an der Stelle der »Worte« zu stehen. Aber nach dem ganzen Tenor des Psalms heißt das: der Überzeugung sein, daß das Halten der Gebote reichen Segen in sich birgt.

8. Die Übersicht ergibt, daß die theologische Verwendung von *'mn* hi. keineswegs einheitlich ist, was darin begründet ist, daß das Verbum, obwohl es nicht sehr häufig ist, doch in verschiedenen Traditionsbereichen zuhause ist und sein Gebrauch den Verschiebungen im Gang der israelitischen Religionsgeschichte folgt.

C. *'āmēn*

III. Das Wort *'āmēn* begegnet im AT ausschließlich in theologischen Zusammenhängen (vgl. A.R.Hulst, Het woord »Amen« in het O.T., Kerk en Eeredienst 8,1953, 50–58; E.Pfeiffer, Der atl. Hintergrund der liturgischen Formel »Amen«, KuD 4,1958, 129–141; S.Talmon, *Amen* as an Introductory Oath Formula, Textus 7,1969, 124-129). Dennoch leidet es keinen Zweifel, daß das Wort auch der Umgangssprache angehörte (Lande 112). Noch Sir 7,22 kennt die ursprüngliche Bed. »zuverlässig« (von Tieren; LXX χρήσιμος).

In der Inschrift auf einem Ostrakon von Yavne-Yam (KAI Nr. 200, Z.11; Lesung allerdings nicht unbestritten, vgl. W.F.Albright, BASOR 165, 1962, 45 Anm.49; KAI II,201; Talmon, a.a.O.127) beteuert der Landarbeiter in einer Klageschrift an den Statthalter: *'mn nqtj* »wahrlich, ich bin unschuldig«, indem er sich auf seine Genossen als Zeugen beruft.

LXX übersetzt je einmal mit ἀληθῶς (Jer 28[35],6) und ἀληθινός (Jes 65,16). Dreimal hat sie das Wort unübersetzt übernommen (Neh 5,13; 8,6; 1Chr 16,36). An den übrigen Stellen übersetzt sie mit γένοιτο »so sei es«. Der jussivische Sinn kommt an Stellen wie Jer 28,6 klar zum Vorschein: »Amen, Jahwe ... möge dein Wort erfüllen«. Zorell (64) meint allerdings, es sei »ist« zu ergänzen. In manchen Fällen bedeutet *'āmēn* tatsächlich »es steht fest und es gilt« (H.Schlier, ThW I,339). Für diesen Aspekt ist die Wiedergabe bei Aquila mit πεπιστωμένως (Ps 89 [88],53) bezeichnend. Diese verschiedenen Möglichkeiten der Verwendung sind in der Dialektik des Begriffes begründet. *'āmēn* will sagen, daß etwas Ausgesprochenes feststeht, »wahr« ist. Aber zugleich wird dieses Wahre als »gültig« und darum auch für den Sprecher des Amen als verpflichtend anerkannt.

IV. 1. Am häufigsten wird *'āmēn* als Antwort auf einen ausgesprochenen Fluch verwendet, so in der Fluchreihe von Dtn 27,15–26 (12×). Man wird mit »so sei es« übersetzen. Dieses *'āmēn* beinhaltet aber keineswegs bloß einen Wunsch. Die isr. Anschauungen vom Fluch (und Segen) sind noch stark im magischen Denken verwurzelt (vgl. J.Hempel, Apoxysmata, 1961, 30–113). Weil Flüche aus eigener Kraft wirken, werden mit ihnen in der Regel Vergehen belegt, die sich im Geheimen abspielen und darum menschlicher Ahndung entzogen sind. Wer das Amen zu ihnen ausspricht, bezeugt damit, daß er weiß, unter welchem Verdikt die betreffenden Handlungen stehen. Damit richtet sich der Sprecher für den Fall seiner Schuld selbst. Zugleich hat das Amen apotropäischen Charakter (vgl. Hempel, a.a.O. 103); wird es von einem Schuldlosen gesprochen, so wird dadurch der Fluch auf einen Schuldigen abgeleitet. Wer nicht in das Amen gegen den Frevler miteinstimmt, verfällt dem Fluch genauso wie dieser selbst, weil er dann die Solidarität mit ihm nicht negiert hat (vgl. Jub 4,5).

Flüche werden bei Schwurzeremonien ausgesprochen, für den Fall nämlich, daß jemand einen Meineid schwört. Auch wer sich dem Ordal zu unterziehen hat, muß das Amen sprechen. Dasselbe geschieht bei einem Bundesschluß, denn ein Bund wird beschworen, und dazu gehört auch hier das Aussprechen von Flüchen für den Fall des Bundesbruches (Jer 11,1–8, vgl. V. 5). Zu den Segens- und Fluchandrohungen innerhalb der Bundestradition (Lev 26; Dtn 28) muß man sich also das *'āmēn* des Volkes als des Bundespartners gesprochen denken. So ist es auch bei der Vereinbarung Nehemias mit den Vornehmen (Neh 5,1–13), wo das Ausschütteln des Gewandbausches durch den Statthalter die dort allerdings nicht mehr als Fluch bezeichnete Verwünschung symbolisiert (V. 13). In Jer 15,11 (txt em) bestätigt das Amen des Propheten den Weheruf, den er über seine Mutter und damit über sich selbst erhoben hat. Solche Weherufe gehen formgeschichtlich zweifellos auf Fluchworte zurück (vgl. C. Westermann, Grundformen prophetischer Rede, ²1964, 140–142).

2. Grundsätzlich liegt der Fall nicht anders bei der Klage des Landarbeiters im Ostrakon von Yavne-Yam: Das Amen impliziert einen Schwur mit einer entsprechenden Selbstverfluchung. Aber die Stelle zeigt, wie abgeblaßt die Formsprache sein kann, bittet der Mann doch den Statthalter, für den Fall, daß er als schuldig erfunden werde, Gnade vor Recht ergehen zu lassen. Das Amen ist hier tatsächlich zu einer bloßen Beteuerungspartikel geworden.

Auch atl. Stellen lassen einen allgemeineren Gebrauch erkennen. So bejaht in 1Kön 1,36 Benaja mit seinem Amen das Wort Davids, nach welchem Salomo zu seinem Nachfolger erhoben werden soll. Dabei wird klar, daß sich Benaja mit seinem Amen trotz der Zufügung »so tue Jahwe (txt em)« selbst engagiert. Er leistet denn auch durchaus seinen Anteil an der Durchführung des königlichen Ratschlusses. Amen ist ein verpflichtendes Ja, vgl. Neh 8,6.

3. Einem besonderen Gebrauch des Amen begegnen wir in den (zweifellos späten) Doxologien am Schluß der Psalmbücher (41,14; 72,19; 89,53; 106,48, jeweils verdoppelt). 1Chr 16,36 läßt erkennen, wie dieses Amen zu verstehen ist. Es trägt responsorischen Charakter; die feiernde Gemeinde identifiziert sich dadurch mit dem Vorbeter, wenn er den Lobpreis ausgesprochen hat. Die Verdoppelung soll unterstreichen, daß man mit Ernst und Freuden zustimmt. Wie es zu dieser neuen Verwendung gekommen ist, läßt Neh 8,6 noch gut erkennen. Das Kap. berichtet von der Einführung des neuen Gesetzes. Mit dem Amen müßte sich nach der Regel der Gattung das Volk auf das Gesetz verpflichten bzw. die mit ihm verbundenen Flüche bejahen. Aber die Funktion des Amen ist eine neue geworden. Daß man sich auch im Alltag durch das Amen mit dem Wort eines andern identifizieren kann, zeigt Tob 8,8.

4. Besonderer Erwähnung bedarf Jes 65,16.16: Wer sich segnet, und ebenso, wer schwört, soll es tun *bēlōhē 'āmēn*. Beläßt man den Text, so wird man etwa mit Delitzsch nach 2Kor 1,20 (vgl. auch Apk 3,14) deuten: »Gott des Amen, d.h. welcher, was er verheißt, in Ja und Amen umsetzt« (Komm. z. St.). Möglicherweise ist *'āmēn* hier substantiviert, so daß etwa mit »Gott der Zuverlässigkeit« übersetzt werden kann. Näher liegt es aber, *'āmēn* in das Substantiv *'ōmæn* zu ändern, vgl. *'ēl næ'ᵆmān* (Dtn 7,9; Jes 49,7) und *'ēl 'ᵆmæt* (Ps 31,6).

D. *'ᵆmūnā* (*'ēmūn*, *'omnām* usw.)

III. 1. Die Hauptbedeutungen von *'ᵆmūnā* sind nach HAL 60f.: 1) »Festigkeit«, 2) »Zuverlässigkeit, Treue«, 3) »Redlichkeit«; dazu kommt 4) die Spezialbedeutung »ständige Amtspflicht«. Die einzelnen Nuancen sind schwer abzugrenzen; das zeigt sich daran, daß andere Lexikographen anders einteilen, z.B. Zorell (62f.): 1) firmitas, immobilis stabilitas, 2) firmitas ethica personae, d.h. fidelitas (von Gott und Menschen). Porúbčan (a.a.O. 230) glaubt, daß der Reichtum und die Differenziertheit der Bedeutungen von *'ᵆmūnā* es nicht zuließen, sie von der Grundbedeutung »Festigkeit« herzuleiten; als erste Bedeutung nennt er »Wahrheit« (a.a.O. 221). Doch ist die Grundbedeutung der Wurzel, »Festigkeit«, auch bei diesem Substantiv zu erkennen, und es empfiehlt sich, auch bei ihm von ihr auszugehen.

2. Eines der ältesten Vorkommen ist Ex 17,12 (J bzw. N): »seine (des Mose) Hände blieben fest (*'ᵆmūnā*), bis die Sonne unterging«. Diese Übersetzung (anders Porúbčan, a.a.O. 228f.: »in derselben Stellung erhoben«) ist durch den vorhergehenden Satz »sie stützten seine Arme« gesichert.

Die noch nahe bei »Festigkeit« gelegene Bed. »Sicherheit« liegt in Jes 33,6 vor (sofern der Text zu halten ist): »Sicherheit deiner Zeiten wird sein« (vgl. dazu H. Gunkel, ZAW 42, 1924, 178).

3. Eine Spezialbedeutung »festes Amt« o.ä. scheint in 1Chr 9,22.26.31 und 2Chr 31,18 (hier der Text unsicher, vgl. Rudolph, HAT 21,306) vorzuliegen. Rudolph (a.a.O. 88) sucht mit »Zuverlässigkeit« bzw. »Beständigkeit« durchzukommen (vgl. auch K.H. Fahlgren, Sedākā, nahestehende und entgegengesetzte Begriffe im AT, 1932, 145; H. Cazelles, La Sainte Bible ... de Jérusalem, z.St.). Es ist aber nicht befremdlich, daß *'ᵆmūnā* von der Grundbedeutung »Festes, Sicheres« her zum terminus technicus »feste Position, dauerndes Amt« geworden ist. Möglich ist allerdings auch, daß *'ᵆmūnā* in dieser Bedeutung gar nicht zu *'mn* I gehört, sondern Derivat von *'ōmēn* »Wärter« ist und also soviel wie »Betreuung« heißt (vgl. Num 12,7 und o. I/2).

4. Am häufigsten ist die dem Ni. des Verbums entsprechende Bedeutung »Festigkeit (im übertragenen Sinn)«, also »Zuverlässigkeit, Treue« (vgl. etwa 1Sam 26,23; Jes 11,5; Ps 119,30; auch 1QpHab 8,2; ferner Spr 28,20 *'īš 'ᵆmūnōt*). Dieser Bedeutung entspricht, daß als Parallelbegriff oft →*ḥæsæd* erscheint (auch *ṣᵉdāqā* und *ṣædæq*, →*ṣdq*).

5. Recht oft erscheint *šæqær* »Trug« als Oppositum von *'ᵃmūnā*. Das zeigt, daß *'ᵃmūnā* den Bereich berühren muß, den wir mit »Wahrhaftigkeit, Redlichkeit« bezeichnen. Man kann aber sehr oft schwanken, ob nicht doch zur Übersetzung »Treue« gegriffen werden soll.

Am deutlichsten liegt der Gedanke der Redlichkeit an einigen Jeremiastellen vor: Jer 5,1 »der sich der Aufrichtigkeit befleißt« (nach M. Klopfenstein, Die Lüge nach dem AT, 1964, 32f.: »Treue«; vgl. aber das parallele »der Recht übt« und in V. 2 »sie schwören falsch«, ferner Jer 5,5 und Jes 59,4; zu →*'śh* »ausüben, vollziehen« in solchen Zusammenhängen R. Bultmann, ZNW 27,1928,122f. = Exegetica, 1967, 133f.); in 7,28 klagt der Prophet, daß die *'ᵃmūnā* aus dem *Mund* des Volkes verschwunden sei; ganz deutlich ist 9,2 »sie spannen ihre Zunge wie einen Bogen, Trug, nicht Wahrhaftigkeit (vgl. BH³), führt im Land das Regiment« (LXX: πίστις; Klopfenstein, a.a.O. 145: »Treue«, auf die Bundes- bzw. Ehetreue gedeutet; da aber die erste Vershälfte vom Spannen der Zunge spricht, muß »Unaufrichtigkeit« gemeint sein).

6. Jeremia bewegt sich mit seinen Klagen über den Mangel an Redlichkeit in Gedankengängen, die der Weisheit wichtig sind. Besonders deutlich ist die Parallelität der Gedanken bei Spr 12,22 »Trügerische Lippen sind Jahwe ein Greuel; die sich aber der Aufrichtigkeit befleißen, gefallen ihm wohl« (vgl. dazu etwa das »Gespräch des Lebensmüden mit seinem Ba«, H. H. Schmid, Wesen und Geschichte der Weisheit, 1966, 214). Es gibt jedoch gerade in den Proverbien Stellen, die noch weiter führen, so Spr 12,17 »wer Wahres ausspricht ...«. *'ᵃmūnā* hat hier noch ganz den Charakter eines substantivierten Adjektivs: »etwas, worauf man sich verlassen kann, was wahr ist« (vgl. auch Jes 25,1). Man hat also zu unterscheiden zwischen *'ᵃmūnā* in personhaftem Sinn (»Zuverlässigkeit, Treue, Redlichkeit, Wahrhaftigkeit«) und in sachlichem Bezug (»Zuverlässiges, Wahres«). Häufig sind Stellen mit dieser Bedeutung aber nicht, und mit dem Abstraktum »die Wahrheit« zu übersetzen besteht kaum je Anlaß.

7. Die personhafte, subjektive Seite kommt häufig zum Ausdruck in der präpositionalen Wendung *bæ'ᵃmūnā* »aufrichtig, auf Treu und Glauben« in adverbialer Funktion (2Kön 12,16; 22,7; 2Chr 19,9; 31,12.15; 34,12). Ebenso ist die personale Linie auch durch *'ēmūn*/*'ᵃmūnīm* »Zuverlässigkeit, Treue« vertreten (s.o. II.), die sachbezogene, objektive Seite dagegen durch *'ōmæn* »in Wahrheit, wirklich« (adv. Akk., Jes 25,1). Im adv. Akk. steht auch *'omnā* »in Wahrheit, tatsächlich« (Gen 20,12; Jos 7,20); der Sinn ist durchaus derselbe wie bei den eigentlichen Adverbien *'omnām* und *'umnām* »tatsächlich, wirklich, wahrlich«, sei es daß dadurch die Aussage eines andern als mit den Tatsachen übereinstimmend bezeichnet wird, sei es daß man die Zuverlässigkeit der eigenen Aussage unterstreicht.

8. Als nähere oder auch entferntere Parallelbegriffe zu *'ᵃmūnā* erscheinen:

a) *ᵆ'mæt* (Ps 40,11f.; Jer 9,2–5); der Bedeutungsbereich der beiden Substantive überschneidet sich weitgehend (s.u. E.);

b) *ḥæsæd* steht auffallend häufig neben *'ᵃmūnā* (Hos 2,21f. neben *ṣædæq*, *mišpāṭ* und *raḥᵃmīm*; vor allem in der Sprache der Psalmen: 33,4f.; 36,6; 40,11f.; 88,12; 89,2.3.25.34.50; 92,3; 98,3; 100,5; 119,75f.; Klgl 3,22f.; vgl. Ps 31,24; Spr 20,6); daß in der Kultdichtung die beiden Begriffe so oft nebeneinander stehen, hängt natürlich mit dem parallelismus membrorum und der Plerophorie der Kultsprache zusammen; die beiden Begriffe stehen sich so nahe, daß sie weitgehend auswechselbar werden;

c) häufig sind auch Begriffe für Recht und Gerechtigkeit wie *ṣædæq*, *ṣᵉdāqā*, *ṣaddīq* und *mišpāṭ* im Wortfeld von *'ᵃmūnā* zu finden (Dtn 32,4; 1Sam 26,23; Jes 11,5; 33,5f.; 59,4; Jer 5,1; Hos 2,21f.; Hab 2,4; Ps 33,4f.; 36,6f.; 40,11; 88,12f.; 98,2f.; 119,30.75.138; 143,1 txt?; Spr 12,17; vgl. Jes 26,2 und Spr 13,17); diese zunächst überraschende Verwandtschaft der Begriffe erklärt sich daraus, daß *ṣdq* und seine Ableitungen im Sinn von »Solidarität, Gemeinschaftstreue« verwendet werden können (vgl. H. H. Schmid, Gerechtigkeit als Weltordnung, 1968, 184f.), andererseits daher, daß *'ᵃmūnā* offensichtlich ganz ähnlich wie *ṣᵉdāqā* zur Umschreibung des ordnungsgemäßen Verhaltens dienen kann (vgl. Schmid, a.a.O. 68).

IV. 1. Von Jahwes *'ᵃmūnā* wird mit Vorliebe in den Kultliedern des Psalters gesprochen. In den Klage- und Dankliedern (z.B. Ps 88,12 oder 40,11, wo nach den Kontextbegriffen jeweils nur die Übersetzung mit »Treue« in Frage kommt, mit *jᵉšū'ā* »Hilfe« zusammen ev. in einem Hendiadyoin »deine treue Hilfe«) wird als Grund für die erfahrene oder immer noch zu erhoffende hilfreiche Zuwendung Gottes zum Menschen die nicht zu erschütternde, stetige Treue Gottes bezeugt. Sie manifestiert sich angesichts all der Bedrängnisse, die im Klagelied vor Gott getragen und im Danklied rückblickend erwähnt werden (Krankheitsnöte bzw. »Errettung vom Tode«, aber auch Feindesbedrängnis wie in Ps 92,3 oder 143,1). Ähnlich klammert sich in Klgl 3,23 der Dichter an Jahwes *'ᵃmūnā*, um derentwillen dessen Gnadenerweise (*ḥᵃsādīm*) noch nicht zu Ende sein können und mit seinem großen Erbarmen (*raḥᵃmīm*) gerechnet werden darf (vgl. auch Ps 100,5). Auch die Thronbesteigungslieder sprechen von Jahwes *'ᵃmūnā*. Wie Jahwe kraft seiner *'ᵃmūnā* seinem Volke hilft (Ps 98,3), so kann er kraft derselben auch die Völker richten, indem er seinen *ṣædæq* im Ablauf der Geschichte realisiert (96,13, hier nicht mit *raḥᵃmīm* oder *ḥæsæd* als Parallelbegriff, sondern mit *ṣædæq*, der »Gerechtigkeit«, in der Gott dafür sorgt, daß die Dinge am rechten Ort bleiben). Auch in Ps 119,30 sind *ṣædæq* und *'ᵃmūnā* zusammengesehen, diesmal jedoch nicht wirksam im Gericht über die Völker, sondern in der Demütigung der Frommen. Diese schließt andererseits Hoffnung auf *ḥæsæd* und *raḥᵃmīm* nicht aus (vgl. Ps 119,138).

In gewollter Häufigkeit wird in Ps 89 von Jahwes *'ᵃmūnā* gesprochen (V.2.3.6.9. 25.34.50); der Psalm ringt angesichts der jämmerlichen Lage des Königtums um das Verständnis der Verheißung dauernden Bestandes der Davidsdynastie. Allem Zweifel an ihr stellt der Dichter das Bekenntnis zu Jahwes *'ᵃmūnā* entgegen. Weil an Gottes *'ᵃmūnā* nicht gezweifelt werden kann, kann auch das *næ'ᵉmān* der Nathanverheißung nicht wirklich in Frage stehen (vgl. V.29.38 und *ḥæsæd* und *'ᵉmæt* in V.15). Interessant ist dabei die sozusagen metaphysische Untermauerung des Glaubens an Jahwes Treue (V.3.6.9.15; ähnlich das Bekenntnis in Ps 36,6f.; vgl. 57,11; 89,38; 108,5).

Wenn auch das AT gewiß in keiner Weise über Gottes An-sich-Sein spekuliert, so darf doch der Satz gewagt werden, daß *'ᵃmūnā* zum Wesen Gottes gehört. Dem entspricht es, daß wenigstens einmal Jahwe als *'ēl 'ᵃmūnā* bezeichnet wird (Dtn 32,4; vgl. die Bezeichnungen *'ēl 'ᵉmæt* und *'ēl næ'ᵉmān*). Der Kontext zeigt allerdings, daß der Sänger des Liedes stark das Moment der Redlichkeit und Lauterkeit (im Kontrast zur Verkehrtheit des Volkes) betonen will. Daß aber das Moment der Zuverlässigkeit nicht fehlt, ergibt sich aus dem Lob Jahwes als des Felsens, das dem Bekenntnis zu seiner Treue vorangestellt ist (V.4a). Daß man beim Gott der Treue sich segnet oder schwört, sagt Jes 65,16 (s.o. C IV/4).

Das Reden von der *'ᵃmūnā* Gottes ist auf einen recht engen Kreis der atl. Überlieferung beschränkt: Hymnus, Dank- und Klagelied. Dtn 32 ist ein Sonderfall, insofern als dort das Bekenntnis zur Treue Gottes nicht in der Erfahrung der Hilfe Gottes in den Nöten des Tages, sondern in der Heilsgeschichte, in der sich Jahwe seinem Volke bezeugt hat, fundiert ist. Angesichts der Seltenheit solcher Stellen ist aber darauf hinzuweisen, daß der Gedanke der Treue Gottes keineswegs an die Verwendung der Vokabel *'ᵃmūnā* o.ä. gebunden ist.

2. Wie von der *'ᵃmūnā* Gottes, so kann auch von der *'ᵃmūnā* seiner Gebote die Rede sein: Ps 119,86. Da ihr der *šæqær* der Vermessenen gegenübergestellt wird, mag man mit »Wahrheit« übersetzen. Das bedeutet aber keinesfalls nur, daß sie formal »richtig« sind. *šæqær* heißt ja nicht »Lüge«, sondern »Trug«, und ganz dementsprechend sind Jahwes Gebote »wahr«, insofern sie verläßlich sind. Sie sind die Normen einer heilbringenden Weltordnung; wer sich auf sie stützt, wird nicht betrogen sein, sondern ist der Fülle des Lebens gewiß.

3. Aus Ps 89,3 ist deutlich geworden, daß *'ᵃmūnā*, bevor sie auf Erden verwirklicht ist, als göttliche Grundordnung im Himmel existierend gedacht werden kann. Nach der Königsideologie des Alten Orients, die auch auf Israels Denken eingewirkt hat, ist der König auf Erden Sachwalter dieser »prästabilierten Harmonie«, welche die Heiligen im Himmel loben (V. 6). Jeder einzelne Mensch kann aber überhaupt nichts Besseres tun, als sich bewußt in diese Ordnung hineinzustellen, d.h. ein *'īš 'ᵃmūnā* (bzw. *'īš næ'ᵉmān/'ᵉmæt*) zu werden. Ein solcher wird reichen Segen davontragen (Spr 28,20; vgl. den »beredten Bauern«: »Wahrheit, nicht Lüge, bedeutet Reichtum, sie verursacht blühenden Zustand, der nie endet«, F. von Bissing, Altäg. Lebensweisheit, 1955, 168). Die kleine Zahl solcher Aussagen hängt damit zusammen, daß das israelitische Denken diese Grundordnung strikte der Herrschaft Jahwes unterstellt hat; *er* verwirklicht die *'ᵃmūnā* (Jes 25,1). Darum heißt es jetzt: »Lügnerische Lippen sind *Jahwe* ein Greuel, die aber *'ᵃmūnā* üben, sind sein Wohlgefallen« (Spr 12,22; vgl. 12,17). Aber noch Ps 119,30 kann sagen: »Den Weg der (nicht: deiner) *'ᵃmūnā* habe ich erwählt«, biegt aber dann doch auf die jahwistische Linie ein: »nach deinen Ordnungen verlangt mich«.

4. Neben *'ᵃmūnā*, dem substantivierten Fem. des Adjektivs, steht das substantivierte Mask. *'ēmūn* (meist im Plur., s.o. II.). Ein Bedeutungsunterschied läßt sich kaum feststellen. Ist Gott ein Gott der *'ᵃmūnā* (Dtn 32,4), so sind die Israeliten Söhne, die den *'ēmūn* nicht kennen (V.20, vgl. auch V.5). Ps 12,2 »verschwunden sind *'ᵃmūnīm* (»Redlichkeit, Lauterkeit«) unter den Menschenkindern« ist den oben (III/5) genannten jeremianischen Stellen vergleichbar. Ebenso haben sich nach Jes 25,1 und 26,2 göttliche *'ᵃmūnā* und menschliche *'ᵃmūnīm* zu entsprechen (die Fortsetzung in 26,3f. spricht vom Vertrauen auf Jahwe). Wie in Hab 2,4 dem Gerechten um seiner *'ᵃmūnā* willen das Leben zugesprochen wird (s.o. B IV/2), so darf nach Jes 26,2f. das gerechte Volk, das aus denen besteht, die *'ᵃmūnīm* bewahren, auf Frieden hoffen. Diese *šōmᵉrē 'ᵃmūnīm* sind, so können wir sagen, die »Gläubigen«. Auf die

Treue Gottes, die in seinen wunderbaren Taten aufleuchtet, antwortet Israel dadurch, daß es Glauben bewahrt.

E. 'ᵃmæt

III. 1. Hat die LXX schon bei 'ᵃmūnā in beinahe der Hälfte der Fälle mit ἀλήθεια übersetzt, so steht hier eine Ableitung von ἀληθ- in 100 von 127 Fällen, während πίστις stark zurücktritt; auffallend ist auch die relative Häufigkeit von δικαιοσύνη (6×) bzw. δίκαιος (5×); vgl. dazu J. Barr, Bibelexegese und moderne Semantik, 1965, 190ff. Dieser Befund zeigt, daß 'ᵃmūnā und 'ᵃmæt keine vollen Synonyma sind und 'ᵃmæt mehr als irgendein anderes Derivat von 'mn sich der Bed. »Wahrheit« erschlossen hat. Das ändert nichts daran, daß (gegen Porúbčan, a.a.O. 183) die Bed. »Wahrheit« nicht den Ausgangspunkt der Semantik von 'ᵃmæt bilden kann, und (gegen D. Michel, 'ÄMÄT, Archiv für Begriffsgeschichte 12, 1968, 30-57) keineswegs alle Belege von 'ᵃmæt vom Begriff des Stimmens bzw. Übereinstimmens her zu verstehen sind und ein Bedeutungswandel des Wortes im AT somit nicht greifbar wäre.

2. Die vorauszusetzende Grundbedeutung »Festigkeit« liegt nur noch in übertragenem Sinne vor. Hingegen hat 'ᵃmæt im Gegensatz zu 'ᵃmūnā, aber durchaus dem Ni. des Verbs entsprechend, gelegentlich die Bed. »Beständigkeit, Sicherheit, Dauer« entwickelt, z. B. in Jes 16,5 »so wird der Thron durch Güte befestigt sein, und auf ihm wird unwandelbar sitzen...«. Entspricht hūkan »befestigt sein« dem nākōn »fest« der Nathanweissagung 2Sam 7,16, so bæ'ᵃmæt »unwandelbar« dem dortigen næ'man »Bestand haben«. Neben dem Moment der Dauer liegt in solchen Fällen offenbar das der Gesichertheit im Wort. So dürfte śækær 'ᵃmæt in Spr 11,18 »wertbeständigen, sicheren Gewinn« bedeuten (s. M. Klopfenstein, a.a.O. 171f.). Hingegen ist es wenig wahrscheinlich, daß die häufige Verbindung ḥǽsæd wæ'ᵃmæt konstant als Hendiadyoin mit »dauernde Huld« (so HAL 66b.247b.323a) übersetzt werden darf. Der Doppelausdruck ist zwar oft zur Formel erstarrt, und zur Treue gehört gewiß das Moment des Bleibens, der Dauer (vgl. etwa Jos 2,14; 2Sam 15,20; Spr 3,3; 14,22; 16,6; 20,28 u.ö.). Stellen wie Ps 85,11 »ḥǽsæd und 'ᵃmæt begegnen einander« zeigen jedoch, daß beide Begriffe durchaus auf der gleichen Ebene stehen und ihr Eigengewicht besitzen können. Liegt es aber in einzelnen Fällen doch nahe, in 'ᵃmæt eine Näherbestimmung von ḥǽsæd zu sehen, so empfiehlt es sich, die Verbindung als »ḥǽsæd (Huld, Güte, Liebe), auf den man sich verlassen kann« zu verstehen; das Moment der Dauer steht nicht im Vordergrund.

3. 'ᵃmæt als zweites Glied einer Cs.-Verbindung dient dagegen eindeutig als Näherbestimmung eines übergeordneten Begriffes wie šālōm »Friede« (Jer 14,13 vielleicht »Friede von Dauer, bleibender Friede«, aber wegen 2Kön 20,19 = Jes 39,8 und Jer 33,6 »Friede und Sicherheit« doch eher als »Friede, der Sicherheit garantiert« aufzufassen), 'ōt »Zeichen« u.a. Man wird all diesen Verbindungen am besten vom Begriff der **Zuverlässigkeit** her beikommen können (anders Weiser, ThW VI, 184: »'mn erweist sich als Formalbegriff, dessen Inhalt in jedem Falle durch das besondere Subjekt anders bestimmt wird«, es »meint die Beziehung der Wirklichkeit zu dem, was für das jeweilige Subjekt charakteristisch ist«; dagegen Barr, a.a.O. 182).

Folgende Stellen sind hier zu nennen: Gen 24,48 (verläßlicher und darum rechter Weg); Ex 18,21 (zuverlässige Männer, die sich nicht bestechen lassen); Jos 2,12 (verläßliches, also sicheres Zeichen); Jer 2,21 (zuverlässiges, d.h. echtes Gewächs); 14,13 (verläßlicher, sicherer Friede, s.o.); 42,5 (verläßlicher und somit wahrhafter Zeuge; ebenso Spr 14,25 mit dem Oppositum »Lügenzeuge«); Ez 18,8 und Sach 7,9 (Rechtsspruch, auf den man sich verlassen kann); Spr 22,21 (verläßliche, also wahre Worte, par. qōšṭ »Wahrheit«); Pred 12,10 (Worte, auf die man sich verlassen kann); Neh 7,2 (zuverlässiger und gottesfürchtiger Mann); 9,13 (zuverlässige Weisungen).

4. Wo 'ᵃmæt von Personen (und von Gott) ausgesagt wird, geht die Bedeutung Zuverlässigkeit in die der **Treue** über; so in der häufigen Verbindung ḥǽsæd wæ'ᵃmæt »Huld und Treue«, von Menschen: Gen 24,49; 47,29; Jos 2,14; Spr 3,3; von Gott: Gen 24,27 u.ö. (s.u. IV/2). Die präpositionale Wendung bæ'ᵃmæt »in Treue« dient faktisch als Adverb: »getreulich, aufrichtig«; sie beschreibt die Verläßlichkeit des Handelns des Menschen (nicht wie die oben D III/7 erwähnten eigentlichen Adverbien und adverbialen Akkusative die Gewißheit eines Tatbestandes; s. aber u. 6.).

Die Parallelen sichern den genaueren Sinn: bᵉtāmīm »aufrichtig« (Jos 24,14; Ri 9,16.19); »mit ganzem Herzen (und mit ganzer Seele)« (1Sam 12,24; 1Kön 2,4); »in Gerechtigkeit und mit aufrichtiger Gesinnung gegen dich« (1Kön 3,6); »mit ungeteiltem Herzen« (2Kön 20,3 = Jes 38,3); ähnlich Jes 10,20; 61,8; Jer 32,41; Ps 111,8; Spr 29,14. Mit bæ'ᵃmæt wird also das menschliche Dabeisein nach seiner Integrität und seinem persönlichen Engagement qualifiziert.

5. Man kann *'ᵃmæt* üben (*'śh*, vgl. *'śh 'ᵃmūnā*, s.o. D III/5): Gen 47,29; Neh 9,33; 2Chr 31,20. Aber man kann auch *'ᵃmæt sagen*, wobei dann nicht die Zuverlässigkeit des Sagenden, sondern die Verläßlichkeit des Gesagten anvisiert ist. Worte sind zuverlässig und darum vertrauenswürdig, wenn sie einen Tatbestand richtig wiedergeben, und d.h., wenn sie wahr sind: 2Sam 7,28; 1Kön 17,24; 22,16 = 2Chr 18,15; Jer 9,4 (Gegensatz *tll* hi. »betrügen«); 23,28 »der redet in Wahrheit mein Wort« (so Rudolph, HAT 12,154; Klopfenstein, a.a.O. 103, und andere fassen *'ᵃmæt* als adverbiellen Akkusativ und übersetzen »getreulich«). Man kann tatsächlich oft kaum sicher entscheiden, ob *'ᵃmæt* subjektbezogen »Aufrichtigkeit« oder objektbezogen »Wahrheit« meint. So kann man z.B. bei der Verbindung *'ēd 'ᵃmæt* fragen, ob *'ᵃmæt* als Gesinnungsnorm (»wahrhaftiger Zeuge«) zu verstehen sei, oder ob es die Wahrheit des bezeugten Sachverhaltes meint. Geht man von *'ēd næ'ᵉmān* aus (s.o. A III/1; vgl. Jer 42,5), wird man sich für die erste Möglichkeit entscheiden, aber von Jes 43,9 oder Spr 14,25 her wird man die zweite vorziehen. Nach Gen 42,16 will Joseph die Brüder prüfen, »ob *'ᵃmæt* bei euch ist«; *'ᵃmæt* ist hier wohl nicht mit »Aufrichtigkeit«, sondern mit »Wahres« zu übersetzen (s.o. D III/6 zu *'ᵃmūnā*). Von einer Abstrahierung des Begriffs von den konkreten Vorgängen (so G. Quell, ThW I,234), so daß man übersetzen müßte: »ob *die* Wahrhaftigkeit bei euch ist«, kann allerdings auch so nicht die Rede sein. Bei aller Unsicherheit im einzelnen, die gewiß darin begründet ist, daß dem Hebräer der Unterschied zwischen (subjektiver) Aufrichtigkeit und (objektiver) Wahrheit nicht so bewußt ist wie uns, liegt doch grundsätzlich die objektgerichtete Bedeutung klar zutage. Das ist zumal im juridischen Bereich der Fall, wo ja keineswegs bloß die subjektive Wahrhaftigkeit, sondern die objektive Wahrheit in Frage steht. Zeugen vor Gericht können zur Aussage eines Prozeßgegners erklären: *'ᵃmæt* »es ist wahr«, d.h. die betreffende Aussage stimmt mit der Wirklichkeit überein (Jes 43,9). Es wird festgestellt, daß eine Anschuldigung *'ᵃmæt* ist (Dtn 13,15 und 17,4, mit *nākōn haddābār* »die Sache steht wirklich so« expliziert; vgl. 22,20). In Spr 22,21 ist »Worte der *'ᵃmæt*« Explikation von *qōšṭ* »Wahrheit«; *dbr* pi. *'ᵃmæt* heißt, wenn nicht *die* Wahrheit, so doch »Wahres sagen« (Sach 8,16; vgl. Ps 15,2; Spr 8,7; 12,19 par. »lügnerische Zunge«), und *hjh 'ᵃmæt* »sich als wahr herausstellen« (Dtn 22,20; 2Sam 7,28; vgl. 1Kön 17,24).

6. Schließlich sind Stellen zu notieren, an denen *bæ'ᵃmæt* nicht »in Treue, aufrichtig« heißt, sondern »in Wahrheit, tatsächlich, wirklich« (Ri 9,15; Jer 26,15; 28,9; vgl. auch bloßes *'ᵃmæt* in Jer 10,10).

7. Die wichtigsten Parallelbegriffe sind:

a) *'ᵃmūnā* (s.o. D III/8);
b) *ḥæsæd* (s.o. III/2.4 vom Menschen, u. IV/2 von Gott);
c) Begriffe für die Ganzheit der Person (s.o. 4);
d) Begriffe aus dem Rechtsleben: →*ṣædæq* »Gerechtigkeit« (Ps 15,2; 85,12; Spr 8,7f. u.ö.; *ṣᵉdāqā* Jes 48,1; 59,14; Jer 4,2; Sach 8,8 u.ö.; *ṣaddīq* Neh 9,33); *mišpāṭ* »Recht« (→*špṭ*; Jes 59,14; Jer 4,2 u.ö.); *mēšārīm* »Geradheit« (Spr 8,6); *nᵉkōḥā* »Rechtes« (Jes 59,14), u.ä.;
e) *šālōm* (→*šlm*; 2Kön 20,19 = Jes 39,8; Jer 33,6; Sach 8,16.19; Mal 2,6; Ps 85,11; Est 9,30).

Opposita sind: *šæqær* »Trug« (Jer 9,4; Sach 8,16; Spr 11,18; 12,19 u.ö.); *kāzāb* »Lüge« (Spr 14,25 u.ö.); *mirmā* »Trug« (Spr 12,19); *ræša'* »Frevel« (Spr 8,7; vgl. 11,18; Neh 9,33).

8. Das Wortfeld um *'ᵃmæt* deckt sich, abgesehen von *šālōm* und dem einen Fall, wo der Aramaismus *qōšṭ* »Wahrheit« (Wagner Nr. 274; bibl.-aram. *qᵉšōṭ*, Dan 4,34) als Parallele erscheint (Spr 22,21), ziemlich genau mit demjenigen von *'ᵃmūnā*. *'ᵃmæt* im Sinn von »Wahrheit« besitzt keine wirkliche Parallele, wie denn das Hebr. faktisch kein selbständiges Wort für »Wahrheit« kennt. Das heißt nicht, daß es den Begriff Wahrheit nicht kennt, aber sein Wahrheitsbegriff ist unablösbar mit der Vorstellung der Verläßlichkeit verknüpft (vgl. W. Pannenberg, Was ist Wahrheit?, FS Vogel 1962, 214–239, bes. 216; H. von Soden, a.a.O. s.o. I/7; H.-J. Kraus, Wahrheit in der Geschichte, Was ist Wahrheit?, hrsg. von H.R. Müller-Schwefe, 1965, 35–46; K. Koch, Der hebr. Wahrheitsbegriff im griech. Sprachraum, ebd. 47–65; M. Landmann, Ursprungsbild und Schöpfertat, 1966, 213–222). Wie *'ᵃmæt* dort, wo im Blick auf Personen gesprochen wird, Treue und Aufrichtigkeit als Verläßlichkeit meint, so meint es als Wahrheit verstanden die Verläßlichkeit einer Sache oder eines Wortes. Verläßlich in diesem Sinn aber kann nur sein, was der Wirklichkeit entspricht bzw. ihr voll gerecht wird.

IV. 1. Wie das Bekenntnis zur *'ᵃmūnā* Gottes wird auch das zu seiner *'ᵃmæt* in erster Linie im Psalter laut. Im Klagelied Ps 31 wird Jahwe, wie er anderwärts *'ēl næ'ᵉmān* oder *'ēl 'ᵉmūnā* genannt wird, als *'ēl 'ᵃmæt* »getreuer Gott« gepriesen (V.6).

Damit ist auch hier nur prägnant ausgedrückt, was die Klage- und Danklieder auch sonst damit bezeugen, daß sie auf Jahwes *'ᵃmæt* hinweisen. Ein Unterschied zwischen *'ᵃmæt* und *'ᵃmūnā* ist in diesen Zusammenhängen nicht festzustellen.

Auch Jahwes *'ᵃmæt* rühmt man, weil man ihn als Helfer erfahren hat oder erfahren möchte. In Ps 69, 14 wird Jahwe geradezu angefleht, »in der Treue deiner Hilfe« Erhörung zu gewähren. Es ist die Hoffnung auf Hilfe, um deretwillen man zur Treue Jahwes seine Zuflucht nimmt. Der Ruhm seiner Treue soll Gott zum Einschreiten bewegen, bevor es zu spät ist. Darum kann ihn der Beter daran erinnern, daß man in der Unterwelt seine Treue nicht lobt (Ps 30,10; Jes 38,18; vgl. Ps 71,22; zu *'ᵃmūnā* Ps 88,12). Oder er kann bitten, daß Gottes Licht und Treue ihn zu seinem heiligen Berg geleiten möchten, damit er dort beim Opfern sein Loblied singen kann (Ps 43,3; vgl. 138,2). Zur Hilfe, die man von der Treue Gottes erwartet, gehört immer wieder die Vernichtung der Feinde (54,7; vgl. 22,26 txt em). In 91,4b wird Jahwes Treue als Schild und Wehr gerühmt (Lehrgedicht?, vgl. Kraus, BK XV, 635).

Besonders eindrücklich beschreibt der Hymnus Ps 146 (der aber auch Elemente des Dankliedes des Einzelnen enthält), was es für Israel bedeutet, daß Jahwe ewiglich Treue bewahrt. Der Dichter denkt nicht, wie es sonst die Regel ist, an seine persönliche Not, sondern preist Jahwe als Helfer aller Unterdrückten. Jahwe selbst wird zwar Gott Jakobs genannt (V. 5), aber als Schöpfergott und Gott Zions (V. 10) beschrieben, der herrschen werde in Ewigkeit. Die Treue Gottes (V. 6) ist hier also, verglichen mit der durchschnittlichen Psalmenfrömmigkeit, unter einen stark erweiterten Horizont gestellt.

2. Wie im profanen Bereich wird auch im Blick auf Gott *'ᵃmæt* gern mit →*ḥæsæd* (III/1) zusammengestellt.

Hos 4,1 und Mi 7,20 wird *'ᵃmæt* vor *ḥæsæd* genannt, in der Regel steht aber *ḥæsæd* voran. Wie dort kann auch sonst die Verbindung loser sein (etwa Ps 69,14), meist aber sind sie durch bloßes *wᵉ* »und« aufs engste verknüpft (Ps 25,10; 40,12; 57,4; 85,11; 89,15; 138,2; außerhalb des Psalters: Gen 24,27; Ex 34,6; 2Sam 2,6; 15,20; in loserer Verbindung: Gen 32,11; Hos 4,1; Ps 26,3; 57,11 = 108,5).

Man wird sagen dürfen, daß in diesen Verbindungen der Hauptakzent auf *ḥǽsæd* liegt. *'ᵃmæt* modifiziert *ḥǽsæd* »Huld, Güte, Liebe, Gemeinschaftswille« nach der Seite der Zuverlässigkeit hin.

Besonders hingewiesen sei auf folgende Vorkommen: a) Ps 89,15. Daß Recht und Gerechtigkeit das Fundament des Thrones Jahwes sind, ist dem Zusammenhang, der von Gottes Königtum spricht, durchaus angemessen. Aber die Aussage wird weitergeführt: »*ḥæsæd* und *'ᵃmæt* stehen vor deinem Angesicht«. Sie sind hier fast im Sinn einer Hypostase als Wesen gesehen, die Jahwe gegenüberstehen. So kann auch Ps 85,11f. sagen: »*ḥæsæd* und *'ᵃmæt* begegnen sich, Gerechtigkeit und Frieden treffen sich (txt em); Treue sproßt aus der Erde und Gerechtigkeit blüht vom Himmel herab«. Der Streit der Exegeten, ob hier göttliche oder menschliche Treue gemeint sei, ist müßig: Gemeint ist natürlich, daß *Gott* solche Treue sprossen läßt. Aber die Formulierung läßt noch erkennen, daß *ḥæsæd* und *'ᵃmæt* als selbständige kosmische Größen aufgefaßt werden konnten, deren Walten auch die Fruchtbarkeit des Landes garantierte, denn wo sie zur Macht kommen, muß der Kosmos das harmonische, fruchttragende Gleichgewicht wieder gewinnen.

b) Ps 86,15 bekennt: »du bist ein barmherziger, gnädiger Gott, langmütig und reich an *ḥæsæd* und *'ᵃmæt* (vgl. V. 5). Es handelt sich offensichtlich um eine alte Bekenntnisformel (ohne *'ᵃmæt* auch Ps 103, 8; 145,8; Jo 2,13 und Jon 4,2 erweitert durch »es gereut ihn des Übels«; mit *'ᵃmæt* in Ex 34,6, aber die Formel ist hier nach Noth, ATD 5,215, später Einschub). Es scheint, daß *'ᵃmæt* erst sekundär, wohl unter dem Zwang der Verbindung *ḥæsæd wæ'ᵃmæt* in die Formel Eingang gefunden hat. Man wollte das Moment der Treue, die auch in Situationen durchhält, wo das Verhältnis zwischen Gott und Volk einer schweren Belastungsprobe ausgesetzt ist, explizit festhalten. Es liegt auf der gleichen Linie, wenn in Ps 86,5 »reich an Huld« durch »gütig und vergebend« und in den Stellen bei Joel und Jona durch den Hinweis auf Jahwes Bereitschaft zur Reue ausgeweitet wird.

c) Dreimal spricht das AT außerhalb der Psalmen von *ḥæsæd wæ'ᵃmæt* unter Verwendung von *'śh* »tun«: Gen 24,49; 32,11 (*ḥᵃsādīm*); 2Sam 2,6. Jedesmal ist von der rechten Führung des Menschen durch Gott die Rede. Darum kann man auch sagen, daß Jahwes Wege *ḥæsæd wæ'ᵃmæt* sind (Ps 25,10; vgl. 43,3). Der Fromme weiß sich in seinem Leben unter die Führung der göttlichen Treue gestellt.

3. Wenn *'ᵃmæt* die Grundlagen der kosmischen Ordnung umschreibt, hat der Mensch sie genau so zu verwirklichen, wie Gott. Dazu mahnt vor allem natürlich die Weisheit (Spr 3,3; 14,22; 16,6; 20,28). In Gen 24 korrespondiert die menschliche Treue mit der göttlichen (V.27 und 49). Güte und Treue, die nach Spr 20,28 den König bewahren, entsprechen der Güte und Treue, die vor dem Angesicht Gottes stehen (Ps 89,15). Mit Güte und Treue findet man Beifall bei Gott und den Menschen (Spr 3,3f.). Einmal begegnet die Forderung nach *'ᵃmæt* auch bei den Propheten: Hos 4,1 »es ist keine *'ᵃmæt* und kein *ḥǽsæd* und keine Gotteserkenntnis im Lande«. Gotteserkenntnis müßte sich in der Verwirklichung von *ḥǽsæd* und *'ᵃmæt* realisieren. Die Fortsetzung läßt keinen Zweifel darüber zu, daß dabei nicht etwa an die Beziehung zu Gott, sondern an die zu den Volksgenossen zu denken ist. Beinahe nie ist im ganzen AT mit *ḥǽsæd wæ'ᵃmæt* (oder *'ᵃmæt* allein) das Verhalten des Menschen zu Gott umschrieben. Die Antwort auf Gottes Treue kann nur durch Treue gegen den Mitmenschen gegeben werden. Ausnahmen machen nur späte Stellen wie 2Chr 31,20 und 32,1.

Hingegen ist von Israel Gott gegenüber ein Handeln *bæ'æmæt* gefordert, was nicht zuerst »in Treue« (so HAL 67a), sondern »aufrichtig, ehrlich, redlich« meint (s.o. III/4). Ein Handeln *betāmīm* und *bæ'æmæt* ist legitimer Ausdruck der Gottesfurcht (Jos 24,14).

4. Wie oben (III/5) festgestellt wurde, meint *'æmæt* in profaner Verwendung nicht nur subjektbezogen »Zuverlässigkeit, Aufrichtigkeit, Treue«, sondern auch objektgerichtet »Zuverlässiges, Wahrheit«. Spricht das AT auch von der Wahrheit Gottes? Die Entscheidung zwischen den beiden Möglichkeiten ist auch hier oft kaum zu treffen. Gegen manche ältere Exegeten (Delitzsch, Duhm, Marti u.a.) wird man etwa in Jes 59,14f. bei »Treue« bleiben müssen (M. Klopfenstein, a.a.O. 46; Fohrer, Jes. III,219; Westermann, ATD 19, 273, u.a.).

Noch häufiger pflegt man in Ps 25,5 »leite mich nach deiner *'æmæt*, lehre mich ...« mit »Wahrheit« zu übersetzen, und die Bitte um Belehrung scheint dem recht zu geben. Aber der alphabetische Psalm weist doch deutlich Züge des Klageliedes auf, und in einem solchen ist von *'æmæt* im Sinn der »Treue« die Rede. In V. 6 wird *'æmæt* durch *raḥamīm* »Erbarmen« und *ḥæsæd* wieder aufgenommen. Zumal aber im Blick auf V. 10 wird man »leite mich gemäß deiner Treue« und nicht wie üblich »in deiner Wahrheit« zu übersetzen haben. Ganz analog dazu ist Ps 86,11 zu verstehen: »Lehre mich deinen Weg, daß ich wandle unter deiner Treue«; die Treue Gottes ist der Bereich, in welchem der Wandel des Menschen, wenn er heilvoll sein soll, sich zu vollziehen hat.

Anders ist der Gebrauch in den beiden Gesetzespsalmen 19 B und 119. Im Satz »die Gebote Jahwes sind *'æmæt*« (19,10) ist *'æmæt* natürlich objektbezogen. Aber die Wiedergabe mit »wahr« ist trotzdem problematisch. Der parallele Satz von V. 10a sagt, Jahwes Wort (l *'imrat* pr *jir'at*) sei lauter und bestehe für ewig. So wird *'æmæt* eher die Zuverlässigkeit und dauernde Geltung als die Wahrheit des göttlichen Gebotes bezeugen wollen. Genauso ist es bei den Aussagen über das Gesetz in Ps 119 (V. 43.142.151. 160). Das Wortfeld zeigt in jedem einzelnen Fall, daß von der Dauer oder »ewigen« Gültigkeit der Gebote gesprochen werden will, so in V. 152 »von alters her weiß ich von deinen Vorschriften, daß du sie für ewig gegründet hast«. Man mag mit »wahr« übersetzen; aber wahr sind sie, weil sie verläßlich sind, und das wiederum beweist sich darin, daß sie »Leben« gewährleisten (V. 40.116.144).

Schwer zu deuten ist schließlich Ps 51,8: »an *'æmæt* im Verborgenen hast du Gefallen, und im Geheimen lehrst du mich Weisheit«. Text und Übersetzung sind unsicher (vgl. Kraus, BK XV, 382f.387); aber jedenfalls steht hier *'æmæt* in Parallele zu *ḥokmā* »Weisheit« und ist wie *ḥokmā* etwas, worüber belehrt werden kann. Es muß also mit *'æmæt* Wahrheit im Sinn einer geheimen Offenbarung, einer tieferen, nicht ohne weiteres zugänglichen Erkenntnis gemeint sein.

5. Damit stehen wir den Vorkommen im Danielbuch nahe. Dan 8,26 »das Gesicht, das geoffenbart worden ist, ist *'æmæt*« kann nur heißen, daß es wahr ist, weil man sich darauf verlassen kann, in der Gewißheit, daß die Erfüllung nicht ausbleiben wird, ebenso 10,1 und 11,2 (txt?, vgl. aber Plöger, KAT XVIII, 145f.150). Von 1Kön 17,24 sind diese Danielstellen klar zu scheiden. Wird dort festgestellt, daß Jahwe tatsächlich (in Wahrheit) zum Propheten gesprochen hat, so hier, daß er dem Apokalyptiker die Wahrheit mitteilte, und zwar so, daß diese Offenbarung genaues Spiegelbild der kommenden Ereignisse ist. Diese sind im Buch der *'æmæt* aufgeschrieben (Dan 10,21), dem »Buch der Wahrheit«, das man von den babylonischen Schicksalstafeln her zu verstehen pflegt (vgl. die Komm. von Marti, Bentzen, Porteous z.St.; anders Plöger, KAT XVIII, 146). Aber auch die Israel längst anvertraute Offenbarung kann als »Gottes Wahrheit« bezeichnet werden (9,13).

Das führt zu 8,12, wo *'æmæt* in einem letzten, absoluten Sinn verwendet ist. Nachdem die Frevel des »kleinen Horns« geschildert worden sind, wird abschließend festgestellt: »die *'æmæt* wurde zu Boden geworfen« (txt em; vgl. BH[3], anders Plöger, a.a.O. 120.122). Hier ist *'æmæt* Bezeichnung für die Wahrheit schlechthin, die jüdische Religion mit ihren einzelnen Gesetzesbestimmungen (K. Marti, Das Buch Daniel, 1901, 58f.; R. Bultmann, ZNW 27,1928, 118f. = Exegetica, 1967, 129).

Die Verwendung von *'æmæt* im Buch Daniel ist singulär. Höchstens Pred 12,10 kennt einen ähnlichen Wahrheitsbegriff. Bultmann (s.o.) vermutet für Dan 8,12 Einfluß iranischer Vorstellungen und meint, doch wohl zu Recht, daß auch das »Buch der Wahrheit«, aus dem der Engel dem Seher Offenbarungen über die Zukunft mitteilt (Dan 10,21), auf fremden Einfluß hinweise. Jedenfalls ist deutlich, daß mit Daniel ein neues Verständnis von *'æmæt* und damit ein neues Verständnis von Wahrheit überhaupt beginnt.

V. Das Weiterleben der Wortgruppe bzw. der griech. Äquivalente in der Qumranliteratur, im Spätjudentum und im NT kann hier nicht mehr im einzelnen verfolgt werden. Auch die Literaturangaben können nur eine Auswahl bieten:

a) »Glauben«: Neben A. Weiser-R. Bultmann, Art. πιστεύω, ThW VI, 171–230, und den Lexikonartikeln in RGG, EKL usw.:

A. Schlatter, Der Glaube im NT, 1927; W. G. Kümmel, Der Glaube im NT, seine katholische und reformatorische Deutung, ThBl 16, 1937, 209–221 = Heilsgeschehen und Geschichte, 1965, 67–80; E. Walter, Glaube, Hoffnung, Liebe im NT, 1940; M. Buber, Zwei Glaubensweisen, 1950; G. Schrenk, Martin Bubers Beurteilung des Paulus in seiner Schrift »Zwei Glaubensweisen«, Judaica 8, 1952, 1–25; M. Bonningues, La Foi dans l'évangile de s. Jean, 1955; G. Ebeling, Was heißt Glauben?, 1958; ders., Jesus und Glaube, ZThK 55, 1958, 64–110 = Wort und Glaube, 1960, 203–254; W. Grundmann, Verständnis und Bewegung des Glaubens im Johannes-Evangelium, KuD 6, 1960, 131–154; F. Neugebauer, In Christus, EN ΧΡΙΣΤΩΙ. Eine Untersuchung zum paulinischen Glaubensverständnis, 1961, 150–181; H. Schlier, Glauben, Erkennen, Lieben nach dem Johannesevangelium, FS Söhngen 1962, 98–111 = Besinnung auf das NT, 1964, 279–293; H. Ljungman, Pistis, A Study of its Presuppositions and its Meaning in Pauline Use, 1964; H. Conzelmann, Fragen an Gerhard von Rad, EvTh 24, 1964, 113 bis 125 (123ff.); E. Grässer, Der Glaube im Hebräerbrief, 1965; N. Lazure, Les valeurs morales de la théologie johannique, 1965, 161–204; P. Stuhlmacher, Gerechtigkeit Gottes bei Paulus, ²1966, 81–83; H. Conzelmann, Grundriß der Theologie des NT, 1967, 79f. 192ff; C.A. Keller, Glaube in der »Weisheit Salomos«, FS Eichrodt 1970, 11-20.

b) »Amen« im Judentum, NT und der frühen Kirche: H. Schlier, Art. ἀμήν, ThW I, 339–342; StrB I, 242–244; III, 456–461; RAC I, 378–380; BHH I, 80f.; V. Hasler, Amen, 1969.

Ferner: H. W. Hogg, JQR 9, 1897, 1–23; G. Dalman, Die Worte Jesu, ²1930, 185–187; P. Glaue, ZKG 44 (NF 7), 1925, 184–198; D. Daube, The NT and Rabbinic Judaism, 1956, 388–393.

c) »Wahrheit«: Neben G. Quell-R. Bultmann, Art. ἀλήθεια, ThW I, 233–251, neuere Lit. in RGG, EKL usw.:

R. Bultmann, ZNW 27, 1928, 134–163; F. Nötscher, »Wahrheit« als theol. Terminus in den Qumrantexten, FS Christian 1956, 83–92 = Vom Alten zum Neuen Testament, Ges. Aufs., 1962, 112–125; H. Kosmala, Hebräer, Essener, Christen, 1959, 135 bis 173.192–207; L. J. Kuyper, Grace and Truth, Interpretation 18, 1964, 3–19; O. Böcher, Der joh. Dualismus im Zusammenhang des nachbibl. Judentums, 1965; N. Lazure, a.a.O. (s.o.), 70–90 (Lit.!); P. Ricca, Die Eschatologie des vierten Evangeliums, 1966, 111–113.

H. Wildberger

אמץ *'mṣ* stark sein

1. Die Wurzel *'mṣ* »stark sein« begegnet nur im Hebr. und vereinzelt im Ug. (vgl. UT Nr. 228; WUS Nr. 282).

Bei den in Sach 6,3.7 als *'ᵃmuṣṣīm* benannten Pferden handelt es sich um eine nicht zu dieser Wurzel gehörige Farbbezeichnung (vgl. HAL 63b: »gescheckt«; A. Guillaume, Abr-Nahrain 2, 1962, 7 »dust-coloured«; W. D. McHardy, FS Kahle 1968, 174ff.).

Neben dem Verbum im Qal, Pi., Hitp. und Hi. (vgl. Jenni, HP 280) werden das Adj. *'ammīṣ* »stark« und die Subst. *'ōmæṣ*, *'amṣā* (Sach 12,5 txt?) »Stärke« und *ma'ᵃmāṣ* »Anstrengung« verwendet.

Zu den Eigennamen *'ᵃmaṣjā(hū)*, *'āmōṣ*, *'amṣī* vgl. Noth, IP 190.

2. Im AT ist die Wortgruppe 50 × belegt (qal 16 ×, pi. 19 ×, hitp. 4 ×, hi. 2 ×), *'ammīṣ* 6 ×, die Substantiva je 1 ×.

Die verbalen Belege finden sich vorwiegend in der dtr.-chr. Literatur und in Dtn (qal 12 ×, pi. 6 ×, hitp. 3 ×), weiter auch in den Psalmen (qal 2 ×, pi. 3 ×, hi. 2 ×), in der Weisheitsliteratur (pi. 5 ×) und im prophetischen Schrifttum (pi. 5 ×).

3. Sämtliche Bedeutungen ergeben sich aus der Hauptbedeutung »stark, kräftig sein«. Der Begriff kommt nur mit personalem Subjekt vor (Gott, Mensch). Im Qal begegnet *'mṣ* (außer in der Ermunterungsformel, s.u. 4) nur von der überlegenen Stärke eines Volkes (Gen 25,23; 2Chr 13, 18) und in den individuellen Klageliedern von der bedrängenden Macht der Hasser des Psalmisten. Faktitiv meint das Pi. die Stärkung der physischen Kraft (oft mit →*kōᵃḥ* verbunden: Am 2,14; Nah 2,2; vgl. Spr 31,17; Jes 35,3; Hi 4,4), die Verstokkung des Herzens (Dtn 2,30; 15,7; 2Chr 36,13; vgl. F. Hesse, Das Verstockungsproblem im AT, 1955, 16), die Ermunterung eines Gequälten (Hi 16,5) oder eines Berufenen (s.u. 4) und die Instandsetzung eines Baus (Tempel 2Chr 24,13; vgl. die Festigung der Wolken durch Gott Spr 8,28). Das Hitp. bedeutet »etwas mit Anspannung seiner Kräfte fertig bringen« (1Kön 12,18 = 2Chr 10,18), »einem überlegen sein« (2Chr 13,7) und »fest entschlossen sein« (Ruth 1,18). Zum Hi. s.u. 4.

Die wichtigsten synonymen Wurzeln sind →*ḥzq* und →*'zz*; als Opposita kommen *dll* »gering sein« und *rph* »schlaff sein« in Betracht.

4. In individuellen Klageliedern ist die überlegene Stärke der Feinde (2Sam 22, 18 = Ps 18,18; Ps 142,7) Anlaß zur Bitte um Gottes rettendes Einschreiten, das sich über alle Macht des Menschen bewährt (vgl. 2Chr 13,18). Am auffälligsten ist jedoch die stereotype Ermunterungsformel im Dtn und in der dtr.-chr. Literatur: *ḥᵃzaq wæ'ᵉmaṣ* »sei fest und stark« bzw. (plur.) *ḥizqū wᵉ'imṣū* (vgl. N. Lohfink, Scholastik 37, 1962, 32–44). Die Formel gehört wohl ursprünglich zur göttlichen Geleitzusage, speziell im Bereich des Krieges

(Dtn 31,6; Jos 1,6; 10,25; vgl. auch Nah 2,2; →*ḥzq*), und ergeht als Heilswort an einen von Feinden bedrohten Führer des Volkes (Dtn 31,7.23) oder an das zum Kampf bereitstehende Volk (Dtn 31,6; Jos 10,25). Eigentümlich ist die dem dtn. Interesse entsprechende Beziehung der Formel auf das Halten der durch Mose gegebenen Gebote oder sogar auf das Halten der Gebote des Gesetzbuches (Jos 1,7ff.; vgl. Noth, HAT 7,28). Die Formel wanderte dann auch in den Bereich des Kults als göttliche Mahnung, die die Furcht wegnimmt, hinüber (allerdings nur mit *'mṣ* hi.: Ps 27,14; 31,25). Ebenfalls im kultischen Heilsorakel begründet findet sich *'mṣ* in dem an den Knecht Gottes ergehenden Zuspruch der Hilfe Jahwes (Jes 41, 10; vgl. Ps 89,22).

Umstritten ist die Deutung von Ps 80,16.18, wo es sich entweder um das in der uralten Vorstellung vom Vater-Sohn-Verhältnis zwischen Gott und Fürsten begründete »Großziehen« des Königs (so Kraus, BK XV,559f.) oder um das des ganzen Volkes (wofür V. 16 spräche, so Weiser, ATD 15,375; vgl. Hos 10,1ff.; Ez 16,7) handeln dürfte.

5. Die wichtigsten der oben erwähnten Verwendungen von *'mṣ* finden sich in der Qumranliteratur und zwar, wie zu erwarten war, in der Kriegsrolle (1QM) und den Lobliedern (1QH) aus Höhle I wieder (vgl. Kuhn, Konk. 17). Zur Ermunterungsformel im NT vgl. 1Kor 16,13.

A.S.van der Woude

אמר *'mr* sagen

1. Eine Wurzel *'mr* kennen alle sem Sprachen; die Bed. »sagen, sprechen« hat sie allerdings nur in den nwsem., d.h. in den verschiedenen kan. (ohne das Ug.) und aram. Dialekten (vgl. DISO 17f.). Arab. und altsüdarab. *'mr* heißt, mit naheliegender Bedeutungsverschiebung, die auch im späteren atl. Hebr. vorhanden ist, »befehlen«, akk. *amāru* (und wahrscheinlich ug. *amr* Gt; vgl. WUS Nr. 283; UT Nr. 229) dagegen »sehen«, ähnlich äth. *'mr* I/2 »zeigen«.

Zur vermutlichen Bedeutungsentwicklung »sehen >sagen« vgl. S. Moscati, La radice semitica *'mr*, Bibl 27, 1946, 115–126; HAL 63b mit Lit.angaben; dazu H.Kronasser, Handbuch der Semasiologie, 1952, 93; zu dt. »sagen/sehen« und «bemerken« vgl. Kluge 698 und Duden, Etymologie 633.

Das Vorhandensein der akk. Bed. »sehen« und die darauf gegründete Etymologie von hebr. *'mr* berechtigen nicht dazu, mit M.Dahood, Bibl 44, 1963, 295f., in Ps 11,1; 29,9 und 71,10 (wo jeweils direkte Rede folgt) auf eine sog. Grundbedeutung »sehen« zu rekurrieren.

Das Verbum besitzt außer dem Qal ein (passives) Ni. und ein (in der Bedeutung umstrittenes, doch wohl kausatives) Hi. (s.u. 3b).

'mr hitp. »sich erheben, sich brüsten« (Ps 94,4; ev. auch in Jes 61,6 vorauszusetzen) und die dazugehörigen Substantiva *'āmīr* bzw. *'ēmær* »Wipfel, Zweig, Ast« werden von HAL 61a.65a im Unterschied zu GB 48a.51 als besondere Wurzel *'mr* II abgetrennt.

Als abgeleitete Nomina begegnen neben der selteneren qutl-Bildung *'ōmær* »Spruch, Kunde; Sache« die zusammengehörigen (s.u. 3c) qitl-Bildungen *'ēmær*/*'imrā* »Wort, Ausspruch« sowie das späte aramaisierende Wort *ma'ᵃmār* »Wort, Befehl« (Wagner Nr. 149); vgl. noch den bibl.-aram. substantivierten Inf. *mēmar* »Wort, Befehl«.

Aus den verwandten nwsem. Sprachen können allenfalls noch ug. *amr* »Wunsch, Rede(?)« (WUS Nr. 284) und jaud. *'mrh* »Rede, Wort, Befehl(?)« (DISO 18; KAI Nr. 214, Z. 26.32, vgl. II,221) genannt werden.

Zu den Personennamen *'ᵃmarjā(hū)* mit der Kurzform *'imrī* und ev. *'ōmār* und *'immēr* vgl. Noth, IP 173; HAL 21b.65f.; Gröndahl 99; Huffmon 168.

2. *'mr* q. »sagen« ist mit seinen 5282 Belegen (vor →*hjh* »sein«, →*'śh* »tun«, →*bō'* »kommen«, →*ntn* »geben«, →*hlk* »gehen«) das häufigste Verbum des AT, »eine der allergewöhnlichsten Scheidemünzen der Sprache« (O.Procksch, ThW IV,90). Dem entspricht die grundsätzlich gleichmäßige Streuung über das ganze AT, wobei selbstverständlich in den erzählenden Texten eine größere Häufung anzutreffen ist als etwa in Gesetzestexten oder in poetischen Stücken.

'mr q. fehlt in keinem der atl. Bücher: Gen 603× (347× *wajjōmær*/*wajjōmar*, 81× *lēmōr*), Ex 299×, Lev 80×, Num 244×, Dtn 140×, Jos 136×, Ri 269×, 1Sam 422×, 2Sam 334×, 1Kön 326×, 2Kön 343×, Jes 241×, Jer 475× (163× *'āmar*, 49× *wajjōmær*, 114× *lēmōr*), Ez 362×, Hos 20×, Jo 5×, Am 52×, Ob 2×, Jon 22×, Mi 10×, Nah 2×, Hab 3×, Zeph 4×, Hag 26×, Sach 109×, Mal 40×, Ps 99×, Hi 97×, Spr 25×, Ruth 54×, Hhld 2×, Pred 20×, Klgl 10×, Est 52×, Dan 22×, Esr 15×, Neh 61×, 1Chr 72×, 2Chr 184×. Unter den 5282 Formen (in Lis. fehlen 1Sam 4,16b und 17,10 *wajjōmær*, 2Kön 16,7 *lēmōr* und Ez 4,14 *wā'ōmar*) sind 930× formelhaftes *lēmōr* (dazu 9× *lēmōr* als Inf. mit *lᵉ*), 2069× *wajjōmær* bzw. *wajjōmar* und 644 übrige Waw-cons.-Formen (in Lis. sind 2Sam 20,18a *lēmōr*, 2Kön 9,17 *wᵉjōmar* und 1Chr 16,31 *wᵉjōmᵉrū* falsch eingeordnet).*

'mr ni. begegnet 21×, hi. 2×; aram. *'mr* q. 71× (Dan 65×, Esr 5×, Jer 1×).

Von den Substantiven finden sich *'ōmær* 6×, *'ēmær* 48×, *'imrā* 37×, *ma'ᵃmār* 3× (in Est); aram. *mēmar* 2×.

3. a) *'mr* q. heißt »sagen, sprechen« (je nach dem Zusammenhang kann auch mit »fragen« oder »antworten« übersetzt werden; →*š'l*, →*'nh*) und ist die normale Einführung direkter oder (seltener) indirekter Reden (BrSynt 140). Anders als *dbr* pi. (→*dābār* III/1) bedeutet *'mr* nie »reden« ohne Angabe des Mitgeteilten (GB 50; HAL 64a, zu den scheinbaren Ausnahmen s. ebd.; vgl. Jenni, HP 165 Anm. 192).

Bei *'mr* begegnet nicht selten die bei den Verben des Sagens im weitesten Sinn (→*qr'* »rufen«, →*brk* pi. »segnen«, →*šb'* ni. »schwören«, auch →*ntn* »geben, als übereignet erklären«) mögliche Erscheinung des sog. Perfectum declarativum (Perf. des Vollzugs) der 1. Pers. Sing., in dem der Zusammenfall von Aussage und Handlung zum Ausdruck kommt: *'āmartī* »ich sage hiermit« (vgl. Dtn 32,40; Ri 2,3; 2Sam 19,30; Jes 22,4; Ps 16,2 txt em; 31,15; 75,5; 119, 57; 140,7; 142,6; Hi 9,22; 32,10; vgl. Bergstr. II, 27f.; BrSynt 40; D. Michel, Tempora und Satzstellung in den Psalmen, 1960, 80.92–95; E. Koschmieder, Beiträge zur allgemeinen Syntax, 1965, 26–34); auch die Formel *kō 'āmar Jhwh* »so spricht Jahwe (hiermit durch mich)« könnte hierher gehören.*

Als Subjekt von *'mr* begegnen Gott, Menschen, Tiere (Gen 3,1; Num 22,28.30) und – in der Fabel – Bäume (Ri 9,8ff.). Die durch *'mr* angekündigte Rede ist in der Mehrzahl der Fälle ohne jede Überleitung angeschlossen; gelegentlich tritt *lēmōr* (s. u.), *kī* (z. B. Gen 29,33; Ex 4,25; Ri 6,16) oder *'ašær* (Neh 13,19.22 »befehlen«) dazwischen (vgl. Joüon 480). Die angeredete Person wird mit *'æl* oder *le* eingeführt; die gleichen Präpositionen dienen auch zur Bezeichnung von Personen und Sachen, von denen etwas gesagt wird. Der Akkusativ findet Verwendung in Fällen wie Ps 41,6 »sie reden Arges wider mich« mit folgender direkter Rede, oder wenn das Verbum mit »erwähnen« oder »(be)nennen« (HAL 64a, 3a–c) zu übersetzen ist (für letzteres auch *le*).

Nicht selten dient *'mr* zur Einleitung der direkten Rede auch nach anderen Verben des Sprechens, entweder im Impf.cons. (nach *dbr* pi., *'nh* und *'mr* selbst) oder, sehr häufig, im Inf. mit *le* = *lēmōr* »um zu sagen, indem er sagte, mit den Worten, folgendermaßen« (zur Form BL 223.370) nach *dbr* pi., *š'l*, *ṣwh* pi., *'mr* selbst und zahlreichen anderen verba dicendi.

An einzelnen, meist relativ späten Stellen kann *'mr* entsprechend dem aram. und arab. Gebrauch »befehlen« heißen. Häufiger ist die Verwendung im Sinne von »zu sich selber sagen« = »denken«, häufig in der Konstruktion *'mr belibbō/'æl-libbō/ lelibbō* »in/zu seinem Herzen sagen« (vgl. N. Bratsiotis, Der Monolog im AT, ZAW 73, 1961, 30–70, bes. 46f.; zu den Verben des Denkens →*ḥšb*). Belege dazu und zum ganzen Abschnitt finden sich bei GB 50f. und HAL 64.

b) *'mr* ni. hat passivische Bedeutung (»gesagt werden, genannt werden«) und wird gerne (wie lat. dicitur »man sagt«) bei unbestimmtem persönlichem Subjekt verwendet.

Zu den beiden Belegen für *'mr* hi. »zu sagen veranlassen« (Dtn 26,17f.) vgl. R. Smend, Die Bundesformel, 1963, 7f.33 (»proklamieren«); Th. C. Vriezen, Das Hiphil von *'āmar* in Deut. 26,17.18, JEOL 17, 1963, 207–210; von Rad, ATD 8,116; Älteres bei GB 51a.

c) Bei den Nomina der Wurzel *'mr* ist die Differenzierung der Bedeutungen durch einige Stellen mit schwierigem oder unsicherem Text erschwert (*'ōmær* in Hab 3,9; Ps 68,12; 77,9; *'ēmær* in Hi 20, 29; Spr 19,7; 22,21). Aber auch die auf der Suffixform *'imrō* von Hi 20,29 basierende Ansetzung der Vokabel *'ēmær* ist nicht unbestritten (GVG I,255: Dissimilation von *'omrō* zu *'imrō*; ebenso BL 215, wo die Plural- und Femininformen mit *'imr-* als Analogiebildungen erklärt werden). Vielleicht sind folgende Anhaltspunkte zu beachten: *'ōmær* steht nie mit folgendem Genetiv oder Suffix; es hat dementsprechend eine sehr allgemeine Bedeutung, in Ps 19, 3f. »Wort« fast im Sinne von »Sprache, Reden«, in Hi 22,28 »Sache, etwas« (vgl. →*dābār*). *'imrā* steht (außer in Ps 12,7.7) immer im Sing. und mit folgendem Genetiv bzw. Suffix, als nomen unitatis in der Bed. »einzelnes (geformtes) Wort, Ausspruch« (von poetischen bzw. prophetischen Einheiten in Gen 4, 23; Dtn 32,2; Jes 28,23; 32,9; sonst außer Jes 29,4 immer von Gottes Wort, das in Ps 119 19× als eigene theologische Größe erscheint). Dazu passen die fem. Individualplurale in Ps 12,7 »die (einzelnen) Reden Jahwes sind (jeweils) lautere Reden«; während der mask. Plur. von *'ēmær* (der Sing. ist außer an der textlich unsicheren Stelle Hi 20,29 gar nicht belegt) dazu den Kollektiv- oder Totalitätsplural (Nyberg 220) bilden könnte (immer mit Genetiv oder Suffix, außer in Spr 19,7 und 22,21b; die Bed. »Worte« ist an allen Stellen, auch in Num 24,4.16; Jos 24,27 »alle«; Ps 107,11; Hi 6,10, wo von »Gottesworten« die Rede ist, nicht »einzelne Worte«, sondern »Worte gesamthaft«).*

4. Daß Gott spricht, ist dem AT durchgehende Selbstverständlichkeit; wo er schweigt, ist irgend etwas gestört. Auf die spezielle Problematik des Redens und des Wortes Gottes im AT einzugehen, ist hier nicht der Ort (vgl. O. Procksch, ThW IV, 70.89–100; W. Zimmerli, RGG VI, 1809–1812; →*dābār* IV). Wohl aber muß auf ein paar feste Formeln hingewiesen werden, mit denen, vor allem in der prophetischen Literatur, von Gottes Sprechen die Rede ist.

Sehr häufig ist gewöhnliches erzählendes *wajjōmær Jhwh/'ælōhīm* »da sprach Jahwe/Gott«, das gelegentlich (so etwa in Gen 1, vgl. W. H. Schmidt, Die Schöpfungsgeschichte der Priesterschrift, 1964, 169–177; Westermann, BK I,153f.) etwas prägnanteren Sinn gewinnt. Besonders bedeutsam ist die nicht weniger zahlreich belegte Formel *kō 'āmar Jhwh* »so spricht Jahwe« (zur Übersetzung des Perfekts vgl. K. Koch, Was ist Formgeschichte?, 1964, 216, und oben 3a), die geläufige Einführung des prophetischen Jahwewortes. L. Köhler (Deuterojesaja stilkritisch untersucht, 1923, 102–105; ders., Kleine Lichter, 1945, 11–17) und J. Lindblom, Die literarische Gattung der prophetischen Literatur, 1924, 106f., haben unabhängig voneinander die mit dieser Wendung eingeleitete Gattung als Botenspruch erkannt, der seine profanen Vorbilder hat. In ihrem Gefolge ist die Wendung als »Botenformel« benannt worden (vgl. H. Wildberger, Jahwewort und prophetische Rede bei Jeremia, 1942, 46ff.; C. Westermann, Grundformen prophetischer Rede, 1960, 70ff., u.a.m.). Untheologische Verwendung findet die Formel »so spricht NN« in Gen 32,4–6, ähnlich in Babylonien und in den Amarna-Briefen (vgl. Köhler, a.a.O.; zu Parallelen aus Mari vgl. M. Noth, Geschichte und Gotteswort im AT, Ges Stud 230–247). Die dritte zu erwähnende Formel, einfaches *'āmar Jhwh* »spricht Jahwe«, steht recht häufig als Abschluß eines Botenspruchs, gelegentlich sogar in ihn eingeschoben (ähnlich wie →*neʾūm Jhwh*; zum Verhältnis von (*kō*) *'āmar Jhwh* und *neʾūm Jhwh* vgl. F. Baumgärtel, ZAW 73, 1961, 278.284ff.).

An diesen Beispielen wird deutlich, daß selbst alltäglichste Wörter zu Kennzeichen bestimmter literarischer Gattungen werden können. Zur Bezeichnung eines spezifischeren Redens Gottes im Sinne eines Befehlens oder Verheißens wird neben spezielleren Verben wie →*ṣwh* pi. »befehlen« eher *dbr* pi. (→*dābār* IV/1) als *'mr* verwendet.

5. Die Verwendung von *'mr* in Qumran entspricht derjenigen im AT (inkl. Verwendung von *lēmōr*). Eine gewisse Spezialbedeutung erhält das Verbum in 1QpHab und ähnlichen Kommentarwerken, wo mit *'šr 'mr* »wenn es heißt« die Schriftworte eingeleitet werden (vgl. K. Elliger, Studien zum Habakuk-Kommentar vom Toten Meer, 1953, 124f.; E. Osswald, ZAW 68, 1956, 245).

Der unspezifischen Art des Verbums entspricht, daß die LXX für dessen Wiedergabe über 40 verschiedene griechische Äquivalente aufweist, unter denen zahlenmäßig allerdings εἰπεῖν und λέγειν weit überwiegen (die Unterscheidung von *'mr* = λέγειν »sagen, sprechen« und *dbr* pi. = λαλεῖν »reden« wird mit großer Konstanz eingehalten).

Das NT schließt sich, besonders in den erzählenden Partien der Evangelien, dem atl. Sprachengebrauch an. Die zentrale Bedeutung des λόγος in einzelnen Schriften des NT ist zumindest linguistisch vom Gebrauch von *'mr* im AT unabhängig (vgl. O. Procksch-G. Kittel, Art. λέγω, ThW IV, 89–147). *H. H. Schmid*

אֱנוֹשׁ *'ᵉnōš* Mensch → אָדָם *'ādām*.

אֲנִי *'ani* ich

1. Das selbständige Personalpronomen der 1. Person im Singular ist in den sem. Sprachen mit einer Kurz- und einer Langform vertreten. Einem gemeinsem. **'anā* ist im Ost- und NWSem. ein Element *-k* angehängt worden, das sich im NWSem. durch den auslautenden Vokal vom OSem. unterscheidet (akk. *anāku*, ug. *ank*, kan. Glosse in EA 287,66.69 *a-nu-ki*, phön.-pun. und altaram. *'nk* und *'nkj*, hebr. *'ānōkī*). Qualität und Quantität des auslautenden Vokals der Kurzform sind nicht einheitlich (zu altbab. *ana* vgl. Moscati, Introduction 103; CAD A/II, 110f.; ug. *an*, phön. *'n*, hebr. *'ᵃnī*, aram. *'ᵃnā*, arab. *'anā*, äth. *'ana*).

Kurz- und Langform werden in den nwsem. Sprachen (Ug., Phön.-Pun. und Hebr.) nebeneinander verwendet. Im Ug. überwiegt die Langform (etwa 5 : 1), die in poetischen und vor allem in prosaischen Texten erscheint. Die Kurzform ist bisher nur in poetischen Texten nachzuweisen. Kurzform und nachdrücklichere Langform können nebeneinander stehen (Text 51 [= II AB] IV/V 59f.). Im Phön.-Pun. ist die Kurzform spät und selten (Friedrich 111; DISO 19). Im Hebr. ist der Gebrauch der Langform wohl unter aram. Einfluß stark zurückgegangen (vgl. Wagner 130; s.u. 2). Im nach-atl. Mittelhebr. erscheint die Langform nur noch in atl. Zitaten.

2. Im AT begegnet *'ānōkī* 358 × (davon 63 × mit *wᵉ-* verbunden), *'ᵃnī* dagegen 870 × (177 × mit *wᵉ-*).

	'ānōkī	*'ᵃnī*	zusammen
Gen	56	41	97
Ex	21	39	60
Lev	–	67	67
Num	7	21	28
Dtn	56	9	65
Jos	9	4	13
Ri	17	12	29
1Sam	26	20	46
2Sam	24	30	54
1Kön	7	30	37
2Kön	2	16	18
Jes	26	79	105

	'ānōkī	*'anī*	zusammen
Jer	37	54	91
Ez	1	169	170
Hos	11	12	23
Jo	–	4	4
Am	10	1	11
Ob	–	–	–
Jon	2	5	7
Mi	1	2	3
Nah	–	–	–
Hab	–	1	1
Zeph	–	2	2
Hag	–	4	4
Sach	5	11	16
Mal	1	8	9
Ps	13	70	83
Hi	14	29	43
Spr	2	7	9
Ruth	7	2	9
Hhld	–	12	12
Pred	–	29	29
Klgl	–	4	4
Est	–	6	6
Dan	1	23	24
Esr	–	2	2
Neh	1	15	16
1Chr	1	12	13
2Chr	–	18	18
AT	358	870	1228

Mit Ausnahme von Ob und Nah, die keinen Beleg für das selbständige Personalpronomen im Singular haben, ist die Kurzform in allen atl. Büchern vertreten. Die Langform fehlt bei Lev, Jo, Hab, Zeph, Hag, Hhld, Pred, Klgl, Est, Esr, 2Chr und tritt in anderen späten Büchern stark zurück; sie überwiegt nur in Gen, Dtn, Jos, Ri, 1Sam, Am und Ruth über die Kurzform. Besonders häufig ist die Kurzform bei P, Ez (Langform nur Ez 36,28) und Dtjes (55 : 24) sowie Tritojes (15 : 2). In der Gen ist das Verhältnis von Langform zu Kurzform bei J 39 : 19, bei E 16 : 13, bei P 1 : 8 (Quellenscheidung nach M. Noth, Überlieferungsgeschichte des Pentateuch, 1948, 29ff.); vgl. HAL 70a, wo ältere Lit. zur Statistik angegeben ist.

Kurzform und Langform können einander folgen (Ex 7,17; 2Sam 3,13; Hi 33,9); die Reihenfolge kann aber auch umgekehrt sein (Jes 45,12; Jon 1,9).

Im Bibl.-Aram. kommt *'anā* 16× vor (Dan 14×, Esr 2×).

3. Das selbständige Personalpronomen der 1. Person im Singular gibt dem redenden Subjekt die Möglichkeit, sich betont in das Gespräch einzuführen und sein Anliegen nachdrücklich zu vertreten. Diese Funktion des Personalpronomens ist in späten Texten fast ganz verloren gegangen (Pred 2,11.12.13.15).

Das redende Subjekt tritt auf durch Vorstellung mit dem Namen (Gen 27,19; 45,3; Ruth 3,9), Nennung eines Titels oder Berufes (Gen 41,44; 1Kön 13,18), durch Hinweis auf Abstammung oder Zugehörigkeit (Gen 24,24.34; 1Sam 30,13), Herkunft (2Sam 1,8; Jon 1,9) oder rechtlichen Stand (Gen 23,4; 2Sam 14,5; Am 7,14). Auf die Frage nach der Identität lautet die Antwort »ich (bin es)! (= ja!)« (2Sam 2,20; 20,17; 1Kön 18,8). Der Redende berichtet über seinen Zustand und sein Befinden (1Sam 1,15; Ps 109,22; 119,141; Hi 9,21). Gegenüber Höhergestellten bezeichnet man sich als »Sklave« (2Sam 15,34; auch im diplomatischen Verkehr bei politischer Abhängigkeit: 2Kön 16,7; vgl. weiter L. Köhler, ZAW 40, 1922, 43–45; Lande 30.68ff.; H. Grapow, Wie die alten Ägypter sich anredeten..., [2]1960, 179–185). In fragenden Ausrufen äußern sich Unvermögen, Verwunderung, Entrüstung (Gen 4,9; 30,2; 1Sam 1,8; 2Sam 3,8), aber auch Selbstbescheidung und demütige Unterwerfung des redenden Ich (Ex 3,11; 1Sam 18,18; 2Sam 7,18). Formelhaft sind die Wendungen beim Schwur (*ḥaj 'ānī* Num 14,21.28 und weitere 20×; *ḥaj 'ānōkī* Dtn 32,40, einzige Stelle mit Langform; →*hjh* 3c) und der Altersangabe (Dtn 31,2; Jos 14,7; 2Sam 19,36). Der Redende kann sich betont mit einem anderen oder einer Gruppe zusammensehen (Gen 31,44; Ri 7,18; 1Sam 20,23) oder sich von seiner Umgebung abheben bzw. sich ihr gegenüberstellen (Hi 32,6). Das Personalpronomen verbunden mit *w*ᵉ- findet oft bei Gegenüberstellungen Verwendung (Gen 27,11; Ex 2,9; Jos 24,15; 1Sam 17,45; 1Kön 12,11; Jer 36,18).

Vom vorgetragenen Anliegen, der persönlichen Beteiligung und der Gesprächssituation hängt es ab, ob das redende Ich durch zusätzliche Verwendung des selbständigen Personalpronomens der 1. Person im Singular seinen Worten einen besonderen Nachdruck verleiht (*'ānōkī* beim Perfekt: Jos 7,20; 1Sam 22,22; beim Imperfekt: Gen 38,17; 1Kön 2,18). Das Personalpronomen steht oft in mit *kī* eingeleiteten Nebensätzen, auch in Relativsätzen häufig nach einem Partizip und dann ohne besonderen Nachdruck. Die Betonung kann gesteigert werden durch die vorangesetzte Partikel *gam* (Gen 21,26; 2Kön 2,3; Ps 71,22; Spr 1,26) bzw. dem in jüngeren Texten bevorzugten *'af* (Gen 40,16; Hi 32,10.17).

Mit dem Imperativ von →*r'h* »sehen« (2Sam 7,2), der später durch die Demonstrativpartikel →*hinnē* »da, siehe« ersetzt wird, soll die Aufmerksamkeit des Angeredeten in besonderer Weise auf den Redenden und seine Worte gelenkt werden (Ri 7,17; vgl. Gen 25,22).

4. Ich-Aussagen Gottes erscheinen vor allem in den Gottesreden der Vätergeschichten, den gesetzlichen Teilen des Pentateuch und in den prophetischen Reden. In nachexilischen Texten gehen die Ich-Aussagen Gottes stark zurück; oft sind es nur Zitate älterer Formeln (Hag 1, 13; 2,4). Der »angelus interpres« tritt an die Stelle Gottes (Sach 1,9; Dan 10,11ff.).

Das selbständige Personalpronomen der 1. Person im Singular wird in den Gottesreden nicht anders verwendet als in vergleichbaren menschlichen Reden. Die Vorstellungsformel kann die Gottesrede eröffnen, in der Aussagen gemacht werden über Gottes Wesen und sein Handeln mit Einzelnen oder mit einer Gemeinschaft. Das mit *we-* verbundene Personalpronomen findet Verwendung in Gegenüberstellungen göttlichen und menschlichen Verhaltens und Handelns (Ex 4,15; 2Sam 12,12; Jes 65,24; Hos 7,13; Jon 4,10f.). Mit *kī* eingeleitete Nebensätze und Relativsätze mit Partizip und Personalpronomen erscheinen oft in Gottesreden. *gam* (Gen 20,6; Lev 26,24; Ez 8,18) und *'af* (Lev 26,16; Ps 89,28) steigern die Betonung. *hinnē* (Gen 28,15; Ex 4,23; 1Sam 3,11; Jer 6,19; Ez 37,5.12.19.21; Am 2, 13) und nachdrücklicheres *hinenī* (Gen 6, 17; Ez 5,8; 6,3; 34,11.20) weisen auf ein zumeist neues Handeln Gottes hin.

Die Selbstvorstellungsformel offenbart Gottes Namen in Verbindung mit seinem geschichtlichen Handeln. Der angeredete Mensch wird damit von Gott in Pflicht genommen. Die Offenbarung des göttlichen Namens ermöglicht es dann dem Menschen, Gott anzurufen (grundlegend: W. Zimmerli, Ich bin Jahwe, FS Alt 1953, 179–209 = GO 11–40; dann: K. Elliger, Ich bin der Herr – euer Gott, FS Heim 1954, 9–34 = KS 211–231; R. Rendtorff, Die Offenbarungsvorstellungen im Alten Israel, in: Offenbarung als Geschichte, KuD Beiheft 1, 21963, 21–41). Die Selbstvorstellungsformel entstammt dem Polytheismus und ist im alten Orient weit verbreitet (vgl. auch A. Poebel, Das appositionell bestimmte Pronomen der 1. Pers. Sing. in den westsemitischen Inschriften und im AT, 1932). Durch Verweis der Gottheit auf eigene Taten und Eigenschaften gewinnt die Selbstvorstellungsformel den Charakter des Selbstlobes (im AT bei Dtjes: Jes 44,24; 45,7; auch in Gerichts- und Disputationsreden; vgl. Westermann, ATD 19,124–132; H.-M. Dion, Le genre littéraire sumérien de l'»hymne à soi-même« et quelques passages du Deutéro-Isaïe, RB 74, 1957, 215–234).

Die atl. Selbstvorstellungsformel ist ein selbständiger Nominalsatz, sowohl in der Kurzform »ich bin Jahwe«, wie in der volleren Form »ich bin Jahwe, dein/euer Gott«. Jahwe tritt nicht als Unbekannter auf, sondern verweist im Zusammenhang mit der Kundgabe seines Namens auf schon Bekanntes und früher Geschehenes (Gen 15,7; 26,24; 28,13; 31,13; Ex 3,6; auch: Hos 12,10; 13,4). Die angeschlossene Verheißungsrede stellt das zukünftige Handeln Gottes in diesen geschichtlichen Zusammenhang. Mit der Gesetzesproklamation ist die göttliche Selbstvorstellung kaum ursprünglich verbunden. Die Kurzform ist hier wie bei den exilischen Propheten prägnante Zusammenfassung des göttlichen Machtanspruches, der sich herleitet aus dem Selbsterweis Gottes in der Geschichte Israels (zu P vgl. Lev 18–19 passim; zu Dtjes vgl. Jes 45,21; 43,11 bzw. 45,22 und 48,12).

Durch Verbindung mit dem Verbum →*jd'* wird die Selbstvorstellungsformel zur Erkenntnisformel (»erkennen, daß ich Jahwe bin!«). Erkenntnis Jahwes geschieht im Zusammenhang mit seinem geschichtlichen Selbsterweis (vgl. Exodustradition). Die Verbindung der Erkenntnisformel mit bevorstehenden Ereignissen ist ein Merkmal der exilischen Prophetie (bei Ez überwiegend im Zusammenhang mit Gerichtsworten; bei Dtjes in Verbindung mit Erhörungs- und Berufungsorakeln: Jes 49,23.26; 45,2f.5f.7).

5. Zu Qumran vgl. S. Mowinckel, Jeg'et i Qumransalmene, NTT 62, 1961, 28–46; zum NT vgl. vor allem E. Stauffer, Art. ἐγώ, ThW II,341–360; ferner: E. Schweizer, Ego eimi, (1939) 21965, 12ff.; zur Umwelt: E. Norden, Agnostos theos, (1913) Neudr. 1960, 177ff. *K. Günther*

אסף *'sp* sammeln → קבץ *qbṣ*.

אַף *'af* Zorn

1. Die Wurzel *'np* ist gemeinsemitisch. Von ihr leitet sich das Subst. **'anp-* (> **'app-*) »Nase« (Bergstr. Einf. 184; P. Fronzaroli, AANLR VIII/19, 1964, 269) her, das in einigen sem. Sprachen seinerseits Anlaß zur denominierten Bildung des Verbums *'np* war.

Das Substantiv, das südsem. ohne, sonst mit Assimilierung des mittleren Radikals begegnet und häufig im Dual auftritt, ist in der Bed. »Nase« in allen sem. Dialekten anzutreffen (akk. *appu*, AHw 60; CAD A/II, 184–189; ug. *ap*, WUS Nr. 344; UT Nr. 264; zum älteren Aram. vgl. DISO 21; reichsaram. und bibl.-aram. *'anpōhī* »sein Gesicht« Dan 2,46; 3,19 wieder mit *n* geschrieben). Es wird maskulinisch konstruiert (K. Albrecht, ZAW 16, 1896, 78).

Dagegen ist das Verbum *'np* »schnauben (vor Zorn)«, das denominiert sein dürfte (Mand. 131; zurückhaltend O. Grether, ThW V,392 Anm. 56.57) nur hebr. (q. und hitp.), moab. (KAI Nr. 181, Z. 5), akk. (AHw 320a) und arab. (in der Bed. »verschmähen, ablehnen, Widerwillen empfinden«, Wehr 27) belegt.

Aus dieser Wurzel gebildete Eigennamen sind *'appájim* (1Chr 2,30f.; Nöldeke, BS 102: »Näschen«; Noth, IP 227: »mit großer Nase«) und *Ḥarūmaf* (Neh 3,10; Noth, IP 227: »mit gespaltener Nase«).

Mit der gleichen Wurzel hängt vielleicht *'anāfā* (Lev 11,19; Dtn 14,18) zusammen, eine unreine Vogelgattung mit mehreren Arten (unidentifiziert, vgl. HAL 70b; IDB II,596; BHH III,1578; G.R. Driver, PEQ 87, 1955, 17f.).

2. Das Verbum *'np* kommt im AT 14 × vor, im Qal 8 ×, im Hitp. 6 × (letzteres stets im dtn.-dtr. Sprachbereich).

Reich bezeugt ist die Verwendung des Wortes *'af*. Im AT finden sich 235 Belege für den Sing. (exkl. Hab 2,15, wo es sich um die Konjunktion *'af* handeln dürfte): 25 × mit der Bed. »Nase«, 42 × handelt es sich um den menschlichen und 168 × um den göttlichen Zorn.

Der Dual *'appájim* ist 42 × bezeugt (davon fällt 1Sam 1,5 durch Emendation weg). Auch die beiden Belege aus den aram. Teilen des AT sind als Dual (»Gesicht«) zu verstehen (F. Schulthess, ZAW 22, 1902, 164).

In der folgenden Aufstellung sind die Belege des Verbums (Q., Hitp.), des Sing. *'af* (N = »Nase«, MZ = menschlicher »Zorn«, GZ = göttlicher »Zorn«) und des Duals *'appájim* (Du.) verzeichnet:

	Q.	Hitp.	N	MZ	GZ	Du.
Gen	–	–	1	6	–	6
Ex	–	–	–	3	5	2
Num	–	–	1	2	10	2
Dtn	–	4	1	–	12	–
Jos	–	–	–	–	3	–
Ri	–	–	–	2	5	–
1Sam	–	–	–	4	1	6
2Sam	–	–	2	1	2	4
1Kön	1	1	–	–	–	2
2Kön	–	1	1	–	4	–
Jes	1	–	3	2	20	1
Jer	–	–	–	–	24	–
Ez	–	–	3	1	11	–
Hos	–	–	–	–	4	–
Jo	–	–	–	–	–	1
Am	–	–	1	1	–	–
Jon	–	–	–	–	1	1
Mi	–	–	–	–	2	–
Nah	–	–	–	–	1	1
Hab	–	–	–	–	2	–
Zeph	–	–	–	–	4	–
Sach	–	–	–	–	1	–
Ps	4	–	4	4	24	3
Hi	–	–	4	7	11	–
Spr	–	–	2	7	1	6
Hhld	–	–	2	–	–	–
Klgl	–	–	–	–	10	1
Dan	–	–	–	–	1	1
Esr	1	–	–	–	2	–
Neh	–	–	–	–	–	2
1Chr	–	–	–	–	1	1
2Chr	1	–	–	2	6	2
hebr. AT	8	6	25	42	168	42

3. a) Auszugehen ist von der konkreten Bedeutung des Substantivs als Bezeichnung des Körperteils »Nase«. Die Dualform *'appájim* meint »die beiden Nasenflügel bzw. -löcher«, durch die der Lebensodem ein- und ausgeht (Gen 2,7; 7,22); auch in Ex 15,8 und Klgl 4,20 (vielleicht auch in KAI Nr. 224, Z. 2, vgl. dazu KAI II,266) liegt diese konkrete Bedeutung noch zugrunde.

So auch im Akk., wo zahlreiche Belege die ursprüngliche Verwendung des Wortes zur Bezeichnung des Körperteils beweisen: Durchbohren der Nasenflügel, Abschneiden der Nase usw. (AHw 60; CAD A/II, 184–189).

Als pars pro toto wird die Dualform zur Bezeichnung des ganzen Gesichts verwendet (Gen 3,19; aram. Dan 3,19) und hat ihren festen Platz gefunden in der Redewendung »zur Begrüßung aufs Angesicht niederfallen« (Gen 42,6; 48,12; 1Sam 20,41; 24,9; 25,41; 28,14; 2Sam 14,4.33; 18,28; 24,20 = 1Chr 21,21; 1Kön 1,23.31; Jes 49,23; vgl. aram. Dan 2,46; vor Gottesboten Gen 19,1; Num 22,31; im Gebet Neh 8,6; 2Chr 7,3; 20,18; vgl. noch 2Sam 25,23 *le'appē* »vor«), vgl. akk. *appa labānu* »sich demütig niederwerfen« (AHw 522).

In übertragenem Sinne wird die Dualform in der Verbindung *'æræk 'appájim* »langmütig« zur Bezeichnung der menschlichen (Spr 14,29; 15,18; 16,32; *'ōræk 'appájim* »Langmut« 25,15) und der göttlichen Langmut (Ex 34,6; Num 14,18; Jon 4,2; Nah 1,3; Ps 86,15; 103,8; 145,8; Neh 9,17) benutzt, in der Verbindung *qeṣar-'appájim* hingegen zur Bezeichnung der Ungeduld (Spr 14,17; vgl. 14,29 mit *rūaḥ*).

Die übertragene Bedeutung »Zorn« liegt nur an zwei (anfechtbaren) Stellen vor: Spr 30,33b und Dan 11,20 (vgl. die Komm.).

b) Die Singularform *'af* bezeichnet zunächst ebenfalls den Körperteil.

Bei Menschen: Num 11,20; Ez 23,25; Am 4,10; Spr 30,33a; Hhld 7,5; als Sitz des Odems: Jes 2,22; Hi 27,3; Hhld 7,9; Ringe als Schmuck: Gen 24,47; Jes 3,21; Ez 16,12; zur Züchtigung: 2Kön 19,28 = Jes 37,29; bei Tieren: Hi 40,24.26; Spr 11,22. Vgl. noch die etwas übertrageneren Wendungen *śīm 'af* »entschlossen sein« (Hi 36,13, HAL 74b) und *gōbah 'af* »Hochnäsigkeit« (Ps 10,4). Bei Göttern: Ps 115,6; bei Gott: s.u. 4a.

Ebenso in anderen sem. Sprachen, z.B. im Akk. *appu* »Nase«, dann auch Bezeichnung des höchsten Punktes oder der Spitze einer Sache o.ä. (AHw 60); ug. *ap ẓd* »Brustwarze«, *ap lb* »Brust« (WUS Nr. 344), *ap ṯġr* »Toreingang« (UT Nr. 264); im NWSem. auch »Oberfläche« (KAI Nr. 222A, Z. 28; Nr. 228A, Z. 14); arab. *'anf* »Nase, Vorsprung, Ausläufer (eines Gebirges)« (Wehr 27).

c) Viel häufiger jedoch bezeichnet *'af* mit leicht verständlicher Bedeutungsentwicklung von »Nase« hin zu der in diesem Körperteil sich manifestierenden Gemütsbewegung des »Schnaubens« (vor Zorn) den »Zorn« (vgl. Dhorme 80f.; ug.: WUS Nr. 345; ? aram. Cowley Nr. 37, Z. 8, vgl. DISO 21). Dabei ist in fast der Hälfte der Stellen , die von menschlichem Zorn handeln, *'af* mit dem Verbum →*ḥrh* »entbrennen« (bzw. Subst. *ḥ*ᵒ*rī*) verbunden (vor allem in der erzählenden Literatur: Gen 30,2; 39,19; 44,18; Ex 11,8; Num 22,27; 24,10; Ri 9,30; 14,19; 1Sam 11,6; 17,28; 20,30.34; 2Sam 12,5; Jes 7,4; Ps 124,3; Hi 32,2.2.3.5; 2Chr 25,10.10). Ein heiliger Zorn ergreift einen Menschen, wenn der Geist Jahwes über ihn kommt (Ri 14,19; 1Sam 11,6). Der Zorn kann sich wenden (*šūb* Gen 27,45); dies ist besonders das Verdienst einsichtsvoller Handlungsweise (Spr 29,8).

4. a) Es entspricht der anthropomorphen Vorstellungswelt des AT, daß auch von der Nase der Götter (Ps 115,6), ja sogar Jahwes (Dtn 33,10; 2Sam 22,9.16 = Ps 18,9.16; zu Ez 8,17 txt? vgl. Zimmerli, BK XIII, 195.222f.; im Dual Ex 15,8) gesprochen werden kann.

b) In der Mehrzahl aller Fälle jedoch, wo *'af* begegnet, ist damit der göttliche Zorn gemeint (168×). In allen Fällen dient das Verbum *'np* q./hitp. zur Bezeichnung des göttlichen Zorns, wie dies auch für die Aussage in der Mesa-Inschrift (KAI Nr. 181, Z. 5; DISO 19) zutrifft: der Gott Kamos zürnt seinem Volk.

Die in ihren Motiven zwar durch ähnliche menschliche Verhaltensweisen erklärbare, aus ihnen aber nicht ableitbare Reaktion Gottes antwortet auf die das Wesen und die Gebote dieses Gottes verletzenden Taten der Menschen (zur ethischen Motivierung vgl. Vriezen, Theol. 129–132). Sie ist deshalb nicht ableitbar, weil sich nach der Anschauung des AT das göttliche Handeln vor keinem Tribunal zu verantworten hat, wodurch deutlich zum Ausdruck kommt, daß hier nicht gleichberechtigte Partner einander gegenüberstehen, sondern der Schöpfer seinem Geschöpf, der Gesetzgeber den ihm zum Gehorsam Verpflichteten, der Herr seinen Untergebenen. Daß das Volk Objekt des göttlichen Zorns sein kann, kommt schon in den alten Pentateuchquellen zum Ausdruck (Num 11,1.10.33[J]; Ex 32,10.11. 12.22[E]), wird aber besonders von den Propheten des 8. (Hos 8,5; Jes 5,25 u.ö.) und des 7. Jahrhunderts betont. Hier ist es vor allem Jeremia (alle 24 Stellen ausschließlich vom göttlichen Zorn, oft gehäuft mit anderen Ausdrücken, z.B. 21,5) und nach ihm Ezechiel (11×, außer in 7,3 und 43,8 stets in Parallele zu →*ḥēmā*, wobei sich 25,14 und 38,18 nicht gegen Israel richten), die in geradezu erdrückender Häufung vom Zorn Gottes sprechen.

Darüber hinaus ist im AT überall noch zu spüren, daß der göttliche Zorn eine im letzten rational nicht erklärbare Reaktion eines als Person geglaubten göttlichen Herrn ist, die sich eben darum klarer begrifflicher Definition entzieht, weil dieser sich in freier Willensentscheidung seinem Volk in menschlich unbegreiflicher Weise mitgeteilt hat. So erscheint der göttliche Zorn als notwendiges Korrelat zu der göttlichen Liebe, die die Rettung seines Volkes sucht (vgl. z.B. Ex 4,14; auch Ps 30,6).

Für die wichtigsten mit *'af* verbundenen oder parallelen Ausdrücke sind die Artikel →*ḥrh* (*ḥārōn*), →*ḥēmā*, →*'æbrā*, →*qṣp*, →*qn'*, auch →*šūb* (q./hi.) zu vergleichen, ferner *zá'am* »Zorn, Verwünschung« (Jes 10,5.25; 30,27 u.ö.), →*zá'af* »Wut« (Jes 30,30), aram. *r*ᵉ*gaz* »Zorn« (Dan 3,13).

Für orientierende Übersichten und Literaturangaben zum Thema »Zorn Gottes« sind zu vergleichen: Eichrodt I,168–176; Jacob 91–93; O.Grether–J.Fichtner, Art. ὀργή, ThW V,392–413; RGG VI,1929–1932; IDB IV,903-908; BHH III,2246–2248; ferner etwa R.V.Tasker, The Biblical Doctrine of the Wrath of God, 1951; J.Gray, The Wrath of God in Canaanite and Hebrew Literature, Journal of the Manchester University Egyptian and Oriental Society, 1947–53, 9–19; H. Ringgren, Einige Schilderungen des göttlichen Zorns, FS Weiser 1963, 107–113.

5. Die ambivalenten Wesensmerkmale Zorn–Liebe sind auch für das NT die tragenden Komponenten. Vgl. F.Büchsel, Art. θυμός, ThW III,167f.; G.Stählin, Art. ὀργή, ThW V,419–448. *G.Sauer*

אֵפֶר *'ēfær* **Staub** → עָפָר *'āfār.*

אֹרַח *'ōrah* **Weg** → דֶּרֶךְ *dæræk.*

אֲרִי *'arī* Löwe

1. Neben *'arī* begegnet im Hebr., wahrscheinlich als frühes aram. Lehnwort, *'arjē* (vgl. Wagner Nr. 28); beide Formen sind im AT seit den ältesten Schichten belegt. In der Bed. »Löwe« ist das Wort nur noch im Aram. bekannt (KAI Nr. 223A, Z. 9; Aḥ. Z. 88.89.110.117; bibl.-aram. und später: KBL 1053f.; DISO 24).

Etymologische Zusammenhänge werden vermutet mit einem gemeinsemitischen Wort für »(großes, wildes, numinoses) Tier« (Bergstr. Einf. 182; E. Ullendorff, VT 6, 1956, 192f.; Wagner, a.a.O.; P. Fronzaroli, AANLR VIII/23, 1968, 280.282.292. 300f.), das sich in den Einzelsprachen für verschiedene Tiere spezialisiert hat (äth. *'arwē* noch »bestia«, Dillmann 743; akk. *a/erû* »Adler«, W. von Soden, AfO 18, 1957/58, 393; AHw 247; daneben aber *arwûm* »Gazellenbock«, AHw 73; arab. *'arwījat* »Steinböcke« usw., vgl. HAL 84b.85a). Nach L. Köhler, ZDPV 62, 1939, 121–124, ist der Ursprung des Wortes wie des bezeichneten Tieres im hamitischen Bereich zu suchen (äg. *rw* usw.); ganz hypothetisch ist J. J. Glück, ZAW 81, 1969, 232–235.

2. Der Sing. *'arī* steht 17 × (inkl. 2Sam 23,20Q; Klgl 3,10Q), *'arjē* 45 × (exkl. 2Sam 23,20K; Klgl 3,10K), der Plur. *'arājīm* 1 × (1Kön 10,20, vgl. V. 19), *'arājōt* 17 ×; die Streuung der insgesamt 80 Belege weist keine Besonderheiten auf (1Kön 13 ×, Jer 8 ×, Jes 7 ×, Ps 6 ×).

Dazu kommen bibl.-aram. 1 × *'arjē* (Dan 7,4) und 9 × der Plur. *'arjāwātā* (Dan 6,8–28).

3. a) *'arī* bezeichnet den ausgewachsenen (männlichen oder weiblichen) Löwen.

Synonyme sind *lābī'* und *lájiš*; sie kommen nur in metrisch gehaltenen Texten vor.

lābī' begegnet im AT 11 ×, dazu 1 × fem. *lebijjā* und je 1 × Plur. *lebā'īm* bzw. *lebā'ōt*. Vgl. akk. *labu/labbu* (AHw 526); ug. *lbu*, auch in Eigennamen (WUS Nr. 1435; UT Nr. 1347; Gröndahl 154; vgl. Huffmon 225); phön. u.a. im Namen *'bdlb't* (KAI Nr. 21, vgl. II,29); aram. Aḥ. Z. 117 (Cowley 239); arab. *lab(u)'at* (Wehr 760b) usw. Auch mit griech. λέων können Zusammenhänge bestehen (KBL 472a; AHw 526).

lájiš kommt 3 × vor (Jes 30,6; Hi 4,11; Spr 30, 30) und hat seine Entsprechungen in akk. *nēšu* (AHw 783a), jüd.-aram. *lētā* (Dalman 217b), arab. *lajṯ* (Wehr 789b).

Andere Bezeichnungen für den Löwen sind spezifizierend: *gūr* (Gen 49,9; Dtn 33, 22; Ez 19,2.3.5; Nah 2,12; *gōr* Jer 51,38 und Nah 2,13) meint das saugende Löwenjunge (Klgl 4,3 auch vom Schakal gebraucht; vgl. HAL 177b zu den sem. Entsprechungen), *šáḥal* (Hos 5,14; 13,7; Ps 91,13; Hi 4,10; 10,16; 28,8; Spr 26,13) das nicht mehr saugende Junge (Köhler a.a.O.; vgl. auch S. Mowinckel, FS Driver 1963, 95–104), *kefīr* (31 ×) den schon selbständig auf Raub ausgehenden Jungleu (vgl. Nöldeke, BS 70 Anm. 10; J. Blau, VT 5, 1955, 342). Die Symbolvalenz dieser Ausdrücke ist dieselbe; in poetischen Texten stehen im parallelismus membrorum meist zwei Bezeichnungen für den Löwen.

Der Löwe ist als Raubtier gefürchtet, das Mensch und Tier bedroht (Am 3,12; 5,19; Spr 22,13; 26,13; Erwähnung zusammen mit anderen Raubtieren wie Bär und Wolf in 1Sam 17,34ff.; Jer 5,6; Spr 28,15). Er bewohnt vor allem die Jordansenke (Jer 49,19 = 50,44) und Berggebiete (Hhld 4,8).

b) Häufig kommt der Löwe in Vergleichen vor. Vergleichspunkte sind seine Stärke (Ri 14,18; 2Sam 1,23; Spr 30,30), seine Raubgier (Gen 49,9; Num 23,24; Jes 5,29; Nah 2,13; Ps 104,21) und das Heimtückisch-Lauernde in seinem Wesen (Ps 10,9; 17,12).

Weil er das stärkste Tier ist, ist der Löwe Symbol der Kraft und des Mutes (2Sam 17,10; 23,20 = 1Chr 11,22; 1Chr 12,9). Von daher ist seine Stellung in der Sprache der Segenssprüche zu verstehen: im Bileam-Orakel wird Israel als Löwe bezeichnet (Num 23,24; 24,9), im Jakob- bzw. Mosesegen Juda, Gad und Dan (Gen 49,9; Dtn 33,20.22; neben *'arī* stehen *lābī'* und *gūr*). Später wird die Bezeichnung Israels als Löwen in andere Redeformen aufgenommen (Ez 19,1–9; Mi 5,7).

Die Raubgier des Löwen gibt Anlaß zu Vergleichen mit dem Verhalten despotischer Herrscher in prophetischen (Ez 22, 25; Zeph 3,3) und weisheitlichen (Spr 28, 15; vgl. 20,2) Texten.

Zugleich wegen seiner Gefährlichkeit und seiner Hinterlist wird in den individuellen Klagepsalmen gern das Bild vom Löwen für den »Feind« gebraucht (Jes 38, 13; Ps 7,3; 10,9; 17,12; 22,14.17?.22; Klgl 3,10; vgl. Jer 12,8; in Ps 35,17 und 58,7 *kefīr*). In der Prophetie werden die bedrohlichen Mächte im politisch-geschichtlichen Bereich mit dem Löwen verglichen, in erster Linie die Israel bedrohenden Fremdvölker (Jes 5,29; 15,9; Jer 2,30; 4,7; 5,6; vgl. auch Dan 7,4); auch in der nachexilischen Prophetie lebt das Bild als Bezeichnung für das Gefahrvolle weiter (Jo 1,6). In volkstümlicher Ausprägung wird dieses Motiv in 1Kön 13,24ff. und 2Kön 17,25f. verwendet.

Nicht nur in Israel bezeichnet der Löwe die für den Menschen bedrohliche Macht; vgl. z.B. die Erwähnung des Löwen in einem Fluchformular KAI Nr. 223A, Z. 9 (D.H.Hillers, Treaty-Curses and the OT Prophets, 1964, 54–56).

Schilderungen der Heilszeit sprechen davon, daß es den Löwen nicht mehr gibt (Jes 35,9) bzw. daß er zu einem zahmen Tier wird (Jes 11,6f.; 65,25).

Wesentlich sind Löwengestalten in der Bausymbolik von Tempel und Palast (neben Stieren, Flügelwesen und Palmen; 1Kön 7,29.36; 10,19f. = 2Chr 9,18f.).

Diese Tiere hatten religiöse Bedeutung in der kanaanäischen Religiosität; erinnert sei an Götter wie El, Baal und die Muttergöttin mit ihren heiligen Tieren Stier und Löwe; andererseits sind solche Löwen auch Nachbildungen gezähmter Löwen mit Wächterfunktionen (vgl. B.Brentjes, WZ Halle-Wittenberg 11, 1962, 595ff.).

Zur Bedeutung des Löwen in Ägypten vgl. C.de Wit, Le rôle et le sens du lion dans l'Egypte ancienne, 1951.

Die Löwengestalten der ezechielischen Thronwagenvision sind durch die Bilder der Tempellöwen inspiriert (Ez 1,10; 10, 14).

4. Nicht selten wird das Tun Jahwes mit dem Verhalten des Löwen verglichen. Das Bild umschreibt in der Regel das Erschreckende und Bedrohliche seines Kommens zum Gericht (Jer 50,44 = 49,19; Hos 5, 14; 13,7.8 txt?; Hi 10,16, vgl. jedoch Fohrer, KAT XVI,200; Klgl 3,10; negiert Hos 11,10, falls zu V. 9 zu ziehen, vgl. Rudolph, KAT XIII/1,213). Dem entspricht, daß in Theophanieschilderungen fünfmal das ursprünglich wohl nur auf das Brüllen des Löwen bezogene Verbum *š'g* (vom Donner Hi 37,4) für das furchterregende Reden Jahwes gebraucht wird (Jer 25,30 3×; Am 1,2; Jo 4,16; immer neben *ntn qōl* »die Stimme erheben«, vom Löwen Jer 2,15; Am 3,4; eine äg. Parallele nennt H. Gressmann, FS Baudissin 1918, 198f.).

Doch kann dieser Vergleich auch Jahwes Stärke und damit seine Unbesiegbarkeit bei seinem rettenden Eingreifen in die Geschichte seines Volkes betonen (Jes 31, 4; Hos 11,10, falls nicht hoseanisch, vgl. Wolff, BK XIV/1,252.263); entsprechend ist auch *š'g* in diesem Zusammenhange Ausdruck der Macht Gottes (Hos 11,10. 10).

Amos vergleicht das Reden Jahwes zu seinem Propheten mit dem Brüllen des Löwen (Am 3,4.8). Wie das Gebrüll des Löwen ein zwingender Beweis dafür ist, daß er eine Beute erlegt hat, so ist das Verkündigen des Propheten Folge davon, daß Jahwe ihn in Beschlag genommen hat.

Das AT kann das Bild vom Löwen unbefangen in bezug auf Jahwe verwenden, weil es in Israel keine Polemik gegen einen Löwenkult gab (der Stier darf dagegen nicht mit Jahwe in Verbindung gebracht werden); vgl. J.Hempel, ZAW 42, 1924, 88–101 = Apoxysmata, 1961, 14–26.

5. Im NT sind einige Reminiszenzen an die Funktion des Löwen im AT vorhanden; insbesondere wird die widergöttliche Macht, jetzt der Satan, mit dem Löwen verglichen: 1Petr 5,8 zitiert Ps 22,14; zu anderen Stellen vgl. W.Michaelis, Art. λέων, ThW IV,256–259. *F. Stolz*

אֶרֶץ *'æræṣ* Erde, Land

1. *'æræṣ* »Erde, Land« (Wurzel mit stimmhaftem emphatischem Interdental, vgl. Moscati, Introduction 28–30) ist gemeinsem. (Bergstr. Einf. 185) und bei im wesentlichen gleichbleibender Bedeutung in folgenden Formen belegt: *'rṣ* ug. (UT Nr. 376; WUS Nr. 420), phön., pun., moab. (DISO 25f.); *erṣetu* akk. (mit Femininendung, altakk. *arṣatum* in einem PN, vgl. CAD E 311a); *'rq* bzw. später *'r'* aram. (DISO 25f.; zum Übergang von *q* zu ' vgl. W.Baumgartner, ZAW 45, 1927, 100f. = Zum AT und seiner Umwelt, 1959, 88; in Jer 10,11 steht noch *'arqā* neben *'ar'ā*); *'rḍ* arab. und altsüdarab.; *'ard* tigr. (äth. sonst durch *medr* verdrängt).

Das Nomen erscheint durchgehend als Femininum konstruiert; darin dürfte sich eine Reminiszenz an die Vorstellung von der Mutter Erde erhalten haben (s.u. 4a).

In Hi 34,13 und 37,12 (vgl. ev. auch Jes 8,23) ist, von den Masoreten als Lokativ erstbetont, die Form *'ārṣā* belegt, ohne daß eine lokative Bedeutung vorliegt. Im allgemeinen wird vorgeschlagen, unter Belassung des *-h* *'arṣō* zu lesen (vgl. BH³ und die Komm.; vgl. auch in der Mesa-Inschrift, KAI Nr. 181, Z. 5/6 *b'rṣh* »gegen sein Land«; BL 252; Meyer I,95). Aber weder sind die in BH³ vermerkten Varianten als ältere Lesarten zu beurteilen, noch ist die Suffixform im Kontext besonders von Hi 34,13 sehr sinnvoll. Ist mit einer verblaßten Akkusativ- oder Lokativendung zu rechnen (so GK § 90f.; BL 528), oder liegt eine Nebenform mit ausdrücklicher Femininendung vor (vgl. akk. *erṣetu*; aram. *'rqt'*/*'rṣt'*, KBL 1054b)?

Als Derivat ist nur bibl.-aram. *'ar'ī(t)* »Unteres, Boden« in Dan 6,25 zu vermerken (BL 197).

Der in 1Kön 16,9 vorkommende PN *'arṣā* hat mit *'æræṣ* nichts zu tun, sondern ist nach Noth, IP 230, mit arab. *'araḍat* »Holzwurm« zu verbinden (anders Montgomery, Kings 289; J.Gray, I & II Kings, 1963, 328).

2. *'æræṣ* ist das vierthäufigste Substantiv des AT. Der Begriff kommt im hebr. AT in regelmäßiger Streuung 2504 × vor, dazu 22 × in dessen aram. Partien. Lediglich 77 der hebr. Belege bieten den Plural, was von der Sache her durchaus verständlich ist: Der Plural ist nur für einen kleinen Teil der Verwendungsbreite des Begriffes sinnvoll.

Die Zahlen für die einzelnen Bücher sind: Gen 311 ×, Ex 136 ×, Lev 82 ×, Num 123 ×, Dtn 197 ×, Jos 107 ×, Ri 60 ×, 1Sam 52 ×, 2Sam 40 ×, 1Kön 56 ×, 2Kön 71 ×, Jes 190 ×, Jer 271 ×, Ez 198 ×, Hos 20 ×, Jo 12 ×, Am 23 ×, Ob 1 ×, Jon 2 ×, Mi 15 ×, Nah 3 ×, Hab 10 ×, Zeph 8 ×, Hag 5 ×, Sach 42 ×, Mal 2 ×, Ps 190 ×, Hi 57 ×, Spr 21 ×, Ruth 4 ×, Hhld 2 ×, Pred 13 ×, Klgl 11 ×, Est 2 ×, Dan 20 ×, Esr 13 ×, Neh 20 ×, 1Chr 39 ×, 2Chr 75 ×; aram. *'araq*: Jer 1 ×; *'ara'*: Jer 1 ×, Dan 19 ×, Esr 1 ×; ferner *'ar'ī* 1 × in Dan. Nicht gezählt ist die Variante *'āræṣ* (Bomb.) statt *ṣædæq* (BH[3]) in Spr 8,16.*

3. a) *'æræṣ* bezeichnet 1) kosmologisch: die Erde (im Gegensatz zum Himmel) und das Festland (im Gegensatz zum Wasser), s.u. 3b; 2) physikalisch: den Boden, auf dem der Mensch steht (3c); 3) geographisch: einzelne Gebiete und Landstriche (3d); 4) politisch: bestimmte Herrschaftsgebiete und Länder (3e).

Welche Verwendungsbereiche primär und welche sekundär sind, läßt sich aus dem atl. Befund nicht mehr erheben; Kriterien für eine Entwicklung müßten an die Texte herangetragen werden. Zum ganzen vgl. L. Rost, Die Bezeichnungen für Land und Volk im AT, FS Procksch 1934, 125–148 = KC 76–101.

Für Spr 29,4; 31,23 und Pred 10,16 (G: πόλις) ist mit dem Verweis auf (allerdings nicht eindeutige) phön. Parallelen (KAI Nr. 14, Z. 16.18 *Ṣdn 'rṣ jm* »Sidon des Meerlandes«, vgl. Eissfeldt, KS II,227ff.) für *'æræṣ* die Bed. »Stadt« vorgeschlagen worden, vgl. M. Dahood, Proverbs and Northwest Semitic Philology, 1963, 62f.; ders., Bibl 44, 1963, 297f.; 47, 1966, 280.

b) In umfassendster Bedeutung bezeichnet *'æræṣ* die Erde, die zusammen mit dem Himmel (→*šāmájim*) das Weltganze, den Kosmos ausmacht. »Himmel und Erde« ist stehender Ausdruck für »Welt« (Gen 1,1; 2,1.4; 14,19.22 u.ö.; vgl. B. Hartmann, Die nominalen Aufreihungen im AT, 1953, 60; zu den dort vermerkten Aufreihungen kommen noch zahlreiche Vorkommen im Parallelismus, im ganzen mindestens 75 Belege).

Die in der überwiegenden Mehrzahl der Belege festzustellende Reihenfolge Himmel–Erde spiegelt noch die mythische Vorstellung von der (primären) himmlischen und der (sekundären) irdischen Welt. Die Reihenfolge Erde–Himmel erscheint nur, wo entweder Bewegung von der Erde zum Himmel vorliegt (Ez 8,3; Sach 5,9; 1Chr 21,16), oder aber wo eindeutig eine geozentrische Sicht der Welt vorherrscht (Gen 2,4b und Ps 148,13). In dieser Weise müßten die Ausführungen von B. Hartmann, Himmel und Erde im AT, SThU 30, 1960, 221–224, modifiziert werden. Für die mesopotamischen Parallelen vgl. A. Jeremias, Handbuch der altorientalischen Geisteskultur, ²1929, 127.

Für »Welt« steht im atl. Hebr. kein eigener, spezifischer Ausdruck zur Verfügung; vgl. noch die Umschreibung mit →*kōl* »alles, das All« in Jes 44, 24; Jer 10,16; Ps 103,19. Das seltene Wort *ḥæləd* »Lebensdauer« (Ps 39,6; 89,48; Hi 11,17; vgl. arab. *ḫalada* »ewig dauern«) kommt in Ps 49,2 (in Ps 17,14 ist der Text unsicher) zur Bed. »Welt« in ähnlicher Weise wie nach-atl. →*'ōlām*, griech. αἰών »Aeon« und dt. »Welt« (ursprünglich »Zeitalter«, Nachbildung zu lat. saeculum, vgl. Kluge 853b).*

Neben der zweiteiligen Sicht der Welt begegnet, meist ad hoc gebildet, auch eine dreiteilige, z.B. Himmel–Erde–Meer (Ex 20,11; vgl. Gen 1,10.20 u.ä.), Himmel–Erde–Wasser unter der Erde (Ex 20,4; Dtn 5,8). Gelegentlich scheint eine Trias Himmel–Erde–Unterwelt (→*še'ōl*) vorausgesetzt zu sein; vgl. die Bezeichnung der Unterwelt als *'æræṣ taḥtīt* bzw. *taḥtijjōt* (Ez 26,20; 31,14.16.18; 32,18.24; vgl. Zimmerli, BK XIII,611.621) und die damit verwandten Ausdrücke *taḥtīt* bzw. *taḥtijjōt (hā)'āræṣ* (Jes 44,23; Ps 63,10; 139,15), sowie Ps 115,15–17 u.ä.

An einigen Stellen kommt auch bloßes *'æræṣ* der Bed. »Unterwelt« (vgl. akk. *erṣetu*, AHw 245; CAD E 310f.; K. Tallqvist, Sum.-akk. Namen der Totenwelt, 1934, 8ff.) mindestens sehr nahe (HAL 88a: Ex 15,12; Jer 17,13; Jon 2,7; Ps 22,30; 71,20; ferner M. Dahood, Bibl 40, 1959, 164–166; 44, 1963, 297).

Wo man sich genauere kosmologische Vorstellungen macht (vor allem in späteren Texten), betrachtet man die Erde in Anlehnung an altorientalische Auffassungen (vgl. Jeremias, a.a.O. 117ff.) als durch die Trennung von der Urflut (→*tehōm*) geworden (Gen 1; Spr 8,27–29), und noch steht sie auf Säulen im Wasser (1Sam 2,8; Ps 24,2; 104,5f.; 136,6; vgl. Gen 49,25; Ex 20,4; Dtn 5,8; Ps 82,5; Jes 24,18; Jer 31,37; Mi 6,2 u.ö.); auf ihr gründet das Gewölbe des Himmels (Am 9,6).

In Hi 26,7, wo es heißt, Gott habe die Erde über das Nichts gespannt, ist eine andere Vorstellung erhalten, wonach die Erde wie ein Stück Tuch aufgehängt ist. Nach Hi 38,12f. ergreift die Morgenröte die Säume der Erde und schüttelt von ihr die Frevler ab. Die gleiche Vorstellung findet sich im akk. sog. großen Hymnus an Šamaš (I,22): »Thou (Šamaš) art holding the ends of the earth suspended from the midst of heaven« (ANET 387; vgl. SAHG 241; Lambert, BWL 126f.).

Während die Erde-Wasser-Vorstellung sich die Erde als eine Scheibe denkt (Jes 40,22 *ḥūg hā'āræṣ* »Kreis der Erde«, vgl. Spr 8,27; Hi 26,10 txt em;

auch Hi 22,14), gehören in den andern Vorstellungszusammenhang die zahlreichen Stellen, die von den (vier) Säumen (Bild des Tuches!), Enden, Ecken bzw. Zipfeln der Erde sprechen: *kanfōt hā'āræṣ* (Jes 11, 12; Ez 7,2; Hi 37,3; 38,13; vgl. Jes 24,16), *'afsē (hā)'āræṣ* (Dtn 33,17; 1Sam 2,10; Jes 45,22; 52,10; Jer 16,19; Mi 5,3; Sach 9,10; Ps 2,8; 22,28; 59,14; 67,8; 72,8; 98,3; Spr 30,4), *qeṣē hā'āræṣ* (Dtn 13,8; 28,49.64; Jes 5,26; 42,10; 43,6; 48,20; 49,6; 62,11; Jer 10,13; 12,12; 25,31.33; 51,16; Ps 46,10; 61,3; 135,7; Spr 17,24), *qeṣōt hā'āræṣ* (Jes 40,28; 41,5.9; Hi 28,24), *qaṣwē 'æræṣ* (Jes 26,15; Ps 48,11; 65,6). Zu analogen Vorstellungen in Mesopotamien vgl. Jeremias, a.a.O. 142–148. Die beiden Vorstellungskreise stehen im AT spannungslos nebeneinander; Elemente beiderlei Herkunft können – wie in Mesopotamien, so auch in Israel – ohne weiteres miteinander verbunden werden (vgl. etwa Hi 38,4–13 u.ö.).

Gleichgültig, ob man von der Erde als Scheibe oder von den »Enden« der Erde spricht, erhebt sich die Frage nach dem Zentrum der Erde. Vom *ṭabbūr* »Nabel« der Welt spricht Ez 38,12 (vgl. 5,5 und Ri 9,37; dazu HAL 352b und Zimmerli, BK XIII, 955f. mit Hinweisen auf altorientalische und griechische Parallelen).

Was das AT interessiert, ist allerdings weniger die Erde als Teil des Kosmos, sondern das, was sie erfüllt (*'æræṣ ūmelō'āh* Dtn 33,16; Jes 34,1; Jer 8,16 u.ö.), ihre Bewohner (Jes 24,1.5.6.17; Jer 25,29.30; Ps 33,14 u.ö.), Völker (Gen 18,18; 22,18; 26,4; Dtn 28,10 u.ö.), Königreiche (Dtn 28,25; 2Kön 19,15 u.ö.) und ähnliches mehr. So kann der Begriff »Erde« an einzelnen Stellen – wie in anderen Sprachen – in einem sowohl die Erde als auch ihre Bewohner bezeichnen (Gen 6,11 u.ö.).

Parallelbegriff zu *'æræṣ* ist in diesen Verwendungszusammenhängen öfters *tēbēl* »Festland, Erdkreis« (→*'bl* 1.2).

c) In physikalischer Verwendung bezeichnet *'æræṣ* den Boden, auf dem Menschen und Dinge stehen, auf dem der Staub liegt (Ex 8,12f.), das Gewürm kriecht (Gen 1,26; 7,14; 8,19 u.ö.), Ermordete liegen (Klgl 2,21) und vieles ähnliches mehr. Auf ihn fallen Regen und Tau (Gen 2,5; 7,4; Ex 9,33; Hi 5,10; 38,26 u.ö.), der getroffene Vogel (Am 3,5), der Kieselstein (Am 9,9), der gestürzte Frevler (Ez 28,17; Ps 147,6) u.a.m. Auf ihn setzt sich der Trauernde (2Sam 12,17.20; Ez 26,16; Hi 2,13 u.ö.), ebenso der Gedemütigte (Jes 47,1; Ob 3 u.ö.); man verneigt sich gegen ihn (Ex 34,8 u.ö.), wirft sich auf ihn vor Gott (Gen 24,52), dem König (2Sam 14,33; 18,28 u.ö.), dem Vater (Gen 48,12 u.ö.) und anderen höherstehenden Personen. Von ihm erheben sich Baulichkeiten und von ihm aus mißt man die Höhe (Ez 41,16; 43,14 u.ö.). Die Beziehung zur ersten Bedeutungsgruppe vermitteln jene Stellen, die davon sprechen, daß der Boden bzw. die Erde sich (bzw. ihren Mund) aufgetan und Menschen verschlungen habe (Num 16,30–34; 26,10; Dtn 11,6; Ps 106,17; vgl. Ex 15, 12), daß der Boden bzw. die Erde bebe (1Sam 14,15; Ps 46,7; 97,4 u.ö.), sowie daß man in den Boden bzw. in die Erde hinabfahren (Jon 2,7) und da schlafen kann (Ps 22,30) u.a.m.

In manchen Fällen tritt hier *'æræṣ* in die Nähe zu einzelnen Verwendungsarten von →*'adāmā*; ähnlich kann auch →*'āfār* verwendet werden (vgl. etwa 1Kön 18,38; Jes 34,7.9 u.ö.).

d) Wird *'æræṣ* mit einem nachfolgenden Genetiv näher bestimmt, so bezeichnet der Begriff einzelne Gebiete oder Landstriche.

Als zufällige Beispiele, die leicht um viele analoge vermehrt werden könnten, seien genannt: *'æræṣ mōladtō* »Land seiner Verwandtschaft« (Gen 11,28; 24,7; 31,13; Jer 22,10; 46,16; Ez 23,15; Ruth 2,11), *'æræṣ 'ābōt* »Land der Väter« (Gen 31,3; 48,21), *'æræṣ megūrīm* »Land der Fremdlingsschaft« (Gen 17, 8; 28,4; 36,7; 37,1; Ex 6,4; alle Belege aus P, vgl. dazu von Rad, ATD 3, 214; ders., I,172f.; ferner Ez 20,38), *'æræṣ 'aḥuzzātō* »Land seines Besitzes« (Gen 36,43; Lev 14,34; 25,24; Num 35,28; Jos 22,4.9. 19; vgl. *'æræṣ jeruššātō* in Dtn 2,12; Jos 1,15) ,*'æræṣ mōšebōtēkæm* »Land eurer Wohnsitze« (Num 15,2), *'æræṣ mæmšaltō* »Land seiner Herrschaft« (1Kön 9, 19 = 2Chr 8,6; Jer 51,28); *'æræṣ šibjām* (bzw. *šibjā*) »Land ihrer (bzw. der) Verbannung« (Jer 30,10; 46, 27; 2Chr 6,37f.; Neh 3,36). Vgl. auch die häufige Verwendung von »mein/dein/sein Land« zur Bezeichnung des Herkunfts- und Heimatlandes (Gen 12,1; 24,4; Ex 18,27; Num 10,30 u.ö., oft parallel zu *mōlædæt* »Verwandtschaft«).

e) Auf der Grenze zwischen geographischer und politischer Verwendung der Vokabel stehen jene Belege, die vom Gebiet bzw. »Land« einzelner Stämme sprechen.

Vgl. *'æræṣ 'æfrājim* (Dtn 34,2; Ri 12,15; 2Chr 30, 10), *'æræṣ Binjāmīn* (Ri 21,21; 1Sam 9,16; 2Sam 21, 14; Jer 1,1 u.ö.), *'æræṣ Gād* (1Sam 13,7), *'æræṣ Gil'ād* (Num 32,1.29; Jos 17,5.6; 22,9.13.15.32; Ri 10,4 u.ö.), ferner *'æræṣ Zebūlūn/Jehūdā/Menaššæ/Naftālī.*

Die politische Bedeutung dominiert, wo von einzelnen Staaten als von »Land X« die Rede ist, sei es unter Verwendung des Kollektivnamens (z.B. *'æræṣ Jiśrā'ēl* in 1Sam 13,19; 2Kön 5,2.4; 6,23; Ez 27,17; 40,2; 47,18; 1Chr 22,2; 2Chr 2,16; 30,25; 34,7; ferner mit Edom, Assur, Babel, Kanaan, Midian, Moab; zu *'æræṣ Miṣrājim* »Ägyptenland« im Dtn vgl. J.G. Plöger, Literarkritische, formgeschichtliche und stilkritische Untersuchungen zum Dtn, 1967, 100–115), des Gentiliciums im Sing. oder Plur. (z.B. *'æræṣ hā'emōrī* »Land der Amoriter« in Ex 3,17; 13,5; Num 21,31; Jos 24,8; Ri 10,8; 11,21; Am 2,10; Neh 9,8; ferner beim Land der Girgasiter, Jebusiter, Kanaaniter, Chaldäer, Hebräer,

Philister usw.) oder als »Land des . . .« unter Angabe des betreffenden Herrschers (z. B. »Land des Sihon« und »Land des Og« Dtn 4,46f.; 1Kön 4,19; Neh 9,22); vgl. auch »mein/dein/sein Land« bezüglich des Herrschers (z. B. Gen 20,15).

In den Bereich der politischen Verwendung von *'æræṣ* gehört auch der Begriff des *'am hā'āræṣ* als Sammelbezeichnung der politisch Handlungsfähigen des Landes (vgl. E. Würthwein, Der 'amm ha'arez im AT, 1936; →*'am*).

4. a) Unter den theologischen Aussagen, die *'æræṣ* verwenden, ist zuerst die zu nennen, daß Gott die Erde (Himmel und Erde) geschaffen hat (→*br'* »schaffen« Gen 1,1; 2,4a u.ö.; →*'śh* »machen« Gen 2,4b; Spr 8,26; Jes 45,12.18 u.ö.; →*jṣr* »bilden« Jes 45,18; Jer 33,2 u.ö.; →*qnh* »schaffen« Gen 14,19.22). Zwar ist in den verschiedenen Traditionskreisen des AT das Interesse an Jahwes Schöpfertätigkeit verschieden groß (vgl. G. von Rad, Das theol. Problem des atl. Schöpfungsglaubens, BZAW 66, 1936, 138–147 = GesStud 136–147; ders. I,149–167); wo aber von der Begründung der Erde bzw. des Kosmos die Rede ist, wird sie ausnahmslos auf Jahwe zurückgeführt – es sind in der Regel entweder Psalmstellen, die sich an altes kanaanäisches Vorstellungsgut anschließen, oder aber späte, priesterliche Belege.

Zur kan. Herkunft vgl. besonders die eindeutig ursprünglich kan. Formulierung *'ēl 'æljōn qōnē šāmájim wā'āræṣ* »der höchste Gott, der Schöpfer des Himmels und der Erde« in Gen 14,19.22; vgl. u.a. die phön. sog. untere Torinschrift von Karatepe (KAI Nr. 26, A III, Z. 18), die neupun. Inschrift Trip. 13 aus Leptis Magna (KAI Nr. 129, Z. 1), sowie den Namen des heth. belegten Gottes Elkunirsa, der ebenfalls auf ein *'l qn 'rṣ* zurückgehen dürfte (vgl. H. Otten, MIO 1, 1953, 135–137; W. F. Albright, FS Mowinckel 1954, 7f.; →*'ēl* III/3).

Den weltbildlichen Vorstellungen entsprechend wird auch formuliert, Jahwe habe die Erde gegründet (→*jsd*: Jes 48,13; 51,13.16; Sach 12,1; Ps 24,2; 78,69; 102, 26; 104,5; Hi 38,4; Spr 3,19; →*kūn* pol.: Jes 45,18; Ps 24,2; 119,90; hi.: Jer 33,2).

In einem sind sich diese verschiedenartigen Ausdrucksweisen einig: daß die Erde geschaffen und nicht ein Gott ist. Von einem Erdgott bzw. einer Erdgöttin ist nicht die Rede; ebenso fehlt die in der Religionsgeschichte so verbreitete Vorstellung von der »Mutter Erde« (vgl. van der Leeuw 86–99; M. Eliade, Art. Erde, RGG II,548–550). Als Anspielungen auf sie könnten Hi 1,21; Pred 5,14; Ps 139,15 genannt werden (vgl. auch Gen 3,19 und Sir 40,1).

Zur Anrufung von Himmel und Erde als Zeugen in Dtn 4,26; 30,19; 31,28 und ihrem altorientalischen Hintergrund vgl. M. Delcor, Les attaches littéraires, l'origine et la signification de l'expression biblique ›prendre à témoin le ciel et la terre‹, VT 16, 1966, 8–25; Fitzmyer, Sef. 38.

b) Als Schöpfung Jahwes ist die Erde sein Eigentum (Ps 24,1; vgl. 95,4f.). Jahwe ist Herr der ganzen Erde (Jos 3,11. 13; Mi 4,13; Sach 4,14; 6,5; Ps 97,5; 114, 7 txt em; →*'ādōn* IV/5), König der ganzen Erde (Ps 47,8; Sach 14,9), Höchster über die ganze Erde (Ps 97,9), Gott der ganzen Erde (Jes 54,5), Gott im Himmel droben und auf der Erde drunten (Dtn 4,39). Ist der Himmel Jahwes Thron, so die Erde der Schemel seiner Füße (Jes 66,1). Jahwe blickt auf die Erde (Gen 6,12; Jes 5,30; vgl. Ps 33,14), schreitet über die Erde (Hab 3,12), schreckt sie (Jes 2,19.21); vor allem aber ist er ihr Richter (Ps 82,8; 96, 13 = 1Chr 16,33; Ps 98,9).

c) Seine spezifische theologische Verwendung erhält der Begriff *'æræṣ* im Zusammenhang der Landverheißung und deren Aufnahme in die Formelsprache der Landnahmetradition (vgl. dazu G. von Rad, Verheissenes Land und Jahwes Land im Hexateuch, ZDPV 66, 1943, 191–204 = GesStud 87–100; für das Dtn die Studie über *'rṣ* und *'dmh* bei Plöger, a.a.O. 60–129).

Sollte das von G. von Rad (Das formgeschichtliche Problem des Hexateuch, 1938, 3ff. = GesStud 11ff.) so genannte »kleine geschichtliche Credo« von Dtn 26,5ff. tatsächlich als alte Bekenntnisformel zu verstehen sein, so wäre schon da an zentraler Stelle davon die Rede, daß Jahwe Israel »dieses Land« gegeben habe (V. 9). Zur Problematik der Sicht von Rads vgl. aber Rost, KC 11–25.

So oder so ist jedoch seit Alt, KS I,66 allgemein anerkannt, daß die Landverheißung (neben der Verheißung der Nachkommenschaft) ihre Wurzeln in der Patriarchenzeit hat. Als vermutlich älteste Formulierung wird man Gen 15,18 ansehen dürfen (nach O. Procksch, Die Genesis, 1924, 111, und Alt, KS I,67 Anm. 3, wäre die Stelle allerdings jüngere Zutat); 12,7 und 28,18 weisen möglicherweise darauf hin, daß die Landverheißung später an bestimmten Kulturlandheiligtümern tradiert worden ist. Für den Jahwisten steht die Doppelverheißung im Zentrum der Väterdarstellung (12,7; 13,15; 15,7 J?; 15,18; 24,7; vgl. den späteren Zusatz 26,3f.). Daß die Landverheißung in Gen 12,1 zurücktritt, ist von H. W. Wolff, Das

Kerygma des Jahwisten, EvTh 24, 1964, 81f. 93 = GesStud 354f. 368) zwar richtig beobachtet, aber wohl überbewertet worden. Daß auch der Elohist die Landverheißung voraussetzt, zeigen Gen 15,13 und ev. auch 21,23. Begrifflich formuliert hat sie wieder (mit bezeichnenden Abwandlungen) die Priesterschrift (Gen 17,8; 28, 4; 35,12; 48,4; vgl. auch den priesterschriftlichen Begriff *'ǽræṣ megūrīm* »Land der Fremdlingschaft«, s.o. 3d).

Von besonderer Wichtigkeit ist die Verheißung des Landes im Deuteronomium:

1) Die *'æræṣ* ist den Vätern (und ihren Nachkommen) von Jahwe zugeschworen (*šb'* ni.: Dtn 1,8.35; 6,10.18.23; 8,1; 10,11; 26,3; 31,7; vgl. *dbr* pi. in 9,28; 27,3). Parallel werden →*'adāmā* (7,13; 11,9.21; 26,15; 28,11) und einmal *gebūl* »Gebiet« (19,8) verwendet.

2) Die *'æræṣ* ist das von Jahwe geschenkte Land (→*ntn*, infinitivisch konstruiert: 1,8.35; 4,38; 6,10. 23; 10,11; 26,3; 31,7; mit Part. im Relativsatz: 1,25; 2,29; 3,20; 4,1; 11,17.31; 15,7; 16,20 u.ö.; gelegentlich ist die Formel erweitert durch *lerištāh* »es zu besitzen«: 5,31; 9,6; 12,1; 18,2.14, durch →*naḥalā*: 4,21; 15,4; 19,10; 20,16; 21,23; 24,4 oder beides: 25,19; 26,1). Parallelen sind hier *'adāmā* und *naḥalā*.

3) Israel nimmt das Land in Besitz (→*jrš*: 1,8.21; 3,18.20; 4,1.5.14.22.26; 5,31.33 u.ö.).

4) Dieses Land ist ein »gutes Land« (1,25.35; 3,25; 4,21.22; 6,18 u.ö.; vgl. Ex 3,8; Num 14,7; 1Chr 28,8), ein »Land, wo Milch und Honig fließt« (6,3; 11,9; 26,9.15; 27,3; vgl. Ex 3,8.17; 13,5; 33,3; Lev 20,24; Num 13,27; 14,8; 16,13f.; Jos 5,6; Jer 11,5; 32,22; Ez 20,6.15; einmal mit *'adāmā*, Dtn 31, 20).

5) Die Verheißung bzw. die Inbesitznahme der *'æræṣ* ist im Dtn aufs engste mit der Verkündigung der Gebote verbunden. Entweder ist die Landnahme das der Gebotserfüllung Vorausgehende (»wenn du in das Land kommst, das dir Jahwe, dein Gott, gibt, so sollst du ...« o.ä.: 12,1; 17,14f.; 18,9; 19,1; 26,1; mit *'adāmā*: 21,1), oder aber die Erfüllung der Gebote ist die Bedingung für den Empfang des Landes (4,25f.; 6,18; 8,1; 11,8f.18–21; 16,20; 19,8f.; mit *'adāmā*: 28,11; 30,17–20). Zur theologischen Bedeutsamkeit dieser Verbindung vgl. H.H.Schmid, Das Verständnis der Geschichte im Dtn, ZThK 64, 1967, 1–15.

Die deuteronomische Redeweise setzt sich fort in analogen Äußerungen deuteronomistischer Prägung (Jos 21,43; 23,16; Ri 2,1f.6). Anklänge finden sich auch in der neben- und nachdeuteronomischen Prophetie, insbesondere bei Jeremia (32, 22) und Ezechiel (33,24). Gleichzeitig formuliert sich bei diesen beiden Propheten auf dem Hintergrund der Erfahrung des Exils die Erwartung einer neuen Landnahme (Jer 30,3; Ez 36,28). In weisheitlich-individualisierter Form lebt die Verheißung der *'ǽræṣ* fort in Ps 37,11.22.29. 34; Spr 2,21f.; 10,30; vgl. Jes 65,9 und schließlich Mt 5,5.

d) Auf dem Hintergrund der Landverheißung und deren Erfüllung wird in verschiedenen Traditionssträngen des AT das Land als »Land Jahwes« (Hos 9,3) bzw. »mein/dein/sein Land« bezeichnet (Jer 2, 7; Jo 2,18; Ps 85,2 u.ö.; vgl. *'admat Jhwh* in Jes 14,2). Da die *'ǽræṣ* als Land Gottes Eigentum ist, darf die *'ǽræṣ* als Grund und Boden nicht für immer verkauft werden (Lev 25,23ff.; vgl. H.Wildberger, Israel und sein Land, EvTh 16, 1956, 404–422). Ein Vergehen gegen Jahwe ist damit gleichzeitig ein Vergehen gegen das Land. Durch sein verwerfliches Tun entweiht Israel das Land (Lev 18,25.27f.; Num 35, 34; Jer 2,7; 3,2 u.ö.). So geht schließlich Gottes Gericht nicht nur über Israel, sondern ebensosehr über sein Land.

e) Am Rande des AT, im Rahmen auch anderweitiger Apokalyptisierung besonders altertümlicher Elemente erscheint schließlich die Verheißung der Schaffung eines neuen Himmels und einer neuen Erde (Jes 65,17; 66,22; →*ḥādāš*).

5. Der Sprachgebrauch in Qumran schließt sich dem AT an. Eine formelhafte Ausdrucksweise ist dabei nicht zu verkennen, etwa wenn es heißt, es gehe der Gemeinschaft darum, Treue, Recht und Gerechtigkeit zu üben »im Lande« (1QS 1,6, ähnlich 8,3 u.ö.), oder wo davon die Rede ist, daß der Rat der Gemeinschaft »für das Land« zu sühnen habe (1QS 8,6. 10 u.ö.).

Im ntl. Griechisch werden *'ǽræṣ* und *'adāmā* ununterschieden durch γῆ wiedergegeben. Vgl. dazu die Wörterbücher zum NT, insbesondere H.Sasse, Art. γῆ, ThW I,676–680. *H.H.Schmid*

ארר *'rr* verfluchen

1. Die Wurzel *'rr* scheint gemeinsem. zu sein, doch ist sie nur sporadisch belegt (vgl. HAL 88a; P.Fronzaroli, AANLR VIII/20, 1965, 253f.264; nur akk. *arāru* ist für »verfluchen« gebräuchlich, vgl. AHw 65; CAD A/II, 234–236; aram. dafür *lūṭ*, arab. *l'n* usw.).

Obwohl aus der Umwelt des AT verhältnismäßig viele Fluchtexte erhalten sind (vgl. die Zusammenstellungen bei S.Gevirtz, West-Semitic Curses and the Problem of the Origins of Hebrew Law, VT 11, 1961, 137–158; F.C.Fensham, Malediction and Benediction in Ancient Near Eastern Vassal-Treaties and the OT, ZAW 74, 1962, 1–9; D.R.Hillers, Treaty-Curses and the OT Prophets, 1964), kommen Verben für »fluchen« nur sehr selten vor. Vgl. hebr. *'rwr* »verflucht (sei der Mensch, der dies öffnet)« in einer Grabinschrift des 7./6. Jh. aus Silwan, KAI Nr. 191 B, Z. 2; aram. *jlwṭwn* »sie verfluchen« in den Ahikarsprüchen, Z. 151 (Cowley 217.225).

Hebr. *'rr* begegnet verbal im Qal, Ni. und Pi. (vgl. Jenni, HP 216), nominal als *me'ērā* »Fluch« (BL 492).

2. Im AT ist die Wurzel *'rr* insgesamt 68 × bezeugt: im Qal 55 × (davon 40 × in der Form des Part.pass. *'ārūr*, von der bei der semantischen Analyse auszugehen ist), im Pi. 7 ×, im Ni. 1 × (Mal 3,9 Part.); das Nomen *me'ērā* findet sich 5 ×.

Num 22,6 *jū'ār* ist mit BL 433 als pass. Impf. Qal zu verstehen.

Die Streuung ist sehr unregelmäßig; die Wortgruppe findet sich in einzelnen Textpartien mit betonter Häufigkeit: Dtn 27, 15–28,20 (19 ×), Num 22–24 (7 ×), Num 5,18–27 und Mal (je 6 ×), Gen 3–9 J (5 ×).

3. a) Die Bedeutung von *'rr* »verfluchen = mit Unheil belegen« in Abgrenzung gegenüber →*'lh*, →*qll* pi. und anderen Verben des Fluchens (vgl. J. Scharbert, »Fluchen« und »Segnen« im AT, Bibl 39, 1958, 1–26; H.C. Brichto, The Problem of »Curse« in the Hebrew Bible, 1963) ergibt sich unter Berücksichtigung der altorientalischen und atl. Vorstellungen von Segen und Fluch (Lit. bei F. Horst, RGG V, 1649–1651; C. Westermann, BHH I,487f.; zuletzt W. Schottroff, Der altisr. Fluchspruch, 1969) in erster Linie durch die semantische Opposition zu →*brk* »segnen«, welche namentlich im formelhaften Gebrauch von *'ārūr* bzw. *bārūk* zum Ausdruck kommt.

Zum Verständnis der semantischen Beziehungen zwischen *'ārūr* und den übrigen Verbalformen vgl. Gen 27,29 und Num 24,9 mit Gen 12,3; Gen 3,17 mit 5,29. Das Verbum *'rr* heißt also nichts anderes als »*'ārūr* machen, *'ārūr* sagen, zu einem *'ārūr* erklären«.

Die Eingrenzung auf »binden, zurückhalten«, die E.A. Speiser, An Angelic »Curse«: Exodus 14:20, JAOS 80, 1960, 198–200, vornimmt, trifft wohl nur den metonymischen Gebrauch in der akk. Wendung *arrat lā napšuri* »Fluch ohne Lösung«.

An 12 Stellen erscheint *'rr* als Gegenbegriff zu *brk* »segnen«: Gen 9,25f.; 12,3; 27,29; Num 22,6.12; 24,9; Dtn 28,16–19, vgl. 3–6; Ri 5,23f.; Jer 17,5, vgl. 7; 20, 14; Mal 2,2; Spr 3,33. Ein *'ārūr* ist also das Gegenteil von einem *bārūk*, somit ein vom Unglück Getroffener und Verfolgter, dessen Existenz unheilvoll ist und dessen Gegenwart Unglück mit sich bringt.

Die unheilvolle Existenz eines *'ārūr* wird in Dtn 28,15–68 eindrücklich geschildert: ein *'ārūr* erntet in allem, was er tut, nur Mißerfolg. Darum will Balak das Volk Israel durch Bileam *'ārūr* machen lassen, um es nachher leichter vertreiben zu können (Num 22,6). *'arūrīm* sind Menschen, die in subalterner Stellung andern dienen müssen, ohne je »auf einen grünen Zweig« zu kommen (Gen 9,25; Jos 9,23). Einer, der »reich ist an *me'ērōt*«, ist einer, der ständig Mangel leiden muß (Spr 28,27). Ein *'ārūr* gleicht nach Jer 17,5f. einem elenden, mühsam in der Steppe um eine kärgliche Existenz kämpfenden Dornstrauch, und nach Jer 20,14–16 einer trostlos verwüsteten Stadt. Der Fluch Josuas über Jericho soll sich an seinem Wiedererbauer realisieren, indem er den Erst- und Letztgeborenen verliert (Jos 6,26); Jonathan, der sich unwissentlich den Fluch seines Vaters aufgeladen hat, macht durch sein *'ārūr*-Sein die normale Befragung der Orakel unmöglich (1Sam 14,24–28. 37). *'ārūr* ist der Leichnam der Isebel (2Kön 9,34), einmal weil ein prophetisches Unheilswort auf ihr lastete (1Kön 21,23), andererseits weil ihre ganze Existenz dem Volke Unheil gebracht hat. *'ārūr* ist die Schlange wegen ihrer kümmerlichen Existenz und wegen der Angst, die sie einflößt (Gen 3,14); *'ārūr* ist der Erdboden, weil er nichts als Mühe und oft vergebliche Arbeit verursacht (Gen 3,17; 5,29).

Andererseits ist es unmöglich, einem, der *bārūk*, d.h. erfolgreich und vom Glück begünstigt ist, *'ārūr* zu sagen (Num 22,12; vgl. 23,8), und dem Fürsten, von dessen *bārūk*-Sein der Wohlstand aller abhängt, soll man nicht *'ārūr* sagen (Ex 22,27).

b) Das Wort *'ārūr* wird vor allem in der *'ārūr*-Formel gebraucht (38 ×, nicht-prädikativ nur 2Kön 9,34 und Ps 119,21, vgl. aber G). Man sagt »*'ārūr* ist NN«, oder »*'ārūr* ist der, welcher . . .«.

Die Bezeichnung des Betreffenden geschieht in der Regel mit *'ārūr hā'īš 'ašær* ... (Dtn 27,15; Jos 6,26; 1Sam 14,24.28; Jer 11,3; 20,15; vgl. 17,5 und KAI Nr. 191 B, Z. 2) oder einfachem *'ašær* (Dtn 27,26), oft auch mit einem Partizip (Gen 27,29; Num 24,9; Dtn 27,16–25; Ri 21,18; Jer 48,10.10; Mal 1,14), gelegentlich in Form einer direkten Anrede: »*'ārūr* bist du« (Gen 3,14; 4,11; Dtn 28,16.16.19.19).

Die *'ārūr*-Formel hat eine doppelte Funktion. Erstens dient sie dazu, eine bestimmte Person, sei sie dem Sprechenden bekannt oder nicht, als *'ārūr* zu bezeichnen, d.h. sie mittels des wirkungskräftigen Wortes mit Unheil zu belegen, unter Umständen durch einen dazu besonders befähigten Mann (Num 22–24; gegen Scharbert, a.a.O. 6, ist daran festzuhalten, daß grundsätzlich jedermann die *'ārūr*-Formel wirksam auszusprechen fähig ist). Vermutlich ist in den meisten Fällen, wo im Text nur von *'rr* »fluchen« die Rede ist, an das Aussprechen der *'ārūr*-Formel gedacht. In der Regel wird, zur Verstärkung der Formel, das dem Opfer zugedachte Unheil näher umschrieben (vgl. z.B. Jos 9,23; Jer 20,14f.).

Man kann auch Tiere und Gegenstände als *'ārūr* bezeichnen: die Schlange (Gen 3,14), den Erdboden (Gen 3,17), einen Tag (Jer 20,14; vgl. Hi 3,8), den »Zorn« eines Mannes (um ihn nicht direkt zu treffen, Gen 49,7).

Zweitens dient die *'ārūr*-Formel als sog. »Eventualfluch« dazu, durch ein wirkungskräftiges Wort eine Fluchzone zu schaffen, d.h. eine potentielle Unglückssphäre, in welche derjenige eintritt, der die in der Formel genannte Tat begeht (z.B. Jos 6, 26; Ri 21,18; 1Sam 14,24.28; Jer 48,10). In einigen offenbar »liturgischen« Texten wird durch Reihenbildung (12 *'ārūr*-Formeln in Dtn 27,15–26; 6 *'ārūr*-Formeln in Dtn 28,16–19) ein ganzes Netz von Unheilsmächten geschaffen, die bei Übertretung aktiv werden sollen. Wird die Formel in Gegenwart anderer Personen ausgesprochen, so antworten diese mit *'āmēn* (Dtn 27,15–26; Jer 11,5; vgl. Num 5,22) und bestätigen damit die Existenz der potentiellen Unglückssphäre.

In Num 5,23 wird das geschriebene Unheilswort (*'ālā*) in eine Flüssigkeit gegeben; diese heißt darum »*'ārūr*-machendes Wasser« (*májim me'ārerīm*), und sie schlägt im Ordal die schuldige Frau mit Unheil.

c) Das Subst. *me'ērā* »Fluch, Verfluchung« erscheint in Dtn 28,16–20 und Mal 2,2 in enger Beziehung mit dem Verbum *'rr* q. (»einen Fluch senden« = »verfluchen«), ebenso in Mal 3,9 mit *'rr* ni. In Spr 3,33 steht *me'ērā* parallel zum verbalen Ausdruck *jebārēk* »er segnet«; *me'ērā* bezeichnet also nicht nur das Ergebnis von *'rr*, das Unheil (vgl. Dtn 28,20 G ἔνδεια »Mangel«, Spr 28,27 G ἀπορία »Not«), sondern auch das *'ārūr*-Machen bzw. -Sagen als Akt in seinem Weiterwirken (gegen Scharbert, a.a.O. 7).

4. Die Wortgruppe *'rr* ist in zweifacher Weise theologisch bedeutsam.

a) Jahwe ist absoluter Herr über alles *'ārūr*-Sagen. Er selber macht Menschen und Tiere *'ārūr*, wenn er es beschließt, indem er das verhängnisvolle Wort spricht (Gen 3,14.17; 4,11; 5,29; 12,3; Jer 11,3; Mal 2,2; vgl. 3,9), und man weiß von ihm, daß seine *me'ērā* gewisse Leute verfolgt (Dtn 28,20; Spr 3,33). Vor allem kann er das *bārūk*-Sagen der Menschen, sogar der Priester, in das Gegenteil verwandeln (Mal 2,2), oder auch einem Zauberer, der sich anschickt, *'ārūr* zu sagen, den Auftrag geben, das Gegenteil zu tun (Num 22–24). Darum macht der Mensch, wenn er jemandem *'ārūr* sagt, diesen zum *'ārūr* »vor Jahwe« (1Sam 26,19).

Jahwe sagt *'ārūr* zum Verbrecher (*rāšā'*, Spr 3, 33), zum Mörder (Gen 4,11), zum Viel-zu-Klugen (Gen 3,17), zu dem, der das Gebot übertritt (Dtn 28, 20; Jer 11,3), oder – in nachexilischer Theologie – zu dem, der sein heiliges Amt nicht recht verwaltet (Mal 1,14; 2,2; 3,9).

b) Die potentielle Unheilssphäre, die man durch *'ārūr*-Sagen schafft, ist begrenzt durch die Weisung Jahwes. *'ārūr*, d.h. vom Unglück verfolgt, ist jeder, der sich außerhalb der durch Gottes Weisung bestimmten Tatsphäre bewegt, d.h. der innerhalb des von Jahwe Verbotenen handelt. Dies kommt besonders deutlich in der Opposition von *bārūk*-Sagen und *'ārūr*-Sagen zum Ausdruck (Dtn 27,11–26; 28; *'ārūr* allein: Jer 11,3): wer sich im Rahmen der Ordnungen Gottes betätigt, ist *bārūk* (= vom Glück begünstigt), außerhalb dieses Rahmens ist man *'ārūr* (= vom Unglück erfaßt). In mehr weisheitlicher Fassung begegnet dasselbe Prinzip in Jer 17,5 und 7: *bārūk* ist der Mann, der sein Leben auf der Gegenwart Jahwes aufbaut und sich in allem auf ihn verläßt, *'ārūr* hingegen, wer allen Menschen vertraut. Nach Jer 48,10 ist derjenige *'ārūr*, der Jahwes Werk lässig treibt bzw. hemmt. Wie wir schon sahen, wendet sich Jahwes eigenes *'ārūr*-Sagen gegen diejenigen, die sich nicht ganz ihm unterstellen (Gen 3,14.17; 4,11; Ps 119, 21). Bei Maleachi wird die Unheilssphäre vor allem aktiviert durch unaufrichtiges kultisches Handeln und somit durch Beleidigung Jahwes im Kult (Mal 1,14; 3,9).

5. In Qumran geschieht die Verwendung der Wortgruppe in ähnlicher Weise wie im AT: die *'ārūr*-Formel ist um ein Vielfaches häufiger als das einfache Verbum (vgl. Kuhn, Konk. 23). Umgekehrt wird im NT (vgl. L. Brun, Segen und Fluch im Urchristentum, 1932; J. Behm, Art. ἀνατίθημι, ThW I,355–357; F. Büchsel, Art. ἀρά, ThW I,449–452) ἐπικατάρατος = *'ārūr* nur in einem atl. Zitat gebraucht (Gal 3, 10 = Dtn 27,26; das ἐπικατάρατος von Gal 3,13 entspricht nicht einer *'ārūr*-Formel, sondern der Cs.-Verbindung *qilelat 'elōhīm* in Dtn 21,23). *C.A. Keller*

ארשׂ *'rś* pi. **anverloben**

1. Unmittelbare Entsprechungen hat *'rś* pi. »sich eine Frau anverloben« nur im nachbiblischen Hebr. und Aram. (*'rs*, auch im Qal, z.B. mittelhebr. Part.pass. *'ārūs* »Bräutigam«, und in entsprechenden passiven Stammformen).

Zusammenhänge können vermutet werden mit akk. *erēšu* »verlangen, erbitten« (AHw 239f.; CAD E 281–285; selten Part. *ērišu* »Bräutigam«, AHw 242b; CAD E 301a; vgl. ug. *'rš* »begehren«, WUS Nr. 423; UT Nr. 379; hebr. *'aræšæt* »Begehren«, Ps 21,3) und mit arab. *'arūs* »Bräutigam; Braut«, *'a'rasa* »ein Hochzeitsfest veranstalten« (KBL 90a; P. Wernberg-Møller, JSS 11, 1966, 124), nicht aber mit akk. *erēšu* »bebauen« (Wurzel *ḥrṯ*, hebr. *ḥrš* »pflügen«) unter Verwendung der Weib-Feld-Metapher (so A. Sarsowsky, ZAW 32, 1912, 404f.).

2. *'rś* kommt im AT 11 × vor: 6 × im Pi. (Dtn 20,7; 28,30; 2Sam 3,14; Hos 2,21.

21.22) und 5 × im Pu. (Ex 22,15; Dtn 22, 23.25.27.28).

3. Die Grundbedeutung ist im Pi. (resultativ, ein juristisch faßbares Ergebnis ausdrückend, vgl. Jenni, HP 248) mit »sich eine Frau anverloben« wiederzugeben; die freiere Übersetzung »sich verloben (vom Manne aus)« ist im Unterschied zu unserem heutigen Sprachgebrauch nicht als Bezeichnung des bloßen Eheversprechens, bei dem die Möglichkeit des Rücktrittes noch vorhanden ist, im Gegensatz zum öffentlichen Rechtsakt der Heirat zu verstehen (s.u.). Das Verbum wird mit bloßem Akkusativ konstruiert; wenn der Verlobungspreis genannt wird, steht *b*ᵉ pretii (2Sam 3,14 »um die Vorhäute von hundert Philistern«; vgl. Hos 2,21f.). Subjekt ist stets der Mann (in Hos 2,21f. Jahwe, s.u.), Objekt die Frau, die er sich anverlobt. Die Pu.-Formen bezeichnen das dazugehörige Passiv »verlobt sein (vom Mädchen aus)«. Subjekt in diesen Sätzen ist die Jungfrau (*b*ᵉ*tūlā* bzw. *na'*ᵃ*rā b*ᵉ*tūlā*, Ex 22,15; Dtn 22,23.28) oder das Mädchen (*na'*ᵃ*rā*, Dtn 22,25.27); vgl. dazu D.H. Weiss, JBL 81, 1962, 67–69.

Die Bestimmung der rechtlichen Bedeutung (und darum auch der genauen Übersetzung) des Begriffs ist bei der geringen Zahl der Belege nicht ganz einfach. Das mit *'rś* Gemeinte ist zunächst von der eigentlichen Eheschließung zu trennen: ein Mann kann sich ein Mädchen anverlobt, aber es noch nicht »zur Frau genommen« haben (*lqḥ* Dtn 21,11; 22,13f. u.ö.; vgl. auch *b'l* »heiraten« Dtn 21, 13 u.ö.; →*bá'al*; in direkter Gegenüberstellung zu *'rś* findet sich *lqḥ* in Dtn 20,7 und *hjh l*ᵉ*'iššā* in Dtn 22,29). Auch ist *'rś* deutlich zu unterscheiden von *škb* »beiwohnen« (Ex 22,15; Dtn 22,23.25.28; *šgl* Dtn 28,30). So ist auch *šlḥ* pi. »verstoßen« nicht Oppositionsbegriff zu *'rś*, sondern zu *lqḥ* bzw. *hjh l*ᵉ*'iššā* (Dtn 22,19.29; 24,1.3.4).

Andererseits ist es selbstverständlich, daß dem *'rś* ein *lqḥ* bzw. *škb* folgt: ein Verlobter wird vom Militär freigestellt, um seine Frau auch heimführen zu können (Dtn 20,7), und wenn ein Verlobter seiner Frau nicht auch beiwohnen kann, so steht er unter einem Fluch (Dtn 28,30). Das Verlobtsein ist ein Rechtsverhältnis, das wie die Ehe geschützt ist; wird dieses Verhältnis gebrochen, erhält der Schuldige (wie ein Ehebrecher) die Todesstrafe (vgl. Dtn 22,23f. mit 22,22; Lev 20,10 u.a.).

Von daher legt es sich nahe, in *'rś* pi. einen Akt zu sehen, der zwar mit der eigentlichen Eheschließung nicht identisch ist, der aber als öffentlich verbindlicher Rechtsakt die Ehe rechtlich in Kraft setzt. Diese Deutung wird dadurch bestätigt, daß bei der Verlobung als deren wesentliches Element der Brautpreis (*mōhar* Gen 34,12; Ex 22,16; 1Sam 18,25) vom Bräutigam an den Brautvater gegeben werden muß (vgl. 1Sam 18,25 mit 2Sam 3,14; Gen 34,12). Wenn einer eine noch unverlobte Jungfrau verführt, muß er ebenfalls zuerst den *mōhar* bezahlen, bevor er sie als Frau heimführen kann (Ex 22,15 mit dem Verbum *mhr* q. »durch Bezahlung des *mōhar* erwerben«; Dtn 22,29 »fünfzig Schekel Silber geben«).

Über die Ehe im AT vgl. E. Neufeld, Ancient Hebrew Marriage Laws, 1944; F. Horst, Art. Ehe im AT, RGG II,316–318 (mit Lit.); de Vaux I,45–65. 322f.; zur »Antrauung« im altorient. und jüd. Eherecht E. Kutsch, Salbung als Rechtsakt, 1963, 27–33 (mit Lit.).

4. Der beschriebene Gebrauch von *'rś* pi. wird in der Prophetie Hoseas aufgenommen: Hos 2,21f. Hier in der prophetischen Heilsankündigung ist Jahwe Subjekt; die angeredete Frau ist nach der (aus dem kanaanäischen Baalskult übernommenen) Bildsprache Hoseas Israel. Das Eheverhältnis mit Jahwe, das das hurerische Israel gebrochen hatte (2,4ff.), soll – darin besteht das angekündigte Heil – neu eingegangen werden, und zwar »für immer«. Es ist Jahwe, der auch den *mōhar* bezahlt (vgl. das fünfmalige *b*ᵉ: »um Heil, um Gerechtigkeit ...«). Hier bestätigt sich nochmals, daß *'rś* nicht ein irgendwie unverbindlicher, sondern ein öffentlicher, »ewiggültiger« Rechtsakt sein soll (Rudolph, KAT XIII/1,80; Wolff, BK XIV/1, 56.63f., spricht darum auch von einem »verbindlichen Rechtsakt der Eheschließung« und übersetzt *'rś* mit »zur Ehefrau gewinnen«).

5. Die LXX verwendet für *'rś* in Dtn 28, 30 und 2Sam 3,14 λαμβάνειν, sonst immer μνηστεύειν, das auch in Mt 1,18; Lk 1,27; 2,5 zur Kennzeichnung der rechtlichen Stellung Marias gebraucht wird.

J. Kühlewein

אֵשׁ *'ēš* Feuer

1. Das Wort begegnet in den meisten sem. Sprachzweigen (mit Ausnahme des Arab.) im Sinne von »Feuer«.

Im Arab. und teilweise im Aram. ist das gemeinsemitische Wort (**'iš-[āt-]*, vgl. P. Fronzaroli, AANLR VIII/20, 1965, 145.149) durch Bildungen der Wurzel *nūr* »hell sein« ersetzt worden (arab. *nār*, aram. *nūr*); im Syr. hat *'eššātā* nur noch die Bed. »Fieber«.

Hebr. *'iššæ* »Opfer« (nicht unbedingt »Feueropfer«) gehört etymologisch wahrscheinlich nicht zu *'ēš*, vgl. J.Hoftijzer, Das sogenannte Feueropfer, FS Baumgartner 1967, 114–134.

2. Statistik: *'ēš* kommt 378 × im hebr. AT vor (Ez 47 ×, Jer 39 ×, Jes 33 ×, Lev 32 ×, Dtn 29 ×, Ps 28 × usw.; Gen nur 4 ×, fehlt in Jon, Hag, Ruth, Pred, Esr, Est); dazu kommen aram. *'æššā* 1 × (Dan 7,11; gewöhnlich als fem.abs. betrachtet, könnte aber auch masc.emph. sein, vgl. Fitzmyer Sef. 53) und *nūr* 17 × (Dan 3, 6–27; 7,9f.).

In obiger Statistik sind auch Jer 51,18 und Hab 2,13 enthalten, wo HAL 89b nach G.R.Driver, JSS 4, 1959, 148, ein Wort *'ēš* II »Kleinigkeit« ansetzt.

Der Plur. fehlt im AT (vgl. Sir 48,3); einen Dual vermutet M.Dahood, Bibl 44, 1963, 298, in Jer 6,29. Durch Korrekturen fallen Num 18,9; Dtn 33,2Q; Ez 8,2aα weg.

3. a) *'ēš* bezeichnet konkret das Feuer als selbstverständliches Element menschlicher Kultur, wie es in Haushalt (z.B. Jes 44,16) und Handwerk (z.B. Ez 22,20 zur Metallbearbeitung; Hi 28,5 im Bergbau) gebraucht wird. Im Krieg wird der Feind mit Feuer bekämpft (z.B. Jes 50,11, *zīqōt* »Brandpfeile«); insbesondere verlangen die Regeln des heiligen Krieges, daß alles zum Feind Gehörige verbrannt wird (Dtn 13,17; →*ḥrm*; Beispiele sind Jos 6,24; 7,15; 8,8; Ri 20,48; ähnlich Num 31,10). Die Todesstrafe wird in besonderen Fällen mit Feuer vollzogen (Lev 20,14; 21,9; vgl. Gen 38,24; im Zusammenhang mit Vergehen gegen die Gesetze des heiligen Krieges Jos 7,15.25).

Im Kult ist das Feuer wichtig, weil die Opfer verbrannt werden (über die Regeln bei verschiedenen Opferarten vgl. Lev 1ff.; zum Feuer als rituellem Reinigungsmittel →*ṭhr*; zur Verbrennung von Geheiligtem, um es vor Profanierung zu bewahren →*qdš*). Das Feuer ist bestimmten Vorschriften unterworfen; wenn es ihnen nicht entspricht, ist es *'ēš zārā* »illegitimes Feuer« (→*zār*; Lev 10,1; Num 3,4; 26,61 das Feuer von Nadab und Abihu), das Unheil bringt. Einer späteren Schicht priesterlicher Gesetzgebung gehört die Vorschrift an, wonach das Feuer auf dem Altar nicht verlöschen darf (Lev 6,1ff.; vgl. J.Morgenstern, The Fire on the Altar, 1963; zur späteren Legendenbildung um die Vorschrift vgl. 2Makk 1,18ff.).

Unter besonderes Verbot fällt im AT die Sitte des »Moloch«-Kinderopfers (R. de Vaux, Les sacrifices de l'AT, 1964, 67–81; Ausdrücke: →*'br* hi. *lammōlæk* Lev 18,21; 2Kön 23,10; Jer 32,35; *'br* hi. *bā'ēš* »durchs Feuer gehen lassen« Dtn 18,10; 2Kön 16,3 = 2Chr 28,3 *b'r*; 2Kön 17,17; 21,6 = 2Chr 33,6; 2Kön 23,10; Ez 20,31; *śrp bā'ēš* »verbrennen« Dtn 12,31; 2Kön 17, 31; Jer 7,31; 19,5M; vgl. noch Lev 20, 2–5; Jes 30,33; Jer 3,24; Ez 16,21; 23, 37; Ps 106,37f.; zu *tōfæt* »Feuerstätte« vgl. KBL 1038b). Die Opfer gelten einem Gott Mäläk (anders O.Eissfeldt, Molk als Opferbegriff im Punischen und das Ende des Gottes Moloch, 1935); → *mælæk* 4e.

*b) Die mit *'ēš* verbundenen Verben und Substantive sind in HAL 89 ausführlich verzeichnet. Erwähnt seien hier die spezifischen Verben des Anzündens/Brennens/Verbrennens:

1) *'ōr* hi. »anzünden« in Mal 1,10; Jes 27,11, neben der Normalbed. »leuchten lassen«, wie *'ūr* »Schein« > »Feuer(schein)«;

2) *b'r* q. »brennen« (38 ×), pi. »anzünden, Feuer unterhalten« (13 ×), pu. »angezündet werden« (1 ×), hi. »verbrennen« (6 ×); dazu *be'ērā* »Brandgut« (Ex 22,5); vgl. Jenni, HP Nr. 31;

3) *dlq* q. »in Brand setzen« (Ob 18; Ps 7,14; hi. Ez 24,10; vgl. HAL 214b und J.Blau, VT 6, 1956, 246; L.Kopf, VT 8, 1958, 170f.); dazu *dallæqæt* »Fieberglut«;

4) *jṣt* q. »anzünden, verbrennen« (4 ×), ni. »sich entzünden, verbrannt werden« (6 ×), hi. »in Brand stecken, Feuer legen« (17 ×); Nebenform *ṣūt* hi. »anzünden« (Jes 27,4);

5) *jqd* q. »brennen« (3 ×), ho. »angezündet werden« (5 ×); dazu *jeqōd* »Brand« (Jes 10,16 ter), *jāqūd* (Jes 30,14) und *mōqēd* (Lev 6,2, vgl. Elliger, HAT 4, 81; Jes 33,14; Ps 102,4) »Feuerstelle«;

6) *kwh* ni. »versengt werden« (Jes 43,2; Spr 6,28); dazu *kewijjā* (Ex 21,25.25) und *kī* (Jes 3,24) »Brandmal«, *mikwā* »Brandwunde« (Lev 13,24–28);

7) *lhṭ* »verzehren, versengen« (q. Ps 57,5; 104,4; pi. 9 ×); dazu *lāhaṭ* »Flamme, Lohe« (Gen 3,24);

8) *nśq* ni. »sich entzünden« (Ps 78,21), hi. »anzünden« (Jes 44,15; Ez 39,9);

9) *ṣrb* ni. »versengt werden« (Ez 21,3); dazu **ṣārāb* »versengend« (Spr 16,27) und *ṣāræbæt* »Versengung, Narbe« (Lev 13,23.28);

10) *qdḥ* q. »sich entzünden; anzünden« (5 ×); dazu *qaddáḥat* »Fieber« (Lev 26,16; Dtn 28,22), *'æqdāḥ* »(Feuerstein), Beryll« (Jes 54,12);

11) *śrp* »verbrennen« (q. 102 ×, ni. 14 ×, pu. 1 ×; dazu *śerēfā* »Verbranntes, Gebranntes, Brandgut« (13 ×, s.o. *be'ērā*, nur 2Chr 16,14; 21,19 »Leichenfeuer«), *miśrāfōt* »Verbrennung« (Jes 33,12; Jer 34,5).

Im Bibl.-Aram. kommen neben *dlq* q. »brennen« (Dan 7,9) und *jqd* q. »brennen« (Dan 3,6–26; dazu *jeqēdā* »Brand« 7,11) noch *'zh* q. »heizen« (Dan 3,19. 19.22) und *ḥrk* hitpa. »versengt werden« (3,27) vor.

Verben des Erlöschens sind: *d'k* q. »erlöschen« (7 ×), pu. »ausgelöscht werden« (Ps 118,12; ni. »verschwinden« Hi 6,17) mit der Nebenform *z'k* ni. »ausgelöscht werden« (Hi 17,1), und *kbh* q. »erlöschen« (14 ×), pi. »auslöschen« (10 ×).

Unter den bedeutungsverwandten Substantiven ist am wichtigsten *láhab/læhābā* »Flamme« (12+19 ×, auch in der Bed. »Klinge«; in Ex 3,2 ist *labbat-'ēš* wohl in *lahæbæt-'ēš* zu korrigieren; *šalhæbæt* »Flamme«

in Ez 21,3; Hi 15,30; Hhld 8,6 txt em ist aram. Lehnwort, vgl. Wagner Nr. 305); zu erwähnen sind noch *ræšæf* »Flamme, Brand« (7× ; vgl. A. Caquot, Sem 6, 1956, 53–63) und *šābīb* »Flamme« (Hi 18,5; vgl. Wagner Nr. 304; bibl.-aram. *šᵉbīb* »Flamme« Dan 3, 22; 7,9).

c) Im übertragenen Gebrauch wird das Feuer wie in andern Sprachen gerne als Vergleichsbild für verzehrende Leidenschaften verwendet: Zorn (Hos 7,6 txt em; zum Zornfeuer Jahwes s.u. 4), Schmerz (Ps 39,4), Liebe (Hhld 8,6), Ehebruch (Hi 31,12; Spr 6,27f.), Streitsucht (Spr 26, 20f.), Unrecht (Jes 9,17), Sünde allgemein (Sir 3,30 u.ö.). Vergleichspunkt ist in erster Linie die verzehrende Kraft, selten die leuchtende Funktion des Feuers (Nah 2,4; vgl. F. Lang, ThW VI, 934, dort auch Hinweise auf sprichwörtliche Wendungen).

4. Innerhalb der religiösen Traditionsbildung hat das Feuer seinen Ort im Motiv der Theophanie.

Die Wurzel der Theophanievorstellung in Israel ist doppelt, entsprechend auch die ursprüngliche Bedeutung des Feuers. In der Sinai-Theophanie ist ursprünglich an ein Vulkanfeuer gedacht (so der jahwistische Bericht in Ex 19,18, vgl. Noth, ATD 5,86. 125f.128f.; J. Jeremias, Theophanie, 1965, 104ff.). Aus kanaanäischer Religiosität stammt die Vorstellung von der Gewittertheophanie mit dem Blitzfeuer (z.B. Ps 18,8ff.; 29; 97,2ff.; außerisraelitische Parallelen bei Jeremias, a.a.O. 75ff.; P.D. Miller, Fire in the Mythology of Canaan and Israel, CBQ 1965, 256ff.; der Elohist schildert unsachgemäß auch die Sinaitheophanie als Gewitter, vgl. Noth, a.a.O. 128f.). Sehr früh haben sich beide Vorstellungen vermischt (z.B. Hab 3,3ff.). Eng mit der Theophanietradition und also dem Feuer ist die Vorstellung vom *kābōd* (→*kbd*) Jahwes verbunden (Ps 29; 97,6; Jes 10, 16; vgl. Ez 10; vgl. dazu von Rad I, 253).

Altertümliche Vorstellungen eigener Art begegnen vereinzelt als Begleiterscheinungen einer Gottesbegegnung in Gen 15,17 (»Feuerfackel«) und Ex 3,2 (»Feuerflamme aus dem Dornbusch«; vgl. dazu Noth, ATD 5, 26).

Eigene Färbung erhält die Vorstellung vom Sinai-Feuer im Vorstellungshorizont des Deuteronomiums und der Priesterschrift. Dtn (Dtr) redet stereotyp vom »Berg, der im Feuer brennt« (Dtn 4,11; 5,23; 9,15); wesentlicher ist die Vorstellung vom »Reden Jahwes aus dem Feuer« (Dtn 4,12.15.33.36; 5,4f.22.24–26; 9,10; 10,4; 18,16): Alle Elemente der Theophanie werden der Jahwe-Rede untergeordnet. P redet von der »Feuersäule« (*'ammūd 'ēš*) nachts und der »Wolke« (→*'ānān*) tagsüber, welche Erscheinungen nicht an den Sinai gebunden sind, sondern vor Israel herziehen (Ex 13,21f.; 14,24; 40,38; Num 9,15f.; 14,14; vgl. Neh 9,12.19; verbunden mit dem Sinai und mit dem Ausdruck *kābōd* Ex 24,16f. »wie ein verzehrendes Feuer«). Ähnliche Vorstellungen finden sich Dtn 1,33; Jes 4,5; Ps 78,14. Spiritualisierend bezeichnet Dtr Jahwe selber als »fressendes Feuer« (*'ēš 'ōkᵉlā* Dtn 4,24; 9,3; auch Jes 33,14 und 30,27 »seine Zunge«). Wörtlichem Verständnis solcher Aussage wehrt 1Kön 19,12 (neben dem Feuer sind die andern Theophanie-Elemente genannt; vgl. J. Jeremias, a.a.O. 112–115; J. J. Stamm, FS Vriezen 1966, 327–334).

In den Traditionsströmen der Psalmen und der davon abhängigen Prophetie zielt die Theophanie weniger auf ein Reden als vielmehr auf ein Handeln Gottes, so daß hier die Wirkung des Feuers wichtig ist. Gott erscheint im »Zornesfeuer« (→*'af*, →*ḥēmā*, →*'æbrā*; Dtn 32,22; Jes 30,27.30; Jer 4,4; 15,14; 17,4; 21,12; Ez 21,36f.; 22,21.31; 38,19; Nah 1,6; Ps 89,47; Klgl 2,4; auch →*qin'ā* »Eifer« begegnet Ez 36,5; Zeph 1,18; 3,8; Ps 79,5), um gegen Feinde der mythischen oder historischen Ebene anzutreten (Chaosmächte, Fremdvölker, Sünder, auch Israel selber: Ps 46,10; 68,3; Jes 9,4.18; 66,15f.; Am 1f. usw.; häufig auch bei Jer, z.B. 11,16; 17,27 u.ö.). Losgelöst vom Zusammenhang der Theophanie wird das Feuer zum Gerichtsfeuer, das die Apokalyptik ans Ende der Zeiten verlegt (Jes 66,24; Sach 9,4; Dan 7,9ff. u.ö.).

Eine ausführliche Übersicht über die Stellen im AT, die entweder real oder (nicht immer leicht davon zu sondern) bildlich vom Feuer als Mittel des Gerichtsvollzuges handeln, gibt R. Mayer, Die biblische Vorstellung vom Weltenbrand, 1956, 79ff.

Während das Bild vom Metallschmelzer auch sonst in der Gerichtsverkündigung vorkommt (vgl. Jes 1,25; Jer 6,27–30; 9,6; Ez 22,17–22), kann man von einem eigentlichen »Läuterungsgericht« durch Feuer erst in Sach 13,9 und Mal 3,2f. sprechen (Mayer, a.a.O. 113f.; vgl. noch G. Rinaldi, La preparazione dell'argento e il fuoco purificatore, BeO 5, 1963, 53–59).

In volkstümlicher Erzählweise wird aus dem Theophaniefeuer ein wunderbares »Gottesfeuer« (2Kön 1,9ff.; Hi 1,16 u.ö.). Auch die Engelwesen haben an diesem Gottesfeuer Anteil (Ez 10,2.6f.; 28,14; 2Kön 6,17).

5. Das Spätjudentum und das NT knüpfen (abgesehen von der Nachwirkung einzelner atl. Texte) an den Gebrauch der Apokalyptik an. Vgl. F. Lang, Das Feuer im Sprachgebrauch der Bibel, Diss. Tübingen 1951 (Masch.); ders., Art. πῦρ, ThW VI, 927–953. *F. Stolz*

אִשָּׁה *'iššā* Frau

1. Das Wort *'iššā* »Frau« entspricht gemeinsem. **'ant-at-* (P. Fronzaroli, AANLR VIII/19, 1964, 162f.166.245.262): akk. *aššatu* »Gemahlin« (daneben selten als kan. Lehnwort *iššu* »Frau, Weib«, AHw 399a; CAD I/J 267b); ug. *aṯt* »Gattin«; aram. *'intetā* / *'ittetā* »Frau«; arab. *'unṯā* »weiblich«; äth. *'anest* »Frau«.

Wegen des wurzelhaften *t* ist das Wort nicht von hebr. *'īš* »Mann« abzuleiten (entgegen der Volksetymologie in Gen 2,23); eine Etymologie kann nicht gegeben werden. Gegen die Ableitung von einer Wurzel **'nṯ* »schwach sein« (z. B. Driver, CML 152 Anm. 17) spricht die Vokalisation in akk. *enēšu* »schwach sein«, die einen scharfen Laryngal als ersten Radikal voraussetzt, während arab. *'anuṯa* denominiert sein dürfte (vgl. Fronzaroli, a.a.O. 162f.).

Zu den unregelmäßigen Formen *'ēšæt* im cs. sing. und *nāšīm* im Plur. mit den möglichen Angleichungen an *'īš* »Mann« bzw. *'anāšīm* »Männer« vgl. BL 617.

Der Plur. *'iššōt*, eine Neubildung vom Sing. aus, ist nur Ez 23,44 (txt?) belegt (vgl. Zimmerli, BK XIII, 535f.).

*2. Ähnlich wie *'īš* ist auch *'iššā* in den erzählenden Büchern (Gen, Ri, 1/2Sam) relativ am häufigsten:

	Sing.	Plur.	total
Gen	125	27	152
Ex	32	6	38
Lev	34	1	35
Num	30	11	41
Dtn	33	8	41
Jos	8	2	10
Ri	55	14	69
1Sam	42	12	54
2Sam	40	9	49
1Kön	29	9	38
2Kön	16	3	19
Jes	6	6	12
Jer	12	24	36
Ez	13	8+1	22
Hos	5	–	5
Am	2	–	2
Mi	–	1	1
Nah	–	1	1
Sach	2	7	9
Mal	3	–	3
Ps	3	–	3
Hi	7	1	8
Spr	23	2	25
Ruth	13	2	15
Hhld	–	3	3
Pred	3	–	3
Klgl	–	3	3
Est	5	16	21
Dan	–	2	2
Esr	1	11	12
Neh	2	8	10
1Chr	16	4	20
2Chr	8	11	19
AT total	568	212+1	781

Bei Lis. fehlen die Stellen 1Kön 14,5.6.

Im Bibl.-Aram. kommt 1× der Plur. *nešēhōn* »ihre Frauen« vor (Dan 6,25; der zu **nešīn* gehörende Sing. **'antā*/*'antetā* ist nicht belegt, begegnet aber im Reichsaram., vgl. DISO 26f.).

3. a) In der Grundbedeutung »Frau« (die vom Geschlecht her als weiblich bestimmte Person) ist die Korrelation zu *'īš* »Mann« schon natürlich enthalten (die hebr. Wortformen markieren dies noch deutlicher, vgl. Gen 2,23).

In der überwiegenden Anzahl aller Vorkommen ist der Begriff durch das eheliche oder außereheliche Gegenüber zum Manne charakterisiert. Daneben finden sich nominale Aufreihungen, in welchen der geschlechtliche Aspekt zurücktritt. Die Wendung »Mann oder Frau« kann in der Bedeutung von »irgend jemand, wer auch immer« gebraucht werden; »Männer und Frauen« kann auch »alle« bedeuten; Stellenangaben dazu und zu den Reihungen »Männer/Frauen/Kinder« u. ä. →*'īš* III/1.

Ein weiteres natürliches Wortfeld wird durch die Begriffe »Sohn/Tochter/Kind« bzw. deren Plur. gebildet, ebenfalls in der Regel in nominalen Aufreihungen.

Beispiele sind: »Frau/Söhne/Schwiegertöchter« (Gen 8,16, vgl. 6,18; 7,7.13; 8,18); bei Geburten »Frau – Sohn/Tochter« (Gen 18,10 u.ö.); »Frauen/Söhne« (Gen 32,23); »Frau/Töchter« (Gen 19,15f.); »Frauen/Töchter« (Jes 32,9 im Parallelismus); sehr häufig »Frauen/Kinder« (Gen 30,26; Num 14,3 u.a.; Ps 128,3 im Parallelismus membrorum).

Das Wortfeld des Begriffs wird weiterhin durch eine ganze Anzahl von Verben charakterisiert, von denen lediglich die wichtigsten angeführt seien:

hrh »schwanger sein« (Gen 25,21; Ex 2,2; 21,22; Ri 13,3 u.a.); →*jld* »gebären« (Gen 3,16 u.ö., wobei *hrh* und *jld* oft eng nebeneinander stehen); →*lqḥ* »zur Frau nehmen, heiraten« (Gen 4,19; Dtn 23,1; Ri 14,2 u.a.); *hjh le'iššā* »heiraten« (Gen 24,67 u.a.); *ntn le'iššā* »zur Frau geben« (Gen 16,3; Ri 21,1.7 u.a.). Eine ganze Reihe von Ausdrücken dienen zur Bezeichnung des ehelichen Umgangs: *škb* »schlafen« (Gen 26,10 u.a.); →*jd'* »erkennen« (Gen 4,1.17 u.a.); *bō' 'æl* »eingehen zu« (Gen 38,8.9 u.a.); →*glh* pi. *'ærwat 'iššā* »die Blöße einer Frau aufdecken« (Lev 18,6ff.; 20,11.17–21); →*qrb* »sich nahen« (Lev 18,14 u.a.); *'nh* pi. »vergewaltigen« (Gen 34,2 u.a.); *šgl* »beschlafen« (Dtn 28,30 u.a.). Als weitere Verben seien noch erwähnt: →*'hb* »lieben«, →*ḥmd* »begehren«, →*'rś* »sich anverloben«, *zūb* »den Monatsfluß haben«; *jnq* hi. »stillen«, →*qn'* pi. »eifersüchtig sein«, *n'p* »ehebrechen«, →*šlḥ* »verstoßen«, →*bgd* »Treue brechen«. Für die Spätzeit sind noch zu nennen: *jšb* hi. »heiraten = eine Frau bei sich wohnen lassen« (Esr 10, 2ff.; Neh 13,23.27); →*jṣ'* hi. »verstoßen« (Esr 10,3. 19).

Synonyme Substantive zu *'iššā* gibt es in der Grundbedeutung nicht.

Der Begriff wird nur ein einziges Mal von Tieren gebraucht (Gen 7,2; vgl. noch Ez 1,9).

b) Wie *'īš* »Mann/Ehemann« (III/2a) wird *'iššā* oft in der spezielleren Bedeutung »Ehefrau« verwendet (Gen 12,5; 2Sam 11,27 u.ö.). Häufig sind die Wendungen *X 'ēšæt Y* »X, die Frau des Y« (z.B. Gen 11,31) und *šēm 'ištō X* »seine Frau hieß X« (z.B. Ruth 1,2).

Zur Stellung der Frau im AT vgl. F.Horst, Art. Frau II., RGG II,1067f., und die dort angegebene Lit.

Das gebräuchliche Wort für »Nebenfrau« ist *pīlægæš* (36×, nichtsemitischer Herkunft, vgl. Ellenbogen 134); in 1Sam 1,6 kommt *ṣārā* »Mitfrau, Rivalin« vor. Weitere Bezeichnungen speziell für die Frau des Königs bzw. die Angehörigen des königlichen Harems sind *šēgal* (Ps 45,10; Neh 2,6; bibl.-aram. Dan 5,2.3.23) und bibl.-aram. *l^ehēnā* (in Dan 5 jeweils neben *šēgal*).

In Klgl 2,20 wird das Wort durch den Kontext auf die Bedeutung »Mutter« eingeengt, in Gen 29,21 und Dtn 22,24 auf die Bedeutung »Braut«. In Pred 7,26 erscheint *hā'iššā* generalisiert (»das Weib« = »das weibliche Geschlecht«).

c) In übertragener Bedeutung tritt der Begriff gelegentlich zur Bezeichnung eines feigen Mannes auf, allerdings lediglich in den prophetischen Fremdvölkersprüchen, wobei es ausschließlich von den Kriegern oder Helden eines fremden Volkes heißt, sie seien zu Weibern oder wie Weiber geworden (Jes 19,16; Jer 48,41; 49,22; 50,37; 51,30; Nah 3,13).

Außerdem steht *'iššā* gelegentlich bildlich für Israel bzw. Jerusalem: Hos 2,4; Jer 3,1.3.20; Jes 54,6; Ez 16,30.32; 23,2ff. (s.u. 4f).

d) Gegenüber *'īš* wird *'iššā* viel seltener zur Bedeutung »jede« verallgemeinert (Ex 3,22; Am 4,3; Ruth 1,8f.). Ausdrücke für »die eine ... die andere« werden mit *'āḥōt* (→*'āḥ* 3d) und *r^e'ūt* (Jer 9,19; von Tieren Jes 34,15.16; Sach 11,9) gebildet.

4. Die Verwendungen des Wortes in mehr oder weniger theologischen Zusammenhängen sind recht mannigfaltig:

a) In den Vätergeschichten bildet die Sohnesverheißung an die Ahn-Frau ein sicherlich sehr altes Erzählmotiv. Auf die Klage der kinderlosen Frau hin verheißt Gott (bzw. sein Bote) dieser Frau einen Sohn: Gen 17,19 (vgl. 16,11); 18,10; 24,36; 25,21 (vgl. C.Westermann, Forschung am AT, 1964, 19ff.; zur Frage der Polygamie vgl. W.Plautz, Monogamie und Polygynie im AT, ZAW 75,1963, 3 bis 27).

b) in Gen 2–3 kommt *'iššā* allein 17× vor. Hervorzuheben sind die Ätiologie des Wortes in 2,23 (*mē'īš*, »vom Manne ist sie genommen«), die besondere Funktion der Frau in der Sündenfallgeschichte und die besondere Strafe in 3,16.

c) Für Reihen wie »Männer/Frauen/Kinder (/Rinder/Schafe/Esel)« sind bestimmte Gelegenheiten festzustellen, so etwa die Durchführung des Banngebotes in den Jahwekriegen (Num 31,9.17; Dtn 2,34; 3,6; Jos 6,21; Ri 21,10f.; 1Sam 15,3; 22,19; 27,9.11). Ähnliche Reihungen begegnen in der prophetischen Gerichtsankündigung (Jahwes Feinde sind jetzt die Israeliten: Jer 6,11f.; 14,16; 38,23; Ez 9,6; im Wunsch gegen die Feinde: Jer 18,21).

Ein zweiter »Sitz im Leben« ist offenbar der Akt der Gesetzesverlesung, zu dem »Männer/Frauen/Kinder (/Fremdlinge)« versammelt werden (Dtn 31,12; Jos 8,35). Dieser Sprachgebrauch wird aufgenommen bei den Volksversammlungen, die Esra und Nehemia abhalten (Esr 10,1; Neh 8,2f.).

d) Ein besonderes theologisches Motiv stellen die ausländischen Frauen dar. In alter Zeit war ein Konnubium zwischen Israeliten und Kanaanäern theologisch kaum anstößig (Gen 34; Ex 2,21; 4,20; vgl. Dtn 21,11.13). Die dtr. Theologie in Ri und Kön beurteilt ein solches Konnubium mit der Umwelt eindeutig negativ: ausländische Frauen bedeuten Import fremder Götter und daraus folgende Abkehr von Jahwe (Ri 3,6; 1Kön 11,1ff.; 16,31; 21, 25; 2Kön 8,18). Besonders akut war die Frage in frühnachexilischer Zeit: in der Priesterschrift (Gen 27,46; 28,1.2.6.9; P nahestehend Num 25,6ff.) und in Esr 10, 2ff.; Neh 13,23ff.

e) Sich an einer Frau zu vergehen, ist eine »Schandtat in Israel« (*n^ebālā*, →*nābāl*), welche Zorn und Strafe Gottes hervorruft (Ri 19f.; vgl. Gen 34). So gibt es eine ganze Reihe von Rechtssätzen, die das sexuelle Verhältnis zwischen Mann und Frau regeln:

Es soll keiner die Frau seines Nächsten begehren (Ex 20,17; Dtn 5,21). Wenn einer bei einer verlobten (Dtn 22,23f.) oder verheirateten Frau liegt (Dtn 22, 22), so verdienen beide die Todesstrafe. Auf Ehebruch steht Todesstrafe (Lev 20,10; Num 5,11ff.). Dieselbe Strafe verdient eine Frau, die mit einem Tier sexuellen Umgang hat Lev 20,16). Lev 18 werden eine ganze Reihe innerfamiliärer geschlechtlicher Beziehungen geordnet, Lev 15 das Verhalten bei der weiblichen Monatsregel. Weitere die Frau betreffende Gesetze: Ex 19,15; 21,22; Lev 12,1–8; Num 6,2; 30,4ff.; 36,3ff.; Dtn 17,2.5; 22,19; 24,1ff.; 25,5.

Die Prophetie nimmt solche Rechtssätze gelegentlich wieder auf, teils in der Anklage gegen die Gebotsübertreter (sexuelle Gebote: Hos 2,4; Jer 3,1ff.; 5,8; 29,23 u.a.; Abgötterei: Jer 7,18; 44,15; Ez

8,14), teils in der prophetischen Gerichtsankündigung (2Sam 12,11; vgl. Jes 13,16; Jer 8,10; Sach 14,2). Schließlich ist auf die Thora-Sätze in Ez 18,6.11.15 hinzuweisen.

In anderer Weise verarbeitet die Weisheitsliteratur die genannten sexuellen Probleme: die Vernunft »bewahrt dich vor dem Weibe des andern« (Spr 2,16; 6,24; 7,5; vgl. 6,29). Im übrigen ist eine gute und verständige Frau eine Gabe Jahwes (Spr 19,14; vgl. das Lob der wackeren Hausfrau Spr 31,10–31).

f) In der Prophetie wird gelegentlich Israel bzw. Jerusalem als die Ehefrau Jahwes bezeichnet, zuerst bei Hosea (2,4; die Gleichnishandlung Hos 1,2ff.; 3,1ff. gehört nicht in diesen Zusammenhang). In einem »Rechtsverfahren wegen ehelicher Untreue« (Wolff, BK XIV/1,37) wird die treulose Frau (=Israel) des Ehebruchs angeklagt. Das Bild der Ehe, das Hosea der kanaanäischen Mythologie entnahm, dient dazu, Israels Neigung zu ebendiesem kanaanäischen Baalskult mit seiner kultischen Prostitution zu bekämpfen. Das Bild ist in der Anklage Jeremias (3,1.3.20) und Ezechiels (16,30.32; 23,44) wieder aufgenommen. In anderer Weise verarbeitet die Heilsbotschaft Deuterojesajas (Jes 54,6) das Bild: Israel ist die verlassene »Frau der Jugendzeit«, die Jahwe neu rufen wird.

g) Einmal wird das Heilshandeln Jahwes an Israel in lockerem Vergleich mit dem Tun einer Frau ihrem Kind gegenüber verglichen: Jes 49,15 »Wird auch eine Frau ihres Kindleins vergessen...« (vgl. Jes 66,13, →*'ēm* 4e).

5. Im NT werden folgende Linien wieder aufgenommen: a) das Reden von der unfruchtbaren Frau, der Gott einen Sohn verheißt (Lk 1); b) Gen 2–3 in Mk 10,7 par. u.a.; c) das Thema »ausländische Frauen« wird in 1Kor 7,12ff. modifiziert zum Thema »nichtchristlicher Ehepartner«; d) wie im AT ist die Ehe besonders geschützt (Mt 5,31f.; Eph 5,22ff.), wobei allerdings die vielen sexuellen Vorschriften fehlen; e) zum bildlichen Gebrauch vgl. Apk 21,2.9; 22,17. Vgl. noch A. Oepke, Art. γυνή, ThW I,776–790.

J. Kühlewein

אָשָׁם *'āšām* Schuldverpflichtung

1. Die Wurzel *'šm* bzw. (nach Ausweis von arab. *'aṯima* »sich vergehen«) **'ṯm* ist bisher vorhebr. oder gleichzeitig mit dem AT im Sem. nicht nachgewiesen (zum Ug. vgl. D. Kellermann, *'āšām* in Ugarit?, ZAW 76,1964, 319–322; zum Pun. vgl. Sznycer 143). Zu den arab. (und allenfalls äth.?) Äquivalenten vgl. HAL 92.

Im Hebr. werden von der Wurzel *'šm* gebildet: das Verbum im Qal, Ni. und Hi.; das Abstraktnomen *'āšām*, das einen Zustand bezeichnet (GK §84f; BL 462f.); das Abstraktnomen *'ašmā*, ursprünglich ein fem. Inf. (BL 317.463; deutlich noch in Lev 4,3; 5,24.26); das Verbaladjektiv *'āšēm*.

2. Das Verbum ist im Qal 33× bezeugt, dazu je einmal im Ni. und Hi., die Nomina *'āšām* 46×, *'ašmā* 19×, das Adjektiv 3×.

Von insgesamt 103 Belegen der gesamten Wurzel entfallen 49 auf die P-Teile von Lev und Num, 9 auf 1/2Chr, 8 auf Ez und 7 auf Esr. In den gesetzlichen Partien von Ex und Dtn begegnet die Wurzel überhaupt nicht, in der Weisheitsliteratur kaum (Spr 2×). Auch die Geschichtsbücher benützen das Wort selten: Gen 2×, Ri 1×, 1Sam 4× (alle in Kap. 6), 2Sam 1×, 2Kön 1×. Das Gleiche gilt auch für die Sprache der Propheten: Ez mit 8 und Hos mit 5 (verbalen) Belegen fallen auf; es bleiben noch Jer mit 3, Am, Hab, Dtjes, Dtsach, Jo und Jes 24 mit je einer Stelle. Somit gehören etwa 70% des Wortbestandes den kultisch-theologisch bestimmten Texten der exilisch-nachexilischen Zeit an.

Die ältesten Belege finden sich beim Nomen *'āšām* in Gen 26,10 (L/J) und 1Sam 6,3.4.8.17, dann beim Adjektiv *'āšēm* in 2Sam 14,13. Erst dann kommt das Verbum in Ri 21,22, gefolgt von *'āšām* in 2Kön 12,17, *'ašmā* in Am 8,14, *'āšēm* in Gen 42,21 (E) und schließlich dem Verbum in Hos 4,15; 5,15; 10,2; 13,1; 14,1 und Hab 1,11.

Die Nominalform *'ašmā* wird, von Am 8,14 und Ps 69,6 abgesehen, erst in der nachexilischen Zeit wirklich gebräuchlich, zunächst *neben 'āšām* (Lev 4,3; 5,24.26; 22,16). In Esr und Chron, wo sich einerseits die restlichen 13 Belege finden, während andererseits *'āšām* nicht mehr vorkommt, hat dann *'ašmā* die ältere Form *'āšām* ersetzt. Diese Entwicklung wird bestätigt in den Qumrantexten, wo *'āšām* nur 2×, *'ašmā* dagegen 37× vorkommt (vgl. Kuhn, Konk. 23f.).

In Ri 21,22; Jes 24,6; Ez 6,6; Hos 4,15; Hab 1,11; Spr 14,9; Esr 10,19 bestehen textliche Schwierigkeiten.

3. a) Kontext, formelhafte Wendungen und Wortverbindungen zeigen zwei Schwerpunkte im atl. Verwendungsbereich des Begriffes: (1) eine Situation der Schuldverpflichtung, in der jemand etwas gibt.

Vgl. z.B. »etwas als *'āšām* für Jahwe bringen (*bō'* hi.)« (Lev 5,15b.18.25; Num 6,12), »etwas vor Jahwe darbringen (*qrb* hi.)« (Lev 14,12), »sein Leben (als) *'āšām* einsetzen (*śīm*)« (Jes 53,10), ferner die Mittel »*'āšām*-Widder« (Lev 5,16; 19,21b.22), »*'āšām*-Lamm« (Lev 14,21.24.25), »*'āšām*-Silber« (2Kön 12,17). Vgl. auch den »Tag der *'ašmā*« (Lev 5,24; vgl. Hos 5,15) und schließlich die Einführungsformeln in Lev 6,10; 7,1.7.37; Num 18,9, ferner Hos 5,15; Jes 24,6; Sach 11,5.

(2) eine Situation, in der jemand zur Schuldableistung verpflichtet ist oder wird, in der er etwas geben soll.

Dies kommt zum Ausdruck (a) beim Verbum als Urteilsformel in den Gattungen der Schuldigerklärung (die in unserem Falle wohl eine formale Urteilsfolgebestimmung mitbeinhaltet): Hos 10,2; 13,1; 14,1; Jer 2,3; Ez 22,4; 25,12; Spr 30,10; Ps 34,23; vgl. Jer 50,7; Ps 5,11; fast alle diese Belege haben einen dreigliedrigen Aufbau, in dem die Schuldigerklärung ihren Ort genau zwischen Anklage und spezieller Strafankündigung hat; vgl. auch Lev 5, 17.21–23; Num 5,6f.; (b) ebenfalls beim Verbum und als Urteilsformel in der kultrechtlichen Belehrung: Lev 4,13f.22f.; 5,17.19b.23; Num 5,6.7; (c) in deklaratorischen Formeln (bei *'āšām*): Lev 5,19a; 7,5; 14,13; (d) in exhortativer Thoraerteilung: Hos 4, 15; 2Chr 19,10b; (e) im Bekenntnis: 2Chr 28,13b; (f) in allen *'ašmā*-Belegen (ausgenommen Lev 5,24); (g) vgl. schließlich Jer 50,7; 51,5; Ps 68,22; Gen 26,10; ferner Am 8,14 »sie schwören bei dem, worin Samaria schuldpflichtig geworden ist«.

b) Der eben dargelegte Sachverhalt zeigt, welche Gesichtspunkte für die Bestimmung der Bedeutung des Begriffes ausscheiden:

(1) *'šm* ist kein Begriff für »Vergehen, Verfehlung«. Dementsprechend ist *'šm* in den Texten von Begriffen für »Vergehen« (z.B. *m'l* Lev 5,15.21; *ḥṭ'* Lev 4,2f.13f.; 5,1f.; vgl. auch Esr 9,13) deutlich unterschieden. Während die Vergehen von ganz verschiedener Art sein können (Lev 4,13; 5,2.17–19; Num 5,6f.) und *'šm* alle Arten voraussetzen kann (Lev 5,21–23.26; 2Chr 19,10), bezieht sich *'šm* selbst immer nur auf eine *bestimmte Art der Folge* von Verfehlungen.

(2) Ebensowenig läßt sich beweisen, daß *'šm* eine bestimmte Art von Strafleistung meine (T.H Gaster, IDB IV,152: »simply a mulct«, »a fine« [= Geldstrafe]). Die Ableistungen können verschieden sein, vgl. 1Sam 6,3.4.8.17; Gen 42,21; 2Kön 12,17; Hos 14,1; Jer 51,5; Jes 53,10; ferner Lev 5,15ff.; Ez 40,39; 44,29; 46,20; Esr 10,19 usw.

(3) *'āšām* als Ableistung kann ursprünglich nicht als »Opfer« verstanden werden, auch wenn die Institution später neben den verschiedenen Opferriten erscheint, vgl. Lev 6,10; 7,7.37; Num 18,9; 2Kön 12,17; Ez 40,39; 42,13; 44,29; 46,20 (vgl. R. Rendtorff, Studien zur Geschichte des Opfers im Alten Israel, 1967, 227f.; Elliger, HAT 4, 73ff.).

(4) Obwohl in Jer 51,5f.; Lev 5,17; 22,16; Esr 9,6 *'āšām* und *'āwōn* (die beiden einander am nächsten stehenden Begriffe) sich auf dieselbe Situation beziehen, drükken sie doch etwas Verschiedenes aus: →*'āwōn* spricht das Moment der Schwere, der Belastung, der Last (der Schuld) an, *'āšām* dagegen das Moment des Verpflichtet-Seins (zur Schuldableistung). *'awōn 'ašmā* in Lev 22,16 hieße demnach »die Last der Schuldverpflichtung«.

(5) Schließlich scheinen Funktionsaspekte wie »Entschädigung« oder »Wiederherstellung« nicht das zu sein, was *'šm* primär aussagt. Der Primärgesichtspunkt ist die aus einem Urteil folgende Situation der Schuldverpflichtung, des Haftpflichtig-Seins, und ihrer Erfüllung. Die Funktionsaspekte scheinen dagegen mehr zum *vorausgesetzten Sinn* der Haftpflichtsituation zu gehören als im Wort selbst ausgedrückt zu sein. So ist *'āšām* nach Lev 5,14–16 nicht »Schadensersatz« (gegen Elliger, HAT 4, 76; mit Gaster, a.a.O.: »not an indemnification . . . not compensatory«), aber es dient zur Wiederherstellung (gegen Gaster, a.a.O.), vgl. →*kpr* pi. *'al* und →*slḥ*. Vgl. auch Lev 5,21–26 und Num 5,6f. Gen 42,21 scheint ein Verständnis von Kompensation zu implizieren. Der alte Text 1Sam 6,3.4.8.17 zielt auf Rehabilitation und Restitution, Jes 53,10 auf Restitution; vgl. Ri 21,22.

c) Der – nach unserer modernen Sicht – doppelte Gebrauch der einen Wurzel *'šm* (s.o. 3a) bezieht sich wahrscheinlich auf eine gemeinsame Grundsituation, die in allen Aspekten vom Schuldurteil bis zur Schuldableistung angenommen ist: es ist *die aus einem Schuldiggewordensein resultierende Verpflichtung, die Schuldpflicht, Schuldverpflichtung, das Schuldverpflichtetsein oder die Haftpflicht.* Dabei zielt »Verpflichtung« immer auf die Ableistung, auch wenn diese als noch nicht geschehen erscheint, während die Ableistung immer ihrem Wesen nach, nämlich als »Schuldverpflichtung, Haftung« charakterisiert ist. Diese Situation liegt vor im Falle der *Verurteilung* zur Schuldverpflichtung (s.o. 3a[1]), *während* des Schuldverpflichtetseins (Adjektivformen, vgl. Spr 14,9 »die Toren spotten der Schuldverpflichtung«; Ps 68,22 »der einherschreitet in seinem Schuldverpflichtetsein«; Jer 51,5 »das Land ist voll von Schuldverpflichtung«), und im Falle der *Ableistung* (s.o. 3a[2]).

In diesem Sinne bedeuten dann die Nominalformen (einschließlich des Adjektivs) das Schuldverpflichtet*sein*, die Verbformen das Schuldpflichtig*werden*. Der Grund, warum das Nomen nur im Singular benützt wird (Ausnahmen: Ps 69,6; 2Chr

28,10, beide von *'ašmā*), dürfte sein, daß »Schuldverpflichtung« im Blick auf Urteil und Sühne als je eine angesehen wurde. Die Pluralformen bei Verbum und Adjektiv beziehen sich dagegen auf die Mehrzahl der schuldverpflichteten Personen.

Diese gemeinsame Grundsituation und Grundbedeutung scheint denn auch noch in solchen Stellen zu dominieren, in denen eine Alternative zwischen »Schuld« und »Sühne« sich durchaus nicht aufdrängt: Gen 26,10; 42,21 (vgl. V.22c); Ri 21,22; 2Sam 14,13; Hos 5,15 (vgl. Wolff, BK XIV/1, 134, und Gen 42,21); 10,2; 14,1; Jes 53,10; Spr 14,19; 30,10; Esr 10, 19 M: »und Schuldverpflichtete einen Widder für ihre Schuldverpflichtung (Busse? Strafe?)«; dagegen nach G: »und als ihre Strafe (Bußleistung) ein Lamm für ihre Schuldverpflichtung«. Vgl. die doppelte Perspektive auch in den Kontexten Ps 34, 22 und 23; Lev 5,24 und 26.

d) Auf Grund der Anwendung der Grundbedeutung auf die verschiedenen Aspekte der Schuldverpflichtungssituation kommt es dann zum perspektivischen Gebrauch des Begriffes. Neben den bereits genannten Perspektiven des Schuldverpflichtet*seins*/*-werdens* und der Schuld*ableistung* ist hier schließlich der Gebrauch von *'āšām* als *Mittel* der Schuldableistung zu nennen.

Dies kommt grammatisch zum Ausdruck, wo *'āšām* entweder Akkusativobjekt oder nomen rectum einer Genetivverbindung ist: »*'āšām* schlachten« (Lev 7,2, gemeint ist ein Tier); *'āšām* bringen« (Lev 5,6f. 15b.25a; 19,21a); *'āšām* zurückkehren lassen« (1Sam 6,3.4.8.17; Num 5,7f.); »das Blut des *'āšām*(-Tieres)« (Lev 14,14.17.25b.28). Nach Ez 40,39; 42,13; 44, 29; 46,20 gehört *'āšām* neben anderen zu den heiligen, für die Priester reservierten Abgaben.

Der Wechsel der Perspektiven zeigt sich klar in Lev 5,15f.: (1) »*'āšām* für Jahwe«, (2) »ein Widder als *'āšām* (*le'āšām*)«, (3) »der Widder des (*hā-*)*'āšām*«. In (1) ist *'āšām* Subjekt, in (2) und (3) ist es der Widder. Während (2) und (3) die Beziehung von *'āšām* und Widder explizieren, ist diese Explikation in (1) unter *'āšām* kontrahiert. Dies zeigt, daß sogar dort, wo das Wort instrumental verstanden werden muß, es mehr den Sinn, die Funktion des Mittels ausdrückt als das Mittel selbst. Die Kontexte zeigen dabei, daß man durchaus auch das Mittel selbst im Auge hatte und benannte.

e) Das Übersetzungsproblem besteht für uns Heutige darin, daß wir in der perspektivischen Verschiedenheit primär das Unterschiedene sehen und ausdrücken, und nicht trotz ihrer das Gemeinsame, was in *'šm* der Fall ist. Unter Beachtung der Grundintention des hebräischen Begriffes wäre daher zu übersetzen: *'šm* q. »schuldpflichtig oder haftpflichtig sein/werden«; *'šm* ni. »Schuldpflicht, Schuldverhaftung erleiden« (Jo 1,18); *'šm* hi. »schuldpflichtig, haftpflichtig machen« (Ps 5,11); *'āšēm* »schuldpflichtig, haftpflichtig, schuldverpflichtet«; *'āšām* und *'ašmā* »Schuldpflicht, Haftpflicht, Schuldverpflichtung« (beide Nomina soweit als möglich hinsichtlich der Einheit von Situation und Ableistung). Wo das Moment der Ableistung einseitig vorherrscht oder das instrumentale Element nicht ausgeklammert werden kann, wäre dann mit »Schuldableistung«, »Schuldgabe« zu übersetzen. Alternativen sind: »Schuld – Abschuldung« (Buber); »Straffälligkeit – Strafe« (Wolff; sachlich und sprachlich klar); »schuldig sein – büßen« (Zürcher Bibel; sachlich nicht ganz eindeutig und sprachlich nicht konsequent). Falsch oder problematisch sind dagegen: »sich verschulden, Verschuldung« (weil dies auf den Akt des Vergehens abzielt); »sich versündigen« (Zürcher Bibel, z. B. zu Lev 5,17); »schuldbeladen« (KBL 94b/ HAL 93a, weil »beladen« mehr an *'āwōn* erinnert); »Schuldopfer« (weil »Opfer« etwas anderes impliziert als den Strafcharakter der Schuldgabe).

4. Das in einer *'šm*-Situation vorausgesetzte Verständnis ist offenbar, daß durch eine Schuldverpflichtung und Haftpflichtleistung für einen angerichteten Schaden die Voraussetzung zur Wiederherstellung einer gestörten Situation geschaffen wird. Theologischen Charakter hat das Wort insofern, als des Menschen Haftbarkeit Ausdruck, Ursache oder Folge göttlichen Urteilens oder Handelns ist und als menschliche Situation oder Ableistung darauf bezogen ist. Dies ist direkt sichtbar, wo Jahwes Privilegien (etwa im kultischen Raum) verletzt werden. Und es ist implicite der Fall, wo in der Schädigung von weltlichen Gegebenheiten oder von Menschen Jahwes Geltungsbereich verletzt wird. Der Grund für diese theologische Qualität von *'šm* liegt in der Ansicht, daß menschliche Schuldverpflichtung grundsätzlich und in allem mit Gott zu tun hat. Folglich bedeutet jede Schuldableistung zugleich eine Haftpflichtverwirklichung gegenüber Gott. Man wird deshalb auch hier nicht zwischen religiösem und säkularem Verständnis von *'šm*-Situationen scheiden dürfen.

Demtentsprechend wird *'šm* von Gott erbeten oder angekündigt wegen Unterdrückung des Gerechten (Ps 5,11; 34,22f.) oder wegen Vergewaltigung des Rechts, dessen Hüter Jahwe ist (Ez 22,4; 2Chr 19,10, vgl. V. 5–9). Oder die Schuldverpflichtung der Feinde Gottes hat das göttliche Eingreifen zur Folge (Ps 68,22). Nach Num 5,6f. besteht Haftpflicht gegenüber der geschädigten Person oder deren Verwandten oder, falls solche nicht existieren, gegenüber Gott, auf Grund der Auffassung, daß ein rechtliches Vergehen gegen Menschen ein Vergehen gegen Gott ist. Lev 5,14–16.21–26 erklären im weitesten Sinne jeden, der sich rechtlich gegen den Nächsten vergeht, Gott gegenüber für haftpflichtig – zusätzlich zur Schadensersatzleistung an die geschädigte Person.

Josephs Brüder verstehen ihre Situation als Schuldbehaftung für ihr Verbrechen an Joseph (Gen 42,21). Nach 1Sam 6,3 soll *'šm* Heilung und Erkenntnis der Ursache für Jahwes Gerichte wirken.

In diesem Sinne ist dann *'šm* Folge des Bundesbruches (Jes 24,6) oder des Abfalles von Jahwe (Hos, speziell 14,1; Jer 51,5). Und direkt sichtbar wird die Schuldverpflichtung, wo man sich an Jahwes Privilegien vergreift, an dem Jahwe Geweihten, sei dies Israel (Ez 25,12; Jer 50,7; Sach 11,5), der Volksgenosse (2Chr 28,13), das Eigentum des Heiligtums oder der Priester (Ez 40,39; 42,13; 44,29; 46,20), oder ein spezielles religiöses Gesetz (Esr 10,19).

5. LXX hat *'šm* mit nicht weniger als 16 verschiedenen Begriffen übersetzt. An der Spitze mit etwa der Hälfte der Belege (zumeist aus Lev, Num und verwandten Texten) steht πλημμέλεια »Vergehen« (πλημμελέω u.ä., im NT nicht belegt); es folgen ἁμαρτία (ἁμαρτάνω), ἄγνοια und andere Vokabeln für »Verfehlung«. In LXX ist damit die einheitliche Grundbedeutung von *'šm* prinzipiell aufgegeben und durch eine Vielzahl von Bedeutungen mit zumeist ganz anderem und je verschiedenem Vorverständnis ersetzt worden. Dies gilt auch im Blick auf die anerkannt verschiedenen Traditionsschichten der LXX und trotz des Übergewichtes von πλημμέλεια. Darüber hinaus besteht – von relativ geschlossenen Textgruppen (Lev/Num) nur teilweise abgesehen – keine Konsequenz in der Übersetzung, nicht einmal in der Wiedergabe der Hauptperspektiven. Gerade diese sind einem den griechischen Begriffen innewohnenden Tatverständnis weithin zum Opfer gefallen. Mit dem Übergang in den griechischen Sprachraum ist damit das in *'šm* speziell Ausgesagte grundsätzlich verlorengegangen. *R. Knierim*

אשׁר *'šr* pi. **glücklich preisen**

1. Die wichtigste Bildung der Wortsippe *'šr* II, die im sprachlichen Umkreis gewisse Entsprechungen aufweist, ohne daß ihre etymologische Herleitung dadurch hinreichend geklärt würde (vgl. HAL 94–96; Zorell 87; W. Janzen, HThR 58, 1965, 216; J. Barr, Bibelexegese und moderne Semantik, 1965, 120), stellt die nominale Form *'ašrē* dar, die meist als st.cs.plur. von angenommenem *'æšær* »Glück, Heil« verstanden wird (vgl. aber Joüon 215; J.A. Soggin, ThZ 23, 1967, 82). Das Derivat *'ōšær* »Glück« ist einmal belegt (Gen 30, 13; vgl. HAL 95b; dazu WUS Nr. 458; neupun. *'šr lb* »Freude des Herzens(?)« KAI Nr. 145, Z. 11). Verbale Realisation liegt nur in *'šr* pi. und pu. vor und wird allgemein als Denominierung von *'ašrē* aufgefaßt (vgl. D.R. Hillers, Delocutive Verbs in Biblical Hebrew, JBL 86, 1967, 320–324).

2. Während die Streuung des Verbums wenig charakteristisch ist (pi. 7 ×, pu. 2 ×), sind bei *'ašrē* bestimmte Tendenzen erkennbar. Die Vokabel ist total 45 × belegt (Ps 26 ×, Spr 8 ×, ferner Dtn 33,29; 1Kön 10,8.8 = 2Chr 9,7.7; Jes 30,18; 32,20; 56,2; Hi 5,17; Pred 10,17; Dan 12,12; dazu *'ōšær* 1 ×, s.o.), davon 38 × in der Form *'ašrē*, 6 × mit Plur.-Suffix und 1 × mit Sing.-Suffix (Spr 29,18).

Bei der recht hohen Zahl von Ps-Belegen ist die Gattungszugehörigkeit der betreffenden Psalmen zu untersuchen, weil davon die (in der neueren Forschung kontroverse) Frage der Herkunft und Art der *'ašrē*-Aussagen wesentlich abhängig ist.

Dabei ergibt sich, daß die stereotype *'ašrē*-Formel anerkannten Weisheitspsalmen eigen ist (Ps 1; 32; 34; 106; 112; 127; 128; vgl. Gunkel-Begrich 392; S. Mowinckel, SVT 3, 1955, 213; Sellin-Fohrer 308ff.) oder in weisheitsgeprägten Elementen anderer Psalmen (vgl. Ps 94; 119; ferner Ps 2,12b neben V. 10) vorkommen kann. Vom Verbum weisen 3 von 9 Belegen weisheitliche Prägung auf (Hi 29,11; Spr 3,18; 31,28; vgl. Ps 41,3Q). Schon von diesem Umstand her ist der ausführliche Versuch von E. Lipiński, Macarismes et psaumes de congratulation, RB 75, 1968, 321–367, in erster Linie aufgrund der Psalmenstellen eine kultische Herkunft der *'ašrē*-Formel zu erweisen, doch von begrenztem Wert (s. noch u. 4).

3. a) Die Grundbedeutung des als ästimativ-deklarativ aufzufassenden Pi. ist »glücklich preisen« (mit z.B. GB 73; HAL 94a; Jenni, HP 41.270). Als Parallelverben erscheinen gelegentlich *'ūd* hi. »(lobend) Zeugnis ablegen« (Hi 29,11) und *hll* pi. »preisen« (Spr 31,28; Hhld 6,9). Durch das Verbum, das sich – wie ebenfalls die Nominalbildungen – allein auf Personen (aber nie auf Gott, vgl. G. Bertram, ThW IV,368) bezieht, wird eine prädikative Beschreibung positiven Inhalts zum Ausdruck gebracht, die durch den Kontext oder durch Angaben verschiedener Art (etwa einen *kī*-Satz, Mal 3,12) inhaltlich näher erklärt und begründet wird.

b) Die nominale Glücklichpreisung durch die Suffixformen und vor allem durch das häufigere *'ašrē* bestätigt den verbalen Befund, zeigt aber zugleich eine breitere Verwendung, die doch stark formelhaft geprägt ist.

Die Form mit bloßem *'ašrē* ist immer vorangestellt; so gewöhnlich auch die Suffixformen (in Spr 14,21; 16,20; 29,18 aber nachgestellt). In 1Kön 10,8 = 2Chr 9,7; Ps 144,15 liegen parallele Wiederaufnahmen, in Ps 32,1f.; 84,5f.; 119,1f.; 137,8f.; Spr 8,32.34 Doppelungen vor (vgl. K.Koch, Was ist Formgeschichte?, 1964, 8.104), die Ansätze zu Reihungen geben (diese herrschen allerdings erst später vor, vgl. C.A.Keller, FS Vischer 1960, 89). Die syntaktische Weiterführung der Form geschieht öfter durch ein Nomen: *'ādām* (Ps 32,2; 84,6.13; Spr 3,13; 8,34; 28,14) und *'enōš* (Jes 56,2; Hi 5,17) »Mensch«, *'īš* (Sing.: Ps 1,1; 112,1; Plur.: 1Kön 10,8 = 2Chr 9,7) und *gæbær* (Ps 34,9; 40,5; 94,12; 127,5) »Mann«, *gōj* (Ps 33,12) und *'am* (Ps 89,16; 144,15.15) »Volk«, »seine Söhne« (Spr 20,7), »deine Knechte« (1Kön 10,8 = 2Chr 9,7), »die unsträflich wandeln« (Ps 119, 1), sodann durch ein Part. (Sing.: Ps 32,1; 41,2; 128,1; Dan 12,12; Plur.: Jes 30,18; Ps 2,12; 84,5; 106,3; 119,2) oder auch durch einen Relativsatz, der entweder asyndetisch mit Impf. (Ps 65,5; Spr 8,32; vgl. BrSynt 144) oder mit *šæ-* und Impf. (Ps 137,8.9) bzw. Nominalsatz (Ps 146,5) gestaltet ist. Durch diese Weiterführung wird die Glücklichpreisung der betreffenden Person (bzw. Personengruppe) inhaltlich näher charakterisiert oder begründet.

Gelegentlich kommt Anrede vor (Dtn 33,29; Jes 32,20; Ps 128,2; Pred 10,17 mit Suffixformen; vgl. Mal 3,12 mit Verbum). Kann unter Umständen auch ein Gratulationsakt vorausgesetzt werden (vgl. Gen 30,13; auch Ps 127,3–5; 128; vgl. ThW IV,369,46–48), so läßt sich die Glücklichpreisung kaum allgemein als Grußwort oder Glückwunsch bezeichnen (vgl. H.Schmidt, ThStKr 103, 1931, 141–150; ihre Charakterisierung als »hymnisch gesteigerte Zwischenform zwischen Aussagewort und Mahnwort« durch Gemser, HAT 16,29, nach W.Zimmerli, ZAW 51, 1933, 185 Anm. 1, dürfte zu unpräzis sein). Eher ist sie als ein prädikativer Heilsspruch zu verstehen (vgl. Fohrer, KAT XVI,152; auch Kraus, BK XV,3, mit Hinweis auf M.Buber), der einen Menschen (oder eine Personengruppe) aufgrund seines beglückenden Heilszustandes lobend hervorhebt und als exemplarisch – insofern ermahnend – hinstellt, und der vor allem im weisheitlichen, dann aber auch im engeren religiösen Interesse ergangen sein dürfte.

4. Theologisch ist dabei wichtig, daß man diese Interessen nicht in der Weise kontrastiert, daß »Weisheit« wesentlich mit »profaner Lebensweisheit« gleichgestellt wird, sondern daß man vielmehr den religiösen Charakter der Weisheit hervorhebt (vgl. Zimmerli, GO 303; Ch.Kayatz, Studien zu Proverbien 1–9, 1966, 51f., wo äg. Material herbeigezogen ist, ebenso vor allem J.Dupont, »Béatitudes« égyptiennes, Bibl 47, 1966, 185–222). So kann der beglückende Heilszustand verschiedener Art sein und sich z.B. auf den Besitz von Kindern, Schönheit und Ehre, auf das Finden der Weisheit sowie auf Sündenvergebung und Gottvertrauen beziehen (nähere Nachweise bei G.Bertram, ThW IV,368ff.), doch allgemein gilt, daß der zu beglückwünschende Mensch nicht die feste Ordnung Gottes zerbricht, sondern sich ihr einordnet (vgl. Wildberger, BK X,182), und daß zugleich der Heilszustand ein von anderen zu beobachtender Ausdruck der erwiesenen oder erhofften Segnung Gottes sein kann (so W.Janzen, a.a.O. 218ff., gegen S.Mowinckel, Psalmenstudien V, 1924, 1f.54, und andere, die im kultischen Interesse *'ašrē* als eine Art Segenswort dem Wortstamm →*brk* ganz nahe rücken, was aber unsachgemäß sein dürfte; vgl. auch J.Dupont, Les Béatitudes, [2]1958, 321ff.). Die »theologische Weisheit« und Frömmigkeit können auch nomistisch zugespitzt sein (so vor allem in Ps 1; vgl. noch Ps 119,1f.; Spr 29,18b). Sowohl in Ps 1 wie auch in der apokalyptischen Ausprägung von Dan 12,12 geht es um das Heil als Gegensatz zum Verderben unter Gottes Macht.

5. In der LXX, die sich noch grundsätzlich an das Begriffsmodell des AT hält, sowie im NT, wo der Begriff »ganz überwiegend auf die einzigartige religiöse Freude bezogen ist, die dem Menschen aus dem Teilhaben am Heil des Reiches Gottes erwächst« (F.Hauck, ThW IV,369f.), werden die griech. Äquivalente zum Wortstamm *'šr* fast durchgängig von der Wortgruppe μακάριος, μακαρίζω und μακαρισμός gebildet. Sonst sind in formeller Hinsicht vor allem die Reihungen (Makarismen) dem jüngeren Schrifttum eigen (vgl. Sir 25,7–11; Mt 5,3–12; Lk 6,20–23; →*hōj*). Vgl. F.Hauck – G.Bertram, Art. μακάριος, ThW IV,365–373; J.Dupont, Les Béatitudes, [2]1958; A.George, FS Robert 1957, 398–403; K.Koch, Was ist Formgeschichte?, 1964, 7–9.46–49.64–67.247f. W.Käser, ZAW 82, 1970, 225–250.

M.Sæbø

אֵת *'ēt* **mit** → עִם *'im*.

אתה *'th* **kommen** → בוא *bō'*.

בגד *bgd* treulos handeln

1. Die Wurzel *bgd* »treulos handeln« ist bisher außerhalb des Hebr. nur im arab. Dialekt der Datînah nachgewiesen worden (C. Landberg, Etudes sur les dialectes de l'Arabie Méridionale, II, 1905, 365f.; Glossaire Datînois, I, 1920, 135), wo *baǧada* »täuschen, überlisten« heißt.

Betreffs der von Gesenius, Thesaurus 177; Landberg, a.a.O., u.a. vermuteten Zusammengehörigkeit der Wurzel mit *bǽgæd* »Kleid, Decke« (215× im AT) bzw. arab. *biǧād*/*buǧd*, die eine Grundbedeutung »tecte agere« ergeben würde, muß es beim »on hésite« von P. Joüon, Mélanges de la faculté orientale de Beyrouth 6, 1913, 171, bleiben. Eher wird *bæ̣gæd* »Kleid« ein Primärnomen sein und kann im Folgenden unberücksichtigt bleiben.

Als Ableitungen begegnen das Nomen *bǽgæd* »Untreue« (Jes 24,16; Jer 12,1 in der figura etymologica *bgd bǽgæd*), der partizipiale Abstraktplural *bōgᵉdōt* »Treulosigkeit« (Zeph 3,4 in der Verbindung *'anšē bōgᵉdōt* »Männer der Treulosigkeit«; nach Gemser, HAT 16, 113, auch Spr 23,28 *bōgᵉdīm* »Betrug«) und das Adj. *bāgōd* »treulos« (Jer 3,7.10, austauschbar mit dem Part.act. *bōgēd*).

2. Das Verbum findet sich im AT 49×, und zwar nur im Qal. 30 Belege entfallen auf das prophetische Korpus (nachexilische Zusätze in Jes 10×, Dtjes 2×, Jer 9×, Hos 2×, Hab 2×, Mal 5×), 10 auf Spr (9×) und Hi (1×), 6 auf Ps (5×) und Klgl (1×), je einer auf Ex, Ri und 1Sam. Zusammen mit den oben genannten 5 Stellen der Nomina ergeben sich 54 Belege der gesamten Wortgruppe; davon entfallen 35 oder rund 65% auf die prophetischen Teile.

Das Verbum steht 35× absolut (davon 23× im Part.) und 14× (dazu Ps 73,15 txt em) mit *bᵉ* und der Person (Jahwe in Jer 3,20; 5,11; Hos 5,7; 6,7; sonst Menschen: Frau 4×, Sippengenossen 3×, Fremdvolk 2×, König 1×). Eine Konstruktion mit *min* in Jer 3,20 anzunehmen ist unrichtig, da hier *min* mit »wegen« zu übersetzen ist (gegen S. Porúbčan, Sin in the OT, 1963, 61, der auch unrichtigerweise eine Konstruktion mit *'ēt* angibt).

3. a) Die Semantik von *bgd* muß, da die unter 1 genannte arab. Parallele kaum etwas hergibt, aus dem AT selbst erhoben werden. Setzt man bei den drei vermutlich ältesten Belegen in Ex 21,8; Ri 9,23; 1Sam 14,33 ein und zieht von da aus Linien, so ergeben sich für den Gebrauch der Wurzel zunächst drei Bereiche, deren erster ihr ursprünglicher Sitz im Leben sein dürfte, während der zweite und dritte wohl primäre Übertragungsbereiche darstellen. Zwei sekundäre Ausweitungsbereiche, ein vortheologischer und ein spezifisch theologischer schließen sich an, wobei diese Unterscheidung um der Übersicht willen vorgenommen wird und keine sachlich strenge Scheidung bedeuten darf.

So ergibt sich folgende Disposition: eherechtlicher (3b), politisch-völkerrechtlicher (3c), kultisch-sakralrechtlicher (3d), sozialer (3e), spezifisch theologischer Bereich (4a–d).

b) In Ex 21,8 ist *bgd bᵉ* streng bezogen auf einen durch ein eheliches Verhältnis begründeten Rechtsstatus innerhalb des Sklavenrechts. Eine zum ehelichen Umgang bestimmte Sklavin, die dadurch »wenigstens in gewissem Umfang die Rechte einer Frau« erworben hat (Noth, ATD 5, 144), darf, wenn sie ihrem Eheherrn mißfällt, nicht an einen Ausländer verkauft werden. Das Verbum bedeutet demnach: »wider die von der Rechtsordnung geforderte oder durch ein eingegangenes Loyalitätsverhältnis gebotene Pflicht handeln«. Die Übersetzung »treulos handeln« muß im Auge behalten, daß weniger ein Gesinnungsdelikt als ein objektiv meßbares Verhaltensdelikt vorliegt.

Zieht man von dieser Stelle die eherechtliche Linie aus, so werden tangiert: Mal 2,14.15 (zu V. 10.11.16 s.u. 3e), wo *bgd* auf die Ehescheidung (V.16 *šlḥ* pi.) geht und durch *'ēšæt bᵉrītǽkā* »Weib deines Ehekontrakts« (Horst, HAT 14, 268), dessen »Zeuge« Jahwe ist (V. 14), juridisch qualifiziert wird; Spr 23,28, wo *bōgᵉdīm* im Zusammenhang mit der »Hure« und der »Fremden« (= Frau eines fremden Mannes) geradezu »Ehebrecher« bedeuten; Klgl 1,2, wo die treulos verlassene Frau Bild ist für das von seinen Bündnispartnern im Stich gelassene Jerusalem, womit der Übergang zum politischen Kontext (s.u. c) gegeben ist.

c) Ri 9,23 zeigt *bgd* im politisch-völkerrechtlichen Bereich; es bezeichnet das »Abtrünnigwerden« der Sichemiten von Abimelech.

In derselben Linie liegen, neben Klgl 1,2 (s.o. b), die Stellen Jes 21,2 (Felonie der babylonischen Vasallen gegen Babel); 33,1; Hab 1,13; 2,5. In den drei letztgenannten Stellen ist *bgd* freilich in eigentümlicher Ausweitung und zugleich Umkehrung auf die allen völkerrechtlichen Grenzen spottende Machtpolitik fremder Großmächte übertragen worden, bei der »der Gottlose (*rāšā'*) den Gerechten (*ṣaddīq*) verschlingt« (Hab 1,13). Beachtlich ist, wie Jes 33,1 »wehe dem Treulosen, an dem nicht Untreue geübt wurde« in V.8 geradezu mit »er hat den Vertrag (*bᵉrīt*) gebrochen« interpretiert wird. »Menschenmacht muß von Gott gelöst ... gesehen werden, wo sie das Recht angreift, gewissermaßen Vertragsuntreue begeht (*bgd*), indem sie mit Brutalität niederdrückt, um eigene Mächtigkeit zu erhöhen ...« (Horst, HAT 14, 177).

d) In 1Sam 14,33 qualifiziert *bgd* die Übertretung des Ritualgesetzes von Lev 7,26f.; 17,10ff. (Verbot des Blutgenusses) in Parallele zu →*ḥṭ'* »sich verfehlen« als ein kultisch-sakralrechtliches Delikt.

Ein solches liegt auch in Ps 78,57 vor, wie der Vergleich mit V.58 (»Höhen«, »Götzen«) zeigt. Falls, wie wahrscheinlich, in Zeph 3,4 Kultpropheten *'anšē bōgedōt* »Männer der Treulosigkeit« gescholten werden, gehört auch diese Stelle hierhin.

e) Auf den noch »vortheologischen« Bereich der von den geschöpflich-natürlichen Sozialstrukturen geforderten Gemeinschaftstreue übertragen, erscheint *bgd* in Jer 12,6 (Familie), Hi 6,15 (Sippenglieder), Mal 2,10.11.16 (Bruderschaft der Kinder Gottes) und in den Sprüchen. In Ps 73,15 bedeutet es Verrat an der Gemeinde der »Frommen« (V.1), die in Ps 25,3 als »die auf Jahwe Hoffenden« den *bōgedīm rēqām*, den »sinnlos Untreuen« gegenüberstehen. Spr 25,19 bringt den *bōgēd* mit falscher Zeugenschaft in Verbindung (V. 18).

4. a) Der spezifisch theologische Sprachgebrauch liegt vor in der Verbindung *bgd be* mit Jahwe (Jer 3,20; 5,11; Hos 5,7; 6,7), weiter in der die Gottesbeziehung direkt betreffenden Verwendung des Verbs, oft des Partizips, ohne (oder mit innerem) Objekt (1Sam 14,33; Jes 24,16; 48,8; Jer 3,8.11; 12,1; Ps 25,3; 78,57; 119,158) und des Adjektivs *bāgōd* (Jer 3,7.10).

b) Die Übertragung der »eherechtlichen« Linie auf das Gottesverhältnis begegnet bei Jer und Hos. Entsprechend der zugrunde liegenden Bundesideologie heißen hier die Parallelausdrücke *šūb mē'aḥarē* »sich abkehren von«, *znh* »weghuren«, *n'p* »ehebrechen«, die Opposita *šūb 'æl* «zurückkehren zu«, *'th le* »(zurück)kommen zu«, *jd' 'æt-Jhwh* »Jahwe (an)erkennen«. Verwendet Mal 2,10–16 die aufeinanderbezogenen Stichwörter *bgd* und *berīt* sowohl für den Ehe- wie für den Jahwebund (V.10.14), so ist solcher Gebrauch lange vorbereitet, wie Hos 6,7 (*bgd beJhwh* und *'br berīt* »den Bund übertreten« erläutern sich gegenseitig) und Jer 3,8 (der »Scheidebrief« setzt die Vorstellung vom »Ehekontrakt« voraus) zeigen.

c) An den übrigen Stellen wird *bgd* mehr an Normen und Ordnungen der Gerechtigkeit und der Gemeinschaftstreue gemessen: am *mišpāṭ* (→*špṭ*; Jes 33,1.5; Hos 5,1.7; 6,5.7; Hab 1,12.13), an der *ṣedāqā* (→*ṣdq*; Jes 33,1.5; vgl. das Oppositum *ṣaddīq* in Jes 24,16; Hab 1,13; 2,4.5), an der *'æmūnā* (→*'mn*; Jer 9,1.2; Hab 2,4.5) und am →*ḥæsæd* (Hos 6,4.6.7; Hi 6,14.15). In Parallele steht hier zum Part. *bōgēd* das Adj. *rāšā'* (→*rš'*; Jer 12,1; Hab 1,13). Eine wichtige Parallele ist ferner die Wurzel *pš'* »brechen mit« (R. Knierim, Die Hauptbegriffe für Sünde im AT, 1965, 113ff.), die in Jes 48,8b das *bāgōd tibgōd* von V.8a, in Jes 24,20 das *bōgedīm bāgādū ūbægæd bōgedīm bāgādū* von V.16 interpretiert. Die Annahme, daß an den in 4c genannten Stellen besonders die politische Linie ihre Übertragung auf das Gottesverhältnis gefunden hat, wird durch diese Nähe zu *pš'*, das anderweitig häufig den politischen Abfall bezeichnet, gestützt.

d) Formgeschichtlich fällt auf, daß die meisten Belegstellen im Anklageteil der prophetischen Gerichtsrede, auch etwa im Drohwort oder in der Klage auftreten. Auch in den Ps und Klgl sind Elemente der Klage und Anklage Träger der Belege. Die rechtliche Heimat der Wurzel *bgd* hat deren Verwendung für die anklagende Aufdeckung des Abfalls durch die Propheten gefördert.

5. Der typisierte Gebrauch des Part. von *bgd* in Qumran zur Bezeichnung der »Söhne der Finsternis« = »*die* Abtrünnigen« ist im AT vorbereitet. Interessant ist die Parallele *'dt bwgdjm* (CD 1,2; 6Q 3,13 = DJD III,140) zu *'aṣæræt bōgedīm* in Jer 9,1, was beides etwa »Versammlung der Treulosen« heißt.

Da ἀθετέω und ἀσυνθετέω in der LXX die sinngemäßesten Übersetzungen von *bgd* sind (daneben sporadisch ἀνομέω, ἐγκαταλείπω und, etwas häufiger, παρανομέω), darf man wohl in den ἀσύνθετοι von Röm 1,31 die *bōgedīm* wiederfinden und in Lk 10,16 »wer aber mich verwirft (ἀθετῶν), der verwirft (ἀθετεῖ) den, der mich gesandt hat« die urchristliche Interpretation dessen finden, was im AT *bgd beJhwh* heißt. *M. A. Klopfenstein*

בַּד *bad* Alleinsein → אֶחָד *'æḥād*.

בוא *bō'* kommen

1. Das Verbum *bō'* »hineingehen, kommen« hat Entsprechungen in den meisten sem. Sprachen, teilweise jedoch mit etwas abweichenden Bedeutungen (akk. *bâ'u* »entlanggehen« o.ä.; arab. *bā'a* »zurückkehren«); das Aram. verwendet für »kommen« *'th*, für »hineingehen« *'ll* (beide als Aramaismen im Hebr., vgl. Wagner Nr. 31f. und 219f.).

In Mari ist akk. *bâ'u* in der westsem. Bed. »kommen« belegt (AHw 117b; CAD B 181).

Ug. *ba* entspricht in der Bedeutung hebr. *bō'* (WUS Nr. 487; UT Nr. 453). Im Phön.-Pun. scheint neben dem Qal (DISO 32) auch das Jif. vorzukommen (KAI Nr. 5, Z. 1; Nr. 81, Z. 4), daneben das Subst. *mb'* »(Sonnen-)Untergang« (DISO 141).

Als nominale Formen begegnen im Hebr. *mōbāʼ* und *mābōʼ* »Eingang«, *t*^{e}*būʼā* »Ertrag« sowie, vielleicht als akk. Lehnwort, einmal *bīʼā* »Eingang« (HAL 102a).

2. *bōʼ* ist hinter *ʼmr* »sagen«, *hjh* »sein« und *ʻśh* »tun, machen« das vierthäufigste Verbum des AT und damit das häufigste Verbum der Bewegung (*hlk* »gehen« steht hinter *ntn* »geben« an 6. Stelle):

	Qal	Hi.	Ho.	total
Gen	168	46	3	217
Ex	78	45	1	124
Lev	30	44	7	81
Num	69	22	–	91
Dtn	84	22	–	106
Jos	54	5	–	59
Ri	87	8	–	95
1Sam	143	27	–	170
2Sam	133	15	–	148
1Kön	96	18	–	114
2Kön	128	19	5	152
Jes	102	21	–	123
Jer	159	52	2	213
Ez	131	57	3	191
Hos	11	–	–	11
Jo	7	1	–	8
Am	10	3	–	13
Ob	4	–	–	4
Jon	5	–	–	5
Mi	10	1	–	11
Nah	1	–	–	1
Hab	6	–	–	6
Zeph	2	1	–	3
Hag	5	3	–	8
Sach	18	4	–	22
Mal	7	3	–	10
Ps	70	8	1	79
Hi	47	4	–	51
Spr	31	3	–	34
Ruth	18	–	–	18
Hhld	5	5	–	10
Pred	12	3	–	15
Klgl	7	3	–	10
Est	29	8	–	37
Dan	33	10	–	43
Esr	13	4	–	17
Neh	29	20	–	49
1Chr	46	16	–	62
2Chr	109	48	2	159
AT	1997	549	24	2570

In der Aufstellung sind die Stellen mit der Ortsbezeichnung *L*^{e}*bōʼ Ḥ*^{a}*māt* (»wo man nach Hamath hineingeht«) mitgerechnet (11 × ; vgl. M. Noth, ATD 7, 93.216; ders., BK IX, 192; K. Elliger, BHH II, 630), ebenso Gen 30,11 Q, nicht aber Hi 22,21.

Von den Nomina begegnen *mābōʼ* 23 × (Ez 5 ×), *mōbāʼ* 2 × (2Sam 3,25 Q; Ez 43,11), *t*^{e}*būʼā* 43 × (inkl. Hi 22,21; 11 × in Lev, davon 9 × in Lev 25; 8 × in Spr, 6 × in Dtn) und *bīʼā* 1 × (Ez 8,5).

3. Die mannigfaltigen Gebrauchsweisen des Verbums können hier nicht in extenso aufgezählt werden. Die Lexika (vgl. GB 86–88; Zorell 98–100; HAL 108–110) gliedern nach den beiden Hauptbedeutungen »hineingehen« (Oppositum →*jṣʼ* »hinausgehen«) und »kommen« (Oppositum →*hlk* »gehen«) und schließen seltenere Bedeutungen (»gehen«, »zurückkommen« usw.) mitsamt allerlei Redewendungen an.

Bei der Bed. »hineingehen« ist in HAL 109a die Verwendung mit dem Subjekt →*šæmæš* »Sonne« in der Bed. »untergehen« nachzutragen (Gen 15,12.17; 28,11; Ex 17,12; 22,25; Lev 22,7; Dtn 16,6; 23,12; 24,13.15; Jos 8,29; 10,27; Ri 19,14; 2Sam 2,24; 3,35; 1Kön 22,36; Jes 60,20; Jer 15,9; Mi 3,6; Pred 1,5; 2Chr 18,34; vgl. hi. »untergehen lassen« Am 8,9; *m*^{e}*bōʼ haššæmæš* »Sonnenuntergang, Westen«, Dtn 11,30; Jos 1,4; 23,4; Sach 8,7; vgl. Mal 1,11; Ps 50,1; 104,19; 113,3; in der gleichen Bed. auch *ʻrb* IV mit dem Subst. *maʻ*^{a}*rāb*, vgl. akk. *erēbu*).

Die allgemeine Bedeutung eignet sich gut zu verhüllender Redeweise, wie sie z. B. in Gen 15,15 »zu den Vätern eingehen = sterben« und häufig in der Bed. »zu einer Frau eingehen = beiwohnen« vorliegt (Gen 6,4; 16,2.4; 19,31; 29,21.23.30; 30,3.4.16; 38, 2.8.9.16.16.18; Dtn 21,13; 22,13; 25,5; Ri 16,1; 2Sam 3,7; 12,24; 16,21.22; Ez 17,44; Ps 51,2; Spr 6,29; 1Chr 2,21; 7,23; ähnlich auch arab. und ug., vgl. WUS Nr. 487 zu 76 [= IV AB] II,21f.).

Die Bed. »kommen« ist erst recht mannigfaltig ausgebildet. Die formelhafte Zusammenstellung von *bōʼ* mit *jṣʼ* (»kommen und gehen«, »Ausgang und Eingang«) hat J. G. Plöger, Literarkritische, formgeschichtliche und stilkritische Untersuchungen zum Dtn, 1967, 174–184, untersucht, mit dem Ergebnis, daß dafür kein durchgängiger spezieller Sitz im Leben ausfindig gemacht werden kann (vgl. Dtn 28,6.19; 31,2; Jos 6,1; 14,11; 1Sam 18,13.16; 29,6; 1Kön 3,7; 15,17 = 2Chr 16,1; 2Kön 11,8 = 2Chr 23,7; 2Kön 19,27 = Jes 37,28; Ps 121,8; 2Chr 15,5; vgl. akk. *erēbu* und *aṣû*, CAD E 263; HAL 109b mit Lit.).

Neben der räumlichen begegnet nicht selten auch die zeitliche Verwendung von »kommen«, nicht nur mit Zeitausdrücken (z. B. →*jōm* »Tag«, etwa in der prophetischen Einleitungsformel *hinnē jāmīm bāʼīm* »siehe, es kommen Tage« in 1Sam 2,31; 2Kön 20,17 = Jes 39,6; Jer 7,32; 9,24; 16,14; 19,6; 23,5.7; 30,3; 31,27.31.38 Q; 33,14; 48,12; 49,2; 51,47.52; Am 4,2; 8,11; 9,13), sondern auch bei angesagten Ereignissen, welche »eintreffen, sich erfüllen« (vgl. Dtn 13,3; 18,22; 28,2.15.45; 30,1; Jos 21,45; 23,14.15; Ri 9,57; 13,12.17; 1Sam 9,6; 10,7.9; Jes 5,19; 42,9; 48,3.5; Jer 17,15; 28,9; Hab 2,3; Ps 105,19; Spr 26,2). Substantiviert sind *habbāʼōt* »die künftigen Ereignisse« (Jes 41,22; vgl. *hā'ōtij-jōt* Jes 41,23; 44,7, von *'th* »kommen«).

Als Synonym zu *bō'* begegnet in metrisch gehaltenen Texten gelegentlich, mit Schwerpunkten bei Dtjes und Hi, das aram. Äquivalent *'th* q. »kommen« (19×), dazu hi. »bringen« (2×). Zu Jes 21,12 vgl. C. Rabin, FS Rinaldi 1967, 303–309.

Aram. *'th* »kommen« begegnet im Qal 7×, im Ha. 7× in der Bed. »bringen« und 2× in der Bed. »gebracht werden«.

4. a) An ungefähr vierzig Stellen ist in recht unterschiedlicher Weise von einem »Kommen« Gottes die Rede (vgl. G. Pidoux, Le Dieu qui vient, 1947; F. Schnutenhaus, Das Kommen und Erscheinen Gottes im AT, ZAW 76, 1964, 1–22; E. Jenni, FS Eichrodt 1970, 251-261). Vielleicht kann man am besten die drei Gruppen des Kommens Gottes zu Offenbarungen in den alten Erzählungen, des durch Kult oder Tempel bedingten Kommens und der hymnischen bzw. prophetisch-eschatologischen Theophanieschilderung unterscheiden.

Eine Gruppe für sich bilden die Stellen in den älteren Erzählungen, in denen nicht nur abgeschwächt der Bote Gottes (Ri 6,11; 13,6.8.9.10; vgl. Jos 5,14), sondern Gott selber kommt, wenn auch wie beim Elohisten nur im nächtlichen Traum (Gen 20,3 zu Abimelech; 31,24 zu Laban; Num 22,9.20 zu Bileam; ähnlich in der Jugendgeschichte Samuels 1Sam 3,10) oder in einer recht unbestimmten Wendung in Ex 20,20 (»gekommen, um euch auf die Probe zu stellen«; vgl. Dtn 4,34, wo *bō'* ebenfalls nur subsidiär als Basis für das folgende Verbum dient), beim Jahwisten in der Wolke (Ex 19,9, J nach W. Beyerlin, Herkunft und Geschichte der ältesten Sinaitraditionen, 1961, 14; nach Noth, Überlieferungsgeschichte des Pentateuch, 1948, 33, handelt es sich um einen Zusatz in dtr. Stil).

Sehr disparat ist die zweite Gruppe: Ein Herankommen Gottes zu einer kultischen Handlung wird im Altargesetz von Ex 20,24 vorausgesetzt (»zu dir kommen und dich segnen«). Nach der Vorstellung der Philister ist Gott mit der Lade ins Heerlager gekommen (1Sam 4,7). Ein kultisch bedingtes Kommen bzw. Einziehen Gottes liegt wohl auch in Ps 24,7.9 im Zusammenhang mit der Ladeprozession vor. Schließlich kommt Gott nach Ez 43,2.4; 44,2 zum neuen Tempel zurück.

Die theologisch wichtigste Gruppe bilden die Epiphanie- oder Theophanieschilderungen (C. Westermann, Das Loben Gottes in den Psalmen, 1953, 65–72; J. Jeremias, Theophanie, 1965), in denen *bō'* öfters, wenn auch nicht als beherrschendes Stichwort (vgl. →*jṣ'*, →*jrd*, →*jp'* hi.), vorkommt. Die weitverzweigte Gattung der Theophanieschilderung ist nach Jeremias (a.a.O. 136-164) in ihrem ersten Element, der Schilderung des Herankommens Jahwes von seinem Wohnort (Dtn 33,2 vom Sinai; vgl. Ps 68,18b txt em; Hab 3,3 von Theman her) nicht von außerbiblischen Motiven abhängig (anders Schnutenhaus a.a.O. 4.6); sie hat ihren ursprünglichen Sitz im Leben in den Siegesfeiern des israelitischen Heerbannes, die das Herankommen Jahwes zur Hilfe für sein Volk im Jahwekrieg feierten. Von dort hat sich das Motiv allerdings weit auch über den hymnischen Bereich hinaus in die prophetischen Unheils- und Heilsansagen ausgebreitet, wobei Jahwes Kommen nicht mehr nur vom Sinai her, sondern entsprechend der jeweiligen Auffassung vom Wohnort Jahwes auch vom Zion aus (Ps 50,3, vgl. V. 2), von fernher (Jes 30,27 der Name Jahwes), sogar von Norden her (Ez 1,4, vgl. Zimmerli, BK XIII, 51f.; vgl. auch Hi 37,22 txt em, *'th* vom Glanz Gottes), oder ohne Herkunftsangabe ausgesagt werden konnte (Jes 40,10; 59,19f.; 66,15; Sach 14,5, vgl. 2,14; Mal 3,1f.24; vgl. auch Jes 19,1 Jahwe kommt nach Ägypten). Mit dem Motiv des Kommens zur Gerichtsverhandlung ist die nur noch in Anklängen vorhandene Theophanie verbunden in Ps 96,13 = 1Chr 16,33; Ps 98,9. Gemeinsam ist allen diesen Stellen, daß in ihnen *bō'* im Dienste des Zeugnisses vom geschichtsmächtig eingreifenden Gott steht.

Nicht um ein Kommen im Vollsinn der Theophanie, sondern um *bō'* in festen Wendungen der Sprache des Rechtslebens handelt es sich in Jes 3,14 (*bō' bᵉmišpāṭ 'im* »ins Gericht gehen mit«; vgl. Ps 143,2; Hi 9, 32; 22,4; H. J. Boecker, Redeformen des Rechtslebens im AT, 1964, 85) und Jes 50,2 (»warum bin ich gekommen und keiner ist da?«; vgl. Jes 41,28); vgl. *'th* in Dan 7,22.

In Hos 6,3 »er wird zu uns kommen wie der Regen« ist das Verbum durch das Vergleichsbild bedingt. In Hos 10,12 hat *bō'* ähnlich wie in Sach 2,14 (vgl. oben zu Ex 20,20; Dtn 4,34) nur die Funktion eines die folgende Handlung einleitenden Hilfsverbs.

b) Das Verbum *bō'* spielt ferner eine gewisse Rolle in der messianischen Weissagung Sach 9,9 »siehe, dein König kommt zu dir«, während die Stellen Gen 49,10 (»bis daß *šīlō* kommt[?]«) und Ez 21,32 (»bis der kommt, dem das Anrecht/Gericht zusteht«) schwierig und umstritten bleiben. Vgl. noch Dan 7,13 das Kommen (*'th*) des »Menschen« auf den Wolken des Himmels.

Unter den kommenden eschatologischen

Größen (z. B. Untergang Jes 30,13; Rache und Vergeltung Jes 35,4; Schwert Ez 33, 3.4.6; Tage der Ahndung und Heimzahlung Hos 9,7; Heimsuchung Mi 7,4; aber auch positiv Licht und Heil Jes 56,1; 60,1; 62,11; die frühere Herrschaft Mi 4,8; mit *'th*: Kyros Jes 41,25) sind vor allem →*qēṣ* »Ende« (Am 8,2; danach wohl Ez 7,2–6; vgl. Gen 6,13; Klgl 4,18) und →*jōm Jhwh* »der Tag Jahwes« und ähnliche Ausdrücke mit *bō'* verbunden (Jes 13,6.9.22; vgl. 63,4; Jer 50,27.31; vgl. 51,33; Ez 7,10.12. vgl. 25f.; 21,30.34; 22,3.4; Jo 1,15; 2,1; 3,4; Zeph 2,2; Sach 14,1; Mal 3,19.23).

5. Von den sehr zahlreichen Übersetzungsmöglichkeiten für *bō'* in der LXX sind am gebräuchlichsten ἔρχεσθαι, εἰσέρχεσθαι und ἥκειν. Zu *bō'* im Zusammenhang der messianischen Erwartung in Qumran (1QS 9,11; CD 19,10f.; 1QPB3) vgl. A. S. van der Woude, Die messianischen Vorstellungen der Gemeinde von Qumrân, 1957, 58.76f. Zum Kommen Gottes (Apk 1,4.8; 4,8), Christi und des Reiches im NT vgl. J. Schneider, Art. ἔρχομαι, ThW II, 662–682; ders., Art. ἥκω, ThW II, 929–930; K. G. Kuhn, Art. μαραναθά, ThW IV, 470–475; A. Oepke, Art. παρουσία, ThW V, 856–869.

E. Jenni

בוש *bōš* zuschanden werden

1. Das Verbum *bōš*, von der zweiradikaligen Basis **bt* aus mit langem Vokal (*ā* > *ō*) gebildet, kommt vor allem im O- und NWSem. vor, aram. mit triliteralisierender Auflösung der hohlen Wurzel zu *bht*; vgl. das seltene arab. *bht* (Th. Nöldeke, ZDMG 40, 1886, 157.741).

Von *bōš* I ist zu unterscheiden *bōš* II, im Po. gebraucht (Ex 32,1; Ri 5,28) in der Bed. »zögern, verziehen« (N.H. Torczyner, ZDMG 70, 1916, 557; vgl. HAL 112f.; die Bedeutungen von ug. *bš* und *bt* sind umstritten, vgl. WUS Nr. 597.609.610; UT Nr. 532. 544; Esr 8,22 im Qal, in HAL 113a als Möglichkeit angeführt, gehört kaum zu *bōš* II).

Als grammatische Besonderheit von *bōš* I ist zu erwähnen, daß im Hi. doppelte Bildung möglich ist: neben normalem *hēbīš* die häufigere Form *hōbīš*, was als Kontamination mit *jbš* hi. zu erklären ist (BL 402); s. u. 3b.

Als Derivate kommen in Betracht: *bōšæt* und *būšā* »Schande«, *mebūšīm* »Schamteile«, während *bošnā* in Hos 10,6 nach Textverderbnis aussieht (vgl. Barth 346).

2. Das Verbum kommt 129 × vor (Qal 95 ×, Hi. 33 × [*hēbīš* 11 ×, *hōbīš* 22 ×, inkl. Jes 30,5Q; Jo 1,12a, bei Lis. unter *jbš*], Hitpo. 1 ×). Es fehlt im Pentateuch mit Ausnahme von Gen 2,25 (hitpo.), ist sehr selten in Prosa, wenig gebraucht in weisheitlichen Texten (Spr 6 × hi.), häufig bei Propheten (besonders Jer, 36 ×) und in den Psalmen (34 ×).

Vom MT entfallen Hos 13,15; Ps 25,3b (BH³); zu Jes 30,5 Q/K vgl. die Komm.; dazu kommt Ez 7,26 txt em (BH³).

Von den Derivaten kommen *bōšæt* 30 ×, *būšā* 4 ×, *bošnā* und *mebūšīm* (Dtn 25,11) je 1 × vor.

3. a) Als Grundbedeutung im Qal ist »zuschanden werden« anzunehmen, und zwar in doppeltem Sinn: einmal objektiv, den Tatbestand festhaltend (»zunichte werden«), aber zugleich subjektiv, das Gefühl des zunichte Gewordenen qualifizierend (»sich schämen«).

Der Ausdruck *'ad-bōš* (Ri 3,25; 2Kön 2,17; 8,11) ist stereotype Formel im Sinn von »(bis) zum Vergehen« o.ä., vgl. ähnliche Formulierungen im Deutschen (Torczyner a.a.O. nimmt hier *bōš* II an).

Der Bedeutungsumfang des Verbs kommt in den Parallelausdrücken zur Geltung, die teilweise objektiven, teilweise subjektiven Aussagecharakter haben:

klm ni./ho. »beschämt werden« (ursprünglich »verletzt werden«, vgl. L. Kopf, VT 8,1958, 179) Jes 41,11; 45,16f.; Jer 14,3; 17,13 txt em (BH³); 22,22; 31,19; Ez 36,32; Ps 35,4; 69,7; Esr 9,6; entfernter Jes 54,4;
ḥpr »sich schämen« Jes 1,29; 24,23; 54,4 (hi.); Jer 15,9; 50,12; Mi 3,7; Ps 35,26; 40,15; 71,24; entfernter Ps 35,4; 83,18;
ḥtt »zerbrechen, schreckerfüllt sein« 2Kön 19,26 = Jes 37,27; Jes 20,5; Jer 17,18 (ni.);
ḥwr »erbleichen« Jes 19,9 txt em (BH³); 29,22;
sūg ni. »weichen« Jes 42,17; Ps 35,4; 40,15; 129,5;
bhl ni. »verwirrt werden« Ps 6,11; 83,18.

Je einmal begegnen *pḥd* »erschrecken« (Jes 44,11), *šdd* pu. bzw. q.pass. »verheert werden« (Jer 9,18), *'umlal* »austrocknen, trauern« (Jer 15,9), *'bd* »verlorengehen« (Ps 83,18), *kšl* »straucheln« (Jer 20,11); dazu Ausdrücke der Trauer wie *ḥph rōš* »das Haupt verhüllen« (Jer 14,3) und *npḥ næfæš* »die Seele verhauchen« (Jer 15,9).

Nur in wenigen Fällen läßt sich der subjektive oder der objektive Aspekt isolieren, so z. B. wenn in der Diktion individueller Klage von Scham, Reue die Rede ist (Jer 31,19; 51,51; anders Hi 19,3), oder wenn andererseits vom Zunichtewerden des Feindes gesprochen wird (Ps 6,11; 31,18 u.ö., s.u. 4). Als Gegenbegriff des subjektiven Aspektes erscheint *śmḥ* »sich freuen« (Jes 65,13; Ps 109,28; vgl. Jes 66,5).

b) Das Hi. hat in seiner regelmäßigen Form die kausative Bed. »zuschanden werden lassen« (Ps 44,8; 119,31.116; 14,6 und 53,6 txt?; Spr 29,15, jeweils mit Objekt; in Spr 10,5; 12,4; 14,35; 17,2; 19,26 begegnet das Part. ohne Objekt als Qualifikation des unweisen Toren, hauptsächlich in Gegenüberstellung zum Lebenskundigen (*maśkīl* Spr 10,5; 14,35; 17,2; *'ēšæt ḥájil* »wackere Frau« Spr 12,4; vgl. den Parallelausdruck *maḥpīr* »schändlich« in Spr 19,26).

Die zweite, nach Analogie der Verba primae *w/j* gebildete Form hat fast durchwegs innerlich-transitive Bedeutung und kommt so dem Qal nahe (in Jo 1,10.12a ist die Abgrenzung gegenüber *jbš* »verdorren« schwierig), doch kommt selten auch kausative Bedeutung vor: »beschämen« 2Sam 19,6, vgl. »schändlich handeln« Hos 2,7.

c) Das Hitpo., vielleicht vom Jahwisten Gen 2,25 originell gebraucht, bewegt sich ganz im persönlich-subjektiven Raum (»sich voreinander schämen«).

d) Die Derivate umfassen wie das Verbum beide Aspekte, also Schande, Nicht(swürd)igkeit bis Scham (Dtn 25,11 *mᵉbūšīm* konkret-spezialisiert »Schamteile«). Parallelbegriffe sind *kᵉlimmā* »Schmach« (Jes 30,3; 61,7; Jer 3,25; Ps 35,26; 44,16; 69,20; 109,29) und *ḥærpā* »Schande« (Jes 30,5; 54,4; Ps 69,20). Gebräuchlich ist der Ausdruck *bōšæt pānīm* (Jer 7,19; Ps 44,16; Dan 9,7f.; Esr 9,7; 2Chr 32,21), wörtlich »Scham des Angesichts«, etwa »Schamröte«. *Bōšæt* steht gleichbedeutend mit dem Gottesnamen *Bá'al* in Jer 3,24; 11,13; Hos 9,10, sowie in den Personennamen *'īš bōšæt* (2Sam 2,8) *Jᵉrubbæšæt* (11,21), *Mᵉfībōšæt* (21,8), eventuell auch im Lachis-Ostrakon 6,6 für Bel-Marduk (H. Michaud, Sur la pierre et l'argile, 1958, 101; vgl. HAL 158b).

Von hier aus ist die Vokalisation des Gottesnamens *Malæk* als *Mōlæk* zu erklären; so die communis opinio seit A. Geiger, Urschrift und Übersetzungen der Bibel, 1857; anders O. Eißfeldt, Molk als Opferbegriff im Punischen und das Ende des Gottes Moloch, 1935.

4. Im religiösen Gebrauch des Wortes spielt der subjektive Aspekt eine geringe Rolle, höchstens da, wo der Klagende seine reuevolle Haltung bezeichnet. Überwiegend ist der objektive Aspekt bedeutungsvoll, in erster Linie in der Feindklage (Ps 6,11; 35,4.26; 40,15; 70,3; 71,13.24; davon in der Diktion abhängig Jer 17,13. 18; Jes 26,11): Der Klagende bittet um Vernichtung des Feindes, andererseits aber auch darum, selbst vom Zugrundegehen verschont zu bleiben. Meist ist diese Bitte mit dem Vertrauensmotiv verbunden (Ps 22,6; 25,2f.20; 31,2.18; 69,7; 71,1). Der Beter nimmt also Gottes Hilfe in Anspruch, was ihn vor dem Zugrundegehen bewahrt; weil der Feind diese Hilfe nicht erwarten kann, ist er der Vernichtung preisgegeben.

Aus dem Kult ist das Verbum von der Prophetie entlehnt worden; es hat hier seinen Sitz in Gerichtsankündigungen (Jes 1,29; 19,9; 41,11; 65,13; 66,5; Jer 15,9; 20,11; Ez 16,63; 32,30; 36,32 u.ö.), die gegen die Fremdvölker wie auch gegen Israel gerichtet sind oder aber in Heilszusagen für Israel (Vernichtung der Feinde; besonders seit Dtjes, Jes 45,17.24; 49,23; 54,4 u.ö.). Auch hier ist die Vorstellung der Psalmformulierung überall durchgehalten: das was Jahwes Willen zuwiderläuft, muß zunichte werden.

So ist endlich zu verstehen warum *Bá'al* »*bōšæt*« genannt und *Mælæk* darnach vokalisiert wird: Diese Götter sind die zutiefst jahwefeindliche Macht die vor Jahwe als verderbliche Nichtigkeit offenbar wird; vgl. die Bezeichnung *bᵉlijjá'al*, die wahrscheinlich Ähnliches meint (»Nichtsnutz«, »negatives Prinzip« o.ä.; vgl. V. Maag, *Bᵉlīja'al* im AT, ThZ 21, 1965, 287–299).

5. Im NT ist teilweise atl., der LXX entlehnter Sprachgebrauch noch lebendig; vgl. R. Bultmann, Art. αἰσχύνω, ThW I, 188–190. *F. Stolz*

בחן *bḥn* prüfen

1. *bḥn* »prüfen« ist außerhebr. noch im Aram. (allerdings schwach) vertreten.

Wegen der Bedeutungsnähe wird ein ursprünglicher Zusammenhang mit arab. *mḥn* vermutet, ebenso mit der Wurzel →*bḥr* »auswählen«, aram. auch »prüfen« (ältere Lit. bei GB 92a). Doch sind im AT *bḥn* »prüfen« und *bḥr* »auswählen« getrennt (die Bed. *bḥr* »prüfen« in Jes 48,10; Hi 34,4.33; ni. Spr 10,20, ist als Entlehnung aus dem Aram. zu betrachten, vgl. Wagner Nr. 38 und ders., FS Baumgartner 1967, 358f.).

Die beiden in DISO 33 angegebenen Belege für reichsaram. *bḥn* »prüfen« auf einem Elephantine-Ostrakon und in Ah., Z. 203, sind ziemlich unsicher; syr. *bḥn* pa. bedeutet »prüfen, disputieren«. *bḥr* ist im älteren Aram. anscheinend nicht belegt.

Das Verbum kommt im Qal und Ni. vor. Als Subst. begegnet das nomen agentis *bāḥōn* »Prüfer«.

Der *bōḥan*-Stein in Jes 28,16 wird von L. Köhler, ThZ 3, 1947, 390–393, als äg. Lehnwort für eine Gesteinsart (»Schiefergneiß«) bestimmt, während die traditionelle Übersetzung »bewährter Stein« oder »Probierstein« eine Ableitung von unserer Wurzel annimmt (vgl. HAL 115a).

Das Wort *bōḥan* Ez 21,18 steht in ganz unsicherem Text. Nicht zur Wurzel gehören *baḥūn* (Jes 23,13) und *báḥan* (Jes 32,14) in der Bed. »Wartturm« o. ä. (äg. Lehnwort, vgl. HAL 114a.115a).

2. *bḥn* q. kommt 25 × vor (Ps 9 ×, Jer 6 ×, Hi 4 ×, sonst noch Sach 13,9.9; Mal 3,10.15; Spr 17,3; 1Chr 29,17), ni. 3 × (Gen 42,15f.; Hi 34,36), *bāḥōn* 1 × (Jer 6,27, neben *bḥn* q.).

3.a) Daß *bḥn* ähnlich wie *ṣrp* »schmelzen, läutern«, das z. B. in Ri 7,4 und Ps 26,2 die übertragenen, allgemeineren Bedeutungen »(Menschen) sichten« und »(Nieren und Herz) erproben« entwickelt, ursprünglich eine speziellere, technische Bedeutung gehabt hätte, aus der die metaphorische Bed. »prüfen« hervorgegangen wäre (HAL 114b), läßt sich nicht erweisen, auch wenn das Wort einmal mit dem Objekt »Gold« verwendet wird (Sach 13,9, par. *ṣrp* mit Objekt Silber) und der Vorgang des Läuterns von Edelmetallen gerne als bildhafter Vergleich und als Metapher für »läutern, prüfen« im personhaften Bereich herangezogen wird (*ṣrp* par. zu *bḥn* in Jer 6,27–30; 9,6; Sach 13,9; Ps 17,3; 26,2; 66,10; vgl. Spr 17,3; ferner etwa Jes 48,10 *ṣrp* par. *bḥr* »prüfen«; andere Verben Mal 3,3; Dan 12,10).

Die übrigen Parallelverben und der sonstige Gebrauch führen auf eine recht allgemeine Bed. »prüfen = (kritisch) untersuchen«.

bḥn steht neben →*jd'* »(er)kennen« (Jer 6,27; 12,3; Ps 139,23; Hi 23,10), *ḥqr* »erforschen« (Jer 17,10; Ps 139,23), →*pqd* »untersuchen« (Ps 17,3; Hi 7,18), →*r'h* »(an)sehen« (Jer 12,3; 20,12; vgl. Ps 139,24; vgl. akk. *amāru* und *barû* »sehen« und »prüfen«, AHw 40f.), →*ḥzh* »schauen« (Ps 11,4), *ṭ'm* »kosten« (Hi 12, 11; 34,3), *špṭ* »richten« (Jer 11,20) und →*nsh* pi. »versuchen« (Ps 26,2; 95,9).

Die Objekte des Prüfens gehören mit Ausnahme der genannten Stelle Sach 13,9 (Gold) immer dem personhaften Bereich an.

Geprüft werden Menschen (12 ×), ihr Weg (Jer 6,27), ihre Worte (Hi 12,11; 34, 3; Gen 42,16 ni.), ihr Herz (Jer 12,3; Ps 17,3; Spr 17,3; 1Chr 29,17; vgl. auch Sir 2,5; Weish 3,6; 1Petr 1,7; →*lēb*) bzw. Nieren und Herz (Jer 11,20; vgl. 17,10; Ps 7,10; Jer 20,12 und Ps 26,2). Zu Jahwe als Objekt (Mal 3,10.15; Ps 81,8 txt em; 95,9) s.u. 4.

b) Als sinnverwandte Verben kommen außer den genannten Parallelverben (→*jd'*, →*nsh*, →*pqd*) noch einige seltenere Vokabeln mit je verschiedenem Bedeutungshintergrund in Betracht:

1) *'zn* pi. »abwägen« (Pred 12,9; vgl. G. Rinaldi, Bibl 40,1959, 268f.) ist von *mōzenájim* »Waage« denominiert;

2) *būr* (Pred 9,1 txt?) und *brr* (Pred 3,18; pi. Dan 11,35; hitp. Dan 12,10; hi. Jer 4,11) bedeuten »sichten, prüfen« ausgehend von der konkreten Vorstellung des Reinigens, Ausscheidens, Läuterns (Ez 20, 38 q.; Jes 52,11 ni.);

3) zu *bḥr* »prüfen« s.o. 1 (in Jes 48,10 hat 1QIs[a] *bḥn*);

4) als Ableitung zu *bæṣær* »Golderz« (Hi 22,24.25; vgl. F. Rundgren, OrNS 32,1963, 178–183) wird in Jer 6,27 statt *mibṣār* das Part. pi *mᵉbaṣṣēr* »Goldprüfer« vorgeschlagen (HAL 142b);

5) *bqr* pi. »untersuchen, sich kümmern um, bedenken« (Lev 13,36; 27,33; Ez 34,11.12; Spr 20,25) könnte auf einen kultischen terminus technicus zurückgehen (2Kön 16,15; Ps 27,4; vgl. HAL 144b mit Lit.; Kraus, BK XV, 224);

6) *ḥqr* »erforschen, auskundschaften« (q. 22 ×) kann in einigen Fällen auch mit »prüfen« übersetzt werden (z. B. Hi 29,16 von der Prüfung eines Rechtsfalles; *ḥqr* mit Jahwe/Gott als Subjekt: Jer 17,10; Ps 44,22; 139,1.23; Hi 13,9; 28,27);

7) zu *ṣrp* s.o. 3a;

8) *śbr* q. hat in Neh 2,13.15 die Bed. »(Mauern) prüfen«, sonst pi. »hoffen, warten« (Wagner Nr. 292; vgl. lat. spectare und exspectare);

9) *tkn* »prüfen« (Jahwe prüft die Geister/Herzen/ Taten: Spr 16,2; 21,2; 24,12; ni. 1Sam 2,3) hat in anderen Vorkommen der Wurzel die Bedeutung des Festen, Geordneten.

4. a) Häufiger als Menschen (Jer 6,27; Sach 13,9 im Vergleich; Mal 3,10.15; Ps 95,9; das Ohr: Hi 12,11 und 34,3; vgl. Gen 42,15.16 ni.; durch Textänderung auch in Jer 9,6, vgl. Rudolph, HAT 12,66, und Ps 81,8, vgl. Kraus, BK XV, 562) ist Jahwe Subjekt des Prüfens (alle übrigen Stellen, Ps 11,4 seine Augen [nicht: »Wimpern«, vgl. Dahood, UHPh 67]), in Jer 6,27 und 9,6 durch Vermittlung seines Propheten. Seltener ist das Volk Objekt des Prüfens Jahwes, in der Regel sind es der einzelne Mensch bzw. die Menschen allgemein.

Im Rahmen der Geschichte Jahwes mit seinem Volk wird das Bild vom Prüfen und Läutern des Edelmetalls in Jer 6,27; 9,6; Sach 13,9; Ps 66,10 verwendet (vgl. auch Jes 48,10). Es gehört zum Prophetenamt Jeremias, daß er zum Prüfer des Volkes bestellt ist (6,27); er hat über das negative Ergebnis zu klagen (6,27–30; 9,6). In den andern Fällen, wo durch das Gericht hindurch das Heil sichtbar wird (Sach 13,9 Läuterung eines Restdrittels; Ps 66,10 Danklied der Gemeinde) nimmt das »Prüfen« den Sinn eines Läuterungsgerichtes an.

In den meisten Fällen ist an Jahwes Verhältnis zum einzelnen Menschen gedacht. In der Psalmensprache, die auch in den Konfessionen Jeremias aufgenommen ist, sowie in der Weisheit kennt man Gott als den gerechten Richter, der Herz und Nieren prüft (Jer 11,20; 12,3; 17,10; 20,12; Ps 7,10; 17,3; 26,2; Spr 17,3; 1Chr 29, 17) und den Einzelnen zur Verantwortung zieht (Ps 11,4.5; 139,23; Hi 7,18; 23,10). In Hi 34,36 wird der Gedanke von Elihu zu dem des Prüfungsleidens gesteigert (vgl. Fohrer, KAT XVI,469).

5. In der LXX wird zur Übersetzung von *bḥn* am häufigsten δοκιμάζειν verwendet. Zu den Qumranschriften und zum NT (atl. Zitate in 1Thess 2,4; Apk 2,23) vgl. Kuhn, Konk. 30f. und W. Grundmann, Art. δόκιμος, ThW II,258–264; G. Delling, Art. ἐρευνάω, ThW II,653f.

E. Jenni

בחר *bḥr* erwählen

I. 1. a) Die Wurzel **bḥr* ist in den sem. Sprachen unregelmäßig vertreten. In ähnlicher Bedeutung wie im Hebr. findet sie sich vor allem im Akk. und im jüngeren Aram. (in Eigennamen auch im Amorit. und Altsüdarab.), fehlt dagegen (bis jetzt) in den nwsem. Texten der atl. Zeit. Die Grundbedeutung dürfte im Beduinenarab. noch am treuesten bewahrt sein: »scharf ins Auge fassen« (HAL 115a).

Das klassische Arab. kennt *bḥr* V »tief eindringen, gründlich studieren« (Wehr 37a). J. G. Wetzstein hat bei den Beduinen der syr. Wüste im Raum von Damaskus das Verbum in der Bed. »sich umschauen, aufblicken (auf der Jagd)« bzw. »blicken (in ein Zelt)« registriert (ZDMG 22, 1868, 75, Z. 9, dazu 122; 83, Z. 9, dazu 148). Das Altsüdarab. scheint nur den theophoren Namen *Jbḥr'l* zu kennen (G. Ryckmans, Les noms propres sud-sémitiques, I, 1934, 221).

Das Akk. verwendet das lautgesetzlich entsprechende Verbum *bêru* in der Bed. »auswählen« (Obj.: Männer, Boten, Kämpfer usw., aber auch Sachen, Waren) und, weniger sicher, »prüfen« (vgl. AHw 122f. mit CAD B 212f.), dazu das Verbaladjektiv *bēru* »erlesen, erwählt«, in Mari auch substantiviert *be'rum* (so AHw 122b und CAD B 211 statt der älteren Lesung *beḥrum* z. B. in ARM XV,193; vgl. GAG §23e.f) in der Bed. »Elitetruppe« (vgl. M. Noth, Die Ursprünge des alten Israel im Lichte neuer Quellen, 1961, 35; D. O. Edzard, ZA 56, 1964, 144; M. Wagner, FS Baumgartner 1967, 358f.). Als aram. Lehnwörter finden sich im Spätbab. *beḫēru* »auswählen, (Truppen) ausheben« und *biḫirtu* »Aushebung (von Soldaten)« (AHw 117f.125b; CAD B 186a.223b).

Im Amoritischen begegnet die Wurzel in Eigennamen (*Jabḫarum, Bataḫrum, Biḫirum, Biḫira* u. a.; vgl. Huffmon 175).

Im Alt- und Bibl.-Aram. läßt sich die Wurzel nicht nachweisen. Die späteren aram. Dialekte (jüd.-aram., chr.-pal., syr., mand.) kennen das Verbum in den beiden Bedeutungen »prüfen« und »auswählen« (Wagner Nr. 38).

b) An einigen Stellen bedeutet *bḥr* auch im AT »prüfen« (Jes 48,10; Hi 34,4.33; vgl. Sir 4,17; ni. Part. »geprüft« Spr 10, 20; vielleicht auch pu. »geprüft werden« in Hi 36,21 txt em, vgl. Hölscher, HAT 17,84f.; HAL 115b). »Prüfen« heißt sonst im Hebr. →*bḥn* (so auch in Jes 48,10 nach 1QIs^a *bḥntjkh*). Bei den beiden Hiob-Stellen ist aram. Einfluß möglich. Die Ähnlichkeit in Form und Bedeutung legt es nahe, zwischen *bḥr* und *bḥn* eine Wurzelverwandtschaft anzunehmen (vgl. die Lit. bei Wagner Nr. 38); die Variante *bḥr* hätte sich dabei fast vollständig auf die Bed. »auswählen, erwählen« festgelegt, *bḥn* dagegen auf »prüfen, auf die Probe stellen«.

c) M. Dahood, Bibl 43, 1962, 361, postuliert eine weitere Wurzel *bḥr* »sich versammeln« für 1Sam 20, 30 (wo in der Regel *bōḥēr* zu *ḥābēr* emendiert wird) und Pred 9,4 (wo man statt K *j^{e}buḥar* das Q *j^{e}ḥubbar* zu lesen pflegt), und zwar auf Grund von akk. *paḫāru* »sich versammeln«, ug. *pḫr* und *mpḫrt*, phön. *mpḥrt* »Versammlung«. Damit ist möglicherweise zu rechnen (vgl. auch HAL 115b); andernfalls sind die erwähnten Emendationen vorzunehmen, sodaß die beiden Stellen für *bḥr* »auswählen« auf alle Fälle wegfallen.

2. a) Das Verbum *bḥr* wird im Qal und im Ni. verwendet (zum allfälligen Pu. in Hi 36,21 s. o. 1b, zu Pred 9,4K s. o. 1c). Zum Qal gehört das Part.pass. *bāḥūr* »auserlesen«, das im religiösen Sprachgebrauch durch das substantivierte Adjektiv *bāḥīr* »Erwählter« vertreten wird. Weitere Substantive (im profanen Bereich) sind *mibḥōr* (2Kön 3,19; 19,23) und *mibḥār* »Auslese, Bestes«.

b) In Analogie zu akk. *be'rum* »Elite (-Truppe)« ist auch hebr. *bāḥūr* »(ausgewachsener, kraftvoller) junger Mann« (mittelhebr. auch *b^{e}ḥūrā* »Mädchen«), plur. *baḥūrīm* (GB 91a: »junge Kriegsmannschaft« Jes 9,16; 31,8; Jer 18,21; Am 4, 10; Klgl 1,15 u. ö.) nicht vom Verbum *bḥr* zu trennen (Noth, a. a. O. 35; gegen HAL 114a. 115a). Es steht im Gegensatz zu *zāqēn* »alt« (Jer 31,13 u. ö.) und parallel zu *b^{e}tūlā* »Jungfrau« (Dtn 32,25 u. ö.); im militärischen Sinn ist es verwendet in 2Kön 8,12; Jes 31,8; Jer 18,21; 48,15; 49,26 = 50,30; Ez 30,17; Am 4,10; Ps 78,31; 2Chr 36,17; vgl. auch Ez 23,6.12. 23. Zu diesem *bāḥūr* gehören die beiden Abstraktplurale *b^{e}ḥūrīm* (Num 11,28) und *b^{e}ḥūrōt* (Pred 11,9; 12,1), die das »Alter des jungen Mannes«, die »Blüte des Lebens« meinen.

Das akk. *baḫūlāti* »Kriegsleute, Truppen«, mit dem seit J. Barth, ZA 3, 1888, 59, und H. Holma, Die Namen der Körperteile im Ass., 1911, 100 Anm. 4, die Existenz einer besonderen Wurzel *bḥr* begründet wird (z. B. P. Joüon, Bibl. 6, 1925, 314f.; Zorell 103a; KBL 117b), ist nach AHw 96b.117b nur bei Sargon und Sanherib von *ba'ūlātu* »Untertanen« künstlich differenziert; dieses gehört aber zu *bēlu* (→*ba'al*). Auch der Hinweis von G. Quell, ThW IV, 149 Anm. 5, auf mittelhebr. *bḥl* pi. »reifen« schlägt nicht durch (vgl. Dalman 51b; HAL 114b).

c) Als Eigennamen begegnen *Mibḥār* (wohl »Auslese« vgl. Noth, IP 224) in 1Chr 11,38 und *Jibḥār* in 2Sam 5,15; 1Chr 3,6; 14,5, gegen KBL 359a wohl wie amorit. *Jabḫarum* als Wunschname in hypokoristischer Verkürzung aufzufassen (vgl. Noth, IP 209). Dann ist er Zeugnis eines auf das Individuum bezogenen Erwählungsglaubens. Daß er sich aber nicht häufiger findet und ähnliche jahwehaltige Eigennamen überhaupt fehlen (vgl. dagegen amorit. *Jabḫar-*^{d}*IM* und altsüdarab. *Jbḥr'l*), wird als Hinweis darauf zu werten sein, daß in Israel »Erwählung« primär auf das Verhältnis zwischen Gott und Volk bezogen ist (s.u. IV).

Baḥūrīm (2Sam 3,16 u.ö.; zur Lokalisierung vgl. BHH I,191f.; II,1342; dazu das in 2Sam 23,31 und 1Chr 11,33 zu konjizierende Gentilicium *Baḥūrīmī*) ist möglicherweise darum so genannt, weil sich dort die Jungmannschaft zu versammeln pflegte.

II. 1. *bḥr* q. findet sich im masoretischen Text 146 ×. In der folgenden Tabelle wird unterschieden zwischen profanem Gebrauch (Pr) und theologischer Verwendung mit Gott (ThG) oder mit Menschen (ThM) als Subjekt. Dabei ergibt sich folgende Streuung:

	Pr	ThG	ThM	insgesamt
Gen	2	–	–	2
Ex	2	–	–	2
Num	–	3	–	3
Dtn	1	29	1	31
Jos	1	1	2	4
Ri	–	–	2	2
1Sam	5	5	–	10
2Sam	5	2	–	7
1Kön	2	10	–	12
2Kön	–	2	–	2
Jes 1–39	2	1	1	4
Jes 40–55	1	7	1	9
Jes 56–66	–	3	4	7
Jer	–	1	–	1
Ez	–	1	–	1
Hag	–	1	–	1
Sach	–	3	–	3
Ps	1	9	3	13
Hi	7	–	–	7
Spr	–	–	2	2
Neh	–	2	–	2
1Chr	2	7	–	9
2Chr	1	11	–	12
AT	32	98	16	146
	=22%	=67%	=11%	=100%

Jer 8,3 ist entgegen Lis. 208c als ni. zu buchen. Bei Kol. Pr scheiden durch Textänderung die Stellen 1Sam 20,30 (s.o. I/1c); Ps 84,11 und 2Chr 34,6K aus, bei Kol. ThG wohl Jes 48,10 (s.o. I/1b). Durch Konjektur wird *bḥr* in Ps 16,4 und Hi 23,13 aufzunehmen sein. In der Bed. »prüfen« findet sich das Verbum noch in Sir 4,17.

Der Tabelle ist zu entnehmen: a) Der theologische Gebrauch überwiegt stark, dabei vor allem derjenige mit Gott als Subjekt. b) Der profane Gebrauch findet sich bereits in alten Teilen des AT (schon bei J); die älteste Stelle, textlich allerdings unsicher, dürfte Ri 5,8 sein. Der theologische Gebrauch ist jünger (bei J und E noch nicht belegt), scheint sich also erst im Verlauf der Geschichte Israels gebildet und durchgesetzt zu haben. c) Der theologische Gebrauch mit Menschen als Subjekt kommt relativ selten vor; es ist aber doch festzuhalten, daß auch vom Erwählen Gottes (bzw. des rechten Verhaltens) durch Israel oder den einzelnen Israeliten gesprochen werden kann. d) Die Streuung vor allem des theologischen Gebrauchs mit Gott als Subjekt ist sehr ungleichmäßig, er hat sich also nicht in allen Kreisen der altisr. Frömmigkeit durchgesetzt. Das Schwergewicht liegt im Dtn (29 ×) und im dtr. Geschichtswerk (20 ×).

Das Part.pass.q. *bāḥūr* (19 ×, in der Tabelle nicht einbezogen; 2Chr 5 ×, Ri 3 ×, 1Sam, 2Sam und Jer je 2 ×, Ex, 1Kön, Ps, Hhld und 1Chr je 1 ×) und das Ni. (7 ×; Spr 6 ×, dazu Jer 8,3; vgl. noch Sir 37,28 und 41,16) sowie das Pu. (1 ×, s.o. I/1c) werden nur in profaner Bedeutung verwendet.

2. Bei den Substantiven ist mit *bāḥīr* (13 × in auffallender Streuung: Ps 5 ×, Dtjes und Tritojes je 3 ×, 2Sam und 1Chr je 1 ×) immer der Erwählte Gottes gemeint (Ps 106,23 Mose; 2Sam 21,6 txt? Saul; Ps 89,4 David; Jes 42,1 der Gottesknecht; Jes 43,20 und 45,4 das Volk; Jes 65,9.15.22; Ps 105,6 = 1Chr 16,13; Ps 105,43; 106,5 die einzelnen Frommen; vgl. noch Sir 46,1 und eventuell Jer 49,19 = 50,44 mit Emendation aus *bāḥūr*).

mibḥār und *mibḥōr* begegnen 12 × und 2 ×, *bāḥūr* »junger Mann« 44 × (davon 36 × Plur.; Jer 11 ×, Jes, Ez und Klgl je 5 ×, Am und Ps je 3 ×; Jes 42,22 ist in Lis. 207a zu streichen), *b*^{e}*ḥūrīm*/*b*^{e}*ḥūrōt* 1 × bzw. 2 ×.

III. 1. Abgesehen von den wenigen Stellen, wo sich die Übersetzung »prüfen« nahelegt (s.o. I/1b), bedeutet *bḥr* in profaner Verwendung »wählen« oder »auswählen«. So wird in den historischen Texten gerne von der Auswahl von Kriegern gesprochen (vgl. Ex 17,9; Jos 8,3; 1Sam 13,2; 2Sam 10,9Q »Auswahl unter allen Auserlesenen [*b*^{e}*ḥūrē*] Israels«; 17,1; vgl. auch *mibḥār* in Ex 15,4; Jer 48,15 *mibḥar baḥūrāw* »seine auserlesene Jungmannschaft«). Das Volk wählt seinen König (1Sam 8,18; 12,13); der Priester wählt sich das Opfertier aus (1Kön 18,23.25).

Aber auch der gewöhnliche Mann ist im alltäglichen Leben immer wieder vor eine Wahl gestellt: Gen 13,11; Dtn 23,17; 1Sam 17,40 usw. Dem entspricht die Bedeutung von *mibḥār/mibḥōr* »Auslese, das Beste«, vgl. etwa Gen 23,6; Dtn 12,11; Jes 22,7; Jer 22,7.

2. a) Die Wahl, die man vollzieht, kann streng objektbezogen sein: Man wählt den Tüchtigsten, das Geeignetste, das Beste und Schönste. Da die Grundbedeutung »genau hinblicken« sein dürfte und das Verbum auch »prüfen« meinen kann, ist diese Wertbezogenheit gewiß ein primäres Moment. Das Subjekt ist zwar selbst involviert, weil es wertet, aber diese Wertung entspringt rationaler Überlegung. Typisch für diesen Aspekt sind die Parallelbegriffe →*ḥzh* »ersehen« (Ex 18,21 im Vergleich zu V. 25), →*jd'* »erkennen, verstehen« (Hi 34,4; vgl. Am 3,2; Jer 1,5), →*bīn* hi. »erkennen« (Hi 34,4 txt em).

b) Von dieser objektbezogenen, kognitiven Bedeutung ist die subjektbedingte, voluntative zu unterscheiden: Man wählt, was man gerne haben möchte, was einem gefällt, was man liebt. Natürlich ist eine strenge Trennung der beiden Aspekte unmöglich. Aber der zweite tut sich doch deutlich darin kund, daß die Übersetzer das Wort an solchen Stellen mit »erwählen« und eben nicht bloß »wählen, auswählen« wiedergeben, gelegentlich gar mit dem das Subjekt ausdrücklich engagierenden »*sich* erwählen«, aber auch mit »wünschen« (2Sam 19,39), »wollen« (Gen 6,2), »mehr Lust haben« (Hi 36,21), »Gefallen haben an« (Spr 1,29), »lieber mögen« (Hi 7,15) und »bestimmen« (Hi 29,25, alle Beispiele nach der Zürcher Bibel); vgl. auch *bḥr le* in 2Sam 24,12 mit dem entsprechenden *qbl* pi. *le* in 1Chr 21,11. Als Parallelbegriffe erscheinen hier →*ḥmd* »begehren« (Jes 1,29), →*š'l* »verlangen« (1Sam 12,13), →*bqš* pi. »suchen« (Jes 40,20), →*'wh* pi. »wünschen« (Ps 132,13; Hi 23,13 txt em), →*ḥpṣ* »Gefallen haben« (Jes 56,4; 65,12; 66,3f.). In Hos 5,11 steht *j'l* hi. »wollen«, wo man *bḥr* erwarten könnte; es erwählt sich einer nicht einfach das Gute, sondern »was gut in seinen Augen ist« (vgl. 2Sam 19,39). Dem entspricht, daß das Part.ni. »begehrt, köstlich« bedeutet (Spr 8,10.19; 10,20; vgl. auch 16,16; 21,3; 22,1). Die »Wahl« vollzieht sich in diesen Fällen aufgrund eines rational nicht begründeten und wohl auch nicht begründbaren Wohlgefallens.

3. a) Subjekt des Auswählens ist im AT, soweit es sich um den profanen Gebrauch handelt, eine hervorgehobene Persönlichkeit (der Führer des Volkes, der König, der Priester) oder dann das Volk als Kollektiv, im weisheitlichen Bereich jedoch der Mensch, das Individuum.

b) In der Weisheit verschiebt sich auch das Objekt des Wählens. Es wird aufgerufen zur rechten Wahl zwischen den Wegen des Guten und Bösen (Spr 3,31; vgl. auch 1,29), zwischen dem, was recht und unrecht ist (Hi 36,21; vgl. auch Hi 9,14; 15,5; 34,33). Dabei wird unreflektiert vorausgesetzt, daß dem Menschen die Möglichkeit der freien Wahl zwischen Gut und Böse, Recht und Unrecht gegeben ist. Nicht immer ist allerdings unter dem Erwählen des »Guten« (→*ṭōb*) die sittliche Entscheidung verstanden. In 2Sam 19,39 »was gut ist in deinen Augen« ist die Wahl dessen, was gefällt, gemeint. Und mit dem Wählen des Guten und Verwerfen des Bösen in Jes 7,15 dürfte die Fähigkeit des Immanuel, sich der Außenwelt zu bemächtigen, gemeint sein (vgl. Wildberger, BK X,296f.).

4. Als Konträrbegriff zu *bḥr* begegnet in erster Linie →*m's* »verwerfen«, und zwar offensichtlich für seinen ganzen Bedeutungsumfang (vgl. z.B. 1Sam 8,7 und 18; Jes 7,15; Ps 78,67; Hi 34,33).

IV. Die Vokabel *bḥr* ist im AT zum eigentlichen terminus technicus der »Erwählung« geworden (wichtigste Lit.: K. Galling, Die Erwählungstraditionen Israels, 1928; H.H. Rowley, The Biblical Doctrine of Election, 1950; Th.C. Vriezen, Die Erwählung Israels nach dem AT, 1953; K. Koch, Zur Geschichte der Erwählungsvorstellung in Israel, ZAW 67, 1955, 205–226; R. Martin-Achard, La signification théologique de l'élection d'Israël, ThZ 16, 1960, 333–341; H. Wildberger, Jahwes Eigentumsvolk, 1960; P. Altmann, Erwählungstheologie und Universalismus im AT, 1964; H.J. Zobel, Ursprung und Verwurzelung des Erwählungsglaubens Israels, ThLZ 93, 1968, 1-12; H. Wildberger, Die Neuinterpretation des Erwählungsglaubens Israels in der Krise der Exilszeit, FS Eichrodt 1970, 307–324; ferner die Lexikonartikel von G. Quell, ThW IV, 148–173 [Lit.], und G.E. Mendenhall, IDB II,76–82 [Lit.]).

Das Schwergewicht des theologischen Gebrauchs von *bḥr* liegt auf dem Reden von der Erwählung des Volkes durch Gott (IV/2–4, vorexilische, exilische und nachexilische Zeit), während das menschliche Erwählen Gottes oder des rechten Weges zurücktritt (IV/5). Älter als die Anschauung von der Erwählung des Volkes ist aber in Israel diejenige von der Erwählung des Königs durch Gott (IV/1).

1. a) In der Umwelt Israels gilt der König überall als der Auserwählte der Gottheit (vgl. dazu S. Morenz, Die Erwählung zwischen Gott und König in Ägypten, FS Wedemeyer 1956, 118–137; R. Labat, Le caractère religieux de la royauté assyrobabylonienne, 1939, 40ff.).

Am Nil wie im mesopotamischen Bereich ist der Titel »Sohn«, wenn auch in verschiedener theologischer Konzeption, Ausdruck der besonderen, »auserwählten« Stellung des Königs zu seinem Gott (→*bēn* IV/3a). In der 18.–20. Dynastie begegnet die Formel »Amun, der (den Pharao) NN mehr liebt als alle anderen Könige« (Morenz, a.a.O.; ferner D. Müller, ZÄS 86, 1961, 134; Quell, a.a.O. 161 Anm. 64.68). Im Zweistromland sagt man, daß die Gottheit den König kennt (akk. *edû*, →*jd'*); er ist ihr Günstling (akk. *migru*, vgl. Seux 162–168.448f.), sie beruft ihn, nennt seinen Namen (akk. *nabû*) u.ä. Dem hebr. *bḥr* steht nach Bedeutung und Gebrauch das akk. *(w)atû(m)* (sum. *pà*) mit der Bed. »sehen« und den Nuancen »ersehen, erwählen, berufen«, auch »Umschau halten, suchen« am nächsten, das oft zum Ausdruck der Erwählung von Königen durch Götter verwendet wird (Seux 368f.433–436; ebd. 121f. zu *itûtu* »Erwählung, Erwählter, Berufener«). Das Thema ›Erwählung des Königs‹ liegt auch vor, wenn z.B. Zkr von Hamath von sich bekennt: »*B'lšmjn* machte mich zum König« (aram. *mlk* ha.; KAI Nr. 202A, Z. 3). Für Einzelheiten sei weiter verwiesen auf H. Frankfort, Kingship and the Gods, 1948, 238f.; de Vaux I, 156.

b) Bei dieser Situation in Israels Umwelt ist zum vornherein anzunehmen, daß in ihm von der Erwählung des Königs durch Jahwe von dem Moment an gesprochen wurde, da es überhaupt Könige in Israel gab. Die Frage ist nur die, inwieweit innerhalb der Königsideologie die besondere Stellung des Königs zu Jahwe bereits mit der Vokabel *bḥr* umschrieben worden ist. Angesichts dessen, daß das bereits in der Thronfolgegeschichte Davids der Fall ist (2Sam 16,18; vgl. auch 2Sam 6,21, dazu A. Weiser, VT 16, 1966, 344.348), dürfte der Gebrauch von *bḥr* bereits in die davidische Zeit zurückreichen (vgl. auch die allerdings späteren Stellen 1Sam 16,8.9. 10). Möglicherweise wurde sogar schon Saul als Jahwes Auserwählter bezeichnet (vgl. 1Sam 10,24 und, mit unsicherem, aber wohl gegen die meisten Exegeten beizubehaltendem Text, 2Sam 21,6), jeweils in Stellen, wo ältere Überlieferungen aufgenommen sind.

c) Wenn auch Israel den Gedanken der Erwähltheit des Königs mit seiner Umwelt teilt, so hat sich doch sehr bald auch hier die Eigenart seines Glaubens geltend gemacht. Das zeigt sich bereits darin, daß in der Saulüberlieferung nicht nur von der Erwählung, sondern auch von der Verwerfung des Königs gesprochen wird (1Sam 15,23.26, zwar nicht in derselben Überlieferungsschicht, aber Verwerfung setzt Erwählung voraus). Das ist umso bemerkenswerter, als dem »Gesalbten Jahwes« gelegentlich geradezu ein character indelebilis zugeschrieben wird (1Sam 24, 7.11; 26,9.11.16.23; 2Sam 1,21). Zur Erklärung der Verwerfung wird auf das Versagen des Königs hingewiesen. So gewiß sich die Frage stellt, wieso denn ein von Jahwe Auserwählter versagen kann, so sicher ist doch darin die Erkenntnis zum Ausdruck gebracht, daß die Erwählung durch Jahwe in der Bewährung des Erwählten ihre Antwort finden muß. Wo die aus der Erwählung sich ergebende Verpflichtung nicht gesehen wird, ist jene selbst in Frage gestellt. Es wird mit dieser Einsicht zusammenhängen, daß man im Nordreich offensichtlich kaum von der Erwählung des Königs gesprochen hat. Selbst Dtn 17,15 (wenn 17,14ff. wirklich aus dem Nordreich stammt, wie K. Galling, ThLZ 76, 1951, 133–138 annimmt, und die Erwählungsaussage nicht mit R.P. Merendino, Das deuteronomische Gesetz, 1969, 179ff., als sekundär zu betrachten ist) bildet faktisch weniger ein Zeugnis dafür, daß man den König tatsächlich als Erwählten betrachtete, als daß man mit dieser These nicht zu Rande gekommen ist.

d) Im Südreich ist die Situation eine andere. An der Erwähltheit Davids hat man nie gezweifelt. In 2Sam 7 fehlt zwar die Wurzel *bḥr*, aber der David verliehene Titel *nāgīd* steht inhaltlich *bāḥīr* nicht ferne (vgl. W. Richter, BZ 9, 1965, 77). Skopus der Nathanverheißung ist aber nicht die Erwählung Davids, sondern die seines »Hauses«. In den Königspsalmen (die zweifellos der vorexilischen Zeit angehören) wird zwar auf die Erwählung Davids rekurriert, aber doch vor allem darum, weil in ihr die Erwählung des jeweiligen Herrschers impliziert ist (Ps 78,67; 89,4. 20). Den Glauben an die Erwähltheit der Davididen durchzuhalten, war angesichts der oft genug wenig erfreulichen Wirklichkeit nicht leicht. Ps 89 ist ein ergreifendes Dokument über das Ringen um die Gültigkeit der Erwähltheit des Davidshauses. Der Verfasser meint aus der Schwäche der Davididen ablesen zu müssen, daß Jahwe seinen »Gesalbten« verstoßen (*m's*!) und den Bund mit David preisgegeben habe (V. 39f.). Aber er kann und will nicht glauben, daß damit die Erwählung annulliert sei. Er interpretiert die Erwählung als Bund, der von Jahwe David zugeschworen worden ist (V. 4.35.50; vgl. auch Ps 132,11), appelliert an die Treue Jahwes (V. 2.3 u.ö.), unterstreicht die Beständigkeit, Dauer, ja »Ewigkeit« des durch die Erwählung geschaffenen Verhältnisses zwischen Jahwe und dem König (V. 5.22.29f.37). Erwählung kann nicht dahinfallen, auch wenn Verwerfung manifest geworden ist.

e) Saul wurde offensichtlich von den Stämmen zum König erhoben aufgrund seiner bravourösen Entsetzung von Jabes (1Sam 11). Aber die Erzählung 1Sam 10,17–24 weiß es anders: Saul wird durchs Los bestimmt. Er ist ein bescheidener Mann, der sich versteckt hält. Wie er geholt wird, zeigt es sich dann allerdings, daß er »alles Volk um Haupteslänge überragt«. Mehr in die Tiefe geht die parallele Davidserzählung: Kriterium ist gerade nicht der hohe Wuchs – Jahwe lehnt den großen Bruder Davids ab –, »Jahwe sieht das Herz an« (1Sam 16,7). Zwar wird dann Davids Schönheit gepriesen (V. 12). Was aber David als König ausweist, sind doch weder seine äußere Erscheinung noch seine geistigen Qualitäten, sondern es ist Jahwes Geist (V. 13), der ihm im Vollzug der Erwählung verliehen wird. Die Eigenschaften des Erwählten sind also nicht diskongruent dem, was man von einem König erwartet; aber warum gerade der betreffende ausgewählt wird, bleibt letztlich ein nicht zu lüftendes, kontingentes göttliches Geheimnis.

f) Zu welchem Ziel der König erwählt ist, wird in den genannten Erzählungen nicht dargelegt. Aber es versteht sich von selbst, daß dem Gesalbten Jahwes eine Aufgabe am Volk überbunden ist. David ist »Fürst über das Volk Jahwes« (2Sam 6, 21; vgl. 7,8 und Ps 78,71). Zur Umschreibung des Verhältnisses des Königs zu Gott ist bereits in der Nathanweissagung der Begriff *ʿæbæd* verwendet (→*ʿbd*; 2Sam 7,5 u.ö.; Ps 78,70; 89,4 u.ö.; 132,10). *ʿæbæd Jhwh* ist geradezu Parallelbegriff von *beḥīr Jhwh* geworden (z.B. Ps 105,6). Das Wort meint in diesem Zusammenhang den »Minister« oder »Vezir«, der dazu auserkoren ist, den Willen seines Herrn im Volk, ja unter den Völkern, zu vollstrekken (vgl. W. Zimmerli, ThW V,656.662f.).

2. a) Von einem gewissen Zeitpunkt an wird im AT nicht nur von der Erwählung des Königs, sondern auch von der Erwählung des Volkes gesprochen, was ein Novum innerhalb der Religionsgeschichte des Alten Orients bildet. Der Gedanke der Sonderstellung Israels zu Jahwe ist für seinen Glauben geradezu konstitutiv. Er ist bereits ausgedrückt in der einfachen Formel, daß Jahwe der Gott Israels ist. Man spricht nicht ohne Grund von Erwählungstraditionen (K. Galling, Die Erwählungstraditionen Israels, 1928; H. Wildberger, Jahwes Eigentumsvolk, 1960, vgl. dazu Zobel, a.a.O. 6ff.). Die Vorstellung von der Erwählung Israels kann aber sehr wohl zur Sprache kommen, ohne daß dabei der Terminus *bḥr* verwendet wird. Es besteht in der atl. Forschung sogar beinahe ein Consensus darüber, daß von Erwählung Israels explizit nicht vor dem Dtn gesprochen worden ist (G. von Rad, Das Gottesvolk im Dtn, 1929, 28: »Das Verbum *bḥr* [Subjekt Gott – Objekt Volk] ist eine original dt. Prägung«; Vriezen, a.a.O. 47; G.E. Mendenhall, IDB II, 76). Das ist allerdings schon darum fraglich, weil das Dtn zweifellos eine weit in die Geschichte des Nordreiches zurückreichende Vorgeschichte hat, aber auch darum, weil die betreffenden Aussagen im Dtn bereits eine geprägte, stereotype Form aufweisen. Dazu kommen einige Hinweise aus den Psalmen. Der oben erwähnte Ps 78 spricht nicht nur von der Erwählung Davids, sondern auch von derjenigen Judas (V. 68) mit der Bemerkung, daß Jahwe das Zelt Josephs verworfen, den Stamm Ephraim nicht erwählt habe. Das läßt etwas ahnen von der schweren Not, welche der Untergang Israels (oder schon eine frühere Krise dieses Staatswesens) den Vertretern des Erwählungsgedankens bereitete. Die Psalmen 33 (V. 12), 47 (V. 5) und 135 (V. 4), die in der Regel für nachexilisch gehalten werden, dürften doch gerade in ihren Erwählungsaussagen auf Formulierungen zurückgreifen, die älter als das Dtn sind.

b) Im Deuteronomium liegt dann aber tatsächlich das Theologumenon von der Erwählung Israels in umfassender theologischer Ausgestaltung vor. In 17,15 spricht das Buch allerdings auch von der Erwählung des Königs (s.o. IV/1c), und weitaus am häufigsten findet sich in ihm die stereotype Formel »die Stätte, die Jahwe euer Gott erwählen wird ...«, auffallenderweise ausschließlich im Gesetzeskorpus (Dtn 12,5–26,2 20×, vgl. noch 31,11; Jos 9,27 u.ö., s.u. 3a). Es spricht aber alles dafür, daß die Theorie der Erwählung des Zion (»um meinen Namen daselbst wohnen zu lassen« o.ä.) erst im Zusammenhang mit der jerusalemischen Redaktion in das Dtn hineingelangt ist (s. zuletzt Merendino, a.a.O. 382ff.). Von der Erwählung Israels hingegen spricht das Dtn hauptsächlich in der zweiten Vorrede (7,6f.; 10,15; dazu 14,2 und 4,37). Zweifellos war auch im Nordreich der Gedanke der Erwählung des Königs lebendig. Aber vermutlich unter dem Gewicht der alten Auszugs-Erwählungstradition, möglicherweise auch unter der Erfahrung des Versagens des Königtums, wurde der Terminus *bḥr* zum begrifflichen Ausdruck der Zuwendung Jahwes zu Israel. Damit wurde im Zuge dieser »Demokratisierung« die Vorstellung aus dem Bereich des Mythus (Erwählung des Königs bzw. des Gottesberges) in den der Geschichte übertragen (Auszug aus Ägypten). Nach Ausweis von Ps 78,68 scheint man sich nach dem Ende des Nordreiches auch in Jerusalem ernsthaft mit der Frage auseinandergesetzt zu haben, was es denn um die Erwählung des Volkes sei.

c) Der locus classicus der Erwählung Israels im AT ist Dtn 7,6–8. Der Abschnitt ist eingebettet in das paränetische Stück 7,1–11, in welchem Israel zur Distanzierung gegenüber Kanaan aufgefordert wird. D.h.: Erwählung ist nicht thematisch, sondern dient der Motivation der Paränese. In der Fortsetzung V. 9–11 wird die Bundestradition als zweites Motiv ausgewertet. Von Erwählung Israels wird also nicht isoliert gesprochen, sondern um den Anspruch Jahwes an Israel als wohlbegründet darzutun. In 10,12 dient der Verweis auf die Erwählung geradezu der Begründung von Jahwes umfassender Gehorsamsforderung: Gott fürchten, in seinen Wegen wandeln, ihn lieben und ihm von ganzem Herzen und ganzer Seele dienen. Die stereotype Formulierung »erwählt aus den Völkern« verrät, daß die theologische Verwendung von *bḥr* in diesem Bereich sich aus der Auseinandersetzung mit Kanaan ergeben hat.

Was Erwählung bedeutet, ist interpretiert durch die Verbindung mit den beiden offensichtlich der Überlieferung entstammenden Begriffe *'am qādōš* »heiliges Volk« und *'am* →*sᵉgullā* »Eigentumsvolk«. Damit wird der vieldeutige Begriff *'am qādōš* zugleich abgesichert: Heilig ist Israel nicht aufgrund einer besonderen kultischen oder moralischen Integrität, sondern kraft dessen, daß es durch die Erwählung zu Jahwes Eigentumsvolk geworden ist. Weil aber demgemäß Israels Heiligkeit nicht eine ihm integrierende Eigenschaft ist, sondern auf der Wahl Jahwes beruht, muß sich Israel zu einem diesem Akt der freien Gnade Jahwes konformen Verhalten verpflichtet wissen. Mit Vehemenz wird in 7,7f. (wohl sekundär, vgl. den »Ihr-Stil«) das Mißverständnis, als beruhe die Wahl Jahwes auf einer besonderen Qualifikation Israels, abgewehrt: zunächst in V.7 dadurch, daß *bḥr* durch *ḥšq* »hangen an, lieben« kommentiert wird, in V.8 durch den Verweis auf die Liebe Jahwes gegen Israel (→*'hb* IV/2) und seine Eidestreue den Vätern gegenüber, dann aber auch durch die Negation: »nicht weil ihr zahlreicher wäret als andere Völker . . .«. Dtn 9,4–6 ist der Gedanke noch deutlicher ausgezogen: »nicht um deiner Gerechtigkeit (*ṣᵉdāqā*) und um der Lauterkeit (*jōšær*) deines Herzens willen«, ja sogar radikalisiert: »denn du bist ein halsstarriges Volk«. In 10,14f. (ebenfalls sekundär) ist die Irrationalität der in der Erwählung sich äußernden Zuwendung Jahwes zu Israel noch dadurch unterstrichen, daß Jahwe als der Herr Himmels und der Erde vorgestellt wird.

Die Leistung des Deuteronomikers ist theologisch sorgfältig abgewogen; durch ihn hat sich »Erwählung« als begrifflicher Ausdruck der Zuwendung Jahwes zu Israel durchgesetzt, er hat Erwählung als absoluten Akt der Gnade, allein begründet in der nicht weiter zu erklärenden Liebe Jahwes zu Israel, interpretiert, und schließlich hat er sie als dialektischen Vorgang gedeutet: Sie redet von der Liebe Jahwes und erheischt Gehorsam in Treue von seiten des Gottesvolks. Das Gemeinschaft begründende Wort geht von Jahwe aus, es erfordert aber unmißverständliche Antwort durch das angesprochene Israel. Mit diesem Verständnis des Verhältnisses Jahwe-Israel steht das Dtn in der Nähe des vorexilischen Prophetismus.

d) In seltsamer Unverbundenheit steht im Dtn neben der Erwählung des Volkes diejenige des Zion (12,5.11.14.18.21.26; 14,23.24.25; 15,20; 16,2.6.7.11.15.16; 17,8.10; 18,6; 26,2; 31,11). Die hier noch ausgeprägtere Formelhaftigkeit macht es an sich schon völlig gewiß, daß das Dtn bereits vorliegende Anschauungen aufgenommen hat. Darauf hat Koch, a.a.O. 215f., gegenüber Vriezen, a.a.O. 46f., mit Recht aufmerksam gemacht. Bereits der wohl schon frühvorexilische Ps 132 spricht von der Erwählung des Zion zur Wohnstatt Jahwes (V.13). Der der späteren Königszeit angehörende Ps 78 weiß ebenfalls von der Erwählung des Zion durch Jahwe (V.68 »den er liebhat«). Man kann sogar die Frage stellen, ob von der Erwählung Jerusalems nicht bereits in jebusitischer Zeit gesprochen wurde. Gelegentlich ist auch im mesopotamischen Bereich von der Erwählung des Heiligtums durch eine Gottheit die Rede, meist geschieht das aber nur indirekt, insofern der König speziell dazu erwählt ist, das Heiligtum zu bauen oder zu betreuen (vgl. H. Wildberger, FS Eichrodt 1970, 309 Anm. 9). Aber ohne Parallele ist natürlich die Erwählung des *einen* Heiligtums im exklusiven Sinn der jerusalemischen Kultuszentralisation, von der das Dtn spricht.

Die Erwählungsformel »der Ort, den Jahwe, euer Gott, erwählen wird« kann erweitert sein durch »aus all euren Stämmen« oder »in einem deiner Stämme« (12,5.14). Darin spiegelt sich der Anspruch Jerusalems, der zentrale Ort der Anbetung für ganz Israel zu sein. Die Formel kann ebenso durch die Wendung »um dorthin seinen Namen zu legen« (12,5.21) oder »um dort seinen Namen wohnen zu lassen« (12,11; 16,2.6.11; vgl. auch 12,5) erweitert sein. Gegenüber der Aussage von Ps 132, der noch »naiv« davon spricht, daß der Tempel von Jahwe zu seinem »Wohnsitz«, zu einer »bleibenden Ruhestatt« erwählt worden sei, bedeutet das eine Sublimierung. »Name« meint Offenbarungsgegenwart (→*šēm*).

Gelegentlich ist zwar die Formel »der Ort, den Jahwe erwählen wird« bloße Umschreibung für den Namen Zion/Jerusalem (aus der Fiktion heraus, daß das Dtn dem Mose in den Mund gelegt ist und die Erwählung Jerusalems darum nicht bereits als Tatsache vorweggenommen werden darf). Im allgemeinen bedeutet sie aber mehr. Der Ort der Gegenwart Jahwes ist Quelle von Segen, Wonne, Leben (z.B. Ps 36,8ff.). Indem sich Jahwe diesen Ort inmitten der Stämme erwählt hat, bezeugt er seine Verbundenheit mit Israel; Jahwe erweist sich so als »dein/euer Gott«. Aber die Differenz zu den Aussagen des Dtn über die Erwählung Israels ist dennoch eklatant: Vergegenwärtigt sich Israel seine Erwähltheit dort im Bedenken seiner Heilsgeschichte, so hier durch die Teilnahme am Kult des zentralen Heiligtums. Beinhaltet Erwählung dort Inpflichtnahme Israels, so hier Ermöglichung eines Lebens unter dem Schutz und Segen Gottes. Ein Stück Tempeltheologie ist damit in die amphiktyonische Welt eingebrochen. Es ist gewiß nicht Zufall, daß die Formel in Kap. 12 mit seinen Bestimmungen zur Kultuszentralisation und in Kap. 16 mit seinem Festkalender gehäuft vorkommt. Dem entspricht es, daß bereits das Dtn, wenn auch zweifellos in einer späten Schicht, von der Erwählung Levis »aus allen deinen Stämmen« spricht (18,5; 21,5). Zum erwählten Heiligtum gehört die erwählte Priesterschaft. Und wie die Einheit des Tempels, so sichert die Einheit des priesterlichen Geschlechts das richtige Funktionieren eines das Heil schenkenden und sichernden Gottesdienstes.

e) Angesichts der hier faßbaren kultischen Erwählungslehre ist es eine höchst bemerkenswerte Tatsache, daß die vorexilischen Propheten samt und sonders nicht von der Erwählung des Zion, ja nicht einmal von derjenigen Israels unter Verwendung von *bḥr* sprechen. Sie kennen zwar ohne Zweifel die *Sache* der Erwählung (z.B. Am 3,2); sie stellen sie aber auch in Frage (z.B. Am 9,7). Man versteht es darum, daß sie den Begriff *bḥr* meiden; er gab zu leicht Anlaß zur gefährlichen Illusion, als wäre das Heil für Israel durch den Vollzug des Kults an heiliger Stätte gesichert, oder als wäre Israel, weil es erwählt ist, gegen Unheil gefeit. Sogar der Jerusalemer Jesaja, der die Vorstellungen von der Erwählung des Königs und des Tempels gekannt hat, spricht nur in theologischer Absicherung davon, indem er beide Konzeptionen unter die Bedingung des Glaubens stellt (7,9; 28,16) und in den Horizont »eschatologischen« Geschehens rückt (2,2–4; 9,1–6).

3. a) Das in der Exilszeit entstandene deuteronomistische Geschichtswerk mußte sich mit der Tatsache des Zusammenbruchs des davidischen Königtums, der Zerstörung des Tempels und des Endes Israels als einer Nation auseinandersetzen. Hatte 1Sam 10,24 von der Erwählung Sauls gesprochen (vgl. H.J. Boecker, Die Beurteilung der Anfänge des Königtums in den dtr. Abschnitten des 1. Samuelbuches, 1969, 48f.) und spätere Stücke dann von Sauls Verwerfung (s.o. IV/1c), so sagt nun die dtr. Stelle 8,18, daß das Volk selbst den König erwählt habe. Diese Wahl durch Israel ist nach V. 8 geradezu seinem Götzendienst gleichzustellen (vgl. Ri 10,14). Jahwe allein kann König über Israel sein, die Erwählung des Königs durch das Volk war faktisch Verwerfung Jahwes (1Sam 8,7). Das dtr. Geschichtswerk hat allerdings die alten Überlieferungen, die dem Königtum Sauls und dem Davids wohlgesinnt waren, nicht unterschlagen, nicht einmal die Nathanweissagung. Aber dort, wo der Dtr. selbst das Wort hat, verwendet er *bḥr* nur von David (1Kön 11,34 und vielleicht 8,16 txt?). Nie wird einer der Davididen »Erwählter« Jahwes genannt, während die Königspsalmen das doch tun. Leichter fällt es ihm, von der Erwählung Jerusalems zu sprechen (1Kön 8,16.44.48; 11,13.32.36; 14,21; 2Kön 21,7 »ewiglich«; 23,27; wie im Dtn kann »um dahin meinen Namen zu legen« o.ä. hinzugefügt sein). Abgesehen von 1Kön 3,8 (nicht sicher dtr.) spricht Dtr. in den Königsbüchern aber nie von der Erwählung

Israels, offenbar einfach darum, weil ihm beim Israel der Königszeit das nach dem Dtn unabdingbare Korrelat zur Erwählung, Furcht Jahwes und Liebe zu ihm, zu fehlen schien. Ja, er klammert das Thema Erwählung Israels nicht nur aus, sondern spricht in seiner Reflexion über das Ende des Nordreiches von dessen Verwerfung (2Kön 17,20), wobei nach V.19 auch Juda eingeschlossen ist. Und in 23,27 redet er ausdrücklich vom Hinwegtun Judas »von meinem Angesicht, wie ich Israel hinweggetan«. Im gleichen Atemzug spricht er von der Verwerfung der doch erwählten Stadt Jerusalem samt ihres Tempels (vgl. auch 24,20). Das Bild, das er zeichnet, ist also düster genug: Die unerhörten Möglichkeiten, die Jahwe Israel durch die Erwählung – und indirekt durch die des Königs und der Tempelstätte – eröffnet hatte, hat das Volk gründlich vertan.

Aber das dtr. Geschichtswerk wäre doch mißverstanden, wollte man es als Grabgesang auf die große Utopie der Erwählung Israels deuten: Die Erwählung der Davididen wird im Gegensatz zu derjenigen Sauls nicht revoziert. Der Schluß des ganzen Werkes, die Erzählung von der freundlichen Wende in Jojachins Schicksal, scheint auch dem Haus der Davididen noch eine Chance zu eröffnen. Das »ewiglich« in 2Kön 21,7 deutet an, daß es für Jerusalem auch über seine Verwerfung hinaus noch eine Zukunft geben wird.

Der Exilszeit gehört auch Jos 24 an. Gewiß handelt es sich um eine alte Tradition, aber sie ist dtr. überarbeitet (vgl. J. L'Hour, L'alliance de Sichem, RB 69, 1962, 5–36.161–184.350–368), u.a. auch in V. 15 und 22, wo Israel vor die freie Möglichkeit der Wahl gestellt zu sein scheint. Aber man muß den Abschnitt aus der Exilszeit heraus deuten. Israel ist in Gefahr, zu anderen Göttern überzugehen. In diese Situation hinein hält der Dtr. seine Geschichtspredigt. Die Entscheidung ist längst gefallen: »Ihr seid Zeugen wider euch selbst, daß ihr Jahwe erwählt habt, ihm zu dienen« (V. 22). Leitbild ist »Josua und sein Haus« mit seinem klaren Einstehen für Jahwe. Von der Erwählung Israels durch Jahwe spricht der Autor nicht, denn nicht das ist für ihn die Frage, ob Jahwe auch weiterhin Israel als sein Volk betrachten will, sondern ob Israel unter dem Eindruck der erlebten Katastrophe endlich willens ist, bei der von ihm getroffenen Entscheidung für Jahwe zu bleiben.

Einmal spricht Dtr. allerdings doch ausführlich von der Erwählung Israels: Dtn 4,37 »weil er deine Väter geliebt und ihre Nachkommen erwählt und dich herausgeführt hat aus Ägypten«. Die Stelle, welche offensichtlich eine Adaptation von Dtn 7, 6–10 an die neue Situation ist, läßt ahnen, welcher Zerreißprobe der Erwählungsglaube nach dem Fall Jerusalems ausgesetzt war. Die Erwählung wird auch hier in Jahwes Liebe verankert, aber in seiner Liebe zu den Vätern. Statt daß gesagt wird, im Akt der Erwählung habe Jahwe Israel zu seinem Eigentumsvolk gemacht, wird jetzt, nachdem der Besitz des Landes fraglich geworden ist, betont, die Erwählung sei darin manifest geworden, daß Jahwe Israel das Land zum Erbe gegeben habe. Das Korrelat zur Erwählung durch Jahwe ist nicht mehr nur Gehorsam und Gottesfurcht, sondern – nachdem die Krise von 586 den Jahweglauben zutiefst erschüttert hat – radikaler: die Erkenntnis, daß Jahwe allein Gott ist und keiner sonst (V. 35), und zwar im Himmel droben und auf Erden drunten (V. 38). In den Spuren des Dtn bleibt der Dtr. aber darin, daß das, was er von der Erwählung sagt, in eine Predigt eingebaut ist, die allerdings nicht nur Gehorsam gegenüber Jahwe, sondern Umkehr zu ihm zum Thema hat (V. 30).

b) Ungefähr zur selben Zeit wie der Dtr. muß Deuterojesaja geschrieben haben. Wirkte jener vermutlich in Palästina, so dieser in Babylonien. Aber Dtjes gehört nicht nur geographisch, sondern auch geistig einer anderen Welt an. Er sieht sich einer Zuhörerschaft gegenüber, die sich über die Tragweite des Zusammenbruchs gewiß nicht täuscht, sich vielmehr verunsichert fragt, ob es denn für Israel noch eine Zukunft gebe. Er beantwortet die Frage mit einer bewußten Konzentration seiner Verkündigung auf den Erwählungsgedanken. Es ist bezeichnend, daß er das Thema mit Vorliebe in Heilsorakeln aufgreift. Am eindrücklichsten geschieht es in Jes 41,8–13. Das Gottesvolk wird nicht nur als Israel und Jakob, sondern auch als »Sproß Abrahams, meines Freundes« angesprochen: Die Erwählung wird noch tiefer in die Geschichte zurückverlegt und auf das Verhältnis Jahwe–Abraham bezogen. Neu ist auch, daß Israel mit dem Titel »mein Knecht« belegt wird (vgl. auch 44,21; 45,4). Die Parallele *'æbæd/ bāḥīr* stammt aus der Königsideologie (s.o. IV/1f). Die »Demokratisierung« der Vorstellung von der Erwählung des Königs ist bei Dtjes also zu Ende geführt (vgl. z.B. 55,3ff., wo die dem David verheißene Gnade auf das Volk übertragen ist). Daß gegen radikalen Zweifel am Erwählungsglauben angekämpft wird, äußert sich darin, daß in 41,9 das »ich habe dich erwählt« mit »und nicht verworfen« verifiziert wird. Auch Dtjes. hat die Erwählung in einem geschichtlichen Akt realisiert gesehen: Jahwe hat Israel ergriffen »von den

Enden der Erde her«. Es mag sein, daß nicht auf den Auszug aus Ägypten, sondern auf die Berufung Abrahams aus Mesopotamien angespielt ist. An anderen Stellen greift Dtjes noch radikaler zu den Anfängen zurück: Nach 43,20f. ist das erwählte Israel »das Volk, das ich mir gebildet habe«; die Erwählung wird in den Akt der Schöpfung Israels zurückverlegt (vgl. auch 44,1f.). Das heißt aber nicht, daß Erwählung ein Geschehen ferner Vergangenheit bleibt. In 43,18 mahnt Dtjes geradezu, nicht mehr des Früheren zu gedenken, weil Jahwe Neues schafft, und im Anschluß an die Erwählungsaussagen von 44,2 folgen in V. 3f. Verheißungen von Heil. Das Wissen um die Erwähltheit eröffnet Israel Zukunft. Um Israels willen betraut Jahwe Kyros mit der Völkerherrschaft. Jahwe, der Israel erwählt hat, ist auch sein Erlöser (*gō'ēl*) und führt Israel, den »Abscheu der Völker«, in triumphalem Siegeszug heim.

Die Tempeltheologie hingegen hat bei Dtjes nur eine gebrochene Aufnahme gefunden. Obwohl er auf die Wiederaufrichtung Jerusalems und seines Tempels hofft (44,26; 49,17–23), wagt er es nicht, seinen Glauben auf die Erwähltheit des Zion abzustützen. Die harte Kritik an der Verobjektivierung des Erwählungsgedankens durch die vorexilischen Propheten hat ihre Wirkung getan.

Dasselbe gilt von der dtr. Kritik am Königtum. Für die Davididen sieht Dtjes offensichtlich überhaupt keine Zukunft mehr. Aber einzelne Elemente der Königsideologie sind in sein Bild des Gottesknechtes hineingenommen. Der »Knecht Jahwes« (in dem doch wohl eine Einzelgestalt zu sehen ist) ist wie der König *bāḥīr* (42,1). Gleich diesem ist er ausgerüstet mit Jahwes Geist (1Sam 16,13; Jes 11,2). Daß er Knecht ist, bedeutet, daß er einen Auftrag in der Welt hat: Er soll die Wahrheit zu den Völkern hinaustragen, hat Licht der Völker zu sein, durch ihn verherrlicht sich Jahwe. Wer auch der Gottesknecht sei, jedenfalls kann es nicht Zufall sein, daß ihm wie Israel selbst die Titel *'æbæd* und *bāḥīr* gegeben werden. Er repräsentiert das wahre Israel, und was über ihn gesagt wird, macht deutlich, daß die Erwählung Israels nicht von seinem Auftrag in der Welt zu trennen ist. Alle bisherigen Deutungen der Erwähltheit sind aber dadurch transzendiert, daß sich die Erwählung des Gottesknechtes im stellvertretenden Leiden erfüllt.

Man könnte sich fragen, ob nicht die Art, wie Dtjes von der Erwählung Israels spricht, zu jenem falschen Sekuritätsgefühl führe, um dessentwillen die vorexilischen Propheten dem Erwählungsgedanken so kritisch gegenüberstanden. Die Gefahr ist dadurch vermieden, daß er Israels Heilsgewißheit weder auf den Tempel noch den König gründet, vor allem aber ist sie gebannt durch seine Interpretation des *'æbæd*-Begriffes. Erwählt-Sein heißt auch hier In-Pflicht-genommen-Sein, aber jetzt als Jahwes Knecht unter den Völkern, und nicht nur zu Taten des Gehorsams, sondern sogar zum Zeugnis in scheinbarem Scheitern, in Leiden und Tod..

c) Auch Ezechiel spricht nicht von der Erwählung der Davididen und ebensowenig von derjenigen des Tempels. Selbst von der Erwählung Israels redet er expressis verbis nur gerade einmal (Ez 20,5). Der Grund für diese offensichtliche Zurückhaltung liegt in der immer wieder ausgesprochenen Erkenntnis, daß Israel Jahwes Gebote verworfen habe (Ez 5,6; 20,13 u.ö.). Es ist bezeichnend, daß er an der einen Stelle, wo er die Erwählung Israels erwähnt, das doch nur tut, um das Volk dessen zu bezichtigen, daß es die Konsequenz der Erwählung, die Beseitigung der Götzen, nicht gezogen hat. Gleich dem Dtr. möchte er nicht, daß durch den Rückgriff auf die Erwähltheit die so notwendige Besinnung und Umkehrung unterbliebe. Andererseits ist es doch bemerkenswert, daß er bei aller Schärfe seiner Gerichtsworte nicht ausdrücklich von der Verwerfung Israels spricht.

d) Daß man durch die Ereignisse der Gegenwart das Problem der Verwerfung mit aller Schärfe gestellt sah, zeigt Jer 33, 23–26. Man spricht im Volk von der Verwerfung der »zwei Geschlechter, die Jahwe erwählt hatte«. Der wohl auch der Exilszeit angehörende Verfasser stemmt sich mit Gewalt gegen diese Preisgabe des Glaubens: »So gewiß ich Tag und Nacht geschaffen ..., so gewiß werde ich auch das Geschlecht Jakobs und meinen Knecht David nicht verwerfen ...«. Israel und sein Königshaus bleiben erwählt – nicht etwa, weil sie sich bewährt hätten, aber weil Jahwe ihr Geschick wendet und sich ihrer erbarmt.

Anders der Verfasser von Jes 14,1. Für ihn ist die Verwerfung Tatsache geworden, aber er wagt es, von einer nochmaligen Erwählung Israels zu reden. Wie die grundlegende Erwählung sich in der Herausführung aus Ägypten manifestiert, so nun diese Wiederholung, die auch er in Jahwes Erbarmen begründet sieht, in der Rückführung Israels in seine Heimat. Und wie bei der Flucht aus Ägypten »viel fremdes Volk« mitzog (Ex 12,38), so werden sich beim zweiten Exodus viele Fremdlinge dem Hause Jakobs zugesellen. Ein Späterer hat dann diesen schönen Gedanken nicht gerade glücklich kommentiert: die Völker, die Israels mitnehmen wird, werden ihm Knechte und Mägde sein.

4. a) Falls der Text in Jer 49,19 = 50,44 richtig überliefert ist, gab es in der Exilszeit Kreise, die darauf warteten, daß Jahwe seinen »Erwählten« als Herrscher einsetzen werde. Damit konnte wohl nur ein Davidide gemeint sein, und die Stelle wäre dann ein weiteres Zeugnis dafür, daß der Glaube an die Erwähltheit der Davididen auch im Exil nicht erloschen war. Jedenfalls hat es wenig später in der Zeit nach dem Exil Haggai gewagt, den Davididen Serubbabel als den Erwählten Jahwes zu proklamieren (2,23). Das alte Parallelwort »mein Knecht« fehlt nicht, und seine Vollmacht wird umschrieben mit den Worten: »daß du mir seiest wie ein Siegelring«. Daß sein Zeitgenosse Sacharja ebenso auf die Wiederaufrichtung des Königtums gehofft hat, läßt sich noch aus Sach 6,9–15 herauslesen. Ausdrücklich redet der Prophet auch von der Erwählung Jerusalems (3,2). In 1,17 und 2, 16 spricht er präziser von der *Wieder*erwählung der Stadt. Man möchte urteilen, daß das – wie die ähnliche Aussage von Jes 14,1 – eine theologische Unbedachtsamkeit sei, die den Erwählungsgedanken letztlich zerstört. Aber daß der Satz im atl. Raum möglich ist, zeigt immerhin, daß Erwählung nicht deterministisch bestimmt ist und die Korrelation göttliche Erwählung – menschliches Sich-verpflichten-Lassen sehr ernst genommen wird. »Jahwes Erwählung ist ... nicht nur ein Verhängnis der Gnade. Sie ist antwortheischender Ruf« (Zimmerli, BK XIII, 445). In anderer Hinsicht führt Sacharja ähnlich wie Jes 14,1 weiter: Jahwe wird zwar weiterhin in Israels Mitte Wohnung nehmen, aber »viele Völker werden Jahwe anhangen an jenem Tage und werden sein Volk sein«. Der Partikularismus des Erwählungsglaubens ist durchbrochen, was sich schon bei Deuterojesaja angebahnt hatte, ohne daß doch die Sonderstellung Israels preisgegeben wäre.

b) Das bezeugt auch der nachexilische Ps 33. In ihm ist die Erwählungsvorstellung in einen Gratulationsspruch aufgenommen: »Heil der Nation, deren Gott Jahwe ist, dem Volk, das er sich zum Erbbesitz erwählt hat« (V. 12). Israel braucht sich nicht zu fürchten, weil es Jahwe eigen ist (s. auch Ps 135,4, wo sogar der alte Begriff *s^egullā* »Sondereigentum« [vgl. Ex 19, 5] noch einmal aufgenommen ist, ferner Ps 47,5). Aber daß Jahwe Israel zu seinem Erbbesitz erwählt hat, schließt nicht aus, sondern involviert geradezu, daß er König der ganzen Erde ist (Ps 47,8). Und darum wagt der Psalmist den kühnen Satz, daß die Fürsten der Völker versammelt sind als »das Volk des Gottes Abrahams« (V. 10). Auch wenn *'im 'am* »mit dem Volk...« oder bloßes *'im* »mit« statt *'am* »Volk« gelesen werden müßte (vgl. die Komm.), wäre doch immer noch mit der Erwählung Israels der Universalismus der Gottesherrschaft verknüpft (zum Thema vgl. P. Altmann, Erwählungstheologie und Universalismus im AT, 1964; H. Schmidt, Israel, Zion und die Völker, Diss. Zürich 1968, 11f.19ff.99f.).

c) Zu den nachexilischen Psalmen gehören auch Ps 105 und 106; sie repetieren die Heilsgeschichte und setzen bereits den abgeschlossenen Pentateuch voraus. 105,6 spricht von den »Nachkommen Abrahams, seines Knechtes« und in Parallele dazu von den »Söhnen Jakobs, seinen Erwählten (*b^eḥīrāw*)«. Wahrscheinlich ist für letzteres *b^eḥīrō* »seines Erwählten« zu lesen (vgl. BHS): Erwählt ist der Stammvater, aber in ihm natürlich zugleich Israel. Darum kann ohne Mühe in V. 43 wie in Ps 106,5 vom Volk als den Erwählten Jahwes gesprochen werden. Der Plural ist allerdings zu beachten: Das Volk tritt jetzt in seiner Zusammensetzung aus Individuen in Sicht. Dann stellt sich aber die Frage, ob denn nicht in Israel selbst Erwählte und Verworfene zu unterscheiden sind.

d) Auch »Tritojesaja« spricht von den Auserwählten Jahwes (Jes 65,9.15). Und es werden sogar alte Verheißungen, die mit der Erwählung Israels verbunden waren, wieder aufgenommen: sie werden das Land besitzen und als Jahwes Knechte daselbst wohnen. Aber die Erwählten sind nicht mehr das empirische Israel, sondern das erst zu schaffende Gottesvolk der kommenden Heilszeit. Israel, wie es ist, hat das Böse in Jahwes Augen erwählt (65,12; vgl. 66,3f.). Die verkehrte Wahl des Menschen schließt aus dem Kreis der Erwählten Jahwes aus. Das wahre Israel aber muß Jahwe erst schaffen: »Ich will aus Jakob Nachwuchs hervorgehen lassen« (65,9), und dieser Nachwuchs wird sein »mein Volk, das nach mir fragt« (V. 10). Damit sind aber die Grenzen des bisherigen Israel überhaupt beseitigt. Es gibt »Verschnittene«, die Jahwes Sabbate halten und erwählen, was ihm wohlgefällt; sie sollen in Jahwes Haus »Namen und Denkmal« haben, »die besser als Söhne und Töchter sind« (56,4f.). Es leuchtet ein, daß es angesichts des völkischen Zerfalls Israels in der spätnachexilischen Zeit zu dieser Neufassung des Erwählungsglaubens kommen mußte. In ihr ist durch die geforderte Korrespondenz zwischen menschlicher und göttlicher Wahl die Größe Gottesvolk unter dem Aspekt des Einzelnen neu bestimmt. Aber eine Aufhebung des Glaubens an die Erwählung Israels bedeutet diese neue Konzeption nicht. Das neue Gottesvolk wird immer noch, wenn nicht »Same Jakobs«, so doch »Same aus Jakob hervorgegangen« sein. Und wenn auch der Tempel »ein Bethaus für alle Völker« sein wird (56,7), so werden doch die Jahwefürchtigen immer noch auf Jerusalem angewiesen sein. Und vor allem: Man fällt zwar durch die eigene falsche Wahl aus dem Kreis des erwählten Israel heraus, das neue Israel konstituiert sich aber nicht selbst durch seine eigene rechte Wahl, sondern wird Jahwes eschatologische Schöpfung sein.

e) Schon in einer sekundären Schicht des Dtn war die Erwählung des Stammes Levi zum Priestertum bezeugt (s.o. IV/2d). Es kann nicht erstaunen, daß die Priesterschrift an den drei Stellen, wo sie ausdrücklich von Erwählung spricht (Num 16,5.7; 17,20), sich mit der Frage nach der legitimen Priesterschaft beschäftigt: Das Priestertum ist jetzt auf die Nachkommen Aarons beschränkt. Das ist aber nicht unbestritten. Die Erzählung vom Aufruhr der Rotte Korah (Num 16 P-Fassung) ist eine Schilderung des Ordals, das herausstellen soll, »wer zu ihm gehört und wer heilig ist, daß er sich ihm nahen darf; wen er erwählt, der soll sich ihm nahen« (V. 5, vgl. V. 7). Von einer göttlichen Kundgebung, welche die Erwählung sichert, spricht auch Num 17,16ff. (V. 20). Die Stellen werden erst in ihrer Bedeutung durchsichtig, wenn man sich klar macht, daß P daneben weder von der Erwählung des Volkes noch der des Königs spricht. Das Wissen um die Erwähltheit des priesterlichen Hauses genügt. Das Heil ist damit gesichert, daß die rechten Männer vor Jahwe ihren Dienst ausüben. Diese priesterliche Schau ist zu verstehen aus dem Bestreben heraus, dem Glauben Israels an die Präsenz der göttlichen Gnade ein sicheres Fundament zu geben. Die Kehrseite ist allerdings die, daß sich die Inanspruchnahme Israels auf kultische Korrektheit beschränkt. Der Protest des vorexilischen Prophetismus gegen die falsche Sicherheit Israels, das meint, seinen Glauben an die heilspendende Gegenwart Jahwes auf den Tempel gründen zu können, scheint verhallt zu sein.

f) Die priesterschriftliche Sicht hat in Ps 105 ein Echo gefunden. Auch er spricht von der Erwählung Aarons. Aber zusammen mit ihm ist von Mose als Jahwes Knecht die Rede (V. 26; in 106,23 wird Mose sogar ausdrücklich als *bāḥîr* bezeichnet). Der Grund dafür, daß dieselben Psalmen von der Erwählung der Einzelnen (s.o. IV/4c) und zugleich von der Aarons und Moses sprechen, ist deutlich: Jahwe hat zwar in seiner Liebe das Volk erwählt, um an seinem Glück »seine Lust zu schauen« (106,5). Aber Israel hat sich dessen, wie seine Geschichte illustriert, als unwürdig erwiesen. Es hätte untergehen müssen, wäre nicht Mose vor Jahwe »in den Riß getreten« (106,23). Das ist ein hochinteressanter Versuch, mit dem Problem fertig zu werden, daß das erwählte Volk immer wieder versagt und die Erwählung in Verwerfung umzukippen droht: Israel klammert sich im Bewußtsein seines Versagens als auserwähltes Volk seines Gottes an die Auserwähltheit seiner Väter, Führer und Heilsmittler: Abraham (vgl. auch Neh 9,7), Jakob, Aaron und nun auch Mose. Die gewaltige Schau des Liedes auf den Gottesknecht von Jes 53, der doch auch Erwählter Jahwes ist, leuchtet wieder auf: »er, der Gerechte, mein Knecht, wird vielen Gerechtigkeit schaffen« (V. 11). Die Bewährung des einen Erwählten ermöglicht es, den Glauben an die Erwähltheit der vielen festzuhalten, wie man im NT von der Erwählung des Gottesvolkes nicht unter Absehen vom Christus, dem einen ἐκλεκτὸς τοῦ θεοῦ sprechen kann (G. Schrenk, ThW IV,191–197).

g) Das chronistische Geschichtswerk hat die ihm vorliegenden Überlieferungen verarbeitet. Es hat demgemäß keine eigene Erwählungskonzeption mehr hervorgebracht, dafür aber die früheren Vorstellungen repristiniert. Trotzdem sind seine besonderen Tendenzen sichtbar. In 1Chr 28,4ff. und 2Chr 6,5f. nimmt es 1Kön 8,16 auf. Dort war von der Erwählung Jerusalems und Davids die Rede. Aber der Chronist weitet aus: die Erwählung Davids setzt die Erwählung Judas voraus, das offenbar mit dem wahren Israel identisch ist. Vor allem aber spricht er auch von der Erwählung Salomos. Daß ihm diese von großer Wichtigkeit ist, zeigen die Wiederholungen in 1Chr 28,5.6.10 und 29,1. Der eigentliche Grund der Erwählung dieses Königs ist der, daß er Jahwe ein Haus zu bauen hat (28,10; 29,1). Schon nach sumerischen und akkadischen Quellen (s.o. IV/2d) ist der König von der Gottheit speziell zu seiner Funktion als Betreuer von Heiligtümern ausersehen. Der Chronist hat damit die Erwählung des Königs und diejenige Jerusalems als der Stätte, da Jahwe seinen Namen wohnen läßt, noch enger zusammengesehen, als es in den ihm vorliegenden Dokumenten der Fall war. Auch sonst legt er auf die Erwählung Jerusalems großes Gewicht (2Chr 6,5.6.34.38; 7,12.16; 12,13; 33,7; Neh 1,9), dies um so mehr, als er eine antisamaritanische Haltung rechtfertigen muß. Wo vom Tempel die Rede ist, können natürlich auch die Leviten nicht fehlen (1Chr 15,2; 2Chr 29,11). Aus dieser Übersicht ergibt sich, daß der Chronist faktisch nur an der Erwählung des Tempels mit seiner Priesterschaft interessiert ist. Die Erwählung des Königs ist kein selbständiges Thema mehr; von der Erwählung Israels wird überhaupt nicht gesprochen. Kann der Tempeldienst ordnungsgemäß zelebriert werden, erübrigt es sich, das Problem der Erwählung Israels zu bedenken (1Chr 16,13 ist Zitat von Ps 105,6; auch Neh 9,7 gehört zu aufgenommenem Überlieferungsgut). Die alte Tempeltheologie (s.o. IV/2d) hat also am Ende doch gesiegt. Allerdings ist »Israel« nicht mehr das Volk Gottes im ethnischen Sinn, sondern die Kultgemeinde als die Schar derer, die Gott suchend und ihn lobend an der Stätte des Opfers und der Anbetung zusammenkommt.

5. a) Nicht nur Gott wählt und erwählt, sondern auch der Mensch. Und das AT rechnet durchaus damit, daß er auch seinen Gott oder seine Götter wählen kann. Wenn der Text von Ri 5,8 ursprünglich ist, so spricht die älteste Stelle, wo *bḥr* im AT überhaupt erscheint, von der Wahl neuer Götter. Im Bereich des Polytheismus und in der komplexen ethnischen und religiösen Situation Kanaans mußte die Versuchung, mit neuen Göttern sein Glück machen zu wollen, groß sein. Das erste Gebot rechnet durchaus mit dieser Situation. In der Regel hat man für die Zuwendung zu anderen Göttern allerdings nicht *bḥr* verwendet; das Wort hat zuviel theologisches Gewicht und einen zu feierlichen Klang, als daß man es in der Polemik gegen den Abfall hätte verwenden wollen. Immerhin, Jesaja droht: »Wahrlich, ihr werdet euch schämen ob der Bäume, nach denen euer Verlangen steht (*ḥmd*), und erröten vor Schmach ob der Gärten, die ihr euch erwählt (*bḥr*)« (Jes 1,29; vgl. Wildberger, BK X,69.71). Der Deuteronomist fordert Israel höhnisch auf: »Geht und schreit zu den Göttern, die ihr euch erwählt habt« (Ri 10,14), und Deuterojesaja ruft in der Polemik gegen die Götzen diesen zu: »Seht, ihr seid nichts, und euer Tun ist nichts; ein Greuel, wer euch erwählt!« (Jes 41,24). Dieselbe Polemik liegt noch einmal bei Tritojesaja vor (Jes 65,12; 66,3), und auch der aus etwa derselben Zeit stammende Ps 16 scheint von der Erwählung anderer Götter zu sprechen (V. 4 l *bāḥārū* pr *māhārū*, vgl. H.Gunkel, Die Psalmen, [4]1926, 52). Es ist bezeichnend, daß sich dieser Gebrauch nicht in Zusammenhängen findet, wo einfach konstatierend festgestellt wird, daß Israel anderen Göttern dient, sondern in ironischer Polemik: Wenn ihr glaubt, mit anderen Göttern besser zu fahren, gut, dann macht eure Erfahrungen mit ihnen. Und wenn ihr Freude habt (so übersetzt die Zürcher Bibel *bḥr* in Jes 66,3) an ihren Wegen, und euer Herz »sich an ihren Greueln ergötzt (*ḥpṣ*)«, dann tragt eben die Folgen, die eine solche Wahl mit sich bringt. Die Wahl anderer Götter und Kulte ist zwar eine Möglichkeit, die mit der Freiheit Israels bzw. der Menschen gegeben ist, und wird in dieser Freiheit auch immer wieder Wirklichkeit, aber eine Wirklichkeit, die zur Selbstvernichtung führt. Die Freiheit zu dieser Wahl ist die Möglichkeit des Untergangs.

b) Wer sich eine Gottheit erwählt, wählt nicht nur einen anderen Namen für das Göttliche, sondern verschreibt sich einem bestimmten Weg (Jes 66,3; vgl. auch Ps 119,30), erwählt sich bestimmte Ordnungen (Ps 119,173). Wer Jahwe absagt, wählt nicht nur, was böse in seinen Augen ist, sondern das Böse schlechthin, weil Jahwe Schöpfer und Hüter der moralischen Weltordnung ist. Auf diese Weise konnten die weisheitlichen Ideale in das Bekenntnis zu Jahwe hineingenommen werden. Jahwe bzw. seine Furcht wählen und den Weg der Wahrheit (Ps 119,30) oder des Lebens wählen, ist letztlich ein und dasselbe. Der Fromme vertraut darauf: Wer Jahwe fürchtet, dem »weist er den Weg, den er wählen soll« (Ps 25,12). Und umgekehrt kann wenigstens die spätere Weisheit mahnen, die Furcht Jahwes zu wählen (Spr 1,29; vgl. 3,31), versichert aber auch, daß, wer die rechte Wahl getroffen hat, Segen erwarten kann. Seine

»Seele« wird im Bereich des Guten »übernachten«, d.h. Glück und Heil finden, »und seine Nachkommenschaft wird das Land erben« (Ps 25,13). So kann in der Interpretation des Deuteronomisten die alte Segens- und Fluchansage, die das Gesetzeskorpus abschließt, aufgenommen werden mit der Aufforderung: »So erwähle nun das Leben, auf daß du am Leben bleibest ...« (Dtn 30,19).

c) So gewiß gemahnt werden kann, das Gute in Jahwes Augen, den rechten Weg, das Leben o.ä. zu wählen, so fehlt doch die letzte Konsequenz, nämlich die Aufforderung, Jahwe selbst zu wählen. Sie entspräche genau der Klage, daß Israel sich fremde Götter gewählt habe. Jos 24, 15 kommt dieser Folgerung wenigstens nahe: »Gefällt es euch aber nicht, Jahwe zu dienen, so wählt heute, wem ihr dienen wollt ...«. Scheinbar wird Israel hier tatsächlich vor die Wahl zwischen Jahwe und den Göttern gestellt. Aber abgesehen davon, daß Israel in Wirklichkeit durch den Deuteronomisten auf eine längst geschehene Wahl verpflichtet wird (s.o. IV/3a), ist selbst an dieser Stelle die Logik der Korrespondenz durchbrochen: Die Alternative zur Erwählung der Götter ist nicht die Erwählung Jahwes, sondern Jahwefurcht und Jahwedienst in Aufrichtigkeit und Treue (V. 14). Und der Möglichkeit der Fehlentscheidung des Volkes setzt Josua nicht seinen eigenen Entschluß zur Wahl Jahwes entgegen, sondern sein Gelöbnis: »Ich aber und mein Haus, wir dienen Jahwe«. Israel ist sich dessen bewußt, daß man Jahwe nicht wählen kann, wie man andere Götter wählen mag. Im Pluralismus der Religionsgeschichte ist Jahwe nicht eine der vielen Möglichkeiten, vor denen der fromme Mensch steht. Israel soll nicht Jahwe wählen, sondern erkennen, daß es von ihm erwählt ist. Darum kann die Alternative zur Wahl anderer Götter nur lauten, ob es realisieren will, was es bedeutet, daß es Jahwes Sondereigentum ist. Israel ist zwar gefordert, den rechten Weg zu wählen, darf aber auch das Vertrauen haben, daß Jahwe ihm diesen Weg zeigt; es soll das Leben wählen, aber kann das auch, denn Jahwe hat es »vor sein Angesicht hingestellt« (Dtn 30,19).

V. 1. In der Qumranliteratur begegnet *bḥr* 30×, *bāḥīr* 20× (Kuhn, Konk. 30f.). Der Erwählungsgedanke ist eng mit dem Sinaibund verknüpft (1Q 34bis 3 II,5), was in so direkter Weise im AT nicht der Fall ist. Vom Sinaibund ist die Vorstellung auf den »neuen Bund« übertragen; seine Glieder sind »Erwählte Gottes« (1QpHab 10,13) bzw. »Israels« (1Q 37 1,3 u.ö.). Innerhalb der Qumrangemeinde selbst sind die zadokidischen Priester Erwählte im speziellen Sinn. Die *beḥīrīm* sind rechtschaffen und führen einen vollkommenen Wandel (1QS 4,22f.), und Gott gibt ihnen Anteil am Los der Heiligen (1QS 11,7). Sie sind erwählt von Anbeginn der Welt, was jedoch nicht streng deterministisch zu verstehen ist, denn »bevor sie geschaffen wurden, kannte er ihre Werke« (CD 2,7f.). Die Erwählten sind also in ihren Entscheidungen durchaus frei, sie heißen darum auch die »Freiwilligen« (1QS 5,1 u.ö.); sie wählen sich selbst den Weg (1QS 9,17f.). Vgl. zu Qumran F. Nötscher, Zur theologischen Terminologie der Qumran-Texte, 1956, 174f.; ders., BZ 3, 1959, 220 ff.; J. Gnilka, BZ 7, 1963, 44–48; J. A. Fitzmyer, The Aramaic »Elect of God« Text from Qumran Cave IV, CBQ 27, 1965, 348–372.

2. Die LXX übersetzt *bḥr* vorwiegend mit ἐκλέγεσθαι (für Einzelheiten vgl. G. Quell, ThW IV,148f.). *bāḥīr* wird immer mit ἐκλεκτός übersetzt, wie andererseits ἐκλέγεσθαι nur in wenigen Fällen zur Wiedergabe anderer hebr. Wurzeln verwendet wird, ein Hinweis darauf, daß das Wort als theologisch geprägter Begriff verstanden wurde.

3. Zum Gebrauch von *bḥr* bzw. ἐκλέγεσθαι im Spätjudentum und im NT vgl. G. Quell – G. Schrenk, Art. ἐκλέγομαι/ἐκλογή/ἐκλεκτός, ThW IV,147–197; G. Nordholt – L. Coenen, Art. Erwählung, ThBNT I, 282-291; ferner N. A. Dahl, Das Volk Gottes, 1941,51ff.; B. W. Helfgott, The Doctrine of Election in Tannaitic Literature, 1954; I. Daumoser, Berufung und Erwählung bei den Synoptikern, 1955; H. Braun, Spätjüd.-häretischer und frühchristlicher Radikalismus, 1957; J. Jocz, Theology of Election, 1958; U. Luz, Das Geschichtsverständnis des Paulus, 1968, 64f. 179. *H. Wildberger*

בטח *bṭḥ* vertrauen

1. *bṭḥ* »vertrauen« ist außerhalb des AT bisher nur ganz sporadisch im Kan. nachgewiesen; im Aram. (abgesehen von wenigen Übernahmen aus dem Hebr.) und im Akk. fehlt es und wird durch die Wurzeln *rḥṣ/raḫāṣu* und *tkl/takālu* vertreten. Die etymologischen Ableitungen mit dem Bestreben, *bṭḥ* auf eine sinnlich-konkrete Wurzelbedeutung zurückzuführen, haben noch nicht zu allseitig anerkannten Ergebnissen geführt.

Eine kan. Glosse in EA 147, Z. 56, bietet *ba-ti-i-ti* (*baṭīti*) »ich bin zuversichtlich« (vgl. CAD B 177a; DISO 33).

In einem phön. Brief aus dem 6. Jh. (KAI Nr. 50, Z. 5) steht *bṭḥ* in einem beschädigten, nicht ganz verständlichen Zusammenhang (»Sicherheit, Garantie«?).

Zum Eigennamen *Mbṭḥjh* »Jahwe ist Gegenstand (meines) Vertrauens« mit der Nebenform *Mpṭḥjh* und den Kurzformen *Mb/pṭḥ* in den aram. Elephantine-Papyri (Cowley 295a.297b; BMAP 187) vgl. J.J. Stamm, FS Baumgartner 1967, 314. Hebr. begegnet *Mbṭḥjhw* im Lachisch-Ostrakon I, Z. 4 (vgl. TGI[1], Nr. 34).

Auf Grund des arab. *bṭḥ* »niederwerfen« (VII »auf dem Bauche liegen«) ist in Jer 12,5 und Spr 14,16 die Bed. »zu Boden fallen« angenommen worden, sei es daß diese als Grundbedeutung zu (»daliegen« > »sich verlassen auf« >) »vertrauen« aufgefaßt wurde (u.a. G.R. Driver, FS Robinson 1950, 59f.; J. Blau, VT 6,1956,244; L. Kopf, VT 8,1958, 165–168), oder daß eine Wurzel *bṭḥ* II angenommen wurde (HAL 116a: Qal Jer 12,5; Spr 14,16; *baṭṭūḥā* »bewohntes Tal« Hi 12,6; abgelehnt z.B. von Rudolph, HAT 12,84; Fohrer, KAT XVI, 237), was eine anderweitige Ableitung von *bṭḥ* I voraussetzt (L. Köhler, ZAW 55,1937, 172f.; OTS 8,1950, 8f., und KBL 118b: nach arab. *bāṭeḥ* »trächtige Stute« und hebr. *'^{a}baṭṭīḥīm* »Wassermelonen« setzt er *bṭḥ* »prall, fest sein« > »zuversichtlich sein, vertrauen, sicher sein« an; anders Ch. Rabin, FS Baumgartner 1967, 225–228: arab. *bt'* mit der Grundbed. »stark sein« und semantischer Übergang von »Stärke, Größe« > »Selbstvertrauen«).*

Für das Verbum sind Qal- und kausative Hi.-Formen belegt; dazu kommen die nominalen Ableitungen *bæṭaḥ* und (traditionell) *baṭṭūḥōt* »Sicherheit«; *biṭḥā*, *mibṭāḥ* und *biṭṭāḥōn* »Vertrauen«; *bāṭū^{a}ḥ* »vertrauensvoll«.

2. Mit Einschluß der für *bṭḥ* II beanspruchten Stellen (s.o.) ergibt sich folgende Statistik:

	Qal	Hi.	*bæṭaḥ*	übr.Subst.	total
Gen	–	–	1	–	1
Lev	–	–	3	–	3
Dtn	1	–	3	–	4
Ri	5	–	2	–	7
1Sam	–	–	1	–	1
1Kön	–	–	1	–	1
2Kön	8	1	–	1	10
Jes	18	1	3	4	26
Jer	14	2	4	3	23
Ez	2	–	11	1	14
XII	5	–	4	–	9
Ps	44	1	3	4	52
Hi	4	–	2	4	10
Spr	10	–	4	4	18
Pred	–	–	–	1	1
1Chr	1	–	–	–	1
2Chr	1	–	–	–	1
AT	113	5	42	22	182

Die Kolumne »übr. Subst.« setzt sich zusammen aus *baṭṭūḥōt* 1× (Hi 12,6), *biṭḥā* 1× (Jes 30,15; *biṭḥēk* in Jer 48,7 ist hier nach Mand. und HAL 116a als Inf.qal gezählt, bei Lis. unter *bæṭaḥ*), *mibṭāḥ* 15× (Spr 4×, Jer/Ps/Hi je 3×, Jes/Ez je 1×), *biṭṭāḥōn* 3× (2Kön 18,19 = Jes 36,4; Pred 9,4) und *bāṭū^{a}ḥ* 2× (Jes 26,3; Ps 112,7).*

3. a) Im AT taucht das Verbum am häufigsten in Gebets- und Liedformularen auf: zwei Fünftel aller Stellen finden sich im Psalter; ferner gehören außerhalb dieses Buches noch manche Texte zu gottesdienstlichen Gattungen (vgl. das Gebet Jes 12,2; das Lied Jes 26,4) oder widerspiegeln deren Thematik (vgl. die dtr. »Abhandlungen« Jer 7,4ff.; 2Kön 18,5ff.). Ohne eine Verflechtung der zugehörigen Institutionen präjudizieren zu wollen, sei auch auf Fluch- und Segensformulierungen u.ä. (vgl. Jer 17,5.7; Jes 31,1; Am 6,1) und prophetische Unheils- und Heilssprüche hingewiesen, die in ganz ähnlicher Weise vom Vertrauen reden (Jes 30,12; 42,17; 47,10; 50,10; 59,4; Hos 10,13; Mi 7,5; Zeph 3,2 usw.). Selbst genuin weisheitliche Passagen greifen den »religiösen« Gebrauch von *bṭḥ* auf (Spr 3,5; 16,20; 28,25; 29,25; vgl. Hi 11,18); der kultische Sprachgebrauch steht also weithin im Vordergrund. Die Nomina sind über das literarische Feld verstreut; *mibṭāḥ* scheint erst seit der Exilierung Judas aufgekommen zu sein (Jer 2,37 die früheste Stelle?).

b) *bṭḥ* kann den Zustand oder die Gemütsverfassung des Sicherseins beschreiben; das Part.act.qal bietet sich dazu besonders an. Die Bewohner des vorisraelitischen Lais leben, ihrem Wohlstand entsprechend, ruhig und friedfertig (*šōqēṭ ūbōṭē^{a}ḥ*, Ri 18,7.27); das Unheilswort ergeht gegen die sich sicher wähnenden Bäuerinnen (Jes 32,9ff.). »Wenn ein Krieg mich überfällt, bleibe ich auch darin zuversichtlich« (*b^{e}zōt '^{a}nī bōṭē^{a}ḥ*, Ps 27,3). Einer, der sich dergestalt sicher fühlt, fürchtet sich nicht (Jes 12,2; Ps 56,5.12) und wird durch nichts erschüttert (Ps 21,8; vgl. 25,2; 26,1). Auch das reine Impf.qal kann diesen Zustand der Sicherheit beschreiben (Spr 28,1). In der Regel sagt man, worauf sich das Sicherheitsgefühl gründet oder richtet, und zwar mit präpositionalen Wendungen (*bṭḥ b^{e}/'æl/'al*). Man verläßt sich (vgl. den »reflexiven« Gebrauch 2Kön 18,24; Jer 7,8) auf allerlei Gegenstände, Personen oder Umstände (die Stadtmauer Dtn 28,52; Kriegstaktik Ri 20,36; Kraft? Hos 10,13; Schätze Jer 49,4; Schönheit Ez 16,15) oder setzt sogar auf Böses (Jes 30,12). Der Relativsatz »worauf du dich verläßt« wird formelhaft gebraucht (vgl. Dtn 28,52; 2Kön 19,10 = Jes 37,10; Jer

5,17; 7,14; Ps 41,10; 115,8). Sind die äußeren Umstände geordnet und friedlich, lebt man »in Sicherheit« (adverbiell *bǽṭaḥ*, *lābǽṭaḥ*, vgl. 1Sam 12,11; Jes 32,17; Mi 2, 8; Spr 1,33; Lev 25,18f.; Ri 18,7; 1Kön 5,5; Ez 38,8ff. usw.).

bṭḥ ist jedoch nicht nur Zustandsverb. Es drückt auch die Entstehung oder den Akt des Vertrauens aus, das in der Sicherheitszone des Lebens wächst oder auf die Schaffung dieser Zone hinzielt. Aufforderungen zum Vertrauen und Warnungen vor ungerechtfertigter Vertrauensseligkeit (reine Imperfekte: Jer 17,5.7; Ps 44,7; 55, 24; 56,4f.12; Imperative, Jussive, auch negiert: Jes 26,4; 50,10; Jer 7,4; 9,3; 49, 11; Mi 7,5; Ps 4,6; 9,11; 37,3; Spr 3,5) meinen den zu vollziehenden Vertrauenssprung, perfektische Aussagen (vgl. etwa *bāṭaḥtī* »ich vertraue« Ps 13,6; 25,2; 26,1; 31,7.15; 41,10; 52,10; 56,5.12 neben Impf. *'anī 'æbṭaḥ* Ps 55,24 oder Part. *'anī bōṭēaḥ* Ps 27,3) das bereits bewährte, selbstgewichtige »Sich-verlassen-auf«. Ob es sich um Zustandsbeschreibungen oder um Vertrauensaussagen verschiedener Dauer, Frequenz und Modulation handelt, immer ist ein Gegenüber im Blick, auf das sich das Vertrauen richtet; *bṭḥ* meint fast durchweg einen existenzbegründenden Vorgang (anders A.Weiser, ThW VI,191f.). Wer vertraut, stützt sich auf etwas (vgl. *š'n* »sich stützen« und Jes 30,12; 31,1; 50,10; Spr 3,5; →*smk* und 2Kön 18,21 = Jes 36,6; Jes 26,3; Ps 71,5f.), und von der Zuverlässigkeit des andern hängt alles ab; er sucht Schutz (vgl. →*ḥsh* und Ri 9,15; 2Sam 22,3; Jes 30,2; Ps 11,1; 16,1; 31,2; 71,1; 91,4; 118,8f. usw.), und er steht und fällt mit dem, dem er sich anvertraut.

Die abgeleiteten Nomina *mibṭāḥ* »Grund, Ziel des Vertrauens« (im Unterschied zu den andern Substantiven fast immer deutlich objektivierend für den Gegenstand des Vertrauens, z.B. Jahwe Jer 17,7; Ps 40,5; 65,6; 71,5; Bethel Jer 48,13; Spinnweben Hi 8,14; Zelt 18,14; Feingold 31,24; im Plur. für mehrere Objekte des Vertrauens Jes 32,18; Jer 2,37; auch Spr 22,19 »damit in Jahwe deine Zuversicht sei« muß nicht als nomen actionis aufgefaßt werden), *biṭṭāḥōn* »Zuversicht, Hoffnung« (nur 2Kön 18,19 = Jes 36,4 und Pred 9,4; die durch die Nominalform ausgedrückte Nuance ist nicht präzis erfaßbar), *biṭḥā* »Vertrauen« (nur Jes 30,15, nomen actionis, vgl. den Inf. in Jer 48,7) und das Adjektiv *bāṭūaḥ* »vertrauensvoll« (nur Jes 26,3; Ps 112,7) passen ganz in dieses Sprachbild hinein.

4. Spezifisch theologischer Sprachgebrauch liegt im AT überall da vor, wo vorausgesetzt wird, daß allein das Vertrauen auf Jahwe wirklich begründet und tragfähig ist, und daß keine andere Größe letztes Vertrauensobjekt sein kann. Dies trifft auf fast alle Stellen zu, in denen *bṭḥ* vorkommt; unser Wort ist also ein eminent theologischer Terminus, der sich in seiner Bedeutung den Synonyma →*'mn* hi. »glauben«, →*ḥsh* »Schutz suchen« annähert (vgl. A.Weiser, ThW VI,191ff.; R.Bultmann, ThW VI,5f.).

Programmatische Erklärungen über die Jahwezuversicht finden sich genug: weisheitliche (Jer 17,5 »verflucht der Mann, der sich auf Menschen verläßt...«, V. 7 »gesegnet der Mann, der sich auf Jahwe verläßt«; Spr 16,20 »wer auf Jahwe baut, findet sein Glück«), prophetische (vgl. Jes 30,12 »ihr verlaßt euch auf Bedrückung und Verdrehung und stützt euch darauf...«, V. 15 »durch Umkehr und Ruhe wird euch geholfen, durch Stillhalten und Vertrauen werdet ihr stark sein«) und theologische Beispielerzählungen.

Die traditionsgeschichtlich komplexe Hiskiageschichte von der Belagerung Jerusalems durch die Assyrer (2Kön 18f. = Jes 36f.; vgl. die überarbeitete und in einen anderen Zusammenhang hineinkomponierte Version 2Chr 32) liest sich wie ein Paradigma auf das Thema: »Jahwe ist der einzige Gott (2Kön 19,15.19), nur auf ihn ist Verlaß!« 2Kön 18ff. schickt die besondere Qualifizierung Hiskias voraus; die Belagerer provozieren den König: »Worauf verläßt du dich denn?« (18,19.20; 19,10) und führen seinen Glauben ad absurdum. Denn die Unzuverlässigkeit der Bundesgenossen, die geschichtlichen Ereignisse und die Bevollmächtigung des assyrischen Weltherrschers durch Gott (18,19–25; 19,11–13) widerlegen Hiskias Vertrauen auf Jahwe (vgl. bes. 18,22.25; klimaktisch dann V. 30: »Laßt euch nicht durch Hiskia zur Hoffnung auf Jahwe verleiten [*bṭḥ* hi.]«). Entgegen jeder militärischen Kalkulation wird Hiskias Jahwevertrauen wunderbar bestätigt (19,35ff.). Zum Abstand der Erzählung von der Verkündigung Jesajas vgl. von Rad II,175; B.S.Childs, Isaiah and the Assyrian Crisis, 1967; R.Deutsch, Die Hiskiaerzählungen, Diss.theol. Basel 1969.

Jeremias Tempelrede (Jer 7,3–15) stellt anhand von Geschichtsereignissen dar, wie sogar das Vertrauen auf Jahwe verfälscht werden kann, wenn es nicht mit echtem, direktem Gehorsam verbunden ist.

Beide Erzählungen sind Beispiele für das exilische (dtr.) Bemühen um ein neues Verhältnis zu Jahwe.

Dieselben theologischen Fragestellungen begegnen in den eigentlich kultischen oder liturgischen Stücken. Ist Jahwe zuverlässig? Ist er der einzig Zuverlässige? Die Liedformulare ermuntern die Beteiligten, den Vertrauenssprung zu wagen (direkte Aufforderung im Imperativ z.B. Ps 37,3; 62,9; 115,9ff.); sie geben dem Bekenntnis Raum, daß Jahwe in der Tat Hilfe, Schutz, Zuflucht ist (vgl. Ps 25,2f.; 27,3. 5.9f.; 28,7; 31,4.7f.; 71,5; 91,2; vgl. Gunkel-Begrich 232ff.) und seine Schützlinge nicht enttäuscht (vgl. die sich oft an eine Vertrauensaussage unmittelbar anschließende Bekräftigung: »ich fürchte mich nicht« o.ä. Ps 56,5.12; 25,2; 21,8) und erheben die Forderung, daß das Vertrauensbeispiel Schule machen soll (Ps 40, 4). Überragende Bedeutung aber hat in der Psalmensprache die Aussage: »ich (wir) vertraue(n) auf Jahwe«.

17 von 44 Stellen mit *bṭḥ* q. im Psalter sind solche persönlichen Bekenntnisse; sie sind oft durch das Personalpronomen der 1.sing. oder plur. verstärkt (vgl. auch die synonymen Wendungen mit →*ḥsh* Ps 7,2; 11,1; 16,1; 71,1 u.ö.; →*qwh* pi. Jes 8,17; 25,9; Ps 25,5.21; 40,2; 130,5; →*dbq* Ps 63,9; 119,31; →*smk* ni. Jes 48,2; Ps 71,6; *š'n* ni. 2Chr 14,10, usw.). Gelegentlich steht die persönliche Vertrauensaussage am Schluß eines Psalms (Ps 55,24; 84,13), in der Regel aber ist sie Kernstück eines zum Klagelied gehörenden Formelements, der »Vertrauensäußerung« (vgl. Gunkel-Begrich 254ff.; S. Mowinckel, The Psalms in Israel's Worship, I, 1962, 220 und im Register s.v. »Confidence«).

Das bedeutet: In der isr. Überlieferung wird eine absolute, ausschließliche Hingabe an Jahwe bekannt und gefordert; dieses Vertrauen auf Jahwe schließt die *Hoffnung* auf Errettung (Hi 11,18) und den *Glauben* an den Gott der Väter (Ps 22,4f.) ein.

5. Jüdische und christliche Theologen bringen die Wortbedeutung »Vertrauen auf Gott« mit ein in ihre Überlegungen, die den Gesamtbereich »Glauben, Gehorsam, Hoffnung« betreffen. Je und dann schiebt sich dabei das Vertrauen auch wieder einmal in den Vordergrund (in den Qumrantexten vgl. 1QM 11,2 mit 1Sam 17,45; zur apokryphen und pseudepigraphischen sowie zur ntl. und frühchristlichen Literatur vgl. R. Bultmann, Art. πιστεύω, ThW VI, 197–230, bes. 200f. 206f.; ders., Art. πείθω, ThW VI, 1–12, bes. 5f.). Das πεποιθέναι ἐπὶ τῷ θεῷ hat im NT keine theologische Eigenbedeutung, es ist dem πιστεύειν subsumiert, das »Vertrauen (hat) die Gestalt des Glaubens gewonnen« (Bultmann, ThW VI, 7). Vgl. noch StrB III, 188.191f.; R. Bultmann, Art. ἐλπίς, ThW II, 518–520.

E. Gerstenberger

בין *bīn* verstehen

1. Die Wurzel *bīn* »verstehen« (< »unterscheiden«) ist fast im ganzen nordwest- und südsem. Sprachraum zu belegen (vgl. HAL 117b; dem AT vor- oder gleichzeitig nur ug. *bn*, WUS Nr. 531; UT Nr. 461).

Neben dem Verbum (q., ni., hi., po., hitpo.) begegnen die Substantiva *bīnā* »Einsicht, Verstand« und *tᵉbūnā* »Einsicht, Geschicklichkeit«; vgl. noch den Eigennamen *Jābīn*.

Die meistens zur selben Wurzel gerechneten Vokabeln *bēn* »zwischen« und *('īš hab)bēnájim* »Vorkämpfer« (HAL 118.134) werden hier nicht mitbehandelt.

2. Das Verbum erscheint im Qal und Hi. zusammen 126× (inkl. Jer 49,7 [bei Lis. unter *bēn*] und Spr 21,29 Q); bei den Imperfektformen, fast der Hälfte aller Stellen, kann zwischen den beiden Stammformen nicht unterschieden werden (BL 396; Bergstr. II, 149). Das Ni. wird 22× verwendet (21× als Part. *nābōn*, adjektivisch »einsichtsvoll«), Po. 1×, Hitpo. 22×, von den Substantiven *bīnā* 37× (dazu 1× aram. in Dan 2,21) und *tᵉbūnā* 42×.

Die Großzahl der 250 hebr. Belege findet sich in Psalm- und Weisheitstexten (Spr 67×, Hi 36×, Ps 30×), dazu bei Jes (28×), im chr. Geschichtswerk (23×) und bei Dan (26×, dazu 1× aram.).

3. Das Verbum *bīn*, selten unqualifiziert verwendet (zum Gebrauch in der Weisheitsliteratur s.u. 4), ist sowohl im Qal wie im Hi. meist mit »merken« oder »bemerken« zu übersetzen (hitpo. oft »achten auf«; zur Bedeutungsdifferenz zwischen q. und hi. vgl. Jenni, HP 254).

Beispiele: merken, wer ruft (1Sam 3,8); daß das Kind tot ist (2Sam 12,19); Verfehlungen (Ps 19,13); Feuer (58,10); eine Untat (Neh 13,7); Verderben (Hi 6,30), absolut *'ēn mēbīn* »niemand merkt es« (Jes 57,1); achthaben auf die Verlesung des Gesetzes (Neh 8,8; vgl. 8,2.3.12; 10,29); hitpo. »genau ansehen« (1Kön 3,21; vgl. Hi 31,1.12).

In den Chronikbüchern heißt es gelegentlich »etwas beruflich können« (→*ḥkm*; 1Chr 15,22; 25,7; 27,32; 2Chr 34,12; vgl. Dan 1,4.17; 8,23; vgl. *tᵉbūnā* in Ex 31,3; 35,31; 36,1; 1Kön 7,14).

Das Hi. bedeutet gelegentlich »unterscheiden« (1Kön 3,9), »klug sein« (3,11), negiert »nichts verstehen« (Jes 29,16 vom Töpfer).

Neben der innerlich-transitiven Bedeutung wird das Hi. etwa 20× auch normal-kausativ verwendet: »Einsicht geben«, daraus »belehren« (z.B. 2Chr 35,3 Q; Part. *mēbīn* »Lehrer« Esr 8,16; 1Chr 25,8).

Zu den verschiedenen Objekt- und Präpositionalkonstruktionen vgl. HAL 117f.

4. Zur theologischen Verwendung des Verbums ist zunächst auf die Stellen zu verweisen, an denen Jahwe als Subjekt erscheint.

Jahwe merkt auf Untaten (Ps 94,7 par. *r'h* »sehen«), kennt die Gedanken der Menschen (139,2; vgl. 1Chr 28,9), nimmt

Seufzen zur Kenntnis (Ps 5,2 par. *'zn* hi. »hören«), achtet auf die Werke der Menschen (33,15), nahm sein Volk in acht (Dtn 32, 10 po.). Von Gottes *tebūnā* ist die Rede in Jes 40,14.28; Jer 10,12 = 51,15; dem König verliehen 1Kön 5,9; vgl. Jes 11,2 *bīnā*.

Ist das Volk bzw. der Einzelne Subjekt, so geht es häufig darum, auf Jahwes Wirken in Natur und Geschichte zu achten (Dtn 32,7 par. *zkr* »gedenken«; Ps 28,5; 73,17; hitpo.: Jes 43,18; Hi 37,14; 38, 18; vgl. je anders Jes 52,15 und Jer 2,10). Daß im AT das rechte Gottesverhältnis so häufig gerade mit weisheitlichen Begriffen formuliert wird (vgl. H.H. Schmid, Wesen und Geschichte der Weisheit, 1966, 199–201 mit Lit.), ist theologisch noch viel zu wenig bedacht worden.

In zahlreichen verschiedenen Formulierungen wird zum Ausdruck gebracht, daß das Volk bzw. der Einzelne etwas »verstehen« soll (häufig parallel zu *jd'* »erkennen«): Jes 6,9f.; 32,4; 40,21; 43,10; 44, 18; Jer 23,20 = 30,24; Hos 14,10; Ps 94, 8; 107,43 (vgl. mit *bīnā*: Jes 27,11; 33, 19), bzw. daß dieses »Verstehen« immer wieder fehlt: Dtn 32,28f.; Jes 1,3; Jer 9, 11; Hos 4,14; Ps 49,21; vgl. Ps 82,5; Dan 11,37.

Wo in späterer Zeit das Gesetz in den Mittelpunkt der atl. Religion tritt, wird dieses Objekt oder Ziel des Verstehens: Neh 8,2.3.12; 10,29; Ps 119,27.34.73.95. 100.104.125.130.144.169; vgl. schon Dtn 4,6 (*bīnā*).

Von besonderer Bedeutung ist die Wortgruppe in Spr, Hi und Dan.

Die Sprüche Salomos dienen *lehābīn 'imrē bīnā* »die Worte der Einsicht zu verstehen (bzw. zu erlernen)« (Spr 1,2), ihr Ziel ist, die *bīnā* bzw. *tebūnā* (2,3), es geht darum, den *māšāl*, den Weisheitsspruch zu verstehen (1,6), *'ormā* »Klugheit« anzunehmen (8,5a), den Weg zu verstehen (14,8), einsichtig zu werden (8,5b txt?); *mēbīn* ist dann »der Verständige« (8,9; 17,10.24; 28,2.7.11), *bīnā* »die Einsicht« (oft par. zu *ḥokmā* »Weisheit«; 4,1.5.7; 7,4; 8,14; 9,6.10; 16,16; 23,23; 30,2), ähnlich *tebūnā* (2,2.3.6.11; 3,13.19; 5,1; 8,1; 10,23 u.ö.), *nābōn* »der Einsichtige« (par. *ḥākām* »Weiser«, Gegensatz: Tor, Spötter; 10,13; 14,6.33; 15,14; 16,21; 17,28; 18,15; 19,25). Von falscher, nur menschlicher *bīnā* ist die Rede in 3,5; 23,4; *tebūnā*: 21,30.

In sehr verschiedenartiger Weise wird die Wortgruppe in der Hiobdichtung verwendet. Neben »profaner« (6,30; 14,21; 18,2; 31,1; 32,12 u.ä.) und allgemein weisheitlicher Anwendung (28,23; 32,8.9; 34,16; 36,29 u.ö., dazu die Mehrzahl der Belege von *bīnā* und *tebūnā*) finden sich manche spezifischere Gebrauchsarten: Hiob, der das Unrecht Gottes bemerkt (13,1 par. *r'h* »sehen«, *šm'* »hören«; vgl. 23,8), vermag Gott nicht zu sehen (9,11 par. *r'h*; 23,8). Dabei möchte er wissen, was Gott ihm antworten würde (23,5 par. *jd'*); aber Gott achtet seiner nicht (30,20 txt em). Im Urteil seiner Freunde versteht Hiob nichts (15,9 par. *jd'*), doch möchte er, daß diese ihm seine Fehler aufweisen (6,24 par. *jrh* hi. »lehren«).

In den Visionsberichten des Danielbuches wird *bīn* zum terminus technicus des Verstehens von Visionen und Auditionen (in verschiedenen Konstruktionen: 1,17; 8,5.15.16.17.27; 9,22.23; 10,1.11.12. 14; 11,33; 12,8.10); vgl. auch das Verstehen der Schriften in 9,2.

5. An der Verschmelzung von Weisheit, Apokalyptik und Gnosis um die Zeitenwende hat auch das Denken der Sekte von Qumran teil. Zur Bedeutung weisheitlicher Ausdrücke in Qumran vgl. F. Nötscher, Zur theol. Terminologie der Qumran-Texte, 1956, 38ff. (zu *bīn* und *bīnā* ebd. 54ff.).

Für den ntl. Gebrauch des gr. Verbums γινώσκειν, in das schon in der LXX die Wurzeln *bīn* und →*jd'* zuasmmengeflossen sind, vgl. R. Bultmann, Art. γινώσκω, ThW I, 688–719. *H.H. Schmid*

בַּיִת *bájit* Haus

1. **bajt-* »Haus« ist gemeinsemitisch (Bergstr. Einf. 186); in allen sem. Sprachzweigen begegnen ähnlich wie im Hebr. auch übertragene Bedeutungen (vgl. z.B. AHw 132–134; CAD B 272–277.282–297; WUS Nr. 600; UT Nr. 463; DISO 35f.).

Direkte Ableitungen von *bájit* kommen im Hebr. nicht vor; *bītān* »Palast« (Est 1,5; 7,7.8) dürfte ein durch das Aram. vermitteltes Lehnwort aus dem Akk. sein (Wagner Nr. 42). Im Bibl.-Aram. ist neben *bájit* noch das denominierte Verbum *bīt* »die Nacht verbringen« (Dan 6,19) belegt (Entsprechungen im Akk., Ug., Aram., Arab. und Äth., nicht dagegen im Hebr., wo *līn* »übernachten«, auch verallgemeinert »weilen«, dafür eintritt).

Recht zahlreich sind dagegen die mit *Bēt-* zusammengesetzten Ortsnamen (HAL 120–124: Nr. 1–52); öfters bezeichnet hier *Bēt-* ursprünglich das Heiligtum einer Gottheit (z.B. *Bēt Dāgōn*, *Bēt 'anāt*, *Bēt Šǽmæš*).

Eine (aram.) Femininform zu *bēn* »zwischen« wird verschiedentlich, aber nicht zwingend für die schwierigen Textstellen 2Kön 11,15 = 2Chr 23,14 (*'æl mibbēt [le]*, s.u. 3c) und Spr 8,2 (*bēt netībōt* »Kreuzweg«?, vgl. Gemser, HAT 16,44) angenommen (Wagner Nr. 41; HAL 124a; zu Ez 41,9 vgl. Zimmerli, BK XIII, 1031; zu Hi 8,17 vgl. Horst, BK XVI,126). In 2Kön 23,7b ist statt des jetzigen Plur. von *bájit* wohl ein Wort *bat* III »gewobenes Kleid« im Plur. zu vermuten (HAL 159b).

2. Die Wortstatistik ist bei *bájit* dadurch erschwert, daß die Ausscheidung der mit *Bēt-* zusammengesetzten Ortsnamen nicht immer eindeutig vorgenommen werden kann.

In der folgenden Aufstellung werden nach Lis. (und Mand.) die in HAL 120–124 angeführten Nr. 5, 30, 46, 51 nicht zu den Ortsnamen gerechnet, wohl aber (gegen Lis.) Nr. 12, 23 und 27 (*Bēt Haggān* 2Kön 9,27; *Bēt-Hakkāræm* Neh 3,14; *Bēt Millō'* Ri 9, 6.20.20; 2Kön 12,21). Ohne die rund 50 Ortsnamen mit ihren Adjektivbildungen (rund 240 Belege) und ohne 2Chr 34,6K, aber mit 2Kön 23,7b (s.o. 1) und den bei Lis. fehlenden Stellen Num 1,22 und 2Sam 19,12b ergeben sich folgende Zahlen:

Gen	109	Hos	15	Spr	38
Ex	59	Jo	6	Ruth	7
Lev	53	Am	27	Hhld	5
Num	58	Ob	5	Pred	11
Dtn	45	Jon	–	Klgl	3
Jos	25	Mi	16	Est	28
Ri	68	Nah	1	Dan	3
1Sam	61	Hab	3	Esr	30
2Sam	115	Zeph	5	Neh	52
1Kön	194	Hag	11	1Chr	112
2Kön	151	Sach	31	2Chr	218
Jes	75	Mal	2		
Jer	146	Ps	53	hebr.	
Ez	181	Hi	26	AT	2048

bītān begegnet 3 ×, bibl.-aram. *bájit* 44 × (Dan 9 ×, Esr 35 ×), *bīt* q. 1 ×.

3. a) In der Grundbedeutung bezeichnet *bájit* das aus irgendwelchen Materialien gebaute, feste »Haus« (BRL 266–273.409–416; BHH II,658f.; III, 1361–1365), gewöhnlich unterschieden von *'ōhæl* »Zelt« (vgl. 2Sam 16,22; Jer 35,7.9f.; Hos 12,10; aber Ps 132,3 *'ōhæl bētī* »mein Wohnzelt«; 1Chr 9,23 txt? *bēt-hā'ōhæl* »Zelthaus«, vgl. Rudolph, HAT 21,88; *'ōhæl* kommt im AT 345 × vor [Num 76 ×, Ex 62 ×, Lev 44 ×, Gen 23 ×, Ps 18 ×, Spr 14 ×, Ri 13 ×], an 60% der Stellen in kultischem Sinne vom »Zelt Jahwes«, »Zelt der Begegnung« o.ä. [→*j'd* 2.4b] gebraucht) und *sukkā* »Laubhütte« (vgl. Gen 33,17; im AT 31 ×); vgl. A. Alt, Zelte und Hütten, FS Nötscher 1950, 16–25 = KS III, 233–242; W. Michaelis, Zelt und Hütte im biblischen Denken, EvTh 14, 1954, 29–49. Zur Wendung »zu deinen Zelten, Israel!« bei der Auflösung des isr. Heerbannes und anderen Stellen, an denen festgeprägte Formeln aus nomadischer Zeit den mit der Ansiedlung im Kulturland gegebenen Sachwandel (Zelt>Haus) nicht mitgemacht haben, vgl. Alt, a.a.O. 240.

Synonyme sind, abgesehen etwa von dem allgemeineren Abstraktum *binjān* »Gebäude« (→*bnh* »bauen«; aram. Lehnwort in Ez 40,5; 41,12.12.15; 42,1.5. 10 [41,13 *binjā*]; vgl. Wagner Nr. 44), nur zur Bezeichnung von Großhäusern, Palästen u.ä. zu finden: neben häufigem *bēt hammælæk* »Königspalast« begegnen die Lehnwörter *hēkāl* »Palast, Tempel« (sum. **haikal* [A. Falkenstein, Genava N.S. 8, 1960, 304] > *é-gal*, akk. *ekallu*, ug. *hkl*, bibl.-aram. *hēkal*; im AT 80 × hebr. [Jer 7,4 verdreifacht] und 13 × aram., davon 14+5 × in der Bed. »Palast«: 1Kön 21,1; 2Kön 20,18 = Jes 39,7; Jes 13,22; Hos 8,14; Jo 4,5; Am 8,3; Nah 2,7; Ps 45,9.16; 144,12; Spr 30,28; Dan 1,4; 4,21.26; 5,5; 6,19; Esr 4,14; 2Chr 36,7), *'appædæn* »Palast« (< pers. *apadāna*, vgl. Wagner Nr. 25; Dan 11,45) und *bītān* »Palast« (s.o. 1), während die Ausdrücke *'armōn* (Jes 13,22 *'almōn*) »(befestigter) Palast« (33 ×, vor allem bei den Propheten) und erst recht *bīrā* »Zitadelle« (18 ×, nur in Est, Dan, Neh und 1/2Chr; aram. *bīrā* Esr 6,2; akk. Lehnwort, vgl. Wagner Nr. 40) bereits das Moment der Befestigung stärker betonen (vgl. noch *migdāl* »Turm«, →*gdl*).

b) In Verbindung mit *'ælōhīm* »Gott« oder einem Gottesnamen (seltener elliptisch alleinstehend oder anderweitig näherbestimmt, z.B. 1Kön 13,32 und 2Kön 17,29 Höhenheiligtümer; Am 7,13 königliches Heiligtum; Mi 3,12; Hag 1,8) bezeichnet *bájit* gewöhnlich ein »Gotteshaus«, einen »Tempel« (vgl. BRL 511 bis 519; BHH III, 1940–1949). Im AT handelt es sich in einigen Fällen um das Heiligtum fremder Götter (z.B. 1Sam 5,2 Tempel Dagons; vgl. auch die Ortsnamen, s.o. 1) oder um Jahwe-Heiligtümer außerhalb Jerusalems (Ri 18,31 »solange das Haus Gottes in Silo bestand«; 1Sam 1,7; zu *Bēt-'ēl* s.u. 4b und →*'ēl* III/2), weit überwiegend aber um den Tempel zu Jerusalem (→*'ælōhīm* III/6; die Verbindung *bēt Jhwh* »Haus Jahwes« findet sich im AT 255 × [2Chr 75 ×, 2Kön 52 ×, Jer 33 ×, 1Kön 22 ×, 1Chr 20 ×, Ps 9 ×]; zu Hos 8,1 s.u. 3d). Als Synonyme sind *hēkāl* (s.o. 3a), das aber auch den Hauptraum des Tempels im Unterschied zum Vorraum und zum Allerheiligsten bezeichnen kann (HAL 235a), und die allgemeineren Ausdrücke *qōdæš* und *miqdāš* »Heiligtum« (→*qdš*) zu nennen.

c) Die übertragenen Bedeutungen von *bájit* beruhen, soweit sie im unpersönlichen Bereich bleiben und nicht die Hausbewohner meinen (s.u. 3d), hauptsächlich auf der Vorstellung des Hauses als eines umschlossenen Raumes. Spielt das Merkmal des Wohnens von Lebewesen im Begriff noch eine Rolle, so mag man von »Aufenthaltsort« reden (von Menschen: Hi 17,13 »wenn ich hoffe, ist die Unterwelt mein Haus«; 30,23 »dem Tode willst du mich zuführen, dem Haus, wo alles Lebende sich einstellt«; von Tieren: Hi 39,6 die Steppe als Wohnung des Wildesels; Hi 8,14 und 27,18 txt em Spinnengewebe). Auf ursprünglich äg. Vorstellungen geht der auch pun., palm., gr. und lat. bezeugte Ausdruck »ewiges Haus« für das Grab in Pred 12,5 (*bēt*→*'ōlām*; vgl. Ps 49,12) zurück (vgl. E. Jenni, ZAW 65, 1953, 27–29). Nicht auf das Grab, sondern bildlich auf die hinfälligen Menschenleiber beziehen sich die »Lehmhäuser«, in denen die Menschen »wohnen« (*škn*), in Hi 4,19 (vgl. Horst, BK XVI, 76).

In gewissen technischen Verwendungen von *bájit* kann auch die Vorstellung des Wohnens sich noch verflüchtigen, so daß eine Bed. »Behälter« o.ä. übrig bleibt: für Riegel (Ex 26,29; 36,34) bzw. Stangen (Ex 25,27; 30,4; 37,14.27; 38,5); *bāttē næfæš* Jes 3,20 wird herkömmlicherweise auf »Riechfläschchen« gedeutet, neuerdings aber auch auf »Seelengehäuse« = Amulette (vgl. Wildberger, BK X,143). Schwierig ist auch Ez 1,27 »Feuer, das rings umrandet ist« (Zimmerli, BK XIII, 2.8.56), das also einen »Hof« hat. An die für akk. *bītu* belegte Bed. »Grundstück« (AHw 133a) erinnert schließlich 1Kön 18,32 »Fläche für zwei Scheffel Saat«.

Ganz zum adverbialen bzw. präpositionalen Ausdruck ist *bájit* im Sinn von »Inneres, drinnen« (Gegensatz: *ḥūṣ* »Gasse, draußen«) geworden in *bájtā* »nach innen« (Ex 28,26 u.ö.), *mibbájit* (Gen 6,14 u.ö.) und *mibbájtā* (1Kön 6,15) »innen«, *mibbájit le* (1Kön 6,16), *lemibbēt le* (Num 18,7) »innerhalb« und *'æl mibbēt le* »hinein in« (2Kön 11,15; vgl. 2Chr 23,14).

An die neuass. Verwendung von *bīt* als Präposition bzw. Subjunktion in einem Lokalsatz (GAG §116f. 175c; AHw 131b) erinnert Neh 2,3 »die Stadt, wo (*bēt*) die Gräber meiner Väter sind«.

d) Häufig ist im Hebr. wie auch in den verwandten Sprachen die Bedeutung vom Haus auf das, was sich im Hause befindet (»Vermögen, Besitz«, z.B. Gen 15,2), und namentlich auf die im Hause lebende Hausgemeinschaft verschoben (klassisch Jos 24,15: »ich aber und mein Haus, wir wollen Jahwe dienen«). *bájit* bedeutet so »Familie« (Gen 7,1 u.ö.; →*bnh*, →*'šh*), »Sippe« (z.B. Jer 35,2 »Haus« der Rekabiten, denen der Besitz eines Hauses im konkreten Sinn gerade verwehrt ist), auch »Geschlecht, Nachkommenschaft« (Ex 2,1 u.ö.) und bei Königen »(Königs-)Hof« oder »Dynastie« (Jes 7,2.13 u.ö.). *bēt-'āb* »Vaterhaus, (väterliche) Familie« (z.B. Gen 24,38) wird in nachexilischer Zeit zum Terminus der Sippenorganisation (→*'āb* III/4). Auch ganze Stammes- und Volksgemeinschaften können nach dem Modell der Familie und Sippe mit *bájit* bezeichnet werden, so *bēt 'æfrájim* »Haus Ephraim« (Ri 10,9), *bēt Ja'aqōb* »Haus Jakobs« (Ex 19,3 par. »Israeliten«; Jes 2,5.6 u.ö.), namentlich auch in politischer Bedeutung die beiden Reiche Juda und Israel (*bēt Jehūdā* 2Sam 2,4.7.10.11 u.ö., insgesamt 41 × ; *bēt Jiśrā'ēl* 2Sam 12,8 u.ö., insgesamt 146 ×, davon 83 × in Ez; zur Entstehung dieses Ausdrucks in Analogie zu *bēt Jehūdā* →*Jiśrā'ēl* 2; zu vergleichen sind auch die Ländernamen wie *Bīt-Ammānu* usw. in ass.-bab. Quellen, s. RLA II, 33ff.). In Anlehnung an diesen Sprachgebrauch nennt Hos 8,1 das Land (nicht einen Tempel) »Haus Jahwes« (vgl. auch Hos 9,8.15; Jer 12,7; Sach 9,8; Wolff, BK XIV/1,176). Bei Ezechiel ist *bēt merī* »Haus der Widerspenstigkeit« im Kontrast zu *bēt Jiśrā'ēl* gebildet (→*mrh* 4c; vgl. Zimmerli, BK XIII, 74).

Eine spezieller geartete Metonymie ›Haus > Hausbewohner‹ liegt in dem äg. Königstitel »Pharao« (hebr. *Par'ō*) vor; ursprünglich bedeutet *pr-'ꜣ* »großes Haus« den königlichen Palast, wurde aber dann (seit dem 16. Jh. v. Chr.) auf den äg. König übertragen (BHH III, 1445).

4. a) Eine Übersicht über die mit dem Haus verbundenen religiösen Vorstellungen, die theologisch bis ins NT hinein gewirkt haben, gibt J. Hempel, Der Symbolismus von Reich, Haus und Stadt in der biblischen Sprache, WZ Greifswald 5, 1955/56, 123–130 (unter den Stichworten ›Einwurzelung‹, ›Eingrenzung‹, ›Ordnung‹). Die kulturgeschichtlichen und religionsgeschichtlichen Aspekte, u.a. auch der Widerstand der dem Nomadenideal verpflichteten Rekabiten gegen den Hausbau als Ausdruck besonderer Jahwetreue (Jer 35) und die prophetische Polemik gegen die Luxushäuser (z.B. Am 3,15; 5,11), sind hier jedoch nicht weiter zu verfolgen, da sie den Sprachgebrauch von *bájit* nicht beeinflußt haben.

b) Ähnliches gilt für die zahlreichen Stellen, an denen von einem »Haus Gottes« oder »Haus Jahwes« die Rede ist. Wie bei anderen Kultrealien (Lade, Zelt, Opfer usw.) ist auch beim Jerusalemer Tempel nicht auf Wesen und Geschichte der kultischen Institution einzugehen, sondern nur ein allfällig vorhandener besonderer theologischer Sprachgebrauch zu registrieren (zu den theologisch wichtigen Vorstellungen vom Wohnen Gottes vgl. →*škn* »wohnen«). Gerade hier ist aber das Material sehr wenig ergiebig. Der Ausdruck »Haus« wird im AT ununterschieden von heidnischen Tempeln wie vom Jahwe-Tempel in Jerusalem gebraucht; auch zeitlich lassen sich kaum Schwankungen im Gebrauch der Vokabeln feststellen. Stilistisch wirksam ist der gewollte Kontrast zwischen den beiden Bedeutungen von *bájit*, »Tempel« und »Dynastie«, bei der

Ablehnung des Tempelbaus in 2Sam 7,5.11.29 (»solltest du mir ein Haus bauen ... Jahwe wird dir ein Haus bauen ... ich will dir ein Haus bauen«).

In einer weit zurückliegenden Schicht, die in Gen 28,22 noch zum Vorschein kommt, kann *bēt 'ᵆlōhīm* nicht nur das gebaute Gotteshaus, den Tempel, sondern auch einen kultischen Stein (*maṣṣēbā* »Massebe«) »als Repräsentation, Aufenthaltsort, Wohnstätte der Gottheit« meinen (H. Donner, ZAW 74, 1962, 68–70, mit der altaram. Parallele *btj 'lhj'* »Götterhäuser«, auf die Stelen, welche den Vertragstext enthalten, bezogen in KAI Nr. 223C, Z. 2f.7.9f.; vgl. Fitzmyer, Sef. 90 mit Lit.; zur vorisr. Gottheit Bethel [Jer 48,13?, vgl. aber Rudolph, HAT 12, 258f.] vgl. O. Eissfeldt, ARW 28, 1930, 1–30 = KS I, 206–233; →*'ēl* III/2).

Außer von irdischen Tempeln, z. B. in Sichem (Ri 9,4), Silo (Ri 18,31; 1Sam 1,7) und vor allem in Jerusalem, ist im AT vielleicht auch von einem himmlischen Palast Gottes die Rede (*bájit* allenfalls in Ps 36,9 [HAL 119b], aber unsicher; *hēkāl* möglicherweise in Mi 1,2; Hab 2,20; Ps 11,4; 18,7 = 2Sam 22,7; vgl. noch Jes 66,1; →*škn*). Anders ist die poetische Vorstellung in Hi 36,29 vom Himmel als *sukkā* »Hütte« (eig. »Laubdach«) Gottes über den Wolken (Fohrer, KAT XVI, 480).

Zum Land Israel als dem »Haus« Gottes bzw. Jahwes s. o. 3d.

5. Im AT dient »Haus« noch nicht als Bildwort für die Gemeinde, wie das in Qumran (1QS 5,6; 8,5.9; 9,6; CD 3,19; vgl. J. Maier, Die Texte vom Toten Meer, II, 1960, 46f.) und im NT (1Tim 3,15; Hebr 3,6; 1Petr 2,5; 4,17) der Fall ist. *bájit* in Num 12,7, wo Moses Stellung mit der »Stellung des obersten Sklaven, der zugleich der Vertraute seines Herrn und dem das ganze ›Hauswesen‹ seines Herrn anvertraut ist«, verglichen wird (Noth, ATD 7,85), kann nur bei Ausdeutung des Vergleichsbildes auf Israel als den Herrschaftsbereich Jahwes bezogen werden (vgl. Hebr 3,1–6). Zur LXX und zum NT vgl. O. Michel, Art. οἶκος, ThW V, 122 bis 161; W. Michaelis, Art. σκηνή, ThW VII, 369–396; J. Goetzmann, Art. Haus, bauen, ThBNT II, 636–645, mit Lit.

E. Jenni

בכה *bkh* weinen

1. Das Verbum **bkj* »weinen« ist gemeinsemitisch (Bergstr. Einf. 188; P. Fronzaroli, AANLR VIII/19, 270). Derivate sind im Hebr. die Substantive *bᵉkī*, *bᵉkīt*, *bǽkǣ* »Weinen«.

Als weitere Derivate kommen in Betracht die in Ortsnamen erhaltenen Wörter *Bōkīm* (Ri 2,1.5 mit einer Namensätiologie, die *Bōkīm* vom Weinen des Volkes her erklärt) und *bākūt* (im Ausdruck *'allōn bākūt* »Klageeiche« Gen 35,8, ebenfalls mit sekundärer Ätiologie). War das »Weinen« ursprünglich Äußerungsform des Baumnumens (B. Stade, Biblische Theologie des AT, I, 1905, 112)?

Nebenform zu *bkh* ist wohl auch *bk'*; in dieser Form begegnet die Wurzel im Namen einer Strauchart *bᵉkā'īm* (2Sam 5,23f.; 1Chr 14,14f.), wohl tropfende, »weinende« Sträucher. Ps 84,7 wird ein *'ēmæq habbākā'* genannt, offenbar ein Eigenname eines Tales mit spärlicher Vegetation (nur tropfenweises Wasservorkommen), vgl. HAL 124a. Wahrscheinlich ist der Ortsname *Bōkīm* ursprünglich ähnlich zu verstehen.

2. Das Verbum begegnet 114 × (q. 112 ×, pi. 2 ×). Die Streuung weist keine Besonderheiten auf. *bᵉkī* kommt 30 × vor; *bᵉkīt* (Gen 50,4), *bǽkǣ* (Esr 10,1) und *bākūt* (Gen 35,8) sind Hapaxlegomena.

3. Die Bedeutung von *bkh* kann mit »(be)weinen« vollständig wiedergegeben werden. Das Wort wird gebraucht für das Weinen des Kindes in Gen 21,16; Ex 2,6. Der Erwachsene weint bei der Totenklage (Parallelausdruck: *spd* »klagen« Gen 23,2; 2Sam 1,12; Ez 24,16; weiter in diesem Zusammenhang: *dm'* »Tränen vergießen« Jer 13,17, vgl. *dim'ā* »Träne« Jer 31,16; Ez 24,16; Mal 2,13; Klgl 1,2; *ṣūm* »fasten« Ri 20,26; 2Sam 1,12; 12,21f.; *nūd* »klagen« Jer 22,10; kurze Schilderung der Trauerbräuche Jer 41,6; Ez 27,31). Besonders die Frauen haben sie zu verrichten (2Sam 1,24), und als besonders schlimm wird empfunden, wenn niemand mehr da ist, die Totenklage zu halten (Ps 78,64; Hi 27,15).

Auch bei der rituellen Klage, die gewöhnlich im Tempel stattfindet, wird geweint; dies wird mit »Weinen vor Jahwe« bezeichnet (Ri 20,23.26). Parallelausdrücke sind hier *ṣūm* »fasten« (Ri 20,26; Ps 69,11), *nzr* ni. »sich (durch Einhaltung gewisser Regeln) absondern« (Sach 7,3). Aus nachexilischer Zeit ist bekannt, daß die Priester sich anläßlich der Volksklage »zwischen Halle und Altar« befanden (Jo 2,17); vgl. weiter in diesem Zusammenhang 2Kön 22,19; Ps 137,1; Klgl 1,2.16. Dieses kultische Weinen hatte ursprünglich die Bestimmung, die Gottheit gnädig zu stimmen (so ist eventuell Hos 12,5 zu verstehen, vgl. P. R. Ackroyd, VT 13, 1963, 250f.; anders aber z. B. Wolff, BK XIV/1, 275), ist im AT aber wohl einfach Zeichen des Schmerzes des Klagenden. Von der Diktion der individuellen Klage abhängig ist Jeremia, wenn er sein Leiden schildert (Jer 8,23; 13,17).

Das Weinen Erwachsener ist nicht nur vom Brauchtum bestimmt, sondern bricht spontan bei starken Gefühlsregungen aus, bei Kränkung (1Sam 1,7f.10), Trauer über einen schlimmen Vorfall (Gen 27,38; Ri 11,37; 1Sam 30,4; 2Sam 3,16; Neh 1,4 par. zu →*ṣūm* »fasten«, →*'bl* hitp. »trauern«, →*pll* hitp. »beten«; Jes 33,7 par. →*ṣ'q* »schreien«), Erregung (2Kön 8,11), Erschütterung (Gen 42,24; 43,30; 50,17; 1Sam 24,17; Hi 2,12; Esr 3,12; Neh 8,9). Eine Aufforderung zum Weinen findet sich in prophetischer Scheltrede Mi 1,10 txt em (vgl. S. J. Schwantes, VT 14, 1964, 455).

Als Sonderfall der Erschütterung gelten Begrüßung und Abschied (Gen 29,11; 33,4; 45,2 mit *bekī*; 45,14f.; 46,29; 1Sam 20,41; Ruth 1,9.14, oft zusammen mit Verben wie »küssen«, »umarmen«, »vor jem. niederfallen«). Vgl. dazu R. Lehmann, Der Tränengruß im AT, Baessler-Archiv 19, 1936, referiert in ZAW 55, 1937, 137.

Möglicherweise war in Israel bei der Aussaat Weinen üblich, als Nachhall kanaanäischer Trauer beim Tod der Vegetationsgottheit (Anspielung Ps 126,6; später wird beim jüdischen Neujahrsfest geweint; das Schofar-Blasen ist Symbol dafür, vgl. F. Hvidberg, Weeping and Laughter in the OT, 1962), doch hat dieser Brauch keine Bedeutung im Rahmen der offiziellen Jahwereligion. Zum kultischen Weinen im späteren Judentum vgl. J. A. Wensinck, FS Sachau 1915, 26–35, daran anschließend J. L. Palache, ZDMG 70, 1916, 251–256.

In dichterischer Sprache kann *bkh* von einem nicht-menschlichen Subjekt ausgesagt werden (Hi 31,38 »weint« der Acker, par. *z'q* »schreien«; es geht um das rechte Verhältnis zwischen Mensch und Natur). Pred 3,4 stellt fest, daß Weinen wie Scherzen seinen Ort hat im menschlichen Leben (Gegenbegriff: *śḥq*).

Zum Gebrauch des Pi. (Jer 31,15 Bild der Totenklage; Ez 8,14 Beweinung des Tammus, vgl. zu Ps 126,6) vgl. Jenni, HP 157.

4. Nur in wenigen Fällen spielt das Weinen eine Rolle in der Beziehung zwischen Gott und Mensch (insbesondere nicht bei der Totenklage, →*'bl*; erst recht nicht im Zusammenhang mit dem Vegetationskult, wenngleich man hier vielleicht mit recht bedeutsamer »Volksreligion« rechnen muß), so in den Klagen des Einzelnen und des Volkes; es ist hier Zeichen menschlicher Ohnmacht, die bittend vor Gott tritt, oder Ausdruck der Erschütterung, wenn der Mensch den Urteilsspruch Gottes vernimmt (Ri 2,4; 2Kön 8,11ff.).

Einen besonderen Platz hat das Weinen im Motiv des »Murrens in der Wüste« (Num 11,4.10.13.18.20; 14,1; Dtn 1,45). Es bezeichnet die Haltung des ungehorsamen Volkes, das nicht in die göttliche Führung vertraut und deshalb klagt.

Ist so das Weinen Zeichen menschlicher Not, so erwartet Israel in späterer zur Apokalyptik hinneigender Zeit eine Wende, in der jedes Weinen aufhört (Jes 30, 19).

5. Vor allem der zuletzt erwähnte Gedanke gewinnt im NT eine gewisse Bedeutung, indem Jesus jene Endzeit zuspricht (vgl. Mt 5,4 u.ö.). Zum Ganzen vgl. K. H. Rengstorf Art. κλαίω, ThW III, 721–725. *F. Stolz*

בֵּן *bēn* Sohn

I. Das Wort *bēn* (**bin*-) »Sohn« mit seiner fem. Entsprechung *bat* (**bint*-) »Tochter« ist gemeinsemitisch (Bergstr. Einf. 182; äth. durch *wald* ersetzt, akk. durch *māru*). Es ist vielleicht mit **bnw/j* »bauen« zu verbinden.

Im Akk. ist der Begriff nurmehr in dichterischer Sprache und in Personennamen zu belegen; an seine Stelle trat *māru/mārtu* (AHw 127a.138b.614. 615f.).

In noch nicht völlig geklärtem Verhältnis zu **bin* steht *bar/berā* (*brt*), das im aram. Bereich (auch neusüdarab.) den Sing. *bēn* ersetzt. Vgl. R. Ružička, Konsonantische Dissimilation in den sem. Sprachen, 1909, 68f.; anders BLA 179; Wagner Nr. 46; HAL 131b.

II. Mit gegen 5000 Belegen ist *bēn* das weitaus häufigste Substantiv im AT. Die Häufungen in Gen, Num und im chr. Werk erklären sich in erster Linie von den Geschlechtsregistern her.

	bēn			*bat*		
	Sing.	Plur.	total	Sing.	Plur.	total
Gen	177	188	365	45	64	109
Ex	39	194	233	13	10	23
Lev	28	132	160	20	2	22
Num	224	387	611	10	16	26
Dtn	37	90	127	14	7	21
Jos	44	197	241	2	14	16
Ri	52	152	204	8	19	27
1Sam	80	58	138	9	7	16
2Sam	140	67	207	14	6	20
1Kön	140	48	188	11	–	11
2Kön	163	58	221	16	1	17
Jes	38	46	84	14	9	23
Jer	143	82	225	21	19	40
Ez	116	75	191	6	31	37
Hos	6	18	24	2	2	4
Jo	1	14	15	–	2	2
Am	2	9	11	–	1	1
Ob	–	2	2	–	–	–
Jon	3	–	3	–	–	–
Mi	2	4	6	7	–	7
Nah	–	–	–	–	–	–
Hab	–	–	–	–	–	–
Zeph	5	3	8	3	–	3
Hag	10	–	10	–	–	–
Sach	8	5	13	4	–	4

	bēn Sing.	Plur.	total	*bat* Sing.	Plur.	total
Mal	2	4	6	1	–	1
Ps	15	88	103	6	6	12
Hi	6	30	36	–	5	5
Spr	41	19	60	–	2	2
Ruth	2	6	8	8	3	11
Hhld	–	2	2	2	10	12
Pred	5	11	16	–	1	1
Klgl	–	4	4	21	1	22
Est	8	7	15	5	–	5
Dan	2	7	9	2	–	2
Esr	41	156	197	–	4	4
Neh	115	131	246	1	17	18
1Chr	338	370	708	10	18	28
2Chr	127	105	232	14	13	27
AT	2160	2769	4929	289	290	579*

In obigen Zahlen sind die mit *Bæn-*, *Bin-*, *Bat-* zusammengesetzten Eigennamen und die Verbindung *bat hajja'^{a}nā/b^{e}nōt ja'^{a}nā* »Strauß« (8×) nicht eingerechnet, wohl aber *b^{e}nē* in *Rabbat b^{e}nē-'ammōn* und *bēn/bæn-* in 1Chr 4,20a; 7,35; 15,18 (wohl Textfehler, nicht Bestandteile eines Eigennamens); 1Chr 6,11K ist als Sing. gezählt, 2Chr 11,18K weggelassen (Q *bat*). In Lis. fehlt 2Kön 1,17b *bēn*.*

Bibl.-aram. begegnet *bar* »Sohn« 19× (Sing. 8×, Dan und Esr je 4×; Plur. 11×, Dan 4×, Esr 7×). Als Aramaismus steht *bar* (3×) in Spr 31,2 (vgl. Wagner Nr. 46).

III. 1. In seiner Grundbedeutung heißt *bēn* »Sohn«, und zwar in der Regel »der leibliche Sohn seines Vaters oder seiner Mutter«. Damit ist ein erstes natürliches Wortfeld innerhalb der Familie abgesteckt.

Meist wird die Beziehung innerhalb der Familie im Sing. mit nachfolgendem Genetiv (»Sohn des X«, besonders häufig in den verschiedenen Geschlechtsregistern) oder durch ein Possessivsuffix (vgl. z.B. die stereotype Wendung im dtr. Rahmen »sein Sohn X herrschte an seiner Statt«, 1Kön 14,20.31 u.ö.) zum Ausdruck gebracht. Häufig finden sich aber auch die Begriffe →*'āb* »Vater« (z.B. Gen 22,7; 42,32; 2Sam 7,14 = 1Chr 17,13; Plur. Ex 20,5; Num 14,18 u.ö.) und →*'ēm* »Mutter« (Gen 27,13; 43,29; Hos 10,14 u.ö.) direkt im Wortfeld; die Mutter kann auch näher qualifiziert (Ri 11,1 Sohn einer Hure; 1Kön 7,14 Sohn einer Witwe; Gen 25,6 Söhne der Nebenfrauen, Ri 8,31 Sing.; Gen 21,10.13 und Ex 23,12 Sohn einer Magd) oder einfach als →*'iššā* »Frau« bezeichnet werden (1Sam 1,4; 1Kön 17,17).

Ein zweites, allerdings weniger häufiges Wortfeld ist ebenfalls natürlich gegeben: *bēn* als der männliche Nachkomme entspricht dem weiblichen *bat* »Tochter«, meist in nominalen Reihungen im Plur. (Gen 5,4ff.; 11,11ff. u.ö.; im parallelismus membrorum z.B. Jes 60,4).

Weitere nominale Aufreihungen in Verbindung mit *bēn*: Frau/Kinder (Ex 4,20 u.ö.); Söhne/Frau/Schwiegertöchter (Gen 6,18; 7,3.13; 8,18, vgl. 8,16); Frauen/Söhne/Töchter (Gen 36,6; Ex 32,2 u.ö.); Sohn/Tochter/Sklave/Sklavin/Vieh/Fremdling (Ex 20,10; vgl. Dtn 5,14); Kinder/Kindeskinder (Dtn 4,9.25 u.ö.); Sohn/Tochter/Sklave/Sklavin/Levit (Dtn 12,18; 14,11.14, vgl. 12,12); Schafe/Rinder/Söhne/Töchter (Jer 3,24; vgl. 5,17); andere Reihen: Jos 7,24; Ex 32,29; 2Sam 19,6; Jer 16,3.

Als Synonymbegriff zu *bēn* findet sich gelegentlich *jǽlæd* in der Bed. »Sohn« (Ex 2,10; 1Kön 3,25; Ruth 4,16; im Parallelismus Jer 31,20). *jǽlæd* ist allerdings wesentlich seltener und in seiner Bed. »Kind« auch allgemeiner als *bēn*. In Dtn 1,39 steht der Begriff *ṭaf* parallel zu *bēn*, wobei allerdings unter *ṭaf* mehr ein Kleinkind bzw. ein Säugling zu verstehen ist. Weitere Parallelbegriffe sind *'ūl* »Säugling« (Jes 49,15) und *p^{e}rī-bǽṭæn* »Frucht des Mutterleibes« (Jes 13,18; Ps 127,3); zu *b^{e}kōr* »Erstgeborener« →*rōš (rīšōn)*.

Im Wortfeld von *bēn* sind folgende Verben geläufig: 1) *jld* q. von einer Frau oder der Mutter ausgesagt: »sie gebar einen Sohn« (oft in Verbindung mit dem voranstehenden Verbum *hrh* »schwanger sein«): Gen 4,25; 16,15; 19,37.38; 21,2; 29,32; 1Sam 1,20; Hos 1,3 u.ö.; in der Sohnesverheißung: Gen 16,11; Ri 13,3; Jes 7,14 (vgl. P. Humbert, Der biblische Verkündigungsstil und seine vermutliche Herkunft, AfO 10, 1935, 77–80); *jld* hi. vom Vater: »er zeugte Söhne und Töchter« (Gen 5,4ff.; 11,11ff.; vgl. Dtn 28,41 u.ö.); *jld* pu. vom Vater: »es wurde ihm ein Sohn geboren« (Gen 4,26; vgl. 10,25; 35,26 u.ö.); 2) *lqḥ 'iššā l^{e}bēn* »eine Frau für den Sohn nehmen« (Gen 24,3ff.; vgl. Jer 29,6 u.ö.); 3) die Wendung *ntn l^{e}bēn* »dem Sohn (zur Frau) geben« (Gen 38,26; vgl. Dtn 7,3; Ri 3,6 u.ö.); 4) die Wendung *lō hājū lō bānīm* »er hatte keine Söhne« (Jos 17,3; vgl. Num 3,4; Dtn 25,5; 1Chr 23,17 u.ö.); 5) eine Reihe von Verben, welche die Weitergabe bestimmter Traditionen von den Vätern auf die Kinder umschreiben: *'mr* »sagen« (Ex 12,26; Dtn 6,21); *š'l* »fragen« (Ex 13,14; Dtn 6,20; Jos 4,6.21); *ngd* hi. »kundtun« (Ex 13,8); *jd'* hi. »wissen lassen« (Jos 4,22; Ps 78,5); *lmd* pi. »lehren« (Dtn 4,10); *šnn* pi. »einschärfen« (Dtn 6,7); *spr* pi. »erzählen« (Jo 1,3; Ps 78,6).

Recht häufig wird *bēn* zur Bezeichnung des tierischen Nachwuchses gebraucht. So bedeutet *bēn* in Lev 22,28 das Junge eines Rindes oder Schafes, in Dtn 22,6f. ein Vogeljunges, in Gen 32,16 ein Kamelfüllen, in 1Sam 6,7.10 Kälber und Hi 39,4 eine junge Hindin. Noch geläufiger sind Wortverbindungen mit *bēn*, um junge Tiere zu bezeichnen, z.B. *bæn-'ātōn* »Eselsfüllen« (Gen 49,11; Sach 9,9), *bæn-bāqār* »junges Rind« (Gen 18,7f.; Lev 4,3.14; Num 7,15–81 u.ö.); *b^{e}nē (haj)jōnā* »junge Tauben« (Lev 1,14; 5,7.11; 14,30 u.ö.); weitere Wortverbindungen z.B. Ps 114,4.6; 147,9. Einmal findet sich eine solche Wortverbindung auch bei Pflanzen: *bēn pōrāt* »junger Fruchtbaum« (Gen 49,22).

2. Der Begriff ist gelegentlich erweitert, einmal zur Bezeichnung von Kindern, Enkeln, Nachkommen, zum andern in

Richtung auf ein nicht-leibliches Sohnesverhältnis.

a) Der Plural des Wortes läßt sich nicht immer mit »Söhne« (im Unterschied zu den »Töchtern«) wiedergeben, sondern meint gelegentlich »Kinder« (Söhne *und* Töchter), z.B. Gen 3,16 »mit Schmerzen sollst du Kinder gebären« (2Kön 19,3 auch von noch nicht Geborenem), und vor allem in der Wendung »Kinder und Kindeskinder« (Ex 34,7 u.ö.). Gelegentlich dient *bēn* zur Bezeichnung der »Enkel« (neben der geläufigeren Wortverbindung *bæn-bᵉnō*, s.u. 3c), Gen 31,28.43; 32,1, oder noch allgemeiner der Nachkommen (neben der geläufigeren Wortverbindung *bᵉnē bānǽkā* »deine Kindeskinder«), z.B. 1Kön 9,21.

b) Was das Reden von *bēn* in nicht-leiblichem Sinne betrifft, so sind innerhalb des AT folgende Kreise zu unterscheiden:

Formelhaft ist die Anrede *bᵉnī* »mein Sohn«, die sich gelegentlich in den Geschichtsbüchern findet (Jos 7,19 Josua zu Achan; 1Sam 3,6.16 Eli zu Samuel; 4,16 Eli zum Boten).

Eher könnte man sich schon bei der in der Weisheitsliteratur gebrauchten Anrede »mein Sohn« (Spr 1,10.15; 2,1; 3,1.11.21 u.ö.) fragen, ob hier nicht an eine geistige Sohnschaft zu denken sei, also an ein Lehrer-Schüler- oder Meister-Jünger-Verhältnis. Wenn es allerdings richtig ist, daß solche Lehren und Spruchtraditionen nicht nur an Königshöfen, sondern auch in der Sippe weitergegeben wurden (vgl. H.W. Wolff, Amos' geistige Heimat, 1964; dort weitere Lit.), läßt sich sehr wohl der hier angeredete *bēn* als der leibliche Sohn seines Vaters, zumindest als ein Sippenangehöriger, verstehen (Spr 1,8 legt diese Deutung nahe).

Die *bᵉnē hannᵉbī'īm* »Prophetensöhne«, von welchen in den Elia- und Elisageschichten die Rede ist (1Kön 20,35; 2Kön 2,3.5.7; 4,1.38; 5,22; 6,1; 9,1), sind keine leiblichen, sondern geistige Söhne des Propheten im Sinne einer Jüngerschaft (→*'āb* III/2b). Vgl. noch 2Kön 8,9 (Benhadad gegenüber Elisa), aber auch den politischen Gebrauch in der Unterwerfungsformel des Königs Ahas gegenüber Tiglathpileser »dein Sklave und dein Sohn bin ich« (2Kön 16,7).

Schließlich gehört in diesen Zusammenhang noch die Gruppe von Belegen, in welchen ein Mensch als »Sohn Jahwes« bezeichnet wird (s.u. IV/3).

Sehr stark ausgeweitet ist die Bedeutung des Begriffs, wenn die Einwohner einer Stadt als »Söhne« bezeichnet werden, so Jes 51,18.20; 66,8; Ps 147,13; Klgl 1,16; in bildlich übertragenem Sinne wird Jerusalem mit einer Mutter verglichen, die ihre Kinder (Einwohner) selbst geboren hat.

3. Der Begriff *bēn* geht sehr gerne Verbindungen mit anderen Wörtern ein:

a) Am häufigsten verbindet sich *bēn* im Plur. cs. mit einem nachfolgenden Volksnamen zur Bezeichnung der Angehörigen dieses Volkes. An erster Stelle ist die Wendung *bᵉnē Jiśrā'ēl* (etwa 630 ×) zu nennen; sie ist neben dem selteneren *'īš Jiśrā'ēl* (50 ×) bzw. *'anšē Jiśrā'ēl* (9 ×) *die* Wendung, in welcher von den »Israeliten« gesprochen wird; ein Bedeutungsunterschied zwischen den drei Wendungen ist kaum festzustellen.

Dem entsprechen ähnliche Verbindungen wie *bᵉnē Jᵉhūdā* »Judäer«, *bᵉnē ʿammōn* »Ammoniter« usw. und Bezeichnungen von Stammesangehörigen wie *bᵉnē Lēwī* »Leviten«. In die Nähe gehören auch allgemeinere Verbindungen wie *bᵉnē ʿam* »Volksgenossen« (Gen 23,11; Lev 20,17 u.ö.; im Unterschied zu *bᵉnē hāʿām* »gemeine Leute« in 2Kön 23,6; Jer 26,23) und *bᵉnē qǽdæm* »Ostleute« (Gen 29,1; Ri 8,10 u.ö.).

b) Als geläufige Wendung zur Altersangabe dient *bæn ... šānā* (wörtlich »ein Sohn von ... Jahren«; Gen 5,32; Num 1,3–47; 7,15–88 u.ö.).

c) Zur genaueren Bestimmung von Verwandtschaftsverhältnissen geht *bēn* mit anderen Verwandtschaftsbegriffen gelegentliche Verbindungen ein:

bæn 'immō »Sohn seiner Mutter« = »Bruder« (Gen 43,29, parallel zu →*'āḥ*, vgl. 27,29); *bᵉnē 'ābīkā* »Söhne deines Vaters« = »Brüder« (Gen 49,8 parallel zu *'aḥǽkā* »deine Brüder«); *bᵉnē 'īš 'æḥād* »Söhne *eines* Mannes« = »Brüder« (Gen 42,13, vgl. V. 32).

Die Schwiegertochter ist die »Frau des Sohnes« (Lev 18,15), die Enkelin die »Tochter des Sohnes/der Tochter« (Lev 18,10.17), der Neffe der »Sohn des Bruders/der Schwester« (Gen 12,5; 14,12; 29,13), der Vetter der »Sohn des Onkels« (Lev 25,49; Num 36,11), und dementsprechend sind die Nachkommen die »Kinder der Kinder« (Gen 45,10; Ex 34,7 u.ö.).

d) Von den übrigen Wortverbindungen, die *bēn* mit einem nachfolgenden Genetiv eingeht, seien nur die wichtigsten erwähnt:

Häufig findet sich *bæn-'ādām* bzw. der Plur. *bᵉnē 'ādām* zur Bezeichnung des einzelnen Menschen (Sing. 93× bei Ez; Num 23,19; Jes 51,12 u.ö.; Plur. mit Artikel Gen 11,5; ohne Artikel Dtn 32,8 u.ö.; →*'ādām* 3). Parallel zu *bæn-'ādām* stehen *'ᵉnōš* (Jes 51, 12; 56,2; Ps 8,5; 90,3; Hi 25,6), *'īš* (Jes 52,14; Mi 5,6; Ps 80,18; Hi 35,8; Spr 8,4) und *gæbær* (Hi 16, 21).

bæn-hammælæk ist der »Königssohn, Prinz« (Ri 8, 18; 2Sam 9,11; 13,4.23.32). Sonst dienen die Verbindungen mit *bēn* gerne zur Bildung von Adjektiven, z.B. *bæn-šāmæn* »fett« (Jes 5,1), *bēn maśkīl* »klug« (Spr 10,5), *bæn-māwæt* »todgeweiht« (1Sam 20,31; 26,16; 2Sam 12,5), *benē 'awlā* »Ruchlose« (2Sam 3, 34; 7,10 = 1Chr 17,9 u.ö.), *benē ḥájil* »Begüterte, kriegsdienstpflichtige Grundbesitzer, Streitbare« (Dtn 3,18; Ri 18,2 u.ö.), *benē belijjá'al* »Nichtswürdige« (Dtn 13,14; Ri 19,22; 20,13 u.ö.), *benē nēkār* »Fremde« (Ex 12,43; Lev 22,25; 2Sam 22,45f. u.ö.).

Wie weit sich der Begriff *bēn* von seiner Grundbedeutung entfernen und zum Individuationswort bei Kollektiven und zum bloßen Füllwort werden konnte, zeigen Verbindungen wie *bēn zākār* »Knabe« (Jer 20,15; vgl. jedoch die Ausdrucksweise in dem aram. Heiratsvertrag Cowley Nr. 15, Z. 20: *wbr dkr wnqbh* »sei es ein männliches oder weibliches Kind«) oder *benē 'īš* »Männer« (Ps 4,3). Beispiele aus den verwandten sem. Sprachen bieten GVG II,242; J. Zobel, Der bildliche Gebrauch der Verwandtschaftsnamen im Hebr., 1932, 25–35; WUS Nr. 534 *bn* 2) »zu etwas Gehöriger«.

4. Die spärlichen, mit *bēn* als erstem Element zusammengesetzten Eigennamen sind im Rahmen der altorientalischen Namengebung zu sehen (vgl. Huffmon 120f. 175f.; Gröndahl 80.118f.; A.Caquot, Syria 39, 1962, 239f.; zu *Binjāmīn* vgl. K.-D.Schunck, Benjamin, 1963, 4ff.; ferner: Alt, KS III,198–213).

Zu den bei den Israeliten nicht belegten theophoren Namen wie *Bæn-Hadad* vgl. O.Eißfeldt, FS Baetke 1966, 110–117. Beim Namen Moses ist die äg. Etymologie (Kurzform eines theophoren Namens mit *mś* »Kind«; vgl. H.Ranke, Die äg. Personennamen, I, 1935, 338.340) nicht mehr gegenwärtig.

IV. 1. Eines der ältesten Erzählmotive in den Vätergeschichten ist die Erzählung von der *Verheissung des Sohnes* und deren Erfüllung. Auf die Klage der kinderlosen Frau hin verheißt Gott (oder sein Bote) dieser einen Sohn, z.B. Gen 18,10.14 »übers Jahr hat dein Weib Sara einen Sohn«, vgl. Gen 16,11; 17,16.19; 21,2 u.ö. (C.Westermann, Forschung am AT, 1964, 19ff.). Dieses Motiv wirkt weiter durch das ganze AT hindurch (Ri 13,3.5.7; 1Sam 1, 20; Jes 7,14; 54,1) bis hinein ins NT (Lk 1–2).

Ein weiteres für diesen Zusammenhang wichtiges theologisches Motiv in den Vätererzählungen der Gen ist die Weitergabe des Segens durch den Vater an seinen Sohn. Am deutlichsten ist der Vorgang in Gen 27 festgehalten, gipfelnd in dem Segensspruch V. 27–29; vgl. u.a. Gen 9,25–27; 48,15f.; 49. Wichtig daran ist, daß wir hier einen Einblick in ein innerfamiliäres Geschehen zwischen Vater und Sohn erhalten.

Auch das Weitererzählen des Überlieferten ist ursprünglich ein Vorgang zwischen Vater und Sohn in der Familie. Der Sohn fragt nach dem Sinn einer Handlung oder eines Gegenstandes, der Vater erzählt ihm weiter, was er selbst gehört hat (s.o. II/1).

2. a) Die Söhne empfangen von ihren Vätern nicht nur den Segen, sondern sie haben auch an der Schuld der Väter mitzutragen und für sie zu haften: Jahwe »sucht die Schuld der Väter heim an den Kindern und Kindeskindern bis ins dritte und vierte Glied« (Ex 20,5; 34,7; Num 14,18; Dtn 5,9; vgl. Jes 14,21; Jer 32,18; →*'āb* IV/2b). Diese Kollektivhaftung wird in der Spätzeit durchbrochen (Jer 31,29; Ez 18, 2.4.20; 2Kön 14,6 = 2Chr 25,4; vgl. J. Scharbert, Solidarität in Segen und Fluch im AT und in seiner Umwelt, I, 1958; R. Knierim, Die Hauptbegriffe für Sünde im AT, 1965, 204–207).

b) Die prophetische Anklage weist gerade auf die Schuld der Söhne hin: Kinder, die Jahwe verlassen haben (Jer 5,7), Kinder der Unzucht (Hos 2,6) und widerspenstige Söhne (Ez 20,21). Die Schuld verbindet Kinder, Väter und Frauen zu einer Familie (Jer 7,18); sie zeigt sich darin, daß die Schuldigen ihre eigenen Söhne und Töchter anderen Göttern verbrennen (Hos 9,13; Jer 7,31; 19,5 u.ö.; vgl. Dtn 12,31; Ps 106,37f.).

Darum lautet die Gerichtsankündigung, die sich in ähnlichen Worten immer wieder bei verschiedenen Propheten findet: Die Väter werden mitsamt den Söhnen straucheln (Jer 6,21), werden zerschmettert (Jer 13,14), Söhne und Töchter werden sterben (Jer 11,22) und Frauen und Kinder werden weggeführt werden (Jer 38, 23) usw. Erst jenseits der Katastrophe erhebt sich wieder eine Stimme, die von der Rückkehr der Kinder spricht (Jes 49,22).

c) Interessant sind in diesem Zusammenhang die eigenen Kinder der Propheten und deren Namen. So enthalten bereits die Namen der beiden Söhne (und der Tochter) Hoseas eine deutliche Gerichtsankündigung: Hos 1,3f. »Jesreel« (»denn in kurzer Frist ahnde ich Jesreels Blut an Jehus Haus«); 1,6 »Ohne-Erbarmen«; 1,9 »Nicht-mein-Volk«. Dasselbe gilt auch von den Namen der Jesajasöhne: Jes 7,3 Schear-Jaschub (»ein Rest kehrt um«) und 8,3 Maher-Schalal Chasch-Bas (»Raubebald-Eilebeute«). Der Name des ersten Jesaja-Sohnes kündet zugleich Gericht (für die Mehrzahl) und Heil (für den Rest) an; dasselbe gilt von dem in Jes 7,14 angekündigten Sohn mit dem Namen »Immanuel«

(»Gott mit uns«), wobei es aber in diesem Falle umstritten ist, ob es sich um einen leiblichen Sohn Jesajas handelt (vgl. H.W. Wolff, Immanuel, 1959; J.J. Stamm, ThZ 16, 1960, 439–455; ders., ZDMG Suppl. I, 1969, 281–290); vgl. zur Verheißung des Sohnes noch Jes 9,5.

Wenn Jeremia keine leiblichen Söhne und Töchter haben darf, so ist das ebenfalls ein Zeichen für das kommende Gericht (Jer 16,2).

d) Die bei Ezechiel 93 × vorkommende Anrede des Propheten als *bæn-'ādām* ist mit »du einzelner Mensch« zu übersetzen (Zimmerli, BK XIII,70f.). Jedenfalls ist der »Menschensohn« hier noch nicht ein irgendwie himmlisches Wesen. Der Ausdruck *bæn-'ādām* steht in dieser Zeit noch parallel zu den Begriffen *'ænōš* und *'īš* (s.o. III/3d), *'ādām* ist der Mensch im Unterschied zu Gott. Bezeichnend ist Num 23, 19 »Gott (*'ēl*) ist kein Mensch (*'īš*), daß er lüge, kein Menschenkind (*bæn-'ādām*), daß ihn gereue«.

Zur Gestalt des »Menschenähnlichen« (*kebar 'ænāš*) in Dan 7,13 und des in Verbindung damit stehenden, nicht mehr atl. »Menschensohnes« vgl. die Komm. und C.Colpe, Art. ὁ υἱὸς τοῦ ἀνθρώπου, ThW VIII,403–481.

3. Die Bezeichnung eines Menschen als »Sohn Gottes« bzw. einer Menschengruppe als »Söhne Gottes« findet sich im AT im Unterschied zu anderen Religionen selten.

a) An einigen Stellen gilt der davidische König als Sohn Jahwes: 2Sam 7,14 »ich will ihm Vater sein und er soll mir Sohn sein«; vgl. 1Chr 17,13; 22,10; 28,6. Weiter Ps 2,7 »mein Sohn bist du, ich habe dich heute gezeugt«. Im Unterschied zur alten ägyptischen Königsideologie, wonach man sich den jeweiligen Pharao als Sohn Gottes im physischen und mythischen Sinn vorstellt, handelt es sich im AT lediglich um eine Adoptionsvorstellung. Aus der Verleihung der Sohnschaft Gottes folgt das besondere Recht und die besondere Verpflichtung des Königs (vgl. G. von Rad, Das judäische Königsritual, ThLZ 72, 1947, 211–216 = GesStud 205–213; M.Noth, Gott, König, Volk im AT, ZThK 47, 1950, 157–191 = GesStud 188–229, vor allem 222ff.; Kraus, BK XV, 18f.; G.Cooke, The Israelite King as Son of God, ZAW 73, 1961, 202–225; K.-H. Bernhardt, Das Problem der altorientalischen Königsideologie im AT, 1961, 74ff. 84ff.).

b) An einigen Stellen dient der Sohnesbegriff dazu, das Verhältnis Jahwes zu seinem Volk Israel zu umschreiben. Als die frühesten Belege sind wohl Hos 2,1 und 11,1 anzuführen. Es ist dabei wiederum nicht an physische, wohl auch nicht an eine geistige Sohnschaft (weisheitliche Tradition?) zu denken – Vorstellungen, wie sie in Israels Umwelt durchaus geläufig sind. Wenn Hosea Israel »Söhne Gottes« nennt, so meint er (im Gegensatz zu den abgefallenen »Hurenkindern«) ein »intimes Fürsorge-, Führungs- und Gehorsamsverhältnis« (Wolff, BK XIV/1,30f.255–257). In einem späteren Zusatz zur JE-Erzählung im Pentateuch, Ex 4,22f., wird Israel als Jahwes »erstgeborener Sohn« bezeichnet, und zwar vorausblickend auf die letzte Plage, durch die Jahwe das an seinem Sohn begangene Unrecht am »erstgeborenen Sohn Pharaos« (V. 23) rächen wird (vgl. Noth, ATD 5,33f.).

Wenn in Jes 1,2 von Israel als von »Söhnen« die Rede ist, die Jahwe großgezogen hat, die aber wieder von ihm abgefallen sind, so spielt (wie Hos 11,1) sehr stark der Erziehungsgedanke mit hinein (vgl. Wildberger, BK X,12f.). In ähnlicher Weise wird metaphorisch von den »Söhnen Jahwes« gesprochen in Dtn 14,1; 32,5.19f. (vgl. P.Winter, ZAW 67, 1955, 40–48); Jer 3,14.19.22; Jes 43,6; 45,11 (→*'āb* IV/3; G.Quell, ThW V,970ff.).

c) Als *benē hā'ælōhīm* »Gottessöhne« werden himmlische Wesen bezeichnet, von denen gelegentlich die Rede ist: Gen 6,2. 4; Hi 1,6; 2,1; 38,7; *benē 'ēlīm* Ps 29,1; 89,7; *benē 'æljōn* »Söhne des Höchsten« Ps 82,6; aram. *bar 'ælāhīn* Dan 3,25. »Das *bēn* will sie aber nicht im physisch-genealogischen, also mythologischen Sinne als Söhne Gottes, sondern allgemein als zugehörig zu der Elohimwelt bezeichnen« (von Rad, ATD 2,93). Die Bedeutung und die Funktion dieser Gestalten ist im AT gering. Vgl. W.Herrmann, Die Göttersöhne, ZRG 12, 1960, 242–251; G.Cooke, The Sons of (the) God(s), ZAW 76, 1964, 22–47.

d) Schließlich sind noch einige nachexilische Stellen zu nennen, welche Jahwes Tun an den Menschen mit dem eines Vaters seinem Sohn gegenüber *vergleichen*: wie ein Vater sein Kind trägt (Dtn 1,31), wie er seinen Sohn züchtigt (Dtn 8,5; Spr 3, 12), wie sich ein Vater über seine Kinder (Ps 103,13) oder über seinen Sohn (Mal 3, 17) erbarmt, so tut auch Jahwe an den Seinen (vgl. Mal 1,6).

V. Der Begriff υἱός im NT nimmt das atl. *bēn* auf. Was dem Begriff im NT theologisch einen ganz neuen Akzent gibt, ist das Reden von Jesus als dem »Sohn«, vgl. die christologischen Würdenamen »Menschensohn«, »Davidssohn« und »Gottessohn«. Vgl. H.E.Tödt, Der Menschensohn in der synoptischen Überlieferung, ²1963; F.Hahn, Christologische Hoheitstitel, ²1964; G.Fohrer – E.Schweizer – E.Lohse – W.Schneemelcher, Art. υἱός, ThW VIII, 340–400; C.Colpe, Art. ὁ υἱός τοῦ ἀνθρώπου, ThW VIII, 403–481; E.Lohse, Art. υἱὸς Δαυίδ, ThW VIII, 482–492.

J. Kühlewein

בנה *bnh* bauen

1. Die Wurzel **bnj* »bauen« kommt, mit Ausnahme des Äth., in allen sem. Sprachzweigen vor (akk. *banû* und ug. *bnj* auch in der Bed. »schaffen, erzeugen«, s.u. 3a).

Ein engeres Verhältnis zwischen *bēn* »Sohn« und *bnh* bleibt unsicher, wenn auch möglich; ebenso eine etymologische Verwandtschaft von *bnh* und *br'* »schaffen« (vgl. HAL 133).

Als nominale Ableitungen begegnen im AT *binjā*, *binjān*, *mibnǣ* »Gebäude« und *tabnīt* »Bauplan, Modell, Bild«; dazu kommen Eigennamen wie *Benājā(hū)*, *Binnūj*, *Jabneʼēl*, *Jibnejā* usw.

2. Im hebr. AT findet sich das Verbum 346 × im Qal (inkl. Ez 16,31) und 30 × im Ni. Bei sonst normaler Streuung steht die Hälfte aller Belege des Qal gehäuft in den Büchern, die vom Tempel- oder Mauerbau berichten (63 × in 1Kön, 61 × in 2Chr, 28 × in 1Chr, 23 × in Neh.)

Von den Substantiven ist *tabnīt* 20× belegt, die drei andern, alle auf Ez 40–42 beschränkt, 9× (*binjān* 7×).

Bibl.-aram. begegnet das Qal 15×, Hitpe. 7×, dazu 1× *binjān*.

3. Die Grundbedeutung ist »bauen, herstellen«, gelegentlich »befestigen« und »wieder aufbauen« (so auch in nwsem. Inschriften, vgl. DISO 38). Objekte sind: Haus, Palast, Mauer, Stadt, Altar, Tempel, usw. Eine Bed. »schaffen, erzeugen« läßt sich im Hebr., im Gegensatz zum Akk. und Ug., wohl kaum nachweisen, falls man sie nicht in Eigennamen wie *Benājā(hū)* voraussetzen will.

Im Ug. ist auf das Epitheton Els *bnj bnwt* hinzuweisen, das mit »Schöpfer der Geschöpfe« übersetzt wird (vgl. W.H.Schmidt, Königtum Gottes in Ugarit und Israel, ²1966, 59). Zum Akk. vgl. AHw 103.

b) *bnh bájit* bedeutet metaphorisch »eine Familie gründen, Nachkommenschaft verschaffen« (Dtn 25,9; vgl. Ruth 4,11), »eine Dynastie gründen« (2Sam 7,27; 1Chr 17,25). In Gen 16,2 und 30,3 ist *bnh* ni. »gebaut werden« ein Ausdruck für »Kinder bekommen«. Auch hier ist jedoch von der Grundbedeutung auszugehen und liegt nicht eine selbständige Nebenbedeutung vor.

Auch in Hi 22,23 wäre übertragene Bedeutung anzunehmen, falls der Text in Ordnung wäre (vgl. Dahood, UHPh 53).

c) Als Parallelen zur weiteren Bedeutung von *bnh* seien notiert: *kūn* hi. »gründen« (2Sam 7,13 = 1Chr 17,12; Ps 89,3.5); *nṭʻ* »pflanzen« (Jer 1,10; 31,28; 45,4 u.a.); *ʻśh* »machen« (vgl. 2Sam 7,11 und 27). Als Oppositum dient *hrs* »niederreißen«, z.B. Jer 1,10; 45,4; Ps 28,5; Hi 12,14; Spr 14,1.

4. a) Theologisch bedeutsam sind in erster Linie die Stellen, in denen vom Bauen Jahwes die Rede ist. Es handelt sich dabei um Heilsaussagen im Hinblick auf die Zukunft; genannt seien 2Sam 7,27; 1Chr 17,10.25 (Haus für David, vgl. 2Sam 7,11; Ps 89,5); 1Kön 11,38 (Haus für Jerobeam); Am 9,11 (die Hütte Davids neu bauen); Jer 24,6; 31,4.28; 33,7; 42,10 (dtr. Prägung, oft mit dem Parallelwort *nṭʻ* »pflanzen«, vom Wiederaufbau nach der Gerichtszeit); Ez 28,26; 36,33–36 (Zusatz mit Nachhall jeremianischer Formulierung, vgl. Zimmerli, BK XIII, 696.873.881f.); Ps 102,17; 147,2 (Zion bzw. Jerusalem; ebenso in der Bitte Ps 51,20; im Rückblick 78,69).

In negativem Sinne begegnet die Vorstellung in der Unheilsansage Jer 45,4 (das Gebaute niederreißen); Mal 1,4 (Edom).

b) Weitere Heilssprüche sind Jes 58,12; 60,10; 61,4; 65,21f., vom Wiederaufbau nach der Unheilszeit des Exils als Verwirklichung des Segens Jahwes (vgl. auch Jer 29,5 die Aufgabe der Exulanten). Jeremia wird als Prophet gerufen »auszureißen, zu verderben, zu pflanzen und aufzubauen«, d.h. als Unheilsprophet und als Heilsprophet wirksam zu sein (Jer 1,10). Vgl. über die dort und anderswo verwendeten Begriffspaare R.Bach, Bauen und Pflanzen, FS von Rad 1961, 7–32; S.Herrmann, Die prophetischen Heilserwartungen im AT, 1965, 165–169.

c) Die Verwendung dieses Verbums im heilsgeschichtlichen Zusammenhang ist zurückzuführen auf den Gedanken, daß »Häuser bauen und darin wohnen« als Segen betrachtet wird; es ist Ausdruck für das Lebensglück und den vollen Genuß der Gaben des von Gott dem Volke geschenkten Kulturlandes, eine Vorstellung, die uns besonders im Dtn begegnet (6,10f.; 8,12; 20,5; das Gegenteil in 28,30).

5. In den Qumrantexten kommt vor allem 1QS 11,8 (*mabnīt qôdæš* »heiliges Gebäude«, als Bezeichnung für die von Gott Erwählten) in Betracht. Für das NT vgl. O. Michel, Art. οἰκοδομέω, ThW V,139ff.

A. R. Hulst

בַּעַל *bá'al* Besitzer

1. Das Wort **ba'l-* »Herr, Besitzer« ist wie sein fem. Äquivalent gemeinsemitisch. Von religionsgeschichtlicher Bedeutung ist der Übergang vom Appellativ zum Eigennamen einer oder mehrerer Gottheiten; im sonstigen Gebrauch ist die weitgehende Einschränkung auf bloß modale Funktion (»Formwort«, GVG II,240f.) zu beachten. Das zugehörige Verbum ist oft nur denominiert.

Akk. *bēlu/bēltu* »Herr/Herrin« (AHw 118–120) ist so das Grundwort für *bêlu* »(be)herrschen, verfügen« (vgl. *be'ūlātum* »Verfügungs-, Betriebskapital« AHw 124a; *ba'ūlātu* »die Untertanen« AHw 117b). Im Bedeutungsumfang deckt akk. *bēlu* auch hebr. →*'ādōn*. Zu den Gottesnamen Bēl (für Enlil und Marduk) und Bēlet (für Ninlil und Ṣarpānītu) vgl. Haussig I, 46; AHw 118; im AT steht *Bēl* in Jes 46,1; Jer 50,2; 51,44. Von den zahlreichen mit *bēl* zusammengesetzten Ausdrücken seien erwähnt: *bēl pī/āḫāti* »Beauftragter, Kommissär« (AHw 120a), daraus aram. und hebr. *paḥā* »Statthalter« (Alt, KS II, 333; KBL 757b.1112a; E.Y. Kutscher, Tarbiz 30, 1960/61, 112–119), und *bēl ṭēmi*, vgl. aram. *be'el ṭe'em* als Beamtenbezeichnung (Esr 4,8.9.17; Cowley Nr. 26, Z. 23; KBL 1079b; Driver, AD 18).*

Im nwsem. Bereich (ug.: WUS Nr. 544.545; UT Nr. 493; Gröndahl 114–117; ferner: DISO 40; HAL 137f.; LS 83f.) verteilt sich die Masse der Belege auf das Appellativum »Herr, Besitzer« (im Bedeutungsumfang eingeschränkt durch →*'ādōn* und *mārē'* »Herr, Gebieter«) und auf die verschiedenen Gottesnamen (s.u. 4a). Von größerer Bedeutung ist hier auch der Gebrauch des Wortes als Bezeichnung des Ehemannes im Verhältnis zu seiner Frau (»Eheherr«, aram. z.B. im Heiratsvertrag Cowley Nr. 15, Z. 23). Das Verbum hat hier oft die Bed. »heiraten« angenommen (vgl. u.a. R. Yaron, JSS 3, 1958, 26f.); ug. *b'l* »machen, arbeiten, verfertigen« (WUS Nr. 546; UT Nr. 494) ist dagegen als Nebenform zur Wurzel →*p'l* »machen« zu stellen (auch im AT wird *b'l* in dieser Bedeutung vermutet: zu Jes 54,5 vgl. UT Nr. 494; HAL 136f.; darüber hinaus in Jes 1,31; Hi 31,39; Spr 1,19; 3,27; Pred 8,8 durch M. Dahood, Bibl 46, 1965, 320; vgl. jedoch Barr, CPT 100f.).*

2. Das Appellativum *bá'al* »Besitzer« findet sich im hebr. AT 84× (Ri 19×, Ex und Spr 14×, Pred 7×) das Fem. *ba'ₐlā* 4×; dazu kommt aram. *be'ēl* 3× (Esr 4, 8.9.17).

Die Bed. »Ehemann« begegnet 15× (außer Est 1,17.20 jeweils im Sing.).

bá'al steht 36× im Sing. und 48× im Plur., doch haben die 18 Pluralformen mit Suffix der 3. Sing. alle Singularbedeutung (»sein/ihr Herr« als sog. Majestätsplural: Ex 21,29.29.34.36; 22,10.11.13.14; Jes 1,3; Hi 31,39; Spr 1,19; 3,27; 16,22; 17,8; Pred 5,10.12; 7,12; 8,8).

Als Gottesbezeichnung bzw. Gottesname steht *Bá'al* im Sing. 58× (2Kön 24×, 1Kön 12×, Jer 11×, Ri 6×, Hos und 2Chr 2×, Zeph 1×; dazu kommen die Verbindungen *Bá'al Berīt* (Ri 8,33; 9,4), *Bá'al Zebūb* (2Kön 1,2.3.6.16) und *Bá'al Pe'ōr* (Num 25,3.5; Dtn 4,3.3; Hos 9,10; Ps 106,28), während die zahlreichen mit *Bá'al/Ba'ₐlā* gebildeten Ortsnamen (die Einordnung von Num 22,41 und Hos 9, 10 ist umstritten) und Personennamen hier wegbleiben. Der Plur. *be'ālīm* begegnet 18× (s.u. 4a).

Das Verbum steht 10× im Qal und 2× im Ni.; dazu kommt 4× das fem. Part. pass. *be'ūlā* »verheiratet«.

3. a) In seiner Grundbedeutung »Besitzer (einer Sache)« weist der Begriff in seinem Wortfeld keine durchgängigen Parallel- oder Nebenbegriffe auf.

Einmal begegnet im Parallelismus zu *bá'al* ein Part. von →*qnh* »erwerben« (Jes 1,3). Der Begriff *'ādōn*, der nur in 1Kön 16,24 mit »Besitzer« übersetzt werden kann, umschreibt mehr ein Herrschafts- als ein Besitzverhältnis: z.B. ist Joseph *'ādōn* »Gebieter« über Ägypten und seine Bewohner, ohne Besitzer des Landes zu sein (Gen 42,30.33; →*'ādōn* III/1).

bá'al (sowie auch *ba'ₐlā*) wird (außer in der Wendung *be'ūlat bá'al*, s.u. b) nie absolut, sondern immer mit nachfolgendem Genetiv oder Pronominalsuffix gebraucht. Die von *bá'al* abhängigen Genetive sind je nach dem Zusammenhang sehr verschieden; in den allein 13 Belegen des Bundesbuches ist *bá'al* der Besitzer einer Frau (Ex 21,3.22), eines Haustiers (21,34; 22, 10.11.13.14; vgl. Jes 1,3), besonders eines Rindes (21,28.29.29.36), eines Hauses (22, 7; vgl. Ri 19,22f.) oder einer Zisterne (21,34).

b) In 15 von den genannten 84 Belegen ist *bá'al* als der Besitzer einer Frau, also als »Eheherr, Ehemann« zu verstehen; die Stellen mit dieser Bedeutung sind über das gesamte AT zerstreut (Gen 20,3; Ex 21,3.22; Lev 21,4 txt em; Dtn 22,22; 24,4; 2Sam 11,26; Hos 2,18 bildlich; Jo 1,8; Spr 12,4; 31,11.23.28; Est 1,17.20). Im Wortfeld findet sich ohne Ausnahme als Komplementärbegriff →*'iššā* »Ehefrau« (2× in der Genetivverbindung *bá'al (hā)'iššā* »Ehemann« Ex 21,3.22). *'īš* in der Bed. »Ehemann« ist neutraler als *bá'al*, das mehr an ein Besitzverhältnis denken läßt (ein anders nuanciertes Abhängigkeitsverhältnis bringt der in der Bed. »Eheherr« gebrauchte Begriff →*'ādōn* zum Ausdruck: Gen 18,12 u.ö.). 2Sam 11,26 zeigt aber, wie eng beieinander die Begriffe stehen: »als die Frau Urias hörte, daß ihr Mann (*'īš*) tot sei, hielt sie die Totenklage um ihren Eheherrn (*bá'al*)«.

Hierher gehört auch das Verbum *b'l*, das im Qal mit drei Ausnahmen (»beherrschen« in Jes 26,13; Jer 3,14; 31,32; umstritten ist 1Chr 4,22) »ehelichen (vom Mann aus)«, im Ni. »geehelicht werden« (Jes 62,4; Spr 30,23) bedeutet. Durchgängige Begriffe oder Parallelverben finden sich im Wortfeld nicht. Je einmal stehen parallel *bō' 'æl* »eingehen zu« (Dtn 21,13), *hjh le'iššā* »zur Frau werden« (ebd.), *lqḥ 'iššā* »eine Frau nehmen« (Dtn 24,1). Je nach dem Zusammenhang werden geehelicht eine Frau (Dtn 21,13; 24,1), eine Jungfrau (Jes 62,5), Töchter eines fremden Gottes (Mal 2,11), eine Verschmähte (Spr 30,23) oder auch im übertragenen Sinn Israel im Exil (Jes 54,4), das Land (Jes 62,4) oder Jerusalem (Jes 62,5), wobei jeweils Jahwe Subjekt ist, wenn eine Gemeinschaft als Objekt steht (s.u. 4b).

Während die nominale Femininbildung *ba'ₐlā* stets »Besitzerin« bedeutet (1Sam 28, 7.7 *'ōb* »Totengeist«; 1Kön 17,17 Haus; Nah 3,4 Zauberei), bildet das Verbum eine passive Part.-Form *be'ūlā* »verheiratet« (Gen 20,3 und Dtn 22,22 in der festen Verbindung *'iššā be'ūlat bá'al* »eine mit einem Mann verheiratete Frau«; Jes 54,1 und 62,4 sind im übertragenen Sinn das Israel der Exilszeit bzw. das Land gemeint, wobei *be'ūlā* »die Verheiratete« und *šōmēmā* »die Vereinsamte« einander gegenübergestellt werden).

c) Der st.cs. des Plurals, verbunden mit einem nachfolgenden Städtenamen, bezeichnet in enger Anlehnung an die Grundbedeutung die »Grund- und Bodenbesitzer«, die »Bürger« einer bestimmten Stadt (vgl. auch akk. *ba'ūlu* als Synonym zu *rubû* »Fürst«, AHw 117b). Von den insgesamt 21 Belegen dieser Bedeutung konzentrieren sich allein 16 auf Ri 9 (Bürger von Sichem bzw. V. 51 der Stadt, V. 46f. Insassen der Burg von Sichem); die restlichen Belege gehören ganz in die Nähe: Jos 24, 11 Jericho; Ri 20,5 Gibea; 1Sam 23,11f. Kegila; 2Sam 21,12 Jabes. Dabei handelt es sich jeweils um die nach außen hin selbständig handelnden oder verhandelnden (meist kanaanäischen) Bewohner einer Stadt, die wohl auf Grund ihres Bodenbesitzes gegenüber den andern »Bewohnern« (*jōšebīm*) oder »Männern« (*'ₐnāšīm*) eine hervorgehobene Stellung innehaben (vgl. J. A. Soggin, Das Königtum in Israel, 1967, 23, mit Hinweis auf KAI Nr. 222A, Z. 4).

d) *bá'al* geht, ähnlich wie *bēn* »Sohn« und *'īš* »Mann«, gerne mit anderen Nomina eine Constructusverbindung ein, durch die der »Besitzer« als Träger einer Eigenschaft oder als mit einer bestimmten Sache oder Tätigkeit Beschäftigter bezeichnet wird, z.B. *bá'al haḥₐlōmōt* »Besitzer der Träume = Träumer« (Gen 37,19); *bá'al 'af* »Eigentümer des Zorns = zornig« (Spr 22,24, par. zu *'īš ḥēmōt* »Mann der Erregung = jähzornig«; vgl. 29,22, wo *'īš 'af* par. zu *bá'al ḥēmā* zu finden ist); *bá'al haqqerānájim* »Besitzer der zwei Hörner = doppelhörnig« (Dan 8,6.20). Vgl. BrSynt 69 und die umfangreiche Liste von Wendungen mit *bá'al* als Formwort in HAL 137.

4. a) Wo *bá'al* als Gottesbezeichnung im AT auftritt, ist in der Regel der kanaanäische Gegenspieler Jahwes gemeint.

Im ug. Pantheon gilt Baal neben El als Götterkönig (vgl. W.H.Schmidt, Königtum Gottes in Ugarit und Israel, ²1966, 10–21.29–54); er wird als Gott der Fruchtbarkeit verehrt. Wenn er, vom Totengott Mot überwunden, stirbt, welkt alles in der Natur dahin; wenn er wieder ins Leben zurückkehrt, blüht auch die Natur wieder auf (A.S. Kapelrud, Baal in the Ras Shamra Texts, 1952; Haussig I, 253–264).

Was das AT betrifft, so hat O.Eißfeldt, ZAW 57, 1939, 1–31 = KS II, 171–198, mit der früher geläufigen Vorstellung gebrochen, es handle sich bei den dort genannten Baalen um eine Vielzahl kleiner, unbedeutender Lokalgottheiten. Nach ihm sind sie vielmehr durchwegs Erscheinungsformen *eines* Gottes, nämlich des Ba'alšamēm, des »Himmelsgottes«, bzw. des Wettergottes Hadad (vgl. RGG I, 805f.).

Im AT erscheint der Name *Bá'al* in drei Bereichen: 1) In den erzählenden Büchern steht er für eine Gottheit, die jeweils an einen ganz bestimmten Ort gebunden ist und dort eine bestimmte Funktion ausübt.

An verschiedenen Stellen (s.o. 2) wird der *Bá'al Pe'ōr* genannt, der an einem Grenzheiligtum zwischen Moabitern und Israeliten am Berg *Pe'ōr* (Num 23,28) oder bei der Ortschaft *Bēt Pe'ōr*, ca. 20 km östlich des Nordendes des Toten Meeres (O.Henke, ZDPV 75,1959, 155–163) verehrt wurde. Weiter sind zu erwähnen der *Bá'al Berīt* »Bundesbaal« (Ri 8,33; 9,4; vgl. 9,46) mit Tempel in Sichem, der *Bá'al Zebūb* (2Kön 1,2–16, ausdrücklich als Stadtgott von Ekron bezeichnet; vgl. BHH I,175f.; F.C.Fensham, ZAW 79,1967, 361–364), sowie einige nur in Ortsnamen enthaltene Gottheiten wie Baal Zaphon (Ex 14,2.9; Num 33,7; vgl. O.Eißfeldt, Baal Zaphon, Zeus Kasios und der Durchzug der Israeliten durchs Meer, 1932; Haussig I, 256–258) und der Baal des Hermon (Ri 3,3; vgl. 1Chr 5,23).

Als »der Ba'al« ohne Zusatz werden bezeichnet der Ba'al von Ophra (Ri 6,25–32), derjenige des Karmel (1Kön 18,21ff.; vgl. Alt, KS II,135–149; O.Eißfeldt, Der Gott Karmel, SAB 1953, 1; K.Galling, FS Alt 1953, 105–125) und der in Samaria aus Tyrus eingeführte Gott (1Kön 16,31f.; 18, 19; 22,54; 2Kön 10,18–28 u.ö.; vgl. Alt,

KS III, 258–302). Man kann (gegen Eißfeldt) fragen, ob diese räumlich zum Teil weit voneinander getrennten Baalgottheiten tatsächlich nur als Erscheinungsformen des einen Baʿalšamēm zu verstehen sind, oder nicht doch eher als voneinander verschiedene Gottheiten.

2) Von den 20 Vorkommen der Gottesbezeichnung *báʿal* innerhalb der prophetischen Bücher entfallen 13 auf Jer (an einigen Stellen in dtr. Formulierung), 6 auf Hos (zu 2,18 s.u. b) und eines auf Zeph. Hosea und in seinem Gefolge Jeremia knüpfen an Elias Kampf gegen den Baalskult an. Hosea verwendet in seinem Angriff auf den Baalskult das Bild der Ehe: Das treulose Weib (= Israel) wendet sich von Jahwe ab und hurt hinter ihren Liebhabern her (Hos 2,7ff.; zum Plur. *b*^{e}*ʿālīm* in 2,15.19; 11,2 vgl. Wolff, BK XIV/1, 46f.). Das von Hosea angekündigte Gericht besteht darin, daß Jahwe an diesem treulosen Weib die »Tage der Baale« (Teilnahme an kanaanäischen Kultfesten) heimsuchen wird (2,15); der Tag des Heils wird kommen, wenn Jahwe die »Namen der Baale« entfernt (2,19). Der Abfall zum Baalskult, dessen Hosea Israel anklagt, hat nach der Sicht dieses Propheten seine Wurzeln bereits in Israels Frühzeit, wie die Geschichtsrückblicke zeigen (9,10; 11,2; 13,1).

Bei Jeremia nimmt die Anklage gegen die, welche sich dem Baalskult zuwenden, einen breiten Raum ein: die Propheten werden angeklagt, im Namen Baals geweissagt zu haben (Jer 2,8; 23,13), das ganze Volk, den Baalen zu opfern.

Die prophetische Anklage des Abfalls zu den Baalen wird durch folgende Verben zum Ausdruck gebracht: *zbḥ* »opfern« (Hos 11,2), *qṭr* pi./hi. »räuchern« (Hos 2,15; 11,2; Jer 7,9; 11,13.17; 19,4f.; 32,29); *nzr* ni. »sich weihen« (Hos 9,10); *'šm* »sich verschulden« (Hos 13,1); *šbʿ* ni. »schwören« (Jer 12,16), *bnh bāmōt* »Höhen bauen« (Jer 19,5; 32,35). Auch die im Wortfeld gebrauchten parallelen Nomina lassen zum Teil schon das prophetische Urteil über die Baale erkennen: *bōšæt* »Schandgott« (Hos 9,10); *šiqqūṣīm* »Scheusale« (Jer 32,34); *'*^{æ}*lōhīm 'a*$^{}$*ḥērīm* »andere Götter« (Jer 7,9; 19,4; vgl. 11,13); *p*^{e}*sīlīm* »Bilder« (Hos 11,2).

3) Den dritten Bereich, in welchem meistens der Plural des Begriffes gebraucht wird, bilden in engem Anschluß an Hosea und Jeremia das dtr. und chr. Geschichtswerk.

Typische Redewendungen zur Bezeichnung des Abfalls zu den Baalen sind: *ʿbd* »dienen« (Ri 2,11.13; 3,7; 10,6.10; 1Sam 12,10; 1Kön 16,31; 22,54; 2Kön 17,16); *hlk 'aḥ*^{a}*rē* »nachlaufen« (Dtn 4,3; 1Kön 18,18; Jer 2,23; 9,13); *znh 'aḥ*^{a}*rē* »nachhuren« (Ri 8,33).

Neben den Baalen stehen gelegentlich als weitere kanaanäische Gottheiten die weiblichen Entsprechungen: die Astarten (Ri 2,13; 10,6; 1Sam 7,4; 12,10) und Ascheren (Ri 3,7; dazu noch das »Heer des Himmels«: 2Kön 17,16; 21,3 = 2Chr 33,3; 2Kön 23,4f.).

b) Mit Jahwe hat man die Wurzel *bʿl* nur selten und spät in Verbindung zu bringen gewagt.

Das Verbum *bʿl* q. in der Bed. »herrschen« dient Jes 26,13 dazu, der Klage des Volkes Ausdruck zu geben, daß es eine Zeit gab, da Jahwe nicht über die Beter herrschte, sondern vielmehr andere Herren. In Jer 3,14 und 31,32 ist *bʿl* mit *b*^{e} konstruiert; der Zusammenhang legt nahe, mit »Herr sein« zu übersetzen. Subjekt ist jeweils Jahwe, der in 1. Person redet. Jer 3,14 findet sich der Begriff im Rahmen einer bedingten Heilsankündigung: als Herr ist Jahwe mächtig genug, die »abtrünnigen Söhne« nach Zion zurückzubringen. Jer 31,32 erweist sich Jahwe denen, die seinen Bund gebrochen haben, als der strafende Herr.

Nur als Formwort steht *báʿal* in Nah 1, 2: Jahwe ist *báʿal ḥēmā* »einer, der voller Grimm ist«. Auch Jes 1,3 gehört nur bedingt in diesen Zusammenhang; hier wird das Verhalten eines Esels zur Krippe seines Herrn mit dem Israels zu Jahwe verglichen.

Gelegentlich wird Jahwe mit einem *báʿal* »Ehemann« verglichen. So Hos 2,18, wo *baʿ*^{a}*lī* parallel zu *'īšī* steht: »dann rufst du ›mein Mann‹, und nicht mehr rufst du ›mein baʿal‹«. Wie Wolff, BK XIV/1, 60, ausführt, geht es in diesem Heilswort einmal darum, daß Israel »an jenem Tage« Jahwe nicht mehr nur als den rechtmäßigen Eheherrn (*báʿal*) respektieren wird, sondern als Ehemann (*'īš*) liebt; zugleich muß man aber (im Blick auf 2,19) heraushören, daß der, welcher *baʿ*^{a}*lī* zu Jahwe sagt, Jahwe und den kanaanäischen Baal nicht klar auseinanderhält (doch vgl. Rudolph, KAT XIII/1, 78f.)

Hinter der Einheit Jes 54,1–10 steht die Klage der kinderlosen Frau (vgl. Westermann, ATD 19, 217ff.), ein Bild für das Israel der Exilszeit. Das von Deuterojesaja angesagte Heil besteht nun darin, daß Jahwe sich zum Ehemann dieser verlassenen Frau macht (Jes 54,5).

Die Vorstellung von der Ehe Jahwes mit dem Volk bzw. Land Israel ist nochmals bei Tritojesaja in Jes 62,4f. aufgenommen. Die neuen Namen »meine Lust« und »Vermählte« (*b*^{e}*ʿūlā*) charakterisieren die Heilszeit und stehen in Opposition zu den alten Namen »Verlassene« und »Einsame« (vgl. 54,1).

Zum Problem der Eigennamen mit theophorem Element *báʿal* in der Richterzeit und der frühesten Königszeit vgl. Noth, IP 119–122; Eichrodt I, 126–128.

5. Im NT gibt es keine einheitliche Entsprechung zur Wurzel *b'l*. Schon die LXX übersetzt *b'l*/*bá'al* sehr verschieden, z.B. in Ex 21,28 (»Besitzer«) mit κύριος, in Ri 9 (»Bürger«) mit ἄνδρες, in Dtn 21,13; 24,1 (»ehelichen«) mit συνοικίζειν; in 2Sam 11,26 wird sowohl *'īš* als auch *bá'al* (»Ehemann«) durch ἀνήρ übersetzt, während die kanaanäische Gottheit Baal lediglich transkribiert erscheint. Der Gottesname wirkt im NT nur noch im Namen Βεεζεβούλ nach (Mk 3,22 u.ö.; vgl. W. Foerster, Art. Βεεζεβούλ, ThW I 605f.; L.Gaston, Beelzebul, ThZ 18, 1962, 247–255). *J. Kühlewein*

בקשׁ *bqš* pi. suchen

1. Die Wurzel *bqš* ist nur hebr., ug. (*bqṯ*, vgl. UT Nr. 505; WUS Nr. 572) und phön. (DISO 41) belegt.

Außer Pi. und Pu. wird im Hebr. ein Verbalabstraktum *baqqāšā* »Verlangen, Begehren« gebildet, das morphologisch gesehen ein aram. Inf. pa. ist (GK §84e; BL 479).

Nach C.Brockelmann, ZS 5,1927, 31f., ist *bqš* eine an das teilweise synonyme und in Verbindung mit *bqš* häufig stehende →*drš* angeglichene Reimbildung, entstanden aus dem auch im Aram. vorliegenden *bqr* »untersuchen« (vgl. Wagner Nr. 45); vgl. allerdings ug. *bqṯ* neben *drš*.

2. Als Verbum erscheint *bqš* im Pi. 222×, im Pu. 3×, besonders häufig in Sam/Kön (50×), Jer (22+1×) und Ps (27×). Das Verbalnomen *baqqāšā* hat 8 Belegstellen, außer Esr 7,6 sämtliche in Est.

3. Grundbedeutung von *bqš* pi. ist das Suchen eines Verlorenen oder Vermißten (vgl. C.Westermann, Die Begriffe für Fragen und Suchen im AT, KuD 6, 1960, 2–30, für *bqš* vor allem 2–9). An etwa der Hälfte sämtlicher Belegstellen ist der Sinn »nach jem. oder etw. suchen (dessen örtliche Lage unbekannt ist)«; vgl. lat. quaerere. Als Objekt stehen Personen oder Tiere (zusammen gegen 50×) oder Sachen (gegen 60×), z.B. Gen 37,15f.; Jos 2,22; Ri 4,22; 1Sam 9,3; 23,14; 26,2.20; 1Kön 18,10. Das Objekt kann auch unbestimmt und anonym sein: »jem. (aus einer Masse) aussuchen, auswählen«, z.B. 1Sam 13,14; 16,16; 28,7; 1Kön 1,2f.; Jes 40,20; Ez 22,30; Nah 3,11 (vergebens »suchen«). Vom Suchen des Antlitzes (→*pānīm*) eines Menschen im Sinne einer Höflichkeitsbezeigung wird in 1Kön 10,24 = 2Chr 9,23 und Spr 29,26 gesprochen (s.u. 4).

Ist das Objekt qualitativ-ideell und somit das Ziel nicht ein örtliches Finden, sondern die Erfüllung eines Wunsches oder die Verwirklichung eines Planes, so bekommt das Verbum eine emotionale Färbung: »nach etw. trachten, sich befleißigen, besorgt sein«, z.B. Jer 2,33; 5,1 (Treue); Ez 7,25 (Friede); Zeph 2,3 (Gerechtigkeit, Demut); Ps 4,3 (Lüge); 27,4 (Wohnen im Hause Gottes); vor allem Spr 2,4; 11,27; 14,6; 15,14; 17,9.11; 18, 1.15 (Weisheit o.ä.); ebenso Pred 7,25; Dan 8,15. Beachtenswert ist, daß das kognitive Element sehr zurückgedrängt ist. Im Sinne von »untersuchen, erforschen« (vgl. →*drš*) steht *bqš* pi. nur selten. Außer Ri 6,29, wo es als Parallele zu vorhergehendem *drš* steht und von ihm wohl gefärbt ist, kommen nur einige Stellen aus der Weisheitsliteratur in Betracht, an denen »Weisheit« als Objekt steht, z.B. Spr 2,4 (hier jedoch ist die Weisheit personifiziert); 18,15; Pred 7,25; 8,17.

In der Bed. »auf etw. aus sein, suchen nach« mit ähnlichen ideellen Objekten ist *šḥr* pi. (12×, mit Gott als Objekt Jes 26,9; Hos 5,15; Ps 63,2; 78,34; Hi 8,5) weitgehend mit *bqš* pi. synonym (vgl. Jenni, HP 222).

Zur Abgrenzung der Bedeutungen von *bqš* pi. (objektgerichtet und resultativ »etw. ausfindig machen, sich zu verschaffen suchen«) und *drš* (tätigkeitsbezogen »sich kümmern um, nachfragen, auf etw. bedacht sein«) vgl. Jenni, HP 248f., und →*drš* 3.

Etwa 30× findet sich als Objekt *néfæš*, »nach dem Leben jemandes trachten«, und 9× *rā'ā*, »nach dem Unheil jemandes trachten«. In dem entgegengesetzten Ausdruck »nach dem Heil jemandes suchen« wird *bqš* pi. nur zweimal gebraucht (Ps 122,9 und Neh 2,10 mit *ṭōb* bzw. *ṭōbā*). Im Unterschied zu *drš* bezeichnet *bqš* pi. in diesem Zusammenhang also zunächst ein feindliches Suchen.

Etwa 20× meint *bqš* pi. ein dringendes, auf eine Person bezogenes Suchen, also »verlangen, fordern«, auch auf Grund eines Rechtstitels (vgl. lat. petere), z.B. Gen 31, 39; 43,9; Num 16,10; Jos 22,23; 1Sam 20,16; mit →*dām* »Blut« als Objekt 2Sam 4,11; Ez 3,18.20; 33,8.

Als Verbum der Bewegung »einen Ort aufsuchen« wird *bqš* pi. nicht gebraucht.

Außer nominalem oder pronominalem Objekt erscheint bisweilen ein Infinitiv, mit *le* 17×, ohne *le* 2× (Ex 4,24; Jer 26, 21).

Als bibl.-aram. Äquivalent begegnet *b'h* »suchen« (q.: Dan 2,13 »man suchte«?; 6,5; pa.: 4,33) und »erbitten« (9×). Für Dan 2,13 kommt auch »im Begriffe sein, nahe daran sein, Gefahr laufen« in Frage

(KBL 1058b mit Lit.), vgl. *ḥšb* pi. in Jon 1,4 und *bqš* pi. in Gen 43,30 (HAL 146a.347b).

Als sinnverwandte Verben sind noch zu erwähnen: *ḥpr* »graben«, in Hi 3,21 und 39,29 in der übertragenen Bed. »nachspüren, suchen«, in Dtn 1,2 und Jos 2,2.3 »(ein Land) auskundschaften« (HAL 327a; auf zwei Wurzeln verteilt GB 250a); *ḥpś* q./pi. »durchsuchen« (vgl. Jenni, HP 130f.); ferner *tūr* q./hi. »auskundschaften, erforschen« (q. 19×, davon 14× in Num 10,33–15,39; hi. 3×).

4. An den 14 Stellen, an denen Gott Subjekt des Suchens ist, schließt sich der Sprachgebrauch an die profane Verwendung an: »nach einem Verlorenen suchen« (Ez 34,16; Ps 119,176; vgl. Pred 3,15), »suchend auswählen« (1Sam 13,14), »suchen, forschen« (Ez 22,30; Hi 10,6), »trachten nach« (Ex 4,24; Ri 14,4; Sach 12,9), »fordern« (Jos 22,23; 1Sam 20,16; Ez 3,18.20; 33,8).

Zahlreicher und auch theologisch bedeutsamer sind die Stellen, an denen Gott Objekt des Suchens ist (etwa ein Viertel aller Belege). Nur selten (8×) bezeichnet der Ausdruck »Gott suchen« ein einmaliges Geschehen, und zwar ohne theologische Sonderprägung. Im Sinne von »Offenbarung, Orakel suchen« (→*drš* 4) wird *bqš* pi. nur ausnahmsweise gebraucht. Die einzige klare Stelle ist Ex 33,7. Kultisch verwurzelt sind ferner Hos 5,6 (vom vergeblichen Aufsuchen der Heiligtümer) und 2Chr 20,4. Die Wendung »das Antlitz Gottes suchen« o.ä. (s.o. 3) findet sich 2Sam 21,1; Ps 24,6; 27,8; 105,4 = 1Chr 16,11; 2Chr 7,14.

Ein theologisch verfestigter Sprachgebrauch ist dagegen an den 30 Stellen zu erkennen, wo *bqš* pi. als Bezeichnung des richtigen Verhaltens vor Jahwe, der Umkehr und der Gottesfurcht, steht. »Es meint viel mehr einen status als einen actus« (Westermann, a.a.O. 5). *bqš* pi. kann dabei parallel und synonym mit *drš* stehen (Dtn 4,29; Jer 29,13; Zeph 1,6; Ps 105,3f. = 1Chr 16,10f.; 2Chr 20,3f.).

5. Für die Qumrantexte verzeichnet Kuhn, Konk. 35, 7 Belege. Die Verwendung schließt sich hauptsächlich an den atl. Sprachgebrauch an (3× mit direktem Objekt: *nǽfæš*, *rūaḥ*, *bīnā*; 2× mit *le* und Inf.). In 1QS 5,11, wo *bqš* (zusammen mit *drš*) im Sinne von »in (*be*) seinen (Gottes) Geboten forschen, studieren« verwendet wird, liegt ein Sprachgebrauch vor, der im AT kein genaues Gegenstück hat.

In LXX finden sich 17 verschiedene Verben als Übersetzungen von *bqš* pi. Bei aller Vielfalt der Äquivalente ist eine starke Konzentration auf ζητεῖν (175×) und dessen Zusammensetzungen (ἐκζητεῖν 25×) erkennbar.

Zum NT vgl. H.Greeven, Art. ζητέω, ThW II,894–898. *G. Gerleman*

ברא *br'* schaffen

1. Von den verschiedenen Versuchen, die Etymologie des Verbums zu bestimmen, ist die mehrfach erwogene Zusammenstellung von *br'* I »schaffen« (Qal, Ni., dazu als Verbalabstraktum *berī'ā*) mit *br'* III (Pi.) »abhauen, roden« (Jos 17,15.18), »zerhauen« (Ez 23,47) am wahrscheinlichsten.

In einer pun. Inschrift (CIS I,347, Z. 4) findet sich *br'* als Berufsbezeichnung, vielleicht im Sinne von »Bildhauer« (DISO 43 fragend »graveur«; vgl. Lidzbarski, NE 244).

br' I/III könnte aus einer zweiradikaligen Grundwurzel *br* etwa in der Bedeutung »schneiden, teilen« entstanden sein (vgl. auch G.J.Botterweck, Der Triliterismus im Semitischen, 1952, 64f.); doch bleibt auch diese Vermutung fraglich.

Einerseits zeigt *br'* III pi. nicht die gleichen Eigentümlichkeiten, die *br'* I q. aufweist (ausschließliches Subjekt: Gott). Andererseits klingt bei der Verwendung von *br'* q./ni. nirgends die Grundbedeutung »schneiden« o.ä. durch. Das Verbum fehlt z.B. gerade im ersten, ursprünglichen Teil der Schöpfungsgeschichte von Gen 1, die, der altorientalischen Tradition folgend, die Entstehung von Licht und Finsternis, himmlischem und irdischem Ozean, Wasser und Land (Gen 1,4b.7.9G) aus einem vorgegebenen Urstoff (V. 2) beschreibt (vgl. auch V. 14.18).

Innerhalb des AT läßt sich also eine Bedeutungsentwicklung, die Einschränkung des Ausdrucks auf Gottes Schöpfung, zumindest nicht mehr eindeutig verfolgen; eine zunehmende Spezialisierung scheint höchstens noch in den Objekten der *br'*-Schöpfung erkennbar zu sein (s.u. 3c und 4). Im AT sind bereits beide Verbstämme, sollten sie einmal verbunden gewesen sein, getrennt. *br'* I ist bereits charakteristisch geprägt, so daß irgendeine vermutete konkret-handwerkliche oder mythische Vorstellung nicht mehr nachwirkt.

Vgl. außer den Kommentaren und »Theologien des AT« zu dem Verbum: F.M.Th.Böhl, FS Kittel 1913, 42–60; W.Foerster, ThW III,1004–1015; J. van der Ploeg, Le Muséon 59,1946, 143–157; P. Humbert, ThZ 3,1947, 401–421 (= Opuscules d'un Hébraïsant, 1958, 146–165); N.H.Ridderbos, OTS 12,1958, 219–223; E.Dantinne, Le Muséon 74,1961,

441–451; W.H.Schmidt, Die Schöpfungsgeschichte der Priesterschrift, [2]1967, 164–167; C.Westermann, BK I, 136–139.

2. a) Das Verbum (Qal 38 ×, Ni. 10 × ; *b^e^rī'ā* 1 × ; vgl. die Statistik bei Humbert, a.a.O. 146–149) begegnet hauptsächlich bei dem Exilspropheten Deuterojesaja und (ungefähr gleichzeitig) in der Priesterschrift, vereinzelt im Psalter und in anderen Zusammenhängen. Diese Verteilung legt die Vermutung nahe, daß das Verbum in der Kultsprache beheimatet ist; denn auch die Botschaft Deuterojesajas ist ja stark durch die Psalmen beeinflußt. Der weisheitlichen Literatur scheint der Ausdruck (trotz Pred 12,1) fremd zu sein; jedenfalls fehlt er überraschenderweise im Hiobbuch, das häufig auf das Thema »Schöpfung« zurückgreift.

b) Da vorexilische Belege mindestens sehr selten sind, kommt dem Wort kaum ein hohes Alter zu.

Die jahwistische Schöpfungsgeschichte (Gen 2, 4bff.) kennt das Verbum nicht. Gen 6,7 J ist (sowohl in dem mit *br'* gebildeten Relativsatz wie der Aufzählung der Lebewesen) durch die Sprache der Priesterschrift redaktionell beeinflußt. So begegnet *br'* beim Jahwisten tatsächlich nur Num 16,30 in der blasseren Wendung *br' b^e^rī'ā* »Neues, Wundervolles bewirken«; doch ist auch hier spätere Einwirkung nicht prinzipiell auszuschließen (vgl. den Begriff *'ēdā* »Gemeinde« in V. 26). – Die Verheißung von Wundern, wie sie auf der ganzen Erde unter allen Völkern »noch nicht geschaffen wurden«, ist in Ex 34,10 Zusatz zwischen der Ankündigung des Bundesschlusses und der Gebotsverkündigung. – Am 4,13 eröffnet die erst später eingeschobenen Doxologien des Amosbuches. – Jes 4,5 gehört einer »unechten« Heilsweissagung an, die in ganz ungewöhnlicher Weise Theophanie und Schöpfung verbindet. – Die Paränese Dtn 4,32 (*br'* in einer Zeitbestimmung wie Ez 28,13.15) entstammt erst einem späteren (deuteronomistischen?) Rahmen des 5 Buches Mose. – Die Psalmen 102 (V. 19), 148 (V. 5), aber auch 51 (V. 12) sind kaum vorexilisch. – Die Verheißung einer Neuschöpfung des Volkes in Jer 31,22 mag in die Epoche Josias zu datieren sein.

Läßt man das Alter von Ps 89 (V. 13.48) und 104 (V. 30) offen, so reicht die geringe Bezeugung nicht zur Begründung der Annahme aus, das Verbum *br'* habe wesentlich zum vorexilischen Zeugnis des Schöpfungsglaubens in Israel gehört. Es muß vielmehr bei dem Urteil von J.Wellhausen bleiben, daß der »Begriff erst seit dem babylonischen Exil mehr und mehr gebräuchlich« wurde (Prolegomena zur Geschichte Israels, [6]1927, 304).

3. Der Gebrauch von *br'* ist durch bestimmte Eigenarten gekennzeichnet:

a) Gott ist stets Subjekt der Aussage, und zwar immer Israels Gott, nie eine fremde Gottheit (vgl. etwa Ez 28,13.15). »Das Wichtigste ist, daß es hier ein eigenes Wort gibt, um lediglich die göttliche Schöpfertätigkeit zu bezeichnen und sie dadurch aus der Ähnlichkeit menschlichen Tuns und Bildens herauszuheben« (J. Wellhausen, a.a.O.). Indem das Verbum im AT Gott allein vorbehalten bleibt, wird diese Art der Schöpfung jeder Analogie entzogen und damit jeder Vorstellbarkeit enthoben; denn anschaulich kann göttliches Wirken ja nur sein, soweit es menschlichem vergleichbar bleibt. Das Verbum sagt also nichts mehr über das Wie der Entstehung.

b) Nie wird ein Stoff erwähnt (Akkusativ oder Präposition), aus dem Gott »schafft« (vgl. vor allem Gen 1,27).

c) Die Objekte von *br'* sind verschiedenartig, häufig jedoch etwas Besonderes, Außerordentliches, Neues:

1) Himmel und/oder Erde: Gen 1,1; 2,4; Jes 65,17; 42,5; 45,18; vgl. 40,28; Ps 148,5; 89,13 (Nord und Süd = das Ganze);
2) Menschen: Gen 1,27; 5,1f.; 6,7; Dtn 4,32; Jes 43,7; 45,12 (Gott »machte« die Erde, «schuf» den Menschen); Ez 28,13.15; Mal 2,10; Pred 12,1; Ps 89,48;
3) Volk Israel: Jes 43,1.15; Ps 102,19; vgl. Ez 21,35 (Ammon);
4) Wunderbares, Neues u. dgl.: Ex 34,10; Num 16, 30; Jes 48,6f.; 65,17; Jer 31,22; vgl. Jes 41,20; 45,8; Ps 51,12; 104,30.

An einigen Stellen tritt die spezifische Prägung von *br'* zurück. So werden Am 4,13 (»der den Sturm schafft«) verschiedene Verben synonym gebraucht, oder Jes 42,5 fügt zum »Schaffen« das »Ausspannen« des Himmels hinzu. *br'* betrifft hier nur ein Zwischen-, nicht das Endstadium der Schöpfung.

Entscheidend ist, wie sich aus der Aufzählung unter 3) und 4) ergibt, nicht, daß vor der Schöpfung »nichts« vorhanden war, sondern daß Gottes Wirken etwas Neues, das (so) zuvor nicht da war, entstehen läßt (auch Jes 41,20; Ps 51,12; 102, 19). Von sich aus bezeichnet das Verbum also keine creatio ex nihilo, aber es meint gerade das, was in anderer Denkweise (s.u. 5) die Rede von der creatio ex nihilo sichern will: Gottes außerordentliches, souveränes, sowohl müheloses wie völlig freies, ungebundenes Schaffen.

4. Der Exilsprophet Deuterojesaja beschreibt mit dem Verbum *br'* nicht nur das vergangene oder gegenwärtige (Jes 40, 26.28; 42,5; 45,12.18; vgl. Ps 104,30), sondern auch das künftige (41,20; 45,8; vgl. 65,17f.; Jer 31,22) Werk Gottes; denn wie die Welt als ganze (vgl. 45,7), so gilt ihm das neue Heil als Schöpfung. Dagegen schränkt die Priesterschrift den zuvor vielfältigen Gebrauch konsequent auf die Schöpfung »am Anfang« ein.

Dabei tritt zugleich der spezifische Charakter des Verbums hervor (im Zusammenhang mit der ursprünglich eigenständigen Wortschöpfung auch Ps 148,5). Während es bei Dtjes noch mehr oder weniger gleichberechtigt verschiedenen anderen Ausdrücken zugeordnet bleibt, bezeichnet es in der Priesterschrift eine endgültige Handlung, die keiner Ergänzung bedarf, und erscheint an betonten Stellen, die in dieser Form nicht der ältesten Traditionsschicht angehören. Überschrift (Gen 1,1) und Schlußsätze (2,3f.) heben zusammenfassend hervor, daß Gott alles (ohne Vorbedingung) geschaffen hat. Der dreimalige Gebrauch bei der Menschenschöpfung (1, 27; vgl. 5,1f.; nicht in der Ankündigung 1,26) zeigt einerseits die Besonderheit dieses Werkes und erlaubt andererseits, auf jede Andeutung darüber zu verzichten, wie der Mensch entstanden ist und woher er stammt (anders Gen 2,7; Ps 139,15). Desgleichen werden mythische Vorstellungen ausgeschlossen, wenn selbst die Meeresungeheuer (und damit die ersten Lebewesen) spielend-frei von Gott geschaffen sind (1,21).

Trotz der Tendenz, umfassend das Ganze als Gottes Werk zu denken (z.B. Gen 1,1; Jes 45,7; 65,17), kann *br'* auch Gottes Fürsorge für den Einzelnen aussagen (Jes 43,7; Mal 2,10; Pred 12,1). Darum vermag Ps 51,12 »ein reines Herz schaffe mir!« die eschatologische Verheißung eines neuen Menschen (vgl. Ez 36, 26 u.a.) als Bitte auszusprechen.

5. Die LXX übersetzt *br'* keineswegs immer mit κτίζειν (vgl. W.Foerster, ThW III,999–1034), sondern (anders als Aquila, Symmachus, Theodotion) zumal in der Gen mit ποιεῖν (vgl. H.Braun, ThW VI, 456ff.). Die begriffliche Differenzierung wird also nicht durchgehalten. Dagegen sucht der hellenistische Gedanke der Schöpfung aus dem Nichts (vgl. 2Makk 7,28; Röm 4,17) auf Grund anderer Voraussetzungen – vermutlich durch Steigerung und Umkehrung des Kausalprinzips – sachlich die Intention des Gebrauchs von *br'* zu wahren. *W.H.Schmidt*

ברח *brḥ* fliehen → נוס *nūs.*

בְּרִית *berīt* Verpflichtung

I. 1. Das Subst. *berīt* ist (bisher) nur im Hebr. belegt (gegen die Deutung von *TAR be-ri-ti* in zwei akk. Texten aus Qatna als *krt berīt* durch W.F.Albright, BASOR 121, 1951, 21f. vgl. J.A.Soggin, VT 18, 1968, 210–215); die Erwähnung eines *'ēl berīt* (Ri 9,46) bzw. *bá'al berīt* (Ri 8,33; 9,4) für Sichem (dazu: R.E.Clements, Baal-Berith of Shechem, JSS 13, 1968, 21–32) läßt auch auf kan. Gebrauch von *berīt* schließen.

2. Die Versuche, die Etymologie von *berīt* zu klären, sind vielfältig.

a) Man leitete *berīt* ab von einem akk. Subst. *birītu* »Fessel«. *berīt* wäre danach »zunächst ›Fessel‹, ... dann übertragen ›fesselnde Abmachung‹« (R. Kraetzschmar, Die Bundesvorstellung im AT, 1896, 245; vgl. P.Karge, Geschichte des Bundesgedankens im AT, 1910, 228f. u.a.). Von anderen Schwierigkeiten abgesehen (vgl. O.Loretz, *berīt* – »Band – Bund«, VT 16,1966, 239–241) würde aber bei dieser Ableitung die Wendung *krt berīt*, wörtlich »eine *berīt* schneiden«, genau genommen »ein Band/eine Fessel (zer)schneiden« bedeuten, was zu der (allgemein angenommenen) Bed. »einen Bund schließen« für *krt berīt* kaum paßt (E.Nielsen, Shechem, ²1959, 114).

b) M.Noth, Das atl. Bundschließen im Lichte eines Mari-Textes, FS Lévy 1955, 433–444 = GesStud 142–154, brachte im Anschluß an ARM II,37,Z. 13f., *berīt* mit der akk. Präposition *birīt* (cs. von *birītu* »Zwischenraum«) »zwischen« zusammen. Aber in dem akk. Satz *salīmam birīt ... u ... aškun* »eine Vereinbarung zwischen ... und ... brachte ich zustande« entspricht gegenüber der vergleichbaren hebr. Wendung (*krt*) *berīt bēn ... ūbēn ...* (Gen 9,17 u.a.) das *birīt* nicht dem hebr. *berīt*, sondern der Präposition *bēn*.

c) Denkt man an die Ableitung von einem Verbum *brh*, so kommt ein solches mit der Bed. »cecīdit, secuit« (so Gesenius, Thesaurus I,238f.; zuletzt P. Humbert, ThZ 6,1950, 60) nur im Arab., nicht aber im Hebr. vor. Ein semasiologischer Zusammenhang mit *brh* I »essen«, so daß *berīt* ursprünglich das in Verbindung mit Vertragsabschlüssen bezeugte Mahl (Gen 26,30 vgl. 28; 31,46.54 vgl. 44) meinen würde (E.Meyer, Die Israeliten und ihre Nachbarstämme, 1906, 558 Anm. 1; KBL 152b; L.Köhler, JSS 1,1956, 4–7; u.a.), ist ausgeschlossen, da dieses *brh* immer nur das Essen Kranker und Trauernder sowie die davon abgeleiteten Subst. *bārūt* (Ps 69,22) und *birjā* (2Sam 13,5.7.10) die Speise für Unglückliche und Kranke bezeichnen.

d) *berīt* ist vielmehr abgeleitet von einem Stamm *brh* II (E.Kutsch, Sehen und Bestimmen. Die Etymologie von *berīt*, FS Galling 1970, 165–178; vgl. auch schon GB 114b). Dieser findet sich im Akk. (*barû*) in der Grundbedeutung »sehen, schauen« (AHw 109; CAD B 115); frühere Versuche, *berīt* mit diesem Stamm in Verbindung zu bringen (etwa H.Zimmern, Beiträge zur Kenntnis der bab. Religion, II, 1901, 50), scheiterten so lange, als dieses nur für das »Sehen« des Wahrsagepriesters belegt war. Entsprechend dem Akk. bedeutet die Wurzel *brh* II in dem einzigen hebr. Beleg (1Sam 17,8 »ersehet euch einen Mann, daß er zu mir herabkomme«) »sehen, (für eine bestimmte Aufgabe) ersehen, auswählen, bestimmen« (wie *r'h* in Gen 22,8; Dtn 12,13; 1Sam 16,1; 2Kön 10,3; Est 2,9; *ḥzh* in Ex 18,21). Davon gebildet ist *berīt* »Bestimmung (etwas Bestimmtes zu tun), Verpflichtung«.

Vorgang und Bedeutungsentwicklung sind dieselben wie bei den von Jesaja (Jes 28,15.18) parallel zu *berīt* gebrauchten Substantiven *ḥōzǟ* und *ḥāzūt* (wo sich jede Emendation verbietet!): sie sind deriviert von *ḥzh* in der in Ex 18,21 belegten Bedeutung des Verbums; dessen Sinn »sehen > ersehen > bestimmen > verordnen« findet sich weiter im Aram. der Targume (z.B. zu Lev 5,10; Jer 22,13a; 32,7f.; 1Chr 15,13) und im Palm. (Zolltarif CIS II,3913: II,114. 123.129 vgl. I,7; II,131; DISO 85).

II. Das Subst. *berīt* findet sich im AT 287× (nur im Sing.): Gen 27×, Ex 13×, Lev 10×, Num 5×, Dtn 27×, Jos 22×, Ri 7×, 1Sam 8×, 2Sam 6×, 1Kön 14×, 2Kön 12×, Jes 12× (Dtjes 4×, Tritojes 4×), Jer 24×, Ez 18×, Hos 5×, Am 1×, Ob 1×, Sach 2×, Mal 6×, Ps 21×, Hi 3×, Spr 1×, Dan 7×, Esr 1×, Neh 4×, 1Chr 13×, 2Chr 17×.

Wegen der Mehrschichtigkeit atl. Bücher ist eine solche Statistik nur teilweise brauchbar; aufschlußreicher ist eine solche, die von der Entstehungszeit der Texte ausgeht. Folgende Belege können in vordtr. Zeit angesetzt werden: Dtn 33,9 (?); Jos 7,11.15 (?); 9,6.7.11.15.16; 24,25(?); Ri 8,33; 9,4.46; 1Sam 18, 3; 20,8; 23,18; 2Sam 3,12.13.21; 5,3; 23,5; 1Kön 5, 26; 15,19a.b; 20,34a.b; 2Kön 11,4; im Werk des Jahwisten: Gen 15,18; 26,28; im Werk des Elohisten: Gen 21,27.32; 31,44; weiter Ex 24,7.8(?); Hos 6,7; 8,1(?); 10,4; 12,2; Jes 28,15.18; aus den Psalmen allenfalls Ps 89,4.29.35.40. Das sind insgesamt nur ±43 Belege. Von der Zeit unmittelbar vor dem Exil an begegnet *berīt* viel häufiger; es gewinnt also an Bedeutung, und zwar vor allem im theologischen Bereich. Besonders zahlreich sind die Belege in der dtn.-dtr. Literatur. Zu Dtn 4,13 und weiteren 18× in Dtn; Ex 19,5; 23,32; 34,10.12.15.27.28; Jos 23, 16; Ri 2,1.2.20; 1Kön 8,23; 11,11; 19,10.14; 2Kön 11,17; 17,15.35.38; 18,12; 23,2.3aα.β.b.21; Jer 11, 2.3.6.8.10; 14,21; 22,9; 31,31.32a.b.33; 34,8.10.13. 15.18aα.β; Am 1,9 (62 Stellen, von Ps abgesehen) kommen von Num 10,33; 14,44; Dtn 10,8 usw. bis 2Chr 5,2.7 42 Stellen, die – in sekundärer Erweiterung des Ausdruckes »Lade Jahwes/Gottes« oder bereits ursprünglich – die »Lade der *berīt* Jahwes/Gottes« nennen, in der (nach dtr. Vorstellung) die »Tafeln der *berīt*« (Dtn 9,9.11.15; 1Kön 8,9G) untergebracht waren (1Kön 8,9.21; vgl. Dtn 10,2). Auch die Priesterschrift samt Zusätzen und mit dem Heiligkeitsgesetz bildet mit 39 Belegen (Gen 6,18; 9, 9–17 7×; 14,13; 17, 2–21 13×; Ex 2,24; 6,4.5; 31,16; Lev 2,13; 24,8; 26,9–45 8×; Num 18,19; 25,12. 13) einen starken Block.

III. 1. Bereits Ende des 19. Jh. haben J.J.P.Valeton jr., ZAW 12, 1892, 1–22. 224–260; 13, 1893, 245–279, und R. Kraetzschmar, a.a.O. (s.o. I/2a) aufgezeigt, daß der dt. Begriff »Bund« dem hebr. *berīt* nicht einfach adäquat ist. Dementsprechend setzte z.B. B.Baentsch, Exodus-Leviticus-Numeri, 1903, für *berīt* in Ex 2,24 »Bund«, in 6,4f. »unverbrüchliche Zusage« und in 19,5 »Bundessatzung«. Gegenüber solcher Differenzierung betonte Eichrodt I,9 (vgl. auch ders., Bund und Gesetz, FS Hertzberg 1965, 30–49), daß in Israel wie die profane, so auch die »religiöse *berīt* als ein wechselseitiges Verhältnis galt: Denn auch bei recht ungleicher Verteilung der Lasten auf die beiden Bundeskontrahenten ist die Gegenseitigkeit des Verhältnisses in keiner Weise in Frage gestellt«. In einem Neuansatz deutete dann J.Begrich, Berit. Ein Beitrag zur Erfassung einer atl. Denkform, ZAW 60, 1944, 1–11 = GesStud 55–66, *berīt* als »ein Verhältnis, in welches ein Mächtiger einen minder Mächtigen zu sich setzt« (a.a.O. 4; vgl. dazu z.B. schon B.Duhm, Das Buch Jesaja, 1892, 385, zu Jes 55,3), wobei allein der Mächtige eine Verpflichtung übernimmt, der (schwächere) Empfänger aber keine aktive Rolle spielt; erst sekundär sei *berīt* als Vertrag mit Angabe der Rechte und Pflichten der Partner verstanden worden. Die Einseitigkeit der *berīt* hebt auch A.Jepsen, Berith. Ein Beitrag zur Theologie der Exilszeit, FS Rudolph 1961, 161–179, hervor, wenn er sie als »feierliche Zusage, Versprechen, Verpflichtung« deutet (a.a.O. 165.178); aber daß mit *berīt* auch die Verpflichtung, die einem anderen auferlegt wird, gemeint sei, wird hier, wenigstens für den profanen Bereich, bestritten (a.a.O. 165). In Aufnahme und Kritik dieser Ansätze ergibt sich für die Bedeutung von *berīt* das Folgende (E.Kutsch, Gesetz und Gnade. Probleme des atl. Bundesbegriffs, ZAW 79, 1967, 18–35; ders., Der Begriff *berīt* in vordeuteronomischer Zeit, FS Rost 1967, 133–143; vgl. auch G.Fohrer, Altes Testament – »Amphiktyonie« und »Bund«?, Studien zur atl. Theologie und Geschichte, 1969, 84–119, vor allem 103ff.), zunächst für den profanen Bereich.

2. *berīt* bezeichnet nicht ein »Verhältnis«, sondern ist die »Bestimmung«, »Verpflichtung«, die das Subjekt der *berīt* übernimmt; in solchem Zusammenhang kann *berīt* geradezu die »Zusage« meinen. Der Inhalt solcher *berīt* als »Selbstverpflichtung« ergibt sich aus dem Kontext: »(andere) am Leben lassen« Jos 9,15a, so auch 1Sam 11, 1; Dtn 7,2; Ex 23,32f.; 34,12.15; Ri 2,2; Gewährung der Lebensgemeinschaft 1Sam 18,3 (Begrich, a.a.O. 6; Jepsen, a.a.O. 163); Schutz der Ehefrau Ez 16.8.60a; Mal

2,14; zur Übernahme von Verpflichtungen gegenüber den Ältesten von Israel durch David 2Sam 5,3 vgl. etwa Ps 101 (und Jepsen, a.a.O. 163f.). Nicht nur der Mächtigere, auch der Unterlegene, Schwächere, Niedrigere kann eine solche Selbstverpflichtung übernehmen, so der geschlagene Aramäerkönig Benhadad gegenüber Ahab von Israel 1Kön 20,34aβ.b (vgl. Jepsen a.a.O. 164f.; zum Inhalt vgl. V. 34aα), Israel gegenüber Assur Hos 12,2bα (vgl. V. 2bβ), die Juden Esr 10,3 bzw. Hiskia 2Chr 29,10 gegenüber Jahwe. Eine Gegenleistung oder eine Gegenverpflichtung derer, denen die *berīt* zugute kommt, ist an keiner dieser Stellen in dem Begriff *berīt* mitenthalten. Mehr noch: bei dem »Schneiden« einer *berīt* (→*krt*), also bei der Übernahme einer Selbstverpflichtung, bedarf es für das Subjekt der *berīt* nicht einmal eines Gegenübers. Der König Josia »schnitt die *berīt* vor Jahwe, Jahwe nachzugehen« 2Kön 23,3aα: er übernimmt für sich selbst die Verpflichtung, das Volk tritt ihr dann in einem weiteren Akt bei (V. 3b); und dies geschieht *vor* Jahwe, nicht »mit Jahwe«. Es liegt also kein »Bundesschluß« mit Jahwe oder mit dem Volk vor. Derselbe Sprachgebrauch findet sich auch in Ex 34,10; Jer 34,15b.18aβ; Hos 10,4; 2Chr 15,12; 34,31 (vgl. auch Neh 10,1.30). Zu gemeinsamem Vorgehen gegen Jahwe verpflichten sich die Feinde Jahwes Ps 83,6; vgl. auch 2Chr 23,16.

Diese Art der Selbstverpflichtung kann der, der sie übernimmt, noch bekräftigen durch einen Ritus der Selbstverfluchung, bei dem er zwischen den Teilen eines zerlegten Tieres hindurchgeht (Jer 34,15b.18aβ.19; Gen 15,17f.): Falls er seine Zusage nicht einhält, soll es ihm wie diesem Tier ergehen.

3. Das Subjekt der *berīt* legt einem Gegenüber, d.h. demjenigen, mit dem es eine *berīt* »schneidet«, eine Verpflichtung auf. So nach Ez 17,13ff. Nebukadnezar dem judäischen König Zedekia: nur dieser, nicht auch der Babylonier, muß »in einen Fluch eintreten« (V. 13bα), nämlich für den Fall, daß er diese *berīt* nicht »bewahrt« (zu *krt berīt ['æt-]* in Ez 17,13aβ vgl. aram. *gzr 'dn ['m]* in KAI Nr. 222A, Z. 7). Ähnlich wollen die Gerariter Isaak verpflichten (Gen 26,28, vgl. V. 29aα), nimmt David Abner in Dienst (2Sam 3,12f.), verpflichten die Israeliten David (als König, 2Sam 3,21, vgl. 2Chr 23,3) und nach Jes 28,15.18 den Tod (nämlich: sie zu verschonen), König Zedekia die Judäer und Jerusalemer (zur Sklavenfreilassung, Jer 34,8), Hiob die Steine des Feldes (Hi 5,23, vgl. dazu Horst, BK XVI/1, 87f.) bzw. seine Augen (Hi 31,1), »vergattert« der Priester Jojada die Führer der Palasttruppen (2Kön 11,4). Nirgends schließt hier *berīt* auch eine Verpflichtung dessen, der die »*berīt* schneidet«, ein.

4. Von der Selbstverpflichtung aus (s.o. 2) kann es zur Übernahme wechselseitiger Verpflichtungen durch zwei oder mehrere Partner, zur gegenseitigen *berīt* kommen. So haben Salomo und König Hiram von Tyrus »beide eine *berīt* geschnitten« (1Kön 5,26bβ); zwischen ihnen bestand →*šālōm* (V. 26bα). Als »Nichtangriffspakt«, als gegenseitige Verpflichtung, Frieden zu bewahren, gedacht war auch die *berīt* zwischen den Königen von Damaskus und Juda (1Kön 15,19a), wohl auch die zwischen dem Aramäer und Baesa von Israel (V. 19b). Gegenseitig war nach 1Sam 23,18 auch die *berīt* zwischen Jonathan und David sowie nach Gen 31,44 die *berīt* zwischen Jakob und Laban. In diesem sekundären und relativ selten belegten Sprachgebrauch wurzelt die Übersetzung »Bund« für *berīt*.

5. Schließlich kann auch ein Dritter im Blick auf zwei »Parteien« eine *berīt* festsetzen. Ein Beispiel dafür, daß dies Verpflichtungen für beide »Parteien« bedeutet, findet sich im AT wohl nicht (zum »Modell« vgl. ARM II,37, Z. 6–14, und dazu Noth, a.a.O. 142ff.). Bei der *berīt*, die der Priester Jojada nach 2Kön 11,17b »zwischen dem König und dem Volk« festgesetzt habe, dürfte es sich im Blick auf 2Sam 3,21; 5,3 und 2Chr 23,3 um Verpflichtung des Königs gegenüber dem Volk handeln. Auch in 2Kön 11,17a liegt die Verpflichtung (»ein Volk Jahwes zu sein« V. 17aβ) deutlich auf der einen Seite, nämlich beim Volk. Hierher gehört auch die *berīt*, die Jahwe zugunsten der Israeliten mit den Tieren des Feldes usw. festsetzen will (Hos 2,20, s.u. 7c; zur Sache vgl. Ez 34,25; Lev 26,6 sowie H.W.Wolff, Jahwe als Bundesvermittler, VT 6, 1956, 316–320).

6. Herstellung (a), Einhaltung (b) und Verletzung bzw. Aufhebung (c) einer *berīt* werden durch verschiedene Verben bezeichnet (im Folgenden wird der theologische Gebrauch mit berücksichtigt).

a) Älteste und häufigste Wendung ist *krt berīt*, wörtlich »eine *berīt* schneiden«, zu übersetzen mit »eine Bestimmung treffen, eine Verpflichtung festsetzen«. Die Ausdrucksweise ist – entgegen verbreiteter Anschauung – nicht von der Zerschneidung der Tiere nach Jer 34,18f.; Gen 15,10.17 abgeleitet (→*krt*). Vgl. *krt* → *'ālā* (Dtn 29,11.13 und phön.

in KAI Nr. 27, Z. 8f.), *krt dābār* (Hag 2,5), *krt 'amānā* (Neh 10,1).

Unmittelbar vor dem Exil kommt die Formel →*qūm* hi. *berīt* »eine *berīt* aufstellen, in Kraft setzen« auf (Ez 16,60 u.ö.; vgl. 2Kön 23,3aβ); vgl. *qūm* hi. mit Obj. *šebū'ā* »Eid« (Gen 26,3 u.ö.), *nédær* »Gelübde« (Num 30,14f.; Jer 44,25), *dābār* »Wort, Zusage« (Dtn 9,5 u.ö.), aber auch »Wort der Thora« (Dtn 27, 26 u.ö.), *miṣwā* »Gebot« (Jer 35,16 u.ö.). Auch die anderen Wendungen sind jünger: mit Obj. *berīt* die Verben *ntn* »geben« (Gen 9,12; 17,2; Num 25,12), *śīm* »setzen« (2Sam 23,5), *šb'* ni. »schwören« (Dtn 4,31 u.ö.), *ngd* hi. »verkünden« (Dtn 4,13), *ṣwh* pi. »gebieten« (Dtn 4,13 u.ö.), mit *be* »in« vor *berīt* die Verben *bō'* »eintreten« (Jer 34,10; Ez 16,8; 2Chr 15,12; vgl. 1Kön 8,31 = 2Chr 6,22, mit *'ālā*; Neh 10,30, mit *'ālā* und *šebū'ā*), *'br* »eintreten« (Dtn 29,11), *'md* »beitreten« (2Kön 23,3b), ferner *bō'* hi. »eintreten lassen« (1Sam 20,8; vgl. Ez 17,13, mit *'ālā*), *lqḥ* »(hinein)nehmen« (2Chr 23,1; Ez 17,13b?), *'md* hi. »beitreten lassen« (2Chr 34,32 txt em).

b) Auch die die Einhaltung einer *berīt* bezeichnenden Verben begegnen erst von der letzten Königszeit an: von profaner *berīt*: *zkr* »gedenken« (Am 1, 9) und *šmr* »bewahren« (Ez 17,14); Gott seine *berīt* = »Zusage«: *zkr* (Gen 9,15 und noch 11×), *šmr* (Dtn 7,9 und noch 6×; vgl. Dtn 7,8; 1Kön 2,43, mit Obj. *šebū'ā*); der Mensch Gottes *berīt* = »Gesetz«: *šmr* (Gen 17,9 und noch 5×; vgl. 1Sam 13,13 u.ö., mit Obj. *miṣwā*), *nṣr* »bewahren« (Dtn 33,9; Ps 25, 10), *'mn* ni. »treu sein« (Ps 78,37), *ḥzq* hi. »festhalten« (Jes 56,4.6).

c) Für die Verletzung oder Aufhebung einer *berīt* werden gebraucht: profan, der Mensch eine *berīt* = »Zusage«: *ḥll* pi. »entweihen« (Ps 55,21; Mal 2,10), *prr* hi. »(zer)brechen« (1Kön 15,19); Gott seine *berīt* = »Zusage«: *prr* hi. (Lev 26,44; Ri 2,1), *škḥ* »vergessen« (Dtn 4,31), *ḥll* pi. »entweihen« (Ps 89, 35), *n'r* »preisgeben« (Ps 89,40); der Mensch Gottes *berīt* = »Gesetz«: *prr* hi. (Gen 17,14 u.ö.; vgl. Num 15,31 und Esr 9,14, mit *miṣwā*; Ps 119,126, mit *tōrā*; aber auch Sach 11,14, mit *'aḥawā* »Bruderschaft«), *'br* »übertreten« (Dtn 17,2 und noch 7×, dazu Hos 6,7?; vgl. Dan 9,11, mit *tōrā*; 2Chr 24,20 und Sir 10,19, mit *miṣwā*; Num 22,18 und 1Sam 15,24, mit *pæ* »Ausspruch, Befehl«), *'zb* »verlassen« (Dtn 29,24 und noch 4×; vgl. Spr 4,2, mit *tōrā*), *škḥ* »vergessen« (Dtn 4,23; 2Kön 17,38; Spr 2,17; vgl. Hos 4,6, mit *tōrā*; Dtn 26,13, mit *miṣwā*), *m's* »verwerfen« (2Kön 17,15; vgl. Jes 5,24 und Am 2,4, mit *tōrā*; 2Kön 17, 15, mit *ḥuqqīm*; Lev 26,15 und Ez 20,24, mit *ḥuqqōt*; 2Kön 17,15, mit *'ēdōt*; Jes 5,24, mit *'imrā*; 1Sam 15, 23.26, mit *dābār*), *šḥt* pi. »vertilgen« (Mal 2,8), *rš'* hi. »sich verschulden an« (Dan 11,32), *šqr be* »trügerisch handeln an« (Ps 44,18), vgl. auch *gō'al* »Verunreinigung« (Neh 13,29); der Mensch eine *berīt* = »Zusage« gegenüber Gott: *škḥ* »vergessen« (Jer 50,5).

7. Die Differenzierung nach den in III/2–4 besprochenen Gebrauchsweisen findet in mehrfacher Hinsicht weitere Bestätigung.

a) Dort, wo *berīt* die Selbstverpflichtung meint, kann das Substantiv in Parallele stehen zu *šebū'ā* »Eid, Schwur« (Ps 105,9 = 1Chr 16,16; vgl. auch *šb'* ni. *šebū'ā* Num 30,3; Jos 9,20 neben *šb'* ni. *berīt* Dtn 4,31; 8,18) bzw. auch zu *'ālā* »Fluch« (Dtn 29, 11.13; Gen 26,28; Ez 16,59; 17,18f.). Wo dagegen *berīt* die Verpflichtung eines anderen bezeichnet, finden sich parallel dazu andere Substantive, und zwar solche, die diesem Charakter entsprechen: *tōrā* »Weisung« (Hos 8,1; Ps 78,10; vgl. z.B. auch Dtn 28,69 neben V. 58; 2Kön 23,3aβ neben V. 24; 2Kön 23,2.21 neben 22,8.11), *ḥuqqīm* und *ḥuqqōt* »Satzungen« (2Kön 17,15; Ps 50,16 bzw. 1Kön 11,11; doch vgl. dagegen auch *ḥōq* »Setzung zugunsten von« in Ps 2,7, neben *berīt* und *šebū'ā* in Ps 105,9f. = 1Chr 16,16f.), *tōrōt* und *ḥōq* »Weisungen« und »Satzung« (Jes 24,5), *'ēdōt* »Bestimmungen« (2Kön 17,15; Ps 25,10; 132,12), *piqqūdīm* »Anweisungen« (Ps 103,18), *'imrā* »Wort (Jahwes)« im Sinne von »Gebot« (Dtn 33,9).

b) Von der Seite, die in dem »*berīt*-Festsetzen« eine Selbstverpflichtung übernimmt, kann es gleichzeitig heißen, daß sie »schwört« (vgl. Jos 9,15b mit V. 15a; 1Sam 20,17G [!] mit 18,3; Esr 10,5 mit V. 3; Ps 89,4; vgl. auch Hos 10,4; Ez 16,8; 2Chr 15,12. 14). Wo andererseits das Subjekt der *berīt* einen anderen verpflichtet, »läßt er ihn schwören« (2Kön 11, 4; vgl. auch Ez 17,13). Liegt eine gegenseitige *berīt* vor, so kann es heißen, daß »beide (einander) schwören« (vgl. 1Sam 20,42 mit 23,18; Gen 21,31b mit V. 32a).

c) Die Differenzierung nach III/2–4 spiegelt sich auch im Gebrauch der Präpositionen wider, durch die das Gegenüber mit dem Ausdruck *krt berīt* verbunden wird. Die Präp. *le* »für« wird bei der Selbstverpflichtung gebraucht; diese erfolgt zugunsten des anderen. *'æt-* und *'im* »mit« bilden hier die Ausnahme (Gen 15,18; Ps 105,8f. = 1Chr 16,15f.; Sach 11,10 bzw. Hos 12,2; Hi 40,28; Neh 9,8). Bei der Verpflichtung des anderen dagegen steht meist *'æt-* (Jer 34,8; Ez 17,13; Ex 34,27; Dtn 5,3 u.ö.) oder *'im* (Hos 2,20; Ex 24,8 u.ö.; vgl. im Aram. KAI Nr. 222A, Z. 1 u.ö.), nur ausnahmsweise *le* (Jos 24, 25; 2Kön 11,4; Hi 31,1). Gegenseitige *berīt* besteht *bēn... ūbēn...* »zwischen ... und ...« (1Kön 15, 19). Dieselben Präpositionen können aber in jungen Texten auch bei Selbstverpflichtung (Gen 9,12f. 15–17; 17,2.7), desgleichen bei gemeinsamer Übernahme derselben Verpflichtung (2Chr 23,16) oder aber bei Verpflichtung des anderen (Gen 17,10f.) stehen. Wo ein dritter im Blick auf zwei »Parteien« eine *berīt* festsetzt, steht – sachgemäß – *'im* bei dem Verpflichteten, *le* »zugunsten von« bei dem, auf dessen Nutzen die Verpflichtung des anderen zielt (Hos 2,20: Menschen und Tiere sind also nicht »Bundespartner«!). In 2Kön 11,17a und wohl auch V. 17b sind auch bei Verpflichtung nur der einen Seite beide »Parteien« mit *bēn... ūbēn...* verbunden.

Ein Sonderfall liegt dort vor, wo derjenige, auf den sich eine *berīt* bezieht, syntaktisch im Akkusativ steht. Dabei kann wiederum *berīt* als Selbstverpflichtung gemeint sein (Lev 26,42 »ich gedenke meiner *berīt* [»Zusage«] hinsichtlich Jakob [Isaak, Abraham]«; vgl. Jer 33,21a.b) oder als »Verpflichtung, Bestimmung, Ordnung« (Jer 33,20a »wenn ihr zerbrechen könnt meine *berīt* [»Bestimmung, Ordnung«] betreffend den Tag und meine »Ordnung« betreffend die Nacht«, nämlich: daß beide zu ihrer Zeit da sind, V. 22b; vgl. V. 25 und *ḥōq* »Ordnung« für Gestirne in Ps 148,6). Von hier aus sind auch die Akkusative im masoretischen Text von Jes 59,21; Ez 16,8.60; 37,26 als korrekt zu verstehen (zur Sache vgl. GK § 118m.q; BrSynt § 81e).

IV. 1. In Übertragung in den theologischen Bereich wird *berīt* auf das Gegenüber von Gott und Mensch angewandt. Subjekt der *b^e^rīt* ist hier in der Regel Jahwe; es ist »seine« *b^e^rīt*, er ist es, der die *b^e^rīt* festlegt (auch in 2Kön 11,17a; Jer 50,5; Esr 10,3; 2Chr 29,10, wo die Israeliten bzw. Hiskia gegenüber Jahwe eine *b^e^rīt* eingehen, ist die Überordnung Jahwes gewahrt). Hier bezeichnet *b^e^rīt* entweder die Selbstverpflichtung Jahwes, seine Zusage, etwas Bestimmtes zu tun oder zu geben (IV/2, vgl. III/2), oder die Verpflichtung, die Jahwe dem Menschen auferlegt (IV/3, vgl. III/3), nicht dagegen eine gegenseitige Verpflichtung (IV/4, vgl. III/4).

2. Von Jahwes *b^e^rīt* als seiner »Selbstverpflichtung, Zusage« spricht das AT in verschiedenen Beziehungen. Der Inhalt der jeweiligen *b^e^rīt* variiert hinsichtlich der Empfänger und ihrer je besonderen Situation.

a) Als Empfänger einer *b^e^rīt* nennt das AT in erster Linie die Patriarchen. In dreifacher Hinsicht ergeht an sie (bzw. ihre Nachkommen) eine *b^e^rīt*: (1) Jahwe sagt Abraham bzw. seinen Nachkommen die Gabe des Landes Kanaan zu: schon bei J Gen 15,18; sodann Ex 6,4 (P); Ps 105,10 = 1Chr 16,17. (2) Von den Erzväterverheißungen wird bei P außerdem die »Mehrungs-Zusage« als *b^e^rīt* bezeichnet: Gen 17,2+6.3–5. (3) Schließlich erscheint vornehmlich im priesterschriftlichen und im deuteronomistischen Bereich auch die Zusage Jahwes, dem Patriarchen bzw. Israel Gott sein zu wollen, als *b^e^rīt*: Gen 17,7. (8b); (Lev 26,45). Diese *b^e^rīt* ist doch wohl auch an den folgenden Stellen gemeint, wo es heißt, daß Jahwe – zu Israels Hilfe und Heil – seiner *b^e^rīt* gedenkt (Ex 2,24; 6,5P; Lev 26,42.44; Jer 14,21; Ps 106,45; 111,5; vgl. 2Kön 13,23), daß er seine *b^e^rīt* und seine Treue (*ḥæsæd*) bewahrt (Dtn 7,9.12; 1Kön 8,23; Neh 1,5; 9,32; 2Chr 6,14); vgl. auch die *b^e^rīt*, die Jahwe Israels Vätern geschworen hat (Dtn 4,31; 7,12; 8,18).

In allen drei Fällen ist *b^e^rīt* die gewichtigste Form der Zusicherung neben dem Eid (Landgabe: Gen 24,7J; 26,3 Zusatz zu J; 50,24E; Dtn 1,8.35 u.ö.; Mehrung: Gen 22,16f.E; Ex 32,13 dtr.; Dtn 13,18; Gottsein: Dtn 29,12b) und der einfachen Zusage durch das Wort (Landgabe: Gen 12,7; 13,14f.17; 28,13J u.ö.; Mehrung: Gen 12,2J; 22,17R^JE^?; 26,4 Zusatz zu J; 26,24J; 28,3; 48,4P; Ex 32,13 dtr.; Gottsein: Ex 29,45, vgl. 25,8; Dtn 29, 12aβ; Ez 34,24aα, vgl. V. 24b; vgl. Lev 11, 45; 22,33; 25,38; 26,45; Num 15,41). Einen Unterschied in der Bewertung der Abraham-Söhne bezeichnet es u.a., wenn in Gen 17 dem von der Sklavin geborenen Ismael zwar Segen und Mehrung (vgl. Gen 16,10J) zugesagt wird (17,20) wie Isaak (vgl. V. 16), Jahwes *b^e^rīt* (mit einigen LXX-Handschriften auf das Gottsein, V. 7, zu beziehen) aber allein Isaak vorbehalten bleibt (V. 19.21).

b) Die David von Jahwe gesetzte *b^e^rīt* enthält die Zusage, daß Davids Thron für immer Bestand haben und immer von einem Davididen besetzt sein soll (2Sam 23,5; Ps 89,4.29.35.40; Jes 55,3; Jer 33, 21; 2Chr 13,5; 21,7; wiederum neben dem Eid, Ps 89,4; 132,11, und dem Wort, 2Sam 7,11b.16.25; 1Kön 8,20; Jer 33,17; 1Chr 22,8, vgl. V. 10; vgl. Ps 89,35).

c) Auch die Zusicherung Jahwes an Noah, die Erde nicht noch einmal mit einer Sintflut heimsuchen zu wollen, wird in P als *b^e^rīt* bezeichnet (Gen 9,8–17; vgl. die einfache Zusage bei J Gen 8,21 und den Eid Jes 54,9). Als *b^e^rīt*-Zeichen soll der Regenbogen Jahwe an diese Zusicherung erinnern (Gen 9,12–17).

d) *b^e^rīt* erscheint auch als göttliche Zusicherung des dauernden Priesteramtes gegenüber Levi (Mal 2,4f.8; Jer 33,21b, vgl. V. 18.22) bzw. Pinehas (Num 25,12f.; vgl. Neh 13,29).

e) Die Frage, die sich nach der Eroberung Jerusalems und dem Untergang des Staates Juda im Jahre 587 v.Chr. stellte, ob angesichts des Ungehorsams des Volkes Jahwe seine *b^e^rīt*, seine Zusage an die Väter aufgehoben habe oder nicht, wurde unterschiedlich beantwortet. Nach der einen Auffassung hält Jahwe auch in der Situation des Exils seine *b^e^rīt* aufrecht (Lev 26,44, mit den Israeliten; Jer 33,21, David- und Levi-*b^e^rīt*), gedenkt er seiner *b^e^rīt* (Lev 26,42 [Erzväter-*b^e^rīt*]. 45 [Auszugs-*b^e^rīt*]). Auf der anderen Seite findet sich in der Prophetie die Ankündigung, Jahwe werde – noch einmal, wieder – seinem Volk eine *b^e^rīt* festsetzen: die Zusage, er werde wie die Menschheit nach der Sintflut, so Israel künftig vor einem dem jetzigen ähnlichen Unglück bewahren (Jes 54, 9f.), die Ankündigung einer glücklichen Zukunft (Jes 61,8), der eschatologischen Heilszeit, in der wie der Krieg, so auch die Fährnisse der Natur ausgeschaltet sein werden (Ez 34,25; Hos 2,20, sekundärer Text). Vor allem aber werde Jahwe dafür Sorge tragen, daß das Gott-Volk-Verhältnis nicht wieder durch den Ungehorsam Israels zerstört wird. So ist es seine *b^e^rīt* = »Zusage«, daß sein Geist (doch wohl: des

Gehorsams) und die Worte (des Gesetzes), die er den Israeliten in den Mund gelegt hat, diese nicht mehr verlassen werden (Jes 59,21). Und im Zusammenhang mit der Ankündigung, Jahwe werde ihnen *ein* Herz und *einen* Weg geben, ihn alle Tage zu fürchten (vgl. zur Sache Jer 24,7; Ez 11,19; 36,26f.; zu Jer 31,31–34 s.u. 3d), steht die *b^erīt*, daß Gott nicht mehr aufhören will, ihnen Gutes zu tun (Jer 32,39f.). Bei solcher Zusage für eine heilvolle Zukunft (vgl. *b^erīt šālōm* Jes 54,10; Ez 34,25; 37,26) kann auch auf eine frühere *b^erīt* zurückgegriffen werden (Ez 16,60; vgl. Jes 55,3).

3. a) In sachlicher und ausdrücklicher Parallele zu *tōrā* »Weisung«, *ḥōq* »Satzung« u.ä. (s.o. III/7a) bezeichnet *b^erīt* jegliche Setzung des göttlichen Willens gegenüber den Menschen. Der Inhalt der von Gott den Menschen auferlegten Verpflichtung ist häufig nicht näher bestimmt; *b^erīt* umfaßt hier oft wohl die Gesamtheit göttlicher Bestimmungen, z.B. Jes 24,5; Hos 8,1; Ps 25,10 u.a. Andernorts ergibt sich der Inhalt aus dem Zusammenhang, wie etwa Spr 2,17, vgl. Ex 20,14; Dtn 5,18 (Lev 20,10).

b) Im dtr. Bereich verbindet sich die Kundgabe von Jahwes *b^erīt* = »Bestimmung, Verpflichtung« (für Israel) mit zwei Orten, (1) mit dem Horeb und (2) mit dem Land Moab (vgl. die Gegenüberstellung in Dtn 28,69).

(1) Mit der Horeb-*b^erīt* wird an die Mitteilung göttlicher Willenssetzung am Sinai nach JE angeknüpft. Hier ist mit *b^erīt* der Dekalog bezeichnet, die »zehn Worte«, die auf zwei Tafeln geschrieben sind (Dtn 4,13; 5,2.22 [V. 6–21 Dekalog!]; 9,9.11.15; 1Kön 8,[9G].21), die in der Lade deponiert wurden (1Kön 8,9.21; vgl. Dtn 10,2; zu »Lade der *b^erīt* Jahwes« s.o. II). An anderen Stellen ist es speziell das erste Gebot, nämlich: keine anderen Götter als Jahwe zu verehren, allein, das *b^erīt* genannt wird (Dtn 17,2; 29,24f.; 31,16.20; 1Kön 11,11, vgl. V. 10; 19,10.14 [hier ist *b^erīt* im dtr. Sinn sekundär eingefügt]; 2Kön 17,15.35.38; Jer 11,3f.10; 22,9; vgl. auch 2Kön 23,3aα.b und 2Chr 34,32 neben 2Kön 23, 4ff. und 2Chr 34,33).

(2) Dtr. »Sondergut« ist die Vorstellung von einer *b^erīt* = »Verpflichtung«, in die Israel durch Mose im Lande Moab gestellt worden ist (Dtn 28,69; 29,8. [11.]13.20). Der Inhalt ist doch wohl das dtn. Gesetz (vgl. auch Dtn 15,1.12 mit Jer 34,12–14), das als »Moab-*b^erīt*« in mosaische Zeit zurückdatiert wurde wie schon das sog. »Bundesbuch« Ex 20, 22 – 23,19 durch Ex 24,3–8.

c) In der Exilszeit begegnet erstmals auch die Vorstellung von einer einem Patriarchen auferlegten *b^erīt*: das Beschneidungsgebot nach P in Gen 17,9ff. (durch V. 10 deutlich gegenüber der *b^erīt* = »Zusage« in V. 2.4.7 abgehoben). Jetzt wird auch die Innehaltung des Sabbat als göttliche *b^erīt* bezeichnet (Ex 31,16 Ps; Jes 56,4), wie diese (Gen 17,13; Ex 31,16) auch die Zurichtung der Schaubrote als »ewige *b^erīt*« (Lev 24,8).

d) Unter ausdrücklicher Gegenüberstellung zu der *b^erīt* = »Verpflichtung« beim Auszug der Väter aus Ägypten (s.o. 3b[1]), die Israel gebrochen hat, wird in Jer 31,31–34 eine *b^erīt ḥ^adāšā*, eine »neue Verpflichtung« angekündigt, wobei Jahwe seine Weisung in das Herz der Israeliten legen wird, um ihre Befolgung zu erreichen und so das Gott-Volk-Verhältnis sicherzustellen (vgl. dazu oben 2e).

e) Nirgends ist der Akt der Gesetzesmitteilung, sei es am Sinai/Horeb, sei es im Land Moab, als *b^erīt* bezeichnet, sondern nur das Mitgeteilte, das Bestimmte; es gibt also auch keine *b^erīt* im Sinne eines »Sinaibundes«. Von der hier gegebenen Darstellung aus werden auch Gegenüberstellungen wie »Sinaibund–Davidbund« (vgl. L. Rost, ThLZ 72, 1947, 129–134; M. Sekine, VT 9, 1959, 47–57) und »Sinaibund–Abrahamsbund« (vgl. W. Zimmerli, ThZ 16, 1960, 268–280) in ein neues Licht gerückt.

4. Theologisch bedeutsam ist es, daß das AT für das Gegenüber von Gott und Mensch eine gegenseitige *b^erīt* – eine *b^erīt*, bei der einerseits Gott und andererseits Menschen Verpflichtungen übernähmen, die gegenseitig »einklagbar« wären (wie etwa die *b^erīt* zwischen Salomo und Hiram, 1Kön 5,26) – nicht kennt. In der zu Unrecht so genannten »Bundesformel« (sachgemäßer ist: »Zugehörigkeitsformel«) »Jahwe der Gott Israels – Israel das Volk Jahwes« (vgl. dazu R. Smend, Die Bundesformel, 1963) ist das Verhältnis zwischen Jahwe und Israel mit den Begriffen »Gott-Volk« umschrieben, und zwar eben von diesen Begriffen her im Sinne von »Herr-Knecht«. In diesem Gott-Volk-Verhältnis setzt Verpflichtungen allein Gott. Dabei kann Gott die Durchführung seiner *b^erīt* = »Zusage« von der Erfüllung bestimmter Bedingungen (Dtn 7,9; 1Kön 8,23), das Gott-Volk-Verhältnis von der Bewahrung seiner *b^erīt* »Verpflichtung« (Ex 19,5; vgl. Ps 132,12) abhängig machen. Aber der Mensch kann nicht durch die Erfüllung dieser Bedingungen Gott zur Einhaltung seiner Zusage verpflichten; die Einhaltung hat allein darin ihre Garantie, daß Gott zu seinem Wort steht. Versteht man unter »Partnern« gleichberechtigt einander gegenüberstehende Personen, dann ist es vom Begriff der *b^erīt* her bedenklich, von einer »Partnerschaft« zwischen Mensch und Gott zu reden.

V. 1. Das nach-atl. Hebr. verwendet *berīt* in derselben Weise wie das AT (zu *berīt* im frühen Judentum vgl. J. Behm, ThW II, 128–131; A. Jaubert, La notion d'alliance dans le judaïsme, 1963).

a) Jesus Sirach gebraucht *berīt* im Sinne der Verpflichtung, die einer übernimmt: vom Menschen 41,19 (par. *'lh*); 44,12 (vgl. P.A.H. de Boer, FS Baumgartner 1967, 25–29).20 (Abraham übernimmt die Beschneidungs-*berīt*); von Gott gegenüber Noah 44,17f., gegenüber den Vätern 44,22, gegenüber Aaron 45,15 (Priestertum) und Pinehas 45,24 (Hohepriestertum), gegenüber David 45,25.

b) In Qumran begegnet *berīt* (1) in nichttheologischem Gebrauch: als Selbstverpflichtung 1QS 1,16 (vgl. 2Kön 23,3aα), sodann in der Wendung *jqjm bbrjt 'l npšw* »er soll es durch eine *berīt* auf seine Person stellen« (nämlich: »sich von allen Männern des Frevels abzusondern«) 1QS 5,10 (vgl. dazu 1QH 14, 17 sowie CD 16,1.4.9). Als Verpflichtung eines anderen zu verstehen ist *berīt* in der Wendung *b'j brjtj* »die, die in meine (des Beters) *berīt* eingetreten sind« = »die, die mir verpflichtet sind« (1QH 5,23); vgl. im selben Sinn »die Männer ihrer (der Priester) *berīt*« 1QS 5,9; 6,19; 1QSa 1,2.

(2) Im theologischen Bereich ist *berīt* als Selbstverpflichtung, Zusage Gottes gemeint, wo Gott seiner *berīt* »gedenkt« (1Q 34 3,2,5; 6QD 3,5; CD 1,4; 6,2; 4QDibHam 5,9), seine *berīt* »bewahrt« (z.B. 1QM 18,7). Auch die »Zusage« an die Väter (1QM 13,7; 14,8; CD 8,18 = 19,31), an David (4QDibHam 4,6), an die Priester (1QM 17,3) ist hier zu nennen. Als »Verpflichtung« erscheint die *berīt*, »zu tun entsprechend allem, was er (Gott) befohlen hat, und sich nicht abzuwenden von ihm...« (1QS 1,16f.) und »sich von allen Männern des Frevels abzusondern« (5,10 u.ä.). Sie ist gemeint, wo man in die *berīt* eingeht (*bō'* 1QS 2,12.18 u.ö.; *'br* 1,18.20 u.ö.). Als »Verpflichtung« verstanden ist auch die *brjt ḥdšh* (CD 6,19; 8,21; 19,33), die nach CD 20,12 »im Lande Damaskus (= Qumran?)« in Kraft gesetzt worden ist (*qjm* pi.) und in die man dort eintritt (6,19).

(3) Daneben kann in Qumran *berīt* auch eine Gruppe von Menschen bezeichnen: so in 1QS 5, 11.18 »(die Männer des Frevels) werden nicht zu seiner (Gottes) *berīt* gerechnet« (vgl. CD 19,35: »[die Abgefallenen] werden nicht zur Versammlung des Volkes gerechnet«); so in 1QM 14,4, wo »seine *berīt*« in Parallele zu »Volk seiner Erlösung«, und 17,7, wo »*berīt* Israels« parallel zu »Los (= Volk) Gottes« steht. In derselben Weise scheint *berīt* in Dan 11,22.28. 30a.b (nicht aber 9,27 und 11,32) gebraucht zu sein. Gemeint sind in beiden Fällen die Gläubigen, diejenigen, die Gottes Willen tun.

2. Das Aram. der Targume gibt *berīt* (mit nur drei Ausnahmen) mit *qejām* wieder, das nun ebenso wenig wie *berīt* den »Bund« oder dergl. meint, sondern die »Aufstellung« (vgl. *qjm* pi. sowie aram. pa.).

Daß mit *qejām* die volle Breite des Bedeutungsfeldes von *berīt* erfaßt ist, ergibt sich daraus, daß *qejām* außer für *berīt* einerseits auch für hebr. *šebū'ā* »Eid, Schwur« (z.B. Num 30,3; Dtn 7,8; Hab 3,9) oder *nēdær* »Gelübde« (z.B. Gen 28,20; 31,13), andererseits aber auch für *ḥōq* »Satzung« (z.B. Ex 18,16.20; Ps 99,7; vgl. bibl.-aram. *qejām* »Verordnung« Dan 6,8.16) stehen kann. Daß das aram. Sprachgefühl in *berīt* das Moment des »Gesetzes« mithören konnte, wird durch die Übersetzung *gezērā* »Beschluß, Gesetz« (2Kön 17,15) bzw. *'ōrājetā* »Lehre, Gesetz« (Lev 26,25; Ez 16,61) für *berīt* bestätigt.

Vgl. dazu und zu V/3–4 E. Kutsch, Von *berīt* zu »Bund«, KuD 14, 1968, 159–182.

3. Problematischer war der Übergang in die griechische Sprache und ihre Vorstellungswelt. Die Septuaginta setzt ± 267 ×, bei sämtlichen oben unter III und IV genannten Möglichkeiten, für *berīt* das Wort διαϑήκη, in 1Kön 11,11 ἐντολαί (zu den übrigen Belegen vgl. Kutsch, a.a.O. 166 Anm. 27). Hier ist *berīt* (nicht als »Bund, Vertrag« o.ä., sondern) richtig als »Setzung, Bestimmung« verstanden; allerdings läßt die Wiedergabe mit διαϑήκη (»letztwillige Verfügung«) das diesem Substantiv innewohnende Moment des »Letztwilligen« außer Betracht (wie auch Aristophanes, Aves 440f.; vgl. Kutsch, a.a.O. 167 Anm. 30).

Diesem Gebrauch von διαϑήκη entspricht es, daß LXX damit auch *tōrā* »Weisung« (Dan G 9,13), *'ēdūt* »Bestimmung« = Dekalog (Ex 27,21; 31,7; 39,35 (= G V. 14), *kātūb* »das (im [Gesetz-]Buch des Mose) Geschriebene« (2Chr 25,4) wiedergibt. Auch der Enkel des Jesus Sirach hat διαϑήκη 8 × für *berīt* (Sir 41,19 [Rahlfs: V.20]; 44,12.18.20.22 [23]; 45,15. 24.25), aber auch 9 × für *ḥōq* und in 47,11 für *ḥuqqā* »Satzung«.

Im Gegensatz zu LXX bietet Aquila für *berīt* in wenigstens 26 Belegen συνϑήκη »Bund, Vertrag« bei (vielleicht) 3 Belegen für διαϑήκη. Auch Symmachus bevorzugt συνϑήκη (24:7); dagegen steht Theodotion bei nur 4 Belegen mit συνϑήκη der LXX näher, sofern hier nicht διαϑήκη (11 Belege) auf seine Vorlage zurückgeht.

4. Die altlateinische Übersetzung des AT schließt sich (bei nur wenigen Ausnahme-Belegen) mit der Wiedergabe »testamentum« für *berīt* dem Wortlaut der LXX an, entfernt sich aber damit noch weiter von dem hebr. Begriff. Hieronymus gibt in seiner Neuübersetzung des AT aus dem Hebr. aus den Jahren 390–405 *berīt* 135 × mit »foedus« und 96 × mit »pactum« wieder und folgt damit ausdrücklich dem Verständnis von Aquila und Symmachus, vielleicht aber auch seinen Hebräischlehrern. Zu den wenigen Stellen mit »testamentum« kommen in der Vulgata die Belege der Ps, da der Psalter in einer älteren Bearbeitung aufgenommen wurde.

E. Kutsch

ברך *brk* pi. segnen

I. 1. Die Wurzel *brk* »segnen« ist nwsem. und südsem. bezeugt (ausführliche Behandlung des inschriftlichen Materials bei W. Schottroff, Der altisraelitische Fluchspruch, 1969, 178–198 und G. Wehmeier, Der Segen im AT, 1970, 8–66).

Im Akk. wird sie durch *karābu* »beten, weihen, segnen, grüßen« (*ikribu* »Gebet, Weihung; Segen«) vertreten. Die Vorstellung vom Segen im eigentlichen Sinne spielt jedoch bei den Babyloniern keine so große Rolle, und bei der Verwendung von *karābu* dominiert das Element des Grüßens (vgl. B. Landsberger, MAOG 4, 1928/29, 294–321; AHw 369f. 445f.; CAD I/J 62–66). Ein etymologischer Zusammenhang von *brk* und *karābu* ist nicht wahrscheinlich (vgl. altsüdarab. *krb* »weihen, opfern«).

Die vor allem in Dank- und Glückwunschformeln zahlreich begegnenden arab. Ableitungen basieren alle auf dem Grundwort *baraka*, das definiert wird als wohltätige Kraft, die von Gott, Heiligen, besonderen Tieren, Pflanzen oder Gegenständen ausgeht und Fülle, Wohlstand, Gesundheit und Glück zusichert (vgl. DAFA I,567; vorislamisch ist ein Zusammenhang mit dem Handeln irgendwelcher Götter nicht ins Auge gefaßt; der Koran dagegen führt, wohl unter nwsem. Einfluß, den Segen ausdrücklich auf Gott zurück, vgl. J. Chelhod, RHR 148, 1955, 81f.87f.; A. Jeffery, The Foreign Vocabulary of the Qur'ān, 1938, 75; im Volksglauben rivalisieren beide Auffassungen miteinander).

Schwierig zu bestimmen ist das Verhältnis von *brk* zu hebr. *bæræk* »Knie« einerseits (vgl. akk. *birku* »Knie«, auch »Standvermögen, Kraft« und »Schoß«, euphemistisch für die Geschlechtsteile, aber auch bei Adoptionsriten; vgl. Dhorme 108.156f.; AHw 129a; M. Cohen, Genou, famille, force dans le monde chamito-sémitique, FS Basset 1928, 203–210) und hebr. *b^e^rēkā* »Teich« (vgl. A. Murtonen, VT 9, 1959, 164) andererseits.

2. Vom hebr. Verbum sind die Stammformen Qal, Pi., Pu., Hitp. und Ni. belegt; als Substantiv fungiert *b^e^rākā*.

Für das Qal ist in den meisten sem. Sprachen nur das Part.pass. bezeugt (ug.: 1 Aqht [= ID] 194; im Aram. begegnet fast ausschließlich diese Form; vgl. DISO 44); im Pun. hat es aber neben Pi. auch finite Qal-Formen gegeben (KAI Nr. 175, Z. 4f.; J. Friedrich, ZDMG 107, 1957, 282–290); die in späten aram. Dialekten vorkommenden Qal-Formen dürften dagegen sekundär in Analogie zum Part.pass. Qal gebildet sein (Nöldeke, MG 215 Anm. 2).

Im Arab. entsprechen verschiedene Formen dem hebr. Pi.: *barraka* (Subjekt Menschen, nicht im Koran) »eine Segensformel aussprechen« (vgl. Lane I, 193) und *bāraka* (Subjekt Gott) »lebensfördernde Kraft mitteilen«; der V. Stamm nähert sich bedeutungsmäßig weitgehend dem Ni. (»Segen empfangen«, s.u. III/3), der X. Stamm dem Hitp. (»Segen erbitten«, s.u. III/2f.).

Das Nomen ist außerbiblisch im NWSem. nur selten und in späteren Texten belegt (vgl. DISO 44).

Die mit Formen von *brk* zusammengesetzten Personennamen, die Danknamen *Bærækjā(hū)* und *Barak'ēl*, der Wunschname *J^e^bærækjāhū* und die Kurzform *Bārūk* (Noth, IP 183.195f.) haben Entsprechungen namentlich im Pun. (Harris 91) und in den späteren aram. Dialekten (A. Caquot, Syria 39, 1962, 246). *B^e^rākā* 1Chr 12,3 ist wohl zu *Bærækjā* zu ändern (Rudolph, HAT 21,104; anders HAL 154b).

II. Das Verbum *brk* und das Subst. *b^e^rākā* kommen im hebr. AT 398 × vor:

	qal	ni.	pi.	pu.	hitp.	*b^e^rākā*	total
Gen	8	3	59	–	2	16	88
Ex	1	–	5	–	–	1	7
Lev	–	–	2	–	–	1	3
Num	2	–	14	1	–	–	17
Dtn	9	–	28	1	1	12	51
Jos	–	–	8	–	–	2	10
Ri	1	–	3	2	–	1	7
1Sam	7	–	4	–	–	2	13
2Sam	3	–	10	1	–	1	15
1Kön	6	–	6	–	–	–	12
2Kön	–	–	3	–	–	2	5
Jes	2	–	4	–	2	4	12
Jer	2	–	1	–	1	–	4
Ez	1	–	–	–	–	3	4
Jo	–	–	–	–	–	1	1
Hag	–	–	1	–	–	–	1
Sach	1	–	–	–	–	1	2
Mal	–	–	–	–	–	2	2
Ps	17	–	52	4	1	9	83
Hi	–	–	7	1	–	1	9
Spr	1	–	3	2	–	8	14
Ruth	4	–	1	–	–	–	5
Esr	1	–	–	–	–	–	1
Neh	–	–	4	–	–	2	6
1Chr	2	–	13	1	–	–	16
2Chr	3	–	5	–	–	2	10
AT	71	3	233	13	7	71	398

Unter den Belegen für das Nomen ist die topographische Bezeichnung *'ēmæq b^e^rākā* (2Chr 20,26.26) mitgezählt, nicht aber der Personenname *B^e^rākā* 1Chr 12,3 (s.o. I/2). Der Inf.abs. *bārōk* (Jos 24,10, sonst *bārēk*) gehört zum Pi., nicht zum Qal.

Bibl.-aram. begegnet *brk* nur in Dan (1 × Part.pass. qal, 3 × pa.).

Auffällig häufig findet sich die Wurzel in den Vätergeschichten der Gen (82 ×) und im Dtn, während sie in den gesetzlichen Partien des Pentateuchs völlig zurücktritt (das Vorkommen in Num beschränkt sich auf die Bileamperikope, 14 ×, und den aaronitischen Segen, 3 ×). Mehr als die Hälfte der Belege in den Psalmen haben es mit dem Lobe Gottes zu tun. In den erzählenden Büchern sind relativ viele Formen im Zusammenhang mit Grüßen und Glückwünschen gebraucht. Das Nomen kommt verhältnismäßig oft in weisheitlich gefärbten Texten vor. In der prophetischen Literatur spielt der Wortstamm keine wesentliche Rolle (26 ×).

III. Als Grundbedeutung nimmt man gewöhnlich (unter Verweis vor allem auf arab. *baraka*) »Heilskraft, heilschaffende Kraft« an. *bārūk* (s.u. III/1) wäre demnach »einer, der mit heilschaffender Kraft begabt ist«, das Pi. (s.u. III/2) bedeutete »jemanden zu einem mit heilschaffender Kraft Begabten machen bzw. ihn als solchen erklären«, das Ni. (s.u. III/3) »die heilschaffende Kraft an sich erleben«, und *b*e*rākā* wäre die »heilschaffende Kraft« als solche (s.u. III/4).

Vgl. Th. Plassmann, The Signification of Beֿrākā, 1913; S. Mowinckel, Psalmenstudien V, 1924; ders., The Psalms in Israel's Worship, II, 1962, 44–48; J. Hempel, Die isr. Anschauungen von Segen und Fluch im Lichte altorientalischer Parallelen, ZDMG 79, 1925, 20–110 = Apoxysmata, 1961, 30–113; Pedersen, Israel I–II, 182–212; F. Horst, Segen und Segenshandlungen in der Bibel, EvTh 7, 1947/48, 23–37 = Gottes Recht, 1961, 188–202; ders., RGG V, 1649–51; J. Scharbert, Bibl 39, 1958, 17–26; ders., Solidarität in Segen und Fluch im AT und in seiner Umwelt, 1958; A. Murtonen, The Use and Meaning of the Words lebārek and beråkåh, VT 9, 1959, 158–177; C. Westermann, Der Segen in der Bibel und im Handeln der Kirche, 1968; G. Wehmeier, Der Segen im AT, 1970.

Diese Deutung ist wohl grundsätzlich richtig; doch muß betont werden, daß die heilschaffende Kraft oft in eminentem Maße mit dem wirkungskräftigen *Wort* verbunden ist, namentlich wenn Menschen andere segnen (vgl. F. Horst, a.a.O.). Außerdem kann gefragt werden, wie weit die Vorstellung von heilschaffender *Kraft* (neben dem göttlichen Wirken) noch wirklich lebendig war (vgl. am ehesten Jes 65,8).

1. a) Das Part.pass.qal *bārūk* bezeichnet den Zustand des Besitzes der *b*e*rākā* (nicht das Ergebnis einer vorangehenden Segenshandlung; letzteres wird durch das Pu. zum Ausdruck gebracht, s.u. III/2e, vgl. Jenni, HP 216f.). In der Regel wird *bārūk* als Prädikat in Nominalsätzen gebraucht; nur zweimal sind indikativische Formen von *hjh* »sich erweisen« hinzugefügt (Gen 27,33; Dtn 7,14; in beiden Fällen wird auf diese Weise die Nuance »sich tatsächlich als *bārūk* erweisen« ausgesagt).

In 63 Fällen (von 71) wird *bārūk* ausgesprochen formelhaft gebraucht, und zwar in der Regel betont am Anfang eines Ausrufs (58 × ; dazu *j*e*hī* »er sei« ... *bārūk*: 1Kön 10,9 = 2Chr 9,8; Spr 5,18; Ruth 2,19; negiert Jer 20,14). Von diesen 63 Fällen beziehen sich 38 auf Gott (dazu aram. *b*e*rīk* Dan 3,28) und 25 auf Menschen (und ihnen Zugehöriges: Dtn 28,4 Leibesfrucht, V. 5 Korb; 1Sam 25,33 Klugheit; Jer 20,14 Tag der Geburt).

Zum Formenbestand des israelitischen Segensspruches und zu seiner formgeschichtlichen Entwicklung vgl. W. Schottroff, Der altisraelitische Fluchspruch, 1969, 163–177.

Die übrigen 8 Fälle beziehen sich auf Menschen: 3 × in der Cs.-Verbindung »Gesegnete(r) Jahwes« (Gen 24,31; 26, 29; plur. Jes 65,23) und 5 × in einfachen Feststellungen, daß jemand »gesegnet« ist (Gen 27,29 und Num 24,9 »gesegnet ist, wer dich segnet«; Gen 27,33 »er wird gesegnet bleiben«; Num 22,12 »du darfst das Volk nicht verfluchen, denn es ist gesegnet«; 1Kön 2,45 Segensformel mit vorangestelltem Subjekt Salomo).

Regelmäßiges Oppositum zu *bārūk* ist *'ārūr* (→*'rr*; Gen 9,25f.; 27,29; Num 24,9; Dtn 28,3–6 par. 16–19; Jer 17,7 par. V. 5; 20,14).

b) In bezug auf Menschen verwendet, steht *bārūk* weitgehend in gleicher Bedeutung wie *'ašrē* »glücklich« (→*'šr*; vgl. Jer 17,7 mit Ps 40,5) und ist in späterer Zeit offenbar durch dieses Wort ersetzt worden. *bārūk* (in der LXX im allgemeinen mit εὐλογημένος wiedergegeben) ist zunächst Ausruf der Dankbarkeit und der Bewunderung sowie gleichzeitig Glückwunsch (Gen 14,19; 1Sam 23,21; 25,33; 26,25; 2Sam 2,5; Ruth 2,19f.; 3,10; vgl. Spr 5, 18 »möge dein Quell [= deine Frau] *bārūk* sein«, nämlich als Quelle der Freude). Der als *bārūk* Bezeichnete ist Urheber einer heilvollen Situation, und darum Gegenstand von Lob und Dank. Mit Vorliebe wird dabei der Belobte mit Gott in Verbindung gesetzt: *bārūk 'attā lJhwh* »du bist dank Jahwe ein Wohltäter«, d.h. von Jahwe mit wohltuender Kraft ausgestattet (1Sam 15,13; fem.: Ruth 3,10; plur.: 1Sam 23,21; 2Sam 2,5; Ps 115,15; 3. Pers.: Gen 14,19; Ri 17,2; Ruth 2,20; vgl. auch die Cs.-Verbindung »Gesegneter Jahwes«, s.o. 1a, ferner Num 22,12; Ps 118,26). In Ri 17,2 ist der Ausruf *bārūk b*e*nī lJhwh* Schutzmaßnahme der Mutter gegen einen den Sohn bedrohenden Fluch.

Das *l*e in der Wendung *l*e*Jhwh* wird häufig als Lamed auctoris gedeutet und *bārūk* passivisch und als Wunsch verstanden (»gesegnet sei N.N. durch Jahwe«). In aram. Grab- und Memorialinschriften wechselt jedoch ohne wesentliche Bedeutungsverschiebung *brjk l* mit *brjk qdm* (»gesegnet ist/sei N.N. bei«) ab (vgl. RES 1788 mit KAI Nr. 267 und 269; RES 608; 960–962; 1366 mit RES 1364; 1368; 1370; 1376 u.ö.; vgl. auch die Wendung *brk l* »jemanden segnen bei einer Gottheit« = »jemanden einer bestimmten Gottheit empfehlen mit der Bitte, sie möge ihn segnen«, phön. KAI Nr. 50, Z. 2; äg.-aram. RHR 130, 17,2f.; Hermop. Nr. 1–6, dort jeweils mit dem Nachsatz »daß sie (die Gottheit) mich dein/euer Angesicht in Frieden wiedersehen lasse«; vielleicht auch ug.

2Aqht [= II D] I,24, vgl. UT Nr. 517; C.H. Gordon, Ugaritic Literature, 1949, 86; dazu hebr. *brk* pi. *lifnē Jhwh*, Gen 27,7). Dieser Konstruktion dürfte die atl. Wendung entsprechen, so daß das *le* hier ebenfalls im Sinne eines Lamed relationis aufzufassen ist: »voll Segen bei Jahwe« (vgl. J. Scharbert, Bibl 39, 1958, 21 f.: »N.N. sei für Jahwe ein zu Segnender«). Dazu stimmt, daß analog aufgebaute Fluchformeln mit *lifnē* gebildet werden (Jos 6,26; 1Sam 26,19 plur.; vgl. Num 5,16; 1Kön 8,13).

Ebenfalls auf Menschen bezogen, bezeichnet die mit *bārūk* beginnende Formel in Dtn 7,14 und 28,3–6 (V. 5 bezogen auf Fruchtkorb und Backtrog) die Israeliten und ihre Tätigkeit als mit Erfolg gekrönt, jedoch nur in dem Maße, als sie sich an die Weisungen Jahwes halten. Die sechsfache Wiederholung des Wortes in Dtn 28, 3–6 (vgl. das entsprechende sechsfache *'ārūr* »verflucht« in Dtn 28,16–19 und das zwölffache *'ārūr* in Dtn 27,15–26) läßt deutlich den Charakter des wirkungskräftigen, Energien weckenden Wortes erkennen (vgl. die dreifache Wiederholung von *bārūk* in 1Sam 25,32f. und die zweifache in Gen 14,19f.; vgl. außerdem 1Kön 10, 8f. = 2Chr 9,7f. mit *bārūk* neben zweimaligem *'ašrē*). Es geht in diesen vermutlich kultisch zu verstehenden Reihen um die Schaffung einer virtuellen Heilszone (bzw. bei *'ārūr* einer Unheilszone), die sich entsprechend dem Tun der Israeliten ausgestalten wird. In diesen Zusammenhang gehört auch die *bārūk*-Formel in Jer 17,7 (neben *'ārūr*), die sich der weisheitlichen Rede annähert (vgl. Ps 40,5).

c) Auf Gott bezogen, ist *bārūk* (in der LXX im allgemeinen mit εὐλογητός wiedergegeben) ebenfalls freudiger (Ex 18,9f.; 1Kön 5,21; Sach 11,5; vgl. J. Hempel, ZDMG 79, 1925, 88f.) Ausruf der Dankbarkeit und der Bewunderung. Der Grund der Freude wird in der Regel genau angegeben, eingeleitet mit *'ašær* (Gen 14,20; 24,27; Ex 18,10; 1Sam 25,32.39; 2Sam 18,28; 1Kön 1,48; 5,21; 8,15 = 2Chr 6, 4; 1Kön 8,56; 10,9 = 2Chr 9,8; Ps 66, 20; Ruth 4,14; Esr 7,27; 2Chr 2,11); bzw. *šæ-* (Ps 124,6), *kī* (Ps 28,6; 31,22), mit Part. (Ps 72,18; 144,1) oder mit asyndetischem Satz (Sach 11,5). Gelegentlich wendet man sich direkt an Gott: »du bist *bārūk*« (Ps 119,12; 1Chr 29,10).

Gott ist *bārūk*, weil er allerlei heilsame Dinge gibt: einen König (1Kön 1,48), und zwar einen weisen König (1Kön 5,21; 10,9 = 2Chr 9,8), Ruhe (1Kön 8,56), Kraft (Ps 68,36), gute Gedanken (Esr 7,27); weil er Treue hält (Gen 24,27; Ps 31,22; 66, 20; Ruth 4,14), Sieg verleiht (Gen 14,20; 2Sam 18, 28), einem zornentbrannten Mann eine kluge Frau schickt (1Sam 25,32), dann selber zum Rechten sieht (1Sam 25,39), das Kriegshandwerk lehrt (Ps 144,1), Gebete erhört (Ps 28,6; 66,20), Wunder tut (Ps 72, 18), Verheißungen erfüllt (1Kön 8,15), und schließlich sogar einem Schurken – scheinbar – Gelegenheit gibt, sich zu bereichern (Sach 11,5). All das läßt sich gewissermaßen zusammenfassen in die lapidare Formel *bārūk šēm kebōdō* (Ps 72,19).

Ein solcher Ausruf ist durchaus nicht an bestimmte kultische Situationen gebunden: er drängt sich auf die Lippen, wenn immer der Mensch sich plötzlich vor einen Erweis der wohltätigen Kraft Gottes gestellt sieht. Man kann dann sagen, daß man »Gott (anbetend) segnet« (Gen 24,27; Ps 135,19–21; 1Chr 29,9–10), oder auch – bezeichnenderweise –, daß man »Menschen segnet« (Gen 14,19f.; 1Kön 1,47f.; 8, 14f.55f.). In allen Fällen handelt es sich um *bārūk*-Erklärung Gottes aufgrund des konkreten Erweises seiner Macht. Eine der oben 1b genannten analoge Verwendung von *bārūk* ist bei Gott ausgeschlossen: man kann ihn nicht sub conditione *bārūk* sprechen.

2. a) Im Pi. hat *brk* je nachdem, ob Gott (s.u. 2d) oder Menschen (mit Obj. Menschen s.u. 2b, mit Obj. Gott s.u. 2c) Subjekt sind, verschiedene, vor allem faktitive und deklarativ-ästimative Bedeutungsnuancen, zu denen das Pu. (s.u. 2e) und das Hitp. (s.u. 2f.) die entsprechenden passiven und reflexiven Bedeutungen abgeben.

Von den 233 Belegen haben es 97 mit dem Segenshandeln Gottes zu tun (inkl. Gen 48,16: Engel; Gen 32,27.30: Mann; Gen 49,25: txt em *'ēl šaddaj*), 136 mit dem Handeln von Menschen (inkl. Ps 103, 20–22: Himmelswesen, Geschöpfe). Grammatisches Subjekt bei finitem Verbum ist Gott in 87 Fällen (dazu 4 × Imp., 4 × Inf. abs., 2 × Inf.cs.), Menschen sind es 85 × (darunter Hi 31,20: Lenden des Armen; dazu 26 × Imp., 5 × Inf.abs., 15 × Inf.cs., 5 × Part.).

Vorweg erwähnt seien hier noch die 6 Fälle, wo *brk* pi. euphemistisch für »verfluchen« verwendet wird (1Kön 21,10.13; Hi 1,5.11; 2,5.9). Dazu, daß im AT Gott nie positiv Objekt eines Verbums für »verfluchen« ist (vgl. das Verbot Ex 22,27; Lev 24,15; ferner Jes 8,21; 1Sam 3,13 txt?), vgl. J. Hempel, ZDMG 79, 1925, 91; dazu Schottroff, a.a.O. 165.

Außerhalb des AT und der von ihm beeinflußten Texte wird das Verbum finitum *brk* im NWSem. fast ausschließlich so gebraucht, daß bestimmte Gottheiten Subjekt sind. Der Gedanke, daß ein Mensch segnet (= eine Segensformel spricht), könnte allenfalls im Ug. durch 1Aqht (= ID) 194 bezeugt sein (Pǵt bittet ihren Vater oder die Götter um den Segen). Die Bed. »(Gott) preisen« fehlt völlig. Daß der primäre Sinn »mit Lebenskraft ausrüsten« ist, tritt im

Ug. dadurch hervor, daß *brk* in Parallele zu *mrr* »stärken« gebraucht wird (1Aqht 194f.; 2Aqht I, 24f.35f.; 128 [= III K] II, 14f.19f.). Im Pun. steht einmal *ḥnn* »Huld erweisen« parallel zu *brk* (CIS I 5891, Z. 2f.); CIS I 196, Z. 5 ersetzt dieses Verbum das in den Schlußwünschen der Weihinschriften übliche *brk*.

Der Segensinhalt wird in der Regel nicht eigens angegeben; er ist schon im Verbum selbst enthalten. Sofern dies ausnahmsweise doch geschieht, wird entweder ein doppelter Akkusativ verwendet (Gen 49,25; Dtn 12,7; 15,14; Jes 19,25; vgl. KAI Nr. 26 A III, 2f.) oder der Inhalt wird mit *be* eingeführt (Ps 29,11; vgl. KAI Nr. 26C III, 16f.); diese Präposition gibt in allen übrigen Fällen den Bereich an, in dem der Segen zuteil wird (Gen 24,1; Dtn 2,7; 14,29; 15,4.10.18; 16,15; 23,21; 24,19; 28,8; 30,16; anders J. Scharbert, Bibl 39, 1958, 21 Anm. 5).

b) In der Sprache des isr. Alltags heißt *brk* pi. (Subj.: Menschen, Obj.: Menschen) zunächst ganz einfach »grüßen« Gen 47,7; 1Sam 13,10; 25,14; 2Sam 6,20; 2Kön 4, 29; 10,15; Spr 27,14; 1Chr 16,43) bzw. »(sich) verabschieden« (Gen 24,60; 28,1; 32,1; 47,10; Jos 22,6f.; 2Sam 13,25; 19, 40; vgl. ug. 128 [= III K] III, 17), oder auch »beglückwünschen« (Ex 39,43; 2Sam 8,10 = 1Chr 18,10; 1Kön 1,47; Neh 11,2; sich selber: Ps 49,19), »Glück wünschen« (Jos 14,13), ferner »danken« (Dtn 24,13; 2Sam 14,22; Hi 31,20) bzw. »dankbar ehren« (Spr 30,11). Der Gebrauch des Verbums erscheint oft sehr abgeschliffen; am korrektesten wäre wohl die Umschreibung »jemandem *bārūk* sagen« (vgl. arab. *barraka*, ferner arab. *kabbara* »Allāh akbar sagen«, *sallama* »jemandem salām sagen«; vgl. D.R. Hillers, Delocutive Verbs in Biblical Hebrew, JBL 86, 1967, 320–324), d.h., ursprünglich, ihn als Wohltäter und Inhaber heilschaffender Kraft bezeichnen. Man sagte wohl »*bārūk 'attā*« oder »*bārūk Jhwh*« (vgl. 1Kön 1,47f.) oder auch »*jebārækekā Jhwh* = Jahwe segne dich!« (Jer 31,23) bzw. »*Jhwh 'immekā* = Jahwe sei mit dir!« (Ruth 2,4). Gelegentlich wird erwähnt, daß man den Scheidenden umarmte (*nšq* Gen 32,1; 2Sam 19,40), sich vor Höhergestellten auf die Erde warf (2Sam 14,22), und etwa auch beim Abschied, wenn es ans Heiraten ging, zu einem längeren Segensspruch ausholte (Gen 24,60).

Solches *bārūk*-Sagen, »Grüßen«, »Abschiednehmen« und »Glückwünschen« gab es natürlich auch im Rahmen kultischer Begegnungen oder bei solchen mit »heiligen« Personen. Hier sind z.B. der »Gruß« Melchisedeks an Abraham zu nennen (Gen 14,19, mit ausgeführter *bārūk*-Formel), oder der »Abschied« des Priesters Eli an Elkana (1Sam 2,20, mit Wunschformel). Zu Beginn kultischer Versammlungen »grüßte« man die Teilnehmer (Jos 8,33; 1Kön 8,14f.; im Laufe einer Prozession Ps 118,26), am Schluß »entließ« man sie mit Segensformeln (Lev 9,22; 2Sam 6,18; 1Kön 8,55; Ps 129,8). Die verwendeten Formeln lauteten etwa »*bārūk Jhwh*« (1Kön 8,15.56), »*berūkīm 'attæm*« (Ps 115,15), »*birkat Jhwh 'alēkæm*« (Ps 129,8) oder *jebārækekā Jhwh*« (Num 6,24, dort die ausgeführte, dreiteilige Formel des priesterlichen Segens mit der zweimaligen Anrufung des »Angesichts Jahwes«, d.h. seiner heilschaffenden Gegenwart). In diesen kultischen Zusammenhängen wird wohl der eigentlich heilschaffende Charakter des *bārūk*-Sagens stärker lebendig gewesen sein als sonst.

Der die Formel Sprechende »stellt sich« vor die Gemeinde (1Kön 8,55; Jos 8,33), er »breitet die Arme über sie aus« (Lev 9,22) und »spricht mit lauter Stimme« (1Kön 8,55). So »legt er den Namen Jahwes auf die Leute« (Num 6,27). Vielleicht ist in diesem Zusammenhang die einzige Stelle zu nennen, wo ein Prophet ein kultisches Mahl »segnet« (1Sam 9,13). Vermutlich »segnet« Samuel nicht das Fleisch, sondern die Teilnehmer an der Opfermahlzeit; vgl. J. Scharbert, Bibl 39, 1958, 24; dagegen J. Hempel, ZDMG 79, 1925, 35; F. Horst, EvTh 7, 1947/48, 25; A. Murtonen, VT 9, 1959, 163.

Im Verlauf der Kultversammlung bestand die Möglichkeit, auch Abwesende in das »Glückwünschen« einzubeziehen (Ex 12,32; vgl. *pll* hitp. *be'ad* »Fürbitte tun für« als Parallelausdruck zu *brk* pi. in Ps 72,15).

Um ein kultisches Glückwünschen besonderer Art handelt es sich in der Bileam-Perikope (Num 22–24). Statt zu »fluchen« (*'rr*, Num 22,6; 24,9; *qbb*, 23,11.25; 24, 10; *z'm*, 23,7f.) muß der über besondere Kräfte verfügende Mann Israel als *bārūk* erklären, da es – wie Gott gleich zu Beginn bemerkt – bereits unwiderruflich *bārūk* ist (22,12).

Von hervorragender Wichtigkeit ist für den Orientalen das letzte »Abschiednehmen« eines Menschen vor seinem Sterben (Gen 27; 48; 49; Dtn 33). Wenn es um solches »Abschiednehmen« und »Glück Wünschen« geht, scheint *brk* pi. einen ausgesprochen faktitiven Sinn zu bekommen (vgl. Jenni, HP 216f.): durch das *bārūk*-Sagen macht man den Adressaten zum *bārūk* – jedenfalls ist dies die ursprüngliche Intention der Sitte. Daher die Maßnahmen zur Vermehrung der zu übertragenden

»Kraft« (das Mahl Isaaks), daher das Wertlegen auf genaue Identifikation des Empfängers (Gen 27,24; 48,8f.; vgl. die sorgfältige Nennung der Söhne und Stämme in Gen 49 und Dtn 33), das Umarmen (Gen 27,26f.) und Handauflegen (Gen 48,14). Daß es sich dabei jedoch nicht einfach um Kraftübertragung handelt, zeigt die wohlüberlegte Wahl der gesprochenen Formeln; diese Formeln beziehen sich naturgemäß vor allem auf Fruchtbarkeit, Wohlstand und Sieg über die Feinde.

c) 40 mal (davon 27 × in Ps) heißt es, daß Menschen (bzw. seine Schöpfung, Ps 103,20–22) Gott »segnen«, d.h. ihn *bārūk* erklären (dazu aram. Dan 2,19; 4,31; vgl. noch den euphemistischen Gebrauch von *brk* pi., s.o. 2a, und Jes 66,3 »einen Götzen verehren«). Daß es sich dabei vor allem um ein lobendes »Danksagen« handelt, zeigen die Parallelausdrücke: *hll* pi. »preisen» (Ps 145,2; vgl. Ps 135,1.19–20), das Lob (*tᵉhillā*) verkünden (Ps 66,8; 145,21; vgl. 34,2), *jdh* hi. »preisen« (Ps 100,4; 145, 10), den Namen Jahwes ausrufen (Ps 63, 5), *šīr* »singen« und *bśr* pi. »verkünden« (Ps 96,2), Jahwe erheben (Ps 145,1), seine Wohltaten nicht vergessen (Ps 103,2).

Da diese Bedeutung die beim deklarativen Pi. zu erwartende ist (»Gott als *bārūk* bezeichnen«, vgl. Gen 24,27 *bārūk Jhwh* mit der referierenden Fassung in V. 48 »und ich segnete Jahwe«), erübrigt sich die Annahme, das Wort habe in dieser Verwendung zunächst einen Vorgang bezeichnet, der auf die Steigerung der Kraft Gottes abgezielt habe (so z.B. S. Mowinckel, Psalmenstudien V, 1924, 27–30; S.H. Blank, HUCA 32, 1962, 85–90). Das gilt umso mehr, als sich dieser Sprachgebrauch sonst im Sem. nicht nachweisen läßt und offenbar auf einer innerhebr. semantischen Entwicklung beruht. Abgeleitet davon, kann *brk* pi. dann auch mit anderen Objekten stehen (Ps 10,3 »er preist den Gewinn«, txt em; 49,19 »er lobt sich selbst«; Jes 66,3 »er verehrt einen Götzen«).

Zu solchem »Segnen« wirft man sich vor Jahwe nieder (Gen 24,48; Neh 8,6; 1Chr 29,20), oder man erhebt sich (Neh 9,5), stellt sich im Tempel hin (Ps 34,2 jederzeit; 134,1 bei Nacht), inmitten der Versammlung (Ps 26,12; 68,27), im Einklang mit der ganzen Schöpfung (Ps 145,10; 103, 20–22), indem man ruft »*bārūk Jhwh*« (Gen 24,27; Ps 135,18–21; 1Chr 29,9f.). Gründe für dieses lobende Danksagen sind persönliche Erlebnisse (Gen 24,48), das Erlebnis des Sieges über die Feinde (Jos 22, 33; Ri 5,2.9), oder – in den Psalmen – überhaupt alles, wofür der Israelit Gott zu danken hat.

d) In 80 von 97 Fällen mit *brk* pi. und göttlichem Subjekt ist davon die Rede, daß Gott Menschen »segnet« bzw. »segnen möge« (Gen 25 ×, Dtn 19 ×, Ps 14 ×), in 17 Fällen ist der Segen Gottes auf Tiere (Gen 1,22; vgl. Dtn 7,13) und Dinge ausgedehnt (Sabbat: Gen 2,3; Ex 20,11; Haus und Feld, Arbeit und Ertrag u.ä.: Gen 27,27; 39,5; Ex 23,25; Dtn 7,13b; 28,12; 33,11; Jer 31,23; Hag 2,19; Ps 28, 9; 65,11; 132,15.15; Hi 1,10; Spr 3,33): Gott macht Menschen und Dinge *bārūk*, er stattet sie aus mit der Kraft der Fruchtbarkeit und des Gedeihens, er schenkt Leben, Glück und Erfolg.

In Parallele zu *brk* pi. stehen in diesen Texten oft ganze Reihen von Verben wie »fruchtbar machen, zahlreich machen« (Gen 17,20 u.ö.), »lieben, zahlreich machen« (Dtn 7,13), »Leben geben, zahlreich machen« (Dtn 30,16), »bewahren, das Angesicht leuchten lassen, das Angesicht erheben, →*šālōm* geben« (Num 6,23–27), vor allem aber →*ntn* »geben« (Kinder und Reichtum Gen 17,16; 24,35; 28,3f.; 48,3f.; Ps 29,11), ferner etwa »Anmut ausgießen« (Ps 45,3), »helfen« (Gen 49,25), »die Tore festmachen« (Ps 147,13), »mit dir sein« (Gen 26,3.24) usw. Als zusammenfassender Ausdruck für das Segenshandeln Gottes bietet sich »*šālōm* geben« an (Ps 29,11; vgl. Hempel, a.a.O. 51ff., aber auch Westermann, a.a.O. 33).

Es ist festzuhalten, daß oft solches Handeln Gottes als von Menschen formulierter Wunsch, d.h. als Glücks- und Segenswunsch, erscheint, z.B. Isaaks (Gen 28,3), Jakobs (Gen 48,16; 49,25), Moses (Dtn 1,11; vgl. 33,11), oder auch irgendwelcher Leute im Alltag, beim Grüßen (Ruth 2,4), und schließlich auch im Kult (Ps 29,11; 67,2.7f.; 115,12f.; 128,5; 134,3; Num 6, 24), gelegentlich in Form eines direkt an Gott gerichteten Gebetes (Ps 5,13; 28,9; 109,28; Dtn 26,15; 33,11). Diese Tatsache zeigt eine enge Verbindung zwischen Gottes »Segnen« und dem menschlichen Reden: Gottes Handeln kann sich durch menschliches Reden verwirklichen, sich an ihm entzünden.

Manche Texte zeigen darum, daß Gottes heilschaffendes Handeln in der Tat Antwort sein kann auf menschliches Tun und Reden: Gebetserhörung (Gen 17,20; vgl. 32,27.30) oder Erfüllung des von den Priestern gesprochenen Segens (Num 6, 27). Außerdem »segnet« Gott diejenigen, die seine Erwählten »segnen« (Gen 12,3), und er »segnet« um der Erwählten willen andere Menschen (Gen 26,24; 30,27; vgl. 39,5), d.h. er schafft ihnen Wohlstand und Gelingen. Gott ist gewiß der Urheber des heilvollen Handelns; doch muß der Mensch dieses Handeln auch bejahen (vgl. Ps 109,17).

Vor allem betont das Dtn (vgl. schon Gen 22,17) den engen Zusammenhang von menschlichem Tun und göttlichem Heilschaffen: wenn Israel sich den Weisungen Jahwes völlig unterwirft, wird dieser sein Volk »in allen seinen Unternehmungen segnen«, d.h. ihm alles gelingen lassen, in der Stadt, auf dem Feld, zu Beginn der Arbeit, an ihrem Ende usw. (z.B. Dtn 7,13; 14,29; 15,10.18; 23,21; 24,19; 30,16; vgl. 27,1–14). Andererseits ist der Segen Jahwes ein Motiv zu freudiger Erfüllung der Weisung (12,7; 15,4.6.14; 16, 10.15 usw.).

In diesem Sinne bekennt der Psalmist: »Du segnest den Gerechten« (Ps 5,13), wie denn auch Hiob für seine Treue reich belohnt wird (Hi 42,12).

Trotz der engen Wechselwirkung von menschlichem und göttlichem Reden und Tun lehren sowohl die alte Patriarchenüberlieferung (Gen 12,1–3) als auch der spätere P (Gen 1,28; 5,2; 9,1; 17,16), daß letztlich doch alles »Segnen«, d.h. alle wohltuende, Fruchtbarkeit, Sieg und Wohlstand schaffende Kraft, auf einem freien, nur in sich selbst begründeten Entschluß Gottes und seinem diesen Entschluß verwirklichenden Worte beruht (vgl. dazu H. Junker, BEThL 12, 1959, 548–558; C. Westermann, BHH III, 1757f.). Hinzuzufügen wäre etwa 2Sam 6, 12, wo Jahwe den Obed-Edom »um der Lade willen segnet«, d.h. ihm um seiner eigenen Gegenwart willen Wohlstand (nach 1Chr 26,4f.: acht Söhne) verleiht.

e) Das Pu. ist die dem Pi. entsprechende passive Konjugation. In Bezug auf Menschen (Num 22,6; Ps 37,22; 112,2; 128, 4; Spr 20,21; 22,9) oder Dinge (Dtn 33, 13 Land; 2Sam 7,29b = 1Chr 17,27b Dynastie Davids) verwendet, besagt sie »jemand (etwas) ist gesegnet worden«. Num 22,6 (»der, den du segnest, ist gesegnet«, par. *jū'ār* »er empfängt Fluch«) und 1Chr 17,27 (»denn du, Jahwe, hast es gesegnet«, vgl. 2Sam 7,29 »durch deinen Segen«) ist denn auch ausdrücklich von einer vorherigen Segenshandlung die Rede. Daß Gott Urheber des Segens ist, wird sonst entweder unmittelbar ausgesprochen (Dtn 33,13; Ps 37,22) oder durch den Kontext verdeutlicht (Ps 112,2; 128,4; Spr 20,21; 22,9).

Ps 113,2; Hi 1,21; aram. Dan 2,20 steht das Part.pu. in der Funktion, die sonst der Imp.plur.pi. hat (vgl. Ps 113,1 *halelū*): Menschen werden aufgefordert zum Lobe Gottes. In allen drei Fällen ist die Wunschform verwendet: »der Name Jahwes (Gottes) werde gelobt«. Ps 72,17 (txt em nach G) ist wahrscheinlich die gleiche Wendung, auf einen König bezogen, vorauszusetzen.

Parallel zur Aufforderung zum kultischen Fluchspruch gegen Meros (Ri 5,23, vgl. 21,5) geht es Ri 5,24.24 wohl um eine Aufforderung, ein Segensritual an Jael zu vollziehen.

f) Das Hitp. (reflexives Pi. mit T-Präfix) bedeutet ganz allgemein »sich selber *bārūk* machen bzw. nennen«. So ganz eindeutig in Dtn 29,18: als Gegenmaßnahme gegen einen drohenden Fluch nennt man sich *bārūk*, »unversehrlich« (vgl. Num 22,12; 23,8), indem man sagt: »ich habe *šālōm* (d.h.: mir kann nichts passieren)«. Gerne verwendet man die Formel *brk* hitp. *be* »sich selber glücklich machen durch (Nennung eines anderen, besonders Gesegneten bzw. Gottes in einem Segensspruch)«, indem man diesen anderen als Modell (Gen 22,18; 26,4; Jer 4,2, falls auf Israel zu beziehen, vgl. Rudolph, HAT 12,31; Ps 72, 17) oder Quelle (Jes 65,16.16 Gott) der Heilskraft anruft (vgl. Gen 48,20; Spr 10, 7). Die Übersetzung von A. Murtonen, VT 9, 1959, 172: »sich selber glücklich schätzen wegen« ist viel zu schwach.

3. Das Ni. begegnet nur an drei Stellen innerhalb der Vätererzählungen (Gen 12, 3b; 18,18; 28,14). Es wird häufig passivisch (z.B. Zorell 130a; von Rad, ATD 2, 132f.) oder im Sinne des Hitp. (»sich Segen wünschen«, z.B. HAL 153; H. Gunkel, Genesis, ³1910, 165) verstanden. Doch ist es wahrscheinlich, daß bei Verwendung dieser Konjugation – im Gegensatz zum Pu. und Hitp. – auch deren besondere Bedeutung zum Tragen kommen soll. Sie bezeichnet eine Handlung, die sich am Subjekt vollzieht, ohne daß das Subjekt selbst (Hitp.) oder eine andere Person (Pu.) als deren Urheber in Betracht gezogen würde (vgl. H. Junker, BEThL 12/13, 1959, 553). *brk* ni. heißt somit »Segen erlangen, am Segen teilhaben« o.ä. (vgl. J. Schreiner, BZ 6, 1962, 7; O. Procksch, Die Genesis, ³1924, 96f.).

Gen 12,3b meint also »in dir sollen Segen gewinnen alle Geschlechter der Erde«. Gen 18,18 ist nur diese Bedeutung möglich; das vom Jahwisten in die Erzählung eingelegte Selbstgespräch Gottes (18,17f.) soll ja erklären, warum Jahwe Abraham in seine Geheimnisse einweihen will; er tut es, weil Abraham in seinem Heilsplan eine bedeutsame Rolle spielt: »durch ihn sollen Segen gewinnen alle Geschlechter der Erde«. Gen 28,14 wird die gleiche Verheißung in Bezug auf Jakob und seine Nachkommen erneuert.

4. a) Das Subst. *berākā* begegnet, ähnlich wie *brk* pi., in einer Vielfalt von Bedeutungsweisen. Ein Sprachgebrauch, in dem *berākā* nicht in irgendeiner Beziehung zum Handeln Gottes stünde, sondern (entsprechend arab. *baraka*, s.o. 1a) einfach die Kraft des Wachstums und Gedeihens bezeichnete, ist im AT kaum wahrzunehmen, am ehesten in Jes 65,8.

Die Absicht Gottes, nicht sein ganzes Volk zu vernichten, wird hier veranschaulicht an einer Redensart aus der Winzersprache; das Sprichwort ist am ehesten aus der Situation des zweiten Beschneidens der Reben (Dalman, AuS IV,312f.330f.) verständlich, bei dem die unfruchtbaren Triebe entfernt werden; die Reben, die Frucht erwarten lassen, sollen dagegen nicht abgeschnitten werden: »Wie man spricht, wenn man Saft in der Rebe findet: Verdirb sie nicht, es ist Lebenskraft darin«.

b) In etwa 25 Fällen bezeichnet *berākā* die von Menschen an Menschen gerichtete wirkungsvolle *bārūk*-Erklärung (Gen 27, 12–41 6 ×; Dtn 11,26.27.29; 23,6 = Neh 13,2; Dtn 28,2; 30,1.19; 33,1; Jos 8,34; Ez 44,30; Mal 2,2; Hi 29,13; Spr 10,6.7; 11,11.26; 24,25; vielleicht auch Gen 49, 28), d.h. das heilswirkende Segenswort (vgl. den programmatischen Satz Spr 11, 11 »durch den *bārūk*-Spruch der Gerechten wird die Stadt erhöht«).

Gen 27,12 bezeichnet das Begriffspaar *berākā* und *qelālā* sowohl den Segens- bzw. Fluchspruch als auch deren Auswirkungen in Wohlergehen oder Mißerfolg: »dann brächte ich über mich Fluch(spruch und -macht) und nicht Segens(-spruch und -macht)«. Die gleiche Doppelbedeutung dürfte auch bei der sonstigen Verwendung von *berākā* im Zusammenhang von Gen 27 vorliegen (V. 35–38.41). Das hier sich ausprägende dinghafte Segensverständnis (V. 35 »dein Bruder hat deinen Segen genommen«, vgl. V. 36a; V. 36b »hast du für mich nicht Segen beiseite gelegt?«) dürfte weitgehend auf die Übernahme einer vorisraelitischen Vorlage der Erzählung zurückzuführen sein (vgl. E.A. Speiser, JBL 74, 1955, 252–256).

Vermutlich gehört hierher auch 2Kön 18,31 = Jes 36,16 »macht mit mir *berākā* = laßt uns Segenssprüche austauschen« (vgl. A. Murtonen, VT 9, 1959, 173f.; nach J. Scharbert, Bibl 39, 1958, 19, ist *berākā* hier als »Huldigung« zu verstehen, vgl. 2Sam 14,22; 1Kön 1,47) – eine Einladung zu offiziellem Friedensschluß.

c) An 6 oder 7 Stellen bezeichnet *berākā* ein Geschenk. Dabei handelt es sich um *bārūk*-Erklärung in Form einer Gabe; sehr oft werden ja die Ableitungen der Wurzel *brk* in enger Verbindung mit der Idee des Gebens gebraucht.

Kaleb vermacht seiner Tochter eine *berākā* (Jos 15,19 = Ri 1,15), Jakob bringt Esau eine *berākā* (Gen 33,11), ebenso Abigail David (1Sam 25,27), David den Ältesten von Juda (1Sam 30,26), Naeman Elisa (2Kön 5,15). In Spr 11,25 ist die *næfæš berākā* vermutlich eine Person, die Geschenke gibt. In 1Kön 10,8–10 sind *bārūk*-Erklärungen ausdrücklich mit dem Überreichen von Geschenken verbunden.

d) In Neh 9,5 und 2Chr 20,26.26 bezeichnet *berākā* das von Menschen an Gott gerichtete lobende Dankwort, die preisende *bārūk*-Erklärung (Neh 9,5 »und sie priesen [*brk* pi.] den herrlichen Namen, der doch über allen Preis [*berākā*] und alles Lob [*tehillā*] erhaben ist; 2Chr 20,26 wird der Ortsname *ʿēmæq berākā* mit dem Hinweis auf das dort dargebrachte Lob »erklärt«). Dieser Sprachgebrauch hat sich offenkundig erst sekundär auf Grund der Verwendung des Pi. von *brk* im Sinne von »preisen« (s.o. 2c) herausgebildet. Im Judentum ist diese Art der Verwendung der Vokabel dann zur geläufigsten geworden: *berākā* = »Benediktion« (vgl. den Mischna-Traktat Berachot).

e) In 23 Fällen wird *berākā* mit Jahwe in Verbindung gebracht, und zwar als Zusammenfassung seines heilschaffenden Tuns (»Jahwe gibt Segen« o.ä. Gen 28,4; Ex 32,29; Lev 25,21; Dtn 28,8; Jes 44,3 par. *rūaḥ* »Geist«; Jo 2,14; Mal 3,10; Ps 21,4; 133,3 par. *ḥajjīm* »Leben«; »von Jahwe« Ps 24,5 par. *ṣedāqā* »Gerechtigkeit«; »Segen Jahwes« o.ä. Gen 39,5; Dtn 12,15; 16,17; 33,23 par. *rāṣōn* »Glück«; 2Sam 7,29; Ps 3,9 par. *ješūʿā* »Heil«; 129, 8; Spr 10,22; durch verschiedene Naturkräfte vermittelt Gen 49,25 3 ×; Ez 34,26b Ps 84,7). In manchen Fällen ist stärker die Mitteilung der Kraft ins Auge gefaßt (*ṣwh* pi. »verordnen« Lev 25,21; Dtn 28,8; Ps 133,3; »ausgießen« Jes 44,3; vgl. Mal 3, 10), in anderen stehen ihre Auswirkungen im Vordergrund, namentlich die Fruchtbarkeit der Felder und der Wohlstand unter den Menschen (Gen 39,5; Dtn 12,15; 16,17; 33,23; Jo 2,14; Mal 3,10; Ps 21,4; Spr 10,22), die Stellung des Verheißungsträgers (Gen 28,4) sowie des Priesters (Ex 32,29) und der Bestand der Dynastie (2Sam 7,29). Die Tatsache, daß an einigen Stellen gesagt wird, Jahwe »gieße« die *berākā* aus, ist vielleicht irgendwie damit zusammenzubringen, daß gelegentlich die *berākā* als befruchtender Regen, Tau usw. erscheint (Gen 49,25a; Ez 34,26b; Ps 84,7). In einem Lande wie Palästina wird begreiflicherweise das heilschaffende Walten Gottes unter anderem im Spenden des Regens erfahren; doch sollte dies nicht dazu verleiten, in diesem Element den »zentralen Sinn« des Wortes zu erblicken.

f) Theologisch interessant, wenn auch nicht leicht zu interpretieren, sind die 5

Fälle (dazu Ez 34,26a txt?), wo Menschen als *b^{e}rākā* (Ps 21,7 plur.) für andere erscheinen: Gen 12,2 (Abraham für die Völker); Jes 19,24 (Israel inmitten der Erde); Sach 8,13 (Israel unter den Völkern); Ps 37,26 (die Nachkommenschaft des Gerechten für die Mitmenschen); Ps 21,7 (der König für sein Volk). In Ps 37,26 wird das *b^{e}rākā*-Sein herbeigeführt durch das Tun des Gerechten, sonst immer durch das heilschaffende Wort und Handeln Gottes. Die als *b^{e}rākā* bezeichneten Menschen sind wahrhaft *b^{e}rūkīm*, d.h. Inbegriff des Wohltuns und des Wohlstandes (vgl. Ps 21,7), darum einerseits Quelle des Wohlstandes für andere (so H. Junker, BEThL 12/13, 1959, 553; dagegen J. Scharbert, Bibl 39, 1958, 25: sprichwörtliches Beispiel in Segensworten), andererseits verkörpertes Segenswort, »durch welches« man anderen und sich selber *bārūk* sagt.

g) An einigen Stellen bezeichnet *b^{e}rākā* (bzw. Plur.) den, sei es durch menschliches *bārūk*-Sprechen, sei es durch göttliches *bārūk*-Machen gewirkten Zustand, das »Glück«.

Nach Spr 28,20 ist der zuverlässig Handelnde *rab b^{e}rākōt* »reich an Wohlstand« (oder »reich an Segenssprüchen«?; Gegensatz: »wer sich rasch bereichern will, bleibt nicht ohne Schaden«; vgl. Spr 28,27, wo »reich an Fluch« das Gegenteil ist von »ohne Mangel«). Ps 109,17 benützt das Wort in seiner Doppelbedeutung: »Wer die *b^{e}rākā* (= Segensspruch) nicht liebt, von dem entfernt sie sich (scil. die *b^{e}rākā* als durch den Segensspruch bewirkter Wohlstand)«. Vermutlich sind Gen 49,26.26 die *b^{e}rākōt* Jakobs ebenfalls als durch *bārūk*-Erklärung bewirkter Wohlstand aufzufassen (vgl. V. 25).

IV. Die Übersicht über die theologische Verwendung der Wortgruppe in den einzelnen Schichten des AT gliedert sich, entsprechend den drei Hauptverwendungsweisen, in die Abschnitte über den Segen Gottes (IV/1, vgl. o. vor allem III/1a. 2ade.3.4e), den Segen durch Menschen (IV/2, vgl. o. III/1a.2bf.4bc) und das Gotteslob (IV/3, vgl. o. III/1c.2ce.4d).

1. Im atl. Reden vom Segen Gottes begegnet *brk* zunächst bei der Übernahme vorjahwistischer Traditionen (1a), dann vor allem in den Väterverheißungen der Gen bei J und P (1b), im Dtn (1c) und in der Weisheit (1e), während in der prophetischen Literatur *brk* zurücktritt (1d).

a) An einigen Stellen ist die Erinnerung daran bewahrt, daß der Segen eine Erscheinung ist, die nicht spezifisch israelitisch ist, sondern auch in der Umgebung des Gottesvolkes vorkommt (vor allem Num 22–24, vgl. besonders Num 22,6). Das AT nimmt auch unbefangen Stoffe auf, die erkennen lassen, daß der Segen in ihnen ursprünglich wie eine in sich selbst wirksame Substanz verstanden wurde (Gen 27: der sterbende Vater überträgt seine Lebenskraft auf seinen Sohn; Gen 32: Jakob ringt dem Numen den Segen ab). Doch sind solche Texte dann in der Weise bearbeitet, daß kein Zweifel darüber bestehen kann, daß nach atl. Verständnis der Gott Israels die einzige und wahre Quelle alles Segens ist (so interpretiert im Zusammenhang von Gen 27 der Segensspruch V. 27–29 den von Jakob erschlichenen Segen eindeutig als Gabe Gottes; nach Gen 32, 30 segnet die Gottheit aus freien Stücken; Bileam muß Israel gegenüber im ausdrücklichen Auftrage Jahwes handeln, Num 22, 18; 24,13 J; 22,38 E; die unpersönlich formulierten Segenssprüche Dtn 7,14; 28,3–6 werden durch Verbalsätze zum Tun Gottes in Beziehung gesetzt, 7,13; 28,7–14). Nicht nur an solchen Stellen, an denen Jahwe explizit als Spender des Segens genannt ist, sondern auch in allen übrigen Zusammenhängen ist die Rede vom Segen dem Glauben Israels integriert: aller Segen kommt von Jahwe.

Über die Art seiner Mitteilung wird auffälligerweise sehr wenig gesagt. Der Segen wird erfahren in den natürlichen Prozessen des Wachstums und Gedeihens, im Erfolg-Haben und Gelingen. Eben in diesen Erscheinungen sieht der Glaube Jahwe am Werk, ohne daß deswegen sein Tun immer ausdrücklich genannt sein müßte. Vor allem lassen die Texte nicht erkennen, daß – wie oft behauptet wird – der Segen auf Wirkungen des göttlichen Wortes zurückgeführt würde. Im gesamten AT wird der Segen nur in zwei Zusammenhängen zum göttlichen Reden in Beziehung gesetzt: im Schöpfungsbericht der Priesterschrift (»Gott segnete, indem er sprach« Gen 1, 22.28; 9,1; vgl. 35,9f.; 48,3f.) und Jes 19,25 (»das Jahwe der Heerscharen gesegnet hat, indem er sprach«). Im ersten Falle ist die Rede vom Segen dem priesterlichen Gedanken an die Schöpfung durch das Wort untergeordnet, im zweiten könnte es sich um eine Nachahmung prophetischer Redeformen handeln. Diese Ausnahmen bestätigen jedoch gerade die Regel, daß der Segen im AT als ein unmittelbares Handeln Jahwes verstanden wird.

b) Daß der ursprünglich naturhafte und dann zunächst im engen Bereich der Familie beheimatete Segensbegriff (vgl. z.B. Gen 24,34–36: Segen Abrahams = »Sara hat ihm noch in seinem Alter einen Sohn geboren«) zum Handeln des in der Geschichte seines Volkes wirkenden Gottes in Beziehung gesetzt wird, geschieht in erster Linie durch die Aufnahme dieses Wortes in die Verheißungen an die Väter (Gen 12,2f.; 17,16.20; 22,17; 26,3.24; 28,14): der Gott, der das Leben seines Volkes im Kulturlande erhält und mehrt, ist kein anderer als der, der Israel aus Ägypten errettet hat (zur Unterscheidung zwischen rettendem und segnendem Handeln Gottes vgl. C. Westermann, Der Segen in der Bibel und im Handeln der Kirche, 1968, 9–22 u.ö.).

Daß diese Sicht der Dinge für das AT bestimmend geworden ist, dürfte im wesentlichen der theologischen Arbeit des Jahwisten zu verdanken sein (vgl. H.W. Wolff, Das Kerygma des Jahwisten, EvTh 24, 1964, 73–98 = GesStud 345–373). Für J steht bei der Segenszusage die Mehrungsverheißung im Vordergrund des Interesses (Gen 12,2 »ich will dich zu einem großen Volk machen und dich segnen«; 26,24 »ich will mit dir sein und dich segnen und deine Nachkommenschaft mehren«). Doch ist mit dem Heranwachsen Israels zu einem großen und mächtigen Volk das eigentliche Ziel Jahwes noch nicht erreicht. Dies besteht darin – das macht der Aufbau des Verheißungswortes Gen 12,2f. deutlich (vgl. A. Murtonen, VT 9, 1959, 159f.; H. Junker, BEThL 12/13, 1959, 554; H.W. Wolff, EvTh 24, 1964, 80f.) –, »daß in dir Segen gewinnen alle Geschlechter der Erde« (Gen 12,3b; vgl. 18,18; 28,14). Mit der Berufung Abrahams tritt an die Stelle des auf der Menschheit lastenden Fluches (Gen 3–11, 5× *'rr* »fluchen«) die Möglichkeit des Segens Gottes.

P bezieht die Segenszusage auf die beiden wichtigsten Elemente der Väterverheißungen, die Mehrungs- und die Landverheißung (vgl. Gen 17,4–8; 28,3f.; 35, 11f.; 48,3f.). Der Segen Gottes gilt von Anfang der Schöpfung an nicht Israel allein, sondern der ganzen Menschheit. Er besteht darin, daß Gott die Menschen wie alle Lebewesen (Gen 1,22) mit der Kraft der Fruchtbarkeit und der Vermehrung ausstattet (vgl. die häufige Verbindung von *prh* und *rbh*, qal: Gen 1,22.28; 8,17; 9,1.7; 35,11; 47,27; Ex 1,7; hi.: Gen 17, 20; 28,3; 48,4; Lev 26,9; außerhalb P nur Jer 23,3, in umgekehrter Reihenfolge Jer 3,16; Ez 36,11); in den für P charakteristischen Genealogien tritt dann in Erscheinung, in welcher Weise der Segen sich auswirkt (vgl. Westermann, BK I,23f.).

Auch an der Stelle, an der vom Segen über den Sabbat die Rede ist (Gen 2,3a; der Segen Gottes über Dinge und Einrichtungen wird außerdem Gen 27,27; 39,5; Ex 20,11; 23,25; Dtn 7,13; 28,12; 33, 11; Jer 31,23; Ps 65,11; 132,15; Hi 1,10; Spr 3,33 erwähnt), dürfte das für diese Quellenschrift charakteristische Segensverständnis durchgehalten sein: indem Gott den Feiertag aussondert (*qdš* pi.), rüstet er ihn mit einer Kraft aus, die ihn für die Menschheit »fruchtbar« macht (vgl. Westermann, BK I,230–238).

Die Gabe des Landes ist dann im eigentlichen Sinne der »Segen Abrahams« (Gen 28,4; vgl. die Wiederholung der Zusage Jakob gegenüber, Gen 48,4).

c) Im Dtn wird nicht die Gabe des Landes selbst in Beziehung zum Segen gesetzt (regelmäßig mit dem »Schwur« Jahwes verbunden), sondern die Erhaltung und Förderung des Lebens im Kulturlande (vgl. die Segenszusagen Dtn 7,13; 14,29; 15,4.10.18; 16,15; 23,21; 24,19; 28,8.12; 30,16; vgl. Ex 23,25). Das Gebot, beim Betreten des Landes den Segen auf den Garizim und den Fluch auf den Ebal zu legen (Dtn 11,29), signalisiert, daß mit der Landnahme eine neue heilsgeschichtliche Epoche beginnt: an die Stelle der punktuellen Errettungstaten Gottes tritt sein andauerndes Handeln im Segen (vgl. Jos 5, 11f.: das Genießen der Erträge des Landes löst das Manna-Essen ab). An der Art seiner Stellungnahme zu den Produkten des Landes entscheidet sich nun auch weitgehend das Gottesverhältnis Israels: werden sie als Gaben der Fruchtbarkeitsgötter Kanaans verstanden oder anerkennt das Volk Jahwe als den alleinigen Spender alles Segens? Je unbekümmerter Israel die Segensgüter genießt (namentlich die Fruchtbarkeit von Mensch, Vieh und Acker, vgl. Dtn 7,13; 28,3–6), desto aufrichtiger ehrt es Jahwe (vgl. von Rad I, 242).

Von daher besteht auch ein enger sachlicher Zusammenhang zwischen der Segenszusage und der Gehorsamsforderung, der sich in einer eigentümlichen Doppelung der Aussagen spiegelt: einerseits ergeht die Segensverheißung in unbedingter Form (Dtn 16,15; 28,8.12), andererseits begegnen Sätze, die zum Halten der Gebote auffordern »auf daß Jahwe, dein Gott, dich segne« (14,29; 23,21; 24,19; vgl. 15, 10.18) oder konditional gefaßt sind »wenn du ..., so wird Jahwe, dein Gott, dich segnen« (30,16; vgl. 7,12f.; 15,4f.). Der Umstand, daß Jahwe den Segen frei schenkt, fordert eben die Anerkennung seiner ausschließlichen Macht zum Segnen.

Empfänger des Segens ist das Volk in seiner Gesamtheit. Von daher enthält der Segensgedanke die eigentliche Begründung für die »humanitären Gebote« im Dtn: solange nicht auch das schwächste Glied der Gemeinschaft teilhat an der Segensfülle Gottes, bleibt die Verheißung unerfüllt (vgl. G. von Rad, Das Gottesvolk im Dtn, 1929, 42–49; Eichrodt II, 232).

Den Ankündigungen des Segens Gottes in der Gen und im Dtn entsprechen die Aussagen über deren Erfüllung (vgl. Gen 24,1.35; 25,11; 26,12; 30,27.30; 32,30; 35,9; 48,3; Dtn 2,7; 12,7; 15,6.14). Außerhalb dieser Schichten sind Hinweise auf das Segnen Gottes seltener. Eine gewisse Massierung läßt sich allenfalls beim Bekenntnis der Zuversicht »Jahwe wird segnen« o.ä. feststellen (vgl. Ps 29,11; 67, 7.8; 128,5; 134,3a; wohl auch 115,12a; im Gebetsstil Ps 5,13; 65,11; 109,28) sowie in Segenssprüchen »Jahwe möge segnen« o.ä. (vgl. Num 6,24; Ps 67,2; 115, 12b–14; Ruth 2,4 als Grußformel). Sonst finden sich entsprechende Sätze in ziemlich unterschiedlichen Zusammenhängen (pi.: Ex 20,24; Num 6,27; Jos 17,14; Ri 13,24; 2Sam 6,11f. = 1Chr 13,14; 2Sam 7,29 vgl. 1Chr 17,27; Jes 19,25; 51,2; 61, 9; Ps 45,3; 107,38; 147,13; Hi 42,12; 1Chr 4,10; 26,5; 2Chr 31,10; pu.: 2Sam 7,29 vgl. 1Chr 17,27; Ps 37,22; 112,2; 128,4; Spr 20,21; 22,9; zum Nomen vgl. III/4e, weniger direkt auch Dtn 28,2; Jes 19,24; Ez 34,26a; 44,30; Mal 2,2; Ps 21, 7; Spr 10,6; 24,25; 28,20; 1Chr 5,1f. txt em).

d) In den prophetischen Büchern tritt die Rede vom Segen stark zurück, da ihr eigentliches Interesse am Handeln Gottes in Rettung und Gericht haftet. Die Wurzel *brk* kommt in vorexilischen Texten überhaupt nicht vor. Erst seit Dtjes ist unter Verwendung dieser Vokabel (vgl. Jes 44, 3; 51,2; Ez 34,26; Jo 2,14; Hag 2,19; Sach 8,13; Mal 3,10) von einem zukünftigen Handeln Gottes die Rede, das sich nicht in einmaligen Rettungstaten erschöpft, sondern das Leben der Menschen kontinuierlich begleitet und in den naturhaften Prozessen des Wachstums und der Vermehrung erfahren wird (vgl. jedoch schon Hos 2,20–25, ohne *brk*). Die Sprache des Segens beherrscht dann auch die »Heilsschilderungen« (vgl. C. Westermann, Der Segen in der Bibel und im Handeln der Kirche, 1968, 36f., mit Lit.), wenn auch *brk* nur Jes 65,23 in einer solchen vorkommt.

e) Anders als die Prophetie erfährt die Weisheit das Handeln Gottes nicht in seinen großen Geschichtstaten, sondern in den regulären alltäglichen Lebensabläufen im Bereich des Hauses, des Feldes und des Dorfes, auf dem Sektor also, dem der Segen üblicherweise zugeordnet ist. Segen besteht – wie immer im AT – in zahlreicher Nachkommenschaft (Ps 112,2; 128, 3f.; Hi 42,13), Landbesitz (Ps 37,22), Viehreichtum (Hi 1,10; 42,12), Vermögen (Ps 112,3; Spr 10,22; 24,25; 28,20), langem Leben (Ps 133,3) und bleibendem Andenken (Spr 10,7). Gelegentlich bricht freilich schon die Einsicht in die Vergänglichkeit irdischen Besitzes auf (z.B. Spr 11, 28; 23,4f.); wohl von daher kommt es zur Unterscheidung zwischen solchen Gütern, die als Geschenk Gottes angenommen werden, und solchen, die der Mensch eigenmächtig erwirbt; wer sein Leben selbst sichern will, bringt sich damit um das Glück (Spr 10,22; 20,21). Grundsätzlich ist jedoch an der Überzeugung festgehalten, daß der Gerechte Segen zu erwarten hat (Ps 37,25f ; 112,2; Spr 3,33; 10,6.7), der Gottlose dagegen Unglück und Mißerfolg. Maßstab für die »Gerechtigkeit« ist sowohl das Verhältnis zu Gott (Ps 112,1f.; 128,4; Spr 28,20) als auch das Verhalten dem Mitmenschen gegenüber (Spr 11,26; 22,9; 24,25).

2. Der im öffentlichen oder privaten Kult durch Menschen gespendete Segen ist nicht eigentlich abhängig von der Seelenkraft des Segnenden bzw. von der Empfänglichkeit des zu Segnenden (so z.B. Pedersen, Israel I–II, 182f.; S. Mowinckel, Psalmenstudien V, 1924, 10f.) oder von der Machtwirkung des gesprochenen Wortes (z.B. F. Horst, RGG V, 1649–51; E. J. Bickerman, RB 69, 1962, 524). Die Segensspender fungieren vielmehr als Mittler, durch die Gott selbst segnet. Das tritt namentlich in solchen Texten hervor, in denen in Zusammenhang mit *brk* eine Segensformel genannt wird (Vätersegen: Gen 27,27–29; 48,15f.20; vgl. 28,1.3f.; Brautsegen: Gen 24,60; vgl. Ruth 4,11; Tob 10,11; Priestersegen: Num 6,23–27, vgl. Ps 67,2; 115,12–15). Die Segenssprüche nehmen in der Regel ausdrücklich Gott als Spender des Segens in Anspruch. Insbesondere wird das im Zusammenhang mit dem aaronitischen Segen betont: indem die Priester den Namen Jahwes auf das Volk legen, d.h. die vorher zitierte Segensformel (Num 6,24–26) sprechen, segnet Jahwe selbst sein Volk (V. 27). Das Gleiche meint die nur für den priesterlichen Segen verwendete Redensart *brk bešēm Jhwh* »unter Verwendung (Anrufung) des Namens Jahwes segnen« (Dtn 10,8; 21,5; 2Sam 6,18 = 1Chr 16,2 David fungiert als Priester; Ps 129,8b Schlußsegen, nicht zum Gruß der Schnitter gehörig; 1Chr 23,13; vgl. H.A. Brongers, ZAW 77, 1965, 8f.).

Die Auffassung, die Erteilung des Segens sei priesterliches Privileg, läßt sich erst für relativ späte Schichten des AT belegen (Aaroniden: Num 6,23; 1Chr 23, 13; levitische Priester: Dtn 21,5; 2Chr 30, 27; Stamm Levi: Dtn 10,8. Dtn 10,8 und 21,5 sind sekundär, vgl. von Rad, ATD 8, 56.97). Die älteste der Überlieferungen erwähnt den Priestersegen überhaupt nicht, wohl um darzutun, daß Leben und Gedeihen nicht durch den Kult jeweils neu geschaffen werden müssen, sondern daß sie auf Grund der freien Entscheidung Gottes den Menschen zuteil werden (Gen 8,22 J). Daß auch Dtn noch keinen Nachdruck auf den Priestersegen als Privileg legt, erhellt daraus, daß nach 27,12 (vgl. 11,29; Jos 8, 33) die Angehörigen aller zwölf Stämme zum Segnen und Fluchen aufgeboten werden. Wenn man sich eine solche Handlung (in Analogie zu Dtn 27,14–26) auch so wird vorstellen müssen, daß das Volk die rezitierten Formulare nur mit »Amen« beantwortete (vgl. 1QS 2,1–10; Soṭa 7,5), so ist es doch kennzeichnend, daß grundsätzlich die Verantwortlichkeit der ganzen Gemeinde für die Erteilung von Segen und Fluch betont wird.

Obwohl die Grundschicht der Priesterschrift die Segenserteilung noch nicht als priesterliches Privileg ansieht (es segnen auch Isaak, Gen 28,1.6; Jakob, 49,28; Mose, Ex 39,43 [Lev 9,23a ist sekundär]), kommt dem Segen im Aufriß des Geschichtswerkes doch ein höchst bedeutsamer Platz zu (vgl. K. Elliger, ZThK 49, 1952, 134): nach Lev 9,22 spricht Aaron nach der Darbringung der ersten Opfer den Segen über das Volk, und die daraufhin erfolgende Theophanie (V. 23b) legitimiert sowohl die Opferpraxis als auch die Institution des priesterlichen Segens.

Ähnliche Bedeutung könnte die – P nahestehende – Überlieferung von Gen 14,18–20 haben: der Segen Melchisedeks über Abraham erweist den priesterlichen Segen als einen wesentlichen Bestandteil des Gottesdienstes »nach der Ordnung Melchisedeks« (vgl. W. Zimmerli, FS Rost 1967, 255–264).

Der Priestersegen wendet sich in der Regel an eine größere Gemeinschaft. Von der Segenserteilung über einen Einzelnen ist aber auch 1Sam 2,20 die Rede (vgl. Ps 91; 121). Wenn Samuel nach 1Sam 9,13 das Opfer »segnen« soll, meint dies wohl, daß es sein Vorrecht war, bei der Mahlzeit die *b^e^rākā* zu sprechen (vgl. 1QS 6,4f.; 1QSa 2,17–20; Mk 8,6f.; Lk 9,16).

An der Segenshandlung selbst zeigen sich die Texte ziemlich uninteressiert. Nur Gen 48,17 ist beiläufig von der Handauflegung im Zusammenhang mit dem Vätersegen die Rede, Lev 9,22 vom Erheben der Hände beim Priestersegen.

3. Im Zusammenhang mit dem Lobe Gottes spielt *brk* vor allem in einer bestimmten Gruppe von Lobsprüchen sowie in Aufforderungen zum Lobe eine Rolle.

a) Die mit *bārūk* gebildeten Lobsprüche (vgl. W. S. Towner, CBQ 30, 1968, 386–399; W. Schottroff, Der altisr. Fluchspruch, 1969, 163ff.; s.o. III/1c) folgen weithin einem festen Schema: *bārūk* – Gottesname bzw. Appellativum (manchmal zusätzliche Epitheta) – begründender Satz, oft mit der Relativpartikel eingeleitet. Solche Lobsprüche werden zunächst in alltäglichen Situationen unmittelbar nach der Erfahrung einer göttlichen Durchhilfe spontan geäußert (Gen 24,27; 1Sam 25,32.39; 1Kön 1,48; Esr 7,27); manchmal werden sie nicht von der Person selbst gesprochen, welche die Tat Gottes erfahren hat, sondern von ergriffenen Beobachtern (Ex 18, 10; 2Chr 2,11; aram. Dan 3,28, jeweils im Munde von Nicht-Israeliten; Ruth 4,14). Im Zusammenhang mit bestimmten kultischen Vorgängen wird die gleiche Formel Gen 9,26; 14,20; 1Kön 8,15 = 2Chr 6,4; 1Kön 8,56 gebraucht.

Ps 28,6 und 31,22 (begründender Satz mit *kī* eingeleitet, vgl. 1Sam 23,21) begegnet sie in Klageliedern Einzelner, und zwar an der Stelle, an der sich die Klage zum Lob wandelt (vgl. Gunkel-Begrich 243–247; C. Westermann, Das Loben Gottes in den Psalmen, 1953, 47–52). In ähnlicher Funktion erscheint der Lobspruch (mit *šæ-*) in einem Volksdankliede (Ps 124, 6). Ps 68,20 wird auf diese Weise die Schilderung der göttlichen Rettungstat eingeleitet. Aus derartigen Verwendungen dieses Lobspruches hat sich eine doxologische Formel entwickelt, die sich zunächst am Schluß bestimmter Psalmen findet (Ps 66, 20, mit *'ašær*; 68,36, ohne Begründung; 135,21). Das führt dazu, daß sie auch als Abschluß der ersten vier Psalmbücher verwendet wird, den jeweiligen Psalmen sekundär angefügt (Ps 41,14; 72,18f.; 89, 53; 106,48; vgl. Kraus, BK XV, p. XII–XV).

Ps 106,48 wirkt freilich eher wie eine Umarbeitung von 1Chr 16,36, so daß die Doxologie von dorther in den Psalm eingedrungen und er um ihretwillen zum Schluß des vierten Psalmbuches geworden sein dürfte (vgl. Rudolph, HAT 21,121).

Am Anfang eines Psalmes steht die Formel nur Ps 144,1 (mit partizipialer Fortführung). Auch hier hat sie offenbar nicht die Funktion einer Aufforderung zum Lobe; der Psalm beginnt vielmehr ohne Aufgesang (anders Ps 18) unmittelbar mit dem Preise Gottes. Um einen in sich geschlossenen Lobruf handelt es sich Ez 3,12, sofern der Text ursprünglich ist (meistens zu *b^e^rūm* geändert, z.B. Zimmerli, BK XIII,12); auch Dtn 33,20; Sach 11,5.

Die in der 3. Person redenden Lobsprüche wenden sich in erster Linie an ein menschliches Forum; die Redenden rühmen die Größe Gottes, veranschaulicht an der konkreten Tat, ihren Zuhörern gegenüber (vgl. z.B. Ex 18,10 »voll Segen ist Jahwe, der euch ...«; 1Sam 25,32 »da sprach David zu Abigail ..., der dich heute ...«; Ruth 4,14 »der dir ...«). Erst in zwei späten Texten wird der Stil der Gebete verwendet, d.h. Gott wird unmittelbar angeredet »voll Segen bist du, Jahwe« (Ps 119,12; 1Chr 29,10, jeweils als Einleitung eines Gebetes bzw. einer Bitte).

Diese Art der Verwendung ist dann in der deuterokanonischen Literatur (vgl. Dan 3, 26.52G; Tob 3,11; 8,5.15–17; 11,14 u.ö.), in Qumran (1QS 11,15; 1QH 5,20; 10,14; 11,27.29.32 u.ö.) und in den jüd. Gebeten (Achtzehngebet) zur geläufigsten geworden. Wahrscheinlich gehen die so gestalteten Doxologien in den ältesten Stücken der jüd. Liturgie und in den letzten Schichten des AT auf eine gemeinsame Vorlage zurück (vgl. Towner, a.a.O. 397–399).

b) Als Aufgesang eines Hymnus begegnet gelegentlich (neben den häufigeren Einleitungen mit →*hll* pi., Ps 113,1; 117,1; 135,1.3 u.ö.; →*jdh* hi., Ps 33,2; 105,1; 106, 1; 107,1 u.ö., usw.) der Imp.plur. von *brk* pi.: »preiset Jahwe« (Ps 96,2; 100,4; 134, 1f.; vgl. Ri 5,2.9). In gleicher Funktion steht Ps 113,2; Dan 2,20 (aram.) das Part. pu. mit *jehī*.

Neh 9,5 ist die Aufforderung zum Lobe gegenüber dem folgenden Dankgebet selbständig (vgl. 1Chr 29,20; Ps 68,27, doch ist hier wohl eher das Perf. zu lesen, vgl. Kraus, BK XV,467). Ps 135 wird sie am Schluß (V. 19f.), an die verschiedenen Gruppen innerhalb der Gemeinde gewendet, noch einmal wiederholt. Sie wird dann auch ausgeweitet zur Aufforderung zum Lobpreis Gottes durch alle Menschen (Ps 66,8; 96,2), die gesamte Schöpfung (Ps 103,22a) und die den himmlischen König umgebenden Mächte (Ps 103,20f.).

In Liedern Einzelner steht entsprechend eine Selbstaufforderung (Ps 103,1f.22b; 104,1.35) oder eine Absichtserklärung im Voluntativ (Ps 16,7; 26,12; 34,2; 63,5; 145,1f.).

Wie bei den Lobsprüchen scheint die Rede von Gott in der 3. Person (Ps 16,7; 26,12; 34,2) gegenüber der Gebetsform (Ps 63,5; 145,1f.; 26,12G) ursprünglicher zu sein. Der Beter wendet sich also an eine menschliche Zuhörerschaft und erklärt ihr gegenüber seine Absicht, Gott zu loben (Ps 26,12 »in Versammlungen will ich Jahwe loben«). Solche Erklärungen finden sich bezeichnenderweise am Eingang von Dankliedern Einzelner (Ps 34,2, mit *jdh* hi. z.B. Ps 9,2; 57,10; 138,1f.), im Lobgelübde am Schluß individueller Klagelieder (Ps 26,12) und in den aus ihnen hervorgegangenen Vertrauensliedern (Ps 16,7; 63,5). Häufiger kommt dabei zum Ausdruck, daß es dem Beter um den anhaltenden Lobpreis Gottes geht (Ps 34,2; 63,5; 145,1f.).

V. Im Judentum (und im NT) verändert sich die Verwendung in der Weise, daß jetzt der Gebrauch in bezug auf das Gotteslob überwiegt. Im NT haben 40 der insgesamt 68 Belege für εὐλογεῖν und seine Ableitungen mit dem Lobpreis Gottes zu tun. Der Segensbegriff selbst wird dadurch modifiziert, daß er auf das Christusereignis bezogen wird (Apg 3,25f.; Gal 3,8f.; Eph 1,3). Der an Menschen gerichtete Aufruf zum Segnen ist dem Gebot der Feindesliebe zugeordnet (Lk 6,27f.; Röm 12,14; 1Petr 3,9; vgl. 1Kor 4,12). Der kultische Segen wird nicht erwähnt, vgl. aber den Friedensgruß der Jünger (Mt 10,12f.; Lk 10,5f.) und das Segnen Jesu (Mk 10,16, Kindersegnung; Lk 24,50, Abschiedssegen). Vgl. H.W.Beyer, Art. εὐλογέω, ThW II,751–763; W.Schenk, Der Segen im NT, 1967; C.Westermann, Der Segen in der Bibel und im Handeln der Kirche, 1968.

C.A.Keller (I–III) / G.Wehmeier (IV–V)

בשׂר *bśr* pi. Botschaft bringen → מַלְאָךְ *mal'āk*.

בָּשָׂר *bāśār* Fleisch

1. Mit Sicherheit läßt sich das Subst. **baśar-* »Fleisch, Körper« nur westsem. belegen (HAL 156b; P.Fronzaroli, AANLR VIII/19, 1964, 170.253.266.277). Ob die Wurzel auch im akk. *bišru* »Kleinkind« (AHw 131a; CAD B 270a) zu finden ist, bleibt fraglich; vgl. aber pun. *bšr* (auch *bš'r* und *bš'r* geschrieben) »Kind, Abkömmling« (J.Hoftijzer, Eine Notiz zum pun. Kinderopfer, VT 8, 1958, 288–292; DISO 45). Unwahrscheinlich ist ein bisweilen behaupteter Zusammenhang mit dem Verbum *bśr* pi. »melden, Botschaft bringen«.

Ug. Belege sind 51 (= II AB) II,5 »die Hülle ihres Körpers«; 77 (= NK), 9 »Blut für sein Fleisch«; 128 (= III K) IV,25; V, 8 vom Fleisch bei einer Mahlzeit (vgl. UT Nr. 534; WUS Nr. 598).

Mit dem AT gleichzeitig sind nur noch die Stellen mit aram. *bśr* (= bibl.-aram. *beśar*) in den Achikarsprüchen Z. 89 »sein Blut vergießen und sein Fleisch fressen« und Z. 104 »warum sollte Holz mit Feuer, Fleisch mit dem Messer, ein Mann mit dem König streiten?« (Cowley 215f.).

Arab. *bašar* bedeutet in erweitertem Sinn »menschliches Wesen«, *bašarat* dagegen »Haut« (s.u. 3).

2. Im AT ist hebr. *bāśār* 270 × und aram. *beśar* 3 × (Dan 2,11; 4,9; 7,5) belegt (in Lis. fehlt Gen 9,15a; für eine ins einzelne gehende Statistik nach chronologischen

Gesichtspunkten vgl. D. Lys, La chair dans l'Ancien Testament, »Bâsâr«, 1967, 15–19). Die hebr. Belege verteilen sich folgendermaßen:

Gen	33	Jes	17	Ps	16
Ex	14	Jer	10	Hi	18
Lev	61	Ez	24	Spr	4
Num	17	Hos	1	Pred	5
Dtn	13	Jo	1	Klgl	1
Jos	–	Am	–	Dan	2
Ri	6	Mi	1	Neh	2
1Sam	4	Hag	1	1Chr	1
2Sam	3	Sach	4	2Chr	1
1Kön	4	Mal	–		
2Kön	6			total	270

3. Auszugehen ist von den sehr zahlreichen Stellen, an denen *bāśār* als Bezeichnung der fleischlichen Substanz des menschlichen oder tierischen, lebendigen oder toten Körpers steht. Innerhalb dieses weiten Bereiches kann der Bedeutungsgehalt sehr verschieden abgewandelt werden: Fleisch als Speise, als Opfermaterie oder als Gegenstand der sakral-medizinischen Reinigungsvorschriften der Priesterschrift. Bisweilen steht *bāśār* neben anderen Teilen des Körpers als vitaler Bestandteil der körperlichen Totalität: neben Knochen (Hi 2,5; *'æṣæm* 123 ×, davon 20 × in der Bed. »eben dieser«; vgl. Dhorme 9f.; L. Delekat, VT 14, 1964, 49–52), neben Haut und Knochen (Klgl 3,4; *'ōr* »Haut, Fell« 99 ×, davon 46 × in Lev 13), neben Haut, Blut (→*dām*) und Kot (Num 19,5), neben Haut, Knochen und Sehnen (Hi 10,11; vgl. Ez 37,6.8).

Mit dem Ausdruck »(mein/dein/euer) Bein und Fleisch« wird sonst leibliche Verwandtschaft bezeichnet (Gen 2,23; 29,14; Ri 9,2; 2Sam 5,1 = 1Chr 11,1; 2Sam 19, 13.14; vgl. W. Reiser, Die Verwandtschaftsformel in Gen. 2,23, ThZ 16, 1960, 1–4). Die gleiche Bedeutung hat bisweilen »(dein/unser) Fleisch« allein (Gen 37,27; Jes 58, 7; Neh 5,5) und zweimal die Constr.-Verbindung *še'ēr bāśār* (Lev 18,6; 25,49).

Die Wendung »Fleisch und Blut« zur Umschreibung des Menschen in seiner Vergänglichkeit begegnet zuerst in Sir 14,18.

Etwa 50 × bezeichnet *bāśār* den Körper, d.h. das Sichtbare an dem Fleisch des Menschen oder ausnahmsweise des Tieres (Hi 41,15), das Körperliche in seiner Gesamtheit mit Betonung des Optischen und Bildhaften. Es handelt sich dabei immer um den lebendigen Körper; vom Leichnam wird *bāśār* nie gebraucht, wohl auch nicht in Ez 32,5. Bei alledem steckt *bāśār* tief im Materiellen und wird nie im Sinne von »Aussehen, Gestalt« gebraucht; *bāśār* ist corpus, nicht figura. Bezeichnenderweise wird das Wort im Gegensatz zu verschiedenen Begriffen des spiritualen Lebens verwendet: →*rūªḥ* »Geist« (Gen 6,3; Num 16,22; 27,16; Jes 31,3; Jo 3,1), →*næfæš* »Seele« (Gen 9,4; Dtn 12,23; Hi 14,22), →*lēb* »Herz« (Ez 44,7.9; Ps 84,3).

Zu den sonstigen Wörtern für »Körper« wie *gᵉwijjā* (Ez 1,11.23; Dan 10,6), aram. *gᵉšem* (Dan 3, 27.28; 4,30; 5,21; 7,11), die sich gerne entweder zur Bed. »Wesen, Selbst« (*gaf* Ex 21,3.4; *gᵉwijjā* Gen 47, 18 und Neh 9,37; vgl. hebr. *'æṣæm*, aram. *garmā*, akk. *ramānu*) oder zur Bed. »Leichnam« (*gᵉwijjā* Ri 14,8.9; 1Sam 31,10.12.12; Nah 3,3.3; Ps 110,6; *gūfā* 1Chr 10,12.12, vgl. 1Sam 31,12; *pægær* 22×, aram. *pagrā* und akk. *pagru* auch »Leib«, vgl. D. Neiman, JBL 67, 1948, 55–60, zu Lev 26,30 und Ez 43,7.9; anders *nᵉbēlā* 48×, →*nbl*) weiterentwickeln, vgl. Dhorme 7–12; F. Baumgärtel – E. Schweizer, Art. σῶμα, ThW VII, 1042–1046.*

Im Arab. heißt *bašarat* »Haut« (s.o. 1). In der Sinnverschiebung »Körper« > »Haut« kommt eine leichte Veränderung der Sehweise zum Vorschein. Die Haut ist das von außen her Sichtbare des Körpers. Wie nahe die beiden Begriffe in semasiologischer Hinsicht aneinander angrenzen, wird bei einigen atl. Stellen sichtbar, an denen beide Bedeutungen ebenso möglich sind (Ps 102,6; 119,120; Hi 4,15). An anderen Stellen sind die beiden Begriffe klar unterschieden (Lev 13,2ff.).

Eine Sinnerweiterung ins Abstrakte hin liegt bei dem gegen 40 × erscheinenden Ausdruck *kol-bāśār* »alles Fleisch« vor, der sich entweder auf die Menschheit (z.B. Dtn 5,26; Ps 65,3; 145,21) oder auf die ganze Kreatur, d.h. Menschen und Tiere (z.B. Gen 6,17; 9,16f.; Hi 34,15) beziehen kann (vgl. A. R. Hulst, *Kol-bāśār* in der priesterlichen Fluterzählung, OTS 12, 1958, 28–68).

An einigen Stellen kann (*mik*)*kol-bāśār* mit »von jeglicher Art, Gattung« übersetzt werden (vor allem bei P: Gen 6,19; 7,15; 8,17; 9,16; Num 18,15).

Als Euphemismus für penis findet sich *bāśār* in Lev 15,2f.; Ez 16,26; 23,20.

Das viel seltenere Wort *še'ēr* »Fleisch« (Ex 21,10; Jer 51,35; Mi 3,2.3; Ps 73,26; 78,20.27; Spr 5,11; 11,17, ursprünglich mehr das innere, blutige Fleisch, vgl. F. Baumgärtel, ThW VII, 107f.; bei P in der Bed. »Blutsverwandter«: Lev 18,6.12.13; 20,19; 21, 2; 25,49; Num 27,11; dazu Lev 18,17 *ša'ªrā* txt?; zu den sem. Äquivalenten und ihren Bedeutungsverschiebungen vgl. P. Fronzaroli, AANLR VIII/19, 1964, 168.252f.266.277) ist in der profanen Sprache weithin synonym mit *bāśār*, fällt aber als theologische Vokabel aus, vor allem weil die kollektive Verwendung fehlt.

4. Als eine theologisch bedeutsame Vokabel erscheint *bāśār* an den Stellen, an denen eine qualitative Einschätzung zur

Sprache kommt. Nur ausnahmsweise handelt es sich dabei um eine positive Beurteilung, wie in Ez 11,19 und 36,26, wo die Verleihung eines fleischernen Herzens statt des steinernen mit zur religiösen Neuwerdung gehört. Häufiger kommt eine negative Beurteilung zum Vorschein, und zwar wenn das Fleisch, d.h. die Menschheit, wegen seiner Vergänglichkeit und Ohnmacht qualitativ vom göttlichen Wesen als Geist unterschieden wird (Gen 6,3.12; Jes 31,3; 40,6; Jer 17,5; Ps 56,5; 78,39; Hi 10,4; 2Chr 32,8). Vgl. noch J.L.Helberg, A Communication on the Semasiological Meaning of Basar, OuTWP 1959, 23–28 (vgl. ZAW 72, 1960, 284); J.Scharbert, Fleisch, Geist und Seele im Pentateuch, 1966, 13.25f.40f.48–56; D.Lys, La chair dans l'Ancien Testament, 1967.

5. In den Qumrantexten ist *bāśār* ein häufiger und theologisch bedeutsamer Begriff (vgl. H.Huppenbauer, Bśr »Fleisch« in den Texten von Qumran, ThZ 13,1957, 298–300; R.E.Murphy, Bśr in the Qumran Literature, Sacra Pagina 2,1959, 60–76; R.Meyer, Art. σάρξ, ThW VII, 109–113). Eine charakteristische Sinnverschiebung im Verhältnis zum atl. Gebrauch tritt an vielen Stellen zutage: am Fleisch haftet nicht nur Vergänglichkeit, sondern Sündhaftigkeit. Zum Vorschein kommt der veränderte Bedeutungsinhalt durch Ausdrücke wie *rūaḥ bāśār* »Geist des Fleisches« (1QH 13,13; 17,25), *beśar 'ašmā* »das schuldige Fleisch« (1QM 12,12), *beśar 'āwæl* »Fleisch des Unrechts« (1QS 11,9).

Auch im rabbinischen Sprachgebrauch finden sich charakteristische Verschiebungen gegenüber dem atl.; darüber und zum NT vgl. R.Meyer – E.Schweizer, Art. σάρξ, ThW VII, 113–151; H.Seebaß, Art. »Fleisch«, ThBNT I,1967, 342–347.

G. Gerleman

בַּת *bat* Tochter → בֵּן *bēn*.

גאה *g'h* hoch sein

1. Die Wurzel *g'h (*g'w/j)* kommt im NWSem. vor.

Vgl. ug. 2Aqht (= II D) VI,44 *gan* »Hochmut« (par. *pš'* »Sünde«; UT Nr. 548; WUS Nr. 613); pun. Poen. 1027 *gune bel* (DISO 46 »grandeurs de Bel«; Sznycer 144); syr. LS 99f.; mand. Drower-Macuch 72a.76a.89.

Im Äg. ist die Wurzel *q'j* »hoch sein« in Verbindung mit Dingen, Personen und Göttern belegt, wobei auch die übertragene Bed. »mit hohem Rücken = anmaßend« begegnet (vgl. Erman-Grapow V,1ff.).

Neben dem Verbum im Qal finden sich im AT als nominale Derivate die Adjektive *gē'*, *gē'æ*, *ga'ajōn* »hochmütig« und die Substantive *gē'ā* »Hochmut«, *ga'awā* »Hoheit, Hochmut«, *gā'ōn* »Höhe, Hoheit, Stolz«, *gē'ūt* »Aufsteigen, Erhabenheit, Anmaßung« und *gēwā* »Hochmut, Stolz«, letzteres auch, vielleicht als hebr. Lehnwort, im Bibl.-Aram. Vgl. noch den Eigennamen *Ge'ū'ēl* (Num 13,15; s. aber auch HAL 161b).

2. *g'h* q. kommt 7× vor (dazu Sir 10,9 in der Bed. »sich überheben«), *gē'* 1× (Jes 16,6), *gē'æ* 8× (exkl. Ps 123,4Q; dazu Sir 10,14; 11,30), *ga'ajōn* 1× (Ps 123,4 K), *gē'ā* 1× (Spr 8,13), *ga'awā* 19× (dazu Sir 7,17; 10,6.7.8; 13,20; 16,8), *gā'ōn* 49× (dazu Sir 10,12; 48,18), *gē'ūt* 8×, *gēwā* 3× (dazu 1QS 4,9) und 1× bibl.-aram. (Dan 4,34).

Abgesehen von einigen Fällen mit *gā'ōn* bei Ez stehen alle Vorkommen der Wurzel in metrisch gehaltenen Texten (auch *g'h* q. in Lev 26,19, vgl. Elliger, HAT 4,367). Die knapp hundert Belege im AT sind am stärksten in der prophetischen Literatur (Jes 24×, Jer und Ez 10×, Sach 3×, Hos/Am/Nah/Zeph je 2×, Mi 1×) und sonst etwa gleichmäßig in der Weisheitsliteratur (Hi 11×, Spr 7×) und in der Lieddichtung (Ps 15×, ferner 5× in Ex 15,1.7.21 und 2× in Dtn 33,26.29) vertreten.

3. Um die Grundbedeutung »hoch sein, hoch werden« gruppieren sich sämtliche Bedeutungen der Wurzel *g'h* mit ihren verschiedenen Derivaten:

a) Die seltenere konkrete Bedeutung begegnet in Hi 8,11 (der Papyrus wächst empor); Ez 47,5 (das Wasser schwillt zum Fluß an); Jes 9,17 (das Aufsteigen des Rauches wird als *gē'ūt 'āšān* bezeichnet). Wenn freilich in Ps 46,4; 89,10 (vgl. Hi 38,11) vom »Hochsteigen, Aufwallen« des Meeres die Rede ist (*ga'awā* bzw. *gē'ūt*), so dürfte der archaische Stil der beiden Psalmen, die in mythischer Tradition Jahwes Bezwingung der Chaosmächte beschreiben, die übertragene Bedeutung von »Übermut, Aufruhr, Ungestüm« nahelegen.

Auch wenn Jeremia das Dickicht des Jordans *ge'ōn hajjardēn* nennt (Jer 12,5; 49,19 = 50,44; vgl. Sach 11,3), stehen sich in der Erklärung wörtliche und übertragene Bedeutung gegenüber (G.R.Driver, FS Robinson 1950, 59 »Anschwellen des Jordans«; KBL 162 »Hochwald«; besser Rudolph, HAT 12,84 »Pracht«).

b) In übertragenem Sinn drückt die Wurzel des Menschen Stolz, Hochmut und Überhebung aus. In positivem Sinn ist das Land Israels *gā'ōn* »Stolz« (Ps 47,5; Nah

2,3; vgl. Jes 13,19 von Babel); nach Jes 4,2 wird die Frucht des Landes zu Israels »Stolz« (*gā'ōn*) und Schmuck (*tif'æræt*, →*p'r*)« gereichen. Die Mehrzahl der Stellen ist freilich in negativem Sinn zu verstehen.

Eine Zusammenstellung der hebr. Synonyma für »Hochmut, Überhebung« bietet P.Humbert, Démesure et chute dans l'AT, FS Vischer 1960, 63ff.; zu erwähnen sind die Wurzeln →*gbh*, →*gdl*, →*rūm*, dazu *jāhīr* »anmaßend, stolz« (Hab 2,5; Spr 21,24; vgl. J.Blau, VT 5, 1955, 342), *r^ehab lēb/næfæš* »anmaßend« (Ps 101,5; Spr 21,4; 28,25), *sll* hitpo. »sich hochfahrend verhalten« (Ex 9,17), *zīd* q. »vermessen sein« (Ex 18,11; Jer 50,29), hi. »vermessen handeln« (Dtn 17,13; 18,20; Neh 9,10.16.29), *zēd* »frech, vermessen« (Jes 13,11 u.ö.), *zādōn* »Vermessenheit« (Dtn 17,12 u.ö.).

Als Opposita können etwa *š^efal rū^ah* »demütig« (Spr 16,19; 29,23), *šaḥ 'ēnájim* »mit niedergeschlagenen Augen« (Hi 22,29) angeführt werden, dazu die Verben *špl* hi. »erniedrigen, demütigen« (Hi 22,29; 40,11; Spr 29,23), *kn'* hi. »demütigen« (Hi 40,12), *šḥt* hi. »verderben« (Jer 13,9), *šbr* »zerbrechen« (Lev 26,19).

c) Die Weisheitsliteratur warnt vor der Haltung des Stolzen und Hochmütigen in der weisheitlich-abwägenden Form des vergleichenden *ṭōb*-Spruches (Spr 16,19), sie weiß von der Aufeinanderfolge von Anmaßung und Sturz (Spr 16,18); Gott erniedrigt den »Stolz des Hochmuts« (Hi 22,29 txt em, vgl. Fohrer, KAT XVI, 352; vgl. Hi 40,11.12, dazu S.Loffreda, Raffronto fra un testo ugaritico [2Aqhat VI, 42–45] e Giobbe 40,9–12, BeO 8,1966, 103–116), reißt das Haus der Stolzen weg (Spr 15,25), vergilt mit hohem Maß dem, der »Hochmut übt« (Ps 31,24).

In den Klageliedern des Psalters wird die Wurzel *g'h* mit ihren Derivaten öfters zur Kennzeichnung des →*rāšā'*, des »Frevlers«, verwendet (z.B. Ps 36,12; 59,13; 73,6; 94,2; 140,6; daß allerdings mit den *gē'īm*, wie H.Steiner, Die Ge'im in den Psalmen, 1925, 22–30, meint, eine ganz bestimmte Gruppe, nämlich die Sadduzäer, anvisiert seien, ist kaum anzunehmen). Mit *gē'ūt* (txt em) wird in Ps 10,2 der *rāšā'* in seiner Hoffart und Sicherheit beschrieben, der gefährliche Pläne zur Vernichtung des Demütigen (*'ānī*, →*'nh*) ersinnt. Kennzeichnend ist die »stolze Selbstsicherheit« des Redens (Ps 17,10; vgl. 73,9), der »Hochmut«, in dem ihre Lippen »Freches (*'ātāq*) gegen den Gerechten reden« (Ps 31,19).

4. a) Während die Weisheit herausstellt, daß der Hochmütige fällt und der Demütige zu Ehren kommt (vgl. Spr 29,23), und so den Menschen zur Selbstbescheidung auffordert, wird die Wurzel bei den Propheten in theologischer Relevanz gebraucht zur Beschreibung des verkehrten, selbstherrlichen Verhältnisses des Menschen gegenüber Gott. Sowohl in Israel (Jer 13,9.17; Ez 7,20.24; 16,49.56; 24,21, vgl. Lev 26,19; Ez 33,28) als auch unter den Fremdvölkern (Jes 13,19; 16,6, vgl. Jes 48,29; Ez 30,6.18; Zeph 2,10; Sach 9,6; 10,11) macht Gott die Selbstherrlichkeit zunichte. Jeder *gā'ōn*, den Israel sich selbst in Vermessenheit zulegt, wird in seiner Nichtigkeit durch Gott enthüllt werden (Am 6,8; Hos 5,5 »wider Israel zeugt offen sein Hochmut«, vgl. 7,10; die superbia ist hier letzter Belastungszeuge gegen Israel). Nach Jes 2,12 besteht der »Tag Jahwes der Heerscharen« gerade darin, daß das Gericht »über alles Stolze und Erhabene und über alles Ragende und Hohe (1c G)« vollzogen wird (vgl. 13,11). »Jesaja redet nicht wie die Weisheit von dem, was gut oder besser ist, sondern von dem, wogegen Jahwe Zebaoth sich mit Leidenschaft wendet in seinem Anspruch, allein ›hoch‹, allein Herr und König zu sein« (Wildberger, BK X, 108).

b) Dem angemaßten *gā'ōn* des Menschen stehen Gottes *g'h* (Ex 15,1.21), *gā'ōn* (Ex 15,7; Jes 2,10.19.21; 24,14; Mi 5,3; Hi 40,10), *ga'^awā* (Ps 68,35) und *gē'ūt* (Jes 26,10; Ps 93,1) gegenüber als göttliche Eigenschaften und Prädikationen seiner Hoheit und Erhabenheit und seines Königtums (*h^adar g^e'ōnō* »hehre Majestät« Jes 2,10.19.21; zur Verbindung vgl. Joüon 438: »nuance superlative«), die der Mensch nur in frevelhaftem Übermut für sich beanspruchen kann (vgl. Hi 40,9–11 Gottes Königsornat, Fohrer, KAT XVI, 519f.). Der große Zusammenhang von Ps 68,35 (vgl. Ps 104); 93,1 und Dtn 33,26 (vgl. pun. *gune bel*, s.o. 1) dürfte darauf hinweisen, daß es sich bei dieser Prädikation um Vorstellungen handelt, die ursprünglich der kanaanäischen Religion (königlicher Himmelsgott) entlehnt sind, allerdings nun vereinigt mit den Traditionen von Gottes Heilshandeln an Israel (Ex 15,1.21).

5. Die LXX gibt *g'h* in bezug auf Gott häufig mit δόξα o.ä. wieder; sonst übersetzt sie überwiegend mit ὕβρις oder ὑπερηφανία o.ä., wodurch zum Teil stärker als im MT der negative Sinn impliziert und das Moment des tätlichen Übergriffes betont wird (G.Bertram, ThW VIII,300; ders., »Hochmut« und verwandte Begriffe im griech. und hebr. AT, WdO III/3,1964, 32–43).

Zum Judentum, NT und Urchristentum vgl. G.Bertram, Art. ὕβρις, ThW VIII, 295–307.

H.-P.Stähli

גאל *g'l* erlösen

1. *g'l* ist ein Verbum, das von den sem. Sprachen nur dem Hebr. eigen ist. Vom AT her ging es als Lehnwort in das Samaritanische (HAL 162a) und als echtes Erbe in die Sprache des nachbibl. Judentums (vgl. ThW IV,352f. und VII,987f.).

Zum Eigennamen *G'ljhw* auf einem Siegelabdruck aus Beth-Zur vgl. D.W.Thomas, Documents from OT Times, 1958, 223f.

Aus der Qumranliteratur ist bisher nur ein Beleg bekannt geworden: CD 14,16, wo das Part. *gō'ēl* in der Bed. »(nächster) Verwandter« erscheint.

Mit der Tatsache, daß das Verbum auf das Hebr. beschränkt ist, hängt es zusammen, daß es sich etymologisch nicht ableiten läßt.

Mit dem homonymen *g'l* ni. »(kultisch) unrein gemacht werden« (HAL 162f.: Nebenform von *g'l*; →*tm'*) hat es inhaltlich jedenfalls nichts zu tun. Das ist u.a. mit Fohrer, KAT XVI,110, gegen A.R. Johnson, The Primary Meaning of *g'l*, SVT 1, 1953, 67–77, zu sagen, der für beide Verben *g'l* die gemeinsame Grundbedeutung »bedecken« annimmt. Aus ihr ergebe sich für das erste *g'l* der Sinn von »beschützen« und für das zweite der von »beflecken«. Mit *g'l* »beschützen« ist aber für das uns beschäftigende Verbum ein sehr fragwürdiger Ausgangspunkt geschaffen, der seinem eigentlichen Sinngehalt in keiner Weise gerecht wird; vgl. auch J.Blau, VT 6, 1956, 244f., zu Hi 3,5.

Beim Verbum kommen Qal und Ni. vor; als Abstraktnomina werden abgeleitet *g^e'ullā* (in einer bei Rechtstermini beliebten Nominalbildung, vgl. F.Horst, FS Rudolph 1961,153: »Recht bzw. Pflicht zur Lösung [zum Rückkauf]«) und *g^e'ūlīm* (Jes 63,4; nach L.Köhler, ZAW 39,1921, 316, und HAL 161b: »Zeit, Zustand des *gō'ēl* Bluträchers«; zur Nominalbildung vgl. BL 472 und Gulkowitsch 20). Dazu kommt der Eigenname *Jig'āl* (Imperfektbildung, vgl. Noth, IP 28.200).

2. Für die Wurzel *g'l* gibt es im AT 118 Belege (mit dem PN *Jig'āl* in Num 13,7; 2Sam 23,36; 1Chr 3,22 sind es deren 121). Das Part. Qal *gō'ēl* (46 ×) ist, außer in Gen 48,16 und Ps 103,4, substantiviert und wird in der folgenden Liste gesondert aufgeführt (die Zahl in Klammern gibt an, wieviel mal davon die spezielle Verbindung *gō'ēl haddām* »Bluträcher« vorliegt; in Num 35,12 ist *haddām* wohl zu ergänzen).

	Qal	Ni.	subst. *gō'ēl*	*g^e'ullā* (*g^e'ūlīm*)	total
Gen	1	–	–	–	1
Ex	2	–	–	–	2
Lev	13	7	2	9	31
Num	–	–	8 (6)	–	8
Dtn	–	–	2 (2)	–	2
Jos	–	–	3 (3)	–	3
2Sam	–	–	1 (1)	–	1
1Kön	–	–	1	–	1
Jes	9	1	13	(1)	24
Jer	1	–	1	2	4
Ez	–	–	–	1	1
Hos	1	–	–	–	1
Mi	1	–	–	–	1
Ps	9	–	2	–	11
Hi	1	–	1	–	2
Spr	–	–	1	–	1
Ruth	12	–	9	2	23
Klgl	1	–	–	–	1
AT	51	8	44 (12)	14+1	118

Diese Übersicht läßt eine bestimmte Streuung hervortreten: beim Qal sind Lev und Ruth bevorzugt, beim Ni. und bei *g^e'ullā* wieder Lev, und zwar sind es hier die sich mit Rückkauf und Auslösung beschäftigenden Kapitel 25 und 27. Mit diesem Gegenstand hängt auch die Stellung zusammen, die Ruth in der 1.Kolumne einnimmt. Bei *gō'ēl haddām* erklärt sich die Verteilung dadurch, daß die Gestalt des Bluträchers ihren Platz in den das Asylrecht bietenden Kapiteln Num 35, Dtn 19 und Jos 20 hat. Was *gō'ēl* anlangt, so gehören von den 13 Belegen aus Jes deren 10 zu Deuterojesaja, der als erster Jahwe das Attribut eines *gō'ēl* seines Volkes beilegte.

3. a) Die vorstehende Liste zeigt auch, daß *g'l* q./ni. besonders in der gesetzlichen Literatur gebraucht wird. Das läßt schon den Schluß zu, daß das Verbum seine Heimat im rechtlichen Bereich hat, von wo aus es in die Terminologie des Kultes und in die religiös-theologische Sprache übernommen wurde. Wie zu zeigen sein wird (s.u. 4), ist dabei die alte, vom Recht geprägte Bedeutung weithin lebendig geblieben.

Zum Verständnis des Verbs in diesem Sinn vgl. O.Procksch, Art. λύω, ThW IV,329–337; J.J.Stamm, Erlösen und Vergeben im AT, 1940, 27–45; A.Jepsen, Die Begriffe des »Erlösens« im AT, FS Hermann 1957, 153–163; N.H.Snaith, The Hebrew Root *g'l*, ALUOS 3, 1961/62, 60–67.

b) Der anfängliche Sinn von *g'l* und seinen Ableitungen *gō'ēl* und *g^e'ullā* tritt in Lev 25 unmißverständlich hervor. Dieses zum Heiligkeitsgesetz gehörende, aber in einem langen Werdeprozeß entstandene Kapitel (vgl. Elliger, HAT 4, 335ff.) enthält Bestimmungen, die auf die Wiederherstellung ursprünglicher und von Übergriffen befreiter Verhältnisse in Israel hinzielen. Es sind das, wenn man nur die großen Abschnitte berücksichtigt, das Sabbatjahr (V.1–7) und das Jobeljahr, d.h. die jeweils nach 49 Jahren wiederkehrende »restitutio ad integrum« aller Besitzverhältnisse (V. 8–55). Im Zusammenhang mit diesen letzteren Vorschriften und ursprünglich wohl unabhängig von ihnen (vgl. Noth, ATD 6, 165) findet sich in V. 25–28 (29–30) und V. 47–49(50–55) je ein Stück über die *ge'ullā*. Im ersten bezieht sich die *ge'ullā* auf den Grundbesitz (*'aḥuzzā*), den ein Israelit in materieller Not hatte verkaufen müssen. Der als *gō'ēl* bezeichnete nahe Verwandte übte die *ge'ullā* dadurch, daß er »die Verkaufssumme seinerseits zahlte und damit das verkaufte Landstück zurückerwarb, aber nicht, um es nunmehr selbst zu besitzen, sondern um es dem ursprünglichen Besitzer zurückzugeben« (Noth, a.a.O. 165f.).

Das zweite Stück (V. 47–49) hat es mit einem verarmten Israeliten zu tun, der sich einem wohlhabend gewordenen Schutzbürger oder Beisassen hatte verkaufen müssen. Dann soll der *gō'ēl* ihn loskaufen (*g'l*). Als Familienglieder, denen das zukommt, werden V. 48f. genannt: die Brüder, der Onkel väterlicherseits, der Vetter, ein sonstiger Blutsverwandter. Für den Fall, daß ein Israelit sich nicht einem Fremden, sondern einem Angehörigen des eigenen Volkes verkaufen mußte, sieht das Gesetz (V. 39–46) nicht die *ge'ullā* vor, sondern die im Jobeljahr ohnehin erfolgende Freilassung. Das Postulat des Jobeljahres tritt in dieser Beziehung in Konkurrenz zur alten Bestimmung über die Freigabe des in die Schuldsklaverei geratenen Hebräers nach sechs Jahren (Ex 21,2–6; Dtn 15,12ff.).

Die *ge'ullā* als Recht oder Pflicht, verlorenen Familienbesitz und versklavte Personen zurückzukaufen, war nicht auf Israel beschränkt. Das babylonische Recht kennt sie sowohl hinsichtlich verkauften Landes als auch hinsichtlich verkaufter Personen, wobei im Bab. das Verbum *paṭāru* »lösen, auslösen« die Stelle des hebr. *g'l* einnimmt. *paṭāru* geht im Gebrauch allerdings über *g'l* hinaus, indem es nicht nur den Rückkauf (durch die Familie), sondern allgemein auch den Loskauf, z.B. eines Sklaven oder eines Gefangenen, bezeichnet; vgl. AHw 849–851.

Rückkauf von Grundbesitz: Kodex von Ešnunna § 39 = R. Haase, Die keilschriftlichen Rechtssammlungen in dt. Übersetzung, 1963, 14; die gleiche Sache in altbab. Verträgen bei M. Schorr, Urkunden des altbab. Zivil- und Prozeßrechts, VAB V, 1913, 119. – Auslösung verkaufter Personen: von Freien s. Mittelass. Rechtsbuch § 48 = Haase, a.a.O. 107; von Sklaven s. Kodex Hammurabi § 119 und § 281 = Haase, a.a.O. 37.55; sie ist auch der Gegenstand des Briefes Nr. 46 bei R. Frankena, Briefe aus dem British Museum, AbB 2, 1966. Die Auslösung eines gefangenen Soldaten in Kodex Hammurabi § 32 = Haase, a.a.O. 27.

Die Eigenart der isr. *ge'ullā* gegenüber der babylonischen liegt in ihrer Beziehung zu Jahwe. Weil ihm das Land gehört und die Israeliten es als Lehen von ihm empfangen haben, darf es nicht auf immer verkauft werden und soll das Rückkaufsrecht gelten (Lev 25,23f.). Und ein Israelit soll nach Lev 25,42 nicht dauernd Sklave sein, weil er Nachkomme derer ist, die Jahwe aus Ägypten befreite.

c) Mit dem Recht auf Freiheit nach sechs Jahren, welches ein Glied des Bundesvolkes hatte, hängt es wohl zusammen, daß wir im AT die *ge'ullā* nur beim Grundbesitz und bei der Blutrache, also gegenüber einem toten Sippengenossen, im praktischen Leben wirksam finden. Beim Grundbesitz übt Jeremia sie (Jer 32,6–15). Er erwirbt einen Acker in Anathoth, den sein Vetter aus einem nicht erwähnten Grund verkaufen muß. Es handelt sich also nicht um Rückkauf, sondern um Vorkauf, vgl. Rudolph, HAT 12,209. Ebenfalls im Vollzug der *ge'ullā* erwirbt Boas nach Ruth 4 ein Grundstück des verstorbenen Elimelech. Der Wortlaut in Ruth 4,3 »(das Feld), welches Naemi verkauft hat«, scheint vorauszusetzen, daß Boas für die Familie zurückkauft, was bereits in fremde Hand übergegangen war. Doch hat man statt des Perfekts *mākerā* oft auch das Partizip *mōkerā* »ist im Begriff, zu verkaufen« gelesen, und außerdem erlaubt auch der unveränderte Text die Übersetzung »will Naemi verkaufen«, vgl. Gerleman, BK XVIII, 35. Es kann somit nicht sicher entschieden werden, ob Vorkauf oder Rückkauf vorliegt.

d) Nun gewinnt nach Ruth 4 Boas zusammen mit dem Acker auch noch Ruth, die Witwe des Machlon, »um den Namen des Verstorbenen auf seinem Besitztum wieder erstehen zu lassen« (4,5.10). Boas geht mit Ruth, die hier an die Stelle der Naemi tritt, eine Levirats- oder Schwagerehe ein. Weil das der einzige Fall dieser Art im AT ist, läßt sich nicht entscheiden, ob das Levirat überhaupt zu den Pflichten des *gō'ēl* gehörte oder nicht. Bei der wesensmäßigen Verwandtschaft von *ge'ullā* und Levirat – beide suchen die Sippe in ihrer Ganzheit zu erhalten – ist das erstere durchaus wahrscheinlich.

Daß die Blutrache sicher zur *ge'ullā* gehörte, lehrt die Bezeichnung dessen, der sie vollzog, als *gō'ēl haddām* (→*dām*). Er ist demnach derjenige, der vergossenes Blut beim Mörder, an dem es haftet, sucht (→*bqš* pi., →*drš*) und es in die Gemeinschaft, der es zugehörte, zurückholt. »Dieses ›Zurückholen‹ setzt voraus, daß zwar der Ermordete, nicht aber sein Blut völlig tot ist; dieses birgt vielmehr noch geheimes Leben in sich«, so K. Koch, VT 12, 1962, 410.

Mit Rückkauf, Blutrache und im einzelnen Fall Levirat zeigt sich der weite Aufgabenkreis des *gō'ēl*. Er war – so Procksch, ThW IV, 331 – der haftpflichtige nächste Verwandte in Familiendingen.

Mitunter konnte der volle Sinn des Wortes zurücktreten, so daß *gō'ēl* dann nur noch so viel bedeutete wie »Verwandter«, so 1Kön 16,11; in Qumran CD 14,16 und wohl auch Num 5,8.

e) nach dem Vorstehenden erweist sich *g'l* mit seinen Ableitungen als ein Terminus des Familienrechts. Seinen Sinn gibt Koch, a.a.O. 410, gut wieder mit »Sippen-Eigenes aus fremder Botmäßigkeit erlösen«. Damit ist auch der über das rein Rechtliche hinausführende heilvolle Charakter des Begriffes erfaßt; denn die Rückgewinnung verlorenen Sippengutes bringt in der Tat Befreiung und Rettung, die Erneuerung einer früheren Ordnung, das Wiederherstellen einer verlorenen Ganzheit; vgl. dazu auch Jepsen, a.a.O. (s.o. 3a) 159.

4. a) Das heilvolle Element, das dem alten Rechtsterminus stets eigen ist, entfaltet sich in der religiös-theologischen Sprache. Nicht zufällig steht *g'l* hier in Parallele mit →*jš'* hi. »retten« (Jes 49,26; 60,16; 63,9; Ps 72,13f.; 106,10), →*nṣl* hi. »retten« (Ex 6,6), →*'zr* »helfen« (Jes 41,14), →*ḥjh* pi. »gesund machen« (Ps 119,154) und →*nḥm* pi. »trösten« (Jes 52,9). *g'l* am nächsten steht indessen das Verbum →*pdh* »auslösen, loskaufen, befreien«. Das ist aber in einem Teil seines Gebrauchs ein neutraler, handelsrechtlicher Terminus, zu dem der Gedanke an die Rückgewinnung des Verlorenen nicht gehört (vgl. Stamm, a.a.O. 7ff.; etwas anders Jepsen, a.a.O. 154f.). Wenn auch der Unterschied zwischen den beiden Verben wohl stets empfunden wurde (s.u. 4f), so näherten sie sich doch einander an, wie die Verwendung in Lev 27 (s. sofort) und ihr paralleles Auftreten (Hos 13,14; Jes 51,10f./35,9f.; Jer 31,11; Ps 69,19) zeigen.

b) Innerhalb der religiösen Sprache steht die Verwendung in der Terminologie des Kultes für sich. Sie liegt vor in Lev 27, einem Abschnitt über freiwillig dargebrachte Gaben und die bestehende oder nicht bestehende Möglichkeit, sie durch Zahlung von Geld auszulösen.

Als Verbum ist dabei überwiegend (V. 13.15.19. 20.28.31.33) *g'l* verwendet. Nur V. 29, beim Verbot, einen als Bannngut geweihten Menschen auszulösen, steht *pdh*, das sich zusammen mit *g'l* noch V. 27 findet, bei der Auslösung der Erstgeburt unreiner Tiere.

Die Gaben, um deren Lösung es in Lev 27 geht, sind überwiegend ursprüngliches Eigentum des Kultgenossen, das er durch Entrichtung des vorgeschriebenen Betrages, wenn es zulässig ist, wiedergewinnt. So erklärt sich die Bevorzugung von *g'l*. Warum in V. 29 das neutrale, dem Gedanken der Rückgewinnung ferne *pdh* gebraucht wird, ließe sich nur angeben, wenn feststünde, was in diesem späten Text mit »Bann« gemeint ist. Wäre es, wie in alter Zeit, Kriegsbeute, so würde *pdh* andeuten, daß der Auslösende keinen früheren Anspruch darauf hatte. Meint »Bann« aber, wie es in V. 28 der Fall ist, auch in V. 29 einen Teil israelitischen Besitzes, der abgegeben werden mußte oder konnte, so wäre *pdh* in einem weiteren, von *g'l* nicht mehr streng unterschiedenen Sinn gebraucht. Das gilt auch für V. 27, wo *g'l* und *pdh* zusammen vorkommen. Auch bei der Auslösung eines Teils des Zehnten (V. 31), der ohnehin Jahwe zusteht und dem menschlichen Anspruch entzogen ist, hängt das im Text stehende *g'l* wohl wieder mit einem erweiterten Sprachgebrauch zusammen.

c) Wenn man die Belege aus dem religiös-theologischen Bereich nach dem Personenkreis, der die Befreiung erfährt, ordnet und außerdem die Zeitstufe berücksichtigt, in der diese geschieht, ergibt sich folgendes Bild:

1) Rettung des *Einzelnen*:
   a. In der Vergangenheit: Gen 48,16; Ps 107,2; Klgl 3,58;
   b. In der Gegenwart: Ps 19,15; 69,19; 72,14; 103,4; 119,154; Hi 3,5; 19,25; Spr 23,11;
2) Rettung des *Volkes*:
   a. In der Vergangenheit: Ex 6,6; 15,13; Ps 74,2; 77,16; 78,35; 106,10; Jes 51,10; 63,9;
   b. In der Zukunft: Hos 13,14; Jes 35,9f.; Jer 31, 11; 50,34; Mi 4,10.

Dazu aus Deutero- und Tritojesaja: *g'l* Jes 43,1; 44,22f.; 48,20; 52,3.9; 62,12; *gō'ēl* Jes 41,14; 43, 14; 44,6.24; 47,4; 48,17; 49,7.26; 54,5.8; 59,20; 60,16; 63,16.

Diese Einteilung, deren ich mich früher bediente (a.a.O. 7ff.), hat den Vorzug übersichtlicher Klarheit, aber den Nachteil eines zu starren Schematismus, der mehr, als es dem Hebr. gemäß ist, dazu zwingt, die Unterschiede in den Zeitstufen und die Trennung zwischen Individuum und Gemeinschaft zu betonen. Aus diesem Grunde ziehe ich es jetzt vor, mit Jepsen (a.a.O. 158ff.) zuerst die Belege zu besprechen, bei denen die Grundbedeutung von *g'l* lebendig wirksam ist, und danach diejenigen, bei denen das weniger zutrifft.

d) Die in einer Sippe dem *gō'ēl* als dem Helfer der in Not geratenen Verwandten zukommende Stellung ist auf Jahwe übertragen, wenn er Spr 23,10f. und Jer 50,34 gerade als Beschützer des Schwachen gegenüber einem mächtigen Gegner *gō'ēl* genannt wird. Hiob nennt (Hi 19,25) Gott als letzten Wahrer seines Rechtes seinen *gō'ēl*, was hier im Deutschen mit einem Wort wie »Anwalt« oder »Rechtshelfer« umschrieben werden könnte. Von seinen Freunden enttäuscht und von Gott seines Rechtes beraubt (Hi 19,7ff.; 27,2.5), zieht sich Hiob dennoch auf Gott zurück, weil ihm ein Ahnen seines wahren, auf Rettung bedachten Wesens nicht verloren geht (vgl. Hi 16,18–21).

Was den *gō'ēl* in seiner Tätigkeit überhaupt ausmacht, erwartete man gemäß einem gemein-orientalischen Ideal im besonderen vom König (Ps 72,13f.), der das »Leben der Armen rettet (*jš'* hi.) und ihr Leben aus Bedrückung und Gewalt erlöst (*jig'al nafšām*)«. Neben anderem umfaßt *g'l* hier sicher die Rechtshilfe, durch die der König einem Untertanen, der sich an ihn wendet, das geraubte Recht wiederherstellt. Gegenüber Jahwe ist das auch der Inhalt der Bitte »führe meine Sache und erlöse mich; erhalte mein Leben nach deinem Wort« (Ps 119,154) und des Bekenntnisses »du, Jahwe, hast den Streit meiner Seele geführt, hast mein Leben gerettet (*gā'altā ḥajjāj*)« (Klgl 3,58) oder, wie *g'l* hier auch übersetzt werden kann, »hast mein Leben wiederhergestellt« (so Jepsen, a.a.O. 160).

Der konkrete Sinn von *g'l* »verlorenen Besitz einlösen« ist erhalten in einem der Sätze, mit denen Hiob (3,5) den Tag seiner Geburt verwünscht: »einfordern sollen ihn Finsternis und Dunkel«, d.h. die Chaosmächte, die älter sind als das Licht, sollen ihr altes Recht auf jenen Tag geltend machen.

e) Mit Beziehung auf die Befreiung aus Ägypten erscheint *g'l* an den schon zuvor (4c) genannten Stellen Ex 6,6; 15,13; Ps 74,2; 77,16; 78,35; 106,10 und Jes 63,9, wo zur ersten Rettung hinzu noch an weitere Rettungstaten gedacht sein wird. Jes 51,10 bezeichnet das Part. pass. *gᵉ'ūlīm* die am Schilfmeer Geretteten. Die *pᵉdūjē Jhwh* »die von Jahwe Losgekauften« im anschließenden V.11 sind dagegen die, welche den zweiten, endzeitlichen Exodus erleben (zu den inhaltlichen Problemen des Textes vgl. Westermann, ATD 19, 196). Hinsichtlich ihres Alters können alle diese Belege, selbst Ex 15,13, als exilisch bis nachexilisch gelten. Wir weisen aus dem folgenden Grund darauf hin: Für die Rettung aus Ägypten waren in älterer Zeit die Verben *jṣ'* hi. »hinausführen« und *'lh* hi. »hinaufführen« vor allem gebräuchlich (vgl. Stamm, a.a.O. 14f., und P. Humbert, ThZ 18,1962, 357–361). Ihnen trat im Deuteronomium (13,6; 15,15; 21,8; 24, 18; 7,8; 9,26) *pdh* »loskaufen, befreien« zur Seite. Das ist eine Neuerung, von welcher der entsprechende Gebrauch von *g'l* abhängig sein wird. Das heißt aber nicht notwendig, daß *g'l* nun seinen speziellen Sinn »ein verlorenes Gut zurückgewinnen« aufgegeben und *pdh* ganz ähnlich geworden wäre. Obwohl das nicht unmöglich ist (vgl. oben 4a.c), darf man bedenken, daß die späten Dokumente, in denen *g'l* im Zusammenhang mit der Befreiung aus Ägypten auftritt, alle die Erzvätertradition voraussetzen, auch wenn sie diese nicht nennen. So konnte bei *g'l* an die Zeit der Erzväter mitgedacht sein und der Auszug aus Ägypten als Rückgewinnung der Versklavten für ihren rechtmäßigen Herrn, als Wiederherstellung ihrer Freiheit verstanden werden.

f) Deuterojesaja hat die Rückkehr der Verbannten aus Babylon als einen zweiten und den ersten überhöhenden Exodus verkündet (vgl. von Rad II,256), und so wie der erste eine Loskaufung war, wird es auch der zweite wieder sein. Offensichtlich hat Dtjes den vom Dtn aufgebrachten Begriff übernommen; nur daß er statt *pdh* vielmehr *g'l* verwendet. Die Wurzel *pdh* mit ihrer Ableitung *pᵉdūt* »Loskauf« ist ihm zwar nicht unbekannt, aber sie tritt mit ihren zwei Belegen (Jes 51,11 = 35,10; 50,2) ganz zurück. Dadurch wird nur umso deutlicher, welches Gewicht *g'l* bei diesem Propheten haben muß.

So oft es bei ihm auftritt (vgl. die Stellen oben 4c), so gering sind doch die Variationen im Gebrauch. Außer dem überwiegenden Qal gibt es nur eine einzige Form im Ni. an der in ihrer Echtheit umstrittenen Stelle Jes 52,3 »denn umsonst seid ihr verkauft worden, ohne Preis sollt ihr erlöst werden« (vgl. dazu Westermann, ATD 19, 200). Nur hier findet sich außerdem eine imperfektische Form des Verbums. Von dem ebenfalls seltenen Part. pass. *gᵉ'ūlīm* »die Erlösten« (Jes 51,10) abgesehen, begegnen sonst allein das Perfekt und das Part. act. des Qal. Das erstere hat seinen Ort einerseits in der Heilszusage (Jes 43,1; 44,22) und andererseits im eschatologischen Loblied (44,23; 48,20; 52,9; vgl. C. Westermann, Forschung am AT, 1964, 157ff.). In beiden Gattungen wird im sog. perfectum propheticum von der unmittelbar bevorstehenden, aber noch künftigen Rettung gesprochen, als ob sie schon geschehen wäre. Während der Prophet sich in der Heilszusage an die verbannten Judäer wendet, antwortet im Loblied der weltweite Kreis der Angeredeten auf die Botschaft, die ihn erreicht.

Die Befreiung oder Loskaufung, wie Dtjes sie sieht, hat die umfassendste Dimension, indem sie über die Verbannten in

Babylon (48,20) und eine weitere Diaspora hinaus (43,5f.; 49,12.18.22f.) auch die Völker angeht. Als Zeugen des Freispruches, unter dem Jahwe sein Volk wiederherstellt, werden sie selber Jahwe als den anerkennen, der er ist (41,4f.; 45,6; 49,26; 52,10) und der Ohnmacht ihrer Götzen innewerden (41,11; 42,17; 45,24). Was hat es bei alledem zu bedeuten, wenn der Prophet als Erlösungsterminus (zu anderen Rettungsverben, die er gebraucht, vgl. oben 4a) *g'l* bevorzugt? Das spricht sich am deutlichsten darin aus, daß er Jahwe den *gō'ēl* nennt und ihm damit als erster dieses Attribut beilegt (die Stellen s. oben 4c).

Er übernimmt das vom ersten Jesaja eingeführte Beiwort *q^{e}dōš Jiśrā'ēl* »der Heilige Israels« und stellt ihm wiederholt das neue des *gō'ēl* zur Seite (41,14; 43,14; 48, 17; 49,7). Die anderen Hoheitstitel, mit denen *gō'ēl* sich verbindet, sind: »König Israels« (44,6), »der Starke Jakobs« (49, 26) und »Bildner (*jōṣēr*)« (44,24 »so spricht Jahwe, dein Erlöser, dein Bildner von Mutterleib an«). Hier sind die Begriffe des Bildens und Erlösens fast synonym geworden. Sie »beschreiben eine zusammenhängende Linie, eine Geschichte, die Geschichte Gottes mit seinem Volk« (so Westermann, ATD 19, 126). Indem Dtjes durch das Wort *gō'ēl* Jahwes Rettungshandeln mit dem Tun eines irdischen Lösers nicht nur vergleicht, sondern es geradezu damit gleichsetzt, verankert er das Ende von Israels Geschichte in ihrem Anfang. Das ist die Berufung Abrahams, dessen Nachkommen die verbannten Judäer sind und bleiben (41,8; 51,2). Auch wenn ihre Vorfahren und sie selber seit jener Frühzeit wegen ihres Abfalles verkauft und verstoßen wurden, so ist das keine endgültige Trennung, da es keinen Scheidebrief gibt (50,1). Weil eine solche Trennung nicht besteht, kann der Prophet das Verbum *g'l* gebrauchen, um damit zugleich zu bezeugen, daß sie nicht besteht. Denn als *gō'ēl* erkauft sich Jahwe kein fremdes Gut, sondern erwirbt er zurück, was ihm schon immer – seit der Zeit Abrahams – gehörte. Jahwe nimmt sein altes Recht an Israel wahr; er verwirklicht einen Anspruch, der ihm zusteht, weil er dieses Volk geschaffen und erwählt hat und er sein König ist. Zum Gefäß dieser Botschaft konnte nur das familienrechtlich geprägte *g'l* und nicht das neutrale *pdh* dienen.

In einem enger handelsrechtlichen Sinn scheint *g'l* im Heilswort Jes 43,1–7 interpretiert zu sein, und zwar so, daß Jahwe als Lösegeld für Israel andere Länder hingibt, d.h. wohl sie dem Weltherren Kyros als Entschädigung für das freizulassende Israel gewährt. Dieses Verständnis setzt voraus, daß man V. 3 und 4 über V. 2 hinweg zur Erklärung von V. 1 heranziehen darf, was unsicher ist (vgl. Jepsen, a.a.O. 161). Und selbst, wenn das doch zuträfe, bleibt die Tatsache bestehen, daß der Prophet 45,13 den Kyros seine Aufgabe »ohne Kaufpreis und ohne Geschenk« erfüllen läßt.

g) In der Nachfolge Deuterojesajas nennt auch Tritojesaja Jahwe einen *gō'ēl*. Jes 59,20 und 60,16 geschieht das ebenfalls in endzeitlichem Zusammenhang; 63, 16, wo *gō'ēl* neben *'āb* »Vater« steht, aber in einem weiteren, die Befreiung aus Ägypten, Rettung in der Gegenwart und die in der Zukunft einschließenden Sinn.

Ein in die Zukunft gerichtetes Vertrauen auf Jahwes Schutz spricht aus dem Bekenntnis von Ps 19,15 »Jahwe, mein Fels und mein Erlöser«, und das Gleiche gilt für die schon (oben 4d) erwähnte Stelle Jer 50,34, einem Ausblick auf die Befreiung der von Babel Geknechteten: »doch ihr Erlöser ist stark, Jahwe der Heerscharen ist sein Name«.

Wie wir sahen (oben 4e), meint *g^e'ūlīm* in Jes 51,10 die von Jahwe am Schilfmeer Geretteten. Tritojesaja hat den Ausdruck übernommen (62,12), doch geht er bei ihm auf die aus der Zerstreuung heimgebrachten Glieder des Volkes (vgl. V.11). Der sich an Dtjes anlehnende Verfasser der Apokalypse Jes 34–35 bedient sich in 35, 9b.10a seinerseits des Wortes *g^e'ūlīm*, aber wieder sind die Erlösten die auf wunderbar zubereiteter Straße aus der Diaspora Heimkehrenden: »dort werden die Erlösten gehen, die Befreiten Jahwes darauf heimkehren«. Heimkehr bedeutet immer Wiederherstellung einer verlorenen Ganzheit und damit etwas für den Gehalt von *g'l* Wesentliches. So läßt sich sagen, daß auch in den zuletzt genannten Stellen der alte Sinn des Verbs noch immer lebendig ist. Vielleicht nicht mehr in allen seinen rechtlichen Beziehungen, aber doch so, daß ein für *g'l* wichtiges Moment – die befreiende Wiederherstellung des Ursprünglichen – unverkennbar zur Geltung kommt.

h) Das ist (so Jepsen, a.a.O. 161) an den folgenden acht Stellen nicht mehr der Fall: Gen 48,16; Hos 13,14; Mi 4,10; Jer 31, 11; Ps 69,19; 103,4; 106,10; 107,2. Mit der einzigen Ausnahme von Ps 69,19 ist *g'l* hier überall mit der Präposition *min* »aus« verbunden, und dreimal steht es zusammen mit *pdh* (Hos 13,14; Jer 31,11; Ps 69,19). Das eine wie das andere weist darauf hin, daß *g'l* hier weniger die Wiederherstellung eines früheren Zustandes meint, als vielmehr die Befreiung aus der Gewalt einer Gegenmacht, die als politischer Feind (Mi 4,10; Jer 31,11; Ps 106, 10) auftritt, als persönlicher Gegner (Ps 69,19), als Notlage (Gen 48,16; Ps 107,2), als Todesverhängnis (Hos 13,14) und in Todesnähe führende Krankheit (Ps 103,4).

Von diesen Belegen ist noch ein kurzes Wort zu Ps 106,10 und Gen 48,16 nötig. Ps 106,10 »und er erlöste sie aus der Gewalt des Feindes« hat es nach dem Zusammenhang des Textes mit der Befreiung aus Ägypten zu tun, weshalb wir die Stelle schon zuvor (4e) nannten. Weil sie aber *g'l min* »erlösen aus« bietet, gehört sie zugleich in die obige Reihe. In Gen 48,16, im Segen des sterbenden Jakob (nach E), sind die Worte *hammal'āk haggō'ēl 'ōtī mikkol-rā'* mit Jepsen (a.a.O. 161) zu umschreiben durch: »der Engel, der mich vor allem Übel beschützt hat«. Das ist für *g'l* eine abgeleitete Bedeutung und keineswegs die ursprüngliche, wie Johnson meinte (vgl. oben 1).

i) Der soeben erwähnte erweiterte Gebrauch von *g'l* gilt auch für den Personennamen *Jig'āl* (s.o. 1 und 2) »er (Jahwe) hat erlöst«, nämlich das benannte Kind von Übel, d.h. besonders wohl von Krankheit. Das ist ähnlich zu verstehen wie der babylonische, mit dem Verbum *paṭāru* (s.o. 3b) gebildete Name *Ipṭur-Sin* »Sin hat (das Übel) gelöst« (vgl. Stamm, AN 191).

5. In der nach-atl. Literatur hat *g'l* noch immer eine dreifache Verwendung, insofern es für Gottes rettendes Eingreifen im allgemeinen steht, für die Befreiung aus Ägypten und für die (endzeitliche) Erlösung Israels (vgl. ThW IV,352 und VII, 987f.).

In LXX wird *g'l* entweder durch λυτροῦσθαι oder ῥύεσθαι wiedergegeben (vgl. ThW IV, 333 und VI,1000), nicht aber durch σῴζειν.

Ausnahmen sind Jes 44,23, wo LXX^A statt ἐλυτρώσατο vielmehr ἠλέησεν hat, und Jer 31,11 (38,11), wo im Parallelismus *pdh* par. *g'l* für das zweite Verbum eine Form von ἐξαιρεῖσθαι (ἐξείλατο) gewählt ist.

Für *gō'ēl haddām* »Bluträcher« steht in LXX ὁ ἀγχιστεύων »der das Recht des nächsten Verwandten Übende«. Das zugehörige Substantiv ἀγχιστεύς/ ἀγχιστευτής »nächster Verwandter« entspricht 2Sam 14,11; 1Kön 16,11 und in Ruth dem hebr. *gō'ēl*, und für *g'l* ist in Ruth das Verbum ἀγχιστεύειν verwendet. Das Abstraktum *g^e'ullā* »das Recht bzw. die Pflicht zur Auslösung« ist Ruth 4,6f. = ἀγχιστεία; Lev 25,29.48 = λύτρωσις (so auch Jes 63,4 für *g^e'ūlīm*); Lev 25,31f. = λυτρωταί »(Häuser), die auslösbar sind«; Lev 25,24.26.51.52 = λύτρα. Von besonderer Art sind die Wiedergaben in Jer 32,7f.; Ez 11,15; Hi 3,5.

Das NT hat beide Verben der LXX übernommen, doch treten sie stark zurück gegenüber σῴζειν. Dieses kommt 106× vor, λυτροῦσθαι aber nur 3× und ῥύεσθαι 16×. λυτροῦσθαι wird im Gebrauch freilich ergänzt durch die Ableitungen λύτρον, λύτρωσις usw., die hier nicht zu berücksichtigen sind (vgl. F. Büchsel, Art. λύω, ThW IV, 337–359).

Bei λυτροῦσθαι und ῥύεσθαι zeigt der ntl. Sprachgebrauch gegenüber dem AT darin ein Weniger, daß die Erlösung aus Ägypten fehlt, und ein Mehr darin, daß außer Gott auch Jesus Urheber der Rettung ist. Das trifft für λυτροῦσθαι an allen drei Stellen (Lk 24,21; Tit 2,14; 1 Petr 1, 18) zu. Ihr Gegenstand ist die endzeitliche, durch Jesus gewirkte Rettung.

ῥύεσθαι ist ebenfalls Terminus für die endzeitliche Rettung; sie wird auf Gott zurückgeführt (Mt 6,13; Röm 11,26; Kol 1,13) und auf Jesus (1Thess 1,10). Dem atl. *g'l* folgend gibt ῥύεσθαι auch die Rettung aus der Gewalt widriger Mächte an. Es sind das: der Tod (Mt 27,43; Röm 7, 24; 2Kor 1,10), Feinde (Lk 1,74; vgl. 2Tim 4,17), ungehorsame bzw. verkehrte und schlechte Menschen (Röm 15,31; 2Thess 3,2), Versuchungen (2Petr 2,9) und Verfolgungen oder Nachstellungen (2Tim 3,11; 4,18). Das im AT so wichtige Thema der Rettung in der Vorzeit ist allein vertreten durch den Hinweis auf die Rettung Lots (2Petr 2,7). *J.J. Stamm*

גבה *gbh* hoch sein

1. Die Wurzel *gbh* (mit konsonantischem *h*) »hoch sein« begegnet fast ausschließlich im Hebr.

Als außerbibl. Beleg ist *gbh* »Höhe« in Z. 6 der Siloah-Inschrift zu erwähnen: »und 100 Ellen betrug die Höhe des Felsens über den Köpfen der Mineure« (KAI Nr. 189).

Das Aram. verwendet →*rūm*. Vom AT unabhängige Belege für aram. *gbh* sind nur Ah. Z. 107 (Cowley 216.223 »a king is like the merciful?: even his voice is high ...«) und das Pehlevi-Ideogramm *gbh* (HAL 163b).

Vgl. noch arab. *ǧabhat* »Stirn«; zum Verhältnis der Wurzeln *gbh* und *gbḥ* »kahl sein« vgl. P. Fronzaroli, AANLR VIII/19, 1964, 165.167 (»rideterminazione espressiva«).

Von der Wurzel finden sich im AT außer qal »hoch, erhaben, hochfahrend sein« und hi. »hoch machen« die Derivate *gābōah* »hoch, erhaben, hochfahrend«, *gōbah* »Höhe, Wuchs, Hoheit, Hochmut« und *gabhūt* »Hochmut«.

Das Adjektiv begegnet 4× im st.cs. in der Form *g^ebah*, die entweder zu **gābēah* oder besser zu *gābōah* zu stellen ist, vgl. W. Baumgartner, FS Eißfeldt 1958, 31; daneben in 1Sam 16,7 *gᵉbōᵃh* (bei Mand. 245c als Inf. gebucht).

2. Von den 94 Belegen der Wurzel (q. 24×, hi. 10×, *gābōᵃh* 41×, *gṓbah* 17×, *gabhūt* 2×) stehen die meisten in den prophetischen Büchern (Ez 22×, Jes 14×, Jer 7×), in den Psalmen (7×) und in der Weisheitsliteratur (Hi 8×, Pred 5×, Spr 4×).

3. Sämtliche Bedeutungen von *gbh* mit seinen Derivaten gruppieren sich eng um die Grundbedeutung »hoch sein«.

a) Das Qal bezeichnet das Hochwachsen eines Baumes (Ez 31,10.14), eines Astes (Ez 19,11), das Hochsein des Himmels über der Erde (Jes 55,9 *gbh min* = »überragen«; Ps 103,11), der Wolken über dem Menschen (Hi 35,5); Saul überragt das ganze Volk um Hauteslänge (1Sam 10,23).
Kausatives Hi. in der Bed. »hoch machen« findet sich in 2Chr 33,14 (Mauer); Ez 17,24 (einen Baum hoch wachsen lassen); Jer 49,16 (das Nest; vgl. Ob 4); Hi 5,7 (hoch fliegen, in Verbindung mit *'ūf* »fliegen«; Hi 39,27 ohne *'ūf*); Ps 113,5 (hoch wohnen, von Gott ausgesagt); Spr 17,19 (Tür; nach Gemser, HAT 16, 73, und Ringgren, ATD 16/1, 74, wäre damit der Mund gemeint, vgl. Mi 7,5; Ps 141,3; der Spruch würde sich dann gegen Prahlerei richten).
Das Adj. *gābōᵃh* wird im gegenständlichen Bereich gebraucht zur Beschreibung von hohen Bergen (Gen 7,19; Jes 30,25; 40,9; 57,7; Jer 3,6; Ez 17,22; Ps 104,18), Hügeln (1Kön 14,23; 2Kön 17,10; Jer 2,20; 17,2), Toren (Jer 51,58), Zinnen (Zeph 1,16), Türmen (Jes 2,15), Galgen (Est 5,14; 7,9), Hörnern (Dan 8,3), Bäumen (Jes 10,33; Ez 17,24; vgl. 31,3 in Verbindung mit *qōmā*: »hoher Wuchs«). Vom Menschen wird es hinsichtlich seiner hohen Gestalt gebraucht (1Sam 9,2; 16,7).
Das Subst. *gṓbah* bezeichnet die Höhe, den Wuchs von Bäumen (Ez 31,10.14; Am 2,9); es dient als Terminus bei Maßangaben (vgl. Ez 40,42 Höhe eines Tisches, neben *'ōræk* »Länge« und *rōḥab* »Breite«; 41,22 txt em, Höhe des Altars; 2Chr 3,4 Höhe der Halle; 1Sam 17,4 Größe Goliaths; vgl. auch Z.6 der Siloah-Inschrift, s. o. 1). Ez 41,8 dürfte wohl mit BH³ statt *gṓbah gabbā* »Hochpflaster« zu lesen sein, vgl. Γαββαθά Joh 19,13; Zimmerli, BK XIII, 1031.

Das häufigere Wort für »Höhe« bei Maßangaben ist *qōmā* (→*qūm*; Ex 25,10.23 u.ö.; 1Kön 6–7; 2Kön 25,17 u.ö.; vgl. Rudolph, HAT 21,207 zu 2Chr 4,1).

b) Von der Grundbedeutung aus ergeben sich ohne weiteres auch die folgenden übertragenen Bedeutungen mit positiver oder negativer Wertung.

Pred 5,7 »denn über dem Hohen wacht ein Höherer, und noch Höhere über ihnen« bezieht sich auf »Hochgestellte« (Zimmerli, ATD 16/1, 191: »daß im Aufbau der staatlichen Stellen oder der Gerichte angesichts der Vielschichtigkeit dieses Aufbaues immer einer den anderen belauert und ausspioniert und auszustechen sucht«).

Jes 52,13, wo es um die zukünftige Erhöhung des Gottesknechtes in krassem Gegensatz zu seiner Niedrigkeit (V. 14) geht, beinhaltet *gbh* die Erhabenheit des Gottesknechts (vgl. die Parallelbegriffe →*rūm* und →*nś'*).

In negativem Sinn meint *gbh* die hochfahrende, hochmütige Gesinnung des Menschen. Neben selbständig auftretender Wurzel (vgl. Jes 3,16; Ez 16,50) sind hier folgende feste Wortverbindungen zu erwähnen:

gbh lēb »das Herz ist stolz« (HAL 163b: »der Sinn will hoch hinaus«; Ez 28,2.5.17; Ps 131,1; Spr 18,12; 2Chr 26,16; 32,25). Als einzige Stelle, in der vom »Hochsein des Herzens« in positivem Sinn gesprochen wird – als Übersetzung legt sich »hochgemut« nahe – ist 2Chr 17,6 anzuführen: Josaphat ist in der Nachfolge Jahwes »hochgemut« und entfernt deshalb die Höhen und Ascheren aus Juda;

gᵉbah lēb »hochmütig« (Spr 16,5); *gᵉbah rūᵃḥ* »hochfahrend« (Pred 7,8); *gᵉbah 'ēnájim* »stolz in den Augen, herablassend« (Ps 101,5; vgl. hier den Parallelbegriff *rᵉḥab lēbāb* »das weite, anmaßende Herz«, sowie Jes 2,11 *'ēnē gabhūt* »die hochmütigen Augen« und Ps 131,1 *lō rāmū 'ēnaj* »meine Augen blickten nicht hochfahrend«);

gṓbah lēb »Hochmut (2Chr 32,26; vgl. Ez 31,10); *gṓbah rūᵃḥ* »Hochmut« (Spr 16,18); *gṓbah 'af* »Hochnäsigkeit« (Ps 10,4);

dbr pi. *gᵉbōhā* »Hohes, hochfahrend reden« (1Sam 2,3).

Als im Kontext auftretende Parallelbegriffe sind insbesondere anzuführen die Wurzeln →*g'h*, →*nś'* und →*rūm* (vgl. Jes 2,11. 12.17; Jer 13,15 mit 17; 48,29; Spr 16,18 u.a.), *'ātāq* »Vermessenes« (1Sam 2,3), und als Opposita die Wurzeln *špl* »niedrig, demütig sein« (Jes 2,11; 5,15; vgl. 10,33; Ez 17,24; 21,31), *šḥh* »sich ducken« (Jes 2,17; vgl. 5,15), *kn'* »sich demütigen« (2Chr 32,26). Es zeigt sich, daß *gbh* eng zusammen mit *g'h*, *nś'* und *rūm* zum Wortfeld des Hochmuts gehört; ein Bedeutungsunterschied ist kaum feststellbar, die Begriffe scheinen oft austauschbar zu sein.

c) Die Weisheit warnt vor hochfahrendem, hochmütigem (dreistem) Sinn in Spr 16,18 (hier zusammen mit →*g'h*); 18,12; Pred 7,8 (als *ṭōb*-Spruch mit gegenübergestelltem *'ǣræk rūᵃḥ* »langmütig«); jeder Hochmütige ist Gott ein Greuel und wird nicht ungestraft bleiben, Spr 16,5 (vgl. Ps 131,1 die Loyalitätserklärung des *ṣaddīq*).

4. Der theologische Gebrauch ergibt sich aus dem Vorangehenden.

a) Geht es der Weisheit zunächst mehr um das Festzustellende (vgl. Spr 16,18), wobei in Spr 16,5 allerdings schon die Beziehung zu Gott hervorgehoben wird (vgl. hier das »Loyalitätsgelübde des Königs« Ps 101, wo der König als Repräsentant von Jahwes richterlicher Autorität in Israel (Kraus, BK XV, 691) sich V.5 ausdrücklich gegen den *gᵉbah ʿēnájim* wendet), so wird in den folgenden Stellen des Menschen Hochmut in der anmaßenden Haltung der Mißachtung Gottes charakterisiert (Jer 13,15; 1Sam 2,3; Ps 10,4), im hochfahrenden Sinn dessen, der sich selbst zum Gott setzt (Ez 28,2). Deshalb wird der Hohe erniedrigt und der Niedrige erhöht (Ez 21,31; vgl. Hi 36,6.7; im Bild Ez 17,22–24); deshalb ergeht das Gericht über das *gbh* des Menschen (vgl. Zeph 3,11f.: die neue Haltung ist hier die des *dal* und *ʿānī*, des »Geringen« und »Demütigen«; Jer 49,16 der Adlerhorst als Bild für den hochfahrenden Stolz Edoms auf seinen uneinnehmbaren Bergfesten; Ez 31,10). Jes 2,12–17 (→*gʾh* 4a) kommt der Tag Jahwes als Gericht über alles Hohe und Hochmütige (vgl. 2,12 die in Parallele stehenden Wurzeln *gʾh*, *rūm*, *nśʾ* und nach LXX *gbh*; zu 2,17 vgl. 2,11; 5,15 wohl von einem Ergänzer in jesajanischer Diktion: *ʿênē gᵉbōhīm* »die Augen der Hochmütigen«. Zur genaueren überlieferungsgeschichtlichen Herkunft vgl. Wildberger, BK X, 105–108.

b) An die Bedeutung des »Hoch-, Erhaben-Seins« schließt sich an wenigen Stellen der theologische Gebrauch der Wurzel zur Bezeichnung der Erhabenheit Gottes an (vgl. Hi 40,10 *gôbah* neben *gāʾōn* als Attribut für Gottes Königsherrschaft), vor allem im Hinblick auf den unendlichen Abstand, die Unvergleichbarkeit Gottes als absolut Überlegenen (Ps 113,5, vgl. Hi 22,12; Ps 103,11; Jes 55,9; Hi 11,8), dessen Blick in die Tiefe zugleich zur hilfreichen Tat wird, zum Herabbeugen auf Hilflose und Arme (vgl. Ps 113,5f.).

5. LXX braucht zur Übersetzung von *gbh* verschiedene Vokabeln, am häufigsten ὕψος und ὑψηλός, jedoch nie ὕβρις. In Qumran (vgl. CD 1,15; 2,19) und im Spätjudentum (vgl. StrB II, 101ff.) ist der atl. Sprachgebrauch von *gbh* lebendig, ebenso im NT (vgl. G. Bertram, Art. ὕψος, ThW VIII, 600–619). *H.-P. Stähli*

גבר *gbr* überlegen sein

1. Die Wurzel *gbr* »überlegen, stark sein« begegnet in allen sem. Sprachzweigen; das Substantiv in der Bed. »Mann« ist auf das NWSem. beschränkt (P. Fronzaroli, AANLR VIII/19, 1964, 245).

Akk. ist nur das Verbum *gapāru* »überlegen sein« und das dazugehörige Verbaladj. *gapru* »überlegen« bezeugt (AHw 281; zum Wechsel b/p vgl. die Zusammenstellung bei M. Weippert, Die Landnahme der isr. Stämme in der neueren wissenschaftlichen Diskussion, 1967, 78–81).

Phön. dagegen erscheint nur das Subst. *gbr* »Mann« (KAI Nr. 24, Z. 8; Nr. 30, Z. 2), neupun. ev. *gbrt* »Krafttat(en?)« (KAI Nr. 145, Z. 6); ebenfalls nur substantivisch findet sich *gbr* »Mann« und *gbrt* »Frau« in der Mesa-Stele (KAI Nr. 181, Z. 16). Ug. ist die Wurzel nur in Personennamen belegt (vgl. Gröndahl 126).

Eine große Rolle spielt die Wurzel im Aram., wo neben dem Verbum (KAI Nr. 223 B, Z. 19) vor allem das Subst. *gbr* »Mann« (oft im Sinne von »jeder«) seit dem Altaram. in breiter Streuung vorkommt (DISO 47; LS 102f.; vgl. auch *gbrth* »seine Kraft« in KAI Nr. 214, Z. 32).

Im Äth. hat sich *gbr* zum allgemeinen Verbum »tun, arbeiten« entwickelt (Dillmann 1159–1167).

Das Verbum besitzt außer dem Qal ein Pi., Hi. und Hitp.; die nominalen Ableitungen sind *gǽbær*, *gᵉbūrā*, *gᵉbīr*, *gᵉbīrā* und *gibbōr*, im bibl.-aram. *gᵉbar*, *gᵉbūrā* und *gibbār*.

Dazu kommen als Eigennamen *Gǽbær* (1Kön 4, 13–19), Kurzform zu *Gabrīʾēl* (Dan 8,16; 9,21; Noth, IP 190: »Gott hat sich stark gezeigt«; vgl. C.-H. Hunzinger, RGG II, 1185), und die Ortsnamen *Gibbār* (Esr 2,20) und *ʿæṣjōn Gǽbær* (BHH I, 461 f.).

2. Das Verbum *gbr* kommt im AT 25 × vor, davon 17 × qal, 3 × pi., 2 × hi., 3 × hitp. Die Zahlen bei den Nomina sind: *gǽbær* 66 × (Hi 15 ×, Ps 10 ×, Jer 9 ×, Spr 8 ×), *gᵉbūrā* 61 × (Ps 17 ×, 2Kön und Jes 7 ×), *gᵉbīr* 2 × (Gen 27,29.37), *gᵉbīrā* 15 ×, *gibbōr* 159 × (1Chr 31 ×, Jer 19 ×, 2Sam 16 ×, Ps und 2Chr 12 ×).

Bibl.-aram. *gᵉbar* steht 21 × (Dan 17 ×), *gibbār* 1 × (Dan 3,20), *gᵉbūrā* 2 × (Dan 2, 20.23). Gesamthaft kommt die Wortgruppe 352 × in recht breiter Streuung im AT vor.

3. a) Alle Bedeutungsnuancen des Verbs im Qal gruppieren sich um die Grundbedeutung »überlegen/stark sein/werden«.

gbr kann absolut konstruiert werden, mit komparativem *min* (Gen 49,26; 2Sam 1,23), mit *ʿal* (2Sam 11,23) oder *bᵉ* (1Chr 5,2). So wird in Gen 7,18–20.24 *gbr* viermal gebraucht, um das Anwachsen der Sintflutwasser auszusagen (7,18 par. *rbh* »viel werden«). Im Kampfe bedeutet *gbr* »die Oberhand behalten« über den Feind (Ex 17,11; 2Sam 11,23; Klgl 1,16).

Im Pi. ist das Verbum mit »stark machen« (Sach 10,6.12; Pred 10,10 in Verbindung mit *ḥᵃjālīm* »Kraft aufwenden«), im Hi. innerlich-transitiv mit

»sich stark zeigen« (Ps 12,5; Dan 9,27 txt?), im Hitp. mit »sich überlegen zeigen« (Jes 42,13; »sich überheben« Hi 15,25; 36,9) zu übersetzen.

Einen ständigen Gegenbegriff hat das Verbum nicht; in der Sintflutgeschichte werden als Gegensatz zu *gbr* die Verben *škk* »abnehmen« (Gen 8,1) und *ḥsr* »weniger werden« (8,3.5) verwendet.

b) Die Grundbedeutung von *gᵉbūrā* ist in enger Anlehnung an das Verbum »Überlegenheit, Stärke, Kraft«.

Sehr häufig ist es die »kriegerische Kraft« (Jes 3,25; Jer 49,35; Ez 32,29f.; in Verbindung mit *milḥāmā* »Kampf«: 2Kön 18,20 = Jes 36,5; Jes 28,6). In den dtr. Rahmenstücken ist *gᵉbūrā* mehr in allgemeinerem Sinne von »Tüchtigkeit« gebraucht (immer in Verbindung mit *ʿśh* »tun«: 1Kön 15,23; 16,5.27; 22,46 u.ö.). *gᵉbūrā* kann die »Stärke der Rosse« (Ps 147,10; Hi 39,19) oder in übertragenem Sinne die »Pracht« der Sonne (Ri 5,31) meinen.

Einen durchgängigen Gegenbegriff gibt es im Wortfeld nicht.

c) Die Segolatbildung *gæbær* (dazu H. Kosmala, The Term *geber* in the OT and in the Scrolls, SVT 17,1969, 159–169) ist vor allem für die spätere atl. Literatur belegt (Ps, Hi, Spr). Die Grundbedeutung der Wurzel ist hier verblaßt; *gæbær* wird in der Regel genau wie →*ʾîš* »Mann« gebraucht.

So kann *gæbær* parallel zu *ʾîš* stehen (Jer 22,30; Mi 2,2), parallel zu *zākār* »Mann« (Jer 30,6), zu *ʾᵉnōš* »Mensch« (Hi 4,17) oder zu *ʾādām* »Mensch« (Hi 14,10). Als Gegenbegriff findet sich *ʾiššā* »Frau« (Dtn 22,5; in einer Reihe »Männer/Frauen/Kinder« Jer 43,6; vgl. 44,20) und *nᵉqēbā* »Weib« (Jer 31, 22, vgl. dazu Rudolph, HAT 12,198f.). *gæbær* kann wie *ʾîš* (hierin wird die Entfernung von der Grundbedeutung der Wurzel besonders deutlich) sogar »männliches Kind« bedeuten (Hi 3,3) oder zum Pronomen »jeder« verblassen (Jo 2,8 u.ö.; vgl. den Gebrauch im Aram., s.o. 1).

d) Die Intensivform *gibbōr* schließt sich in der Bedeutung eng an die der Wurzel an.

gibbōr kann adjektivisch mit »stark« übersetzt werden (1Sam 14,52 »starker Mann« neben *bæn-ḥájil*, vgl. 2Sam 17,10; Ps 112,2 Nachwuchs; Gen 10,9 »gewaltiger Jäger«; in Spr 30,30 ist *gibbōr* von einem Tier ausgesagt).

Entsprechend ist die Grundbedeutung des Substantivs »der Starke«; es finden sich Parallelbegriffe wie *ʾaddīr* »Gewaltiger« (Ri 5,13), *ḥāzāq* »Starker« (Am 2,14) und *ʿārīṣ* »Gewalttätiger« (Jes 49,25). *gibbōr* ist der »starke (Mann)« im Gegensatz zur (schwachen) Frau (Jos 1,14; vgl. Jer 48,41; 49,22; 51,30) oder einfach zum Schwachen (Jo 4,10 *ḥallāš*) oder Strauchelnden (1Sam 2,4 *kšl*); von dieser Grundbedeutung her ist in Gen 10,8 = 1Chr 1,10 *gibbōr* als »Gewaltherrscher« zu übersetzen. In weisheitlicher Literatur kann der Starke dem Weisen gegenüberstehen (Spr 21,22; vgl. Jer 9,22).

In den meisten Fällen ist *gibbōr* der »Kriegsheld«, zumal in der geläufigen Wortverbindung *gibbōr ḥájil* (bzw. Plur.). Diese Wortverbindung findet sich u.a. 4× in Jos und 27× in 1/2Chr. Vor allem die im Wortfeld auftretenden Parallelbegriffe weisen eindeutig auf eine kriegerische Funktion des *gibbōr* hin (Verbindungen wie *ʾîš milḥāmā* o.ä: Jos 6,2f.; 10,7; 2Sam 17,8; 2Kön 24,16; Jes 3,2; 42,13; Ez 39,20; Jo 2,7; 4,9; 2Chr 17,13; *ʾanšē haḥájil*: 2Kön 24,16; Jes 5,22; Jer 48,14; Nah 2,4). *gibbōr ḥájil* kann in allgemeinerem Sinne aber auch einfach »tüchtiger Mann« bedeuten (1Sam 9,1; 1Kön 11,28; 2Kön 5,1; 1Chr 9,13; 26,6). Zu den *gibbōrē ḥájil* als der sozialen Klasse der (grundbesitzenden) Wehrpflichtigen vgl. die (teilweise auseinandergehenden) Stellungnahmen von E. Würthwein, Der ʿamm haʾarez, 1936, 15.28; J. van der Ploeg, RB 50,1941, 120–125; ders., OTS 9,1951, 58f.; de Vaux I,110; Noth, BK IX, 257.

e) Mit *gᵉbīr* (nur Gen 27,29.37) ist in enger Anlehnung an die Grundbedeutung der Wurzel der »Herr, Gebieter« gemeint, vor dem sich die Knechte (V.37) niederwerfen (V.29).

Die Femininform dazu ist *gᵉbīrā* »Herrin, Gebieterin« (mit Gegenbegriff *šifḥā* »Magd« in Gen 16,1ff.; Jes 24,2; Ps 123,2). *gᵉbīrā* am Königshof ist Ehrentitel entweder für die Königin (1Kön 11,19 par. *ʾiššā* »Frau«) oder die Mutter des Königs (1Kön 15,13 par. *ʾēm* »Mutter«; vgl. Jer 13,18 u.ö.). Zum Amt der *gᵉbīrā* →*ʾēm* 4b.

4. a) Das Reden von der Stärke Jahwes (*gᵉbūrā*) hat vor allem in den Psalmen seinen Ort, und zwar in verschiedenen Zusammenhängen: im beschreibenden Loben der Stärke Jahwes (Ps 65,7; 66,7; 89, 14; 145,11; vgl. Jer 10,6; Hi 12,13; 1Chr 29,11f.; 2Chr 20,6), in der Klage, die nach Jahwes Kraft fragt (Jes 63,15), in der Bitte um die Kraft Gottes (Ps 54,3; 80,3), im Lobgelübde (Ps 21,14; 71,18) und im Geschichtspsalm (Ps 106,8). Außerhalb der Psalmen ist nur noch dreimal in der Prophetie von Jahwes *gᵉbūrā* die Rede: in der Gerichtsankündigung (Jes 33,13; Jer 16,21) und in der messianischen Heilsankündigung (Jes 11,2).

Im Wortfeld des Redens von der *gᵉbūrā* Jahwes findet sich eine ganze Reihe paralleler Begriffe: *ʿōz* »Stärke« (Ps 21,14), *jᵉšūʿā* »Hilfe« (Ps 80,3), *qinʾā* »Eifer« (Jes 63,15), *zᵉrōaʿ* »Arm« (Ps 71,18; vgl. 89, 14), *jād* »Hand« (Jer 16,21), *gᵉdullā* »Größe« und *tifʾæræt* »Herrlichkeit« (1Chr 29,11), *kōaḥ* »Kraft« (1Chr 29,12; 2Chr 20,6). Während *gᵉbūrā* und *ḥokmā* »Weisheit« in Pred 9,16 Opposita sind, werden sie Hi 12,13 und Spr 8,14 zu Parallelbegriffen.

b) Daß Jahwes →*ḥǽsæd* »Gnade« groß und stark ist, wird im beschreibenden Lobsatz durch das Verbum (im Qal) ausgedrückt (Ps 103,11; 117,2). Daß im Gegensatz zu Gott der Mensch aus eigener Kraft (*kōªḥ*) eben gerade nicht stark ist und darum die Gottlosen zunichte werden (1Sam 2,9), ist eine Vertrauensaussage. Hart daneben steht die Erfahrung des Klagenden, daß die Feinde (Ps 12,5 hi.; Klgl 1,16) und Gottlosen (Hi 21,7) dennoch stark sind und sich sogar Gott gegenüber überlegen fühlen (*gbr* hitp. in Hi 15,25; 36,9).

c) In unterschiedlichen Zusammenhängen wird auch der Begriff *gibbōr* verwendet, um auszusagen, daß Jahwe »stark« (Dtn 10,17 = Neh 9,32 neben *gādōl* »groß« und *nōrā'* »furchtbar«; Jer 32,18 neben *gādōl*; vgl. Jes 10,21) bzw. ein »Held« ist (Jes 9,5; Jer 20,11; Zeph 3,17).

d) Gelegentlich ist in den Psalmen von den *gᵉbūrōt* Jahwes die Rede. Im Wortfeld begegnen Begriffe wie *tᵉhillā* »Ruhmestat« und *niflā'ōt* »Wundertaten« (Ps 106,2 im Zusammenhang mit einem Bericht von den Geschichtstaten Jahwes; vgl. Ps 71,16f.; 145,4ff.). Von solchen *gᵉbūrōt* wird in der Einleitung zum beschreibenden Lobpsalm (Ps 145,4ff.; 150,2) oder in der Vertrauensäußerung im Rahmen der Klage (Ps 20,7; 71,16; vgl. 106,2; Dtn 3,24) gesprochen, und es legt sich nahe, unter *gᵉbūrōt* die »gewaltigen Geschichtstaten Jahwes« zu verstehen, wobei die Beter nicht ganz bestimmte Fakten im Auge haben, sondern gleichsam zusammenfassend Jahwes Geschichtshandeln beschreiben.

e) In den Berichten, welche die Geschichtsbücher über die Jahwekriege geben, ist zwar häufig davon die Rede, daß Jahwe selbst gegen die Feinde kämpft (*lḥm* ni. Ex 14,14 u.a.) und daß er sie in Verwirrung setzt (*hmm* Jos 10,10 u.a.), die Wortwurzel *gbr* fehlt aber in diesen Berichten ganz. Hingegen ist die Wurzel in den Psalmen und in der Prophetie zur Bezeichnung der kriegerischen Stärke Jahwes zu finden. So in der Torliturgie Ps 24,8, wo Jahwe als *'izzūz wᵉgibbōr* »Starker und Held« und im Parallelismus dazu als *gibbōr milḥāmā* »Held im Streit« bezeichnet wird; ähnlich in dem eschatologischen Loblied Jes 42,13, wo sowohl das Verbum im Hitp. als auch *gibbōr* (par. *'īš milḥāmā*) zu finden ist. In dieser Bedeutung ist *gibbōr* noch in der Klage Jer 14,9 (»warum bist du wie ein Krieger, der nicht helfen kann?«) und in dem späten Geschichtspsalm Ps 78,65 gebraucht.

f) Der Begriff *gǽbær* in seiner allgemeinen Bed. »Mann, Mensch« wird hingegen nie für Jahwe verwendet; vielmehr wird Jahwe und sein Tun von dem des *gǽbær* unterschieden (Hi 10,5; 22,2; 33,29; Spr 20,24).

5. Die LXX übersetzt die Wortgruppe mit sehr verschiedenen Vokabeln; auch im NT gibt es zu *gbr* keine einheitliche Entsprechung. Vgl. zum nach-atl. Gebrauch von *gǽbær* (vor allem in Qumran) Kosmala, a.a.O. 167–169. *J. Kühlewein*

גָּדוֹל *gādōl* groß

1. Die Wurzel *gdl* »groß sein« findet sich nur im Hebr. und Ug. Entsprechend der allgemeinen Anfälligkeit wertender adjektivischer Bezeichnungen für Neuerungen gibt es keine gemeinsemitische Bezeichnung für »groß«; die in den übrigen sem. Sprachzweigen gebräuchlichen Vokabeln für »groß« (akk. *rabû*, phön. *'dr*, aram. *rab*, arab. *kabīr*, äth. *'abīj*) existieren mit anderer Bedeutung auch im Hebr. (→*rab* »viel, zahlreich«, →*'addīr* »herrlich«, *kabbīr* »stark, gewaltig«, *'bh* »dick sein«).

Ob *gādōl* mit der (gemeinsemitischen) Wurzel *gdl* II »drehen, flechten« (hebr. *gādīl* »Quaste« Dtn 22,12; 1Kön 7,17; akk. *gidlu* »Gebinde«; aram. *gᵉdīlā* »Schnur« usw.; arab. vgl. J.Blau, VT 5, 1955, 339) zusammenhängt (GB 130b; J.L.Palache, Semantic Notes on the Hebrew Lexicon, 1959, 18f.), ist fraglich (*gdl* II wird von M.Dahood, Bibl 45,1964,397, unnötigerweise auch in Ps 12,4 und 41,10 vermutet). Das Ug. (WUS Nr. 632; UT Nr. 562) verwendet für »groß« neben *gdl* häufiger *rb* (→*rab*).

Im Hebr. begegnen neben dem Verbum im Qal, Pi., Pu., Hi. und Hitp. die nominalen Ableitungen *gādōl* und *gādēl* (Verbaladjektiv) »groß«, *gōdæl* und *gᵉdullā* (*gᵉdūlā*) »Größe«, sowie *migdāl* »Turm« (in Ortsnamen auch *Migdōl*, das sich auch im Ug., Moab. (DISO 142), Aram. und als Lehnwort im Arab. (Fraenkel 236f.), Kopt. und Berberischen findet (GB 396a).

Zu erwähnen sind noch die Eigennamen *Gᵉdaljā(hū)*, *Jigdaljāhū* und *Giddēl* (Kurzform, vgl. *Gdwl* in den Elephantinetexten, BMAP 149), während *Giddaltī* (1Chr 25,4.9; vgl. Rudolph, HAT 21,167f.) und *Haggᵉdōlīm* (Neh 11,14; vgl. Rudolph, HAT 20, 184) textlich unsicher sind.

2. *gdl* kommt im Qal 54 × vor (inkl. Est 9,4 Inf.abs., bei Lis. als Adj. gerechnet), Pi. 25×, Pu. 1×, Hi. 34×, Hitp. 4×. *gādōl* steht 525× (inkl. 1Sam 6,18; exkl. Est 9,4 und Neh 11,14, s.o.) in folgender Streuung: Jer 48×, Dtn 44×, Ez 36×, 1Sam 35×, Gen 33×, Ps 30×, 2Kön

29 ×, Neh und 2Chr 27 ×, Jos 26 ×, 1Kön 22 ×, 2Sam 18 ×, Ex und Dan 15 ×, Jes und Jon 14 ×, Ri 12 ×, 1Chr 11 ×, Sach 10 ×, Num und Est 8 ×, Hag, Hi und Esr 6 ×, Mal, Spr und Pred 4 ×, Jo 3 ×, Lev, Zeph und Nah 2 ×, Hos, Am, Mi und Klgl 1 ×, Ob, Hab, Ruth und Hhld 0 ×. *gādēl* begegnet 4 × (Gen 26,13; 1Sam 2, 26; Ez 16,26; 2Chr 17,12), *gōdæl* 13 × (Dtn 5 ×), *g^{e}dullā* (Est 6,3 *g^{e}dūlā*) 12 × (1Chr 4 ×, Ps und Est 3 ×, ferner 2Sam 7,21.23), *migdāl* 49 × (exkl. 2Sam 22,51 Q *migdōl* und die Ortsnamen).

3. a) Die mannigfachen konkret-dimensionalen und abstrakt-übertragenen Verwendungsweisen von *gādōl* »groß« in bezug auf Personen und Dinge (vgl. etwa die Aufgliederung in HAL 170b) entsprechen weithin denjenigen des dt. »groß«. Der Bedeutungsumfang ist insofern etwas weiter, als *gādōl* auch »alt (der Ältere/Älteste)« (vgl. *qāṭān/qāṭōn* »klein« und »jung, der Jüngere/Jüngste«, z.B. in Gen 29,16 »die ältere hieß Lea, die jüngere Rahel«; 44,12 »beim ältesten fing er an, und beim jüngsten hörte er auf«) und »reich, vermöglich« (z.B. 2Sam 19,33; 2Kön 4,8) neben »angesehen, vornehm« (oft substantiviert: Sing. z.B. Lev 19,15; 2Sam 3,38; Jer 52,13; Plur. 1Sam 17,14; 2Sam 7,9; 2Kön 10,6; Jer 5,5 u.ö.) bedeutet; auch Verwendungen wie *qōl gādōl* »laute Stimme« (Gen 39,14; Dtn 5,22 u.ö.), *'ōr gādōl* »helles Licht« (Jes 9,1) oder *'ōd hajjōm gādōl* »es ist noch hoch am Tage« (Gen 29, 7) sind von unserem Sprachgebrauch aus etwas ungewohnt. Geringer ist der Bedeutungsumfang vielleicht darin, daß bei gewissen Mengenbegriffen nicht *gādōl*, sondern →*rab* »viel, zahlreich« verwendet wird (z.B. bei *r^{e}kūš* »Habe« Gen 13,6; *māqōm* »Raum« 1Sam 26,13; *dæræk* »Weg« 1Kön 19,7; →*t^{e}hōm rabbā* »die große Urflut« Gen 7,11; Jes 51,10; Am 7,4; Ps 36,7).

Normaler Gegenbegriff zu *gādōl* in sämtlichen Bedeutungen ist *qāṭān* »klein, jung, gering« (47 ×) bzw. *qāṭōn* (54 ×, nur im mask. Sing. vorkommend, in der Nominalbildung an *gādōl* angeglichen, vgl. BL 466), vgl. z.B. Gen 1,16; Ex 18,22; Dtn 25,13.14; 1Chr 12,15.

Nicht mit *gādōl*, sondern mit *b^{e}kōr/b^{e}kīrā* »Erstgeborene(r)« (Gen 19,31–38; 29,26; 43,33; 48,14; Jos 6,26; 1Kön 16,34), *rab* »der ältere« (Gen 25,23), *'addīr* »vornehm« (Jer 14,3) und *'āṣūm* »stark« (Jes 60,22) gegenübergestellt begegnet *ṣā'īr* »klein, jung, gering« (23 ×, inkl. Dan 8,9, davon 8 × in Gen).

Sehr häufig ist die auch in anderen Sprachen beliebte meristische Zusammenstellung »groß und klein« in der Bedeutung »alle« (vgl. P. Boccaccio, I termini contrari come espressioni della totalità in ebraico, Bibl 33, 1952, 173–190; A.M. Honeyman, Merismus in Biblical Hebrew, JBL 71, 1952, 11–18; H.A. Brongers, Merismus, Synekdoche und Hendiadys in der bibel-hebr. Sprache, OTS 14, 1965, 100–114; zum Äg. vgl. A. Massart, FS Robert 1957, 38–46). Von 32 Fällen betreffen 25 Personen, die übrigen Tiere (Ps 104,25) oder (fast immer negiert) Sachen (Num 22,18; 1Sam 20,2; 22,15; 25,36; 30,19; 2Chr 36,18).

Die grammatische Form der Wendungen ist sehr vielgestaltig. Neben *qāṭōn* (20 ×) wird auch *qāṭān* verwendet (12 ×, in Est 1,5.20; 2Chr 31,15; 34,30 auch im mask. Sing.); auch die Reihenfolge der Ausdrücke variiert (24 × klein – groß, 8 × groß – klein). Am häufigsten ist die Fügung *min – w^e'ad* »von – bis« (17 × ; *miqqāṭōn w^e'ad-gādōl* Gen 19,11; 1Sam 5,9; 30,2; 2Kön 23,2; 25,26; Jer 8,10; 42,1.8; 44,12; 2Chr 15,13; mit Artikel oder Suffixen 1Sam 30,19; Jer 6,13; 31,34; *miggādōl w^e'ad qāṭān* Est 1,5.20; 2Chr 34,30; mit Suffixen Jon 3,5); daneben begegnen einfaches *w^e* »und« (1Sam 25,36; 1Kön 22,31 = 2Chr 18,30 txt em; Jer 16,6; Hi 3,19; 2Chr 36,18), *k^e – k^e* »wie – so« (Dtn 1,17; 1Chr 25,8; 26,13; 2Chr 31,15), *'ō* »oder« (Num 22,18; 1Sam 20,2; 22,15) und *'im* »samt« (Ps 104,25; 115,13).

b) Die beiden Substantive *gōdæl* und *g^{e}dullā* sind nicht einfach synonym. Vielmehr bedeutet *gōdæl* das abstrakte Groß-Sein (Gottes: Dtn 3,24; 5,24; 9,26; 11,2; 32,3; Ps 150,2; seiner Gnade Num 14, 19; seines Armes Ps 79,11; Übermut des Herzens Jes 9,8; 10,12; des mit einer Zeder verglichenen Pharao Ez 31,2.7.18), während *g^{e}dullā/g^{e}dūlā* spezieller entweder die »hohe Stellung, Würde, Majestät« (Gottes: 1Chr 29,11; eines Menschen: Ps 71,21; Est 1,4; 6,3; 10,2) oder etwas »Großes«, eine »Großtat« (von seiten Gottes: 2Sam 7,21.23; vgl. 1Chr 17,19.19.21, zweimal im Plur.; Ps 145,3.6) meint; die letztere Bedeutung wird im Plural sonst durch den substantivierten fem. Plur. von *gādōl* ausgedrückt (*g^{e}dōlōt* »Großes, große Taten«, von seiten Gottes: Dtn 10,21; Jer 33,3; 45,5; Ps 71,19; 106,21; Hi 5,9; 9,10; 37,5; von seiten Elisas 2Kön 8,4; Großes reden Ps 12,4; umgehen mit großen Dingen Ps 131,1).

c) Beim Verbum kommen keine prinzipiell neuen Bedeutungsinhalte zu denen des Adjektivs hinzu. *gdl* q. bedeutet nicht nur »groß *werden* = heranwachsen« (von Kindern: Gen 21,8.20; 25,27; 38,11.14; Ex 2,10.11; Ri 11,2; 13,24; 1Sam 2,21; 3,19; 1Kön 12,8.10 = 2Chr 10,8.10; 2Kön 4,18; Ez 16,7; Hi 31,18, vgl. Fohrer, KAT XVI,423; Ruth 1,13; von einem Lamm 2Sam 12,3; von einem Horn Dan 8,9.10) und »groß werden = wohlhabend werden« (Gen 24,35; 26,13.13; 1Kön 10, 23 = 2Chr 9,22; Jer 5,27; Pred 2,9), sondern auch »groß *sein*, sich als groß erweisen« (von Gott, seiner Kraft, seinem Namen, seinen Werken: Num 14,17; 2Sam 7,22.26 = 1Chr 17,24; Mal 1,5; Ps 35, 27; 40,17 = 70,5; 92,6; 104,1; Geschrei Gen 19,13; Prunken Sach 12,7; Klage Sach 12,11; Schmerz Hi 2,13; Schuld Klgl 4,6 und Esr 9,6) und »groß sein = bedeutend, mächtig, wertvoll sein« (König: Gen 41,40; 2Sam 5,10 = 1Chr 11,9; Messias Mi 5,3; Mardochai Est 9,4; Ephraim und Manasse Gen 48,19.19; Leben 1Sam 26,24.24), wobei die Verbalsätze sich von den Nominalsätzen mit *gādōl* als Prädikat (etwas über 50×) darin unterscheiden, daß sie (analytisch) einen objektiv gedachten Vorgang schildern und nicht (synthetisch) eine subjektive Stellungnahme zu einem Phänomen ausdrücken (vgl. den als neue Erkenntnis mit prädikativem Adjektiv formulierten Bekenntnisruf in Jes 12,6 »groß ist in deiner Mitte der Heilige Israels« mit der verbal ausgedrückten, die Erfahrung der Größe Jahwes bereits voraussetzenden Vertrauensäußerung in Mal 1,5 »ihr selbst werdet sagen: groß erweist sich Jahwe über Israels Grenzen hinaus«; vgl. Jenni, HP 26.29–33).

Das Pi. von *gdl* ist meistens faktitiv »groß machen« (Gen 12,2; Num 6,5; Jos 3,7; 4,14; 1Kön 1,37.47; Est 3,1; 5,11; 10,2; 1Chr 29,12.25; 2Chr 1,1; reflexiv im Hitp. »sich groß erweisen« Ez 38,23) und »aufziehen, erziehen« (2Kön 10,6; Jes 1, 2; 23,4; 44,14; 49,21; 51,18; Ez 31,4; Hos 9,12; Jon 4,10; Dan 1,5; passiv im Pu. Ps 144,12; vgl. Jenni, a.a.O. 58f.), seltener deklarativ »für groß erklären = preisen« (Ps 34,4; 69,31; vgl. die aus einem Psalmzitat gewonnenen Eigennamen in 1Chr 25,4.9; vgl. Jenni, a.a.O. 40–43) oder ästimativ »für groß erachten« (Hi 7,17; reflexiv im Hitp. »großtun« Jes 10,15; Dan 11,36.37).

gdl hi. ist entweder normal-kausativ »etwas groß sein lassen, sich als groß erweisen lassen« (Gen 19,19; 1Sam 12,24; 20, 41 txt?; 22,51K = Ps 18,51Q; Jes 9,2; 28,29; 42,21; Ez 24,9; Jo 2,20.21; Am 8,5; Ob 12; Ps 41,10; 126,2.3; 138,2; Pred 1,16; 2,4) oder innerlich-kausativ »sich selber groß sein lassen = großtun« (Jer 48,26.42; Ez 35,13; Zeph 2,8.10; Ps 35,26; 38,17; 55,13; Hi 19,5; Klgl 1,9; zur Abgrenzung vom Hitp. vgl. Jenni, a.a.O. 46–49) bzw. »sich selber groß werden lassen = groß, großartig werden« (Dan 8,4.8.11.25; 1Chr 22,5).

Von den relativ seltenen Opposita *qṭn* q. »klein sein« (Gen 32,11; 2Sam 7,19 = 1Chr 17,17), hi. »klein machen« (Am 8,5) und *ṣʿr* q. »klein, gering sein« (Jer 30,19; Sach 13,7; Hi 14,21) wird wieder nur das erstere im Gegensatz zu *gdl* verwendet.

4. a) Überblickt man die Stellen mit *gādōl* in theologischer Verwendung, so fällt auf, daß die Aussage »Jahwe ist groß« o.ä. vor allem in den hymnischen Texten der Zionstradition begegnet (Ps 48,2 »groß ist Jahwe und hoch zu preisen in der Stadt unseres Gottes«; 77,14 »wer ist ein so großer Gott wie Gott«, vgl. Kraus, BK XV,532; 95,3 »denn ein großer Gott ist Jahwe, ein großer König über allen Göttern«, vgl. 47,3 »ein großer König über die ganze Welt«; 96,4 = 1Chr 16,25 »denn groß ist Jahwe und hoch zu preisen, furchtbar ist er über alle Götter«, vgl. Ps 145,3; 99,2 »groß ist Jahwe in Zion, erhaben ist er über alle Völker«; 135,5 »Jahwe ist groß, unser Herr ist größer als alle Götter«; 147,5 »groß ist unser Herr und reich an Macht«; ebenfalls zur Jerusalemer Theologie gehören Jes 12,6 »groß ist in deiner Mitte der Heilige Israels« und, als hymnisches Motiv im individuellen Klagelied, Ps 86,10 »denn groß bist du und tust Wunder«). An mehreren Stellen ist noch deutlich, daß ursprünglich Jahwes Größe den anderen Göttern gegenüber gemeint ist (Ps 77,14; 95,3; 96,4; 135,5), was sich als Übernahme aus vorisraelitischer Jerusalemer Kulttradion des *ʾēl* →*ʿæljōn*, des »höchsten Gottes«, gut verstehen läßt (vgl. das ebenfalls im Kan. beheimatete Epitheton →*ʾaddīr*, ferner →*rab*, das auch im Ug. als Gottesprädikation vorkommt; zur äg. Gottesbezeichnung *Wr* »der Große« vgl. S. Morenz, Äg. Religion, 1960, 156f.). Daneben wird die Größe Jahwes, oft in Verbindung mit dem Königstitel, auf die Völker der Welt bezogen (Ps 47,3; 86,9f.; 99,2; vgl. auch Jer 10, 6f. »groß bist du, und groß ist dein Name durch Macht«; Mal 1,14 »ein großer König bin ich«; Ez 38,23 »groß und heilig werde ich mich erweisen vor den Augen vieler Völker«, mit *gdl* hitp.) oder ohne besondere Beziehung ausgesagt (Ps 48,2; 145,3; 147,5; vgl. auch Ps 104,1 »Jahwe, mein Gott, wie bist du so groß«, mit *gdl* q.).

Aber auch in anderen Zusammenhängen können Gottesprädikationen mit *gādōl* oder mit *gdl* q. gebildet werden, so namentlich in Bekenntnisaussagen (Ex 18,11 Jethro: »nun weiß ich, daß Jahwe größer ist als alle Götter«; 2Sam 7,22 David: »darum bist du groß, mein Herr Jahwe«; 2Chr 2,4 Salomo: »und das Haus, das ich bauen will, muß groß sein; denn unser Gott ist größer als alle Götter«) und in Vertrauensaussagen im Bereich des Klage- und Bittgebetes (Ps 35,27; 40,17 = 70,5; vgl. Mal 1,5; diese Stellen jeweils mit *gdl* q.). Ein weiterer Traditionskomplex wird in den dtn. Reihungen von Gottesepitheta erkennbar (Dtn 7,21 »Jahwe ..., ein großer und furchtbarer Gott«; 10,17 »der große, starke und furchtbare Gott«), die vor allem in der Sprache des nachexilischen Gemeindegebets beliebt sind (Jer 32,18; Neh 1,5; 8,6; 9,32; vgl. 4,8; Dan 9,4; alle Stellen mit *gādōl*).

Seit dtn. Zeit wird nun auch abstrakt von Gottes »Größe« gesprochen (*gṓdæl* Dtn 3,24; 5,24; 9,26; 11,2; 32,3; Ps 150, 2; *g*^{e}*dullā* 1Chr 29,11 in einer langen Reihung ähnlicher Ausdrücke), während die Eigennamen *G*^{e}*daljā(hū)* und *Jigdaljāhū* (»Gott ist groß«) schon etwas vorher einsetzen (Zeph 1,1 bzw. Jer 38,1).

Im Hiobbuch wird Gottes Größe (gegenüber den Menschen bzw. der Schöpfung) nicht durch *gdl* ausgesagt, sondern durch *rbb* q. (Hi 33,12 »Gott ist größer als der Mensch«) und durch *śaggī'* »erhaben« (36,26 »siehe, Gott ist erhaben, wir begreifen es nicht«; vgl. noch 37,23 *śaggī' kō*^{a}*ḥ* »groß an Kraft«); in 36,5 wird *'ēl kabbīr* »gewaltiger Gott« wohl Textfehler sein.

Als Repräsentant und Werkzeug bekommt auch der Messiaskönig das Prädikat »groß« in Mi 5,3 »denn nun wird er groß sein (*gdl* q.) bis an die Enden der Erde«.

b) Von den Gottesprädizierungen sind zu unterscheiden die zahlreichen Stellen, die von der Größe einer göttlichen Eigenschaft, Manifestation oder Aktivität reden. Zu erwähnen sind hier vor allem der Name Gottes (→*šēm*; *gādōl*: Jos 7,9; 1Sam 12,22; 1Kön 8,42 = 2Chr 6,32; Jer 10,6; 44,26; Ez 36,23; Mal 1,11; Ps 76,2; 99,3; *gdl* q.: 2Sam 7,26 = 1Chr 17,24; *gdl* pi.: Ps 34,4; 69,31; *gdl* hi.: Ps 138,2 txt?) und der Tag Jahwes (→*jōm*; Jer 30,7; Jo 2,11; 3,4; Zeph 1,4; Mal 3,23; vgl. Hos 2,2 »der Tag Jesreels«).

Weitere Größen dieser Art, die mit *gādōl* verbunden werden, sind *'af* »Zorn« (Dtn 29,23.27), *z*^{e}*rō*^{a}*'* »Arm, Macht« (Ex 15,16; vgl. Ps 79,11 mit *gṓdæl*), *ḥēmā* »Grimm« (2Kön 22,13 = 2Chr 34,21; Jer 36,7), *ḥæsæd* »Gnade« (1Kön 3,6 = 2Chr 1,8; Ps 57,11 = 108,5; 86,13; 145,8; vgl. Num 14,19 mit *gṓdæl*; Gen 19,19 mit *gdl* hi.), *j*^{e}*šū'ōt* »Heil« (2Sam 22,51 = Ps 18,51 mit *gdl* hi.), *kābōd* »Ehre« (Ps 21,6; 138,5), *kō*^{a}*ḥ* »Kraft« (Ex 32,11; Jer 27,5; 32,17; Nah 1,3 u.ö.; Num 14,17 mit *gdl* q.), *ma'*^{a}*śǣ* »Werk« (Ps 111,2 u.ö.; Ps 92,6 mit *gdl* q.), *n*^{e}*qāmōt* »Rache« (Ez 25,17), *'ēṣā* »Rat« (Jer 32,19), *raḥ*^{a}*mīm* »Erbarmen« (Jes 54,7, sonst mit →*rab*), *tōrā* »Weisung« (Jes 42,21 mit *gdl* hi.).

Besonders beliebt sind in der dtn.-dtr. und späteren Literatur im Anschluß an die Exodustradition (vgl. Ex 14,31 J »die große Machttat« mit →*jād*) die Wendungen mit *gādōl*, in denen von großen Taten, Zeichen, Schrecknissen usw. in der Frühgeschichte des Volkes die Rede ist (Dtn 4, 32.34.36.37; 6,22; 7,19; 9,29; 11,7; 26, 8; 29,2; 34,12; Jos 24,17; Ri 2,7; 2Kön 17,36; Jer 32,21; Neh 1,10; vgl. bei P Ex 6,6 und 7,4; auf ein Ereignis zur Zeit Samuels bezogen 1Sam 12,16).

Zu erwähnen sind schließlich noch die in recht verschiedenartigen Zusammenhängen auftretenden Ausdrücke für die Großtaten Jahwes (*g*^{e}*dullā*: 2Sam 7,21.23; vgl. 1Chr 17,19.19.21; Ps 145,3.6; *g*^{e}*dōlōt*: Dtn 10,21; Jer 33,3; 45,5; Ps 71,19; 106, 21; Hi 5,9; 9,10; 37,5; *gdl* hi.: 1Sam 12, 24; Jo 2,21; Ps 126,2.3).

c) An der überwiegenden Zahl der Stellen ist so *gādōl* ein durchaus positiver Begriff. Dies gilt nicht zuletzt auch von seiner Anwendung auf das Volk Israel, das nach den Erzväterverheißungen ein »großes Volk« (→*gōj*) werden soll (Gen 12,2; 17,20; 18,18; 21,18; 46,3; Dtn 26,5; vgl. auch Ex 32,10; Num 14,12; Dtn 4,6.7.8; mit →*rab*: Gen 50,20; Ex 1,9). Verhältnismäßig selten sind dagegen bei der Wurzel *gdl* (im Unterschied etwa zu →*g'h*, →*gbh*) die negativen Wertungen, bei denen von der Überheblichkeit des Menschen die Rede ist (mit *g*^{e}*dōlōt* Ps 12,4; mit *gṓdæl* Jes 9,8 und 10,12; mit *gdl* hitp. Jes 10,15 und Dan 11,36.37; mit *gdl* hi. vgl. die oben 3c angegebenen Stellen).

Gewissermaßen als Korrektiv zur Überschätzung menschlicher Größe begegnen im AT nicht selten Stellen, an denen gerade der Kleinste, Jüngste oder die Kleinheit und geringe Stellung einer Familie, eines Volkes besonders hervorgehoben wird (Benjamin, Gideon, Saul, David, Bethlehem-Ephrat, auch Israel). Zu diesen »Minimitäts- oder Humilitätsaussagen« (mit *qāṭōn* Gen 42,13.15.20.32.34; 43,29; 44, 26; 1Sam 15,17; Jes 60,22; mit *qāṭān* Gen 44,20; 1Sam 16,11; 17,14; mit *ṣā'īr* Gen 43,33; Ri 6,15; 1Sam 9,21; Jes 60,22; Mi 5,1 txt em; Ps 68,28; mit *m*^{e}*'aṭ* Dtn 7,7 »nicht weil ihr zahlreicher wäret als alle Völker, hat Jahwe sich zu euch herabgeneigt und euch erwählt, denn ihr seid das kleinste unter allen Völkern, sondern weil Jahwe euch liebte ...«) vgl. O. Bächli, Die Erwählung des Geringen im AT, ThZ 22,1966, 385–395.

5. In der Sprache von Qumran, die kaum über den atl. Sprachgebrauch hinausgeht, taucht neu ein Wort *gwdl* für »Daumen« auf (1QM 5,13; vgl. *qōṭæn* »kleiner Finger« in 1Kön 12,10 = 2Chr 10,10).

Zur LXX, zur intertestamentalen Literatur und zum NT vgl. W. Grundmann, Art. μέγας, ThW IV,535–550; O. Michel, Art. μικρός, ThW IV,650–661.

E. Jenni

גּוֹי *gōj* Volk → עַם *ʿam.*

גור *gūr* als Fremdling weilen

1. Die Wurzel *gūr*, in der Bed. »als Fremdling weilen« nur im NWSem. sicher zu belegen, begegnet außer im Hebr. fast nur als Subst. »Gast, Schützling, Klient«.

Akk. *gurru*, in CAD G 140b mit *gēr* in Zusammenhang gebracht, wird in AHw 287a anders erklärt.

Ganz unsicher sind die ug. Belege aus Text 2,27 und 1Aqht (=I D) 153 (WUS Nr. 690.691; UT Nr. 567; Gray, Legacy 122.243).

Phön.-pun. *gr* (KAI Nr. 37A/B, Z. 16 bzw. 10; häufiges Element in Eigennamen, Harris 92f.; vgl. Stamm, AN 264 zu *ubārum*) bedeutet »Schutzbürger, Klient«, ebenso wohl moab. in KAI Nr. 181, Z. 16f., wo auch ein Fem. erschlossen werden kann (KAI II, 176).

Die aram. Belege beginnen, da altaram. *gūr* »exiliert werden« (so DISO 49 nach Dupont-Sommer) wegfällt (so je anders KAI II,263 und K.R. Veenhof, BiOr 20,1963, 142–144, danach R. Degen, Altaram. Grammatik, 1969, 19.71), mit nab. und palm. *gr* »Klient« (DISO 53). In den späteren aram. Dialekten entwickelt sich die abweichende Bed. *gūr* »ehebrechen« (*gajjārā* »Ehebrecher«).

Die beigebrachten südsem. Äquivalente (namentlich arab. *ǧār* »Nachbar«, vgl. äth. *gōr*) tragen zur Erhellung der hebr. Wurzel nichts bei.

Im Hebr. begegnen das Verbum *gūr* (q. und hitpol.) »als Fremdling wohnen«, das Subst. *gēr* »Fremdling, Schutzbürger« und die davon abgeleiteten Abstraktbildungen *gērūt* (Jer 41,17 in einem Ortsnamen, nach Alt, KS III, 358f. »Gastlehen«) und *m^egūrīm* »Fremdlingschaft«.

2. Nach Ausscheiden der Homonyme *gūr* II »angreifen« und *gūr* III »sich fürchten« entsprechend Lis. 319f. verbleiben für *gūr* q. 81 Belege (inkl. Ri 5,17; Jes 54,15b; Jer 13×, Lev 11×), für hitp. 3 (1Kön 17,20; Jer 30,23 txt?; Hos 7,14 txt?). Obwohl *gūr* schon vor dem Exil belegt ist (Gen 12,10; 19,9; 20,1 usw.), liegt der Schwerpunkt des Gebrauchs in der exilisch-nachexilischen Literatur (im Heiligkeitsgesetz Lev 17–26 10×; in Jer 42–50 12×).

gēr findet sich 92× im MT (Dtn 22×, Lev 21×, Ex 12×, Num 11×, Ez 5×, Ps 4×), *m^egūrīm* 11× (exkl. die Sing.-Form in Ps 55,16; Gen 6× und Ex 1×, alle Stellen bei P; ferner Ez 20,38; Ps 119,54; Hi 18,19; Klgl 2,22), *gērūt* 1×.

Es zeigt sich, daß der Begriff *gēr* schon seit früher Zeit verwendet wird (Bundesbuch 6×, 2Sam 1,13), daß er aber erst gegen Ende des Staates Juda (de Vaux I,118) oder nach dem Exil häufiger auftaucht. Die Tatsache erklärt sich hinlänglich durch die Ereignisse (Bevölkerungsverlust, Emigration, wirtschaftliche Schwierigkeiten) und die theologischen Motive (Sorge der Gemeinschaft um ihre Einheit im Unterschied zur Umwelt, u.a. erreicht durch Integration des »Fremdlings in ihren Toren«; daher das Gewicht, das die Rechtstexte priesterlicher Herkunft auf dieses Problem legen, vgl. Elliger, HAT 4,227).

3. a) Der *gēr* unterscheidet sich vom Ausländer im allgemeinen, dem *nokrī* oder →*zār*, dadurch, daß er der niedergelassene Fremde ist, der sich für eine gewisse Zeit im Land etabliert hat und dem daher ein besonderer Status zuerkannt wird. Neben dem *gēr* erscheint häufig der *tōšāb* »Beisasse« (Gen 23,4; Lev 25,23.35 u.ö.), von dem besonders in nachexilischen priesterschriftlichen Texten die Rede ist (14×, davon 8× in Lev). Dessen soziale Stellung ist vergleichbar, wenn nicht identisch mit derjenigen des *gēr*. Dem *gēr* wäre etwa der spartanische περίοικος oder der athenische μέτοικος an die Seite zu stellen.

Der *gēr*, allein oder in einer Gruppe, hat sein Vaterland infolge politischer, wirtschaftlicher oder anderer Umstände verlassen und sucht Schutz in einem andern Gemeinwesen, so Abraham in Hebron (Gen 23,4), Mose in Midian (Ex 2,22=18,3), der Bethlehemit Elimelech und seine Familie in Moab (Ruth 1,1), ein Ephraimit in benjaminitischem Gebiet (Ri 19,16), so auch die Israeliten in Ägypten (Ex 22,20=23,9=Lev 19,34=Dtn 10,19; Lev 25,23). Zu vergleichen wären auch die Beziehungen zwischen den grundbesitzlosen Leviten und den *gērīm*: Ri 17,7ff.; 19,1; Dtn 14,29; 26,11–13 u.ö.

Der *gēr* verfügt nicht über sämtliche Rechte eines Israeliten, u.a. besitzt er kein Land (nach Ez 47,22 wird diese Einschränkung im zukünftigen Israel aufgehoben sein). Er steht im allgemeinen im Dienst eines Israeliten, der sein Herr und Beschützer ist (Dtn 24,14). In der Regel ist der *gēr* arm (vgl. aber Lev 25,47) und wird daher den »wirtschaftlich Schwachen« zugezählt, die wie die Witwen und Waisen Anspruch auf Hilfe haben.

Es steht ihnen das Recht der Nachlese zu (Lev 19, 10; 23,22; Dtn 24,19–21 u.ö.); sie stehen unter göttlichem Schutz (Dtn 10,18; Ps 146,9; Mal 3,5); die Israeliten sollen sie lieben wie sich selbst (Lev 19,34; Dtn 10,19), eingedenk ihrer eigenen Fremdlingschaft in Ägypten (Ex 22,20 u.ö.); sie sollen sich hüten, den *gēr* zu unterdrücken (so schon im Bundesbuch Ex 22,20–23; 23,9), der weitgehend gleiche Rechte wie ihre eigenen Bürger genießt (Anteil am Zehnten, Dtn 14,29; Sabbatjahr, Lev 25,6; Asylstädte, Num 35,15). Nach Lev 20,2; 24,16.22; Dtn 1,16 unterstehen Israelit wie *gēr* der gleichen Gesetzgebung; kurz, im täglichen Leben bestand keine Schranke zwischen *gērīm* und Israeliten (de Vaux I, 117).

b) In religiöser Hinsicht gelten die gleichen Vorschriften für Israeliten und *gērīm* (Ex 12,49; Num 15,15f.): auch der *gēr* hat den Sabbat (Ex 20,10 = Dtn 5,14), das Fasten am Versöhnungstag (Lev 16,29) und das Passah zu halten (Num 9,14 u.ö.) unter der Bedingung, daß er beschnitten ist (Ex 12,48). Er kann opfern (Lev 17,8; 22,18; Num 15,15f. u.ö.) und nimmt an den Festen teil (Dtn 16,11.14). Er ist freilich auch gehalten, die Reinheitsvorschriften zu beobachten (Lev 17,8–16; 18,26 u.ö.; vgl. Lev 17,15 im Unterschied zu Dtn 14,21). So ist der *gēr* gerade auch in diesem Bereich dem Israeliten mehr oder weniger gleichgestellt.

Es hat daher nichts Erstaunliches an sich, daß die LXX den hebr. Begriff meist mit προσήλυτος übersetzt und den *gēr* als Proselyten im technischen Sinne versteht, d.h. als einen, der sich durch einen Akt des Beitrittes (Beschneidung) dem Judentum angeschlossen hat (so auch mittelhebr. *gēr* und aram. *gijājōrā*, vgl. DISO 53 und s.u. 5). In LXX findet sich 77× προσήλυτος, 11× πάροικος (Gen 15,13; 23,4 u.ö., d.h. wenn das spezielle Verständnis als Proselyt ausgeschlosssen ist), 1× ξένος (Hi 31,32) und 2× γ(ε)ιώρας (Ex 12,19; Jes 14,1).

c) Die Stellung des *gēr* hat sich, wie die Quellen zeigen, im Laufe der Zeit geändert. Die Rechtstexte verraten eine immer deutlichere Tendenz, den *gēr* dem Israeliten (terminus technicus für den einheimischen Vollbürger ist *'æzrāḥ*, 17× in Ex, Lev, Num, Jos 8,33; Ez 47,22; außer Lev 23,42 und Ps 37,35 txt em immer dem *gēr* gegenübergestellt) anzunähern, vor allem in religiöser Beziehung. Ursprünglich ein in Israel bzw. in einem der Stämme niedergelassener Auswärtiger und als solcher unter Jahwes Schutz gestellt (Bundesbuch), wird er im Dtn bereits einer besonderen Behandlung an der Seite der Witwe und der Waise gewürdigt, und zwar auf Grund einer heilsgeschichtlichen Konzeption: Israel selber ist einmal *gēr* gewesen. Die priesterliche Tradition schließlich macht den Fremden, indem sie ihm genaue Vorschriften auferlegt, praktisch zum Glied der Gemeinde.

Vgl. zur Geschichte des Begriffs und seinem Hintergrund A. Bertholet, Die Stellung der Israeliten und der Juden zu den Fremden, 1896; E. Neufeld, HUCA 26, 1955, 391–394; P. Grelot, VT 6,1956, 177f.; de Vaux I,116–118; F. Horst, RGG II, 1125f. mit Lit.; K.G. Kuhn, ThW VI, 727–745; Th.M. Horner, Changing Concepts of the »Stranger« in the OT, AThR 42,1960, 49–53; L.M. Muntingh, Die Begrip *gēr* in die OT, NedGerefTTs 3,1962, 534–558.

4. Theologisch sind folgende Gesichtspunkte von Bedeutung:

a) daß Jahwe selber sich um den Schutzbürger in Israel kümmert. Der Gott Israels ist gleichsam sein Schutzherr und befiehlt seinem Volk nicht nur, ihn nicht zu bedrängen, sondern ihn sogar zu lieben (Lev 19,33f.; Dtn 10,19; →*'hb* IV/1).

b) die vor allem vom Dtn (Ex 22,20b; 23,9b sind sekundär, Lev 19,34b eine Entwicklung aus Dtn 10,19) gezogene Verbindung zwischen der ethischen Forderung bezüglich des *gēr* und der Fremdlingschaft Israels in Ägypten.

c) Darüber hinaus ist aber an einigen Stellen Israel (wie schon sein Ahnvater Abraham als Typos, Gen 23,4) auch in Kanaan *gēr* (und *tōšāb*) im Lande Jahwes (Lev 25,23 »mein ist das Land, ihr aber seid Schutzbürger und Beisassen bei mir«; Ps 39,13 »denn ich bin ein Gast bei dir, ein Beisasse wie alle meine Väter«; 119,19 »ich bin ein Gast auf Erden«; 1Chr 29,15 »denn wir sind Gäste und Fremdlinge vor dir wie alle unsere Väter«). Zu diesen (spiritualisierten) Vorstellungen und ihrer traditionsgeschichtlichen Herleitung – hier spielt u.a. auch die Asylfunktion des Heiligtums eine Rolle (vgl. Ps 15,1 mit *gūr*, ferner die phön. mit *gēr* gebildeten theophoren Eigennamen) – vgl. K.L. Schmidt, Israels Stellung zu den Fremdlingen und Beisassen und Israels Wissen um seine Fremdling- und Beisassenschaft, Judaica 1, 1945, 269–296; ders., ThW V, 844–846; H. Wildberger, EvTh 16,1956, 417–420.

5. In hellenistischer Zeit erfährt der religiöse Aspekt des Begriffes *gēr* eine wachsende Betonung. *gēr* bezeichnet nicht mehr nur den niedergelassenen Ausländer, sondern den in die jüdische Gemeinschaft aufgenommenen Heiden, den Proselyten (sowohl im Judentum als auch im NT vom σεβόμενος, dem »Gottesfürchtigen«, unterschieden, vgl. Apg 13,50 u.ö.). Vgl. K.G. Kuhn, Art. προσήλυτος, ThW VI, 727–745; K.L. und M.A. Schmidt – R. Meyer, Art. πάροικος, ThW V, 840–852; W. Grundmann, Art. παρεπίδημος, ThW II, 63f. *R. Martin-Achard*

גּוֹרָל *gōrāl* Los

1. *gōrāl* »Los« ist nur hebr. belegt und gehört mit einiger Wahrscheinlichkeit zu arab. *ǧarwal* »Steinchen« (HAL 195a).

2. *gōrāl* kommt im hebr. AT 77× vor (ohne Spr 19,19K, 1Q *gdl*), mehrheitlich in späten Texten (fehlt in Gen, Ex, Dtn, 1/2Sam, 1/2Kön, Am, Hos, den echten Stücken von Jes usw.), seiner sakral-rechtlichen Primärbedeutung entsprechend vorwiegend in priesterlichen Zusammenhängen (Lev 16,8–10 5×, Num 7×, Jos 14–21 26×, 1Chr 13×, übrige Bücher 0–3×).

Ob in Jes 8,1 mit K. Galling, ZDPV 56, 1933, 213, *gōrāl* für *gādōl* zu lesen und *giljōn gōrāl* mit »Allmende-Blatt« zu übersetzen ist, bleibt fraglich.

3. a) In konkreter Bedeutung bezeichnet *gōrāl* das Los, das geworfen wird, um bestimmte Entscheide herbeizuführen (in Lev 16,8–10 zur Auswahl der Böcke für Jahwe und Asasel, in Ri 20,9 zum Angriff auf Gibea, zur Verteilung der Beute in Ob 11, von Menschen in Nah 3,10, des Volkes in Jo 4,3, von Kleidern in Ps 22,19 (vgl. Mk 15,24 par.), zur Beendigung von Streitigkeiten in Spr 18,18 usw. (weitere Beispiele in HAL 178a; J. Lindblom, Lot-Casting in the OT, VT 12,1962, 164–166).

Die vorausgesetzte Technik des Loswerfens ist (wie die genaue Bedeutung von Urim und Thummim sowie des Ephods) bis heute noch immer nicht ganz deutlich geworden (vgl. A. Musil, Arabia Petraea, III,1908, 293f.; Dalman, AuS II,43f.; StrB II,596f.; R. Press, ZAW 51, 1933,227–231; BHH II, 1103; Lindblom, a.a.O. 164–178). Möglicherweise wird man für verschiedene Orte, Zeiten und Zusammenhänge verschiedene Techniken annehmen müssen. Einzelne Hinweise ergeben sich für das Stichwort *gōrāl* aus Spr 16,33, wonach das Los im Gewandbausch geschüttelt wird, sowie aus den Verben, als deren Subjekt bzw. Objekt *gōrāl* verwendet werden kann (*'lh* »heraufkommen«, *jṣ'* »herauskommen«, *hjh le* und *npl 'l/le* »treffen«, bzw. *ṭūl* hi., *jdd*, *jrh*, *npl* hi., *ntn*, *šlk* hi. »werfen«).

Als sinnverwandte Wörter sind *pūr* (nur in Est) und *qsm/qæsæm* zu erwähnen.

In Est 3,7 und 9,24 wird das Wort *pūr* (mit *npl* hi. »werfen« konstruiert; akk. *pūru* »Los«, vgl. L. Dürr, OLZ 38,1935, 297; J. Lewy, Revue Hittite et Asianique 5,1939, 117–124) mit *gōrāl* erklärt bzw. übersetzt und in 9,26 der Name des Purim-Festes (*pūrīm* auch 9,28f.31f.) davon abgeleitet (vgl. u.a. Ringgren, ATD 16/2, 115f.; Bardtke, KAT XVII/5, 243ff. mit Lit.; BHH III,1532).

qsm bedeutet nach KBL 844b »das Losorakel befragen« (20×); dazu gehören *qæsæm* »Losorakel« (11×) und *miqsām* »Befragung des Losorakels«. Wildberger, BK X, 93.98f. (zu Jes 2,6 txt em) tritt für eine etwas weitere Bed. »wahrsagen« ein.

b) Nach Num 26,55f.; 33,54; 34,13; 36,2f.; Jos 14,2 u.ö. soll den einzelnen israelitischen Stämmen bei der Landnahme ihr Gebiet durch das Los zugeteilt worden sein. Alt, KS I,328 Anm. 1, vermutet sogar, daß alle sieben Jahre eine Neuverlosung stattfand (vgl. auch KS III, 373–381 zu Mi 2,1–5).

Im Gefolge dessen kann der Landanteil eines Stammes oder einer Familie metonymisch als *gōrāl* bezeichnet werden (Jos 15,1; vgl. 16,1; 17,1.14.17; Ri 1,3 u.ö.). *gōrāl* wird damit Parallelbegriff zu *naḥalā* »Besitzanteil« (→*nḥl*), *ḥēlæq* »Anteil« (→*ḥlq*), *ḥæbæl* »Zugemessenes«, *jeruššā* »Besitz« (→*jrš*), *'aḥuzzā* »Besitz« (→*'ḥz*), →*segullā* »Eigentum«, *miqnǣ* »Erwerb« (→*qnh*), →*'æræṣ* »Land« u.ä.

Daß der Begriff im Dtn fehlt, dürfte wohl damit zusammenhängen, daß sich das Dtn nicht für die einzelnen Stammesanteile, sondern nur für das Land als ganzes interessiert (vgl. G. von Rad, Das Gottesvolk im Dtn, 1929, 43).

c) Wie *naḥalā*, *ḥēlæq* und *ḥæbæl* wird auch *gōrāl* übertragen gebraucht und heißt dann allgemein »Anteil, Geschick, Schicksal«.

Der Übergang vom eigentlichen zum übertragenen Gebrauch läßt sich besser als an *gōrāl* an *ḥēlæq* und *naḥalā* zeigen. Als ein Beispiel für viele stehe Num 18,20: »Jahwe sprach zu Aaron: In ihrem Lande sollst du kein Erbgut erhalten (*nḥl*) und du sollst von ihm keinen Anteil (*ḥēlæq*) erhalten; ich bin dein Anteil (*ḥēlæq*) und dein Erbbesitz (*naḥalā*) unter den Israeliten«.

Die wichtigsten Belegstellen für übertragenen Gebrauch sind Jes 17,14 (par. *ḥēlæq*); 34,17 (par. *ḥlq* pi.); 57,6 (par. *ḥēlæq*); Jer 13,25 (par. *menāt* »Anteil«, vgl. Wagner Nr. 175); Ps 16,5f. (par. *menāt*, *ḥēlæq* und *ḥæbæl*); ev. Ps 125,3; Dan 12,13 »du wirst zu deinem Los erstehen am Ende der Tage«.

Zum Ganzen vgl. J.T.E. Renner, A Study of the Word Goral in the OT, Diss.theol. Heidelberg 1958 (Masch.).

4. Insofern das Werfen des Loses wie für allgemein antikes so auch für atl. Verständnis als Einholung eines Gottesurteils gilt, kann die gesamte Verwendung von *gōrāl* als theologisch bezeichnet werden. Deutlich gemacht wird dies im übertragenen Gebrauch dadurch, daß ausdrücklich Jahwe das Los und Schicksal des Menschen bestimmt oder es sogar selber ist. An einer Stelle wird die sonst selbstverständliche Identifikation von Los- und Gottesentscheid nicht vorausgesetzt (vielleicht sogar polemisch in Frage gestellt): Spr 16,33 »im Gewandbausch wird das Los geworfen, (aber) von Jahwe kommt aller Entscheid (*mišpāṭ*)«.

5. In Qumran hat der Begriff einen weiteren Bedeutungswandel erfahren. Er bezeichnet gleichzeitig: a) eine Entscheidung bzw. einen Beschluß, b) den Rang bzw. das Amt im Rahmen der Gemeinschaft, c) eine Partei bzw. Anhängerschaft, d) das (auf Grund der Vergeltung) eintreffende

Schicksal, und e) (in 1QM) sogar eine militärische Formation (vgl. F. Nötscher, Zur theologischen Terminologie der Qumran-Texte, 1956, 169–173).

Das NT schließt sich dem Sprachgebrauch der LXX an, die *gōrāl* in der Mehrzahl der Fälle (62 ×) mit κλῆρος übersetzt, wobei im NT die übertragene Bedeutung überwiegt. Vgl. W. Foerster – J. Herrmann, Art. κλῆρος, ThW III, 757–786.

H. H. Schmid

גיל *gīl* jauchzen

1. *gīl* »jauchzen« kommt außerhebr. noch im Ug. vor, wo in 125 [= II K], 15.99 die Bedeutung durch paralleles *śmḫ* »sich freuen« (hebr. →*śmḥ*) gesichert erscheint.

Zum vermuteten Zusammenhang mit arab. *ǧāla* »sich drehen, umherziehen« vgl. P. Humbert, Laetari et exultare dans le vocabulaire religieux de l'AT, RHPhR 22, 1942, 213 = Opuscules d'un hébraïsant, 1958, 144; anders L. Kopf, VT 9, 1959, 249f. (arab. *ǧll*). Für die Bedeutung von *gīl* im AT sind die angeführten südsem. Verben (vgl. noch HAL 182a) jedenfalls nicht ausschlaggebend.

Das Hebr. bildet neben dem Verbum (Qal) die Verbalnomina *gīl* und *gīlā*. Zum Personennamen *'abīgájil* vgl. J. J. Stamm, FS Baumgartner 1967, 316.

2. Das Verbum begegnet 45 × (Ps 19 ×, [davon fällt 2,11 durch Emendation weg], Jes 11 ×, XII 8 ×, Spr 5 ×, dazu Hhld 1,4 und 1Chr 16,31 [= Ps 96,11]), das Subst. *gīl* 8 × (Ps 3 ×, Propheten 4 ×, Hi 3,22 txt?), *gīlā* 2 × (Jes 35,2; 65,18).

Bei Ps 43,4 ist die Zuweisung zu *gīl* I »Jugend(?)« oder *gīl* II »Jubel« strittig (HAL 182a).

3. Die Wortgruppe findet sich also fast ausschließlich in den Prophetenbüchern und im Psalter; ein großer Teil der Prophetenstellen enthält aber Psalmenformen. Damit gehört *gīl* in den Zusammenhang des Kultes; es hat seinen festen Ort im Vorgang des Gotteslobes. In profanen Zusammenhängen kommt es nur selten vor (Jes 9,2b; 16,10 = Jer 48,33; Hab 1,15; Ps 45,16; Spr 2,14; 23,24.25; 24,17; Hhld 1,4). In Jes 16,10 = Jer 48,33; Hos 9,1 und 10,5 ist das Wort im Zusammenhang der prophetischen Anklage gebraucht.

Im Parallelismus zu *gīl* steht am häufigsten *śmḥ* »sich freuen« (über 30×); es folgen *śūś/śīś* »sich freuen«, *rnn* »jauchzen«, *rūa'* hi. »schreien«, *'lz* »frohlocken« u.a., vgl. die Liste bei Humbert, a.a.O. 206 bzw. 137f.

Es ergibt sich: *gīl* gehört in das Wortfeld, das mit unserem Wort ›Freude‹ bezeichnet werden kann. Dieses Wortfeld ist im Hebr. sehr viel reicher entwickelt als in den modernen Sprachen, weil mit Freude hier nicht primär ein Gefühl, eine Empfindung oder Stimmung gemeint ist, sondern die sich äußernde Freude, also ein Vorgang in der Gemeinschaft. Da nun die Möglichkeit der Äußerung der Freude in Lauten und Gebärden sehr vielfältig ist, gibt es im Hebr. dafür entsprechend viele Vokabeln, die wir aber kaum präzis übersetzen können. Wenn wir *gīl* mit »jauchzen« oder «jubeln« wiedergeben, ist das nur eine annähernde, ungefähre Übersetzung. Da *gīl* an mehr als der Hälfte der Stellen parallel zu *śmḥ* steht, ist damit der weitere Sinn des Wortes, wenn auch nicht die genaue Nuance sicher festgelegt.

Wie *śmḥ* kann *gīl* Äußerung der Freude im profanen Bereich sein: bei einer Hochzeit (Ps 45,16 Subst., vgl. Hhld 1,4), Freude der Eltern an ihrem Kind (Spr 23,24.25), Freude beim Beuteteilen, beim Ernten, Schadenfreude u.ä. (Jes 9,2b; 16,10 = Jer 48,33; Hab 1,15; Spr 2,14; 24,17). Man kann aber zwischen dem profanen und dem kultischen Gebrauch nicht scharf scheiden; in Jo 2,23 ist die Freude über den Regen zugleich »Freude über Jahwe«. Der Gebrauch des Wortes läßt noch deutlich ein Stadium erkennen, in dem profanes Geschehen und Geschehen vor Gott nicht getrennt waren.

b) Subjekt zu *gīl* sind (1) Menschen: ein Einzelner (Jes 61,10; Hab 3,18; Ps 9,15; 13,6; 16,9; 31,8; 35,9; 43,4 txt?; 51,10; Spr 23,24.25; 24,17), das Volk (Ps 14,7 = 53,7; 48,12 u.ö.), die Völker (Jes 25,9; vgl. 66,10), die Armen und die Gerechten (Jes 29,19; Ps 32,11), die Feinde (Ps 13,5; vgl. Hab 1,15), die Frevler (Spr 2,14), Götzenpriester (Hos 10,5), der König (Ps 21,2); (2) die Natur: die Erde (Jes 49,13; Ps 96,11 = 1Chr 16,31; Ps 97,1), Steppe und Wüste (Jes 35,1.2), Hügel (Ps 65,13 mit *gīlā*); (3) Gott (Jes 65,19; Zeph 3,17).

Überwiegend ist also der Mensch Subjekt des Verbs. Dabei ist meist das Volk oder der Einzelne im Gegenüber zu Gott gemeint. Da das Gotteslob immer die Tendenz hat, sich auszuweiten, wird auch der Kreis der Jubelnden ausgeweitet auf die Schöpfung. An zwei späten Stellen ist Gott das Subjekt des Jubelns.

Das (intransitive) Verbum ist überwiegend absolut gebraucht. Sonst ist es häufig mit *be* konstruiert (meistens in bezug auf Gott, z.B. Ps 118,24, oder sein Tun, z.B. Ps 9,15), zweimal auch mit *'al* (Hos 10,5; Zeph 3,17); vgl. Humbert, a.a.O. 205 bzw. 137.

4. a) Die überwiegende Mehrzahl aller Stellen gehören zum Vorgang des Gotteslobes. Bei der Aufforderung zum Lob ergeht der imperativische Lobruf: Ps 32,11

»freuet euch über Jahwe, und jubelt, ihr Gerechten!«; ähnlich Jes 65,18; 66,10; Jo 2,21.23; Sach 9,9. Ps 149,1f. wird der imperativische Lobruf weitergeführt in einem Jussiv: »singet Jahwe ein neues Lied..., es freue sich Israel seines Schöpfers, es sollen jauchzen die Söhne Zions über ihren König!«; Jussive finden sich auch Jes 35, 1.2; Ps 96,11 = 1Chr 16,31; Ps 97,1. Aufforderung zum Lob in der 1. Person (Voluntativ oder Kohortativ) begegnet in Ps 118,24 »dies ist der Tag, den Jahwe gemacht hat; laßt uns jauchzen und uns freuen über ihn!«, ähnlich Jes 25,9; Ps 31, 8. Eine prophetische Abwandlung ist der Aufruf zum Lob im »eschatologischen Loblied«: Jes 49,13; 61,10; 66,10; Sach 9,9. Das Loben oder Jubeln ist Folge der Tat Gottes: Ps 9,15 »damit ich erzähle..., (damit) ich juble über deine Hilfe«; vgl. Jes 29,19; 41,16; Sach 10,7; Ps 14,7 = 53,7; 16,9; 21,2; 48,12; 51,10; 65,13; 89,17; 97,8; mit dem Subst. Jes 9,2a txt em; Ps 43,4 txt?; dem entspricht die Freude Jahwes in Jes 65,19; Zeph 3,17. Im Lobgelübde findet sich *gîl* in Ps 35,9 »aber ich will jauchzen über Jahwe und mich freuen über seine Hilfe!«, dazu Hab 3,18; Ps 13,6.

In der Bitte begegnet das Motiv »daß meine Feinde nicht jubeln«, Ps 13,5. In der Klage wird das Verschwinden von Freude und Jubel (aus dem Haus Jahwes) beklagt (Jo 1,16) und im Gerichtswort angekündigt (Jes 16,10 = Jer 48,33).

In allen diesen Stellengruppen ist der Grundvorgang der gleiche: die freudige, jubelnde Reaktion auf ein Ereignis, in der Mehrzahl der Stellen auf eine rettende oder befreiende Tat Gottes (Ps 9,15; 35,9). Überwiegend ist ein Handeln Gottes in der Geschichte des Volkes oder des Einzelnen gemeint, aber die Geschichte schließt das Schöpfungswirken Gottes ein: Jo 2,21.23. Von daher ist es zu verstehen, daß auch die Stellen, die wir »profan« nennen, nichts grundsätzlich anderes meinen; denn auch die Freude der Eltern an ihren Kindern (Spr 23,24f.) setzt ein Handeln Gottes voraus und ist, so gesehen, Freude über ein Handeln Gottes.

b) Um so stärker ist dann der Kontrast zu den beiden Stellen bei Hosea, in denen *gîl* negativ qualifiziert wird: 9,1 »Freue dich nicht, Israel! Jauchze nicht (l *'al-tāgēl* pr *'æl-gîl*) wie die Völker! Denn du hurst von deinem Gott weg« (Übersetzung H.W. Wolff), und 10,5 »sie umjauchzen es wegen seiner Pracht« (txt?). Zu 9,1 sagt Wolff, BK XIV/1,197: »Hosea belegt zum ersten Mal das Wortpaar *śmḥ* – *gîl*. Er zeigt zugleich, daß es ursprünglich dem dionysischen Charakter der kanaanäischen Fruchtbarkeitskulte zugehört...«. Daß *gîl* auch in den kanaanäischen Fruchtbarkeitskulten vorkam, ist sicher anzunehmen und ist durch 10,5, wenn der Text in Ordnung ist, direkt belegt. Daraus aber folgt nicht, daß der mit *gîl* gemeinte Vorgang oder die Vokabel *gîl* »ursprünglich dem dionysischen Charakter der kanaanäischen Fruchtbarkeitskulte zugehört« (Wolff, a.a.O.). Das Jauchzen als eine Äußerung der Freude, besonders im Kult, ist ein den meisten uns bekannten Religionen gemeinsames Phänomen. In Hos 9,1 aber ist (genau wie in Am 5,23) das Sich-Freuen und Jubeln *Israels* in *seinen* Gottesdiensten verworfen; und zwar nicht, weil es im kanaanäischen Fruchtbarkeitskult seinen Ursprung hätte, sondern weil es nicht Antwort auf das Tun des Gottes Israels ist: »denn du hurst von deinem Gott weg«.

5. *gîl* wird in der LXX vornehmlich durch ἀγαλλιάομαι wiedergegeben, seltener durch χαίρω. In Qumran (vgl. Kuhn, Konk. 44c) und im NT setzt sich der atl. Sprachgebrauch fort. Vgl. R. Bultmann, Art. ἀγαλλιάομαι, ThW I,18–20.

C. Westermann

גלה *glh* aufdecken

***1.** Hebr. *glh* in der transitiven Bed. »aufdecken« hat seine Verwandten vor allem im nwsem. Bereich (DISO 50; HAL 183b, auch zu arab. *ǧalā* »klar machen/werden«): phön. in der Aḥiram-Inschrift (KAI Nr. 1, Z. 2) *wjgl 'rn zn* »... und diesen Sarkophag aufdeckt«; reichsaram. in Aḥ. Z. 141 »decke deine Geheimnisse nicht auf (*'l tglj*) vor deinen Freunden« und in Cowley Nr. 37, Z. 8 »wenn wir erschienen wären (*gljn 'npjn*) vor...«, sowie im späteren Aram. (vgl. z.B. LS 115f.).

Eine zweite, intransitive Bedeutung begegnet im Ug., wo ein Verbum der Bewegung vorliegt (M.H. Pope, El in the Ugaritic Texts, 1955, 64; WUS Nr. 652 *glj* »sich begeben nach«; UT Nr. 579 »to leave«), ferner im Hebr. und im späteren Aram. »fortgehen, in die Verbannung gehen« (als aram. LW auch in akk. *galû*, vgl. AHw 275b), sowie im Arab. (*ǧalā* »auswandern«).

Der Zusammenhang der beiden Bedeutungen, wie er meistens angenommen wird (GB 139f.; HAL 183f.; Pope, a.a.O.), wäre so aufzufassen, daß bei »fortgehen, auswandern = (das Land) bloßlegen« das Objekt »Land« in ständiger Ellipse weggelassen wäre. Bei der Fraglichkeit dieser Ableitung empfiehlt es sich wohl, die etymologische Frage offen zu lassen und für die Semasiologie zwei verschiedene Verben anzunehmen (vgl. Mand. 262f.; Zorell 151f.): transitives *glh* I »aufdecken« (s.u. 4) und intransitives *glh* II »fortgehen, in die Verbannung geführt werden« (s.u. 3).

Im AT begegnet *glh* in allen sieben Stammformen (so nur noch *bq'* »spalten«, →*ḥlh* »krank, schwach sein«, →*jd'* »erkennen«, →*jld* »gebären« und →*pqd* »heimsuchen«); bei Aufteilung auf zwei Verben bleiben für *glh* I »aufdecken« Qal, Ni., Pi., Pu., Hitp., für *glh* II »fortgehen« Qal, Hi. und Ho. (Jes 38,12 ni. ist textlich unsicher). Von den Nomina ist möglicherweise *gillājōn* »Tafel« (Jes 8,1; zu Jes 3,23 s. HAL 185b) zu *glh* I zu rechnen, während *gōlā* »Exulanten; Verbannung« und *gālūt* »Wegführung; Weggeführte« (je mit sekundärer Abstrakt- bzw. Konkretbedeutung) zu *glh* II gehören.

Im Bibl.-Aram. kommen *glh* I q. »enthüllen« und *glh* II ha. »in die Verbannung wegführen« sowie als Subst. *gālū* »Wegführung« vor.

Ob der Eigenname *Joglī* (Num 34,22) von *glh* I abzuleiten ist, bleibt unsicher (vgl. Noth, IP 244).

2. Das Verbum begegnet hebr. 187× (Mand. nennt dazu noch Jer 52,29 in einigen Handschriften und Editionen), aram. 9×. Die Verteilung auf die Verbalstämme ist folgende: qal 50× (»aufdecken« 21×, »fortgehen« 29×, wenn Spr 27,25 entgegen Mand. zu *glh* II gerechnet wird), ni. 32× (Jes 8×, 1Sam 6×, Ez 5×, 2Sam 4×), pi. 56× (exkl. Ps 119,22, entgegen Lis. zu *gll* pi. gerechnet; Lev 24×, Jes 6×), pu. 2×, hitp. 2×, hi. 38× (Jer 13×, 2Kön 12×), ho. 7×; aram. qal 7× (Dan), ha. 2× (Esr). Bei Verteilung auf zwei Verben ergeben sich 112 Belege für *glh* I (dazu aram. 7×) und 75 Belege für *glh* II (inkl. Jes 38,12 ni.; dazu aram. 2×).

gōlā kommt 42× vor (Esr 12×, Ez 11×, Jer 10×), *gālūt* 15× (Jer 5×, Ez 3×), aram. *gālū* 4×.

3. Die Grundbedeutung von *glh* II zeigen Ez 12,3.3, wo der Prophet den Auftrag »geh fort!« erhält, und die Klage 1Sam 4,21.22 »entschwunden ist die Herrlichkeit von Israel«. Die gleiche oder eine ähnliche Bedeutung findet sich Jes 24,11; 38,12 txt? (ni.); Hos 10,5; Hi 20,28 (par. *ngr* ni. »rinnen, sich ergießen«); Spr 27,25 (par. *'sp* ni. »eingesammelt werden«); Klgl 1,3.

An den übrigen Stellen hat das Verbum im Qal die Bed. »in die Verbannung geführt werden« (20×): Ri 18,30(?); 2Sam 15,19; 2Kön 17,23 (par. *sūr* hi. »entfernen«); 24,14; 25,21; Jes 5,13; 49,21 (par. *sūr* »weichen«); Jer 1,3; 52,27; Ez 39,23; Am 1,5; 5,5.5; 6,7.7; 7,11.11.17.17; Mi 1,16. Dazu kommen 39 Hi.-Stellen in der Bed. »(in die Verbannung) wegführen« und 7 Ho.-Stellen (passivisch, in ähnlicher Bedeutung wie das Qal). Einen besonderen Ort hat das Verbum in der prophetischen Gerichtsankündigung bei Amos (1,5; 5, 5.27; 6,7; 7,11.17) und Jeremia (13,19; 20,4; 22,12; 27,20) bekommen; bei Jesaja begegnet diese Gerichtsankündigung nur einmal in seiner Frühzeit (5,13). Die meisten Stellen kommen – in vielerlei Zusammenhang – in Berichten vor, eine auch in der Klage der Betroffenen (Klgl 1,3).

Auffällig ist, daß Jahwe nur in wenigen, meist prophetischen Stellen als der bezeichnet wird, der Israel (Juda) in die Verbannung führt: Jer 29,4.7.14; Ez 39,28; Am 5,27; Klgl 4,22; 1Chr 5,41 (andere Völker: 2Kön 17,11); meist ist das Volk, das Israel ins Exil führt, oder dessen Herrscher Subjekt des Verbums. Wohl ist in der prophetischen Gerichtsankündigung fest verankert, daß das Exil Jahwes Gericht ist, doch eignet dem mit *glh* bezeichneten Vorgang die ganze Schwere eines konkreten politischen Geschehens, das sich gegen eine völlige Theologisierung sträubt. Nur einmal und relativ spät ist das Ineinander von Handeln Jahwes und politischem Geschehen explizit begrifflich gefaßt: »Jahwe durch die Hand Nebukadnezars« (1Chr 5,41). Vgl. im Unterschied dazu etwa Ezechiels Reden vom Exil; er benutzt vorwiegend die von Hause aus unpolitischen Verben *pūṣ* hi. und *zrh* »zerstreuen« (*glh* q./hi. nur Ez 39,23.28; vgl. 12,3), und hier ist Jahwe regelmäßig Subjekt (5,10. 12; 11,16; 12,14f.; 20,23; 22,15; 36,19).

Daß Jahwe, der Gott Israels, sein eigenes Volk in die Verbannung führt, erhält seinen Sinn im Zusammenhang der Geschichte, an deren Anfang die Verheißung des Landes und die Hineinführung in das Land stand; das Gericht Jahwes besteht darin, daß er dem Volk, das sich trotz aller Warnungen von ihm abkehrt, die Gabe des Landes wieder entzieht (vgl. die Parallelisierung von Vertreibung der Völker bei der Landnahme und der Vertreibung Israels 2Kön 17,11 [dtr.], ähnlich Dtn 7, 22; 8,19f.).

Es fällt auf, daß *glh* in diesem Gebrauch im Pentateuch nicht vorkommt, auch nicht im Dtn, in dem ja die Vertreibung aus dem Land eine wichtige und betonte Drohung für den Fall des Ungehorsams ist (statt dessen *'bd mē'al hā'āræṣ* »aus dem Lande verschwinden« Dtn 4,26; 11,17; vgl. 8,19f.; *pūṣ* hi. »zerstreuen« 4,27; 28, 64). Es spricht einiges dafür, daß *glh* »fortgehen«, das zuweilen den alten und weitverbreiteten Brauch der Verbannung eines Einzelnen bezeichnen konnte (2Sam 15, 19), erst dann die Spezialisierung zu »in die Verbannung geführt werden« erfuhr, als Deportationen ganzer Volksteile als Mittel der Eroberungspolitik in Israels Gesichtskreis traten; hier ist vor allem an die Massendeportationen und Umsiedlungen des neuassyrischen Reiches zu denken, aber auch an die von Urartu (Wolff, BK XIV/2, 183f.). In dieser Spezialisierung wurde das Verbum dann erst von der Prophetie des 8. Jh. (besonders von Amos) aufgenommen, ohne sich überall durchzusetzen, wie das Dtn zeigt; erst in der dtr. Sprache ist es zum beherrschenden Terminus für die Exilierung geworden. Dieser Annahme entspricht es, daß die Nomina *gōlā* und *gālūt* »Verbannung, Verbannte« nur bei den Gerichtspropheten und in späteren Geschichtswerken vorkommen.

Einen anderen Vorgang kann man bei *šbh* »gefangen fortführen« erkennen: ursprünglich bezeichnet *šbh* das Erbeuten von Gefangenen (besonders von Frauen und Kindern) auf kriegerischen Streifzügen (Gen 34, 29; 1Sam 30,2ff. u.ö.); seit der Deportation Samarias tritt eine Erweiterung der Grundbedeutung auf (Ob 11), sodaß auch die Exilierung mit *šbh* bezeichnet werden kann (1Kön 8,46 ff.; Jer 13,17; Ez 6,9).

4. a) *glh* I »aufdecken« ist im Qal vorwiegend auf die Sinnesorgane bezogen: das Ohr »entblößen = öffnen« (Subjekt Mensch: 1Sam 20,2.12.13; 22,8.8.17; Ruth 4,4; Subjekt Gott: 1Sam 9,15; 2Sam 7,27 = 1Chr 17,25; Hi 33,16; 36,10.15); das Auge »enthüllen = öffnen« (Num 24,4.16; vgl. pi. Num 22,31 und Ps 119,18). Daneben wird *glh* für das öffentliche Bekanntgeben eines Schreibens verwendet (Est 3, 14; 8,13), das passive Part. *gālūj* substantiviert für den offenen (im Unterschied zum versiegelten) Kaufbrief (Jer 32,11.14). Sonst ist nur noch *sōd* »Geheimnis« Objekt zu *glh* q. (Am 3,7; Spr 20,19; vgl. dazu Spr 11,13 und 25,9 mit *glh* pi., vgl. Jenni, HP 202f.).

b) Im Ni. tritt die Handlung am Subjekt selber in Erscheinung; die Übersetzung kann passiv »aufgedeckt werden« (Blösse: Ex 20,26; Jes 47,3; Ez 16,36.57 txt em; 23,29; Schleppe: Jer 13,22; Fundamente: 2Sam 22,16 = Ps 18,16 par. *r'h* ni. »sichtbar werden«; Ez 13,14; vgl. Mi 1,6 pi.; Schuld, Bosheit: Ez 21,29; Hos 7,1; Spr 26,26; »bekannt werden« Jes 23,1; »geoffenbart werden« Dan 10,1 [ein Wort]) oder reflexiv »sich entblößen« (3× in 2Sam 6,20), »sich zeigen, offenbaren« (Menschen: 1Sam 14,8.11; Tore des Todes: Hi 38,17 par. *r'h* ni.; Gott: Gen 35,6; 1Sam 2,27.27; 1Sam 3,21; Jes 22,14; sein Arm: Jes 53,1; seine Herrlichkeit: Jes 40, 5; seine Gerechtigkeit: Jes 56,1; sein Wort: 1Sam 3,7) sein. Der Imp. in Jes 49, 9 kann tolerativ »laßt euch aufdecken = kommt ans Licht« verstanden werden. Das Part. plur. *hanniglōt* bezieht sich auf die Sinai-Offenbarung und sollte nicht übersetzt werden mit »was offenbar ist«, sondern (nicht-resultativ) mit »was offenbart worden ist (gilt uns und unseren Kindern ewiglich)«.

c) Das Pi. bezeichnet immer das Aufdecken von etwas normalerweise Verborgenem (»aufgedeckt machen«, vgl. Jenni, HP 202f.). Es geht teilweise dem Qal parallel: Augen »öffnen« (Num 22,31; Ps 119,18 neben *nbṭ* hi. »schauen«), »bekannt machen, eröffnen, offenbaren« (Jer 11,20; 20,12; 33,6; Ps 98,2), »verraten« (Jes 16,3; Spr 11,13; 25,9). Weitere Bedeutungen sind: Verborgenes »aufdecken, finden« (Jer 49,10; Hi 12,22 par. *jṣ'* hi. *lā'ōr* »ans Licht bringen«; Mi 1,6 Fundamente), Schuld »aufdecken, anklagen, bestrafen« (Hi 20,27; Klgl 2,14; 4,22 par. *pqd* »heimsuchen«; Jes 26,21 Blutschuld). Der Hauptgebrauch des Pi. bezieht sich aber auf den verbotenen sexuellen Bereich (40× vom Aufdecken der Scham oder dessen, was diese verdeckt: Schleppe, Schleier, Decke in Dtn 23,1; 27,20; Jes 22,8; 47, 2.2; 57,8 txt em; Nah 3,5; Hi 41,5; Ruth 3,4.7). Von dieser Bedeutungsgruppe fallen 24 Stellen auf Lev 18 und 20. Es sind Gesetzesbestimmungen, in denen es um verbotenen Geschlechtsverkehr geht; »die Scham aufdecken« ist hier meist eine Bezeichnung für das Ausüben des Geschlechtsverkehrs. An manchen Stellen hat es die Bed. »schänden«.

Für die Bedeutung des Verbums *glh* insgesamt ist diese Stellengruppe insofern wichtig, als in ihr das Verbum für das Ohr des Israeliten einen negativen Klang hatte: mit dem Objekt *'ærwā* »Scham, Blöße« war *glh* etwas Verbotenes, etwas, wovor man sich zu hüten hatte. Dies hängt damit zusammen, daß nach israelitischer Auffassung die Kleidung etwas zum Menschsein Gehörendes ist; sie ist Gabe des Schöpfers (Gen 3,21), und das Entblößen berührt die Menschenwürde.

Neben Lev 18 und 20 kommt der genannte Gebrauch von *glh* pi. in prophetischen Anklagen vor, die Israel Treulosigkeit gegenüber Jahwe vorwerfen (Jes 57, 8; Ez 23,18.18; vgl. Ez 16,36.57 ni.), und in darauf bezogenen Gerichtsankündigungen: Israel wird von seinen Liebhabern geschändet (Hos 2,12; Nah 3,5; Ez 16,37; 22,10; 23,10; vgl. Jer 13,22 ni.; gegen Babel Jes 47,2.2).

Das Pu. bedeutet im Part. »offen, unverhüllt« (Spr 27,5 Zurechtweisung; Nah 2,8 txt?), das Hitp. »sich entblößen« (Gen 9,21 Noah; Spr 18,2 »Herz«).

d) Nur an relativ wenig Stellen ist Gott Subjekt von *glh* I; es hat also seinen eigentlichen Gebrauch im Bereich profanen Geschehens. Man kann jedenfalls in diesem Verbum keinen theologischen Terminus sehen; vielmehr hörte der Hebräer daraus einen durchaus diesseitigen Vorgang, der gelegentlich – aber nur selten – auch zur Bezeichnung einer actio Dei angewandt werden konnte, vor allem in zwei Stellengruppen: (1) so wie von einem Menschen kann es auch von Gott gesagt werden, daß er jemandem das Ohr entblößt (öffnet), und (2) so wie sich ein Mensch einem anderen zeigt, so kann sich Gott jemandem zeigen (offenbaren).

(1) In 1Sam 9,15 »aber Jahwe hatte ... dem Samuel das Ohr entblößt« ist diese Offenbarung eine Weisung Gottes an den Mittler, die Salbung des Königs betreffend. Im gleichen Zusammenhang steht der Ausdruck »das Ohr öffnen« in Jes 22, 14 »aber offenbart hat sich meinem Ohr Jahwe Zebaoth«; der Satz steht an der Stelle der Botenformel und ist die einzige derartige Stelle in der vorexilischen Schriftprophetie. In 2Sam 7,27 = 1Chr 17,25 sagt David in seinem Gebet: »Du hast das Ohr deines Knechtes entblößt«. Hier ist es aber keine direkte Offenbarung, sondern die durch den Propheten vermittelte.

An den drei Stellen Hi 33,16; 36,10.15 (alle in den Elihu-Reden) ist eine Offenbarung Gottes an einen gewöhnlichen Menschen gemeint; in 33,16 geschieht sie durch Traum oder Nachtgesicht, in 36,10. 15 ist es eine Warnung oder Zurechtweisung Gottes, die nicht mehr als direkte Offenbarung, sondern in schweren Erfahrungen erfolgt. Hier hat also – schon im AT! – das Wort »offenbaren« keinerlei transzendentalen Charakter mehr; es ist mit ihm etwas gemeint, was jeder Mensch erfahren kann, und zwar in den normalen Ereignissen seines Lebensweges.

(2) In Gen 35,7 bezieht sich der Satz »denn dort hatte Gott sich ihm gezeigt« auf die Theophanie in Gen 28 zurück. Die Stelle zeigt, daß das Verbum eine Theophanie bezeichnen kann; das geschieht aber nur an dieser einen Stelle, niemals in Erzählungen von einer Theophanie. In der Erzählung von Samuels Kindheit begegnet das Wort dreimal: Ein Gottesmann erinnert Eli: »So spricht Jahwe: Ich habe mich doch dem Hause deines Vaters offenbart, als sie noch in Ägypten waren« (1Sam 2,27), und dann heißt es in 1Sam 3,21: »Jahwe offenbarte sich dem Samuel« (vgl. noch 1Sam 3,7 »das Wort Jahwes war ihm noch nicht offenbart worden«). Hier also ist ausdrücklich eine Wortoffenbarung prophetischer Art mit der Vokabel *glh* bezeichnet. Dies geschieht auch in Am 3,7 in dem programmatischen Satz: »Jahwe tut nichts ..., ohne seinen Ratschluß seinen Knechten, den Propheten, zu enthüllen (offenbaren)«. Der Satz ist nicht von Amos gesprochen, sondern ist eine spätere Reflexion über das Wirken der Propheten. Die Stellen in 1Sam 2 und 3 (dazu 9,15) zusammen mit Am 3,7 zeigen, daß das Verbum *glh* dazu dienen kann, *nachträglich*, aus dem Abstand der Reflexion, den prophetischen Wortempfang zu bezeichnen. Aber auch das geschieht nur in einer sehr kleinen Stellengruppe (dazu noch die späte Stelle Dan 10,1). Damit tritt um so deutlicher heraus, daß wie die Theophanien so auch der prophetische Wortempfang als solcher im AT *nicht* mit *glh* bezeichnet wird.

Es sind noch die Stellen aus der Bileam-Perikope zu erwähnen, in denen der Seher als »hingesunken und enthüllten Auges« beschrieben wird (Num 24,4.16; vgl. 22, 31). Hier ist mit dem Verbum *glh* ein spezifischer Offenbarungsvorgang beschrieben: dem Seher werden die Augen geöffnet, so daß er etwas sieht, was er sonst nicht sehen könnte, und was nur er sieht. Allein hier gehört das Verbum *glh* notwendig zu dem Vorgang der Schau des Sehers hinzu; hier ist eindeutig in der Schilderung der Vision des Sehers ein ursprünglicher Ort für den Gebrauch des Verbums *glh* in einem »Offenbarungs«vorgang zu erkennen (vgl. H. Haag, »Offenbaren« in der hebräischen Bibel, ThZ 16, 1960, 251–258; ferner W. Zimmerli, »Offenbarung« im AT, EvTh 22, 1962, 15–31 mit Lit.; R. Schnackenburg, Zum Offenbarungsgedanken in der Bibel, BZ 7, 1963, 2–22).

In dem abschließenden Satz Dtn 29,28 »das Verborgene steht bei Jahwe, unserem

Gott; was aber offenbar(t) ist, gilt uns und unseren Kindern für immer« ist daran gedacht, daß das Gotteswort, daß Gottes Gebote und Verheißungen offen zugänglich sind. Auf diese freie Zugänglichkeit des Gotteswortes zielt das Verbum *glh*, wo es Gott zum Subjekt hat, für den Israeliten.

In Jes 40,5 »... und offenbart wird die Herrlichkeit Jahwes ...« hat das Wort den Sinn: »wird erkennbar, wahrnehmbar«, wie die Fortsetzung zeigt: »und sehen wird alles Fleisch«. Hier ist nicht ein spezifischer Offenbarungsvorgang gemeint, sondern Gottes Wirken in der Geschichte: erkennbar wird die Herrlichkeit Jahwes an seiner Rettungstat an Israel. So ist das Verbum auch in Jes 56,1 gemeint. Die Frage in Jes 53,1: »Und wem wird der Arm Jahwes offenbart?« meint: Wem ist das Wirken Jahwes deutlich geworden? An allen drei Stellen also bezieht sich *glh* auf das Wirken Gottes in der Geschichte.

e) Übersieht man die Stellen, in denen Gott Subjekt von *glh* ist, so ergibt sich, daß *glh* im AT nicht so etwas wie ein Terminus für Offenbarung geworden ist. Ein fester, häufiger und klar umrissener Gebrauch zeigt sich nicht. *glh* kann Gottes Sich-Zeigen oder Sich-Offenbaren in einem Reden und in einem Handeln bezeichnen, aber das geschieht nur selten und überwiegend im Abstand der Reflexion. Das Verbum ist so wenig auf spezifische Offenbarungsvorgänge festgelegt, daß es neben der Wortoffenbarung an Propheten (nur selten) oder einer Gotteserscheinung (nur Gen 35,7) auch das Wirken Gottes in der Geschichte und im Schicksal eines Menschen bezeichnen kann. Wenn diese äußerst verschiedenen Arten des Sich-Offenbarens Gottes mit dem einen – noch dazu selten gebrauchten – Verbum *glh* ausgesagt werden können, zeigt das indirekt auch, daß man in Israel diese verschiedenen Möglichkeiten der Offenbarung relativ nahe beieinander gesehen hat und nicht eine gegen die andere ausspielen kann. Zu beachten ist auch, daß das Verbum *glh* in dieser Bedeutung nicht zu einer Nominalbildung geführt hat.

5. Die beiden verschiedenen Bedeutungsgruppen spiegeln sich auch in der Wiedergabe der LXX wieder: *glh* II wird überwiegend mit ἀποικίζειν, sodann mit μετοικίζειν und den entsprechenden Derivaten übersetzt. Daneben kommt αἰχμαλωτεύειν o.ä. vor, das mehr dem hebr. *šbh* entspricht, doch zeigen sich ja auch schon im Hebr. gewisse Überschneidungen. Die Grundbedeutung steht noch hinter der Übersetzung mit ἀπέρχεσθαι.

Die ganz überwiegende Wiedergabe von *glh* I ist ἀποκαλύπτειν; auf den sexuellen Bereich wie auf die Sinnesorgane bezogen, entspricht es dem hebr. Verbum genau. Es können zuweilen aber auch andere Verben des Wegnehmens (z.B. ἐκτίθημι) oder des Erkennens (ἐπιφαίνειν, φανεροῦν) gebraucht werden. Auch die LXX versteht also *glh* noch nicht als speziellen Terminus für »offenbaren«.

Anders ist das schon in Qumran. Zwar begegnen auch hier die traditionellen Wendungen: das Ohr (1QH 1,21; 6,4; 18,4f.; CD 2,2 u.ö.), das Herz (1QH 12,34; 18, 24), die Augen (1QH 18,19; CD 2,14) »öffnen« (*glh* II begegnet nur als Zitat von Am 5,27 in CD 7,14f.), doch daneben kommt ein spezifisch technischer Gebrauch auf: die in der Thora und den Propheten enthaltene Offenbarung der Endzeit, die durch Schriftstudium (*drš*) und Auslegung (*pǣšær*) bekannt gemacht werden muß (1QS 1,9; 5,9.12; 8,1.15.16; 9,13.19; vgl. 1QpHab 11,1; 1QH 5,12; CD 3,13; 15, 13; vgl. D. Lührmann, Das Offenbarungsverständnis bei Paulus und in paulinischen Gemeinden, 1965, 84–87 mit Lit.).

Zum NT vgl. neben der eben genannten Monographie A. Oepke, Art. καλύπτω, ThW III, 558–597. Eine Beziehung zu dem ntl. Offenbarungsbegriff, bei dem sich das Schwergewicht vom Offenbarungsvorgang auf das Offenbarte (den Offenbarungsinhalt) verschiebt, zeigt sich bei dem Gebrauch von *glh* im AT nicht, doch setzt sich das Nebeneinander als Bezeichnung für das Heilshandeln Gottes und für die Vision eines besonderen Einzelnen über die Apokalyptik bis ins NT fort (Röm 3, 21; 1Kor 14,6), vgl. Lührmann, a.a.O. Ein wesentlicher Unterschied zwischen dem Gebrauch von *glh* im AT und dem ntl. Offenbarungsbegriff liegt darin, daß die strenge Zuordnung von Offenbarung und Glaube hier ganz fehlt; im AT wird mit *glh* ein Sich-Zeigen Gottes bezeichnet, das erfahren werden kann.

C. Westermann / R. Albertz

גמל *gml* antun, erweisen

1. Die Wurzel *gml* läßt sich nur im Akk., im Hebr. und im Arab. sicher und ursprünglich nachweisen; die Bedeutungen gehen allerdings ziemlich stark auseinander.

Das Akk. hat *gamālu* »freundlich behandeln, schonen, retten« (AHw 275f.; CAD G 21–23) und zahlreiche Ableitungen, namentlich *gimillu* »freundliche (seltener negative) Vergeltung« (AHw 288f.) und *gitmālu* »vollkommen« (AHw 294; von CAD G 110f. allerdings wegen der abweichenden Bedeutung von *gamālu* getrennt).

Die jüd.-aram., sam. und mittelhebr. Belege (HAL 189a) sind rein bibelsprachlich und haben daher keine originale Beweiskraft.

Im Arab. erscheinen zwei verschiedene Begriffe: *ǧamala* »sammeln« und *ǧamula* »schön sein« (mit Ableitungen, z.B. *ǧumlat* »Gesamtheit, Summe«). Zum Problem der Etymologie vgl. L.Kopf, VT 8,1958, 168f.

Einen Zusammenhang mit der (akk., ug., hebr., aram. usw. belegten) Wurzel *gmr* anzunehmen, liegt nahe.

Im Hebr. begegnet nur das Qal in der Bed. »zu Ende sein, zu Ende bringen« (Ps 7,10; 12,2; 57,3; 77,9; 138,8; vgl. bibl.-aram. *gᵉmīr* »ausgefertigt« in Esr 7,12). M.Dahood, The Root GMR in the Psalms, ThSt 14, 1953, 595–597, und Bibl 45, 1964, 400, gibt für Ps 7,10; 57,3; 138,8 die Bed. »rächen« (danach HAL 190a »vergelten, ahnden«) entsprechend ug. *gmr* (WUS Nr. 664; UT Nr. 592) und stellt *gmr*/*gml* zusammen; anders O. Loretz, Das hebr. Verbum GMR, BZ 5,1961, 261–263. Daß die Wurzel *gmr* im Sinne der Bedeutung von *gml* verstanden werden konnte, zeigt die LXX-Übersetzung von Ps 57,3, wo *gōmēr* mit εὐεργετήσας wiedergegeben wird.

Im AT wird außer dem Qal nur das Ni. (»entwöhnt werden«) verwendet; nominale Ableitungen sind: *gᵉmūl* und *gᵉmūlā* »Tun, Vergeltung« und *tagmūl* »Guttat«; dazu kommen die Personennamen *Gāmūl*, *Gᵉmallī* und *Gamlī'ēl* (Noth, IP 182).

2. Das Verbum *gml* q. begegnet 34× (23× in der Bed. »antun, erweisen«, 11× »entwöhnen, reifen«), *gml* ni. »entwöhnt werden« 3× (Gen 21,8.8; 1Sam 1,22). *gᵉmūl* findet sich 19× (nur Ps 103,2 im Plur.), *gᵉmūlā* 3× (2Sam 19,37 im Sing., Jes 59,18 und Jer 51,56 im Plur.), *tagmūl* 1× (Ps 116,12 Plur., mit aram. Suffix).

Von den insgesamt 60 Belegen der Wortgruppe stehen 15 in Ps, 12 in Jes, 6 in 1Sam, 5 in Spr.

3. Eine für alle Ableitungen gültige Grundbedeutung anzunehmen, fällt schwer. Der nachfolgenden Entwicklung dürfte am ehesten die Bed. »vollführen, antun (bis zum Ende, zur Erfüllung), vervollständigen« zugrunde liegen (vgl. GB 144a »vollenden« unter Hinweis auf arab. *kml* »vollkommen sein« u.a.). Von hier aus kann es einerseits zu der Bed. »antun« kommen, und zwar Gutes (1Sam 24,18bα; Spr 11,17; 31,12) oder Böses (Gen 50,15. 17; Dtn 32,6; 1Sam 24,18bβ; Jes 3,9; Ps 7,5; 137,8; Spr 3,30; 2Chr 20,11), was gelegentlich die Nuance des »Vergeltens, Wiedererstattens« annimmt (2Sam 19,37). Vgl. auch die Doppelbedeutung in akk. *turru gimilla* (AHw 289a; s.o. 1). Eben dadurch wird ein ungleich gewordenes Verhältnis wieder ausgeglichen und zur Vollendung gebracht (vgl. z.B. Ps 7,5). So kann *gml* auch in Verbindung mit *šlm* pi. »vergelten« gebraucht werden (Jo 4,4; Ps 137,8). Andererseits erwächst aus dem oben angenommenen Ausgangspunkt auch die Bed. »(ein Kind) vollenden = entwöhnen« (1Sam 1,23f.; 1Kön 11,20; Jes 11, 8; 28,9; Hos 1,8; Ps 131,2) und »reifen« (Num 17,23 Mandeln an Aarons Stab; Jes 18,5 Trauben).

Das Subst. *gᵉmūl* begegnet nur im Sinne des Wiedererstattens und Vergeltens (Jes 3,11; Spr 12,14; 2Chr 32,25) oder des Tuns von Gut oder Böse (Jo 4,4.7; ähnlich *gᵉmūlā* 2Sam 19,37), das auf den Täter zurückfallen kann (Ri 9,16; Ob 15; Ps 28, 4; 94,2; Klgl 3,64). *gᵉmūl* kann wie das Verbum in Verbindung mit der Wurzel *šlm* gebraucht werden (Jes 59,18; 66,6; Jer 51,6; Jo 4,4; Ps 137,8; Spr 19,17; mit *šūb* hi. »vergelten« Jo 4,4.7; Ps 28,4; 94,2; Spr 12,14; Klgl 3,64).

4. Auch zur Beschreibung des Verhaltens Gottes zu den Menschen (2Sam 22, 21 = Ps 18,21) und umgekehrt (Jo 4,4) werden Ableitungen von der Wurzel *gml* gebraucht. Die Belege lassen dabei insbesondere das Wirken Gottes zum Guten hervortreten (Jes 63,7; Ps 13,6; 103,10; 116,7; 119,17; 142,8), woraus aber kaum eine eigene Bedeutungsnuance in diesem Bereich abzuleiten sein dürfte. Das Substantiv bezeichnet die göttlichen Taten (Ps 103,2), die ein entsprechendes menschliches Verhalten vergelten (Jes 35,4). Es wird oft mit *šlm* pi. verbunden (s.o. 3; Jes 59,18, hier auch *gᵉmūlā*; 66,6), wodurch die ursprüngliche Bed. »vollenden, wiedererstatten (um zu einem Abschluß zu bringen)« angezeigt wird (vor allem Spr 19,17). So kann Gott sogar *'ēl gᵉmūlōt* »Gott der Vergeltung« genannt werden (Jer 51,56 gegen Babel, par. »er zahlt's ihnen heim« mit →*šlm* pi.).

5. *gml* ist in der Bed. »antun« in den Schriften von Qumran bekannt, ebenso *gᵉmūl* (Kuhn, Konk. 45f.). LXX verwendet neben zahlreichen anderen Umschreibungen am häufigsten ἀνταποδίδωμι o.ä., wobei allerdings nur die Bed. »antun, vergelten« berücksichtigt ist; vgl. F. Büchsel, ThW II,170f., zu diesen Vokabeln im NT.

G. Sauer

גער g'r schelten

1. Das Verbum *g'r* »schelten« findet sich im AT nur im Qal; zwei feminine Substantive sind von ihm abgeleitet: *ge'ārā* und *mig'æræt* (HAL 192a und KBL 494a mit Suppl. 164). Die Wurzel begegnet auch im Ug. (UT Nr. 606; WUS Nr. 681; Gröndahl 125) und in anderen verwandten Sprachen (aram., arab., äth., teilweise auch für die Lautäußerungen von Rindern und Pferden, vgl. ug. Text 56,23), fehlt aber im Akk. (vgl. HAL 192a).

2. Im AT ist das Verbum 14 ×, das Subst. *ge'ārā* 15 ×, das Subst. *mig'æræt* 1 × (Dtn 28,20) belegt.

Mal 2,3 ist allerdings mit Horst, HAT 14,266; HAL u.a. in *gōdēa'* zu ändern; die von H. Gunkel, Schöpfung und Chaos, 1896, 94 Anm. 8, vorgeschlagene Änderung von *rg'* in Jes 51,15; Jer 31,35 in *g'r* konnte sich nicht durchsetzen.

Spr 13,8 ist mit Gemser, HAT 16,48, zu ändern (gegen F.M. Seely, Note on *g'rh* with Especial Reference to Proverbs 13 : 8, The Bible Translator 10, 1959, 20f.); in Jes 30,17 wird das zweite *ge'ārā* von manchen Auslegern gestrichen (z.B. O. Procksch, Jesaja I, 1930, 394).

3. Die Grundbedeutung von *g'r* ist nach P. Joüon, *gā'ar* et *ge'ārāh*, Bibl 6, 1925, 318ff., und Seely, a.a.O. 20f., »laut schreien, anschreien« (vgl. auch A.A. Macintosh, A Consideration of Hebrew *g'r*, VT 19, 1969, 471–479). Von den vielen Verben mit der Bed. »schreien« (s. KBL Suppl. 73; →*ṣ'q*) unterscheidet es sich durch die Einengung auf »scheltend schreien, schelten«. Schelten hat im Deutschen ebenfalls die Grundbedeutung »Lärm erheben über etwas« (Kluge 643). Schelten oder Schimpfen ist »ein sterilisiertes und domestiziertes Fluchen oder Bannen« (C. Westermann, Grundformen der prophetischen Rede, 1960, 48; van der Leeuw 463f.); es will »jemanden heruntermachen«. Der Stamm *g'r* begegnet in Ps 119,21 und Dtn 28,20 neben Formen von →*'rr*. An vielen Stellen ist die zerstörende Wirkung des *g'r* belegt (J. Pedersen, Der Eid bei den Semiten, 1914, 82; Seely, a.a.O. 20f.); aus diesem Grund empfiehlt sich eine Wiedergabe mit »drohen« (so HAL u.a.) nicht (Westermann, a.a.O. 46f.: »drohen« meint primär eine Geste, läßt das Eintreffen des Angedrohten offen und hat meist bedingten Charakter – all dies trifft für *g'r* nicht zu; vgl. Joüon, a.a.O. 320). Gen 37,10 zeigt durch die Mitteilung des Wortlautes der Schelte den »heruntermachenden« Charakter des *g'r*. Die weisheitlichen Belege Spr 13,1; 17,10; Pred 7,5 sind in demselben Sinn zu verstehen. Subjekt des *g'r* ist dabei der Vater oder der Weisheitslehrer. Wenn in Ugarit Baal die Götter wegen ihrer Mutlosigkeit (137 [= III AB, B] 24), Anat Baal wegen seines Übereifers im Kampf gegen Jam (68 [= III AB, A] 28) schilt, wenn in Jer 29,27 der Leiter der Tempelpolizei Jeremia und in Ruth 2,16 die Knechte des Boas Ruth nicht schelten, dann soll bzw. sollte das Schelten jedesmal etwas verhindern (Gunkel, a.a.O. 59 Anm. 2). In Jes 30,17 bezeichnet *g'r* eine kriegerische Handlung; es dürfte sich aber kaum um den »Kriegsruf der Assyrer« handeln (B. Duhm, Das Buch Jesaja, [5]1968, 221; J. Jeremias, Theophanie, 1965, 33 Anm. 2, hält dies für die Grundbedeutung), sondern eher um die den Kampf eröffnende Scheltrede (vgl. Gunkel, a.a.O. 113), wie wir sie aus Homers Ilias (z.B. XVII, 11ff.) kennen (vgl. 1Sam 17,41ff.; Enuma eliš IV,76ff.). Kriegsgeschrei heißt hebr. *terū'ā* oder *ṣáraḥ*. Die Pointe in Jes 30,17 wäre demnach: schon beim Schelten fliehen die Israeliten.

Dem letztgenannten Zug entspricht die Konstruktion von *g'r* (fast immer) mit *be* (= feindliches »gegen«, BrSynt § 106h) und von *ge'ārā* mit *min* bei Verben mit Passivbedeutung (z.B. Ps 18,16; 76,7; 80,17) oder bei »fliehen« (Jes 30,17; Ps 104,7).

4. Der spezifisch theologische Sprachgebrauch knüpft vor allem an die Schelte im Kampf an. In den Erwähnungen des Chaoskampfes Jahwes begegnet *g'r* oft (Ps 104,7; Hi 26,11; Nah 1,4; Ps 68,31; 106,9; 18,16 [= 2Sam 22,16]; Jes 50,2; vgl. Gunkel, a.a.O. 68.106.111; Jeremias, a.a.O. 20.31ff.67f.90ff.146; gegen Ph. Reymond, L'Eau, sa vie, et sa signification dans l'AT, SVT 6, 1958, 188f., ist festzuhalten, daß Chaoskampf und damit *g'r* nicht ursprünglich zur Schöpfungsdarstellung gehören, vgl. Westermann, BK I,43). Wirkungen des *g'r* sind: das Meer, die Wasser, die Tehom, das Schilfmeer flieht, weicht zurück oder trocknet aus, die Säulen des Himmels schwanken. *g'r* steht parallel zu Gottes »Zorn« (*ẓá'am*, →*'af*, →*ḥēmā*, Nah 1,4ff.) oder zu *rg'* »erregen«, *mḥṣ* »niederschlagen«, *ḥll* pol. »durchbohren« (Hi 26,11). Mit dem Chaoskampfmotiv zusammen findet sich *g'r* in Epiphanien (C. Westermann, Das Loben Gottes in den Psalmen, 1953, 69ff.). Vielleicht hängt auch das *g'r* im Kampf Jahwes gegen die Völker (Jes 17,13; Ps 9,6; Jes 66, 15 Weltgerichtsepiphanie; Ps 80,17; 76,7 am Schilfmeer) und gegen die Geister Belials (1QM 14,10) mit dem Chaoskampfmotiv zusammen. Wo Israel Objekt göttlichen Scheltens ist (Jes 51,20; 54,9), steht wohl ebenfalls die Vorstellung von Jahwe als Kämpfer im Hintergrund. In Mal 3,11 soll Jahwes Schelten den Heuschreckenfraß (Horst, HAT 14,273), in Sach 3,2 die oppositio des Satans gegen einen Hoheitsakt Jahwes (Horst, BK XVI,13f.) verhindern.

5. Qumran knüpft an den theol. Sprachgebrauch des AT an. Zu LXX und NT vgl. E. Stauffer, Art. ἐπιτιμάω, ThW II, 620–623; Joüon, a.a.O. 320f.; H. Hanse, Art. λοιδορέω, ThW IV,295–297; H.C. Kee, NTS 14, 1967, 232–246. *G. Liedke*

גֵּר *gēr* **Fremdling** → גור *gūr*.

דבק *dbq* anhangen

1. Die Wurzel *dbq* begegnet nur im Hebr. und Aram., sowie, wahrscheinlich aus dem Aram. übernommen, im Arab. (Fraenkel 120f.); vgl. äth. *ṭbq*.

Vom Verbum sind Qal, Pu., Hi. (normal kausativ »anhaften lassen« und innerlich-transitiv »sich anhaften lassen, einholen«) und Ho. belegt; dazu kommen das Verbaladjektiv *dābēq* »anhangend, anhänglich« und das Subst. *dǽbæq* »Lötung« (Jes 41,7), »Anhängsel« (1Kön 22,34 = 2Chr 18,33).

Dem AT zeitlich nahestehende außerbiblische Vorkommen sind nur aram. *dbq* q. in den Elephantine-Papyri (5. Jh. v.Chr.; DISO 54), in Verträgen von der Begrenzung der Grundstücke, Gebäudeteile usw. gebraucht (z.B. BMAP 9,9 *'lj' lh bjt Qnḥntj dbq lh 'gr b'gr* »oberhalb davon grenzt das Haus des Q. daran, Mauer an Mauer«), ferner im Genesis-Apokryphon von Qumran in der Bed. »erreichen« (meist stereotyp, z.B. 21,1 *'d dj dbqt lbjt 'l* »bis ich nach Bethel gelangte«).

2. Im AT ist die Wortgruppe 60× hebr. und 1× aram. in normaler Streuung belegt (*dbq* q. 39×, aram. q. 1×, pu. 2×, hi. 12×, ho. 1×; *dābēq* 3×, *dǽbæq* 3×).

3. Sämtliche Bedeutungen gruppieren sich eng um die Grundbedeutung »dicht daran sein«; hier seien nur die wichtigsten erwähnt:

a) Im gegenständlichen Bereich drückt das (neutrisch flektierte) Qal den Zustand aus: »anhaften, ankleben, sich anschmiegen, angrenzen«, wobei das Verbum außer in Gen 19,19 intransitiv mit den Präp. *b^e^*, *l^e^*, *'æl*, *'im* und *'aḥ^a^rē* konstruiert wird. Dazu gehört kausatives Hi. »anhaften lassen« mit *b^e^* oder *'æl*.

b) Von Personen ausgesagt, bedeutet das Qal »(willentlich) anhangen, festhalten an, sich halten zu« usw., während das (innerlich-transitive) Hi. »sich dicht daran sein lassen« in militärischen Zusammenhängen »erreichen, einholen, folgen« ausdrückt (mit Objekt oder mit *'aḥ^a^rē*).

Im Aram. sind die Bedeutungen »erreichen« und »folgen« teilweise auch im Qal vorhanden (Genesis-Apokryphon, chr.-pal. und syr.); vgl. zum Bedeutungsübergang *dbq* mit *'aḥ^a^rē* in Jer 42,16.

c) Als am nächsten sinnverwandtes Verbum ist zu erwähnen *ḥšq* q. »(in Liebe) anhangen« (8×), das zur Bezeichnung einer Beziehung zwischen Mann und Frau (Gen 34,8; Dtn 21,11), Mensch und Gott (Ps 91,14) und Gott und Mensch (Dtn 7,7; 10,15), sowie allgemeiner in der Bed. »(an einer Tätigkeit) Lust haben« (1Kön 9,19 = 2Chr 8,6, mit dem entsprechenden Subst. *ḥēšæq* »Lust, Begehren« 1Kön 9,1.19; 2Chr 8,6) verwendet wird. *ḥšq* pi. »verbinden« (Ex 38,28, dazu pu. Ex 27,17; 38,17, sowie *ḥiššūq* »[Verbindung =] Radspeiche« 1 Kön 7,33) und *ḥāšūq* »Verbindung« (8× in Ex 27,10f.; 36,38; 38,10–19) haben eine bautechnisch-kunsthandwerkliche Spezialbedeutung angenommen.

d) Als Opposita zu *dbq* »anhangen« können *'zb* »verlassen« (Gen 2,24; Ruth 1,14.16), *sūr* »weichen« (2Kön 3,3; 18,6) und *'lh mē'aḥ^a^rē* »abfallen von« (2Sam 20,2) angeführt werden.

4. Der theologische Gebrauch von *dbq* »(Gott) anhangen« schließt an die oben 3b genannte Verwendung ohne weiteres an. Außer Ps 63,9 »meine Seele hängt an dir« gehören alle Belege der dtn.-dtr. Sprache an: Dtn 4,4; 10,20; 11,22; 13,5; 30,20; Jos 22,5; 23,8.(12); 2Kön 18,6. Vgl. noch das andersartige Bildwort in Jer 13,11 und *ḥšq* q. »(in Liebe) anhangen« in Ps 91,14. Ob in der dtn.-dtr. Verwendung mehr das Parallelwort →*'hb* »lieben« (vgl. Dtn 11, 22; 30,20; Jos 22,5; 23,11f.; *'hb* sonst parallel zu *dbq* in Gen 34,3; 1Kön 11,2; Spr 18,24) oder die Gefolgschaftstreue (vgl. 2Sam 20,2, dazu W. L. Moran, CBQ 25, 1963, 78; *dbq* neben *'bd* in Dtn 10,20; 13,5; Jos 22,5; 23,7f.) mitschwingt, kann unentschieden bleiben (N. Lohfink, Das Hauptgebot, 1963, 79). Das Verbum ist ohnehin meist nur fakultatives Füllwort in längeren Reihen von Verben der rechten Gottesbeziehung (Tabelle bei Lohfink, a.a.O. 303f.). Im Unterschied zu dtn. →*'hb* »lieben« und *ḥšq* »aus Liebe anhangen« (Dtn 7,7; 10,15) ist bei *dbq* Gott nie Subjekt.

5. Der dtn. theol. Sprachgebrauch ist in Qumran und im NT (außer vielleicht in 1Kor 6,17) nicht mehr lebendig; eine größere Rolle spielt dagegen Gen 2,24 (vgl. K. L. Schmidt, Art. κολλάω, ThW III, 822f.). *E. Jenni*

דָּבָר *dābār* Wort

I. 1. Die Lexikographen unterscheiden bei hebr. *dbr* zwei verschiedene Wurzeln: I »hinten sein, den Rücken (arab. *dub*[*u*]*r*) kehren« und II »Wort, Sache«. Während die ziemlich seltene Wurzel I eine Reihe von Derivaten zählt (*debīr* »Hinterraum«, *dōbær* »Trift«, *dōberōt* »Floß«, *midbār* »Steppe«), steht II merkwürdig isoliert da und beschränkt sich hauptsächlich auf die häufigen Vokabeln *dābār* »Wort, Sache« und *dbr* pi. »sprechen, reden«. Neben der Pi.-Form erscheinen die viel schwächer entwickelten Stammformen Qal, Ni., Pu. und Hitp. Etymologisch zusammenhängend mit *dbr* II sind ferner *dibrā* »Sache« als sekundäre Weiterbildung zu *dābār* und *dibbēr* als seltene Nominalform zum Verbum, ferner als nomen instrumenti *midbār* (II) „Redewerkzeug, Mund«.

In der präpositionalen Wendung *'al-dibrat* (Pred 3,18; 7,14; 8,2) sieht M. Dahood, Bibl 33, 1952, 47f., wegen des auslautenden *-t* eine phön. Bildung.

Wahrscheinlich ist ferner das Hapaxlegomenon *dabbæræt* (Dtn 33,3) vom Verbum *dbr* pi. abgeleitet; vgl. jedoch I.L. Seeligmann, VT 14, 1964, 80, der eine Herleitung von *dbr* I befürwortet (»hinter dir«).

Darüber hinaus wäre noch zu erwägen, ob *dābār* auch hinter *dæbær* »Beulenpest« stecken könnte und als euphemistischer Deckname aufzufassen wäre; vgl. im Dt. die Verwendung von »Ding« als verhüllender Bezeichnung von »Krankheiten, zumal wenn Geschwüre und Beulen damit verbunden sind« (J. und W. Grimm, Dt. Wörterbuch II, 1860, 1164).

Zu *dbr* pi. I »den Rücken kehren« rechnet HAL 201b nicht nur Hi 19,18; Hhld 5,6 (2Chr 22,10 »ausrotten«; vgl. *dbr* hi. »wegtreiben« Ps 18,48; 47,4) wie KBL 199b, sondern auch Jes 32,7; Ps 75,6; 127,5. Ferner wird in Spr 21,28 ein *dbr* pi. III »Nachkommenschaft haben« angesetzt (HAL 202b). Weitere Vermutungen verzeichnet Barr, CPT 324.

2. Eine überzeugende Etymologie für *dābār* ist bis jetzt nicht gefunden.

Zur etymologischen Verbindung von *dbr* I und *dbr* II vgl. z.B. W. Leslau, Language 25, 1949, 316; J.T. Milik, Bibl 38, 1957, 252; gegen deren Mißbrauch wendet sich J. Barr, Bibelexegese und moderne Semantik, 1965, 133–143.

Gewöhnlich wird *dbr* II mit *debōrā* »Biene« in Verbindung gesetzt und als lautmalendes »summen« erklärt. Gegen die Annahme Buhls, die Grundbedeutung von *dābār* sei »eine bei den Gerichtsverhandlungen und in Volksversammlungen behandelte Sache« (F. Buhl, Über die Ausdrücke für: Ding, Sache u.ä. im Semitischen, FS Thomsen 1912, 33), spricht die Tatsache, daß *dābār* in der Rechtssprache nur sehr spärlich und *dbr* pi. überhaupt nicht verwendet wird; s.u. III/2.

Das seltene akk. *dab/pāru* »satt werden« (CAD D 104a) gehört in einen anderen Sinnbereich als hebr. *dbr* und scheidet für die Etymologie aus.

Indessen besitzt das Akk. in *dabābu* eine reich entwickelte Vokabel, die semasiologisch – nominal und verbal – der hebr. Wurzel auffallend entspricht. Als Substantiv steht *dabābu* wie das hebr. *dābār* für »Rede« und »Rechtssache«, als Verbum für »sprechen« in umfassendstem Sinn (CAD D 2–14; AHw 146f.). Auch das Hebr. kennt die Wurzel *dbb: dibbā* »Gerede, Nachrede« (9×). Es ist aber zu fragen, ob die semasiologische Affinität zwischen akk. *dabābu* und hebr. *dābār/dbr* ein bloßer Zufall ist, oder ob vielleicht ein etymologischer Zusammenhang hinter ihr stecken könnte. Die semasiologische Isoliertheit des nwsem. *dbr* läßt vermuten, daß es sich nur scheinbar um eine Wurzel *dbr* handelt, und daß die Vokabeln als eine Analogiebildung verstanden werden sollten, wodurch ein ursprüngliches *dbb* an das semasiologisch nahestehende und teilweise synonyme →*'mr* »sagen« angeglichen worden wäre. Die lautliche Verwandtschaft zwischen *dbr* und *'mr* bezieht sich nicht nur auf den dritten, sondern auch auf den mittleren, labialen Radikal. Es sei hier nur an die wohlbekannte Erscheinung erinnert, daß Wurzelgruppen mit zwei gemeinsamen Radikalen sehr oft semasiologisch identisch oder verwandt sind (vgl. Moscati, Introduction 72f.).

3. Außerhalb des Hebr. (vgl. noch die Belege in den Lachisch-Ostraka und in der Siloah-Inschrift, Z. 1) ist die Wurzel auf eine geringe Verwendung in phön.-pun. (pi. »sprechen« und Subst. »Wort, Sache«) und in reichsaram. (nur in der Wendung *'l dbr* »in bezug auf«) Texten beschränkt (DISO 55). Im Bibl.-Aram. erscheint nur die Nominalbildung *dibrā* »Angelegenheit« (Dan 2,30; 4,14; vgl. KBL 1063b).

Im Ug. fehlt *dbr* II; die Bed. »sprechen« und »Wort« wird durch die Wurzel *rgm* ausgedrückt (vgl. UT Nr. 2307; WUS Nr. 2491).

II. Das Nomen *dābār* ist 1440× belegt und steht unter den nach der Häufigkeit geordneten Substantiven an 10. Stelle. Beim Verbum ist das Pi. mit 1084 Belegen die unvergleichlich häufigere Stammform als das Qal (41×).

In Lis. fehlt bei *dābār* 2Chr 8,14 (1Chr 17,6; 34,16 im Nachtrag); beim Verbum ist Hi 16,4 als q. statt als pi. verzeichnet. Nicht gezählt sind in der folgenden Tabelle *lō dābār* als Eigenname in Am 6,13 (u.ö.) und *dbr* pi. III in Spr 21,28 »Nachkommenschaft haben«, wohl aber (entgegen Jenni, HP 231.282 nach HAL 201b) Jes 32,7; Ps 75,6; 127,5 (s.o. I/1). Die Ausscheidung von Sing. und Plur. folgt jeweils dem Q (Sing. in Ri 13,17; 1Kön 8,26; 18,36; 22,13; Jer 15,16; Ps 105,28; 119,147; Dan 9,12; Esr 10,12; Plur. in Ps 147, 19).

	dābār			*dbr*	
	Sing.	Plur.	total	Pi.	Qal
Gen	31	30	61	72	1
Ex	39	23	62	86	1
Lev	7	1	8	66	–
Num	24	5	29	115	3
Dtn	49	47	96	69	1
Jos	23	9	32	32	–
Ri	18	7	25	27	–
1Sam	47	31	78	41	–
2Sam	55	13	68	37	–
1Kön	86	38	124	77	–
2Kön	43	65	108	50	–
Jes	33	14	47	46	3
Jer	118	86	204	109	4
Ez	70	12	82	64	–
Hos	2	2	4	7	–
Jo	2	–	2	1	–
Am	6	3	9	2	1
Ob	–	–	–	1	–
Jon	5	–	5	1	1
Mi	2	1	3	2	1
Nah	–	–	–	–	–
Hab	–	–	–	1	–
Zeph	2	–	2	1	–
Hag	6	1	7	–	–
Sach	13	7	20	7	11
Mal	1	2	3	–	–
Ps	48	21	69	46	9
Hi	9	11	20	37	1
Spr	17	19	36	7	2
Ruth	3	–	3	3	–
Hhld	–	–	–	–	–
Pred	9	15	24	5	–
Klgl	–	–	–	–	–
Est	24	13	37	6	1
Dan	12	9	21	18	1
Esr	10	4	14	1	–
Neh	16	13	29	4	–
1Chr	20	10	30	10	–
2Chr	36	42	78	33	–
hebr. AT	886	554	1440	1084	41

Außerdem kommen vor: *dbr* ni. 4× (Ez 33,30; Mal 3,13.16; Ps 119,23), pu. 2× (Ps 87,3; Hhld 8,8), hitp. 4× (Num 7,89; 2Sam 14,13; Ez 2,2; 43,6), *dibrā* 5× (Ps 110,4; Hi 5,8; Pred 3,18; 7,14; 8,2), *dibbēr* 2× (Jer 5,13; 9,7), *dabbǽræt* 1× (Dtn 33,3); *midbār* 1× (Hhld 4,3); bibl.-aram. *dibrā* 2× (Dan 2,30; 4,14).

III. 1. a) Von dem semasiologisch nahestehenden und teilweise gleichbedeutenden Verbum →*'mr* »sagen, sprechen« hebt sich die Grundbedeutung von *dbr* pi. ziemlich klar ab. Während bei jenem die Rücksicht auf den Inhalt des Geredeten wichtig ist, wird mit *dbr* pi. zunächst die Tätigkeit des Sprechens, das Hervorbringen von Worten und Sätzen bezeichnet. Während *'mr* fordert, daß der Inhalt des Gesagten (in direkter Rede) angegeben oder durch den Zusammenhang genügend charakterisiert wird (*'mr* wird dementsprechend nicht absolut gebraucht), kann *dbr* pi. ohne nähere Angabe des Mitgeteilten absolut stehen (z.B. Gen 24,15; Hi 1,16; 16,4.6; vgl. Jenni, HP 165).

In Anbetracht der größeren Prägnanz von *dbr* pi. ist es natürlich, daß seine Subjekte aus einem viel beschränkteren und einheitlicheren Bedeutungsfeld herrühren, als es bei *'mr* der Fall ist. Während bei *'mr* eine Fülle von sprechenden Subjekten möglich sind (Land, Meer, Tiere, Bäume, Nacht, Feuer, Werk, Spruch usw.), sind die Sprecher bei *dbr* pi. fast ausschließlich persönlich (göttlich oder menschlich) oder Bezeichnungen der Redewerkzeuge: Mund, Lippen, Zunge, Stimme. Auch in Hi 32,7 »die Tage mögen reden« ist an Menschen gedacht. Außerdem stehen als Subjekt zu *dbr* pi. noch »der Geist Jahwes« (2Sam 23,2) und »Herz« (Ps 41,7 txt?).

Indessen bezeichnet auch *dbr* pi. oft das Aussprechen eines bestimmten Inhalts. Als Transitivum hat *dbr* pi. sogar eine große Fähigkeit, verschiedene Objekte zu sich zu nehmen. Am häufigsten findet sich *dābār* (Sing. und Plur.), ferner Bezeichnungen moralischer und ideeller Werte, die als Inhalt des Geredeten stehen: Gutes, Böses, Wahrheit, Lüge, Treue, Abfall, Weisheit, Torheit, Stolz, Demut, Heil, Unheil, Gerechtigkeit, Verkehrtheit usw.

Die Art des Redens kann auch mit Hilfe adverbieller Zusätze näher bestimmt werden: »mit Vermessenheit« (Dtn 18,22), »heimlicherweise« (1Sam 18,22; Jes 45,19; 48,16), »vergeblich« (Ez 6,10), »im Herzen« (1Sam 1,13), »anmaßend« (Ps 17,10).

In der Angabe der angesprochenen Person unterscheidet sich *dbr* pi. klar von *'mr*. Während bei diesem ein bloßes *lᵉ* die enge Fügung mit dem Angeredeten genügend ausdrückt, verlangt *dbr* pi. normalerweise die stärkere Präposition *'æl*, die bei diesem Verbum etwa zehnmal häufiger ist als *lᵉ*.

Bisweilen steht *dbr* pi. in Verbindung mit komplementären Zeitwörtern, die den Begriff des Verbums beleuchten, z.B. →*šm'* »hören« (Jes 66,4; Hi 42,4), *'lm* ni. »stumm sein« (Ez 24,27), *ḥšh* »schweigen« (Pred 3,7), →*'śh* »handeln« (Ez 12,25.28).

b) Einen vom Pi. etwas abweichenden Sinn hat das Qal. Das häufige Part.act. bezeichnet meistens jemanden, der das Sprechen gewohnheitsmäßig ausübt, der im Auftrag oder wegen seines innersten Wesens etwas redet: Wahrheit (Ps 15,2), Lüge, Falschheit (Jer 40,16; Ps 5,7; 58,4; 63,12; 101,7), Recht (Jes 33,15; 45,19; Spr 16,13), Heil (Est 10,3), Torheit (Jes 9,16), Freches (Ps 31,19); in Sach 11× von dem angelus interpres des Propheten; Gen 16,13 von *'ēl rŏ'ī*, dem speziellen Gott Hagars, der zu ihr zu reden pflegte; Num 27,7 und 36,5 von einem Reden, das bleibend in jemandes Munde ist (Nyberg 221; vgl. auch die Differenzierung von *dbr* q. und pi. bei Jenni, HP 164–170).

2. a) Wie die akk. Wurzel *dbb* hat auch die hebr. Wurzel *dbr* neben der verbalen eine nominale Funktion. Die Grundbedeutung des Nomens *dābār* entspricht zunächst der des Verbums sehr genau: »was geredet wird, Wort«.

Der Unterschied zwischen *dbr* pi. und *'mr* findet ein Gegenstück, wenn man *dābār* mit *'ōmær* (→*'mr* 3c) vergleicht. Wie nicht zuletzt der häufige Ausdruck *'imrē-pī* / *pīkā* / *pīw* »Rede meines/deines/seines Mundes« vermuten läßt, ist bei *'ōmær* der orale Charakter wesentlich. Es ist zunächst ein Kommunikationswort, ein bloßes Mittel der mündlichen Mitteilung und Verständigung zwischen entfernten Personen. *dābār* wird nur ausnahmsweise (Jer 9,19; Ps 36,4; Spr 18,4; Pred 10,12.13) mit Hilfe einer Cs.-Verbindung mit »Mund« verknüpft, umso lieber aber mit Vokabeln, die das »Wort« inhaltlich bestimmen, besonders mit Bezeichnungen moralischer und religiöser Werte (vgl. oben III/1a zu den Objekten von *dbr* pi.).

b) Über das Verbum hinaus weist indessen *dābār* eine Bedeutungserweiterung auf, die vom atl. Menschen wohl kaum als eine Sinnverschiebung empfunden wurde: *dābār* steht nicht nur für »Wort«, d.h. für den sprachlichen Träger eines Bedeutungsinhalts, sondern auch für den Inhalt selber. Dabei muß jedoch ein wichtiger Vorbehalt gemacht werden. Will man hier mit einem zweifachen Sinn von *dābār* rechnen (etwa »Wort« – »Sache«), so sollte man nicht zur Erklärung dieser semasiologischen Doppelheit auf die antike Weltauffassung verweisen, die keine scharfe Scheidung zwischen Geistigem und Dinglichem kenne. Beim Gegenüber von »Wort« und »Sache« handelt es sich überhaupt nicht um einen Gegensatz zwischen Geistigem und Dinglichem. *dābār* steht nicht für »Gegenstand« in sinnlicher Bedeutung, etwa im Gegensatz zu »Person« oder als Bezeichnung für jemandes Eigentum (vgl. *kelī* »Gegenstand, Gerät«), sondern ist seinem Charakter nach durchaus eine Abstraktion. Es haftet an *dābār* immer etwas von der Tätigkeit des Verbums: es bezeichnet etwas, das zu irgendeiner Erörtertung oder Verhandlung Anlaß geben oder Gegenstand einer solchen werden kann, also »Angelegenheit, Vorfall, Begebenheit« (z.B. 1Sam 4,16; 10,16; 21,9; 2Sam 1,4; 1Kön 12,30; Ruth 3,18; Est 1,13; 2,22; 8,5; Esr 10,9). Charakteristisch sind die Formeln *dibrē hajjāmīm* »die Tagesereignisse« im Sinne von »Annalen« (1Kön 14,19 und weitere 32 × *sēfær dibrē hajjāmīm* in 1/2Kön; ebenso Est 2,23; 6,1; 10,2; Neh 12,23; vgl. 1Chr 27,24) und die häufige Verbindung von *dibrē* mit einem Personennamen, gewöhnlich dem eines Königs (z.B. 1Kön 11,41 »die Geschichte Salomos«), ferner *hadd^ebārīm hā'ēllæ* »diese Ereignisse« (Gen 15,1; 22,1.20 u.ö.).

c) *dābār* eignet sich auch dazu, daß es als ein Ersatzwort gebraucht wird, wo ein besonderer Ausdruck nicht gleich zur Hand steht oder vermieden werden soll (z.B. Gen 19,8; 1Sam 20,2; 2Chr 29,36), vor allem in Verbindung mit einer Negation (z.B. 1Sam 20,21; 22,15) oder mit *kōl* »alles« (Num 31,23; Ri 18,7; 19,19). In diesem verblaßten Sinn hat *dābār* sogar die Funktion eines indefiniten Pronomens übernommen; eine ähnliche Verallgemeinerung und Bedeutungsentleerung hat auch andere Nomina getroffen, z.B. *melā'kā* »Arbeit« > »etwas« (Ex 36,6; Lev 7,24 u.ö.). Einen bestimmteren Sinn bekommt *dābār* durch attributivische oder genetivische Näherbestimmungen oder durch Hinweisung auf ein Ereignis oder eine Handlung.

Sodann kann *dābār* auch Wesen und Grund irgendeiner Angelegenheit oder Begebenheit bezeichnen (Jos 5,4; 1Kön 11, 27), besonders in Verbindung mit *'al* in präpositionellem und konjunktionellem Gebrauch: »um ... willen, weil«; in Pred 3,18; 7,14; 8,2 erscheint in der gleichen Funktion *dibrā*.

d) Es fällt auf, daß *dābār* in der Rechtssprache keine häufige Verwendung findet, und es ist fraglich, ob es überhaupt als juristischer terminus technicus begegnet. Vor allem wäre an den singulären Ausdruck *ba'al debārīm* (Ex 24,14) zu denken: »wer einen Rechtsfall hat«. An anderen Stellen scheint es kaum möglich, *dābār* als einen prägnanten technischen Rechtsterminus aufzufassen (Ex 18,16; 22,8; Dtn 1,17; 16,19; 19,15). Wahrscheinlich steht *dābār* hier als ein unpräzises Ersatzwort für den Fachausdruck →*rīb*.

*__3.__ Im Bibl.-Aram. werden *dābār* und *dbr* pi. durch gleichbedeutendes *millā* »Wort, Sache« (24 × in Dan) und *mll* pa. »reden« (5 × in Dan) vertreten. Aus dem Aram. (vgl. KBL 1093b.1094b; DISO 152.154) sind die Vokabeln auch ins Hebr. übergegangen (vgl. Wagner Nr. 171.172), wo *millā* »Wort« 38 × (Hi 34 ×, sonst noch 2Sam 23,2; Ps 19,5; 139,4; Spr 23,9) und *mll* q. »Zeichen geben« 1 × (Spr 6,13), pi. »reden, verkünden« 4 × (Gen 21,7; Ps 106,2; Hi 8,2; 33,3; zu 1Chr 25,4.26 vgl. Rudolph, HAT 21,166f.) vorkommen.

Als weiteres Synonym im Aram. ist das altpersische Lehnwort *pitgām* »Wort, Botschaft« (KBL 1114b; DISO 238) zu erwähnen (bibl.-aram. 6 × in Dan 3,16; 4,14; Esr 4,17; 5,7.11; 6,11), das ebenfalls als Aramaismus im Hebr. begegnet (Pred 8,11; Est 1,20; vgl. Wagner Nr. 241).

IV. 1. Gott/Jahwe steht fast 400 × als Subjekt zu *dbr* pi. Ein theologisch verfestigter Sprachgebrauch ist am sinnfälligsten an den Stellen, an denen »sprechen« absolut, d.h. ohne Objekt oder irgendwelche adverbiellen Näherbestimmungen steht. »Jahwe/Gott (bzw. der Mund Jahwes) hat geredet« findet sich an etwa 40 Stellen, und zwar fast ausnahmslos bei den Propheten, besonders häufig bei Ez (18 ×) und Jes (12 ×), dagegen selten bei Jer (1 × in 13,15); außerhalb der Propheten Ps 50,1.7.

Der Gebrauch der Präpositionen entspricht dem in III/1a Gesagten, d.h. *'æl* weist auch in der theologischen Sprache ein markantes Überwiegen auf (mehr als 150 Belege). Weit hintendrein kommen die etwa gleich häufigen Präpositionen *l^e* und *'al*.

2. a) Eine ungleich größere Rolle spielt in der theologischen Sprache das Nomen *dābār*, das ein wichtiger theologischer Begriff ist, vor allem im Ausdruck *d^{e}bar Jhwh* »Wort Jahwes« (außer den atl. Theologien vgl. O. Grether, Name und Wort Gottes im AT, 1934; L. Dürr, Die Wertung des göttlichen Wortes im AT und im antiken Orient, 1938; W. Zimmerli, RGG VI, 1809–1812). Im Sinne von »Angelegenheit Gottes« erscheint der Ausdruck nur 1Chr 26,32 und 2Chr 19,11, beidemal dem parallelen *d^{e}bar hammælæk* »Angelegenheit des Königs« entgegengestellt. Sonst meint *d^{e}bar Jhwh* immer »das Wort Jahwes« (242 × im AT; mit eingeschlossen sind 9 Stellen, an denen der Gottesname anders lautet) und fast durchwegs (225 ×) erscheint der Ausdruck als ein terminus technicus für die prophetische Wortoffenbarung.

Die Streuung der genannten 242 Stellen (233 × *d^{e}bar Jhwh* exkl. 2Chr 19,11; dazu *d^{e}bar '^{a}dōnāj Jhwh* in Ez 6,3; 25,3; 36,4; *d^{e}bar (hā)'^{æ}lōhīm* in Ri 3,20; 1Sam 9,27; 2Sam 16,23; 1Kön 12,22; 1Chr 17,3; exkl. 1Chr 26,32; *d^{e}bar '^{æ}lōhēnū* in Jes 40,8) zeigt eine starke Konzentration auf die prophetische Literatur einschließlich der Prophetenerzählungen: Ez 60 ×, Jer 52 ×, 1Kön 34 ×, 2Kön 16 ×, Sach 13 ×, Jes und 2Chr 9 ×, 1Sam 8 ×, 1Chr 6 ×, Hag 5 ×, 2Sam 4 ×, Jon 3 ×, Gen, Ex, Jos, Hos, Am, Mi, Zeph, Ps je 2 ×, Num, Dtn, Ri, Jo, Mal, Dan, Esr je 1 ×, somit 152 × in Jes-Mal und 62 × in 1Sam-2Kön.

In etwas mehr als der Hälfte der Fälle steht *d^{e}bar Jhwh* als Subjekt, und zwar mit *hjh 'æl* »ergehen an« als Prädikat 118 × (Gen 15,1; 1Sam 15,10; 2Sam 7,4; 24,11; 1Kön 6,11; 12,22; 13,20; 16,1.7; 17,2.8; 18,1.31; 21,17.28; 2Kön 20,4; Jes 28,13; 38,4; Jer 29 ×, vgl. H. Wildberger, Jahwewort und prophetische Rede bei Jeremia, 1942, 19–42; Ez 50 ×, vgl. Zimmerli, BK XIII, 88–90; Jon 1,1; 3,1; Hag 1,1.3; 2,1.10.20; Sach 1,1.7; 4,8; 6,9; 7,1.4.8; 8,1.18; Dan 9,2; 1Chr 17,3 *d^{e}bar '^{æ}lōhīm*; 22,8; 2Chr 11,2; 12,7; vgl. noch Gen 15,4 und 1Kön 19,9 mit *hinnē* statt *hjh*). Vereinzelt erscheinende Prädikate zu *d^{e}bar Jhwh* sind *glh* ni. »offenbart werden« (1Sam 3,7), *jṣ'* »ausgehen« (Jes 2,3 = 4,2), *qūm* »Bestand haben« (Jes 40,8).

Als Objekt erscheint *d^{e}bar Jhwh* an 52 Stellen, und zwar 36 mal dem Verbum *šm'* »hören« zugeordnet (inkl. 1Sam 9,27 *d^{e}bar '^{æ}lōhīm* mit *šm'* hi.); andere Prädikate sind *bzh* »verachten« (Num 15,31; 2Sam 12,9), *drš* »suchen« (1Kön 22,5 = 2Chr 18,4), *klh* »sich erfüllen« (Esr 1,1 = 2Chr 36,22), *m's* »verwerfen« (1Sam 15,23.26), *ml'* pi. »erfüllen« (1Kön 2,27; 2Chr 36,21), ferner mit je einem Beleg *bqš* pi. »suchen« (Am 8,12), *jr'* »fürchten« (Ex 9,20), *ngd* hi. »verkünden« (Dtn 5,5), *qūm* hi. »ausführen« (1Sam 15,13), *r'h* »sehen« (Jer 2,31 txt?), *šmr* »achten auf« (2Chr 34,21).

Ebensowenig wie *dābār* im profanen Sprachgebrauch als eingebürgerter Rechtsterminus erscheint, ist bei *d^{e}bar Jhwh* ein juristischer Charakter nachweisbar. Nur an sieben Stellen bezeichnet der Ausdruck einwandfrei das gesetzliche Wort Gottes: Num 15,31; Dtn 5,5; 2Sam 12,9; 1Chr 15,15; 2Chr 30,12; 34,21; 35,6; sämtliche Stellen gehören einer späten Zeit an.

b) Die pluralische Cs.-Verbindung *dibrē Jhwh* begegnet 17 × (Ex 4,28; 24,3.4; Num 11,24; Jos 3,9; 1Sam 8,10; 15,1; Jer 36,4.6.8.11; 37,2; 43,1; Ez 11,25; Am 8,11; 2Chr 11,4; 2Chr 29,15); dazu kommen noch drei Stellen mit *'^{æ}lōhīm* (Jer 23,36; Esr 9,4; 1Chr 25,5). Viel öfter als der singularische Ausdruck steht der pluralische als Objekt bei Verben des Redens: *ngd* hi. »verkünden« (Ex 4,28), *spr* pi. »erzählen« (Ex 24,3), *dbr* pi. »verkündigen« (Num 11,24; Jer 43,1; Ez 11,25), *'mr* »sagen« (1Sam 8,10), *qr'* »ausrufen« (Jer 36, 6.8). Die Bezogenheit auf die prophetische Wortoffenbarung ist bei dem pluralischen Ausdruck zwar vorhanden, aber nicht in der fast völligen Ausschließlichkeit wie beim Singular.

c) Außerhalb der Cs.-Verbindungen begegnet *dābār*/*d^{e}bārīm* mehr als 300 × auf Gott bezogen. An ungefähr $^3/_4$ dieser Stellen bezeichnet die Vokabel die prophetische Wortoffenbarung, wobei der Plur. eine viel größere Frequenz hat als in den Cs.-Verbindungen (Verhältnis von Sing. zu Plur. etwa 4 : 5). An fast $^1/_5$ der Stellen, also ungleich häufiger als bei der Cs.-Verbindung, ist das »Wort« hier Bezeichnung gesetzlicher Gottesworte. Diese Verwendung von *dābār* findet sich schon in vordtr. Zeit, obwohl selten und mit bestimmten Beschränkungen: nur im Plural und nur als Bezeichnung der Bundesgesetzgebung am Sinai. Im Dtn wird eine Erweiterung auf andere Gesetze ersichtlich (z.B. Dtn 12,28; 15,15; 24,18.22; 28,14; 30,14). Die gleiche Lockerung des Sprachgebrauchs ist auch in P vorhanden (Ex 29,1; Lev 8, 36 u.ö.).

In dtr. und nachdtr. Texten findet sich ferner eine Verknüpfung von *dibrē* (cs. plur.) mit verschiedenen Begriffen sittlichen, rechtlichen und kultischen Inhalts: →*tōrā* (Dtn 17,19; 27,3.8.26; 28,58; 29,28; 31,12.24; 32,46; Jos 8,34; 2Kön 23,24; Neh 8,9.13; 2Chr 34,19), →*berīt* (Dtn 28, 69; 29,8 [vgl. V. 18 →*'ālā*]; 2Kön 23,3; Jer 11,2.6.8; 2Chr 34,31), *sēfær* »Buch (des Gesetzes, Bundes)« (2Kön 22,11.13.16; 23,2; 2Chr 34,21.30). Das Ergebnis dieser Lockerung des Sprachgebrauchs ist, daß der frühere Unterschied zwischen prophetischem und gesetzlichem *dābār* in dtr. und nachdtr. Texten stark verwischt wird.

In der Weisheitsliteratur (Spr und Sir) dient *dābār* wie die verwandten Begriffe *tōrā* und *miṣwā* »Gebot« zur Bezeichnung der Weisheitslehre und kommt in der Bed. »Wort Gottes« nicht vor (vgl. E. G. Bauckmann, ZAW 72, 1960, 33–63).

d) Als theologischer Terminus wird *dābār* im AT von dem verwandten Begriff →*šēm* »Name« klar unterschieden. Niemals stehen die beiden als Subjekt oder Objekt in einem Satz nebeneinander, auch nicht als Wechselbegriffe oder korrespondierend in parallelen Versen. Dieser formellen Trennung der beiden Vokabeln entspricht eine begriffliche Verschiedenheit: »Der schem als Name Gottes bezeichnet ihn als Person, hat es also mit Gott in seiner Totalität zu tun. Der dabar ist Ausdruck der Gedanken und des Willens Gottes« (Grether, a.a.O. 169). »Der schem vermittelt Gottes Gegenwart in der Welt, der dabar seine Wirksamkeit in ihr. Ersterer ist die repräsentative, Letzterer die voluntative Erscheinungsform Jahwes« (ebd. 179). Bezeichnend für diesen Unterschied ist, daß nur einmal (Ps 105,42) vom »heiligen Wort« Gottes gesprochen wird, während *šēm* gern mit dem Begriff der Heiligkeit (→*qdš*) verbunden wird.

e) In der Diskussion über die sog. Hypostasierung göttlicher Wirksamkeiten und Attribute hat auch *dābār* eine nicht unerhebliche Rolle gespielt. Die erst in nachkanonischer Zeit ihre höchste Entfaltung erreichende Verselbständigung und Personifizierung des *dābār* liegt in ihren Anfängen schon im AT vor (Grether, a.a.O. 150ff.; Dürr, a.a.O. 122ff.; H. Ringgren, Word and Wisdom. Studies in the Hypostatization of Divine Qualities and Functions in the Ancient Near East, 1947, 157ff.). Als eindeutigste atl. Belege werden folgende Stellen angegeben: Jes 9,7 »ein Wort sendet der Herr wider Jakob, und es fährt hernieder auf Israel«; 55, 10–11 »denn wie der Regen ..., so auch mein Wort, das aus meinem Munde kommt: es kehrt nicht leer zu mir zurück, sondern wirkt, was ich beschlossen, und führt durch, wozu ich es gesendet«; Ps 107,20 »denen er sein Wort sandte, sie zu heilen«; 147,15 »der sein Wort zur Erde entsendet«. Die Diskussion leidet darunter, daß man die Hypostasierung fast immer als eine religionsgeschichtliche Erscheinung, eine Art Mythologisierung auffaßt: ein göttliches Attribut wird von der Gottheit abgespalten, verselbständigt und als eine eigene Wesenheit oder sogar besondere Gottheit verstanden. Es ist aber fraglich, ob man die »Hypostasierung« göttlicher Attribute von der allgemeinen Neigung zur Verdinglichung und Verlebendigung des Abstraktums, die im AT überall wirksam ist, isolieren darf. Ebensooft wie göttliche Attribute werden menschliche Affekte und Aktivitäten verdinglicht und verselbständigt: Bosheit, Verkehrtheit, Angst, Hoffnung, Zorn, Güte, Treue usw. (Ps 85,11f.; 107,42; Hi 5,16; 11,14; 19,10 u.ö.; vgl. G. Gerleman, Bemerkungen zum atl. Sprachstil, FS Vriezen 1966, 108–114).

3. Das aus aram. Sprachgebiet stammende *millā* »Wort« (s.o. III/3) ist in der theologischen Sprache selten. Nur zweimal steht die Vokabel als Bezeichnung des göttlichen Wortes (2Sam 23,2; Hi 23,5; dazu aram. in Dan 4,30), nie aber in einer Cs.-Verbindung mit Jahwe bzw. Gott.

V. In den Qumrantexten sind sowohl das Verbum als auch das Nomen häufig. Kuhn, Konk. 47–49, verzeichnet über 50 bzw. über 90 Belege.

In der LXX wird *dbr* pi. meistens mit λαλεῖν wiedergegeben (→*'mr* 5). Bei *dābār* ist der relativ einheitliche Sprachgebrauch des hebr. AT auseinandergefallen; als Übersetzung des Wortes begegnen zwei griech. Vokabeln, λόγος und ῥῆμα, die sich im Verhältnis von ungefähr 2:1 in die Belegstellen der kanonischen Bücher teilen (vgl. E. Repo, Der Begriff »Rhēma« im Biblisch-Griechischen, I, 1951, 188).

Im NT stimmt der Sprachgebrauch insofern mit dem atl. überein, als »Wort Gottes« die Selbstmitteilung Gottes im Geiste bezeichnet und somit als Synonym von »Evangelium« erscheint. Darüber hinaus wird das Wort, der Logos, mit der Person Jesu eng verknüpft und sogar gleichgesetzt. Zahlreiche Untersuchungen über λόγος behandeln auch mehr oder weniger ausführlich die Vorgeschichte des Begriffes im AT und im palästinischen und hellenistischen Judentum. Es seien genannt: A. Debrunner – H. Kleinknecht – O. Procksch – G. Kittel, Art. λέγω, ThW IV, 69–147; G. Stählin, Art. μῦθος, ThW IV, 769–803; V. Hamp, Der Begriff »Wort« in den aram. Bibelübersetzungen, 1938.

G. Gerleman

דּוֹר *dōr* Generation

1. *dōr* »Generation« gehört zu einer gemeinsemitischen Wurzel *dwr*, bei der im ostsem. die Bed. »Dauer«, im westsem. die Bed. »Generation« dominiert (P. Fronzaroli, AANLR VIII/20, 1965, 143.148). Nicht unmittelbar dazugehörig ist wahrscheinlich die Wortgruppe, die durch akk. *dūru* »Ringmauer« (AHw 178), hebr. *dōr* »(kreisförmiges) Zeltlager, Wohnstatt« (Jes 38,12) und *dūr* »Kreis« (Jes 29,3; »Ball«? Jes 22,18; vgl. noch *dūr* »im Kreise aufschichten« Ez 24,5), bibl.-aram. *dūr* »wohnen« (7× in Dan; KBL 1064a; in Ps 84, 11 als aram. LW, vgl. Wagner Nr. 68), *m^edōr* (Dan 4,22.29; 5,21) und *m^edār* (Dan 2,11) »Wohnung«, arab. *dawr* »Umkreis, Runde«, *dāra* »umkreisen«, *dār* »Wohnung« usw. gebildet wird.

Neben den häufigen akk. Vokabeln *dāru/dūru* »lange Dauer«, *darû* »dauern«, *dārû* »dauernd«, *dārītu* »Dauer, Ewigkeit« (AHw 164.178b) begegnet in Mari einmal auch *dāru* als westsem. LW in der Bed. »Menschenalter« (AHw 164b; CAD D 115b).

Ug. *dr dr* entspricht in der Verdoppelung hebr. *dōr dōr* (Ex 3,15); daneben kommt auch *dr bn il* (par. *mpḫrt bn il*) »Versammlung der Göttersöhne« vor (vgl. WUS Nr. 785.786; UT Nr. 697). Phön-pun. *dr* bedeutet »Familie, Geschlecht« (DISO 60); auch hier begegnet der Ausdruck *kl dr bn 'lm* »das ganze Geschlecht der Göttersöhne« (Karatepe-Inschrift, KAI Nr. 26 A, III, Z. 19; vgl. F. J. Neuberg, JNES 9, 1950, 215–217; M. Dahood, in: Le Antiche Divinità Semitiche, hrsg. von S. Moscati, 1958, 66).

Aram. außerbiblische Belege sind spät, z. B. syr. *dārā* »Zeitalter, Generation« (LS 147a).

Die Meinungen über die Etymologie sind geteilt, besonders darüber, ob *dōr* mit dem Begriff »Kreis« zusammenhängt oder nicht.

Wird diese Frage bejaht, so würde *dōr* »den kreisförmig sich abschließenden Zeitverlauf« bezeichnen, »in welchem ein Menschengeschlecht seine Entwicklung vollendet« (C. von Orelli, Die hebr. Synonyma der Zeit und Ewigkeit, 1871, 34; ähnlich W. A. Ward, Or NS 31, 1962, 398f., der darüber hinaus auf äg. *tr* »Zeit« verweist). Die etymologische Zugehörigkeit zu »Kreis« wird indessen von anderen Forschern wohl mit Recht abgelehnt (vgl. auch Fronzaroli, a.a.O. 143): Weder akk. *dāru* noch hebr. *dōr* haben mit dem Begriff »Kreis« zu tun, sondern gehören zum Sinnbereich »Dauer, continuum« (CAD D 108b). Eine dritte Etymologie verknüpft *dōr* mit einer Wurzel *dhr* »Wagenrennen«, also **dahru* > **dāru* > *dōr* eigentlich »Runde in einem Wettlauf«, dann »Zyklus« (W. F. Albright, BASOR 163, 1961, 50f.).

Im Bibl.-Aram. findet sich mit gleicher Bedeutung *dār* in der Doppelung *dār w^edār* (Dan 3,33; 4,31), ferner eine Ableitung *t^edīr* »Fortdauer« (Dan 6,17.21; KBL 1135f.).

2. Im AT begegnet *dōr* 166 × (92 × allein und in 37 Doppelformeln), bibl.-aram. *dār* 4 ×. Der Plur. hat 3 × die mask. Form *dōrīm* (Jes 51,8; Ps 72,5; 102,25), sonst steht *dōrōt* (48 ×).

Besonders häufig ist das Wort im Psalter (59 × mit 21 Doppelformeln). Bei den Propheten kommt *dōr* nur in Jes (17 ×, exkl. 38,12), Jer (4 ×) und Jo (5 ×) vor. Im Pentateuch verwenden die älteren Quellen (Gen 7,1; 15,16; Ex 1,6; 3,15; 17,16; Num 32,13) und Dtn (11 ×) den Sing., die priesterlichen Schichten den Plur. (Gen 5 ×, Ex 14 ×, Lev 14 ×, Num 9 ×).

Für die Häufigkeit in der Priesterschrift und in den Psalmen vgl. akk. *dār*, *dūr* und *(ana) dūr dār*, die hauptsächlich auf die poetische und die juristische Sprache beschränkt sind (CAD D 108b).

3. Im Unterschied zu einer Reihe anderer, auf Abstammung und Verwandtschaft bezogener Kollektivbegriffe (*zæra'* »Nachkommenschaft«, *mišpāḥā* »Sippe«, *tōlēdōt* »Nachkommen«) ist *dōr* zunächst zeitlich orientiert. Wie das Wort auch etymologisch zu erklären sei, es gehört bedeutungsmäßig zum temporalen Bereich: »Dauer, continuum«. Eine zeitliche Erstreckung ist aber entsprechend dem hebr. Zeitverständnis nicht als eine bloße Abstraktion vorstellbar. Sie muß immer an ihrem Inhalt wahrgenommen werden (von Rad II, 109f.). Die Zeitstrecke, die mit *dōr* bezeichnet wird, ist nur als Dauer der in ihr lebenden Menschen faßbar. Die Vergangenheit wie die Zukunft wird als eine Abfolge vieler, aneinandergereihter Generationen beschrieben.

Der Bedeutungsinhalt des Wortes kann sehr verschieden sein. Bisweilen tritt die konkrete Vorstellung des zu einer bestimmten Zeit lebenden Menschenkollektivums stark in den Vordergrund (Gen 6,9; 7,1; Ex 1,6; Lev 23,43; Num 32,13; Dtn 1,35; 2,14; 23,3.4.9; 29,21; 32,5.20; Ri 2,10; Jes 41,4; Jer 2,31; Jo 1,3; Ps 12, 8; 14,5; 24,6; 78,6.8; Spr 30,11.12.13.14; Pred 1,4). Fast immer steht *dōr* hier in einem sehr generellen Sinn, etwa »das zu einer bestimmten Zeit lebende Gesamt-Israel« (vgl. M. Noth, Überlieferungsgeschichtliche Studien, 1943, 21 Anm. 3). Nur selten hat es einen exklusiven Sinn und bezeichnet einen beschränkteren Kreis innerhalb des Volkes (Ps 24,6; 112,2; Spr 30,11–14).

An anderen Stellen liegt der Nachdruck sehr entschieden auf dem temporalen Charakter, z.B. Jes 51,9. Besonders in einigen usuell verfestigten Formeln hat *dōr* den Sinn einer Zeitbestimmung: *dōr wādōr* (30×, davon 18× in Ps), ohne Kopula Ex 3,15; 17,16; Spr 27,24K; vgl. ug. *drdr* und akk. *dūr dār* »für immer«. Andere als Zeitadverbien dienende Doppelformeln sind *dōr ledōr* (Ps 145,4), *dōr dōrīm* (Ps 72,5; mit vorangehendem *le* Jes 51,8; mit *be* Ps 102,25). Die für P charakteristische und fast alleinherrschende Form ist der Plural mit Suffix und mit vorangehendem *le* (39×); *ledōrōtēkæm*/*ledōrōtām*/*ledōrōtāw* »nach euren/ihren/seinen Geschlechtern« hat die Funktion eines in die Zukunft verweisenden Zeitadverbs und ist etwa synonym mit *le'ōlām* (→*'ōlām*).

Zu Jes 53,8, wo G.R.Driver, JThSt 36, 1935, 403, u.a. *dōr* mit Schicksal übersetzen (zuletzt D.W.Thomas, EThL 44, 1968, 84), vgl. Westermann, ATD 19, 214.

4. Eine speziell theologische Verwendung des Wortes *dōr* gibt es nicht. Als Zeitadverb ist *dōr* uneschatologisch. Bemerkenswert ist die geringe Frequenz des Wortes bei den Propheten und in ihren Zukunftsaussagen. Auch als Bezeichnung eines Menschenkollektivums läßt *dōr* spezielle theologische Beziehungen vermissen. Die »Generation« wird ziemlich selten Gegenstand einer religiösen und ethischen Bewertung (Dtn 1,35; 32,5.20; Ps 12,8; 14,5; 24,6; 78,8; 112,2; Spr 30,11–14).

5. Für die Qumrantexte verzeichnet Kuhn, Konk. 49, etwa 30 Belege. Der Gebrauch schließt sich in der Hauptsache an den des AT an. Beachtenswert sind die Ausdrücke *dōrōt næṣaḥ* (1QH 1,16) und *dōrōt 'ōlām* (1QH 1,18; 6,11; 4QPB 4) »ewige Geschlechter« (vgl. Jes 51,9).

In LXX wird *dōr* fast ausschließlich mit dem auf Abstammung und Nachkommenschaft zielenden γενεά übersetzt. Zum NT vgl. F.Büchsel, Art. γενεά, ThW I,660–663.

G. Gerleman

דין *dīn* richten

1. Der Stamm *dīn* ist gemeinsemitisch (vgl. HAL 211).

In der Umwelt des AT begegnet die Wortgruppe häufig im Akk. (AHw 150f.167f.171f.571f.), Ug. (WUS Nr. 766; UT Nr. 657) und Aram. (DISO 56f. 143), fehlt dagegen im Phön.-Pun. (→*špṭ*).

Im AT findet sich das Verbum *dīn* im Qal und Ni.; folgende Substantive sind von ihm abgeleitet: *dīn* »Rechtsfall« (substantivierter Inf., BL 452), *dajjān* »Richter« (nomen agentis, BL 478), *mādōn* und *midjān* »Streit« (Verbalnomina mit m-Präfix, BL 491; zu *midjān* vgl. I.L.Seeligmann, FS Baumgartner 1967, 256), *medīnā* »Gerichtsbezirk, Provinz« (m- locale, BL 492; vgl. Wagner Nr. 152).

Auch in den Personennamen *Dīnā* (s.u. 3), *'abīdān* und *Dānijjēl* (HAL 219a), in dem Personen-, Orts- und Stammesnamen *Dān*, sowie in dem Ortsnamen *Mādōn* (Noth, HAT 7,67f.; M.Weippert, Die Landnahme der isr. Stämme, 1967, 41 Anm. 1) begegnet *dīn*; zu den außerbiblischen Eigennamen vgl. Stamm, AN 355b; Huffmon 182f.; Gröndahl 123).

2. Das Verbum *dīn* begegnet im hebr. AT 22× im Qal (Ps 8×, Jer 4×) und 1× im Ni. (2Sam 19,10 »zanken«), dazu bibl.-aram. 1× im Qal (Esr 7,25). Von den Substantiven stehen *dīn* 20× (inkl. Hi 19,29K und 35,14; Spr 5×, Hi und Jer je 4×), dazu aram. 5×; *dajjān* 2× (1Sam 24,16; Ps 68,6), aram. 1× (Esr 7,25); *mādōn*/*midjān* 23× (inkl. 2Sam 21,20; in Spr 19×); *medīnā* 53× (davon 39× in Est, oft in distributiver Verdoppelung), aram. 11×.

3. Entgegen den Urteilen von J. van der Ploeg, CBQ 12, 1950, 248, und B.Gemser, SVT 3, 1955, 124 Anm. 4, die *dīn* einen weiten, fluktuierenden Sinn zuteilen, läßt sich doch feststellen, daß der Stamm ursprünglich präzis das autoritäre, verbindliche Urteilen im Prozeß bezeichnet. Dafür spricht die Verwendung des Stammes im Codex Hammurabi (Driver-Miles I,73), im Ug. (WUS Nr. 766) und im AT die Tatsache, daß Subjekt von *dīn* fast immer Autoritäten sind, und zwar bevorzugt der König (König: Jer 21,12; 22,16; Ps 72,2; Spr 20,8; 31,5.8.9; Hoherpriester in königlicher Funktion: Sach 3, 7, vgl. Horst, HAT 14, 228; die Führer des Stammes Dan: Gen 49,16); zur forensischen Grundbedeutung von *dīn* vgl. auch H.J.Boecker, Redeformen des Rechtslebens im AT, 1964, 85 Anm. 7; Seeligmann, a.a.O. 256. Auch Dtn 17,8 würde sich gut erklären, wenn *dīn* neben *dām* »Blutschuld« und *næga'* »Mißhandlung« den präzisen Sinn »strittige autoritär-richterliche Entscheidung« hätte.

Damit unterscheidet sich *dīn* in seiner Grundbedeutung von →*špṭ*, das sich ursprünglich auf das Entscheiden im nichtautoritären Schlichtungsverfahren bezieht. Beide Stämme erweitern aber ihren Bedeutungsumfang bis zu völliger Synonymität. Daher kann *špṭ* im AT die dominierende Rolle spielen, die *dīn* im Akk. innehat (B. Landsberger, Die bab. Termini für Gesetz und Recht, FS Koschaker 1939 [Symbolae], 223), während *dīn* im AT nur eine Nebenrolle spielt. In 1Sam 24,16; Jes 3,13; 10,2; Jer 5,28; 21,12; 22,16; Ps 7, 9; 9,5.9; 72,2; 76,9; 140,13; Spr 31,9; 1QH 9,9, findet sich *dīn* neben *špṭ* (vgl. ug. 2Aqht [= II D] V, 7f.). Neben *'am* »Volk« (Gen 49,16; Ps 72,2) sind die Armen, Elenden, Waisen, Witwen Objekte von *dīn* (Jer 5,28; 21,12; 22,16; Spr 31,5.8.9; zu den außerisr. Parallelen dieser iustitia adiutrix miseri vgl. Wildberger, BK X,48). *dīn* nimmt hier die Bed. »Recht schaffen« bzw. »Rechtsanspruch« an.

In *m^edīnā* tendiert der Stamm nach »regieren« (→*špṭ*); *m^edīnā* bezeichnet den »Gerichts- und Verwaltungsbezirk« des Reiches Israel (1Kön 20,14–19), Juda (Klgl 1,1), des neubab. Reiches (Dan 3,2 u.ö.), die Satrapie des Perserreiches (Est, Esr, Neh); vgl. C.C. Torrey, Medina and Polis, HThR 17, 1924, 83ff.

Die (teilweise synonyme) Parallelität von *dīn* und *rīb* (Jes 3,13; mit *dajjān* 1Sam 24, 16; mit *mādōn* Jer 15,10; Hab 1,3; Spr 15, 18; 17,14; vgl. 1QH 5,23.35) weist auf eine andere Bedeutungserweiterung von *dīn*. *rīb* entwickelt sich von der Grundbedeutung »Streit« zu »Prozeß« (→*rīb*). *dīn* bedeutet in Hi 35,14; 36,17; Est 1,13 »Prozeß, Rechtsstreit« (HAL 211b; vgl. AHw 172a; PRU III,223f.; DISO 56f.). In *mādōn*/*midjān* »Streit, Zank« nimmt *dīn* ebenfalls in Angleichung an *rīb* dessen Grundbedeutung an (so einleuchtend Seeligmann, a.a.O. 256f.). Charakteristisch ist der Ausdruck *'ēšæt midjānīm* o.ä. »zänkisches Weib« (Spr 19,13; 21,9.19; 25,24; 27,15; vgl. Gemser, HAT 16,81).

dīn »rechten, prozessieren« in Pred 6,10 gehört hierher (vgl. 2Sam 19,10 *dīn* ni. »sich zanken«), ebenso der Frauenname *Dīnā* »Rechtsstreit«, der wohl für Gen 34 künstlich gebildet worden ist (J.J. Stamm, FS Baumgartner 1967, 331).

4. Die Stellen, an denen Jahwe Subjekt von *dīn* ist, zeigen die Bedeutungen »richten = (ver)urteilen« und »richten = Recht schaffen« (Subst. »Rechtsanspruch«): Gen 15,14; 30,6; Dtn 32,36 = Ps 135,14; 1Sam 2,10; 24,16; Jes 3,13; Ps 7,9; 9,5.9; 50,4; 54,3; 68,6; 76,9; 96,10; 110,6(?); 140,13; Hi 19,29; 36,17. Jahwe »richtet« die Völker (Gen 15,14; Ps 7,9; 9,9; 96,10; Hi 36,31[?]) und sein Volk Israel (Dtn 32,36 = Ps 135,14; Jes 3,13; Ps 50, 4). In diesen beiden Aussagen fügt sich vielleicht vorisraelitische Kulttradition Jerusalems (Gott als Schöpfer – König – Weltrichter) mit speziell israelitischer Tradition zusammen (Kraus, BK XV,200. 376). Jahwe schafft Elenden usw. Recht (Ps 9,5; 54,3; 68,6; 76,9; 140,13; 1Sam 24,16; der Rahel Gen 30,6). Der Verwendung von *dīn* in Klage (Ps 7,9; 54,3; 140, 13) und Lob (Dtn 32,36 = Ps 135,14; 1Sam 2,10; Ps 9,5.9; 76,9; 1QH 5,13) entsprechen die Lobnamen *Dānijjēl* »El ist Richter« oder »El hat gerichtet« (Noth, IP 35.92.187; vgl. weiter die Lit. in HAL 219a und in den Komm. zu Dan und Ez 14), die Kurzform *Dān* (HAL 218b mit Lit.; BHH I,317f.) und der ebenfalls theophore Name *'^abīdān* (HAL 4b) »(mein) Vater hat gerichtet«.

5. In den Qumrantexten (vor allem 1QH 5,13) wird *dīn* ähnlich wie im AT verwendet; zu *dīn* im Talmud vgl. Z.W. Falk, JSS 5, 1960, 352; zu LXX, Judentum und NT vgl. F. Büchsel – V. Herntrich, Art. κρίνω, ThW III,920–955. *G. Liedke*

דַּל *dal* arm → ענה *'nh* II.

דָּם *dām* Blut

1. Die zweiradikalige Wurzel **dam*- »Blut« ist gemeinsemitisch (GVG I,344; ug.: WUS Nr. 754).

Neben hebr. *dām* findet sich in Dtn 32,43 eine Form *'^adāmā* mit prosthetischem Alef, ebenso im akk. *adam(m)u* neben gewöhnlichem *dāmu*; HAL 15b und AHw 10a erklären die Nebenformen von der Wurzel *'dm* »rot sein« her. Zu den unsicheren phön.-pun. Belegen (KAI Nr. 43, Z. 11; Nr. 103, Z. 2) und Augustins »nam et Punice edom sanguis dicitur« (Enarratio in Psalmos 136,18) vgl. DISO 58; KAI II,61.114; nach J. Hoftijzer, VT 8, 1958, 289, ist *edom* als mit dem Artikel versehene Form zu verstehen. Aram. *'edmā* neben *d^emā* ist als Resultat eines rein lautlichen Vorgangs zu erklären (GVG I,217; Nöldeke, NB 118).

2. Im AT ist *dām* 360× belegt (Sing. 288×, Plur. 72×).

Am häufigsten ist das Wort in Lev (88×) und Ez (55×); es folgen Ex (29×, in Lis. fehlt Ex 12,22a), Dtn (23×, dazu *'^adāmā* in Dtn 32,43), Ps (21×), Num und Jes (je 15×).

3. Als einzige atl. Vokabel für »Blut« hat *dām* einen breiten Verwendungsbereich: es bezeichnet Blut von Menschen und Tieren, besonders im Kriege oder sonst gewaltsam vergossenes Blut und Opferblut. Der Begriff »Blut vergießen« ist der semasiologische Hintergrund eines natürlichen, auch in anderen Sprachen begegnenden Bedeutungsüberganges, nach welchem *dām* (Sing. und Plur. *dāmīm*) in abstrahiertem Sinn verwendet wird: »Blutvergießen, Krieg«. Als Parallele erscheint einigemal *dǽbær* »Pest« (Ez 5,17; 28,23; 38,22). In diesem abstrakten Sinn ist *dām* ein ethisch qualifizierter Begriff geworden: »Bluttat« und (gemäß hebräischem Denken fast gleichbedeutend) »Blutschuld« (Num 35,33; Dtn 17,18; 19,10; 21,8; 22,8; Ri 9,24; 1Sam 25,26.33; Hos 1,4; 4,2; 12,15; Spr 28,17). »Blut vergießen« ist oft, vor allem bei Ez, gleichbedeutend mit »einen Mord begehen« (Gen 9,6; 37,22; Num 35,33; Dtn 21,7; 1Sam 25,31; Ps 79,3; Spr 1,16; Ez 16,38; 18,10; 22,3.4.6.9.12.27; 23,45; 33,25; 36,18).

Als Blutvergießen wird nicht nur der Mord angerechnet, sondern auch die nichtrituelle Schlachtung, bei der das Blut der Tiere nicht an den Altar gebracht wird (Lev 17,4).

Um eine Unterscheidung zwischen verschieden zu beurteilenden Bluttaten (Mord, Totschlag) handelt es sich im Ausdruck *bēn dām ledām* »zwischen Blut und Blut« (Dtn 17,8; 2Chr 19,10).

Eine wirkliche Metapher findet sich nur in dem Ausdruck »Blut der Traube(n)« (Gen 49,11; Dtn 32,14; Sir 39,26).

Zur Bezeichnung von Farben wird *dām* im AT äußerst selten verwendet. Die einzige klare Stelle ist 2Kön 3,22 (vgl. Jes 63,1–6 mit dem Wort *nēṣaḥ* »Blutstrahl« in V. 3.6).

Gänzlich fehlt die im Akk. (AHw 158b; CAD D 79b) und vielleicht im Phön. (DISO 58) belegte Verwendung von *dām* zur Bezeichnung der Deszendenz und Verwandtschaft (Dhorme 11). Diese Bedeutungsfunktion ist im Hebr. an →*bāśār* »Fleisch« geknüpft.

4. a) In der sakralrechtlichen Sprache findet sich eine vielfältige Verwendung des Wortes *dām*, besonders in P und bei Ez. Die eigenartige Formel *ʿmd ʿal-dām* »jemandem nach dem Leben stehen« in Lev 19,16 weist auf das Stehen vor der zum Prozeß versammelten Rechtsgemeinde hin, sei es als Ankläger, Zeuge oder Richter (vgl. 1Kön 21; Elliger, HAT 4,258f.).

Priesterschriftlich ist die offenbar uralte Tabu-Erklärung des Reinigungsblutes mit der Formel *meqōr dāmǽhā* »Quell ihres Blutes« (Lev 12,7; 20,18; vgl. 15,19).

Die Blutschuldformel »sein Blut komme über ihn« bzw. »über sein Haupt« gehört ebenfalls zum Rechtsleben und dient zur Feststellung der Schuld eines zum Tode Verurteilten und somit der Schuldlosigkeit der Vollstrecker des Urteils (H. Reventlow, VT 10, 1960, 311–327; K. Koch, VT 12, 1962, 396–416). In ihrer reinen Form (immer *dāmīm* im Plur. mit Suffix und *be* mit Suffix) findet sich die Formel nur bei P (Lev 20,9.11.12.13.16.27), in etwas abgeänderter Form auch sonst (Jos 2,19; 1Kön 2,37; Ez 18,13; 33,4.5).

b) Einige mit dem Blut verbundene religionsgeschichtliche Vorstellungen seien hier noch kurz erwähnt, um dadurch auf Begriffe hinzuweisen, die im AT, vor allem in der Priesterschrift, in besonderer Beziehung zu *dām* stehen.

Das Blut gilt als der Sitz des Lebens (Num 17,11 »die Seele des Fleisches ist im Blut«; →*nǽfæš*) oder wird mit diesem identifiziert (Gen 9,4; Lev 17,14; Dtn 12,23). Aus diesem Grunde darf kein Blut genossen werden (Lev 3,17; 7,26f.; 17,10.12.14; Dtn 12,16.23; 15,23), auch kein Fleisch, das »sein Blut in sich hat« (Gen 9,4; vgl. Lev 19,26; 1Sam 14,32–34; Ez 33,25). Ursprünglich wohl animistisch verstanden (zum Religionsgeschichtlichen vgl. W.E. Mühlmann, RGG I,1327f.; J.H. Waszink, RAC II,459–473), sind die Aussagen dadurch dieses Charakters entkleidet, daß sie der Willensoffenbarung Gottes zugeordnet und aus ihr begründet werden (Elliger, HAT 4,228).

Ähnliches gilt im Bezug auf die Bedeutung des Blutes als Sühnemittel (Lev 4,5–34; 16,14–19; 17,11 u.ö.; →*kpr*) und als gemeinschaftsstiftender Faktor beim Bundesschluß (Ex 24,6.8; →*berīt*). Das Blut wirkt nicht vermittels einer ihm innewohnenden expiativen Kraft, sondern weil Jahwe es zum Sühnemittel bestimmt hat (Lev 17,11 »ich habe es euch für den Altar gegeben, damit es euch Sühne erwirke«; vgl. Vriezen, Theol. 250).

Unter Gottes besonderem Schutz steht das Blut des Menschen (Gen 9,5f.). Es wird als Eigentum der Sippe betrachtet; darum obliegt dieser die Pflicht, im Falle eines Mordes durch die Tötung des Mörders das Blut »auszulösen« (→*gʾl*), es der Familiengemeinschaft zurückzuerwerben (*gōʾēl haddām* »Bluträcher« Num 35,19–27; Dtn 19,6.12; Jos 20,3.5.9; 2Sam 14,11; vgl. Koch, a.a.O. 409–414).

5. Kuhn, Konk. 50, verzeichnet 16 Belege des Wortes in den Qumrantexten (davon 3× Plur.). Die Verwendung schließt sich an den atl. Sprachgebrauch an: Blut vergießen, Bluttat, Opferblut, Menstruationsblut. Über das AT hinaus gehen Ausdrücke wie »Blutpfeile« (1QM 6,3) und »hören von Bluttaten« (*dāmīm*, 1QH 7,3).

Zum Judentum und NT vgl. E. Bischoff, Das Blut im jüdischen Schrifttum und Brauch, 1929; J. Behm, Art. αἷμα,

ThW I,171–176; L. Morris, The Biblical Use of the Term »Blood«, JThSt 3, 1952, 216–227; ebd. 6, 1955, 77–82.

G. Gerleman

דמה *dmh* gleichen

1. *dmh* »gleichen« ist außerhebr. noch im Aram. vorhanden (DISO 58; KBL 1066b; LS 156f. mit Hinweis auf Fraenkel 272: arab. *dumjat* »Bild« ist LW aus dem Aram.). Die Abgrenzung von einer oder mehreren homonymen Wurzeln mit den Bed. »schweigen«, »vernichten« o.ä. (HAL 216b; J. Blau, VT 6, 1956, 242f.; vgl. N. Lohfink, VT 12, 1962, 275–277) ist in einzelnen Fällen strittig.

Das Verbum begegnet in den Stammformen q. »gleichen«, ni. »gleichwerden«, pi. »gleichstellen, vergleichen« und ästimativ »für angemessen halten, planen, sich einbilden«, hitp. »sich gleichstellen«. Abgeleitete Nomina sind *d^emī* »Hälfte«, *dimjōn* »Ähnlichkeit« und *d^emūt* »Gestalt, Abbild«.

Das letztgenannte Subst. begegnet einmal im Reichsaram.: BMAP 3,21 *bjt ldmwt bjtk* »ein Haus gleich dem deinigen«.

2. Nach Lis. 366 kommt *dmh* q. 13× (exkl. Jer 6,2, vgl. aber Rudolph, HAT 12,42, und Hos 4,5, vgl. Rudolph, KAT XIII/1,97), pi. 14× (inkl. Hos 12,11), hitp. 1× (Jes 14,14) vor; dazu ni. 1× in Ez 32,2 nach Zimmerli, BK XIII,763, und HAL 216a. Die Subst. *d^emī* (Jes 38,10) und *dimjōn* (Ps 17,12) sind Hapaxlegomena; *d^emūt* steht 25×.

Das Bibl.-Aram. hat zwei Belege mit *dmh* q. (Dan 3,25; 7,5).

3. a) *dmh* q. »gleichen« wird zur Einführung von Vergleichen verwendet, und zwar in der Klage (Jes 1,9 »gleich wie Gomorrha«; Ps 102,7 »ich gleiche der Rohrdommel in der Wüste«; 144,4 »der Mensch gleicht einem Hauche«; vgl. Klgl 2,13 pi.), in der prophetischen Bildrede (Ez 31,2.8.8.18 über den Pharao), im Liebeslied (Hhld 2,9.17; 7,8; 8,14; vgl. 1,9 pi.) und in der hymnischen Sprache (Jes 46,5; Ps 89,7; pi. in Jes 40,18.25; 46,5; s.u. 4a).

Folgende Verben, mit denen *dmh* q./pi. in Parallele steht, besitzen ähnliche Bedeutungen: (1) *hjh k^e* »sein wie« (Jes 1,9; Ez 31,8; Ps 102,7; vgl. Ps 50,21); (2) *šwh* q. »gleich sein« (Jes 40,25 pi.), hi. »vergleichen« (Jes 46,5 pi.; Klgl 2,13 pi.); *šwh* q. begegnet insgesamt 8×, ni. 1× »sich gleichen« (Spr 27,15), pi. »gleich, eben machen, beschwichtigen« 5× und hi. »gleichstellen, vergleichen« 2×, vgl. Jenni, HP 35.111; bibl.-aram. *šwh* q. »gleich sein« Dan 5,21 K (Q pa.); hitpa. »gemacht werden wie« Dan 3,29; (3) *mšl* hi. »vergleichen« (Jes 46,5); sonst *mšl* q. »Gleichnis, Spruch sagen« 10×, pi. »Gleichnisse vortragen« 1×, ni. »gleich werden« 5×, hitp. »ähnlich werden« 1×; dazu *māšāl* »Spruch«, vgl. O. Eißfeldt, Der Maschal im AT, 1913; A. R. Johnson, SVT 3, 1955, 162–169; weitere Lit. s. Sellin-Fohrer 339; (4) *ʿmm* »gleichkommen« (Ez 31,8; sonst nur noch Ez 28,3); (5) *ʿrk* q. in der Bed. »gegenüberstellen, vergleichen« (Ps 89,7; Jes 40,18 pi.; ohne Parallele zu *dmh*: Ps 40,6; Hi 28,17.19; sonst in der Bed. »ordnen«).

b) Bei der Abstraktbildung *d^emūt* »Gleichheit, Ähnlichkeit«, die man an manchen Stellen am besten mit »etwas wie« übersetzt (L. Köhler, ThZ 4, 1948, 20f.), dürfte die Frage, ob tatsächliche Gleichheit oder nur abschwächend eine gewisse Ähnlichkeit gemeint sei (Köhler, a.a.O.; W. H. Schmidt, Die Schöpfungsgeschichte der Priesterschrift, 1964, 143; Westermann, BK I,202f.), dahingehend zu beantworten sein, daß die Wortbedeutung an und für sich die volle Vergleichbarkeit meint und nicht einen davon abhebbaren minderen Grad der bloßen Ähnlichkeit, daß aber die Notwendigkeit oder das Bedürfnis, auf die Gleichheit hinzuweisen, eben nur dann besteht, wenn die Gleichheit nicht ohne weiteres feststeht.

An einigen Stellen (Jes 13,4 und Ps 58,5 ist der Text fraglich) bezieht sich *d^emūt* auf bildliche oder figürliche Darstellungen (2Kön 16,10 Modell oder Plan eines Altars; Ez 23,15 Wandmalereien; 2Chr 4,3 Rinderfiguren unter dem ehernen Meer) und unterstreicht deren Entsprechung zum Vorbild (»Nachbildung, Abbild«). Am häufigsten ist *d^emūt* jedoch in Visionsschilderungen bei Ezechiel (als nomen regens: Ez 1,5.5.10.13[txt?].16.26.26.28; 10,1.10.21.22; vom Beziehungswort getrennt: 1,22; gefolgt von *k^emar'ē* »wie das Aussehen von«: 1,26; 8,2) und Daniel (Dan 10,16), wo die Identität des Geschauten mit der göttlichen Wirklichkeit nur angedeutet werden soll.

Zu den Imago-Stellen (Gen 1,26; 5,1. 3) und zu Jes 40,18, wo *d^emūt* ebenfalls »Abbild, Ebenbild« bedeutet, s. u. 4a und →*ṣǣlæm*.

Unter den sinnverwandten Wörtern kommt *tabnīt* »Bild, Modell« (20×, von der Wurzel *bnh* »bauen« abgeleitet) am nächsten. Zu den Wörtern für »Gestalt« (*t^emūnā, tō'ar, qæṣæb*) und »Bild« (*maśkīt* u.a.) →*ṣǣlæm*.

c) Das Wortfeld der Gleichheit und Ähnlichkeit wird im Hebr. nicht von Verben und Nomina, sondern von der Vergleichspartikel *k^e* »wie« beherrscht (zu Form und Gebrauch vgl. GK § 118s–x;

Joüon 274–276.279.407f.510f.527f.; Br Synt 96.104f.126).

Von den etwas über 3000 Vorkommen der Partikel *k*ᵉ im hebr. AT (davon 57× *k*ᵉ*mō*; im Bibl.-Aram. ist *k*ᵉ rund 80× belegt, inkl. 22× *kol-qᵒbel* »dementsprechend wie«, *k*ᵉ*'an*/*k*ᵉ*'ǽnæt*/*k*ᵉ*'æt* »jetzt« 17×, *k*ᵉ*dī* »wie, als« 5×) entfallen über 500 auf die Konjunktion *ka'ᵃšær* »wie, als« und etwa 250 auf die Verbindung *k*ᵉ + Inf., die im Dt. meistens mit einem temporalen Nebensatz wiederzugeben ist (am häufigsten bei *šm'* »hören« 46×, *bō'* »kommen« 26×, *klh* pi. »beenden« 25×, *r'h* »sehen« 25×). Am häufigsten steht *k*ᵉ (bzw. *k*ᵉ*mō*) vor den Subst. allgemeiner und abstrakter Bedeutung: *kōl*/*kol-* »Gesamtheit, alles« (127×, davon 75× *k*ᵉ*kōl 'ᵃšær* »gemäß allem, was«), *dābār* »Wort« (94×), *jōm* »Tag« (78×), *mišpāṭ* »Vorschrift, Brauch« (42×), *mar'ǣ* »Aussehen, Erscheinung« (25×), *ma'ᵃśǣ* »Werk« und *'ēt* »Zeit« (je 22×), während die Vergleiche mit konkreten Elementen und mit Lebewesen seltener sind: *'īš* »Mann« und *májim* »Wasser« (23×), *ṣōn* »Schafe« (20×), *'ēš* »Feuer« (19×), *ḥōl* »Sand« (14×).

Während bei den meisten der mit *k*ᵉ verbundenen Nomina die Stellen mit *k*ᵉ einen kleinen Bruchteil ausmachen (von gegen 600 verschiedenen hebr. Vokabeln mit *k*ᵉ stehen etwas mehr als die Hälfte nur je einmal in dieser Verbindung), sind gewisse Wörter wie *mōṣ* »Spreu« (8×, nur mit *k*ᵉ) anscheinend auf den Gebrauch im Vergleich spezialisiert. Auch bei den Tierbezeichnungen steht der Anteil der Verbindungen mit *k*ᵉ eher über dem Durchschnitt. Bei den Tiervergleichen stehen statistisch nach *ṣōn* an der Spitze: →*'ᵃrī*/*'arjē* »Löwe« (16×, inkl. 1× aram.; daneben *k*ᵉ*fīr* 9×, *lābī'* 6×, *šáḥal* 3×, *gōr* 1× als weitere Bezeichnungen des Löwen), *næšær* »Adler, Geier« (12×), *ṣippōr* »Vogel« (10×), *sūs* »Pferd« und *jōnā* »Taube« (9×), *'ajjāl(ā)* »Hirsch(kuh)« (8×). Selbstverständlich gelten alle diese Zahlen nur für die mit *k*ᵉ ausgedrückten Vergleiche, während die indirekten Vergleiche und die metaphorischen Gleichsetzungen hier nicht erfaßt werden können.

Unter den Formen mit suffigiertem Personalpronomen (*kā-*, *k*ᵉ*mō-*, *kāmō-*, etwas über 100×) stehen *kāmōkā* »wie du« (31×), *kāmōhū* »wie er« (24×) und *kāmōnī* »wie ich« (17×) am häufigsten. Schließlich seien noch die etwa 60 Fälle von *k*ᵉ mit Eigennamen erwähnt. Bei den Personen sind am meisten David (9×), die Enakiter und Daniel (je 3×) verglichen, alle anderen Personennamen (auch Mose und Hiob) nur je einmal. Bei den Ortsnamen sind der Libanon und Sodom (je 4×), Gomorrha und Silo (je 2×) zu nennen (alle anderen, auch z.B. Jerusalem, nur einmal). Zu den Gottesbezeichnungen s.u. 4b.

4. a) In theologischen Zusammenhängen stehen *dmh* (*d*ᵉ*mūt*) und Synonyma im Dienste der hymnischen Aussagen über Jahwes Unvergleichlichkeit (vgl. C.J. Labuschagne, The Incomparability of Yahweh in the OT, 1966, 28–30). Neben Ps 89,7 »denn wer in den Wolken kommt Jahwe gleich (*'rk l*ᵉ), ist Jahwe ähnlich (*dmh* q.) unter den göttlichen Wesen?« (vgl. Ps 40,6 »nichts ist dir zu vergleichen [*'rk 'æl*]«) sind hier einige Stellen aus Deuterojesaja anzuführen: Jes 40,18 »wem wollt ihr Gott vergleichen (*dmh* pi.) und was als Ebenbild (*d*ᵉ*mūt*) ihm an die Seite stellen (*'rk*)?«; 40,25 »wem wollt ihr mich vergleichen (*dmh* pi.), daß ich wäre wie er (*šwh* q.)?«; 46,5 »wem wollt ihr mich zur Seite stellen (*dmh* pi.), wem mich vergleichen (*šwh* hi.)? Wem wollt ihr mich ähnlich machen (*mšl* hi.), daß wir uns glichen (*dmh* q.)?«. Der Kontext zeigt jeweils, daß Jahwes Unvergleichlichkeit gegenüber den depotenzierten Göttern gemeint ist, sein Anspruch auf Einzigartigkeit, im Unterschied etwa zu den häufigen ähnlichen Aussagen in babylonischen Texten (mit *maḫāru* und *šanānu* »gleichkommen«, vgl. Labuschagne, a.a.O. 31–57), die bald den einen, bald einen andern Gott hyperbolisch preisen (vgl. J. Hehn, Die biblische und babylonische Gottesidee, 1913, 99). Daher wird auch jeder Anspruch anderer Mächte auf Gleichheit mit Jahwe scharf bekämpft; vgl. Jes 14,14, wo in mythischer Sprache die Hybris des Königs von Babel charakterisiert wird: »ich will über Wolkenhöhen emporsteigen, dem Höchsten mich gleichstellen (*dmh* hitp.)«.

Über die Gottebenbildlichkeit des Menschen, die sich in der Herrschaft über die Tierwelt auswirkt (Gen 1,26f.; vgl. 5,1.3; Ps 8,6–9), aber auf eigene Vorstellungen zurückgeht, ist →*ṣælæm* zu vergleichen, mit dem das diesen Begriff interpretierende *d*ᵉ*mūt* (mit *b*ᵉ oder *k*ᵉ verbunden) ziemlich weitgehend austauschbar erscheint.

b) Die mit der Vergleichspartikel *k*ᵉ gebildeten Aussagen über Gottes Unvergleichlichkeit (Labuschagne, a.a.O. 8–28) zerfallen im wesentlichen in zwei Gruppen, die beide ihre formalen Gegenstücke in der Alltagssprache besitzen: negierte Nominalsätze von der Form *'ēn* ... *k*ᵉ »es gibt keinen ... wie ...« (Ex 8,6; 9,14; Dtn 33,26; 1Sam 2,2.2; 2Sam 7,22 = 1Chr 17,20; 1Kön 8,23 = 2Chr 6,14; Jer 10,6.7; Ps 86,8; vgl. Jes 46,9, mit der Negation *'ǽfæs*) und rhetorische Fragen mit impliziter Negation *mī k*ᵉ ... »wer ist wie ...?« (Ex 15,11.11; Jes 44,7; 49,19 = 50,44; Mi 7,18; Ps 35,10; 71,19; 77,14; 89,9;

113,5; vgl. Dtn 4,7). Zur letzteren Gruppe gehören auch die Satznamen *Mīkājā(hū)*, *Mīkājᵉhū*, *Mīkā(hū)*, *Mīkā'ēl* (»Wer ist wie Jahwe/Gott«, vgl. Noth, IP 144; Labuschagne, a.a.O. 21f.126–129; gegen B. Hartmann, ZDMG 110, 1961, 234).

Die dabei verwendeten Bezeichnungen für Gott sind: *Jhwh* (Ex 8,6; Dtn 4,7; 1Sam 2,2; Ps 113,5; insgesamt nur 4 × mit *kᵉ* verbunden), *'ᵉlōhīm* (1Sam 2,2; Ps 77,14; *kēlōhīm* sonst nur noch Gen 3,5 im Munde der Schlange: »daß ihr wie Gott sein werdet«; Sach 12,8 in einer hyperbolischen Verheißung: »der Strauchelnde wird wie David sein, und das Haus David wie Gottwesen«; 2Chr 32,17 von den Göttern anderer Völker), *'ēl* (Dtn 33,26; sonst nur noch Hi 40,9 »ist dein Arm wie der Arm Gottes?«; mit *kᵉmō* Hi 19,22 »warum verfolgt ihr mich wie Gott?«), ferner *kāmōnī* »wie ich« (Ex 9,14; Jes 44,7; 46, 9; Jer 49,19 = 50,44), *kāmōkā* »wie du« (Ex 15,11.11; 2Sam 7,22 = 1Chr 17,20; 1Kön 8,23 = 2Chr 6,14; Jer 10,6.7; Mi 7,18; Ps 35,10; 71,19; 86,8; 89,9) und *kāmōhū* »wie er« (Hi 36,22; vgl. Hi 40,9 »hast du wie er des Donners Stimme?«).

Die im weiteren Sinne hymnische Unvergleichlichkeitsaussage ist jeweils begründet, sei es durch den Kontext, sei es durch die unmittelbare Formulierung, und zwar hauptsächlich durch das mächtige Eingreifen Jahwes in die Geschichte als gerechter Retter (nicht zufällig gerade auch in der Plagen- und Exodustradition; in den individuellen Klagepsalmen 35; 71; 77; 86 zur Motivierung des Hilferufs des einzelnen Bedrängten), aber auch durch seine Schöpfermacht (bei Deuterojesaja eng mit der Rettung verbunden). Als besondere Formulierungen seien erwähnt: im Lied der Hanna 1Sam 2,2 »niemand ist heilig (*qādōš*) wie Jahwe« und in der Rede Elihus Hi 36,22 »wer ist ein Lehrer (*mōrǣ*) wie er?« (vgl. zu Inhalt und Herkunft der Aussagen ausführlich Labuschagne, a.a.O. 64–153).

5. Auch in Qumran begegnen Formeln, die in atl. Weise Gottes Unvergleichlichkeit aussagen (1QH 7,28; 1QM 10,8; 13,13).

LXX verwendet hauptsächlich ὅμοιος und dessen Ableitungen, seltener ἴσος (nur in 2Makk 9,12 ἰσόθεος von Antiochus, in negierter Verwendung); für *dᵉmūt* steht meistens ὁμοίωμα, seltener ὁμοίωσις, je einmal ὅμοιος (Jes 13,4), ἰδέα (Gen 5,3) und εἰκών (Gen 5,1).

Zur LXX und zum NT, wo 1Joh 3,2 das eschatologische Gegenstück zu Gen 3,5 bildet und die Gottgleichheit Jesu (Phil 2,6) als neues Thema auftritt, vgl. G. Stählin, Art. ἴσος, ThW III,343–356; J. Schneider, Art. ὅμοιος, ThW V,186–198.

E. Jenni

דַּעַת *dáʿat* Erkenntnis → ידע *jdʿ*.

דֶּרֶךְ *dǽræk* Weg

1. Die Wurzel *drk* »treten (mit den Füßen)« ist gemeinsemitisch; sie hat zahlreiche, teilweise lautlich oder bedeutungsmäßig abweichende Ausprägungen erfahren (HAL 221f.; P. Nober, Bibl 40, 1959, 196*f.).

Akk. *daraggu* »Weg(spur)« (AHw 163a; CAD D 108b) ist ein seltenes Synonym zu den gebräuchlicheren *urḫu* oder *ḫarrānu*; vgl. noch *darāku* »nachfolgen(?)« und *darku* »folgender« (AHw 163a.164a).

Im Ug. begegnet das fem. Subst. *drkt* »Herrschaft, Macht« (WUS Nr. 792; UT Nr. 703; Driver, CML 154) als Parallelwort zu *mlk* »Königtum« (in Text RS 24.252, Z. 6f.: *bʿlt mlk* par. *bʿlt drkt* von ʿAnat, Ugaritica V, 551); s.u. 3c.

Phön.-pun. und im älteren Aram. scheint die Wurzel nur verbal vorzukommen: »treten auf, eintreten, (Bogen) spannen« (DISO 60).

Das hebr. Nomen *dǽræk* »Weg« (qitl-Bildung?, vgl. Brønno 134) kann sowohl als Mask. als auch als Fem. konstruiert werden (K. Albrecht, ZAW 16, 1896, 54f.). Neben das Nomen und das Verbum (Qal und Hi.) tritt noch das abgeleitete Subst. *midrāk* »Trittspur, Fußbreit« (nur Dtn 2,5).

2. Das Nomen *dǽræk* ist im AT 706 × bezeugt, und zwar vornehmlich im Sing. (543 × ; Spr 21,29Q als Sing., Jer 17,10Q als Plur. gezählt). Die beiden Duale in Spr 28,6.18 dürften als Plur. zu lesen sein (vgl. u.a. F. Nötscher, Gotteswege und Menschenwege in der Bibel und in Qumran, 1958, 56).

	Qal	Hi.	Sing.	Plur.	Dual	Subst.
Gen	–	–	31	–	–	31
Ex	–	–	12	1	–	13
Lev	–	–	–	1	–	1
Num	1	–	23	–	–	23
Dtn	4	–	37	11	–	48
Jos	2	–	15	2	–	17
Ri	2	1	15	–	–	15
1Sam	1	–	24	3	–	27
2Sam	–	–	11	1	–	12
1Kön	–	–	40	6	–	46
2Kön	–	–	21	1	–	22
Jes	8	3	33	14	–	47
Jer	7	2	41	16	–	57
Ez	–	–	85	22	–	107
Hos	–	–	4	4	–	8

	Qal	Hi.	Sing.	Plur.	Dual	Subst.
Jo	–	–	–	1	–	1
Am	2	–	3	–	–	3
Jon	–	–	2	–	–	2
Mi	4	–	–	1	–	1
Nah	–	–	2	–	–	2
Hab	1	1	–	–	–	–
Hag	–	–	–	2	–	2
Sach	1	–	–	3	–	3
Mal	–	–	2	1	–	3
Ps	6	4	47	19	–	66
Hi	3	1	20	12	–	32
Spr	–	1	52	21	2	75
Ruth	–	–	1	–	–	1
Pred	–	–	3	1	–	4
Klgl	3	–	2	4	–	6
Esr	–	–	3	–	–	3
Neh	1	–	3	–	–	3
1Chr	2	–	–	–	–	–
2Chr	1	–	11	14	–	25
AT	49	13	543	161	2	706

3. a) Von der Grundbedeutung »(betretener und dadurch fesgtetretener) Weg« entwickelt sich die Bedeutung von *dǽræk* vielfältig sowohl in räumlich-geographischem als auch in übertragen-bildlichem Sinn. Von den mannigfachen Verwendungsarten des Wortes (vgl. neben den Wörterbüchern die ausführlichen Darlegungen von Nötscher, a.a.O. 17–69) sollen hier nur die wichtigsten erwähnt werden.

Unter den zahlreichen Wegen im räumlich-geographischen Sinn kennt das AT solche, die einen besonderen Namen tragen, weil es sich um oft begangene Verkehrsstraßen handelt: die »Königsstraße« im Ostjordanland, die von Damaskus nach Aqaba führt (Num 20,17; 21,22; vgl. HAL 222b; Y. Aharoni, The Land of the Bible, ²1968, 49–52), die »Straße der Zeltbewohner« (Ri 8,11) und die »Straße des Meeres«, die zum Meer führt oder in der Nähe des Meeres verläuft (Jes 8,23; vgl. Aharoni, a.a.O. 41–49).

Unmerklich geht die konkrete Bed. »Weg« in die der »Bewegung auf dem Wege« über: Ein Mensch, der auf einer Straße geht, zieht »seines Weges«, um ein Ziel zu erreichen (z.B. Gen 24,27.48; 32,2 u.ö., häufig verbunden mit →*hlk* »gehen«; *baddǽræk* = »unterwegs«).

Noch stärker ist der Vorgang des Reisens betont, wenn *dǽræk* mit »Reise«, »Unternehmung« oder auch »Kriegszug« zu übersetzen ist (Gen 42,25; 45,21.23; 1Sam 21,6 *dǽræk ḥōl* »profanes Unternehmen«; vgl. auch akk. *ḫarrānu* »Weg, Reise, Karawane, Feldzug«, AHw 326f.; CAD H 106–113).

Vom Ziel her rückblickend bekommt »Weg« die Bed. »zurückgelegter Weg, Wegstrecke (zwischen zwei Punkten)« (vgl. z.B. Gen 31,23 »sieben Tagesreisen weit«).

Eine ähnliche Vorstellung liegt zugrunde, wenn das Wort *dǽræk* die Richtung einer Bewegung angibt, gleichgültig, ob sie ausgeführt oder nur beschrieben wird. Der Richtpunkt kann dabei durch die vier Himmelsgegenden (Dtn 11,30 u.ö., besonders bei der Beschreibung des neuen Tempels in Ez 40,6ff.) oder durch Orte und Plätze (Gen 16,7 u.ö.) angegeben werden.

b) In übertragener Bedeutung kann das Leben des Menschen als ein Weg beschrieben werden, auf dem man sich befindet (vgl. A. Gros, Le thème de la route dans la Bible, 1957, 17–30); oft kann dann mit »Wandel, Verhalten« übersetzt werden (z.B. Gen 6,12). Diese Terminologie hat in besonderer Weise in der Weisheitsliteratur (Spr 1,15 u.ö.) und für den religiösen Bereich (s.u. 4) Bedeutung erlangt. Ist das Ziel allen menschlichen Lebens ins Auge gefaßt, so kann der Weg aller Menschen, der zum Tode führt, damit angedeutet werden (Jos 23,14; 1Kön 2,2; zu Spr 14,12 vgl. HAL 223a). In recht allgemeiner Weise bezeichnet »Weg« im Sinne von »Verhalten, Ergehen, Brauch, Art und Weise« gewisse Grundtatsachen im Leben der Menschen oder der Natur (z.B. Spr 30,19f.; Gen 19,31 vom Weg der Geschlechter zueinander; Gen 31,35 vom Ergehen der Frau im monatlichen Zyklus, vgl. Gen 18,11 mit *'ōraḥ*, s.u. 3d).

c) Ob ug. *drkt* »Herrschaft, Macht« zur Aufhellung einiger Stellen im AT benutzt werden kann, muß fraglich bleiben. Die dafür herangezogenen Stellen (mit *drk* q.: Num 24,17; mit *dǽræk*: Jer 3,13; Hos 10,13; Am 8,14; Ps 67,3; 110,7; 119,37; 138,5; Hi 26,14; 36,23; 40,19; Spr 8,22; 19,16; 31,3) sind meistens auch ohne diese Annahme verständlich oder können auf andere Art und Weise erklärt werden.

Die Reihe der Vorschläge beginnt wohl mit einer Bemerkung Albrights zu Num 24,17; weitere Stellen sind nach und nach von verschiedenen Autoren genannt worden, vgl. W.F. Albright, JBL 63, 1944, 219; ders., SVT 3, 1955, 7; ders., FS Robert 1957, 23f.; P. Nober, VD 26, 1948, 351–353; S. Bartina, VD 34, 1956, 202–210; J.B. Bauer, VT 8, 1958, 91f.; M. Dahood, ThSt 13, 1952, 593f.; 15, 1954, 627–631; ders., Bibl 33, 1952, 33; 38, 1957, 320; ders., Proverbs 40; ders., UHPh 55, u.a.

Kritisch haben sich mit diesen Meinungen auseinandergesetzt: H. Zirker, BZ 2, 1958, 291–294; Nötscher, a.a.O. 17f.25f.; vgl. ferner etwa Rudolph, KAT XIII/1, 206 zu Hos 10,13; Fohrer, KAT XVI, 522 zu Hi 40,19.

*d) Die Substantive verwandter Bedeutung behandelt Nötscher, a.a.O. 12–17. Zu erwähnen sind:

1) *'ōraḥ* »Weg« (57×, außer Gen 18,11 nur in metrisch gehaltenen Texten, in einem Viertel der Fälle parallel zu *dæræk*; am häufigsten in Spr, 19×; ferner Ps 14×, Hi 10×, Jes 8×, Gen und Ri je 2×, Jo und Mi je 1×; dazu *'rḥ* »wandern, reisen« 6× und *'ōreḥā* »Karawane« 3×) und bibl.-aram. *'ᵃraḥ* »Weg« (Dan 4,34; 5,23) mit ähnlichem Bedeutungsumfang wie *dæræk*; vgl. akk. *urḫu* und aram. *'rḥ/'orḥā* (DISO 24; KBL 1053b);

2) *hᵃlīkā* »Weg, Bahn; Karawane, Prozession; Treiben« (6×, →*hlk*);

3) *mᵉsillā* (27×) und *maslūl* (Jes 35,8) »(aufgeschüttete) Straße« (*sll* q. »aufschütten«);

4) *ma'gāl* »Geleise, Bahn« (13×, in Spr 7×; zu *'ᵃgālā* »Wagen«);

5) *nātīb* (5×) und *nᵉtībā* (21×; fast immer par. *dæræk* oder *'ōraḥ* »Pfad«; vgl. ug. *ntb* und *ntbt* »Pfad«, WUS Nr. 1870; UT Nr. 1715);

6) *šᵉbīl* »Pfad« (Jer 18,15; Ps 77,20; jeweils par. *dæræk*).

Bei allen diesen Vokabeln kommt auch die übertragene oder bildhafte Verwendung vor.

e) Das Verbum *drk* q. hat stets die Grundbedeutung »treten« bewahrt (Objekt Land, Dtn 1,36; Weg, Jes 59,8; Schwelle, 1Sam 5,5, usw.). Lediglich in zweifacher Beziehung hat eine Spezialisierung stattgefunden: der Krieger »tritt« mit dem Fuß seinen Bogen, um ihn zu spannen (Jes 5,28; 21,15 u.ö.; vgl. BHH I,264.267), und der Bauer »tritt« die Kelter, um Trauben (z.B. Ri 9,27; vgl. Dalman, AuS IV,364f.; zu Mi 6,15 vgl. Dalman, a.a.O. 207) zu pressen.

drk hi. gibt die kausative Bed. »treten, betreten lassen« wieder (Jes 11,15 u.ö.; mit elliptischem Objekt »Füße« = »festtreten, betreten« in Jer 51,33; Hi 28,8; zu Ri 20,43 vgl. HAL 222a). »Einen Weg betreten lassen« wird dann zu »leiten« (Spr 4,11 u.ö.).

4. a) Im religiösen Bereich (vgl. A. Kuschke, Die Menschenwege und der Weg Gottes im AT, StTh 5,1952, 106–118; F. Nötscher, Gotteswege und Menschenwege in der Bibel und in Qumran, 1958, 23ff.) kann zunächst auch konkret vom Weg oder der Reise eines Gottes (1Kön 18,27), göttlicher Wesen (Gen 19,2) oder Jahwes (Dtn 1,33; Nah 1,3) gesprochen werden. Vor allem ist aber hier metaphorisch das Verhalten und Planen Gottes gemeint (vgl. Gros, a.a.O. 30–40), das sich dem Volke zuwendet, ihm jedoch überlegen ist (Jes 55,8f.; Hi 34,27 u.ö.). Das Volk und der Einzelne in ihm sollen auf den Wegen Gottes wandeln, d.h. in Gehorsam Gott gegenüber ihr Leben führen (Ex 32,8 u.ö.), wobei die Gebote Gottes als Wegleitung dienen (z.B. Dtn 5,33). Von ihnen abweichen (Dtn 11,28 u.ö.) bedeutet, die Wege Gottes verkehren (Num 22,32) und in anderen (eigenen, Jes 53,6; der Sünder, Ps 1,1; der fremden Götter, Jer 10,2) Wegen gehen. Dieses Verhalten wird im Besonderen an den Königen Israels gerügt, die nicht in den Wegen Davids und damit Jahwes (so in 1Kön 3,14), sondern in denen Jerobeams gingen (1Kön 15,26 u.ö.).

b) Das Verbum *drk* q. kann das Gehen Gottes bezeichnen: auf den Höhen der Erde (Am 4,13; Mi 1,3; vgl. U. Devescovi, RivBibl 9, 1961, 235–237), auf den Höhen des Meeres (Hi 9,8; vgl. Hab 3, 15). Vom Spannen des Bogens ist die Rede in Sach 9,13; Klgl 2,4; 3,12; vgl. Ps 58, 8, vom Keltern in Jes 63,3.3; Klgl 1,15.

Das Hi. umschreibt die Leitung der Frommen usw. durch Jahwe (Jes 48,17; Ps 25,5 u.ö.; Devescovi, a.a.O. 237–242).

5. In der Gemeinde von Qumran ist besonders die in 4a angezeigte Ausgestaltung der Bedeutung vertreten, was dem Charakter der Texte entspricht. Wesentliche neue Gesichtspunkte kommen nicht hinzu; vgl. Nötscher, a.a.O. 72–96.

Nicht in der klaren Formulierung des NT (Mt 7,13f.), wohl aber der Sache nach ist der Dualismus der beiden Wege schon im AT vorhanden und vorgebildet; vgl. dazu B. Couroyer, Le chemin de vie en Egypte et en Israël, RB 56, 1949, 412–432; Nötscher, a.a.O. 64–69; Michaelis (s.u.) 53f.

Zum »Weg« im NT und im Urchristentum vgl. W. Michaelis, Art. ὁδός, ThW V, 42–118; Nötscher, a.a.O. 97–122; A. Gros, Je suis la route, 1961; E. Repo, Der »Weg« als Selbstbezeichnung des Urchristentums, 1964. *G. Sauer*

דרשׁ *drš* fragen nach

1. *drš* ist ein westsem. Verbum, das außer im Hebr. auch im Ug., Aram., Äth. und Arab. belegt ist.

Im Syr., wo *drš* »disputieren« u.ä. wahrscheinlich Lehnwort aus dem Hebr. ist, ist die Wurzel mit einem Wort für »treten« (vgl. hebr. und aram. *drk*; mittelhebr., jüd.-aram. *drs*, arab. *drs* »dreschen«, akk. *darāsu* »wegdrängen«, AHw 163b) zusammengefallen, jedoch von ihm zu trennen (vgl. Nöldeke, NB 38 Anm. 4). Über einen fraglichen Beleg von *darāšu* »versuchen(?)« im Akk., und zwar in der hymnisch-epischen Sprache, vgl. W. von Soden, ZA 49, 1949, 175f.; AHw 163b.

2. Im AT ist *drš* nur hebr. belegt: qal 155× (1/2Chr 40×), ni. 9×. Das späte Verbalabstraktum *midrāš* »Auslegung«

(aram. Inf.qal, GK §85h) begegnet nur 2× (2Chr 13,22; 24,27; vgl. Sir 51,23).

3. a) Das profane Bedeutungsfeld ist ziemlich klein, besonders im Vergleich zum sinnähnlichen →*bqš* pi., und beschränkt sich auf etwa 1/4 sämtlicher Belegstellen. Aber auch der profane Sinnbereich von *drš* unterscheidet sich klar von dem von *bqš* pi. Für die Bed. »nach jem. oder etw. suchen« gibt es bei *drš* nur vereinzelte Belege (Dtn 22,2; Hi 10,6 mit *bqš* als vorhergehender Parallele; 39,8 mit *'aḥar*). Sinnverwandt ist die Verwendung in Ps 109,10 »(vergebens) suchen, betteln« mit →*š'l* pi. als Parallele (vgl. jedoch BH[3]).

b) Im Unterschied zu *bqš* pi. gehört *drš* hauptsächlich zur kognitiven Sphäre: »sich nach etw. erkundigen, nach etw. fragen, untersuchen«. Was untersucht wird, ist nicht die örtliche Lage, sondern die Beschaffenheit eines Dinges oder eines Vorgangs. In diesem Sinn kann das Verbum sehr verschieden konstruiert werden: absolut (Dtn 13,15; 17,4; 19,18; Ri 6,29; Jes 34,16; Pred 1,13), mit direktem Objekt (Lev 10,16; Esr 10,16 txt em) oder mit den Präpositionen *'æl*, *b^e*, *l^e*, *'al*.

In diesem Sinnbereich verwurzelt ist auch das Verbalabstraktum *midrāš* »Auslegung« (vgl. Rudolph, HAT 21,238; G. Rinaldi, Bibl 40, 1959, 277).

c) In noch höherem Grade als bei *bqš* pi. findet sich bei *drš* in der Bed. »nach etw. streben, trachten« eine Sinnverschiebung zum Emotionalen hin. Als Objekt stehen vor allem qualitativ-ideelle Werte, zunächst positiver Art: »Recht« (Jes 1,17; 16,5), »Gutes« (Am 5,14; Est 10,3), »Jahwes Werke« (Ps 111,2), aber auch »Böses« (Spr 11,27). In dem Ausdruck »nach dem Unheil (*rā'ā*) jemandes trachten« findet sich *drš* nur Ps 38,13 (*drš* steht hier als Parallele zu einem vorangehenden und wahrscheinlich bedeutungslenkenden *bqš* pi.) und Spr 11,27 (vgl. Jer 38,4). Das entgegengesetzte »nach dem Heil (*šālōm*) jemandes suchen« ist viermal belegt (Dtn 23,7; Jer 29,7; 38,4; Esr 9,12; vgl. Est 10,3).

Im Unterschied zu *bqš* pi. wird *drš* nie als Regens eines folgenden Infinitivs gebraucht.

Noch stärker ist die emotionale Färbung, wenn *drš* »sich um etw. kümmern, in seine Obhut nehmen« meint, was zunächst zur theologischen Sprache gehört, aber auch nicht-theologische Verwendung hat (Jer 30,14; Ps 142,5; Spr 31,13; 1Chr 13,3).

d) Im Sinne von »verlangen, fordern« gehört *drš* zum theologischen Sprachgebrauch. Eine Ausnahme bildet höchstens 2Chr 24,6 (*drš 'al*), die einzige Stelle, wo der Verlangende ein Mensch ist (C. Westermann, Die Begriffe für Fragen und Suchen im AT, KuD 6, 1960, 16).

4. a) Die weitaus meisten Belege für *drš* sind theologisch und kultisch geprägt. Im Sinne von »verlangen, fordern« hat das Verbum fast ausschließlich Jahwe (Gott) als Subjekt. Als Objekt stehen »Blut« (Gen 9,5a; Ez 33,6; Ps 9,13; ni. Gen 42, 22), »Seele« (Gen 9,5b), »ein Gelübde« (Dtn 23,22), »meine Schafe« (Ez 34,10), »Opfer« (Ez 20,40); ferner Mi 6,8: »was Jahwe von dir verlangt«. An den übrigen einschlägigen Stellen ist das Objekt ein gottloses Handeln, wodurch das Verbum den Sinn »heimsuchen« annimmt (Dtn 18, 19; Ps 10,4.15; 2Chr 24,22).

b) In einer Reihe von Erzählungen ist *drš Jhwh* fester Terminus für die Befragung Jahwes durch einen Propheten (nach 1Sam 9,9 ursprünglich durch einen Seher oder Gottesmann) in einer Notsituation, zeitlich begrenzt auf die Königszeit. Auch hier sucht die Erkundigung nicht primär Information, sondern diese Befragungen sind aus auf die Behebung der Not des Fragenden. Erzählt sind nur Notfälle von politischem Rang (auch wo es um persönliche Not geht): (1.) die Gefährdung der Dynastie durch die Krankheit des Königs (2Kön 8,7–15) bzw. des Kronprinzen (1Kön 14,1–6.12–13a.17.18); vgl. 2Kön 1, 2ff.; 2Chr 16,12; Gen 25,22; ferner ohne *drš* Jes 38 und 2Kön 5; (2.) Gefährdungen der Gesamtheit in Kriegsnot (1Kön 22 = 2Chr 18; 2Kön 3; vgl. Jer 21,1–10; 37, 3–21) und 2Kön 22 = 2Chr 34 in einer Bedrohung durch den Zorn Jahwes. Die ausgeführten Erzählungen gehören zu einer weiteren Gruppe mit dem Schema: Ankündigung durch das Wort des Propheten – Eintreffen dieses Wortes; d.h. nicht die Befragung steht im Mittelpunkt des Interesses, sondern das Funktionieren des Prophetenwortes, das in die Geschichte eingreift und z.B. Könige verwirft und absetzt (1Kön 14; 2Kön 1; 8). Ez 14, 1–11; 20,1–3 endet diese Möglichkeit der Befragung, da sie vom Propheten prinzipiell verweigert wird.

Der Vorgang ist stets folgender: Der König schickt in einer Notlage einen Boten (stets eine hochgestellte Persönlichkeit aus der engsten Umgebung des Königs) mit einem Geschenk zum Propheten in dessen Wohnung, um ihn nach dem Ausgang der Not zu fragen. Der Prophet antwortet mit einem Gottesspruch. Der ganze

Vorgang spielt sich *außerhalb* des kultischen Bereiches ab (Westermann, a.a.O. 18).

Der Fragende ist ein Einzelner, in den überlieferten Erzählungen meist der König, außer ihm nur die Ahnfrau Rebekka (Gen 25,22) und die Ältesten (Ez 14; 20), in 1Sam 9,9 »man«. Jahwe ist immer Akkusativobjekt (*drš 'æt-Jhwh*), 1Kön 22,5 = 2Chr 18,4 abgewandelt *drš 'æt-debar Jhwh*. Meist folgt, auf den prophetischen Mittler weisend, *mē'ittō* »von ihm«. Der Gebrauch der Präposition *min* zeigt, daß der Prophet nur als Mittler des von Gott her ergehenden Wortes gesehen wird, dagegen nie als dem Frager dienstbares Instrument. Es folgt die Frage nach dem Ausgang der Not. Aber diese Frage »impliziert das Flehen . . . zu Gott« (Westermann, a.a.O. 18), daß er die Not wenden möge. Jer 37,3.7 wird der befragte Prophet ausdrücklich um Fürbitte gebeten (vgl. Ez 36,37 »ich will mich für [*le*] Israel erbitten lassen«). Möglicherweise stand die Institution der Befragung im Zusammenhang mit dem Amt des Propheten als Intercessor (Westermann, a.a.O. 21). Vermutlich geschah die Gottesbefragung durch einen Gottesmann ursprünglich nur wegen persönlicher Nöte Einzelner und wurde erst später auch auf Volksnöte erweitert (Westermann, a.a.O. 28). Dafür spricht die Glosse 1Sam 9,9, auch wenn sie eine späte Erinnerung ist.

1Kön 22 ist die Befragung durch den Propheten verbunden mit Elementen der besonders in den Jahwekriegen belegten →*š'l*-Befragung durch das Losorakel; ebenso 2Kön 3 (Westermann, a.a.O. 19), einer offenbar in Anlehnung an 1Kön 22 literarisch konzipierten Erzählung, in der die Bedrohung durch feindliche Übermacht verbunden ist mit einer kreatürlichen Not (Wassermangel der Truppe); dem entspricht dort eine zweiteilige Frage und zweiteilige prophetische Antwort. – Die *š'l*-Befragung ist eine Gottesbefragung durch das priesterliche Losorakel. Sie ist nur für die vorstaatliche Zeit belegt. Ihre allmähliche Auflösung, die zu ihrem Verschwinden führte, nachdem das Königtum Davids errichtet war, läßt sich in 1/2Sam deutlich verfolgen (Westermann, a.a.O. 10–13).

Außerdem ist die Institution der Jahwe-Befragung durch den Propheten vermutlich gemeint in der Anklage Jes 31,1 (vgl. 30,2 mit *š'l*) und in der Mahnung Am 5, 4; d.h. »es stünde hier Institution gegen Institution: gegen das Sich-Wenden an Jahwe am Kultort stellt Amos das Sich-Wenden an Jahwe, das nur durch einen Propheten möglich ist« (Westermann, a.a. O. 22); ferner Jes 9,12; Jer 10,21 und Hos 10,12.

Ex 18,15 meint vermutlich den gleichen Vorgang wie Dtn 17,9, nämlich die Einholung eines Gottesentscheides bei einem schwierigen Rechtsfall.

c) Bei der Befragung eines fremden Gottes, des Baal-Sebub 2Kön 1,2.3.6.16, wird *drš* mit *be* konstruiert, vielleicht um den im Polytheismus häufigen Vorgang anzudeuten, daß der Beter eine niedere Gottheit anrief, damit diese für ihn bei einer höheren Gottheit oder gar dem höchsten Gott Fürsprache einlege. Für diese Deutung spricht auch die Wendung 1Sam 28,7 »ich will durch sie (scil. die Totenbeschwörerin) befragen« (mit *be*). Zwei scheinbare Ausnahmen sind durch die polemische Antithese zur Fremdgötter-Befragung bedingt, so in der Glosse 2Kön 1,16 »durch das Wort Jahwes befragen« und Ez 14,7, wo ein götzendienerischer Israelit die Stirn hat, zu den Propheten zu kommen, um Jahwe in gleicher Weise zu befragen wie einen seiner Götzen.

d) Wenn ein Totengeist Objekt von *drš* ist, wird *drš 'æl* konstruiert (Dtn 18,11; Jes 8,19; 19,3; vgl. 1Chr 10,13) in dem Sinn von »sich wenden an«, wie *drš 'æl* mit einer Person (Jes 11,10 Schößling Isais) bzw. einem Ort (Dtn 12,5 der von Jahwe erwählte Kultort) als Objekt zeigt. Aufschlußreich ist an beiden Stellen, daß die Hinwendung sich vollzieht, indem man sich dorthin aufmacht zu einer Wallfahrt. Das läßt einen Schluß zu auf den ursprünglichen Sinn von *drš 'æl hā'ōb*: man mußte sich aufmachen zur Ahnenkultstätte bzw. dem Vätergrab, um den Toten zu befragen.

e) Die beiden letzten (allerdings vom Propheten abgewiesenen) Versuche, Jahwe zu befragen (Ez 14; 20), gehören in die frühe Exilszeit. Mit dem Aufhören der vorexilischen Institution der Befragung hat sich ein tiefgreifender Bedeutungswandel vollzogen. *drš Jhwh* erhielt die allgemeine Bedeutung »sich zu Jahwe halten« und bezeichnete bald nicht mehr eine konkrete Handlung, sondern den Habitus des Frommen.

Dieser Bedeutungswandel erklärt sich vor allem aus zwei Gründen. In alter Zeit gehörte die Befragung Jahwes durch einen Propheten unmittelbar zusammen mit der Klage des aus seiner Not heraus Fragenden (s.o. 4b). Nachdem von diesem Gesamtvorgang die eine Seite, die Befragung durch einen Propheten, fortgefallen war, wurde der Terminus für das Ganze Bezeichnung für den verbleibenden Rest, nämlich die Klage. *drš Jhwh* als »sich in der Not an Jahwe wenden« war jetzt eben nur noch möglich in der Form der Klage. Hinzu kommt ein zweiter Grund. Die Klage hat ihren Höhepunkt in den an Gott gerichteten Fragen: »Warum hast du . . .?« und »Wie lange willst du noch...?« Gemeinsam ist hier nicht nur mit der alten Institution, daß Jahwe gefragt wird, sondern die einst durch den Propheten Gott vorgelegte Frage. »Werde ich von dieser Krankheit genesen?« (2Kön 8,8) steht in ihrer Intention ganz nahe bei der Frage des Klagenden »Wie lange noch . . .?«

Nun wird der Vorgang, daß ein Einzelner sich in der Klage an Gott wendet, an einigen Stellen mit *drš* bezeichnet (Ps 22,27; 34,5; 69,33; 77,3; Hi 5,8; vgl. Klgl 3,25; Ps 9,11; 34,11). Diese Stellen stammen alle aus der Spätzeit, als es diese vorexilische Institution schwerlich noch gab; aber die Bezeichnung hat sich gehalten. – In spätem, abgeblaßtem Gebrauch meint *drš* zweimal nur noch »Gott anrufen« (1Chr 21,30 von David; Ps 105,4 = 1Chr 16,11 in der Aufforderung zum Lob).

An weiteren Stellen wird auch der Vorgang der Volksklage mit *drš* bezeichnet. Jes 58,2 paraphrasiert die einzelnen Elemente der Volksklage, aus der V. 3a direktes Zitat ist: V. 2a »Erkenntnis meiner Wege begehren sie« = »Wie lange zürnst du noch?«; V. 2b »wie ein Volk, das Gerechtigkeit übt . . .« = Unschuldsbekenntnis; V. 2c »sie fragen mich nach den gerechten Entscheidungen« = »Warum hast du dieses Unheil über uns gebracht?«; V. 2c »das Nahen Gottes begehren sie« = »Warum verbirgst du dein Angesicht?«. Der ganze Vorgang heißt V. 2a *drš Jhwh*. – Ps 78,34 »Wenn er sie dahinwürgte, fragten sie (*drš*) nach ihm«, wird V. 35 expliziert, indem das Bekenntnis der Zuversicht aus der Volksklage zitiert wird. – 2Chr 20,3 ist königlicher Aufruf zur Volksklage. Vgl. auch Jer 29,12f.; Jes 55,6; 2Chr 15,2.4 (*drš* = *bqš*).

Die Klagefeier hat in exilisch-nachexilischer Zeit, zumindest bis zum Neubau des Tempels, das gottesdienstliche Leben bestimmt (vgl. Klgl; Sach 7,3; 8,19; Jes 58, 2), wo auch ein Schuldbekenntnis wie Ps 79,8 (vgl. Ps 106; Jes 63,10.17) als Antwort auf die vorexilische Gerichtsprophetie zu Wort kommen konnte (vgl. die Tendenz des dtr. Geschichtswerkes, dazu H. W. Wolff, ZAW 73, 1961, 171–186 = GesStud 308–324). So konnte »sich zur Gemeinde und ihren Klagegottesdiensten halten« synonym werden mit »sich zu Jahwe und seinen Ordnungen halten«. Dieser Übergang ist vollzogen in der dtr. Theologie, wo Umkehr und neues Halten der Gebote auf Seiten des Menschen Voraussetzung wurde für Gottes Hören der Klage (vgl. z.B. 1Sam 7,3–4 vor V. 5ff.; ferner Dtn 4,29; Jes 55,6f.; 58; Jer 29, 13; 2Chr 15,2 und 4). »Hier ist aus der einmaligen Handlung, die eines bestimmten Anlasses bedarf, eine Haltung, ein Habitus geworden, . . . das ›Sich an Gott Wenden‹ zum ›Sich an Gott Halten‹« (Westermann, a.a.O. 24). »Dieses Sich-Halten an Gott ist eine wichtige charakteristische Bezeichnung des Gottesverhältnisses von der deuteronomischen Zeit an bis zur Zeit des Chronisten. Es hat im AT etwa die Bedeutung des Nt-lichen und dann christlichen ›Glaubens an Gott‹« (Westermann, a.a.O. 28).

drš Jhwh wurde eine so umfassende Bezeichnung für die Jahweverehrung, daß es oft in Antithese steht zum Götzendienst (Jes 65,1.10; Jer 8,2; Zeph 1,6; Esr 6,21; 2Chr 15,12.13; 17,3.4; 34,3; vgl. Ps 24,6; Esr 4,2; 2Chr 25,15.20). Deshalb steht es regelmäßig in den Beurteilungen der Könige in Chr (2Chr 12,14; 14,3; 17,4; 19, 3; 22,9; 26,5; 30,19). Aber zugleich wird *drš Jhwh* in Chr gleichbedeutend mit »Gottes Willen erfüllen« oder »die Gebote halten« (1Chr 22,19; 2Chr 14,6a; 31,23; ebenso Ps 14,2 = 53,3; 119,2.10); denn hier steht nur noch die konditionierte Segensverheißung im Hintergrund, nicht mehr die Klage.

Da die Verkündigung der Gebote und die bedingte Segensverheißung zunehmend individualisiert wurde, wurde es möglich, daß in Ps 34 auf den Bericht von der Errettung im Danklied eines Einzelnen (V. 5) nicht nur die konkrete Mahnung V. 6, sondern eine allgemeine Heilszusage an die sich zu Gott Haltenden folgt (V. 9b–11) und eine Mahnung zum Halten der Gebote (V. 12ff.). Wie oben bei der Volksklage ist auch hier die Möglichkeit von Erhörung und Rettung abhängig davon, daß der Beter die Gebote erfüllt.

An einigen späten Stellen können sogar die Gebote Objekt von *drš* sein (Ps 119,45. 155; 1Chr 28,8), in der späten Glosse Jes 34,16 sogar »die Schrift«. Vgl. hier auch *midrāš* »Auslegung, erbauliche Paraphrase« (s.o. 2/3b).

Der Gebrauch der Präpositionen schwankt in den späten Schriften regellos. So steht *drš Jhwh* (2Chr 34, 21) neben *drš bJhwh* (2Chr 34,26 wie 1Chr 10,14) und *drš lēlōhīm* (2Chr 34,3 wie 2Chr 20,3) oder Hi 5,8 *drš 'æl-'ēl*.

5. In den Qumrantexten erscheint *drš* gegen 40 × (Kuhn, Konk. 52f.). Wie im AT ist »Gott suchen« an mehreren Stellen eine allgemeine Bezeichnung der Gottesfurcht.

Vor allem aber ist der kognitive Sinn von *drš* reichlich belegt und auf neue Sinnbereiche erweitert, besonders in der theologischen Sprache: »die Gebote erforschen«, »im Gesetz forschen«. Besonders auffallend sind einige usuell verfestigte Ausdrücke: *dwrš htwrh* »Erforscher des Gesetzes« (CD 6,7; 7,18; 4QFl 1,11), ferner *dwršj ḥlqwt* »Hervorbringer von glatten Auslegungen« (1QH 2,32 u.ö.), eine Formel, mit der die Qumrangemeinde die Pharisäer bezeichnet hat. Gegensätzlich ist die talmudische Phrase *dōrešē ḥamūrōt* »Hervorbringer von strengen Auslegungen«, die pharisäische Bezeichnung der Qumransektierer (vgl. C.Roth, RQ 2, 1960, 261–265). Über den Gebrauch von *drš* in Talmud und Midrasch vgl. ferner L.Margoulies, Leshonenu 20, 1956, 50ff. (hebr.).

Zum »Suchen« im NT vgl. H.Greeven, Art. ζητέω, ThW II,894–898.

G.Gerleman (1–4a.5)/*E.Ruprecht* (4b–e)

הֶבֶל *hæbæl* Hauch

1. Mit *hæbæl* »Hauch« verwandte Vokabeln begegnen im Aram. und im Südsem. (vgl. HAL 227a). Vom Nomen ist das Verbum *hbl* q. »nichtig werden, sich mit Nichtigem abgeben« und hi. »nichtig machen, betören« abgeleitet.

Wahrscheinlich ist ein Zusammenhang mit dem Namen *Hæbæl* (= Abel, vgl. die Pausalform in Gen 4,2a), der möglicherweise ein Appellativ ist.

2. Das Nomen kommt 73×, das Verbum 5× (Qal 4×, Hi. 1×) vor. Vom Nomen entfallen allein 41 Belege auf Pred; eine gewisse Häufung ergibt sich noch in der Psalmensprache (9× in Ps, ferner Jes 49,4; Jer 10,3.8.15; 14,22; 16,19; 51,18; Hi 7,16). Eine Gruppe von 6 Stellen gehört dtr. geprägten Texten an (s.u. 4a).

hæbæl steht meist absolut. Wo es wie ein echtes Nomen konstruiert wird, hat es meist die Bed. »Götze« (s.u. 3c). In der Cs.-Verbindung dient es als nomen regens (zur Form *hᵃbel* vgl. Wagner 134) meist der Steigerung des Nichtigen (*hᵃbel hᵃbālīm* Pred 1,2.2; 12,8); als nomen rectum ist es adjektivisch zu übersetzen. Daneben steht ein adverbialer Gebrauch (z.B. Hi 9,29 »umsonst«). Auffallend ist die sehr häufige Konstruktion im zweigliedrigen Nominalsatz (etwa 30×).

3. a) Die Grundbedeutung von *hæbæl* ist »Wind, Hauch« (nur Jes 57,13 par. *rūᵃḥ* »Wind«); diese wird zum Vergleich herangezogen für Vergebliches und Vergängliches (Ps 62,10; 144,4; Spr 21,6; vgl. akk. *šāru*, J.Hehn, ZAW 43, 1925, 222f.; O.Loretz, Qohelet und der Alte Orient, 1964, 127f.).

b) In der größten Gruppe der Belege (Nominalsätze) tritt die Grundbedeutung ganz zurück; *hæbæl* ist hier einfach ein negativer Begriff, der zur Qualifikation menschlicher Erfahrungen und Grundgegebenheiten verwandt wird. Die gewöhnliche Übersetzung »Nichtigkeit, nichtig« ist oft zu allgemein. Die genaue Nuance des im negativen Urteil Gemeinten ergibt sich erst aus dem Zusammenhang: die Skala reicht von »unbeständig« (par. *kāzāb* »Trug« Ps 62,10), »vergänglich« (par. *ṣēl* »Schatten« Ps 144,4; vgl. 39,7) und »nutzlos, umsonst« (par. *'ēn jitrōn* »kein Gewinn« Pred 2,11; *rīq* »Leeres, Nichtiges« Jes 30,7; 49,4) bis »sinnlos, unsinnig, schlecht« (par. *ḥolī ra'* »böse Plage« Pred 6,2; *rā'ā rabbā* »großes Übel« Pred 2,21).

c) Der Aspekt des Nutzlosen hat sich zur Bezeichnung anderer Götter verselbständigt. *hæbæl* bedeutet hier Götze (→*'ælīl* 4); vgl. die formelhaften Wendungen »Jahwe durch Götzen reizen« (Dtn 32,31; 1Kön 16,13.26; Jer 8,19) und »den Götzen nachlaufen« (2Kön 17,15; Jer 2,5).

4. *hæbæl* kommt vorwiegend in drei Bereichen vor:

a) Als Bezeichnung für andere Götter in der dtr. Anklage gegen den Abfall Israels (Dtn 32,31; 1Kön 16,13.26; 2Kön 17,15; Jer 2,5; 8,19) und als Kontrastmotiv im Bekenntnis der Zuversicht: der Beter verläßt sich auf Jahwe, nicht auf die Götzen (Ps 31,7; Jer 14,22; 16,19; Jon 2,9; vgl. auch die späte Götzenpolemik Jer 10,3.8.15).

b) Als disqualifizierender Begriff begegnet *hæbæl* in der Klage des Einzelnen. Der Beter beklagt die Vergeblichkeit seines Mühens (Jes 49,4) und die Vergänglichkeit seines Lebens (Hi 7,16); beides wird in einer für die Klage typischen Verallgemeinerung auf das Los des Menschen überhaupt bezogen (Ps 39,6.7.12). Dieses begrenzte Menschsein wird zuweilen der unbegrenzten Güte und Macht Gottes gegenübergestellt (Ps 62,10; 94,11; 144,4).

c) Der eigentliche Ort des überaus dichten Gebrauchs von *hæbæl* bei Pred ist das Urteil (Nominalsatz). Aufgrund von Versuch, Beobachtung und Reflexion kommt der Prediger immer wieder zu einem vernichtenden Urteil, zumeist über ganz konkrete Dinge ([*gam*] *zā hæbæl* »[auch] dies ist nichtig« Pred 2,15.19.21.23.26; 4,4.8.16; 5,9; 6,2.9; 7,6; 8,10.14; vgl. 2,1; 11,10); nur gelegentlich weitet es sich mehr oder minder aus (*hakkōl hæbæl* »alles ist nichtig« 2,11.17; 3,19; vgl. 11,8). Das summarische Motto 1,2 und 12,8 ist dagegen einem Redaktor zuzuschreiben (F. Ellermeier, Qohelet I, 1, 1967, 94ff.).

hǽbæl bezieht sich für den Prediger nicht einfach auf alles, sondern auf drei konkrete Sachverhalte: (1) Seine Anstrengungen, ja, die Arbeit des Menschen überhaupt, sind erfolglos, nutzlos und umsonst (2, 1.11.19.21.23; 4,4.8; 5,9; 6,2); hier ist *hǽbæl* exakter Gegenbegriff zu *jitrōn* »Nutzen« (vgl. 2,11; so auch Ellermeier, a.a.O. 38). Sinnlos ist die Arbeit, weil Gott willkürlich den einen die Früchte seiner Arbeit genießen läßt, sie dem anderen aber versagt (2,24–26), letztlich aber weil der Mensch sterblich ist und seinen Besitz einem anderen lassen muß (2, 18–21; 6,1–2). (2) Die weisheitliche Lebensbewältigung, die menschliches Verhalten und Ergehen ordnend in den Griff bekommen möchte, ist sinnlos, denn es kommt vor, daß die Gerechten das Schicksal der Gottlosen haben (8,10–14); letzten Endes sterben die Weisen wie die Toren (2,15; 6,7–9). (3) Hinter diesen Urteilen steht die Einsicht des Predigers in die Vergänglichkeit des Menschen (6,12; 11,8.10; vgl. 7,15; 9,9), die ihn aller Kreatur gleichstellt (3,19). Unter dem drohenden Todesgeschick ist alle Zukunft (11,8), ist alles Geschehen überhaupt uneinsehbar und sinnlos (1,14; 2,17). Gott wird zwar nicht mit dem Verdikt des *hǽbæl* belegt, doch ist er kein rettender Gegenpol dazu (so Hertzberg, KAT XVII/4, 222ff.; Loretz, a.a.O. 234ff.), sondern in seinem uneinsehbaren Tun letzter Grund für die Begrenztheit des Menschen.

5. Die LXX übersetzt *hǽbæl* vor allem mit ματαιότης, μάταιος. Damit kommt ein moralischer Zug hinein; es ist nicht mehr so sehr die kreatürliche, sondern die sittliche Mangelhaftigkeit gemeint (dazu G. Bertram, ZAW 64, 1952, 30–34). Noch direkter ist in Qumran die Vergänglichkeit mit der Sündhaftigkeit identifiziert (1QS 5,19; 1QM 4,12; 6,6; 9,9; 11,9; 14,12). Zum NT vgl. O. Bauernfeind, Art. μάταιος, ThW IV, 525–530. *R. Albertz*

הָדָר *hādār* Pracht

1. Mit *hādār* »Zierde, Pracht, Majestät« verwandte Vokabeln sind außerhebr. nur im Aram. sicher nachzuweisen.

Zu ug. *hdrt* s.u. 3b; zu altsüdarab. *hdr* »Ornament(?)« vgl. Conti Rossini 131b; zu äg. *h'drt* vgl. H. Donner, ZAW 79, 1967, 331 Anm. 57.

Der gelegentlich angenommene Zusammenhang mit hebr. *'dr* (LS 172a; →*'addīr*) oder arab. *hdr* »aufbrausen« (GB 175a) ist recht zweifelhaft.

Die Verbalformen sind offenbar vom Subst. *hādār* denominiert (W. J. Gerber, Die hebr. Verba denominativa, 1896, 163f.; BLA 273). Neben *hādār* (in Dan 11, 20 mit segolatischem st.cs. *hǽdær* statt gebräuchlicherem *hᵃdar*, vgl. BL 552; HAL 230a) begegnet fem. *hᵃdārā* »Schmuck, Erhabenheit« (s.u. 3b); im Bibl.-Aram. finden sich *hᵃdar* »Herrlichkeit« und *hdr* pa. »verherrlichen«.

Im Reichsaram. sind *hdr* »Herrlichkeit« (Ah. Z. 108) und *hdjr* »herrlich« (Ah. Z. 207) belegt (DISO 63).

2. Im hebr. AT ist der Wortstamm 42 × belegt (exkl. *hᵃdūrīm* in Jes 45,2, wo nach 1QJesᵃ *hᵃrārīm* zu lesen ist, vgl. HAL 229b; anders z.B. Zorell 185a); aram. ist er 6 × vertreten.

Das Verbum erscheint im Hebr. 6×, 4× im Q. und je 1× im Ni. und im Hitp. (s.u. 3c). Das Subst. *hādār* begegnet 31× (inkl. *hǽdær* in Dan 11,20; Plur. nur Ps 110,3), *hᵃdārā* 5×. Die Wortgruppe steht am häufigsten in den Psalmen (15×; Jes 8×; Spr 4×; Lev 3×); in erzählenden Texten fehlt sie völlig.

Im Aram. ist das Vorkommen auf Dan beschränkt (je 3× Nomen und Pa.).

3. a) Das Subst. *hādār* bezeichnet die Pracht in der Natur (Lev 23,40; Jes 35, 2a) und die Schönheit des Menschen (Jes 53,2; Ps 8,6; Spr 20,29; 31,25). Auf Gott bezogen, bekommt die Schönheitsaussage (vgl. Jes 35,2b mit V. 2a) die Bed. »Glanz, Erhabenheit, Herrlichkeit« (s.u. 4). Im Sinne von »Majestät« ist *hādār* auch Attribut des irdischen Königs (Ps 21,6; 45,4.5 [txt?]; aram. Dan 4,27.33; 5,18; vgl. *hᵃdārā* Spr 14,28). Der Plural Ps 110,3 dürfte dagegen eher auf den Königsornat zu beziehen sein (aus verschiedenen Schmuckstücken bestehend, vgl. G. Widengren, Sakrales Königtum im AT und im Judentum, 1955, 103 Anm. 22). *hādār* eignet aber auch Städten (Jes 5,14; Ez 27,10; Klgl 1,6) oder einem Stamm (Dtn 33,17). Nach Dan 11,20 ist Palästina *hǽdær malkūt* »Zierde des Reiches«.

An mehreren Stellen ist davon die Rede, daß Gott oder ein Mensch mit *hādār* »bekleidet« ist (Jahwe Ps 104,1; Hi 40,10; Hausfrau Spr 31,25; Jerusalem Ez 16,14; Part.Q. Jes 63,1).

Parallelbegriffe zu *hādār* sind →*hōd* »Hoheit« (Ps 21,6; 45,4; 96,6; 104,1; 111,3; Hi 40,10; 1Chr 16, 27), *kābōd* »Ehre« (→*kbd*; Jes 35,2; Ps 8,6; 21,6; vgl. Ps 145,5.12), *páḥad* »Schrecken« (Jes 2,10.19.21), →*kōᵃḥ* »Kraft« (Ps 29,4), *'ōz* »Stärke« (→*'zz*; Ps 96,6; Spr 31,25), *tif'æræt* »Zier« (→*p'r*; Ps 96,6; Spr 20,29) und *tō'ar* »Ansehnlichkeit« (Jes 53,2). Weiter kämen als Synonyma zu *hādār* noch *'ædær* (→*'addīr* 1), *gā'ōn* (→*g'h*), *ḥæmæd* (5×, →*ḥmd*) und *ṣebī* »Pracht« (18×, in

Dan 8,9; 11,16.41.45 für Jerusalem bzw. Palästina verwendet, vgl. V. 20) in Frage.

Im Aram. stehen *ḥᵃsen* »Macht« (Dan 4,27), *zīw* »Glanz« (Dan 4,33), *malkū* »Königsherrschaft«, *gᵉbūrā* »Stärke« und *jᵉqār* »Würde« (Dan 5,18) neben *hᵃdar*.

b) *hᵃdārā* kommt nur im st.cs. vor, viermal in der Verbindung *hadrat-qōdæš* (Ps 29,2; 96,9 = 1Chr 16,29; 2Chr 20,21), einmal in *hadrat-mælæk* (Spr 14,28). An letzterer Stelle meint *hᵃdārā* wie *hādār* in entsprechenden Zusammenhängen »Majestät, Pracht, Hoheit« im Gegensatz zu *mᵉḥittā* »Verderben, Untergang«. Die anderen Stellen werden herkömmlicherweise mit »werft euch vor Jahwe nieder in heiligem Schmuck« o.ä. verstanden. An dieser Deutung ist mit H.Donner, ZAW 79, 1967, 331–333 (vgl. aber auch A.Caquot, Syria 33, 1956, 37–41; E.Vogt, Bibl 41, 1960, 24; W.H.Schmidt, Königtum Gottes in Ugarit und Israel, ²1966, 56), festzuhalten gegenüber der Übersetzung »Offenbarung, Erscheinung« (F.M.Cross, BASOR 117, 1950, 19–21; Kraus, BK XV, 233; UT Nr. 752; P.R.Ackroyd, JThSt 17, 1966, 393–396) auf Grund von ug. *hdrt* in Krt [= I K] 155, das parallel zu *ḥlm* »Traum« steht und etwa »Vision, Gesicht« bedeuten könnte; die Ableitungen in UT Nr. 752 und WUS Nr. 817 bleiben jedenfalls ungewiß.

c) Das Verbum hat im Qal die Bed. »jemandes Ansehen schmücken, jemanden ehren« (Lev 19,32 »vor einem grauen Haupte sollst du aufstehen und das Alter ehren«). In juridischer Terminologie bekommt es die Färbung »(im Gericht) bevorzugen«. Lev 19,15 wird unparteiisches Urteilen gefordert: »du sollst die Person des Geringen nicht ansehen (*nś' pᵉnē dāl*), aber auch den Vornehmen nicht begünstigen (*hdr pᵉnē gādōl*)«. Im Sinne des Nachsatzes wird gewöhnlich auch der apodiktische Spruch Ex 23,3 geändert (BH³; HAL 230a; Ex 23,6 entspricht dem Vordersatz).

Das aram. Pa. meint immer »(Gott) ehren« (par. *brk* pa. Dan 4,31; par. *rūm* pol. 4,34; par. *šbḥ* pa. 4,31.34; 5,23).

Das Hitp. bezieht sich auf die selbst angemaßte Ehre (»vor dem König« Spr 25,6, par. dazu »sich an den Platz der Großen stellen«). Das Ni. ist mit »zu Ehren kommen« o.ä. wiederzugeben (Klgl 5,12).

4. Als Ausdruck für die Königswürde Gottes (vgl. H.Gross, FS Junker 1961, 96; H.Wildberger, ThZ 21, 1965, 481f.) spielt *hādār* eine besondere Rolle im Lobe Israels (Ps 96,6; 104,1; 111,3; 145,5.12; 1Chr 16,27). Der hymnische Preis der »Schönheit« Jahwes (von Rad I,375–379) erwächst aus dem Erleben seiner Geschichtstaten (Ps 111,3; 145,5.12). Darauf gründet sich die Volksbitte (Ps 90,16). Der Zusammenhang von Gottes Pracht und seinem Tun in der Geschichte wird auf Jahwes Glanz in den Wegen seiner Schöpfung ausgeweitet (Ps 104,1). Selbst wenn Israel von Gottes Herrlichkeit wie von etwas Unbewegtem spricht (Ps 96,6; 1Chr 16,27), meint es das von Gott her Geschehende. Darin schaut es seine Pracht (Jes 35,2b; vgl. 63,1). Auch in Jahwes Gerichtshandeln wird die »Pracht seiner Majestät« erfahren (*hᵃdar gᵉ'ōnō* Jes 2,10.19. 21; die Verbindung zweier synonymer Wörter hat superlativischen Sinn, Joüon 438).

An Jahwes Herrlichkeit haben seine Erwählten Anteil, Israels König (Ps 21,6; 45, 4.5; Spr 14,28), die Frommen (Ps 149,9; vgl. Mi 2,9), Jerusalem (Ez 16,14) und der Zion (Klgl 1,6). Israel erkennt auch im Geschöpf Gottes Erhabenheit und lobt darüber den Schöpfer (Ps 8,6). Es weiß andererseits, daß es sich den göttlichen Glanz nicht selbst verschaffen kann (Hi 40,10). Vollkommene Schönheit gibt es nur, sofern Gott den *hādār* verleiht (Ez 16,14).

5. LXX gibt die Wurzel *hdr* durch etwa 20 verschiedene Vokabeln wieder, am häufigsten durch δόξα, μεγαλοπρέπεια, εὐπρέπεια und τιμή. In den ntl. Aussagen über die Schönheit Gottes (und Jesu; vgl. die Aufnahme von Ps 8,6 in Hebr 2,5–10) wirkt der Einfluß von *hādār* nach; vgl. G.Kittel – G. von Rad, Art. δοκέω, ThW II,235–258; J.Schneider, Art. τιμή, ThW VIII,170–182.

G. Wehmeier (1–3) / D. Vetter (4–5)

הוֹד *hōd* Hoheit

1. *hōd* »Hoheit, Majestät« wird nur im Hebr. verwendet.

Der etymologische Zusammenhang mit arab. *'awada* »schwer sein«, westsem. *jdh* hi. »preisen« oder arab. *nahuda* »schön, stark sein« (GB 176b; KBL 227b.364a; HAL 231a; Zorell 186a) ist ungewiß.

2. Das Substantiv kommt 24× im AT vor (Ps 8×, Hi und 1Chr je 3×, Sach und Dan je 2×, Num, Jes, Jer, Hos, Hab und Spr je 1×).

3. Die Hauptbedeutung »Hoheit, Majestät« ist aus der Verwendung des Begriffs als Königsprädikation ersichtlich (Jer 22, 18, vgl. Rudolph, HAT 12,141f.; Ps 21,6; 45,4; Dan 11,21; 1Chr 29,25; in Sach 6, 13 vom Priesterkönig). Sie steht auch im Vordergrund, wenn mit *hōd* die Herrlichkeit Gottes ausgesagt wird (Hab 3,3; Ps 8,2; 148,13; Hi 37,22). Der Ausdruck wird vereinzelt – etwa im Sinn von »Pracht« – auch Menschen (einzelnen: Num 27,20; Spr 5,9; Dan 10,8; Volk: Hos 14,7), Tieren (Sach 10,3; Hi 39,20) und Pflanzen (Hos 14,7) zugeschrieben. Dan 10,8 meint *hōd* (wie aram. *ziw* Dan 5, 6.9.10; 7,28) den Glanz des Gesichtes, »Gesichtsfarbe«; Spr 5,9 bezieht sich die Vokabel dagegen nicht auf die äußere Erscheinung, sondern bezeichnet »den Ertrag der Jahre der besten Lebenskraft« (Gemser, HAT 16,34). Mehr oder weniger stark ausgeprägt haftet dem Ausdruck an allen Stellen die Erfahrung von Staunen und Freude an.

Zu den Parallelbegriffen s.u. 4. Dan 10,8 ist *mašḥīt* »Verderben« Oppositum zu *hōd*.

4. Das Gewicht des Begriffes liegt im theologischen Sprachgebrauch. Gottes *hōd* ist Israel in den Taten des Herrn der Geschichte und der Schöpfung offenbar geworden. Mit der Aussage von seinem *hōd* verherrlicht es Jahwe und anerkennt seine Hoheit.

Dies drücken auch die mit *hōd* (bzw. *hūd*) zusammengesetzten Bekenntnisnamen (*Hōdejā, Hōdijjā*, Kurzform *Hōd*) aus (Noth, IP 146; zu *'aḇīhūd, 'aḥīhūd, 'ammīhūd* und *'ēhūd* vgl. jedoch Stamm, HEN 416a. 418a).

Das Wort begegnet in der Schilderung des Nahens Gottes (Jes 30,30; Hab 3,3; vgl. Hi 37,22). Auch im beschreibenden Lobpsalm reflektiert es Israels Erleben der Erhabenheit Gottes (Ps 111,3; 145,5), ebenso sein betroffenes Wahrnehmen der Herrlichkeit Gottes in seiner Schöpfung (Ps 8,2; 104,1; 148,13). Das gleiche Psalmmotiv (Lob des Schöpfers – Lob des Herrn der Geschichte) bestimmt den Aufbau von Hi 38–41; hier nimmt das Lob die Form der Gottesrede an (vgl. C. Westermann, Der Aufbau des Buches Hiob, 1956, 82–98; ders., ATD 19,126 zu Jes 44,24–28). In der Entfaltung beider Teile kehrt *hōd* wieder: im Preis des Schöpfers (unter der Beschreibung der furchterregenden Kraft des Pferdes, 39,20) und des Richters (40,10). Von Jahwes Weltherrschaft kann Israel nicht anders als im Loben seiner Majestät reden (Ps 96,6; 1Chr 16,27; 29, 11).

Der *hōd* eines Königs ist Gabe von Jahwes eigener Würde (Jer 22,18; Sach 6,13; Ps 21,6; 45,4; Dan 11,21; 1Chr 29,25; vgl. Sir 10,5). Nach P besitzen auch Mose und Josua *hōd* (Num 27,20). Dabei scheint der Gedanke zugrunde zu liegen, daß Mose mit der Aufgabe etwas von seinem *hōd* auf Josua übertragen soll, wie auf ihn zuvor ein Teil von Jahwes *hōd* übergegangen war. In zwei Bildworten gilt ferner das Prädikat dem Volk, dem Gott sich zugewendet hat. Einmal wird das von Jahwe erneuerte Israel mit der »Pracht« des fruchtreichen Ölbaums verglichen (Hos 14,7), zum andern nimmt Juda im rettenden Handeln Jahwes die Rolle des »prächtigen« Kriegsrosses ein (Sach 10,3).

Die Verbindung mit ähnlichen Begriffen beleuchtet den Bedeutungsgehalt des auf Gottes Hoheit und Majestät bezogenen Wortes: *hōd* steht parallel mit *tehillā* »Ruhm«, *nōgah* »Glanz« und *'ōz* »Stärke« in Hab 3,3f.; mit *zāhāb* »Gold(glanz)« in Hi 37,22 (vielleicht nach BH³ *zōhar* »Glanz« zu lesen). In einer Reihe von fünf Gottesprädikaten steht *hōd* neben *gedullā* »Größe«, *gebūrā* »Macht«, *tif'æræt* »Herrlichkeit« und *nēṣaḥ* »Glanz« in 1Chr 29,11. Das Wortpaar *hōd wehādār* (→*hādār*) beschreibt Jahwes königlichen Glanz in Ps 96,6; 104,1; 111,3; 145,5 (*hadar kebōd hōdækā*, →*kbd*); 1Chr 16,27; Hi 40,10 (par. *gā'ōn wāgōbah*, →*g'h*, →*gbh*), aber auch die dem König verliehene Würde (Ps 21,6; 45,4).

5. LXX gibt *hōd* durch fast ein Dutzend verschiedene Vokabeln wieder, am häufigsten durch δόξα (9×) und ἐξομολόγησις (4×).

Die bewegte Sprache und die Bedeutungen, die *hōd* anhaften, finden sich bei dessen wichtigstem ntl. Äquivalent: δόξα bezieht sich auf König/Königreich (z.B. Mt 4,8; 6,29), auf die Schöpfung (z.B. 1Kor 11,7; 15,40f.) wie namentlich auf Gott (vgl. G. Kittel – G. von Rad, Art. δοκέω, ThW II,235–258). *D. Vetter*

הוֹי *hōj* **wehe**

1. Unter den nicht auf Verbalwurzeln zurückzuführenden Interjektionen (GK § 105; BL 652–654) gehören *hōj* »wehe« und weitere hier anzuschließende Lautgesten (wie auch →*'ahāh* »ach«) zu den reinen Ausrufen, während →*hinnē* »siehe« und *has* »pst!« (→*ḥrš*) zusammen mit den zu Interjektionen abgesunkenen Imperativen (→*hlk*, →*qūm*, →*r'h*) den Charakter von Aufforderungen haben.

In der Lautform und teilweise im Gebrauch können *'ōj, 'ōjā, 'ī* und *hō* mit *hōj* zusammengestellt werden. Für sich steht *hæ'āḥ* (*'āḥ*), das mehr die freudige Erregung ausdrückt.

2. Eine genaue Statistik zu *hōj* mit seinen verschiedenen Konstruktionen bietet Ch. Hardmeier bei Wolff, BK XIV/2,285. *hōj* begegnet 51×, fast ausschließlich in prophetischer Literatur (Jes 21×, Jer 11×, Hab 5×, Sach 4×, Ez 3×, Am und Zeph 2×, je einmal 1Kön 13,30; Mi 2,1; Nah 3,1), in drei Vierteln aller Fälle als Einleitung des prophetischen Weherufs.

'ōj kommt, mit erheblich weiterer Streuung, insgesamt 24× vor (in Ez 16,23 verdoppelt), am häufigsten in Jer (8×; ferner Jes und Ez 4×, Num, 1Sam, Hos je 2×, Spr und Klgl je 1×). In Am 5,16 findet sich *hō-hō*, in Ps 120,5 die Erweiterung *'ōjā*, in Pred 4,10 und 10,16 die im Mittelhebr. gebräuchliche Form *'ī* (vgl. HAL 37b).

hæ'āḥ steht 12× (Ps 7×, an drei Stellen verdoppelt; Ez 3×, ferner Jes 44,16 und Hi 39,25). Die Stellen mit *'āḥ* (Ez 6,11; 18,10 und 21,20) sind textlich unsicher (vgl. Zimmerli, BK XIII, 141.393.472).

3. *hōj* »ach!, wehe!« ist zunächst als einleitender Ruf der Totenklage erkennbar (1Kön 13,30 »wehe, mein Bruder!«; Jer 22,18 »ach, mein Bruder! ach, Schwester!« und »ach, Herr! ach, seine Majestät!«, vgl. Rudolph, HAT 12,142; 34,5 »wehe, Herr!«, jeweils mit *spd* »Totenklage halten«; vgl. Jahnow 83–87 u.ö.), ebenso *hō-hō* in Am 5,16 (neben *mispēd* und *nehī* »Totenklage«), vielleicht auch *hōj* in Jer 48,1 (»über Nebo«, mit *'æl*) und 50,27 (Babel, mit *'al*) in einem prophetischen Leichenlied (G. Wanke, ZAW 78, 1966, 217).

An weiteren acht oder neun Stellen dient *hōj* in anderen Zusammenhängen als einleitende Kundgabe der Erregung »ha!« (Jes 1,24; 17,12; 18,1; Jer 30,7 txt?; 47,6) bzw. als erregte Aufforderung »auf!« (Jes 55,1; Sach 2,10 verdoppelt; 2,11).

Die übrigen Stellen enthalten *hōj* mit folgendem Nomen als Einleitung zum Weheruf (oft in Reihen: Jes 5,8.11.18.20.21.22 und 10,1, vgl. Wildberger, BK X, 175–202; Hab 2,6.9.12.15.19; sonst: Jes 1,4; 10,5; 28,1; 29,1.15; 30,1; 31,1; 33,1; 45,9.10; Jer 22,13; 23,1; Ez 34,2; Am 5,18; 6,1; Mi 2,1; Nah 3,1; Zeph 2,5; 3,1; Sach 11,17; mit folgender Präposition *'al* bzw. *l*e Ez 13,3.18; vgl. oben Jer 48,1; 50,27), s.u. 4.

'ōj ist von *hōj* nach seiner Konstruktion und inhaltlichen Verwendung deutlich geschieden (G. Wanke, ZAW 78,1966, 215–218). Mit Ausnahme von Num 24,23 und Ez 24,6.9 folgt bei *'ōj* (*'ōj-nā* Jer 4,31; 45,3; Klgl 5,16; *'ōjā* Ps 120,5; *'ī* Pred 4,10; 10,16) immer die mit *l*e eingeführte bestimmte Person oder Personengruppe (ohne nähere Kennzeichnung durch Partizipien, Adjektive und Substantive) sowie ein begründender Nachsatz.

Am ursprünglichsten ist die Verwendung in der ersten Person »wehe mir« (Jes 6,5; 24,16; Jer 4,31; 10,19; 15,10; 45,3; vgl. Ps 120,5) bzw. »wehe uns« (1Sam 4,7.8; Jer 4,13; 6,4; Klgl 5,16) bei plötzlich eintretender Bedrohung im sog. »Angstruf« (1Sam 4,7.8; Jes 6,5; 24,16; Jer 4,13.31; 6,4; vgl. Num 24,23), der ohne scharfe Trennung bei schon vorhandener Notlage in einen Klageruf übergeht (Jer 10,19; 15,10; 45,3; Klgl 5,16; Ps 120,5).

In der Anrede »wehe dir« (Num 21,29 = Jer 48,46; Jer 13,27; Ez 16,23; mit *'ī* Pred 10,16) bekommt *'ōj* sekundär drohenden (bzw. scheltenden) Charakter, ebenso bei Verwendung der dritten Person (Jes 3,9.11; Ez 24,6.9; Hos 7,13; 9,12; mit *'ī* Pred 4,10; vgl. Spr 23,29 mit substantiviertem *'ōj* »Wehe«, parallel zu synonymem *'abōj* »Ach«).

4. Über die formgeschichtliche Herleitung der Weherufe sind in den letzten Jahren eingehende Untersuchungen angestellt worden (zuletzt ausführlich Wolff, BK XIV/2,284–287; W. Schottroff, Der altisraelitische Fluchspruch, 1969, 112–120). Trotz gewissen Analogien formaler (Reihung und Anfügung von Partizipien, vgl. Dtn 27,15–26) und inhaltlicher Art (Bekämpfung gemeinschaftswidrigen Verhaltens) kann *hōj* nicht gut als abgeschwächteres *'ārūr* (→*'rr*) und der Weheruf als Abwandlung kultischer Fluchworte betrachtet werden (so S. Mowinckel, Psalmenstudien V, 1924, 2.119–121; P. Humbert, Problèmes du livre d'Habacuc, 1944, 18–23; C. Westermann, Grundformen prophetischer Rede, 1960, 137–142; J.L. Crenshaw, ZAW 79, 1967, 47f.; vgl. auch H.-J. Hermisson, Studien zur isr. Spruchweisheit, 1968, 89f.; Wildberger, BK X, 182), da die Fluchformeln »im Unterschied zu den *hōj*-Worten nicht einfach gefährliche Folgen hervorhebend feststellen, die einem bestimmten Tun immanent sind und sich von selbst aus diesem ergeben, sondern solche Folgen durch den ausdrücklichen Zuspruch von Fluch überhaupt erst auf das betreffende Tun legen und sie so eigentlich erst setzen« (Schottroff, a.a.O. 117; vgl. Wolff, a.a.O. 285). Einleuchtender erscheint die Erklärung des prophetischen Weherufes als Übernahme aus der Leichenklage: »Das wohl ursprünglich der Totenklage zugehörige *hōj* soll deutlich machen, daß einem bestimmten menschlichen Verhalten der Keim des Todes bereits innewohnt« (so G. Wanke, *'ōj* und *hōj*, ZAW 78, 1966, 215–218[218]; vgl. R.J. Clifford, CBQ 28, 1966, 458–464; J.G. Williams, HUCA 38, 1967, 75–91; Schottroff, a.a.O. 113–117 mit altorientalischen Parallelen für Sekundärverwendung des Weherufs der Leichenklage im Sinn einer Drohung oder Warnung). Möglich ist dabei, daß die Propheten in dieser Verwendung des Weherufes eine bereits in der pädagogischen Sippenweisheit ausgebildete Redeform aufgegriffen haben (E. Gerstenberger, JBL 81, 1962, 249–263; H.W. Wolff, Amos'

geistige Heimat, 1964, 12–23; ders., BK XIV/2, 285–287; Schottroff, a.a.O. 117–120).

Paarbildung mit →*'ašrē* »wohl dem ...« begegnen nicht mit *hōj* (vgl. W. Janzen, HThR 58,1965, 215–226), sondern höchstens mit *'ōj* bzw. *'ī* und sind deutlich weisheitlich geprägt: Jes 3,10f. (l *'ašrē* pr *'imrū*; Wildberger, BK X, 118.126f.; anders W. L. Holladay, VT 18,1968, 481–487) und Pred 10,16f. (vgl. Schottroff, a.a.O. 118).

5. LXX gibt die Interjektionen meistens mit οὐαί wieder. Zum Spätjudentum (aus Qumran fehlen Belege) und zum NT vgl. StrB I,778f. und etwa die Komm. zu Lk 6,24–26; C.H. Dodd, FS Robert 1957, 406f. *E. Jenni*

היה *hjh* sein

1. Dem Verbum *hjh* »werden, sein« im AT (selten aramaisierend *hwh*, vgl. Wagner Nr. 72) und in der Siloah-Inschrift (KAI Nr. 189) entspricht aram. *hwh* (KBL 1068f. und Suppl. 200; DISO 63f.).

Zu berücksichtigen sind auch akk. *ewû* »werden« (AHw 266f.; vgl. aber wegen des Wurzelanlautes P. Fronzaroli, AANLR VIII/19, 1964, 164) und die amoritischen, von der Wurzel **hwj* abgeleiteten Personennamen (Huffmon 72f.159f.), während der Vergleich mit hebr. *hwh* II »fallen« (nur Hi 37,6) und arab. *hawā* »fallen« kaum etwas abträgt.

Die semantischen Entsprechungen zu *hjh* »sein« werden im Akk. durch *bašû*, im Ug., Phön.-Pun., Arab. und Äth. durch Verben der Wurzel →*kūn* gebildet.

Neben dem Qal kommt das Ni. »sich ereignen« vor; weitere Ableitungen von der Wurzel sind im Hebr. nicht vorhanden; vgl. aber →*Jhwh*.

*__2.__ *hjh* ist mit 3540 Belegen im Qal (exkl. Hos 13,14 *'æhī*, →*'ajjē* 4; bei Lis. fehlen Gen 42,36; 1Kön 22,33; 2Kön 1,17) und 21 Belegen im Ni. das zweithäufigste Verbum im AT. Hebr. *hwh* »sein ,werden« steht 5 × (Gen 27,29; Jes 16,4; Pred 2,22; 11,3; Neh 6,6), bibl.-aram. *hwh* 71 × (dazu 1 × Dan 6,11 *h^{a}wā* MSS statt *hū'*).

	Qal	davon *waj^{e}hī*	Ni.
Gen	316	122	–
Ex	234	41	1
Lev	147	1	–
Num	180	16	–
Dtn	169	7	2
Jos	145	63	–
Ri	118	49	3
1Sam	168	56	–
2Sam	153	42	–
1Kön	195	78	2
2Kön	120	55	–
Jes	211	11	–
Jer	262	43	2
Ez	335	62	2
Hos	27	1	–
Jo	10	–	1
Am	10	–	–
Ob	7	–	–
Jon	10	5	–
Mi	18	–	1
Nah	3	–	–
Hab	3	1	–
Zeph	11	–	–
Hag	9	2	–
Sach	66	9	1
Mal	11	–	–
Ps	104	4	–
Hi	50	10	–
Spr	27	–	1
Ruth	21	5	–
Hhld	4	–	–
Pred	47	–	–
Klgl	23	–	–
Est	17	6	–
Dan	20	5	3
Esr	5	1	–
Neh	47	14	1
1Chr	105	27	–
2Chr	132	46	1
AT	3540	782	21

Der Anteil der Form *waj^{e}hī* an der Gesamtzahl ist dabei ein guter Gradmesser für den erzählenden und berichtenden Charakter eines Buches; vgl. die Rangfolge der Häufigkeit bei den Gesamtzahlen (Ez, Gen, Jer, Ex, Jes, 1Kön ...) mit derjenigen bei *waj^{e}hī* (Gen, 1Kön Jos, Ez, 1Sam, 2Kön ...).

3. Zur Bezeichnung der einfachen Existenz oder Identität einer Person oder Sache ist im Hebr. das Verbum *hjh* nicht nötig. Man verwendet den Nominalsatz, z.B. *'ānōkī Jhwh 'ælōhǣkā* »ich (bin) Jahwe, dein Gott« (Ex 20,2); *šǽmæš ūmāgēn Jhwh* »Jahwe ist Sonne und Schild« (Ps 84,12). Durch den Gebrauch von *hjh* entsteht im allgemeinen eine stärker gefüllte und dynamischere Aussage über das Wesen einer Person oder Sache, das sich in deren Wirkungen und Handlungen, Schicksal und Verhaltensweise gegenüber andern äußert.

Im Qal bedeutet *hjh* nicht nur »sein«, sondern auch »werden, wirken, geschehen, sich verhalten«; das Verbum verbindet sich mit den verschiedensten Präpositionen, die dessen Bedeutung modifizieren, so z.B. *hjh b^{e}* »sich befinden, geschehen in«, *hjh l^{e}* »dienen zu, werden zu, gehören« (dient wie in zahlreichen Sprachen zur Umschreibung des nicht vorhandenen Verbums »haben«; vgl. G. Benveniste, Problèmes de linguistique générale, 1966, 187–207), *hjh 'im* »zur Seite stehen«; *hjh 'aḥ^{a}rē* »zu jemandem halten«; besonders typisch ist *hjh 'æl* in den erzählenden Einleitungen der prophetischen Orakel *waj^{e}hī d^{e}bar Jhwh* *'æl* (→*dābār* IV/2a), wo *hjh* den Einbruch des Wortes in das Leben des Propheten beschreibt (vgl. HAL 233f. und ausführlich C.H. Ratschow, Werden und Wirken. Eine Untersuchung des Wortes hajah als Beitrag zur Wirklichkeitserfassung des AT, 1941, 7–30; von ihm abhängig Th. Boman, Das hebr. Denken im Vergleich mit dem Griechischen, [4]1965, 27–37, dessen Folgerungen aber einzuschränken sind, vgl. J. Barr, Bibelexegese und moderne Semantik, 1965, 64–77).

Diese Bedeutungen werden im poetischen Parallelismus angenähert z.B. an *'md* »dastehen« (Ps 33,9), *kūn* ni. »bestehen« (Ps 89,37f.; vgl. 90,17 po.), *qūm* »zustande kommen« (Jes 7,7; 14,24); weitere synonyme und antithetische Parallelen bei Ratschow, a.a.O. 5f.

In Verbindung mit einem prädikativen Adjektiv drückt *hjh* das Verhalten oder die Eigenschaften einer Sache oder Person aus: »die Schlange aber erwies sich als listiger als alle Tiere« (Gen 3,1); »es ist nicht gut, daß der Mensch allein sei« (Gen 2,18). Mit dem absoluten Infinitiv eines Verbums verbunden gibt es die Andauer einer Bewegung an: »die Wasser aber sanken noch weiter« (Gen 8,5; vgl. V. 3). In ganz abgeblaßter Bedeutung dient *hjh* nur noch zur zeitlichen Festlegung des Gesagten: »ein Männchen und ein Weibchen sollen es sein« (Gen 6,19), und kann als bloße Kopula betrachtet werden (BrSynt 28; BM II,96). Aber oft bewahrt *hjh* auch da noch die Funktion der Beschreibung eines Sich-Verhaltens oder eines Sachverhalts: »und die beiden, der Mensch und sein Weib, waren nackt« (Gen 2,25). Vor einem erzählenden Verbum wird die Wendung *wajehī* „und es geschah" zu einer blossen Stilform, die L. Köhler, VT 3, 1953, 304, als „hypertroph" bezeichnet, in der aber das u. 4b(1) behandelte *hjh* noch von ferne nachklingt.

Das Ni. begegnet vor allem in späten Texten (und in Qumran) in der Bed. »sich ereignen, geschehen« (z.B. Dtn 4,32; Jer 5,30; Sach 8,10), vielleicht auch »dahin sein« (Dan 8,27).

4. Im theologischen Sprachgebrauch können drei Verwendungsarten von *hjh* unterschieden werden: (a) der implizite, (b) der explizite theologische Gebrauch (bei Wunderberichten, in prophetischen Orakeln, in gesetzlichen Vorschriften und in der Bundesformel), und (c) der absolute theologische Gebrauch in Ex 3,14a; vgl. dazu Ratschow, a.a.O. 31–86.

a) In den Fluch- und Segenstexten dient *hjh* zur Bezeichnung dessen, wozu die verfluchte oder gesegnete Person bestimmt ist; dieses Schicksal wirkt sich entsprechend der bösen oder guten Macht in ihrem Träger aus: »so will ich dich zu einem großen Volk machen und dich segnen und deinen Namen berühmt machen, und du sollst ein Segen sein« (Gen 12,2); Abraham ist bereits gesegnet, und dieser Segen, der zu seinem Wesen gehört, wird sich in der Folge manifestieren. »Und deine Nachkommen sollen sein wie der Staub der Erde« (Gen 28,14): diese Nachkommenschaft ist noch nicht verwirklicht, aber sie »ist« bereits kraft des Segens, der auf seine Verwirklichung hindrängt. Ähnlich »jener Mann soll sein wie die Städte, die Jahwe zerstört hat« (Jer 20, 16). Diese Formeln erwähnen Jahwe nicht als tatsächlich Handelnden; sie setzen das Segens- oder Fluchwort in direkte Beziehung zu seiner Verwirklichung in der Geschichte. *hjh*, gewöhnlich im Perfekt, drückt hier die innere Dynamik des Segens oder des Fluches aus, eine Macht, die durch das Wort ausgelöst wird und unausweichlich ihre Wirkungen zeitigen wird.

Der Jahweglaube hat diese dynamistisch-realistische Auffassung vom Segen/Fluch einer Kritik unterzogen. Er knüpft die Wirkungen des Wortes an das persönliche Eingreifen Gottes. Durch den Gebrauch von *hjh* im Imperfekt wird der Segen zur Verheißung und der Fluch zur Drohung, die Jahwe selber in der Zukunft verwirklichen wird. *hjh* bezeichnet hier die geschichtliche Erfüllung der Jahweworte, die Ereignisse, die infolge seines Eingreifens geschehen werden: »zähle die Sterne, ob du sie zählen kannst ... so sollen deine Nachkommen sein« (Gen 15,5); »euer Land soll zur Wüste und eure Städte zu Schutthaufen werden« (Lev 26,33). *hjh* betont hier die Wirklichkeit dessen, was Jahwe angesagt hat und was sich in den geschichtlichen Ereignissen verwirklichen wird.

In abgeschwächter Form erscheint der Segen/Fluch als Wunsch und als Gebet; der Mensch spricht das Wort aus, aber die Verwirklichung ist implizit dem Entscheid Jahwes überlassen: »sie sollen werden wie das Gras auf den Dächern, das verwelkt, noch ehe es aufwächst« (Ps 129,6); »ihre Frauen sollen der Kinder beraubt, sollen Witwen werden« (Jer 18,21). Noch bis in die Wunschform hinein bleibt das Verbum *hjh* dynamisch; es bezeichnet die Spannung zwischen dem bereits im Verborgenen oder unbekannterweise Vorhandenen und dem, was sich nach dem Entscheid Jahwes verwirklichen wird.

b) In expliziter Beziehung zu Jahwe begegnet *hjh* in vier literarischen Kontexten:

(1) Die Wunderberichte verwenden zahlreiche Handlungsverben, aber auf dem Höhepunkt der Erzählung erscheint *hjh* zur Bezeichnung des wunderbaren Ereignisses: »da gingen Mose und Aaron zum Pharao und taten so, wie Jahwe geboten hatte: Aaron warf seinen Stab vor dem Pharao und seinen Leuten hin, und er ward zur Schlange« (Ex 7,10); »Lots Weib aber sah sich hinter ihm um und ward zur Salzsäule« (Gen 19,26); »und Gideon sprach . . .: Die Wolle allein soll trocken bleiben, während auf den Boden ringsum Tau fällt. Und Gott fügte es so in jener Nacht« (Ri 6,39f.). Mit diesem Verbum beschreibt der Bericht jeweils nicht einen einfachen geschichtlichen Vorgang, sondern die Wirklichkeit eines Ereignisses, das in das irdische Geschehen einbricht und die absolute Macht Jahwes manifestiert. Das *hjh* der Ereignisse ist der Erweis des →*'śh* (»tun«) Gottes; vgl. Am 3,6b »geschieht ein Unglück in einer Stadt, und Jahwe hätte es nicht gewirkt«. Die gleiche Wortbedeutung begegnet in den Schöpfungsberichten (Gen 1,3; 2,7). Anderswo ist das persönliche Eingreifen Gottes nicht immer so deutlich ausgesagt. Aber wie im Wunderbericht, so kann auch im Bericht über banale Geschichtsereignisse *hjh* immer noch die Dynamik dessen, was durch Jahwes Handeln geschieht, bezeichnen – auch wenn der Mensch nicht immer darin Gottes Hand erkennen kann (Pred 1,9).

(2) Neben banaleren Verwendungsweisen gebrauchen die Propheten *hjh* in den prophetischen Orakeln, um die Ereignisse zu beschreiben, die das persönliche Eingreifen Jahwes in Gericht und Gnade enthalten: »denn Gaza wird verödet sein« (Zeph 2,4); »darum soll ihr Weg ihnen werden zum schlüpfrigen Pfade« (Jer 23,12); »und dort wird eine reine Straße sein« (Jes 35,8) usw. Es handelt sich hier um das, was Ratschow, a.a.O. 67, den »eigentlich prophetischen Gebrauch« nennt. Man findet ihn häufig bei Hos (6 ×), Mi (3 ×), Jes (28 ×), verhältnismäßig weniger häufig bei Jer (12 ×) und Ez (29 ×), vgl. die Übersicht bei Ratschow, a.a.O. 67–74. Das Gewicht dieser prophetischen Ansagen liegt auf dem Unerwarteten, Unglaublichen und doch Gewissen und Realen der angekündigten Ereignisse. Indem die Propheten parallele Aussagen mit einer Fülle von Bildern, aber ohne durchgehende Beschreibung des Ablaufes häufen, zeigen sie, daß ihr *hjh* nicht den genauen Hergang der Dinge, sondern wesentlich das souveräne Eingreifen Jahwes in seinen verschiedenen Auswirkungen aussagen soll: »und es wird geschehen in der Folgezeit . . .« (Jes 2,2); »an jenem Tage wird es geschehen . . .« (Jes 7,18.21.23, vgl. 22). Dieses Eingreifen bleibt, sowohl beim Gerichtshandeln als auch beim Heilshandeln, ein Wunder, das über den normalen Lauf der Dinge hinausgeht und die Wirksamkeit der göttlichen Willensentscheidung zeigt: »fürwahr, wie ich mir's vorgenommen, so geschieht es (*hjh*), und was ich beschlossen, das kommt zustande (*qūm*)« (Jes 14,24).

(3) Bei gesetzlichen Vorschriften wird dem Bundesvolk durch *hjh* das Verhältnis gegenüber Gott, den Menschen und der Umwelt vorgeschrieben: »am ersten Tage sollt ihr eine heilige Versammlung halten (soll für euch sein)« (Ex 12,16); »alles Gebannte in Israel soll dir zufallen« (Num 18,14); »was aber keine Flossen und Schuppen hat . . . das alles soll euch ein Greuel sein. Ja, ein Greuel sollen sie euch sein« (Lev 11,10f.). Zu beachten ist beim letzten Beispiel das Nebeneinander von einfachem Nominalsatz und einem Satz mit *hjh*, in dem das Verbum deutlich macht, daß es sich nicht um eine faktische Identität, sondern um ein rechtlich bestimmtes Sich-Verhalten handelt. Dieser rechtliche Sachverhalt entspricht der Lage, wie sie Gott sieht, und wie er sie zum Wohle des Volkes festgelegt hat. Aber es geht darum, daß auch das Volk sie erkenne und ihr in seinem täglichen Leben Raum gebe. »Du sollst keine anderen Götter neben mir haben (*lō jihjæ lᵉkā*)« (Ex 20,3); hier steht das Verbum im Singular, denn das Gebot will nicht die Existenz anderer Götter leugnen, sondern verlangt, daß Israel keine anderen Götter anerkenne. In all diesen Thora-Texten dient die dynamische Bedeutung von *hjh* zur Beschreibung der Bewegung, die immer wieder den Willen Gottes in das Alltagsleben seines Volkes übergreifen läßt und Israel dazu bringt, wirklich das zu werden, was es nach Gottes Willen sein soll: »ihr sollt heilig werden, denn ich (bin) heilig, Jahwe, euer Gott« (Lev 19,2).

(4) Als letzter literarischer Kontext des theologischen Gebrauchs von *hjh* ist derjenige der Bundesformel zu behandeln (vgl. R. Smend, Die Bundesformel, 1963). Die beiden Bundespartner verpflichten sich darin einander gegenüber zu einem bestimmten Verhalten. Die Kurzform lau-

tet: »Ich will euer Gott sein, und ihr sollt mein Volk sein« (Jer 7,23; vgl. 11,4; 24, 7; 31,33; Ez 36,28 u.ö.); Dtn 26,17–18 bietet eine längere, zweiseitige Formel: »Jahwe hast du heute erklären lassen, daß er dein Gott sein wolle ... und Jahwe hat dich heute erklären lassen, daß du sein Eigentumsvolk sein wollest ...« (vgl. Smend, a.a.O. 7f.). Man vergleiche auch die Bundesformel mit David: »ich will ihm Vater sein, und er soll mir Sohn sein« (2Sam 7,14). *hjh* bezeichnet hier das gegenseitige Verhalten der bundschließenden Partner in der Gegenwart und in der Zukunft in seinem aktiven und dynamischen Charakter: Was sie kraft des Bundes füreinander sind, erneuert sich mit jeder Handlung des einen gegenüber dem anderen, so daß sie immer mehr und immer besser das werden, was sie schon sind. Daher auch die bezeichnende Mahnung der dtn. Paränese an Israel, das Volk zu werden, das es bereits ist, indem es »wandelt« (*hlk*) und »gehorcht« (*šmr*).

An den anderen Bundespartner, an Jahwe selber, wird ein solcher Aufruf in den Texten nicht gerichtet. Dtn 26, 17f. bindet die beiden Sätze der Bundesformel an den Gehorsam Israels. Das bedeutet aber nicht, daß die Gültigkeit des Bundes ausschließlich vom Gehorsam Israels abhinge. Im Gegenteil, der Bund besteht nur, weil Jahwe ihn eingesetzt hat (die Formel ist meistens in der Ich-Rede Gottes gehalten), und das *hjh* Gottes für sich allein enthält die Maßnahmen, die Jahwe zugunsten Israels in der Zukunft ergreifen wird. Das *hjh* Israels dagegen ist bedroht durch den Ungehorsam, das Vergessen, das Stillstehen derer, die sich am Ziele wähnen, und muß daher durch den Aufruf zum Gehorsam verwirklicht werden.

c) In Ex 3,14a wird *hjh* absolut verwendet, ohne Präposition oder Prädikatsnomen, in einer Formel mit Ich-Rede Jahwes: *'æhjæ 'ašær 'æhjæ* (Zürcher Bibel: »ich werde sein, der ich sein werde«).

Die Stelle wirft viererlei Probleme auf:

(1) ein literarkritisches Problem: Die Verse 14 und 15 geben eine doppelte Antwort auf V. 13 »welches ist sein Name?«. Ist die ursprüngliche Antwort in V. 15 enthalten, wo das Tetragramm in seiner gewöhnlichen Form erscheint? Dann wäre V. 14 eine theologische Auffüllung, die den Sinn des Tetragramms zu deuten sucht, und V. 14b eine redaktionelle Überleitung (so B.D.Eerdmans Atl. Studien, III, 1910, 12–14; Noth, ATD 5,30f.). Aber auch V. 14 könnte als ursprünglich betrachtet werden; sein schwieriger Inhalt hätte dann zu einer Ergänzung in traditionelleren Formen in V. 15 geführt (so G.J. Thierry, OTS 5, 1948, 37).

(2) ein etymologisches Problem: Die Formel enthält sehr wahrscheinlich eine Anspielung auf das Tetragramm. Handelt es sich um eine philologisch haltbare Etymologie oder um eine bloße theologische Paronomasie? Was ist die ursprüngliche Bedeutung des Tetragramms?

(3) ein historisches Problem: Seit wann steht der Name Jahwe in Gebrauch? Haben E und P recht, wenn sie Mose die erste Verwendung in Israel zuschreiben? Woher stammt der Name? Vgl. zu diesen beiden Fragengruppen den Artikel →*Jhwh*.

(4) ein exegetisches Problem: Haben die beiden *'æhjæ* in V. 14a die gleiche Bedeutung? Es gibt keinen entscheidenden Grund, dies zu bestreiten (E. Schild, VT 4, 1954, 296–302, will die Identität im ersten Verbum von der Existenz im zweiten Verbum unterscheiden: »ich bin der, der ist«). Die Wiederholung des Verbums ist nicht tautologisch, sondern verstärkend (vgl. Ex 33,19). Weiter: Ist die Syntax von *'ašær* korrekt? Ja, denn wenn das Subjekt des mit *'ašær* eingeleiteten Satzes bereits in der Form eines Pronomens Subjekt oder Attribut des Hauptsatzes ist, bleibt das Verbum in der gleichen Person (GK § 138d; Schild, a.a.O. 298: vgl. Ex 20,2; 1Kön 8, 22f.; 1Chr 21,17).

Die Formel ist auf drei verschiedene Weisen verstanden worden: (1) Als Aussage über das Wesen Gottes: vgl. LXX ἐγώ εἰμι ὁ ὤν »ich bin der Seiende«; Luther: »Ich habe das Wesen allein, Wer anderen Dingen anhengt, der feret dahin« (Weimarer Ausgabe Bd. 16, 49); Schild, a.a.O. 301: »it is a positive answer in which God defines himself as the One who is, who exists, who is real«. Vgl. auch O. Eißfeldt, FuF 39, 1965, 298–300 = KS IV, 193–198. Die sonstige Verwendung von *hjh* stellt jedoch diese Deutung in Frage und zeigt, daß der Sinn der Stelle über die bloße Aussage des Seins Gottes (Aseität) hinausgeht.

(2) Als Weigerung, den Namen zu offenbaren: so Köhler, Theol. 235 Anm. 36: »... eine Aussage, welche die Auskunft verweigert ... Wer Gott ist, wird Mose an seinem Wirken schon sehen«; vgl. Gen 32,30; Ri 13,18. Der Kontext (positive Antwort parallel zu V. 12, Aufnahme des Ausdrucks in V. 14b) fordert ein Wort, das, ohne das Geheimnis Gottes zu durchbrechen, auf V. 13 eine positive Antwort gibt.

(3) Als Aussage über das Wirken Gottes. Die Mehrzahl der Exegeten versteht (mit kleineren Nuancen) die Stelle als Proklamation der immer neuen Aktivität Gottes in der Geschichte; so Eichrodt I,118: »Ich bin wirklich und wahrhaftig da, bin bereit zu helfen und zu wirken, wie Ich es von jeher war« (vgl. u.a. Th.C.Vriezen, FS Bertholet 1950, 498–512; ders., Theol. 201; von Rad I,193f.; Noth, ATD 5,31). Die aktive und dynamische Bedeutung von *hjh* spricht für eine Auslegung in dieser Richtung.

Zu beachten sind insbesondere drei Elemente der Formel: (1) Sie geht nicht über die Formen der ersten Person hinaus, und zwar nicht nur aus Gründen der

Syntax. Gott bleibt ein souveränes Ich und kann nicht zum Es in der Verfügung der menschlichen Neugierde werden. (2) Das Verbum steht im Imperfekt, dem Tempus der für neue Handlungen offenen Handlung. Gott gibt sich in der Folge seiner Geschichtstaten für sein Volk zu erkennen. (3) Der Gebrauch von *hjh* steht hier in der Linie der drei hauptsächlichen theologischen Verwendungsweisen in den Wunderberichten, bei den Propheten und in der Bundesformel: Es geht um das immer erneute Handeln, mit dem Jahwe in die Geschichte eingreift, um sich als der treue Herr zu erweisen.

Abgesehen von Ex 3,14 begegnet dieser absolute Gebrauch von *hjh* nur noch in Hos 1,9 »ich (bin) *lō 'æhjæ* (= ich bin nicht da) für euch«, d.h. ich weigere mich weiterhin die Rolle zu spielen, die ich mir in der Antwort an Mose in Ex 3,14 zugelegt habe.

Mehrere Autoren haben eine Textkorrektur in Richtung auf die Bundesformel vorgeschlagen (»ich bin nicht euer Gott«). Die lectio difficilior ist jedoch vorzuziehen (vgl. Wolff, BK XIV/1,7).

Das Fehlen eines Echos auf Ex 3,14 ist weiter nicht verwunderlich. Auch in ihrem Kontext steht die Formel am Rand; das Gewicht liegt auf der Sendung Moses in V. 15. Um den treuen Beistand Jahwes zu beschreiben, verwenden die Texte statt des absoluten *hjh* lieber die häufige Wendung *hjh 'im*: »ich bin mit dir« (Ex 3,12; vgl. Jos 1,5; Ri 2,18; 1Sam 18,12), wo die Präposition dem Verbum nicht etwas Neues hinzufügt, sondern dessen aktive und zielbezogene Bedeutung unterstreicht.

5. Das Spätjudentum betont bei der Weiterbildung der Formel von Ex 3,14 vor allem die Ewigkeit Gottes; so Targum Jonathan Ex 3,14b »ich bin es, der ich war und sein werde«; ähnlich Midr. Ex 3, 14. Man interpretiert die Formel aber auch im Sinne der schöpferischen Aktivität Gottes entsprechend Ps 33,9; so Targ. Jon. Ex 3,14a »der welcher sprach, und die Welt entstand, er sprach, und das All existierte«, oder auch im Sinne der Polemik Deuterojesajas gegen die Ohnmacht der Götzen (Jes 43,10f.; 44,6), so Targ. Jon. Dtn 34,39 »ich bin der, welcher ist und war, und ich bin der, welcher sein wird, und es gibt keinen andern Gott außer mir«. Auch da, wo die Ewigkeit betont wird, behält also die im Verbum *hjh* enthaltene Auffassung von der Existenz einen aktiven Charakter.

Im NT erscheint εἶναι sehr häufig, wo das Hebr. einen einfachen Nominalsatz (z.B. Mt 26,26 par. »dies ist mein Leib«) oder ein Zustandsverbum verwendet (Mt 26,38 »meine Seele ist bekümmert«, Anspielung auf Ps 42,6 mit *šī^{a}ḥ* hitpol.). Anderswo übernimmt es die Funktion des Narrativs *waj^{e}hī* »und es geschah« (z.B. Lk 6,6) oder des prophetischen *w^{e}hājā* »und es wird geschehen« (z.B. Mt 13,42); vgl. M. Johannessohn, Das biblische καὶ ἐγένετο und seine Geschichte, Zeitschrift für vergleichende Sprachforschung 53, 1926, 161–212; ders., Die biblische Einführungsformel καὶ ἔσται, ZAW 59, 1942/43, 129–184; K. Beyer, Semitische Syntax im NT, I, 1962, 29–65. Aber εἶναι bewahrt noch den aktiven Einschlag des theologischen *hjh* in einigen wichtigen christologischen Texten: »siehe, ich bin bei euch alle Tage ...« Mt 28,18, in der Linie des hebr. *hjh 'im*; vor allem der johanneische Gebrauch ist hier zu erwähnen, im Prolog »am Anfang war der Logos«, und in den Worten, in denen Jesus sich den Gottestitel von Ex 3,14 beilegt: ἐγώ εἰμι »ich bin« (Joh 8,24.28.58; 13,19). Auf Gott bezogen ist die dreigliedrige Formel in Apk 1,4.8 »der ist und der war und der kommt« (vgl. 4,8; 11,17; 16,5); vgl. E. Stauffer, Art. ἐγώ, ThW II,350–352; F. Büchsel, Art. εἰμί, ThW II,396–398; E. Schweizer, Ego eimi, 1939.

S. Amsler

הֵיכָל *hēkāl* **Tempel** → בַּיִת *bájit*.

הלך *hlk* gehen

1. Das Verbum *hlk* »gehen« ist in den meisten sem. Sprachen anzutreffen (mit abweichender Bedeutung altsüdarab. »sich verhalten«, HAL 236a; arab. »zugrunde gehen«, Wehr 916).

Vgl. akk. *alāku* (AHw 31–34; CAD A/1,300–328); ug. *hlk* (WUS Nr. 830; UT Nr. 766); kan. *jilaku* (Impf. im Amarnabrief AO 7098, rev. 27; F. Thureau-Dangin, RAAO 19, 1922, 98); phön.: Friedrich 70; althebr. und moab.: DISO 65; aram.: KBL 1069; DISO 65; LS 176f.; Drower-Macuch 148b.

Im Hebr. sind die Konjugationen Qal, Pi., Hitp., Ni. und Hi. bekannt.

Wie bei den Ausdrücken für »gehen« in vielen indoeuropäischen Sprachen (F. Rosenthal, Or 11, 1942, 182f.) ist auch die Flexion von *hlk* ziemlich unregelmäßig. Impf., Imp. und Inf. cs. Qal und sämtliche Formen des Hi. werden wie bei den Verba primae j/w gebildet. Diese Erscheinung wird gewöhnlich als Folge der scheinbaren primae j/w-Bildung im Perf. Hi. (*hahlaka* > *hālaka* > *hōlaka* > *hōlīk* BL 214; Meyer II,142) erklärt (GK § 69x; Bergstr. II,131; BL 384f.); etwas anders Z.S. Harris, Development of the Canaanite Dialects, 1939, 33; J.M. Allegro, WdO II/3, 1956, 264–266.

Im Aram. begegnen Bildungen, die auf eine Wurzel **hwk* zurückzuweisen scheinen (bibl.-aram. Impf. Pe. *j^{e}hāk*, Inf. *m^{e}hāk*; vgl. BLA 144; DISO 65; R. Degen, Altaram. Grammatik, 1969, 79; anders F. Rundgren, AcOr 21/4, 1953, 304–316). Der Imp. *lēk* in den kan. Sprachen läßt zudem auf eine zweiradikalige Basis **lk* zurückschließen (Meyer II, 142). Gordon vermutet von daher, das dreikonsonantige *hlk* sei durch Vereinigung von **hk* und **lk* entstanden (UT Nr. 766).

Gelegentlich steht jedoch auch im Hebr. wie im Moab. (*w'hlk* »und ich ging« KAI Nr. 181, Z. 14f. neben *lk*, Z. 14) und im Altphön. (*hlk* KAI Nr. 27, Z. 21 neben *lkt*, KAI Nr. 26, II,4; *wjlk*, II,19; vgl. Friedrich 70) die Form mit drei Konsonanten: *jah^{a}lōk* »er geht« Jer 9,3 u.ö.; *'æh^{æ}lōk* Hi 16,22 u.ö.; *tih^{a}lak* Ex 9,23; Ps 73,9; Inf. *h^{a}lōk* Ex 3,19; vgl. Bergstr. II, 131.

Im Bibl.-Aram. wird *hlk* im Perf. und Imp. des Pe. stets durch Formen von *'zl* ersetzt (KBL 1069a). Statt des Ha. ist in Dan 3,25; 4,34 vielleicht besser das Pa. zu lesen (BLA 274).

Abgeleitete Substantive sind: a) *hālīk* »Schritt«, besser »Fuß« nach Vulg.; vgl. M. Dahood, Bibl 45, 1964, 404;

b) *h^{a}līkā* »Weg, Bahn; Karawane, Prozession; Tun und Treiben« (HAL 236a);

c) *hēlæk* »(Gehen >) Fließen; (Besuch >) Besucher« (nomen actionis, BL 460; HAL 238a);

d) *mah^{a}lāk* »Gang, Wegstrecke« (BL 490);

e) *tah^{a}lūkōt* »Festzug« (BL 497; vgl. jedoch BH^{3} zu Neh 12,31; KBL 1020a);

f) bibl.-aram. *h^{a}lāk* »Steuer« (KBL 1069; vgl. akk. *ilku*, eine Art Steuer, die der Lehenspflichtige zu entrichten hat; AHw 371f.; CAD I/J 73–81; H.W. Bailey, Asia Major 7, 1959, 18f.).

Abgeleitet ist ferner der fem. Eigenname *Hammōlækæt* (1Chr 7,18, vielleicht auch in V. 15; vgl. jedoch J. Morgenstern, ZAW 49, 1931, 58).

2. Das Verbum *hlk* begegnet im hebr. AT 1547 ×, und zwar 1412 × im Qal, 64 × im Hitp., 45 × im Hi., 25 × im Pi. und 1 × im Ni. Dazu kommen 7 bibl.-aram. Belege (Qal 4 ×, Pa. 1 ×, Ha. 2 ×, vgl. aber oben 1).

Bei Mand. fehlt Jes 55,1bα *l^{e}kū* (1Chr 18,13 steht im Nachtrag); Sach 3,7 *mahl^{e}kīm* ist nach Lis. zu *mah^{a}lāk* gerechnet, Num 17,11 *w^{e}hōlēk* zum Hi. (Lis.: Qal).

	Qal	Ni.	Pi.	Hi.	Hitp.	total
Gen	113	–	–	–	8	121
Ex	70	–	–	2	1	73
Lev	18	–	–	1	1	20
Num	44	–	–	1	–	45
Dtn	48	–	–	4	1	53
Jos	48	–	–	1	2	51
Ri	110	–	–	–	1	111
1Sam	128	–	–	–	9	137
2Sam	94	–	–	1	3	98
1Kön	120	–	1	1	–	122
2Kön	93	–	–	5	1	99
Jes	56	–	1	4	1	62
Jer	111	–	–	5	–	116
Ez	58	–	1	5	3	67
Hos	21	–	–	1	–	22
Jo	4	–	–	–	–	4
Am	8	–	–	1	–	9
Ob	–	–	–	–	–	–
Jon	6	–	–	–	–	6
Mi	12	–	–	–	–	12
Nah	2	–	–	–	–	2
Hab	2	–	1	–	–	3
Zeph	1	–	–	–	–	1
Hag	–	–	–	–	–	–
Sach	10	–	–	1	6	17
Mal	2	–	–	–	–	2
Ps	38	1	12	3	14	68
Hi	20	–	2	2	5	29
Spr	30	–	3	1	4	38
Ruth	18	–	–	–	–	18
Hhld	7	–	–	–	–	7
Pred	25	–	3	2	–	30
Klgl	4	–	1	1	–	6
Est	3	–	–	–	1	4
Dan	3	–	–	–	–	3
Esr	3	–	–	–	–	3
Neh	13	–	–	–	–	13
1Chr	20	–	–	–	3	23
2Chr	49	–	–	3	–	52
AT	1412	1	25	45	64	1547

Von den Substantiven begegnen *hālīk* 1 × (Hi 29,6), *h^{a}līkā* 6 × (Nah 2,6; Hab 3,6; Ps 68,25.25; Hi 6,19; Spr 31,27), *hēlæk* 2 × (1Sam 14,26; 2Sam 12,4), *mah^{a}lāk* 5 × (Ez 42,4; Jon 3,3.4; Sach 3,7; Neh 2,6), *tah^{a}lūkōt* 1 × (Neh 12,31), aram. *h^{a}lāk* 3 × (Esr 4,13.20; 7,24).

3. a) Die Bedeutung des Verbums ist mit »gehen« eindeutig festgelegt und verändert sich je nach dem Zusammenhang nur geringfügig, z.B. wenn nicht von Menschen (Gen 9,23 u.ö.), sondern von gewissen Tieren oder Dingen die Tätigkeit des Sich-Fortbewegens zum Ausdruck gebracht werden soll: Schlangen kriechen (Gen 3,14), Füchse streifen umher (Klgl 5,18, pi.), Schiffe fahren (Gen 7,18; Ps 104,26, pi.), ein Geschenk zieht hinterher (Gen 32,31) usw. Auch das Wasser »geht«, d.h. »fließt« (Gen 2,14; 8,3 u.ö.; vgl. auch Z. 4 der Siloah-Inschrift) und der Ton der Posaune »erklingt« (Ex 19,19).

In einigen Fällen tritt der Inf. abs. *hālōk* zur Verstärkung der andauernden Handlung zu anderen Verbalformen hinzu (z.B. Gen 8,3.5; 12,9; Ri 14,9; 2Kön 2,11; vgl. GK § 113u; BrSynt 82–84). In ähnlicher Weise kann auch die finite Verbform von *hlk* der Verdeutlichung dienen, so in Verbindung mit *lqh* Gen 27,14; *npl* Gen 50,18; *šlh* 2Kön 3,7; *'mr* Jes 2,3 (HAL 236b).

Auch die Imperativformen *lēk*, *l^{e}kā* und *l^{e}kū* werden neben der Verwendung zum Ausdruck des reinen Befehls sehr häufig zur Verstärkung einer Aufforderung in Verbindung mit einem anderen Verbum benützt und können dann zumeist mit »auf! wohlan!« übersetzt werden (Gen 37,13.20; Ex 4,19 u.ö.). Hierbei ist *l^ekā* oft »zur Interjektion erstarrt und läßt sich als solche auch an ein Fem., Gn 19,32, oder an mehrere Personen, Gn 31,44, richten« (BL 385).

Eine besondere Bedeutungsnuance erhält das Verbum dann, wenn es darum geht, den Weg, der zu einem Ende oder Ziele führt, zu beschreiben; so z.B. vom Ende des Regens (Hhld 2,11), des Taues (Hos 6,4), des Windes (Ps 78,39), der Wolken (Hi 7,9), des Schmerzes (Hi 16,6). Auf das menschliche Leben angewendet, ergibt sich die Bed. »dem Tode zugehen, sterben« (Gen 15,2; Jos 23,14; 1Kön 2,2; Ps 39,14; 58,9; Hi 10,21; 14,20; 16,22; 19,10; 27,21; Pred 1,4; 3,20; 6,4.6; 9,10; 1Chr 17,11).

Hierher gehören auch die Hi.-Stelle Ps 125,5, die Pi.-Stelle Hab 3,11 (Sonne und Mond) und die einzige Ni.-Stelle Ps 109,23.

In Verbindung mit *'aḥar* und *'aḥ^arē* »hinter« kommt es zur Bed. »folgen, nachfolgen« (Gen 24,5.8; 32,20 u.ö.), die im religiösen Gebrauch häufig ist (s.u. 4b).

Bei *hlk* hi. sind die Bedeutungen alle mehr oder weniger deutlich kausativ (»gehen lassen, führen, bringen« usw.). Zu *hlk* pi. »umhergehen, hin- und hergehen« vgl. Jenni, HP 151–153. Das Hitp. »sich ergehen, hin- und hergehen« hat neben Qal und Pi. ebenfalls die übertragene Bed. »wandeln« im allgemeinen Sinne des Sich-Verhaltens (dazu s.u. 4b).

Die sinnverwandten Verben der Bewegung haben alle eine etwas speziellere Bedeutung, vgl. *rūṣ* »laufen«, →*bō'* »kommen, hineingehen«, →*jṣ'* »hinausgehen«, →*'lh* »hinaufgehen«, →*šūb* »umkehren« usw.; entgegengesetzte Bedeutung haben →*jšb* »bleiben« und →*'md* »stehen«.

b) Die Substantive der Wurzel *hlk* mit ihren vielfältigen Bedeutungen (s.o.1) lassen sich alle von der Grundbedeutung »gehen« herleiten. Zu Hab 3,6 (Bahnen der Sterne) vgl. die in HAL 236a angeführten akk. und ug. (1 Aqht [= ID] 52.56.200) Parallelen. Die übertragene Bed. »Wandel« (*h^alīkōt* Spr 31,27) ist auch bei akk. *alaktu*, Plur. *alkakātu* vorhanden (AHw 31.36b; CAD A/1, 297–300).

4. a) Im religiösen Bereich ist weniger von Bedeutung, daß ebenso wie die Götter (Ps 115,7 pi.) auch Jahwe als »gehend« gedacht werden kann. Hier ist an das Wandeln Jahwes im Garten Eden zu erinnern (Gen 3,8 hitp.) oder an seinen Aufbruch nach dem Besuch bei Abraham (Gen 18, 33). Auch kann Jahwe auf den Wolken gehen (Ps 104,3 hi.) oder im Himmel wandeln (Hi 22,14 hitp.). Vor ihm geht Gerechtigkeit einher (Ps 85,14 pi.).

Wichtiger als diese anthropomorphen Vorstellungen sind jedoch die Erwähnungen, bei denen das Gehen Jahwes den ganz spezifischen Aspekt des Kommens zur Hilfe für sein Volk oder zu dessen Bestrafung hat. Er geht, um sich ein Volk zu erlösen (2Sam 7,23 = 1Chr 17,21), und wird als Hilfe erlebt (Ps 80,3; Sach 9,14; auch Hos 5,14f.). In der überwiegenden Mehrzahl der Fälle wurde dieses Mitziehen Jahwes als Ausüben einer Führerrolle zur Zeit der Wüstenwanderung erfahren (Ex 33, 14.15.16; 34,9; vgl. Lev 26,12 hitp.; Dtn 20,4; 23,15 hitp.; 31,6.8; 2Sam 7,6f. hitp. = 1Chr 17,6; im neuen Exodus: Jes 45,2; 52,12) und fand bildhafte Darstellung in der Rede von der Wolken- und Feuersäule, in der Jahwe vor dem Volke herzieht (Ex 13,21; Num 14,14; Dtn 1,30.33).

In diesem Zusammenhang darf auch die Funktion der Lade Jahwes verstanden werden, die als sichtbares Symbol der Gegenwart Jahwes vor dem Volke herzog und auch später noch bei Prozessionen die Teilnehmer an der kultischen Handlung hinter sich versammelte, wenn auch der Gebrauch von *hlk* nicht sehr ausgeprägt ist (Jos 3,6; 6,9; 1Sam 6,12; vgl. Num 10,33–36; Ri 4,14; 2Sam 5,24; 6,5). Ein Zeichen des Abfalls ist es, wenn sich das Volk selbst Götter macht, die die gleiche Funktion übernehmen sollen (Ex 32,1.23; vgl. 1Kön 12,28–30). Wenn das Volk sich ungehorsam zeigt, kann Jahwe nur dem Volke entgegen wandeln (Lev 26,24.28.41; Num 12,9).

b) Dem göttlichen Gehen auf sein Volk hin, in Gemeinschaft mit ihm und vor ihm her entspricht auf der Seite des Menschen die gehorsame Nachfolge hinter Jahwe her (vgl. F.J. Helfmeyer, Die Nachfolge Gottes im AT, 1967). Die Wendung *hlk 'aḥ^arē* »nachfolgen« ist dem mit dem Nomadenleben vertrauten Israeliten sofort in seiner ganzen Fülle verständlich und kann daher zur Umschreibung der gesamten Lebenshaltung des Volkes und des Einzelnen benutzt werden. Im AT wird allerdings an nur wenigen Stellen die Haltung der Nachfolge auf Jahwe bezogen, hauptsächlich in dtr. Texten (Dtn 13,5; 1Kön 14,8; 2Kön 23,3 = 2Chr 34,31; ferner Jer 2,2 unter dem Bild der bräutlichen Werbung; Hos 11,10; vgl. noch 1Kön 19,20f. »einem Propheten nachfolgen«; zu synonymen Ausdrucksweisen vgl. Helfmeyer, a.a.O. 93–122). Viel häufiger wird diese Haltung auf den Abfall und damit auf das Folgen hinter fremden Göttern (Baal usw.: Dtn 4,3; 6,14; 8,19; 11,28; 13,3; 28,14; Ri 2,12.19; 1Kön 11,5.10; 18,18; 21,26; 2Kön 13,2; 17,15 = Jer 2,5; Jer 2,8.23.25; 7,6.9; 8,2; 9,13; 11,10; 13,10; 16,11; 25,6; 35,15; Ez 20,16; vgl. N. Lohfink,

Das Hauptgebot, 1963, 76f.) und eigenen Wunsch- und Trugbildern her (Jer 3,17; 16,12; 18,12; Ez 13,3; 33,31) verwendet. Die Tatsache des Nachlaufens hinter anderen Göttern her schließt auch immer den Abfall von Jahwe ein, wie dies die Stellen 1Kön 9,6; 18,21; Jer 5,23 klar zum Ausdruck bringen. Für Synonyma zum Folgen hinter fremden Göttern her vgl. Helfmeyer, a.a.O. 152–179.

Neben dem offenen Abfall, der sich im Nachfolgen hinter fremden Göttern her äußert, wird der Wandel ohne Gott in mancherlei Wendungen beschrieben, die stets das Eigenmächtige im Tun des Menschen verdeutlichen: Trug o.ä. folgen (Jer 6,28; 23, 14; Hi 31,5), nach eigenem oder bösem Rat wandeln (Jer 7,24; Ps 1,1; Hi 34,8), nach eigenem Herzen (Jer 11,8; 23,17) oder in Finsternis wandeln (Jes 59, 9 pi.; Pred 2,14).

Die Tatsache, daß viel häufiger von dem Folgen hinter fremden Göttern her als von dem Nachfolgen hinter Jahwe her expressis verbis gesprochen wird, könnte möglicherweise dadurch erklärt werden, daß das Thema »nachfolgen« dem heidnischen Kultbrauch der Prozession entstammt (so HAL 237a; Lambert, BWL 38f.). Israel hätte darum diese Ausdrucksweise vermieden (P. Volz, Der Prophet Jeremia, [2]1928, 17; G. Kittel, ThW I,212; zum Ganzen vgl. E. G. Gulin, Die Nachfolge Gottes, StOr 1,1925, 34–50). Daß sie auf die Haltung Jahwe gegenüber gar keine Anwendung gefunden hätte, sondern nur auf die den fremden Göttern gegenüber, weil der fromme Israelit »vor« und nicht »hinter« Jahwe sein Leben führte (so H. Kosmala, Nachfolge und Nachahmung Gottes, II. Im jüdischen Denken, ASTI 3,1964, 65 bis 69), ist angesichts der oben angeführten Belege nicht haltbar. Andererseits mißt Helfmeyer (a.a.O.) der Wendung »hinter Jahwe hergehen« zu große Bedeutung bei, wenn er die Tatsache der unterschiedlichen Häufigkeit im Gebrauch gar nicht zu erklären versucht. Nach seiner Ansicht (z. B. a.a.O. 202) stammt die Vorstellung aus dem Geschehen des Heiligen Krieges und ist von dtn.-dtr. Kreisen in den theologischen Sprachgebrauch übertragen worden.

Zu beachten ist jedenfalls, daß das Verhalten des jahwetreuen Israeliten sich zuerst an der Befolgung der Gebote Jahwes ausrichtet. Um diese Haltung zu umschreiben, stehen dem AT eine Fülle von Ausdrücken zur Verfügung, die zum Teil auch von dem Gehen in den Wegen (→*dæræk*), in den Geboten und Weisungen Jahwes usw. sprechen (so auch Helfmeyer, a.a.O.). Wenn auch von dem Abfall als von dem Gehen in den Wegen der fremden Götter gesprochen werden kann, so ist zu bedenken, daß jedenfalls für den Israeliten die Wege Jahwes durch die geoffenbarten Gebote klar vorgezeichnet waren, während der Abfall durch die Negierung eben dieser Gebote gekennzeichnet ist. Während nun zur Zeit der Wüstenwanderung und der Landnahme mehr die Vorstellung von dem Wandern hinter dem göttlichen Herrn her im Vordergrund stand, wurde dieser Gedanke zur Zeit des Seßhaftwerdens im Kulturlande abgelöst durch das Wissen, daß Jahwe in der Mitte seines Volkes wohnt. Jeder Abfall war dann eine Abkehr von Jahwe und gleichbedeutend mit einem Nachlaufen hinter fremden Göttern her. So kann der Wandel *mit* Jahwe allein mit *hlk* wiedergegeben werden (ohne *'aḥ^{a}rē*) unter Hinzusetzung von Wörtern wie *ṣ^{e}dāqōt* (Jes 33,15 »in Gerechtigkeit«), *haṣnēa^{c}* (Mi 6,8 »demütig«) oder *tāmīm* (Ps 15,2 »unsträflich«). Im besonderen dient das Hitp. zum Ausdruck dieses Verhältnisses. Der Fromme wandelt »mit Gott« (so P: Gen 5,22.24; 6,9) oder »vor« ihm, d.h. in Konfrontation und Verantwortung ihm gegenüber (Gen 17,1; 24,40; 48,15; 1Sam 2,30; 2Kön 20,3 = Jes 38,3; Ps 26,3; 56, 14; 101,2; 116,9; Spr 6,22; 20,7; im Qal noch 1Kön 2,4; 3,6; 8,23.25.25; 9,4).

c) Steht die Verbform im Hi., so ist in der Mehrzahl der Fälle Jahwe das Subjekt (bei 45 Vorkommen 24 mal). Er kann die Wasser des Meeres »hinwegfahren lassen« (Luther, Ex 14,21) oder Blinde leiten (Jes 42,16 u.a.), zumeist aber ist Israel das Objekt der göttlichen Leitung und Führung (Lev 26,13; Dtn 8,2.15; 28,36 ins Exil; 29,4; Jos 24,3; Jes 48,21; 63,13; Jer 2,6. 17txt?; 31,9; Hos 2,16; Am 2,10; Ps 106,9; 136,16).

5. Über den Sprachgebrauch in der Gemeinde von Qumran ist festzustellen, daß *hlk* zwar auch als Verbum des Gehens allgemein verwendet wird (z.B. vom Ausrücken der Kriegshaufen, 1QM 7,3f.). Weitaus häufiger ist jedoch, dem Charakter der Texte entsprechend, der Gebrauch im Sinne des sittlich-religiösen Wandels (z.B. CD 2,15.17; 3,2.5; 7,7; 1QS 1,6; 4,5f.; 5,4; 8,2; 1QS^{a} 1,1; 1QH 15,18).

Im Spätjudentum und im NT wurde das Verbum »gehen« ebenso weitläufig gebraucht wie *hlk* im AT, vgl. F. Hauck – S. Schulz, Art. πορεύομαι, ThW VI,566 bis 579; G. Kittel, Art. ἀκολουθέω, ThW I,210–216. Zum Thema Nachfolge und Nachahmung bringt H. Kosmala Material bei, das über die Angaben des ThW hinausgeht (Nachfolge und Nachahmung Gottes, I. Im griechischen Denken, ASTI 2, 1963, 38–85; II. Im jüdischen Denken, ebd. 3, 1964, 65–110). Wie stark sich die ntl. Nachfolge an das Vorbild des AT anschließt, zeigt M. Hengel, Nachfolge und Charisma, 1968 (mit Lit.). Hier sind auch die spätjüdisch-hellenistischen Vorstellungen behandelt. Die Wurzel *hlk* liegt schließlich dem Substantiv Halacha zugrunde, das die gesamte spätjüdisch-rabbinische Lehre von dem rechten Wandel bezeichnet (vgl. Levy I, 471f.; Jastrow I, 353; UJE V, 172–175; JE VI, 163; BHH II, 626f.).

G. Sauer

הלל *hll* pi. loben

1. Zu *hll* pi. »rühmen, loben«, einer wohl schallnachahmenden Bildung, finden sich in den meisten sem. Sprachen Entsprechungen (u.a. akk. *alālu* Gt »ein Freudenlied singen«, Š »jauchzen«, AHw 34; ug. *hll* »Jauchzen«?, UT Nr. 769; aber WUS Nr. 832 »Neumondsichel«, vgl. *hēlēl* Jes 14, 12; weitere Angaben bei HAL 238b).

Das Verbum begegnet nur im Pi. (Jenni, HP 246), Pu. und Hitp. Ableitungen sind *hillūlīm* »Festjubel« (Lev 19, 24 beim Erntefest; Ri 9, 27 beim Weinlesefest der Bürger von Sichem), *mahalāl* »Loben, Anerkennung, Ruf« (Spr 27, 21) und vor allem *tehillā* »Ruhm, Lobpreis«. Dazu kommen die Eigennamen *Hillēl*, *Jehallæl'ēl* und *Mahalal'ēl* (anders Noth, IP 169.184.205: zu *hll* I »aufleuchten«).

2. *hll* pi. begegnet 113× (Ps 75×, 2Chr 12×, 1Chr 7×, Spr 4×), pu. 10× (Ps 6×), hitp. 23× (Ps 8×, Jer 7×, Spr 4×), *hillūlīm* 2× (s.o.), *mahalāl* 1× (s.o.), *tehillā* 57× (Ps 30×, Jes 11×, Jer 6×).

Von den insgesamt 206 Stellen (146 verbal, 60 nominal) finden sich beinahe zwei Drittel in Psalmen oder Psalmmotiven und ein Siebentel im Chronikwerk. Dazu kommt eine kleine Gruppe in Spr (10×) und eine kleine Gruppe in prophetischen Texten, meist im Zusammenhang der Heilsankündigung. Schon dieser erste Überblick zeigt, daß *hll* seinen eigentlichen Ort im Gottesdienst hat; im Gottesdienst vollzieht sich, wozu im Lobruf aufgefordert wird, vom kultischen Gotteslob handeln alle Stellen im Chronikwerk.

3. Verbum und Nomen können einen Vorgang zwischen Menschen bezeichnen, der meist mit »rühmen/Ruhm« wiederzugeben ist. Die Schönheit eines Menschen (pi. Gen 12, 15; 2Sam 14, 25; Hhld 6, 9; pu. Ps 78, 63) oder seine Einsicht (Spr 12, 8 pu.) wird gerühmt. Beim nominalen Gebrauch wird besonders vom Ruhm einer Stadt gesprochen (in den Völkersprüchen Jer 48, 2; 49, 25; 51, 41; Ez 26, 17 pu. spricht von Tyrus, der berühmten Stadt am Meer). Vom Rühmen oder Sich-Rühmen (hitp.) spricht die Weisheit: die tüchtige Hausfrau wird gerühmt (pi. Spr 31, 28.31; hitp. 31, 30); »wer das Schwert umgürtet, rühme sich nicht wie einer, der es ablegt« (1Kön 20, 11); so auch Jer 9, 22f.; Spr 20, 14; 25, 14; 27, 1; pi. 27, 2. Man rühmt den König (2Chr 23, 12f.), oder man rühmt sich des Königs (Ps 63, 12).

4. In der weitaus überwiegenden Zahl der Stellen ist es Gott, der gelobt wird (Ri 16, 24 der Philistergott): in den Psalmen (4a–c), im Chronikwerk (4d) und im prophetischen Reden (4e); vgl. C. Westermann, Das Loben Gottes in den Psalmen, (1954) [4]1968; F. Crüsemann, Studien zur Formgeschichte von Hymnus und Danklied in Israel, 1969.

a) Der Gebrauch des Verbums und des Nomens *tehillā* in den Psalmen konzentriert sich in zwei Gruppen; die Hauptgruppe ist der Aufruf zum Lob. Von den Psalmstellen fällt die Mehrzahl auf diese eine Form des imperativischen Lobrufs: »Lobet, ihr Knechte des Herrn, lobet den Namen des Herrn!« Ps 113, 1.1; dazu Ps 22, 24; 117, 1; 135, 1.1; 148, 1.1.2. 2.3.3.4.7; 150, 1.1.2.2.3.3.4.4.5.5.6; Jer 20, 13; 31, 7; ferner *halelū(-)Jāh* 24× (→*Jhwh* 2); mit *tehillā* Ps 100, 4; 149, 1; vgl. Ps 66, 2.8; Jes 42, 10; dazu Umschreibung im Hitp. Ps 105, 3 = 1Chr 16, 10.

Daß dies der bei weitem am stärksten hervortretende Gebrauch des Wortes ist, wird aber erst deutlich, wenn man die ganze Fülle der Parallelverben hinzunimmt, die insgesamt den imperativischen Lobruf darstellen (am wichtigsten →*jdh* hi.; weiter u.a. →*rnn*, →*šīr*, →*brk* pi. »preisen«, →*gdl* pi. »erheben«, →*rūm* pol. »erheben«); *zmr* pi. »singen, spielen, preisen« kommt 45× vor (Ps 41×, dazu Ri 5, 3; 2Sam 22, 50; Jes 12, 5; 1Chr 16, 9), davon 19× im Imp. plur., 20× sing. und 1× plur. im Voluntativ, 4× im Jussiv, 1× im Inf. (Ps 92, 2). Vgl. noch bibl.-aram. *šbḥ* pa. »preisen« (5× in Dan), hebr. *šbḥ* pi. (6×: Ps 63, 4; 117, 1; 145, 4; 147, 12; Pred 4, 2; 8, 15; hitp. »sich rühmen« Ps 106, 47 = 1Chr 16, 35) als Aramaismus (Wagner Nr. 299–302).

Welchen Sinn hat dieser Ruf zum Lob? Er ist notwendig, weil das, wozu in ihm gerufen wird, nicht oder nicht ausreichend geschieht; er wird erhoben, und zwar unablässig, unermüdlich, immer neu, weil das, wozu in ihm gerufen wird, als lebensnotwendig, daseinserhaltend, die Gemeinschaft tragend erkannt ist und in der Gemeinschaft ein so starker Impuls da ist, das Loben in Bewegung zu bringen. Dieser drängende Impuls, die Überzeugung, daß das *hll* pi. geschehen muß, ist das erste den Lobruf bestimmende Element. Es muß geschehen, damit Gott in seinem Gottsein, und zwar in der ganzen Fülle seines Gottseins anerkannt, bejaht, bestätigt werde. Aber das ist nur die eine Seite; die vielen Parallelverben des Sich-Freuens und Jubelns (→*gîl*, →*rnn*, →*śmḥ*) zeigen, daß dieses Loben Gottes nur in Freude geschehen kann, daß es Ausdruck der zu Gott hin gewandten Freude ist. Man kann also den Ruf zum Loben Gottes im AT nicht hören, ohne darin eingeschlossen den Ruf zur Freude zu hören. Was sich im NT differenziert in die Aufforderung zum Glauben und den Ruf zur Freude, ist im Lobruf des AT noch eins.

Als zweites Element zeigt der Gebrauch des Verbums ein eindeutiges Überwiegen der Pluralformen. Den imperativischen Lobruf gibt es praktisch nur im Plural (Sing. nur Ps 146,1 »lobe, meine Seele, Jahwe«; in 147,12 »lobe, Zion, deinen Gott« ist ein Kollektiv angeredet). Die Tatsache, daß zum Lob fast nur eine Gemeinschaft aufgefordert wird, zeigt, daß der Vorgang des Gotteslobes seinen eigentlichen Ort in der Zusammenkunft der Gemeinde hat; es gehört zu ihm der Chor, die Vielstimmigkeit (vgl. Jes 64,10 im Rückblick: »dein heiliges Haus, wo unsere Väter dich lobten«). Im Gotteslob gibt die Gemeinschaft ihrem Selbstverständnis, ihrem Sein gegenüber Gott einen Ausdruck. Dem entspricht es, daß gerade beim imperativischen Lobruf so häufig von den begleitenden Musikinstrumenten geredet wird; auch sie gehören zu einem Vorgang in der Gemeinschaft. Damit ist *hll* pi. als ein Wesenselement des Gottesdienstes im AT bestimmt.

Ein drittes Element gehört nahe dazu: Dieser Ruf zum Lob ergeht im AT nicht nur an Menschen. Dies wird oft nicht genügend beachtet. Im Loben vollzieht sich ein Vorgang, der auf Gott gerichtet ist, an dem aber die ganze Kreatur beteiligt sein kann; in ihm steht der Mensch als Kreatur im Kreis der Kreaturen. Für das Verständnis von *hll* pi. ergibt sich daraus, daß das Subjekt dieses Vorgangs nicht eigentlich der Mensch nach seiner rationalen Seite, der Mensch in seinem Urteilen und Überzeugtsein gemeint ist, sondern der Mensch in seiner kreatürlichen Ganzheit, in dem, was er mit den übrigen Kreaturen gemein hat. Schroff ausgedrückt: der Intellekt kann nicht Gott loben, nur der atmende, sich freuende, singende Mensch. Es ist eine Existenzbezogenheit auf Gott gemeint, die allein von der ratio her überhaupt nicht zustandekommen kann. In dem überschwänglichen Satz am Ende des 150. Psalms und damit am Ende des Psalters: »Alles, was Odem hat, lobe den Herrn!« (V. 6) ist also der eigentliche Sinn des Gotteslobes exakt getroffen.

Die Form des imperativischen Lobrufs eignet einer bestimmten Psalmengattung, dem beschreibenden Gotteslob oder Hymnos. Für diese Gattung sind die oben herausgestellten Elemente charakteristisch. Die Notwendigkeit des immer neuen Rufes zum Lob setzt die Stetigkeit des immer wiederkehrenden Gottesdienstes voraus. Die hinter diesem Lobruf stehende Erkenntnis von der lebenserhaltenden Bedeutung des Gotteslobes zeigt sich in der Struktur des beschreibenden Lobpsalms: er will Gott in der Fülle seines Seins und Handelns darstellen (vgl. Westermann, a.a.O. 87ff.). In dem Bejahen des Gottseins Gottes in Freude, das in *hll* pi. gemeint ist, weiß sich die im Gottesdienst anbetende Gemeinde dem Gott gegenüber, der nicht nur Israels Herr, sondern auch der Schöpfer und Herr der Geschichte ist; darum können Völker und Könige, darum kann die ganze Kreatur zum Lob gerufen werden (Ps 148; 150).

hll pi. kann aber nicht auf diese eine Psalmengattung, zu der es ursprünglich gehört, beschränkt werden, weil bei der Tendenz, die Verben des Lobens und des Jubelns zu häufen, die Grenzen zwischen den einzelnen Verben des Lobens nicht mehr streng eingehalten wurden und sie sich mehr oder weniger aneinander anglichen. Immerhin zeigen die Texte noch, daß *hll* pi. das beherrschende Verbum des imperativischen Rufes zum Lob ist, der zum beschreibenden Gotteslob gehört.

Der imperativische Lobruf kann jussivisch weitergeführt werden: »sie sollen loben« (am deutlichsten Ps 148,5.13; ebenso Ps 22,27; 69,35; 107,32; 149,3; grammatisch sing. 150,6). Der Jussiv begegnet außerdem als Ausblick auf das Lob im Abschluß der Klage des Einzelnen (Ps 74,21; 102,19; *tᵉhillā* Ps 102,22 und 149,1).

b) Neben dem imperativischen Lobruf hat nur eine andere Form des Gebrauchs der Vokabel eine größere Bedeutung: der Voluntativ, in dem ein einzelner vor den anderen ankündigt oder seine Absicht zum Ausdruck bringt, Gott zu loben. Die Redeform in der das geschieht, ist das Lobgelübde am Ende der Klage des Einzelnen, zugleich Ankündigung im Eingang des berichtenden Lobs (Dankpsalms) des Einzelnen. Aber die für diese Form spezifische Vokabel ist nicht *hll* pi., sondern →*jdh* hi.; so kommt *hll* pi. in dieser Form nur als variierende oder ergänzende Vokabel vor: am Ende der Klagelieder des Einzelnen Ps 22,23; 35,18; 69,31; 109,30; am Anfang eines Lobpsalms nur 145,2 und 146,2; dazu mitten im Psalm 56,5.11.11. Auch 119,171 kann hierher gerechnet werden. Nun ist aber bezeichnend, daß sich die besondere Bedeutung von *hll* pi. auch hier zeigt: auch wo es das Loben eines Einzelnen ist, geschieht es in der Gemeinde (so betonen es ausdrücklich Ps 22,23 »inmitten der Gemeinde will ich dich loben«, 35,18 und 109,30). Häufig ist das »ich will loben« nominal ausgedrückt: Ps 119,171 »meine Lippen sollen von Lob überströmen«; 145,21 »mein Mund soll das Lob Jahwes verkünden«; außerdem Ps 9,15; 22,26; 35,28; 71,6.8.14; 109,1; Jer 17,14.

Die Beziehung dieser Form »ich will loben« (die mit ›Lobgelübde‹ oder ›Ankündigung des Lobs‹ nur ungenügend gekennzeichnet ist) zu der Form »lobet!« ist klar: das *hll* pi. wird von einem Einzelnen bejaht, angenommen. Man erkennt auch in dieser Form die lebenswichtige Bedeutung des Lobens: so wichtig ist es, daß der Entschluß dazu und die Freude daran zu Wort kommen muß: »immer soll sein Lob in meinem Munde sein!« (Ps 34,2). Wie dazu gerufen werden muß, so muß auch vor den andern zum Ausdruck gebracht werden: ich will dabei sein! Man spürt es dieser Stellengruppe an, daß die so Sprechenden im Bejahen des Gotteslobes ein Bejahen des Lebens, eine Teilnahme am Strom des Geschehens sahen. An dieser Form wird der Unterschied zum Gebrauch in der Chronik (s.u. d) besonders deutlich: Die Institutionalisierung des Gotteslobes machte ein solches Bejahen, einen solchen Entschluß zum Gotteslob unnötig, es war ja angeordnet, eingerichtet und lief nach dienstlichen Anordnungen ab. Was aber in den Psalmen mit *hll* pi. gemeint ist, bedarf des persönlichen Impulses, der Charakter des Spontanen gehört notwendig dazu; es ist wirkliches Gotteslob nur, wenn es aus diesem spontanen Impuls kommt.

Der besondere Charakter von *hll* pi. wird noch deutlicher, wenn wir eine kleine Gruppe von Stellen hinzunehmen, die keiner dieser beiden Formen angehören, die aber Reflexion über das Gotteslob erkennen lassen und so reflektierend das Besondere sehen lassen. In diesem reflektierenden Gebrauch werden einerseits Gotteslob und Gott nahe aneinander gerückt: »dir gebührt Lob« (Ps 65,2; vgl. 147,1). Jeremia kann in einer der Konfessionen sagen: »denn mein Lob bist du« (Jer 17,14). In Ps 109,1 wird Gott angeredet: »Gott meines Lobes«, und Dtn 10,21: »er ist dein Lob und er ist dein Gott«. Eigenartig ist Ps 22,4: »der du thronst auf dem Lob Israels«. Auf der anderen Seite werden menschliche Existenz und Gotteslob nahe aneinander gerückt: »laß meine Seele leben, daß sie dich lobe!« (Ps 119,175). In der Aussage »nicht die Toten loben Jahwe« (Ps 115,17; Jes 38,18) wird dasselbe negativ artikuliert: Gotteslob gehört zum Dasein, es ist selbst eine Weise des Daseins. Wo es aufgehört hat, hat auch das eigentliche Leben aufgehört. So wie glücklich gepriesen wird, wer an der Fülle des Daseins teilhat, so auch der Gott Lobende (Ps 84,5). *hll* pi. ist zu Gott hingewandte, zu Gott hin singende Daseinsfreude.

c) Eine nur wenig andere, aber doch in besonderer Gruppe zu fassende Bedeutung hat das Wort dort, wo die profane Bed. »rühmen/Ruhm« (s.o. 3) auf Gott bezogen wird. Das gilt besonders für *hll* hitp. und *tᵉhillā*. Das alltägliche oder weisheitliche Sich-Rühmen ist auf die Gottesbeziehung übertragen worden, so daß man sagen kann: »rühmet euch seines heiligen Namens!« (Ps 105,3 = 1Chr 16,10) oder »meine Seele rühme sich Jahwes« (Ps 34,3). Wie die Form zeigt (Ps 105,3 gehört zum imperativischen Lobruf, Ps 34,3 zur Ankündigung des Lobs), ist *hll* hitp. mit dem Objekt Gott hier einem Wechselbegriff für »loben« ähnlich. So kann es in einem Psalmschluß parallel zu *śmḥ* »sich freuen« stehen (Ps 64,11).

Entsprechend kann vom Ruhm Gottes gesprochen werden: »die Erde ist voll seines Ruhmes« (Hab 3,3). So kann *tᵉhillā* parallel zu *kābōd* »Ehre« (Jes 42,8) oder zu *šēm* »Name« (Ps 48,11; vgl. Jes 48,9) stehen. Gottes Ruhm wird verkündet (Jes 42,12; 60,6), erzählt (Ps 78,4; 79,13), gemehrt (Ps 71,14).

An einigen dieser Stellen steht der Plur. *tᵉhillōt* (Ex 15,11; Ps 78,4; Jes 60,6; 63,7), der mit »Ruhmestaten« wiedergegeben werden kann. Es ist für das Hebr. typisch, daß der Plural hierbei nicht etwa die Vielheit der Äußerungen des Rühmens (vgl. Ps 22,4), sondern die Vielheit des zum Rühmen Anlaß

Gebenden, d.h. der Taten Gottes, die das Loben oder Rühmen erwecken, ausdrücken soll. Das Rühmen und das, was gerühmt werden soll, wird als Ganzheit verstanden. Diese sprachliche Besonderheit hat auch einen theologischen Aspekt: Die Stellengruppe, in der *hll* pi. mit Obj. Gott »rühmen« und *tᵉhillā* »Ruhm« meint, setzt voraus, daß das Gott-Sein Gottes im AT nicht als ein An-sich-Sein, nicht als transzendentes Seiendes verstanden werden kann; Gott ist nicht anders Gott als in seinem Wirken, und dieses wiederum ist nicht anders da als in menschlichem Erfahren, das rühmend darauf reagiert.

d) Die zweite Gruppe des Vorkommens neben den Psalmen findet sich im Chronikwerk. Ein auffälliger Unterschied des Gebrauchs besteht darin, daß hier an fast allen Stellen vom Gotteslob etwas berichtet oder ausgesagt wird, während in den Psalmen das Wort nur gebraucht wird, um das Gotteslob in Bewegung zu bringen (im imperativischen Lobruf), um es anzukündigen (Voluntativ), um auszudrücken, daß es geschehen soll (Jussiv), während berichtende oder aussagende Formen fast ganz fehlen. Auffällig ist außerdem nicht nur das häufige Vorkommen im Chronikwerk, sondern auch die betonte Bedeutung von *hll* pi.; es geschieht häufig an Höhepunkten des dargestellten Geschehensablaufes, und es wird mit besonderer Emphase davon gesprochen (z.B. 2Chr 5,13; 7,6; 29,30; Esr 3,10f.). Diese Emphase wird nicht selten besonders artikuliert: »mit lauter Stimme« (2Chr 20,19), »mit aller Macht« (30,21 txt em), »mit Freuden« (29,30), und besonders sprechend 2Chr 5,13: »und es geschah, als sie miteinander bliesen und sangen, war es zu hören wie eine Stimme zum Lob und Preis Jahwes«. Es ist offenkundig, daß nicht nur für das Gottesdienstverständnis, sondern darüber hinaus für das Verständnis des Gottesverhältnisses das Gotteslob etwas entscheidend Wichtiges, etwas schlechthin Zentrales war. Zugleich aber muß es Ausdruck der Existenzmitte der so Redenden gewesen sein; in all diesen Sätzen schwingt das persönliche Engagement mit. Das Gotteslob muß in besonderer Weise das ausgedrückt haben, was diesen Menschen Daseinserfüllung war. Dabei ist aber zu bedenken, daß es der Klerus ist, der hier redet.

Deswegen ist der zweite, noch ausgeprägtere Zug der institutionelle Charakter dieses Gotteslobes. (1) Es wird als Institution erklärt, d.h. das Gott-Loben geschieht in einem hierfür eingerichteten Dienst (2Chr 8,14), und diese Einrichtung geht bis auf David zurück (2Chr 7,6; 8,14; Neh 12,46), es geschieht »nach der Anordnung Davids« (Esr 3,10). (2) Das Gotteslob vollzieht sich nach einer festen Dienstordnung (Neh 12,24), die alles bis ins einzelne regelt; die Sänger sind »bestellt« und tragen Ornat (2Chr 8,14; 20,21; Esr 3,10); es geschieht im Auftrag (1Chr 16,4). Die Dienstordnung regelt auch die Zeit: »weiter haben sie Morgen für Morgen anzutreten zu Lob und Preis für Jahwe und ebenso am Abend« (1Chr 23,30); das gehört zu ihren Dienstobliegenheiten (2Chr 8,14; 31,2). (3) Damit ist der entscheidende Wandel gegenüber der vorexilischen Zeit offenkundig: Der Lobpreis Gottes ist eine Sache der Kirchenchöre geworden. Die Gemeinde zwar kann in das Lob einstimmen (Esr 3,11), oder sie kann mit dem Amen respondieren (1Chr 16,36; Neh 5,13); aber ganz überwiegend, an den weitaus meisten Stellen, die vom Gotteslob sprechen, sind als Subjekt ausdrücklich die Priester und Leviten genannt.

Es kann keine Frage sein, daß die Pflege dieser Kultmusik, die vokal und instrumental zugleich ist, sie auf einen hohen Stand brachte, und daß wir in der Jerusalemer Tempelmusik der persischen und der griechischen Zeit eine hohe kulturelle Leistung anzuerkennen haben. Es kann auch keine Frage sein, daß die von den Priestern und Leviten ausgeübte Tempelmusik Sache des ganzen Volkes war und ein wesentliches Element des Gottesdienstes der Gemeinde, an dem diese mit Leib und Seele Anteil nahm. Aber es muß zugleich der tiefe Wandel gesehen werden, der sich aus der Institutionalisierung des Gotteslobes ergab. Es ist damit eine Objektivierung und Technisierung des Gotteslobes fast notwendig verbunden, sie klingt unverkennbar aus einigen der oben angeführten Ausdrücke an; sie zeigt sich auch darin, daß an vielen Stellen als Inhalt des Gotteslobes immer gleich der Kehrvers »danket dem Herrn, denn er ist freundlich ...« angegeben wird (2Chr 5,13; 7,6; 20,21; Esr 3,10.11), der jetzt formelhaft erstarrt ist. Sie zeigt sich auch darin, daß in den in der Chronik zitierten Psalmen Stücke verschiedener Psalmen mechanisch aneinandergefügt sind; die ursprüngliche Struktur der Psalmen scheint keine Bedeutung mehr zu haben. Für die Auffassung von *hll* pi. im Chronikwerk ist höchst bezeichnend ein Satz: »... der über allen Lobpreis und Ruhm erhaben ist« (Neh 9,5). Dieser Satz beabsichtigt zwar, ein ganz besonderes Gotteslob auszusprechen; in Wirklichkeit kann er zur Folge haben, daß dem Gotteslob der Lebensnerv abgeschnitten wird. In der Frühzeit ist Gott nicht über allen Lobpreis erhaben, sondern die Erhabenheit Gottes ist da in dem zu ihm aufsteigenden Lob Israels (Ps 22,4).

e) Eine relativ kleine Gruppe des Gebrauchs gehört in den Zusammenhang prophetischen Redens. Während es sich bei dem Loben in den Psalmen wie auch im Chronikwerk ausschließlich um das gegenwärtig geschehende Gotteslob handelt, wird in den prophetischen Stellen, vor allem im Zusammenhang der Heilsankündigung, von einem zukünftigen Gotteslob oder von einem zukünftigen Ruhm gesprochen. Verständlich wird dieses Reden am ehesten in der Gruppe des nominalen Gebrauchs. Das gedachte Objekt der *tᵉhillā* ist hier Israel. Es ist bezeichnend, daß im Blick auf Gegenwart oder Vergangenheit zwar von dem berühmten Babylon, Tyrus u.a. gesprochen wird, nicht aber von der *tᵉhillā* Israels oder Jerusalems. Dies wird erst möglich in der Betroffenheit von der tiefen Schande, die der Zusammenbruch Judas bedeutet hat, so wie das die Threni spiegeln. Jetzt erst wird in prophetischer Rede angekündigt, daß Israel oder Zion wieder zum Ruhm, zur *tᵉhillā* werden soll. Das aber wird dann ganz Gottes Werk sein: »bis er es (Zion) macht zum Ruhm auf Erden« (Jes 62,7); »deine Mauern wirst du Heil, und deine Tore Ruhm nennen!« (60,18; vgl. 61,11; Jer 13,11; 33,9; Zeph 3,19.20; auch Dtn 26,19).

Aber auch der verbale Gebrauch erhält im Zusammenhang prophetischen Redens eine Wendung ins Zukünftige: in den ganz kurzen Lobliedern, mit denen Deuterojesaja jeweils einen Abschnitt abschließt, findet sich der imperativische Lobruf in einem neuen Sinn: schon in der Gegenwart ruft der Prophet zum Lob und Jubel über die erst angekündigte Heilstat Gottes, die Israel die Heimat wiedergibt. Hier stehen aber meist Vokabeln der Freude und des Jubels (*tᵉhillā* nur Jes 42, 12); diese Form des Gottes Heilstat in der Zukunft preisenden Liedes ist nachgeahmt in Jer 20,13; 31,7 (pi.). In Jes 62,9 und Jo 2,26 ist das Gotteslob Antwort auf das für die Heilszeit angekündigte neue Segenswirken Gottes.

5. Die LXX übersetzt *hll* pi. meist mit αἰνεῖν u.ä., ferner mit ὑμνεῖν und ἐξομολογεῖσθαι, *hll* hitp. mit ἐγκαυχᾶσθαι, ἐπαινεῖν und ἐνδοξάζεσθαι u.a. Das Nomen wird meist mit αἴνεσις, daneben mit ὕμνος wiedergegeben. Die Übersetzung deckt also den Bedeutungsbereich des hebr. Wortes recht weitgehend. Der Lobruf *halᵉlū-Jāh* ist schon so weit liturgisch verfestigt, daß er von der LXX transkribiert wurde: ἀλληλουϊά. Verbum und Nomen sind auch in Qumran belegt (Kuhn, Konk. 60.230). Die wenigen ntl. Vorkommen stehen ganz in atl. Tradition, vgl. H. Schlier, Art. αἰνέω, ThW I,176–177; ders., Art. ἀλληλουϊά, ThW I,264; G. Delling, Art. ὕμνος, ThW VIII,492–506.

C. Westermann

המם *hmm* verwirren

1. Das Verbum *hmm* und seine Nebenform *hūm* sind in der Bed. »in Verwirrung bringen« auf das Hebr. und, mit nur wenig Belegen, auf das Aram. beschränkt.

Möglicherweise gehören sie zusammen mit *hmh* »lärmen« und *nhm* »Laut geben, knurren« zu einer zweiradikaligen Wurzel *hm* »lärmen, unruhig sein, aufschrecken« o.ä., die mit intransitiver Bedeutung, auch in reduplizierten Bildungen, im Südsem. verbreitet ist.

hmm begegnet im targumischen Aram., *hūm* im älteren Aram. im Etpe. »außer sich sein, verwirrt sein, klagen« (KAI Nr. 226, Z. 6: *hwm 'thmw*; DISO 64). Vgl. noch ug. *nhmmt* »Verwirrung, Sorge« (so WUS Nr. 846; CML 156a; anders UT Nr. 778.1621).

Eine Wurzel *hmm* II liegt wahrscheinlich in Jer 51,34 vor, die nach einer arab. Entsprechung gemäß dem Parallelausdruck *'kl* »fressen« mit »aussaugen« wiederzugeben ist (vgl. HAL 241a).

Die Ni.-Formen können von *hmm* oder *hūm* abgeleitet werden. Die Hi.-Formen von *hūm* sind textlich sehr problematisch. Von *hūm* wird das Subst. *mᵉhūmā* »Verwirrung, Panik« abgeleitet.

2. *hmm* q. kommt 12× vor (exkl. Jer 51,34, s.o.), *hūm* q. 1× (Dtn 7,23), ni. 3× (1Sam 4,5; 1Kön 1,45; Ruth 1,19), hi. 2× (Mi 2,12 und Ps 55,3, von HAL 232b als Formen von *hmh* bzw. *hūm* ni. emendiert). *mᵉhūmā* begegnet 12×.

3. Als Grundbedeutung von *hmm* ist »in Unruhe bringen, verwirren« anzunehmen. Subjekt ist in zehn Fällen Jahwe (bzw. die »Hand Jahwes« in Dtn 2,15); es liegt also fast ausschließlich religiöser Gebrauch des Wortes vor (ebenso bei *hūm* q. und, mit Ausnahme von Am 3,9 »Getümmel« und Spr 15,16 »Unruhe«, auch bei *mᵉhūmā*, s.u. 4b).

Ausnahmen sind Est 9,24 mit Haman als Subjekt (*hmm* »durcheinander bringen«, par. *'bd* pi. »zugrunde richten«; vgl. Bardtke, KAT XVII/5,394) und Jes 28,28 mit Subjekt »der Pflüger« (Objekt »Wagenrad und Roß«; als Bedeutung kommt »in Unruhe bringen, antreiben« in Frage).

Die Ni.-Stellen (s.o. 2) lassen sich alle mit »in Unruhe, Aufregung geraten« wiedergeben.

4. a) Der religiöse Gebrauch des Verbs hat seinen Ort ursprünglich in den Berichten von heiligem Krieg (Ex 14,24 Auszug aus Ägypten; Jos 10,10 Schlacht bei Gibeon; Ri 4,15 Deboraschlacht; 1Sam 7,10 Sieg bei Eben-Eser; vgl. G. von Rad, Der heilige Krieg im alten Israel, 1951, 12). Die Vorstellung geht dahin, daß Jahwe zu Beginn der Schlacht eine Verwirrung ins feindliche Heer schickt. Ausdrücklich ist Jahwe, nicht das israelitische Heer Urheber der Verwirrung; der Vorgang geschieht »vor den Augen der Israeliten« (Jos 10,10) bzw. »vor Barak« (Ri 4,15). Nach 1Sam 7,10 stiftet Jahwe die Verwirrung mittels Gewitterdonner. Das ganze Geschehen in seinem idealen Verlauf schildert in dtn. Zusammenfassung und auf die Landnahme bezogen Dtn 7,23 (vgl. Ex 23,27).

In Dtn 2,15 sind Vorstellungswelt und Vokabular ähnlich wie in den besprochenen Stellen, jedoch ist Objekt der Verwirrung Israel selber, das seines Ungehorsams wegen zur Strafe mit dem »Gottesschrecken« belegt wird. Es ist dies eine originelle Umdeutung des Motivs durch den Verfasser der ersten dtn. Einleitungsrede; vgl. auch 2Chr 15,6.

Zu besprechen bleiben 2Sam 22,15 = Ps 18,15 (Jahwe bringt in der Theophanie Verwirrung unter die Chaosmächte) und Ps 144,6 (Jahwetheophanie zum Völkerkampf); es sind dies Stellen, die innerhalb der spezifisch jerusalemischen Chaos- und Völkerkampftradition stehen. Der Gebrauch des Verbums *hmm* ist wohl als Einfluß der Tradition vom heiligen Krieg zu werten; offenbar beginnen sich beide Traditionsströme in Jerusalem sehr früh zu beeinflussen.

b) Ebenfalls in der Ideologie des heiligen Krieges, dazu aber auch in deren eschatologischer Ausprägung bei den Propheten, in der Vorstellung vom »Tag Jahwes« (vgl. von Rad II,129–133), ist das Subst. *m^ehūmā* »Verwirrung« zuhause (Dtn 7,23, s.o.; 28,20 in der Fluchandrohung; vgl. Dtn 2,15 und 2Chr 15,5; 1Sam 5,9.11: die nach Philistäa entführte Lade richtet einen Gottesschrecken an; 14,20 im Philisterkrieg; bei den Propheten: Jes 22,5, par. *m^ebūkā* »Verwirrung«; Ez 7,7; 22,5; Sach 14,13; →*jōm*).

Das AT kennt folgende weitere Bezeichnungen für das Phänomen des »Gottesschreckens«:

(1) *ḥ^arādā* bzw. *ḥærdat 'ᵆlōhīm*: 1Sam 14,15.15 mit einem Erdbeben als Begleiterscheinung;

(2) *'ēmā*: Ex 15,16; 23,27; Jos 2,9 (jeweils in bezug auf die Landnahme); Dtn 32,25 als Fluchandrohung; in anderer Verwendung in Gen 15,12 (der Schreck fällt auf Abraham);

(3) *páḥad*: Ex 15,16; Dtn 2,25; 11,25 (jeweils in bezug auf die Landnahme); Jes 2,10.19.21 (im Zusammenhang mit dem Tag Jahwes); nach 1Sam 11,7 fällt beim Aufgebot Sauls der Schreck Jahwes auf das Volk;

(4) *ḥittat 'ᵆlōhīm*: Gen 35,5 (im Zusammenhang mit der »Wallfahrt« Jakobs von Sichem nach Bethel werden die umliegenden Städte vom Gottesschreck befallen).

Was läßt sich von hier aus über das Phänomen des Gottesschreckens sagen? Er besteht in einem zunächst neutralen »Außer-sich-Sein«, einer von Gott hervorgerufenen Ekstase, die jede Handlungsfähigkeit lähmt. Sie kann positiven Charakter haben (Gen 15,12; 1Sam 11,7), im heiligen Krieg aber trifft sie die Feinde, die so wehrlos Israel zum Opfer fallen. Die Vorstellung ist, wie die des heiligen Krieges überhaupt, mit der Lade verbunden (1Sam 5,9.11) und geht auf das nomadische Dasein israelitischer Stämme zurück (ähnliche Vorstellungen bei Beduinenstämmen, bei denen in Entscheidungsschlachten der Klangott – mit Allah identifiziert – Kriegsherr ist und den Feind bekämpft, repräsentiert durch ein tragbares Heiligtum; vgl. A. Musil, Manners and Customs of the Rwala Beduins, 1928, 571ff.).

In der dtn. Ideologie vom heiligen Krieg qualifiziert das Motiv den Sieg Israels über die Feinde als alleiniges Werk Jahwes (vgl. G. von Rad, Der heilige Krieg im alten Israel, 1951, 68–78). Sein Grundton ist somit das »soli deo gloria«.

5. Im NT sind die hier aufgewiesenen Motive nicht mehr lebendig. *F. Stolz*

הִנֵּה *hinnē* siehe

1. Mit *hēn* oder (daraus erweitert) *hinnē* »siehe« vergleichbare Interjektionen und Partikeln sind in fast allen sem. Sprachen belegt (vgl. HAL 242a).

Im näheren Umkreis des AT vgl. ug. *hn* (UT § 12.7 und Nr. 782), akk. *annû* in EA (AHw 53b; CAD A/II,138; vgl. auch A. Salonen, AfO 19, 1959/60, 157b), phön.-pun. *hn* (Friedrich 120; Sznycer 77f.89. 106f.).

Im Aram. bedeutet *hn* »wenn« (DISO 66; bibl.-aram. *hēn*, 15 ×; KBL 1069f.), während als Interjektion »siehe« *h'* (DISO 62; bibl.-aram. *hā'*, Dan 3,25) bzw. *hlw* (DISO 65; bibl.-aram. *'ᵃlū*, Dan 2,31; 4,7. 10; 7,8.8; KBL 1050b; neben *'ᵃrū*, Dan

7,2.5.6.7.13; KBL 1053b) gebräuchlich sind (Leander 128; BLA 266).

Zweimal steht im hebr. AT *hē'* »siehe« (Gen 47, 23; Ez 16,43 txt?), vgl. aram. *h'*. Erwähnt sei noch, daß *hēmmā* von einigen Autoren an einer Reihe von Stellen nicht als Personalpronomen »sie« (3. Plur. Mask.), sondern als Äquivalent zu *hinnē* betrachtet wird (vgl. zuletzt T.F.McDaniel, Bibl 49, 1968, 33f. zu Klgl 1,19; nach ug. *hm*, WUS Nr. 837).

2. Im AT zählt man *hinnē* (nach Mand.) insgesamt 1057× (*hinnē* 446×; *wehinnē* 360×, inkl. Jer 18,3 Q; *wehinenī* 181×, in Jes 65,1 verdoppelt; mit anderen Suffixen 70×, davon *wehinnām* 37×); es ist verstreut über alle Teile, zahlreich in Jer (138×), Gen (125×), Ez (114×), 1Sam (84×), Jes (77×), Hos-Mal (63×), 1/2Kön (je 55×), 2Sam (46×), Ri (44×), Ex (41×), 2Chr (40×), also vor allem bei den Propheten und in der erzählenden Literatur.

hēn (100×) ist auf einige Bücher beschränkt (Hi 32×, Jes 27×, Gen 12×, Ex und Ps je 5×, Num und Dtn je 4×, Lev 3×, Jer, Spr und 2Chr 2×, Ez und Hag je 1×).

3. *hinnē* (*hēn*, *hē'*) ist noch als Glied eines urtümlichen Befehlsvorganges zu erkennen, in dem es das Gebotene präsentiert (z.B. Gen 47,23b; vgl. BrSynt 3). In der Doppelfunktion eines An- bzw. Ausrufs sowie der zeitlichen Charakterisierung eines Geschehens bzw. Umstands beziehen sich die Interjektionen auf eine Person oder Sache. Mit dem folgenden Nomen bilden sie einen Satz (z.B. Gen 12,19; 15,17) oder treten vor einen vollständigen Nominalsatz (z.B. Gen 28,15) oder vertreten einen Satz (z.B. Gen 22,1.7; 30,34; Hi 9,19). Selten führen sie einen Verbalsatz ein und betonen das Prädikat (z.B. Gen 12,11). Vgl. zur Syntax und Stilistik von *hēn/hinnē* GK §116 pq. 147b; BrSynt 3.52.56; K.Oberhuber, VT 3,1953, 5.10; L.Alonso-Schökel, Bibl 37, 1956, 74–80; J.Blau, VT 9, 1959, 132f.

Eine ähnliche Funktion als Aufmerksamkeitserreger und Präsentativ kann der (nicht mit »und« verbundene) Imperativ von *r'h* »sehen« übernehmen, indem er seine eigentliche Verbalbedeutung (erkennbar z.B. in Gen 37,14; 1Sam 24,12; 26,16; 1Kön 12,16; Ez 40,4 u.ö.) verliert (in etwa einem Drittel aller Fälle, z.B. Gen 27,27; 31,50; 41,41; Ex 7,1; 31,2; 33,12; Dtn 1,8.21 u.ö.; fem. 1Sam 25,35; plur. Gen 39,14; Ex 35,30; Jos 8,4.8; 23,4; 2Sam 15,28); vgl. 2Sam 7,2 *re'ē nā* mit der Parallelstelle 1Chr 17,1 *hinnē*; dazu Lande 15f.53.

An einigen (wegen der gleitenden Übergänge nicht eindeutig abgrenzbaren) Stellen hat *hēn* unter aram. Einfluß die Bed. »wenn« angenommen (z.B. Ex 8,22; Jes 54,15; Jer 3,1; Hag 2,12; 2Chr 7,13; vgl. Wagner Nr. 74).

4. Hervorzuheben ist im theologischen Sprachgebrauch die häufige Verwendung von *hinnē* als Einleitung der prophetischen Gerichtsankündigung, in der Gottes Eingreifen angezeigt wird. In dieser Stellung verbindet sich der »Aufmerksamkeitserreger« gerne mit der 1. Pers. der Gottesrede zu *hinenī* mit Partizip (vgl. P.Humbert, La formule hébraïque en *hineni* suivi d'un participe, REJ 97,1934, 58–64 = Opuscules d'un hébraïsant, 1958, 54–59; K.Koch, Was ist Formgeschichte, ²1967, 259f.); vgl. auch die sog. »Herausforderungsformel« *hinenī 'ēlækā* »siehe ich will an dich« (P.Humbert, ZAW 51,1933, 101–108 = Opuscules 44–53). Der Formel geht in der Regel die Begründung voran (vgl. H.W. Wolff, ZAW 52,1934, 2–6); sie steht häufig im unmittelbaren Zusammenhang mit der Botenformel (z.B. Jer 6,21; 9,6; 10,18); vgl. C.Westermann, Grundformen prophetischer Rede, 1960, 107; R.Rendtorff, ZAW 74, 1962, 176f.). Meistens schließt sich ein Perf.cons. an. Weniger zahlreich wird die Formel statt mit *hinenī* mit *hinnē 'ānōkī/'anī* gebildet (z.B. Am 2,13; dazu und zum Gebrauch von *hinnē* bei Amos vgl. Wolff, BK XIV/2, 173). Daneben führt auch bloßes (*we*)*hinnē* die Ankündigung des Eingreifens zum Gericht ein (selten in der 1. Pers. der Gottesrede beim finiten Verbum, z.B. Jer 7,20; Ez 22,13, öfter in der 3. Pers. von Gott, z.B. Am 9,8; Jes 3,1, am häufigsten in der Umschreibung des Handelns Gottes, z.B. Am 4,2; Jer 7,32), vereinzelt die Folge des Eingreifens (z.B. Ez 30,21); einige Male unterstreicht es die Begründung (z.B. Jer 6,10; Ez 22,6).

In das prophetische Gerichtswort gelangte *hinnē* wohl aus dem prophetischen Visionsbericht (z.B. Am 7,1.4.7; Jer 4, 23–26; Ez 1,4; 2,9; vgl. H.W.Wolff, Frieden ohne Ende, 1962, 38ff.). Hier nimmt es den gleichen Platz ein wie im Seherspruch und in der Traumerzählung, die beide zur Vorgeschichte des prophetischen Visionsberichtes gehören. Im Seherspruch knüpft die deiktische Partikel an ein Verbum der Bedeutung »sehen« an und signalisiert die Wiedergabe des vom Seher allein wahrgenommenen Gesichtes (z.B. Num 23,9). In der Traumerzählung folgt *wehinnē* auf das einleitende Verbum *ḥlm* »träumen« (Gen 28,12; 37,6f.9; 41,1.5; Ri 7,13) bzw. auf das Subst. *ḥalōm* »Traum« (Gen 40,9.16; 41,22; *hinenī* mit Part. in Gen 41,17). Es eröffnet die Schilderung des Geschauten und markiert zugleich seine Wichtigkeit für den Hörer.

Dagegen läßt sich die Deutefunktion der Partikel in der prophetischen Heilsankündigung (z.B. Jes 38,5) wie in der (aus ihr herzuleitenden) Zeichenankündigung (z.B. 1Kön 11,31; 13,3; Jes 38,8; vgl. Jos 3,11) aus der Situation des auf eine Anfrage ergehenden zusagenden Gottesentscheides erklären (z.B. im Jahwekrieg: Ri 1,2; 1Sam 24,5; vgl. G. von Rad, Der Heilige Krieg im alten Israel, 1952, 7f.; vgl. auch die Designationsformel, z.B. 1Sam 9,17 mit Jes 42,1; 52,13).

5. In LXX entspricht in weitaus den meisten Fällen ἰδού den hebr. Interjektionen, in Visionsberichten (besonders bei Ez) auch εἶδον καὶ ἰδού.

Die Nachgeschichte des Achtung gebietenden »siehe« reicht in die Apokalyptik (z.B. Dan 8,3.5; 10,5) sowie in die visionären Darstellungen (z.B. Mt 17,3; Apk 4,1) und Ankündigungen von Gottes Tun im NT hinein (z.B. Lk 1,31; 2,10; vgl. W. Michaelis, Art. ὁράω, ThW V, 315–381; P. Fiedler, Die Formel »Und siehe« im NT, 1969). *D. Vetter*

הַר *har* Berg → צִיּוֹן *Ṣijjōn.*

זכר *zkr* gedenken

1. a) *zkr* ist die dem Hebr. mit dem Akk., den meisten nordwestsem. Dialekten und dem Äth. gemeinsame Lautgestalt der gemeinsem. Wurzel *ḏkr.*

Ug. (in Personennamen: UT Nr. 724; Gröndahl 71.196), altsüdarab. und arab. begegnet *ḏkr*, in Dialektvarianten altwestsem. Personennamen (W.L. Moran, FS Albright 1961, 68 Anm. 34; vgl. Huffmon 187) und in den jüngeren aram. Dialekten (zuerst bibl.-aram.) *dkr*. Zu phön.-pun. *skr* (jedoch noch nicht im hypokoristischen Personennamen *zkr* auf der Pfeilspitze KAI Nr. 22 aus dem 11./10. Jh. v. Chr.) vgl. GVG I,164; Friedrich 20.

Von den beiden der Wurzel im Altsüdarab. und im Arab. eigenen Bedeutungen »gedenken« und »erwähnen« ist im Hebr. und in den nordwestsem. Inschriften (DISO 76f.) die erste: »gedenken« die Grundbedeutung von *zkr*. Dagegen ist akk. *zakāru* »sagen, sprechen, nennen, schwören« (CAD Z 16–22) reines Verbum dicendi (ausführlich über *zkr* in den sem. Sprachen W. Schottroff, »Gedenken« im Alten Orient und im AT, ²1967, 1–106).

»gedenken« heißt im Akk. und im Ug., wo aber die Bedeutung von *ḏkr* noch nicht greifbar ist, *ḫasāsu* (CAD H 122–125; AHw 329f.) bzw. *ḫss* (UT Nr. 986; WUS Nr. 1060).

Gegen die von P.A.H. de Boer, Gedenken und Gedächtnis in der Welt des AT, 1962, vor allem 44. 63f. vorgenommene Gleichsetzung der Bedeutung von hebr. *zkr* mit der von akk. *zakāru* spricht bereits die im Amarnabrief EA 228 aus Hazor durch die kan. Glosse in Z. 19 (*li-iḫ-šu-uš-mi/ia-az-ku-ur-mi* »es möge gedenken der König, mein Herr, an alles, was getan worden ist, gegen Hazura ...«) für das vorhebr. Südkanaanäische (Meyer I,24f.) vollzogene Identifizierung von *zkr* mit akk. *ḫasāsu* »gedenken«.

Für einen etymologischen Zusammenhang mit dem homonymen (ug. jedoch abweichend *ḏkr*: WUS Nr. 740, bzw. *da-ka-rum*: C.F.A. Schaeffer, AfO 19,1959/60, 194) Wort *zākār* »männlich, Mann« fehlt jeder Anhaltspunkt (Schottroff, a.a.O. 4–8.372; P. Fronzaroli, AANLR VIII/19, 1964, 244).

b) Außer dem Qal »gedenken« sind im Hebr. von *zkr* das akk. *zakāru* entsprechende Hi. »erwähnen, nennen« und das zu Qal und Hi. (vgl. aber J. Blau, Reste des i-Imperfekts von *zkr*, qal, VT 11,1961, 81–86) passive Ni. »gedacht werden; erwähnt werden« belegt. Im AT vorkommende nominale Bildungen der Wurzel sind:

1) das auch akk. (*zikru* »Ausspruch, Geheiß, Name«, CAD Z 112–116), phön.-pun. und aram. (*zkr*, DISO 77), altsüdarab. (*ḏkr*, RES 2693, Z. 7) und arab. als Nomen actionis von der Nominalform *qitl* belegte Segolatum *zēkær* »Gedenken, Erwähnung, Name«;

2) das auch phön. (*skrn*) und aram. (*zkrn*, *dkrn*, *dkrwn*, DISO 78), ferner altsüdarab. (*dkrn*, G. Ryckmans, Muséon 71, 1958, 127 Nr. 4) vorkommende Abstraktnomen auf (*-ān*>)*-ōn* *zikkārōn* »Gedächtnis« (Pred 1,11; 2,16 aramaisierend *zikrōn*; bibl.-aram. **dokrān*, **dikrōn*, vgl. dazu BLA 195; J. Cantineau, Le Nabatéen I,1930, 47f.);

3) der Opferterminus *'azkārā* (vgl. R. Rendtorff, Studien zur Geschichte des Opfers im Alten Israel, 1967, 185–187), der wohl mit der opfertechnischen Verwendung des Hi. (Jes 66,3; Ps 38,1; 70,1) in Zusammenhang steht und vielleicht analog der im Akk. (vgl. Schottroff, a.a.O. 27f. 328–338) und Aram. (Hadadstatue aus Zincirli, KAI Nr. 214, Z. 16: *jzbḥ.hdd.wjzkr.'šm.hdd* »... Opferschlachtungen für Hadad vornimmt und den Namen des Hadad anruft«) belegten Anrufung der Gottheit beim Opfer mit »(Namens)anrufung« zu übersetzen ist (R. Dussaud, Les origines cananéennes du sacrifice israélite, ²1941, 93–95; D. Schötz, Schuld- und Sündopfer im AT, 1930, 55);

4) das in Übersetzung des äg. Beamtentitels *whm.w* als Bezeichnung für ein Amt am Jerusalemer Königshof substantivisch gebrauchte Part.hi. *mazkīr* »Sprecher, Herold« (J. Begrich, ZAW 58,1940/41, 1–29

=GesStud 67–98; R. de Vaux, RB 48, 1939, 394–405; anders H. Reventlow, ThZ 15, 1959, 161–175; dagegen H. J. Boecker, ThZ 17, 1961, 212–216);

5) das Verbaladjektiv *zākūr* »eingedenk« (GK § 50f.; Meyer II, 28).

Umstritten ist, ob das Hi. als von *zēkær* denominiert (B. Jacob, ZAW 17, 1897, 48f.; J. Begrich, Studien zu Deuterojesaja, ²1963, 33 Anm. 94; ders., GesStud 79 Anm. 29; B. S. Childs, Memory and Tradition, 1962, 12) oder als Kausativ zum Qal (J. J. Stamm, ThZ 1, 1945, 306; P. A. H. de Boer, a.a.O. 15f.63) zu verstehen und ob *'azkārā* als Substantiv mit stammhaftem ' und Konkretbedeutung wie *'almānā* »Witwe« (G. R. Driver, JSS 1, 1956, 99f.) oder als Abstraktbildung in der Form eines aramaisierenden Inf. ha. (Meyer II, 33) bzw. Inf. 'af. (GK § 85b; Wagner 133) anzusprechen ist.

Die beiden bibl.-aram. Belege der Wurzel, *dokrān* (Esr 4, 15) und *dikrōn* (Esr 6, 2), haben die in reichsaram. Papyri aus Ägypten (DISO 78) öfter vorkommende Bed. »Protokoll«; diese eignet unter aram. Einfluß auch hebr. *zikkārōn* in Ex 17, 14; Mal 3, 16; Est 6, 1 (Wagner Nr. 76a; zu *zikkārōn* in Jes 57, 8 vgl. Schottroff, a.a.O. 319–321).

Zu den mit *zkr* gebildeten Personennamen s. u. 4a.

2. Formen der Wurzel *zkr* kommen im masoretischen Text des AT insgesamt 288 × vor: qal 171 × (Ps 44 ×, Dtn 15 ×, Jer 14 ×, Ez 10 ×, Neh 9 ×, Hi 8 ×, Dtjes 7 ×), hi. 31 × (Ps 6 ×), ni. 20 × (Ez 8 ×), *zēkær* 23 × (Ps 11 ×), *zikkārōn* 24 × (nur exilisch-nachexilisch, P in Ex-Num 14 ×), *'azkārā* 7 × (P in Lev-Num), *mazkīr* 9 ×, *zākūr* 1 × (Ps 103, 14); dazu bibl.-aram. *dikrōn* und *dokrān* je 1 ×. Die Wurzel fehlt in Jo, Ob, Zeph, Hag, Ruth, Dan.

Textkritik: Ex 34, 19 l c Vers *hazzākār*; Jes 63, 11 l *wajjizkᵉrū*; Jer 23, 36 l c G *tazkīrū*; Ez 16, 22.43 l c Q *zākart*; Nah 1, 14 prps *jizzākēr* (vgl. BH³); Nah 2, 6 prps *jizzākᵉrū* (vgl. G, s. BH³ und E. Sellin, Das Zwölfprophetenbuch, 1930, 365.368); Ps 77, 12a l c Q, Vers *'æzkōr*; Ps 89, 48 l *zᵉkor-'ᵃdōnāj*; 1Chr 16, 15 l *zākar* (vgl. Ps 105, 8).

3. a) *zkr* läßt sich wohl kaum als primär kultischer (F. Schwally, ZAW 11, 1891, 176–180; H. Gross, BZ N.F. 4, 1960, 227 bis 237; dagegen B. Jacob, ZAW 17, 1897, 48–80), rechtlicher (H. Reventlow, ThZ 15, 1959, 161–175; dagegen H. J. Boecker, ThZ 17, 1961, 212–216, und ders., Redeformen des Rechtslebens im AT, 1964, 106–111) oder durch antik-magisches Denken geprägter (J. Pedersen, Israel I–II, 1926, 106f.256f.; P. A. H. de Boer, Gedenken und Gedächtnis in der Welt des AT, 1962, 64; dagegen B. S. Childs, Memory and Tradition, 1962, 17–30) Begriff verstehen. Die verschiedenen Verwendungen der Wurzel im AT widerstehen der Herleitung aus einem einheitlichen Herkunftsort. Die grundlegende Bedeutung des Qal (und entsprechend die des zu ihm passiven Ni.) ist »denken an ...«. Aufschlußreich dafür ist die Verwendung des Zeitworts im Gegensatz zu *škḥ* »vergessen« (13 ×) und *mḥh* »wegwischen, tilgen« (Jes 43, 25; Ps 109, 14; Neh 13, 14) und parallel zu Verben und Ausdrücken für Denkakte wie *bīn* »achten auf, verstehen, einsehen« (Dtn 32, 7; Jes 43, 18), *hgh* »(murmelnd) bedenken« (Ps 63, 7; 77, 7 txt em; 143, 5), *ḥšb* »anrechnen, bedenken« (2Sam 19, 20; vgl. Ps 77, 6f.), *śīᵃḥ* »nachsinnen« (Ps 77, 7; 143, 5), *'lh 'al lēb* »in den Sinn kommen« o. ä. (2Sam 19, 20; Jes 46, 8; 47, 7; 57, 11; 65, 17; Jer 3, 16; 44, 21; 51, 50), sowie die gelegentlich finale Ausrichtung des Gedenkens auf Erkennen (Mi 6, 5; Ez 6, 7–10).

Doch lassen zum Teil schon diese, deutlicher aber andere Gegen- und Parallelwörter wie *gzr* ni. »abgeschnitten sein« (Ps 88, 6), *brk* pi. »segnen« (Ps 115, 12), das zu *zkr* auch im sem. Raum (vor allem in den nab. Sinaigraffiti, vgl. Schottroff, a.a.O. 71f.) parallel steht, *'śh ḥæsæd* »Verbundenheit erweisen« (Gen 40, 14; Ri 8, 34f.), *pqd* »sich kümmern um« (Jer 3, 16; 14, 10; 15, 15; Hos 8, 13 = 9, 9; Ps 8, 5; 106, 4; vgl. Jes 23, 17), die Konkurrenz zu *šmr* »beobachten, halten« (vgl. Ex 20, 8 mit Dtn 5, 12; auch Ps 103, 18; 119, 55), ferner die finale Ausrichtung des Gedenkens auf ein bestimmtes Tun (*zkr lᵉ* + Inf. cs., ähnlich wie *'mr lᵉ* + Inf. cs., »gedenken, etwas zu tun« Ex 20, 8; Ps 103, 18; 109, 16; oder *zkr kī* + Objektsatz Hi 36, 24; vgl. Num 15, 39) erkennen, daß *zkr* in seiner Bedeutung schon einen über blosses Denken hinausreichenden tathaften Bezug zu den Objekten des Gedenkens impliziert (Pedersen, a.a.O. 106f. 256f.; vgl. Childs, a.a.O. 17–30; Schottroff, a.a.O. passim).

b) Eine Bedeutungsentwicklung ist nicht festzustellen. Doch zeigen Wortfeldbegriffe und besondere Konstruktionen gelegentlich Bedeutungsnuancen an.

So ist das Gedenken an Stellen, an denen im Wortfeld von *zkr* Ausdrücke für die Klage vorkommen (Num 11, 4f.; Ps 42, 5.7; 137, 1; Klgl 3, 20), von klagender Emphase getragene Anteilnahme. An anderen Stellen, so Neh 4, 8, wo *jr'* »sich fürchten« Gegenbegriff zu *zkr* ist, drückt das Verbum eine Haltung des Vertrauens aus oder, so Ez 23, 27, wo ihm *nś' 'ēnājim 'æl* »die Augen erheben zu« parallel steht, ein begehrliches Verlangen.

Die Einreihung unter Vokabeln für das hymnische Gotteslob (Ps 105, 1–5 = 1Chr 16, 8–12; vgl. Ps 63, 6f.) oder die Verwendung als Ausdruck für den Gebetsruf (Jon 2, 8; vgl. Ps 119, 55) zeigt, daß mit dem Grundstamm zuweilen auch eine Verlautbarung gemeint sein kann (B. Jacob, ZAW 17, 1897, 63; vgl. auch de Boer, a.a.O. 14f.).

An Stellen, an denen *zkr* mit dem Dat. commodi (incommodi) der Person und dem Akk. der Sache konstruiert ist (z. B. Jer 2, 2; Ps 79, 8; 98, 3; Neh 13, 22) oder statt des Sachobjekts ein präpositionaler Ausdruck mit *kᵉ* »gemäß« (Neh 6, 14; vgl. Ps 25, 7) oder *'al* »wegen (bestimmter Taten)« (Neh 13, 14.29) folgt oder die Richtung des Gedenkens mit *l^eṭōbā* »zu Gutem« (Neh 5,19; 13,31; vgl. *bṭb* in den nab. Sinaigraffiti und *lṭb* in den aram. Inschriften aus Hatra, Schottroff, a.a.O. 68–78.83–85) angegeben wird, wohnt *zkr* eine heilvolle oder unheilvolle Intention inne: »zu(un)gunsten jemandes denken an...«.

c) Die häufigste Konstruktion ist jedoch der Akkusativ der Sache oder der Person (an späten Stellen aramaisierend mit *l^e* bezeichnet: Ex 32,13; Dtn 9,27; Ps 25,7; 136,23; BrSynt 87) oder der mit *kī*, *'ēt 'ašær*, *mā* eingeleitete Objektsatz. Das Gedenken gilt Ereignissen der Vergangenheit, welche die Erinnerung wegen ihrer Bedeutung für die Gegenwart aktualisierend wachruft (Gen 42,9; Num 11,5; 2Kön 9,25), Orten und Gegenständen, an denen der Gedenkende hängt (Jer 3,16; 17,2; Ps 42,5.7; 137,1.6), aber auch gegenwärtigen Gegebenheiten, welche die Existenz prägend bestimmen (Jes 54,4; Hi 11, 16; Spr 31,6f.; Pred 5,18f.; Klgl 1,7; 3,19f.) oder als Verpflichtung Beachtung fordern (Num 15,38–40; Jos 1,13–15; Mal 3,22; auch Am 1,9; vgl. die Verwendung von *zkrn* im Blick auf den Inhalt eines Staatsvertrags: KAI Nr. 222 C, Z.2f.).

Geprägte Verwendungen sind:

1) die Anwendung von *zkr* auf der Erfahrung zugängliche Tatbestände, die im Bereich der Weisheit im Hinblick auf ihre Folgen und im Dienste bestimmter Mahnungen imperativisch prüfendem Bedenken aufgegeben werden (Hi 4,7; 40,32 bis 41,1; Pred 11,8; Sir 7,11.16; 8,5.7; 9,12; 14,11f.; 31,12f.; 41,3; vgl. auch Ri 9,2; Hi 21,6f. und Jes 47,7; Klgl 1,9); solche mahnenden Vorhaltungen scheint Hi 13,12 *zikkārōn* zu nennen;

2) der höfischem Stil zugehörige, auch außerbiblisch zu belegende (Lachisch-Ostrakon Nr. 2 = KAI Nr. 192, Z.4, vgl. ANET 322; Ah.53, Cowley 213.221, vgl. ANET 428) Gebrauch von *zkr* zur Bezeichnung der Beziehung, in die ein Höhergestellter zu einem Niedrigerstehenden tritt (Gen 40,14.23; 1Sam 25,31; vgl. Pred 9,15). In den Zusammenhang dieser dem Hofstil zugehörigen Verwendung (Schottroff, a.a.O. 43f.116f.164.384f.), jedoch wohl nicht eines spezifisch juristischen Gebrauchs von *zkr* (so H.J. Boecker, Redeformen des Rechtslebens im AT, 1964, 106–111) gehört auch die Rede vom Gedenken (Amarnabrief EA 228, Z.18–25; Est 2,1; vgl. auch Est 6,1–11) oder Nichtgedenken (2Sam 19,20; 2Chr 24,22) eines Herrschers an ihm erwiesene Akte der Loyalität oder Illoyalität. Solches Gedenken äußert sich in Hulderweisen oder ahndend einschreitenden Hoheitsakten.

d) Bei den abgeleiteten Stämmen und den nominalen Bildungen der Wurzel sind folgende Besonderheiten beachtenswert: Für die Bedeutung des vor allem zu *qr'* »rufen« in Konkurrenz stehenden *zkr* hi. »erwähnen, nennen« (und des zu ihm passiven Ni.) ist der Parallelismus zu verschiedenen Verba dicendi (vgl. Ex 23,13; Jes 43,26; 49,1; Jer 4,16; 23,35f.) und die Gegenbegrifflichkeit zu Wörtern für »schweigen« (Jes 62,6; Am 6,10) kennzeichnend, für *zēkær* die auch im Akk. und im Phön. (vgl. CIS I,7 = KAI Nr. 18, Z.6–8 *lknj lj lskr wšm n'm tḥt p'm 'dnj b'l šmm l'lm* »daß es mir zum Gedenken und guten Namen sei unter den Füßen meines Herrn Ba'al-Šamem für immer«) zu beobachtende Konkurrenz zu *šēm* »Name« (Ex 3,15; Jes 26,8; Ps 135,13; Hi 18,17; Spr 10,7; s. auch Hos 12,6; Ps 30,5; 97,12 und vgl. B. Jacob, ZAW 17,1897, 70; anders de Boer, a.a.O. 17f.), für *zikkārōn* der Parallelismus zu *'ōt* »Denkzeichen« (Ex 13,9; Jos 4,6f.).

Feste Verwendungen sind:

1) der Gebrauch des Hi., Ni. (meist mit Objekt bzw. grammatischem Subjekt *šēm* »Name«) und der Nomina *zēkær* und *zikkārōn* (so auch phön. *skr*, *skrn*, aram. *zkr*, *dkr[w]n* und altsüdarab. *ḏkrn* in Grabinschriften) für das dem Toten unter den Lebenden geltende Gedächtnis in Gestalt der fortdauernden rühmenden Erwähnung seines Namens (für das Akk. vgl. dazu F.R. Kraus, JNES 19,1960, 127–131; hier begegnet *za-kar šu-me* in diesem Zusammenhang auch in einem spezielleren Sinn als das Herbeirufen des Totengeistes zum Totenopfer, vgl. A.L. Oppenheim, BASOR 91,1943, 36–39). Der Name des Toten soll durch den Sohn (2Sam 18,18) oder (ersatzweise) durch die Stele pro memoria (vgl. Jes 56,5 und phön. *mṣbt skr bḥjm* »Stele zum Gedächtnis unter den Lebenden«, CIS I,116 = KAI Nr. 153, Z.1 u.ö.; vgl. dazu W.F. Albright, SVT 4,1956, 242–258; K. Galling, ZDPV 75,1959, 1–13) lebendig erhalten werden. Bleibendes gutes Gedächtnis wird für den Gerechten (Ps 112,6; Spr 10,7), Aufhören des Gedächtnisses, gleichbedeutend mit völligem Untergang, für Frevler und Feinde erwartet (Jes 26,14; Ps 9,7; 34,17; Hi 24,20) oder ihnen in Fluch- und Gerichtsworten zugesprochen (Ex 17,14; Dtn 25,19; 32,26; Jer 11,19; Ez 21,37; 25,10; Hos 2,19; Sach 13,2; Ps 83,5; 109,15). Der Prediger (1,11; 2,15f.; 9,4f.) verneint jegliche Dauer des Gedächtnisses für die Toten überhaupt.

2) der juristische Gebrauch des Hi. mit persönlichem Objekt als terminus technicus für die Anzeige bei Gericht (Jes 43,26, vgl. J. Begrich, Studien zu Dtjes., 1963, 33; jedoch nicht Gen 40,14) und mit Objekt *'āwōn* »Schuld« (Num 5,15; 1Kön 17,18; Ez 21,28f.; 29,16; jedoch nicht Gen 41,9 mit Objekt *ḥaṭā'aj* »meine Verfehlungen muß ich erwähnen«) als Bezeichnung für den Schuldaufweis im Feststellungsverfahren durch irrationale Beweismittel (Num 5: Ordaleid; Ez 21: Pfeilorakel) oder durch Begegnung mit der numinosen Qualität, die dem Gottesmann eignet (1Kön 17; vgl. Schottroff, a.a.O. 264 bis 270; anders H. Reventlow, ThZ 15, 1959, 161–175; H. J. Boecker, ThZ 17, 1961, 212–216; ders., Redeformen ... 106–108, die *zkr* hi. *'āwōn* als Tätigkeit des Anklägers bei Gericht verstehen und mit dem Part.hi. *mazkīr* die Anklagefunktion bezeichnet sein lassen).

3) der kultisch geprägte Gebrauch von *zēkær* (Ps 6,6; 111,4; 145,7) und des Hi. von *zkr*, das wie das Qal in Reihungen neben gleichsinnigen Wörtern in hymnischen Aufrufen zum Lob vorkommt (Jes 12,4–6; Ps 71,16; vgl. 1Chr 16,4), als Bezeichnungen für das hymnische Lob Gottes. Der Selbstkundgabe Gottes, durch die ein bestimmter Kultort legitimiert wird (Ex 20, 24; vgl. J. J. Stamm, ThZ 1, 1945, 304–306; H. Cazelles, Etudes sur le Code de l'Alliance, 1946, 40–43), entspricht als menschlicher Bekenntnisakt (in Jos 23,7; Jes 48,1 neben anderen Bekenntnisakten) *zkr* hi. *(be)šēm 'ælōhīm* »den Namen Gottes (im Kult) anrufen« (Ex 23,13; Jes 26,13; Am 6,10; Ps 20,8; vgl. H. A. Brongers, ZAW 77, 1965, 17f., und die analoge Verwendung von akk. *šuma zakāru* »den Namen (einer Gottheit) anrufen«, CAD Z 17f.). *zikkārōn* ist an der singulären Stelle Neh 2,20 allgemein der Anteil am (Jerusalemer Tempel-)Kult (vgl. F. Horst, RGG II, 1405).

4. In theologischer Verwendung ist *zkr* Begriff für das wechselseitige Verhältnis zwischen Jahwe und Israel bzw. dem Einzelnen in Israel.

a) Wie schon die nordwest- und südsem. Äquivalente zu dem atl. theophoren Danknamen *Zekarjā(hū)* »Jahwe hat gedacht«, seinen Varianten und Kurzformen (vgl. Noth, IP 186f.; Schottroff, a. a. O. 96–106. 382–384) zeigen, aber auch eine Aussage wie die eines Stifters in Lapethos auf Zypern erkennen läßt (KAI Nr. 43, Z.16: »Rettung und Gutes möge mir und meinem Samen zuteil werden, und Melqart möge meiner gedenken«), greift das AT mit der Rede vom Gedenken Gottes an seine Verehrer auf eine bereits in seiner Umwelt vorgeprägte religiöse Begrifflichkeit zurück. Solches Gedenken der Gottheit meint ihre helfende und notwendende Zuwendung zum Menschen (vgl. Num 10,9: *zkr* ni. parallel zu *jš'* ni. »Hilfe empfangen«), wie sie etwa von der Kinderlosen in der Gabe des Kindes (Gen 30,22; 1Sam 1,11.19 als Hintergrund des genannten Danknamens), aber auch in anderen Bedrängnissituationen und allgemein im zuteil werdenden göttlichen Segen (Ps 115, 12) erfahren wird. Die Toten sind von solchem Gedenken ausgenommen (Ps 88,6; vgl. C. Barth, Die Errettung vom Tode, 1947, 67–76), doch faßt Hi 14, 13–15 ausnahmsweise in den Blick, daß das Gedenken Gottes im Sinne der erneuten Aufnahme des von ihm gewährten Lebens- und Heilsbezuges (vgl. Gen 8,1; vgl. für das Gegenteil Klgl 2,1) auch einem in der Scheol Versteckten gelten könne.

1) Als fester Terminus der religiösen Sprache findet sich *zkr* imperativisch seit alters in Bittrufen (Ri 16,28; vgl. 1Sam 1,11) und dann vor allem in den Bitten der individuellen (Jer 15,15; Ps 25,7) und kollektiven (Ps 74,2; 106,4) Klagelieder und entsprechend indikativisch im Rückblick auf die von Jahwe erfahrene Wende der Not im Danklied (Ps 136,23; vgl. 115,12) und im beschreibenden Lob des Hymnus (Ps 8,5; 9,13). Häufiger noch als diese Verwendung von *zkr* mit persönlichem Objekt ist der Gebrauch des Verbs in Bittrufen, die Jahwe die Hinfälligkeit menschlichen Lebens (Ps 89,48; Hi 7,7; 10,9), die Schmach des Beters (Ps 89,51; Klgl 5,1), die Jahwe von seinen Widersachern zugefügte Schmähung (Ps 74,18.22), aber auch sein Verheißungswort (Ex 32,13; Dtn 9,27; Ps 119,49; Neh 1,8), den von ihm gewährten Bund (Jer 14,21) und seine erbarmende Huld (Hab 3,2; Ps 25,6f.) als Beweggründe für sein helfendes Einschreiten zugunsten des Beters zu bedenken geben. Diesen Bitten entspricht im Danklied und Hymnus das rühmende Reden von Jahwes Gedenken an die Hinfälligkeit der Menschen (Ps 78,39; 103,14), an seine Verheißungen (Ps 105,8 = 1Chr 16,15; 106, 45; 111,4). Ein dritter Kreis von Bitten fordert Jahwe auf, sich durch das Gedenken an die guten Taten seiner Verehrer (2Kön 20,3 = Jes 38,3; Jer 18,20; vgl. auch Ps 20,4; 132,1; 2Chr 6,42) oder durch Nichtgedenken an ihre Vergehen (Jes 64,8; Ps 25,7; 79,8) zu heilvollem Bezug

bestimmen zu lassen, während den Feinden ein unheilvolles Gedenken an ihre Taten gelten soll (Ps 137,7; vgl. Ps 109,14 ni.).

2) Diese zuletzt genannte Verwendung von *zkr* ist vor allem am Ende verschiedener Abschnitte des Nehemiabuches in den Bitten Nehemias, Jahwe möge seiner Taten zum Guten (Neh 5,19; 13,14.22.31), der Taten seiner Feinde in schlechtem Sinne gedenken (Neh 6,14; 13,29), zu beobachten.

3) Abgesehen von Jer 31,20, wo Israel, und Ez 16,60, wo der von Jahwe Israel gewährte Bund Objekt zu *zkr* sind, hat auch in der spezifisch prophetischen Verwendung des Verbs, wenn es von Gott ausgesagt ist, *zkr* immer die Taten der Menschen zum Objekt (Jes 43,25; Jer 2,2; 14,10; 31,34; 44,21; Hos 7,2; 8,13; 9,9; ni. Ez 3,20; 18,22.24; 33,13.16). Dabei hat *zkr* nur in Jer 2,2f. heilvollen Sinn, wo die Jugendtreue Israels von Jahwe in Entgegnung auf den Vorwurf Israels, er habe sich nicht hinreichend um es gekümmert (vgl. Jer 2,5), als das Motiv genannt wird, durch das er sich früher zu heilvollem Bezug zu seinem Volk bestimmen ließ. Für Hosea und Jeremia (14,10; 44,21) ist sonst charakteristisch, daß sie ein Gedenken Jahwes, das Israels Vergehen zum Maßstab seines ahndenden Einschreitens macht, androhen. Bei Ezechiel berührt sich *zkr* ni. (vgl. Ps 109,14 und vielleicht auch den Gebrauch des Qal in Ps 20,4, doch vgl. zu dieser Stelle E. Kutsch, Salbung als Rechtsakt, 1963, 11–13) eng mit *ḥšb*, dem Begriff für die kultisch-deklaratorische Anrechnung der Gerechtigkeit zum Leben bzw. der Ungerechtigkeit zum Tode (vgl. von Rad, GesStud 130–135.225–234; Zimmerli, GO 178–191; H. Reventlow, Wächter über Israel, 1962, 95–134). Ezechiel greift auf diese kultischen Vorstellungen zurück, um mit ihrer Hilfe dem Gerichtsfatalismus der Exilsgeneration gegenüber die individuelle Verantwortlichkeit des Menschen für sein Tun einzuschärfen. Im Ausblick auf das kommende Heil kündigen Dtjes (43,25) und Jer 31,34 (vgl. S. Herrmann, Die prophetischen Heilserwartungen im AT, 1965, 179–185.195–204) Nichtgedenken an die Schuld als Jahwes Vergebung an.

4) Während K. Koch, ZThK 52,1955, 20f., diesen Gebrauch von *zkr* im Blick auf die Taten der Menschen auf Gottes Inkraftsetzen des Tun-Ergehen-Zusammenhangs bezieht (doch vgl. H. Reventlow, ThZ 15,1959, 161–175; E. Pax, Liber Annuus 11,1960/61, 74–77; vgl. auch F. Horst, Gottes Recht, 1961, 286–291 und RGG VI,1343–1346), leitet H. J. Boecker, a.a.O. 106–111 (vgl. Childs, a.a.O. 31–33, und für die Neh-Stellen U. Kellermann, Nehemia, Quellen, Überlieferung und Geschichte, 1967, 6–8.76–88) namentlich den Gebrauch von *zkr* mit Akk. der Sache und Dat. der Person aus dem Rechtsleben her: »verteidigend zugunsten . . ., anklagend zuungunsten . . . bedenken«. Doch scheint hier eher der Sprachgebrauch der altorientalischen Stifterinschriften aufgegriffen zu sein (K. Galling, ZDPV 68, 1950, 134 bis 142; Schottroff, a.a.O. 217–238. 392–395).

5) Den Sprachgebrauch der Stifterinschriften, wie ihn außerbiblisch z. B. die Weihinschrift Nr. 14 bei M. Dunand – R. Duru, Oumm el-ʻAmed, Texte, 1962, 193, belegt (Z. 1f.: »[dies ist es,] was gelobt hat dein Knecht Abdosir, der Sohn des Ariš, zum Gedächtnis [*skrn*]«; vgl. auch aram. *dkr*[*w*]*n ṭb l* . . . »gutes Gedächtnis für NN« z. B. nab.: J. Cantineau, Le Nabatéen, II, 1932, 11–13; Dura-Europos: A. Caquot, Syria 30, 1953, 245f.), reflektiert *zikkārōn* in Sach 6, 14 und namentlich bei P (Ex 28,12.29; 30,16; 39,7; Num 10,10; 31,54; vgl. K. Koch, ZThK 55, 1958, 44; Childs, a.a.O. 67f.), für dessen Verwendung von *zkr* daneben der Gebrauch des Verbs als Wort für die Wahrung des Bundes von seiten des göttlichen Bundesgebers charakteristisch ist (Gen 9,15f.; Ex 2,24; 6,5; Lev 26,42.45; vgl. W. Elliger, Kleine Schriften zum AT, 1966, 174–198; Zimmerli, GO 205–216; Childs, a.a.O. 42–44).

b) Dem Gedenken Jahwes an Israel korrespondiert Israels Gedenken an Jahwe und sein Heilshandeln.

1) Im Psalter findet sich *zkr* als Wort für die vertrauensvolle Hinwendung zu Jahwe, wie sie die Beter von Klage- und Danklied für sich bekunden (Ps 42,7; 63, 7; 77,4; 119,55; vgl. auch Jes 64,4; Jon 2,8 und Jer 20,9), insbesondere für das vergegenwärtigende Gedenken an Jahwes Heilshandeln (Ps 77,6f.12f.; 119,52; 143, 5; im Aufruf zum vergegenwärtigenden Lob: Dtn 32,7; Ps 105,5 = 1Chr 16,12; im Geschichtspsalm als von Israel unternommenes, in der Regel aber unterlassenes Tun: Ps 78,34f.42; 106,7; Jes 63,11; Neh 9,17; vgl. auch Ri 8,34). Solches Gedenken kann wohl kaum als Reflex kultdramatischer Vergegenwärtigung des Vergangenen verstanden werden (S. Mowinckel, Psalmenstudien II, 1920; A. Weiser, Glaube und Geschichte im AT, 1961, 280–290. 303–321), sondern ist erinnerndes und lobendes Aufgreifen des Vergangenen in echter Erkenntnis des zeitlichen Abstandes, aber um seiner aktuellen Gegenwartsbedeutung willen (vgl. H. Zirker, Die kultische Vergegenwärtigung der Vergangen-

heit in den Psalmen, 1964; C. Westermann, Forschung am AT, 1964, 306–335; W. Beyerlin, ZAW 79, 1967, 208–224).

2) In der dtn. Paränese ist die Vergegenwärtigung bestimmter Einzelmotive der heilsgeschichtlichen Tradition der Einschärfung der Jahwegebote dienstbar gemacht (Dtn 5,15; 7,18; 8,2.18; 9,7; 15,15; 16,3.12; 24,9.18.22; 25,17). Das feste Schema dieser Paränese (vgl. N. Lohfink, Das Hauptgebot, 1963, 125–136; Schottroff, a.a.O. 117–125.385–388), die Gebot, Erinnerungsmahnung und erneute Einschärfung des Gebotenen miteinander verbindet, erklärt sich aus der levitischen Predigtpraxis, als deren Hintergrund man, namentlich was die Herleitung der Verpflichtung aus der Wohltat des Bundgebers angeht, zumeist das Bundesformular anspricht (K. Baltzer, Das Bundesformular, ²1964, 40–47; N. Lohfink, a.a.O.; D. J. McCarthy, Treaty and Covenant, 1963, 109–140; von Rad, ATD 8, 13–16; W. Beyerlin, FS Hertzberg 1965, 9–29; doch vgl. Schottroff, a.a.O. 385–388). Daneben steht im Dtn (16,3), im dtr. (Ex 13,3.9; Jos 4,7) und übrigen exilisch-nachexilischen Schrifttum (P: Ex 12,14; Lev 23, 24; Num 17,5; ferner: Neh 2,20; Est 9,28) die Anwendung von *zkr* und *zikkārōn* auf Festtage und kultische Einrichtungen, die dadurch historisiert und der Aktualisierung bestimmter heilsgeschichtlicher Traditionen dienstbar gemacht werden. Auch hier handelt es sich bei *zkr* nicht um die Teilnahme an kultdramatischer Vergegenwärtigung, sondern um das erinnernde Eintreten in den Geschehenszusammenhang mit durch Verkündigung oder Zeichen vergegenwärtigten Ereignissen der Vergangenheit (vgl. M. Noth, EvTh 12, 1952/53, 6–17; Childs, a.a.O. 45–65.74–89; N. W. Porteous, FS Weiser 1963, 93–105; von Rad II, 108–121; S. Herrmann, FS Rost 1967, 95–105; J. M. Schmidt, EvTh 30, 1970, 169–200).

3) In der Prophetie findet sich *zkr* in vergleichbarer Verwendung seit dem 8. Jh. v. Chr. Die Gerichtsrede Mi 6,3–5 fordert das Volk auf, sich der Heilstaten Jahwes zu erinnern, um zur Erkenntnis der Unhaltbarkeit seiner Vorwürfe gegen Jahwe zu kommen. Jes 17,10 begründet das angedrohte Gericht damit, daß Israel Jahwes nicht gedacht habe. In diesem Sinne findet sich *zkr* in Scheltreden auch späterhin (Jes 57,11; Ez 16,22.43; 23,19; vgl. auch Jes 47,7). In der exilischen und nachexilischen Prophetie erscheint *zkr* jedoch vor allem in Heilsworten (Jes 44,21f.; 46,8; Jer 51,50; Ez 6,9; 16,61.63; 20,43; 36,31; Sach 10,9) in enger Verbindung mit dem Ruf zur Umkehr (dazu Wolff, GesStud 130–150), insbesondere im Zusammenhang mit der Ankündigung eines neuen, das bisherige überbietenden Heilshandelns Jahwes (Jes 43,18; 46,9; 54,4; 65,17; vgl. C. R. North, FS Robinson 1950, 111–126; von Rad II, 254–260; Zimmerli, GO 192–204; S. Herrmann, Die prophetischen Heilserwartungen im AT, 1965, 298–304).

5. Für Judentum und NT vgl. J. Behm, Art. ἀνάμνησις, ThW I, 351f.; O. Michel, Art. μιμνῄσκομαι, ThW IV, 678–687; G. Schmidt, FS Meiser 1951, 259–264; K.-H. Bartels, Dies tut zu meinem Gedächtnis, Ev.-theol. Diss. Mainz, 1959; M. Thurian, Eucharistie. Einheit am Tisch des Herrn? 1963; P. A. H. de Boer, a.a.O. 44–62.

W. Schottroff

זנה *znh* huren

1. Außerhalb des Hebr. begegnet die Wurzel noch im (nach-atl.) Aram., Arab. und Äth.

Nach akk. *zenû* »zornig sein« (CAD Z 85f.) ist in Ri 19,2 eine Wurzel *znh* II »sich erzürnen« anzunehmen (G. R. Driver, WdO I/1, 1947, 29f.; HAL 264; Barr, CPT 286.326).

Nominale Ableitungen sind *zᵉnūnīm* (vgl. D. Leibel, Lešonenu 20, 1956, 45f.), *zᵉnūt* und *taznūt*. Das Verbum begegnet außer im Qal (mit substantiviertem Part. fem. *zōnā* »Hure«) noch im Pu. (nur Ez 16,34) und Hi. (kausativ, zu Hos 4,10.18; 5,3, vgl. Rudolph, KAT XIII/1, 105.116).

2. Im Qal erscheint das Verbum 83× (ohne Ri 19,2, s.o.; davon 33× substantiviertes *zōnā*; Ez 21×, Hos 10×), im Pu. 1×, im Hi. 9× (Hos 4×, 2Chr 3×). *zᵉnūnīm* ist 12× (Hos 6×), *zᵉnūt* 9× (Jer und Ez je 3×) und *taznūt* 20× (nur in Ez 16 und 23) vertreten.

Von den insgesamt 134 Belegen der Wurzel entfallen 47 auf Ez (davon 42 in Ez 16 und 23), 22 auf Hos, je 9 auf Lev und Jer, je 5 auf Ri und Jes, je 4 auf Gen, Jos und Spr.

3. a) Die Grundbedeutung ist im Qal mit »huren, Hurerei treiben« (von der Frau; Num 25,1 vom Manne) zu übersetzen. Das Verbum wird entweder absolut gebraucht (Gen 38,24 u.ö., in etwa der Hälfte der Fälle) oder konstruiert mit *'aḥᵃrē* »hinter ... her« (Ex 34,15f. u.ö., häufig), bloßem Akkusativ (Jer 3,1), *'æl* (Num 25,1; Ez 16,26.28), *'æt* (Jes 23,17), *bᵉ* (Ez 16,17); in der Bed. »weghuren von« mit *táḥat* (Ez

23,5) bzw. *mittáḥat* (Hos 4,12), *mēʿal* (Hos 9,1) oder *min* (Ps 73,27).

Die in Ez 16,34 belegte Pu.-Form bezeichnet das Passiv zum Qal (»gehurt werden«). Das Hi. wird in Hos 4,10.18 meistens innerlich-kausativ wie das Qal übersetzt (z.B. Wolff, BK XIV/1,101), sonst kausativ »zur Unzucht verleiten« (s.o. 1).

Ein direktes Synonym zu *znh* gibt es nicht.

b) Ursprünglich ist mit *znh* einfach das ungeregelte, unrechtmäßige geschlechtliche Verhalten zwischen Mann und Frau gemeint. Parallel stehen Vokabeln wie *ḥll* pi. »entweihen« (Lev 19,29; 21,9), *bgd* »treulos handeln« (Jer 3,8), *mʿl* »treulos handeln« (1Chr 5,25), *ṭmʾ* ni. »sich verunreinigen« (Ez 20,30; 23,30; Hos 5,3; Ps 106,39) oder *nʾp* pi. »ehebrechen« (Hos 4,13f.).

Wer Hurerei treibt, begeht eine Schandtat in Israel (Lev 19,29 *zimmā*; Dtn 22,21 *nᵉbālā*). Entsprechend wird Hurerei bestraft: wer hurt, wird verbrannt (*śrp* ni. Gen 38,24; Lev 21,9), ausgerottet (*krt* hi. Lev 20,6; *bʿr* pi. Dtn 22,21; *ṣmt* hi. Ps 73,27).

4. Der theologische Sprachgebrauch verwendet *znh* in bildlich übertragenem Sinne zur Bezeichnung des Abwendens von Jahwe und Hinwendens zu anderen Göttern. Dieser Sprachgebrauch hat vier Schwerpunkte:

a) In der Prophetie Hoseas: Subjekt ist nun nicht mehr irgendeine Frau, sondern das Nordreich Israel (9,1), das Land (1,2), das bildlich als Ehefrau Jahwes vorgestellt wird; es bricht Jahwe die Treue und »hurt von Jahwe weg« (4,12; 9,1). Mit Hilfe dieser aus dem kanaanäischen Baalskult mit seiner kultischen Prostitution übernommenen Vorstellung wird gerade die prokanaanäische Neigung Israels scharf angegriffen. »Weghuren von Jahwe« ist gleichbedeutend mit Ehebruch (4,13f.), mit Verehrung Baals als Gemahl, und ruft darum die prophetische Gerichtsankündigung hervor (vgl. Wolff, BK XIV/1,15).

b) Dieser bildliche Sprachgebrauch wurde dann bei Jeremia wieder aufgenommen. Auch hier ist es nicht die Einzelperson, sondern Juda/Israel, das der Hurerei angeklagt wird (2,20; 3,1.6.8). Als Ort der Hurerei werden (wie auch schon in Hos 4,13) die hohen Hügel, Berge und grünen Bäume genannt (2,20; 3,6), wahrscheinlich besondere Kultorte der Baalsreligion.

c) Ganz eindeutig konzentriert sich der Gebrauch von *znh* auf Kap. 16 und 23 bei Ezechiel, also auf zwei Kapitel, die das Bildmaterial von Hos 1–3 und Jer 3 wieder aufnehmen (nur in Ez 16 und 23 begegnet der Begriff *taznūt*). Auch hier sind es bestimmte Kultstätten (Höhen 16,16) bzw. Kultgegenstände (Mannsbilder 16,17), an welchen Israel seinen Götzendienst verübt. Die fremden Götter werden als Götzen (*gillūlīm* 6,9; 23,30) oder Scheusale (*šiqqūṣīm* 23,30) bezeichnet. Israel buhlt hinter ihnen her, obwohl diese sich um Israel gar nicht kümmern (16,34).

Es ist noch hervorzuheben: (1) Die Anklage der Hurerei mit fremden Göttern wird in 16,26.28; 23,5 noch durch den Gedanken der Hurerei mit fremden Völkern, also durch die Anklage der politischen Hörigkeit erweitert. (2) Nach 23,3.19 wird der hurerische Abfall nicht erst mit der Landnahme und der Berührung mit der kanaanäischen Baalsreligion angesetzt, sondern bereits in Israels Frühzeit, in Ägypten. (3) In übertragenem Sinn spricht 6,9 vom »buhlerischen Herzen«.

(d) Im Gefolge Hoseas hat der Begriff dann vor allem in die deuteronomistische Theologie Eingang gefunden, und zwar in der stereotypen Form »hinter (fremden) Göttern (des Landes) herhuren« (Ex 34,15f.; Dtn 31,16; Ri 2,17; 8,27.33; vgl. Num 25,1; Ps 106,39; 1Chr 5,25).

5. Zum ntl. Sprachgebrauch im Zusammenhang der Umwelt des NT vgl. F. Hauck – S. Schulz, Art. πόρνη, ThW VI, 579–595. *J. Kühlewein*

זעם *zʿm* **verwünschen** → קלל *qll*.

זעק *zʿq* **schreien** → צעק *ṣʿq*.

זָר *zār* fremd

1. *zār* »fremd, andersartig« ist das (öfters substantivierte) Verbaladjektiv zur Wurzel *zūr* II »sich abwenden« (hebr. q., ni., ho.; mit Entsprechungen im Südsem. und Aram.; vgl. L.A. Snijders, OTS 10, 1954, 1–21).

Die Wurzel ist zu unterscheiden von *zūr* I »pressen« (Ri 6,38; Jes 59,5; Hi 39,15) und *zūr* III »stinken, widerlich sein« (Hi 19,17; HAL 256b). Zu letzterem (**ḏīr*, vgl. arab. *ḏāra*) gehört wohl auch akk. *zêru* »hassen« (*zāʾiru* »feindlich, Feind«; CAD Z 14f. 97–99; vgl. jedoch P. Wernberg-Møller, VT 4, 1954, 322–325).

Entsprechungen zu *zār* sind außer im NWSem. (DISO 80) im Südsem. vorhanden; vgl. HAL 268a zu den teilweise weiterentwickelten Bedeutungen (mittelhebr. »Laie«; arab. »Pilger«).

2. *zār* begegnet im AT 70× (exkl. Spr 21,8 *wāzār*, vgl. HAL 249b), am häufigsten in Spr (14×), Jes (9×), Num (8×), Jer und Ez (je 7×). Die Schwerpunkte liegen bei den Propheten (29×), in der Weisheit (17×) und in der priesterlichen Literatur (Ex-Num 15×).

3. *zār* nimmt sowohl in adjektivischem als auch in substantivischem Gebrauch recht unterschiedliche Bedeutungen an (vgl. die detaillierte Untersuchung von L. A. Snijders, The Meaning of *zār* in the Old Testament, OTS 10, 1954, 1–154); es steht oft in der Nähe von →*nēkār* »Ausland«/ *nokrī* »fremd, ausländisch« (vgl. P. Humbert, Les adjectifs *zār* et *nŏkrī* et la femme étrangère des Proverbes bibliques, FS Dussaud 1939, I, 259–266 = Opuscules d'un hébraïsant, 1958, 111–118), ist dagegen von *gēr* »Fremdling« zu unterscheiden (→*gūr*).

a) Die gebräuchlichste Bedeutung, namentlich bei den Propheten, ist »Fremder« im ethnischen oder politischen Sinn, also meistens »Nichtisraelit«. *zārīm* bezeichnet die Fremdvölker, mit denen Israel zu tun hat, vor allem seine politischen Feinde: die Assyrer oder Ägypter (Hos 7,9; 8,7; Jes 1,7), die unmittelbaren Nachbarn Judas (Klgl 5,2), die Babylonier (Jer 51,51; Ez 28,7.10; 30,12; 31,12 u.ö.). *zār* kommt damit in die Nähe von →*ṣar* »Feind«; der Fremde ist zugleich der Feind.

Hierher gehören auch die Bezeichnungen für »fremde« Götter, d.h. für Gottheiten fremder Völker (Dtn 32,16; Jes 17, 10; Jer 2,25; 3,13; Ps 44,21; 81,10; vgl. Jer 5,19).

b) Hauptsächlich in der Weisheitsliteratur begegnet *zār* in der zunächst ziemlich neutralen Bed. »ein anderer, einem anderen gehörig« (Spr 6,1; 11,15; 14,10; 20,16 u.ö.), aber dieser Ausdruck kann auch den Nebenton des Feindlichen (Hi 19,15, vgl. V. 17; vgl. G.R. Driver, Bibl 35, 1954, 148f.; dazu aber Barr, CPT 256f.326), der Illegitimität (Hos 5,7 »fremde Kinder«) o.ä. enthalten. Der Andere ist der Outsider, dessen Verhalten die Existenz der eigenen Gruppe gefährdet, weil er außerhalb der Gesetze der Gemeinschaft steht. Zu erwähnen ist hier *'iššā zārā* »das fremde Weib« in Spr 1–9 (2,16; 5,3.20; 7,5), die weniger als Fremde im ethnischen Sinn, als Anhängerin eines Astarte-Kultes (vgl. G. Boström, Proverbiastudien, 1935), denn als (israelitische) Frau eines Anderen, als unzüchtige Frau erscheint, vor der der Weise seine Schüler warnt (vgl. Humbert, a.a.O.; ders., Revue des Etudes Sémitiques, 1937, 49–64; Snijders, a.a.O. 88–104; Gemser, HAT 16,25f.). So kann *zār* »anderer« eine recht negative Bedeutung (»gefährlich, feindlich«) bekommen.

c) Besonders in der nachexilischen priesterlichen Tradition bezeichnet *zār* das, was in bezug auf etwas Heiliges oder eine kultische Vorschrift andersartig ist (Elliger, HAT 4,137), so etwa jemanden, der nicht zur aaronitischen Priesterschaft (Ex 29,33; Lev 22,10.12.13; Num 3,10.38; 17,5; 18,4.7) oder zu den Leviten (Num 1,51), oder zur Kultgemeinde (Ex 30,33) gehört. In manchen Fällen bedeutet so *zār* soviel wie »Laie, Unbefugter« (»profan« im kultischen Sinne). Auch beim Räucheropfer kann das Feuer (Lev 10,1; Num 3, 4; 26,61) oder das Räucherwerk (Ex 30,9) *zār* »illegitim, verboten« genannt werden, weil es den kultischen Vorschriften nicht entspricht (Snijders, a.a.O. 111–123).

d) Zu erwähnen ist schließlich noch die Bed. »befremdlich, unerhört« bei der Beschreibung des Verhaltens Jahwes in Jes 28,21 (ähnlich Spr 23,33 »Seltsames«); nur hier ist *zār* prädikativ verwendet.

4. Im großen und ganzen verhält sich Israel gegenüber dem, was als *zār* qualifiziert ist, sehr reserviert. Der Fremde bedeutet fast immer eine Bedrohung, etwas, das seine Existenz in Frage stellt, vor allem in dtr.-priesterlicher Sicht. Die *zārīm* werden so die »Heiden«, mit denen kein Bündnis geschlossen werden darf (Dtn, Esr, Neh; vgl. A. Bertholet, Die Stellung der Israeliten und der Juden zu den Fremden, 1896). Der *zār* ist irgendwie unvereinbar mit Jahwe; vgl. jedoch auch die Einstellung bei Dtjes, Jona und im hellenistischen Judentum, ferner die Haltung gegenüber dem *gēr* (→*gūr*).

5. Zu *zār* »fremd« im Spätjudentum und im NT vgl. F. Büchsel, Art. ἄλλος, ThW I,264–267; G. Stählin, Art. ξένος, ThW V,1–36. *R. Martin-Achard*

זְרוֹעַ *zᵉrōaʿ* Arm

1. Die dem hebr. *zᵉrōaʿ* »Arm« entsprechenden, von derselben Wurzel gebildeten Wörter begegnen nur in den nordwest- und südsem. Sprachen (HAL 269a).

Nach P. Fronzaroli, AANLR VIII/19, 1964, 259. 279, ist **ḏirā'*- gemeinsemitisch, im Ostsem. jedoch durch **jad*- > *idu* »Arm« verdrängt worden, das seinerseits in der Bed. »Hand« dem Wort *qātu* gewichen ist; im Westsem. ist **jad*- von der ursprünglichen Bed. »Hand + Arm« durch **ḏirā'*- auf die Bed. »Hand« eingegrenzt worden (→*jād*). Im Arab. ist *ḏirā'* auf die Bed. »Unterarm« eingeengt und hat das gemeinsemitische Wort **'ammat*- (hebr. *'ammā*, akk. *ammatu*) »Elle, Unterarm« in der Bezeichnung des Körperteils wie auch des Längenmaßes ersetzt.*

Zu einem allfälligen Zusammenhang mit **ḏr'* »säen« (hebr. *zr'*) vgl. Fronzaroli, a.a.O. 259; UT § 5.4).

Wenn es sich beim neuass. *durā'u* tatsächlich um dieselbe Wurzel handelt (CAD D 190f.; s. jedoch

AHw 177b), liegt wohl ein westsem. Lehnwort vor. Als altkan. ist *zuruḫ* in den Glossen der EA-Briefe 287,27 und 288,34 belegt.

In ug. *ḏrʿ* (WUS Nr. 2723; UT Nr. 733) ist das ursprüngliche *ḏ* gegenüber sonstigem *d* erhalten, vgl. UT § 5.3).

Im Bibl.-Aram. begegnet neben *derāʿ* (Dan 2,32; vgl. DISO 61) auch *'ædrāʿ* (Esr 4,23; zur Vokalisierung vgl. BLA 215) mit prosthetischem Aleph. Von daher dürfte auch hebr. *'æzrōaʿ* (Jer 32,21; Hi 31,22) als aramaisierende Bildung zu erklären sein (HAL 28a).

2. Von den 93 Belegen im AT (inkl. 2× *'æzrōaʿ*; dazu 2× aram.) entfallen 39 auf die prophetische Literatur (davon allein 17 auf Jes, 13 auf Ez), 14 auf Ps, 9 auf Dtn, 7 auf Hi und 6 auf Dan.

Der Plural wird 19× mit fem., 4× mit mask. Endung gebildet.

3. Im eigentlichen Sinne bezeichnet *zerōaʿ* den »Arm«, besonders den »Unterarm« des Menschen (z.B. Jes 17,5; 44,12; Ez 4,7). Der mask. Plural meint gelegentlich die »Schultern« (2Kön 9,24), im Bereich des Kultischen der Sing. auch die Schulterstücke des Opfertieres (Num 6, 19; Dtn 18,3).

Im übertragenen Sinne (Dhorme 140) steht das Wort wie →*jād* für die gewalttätige (Hi 38,15; vgl. 22,8), starke (Jer 48,25) und hilfreiche (Ps 83,9) »Kraft, Macht« seines Besitzers. Wie in Ez 17,9 *zerōaʿ gedōlā* »starker Arm« einem »zahlreichen Volk« entspricht und akk. *emūqē* »Streitkräfte« auch mit *idā(n)* alternieren kann, bezeichnet *zerōʿōt* in Dan 11,15.22 (*zerōʿīm* 11,31; Sing. 11,6, zum Text vgl. Plöger, KAT XVIII,155, und P. Wernberg-Møller, JSS 3, 1957, 324f.), eine Heeresmacht (vgl. auch Ez 22,6, wo viele Ausleger, z.B. A.M. Honeyman, VT 1, 1951, 222, jedoch die Lesung *zarʿō* »sein Same« bevorzugen).

Im Hymnus Dtn 33,27 findet sich *zerōʿōt ʿōlām* »ewige Arme« in Parallele zu den »uralten Göttern(?)« vgl. I.L. Seeligmann, VT 14, 1964, 78.87f.

Parallel mit *zerōaʿ* erscheinen öfters →*jād* »Hand« und *jāmīn* »rechte Hand«, im übertragenen Sinne Begriffe wie →*kōaḥ* »Kraft« und *gebūrā* »Stärke« (→*gbr*).

4. Entsprechend dem profanen Gebrauch wird *zerōaʿ* in verschiedenen Literaturgattungen anthropomorph zur Bezeichnung der starken (überwiegend in Hymnen: Ps 89,14; 98,1; Ex 15,16; im Lobgelübde Ps 71,18), hilfreichen (Ps 44, 4; 77,16; 79,11; 89,22; Jes 33,2; 40,11; Hos 11,3) und strafenden (Jes 30,30) Macht Gottes verwendet (P. Biard, La puissance de Dieu, 1960). Der hilfreiche Aspekt wird besonders durch den stereotypen Ausdruck »mit starker Hand und ausgestrecktem Arm« hervorgehoben. Diese Wendung beschränkt sich indessen auf das Deuteronomium (Dtn 4,34; 5,15; 7, 19; 11,2; 26,8) und die vom Dtn beeinflußte Literatur (Jer 32,21; Ps 136,12) und bezieht sich immer auf die göttliche Erlösungstat der Herausführung aus Ägypten (ohne explizite Beziehung im Tempelweihgebet Salomos, 1Kön 8,42 = 2Chr 6, 32). Auf den neuen Exodus aus der Diaspora ist sie in Ez 20,33f. bezogen. Der auf Israel zielende Gerichtsgedanke, der in diesem Text mitschwingt, fehlt in Dtjes, wo die Heilsmacht Gottes in Schöpfung und Geschichte (Jes 51,9f.) durch den Ausdruck »Arm Jahwes« besonders betont und »eschatologisch« ausgedeutet worden ist (Jes 51,5.9; 52,10; 53,1; vgl H.L. Ginsberg, The Arm of YHWH in Isaiah 51–63 and the Text of Isa 53,10–11, JBL 77, 1958, 152–156). In Tritojesaja erscheint der Arm Jahwes sogar als eine Art Hypostase (auf die Herausführung aus Ägypten bezogen in Jes 63,12; allgemeiner 59,16; 63,5; vgl. auch 62,8, wo vom Schwören Gottes bei seinem Arm die Rede ist; vgl. G. Pfeifer, Ursprung und Wesen der Hypostasenvorstellungen im Judentum, 1967, 17). Die Wendung »mit großer Kraft und ausgestrecktem Arm« bezieht sich in Dtn 9,29 und 2Kön 17,36 (dtr.) auf den Exodus aus Ägypten, weist aber in Jer 27,5 und 32,17 auf die (als Kampf dargestellte) Schöpfung Gottes hin.

Ein Rühmen menschlicher Arme findet sich im AT nicht oder kaum (Gen 49,24, aber im Zusammenhang mit dem »Starken Jakobs«). Vielmehr wird der »fleischerne Arm« als Bezeichnung der hinfälligen Macht des Menschen der Macht Gottes gegenübergestellt (2Chr 32,8; vgl. Jer 17,5; Ps 44,4), die menschliche Arme brechen (Ez 30,21f.24b; vgl. Ps 10,15) und abhauen (1Sam 2,31; Mal 2,3 txt em), sie aber auch stärken kann (Ez 30,24a.25).

5. Im NT ist vom Arm Gottes nur im Sinne seines heilbringenden Machterweises die Rede; vgl. H. Schlier, Art. βραχίων, ThW I,638. *A.S. van der Woude*

חָדָשׁ *ḥādāš* neu

1. Die Wurzel **ḥdṯ* begegnet in allen sem. Sprachzweigen in der gleichen Bedeutung (Bergstr. Einf. 191).

Im Hebr. kommen *ḥdš* pi. »erneuern«, hitp. »sich erneuern«, dazu die Nomina *ḥādāš* »neu« (im Ortsnamen *Ḥadāšā* Jos 15,

37 und aram. *Ḥāṣōr Ḥadattā* Jos 15,25; vgl. Wagner Nr. 88) und *ḥōdæš* »Neumond, Monat« (zum fem. Eigennamen *Ḥōdæš* in 1Chr 8,9 vgl. J. J. Stamm, FS Baumgartner 1967, 322) vor.

Hebr. *ḥādāš* entsprechen akk. *eššu* (vgl. *eddēšû* »sich immer wieder erneuernd«), ug. *ḥdṯ* (WUS Nr. 908; UT Nr. 843), phön.-pun. *ḥdš* (im Namen der Stadt Karthago, *Qrtḥdšt* = »Neustadt«) und aram. *ḥadat* (DISO 83; KBL 1074a), das einmal in Esr 6,4 als Textfehler begegnet.

Der Ortsname *Ḥodšī* in 2Sam 24,6 fällt durch Textkorrektur weg.

2. *ḥdš* pi. steht 9 ×, hitp. 1 × (Ps 103,5), *ḥādāš* 53 × (Jes 40–66 10 ×, Ps 6 ×, Ez 5 ×), *ḥōdæš* 283 × (Num 38 ×, Ez 27 ×, Est 24 ×).

In berichtenden Texten steht *ḥādāš* 20 × (dazu kommen Dtn 32,17 und Ri 5,8 txt?), in prophetischen 19 ×, in Psalmen 6 ×, in Hi und Pred 2 ×, in Hhld und Klgl 1 ×.

3. a) Das Verbum *ḥdš* pi. »erneuern« hat ebenso wenig wie *ḥādāš* »neu« echte Synonyma und ist meistens am Gegensatz »alt, früher« orientiert: der Tempel (2Chr 24, 4.12, par. *ḥzq* pi. »ausbessern«), ein Altar (2Chr 15,8), Städte (Jes 61,4, par. *bnh* »wieder aufbauen«) werden erneuert, d.h. wiederhergestellt; das Königtum wird erneuert (1Sam 11,14). Gott wird angerufen, das frühere Glück oder Heil wieder zu gewähren (Klgl 5,21 »erneuere unsere Tage wie vor alters!«), die Lebenskraft zu erneuern (Ps 51,12, neben *br'* »schaffen«; vgl. L. Kopf, VT 9, 1959, 254f.); er wird gelobt, daß er das Antlitz der Erde erneuert (Ps 104,30, neben *br'*) und dafür sorgt, daß sich die Jugendkraft erneuert (Ps 103,5 hitp.). Nur in Hi 10,17 (»die Zeugen erneuern« = »immer neue Zeugen vorbringen«) steht »neu« im Gegensatz zu »schon vorhanden«.

b) Vor allem in den berichtenden Texten begegnet der alltägliche Gebrauch von *ḥādāš* »neu«, sowohl im Gegensatz zu »alt« als auch in der Bed. »noch nicht dagewesen«. Im Bereich des Geschaffenen wird gesprochen von neuem Korn (Lev 26,10, gegenüber *jāšān* »alt, vorjährig«) im Zusammenhang des Erstlingsopfers (Lev 23, 16; Num 28,26), von neuen (frischen) Früchten (Hhld 7,14, gegenüber *jāšān*), im Bereich des Handwerklichen von neuen Häusern (Dtn 20,5; 22,8), neuen Schläuchen (Jos 9,13, vgl. *bālǣ* »alt, verbraucht« in V. 4f.; Hi 32,19), neuen Stricken (Ri 15, 13; 16,11.12), neuen Wagen (1Sam 6,7 = 1Chr 13,7; 2Sam 6,3.3), einem neuen Schwert (2Sam 21,16), einem neuen Mantel (1Kön 11,29.30), einer neuen Schale (2Kön 2,20), dem neuen Vorhof (2Chr 20, 5). Dazu kommen aus prophetischen Texten: ein neuer Dreschschlitten (Jes 41,15), das neue Tempeltor (Jer 26,10; 36,10; vgl. das »alte Tor« in Neh 3,6; 12,39). Bei Personen steht neu in bezug auf die Frau, die ein Mann gerade geheiratet hat (Dtn 24,5; zu akk. und ug. Parallelen vgl. HAL 282b), ferner vom neuen König über Ägypten (Ex 1,8) und von neuen Göttern, d.h. solchen, die Israel erst in Kanaan kennengelernt hat (Dtn 32,17 »Neulinge, die erst vor kurzem aufgekommen sind«).

Partiell sinnverwandt zu *ḥādāš* sind die Adjektive *ṭārī* »frisch, feucht« (Ri 15,15 Knochen; Jes 1,6 Wunde) und *laḥ* »noch feucht, frisch« (Gen 30,37; Num 6,3; Ri 16,7.8; Ez 17,24; 21,3; Subst. *lēaḥ* »Frische« Dtn 34,7; zur Wurzel *lḥḥ* vgl. A. van Selms, FS Vriezen 1966, 318–326).

Überblickt man diese Texte, so muß auffallen, daß die Vokabel so außerordentlich selten vorkommt. Es gibt nur eine größere Gebrauchsgruppe: die, in der von dem handwerklich zu fertigenden Neuen geredet wird. Stellt man dagegen die Häufigkeit des Vorkommens der Vokabel »neu« in den modernen europäischen Sprachen, aber auch im Griechischen und Lateinischen, so fällt der geringe Bestand im AT noch mehr auf. Dasselbe zeigt sich bei der geringen Zahl der Derivate von der Wurzel. Man vergleiche im Deutschen: erneuern, Erneuerung, Neubildung, Neuerung, Neuigkeit, Neugier, das Neueste, Neuling, neulich, Neujahr usw. Wahrscheinlich werden die Zusammenhänge in dem, was geschieht, so stark empfunden, daß das uns neu Erscheinende hier nicht als neu empfunden wird; jedenfalls wird es nicht als Neues bezeichnet. Dem wäre noch weiter nachzuforschen. Sicher ist jedenfalls: die Erfahrung des Neuen ist für den Israeliten auf ganz wenige Erfahrungskreise beschränkt; er redet sehr selten von Neuem.

4. a) *ḥādāš* begegnet in den prophetischen Texten nur während des Exils oder am Rande des Exils (Dtjes 5 ×, Tritojes 5 × an drei Stellen, Jer 4 ×, Ez 5 × an drei Stellen; bei Jer 31,22.31 ist die Datierung umstritten, vgl. z.B. Sellin-Fohrer 434, mit Lit.). Diese Tatsache als solche ist bedeutsam: Nur in der Zeit des Exils wurde in Israel von einem Neuen in der Geschichte Gottes mit Israel gesprochen, an keiner anderen Stelle in der gesamten Geschichte! Dieser Tatbestand wird noch deutlicher, wenn wir die Stellen näher prüfen: Abgesehen von den Stellen, die dem alltäglichen Gebrauch angehören (Jes 41,15; Jer 26,10; 36,10) sind es drei Zusammenhänge, in denen von Propheten des Exils oder bald nach dem Exil von einem Neuen geredet wird: (1) Jes 42,9.10; 43,19; 48,6 (Dtjes): das Frühere und das Neue; (2) Jer 31,31 und Ez 11,19; 18,31; 36,26 (vgl. Jer 31,22): neuer Bund und neues Herz; (3) Jes 65,17; 66,22 (Tritojes; vgl. 62,2): neuer Himmel und neue Erde.

(1) Die Stellengruppe, in der Dtjes vom »Neuen« redet, ist deswegen die theologisch wichtigste, weil in ihr bewußt reflektierend in einer Reihe von Stellen das Neue dem Früheren gegenübergestellt wird; hier wird »das Neue« ausdrücklich zum Thema theologischer Reflexion (vgl. noch ohne die Gegenüberstellung Jer 31, 22 »denn Jahwe schafft Neues im Lande«; Jes 62,2 »man wird dich nennen mit neuem Namen«). Von den vier Stellen gehören drei (42,9; 43,19; 48,6) in den Zusammenhang der Heilsankündigung, die vierte (42,10) ist Antwort des Lobes: dem neuen Tun Gottes entspricht das neue Lied.

Wenn das Neue, das jetzt angekündigt wird, dem Früheren gegenübergestellt wird, das eingetroffen ist (*rīšōnōt* 42,9; 43, 18), so ist mit dem »Früheren« das bisherige Heilswirken Gottes (so besonders in 43,18), aber auch die Gerichtsankündigung (42,9) gemeint. Von dem Neuen, das jetzt angekündigt wird, muß gesagt werden: »Ich lasse dich Neues hören von jetzt an, und Verborgenes, das du nicht wußtest« (48,6).

Dies wird allein aus den drei Stellen, an denen die Vokabel »Neues« steht, nicht deutlich. Man muß vielmehr zum Verständnis des Gemeinten die Gerichtsreden an die Völker hinzunehmen, in denen dieses »Neue« das »Zukünftige« (*habbā'ōt*, →*bō'*) genannt wird (41,21–29, vor allem V. 22: »das Frühere« – »das Künftige«; vgl. 46,9–13), darüber hinaus die Heilsverkündigung Deuterojesajas als ganze, aus der erst klar werden kann, warum das angekündigte Heilshandeln Gottes wirklich ein »Neues« ist. Diesem Neuen gegenüber wird die gesamte bisherige Geschichte Israels als »das Frühere« angesehen. Das »Neue« besteht darin, daß die jetzt angekündigte Rettung aus dem Exil nicht mehr durch Israels Heere und nicht mehr durch einen von Jahwe »begeisterten« israelitischen Führer durchgeführt wird, sondern durch den Perserkönig Kyros (44,24–45,7), daß also hier die Rettung Israels von der Macht Israels abgelöst wird, daß diese Rettung auf Vergebung beruht (43,22–28) und darum auch »die Völker« zu diesem neuen Heil Jahwes eingeladen werden können (45, 20–25). Es sei noch einmal betont, daß diese Erklärung des »Neuen« in den drei Stellen 42,9; 43,19; 48,6 nur von der Gesamtverkündigung Deuterojesajas her möglich ist. Nur so wird deutlich, daß erstmalig hier in der gesamten Geschichte der Heilsankündigung das, was angekündigt wird, »das Neue« genannt wird.

(2) In dem Wort vom neuen Bund Jer 31,31–34 wird dieser ebenso wie in der Stellengruppe vom Neuen bei Dtjes dem Früheren gegenübergestellt: »Nicht wie der Bund, den ich mit ihren Vätern schloß ...«. Ebenso wie bei Dtjes beruht dieser neue Bund auf der Vergebung (V. 34b). Anders und Jer 31,31–34 eigentümlich ist, daß dieser neue Bund auf einer Wandlung der einzelnen Menschen beruht (V. 33). Genau das Gleiche sagen die Ezechiel-Stellen, die von dem Neuen reden: Ez 11,19; 18,31; 36,26. Sie reden von dem neuen Herzen und dem neuen Geist, die Gott den Menschen schaffen, die er in ihr Inneres legen wird (Ps 51,12 könnte von hier beeinflußt sein).

Das Jeremia-Wort (vgl. auch Jer 31,22) und die drei Ezechiel-Worte gehören sachlich und zeitlich nahe zueinander; auch Jer 31,31–34 wird in die Zeit des Exils gehören. Der Unterschied zu den Dtjes-Stellen liegt vor allem darin, daß, obwohl wie bei Dtjes Israel das »Neue« erfahren soll, das Gewicht auf eine Wandlung bei den einzelnen Menschen verlegt ist.

(3) Bei der Verheißung eines neuen Himmels und einer neuen Erde in Jes 65,17 (aufgenommen in einem späteren Zusatz 66,22) handelt es sich um eine Ausweitung der Verheißung eines Neuen bei Dtjes ins Kosmische. Während man bei Jer 31,31 und Ez 11,19; 18,31; 36,26 nicht sagen kann, ob sie von Dtjes beeinflußt sind, ist dies bei Jes 65,17 sicher. Hier ist vorausgesetzt, daß Jahwe eine gegenüber der gesamten bisherigen Geschichte neue Rettungsstat an Israel vollbringen wird. Schon bei Dtjes hatte diese Verheißung auf die Schöpfung übergegriffen in der Schilderung des Rückweges aus dem Exil, bei dem die Wüste zum Garten gewandelt wird; jedoch bleibt die Heilsverheißung bei Dtjes in den Grenzen geschichtlichen Geschehens. Mit Jes 66,22, der Verheißung der Schöpfung eines neuen Himmels und einer neuen Erde ist der Schritt hinüber zum apokalyptischen Reden getan, das die Geschichte transzendiert. Ob so schon 65,17 gemeint ist, kann man nicht sicher sagen; wenn zu übersetzen ist: »Ich schaffe neu den Himmel und die Erde« (Westermann, ATD 19,322), so wäre nur eine wunderbare Erneuerung von allem gemeint, die nicht notwendig eine vorangehende Vernichtung einschließt. Der Satz ist aber, wie 66,22 zeigt, später apokalyptisch verstanden worden; hier erst steht das Neue, das Gott schafft, nicht mehr in geschichtlicher Kontinuität zur jetzigen Wirklich-

keit, sondern ist ihr nur noch transzendent.

b) In den Psalmen begegnet *ḥādāš* nur in einem einzigen Zusammenhang: dem Reden vom »neuen Lied«. Die imperativische Aufforderung »singet Jahwe ein neues Lied!« ergeht in Ps 33,3; 96,1; 98,1; 149,1, dasselbe im Kohortativ 144,9 und ebenfalls in der 1. Pers., aber in das berichtende Lob übersetzt, 40,4 »gab mir ein neues Lied in den Mund, Lob unserem Gott«.

Da die imperativische Aufforderung im gleichen Wortlaut wie in den angeführten Psalmstellen in Jes 42,10 zu dem der neuen Rettungstat Jahwes antwortenden Lob aufruft und Ps 96 und 98 auch sonst den Einfluß Deuterojesajas zeigen (Kraus, BK XV,665f. 677f.; C.Westermann, Das Loben Gottes in den Psalmen, 1953, 104–111), ist es möglich, daß das »Singen des neuen Liedes« in dieser ganzen Stellengruppe von Dtjes herkommt. Aber auch wenn eine Abhängigkeit von Dtjes nicht sicher nachzuweisen ist, so ist doch auf jeden Fall das »neue Lied« wie in Jes 42,10 gemeint, d.h. also als Echo auf das neue Tun Jahwes.

»Neu« ist das Lied, das zu singen hier aufgefordert wird, nicht deshalb, weil an die Stelle des alten ein neuer Text oder der alten eine neue Melodie treten sollte; das liegt bei diesen Psalmen völlig fern. »Neu« ist das Lied, weil etwas Neues von Gott her geschehen ist und das Lied diesem neuen Tun Gottes antworten, dieses neue Tun Gottes in dem neuen Lied widerhallen soll.

c) Es bleiben noch wenige Stellen im dritten Teil des Kanons zu besprechen. In Klgl 3,23 »jeden Morgen neu ist sein Erbarmen« ist ein einziges Mal das Durchhalten des Erbarmens Gottes nach der Analogie der neuen Ernte oder des neuen Kleides beschrieben. Da dieses Reden unserem Denken entspricht, ist es nicht zufällig, daß gerade dieser Satz zum Anfang eines Liedes wurde: »All Morgen ist ganz frisch und neu ...«. Für das AT aber ist dieses Reden nicht typisch, es begegnet nur an dieser einen Stelle. Auch nur einmal wird »neu« vom Menschen im Sinne von »nicht verbraucht« angewandt: Hi 29,20 »meine Ehre bleibt neu bei mir«.

Von dem Gesamtbestand der Vokabel her ist es verständlich, daß am Ende des AT die skeptische Weisheit des Predigers sagen kann: »Es gibt nichts Neues unter der Sonne« (Pred 1,9.10). Doch scheint dieser Satz schon eine höhere Wertung des Neuen gerade in der alltäglichen Erfahrung vorauszusetzen, als sie sonst dem AT eigen ist.

5. Abschließend kann man einen äußerst prägnanten Gebrauch des Wortes »neu« im AT feststellen, der in der Konzentration der prophetischen Stellen auf einen Punkt in der Geschichte und in dem Echo auf dieses Neue in dem »neuen Lied« der Psalmen auf ein bestimmtes Wirken Gottes in Israels Geschichte weist: das Neue, das nach dem politischen Zusammenbruch Israel-Judas, dem Ende des Königtums und der Zerstörung des Tempels in Jerusalem verkündigt wurde. Da nun von diesem Neuen, das auf Gottes Vergebung beruht, der Ablösung der Rettung Israels von der Macht Israels und dem Ausblick auf einen Ruf zum Heil an die Völker, im AT nicht mehr eindeutig als von einer schon eingetretenen geschichtlichen Verwirklichung gesprochen wird (es wird nie berichtend von dem neuen Bund oder von dem neuen Heil oder von der neuen Gestalt des Gottesvolkes gesprochen), ist das Reden des NT von dem Neuen, das mit Christus eingetreten ist, durchaus im Sinn des atl. Wortgebrauchs.

Zum NT vgl. J.Behm, Art. καινός, ThW III,450–456; ders., Art. νέος, ThW IV,899–904. *C. Westermann*

חוה *ḥwh* hišt. **sich niederwerfen**

1. Während traditionell *hištaḥawā* als Hitpa'lel aufgefaßt und von der Wurzel *šḥh* (als Nebenform zu *šūaḥ* und *šḥḥ*) abgeleitet wurde (vgl. etwa GK §75kk; BL 420; Joüon 164; KBL 959), dürfte durch das Ug. (Wurzel *ḥwj*) nunmehr entschieden die Ableitung von der Wurzel *ḥwh* feststehen und die Form als t-Reflexiv zu altem Šaf'el zu erklären sein (WUS Nr. 912; UT 83 und Nr. 847; Moscati, Introduction 128; HAL 283b mit Lit.; Meyer II,126. 162f.). Außer im Hebr. und Ug. ist die Wurzel im Arab. belegt: *ḥawā* »sammeln, vereinen«, V »sich zusammenrollen« (Wehr 198a).

Von dieser Wurzel *ḥwh* II ist zu unterscheiden *ḥwh* I pi. »verkünden« (aram. LW im Hebr., vgl. Wagner Nr. 91/92; J.A.Soggin, AION 17, 1967, 9–14).

2. Die 170 Belege für *ḥwh* hišt. sind in den erzählenden Büchern besonders stark vertreten (Gen 23×, Ps 17×, 2Sam und Jes 13×, 1Sam und 2Kön 12×, Ex, 1Kön und 2Chr 11×, Dtn und Jer 8×, Ri und Ez 4×, Jos, Zeph, Est, Neh und 1Chr 3×, Num und Sach 2×, Lev, Mi, Hi und Ruth 1×; in Lis.1421b fehlt Sach 14,17).

3. Als Bedeutung für *ḥwh* hišt. ergibt sich (vgl. ug., arab.) »sich verneigen, sich tief beugen«. In den aram. Teilen von Dan wird dafür gleichbedeutendes *sgd* verwendet (Dan 2,46; 3,5–28 11 ×), das auch in Jes 44,15.17.19; 46,6 neben *ḥwh* hišt. erscheint (aram. *sgd* ist im Hebr., Arab. und Äth. Lehnwort, vgl. Wagner Nr. 195).

ḥwh hišt. kann verbunden werden mit *'árṣā* »zu Boden« (Gen 18,2; 24,52 u.ö.; *'æræṣ* Jes 49,23) oder *'appájim 'árṣā* »mit dem Angesicht zum Boden« (Gen 19,1; 42,6 u.ö.; mit *l^e* Gen 48,12; mit *'al* 2Sam 14,33), so daß sich die Bed. »sich auf die Erde niederbeugen, niederwerfen, niederfallen« bzw. »sich mit dem Gesicht auf die Erde niederbeugen, auf das Gesicht niederfallen« (vor jemandem oder etwas: mit *l^e* der Person oder Sache, selten *'al*, Lev 26,1, oder *'æl*, Ps 5,8) ergibt.

Im Wortfeld von *ḥwh* hišt. finden sich auch die Verben *qdd* (nur in Verbindung mit *ḥwh* hišt. als Vorbereitungshandlung dazu) »sich (huldigend) neigen, niederknien« (Gen 24,26; Ex 34,8; 1Sam 24,9 u.ö.; vgl. KBL 821b), *npl* »niederfallen« (2Sam 1,2; 9,6.8 u.ö.), *kr'* »niederknien, die Knie beugen« (Est 3,2.5; in Ps 95,6 mit *brk* q. »niederknien«); weitere sinnverwandte Verben sind *kpp* q. »beugen«, ni. »sich beugen« (Jes 58,5; Ps 57,7; 145,14; 146,8; ni. Mi 6,6), *šḥḥ* q./ni. »sich ducken« (Jes 2,9.11.17 u.ö.; hi. »jem. ducken« Jes 25,12; 26,5) und *šḥh* q. »sich bücken« (Jes 51,23; hi. »niederbeugen« Spr 12,25), ferner wohl *hbr* q. in Jes 47,13 (vgl. J. Blau, VT 7, 1957, 183f.; E. Ullendorff, JSS 7, 1962, 339f.; HAL 227b).

Die im Akk. der Amarnabriefe und der Texte aus Ugarit vorkommenden Formen *ušḫeḫin* u.ä., die mit hebr. *šḥḥ/šḥh* zusammengebracht werden (KBL 959f.), sind nach W. von Soden über das Churritische aus dem Akk. *šukênu* »sich niederwerfen« abgeleitet (GAG 158).

Im Ug. treffen wir fast immer dieselbe stereotype Wendung an: *lp'n il thbr wtql tštḥwy wtkbdnh* »sie (Anat) neigte sich zu Füßen Els und machte Fußfall, huldigte und bezeugte ihm Ehre« (Text 49 [= I AB] I, 8–10 u.ö.; vgl. J. Aistleitner, Die mythologischen und kultischen Texte aus Ras Schamra, 1959, 18).

Der mit *ḥwh* hišt. bezeichnete Gestus steht somit in der Nähe des von E.W. Lane beschriebenen mohammedanischen *suǧūd*: »He next drops gently upon his knees . . . places his hands upon the ground, a little before his knees, and puts his nose and forehead also to the ground (the former first) between his two hands« (zitiert nach D.R. Ap-Thomas, VT 6, 1956, 229; vgl. die Abbildungen in ANEP Nr. 355, auch Nr. 45 und 46). Zum Sich-Niederwerfen »von ferne« in Ex 24,1 vgl. S.E. Loewenstamm, Prostration from Afar in Ugaritic, Accadian and Hebrew, BASOR 188, 1967, 41–43.

Man wirft sich vor dem Höhergestellten nieder und drückt dadurch die äußerste Verehrung und Huldigung aus, z.B. vor fremden Gästen (Gen 18,2), als Bittsteller vor einem Mächtigen (Gen 33,7; 2Sam 16,4), Mose vor Jethro (Ex 18,7, mit *nšq* »küssen«), Abigail vor David (1Sam 25, 23.41), vor dem Priester (1Sam 2,36), dem Propheten (2Kön 2,15; 4,37), dem König (2Sam 14,4.33; 24,20; 1Kön 1,16.23; 2Chr 24,17; Ps 45,12 u.ö.), bildlich Völker bzw. Könige vor Israel (Gen 27,29; Jes 45,14; 49,23; 60,14).

4. Ebenso bezeichnet nun *ḥwh* hišt. auch im kultischen Bereich die Huldigung und Verehrung (Proskynese) vor Gestirnen (Dtn 4,19; Jer 8,2), vor dem heiligen Berg (Ps 99,9), im Tempel (2Kön 5,18), vor dem Engel Jahwes (Num 22,31), vor Jahwe (Gen 24,26.48.52 u.ö.), vor fremden Göttern (s.u.; auf die enge Verbindung von kultischer Handlung und Proskynese weist u.a. auch das oft mit *ḥwh* hišt. zusammen vorkommende Verbum *'bd* »dienen« hin). *ḥwh* hišt. beschreibt hier die häufig eingenommene Gebetshaltung (mit folgendem *pll* hitp. »beten« Jes 44, 17; 1Sam 1,28; mit Erwähnung des Gebets Gen 24,26.48; Ex 34,8; zu anderen Gebetsgesten vgl. BHH I,521; de Vaux II,351f.) bzw. das Beten selber (ein verbum proprium für »beten« ist neben *ḥwh* hišt. selten zu finden, vgl. J. Herrmann, ThW II,786). *ḥwh* hišt. bezeichnet mithin nicht bloß die äußerliche Geste des »Sich-Niederwerfens«, sondern ist »längst zum Ausdruck für eine inhaltliche religiöse Haltung geworden« (Herrmann, a.a.O.) und kann deshalb selber häufig mit »beten, anbeten« wiedergegeben werden.

Als spezifisch zum Jahwekult und -glauben gehörender Begriff ist *ḥwh* hišt. nicht anzusehen. Eine große Zahl der Stellen finden sich gerade in Texten, die Israels Abfall und den Fremdgötter- und Götzenkult anprangern (vgl. Jes 2,8.20; Jer 1,16; 8, 2). Im dtn.-dtr. Schrifttum wird *ḥwh* hišt. zusammen mit *'bd*, »sich niederwerfen und dienen«, zur festen, sonst nirgends zu belegenden Phrase, die den Kult vor fremden Göttern bezeichnet (nach W. Zimmerli, Das zweite Gebot, FS Bertholet 1950, 553 = GO 237, insgesamt 27 Stellen; vgl. u.a. Dtn 4,19; 5,9 = Ex 20,5; Dtn 8,19; 11, 16; Ri 2,19; 2Kön 17,16; 2Chr 7,19.22; Jer 13,10; dazu N. Lohfink, Das Hauptgebot, 1963, 74f.99f.178). Nur Dtn 26,10 (ohne *'bd*!) bringt *ḥwh* hišt. im positiven

Sinn als Niederwerfen vor Jahwe und gehört zu übernommener, älterer kultischer Überlieferung (vgl. von Rad, ATD 8,113). Anders die Psalmen (mit Ausnahme von Ps 81,10; 106,19); sie zeigen *ḥwh* hišt. als den Jahwe, dem auf Zion thronenden Gott(könig), dargebrachten Huldigungsakt und gehen auf alte Jerusalemer (ursprünglich kanaanäische) Kulttradition zurück (Ps 22,28; 29,2; 86,9; 95,6; 96,9; vgl. 1Chr 16,29; Ps 97,7; 99,5.9; 132,7; vgl. auch Sach 14,16f.; Jes 27,13).

5. Die LXX gibt die Wurzel fast immer mit προσκυνεῖν wieder. Zum NT vgl. J. Herrmann – H. Greeven, Art. εὔχομαι, ThW II,774–808; H. Greeven, Art. προσκυνέω, ThW VI,759–767. *H.-P. Stähli*

חזה *ḥzh* schauen

1. Hebr. *ḥzh* »schauen« ist wahrscheinlich altes Lehngut aus dem Aram. (Wagner Nr. 93–98; anders z.B. Ginsberg und Dahood, s.u.), wo *ḥzh* normales Wort für »sehen« (hebr. →*r'h*) ist (KBL 1074b, Suppl. 201a; DISO 84f.; > arab. *ḥāzin* »Seher«, Driver, CML 138 Anm. 18).

Vgl. noch phön. *ḥzh* »sehen« in der Kilamuwa-Inschrift aus dem 9. Jh., KAI Nr. 24, Z. 11.12, und in Lidzbarski, KI Nr. 38 aus dem 4. Jh. (DISO 84f.).

Zu altaram. *ḥzh* pa. vgl. Fitzmyer, Sef. 40; R. Degen, Altaram. Grammatik, 1969, 78.

H. L. Ginsberg, FS Baumgartner 1967, 71f., verbindet hebr.-phön.-aram. **ḥzw* »sehen« mit arab. *ḥdw* »gegenüber sein«; vgl. ebd. die Ablehnung des von M. Dahood, Bibl 45, 1964, 407f. (auch HAL 280), auf Grund der Gleichsetzung von ug. *ḥdy* mit unserer Wurzel (dagegen WUS Nr. 905; zurückhaltend UT Nr. 839) im AT postulierten Verbums *ḥdh* II »sehen«.

ḥzh tritt hebr. und bibl.-aram. nur im Qal auf; derivierte Nomina sind *ḥōzǣ* »Seher«, *ḥōzǣ* II »Vertrag« (s.u. 3b und →*berīt* I/2d), *mæḥᵃzā* »Fenster« und die zahlreichen Ausdrücke für »Schauung« o.ä.: *ḥāzōn, ḥāzūt, ḥᵃzōt, ḥizzājōn, maḥᵃzǣ*, aram. *ḥᵃzū/ḥæzwā* und *ḥᵃzōt* (BLA 185). Mannigfaltig sind auch die mit *ḥzh* gebildeten Eigennamen wie *Ḥᵃzā'ēl, Jaḥᵃzī'ēl* usw. (HAL 289a; s.u. 4c).

2. *ḥzh* und seine Ableitungen sind im AT 175 × belegt (hebr. 130 ×, aram. 45 ×, ohne die Eigennamen), und zwar das Verbum hebr. 55 × (Jes 12 ×, Ez, Ps und Hi je 9 ×, Spr 3 ×, Ex, Num, Mi, Hhld und Klgl je 2 ×, Am, Hab und Sach je 1 ×), aram. 31 × (Dan 30 ×, davon 1 × Part.pass. *ḥᵃzē* in der Bed. »angemessen, üblich«; Esr 1 ×), die Subst. *ḥōzǣ* 17 × (2Chr 7 ×, Jes [inkl. 28,15] und 1Chr je 3 ×, 2Sam, 2Kön, Am und Mi je 1 ×), *ḥāzōn* 35 × (Dan 12 ×, Ez 7 ×, Jes, Jer und Hab je 2 ×), *ḥᵃzōt* 1 × (2Chr 9,29), *ḥāzūt* 5 × (Jes 3 ×, Dan 2 ×), *ḥizzājōn* 9 × (Hi 4 ×, Jes 2 ×, 2Sam, Jo und Sach je 1 ×), *maḥᵃzǣ* 4 × (Num 2 ×, Gen und Ez je 1 ×), *mæḥᵃzā* 4 × (1Kön 7,4f.), aram. *ḥᵃzū/ḥæzwā* 12 × und *ḥᵃzōt* 2 × in Dan. Häufungen begegnen somit vor allem in Dan (58 = ein Drittel aller Belege), Jes und Ez (22 bzw. 17 ×, übrige Prophetenbücher 17 ×), Hi (13 ×).

3. a) 23 hebr. Verbformen liegt die Bed. »(visionär) schauen« zugrunde (s.u. 4a), 32 in der Bed. »sehen« sind (bis auf Ex 18,21 und Mi 4,11) in jüngeren literarischen Traditionen verstreut (Ps, Hi, Spr, Hhld, nachexilische Stücke in Jes). Von diesen 32 Stellen fallen etwa 21 auf den mehr oder weniger theologischen (s.u. 4b–d), 11 auf einen profanen Sprachgebrauch (s.u. 3b). Mit Ausnahme der in 3b genannten lassen sich alle derivierten Substantive von der Bed. »schauen« her erklären. Etwa drei Viertel aller Belege des Wortstammes gehen daher von dieser Bedeutung aus (vgl. A. Jepsen, Nabi, 1934, 43ff.). In Modifizierung dieser Hauptbedeutung wird *ḥzh* verwendet, wenn Israel oder der Einzelne Jahwe und sein Tun in der Geschichte und Schöpfung »sieht« (16 ×, s.u. 4b), seltener, wenn Jahwe »sieht« (s.u. 4c). Erst in seiner letzten Entwicklungsphase erscheint das Verbum als »dichterisches Synonym« (GB 220b) zu →*r'h* »sehen«.

b) Der profane Gebrauch unterscheidet zwischen »sehen« (zu Hi 8,17 vgl. BH³; Horst, BK XVI/1, 125f. 134) im Sinn von »erleben« (Ps 58,9; vgl. Pred 7,1), »mit Freude ansehen« (Hhld 7,1.1; vgl. Spr 23, 31) oder mit dem Nebensinn der Schadenfreude (Mi 4,11; vgl. Ob 12f.; BrSynt 96), »(mit Verstand) erkennen« (Spr 22,29; 29, 20; vgl. 1Sam 25,17), »erfahren, sich aneignen« (Hi 15,17; 27,12; Spr 24,32; vgl. Pred 1,16), »genau betrachten, beobachten« (Jes 47,13; vgl. Ex 1,16).

Zur Bed. »sehen« gehören auch die profan gebrauchten Subst. *mæḥᵃzā* »Fenster« (1Kön 7,4f.), *ḥōzǣ* und *ḥāzūt* = *berīt* (Jes 28,15.18; vgl. Lit. bei A. R. Johnson, The Cultic Prophet in Ancient Israel, ²1962 13f. Anm. 3; →*berīt* I/2d: »ersehen« > »verordnen«) und *ḥāzūt* »Ansehen« (Dan 8,5.8).

c) Der aram. Wortstamm scheint einen ähnlichen Bedeutungswandel aufzuweisen. Aus der primären Verwendung im Zusammenhang mit Visionen bildete sich der gewöhnliche Gebrauch von *ḥzh* im Sinn von »(mitan)sehen« (Esr 4,14; Dan 3,25.27; 5,5.23), »einsehen, erfahren« (Dan 2,8), »angemessen sein« (Part.pass.

Dan 3,19), von *ḥazū/ḥæzwā* in der Bed. »Gestalt« (Dan 7,20). Dagegen wird *ḥazōt* »Anblick« nur profan verwendet (Dan 4,8.17).

4. a) *ḥzh* und seine Derivate bezeichnen zunächst das visionäre Schauen. Dafür liefert Num 24,4.16 einen urtümlichen Beleg (W.F. Albright, The Oracles of Balaam, JBL 63,1944, 207–233). *ḥzh* und *maḥazǣ* stehen dort jeweils in der Einleitung zu einem Spruch, den die Selbstvorstellung mit ihrer Legitimationsformel *ne'ūm Bil'ām* als Seherspruch ausweist. Bileam schaut Visionen von Gott her und gibt sie im eigenen Wort wieder. Wie der Weg der Genetiv-Verbindung →*ne'ūm* mit menschlichem Eigennamen zeigt, nahmen die Propheten Redeformen des Seherspruchs auf. Jedoch benutzten sie *ḥzh* niemals bei der Wiedergabe einer Schauung, während →*r'h* gerade (wie im Seherspruch Num 23, 9.21; 24,17) in den prophetischen Visionsbericht einführt (z.B. Am 7,1.4.7; Jes 6,1; Jer 4,23ff.; Ez 1,4; 2,9). *ḥzh* weist allgemein auf den Empfang einer Offenbarung hin (vgl. Wildberger, BK X,5f.; Wolff, BK XIV/2, 154). Es findet sich in der Begründung der Gerichtsankündigung, die Israel zitiert (Jes 30,10.10; Ez 12,27), in dem Gerichtswort gegen die falschen Propheten, die durch »Truggesichte« Jahwe zum Handeln veranlassen (Ez 13,6–9.16 [Zitat des Volkes]. 23; 21,34; 22,28; Sach 10,2), sowie in der archaischen Tradition Ex 24,9–11 (V.11b), die vom Bundesschlußakt in der Form des Fremdberichtes einer Vision erzählt.

Die Gleichsetzung von Seher und Prophet (Am 7,12.14; Mi 3,7, vgl. V.5; Jes 29,10; 2Kön 17,13; vgl. 2Chr 9,29; 12,15 mit 13,22; vgl. S. Mowinckel, Psalmenstudien III, 1923, 9ff.; H. Junker, Prophet und Seher in Israel, 1927, 77ff.; besonders A. Jepsen, Nabi, 1934, 43ff.; R. Hentschke, Die Stellung der vorexilischen Schriftpropheten zum Kultus, 1957, 150; S. Lehming, ZThK 55,1958, 163 Anm.3; A. Gunneweg, ZThK 57,1960, 6) spiegelt einen geschichtlichen Prozeß wider (1Sam 9,9; vgl. O. Plöger, ZAW 63,1951, 157 bis 192; J. Lindblom, Prophecy in Ancient Israel, ³1965, 87ff.). Die Propheten zogen mit den spezifischen Erfahrungs- und Ausdrucksformen der Seher auch deren alte Bezeichnungen an sich. In spezieller Verwendung deutete der Begriff *ḥōzǣ* ein charismatisches Amt (vielleicht des »Sehers«) an, zu dem nicht jeder Nabi qualifiziert war (Am 7,12.14, vgl. Wolff, BK XIV/2, 359 bis 361; Jes 28,7; 30,10: *rō'īm* und *ḥōzīm* stehen parallel, vgl. Wildberger, BK X,5).

Den Gebrauch von *ḥzh* und *r'h* erklärte man aus dem Gegensatz von »wahren« und »falschen« Propheten (F.E. König, Der Offenbarungsbegriff des AT, II,1882, 29ff.72f.; dagegen J. Hänel, Das Erkennen Gottes bei den Schriftpropheten, 1923, 7ff.) oder aus verschiedenen Funktionen der Nebiim und Schriftpropheten (A. Jepsen, a.a.O. 53ff.; dagegen A.R. Johnson, a.a.O. 12 Anm.2) oder man hielt ihn für synonym (J. Lindblom, a.a.O. 90). Die Beschreibung, *ḥzh* beziehe sich eher auf Auditionen als auf Visionen (vgl. Johnson, a.a.O. 11ff., ähnlich Jepsen, a.a.O. 48f.), entspricht dagegen nahezu der Verwendung des Verbums und seiner Drivate. So erwähnt Bileams Selbstvorstellung *ḥzh* und *maḥazǣ* (Num 24,4.16 bezeugt beider Herkunft aus dem Seherspruch) zusammen mit dem »Hören göttlicher Worte«; folglich waren von frühester Zeit an die Bildungen der Wurzel auf Erfahrungen bezogen, die Vision und Audition umfaßten. Die Bedeutung von *ḥāzōn* als einer Vision bewahren die Eigenberichte in Dan 8–11 (mehrmals mit *r'h* q./ni. verbunden); vielleicht liegt sie auch in Jes 29,7; Ez 7,26; 12,22–24.27; 13,16 vor (anders A.R. Johnson, a.a.O. 7.14.37f.). Alle anderen Stellen lassen das Substantiv als synonymen Ausdruck von →*dābār* »Wort« erkennen (z.B. 1Sam 3,1; Hos 12,11; Mi 3,6f.; Ps 89,20); eine Linie dahin zeigt bereits die frühe Verwendung der Wurzel in Num 24, 4.16, die in der prophetischen Überlieferung noch verstärkt wurde: vgl. die Verbindung von *ḥzh* q. mit *ḥāzōn* (A.R. Johnson, a.a.O. 14 Anm. 1: »to make an observation« Jes 1,1; Ez 12,27; 13,16), mit *dābār* (Jes 2,1; Am 1,1; Mi 1,1), *maśśā'* (→*nś'*; Jes 13,1; Hab 1,1; Klgl 2,14.14); ebenso wahrscheinlich *ḥāzūt* (Jes 29,11 und singulär *ḥazōt* 2Chr 9,29) = *dābār*, dagegen ist in Jes 21,2 wohl an Vision zu denken. Die Nähe von Traum- und Visionserlebnis hebt (neben *ḥāzōn* Jes 29,7; Dan 1,17; vgl. 1Sam 3,1; Mi 3,6) *ḥizzājōn* hervor (Jo 3,1; Hi 7,14; 20,8; 33,15; vgl. Hi 4,13; in einem Ortsnamen Jes 22,1.5); im Sinn von *dābār* begegnet es 2Sam 7,17.

b) Jahwe oder sein Werk »sehen« bedeutet: Gottes Eingreifen erfahren entweder in der Geschichte des Volkes bzw. der Völker (Zionslied Ps 46,9; Heilswort für die Endzeit Jes 33,17.20; in der Jes-Apokalypse Jes 26,11.11; zu Jes 48,6 vgl.

Westermann, ATD 19, 158) oder im Dasein des einzelnen (alle Belege stehen im Zusammenhang mit individueller Klage: Ps 17,15 modifiziert, 58,11 ersetzt ein Lobgelübde, vgl. C. Westermann, Das Loben Gottes in den Psalmen, 1953, 51f. Anm. 23f.; Hi 23,9 schließt als Bitte an Anklage Gottes an; 24,1 ist eine indirekte Anklage Gottes, vgl. C. Westermann, Der Aufbau des Buches Hiob, 1956, 54f.; Hi 19,26f. ist Bekenntnis der Zuversicht, Westermann, a.a.O. 81f.; Teile individueller Vertrauenspsalmen sind Ps 11,7; 27,4; 63,3). Einmal begegnet *ḥzh* im beschreibenden Lob des Schöpfers (Hi 36,25, neben *nbṭ* hi. »schauen«).

c) Umgekehrt heißt »Gott sieht«: Gott greift für jemanden ein, so in Ps 17,2 (einleitende Bitte eines individuellen Klagepsalms) und Ps 11,4 (Vertrauenspsalm).

Die doppelte Verwendung von »sehen« spiegeln auch die mit *ḥzh* gebildeten Personennamen wider. Dabei entsprechen sie entweder der Bitte im Klagepsalm um Gottes Zuwendung (»Gott/Jahwe möge sehen«) oder aber dem berichtenden Lob (»Jahwe hat angesehen«); vgl. Noth, IP 186.198.

d) Schließlich sind noch einige verschiedene Bedeutungen zu erwähnen: *ḥzh* »sehen« = »zur Einsicht gelangen« (Hi 34,32, Sündenbekenntnis), »sich weiden« (Jes 57,8, Begründung für eine Gerichtsankündigung; anders G.R. Driver, FS Eilers 1967, 54), »ersehen = für ein Amt wählen« (Ex 18,21).

e) Das aram. Verbum wird in Verbindung mit Visionen wie *ḥzh* (z.B. Dan 2,26) und *r'h* (z.B. Dan 4,7.10) gebraucht. Das Derivat *ḥæzwā* (st.emph.) kommt nur im Zusammenhang mit dem Traum vor (z.B. Dan 2,28) und gleicht darin dem hebr. *ḥāzōn* und *ḥizzājōn*.

5. Zur Wiedergabe der hebr. und aram. Vokabeln in der LXX vgl. W. Michaelis, ThW V,324–328.

Die verschiedenen Bedeutungsrichtungen von *ḥzh* und seinen Ableitungen klingen noch im NT nach: Formal auf eine Vision beziehen sich βλέπω (z.B. Apk 1, 11), εἶδον (z.B. Apg 9,12; Apk 1,2), ebenso ὅραμα (z.B. Apg 9,10.12), ὅρασις (z.B. Apg 2,17; Apk 9,17); im Sinne der geschichtlichen Erfahrung des Handelns Gottes steht βλέπω (z.B. Mt 13,16); in übertragener Bed. »wahrnehmen« begegnen εἶδον (z.B. Mt 5,16), βλέπω (z.B. Röm 7,23), θεωρέω (z.B. Apg 4,13), im Sinn von »leben« θεωρέω (z.B. Joh 8,51); vgl. W. Michaelis, Art. ὁράω, ThW V, 315–381. *D. Vetter*

חזק *ḥzq* fest sein

1. Die Verbalwurzel *ḥzq* ist außer im Hebr. noch im Aram. sowie im Arab. belegt (jüd.-aram., mand. und arab. auch *ḥrzq*).

Jes 22,21 und Nah 2,2 (pi.) mitsamt arab. *ḥazaqa* (vgl. syr. *ḥ^e^zaq*) »festschnüren« (Lane II,560) unterstützen die These von J.L. Palache, Semantic Notes on the Hebrew Lexicon, 1959, 29, daß die Grundbedeutung von *ḥzq* »fest umbinden, gürten« ist.

Mit Recht wird daher auch von Wagner Nr. 99 *ḥzq* pi. in der Bed. »gürten« nicht als Aramaismus gewertet (gegen G.R. Driver, SVT 1, 1953, 30).

Ob akk. *eśqu* »massiv« von derselben Wurzel herzuleiten ist (vgl. AHw 257), ist fraglich. Dagegen ist *iz/śqātu* »Fessel« aram. Lehnwort im Akk. (AHw 408b; W. von Soden, AfO 20, 1963, 155). Dasselbe gilt vielleicht für akk. *ḥazīqatu* »Kopfbinde«, das von Palache als Beleg für seine These angeführt wird (a.a.O.), aber nur neubab. und jungass. bezeugt ist (AHw 339a).

Von der Wurzel werden abgeleitet die Adjektive *ḥāzāq* und *ḥāzēq* und die Substantive *ḥēzæq*, *ḥōzæq*, *ḥæzqā* und *ḥozqā* mit den Bedeutungen »stark« bzw. »Stärke« (*ḥæzqā* »Starkwerden« und *ḥozqā* in 2Kön 12,13 »Ausbesserung« fungieren als Infinitive).

Zu den Eigennamen *Ḥizqī*, *Ḥizqijjā(hū)*, *J^e^ḥizqijjā(hū)* und *J^e^ḥæzqēl* vgl. Noth, IP Nr. 474f.659f.

2. Von den 290 Belegen des Verbums (Qal 81×, Pi. 64×, Hi. 118×, Hitp. 27×) entfallen allein auf die chron. Literatur 98 Stellen (1Chr 12×, 2Chr 39×, Esr 5×, Neh 42×). Die übrigen Belege finden sich vor allem in den dtn.-dtr. Schriften (Dtn 9×, Jos 8×, Ri 12×, 1Sam 6×, 2Sam 18×, 1Kön 9×, 2Kön 15×), bei den drei großen Schriftpropheten (Jes 21×, davon Dtjes 13×, Jer 15×, Ez 12×) und Dan (13×). Die Verwendung der Verbalwurzel bei den drei nachexilischen Propheten Hag (3×), Sach (5×) und Mal (1×) hebt sich bezeichnend von derjenigen in den anderen Büchern des Dodekapropheton ab (Hos 1×, Mi 2×, Nah 3×). Die übrigen Zahlen sind: Gen 6×, Ex 15×, Lev und Num je 1×, Ps 5×, Hi 7×, Spr 4×. *ḥzq* ist also vor allem in der dtr.-chron. Literatur und überhaupt in den späten Schriften des AT am häufigsten belegt.

Dasselbe Bild zeigt die Verwendung des Adj. *ḥāzāq* (56×, davon Dtn und Ez je 10×, Ex 7×, 1Kön und Jer je 4×). *ḥāzēq* begegnet nur 2× (Ex 19,19; 2Sam 3,1), *ḥēzæq* 1× (Ps 18,2), *ḥōzæq* 5× (davon 3× *b^e^ḥōzæq jād* »gewaltsam« in Ex 13,3.14.16), *ḥæzqā* 4× und *ḥozqā* 6× (5× *b^e^ḥozqā* »mit Gewalt«, dazu 2Kön 12,13, wo vielleicht Inf.pi. zu lesen ist, vgl. HAL 292b).

3. Aus der Hauptbedeutung »stark, fest sein/werden« im Qal ergeben sich die wichtigsten Bedeutungen in den abgeleiteten Stammformen: pi. »stärken«, hi. »ergreifen, festhalten« und hitp. »sich stark/mutig erweisen« (HAL 290–292; vgl. Jenni, HP 283), ohne grundsätzliche Trennung zwischen physischer und psychischer Kraft.

Als Synonyme kommen →*'mṣ* »stark sein« und →*'zz* »kräftig sein« sowie die Substantive *'ōz* »Kraft« und →*kōaḥ* in Betracht, vgl. auch →*jād* »Hand« und →*zerōa'* »Arm«.

Das Qal wird besonders von der überlegenen Stärke eines Volkes (Ri 1,28; Jos 17,13; 2Sam 10,11; 1Kön 20,23), der Macht eines Königs (2Chr 26,15), der Schwere einer Schlacht (2Kön 3,26) und vor allem einer Hungersnot (Gen 41, 56.57; 47,20; 2Kön 25,3; Jer 52,6) verwendet. In Verbindung mit *jād* »Hand« meint das Qal »mutig sein, Mut fassen« (2Sam 2,7; Ez 22,14), das Pi. »ermutigen, ermuntern«, entweder anderer Personen (1Sam 23,16; Ri 9,24; Jes 35,3; Jer 23, 14; Hi 4,3) oder seiner selbst (Neh 6,9 Inf. abs. statt 1.Pers.). Diese Verwendung von *ḥzq* begegnet auch ohne Hinzufügung von *jād* (q. 2Sam 16,21; pi. 2Sam 11,25). In Verbindung mit *bejād* ist *ḥzq* pi. im Sinne von »helfen« in Esr 1,6 belegt, in derselben Bedeutung ohne *be*, aber mit *jād* in Esr 6,22, ohne *bejād* in 2Chr 29,34 (auch als hi. Ez 16,49; Lev 25,35). Das Pi. meint im militärisch-defensiven Sinne die Befestigung bestimmter Städte (2Chr 11,12), Türme (2Chr 26,9) oder Königreiche (2Chr 11,17), im Hi. die Verstärkung einer Wache (Jer 51,12). Während 2Kön 12,6–15; 22,5f.; 1Chr 26,27; 2Chr 24,5.12; 29,3; 34,8.10 für das Ausbessern von Gebäuden das Pi. von *ḥzq* benutzen, verwendet Neh 3,4–32 (34 ×) das Hi. für das Ausbessern der Stadtmauer (mit einer Ausnahme: 3,19 pi.; vgl. Jenni, HP 103f.). Subjekt einer Hi.-Form in der Bed. »ergreifen« sind öfters Begriffe wie »Schrekken« (Jer 49,24), »Entsetzen« (Jer 8,21), »Drangsal« (Jer 6,24; 50,43) und »Wehen« (Mi 4,9). Auch kennt das Hi. Verbindungen mit *jād* (mit *bejād* »an die Hand nehmen« Gen 19,16; Ri 16,26 u.ö.; mit *jād* »helfen« Ez 16,49; Hi 8,20; vgl. Gen 21, 18 mit *jād* und *be* »die Hand schützend über einem halten«).

Besondere Erwähnung verdienen auch die Wendungen mit *dābār* »Wort« (als Subj. von *ḥzq* q.) und *'al* der Person (2Sam 24,4 = 1Chr 21,4 »der Befehl des Königs blieb fest gegenüber ...«; Mal 3,13 »ihr führt freche Reden wider mich«), sowie die Formel des Visionsberichtes »die Hand Jahwes lag hart (Adj.) auf mir« Ez 3,14 (→*jād*).

4. Im theologischen Bereich meint das Pi. (Ez 30,25 hi. nach V. 24 pi.; vgl. Jenni, HP 89) die Stärkung von seiten Jahwes. Sie bezieht sich vor allem auf militärisch-defensive Stärke (Ri 3,12; Ez 30,24; Hos 7,15; Ps 147,13). Doch betet auch Simson in letzter Stunde um göttliche Kraft (Ri 16,28) und »heilt« Gott dereinst die von den schlechten Hirten vernachlässigten Schafe (Ez 34,16, vgl. V. 4).

Während der Jahwist für die Beschreibung der »Verstockung« Formen von →*kbd* verwendet, gebrauchen der Elohist und die Priesterschrift *ḥzq* q. für die Selbstverstockung, *ḥzq* pi. für die Verstockung durch Gott (F. Hesse, Das Verstockungsproblem im AT, 1955, 18f.). In Ex ist das Objekt immer →*lēb* »Herz« (vgl. auch Ez 2, 4, mit Adj.). Dagegen findet sich bei Jer und Ez auch die Verbindung mit *pānīm* »Gesicht« (Jer 5,3 pi.) und *mēṣaḥ* »Stirn« (Ez 3,7–9, Adj.). Diese Verstockung ist eher heilshistorisch als »Durchgang im universalen, eschatologisch gerichteten Gerichtshandeln Gottes« (J. Moltmann, RGG VI, 1385) als von einer theologischen Aporie (das AT konnte die Betörung nicht dämonischen Mächten zur Last legen) oder von einer religiös-psychologischen Gesetzmäßigkeit her zu erklären (vgl. von Rad II, 158–162; E. Jenni, ThZ 15, 1959, 337–339).

Der Imp. von *ḥzq* (sing. und plur. qal) und die erweiterten Wendungen (*ḥzq* neben *'mṣ* »sei fest und unentwegt« Dtn 31, 7.23; Jos 1,6.7.9.18; 1Chr 22,13; plur.: Dtn 31,6; Jos 10,25; 2Chr 32,7; neben *'śh* »und handle« in verschiedenen Kombinationen Esr 10,4; 1Chr 28,10.20; 2Chr 19,11; 25,8; q. neben hitp. 2Sam 10,12 = 1Chr 19,3; Imp. q. wiederholt Dan 10,19) haben ihren Platz als Ermunterungsformel im Heilsorakel (wohl ursprünglich vor dem Krieg: Dtn 31,6.7.23; Jos 1,6.9; 10,25; 2Sam 10,12; 2Chr 32,7) und allgemeiner bei der göttlichen Geleitzusage, wofür die häufige Hinzufügung »fürchte dich nicht« (Dtn 31,7; Jos 1,9; 10,25 u.ö.) und die Beistandsformel »ich werde mit dir sein« (Dtn 31,8.23; 1Chr 28,20; 2Chr 19,11; vgl. H.D. Preuss, »... ich will mit dir sein!«, ZAW 80, 1968, 139–173) spricht. In der dtr.-chron. Literatur bezieht sich nun die Formel (in verschiedener Gestalt) auch auf das Halten des Gesetzes (Jos 1,7; 1Chr 22,13; 2Chr 15,7; vgl. Esr 10,4; 2Chr 19,11; Dtn 12,23) und in Hag 2,4 und 1Chr 28,10.20 auf den Tempelbau. Die mit *'śh* erweiterte Wendung (s.o., vgl. Hag 2,4) bleibt indessen auf Hag und Chr beschränkt (W.A.M.Beuken, Haggai-Sacharja 1–8, 1967, 53–60, der wie N.Lohfink, Die dtr. Darstellung des Übergangs der Führung Israels von Moses auf Josua, Scholastik 37, 1962, 32–44, die Ermunterungsformel als Bestandteil der Gattung der Amtseinsetzung betrachtet). *ḥªzaq waḥªzaq* begegnet nur einmal in einem Visionsbericht (Dan 10,19). Vgl. noch →*'mṣ* 4.

Die Formel *beʲād ḥªzāqā* »mit starker Hand« bezieht sich Num 20,20 (J) auf Edom, im übrigen aber (speziell im Dtn, wo die Wendung meistens zu »mit starker Hand und ausgerecktem Arm« erweitert worden ist) auf die göttliche Heilstat der Erlösung aus Ägypten (dazu jedoch →*jād* und →*zᵉrōªᶜ*; B.S.Childs, Deuteronomic Formulae of the Exodus Tradition, FS Baumgartner 1967, 30–39).

5. Die Verwendung von *ḥzq* in den Qumranschriften ähnelt derjenigen im AT, nur kommt das Pi. im Sinne von »verstocken« nicht vor und fehlt die sich auf den Exodus beziehende Wendung »mit starker Hand«. Zum NT vgl. W.Michaelis, Art. κράτος, ThW III,905–914; W.Grundmann, Der Begriff der Kraft in der ntl. Gedankenwelt, 1928. *A.S.van der Woude*

חטא *ḥṭ'* sich verfehlen

1. Die Wurzel **ḥṭ'* »(sich) verfehlen« ist gemeinsemitisch (Bergstr. Einf. 190; P. Fronzaroli, AANLR VIII/20, 1965, 252f. 263.268): akk. *ḫaṭû* »sich verfehlen, sündigen« (AHw 337f.350; dazu u.a. *ḫīṭu/ḫiṭītu* »Mangel, Sünde«), ug. *ḥṭ'* »sündigen« (WUS Nr. 1019; UT Nr. 952), aram. *ḥṭ'* »sündigen« (DISO 85; KBL 1075a; das Verbum fehlt im Bibl.-Aram.; ältester Beleg Aḥ. 50 *ḥṭ'jk* »deine Verfehlungen« mit 3. Radikal ', später >*j*), arab. *ḫaṭi'a* »Fehler begehen« (Wehr 220f.), äth. *ḫaṭ'a* »nicht finden« (Dillmann 619f.).

Im AT begegnet das Verbum im Qal »(ein Ziel) verfehlen, sich verfehlen«, im Hi. entweder normal-kausativ »zur Sünde veranlassen« oder innerlich-kausativ »sich beirren lassen, fehlen« (Jenni, HP 267), im Pi. entweder ästimativ-deklarativ »etwas als verfehlt anerkennen müssen« (Gen 31, 39) oder denominiert »entsündigen« (privativ zu *ḥēṭ'*) bzw. »als Sündopfer darbringen« (resultativ-produktiv zu *ḥaṭṭā't*), im Hitp. reflexiv-privativ »sich entsündigen« (zu Hi 41,17 »sich zurückziehen« vgl. Hölscher, HAT 17,96).

An Substantiven für »Sünde« o.ä. finden sich neben der mask. Segolatbildung *ḥēṭ'* (<**ḥiṭ'*-, vgl. akk. *ḫīṭu*) vier Feminina: *ḥæṭ'ā* (nur Num 15,28 txt?), *ḥªṭā'ā* (BL 463), *ḥaṭṭā'ā* (nur Ex 34,7; Jes 5,18; BL 477) und *ḥaṭṭā't* (BL 611.613). Dazu kommt das nomen agentis *ḥaṭṭā'* »sündig, Sünder« (BL 479).

Das Bibl.-Aram. kennt die Subst. *ḥªṭāj* »Sünde« (Dan 4,24) und (als LW aus dem Hebr.) *ḥaṭṭājā* »Sündopfer« (Esr 6,17K, Q *ḥaṭṭā'ā*).

2. Eine Übersicht über die 595 Belege der Wurzel im AT (Verbum 237×, Nomina 356× hebr., 2× aram.; bei Lis. fehlt Num 29,25 *ḥaṭṭā't*) bietet die folgende Tabelle (unter »übr.« sind *ḥæṭ'ā* [1× Num], *ḥaṭṭā'ā* [je 1× Ex und Jes] und *ḥªṭā'ā* zusammengefaßt):

	q.	pi.	hi.	hitp.	*ḥēṭ'*	*ḥaṭṭā'*	übr.	*ḥaṭṭā't*	zus.
Gen	7	1	–	–	1	1	1	4	15
Ex	8	1	1	–	–	–	4	8	22
Lev	25	5	–	–	4	–	–	82	116
Num	8	1	–	8	4	2	1	43	67
Dtn	5	–	1	–	8	–	–	4	18
Jos	2	–	–	–	–	–	–	1	3
Ri	3	–	1	–	–	–	–	–	4
1Sam	14	–	–	–	–	1	–	6	21
2Sam	4	–	–	–	–	–	–	1	5
1Kön	13	–	10	–	–	1	–	18	42
2Kön	3	–	15	–	2	–	1	15	36
Jes	5	–	1	–	4	3	1	12	26
Jer	13	–	1	–	–	–	–	13	27
Ez	11	5	–	–	1	–	–	24	41
Hos	5	–	–	–	1	–	–	5	11
Am	–	–	–	–	–	2	–	1	3
Mi	1	–	–	–	–	–	–	6	7
Hab	1	–	–	–	–	–	–	–	1
Zeph	1	–	–	–	–	–	–	–	1
Sach	–	–	–	–	–	–	–	3	3
Ps	8	1	–	–	3	6	3	13	34
Hi	11	–	–	1	–	–	–	6	18
Spr	6	–	–	–	–	3	–	7	16
Pred	6	–	1	–	1	–	–	–	8
Klgl	3	–	–	–	2	–	–	3	8
Dan	4	–	–	–	1	–	–	3	8
Esr	–	–	–	–	–	–	–	1	1
Neh	5	–	1	–	–	–	–	5	11
1Chr	2	–	–	–	–	–	–	–	2
2Chr	7	1	–	–	1	–	–	9	18
AT	181	15	32	9	33	19	11	293	593

Mehr als ein Viertel der Belege des Verbums gehört zum Sprachbereich der priesterlichen Traditionen (Lev, Num, Ez). Ein weiteres Viertel findet sich in den historischen Büchern (vor allem 1Sam – 2Kön); ein großer Teil dieser Belege, besonders die Hi.-Formen, ist bedingt durch die dtn.-dtr. Sprachtraditionen, zu denen auch Hos und Jer zu zählen sind. Die von den beiden genannten Gruppen (teilweise) unabhängigen Propheten verwenden das Wort nicht oder nur minimal.

Die ältesten Belege sind in J (11×) und E (10×), in älteren Schichten der Samuelbücher, bei Jes, Hos sowie in Dtn und Jos zu finden. Sie machen etwa ein Viertel der Belege aus.

Von den verschiedenen Nomina gehört fast ein Drittel ebenfalls dem priesterlichen Sprachbereich an (P, Ez, vgl. auch Ps, Dtjes und Tritojes). Auch die dtn.-dtr. Sprache hat ihren Anteil, etwa 50 Belege. *ḥaṭṭā't* steht an gut zwei Fünftel aller Stellen in der Bed. »Sündopfer« (vgl. zur Statistik R. Knierim, Die Hauptbegriffe für Sünde im AT, 1965, 19f.).

3. a) Die Grundbedeutung »(ein Ziel) verfehlen« ist wörtlich sichtbar in Ri 20, 16 (hi.) »die alle schleuderten mit Steinen und trafen aufs Haar, ohne zu fehlen«, während in Spr 19,2 »wer dahinstürmt, tritt fehl« der Übergang vom wörtlichen zum übertragenen Gebrauch im Sinne des verkehrten Lebenswandels deutlich ist. Wichtiger ist die Feststellung, daß die Wurzel – von wenigen Ausnahmen abgesehen (vgl. noch Spr 8,36, mit dem Gegensatzwort *mṣ'* »finden« in V. 35; Hi 5,24 »so vermissest du nichts«) – fast ausschließlich zur Bezeichnung religiöser Sachverhalte benutzt wurde. In diesem Verwendungsbereich wird der Begriff nur noch übertragen zur Disqualifizierung bestimmter Vorgänge verwendet. Die Tatsache, daß der Begriff eine nicht näher definierte Tat formal und objektiv als Vergehen, Verfehlung disqualifiziert, macht ihn zu einem umfassenden Oberbegriff für »Sünde«. Dabei weisen sowohl die Grundbedeutung selbst als auch der Anwendungsbereich aller Derivate in den jeweiligen Kontexten auf die Tathaftigkeit der Verfehlung hin (vgl. z.B. qal Gen 39,9; 40,1; 42,22; 1Sam 2,25; *ḥaṭṭā'* Gen 13,13; *ḥēṭ'* Lev 19,17, u.a.).

Dies sind die Gründe, warum die Wurzel *ḥṭ'* vor allen anderen Begriffen für »Sünde« im AT benutzt wird. Das Verbum hält von allen Verben für »sündigen« (Knierim, a.a.O. 13.19) mit Abstand die Spitze. Auch die Substantive stehen, zusammengenommen, an der Spitze, allerdings dicht gefolgt von →*'āwōn*. Nur beim Adjektiv hat *rāšā'* (→*rš'*) ein entscheidendes Übergewicht gegenüber *ḥaṭṭā'*.

b) Der Begriff ist in beträchtlichem Maße formelhaft verwendet. Die formelhaften Wendungen und Wortverbindungen und ihre Sitze im Leben weisen auf eine große Streuungsbreite von Erfahrungsbereichen hin, in denen Israel der Erfahrung von Verfehlung ausgesetzt war (vgl. Knierim, a.a.O. 20–55.257f.). Verfehlung kam zur Sprache in institutionalisierten Vorgängen wie dem überführenden Jahwespruch im kultgerichtlichen Akt, der Priesterthora, der Predigt, dem (politischen oder rechtlichen) Unterwerfungsakt, dem (kultischen oder politisch-rechtlichen) Sündenbekenntnis des Einzelnen oder des Volkes. Dies und die durchweg rechtlichen Implikationen in der Begriffsverwendung sind Ausdruck dafür, daß »Sünde« mit Hilfe einsichtiger und allgemeinverbindlicher Kategorien offiziell (institutionell) und objektiv aufgewiesen und beurteilt wird und vom Überführten dementsprechend zu bekennen ist.

Beim Verbum ragen folgende Wendungen heraus: (1) das alte, offizielle Sündenbekenntnis des Einzelnen, für das *ḥāṭā'tī* »ich habe gesündigt« die Hauptgeständnisformel im AT ist (30×); es begegnet vor allem im Geständnis nach der (sakral- oder profan-)gerichtlichen Überführung (Jos 7,20; 1Sam 15,24; 2Sam 19,21; 24, 10; Ps 41,5; 51,6) und in der Unschuldsbeteuerung nach einer Anklage (Ri 11,27; 1Sam 24,12); (2) das Sündenbekenntnis des Volkes *ḥāṭā'nū* »wir haben gesündigt« (24×) im Bußbegängnis oder Bußgebet; es bildet die Voraussetzung zur Wende einer Notsituation und steht in engem Zusammenhang mit dem Abtun fremder Götter und dem Volksklagelied, (vgl. Num 14,40; 21,7; Ri 10,10.15; 1Sam 7,6; 12, 10; Jer 3,25; 8,14; 14,7.20; Dan 9,5ff.; Neh 1,6); (3) die Bezichtigungs- oder Überführungsformel (3.Pers.Sing. oder Plur.Perf.Qal) mit dem Sitz in profanen (Gen 40,1; 1Sam 19,4) oder sakralen Vorgängen oder deren Sprache (Ex 32,31; Hos 4,7; Ps 78,32; Zeph 1,17); sie enthüllt eine Verfehlung oder begründet das Gericht; (4) die genannte Gattung begegnet in 2.Pers.Sing. oder Plur. in der direkten, anklagenden Anrede des prophetischen oder deuteronomischen Predigers (z.B. Ex 32,30; Num 23,23; Dtn 9,16.18; Jer 40,3; Hos 10,9).

Bei den Nomina sind etwa 15 Wendungen festzustellen (Knierim, a.a.O. 43–54), die, mit verschiedenen Sitzen, sich zumeist auf alle Arten von Verfehlung (rechtlicher, kultischer, sozialer Art usw.) beziehen, vgl. je ein Beispiel in 2Sam 12, 13; Jer 16,10; Hos 8,13; Gen 41,9; Lev 16,16; Mi 3,8; Ps 59,4; 32,5; Klgl 4,22; Ps 51,4; Jer 36,3; Ps 85,3; Jes 44,22. Speziell zu nennen sind (1) *nś' ḥēṭ'* »Verfehlung tragen« (17×), oft übersetzt mit »vergeben«; die Wendung bezieht sich jedoch auf den Grundvorgang, wonach eine Verfehlung getragen werden muß, während die Frage, ob dies Vergebung oder aber Bestrafung des Sünders bedeutet, vom Kontext abhängt, der entweder vom Tragen durch den Sünder oder aber durch einen Stellvertreter spricht (vgl. Lev 19,17; 22,9; 20,20 neben Ex 34,7 und Gen 50,17; Ex 32,32; 1Sam 15,25); (2) die Verbindung der Wurzel *ḥṭ'* mit *mūt* »sterben« (11 ×), vgl. u.a. Dtn 22,26 (Todsünde) und Am 9,10; Dtn 21,22; 24,16; 2Kön 14,6; Ez 18,4.20.

c) Die Begriffsetymologie (»Ziel verfehlen«) und die Kontexte zeigen, daß Kriterium für »Verfehlung« nicht bestimmte Gebote sind, sondern die Verletzung eines Gemeinschaftsverhältnisses: ein Mensch vergeht sich gegen einen Menschen oder gegen Gott (vgl. die programmatischen Aussagen 1Sam 2,25; Jer 16,10–12; 1Kön 8,46). Sofern jedoch ein jeweiliges Gemeinschaftsverhältnis Verhaltensnormen impliziert, geschieht dessen Verletzung in der Verletzung seiner Normen. In diesem Sinne erscheinen dann die Normen im Kontext des Redens von »Verfehlung«, z.B. bei Vergehen gegen das Banngebot (1Sam 14,33ff.), Ehebruch (2Sam 12,13) oder sexuellem Frevel (Lev 20,20), Diebstahl (Gen 31,36), Vergehen an unschuldigem Blut (2Kön 21,17), gegen Jahwes Gesalbten (1Sam 24,12), Götzendienst (Dtn 12,29f.), Vergehen sozialer Art (Mi 3,8; 6,6–8 u.ö.). Hosea umgreift unterschiedslos rechtliche, ethisch-soziale und kultische Verfehlungen (Hos 4,1.6–8).

Von Bedeutung ist die Verwendung des Wortes auch in der sogenannten profanrechtlichen Sphäre, z.B. im Rebellenbekenntnis Hiskias (2Kön 18,14) oder bei der Verletzung der Berufspflichten durch den Bäcker und den Mundschenk des Pharao (Gen 40,1), vgl. auch Gen 42,22; 43,9. Neben der bekannten Unmöglichkeit, strikt zwischen profanem und sakralem Bereich zu trennen, zeigt diese Begriffsverwendung, daß sich das Reden von »Sünde« auf alle Lebensbereiche erstreckte und durchaus nicht nur auf den religiösen Sektor beschränkt war.

Für die Disqualifizierung eines Verhaltens als »Verfehlung« ist es grundsätzlich unerheblich, ob eine Tat wissentlich oder unwissentlich geschah. An sehr vielen Stellen spielt eine solche Unterscheidung überhaupt keine Rolle. Qualifiziert wird nicht das Motiv oder die Gesinnung, sondern das Faktum als solches. Unwissentliche Verfehlungen sind genannt in Gen 20,9; Num 22,34; Lev 4 und 5; Ps 38,4.19; 41,5 (vgl. Knierim, a.a.O. 68). Der Mensch ist also auch für die unbewußte Verfehlung haftbar. Diese objektive, nicht psychologisierte Urteilskategorie zeigt die Abhängigkeit des Sünders von dem von außen auf ihn zukommenden Gericht. Andererseits zeigen Stellen wie Gen 4,7; Dtn 15,9; 22,26, in denen das subjektive Verhalten betont ist, und solche wie Gen 20,7.17; 1Sam 14,45; Num 22; Ex 21,13f. u.a., in denen Erlaß für ungewollte Vergehen erwirkt wird, eine wachsende Tendenz, die subjektive Verantwortlichkeit zu berücksichtigen und vor allem die Verfehlung dem menschlichen Bewußtsein deutlicher zum Verständnis zu bringen.

Der Begriff wird deutlich im Rahmen des dynamistischen Daseinsverständnisses (»schicksalwirkende Tatsphäre«) benutzt, und zwar hinsichtlich der Einheit von Verfehlung und Gericht, wie auch des Verhältnisses von Gemeinschaft und Individuum. »Der Sünder muß sterben in seinem *ḥēṭ'*« ist ein durch Jahrhunderte gültiger Satz (vgl. Num 27,3; Dtn 19,15; 24,16; 2Kön 14,16; Ps 51,7; Dan 9,16). Hier wie auch sonst wird ein Ineinander von Rechts- und Tatsphäredenken sichtbar, dessen Sinn es ist, die Legalität der Einheit von Verfehlung und Gericht (durch das Rechtsdenken) wie auch die Einheit der beiden Rechtskategorien (durch das Tatsphäredenken) auszudrücken.

Das Ganzheits- oder korporative Denken ist auch im Bereich des Redens von »Sünde« ursprünglich (vgl. Gen 9,22; 20,9; 26,10; Jos 7,11; 2Sam 24,16; Hos 7,1; 8,5; 10,5.7; 14,1). Aber es ist unter dem Einfluß mannigfacher Erfahrung modifiziert und an bestimmten Punkten durchbrochen worden. Typen solcher Modifizierung finden sich (1) in Ex 20,5f.; Jer 32,18: Betonung des Übergewichtes der Gnade über das Gericht im Blick auf je eine Gemeinschaft (vgl. Ex 34,6f.; Num 14,18); (2) in Gen 18,17ff.: Frage, ob das Schicksal einer Gemeinschaft durch die Minderheit der Gerechten oder die Mehrheit der Schuldigen bestimmt wird; (3) Jos 7: Entlastung des Volksverbandes zu Lasten des Familienverbandes (vgl. 2Sam 24,17); (4) Num 16,22: »Gott der Geister alles Fleisches, ein (einziger) Mensch sündigt, und du willst der ganzen Gemeinde zürnen?«. Hier ist in der Unterscheidung von Sündern und Gerechten das Individuum entdeckt. Vgl. dann den Schritt zum Rechtssatz in Ez 18; Dtn 24,16; Jer 31,20. Soweit deutlich, hat diese Entdeckung des Einzelnen ihren Ort in der durch die priesterliche Thorapflege geübten Unterscheidung zwischen Gerechten und Sündern gehabt.

d) Die Wurzel *ḥṭ'* ist der Hauptbegriff in der weitverzweigten atl. Terminologie für »Sünde« (vgl. Knierim, a.a.O. 13 Anm. 1, und 19). Während fast alle Begriffe ursprünglich eine spezielle inhaltliche Bedeutung haben, sind *ḥṭ'*, *rā'ā* (→*r''*), →*'āwōn* und *pǽšaʻ* (→*pšʻ*) Formalbegriffe, die bevorzugt als Oberbegriffe für »Sünde« verwendet werden. Dabei steht *rā'ā* »Böses, Übel« für sich selbst, wohingegen die übrigen drei komplementär verwendet worden sind, was darin seinen Ausdruck findet, daß sie 14 × in direktem oder erweitertem Kontext beieinanderstehen: Ex 34,7; Lev 16,21; Num 14,18; Ez 21,29; Ps 32,1.5; 59,4; Dan 9,24, sowie Jes 59,12; Jer 33, 8; Mi 7,18f.; Ps 51,3–7; Hi 7,20f.; 13, 23 (vgl. Jes 1,2.4; Ez 33,10.12). So sehr diese Trias formelhaft ist und systematisch die Menge aller möglichen Verfehlungen ausdrückt, so wenig wird man die drei Begriffe in der Triasformel einfach für synonym ansehen dürfen. Sie disqualifizieren die »Sünden«, jeder in seiner Weise. Wo sie jedoch zusammen als Formel verwendet werden, ersetzen sie der Intention nach alle anderen Begriffe für »Sünde«.

4. a) Der Begriff *ḥṭ'* ist in allen seinen Derivaten, von wenigen Ausnahmen abgesehen, im Kontext theologischer Aussagen verwendet. Er ist darüber hinaus nach *rā'ā* der am meisten gebrauchte theologische Begriff für »Sünde« im AT (vgl. zu diesem allgemeinen Thema die atl. Theologien und Th.C.Vriezen, RGG VI, 478–482 mit Lit., ferner Knierim, a.a.O., und Š.Porúbčan, Sin in the Old Testament, 1963). Als solcher bestimmt er bestimmte Taten oder Verhaltensweisen theologisch; d.h., daß durch ihn ein Tun oder Verhalten als von Jahwe verurteilt disqualifiziert wird. Das Disqualifizieren kommt in einer großen Vielfalt von Formen und Bereichen zum Ausdruck, die jedoch alle das verurteilende Handeln Jahwes und damit ein spezifisch theologisches Motiv als Vorverständnis implizieren. Der theologische Charakter des Verständnisses von »Verfehlung« ist demnach nicht in der nur formalen und psychologisch wenig vertieften Konzeption der Wortbedeutung begründet, sondern darin, ob und wie Jahwe sich einer Verfehlung annimmt. In diesem Sinne ist »Verfehlung« gleichgewichtig mit jeder anderen Art von »Sünde«. Die statistische Auswertung der in den einzelnen Quellen des AT verschiedenartig vorgezogenen Begrifflichkeit unterstützt diese Feststellung (vgl. Knierim, a.a.O. 245ff.).

b) Als hauptsächliche Bereiche, in denen das Disqualifizieren als Urteil Jahwes zum Ausdruck kommt, sind die folgenden zu nennen: (1) der Bereich des Jahweurteils in Jahwespruch oder Predigt, und des daraus resultierenden Sündenbekenntnisses (vgl. die formelhaften Wendungen o. 3b). In diesen Bereichen wird am direktesten deutlich, daß die Erkenntnis von »Sünde« einem – aufdeckenden – Offenbarungsvorgang entspringt (vgl. auch Klgl 2,14; 4, 22b; Mi 3,8; Jes 58,1); (2) wo *ḥṭ'* Handlungen gegen Jahwe oder Jahwe-Ordnungen impliziert oder gegen Menschen, die Jahwes Schutz unterstehen; (3) wo in der Verletzung von Normen Jahwes Privilegien und ein von ihm geschütztes Gemeinschaftsverhältnis angetastet werden; (4) wo in der objektiven Verschuldensauffassung Jahwe als der menschlicher Kontrolle entzogene Richter auf den Menschen zukommt, und wo der Mensch im Aufweis der subjektiven Verantwortlichkeit der Unausweichlichkeit des Konfrontiertseins mit Gott gewahr wird; (5) wo Rechts- und Tatsphäredenken Mittel sind, mit denen Jahwe »Verfehlung« ahndet (vgl. Knierim, a.a.O. 82ff.; vgl. z.B. Hos 5,12.14; Am 3,6b); (6) wo Jahwe den einheitlichen Zusammenhang des Verfehlungsschicksals zwischen »Sünde« und Gericht in der Geschichte, im Leben des Einzelnen und der Gemeinschaft souverän bestimmt, modifiziert oder gnadenvoll durchbricht.

5. In den Qumrantexten finden sich das Verbum (4 ×) sowie die Nominalformen *ḥēṭ'* (1 ×) und *ḥaṭṭā't* (15 ×, Kuhn, Konk. 70). Auffallend ist der fast durchweg formelhafte Gebrauch im Anschluß an die atl. Wendungen.

Der Tatbestand in LXX ist insofern aufschlußreich, als etwa 26 hebr. Ausdrücke für »Sünde« mit nur 6 gr. Begriffen wiedergegeben sind, was zweifellos auf eine starke Thematisierung und Theoretisierung des atl. Sündenverständnisses im gr. Sprachraum hinweist; vgl. G. Quell, ThW I,268f. Dementsprechend sind alle Ableitungen von *ḥṭ'* in LXX konstant mit ἁμαρτάνω, ἁμαρτία usw., nur gelegentlich mit ἀδικέω, ἀδικία, und nur bei den abgeleiteten Stammformen des Verbums verschieden wiedergegeben. Für das NT bedeutet dies, daß *ḥṭ'* zwar hauptsächlich in ἁμαρτία wiederzufinden wäre, daß aber ἁμαρτία durchaus nicht nur *ḥṭ'* als hebr. Äquivalent gehabt haben muß – ganz abgesehen von dem neuen ontologischen und hamartiologischen Verständnis im NT (vgl. G.Quell – G.Bertram – G.Stählin – W.Grundmann, Art. ἁμαρτάνω, ThW I, 267–320). An einer Stelle scheint jedoch eine atl. Vorstellungsweise im NT sich wiederzufinden, da wo von dem »Tragen der Schuldlast« (*nś' 'āwōn/ḥēṭ'*) gesprochen wird: Joh 1,29; vgl. 1Petr 5,7; Gal 6,2.

R. Knierim

חיה *ḥjh* leben

1. a) Die Wurzel *ḥjj/ḥwj* »leben« ist im WSem. reich entwickelt, fehlt dagegen im Akk., das dafür das äquivalente *balāṭu* hat (P. Fronzaroli, AANLR VIII/19, 1964, 248f.263; VIII/23, 1968, 280.291.300; →*plṭ*). Mehrfache Belege finden sich schon in altsem. Inschriften (kan.: EA 245,6, vgl. CAD H 32b; ug.: WUS Nr. 911. 916; UT Nr. 856; Gröndahl 137; phön.-pun., hebr. und aram.: DISO 86f.; HAL 295f.).

Ug. und phön.-pun. begegnet als zweiter Radikal auch *w* (vgl. auch die amorit. Namen bei Huffmon 71f.191f.); zur Schreibung im Pun. und zum ins Lat. entlehnten, als Grußformel gebrauchten Imp. *ave* vgl. Friedrich 17.78.120.

Eine befriedigende Etymologie läßt sich nicht nachweisen. Weder »atmen« (Gesenius, Thesaurus I, 467f.) noch »sich zusammenziehen« (H. J. Fleischer, Kleinere Schriften I, 1885, 86) sind einleuchtend.

Von einer zweiten Wurzel *ḥwh* sind im AT abzuleiten: *ḥawwā* »Zeltlager«, *ḥaj* »Sippe« (1Sam 18,18; nach L. Delekat, VT 14, 1964, 27f., auch Ps 42,9) und *ḥajjā* »Schar« (2Sam 23,11.13; Ps 68,11); vgl. HAL 284a.296b.297b.

b) Im Hebr. erscheint das Verbum außer im Qal auch im Pi. und Hi. Die 3.Mask. Sing.Perf.Qal hat bisweilen, besonders im Pentateuch, das Aussehen eines Verbums mediae geminatae (BL 423).

Unter den vom Verbum abgeleiteten nominalen Vokabeln findet sich zunächst das Subst. und Adj. *ḥaj* »Leben« bzw. »lebendig«, sowie dessen Fem. *ḥajjā*, das einigemal als Abstraktum »Leben«, öfter als Kollektivum »Lebewesen« bedeutet. Das plurale tantum *ḥajjīm* im Sinne von »Leben« wird meistens als ein Abstraktplural (»Plur. der Dauer«) verstanden.

Nach Brockelmann handelt es sich um eine abstrahierende Umdeutung des Adj. *ḥaj*: *b^eḥajjīm* »unter den Lebenden« > »im Leben« (BrSynt 16; *bḥjm* in einer phön. Inschrift vom Ende des 6. Jh. [KAI Nr. 13, Z.7] kann »unter den Lebenden« oder »im Leben« meinen). *ḥajjīm* ist auch als eine künstliche Analogiebildung verstanden worden, und zwar als eine sekundäre Rückbildung eines st.abs. des als Plur. falsch verstandenen st.cs.sing. *ḥē* (J. Barth, ZDMG 42, 1888, 344; Nyberg 202).

Als Verbalabstraktum findet sich das *ma*-Nomen *miḥjā* »Lebensunterhalt«, »Lebendigwerden«, und das mit der Abstraktendung *-ūt* gebildete Hapaxlegomenon *ḥajjūt* »Lebzeit« (2Sam 20,3; vgl. BL 505). Hapaxlegomenon ist auch *ḥājōt*, Adj. plur. fem. »lebenskräftig« (Ex 1,19; vgl. BL 465; anders G. R. Driver, ZAW 67, 1955, 246–248).

Als Teil eines Personennamens ist die Wurzel spärlich belegt, und zwar in den beiden theophoren Satznamen *J^eḥī'ēl* und *J^eḥijjā* »Gott/Jahwe lebt« (Jussiv mit indikativischer Bedeutung).

Im Bibl.-Aram. begegnen Qal und Ha., dazu die Nomina *ḥaj* »lebend«, *ḥajjīn* »Leben« und *ḥēwā* »Tier«.

2. Eine Übersicht über das Vorkommen der Vokabeln (in der von Mand. abweichenden Anordnung von Lis., aber Ps 18, 47 wie 2Sam 22,47 als Adj. gerechnet) gibt folgende Tabelle (II = *ḥajjā* in der Bed. »Leben«):

	Qal	Pi.	Hi.	*ḥaj*	*ḥajjā*	II	*ḥajjīm*	total
Gen	49	4	6	26	20	–	20	125
Ex	3	4	–	3	2	–	4	16
Lev	3	–	–	23	9	–	1	36
Num	5	1	2	6	1	–	–	15
Dtn	15	3	–	8	1	–	12	39
Jos	3	1	4	2	–	–	2	12
Ri	1	1	1	1	–	–	1	5
1Sam	2	3	–	22	1	–	2	30
2Sam	4	1	1	15	1	–	4	26
1Kön	6	2	–	22	–	–	4	34
2Kön	16	1	5	18	1	–	2	43
Jes	7	1	3	8	6	1	4	30
Jer	9	1	–	16	3	–	4	33
Ez	43	4	1	24	31	2	2	107
Hos	1	2	–	2	4	–	–	9
Am	3	–	–	2	–	–	–	5
Jon	–	–	–	–	–	–	3	3
Hab	1	1	–	–	–	–	–	2
Zeph	–	–	–	1	2	–	–	3
Sach	3	–	–	1	–	–	–	4
Mal	–	–	–	–	–	–	1	1
Ps	11	20	–	13	8	3	26	81
Hi	5	2	–	5	5	6	7	30
Spr	4	–	–	1	–	–	33	38
Ruth	–	–	–	2	–	–	–	2
Hhld	–	–	–	1	–	–	–	1
Pred	3	1	–	8	–	–	13	25
Klgl	1	–	–	1	–	–	2	4
Est	1	–	–	–	–	–	–	1
Dan	–	–	–	1	1	–	1	3
Neh	4	2	–	–	–	–	–	6
1Chr	–	1	–	–	–	–	–	1
2Chr	2	–	–	4	1	–	–	7
AT	205	56	23	236	97	12	148	777

Dazu kommen *miḥjā* 8× (Stellen s.u. 3f), *ḥājæ* und *ḥajjūt* je 1×; nicht gezählt ist der Ortsname *B^e'ēr-laḥaj-rō'ī* (bei Lis. Gen 16,14 irrtümlich unter *ḥaj*).

Bibl.-aram. begegnen Qal 5×, Ha. 1×, *ḥaj* 5×, *ḥajjīn* 2×, *ḥēwā* 20×.

An den rund 800 Belegen der Wurzel sind Gen (126×), Ez (107×) und Ps (81×) am stärksten beteiligt. Auffällig ist das Fehlen von *ḥajjīm* in Chr/Esr/Neh und der spärliche Gebrauch bei den Propheten (14×).

3. Alle Erscheinungen der Wurzel gruppieren sich mehr oder weniger eng um den Begriff »Leben«. Es empfiehlt sich, vom Verbum auszugehen und die verschiedenen nominalen Abstrakt- und Kollektivbildungen von ihm aus zu betrachten.

a) Die grundlegende und auch am häufigsten belegte Bedeutung des Qal ist »am Leben sein/bleiben«, wobei der Gegensatz zu »sterben/tot sein« (→*mūt*) immer irgendwie mitschwingt, auch wenn er nicht explizit zum Ausdruck kommt. Eine betonte Gegenüberstellung findet sich oft, z.B. im Ausdruck »leben und nicht sterben« (Gen 42,2; 43,8; 47,19; Dtn 33,6; 2Kön 18,32; Ez 18,21.28; 33,15; Ps 89,49; 118, 17) oder »sterben und nicht leben« (2Kön 20,1 = Jes 38,1).

Ein abgeschwächter Sinn ergibt sich, wenn *ḥjh* durch Zusätze des Orts oder der Zeit näher bestimmt wird (»dauernd sich an einem Ort aufhalten«: Gen 47,28; Lev 25,35f.; Klgl 4,20; Zeit: besonders in den Stammbäumen der Priesterschrift in Gen 5 und 11, ferner Gen 47,28; 2Kön 14,17 = 2Chr 25,25; Jer 35,7; Hi 42,16; Pred 6, 3.6; 11,8).

Eine etwas abgeänderte Bedeutung bekommt das Verbum an den Stellen, wo es nicht einen durativen Zustand, sondern einen momentanen Vorgang bezeichnet: »wieder lebendig werden« (1Kön 17,22; 2Kön 13,21; Jes 26,14.19; Ez 37,3.5f.9f. 14; Hi 14,14). Damit nahe verwandt und für die alten Israeliten wohl kaum verschieden sind die Stellen, an denen *ḥjh* das Gesundwerden, die Genesung von einer Krankheit meint (Gen 45,27; Num 21,8f.; Jos 5,8; Ri 15,19; 2Kön 1,2; 8,8–10.14; 20,7; Jes 38,9.21). Wenn aber das Gesundwerden als Lebendigwerden oder Zum-Leben-Kommen bezeichnet werden kann, so besagt das, daß das Kranksein lebensmindernd ist, daß eigentliches Leben nur das des gesunden Menschen ist. Hier zeigt sich besonders deutlich, daß »Leben« im AT nicht das bloße physische Lebendigsein, sondern das heile, erfüllte Leben meint.

In anderer Richtung wird die Bedeutung verändert, wenn die Fristung des leiblichen Lebens betont wird (Gen 27,40; Dtn 8,3; 2Kön 4,7).

Als Subjekt erscheinen außer Personen *lēbāb* »Herz« (Ps 22,27; 69,33), *nǽfæš* »Seele« (Gen 12,13; 19,20; 1Kön 20,32; Jes 55,3; Jer 38,17.20; Ez 13, 19 plur.; 47,9; Ps 119,175), *rūaḥ* »Geist« (Gen 45,27), *ʿaṣāmōt* »Knochen« (Ez 37,3.5).

Pflanzen und merkwürdigerweise auch Tiere sind nie Subjekt zu *ḥjh*.

In der Akklamation *jeḥī hammælæk* (1Sam 10,24; 2Sam 16,16; 1Kön 1,25.31.34.39; 2Kön 11,12 = 2Chr 23,11; vgl. Neh 2,3) ist das Verbum wahrscheinlich ein Jussiv mit indikativischer Bedeutung: »der König lebt, er ist im Vollbesitz der königlichen Macht« (P.A.H. de Boer, VT 5, 1955, 225–231; vgl. aber Dan 2,4; 3,9; 5,10; 6,7.22 mit Imp.).

b) Pi. und Hi., beide mit der Bed. »am Leben erhalten, weiter leben lassen«, unterscheiden sich voneinander dadurch, daß das Pi. den Gegensatz zu »sterben/tot sein« stärker hervorhebt, während beim Hi. der abgeblaßte Begriff »Dauer« zur Sprache kommt (Jenni, HP 37.58.61–64).

Ein erweiterter, fachsprachlich anmutender Gebrauch des Pi. findet sich an einigen Stellen: 2Sam 12,3; Jes 7,21 »(Jungtiere) aufziehen«, Hos 14,8 »(Korn) anbauen«, 1Chr 11,8 »(eine Stadt) wiederherstellen«; letztere Bedeutung auch im Phön. (KAI Nr. 4, Z. 2).

c) *ḥaj* meint sowohl »lebendig« wie »lebend«, vivus und vivens, und hat adjektivische und substantivische Funktion. Es wird von Menschen und Tieren ebenso wie von Gott ausgesagt, nicht aber von Pflanzen, die im AT nie als Lebewesen in Betracht kommen (E. Schmitt, Leben in den Weisheitsbüchern Job, Sprüche und Jesus Sirach, 1954, 116). Die Bezeichnung *ḥaj* kann ferner *nǽfæš* »Seele« (Gen 1,20.21.24. 30; 2,7.19; 9,10.12.15.16; Lev 11,10.46; Ez 47,9) und *bāśār* »Fleisch« (Lev 13,10. 14–16 vom wuchernden Fleisch einer Wunde; 1Sam 2,15 von rohem Tierfleisch) beigelegt werden. Ein erweiterter Gebrauch liegt im Ausdruck »lebendiges (d.h. fließendes) Wasser« vor (Gen 26,19; Lev 14,5.6.50–52; 15,13; Num 19,17; Jer 2, 13; 17,13; Sach 14,8; Hhld 4,15).

Zur Wendung *kāʿēt ḥajjā* »um diese Zeit übers Jahr« (Gen 18,10.14; 2Kön 4,16.17) vgl. akk. *ana balāṭ* »im kommenden Jahr« (AHw 99a; R. Yaron, VT 12, 1962, 500f.; O. Loretz, Bibl 43, 1962, 75–78: *ḥajjā* nicht »Leben«, sondern »im nächsten Jahre«).

Die Steigerungsformel *ḥj ḥjm* »Lebender der Lebenden« findet sich als Königstitel auf einer neupun. Grabinschrift (KAI Nr. 161, Z. 1).

Als Substantiv kommt *ḥaj* nur in der Schwurformel vor: *ḥē* X »beim Leben des X« (M. Greenberg, JBL 76, 1957, 34–39). Rectum der Cs.-Verbindung ist fast immer Gott/Jahwe; das nomen regens lautet dann *ḥaj*. In den seltenen Fällen, wenn bei einem Menschen geschworen wird, heißt die Formel normalerweise *ḥē-nafšekā* und erscheint meistens in Verbindung mit gleichzeitigem Schwören bei Gott: »so wahr Gott lebt und so wahr deine Seele lebt«; ohne *nǽfæš* begegnen nur *ḥē-ʾadōnī* (2Sam 15,21) und *ḥē-Farʿō* (Gen 42,15f.). In *ḥaj-ʾānī* »so wahr ich lebe« ist *ḥaj* Adj. (Stellen in HAL 295).

d) Das fem. Adj. *ḥajjā* »Lebendes« steht sowohl im Sing. als im Plur. als Bezeichnung der »Lebewesen« schlechthin, d.h. vor allem der »Tiere« (vgl. gr. ζῷον). Meistens meint das Wort freilebende ungezähmte Tiere im Unterschied zu den Haustieren (*behēmā*; Gen 8,1; Ez 14,15; 33,27; Zeph 2,15; Ps 148,10; Hi 37,8). Bisweilen wird eine weitere Beschränkung gemacht: Landtiere im Gegensatz zu Vögeln und Fischen (Gen 1,28; 8,19; Lev 11,2). Ausnahmsweise kann *ḥajjā* aber auch die Haustiere (Num 35,3) oder die Lasttiere (Jes 46,1) bezeichnen.

ḥajjā hat auch die abstrakte Bed. »Leben«, hauptsächlich in Ps und Hi (5× in den Elihu-Reden), wo es synonym mit →*nǽfæš* steht.

e) Als allumfassende Vokabel für »Leben« dient der Plur. *ḥajjīm*. Sein Sinnbereich wird, wie es beim Verbum der Fall ist, primär vom Gegensatz zu »Sterben/Tod« bestimmt. Zum expliziten Ausdruck kommt diese Gegenüberstellung vor allem im Dtn, ferner z.B. in 2Sam 1,23; 15,21; Jer 8,3; Jon 4,3.8; Spr 18,21.

Eine Abschwächung der Bedeutung zu »Lebensdauer« ergibt sich, wenn *ḥajjīm* in Zeitbestimmungen verwendet wird, so besonders in den Ausdrücken *jemē ḥajjīm* »Lebenstage« (Gen 3,14.17 u.ö., etwa 30×), (*jemē*) *šenē ḥajjīm* »Lebensjahre« (Gen 23,1; 25,7.17 u.ö., etwa 15×). Auch außerhalb dieser Ausdrücke kann *ḥajjīm* fast als ein Zeitbegriff stehen, z.B. Gen 7,11; Lev 18,18; Ri 16,30; Pred 3,12; 6,12.

Ohne Betonung der Dauer kann *ḥajjīm* einen verallgemeinerten Sinn haben und fast nur »Dasein« meinen, z.B. Gen 27, 46; Ex 1,14; Pred 2,17; 9,9; 10,19.

Es gibt Stellen, wo *ḥajjīm* und →*nǽfæš* fast als auswechselbare Begriffe erscheinen. »Alles Lebendige« kann ebenso wie *kol-ḥaj* auch *kol-hannǽfæš* heißen, z.B. Jos 10,28. 30.32.35.37; vgl. ferner Ps 21,5; 64,2 (*ḥajjīm*) mit Hi 31,39; Est 7,7 (*nǽfæš*). Meistens ist jedoch der Unterschied klar; er scheint vor allem in dem höheren Grad von Objektivierung zu liegen, der dem Begriffe *ḥajjīm* innewohnt: im Gegensatz zu *nǽfæš* wird *ḥajjīm* nicht als ein inhärentes, leibgebundenes Lebensprinzip betrachtet, sondern als ein Besitztum oder richtiger eine Heilsgabe (s.u. 4b).

f) Das Verbalabstraktum *miḥjā* hat einen ziemlich speziellen Verwendungsbereich und spiegelt in verschiedener Weise die Handlung oder den Vorgang des Verbums wieder, entweder des Qal: »Lebendigwerden« (Lev 13,10.24 als sakralmedizinischer Terminus für das Wachsen des Fleisches einer Wunde; 2Chr 14,12; Esr 9,8f. vom Aufleben, Aufatmen der Versklavten), oder des Kausativs: »Erhaltung des Lebens« (Gen 45,5; vgl. Sir 38,14). *miḥjā* kann auch Konkretes bezeichnen: »Lebensmittel« (Ri 6,4; 17,10). Spr 27,27 hat im gleichen Sinne *ḥajjīm*.

4. a) Die atl. Belege für den »lebendigen Gott« gehören zunächst und überwiegend zur Schwurformel »beim Leben Jahwes/Gottes« (vgl. M.R. Lehmann, ZAW 81, 1969, 83–86, mit altorientalischen Parallelen). Die häufigste Form ist *ḥaj Jhwh* (41×, davon 30× in Ri – 2Kön; ferner *ḥaj 'adōnāj Jhwh* Jer 44,26; *ḥaj hā'ælōhīm* 2Sam 2,27; *ḥaj-'ēl* Hi 27,2). Die Formel erscheint auch in den Lachisch-Ostraka (KAI Nr. 193, Z. 9 *ḥjhwh*; Nr. 196, Z. 12 *ḥj Jhwh*). Als göttliche Selbstaussage *ḥaj-'ānī* (*ḥaj 'ānōkī* Dtn 32,40) »so wahr ich lebe« findet sich der Schwur 23× (Num 14,21.28; Dtn 32,40; Jes 49,18; Jer 22, 24; 46,18; Zeph 2,9 und 16× in Ez).

Außerhalb der Schwurformel gibt es nur 14 Stellen, wo Gott als *ḥaj* bezeichnet wird: *'ælōhīm ḥajjīm* Dtn 5,26; 1Sam 17, 26.36; Jer 10,10; 23,36; *'ēl ḥaj* Jos 3,10; Hos 2,1; Ps 42,3; *'ælohīm ḥaj* 2Kön 19,4. 16 = Jes 37,4.17; *ḥaj Jhwh* »Jahwe lebt« 2Sam 22,47 = Ps 18,47. Es fällt auf, daß mehrere dieser Stellen sich inhaltlich berühren, besonders die Belege aus 1Sam und 2Kön, die in Scheltreden gegen einen ausländischen Gegner, der Israels Gott gelästert hat, stehen. Auch Jer 10,10 erinnert an diese Stellen, insofern als dort eine Polemik gegen die Fremdgötter zur Sprache kommt. Der Gegensatz zu den Fremdgöttern beherrscht Jos 3,10: der lebendige Gott Israels wird die Kanaaniter, Hethiter usw. vertreiben. Offenbar handelt es sich an diesen Stellen um einen konventionierten Sprachgebrauch. Der »lebendige Gott« wird mit Vorliebe in polemischen Aussagen gegen Fremdvölker und Fremdgötter erwähnt.

L. Delekat, VT 14, 1964, 27f., hat vermutet, daß *ḥaj* in der Verbindung *'ēl ḥaj* ursprünglich »Sippe« bedeutete (vgl. 1Sam 18,18), und daß der *'ēl ḥaj* von Anfang an im Gegensatz zu den fremden Göttern stand.

Der Eindruck, daß vom »lebendigen Gott« nur sehr zurückhaltend gesprochen wird, verstärkt sich, wenn man die *ḥajjīm*-Stellen heranzieht. Niemals wird im AT Leben/Lebendigkeit als ein göttliches Attribut erwähnt, oft dagegen als ein Ergebnis der heilsamen Tätigkeit Gottes.

Steht Gott als Subjekt, wird »Leben« folgenden Verben als Objekt zugeordnet: *ntn* »geben« (Dtn 30,15.19; Mal 2,5; Hi 3,20), *g'l* »erlösen« (Ps 103,4; Klgl 3,58), *nṣr* »bewahren« (Ps 64,2), *ṣwh* pi. »entbieten« (Ps 133,3), *'śh* »machen« (Hi 10,12). Gott ist »Quell des Lebens« (Ps 36,10); Gottesfurcht führt zum Leben (Spr 19,23). Man kann ihn um Leben bitten (Ps 21,5) und darum, daß er das Leben des Beters nicht hinraffe (Ps 26,9). Es ist durchaus folgerichtig, daß in Aussagen von Gott die faktitiv/kausativen Stammformen zur Anwendung kommen. Von den 56 Pi.-Stellen haben 26 Gott als Subjekt (in Ps 19 Belege). Bei den 23 Hi.-Belegen steht Gott als Subjekt an 9 Stellen (nie in Ps).

Es geht aus dem lexikalischen Befund hervor, daß das AT kein großes Gewicht darauf legt, Jahwe als den Lebendigen darzustellen. Leben und Lebendigkeit werden fast nie als an Jahwe haftende Attribute betrachtet. Alle Betonung liegt darauf, daß Jahwe das Leben gibt und über das Leben verfügt, nicht daß er selber daran teilhat. Der atl. Sprachgebrauch unterscheidet sich von dem der anderen Völker des alten Orients, die ganz unbefangen vom Leben und der Lebendigkeit ihrer Gottheiten sprechen (Chr. Barth, Die Errettung vom Tode in den individuellen Klage- und Dankliedern des AT, 1947, 36–41; vgl. auch L. Dürr, Die Wertung des Lebens im AT und im antiken Orient, 1926). Im verschiedenen Sprachgebrauch kommen verschiedene Gottesvorstellungen zum Ausdruck: einerseits Deifikation der Lebenskraft, die tatsächlich eine Identität zwischen Gott und Leben bedeutet, andererseits eine klare Distanz zwischen dem Schöpfer und den kreatürlichen Lebenskräften.

b) *ḥajjīm* »Leben« ist im Unterschied zu *næfæš* kein selbstverständliches Wesensmerkmal des Menschen, sondern eine Gabe Gottes.

Dies kommt besonders deutlich zum Ausdruck im »Psalm des Hiskia« Jes 38,9–20, in dem das neu geschenkte Leben des Genesenen als Leben im Gegenüber zu Gott, als Leben im Lob bezeichnet wird: V. 19 »Leben, Leben, das lobt dich, wie ich heute«. Dieser Satz im Gegensatz zu V. 18 »... der Tod preist dich nicht ...« zeigt, daß *ḥajjīm* als heiles Leben, als von Gott geschenktes Leben verstanden wird (vgl. C. Westermann, Das Loben Gottes in den Psalmen, [4]1968, 120–122; hier zitiert Chr. Barth, a.a.O. 151: »Man beachte aber, daß der Lobpreis Jahwes zugleich die Funktion eines Merkmals der Lebendigkeit hat«).

Das Leben ist Gabe Gottes, weil der Mensch zum Leben, d.h. als *næfæš ḥajjā* (Gen 2,7) geschaffen ist. Das Lebendigsein des Menschen ist mit seinem Geschaffensein identisch; in seinem Lebendigsein weiß er sich als Geschöpf Gottes. Da aber das Leben ständig gefährdet ist, kann es entgegen solcher Gefährdung und Bedrohung, entgegen aller Lebensminderung neu verheißen werden, wie das besonders in der Schlußrede Dtn 30,15–20 geschieht. Hier besteht eine enge Verbindung zwischen Lebensverheißung und Gebotsverkündigung. Durch die Gebote wird Israel das Leben zugesprochen. Primär geschieht das im Kultus (Lev 18,5; Dtn 30,15.19). G. von Rad, »Gerechtigkeit« und »Leben« in der Kultsprache der Psalmen, FS Bertholet 1950, 418–437 = GesStud 225–247, sieht in dieser Verkoppelung von Gebotsverkündigung und Lebensverheißung ein konstitutives Element des Jahweglaubens (S. 427 = 235). Namentlich wird der Gehorsam gegenüber den Geboten Gottes in Dtn aber auch sonst mit dem Leben verknüpft (Dtn 4,1; 5,33; 8,1; 11,8f.; 16,20; 22,7; 25,15; vgl. Ex 20,12; Hi 36,11; zu Ez 20 und 33 vgl. W. Zimmerli, ThZ 13, 1957, 494–508 = GO 178–191).

Auch in der Weisheit wird das Leben als ein Heilsgut angeboten, und zwar mit dem Hören auf die Mahnungen des Weisheitslehrers oder auf den Ruf zur Nachfolge der als Person auftretenden Weisheit verbunden (Spr 3,1f.; 4,10.13.22f.; 7,2; 8,35; 9,6; vgl. Ch. Kayatz, Studien zu Proverbien 1–9, 1966, 102–107, zu den äg. Parallelen). Das Angebot des Lebens hat sich hier vom Kultus gelöst und wird nicht an Israel als Ganzes, sondern an den Einzelnen gerichtet (von Rad I,454ff.).

c) Die Frage, ob das AT ein Leben nach dem Tode kennt, wird sehr verschieden beantwortet. Die Antwort hängt vor allem von dem Verständnis einiger Psalmen ab, die von einer Bewahrung vom Tode und einer Errettung von der Scheol sprechen, besonders Ps 27; 49; 73. Nach Barth, a.a.O. 165f., bedeutet »vom Tode erretten« so viel wie »vom feindlichen, drohenden und richtenden Tode erretten« und bezieht sich nicht auf eine Fortsetzung des Lebens nach dem Tode. Von Rad I,419f., dagegen findet, vor allem in Ps 49 und 73, »ein starkes theoretisches Bemühen, das nicht an einer einzelnen Notlage haften bleibt«, sondern grundsätzlich auf ein Leben über den Tod hinaus Bezug nimmt. Es handelt sich jedoch in diesen Psalmenaussagen nicht um eine allgemein geglaubte Jenseitshoffnung, sondern um ein persönliches Festhalten des Frommen an dem Glauben, daß die Lebensgemeinschaft mit Jahwe eine unzerstörbare sein muß, auch über den Tod hinaus.

Die Erwartung einer allgemeinen Auferstehung der Toten findet sich erst in der Apokalyptik. Die Jesaja-Apokalypse spricht von einer Auferstehung der Frommen (Jes 26,19), während Dan 12,1–3 eine Auferstehung aller erwartet, der einen »zu ewiger Abscheu«, der anderen »zum ewigen Leben«.

5. In den Qumrantexten sind sowohl die Verbal- wie die Nominalformen belegt. Das Subst. *ḥajjīm* erscheint häufig als nomen regens in teilweise recht kühnen metaphorischen Cs.-Verbindungen wie »Einsicht, Licht, Quelle, Bäume, Griffel des Lebens«.

Zur LXX und zur Fortsetzung der Linien im NT vgl. G. von Rad–G. Bertram–R. Bultmann, Art. ζάω, ThW II, 833–877; H. J. Kraus, Der lebendige Gott, EvTh 27, 1967, 169–200. *G. Gerleman*

חַיִל *ḥájil* **Kraft** → כֹּחַ *kōªḥ*.

חכם *ḥkm* weise sein

1. Die Wurzel *ḥkm* ist in den meisten sem. Sprachzweigen bezeugt (neben GB 229b s. bes. HAL 301a; ug.: WUS Nr. 924; UT Nr. 859; H.-P. Müller, UF 1, 1969, 89 Anm. 81; phön.: KAI Nr. 26A I, 13; aram.: DISO 87f.; KBL 1075b), doch ist die Ursprünglichkeit von akk. *ḫakāmu* »verstehen, begreifen« lange diskutiert worden (HAL 301a mit Lit.; CAD H 32f.; AHw 309a; vgl. noch A. Finet, AIPHOS 14, 1954/57, 132, und CAD A/II, 345a).

Neben dem Verbum *ḥkm* »weise sein/werden« (q., pi., pu., hi., hitp.) finden sich im Hebr. das Nomen *ḥākām* »kundig, gescheit; Weiser« sowie die Abstrakta *ḥokmā* »Weisheit« (nur Sing., aber s.u.) und *ḥokmōt* »Weisheit«, das entweder als Abstraktplural von *ḥokmā* (GVG II, 59; Joüon 211. 236. 417; G. Fohrer, ThW VII, 476 Anm. 85) oder als eine späte Singularbildung (GK § 86 l; BL 506; W. F. Albright, SVT 3, 1955, 8) aufgefaßt worden ist (vgl. HAL 302a).

Das Bibl.-Aram. hat die Personenbezeichnung *ḥakkīm* »Weiser« (nur Plur.) und das Abstraktum *ḥokmā* »Weisheit«.

2. Die Konzentration der Belege in den Weisheitsschriften wird aus der folgenden Tabelle ersichtlich:

	Verbum	*ḥākām*	*ḥokmā*	*ḥokmōt*	total
Gen	–	3	–	–	3
Ex	1	9	8	–	18
Dtn	1	5	2	–	8
Ri	–	1	–	–	1
2Sam	–	4	2	–	6
1Kön	1	3	17	–	21
Jes	–	9	5	–	14
Jer	–	11	6	–	17
Ez	–	3	5	–	8
Hos	–	2	–	–	2
Ob	–	1	–	–	1
Sach	1	–	–	–	1
Ps	4	2	6	1	13
Hi	2	8	18	–	28
Spr	13	47	39	3	102
Pred	4	21	28	–	53
Est	–	2	–	–	2
Dan	–	–	3	–	3
1Chr	–	1	1	–	2
2Chr	–	6	9	–	15
AT	27	138	149	4	318

Beim Verbum steht 19 × das Qal (Spr 12 ×), 3 × Pi., 2 × Pu., 2 × Hitp. und 1 × Hi.

Die Belege in Ex gehören alle zu P, diejenigen in Ez sind in Ez 27f., diejenigen in Dan in Dan 1 konzentriert.

Aram. *ḥakkīm* begegnet 14 × (in Dan), *ḥokmā* 8 × (Esr 7,25 und 7 × in Dan). Im ganzen AT ist die Wurzel somit 340 × vertreten.

3. Die Hauptbedeutung von *ḥkm* ist je nach der Ableitung traditionell »weise sein/Weiser/Weisheit«. Dadurch kommt mit Recht der gemeinsame und besondere Charakter des Wortfeldes zum Ausdruck (vgl. H.-J. Hermisson, Studien zur isr. Spruchweisheit, 1968, 11f. 187–192, gegen G. Fohrer, ThW VII, 476; s. sonst H. H. Schmid, Geschichte und Wesen der Weisheit, 1966, 196–201, und vor allem G. von Rad, Weisheit in Israel, 1970, 18ff.); der semasiologischen Analyse wird es jedoch zunächst – nach Wurzelableitungen gegliedert – um die Differenzen im Wortgebrauch und die Bedeutungsbreite der Wörter gehen müssen.

a) Das Verbum meint im Grundstamm zunächst einmal den Zustand »weise sein«, und zwar als etwas objektiv Feststellbares, dessen tatwirkendes (wenn auch nur gedachtes, vgl. Dtn 32,29; Spr 9,12.12) Vorhandensein andere Tätigkeiten ermöglicht, und bei dessen Fehlen andere Vorgänge ausbleiben (vgl. Jenni, HP 27ff.): außer den genannten Stellen noch Sach 9,2 (ironisch-konzessiv); Spr 23,15; Pred 2,15.19 (alle im Perf.), sodann 1Kön 5,11 (Impf.cons., fortführend); vgl. Hi 32,9 (mit Impf. im sog. zusammengesetzten Nominalsatz). Wenn demgegenüber in den übrigen 9 Spr-Belegen (s. HAL 301a, wo kaum mit Recht alle Spr-Belege hierher gerechnet werden) als Prädikat ein Impf. (Spr 9,9; 13,20 Q; 19,20; 20,1; 21,11) oder ein Imp. (Spr 6,6; 8,33; 23, 19; 27,11) verwendet wird (vgl. noch Pred 7,23 mit Kohortativ), so erhält das Verbum ingressive Bedeutung: »weise werden«, wobei das »weise sein« als ein künftiges, resultierendes Geschehen, mehrfach als die Folge eines anderen Vorgangs, ausgedrückt wird; mit dem ›anderen Vorgang‹ ist hier die unterschiedliche Ermöglichung des Weise-Werdens angedeutet, die etwa durch Erfahrung (Spr 6,6; 13, 20) oder Belehrung (vgl. 9,9; 21,11), vor allem aber durch ein gehorsames, zur Handlung hinführendes »Hinhören« (8, 33; 23,19; insbesondere 19,20: »höre auf Rat [*ʿēṣā*] und nimm Zucht [*mūsār*, →*jsr*] an«) geschehen kann. Das »weise werden« bedeutet Erziehung; die Imperative sind werbende Mahnrufe dazu.

Das Bewirken des Weise-Seins wird durch den faktitiven Doppelungsstamm Pi. ausgedrückt: »weise machen« (Ps 105, 22; 119,98; Hi 35,11; die jeweiligen Subjekte sind: Joseph, die Gebote Gottes, Gott). Das zugehörige Part.pu. gibt das Resultat (das »weise gemacht worden sein«) an, und zwar in einem gewissen technischen Sinne: (irgendwie) »kundig« sein (Ps 58,6; Spr 30,24; vgl. HAL 301a; Jenni, HP 162f.). Im Hitp. kommt die Selbst-Realisierung des Weise-Seins (Ex 1,10; Pred 7,16), im einmaligen Part.hi. (Ps 19,8; vgl. Jenni, HP 73f.85) die kausative Veranlassung desselben zum Ausdruck.

An synonymen oder wenigstens parallel stehenden Verben sind zu erwähnen: →*bīn* »verstehen« (Hi 32,9), doch ist *bīn* in Dtn 32,29 (par. zu *śkl* »verstehen«) mehr das Resultat des (allerdings fehlenden) »weise sein«; sonst *lqḥ dáʿat* »Einsicht annehmen« (Spr 21, 11), *jsp* hi. *lǽqaḥ* »an Lehre zunehmen« (Spr 9,9; vgl. 1,5); für Pred charakteristisch ist *ʿml* »sich mühen« (Pred 2,19); zu *ḥkm* pi. steht parallel *'lp* pi. »lehren« (Hi 35,11). Im Hitp. ist in Pred 7,16 der parallele Vetitiv »sei nicht allzu gerecht« auffällig. Als Opposita können angeführt werden: *līṣ* »spotten« (Spr 9,12; vgl. 20,1; 21,11) und *rʿʿ* ni. »einem übel gehen« (Spr 13,20).

b) Das Weise-Sein wird nominal ausgedrückt durch *ḥākām* (sing.masc. 78 ×, fem. 3 ×, plur. masc. 54 ×, plur. 3 ×), das mehrfach adjektivisch (vgl. *'īš ḥākām* »weiser Mann«, z.B. 2Sam 13,3; 1Kön 2,9; Spr 16,14; *bēn ḥākām* »weiser Sohn« Spr 10,1; 13,1; 15,20; *mǽlæk ḥākām* »weiser König« Spr 20,26) sowie 15 × prädikativ (Jenni, HP 26 mit Nachweis der Stellen) verwendet wird, das aber am häufigsten ein Subst. (»Weiser«) darstellt. Abgesehen von Spr 30,24, wo es prädikativ von Tieren steht, und von Jes 31,2, wo es von Gott verwendet wird (vgl. Hi 9,4; auch noch Jer 10,7 und 2Sam 14,20), ist das Nomen in unterschiedlich qualifizierender Weise auf Menschen bezogen.

Das »Klug- und Kundig-Sein« des Menschen wird auf einem breiten Feld verwirklicht; denn allgemein ist *ḥākām* »jemand, der sich auf etwas meisterlich versteht« (G. Fohrer, ThW VII,483ff.). Es geht dabei einmal um irgendwelche technische Befähigung wie beim Kunsthandwerk der Frauen (Ex 35,25), vor allem aber der Männer (Jer 10,9; vgl. BH[3] zu Jes 3,3; in späteren Texten besonders in Verbindung mit dem Tempelbau Ex 28,3; 31,6; c. 35–36; 1Chr 22,15; 2Chr 2,6.12f.; in Jes 40,20 *ḥārāš ḥākām* »kundiger Meister« beim Herstellen von Götterbildern). Einen nicht-konkreten Gegenstand hat sodann die kundige Aktivität etwa beim Wehklagen der Frauen (Jer 9,16f.), bei der vielgestaltigen Zauberkunst und Magie (Jes 3,3; vgl. Ps 58,6 Part.pu.), die vor allem mit Ausländern verbunden wird (so besonders der Plur., s. etwa Ex 7,11; Jes 44,25; Est 1,13; auch die meisten Stellen im aram. Dan, vgl. KBL 1075b; sonst Fohrer, a.a.O. 483; ausführlich, auch über das ug. Material: H.-P. Müller, Magisch-mantische Weisheit und die Gestalt Daniels, UF 1,1969, 79–94), sowie im höfischen Bereich beim politischen Beraten des Königs (→*jʿṣ*; vgl. P.A.H. de Boer, SVT 3,1955, 42–71; W. McKane, Prophets and Wise Men, 1965, 15ff.; in bezug auf die Nachbarvölker s. etwa Gen 41,8; Jes 19, 11f.; Jer 50,35; 51,57; Ez 27,8f.; Est 6, 13; Dan 2,27), wobei auch die kluge Listigkeit einer Frau benutzt werden kann (2Sam 14,2; 20,16ff.). Die königliche Beratung gehörte zur weisen und gerechten Regierungskunst, die aber vor allem dem König selbst oblag (vgl. Spr 20,26; Pred 4,13), wobei insbesondere Salomo als *'īš ḥākām* (1Kön 2,9) und Davids »weiser Sohn« (1Kön 5,21; 2Chr 2,11) Typ des weisen Königs, dessen geschenkte Weisheit über alle Maßen groß war (1Kön 3,12; 5,11ff.), geworden ist (vgl. noch Spr 1,1; 10,1; Pred 1,1.16; 2,3ff.; Alt, KS II, 90 bis 99; Noth, GesStud 99–112; R.B.Y. Scott, SVT 3,1955, 262–279, auch N.W. Porteous, ebd. 247ff.). Bei alledem handelt es sich hier um Einzelpersonen und Menschengruppen, die in besonderer, berufsmäßiger Weise Sachkundige sind; das gilt auch von Joseph (Gen 41,33.39; vgl. G. von Rad, Josephsgeschichte und ältere Chokma, SVT 1,1953, 120–127 = GesStud 272–280) und dem in mythischen Farben geschilderten ›Fürsten von Tyrus‹, der »weiser als Daniel« ist (Ez 28,3; vgl. Zimmerli, BK XIII, 661 ff.; auch Dan 1,4.17. 20; s.u. 3c).

Zugleich lassen die Texte – insbesondere die der Weisheitsschriften – einen eigenständigen Typus von *ḥākām*/*ḥ^a^kāmīm* erkennen, der nicht direkt auf irgendeinen anderen Beruf bezogen ist, sondern der eben als »Weiser« eines eigenen Amtes waltet, so neben Priestern und Propheten (Jer 18,18, wo doch wohl ein politischer und höfischer Aspekt nicht zu übersehen ist, vgl. McKane, a.a.O. 42.128 Anm. 1). Der »Weise« ist vor allem ein Mann des Wortes, der Rat erteilt (Jer 18,18) und Sprüche formt und sammelt (Spr 22,17; 24,23; Pred 12,9–11; vgl. Spr 1,6; Pred 9,17), dessen Worte Gunst gewinnen (Pred 10,12), aber auch Schelten und Zucht (Pred 7,5; vgl. Spr 15,12.31) geben können, dessen Zunge (Spr 15,2) und Lippen Erkenntnis (Spr 15,7) und Heilung (Spr 12,18) bringen, und dessen Reden aus einem »weisen Herzen« stammt (Spr 16, 21.23; vgl. 1Kön 3,12). Neben der eigenen Autorität des »weisen Herzens«, zu der noch die eigene Erfahrung hinzukommt – denn er ist ein »Forscher«, der »herausfinden« und »die Deutung der Dinge verstehen« will (vgl. Pred 8,1.5.17; 12,9; dazu Hertzberg, KAT XVII/4, 215 ff.; auch Hi 15,7 ff.) – schöpft er aus der empfangenen Väterüberlieferung (vgl. Hi 8,8–10; 15,18; dazu Fohrer, a.a.O. 492 f.); er läßt sich belehren (Spr 9,9; 12,15; 21,11) und verwaltet selbst eine Lehre *(tōrā)*, die eine »Quelle des Lebens« ist (Spr 13,14). So ist der »Weise« nicht nur ein Berater, sondern ebensosehr ein Lehrer und Erzieher (s. etwa Spr 11,30; 15,31; 18,15; 22,17; Pred 12,9; dazu W. Zimmerli, ZAW 51, 1933, 181 ff.; W. Richter, Recht und Ethos, 1966, 147 ff.; Hermisson, a.a.O. 113 ff.).

Läßt sich nun dieser Sprachgebrauch, der im eigentlichen (und irgendwie standesgebundenen) Sinne *den* »Weisen« meint, als der engere bezeichnen, so findet sich zudem noch ein erweiterter, wonach – wie es sich schon oben herausstellte – weitere Kreise als »weise« charakterisiert werden können; doch sind die Grenzen dabei fließend. »Weise« ist überhaupt jemand, der auf »Rat« hört (Spr 12,15) und »Zucht« liebt (Spr 13,1, vgl. die Komm.; 19,20; 29,15). Er erfreut seinen Vater (10,1; 15,20; 23,24). Er ist ein starker (vgl. Spr 21,22; Pred 7,19) und gelassener Mensch, der den Zorn stillt (Spr 29,8.11); er ist demütig und in seinen eigenen Augen nicht weise (Spr 3,7; 26,12; Jes 5,21; Jer 9,22). Weisen Herzens nimmt er Gebote an (Spr 10,8), fürchtet sich und meidet so das Böse (14,16).

An den letztgenannten Stellen ist ein religiös-ethischer Aspekt wahrnehmbar (s.u. 4); dies ist auch der Fall, wenn in Spr *ṣaddīq* »Gerechter« als Synonym zu *ḥākām* erscheint (Spr 9,9; 11,30; 23,24; vgl. Pred 9,1). Das häufigere Synonym ist jedoch *nābōn* »einsichtig« (→*bīn*; Gen 41,33.39; Dtn 4,6; 1Kön 3,12; Jes 3,3; 5,21; 29,14; Hos 14,10; Spr 1,5; 18,15; 16, 21 definitorisch: »wer weisen Herzens ist, heißt ein Verständiger«; vgl. 28,11b). Andere Synonyma sind: *'īš dá'at* »verständiger Mann« (Spr 24,5), *'anšē lēbāb* »verständige Männer« (Hi 34,34), *jōd^e^'īm* »Einsichtige« (Hi 34,2; vgl. Pred 8,1), *niftālīm* »Verschlagene« (Hi 5,13). Das Bild des »Weisen« wird schließlich durch die besondere Antithetik der Opposita vervollständigt: sein Gegenpart ist vor allem der »Tor« (so besonders →*k^e^sīl*, 21×, vornehmlich in Spr und Pred; sonst →*'^a^wīl*, 7×; →*nābāl* Dtn 32,6; *sākāl* Pred 2,19), aber auch der »Spötter« (*lēṣ*, Spr 9,8; 13,1; 15, 12; 21,11; *'anšē lāṣōn* Spr 29,8) sowie der »Faule« (*'āṣēl* Spr 26,16).

Die Frontstellung, die durch die Opposita zum Ausdruck kommt, bezieht sich wohl nicht nur auf die »Weisen« im engeren, sondern ebensosehr auf die im weiteren Sinne. Es entspricht auch dem erweiterten Sprachgebrauch, wenn das Volk als töricht bezeichnet wird (Dtn 32,6), oder wenn Ephraim von Hosea scheltend ein »unkluger Sohn« genannt wird (Hos 13,13).

Die Frage nach der Heimat der »Weisen« im engeren Sinne ist noch nicht hinreichend geklärt worden; es ist doch wahrscheinlich teils an den Hof und teils an die Schule in irgendwelcher Form zu denken (vgl. etwa L. Dürr, Das Erziehungswesen im AT und im antiken Orient, 1932, 104 ff.; McKane, a.a.O. 36 ff.; Hermisson, a.a.O. 97 ff.; G. von Rad, Weisheit in Israel, 1970, 28 ff.; anders betonen E. Gerstenberger, Wesen und Herkunft des »apodiktischen Rechts«, 1965, 128–130, und H.W. Wolff, Amos' geistige Heimat, 1964, 60 f., die Bedeutung der Sippenerziehung und -weisheit). Zur aufkommenden Kritik gegen ihr Denken und ihre Lehre s.u. 4.

c) Die Verwendung der Abstrakta *ḥokmā* und *ḥokmōt* entspricht weithin der des Personenworts *ḥākām*/*ḥ^a^kāmīm*. So kann *ḥokmā* technische Kunde und sonst berufliche Fähigkeit verschiedener Art meinen (beim Tempelbau: Ex 28–36, s.o.; 1Kön 7,14; vgl. 1Chr 28,21; im Krieg: Jes 10,13; Seefahrerkunst: Ps 107,27), dabei vor allem die höfische Kunst der politischen Beratung (in der Umwelt: Jes 47, 10; Jer 49,7; Dan 1,4.20; in Israel: vgl.

2Sam 20,22; Jes 29,14; auch Jer 8,9) und die besondere Begabung des Regenten. In den Geschichtswerken ist gelegentlich von der Weisheit Josuas und Davids die Rede (Dtn 34,9; 2Sam 14,20), doch beziehen sich die meisten Stellen auf Salomo (1Kön 2,6; 3,28; 5,9f.14.26; 10,4ff.; 11,41; 2Chr 1,10–12; 9,3ff.22f.). Von der hohen Weisheit des tyrischen Königs handelt Ez 28,4f.7.12.17.

Mit der Häufung der Belege in Spr und Pred sowie in Hi (s.o. 2) meint aber *ḥokmā*/*ḥokmōt* insbesondere die »Weisheit« der »Weisen« im engeren Sinne, wobei es sich – wie im höfischen Bereich – zunächst um eine Bildungsweisheit handeln dürfte (vgl. Fohrer, a.a.O. 485; auch von Rad, a.a.O. 202 Anm. 12), obwohl ein erweiterter Sprachgebrauch auch hier nicht fehlt; denn die »Weisheit« zielt u.a. auf Erziehung. So wird einerseits die »Weisheit«, die für den Toren »zu hoch« ist (Spr 24,7) und vom Spötter umsonst gesucht wird (14,6), mehrfach gepriesen: sie ist besser als Korallen und Kostbarkeiten (Spr 8,11; Hi 28, 18), ihr Erwerb besser als Gold (Spr 16, 16); sie ist besser als Kraft und Kriegswaffen (Pred 9,15f.18), ist gut wie Erbgut (Pred 7,11); durch sie wird ein Haus gebaut (Spr 24,3); sie erleuchtet das Angesicht des Menschen (Pred 8,1); durch sie erkennt der Kluge seinen Weg (Spr 14,8), hat er Zukunft und Hoffnung (24,14) und wird er am Leben erhalten (Pred 7,12; s.u. 4). Ist sie nun ein so köstliches Ding, dem »verständigen Manne« ein »Vergnügen« (Spr 10,23), so ergehen andererseits vielerlei Ermahnungen, sie sich zu erwerben, zu kaufen (Spr 4,5.7; 23,23), auf sie zu merken (5,1), ihr das Ohr zu leihen (2,2; 5,1), sie lieb zu haben und zu »umschlingen« (4,7f.; vgl. die Komm.), sie eine Schwester zu nennen (7,4); sie ist zu erkennen (Pred 1,17; 8,16; vgl. Spr 24,14) und zu suchen (Pred 7,25). Sie ist durch »Rute und Rüge« (Spr 29,15), d.h. durch Erziehung zu erwerben, und ist bei denen zu finden, »die sich raten lassen« (Spr 13, 10). Sie ist eine »Steuermannskunst« (G: κυβέρνησις für *taḥbūlōt*, Spr 1,5) für die praktische Lebensgestaltung; es gilt, sie »richtig anzuwenden« (Pred 10,10b, vgl. Zimmerli, ATD 16/1, 235). Die »Weisheit« »ruht im Herzen des Verständigen« (Spr 14,33; ferner 2,10; Ps 51,8; 90,12), im Zentrum des Menschen, was nur eine Totalbeschlagnahme des Menschen meinen kann, so daß er sich in seinem Leben und Denken als ein *ḥākām* ganz erweist; das geschieht aber nicht religiös neutral, sondern unter Einbeziehung religiös-ethischer Aspekte (s.u. 4).

Tritt nun die praktische Ausgerichtetheit des Wortes sehr in den Vordergrund, vor allem in der älteren Spruchweisheit (vgl. etwa von Rad I,430–454), so macht sich im Abstraktum auch noch ein ordnender Erkenntniswille stark bemerkbar (vgl. von Rad, a.a.O. und 455ff., sowie vor allem ders., Weisheit, 1970, passim), was theologisch von größtem Belang ist (s.u. 4). Wohl anders als in der reichen Weisheitsliteratur der Nachbarvölker, mit der die atl. Weisheitslehre auf mannigfache Weise verbunden ist (es sei etwa auf die äg. *ma'at* verwiesen, vgl. u.a. H. Brunner, HdO I/2, 1952, 93–95; H. Gese, Lehre und Wirklichkeit in der alten Weisheit, 1958, 11ff.; sonst kann auf diesen Hintergrund hier nicht näher eingegangen werden, vgl. aber Fohrer, a.a.O. 477ff.; H.H. Schmid, a.a.O.; H.D. Preuss, EvTh 30, 1970, 393 bis 417, mit ausführlichen Hinweisen auf Textausgaben und Sekundärliteratur), scheint mit dem Abstraktum *ḥokmā* ein Haupt- und Zentralbegriff der Weisheitslehre geschaffen worden zu sein.

Doch darf dabei nicht übersehen werden, daß *ḥokmā* öfter durch Synonyme gestützt wird oder auch mit ihnen auswechselbar sein kann (vgl. von Rad, a.a.O. 18ff.26f.), so vor allem mit der ›Erkenntnis-Wurzel‹ →*bīn*: *bīnā* »Einsicht« (16×, davon 7× in Spr, 5× in Hi, ferner Dtn 4,6; Jes 11,2; 29,14; Dan 1,20 [*ḥokmat bīnā*], aber nicht in Pred), *tᵉbūnā* »Einsicht« (11×, davon 7× in Spr, ferner Hi 12,12f.; Jer 10,12; Ez 28,4) sowie *tᵉbūnōt* »Klugheit« (Ps 49,4 par. *ḥokmōt*); sodann *dá'at* »Wissen, Erkenntnis« (→*jd'*; 14×, davon 6× in Pred, 4× in Spr, ferner Jes 11,2; 33,6; 47,10; Dan 1,4; nicht in Hi), *maddā'* »Verständnis« (2Chr 1,10–12; Dan 1,4; vgl. 1,17, sowie aram. *manda'* »Verstand« Dan 2,21); *śékæl* »Einsicht« (Ps 111,10). Ferner dürfen erwähnt werden: *'ēṣā* »Rat« (Jes 11,2; Jer 49,7; Hi 12,13; Spr 21,30); *mūsār* »Zucht« (Spr 1,2.7; 23,23); *'ᵆmæt* »Wahrheit« (Ps 51,8); *mišpāṭ* »Recht« (Ps 37,30); *tōrat-ḥæsæd* »liebliche Weisung« (Spr 31,26, vgl. Gemser, HAT 16,110). Es fällt auf, daß die Verwendung von Synonymen bzw. Parallelwörtern am wenigsten im dtr. Geschichtswerk (nur Dtn 4,6) und am häufigsten im jüngsten Teil der Spr (c. 1–9) begegnet, vgl. noch die Reihungen im aram. Dan 5,11.14. Die Opposita sind nicht zahlreich und kommen am häufigsten in Pred vor: *hōlēlōt* »Torheit, Verblendung« (1,17; 2,12; 7, 25), *siklūt* »Torheit« (2,12f.; 7,25; = *śiklūt* 1,17); *kæsæl* »Torheit« (7,25); sonst noch *'iwwælæt* »Torheit« (Spr 14,8.33 txt em).

4. a) Die religiös-ethische Bezogenheit der Wurzel *ḥkm* kommt in den älteren Teilen der Spr (c. 10ff.) vor allem durch die Parallelisierung von *ḥākām* und *ṣaddīq* «Gerechter« sowie durch die Kontrastierung »Weiser – Tor«, weithin parallel zu »Gerechter – Frevler«, zum Ausdruck. Es handelt sich dabei nicht um eine zufällige Polarisierung, sondern um die Erkenntnis ordnungsgemäßer bzw. ordnungswidriger Verhaltensweise (vgl. U. Skladny, Die ältesten Spruchsammlungen in Israel, 1962, 7ff. u.ö.; sonst etwa H.H. Schmid, Gerechtigkeit als Weltordnung, 1968, 157ff.; aber auch Hermisson, a.a.O. 73ff.). Während die Torheit für den Toren Unheil und Verderben bewirkt (→*'ewil* 4; vgl. von Rad I, 441), wird man durch die Weisheit auf »richtige Geleise« geführt (Spr 4,11); sie ist eine »Quelle des Lebens« (vgl. 13, 14; 16,22; auch 14,27) und dient der Bewältigung und Sicherung des menschlichen Lebens (16,17; 28,26); durch sie meidet man »das Böse« (14,16) und »die Fallen des Todes« (13,14); so ist man mit der Weisheit in einem heilbringenden Zusammenhang von Tun und Ergehen (vgl. K. Koch, ZThK 52, 1955, 1–42; sonst etwa Schmid, a.a.O. 175ff.; G. von Rad, Weisheit in Israel, 1970, 140ff.165ff.).

Ihre heilbringende Macht und Funktion hat die Weisheit aber von Gott; die religiös-ethische Bezogenheit der Wurzel *ḥkm* ist vor allem eine Bezogenheit auf Jahwe, den Gott Israels. Er ist selber »weise« (Jes 31,2; Hi 9,4) und hat die Weisheit »bei sich« (Hi 12,13); nur er – nicht die Menschen – kennt »ihre Stätte« und »den Weg zu ihr« (Hi 28,23, vgl. V.7. 12.20). Sie wird vor allem mit seinen Schöpfungstaten verbunden (Jer 10,12 = 51,15; Ps 104,24; Hi 28 und 38; Spr 3,19, s.u. zu 8,22ff.). Er kann aber dem Menschen das »Geheimnis der Weisheit« (Hi 11,6) künden, womit das »verborgene weise Handeln Gottes« gemeint ist (Fohrer, KAT XVI, 226). Er kann auch die Weisheit »geben« (an Salomo: 1Kön 5,9.26; 2Chr 9,23; sonst Ex 31,6; 36,1f. P; Spr 2,6; Pred 2,26; aram. Dan 2,21), »mit dem Geist der Weisheit füllen« (Ex 28,3; vgl. 31,3P; sonst Dtn 34,9 vom Charisma Josuas) oder »lehren« (*jd'* hi., Ps 51,8; vgl. 90,12).

b) Die Bezogenheit der Weisheit auf Gott hat sich noch weiter ausgewirkt, zunächst positiv: Wie die »Jahwefurcht« (*jir'at Jhwh*, →*jr'*) eine »Quelle des Lebens« ist (Spr 14,27, s.o.), so gilt sie auch als »Anfang« (oder »Summe«, *rēšīt*) der Weisheit (vgl. 1,7; 9,10; 15,33; Ps 111,10). Dazu hat die Weisheit eine heilsgeschichtliche (vgl. Ps 107,43; Dtn 32,6.29) und eine prophetische Verwendung erfahren, und zwar sowohl in der Gerichtsverkündigung (Hos 13,13; Jes 5,21; 29,14; Jer 8,8f.; 18,18; dazu noch Jes 10,13; 19,11f.; 47,10; Jer 49,7; 50,35; 51,57; Ez 28,4ff.; Ob 8; Sach 9,2; vgl. Hos 14,10; Jer 9,11. 22) wie auch heilseschatologisch (Jes 33,6) und messianisch (Jes 11,2; vgl. Dtn 34,9; 1Kön 3,28; 5,26). Sodann ist auch eine negativ-kritische Auswirkung zu erkennen: Wenn Jes und Jer gegen die hybride Weisheit von sowohl einheimischen (vgl. Jes 29,14; Jer 18,18) wie ausländischen Weisen oder Herrschern einschreiten und dabei das wunderbare Handeln Jahwes (Jes 29,14) oder seine Weisheit (Jes 31,2) oder sein Wort (Jer 8,9) dagegensetzen, dürfte wohl vor allem die Weisheit als Regierungskunst oder als politische Beratungskunst gemeint sein, die verfehlt ist, wenn sie sich gegen Jahwe richtet (vgl. noch Spr 21,30f.).

Außerdem geschieht eine inner-weisheitliche Korrektur in den Auseinandersetzungen im Hiobbuch und in der Kritik des Predigers; dabei wird das Ordnungsdenken vor der Gefahr einer »Dogmatisierung« etwa im Sinne einer »Eigengesetzlichkeit der Ordnungen« bewahrt, damit zugleich die Grenzen der Weisheit und die souveräne Freiheit Gottes gewahrt bleiben können (s. mit ausführlichen Nachweisen Zimmerli, GO 300–315; H.H. Schmid, Wesen und Geschichte der Weisheit, 1966, 173ff.; Fohrer, a.a.O. 496; besonders von Rad, a.a.O. 130ff.).

c) Bemerkenswert sind schließlich zwei Auswirkungen der religiös-ethischen Bezogenheit der Weisheit, die vor allem ihrer atl. jüngsten Phase eigen sind. Einerseits wird sie allmählich auf die Gebote und das Gesetz Jahwes bezogen (vgl. schon Dtn 4,6, dazu J. Malfroy, VT 15, 1965, 49–65; sonst etwa Ps 19,8; 119,98, vgl. J. Fichtner, Die altorientalische Weisheit in ihrer isr.-jüd. Ausprägung, 1933, 81ff., mit Nachweis der einschlägigen Stellen). Andererseits wird sie im Verhältnis zu Gott verselbständigt und z.T. personifiziert (inwieweit hier mit einer Hypostase zu rechnen ist, bleibt strittig; vgl. H. Ringgren, Word and Wisdom, 1947, 89ff.; R. Marcus, HUCA 23/1, 1950/51, 157–171; Fohrer, a.a.O. 490f.), so vor allem in Spr 1–9 (vgl. noch Hi 28; s. C. Kayatz, Studien zu Proverbien 1–9, 1966; auch R.N. Whybray, Wisdom in Proverbs, 1965; sonst von Rad, a.a.O. 189ff., mit Lit.). So erscheint die bildlich personifizierte *ḥokmā* hier »sowohl als Offenbarungsmittler, indem sie mit ihrer Verkündigung wie ein Prophet und mit dem Anspruch höchster Autorität auftritt, als auch als Offenbarung des göttlichen Willens an den Menschen selbst, indem sie dem Menschen das Leben anbietet und ihre Annahme als diejenige des göttlichen Willens versteht« (Fohrer, a.a. O. 494).

5. Sowohl die nomistische wie auch die personifizierende Tendenz setzen sich in der nach-atl. Literatur fort (so vor allem in Sir; vgl. E.G. Bauckmann, ZAW 72, 1960, 33–63; J.C.H. Lebram, Nachbiblische Weisheitstraditionen, VT 15, 1965, 167–237; von Rad, a.a.O. 309ff.).

Zur Qumran-Literatur (nach Kuhn, Konk. 72, 5 × *ḥākām* und 13 × *ḥokmā*), wo sonst →*śkl* gerne benutzt wird (vgl. J.A. Sanders, ZAW 76, 1964, 66), sowie zur LXX, wo die Wiedergabe von *ḥkm* durch σοφός/σοφία dominiert ist, sei wie auch für das reiche spätjüdische, gnostische und ntl. Material verwiesen auf U. Wilckens – G. Fohrer, Art. σοφία, ThW VII, 465 bis 529; vgl. ferner etwa U. Wilckens, Weisheit und Torheit, 1959; F. Christ, Jesus Sophia. Die Sophia-Christologie bei den Synoptikern, 1970. *M. Sæbø*

חלה *ḥlh* krank sein

1. Hebr. *ḥlh* »schwach, krank sein« (Nebenform *ḥl'*) hat keine direkten Entsprechungen in den anderen sem. Sprachen (südsem. Etymologien sind vorgeschlagen u.a. in HAL 302a.303b; vgl. auch D. R. Ap-Thomas, VT 6, 1956, 239f.).

In Mari begegnet akk. *ḫalû* als kan. LW (CAD H 54a; AHw 314b).

Eine neue Wurzel *ḥlh* findet G.R. Driver (JThSt 29, 1928, 392; ders., FS Kahle 1968, 98–101; vgl. Barr, CPT 326) in 1Sam 22,8 im Sinn von »sich sorgen« (vgl. äth. *ḥlj* »cogitare, versare in animo« o.ä., Dillmann 577f.). Vielleicht ist diese Wurzel auch in Jer 5,3 (»sich zu Herzen nehmen«, par. *lqḥ mūsār* »sich belehren lassen«) und im Ni. in Am 6,6 (»sich sorgen um«) vorauszusetzen.

Die Wendung *ḥlh* pi. *pānīm* »besänftigen« wird von Zorell 242b nicht zu *ḥlh* I, sondern zu *ḥlh* II »süß, angenehm sein« gestellt (»das Angesicht jemandes angenehm machen«); andere Möglichkeiten bei Ap-Thomas, a.a.O.

ḥlh ist das einzige Intransitivum, das im AT in allen sieben Stammformen vorkommt (vgl. →*glh* 1). Nominale Ableitungen in der Bed. »Krankheit« sind *ḥºlī*, *maḥªlǣ*, *maḥªlā*, *maḥªlūjīm* und, von der Wurzel *ḥl'*, *taḥªlū'īm*. Zum (künstlichen?) Eigennamen *Maḥlōn* (neben *Kiljōn*) in Ruth 1,2.5; 4,9f. vgl. Noth, IP 10 (dagegen aber Rudolph, KAT XVII/1, 38).

2. Inkl. *ḥl'* (2Chr 16,12 qal; Jes 53,10 hi.) und die oben genannten, von *ḥlh* I möglicherweise abzurückenden Stellen steht das Verbum 74 ×, davon 36 × im Qal (gegen Mand. sind 1Sam 31,3; Jer 5, 3 und 1Chr 10,3 mit Lis. zu *ḥīl* I »beben« gerechnet), 10 × im Ni., 17 × im Pi. (Ps 77,11 gehört nach Lis. zu *ḥll* II q. »durchbohrt sein«), 1 × im Pu., 4 × im Hi. und je 3 × im Ho. und Hitp.

Die Zahlen für die Substantive sind: *ḥºlī* 24 × (2Chr 6 ×, 2Kön und Jes je 4 ×), *maḥªlǣ* 2 ×, *maḥªlā* 4 ×, *maḥªlūjīm* 1 ×, *taḥªlū'īm* 5 ×.

Von den insgesamt 110 Belegen der Wurzel finden sich 16 in 2Chr (q., pi., ho. und alle 5 Nomina), 12 in Jes, 11 in 2Kön, 9 in 1Kön und Jer. Die Streuung weist keine Besonderheiten auf; die Wurzel ist – wohl zufällig – im Pentateuch nur selten belegt.

3. a) Außer im Ausdruck *ḥlh* pi. *pānīm* (s.u. b) ist mit der Wurzel immer ein Zustand körperlicher Schwäche bezeichnet (vgl. J. Scharbert, Der Schmerz im AT, 1955, 36–40; J. Hempel, Heilung als Symbol und Wirklichkeit im biblischen Schrifttum, NAWG 1958, 3, 237–314, speziell S. 238 Anm. 1).

Als Synonyma kommen vor allem die im Unterschied zu *ḥlh* gemeinsem. Wurzeln **dwj* »schwach, krank sein« und **mrḍ* »krank sein, Schmerz empfinden« in Frage (P. Fronzaroli, AANLR VIII/19, 1964, 250.263f.): von ersterer werden die Adjektive *dāwǣ* und *dawwāj* »krank« (Klgl 1,13; 5,17 bzw. Jes 1,5; Jer 8,18; Klgl 1,22) und die Subst. *dᵉwaj* »Krankheit« (Ps 41,4; Hi 6,7) und *madwǣ* »Krankheit, Seuche« (Dtn 7,15; 28,60) gebildet, während *dwh* q. »unwohl sein« (ebenso wie *dāwā* »unwohl« in Lev 15,33; 20,18; Jes 30,22) in Lev 12,2 euphemistisch für Menstruation verwendet wird; von letzterer kommen *mrṣ* ni. »schmerzlich sein« (1Kön 2,8; Mi 2,10; Hi 6,25) und hi. »kränken« (Hi 16,3).

Im Qal bedeutet das Verbum zunächst »schwach sein/werden« (Gen 48,1 ist wohl Altersschwäche gemeint, Ri 16,7.11.17 die Schwäche als Normalzustand des Menschen im Vergleich zur Stärke des Charismatikers Simson, Jes 57,10 txt? sexuelle Schwäche). Meist aber meint das Verbum Schwäche im Sinne von »krank sein« (1Sam 19,14; 30,13; 1Kön 14,1.5; 17,17; 2Kön 8,7; 20,12 = Jes 39,1; Jes 38,9; Ps 35,13, ohne nähere Bezeichnung der Krankheit). Die Krankheit kann auch in einer Verletzung bestehen (2Kön 1,2; Verwundung im Kriege 2Kön 8,29 = 2Chr 22,6; Schläge Spr 23,35). Manchmal wird die Krankheit genauer beschrieben: Es kann sich um ein Fußleiden handeln (1Kön 15,23), um eine tödliche Krankheit (2Kön 13,14; 20,1 = Jes 38,1 = 2Chr 32,24). Das Verbum kann auch vom Tier ausgesagt werden (Mal 1,8, par.

pissēaḥ »lahm«; solche kranken Tiere – es wird an Fehler am Äußern des Tieres zu denken sein – sind kultunfähig, vgl. auch Mal 1,13). Die Bildrede Ez 34 (vgl. vor allem V. 4.16) zeigt, daß es zur Aufgabe des Hirten gehörte, das »Schwache und Kranke« in der Herde besonders zu pflegen. Die Führung Israels durch seine Führer bzw. durch Jahwe wird mit diesem Bild illustriert.

Das Verbum wird auch für seelische Leiden gebraucht, so für »Liebeskrankheit« (Hhld 2,5; 5,8) und übertragen im Ausdruck *rā'ā ḥōlā* »ein schlimmes Übel« (Pred 5,12.15; 6,1 txt em).

Das Ni. hat ungefähr dieselbe Bedeutung wie das Qal: »schwach sein/werden« (Jer 12,13, par. *bōš* »zuschanden werden«, Gegensatz *j'l* hi. »Erfolg haben«) und »erkranken« (Dan 8,27). Das substantivierte Part. bezeichnet »das Kranke« (Ez 34,4.21, s.o.); im Ausdruck *jōm naḥalā* »Tag der Erkrankung« (Jes 17,11, par. *ke'ēb 'ānūš* »unstillbarer Schmerz«) ist wohl Terminologie der Verfluchung aufgenommen und zur Schilderung des kommenden Jahwe-Gerichtes benützt. Feste Formulierung ist *makkā naḥlā* »verderblicher Schlag« (Jer 10,19; 14,17; 30,12; Nah 3,19); wahrscheinlich gehörte sie zum Vokabular der Klage bei der Schilderung einer Not (Formelemente sind erkennbar in Jer 10,19; 14,17; vgl. auch Ps 41,4) und wurde dann durch die Prophetie in andere Zusammenhänge übertragen.

In Dtn 29,21 bedeutet das Pi. »krank werden lassen« (mit *taḥalū'īm*, im Zusammenhang mit Fluchandrohungen; ähnlich ist die Verwendung von *ḥolī* in Dtn 28, 59.61). Das Pu. meint »schwach gemacht werden« (Jes 14,10, vom Übergang ins Totenreich), das Hitp. »sich krank fühlen« (2Sam 13,2 Liebeskummer; 13,5f. »sich krank stellen«).

Das Hi. hat die Bed. »krank machen« (Spr 13,12 mit Objekt »Herz«, es geht also um seelisches Leiden; in Jes 53,10; Hos 7,5; Mi 6,13 ist der Text unsicher), das Ho. diejenige von »entkräftet sein« (1Kön 22,34 = 2Chr 18,33; 2Chr 35,23, immer bei Verwundungen).

Es zeigt sich damit, daß *ḥlh* in den verschiedenen Stämmen sowohl körperliche als auch seelische Schwächezustände bezeichnet; dasselbe ergibt eine Durchsicht der Derivate (in bezug auf den seelischen Zustand wird *ḥolī* z.B. Pred 5,16; 6,2; wohl auch Jes 1,5 gebraucht). Zur Heilung von Krankheiten werden religiöse Praktiken (wobei sich hier manchmal eine Konkurrenz zwischen israelitischer und kanaanäischer Religion gezeigt zu haben scheint, vgl. 2Kön 1,1ff.) und medizinische Mittel verwendet (vgl. P. Humbert, Maladie et médecine dans l'A.T., RHPhR 44, 1964, 1–29; J. Hempel, »Ich bin der Herr, dein Arzt«, ThLZ 82, 1957, 809–826).

b) Im Pi. hat ein feststehender Ausdruck eine andere Bedeutungsmöglichkeit der Wurzel *ḥlh* erhalten (s.o. 1): *ḥlh* pi. *pānīm* bedeutet »besänftigen«; Objekt kann dabei sowohl ein Mensch (Ps 45,13; Hi 11, 19; Spr 19,6 »umschmeicheln«) als auch Gott sein (in diesem Falle handelt es sich um einen terminus technicus der Kultsprache). Inhaltlich geht es dabei um Opfer (1Sam 13,12; Mal 1,9) oder Gebet (Ex 32,11; 1Kön 13,6; 2Kön 13,4; Jer 26,19; Sach 7,2; 8,21f. par. *bqš* pi. *Jhwh* »Jahwe suchen«; Ps 119,58; 2Chr 33,12) oder Umkehr des Lebenswandels (Dan 9,13).

4. Zusammenfassend kann gesagt werden, daß die Krankheit besondere Bedeutung für den atl. Glauben insofern hat, als sie entweder als Not erlebt wird, die zur Klage treibt (vgl. in je verschiedenen Zusammenhängen z.B. Jes 38,9; 1Kön 8,37 = 2Chr 6,28; 2Chr 16,12), oder als Auswirkung des Fluches Gottes verstanden werden kann (vgl. Dtn 28,59.61; 29,11; Jes 1,5; Jer 10,19; 12,13; 2Chr 21,15.18f; Verschonung: Ex 15,26; 23,25; Dtn 7,15; wichtiges Stichwort ist *ḥolī* sodann in Jes 53,3.4.10). In späteren Zeiten hoffen atl. Stimmen auf eine von Jahwe gewirkte Zukunft ohne Krankheit (Jes 33,24; vgl. 1QH 11,22).

5. Im NT wird besonders der letztgenannte Aspekt der Krankheit wesentlich, indem Jesus jene Zukunft ohne Krankheit vergegenwärtigt (vgl. vor allem Mt 11, 2ff.); zum Ganzen vgl. G. Stählin, Art. ἀσθενής, ThW I,488–492; A. Oepke, Art. νόσος (μαλακία), ThW IV,1084–1091.

F. Stolz

חלל *ḥll* pi. entweihen

1. Hebr. *ḥll* pi. »entweihen« und die weiteren in der Bedeutung entsprechenden Stammformen (hi. »entweihen« nur Num 30,3 und Ez 39,7; ni. und pu. »entweiht werden«; zu den Formen vgl. BL 436) und Nomina (*ḥōl* »profan« und, falls nicht mit HAL 307b zu *ḥll* II »durchbohren« zu stellen, *ḥālāl* »profan, entweiht« in Lev 21, 7.14 und Ez 21,30; dazu *ḥālīlā* »es sei fern!«) gehören zu einer im gesamten sem.

Sprachraum verbreiteten Wurzel mit der ursprünglichen Bed. »lösen, freigeben« (vgl. J.L.Palache, Semantic Notes on the Hebrew Lexicon, 1959, 31f.); die später dominierende Bedeutung ist »entweihen, profanieren« (im spät- und nachbiblischen Hebr. eindeutig definierbarer, für das Denken bezeichnender Begriff, vgl. Levy II, 58f.; E.Ben-Jehuda, Gesamtwörterbuch der alt- und neuhebr. Sprache, II, 1960, 1580–1583). Im Hi. ist neben »entweihen« die Bed. »anfangen« vorherrschend (dazu ho. »angefangen werden« und *teḥillā* »Anfang«); die Verbundenheit beider Wortgruppen wird durch den Gebrauch von *ḥll* pi. im Sinn von »in profane Nutzung nehmen« deutlich (Dtn 20,6.6; 28,30; Jer 31,5, vom Beginn der Nutzung eines Weinbergs nach Ablauf einer Weihezeit, in der das Abernten zu eigenem Gebrauch verboten war, vgl. Lev 19,23–25, dazu Pedersen, Israel III–IV,271).

Im Akk. bedeutet *elēlu* im Grundstamm »klar sein« oder »kultisch rein sein« (Personen, Lippen, Beschwörungen) und »frei sein« (von Ansprüchen), im Doppelungsstamm »reinigen« (sich selbst, Mund und Hände, den Leib der Götter), »durch Reinigung weihen« (die Tochter) und »frei machen« (Sklaven), vgl. AHw 197f. Auch im Arab. ist der weitverzweigte Stamm *ḥll* im Sinn von »lösen, erlaubt sein« belegt (Lane I/2, 619ff.). Ein ursprünglicher Zusammenhang mit *ḥll (*ḫll)* »(durch)bohren, verwunden« ist trotz einiger Berührungen (besonders im Arab.) nicht anzunehmen. In den älteren nwsem. Texten ist das Verbum nicht sicher belegt (vgl. WUS Nr. 928; DISO 89). In den späteren sem. Sprachen und Dialekten hat sich im Einflußbereich des Judentums der nachexilische atl. Sprachgebrauch durchgesetzt und hat formal auch darüber hinaus Einfluß gewonnen (vgl. noch LS 231; Dillmann 66; Littmann-Höfner 52f.; Drower-Macuch 148b).

2. Das Verbum kommt im AT 134× vor, davon pi. 66× (Ez 22×, Lev 14×, Jes und Ps je 5×) und hi. 56× (»entweihen« nur 2×, sonst »anfangen«: 2Chr 11×, Ri 8×, Dtn 7×, Gen 6×, Num und 1Sam je 4×); außerdem sind noch ni. 10× (Ez 7×) und je 1× pu. und ho. belegt. Nur zwei der 75 Stellen, an denen das Verbum im Sinn von »entweihen« gebraucht wird (pi. 62×, hi. 2×, ni. und pu.), sind einwandfrei vorexilisch: Gen 49,4 und Ex 20,25 (zu Am 2,7 vgl. Wolff, BK XIV/2,163; zu Zeph 3,4 vgl. Sellin-Fohrer 502). Fast zwei Drittel aller Belege von »entweihen« sind im Buch Ez (31×) und im Heiligkeitsgesetz (16×) enthalten. Sonst begegnet die Vokabel vereinzelt in P, bei Dtjes (auch Jes 23,9; 56,2.6), Jer, Mal, Ps, Klgl, Dan und im chronistischen Geschichtswerk.

ḥōl findet sich 7× (1Sam 21,5f. und – stets in ausgesprochenem Gegensatz zu *qōdæš* – Lev 10,10; Ez 22,26; 42,20; 44, 23; entsprechend 48,15 »profaner Wohnbezirk«), *ḥālāl* 3× (s.o. 1), *ḥālīlā* 21× (1Sam 8×, Gen 4×, 2Sam 3×, Jos und Hi 2×, 1Kön und 1Chr 1×, in 2Sam 20, 20 verdoppelt), *teḥillā* 22× (Gen 4×, Ri, 2Sam und Dan je 3×).

3./4. a) Im Heiligkeitsgesetz sind die mit dem Begriff *ḥll* pi. »entweihen« verbundenen Vorstellungen am sichersten zu erheben. Die Heiligkeit (→*qdš*) Jahwes und des zu ihm Gehörenden, vor allem das Priestertum, soll gegen Entweihung abgesichert werden. Die dahin zielenden Verbote haben fast immer die Form *lō*+Impf. und repräsentieren priesterliches Berufswissen (J.Begrich, Die priesterliche Tora, BZAW 66, 1936, 85–87 = GesStud 256–258; R.Kilian, Literarkritische und formgeschichtliche Untersuchung des Heiligkeitsgesetzes, 1963, 84–103 zu Lev 21f., weist die *ḥll*-Bestimmungen seiner Schicht II des Urheiligkeitsgesetzes zu). Der Priester wird durch Praktizierung bestimmter Trauerriten (Lev 21,10), durch Hurerei seiner Tochter (21,9; vgl. 18,29), durch die Nähe der Leiche einer verheirateten Schwester (21,4) entweiht; durch die Leichen der *un*verheirateten Schwester und anderer naher Verwandter wird er nur verunreinigt (→*ṭm'*; Elliger, HAT 4,288f.). Der Hohepriester darf zu gar keiner Leiche gehen, er würde sonst das Heiligtum entweihen (21,12); das geschähe auch, wenn ein mit Gebrechen Behafteter das Priesteramt ausübte (21,23). Die Nachkommenschaft des Hohenpriesters wäre durch seine Heirat mit einer Witwe, Geschiedenen, Vergewaltigten oder Prostituierten entweiht (21,15). In der Perikope Lev 22,1–16 (vgl. H.Reventlow, Das Heiligkeitsgesetz formgeschichtlich untersucht, 1961, 92–103; C.Feucht, Untersuchungen zum Heiligkeitsgesetz, 1964, 44f.) wird den Priestern ehrfürchtigster Umgang mit den Opfergaben befohlen, damit Jahwes Name oder die Gabe selbst nicht entweiht werde (22,2.9.15); eine entsprechende Anweisung hat P (Num 18, 32). Auch alle anderen Israeliten werden vor einer Entweihung des Namens Jahwes gewarnt; sie würde durch das Kinderopfer (Lev 18,21; 20,3), durch Genießen des Opferfleisches noch am dritten Tag nach der Darbringung (19,8), durch falsches Schwören (19,12) und allgemein durch Mißachtung und Nichtbefolgung der Gebote (22,32) eintreten.

Die Vorstellungen, die sich mit der Furcht vor einer Entweihung des Jahwenamens verbanden, lassen sich nicht mit Sicherheit erschließen. Beachtlich ist die generelle Erklärung, daß eine Entheiligung und damit Entkräftigung des Namens gemeint war (H.A. Brongers, ZAW 77, 1965, 11). Doch ist das für den Jahwegläubigen eine kaum vollziehbare Konsequenz. Der Tatbestand einer schwer strafbaren und verhängnisvollen Beleidigung ist für die Zeugen in jedem Fall gegeben.

b) Im Unterschied zu der in sich geschlossenen Vorstellungswelt des Heiligkeitsgesetzes hat der Begriff bei Ezechiel eine größere Spannweite. Hier ist am häufigsten von der (meist bereits geschehenen) Entweihung Gottes oder seines Namens (11 ×), der Sabbate (7 ×) und des Tempels (7 ×) die Rede. Die Schuldigen sind stets die Israeliten, dagegen ist nicht immer erkennbar, worin Verschuldung und Entweihung bestanden. Ausdrücklich festgestellt wird, daß Jahwe durch Zauberpraktiken unter den Deportierten in Babylonien entweiht wird (13,19; Zimmerli, BK XIII,296f.). Fünfmal ist die Entweihung des Gottesnamens in den Versen 36, 20–23 angeprangert. Die Profanierung des Namens erfolgt dadurch, daß er – angesichts der Trennung Israels vom verheißenen Land – unter den Heiden als ohnmächtig verlästert wird. Mag diese Entweihung durch den »Zustand« von der durch das »Verhalten« Israels unterschieden werden, die Schuld liegt bei Israel, weil es wegen seiner Abtrünnigkeit endlich mit der Verstoßung bestraft werden mußte (Fohrer, HAT 13,109f.; Zimmerli, BK XIII,446. 457.875–878), während Jahwe früher die verdiente Bestrafung noch ausgesetzt hatte, um eine Entweihung seines Namens zu verhindern (20,9.14). Doch wird er Sorge tragen, daß es künftig nicht mehr zur Entweihung seines Namens kommt (20,39; 39,7). In der »Sündengeschichte« des Exodus wird neben den Vorwürfen des Götzendienstes und der Gebotsübertretung die Entweihung der Sabbate besonders hervorgehoben (Ez 20,13.16.21. 24; vgl. 22,8; 23,38). Damit stimmen Ex 31,14P; Jes 56,2.6 und Neh 13,17f. zusammen. Die Entweihung des Tempels und dessen, was Jahwe heilig ist, durch Israel und seine Priester (Ez 22,26 durch Verwischung der Unterschiede zwischen heilig und profan; 23,39 durch Kindesopfer; 44,7 durch Zulassung Fremder zum Tempel) bedeutet die Entweihung des heiligen Gottes selbst (22,26) und wird durch die Vernichtung des Tempels und der Heiligtümer vergolten; so ist auch die Katastrophe von 587 eine Entweihung (7,21f. 24; 25,3), und es kann gesagt werden, daß Gott selbst sein Heiligtum entweiht hat (24,21). Damit ist einem allgemeineren Verständnis des Wortes Vorschub geleistet, wie es sich im Tyrus-Kapitel zeigt: Entweihung ist auch die Heimsuchung von Tyrus durch gewalttätige Feinde (28, 7) und der Höllensturz seines hybriden Königs (28,16; vgl. Jes 23,9), der seine Heiligtümer (Fohrer, HAT 13,163: »mein Heiligtum«) entweiht hatte (28,18).

c) Der Zusammenbruch von 587 ist auch Jes 43,28; 47,6; Ps 74,7 und Klgl 2,2 als Entweihung bezeichnet, wobei Dtjes das Geschehen im Unterschied zu der Psalmstelle auf Gott allein zurückführt. Ps 89,40 ist die Entweihung des Königs von Juda ebenfalls als Gottes Tat erkannt. Bei Dtjes schafft die Konjektur in Jes 52,5 (*j*^{e}*ḥull*^{e}*lū* statt *j*^{e}*hēlîlū*) einen neuen Beleg für *ḥll* (vgl. S.H. Blank, Is 52,5 and the Profanation of the Name, HUCA 25, 1954, 1–8). Später gilt die Heimsuchung des Tempels durch Antiochus Epiphanes dem Verfasser des Danielbuches als Entweihung (Dan 11,31).

d) Bei den Propheten des 8. Jh. fehlt das Wort, wenn Am 2,7 als Nachtrag anzusehen ist (Wolff, BK XIV/2,160.163); hier wird der Jahwename dadurch entweiht gesehen, daß Sohn und Vater (zusammen) zur Dirne gehen. Für Jeremia ist das Land durch den Götzendienst (Jer 16, 18) und der Jahwename durch die Zurückholung der Schuldsklaven (34,16) entweiht; Zephanja brandmarkt die egoistische Verwendung des Heiligen durch die Priester als Entweihung (Zeph 3,4); Maleachi findet sie in kultischen wie in moralischen Vergehen (Mal 1,12 minderwertige Opfer; 2,10 Treulosigkeit gegeneinander als Entweihung des Väterbundes; 2,11 Ehen mit Fremden). Zweimal wird Wort- oder Vertragsbruch »Entweihung« genannt (Ps 55,21; Num 30,3P); und Gott will seine →*b*^{e}*rît* nicht durch den Bruch seiner Verheißungen entweihen (Ps 89, 35).

e) Aus dem ersten halben Jahrtausend israelitischer Literaturgeschichte sind für *ḥll* pi. nur die beiden Belege des Jakobsegens und des Bundesbuches überliefert: Ruben hat das Lager seines Vaters durch den Umgang mit Bilha entweiht (Gen 49, 4, zitiert in 1Chr 5,1), und die Altarsteine werden durch die Bearbeitung mit eisernem Werkzeug entweiht (Ex 20,25). Bei Rubens Tat handelt es sich um einen verbotenen Eingriff in die Intimsphäre des Vaters und eine Gefährdung des Friedens der Großfamilie (de Vaux I,179; W. Elliger, ZAW 67, 1955, 8–12 = KS 239–244; ders., HAT 4,238–240). Das Verbot, die Altarsteine zu behauen, wurde früher meist so erklärt, daß damit die Vertreibung des im Stein wohnenden Numens verhindert werden sollte (K. Marti, Geschichte der isr. Religion, [4]1903, 100; B. Baentsch, Exodus-Leviticus-Numeri, 1900, 188; G. Beer, Exodus, 1939, 106). Eher wird an nomadische Tradition und Norm zu denken sein, die – speziell bei kultischen Einrichtungen – allem Zivilisatorischen abhold war (de Vaux II,282).

f) Während *ḥōl* und *ḥālāl* sonst nur in Lev und Ez vorkommen, erscheint *ḥōl* außerdem zweimal in der alten Erzählung 1Sam 21: Der Priester Ahimelech hat kein zu profanem Verzehr bestimmtes Brot (*lǽḥæm ḥōl*), sondern nur heiliges zur Verfügung; David versichert, daß die »Geräte« seiner Leute selbst beim gewöhnlichen Unternehmen (*dǽræk ḥōl*) heilig waren und es heute erst recht sind (1Sam 21,5f.). *ḥōl* ist also bereits in diesem frühen Zeugnis das Gegenteil von *qādōš* (→*qdš*) »heilig« wie Lev 10,10 und bei Ez. Die Samuel-Stellen wie auch das Vorkommen der Interjektion *ḥālīlā* (BL 654; vgl. noch M. Held, JCS 15, 1961, 21; M. R. Lehmann, ZAW 81, 1969, 82f.) »es sei fern!«, eigentlich »zum Profanen«, in alten Texten zeigen, daß die Wortgruppe von ihrem Verhältnis zur atl. →*qdš*-Vorstellung her verstanden werden muß (vgl. BHH I,415; Bibel-Lexikon[2], 398f.).

5. Die überragende Bedeutung des Begriffes im Mittelhebr. erhellt aus den zahlreichen Belegen bei Levy und Ben-Jehuda (s. o. 1). Die minuziöse Abgrenzung vom »Profanen« ist das dringliche Anliegen der rabbinischen Literatur; der Mischna- und Talmudtraktat IV/3 trägt den Namen Ḥullin.

Von Qumran und dem verwandten Schrifttum sind die Belege aus der Damaskusschrift zu nennen, in denen *ḥll* in Verbindung mit dem Sabbatgebot steht (CD 11,15; 12,4; vgl. Kuhn, Konk. 72).

Im NT wird das herkömmliche Verständnis des Profanen überwunden und die im zeitgenössischen Judentum unternommene Grenzziehung zwischen heilig und profan aufgehoben (F. Hauck, Art. βέβηλος, ThW I,604f.; ders., Art. κοινός, ThW III,789–810; ders., Art. μιαίνω, ThW IV,647–650). *F. Maass*

חלק *ḥlq* teilen

1. Die Wurzel *ḥlq* kommt in der Bed. »teilen, zuteilen« nur hebr. und aram. (DISO 89f.; KBL 1076a) vor. Im allgemeinen setzt man sie in Verbindung mit arab. *ḫalaqa* »abmessen, formen« und weiteren südsem. Verben (HAL 309b unter *ḥlq* II). Ob und wie einerseits die Gruppe ug. *ḫlq* »zugrunde gehen«, akk. *ḫalāqu* »fortgehen, zugrunde gehen«, äth. *ḫalqa* »dahinschwinden« (HAL 310 unter *ḥlq* III; →*'bd* 3) und andererseits diejenige von hebr. *ḥlq* »glatt sein« (*ḥālāq* »glatt«), arab. *ḫalaqa* »glätten« usw. (HAL 309b unter *ḥlq* I) mit *ḥlq* »teilen« zusammengehört, ist ungeklärt.

Im Hebr. begegnet das Verbum in allen Stammformen mit Ausnahme des Ho.; dazu kommen die nominalen Ableitungen *ḥēlæq* »Anteil«, *ḥælqā* »Grundstück«, *ḥᵃluqqā* »Abteilung« und *maḥᵃlōqæt* »Anteil, Abteilung«. Im Bibl.-Aram. sind *ḥᵃlāq* »Anteil« und *maḥlᵉqā* »Abteilung« belegt.

2. Im AT ist die Wortgruppe (ohne die Eigennamen) 188× hebr. und 4× aram. belegt: Verbum 56× (Jos 7×, Jes und 1Chr je 5×), nämlich qal 17×, ni. 8× (1Chr 23,6 und 24,3 wahrscheinlich als qal zu verstehen, vgl. Rudolph, HAT 21, 154; HAL 309b), pi. 26×, pu. 3×, hitp. 1×, hi. 1×; *ḥēlæq* 66× (Jos 9×, Dtn und Pred je 8×, Ps 6×, Hi 5×), *ḥælqā* 23× (2Kön 6×, 2Sam 5×, exkl. die Ortsbezeichnung in 2Sam 2,16, vgl. HAL 311b), *ḥᵃluqqā* 1× (2Chr 35,5), *maḥᵃlōqæt* 42× (1Chr 26×, 2Chr 11×, Jos 3×, Ez und Neh 1×); aram. *ḥᵃlāq* 3×, *maḥlᵉqā* 1×.

3. a) Das Qal des Verbums bedeutet »teilen, zuteilen«, wobei oft das Gewicht weniger auf dem Vorgang des Teilens als solchem, als auf dem des Zuteilens, Anteil-Gebens liegt. So geht es etwa um das Teilen/Zuteilen der Beute (Jos 22,8; 1Sam 30,24), eines Feldes (2Sam 19,30), von Silber (Hi 27,17), des Erbes (Spr 17,2), von Vorräten (Neh 13,13), um das Teilen mit dem Dieb (Spr 29,24), das Einteilen von Leuten in verschiedene Gruppen (1Chr 24,4.5; 2Chr 23,18; zu dieser spezifisch chronistischen Verwendungsweise gehört die ebenfalls nur im chronistischen Geschichtswerk belegte Verwendung von *maḥᵃlōqæt* und *ḥᵃluqqā* als »Abteilung«) und im Rahmen der Landnahmeberichte um das Ver- und Zuteilen des Landes bzw. des Erbgutes (Jos 14,5; 18,2; vgl. Neh 9,22 mit Gott als Subjekt; entsprechend das passive Ni. in Num 26,53.55.56).

In 2Chr 28,21, wo das Verbum mit »plündern« o.ä. übersetzt werden müßte (vgl. G und 2Kön 16,8), ist statt *ḥālaq* wohl besser *ḥillēṣ* zu lesen (vgl. Rudolph, HAT 21,292).

Zu Dtn 4,19; 29,25; Hi 39,17 s.u. 4.

b) Das Ni. des Verbums ist (außerhalb der schon genannten Stellen Num 26,53. 55.56) reflexiv: »sich (ver)teilen« (Gen 14, 15 Abraham und seine Leute; 1Kön 16,21 das Volk Israel; Hi 38,24 txt? das Licht bzw. der Wind, vgl. Fohrer, KAT XVI, 492).

Das Pi. kann fast durchgehend mit »(ver)teilen« wiedergegeben werden (zum Unterschied gegenüber dem Qal vgl. Jenni, HP 126–130). Objekt des Teilens/Verteilens sind Gegenstände (Beute Gen 49,27; Ex 15,9; Ri 5,30; Jes 9,2; 53,12aβ; Ps 68,13; Spr 16,19; pu.pass. Sach 14,1; Haare Ez 5,1; Nahrung 2Sam 6,19 = 1Chr 16,3; Kleider Ps 22,19, vgl. Mk 15, 24 par.) oder Land(besitz) (Jos 13,7; 18, 10; 19,51; 1Kön 18,6; Ez 47,21; Jo 4,2; Mi 2,4 txt?; Ps 60,8 = 108,8; Dan 11,39; hitp. »unter sich teilen« Jos 18,5), bei göttlichem Subjekt auch das Geschick o.ä. (Jes 34,17; 53,12a; Hi 21,17). In Gen 49,7 und Klgl 4,16 ist mit »zerstreuen« zu übersetzen.

Das Hi. in Jer 37,12 bedeutet »eine (Erb-)Teilung vornehmen« (vgl. Rudolph, HAT 12,238).

c) Dem Gebrauch des Verbums entspricht die Verwendung des Nomens *ḥēlæq* »Anteil« (an der Beute: Num 31,36; 1Sam 30,24; vgl. Gen 14,24; am Opfer: Lev 6,10; vgl. Dtn 18,8).

Als sinnverwandte Vokabeln sind *mānā* (12×) und *menāt* (9×, aram. LW, vgl. Wagner Nr. 175) von der Wurzel *mnh* »zählen« und *mišḥā* (Lev 7,35) und *mošḥā* (Num 18,8) von der Wurzel *mšḥ* II »messen« zu erwähnen.

Häufig steht *ḥēlæq* – als Parallelbegriff zu →*naḥalā*, →*gōrāl*, *ḥæbæl* »Strick (zum Messen) > (zugemessenes) Feldstück« u.a. – für den »Anteil am Land« (Jos 15,13; 19,9; Ez 45,7; 48,8.21 u.ö.; vgl. Sach 2,16; dazu J.Dreyfus, RScPhTh 42, 1958, 3–49; F.Horst, FS Rudolph 1961, 135–156). In engerer Bedeutung ist *ḥēlæq* das dem Einzelnen zukommende Stück Land oder Acker (Am 7,4; Hos 5,7); gleiche Bedeutung hat auch der Begriff *ḥælqā* (2Sam 23, 11f.; Ruth 2,3; 4,4 u.ö.), der sich schließlich zu »Grundstück« verflacht (Gen 33, 19; Jos 24,32 u.ö.).

BL 567 u.a. nehmen an, daß hier *ḥēlæq* »Anteil« mit einem Wort **ḥalæq* (oder *ḥāqæl*) »Feld« verschmolzen ist (vgl. akk. *eqlu*, aram. *ḥaqlā*, arab. und äth. *ḥaql*); vgl. dagegen GVG I,277.

Wo davon die Rede ist, daß Aaron bzw. die Leviten keinen Landanteil erhalten sollen, daß vielmehr Jahwe ihr »Teil« sei, bahnt sich der übertragene Gebrauch von *ḥēlæq* (par. *naḥalā*) an (Num 18,20; Dtn 10, 9; 12,12; 14,27.29; 18,1; Jos 14,4; 18,7; s.u. 4). Diese übertragene Bedeutung von *ḥēlæq* im Sinne dessen, was einem zukommt, wo einer hingehört, ist in verschiedenen Ausprägungen recht häufig. Gelegentlich bezeichnet das Nomen das »Geschick« (Jes 17,14 par. *gōrāl*, Wortspiel mit der Doppelbedeutung »Beuteanteil/Geschick«; vgl. Jes 57,6; Hi 20,29; 27,13; 31,2 u.ö.), sonst etwa den Anteil am Vaterhause (Gen 31,14), an Jahwe (Jos 22,25.27), an David (2Sam 20,1; 1Kön 12,16 = 2Chr 10,16).

Eines besonderen Hinweises bedarf hier die Verwendung von *ḥēlæq* bei Kohelet. Immer wieder dreht sich sein Denken um die Frage, welches sein »Teil«, sein »Lohn«, das, was für ihn übrigbleibt (*jitrōn*), sei (*ḥēlæq*: Pred 2,10.21; 3,22; 5,17.18; 9,6.9; vgl. 11,2). Dabei geht es weniger um die Klage, daß der Mensch immer nur einen Teil, nie das Ganze haben könne (W.Zimmerli, Die Weisheit des Predigers Salomo, 1936, 37; ders., ATD 16/1, 138 u.ö.), als um die Frage nach dem »Anteil«, dem Ort des Menschen in der Welt (H.H. Schmid, Wesen und Geschichte der Weisheit, 1966, 187f.).

4. Sehr altertümlich ist die hinter Dtn 32,8 stehende Vorstellung, daß Israel von (*'ēl*) *'æljōn* Jahwe zugeteilt worden sei (V. 9 *ḥēlæq*). Analog dazu ist in Dtn 29,25 von Göttern die Rede, die Jahwe Israel nicht zugeteilt habe, und in den gleichen Umkreis gehört wohl Dtn 4,19, wonach Jahwe die Gestirne allen Völkern zugeteilt habe (vgl. noch Hi 39,17 die Zuteilung der Einsicht).

Eine spezifisch theologische Bedeutung bekommt die Wortgruppe, wo Jahwe als »Teil« einer Menschengruppe oder eines Einzelnen erscheint. Die Stellen, wonach Jahwe der »Landanteil« Aarons bzw. der Leviten ist, wurden schon genannt (3c). In Jer 10,16 = 51,19 ist Jahwe »Jakobs Teil«, und in Klageliedern wird – im Umkreis der Begriffe →*gōrāl*, →*naḥalā*, *ḥæbæl* u.a. – bekannt: »Jahwe ist mein Teil« o.ä. (Ps 16,5; 73,26; 142,6; Klgl 3,24; vgl. H.-J. Hermisson, Sprache und Ritus im altisraelitischen Kult, 1965, 107–113). Vgl. dazu den Eigennamen *Ḥilqijjā(hū)* »Jahwe ist mein Teil« und dessen Kurzformen *Ḥēlæq* und *Ḥælqāj* (Noth, IP 163f.).

Daß es in Ps 119,57 des Dichters Teil ist, Jahwes Gebote zu halten, ist schließlich ebenso selbstverständlich, wie die in der Hiobdichtung vertretene Ansicht, daß »das Teil« des Ruchlosen von Gott kommen werde (Hi 20,29; 27,13; vgl. 31,2).

5. Auf eine besonders bedeutsame Nachgeschichte der Wortgruppe kann nicht hingewiesen werden. Die paar Vorkommen in Qumran fügen sich in den atl. Gebrauch ein. Das Griechische kennt kein prägnantes Äquivalent; die LXX verwendet zur Wiedergabe von *ḥlq* mit Vorliebe μερίζειν und Komposita oder κληρονομία bzw. κλῆρος. Zur ntl. Verwendung von κλῆρος vgl. W. Foerster – J. Herrmann, Art. κλῆρος, ThW III, 757–786.

H. H. Schmid

חמד *ḥmd* begehren

1. Der Wortstamm **ḥmd* »begehren« ist in den westsem. Sprachen weit verbreitet (südsem. in der Bed. »preisen«, vgl. Muḥammad »der Gepriesene«).

Die älteren Belege stammen aus dem Ug. (vgl. WUS Nr. 936; UT Nr. 872), Kan. (EA 138,126 Part. pass. *ḫa-mu-du* »begehrenswert«, vgl. CAD H 73b), Phön. (KAI Nr. 26 A III, Z. 14f. *jḥmd 'jt hqrt z* »er möchte diese Stadt haben«; Z. 17 *bḥmdt* »aus Begehrlichkeit«) und Äg.-Aram. (BMAP Nr. 7, Z. 19 *ḥmdjh*, vielleicht *ḥᵃmīdīn* »Wertsachen«); vgl. auch Huffmon 196.

Im Hebr. sind neben q. »begehren« und pi. »für begehrenswert halten« (Jenni, HP 220f.) die Part.pass.q. und Part.ni. sowie verschiedene Nominalbildungen (Segolat-Formen: *ḥǽmæd* und *ḥæmdā*; mit m-Präformativ: *maḥmād* und *maḥmōd*; Abstraktplural *ḥᵃmūdōt*) überwiegend zur Bezeichnung des begehrten Objekts geläufig. Als Eigenname begegnet *Ḥæmdān* (Gen 36,26).

2. Das Verbum kommt im AT relativ selten vor, vielleicht deshalb, weil das Hebr. vielerlei Möglichkeiten kennt, Willens- und Gefühlsregungen auszudrücken (Modi, Tempora, Partikeln usw.). In seinen drei Stammesmodifikationen ist *ḥmd* insgesamt nur 21 × vertreten (q. 16 ×, ni. 4 ×, pi. 1 ×). Die erzählende Literatur ist mit Gen 2,9; 3,6; Jos 7,21 vertreten; sonst sind weisheitliche, gesetzliche, liturgische, prophetische Texte Träger des Verbums *ḥmd*. Die Nominalformen (*ḥǽmæd* 5 ×, *ḥæmdā* 16 ×, *ḥᵃmūdōt* 9 ×, *maḥmād* 13 ×, *maḥmōd* 1 ×) scheinen erst in exilisch-nachexilischen Schriften richtig in Schwang zu kommen; für *maḥmād* vgl. Klgl 1,10.11; 2,4; Ez 24,16.21.25; für *ḥᵃmūdōt* vgl. Dan 9,23; 10,3.11.19; 11,38.43.

3. Wir unterscheiden bei *ḥmd* zweckmäßigerweise (a) den aktiven, das handelnde Subjekt qualifizierenden, und (b) den passiven, das erstrebte Objekt beschreibenden Gebrauch; an den letzteren schließen sich die Nominalbedeutungen an.

a) Als aktives Verhalten ist *ḥmd* (q. und pi.; kausatives hi. nur Sir 40,22) das zielstrebige Aussein auf etwas, das auf Inbesitznahme drängende Verlangen (vgl. J. Herrmann, FS Sellin 1927, 69–82; J. J. Stamm, ThR 27, 1961, 301–303). So sehr dieses Verlangen seiner Motivation und Intensität nach differieren kann (»begehren«, »begierig sein«, »gieren nach«), so sind doch jedesmal Bedürfnis des Handelnden und Anreiz von außen vorausgesetzt; das sexuelle Begehren liegt wie bei →*'wh* mit im Wortfeld. Feinde wollen das Land in Besitz nehmen (vgl. Ex 34,24); Jahwe hat den Gottesberg haben wollen und bewohnt ihn nun (Ps 68,17); der Tor begehrt die verführerische, verheiratete Frau (Spr 6,25). Legitimes Begehren kann und darf Erfüllung finden (vgl. Hhld 2,3 pi.), unerlaubte Begehrlichkeit wird durch Verbote eingedämmt (Ex 20,17; 34,24; Dtn 5,21; 7,25; Spr 6,25), weil es ins Verderben stürzt (Hi 20,20) und den Stammesgenossen wie die Gesamtgemeinschaft schädigt (vgl. Jos 7,21; Mi 2,2).

b) Unansehnlichkeit findet keinen Gefallen (Jes 53,2); das, was Begehren oder Begehrlichkeit weckt, kann mit dem Part. ni. bezeichnet werden (Gen 2,9; 3,6; Ps 19,11; Spr 21,20). Solche Gegenstände sind natürlich für den Beteiligten wertvoll (Jes 44,9: das Werkstück des Bildhauers, Part.pass.q.; vgl. Hi 20,20 und den adjektivischen und dann auch substantivischen Gebrauch von *ḥᵃmūdōt* »kostbar«, »Schatz«). Die Reizwirkung des Objekts kommt deutlich in der Wendung *maḥmad ʿēnájim* »das Wertgeschätzte« zum Ausdruck (1Kön 20,6; Ez 24,16.21.25; Klgl 2,4; vgl. unser »Augenweide«, »Augentrost«); die Liebende singt: *kullō maḥᵃmaddīm* »alles an ihm ist Wonne« Hhld 5,16; vgl. weiter Jes 64,10; Hos 9,6.16; Jo 4,5; Klgl 1,10.11; 2Chr 36,19). *ḥǽmæd*, immer in Constructusverbindung, bezeichnet die Schönheit des Feldes (Jes 32,12; vgl. Am 5,11), die Stattlichkeit von Mannsbildern (Ez 23,6.12.23). In gleicher Weise ist *ḥæmdā* Sammelwort für »Schönheit, Würde, Anmut, Bedeutung« (vgl. 1Sam 9,20 die Größe Israels; Hag 2,7 die Kostbarkeiten aller Völker; Dan 11,37 das Idol der Frauen, wahrscheinlich Tammuz; 2Chr 21,20 Joram starb würdelos, = ohne Totenklage?); auch *ḥæmdā* wird überwiegend als nomen rectum verwendet: Jes 2,16; Jer

3,19; 12,10; 25,34; Ez 26,12; Hos 13,15; Nah 2,10; Sach 7,14; Ps 106,24; Dan 11, 8; 2Chr 32,27; 36,10.

4./5. Eine spezifisch theologische Wortbedeutung ist für das AT noch nicht zu verzeichnen. Wie bei →*'wh* und im Gegensatz zu ethisch eindeutig fixierten Ausdrücken (vgl. z.B. →*śn'* »hassen«, *gnb* »stehlen«) umfaßt *ḥmd* den ganzen komplexen Sachverhalt »Begehren«; noch hat sich kein Teilaspekt zum theologischen Fachausdruck verselbständigt. Erst im Spätjudentum greift eine Herabstufung und Tabuisierung besonders des sexuellen Begehrens Platz. Ausgehend von den Verboten des Dekalogs (das Diebstahlverbot Ex 20,15 legte die irrige Schlußfolgerung nahe, in Ex 20,17 müsse ein »Gedankenvergehen« gemeint sein) wird jedes von außen angereizte »materielle« Verlangen zu einer Versuchung und zum Aufbegehren gegen Gott gestempelt (vgl. ἐπιθυμία, concupiscentia; Mt 5,28; Röm 7,7; ferner StrB III,234ff.; IV/1,466ff.; J.J.Stamm, Der Dekalog im Lichte der neueren Forschung, ²1962, 55–59, übersetzt und erweitert in M.E.Andrew, The Ten Commandments in Recent Research, 1967, 101–107); →*'wh*. *E. Gerstenberger*

חֵמָה *ḥēmā* Erregung

1. Das Subst. *ḥēmā* (**ḥim-at-*, BL 450) wird von der Wurzel *jḥm* (**wḥm*) abgeleitet (Barth 94), welche wiederum mit *ḥmm* (arab. auch *ḥmw/j*) »heiß sein« zusammenhängen wird. In der Bed. »Geifer, Gift« ist das Subst. gemeinsemitisch (Bergstr. Einf. 187; P.Fronzaroli, AANLR VIII/19, 1964, 250.264.276): akk. *imtu* »Geifer, Gift« (AHw 379b; CAD I/J 139–141), ug. *ḥmt* »Gift« (neuerdings in RS 24.244 und RS 24.251 häufig belegt, vgl. Ugaritica V, 599a), hebr. *ḥēmā* (Dtn 32,24.33; Ps 58,5. 5; 140,4; Hi 6,4), aram. *ḥimtā/ḥemtā* (nur in den jüngeren Dialekten belegt), arab. *ḥumat* »(Insekten-)Gift« (*i*>*u* vor Labial, GVG I,199), äth. *ḥamōt* »Galle« (Dillmann 77f.). Die Bed. »Erregung, Zorn« (<»Geifer, Schäumen« oder direkt von den genannten Wurzeln »heiß, erregt sein« abgeleitet) ist außer im Hebr. vor allem im Aram. belegt (Hadad-Inschrift KAI Nr. 214, Z. 33 *ḥm'*; Aḥ. 140 *ḥmt*[']; bibl.-aram. *ḥ*ᵃ*mā* Dan 3,13.19; syr. usw.).

2. Während das Verbum *jḥm* q./pi. »brünstig sein« nur 6× im AT begegnet (q.: Gen 30,38.39; pi.: Gen 30,41.41; 31, 10; Ps 51,7), ist das Subst. *ḥēmā* 125× vertreten (inkl. die genannten Stellen mit der Bed. »Gift«; in der Bed. »Erregung, Zorn« 119×, davon 2× im Plur. *ḥēmōt*, Ps 76,11 [txt?] und Spr 22,24, als Abstraktbildung »Zorn«, GVG II,59), am häufigsten in Ez (33×), Jer (17×), Ps (15×), Jes (13×).

In gleicher Weise wie →*'af* wird *ḥēmā* seltener für den menschlichen (28×), häufiger für den göttlichen Zorn gebraucht (89× nach Abzug von Ps 76,11b txt em und Hi 19,29 txt em): im Sinne der menschlichen Gemütsbewegung Spr 9×, Est 6×, Ps, Jes und Dan je 2×, Gen, 2Sam, 2Kön, Ez, Hos, Hab und Hi je 1×, vom göttlichen Zorn Ez 32×, Jer 17×, Jes 11×, Ps 9×, 2Chr 5×, Dtn 3×, 2Kön, Nah und Klgl 2×, Lev, Num, Mi, Sach, Hi und Dan je 1×.

3. In der Grundbedeutung dürfte *ḥēmā* – aus der Wurzelbedeutung erschlossen – das »Heiß-Sein (vor Erregung)« bezeichnen, also etwa »Wallung«, dann »Zorn«; vgl. Hos 7,5, wo von der Wirkung des Weins gesprochen wird. Der Unterschied zu →*'af* wäre dann darin zu sehen, daß jener Begriff mehr den körperlich sichtbaren erregten Zustand eines im Zorn befindlichen und daher schwer atmenden Menschen bezeichnet, während *ḥēmā* mehr die innere Gemütsbewegung, die innere Zornglut deutlich machen will. Doch ist ein wesentlicher Unterschied in der Bedeutung oder im Gebrauch gegenüber *'af* in den Texten kaum zu erkennen, wie denn *ḥēmā* in etwa vierzig Fällen mit *'af* verbunden auftritt (additiv: Dtn 9,19; 29,22.27; Jes 42,25; 66,15; Jer 7,20; 21,5; 32,31.37; 33,5; 36, 7; 42,18; 44,6; Ez 5,15; 22,20; 25,14; 38, 18; Mi 5,14; Dan 9,16; in parallelen Aussagen: Gen 27,44f.; Jes 63,3.6; Ez 5,13; 7,8; 13,13; 20,8.21; Nah 1,6; Hab 2,15, vgl. HAL 313a; Ps 6,2; 37,8; 78,38; 90,7; Spr 15,1; 21,14; 22,24; 27,4; 29,22; Klgl 4,11).

Andere Verbindungen sind: mit Ableitungen aus dem Stamm →*qṣp* Dtn 9,19; 29,27; Jes 34,2; Jer 21,5; 32,37; Ps 38,2; mit *g*ᵉ*'ārā* »Schelten« Jes 51, 20; 66,15; mit *tōkāḥat* »Zurechtweisung« Ez 5,15; 25,17; mit der Wurzel →*qn'* Ez 16,38.42; 36,6; Nah 1,2; Sach 8,2; Spr 6,34; mit →*nqm* Nah 1,2; mit *ẓa'am* »Verwünschung« Nah 1,6.

Der Zorn kann entbrennen (*jṣt* ni. 2Kön 22,13.17) oder aufsteigen (*'lh* 2Sam 11,20; Ez 38,18; 2Chr 36,16), er kann sich legen (*škk* Est 7,10), man kann von ihm ablassen (*'zb* Ps 37,8) oder ihn abwenden (*šūb* hi. Num 25,11; Jes 66,15; Jer 18,20; Ps 106,23; Spr 15,1).

ḥēmā »Erregung« ergreift den König beim Anhören einer schlechten Nachricht (2Sam 11,20; Est 1,12; 2,1; 7,7) oder einen Menschen gegen seinen Bruder (Gen 27,44) oder gegen einen Rivalen (Est 3,5;

5,9). Wie schädlich diese Erregung sein kann, weiß die Spruchweisheit in vielen Bildern auszudrücken (Spr 6,34; 15,1; 19, 19; 22,24; 27,4; 29,22). Langmut (Spr 15,18) und Weisheit (Spr 16,14) schützen davor, aber auch ein Geschenk zur rechten Zeit (Spr 21,14). Andere Beispiele für *ḥēmā* bei Menschen sind 2Kön 5,12; Jes 51,13.13; Hos 7,5; Ps 37,8; 76,11.11; Est 7,10; Dan 8,6; 11,44. Eine (heilige) Erregung kann auch einen Propheten ergreifen, wenn er von Jahwes Geist erfaßt und entrückt wird.

Zu Text und Übersetzung von Jes 27,4; Hab 2,15; Hi 36,18 (und Jer 25,15) vgl. außer HAL 313 noch G.R.Driver, On *ḥēmāh* ›hot anger, fury‹ and also ›fiery wine‹, ThZ 14, 1958, 133–135.

4. Gottes *ḥēmā* »Zorn« richtet sich gegen Einzelne (Ps 6,2 = 38,2; 88,8; 90,7; Hi 21,20), besonders aber gegen das eigene Volk im Zusammenhang des Strafgerichtes (Jer 4,4 u.ö.; Ez 5,15 u.ö.; Lev 26,28; Dtn 9,19; 29,27; 2Kön 22,13.17; Ps 78, 38; 89,47; 106,23; Klgl 2,4; 4,11; Dan 9, 16). Auch die anderen Völker stehen unter dem göttlichen Zorn, so z.B. Sodom und Gomorrha (Dtn 29,22), Edom (Jes 63,3. 5.6; Ez 25,14), die Philister (Ez 25,17), Ägypten (Ez 30,15) und alle Fremdvölker (Jes 34,2) und Feinde Jahwes (Ps 59,14; 79,6).

Eine besondere Vorstellung liegt dem Bilde von dem Zornesbecher zugrunde, aus dem Jahwe seine Feinde trinken läßt (Jes 51,17.22; Jer 25,15; vgl. Rudolph, KAT XVII/3,255 zu Klgl 4,21).

5. In den Schriften von Qumran begegnet *ḥēmā* gelegentlich (vgl. Kuhn, Konk. 73), einmal in Verbindung mit *rgz* »Erregung« (1Q 20 1,2) und einmal in der Wendung »Grimm ausschütten« (*špk*, 6Q 10 2,4, vgl. Ez 20,8 u.ö.).

Für das NT vgl. G.Stählin, Art. ὀργή, ThW V,419–448; R.Hentschke, BHH III, 2246–48 (Lit.); H.Reinelt, BLex² 1934–36 (Lit.). *G.Sauer*

חמל *ḥml* Mitleid haben → רחם *rḥm*.

חָמָס *ḥāmās* Gewalttat

1. Die Wortgruppe *ḥms* q. »gewalttätig behandeln«, ni. »Gewalttat leiden« und *ḥāmās* »Gewalttat« scheint außer in vom AT abhängigen Texten wenig direkte Entsprechungen zu haben; zu erwähnen sind jaud. *ḥms* »Greueltat« (KAI Nr. 214, Z.26 in fragmentarischem Zusammenhang) und reichsaram. *śhd ḥms* »Zeuge, der Unrecht übt« (Aḥ. 140, = hebr. *'ēd ḥāmās*). Falls *ḥms* mit der Wurzel *ḥmṣ* II zu verbinden ist (hebr. *ḥmṣ* q. »unterdrücken« Ps 71,4; Subst. *ḥāmōṣ* »Bedrücker« Jes 1,17 txt?, l *ḥāmūṣ* »Unterdrückter«, vgl. Wildberger, BK X,34), kommen aram., akk. (und äth.) Äquivalente hinzu.

HAL 316a trennt das Verbum in Hi 21,27 als *ḥms* II »ersinnen« ab.

2. Das Qal begegnet (nach Abzug von Hi 21,27) 6× (Jer 22,3; Ez 22,26; Zeph 3,4; Spr 8,36; Klgl 2,6; in Hi 15,33 vom Abstoßen der Früchte), das Ni. 1× (Jer 13,22). Häufiger ist das Nomen: 60× (exkl. Ez 9,9 MSS *ḥāmās* statt *dāmīm*; Ps 14×, Spr 7×, Ez und Hab je 6×, Gen und Jer je 4×).

3. a) *ḥāmās* steht meist im Sing.; die Plur.-Formen 2Sam 22,49 (Ps 18,49 Sing.!); Ps 140,2.5 (V.12 Sing.); Spr 4,17 bilden attributive Näherbestimmungen (»*ḥāmās*-hafter« Mann bzw. Wein) als Weiterbildung neben singularischen Formen (*'īš ḥāmās* u.a., vgl. Spr 3,31; 16,29). Die zum Nomen tretenden Genetive bezeichnen in der Regel das Objekt der Gewalttat (Ri 9,24; Jo 4,19; Ob 10; Hab 2,8.17; mit Pronominalsuffix Gen 16,5; Jer 51,35), seltener den Täter (Ez 12,19; mit Pronominalsuffix Ps 7,17).

In der prophetischen Sprache wird als Synonym zu *ḥāmās* öfters *šōd* »Mißhandlung, Verheerung« verwendet (Jes 60,18; Jer 6,7; 20,8; Ez 45,9; Am 3, 10; Hab 1,3; 2,17; *šōd* findet sich im AT insgesamt 25×, mit Ausnahme von Ps 12,6; Hi 5,21.22; Spr 21,7; 24,2 nur in prophetischen Büchern; dazu kommen *šdd* q. »verheeren, vergewaltigen« 32×, ni. 1×, pi. 2×, pu. 20×, pol. 1×, ho. 2×, ebenfalls fast ausschließlich bei den Propheten, seltener in Ps, Hi und Spr, nur einmal in Ri 5,27). Der Unterschied mag darin liegen, daß das Gewicht bei *šōd* auf dem aktiven Tun, bei *ḥāmās* auf dem Wesen bzw. der Folge der Tat liegt.

b) Zwischen religiösem und profanem Gebrauch ist nicht streng zu scheiden, da *ḥāmās*, auch wo er sich zwischen Menschen ereignet, eine von Gott gesetzte bzw. garantierte Ordnung verletzt (von Rad I, 170). Indessen lassen sich verschiedene Aspekte des Begriffes erkennen.

Das Wort ist zunächst in der Rechtssphäre verankert (R.Knierim, *Cht* und *Chms*. Zwei Begriffe für Sünde in Israel und ihr Sitz im Leben, Diss. Heidelberg 1957, 125ff.), hat aber dort bereits verschiedene Verwendungsmöglichkeiten.

In dem selbständigen *ḥāmās*-Ruf (Hab 1,2; Hi 19, 7; zu Jer 20,8 s.u.) sehen von Rad I,170; Knierim, a.a.O. 129ff.; H.J.Boecker, Redeformen des Rechtslebens im AT, 1964, 60f., einen Anruf der Rechtsgemeinde um Rechtsschutz (Prozeßeröffnung). Da in beiden Fällen Jahwe angeredet ist, handelt es sich an den beiden Stellen eher um einen unmittelbaren Hilfeschrei (ebenso wird auch *šm'* ni. in Jes 60,18 und Jer 6,7 als »hören von« aufzufassen sein [anders Knierim, a.a.O. 131], da *ḥāmās* Jer 6,7 mit *šōd* verbunden ist, Jes 60,18 von fremder Bedrückung redet).

Der Ausdruck *'ēd ḥāmās* (Ex 23,1; Dtn 19,16) bezeichnet ursprünglich wohl den Ankläger in einem Fall von *ḥāmās* (nicht den rechtsverdrehenden Zeugen; daß die Anklage falsch ist, wird in Dtn 19,18 nach erfolgter Untersuchung durch *šæqær* »Trug« gesondert ausgedrückt), dann aber in einer Bedeutungsverschiebung allgemein den »gewalttätigen, rechtsbrecherischen Zeugen«. *ḥāmās* dürfte wohl ursprünglich die Untat gemeint haben, die dinglich als Last auf dem Land liegt und sein wie seiner Bewohner Gottesverhältnis stört, so daß jeder, der davon weiß, als Kläger vor der Rechtsgemeinde auftreten muß, um die Folgen abzuwenden (vgl. H.J.Stoebe, WuD N.F. 3,1952, 121ff.; zu →*'ēd* als »Ankläger« auch B.Gemser, SVT 3,1955, 130; anders Knierim, a.a.O. 127f., doch betont er mit Recht die im Begriff mitklingende Vorstellung einer selbstwirkenden Tatsphäre, a.a.O. 135). Das Gesetz Dtn 19,15–19 liegt ebenso auf der Ebene der Bestimmungen über den von unbekannter Hand verübten Mord (Dtn 21,1–9) und der Fluchreihen (Dtn 27,15–26; vgl. Lev 5,1), wie es andererseits eine fortgeschrittene Rechtspraxis mit ihrer Bemühung um Rechtssicherheit erkennen läßt (Dtn 19,15).

Dieser Ansatz wirkt da nach, wo *ḥāmās* mit *ml'* »voll sein« konstruiert ist (Land, Stadt, sekundär auch der Tempel; Gen 6, 11.13; Ez 7,23; 8,17; 28,16; Mi 6,12; Zeph 1,9). Ist das Land voll von *ḥāmās*, so hat dies für seine Bewohner Strafe und Zerstörung zur Folge. Das wird Gen 6,13 besonders deutlich; trotz später Bezeugung (P) ist es kein spätes Theologumenon (anders Knierim, a.a.O. 134), sondern die direkte Konsequenz der ursprünglichen Bedeutung.

Ähnliches gilt da, wo die *ḥāmās*-Handlung selbst auf den Täter kommt (Ri 9,24 mit *bō'* »kommen«; Ps 7,17 mit *jrd* »herabkommen«), oder *ḥāmās* sonst mit *'al* »auf« verbunden ist (Gen 16,5 J; Jer 51,35; Mal 2,16; die Stelle Gen 16,5 wirkt altertümlich: die Folge des auf Sarai liegenden *ḥāmās* ist Kinderlosigkeit; sie legt ihn auf Abram als den Mitbetroffenen und charakterisiert so die Schwere der Tat Hagars [vgl. Knierim, a.a.O. 134; von Rad, ATD 3,162]).

4. Inhalt eines solchen *ḥāmās* sind bis in die Prophetie hinein das Blutvergießen (Gen 49,5f.; Ri 9,24; Jes 59,6; Jer 51,35; Ez 7,23; Jo 4,19; in Jer 22,3 *ḥms* q.) und vermutlich Sittlichkeitsvergehen (Hinweis darauf nur Jer 13,22 ni.), die in gleicher Weise das Land verunreinigten (Lev 18,28; 20,22) und im Gesetz ebenfalls unter dem Verdikt der Todesstrafe standen (z.B. Lev 20,11–18).

Nach einer ansprechenden Vermutung von J. Berridge, Prophet, People, and the Word of Yahweh, 1970, 152–154 (vgl. auch S.Marrow, VD 43, 1965, 241–255), könnte Jer 20,8 durch die vorhergehende Metapher von der Vergewaltigung beeinflußt sein; *ḥāmās* wäre der Hilferuf des Mädchens (vgl. Dtn 22, 24) und nicht der Ruf um Rechtsschutz. Ob Spr 26,6 auch in diesen Zusammenhang gehört (vgl. dazu Gemser, HAT 16,94), ist bei dem unsicheren Text nicht zu entscheiden.

Nun ist »selbstwirkende Tatsphäre« im AT theoretisch und nicht genau abzugrenzen, denn die dahinter stehende magische Vorstellung ist übernommene Form, die noch nicht das Wesen atl. Denkens zeigt, sondern mit neuem Inhalt gefüllt wird (vgl. N.H.Ridderbos, GThT 64,1964, 226ff.). Die dem AT eigene Offenbarung rückt im Verhältnis Jahwe-Volk die Verantwortung des Menschen in den Blickpunkt. Damit verlegt sich das Gewicht des Wortes auf den Täter und sein individuelles Verschulden. Das gilt weniger von den Formulierungen (Jes 59,6; Ez 12,19; Jon 3,8; Mi 6,12; Mal 2,16; Hi 16,17; 1Chr 12,18, öfters mit *jād*/*kaf* »Hand«, in der *ḥāmās* ist, könnten – wenn auch mit Vorbehalt – bei den vorigen Stellen stehen), als von dem Bereich der dazu gerechneten Taten. Die Verbindung mit *bgd* »treulos handeln« (Zeph 3,4; Mal 2,16; Spr 13,2; ähnlich 16,29 mit *pth* pi. »betören«) kennzeichnet *ḥāmās* als Verletzung der Pflicht gegen den Nächsten, Einschränkung seines Lebensrechtes und -raumes und umschließt den ganzen Umfang unsozialen Verhaltens (Am 3,10) im Gegensatz zu Recht und Gerechtigkeit (Jer 22,3; Ez 45,9). Genannt werden Hochmut (Ps 73,6), Trug (Zeph 1,9) im Reden (Mi 6,12; vgl. Spr 10,6.11 und andererseits das Ehrenprädikat des Gottesknechtes in Jes 53,9) und schließlich unrechtes Prozessieren (Ps 55,10; Hab 1,3 txt?).

Von Angriffen auf die Thora Jahwes ist Ez 22,26 und Zeph 3,4 (*ḥms* q., Subj. die Priester) die Rede. So wendet sich Jahwe selber gegen den *ḥāmās*, den er haßt (Ps 11,5), vor dem er rettet (2Sam 22,3.49 = Ps 18,49; Ps 140,2.5; vgl. Ps 72,14 der König in Jahwes Auftrag), um dessentwillen man ihn anruft (Hab 1,2; Ps 25,19) und den er ahndet (Ez 7,23; 8,17f.; 12,19; 28,16; Zeph 1,9). Kommt der *ḥāmās* jedoch in paradoxer Umkehrung von Jahwe selber (Hi 19,7), so gibt es keine Hilfe dagegen.

ḥāmās wird so zum umfassenden Ausdruck für Sünde überhaupt (Ez 7,11; Jon 3,8; vgl. auch die Wendung *'īš ḥāmās/ ḥ^a^māsīm*, s.o. 3a). Charakteristisch ist es dabei wohl auch, daß *ḥāmās* nicht nur in Israel, sondern auch von fremden Völkern gegen Israel verübt wird (Jo 4,19; Ob 10; Hab 1,9; 2,8.17). Mit dieser Entwicklung ist es gegeben, daß in der Psalmensprache *'ēd šæqær* »Lügenzeuge« und *'ēd ḥāmās* in der Bedeutung zusammenfallen (Ps 35, 11; vgl. 27,12, →*kzb* 3a), was aber nicht das Ursprüngliche ist (s.o. 3b).

5. In den Qumrantexten ist *ḥāmās* wenig gebräuchlich (Kuhn, Konk. 73c). Zur LXX und zum NT vgl. G. Schrenk, Art. ἄδικος, ThW I,150–163; W. Gutbrod, Art. ἀνομία, ThW IV,1077–1079.

H.J. Stoebe

חנן *ḥnn* gnädig sein

1. Die Wurzel *ḥnn* »jemandem gnädig sein, Gunst erweisen« o.ä. ist gemeinsemitisch (fehlt im Äth.); sie begegnet verbal und in verschiedenen nominalen Ableitungen mit ähnlichen Bedeutungen wie im Hebr., so akk. (*enēnu*, AHw 217.219; CAD E 162–164), amorit. in Namen (Buccellati 134; Huffmon 200), ug. (WUS Nr. 947; UT Nr. 882; Gröndahl 135f.), als westsem. Wort in den Amarnabriefen (EA 137,81; 253,24; vgl. CAD E 164f.), phön.-pun. (DISO 91f.; Eigennamen wie Hanno, Hannibal usw.: Harris 102f.), aram. (DISO 91f.; KBL 1076b), arab. (Wehr 189b).

Etymologisch wird ein Zusammenhang mit *ḥnh* »sich beugen, lagern« (z.B. GB 243b; zu *ḥannōt* in Ps 77,10 vgl. GK §67r und Nyberg 142: Inf.q. von *ḥnn*; anders HAL 319b: Inf.pi. von *ḥnh* II) bzw. einer beiden Stämmen vorgegebenen zweiradikaligen Wurzel *ḥn* (D.R. Ap-Thomas, JSS 2, 1957, 128) vermutet.

Das Hapaxlegomenon *ḥnn* II »stinkend sein« (Hi 19,17) geht auf eine im Syr. und Arab. belegte Wurzel mit ursprünglichem *ḫ* als erstem Radikal zurück.

Abgesehen von den Fällen, wo *ḥnn* Namensbestandteil ist (z.B. *'ælḥānān*, *Ḥannī'ēl*, *Ḥ^a^nanjā[hū]*, *Ḥannā* u.a., vgl. Noth, IP 187), begegnet die Wurzel im AT verbal in den Stammformen Qal, Pi., Hitp. und Po., nominal in den Subst. *ḥēn* »Gunst, Anmut« und *ḥ^a^nīnā* »Erbarmen« (nur Jer 16,13) sowie in den vom Reflexivstamm abgeleiteten Abstrakta *t^e^ḥinnā* und *taḥ^a^nūnīm/ōt* »Flehen« (BL 495.497), adjektivisch in *ḥannūn* »gnädig, freundlich« und adverbial in *ḥinnām* »unverdient, grundlos, vergeblich«.

Die scheinbare Ni.-Form *nēḥantī* Jer 22,23 ist verschrieben aus einer Form von *'nḥ* »seufzen«, vgl. BL 351; die scheinbaren Ho.-Formen *jūḥan* in Jes 26,10 und Spr 21,10 sind als Passiv des Qal anzusehen, vgl. BL 286 und den Namen *Ḥānūn*.

Die Endung *-ām* in *ḥinnām* ist nicht als Mimation bei adverbialem Akkusativ zu erklären (so GVG I, 474; Meyer II, 39; vgl. UT §11,4), sondern stellt ein erstarrtes Suffix der 3. masc.plur. dar (BL 529; vgl. auch H.J. Stoebe, VT 2, 1952, 245).

2. Im hebr. AT kommt das Verbum *ḥnn* 78 × vor, und zwar im Qal 55 × (davon allein 30 × in Ps, inkl. Ps 77,10; Jes 5 ×, Gen, Hi und Spr je 3 ×), im Hitp. 17 ×, Po. und Ho. 2 ×, Ni. und Pi. 1 ×. Bei den Substantiven ist *ḥēn* mit 69 Belegen am häufigsten (Gen 14 ×, Spr 13 ×, Ex 9 ×, 1Sam und Est je 6 ×; das Schwergewicht liegt auf den erzählenden Büchern mit 47 und der Weisheitsliteratur mit 15 Belegen; in den Psalmen [2 ×] und den Propheten [5 ×] ist das Wort selten); es folgen *t^e^ḥinnā* (25 ×, davon 9 × in 1Kön und je 5 × in Jer und 2Chr), *taḥ^a^nūnīm/ōt* (18 ×, davon 8 × in Ps) und *ḥ^a^nīnā* (1 ×). *ḥannūn* begegnet 13 × (6 × in Ps), *ḥinnām* 32 × (Ps und Spr je 6 ×, Hi 4 ×).

Im Bibl.-aram. kommen je einmal Qal und Hitp. vor (Dan 4,24 bzw. 6,12).

3. Der nicht-theologische Sprachgebrauch wird nach Wortarten gegliedert besprochen: *ḥēn* (a–c), *ḥannūn* (d), Verbum (e–f), *t^e^ḥinnā/taḥ^a^nūnīm* (g). Zum Ganzen vgl. W.F. Lofthouse, Ḥen and Ḥesed in the Old Testament, ZAW 51, 1933, 29–35; W.L. Reed, Some Implications of Ḥen for Old Testament Religion, JBL 73, 1954, 36–41; D.R. Ap-Thomas, Some Aspects of the Root ḤNN in the Old Testament, JSS 2, 1957, 128–148; K.W. Neubauer, Der Stamm CHNN im Sprachgebrauch des AT, Diss. Berlin 1964.

a) Das Nomen *ḥēn* kommt ausschließlich im Sing. vor. Eine vor allem in den erzählenden Texten häufige Formel ist *mṣ' ḥēn b^e^'ēnē* . . . »Gunst finden in den Augen von . . .«. Sie macht deutlich, daß es sich nicht um konkrete Einzelerweise, sondern um eine Haltung handelt, die die Voraussetzung für solche sein kann.

Darum ist das Nomen auch nur selten determiniert, in Spr 31,30 durch den Artikel (dort aber bedeutet *ḥēn* »Anmut«), Gen 39,21 durch ein Pronominalsuffix, Ex 3,21; 11,3; 12,36 durch ein nomen rectum (hier lautet die Formel *ntn ḥēn b^e^'ēnē* . . .

»Gunst verschaffen in den Augen von ...«, wobei Jahwe Subjekt des Verbums ist, die *ḥēn*-Haltung aber von Menschen, dem Gefängniswärter, den Ägyptern, eingenommen wird). Eine Verwischung ursprünglicher Sprachgrenzen liegt in dem Ausdruck *nś' ḥēn beʿênē* ... (Est 2,15.17; 5,2) vor (vgl. auch »vor ihm« in Est 2,17).

Mit der genannten Formel (vgl. Lande 95–97) wird zumeist eine zwischenmenschliche Beziehung ausgesagt, auch Gen 18,3; 19,19; Ri 6,17, wo zwar mit Gott bzw. einem Engel geredet wird, darüber aber der Stil legendären Erzählens nicht verlassen ist. Seltener ist explizit Jahwe Subjekt des *ḥēn*; diese Stellen sind im wesentlichen darauf beschränkt, das Verhältnis zu kennzeichnen, in dem Mose zu Jahwe steht (Ex 33–34; Num 11).

Der, in dessen Augen man *ḥēn* findet, ist immer der Übergeordnete, nie umgekehrt (der König: 1Sam 16,22; 27,5; 2Sam 14, 22; 16,4; 1Kön 11,19; Est 5,2.8; 7,3; der Kronprinz: 1Sam 20,3.29; der königliche Vezir: Gen 47,25). Vermutlich hat die Formel ihre Wurzel im Stil höfischer Rede, kann dann aber im Verlauf einer Demokratisierung auf jeden angewendet werden, der als der Überlegene einem Schwächeren gegenübersteht (Offizier: Gen 39,4.21; der stärkere Bruder: Gen 32,6; der reiche Gutsherr: Ruth 2,2.10.13). Schließlich braucht das Wort nur zu bedeuten, daß der Angeredete etwas gewähren kann, was der Bittende sonst ganz unabhängig sich wünscht (Gen 34,11; Num 32,5; 1Sam 25, 8). Wenn naturgemäß auch die Grenzen hier fließend sind, so wird doch die Formel eigentlich nie zu einem bloßen Höflichkeitsausdruck verschliffen

Gen 50,4 könnte Joseph den Mittlerdienst der Höflinge deswegen erbitten, weil er selber, durch den Tod des Vaters unrein, nicht zum Pharao gehen kann (so H. Holzinger, HSAT I,96). Gen 47,29 wird die Formulierung der Bitte Jakobs eine durch die hohe Stellung des Sohnes bedingte Stilform sein.

Die ursprüngliche Herkunft des Ausdrucks aus dem Bereich höfischen Sprechens erhellt aus den mit ihm verbundenen Ergebenheitsbezeugungen in Anrede und Selbstvorstellung (vgl. *'ādōn* »Herr« Gen 18,3; 32,6; 33,8.15; 47,25; 2Sam 14,22; 16,4; *ʿæbæd* »Knecht« Gen 19,19; Num 32,5; *šifḥā* »Magd« 1Sam 1,18; Ruth 2, 13). *ḥēn* gefunden zu haben ist die Voraussetzung für das Aussprechen einer Bitte (Gen 18,3; 47,29; 50,4; Ex 33,13; Ri 6, 17; 1Sam 20,29; 27,5), wie andererseits eine erfüllte Bitte oder ein überraschendes Geschenk auf *ḥēn* beim Geber schließen läßt (2Sam 14,22; 16,4; Ruth 2,13).

Als Haltung eines Höhergestellten enthält *ḥēn* nun zweifellos ein Moment der Herablassung oder Begünstigung (N. H. Snaith, The Distinctive Ideas of the OT, [7]1957, 127f.). Indessen ist zu beachten, daß in der Verbindung *mṣ' ḥēn beʿênāw* der Nachdruck auf »in seinen Augen«, nicht auf »finden« liegt (gegen Lofthouse, a.a.O., der bereits im Finden das Charakteristikum der Verbindung sieht). Das macht deutlich, daß der *ḥēn*-Erweis eine Beurteilung des Gegenübers mit einschließt, so daß beide, Subjekt wie Objekt, im Blickpunkt stehen und am Zustandekommen, wenn auch an verschiedener Stelle, beteiligt sind (vgl. H. J. Stoebe, VT 2, 1952, 245). Das wird unterstrichen, wo die Formel, wennschon in lockerer Verbindung, durch einen Ausdruck der Wahrnehmung ergänzt wird (Ruth 2,10 *nkr* hi.; Est 2,15 *r'h;* Sach 12, 10 *nbṭ* hi.).

Dieses Urteil kann eine Eignung für bestimmte Aufgaben feststellen. Gen 39,4 bleibt es Potiphar nicht verborgen, daß der Segen, der auf Joseph liegt, ihn für den Dienst geschickt macht; 1Sam 16,22 hält Saul David am Hof, weil er seine Fähigkeiten erkennt (die spontane Zuneigung wird V.21 durch *'hb* »lieben« ausgedrückt, vgl. auch 18,1); 1Sam 25,8 soll Nabal das hilfreiche Wohlverhalten der Leute Davids anerkennen. Am deutlichsten wird das in der Bestimmung des Eherechts Dtn 24,1: die Ehe kann geschieden werden, wenn der Mann an der Frau »etwas Häßliches« entdeckt, also etwas feststellt, was sie nicht *ḥēn* bei ihm finden läßt und was nach seinem Urteil ein Ehehindernis ist.

Auf der anderen Seite ist es Schwachheit und Erbarmenswürdigkeit, die berücksichtigt werden sollen (auch Fürsorge für die Hilflosen ist Aufgabe des Königs); Gen 33,8 soll der Anblick der Frauen und Kinder Jakobs die Stimmung Esaus ändern. In diesem Zusammenhang wird auch Sach 12,10 zu sehen sein. Die Stelle ist schwierig, weil die vorausgesetzten Ereignisse nicht bekannt sind. Die Zusammenstellung mit *taḥanûnîm* bedeutet nicht, daß auf Seiten des Menschen dieses dem *ḥēn* Gottes entspricht. *ḥēn* ist die Ergriffenheit, Erschütterung beim Anblick des Märtyrers, die zu *taḥanûnîm* »Flehen« führt.

Da *ḥēn* im ursprünglichen Geltungsbereich des Wortes von einem König ausgeht, zu dessen Pflichten auch der Schutz der Unglücklichen gehört, dessen Interesse an der Qualifizierung eines Untertanen andererseits durchaus unterschiedlich sein kann, klingt immer der Ton gnädiger Herablassung mit, doch sind genaue Abgrenzungen nicht möglich. Man kann ebenso wenig sagen, daß *ḥēn* einen spontanen Gnadenerweis bedeute (Lofthouse, a.a.O. mit zu einseitiger Betonung des Verhältnisses von Über- und Unterordnung; dagegen mit Recht Reed, a.a.O. 39), wie man von einem gemeinschaftsgemäßen Verhalten im Sinne eines Rechtsanspruches reden kann, der sich aus dem Wohlverhalten des Partners herleitet (Neubauer, a.a.O.). ›Gemeinschaftsgemäß‹ ist von vornherein eine ungeschützte Formulierung, da alles, was sich zwischen Menschen ereignet, in irgendeiner Weise mit Gemeinschaft zu tun hat, ohne daß damit über das jeweils Besondere schon etwas ausgesagt wäre.

In der bisher besprochenen Verwendung wäre *ḥēn* mit »Gunst«, noch besser mit »Berücksichtigung«, auch »Zuneigung« wiederzugeben. Mit diesen drei Begriffen ist der Sinnbereich des Wortes umschrieben, die Vorstellung von einem Untertanen, der sei es durch die Anerkennung einer Leistung, sei es durch eine nicht näher begründete Gunstzuwendung des Herrn aus einer gestaltlosen Masse herausgehoben und von ihm persönlich berücksichtigt wird (vgl. »ich kenne dich« Ex 33,12, →*jd'*).

b) Im Laufe einer Entwicklung, die vor allem im weisheitlichen Sprachgebrauch entgegentritt, geht die Verbindung mit dem *be'ēnē* »in den Augen von« eines konkreten Gegenüber verloren; damit verlegt sich das Schwergewicht der Aussage einseitig auf den Empfänger, der zum Besitzer wird. Der Begriff bekommt allgemeinere Bedeutung und wird gleichsam statisch.

Auch wo wie in Spr 3,4 die Formel sich noch findet, verliert sie durch die Weite der Bestimmung »vor Gott und den Menschen« den konkreten Bezug; die Erweichung der Form zeigt sich auch in dem mit *ḥēn* koordinierten *śēkæl ṭōb*, das wie auch sonst als »erfolgbringende Klugheit«, nicht ad hoc als »Beifall« zu verstehen ist. Deutlicher ist Spr 13,15 *ḥēn* ohne nähere Bestimmung das Ergebnis solchen *śēkæl ṭōb*; 22,1 ist *ḥēn ṭōb* erstrebenswertes Gut neben gutem Namen; Ps 84,12 ist die Parallele *kābōd* »Ehre«. Damit wird *ḥēn* das objektive Ansehen, das man nicht mehr findet, sondern genießt. Diese Entwicklung zeichnet sich bereits Ex 3,21; 11,3; 12,36 ab. In dieser Richtung einer Verfügbarkeit scheint auch das Verständnis des sonst schwer einzuordnenden *'æbæn ḥēn*, des Talisman in Spr 17,8, zu suchen sein. Hierher gehört wohl auch die Verbalform *jūḥan* Jes 26,10; der ohne Textänderung als verkürzter Konditionalsatz (GK §159c) aufzufassende Zusammenhang kann nicht meinen, daß der Gottlose bei Jahwe Gnade findet (das wäre Gotteslästerung), sondern denkt an das Ansehen, das ein Gottloser genießt und über dem man an der Gerechtigkeit Gottes verzweifeln könnte.

c) Diese Akzentverschiebung findet ihren konsequenten Abschluß da, wo *ḥēn* als visuell wahrnehmbare Eigenschaft eines Besitzers oder Gegenstandes die Bed. »Anmut, Lieblichkeit« annimmt, wobei der Gedanke an Erfolg und Glück mitschwingen kann. Wenn auch nicht ausschließlich (vgl. Spr 11,16), findet sich dieses Verständnis vornehmlich in der jüngeren Sammlung Spr 1–9 (1,9; 3,22; 4,9).

ḥēn śefātāw »Anmut seiner Lippen« Spr 22,11 ist von der Eloquenz des Weisen zu verstehen. In derselben Linie liegen Nah 3,4 und Sach 4,7. Hier erscheint die Übersetzung »schön, schön« (W. Nowack, Die kleinen Propheten, [1]1897, 330) oder »bravo, bravo« (E. Sellin, Das Zwölfprophetenbuch, 1930, 501) als angemessen (vgl. auch Stoebe, a.a.O. 245), während »Heil, Heil« (Elliger, ATD 25,117) zu objektiv, »Huld, Huld« (Sellin, a.a.O. 504) zu formal erscheint. Falls *ḥjn (ḥīn)* Hi 41,4 plene geschriebenes *ḥēn* ist (König 107a), gehörte es auch hierher; eher handelt es sich aber um ein unbekanntes Wort.

d) Das Adjektiv *ḥannūn* »gnädig« wird nur Ps 112,4, auch dort nicht eindeutig (vgl. Kraus, BK XV,770), auf Menschen bezogen; auf jeden Fall ist es vom sakralen Gebrauch her zu verstehen (s.u. 4b).

e) Das Verbum *ḥnn* q. »jemandem *ḥēn* erweisen« ist im alltäglichen Sprachgebrauch nicht allzu häufig. Während die in der Artikelüberschrift angenommene traditionelle Übersetzung »gnädig sein« eher für die Fälle mit Gott als Subjekt des *ḥēn*-Erweises paßt (s.u. 4c), ist beim profanen Sprachgebrauch die ganze Bedeutungsbreite von *ḥēn* »Gunst, Berücksichtigung, Zuneigung« zu beachten, auch wenn zumeist die Schwachen und Elenden Objekt der Zuwendung von *ḥēn* sind (Klgl 4,16 Greise, par. *nś' pānīm* »jemanden achten«; Dtn 28,50 Knabe; Ps 109,12 Waise).

Hi 19,21 erwartet Hiob nicht Gnade oder Erbarmen von den Freunden, denn sein Krankheitsgeschick können sie nicht ändern, aber sie könnten wenigstens Rücksicht darauf nehmen und mit ihrem Gerede aufhören.

Mehr in der Linie einer positiven Würdigung liegt Dtn 7,2. Bei *ḥnn* ist hier nicht an Folge und Inhalt des zuvor verbotenen Bundesschlusses gedacht (so Neubauer, a.a.O., der hierin seine Auffassung von *ḥnn* als gemeinschaftsgemäßem Verhalten bestätigt findet), sondern man soll weder einen Bund mit den Landesbewohnern schließen, noch ihnen überhaupt anerkennende Beachtung zuteil werden lassen, weil sie groß und mächtig sind (V. 1).

Zu der schwierigen Stelle Ri 21,22 vgl. W. Rudolph, FS Eißfeldt 1947, 212 (l *ḥannōnū 'ōtām* »sie taten uns leid«); G.R. Driver, ALUOS 4, 1962/63, 22.

Ps 37,21.26; 112,5 wird das Part. q. *ḥōnēn* (par. *ntn* »geben« bzw. *lwh* hi. »leihen«) schon von den Älteren richtig durch »schenken« wiedergegeben. Dabei ist nicht an Barmherzigkeit im strengen Sinne zu denken (so etwa Tholuck), sondern an Freigebigkeit als Tugend (vgl. Ps 112,4).

Spr 14,31 und 19,17 (indirekt auch 28,8) wird das gegenüber dem Nächsten geforderte Verhalten mit der Verpflichtung gegen Gott begründet. Damit nähert sich das Verständnis dem sakralen Gebrauch von *ḥēn* an. Als Objekte sind hier die Armen genannt (*'æbjōn* 14,31; *dal* 19,17; 28,8; vgl. *'ānī* 14,21 po.).

f) Unter den abgeleiteten Verbalstammformen werden *ḥnn* pi. »angenehm machen« und das dem Qal bedeutungsähnliche Po. nur profan verwendet, *ḥnn* hitp. »um Beachtung, Gnade bitten« dagegen meistens in theologischem Zusammenhang.

Spr 26,25 pi. »(seine Stimme) angenehm machen« erinnert an die Verwendung von *ḥēn* »Anmut, Lieblichkeit« in Spr 1,9; 3,22; 4,9; 22,11. So hat auch das Verbum teil an der Bedeutungsfülle des Nomens (etwas anders Jenni, HP 269).

Nicht um Menschen, sondern um den Schutt Jerusalems handelt es sich in Ps 102,15 po., dessen die Knechte Jahwes jammert (par. *rṣh* »lieben«). Wie schon bei den Stellen mit Part. q. läßt sich auch bei Spr 14,21 »wohl dem, der sich der Elenden erbarmt« die Erweiterung des Begriffes feststellen, durch die *ḥnn* zu einem sittlichen Gut und Lebensideal wird.

Die Tatsache, daß *ḥēn/ḥnn* nicht einseitig an dem orientiert ist, der die Gunst erweist, wird dadurch unterstrichen, daß der Reflexivstamm nie »sich gnädig erweisen« bedeutet (vgl. *ḥsd* hitp.). Er bringt zunächst ganz allgemein eine Bitte um Beachtung, Berücksichtigung, in weiterem Sinne dann um Gnade zum Ausdruck. Der konkrete Inhalt bestimmt sich durch die besondere Lage, die Stellung und die Möglichkeiten des Angerufenen.

Est 4,8 und 8,3 ist es der König, von dem ein Gunsterweis gegen die Anschläge eines judenfeindlichen Vezirs, also Gnade, gesucht wird. Befreiung aus Angst erwartet Gen 42,21. 2Kön 1,13 bittet Obadja um Rücksicht auf sein und seiner Leute Leben. Hi 19,16 kennzeichnet die Wahl des Ausdrucks die Umkehrung der Verhältnisse; der ans Befehlen gewohnte Herr muß jetzt bitten. Dieselbe Verkehrung, jetzt in einem Rechtsverfahren, beklagt Hi 9, 15; hier klingt freilich schon ganz stark der Ton der Gnade mit, eben weil der Gegner im Prozeß Gott selbst ist.

g) Entsprechend haben die vom Reflexivstamm abgeleiteten Nomina *teḥinnā* und *taḥanūnīm* die Grundbedeutung »Flehen«; sie kommen zumeist im sakralen Bereich, seltener für zwischenmenschliche Beziehung vor.

taḥanūnīm Spr 18,23 bekommt seinen Sinn durch den Gegensatz zu *ʿazzōt* (→*ʿzz*): der Arme bittet bescheiden. Hi 40,27 liegt es ebenso (synonymer Parallelismus). Schwierig ist das genaue Verständnis von *teḥinnā* in Jos 11,20. Übereinstimmend wird es mit »Barmherzigkeit« übersetzt, von Neubauer, a.a. O. 53, aus der Bundesverpflichtung erklärt. Das wäre tatsächlich eine aus dem Üblichen herausfallende Bedeutung (vgl. Ap-Thomas, a.a.O. 130, der deswegen an eine Emendation zu *ḥanīnā* »Erbarmen« denkt). Man wird fragen müssen, ob nicht auch hier die Meinung »Bitte« stark mitklingt. Der Gegensatz ist Kampf/Angriff – Bitte. Jahwe hat es so gefügt, daß sie gleich kriegerisch vorgingen und kein Raum für Verhandlungen (Bitten) blieb. Der theologische Hintergrund der Darstellung unterstreicht im Begriffsumfang des Wortes stark die Gnade; aber Esr 9,8, auf das gern verwiesen wird, liegt durch den Kontext anders. Jer 37,20; 38,26; 42,9 ist *teḥinnā* andringende Bitte an jemanden, der diese Bitte gewähren kann.

4. Da der Unterschied zwischen Gott und Mensch unermeßlich ist, tritt in der inhaltlichen Bestimmtheit der Wurzel die Bedeutungsnuance der freien Gnade stark in den Vordergrund, wo Gott das Gegenüber ist. Die Glaubensvorstellung von Gott wird nicht davon bestimmt, was man über *ḥēn* denkt; im Gegenteil, was man von Gott glaubt, hofft und erwartet, bestimmt den Inhalt von *ḥēn* (a), *ḥannūn* (b), *ḥnn* q. (c), *ḥnn* hitp. (d), *teḥinnā* und *taḥanūnīm* (e).

a) Das Vorkommen von *ḥēn* in theologischer Sprache ist nicht gerade häufig. Mit Ausnahme von Jer fehlt es bei den Propheten völlig (zu Nah 3,4 und Sach 4,7 s.o. 3c; zu Sach 12,10 s.o. 3a). Vielleicht erschien der Begriff theologisch nicht profiliert genug.

Gen 6,8 verlegt sich damit, daß kein Grund für die Gnade angegeben wird, die Noah findet, das Gewicht der Aussage von vornherein auf den Spender (V. 9 P ist nicht Begründung zu V. 8 J). Gen 19,19 liegt der Nachdruck auf dem → *ḥæsæd*, dessen Größe Lot in der unverdienten Lebensrettung erfährt, und an dem er erkennt, daß er den *ḥēn* gefunden hat, der ihm erlaubt, eine weitere Bitte auszusprechen. 2Sam 15,25 wird die Freiheit des Gnadenratschlusses durch das gegensätzliche »ich habe kein Gefallen an dir« (V. 26) noch unterstrichen. Ex 33,12ff. bekommt sein charakteristisches Merkmal daher, daß hier um Gott selbst, seine Gegenwart auf dem Weg gebeten wird, *ḥēn* also seine volle Gnadenmitteilung bedeutet. Von hier aus versteht sich wohl auch das Oszillierende in der Bedeutung von *ḥēn* in Ex 3,21; 11,3; 12,36 (s.o. 3a). Jer 31,2 ist textlich schwierig, doch ist *ḥēn* zu profiliert, als daß es geändert werden könnte (Rudolph, HAT 12,193). Von den meisten Auslegern wird ein gedanklicher Zusammenhang mit Ex 33 festgestellt; die Richtigkeit angenommen, hieße das noch nicht, daß *ḥēn* als Verhalten innerhalb einer festen Gemeinschaft verstanden werden dürfte (so Neubauer, a.a.O. 69). Es ist eher eine ebenso voraussetzungs- wie schrankenlose Gnadenzusage. Neben Unterschieden zu Ex 33 bestehen mindestens gedanklich auch Berührungspunkte mit Gen 19,19 (vgl. *ḥæsæd* in V. 3). Dem entspräche, daß das im AT nur einmal vorkommende *ḥanīnā* Jer 16,13 seinem Inhalt nach →*ḥæsæd* oder wenigstens *raḥamīm* »Erbarmen« nahekommt.

b) Alleinstehendes *ḥannūn* »gnädig« (Ex 22,26) bleibt in der Vorstellung von einem König, der für die Klagen seiner Untertanen ein offenes Ohr haben muß. Das klingt auch da mit, wo *ḥannūn* durch *ṣaddīq* »gerecht« erweitert ist (Ps 116,5); Ps 112,4 ist textlich wie inhaltlich unsicher, gehört auch nur ganz allgemein dazu. Sonst ist die Verbindung mit *raḥūm* »barmherzig« stereotyp; es handelt sich um eine geprägte liturgische Formel, die zuerst in der Prädikation Ex 34,6 begegnet (*ḥannūn* vorangestellt: Jo 2,13; Jon 4,2; Ps 111,4; 112,4 txt?; 145,8; Neh 9,17.31; 2Chr 30,9; vgl. Ps 116,5; nachgestellt: Ps 86,15; 103,8). In ihr wird das Da-Sein Gottes für den Menschen sowohl nach seiner Polarität wie nach der in ihm liegenden Verheißung unter dem Handeln eines Herrn (Königs) wie eines Vaters (→*rḥm*) dargestellt.

Zum Verständnis wäre auf Mal 1,9 zu verweisen; gegenüber der Prädikation ist die Aussage dort insofern selbständig, als sie stärker die Forderung betont, die sich aus ihr für den Menschen ergibt (vgl. auch Ps 103,12).

c) Derselbe Gedanke begegnet Ex 33, 19, wo in finiten Verbalformen des Qal der Jahwename ebenso nach seinem Inhalt wie nach der Souveränität des göttlichen Handelns entfaltet wird. Er wirkt 2Kön 13, 23, auch Jes 30,18 nach (V. 19 *ḥnn* allein als Antwort auf klagendes Rufen) und begegnet schließlich in aufgelöster Form Jes 27,11, wo die Subjekte »sein Schöpfer« bzw. »der es gebildet« den ursprünglichen Vorstellungsbereich sprengen (vgl. auch Ps 102,14).

Vielfach kommt der suffigierte Imperativ in der liturgischen Sprache der Psalmen, als Gebetsruf, zur Anwendung. Es ist verständlich, daß hier die Bedeutung allgemeiner wird und das klare Profil verliert, doch ist der Kontext auch hier oft aufschlußreich. Wird dem *ḥonnēnī* »sei mir gnädig« eine konkrete Bitte nachgestellt (Ps 4,2; 6,3; 9,14; 27,7; 30,11; 41,5.11; 51,3f.; 86,16), so klingt stärker der Gedanke der Zuneigung als Voraussetzung des Flehens mit. Daneben stehen und überschneiden sich vielfach damit die Verbindungen, in denen der Imperativ einer solchen speziellen Bitte nachgeordnet wird, *ḥnn* also eher absolut aufgefaßt ist (25,16; 26,11; 27,7; 30,11; 86,16). In gleicher Richtung wird man die Stellen zu verstehen haben, in denen der Ruf nach *ḥēn* für sich allein steht (31,10; 56,2; 57,2; 86,3; vgl. 123,2f. Plur.). Die Entwicklung, die hier vorliegt, wird Ps 119,29 sehr einprägsam.

Die Wendung *w^etōrāt^ekā ḥonnēnī* ist schwerlich als Beschenkung mit der Thora zu verstehen (so A. Deissler, Psalm 119 und seine Theologie, 1955, 124f.; 123: »begnade mich«); das wäre weisheitliche Redeweise, die so Gott gegenüber nicht anzunehmen ist. Hier ist Thora der Inbegriff der Selbstmitteilung und Begnadigung. Unter diesem Blickpunkt sind auch V.58 und 132 zu verstehen.

Zusammenfassend wird in der Segensformel Num 6,25 »er sei dir gnädig« der Wunsch der Zuwendung Jahwes exemplifiziert (davon abhängig Ps 67,2). Bezeichnend ist, daß häufig, entweder mit *kī* »denn« eingeführt (Ps 25,16; 31,10; 41,5; 57,2; 86,3; 123,3) oder asyndetisch (Ps 4, 2; 9,14; 26,11; 27,7; 56,2; vgl. Jes 33,2), eine Begründung für die Bitte, ein Hinweis auf die Eignung des Beters gegeben wird. Den Inhalt dieser Begründung bildet ein Hinweis auf die Notlage (Ps 4,2; 6,3; 9,14; 25,16; 56,2; wohl auch 102,14 »es ist Zeit«), weniger auf die persönliche Frömmigkeit des Beters (Ps 26,11; 27,7?; 57,2; 86,3; 119,58; vgl. Jes 33,2 und Mal 1,9). Hervorzuheben ist Ps 41,5 »ich habe gegen dich gesündigt«; hier wird die letzte Folgerung gezogen: Gottes Zuwendung ist Vergebung.

Textänderungen (vgl. BH[3], weggelassen in BHS) sind unnötig, denn in Ps 51,6 findet sich derselbe Gedanke (vgl. auch Ps 103,3). Hier kommt das, was in der Formel *ḥannūn w^eraḥūm* umschlossen ist (s.o. 4b), am klarsten zum Ausdruck.

Außerhalb dieses liturgischen Gebrauchs werden die Zusammenhänge vielleicht noch deutlicher.

2Sam 12,22 steht die Hoffnung auf die Erhaltung des Kindes in Beziehung zur Bußhaltung Davids (anders Hertzberg, ATD 10,254). Dasselbe zaghafte »vielleicht« findet sich Am 5,15, wo dem »gnädig sein« von V.14 ein »wird Jahwe mit euch sein« korrespondiert, auf jeden Fall die Souveränität des göttlichen Entschlusses gewahrt bleibt. Gen 33,11 ist *ḥnn* nicht »schenken« schlechthin; auch hier kennzeichnet der unerwartete Reichtum die besondere Zuwendung Jahwes. Hi 33,24 fällt nur formal, nicht inhaltlich aus dieser Linie heraus. Auf Grund des richtungsweisenden Eintretens eines Mittlers (*mal'āk mēlīṣ* V.23) fällt der göttliche Richter eine positive Entscheidung; die Übersetzung »erbarmt sich« ist nicht ganz korrekt.

Zu einem Grußwort abgeblaßt, das unserem »Gott befohlen!« entspricht, begegnet das Verbum Gen 43,29 (vgl. *ḥǽsæd wæ'^æmæt* 2Sam 15,20).

d) Wie im profanen Bereich bestimmt sich bei *ḥnn* hitp. der Inhalt der Bitte durch die Macht dessen, an den sie gerichtet ist (vgl. Dtn 3,23 den Hinweis auf die vorigen Machterweise Jahwes). Oft wird *ḥnn* hitp. mit *pll* hitp. »beten« zusammen (vgl. auch Ps 30,9, mit *qr'* »rufen«; 142,2, mit *z'q* »schreien«) zum generellen Ausdruck der an Gott gerichteten Bitte (»zu dir« 1Kön 8,33; »vor dir« 9,3), wobei hier der Nachdruck auf der erhofften Vergebung liegt. Bisweilen erscheint die Möglichkeit solchen Flehens an bestimmte Voraussetzungen gebunden (1Kön 8,33.47; 2Chr 6,24.37 Umkehr, Bekehrung).

Das steht auch im Hintergrund der schulmäßig korrekten theologischen Mahnung des Bildad Hi 8,5, wo ernsthaftes Suchen und Bitten zusammengehen, Redlichkeit und Lauterkeit die Voraussetzung der

Erhörung ist. In gewisser Weise unklar bleibt Hos 12,5. Ungeachtet der Frage, ob Hosea hier eine andere Überlieferung als Gen 32 erkennen läßt (vgl. Th.C.Vriezen, OTS 1, 1942, 64–78), ist jedenfalls bei der üblichen Wiedergabe »er siegte, er weinte und flehte« (anders Wolff, BK XIV/1,274f.) *ḥnn* hitp. durch den Gegensatz bestimmt. Weinen und Flehen ist nicht die Haltung des Siegers, sondern des Besiegten.

e) *teḥinnā* kennzeichnet nur einmal ein erhörtes Gebet (Esr 9,8; vgl. Ap-Thomas, a.a.O. 131 und oben 3g). Sonst ist es allgemein die Bitte, die Gott hört (1Kön 8, 30.45 u.ö.; 2Chr 6,35.39; Ps 6,10), der er sich zuwendet (1Kön 8,28; 9,3), vor der er sich nicht verschließt (Ps 55,2), die vor ihn kommt (Ps 119,170). Eine Verbindung mit der Wurzel →*pll* ist auch hier nicht selten (1Kön 8,28.30; Ps 6,10; 55,2 u.ö.).

Charakteristisch ist die Redeweise Baruchs in Jer 36,7; 37,20; 38,26; 42,2.9 (s.o. 3g); vgl. auch Dan 9,20 (V.18 *taḥanūnīm*). Die Verbindung mit *npl* hi. »fallen lassen« soll wohl besonders andringendes Flehen kennzeichnen; zu fragen wäre, ob hier eine äußerliche Assoziation mit *tefillā* vorliegen könnte.

Das Gleiche gilt von *taḥanūnīm*; es steht ebenfalls zuweilen parallel zu *tefillā* (Ps 86, 6; 143,1; Dan 9,3.17; 2Chr 6,21). In den Psalmen tritt es, meist suffigiert, als Genetiv zu *qōl* »Stimme« und hängt dann von einem Ausdruck des Hörens ab (Ps 28,2.6; 31,23; 86,6; 116,1; 130,2; 140,7; 143,1). Damit ist wohl das Andringende, Bitterliche dieses Flehens ausgedrückt, wie es Jer 3,21 durch die Verbindung mit *bekī* »Weinen« geschieht.

Dagegen wird man Jer 31,9 wohl mit G *betanḥūmīm* zu lesen haben (vgl. Rudolph, HAT 12,195); zu Sach 12,10 s.o. 3a.

5. In der LXX wird zumeist, wenn auch nicht ausschließlich, *ḥēn* durch χάρις, *ḥnn* durch ἐλεεῖν und seltener οἰκτίρειν übersetzt. Das ist keine streng genaue Wiedergabe mehr; sie kennzeichnet, wie sich die Inhalte der einzelnen Gnadenzusagen aneinander angenähert haben. Unter diesen Begriffen wird nun in der ntl. Verkündigung die Fülle der Gnade Gottes in Jesus Christus entfaltet (vgl. dazu vor allem R.Bultmann, Art. ἔλεος, ThW II, 474–483). *H.J.Stoebe*

חנף *ḥnp* pervertiert sein

1. Die Wurzel ist im wsem. Sprachraum geläufig (ug. *ḥnp* »pietätlos«, WUS Nr. 1053; UT Nr. 981; Subst. und Verbum als kan. LW in EA 288, Z. 8 »die Gemeinheit, die sie begingen«, und 162, Z. 74 »der Gemeinheit kennt«, vgl. AHw 320a.321a; CAD H 76b.80f.; zu den späteren Sprachzweigen s.u. 3, vgl. HAL 322).

Im Hebr. begegnet die Wurzel im intransitiven Qal und im kausativen Hi., als Verbaladjektiv *ḥānēf* und in zwei nominalen Abstraktbildungen, dem Segolatnomen *ḥōnæf* und der Femininbildung *ḥanuppā* (BL 467).

2. Alle 26 Belege stehen ausschließlich in poetischer bzw. gehobener Sprache: Qal 7× (Jes 24,5; Jer 3,1.1.9; 23,11; Mi 4,11; Ps 106,38), Hi. 4× (Num 35,33. 33; Jer 3,2; Dan 11,32), *ḥānēf* 13× (8× in Hi, 3× in Jes, sowie Ps 35,16; Spr 11,9), *ḥōnæf* 1× (Jes 32,6), *ḥanuppā* 1× (Jer 23, 15).

3. Nach arab. *ḥanifa* »verdrehten Fuß haben« und *ḥanafa* »sich zur Seite wenden« kann eine konkrete Grundbedeutung »verdreht, verkrümmt sein« erschlossen werden (konjiziert in Ps 35,16 *beḥanfī* »bei meinem Hinken« durch G.R.Driver, ThZ 9, 1953, 468f., vgl. HAL 322b und BHS; vielleicht noch nachwirkend in Mi 4,11 »(Zion) werde umgewendet/entweiht«); sonst dominiert jedoch die übertragene Bed. q. »pervertiert sein«, hi. »pervertieren« (vgl. mittelhebr. und jüd.-aram. »heucheln«, syr. *ḥanpā* »Gottloser, Heide«, äth. *ḥōnāfī* »Heide, Ketzer«, usw.).

Die Bed. »pervertiert sein« (hi. »pervertieren«) ist in allen Belegen des Verbums erkennbar (Dan 11,32 Verleitung zum Abfall; Jer 23,11 Prophet und Priester; Mi 4, 11 Zion; in den übrigen Fällen ist das Land Subjekt bzw. Objekt in typisch priestertheologischen Wendungen). Die Pervertierung ist rechtlicher Art: Blutschuld (Ps 106,38; Num 35,33), Bruch der Gebote (Jes 24,5, vgl. den Kontext V. 3f., wonach die Auflösung der Weltordnung Folge der Pervertierung des Landes ist), oder sie ist komplexer Art (rechtlich-sozial-sittlich-kultisch), wie in Jer 3,1.2.9, wo *ḥnp* die Pervertierung eines – rechtlich faßbaren – Gemeinschaftsverhältnisses meint: das Land gehört fremden Göttern statt Jahwe, wie die Frau einem anderen Manne statt ihrem ursprünglichen. So auch Num 35,33: die Bestimmung des Landes ist pervertiert, wenn Blutschuld ungesühnt bleibt.

Auch die Substantive lassen die Grundbedeutung »Pervertiertheit« erkennen: Jer 23,15b steht *ḥōnæf* in der Gerichtsbegründung, der die Ankündigung dem Charakter nach entspricht; Jes 32,6 ist »*ḥanuppā* tun« parallel zu »Verkehrtes (*tō'ā*) reden«.

Beim Adjektiv implizieren die Jes-Belege die Bed. »pervertiert« (Jes 9,16; 10,6; 33,14; vgl. auch Spr 11,9), während Ps 35,16 txt? und vor allem die Hiobstellen (8,13; 13,16; 15,34; 17,8; 20,5; 27,8; 34, 30; 36,13) im Rahmen der poetischen Sprache das Wort in gegenüber der ursprünglichen Situation erweiterten Kontexten verwenden (vgl. immerhin 15,34 *ḥānēf* zusammen mit »Zelte der Bestechung«). Vor allem das Adjektiv setzt somit die Tradition der Wurzel nur noch voraus und gebraucht sie in verallgemeinernd disqualifizierender Weise. Von den üblichen Übersetzungen empfiehlt sich vielleicht »ruchlos, Ruchlosigkeit« (kaum »gottlos, Frevler«), sofern die Grundbedeutung »pervertiert, Pervertiertsein« den Sinnzusammenhang nicht mehr zeigt.

4. Das Wort hat in allen Belegen mehr oder weniger direkt das Gewicht eines theologischen Urteils. Ob Pervertierung im rechtlichen (s.o.), sozialen (Spr 11,9), kultischen (Jes 24,5), sittlichen, politischen (Hi 34,30) Bereich geschieht, ob sie in Taten (Jes 9,16; 32,6) oder Worten (Ps 35,16; Spr 11,9) besteht, immer verdreht sie vorgegebene Daseinsordnungen. Diese hinter einer Pervertierung stehende ontologische Dimension des Geraden, Heilen, Wahren verleiht ihr das schwere Gewicht der grundsätzlichen Verdrehung der Weltordnung. Von diesem Vorverständnis läßt sich auch die Formel vom »Pervertieren des Landes« verstehen, das in den einzelnen Taten stattfindet. Da aber für antikes und biblisches Denken Gott im Zusammenhang mit der Erhaltung der Weltordnung verstanden wird, bedeutet jedes Phänomen von »Pervertierung« die Auflösung der Weltordnung im letztgültigen Sinne, d.h. Gottes sinnvoller Gegenwart in ihr. Daraus erklärt sich, daß Gott selbst richtend die Erde umwendet, nachdem sie durch Menschen völlig pervertiert ist (Jes 24,5). In der Benennung eines solchen Phänomens mit der Wurzel *ḥnp* findet demnach in jedem Falle die Verurteilung eines tiefgreifenden Vergehens gegen Gott statt.

5. Der Gebrauch von *ḥōnæf* in 1QS 4,10 in der Aufzählung der Eigenschaften des »Geistes des Frevels« erinnert mehr an das psychologische »Pervertiertsein« denn an »Gottlosigkeit«.

LXX wußte mit dem hebr. Begriff nicht mehr viel anzufangen. Dies zeigt nicht nur die durchweg unzulängliche Übersetzung, sondern vor allem auch die Menge der Ersatzbegriffe. *R. Knierim*

חֶסֶד *ḥǽsæd* Güte

I. 1. Die Wurzel begegnet nur im Hebr. und Aram. Während im Hebr. die positive Bedeutung (*ḥǽsæd* »Güte, Gnade«) vorherrscht und die negative (*ḥǽsæd* »Schande«) nur Lev 20,17 und Spr 14,34 vorliegt (vgl. noch Sir 41,22 Rand; 1QM 3,6; *ḥsd* pi. »schmähen« Spr 25,10; Sir 14,2; zu Ps 52,3 vgl. C. Schedl, BZ 5, 1961, 259), überwiegt im Syr. dieser negative Sinn (LS 245; verständlicherweise stehen im Chr.-Pal. beide Möglichkeiten nebeneinander, vgl. F. Schulthess, Lexicon Syropalaestinum, 1903, 67f.). Dabei bleibt offen, ob es sich um gegenseitige Sprachbeeinflussung (Hebraismen bzw. Aramaismen) handelt (so z.B. F. Schulthess, Homonyme Wurzeln im Syr., 1900, 31; Nöldeke, NB 93; Wagner Nr. 105/106), oder ob das Hebr. wie das Aram. beide Bedeutungen von vornherein gehabt hat (U. Masing, Der Begriff ḤESED im atl. Sprachgebrauch, FS Kopp 1954, 32), ebenso, ob verschiedene Bedeutungsentwicklung eines einzigen Stammes (Gegensinn) vorliegt (etwa Nöldeke, a.a.O. 93; vgl. auch R. Gordis, JQR 27, 1936/37, 58), oder ob zwei verschiedene Stämme, die zufällig Gegensinn hatten, zusammengefallen sind (Schulthess, a.a.O. 32).

Die Etymologie ist dunkel. Ein Zusammenhang mit arab. *ḥašada* »sich zur Hilfeleistung versammeln« (Schulthess, a.a.O. 32; N. Glueck, Das Wort Hesed ..., 1927, 67f. = ders., Hesed in the Bible, 1967, 106f.; HAL 323a) ist möglich, aber nicht so sicher, daß man semasiologische Folgerungen daraus ziehen dürfte (vgl. die Überlegungen bei Schulthess, Nöldeke, Masing, und den Hinweis darauf, daß eine ständige Verschreibung von *š* [entsprechend arab. *š*] zu *s* auffallend bliebe).

2. Neben dem Subst. *ḥǽsæd* begegnen im AT das Adj. *ḥāsīd* (einmal auch pun. belegt: KAI Nr. 145, Z. 7; DISO 93; zur Nominalform s.u. IV/6b), dazu *ḥᵃsīdā* (Lev 11,19; Dtn 14,18 in einer Liste unreiner Tiere; Jer 8,7; Sach 5,9; Ps 104,17; Hi 39,13), üblicherweise als »Storch« übersetzt, wohl wegen der allgemein diesem Tier zugeschriebenen Eigenschaften (vgl. F.S. Bodenheimer, Animal and Man in Bible Lands, 1960, 61; auch G.R. Driver, PEQ 87, 1955, 17), ferner das denominierte Verbum *ḥsd* hitp. »sich als *ḥāsīd* verhalten« (2Sam 22,26 = Ps 18,26).

Als Eigennamen begegnen *Ḥǽsæd* (1Kön 4,10), Kurzform zu *Ḥᵃsadjā* (1Chr 3,20; vgl. Noth, IP 183; HAL 323b); zu *Jūšab-Ḥǽsæd* (»die Gnade möge wiedergebracht werden«) vgl. Rudolph, HAT 21,29f. (anders Noth, IP 245).

II. 1. *ḥǽsæd* begegnet im AT 245 × in folgender Verteilung: Ps 127 ×, 2Sam 12 ×, Gen 11 ×, Spr und 2Chr 10 ×, Jes 8 ×, Jer und Hos 6 ×; ferner 5 × in 1Kön, Neh, 1Chr; 4 × in Ex, 1Sam; 3 × in Dtn, Jos, Mi, Hi, Ruth, Esr; 2 × in Num, Ri, Jon, Klgl, Est, Dan; 1 × in Jo und Sach.

Von den 8 Vorkommen in Jes entfallen 4 auf Dtjes und 3 auf Tritojes. Jes 16,5 ist kaum authentisch jesajanisch, trägt dazu trotz messianischer Absicht (vgl. Jes 9,6) in der Formulierung weisheitlichen Charakter (vgl. Spr 20,28).

Ex 20,6; 34,6.7; Dtn 5,9f. liegt eine geprägte Formel vor, die ihrerseits in Num 14,18.19, aber auch Jo 2,13; Jon 4,2; Mi 7,18; Neh 9,17; abgewandelt in Dan 9,4; Neh 13,22 weiterwirkt (in starker Verkürzung wohl noch Mi 7,20 nachklingend).

Von den Vorkommen in der Chronik entsprechen 1Chr 17,13; 19,2.2; 2Chr 1,8; 6,14; 24,22 ihrer Vorlage (Sam/Kön). Die Stellen 1Chr 16,34.41; 2Chr 5, 13; 6,42 (vgl. Jes 55,3); 7,3; 20,21 tragen hymnischen Charakter (auch Esr 3,11).

Das Wort ist somit in der erzählenden Literatur und der Weisheit, vor allem aber in der Sprache der Psalmen zu Hause. Das deckt sich in einem gewissen Umfang, keineswegs aber ausschließlich mit seinem profanen bzw. religiösen Gebrauch. Es fehlt ganz in der Priesterschrift und tritt bei den Propheten überraschend stark zurück. Eine für den theologischen Aufriß konstitutive Bedeutung hat es nur bei Hosea, Jeremia und unter verändertem Vorzeichen auch bei Deuterojesaja.

2. Dem entspricht in noch deutlicherer Abgrenzung die Verwendung von *ḥāsīd* (32 ×, davon Ps 25 ×; *ḥsd* hitp. 2 ×).

28 Belege gehören dem Psalmengebet an (unter Einschluß von 1Sam 2,9; 2Sam 22,26 = Ps 18,26; 2Chr 6,41). Dem steht der Levispruch im Mosesegen Dtn 33,8 nahe. Einmal begegnet der Begriff in der Weisheit (Spr 2,8) und nur zweimal bei den Propheten (Jer 3,12 und Mi 7,2, nur hier von Gott verwendet).

III. Das Wort *ḥǽsæd* (zu *ḥāsīd* s.u. IV/6) läßt sich nur unvollkommen mit dem in der Artikelüberschrift angenommenen dt. Begriff »Güte« wiedergeben. Dies zeigen (zusammenfassend III/8) sowohl die ausgehend von den Wortverbindungen mit *ḥǽsæd* (III/1) und im Zusammenhang mit der bisherigen Literatur (III/2) vorzubringenden grammatisch-semasiologischen (III/3) und bedeutungsgeschichtlichen Bemerkungen zu *ḥǽsæd* innerhalb seines Wortfeldes (III/4), wie auch die Untersuchung seines profanen Sprachgebrauchs (erzählende Literatur III/5, Weisheit und Psalmen III/6, Chronik und Verwandtes III/7) und der theologischen Verwendung (IV/1–5).

1. a) Häufig begegnet *ḥǽsæd* zusammen mit *'ᵃmæt* »Treue« (→*'mn* E III/2.4 IV/2) in der Verbindung *ḥǽsæd wæ'ᵃmæt* o.ä. (Gen 24,27.49; 32,11; 47,29; Ex 34,6; Jos 2,14; 2Sam 2,6; 15,20; Ps 25,10; 40,11.12; 57, 4; 61,8; 85,11; 86,15; 89,15; 115,1; 138, 2; Spr 3,3; 14,22; 16,6; 20,28). Beide Wörter kommen aber auch in stärkerer Absetzung voneinander vor (Hos 4,1; Mi 7, 20; Ps 26,3; 57,11; 69,14; 108,5; 117,2), sogar so, daß sie auf verschiedene Subjekte verteilt sind (1Kön 3,6; Jes 16,5), und mehrfach tritt, ebenfalls meist in lockerer Verbindung, für *'ᵃmæt* das stammverwandte *'ᵉmūnā* ein (Stellen unter →*'mn* D III/8). Dabei ist zu beachten, daß mit wenigen Ausnahmen (Hos 4,1; Mi 7,20, inhaltlich begründet; Ps 89,25) die Reihenfolge der Ausdrücke gewahrt bleibt.

Nicht so häufig und auf einen engeren Ausschnitt atl. Literatur beschränkt ist die Verbindung mit →*bᵉrīt*. Sie findet sich Dtn 7,9.12 und davon abhängig 1Kön 8,23; Neh 1,5; 9,32; 2Chr 6,14; weiterhin Dan 9,4. Wo das Vorbild einer geprägten Form nicht mehr vorliegt, kann die Reihenfolge der Ausdrücke wechseln (Ps 89,29; vgl. auch Jes 55,3).

b) Eine andere Seite des Bedeutungsumfanges von *ḥǽsæd* wird unterstrichen, wo es in engerer (Jer 16,5; Hos 2,21; Sach 7,9; Ps 25,6; 40,12; 103,4; Dan 1,9) oder lockerer Weise (Ps 69,17; Klgl 3,22 txt?, vgl. V. 32 *rḥm* pi.) mit *raḥᵃmīm* »Erbarmen« (→*rḥm*) zusammen gebraucht wird. Bezeichnenderweise ist auch diese Erscheinung auf einen engen Ausschnitt begrenzt; sie fehlt ebenso in der Weisheit wie in der erzählenden Literatur. Trotz inhaltlicher Berührung mit *raḥᵃmīm* (s.u. III/4) ist indessen *ḥǽsæd* darin von jenem getrennt, daß *ḥǽsæd* nicht nur in einer Richtung (vom Höherstehenden zum Schwächeren/Kind/Sünder), sondern in Gegenseitigkeit geschieht, so daß sogar in gewissen, freilich theologisch sehr profilierten Aussagen der Mensch *ḥǽsæd* gegen Gott erweisen kann (s.u. IV/3; grundsätzlich anders A. Jepsen, KuD 7, 1961, 269).

c) Im Unterschied zu →*ḥēn* »Gunst« findet sich *ḥǽsæd* mit pronominaler wie (seltener) nominaler Ergänzung im Genetiv (z.B. 1Sam 20,14; Ps 21,8; 52,10), immer zur Angabe dessen, von dem *ḥǽsæd* ausgeht (Ps 59,11.18 ist der Text zu ändern [vgl. aber J. Weingreen, VT 4, 1954, 55], ebenso Ps 144,2). Die beiden Wörter werden darum auch nicht synonym gebraucht; da, wo beide nebeneinander vorkommen, ist zwischen dem Stil der Anrede (*ḥēn*) und dem Inhalt der Bitte (*ḥǽsæd*) zu unterscheiden (anders Masing, a.a.O. 50).

Die einzige Ausnahme davon ist Est 2,17 »sie (Esther) erwarb sich seine Gunst und Neigung«; doch liegt hier schon später und abgeschliffener Sprachgebrauch von *ḥæsæd* vor, der bereits V. 9, wo *ḥæsæd* allein steht, in der Verwendung des Verbums *nś'* »davontragen, gewinnen« greifbar wird.

2. a) Die genannten Verbindungen mit *'æmæt*, *'æmūnā*, *berīt* und *raḥamīm*, dazu die deutliche Abgrenzung der Texte, in denen sie, ebenso wie das Wort *ḥǽsæd* allein, vorkommen, unterstreichen das theologische Gewicht des Begriffes. Entsprechend liegt über *ḥǽsæd*, seine Geschichte und Bedeutungsentwicklung eine recht umfangreiche Literatur vor. Die Diskussion seit N. Glueck, Das Wort *ḥǽsæd* im atl. Sprachgebrauche als menschliche und göttliche gemeinschaftsgemäße Verhaltungsweise, 1927 (Neudruck 1961), ist in der engl. Ausgabe dieses Werkes (Ḥesed in the Bible, 1967) von G. A. Larue, Recent Studies in Ḥesed, S. 1–32, mit ausführlichen Referaten dargestellt worden.

Nach Glueck meint *ḥǽsæd* nicht eine spontane, letztlich unmotivierte Freundlichkeit, sondern eine Verhaltensweise, die aus einem durch Rechte und Pflichten bestimmten Lebensverhältnis (Mann–Frau; Eltern–Kinder; Fürst–Untertanen) herrühre. Wird *ḥǽsæd* von Gott ausgesagt, so gehe es um die Realisierung der mit dem Bund gegebenen Zusagen. Wenn *ḥǽsæd* tatsächlich den Sinn von Freundlichkeit annimmt, so sei das sekundär durch Angleichung an *raḥamīm* zustande gekommen (S. 47f.). Das hieße weiterhin, daß die Formulierung *ḥǽsæd wæ'æmæt* als ein Hendiadyoin aufzufassen wäre (S. 66).

b) Diese Aufstellung, in der Glueck einen Vorgänger in I. Elbogen, *ḥsd*, Verpflichtung, Verheißung, Bekräftigung, FS Haupt 1926, 43–46, gehabt hat, wirkte, vor allem wohl wegen der Betonung des Bundesgedankens, stark nach (vgl. z. B. K. Galling, ThLZ 53, 1928, 561f.; W. F. Lofthouse, Ḥen and Ḥesed in the OT, ZAW 51, 1933, 29–35; Eichrodt I, 150–155; R. Bultmann, ThW II, 475–479; Köhler, Theol. 173.245; ders., KBL 318; J. A. Montgomery, Hebrew *hesed* and Greek *charis*, HThR 32, 1939, 97–102; N. H. Snaith, The Distinctive Ideas of the OT, 1944, 94–130; A. Neher, L'essence du prophétisme, 1955, 264–275; A. R. Johnson, FS Mowinckel 1955, 100–112; E. E. Flack, The Concept of Grace in Biblical Thought, FS Alleman 1960, 137–154; K. Koch, Wesen und Ursprung der »Gemeinschaftstreue« im Israel der Königszeit, ZEE 5, 1961, 72–90; vgl. vor allem auch die Einzelauslegungen). Sie ist allerdings nicht ohne Widerspruch geblieben (vgl. z. B. F. Asensio, Misericordia et Veritas, el Ḥesed y 'Emet divinos, su influjo religioso-social en la historia de Israel, 1949; unabhängig davon H. J. Stoebe, Gottes hingebende Güte und Treue, Bedeutung und Geschichte des Begriffes Hesed, Diss. Münster 1950; ders., Die Bedeutung des Wortes *häsäd* im AT, VT 2, 1952, 244–254; R. J. Kahn, Religion in Life 25, 1955–56, 574–581; A. Jepsen, Gnade und Barmherzigkeit im AT, KuD 7, 1961, 261–271; schließlich U. Masing, Der Begriff ḤESED im atl. Sprachgebrauch, FS Kopp 1954, 27–63).

c) Nun ist sicher richtig, daß *ḥǽsæd*, soweit er sich zwischen Menschen ereignet, notwendig mit Gemeinschaft zu tun hat. Mit dieser Feststellung ist aber noch nichts über die Voraussetzungen ihres Zustandekommens, auch nichts über das Wesen des *ḥǽsæd* selbst gesagt. Es scheint, daß hier der Begriff Gemeinschaft formalistisch überbewertet ist – eine Gefahr, die auch sonst wohl besteht – und darum schließlich unlebendig wird.

Es gilt immer zu beachten, daß mit der unbestrittenen notwendigen Herausstellung von Lebens- und auch Rechtsstrukturen, in denen sich Gegenwart und Vergangenheit voneinander unterscheiden, nur ein sehr weiter Rahmen abgesteckt ist, der durch das Menschliche erfüllt werden muß, in dem sich Vergangenheit und Gegenwart nicht mehr so sehr unterscheiden (vgl. dazu Jepsen, a. a. O. 267; Masing, a. a. O. 45). Zwar unbewußt, aber doch gestaltend, scheint hier die allgemein menschliche Überzeugung im Hintergrund zu stehen, daß die Differenziertheiten des modernen Lebens früher schlechterdings undenkbar gewesen seien.

Damit ist es gegeben, daß tatsächlich die einzelnen Texte mehrdeutig sein können, je nachdem, mit welchem formalen Vorverständnis man an die Auslegung herantritt. Darum soll versucht werden, gerade im Blick auf die Schattierungen im Begriff einige leidlich objektive semasiologische Betrachtungen an den Anfang zu stellen (vgl. zu diesen Fragen vor allem Stoebe, Diss. 6ff.). Davon sind natürlich keine gesicherten Ergebnisse, wohl aber Hilfen und Gesichtspunkte für die Exegese zu erwarten.

3. a) Das Nomen begegnet im Sing. wie im Plur. Die Pluralformen sind, soweit man die Stellen chronologisch einordnen kann, exilisch-nachexilischen Ursprungs (Jes 55,3; 63,7.7; Ps 17,7; 25,6; 89,2.50; 106,7.45; 107,43; 119,41; Klgl 3,22.32; Neh 13,14; 2Chr 6,42; 32,32).

Gen 32,11 J »ich bin zu gering aller Barmherzigkeit (Plur. mit Artikel von *ḥæsæd*) und aller Treue (*'æmæt*), die du an deinem Knecht getan hast« bildet eine Ausnahme. *ḥæsæd* erscheint an dieser Stelle nicht formelhaft, aber doch eng verbunden mit *'æmæt*. Das ist zwar ungewöhnlich, hier aber durch *kōl* »alle« bedingt. Die Vermutung, es handle sich um eine Dittographie zum folgenden *ūmikkōl* (O. Procksch, Die Genesis, [3]1924, 191; auch Stoebe, Diss. 139), erscheint nicht zwingend. Eher wäre mit der Möglichkeit zu rechnen, daß diese Aussage entsprechend ihrem Bekenntnischarakter nach späterem Verständnis umgeformt wurde.

Diese Erscheinung ist so zu deuten, daß *ḥǽsæd* als eine umfassendere Größe aufgefaßt wird, die sich in Einzelerweisen manifestiert. Es ist dabei zu beachten, daß gerade in den Psalmen Sing. und Plur. nebeneinander stehen können (z.B. Ps 106, 1.7.45). Das heißt aber nicht, daß *ḥǽsæd* eine Eigenschaft oder auch eine Verhaltensweise ist. Auch der Sing. kann durch den Artikel determiniert werden, was auf konkreten Inhalt weist, der die Voraussetzung der Pluralbildungen ist.

Von den Stellen mit Artikel nehmen Gen 21,23; 2Sam 2,5; 1Kön 3,6; 2Chr 24,22 auf einen zuvor erwiesenen *ḥæsæd* Bezug, ersetzt Jer 16,5 der Artikel das Possessivpronomen, bleiben unbestimmt Ps 130, 7; Spr 20,28; Jes 16,5. Besonders charakteristisch ist vielleicht, daß der Artikel sich da findet, wo *ḥæsæd* zusammen mit *berīt* erscheint (Dtn 7,9.12 u.ö.).

b) Vielfach wird das Nomen mit dem Verbum *'śh* »tun« konstruiert. Das findet sich vornehmlich in der älteren erzählenden Literatur, fehlt aber bei den Propheten und in den Psalmen nicht gänzlich, wenngleich es zurücktritt (Gen 19,19; 20,13; 21,23; 24,12.14.49; 32,11; 40,14; 47,29; Ex 20,6; Dtn 5,10; Jos 2,12.12.14; Ri 1, 24; 8,35; 1Sam 15,6; 20,8.14; 2Sam 2,5. 6; 3,8; 9,1.3.7; 10,2.2 = 1Chr 19,2.2; 1Kön 2,7; 3,6 = 2Chr 1,8; Jer 9,23; 32, 18; Sach 7,9; Ps 18,51 = 2Sam 22,51; 119,124; Hi 10,12; Ruth 1,8). Das kennzeichnet einmal die Konkretheit der mit *ḥǽsæd* verbundenen Vorstellung, übersteigt aber durch das fast ständig hinzutretende *'im* »an, bei« die einzelne Tat. So reicht der Bedeutungsumfang des Wortes über diese konkrete Ausprägung hinaus. Bei der Wendung «*ḥǽsæd* bewahren (*nṣr*)« (Ex 34,7; negativ formuliert 2Sam 7,15) verlegt sich das Gewicht stärker auf die Seite der in einer Haltung liegenden Verheißung.

Zu beachten ist, daß hier die sonst für diesen Zusammenhang charakteristische Verbindung mit *'æmæt* fehlt. Hier wären auch die Stellen mit *šmr* »bewahren« zu nennen (Dtn 7,9.12; 1Kön 8,23 = 2Chr 6,14; Hos 12,7; Ps 89,29 [*šmr* par. *'mn* ni.]; Neh 1,5; 9,32).

c) *ḥǽsæd* als Haltung kommt besonders klar da zum Ausdruck, wo es durch eine Präposition zum Maßstab einer Hoffnung oder Erwartung gemacht wird (mit *ke* »gemäß«: Gen 21,23; Ps 25,7; 51,3; 109, 26; 119,88.124.149.159; vgl. Num 14,19 »nach deiner großen Güte«; mit *lemá'an* »um ... willen«; Ps 6,5; 44,27; mit *'al* »wegen«: Ps 138,2; schließlich wird hierzu auch das *be* »in« von Ex 15,13; Ps 31, 17; 143,12 gehören.

In Wirklichkeit sind natürlich die beiden Seiten nicht so scharf gegeneinander abzusetzen, wie es hier zur Verdeutlichung geschieht. Eine Haltung, die sich nicht in Erweisen manifestiert, bleibt Theorie, jede Äußerung, die nicht das Wesen dessen charakterisiert, der sie bezeigt, eine Zufälligkeit, die nicht die Sphäre des Menschlichen berührt. Eine Analogie böte das dt. »Freundlichkeit«. Auch dieses Wort umschließt ebenso die Auswirkung wie ihre Voraussetzung (vgl. Stoebe, Diss. 49; Jepsen, a.a.O. 266).

4. a) Aus dieser besonderen Nuancierung erklärt sich die Zusammenstellung von *ḥǽsæd* mit *raḥamīm* »Erbarmen« (vgl. oben III/1b), bei der *ḥǽsæd* der vorgeordnete Begriff ist (Ps 40,12 bildet nur eine scheinbare Ausnahme) und das Ganze so zu verstehen ist, daß *raḥamīm*-Taten die Bekundung einer *ḥǽsæd*-Haltung sind, wie die Parallele *ṣǽdæq ūmišpāṭ* »Recht und Gerechtigkeit« Hos 2,21 wahrscheinlich macht. In diese Bedeutung von *raḥamīm* tritt nun, offenbar in jüngerer Zeit, die Pluralform *ḥasādīm* selbst ein (s.o. III/3a). Wenn sie ihrerseits mit *raḥamīm* verbunden ist (Ps 25,6; Jes 63,7), steht jetzt *raḥamīm* voran. Ist diese Basis auch verhältnismäßig schmal, läßt sich doch erkennen, daß jetzt *raḥamīm* als der stärkere, sinnprägende Begriff empfunden wurde.

b) Soweit man also von einer Verwischung der Sprachgrenzen zwischen *ḥǽsæd* und *raḥamīm* reden kann, scheint sie für *ḥǽsæd* eher eine Einschränkung als eine Erweiterung des Sinnes zur Folge zu haben. Das mag es auch erklären, daß gerade in jüngeren Texten *ḥǽsæd* vielfach durch *ṭūb* »Güte« bzw. →*ṭōb* »gut« erweitert und unterstrichen wird (vgl. Ex 33,19 mit 34,6; Jes 63,7; Ps 69,17 l *keṭūb* pr *kī ṭōb*, vgl. Kraus, BK XV, 479f.). Auch Ps 25,7 stehen beide Ausdrücke nebeneinander, wenngleich hier *ṭūb* als gute Gabe *ḥǽsæd* in seiner Bedeutung nicht wesentlich einzuengen scheint. Dagegen ist in der regelmäßig wiederkehrenden liturgischen Formel »denn er ist freundlich (*ṭōb*), ja, seine Güte (*ḥǽsæd*) währet ewig!« o.ä. (Ps 100, 5; 106,1; 107,1; 118,1.2.3.4.29; 136,1–26; Esr 3,11; 1Chr 16,34.41; 2Chr 5,13; 7,3. 6; 20,21) *ḥǽsæd* zu einer der Güte Jahwes nachgeordneten Ausdrucksform seines Wesens geworden. Das wird noch dadurch charakterisiert, daß anscheinend *le'ôlām ḥasdō* »sein *ḥǽsæd* währt ewig« formal wie inhaltlich an die Stelle von *'æmæt* in der Formel *ḥǽsæd wæ'æmæt* getreten ist.

Während *raḥamīm* im Targum und in der syr. Übersetzung durchgängig mit der gleichen Wurzel wiedergegeben wird, behält bei *ḥæsæd* der Targum nur in etwa 50 Fällen seine Vorlage bei (syr. nur etwa 12×). Einen gewissen Umfang nimmt die Übersetzung durch *raḥamīn* ein (Targ. seltener, Syr. 36×), in den meisten Fällen aber wird *ḥæsæd* durch ein Derivat von *ṭāb* wiedergegeben (je etwa 130×), wobei sich allerdings keine Gesetzmäßigkeit feststellen läßt. Auch hier gibt es ein Nebeneinander von Sing.- und Plur.-Formen; dabei stimmen Version und Vorlage nicht immer überein (Stoebe, Diss. 54ff.).

5. a) Die bisherigen Beobachtungen über das Vorkommen des Begriffs, seine Entfaltung und Einengung sowie seine verdeutlichenden Ergänzungen erlauben den zunächst noch unbestimmten Schluß, daß mit *ḥǽsæd* etwas Besonderes im wechselseitigen Verhalten gemeint ist, etwas, das jedenfalls über das eigentlich Selbstverständliche hinausgeht. Im einzelnen läßt sich dies nun zeigen und inhaltlich verdeutlichen bei einer Durchsicht der Stellen, vor allem in der erzählenden Literatur, an denen *ḥǽsæd* im zwischenmenschlichen Bereich geübt wird.

Dabei ist zunächst zu fragen, ob es einen solchen »profanen« Sprachgebrauch im eigentlichen Sinne überhaupt gibt. Das Wort kann schon in den ältesten Texten für ein Verhalten Gottes gegenüber den Menschen verwendet werden, sodaß wechselseitige Einwirkungen durchaus möglich sind. Das heißt aber nicht, daß das, was zuerst und ausschließlich von Gott gesagt werden konnte, ausweitend auf den rein menschlichen Lebensbereich übertragen worden wäre (so anscheinend Jepsen, a.a.O. 269), denn gerade im älteren erzählenden Geschichtswerk überwiegt der sog. profane Gebrauch (Stoebe, VT 2, 1952, 248).

Von den 11 Vorkommen in Gen charakterisieren 6 ein menschliches (Gen 20,13; 21,23; 24,49; 39,21; 40,14; 47,29), 5 ein göttliches Tun (19,19?; 24,12.14. 27; 32,11). Mit einiger Sicherheit läßt sich sagen, daß die letzteren Stellen ausschließlich jahwistisch sind.

b) Verhältnismäßig frei von solchen Beeinflussungen scheint 1Kön 20,31 zu sein. Hier ist *ḥǽsæd* unbestreitbar das Unerwartete, mit dem man eigentlich nicht rechnen kann. Er ermöglicht wohl das Zustandekommen eines Vertrages, ist aber nicht selber Punkt und Bedingung dieses Vertrages. In diese Richtung weist auch 2Sam 2,5, eine alte, unreflektierte Überlieferung. Schon die Determinierung von *ḥǽsæd* kennzeichnet das, was die Jabesiten getan haben, als etwas Außerordentliches, das über die »Gegenleistung« (so Glueck, a.a.O. 19) hinausgeht und in seiner Schwere und Gefahr Ausdruck einer tiefen Menschlichkeit ist (richtig Neher, a.a.O. 266); sie wurzelt zwar in Dankbarkeit, ist aber etwas durchaus Eigenes.

Ebenso ist Bestattung des Vaters selbstverständliche Sohnespflicht (L.J.Kuyper, Interpretation 18, 1964, 4); Gen 47,29 aber bittet Jakob um eine darüber hinausgehende Freundlichkeit. Saul nennt seine Warnung an die Keniter (1Sam 15,6) nicht *ḥæsæd*; deren *ḥæsæd*, auf den er sich bezieht, war seinerzeit entgegenkommende Freundlichkeit, nicht Pflicht. Auch 2Sam 10,2, wo das Wort selbst für beide Seiten angewendet wird, kann es ebenfalls nichts anderes bedeuten, als Freundlichkeit mit Freundlichkeit erwidern; daß Davids Verhalten mißverstanden werden kann, zeigt, wie unerwartet es war. In 2Sam 3,8 stellt Abner seine Fürsorge für den schwachen Isbaal als reine Freundlichkeit hin, die nach Lage der Dinge kaum noch zu rechtfertigen sei. 2Sam 16,17 kann man natürlich fragen, ob hingebende Freundschaft oder Loyalität gemeint sei. Aber auch hier wird der Vorwurf Absaloms in beißender Ironie so zu verstehen sein: du bist ein feiner Freund! An sein besonderes Freundschaftsverhältnis zu Barsillai denkt David 1Kön 2,7, wenn er *ḥæsæd* für dessen Söhne fordert. Die Dankbarkeit gegenüber dem Vater ist so groß, daß sie sich sogar als Freundlichkeit für die Söhne auswirkt.

Recht instruktiv ist Gen 39,21. Jahwe wendet Joseph *ḥæsæd* zu, natürlich nicht seinen eigenen (das könnte nicht durch *nṭh* hi. ausgedrückt werden), sondern den der anderen Menschen; ihre Herzen fallen Joseph zu, er findet Wohlwollen. Davon getrennt ist die besondere Berücksichtigung (*ḥēn*, →*ḥnn* 3a) durch den Aufseher. Gen 40,14 besteht ebenfalls keine Verpflichtung für den Mundschenken, Joseph in Erwähnung zu bringen, denn dieser hat ihm mit der Traumdeutung ja keinen eigentlichen Dienst erwiesen (so richtig Neher, a.a.O. 266). Gen 20,13 liegt der Tenor eben darin, daß Abraham mit *ḥæsæd* um etwas bittet, was über die Pflichten der Ehefrau hinausgeht. Erinnerte er Sara nur an diese, wäre das Ganze wohl ziemlich überflüssig (analog in Gen 24,49).

Jos 2,12 bezeichnet Rahab, was sie an den Kundschaftern tut, als *ḥæsæd*; dächte man hier an Pflichten der Gastfreundschaft, ergäbe sich eine große Spannung, denn Rahab verstößt gegen die Lebensinteressen der Stadt, deren Duldung und Schutz sie genießt. Sie begründet ihr Vorgehen denn auch theologisch (V.9–11). *ḥæsæd* ist hier ein hilfreiches Entgegenkommen in der Hoffnung darauf, daß es erwidert wird (ähnlich ist die Situation Ri 1,24, wo *ḥæsæd* als Belohnung zugesagt wird). Eine Verpflichtung entsteht erst (nachträglich!) durch den Schwur. Ebenso ist Gen 21,23 der freiwillig erwiesene *ḥæsæd* Abimelechs Voraussetzung des von Abraham verlangten Eides, nicht umgekehrt (so auch Jepsen, a.a.O. 265).

Unbestreitbar schwierig ist 1Sam 20,8, wo *ḥǽsæd* tatsächlich in Zusammenhang mit einer Jahwe-*berīt* gestellt wird (vgl. auch V. 14 *ḥǽsæd Jhwh*). Darauf bezieht sich wiederum 2Sam 9,1.3.7, wo V. 3 direkt von einem *ḥǽsæd 'ælōhīm* geredet wird. Bei diesem Beleg liegt aber auch die Gefahr besonders nahe, ihn formalistisch überzubewerten (Glueck, a.a.O. 12). Letztlich bezeichnet *ḥǽsæd* auch hier den spontanen Erweis herzlich freundschaftlicher Gesinnung. Die Beifügung des Gottesnamens (1Sam 20,14; 2Sam 9,3) ist von dem eigentlich über menschliche Möglichkeiten hinausgehenden Umfang der eingesetzten Mittel zu verstehen (vgl. D. W. Thomas, VT 3, 1953, 209ff.).

Ungewöhnlich ist Gen 19,19 die Verbindung von *ḥæsæd* mit *gdl* hi. »groß werden lassen«. Die Erklärung, Lot nenne das an sich selbstverständliche Verhalten groß, weil er seine Gäste als Engel erkannt habe (Glueck, a.a.O. 9), reicht nicht aus. Vielmehr wird damit der *ḥæsæd* jeder Korrespondenz zu menschlichem Verhalten entzogen. Hinter der Erzählung stehen die Pflichten der Gastlichkeit. Gewiß waren auch die Gäste verpflichtet, den Gastgeber nach Möglichkeit zu schützen; das geschah durch die Blendung der Sodomiten. Die Lebensrettung bei bevorstehendem Untergang ist Gnade und liegt auf anderer Ebene.

Ri 8,35 läßt sich nicht sagen, ob in die nicht geübte Dankbarkeit ein Moment des Pflichtmäßigen eingeschlossen ist. Ruth 3,10 wird, wenn auch nicht unbestritten (Kuyper, a.a.O. 5), allgemein als Akt anhänglicher Liebe aufgefaßt. Anzumerken bleibt, daß an drei Stellen (Gen 24,49; 47,29; Jos 2,14) *'æmæt* zu *ḥæsæd* tritt, da nämlich, wo der Erweis in der Zukunft erwartet wird oder wenigstens diese mit einschließt.

6. a) Auch in der Weisheit wird *ḥǽsæd* zumeist zwischen Menschen gebraucht. Die Schwierigkeit liegt darin, daß allgemeine Sentenzen keine nachvollziehbare Situation erkennen lassen.

Einigermaßen klar ist, wenn die tugendsame Hausfrau Spr 31,26 auch darum gerühmt wird, daß *tōrat ḥæsæd* auf ihrer Lippe sei (par. »in Weisheit«). Man wird darin selbstverzichtende Großherzigkeit im Reden zu sehen haben. Die Übersetzung »liebliche Rede« (Angleichung von *ḥæsæd* an *ḥēn*) in einem relativ jungen Text ist nach V.30 von vornherein unwahrscheinlich; die Auffassung »liebreich« bleibt allein möglich.

Ebenso steht Spr 11,17 der *'īš ḥæsæd* im Gegensatz zum *'akzārī*, dem »Grausamen«; er ist der, der Rücksicht nehmen und auf andere eingehen kann, der nicht seinen eigenen Vorteil durchsetzt. 20,6 stellt *ḥæsæd* neben *'īš 'æmūnīm* »getreuer Mann«; viele Menschen reden von ihrer Freundlichkeit, aber der Zuverlässige, bei dem sie da ist, ist doch selten (anscheinend ist eine Paraphrase von *ḥæsæd wæ'æmæt* beabsichtigt).

Geradezu Herzensaufrichtigkeit und wahrhafte Menschlichkeit muß *ḥæsæd* Spr 19,22 bedeuten. Das ist es, was man am Menschen sucht, und darum ist ein Armer, der es haben kann, besser als ein Lügner, der es bestimmt nicht hat. Es ist nicht von der Hand zu weisen, daß sich hierin ein Verständnis für die Ichbezogenheit als Wurzel der Lüge anbahnt. 21,12 steht *ṣedāqā* neben *ḥæsæd*, doch bleibt die Aussage im Allgemeinen. Das gilt noch mehr 3,3; 14,22; deutlich ist indes, daß bei *ḥæsæd wæ'æmæt* an ein menschliches Verhalten gedacht ist (ebenso 16,6, wo »durch Güte und Treue wird Schuld gesühnt« aus jedem Schema herausfällt). 20,28 (vgl. Jes 16,5) ist der *ḥæsæd* des Königs sicher mehr als seine Gerechtigkeit, eher seine Leutseligkeit, die zusätzlich seinen Thron stützt. In der ersten Vershälfte könnte es sich um Gotteserweise handeln, eher aber auch hier um zur Hypostase gewordenes eigenes Tun.

b) In der jüngeren Spruchweisheit (Sir) charakterisiert *ḥǽsæd* fast ausnahmslos religiöse Tatbestände. Eine Ausnahme bilden lediglich Sir 7,33 und 37,11.

c) In den Psalmen ist *ḥǽsæd* für menschliches Verhalten ebenfalls selten und dann ebenfalls weisheitlich geprägt, so Ps 141,5, wo ein Schlag keine Beleidigung, sondern im Gegenteil Freundlichkeit ist, wenn er von einem Gerechten kommt.

Ps 109,12 redet sicher nicht von einer über den Tod hinausreichenden Gnade, sondern in antithetischem Parallelismus zu »Wucherer« (V.11) von Gnadenfrist, geradezu von hilfreichem Kredit. Da Fluch und Versäumnis bzw. Tun korrespondieren, ist in V.16 *ḥæsæd* genauso aufzufassen.

Schließlich wäre noch Hi 6,14 trotz mancher Unklarheiten in diesem Zusammenhang zu nennen. Auch hier scheint *ḥæsæd* ein allgemein menschliches Verhalten (Freundlichkeit, Mitleid, Bereitschaft jemanden anzuhören) zu sein, das über die landläufigen Voraussetzungen geordneten Gemeinschaftslebens (Gottesfurcht) hinausgreift.

7. Die wenigen aus der Chronik und verwandten Texten in Frage kommenden Stellen bringen nichts Neues. 2Chr 24,22 erinnert an Ri 8,35, ferner Esr 7,28; 9,9 an Gen 39,21. Zu erwähnen sind die Pluralformen 2Chr 32,32; 35,26, die eine lobende Beurteilung der Regierungszeit Hiskias und Josias enthalten (ähnlich Neh 13,14).

Begreiflicherweise zeigen sich Verwischungen der Wortgrenzen von *ḥæsæd*. Hinsichtlich der Konstruktion nähert es sich Est 2,9.17 an *ḥēn*, Dan 1,9 an *raḥamīm* an.

8. Es ist nicht möglich, den Bedeutungsumfang von *ḥǽsæd*, wie er im profanen Gebrauch entgegentritt, mit einem dt. Wort genau zu umschreiben. *ḥǽsæd* ist nicht »Gnade«, und das oft vorgeschlagene »Huld« reicht auch nicht aus. Zunächst ist *ḥǽsæd* etwas, das in konkreten Situationen greifbar geschieht, das indessen über den Einzelerweis hinausgeht und den Täter selbst im Blick behält. Darin zeigt der Begriff Berührung mit unserem »Freundlichkeit«, wohl auch mit »Güte« (s.o. 3c). Sicher aber ist *ḥǽsæd* auch da, wo er sich unter bestimmten Gemeinschaftsformen ereignet, ja in seiner Ausprägung durch sie bestimmt sein mag, nie das Selbstverständliche, Pflichtgemäße. Es ist ein menschliches Verhalten, das überhaupt erst eine Form mit Leben erfüllen kann, in bestimmten Fällen (nicht immer) überhaupt erst die Voraussetzung dafür ist, daß eine Gemeinschaft zustande kommt. Jepsen (a.a.O. 269) hat versucht, das, was gemeint ist, als guten Willen, der zur guten Tat wird, Bereitschaft zur Hilfe zu umschreiben. Das ist gewiß mit darin enthalten, reicht aber allein noch nicht aus. Ich möchte darin einen Ausdruck für Großherzigkeit, für eine selbstverzichtende menschliche Bereitschaft sehen, für den anderen dazusein (Diss. 67; VT 2, 1952, 248). Damit ist es gegeben, daß *ḥæsæd* es stets in irgendeiner Weise mit dem Leben des anderen zu tun hat, ebenso, daß man von dem Empfänger eines solchen *ḥæsæd* eine gleiche Bereitschaft erwartet und erhofft, die ihrerseits wiederum über das Pflichtmäßige hinausgeht.

IV. Dem religiösen Sprachgebrauch von *ḥæsæd* ist nachzugehen in der erzählenden Literatur (IV/1), in der Gottesprädikation von Ex 34,6 (IV/2), bei den Propheten (IV/3), im Dtn und dem von ihm beeinflußten Schrifttum (IV/4) und schließlich in den Psalmen (IV/5). Darauf folgt die Behandlung des Adjektivs *ḥāsīd* (IV/6).

1. a) In der erzählenden Literatur ist das Wort sehr früh dazu gebraucht worden, auch das Verhalten Gottes gegenüber dem Menschen auszudrücken (s.o. III/5a). Die Basis ist freilich zu schmal, um mit Sicherheit sagen zu können, daß das ein für die Theologie des Jahwisten konstitutiver Gedanke sei (so Stoebe, Diss. 135). Sicher aber ist es Ausdruck einer lebendigen Glaubenserfahrung wie andererseits ein theologisches Wagnis, denn diesem Begriff eignet nichts von der fast metaphysischen Vorgegebenheit, die →*ḥnn* ebenso wie →*rḥm* haben, sodaß hier ein Anthropomorphismus im eigentlichen Sinne vorliegt; er ermöglicht freilich auch die dichteste theologische Aussage.

b) Dieses Wagnis, zugleich auch ein Bestreben, die Gottesvorstellung zu sichern, findet sich in der Verbindung von *ḥæsæd* mit *'æmæt*. Sie fehlt auch im profanen Sprachgebrauch nicht gänzlich (s.o. III/5b Ende zu Gen 24,49; 47,29; Jos 2,14), tritt aber gemessen am religiösen Sprachgebrauch zurück. In ihm hat sie ihre zentrale Stellung in der Gottesprädikation Ex 34,6 (s.u. IV/2), begegnet aber nicht nur in der liturgischen Sprache, sondern als geläufiger Begriff ebenso in der Umgangssprache. Auch dort ist sie sehr früh.

2Sam 15,20, in einem sicher sehr alten Überlieferungsstück, wird *ḥæsæd wæ'æmæt* als Gruß gebraucht, der etwa dt. »Gott befohlen!« entsprechen könnte; er zeigt, wie diese Wendung schon bald ein Wesensmerkmal Gottes bezeichnen konnte. Die Kürze des Ausdrucks (LXX ergänzt sinngemäß) ist situationsbedingt. 2Sam 2,6 hat die vollere Form. Jedenfalls ist Jahwe als Subjekt zu denken, nicht David (so A.B. Ehrlich, Randglossen zur hebr. Bibel, III, 1910, 313, der darin ein »auf Wiedersehen« sehen wollte). Diese beiden Stellen bestätigen weiter, daß mit *'æmæt* eine sich nicht in einem kurzen Augenblick erschöpfende Bereitschaft Gottes angewünscht wird, was freilich ein sehr starker Anthropomorphismus wäre.

Gen 24 erwartet der Knecht Abrahams Gottes freundlichen Beistand für die unmittelbar vorliegende Situation (V.12.14 *ḥæsæd*); an dessen Eintreffen erkennt er, daß Jahwe seine schon früher bezeigte Bereitschaft, Abraham zu helfen (V.27 *ḥæsæd wæ'æmæt*), nicht versäumt hat (*'zb*; vgl. *nṣr* »bewahren« Ex 34,7). Daß er *ḥæsæd* vom Gott seines Herrn Abraham erfleht, heißt natürlich nicht, daß damit ein Anspruch auf diesen *ḥæsæd* angemeldet werden soll. Der Haussklave wendet sich an den Vätergott, weil dieser gleichsam für Freundlichkeitserweise gegen seinen Herrn zuständig ist.

Im Gebet Jakobs Gen 32,11 (zum Plur. s.o. III/3a) spricht sich mehr als seine Demut aus. Es ist ein Bekenntnis zu Jahwe, der trotz seiner Sünde während der ganzen Zeit in der Fremde für ihn da war und ihm seinen hilfreichen Beistand nicht weigerte. Mit Recht gilt V.9–11 als eigene Konzeption des Jahwisten (W. Elliger, ZThK 48, 1951, 18; auch H.J. Stoebe, EvTh 14, 1954, 470). Es drückt sich hierin etwas von seiner theologischen Gewißheit aus, wie Jahwe im Geheimen den Weg auch der sündigen Welt mitgeht und sie zum Ziele bringt. Der Begriff *ḥæsæd* erscheint als geeignetes Ausdrucksmittel für diese Überzeugung. *ḥæsæd* ist geradezu eine Zusammenfassung dessen, was Gen 50,20 (E?) ausgedrückt wird: »ihr gedachtet es böse zu tun, Gott aber gedachte es gut zu tun«.

2. a) Bei der Gottesprädikation von Ex 34,6 »ein barmherziger und gnädiger Gott, langmütig und reich an *ḥæsæd wæ'æmæt*« handelt es sich um eine liturgische Formel (vgl. J. Scharbert, Bibl 38, 1957, 130–150), bei der man höchstens fragen darf, ob sie unter jahwistischem Einfluß erweitert wurde (Stoebe, VT 2, 1952, 250; doch beachte die Warnung von W. Beyerlin, Herkunft und Geschichte der ältesten Sinaitraditionen, 1961, 158 Anm. 5). Wir folgen zunächst der Scharbertschen Analyse und betrachten vorerst V. 6aβ.b als selbständige Gebetsformel (als ganze oder doch in einzelnen Teilen nachwirkend in Num 14,18; Jo 2,13; Jon 4,2; Ps 86,15; 103,8; 145,8; Neh 9,17).

raḥūm weḥannūn »barmherzig und gnädig« macht gewissermaßen eine statische Aussage von dem Verhältnis Jahwes zu seinem Volk; sie berücksichtigt nicht, daß dieses durch die Aufführung der Menschen in Frage gestellt werden kann. Darum legen die folgenden Erweiterungen fest, daß die Offenheit Jahwes für sein Volk auch über dessen Versagen hinweg Bestand hat. Dabei bedeutet *'ǽræk 'appájim* die »Langmut«, die nicht leidenschaftlich reagiert, sondern zuwartet (zur Sache vgl. die bildhafte Rede Jes 42,14). Diese eher negative Abgrenzung wird positiv gefüllt durch *rab ḥǽsæd wæ'ᵃmæt*, die Zusage der zuverlässig dauernden Bereitschaft für den Menschen (zu dieser Stelle, überhaupt dazu, daß in dieser Verbindung *ḥǽsæd* sinntragend ist, vgl. Asensio, a.a.O. 77f.).

V.7 führt den Gedanken überraschend durch »der Gnade bewahrt bis ins tausendste Geschlecht« fort, was eine Tautologie zu *'ᵃmæt* ergibt (vgl. Ps 40,12 und 61,8 mit charakteristischer Umbiegung des Gedankens; *ḥæsæd wæ'ᵃmæt*, die den Beter bewahren, sind fast Hypostasen Gottes geworden). Das könnte dafür sprechen, daß hier eine selbständige ältere Bekenntnisformel vorliegt (Scharbert, a.a.O. 137), doch sind scharfe Abgrenzungen nicht möglich. Eher ist mit der Erweiterung eines Grundbestandes zu rechnen, die eine Glaubensüberzeugung erschöpfend formulieren will. Der hier zugesagte *ḥæsæd* kann nicht menschliche Sündhaftigkeit ignorieren, sondern hat zur Voraussetzung und besteht in der Bereitschaft, Sünden zu vergeben. Es soll etwas ausgedrückt werden, was menschliche Begrifflichkeit übersteigt. Gottes umfassende Güte schließt seine Souveränität nicht aus. Die begriffliche Spannung zeigt sich in der Klammer »der aber nicht ganz ungestraft läßt« (V. 7b), die das vorher Gesagte fast aufhebt.

b) Die einzelnen Teile der Formel begegnen Ex 20,5f. und Dtn 5,9f. bezeichnenderweise in umgekehrter Reihenfolge. Deutlich wird dabei, daß im isr. Gottesglauben das Vertrauen auf seine Gnade und Großherzigkeit vorherrscht, weiterhin, daß mit *ḥǽsæd* etwas gemeint ist, was aus den geläufigen Vorstellungen von Rechten und Pflichten herausfällt.

Das Verhältnis von *ḥæsæd* und Vergebung (vgl. Ex 34,7a) kommt in der späteren Frömmigkeit verschieden zum Ausdruck, besonders klar, wo →*slḥ* »vergeben« zur Prädikation hinzutritt (Ps 86,5; Neh 9,17; vgl. Ps 130,7; in aufgelösterer Form Ps 6,5; 25,10.11; 85,8; 103,3.4). 2Sam 7,14.15 schließt *ḥæsæd* die Strafe in menschlich erträglichem Umfang ein. Allerdings ist der Gedanke hier vom Vater-Sohn-Bild her mitbestimmt (→*rḥm*).

Über die Antwort des Menschen auf Gottes *ḥæsæd* wird zunächst nicht reflektiert; sie ist in die allgemeine Forderung nach Gehorsam impliziert. In gewisser Weise führt jedoch das »derer die mich lieben« (Ex 20,6; Dtn 5,10) schon darüber hinaus. Es handelt sich aber um eine nachträgliche Sicherung und keine grundsätzliche Klärung.

3. a) In diese Lücke tritt die Verkündigung Hoseas. Hos 2,21 geht es um den Bund Jahwes mit seinem Volk, dargestellt unter dem Bilde der Ehe, nicht als eines naturhaften Verhältnisses, sondern einer willentlich bestimmten Gemeinschaft: »ich verlobe dich mir um Gerechtigkeit und Recht, um Güte und Erbarmen ... um Treue«. Die genannten Verhaltensweisen sind der Brautpreis des Mannes, da sie der Frau unmittelbar zugute kommen, eigentlich sein Geschenk an sie. Die Abfolge der Begriffe entspricht einer inneren Logik: normgerechtes Verhalten, Recht und Sitte bilden den Rahmen, der durch *ḥǽsæd wᵉraḥᵃmīm*, die über die Norm hinausgehende Zuwendung von Herzlichkeit und Erbarmen, erfüllt ist; *'ᵉmūnā* »Treue« unterstreicht die an sich schon in »auf ewig« enthaltene Stetigkeit und Verläßlichkeit. Diese Geschenke sind Kennzeichen einer freiwilligen Herzenszuwendung und als solche nach verschiedenen Seiten Grundlage der Gemeinschaft. Darum erwartet Gott vom Menschen die gleiche Haltung einer Bereitschaft für ihn (*ḥǽsæd*), nicht als Gegenleistung, sondern als dankende Anerkennung dessen, was Gott zuvor getan hat, als Bestätigung und Realisierung des von ihm gegebenen Bundes.

Jepsen, a.a.O. 269, stellt diese Möglichkeit in Abrede und bezieht jede prophetische *ḥæsæd*-Forderung auf den rein menschlichen Bereich. Indessen zeigt sich gerade hier, daß es wohl zu eng ist, *ḥæsæd* etwa als Hilfsbereitschaft zu fassen.

Zur Frage der Gegenseitigkeit des *ḥǽsæd* wäre zuerst auf Hos 10,12 zu verweisen: »säet euch Gerechtigkeit, erntet gemäß dem *ḥǽsæd*!« *ṣᵉdāqā* und *ḥǽsæd* werden einerseits von Gott gegeben und sind andererseits vom Menschen zu realisieren, sodaß Gottes *ḥǽsæd* ebenso Voraussetzung wie Vorbild des richtigen menschlichen Verhaltens gegen ihn ist; vgl. auch C. Wiéner, Recherches sur l'amour pour Dieu dans l'AT, 1957, 20.

Weiter gehört Hos 12,7 hierher. Die Forderung »übe *ḥæsæd* und Recht« ist von einem Ruf zur Umkehr zu Gott eingeschlossen und von daher zu verstehen. Freilich scheint hier der Nachdruck stärker auf dem Verhalten der Menschen untereinander zu liegen, doch ist beides nicht streng zu trennen. Das läßt sich auch Hos 6,6 an der Gegenüberstellung von *ḥæsæd* und Opfern zeigen (vgl. 1Sam 15,22). Die Alternative *ḥæsæd* gegen Gott oder nur unter den Menschen ist falsch gestellt, weil beides für das AT zusammengehört. Daß *ḥæsæd* und Opferkult so konfrontiert werden, ist von daher zu verstehen, daß zwar das Opfer menschliche Herzenshingabe nicht ausschließen muß, aber doch auch als Pflichtleistung aufgefaßt werden kann, was dann notwendig auch Konsequenzen für das Verhalten gegenüber den anderen Menschen hat (vgl. Am 8,4–6).

Besonders interessant ist in dieser Hinsicht Hos 4,1. In der an den Menschen gerichteten Forderung ist die Umkehrung der Reihenfolge beabsichtigt, in der die Begriffe von 2,21 f. erscheinen: sie bilden eine fallende Klimax. Jahwe rechtet in eigener Sache: wenn schon keine Stetigkeit da ist, sollte wenigstens *ḥæsæd*-Herzenshingabe da sein; wenn auch diese fehlt, sollte zum mindesten ein Wissen darum vorhanden sein, was Jahwe getan und gegeben hat. Daß diese Gedanken Hosea auch sonst nicht fremd sind, erhellt aus 6,4. Unter dem Eindruck des Strafhandelns Gottes kommt so etwas wie eine *ḥǽsæd*-Haltung ihm gegenüber zustande (anders Jepsen, a.a.O. 269). Man rechnet wenigstens mit ihm. Aber sie hat so wenig Bestand wie Tau oder Morgengewölk.

b) Derselbe Gedanke findet sich ein wenig modifiziert sehr viel später in Jes 40,6 (vgl. hierzu H. J. Stoebe, WuD 2, 1950, 122–128; die Übersetzung des *ḥasdō* mit »seine Schöne, Kraft« analog zu Ps 103,15f. rechnet mit einem für diese Zeit unwahrscheinlichen Zusammenfallen von *ḥæsæd* und *ḥēn*, s.o. III/1c; vgl. aber Elliger, BK XI,23f.): jede Predigt muß sinnlos erscheinen, da das Volk die Bereitschaft für Gott, ihn zu hören, verloren hat, aber dieser tiefen Resignation tritt das Wort Jahwes siegreich gegenüber.

2Chr 32,32; 35,26 bezieht sich der Plur. des Wortes ebenfalls auf die Frömmigkeit, die diese Könige in ihren Reformwerken bewiesen haben; das Gleiche gilt Neh 13,14 und wohl auch, wenngleich hier nicht sicher, von 2Chr 6,42. Freilich ist diese Abstellung auf den kultischen Bereich gegenüber dem, was Hosea meinte, eine starke Einschränkung.

c) Trotz einiger Unklarheiten gehört schließlich Mi 6,8 in diesen Zusammenhang (vgl. →*ṣn'* hi. und H. J. Stoebe, WuD 6, 1959, 180–194). Eine genaue Abgrenzung des Geltungsbereiches von *ḥǽsæd* ist nicht möglich, vielleicht auch nicht beabsichtigt. Im Gegensatz zu »Recht üben«, das wie »*ḥǽsæd* üben« in Sach 7,9 auf ein Tun unter Menschen zielt, meint »*ḥǽsæd* lieben« (gen.obj., nicht adverbialer Akkusativ) den *ḥǽsæd* Gottes zum Menschen, wobei an Liebe als menschliche Antwort auf diesen *ḥǽsæd* implizit gedacht ist.

Mi 7,18 (nicht authentisch) paraphrasiert erweiternd die bekannte Prädikation und enthält nichts wesentlich Neues. V.20 zeigt eine formalistisch anmutende Verteilung von *ḥæsæd* und *'æmæt* auf die Erzväter (freilich wäre hier auch eine Absicht denkbar, denn tatsächlich wurde dieser *ḥæsæd* Abraham zuerst zugesprochen, Jakob dann trotz allem bewahrt).

d) Die Gemeinsamkeiten zwischen Jeremia und Hosea zeigen sich auch in der Verwendung des *ḥǽsæd*-Gedankens. Besonders einprägsam ist Jer 2,2, wo der *ḥǽsæd* der Jugend mit der Liebe der Brautzeit parallelisiert wird. Darum kann *ḥǽsæd* hier nicht durch »Treue« wiedergegeben werden (so im Anschluß an Glueck Rudolph, HAT 12,14f.; Weiser, ATD 20, 17); es meint vielmehr das schrankenlose Vertrauen, die Herzenshingabe, mit der das junge Israel Jahwe in die Wüste folgte. Auch hier ist *ḥǽsæd* nicht Voraussetzung des besonderen Gemeinschaftsverhältnisses, sondern Antwort auf eine Erklärung Gottes.

Daß einem *ḥǽsæd* des Volkes ein *ḥæsæd* Gottes vorausgeht, wird Jer 31,3 klarer ausgedrückt. Auch hier stehen *'ahᵃbā* und *ḥæsæd* nebeneinander. Für den durch Zeiten des Abfalls hindurch bewahrten Bund gibt es keinen Grund außer der Liebe Gottes.

Jer 9,23 erinnert an Hos 2,21. Auch hier geht es um Gotteserkenntnis, doch ist die Abfolge der Begriffe geändert. Die Gegenüberstellung menschlichen Selbstbewußtseins (V.22) unterstreicht den Geschenkcharakter. Von denen, die darum wissen, wird eine gleiche Haltung erwartet.

Jer 16,5 sind *ḥæsæd* und *raḥᵃmīm* unter dem Oberbegriff *šālōm* »Friede, Heil« zusammengefaßt. Daß Gott sie fortgenommen hat, bedeutet den Tod. Die Jeremia anbefohlene Askese ist Symbolhandlung; so klingt auch von dieser Seite in *ḥæsæd* der Ton teilnehmender Bereitschaft mit.

4. a) Im Deuteronomium wird das Verhältnis von Bund und Gnade bewußt reflektiert, allerdings ohne daß glatte begriffliche Bestimmungen erreicht würden. Das Wort *ḥǽsæd* kommt außer 5,10 (s.o. IV/2b) nur noch 7,9.12 vor, wo die Gedanken von 5,10, aber auch Ex 34,6 paraphrasiert sind, und zwar so, daß *ḥǽsæd* mit vorangestelltem *bᵉrīt* von *šmr* (s.o. III/3b) abhängt. Die Feststellung, daß *ḥǽsæd* deswegen ein aus dem Bunde resultierendes Verhalten sei (Glueck, a.a.O. 38), ist formal richtig, aber zu eng. Gerade in den älteren Teilen des Dtn ist *bᵉrīt* dem Schwur an die Väter nachgeordnet, also in einem freien Entschluß Jahwes verankert, und trägt selber verheißenden Charakter (G. von Rad, Das Gottesvolk im Dtn, 1929, 69).

Auch hier stellt 7,8 die Liebe Gottes voraus; überhaupt scheint, anders als bei Hosea, *'hb* »lieben« zum Äquivalent für *ḥæsæd* geworden zu sein, auch da, wo es sich um die Liebe des Menschen zu Gott handelt. Es wäre zu fragen, ob die Formel »lieben von ganzem Herzen usw.« (z.B. 6,5; 10,12; 11,13; 13,4; 30,6) nicht auch die in *ḥæsæd* mitklingende Vorbehaltlosigkeit der Hingabe zum Ausdruck bringen soll.

b) Diese Vorstellungen wirken mit manchen Abschwächungen und Einschränkungen in der deuteronomistisch beeinflußten Literatur weiter.

Im Tempelweihgebet 1Kön 8,23 liegt ein Bruch darin, daß *bᵉrīt* V.21 die Verpflichtungsurkunde eines geschichtlichen Bundes ist, was natürlich die Aussage von V.23 ebenfalls einschränkt. In dieser Linie liegt auch die Ersetzung des *næ'ᵉmān* »treu« Dtn 7,9 durch *nōrā'* »furchtbar« in Neh 1,5; 9,32; Dan 9,4.

Hier wäre die Davidverheißung Ps 89,29 einzuordnen. »Mein Bund soll ihm festbleiben« bildet zwar einen eigenen Satz, bleibt aber logisch dem »immerdar will ich ihm meinen *ḥæsæd* bewahren« untergeordnet. Der verheißene Bund steht auf dem Grunde des *ḥæsæd*; auf dessen Ansage V.3 folgt der Bundschluß V.4. Der Charakter der Verheißung erhellt auch V.25.34.40.

Jes 55,3b werden die David zugesagten *ḥᵃsādîm*, die durch die Ereignisse nicht hinfällig geworden sind, als ewiger Bund (uneingeschränkte Verheißung) auf das ganze Volk übertragen. Ebenso ist das Verhältnis zwischen dem ewigen *ḥæsæd* und dem Friedensbund, der nicht hinfallen soll (Jes 54,8.10). Zu den Pluralformen und ihrem Verhältnis zu *raḥᵃmîm* s.o. III/3a.4a; vgl. →*rḥm*. *'anšê ḥæsæd* Jes 57,1 sind soviel wie *ḥᵃsîdîm* (s.u. IV/6).

5. a) In den Psalmen kennzeichnet *ḥǽsæd* zumeist, freilich nicht ausschließlich (s.o. III/6c), ein Verhalten Gottes. Die liturgisch formelhafte Ausdrucksweise erlaubt von vornherein keine scharfe Abgrenzung der Vorstellungen. Der lebendige Gebrauch der Psalmen im Gebet fördert weiterhin Verschleifungen und Weiterführungen der Gedanken. Bezeichnend ist dafür die Verwendung der Formel *ḥǽsæd wæ'ᵉmæt*, die geschlossen vorkommen kann (Ps 25,10; 40,11.12; 57,4; 61,8; 86,15; 115,1; 138,2; mit *'ᵉmûnā*: 89,25; 98,3; in geprägter Formel, doch ohne *'ᵉmæt* 145,8), ebenso häufig aber aufgelöst ist (26,3; 36,6; 57,11; 85,11; 89,34; 92,3; 100,5; vgl. auch Mi 7,20). Da zuweilen beides in einem Psalm nebeneinander vorkommen kann (Ps 57; 89), ist dieser Unterschied kaum grundsätzlich. Die Wahl der dabei verwendeten Verben läßt ziemlich klar erkennen, daß *ḥǽsæd* und *ḥǽsæd wæ'ᵉmæt* nicht mehr so sehr als Offenheit und Bereitschaft Gottes für den Menschen, die sich in Taterweisen äußert, verstanden werden, sondern mehr als eine seiner Eigenschaften.

Der *ḥæsæd* füllt die Erde (33,5; 119,64), ist himmelhoch (36,6; 57,11; 108,5), kommt über den Menschen oder wird groß über ihm (33,22; 86,13; 89,25; 117,2; 119,41), er umgibt den Gottesfürchtigen (32,10), folgt dem Menschen (23,6), sättigt ihn (90,14), ist kostbar (36,8); Gott gebietet ihm (42,9), läßt ihn hören (143,8), nimmt ihn fort (66,20; 77,9). 2Sam 22,51 = Ps 18,51 zeigt noch die alte konventionelle Form mit *'śh*, *ḥæsæd* »erweisen«.

b) Die Entwicklung führt folgerichtig dazu, daß *ḥǽsæd* zur Hypostase wird (so etwa Ps 40,12; 57,4 Zusatz; 61,8; 85,11; 89,15). Das ist zwar im alten Gebrauch von *ḥǽsæd* schon mit angelegt, führt aber doch darüber hinaus und bedeutet eine Einengung des ursprünglich Gemeinten. Diese kommt auch in der Verwendung der Pluralformen von *ḥǽsæd* zum Ausdruck (s.o. III/3a), und damit hängt schließlich die wachsende Bedeutung zusammen, die *ṭûb* in der Verbindung mit *ḥǽsæd* gewinnt (s.o. III/4b).

Vgl. in weiterem Sinne Ps 25,7; 86,5; 109,21; 145,8f., vor allem aber die feste liturgische Formel »denn er ist freundlich, ja seine Güte währet ewig«. Wie sehr diese Entwicklung im Fließen ist, erhellt daraus, daß in ähnlich gelagerten Fällen das *ṭôb* auch fehlen kann (25,6; 89,2.3.29; 103,17; 138,8).

c) Eine strenge Unterscheidung läßt sich indessen nicht durchführen; andere Aussagen sind wieder eher von einer Zuwendung Gottes zu verstehen, so, wenn man auf den *ḥǽsæd* vertraut (Ps 13,6; 52,10), wie man auf Jahwe selbst bzw. seinen Namen vertraut (z.B. 9,11; 33,21), wenn man auf ihn wartet (33,18; 52,10), sich an ihm freut (31,8), ihn besingt, erwägt oder rühmt (48,10; 59,17; 88,12; 92,3; 101,1; 107,8.15.21.31).

Das wird besonders deutlich auch da, wo – gewöhnlich, wenn auch nicht ausschließlich, in den Klageliedern – darum gebeten wird, daß Gott um seines *ḥæsæd* willen oder diesem gemäß handeln möge (s.o. III/3c). In weiterem Sinne gehören dazu auch Ps 21,8; 31,17; 143,12, ebenso die Zusammensetzungen »in / gemäß der Fülle deines *ḥæsæd*« (5,8; 69,14; 106,45; vgl. auch Jes 63,7; Klgl 3,32).

Das, was mit der Anrufung des *ḥæsæd* erbeten wird, ist immer ganz zentral, Rettung und Hilfe, überhaupt Leben im weitesten Sinne. Von besonderer Wichtigkeit ist in diesem Zusammenhang auch die Verbindung mit *slḥ* »vergeben« (s.o. IV/2b).

Schließlich ist auf den Zusammenhang zwischen *ḥæsæd* und den Wundern Gottes hinzuweisen; dabei können beide Begriffe auch in größerem Abstand voneinander vorkommen (Ps 4,4 txt em; 17,7 txt em; 26,3.7; 31,22; 77,9.12; 86,5.10; 88,12.13; 89, 3f.6; 98,1.3; 106,7; 107,8.15.21; 136,1–3.4).

d) Sehr selten, zudem nicht eindeutig, sind die Stellen, die aus diesem Rahmen herausfallen und bei denen *ḥǽsæd* stärker im Verhalten des Empfängers mitverankert ist.

Ps 62,13 »denn du vergiltst einem jeden nach seinem Tun« könnte dieses Nebeneinander im Wesen des Zahlenspruches begründet sein. Wenn Ps 33,18; 103,11.17; 147,11 *ḥæsæd* in Beziehung zur Gottesfurcht steht, zeigt der Kontext, daß diese keine vorausgesetzte Qualifikation ist, sondern allgemeiner Ausdruck der Frömmigkeit und fast identisch mit Gotteserkenntnis (vgl. 36,11). Auffallend bleibt 144, 2. Wenn hier nicht emendiert werden muß (vgl. z.B. Kraus, BK XV,940f.: *ḥosnî* »meine Stärke«), könnte an die menschliche Glaubenshaltung gedacht werden (ähnlich Elbogen, a.a.O. 46: »meine Verheißung, meine Zuversicht«).

6. a) Das Adj. *ḥāsîd*, gewöhnlich mit »treu, fromm« übersetzt, bezeichnet denjenigen, der *ḥǽsæd* übt (zum Vorkommen vor allem in der Psalmensprache s.o. II/2). Die Form ohne folgenden Genetiv (Sing.: Jer 3,12; Mi 7,2; Ps 4,4 txt?; 12,2 txt?; 18,26 = 2Sam 22,26; Ps 32,6; 43,1; 86,2; 145,17; Plur.: Ps 149,1.5) tritt im Gegensatz zu anderen Ausdrücken der Frömmigkeitssprache (z.B. *jāšār*, *tāmîm*), wo sie die Regel ist, bezeichnenderweise zurück (anders H.A. Brongers, NedThT 8, 1954, 282). Die Pronominalsuffixe (1., 2. oder 3.

Pers.) beziehen sich ausnahmslos auf Jahwe; daß nicht von einem *ḥāsīd* Jahwes gesprochen wird, erklärt sich aus dem Gebetscharakter der Belegstellen.

b) Das Adjektiv kann der Nominalform nach ebenso Aktiv- wie Passivbildung sein (BL 470; zum Gewicht der passiven Seite vgl. A. Jepsen, Nabi, 1934, 5), wobei eine exakte Scheidung vermutlich gar nicht möglich ist. Eindeutig aktivisch ist Jer 3, 12: Gott selbst ist *ḥāsīd* (ähnlich Ps 145,17 par. *ṣaddīq* »gerecht«; vgl. die Wendung *rab ḥæsæd*, s. o. IV/2a).

c) Sonst wird *ḥāsīd* ausschließlich dazu verwendet, ein frommes Verhalten von Menschen zu kennzeichnen. Aus dem Sprachgebrauch hat L. Gulkowitsch, Die Entwicklung des Begriffes *ḥāsīd* im AT, 1934, 22, geschlossen, daß *ḥāsīd* seiner Herkunft nach zunächst ein ausgesprochener Kollektivbegriff gewesen sei und Zugehörigkeit zur Jahwegemeinschaft bedeutet habe. Das ist sicher richtig, wenn auch nicht in der Weise, daß *ḥāsīd* ursprünglich ganz neutral war und erst durch eine Ergänzung näher bestimmt werden mußte (a. a. O. 28). Die *ḥᵃsīdīm* sind zwar solche, die sich ihres besonderen Verhältnisses zu Jahwe ganz bewußt sind (Brongers, a. a. O. 291), doch gilt das im Prinzip vom ganzen Volk und erlaubt nicht, an eine vom 8./7. Jh. bis in die Makkabäerzeit fortbestehende abgesonderte Gruppe von kämpferischen Frommen zu denken (so B. D. Eerdmans, OTS 1, 1942, 176–257).

Die enge Gemeinschaft mit Jahwe wird auf verschiedene Art ausgedrückt: Jahwe ist ihnen (Ps 145, 17) bzw. sie sind ihm nahe (148,14); sie beten zu ihm (32,6), vertrauen auf ihn (86,2), lieben ihn (31,24); in ihm freuen sie sich und rühmen ihn (Ps 30,5; 52, 11; 132,9.16; 145,10; 148,14; 149,5; 2Chr 6,41). Jahwe spricht zu ihnen in Gesichten (89,20), vergibt ihnen (32,5), schützt sie (1Sam 2,9; Ps 37,28; 86,2; 97,10; Spr 2,8), errettet sie vom Tode (Ps 16, 10; 116,15; negativ in der Klage 79,2); sie bilden seine Gemeinde (149,1), sein Volk (85,9), sind seine Knechte (79,2; 86,2; vgl. 116,15f.).

Sieht man von den eher allgemein gebrauchten Ausdrücken der Frömmigkeitssprache ab, die parallel zu *ḥāsīd* angewendet werden (»redlich« Ps 97,10; Spr 2,8; »gerecht« Ps 97,10; »treu« Ps 31,24; antithetisch »gottlos« 1 Sam 2,9; Ps 37,28; vgl. 43,1), ist wohl zu sagen, daß eine besondere ethische Qualifizierung des *ḥāsīd* nicht im Blickpunkt steht (Gulkowitsch, a. a. O. 22). *ḥāsīd* sind die, die zur Gemeinde gehören, d. h. im Bereich der hingebenden Gnade Gottes leben (passivisches Moment der Nominalbildung); vgl. *ḥāsīd* neben dem *ḥæsæd* Gottes in Ps 31,8.17.22.24; 32,6.10; 52,10.11; 85,8.9.11; 86,2.5.13. 15; 89,15.20.25.29; 2Chr 6,41.42. Mit der Wiedergabe »Gunstgenosse« (Brongers, a. a. O. 294) scheint die Bedeutung von *ḥāsīd* gut getroffen zu sein.

d) Von daher werden sich auch die Nuancen, die im Begriffe tatsächlich festzustellen sind, erklären. So muß Mi 7,2 von 6,8 her gedeutet werden. Gottes Bereitschaft (*ḥæsæd*) schafft die Vertrauens- und Lebensgrundlage, auf der menschlicher *ḥæsæd* als gleiche Bereitschaft für Gott und Menschen möglich und zu erwarten ist. So wird *ḥāsīd* zum Frommen, der selber *ḥæsæd* betätigt. Es ist nicht nötig, darin eine besondere Ethisierung des Begriffes zu sehen (Gulkowitsch, a. a. O. 22), die sich in den suffixlosen Formen des Adjektivs (s. o. 6a) abzeichne. Einmal fehlen auch bei diesen besondere Kennzeichen, zum andern sind sie wenigstens zum Teil durch den jeweiligen Zusammenhang bedingt.

e) Dieses stärker aktive Moment drückt sich Ps 18,26 = 2Sam 22,26, der einzigen Stelle, wo *ḥsd* hitp. »sich als *ḥāsīd* erweisen« verwendet wird, aus: »gegen den Frommen zeigst du (Jahwe) dich fromm«. Die Haltung eines *ḥāsīd* ist hier als Voraussetzung für Gottes *ḥæsæd* zu vermuten.

f) Es ist verständlich, daß ein religiös so gefüllter Begriff im Laufe der Geschichte eine Einengung erfährt und schließlich eine Gruppe, die »Stillen im Lande« bezeichnet, was zu den Ασιδαῖοι von 1Makk 2,42; 7,13; 2Makk 14,6 führt, die Frömmigkeit und Kampfbereitschaft vereinen (vgl. H. W. Huppenbauer, BHH I,298). Die Übernahme des hebr. Wortes in Transkription zeigt, daß es zu einer Gruppenbezeichnung geworden ist.

V. 1. In den edierten nichtbiblischen Texten von Qumran und der Damaskusschrift zählt Kuhn, Konk. 74f., 58 Vorkommen von *ḥæsæd*, davon 15 in der Sektenregel, 31 in den Lobliedern und 7 in der Kriegsrolle. Hier werden nur die Stellen angemerkt, bei denen sich ein Gebrauch von *ḥæsæd* beobachten läßt, der die schon im AT vorhandenen Ansätze weiterentwickelt hat. Gemessen am AT sind die Pluralformen gegenüber den Singularformen häufiger geworden (32× Plur., 26× Sing.), wobei nicht durchwegs an »Gnadenerweise« gedacht werden muß, sondern bisweilen ein Abstraktplural vorzuliegen scheint (z. B. 1QH 2,23; 4,37; 6, 9; 9,7; 11,18).

Daß *ḥæsæd* sich von seiner ursprünglichen Bedeutung entfernt und an Selbständigkeit verloren hat, zeigt sich da, wo es als attributiver Genetiv zu anderen Substantiven tritt.

Charakteristisch dafür ist *'hbt ḥsd* 1QS 2,24; 5,4. 25; 8,2; 10,26 (auch CD 13,18; vgl. Ph.Hyatt, AThR 24, 1952,232), das sich trotz gleichen Wortlautes syntaktisch wesentlich von Mi 6,8 unterscheidet (P.Wernberg-Møller, The Manual of Discipline, 1957, 57). Es handelt sich in dieser Verbindung um die Haltung, die die Glieder der Gemeinschaft einander gegenüber einnehmen.

Daraus erklärt sich auch *brjt ḥsd* 1QS 1,8 (vgl. auch 1QHf 7,7); gemeint ist ebenfalls die Gemeinschaft als solche. Damit wird die Bedeutung von *ḥæsæd* schwebend, doch steht auf jeden Fall die Bedeutung von *ḥæsæd* als eines Erweises Gottes voran, wie die Dtn 7,9 (vgl. auch CD 19,1) umakzentuierende Formel *hšwmr ḥsd lbrjtw* 1QM 14,4 zeigt. In die gleiche Richtung weist die Formulierung *bnj ḥsd* in 1QH 7,20 und vielleicht noch instruktiver *'bjwnj ḥsd* 1QH 5,22, das doch wohl die Angehörigen des Bundes als begnadete Arme kennzeichnen soll (anders M.Mansoor, The Thanksgiving Hymns, 1961, 135).

2. In der LXX wird *ḥǽsæd* überwiegend durch ἔλεος, *ḥāsīd* durch ὅσιος wiedergegeben. Zum Nachwirken dieser Begriffe im NT vgl. R.Bultmann, Art. ἔλεος, ThW II,474–483; F.Hauck, Art. ὅσιος, ThW V,488–492. *H.J.Stoebe*

חסה *ḥsh* sich bergen

1. Hebr. *ḥsh* »sich bergen« mit der Grundbedeutung »sich verbergen« gehört zu einem nur mäßig gebrauchten Wortstamm, der im Akk. (*ḫesû*, vgl. AHw 342a; CAD H 176f.) »zudecken, verheimlichen«, im Äth. (*ḥasawa*, Dillmann 93) »bedecken, verbergen« bedeutet. Zu den vermuteten arab. und aram. Parallelen vgl. L.Delekat, VT 14, 1964, 28f. (zu arab. *ḫašija* »sich fürchten« auch L.Kopf, VT 8, 1958, 173).

Syr. *ḥasjā* »fromm« mit weiteren Ableitungen zeigt die theologische Verwendungsmöglichkeit an (LS 245; vgl. auch DISO 93: palm. *ḥsj* pa. »weihen«).

Die Wortgruppe hat im AT nur zwei vollwertige Glieder, das lediglich im Qal vorkommende Verbum und das mit m-Präformativ gebildete Nomen *maḥsǣ* »Zuflucht«. Die Abstraktbildung *ḥāsūt* erscheint nur Jes 30,3, parallel zu *mā'ōz* »Zuflucht«, also bedeutungsgleich mit *maḥsǣ*. Die Personennamen *Ḥōsā* (1Chr 16,38; 26,10.11.16) und *Maḥsējā* (»Jahwe ist Zuflucht«, Jer 32,12; 51,59; vgl. Noth, IP 57.62.158) tragen nichts Wesentliches zur Bedeutungsgeschichte bei.

2. Verbum und Nomen haben sich hauptsächlich in der liturgischen Sprache literarisch niedergeschlagen; die Wortstatistik zeigt also eine starke Konzentration der Vorkommen im Psalter: *ḥsh* q. 37× (Ps 25×, Jes 3×), *ḥāsūt* 1× (s.o.), *maḥsǣ* 20× (Ps 12×, Jes 4×), insgesamt 37 von 58 Belegen in Ps.

3. Mit Delekat (a.a.O. 28–31) ist »sich bergen in/bei« als grundlegende Bedeutung des Verbums anzusehen (vgl. Ri 9, 15; Jes 14,32). Das AT kennt eine Fülle von sehr anschaulichen Parallelausdrücken, z.B. →*'ūz* b^e »Zuflucht nehmen bei« (Jes 30,2), →*str* ni. b^e »sich verstecken in« (1Sam 20,5; Jes 28,15), *mlṭ* ni. bzw. →*nūs 'æl* (oder mit folgendem h-locale) »fliehen nach« (Gen 19,17–22; Ex 21,13; Num 35,6.32; 1Sam 22,1), *brḥ 'æl/*l^e »fliehen nach« (1Kön 2,39; Neh 13,10), *pqd* hi. *nǽfæš* b^e*jād* »sich jem. anvertrauen« (Ps 31,6), →*dbq* b^e/*'im* »sich halten an« (Ruth 1,14; 2,8; Dtn 10, 20), *jšb* b^e oder *līn* hitpo. b^e »weilen bei« (Ps 91,1). *ḥsh* ist oft in unmittelbarer Umgebung dieser Redewendungen zu finden, meint also wirklich oder übertragen das Aufsuchen eines geschützten Raumes. *maḥsǣ* bezeichnet bis auf zwei Ausnahmen (Ps 62,8; 73,28), die den Übergang zu einem versubjektivierenden Verständnis erkennen lassen (gegen L.Delekat, Asylie und Schutzorakel, 1967, 211), direkt oder bildhaft den Schlupfwinkel oder das, was Sicherheit gibt (vgl. Jes 4,6; Ps 91,1f.9; 104,18); Synonyma sind u.a. *'ōz/mā'ōz* »Zuflucht« (→*'ūz*), *sētær/mistōr/mistār* »Versteck« (→*str*), *miśgāb* »Burg, Zuflucht«, *miqlāṭ* »Zuflucht, Asyl«.

4. Kultische Texte benutzen das Verbum und das Nomen gerne in bekenntnisartigen Vertrauenskundgebungen, die gleichzeitig den Schutz Jahwes in Anspruch nehmen (a), ferner das Verbum, besonders sein aktives Partizip, zur Beschreibung der Kultgemeinde (b).

(a) Eine Vertrauensformel des Klage- bzw. Vertrauensliedes heißt: b^e*kā ḥāsītī* (*Jhwh*) »ich berge mich bei dir, (Jahwe)«, »ich vertraue (mich) dir (an)«, so in Ps 7, 2; 11,1; 16,1; 25,20; 31,2; 57,2; 71,1; 141,8; vgl. b^e*kā bāṭaḥtī* »auf dich vertraue ich« (→*bṭḥ*). Im hymnischen Kontext heißt es stilgemäß: »auf ihn, Jahwe, vertraue ich« (Ps 18,3; 144,2). Imperfektformen des Verbums in gleicher Funktion finden sich in Ps 57,2; 61,5; die nominale Wendung lautet: »du bist (er ist) mein (unser) *maḥsǣ*« (Ps 46,2; 61,4; 62,8.9; 71,7; 91,2.9; 94, 22; 142,6; vgl. Jes 25,4; Jer 17,17). Nachklänge der Vertrauensformel sind in Jes 28,15 und Jo 4,16 zu erkennen.

(b) Im deskriptiven Gebrauch stellt das Verbum weniger den einzelnen Beter (wie überwiegend in der Vertrauensformel) als vielmehr die schutzbedürftige Gemeinde heraus. Ps 64,11 und Jes 57,13 beziehen *ḥsh bᵉ* auf den Einzelnen; Spr 14,32 weiß, daß der Gerechte sich auf seine Untadeligkeit verlassen kann (l c G *ḥōsǣ bᵉtummō*). In den übrigen Fällen ist es die Vielzahl der *ḥōsīm*, die – parallel zu denen, die Jahwe fürchten (Ps 31,20), die seinen Namen lieben (5,12), die seine Knechte sind (34,23) – in festen Formeln, oft in Segenssprüchen, beschrieben wird (Ps 2,12; 5,12; 17,7; 18,31; 31,20; 34,23; Nah 1,7; Spr 30,5; vgl. den Gebrauch der finiten Verbformen in Ps 34,9; 36,8; 37,40; Zeph 3,12).

ḥsh kann also das Aufsuchen des Schutzbereiches (Heiligtums) meinen; die genauere Angabe »sich bergen unter Jahwes Flügeln« (Ruth 2,12) oder »im Schatten deiner Flügel« (Ps 36,8; 57,2) deutet auf den Kultort (→*kānāf*). Soweit ist Delekat, a.a.O. 209ff., zuzustimmen. Die Vertrauensäußerung meint aber nicht nur die tatsächliche Asylsuche (wer das behauptet, muß den liturgischen Charakter der Psalmen zugunsten einer Inskriptionstheorie aufgeben!), sondern auch die innere Einstellung der betenden Gemeinde. Wer sich bei Jahwe birgt (Ps 61,5; 91,1f.), der eignet sich die Erfahrung von Generationen vor ihm im Gottesdienst an.

Anscheinend hat das syr. Adjektiv *ḥasjā* dieselbe Bedeutungsstufe erreicht. Auch das gr., aus dem Aram. entlehnte 'Εσσαῖοι ('Εσσηνοί) »Essener« setzt den gemeindlichen Gebrauch fort (vgl. K.G. Kuhn, RGG II, 701–703).

5. LXX und NT nehmen die Inhalte von *ḥsh* in mehreren Wörtern auf, tendieren aber zum spirituellen Verständnis: πεποιθέναι »vertrauen«, ἐλπίζειν »hoffen«, σκεπάζεσθαι »Zuflucht suchen« (vgl. R. Bultmann – K.H. Rengstorf, Art. ἐλπίς, ThW II, 515–531; R. Bultmann, Art. πείθω, ThW VI, 1–12; a.a.O. 5: »*ḥsh Zuflucht suchen* schließt also seinem Inhalt nach den Nebensinn des Vertrauens mit ein«). Den lokalen Sinn bringt LXX^{B} in Ri 9,15 heraus. Im Namen (Fremdbezeichnung?!) und in der Ideologie der Essener manifestiert sich der Exklusivanspruch der frommen Gemeinde. *E. Gerstenberger*

חפץ *ḥpṣ* Gefallen haben

1. Die Wurzel *ḥpṣ* ist nur wsem. (phön.: *mḥpṣ*[?], Lidzbarski, KI Nr. 38; *Ḥpṣbʿl* als Eigenname, vgl. Harris 104; altaram.: Sef. III, Z. 8 *kl ḥpsj*, vgl. DISO 94 »tout ce que je désire«, Fitzmyer, Sef. 97.112 »any of my business«; syr.: *ḥpṭ* »sich bemühen«, LS 249f.; arab. *ḥafiẓa* »bewahren«, vgl. HAL 326a) und im AT nur hebr. belegt. Für die Etymologie verweist L. Kopf, VT 8, 1958, 173, auf arab. *ḥafiẓa* »bewahren, hüten«.

Vom Verbum, das nur im Qal erscheint, sind zwei Nominalformen abgeleitet: das als Part. bzw. als Verbaladjektiv dienende *ḥāfēṣ* »Gefallen habend« und das Verbalabstraktum *ḥḗfæṣ* »Gefallen, Wunsch; Angelegenheit«.

Eine zweite Wurzel *ḥpṣ* ist in Hi 40,17 belegt: »hängen lassen(?)«, vgl. arab. *ḥafaḍa* »erniedrigen« (HAL 326b).

2. Das Verbum findet sich im AT 86×, wenn man mit Mand. die Stellen mit dem Part. *ḥāfēṣ* (nach Lis. 12×) hinzurechnet (Ps 18+6×, inkl. 111,2 mit Lis. und HAL 326b, während Mand. unter *ḥḗfæṣ* einreiht; Jes 12×, übrige Propheten 8+1×, Est 7×); das Verbalabstraktum *ḥḗfæṣ* begegnet 39×, dazu 2× als Glied des fem. Personennamens *Ḥæfṣī-bāh* (»ich habe Gefallen an ihr«, 2Kön 21,1 und als Symbolname Jes 62,4, vgl. Noth, IP 223).

3. a) Im profanen Sprachbereich drückt das Verbum mit persönlichem Objekt (immer mit *bᵉ*) die Zuneigung eines Menschen zum anderen aus (Gen 34,19; 1Sam 19,1; 2Sam 20,11), besonders die Gunst eines rechtlich oder gesellschaftlich Höhergestellten zu einem von ihm irgendwie Abhängigen (Dtn 21,14; 1Sam 18,22; Est 2,14).

Das Sachobjekt kann mit *bᵉ* eingeleitet werden oder als Objektsakkusativ stehen. Im ersteren Falle finden sich sowohl Konkreta (Jes 13,17; Ps 73,25) wie Abstrakta (Jes 66,3; Ps 109,17; Spr 18,2; Est 6,6.7. 9.9.11). Als direkte Sachobjekte kommen nur Abstrakta vor (Hos 6,6; Ps 68,31; Hi 21,14).

Der eigentliche Sinn tritt mit größerer Schärfe hervor durch einen Vergleich mit sinnähnlichen Vokabeln, vor allem →*rṣh* und →*'hb*. Die Grenzlinien zwischen *ḥpṣ* und *rṣh* sind zwar nicht immer scharf. Die beiden Vokabeln werden weithin synonym gebraucht (Ps 147,10 parallel). Sie haben aber je ihre eigene Sinnerweiterung in verschiedener Richtung durchgemacht. Während *rṣh* als kultischer Fachausdruck zur Deklarierung des Opfers als »wohlgefällig« in Anspruch genommen wurde (R. Rendtorff, Die Gesetze in der Priesterschrift, 1954, 74f.; E. Würthwein, ThLZ 72, 1947, 147f.), ist der Sinn von *ḥpṣ* durch Abschwächung des emotionellen Elementes in die Richtung von »wollen, Interesse haben« verschoben worden (Jes 55,11; Jon 1,14; Ps 115,3; Hhld 2,7; Pred 8,3). Nicht selten wird *ḥpṣ* von einem Inf. begleitet und somit als bloßes Hilfsverbum gebraucht (Dtn 25,8; Ri 13,23; 1Sam 2, 25). Entsprechend wird das Subst. *ḥéfæṣ* im abgeschwächten Sinn von »Angelegenheit, Geschäft« gebraucht (Jes 58,3.13; Pred 3,1.17; 5,7 und mehrmals in den Qumrantexten); zur Verwendung von *ḥéfæṣ* in Pred vgl. W.E. Staples, JNES 24, 1965, 113–115: »business or facts« des Lebens; vgl. ferner G. Rinaldi, BeO 9, 1967, 48; Wagner Nr. 109.

Von *'hb* unterscheidet sich *ḥpṣ* vor allem dadurch, daß bei »Gefallen haben« eine gewisse Niveaudifferenz zwischen Subjekt und Objekt zum Ausdruck kommt – es handelt sich zumeist um die Zuneigung von seiten eines Höhergestellten –, die bei »lieben« völlig fehlt; vgl. z.B. die Erzählung von David am Hofe Sauls, wo die Güte Sauls gegenüber David mit *ḥpṣ* ausgedrückt wird (1Sam 18,22), während für die Zuneigung zu David von seiten Jonathans (18,1), des Volkes (18,16) und Michals (18,20) *'hb* steht.

b) Ein ähnliches Bild ergibt sich auch bei einem Vergleich zwischen den beiden sinnverwandten Substantiven *ḥéfæṣ* und *ḥēn* (→*ḥnn*). Das letztere hat den passivischen Sinn »Beliebtheit« und erscheint meist als Objekt, und zwar in verbalen Verbindungen, die eine Begünstigung von außen her ausdrücken, vor allem als Objekt zu *mṣ'* »finden«. Bei *ḥéfæṣ* dagegen handelt es sich primär um eine nach außen gerichtete aktive Bezeigung. Als Objekt steht *ḥéfæṣ* nur selten, und bloß bei Verben des Tuns und Gebens (1Kön 5,22f.; 10,13 = 2Chr 9,12; Jes 46,10; 48,14).

Zunächst bezeichnet *ḥéfæṣ* ein subjektives Gefühl: das Gefallen als seelische Haltung. Dies ist immer der Fall, wenn *ḥéfæṣ* von einer Präposition (*bᵉ* oder *lᵉ*) begleitet wird. Folgt aber keine Präposition, so ist der Sinn fast immer in objektivierende Richtung verschoben, und zwar dadurch, daß eine Vertauschung des Gefühlsmomentes mit dem zugehörigen Objekt stattfindet. Statt eine Gesinnung, die gefällige Zuneigung auszudrücken, bezeichnet *ḥéfæṣ* dann den Gegenstand des Gefallens, »was jemandem gefällt, Reiz« (2Sam 23,5; 1Kön 5,24; 9,11; 10,13; Ps 107,30; Hi 31,16); vgl. akk. *migru* »das Willfahren, die Gunst« > »Gegenstand der Gunst, Günstling« (für weitere Beispiele vgl. W. Eilers, Zur Funktion von Nominalformen, WdO III/2, 1964, 126).

In Spr 3,15; 8,11, wo *ḥéfæṣ* (Plur., par. *pᵉnīnīm* »Korallen«) offenbar einen Schmuckgegenstand bezeichnet, liegt eine ganz spezielle Objektivierung und Konkretisierung vor. Wahrscheinlich ist der Ausdruck als eine abgekürzte Redeweise für *'abnē ḥéfæṣ* »kostbare Edelsteine« zu erklären (so Jes 54,12; Sir 45,11; 1QM 5,6.9. 14; 12,13); vgl. die ähnlichen Ausdrücke *'æræṣ/dibrē ḥéfæṣ* »Land/Worte, die Freude bereiten« (Mal 3,12; Pred 12,10) und *kᵉlī 'ēn ḥéfæṣ bō* »Gefäß, das niemand gefällt« (Jer 22,28; 48,38; Hos 8,8).

4. Da »Gefallen« zumeist eine Bezeigung von seiten eines Höhergestellten zum Niedrigeren meint, ist es natürlich, daß die Vokabel in der theologischen Sprache, und zwar in Aussagen mit Gott als Subjekt, häufig erscheint. Jedoch werden weder das Verbum noch die Nominalformen als theologisch verfestigte Begriffe gebraucht. Als direktes Objekt des göttlichen Gefallens finden sich folgende Dinge und Abstraktionen: Blut, Opfer, Liebe, Weg des Frommen, Wahrheit; mit *bᵉ* eingeleitete Objekte: der Fromme, Israel, Zion, Leben, Tod, Stärke des Rosses. Als einzige mit Namen genannte Personen stehen als Objekte des göttlichen Gefallens Salomo (1Kön 10,9 = 2Chr 9,8) und David (2Sam 15,26).

Das menschliche »Gefallen« kann (im Unterschied zu *'hb*) nie Gott/Jahwe zum Gegenstand haben, hingegen das »Wort Jahwes« (Jer 6,10), seine »Gebote« (Ps 112,1; 119,35), ferner »Kenntnis von seinem Wege« (Jes 58,2; Hi 21,14), »Einsicht« (Spr 18,2), »Segen« (Ps 109,17), »Nahen zu Gott« (Jes 58,2).

5. Sowohl das Verbum wie das Substantiv erscheinen in den Qumranschriften (5 bzw. 13 Belege nach Kuhn, Konk. 75), treten aber hinter dem viel häufigeren *rṣh/rāṣōn* weit zurück. Das ntl. εὐδοκεῖν knüpft vor allem an *rṣh* an (vgl. G. Schrenk, Art. εὐδοκέω, ThW II,736–748).

G. Gerleman

חקק *ḥqq* einritzen, festsetzen

1. Die Wurzel *ḥqq* begegnet außer im AT auch in der altaram. Inschrift der Hadad-Statue aus Zincirli (8. Jh. v. Chr.; KAI Nr. 214, Z. 34 »du wirst schreiben(?)«, vgl. Friedrich 158), im Phön. (DISO 95), ferner mittelhebr., jüd.-aram., syr., arab. und äth. (HAL 333b; R. Hentschke, Satzung und Setzender, 1963, 21f.).

Neben ḥqq q. tritt im AT (und mittelhebr.) die Nebenform ḥqh auf (pu.: 1Kön 6,35; Ez 8,10; 23,14; hitp.: Hi 13,27). Das Part. des das Pi. ersetzenden Po. (*meḥōqēq*) ist zum selbständigen Substantiv geworden (»einer, der einritzt« oder »etwas, das einritzt«). Das mask. Subst. *ḥōq* ist substantivierter Inf. von ḥqq q. (BL 455); das davon abgeleitete Fem. *ḥuqqā* ist wohl in Analogie zu den Feminina *tōrā*, *miṣwā* relativ spät gebildet (K. Albrecht, ZAW 16, 1896, 98; Liedke, s.u., 176).

2. Im AT steht das Verbum *ḥqq* 12× (q. 9×, pu., ho. und po. je 1×), die Nebenform *ḥqh* 4× (s.o.). Bei den Substantiven kommen *meḥōqēq* 7×, *ḥōq* 129× (Ps 30×, davon 21× in Ps 119; Dtn 21×, Lev 11×), *ḥuqqā* 104× vor (Lev 26×, davon 23× im Heiligkeitsgesetz; Ez 22×, Num 14×; vgl. Hentschke, a.a.O. 113 Anm. 3; Elliger, HAT 4, 223 Anm. 15; 236f.).

Zu Konjekturvorschlägen s. HAL 333; Ri 5,15; Zeph 2,2; Ps 74,11; Hi 23,12 sind mit Sicherheit zu emendieren.

3. a) Das Verbum *ḥqq* (*ḥqh*) entwickelt sich von seiner anschaulichen Grundbedeutung »aushauen, einritzen, eingraben« einerseits zu »aufzeichnen, schreiben«, andererseits zu »festsetzen, bestimmen« (→*j'd* 3d).

Vgl. hierzu und zum Ganzen folgende Literatur: R. Hentschke, Satzung und Setzender, 1963 (ausführlichste Untersuchung); J. van der Ploeg, Studies in Hebrew Law, CBQ 12, 1950, 250–252; S. Mowinckel, The Hebrew Equivalent of Taxo in Ass. Mos. IX, SVT 1, 1953, 88–96; Z.W. Falk, Hebrew Legal Terms, JSS 5, 1960, 350–354; P. Victor, A Note on *ḥōq* in the O.T., VT 16, 1966, 358–361; G. Liedke, Gestalt und Bezeichnung atl. Rechtssätze, 1971, 154ff.

Die anschauliche Bedeutung ist an folgenden Stellen noch greifbar: in Jes 22,16 wird das Aushauen eines Grabes aus dem Felsen mit *ḥqq* bezeichnet (par. zu *ḥṣb*); in Ez 4,1 das Einritzen des Grundrisses Jerusalems in einen Ziegelstein (vgl. dazu A. Jeremias, Das AT im Lichte des Alten Orients, ³1916, 617.621, Bauplan einer Stadt in Ton geritzt); in Jes 49,16 das Eintätowieren des Namens der Geliebten in die Hand des Liebhabers (P. Volz, Jesaja II, 1932, 102); in 1Kön 6,35b; Ez 8,10; 23,14 bezeichnet das Part.pu. *meḥuqqǣ* »Eingeschnitztes, Ritzzeichnungen«; in Hi 13,27 wird die Spurensicherung als ein Auf-den-Boden-Zeichnen von Umrißlinien um die Stellen, wo Hiobs Füße stehen, beschrieben (Horst, BK XVI,205). Parallel zu *ktb* »schreiben« findet sich *ḥqq* in Jes 10,1; 30,8; Hi 19,23 (ho.). Während es in Hi 19,23 das Einmeißeln einer Inschrift in den Felsen (mit Fohrer, KAT XVI,317), also mehr den technischen Aspekt von Schreiben bezeichnet, ist *ḥqq* in Jes 30,8 »in ein →*sēfær* (vielleicht eine Lederrolle) verzeichnen« wohl synonym mit *ktb*. In Jes 10,1 spielt das »Satzungen des Unheils aufzeichnen« schon zur Bed. »festsetzen, bestimmen« hinüber.

Das Part. q. *ḥōqēq* ist hier und in Ri 5,9 kaum als Titel eines amphiktyonischen Amtes zu verstehen (gegen Hentschke, a.a.O. 11ff.).

Spr 8,15 (po.) und 31,5 (pu.) weisen wie Jes 10,1 in den Bereich des Rechts; *ḥqq* meint hier »Recht festsetzen, regieren«. Auch in Ri 5,9 gibt man *ḥqq* am besten mit »(über Israel) bestimmen« wieder. Jes 10, 1; Spr 8,15; Ri 5,9; Hi 13,27 zeigen, daß die Subjekte von *ḥqq* Autoritäten sind; *ḥqq* kann also die hoheitliche Festsetzung eines Herrn gegenüber seinen Untergebenen bezeichnen.

b) Meist in alten poetischen Texten findet sich *meḥōqēq*, zunächst sächlich als »Stab, Szepter« in Num 21,18 (Brunnenlied) und Gen 49,10 (Jakobssegen). Diese Stäbe der »Fürsten« (*śārīm*, *nedībīm*) oder des Königs sind Zeichen der Autorität und Würde; sie spielen beim Rechtsprechen eine Rolle (vgl. Ilias XVIII,503ff.; Abbildung eines solchen Stabes auf einer äg. Wandmalerei in L.H. Grollenberg, Bildatlas zur Bibel, 1957, 38 Abb. 121). Aus der Bezeichnung des Kommandostabes wird (pars pro toto) die Bezeichnung des Stabträgers, des »Führers, Gebieters«: Ri 5,14 (Deboralied); Dtn 33,21 (Mosesegen).

Die Möglichkeit, daß *meḥōqēq* in einer bestimmten Zeit oder Schicht des AT als Titel eines Amtes in der »Selbstverwaltung der Lokalverbände« verstanden wurde, ist nicht völlig abzuweisen, aber doch recht schwach (gegen Hentschke, a.a.O. 11ff.). In Dtn 33,21 kann auch Part. pu. *meḥuqqāq* »festgesetzt, bestimmt« gelesen werden (vgl. Spr 31,5; HAL 334a).

Sicher ist, daß *meḥōqēq* ein Wort aus der Sphäre des Herrschens und Regierens ist, das entweder Instrument oder Person des Herrschenden bezeichnet.

c) Die anschaulichste Bedeutung von *ḥōq* findet sich da, wo *ḥōq* als »Eingeritztes = begrenzende Linie« zu verstehen ist. In Jer 5,22; Hi 38,10; Spr 8,29a ist *ḥōq* die dem Meere gesetzte Grenze, die nicht überschritten werden darf (*'br*); in Ps 148, 6 ist es die Grenze des Himmelsozeans. Mi 7,11b verheißt Zion die Vergrößerung seines Gebietes mit den Worten »deine Grenzlinie (*ḥōq*) wird entfernt sein«. In Jes 5,14 wird von dem Scheol-Ungeheuer gesagt, es reisse seinen Rachen auf ohne *ḥōq*, d.h. so, daß keine Umrißlinie mehr zu sehen ist, grenzenlos.

Von *gebūl* »Grenze« ist *ḥōq* darin unterschieden, daß *gebūl* (ursprünglich »Bergrücken«) die »natürliche Grenze« bezeichnet, während *ḥōq* als eingeritzte Linie die »künstlich festgesetzte Grenze« ist.

Wenn in Ez 16,27 von der Verkürzung (*gr'*) des *ḥōq* Jerusalems die Rede ist und damit die Verkleinerung seines Territoriums gemeint ist (vgl. O.Eissfeldt, PJB 27, 1931, 58ff.), so zeigt sich, daß bei *ḥōq* wie bei *gebūl* und lat. finis, gr. ὅριον, dt. »Mark« die Bezeichnung der Grenze auf die durch sie begrenzte Fläche übergeht. In derselben Linie liegt die Verwendung von *ḥōq* in Ez 45,14 für eine »abgemessene Menge von Öl«, für »bestimmte Getreidemenge« in Gen 47,22 (Liedke, a.a.O. 165f.), für das »Arbeitssoll« in Ex 5,14 (Noth, ATD 5,35) und Spr 31,15. In Hi 14,5.13; 23,14; Spr 30,8 ist *ḥōq* am besten auf die »(von Gott) festgesetzte und begrenzte Lebenszeit« des Menschen zu beziehen.

In Ps 148,6 bezieht sich *ḥōq* nicht nur auf den Himmelsozean, sondern auf die Himmel der Himmel (V. 4), die Gestirne (V. 3), die Boten und das Heer Jahwes (V. 2). Diese Reihe zeigt, wie *ḥōq* sich von seiner anschaulichen Bedeutung löst und die Bed. »festgesetzte Ordnung« annimmt (vgl. auch Hi 28,26). Auch in Gen 47,26 ist *ḥōq* wohl als »Ordnung« zu verstehen; sicher in Ri 11,39b und 2Chr 35,25b.

Beachtet man, wer den *ḥōq* setzt (Pharao, Treiber des Pharao, Herrin des Hauses, Joseph als Vezir, Jahwe) und wen der *ḥōq* betrifft (die äg. Priester, die Aufseher der Israeliten, die Mägde, die Ägypter, Hiob, Jerusalem, das Meer u.a.), so ergibt sich: *ḥōq* ist die Grenzlinie, die der Herrscher seinem Untergebenen vorzeichnet und bis zu der der Untergebene sich vorwagen darf oder bis zu der er herankommen soll, die er aber nicht überschreiten darf.

Als charakteristische Verben finden sich bei *ḥōq*: *śīm* (Jer 5,22; Spr 8,29), →*ntn* (Ps 148,6; Spr 31,15), →*'śh* (Hi 28,26), jeweils in der Bed. »setzen, geben«. Genetive nach *ḥōq* bezeichnen meist die setzende Autorität.

Wie *mišpāṭ* (→*špṭ*) den »kasuistischen Rechtssatz« (Alt, KS I,278–332) bezeichnet, so ist auch zu erwarten, daß *ḥōq* eine bestimmte Gattung bezeichnet, denn Grenze und Ordnung müssen in vielen Fällen durch Rede in bestimmter Form festgesetzt werden. Eine Untersuchung der Rechtssätze im AT ergibt, daß der »apodiktische Rechtssatz« (R.Hentschke, Erwägungen zur isr. Rechtsgeschichte, Theologia Viatorum 10, 1966, 108–133; Liedke, a.a.O. 101ff.; Alt zählte diese Form zum »apodiktischen Recht«, unterschied sie aber nicht von den »Geboten«; Beispiel: Ex 21,12) genau denselben sozialen Kontext (Herrscher-Untergebener) hat (vgl. Gen 26,11). Es liegt nahe, in *ḥōq* die ursprüngliche Bezeichnung dieses Rechtssatztyps zu sehen (J.Morgenstern, HUCA 7, 1930, 27; Liedke, a.a.O. 177ff.). Die atl. Rechtssätze sind aber in einem Stadium fixiert, in dem die verschiedenen Termini *ḥōq*, *mišpāṭ*, *tōrā* und *miṣwā* völlig synonym Bezeichnungen des Jahwerechtes geworden sind (s.u. 4d; nur in Lev 18,3.30; 20,23 ist von den *ḥuqqōt* der Ägypter, Kanaanäer, der Völker die Rede).

d) *ḥuqqā* findet sich nur in übertragener Bedeutung; in Jer 5,24b; 33,25; Hi 38,33 als »Ordnung(en)«, sonst als Bezeichnung von Rechtssätzen und Geboten (vgl. 1Kön 3,3 *ḥuqqōt* Davids; Mi 6,16 *ḥuqqōt* Omris; 2Kön 17,8 *ḥuqqōt* der Völker).

4. a) Theologisch gebraucht findet sich *ḥqq* bzw. *ḥōq*/*ḥuqqā* zunächst in einer Reihe von Beschreibungen des göttlichen Schöpferhandelns im AT. In Spr 8,27 rühmt sich die Weisheit, sie sei dabeigewesen, als Gott »auf der Oberfläche der Tiefe einen Kreis einzeichnete (*ḥqq*)«. Vom göttlichen Einzeichnen dieses Kreises, des Horizontes, ist auch Hi 26,10 die Rede (mit den Kommentaren ist *ḥāqaq* zu lesen). In Jer 5, 22; Hi 38,10; Spr 8,29a ist *ḥōq* die Grenze, die Gott dem Meer setzt. Diese Schöpfungsbeschreibungen sind einem bestimmten Typ des Redens von der Schöpfung zuzuordnen: der Schöpfung durch Sonderung oder Scheidung (Westermann, BK I,46–48). Der von Gott eingeritzte *ḥōq* scheidet den Himmelsozean und die Erde (Spr 8,27; Hi 26,10; Ps 148,6; vgl. Gen 1,6–7), das Meer vom Festland (Spr 8, 27; Jer 5,22; Hi 38,10; vgl. Gen 1,9–10). In Jer 31,35 (mit den Kommentaren ist *ḥōqēq* zu lesen) findet sich *ḥqq* auch in übertragener Bedeutung in einer Schöpfungsbeschreibung: »der Mond und Sterne zum Erleuchten der Nacht bestimmte«. Auch in Jer 31,36 und Hi 28,26 bedeutet *ḥōq* bzw. *ḥuqqīm* »Ordnung(en)«; in Jer 5, 24b; 33,25; Hi 38,33 bezeichnet *ḥuqqōt* ebenfalls von Gott gesetzte (Natur-)Ordnungen.

meḥōqēq ist in Ps 60,9 = 108,9 der (Königs-)Stab Jahwes, in Jes 33,22 neben *mælæk* »König« und *šōfēṭ* »Richter« Titel Jahwes.

b) Vom *ḥōq*, den Gott dem Menschen setzt, ist in Hi 14,5.13; 23,14; Spr 30,8 die Rede. Ist an diesen Stellen noch die anschauliche Bed. »begrenzte Zeit« in Anschlag zu bringen, so findet sich in Ps 2,7; 94,20; 105,10f.; Jes 24,5b *ḥōq* als »Ordnung Jahwes« in gänzlich übertragenem

Sinn. Dabei zeigt sich, daß *ḥōq* als »Ordnung« nicht nur die Verpflichtung des Untergeordneten bezeichnet, die sich aus einer von Gott gesetzten Ordnung ergibt (Jes 24,5b; vgl. Jer 31,36; Hi 28,26), sondern auch Verheißung, Verpflichtung Gottes beinhalten kann; siehe Ps 105,10f. = 1Chr 16,17f., wo die Landverheißung an die Erzväter →*berīt* und *ḥōq* genannt wird. Auch der umstrittene Text Ps 2,7 (s. zuletzt G.H. Jones, »The Decree of Yahweh«, VT 15, 1965, 336–344) ist so zu verstehen: nach G. von Rad, Das judäische Königsritual, ThLZ 72, 1947, 211–216 = GesStud 205–213, meint *ḥōq* hier den Inhalt des Königsprotokolls, das Jahwe dem König Judas bei der Krönung übergibt; die »Ordnung«, die Jahwe damit errichtet, ist die Adoption des Königs zum Sohn Jahwes; sie ist Verheißung (Ps 2,7b–9; 2Sam 7) und Verpflichtung für den König.

c) In der priesterschriftlichen Formel *ḥoq-ʿōlām* (meist mit dem Zusatz »für Aaron und seine Söhne«) ist *ḥōq* als terminus technicus zur Bezeichnung des Priesteranteils beim Opfer verwendet (Ex 29,28; 30,21; Lev 6,11; 7,34; 10,15; Num 18,8.11.19; vgl. Lev 6,15; 10,13f. und 24,9 [H]; Hentschke, a.a.O. 33ff.). Diese noch anschauliche Verwendung von *ḥōq* ist mit *ḥōq* in Gen 47,22 zu vergleichen.

Die entsprechende, in P und H begegnende Formel *ḥuqqat-ʿōlām* (meist mit dem Zusatz »für eure Geschlechter«) ist eine reine Abschluß- und Einleitungsformel nach oder vor Kultbestimmungen (P: Ex 12,14.17; 27,21; 28,43; 29,9; Lev 3,17; 7,36; 10,9; 16,29.31.34; Num 10,8; 15, 15; 18,23; 19,10.21; H: Lev 17,7; 23,14. 21.31.41; 24,3; vgl. Ez 46,14; Hentschke, a.a.O. 42ff.64f.); die Formel stellt die unbedingte, ewige Gültigkeit der betreffenden Anordnung fest; *ḥuqqā* bedeutet in ihr »Kultordnung, Gesetz«. Ebenso in »*ḥuqqā* des Passa« (Ex 12,43; Num 9,12.14); auch in Num 9,3.14; 15,15.

In dem Ausdruck *ḥuqqat mišpāṭ* (Num 27,11; 35,29) kennzeichnet *ḥuqqā* die göttliche Autorität, *mišpāṭ* den Anwendungsbereich (bürgerliches Recht) der Bestimmung (Hentschke, a.a.O. 46ff.). Der Ausdruck *ḥuqqat hattōrā* (Num 19,2; 31,21) ist ein Pleonasmus, der die Konkurrenz von *tōrā* und *ḥuqqā* in den P-Texten dokumentiert. *ḥuqqā* hat in P »grundsätzlich den gleichen Anwendungsbereich« wie →*tōrā* (R. Rendtorff, Die Gesetze in der Priesterschrift, [2]1963, 73f.), beide Begriffe sind weitgehend synonym.

d) Im Dtn, beim Dtr., Chr., in H und Ez begegnen *ḥōq* und *ḥuqqā* meist im Plural in Reihungen mit anderen Termini für Gebot und Gesetz. Alle Termini sind völlig nivelliert und bezeichnen synonym das Ganze oder Teile der Anordnungen und Gebote Jahwes. Für Dtn ist die Zusammenstellung *ḥuqqīm/mišpāṭīm* charakteristisch (Dtn 4,1.5.8.14.45; 5,1.31; 6,1.20; 7,11; 11,32; 12,1; 26,16.17; vgl. N. Lohfink, Das Hauptgebot, 1963, 54–58); sie spiegelt vielleicht noch das Zusammenfließen einer jahwegebundenen und einer Jahwe fernerstehenden Rechtstradition (F. Horst, Das Privilegrecht Jahwes, 1930, 120 = Gottes Recht, 1961, 150). Auch die Reihung *ḥuqqōt/miṣwōt* (Dtn 6,2; 8,11; 10, 13; 11,1; 28,15.45; 30,16; vgl. Gen 26,5) kennzeichnet den Rahmen des Dtn. Beim Dtr. begegnen die Termini *ḥuqqīm/ḥuqqōt/ mišpāṭīm/miṣwōt* in fast jeder möglichen Kombination (Dtn 30,10; 1Kön 2,3; 3, 14; 6,12; 8,58; 9,4.6; 11,33f.38; 2Kön 17,13.15.19.34.37; 23,3). Der Chr., der in den Bezeichnungen für das Gesetz stark nach dem Dtn hin tendiert (G. von Rad, Das Geschichtsbild des chronistischen Werkes, 1930, 41ff.), bevorzugt wieder *ḥuqqīm/mišpāṭīm* (Neh 1,7; 9,13; 10,30; 1Chr 22,13; 2Chr 7,17; 19,10; 33,8). Für H und Ez ist das Paar *ḥuqqōt/mišpāṭīm* typisch (H: Lev 18,4.5.26; 19,37; 20,22; 25,18; 26,14f.43; Ez: Ez 5,6f.; 11,20; 18, 9.17; 20,11.13.16.19; 37,24; 44,24; Zimmerli, BK XIII,133f.). In Ps 119 gehört *ḥuqqīm* zu den Wechselwörtern für »Gesetz« bzw. «Wort Gottes« (Kraus, BK XV, 819).

In Ex 15,25b; Jos 24,25b; 1Sam 30,25b; Ps 81,5f.; Esr 7,10b stehen die Singulare *ḥōq* und *mišpāṭ* nebeneinander. Während Esr 7,10b Nachahmung von Jos 24,25b ist und aus Ps 81,5f. kein prägnanter Sinn beider Termini zu eruieren ist, ist in 1Sam 30,25b; Jos 24,25b und Ex 15,25b ein Verständnis als »begrenzende Ordnung (*ḥōq*) und Rechtsanspruch (*mišpāṭ*, →*špṭ*)« zu erwägen (Liedke, a.a.O. 180ff.).

5. In den Qumrantexten werden *ḥōq* und *ḥuqqā* im Sinne von 4d verwendet (M. Delcor, Contribution à l'étude de la législation des sectaires de Damas et de Qumran, RB 61, 1954, 539–541; W. Nauck, Lex insculpta in der Sektenschrift, ZNW 46, 1955; 138–140; K. Baltzer, Das Bundesformular, 1960, 116f.123 Anm. 4); CD 6,3ff. nützt die Doppeldeutigkeit von *meḥōqēq* zu einer allegorischen Exegese des *meḥōqēq* in Num 21,18 auf eine Person (»der, der das Gesetz erforscht«), vgl. Mowinckel, a.a.O. 92f.; O. Eißfeldt, Einleitung in das AT, [3]1964, 883; M. Delcor, RB 62, 1955, 60–66.

Zur Wiedergabe von *ḥōq/ḥuqqā* in der LXX und zum NT vgl. Hentschke, a.a.O. 103ff. und G. Quell – G. Schrenk, Art.

δίκη, ThW II, 176–229, spez. 223–225; G. Delling, Art. τάσσω (προστάσσω), ThW VIII, 27–49, spez. 38f.; H. Kleinknecht – W. Gutbrod, Art. νόμος, ThW IV, 1016–1084, spez. 1081f. *G. Liedke*

חרה *ḥrh* entbrennen

1. Die Wurzel *ḥrh* ist in Parallele zu *ḥrr* »heiß sein, brennen« zu sehen; sie ist aber im Unterschied zu *ḥrr* (vgl. AHw 238b; WUS Nr. 973) nicht gemeinsemitisch, sondern außer im Hebr. nur im Aram. stärker entwickelt (arab. *ḥarwat* »Brennen, Zornglut«, Wehr 156a).

Die ältesten aram. Belege sind KAI Nr. 214, Z. 23 »und Hadad soll Zorn (*ḥr'*) ausgießen« (par. *rgz* »Zorn«), und KAI Nr. 223 B, Z. 12 »am Tage des Zornes (*ḥrn*)«; vgl. weiter HAL 337.

Das Verbum begegnet im Qal, Ni. (Part. in Jes 41,11 und 45,24; Hhld 1,6 gehört nach GK §75 x; Bergstr. II, 111; BL 424 hierher, nach G. R. Driver, JThSt 34, 1937, 380f. und KBL 609b zu *nḥr* pi. »schnauben«), Hi. (Hi 19,11 und Neh 3, 20 in angefochtenem Text), Hitp. und zweimal in Formen mit t-Präformativ (in der Bed. »wetteifern« Jer 12,5; 22,15; nach GK §55h Tif'el; nach J. Blau, VT 7, 1957, 385–388, Hitaf'el; nach Barth 279; Meyer II, 127; HAL 337b: denominiert von *taḥarā* »Streit« Sir 40,5). Dazu kommen die Subst. *ḥorī* »Entbrennen (des Zorns)« und *ḥārōn* »(Zorn-)Glut« (zur Nominalbildung vgl. BL 460f. bzw. 499).

2. Das Verbum begegnet 93× im AT, und zwar 82× im Qal (Gen und Num je 11×, 2Sam 8×, Ri und 1Sam je 7×, Ex 6×, Dtn und Hi je 5×, Jon 4× usw., überwiegend in erzählenden Texten), 4× im Hitp. (Ps 37,1.7.8; Spr 24,19), 3× im Ni. (s.o. 1), je 2× im Hi. und Tif. (s.o. 1). *ḥārōn* kommt 41× vor (Jer 9×, Ps 6×, 2Chr 4×, sonst unter 3×), *ḥorī* 6× (Ex 11, 8; Dtn 29,23; 1Sam 20,34; Jes 7,4; Klgl 2,3; 2Chr 25,10).

Die Qal-Stellen betreffen je zur Hälfte den menschlichen und den göttlichen Zorn, die übrigen Verbalformen mit Ausnahme von Hi 19,11 hi. den menschlichen, *ḥārōn* immer den göttlichen, *ḥorī* mit Ausnahme von Dtn 29,23 und Klgl 2,3 den menschlichen Zorn.

3. Sowohl das Verbum als auch die Substantive der Wurzel *ḥrh* werden nur übertragen im psychischen Bereich verwendet. Im Qal ist in zwei Dritteln aller Vorkommen *'af* »Zorn« Subjekt (in Hab 3,8 ist Jahwe nicht Subjekt, sondern Vokativ, vgl. W. F. Albright, FS Robinson 1950, 12); hier bedeutet *ḥrh* »entbrennen« (z. B. Gen 44, 18 »dein Zorn entbrenne nicht über deinen Knecht«), wobei das Zurückgehen auf die Grundbedeutung beider Vokabeln (KBL 331b = HAL 337b: seine Nase wurde heiß) nicht gefordert ist. In den übrigen Fällen wird das Verbum ohne das Subjekt *'af* konstruiert. Es entsteht dann die Breviloquenz »es entbrennt ihm (der Zorn)« = »er zürnt« (z. B. Gen 4,5.6). Statt der Präposition *le* steht in Gen 31,35 und 45,5 *be'ēnāw* »in seinen Augen«. Das Objekt oder der Grund des Zornes wird meistens mit *be* eingeführt, selten mit *'æl* (Num 24,10) oder *'al* (2Sam 3,8; Sach 10,3).

Zu den Stammformen hi. »entbrennen lassen«, ni. »zürnen«, hitp. »sich ereifern«, tif. »wetteifern« vgl. HAL 337b.

ḥorī wird regelmäßig, *ḥārōn* in weitaus den meisten Fällen mit *'af* als nomen rectum in einer Constructusverbindung verwendet, sodaß auch hier die Grundbedeutung »Brennen, Glut«, wenn auch in übertragener Verwendung, durchaus noch lebendig ist. Nur in Ex 15,7; Jer 25,38bα txt em; Ez 7,12.14; Ps 2,5; 58,10 txt em; 88, 17 (einzige Stelle mit Plur.); Neh 13,18 ist *ḥārōn* selbständiges Wort für »Zornglut«.

4. So wie der Zorn eines Menschen entbrennen kann, so auch Jahwes Zorn (z. B. gegen Mose Ex 4,14; insgesamt 37× *ḥrh* q. mit *'af* als Subjekt, dazu Hi 19,11 hi., wo meistens eine Qal-Form konjiziert wird, ferner Gen 18,30.32; 2Sam 22,8 = Ps 18,8 ohne *'af*, aber mit *le*). Objekte des göttlichen Zornes sind wie bei →*'af*, →*ḥēmā* und anderen Synonyma entweder Einzelne (z. B. Abraham, Gen 18,30.32) oder besonders das Volk Israel (Num 11,1.10.33 u. ö.).

ḥārōn wird in allen Fällen (nach Ausscheidung von Jer 25,38bα und Ps 58,10 mit fraglichem Text 39×), *ḥorī* in Dtn 29, 23 und Klgl 2,3 vom Zorne Gottes gebraucht. Die Glut des Zornes trifft zumeist das Volk Israel (Ex 32,12 u. ö.; beide Stellen mit *ḥorī*), aber auch z. B. Babel (Jes 13,9) oder Amalek (1Sam 28,18). Jes 13, 13 und Klgl 1,12 ist von dem »Tage seines glühenden Zorns« die Rede.

Auch in den Inschriften von Sfire (8. Jh.) begegnet diese Wendung (KAI Nr. 223 B, Z. 12, s.o. 1). Nach dem fragmentarischen Kontext schreiten, wie es scheint, die Götter »am Tage des Zornes« gegen Usurpatoren und Vertragsbrüchige ein (vgl. KAI II, 261). Vgl. auch die Stelle in der ungefähr gleichzeitigen Hadad-Inschrift (KAI Nr. 214, Z. 23, s.o. 1), nach der Hadad Zorn ausgießen soll über den, der sich des königlichen Throns des Panammuwa I. von Sam'al (Zincirli) bemächtigen will.

5. In den Schriften von Qumran begegnen sowohl *ḥrh* als auch *ḥārōn* (Kuhn, Konk. 77) und *ḥorī* (4Q 171 1–2 I,14).

Für das NT vgl. →*'af* 5, →*ḥēmā* 5.

G. Sauer

חֵרֶם *ḥēræm* Bann

1. Die Wurzel *ḥrm* »weihen« o.ä. begegnet in fast allen sem. Sprachen (P. Fronzaroli, AANLR VIII/20, 1965, 249f.262.267: Differenzierung in ostsem. *(ḫ)arāmu/erēmu* »bedecken« und westsem. *ḥrm* »verbieten»).

Nicht sicher ist, ob akk. *ḫarimtu* »Prostituierte« von *ḫarāmu* II »absondern« (nur in einer lexikalischen Liste) abzuleiten ist, und ob und wie dieses seinerseits mit gemeinsem. *ḥrm* zusammengehört (vgl. AHw 323a. 325b und CAD H 89f.101f.). Aus Ugarit sind bis jetzt nur Personennamen der Wurzel *ḥrm* bekannt (Gröndahl 136; vgl. noch Huffmon 204).

Das AT kennt daneben eine Wurzel *ḥrm* II (**ḫrm*) »spalten, durchbohren« (Part.pass.q. »mit gespaltener Nase« Lev 21,18; hi. »abschneiden« Jes 11,15 txt?, nach G.R.Driver, JThSt 32, 1931, 251; HAL 340a; vgl. aber Barr, CPT 119; ferner ev. *ḥēræm* II »Schleppnetz«). Neuerdings versucht G.R.Driver, FS Baumgartner 1967, 56–59, weitere Belege von *ḥrm* hi. von dieser Wurzel abzuleiten.

Im AT ist das Nomen *ḥēræm* »Bann« primär. Die Qal-Form des Verbums ist nicht belegt; statt deren wird *hjh (le)ḥēræm* »dem Bann verfallen« verwendet (Jos 6,17; 7,12). Vom Nomen sind die Verbalformen Hi. und Ho. abgeleitet. Statt des Hi. wird auch *śīm leḥēræm* (Jos 6,18), *nkh* hi. *ḥēræm* (Mal 3,24) oder *ntn laḥēræm* (Jes 43,28) gebraucht.

Zu erwähnen sind noch die geographischen Namen *Ḥærmōn* (vgl. HAL 341a), *Ḥormā* und *Ḥorēm* (die beiden letzteren allerdings nach Noth, HAT 7, 146, von *ḥrm* II: »Fels-Spalt«). Zum Personennamen *Ḥārim* vgl. Noth, IP 136f.216.

2. Das Nomen *ḥēræm* findet sich im AT 29× (nur im Sing.; Jos 13×, Lev 4×), *ḥrm* hi. 48× (Jos 14×, Dtn 8×, 1Sam 7×; inkl. Jes 11,15), ho. 3×.

3. Die Wurzel *ḥrm* (vgl. zum Ganzen C.H.W. Brekelmans, De ḥerem in het Oude Testament, 1959) meint ursprünglich das, was verboten ist, entweder weil es verflucht ist und vernichtet werden soll (res exsecranda), oder weil es sehr heilig ist (res sacrosancta). In den verschiedenen sem. Sprachen hat die Wurzel eine eigenwillige Bedeutungsentwicklung erlebt (vgl. z.B. J.Chelhod, La notion ambiguë du sacré chez les Arabes et dans l'Islam, RHR 159, 1961, 67–79), von der hier nur der alttestamentlichen nachzugehen ist.

a) Das Subst. *ḥēræm* ist im AT ein Wort wie *qōdæš* (→*qdš*) und *ḥōl* (→*ḥll*) und bedeutet zunächst eine Qualität, die einer Person oder einer Sache anhaftet (Lev 27,21; Dtn 7,26; Jos 6,17f.; 7,12). Aber auch dasjenige, was mit dieser Qualität behaftet ist, wird *ḥēræm* genannt; man könnte übersetzen mit »Gebanntes» oder »Banngut« (Dtn13, 18; Jos 6,18; 7,1.12.13; 1Sam 15,21), wenn es sich nicht wie in Lev 27,29 um Menschen handelt. Ferner ist *ḥēræm* ein technischer Ausdruck für eine bestimmte Weihgabe (»Banngabe«) wie in Lev 27, 28; Num 18,14; Ez 44,29. Nur in Sach 14,11 ist *ḥēræm* ein nomen actionis geworden (»Bannung«).

Daß *ḥēræm* ein nomen actionis ist, wird auch noch in HAL 340b angenommen. Man sollte aber *'īš ḥærmī* in 1Kön 20,42 und *'am ḥærmī* Jes 34,5 nicht übersetzen als »der Mann, den/das Volk, das ich gebannt habe« (dann wäre Jahwe Subjekt), sondern »der Mann, der/das Volk, das als *ḥēræm* mir gehört«.

b) Bei *ḥrm* hi. finden wir Israel, einen oder mehrere seiner Stämme oder auch militärische Führer (Josua, Saul) an etwa zwei Drittel der Stellen als Subjekt. In anderen Fällen sind es Fremdvölker (Assyrer 2Kön 19,11 = Jes 37,11; 2Chr 32,14; Ammoniter und Moabiter 2Chr 20,23; die Völker, die den Untergang Babels herbeiführen Jer 50,21.26; 51,3; Antiochus IV. Dan 11,44). In drei prophetischen Texten erscheint Jahwe als Subjekt (Jes 11,15 txt?; 34,2; Jer 25,9).

In all diesen Fällen wird *ḥrm* hi. im Zusammenhang mit Krieg verwendet. Nur in Lev 27,28 begegnet es im Zusammenhang mit Gelübden. Der Kriegs-*ḥēræm* wird vorgeschrieben in Gesetzen (Dtn 7, 2; 13,16; 20,17), angekündigt von Propheten (Jes 34,2; Jer 25,9; 50,12.26; 51, 3) oder begegnet in Erzählungen (übrige Texte). Wenn Israel den Kriegs-*ḥēræm* ausführt, finden wir als Objekt die Bevölkerung Kanaans (Num 21,2f.; Jos 6,21; 8, 26; 10,1.28 u.ö.), Sichon und Og (Dtn 2, 34; 3,6; Jos 2,10), die Amalekiter (1Sam 15) oder Teile Israels (Dtn 13,16; Ri 21, 11). Wenn Nicht-Israeliten dies tun, sind Babel (Jer 50,21.26; 51,3), Seir (2Chr 20, 23) oder mehr allgemein Länder/Völker/viele Objekt (2Kön 19,11 = Jes 37,11; Dan 11,44). In einigen Texten sind nicht nur Menschen, sondern auch das Vieh oder die ganze Beute Objekt (Dtn 13,16f.; Jos 6,21ff.). Daß diese radikale Form die ursprüngliche sei, läßt sich nicht beweisen.

c) *ḥrm* ho. begegnet nur in juridischen Texten (Ex 22,19; Lev 27,29; Esr 10,8). Ursprünglich wird damit eine Art Todesstrafe angedeutet. Das Verbum wird gebraucht für den Urteilsspruch, durch den diese Strafe festgestellt wird (Lev 27,29; die Ausführung selbst wird durch *mōt jūmāt* »er muß getötet werden« bezeichnet), aber auch für deren Ausführung selbst (Ex 22,19). Später wird damit auch eine Art Konfiskation von Gütern bezeichnet (Esr 10,8).

4. Die Wurzel *ḥrm* hat in Israel von Anfang an verschiedene Bedeutungen.

a) Im heiligen Krieg ist *ḥrm* eine religiöse Handlung, durch welche die Feinde (bisweilen auch die Beute) Gott geweiht werden (vgl. W.E. Müller, Die Vorstellung vom Rest im AT, 1939, 4–21; G. von Rad, Der heilige Krieg im alten Israel, 1951; F. Horst, Art. Bann, RGG I, 860f.; Brekelmans, a.a.O.; D. Merli, Le »guerre di sterminio« nell'antichità orientale e biblica, BeO 9, 1967, 53–67). Sie sind damit jedem menschlichen Gebrauch entzogen und der Vernichtung verfallen. In der Mesa-Stele (KAI Nr. 181, Z. 17) geht der religiöse Charakter klar hervor aus der Verbindung von *ḥrm* hi. mit *l'štr Kmš* »denn ich hatte sie dem 'Aštar-Kamoš geweiht«. Im AT kann man verweisen auf Num 21,2f., wo die Ausführung des *ḥēræm* Objekt eines Gelübdes ist, ferner auf den Ausdruck *kālīl leJhwh* »Ganzopfer für Jahwe« in Dtn 13,17 und auf *hjh ḥēræm leJhwh* »als Bann für Jahwe verfallen sein« in Jos 6,17. Daß der *ḥēræm* zum festen Bestand des heiligen Krieges gehört hat, läßt sich nicht beweisen. Wahrscheinlich ist er nur in bestimmten Notfällen versprochen und durchgeführt worden, um sich die Hilfe Gottes zu sichern (vgl. Num 21,2f.; Ri 1,17).

An zwei Stellen entsteht am Bann ein Konflikt: in Jos 7 (Achans Diebstahl) und in 1Sam 15 (Samuel und Saul). Samuel schreitet gegen den König Saul ein, weil der Bannbefehl an Amalek nicht vollständig durchgeführt ist; diese Stelle läßt den historischen Vorgang erkennen, daß von der Königszeit an der Kriegsbann aufhörte, während die Vertreter der alten Traditionen (hier Samuel) an der unbedingten Geltung des Bannbefehls festhielten. In Jos 7 zeigt sich ein früheres Stadium, in dem das Banngebot noch in unbedingter Geltung steht: Hier ist es ein Einzelner, der sich am Gebannten (= Banngut) vergreift und damit die Kraft Israels lähmt. Er muß getötet werden, damit diese Lähmung beseitigt werde (Jos 6,17f.; 7,1.11–13.15).

Als Parallelausdruck zu *śīm leḥēræm* erscheint in Jos 6,18 *'kr* q. »ins Unglück bringen«, bedingt durch die Orts- und Namensätiologie des Tales Achor (*'ākōr*) in 7,25f. (*'kr* q. »trüben, verwirren, ins Unglück bringen« im AT 12×, u.a. Gen 34,30; Ri 11, 35; 1Sam 14,29; 1Kön 18,17f.; ni. Ps 39,3; Spr 15,6).

Beide Stellen, deutlicher Jos 7, zeigen, daß ursprünglich der kultische Gebrauch von *ḥrm* (s.u. 4bc) und der Gebrauch im Zusammenhang des Krieges zusammengehörten; in beiden geht es darum, daß das Gebannte, der *ḥēræm*, Jahwe gehört und jede Verletzung dieses Eigentumsrechtes Jahwes am *ḥēræm* Unheil über die Gemeinschaft bringt. Es läßt sich noch erkennen, daß diese unbedingte Geltung des *ḥēræm* in ein Stadium jenseits der Scheidung in kultisches und geschichtliches Geschehen reicht.

Nach dem Aufkommen des israelitischen Königtums scheint der Kriegs-*ḥēræm* bald verschwunden zu sein. In prophetischen Kreisen (neben 1Sam 15 vgl. 1Kön 20,42) hat man daran noch festgehalten, aber im Laufe der Zeit geschah das nicht mehr, um die Feinde Gott zu weihen, sondern um die Jahwe-Religion vor jedem Synkretismus zu bewahren. In den zahlreichen dtn.-dtr. Texten (namentlich in den summarischen tendenziösen Darstellungen der Landnahmeereignisse in Jos 10–11) bedeutet der Kriegs-*ḥēræm* nichts weiter als die Vernichtung der Feinde mit diesem religiösen Zweck. Anderswo ist auch dieses religiöse Motiv nicht mehr zu finden; hier ist *ḥrm* hi. zum profanen Ausdruck für »(völlig) vernichten« geworden (z.T. in den Prophetenstellen, außerdem 2Kön 19,11 = Jes 37,11; Dan 11,44). Dann erst werden auch Nicht-Israeliten oder Jahwe Subjekt des Verbums.

b) *ḥrm* ho. wird zur Bezeichnung einer Todesstrafe gebraucht, die besonders bei Untreue gegenüber der Jahwe-Religion angewendet wird. Wenn diese Strafe ausgesprochen ist, ist jeder Loskauf ausgeschlossen (Lev 27,29). Der Schuldige ist Gott verfallen und muß als res execranda ausgerottet werden. Man hat vielfach gemeint, daß diese Strafe eine eigene Form der Ausführung gekannt habe (Verbrennung). Vielleicht ist es besser, nur an eine feierliche Ausrufung dieser Strafe oder an eine Art Verfluchung zu denken.

c) Man kann auch etwas als *ḥēræm* Jahwe weihen. Diese Gelübde unterscheiden sich von anderen Gelübden in ihren Auswirkungen: jeder Loskauf ist unmöglich (Lev

27,21–28), weil alles Gelobte hochheilig (*qōdæš qodāšīm*) ist (Lev 27,28); es gehört den Priestern (Lev 27,21; Num 18,14; Ez 44,29). In Mi 4,13 wird gesagt, daß auch die Kriegsbeute auf diese Weise Jahwe geweiht wird.

5. In der Qumranliteratur (1QM 9,7; 18,5; CD 6,15; 9,1) begegnet *ḥrm* ähnlich wie in den späten atl. Verwendungsweisen. Zur Wiedergabe von *ḥēræm* durch ἀνάθεμα und von *ḥrm* hi. durch ἀναθεματίζειν und zum NT vgl. J. Behm, Art. ἀνατίθημι, ThW I,355–357. *C. Brekelmans*

חרשׁ *ḥrš* schweigen

1. Die Wurzel **ḥrš* »taub, stumm sein« ist zu unterscheiden von den beiden gemeinsemitischen Wurzeln mit *ḥ* als erstem Radikal: **ḥrš* »(handwerklich) herstellen« (ug.: WUS Nr. 976; UT Nr. 903; akk. *eršu* »weise«; hebr. *ḥārāš* »Handwerker«) und **ḥrṯ* »pflügen« (ug.: WUS Nr. 980; UT Nr. 905; akk. *erēšu*; hebr. *ḥrš* I; vgl. S.E. Loewenstamm, JJSt 10,1959, 63–65; H.-P. Müller, UF 1,1969, 80). Sie fehlt im Ug. und begegnet in atl. Zeit in den nwsem. Texten nur sehr selten (DISO 97; Sznycer 144 zu Poen. 1027), gut bezeugt dagegen im späteren Aram. (vgl. LS 259) und im Arab. (*ḫarisa* »stumm sein«, Wehr 210b).

Ein Zusammenhang mit akk. *ḫarāšu* »binden« ist von F. Delitzsch, Prolegomena eines neuen hebr.-aram. Wörterbuchs zum AT, 1886, 100, angenommen worden (> »hemmen«, KBL 337b; anders AHw 324b); neuerdings ist akk. *ḫarāšu* »stumm sein« in einem Mari-Brief belegt (G. Dossin, RA 62, 1968, 75f.).

Das Verbum kommt im Qal, Hi. und Hitp. vor; daneben stehen das Adj. *ḥērēš* »taub« (BL 477) und das in Jos 2,1 einmal adverbial (»heimlich«) verwendete Subst. *ḥæræš* »Schweigen«; an Eigennamen sind *Ḥæræš* (1Chr 9,15 txt?) und *Ḥaršā* (Esr 2,52; Neh 7,54) zu nennen (Noth, IP 228).

2. Im AT begegnet das Verbum 47 ×: Qal 7 × (Ps 6 × und Mi 7,16), Hi. 39 × (Hi 9 ×, Num 6 ×) und Hitp. 1 × (Ri 16,2); *ḥērēš* steht 9 × (Jes 5 ×), *ḥæræš* 1 ×.

3. a) Da das Gebrechen der Taubheit oft mit Stummheit verbunden ist (Taubstumme), dient dieselbe Wurzel zum Ausdruck der beiden verschiedenen Begriffe. Das Adj. *ḥērēš* wird allerdings, sowohl im eigentlichen als auch im übertragenen Sinn, nur in der Bed. »taub« verwendet (neben *'illēm* »stumm« in Ex 4,11; Jes 35, 5f.; Ps 38,14 in einem individuellen Klagegebet »aber ich bin wie ein Tauber, der nicht hört, und wie ein Stummer, der seinen Mund nicht auftut«). Im eigentlichen Sinn verbietet Lev 19,14, den Tauben zu verfluchen oder dem Blinden etwas in den Weg zu legen (vgl. noch Ps 58,5 »taube Otter, die ihr Ohr verschließt«). Bildlich heißt es von Israel, es sei taub und blind in seiner Uneinsichtigkeit (Jes 42,18f.; 43,8; vgl. Westermann, ATD 19,90f.99); in der eschatologischen Verheißung wird die Taubheit rückgängig gemacht (Jes 29,18; 35,5).

b) Im Qal ist die Bed. »taub sein« auf Mi 7,16 »ihre Ohren werden taub sein« beschränkt. Die übrigen Stellen in den Psalmen verwenden *ḥrš* übertragen und negiert von Gott in der Bitte »schweige nicht!« (Klage des Einzelnen: Ps 28,1 prägnant mit *min*: »schweige nicht von mir weg«, par. *ḥšh* »schweigen«; 35,22; 39,13; 109,1; in der Volksklage: Ps 83,2) und in der Aussage »unser Gott kommt und schweigt nicht« (Ps 50,3). So kommt »schweigen« gegenüber einer Bitte zur Bed. »untätig, gleichgültig sein« (vgl. Hab 1,13 hi.), was durch die parallelen Wendungen mit *domī* »Ruhe«, *šqṭ* q. »ruhen, sich untätig verhalten« in Ps 83,2 und *rḥq* q. »sich entfernen« in 35,22 unterstrichen wird.

c) Im Hi. begegnet die kausative Bed. »zum Schweigen bringen« in Hi 11,3 (41,4 txt?), aber gewöhnlich hat es die intransitive (innerlich-kausative) Bed. »schweigen« (z.B. Gen 34,5). Es kann auch »geduldig sein« bedeuten (Jes 42,14 neben *'pq* hitp. »an sich halten«) und geht von da leicht über zu »ruhig sein, sich ruhig verhalten« (z.B. Ex 14,14; vgl. *ḥrš* hitp. in Ri 16,2). Mit der Präposition *'æl* bedeutet es »jemandem schweigend zuhören« (Jes 41,1), mit *le* »stillschweigend gewähren lassen« (Num 30,5.8.12.15; vgl. CD 9,6 anstelle der brüderlichen Zurechtweisung, *jkḥ* hi.). In 1Sam 10,27 »er verhielt sich untätig« ist der Text nach G in »nach Verlauf von etwa einem Monat« zu ändern (S.R. Driver, Notes on the Hebrew Text of the Books of Samuel, ²1913, 85).

d) Als Synonyme zu *ḥrš* sind zu nennen: (1) *ḥšh* q. »schweigen, sich still verhalten« (Jes 62,1.6; 64,11, mit Hab 1,13 zu vergleichen; 65,6; Ps 28,1; 107,29; Pred 3,7 mit dem Oppositum *dbr* pi. »reden«), hi. »schweigen heißen« (Neh 8,11) und »schweigen« (2Kön 2,3.5; Jes 42,14; 57,11; Ps 39,3), »zaudern« (Ri 18,9; 1Kön 22,3; 2Kön 7,9);

(2) *dmh* q. »still sein« (Jer 6,2; 14,17; Klgl 3,49; Hos 4,5 txt?), ni. »schweigen müssen« oder »vernichtet werden« (12 ×; vgl. Wildberger, BK X, 232f. zu Jes 6,5; zu *dmm* »starr, still sein« vgl. N. Lohfink, VT 12, 1962, 275f. mit Lit.);

(3) *ṣmt* q. »zum Schweigen bringen« (Klgl 3,53; ebenso hi. 2Sam 22,41 = Ps 18,41 und weitere 8× in Ps; pi. Ps 88,17 txt em; 119,139; ni. pass. Hi 6,17; 23,17);

(4) *škt* hi. »sich still halten« (Dtn 27,9);

(5) *hsh* hi. »beschwichtigen« (Num 13,30), denominiert von *has* »still!« (Ri 3,19; Am 6,10; 8,3; Hab 2,20; Zeph 1,7; Sach 2,17; an den drei letzten Stellen vom kultischen Schweigen vor Jahwe; plur. Neh 8,11 *hassū*).

4. Die theologische Verwendung von *ḥrš* »schweigen« hält sich an die abgeleitete Bed. »untätig, gleichgültig sein«. Der Psalmist bittet Gott, nicht mehr zu »schweigen« (Ps 28,1; 35,22; 39,13; 83,2; 109,1; vgl. Hab 1,13 und Jes 64,11 *ḥšh*). Gott »schweigt« nach den Klagepsalmen, wenn er die Bitte des Beters nicht erhört. Ähnlich reden einige Psalmen vom »Schlafen« Jahwes, wenn er untätig bleibt (vgl. Ps 44,24; 78,65; 121,4). Im Rahmen von Ps 50,3–21 bedeutet »nicht mehr schweigen«, daß Jahwe in den Prozeß mit seinem Volk eintreten will; er ruft den Himmel und die Erde zu Zeugen auf (V.4). Die Langmut Gottes gegenüber seinem Volk kann sich in seinem Schweigen zeigen (Ps 50,21; in Zeph 3,17 ist der Text zu ändern, vgl. Horst, HAT 14, 198). Gottes Schweigen kann aber auch Strafe gegenüber den Seinen bedeuten (Jes 64,11 *ḥšh*); wenn er sein Schweigen bricht, will er zugunsten seines Volkes eingreifen (Jes 42,14; 62,1 *ḥšh*).

Für den sündigen Psalmisten ist Schweigen das Gegenteil des Sündenbekenntnisses (Ps 32,3, vgl. V.5). In der Sprache der Weisheit ist »schweigen« das Merkmal des Weisen, der sich damit vor unbedachten Urteilen zurückhält (Spr 11,12; 17,28; vgl. H.-J. Hermisson, Studien zur isr. Spruchweisheit, 1968, 72f.; zum äg. Ideal des »Schweigenden« vgl. H. Gese, Lehre und Wirklichkeit in der alten Weisheit, 1958, 15f.).

5. Die LXX übersetzt *ḥrš* meist mit σιγᾶν, σιωπᾶν und παρασιωπᾶν. Letzteres Verbum fehlt im NT; die anderen beiden zeigen keine besondere theologische Verwendung, weshalb sie in ThW fehlen; vgl. etwa W. Schmithals, Art. Schweigen, BHH III, 1748; W. Herrmann, Das Wunder in der evangelischen Botschaft. Zur Interpretation der Begriffe blind und taub im Alten und Neuen Testament, 1961.

M. Delcor

חשׁב *ḥšb* denken

1. Die Wurzel *ḥšb* ist nwsem. außer im Hebr. auch im Ug. (*ḥtbn*: UT Nr. 917; M. Dahood, Bibl 45, 1964, 409; ders., UHPh 58f.) sowie (in derselben Lautgestalt wie im Hebr.) im Phön.-Pun. und im Aram. (DISO 97f.) belegt, ferner südsem. in der Form *ḥsb* im Arab. und Äth.

Als sem. LW begegnet *ḥšb* »(be)rechnen« seit den Pyramidentexten im Äg. (Erman-Grapow III, 166f.; W. Vycichl, MDAI Kairo 16, 1958, 375).

Ein etymologischer Zusammenhang mit akk. *epēšu* »machen, tun« (< *ḥšb*, so GB 265a; KBL 339b) ist nicht zu erhärten (AHw 223b stellt dieses akk. Verbum zu arab., äth. *ḥfš* »zusammenraffen«).

Als Grundbedeutung der Wurzel *ḥšb* wird »zusammenfügen, weben« vermutet (M.D. Goldman, ABR 1, 1951, 135–137; G.R. Driver, WdO II/3, 1956, 258).

Diese Grundbedeutung kann man auf das als Berufsbezeichnung substantivierte Part. act. qal *ḥōšēb* »Weber« (»Sticker«?, so Dalman, AuS V, 126; Driver, a.a.O. 255–258) und vielleicht auch auf *ḥēšæb* »Band, Gurt« (Driver, a.a.O. 255.258f.; vgl. äg. *ḥšb* »Kreuzband«, Erman-Grapow III, 166) stützen. Doch ist *ḥēšæb* vermutlich eher ein durch Metathesis von Laryngal und Labial (GVG I, 275) zu erklärendes Derivat von *ḥbš* »binden« (GB 265b; HAL 346b).

Von *ḥšb* sind im AT außer dem Qal (auch aram.) und dem Pi. »rechnen, planen, ersinnen« das zum Qal passive bzw. tolerative Ni. »gerechnet werden, gelten« sowie das reflexive Hitp. »sich rechnen zu« belegt. Nominale Bildungen der Wurzel sind: a) das substantivisch gebrauchte Part.act.qal *ḥōšēb* »Weber« (P in Ex 25–31. 35–40) bzw. »Techniker« (2Chr 26,15); vgl. den zwar bedeutungsverschiedenen, aber formal analogen Gebrauch des Part. act.qal *ḥšb* (CIS I 74, Z. 4) und des Part.pi. *mḥšbm* (Harris 104; DISO 97) als Beamtentitel »Quästor« im Phön.-Pun.; b) die Abstraktbildungen auf (*-ān*>) *-ōn*: *ḥæšbōn* »Abrechnung, Ergebnis einer Berechnung« (Pred 7,25.27; 9,10), das ug. *ḥtbn* (Text 1127, Z. 2; 2101, Z. 1), äg.-aram. (Cowley Nr. 81, Z. 1) und palm. (CIS II 3913 II, 75.115) *ḥšbn* »(Ab)rechnung« (vgl. auch J. Starcky, Inventaire des inscriptions de Palmyre X, 1949, Nr. 127, Z. 2 *lḥšbn* »in Würdigung von ...«) entspricht, und **ḥiššābōn* »Erfindung« (Pred 7,29), speziell »Wurfmaschine« (2Chr 26,15; so BRL 95; Rudolph, HAT 21, 286; anders de Vaux II, 43); c) *maḥᵃšābā* »Plan, Erfindung«; d) *ḥēšæb* (s.o.).

2. Formen der Wurzel *ḥšb* kommen insgesamt 186× (inkl. *ḥēšæb* 194×) im AT vor: qal 65× (Jer 12×, Ps 11×), ni. 30× (Jes 7×), pi. 16×, hitp. 1×; *ḥōšēb* 12×, *ḥæšbōn* 3×, *ḥiššābōn* 2×, *maḥᵃšābā* 56× (Jer 12×, Jes 9×, Spr 8×), *ḥēšæb* 8×; bibl.-aram. qal 1×. Formen von *ḥšb* fehlen in Ri, Jo, Ob, Hab, Zeph, Hag, Ruth, Hhld,

Esr (in 9,13 haben einige Handschriften *ḥāšabtā* statt *ḥāšaktā*).

3. Abgesehen von *ḥōšēb* »Weber« (und vielleicht *ḥēšæb* »Band, Gurt«), worin vermutlich noch die konkrete Grundbedeutung der Wurzel »zusammenfügen, weben« erhalten ist, bringt *ḥšb* im AT immer einen Denkakt zum Ausdruck, der »im Herzen« (Jes 10,7; 32,6 G; Sach 7,10; 8,17; Ps 140,3; vgl. auch Gen 6,5; Ez 38,10; Spr 6,18; 19,21; 1Chr 29,18) oder »im Innern« (Jer 4,14), aber auch, sofern er zur Äußerung führt, mit der »Zunge« (Ps 52,4) geschieht. Im Unterschied zu anderen Verben und Ausdrücken des Denkens, die wie →*dmh* pi. »sich vorstellen, denken« (Jes 10, 7), →*zkr* »gedenken« (2Sam 19,20; Ps 77, 6), →*jd'* »erkennen« (Ps 144,3), →*'lh 'al-lēb* »in den Sinn kommen« (Ez 38,10) gelegentlich parallel zu *ḥšb* stehen (vgl. etwa noch →*'mr* *b^{e}libbō* »denken«, *hgh* »bedenken«, *zmm* »sinnen, planen«, bibl.-aram. *'št* »planen«), ist für den mit diesem Verbum bezeichneten Denkakt die ihm inhärierende Wertung kennzeichnend (H.-W. Heidland, Die Anrechnung des Glaubens zur Gerechtigkeit, 1936, vor allem 10–13.15f. 36f.): *ḥšb* heißt »rechnen«, jedoch im Unterschied zu *mnh* und *spr* nicht im Sinne eines numerischen Zählens, sondern der einschätzenden Bewertung.

Charakteristisch hierfür ist die Parallele von *ḥšb* und →*ḥpṣ* (Jes 13,17) bzw. →*rṣh* (Lev 7,18) »Gefallen haben« und der Gegensatz von *ḥšb* zu *bzh* »geringschätzen, verachten« (Jes 53,3), *m's* »verwerfen« (Jes 33,8; Ps 36,5), *nś' pæša'* bzw. *ksh* pi. *'āwōn* »Sünde vergeben« (Ps 32,1f.).

Die spezielle Verwendung als Terminus des Handels und des (fiskalischen etc.) Rechnungswesens, in der *ḥšb* im sem. Raum (vgl. pun. [*ḥ*]*šb* »es berechnete« KAI Nr. 160, Z. 5; palm. »die Abgabe der Fleischer soll auf den Denar berechnet werden (Inf. itp.)« CIS II 3913 II,102f.; Hatra: *ḥšbn' dbjt B'šmn* »Rechnungsführer des Be'elšamen-Tempels«, A. Caquot, Syria 32, 1955, 54 Nr. 49, Z. 3) und im Äg. steht, ist hebr. beim pi. »berechnen, abrechnen« (Lev 25,27.50.52; 27,18.23; 2Kön 12,16) und ni. »abgerechnet werden« (2Kön 22,7) belegt.

Allgemein kommt in der Bedeutung von *ḥšb* die wertende Zuordnung von Personen und Dingen zu bestimmten Kategorien zum Ausdruck, so beim Qal in der Konstruktion mit dem Akk. und *l^{e}* »jem./etw. halten für« (Gen 38,15; 50,20; 1Sam 1,13 u.ö.; mit doppeltem Akk.: Jes 53,4; mit Akk. und *k^{e}*: Hi 19,11), beim Ni. in den Konstruktionen mit *l^{e}*, *'al*, *'im* »gerechnet werden zu, unter« (Lev 25,31; Jos 13,3; Ps 88,5 u.ö.), mit *k^{e}* »geachtet werden wie« (Dtn 2,11; Jes 5,28; 29,16 u.ö.; mit *b^{e}*? Jes 2,22, doch s. BH^{3}; vgl. nab. *kl' nḥšb bjnj lbjnjk* »ist für nichts geachtet zwischen mir und dir«, J. Starcky, RB 61, 1954, 164 Fragm. A, Z. 13; J. J. Rabinowitz, BASOR 139, 1955, 13, und s. dazu 1Kön 10,21 = 2Chr 9,20; Dan 4,32) und mit prädikativem Akk. »gelten als« (Gen 31,15; Dtn 2,20 u.ö.). ferner beim Hitp. in der Konstruktion mit *b^{e}* »sich rechnen unter« (Num 23,9).

Ohne Angabe des Bewertungsmaßstabs absolut gebraucht, heißt *ḥšb* überhaupt »schätzen, für wert halten, beachten« (qal Jes 13,17; 33,8; 53,3; Mal 3,16; pi. Ps 144,3), sodann in Fortentwicklung der Bedeutung »sinnen, nachsinnen, denken, planen« (qal Jes 10,7; vgl. pun. *ḥšb n'm* »wohlgesinnt«, KAI Nr. 161, Z. 2; pi. Ps 77,6; 119,59). Analog *'mr/zkr* *l^{e}* mit Inf. »gedenken, etwas zu tun« bringt *ḥšb* *l^{e}* mit Inf. »planen, im Sinn haben, etwas zu tun« (qal 1Sam 18,25; Jer 18,8; 23,27 u.ö.; pi. Jon 1,4; Ps 73,16; Spr 24,8) die Intention auf ein Tun zum Ausdruck.

In Verbindung mit Objekten (vgl. insbesondere die feste Wortverbindung *ḥšb* *mah^{a}šābā/mah^{a}šābōt* »einen Plan bzw. Pläne ersinnen«, qal 2Sam 14,14; Jer 11,19; 18, 11.18 u.ö.; pi. Dan 11,24; sonst vor allem: *ḥšb rā'ā* »Übles planen«, qal Gen 50,20; Jer 48,2; Mi 2,3 u.ö.; vgl. pi. Hos 7,15; *ḥšb 'āwæn* »Unheil planen«, qal Ez 11,2; Mi 2,1; Ps 36,5, und ähnliche Ausdrücke) steht *ḥšb* in Konkurrenz zu →*j'ṣ* »(raten), planen, auf etwas sinnen« (Jer 49,20.30; 50,45; Ez 11,2; Nah 1,11); dasselbe Konkurrenzverhältnis besteht zwischen *mah^{a}šābā* »Plan« und *'ēṣā* »(Rat), Plan« (vgl. die häufige Parallele dieser beiden Nomina: Jer 49,20.30; 50,45; Mi 4,12 u.ö.). Die bereits in den Objekten von *ḥšb* in dieser Verwendung zum Ausdruck gelangende, weitgehend negative Intention solchen »Planens« (doch s. z.B. Jer 29,11 *$maḥš^{e}$bōt šālōm* »Heilspläne«, ferner Ps 33,10f.; 40, 6; 92,6; Spr 12,5; 16,3; 20,18; 21,5) spricht sich überdies in den häufig folgenden präpositionalen Ausdrücken aus: das »Planen« geschieht gegen jemanden (*'æl*, *l^{e}*, *'al*).

Ohne diesen negativen Unterton besagt *ḥšb* schließlich »ersinnen, erfinden« im Sinne künstlerischer und technischer Fertigkeit (Ex 31,4; 35,32.35; Am 6,5; 2Chr 2,13; 26,15).

4. a) In theologischer Verwendung gehören *ḥšb* q. mit (doppeltem) Akk. der Sache und *l^{e}* der Person »jemandem etwas anrechnen (als ...)« (Gen 15,6; Ps 32,2; vgl. 2Sam 19,20; Esr 9,13G) und *ḥšb* ni. in entsprechender Konstruktion »jem. angerechnet werden (als . . .)« (Lev 7,18; 17, 4; Num 18,27.30; Ps 106,31; vgl. auch Spr 27,14) neben →*rṣh* (Lev 7,18) und *ḥpṣ* »Gefallen haben an« (und vermutlich auch →*zkr* »gedenken«) zu den termini technici priesterlicher Kulttheologie.

Gemeint ist mit *ḥšb* und den genannten anderen, in analoger Verwendung stehenden Begriffen die durch deklaratorische Formeln (R. Rendtorff, Die Gesetze in der Priesterschrift, 1954, 74–76) geschehende Qualifikation eines Opfers als rite vollzogen bzw. dessen Disqualifikation durch den Priester (E. Würthwein, ThLZ 72, 1947, 143–152; ders., Tradition und Situation, 1963, 115–131; G. von Rad, Ges Stud 130–135; von Rad I,273ff.; R. Rendtorff, ThLZ 81, 1956, 339–342; ders., Studien zur Geschichte des Opfers im alten Israel, 1967, 253–260) wie auch die im Kult, namentlich in der Torliturgie durch die deklaratorische *ṣaddīq*-Prädikation geschehende und vom Priester zugesprochene »Anrechnung« der Gerechtigkeit (zum Leben) bzw. ihr Gegenteil (G. von Rad, GesStud 225–234; von Rad I,389–392; W. Zimmerli, GO 178–191; H. Reventlow, Wächter über Israel, 1962, 95–134; K. Koch, FS von Rad 1961, 45–60, vor allem 57f.).

Unter den genannten Stellen kommt Gen 15,6 (E) als Zeugnis für die Spiritualisierung vorgegebener Kultterminologie eine besondere Bedeutung zu: die kultische Vermittlung ist hier der Unmittelbarkeit zu Gott gewichen, und an die Stelle menschlicher Leistungen ist der Verheißungsglaube als Gegenstand der Anrechnung getreten (G. von Rad, GesStud 130–135; H.-J. Hermisson, Sprache und Ritus im altisraelitischen Kult, 1965, 58f.).

Zu den hierhergehörigen, mit *ḥšb* gebildeten isr. Personennamen wie *Ḥᵃšabjā(hū)* vgl. Noth, IP 188f.

b) Während die Weisheit davon redet, daß menschliche Pläne gelingen, wenn ihnen weisheitliches Verhalten entspricht (Spr 12,5; 15,22; 16,3; 19,21; 20,18; 21, 5), aber mißlingen, wenn sie solchem Verhalten zuwiderlaufen (Spr 6,18; 15,26; Hi 5,12), und nur der Prediger das Ergebnis weisheitlicher Bemühung in dieser Hinsicht in Zweifel zieht (Pred 7,23–8,1; 9, 10), kommt menschliches »Denken, Planen«, wenn es im AT Gegenstand theologischer Wertung ist, kaum je in einem positiven Sinn in den Blick (so nur 1Chr 29, 18; vgl. ferner die göttliche Begabung des Kunsthandwerkers bei P in Ex 31,2–5; 35,30–35).

Die von J in Gen 6,5 für die Sintflut gegebene Begründung, daß das »Trachten« des menschlichen Herzens stets nur böse war, stellt eine Wertung dar, die auch für den prophetischen Gebrauch der Wurzel *ḥšb* im Bezug auf menschliches »Denken, Trachten, Planen« charakteristisch ist (Jes 55,7; 59,7; 65,2; Jer 4,14; 18,12; Ez 11, 2; 38,10; Mi 2,1; Sach 7,10; 8,17). In den Psalmen gehört es zur Topik der Beschreibung der Feinde des Beters im Klagelied, daß sie gegen diesen »Böses ersinnen« (Ps 10,2; 35,4.20; 36,5; 41,8; 52,4; 56,6; 140,3; vgl. Jer 11,19; 18,18; Klgl 3,60f.). Daß Menschen »Böses gegen Gott ersinnen«, wird nur in Nah 1,11; Ps 21,12 ausgesprochen und in Ps 21,12 sogleich als wirkungslos bezeichnet. Während die Menschen Jahwes »Gedanken, Pläne« nicht zu durchschauen vermögen (Jes 55, 8f.; Mi 4,12; vgl. Ps 92,6f.), kennt Jahwe die »Gedanken« der Menschen (Jes 66,18; Ps 94,11; 1Chr 28,9) und vermag ihre »Pläne« zu durchkreuzen (Ps 33,10; Hi 5, 12).

Für die Propheten ist charakteristisch, daß sie dem bösen »Trachten« der Menschen Jahwes Unheilsplan entgegensetzen (vgl. Mi 2,3 mit V. 1 und s. Jer 18,11; 49,20; 50,45; 51,29). Von Jahwes Heilsplan ist im prophetischen Schrifttum unter Gebrauch von *ḥšb* nur in Jer 29,11 die Rede. Dagegen preist der Hymnus die Beständigkeit der (Heils-)Pläne Jahwes (Ps 33,11 »Gedanken seines Herzens«) und parallelisiert sie mit Jahwes Wundern (→*pl'*; Ps 40,6; vgl. 92,6).

5. Für Judentum und NT vgl. H.-W. Heidland, Die Anrechnung des Glaubens zur Gerechtigkeit, 1936; ders., Art. λογίζομαι, ThW IV,287–295. Für das dort noch nicht mitbehandelte Qumranschrifttum vgl. F. Nötscher, Zur theologischen Terminologie der Qumran-Texte, 1956, 52f.

W. Schottroff

טהר *ṭhr* rein sein

1. Die wsem. Wurzel *ṭhr* »rein sein« ist in den ältesten sem. Textzeugen (mit Ausnahme des Ug.) nicht nachzuweisen und auch im AT fast nur in spät entstandenen Büchern gebraucht.

Im Ug. ist der Stamm bisher nur im Plur. eines Substantivs aufgetaucht, das einen »(glänzenden) Edelstein« bezeichnet (51 [= II AB] V,81.96; WUS Nr. 1115; UT Nr. 1032). Zu pun. Belegen vgl. DISO 100.

Auf Grund der angenommenen Verwandtschaft mit den Wurzeln *ẓhr/ṣhr* (hebr. *ṣohorájim* »Mittag«, *ṣōhar* in Gen 6,16 nach einigen »Lichtöffnung«; arab. *ẓhr* »sichtbar werden«) und *ẓhr* »glänzen« (aram., arab.; hebr. hi. und *ẓōhar* »Glanz«) wird als ursprüngliche Bedeutung der Wurzel oft »Licht, Glanz« angenommen (J.L.Palache, Semantic Notes on the Hebrew Lexicon, 1959, 35f.; J.A.Emerton, ZAW 79, 1967, 236; J.H.Eaton, JThSt 19, 1968, 604f.), doch gehören hebr. *ṣohorájim* »Kulminationspunkt (der Sonne)« und *ṣōhar* »Dach (der Arche)« (vgl. J.F. Armstrong, VT 10, 1960, 328–333) zu gemeinsem. **ẓahr-* »Rücken« (P.Fronzaroli, AANLR VIII/19, 1964, 257.271.278).

Vom Verbum sind im AT das Qal und die Doppelungsstämme vertreten. Ebenso häufig wie das Verbum ist das Adj. *ṭāhōr*, während die Subst. *ṭōhar* »Reinheit, Reinigung«, *ṭohorā* »Reinheit« und *ṭehār* »Glanz« (Ps 89,45 txt?) seltener sind.

2. Das Verbum begegnet 94 × : Qal 34 × (Lev 18 ×, Num 5 ×), Pi. 39 × (Lev 13 ×, Ez 8 ×, 2Chr 6 ×), Pu. 1 × (Ez 22,24) und Hitp. 20 × (Lev 12 ×, Neh 2 ×); *ṭāhōr* steht 95 × (Ex 28 ×, Lev 21 ×, Num 8 ×, Gen und Dtn 6 ×), *ṭōhar* 3 × (Ex 24,10; Lev 12,4.6), *ṭohorā* 13 × (Lev 8 ×, Num, Ez, Neh und 1/2Chr je 1 ×), *ṭehār* 1 × (s.o.).

Zwar sind von den 94 Stellen mit Verben nur die in Gen 35,2 und 2Kön 5 mit einiger Sicherheit für die vorexilische Zeit in Anspruch zu nehmen, alle übrigen stehen in Texten, die aus der exilischen und nachexilischen Zeit herzuleiten sind, doch macht dieser Sachverhalt auch die Fragwürdigkeit geistesgeschichtlicher Folgerungen aus dem wortstatistischen Befund deutlich: die Stellen aus der Naeman-Erzählung in 2Kön 5,13f. stehen denen in Lev 14,8f. u.a. formal nahe; und die in Gen 35,2 geforderte kultische Reinigung verlangt Riten, wie sie in der nachexilischen Zeit üblich waren. Immerhin ist anzumerken, daß die prophetischen Bücher vor Jeremia den Stamm nicht kennen.

Für *ṭāhōr* ergibt sich das gleiche Bild. Von den 95 atl. Belegen enthält P (mit H) allein etwa zwei Drittel. Sicher alt ist der Doppelbeleg in der Saul-David-Geschichte 1Sam 20,26. Doch ist unter den *ṭāhōr*-Stellen auch das Dtn vertreten (Dtn 12,15.22; 14,11. 20; 15,22; 23,11), das bei den Belegstellen für das Verbum fehlt.

3. a) *ṭhr* wird im AT auf körperliche, sittliche und religiöse (kultische) Reinheit bezogen (vgl. H.-J.Hermisson, Sprache und Ritus im altisraelitischen Kult, 1965, 84–99). Trotz der Spärlichkeit früher Belege ist anzunehmen, daß die in allen Kulturen bekannten und alten Vorstellungen von religiöser Reinheit und Unreinheit bereits im ältesten Israel ihren Ausdruck mit Hilfe der Stämme *ṭhr* und *ṭm'* fanden (im Akk. vgl. *ebēbu*, *elēlu* und *zakû* »rein sein«, die sowohl die physische wie die kultische Reinheit bezeichnen, AHw 180f.197f.; CAD Z 23–32).

Die nächsten Synonyme zu *ṭhr* werden fast durchweg übertragen in bezug auf moralische Reinheit verwendet: *brr* ni. »rein sein, sich rein halten« (2Sam 22,27 = Ps 18,27, vgl. J.Blau, VT 7, 1957, 387; Jes 52,11; *bar* »lauter« Ps 19,9; 24,4; 73,1; Hi 11,4; Hhld 6,9.10; *bārūr* »rein, lauter« Zeph 3,9; Hi 33,3; *bōr* »Reinheit« 2Sam 22,21.25 = Ps 18,21.25; Hi 22,30), *zkh* q. »rein sein« (Mi 6,11; Ps 51,6; Hi 15,14; 25,4; pi. »rein halten« Ps 73,13; 119,9; Spr 20,9; hitp. »sich läutern« Jes 1,16, vgl. A.M.Honeyman, VT 1, 1951, 63–65; Nebenform *zkk* q. »lauter, hell sein« Hi 15,15; 25,5; Klgl 4,7; hi. »rein machen« Hi 9,30; *zak* »rein, lauter« Ex 27,20; 30,34; Lev 24,2.7; Hi 8,6; 11,4; 16,17; 33,9; Spr 16,2; 20,11; 21,8; vgl. den Personennamen *Zakkaj* Esr 2,9; Neh 3,20 Q; 7,14), dazu *ḥaf* »(moralisch) sauber« (Hi 33,9; vgl. Wagner Nr. 108).*

Das Pi. ist meist deklarativ (»für rein erklären«; von D.R.Hillers, JBL 86, 1967, 320–324 »delocutive« genannt), oft jedoch auch faktitiv (»reinigen«, Lev 16,19.30; Num 8,6f.15.21; Jer 33,8; Ez 24,13; 36, 25.33; 37,23; 39,12; 43,26; Mal 3,3.3; Ps 51,4); vgl. Jenni, HP 34–41.83. Das Hitp. bedeutet »sich reinigen«, das Part.hitp. bezeichnet den, der sich der Reinigung unterzieht (12 × in Lev 14).

b) Nur P (einschließlich H) macht spezielle Angaben über die Notwendigkeit und die Durchführung der Reinigung. Gebären (Lev 12,7), Aussatz (Lev 13; 14; 22,4), geschlechtliche Ausflüsse (Lev 15; 22,4; vgl. Dtn 23,11), Berührung oder Genuß unreiner Tiere (Lev 11,32; 17,15), Nähe oder Berühren von Leichen (Lev 21, 1–4; 22,4; Num 6,6–9; 19,11.14–16; vgl. Ez 22,24 txt?; 39,12) machen die Reinigung erforderlich. Vor der Weihe muß sowohl der Priester (Num 8,6f.15) wie der Altar (Lev 16,19; Ez 43,26) gereinigt werden. Nach Esr 6,20 reinigen sich die Leviten vor dem Passa-Opfer. Aber auch von der Notwendigkeit der Reinigung von unheilwirkender Schuld spricht P ausdrücklich (Jos 22,17). Obwohl eine Verschuldung in manchen Fällen persönlicher Verunreinigung unerfindlich ist (Infektion bei Aussatz, Menstruation Lev 15,28), scheint immer an eine schuldhafte Seite gedacht zu sein: durch einen plötzlichen Todesfall in seiner Umgebung hat der Nasiräer sich verunreinigt und »an der Leiche versündigt« (Num 6,9–11); selbst der Altar, das Heiligtum und das Begegnungszelt müssen »von den (oder wegen der) Unreinheiten der Israeliten« gereinigt (geheiligt und gesühnt) werden (Lev 16,18 bis 20). Während die halachischen *ṭhr*-Zeugnisse keinerlei Affekt verraten, sind die einschlägigen Ezechielworte mit heftiger Anklage wegen Unzucht, Unreinheit und Götzendienst verbunden (Ez 22,24 txt?; 24,13; 36,25.33). Dem chronistischen Geschichtswerk geht es fast ausschließlich um die Reinigung von fremdem Unwesen (Neh 13,9.30; 2Chr 29,15f.18; 34,3.5.8).

Nur reine Tiere dürfen geopfert und gegessen werden (Dtn 14,7–20; Lev 11,4 bis 47; Gen 7,2; 8,20 J; W. Kornfeld, Reine und unreine Tiere im AT, Kairos 7,1965, 134–147); und nur dem Reinen war der Genuß von Opferfleisch erlaubt (Lev 22,4). Die entsprechenden Vorstellungen und Praktiken sind uralt: Saul erklärt sich Davids Fehlen beim Neumondsfestmahl so, daß ihm etwas widerfahren (*miqrǣ*, vielleicht eine Pollution) und er dadurch nicht rein ist (1Sam 20,26). Auch die Götzendiener »heiligen und reinigen sich« für ihr Opfermahl (Jes 66,17). Bei der durch das Dtn freigegebenen profanen Schlachtung ist der Genießende jedoch der Sorge, ob er rein oder unrein ist, enthoben (Dtn 12,15. 22; 15,22).

c) Die Reinigungszeremonien sind: Waschungen, Opfer, Blut-, Öl- und Salzritus, Haareschneiden, Kasteiung, Arbeitsruhe und, bei Metall, »durch das Feuer gehen lassen«. Sowohl Personen wie Sachen müssen mit Wasser gereinigt werden (Lev 11, 32; 14,8f.; 15,13.28; 17,15; 22,7; Num 8,7; 19,19; 31,23; Ez 36,25). Bei Personen steht daneben meist die Forderung, die Kleider zu waschen oder zu wechseln (Lev 13,6.58; 14,8f.; 15,28; 17,15; Num 8,7; 19,19; 31,24); Jakob befiehlt den Seinen vor dem Zug nach Bethel, die ausländischen Götter zu entfernen, sich zu reinigen und die Kleider zu wechseln (Gen 35,2 E).

Nur selten wird ausdrücklich das Opfer als Mittel der Reinigung genannt: nach der Geburt (Lev 12,6.8), nach der Heilung vom Aussatz (Lev 14,4–7.10–20.21–32) und bei der Altarweihe (Ez 43,26). Das Opfer bewirkt dabei allerdings nicht nur Reinigung, sondern auch Sühnung (→*kpr* pi.; Lev 12,8; 14,18–20.21.29.31; Ez 43, 26), die mehrmals untrennbar sind (Lev 14,19.20.29.31). Der reinigende Blutritus setzt ebenfalls ein Opfer voraus (Lev 14; 16,19; Ez 43,26). Besonders kompliziert ist der Blutritus bei der Reinigung vom Aussatz: von zwei Vögeln muß einer geschlachtet und der andere zusammen mit Zedernholz, Karmesin und Ysop in das Blut getaucht werden; dann wird der zu Reinigende siebenmal mit dem Blut besprengt und der lebende Vogel freigelassen (Lev 14,4–7.49–53). Zusammen mit der roten Kuh wird Zedernholz, Karmesin und Ysop verbrannt und die Asche zur Herstellung des Reinigungswassers aufbewahrt (Num 19,1–10). Es gibt keine Anzeichen dafür, daß die ursprüngliche Magie dieser Riten der nachexilischen Gemeinde bewußt war. Blut und Öl soll an das rechte Ohrläppchen, den rechten Daumen und die rechte große Zehe (Lev 14,15.17.26.28), der Rest des Öls auf den Kopf des zu Reinigenden (14,18.29) getan werden. Unter den Sühne- und Reinigungsriten bei der Weihe des Altars erscheint Ez 43,24 auch eine Salzapplikation.

Das Scheren ist im Aussätzigen-Ritual (Lev 13,33; 14,8f.) und bei der Levitenweihe (Num 8,7; vgl. Num 6,9) gefordert. Zu den Vorbedingungen für die Sühne und Reinigung am Versöhnungstag gehören Kasteiung und Arbeitsruhe (Lev 16, 29f.). Die erbeuteten Metallgeräte der Midianiter müssen zwecks Reinigung dem Feuer ausgesetzt werden (Num 31,23); *ẓāhāb ṭāhōr* (24× in Ex 25–39 und außerdem nur 1Chr 28,17; 2Chr 3,4; 9,17) meint schlackenfreies Gold.

d) Die noch nicht erwähnten *ṭhr*-Stellen des AT verstehen die Reinigung erklärtermaßen als Tilgung der Schuld. Jeremia zweifelt, ob Jerusalem sich überhaupt noch von den Greueln der »Hurerei« reinigen kann oder will (Jer 13,27); doch wird Gott einst das jetzt unmöglich Scheinende herbeiführen (33,8). Auch Maleachi erwartet die Reinigung der Priester erst auf Grund eines Läuterungsprozesses am Jahwetag (Mal 3,3). Nach Ps 51 ist die Reinigung Tilgung der Sünde aus reiner Barmherzigkeit Gottes (V.3f.), wenngleich auf kultische Reinigungszeremonien angespielt ist (V.9, vgl. Kraus, BK XV, 388). Die Zeugnisse allgemeiner menschlicher Sündhaftigkeit in der Weisheitsliteratur stellen die rhetorische Frage, ob irgendein Mensch rein sein könne (Hi 4,17; Spr 20,9).

4. Alle Religionen haben Analogien zu den atl. Reinheitsvorstellungen aufzuweisen (vgl. u.a. G. van der Leeuw, Phänomenologie der Religion, ²1956, 386–393; RGG V,939–944). Die Verwandtschaft mit dem polynesischen Tabu ist oft betont worden (besonders nachdrücklich etwa von B. Baentsch, Exodus-Leviticus, 1903, 354–356). Der Befund im AT gibt jedoch kein Recht, die Reinigung ihrem Wesen nach als Befreiung von dämonischen Mächten oder als Respektierung eines Tabu zu verstehen. Der hypothetische Charakter der in diesem Sinn abgegebenen Erklärungen ist offensichtlich. Ansätze in Richtung der rabbinischen Verkoppelung von heilig und unrein (s.u. 5) sind vorhanden (Num 19,7f.10); doch wird andererseits gesagt, daß die Reinigung zugleich mit der Heiligung (Lev 16,19; vgl. Ez 36,23–25) oder der Entsündigung (Ez 43,26) erfolgt. Es liegt auf der Hand, daß rein und heilig (→*qdš*) in den atl. Zeugnissen eng verwandt, rein und unrein (→*ṭm'*) aber diametral entgegengesetzt sind.

Die Reinheitsgesetze erwachsen aus dem übersteigerten Reinheitsverlangen der nachexilischen Gemeinde, die ihrem System auch archaische Riten dienstbar machte (R. de Vaux, Das AT und seine Lebensordnungen, II, 1962, 317). Die in P angeordneten Reinigungsriten ergeben zwar kein abgerundetes, aber ein anschauliches Bild dieses denkwürdigen Apparats. Eine innere logische Beziehung zwischen den kultischen Praktiken und dem Ziel, der Reinigung, läßt sich meist nicht aufweisen. Ein Übertragungs-Mechanismus, wie ihn K. Koch, EvTh 26, 1966, 225–231, zur Erklärung des Sühnevorgangs behauptet, ist bei der Reinigung ausgeschlossen. Der »Erlebnisgehalt« der Zeremonien läßt sich nicht erkennen (von Rad I, 292).

Den Texten ist jedoch zu entnehmen, daß im Hintergrund der Reinheitsgesetze das verfeinerte und überwache Sündenbewußtsein der nachexilischen Gemeinde steht. Diese Gesetzgebung ist durch den Kampf gegen die Gefahr einer neuen Abtrünnigkeit des Gottesvolks und durch das Streben nach Absonderung vom Heidnisch-Unreinen bestimmt. Die Naivität des Glaubens an eine Wirkung des Ritus allein durch seinen formalen Vollzug ist nicht zu unterstellen. Wie die eschatologischen Zeugnisse (Jer 33,8; Ez 36,25.33; 37,23; Mal 3,3), so ist auch diese Gesetzlichkeit von dem Wissen durchdrungen, daß die Reinigung (ebenso wie die Vergebung) in Gottes Entscheidung beschlossen liegt und ein von Gott gewirktes und geschenktes Wunder ist. Die neuere Diskussion tendiert auf diese Beurteilung der *ṭhr*-Zeugnisse (vgl. W. H. Gispen, The Distinction between Clean and Unclean, OTS 5, 1948, 190–196; J. K. Zink, Uncleanness and Sin, VT 17, 1967, 354–361, bes. 361).

5. Im Qumran-Schrifttum (vgl. H. Huppenbauer, *ṭhr* und *ṭhrh* in der Sektenregel von Qumran, ThZ 13, 1957, 350f.) ist der Stamm in 1QS und 1QH besonders stark vertreten. Die Angehörigen der Gemeinschaft leben in der »Reinigung« (1QS 5,13; 6,16.22.25; 7,3.16.19.25; vgl. CD 9,21.23; 10,10.12); wer sich nicht an die Gemeinschaft anschließt, ist unrein und kann durch kein Reinigungswasser gereinigt werden (1QS 3,4–8; vgl. 4,21; 11,14). In 1QH bedeutet »reinigen« stets die Tilgung der Sünde (1QH 1,32; 3,21; 4,37; 5,16; 6,8; 7,30; 11,10.30; 16,12). In der Tempelrolle ist die kultische Reinheit (nach dem Bericht von Y. Yadin, BA 30, 1967, 135–139) eins der Hauptthemen.

Die rabbinische Reinheitslehre entwikkelt eine ausgeklügelte Kasuistik mit verschiedenen Reinheitsgraden (G. Lisowski, Jadajim, 1956, 2–4; Ṭebul Jom, 1964, 4f.; Uḳṣim, 1967, 2f.; zur Gleichsetzung von unrein und heilig vgl. G. Lisowski, Jadajim, 1956, 49–51).

Die Aufhebung des rabbinischen Formalismus in der Bestimmung von rein und unrein gehört zu den revolutionären Neuerungen des Urchristentums (Mk 7,1–23; Mt 15,1–20; vgl. R. Meyer-F. Hauck, Art. καθαρός, ThW III, 416–434).

F. Maass

טוֹב *ṭōb* gut

1. Der hebr. *ṭōb* »gut« zugrunde liegende Stamm ist gemeinsemitisch (Bergstr. Einf. 189); er begegnet (teilweise mit Nebenformen wie *jṭb* und *ṭ'b*) verbal und in verschiedenen Nominalbildungen häufig im Akk., Aram. und Arab., fehlt dagegen im Äth. (vgl. noch ug.: WUS Nr. 1110; UT Nr. 1028; Lachisch-Ostraka: DISO 99.106f.; aram.: KBL 1078; DISO 98f.106f.; altsüdarab.: Conti Rossini 159b).

Im Hebr. ist das denominierte Verbum *ṭōb* (BL 392; Meyer II, 151) im Qal mit Sicherheit in den Pluralformen des Perf. (Num 24,5; Hhld 4,10) sowie in den Inf. (abs. Ri 11,25; cs. Ri 16,25Q; 2Sam 13,28; Est 1,10; zu 1Sam 2,26 vgl. GK §113u) nachzuweisen. Sonst ist die Unterscheidung zwischen Perf. (und Part.) q. und Adj. *ṭōb* nicht überall sicher zu treffen (vgl. die unterschiedlichen Zuweisungen bei Mand. und Lis.). *ṭōb* hi. begegnet in 1Kön 8,18 = 2Chr 6,8; 2Kön 10,30. Im Impf.q. wie meistens im Hi. (dazu das Subst. *mēṭāb* »Bestes«) tritt dafür der Stamm *jṭb* ein.

Neben dem Adj. *ṭōb* »gut« (oft substantiviert und dann meistens als Abstraktum *ṭōb* bzw. fem. *ṭōbā* »Gutes« verwendet) stehen noch das Subst. *ṭōb* II »Wohlgeruch« (2Kön 20,13 gegenüber Jes 39,2; Jer 6,20; Hhld 7,10; vgl. KBL 349f.; J. Gray, I & II Kings, 1963, 638) und das Abstraktum *ṭūb* »Güte, Wohlstand« o.ä. Die Bildung auf *-ūt* fehlt völlig (aram. DISO 99; akk.).

Bibl.-aram. begegnen das Adj. *ṭāb* (Dan 2,32; Esr 5,17) und das Perf.q. *ṭeʾeb* (Dan 6,24; BLA 141).

Personennamen mit *ṭōb* bzw. *ṭūb* (vgl. aber H. Bauer, ZAW 48, 1930, 75) sind *ʾaḇīṭūb*, *ʾaḥīṭūb* und *ṭōbijjā(hū)* (vgl. Noth, IP 153; zu dem durch Dittographie entstandenen Doppelnamen *ṭōb-ʾadōnijjā* in 2Chr 17,8 vgl. Rudolph, HAT 21,250), im aram. Bereich *ṭabrimmōn*, *ṭābeʾēl/ṭābeʾal* (vgl. Wildberger, BK X,266.275); vgl. noch Huffmon 207; Stamm, AN 234–236.294f. Zu *ṭōb* als Name eines Gebiets im nördlichen Ostjordanland vgl. A. Jirku, ZAW 62, 1950, 319; E. Höhne, BHH III,1996.

2. Die Wortgruppe *ṭōb/jṭb* (ohne Eigennamen) ist im AT 741 × belegt (davon 738 × hebr. und 3 × aram.). Nach Lis. steht *ṭōb* q. 18 ×, hi. 3 ×, *jṭb* q. 44 ×, hi. 73 ×. Neben *ṭōb* II (3 ×, s.o.), *ṭūb* (32 ×) und *mēṭāb* (6 ×) dominiert das Adj. *ṭōb* mit 559 Belegen: Ps 68 ×, Spr 62 ×, Pred 52 ×, Gen 41 ×, 1Sam 37 ×, Jer 36 ×, Dtn 28 ×, 1Kön 24 ×, 2Chr 23 ×, Est 22 ×, 2Sam 21 ×, Jes 13 ×, 2Kön, Hi und Neh je 12 ×, Ri 11 ×, Ez 9 ×, Jos und 1Chr 8 ×, Num und Klgl 7 ×, Esr 6 ×, Ex, Lev und Hos 5 ×, Am, Mi und Sach 4 ×, Ruth 3 ×, Jon, Nah, Hhld und Dan 2 ×, Jo und Mal 1 ×, Ob, Hab, Zeph, Hag 0 ×.

3. Der Anwendungsbereich von *ṭōb* ist sehr weit. In der dt. Übersetzung werden daher je nach dem Zusammenhang neben »gut« zahlreiche andere Adjektive verwendet: »angenehm, erfreulich, befriedigend, wohlgefällig, günstig, brauchbar, zweckmäßig, recht, nützlich, reichlich, schön, wohlgestaltet, wohlriechend, freundlich, gütig, fröhlich, brav, wacker, wahr« usw. (vgl. die Wörterbücher). Ohne strenge Systematik und Vollständigkeit der Belege seien im Folgenden die wichtigsten Sinnbereiche genannt, in denen *ṭōb* (bzw. das Verbum) auftritt: (a) Eignung für einen Zweck, (b) Qualitätsbezeichnungen, (c) Charakterisierung von Menschen, (d) Entscheidungsurteile, namentlich in der Weisheitsliteratur, (e) *ṭōb* neben *raʿ*. In Abschnitt 4 werden sodann behandelt: (a) *ṭōb* zur Bezeichnung des sittlich Guten im religiösen Sinn, (b) die Aussagen über Gott, (c) die Abstraktbegriffe.

a) *ṭōb* enthält häufig ein Urteil über die Eignung eines Gegenstandes oder einer Maßnahme für eine Person oder einen Zweck (z.B. Gen 3,6 »gut als Speise«). Ist das Subjekt einer solchen Aussage ein Mensch, so ist damit kein ethisches Urteil abgegeben, sondern die Wirkung seines Verhaltens gemeint (z.B. 1Sam 19,4 Davids Taten sind vorteilhaft für Saul; 25,15 Leute für uns hilfreich/nützlich; Spr 31,18 Tätigkeit der Hausfrau für die Familie; stärker gefühlsbetont 1Sam 1,8 »mehr wert als zehn Söhne«, vgl. Ruth 4,15; vgl. weiter *ṭōb* in Verbindung mit »Wort« o.ä.: 1Kön 12,7 = 2Chr 10,7 nicht nur freundliche, sondern auch das Leben erleichternde Worte; 1Kön 22,13 = 2Chr 18,12 Worte der Propheten günstig für den König; Ps 45,2 anmutige Rede; Spr 15,30 gute Botschaft; 25,25 gute Kunde). Ist Jahwe der Redende, so ist an Worte gedacht, die in Bedrängnis und Unsicherheit Leben verheißen: Jos 21,45; 23,14.15; 1Kön 8,56; Jer 29,10; 33,14; Sach 1,13 (das abgeschliffene »freundliche Worte« ist selten: Jer 12,6 *ṭōbōt*; vgl. Spr 12,25).

Weithin ist das Subjekt zu *ṭōb* ein Aussagesatz oder eine Infinitivkonstruktion. Vielfach ist darin ein Urteil oder eine Entscheidung über die notwendigen Voraussetzungen für Lebensrettung und Wohlergehen enthalten (Ex 14,12; Num 14,3; 1Sam 27,1; 2Sam 14,32; besonders eindrücklich als Urteil Gottes über die Existenz des Menschen Gen 2,18 »es ist nicht gut, daß der Mensch allein sei«). Im weiteren Sinne gehören hierher auch Überlegungen eher weisheitlichen Denkens (Hi 10,3; Pred 2,24 *ṭōb* substantiviert; 6,12; 11,7; Klgl 3,26.27; s.u. 3d). Zum andern handelt es sich dabei um dieses Wohlergehen selbst, wobei an die Existenzmöglichkeit gedacht ist (impersonal: Num 11, 18; Dtn 5,33 und 15,16 *ṭōb* q.; 1Sam 16, 16.23; Hos 2,9; Ps 128,2; personal: Jes 3,10; Jer 44,17; Ps 112,5; in abgeschwächtem Sinn 1Sam 20,12 »es steht gut für David«; Dtn 23,17 ist in der Vorschrift über den entlaufenen Sklaven *baṭṭōb lō* nicht als »wo es ihm gefällt«, sondern als »wo er Lebensmöglichkeit hat« zu verstehen).

Derselbe Gedanke wird auch durch *jṭb* q. *le* »jemandem gut gehen« ausgedrückt (Feststellung eines Tatbestandes: Gen 40,14; Ps 49,19 txt em; Ziel eines geforderten oder geplanten Verhaltens: Gen 12,13; Dtn 4,40; 5,16.29; 6,3.18; 12,25.28; 22,7; 2Kön 25, 24; Jer 7,23; 38,20; 40,9; 42,6; Ruth 3,1). Daß »gut gehen« Leben meint, wird Gen 12,13; Dtn 4,40; 5,16.33 (*ṭōb* q.); 22,7 (vgl. Dtn 6,3.18 mit ähnlichem Verheißungsinhalt) ausdrücklich gesagt.

Wenn der Zustand des Wohlergehens durch Menschen (Gen 12,16; Num 10,29) oder (so meistens) durch Gott herbeigeführt wird, steht *jṭb* hi. (mit *le*, wohl die ältere Form: Gen 12,16; Ex 1,20; Num 10, 29; Jos 24,20; Ri 17,13; 1Sam 25,31; Ez 36,11 txt em; Ps 125,4; mit Akkusativ: Dtn 8,16; 28,63; 30, 5; 1Sam 2,32; Jer 18,10; 32,40.41; Sach 8,15; Ps 51, 20; Hi 24,21; mit *ʿim*: Gen 32,10.13; Num 10,32; Mi 2,7 txt?). Dabei ist die Übersetzung »wohltun, sich freundlich erweisen« (GB 298b) formal richtig; inhaltlich scheint aber weniger an die Tat selber (etwa

Ps 119,68, s.u. 4b) als an die Folge der Tat gedacht zu sein.

b) Vor allem in Verbindung mit »Land« und landwirtschaftlichen Begriffen begegnet *ṭōb* als Qualitätsbezeichnung. Von einem »guten Land« ist die Rede in Ex 3,8; Num 13,19; 14,7; Ri 18,9. Die Angaben über seine Fruchtbarkeit zeigen, daß zunächst an die Lebensmöglichkeiten gedacht ist (vgl. Dtn 23,17). Dagegen liegt in der geprägten dtn.-dtr. Formulierung »das gute/schöne Land« (mit *'æræṣ*: Dtn 1,35; 3,25; 4,21.22; 6,18; 8,7.10; 9,6; 11,17; Jos 23,16; 1Chr 28,8; mit *'adāmā*: Jos 23,13.15; 1Kön 14,15) der Nachdruck nicht mehr auf der objektiven Nutzbarkeit (vgl. besonders Dtn 3,25). Damit, daß Gott es zugeschworen hat (Dtn 8,10; 9,6; Jos 23,13.15.16), daß die Israeliten es als Erbteil (Dtn 4,21) in Besitz nehmen werden (6,18; 9,6), wird das Land Heilsgut, der Begriff *ṭōb* selbst statischer (vgl. dazu Gen 49,15; in weiterem Sinne auch Dtn 28,12). Wo jedoch Nennungen aus landwirtschaftlichem Bereich nicht eigentlich heilsbezogen sind, bleibt der Gedanke an Nutzen und Annehmlichkeit vorherrschend (z.B. 1Sam 8,14; 1Kön 21,2; 2Kön 3,19.25; Ez 17,8; 34,14.18; 1Chr 4,40; im Feigenkorbgleichnis wird das antithetische *ra'* »schlecht« als »zum Genuß ungeeignet« erläutert; schließlich gehört hierher 2Kön 2,19, in gewisser Weise wohl auch Ri 9,11; Hos 4,13).

'ēṣ ṭōb (2Kön 3,19.25) ist der »Obstbaum« im Gegensatz zum Laubbaum. Was einmal ein Urteil war, ist zum geprägten Begriff geworden. Im Laufe dieser Entwicklung kann *ṭōb* absolute Qualitätsbezeichnung werden und sagen, daß bei einer Sache ein Wesensmerkmal in besonderem Masse vorhanden ist (beim Öl: Jes 39,2, aber s.o. 1 zu 2Kön 20,13; Ps 133,2; beim Gold: *zāhāb* Gen 2,12; 2Chr 3,5.8; aram. *dehab* Dan 2,32; *kætæm* Klgl 4,1; vgl. noch Esr 8,27 und schon ug. *ṭb* bei *yn* »Wein« und *ksp* »Silber«, WUS Nr. 1110; UT Nr. 1028).

c) Eine Gruppe für sich bilden die Texte, wo *ṭōb* das Wesen von Menschen charakterisiert. Die älteren Texte denken dabei an die Eignung für bestimmte, meist militärische Aufgaben. Ein ethisches Verständnis (»guter Mensch«) fehlt zunächst (s. aber u. 4a). Gemeint ist z.B. eine Elite (1Sam 8,16; 9,2; 1Kön 20,3; Am 6,2; so wohl auch 2Kön 10,3). 2Sam 18,27 ist Ahimaaz ein »gefreuter Mann«, weil er gute (Sieges-)Botschaft bringt. Ethisch verstanden ist *ṭōb* dagegen in 1Sam 15,28 (Einfluß prophetischen Denkens?); 1Kön 2,32 (par. *ṣaddīq* »gerecht«; vielleicht Nachtrag nach Noth, BK IX/1,11); Mi 7,4 (par. *jāšār* »redlich«; txt?); 2Chr 21,13.

In die Richtung mehr äußerlicher Wertung weisen die Stellen, wo von *ṭōb* ein Genetiv abhängt, der die Gestalt, das Aussehen charakterisiert (»schön« o.ä.: Gen 24,16; 26,7; 1Sam 16,12; 2Sam 11,2; 1Kön 1,6; Est 1,11; 2,2.3.7; Dan 1,4; vgl. Nah 3,4; Dan 1,15 und in absolutem Gebrauch, aber in gleicher Bedeutung, Gen 6,2; Ex 2,2; Ri 15,2).

In dieser Bedeutung tritt *ṭōb* in Konkurrenz zu spezielleren Vokabeln für »schön« wie *jāfæ* (42×, dazu Jer 46,20 *jefē-fijjā*; *jph* q. »schön sein« 6×, pi. »schmücken« 1×, hitp. »sich schön machen« 1×, *jofī* »Schönheit« 19×; die Wurzel begegnet am häufigsten in Hhld 16×, Ez 15× und Gen 9×), *nāwæ* (9×, zur Wurzel *n'h* »schön sein, sich ziemen« pal. 3×) und aram. *šappīr* (Dan 4,9.18; aram. *špr* q. »gefallen« 3×; hebr. *špr* q. 1× in Ps 16,6, vgl. Wagner Nr. 316). Vgl. noch W. Grundmann, ThW III,545f.; von Rad I,375f.

Häufig ist *ṭōb* in verschiedener Weise mit →*lēb* »Herz« verbunden (z.B. 1Kön 8,66 = 2Chr 7,10; Spr 15,15; Pred 9,7; Est 5,9; *ṭōb* q.: Ri 16,25; 1Sam 25,36; 2Sam 13,28; Est 1,10; *jṭb* q.: Ri 18,20; 19,6.9; 1Kön 21,7; Ruth 3,7; *jṭb* hi.: Ri 19,22; Pred 11,9; *ṭūb*: Jes 65,14; inhaltlich ähnlich Spr 17,22). Dabei ist *lēb* als Sitz der Gefühle angesehen, so daß nicht die sittliche Qualität, sondern das Wohlbefinden des Menschen bezeichnet wird. Diese Bedeutung wird durch paralleles *śāmēaḥ* »fröhlich« / *śimḥā* »Freude« unterstrichen (1Kön 8,66 = 2Chr 7,10; Pred 9,7; Est 5,9). *jṭb* q./hi. drückt den Eintritt dieses Zustandes als Absicht oder Folge aus (abweichend davon ist Pred 7,3 stärker ethisch akzentuiert, während Ri 18,20 dem *jṭb be'ēnē* »gefallen« nahekommt).

Im Anschluß daran sei hier noch die Verbindung *jōm ṭōb* »Festtag« genannt als der Tag, der jenseits aller magischen Vorstellung für den Menschen gut ist, weil man es sich wohl sein läßt (1Sam 25,8; Est 8,17; 9,19.22; vgl. Sach 8,19). Vgl. noch *śēbā ṭōbā* »hohes/schönes Alter« (Gen 15,15; 25,8; Ri 8,32; 1Chr 29,28); Alter ist weder an sich gut noch moralisch wertvoll, es ist aber erfreulich, wenn man erfüllt und lebenssatt sterben darf (Gen 25,8; 1Chr 29,28; etwas anders Pred 7,10).

d) An sich enthält jedes Adjektiv ein Urteil. Bei *ṭōb* liegt es im Lebensbezug des Begriffes, daß er häufig ganz allgemein die positive subjektive Stellungnahme zu einem Sachverhalt bezeichnet, wobei oft offen bleibt, ob diese Entscheidung richtig ist. Eine Botschaft, ein Rat, ein Wort usw. sind *ṭōb*, wenn sie günstig erscheinen (z.B. Gen 40,16; 1Sam 9,10; 2Sam 17,7.14; 18,27; 1Kön 2,38.42; 2Kön 20,19 = Jes 39,8; Jes 52,7), eine Tat oder Sache *(dābār)*, wenn sie förderlich ist (Ex 18,17; Dtn 1,14; 1Sam 26,16). Darin liegt bisweilen ein ethisches Urteil (Neh 5,9; 2Chr 12,12 »es war noch etwas Gutes in Juda«, vgl. Rudolph, HAT 21,234; 19,3; in der Mitte liegt 2Sam 15,3 »deine Sache ist gut« = du müßtest recht bekommen).

Wie im Dt. kann *ṭōb* zu einer zustimmenden Partikel werden (Gen 24,50; 1Sam 20,7; 2Sam 3,13; Ruth 2,22; 3,13; vgl. auch Jes 41,7).

Der Entscheidungscharakter wird durch verschiedene Redefiguren erhärtet: (1) Etwas ist *ṭōb* (mehr ingressiv *jṭb* q.) im Urteil (*beʿēnē* «in den Augen«) dessen, der sich davon Nutzen, Förderung verspricht. Subjekt ist meist unpersönlich eine Sache (Ausnahmen: Num 36,6; 1Sam 29,6.9 nicht »lieb«, sondern »hilfreich/heilvoll wie ein Engel«; Est 2,4.9; 8,5; Neh 2,5). Der von *beʿēnē* abhängige Genetiv ist eine Person, die Zweckmäßigkeit zu beurteilen und zu entscheiden vermag (was ethisch durchaus indifferent sein kann, vgl. Gen 19,8; Ri 19,24; 1Sam 11,10; Jer 26,14; Mal 2,17). Das ist ein Herrscher (Gen 41, 37; 45,16; 1Sam 14,36.40; 24,5; 29,6.9; 2Sam 19,19.28.38; 2Kön 10,5; Est 1,21; 2,4.9), ein Patriarch oder eine Einzelperson (Gen 16,6; 20,15; Lev 10,20; Dtn 1,23; Jos 9,25; 1Sam 1,23; 2Sam 19,39; 24,22 = 1Chr 21,23; 1Kön 21,2; Jer 40,4; Est 3,11), ein Volk oder eine Gruppe (Gen 34,18; Num 36,6; Jos 22,30.33; 1Sam 18,5; 2Sam 3,19.36; 18,4; Est 8,8; Sach 11,12). In jüngeren Texten kann *ʿal* für *beʿēnē* eintreten (Est 3,9; 5,4.8; 7,3; 9,13; Neh 2,5.7; 1Chr 13,2; davon zu trennen Est 7,9 [vgl. auch G.R. Driver, VT 4,1954, 236]; 1Sam 20,13 txt?), ebenso *lifnē* (Pred 2,26; 7,26; Est 5,14; Neh 2,5.6). Hängt »Gott« als Genetiv von *beʿēnē* ab, so ist gemeint, was seinem Willen (Num 24,1; Ri 10,15; 1Sam 3,18; 2Sam 10,12, vgl. 1Chr 19,13; 2Sam 15,26; 1Kön 3,10; 2Kön 20,3 = Jes 38,3), der von ihm gesetzten kultischen (Lev 10,19; 2Chr 31,20 mit *lifnē*) oder sittlichen Norm entspricht (Dtn 6,18; 12,28; 2Chr 14,1). Gott kann aus menschlichem Tun keine Seinsförderung erfahren (vgl. Ps 50,12.13).

(2) *ṭōb* erscheint häufiger als andere Adjektive mit *min* comparationis (»besser als«), so daß zwei Möglichkeiten zur Wahl gestellt werden. Die Entscheidung ist nicht betont, soweit es sich um Feststellung (Gen 29,19; Ri 15,2; 1Sam 9,2; 1Kön 21,2), Zusage (Jes 56,5) oder Wunsch handelt (1Kön 1,47 *jṭb* hi.). Entscheidungen auf Grund vorheriger Überlegungen zeigen aber schon Ri 8,2 (die Nachlese Ephraims); 11,25 (die Selbsteinschätzung des Ammoniters); 1Kön 19,4 (Elias Eignung zum Amt); Est 1,19 (vgl. o. 3c zu 1Sam 15,28). Besonders deutlich wird das in den Fragen (Ri 9,2; 18,19; 2Kön 5,12) oder in verzweifelten Feststellungen (Jon 4,3.8; Klgl 4,9).

Diese Erscheinung findet sich besonders oft in der Weisheitsliteratur, deren Lebensbezug darin liegt, daß sie zu richtiger Entscheidung und treffender Beurteilung der Lebenswerte in ihrer Rangordnung helfen will. Das reicht von Binsenwahrheiten (Honiggenuß Spr 24,13; 25,27; Leid durch ein zänkisches Weib Spr 21, 9.19; 25,24) zu lebensentscheidenden, dabei nicht von vornherein einsichtigen Erkenntnissen über die wahren Werte, also das, was »gut ist« (Ps 111,10; 119,71.72; Spr 15,23; 17,5.26; 18,5; Pred 5,17) und was »besser ist« (Spr 3,14; 8,11.19; 12,9; 15,16.17; 16,8.16.19.32; 17,1; 19,1.2.22; 22,1; 25,7; 27,10; 28,6; ähnlich Hi 13,9). Hierbei muß auch Qohelet genannt werden (Pred 4,3.6.9.13; 5,4; 6,3.9; 7,1.2.3. 10.18; 9,4), wobei allerdings der Lebensbezug durch den ihm eigenen Gedanken des Glücks (3,22) charakteristisch gefärbt ist.

Da die Weisheitssprüche Ausdruck einer festen Ordnung sind, erschöpfen sie sich nicht im Zweckmäßigkeitsdenken, sondern spielen in ihren Aussagen auf das Gebiet der Ethik hinüber (Spr 17,26; 18, 5; 24,23; vgl. auch 2,20). Dasselbe *ṭōb* begegnet durch prophetische Frömmigkeit akzentuiert 1Sam 15,22 und Mi 6,8, in weiterem Sinne wohl auch Jon 4,4. Zum Einfluß israelitischer Frömmigkeit auf die Gestalt der Weisheit vgl. J. Fichtner, Die altorientalische Weisheit in ihrer isr.-jüd. Ausprägung, 1933; zum Verhältnis von Weisheit und Ethos sonst W. Richter, Recht und Ethos, 1966.

Auf dieser Ebene weisheitlichen Denkens liegt die Verwendung von *jṭb* hi. im profanen Sinne von »etwas ordnungsgemäß/sorgfältig tun« (Ex 30,7; Dtn 5,28; 18,17; 1Sam 16,17; 2Kön 9,30; Jes 23,16; Jer 1,12; Ez 33,32; Hos 10,1; Mi 7,3 txt em; Ps 33,3; Spr 15,13; 17,22). Dabei kann der Inf.abs. zu einem reinen Adverb werden (GK §113k), das einen ordnungsgemäßen Vollzug kennzeichnet (Dtn 13,15; 17,4; 19,18 bei Prozeßvorschriften; ferner Dtn 9,21; 27,8; 2Kön 11,18; Jon 4,4.9).

e) Häufig ist *ṭōb* mit seinem Oppositum *raʿ* »böse, schlecht« (→*rʿʿ*) verbunden. Zu erwähnen sind u.a. die Merismen »vom Guten bis zum Bösen« bzw. »Gutes oder Böses« in der Bed. »irgendetwas« (Gen 31,24.29; 2Sam 13,22; vgl. Lev 5,4 mit *jṭb* hi. und *rʿʿ* hi.; dazu H.A. Brongers, OTS 14, 1965, 100–114), ferner Aussagen im Zusammenhang mit »tun« und »vergelten« (z.B. 1Sam 24,18; 25,21; Jer 18, 10; Ps 35,12; Spr 31,12), Qualitätsangaben (Lev 27,10.12.14.33) und Aussagen über ein Heils- bzw. Unheilshandeln Gottes (s.u. 4b).

Bisweilen ist es noch klar zu erkennen, wie dieses Gegenüber beider Möglichkeiten eine bewußte Entscheidung fordert bzw. diese erspart wird (vgl. z.B. Num 13,19; 24,13; 2Sam 14,17; 19,36; 1Kön 3,9; Jes 41,23; Jer 10,5; 40,4, s.o. 3d; 42,6; Zeph 1,12; formelhaft als Ja–Nein wird das Begriffspaar in Gen 24,50 angewendet).

An allen diesen Stellen wird im Grunde darüber entschieden, was dem Leben nützt und was ihm schädlich ist, ohne daß zunächst eine moralische Beurteilung erfolgt (zu Jes 5,20 s.u. 4a). Vor diesem Hintergrund ist auch die »Erkenntnis des Guten und des Bösen« Gen 2,9.17; 3,5.22 zu verstehen (→*jd*' III/1c; von den dort aufgezählten Deutungsmöglichkeiten wird hier Nr. 2 vertreten; daß die Sündenfallgeschichte als Ganzes in den Mythen der Umwelt keine Entsprechung hat, spricht von vornherein gegen eine Deutung auf das Bewußtwerden der Geschlechtlichkeit [Nr. 3]; andererseits könnte das Verlangen nach sittlichem Urteilsvermögen nichts Verwerfliches sein [Nr. 1]; von Rad, ATD 2,65, auch Brongers, a.a.O. 105, nehmen einen Merismus an [*ṭōb wārā*' = »alles«, Nr. 4], doch hätte das Verlangen nach umfassender göttlicher Weisheit wohl anders ausgedrückt werden müssen). Der Nachdruck, der darauf liegt, zeigt sich u.a. daran, daß die Nennung des Baumes der Erkenntnis sich nicht reibungslos in den Zusammenhang einfügt (H.J.Stoebe, ThZ 18, 1962, 387–390). Die Auslegung, daß der Mensch mit der Erkenntnis von Gut und Böse die Entscheidung darüber, was seinem Leben förderlich und was ihm schädlich ist, also die volle Autonomie für sich in Anspruch nimmt (H.J.Stoebe, ZAW 65, 1953, 188–204), führt also keinen dem AT fremden Gedanken ein, sondern entfaltet und vertieft, was im Wort *ṭōb* selbst angelegt ist.

Jes 7,15.16 bezeichnet das Vermögen, zwischen gut und böse wählen zu können, eine beim Neugeborenen noch nicht erreichte Reifestufe; da die Verheißung als in Bälde eintreffend gedacht ist, kann nicht an körperliche Reife oder gar ein Alter von zwanzig Jahren gedacht sein (G.W.Buchanan, JBL 75, 1956, 114–120), sondern nur an das Bewußtwerden des eigenen Willens. Das gleiche gilt von Dtn 1,39 (vgl. Num 14,31).

Es ist nicht unwahrscheinlich, daß die Billigungsformel des priesterlichen Schöpfungsberichtes (Gen 1,4.10.12.18.21.25.31) in bewußter Beziehung zum Thema Sündenfall steht. Unabhängig von der Herkunft und der syntaktischen Bedeutung der Formel (W.F.Albright, FS Robert 1954, 22–26) ist mit ihr gesagt, daß die von Gott gewollte Welt in Ordnung ist (W.H.Schmidt, Die Schöpfungsgeschichte der Priesterschrift, ²1967, 59–63), d.h., daß sie ihrem Zwecke entspricht.

4. a) Die Bedeutung von *ṭōb* als »gut« in religiös-sittlichem Sinn ist nicht das späte Ergebnis einer Vergeistigung. Der Ansatz zu ihr ist damit gegeben, daß *ṭōb* einen direkten Lebensbezug hat. Dahinter steht das Wissen darum, daß Leben nur in Ordnungen möglich ist, zu denen die mit *ṭōb* gemachte Aussage gleichfalls eine Beziehung herstellt, weil es jenseits von ihnen kein Leben gibt.

Auch die Weisheit will den Weg des Lebens lehren (vgl. Spr 2,19; 5,6; 6,23; 12,28; 15,24; 16,17). Das ist der »Weg des/der Guten« (Spr 2,9.20; vgl. 2,12 »Weg des Bösen«). Auch sie sucht eine Sittlichkeit und kennt den Menschen, der gut ist (Spr 2,20; 12,2; 13,2; 14,14.19). Die Norm dieses Weges sind »Recht« und »Gerechtigkeit« (Spr 2,9; vgl. 12,28; 16, 31), die Hilfen »Weisheit« und »Einsicht« (Hi 34,4; Pred 7,11; vgl. Spr 4,7; 9,6). Doch fehlen auch in diesen Zusammenhängen Ausdrücke nicht, die über das eigentliche Weisheitsdenken hinausweisen (Spr 2,9; 14,22; 15,3). Man darf darum nicht einen ausschließenden Gegensatz zwischen Frömmigkeit und Weisheit konstruieren (zu den Beeinflussungen s.o. 3d), ebensowenig aber in dieser Frömmigkeit nur eine Form des Weisheitsdenkens sehen, denn sie ist über Normen hinweg an Gott selbst ausgerichtet.

Dieser Ansatz wird in der prophetischen Verkündigung vertieft (z.B. 1Sam 15,22; Mi 6,8; vgl. Hos 6,6); dabei können einzelne Formulierungen mit der Weisheit gemeinsam sein. Besonders aufschlußreich ist die Verkündigung des Amos (Am 5,4. 14.15). Der Gedanke an das Leben steht an entscheidender Stelle; es zu geben ist Sache des lebendigen Gottes. Man kann es nur in der Gemeinschaft mit ihm finden, wenn man seine Setzungen einhält. So werden »Gott suchen« und »das Gute suchen« beinahe identische Begriffe.

Auch hier bleibt eine Entscheidung bestehen. Man muß etwas als gut erkennen und anerkennen, um es lieben oder hassen, tun oder nicht tun zu können (vgl. etwa Jes 5,20; Jer 13,23; Am 5,15; Mi 3,2; Ps 14,1.3; 34,15; 37,3.27; 38,21; aber auch Spr 11,27; 14,22; Hi 34,4), wobei die letzte Entscheidung bei Gott bleibt (vgl.

Pred 12,14; in ironischer Umkehrung Mal 2,17; vgl. auch das →*'ûlaj* »vielleicht« Am 5,15).

So kann auch in der Sprache der Frömmigkeit wie in der Weisheit (s.o.) der Weg eines Menschen »gut« genannt werden (etwa 1Sam 12,23; 1Kön 8,36 = 2Chr 6, 27), wobei beides mitklingt: daß der Weg an sich gut, richtig ist, und daß er zu einem guten Ziel (profan 1Sam 24,20) führt (zur Verwurzelung dieses Begriffes im Glauben des AT vgl. A.Kuschke, StTh 5, 1952, 106–118; F.Nötscher, Gotteswege und Menschenwege in der Bibel und in Qumran, 1958; →*dæræk*).

Hierhin gehört die besonders für Jeremia charakteristische Verbindung von *jṭb* hi. mit *dæræk* »Weg« oder *ma'alālīm* »Taten« (Jer 7,3.5; 18,11; 26,13; 35,15). Die Übersetzung »bessern« trifft nicht ganz den Sinn. Die Meinung ist eher »richtig machen, in Ordnung bringen« (vgl. Jer 2,33: für einen bestimmten Zweck »richtig machen«). Das Objekt kann als selbstverständlich weggelassen werden, so daß *jṭb* hi. absolut gebraucht »recht, gut handeln« bedeutet (Jer 4,22; 10,5; 13,23; auch Jes 1,17). Dieser Sprachgebrauch fehlt in der Weisheit. Üblicherweise wird so auch Gen 4,7 verstanden; angesichts des schwierigen Textes ist es wahrscheinlich, daß das schon die spätere Deutung einer nicht mehr recht verstandenen Überlieferung war. Sicher liegt auch hier eine Ellipse vor (vgl. G.R.Castellino, VT 10,1960, 442–445).

In dieser Linie liegt es, wenn *ṭōb* als nominales Objekt zu *'śh* »tun« oder verwandten Ausdrücken tritt (Ez 18,18; 36, 31; Ps 14,1.3; 34,15; 37,3.27; 38,21; 53, 2.4; Spr 14,22 *ḥrš* »vorbereiten«); wegzulassen sind hier die Stellen, wo es sich um reine Hilfsbereitschaft in zwischenmenschlichen Bereichen handelt (z.B. Gen 26,29; 1Sam 24,18; Spr 31,12). Ihrem Kontext nach gehören hierher auch die Stellen mit *ṭōb* hi. (1Kön 8,18 = 2Chr 6,8; 2Kön 10, 30).

So kann auch der Mensch selbst (über den engen Bezug »geeignet für«, »Elite« hinaus) »gut« genannt und damit religiössittlich gekennzeichnet werden (z.B. 1Sam 2,26, vgl. V. 24; 15,28; 1Kön 2,32; Ps 125,4; Spr 13,22; Pred 9,2; Est 1,19; 2Chr 21,13; mit *jṭb* q. Nah 3,8; zur Weisheit s.o. 4a Anfang).

b) Die Ausrichtung des Begriffes *ṭōb* an Gott hat zuletzt zur Folge, daß Gott selbst *ṭōb* genannt wird, und zwar in jüngeren Texten und vor allem in der Psalmensprache (Ps 25,8; 34,9; 73,1; 86,5; 119,68; 135,3; 145,9; Klgl 3,25; 2Chr 30,18; vgl. Nah 1,7). Dabei steht für Jahwe der Name (Ps 52,11; 54,8), der Geist (Ps 143,10; Neh 9,20, weiterführende Anspielung auf Num 11,17.23ff.), bzw. wird auf sein mittelbares (Ps 119,39; Neh 9,13) oder unmittelbares Handeln (*jād* »Hand«: Esr 7,9; 8,18; Neh 2,8) verwiesen. Dazu wird man das »gute Wort« als »Verheißung« stellen dürfen (Jos 21,45; 23,14.15; s.o. 3a).

Besonders häufig findet sich das Gottesprädikat *ṭōb* in der Einleitungsformel des liturgischen Lobpreises (Jer 33,11; Ps 100,5; 106,1; 107,1; 118,1.29; 136,1; Esr 3,11; 1Chr 16,34; 2Chr 5,13; 7,3); bezeichnend ist, daß die Formel oft durch »denn sein →*ḥæsæd* währt ewig« ergänzt ist.

Auch wo nicht ausdrücklich (wie Nah 1,7; Ps 73,1; 86,5; 145,9; Klgl 3,25) gesagt wird, für wen Gott gut ist, bedeutet das keine Abstraktion, denn der *ḥæsæd* Gottes schließt von vornherein seine Bereitschaft für den Menschen ein. Darum kann in jüngeren Texten und vor allem in den Versionen *ḥæsæd* durch die Wurzel *ṭōb* ergänzt oder ersetzt werden (H.J. Stoebe, VT 2, 1952, 248). Es führt aber doch über die Vorstellung, daß Gott es jemandem gut gehen läßt und ihm wohltut (*jṭb* hi.) hinaus (vgl. das absolute Part. hi. *mēṭīb* Ps 119,68) und verlegt den Blick von der Gabe auf den Geber. Da Gott selbst *ṭōb* ist, kann aus seiner Hand das Gute wie das Böse, das Liebe wie das Leide empfangen werden (Hi 2,10; Klgl 3,38).

Wenn im Hymnus das Loben Gottes selbst *ṭōb* genannt wird (Ps 92,2; 147,1; ähnlich Ps 118,8.9; Klgl 3,26), bedeutet das kein Zweckdenken, sondern ist im *ṭōb* – Sein Gottes und seiner dem Lobpreis vorhergehenden Gnadentaten begründet (vgl. noch Ps 73,28).

Instruktiv ist Ps 63,4 das Nebeneinander von *ṭōb*, *ḥæsæd* und *ḥajjīm* »Leben«. Ps 69,17 und 109,21 ist die übliche Übersetzung »köstlich ist deine Gnade« zu statisch; eher liegt ein Hendiadyoin vor: »gütig ist deine Huld« (vgl. Kraus, BK XV, 479f.745f.).

c) Die Abstraktbegriffe sind teilweise schon zur Erklärung einzelner Begriffskomplexe herangezogen worden; sie seien hier noch in einer Übersicht nachgetragen.

Am einlinigsten ist *mēṭāb* »das Beste«; die Qualitätsangabe kommt nur in Verbindung mit »Land« (Gen 47,6.11), »Feld/ Weinberg« (Ex 22,4.4) und »Herde« (1Sam 15,9.15) vor.

Bei *ṭūb* ist das ursprüngliche Verständnis »Ertrag, was einem zukommt« (Gen 45,18.20.23; Jes 1,19; Jer 2,7; Esr 9,12; Neh 9,25.36; Begleitwörter sind »essen«, »sich sättigen«, »Frucht«) und allgemeiner »Vermögen, Besitz, Hab und Gut« (Gen 24,10; Dtn 6,11; 2Kön 8,9; Hi 20,21; Neh 9,25). Für *ṭūb* kann hier mit wesentlich gleichem Sinn auch *ṭōb* eintreten, wobei man sich natürlich die Vokalisationsunsicherheiten vergegenwärtigen muß (1 Sam 15,9; 1Kön 10,7; Jes 55,2; Jer 5,25; Sach 1,17; Ps 34,11.13; 85,13; 104,28; Hi 22,18; *ṭōbā*: Hi 22,21; Pred 6,3). Soll betont werden, daß Gott das Gute veranlaßt, bekommt *ṭūb* die Bed. »Segen, Heil« (Ps 27,13; 65,5; 128,5; Neh 9,25. 35; allgemeiner »Wohlergehen« Hi 21,16; Spr 11,10; dazwischen etwa Jer 31,12.14; vgl. auch Ps 65,12 *ṭōbā*). In der letzten Konsequenz liegt es, daß *ṭūb* schließlich die »Güte« bedeutet und damit in enge Berührung zu *ḥæsæd* tritt (Ex 33,19; Jes 63,7; Hos 3,5; Ps 25,7; 31,20; 119,66 txt?; 145, 7; vgl. *ṭōb* Ps 23,6; *ṭōbā* Ps 68,11). *ṭūb lēb* als »Herzensfreude« findet sich Dtn 28,47 und Jes 65,14; *ṭūb* als »Schönheit« Hos 10,11 und Sach 9,17.

Zwischen *ṭōb* und *ṭōbā* ist eine sichere Unterscheidung schwer zu finden. Mit Vorbehalt läßt sich sagen, daß *ṭōbā* neutraler mehr von der Guttat an sich redet, wobei der jeweilige Kontext die nötige Farbe ergibt (vgl. etwa Ri 8,35; 1Sam 24, 19). Das wird in den Verbindungen mit *'śh* »tun« und ähnlichen Verben besonders greifbar (Gen 44,4; Num 24,13 nach Gutdünken handeln; Ri 9,16; 1Sam 24,18.19; 25,21, aber V. 30 deutlich »Segen«; 2Sam 2,6 [vgl. dazu aber G. Buccellati, BeO 4, 1962, 233; W. L. Moran, JNES 22, 1963, 173–176; D. R. Hillers, BASOR 176, 1964, 46f.; J. S. Croatto, AION 18, 1968, 385–389]; Jer 18,20a; Ps 35,12; 38,21a, V. 21b dagegen ist *ṭōb* das sittlich Gute; 109,5; Spr 17,13; soweit *rā'ā* gegenübergestellt ist, wird an ein Verhalten gedacht, das durch eigenes Tun nicht gerechtfertigt ist). Diesen allgemeinen Sinn zeigen auch 2Chr 24,16 (»sich verdient machen«, Rudolph, HAT 21,276); Jer 18,20b (»zum Guten reden«, ähnlich Jer 15,11 mit *ṭōb*); 2Kön 25,28 = Jer 52,32 (»freundlich reden«); Neh 5,19 und 13,31 (»zum Guten gedenken«). *'śh ṭōb* betont dagegen stärker die moralische Seite eines Tuns (Ez 18,18; Ps 14,1.3; 34,15; 37,3.27; ähnlich Jes 5,20. 20; Am 5,14.15; Mi 3,2; Ps 38,21b; Spr 11,27; wohl auch Spr 11,23; 14,22; zum Entscheidungscharakter s. o. 4a).

Diese allgemeinere Bedeutung geht in die bestimmtere Vorstellung »Glück, Gelingen, Wohlergehen« über. Gegenüber *ṭōbā* ist eine Konkretisierung durch *ṭōb*, wenn sie beabsichtigt war, meist nicht mehr sicher erkennbar (*ṭōbā*: Dtn 23,7; Ps 16,2; 106,5; Hi 9,25; 21,25; Pred 4,8; 5,17; 6,6; 7,14 neben *ṭōb*, dieses wohl veranschaulichende Applikation; 9,18; Klgl 3,17; Esr 9,12; Neh 2,10; häufiger ist *ṭōb*: Num 10,29; Jer 8,15; 14,19; 17,6; Hos 8,3 betont »Glück«; Mi 1,12; Ps 4,7; 25,13; 34,13; 39,3; 103,5; 107,9; Hi 7, 7; 21,13; 30,26; 36,11; Spr 13,21; 16,20; 17,20; 18,22; 19,8; 28,10 txt?; Pred 2,1. 3; 3,12.12.13.22; 5,17; 8,12.13.15).

Ist Gott der Geber dieses glückhaften Zustandes, so bedeutet *ṭōbā* »Segen, Heil« (Ex 18,9; 1Sam 25,30; 2Sam 7,28 = 1Chr 17,26; 1Kön 8,66 = 2Chr 7,10; Jer 18, 10; 32,42; 33,9). Auch hier kann in gleicher Bedeutung *ṭōb* stehen, wobei der Gedanke an die konkrete Gestalt des Zustandes mitschwingt (Num 10,32, vgl. V. 29; Jes 52,7; Jer 29,32; Ps 21,4; 34,11; 84,12; 119,65; 122,9; Spr 24,25; 2Chr 6, 41; 10,7).

Dieser Inhalt des Begriffes *ṭōb* wird charakteristisch herausgearbeitet, wo *ṭōbā*/*ṭōb* mit *l^e* konstruiert ist. In allgemeiner Bedeutung findet sich *l^eṭōbā* »zum guten Werk« in Neh 2,18; aber meist ist es Jahwe, der als Herr für den Menschen diesen Zustand des Segens und Heils schafft (*ṭōbā*: Dtn 28,11; 30,9; Jer 14,11; 24,5; Ps 86, 17; Esr 8,22; *ṭōb*: Dtn 6,24; 10,13; Jer 32,39). Dies ist auch für Gen 50,20 anzunehmen (die Übersetzung »zum Besten kehren« reicht nicht ganz aus; Gott hat den bösen Plan zum Heil werden lassen; vgl. Ps 119,122). Die Verantwortung, die der Mensch hat, wird durch die Gegenüberstellung von *ṭōbā* und *rā'ā* in der prophetischen Verkündigung unterstrichen. Jahwe muß nicht zum Segen, er kann auch zum Unheil handeln. Das findet sich schon Am 9,4; es kennzeichnet die Botschaft Jeremias in besonderem Maße (Jer 21,10; 24,6; 39,16; 44,27).

5. In der LXX wird *ṭōb* meistens durch ἀγαθός, ferner durch καλός und χρηστός wiedergegeben. Zum nach-atl. Sprachgebrauch vgl. W. Grundmann, Art. ἀγαθός, ThW I,10–18; E. Beyreuther, ThBNT I, 621–626. *H. J. Stoebe*

טמא *ṭm'* unrein sein

1. Außer im Hebr. ist das Verbum *ṭm'* im Aram. und Arab. bekannt (vgl. LS 279f.); es fehlt im Akk., Ug. und in den dem AT gleichzeitigen nwsem. Inschriften.

Neben dem Verbum (q., ni., pi., pu., hitp. und hotp., GK §54h; BL 285) kommen im AT das Adj. *ṭāmē'* »unrein« und das Subst. *ṭum'ā* »Unreinheit« vor (Mi 2,10 txt? *ṭom'ā*, oder Inf.q.?).

2. Für das Verbum finden sich im AT 160 Belege. Die exilischen und nachexilischen Texte haben ein erdrückendes Übergewicht: Lev, Num (P) und Ez enthalten über 85% der Belege (Lev 85 ×, Ez 30 ×, Num 23 ×). Das Qal steht 75 × (Lev 58 ×, Num 10 ×, Ez 4 ×, dazu Hag 2,13.13 und Ps 106,39), Ni. 18 × (Num 7 ×, Ez 6 ×, Lev und Hos 2 ×, Jer 1 ×), Pi. 50 × (Lev 17 ×, davon 12 × in Lev 13,3–59 und 20, 25 in der Bed. »für unrein erklären«; Ez 14 ×, Num 5 ×, 2Kön 23,8–16 4 ×, Gen 34 und Jer je 3 ×, ferner Dtn 21,23; Jes 30, 22; Ps 79,1; 2Chr 36,14), Pu. 1 × (Ez 4,14), Hitp. 15 × (Lev 8 ×, Ez 5 ×, Num 6,7 und Hos 9,4), Hotp. 1 × (Dtn 24,4).

ṭāmē' kommt 89 × vor (Lev 47 ×, in 13, 45 verdoppelt; inkl. 5,2b, das meist nach V.3.4 in *jāda'* korrigiert wird, vgl. Elliger, HAT 4,55f.; Num 12 ×, Dtn 8 ×, Ez 5 ×, außerdem Jos 22,19 P; Ri 13,4; Jes 6,5.5; 35,8; 52,1.11; 64,5; Jer 19,13; Hos 9,3; Am 7,17; Hag 2,13.14; Hi 14,4; Pred 9,2; Klgl 4,15; 2Chr 23,19), *ṭum'ā* 37 × (Lev 18 ×, Ez 8 ×, außerdem Num 5,19; 19,13; Ri 13,7.14; 2Sam 11,4; Sach 13,2; Klgl 1,9; Esr 6,21; 9,11; 2Chr 29,16).

3./4. Zum Begriff und den Vorstellungen der Unreinheit vgl. →*ṭhr*: Verunreinigung und Unreinheit erfordern die Reinigung.

Transitives »verunreinigen« wird auch durch *g'l* II pi. (Mal 1,7) und hi. (Jes 63,3), »verunreinigt werden« durch *g'l* ni. (Jes 59,3 Form?; Zeph 3,1; Klgl 4,14) und pu. (Mal 1,7.12; Esr 2,62; Neh 7,64) und »sich unrein machen« durch *g'l* hitp. (Dan 1,8.8) ausgedrückt; vgl. *gō'al* »Befleckung« Neh 13,29.

Gen 34,5.13.27 wird die Vergewaltigung Dinas als »Verunreinigung« bezeichnet. Bathseba hat sich nach ihrer Periode durch Waschung »von ihrer Unreinheit« geheiligt (2Sam 11,2.4). Simsons Mutter erhält bei der Ankündigung seiner Geburt den Befehl, nichts Unreines zu essen (Ri 13,4. 7.14); das ist jedesmal mit dem Verbot von Wein und berauschendem Getränk verbunden. Für Hosea ist Israel durch Hurerei verunreinigt (Hos 5,3; 6,10); deshalb muß es in Assur Unreines essen (9,3) und wird sich – wie durch den Genuß von »Trauerbrot« – verunreinigen (9,4, vgl. Wolff, BK XIV/1,199f.; Rudolph, KAT XIII/1,172. 176). Amos droht Amazja an, er werde in fremdem, unreinem Land sterben (Am 7, 17), und Jesaja fürchtet, verloren zu sein (anders Wildberger, BK X, 232f.), weil er als Mann unreiner Lippen, unter einem Volk mit unreinen Lippen lebend, den König Jahwe Zebaoth gesehen habe (Jes 6,5). Jeremia prangert die Verunreinigung von Land und Tempel (Jer 2,7; 7,30; 32,34) und die Selbstbefleckung Israels (2,23; vgl. Ps 106,39) an. Dagegen spricht Ps 79,1 von der Verunreinigung des Tempels durch die Heiden. Nach dem dtn. Gesetz wird das Land verunreinigt, wenn ein Gehängter nicht vor Einbruch der Nacht abgenommen wird (Dtn 21,23), und eine Frau hat sich durch Wiederheirat nach ihrer Scheidung verunreinigt (24,4). Josia verunreinigt die Stätten des Götzendienstes (2Kön 23,8.10.13.16; vgl. Jes 30,22; Jer 19,13).

Zu Deuterojesajas Verheißung gehört es, daß kein Unreiner mehr nach Jerusalem kommen wird (Jes 52,1; vgl. 35,8); die Heimkehrenden sollen nichts Unreines anrühren (52,11). Solche Auffassungen werden nach dem chronistischen Geschichtswerk praktiziert (Esr 6,21; 9,11; 2Chr 23,19; 29,16; das Gegenstück findet sich 36,14). Die ansteckende Wirkung der Unreinheit bezeugt Haggai: Berührt ein durch eine Leiche Verunreinigter irgendetwas Genießbares, so wird es auch unrein; ebenso werden die von Unreinen dargebrachten Opfer unrein (2,13f.). Sach 13,2 kündigt den Propheten und dem »unreinen Geist« die Verbannung an.

Die Verunreinigung erfolgt nach dem Zeugnis Ezechiels vor allem durch Götzendienst (Ez 20,7.18.30f.43; 22,3f.; 23,7.13. 17.30; 36,18; 37,23, meist in Verbindung mit dem Wort *gillūlīm* »Götzen«, vgl. Zimmerli, BK XIII,149f.) und Ehebruch (18,6.11.15; 22,11; 33,26). Wo es um die Mißachtung des Heiligtums geht, erregt sich der heftigste Unwille des Propheten (5,11; 23,38). Er sagt die Strafe der radikalen Verunreinigung des Tempels auf Jahwes Befehl voraus (9,7) und erklärt, Jahwe selbst habe Israel durch das Erstgeburtsopfer unrein machen und mit Entsetzen erfüllen wollen (20,26; dazu Fohrer, HAT 13,112–114; Zimmerli, BK XIII, 449f.).

In der Priesterschrift und im Heiligkeitsgesetz konzentriert sich der Gebrauch des Stammes in Lev 11 (Verbum 20 ×, Adjektiv 14 ×), Lev 13 (Verbum 13 ×, davon 11 × deklarativ, Adj. 8 ×), Lev 15 (Verbum 25 ×, Adj. 4 ×, Subst. 7 ×) und Num 5; 9; 19. Verschiedene feste Formeln kommen häufig zur Anwendung: »als unrein soll es euch gelten« nur Lev 11 und Dtn 14, ohne »euch« besonders in Lev 13; »er ist unrein bis zum Abend« in Lev 11 und 15; »sodaß er dadurch unrein wird« nur Lev 15,32; 18,20.23; 19,31; 22,8 (vgl. Elliger, HAT 4,150ff. Anm. 4.14.18, 240 Anm. 18).

5. Zum Vorgang der Verunreinigung und den Arten der Unreinheit nach der Auffassung des priesterlichen Schrifttums sowie zu der Entwicklung in der rabbinischen Zeit s. zu →*ṭhr*. Zur LXX und zum NT vgl. F. Hauck, Art. μιαίνω, ThW IV, 647–650. *F. Maass*

יָד *jād* Hand

1. Die hebr. *jād* »Hand« zugrunde liegende zweiradikalige Wurzel **jad-* ist gemeinsemitisch (Bergstr. Einf. 184; P. Fronzaroli, AANLR VIII/19, 1964, 259. 273.279) und bedeutet ursprünglich sowohl »Arm« (→*zᵉrōaʿ*) wie »Hand« (so im Akk., vgl. H. Holma, Die Namen der Körperteile im Ass.-Bab., 1911, 116f.; in letztgenannter Bedeutung wurde *idu* aber von *qātu* »Hand« verdrängt, vgl. Dhorme 138f.). Auch im WSem. meint *jd* noch manchmal »Arm« (vgl. hebr. *bēn jādájim*, Sach 13,6, und ug. *bn ydm* »Schultern«, UT Nr. 1072; Gen 49,24 *zᵉrōʿē jādāw*?; Hhld 5,14, wo *jādāw* mit »goldenen Walzen« verglichen werden).

In den Amarna-Briefen zeigt sich noch der erwähnte Wechsel in der Bedeutung, indem *ina qātīšu* »in seiner Hand« durch *badiu* (EA 245,35) und *qātu* durch *zuruḫ (= zᵉrōaʿ)* (EA 287,27; 288,34) glossiert worden sind. Die doppelte Bedeutung liegt auch im Arab. vor (vgl. z. B. Wehr 982a).

Die Bezeichnung des d-Lautes in der Gestalt der Hand in der altäg. Schrift läßt auf eine vorhistorische Verwendung desselben Wortes *jd* im äg. Raum schließen.

Im Ug. findet sich mit der Präposition *b* die Kurzform *bd* (vgl. auch syr. *bad* für *bᵉjad*). Ausfall des *j* kommt auch in *šbʿd* bzw. *šbʿid* »siebenfach« vor (UT Nr. 1072). Eine Verwechslung zwischen *bᵉjād* und *bᵉʿad* läßt sich im AT daher entweder phonetisch oder graphisch begründen (*bjd* statt *bʿd:* Jes 64,6; *bʿd* statt *bjd:* 1Sam 4,18; Jo 2,8; R. Gordis, JBL 62, 1943, 341–344).

Zu möglichen Denominativen von *jād* vgl. J. L. Palache, Semantic Notes on the Hebrew Lexicon, 1959, 38.

2. Mit etwas über 1600 Belegen gehört *jād* zu den im AT am häufigsten vertretenen Wörtern:

	Sing.	Dual	fem. Plur.	total
Gen	79	14	2	95
Ex	91	12	6	109
Lev	41	9	–	50
Num	41	4	–	45
Dtn	71	12	–	83
Jos	34	2	–	36
Ri	83	9	–	92
1Sam	117	2	–	119
2Sam	53	9	1	63
1Kön	42	1	6	49
2Kön	61	11	1	73
Jes	71	21	–	92
Jer	95	22	–	117
Ez	93	15	–	108
Hos	5	1	–	6
Jo	1	–	–	1
Am	4	–	–	4
Ob	–	–	–	–
Jon	–	–	–	–
Mi	4	1	–	5
Nah	–	–	–	–
Hab	1	1	–	2
Zeph	3	1	–	4
Hag	3	2	–	5
Sach	14	5	–	19
Mal	5	–	–	5
Ps	58	36	–	94
Hi	40	13	–	53
Spr	21	10	–	31
Ruth	3	–	–	3
Hhld	1	3	–	4
Pred	8	5	–	13
Klgl	9	6	–	15
Est	21	1	–	22
Dan	14	1	1	16
Esr	13	4	–	17
Neh	35	5	1	41
1Chr	38	7	–	45
2Chr	72	8	2	82
hebr. AT	1345	253	20	1618
aram. Dan	10	2	–	12
aram. Esr	5	–	–	5
aram. AT	15	2	–	17

Nicht gezählt ist Hag 2,10 *bᵉjad* (BH³: *'æl*); in Lis. fehlt Hos 12,11. In Ex 32,19; Lev 9,22; 16,21; Hi 5,18; Spr 3,27 und 2Chr 18,33 (vgl. 1Kön 22,34) ist Q vorgezogen; Dtn 32,27 ist als Sing., Hab 3,10 txt? als Plur. gerechnet.

Am häufigsten begegnet das Wort in 1Sam und Jer (hier über 50 × in Verbindung mit *bᵉ*), gefolgt von Ex und Ez.

3. a) Im eigentlichen Sinne meint *jād* im Hebr. die Hand eines Menschen (Gen 38,28; 1Kön 13,4–6) oder eines Engels (Dan 10,10).

Gegenstände, die man mit der Hand umfassen kann, werden manchmal durch Hinzufügung von *jād* als solche näher bezeichnet (Num 35,17 Stein; 35,18 hölzernes Werkzeug; Ez 39,9 Stock). Exklusiv als *menschliche* Hand ist *jād* verwendet in Dan 8,25 und Hi 34,20. Abhauen der Hand wird in Talionsgesetzen (Ex 21,24; vgl. Lev 24,19; Alt, KS I,343; Noth, ATD 5, 147; D. Daube, Studies in Biblical Law, 1947, 128), bei der beim Streit zwischen Männern die männliche Scham des nichteigenen Mannes berührenden Frau (Dtn 25,11f.) und u. U. beim rechtsbrecherischen Zeugen (Dtn 19,16–21) angedroht. Zu der an der Wand des Palastes Belsazars von einer mysteriösen Menschenhand (Dan 5,5) geschriebenen Menetekel-Inschrift vgl. Eißfeldt, KS III,210–217.

Mehr oder weniger synonym mit *jād* sind in dieser Bedeutung →*zerōa'* »Arm«, *jāmīn* »rechte Hand«, *śemōl* »linke Hand«, *kaf* »hohle Hand, Handfläche« (192×, exkl. Lev 23,40; Ps 21×, Num 20×, Lev, Jes und Hi je 13×, Ez 12×; sing. 106×, du. 63×, plur. 23×; von Gottes schützender Hand Ex 33,22f.) und *ḥofnájim* »die beiden hohlen Hände« (6×). Vgl. noch *'ægrōf* »Faust« (Ex 21,18; Jes 58,4; HAL 11).

b) Erweiterter Gebrauch von *jād* ist gemeinsemitisch und ergibt sich aus der Stelle der Hand (bzw. des Armes, s.o. 1) am Körper und aus ihrer Verwendung:

(1) Wie akk. *idu* (vgl. *ana idi* »neben«) meint *jād* »Seite« (einer Stadt Jos 15,46; eines Weges 1Sam 4,13; 2Sam 15,2; eines Tores 1Sam 4,18; eines Landes Gen 34, 21; eines Volkes 2Chr 21,16) bzw. »Ufer« (eines Flusses Ex 2,5; Num 13,29; Dtn 2, 37). In diesen Zusammenhang gehört auch die Bedeutung des abseits Gelegenen (Dtn 23,13 »Abort«).

(2) Die gebende und empfangende Hand führt zur Bed. »Teil, Fraktion« (akk. *manû ina/ana qātā* »als Teil zuteilen«; Plur. fem. hebr. *jādōt*, akk. *qātāti*; ug. *yd* Krt [= IK] 127?, vgl. UT Nr. 1072) in Gen 35,4; Jer 6,3; 2Kön 11,7 u.ö. (vgl. P. Joüon, Bibl 14, 1933, 453).

(3) Gleichsam wie Hände dienen die Zapfen zum Verzahnen von Brettern (Ex 26,17; 36,22), die Handgriffe am ehernen Meer (1Kön 7,35f.; vgl. ug. *ydt* UT 1127, Z. 9) und die Armlehnen am salomonischen Thron (1Kön 10,19 fem.Plur. *jādōt*).

(4) Die Verwendung der Hand zum Zeigen dürfte der Bed. »Denkmal« (1Sam 15,12; 2Sam 18,18; Jes 56,5) oder »Wegzeichen« (Ez 21,24) zugrunde liegen. Im Gegensatz zu *nēs* »Panier« handelt es sich dabei vielleicht um beschriftete Steine (Zimmerli, BK XIII,487). M.Delcor, JSS 12, 1967, 230–234, neigt dazu, die Bezeichnung derartiger Stelen von den auf ihnen dargestellten Händen zu erklären und vergleicht pun. und kan. Stelen mit Händen als Relief (vgl. K.Galling, ZDPV 75, 1959, 7).

(5) In diesem Zusammenhang sei auch die Bedeutung von *jād* als »membrum virile« erwähnt (Jes 57,8.10?; 1QS 7,13; vgl. ug. *yd* und mand., s. UT Nr. 1072). Man hat diese Verwendung von *jād* archäologisch von als Phallus dargestellten Masseben, stilistisch als Euphemismus (vgl. Jes 6,2; 7,20) und philologisch von der Wurzel *wdd/jdd* »lieben« (ug., arab.) her zu erklären versucht (M.Delcor, a.a.O. 234–240). Im letzteren Falle hätte *jād* als »membrum virile« mit *jād* »Hand« also nichts zu tun (vgl. A.Fitzgerald, CBQ 29, 1967, 368–374).

c) Im übertragenen Sinne »Macht« o.ä. trifft sich der Aspekt der Vorstellung öfters mit der Bedeutung des analog verwendeten →*zerōa'* »Arm«. So steht *jād* öfters für die Macht oder Fähigkeit eines Menschen, die ihn instand setzen, über andere zu herrschen (1Chr 18,3), Gewalt zu üben (1Sam 23,7), zu strafen (Ps 21,9), sich aus einer gefährlichen Lage zu retten (Jos 8, 20), in Fülle Gaben zu verschenken (nur vom König gesagt: 1Kön 10,13; Est 1,7; 2,18), sich eifrig zu betätigen (Spr 10,4; 12,24), usw.

Diese Macht konkretisiert sich im Besitz (Lev 25,28) und Vermögen (Lev 5,7; 25,47; 27,8; vgl. G.Rinaldi, BeO 6, 1964, 246), vgl. *ḥájil* »Kraft, Vermögen, Heer« und →*kōaḥ*.

d) Eigentliche, erweiterte und übertragene Bedeutung lassen sich nicht immer deutlich unterscheiden in den verschiedenen Wortverbindungen, die *jād* mit einem Verbum und/oder einer Präposition eingeht:

(1) Zum Bereich des alltäglichen Lebens gehören: die Hand auf den Mund legen im Sinne von »schweigen« (Mi 7,16; Hi 21,5 u.ö.); die Hand schwingen in der Bed. »drohen« (Jes 10,32; 11,15; 19,16; Sach 2, 13; Hi 31,21); vgl. mit *kaf*: in die Hände klatschen, entweder vor Freude (Jes 55, 12), vor Zorn (Num 24,10), um einem König zu huldigen (2Kön 11,12), vor Schadenfreude (Nah 3,19; Klgl 2,15). Als Ausdruck der Trauer legt man seine Hände auf den Kopf (2Sam 13,19; Jer 2,37; AOB Abb. 195.198.665; BHH III,2022).

(2) Zum Bereich des Rechtslebens gehören die sich aus den Gebärden der Hand ergebenden Ausdrücke: Beim Schwur erhebt (*rūm* hi., *nś'*; vgl. akk. *našû qāta/qātā*) man seine Hand oder seine Hände (Gen 14,22; Dan 12,7) zu Gott im Himmel, oder der Schwörende legt seine Hand unter die Hüfte desjenigen, dessen Wunsch zu erfüllen er gelobt (nur in patriarchalischer Zeit belegt: Gen 24,2; 47,29). Die Berührung des Geschlechtsorgans bezeichnet möglicherweise Sterilität oder Vernichtung der Nachkommen beim Nichteinhalten des Gelübdes (E.A.Speiser, Genesis, 1964, 178). Zu vergleichen wäre auch *ntn jād táḥat* »sich jemandem gelöbnisweise unterwerfen« (1Chr 29,24).

Handschlag gibt man bei einer Bürgschaftsleistung (Spr 6,1 mit *kaf*), zur Bestätigung einer Vereinbarung (Esr 10,19) und einer Aussage (2Kön 10,15). Der Ausdruck *jād lejād* ist Formel und Geste der Bestätigung, speziell bei der Bürgschaftsleistung (Spr 11,21; 16,5).

Im Gegensatz zu *bišgāgā* »unabsichtlich« (→*šgg*; Lev 4,2.22.27 u.ö.; Num 15,27–29) steht *bejād rāmā* »mit erhobener Hand« von einer vorsätzlichen Übertretung in Num 15,30 (in Ex 14,8 und Num 33,3 ist die Hand Jahwes gemeint).

(3) Während im Akk. *mullû ana qāt* »die Hand füllen« die Übereignung einer Person, einer Bevölkerung, eines Reiches usw. in die Hände eines bestimmten Individuums meint (AHw 598), beschränkt sich hebr. *ml'* pi. *jād* auf den kultischen Bereich und bedeutet die Investitur von Priestern und Leviten (Ex 28,41; 29,29; vgl. 32,29; Lev 8,33; Ri 17,5.12; 1Kön 13, 33; 2Chr 13,9 u.ö.).

(4) In zahlreichen anderen Wendungen, die in mannigfachen Lebensbereichen benutzt werden, ist *jād* in Verbindung mit einer Präposition (am häufigsten *be* und *min*) mehr oder weniger abgeblaßt.

In Verbindung mit *mijjad* »aus der Hand von« bedeutet →*nṣl* hi. die Rettung aus der Gewalt eines Widersachers (Ex 3,8; Jes 47,14) und findet besonders in der Gebetssprache (Ps 22,21; 31,16 u.ö.), in der Rechtssphäre (bei der Blutrache Num 35,25), im politisch-militärischen Bereich (Jos 9,26; 1Sam 7,14) und bei der Beschreibung von Jahwes Rettermacht vor allem vor politischen Feinden (Dtn 32,39; Ri 8,34; Jes 43,13 usw.) Verwendung. →*jš'* hi. »retten« mit *mijjad* ähnelt in seiner Verwendung dem Gebrauch von *nṣl* hi., dagegen sind →*pdh* »loskaufen« (Hos 13,14; Ps 49,16) und →*g'l* »lösen« (Jer 31,11; Ps 106,10) durchweg mit Jahwe als Subjekt gebraucht.

In Verbindung mit *mijjad* bedeutet →*qnh* »erwerben« den Übergang eines gekauften Besitzes aus der Hand des einen in die des anderen (Gen 33,19; Lev 25,14; Ruth 4,5.9 u.ö.), *'sp* »sammeln« die Einbringung von Spenden (nur 2Chr 34,9), →*lqḥ* »nehmen« das Empfangen (Gen 38,20; Num 5,25; von Sühne Jes 40,2; Opfer Ri 13,23), besonders aber militärisch die Wegnahme bestimmter Gebiete (Gen 48,22; Dtn 3,8; 1Kön 11,35; 1Chr 18,1 u.ö.).

In Verbindung mit *mijjad* gehören zur Gebetssprache →*plṭ* pi. »retten« (Ps 71,4), zum Bereich des Rechtslebens →*drš* »fordern« (Gen 9,5; Ez 33,6), →*bqš* »fordern« (1Sam 20,16), →*nqm* »rächen« (2Kön 9,7) und →*špṭ* »Recht verschaffen gegenüber« (2Sam 18,19.31).

Mit *bejad* meint →*ntn* »zur Verfügung stellen, schenken, unter Befehl stellen« usw. (Gen 27,17; 2Sam 10,10; 16,8), vor allem aber im militärischen und rechtlichen Bereich die Auslieferung in die Hände der Feinde oder des Widersachers (allgemein 1Kön 18,9; Jer 26,24 u.ö.; bei der Blutrache Dtn 19,12). Wegen seiner Macht ist Jahwe derjenige, der die Feinde ausliefert. Der Ausdruck ist daher bezeichnend für die Sprache der Orakeleinholung vor der Schlacht (2Sam 5,19; 1Kön 22,6) oder beim Kriegsgelübde (Num 21,2; Ri 11,30); vgl. beim Ephod-Orakel *sgr* hi. »ausliefern« (1Sam 23,20) und *mkr* »verkaufen« (Ri 2,14; 10,7; 1Sam 12,9; Jo 4,8 u.ö.).

→*dbr* pi. *bejad* »reden durch (Subjekt: Gott)« ist speziell für die dtr. und die davon beeinflußten nachexilischen Schriften bezeichnend für die von Jahwe als seine Botschafter zum Volke Israel gesandten Propheten (1Kön 16,12; 17,16; 2Kön 9,36; 10,10; 14,25; Jer 37,2; Hag 1,1.3; 2,1.10 [MSS]; Mal 1,1; für Mose aber Ex 9,35; Num 17,5; 27,23; vgl. auch Jes 20,2 und Hos 12,11, ferner in den Amarna-Briefen die Wendung *qabû ina qāti* »durch jemanden sprechen«, EA 263, Z. 20f.). Dagegen bezieht sich *ṣwh* pi. *bejad* auf die Gebote, die Gott durch Vermittlung Moses seinem Volke bekanntgab (Ex 35,29; Lev 8,36; Num 15,23; Jos 14,2; 21,8; Neh 8,14 u.ö.). Erst in der späteren Literatur findet sich die Wendung auch in bezug auf die Propheten (Esr 9,11, aber in Zusammenhang mit der Landnahme; 2Chr 29,25 Verordnungen für die Leviten). Vereinzelt steht in dieser Bedeutung auch *ntn bejad* »geben durch« (Lev 26,46 Mose). →*šlḥ bejad* bezeichnet die Überbringung eines Geschenkes (Gen 38,20; 1Sam 16,20), eines Tieres (Lev 16,21 pi.) oder die Erledigung eines Auftrags (1Kön 2,25; vgl. Ex 4,13) vermittels eines Beauftragten.

Für Verbindungen mit anderen Präpositionen s. die Wörterbücher.

4. Anthropomorph ist von der Hand Gottes über 200 × im AT die Rede (entweder im Ausdruck *jad Jhwh* oder mit suffigiertem oder absolut verwendetem *jād*).

a) Zunächst ist *jād* Bezeichnung für die unwiderstehliche Macht Jahwes (Dtn 32, 39) und die sich daraus ergebenden Taten Gottes. Als Ausdruck ist sie im sem. Raum vorgegeben (akk. *qāt ili*, *qāt ištar*, freilich nur in bezug auf Krankheiten, die auf einem Menschen lasten, vgl. Dhorme 145, dazu Ps 32,4; 39,11; 1Sam 5,6; 6,3.5; ug. *byd btlt* [*'nt*], 3 Aqht [= IIID] rev. 14: »[helfen] aus der Hand der Jungfrau [Anat]«). Es ist daher fraglich, ob die starke Betonung der Rede von der Hand (und dem Arm) Jahwes ihren Ausgang von den Auszugsberichten genommen hat. Die Allmacht Gottes manifestiert sich in der Schöpfung (Jes 45,12; 48,13; Ps 8,7; Hi 26,13) und Erhaltung der Welt (Hi 12, 9), in der von ihm gewährten Hilfe (Jes 51, 16; Ps 119,173), in dem von ihm geschenkten Heil (vgl. die spätere fromme Rede von der gütigen Hand Gottes Esr 7,6.9; Neh 2,8.18) und in der von ihm geübten Strafe (Ps 32,4; 39,11; Hi 12,9), dann aber besonders auch in der Heilstat der Erlösung des Volkes aus Ägypten (»mit starker Hand« Ex 13,9; vgl. 3,19; 6,1; Dtn 6,21; 7,8; 9,26; Dan 9,15; »mit starker Hand und mit ausgerecktem Arm« Dtn 4,34; 5, 15; 7,19; 11,2; 26,8; Jer 32,21; Ps 136, 12; in 1Kön 8,42 = 2Chr 6,32 nicht direkt auf Ägypten bezogen; →*ẓerōa'*, →*ḥzq*).

b) Anderer Art ist die Rede vom Kommen (1Kön 18,46; Ez 3,22; 33,22) bzw. Fallen (Ez 8,1) der Hand Jahwes auf einen Propheten. Damit ist nicht bloß eine prophetische Formel für den Wortempfang gemeint (F. Häussermann, Wortempfang und Symbol in der atl. Prophetie, 1932, 22ff.), der als Druck und Hemmung empfunden wurde, sondern auch eine visionäre Verzückung (P. Volz, Der Geist Gottes, 1910, 70). Vermöge der Hand Jahwes rennt Elia vor Ahabs Wagen her vom Karmel bis nach Jesreel (1Kön 18,46). Der Zustand der Verzückung wird durch Musik bewußt angestrebt (2Kön 3,15). Zwangsmäßiges hat der Zugriff der Hand Gottes bei den Schriftpropheten Jesaja (8,11), Jeremia (15,17) und Ezechiel, der die Formel an sieben Stellen in Verbindung mit Visionsberichten aufweist (Ez 1,3; 3,14. 22; 8,1; 33,22; 37,1; 40,1; vgl. Zimmerli, BK XIII, 49f.; →*ḥzq*).

c) Im Gegensatz zu *šlḥ jād* »die Hand ausstrecken« (P. Humbert, Etendre la main, VT 12, 1962, 383–395, S. 388: »un geste banal et rapide de la main, soit au sens purement naturel et physique pour saisir un objet, soit avec une connotation morale pour une entreprise ou une main-mise, de nature surtout hostile, mais, très exceptionnellement, pacifique. Geste essentiellement humain«) bezieht sich *nṭh jādō 'al* »seine Hand ausstrecken gegen« nur auf Gott oder auf seinen Vertreter (so in Ex). Die durch diese Wendung zum Ausdruck gebrachte Gebärde bezieht sich auf den Auftrag, die göttliche Strafe zu vollziehen oder weist direkt auf den Strafverfallenen. Niemals hat sie Heilsbedeutung (im Gegensatz zu *šlḥ jād*, wo diese möglich ist: Gen 48,14; Spr 31,20).

d) Zum Bereich des Bundes gehört *ntn jād leJhwh* »sich Jahwe ergeben« (R. Kraetzschmar, Die Bundesvorstellung im AT, 1896, 47; vgl. J. Wellhausen, Reste arab. Heidentums, 1897, 186; profan: 2Kön 10, 15; Ez 17,18).

e) Beim Gebet erhebt man die Hand (Hände) zu Gott im Himmel (Dtn 32,40) oder streckt sie aus (Jes 1,15 *kaf*), entsprechend altorientalischem Brauch (akk. *niš qāti* »Handerhebung«).

5. In den Qumranschriften setzt sich im großen und ganzen der atl. Gebrauch von *jād* fort, nur findet die Erlösung aus Ägypten keine Erwähnung. Ähnlich ist die Verwendung im NT, vgl. W. Bauer, Gr.-dt. Wörterbuch zu den Schriften des NT, [5]1958, 1039–41 sub voce χείρ.

A. S. van der Woude

ידה *jdh* hi. preisen

1. *jdh* hi. »preisen, bekennen« (hitp. »bekennen«) hat Entsprechungen im Bibl.-Aram. (*jdh* ha. »preisen« Dan 2,23; 6,11), Palm. (DISO 104) und späteren Aram. (KBL 1080f.), sowie entfernter im Arab. und Äth. (KBL 363f.).

Ein Zusammenhang mit *jdh/jdd* I »werfen, schießen« (Mand. 457) ist abzulehnen.

Neben dem Verbum (hi., hitp.) ist das Subst. *tōdā* »Loblied, Lobopfer« gebräuchlich. Ganz unsicher ist das Nomen *hujjedōt* »Loblied« Neh 12,8 (vgl. Rudolph, HAT 20,190). Vgl. noch den Personennamen *Hōdawjā(hū)* (Noth, IP 32.194f.219).

2. Das Verbum begegnet 100 × im Hi. (dazu 2 × aram. ha.) und 11 × im Hitp. Das Nomen *tōdā* ist 32 × belegt (Ps 12 ×, Lev 5 ×, Neh 4 ×), *hujjedōt* 1 × (s.o.).

jdh hi. kommt in den Psalmen 67 × vor (verdoppelt in Ps 67,4.6; 75,2); es liegt also eine sehr charakteristische Häufung vor (daneben 20 × in Esr-2Chr).

3. Der nicht-theologische Gebrauch ist sehr selten: Gen 49,8 »Juda, dich preisen deine Brüder« (volksetymologische Erklärung des Namens *Jehūdā*, vgl. Gen 29, 35); Ps 45,18 (Obj. König); 49,19 txt em, der Reiche preist seine Seele, daß sie sich gütlich tut; Hi 40,14 »dann will auch ich (Jahwe) dich (Hiob) anerkennen, daß deine Rechte dir hilft«.

Eine ausgeprägte Verwendung liegt nicht vor, aber die wenigen Stellen des nicht-theologischen Gebrauchs lassen doch einige Schlüsse zu: (a) Es zeigt sich ein deutlich erkennbarer Unterschied zu →*hll* pi. Dort wird im nicht-theologischen Gebrauch die Schönheit eines Menschen oder der Ruhm einer Stadt gepriesen; das Obj. zu *hll* pi. ist ein Sein. Bei den wenigen Stellen des untheologischen Gebrauchs von *jdh* hi. ist es Reaktion auf einen Akt oder ein Handeln: Gen 49,8 der Aufstieg des Stammes Juda, Ps 45,18 das Regiment des Königs, 49,19 Erwerb und Genuß des Reichtums, Hi 40,14 »daß deine Rechte dir hilft«. Der profane Gebrauch der beiden Verben zeigt also, daß *hll* pi. Reaktion auf ein Sein, *jdh* hi. die Antwort auf eine Handlung oder ein Handeln ist. Dem entspricht beim theologischen Gebrauch die ursprüngliche Zugehörigkeit von *jdh* hi. zum berichtenden, von *hll* pi. zum beschreibenden Gotteslob (Danklied bzw. Hymnus, vgl. C. Westermann, Das Loben Gottes in den Psalmen, [4]1968; anders F. Crüsemann, Studien zur Formgeschichte von Hymnus und Danklied in Israel, 1969, 9f.). (b) Die wenigen Stellen lassen keine sichere Bestimmung der Grundbedeutung zu; es ist aber festzuhalten, daß *jdh* hi. an keiner dieser Stellen die Bed. »danken« hat und auch an keiner dieser Stellen mit »danken« übersetzt wird. Eine Grundbedeutung »danken« für *jdh* hi. ist dann von vornherein nicht anzunehmen (dazu s.u. 4e).

4. Innerhalb des theologischen Gebrauchs begegnen Verbum und Nomen in zwei Bedeutungen: die häufigere und in festen Formen geprägte ist »loben, preisen, danken« (4a–g), daneben bedeutet es »(die Sünden) bekennen« (hi. 6×, hitp. 11×, *tōdā* 2×, s.u. 4h). Was die beiden Bedeutungen verbindet, können wir mit »anerkennen« oder »bekennen« wiedergeben; wir können von einem »Lobbekenntnis« sprechen. Beides ist ein Anerkennen, einmal des rettenden Wirkens Gottes, dann auch ein Anerkennen des eigenen Fehlweges, des eigenen Versagens. Indem einer seine Verfehlung bekennt, erkennt er Gott, an dem er sich verfehlt hat, an (Jos 7,19; etwas anders H. Grimme, ZAW 58, 1940/41, 234–240).

a) Die bei weitem häufigste Bedeutungsgruppe ist der Voluntativ »ich will Jahwe preisen!«. Diese Form begegnet 29× im Sing. (dazu 2× mit *tōdā*; im Plur. 5×: Ps 44,9; 75,2.2; 79,13; 1Chr 29,13; mit *tōdā* Ps 95,2). Es ist die Form des Lobgelübdes am Ende der Klage des Einzelnen, die als Ankündigung des Lobes oder Entschluß zum Lob am Anfang des berichtenden Lobpsalms (Dankpsalms) des Einzelnen wiederkehrt, aber auch an anderen Stellen begegnet. Aufschlußreich für den Sinn des Verbums in dieser Form ist die einzige Stelle, an der sie außerhalb der Psalmensprache vorkommt: Gen 29,35, ein Ausspruch der Lea bei der Geburt ihres Sohnes Juda, durch den dessen Name erklärt wird: »nunmehr will ich Jahwe preisen!« Die Situation erklärt den Ausspruch: Die Geburt des Kindes, die die so lange zurückgesetzte Mutter mit Freude erfüllt, läßt sie ein Gelübde oder Versprechen aussprechen. Das »ich will preisen« also ist Reaktion auf ein Ereignis, in ihm kommt die Freude über dieses Ereignis zu Wort, die spontan das Versprechen hervorbringt. In diesem Ausspruch der beglückten Mutter ist nicht oder jedenfalls nicht nur gemeint, was unser Wort »danken« ausdrückt. Das *happá'am* »nunmehr« zeigt an, daß die Geburt des Kindes eine Wende ihres Leides gebracht hat, und *von jetzt an* will sie Jahwe preisen, d.h. die frohe Hinwendung zu Jahwe soll die auf dieses Ereignis folgende Zeit bestimmen. Der gleiche Vorgang ist in den Psalmstellen gemeint, z.B. Ps 28,7 »da ward mir geholfen und mein Herz frohlockte; mit meinem Lied will ich ihn preisen!«. Auch hier ist das *jdh* hi. Reaktion auf ein Ereignis; aus der Freude dieses Ereignisses erwächst das Versprechen des Gotteslobes. Weitere Stellen sind: Jes 12,1; 25,1; Ps 7,18; 9,2; 18,50 = 2Sam 22,50; Ps 30,13; 35,18; 42,6.12; 43,4.5; 52,11; 54,8; 57,10; 71,22; 86,12; 108,4; 109,30; 111,1; 118,19.21.28; 119,7; 138,1.2; 139,14; mit *tōdā* Ps 56,13; 69,31.

Der Satz »ich will preisen!« ist immer auf eine Tat Gottes an dem, der so sagt, bezogen. Sie kann im gleichen Satz genannt oder angedeutet sein, z.B. Ps 118,21 »ich will dich preisen, denn du hast mich erhört!« oder Jes 12,1; 25,1; Ps 18,50 »darum ...«; 52,11; 139,14. Am Ende des Klagepsalms ist im Lobversprechen die erflehte Tat Gottes vorausgenommen (Ps 35,18; 54,8; 71,22; 109,30 u.ö.). Oder die Gewißheit wird ausgesprochen, daß die Stunde des Gotteslobes kommen wird (Ps 42,6.12; 43,4.5). Wenn der gleiche Satz in der gleichen Redeform in so verschiedenen Situationen ausgesprochen werden kann, kommt darin die das Dasein bestimmende Bedeutung dieses lobenden Antwortens auf Gottes rettendes, erhörendes, befreiendes Handeln zum Ausdruck. Dabei ist allen Situationen gemeinsam, daß der eigene, spontane Impuls oder Entschluß dieses lobende Antworten charakterisiert. Das zeigen auch die intensivierenden Beiwörter »von ganzem Herzen« (Ps 9,2; 86,12; 111,1; 119,7; 138,1), »für immer« (Ps 30,13; 52,11; plur. 44,9; 79,13). Den forensischen Charakter zeigt das Beiwort »vor den Völkern« (Ps 18,50; 57,10; 108,4), »in großer Versammlung« (Ps 35,18); vgl. die Begleitung durch Musikinstrumente in 43,4; 71,22. Die beiden letzten Beifügungen begegnen häufiger bei *hll* pi., die beiden ersteren sind für *jdh* hi. typisch.

Wenn nun bei *hll* pi. der imperativische Lobruf, bei *jdh* hi. der Entschluß zum Lob die beherrschende Form ist, kommt darin wieder ein deutlicher Unterschied der Bedeutung zutage: Während mit *hll* pi. primär das Gotteslob in der Weise des festlichen Jubels bezeichnet ist, dessen Subjekt die Gemeinde im Gottesdienst bildet, ist mit *jdh* hi. primär das Einstimmen des Einzelnen in das Gotteslob gemeint, hinter dem der aus einer eigenen Erfahrung kommende Entschluß steht. Auch wenn *jdh* hi. durchaus in Pluralform begegnet (s.o. 4a Anfang), ist doch das Spezifische dieser Vokabel, daß ein Einzelner durch seinen Entschluß zum Loben kommt. In *jdh* hi., in welcher Form es auch vorkommt, schwingt immer ein »ich will« mit; nur so ist die Verbindung zu der anderen Bed. »(die Sünde) bekennen« verständlich. Es ist also die Gebrauchsgruppe in der 1.Pers.Sing., die den Sinn des Verbums am deutlichsten zum Ausdruck bringt.

b) In der Form des imperativischen Lobrufes begegnet *jdh* hi. als Parallelwort zu *hll* pi., aber auch für sich. Hier handelt es sich wahrscheinlich um eine Angleichung; in dieser Form wird *hōdū* »preiset!« dem *halelū* »lobet!« mehr oder weniger gleichbedeutend (Ps 30,5; 97,12; 100,4b; 105,1 = 1Chr 16,8; Jes 12,4; Jer 33,11; mit *tōdā* Ps 100,4a; 147,7). Das gilt auch für den Imperativsatz »preiset Jahwe, denn er ist freundlich, ja, seine Güte währt ewig!« (Ps 106,1 = 1Chr 16, 34; Ps 107,1; 118,1.29; 136,1; vgl. 136,2. 3.26; 2Chr 20,21). Dieser Satz, der häufiger begegnet als alle sonstigen Imperativsätze zusammen und der im Chronikwerk noch häufiger in formelhaften Abkürzungen auftritt, läßt die spezifische Bedeutung von *jdh* hi. noch erkennen: er ist Ausweitung des Lobes Gottes über einer bestimmten Tat in das Lob der Güte Gottes, aus der diese Tat erwächst. Darin ist die Einseitigkeit begründet, daß in diesem Lobruf Gott nicht in seiner Majestät und Güte (wie sonst im beschreibenden Lob), sondern nur in seiner Güte gelobt wird, wie das auch an mehreren Stellen der Form in der 1.Pers.Sing. der Fall ist (Ps 42,6; 54, 8; 71,22; 118,28; 138,2). Das Loben Gottes über der Erfahrung einer Rettung, Erhörung oder Befreiung wird ausgeweitet zum Lob der Güte Gottes. Auch bei diesem häufigsten Satz des imperativischen Lobrufs mit *jdh* hi. ist also die spezifische Bedeutung des Verbums noch erkennbar.

c) An einigen Stellen kommt *jdh* hi. auch jussivisch und final vor. Die Funktion des Jussivs »sie sollen preisen« zeigt der in den vier Teilen von Ps 107 jeweils im Abschluß wiederkehrende Satz: »die sollen Jahwe preisen für seine Güte und für seine Wunder an den Menschen« (Ps 107,8.15. 21.31). Dieser Psalm, eine »Dankliturgie«, sammelt in seinen vier Teilen das berichtende Lob aus vier typischen Situationen (Verirren in der Wüste, Gefangenschaft, Krankheit, Schiff in Seenot) und führt sie zusammen zu einem gottesdienstlichen Lobpsalm, der die vier Berichte in einen zusammenfassenden, beschreibenden Lobpsalm einfaßt (107,1 und 33–43). Dabei zeigt sich der Übergang des »ich will loben« (das die vier Berichte je für sich einleiten würde) in das »sie sollen loben«, das durch das Zusammenführen der einzelnen Erfahrungen von Gottes Hilfe in das gemeinsame Lob der Gemeinde im Gottesdienst bedingt ist. Es zeigt sich eine organische und sinnvolle Beziehung der Form »sie sollen loben« zu der Form »ich will loben«. Der Jussiv begegnet außerdem Ps 67,4.4.6.6; 89,6; 99,3; 138,4; 140, 14; 145,10. An den Stellen Ps 76,11 txt?; 106,47 = 1Chr 16,35; Ps 142,8 wird der Zusammenhang zwischen Gottes Rettung und dem daraus erwachsenden Lob final ausgedrückt.

d) Wie *hll* pi. begegnet auch *jdh* hi. außerhalb des Chronikwerks fast niemals in aussagenden und berichtenden Formen; beide Verben haben fast ausschließlich die Funktion, das Loben in Bewegung zu bringen, kommen daher meist in Rufformen vor. Um so wichtiger ist die kleine Gruppe, in der etwas über das Loben gesagt, in der es reflektiert wird. Es ist nur eine Aussage, die an den vier Stellen Ps 6,6; 30,10; 88,11; Jes 38,18f. gemacht wird: die Toten loben Jahwe nicht (Ps 6,6 »wer preist dich in der Scheol?«, vgl. Jes 38,18; Ps 30,10 »lobt dich etwa der Staub, kündet er deine Treue?«; 88,11 »können Schatten aufstehen, dich zu preisen?«). Jes 38,19 bringt dazu die positive Ergänzung: »Leben, Leben, das lobt dich!«. Es handelt sich im Aufbau des Psalms um ein Motiv, das Gott zum Eingreifen bewegen soll, ein mit der Bitte um Rettung verbundenes Motiv (Ps 6; 30; 88). Es wird gespiegelt im berichtenden Lob des Einzelnen (Jes 38). Wie hier der Tod dadurch charakterisiert ist, daß es in ihm das Loben Gottes nicht mehr gibt, so gehört zum Leben das Gotteslob (Jes 38,19), es gehört zum erfüllten, ganzen und heilen Dasein. Hier zeigt sich am besten, daß im AT Leben ohne die im Gotteslob gemeinte Offenheit des Daseins zu Gott hin kein eigentlich lebenswertes Dasein ist. Das kann aber nur verständlich werden, wenn das Verbum in der vollen Bedeutung, die es im AT hat, gesehen wird, so wie es etwa in dem ebenfalls reflektierenden Eingang des 92. Psalms gemeint ist: »schön *(ṭōb)* ist es, Jahwe zu loben« (V. 2).

e) *jdh* hi. wird weithin mit »danken« übersetzt; so besonders in dem bekannten »Danket dem Herrn, denn er ist freundlich ...«. Diese Übersetzung ist nicht falsch, sie kann aber die Bedeutungsbreite des hebr. *jdh* hi. nicht wiedergeben (hierzu ausführlich Westermann, a.a.O. 20–24). Entscheidend für das Verhältnis der Wörter für »loben« und »danken« zueinander ist, daß eine besondere Vokabel für »danken« in allen Sprachen der Welt erst spät gebildet wurde; keine frühe Sprache hat in ihrem Vokabular eine besondere Vokabel für »danken« (der gleiche Tatbestand zeigt sich daran, daß den kleinen Kindern das Danken beigebracht werden muß; das mit Loben oder Jubeln Gemeinte brauchen sie nicht zu lernen). Das Danken als besondere Vokabel entstand erst im Lauf der Kulturentwicklung im Zusammenhang mit der Steigerung der Individuation.

Sofern nun *jdh* hi. Reaktion auf eine helfende, befreiende Tat Gottes ist, gehört zu ihm auch das, was wir »danken« nennen. Daß es aber damit in der Bedeutung nicht identisch sein kann, zeigt sich schon daran, daß es niemals als »danken« zwischen Menschen vorkommt. Der Unterschied liegt in den folgenden Punkten: (1) Zum Loben gehört das Moment des Erhöhens; *jdh* hi. enthält also auch das, was wir »bewundern« nennen (wofür es im Hebr. keine besondere Vokabel gibt); in unserem »danken« liegt das nicht. (2) Zum Loben gehört notwendig die Spontaneität; es kann niemals, wie unser »danken« zur Pflicht werden. (3) Zum Loben gehört das Moment des Forensischen; es geschieht stets vor einem Kreis, und es liegt im Verbum selbst, daß es in Freude geschieht. (4) Das Danken kann in Sätzen geschehen, in denen der Dankende Subjekt ist (»ich danke dir, daß du ...«); das Loben geschieht in Sätzen, in denen der Subjekt ist, der gelobt wird (»du hast getan...«). Hier liegt ein entscheidender Unterschied zwischen unseren Dankgebeten und den Lobpsalmen des Psalters. Diese Unterschiede sind so wesentlich, daß, wo es möglich ist, die Übersetzung »loben« oder »preisen« für *jdh* hi. vorzuziehen ist (gegen Crüsemann, a.a.O. 279–282), auch wenn die Übersetzung »danken« in manchen Zusammenhängen möglich ist.

f) Das Subst. *tōdā* begegnet an 13 Stellen in der spezielleren Bed. »Lobopfer«, an 8 Stellen in der Bed. »Lobgesang«. Zum Lobopfer vgl. R. Rendtorff, Studien zur Geschichte des Opfers im alten Israel, 1967, bes. 65. Das Lobopfer wird in der Gesetzgebung Lev 7 dargestellt (Lev 7,12.12.13.15; 22,29). In der prophetischen Kritik am Opfer begegnet es Am 4,5, in der Heilsankündigung Jer 17, 26; 33,11. Im Chronikwerk wird es 2Chr 29,31.31 und 33,16 erwähnt. Der 100. Psalm wird in der Überschrift als »Psalm zum Lobopfer« bestimmt (V. 1). Wichtig ist Ps 116,17, weil er die Zusammengehörigkeit von Lobopfer und Loblied zeigt: »ich will dir *tōdā*-Opfer opfern und den Namen Jahwes will ich anrufen« (vgl. auch Ps 66,13f.). Ganz in die Nähe des Lobopfers gehört das Gelübdeopfer *(nædær*, →*ndr)*, wenn es nicht geradezu mit ihm identisch war (so Rendtorff, a.a.O.).

tōdā in der Bed. »Lobpreis, Loblied« begegnet Jes 51,3; Jer 30,19; Jon 2,10; Ps 26,7; 42,5; 50,14.23; 107,22; die meisten Stellen gliedern sich einer der vorher behandelten Stellen ein (Ankündigung des Lobes: Jon 2,10 »mit dem Hall des Lobliedes will ich dir opfern«; final: Ps 26,7 »daß ich laut den Lobgesang anstimme«; im Bekenntnis der Zuversicht: Ps 42,5; jussivisch: Ps 107,22; in prophetischer Heilsankündigung: Jes 51,3; Jer 30,19). An einer Stelle treten die beiden Bedeutungen von *tōdā* in einen bewußten Gegensatz zueinander. In Ps 50,14.23 wird *tōdā* als Lob im Gegensatz zum Opfer als die dem Willen Gottes entsprechende Antwort auf sein Tun empfohlen. Vergleicht man diese Sätze in Ps 50 mit 116,17 (und 66,13f.), so zeigt das verschiedene Reden von *tōdā* einen religionsgeschichtlichen Wandel an: Während in der Frühzeit das Nebeneinander von Lobopfer und Loblied (Wort und Handlung) das Gegebene und Natürliche war, können sie in späterer Zeit in der Weise in Gegensatz zueinander treten, daß *tōdā* als Wort und Lied, nicht aber als Opferhandlung dem Willen Gottes entspricht.

Zu *zbḥ* mit Obj. *tōdā* und zum ganzen Fragenkomplex vgl. H.-J. Hermisson, Sprache und Ritus im altisr. Kult, 1965, 29–64. Mit Ausnahme von Ps 50, 14.23, wo *zbḥ* die uneigentliche Bed. »als (Ersatz für ein) Opfer darbringen« annimmt, hat das Verbum überall die konkrete Bed. »schlachten, opfern« (q. 112×, dazu 1× aram.; pi. 22×; von der gemeinsemitischen Wurzel **dbḥ* sind abgeleitet: *zæbaḥ* »[Schlacht] - Opfer« [162×, davon 35× in Lev, 20× in Num] und *mizbēªḥ* »Altar« [400×, davon 87× in Lev, 59× in Ex, 39× in 2Chr, 34× in 1Kön, 29× in Num, 28× in 2Kön], ferner bibl.-aram. *dbḥ* q.

»opfern« [Esr 6,3], *d^ebaḥ* »Opfer« [Esr 6,3] und *madbaḥ* »Altar« [Esr 7,17]).*

g) Von den 20 Stellen mit *jdh* hi. im Chronikwerk steht das Verbum an 11 Stellen parallel zu *hll* pi. bzw. *t^ehillā* (1Chr 16,4.35; 23,30; 25,3; 29,13; 2Chr 5,13; 31,2; Esr 3,11; Neh 11,17 txt em; 12, 24.46). Diese Stellen sind bei →*hll* pi. behandelt, wo die Eigenart des Gebrauchs der Verben des Lobens im Chronikwerk im Zusammenhang dargestellt ist. Hier ist überall *jdh* hi. praktisch gleichbedeutend mit *hll* pi. geworden; die je eigene Bedeutung tritt nicht mehr hervor. *jdh* hi. allein steht, wo dessen Inhalt mit dem Kehrvers »denn er ist freundlich, ja, seine Güte währt ewig« angegeben ist (1Chr 16,41; 2Chr 7,3.6; vgl. 1Chr 16,7). Technische Bedeutung hat *tōdā* in Neh 12,31.38.40, wo es den Festchor (ebenso *hujj^edōt* in Neh 12,8 txt?), und Neh 12,27, wo es wie in Ps 100,1 eine Liedart bezeichnet. Diese technische Bedeutung ist schon angedeutet in Ps 119,62, wo eine feste Gebetszeit für *jdh* hi. angegeben ist, und 122,4, wo das Loben als Gesetz für Israel bezeichnet wird.

h) Eine selbständige Gruppe bildet *jdh* in der Bed. »(die Sünden) bekennen«. Nur an sechs Stellen hat das Hi. diese Bedeutung (1Kön 8,33.35 = 2Chr 6,24.26; Ps 32,5; Spr 28,13); an der Mehrzahl der Stellen ist es das Hitp. (Lev 5,5; 16,21; 26,40; Num 5,7; Dan 9,4.20; Esr 10,1; Neh 1,6; 9,2.3; 2Chr 30,22; also nur bei P, Dan und im Chronikwerk); dazu kommt *tōdā* in Jos 7,19 und Esr 10,11.

Die Verbindung von der einen zur anderen Bedeutung kann am besten die Stelle im Tempelweihgebet Salomos 1Kön 8,33.35 zeigen. In V. 35 heißt es: »... und deinen Namen bekennen und sich von ihren Sünden bekehren«. *jdh* hi. könnte hier auch mit »preisen« übersetzt werden; das Anerkennen Jahwes ist gleichbedeutend mit dem Eingeständnis des eigenen Fehlweges, aber die beiden Seiten des Vorgangs werden mit zwei Verben wiedergegeben, ebenso wie Jos 7,19 in der Erzählung von Achans Diebstahl: »gib doch Jahwe *kābōd* (Ehre) und gib ihm *tōdā*!« (vgl. F.Horst, ZAW 47, 1929, 50f.). Dagegen hat *jdh* hi. in Ps 32,5 »bekennen will ich Jahwe meine Übertretungen« und Spr 28,13 »... wer sie (die Sünden) bekennt und läßt, der findet Erbarmen« die Bed. »eingestehen, bekennen«, und diese Bedeutung hat durchweg das Hitp., das nur in dieser Bedeutung vorkommt. Dies ist offensichtlich ein gottesdienstlicher Terminus, denn alle Stellen im Hitp. begegnen in gottesdienstlichem Zusammenhang. Die Stellen zeigen, daß das Sündenbekenntnis im spätnachexilischen Gottesdienst eine hohe Bedeutung hatte.

5. Die LXX übersetzt *jdh* hi. zum größten Teil mit ἐξομολογεῖν, daneben mit αἰνεῖν, *jdh* hitp. mit ἐξαγορεύειν und ἐξομολογεῖσθαι. Damit wird einerseits deutlich, daß sich im Judentum die Bedeutung des Südenbekenntnisses mehr in den Vordergrund schob, andererseits aber, daß die LXX dem gr. Wort ὁμολογεῖν eine von seiner Grundbedeutung »versprechen« (vgl. ὁμολογεῖν für →*ndr* und →*šb'* ni.) stark abweichende Prägung gegeben hat (»loben, preisen«); O.Michel, ThW V,204, spricht zutreffend von einem »lexikalischen Hebraismus«. Die terminologische Unterscheidung zwischen *jdh* hi. und *hll* pi. setzt sich m.E. auch in der Übersetzung fort; Überschneidungen gibt es vor allem bei αἰνεῖν und ὑμνεῖν.

Die Hauptgruppe des atl. Vorkommens im Voluntativ findet eine breite Fortsetzung in den Hodajoth (»Dankliedern«) von Qumran. Am häufigsten ist die Einleitungsformel *'ōd^ekā 'adōnāj kī* (1QH 2, 20.31; 3,19.37; 4,5; 5,5.20; 7,6.26.34; 8, 4), die zu übersetzen ist: »Ich will dich, Herr, preisen, denn ...« (anders J.M. Robinson, BZNW 30, 1964, 194–235); ähnlich mit *'ēlī* »mein Gott« 1QH 11,3.15. Daneben begegnet auch die Bed. »(die eigene Schuld, oder allgemein Sünde) bekennen« (hitp. CD 9,13; 15,4; 20,28; hi. 1QS 1,24).

Zum Gebrauch im NT vgl. O.Michel, Art. ὁμολογέω, ThW V,199–220.

C. Westermann

ידע *jd'* erkennen

I. 1. Die Wurzel *jd'* »(er)kennen, wissen« ist gemeinsemitisch.

Allerdings begegnen von ihr im Arab., wo ihre Bedeutung durch *'arafa* »(er)kennen, wissen« und *'alima* »wissen« vertreten wird, nur noch Spuren (Th. Nöldeke, ZDMG 40,1886,725; ders., NB 202f.; anders P. Haupt, JBL 34,1915,72).

Im Äg. stellt *rḫ* »(er)kennen, wissen« offenbar die alte, lautgerechte Wiedergabe des semito-hamitischen Erbworts *jd'* dar (O. Rössler, Neue Afrikanistische Studien, 1966, 218–229, bes. 228). Dagegen ist das in Pap. Anastasi I 17,8 (A.H. Gardiner, Egyptian Hieratic Texts I/1,1911, 19*.58) belegte Wort *jd'* »klug« wohl als neuäg. Entlehnung des westsem. Part.act.q. von *jd'* anzusprechen (Erman-Grapow I,153).

Bei *jd'* handelt es sich, wie akk. *edû(m)* / *idû(m)* »kennen, wissen« (GAG § 103e;

AHw 187f.; CAD I/J 20–34; anders P. Jensen, ZA 35, 1924, 124–132) und vor allem der äth. Kausativ *'ajde'a* »bekannt machen« noch erkennen lassen, um eine Wurzel I j (GVG I,604; Meyer II,138; doch s. dagegen Nöldeke, NB 202f.; GK § 69), die allerdings dem starken analogiebildenden Einfluß der Wurzeln Iw unterlegen hat, wie etwa die hebr. Flexionsformen von *jd'* (Bergstr. II,124–131; BL 376–385; Meyer II,138–142), aber auch z.B. die ass. Wurzelvariante *wadû(m)* zu akk. *edû(m)/idû(m)* »kennen, wissen« (GAG §106q) zeigen.

2. Etymologisch ist die Bed. »(er)kennen, wissen« nicht mehr zu hinterfragen (doch s. F. Gaboriau, Angelicum 45, 1968, 3–43, bes. 6–17). Als mutmaßliche Grundbedeutung ist »duften, riechen« (Haupt, a.a.O. 72) ebensowenig zu erhärten wie eine Herleitung der Wurzel von *jād* »Hand« (J. Hänel, Das Erkennen Gottes bei den Schriftpropheten, 1923, 225 Anm. 2, nach O. Procksch) oder ein etymologischer Zusammenhang mit arab. *wada'a* »niederlegen, ruhig werden/sein« (G. M. Redslob, ZDMG 25, 1871, 506–508; F. Schwally, ThLZ 24, 1899, 357; G. J. Botterweck, ›Gott erkennen‹ im Sprachgebrauch des AT, 1951, 11; s. dagegen D. W. Thomas, JThSt 35, 1934, 298–301).

Höchstens kann man fragen, ob sich an einer Reihe bedeutungsmäßig schwieriger bzw. textkritisch umstrittener Stellen des AT hinter den im MT überlieferten Formen von *jd'* »(er)kennen, wissen« nicht in Wirklichkeit solche anderer Wurzeln verbergen. Vorschläge dieser Art sind nach dem Vorgang älterer Lexikographen des Hebr. (vgl. dazu D. W. Thomas, JThSt 35,1934, 298–301; 38,1937, 404f.; 42,1941, 64f.; JQR NS 37,1946/47, 177f.; doch s. dagegen L. J. Liebreich, ebd. 337f.; J. A. Emerton, ZAW 81, 1969, 188–191) neuerdings gemacht worden unter Hinweis auf:

a) arab. *wada'a* »(niederlegen,) ruhig werden/sein« > hebr. *jd'* »unterworfen, erniedrigt sein« z.B. für Ri 8,16; 16,9; Jes 9,8; 53,3.11; Jer 31,19; Hos 9,7; Ps 138,6; Hi 20,20; 21,19; Spr 10,9; 14,33; Dan 12,4 (D. W. Thomas, JThSt 35,1934, 298–306; 36, 1935, 409–412, und weitere Beiträge, s. FS Thomas 1968, 217–228; ferner z.B. G. R. Driver, JThSt 38, 1937, 48f.; T. H. Robinson, ZAW 73,1961, 267f.; L. C. Allen, Vox Evangelica [1], 1962, 24–28; P. R. Ackroyd, FS Thomas 1968, 10–14; doch s. dagegen J. Reider, JBL 66,1947, 315–317);

b) arab. *da'ā* »suchen, fragen nach, (an)rufen, einladen« z.B. für Gen 18,19; Ex 33,12; Hos 6,3; Spr 10,32; 24,14; 29,7 (hier: *dá'at* »Forderung, Anspruch«; D. W. Thomas, JThSt 38,1937, 401f.; ders., SVT 3,1955, 284f.; E. Zolli, Sefarad 16,1956, 23–31);

c) arab. *da'ā* »niederstoßen, zerstören« für Ez 19,7; Ps 74,5 (G. R. Driver, JBL 68,1949, 57–59);

d) arab. *waḏa'a* »rinnen«, ug. *(w/y)d'* »schwitzen«, akk. *zûtu*, ug. *d't*, hebr. *zē'ā* »Schweiß« für hebr. *jd'* »schwitzen« und *dá'at* »Schweiß« (als Dialektvarianten von **jz'*, *zē'ā*) in Jes 53,11; Spr 10,9.32; 14,7.33 (M. Dahood, Gregorianum 43,1962, 63f.; ders., Proverbs and Northwest Semitic Philology, 1963, 21; ders., Bibl 46,1965, 316f.).

Allerdings muß offenbleiben, ob die philologischen Grundlagen dieser Vorschläge wirklich so gesichert sind, daß auf ihnen haltbare Lösungsversuche aufgebaut werden können. Vgl. noch Barr, CPT 19–25.325.328.

3. Im AT begegnen vom Verbum alle sieben Stammformen (→*glh* 1): außer q. »(er)kennen, wissen« (auch bibl.-aram.) das reflexive (tolerative) und zum Grundstamm passive ni. »sich zu erkennen geben, erkannt werden, bekannt sein«, das kausative hi. »wissen lassen, kundtun« (zur Abgrenzung des gleichbedeutenden, neutral konstatierenden aram. ha. gegen aram. *ḥwh* pa./ha. »kundtun« vgl. Jenni, HP 112–119), das zu ihm passive ho. »bekannt werden« (zur Form vgl. Meyer II,141) und das reflexive hitp. »sich zu erkennen geben«.

Das nur Hi 38,12 belegte pi. »sachkundig machen« ist vermutlich vom Adjektiv *jādūa'* »sachkundig, vertraut mit« denominiert (Jenni, HP 235). Von dem zu ihm passiven Pu. kommt nur das substantiviert gebrauchte Part. *mejuddā'*, fem. *mejuddá'at* »Bekannter, Bekanntes« vor. 1Sam 21,3b po. ist nach LXX zu emendieren (s. BH³).

Nominale Bildungen und andere Ableitungen der Wurzel *jd'* im Hebr. sind:

a) die in Abstraktbedeutung substantiviert gebrauchten Formen des Inf.cs.q. (GK §69m) *dēa'* (mask.), *dē'ā* (fem.) »Wissen« und *dá'at* »Erkenntnis, Wissen«. Ihnen entsprechen im Akk. das in der Redewendung *di'atam šâlum* »Kenntnis von etwas erfragen, sich erkundigen nach« belegte Nomen *di'(a)tum/da'atum* »Wissen, Kunde« (B. Landsberger, ZDMG 69,1915, 513f.; AHw 168b) und im Ug. *d't* »Wissen, Bekanntschaft« (WUS Nr. 1148; UT Nr. 1080), dessen (in Text 62 [= I AB], Z. 49 par. zu gleichbedeutendem *ḥbr* belegte) Konkretbedeutung »Genosse, Freund« vielleicht auch für Spr 8,12; 22,12 in Erwägung zu ziehen ist (M. Dahood, Bibl 45,1964, 103; ders., UHPh 61). Die im Akk. von der Wurzel darüber hinaus gebräuchlichen Abstraktnomina wie *e/idûtu* »Wissen« (AHw 189a), *mudûtu* »Wissen, Kenntnis« (AHw 667a) u.a. sind dagegen hebr. ohne Entsprechung.

b) *maddā'* »Verstand«, das im äg.-aram. (Ah. Z. 53 *kmnd'* »bekanntlich«, H. Torczyner, OLZ 15, 1912, 398; anders Cowley 232; s. auch DISO 158) und bibl.-aram. belegten Subst. *manda'* »Verstand« (F. Rosenthal, A Grammar of Biblical Aramaic, 1961, 16f.) ein Gegenstück besitzt.

c) *mōdā'*, fem. *mōdá'at* »Bekannte(r), entfernte(r) Verwandte(r)«. Die mask. Form hat in akk. *mūdû(m)* »wissend, klug; Bekannter(?)« (AHw 666f.; vgl. auch Jensen, a.a.O. 124–132) ein Äquivalent, das in den Texten aus Ugarit (PRU III,234) neben ug. *md'* (UT Nr. 1080; M. Dahood, Bibl 46,1965, 210–212) als höfischer Titel »Freund (des Königs/der Königin)«

vorkommt (wie hebr. *rē'ā*, →*rēa'* »Freund des Königs«, s. A.van Selms, JNES 16,1957, 118–123; de Vaux I,188f.; H.Donner, ZAW 73,1961, 269–277; und vgl. in diesem Zusammenhang 2Kön 10,11 *mejuddā'āw* »seine[=Ahabs] Vertrauten«).

d) die im AT stets neben *'ōb* »Totengeist« begegnende Bezeichnung *jidde'ōnī* »Wahrsagegeist«, die vielleicht wie arab. *šā'ir* eigentlich »der Wissende« bedeutet (GB 289a; H.Ringgren, Isr. Religion, 1963, 221f.).

e) das Adj. *jādūa'* »sachkundig, vertraut mit« (zum Bildungstyp s. Meyer II,28).

f) die Fragepartikel *maddūa'* »warum?«, die im Unterschied zu *lāmmā/lāmā* »warum?«, der Partikel für vorwurfsvolle Fragen, Informationsfragen einleitet (A.Jepsen, FS Rost 1967, 106–113) und vermutlich aus *mā jādūa'* (anders K.Ahrens, ZDMG 64,1910, 179) »was ist dir dabei bewußt?« (BrSynt 131) bzw. »was ist erkannt?« (GK §99e; Meyer II,174) zusammengezogen ist. Vgl. auch *mī jōdēa'* »vielleicht« (2Sam 12,22; Jo 2,14; Jon 3,9; →*'ūlaj* 1) als weiteres Beispiel für die Erstarrung einer Satzfrage zum adverbialen Ausdruck, ferner *bibelī-dá'at* »unvorsätzlich« (Dtn 4,42; 19,4; Jos 20,3.5; vgl. CAD I/J 29f.) und *mibbelī-dá'at* »unversehens« (Jes 5,13).

Zu den mit *jd'* gebildeten Eigennamen vgl. Noth, IP 181, und s.u. IV/1a.

II. Formen der Wurzel *jd'* sind im AT, sieht man von der 72× vorkommenden Fragepartikel *maddūa'* »warum?« ab, an insgesamt 1119 Stellen belegt (hebr. 1068×, aram. 51×). Davon entfallen auf das Verbum 994 Belege: hebr. qal 822× (Ez 86×, Jer 72×, Ps 66×, Jes 64×, Hi 60×, Gen 53×, 1Sam 49×, Dtn 43×, Ex 36×, Pred 34×, 1Kön 33×, 2Sam 28×, Spr 27×), ni. 41×, pi. 1× (Hi 38,12), pu. 6× (Ps 4×), po. 1× (s.o. I/3), hi. 71× (Ps 16×, Ez und Hi je 8×, Jes 7×), ho. 3× (Lev 4,23.28; Jes 12,5), hitp. 2× (Gen 45,1; Num 12,6); aram. qal 22× (Dan 16×, Esr 6×), ha. 25× (Dan 20×, Esr 5×). Die nominalen Bildungen der Wurzel zeigen folgende Verbreitung: *dēa'* 5× (nur in den Elihu-Reden Hi 32–37), *dē'ā* 6×, *dá'at* 90× (Spr 40×, Hi 11×, Jes 9×, Pred 8×, Hos und Ps 4×), *mōdā'* 2× (Spr 7,4; Ruth 2,1), *mōdá'at* 1× (Ruth 3,2), *maddā'* 6× (nur nachexilisch: Pred 10,20 txt?, vgl. Hertzberg, KAT XVII/4, 197f.; M.Dahood, Bibl 46, 1965, 210–212; Dan 1,4.17; 2Chr 1,10.11.12), *jidde'ōnī* 11×; *jādūa'* (Dtn 1,13.15; Jes 53, 3) ist unter *jd'* q. mitgezählt. Formen der Wurzel fehlen in Ob, Hag und Klgl.

In der obigen Aufstellung folgt die Abgrenzung zwischen *dá'at* als Inf.q. und als Subst. nicht Mand., sondern Lis. (Ex 31,13 und Hi 10,7 Subst.; Jer 10, 14=51,17 und 22,16 Inf.q.). Ex 25,22 in Lis. 579b gehört zu *j'd* ni.

III. 1. Das Verbum *jd'* »(er)kennen, wissen« verfügt in seiner atl. Verwendung über eine Bedeutungsskala von beachtlicher Breite, ohne daß diese jedoch in ihrer Entfaltung auf eine außerhalb oder innerhalb des AT noch zu verfolgende Bedeutungsentwicklung zurückgeführt werden könnte (Gaboriau, a.a.O. 3f.) oder daß »(er)kennen, wissen« zumindest in logischer Hinsicht schon als Verblassung einer ursprünglich prägnanteren Bedeutung zu verstehen wäre, wie sie vor allem in der Verwendung des Verbums in bezug auf das Verhältnis zwischen Personen, insbesondere zwischen Ehegatten noch anstehe (E.Baumann, ZAW 28, 1908, 22–41.110–143; vgl. auch G.J.Botterweck, ›Gott erkennen‹ im Sprachgebrauch des AT, 1951, bes. 11–17). Vielmehr bezeichnet *jd'* im AT:

a) primär die dem Menschen durch seine Sinne vermittelte Wahrnehmung, wie sie ihm von Gegenständen und Sachverhalten seiner Welt im Umgang mit diesen, aus der Erfahrung und durch Mitteilung anderer zukommt (q. »innewerden, gewahr werden, merken, spüren, wahrnehmen, erfahren« z.B. Gen 8,11; 9,24; Ex 2,4; Lev 5,1; 1Sam 22,3; Jer 38,24; 50, 24; Ez 25,14; Hos 7,9; Ps 35,8; Hi 5,24; 9,5; 21,19; Spr 5,6; 23,35; Ruth 3,4; Est 2,11; Neh 13,10; entsprechend reflexiv-tolerativ bzw. gemäß den Qal-Bedeutungen unpersönlich aufzulösen im Ni. z.B. Gen 41,21.31; 1Sam 22,6; 2Sam 17,19; Ps 77,20; Ruth 3,3).

Als Voraussetzung der Wahrnehmung formulieren die Texte, daß der Gegenstand der Wahrnehmung zugänglich ist, d.h. daß er sich einem »gegenüber« (*nægæd* Ps 51,5; 69,20) oder »bei« einem (*'ēt* Jes 59, 12; *'im* Hi 15,9; *'immād* Ps 50,11) befindet, nicht aber »unzugänglich« (*bāṣūr* Jer 33,3), »im Finstern« (*bemaḥšāk* Jes 29,15; aram. *baḥašōkā* Dan 2,22; vgl. auch Ps 88,13) oder »verborgen (vor...)« (*kḥd* ni. *min* Hos 5,3; Ps 69,6; 139,15; *'lm* ni. *min* Lev 5,3.4; vgl. *neṣūrōt* »Verborgenes« Jes 48,6 und *'mq* hi. *lastīr* »tief verbergen« Jes 29,15, ferner das *bassētær* »heimlich« des Kontextes in Jer 40,15) ist, ferner daß die Wahrnehmungsorgane, Augen und Ohren, nicht »verklebt« (*ṭḥḥ* Jes 44,18), sondern »geöffnet« sind (*pqḥ* Gen 3,7; *glh* Num 24,16, vgl. 1Sam 3,7; *ptḥ* Jes 48,8, s. auch Dtn 29,3; Jes 6,9; 32,3f.) bzw. die Wahrnehmungsfähigkeit nicht durch Schlaf (1Sam 26,12) oder Rausch (Gen 19,33.35) ausgeschaltet ist, sodaß es zu einer Wahrnehmung, *jd'* parallel zu →*šm'* »hören« (Ex 3,7; Dtn 9,2; 29,3; Jes 6,9; 33,13; 40,21.28; 48,6.7.8; Jer 5,15; Ps 78,3; Hi 5,27; Dan 5,23; Neh 6,16) und →*r'h* »sehen« (Gen 18,21; Ex 2,25 txt em; 3,7; 6,3; Lev 5,1; Dtn 4,35; 11,2; 29, 3; 33,9; 1Sam 6,9; 18,28; 26,12; Jes 5,19; 6,9; 29, 15; 41,20; 44,9; 58,3; 61,9; Jer 2,23; 5,1; 11,18; 12,3; Ps 31,8; 138,6 txt? [vgl. J.Reider, JBL 66, 1947, 317]; Hi 11,11; Pred 6,5; Neh 4,5; vgl. insbesondere den stehenden Ausdruck *da' ūre'ē* »erkenne und sieh ein« [auch plur.]: 1Sam 12,17; 14,38; 23,22; 24,12; 25,17; 2Sam 24,13; 1Kön 20,7.22; 2Kön 5,7;

Jer 2,19; ferner *šzp* »erblicken« Hi 28,7; *š'h* hitp. »betrachten« Gen 24,21 und aram. *ḥzh* »sehen« Dan 5,23), kommen kann.

b) In engem Zusammenhang mit dieser Verwendung von *jd'* steht der Gebrauch des Verbums zur Bezeichnung der durch bewußten Einsatz der Sinne, durch Nachforschen und Prüfen, durch Nachdenken und Überlegen zustande kommenden Erkenntnis (q. »erkennen, begreifen, verstehen, einsehen« z.B. Gen 42,33; Ri 18, 14; 2Sam 24,2; Jes 41,22; Jer 2,23; 26, 15; Sach 11,11; Hi 9,28; 34,4; 36,26; 42, 2; ni. »erkannt werden« z.B. Ex 33,16; Lev 4,14; Ri 16,9; 1Kön 18,36; Jer 28,9),

Charakteristisch für diese Verwendung von *jd'* ist die Rolle, die das »Herz« als Erkenntnisorgan spielt (→*lēb/lēbāb* Dtn 8,5; 29,3; Jos 23,14; 1Kön 2, 44; Jes 32,4; 51,7; Jer 24,7; 31,33f.; Pred 1,17; 7,22; 8,5; Dan 2,30; vgl. zu *jd'* paralleles *śīm* [*'al-*] *lēb* Jes 41,22; 42,25, verkürzt in Jes 41,20, und *šūb* hi. *'æl lēb* Dtn 4,39 »zu Herzen nehmen«; ferner *šīt lēb le* »das Herz darauf setzen, zu ...« Spr 27,23, vgl. Spr 22,17). Dagegen wird Erkenntnis verhindert durch »Verwirrtheit des Herzens« (*tō'ē lēbāb* Ps 95,10) oder »Verwirrtheit des Geistes« (*tō'ē-rūaḥ* Jes 29,24), insbesondere aber durch unbegreifliche Verstocktheit, die die Wahrnehmungs- und Erkenntnisorgane in ihrer Funktion beeinträchtigt (vgl. Dtn 29,4; Jes 6,6f.; 29,9–12; 32,3f.; 42,18–25; 44,18; 48,8; Jer 5,3–5; 10,14; 51,17; Ps 95,8–10; vgl. dazu F. Hesse, Das Verstockungsproblem im AT, 1955).

Erkenntnis wird erlangt im Zusammenhang von »Suchen« (*bqš* pi. Jer 5,1; Pred 7,25; 8,17; *drš* Ps 9,11; vgl. auch *tūr* »auskundschaften, erforschen« Pred 7,25 und *š'l bēlōhīm* »Gott befragen« Ri 18,5) und »Finden« (*mṣ'* Hi 28,13; Pred 8,17; vgl. Spr 8,9), durch »Prüfen« (*bḥn* Jer 6,27; 12,3; Ps 139,23; Hi 23,10; *bhr* Hi 34,4; *ḥqr* Ps 139,1.23; *nsh* pi. Dtn 8,2; 13,4; Ri 3,4; 2Chr 32,31), durch »Bedenken« (*zkr* Ps 103,14; *ḥšb* Ps 144,3) und durch »Verstehen, Einsehen« (*bīn* Jes 1,3; 6,9; 40,21; 43,10; 44,18f.; Jer 4,22; Hos 14,10; Mi 4,12; Ps 82,5; 92,7; 119,125; 139,2; Hi 14,21; 15,9; 23,5; 28,23; 42,3; Spr 1,2; 2,6; 8,9; 17,27; 29,7; Dan 1,4; Neh 10,29; *śkl* hi. Jes 41,20; Jer 9,23; Hi 34,35; Dan 1,4; 9,25).

Erkenntnis entzündet sich schließlich an einem »Zeichen« (*'ōt* Ex 7,3–5; 8,18f.; 10,2; 31,13; Dtn 4,34f.; 11,2f.; Jer 44,29; Ez 14,8; 20,12, vgl. C.A. Keller, Das Wort OTH als ›Offenbarungszeichen Gottes‹, 1946, 58), »an« dem etwas erkannt wird (*jd' be* Gen 15,8; 24,14; 42,33; Ex 7,17; 33,16; Jer 28,9; Ps 41,12; s. auch die in diesem Sinn zu verstehenden Vorkommen von *jd'* im bedingten Satz eines Konditionalsatzgefüges Num 16,30; Ri 6,37; 1Sam 6,9; 20,7 und die finale Ausrichtung eines Geschehens auf »Erkennen«, z.B. Gen 24,21; 1Sam 12,17; 1Kön 18,37; 20,13).

c) Schließlich bezeichnet *jd'* das Wissen, das aus Wahrnehmung, Erfahrung und Erkenntnis hervorgeht, das man lernen und weitergeben kann (q. »kennen, wissen« z.B. Gen 4,9; 12,11; 15,13; 20, 7; 21,26; 27,2; 28,16; 30,26; 31,6.32 usw.; ni. »bekannt sein« z.B. Ex 2,14; 21,36; Dtn 21,1; Jes 61,9; Nah 3,17; Sach 14,7; Pred 6,10; allerdings dürfen Formen wie *jāda'tī* »ich weiß« nicht als resultative Perfekte aufgefaßt werden, sondern sind analog den entsprechenden akk. Präterita von *e/idû(m)* »kennen, wissen« zu verstehen, die ihrer Bedeutung nach Stative sind, vgl. BrSynt 40 Anm. 2; GAG 102 §78b und 152 §106q; anders GK §106g).

Kennzeichnend für diese Verwendung von *jd'* sind außer der Parallele zu *nkr* hi. »kennen« (Dtn 33, 9; Jes 63,16) und *š'r* »wissen von« (Dtn 32,17) insbesondere Stellen, an denen das Wissen durch »Lehren, Unterweisen« vermittelt erscheint (*lmd* pi. mit Obj. *dē'ā/dá'at* Jes 40,14; Ps 94,10; 119,66; Hi 21,22; Pred 12,9, vgl. auch Dtn 31,12f.; Jes 29,24; Spr 30,3; *jrh* hi. mit Obj. *dē'ā* Jes 28,9; s. auch Esr 7,25), bzw. Stellen, an denen Wissen auf eine vorgängige informierende Kundgabe zurückgeführt wird (vgl. Jes 41,22f.26; Jon 1,10; Ps 78,2–6; Pred 8,7; vgl. in diesem Zusammenhang den aram. Ausdruck *jedīa' læhæwē le* »es sei kund dem ...« Dan 3,18; Esr 4,12.13; 5,8 mit seinen reichsaram. Entsprechungen in Driver, AD Nr. 4, Z. 3, und Nr. 7, Z. 8; zum möglichen pers. Hintergrund dieses Ausdrucks vgl. E. Benveniste, JA 242, 1954, 305).

Hierher gehören insbesondere auch die Stellen, an denen *jd'* die unmündigen Kindern noch abgehende (Dtn 1,39; 1Kön 3, 7; Jes 7,15.16; Jer 4,22), dem reifen Menschen zukommende (1QSa 1,10f.), dem Greis aber wieder entschwindende (2Sam 19,36) Fähigkeit zu sachgemäß unterscheidendem Urteil besagt (Jon 4,11; 2Chr 12, 8). Formelhaft findet dafür neben *bīn* hi. *bēn-ṭōb lerā'* (1Kön 3,9) und *šm' haṭṭōb wehārā'* (2Sam 14,17) der Ausdruck *jd' bēn-ṭōb wārā'* (Dtn 1,39; 1QS 4,26; 1QSa 1,10f.) bzw. *jd' bēn-ṭōb lerā'* (2Sam 19,36, vgl. auch Jes 7,15f.; Jer 4,22) »Gut und Böse kennen« bzw. »zwischen Gut und Böse unterscheiden« Verwendung, der wegen der Vieldeutigkeit des Gegensatzpaares *ṭōb wārā'* »Gut und Böse« (→*ṭōb*) inhaltlich jedoch nur schwer präzise festzulegen ist. Im Blick auf die durch den Genuß vom paradiesischen »Baum der Erkenntnis von Gut und Böse« (Gen 2,9.17 *'ēṣ haddá'at ṭōb wārā'*, wobei *haddá'at* als nomen verbale [Inf.cs.] zu verstehen ist, dessen verbale Rektion auch in seiner Funktion als nomen rectum einer Cs.-Verbindung erhalten geblieben ist, vgl. GK §115d; BrSynt 91; J.A. Soggin, Bibl 44, 1963, 521–523; doch s. auch H.J. Stoebe, ZAW 65, 1953, 195; W.H. Schmidt, Die Schöpfungsgeschichte der Priesterschrift, ²1967, 223f.) erlangte, ursprünglich Gott vorbehaltene Erkenntnis (Gen 3,5.22) werden vor allem vier Auffassungen vertreten: »Erkenntnis von Gut und Böse« im Sinne

(1) ethischer Unterscheidungsfähigkeit (*ṭōb wārā'* »Gut und Böse« im moralischen Sinn: K.Budde, Die Biblische Urgeschichte, 1883, 65–72; vgl. auch Köhler, Theol. 157f.);

(2) der auf der Freiheit autonomer Entscheidung beruhenden selbständigen Lebensgestaltung (*ṭōb wārā'* »was dem Leben förderlich oder abträglich ist«: H.J.Stoebe, ZAW 65, 1953, 188–204; vgl. auch E. Albert, ZAW 33, 1913, 161–191; R. de Vaux, RB 56, 1949, 300–308; M.Buber, Bilder von Gut und Böse, 1952, 15–31; G.W.Buchanan, JBL 75, 1956, 114–120; H.S.Stern, VT 8, 1958, 405–418, und s. auch W.M.Clark, JBL 88, 1969, 266–278);

(3) geschlechtlicher Erfahrung (*ṭōb wārā'* «lustvoll und leidvoll«: H.Schmidt, Die Erzählung von Paradies und Sündenfall, 1931, 13–31, bzw. als Bezeichnung für normale und abnorme bzw. legitime und illegitime Manifestationen des Sexuellen: R.Gordis, JBL 76, 1957, 123–138; vgl. auch I.Engnell, SVT 3, 1955, 103–119; L.F.Hartmann, CBQ 20, 1958, 26–40, und s. dazu in traditionsgeschichtlicher Hinsicht Gilg. I/3,49–4,43, bes. 4, 29.34);

(4) umfassender Erkenntnis und praktischer Klugheit, durch die die menschliche Kultur initiiert wurde (*ṭōb wārā'* »alles«: J.Wellhausen, Prolegomena zur Geschichte Israels, [6]1927, 299–302; vgl. auch P. Humbert, Etudes sur le récit du Paradis et de la Chute dans la Genèse, 1940, 82–116; H.A.Brongers, OTS 14, 1965, 100–114, bes. 105, und in Kombination mit Deutung 3: J.Coppens, La Connaissance du Bien et du Mal et le Péché du Paradis, 1948, bes. 13–46; B.Reicke, JSS 1, 1956, 193–201: *rā'* = die illegitime Geschlechtlichkeit der orgiastischen Vegetationskulte).

In den gekennzeichneten Verwendungsbereichen begegnet das Verbum *jd'* außer in absolutem Gebrauch in der Regel mit akkusativischem Wortobjekt oder mit Satzobjekten, die entweder asyndetisch angeschlossen sind (z.B. Ps 9,21; Hi 19,25; 30,23) oder als Objektsätze mit *'ēt 'ašær* »was«, *kī*, *šæ-*, *'ašær*, aram. *dī* »daß« bzw. als indirekte Fragesätze mit *mī* »wer«, *mā* »was«, *ha . . . 'im* »ob . . . oder« und anderen Fragepartikeln eingeleitet werden.

2. Wie zuerst E. Baumann (a.a.O. 22–41.110–143; vgl. auch Pedersen, Israel I–II, 426–431; Botterweck, a.a.O. 11–17; H.W.Wolff, EvTh 15, 1955, 426–431; Gaboriau, a.a.O. 3–43) hervorgehoben hat, wäre jedoch die Bedeutung von *jd'* im Hebr. nur unzureichend bestimmt, wollte man sie allein auf die bisher herausgestellte kognitive Seite der Erkenntnis beschränken, ohne dabei zugleich den der Bedeutung eigenen kontaktiven Aspekt zu berücksichtigen, d.h. den Sachverhalt, daß *jd'* nicht nur ein theoretisches Verhalten, einen reinen Denkakt bezeichnet, sondern daß Erkenntnis, wie *jd'* sie meint, sich im praktischen Umgang mit den Objekten des Erkennens verwirklicht.

Kennzeichnend für diesen Sachverhalt sind Parallelbegriffe zu *jd'* wie *pqd* »sich kümmern um« (Hi 5, 24; 35,15), *šmr* »hüten, bewachen, achtgeben auf« (Jer 8,7; Hi 39,1), *mṣ' ḥēn* »Gnade, Gunst finden« (Ex 33,12.17), *'mn* hi. »glauben« (Jes 43,10), *jr'* »fürchten« (1Kön 8,43; Jes 11,2; Ps 119,79; Spr 1, 7; 2,5; 2Chr 6,33), *'bd* »dienen« (1Chr 28,9), ferner Vorkommen von *dá'at* neben *'æmæt* »Zuverlässigkeit, Treue« (Hos 4,1) und *ḥæsæd* »Verbundenheit, Gemeinschaftstreue« (Hos 4,1; 6,6) und Gegenbegriffe zu *jd'* wie *m's* »ablehnen, verwerfen« (Hi 9,21), *sūr* »sich entfernen von« (Ps 101,4), *pš' be* »sich auflehnen gegen« (Jer 2,8), *rš'* hi. »freveln an« (Dan 11,32; vgl. weiter Jer 9,2.5; Hi 18,21).

a) Dieser praktische Aspekt tritt besonders deutlich hervor, wenn *jd'* die sachkundige Vertrautheit mit bestimmten Fertigkeiten, das technische Können besagt (»sich verstehen auf, vertraut sein mit«).

Für diese Verwendung von *jd'* sind Objekte charakteristisch wie *ṣájid* »Jagd« (Gen 25,27), *jām* »Meer« (1Kön 9,27=2Chr 8,18), *séfær* »Geschriebenes« (Jes 29,11f.), *nehī* »Totenklage« (Am 5,16), *pḗšær dābār* »Deutung eines Wortes« (Pred 8,1; vgl. auch Dan 2,3), *'ittīm* »Zeiten« (Est 1,13; vgl. 1Chr 12,33 und s. Rudolph, HAT 21,109, der den Ausdruck auf astrologische Fähigkeiten deutet), *dāt wādīn* »Gesetz und Entscheidung« (Est 1,13; vgl. weiter Hi 37,15.16).

Ferner gehört hierher der Gebrauch des Verbums mit folgender Infinitivkonstruktion in Ex 36,1; 2Chr 2,6.7.13 (in der Charakteristik des Kunsthandwerkers); in 1Sam 16,16.18 (von einem, der das Saitenspiel beherrscht); in 1Kön 5,20 (vom Holzfäller); in Jes 50,4; Jer 1,6, vgl. auch Jes 8,4 (von dem, der sich aufs Reden versteht); s. ferner Jer 6,15; 8,12; Am 3,10; Pred 4,13.17; 10,15).

In dieser Verwendung hat *jd'* ein Gegenstück im entsprechenden Gebrauch von akk. *e/idû(m)* »kennen, wissen« an Stellen wie Gilg. XI,175f., wo in Anspielung auf die Funktion des Gottes Ea als Gottes der Handwerkskünste gesagt wird: »Wer bringt denn etwas hervor außer Ea? Auch kennt ja Ea jedwede Verrichtung!« (Schott 93; vgl. CAD I/J 27b).

b) An anderen Stellen besagt *jd'* eine über bloß kognitiven Bezug hinausgehende intensive Anteilnahme an einem Gegenstand im Sinne von »sich kümmern um« (Gen 39,6.8; Ps 31,8; Hi 9,21; 35, 15; Spr 27,23). Diese Bedeutung ist dort, wo *jd'* nicht lediglich das Bescheidwissen über einen Menschen der Vergangenheit und seine Verdienste (Ex 1,8), die persönliche Bekanntschaft mit einem Lebenden (Gen 29,5; Dtn 22,2; Ez 28,19; Hi 19, 13; 29,16; 42,11; vgl. auch die stehende Redewendung »ein Volk, das du nicht kennst« [o.ä.] Dtn 28,33.36; 2Sam 22, 44; Jer 9,15; Sach 7,14; Ps 18,44; Ruth 2,11; s. auch Jes 55,5; ähnlich »ein Land, das ihr nicht kennt« [o.ä.] Jer 15,14; 16, 13; 17,4; 22,28; Ez 32,9) oder das Kennen der Eigenschaften eines Menschen besagt, so daß man ihn und seine Handlungen versteht (1Sam 10,11; 2Sam 3,25; 17, 8; 1Kön 5,17; 18,37; 2Kön 9,11; Ps 139, 1f.; Spr 12,10; Hhld 6,12), auch für *jd'* mit persönlichem Objekt anzusetzen (»sich kümmern um« Dtn 33,9; Jes 63,16; vgl. Jes 1,3).

Diese Verwendung entspricht dem in den Amarna-Briefen im Blick auf Dinge und Personen zu beobachtenden Gebrauch von akk. *e/idû(m)* in der Konstruktion *idû ana* ... »sich kümmern um, sorgen für« (vgl. J.A.Knudtzon, Die El-Amarna-Tafeln II, 1915, 1420f.; CAD I/J 28a).

c) Hierher gehören schließlich die Stellen, an denen *jd'* den geschlechtlichen Verkehr des Mannes mit der Frau (Gen 4, 1.17.25; 24,16; 38,26; Ri 19,25; 1Sam 1, 19; 1Kön 1,4), der Frau mit dem Mann (Gen 19,8; Ri 11,39; sonst: *jd'* [*le*]*miškab zākār* »den Beischlaf eines Mannes kennen« Num 31,17f.35; Ri 21,11f.) und den homosexuellen Verkehr (Gen 19,5; Ri 19, 22) umschreibt.

Daß in dieser Verwendung des Verbums seine grundlegende Bedeutung noch anstehe (Baumann, a.a.O. 30–32), ist ebensowenig wahrscheinlich zu machen wie die (auf A.Socin zurückgehende, vgl. GB 287b) Vermutung, daß dieser Gebrauch mit der Entschleierung der Frau in der Hochzeitsnacht (weil der Mann dann erst das Gesicht der Braut zu sehen bekam) zu erklären sei oder daß er sich eigentlich auf das Konstatieren der Jungfräulichkeit beim ersten Vollzug der Ehe beziehe (F.Schwally, ZDMG 52, 1898, 136). Vielmehr liegt hier wohl wie bei der zu *jd'* »(sexuell) erkennen« analogen Verwendung von arab. *'arafa* »(sexuell) erkennen« und akk. *e/idû(m)* »(sexuell) kennen« (AHw 188) bzw. *lamādu(m)* »(sexuell) kennen lernen« (AHw 531b) eine euphemistische Umschreibung vor (zu Euphemismen bei sexuellen Sachverhalten s. für das Akk. B.Landsberger, MAOG 4,1928/29, 321 §15.3; doch vgl. für das Hebr. auch Gaboriau, a.a.O. 37–40).

IV. 1. a) Bereits in seiner vorisraelitischen Verwendung begegnet *jd'* als religiöser Terminus zur Bezeichnung der bestimmten Menschen von seiten der Gottheit widerfahrenen Fürsorge. Für diesen Gebrauch ist auf theophore Satznamen, insbesondere auf perfektische Danknamen zu verweisen, in denen *jd'* im Sinne von »sich kümmern um, sich annehmen« von der Gottheit ausgesagt ist.

Es handelt sich dabei um Namen, die hebr. *'ælјādā'* »El hat erkannt«, *J(eh)ōjādā'*, *Jeda'jā(hū)* »Jahwe hat erkannt« usw. (vgl. Noth, IP 181) entsprechen und im amorit. Bereich (Huffmon 209), in Ugarit (Gröndahl 39.142), im Phön. (Harris 106; KAI III,48) und im Altsüdarab. (G.Ryckmans, Les noms propres sud-sémitiques II, 1934, 69) belegt sind. Zu vergleichen sind auch akk. Vertrauensnamen wie *dNabû-īdanni* »Nabu kennt mich«, *i-li-ki-nam-i-di* »Mein Gott kennt den Gerechten« (vgl. Stamm, AN 198.239f.).

Der in diesen Personennamen zu beobachtende Sprachgebrauch waltet im AT auch in einzelnen Aussagen der religiösen Lyrik (Nah 1,7f.; Ps 31,8f.; 144,3; vgl. Ps 37,18) und innerhalb der Pentateucherzählung vielleicht in Ex 2,25 P (doch s. BH³: 1 c G *wajjiwwāda'*) vor, wo *jd'* die konkrete Zuwendung Jahwes in bestimmten Notlagen oder seine beständige, helfende Lebensbegleitung besagt.

In engem Zusammenhang mit dieser Verwendung des Verbums, dagegen wohl kaum in Deszendenz zum Gebrauch von heth. *šek-/šak- (-za)*, akk. *e/idû(m) (ana)*, ug. *jd'* »(rechtlich) anerkennen« in vorderasiatischen Staatsverträgen und an Stellen, an denen außerhalb der eigentlichen Verträge vertraglich geregelte Beziehungen zur Diskussion stehen (H.B.Huffmon, BASOR 181, 1966, 31–37; H.B.Huffmon–S.B.Parker, BASOR 184, 1966, 36–38; dagegen A.Goetze, JCS 22, 1968, 7f.), sind die Vorkommen von *jd'* im AT zur Bezeichnung des Sonderverhältnisses zwischen Jahwe und Israel oder einzelnen Israeliten zu sehen.

In dieser Verwendung kommt *jd'*, angewandt auf das Verhältnis zwischen Jahwe und Israel, insbesondere in Am 3,2 (vgl. auch Dtn 9,24 und s. Hos 13,5 [aber auch BH³ zu dieser Stelle]) *bḥr* »erwählen« nahe, ohne jedoch terminologisch scharf als Wechselbegriff zu diesem Verbum gelten zu können: *jd'* besagt hier vielmehr nur ein intimes Kennen (dazu Botterweck, a.a.O. 18–22; Th.C.Vriezen, Die Erwählung Israels nach dem AT, 1953, 36f.; H.Wildberger, Jahwes Eigentumsvolk, 1960, 108; R.Smend, EvTh 23, 1963, 409f.; P.Altmann, Erwählungstheologie und Universalismus im AT, 1964, 2f.23f.).

Während die sekundären, nicht quellenhaften Pentateuchstellen Gen 18,19; Ex 33,12.17; Dtn 34,10, ferner Jer 1,5 und vielleicht auch 2Sam 7,20 = 1Chr 17,18, an denen *jd'* das Sonderverhältnis Jahwes zu bestimmten Einzelnen (Abraham, Mose, Jeremia, David) umschreibt, neben dem heilvollen Bezug zu Jahwe (Ex 33,12.17 *jd' bešēm* »mit Namen kennen« par. zu *mṣ' ḥēn* »Gnade finden«) eine besondere Beauftragung hervorheben (so insbesondere Jer 1,5, wo *jd'* par. zu *qdš* hi. »weihen« das ausgrenzende Ausersehen besagt, vgl. den analogen Gebrauch von äg. *rḫ* »kennen« auf einer Stele des Pharao Pianchi, 25. Dyn.: G.A.Reisner, ZÄS 66, 1931, 91 Z. 4; M.Gilula, VT 17, 1967, 114), ist in Am 3,2 die – für das Volk überraschende – unheilvolle Konsequenz nicht zu übersehen, die hier an das (in Am 9,7 überhaupt bestrittene) intime Exklusivverhältnis zwischen Jahwe und Israel geknüpft wird, in dem das Volk sich sicher wähnt: Israel wird auch in besonderer Weise für seine Schuld zur Rechenschaft gezogen (*pqd 'āwōn 'al*).

Daneben besagt *jd'* das richtende Wissen Jahwes (vgl. Botterweck, a.a.O. 23). Auf dieses rekurrieren die Beter von Klagepsalmen als Beweggrund für Jahwes Einschreiten (Jer 15,15; 18,23; Ps 69,20; vgl. auch Ps 103,14; Neh 9,10), im Unschulds- (Jer 12,3; Ps 40,10; 44,22; vgl. Hi 31,6) und im Sündenbekenntnis (Ex 32,22 E; Ps 69,6) sowie im Bekenntnis der Zuversicht (Ps 139,1.2.4.23; 142,4). Diesen Aussagen korrespondieren Gottesworte, in denen Jahwe selbst sein richtendes und prüfendes Wissen dokumentiert (Gen 20, 6E; 22,12 E; 2Kön 19,27 = Jes 37, 28; Jes 48,4; Jer 48,30; Ez 11,5; Am 5,12), und Geschichtsrückblicke, die einem bestimmten Geschehen den Charakter einer von Jahwe zum Zwecke des Erkenntnisgewinns veranstalteten Prüfung zuschreiben (*nsh* pi. als Parallelbegriff: Dtn 8,2; 13,4; Ri 3,4; 2Chr 32,31).

Dieses Wissen bildet den Inhalt des weisheitlichen Theologumenons, das Jahwe verallgemeinernd als *'ēl dē'ōt ... we'ēl tōkēn* (txt em, s. BH³) *'alīlōt* »Gott des Wissens ... und Gott, der die Taten wägt« (1Sam 2,3; vgl. Ps 94,11; Hi 23,10; 31,6; Spr 24,12; ferner Ps 1,6; Hi 11,11) prädiziert (von den Frevlern bestritten Ps 73,11; Hi 22,13f.).

b) Das Ni. (»sich zu erkennen geben, sich kundgeben«) und Hi. (»kundtun«) von *jd'* wird als Offenbarungsbegriff verwendet (Botterweck, a.a.O. 23–33; R. Rendtorff, in: Offenbarung als Geschichte, ²1963, 21–41; W.Zimmerli, EvTh 22, 1962, 15–31; R.Rendtorff, EvTh 22, 1962, 621–649). In bewußter, theologisch reflektierter Unterscheidung stellt P in Ex 6,3 dem für die alten Kultätiologien und göttlichen Verheißungsreden charakteristischen Ni. von *r'h* das Ni. von *jd'* gegenüber und weist damit die Rede vom »Erscheinen Jahwes« der vorläufigen Stufe der Väterreligion zu, während seit Mose Jahwe sich als er selbst, d.h. in dem in seinem Namen beschlossenen, ihm eigenen Wesen zu erkennen gegeben hat.

Eine zweite, vor allem in hymnischen Aussagen zu belegende Linie des Gebrauchs von *jd'* ni./hi. als Offenbarungsterminus bezieht die Selbstkundgabe Jahwes auf seinen geschichtlichen Machterweis (Ps 9,17; 48,4; 77,15.20; 79,10; 88, 13; 98,2; 103,7), wobei gelegentlich in stark anthropomorpher Redeweise von der »Kundgabe der Hand Jahwes« gesprochen wird (Jes 66,14; Jer 16,21; vgl. Ps 109,27).

Stellen, die wie Jes 64,1; Ps 76,2 vom »Kundwerden« des Namens Jahwes in seinem geschichtlichen Machterweis reden, zeigen die enge Beziehung an, die zwischen diesen beiden Aussagelinien besteht.

Daneben werden mit dem Ni. und Hi. auch bestimmte inhaltliche Kundgaben Jahwes bezeichnet, so die Mitteilung der Gebote an Mose (Ex 25,22 P) oder direkt an die Israeliten (Ez 20,11), des Sabbats an Israel (Neh 9,14), der Verheißung der Dauer der Dynastie an David (2Sam 7, 21 = 1Chr 17,19), der Deutung der Träume Pharaos an Joseph (Gen 41,39 E), eines heimlichen Anschlags seiner Feinde an Jeremia (Jer 11,18). In Bitten (Ps 25,4; 39,5; 51,8; 90,12; 143,8; vgl. Ex 33,13 J; Hi 13,23 und s. *dá'at* in Ps 94,10; 119,66) und Vertrauensäußerungen (Ps 16,11; 25, 14) der Klagelieder ist von solcher Kundgabe Jahwes im Sinne individueller Belehrung, die die Beter suchen oder zu der sie sich bekennen, die Rede (vgl. Gunkel-Begrich 224), wobei als Ort dieser Belehrung vielleicht an das Heilsorakel und eine mit ihm verbundene Thora-Unterweisung zu denken ist (vgl. Kraus, BK XV, 822f.).

2. a) Wenn *jd'* positiv (vgl. Baumann, a.a.O. 39–41.110–141; Botterweck, a.a.O. 42–98; R.C.Dentan, The Knowledge of God in Ancient Israel, 1968, 34–41; speziell zur Prophetie: Hänel, a.a.O. bes. 223–239; S.Mowinckel, Die Erkenntnis Gottes bei den atl. Propheten, 1941) oder negativ (s. dazu W.Reiss, ZAW 58, 1940/41, 70–98) mit Jahwe (oder Fremdgöttern) als Objekt von Menschen ausgesagt ist, besagt das Verbum durchweg nicht bloß ein intellektuelles Kennen oder Nichtkennen, sondern einen das praktische Verhalten mit einschließenden Bezug zur Gottheit: »Jahwe kennen« im Sinne von »vertraut sein mit«, »sich kümmern um«, »anerkennen«.

Dieser Bedeutungsgehalt ist besonders deutlich an Stellen, an denen *jd'* die bisherige Beziehungslosigkeit von Nichtisraeliten zu Jahwe (Ex 5,2 J; Jes 45,4f.; Ez 38, 16; Dan 11,38) oder der Israeliten zu fremden Göttern (so in der Formel »andere Götter, die ihr nicht kennt« Dtn 11, 28; 13,3.7.14; 28,64; 29,25; Jer 7,9; 19, 4; 44,3; vgl. Dtn 32,17; Hos 13,4), die religiöse Unerfahrenheit (1Sam 3,7; vgl. Jer 4,22) oder die mangelnde Vertrautheit mit bestimmten religiösen Sachverhalten (Gen 28,16 J; Ri 2,10; 13,16; 2Kön 17, 26; vgl. Jer 31,34), die sich in unangemessenem Verhalten zur Gottheit äußert, zum Ausdruck bringt.

Positiv besagt »Jahwe kennen« das richtige Verhalten zu ihm (par. zu *jr'* »fürchten« 1Kön 8,43; Jes 11,2; Ps 119,79; Spr 1,7; 2,5; 2Chr 6,33; *'bd* »dienen« 1Chr 28, 9; *'mn* hi. »glauben« Jes 43,10; *drš* »suchen« Ps 9,11; *ḥšq bᵉ* »hängen an« Ps 91, 14; *qr' bᵉšēm* »mit Namen anrufen« Jer 10, 25; Ps 79,6; vgl. weiter Ps 36,11; 87,4; Hi 24,1; Spr 3,6), umgekehrt »Jahwe nicht kennen« die Abwendung von ihm im Verstoß gegen seine Forderungen (1Sam 2,12f.; Hi 18,21).

In diesem Zusammenhang ist auch die Zugehörigkeit des Hi. von *jd'* »kundtun« zur Topik des imperativischen Hymnus zu erwähnen (Jes 12,4–6; Ps 105,1–5 = 1Chr 16,8–12; vgl. Jes 38,18f.; Ps 89,2; 145,10–12 neben Verben wie *jdh* hi. »dankend loben«, *qr' bᵉšēm* »den Namen anrufen«, *zkr* hi. »verkünden« u.a. in hymnischen Aufrufen zum Lob; s. dazu Gunkel-Begrich 33–40; H. Zirker, Die kultische Vergegenwärtigung der Vergangenheit in den Psalmen, 1964, 7–21; F. Crüsemann, Studien zur Formgeschichte von Hymnus und Danklied in Israel, 1969, zu den Stellen).

Eine hervorgehobene Rolle kommt *jd'* mit Objekt Jahwe bzw. dem Ausdruck *dá'at ('ᵉlōhīm/Jhwh)* »(Gottes-/Jahwe-)Erkenntnis« vor allem bei Hosea und Jeremia als Schlüsselbegriff der prophetischen Verkündigung zu. Die Vorkommen erstrecken sich auf Scheltworte (Hos 4,1.6; 5,4; 8,2; Jer 2,8; 4,22; 9,2.5; vgl. Hos 2, 10), Heilsworte (Hos 2,22; Jer 31,34; vgl. Jes 11,2.9; 33,6) und andere Gattungen (Hos 6,3.6; 13,4; Jer 22,16; Mal 2,7; vgl. Jes 28,9; Dan 11,32), wobei für die Wortfelder Parallelbegriffe wie *'ᵉmæt* »Zuverlässigkeit, Treue« (Hos 4,1) und *ḥǽsæd* »Verbundenheit, Gemeinschaftstreue« (Hos 4,1; 6,6), Kontrastbegriffe wie *pš' bᵉ* »sich auflehnen gegen« (Jer 2,8), *rš'* hi. »freveln an« (Dan 11,32) und Aussagen über gerechtes Gericht (Jer 22,16) oder Gewalthandeln (Jer 9,2.5; Hos 4,1; 8,2) charakteristisch sind.

Obwohl an den genannten Stellen zum Teil der Begriff *bᵉrīt* »Bund« im Wortfeld erscheint (Jer 31,31–34; Hos 2,18–22; 6, 5–7; 8,1–3; Mal 2,4–8; Dan 11,32) und innerhalb dieses Rahmens die Jahweerkenntnis dem eheartig vorgestellten Verhältnis zwischen Jahwe und Israel zugeordnet ist (Hos 2,22 *jd'* par. zu *'rś* »sich anverloben«; Hos 5,4 negiertes *jd'* par. zu *rūᵃḥ zᵉnūnīm* »Hurengeist«; s. auch Jer 9,1f.), ist die Prägung der hier vorliegenden Verwendung von *jd'* und insbesondere des Ausdrucks *dá'at 'ᵉlōhīm* vermutlich weder aus dem Sprachgebrauch der vorderasiatischen Staatsverträge (H. B. Huffmon, BASOR 181, 1966, 35–37) noch aus dem Erlebnisbereich der Ehe (E. Baumann, a.a.O. 111–125; ders., EvTh 15, 1955, 416–425; G. Fohrer, Studien zur atl. Prophetie, 1967, 228 [Anm. 16]. 275; W. Eichrodt, Interpretation 15, 1961, 259–273 bes. 264) zu erklären, sondern aus der Verwendung des Ausdrucks als vorgeprägtem terminus technicus für das priesterliche Berufswissen (Begrich, GesStud 258; Wolff, GesStud 182–205; ders., EvTh 15, 1955; 426–431; s. auch J. L. McKenzie, JBL 74, 1955, 22–27), wobei vorausgesetzt ist, daß dieses als gegenwärtiges Wissen jahwegemäßes Verhalten überhaupt erst ermöglicht (vgl. dazu den Gegenbegriff *škḥ* »vergessen« Hos 4,6; 13,4–6 und 2,15 in Aufnahme von 2,10).

Für dieses Verständnis des Ausdrucks sprechen insbesondere Jer 2,8; 28,9; Hos 4,6; Mal 2,7, welche die *dá'at 'ᵉlōhīm* ebenso speziell dem Priester zuordnen, wie in Num 24,16 mit *dá'at 'æljōn* »Erkenntnis des Höchsten« neben der Fähigkeit, Gottesworte zu hören und Visionen zu schauen, und unter weisheitlichem Einfluß in Ex 31,3 P; 35,31 P; 1Kön 7,14 (vgl. 2Chr 2,12) mit *dá'at* neben *rūᵃḥ 'ᵉlōhīm* »Gottesgeist«, *ḥokmā* »Weisheit«, *tᵉbūnā* »Einsicht«, *mᵉlā'kā* »Kunstfertigkeit« und in Jes 11,2; 53,11; vgl. Jer 3,15 (s. dazu B. Reicke, FS Rost 1967, 186–192; W. H. Schmidt, KuD 15, 1969, 18–34) mit *dá'at* (Jes 53,11) bzw. *rūᵃḥ dá'at wᵉjir'at Jhwh* »Geist der Erkenntnis und der Furcht Jahwes« neben *rūᵃḥ Jhwh* »Geist Jahwes«, *rūᵃḥ ḥokmā ūbīnā* »Geist der Wahrheit und der Einsicht« und *rūᵃḥ 'ēṣā ūgᵉbūrā* »Geist des Rates und der Stärke« jeweils spezifische (göttliche) Begabungen des Sehers, Kunsthandwerkers und des messianischen Zukunftskönigs bzw. des leidenden Gottesknechts gemeint sind.

Inhaltlich geht es bei der priesterlichen *dáʿat ʾᵉlōhīm* im Vergleich mit der priesterlichen *tōrā* (Jer 18,18; Ez 7,26) nicht nur um das esoterische Berufswissen über rituelle Sachverhalte (Begrich, a.a.O. 232–258, bes. 251–258), sondern auch um Tatbestände, die für die Belehrung der Laien bestimmt waren (R. Rendtorff, Die Gesetze in der Priesterschrift, 1954; vgl. Ez 22,26; 44,23; Mal 2,7). Jedenfalls sind in der *dáʿat ʾᵉlōhīm*, die Hosea (und Jeremia) im Auge haben, auch die Satzungen des Jahwerechts und die heilsgeschichtlichen Traditionen Israels einbegriffen (Wolff, GesStud 193–202).

Die grundlegende Bedeutung der lehrenden Weitervermittlung solchen Wissens um Jahwe als Voraussetzung rechten Jahweverhaltens zeigen auch Stellen, an denen *jdʿ* hi. die Belehrung der Söhne durch den Vater (Dtn 4,9; Jos 4,22; Ps 78,5f.) oder des Volkes durch Mose (Ex 18,16. 20 E; vgl. R. Knierim, ZAW 73, 1961, 146–171), durch Ezechiel (43,11) und durch Esra und die Leviten (Neh 8,12; vgl. Esr 7,25) bezeichnet.

Jes 11,9; 33,6; Jer 31,34 (vgl. Jer 24,7) weiten den Besitz der *dáʿat (ʾᵉlōhīm)* für die künftige Heilszeit zum (interiorisierten) Allgemeinbesitz des Volkes aus, der solche Belehrung überflüssig machen wird (Jer 31,34; vgl. S. Herrmann, Die prophetischen Heilserwartungen im AT, 1965, 179–185).

b) In strenger Korrespondenz zum Gebrauch des Ni. und Hi. zur Bezeichnung der Selbstoffenbarung Jahwes steht die Verwendung von *jdʿ* in der »Erkenntnisformel«, die das Geschehen menschlicher Erkenntnis als das Ziel göttlicher Selbsterschließung im geschichtlichen Handeln formuliert (vgl. Zimmerli, a.a.O. 41–119; R. Rendtorff, in: Offenbarung als Geschichte, 35–41; vgl. auch H. Haag, Was lehrt die literarische Untersuchung des Ezechiel-Textes, 1943, 25–37).

Die »Erkenntnisformel« vereinigt als konstantes Element die in der Regel final an eine voraufgehende Ansage oder Nennung eines bestimmten göttlichen Handelns angeschlossene »Erkenntnisaussage« *jdʿ kī* »erkennen, daß« (»du wirst/ihr werdet/sie werden erkennen, daß ...«) mit einer in ihrer Form variablen Bezeichnung des Erkenntnisinhalts. Dabei finden sich neben freien Formulierungen über das aus den geschichtlichen Kundgaben Jahwes in seiner Einzigartigkeit zu erkennende Wesen Jahwes vor allem als »strenge Erkenntnisaussage« die Formel *ʾanī Jhwh* »ich bin Jahwe« (s.o. IV/1b), die z.T. noch durch anschließende Aussagen erweitert ist.

Die Erkenntnisaussage wurzelt in dem nicht näher einzugrenzenden Bereich des Zeichengeschehens, in dem durch zeichenhafte Ereignisse Entscheidungen fallen und ungeklärte Situationen aufgehellt werden (Zimmerli, a.a.O. 90–98; s.o. III/1b). Dieser Hintergrund ist vor allem deutlich für die im Umkreis der Exodustradition besonders in den Plagenerzählungen gehäuft auftretenden Erkenntnisformeln (bei J strenge Erkenntnisaussagen neben freieren Formulierungen: Ex 7,17; 8,6.18; 9,14.29; 10,2; 11,7; bei P vorherrschend strenge Erkenntnisaussagen: Ex 6,7; 7,5; 14,4.18; 16,6.12; 29,46; 31,13; Lev 23,43; Num 14,34). Auch die Vorkommen im Dtn lassen diese Beziehung auf die Exodustradition noch weitgehend erkennen (Dtn 4, 35.39; 7,9; 11,2; 29,5; vgl. auch Dtn 9,3.6). Im übrigen sind für das Dtn und den dtr. Kreis die paränetische Anwendung der Formel und die Formulierung »erkennen, daß Jahwe Gott ist« (1Kön 8,60; 18, 37; 2Kön 19,19; vgl. Jes 37,20; Ps 46,11; 100,3; 2Chr 6,33; 33,13) charakteristisch.

Die Erkenntnisformel begegnet sonst vor allem im Bereich der Prophetie im Blick auf bevorstehende Ereignisse als abschließendes Glied der durch das Vorkommen eben der Erkenntnisformel gekennzeichneten Gattung des »Erweisworts« (Zimmerli, a.a.O. 120–132), so in 1Kön 20,13.28 im Anschluß an die aus dem Überlieferungskreis der Jahwekriege stammende Siegeszusage und insbesondere bei Ezechiel (Ez 5,13; 6,7.10.13.14; 7,4.9.27 usw., insgesamt 78 meist strenge Erkenntnisformeln gegen 8 Stellen, die die Verwendung von *jdʿ* außerhalb der Formel zeigen) überwiegend im Anschluß an Gerichtsworte gegen das eigene Volk, aber auch in Worten, die über die Gerichtsansage hinausgehen wie Ez 37,13; 39,28.

Neben der auch sonst im Bereich der Prophetie zu belegenden Bindung der Erkenntnisformel an Gerichtsworte (Jer 16, 21; Mal 2,4; vgl. auch Jes 41,23.26) geht aus Deuterojesaja als weiterer Anwendungsbereich das priesterliche Heilsorakel hervor (Jes 41,20; 45,3.6; 49,23.26; vgl. Jes 60,16; Jo 2,27; 4,17; s. J. Begrich, Studien zu Deuterojesaja, 1938, 217–231; Zimmerli, a.a.O. 69–71.81f.97), vgl. dazu auch Ps 20,7; 41,12; 56,10; 135,5; 140,13 und weiter Jos 22,31; Ri 17,13; 2Sam 5,12 = 1Chr 14,2; 2Kön 5,15; Neh 6,16.

In die Erkenntnis Jahwes sind von Anfang an auch Nichtisraeliten eingeschlossen (in der Exodustradition der Pharao und Ägypten, vgl. auch Jes 19,21; 45,3f.; Ez 25,7.11.17 u.a.; Dan 4,22f.29; 5,21). Die universale Ausweitung der aus seinem bevorstehenden Handeln zu gewinnenden Erkenntnis Jahwes auf die gesamte Völkerwelt belegen neben Ezechiel (21,10, vgl. V.4) und Deuterojesaja (43,10; 45,6; 49,26) auch 1Sam 17,46f.; 1Kön 8,43.60; 2Kön 19,19 = Jes 37,20; Ps 83,19 (vgl. Ps 9,21; 59,14); Dan 4,14.

Im Umkreis der dtr. Geschichtstheologie (vgl. von Rad, GesStud 189–204) ist daneben auch die Wahrheit des Jahwewortes, die sich in seiner geschichtlichen Verwirklichung erweist, der Inhalt der Erkenntnisaussage (Jos 23,14; 2Kön 10,10; Jer 32,8; 44,28f.; Ez 6,10; 17,21; 37,14). Insbesondere dort, wo das dtn. Kriterium der wahren Prophetie (Dtn 18,21f.; vgl. Jer 28,9) ein- und nachwirkt, steht der Gebrauch der Erkenntnisformel zum Ausdruck der Legitimität des von Jahwe gesandten Propheten mit der eben genannten Anwendung der Formel auf die Wahrheit des Jahwewortes in engem sachlichem Zusammenhang (1Sam 3,20; 1Kön 18,36f.; Ez 2,5; 33,33; Sach 2,13.15; 4,9; 6,15; 11,11; vgl. Num 16,28 J; 1Kön 17,24; 2Kön 4,9; 5,8; ferner Ri 13,21; s. K. Marti, FS Wellhausen 1914, 281–297; Zimmerli, a.a.O. 76–78.110).

c) Der hervorgehobenen Bedeutung, die in der äg. Weisheit der Erkenntnis und dem Wissen zukommt (S.Morenz, Äg. Religion, 1960, 128–132), entspricht in der israelitischen die des Stammes *jd'* (U. Skladny, Die ältesten Spruchsammlungen in Israel, 1962, bes. 10f.32–36.60; J.Conrad, ZAW 79,1967, 67–76, bes. 71).

So äußert im Weisheitsbuch des Anii (IX,14) der Schüler dem Lehrer gegenüber den Wunsch: »Ach, wäre ich doch ebenso (wie du), indem ich wissend *(rḫ)* wie du wäre, dann täte ich deine Lehren« (A. Volten, Studien zum Weisheitsbuch des Anii, 1937, 137.139), und Amenemope (XXVII, 7–10) empfiehlt abschließend seine Lehren: »Sieh dir diese dreißig Kapitel an; sie erfreuen und belehren, sie sind an der Spitze aller Bücher, sie machen den Unwissenden *(ḫm)* wissend *(rḫ)*« (H.O. Lange, Das Weisheitsbuch des Amenemope, 1925, 134f.).

Ganz entsprechend wird in der isr. Weisheit der Weise *(ḥākām)* der »Wissende, Verständige« genannt *(jōdē^{a}'* Hi 34,2; Pred 9,11; vgl. *jādūa'* Dtn 1,13.15; *'īš-dá'at* »Mann von Einsicht« Spr 24,5; *jōdē^{a}' dá'at* »der Einsicht besitzt« Spr 17,27; Dan 1,4). Er »versteht die Weisheit« *(jd' ḥokmā* Pred 1,17; 7,12.25) bzw. »die Einsicht« *(jd' bīnā* Jes 29,24; Hi 38,4; Spr 4,1; Dan 2,21; 1Chr 12,33; 2Chr 1,12.12; *bīn dá'at* Spr 19,25; 29,7; vgl. Dan 1,4), seine Worte sind »verständige Worte« (*'imrē-dá'at* Hi 33,3 txt em; Spr 19,27; 23, 12), seine »Lippen« verständig (*śiftē-dá'at* Spr 14,7; 20,15; vgl. Spr 5,2; 10,14; 12, 23; 15,2.7). Ihm wird allgemein *dá'at* »Einsicht, Verstand, Erkenntnis« zugeordnet (Jes 44,25; Hi 36,4; Spr 8,9; 11,9; 14,18; vgl. Hi 13,2; 15,9), während der Tor oder Frevler die *dá'at* »haßt« (*śn'* Spr 1,22.29) und »ohne Einsicht, Verstand, Erkenntnis« redet und handelt (*b^{e}lī-dá'at* Hi 35,16; 38,2; 42,3; *b^{e}lō-dá'at* Spr 19,2; vgl. Hi 34, 35) oder »windiges Wissen« (*dá'at-rū^{a}ḥ* Hi 15,2) an den Tag legt.

So erscheint *dá'at* »Einsicht, Verstand, Erkenntnis« neben *m^{e}zimmā* »Besonnenheit« (Spr 1,4; 2,10f.; 5,2; 8,12), *'ormā* »Klugheit« (Spr 1,4; 8,12), *t^{e}būnā* »Einsicht« (Spr 2,6.10f.; 17,27; 24,3f.; vgl. Ex 31,3 P; 35,31 P; 1Kön 7,14; Jes 44,19; *bīnā* Spr 9,10; s. weiter *śkl* hi. »Einsicht haben« Hi 34,35; Dan 1,4) parallel zu *ḥokmā* »Weisheit« (Spr 2,6.10f.; 14,6; 24,3f.; Pred 1,18; 2,21.26; 9,10; vgl. Ex 31,3 P; 35,31 P; 1Kön 7,14; Jes 47,10) in der Charakteristik dessen, was das Wesen der Weisheit ausmacht.

Weisheitliche *dá'at* kann man »suchen« (*bqš* pi. Spr 15,14; 18,15; vgl. Pred 7,25); sie wird »gefunden« (*mṣ'* Spr 8,9) bzw. »erworben« (*qnh* Spr 18,15) durch Annahme von »Belehrung« (*lmd* pi. Hi 21,22; Spr 30,3; Pred 12,9; vgl. *mūsār* »Zucht« Spr 8,10; 12,1; *śkl* hi. »Belehren« Spr 21, 11), insbesondere im »Hören« (*šm'* Spr 18, 15; 22,17).

Der Theologisierung der Weisheit, die sich in ihrer Qualifikation als *dá'at q^{e}dōšīm* »Erkenntnis des Heiligen« (Spr 9,10; 30,3; vgl. H.S.Gehman, VT 4,1954, 340) ausdrückt, entspricht es, daß *jir'at Jhwh* »Jahwefurcht« als Anfang der weisheitlichen Erkenntnis bezeichnet werden kann (Spr 1,7; 9,10; vgl. Spr 1,29). Weisheit kommt insbesondere Jahwe zu, der als *t^{e}mīm dē'īm* »vollkommen an Wissen« prädiziert wird (Hi 37,16; s. dazu auch Hi 21,22 und im Kontrast Hi 22,13; vgl. die Anwendung dieses Prädikats auf Elihu als einen von Jahwe Belehrten Hi 36,3f.; vgl. Pred 2,26) und in der Schöpfung *ḥokmā*, *t^{e}būnā* und *dá'at* als seine Eigenschaften (Spr 3,19f., nicht: Hypostasen, G.Pfeiffer, Ursprung und Wesen der Hypostasenvorstellungen im Judentum, 1967, 26) betätigt hat. Im Unterschied zu Tieren und Menschen (Hi 28,7.13) ist ihm der Ort der verselbständigten Weisheit bekannt (Hi 28,23; vgl. Pfeiffer, a.a.O. 24). Während der Weisheit das in den Werken der Schöpfung kundwerdende Tun Jahwes primär als erkennbar gilt (Ps 92,7; Hi 37,7), werden Hiob (Hi 38,18; 42,3; vgl. 11,8; 36, 26; 37,5) wie die Skepsis des Predigers (Pred 9,12; 11,5; vgl. Spr 30,18) hier der Grenze ihrer Erkenntnis gewahr.

V. Für Judentum und NT vgl. R. Bultmann, Art. γινώσκω, ThW I,688–719; speziell zum Judentum zwischen AT und NT: B. Reicke, in: Neotestamentica et Semitica, 1969, 245–255; zur Qumran-Literatur: K. G. Kuhn, ZThK 47,1950, 192–211, bes. 203–205; 49,1952, 296–316, bes. 306f.; F. Nötscher, Zur theologischen Terminologie der Qumran-Texte, 1956, 15–79; S. Wagner, FS Bardtke 1968, 232 bis 252; zu Paulus: E. Prucker, Γνῶσις Θεοῦ. Untersuchungen zur Bedeutung eines religiösen Begriffs beim Apostel Paulus und bei seiner Umwelt, 1937; J. Dupont, Gnosis. La connaissance religieuse dans les épîtres de Saint Paul, ²1960; zum johanneischen Schrifttum: E. Viau, La Vie Spirituelle 77,1947, 324–333; M.-E. Boismard, RB 56,1949, 365–391.

W. Schottroff

יהוה *Jhwh* Jahwe

1. a) Der atl. Gottesname begegnet im AT überwiegend – in den vorexilischen außerbiblischen Belegen (Mesa-Inschrift, KAI Nr. 181, Z. 18 »und ich nahm von dort die Geräte (?) Jahwes und schleppte sie vor Kamoš«, aus dem 9. Jh.; Ostraka von Tell Arad, Ende des 7. Jh.; Lachis-Ostraka 2,2.5; 3,3.9; 4,1; 5,1.8; 6,1.12; 9,1 [KAI Nr. 192–197] in Wunschformeln und Beteuerungen, kurz vor 587 v.Chr.) immer – in der vollen Form des Tetragramms *Jhwh*, seltener in unabhängigen oder in enger Wortfügung stehenden Kurzformen wie *Jhw* (Normalform in den Elephantinepapyri des 5. Jh., vgl. Cowley 290 und Kraeling, BMAP 306a; vereinzelt in Cowley Nr. 13, Z. 14, und auf einem Ostrakon [A. Dupont-Sommer, Sem 2,1949,31. 34, Z. 3.7] *Jhh*; BMAP Nr. 1, Z. 2: *Jh*) und *Jāh*/*Jā* (Ex 15,2 sowie in jüngeren Teilen des Jesajabuches und in jüngeren Psalmen; Ex 17,2 und Ps 68,5.19 sind textlich schwierig, vgl. Noth, ATD 5,115; Kraus, BK XV, 466f.; zu Hhld 8,6 vgl. Gerleman, BK XVIII, 217). In den jahwehaltigen Eigennamen finden sich *Jehō-*/*Jō-* (dissimiliert *Jē-*) bzw. *-jāhū*/*-jā* (Noth, IP 103–107; auf den samarischen Ostraka und auf Siegeln auch *-jw* = *-jaw*, vgl. KAI II, 183). Nach der Lage der Quellen und aus Gründen der philologischen Wahrscheinlichkeit kommt der Vollform die Priorität zu (Noth, IP 101f.; G. Fohrer, Geschichte der isr. Religion, 1969, 63f.; R. de Vaux, FS Davies 1970, 49–51).

Als ursprüngliche Aussprache des Tetragramms hat man auf Grund philologischer Überlegungen und gr. Transkriptionen bei Kirchenvätern *Jahwæ* erschlossen (O. Eißfeldt, RGG III,515f. mit Lit.; Fohrer, a.a.O. 63 mit Lit.; gegen W. Vischer, Eher Jahwo als Jahwe, ThZ 16, 1960, 259–267). Das masoretisch überlieferte Qere perpetuum יְהוָה (fälschlich im Mittelalter *Jehōwā* gelesen) bzw. יֱהוִה beruht auf einer Verbindung der Konsonanten *Jhwh* mit den Vokalzeichen des in nachexilischer Zeit an die Stelle des Gottesnamens getretenen Ersatzwortes *'adōnāj* »der Herr« (→*'ādōn*) bzw., wenn *Jhwh* neben *'adōnāj* steht, *'ælōhīm* »Gott« (GB 290f.; KBL 368; Zorell 298f.; die jüngere Umschreibung יְהוָה in BH³ beruht auf der Lesung aram. *šemā* »der Name«, vgl. Meyer I,81; anders P. Katz, ThZ 4,1948, 467–469).

b) Eine sichere Etymologie des Gottesnamens kann nicht gegeben werden. Übersichten über die mannigfachen Ableitungs- und Deutungsversuche finden sich in den einschlägigen Handbüchern, mit ausführlichen Literaturangaben zuletzt etwa bei Fohrer, a.a.O. 64f.; de Vaux, a.a.O. 56–63.

Unabhängig von der Lösung der etymologischen Frage ist zu überlegen, ob und in welchem Umfang innerhalb des Jahweglaubens eine besondere Namensbedeutung, sei es die ursprüngliche, wahrscheinlich in vorisraelitische Bereiche führende, oder eine sekundär motivierende israelitische, überhaupt bewußt gewesen ist. Schlüsse von der Wortbedeutung auf das »ursprüngliche« Wesen Jahwes sind daher nur mit größten Vorbehalten gültig. Nur an der berühmten Stelle Ex 3,14 (→*hjh* 4c) wird in einer verhältnismäßig komplizierten theologischen Deutung von einer Sinnbedeutung des Namens »Jahwe« Gebrauch gemacht; sie mag, selbst wenn sie möglicherweise der »richtigen« Etymologie nahe kommt, für nur einen bestimmten Kreis im Volke Israel maßgebend gewesen sein (vgl. von Rad I,193f.; W. H. Schmidt, Atl. Glaube und seine Umwelt, 1968, 57 bis 61; de Vaux, a.a.O. 63–75).

Der von L. Köhler, Jod als hebr. Nominalpräfix, WdO I/5,1950, 404f., vertretenen Deutung des Namens als einer Nominalform steht die bei semitischen Eigennamen eher zu erwartende Erklärung als Imperfekt-Form eines Verbums gegenüber. Frühere Ableitungen von arab. Wurzeln ergaben in Verbindung mit bestimmten religionsgeschichtlichen Vorstellungen Deutungen wie »der Wehende«, »der Blitzeschleuderer«, »der im Sturm Brausende«, »der Regnende« usw. (vgl. Köhler, Theol. 24f.; KBL 368f.). Näher als das Arab. liegt doch wohl für den Sinaibereich in der zweiten Hälfte des 2. Jt. eine frühe Form des NWSem., das in hebr. →*hjh* und aram. *hwh* ein Verbum mit der Bed. »sein, werden, sich erweisen, wirken« o.ä. aufweist. Da ein kausatives Hi. dieses Verbums, das auf eine Etymologie »der Erschaffende, der am Sein Erhaltende« hinführen würde, nicht belegt erscheint, kommt praktisch nur noch das Qal »er ist, er erweist sich als wirksam« in Frage (der Präfixvokal spricht nicht dagegen, da späteres hebr./aram. *ji-* auf *ja-* zurückgeht; vgl. Meyer II,99). Damit kommt die heute weithin für wahrscheinlich gehaltene Etymologie des Jahwenamens der Deutung von Ex 3,14 recht nahe (vgl. W. von Soden, WdO III/3, 1966, 177–187; Schmidt, a.a.O. 59–61; Fohrer, a.a.O. 65; S. Herrmann, Israels Aufenthalt in Ägypten, 1970,76–80); entscheidend ist dabei die richtige Auffassung der Bedeutung von →*hjh*, die man von der statischen Auffassung (vgl. LXX in Ex 3,14 ὁ ὤν) abzurücken hat in Richtung auf ein dynamisches Wirksamsein.

2. Wievielmal kommt der Name Jahwe im AT vor? Am genauesten ist die Angabe bei F. Brown – S.R. Driver – Ch.A. Briggs, A Hebrew and English Lexicon of the Old Testament, 1906, 217: 6823×, übernommen von L. Köhler, Atl. Wortforschung, 1930, 3 (ders., Theol. 23: »über 6700mal«; KBL 368a: »etwa 6823×«, wobei aber die Angaben über die einzelnen Bücher [übernommen aus P. Vetter, ThQ 85,1903, 12–47] durchweg zu niedrig sind, da sie nur alleinstehendes *Jhwh*, nicht *'adōnāj Jhwh* usw. betreffen; merkwürdig auch G. Quell, ThW III, 1065: 5321×). Eine genaue Vergleichung und Auszählung der Stellenangaben bei Mand. (S. 91 bis 96.982f.1416–33.1534a.1541f. mit zahlreichen Überschneidungen) und Lis. (S. 1612–19) ergibt die Zahl von 6828 Vorkommen (bei Mand. fehlen Jes 60,20 [S. 1424a] und Hag 2,17 [S. 1426a bzw. 1542a]; Ps 68,27 hat der textus receptus *'adōnāj*, BH³ *Jhwh*). In Lis. fehlen Ri 7,2; 1Sam 20,22; 2Sam 15,21; Mal 3,23 *(jōm Jhwh)* und die Exponenten für doppeltes Vorkommen in 2Sam 5,19; Ex 20,3, für dreifaches in Jer 7,4.

Die Stellenlisten bei Vetter, a.a.O. 15–47, enthalten namentlich für 1Sam–Ez, Ps, 1/2Chr zahlreiche versehentliche Auslassungen, Doppelangaben und unrichtige Summenzahlen; in Gen–Ri und den kleinen Propheten sind Lev 8,9; Dtn 2,37; Jos 6,24; 13,8; Am 5,15.27; Mi 4,5; Zeph 1,17; Hag 1,13; Sach 8,14 zu ergänzen und Ex 23,17 einmal, Mal 1,12 ganz zu streichen. Die Zahlen für die einzelnen Bücher sind:

Gen	165	Jes	450	Ps	695
Ex	398	Jer	726	Hi	32
Lev	311	Ez	434	Spr	87
Num	396	Hos	46	Ruth	18
Dtn	550	Jo	33	Hhld	–
Pentateuch	1820	Am	81	Pred	–
		Ob	7	Klgl	32
Jos	224	Jon	26	Est	–
Ri	175	Mi	40	Dan	8
1Sam	320	Nah	13	Esr	37
2Sam	153	Hab	13	Neh	17
1Kön	257	Zeph	34	1Chr	175
2Kön	277	Hag	35	2Chr	384
(Jes 1–39	241)	Sach	133	Ketubim	1485
(Jes 40–55	126)	Mal	46		
(Jes 56–66	83)	Propheten	3523	AT total	6828

Die Kurzform *Jāh* wird von Lis. 50× angeführt (Ex 15,2; 17,16; Jes 12,2; 26,4; 38,11.11; Hhld 8,6 *šalhæbætjā* und 43× in Ps, davon 27× mit →*hll* pi., 24× *halelū(-)Jāh* »halleluja«, in einem oder in zwei Wörtern mit oder ohne Makkef geschrieben).

3. Die Frage der Herkunft des Namens des Gottes Moses ist eng mit den Problemen des historischen Ansatzpunktes des Jahweglaubens verflochten, auf die hier nicht einzugehen ist (vgl. dafür die atl. Theologien und die Religionsgeschichten Israels). Die atl. Überlieferungen (abgesehen von Gen 4,26 J; dazu F. Horst, Die Notiz vom Anfang des Jahwekultes in Gen 4,26, FS Delekat 1957, 68–74) bringen den Jahwenamen mit dem Sinai und mit Mose im Gebiet der Midianiter zusammen; von daher kommt der zwar nicht sicher beweisbaren, aber doch einige Wahrscheinlichkeit für sich beanspruchenden Midianiter- oder Keniter-Hypothese ziemliche Bedeutung zu, wonach israelitische Stämme den Jahweglauben in irgendeiner Form von den Midianitern oder Kenitern übernommen haben (W. Vischer, Jahwe, der Gott Kains, 1929; K.-H. Bernhardt, Gott und Bild, 1956, 116ff.; A.H.J. Gunneweg, Mose in Midian, ZThK 61, 1964, 1–9; K. Heyde, Kain, der erste Jahwe-Verehrer, 1965; M. Weippert, Die Landnahme der isr. Stämme in der neueren wissenschaftlichen Diskussion, 1967, 105f.; W.H. Schmidt, a.a.O. 61–68).

Ein eindeutiger Nachweis der Verwendung des Jahwenamens außerhalb Israels und vor Mose ist jedoch bis jetzt noch nicht zu erbringen (vgl. zuletzt de Vaux, a.a.O. 52–56). Die neuerdings in äg. Quellen gefundene Bezeichnung gewisser Beduinen im Bereich der Sinaihalbinsel, »Schasu des/von Jahwe«, ist in ihrer Bedeutung für unser Problem noch nicht sicher zu beurteilen (S. Herrmann, Der atl. Gottesname, EvTh 26, 1966, 281–293; ders., Israels Aufenthalt in Ägypten, 1970, 42: »Es ist leider noch zu wenig deutlich, ob dieser hier ägyptisch bezeugt scheinende ›Jahwe‹-Name wirklich etwas mit dem alttestamentlichen Jahwe zu tun haben kann. Mit aller Vorsicht wird man immerhin von einer interessanten Namenbildung sprechen dürfen, die auch für die Entstehung des Gottesnamens Jahwe konstitutiv gewesen sein könnte«; M. Weippert, a.a.O. 106).

Von diesen äg. Texten abgesehen ist bisher an keiner Stelle unabhängig vom isr. Jahweglauben der Jahwename selbständig oder in Eigennamen nachzuweisen (vgl. noch die älteren Arbeiten von G. R. Driver, ZAW 46, 1928, 7–25; A. Murtonen, The Appearance of the Name YHWH outside Israel, 1951). Auszuscheiden haben die altbab. Namen mit dem Element *jā'u(m)*, das schon seit längerer Zeit als selbständiges Possessivum »mein« erkannt ist; in den zum Teil westsem. Herkunft verratenden Namen aus Mari (18. Jh. v. Chr.) kann das Element *Jawi-/Jaḫwi-* zwar zur selben Wurzel wie der Gottesname Jahwe gehören, doch bedeutet z. B. *Ja-aḫ-wi-AN* nicht etwa »Jahwe ist Gott«, sondern möglicherweise »Gott ist« (W. von Soden, WdO III/3, 1966, 177–187; zurückhaltend Huffmon 70–73). Auch der ug. Gott *Yw*, Sohn des Gottes El, ist nicht mit Jahwe zu identifizieren (J. Gray, JNES 12, 1953, 278–285; ders., Legacy 180–184; H. Gese – M. Höfner – K. Rudolph, Die Religionen Altsyriens, Altarabiens und der Mandäer, 1970, 55f.).

4. Sowohl über die Geschichte der V e r w e n d u n g des Jahwenamens als auch über die Bedeutung des Gottesnamens für den Glauben Israels können im Rahmen dieses Wörterbuches nur wenige Andeutungen gemacht werden. Es ist Aufgabe der atl. Theologien, herauszustellen, welche Funktion dem Namen (→*šēm*) für die göttliche Selbstoffenbarung (→*'anī*) und die persönliche Beziehung zwischen Gott und seinem Volk zukommt (vgl. u.a. von Rad I, 193–200; Übersicht über die Thematik mit Literaturangaben bei H. D. Preuss, Jahweglaube und Zukunftserwartung, 1968, 14 bis 28; mehr populäre oder systematisch-theologische Darstellungen z. B. bei H. W. Wolff, Wegweisung, 1965, 59–71; F. Mildenberger, Gottes Tat im Wort, 1964, 137–140).

Bei der Verwendung des Gottesnamens in den Texten ist zunächst die Gebetsanrede im Vokativ von den übrigen Gebrauchsweisen abzuheben. Die Anrede findet sich rund 380 ×, nicht selten innerhalb eines Gebetes oder Psalms wiederholt, am häufigsten in den entsprechenden Gattungen des Psalters (ca. 210 ×), im übrigen ungleichmäßig gestreut je nach dem Vorkommen von Gebeten und je nach der Verwendung des Jahwenamens überhaupt in den einzelnen Büchern; sie fehlt z. B. in den Gesetzen und in der Weisheitsliteratur, weitgehend auch in der Prophetie (Gen 15,2.8; 24,12.42; 32,10; 49,18; Ex 5,22; 15,6.6.11.16.17; 32,11; Num 10,35. 36; 14,14.14; Dtn 3,24; 9,26; 21,8; 26,10; 33,7.11; Jos 7,7; Ri 5,4.31; 6,22; 16,28; 21,3; 1Sam 1,11; 3,9; 23,10.11; 2Sam 7, 18.19.19.20.22.24.25.27.28.29; 15,31; 22, 29.50; 24,10; 1Kön 3,7; 8,23.25.28.53; 17,20.21; 18,36.37.37; 19,4; 2Kön 6,17. 20; 19,15.16.16.17.19.19; 20,3; Jes 12,1; 26, 8.11.12.13.15.16.17; 33,2; 37,16.17.17.18. 20.20; 38,3.20; 63,16.17; 64,7.8.11; Jer 1,6; 4,10; 5,3; 10,23.24; 11,5; 12,1.3; 14,7.9.13.20.22; 15,15.16; 16,19; 17,13. 14; 18,19.23; 20,7; 32,17.25; 51,62; Ez 4,14; 9,8; 11,13; 21,5; Hos 9,14; Jo 1, 19; 2,17; 4,11; Am 7,2.5; Jon 1,14.14; 2,7; 4,2.3; Hab 1,2.12.12; 3,2.2.8; Sach 1,12; Ps 3,2.4.8 u.ö.; Klgl 1,9.11.20; 2, 20; 3,55.59.61.64; 5,1.19.21; Dan 9,8; Esr 9,15; Neh 1,5; 9,6.7; 1Chr 17,16.17. 19.20.22.23.26.27; 21,17; 29,10.11.11.16. 18; 2Chr 1,9; 6,14.16.17.19.41.41.42; 14, 10.10.10; 20,6; →*'ahāb*).

Die Verwendung des Jahwenamens in Aussagen (in etwa einem Drittel der Vorkommen steht *Jhwh* als zweites Glied einer Cs.-Verbindung; →*'af*, →*berīt*, →*dābār* usw.) kommt, soweit sie formelhaft oder inhaltlich besonders bemerkenswert ist, in den übrigen Artikeln des Wörterbuches zur Sprache und kann hier nicht im einzelnen ausgebreitet werden (→*'mr*, →*br'*, →*brk* usw.). Dasselbe gilt für die mit *Jhwh* konkurrierenden Gottesbezeichnungen ursprünglich appellativischer Art (→*'ādōn*, →*'ēl* [*'æljōn*], →*'ælōhīm*, *ṣebā'ōt* [→*ṣābā'*], →*šaddaj*) und die mannigfachen Epitheta Jahwes von dem altertümlichen *zā-Sīnaj* »der des Sinai(?)« (Ri 5,5; Ps 68,9; Literaturangaben bei W. Richter, Traditionsgeschichtliche Untersuchungen zum Richterbuch, ²1966, 69 Anm. 35) bis hin zum in der Spätzeit beliebten »Himmelsgott« (→*šāmájim*) und der andeutenden Umschreibung »von anderer Stelle« (→*'ḥr* 3) in Est 4,14 (→*'āb*, →*bá'al*, →*mǽlæk* usw.).

Zur Verwendung des Gottesnamens in theophoren Eigennamen (von Josua an mit dem Höhepunkt in der Königszeit, im 7. Jh. durch die wieder aufkommenden *'ēl*-haltigen Namen etwas zurückgedrängt) vgl. Noth, IP 101–114.

5. Im nachexilischen Judentum tritt der Gottesname *Jhwh* aus verschiedenen Gründen und je nach den Bereichen in unterschiedlichem Maße immer mehr zurück, bis er im Spätjudentum vollständig verschwindet bzw. durch *'ᵃdōnāj* und κύριος ersetzt wird (→*'ādōn* IV/5). Die ursprüngliche Funktion des Namens, seinen Träger aus einer vorausgesetzten polytheistischen Welt von Mächten herauszuheben (vgl. z.B. Mi 4,5 »denn alle Völker wandeln ein jedes im Namen seines Gottes, wir aber, wir wandeln im Namen Jahwes, unseres Gottes, immer und ewig«), war durch die Entwicklung des monotheistischen Gottesglaubens dahingefallen, nicht aber die damit verbundene, mit anderen sprachlichen Mitteln im Judentum und im Urchristentum wahrgenommene Funktion des Namens, das personhafte Gegenüber des sich selbst den Menschen erschließenden Gottes zu bezeichnen (z.B. Joh 17,6 »ich habe deinen Namen den Menschen geoffenbart«, vgl. V. 26). *E. Jenni*

יוֹם *jōm* Tag

1. Das gemeinsemitische Subst. **jawm-* »Tag« (Bergstr. Einf. 185; P. Fronzaroli, AANLR VIII/20, 1965, 140f.147) ist (wie sein Oppositum **lajlaj-*[*at-*] »Nacht«) im ganzen Sprachgebiet häufig bezeugt (akk. *ūmu*, auch »Sturm«, vgl. G.R. Driver, JSS 13, 1968, 46; ug.: WUS Nr. 1171; UT Nr. 1100; nwsem. Inschriften: DISO 107f.; äth. nur *jōm* »heute«, sonst *mō'alt* für »Tag«).

Neben hebr. (und bibl.-aram.) *jōm* »Tag« (zum Formenbestand vgl. BL 618f.; Meyer II,83) existiert noch das Adverb *jōmām* »bei Tage, tagsüber« (BL 529; Meyer II,39).

2. Die Auszählung der Belege für das fünfthäufigste Substantiv im AT ergibt folgende (von KBL 372a und 374a stärker abweichende) Zahlen (inkl. Jes 54,9 *kīmē* BH³, wofür BHS *kī-mē* bietet):

	Sing.	Dual	Plur.	zusammen	*jōmām*
Gen	83	–	69	152	–
Ex	80	2	33	115	4
Lev	68	–	45	113	1
Num	85	2	34	121	3
Dtn	109	–	58	167	2
Jos	55	–	23	78	1
Ri	43	–	32	75	1
1Sam	108	–	42	150	1
2Sam	59	–	16	75	1
1Kön	48	–	52	100	1
2Kön	31	–	48	79	–
Jes	94	–	27	121	6
Jer	79	–	58	137	7
Ez	78	–	30	108	4
Hos	15	1	12	28	–
Jo	9	–	4	13	–
Am	15	–	7	22	–
Ob	12	–	–	12	–
Jon	2	–	2	4	–
Mi	8	–	6	14	–
Nah	3	–	1	4	–
Hab	1	–	1	2	–
Zeph	20	–	1	21	–
Hag	8	–	–	8	–
Sach	32	–	8	40	–
Mal	6	–	2	8	–
Ps	75	–	40	115	10
Hi	20	–	39	59	2
Spr	25	–	7	32	–
Ruth	7	–	1	8	–
Hhld	5	–	–	5	–
Pred	7	–	19	26	–
Klgl	13	–	6	19	1
Est	35	–	18	53	–
Dan	7	–	16	23	–
Esr	12	–	9	21	–
Neh	40	–	20	60	4
1Chr	21	–	20	41	1
2Chr	34	–	41	75	1
hebr. AT	1452	5	847	2304	51
aram.					
Dan	2	–	9	11	
Esr	3	–	2	5	
zus.	5	–	11	16	

3. Es empfiehlt sich, trotz einiger Überschneidungen die singularische (3a–e) und die pluralische (3f–j) Verwendung von *jōm/jāmīm* getrennt zu behandeln. Wie bei anderen Zeitbegriffen (→*'ēt*, →*'ōlām*) spielen die adverbiellen Wendungen eine weit größere Rolle als die Aussagen mit *jōm* als Subjekt oder Objekt.

a) Die Grundbedeutung von *jōm* ist »Tag (von Sonnenaufgang bis Sonnenuntergang)« im Unterschied zu *lájlā (lájil, lēl)* »Nacht« (233 ×, dazu 5 × aram. *lēlē/lēlᵉjā*; Ps 28 ×, Gen 25 ×, Ex und Jes je 18 ×, Hi 17 ×); Gegenüberstellungen und Reihungen von »Tag« und »Nacht«, vor allem adverbiell »tagsüber/nachts« sind daher häufig (z.B. Gen 1,14.18; 8,22; 31, 39.40; Ex 10,13; 13,21; Jes 28,19; 38,12. 13; Jer 36,30; Am 5,8; Ps 19,3;22,3; 32,4; 88,2; 136,8f.; Hi 3,3–7; Pred 8,16 u. ö. mit *jōmām*; auch in umgekehrter Reihenfolge: Dtn 28,66; 1Sam 25,16; 1Kön 8,29 [vgl. die Parallelstelle 2Chr 6,20]; Jes 27,3; 34, 10; Jer 14,17; Hi 17,12; Est 4,16; Neh 4, 16).

Ein weiteres Wortfeld wird durch die Bezeichnungen für die Tageseinteilung gebildet. Die wichtigsten Vokabeln sind hier: *bōqær* »Morgen« (214 ×, davon Ex 36 ×, Gen 19 ×, 1Sam und Ps 18 ×, Num 12 × ; vgl. J. Ziegler, Die Hilfe Gottes »am Morgen«, FS Nötscher 1950, 281–288; L. Delekat, VT 14, 1964, 7–9), *'æræb* »Abend« (134 ×, davon Lev 33 ×, Gen, Ex und Num je 13 × ; zu *bēn hā'arbájim* »in der Abenddämmerung« Ex 12,6 und weitere 10 × in P vgl. BL 518) und *ṣohºrájim* »Mittagszeit« (23 × ; vgl. P. Fronzaroli, AANLR VIII/19, 1964, 170.257.271.278). Zu *šáḥar* »Morgenröte« →*šæmæš*.

Im übrigen sind Aussagen mit *jōm*, die sich auf einzelne Teile oder auf den Ablauf des Tages beziehen, verhältnismäßig selten. Zu erwähnen sind: *rᵉbī'īt hajjōm* »einen Viertelstag lang« (Neh 9,3; eine Stundeneinteilung des Tages besteht im AT noch nicht, vgl. de Vaux I,278; die Nacht wird in drei Nachtwachen eingeteilt [*'ašmūrā* →*šmr*], s. bes. Ex 14,24; Ri 7,19; 1Sam 11,11), *'ad nᵉkōn hajjōm* »bis an den vollen Tag« (Spr 4,18), *maḥᵃṣīt hajjōm* »Hälfte des Tages = Mittag« (Neh 8,3), *ḥōm hajjōm* »heiße Zeit des Tages« (Gen 18,1; 1Sam 11,11; 2Sam 4,5), *rūᵃḥ hajjōm* »Tageswind = Nachmittagswind von Westen« (Gen 3,8; vgl. Hhld 2,17 = 4,6 »wenn der Tag weht«, dazu Gerleman, BK XVIII,128), *bᵉjōm 'ōr* »am hellichten Tag« (Am 8,9), *bᵉ'ōd hajjōm* »als es noch Tag war« (2Sam 3,35), *'ōd hajjōm gādōl* »es ist noch hoch am Tage« (Gen 29,7), *bᵉ'æræb jōm* »bei der Neige des Tages« (Spr 7,9), sowie die verschiedenen Verben mit der Bed. »sich neigen« für das Dahinschwinden des Tages: *nṭh*/*rph*/*ḥnh* (Ri 19,8f.), *jrd* (Ri 19,11 txt em), *pnh* (Jer 6,4; vgl. noch *'br* »dahingehen« Zeph 2,2 txt?).

b) Wie in den meisten Sprachen wird diese Grundbedeutung erweitert zu »Tag (von 24 Stunden)« im Sinne der astronomischen oder kalendarischen Einheit (zur Möglichkeit in anderen Sprachen, diesen Begriff vom Ausdruck für »Nacht« her zu bilden, vgl. Fronzaroli, a.a.O. 141, nach G. Devoto, Origini indoeuropee, 1962, 216f.). Im Unterschied zum Syr. wird zwischen dem Tag als der hellen Tageszeit (syr. *īmāmā*) und dem Tag als kalendarischer Einheit (syr. *jawmā*) terminologisch nicht unterschieden, wenn auch der Bedeutungsunterschied durchaus fühlbar sein kann. So ist z.B. im priesterlichen Schöpfungsbericht die ältere Schöpfungserzählung mit der Unterscheidung von »Tag« und »Nacht« (Gen 1,5a »Gott nannte das Licht Tag«, die vorläufige Umschreibung mit →*'ōr* »Licht« wird durch die normale Bezeichnung ersetzt; weiter V. 14.16.18) von dem jüngeren Sieben-Tage-Schema, das die Wochentage zählt (1,5b.8.13.19. 23.31; 2,2.2.3), überlagert.

Zur Frage des Tagesanfangs (in den expliziten nachexilischen Texten wie Ex 12,18; Lev 23,32 u.ö. dauert der Tag vom Abend bis zum nächsten Abend; Dan 8,14 wird »Tag« mit *'æræb bōqær* »Abend-Morgen« umschrieben) vgl. W.H. Schmidt, Die Schöpfungsgeschichte der Priesterschrift, ²1967, 68; H.R. Stroes, VT 16,1966, 460–475 (anders de Vaux I, 275–277).

Weitere Reihen von gezählten Tagen finden sich in Num 7,12–78 (1.–12. Tag) und 29,17–35 (2.–8. Tag). Im ganzen steht *jōm* gegen 150 × in Verbindung mit einem Ordinalzahlwort. Es hängt mit der Bedeutung der Sieben-Tage-Woche (hebr. *šābūᵃ'* »Siebent, Woche«, 20 ×) für den israelitischen Festkalender zusammen, daß dabei »der 7. Tag« am häufigsten vorkommt (gegen 50 ×, meist in gesetzlichen Texten: Gen 2,2.2.3; Ex 12,15.16; 13,6; 16,26.27.29.30; 20,10.11; 23,12; 24,16; 31,15.17; 34,21; 35,2; Lev 13,5 u.ö.; außerhalb des Pentateuchs Jos 6,4.15; Ri 14,17.18; 2Sam 12,18; 1Kön 20,29; Est 1,10; davon abhängig auch »der 6. Tag« Ex 16,5.22.29 und »der 8. Tag« 16 ×); es folgen mit abnehmender Häufigkeit »der 3. Tag« (32 ×), »der 1. Tag« (13 ×), »der 2. Tag« (12 ×); recht selten sind »der 4. Tag« (Ri 14,15 txt em; 19,5; Esr 8,33; 2Chr 20,26), »der 5. Tag« (Ri 19,8) und »der letzte Tag« (Neh 8,18).

In der seit der Exilszeit aufkommenden Datierung (vgl. Ez 24,2 *šēm hajjōm* »Name = Datum des Tages«) auf Monat und Tag steht neben *jōm* jeweils das Kardinalzahlwort (etwa 40 ×, aram. Esr 6,15), doch wird *jōm* öfters weggelassen (z.B. Hag 2,1.10; Est 9,17b neben Hag 1,1.15; 2,18; Est 9,17a mit *jōm*; regelmäßig bei den Daten des Offenbarungsempfangs in Ez 1,1–40,1). Die Daten beziehen sich meistens auf Festtermine (Ex 12,6.18.18 u.ö. in Ex – Num; Jos 5,10; 1Kön 12,32.33; Ez 45,21.25; Est 3,12; 9,1.15.17.19.21.21; Esr 3,6; Neh 8,2; 9,1; 2Chr 7,10; 29,17.17; am häufigsten werden daher der 14. und der 15. Tag des Monats genannt), seltener auf prophetischen Offenbarungsempfang (Hag 1,1. 15; 2,18; Sach 1,7; Dan 10,4) oder auf andere Ereignisse (Gen 7,11; 8,4.14; Ex 16, 1 in der P-Erzählung).

Zur Angabe einer Zeitdauer in Tagen verwendet man die verschiedenen Numeri: *jōm 'æḥād* »einen Tag lang« (Gen 33,13; Num 11,19; 1Sam 9,15; Jon 3,4; Esr 10,13; vgl. bloßes *jōm* Ex 21,21; *dæræk jōm* »eine Tagereise weit« Num 11,31.31; 1Kön 19,4; *keјōm tāmīm* »beinahe einen ganzen Tag«, Jos 10,13), *jōmājim* »zwei Tage lang« (Ex 21,21; Num 9,22; 11,19; vgl. Ex 16,29 »Brot für zwei Tage«; Hos 6,2 »nach zwei Tagen«), *šelōšæt jāmīm* »drei Tage lang« usw. bei Zahlen von drei bis zehn (s.u. 3f), dagegen *jōm* (Sing.) wieder bei höheren Zahlen (ausgenommen Dan 12,11.12, insgesamt 36 ×).

c) In vielen Fällen verliert *jōm* die spezifische Bed. »Tag« und wird zu einem recht allgemeinen und etwas vagen Wort für »Zeit, Zeitpunkt«, wobei es mit →*'ēt* in Konkurrenz tritt. Verhältnismäßig häufig ist hier die Konstruktion *bejōm* + Inf. »am Tage, da ... = zur Zeit, da ... = als/wenn«; statt *be* kann auch *min* »seit« oder *'ad* »bis« stehen, ebenso kann statt des Inf. seltener ein Perf. oder ein Impf. eintreten (z.B. Gen 2,4 »zur Zeit, da Gott der Herr Erde und Himmel machte« mit Inf.; 2Sam 22,1 = Ps 18,1 »zur Zeit, als Jahwe ihn aus der Hand aller seiner Feinde errettet hatte« mit Perf.; Ps 102,3 »wenn ich rufe« mit Impf.). Öfters wird man auch hier die Übersetzung »Tag« beibehalten können, da sich die Gebrauchsweisen von *jōm* nicht scharf voneinander abheben lassen und die Grundbedeutung in vielen Fällen mehr oder weniger stark durchschimmert.

bejōm + Inf. begegnet über 60 ×, am häufigsten in Num und Ez (Gen 2,4.17; 3,5; 5,1.2; 21,8; Ex 10, 28; 32,34; Lev 6,13; 7,16.36.38; 13,14; 23,12; Num 3,13; 6,13; 7,1.10.84; 8,17; 9,15; 30,6.8.9.13.15; Dtn 21,16; Jos 9,12; 10,12; 14,11; 1Sam 21,7; 2Sam 21, 12; 1Kön 2,8.37.42; Jes 11,16; 14,3; 17,11; 30,26; Jer 7,22; 11,4.7; 31,32; 34,13; Ez 20,5; 24,25; 28,13; 31,15; 33,12.12; 34,12; 36,33; 38,18; 43,18; 44,27; Am 3,14; Ob 11.11.12; Nah 2,4; Sach 8,9; Ps 20,10; Ruth 4,5; Neh 13,15). Dazu kommen entsprechende Wendungen mit *min* »seitdem« (Ex 9,18; 10,6; Lev 23,15; Dtn 9,24; Ri 19,30; 1Sam 7,2; 8,8; 29,3.6; 2Sam 7,6; 13,32; 19,25 txt?; Jes 7,17; Ez 28,15), *'ad* »bis« (Ex 40,37; Lev 8,33; Jos 6,10; Ri 18,30; 2Sam 20,3; 1Kön 17,14; Jer 27,22); nach *ke* »wie« fällt *be* weg (Hos 2,5.17; Sach 14,3); vgl. noch Zeph 3,8 mit *le*; Ez 39,13 mit bloßem adverbialem Akkusativ.

bejōm + Perf. steht Ex 6,28; Lev 7,35; Num 3,1; Dtn 4,15; 2Sam 22,1 = Ps 18,1; Ps 59,17; 102,3a; 138,3; mit *min*: 2Kön 8,6; Jer 36,2; vgl. noch Jer 31,6. *bejōm* + Impf. findet sich nur bei *qr'* »rufen«: Ps 56,10 (vgl. V.4 txt?); 102,3b; Klgl 3,57.

Am weitesten entfernt sich *jōm* von der Bed. »Tag« in Lev 14,57 *bejōm haṭṭāmē' ūbejōm haṭṭāhōr* »(Weisung zu geben) wann etwas unrein und wann es rein sei«.

d) Die besprochenen Fälle leiten hinüber zu den häufigen Gebrauchsweisen, bei denen *jōm* in der Bed. »Tag« oder allgemeiner »Zeit(punkt)« durch einen folgenden Relativsatz mit *'ašær* (bzw. *šæ-*), durch einen Genetiv oder ein Adjektiv näher qualifiziert wird.

jōm + *'ašær* (über 20 ×) dient vorwiegend zur Umschreibung bestimmter heilsgeschichtlich wichtiger Ereignisse (Schöpfung Dtn 4,32; Exodus Dtn 9,7; 1Kön 8, 16 = 2Chr 6,5; 2Kön 21,15; Jer 7,25; 1Chr 17,5; vgl. Ps 78,42; Gebotsmitteilung Num 15,23; Dtn 4,10; Landnahme Dtn 27,2; Einsetzung der Richter 2Sam 7,11; Erbauung bzw. Einnahme Jerusalems Jer 32,31; 38,28; Grundsteinlegung des Tempels Hag 2,18; eschatologisches Eingreifen Jahwes Mal 3,17.21; vgl. ferner 1Sam 29,8; 2Sam 19,20.25; Est 9,1; Neh 5,14; mit *šæ-*: Hhld 8,8; Pred 12,3; Klgl 2,16).

Bei den durch Genetive oder Adjektive besonders qualifizierten Tagen herrscht eine große Mannigfaltigkeit. Neben festen Verbindungen für besondere Tage des Kalenders (*jōm haššabbāt* »Sabbattag« Ex 20,8.11; 31,15; 35,3; Lev 24,8.8; Num 15,32; 28,9; Dtn 5,12.15; Jer 17,21–27 7 ×; Ez 46,1.4.12; Ps 92,1; Neh 10,32; 13,15.17.19.22; vgl. Jes 58,13 »mein heiliger Tag«; reichsaram. *jwm šbh*, DISO 108, Z.29, →*šbt*; *jōm haḥōdæš* »Neumondstag« Ex 40,2; 1Sam 20,34; Ez 46,1.6; *jōm hakkæsæ'* »Vollmondstag« Spr 7,20; *jōm hakkippūrīm* »Versöhnungstag« Lev 23,27.28; 25,9) oder des menschlichen Lebens (z.B. *jōm hullædæt* »Geburtstag« Gen 40,20; Ez 16,4.5; vgl. die freieren Umschreibungen Jer 20,14.14; Hi 3,1 [»sein Tag = sein Geburtstag«].3.4; Pred 7,1; *jōm hammāwæt* »Todestag« Pred 7,1; 8,8; mit Suffixen Gen 27,2; Ri 13,7; 1Sam 15, 35; 2Sam 6,23; 20,3; 2Kön 15,5; Jer 52, 11.34; 2Chr 26,21) stehen mehr oder weniger gebräuchliche oder auch okkasionelle Bildungen, in denen ein Tag nach Naturerscheinungen oder menschlichen Tätigkeiten gekennzeichnet ist (1Sam 20, 19 »am Tage der Tat« ist unklar, vgl. Hertzberg, ATD 10,137). Als meteorologische Erscheinungen begegnen: Regen (Ez 1,28; Spr 27,15), Schnee (2Sam 23, 20 = 1Chr 11,22), Ostwind (Jes 27,8; vgl. reichsaram. *jwm rwḥ* »Sturmtag« Aḥ. 168), Kälte (Nah 3,17; Spr 25,20). Nach menschlichen Tätigkeiten sind benannt: *jōm qāṣīr* »Erntetag« (Spr 25,13), *jōm milḥāmā* »Tag der Schlacht« (Hos 10,14; Am 1,14; Spr 21,31; vgl. 1Sam 13,22; Sach 14,3; Ps 78,9; 140,8; Hi 38,23), ferner eine ganze Reihe kultischer und nichtkultischer Festgelegenheiten und Begehungen: *jōm ṭōb* »Festtag« (1Sam 25,8; Est 8,17; 9,19.

22; »Tag unseres Königs«: Hos 7,5; vgl. »Tag deiner Kraft« Ps 110,3; *jōm mō'ēd* Hos 9,5; Klgl 2,7.22; Festtag Jahwes Hos 9,5; Ps 81,4; vgl. 84,11 »ein Tag in deinen Vorhöfen«; 118,24 »der Tag, den Jahwe gemacht hat«; Neh 10,32 »heiliger Tag«; Freudentag Num 10,10; Tag des Lärmblasens Num 29,1), *jōm beśōrā* »ein Tag froher Botschaft« (2Kön 7,9), Hochzeitstag und Tag der Herzensfreude (Hhld 3,11.11), Gelage (Est 9,17.18), Tage der Darbringung verschiedener Opfer (Lev 5, 24; 7,15; 14,2; 19,6; Num 6,9; 28,26), *jōm ṣōm* »Fasttag« (Jes 58,3; Jer 36,6; vgl. Jes 58,5 »Tag, da der Mensch sich kasteit, ... der Jahwe gefällt«). Zu erwähnen sind schließlich noch besondere geschichtliche Ereignisse: *jōm hammaggēfā* »Tag der Plage« (Num 25,18), *jōm haqqāhāl* »Tag der Versammlung« (bei der Sinaioffenbarung, Dtn 9,10; 10,4; 18,16), *jōm ṣē'tekā* »Tag deines Auszuges« (aus Ägypten, Dtn 16, 3), *jōm qeṭannōt* »Tag der kleinen Anfänge« (beim Tempelneubau, Sach 4,10); hierher gehören auch die durch besondere Eigennamen gekennzeichneten Tage: *jōm Midjān* (Jes 9,3, wohl Anspielung auf die Ri 7, 9ff. berichtete Errettung), *jōm Jizre'æl* (Hos 2,2, antithetisch zu Hos 1,4f. und damit wohl zur Revolution Jehus 2Kön 9–10), *jōm Massā* (Ps 95,8, vgl. die Überlieferung Ex 17 und Num 20), *jōm Jerūšālēm* (Ps 137,7, auf die Katastrophe Jerusalems 587 v.Chr. bezogen).

Zahlreicher als die Bezeichnungen für glückliche Tage sind diejenigen für Unglückstage verschiedenster Art (terminologisch werden die guten und die bösen Tage einander in Pred 7,14.14 *jōm ṭōbā/ rā'ā* gegenübergestellt). Die mit *jōm* gebildeten Ausdrücke für das eschatologische Eingreifen Gottes werden u. 4b behandelt. Hier seien die (nicht immer ganz scharf davon zu trennenden) Wendungen vor allem der Psalmensprache (seltener der Weisheit und der prophetischen Literatur) zusammengestellt, die sich nicht direkt der eschatologischen Verkündigung zuordnen lassen, obwohl auch hier öfters das Unglück als Gericht und Strafe Gottes aufgefaßt ist. Die charakteristischen Substantive sind hier *ṣārā* »Not« (Gen 35,3; 2Kön 19,3 = Jes 37,3; Jer 16,19; Ob 12.14; Nah 1,7; Hab 3,16; Ps 20,2; 50,15; 77,3; 86,7; Spr 24,10; 25,19), →*'ēd* »Unglück« (Dtn 32,35; 2Sam 22,19 = Ps 18,19; Jer 18,17; 46,21; Ob 13 3×; Spr 27,10), *rā'ā* »Unheil« (Jer 17,17.18 im Klagegebet, dagegen 51,2 eschatologisch; Ps 27,5; 41, 2; Spr 16,4), ferner »Tag der Rache« (Spr 6,34) und »Tag des Zornes« (Spr 11,4); dazu kommen die Adjektive *ra'* »böse« (Am 6,3), *mar* »bitter« (Am 8,10), *'ānūš* »unheilvoll« (Jer 17,16).

In einigen der genannten Fälle ist die Übersetzung mit »Tag« fast zu stark (z.B. Hos 10,14 »zur Zeit des Krieges«; Nah 3,17 »wenn es kalt ist«; vgl. auch Ez 16,56 »zur Zeit deines Übermutes«; Ez 33,12 »wenn er sich vergeht«). Dies gilt wohl auch für die Wendung »dies ist der Tag« o.ä. im Sinne des Hinweises auf eine besondere Gelegenheit (Ri 4,14; 1Sam 24,5; 1Kön 14,14 txt?).

jōmō »sein Tag« ohne nähere Bestimmung als das Pronominalsuffix kann sowohl den Geburtstag (Hi 3,1) als auch den Todestag (1Sam 26,10; Ps 37,13; Hi 15,32; 18,20) bezeichnen, ferner den Tag, an dem jemand an der Reihe ist (Hi 1,4; vgl. Dtn 24,16 *bejōmō*), oder auch soviel wie »Lebtag« allgemein (eines Tagelöhners Hi 14,6; vgl. Hi 30,25 *qešē jōm* »einer, der einen schweren Lebtag hat«; ähnlich altaram. KAI Nr. 222 C, Z. 15f. »mögen die Götter [alles Böse] fernhalten von seiner Lebenszeit [*mn jwmh*] und von seinem Haus«, vgl. J.A.Fitzmyer, JAOS 81, 1961, 207).

e) Zahlenmäßig sehr stark vertreten sind die mit *jōm* in Verbindung mit einer Präposition, einem Demonstrativpronomen oder einem Zahlwort gebildeten adverbiellen Wendungen.

Rund 350×, also beinahe in einem Viertel aller Stellen mit *jōm* im Sing., steht *hajjōm* (mit dem Artikel in deiktischer Funktion) oder gleichbedeutend *hajjōm hazzǣ* »dieser Tag« in der Bed. »heute« (anders Gen 7,11; 17,23; Ex 12,14.17; 13,3; 19,1; Lev 16,30; 2Kön 19,3 = Jes 37,3; Est 3,14; 8,13, wo »dieser Tag« auf einen speziellen Tag zurück- oder vorausweist, ebenso mit Verstärkung durch *'æṣæm* »eben, genau« in Gen 7,13; 17,26; Ex 12,17.41.51; Lev 23,14.21.28.29.30; Dtn 32,48; Jos 5,11; Ez 40,1).

Die mit *hajjōm (hazzǣ)* am häufigsten verbundene Präposition ist *'ad* »bis« (in 25% der Fälle »bis heute«), seltener sind *ke* (*kehajjōm* oder *kajjōm hazzǣ* »wie heute« = »wie es heute der Fall ist« o.ä., vor allem in dtn.-dtr. und chron. Sprache: Gen 50,20; Dtn 2,30; 4,20.38; 6,24; 8,18; 10,15; 29,27; 1Sam 22,8.13; 1Kön 3,6; 8,24.61; Jer 11,5; 25,18; 32,20; 44,6.22. 23; Dan 9,7.15; Esr 9,7.15; Neh 9,10; 1Chr 28,7; 2Chr 6,15; vgl. Neh 5,11 »heute noch«), *be* (Lev 8,34; Jos 7,25; 1Sam 11,13; 1Kön 2,26; Neh 3,34 »schon heute«) und *min* (»von heute an« Hag 2,15.18.19); Verstärkung durch *'æṣæm* findet sich Jos 10,27; Ez 2,3; 24,2.2.

Dabei bezieht sich »heute« in den erzählenden Texten meistens auf den gerade Redenden. In etwa einem Sechstel der Fälle jedoch verweist der Erzähler auf seine eigene Gegenwart (*'ad hajjōm*: Gen 19,37.38; 35,20; 2Kön 10,27; 2Chr 20, 26; 35,25; *'ad hajjōm hazzǣ*: Gen 26,33; 32,33; 47,26; Jos 4,9; 5,9; 6,25; 7,26.26;

8,28.29; 9,27; 13,13; 14,14; 15,63; 16,10; Ri 1,21.26; 6,24; 10,4; 15,19; 18,12; 1Sam 5,5; 6,18; 27,6; 30,25; 2Sam 18,18; 1Kön 8,8; 9,13.21; 10,12; 12,19; 2Kön 2,22; 8,22; 14,7; 16,6; 17,23.34.41; Ez 20,29; 1Chr 4,41.43; 5,26; 13,11; 2Chr 5, 9; 8,8; 10,19; 21,10; *'ad 'æṣæm hajjōm hazzæ*: Jos 10,27; vgl. *hajjōm* Gen 22,14; 1Sam 9,9) und schließt damit häufig eine Ätiologie, die Herleitung eines gegenwärtigen Faktums aus vergangenem Geschehen, ab durch die Formel »bis auf den heutigen Tag« (vgl. Alt, KS I,182f.; M.Noth, SVT 7, 1960, 279f.; B.S.Childs, A Study of the Formula, »Until this Day«, JBL 82, 1963, 279–292: »formula of personal testimony added to, and confirming, a received tradition«, a.a.O. 292; C.Westermann, Forschung am AT, 1964, 43–47; B.O.Long, The Problem of Etiological Narrative in the OT, 1968).

Während »dieser Tag« adverbiell die Gleichzeitigkeit mit dem Sprechenden angibt, drückt *hajjōm hahū* »jener Tag« einen entfernteren Zeitpunkt entweder in der Vergangenheit (etwa 90 ×) oder in der Zukunft (etwa 120 ×) aus. Die gewöhnliche Wendung ist *bajjōm hahū*; sie kann, auf die Vergangenheit bezogen, mit »an jenem Tag«, »am selben Tag« oder abgeblaßter mit »damals« übersetzt werden (Gen 15,18; 26,32; 30,35; 33,16; 48,20; Ex 5,6; 14,30; 32,28; Num 9,6.6; 32,10; Dtn 27,11; 31,22; Jos 4,14 – 2Kön 3,6 ca. 60 × ; Jer 39,10; Ez 20,6; 23,38.39; Est 5,9; 8,1; 9,11; Neh 12,43.44; 13,1; 1Chr 13,12; 16,7; 29,22; 2Chr 15,11; 18, 34; 35,16; mit *min* »seit jenem Tag = von da an« Neh 4,10, in 1Sam 16,13 und 30,25 verbunden mit *wāmā'lā* »und fernerhin«, in 1Sam 18,9 mit gleichbedeutendem *wāhāle'ā*; mit *'ad* »bis zu jenem Tag« Neh 8,17; vgl. noch Jos 10,14 »wie jener Tag« mit *ke*; Ri 13,10 *bajjōm* ohne *hahū* »damals, neulich«), und, auf die Zukunft bezogen, mit »am selben Tage« oder »dann« (Ex 8, 18; 13,8; Lev 22,30; 27,23; Num 6,11; Dtn 21,23; 31,17.17.18; 1Sam 3,12; 8,18. 18; 1Kön 22,25 = 2Chr 18,24; Jes 2,11 – Sach 14,21 ca. 105 × ; mit *min* und *wāhāle'ā* »von jenem Tage an und in alle Zukunft« Ez 39,22). Zur Frage, ob hier ein eschatologischer terminus technicus vorliege, s.u. 4b.

In der abgeblaßteren Bed. »damals« bzw. »dann« ist die Wendung gleichbedeutend mit dem Adverb *'āz*, das sich sowohl auf die Vergangenheit als auch (seltener) auf die Zukunft beziehen kann (138 × , dazu 3× in der Form *'azaj*; vgl. noch *šām* »dort«, das in einigen Fällen auch zeitliche Bedeutung haben kann, s. GB 839b; KBL 983a).

Weitere adverbielle Wendungen sind:

(1) *kol-hajjōm* »den ganzen Tag« oder »allezeit, immer« (Gen 6,5; Ex 10,13; Num 11,32; Dtn 28,32; 33,12; Ri 9,45 mit *hahū*; 1Sam 19,24; 28,20; Jes 28,24; 51,13; 52,5; 62,6; 65,2.5; Jer 20,7.8; Hos 12,2; Ps 25,5; 32,3; 35,28; 37,26; 38,7. 13; 42,4.11; 44,9.16.23; 52,3 txt?; 56,2. 3.6; 71,8.15.24; 72,15; 73,14; 74,22; 86, 3; 88,18; 89,17; 102,9; 119,97; Spr 21, 26; 23,17; Klgl 1,13; 3,3.14.62; *kol-jōm* Ps 140,3; *bekol-jōm* Ps 7,12; 88,10; 145, 2); die angeführten Stellen zeigen, daß der Ausdruck vor allem in der Klage und im Lobgelübde beliebt ist;

(2) *(be)jōm 'æḥād* »an einem Tag, am selben Tag, gleichzeitig« (Gen 27,45; Lev 22,28; 1Sam 2,34; 1Kön 20,29; Jes 9,13; 10,17; 47,9; 66,8; Sach 3,9; Est 3,13; 8, 12; 2Chr 28,6), dagegen 1Sam 27,1 *jōm 'æḥād* »eines Tages«;

(3) *bejōm 'aḥēr* »ein andermal« (2Sam 18, 20); *bajjōm hā'aḥēr* »am folgenden Tage« (2Kön 6,29); *jōm 'aḥarōn* »künftiger Tag« (Jes 30,8; Spr 31,25); *jōm māḥār* »morgen« (Gen 30,33 in der Bed. »künftig«; Jes 56, 12), »morgender Tag« (Spr 27,1), vgl. *jōm hammoḥorāt* (Num 11,32) und *moḥorat hajjōm* (1Chr 29,21) »folgender Tag«; *jōm 'ætmōl* »gestriger Tag« (Ps 90,4);

(4) *jōm jōm* »täglich, Tag für Tag« (Gen 39,10; Ex 16,5; Jes 58,2; Jer 7,25 txt em; Ps 61,9; 68,20; Spr 8,30.34) und ähnliche distributive Ausdrücke mit verdoppeltem *jōm* (*jōm wājōm* Est 2,11; 3,4; mit verschiedenen Präpositionen: Num 30,15; 1Sam 18,10; Ps 96,2; Est 3,7; Esr 3,4; Neh 8, 18; 1Chr 12,23; 16,23; 2Chr 24,11; 30, 21; aram. Esr 6,9; *debar jōm bejōmō* »tägliche Ration« o.ä.: Ex 5,13.19; Lev 23, 37; 1Kön 8,59; 2Kön 25,30 = Jer 52,34; Dan 1,5; Esr 3,4; Neh 11,23; 12,47; 1Chr 16,37; 2Chr 8,14; 31,16; ohne Suffix 2Chr 8,13; vgl. noch Num 14,34; Ez 4,6); auch phön. und aram. (DISO 108, Nr. 9 und 11);

(5) *lajjōm* »täglich, pro Tag« (Ex 29,36. 38; Num 7,11.11; 28,3.24; Jer 37,21; Ez 4,10; 43,25; 45,23.23; 46,13; 1Chr 26,17 txt em. 17.17; *lejōm 'æḥād* 1Kön 5,2; Neh 5,18); aram. *bejōmā* Dan 6,11.14;

(6) *wajehī hajjōm* »eines Tages nun (geschah es)« (1Sam 14,1; 2Kön 4,8.11.18; Hi 1,6.13; 2,1; »wenn nun der Tag kam« 1Sam 1,4); *kehajjōm hazzæ* »eines Tages« (Gen 39,11);

(7) *k(eh)ajjōm* »jetzt« (1Sam 9,13.27; Jes 58,4; vgl. *'t kjm* »jetzt in diesem Moment« Lachisch-Ostraka 2,3 und 4,1) oder

»zuerst« (Gen 25,31.33; 1Sam 2,16; 1Kön 1,51; 22,5 = 2Chr 18,4);

(8) *hajjōm* »an diesem Tag« (1Kön 13, 11; »bei Tage« Hos 4,5 txt?; vgl. Neh 4, 16 txt?); *'ad hajjōm* »bis dahin« (Ri 18,1); *bajjōm (hahū)* »sogleich« (Ps 146,4; Spr 12,16); *šǽba' bajjōm* »siebenmal des Tages« (Ps 119,164); *lifnē jōm* »vordem« (Jes 48, 7); *mijjōm* »hinfort« (Jes 43,13; Ez 48,35).

f) Der Plural *jāmīm* wird zunächst bei der Angabe einer bestimmten Anzahl (vgl. Num 14,34; Ez 4,4.5.9) von (Kalender-) Tagen (vgl. Gen 1,14; Hi 3,6 »Tage des Jahres«) verwendet. Wie beim Sing. mit Ordinale (s.o. 3b) spielt auch hier die Zahl Sieben eine besondere Rolle; von einer Sieben-Tage-Periode ist in verschiedenen Zusammenhängen über 90 × die Rede (Gen 7,4.10; 8,10.12; 31,23; 50,10; Ex 7,25 – Dtn 16,15 über 50 × in Gesetzen; Ri 14,12.17; 1Sam 10,8; 11,3; 13,8; 31, 13; 1Kön 8,65.65; 16,15; 20,29; 2Kön 3, 9; Ez 3,15.16; 43,25.26; 44,26; 45,21 [txt em].23.23.25; Hi 2,13; Est 1,5; Esr 6,22; Neh 8,18; 1Chr 9,25; 10,12; 2Chr 7,8.9. 9; 30,21.22.23.23; 35,17; anders Jes 30,26 »das Licht der Sonne wird siebenfältig, wie das Licht von sieben Tagen sein«); mit abnehmender Häufigkeit folgen Angaben von drei (42 ×), sechs (15 ×, außer Ex 24,16; Dtn 16,8; Jos 6,3.14 immer in direktem Zusammenhang mit dem Sabbat: Ex 16,26; 20,9.11; 23,12; 31,15.17; 34, 21; 35,2; Lev 23,3; Dtn 5,13; Ez 46,1), zehn (Num 11,19; 1Sam 25,38; Jer 42,7; Dan 1,12.14.15; Neh 5,18; 2Chr 36,9; vgl. Gen 24,55 *'āśōr* »Dekade«), acht (Gen 17, 12; 21,4; 2Chr 29,17), zwei (2Sam 1,1; Est 9,27; zum Dual bei Angaben der Zeitdauer s.o. 3b), vier (Ri 11,40) und fünf (Num 11,19) Tagen (vgl. noch die höheren Zahlen in Lev 12,4.5 und Dan 12,11.12; aram. Dan 6,8.13).

In Verbindung mit unbestimmten Zahlangaben bekommt »Tage« leicht die auch sonst naheliegende Bed. »Zeit« im Sinne von »Zeitdauer, Zeitraum«: neben *jāmīm 'aḥādīm* »einige Tage, eine Zeit lang« (Gen 27,44; 29,20; Dan 11,20; vgl. *jāmīm mispār* »wenige Tage« Num 9,20) steht auch *jāmīm* allein in gleicher Bedeutung (Gen 24,55; 40,4; Lev 25,29; Num 9,22; Ri 19,2; 1Kön 17,15 txt?; Jes 65,20; Dan 8,27; 11,33; Neh 1,4; daneben *mijjāmīm* »nach einiger Zeit« Ri 11,4; 14,8; 15,1; *miqqēṣ jāmīm* »nach Verlauf einiger Tage« Gen 4,3; 1Kön 17,7; *leqēṣ jāmīm* »einige Zeit nachher« Neh 13,6); häufig sind die adverbiellen Wendungen *jāmīm rabbīm* »viele Tage, eine lange Zeit« (Gen 21,34; 37,34 und weitere 25 ×, determiniert Ex 2,23; vgl. noch *mērōb jāmīm* »nach vielen Tagen« Jes 24,22; *berōb hajjāmīm* Pred 11, 1) und *kol-hajjāmīm* »alle Tage, allezeit, immer« (Gen 43,9; 44,32; Dtn 4,10.40; 5,29 und weitere 40 × ; besonders beliebt ist die Wendung in der dtn.-dtr. Sprache).

g) Unter den durch einen folgenden Genetiv näher qualifizierten »Tagen« sind in den allermeisten Fällen, wenn es sich um Tage bestimmter Personen handelt, deren »Lebenstage« oder »Lebenszeit« (vgl. Hi 10,5 »Tage der Menschen« par. »Tage eines Mannes«) gemeint, bei Königen sinngemäß deren »Regierungszeit« (vgl. Jes 23,15 »solange eines Königs Leben währt«). Dabei kann *ḥajjīm* »Leben« als Näherbestimmung hinzutreten (häufig in der Wendung »alle Tage meines/deines/seines usw. Lebens«: Gen 3,14.17; Dtn 4, 9; 6,2; 16,3; 17,19; Jos 1,5; 4,14; 1Sam 1,11; 7,15; 1Kön 5,1; 11,34; 15,5.6; 2Kön 25,29.30 = Jer 52,33.34; Jes 38,20; Ps 23,6; 27,4; 128,5; Spr 31,12; vgl. Pred 2,3; 5,17.19; 6,12; 8,15; 9,9; »Tage der Jahre des Lebens«: Gen 25,7; 47,8.9.9. vgl. V. 28) oder auch fehlen (gegen 200 ×); in vielen Fällen kann auch hier statt mit »Tage« mit »Zeit« übersetzt werden. Häufige Wendungen sind: *bīmē* . . . »in den Tagen = zur Zeit des . . .« (Gen 14,1; 26, 1.15.18; Ri 5,6.6; 8,28; 15,20 und weitere 40 × ; aram. Dan 2,44; 5,11; mit *min* »seit« 2Kön 23,22; Jer 36,2; Nah 2,9 txt?; Mal 3,7; Esr 4,2; 9,7; Neh 8,17; 9, 32; 2Chr 30,26; 35,18; mit *'ad* »bis zu« Neh 12,23; mit *ke* Jes 54,9 txt? »wie in den Tagen Noahs«), »in meinen/deinen/seinen usw. Tagen« (»zu seinen Lebzeiten«, »während seiner Regierung« o.ä.; Gen 10, 25 = 1Chr 1,19; 1Kön 11,12; 16,34; 21, 29; 2Kön 8,20 = 2Chr 21,8; 2Kön 20, 19 = Jes 39,8; 2Kön 23,29; 24,1; Jer 16, 9; 22,30; 23,6; Ez 12,25; Jo 1,2; Hab 1, 5; Ps 44,2; 72,7; 116,2; vgl. *mijjāmǣkā* »solange du lebst« 1Sam 25,28; Hi 38,12; *mijjāmāw* »solange er lebte« 1Kön 1,6), *kōl jemē* . . . »alle Tage des . . .« (»solange . . . lebte«; Gen 5,5–31 9 × ; 9,29; Jos 24, 31.31; Ri 2,7.7.18; 1Sam 7,13; 14,52; 1Kön 5,5; 11,25; 2Kön 13,22; 23,22; Esr 4,5; 2Chr 24,2.14), »alle meine/deine usw. Tage« (Dtn 12,19; 22,19.29; 1Kön 3,13; 15,14.16.32; 2Kön 12,3; 15,18; Jer 35,7.8; Ps 90,9.14, vgl. V. 10; 139,16 txt em; Pred 5,16; 2Chr 15,17; 18,7; 34,33); vgl. sonst noch Gen 5,4; 6,3; 11,32; 29, 21; 35,28; 47,28.29; Ex 23,26; Dtn 33, 25; 2Sam 7,12 = 1Chr 17,11; 2Kön 20, 6 = Jes 38,5; Jes 38,10; 65,20; Jer 17,11;

20,18; Jo 1,2; Ps 34,13; 37,18; 39,5.6; 55,24; 61,7.7; 78,33; 90,10.12; 102,4.12. 24.25; 103,15; 109,8; 119,84; 144,4; Hi 7,1.6.16; 8,9; 9,25; 10,5.20; 14,5; 15,20; 17,1.11; 21,13; 27,6; 30,1; 32,4.6; 36,11; 38,21; Spr 10,27; 15,15; Pred 2,23; 6,3; Klgl 4,18; 5,21.

In dieser Bed. »Lebenszeit« findet sich *jāmīm* auch als Näherbestimmung zu Adjektiven (Partizipien) in verschiedenen Ausdrücken, welche ein hohes Lebensalter bezeichnen: *m^elē' jāmīm* »hochbetagt« (Jer 6,11; vgl. *q^eṣar jāmīm* »kurzen Lebens« Hi 14,1), *ś^eba' jāmīm* »lebenssatt« (par. *zāqēn* »alt«: Gen 35,29; Hi 42,17; ohne *zāqēn* 1Chr 29,28; verbal: 1Chr 23,1; 2Chr 24,15), *kabbīr jāmīm* »reich an Tagen« (Hi 15, 10), *bā' bajjāmīm* »hochbetagt« (Gen 24,1; Jos 13,1.1; 23,1.2; 1Kön 1,1); vgl. aram. *'attīq jōmīn* »hochbetagt« (Dan 7,9.13.22). Ebenfalls hierher gehören, wenigstens teilweise (s.u. 3i), Verbindungen mit *'rk* und *rbh*: mit *'rk* hi. »Tage lang machen = lange leben« (Dtn 4,26.40; 5,33; 11,9; 17,20; 22,7; 30,18; 32,47; Jos 24,31; Ri 2,7; Jes 53,10; Spr 28,16; Pred 8,13), »jemanden lange leben lassen« (1Kön 3,14), mit »Tage« als Subj. »lang sein« (Ex 20,12 = Dtn 5,16; Dtn 6,2; 25,15), mit dem Subst. *'ōræk* »Länge« Dtn 30,20; Ps 21,5; 23,6; 91,16; Hi 12,12; Spr 3,2.16; mit *rbh* q. »viel sein« Dtn 11,21.21; Spr 9,11; mit *rbh* hi. »zahlreich machen« Hi 29,18; vgl. *jāmīm rabbīm* »viele Tage = langes Leben« 1Kön 3,11 = 2Chr 1,11.

In Hi 32,7 ist *jāmīm* »Tage« in der übertragenen Bed. »das Alter« in bezug auf ältere Leute verwendet.

Zur (hyperbolischen) Bezeichnung einer besonders langen Dauer kommt *j^emē* »Tage = Lebensdauer des ...« auch mit unpersönlichem Genetiv vor: Gen 8,22 »solange die Erde steht«; Dtn 11,21 »so lange als der Himmel über der Erde steht«; Jes 65,22 »wie das Alter des Baumes soll das Alter meines Volkes sein«; Ps 89,30 »solange der Himmel steht«.

h) Anderweitig, d.h. nicht als Lebenszeit von Personen qualifizierte »Tage« im Sinne von »Zeit, Zeitraum, unbestimmter Zeitpunkt« begegnen im Vergleich zum Sing. weniger häufig und seltener in geprägten Wendungen. Durch einen Inf. wird »Tage« näherbestimmt in Gen 25,24; Lev 26,34.35; Num 6,6; Dtn 31,14; Ri 18,31; 1Sam 22,4; 25,7.16; 1Kön 2,1; Mi 7,15; Ruth 1,1; 2Chr 26,5; 36,21; durch einen Relativsatz mit *'^ašær* Lev 13, 46; Num 6,5; 9,18; Dtn 1,46; 2,14; 1Sam 1,28; 1Kön 2,11; 11,42; 14,20; 2Kön 10, 36; Jes 7,17; Ez 22,14; Est 9,22; 1Chr 17, 10; 29,27; ohne *'^ašær* Lev 14,46; 1Sam 25, 15; Ps 90,15; Hi 29,2.

Von den Cs.-Verbindungen sind zu erwähnen: »Zeit der Ernte« (Gen 30,14; Jos 3,15; Ri 15,1; 2Sam 21,9; vgl. auch Num 13,20.20 »Zeit der ersten Trauben«), »Jugendzeit« (Ez 16,22.43.60; 23,19; Hos 2, 17; Ps 89,46; Hi 33,25; Pred 11,9; 12,1; vgl. Hi 29,4 »Tage meines Herbstes«), »Festzeit« (Hi 1,5; Est 9,22), »Trauerzeit« (Gen 27,41; 50,4; Dtn 34,8), »Dienstzeit« o.ä. (Lev 25,50; Hi 7,1; 14,14), ferner allerlei Ausdrücke für Unglückszeiten (Jes 60,20; Ez 4,8; 5,2; Ps 37,19; 49,6; 94,13; Hi 30,16.27; Pred 11,8; 12,1; Klgl 1,7; vgl. auch Gen 47,9.9 »Zeit der Fremdlingschaft«), für besondere Tätigkeiten (Gen 50,3 Einbalsamierung; Est 2,12 Massage), für kultisch qualifizierte Zeiten (Lev 8,33; 12,2.4.6; 15,25.25.26; Num 6, 4.5.8.12.13; Est 9,28.31). Eine Anspielung auf ein geschichtliches Ereignis findet sich Hos 9,9 und 10,9 »die Tage von Gibea« (vgl. Ri 19–21), während Hos 2,15 »Tage der Baale« und 12,10 »Tage des Festes« sich wohl auf kultische Begehungen beziehen (vgl. Rudolph, KAT XIII/1,71.234). Umschreibungen für das eschatologische Gericht sind selten: Hos 9,7.7 »Tage der Vergeltung/Heimsuchung«; vgl. Ez 22,4 »deine (Gerichts-)Tage«; Hi 24,1 »seine (Gottes Gerichts-)Tage«, s.u. 4b.

i) In einer Reihe von adverbiellen Wendungen und Verbindungen von *jāmīm* mit anderen einen Zeitbegriff enthaltenden Vokabeln tritt die allgemeine Bed. »Zeit« besonders deutlich hervor.

Wie beim Sing. (s.o. 3e) sind hier zunächst die adverbiell gebrauchten Verbindungen mit Demonstrativpronomina zu nennen. Ein Plural zu *hajjōm hazzæ* »heute« begegnet in *bajjāmīm hā'ēllæ* »in diesen (gegenwärtigen) Tagen« = »gegenwärtig« (Sach 8,9.15; anders »diese [genannten] Tage« Est 1,5; 9,26.28; vgl. Ez 43,27 ohne »diese«); häufiger ist *bajjāmīm hāhēm(mā)*, der Plur. zu *bajjōm hahū*, der ebenfalls entweder auf die Vergangenheit (»damals«) oder auf die Zukunft (»dann«) bezogen wird (von einer vergangenen Zeit: Gen 6,4; Ex 2,11; Ri 17,6; 18,1.1; 19,1; 20, 27.28; 21,25; 1Sam 3,1; 28,1; 2Sam 16, 23; 2Kön 10,32; 15,37; 20,1 = Jes 38,1 = 2Chr 32,24; Ez 38,17; Est 1,2; 2,21; Dan 10,2; Neh 6,17; 13,15.23; mit *'ad* »bis«: 1Kön 3,2; 2Kön 18,4; mit *lifnē* »vor«: Sach 8,10; von der Zukunft: Dtn 17,9; 19,17; 26,3; Jos 20,6; Jer 3,16.18; 5,18; 31,29; 33,15.16; 50,4.20; Jo 3,2; 4,1; Sach 8,6.23; mit *'aḥ^arē* »nach«: Jer 31,33).

jāmīm steht sodann gerne bei Angaben der Zeitdauer (Lev 25,8 »die Zeit der sieben Sabbatjahre«; 1Sam 27,7 mit *mispar hajjāmīm* »die Anzahl der Tage = die Zeit, da David im Lande der Philister wohnte«; ähnlich 2Sam 2,11; *jāmīm 'ēn mispār* »endlose Zeit« Jer 2,32), oft pleonastisch hinter einem Zeitmaß von längerer Dauer:

šenātájim jāmīm »zwei Jahre an Tagen = zwei Jahre lang« (Gen 41,1; 2Sam 13,23; 14,28; Jer 28,3.11), ferner nach *ḥōdæš* oder *jæraḥ* »Monat« (Gen 29,14; Num 11,20.21 bzw. Dtn 21,13; 2Kön 15,13) und nach *šābū'īm* »Wochen« (Dan 10,2.3); vgl. noch die unbestimmteren Angaben *jāmīm 'al-jāmīm* und *lejāmīm mijjāmīm* »im Lauf der Zeit« (2Chr 21,15.19; zu *lejāmīm šenájim* in V. 19 txt? vgl. Rudolph, HAT 21,266) sowie *jāmīm 'al-šānā* »über Jahr und Tag« (Jes 32,10).

Der determinierte Plural in der Bed. »Zeit« begegnet in Wendungen mit Verben wie *rbh* q. »viel werden« (Gen 38,12 und 1Sam 7,2 »eine lange Zeit verging«), *'rk* q. »lang werden« (Gen 26,8 »als er aber schon längere Zeit dort wohnte«; Ez 12,22 »die Tage ziehen sich hinaus«, vgl. V. 23 *qrb* q. »nahe sein«), *mšk* ni. »sich hinziehen, verzögern« (Jes 13,22 »ihre Tage verziehen nicht«), *ml'* q. »voll werden« (1Sam 18,26 »die Zeit war noch nicht um«; Jer 25,34 »eure Zeit ist erfüllt«), ferner in Ausdrücken wie *lemō'ēd hajjāmīm* »zur bestimmten Zeit« (1Sam 13,11), *lemiqṣāt hajjāmīm* »nach Verlauf der Zeit« (Dan 1,18), aram. *liqṣāt jōmajjā* »nach Verlauf dieser Zeit« (Dan 4,31).

Schließlich sind noch die mannigfachen Wendungen mit *jāmīm* zu erwähnen, mit denen Ausdrücke für »Vergangenheit« und »Zukunft« gebildet werden. Die ferne Vergangenheit wird bezeichnet durch *jemē* →*qædæm* »die Tage der Vorzeit« (2Kön 19,25 = Jes 37,26; Jes 23,7; 51,9; Jer 46, 26; Mi 7,20; Ps 44,2; Klgl 1,7; 2,17; vgl. *jāmīm miqqædæm* Ps 77,6; 143,5; *jāmīm qadmōnīm* »frühere Tage« Ez 38,17), *jemē* →*'ōlām* »Tage der Vorzeit« (Jes 63,9.11; Am 9,11; Mi 5,1; 7,14; Mal 3,4; *jemōt 'ōlām* Dtn 32,7; aram. *jōmāt 'ālemā* Esr 4, 15.19), die Vergangenheit allgemein durch *jāmīm rišōnīm* »frühere Tage« (Dtn 4,32; Sach 8,11; Pred 7,10; vgl. Num 6,12 »die Zeit vorher«; Dtn 10,10 »wie das erstemal«). Auf die Zukunft (*hajjāmīm habbā'īm* »die kommenden Tage« Pred 2,16) beziehen sich *be'aḥarīt hajjāmīm* »in der Folge der Tage« (Stellen und Interpretation →*'ḥr* 4b), *hinnē jāmīm bā'īm* »siehe, es kommen Tage« (1Sam 2,31; 2Kön 20,17 = Jes 39, 6; Jer 7,32; 9,24; 16,14; 19,6; 23,5.7; 30, 3; 31,27.31.38; 33,14; 48,12; 49,2; 51, 47.52; Am 4,2; 8,11; 9,13) und *le'ōræk jāmīm* »auf immer« (Ps 93,5; Klgl 5,20); stärker eschatologisch ist *leqēṣ hajjāmīn* »am Ende der Tage« (Dan 12,13; vgl. *lajjāmīm* Dan 10,14).

Im Ausdruck *sēfær dibrē hajjāmīm* »Buch der Begebenheiten der Tage« = »Chronik« nähert sich *hajjāmīm* in Verbindung mit *dibrē* der Bed. »Geschichte« (vgl. O. Eißfeldt, Einleitung in das AT, ³1964, 382; 1Kön 14,19–2Kön 24,5 33×; Est 2,23; 6,1; 10,2; Neh 12,23; 1Chr 27,24 txt em).

j) In der älteren Erzählungsliteratur begegnet ein idiomatischer Gebrauch von *jāmīm* in der Bed. »Jahr« (dafür sonst *šānā* »Jahr«, 876× [exkl. Ps 77,11; in Lis. fehlt Gen 11,10b], davon Gen 161×, 2Kön 104×, Num 92×, 2Chr 78×, Lev 59×, 1Kön 58×, Jer 44×), der möglicherweise seinen Ausgangspunkt in der Vorstellung von der Wiederkehr der einzelnen Tage eines Jahres im folgenden Jahr genommen hat, so daß »die Tage (der Jahresreihe)« für das »Jahr« selber stehen konnte (anders F.S. North, Four-Month Seasons of the Hebrew Bible, VT 11, 1961, 446–448). Mit Ausnahme der Angaben einer Zeitdauer in 1Sam 27,7 (»ein Jahr und vier Monate«) und 1Sam 29,3 txt em (»ein oder zwei Jahre«) kommt *jāmīm* in dieser Bedeutung nur zur Bezeichnung jährlich wiederkehrender Ereignisse vor: *zæbaḥ hajjāmīm* »jährliches Opfer« (1Sam 1,21; 2,19; 20,6), *teqūfōt hajjāmīm* »Wendepunkt des Jahres« (1Sam 1,20; vgl. *teqūfat haššānā* Ex 34,22; 2Chr 24,23), *mijjāmīm jāmīmā* »jährlich« (Ex 13,10; Ri 11,40; 21, 19; 1Sam 1,3; 2,19), *lajjāmīm* »pro Jahr« (Ri 17,10), *miqqēṣ jāmīm lajjāmīm* »zu Ende jedes Jahres« oder »jährlich« (2Sam 14, 26).

4. a) Wie die mannigfachen Verwendungsweisen von *jōm/jāmīm* zeigen, dient die Vokabel nicht nur zur Bezeichnung einer wichtigen Zeiteinteilung, sondern entwickelt sich darüber hinaus zum wichtigsten Zeitbegriff im AT überhaupt, mit dem sowohl Zeitpunkte als auch Zeiträume ausgedrückt werden können. Mit →*'ēt* und →*'ōlām* hat das Wort gemeinsam, daß es fast ausschließlich in konkreten Zeitbestimmungen, d.h. in enger Verbindung mit dem jeweiligen Zeitinhalt begegnet, nicht aber in abstrakten Aussagen über die Zeit als solche. Darin liegt nicht ein besonderes hebräisches Zeitverständnis, wie denn auch zu allen Gebrauchsweisen von *jōm/jāmīm* außerhebr. Analogien beigebracht werden können.

Die spezifisch atl. Aussagen mit *jōm* in allgemeiner Bedeutung nehmen dementsprechend einen sehr kleinen Raum ein. Wie alle irdischen Erscheinungen sind auch Tag und Nacht der Herrschaft Gottes unterworfen, da sie von ihm geschaffen sind

(Gen 1,5.14; Ps 74,16 »dein ist der Tag, dein auch die Nacht; du hast hingesetzt Leuchte und Sonne«, vgl. V.16 »Sommer und Winter, du hast sie geschaffen«). In eschatologischem Zusammenhang ist an einer späten Stelle sogar einmal davon die Rede, daß der unverbrüchliche Wechsel von Tag und Nacht (Gen 8,22) von Jahwe aufgehoben werden soll (Sach 14,7 »und es wird ein einziger Tag sein ... kein Wechsel von Tag und Nacht, auch zur Zeit des Abends wird Licht sein«). Eine Deifizierung, wie sie aus dem nordsyrisch-kleinasiatischen Bereich belegt ist, kommt hier nicht in Frage (vgl. W. L. Moran, Bibl 43,1962, 319; im aram. Staatsvertrag von Sefire aus dem 8. Jh. v. Chr. erscheinen *jwm* »Tag« und *ljlh* »Nacht« als Paar in der Liste der göttlichen Schwurzeugen, KAI Nr. 222 A, Z. 12). Verhältnismäßig selten sind übrigens auch Redewendungen, in denen ein Tag mehr oder weniger personifiziert auftritt (vgl. etwa Spr 27,1 »denn du weißt nicht, was ein Tag bringen wird«, mit dem Verbum *jld* »gebären, hervorbringen«; Jer 20,14 und Hi 3,1 ff. wird der Tag der Geburt verflucht).

b) Ein spezieller theologischer Sprachgebrauch ist bei der Vorstellung vom *jōm Jhwh*, dem »Tag Jahwes«, und der damit zusammenhängenden Begrifflichkeit zu erkennen. Aus der umfangreichen Literatur darüber können hier nur einige wenige Arbeiten genannt werden. Die sprachliche Seite der verwendeten Ausdrücke wird auf einer breiteren Basis untersucht von L. Černý, The Day of Yahweh and some Relevant Problems, 1948; an neueren Übersichten über das Problem mit weiterführenden Literaturangaben seien erwähnt: K.-D. Schunck, Strukturlinien in der Entwicklung der Vorstellung vom ›Tag Jahwes‹, VT 14, 1964, 319–330; H. D. Preuß, Jahweglaube und Zukunftserwartung, 1968, 170–179; G. Fohrer, Geschichte der isr. Religion, 1969, 272f.

Der Ausdruck *jōm Jhwh* »der Tag Jahwes« begegnet in dieser Form nur 16 × (Jes 13,6.9; Ez 13,5; Jo 1,15; 2,1.11; 3,4; 4,14; Am 5,18.18.20; Ob 15; Zeph 1,7. 14.14; Mal 3,23). Doch bestehen für das damit bezeichnete Gerichtshandeln Jahwes daneben noch andere sprachliche Möglichkeiten: indeterminiert wird *jōm leJhwh* verwendet in Jes 2,12 und Ez 30,3; zwischen *jōm* und *(le)Jhwh* treten inhaltliche Näherbestimmungen (*nāqām* »Rache« Jes 34,8; *'æbrā* »Zorn« Ez 7,19; Zeph 1,18; *'af* »Zorn« Zeph 2,2.3; Klgl 2,22; *zæbaḥ* »Schlachtopfer« Zeph 1,8), die auch ohne Nennung des Gottesnamens in ähnlichen Zusammenhängen vorkommen und den erwarteten (oder erlebten) Gerichtstag in seiner Unheimlichkeit charakterisieren (Zorn, Rache, Heimsuchung o.ä.: Jes 10,3; 13,13; 34,8; 61,2; 63,4; Jer 46,10; Ez 22,24; Hos 5,9; Zeph 1,15; Klgl 1,12; 2,1.21; vgl. Zeph 3,8; Finsternis, Gewölk, Sturm o.ä.: Ez 30,3; 34,12; Jo 2,2; Am 1,14; Zeph 1,15; vgl. Ez 30,18; Mi 3,6; Schlacht, Würgen, Sturz, Verwirrung: Jes 22,5; 30,25; Jer 12,3; Ez 26,18; 27,27; 32,10; Am 1,14; Zeph 1,16; vgl. Mi 7,4; Unglück, Verderben, Not usw.: Jes 17,11; Jer 18,17; 46,21; 51,2; Ob 12; Zeph 1, 15). Im weiteren wird auf den »Tag« hingewiesen mit Demonstrativpronomina und Interjektionen (»jener Tag« Jer 30,7; 46, 10; Zeph 1,15; vgl. Ez 39,8; mit →*hinnē* »siehe« Ez 7,10; mit →*'ahāh* bzw. *hāh* »ach« Ez 30,2; Jo 1,15); es ist von seinem Kommen und Nahe-Sein die Rede (Jer 47,4; Ez 7,7.12; 30,3.3; Sach 14,1; Mal 3,2, 19.19); er kann aber auch als der »Tag« der Betroffenen bezeichnet werden (»dein/ sein/ihr Tag« Jer 50,27.31; Ez 21,30.34; 22,4 txt em; »der Tag deines Bruders« Ob 12). In den entsprechenden gerichtseschatologischen Zusammenhängen klingt wohl auch in der von Hause aus rein adverbiellen Wendung *bajjōm hahū* »an jenem Tage = dann« (s.o. 3e) die besondere Vorstellung vom »Tag Jahwes« an (vgl. z.B. Jes 2,11.17 neben V.12), doch liegt dies nicht schon im Ausdruck selber (vgl. die eingehende Untersuchung von P. A. Munch, The Expression *bajjôm hāhū'*, is it an Eschatological *terminus technicus*?, 1936, gegen H. Gressmann, Der Messias, 1929, 75.83, u.a.; nach Munch auch Preuß, a.a.O. 174). Oft dient der Ausdruck als Verknüpfungsformel bei Verheißungen, während sonst spezielle Wendungen mit *jōm* in Heilsverheißungen selten sind und kaum eine Verbindung zum »Tag Jahwes« erkennen lassen (vgl. Jes 49,8; Jer 31,6; Mi 7,11.12).

In den Überlegungen über die Bedeutung des Ausdrucks *jōm Jhwh* ist vorgängig der traditionsgeschichtlichen Überlegungen betreffend Herkunft und Entwicklung der Vorstellung auch die Frage nach dem Wortsinn von *jōm* in dieser Verbindung zu stellen. Formal gehört *jōm Jhwh* in eine Reihe mit den Genetivverbindungen, die *jōm* durch einen Eigennamen näherbestimmen (s.o. 3d zu *jōm Midjān* usw.; vgl. auch o. 3h *jemē Gib'ā*) und so in prägnanter, abkürzender Redeweise ein wichtiges Geschehen, das durch den Eigennamen gekennzeichnet wird, benennen, wobei über die reine, ziemlich unbestimmt gehaltene Zeitbestimmung hinaus der Ereignischarakter betont wird (dazu vgl. S. Herrmann, Die prophetischen Heilserwartungen im AT, 1965, 120f.). Die qualitative Bestimmtheit eines Geschehens durch Jahwe kann hier sowohl in der Vergangenheit (Ez 13,5; 34,12; Klgl 2,22; vgl. Ez 22,24; Klgl 1,12; 2,1.21) als auch in der Zukunft (so die meisten Stellen) gesehen werden; man mag auch anfänglich mit verschiedenen »Tagen Jahwes« gerechnet haben (vgl. vielleicht auch Hi 24,1). »Im Rahmen des allgemeinen zukunftsträchtigen und vorlaufenden Geschichtsdenkens und Führungsglaubens Israels, das durch seinen Gott und die Art seines Geschichtshandelns geprägt war, wurde dieser Begriff dann auch immer mehr und vorwiegend in die Zukunft hinein verlagert und so erst allmählich zu ›dem‹ Tag Jahwes, als der er uns meist begegnet und geläufig ist« (Preuss, a.a.O. 172).

Was die Herkunft der Vorstellung von einem umfassenden Gerichtstag Jahwes anbetrifft, so hat die traditionsgeschichtliche Untersuchung es wahrscheinlich gemacht, daß nicht von einem kultischen Tag Jahwes, etwa dem vermuteten Thronbesteigungsfest Jahwes, auszugehen ist (so u.a. S. Mowinckel, Psalmenstudien, II, 1922; ders., NTT 59, 1958, 1–56.209 bis 229; J. Lindblom, Prophecy in Ancient Israel, 1962, 316ff.), sondern entsprechend den begleitenden Vorstellungen an den einzelnen Textstellen von der Erfahrung einer geschichtlichen Tat Jahwes zum Heil seines Volkes, die in einem Sieg über die Feinde Gottes bestand. Insbesondere werden die Traditionen vom Jahwekrieg (→*ṣābā'*, →*ḥmm*), die von den Propheten aufgenommen worden sind, die Ausbildung der Zukunftserwartung beeinflußt haben (vgl. G. von Rad, The Origin of the Concept of the Day of Yahweh, JSS 4, 1959, 97–108; ders. II, 129–133; Schunck, a.a.O. 320f.330; modifizierend Preuss, a.a.O. 173.179, der das Exodusgeschehen stärker betont, und H.-M. Lutz, Jahwe, Jerusalem und die Völker, 1968, 130–146: »Der Tag Jahwes ist *auch* Krieg, aber *nicht nur* Krieg« [a.a.O. 146]; zum Verhältnis zwischen den Theophanieschilderungen und dem Tag Jahwes vgl. J. Jeremias, Theophanie, 1965, 97–100; nach M. Weiss, The Origin of the »Day of the Lord« – Reconsidered, HUCA 37, 1966, 29–60, ist der Ausdruck von Amos neugeprägt worden).

Für die Geschichte der Vorstellung ist auf die Darstellungen in den genannten Untersuchungen zu verweisen. Die älteste Stelle ist Am 5,18–20 (vgl. Wolff, BK XIV/2, 38f. 298–302): »Wehe euch, die ihr den Tag Jahwes herbeisehnt! Was soll euch denn der Tag Jahwes? Er ist Finsternis und nicht Licht! ...«. Die Heilserwartung der Zeitgenossen wird durch Amos bestritten: Da Israel mit den Feinden Jahwes in einer Linie steht, kann es sich nicht als den »Rest« (→*š'r*) betrachten, dem das Heil am Tage Jahwes zuteil wird, sondern hat die unheimlichen Folgen des unentrinnbaren Eingreifens Jahwes zu gewärtigen. Hier wie in der nächsten Stelle, Jes 2,12–17 (Wildberger, BK X, 105f.), sind nur einzelne Züge der Vorstellung in den Mittelpunkt gerückt, bei Amos die Finsternis, bei Jesaja die Erhabenheit Jahwes über alles Stolze und Hochmütige. Ausführlicher ist die Darstellung in Zeph 1,7ff. und Ez 7 (Zimmerli, BK XIII, 166–168), wo sich der Tag Jahwes durchweg gegen Israel richtet, während nach der Katastrophe von 587 (in Ez 13,5; 34,12; Klgl 1,12; 2,1.21f. rückschauend als »Tag Jahwes« o.ä. bezeichnet) das Gerichtshandeln Jahwes vorwiegend, aber nicht ausschließlich (vgl. Jo 1,15; 2,1.11; Sach 14,1; Mal 3,23) gegen die Fremdvölker gerichtet ist (vor allem gegen Babel in Jes 13,6.9; gegen Ägypten Ez 30,3; gegen Edom Ob 15; vgl. weiter Jes 34,8; 61,2; Jer 46,10; Jo 3,4; 4,14). Der Übergang der Vorstellung aus der Unheilsprophetie in die Heilsprophetie und umgekehrt ist dadurch ermöglicht, daß der Tag Jahwes von Hause aus ambivalenten Charakter hat; er bringt Unheil für die Feinde Jahwes und Heil für die Seinen. Es hängt alles davon ab, auf welche Seite Israel bzw. die Angeredeten zu rechnen sind. Die Vorstellung vom Tag Jahwes bildet somit ein wichtiges verbindendes Glied zwischen der prophetischen Gerichts- und Heilsverkündigung und zeigt deren innere Einheit auf.

5. In den Qumrantexten wird *jōm* ohne wesentliche Neuerungen gegenüber dem atl. Sprachgebrauch verwendet. In der LXX bekommt ἡμέρα stärker als sonst im Gr. vom AT her die Bed. »Zeit«. Zur weiteren Geschichte der Vorstellung vom »Tag Jahwes« mit neuer Terminologie (»Tag Gottes«, »Tag des Herrn« usw.) im Spätjudentum und im NT vgl. z.B. P. Volz, Die Eschatologie der jüd. Gemeinde im ntl. Zeitalter, 1934, 163–165; G. von Rad – G. Delling, Art. ἡμέρα, ThW II, 945–956.

E. Jenni

יחל *jḥl* pi./hi. **warten**

1. *jḥl* pi./hi. »warten, harren« ist nur hebr. belegt; der Hinweis auf südarab. *wḥl* »unentschlossen sein« (GB 297b; KBL 377b) führt kaum weiter.

Die Belege einer Nebenform *ḥīl* (III) sind unsicher (Gen 8,10 und Mi 1,12 ist *jḥl* pi., Ri 3,25; Ps 37,7 und Hi 35,14 *jḥl* hi. anzusetzen; vgl. Bergstr. II,173; anders L. Kopf, VT 8,1958, 176f.).

Das Verbum ist im Pi. und Hi. bezeugt (zum Bedeutungsunterschied pi. »warten«, hi. »sich wartend verhalten« vgl. KBL 377f.; Jenni, HP 249f.257f.); die Ni.-Formen in Gen 8,12 (wohl wie V. 10 als Pi. zu punktieren) und Ez 19,5 txt? (vgl. Zimmerli, BK XIII, 418) sind unsicher. Zum Verbum tritt das Adj. *jāḥīl* »harrend« (Klgl 3,26, aber wohl in *jḥl* hi. zu emendieren) und das Subst. *tōḥælæt* »Erwartung, Hoffnung« (zur Nominalbildung vgl. GK §85p).

Der Personenname *Jaḥle'ēl* (Gen 46,14; Num 26, 26) wird von Noth, IP 204, nicht von dieser Wurzel (so KBL 378a), sondern von aram./arab. *ḥlw/j* »süß, angenehm sein« abgeleitet.

2. Nach Lis. (1Sam 13,8 als hi. gerechnet) begegnet *jḥl* pi. 24× (Ps 14×, Hi 6×, Dtjes 2×, Ez und Mi je 1×), hi. 15× (Ps 5×), ni. 2× (s.o.), *jāḥīl* 1× (s.o.), *tōḥælæt* 6× (Ps 39,8; Hi 41,1; Spr 10,28; 11,7; 13,12; Klgl 3,18), die ganze Wurzel insgesamt 48× (ohne *ḥīl* III, s.o.), davon 20× in Ps, 9× in Hi, 4× in Klgl, 3× in Spr.

3. Das Verbum gehört dem Wortfeld der Verben des Wartens und Hoffens an, die nur miteinander als Bedeutungsgruppe verstanden werden können. Das wichtigste der parallelen Verben ist →*qwh* pi. »hoffen« (s. dort auch zu *ḥkh* pi., *śbr* pi. und den abgeleiteten Nomina *tiqwā*, *miqwæ*, *śēbær*). Zum ganzen Wortfeld vgl. C. Westermann, Das Hoffen im AT, Theologia Viatorum 4, 1952/53, 19–70 = Forschung am AT, 1964, 219–265.

Etwa ein Drittel der Stellen ist nichttheologisch. Das Verbum entspricht ganz dem dt. »warten« in Gen 8,10.12 txt em: Noah wartet darauf, daß die Flut sich legt; ähnlich 1Sam 10,8; 13,8; Hi 32,11. 16 (textlich unsicher 2Sam 18,14). Der besondere Klang dieses Wartens variiert erheblich je nach der Situation. In Hi 29,21 und 32,11.16 ist es das respektvolle Warten der Jüngeren, wenn der Ältere redet, in 29,23 verstärkt zur Erwartung: »sie harrten auf mich wie auf den Regen«. In der Klage Hiobs ist es seiner Situation entsprechend ein Ausharren oder Aushalten (Hi 6,11; 13,15; 14,14; 30,26). Die Bedeutungsbreite dieses Wartens zeigt sich etwa, wo mehrere Möglichkeiten des Verständnisses vorhanden sind; Hi 13,15 kann übersetzt werden: »siehe, er tötet mich, ich halte es nicht aus!«, es kann aber auch gemeint sein: »siehe, er tötet mich, ich warte es nicht ab!«. Diese Ambivalenz des Wartens je nach der Situation zeigt auch Spr 13,12: »hingehaltene Erwartung (*tōḥælæt*) bringt Herzeleid«, denn die Erwartung kann zunichte werden (Ez 19,5). Auf der Grenze zwischen theologischem und nicht-theologischem Gebrauch steht Ez 13,6: die falschen Propheten warten darauf, daß Gott das von ihnen angekündigte Wort erfülle.

4. An den übrigen Stellen wird *jḥl* auf Gott bezogen gebraucht. Es ist eines der Verben, bei denen die Bedeutung mit ihrer Funktion in einer bestimmten Redeform zusammentrifft, von der her dann alle anderen Gebrauchsweisen und Bedeutungsvarianten zu erklären sind. Diese Redeform ist (wie bei den anderen auf Gott bezogenen Verben des Wartens und Hoffens) das Bekenntnis der Zuversicht im Klagepsalm des Einzelnen. Dieser Form und ihren Abwandlungen gehören die meisten Stellen des theologischen Gebrauchs an.

a) *jḥl* im Bekenntnis der Zuversicht: In Ps 130 folgt auf das Flehen aus der Tiefe (V. 1–2), das mit zwei Motiven verbunden ist (V. 3 und 4), das Bekenntnis der Zuversicht V. 5–6 (txt em): »Ich hoffe (*qwh* pi.), Jahwe, auf dich, meine Seele harrt (*qwh* pi.) auf dein Wort. Meine Seele harrt (*jḥl* hi.) auf den Herrn mehr als die Wächter am Morgen«. Durch den Vergleich, der als solcher zum nicht-theologischen Gebrauch gehört, ist das im Bekenntnis der Zuversicht Gemeinte sehr deutlich. Mit dem Hoffen oder Warten auf Jahwe ist das Warten auf ein *Ereignis* gemeint, entsprechend dem Eintreten der Morgendämmerung in dem Vergleich. Mit dem Warten auf Jahwe ist das Warten auf sein rettendes Eingreifen gemeint. Damit ist deutlich, daß mit dem Warten auf Gott genau der gleiche Vorgang gemeint ist, den das nicht auf Gott bezogene, profane Wort »warten« meint; anders ist nur, daß das, worauf der Wartende wartet, als Gotteswirken, als Gottes Eingreifen artikuliert wird. Dann behält das Verbum, wo es auf Gott bezogen ist, die ganze Bedeutungsbreite, die es im nicht-theologischen Gebrauch hat; es kann das Moment des Durchhaltens im Warten betont sein wie in

Ps 71,14 »ich aber, immerdar will ich harren«, oder das Ziel des Wartens in Mi 7,7 »ich will harren auf den Gott meines Heils«, oder die Qual des Wartens in Ps 69,4 »meine Augen verzehren sich im Harren auf meinen Gott«. Oder aber das Warten stützt sich eben darauf, daß es ein Warten auf *Gott* ist, Ps 39,8 »und nun, worauf harre ich, Jahwe? Meine Hoffnung, sie steht auf dir!« (ähnlich Ps 38,16; 130,5; Klgl 3,24). Geradezu wie eine Fuge auf das Thema des Wartens auf Gott wirkt Klgl 3,21–26, eine reflektierende Entfaltung des Bekenntnisses der Zuversicht. Die ersten Sätze sagen ausdrücklich, daß das Warten auf Gott das Warten auf sein befreiendes Eingreifen meint: »das will ich zu Herzen nehmen, darum will ich warten: die Gnadenerweisungen Jahwes sind nicht zu Ende, seine Erbarmungen sind nicht erschöpft ...«. Das wird in V. 23 weitergeführt, und in V. 24–25 wird das Warten auf Jahwe weiter begründet.

b) Dieses »Warten auf Gott« im Bekenntnis der Zuversicht ist für die Einstellung des Menschen zu Gott in Israel offenbar sehr bezeichnend; es finden sich in den verhältnismäßig wenigen Stellen, an denen das Wort vorkommt, eine Reihe von Weiterführungen und Abwandlungen des Motivs: (1) Wie das Bekenntnis der Zuversicht in der 1.Pers.Sing., aber nicht mehr in der gleichen Funktion, sondern allgemeiner die Haltung des Frommen bezeichnend, ist es ein häufiger Nachsatz in Ps 119: »ich harre auf dein Wort« (V. 81. 114.147, vgl. V. 74; etwas abgewandelt V. 43 und 49). In der frommen Weisheit wird das Harren des Frevlers und des Frommen in Gegensatz gestellt (Spr 10, 28; 11,7). (2) Zu diesem Warten auf Jahwe wird an einer Reihe von Stellen gerufen; das Bekenntnis der Zuversicht ist in Paränese abgewandelt. Das Herkommen der Mahnung aus dem Bekenntnis der Zuversicht zeigt sich Ps 130,5–7, wo das Bekenntnis auf die Mahnung »harre, Israel, auf Jahwe!« hinausläuft (V. 7; ebenso 131,3). Die Mahnung findet sich außerdem Ps 42,6.12; 43,5; oder es wird den Harrenden eine Zusage gegeben: Ps 31,25; 33,18; 147,11; vgl. Spr 10,28. (3) Die Bedeutung des Wartens auf Gott zeigt sich in der Klage, in der das Aufgeben des Wartens den Tiefpunkt bedeutet; so Klgl 3,18 »dahin ist mein Harren auf Jahwe« und 2Kön 6,33, wo der König klagt: »so groß ist das Unglück, das Jahwe über uns verhängt hat, was soll ich da noch weiter auf Jahwe warten?«.

c) An einigen Stellen ist das Warten auf Gott in die prophetische Heilsankündigung eingefügt; in der universalistischen Ausweitung der Heilsbotschaft Deuterojesajas warten die fernen Erdteile, die Inseln, auf Jahwe (Jes 42,4; 51,5); in Mi 5,6 wird vom Rest gesagt, daß er nicht auf Menschen (sondern allein auf Gott) wartet.

5. →*qwh* pi. *C. Westermann*

יטב *jṭb* gut sein → טוֹב *ṭōb*.

יכח *jkḥ* hi. feststellen, was recht ist

1. Die Wurzel *jkḥ* begegnet nur im Hebr. und Jüd.-Aram. (KBL 380a). Vom Hi. des Verbums sind die beiden fem. Substantive *tōkáḥat* und *tōkēḥā* durch Vorfügung von *ta-* abgeleitet (BL 495).

Verwandt sind die Nomina *nākōaḥ* »gerade, das Gerade« (8×) und das meist als Präposition verwendete *nōkaḥ* »vor« (24×; Wechsel von anlautendem *n* und *w*, Nöldeke, NB 190f.).

2. Im AT ist das Verbum 59× belegt (hi. 54×, davon Hi 15×, Spr 10×, Ps 7×; ni. 3×, ho. 1× [dazu Ps 73,14 txt em], hitp. 1×), das Subst. *tōkáḥat* 24×, das Subst. *tōkēḥā* 4×. Die Belege häufen sich in Spr und Hi (26 bzw. 19 der insgesamt 87 Stellen).

3. a) Die Wurzel gehört ursprünglich wohl in den Bereich des Gerichtsverfahrens (vgl. Jes 29,21; Am 5,10 »im Tor«). Grundbedeutung von *jkḥ* hi. ist »feststellen, was recht ist« (so mit H.J. Boecker, Redeformen des Rechtslebens im AT, 1964, 45–47; Belege: Gen 31,37; Hi 9,33; 16,21; 13,3.15; Lev 19,17; mit F.Horst, Gottes Recht, 1961, 289; ders., BK XVI/1, 86 »prozessuale Richtigstellung«; anders V.Maag, Text, Wortschatz und Begriffswelt des Buches Amos, 1951, 152–154, der als Grundbedeutung »zurechtweisen« annimmt und die prozessuale Bedeutung für sekundär hält). Subjekt von *jkḥ* hi. ist ursprünglich die den Prozeß entscheidende Instanz (z.B. Gen 31,37 E; Hi 9,33; vgl. Wolff, BK XIV/1,94); *jkḥ* hi. findet am Ende des Prozesses statt. Hi 13,3 und 15,3 (vgl. Hab 2,1 *tōkáḥat*) zeigen, daß es sich bei *jkḥ* hi. um gesprochenes Wort handelt. 1Kön 3,27b *hī 'immō* »sie ist seine Mutter« könnte Beispiel eines solchen »Feststellungsurteiles« (Boekker, a.a.O. 142f.) sein (vgl. Ex 22,8 *hū zǣ*). In Jes 2,4 = Mi 4,3; Jes 11,3.4; Hab 1,12; Hi 22,4; 23,4 findet sich *jkḥ* neben →*špṭ* »richten«, in Hos 4,4; Mi 6,2; Hi 13,

6; 40,2 neben →*rīb* »Rechtsstreit führen«, in Hi 32,12 neben →*'nh* »antworten«. Wenn Prozeßpartner Subjekt von *jkḥ* sind, tendiert deren »feststellen, was recht ist« nach »beweisen, widerlegen, rechtfertigen« u.ä.: so die Freunde Hiobs in Hi 6,25f.; 19,5; 32,12 und Hiob in Hi 13,3.6.15; 15,3; 23, 4; 40,2 (vgl. Gen 21,25; Ps 38,15; Hab 2, 1). Zu den Präpositionen nach *jkḥ* hi. vgl. KBL 380b.

b) Wenn *jkḥ* gegenüber jemandem, der im Unrecht ist, gebraucht wird, bekommt es die Bed. »zurechtweisen«, »zur Rede stellen« (Boecker, a.a.O. 47). In dieser Bedeutung findet sich *jkḥ* vor allem in Spr: *jkḥ* hi. in Spr 9,7f.; 10,10 txt em; 15,12; 19,25; 24,25; 28,23; *tōkáḥat* immer im Sing. und meist parallel zu *mūsār* »Zucht« (→*jsr*) in Spr 5,12; 6,23; 10,17; 12,1; 13, 18; 15,5.10.32; par. zu *'ēṣā* »Rat« (→*j'ṣ*) in Spr 1,25.30 (vgl. von Rad I, 444 Anm. 33). Die erziehende Zurechtweisung der Eltern und Weisen wird von Spöttern und Frevlern verachtet (Spr 1,30; 5,12 u.a.); sie hassen Zurechtweisung (Spr 15,10; 12,1), der Verständige aber hört (Spr 15,31f.) und bewahrt sie (Spr 13,18; 15,5).

Als Opposita sind *qrṣ 'ájin* »durch die Finger schauen« (Spr 10,10) und *ḥlq lāšōn* »eine glatte Zunge brauchen« (Spr 28,23) zu nennen; Folge des *jkḥ* hi. für den Betroffenen ist »als Lügner dastehen« (*kzb* ni., Spr 30,6).

Das verwandte *nākōaḥ* »das Gerade« ist ebenfalls Kennzeichen weisheitlicher Sprache (Spr 8,9; 24,26; 26,28 txt em; Sir 11,21; vgl. H.W.Wolff, Amos' geistige Heimat, 1964, 38–40).

4. Der theologische Gebrauch schließt sich an beide Bedeutungen an:

a) prozessual: Gott als Richter ist Subjekt von *jkḥ* hi. in Gen 31,42b E; 2Kön 19,4 = Jes 37,4; Jes 2,4 = Mi 4,3; Ps 50,8.21; Hi 22,4; 1Chr 12,18; hitp. Mi 6, 2. Das Ni. in Jes 1,18 zeigt, daß beide Prozeßpartner, Jahwe und das Volk, wechselseitig Träger des *jkḥ* sein können (Wildberger, BK X,52). In Ez 5,15; 25,17 wird das Strafmittel Gottes formelhaft mit *bᵉtōkᵉḥōt ḥēmā* »mit grimmigen Strafen« bezeichnet. Formelhaft könnte auch der Ausdruck *jōm tōkēḥā* »Tag der Züchtigung« (Hos 5,9; 2Kön 19,3 = Jes 37,3; anders Wolff, BK XIV/1,143) sein. In Hi 13,3. 15; 40,2; Hab 2,1; Hi 23,4 ist Gott Objekt von *jkḥ*.

b) erziehend: Gott weist den Beter (Ps 6,2; 38,2; 39,12), Könige (Ps 105,14 = 1Chr 16,21; 2Sam 7,14), Frevler (Ps 94, 10), die parteilichen Freunde Hiobs (Hi 13, 10), den, der etwas zu Gottes Worten hinzufügt (Spr 30,6), zurecht. Solche Zurechtweisung wird vor allem denen, die Gott liebt, zuteil (Spr 3,11f.); deshalb wird der Mensch, den Gott zurechtweist, selig gepriesen (Hi 5,17).

Ungewöhnlich ist die Verwendung von *jkḥ* hi. in Gen 24,14.44 (»Entscheidung treffen«, »bestimmen«, vgl. O.Procksch, Die Genesis, [2.3]1924, 324).

5. In Qumran werden *jkḥ* hi. und *tōkáḥat* wie im AT gebraucht; in CD 7,2; 9,7f. und 1QS 5,26 wird Lev 19,17 zitiert. Spr 3, 11f. spielt im Judentum eine große Rolle (O.Michel, Der Brief an die Hebräer, [12]1964, 439f. Exkurs: Das Leiden als Züchtigung Gottes), vgl. im NT Hebr 12,5ff. Die LXX gibt *jkḥ* meist mit ἐλέγχειν wieder (vgl. F.Büchsel [– G.Bertram], Art. ἐλέγχω, ThW II,470–474). *G.Liedke*

ילד *jld* gebären

1. Die Wurzel **wld* (nwsem. > *jld*, vgl. jedoch Gen 11,30 *wālād* »Kind«; Meyer I, 97) »gebären« ist gemeinsemitisch (Bergstr. Einf. 182; P.Fronzaroli, AANLR VIII/ 19,1964, 246.262) und in atl. Zeit in der Umwelt gut bezeugt: akk. *(w)alādu* (CAD A/I, 287–294), ug. *yld* (WUS Nr. 1166), phön. und aram. Inschriften *jld* (DISO 107; fehlt im Bibl.-Aram.).

Beim Verbum sind alle sieben Stammformen belegt (q. »gebären, erzeugen«, ni. »geboren werden«, pi. »Hebammendienste leisten«, vgl. Jenni, HP 210f., pu. »geboren werden«, eigentlich wohl qal pass., hi. »erzeugen, gebären lassen«, ho. »geboren werden«, hitp. »seine Abstammung anerkennen lassen« Num 1,18). Wichtigstes Substantiv der Wurzel ist *jǽlæd* »Knabe, Kind«; weiter begegnen *jaldā* »Mädchen«, *jālīd* »Sohn«, *jillōd* »(neu)geboren«, *wālād* »Kind«, ferner *lēdā* »Gebären« (BL 450), *mōlǽdæt* »Nachkommenschaft, Verwandtschaft« (BL 490), *tōlēdōt* »Geschlechter, Geschlechtsgeschichte« (BL 495); dazu kommen der Personenname *Mōlīd* (1Chr 2,29; Noth, IP 144) und die Ortsnamen *Mōlādā* (Jos 15,26; 19,2; Neh 11,26; 1Chr 4,28), *Tōlād* (1Chr 4,29) = *'æltōlad* (Jos 15,30; 19,4; vgl. HAL 58).

2. Von den insgesamt 492 Belegen des Verbums entfallen die meisten auf Gen (170 ×) und 2Chr (117 ×); es folgen Jes 23 ×, Jer 22 ×, Ex und Hi 15 ×, Ruth 14 ×. Davon stehen im Qal 237 Belege (Gen 90 ×, 1Chr 26 ×, Jer 17 ×, Jes 15 ×), im Ni. 38 (1Chr 10 ×, Gen 7 ×), im Pi. 10 (Ex 8 ×, Gen 2 ×), im Pu. 27 (Gen 11 ×), im Hi. 176 (1Chr 80 ×, Gen 59 ×, Ruth 9 ×, Jes 6 ×), im Ho. 3 (Gen 40,20; Ez 16,4.5), im Hitp. 1 (Num 1,18).

Für die Nomina ergeben sich folgende Zahlen: *jǽlæd* 89 × (inkl. 2Sam 6,23 Q; Gen 19 ×, Ex und 2Sam 12 ×, 1Kön 9 ×), *jaldā* 3 ×, *jaldūt* 3 ×, *jillōd* 5 ×, *jālīd* 13 ×, *wālād* 1 ×, *lēdā* 4 ×, *mōlǽdæt* 22 × (Gen 9 ×), *tōlēdōt* 39 × (Gen und Num je 13 ×, 1Chr 9 ×, Ex 3 ×, Ruth 1 ×), somit Nomina insgesamt 179 × (Wurzel ohne Eigennamen 671 ×).

Die Häufungen in Gen und 1Chr sind durch die Verwendung des Verbums in den Geschlechtsregistern zu erklären; nahezu sämtliche Belege des chronistischen Werkes gehören zu den Stammbäumen, ebenso die meisten in Ruth (4,18–22).

3. a) In seiner Grundbedeutung ist *jld* q. je nachdem, ob eine Frau oder ein Mann Subjekt ist, mit »gebären« (Gen 4,1f.) oder (seltener) mit »zeugen« (Gen 4,18) zu übersetzen. Geläufig ist die Konstruktion mit *'æt* und der nachfolgenden Nennung des Namens dessen, der geboren oder gezeugt wurde. Häufig findet sich aber auch der bloße Akkusativ, vor allem in der Wendung »sie gebar einen Sohn«. Der Name des Vaters, dem der Sohn (die Tochter) geboren wurde, steht mit *le*.

b) Das Wortfeld von *jld* ist natürlich gegeben: →*'iššā* »Frau« (Ri 13,24) oder →*'ēm* »Mutter« (Jer 15,10), auch *'āmā* »Magd« oder *pīlægæš* »Nebenfrau« (Gen 22,24) bezeichnen die Subjekte, meistens →*bēn* »Sohn« (1Sam 1,20; plur. *bānīm* »Söhne, Kinder«, Gen 10,1) oder *bat* »Tochter« (Gen 30,21) das Objekt des Gebärens (vgl. *zākār* »männlich« Lev 12,2; *neqēbā* »weiblich« Lev 12,5; *náʻar* »Knabe« Ri 13,8); vgl. noch →*'āb* »Vater« (Jes 45,10) bei der Bed. »zeugen«.

Von den Verben, die sich im Wortfeld von *jld* finden, sind die häufigsten: *hrh* »schwanger werden/sein« (43 ×, Adj. *hārā* »schwanger« 15 ×), *ḥīl* »Wehen haben, kreißen« (q. 30× nach Lis.) und →*gdl* pi. »groß ziehen« (Jes 1,2, vgl. Wildberger, BK X,12; 49,21; 51,18 u.ö.); vgl. noch die Wurzeln *ʻqr* (*ʻaqārā* »unfruchtbar«) und *škl* (pi. »kinderlos machen, Fehlgeburt haben«, *šākūl*/*šakkūl* »der Kinder beraubt«).

c) Die Segolatbildung *jǽlæd* »Knabe« ist nicht selten ähnlich wie →*bēn* »Sohn« gebraucht, nur daß *bēn* das Verhältnis zu Vater oder Mutter exakter umschreibt als das neutralere *jǽlæd* (so steht in 1Kön 3,25; Jer 31,20 u.ö. *jǽlæd* neben *bēn*; hingegen z.B. Ex 1f. oder Dan 1, wo das Verhältnis zu den Eltern keine Rolle spielt, findet sich allein *jǽlæd*; zu Gen 4,23 vgl. P.D. Miller, JBL 85,1966, 477f.). *jǽlæd* steht als männlicher Begriff dem weiblichen *jaldā* »Mädchen« (Jo 4,3; Sach 8,5) direkt gegenüber, wird aber auch allgemeiner in der Bed. »Kind« gebraucht (Esr 10,1). *jelādīm* sind die »Jungen«, und zwar im Gegensatz zu den »Alten« (*zeqēnīm*; 1Kön 12,8.10.14 = 2Chr 10,8.10.14; vgl. A. Malamat, JNES 22, 1963, 247–253).

jālīd »Sohn« verbindet sich öfters mit →*bájit* »Haus« zu der Wendung *jelīd(ē) bájit* (Gen 14,14; 17,12f.23.27; Lev 22,11; Jer 2,14); gemeint sind die im Hause geborenen Sklaven im Gegensatz zu den um Geld gekauften (*miqnat kǽsæf* Gen 17,12 u.ö.).

d) Nicht selten wird *jld* auch von Tieren ausgesagt (*jld* q. Gen 30,39; 31,8; Jer 14,5; 17,11 u.ö.; *jǽlæd* Jes 11,7 vom Bärenjungen, Hi 39,3 von den jungen Hinden, Hi 38,41 von den jungen Raben).

e) Im übertragenen Sinn kann es von Mose heißen: »Habe denn ich dieses ganze Volk empfangen, oder habe ich es geboren?« (Num 11,12), ebenso vom »Fels« (Dtn 32,18), vom Meer (Jes 23,4), vom Stein (Jer 2,27), vom Tag (Spr 27,1), daß sie gebären, aber auch von Israel (Jes 33, 11), von Zion (Jes 66,8) oder vom Feind (Ps 7,15); vgl. weiter den bildlichen Gebrauch in Jes 55,10; 59,4; Hi 38,28 hi.; Ps 90,2 pu.; Spr 17,17 ni.

4. a) Eines der ältesten Erzählmotive in den Vätergeschichten ist der Bericht von der Kinderlosigkeit der Stammutter (Gen 16,1f. »sie hatte ihm kein Kind geboren«; vgl. 17,17; 18,13). Dieser kinderlosen Frau wird von Gott (oder seinem Boten) ein Sohn verheißen: Gen 16,11.15; 17,19 bis 21 (»du wirst/sie wird einen Sohn gebären«). Das Motiv ist aufgenommen in Ri 13,3.5.7; 1Kön 13,2; Jes 7,14; 9,5; vgl. Jes 54,1 (dazu: C. Westermann, Forschung am AT, 1964, 19ff.).

b) In der Prophetie sei auf drei Zusammenhänge hingewiesen, in welchen die Wurzel *jld* theologisch von Bedeutung ist: (1) Zur Beschreibung des angekündigten Gerichts wird gelegentlich das Bild von den »Wehen einer Gebärenden« gebraucht: Mi 4,9f.; Jer 22,23; vgl. Jes 13,8; 21,3; Jer 6,24 (dasselbe Bild findet sich auch in anderen Zusammenhängen: Jes 23,4; 26, 17f.; Hhld 8,5); das Bild dient dazu, die Schrecklichkeit des Gerichts hervorzuheben. (2) *jld* begegnet auch im Zusammenhang mit den eigenen Kindern, welche den Propheten geboren werden: Hosea soll (1,2) ein Hurenweib nehmen und Hurenkinder (*jaldē zenūnīm*) zeugen. In dieser Bezeichnung ist bereits die Anklage gegen Israel enthalten: Hurenkinder sind die Israeliten, weil sie sich von Jahwe abgewendet und an den kanaanäischen Fruchtbarkeitsriten zu Ehren Baals teilgenommen haben. Die Namen der Kinder, die ihm von diesem Hurenweib geboren werden (*jld* in Hos 1,3.6.8) weisen ganz eindeutig auf das kommende Gericht hin. Dieselbe in die Zukunft vorausweisende Bedeutung haben auch die Kinder (bzw. deren Namen), die Jesaja geboren werden (*jld* in Jes 8,3; *jelādīm* in 8,18). Zu Jes 7,14 vgl. H.W.Wolff, Immanuel, 1959; vgl. weiter Jes 9,5. An diesen beiden Stellen ist die Verheißung des Kindes, das geboren wird, mit dem Reden vom kommenden Heil verbunden. (3) Die Klagen des Propheten Jeremia gipfeln in der Verfluchung der eigenen Geburt; hier findet sich jeweils das Verbum *jld*: 15,10 »wehe mir, Mutter, daß du mich geboren!«, und 20,14 »verflucht der Tag, an dem ich geboren, der Tag, da mich meine Mutter gebar, er sei nicht gesegnet«. Aufgenommen ist diese Klage, ebenfalls in Verbindung mit *jld*, in Hi 3,3.

c) An einigen Stellen dient *jld* dazu, das Verhältnis zwischen Jahwe und Menschen als ein Vater-Sohn-Verhältnis (→*'āb* IV/3, →*bēn* IV/3) zu umschreiben. So wird die Adoption des Königs durch Jahwe im Thronbesteigungsakt als ein »Zeugen« verstanden (Ps 2,7 »mein Sohn bist du, ich habe dich heute gezeugt«), wenn auch – im Unterschied zur ägyptischen Königsideologie – nicht in mythischem und physischem Sinne (vgl. G. von Rad, Das judäische Königsritual, ThLZ 72,1947, 211 bis 216 = GesStud 205–213; Kraus, BK XV, 18f.; K.-H. Bernhardt, Das Problem der altorientalischen Königsideologie im AT, 1961). Sodann dient *jld* (allerdings nur in späten Belegen) zur Umschreibung des Verhältnisses zwischen Jahwe und seinem Volk (→*bēn* IV/3b). Das Reden von Jahwe als dem, der sein Volk gezeugt hat (bzw. dem Israel geboren wurde), hat bildhaften Charakter (vgl. zu diesem Thema P.Humbert, Yahvé Dieu Géniteur?, Asiatische Studien 18/19, 1965, 247–251), deutlich etwa in Dtn 32,18 »des Felsens, der dich gezeugt (*jld* q.), gedachtest du nicht und vergaßest des Gottes, der dich geboren (*ḥīl* pol.)«, vgl. Jer 31,20. Wenn z.B. in Ez vom Findelkind (16,20) oder von Ohola und Oholiba (23,4.37) gesagt wird, daß sie Jahwe Kinder geboren haben, so ist auch dies Bildrede; es handelt sich um das zuerst bei Hosea belegte Bild von Israel als der hurerischen Frau Jahwes. All diese Bilder weisen auf das ursprüngliche Liebes- und Fürsorgeverhältnis Jahwes zu seinem Volk hin, das die Tatsache des gegenwärtigen Abfalls Israels von Jahwe nur umso schmerzlicher macht.

Hi 38,28f. wird indirekt mit Hilfe des Verbums *jld* q./hi. Jahwes Schöpferhandeln umschrieben.

5. Die Wurzel *jld* findet im gr. Sprachgebrauch keine einheitliche Entsprechung. Die LXX übersetzt das Verbum im Qal »gebären« mit τίκτειν, sonst mit einer Form von γεννᾶν (vgl. F.Büchsel – K.H. Rengstorf, Art. γεννάω, ThW I,663–674). Auch *jæled* wird in der LXX verschieden wiedergegeben: παιδίον (Gen 21,16 u.ö.), τέκνον (Gen 33,7 u.ö.), παιδάριον (2Sam 12,18 u.ö.), νεανίσκος (Dan 1,10 u.ö.), vgl. A.Oepke, Art. παῖς, ThW V,636–653.

J. Kühlewein

יָם *jām* **Meer** → תְּהוֹם *tehōm*.

יסד *jsd* gründen

1. Der Stamm *jsd* begegnet im Hebr., Ug. und Jüd.-Aram., mit eingeschränkter Bedeutung auch in anderen sem. Sprachen (syr. *sattā* »Weinsetzling«, <*sadtā*, LS 502a; arab. *wisād* »Kissen«, Wehr 947a), während ein Zusammenhang mit akk. *išdu* »Fundament« umstritten ist (KBL 386a; vgl. aber AHw 393b).

Das Verbum kommt hauptsächlich im Qal und im Pi. vor (ohne Unterschied?, vgl. Esr 3,10 mit 3,12; anders Jenni, HP 211f.), daneben auch im Pu., Ni. und Ho. Aus dem Stamm hat sich eine Reihe von Substantiven wie *jesōd* und *mōsād* (s.u. 2) entwickelt, durchweg mit der Bed. »Grund(lage), Gründung«.

2. Das Verbum (41 ×: q. 20 ×, davon Ps 7 ×, Jes 5 ×; pi. 10 ×, pu. 6 ×, ho. 3 ×, ni. 2 ×) gehört, abgesehen von seiner bautechnischen Verwendung (besonders in den Geschichtswerken), vor allem der Schöpfungsterminologie (Ps, Dtjes u.a.) an. Von den Substantiven begegnen *jesōd* 19 × (Lev 8 ×), *mōsād* 13 ×, *mūsād* und *mūsādā* je 2 ×, *jesūd*, *jesūdā* und *massad* je 1 × (mit Lis. 2Chr 24,27 als q., Ez 41,8Q als Subst. gerechnet, exkl. Ps 2,2 und 31,14 *jsd* II ni. »sich zusammentun«). Vgl. die Aufstellungen bei P.Humbert, Note sur *yāsad* et ses dérivés, FS Baumgartner 1967, 135–142.

3. *jsd* bezeichnet das Legen der Fundamente, also kaum eines einzelnen (nach Errichtung des Gebäudes unsichtbaren) Grundsteins (vgl. Jes 28,16), sondern das Erstellen der Grundmauern (1Kön 5,31; vgl. 7,10f.; K.Galling, Studien zur Geschichte Israels im persischen Zeitalter, 1964, 129ff.). Doch kann dieser präzise Sinn zu »die unterste Schicht legen« abgeschwächt (2Chr 31,7) oder zu der allgemeineren Bed. »restaurieren, renovieren« erweitert werden (vgl. 2Chr 24,27 mit 24, 4 und 2Kön 12,13; A. Gelston, VT 16, 1966, 232–235). Außerdem wird das »Gründen« von Gebäuden, wie Tempel (1Kön 5,31 u.ö.) oder Palast (7,10), auf Städte (Jos 6,26; 1Kön 16,34; Jes 54,11) oder Länder (Ex 9,18; Jes 23,13) übertragen, ja, kann zum Bild für die Verläßlichkeit des Glaubens werden (Jes 28,16). Da *jsd* von seiner Grundbedeutung aus neben »anfangen, beginnen« (Sach 4,9; vgl. Ex 9,18) auch »befestigen« einschließt, vermag es schließlich den Sinn von »bestimmen, befehlen« (Est 1,8) oder »einsetzen« (1Chr 9,22; vgl. Hab 1,12) anzunehmen wie den Gedanken der Dauerhaftigkeit auszudrücken (Ps 119,152 von Jahwes Zeugnissen bzw. Geboten; vgl. Spr 10, 25).

Das Verständnis von Ps 8,3 »Macht (oder konkret: Feste, Bollwerk?; nicht: Lob, vgl. Mt 21,16) gründen« ist stark umstritten.

4. Als Baufachausdruck scheint *jsd* ursprünglich in der handwerklichen Weisheit beheimatet (vgl. Spr 3,19; Hi 38,4) und in die Schöpfungsterminologie der Kultsprache gewandert zu sein (vgl. auch Humbert, a.a.O. 137f.140f.). Dabei wirkt die ehemalige Grundbedeutung nach, wenn die Schöpfung als Werk der »Hand« gilt (vgl. etwa Jes 48,13 mit Sach 4,9). Doch sind die kosmogonischen Vorstellungen im einzelnen verschieden. Die Doppelaussage vom »Gründen der Erde und Ausspannen (o.ä.) des Himmels« (Jes 48,13; 51,13.16; Sach 12,1; vgl. Ps 78,69; 102, 26) gibt keine Auskunft darüber, woher beide Weltteile stammen und auf welchem Fundament die Gründung erfolgt. Dagegen bezieht Ps 24,2 das Meer als Ortsangabe (*jsd ʿal* »gründen *auf*«) ein, und Ps 104,5 spricht von »Festen« (*mākōn*) unter der Erde (vgl. Hi 38,4ff.). Ob aber allen Äußerungen die eine Vorstellung einer Erdscheibe zugrunde liegt, die auf Pfeilern im Meer ruht, ist sehr fraglich; das atl. Weltbild ist kaum einheitlich.

Die Schöpfungsgeschichte von Gen 1 geht auf anders geartete Anschauungen zurück; z.B. ist die Vorstellung der Trennung von Himmel und Erde bzw. von Wasser und Land vom »Gründen der Erde« zu unterscheiden. So sind in Ps 89,10ff. (V.12) differierende Anschauungen gemischt, oder Jes 48,13 (vgl. 51,16) kann die handwerkliche Tätigkeit als Schöpfung durch das Wort (*qr'* »rufen«) entfalten.

Am 9,6 (vgl. Ps 78,69) kennt außerdem ein Gründen des Himmels»gewölbes«(?) »auf der Erde«. Entsprechend ist von »Grundfesten« der Erde (Ps 82,5; Mi 6,2 u.a.; vgl. ug. 51 [= II AB] I,41 *msdt arṣ*), der Berge (Dtn 32,22; Ps 18,8), des Festlands (Ps 18,16; vgl. 89,12) und des Himmels (2Sam 22,8) die Rede.

5. In der Gemeinde von Qumran wird *jswd* – vielleicht in Anlehnung an Jes 28, 16 – zur Bezeichnung der Gemeinschaft selbst (J. Maier, Die Texte vom Toten Meer, II, 1960, 93f.; S.H. Siedl, Qumran. Eine Mönchsgemeinde im Alten Bund, 1963, 54ff.).

Das griech. Äquivalent κτίζειν hat eine in gewissem Sinn vergleichbare Entwicklung von »bebauen, gründen« zu »schaffen« durchgemacht (vgl. W. Foerster, Art. κτίζω, ThW III, 999–1034).

W.H. Schmidt

יסר *jsr* züchtigen

1. Die Wurzel **wsr*, deren Grundbedeutung sich nicht eindeutig ermitteln läßt, kommt außerhebr. noch im Ug. vor (*wsr* D »zurechtweisen, schelten«; WUS Nr. 870; UT Nr. 807.1120).

Das jüd.-aram. *jissūrā* II (oder *'īsūrā* II) »Züchtigung« mag hebr. beeinflußt sein (vgl. mittelhebr. *jissūr*), wenn nicht mit einem *jsr* II (neben *jsr* »binden«) zu rechnen ist (s. Dalman 185a; anders z.B. Jastrow 582f.); »zurechtweisen, tadeln« heißt sonst aram. etwa *kṣ'* II / *kṣn* / *kṣṣ* (ähnlich im Syr.). Zum fraglichen äg.-aram. *jtsr* in Ah. 80 s. Cowley 234. Vgl. sonst noch AHw 79a *ašāru* (mit Hinweis auf Landsberger).

Im hebr. AT kommt außer dem Verbum *jsr* »züchtigen« vor allem das Subst. *mūsār* »Züchtigung, Zucht« (BL 490) vor; *jissōr* »Tadler« (BL 479) ist Hapaxlegomenon (Hi 40,2). Das Verbum, das außer im Qal und Ni. besonders im Pi. belegt ist, weist noch das seltene reflexiv-passive Nitp. (Ez 23,48, vgl. BL 283) sowie mehrere abweichende Formen auf, so die alleinige Hi.-Form *'ajsīrēm* (Hos 7,12 txt?, vgl. BL 383).

2. Die Wortsippe, die im MT total 93 × vorkommt, hat in den 42 Vorkommen des Verbums ihre größte Streuung; die schmalere Streuung der 50 Belege des Nomens *mūsār* läßt ein deutlicheres Profil weisheitlicher Prägung erkennen.

mūsār begegnet 30 × in Spr (60%), und zwar vornehmlich (mit je 13 ×) in den Sammlungen c. 1–9 und 10,1–22,16, im übrigen 4 × in Hi (dazu *jissōr* Hi 40,2), 14 × in den Propheten (davon Jer 8 ×) und je 1 × in Dtn 11,2 und Ps 50,17. Das Verbum, das 4 × im Qal, 5 × im Ni. und 31 × im Pi. vorkommt (zum Hi. und Nitp. s.o. 1), begegnet 3 × in Lev 26, 5 × in Dtn, 6 × in 1Kön 12,11.14 par. 2Chr 10,11.14, 13 × bei den Propheten (davon 7 × in Jer), 9 × in Ps, 1 × in Hi 4,3 und 5 × in Spr. Die Wurzel fehlt u.a. in Pred ganz.

3. Die Hauptbedeutung des Verbums ist »züchtigen«, die des Subst. *mūsār* »Züchtigung«; dabei kann sowohl eine körperliche (*jsr* pi.: Spr 19,18; 29,17; auch Dtn 22,18; vgl. Spr 29,19 ni.; *mūsār*, mit *šēbæṭ* »Rute« verbunden: Spr 13,24; 22,15; 23,13; vgl. Jer 2,30; 30,14) wie auch – und zwar öfter – eine »Züchtigung« durch Worte im Sinne von »zurechtweisen« gemeint sein (vgl. Jenni, HP 217f., der *jsr* zu den »Verben des Redens« rechnet); »Rute« und »Worte« sind als Mittel nicht zu kontrastieren, denn beides gehörte zur Erziehung in der Familie (vgl. außer den genannten Stellen noch Dtn 21, 18) wie auch in der Schule der Weisen (vgl. H. Brunner, Altäg. Erziehung, 1957, 56ff.131ff.; auch L. Dürr, Das Erziehungswesen im AT und im antiken Orient, 1932, 114ff.). Beim mündlichen Züchtigen liegt noch mehrfach ein erweiterter Sprachgebrauch vor, der teils einen negativen Charakter (s. etwa Hi 20,3; vgl. *jissōr* »Tadler« Hi 40,2), teils aber auch einen positiven aufweist (etwa im Sinne von »Mahnung« oder »warnen, belehren«; s. die Wörterbücher und G. Bertram, ThW V, 604ff.; zum ähnlichen äg. *sb'j.t* »Lehre« vgl. Gemser, HAT 16, 19; H.H. Schmid, Wesen und Geschichte der Weisheit, 1966, 9ff.), so auch beim Gebrauch im übertragenen Sinne, wo vor allem von Gottes »Züchtigung/Erziehung« die Rede ist (s.u. 4; vgl. aber auch Spr 16,22 »der Toren Züchtigung ist Torheit«).

Die (logischen) Subjekte des »Züchtigens« sind zunächst Eltern und Weise (aber auch andere wie der König in seinem Regieren, 1Kön 12,11.14), sodann in übertragenem Sinne besonders Gott (vgl. Dtn 8,5; sonst s.u. 4). Das Interesse scheint jedoch vor allem an den Objekten zu liegen, die immer Personen sind, und bei denen sich die erziehende »Züchtigung« und »Belehrung« auszuwirken hat (zur verschiedenartigen Wirkung s.u. 4); sie können dann grammatisch auch Subjekte werden. Semasiologisch sehr beachtenswert ist dabei der Bedeutungswandel des Nomens, wonach *mūsār* gelegentlich »nicht die Züchtigung (also die Tätigkeit), sondern schon ihre Wirkung (d.h. die »Zucht«)« meint (von Rad I,459f.; G. Gerleman, FS Vriezen 1966, 112f.), was im Verbum nur noch dem Resultativ-Charakter des hier am häufigsten verwendeten Pi. entspricht (s. Jenni, HP 218).

Bei alledem sind die Synonyme von Verbum und Nomen sowie die beim Nomen angewandten Verben aufschlußreich. Parallelverben zu *jsr* sind: *lmd* pi. »lehren« (Ps 94,10.12; vgl. Jer 31,18; 32,33), *jkḥ* hi. »zurechtweisen« (Jer 2,19; Ps 6,2; Spr 9,7); vgl. noch *jrh* hi. »lehren« (Jes 28, 26) und *šūb* »umkehren« (Jer 5,3; vgl. 31, 18). Als sinnverwandtes Verbum begegnet ferner *khh* pi. »zurechtweisen« (1Sam 3, 13). Das wichtigste Synonym zu *mūsār* ist in Spr das Subst. *tōkāḥat* (→*jkḥ*) »Zurechtweisung, Warnung, Rüge« (3,11; 5,12; 10,17; 12,1; 13,18; 15,5.10.32; vgl. 6,23 txt?); sonst findet sich in Spr: *geʿārā* »Schelten« (13,1), *bīnā* »Einsicht« (1,2; 4,1 und bes. 23,23), *dáʿat* »Erkenntnis« (8,10; 23,12), *ḥokmā* »Weisheit« (1,2.7), *ʿēṣā* »Rat« (19,20), *tōrā* »Weisung« (1,8; vgl. 6,23), *jir'at Jhwh* »Jahwefurcht« (1,7; vgl. Zeph 3,7); vgl. noch *debāraj* »meine Worte« (Ps 50,17; vgl. Jer 35,13) und *qōl* »Stimme« (Jer 7,28; Zeph 3,2), beides in bezug auf Jahwe.

Unter den mit *mūsār* verbundenen Verben ist vor allem *šmʿ* »hören« bemerkenswert (Spr 1,8; 4,1; 13,1; 19,27; vgl. 5,12f.; 15,32; 23,12; Hi 20,3; 36,10; auch Jer 7,28; 17,23; 32,33; 35,13; Zeph 3,2; Ps 50, 17). Andere Verben, und zwar im positiven Sinne sind: →*lqḥ* »annehmen, erwerben« (Spr 1,3; 8,10; 24,32; dazu Jer 7,28; 17,23; 32,33; 35,13; Zeph 3,2), *qbl* pi. »annehmen« (Spr 19,20), *qnh* »kaufen« (23,23), *'hb* »lieben« (12,1; vgl. 13,1 txt em), *ḥzq* hi. »festhalten« (4,13), *šmr* »bewahren« (10,17), *jdʿ* »erkennen« (1,2); im negativen Sinne: *bzh* (Spr 1,7) / *m's* (3,11) / *n'ṣ* (15,5) »verachten«, *prʿ* »unbeachtet lassen« (8,33; 13,18; 15,32; vgl. 1,25), *śn'* »hassen« (5,12; vgl. 12,1; Ps 50,17).

4. Wie in erster Linie Eltern und Lehrer sowie Gott die eigentlichen Subjekte sind (s.o. 3), wird die »Züchtigung/Erziehung« aus Autorität geübt, die eine bestimmte Ordnung voraussetzt. Sie geschieht nicht aus Selbstzweck, sondern zielt auf eine positive Wirkung beim Gezüchtigten ab (s.o. 3), wenn sie nicht etwa im gerichtlichen Sinne Strafe meint (vgl. Dtn 22,18 und die prophetische Gerichtsrede, s.u.).

Im weisheitlichen Bereich ist die Wirkung weithin Zucht und Bildung des Einzelnen. Die »Züchtigung« entfernt »Torheit« beim jungen Mann (Spr 22,15, vgl. jedoch 19,27) und »macht weise«, so daß *mūsār* seiner Wirkung nach ein Wechselbegriff zu »Weisheit« und »Einsicht« wird (Spr 1,2f.; 8,33; 15,32f.; 19,20; 23,23; vgl. 12,1; G. von Rad, Weisheit in Israel 1970, 75), was aber nicht streng intellektualistisch, sondern im Rahmen religiös begründeter Lebensauffassung zu sehen ist. Dem jungen Gezüchtigten bleibt noch »Hoffnung« (19,18), er soll »nicht sterben« (23,13), denn *mūsār* ist ein »Weg des Lebens« (6,23; vgl. 10,17 txt em); der Frevler (*rāšā'*) aber stirbt »aus Mangel an Zucht« (5,23; vgl. 15,10.32). So ist *mūsār* eine schicksalwirkende gute Tat, die »Leben« zur Folge hat, wozu noch »Ehre« (vgl. 13,18; 15,33) und »Freude« (29,17) gehören (vgl. Gemser, HAT 16,27).

Zum religiösen Charakter des *mūsār* gehört spezieller, daß es mit »Jahwefurcht« (*jir'at Jhwh*) und »Demut« (*'anāwā*; Spr 15, 33; vgl. 1,7) und als »Weg des Lebens« noch mit dem »Licht« von »Gebot und Gesetz« (6,23; vgl. Gemser, HAT 16,41; 1,7; Ps 94,12) verbunden wird; es nähert sich so dem frommen Gehorsam (vgl. noch Lev 26,18ff.). Die theologische Abstraktion des Ausdrucks »Züchtigung Jahwes« (*mūsar Jhwh* Dtn 11,2; Spr 3,11) meint in bezug auf Einzelne (Spr 3,11f.) das Leid als »Erziehungsmaßnahme Gottes« (vgl. Gemser, HAT 16,28f.; J.A. Sanders, Suffering as Divine Discipline in the OT and Post-Biblical Judaism, 1955; Fohrer, KAT XVI,152, zu Hi 5,17; sonst Ps 6,2; 38,2; 39,12; 118,18; auch Jer 10, 24), wobei öfter die Liebe Gottes betont wird, und in bezug auf das Gottesvolk (Dtn 11,2) seine Geschichtslenkung als »Erziehung«; beachtenswert ist der Vergleich Dtn 8,5.

Diese heilsgeschichtliche Betrachtung ist aber vor allem der prophetischen Verkündigung eigen, wo *mūsār* noch Jahwes »Wort« und »Stimme« beigeordnet werden kann (s.o. 3). Im Rahmen der prophetischen Gerichtsrede meint *jsr/mūsār* jedoch durchgehend Gottes strafendes Gerichtshandeln angesichts seines Volkes, so teils rückschauend (Jer 2,30; 5,3; 17,23; 30,14; 32,33; 35,13; vgl. 31,18, sowie Jes 26,16; Zeph 3,2) und teils naherwartend (Hos 5,2; 7,12; 10,10; vgl. Wolff, BK XIV/1, 125; zudem Jer 2,19); aber auch Warnung (Jer 6,8; vgl. Ez 5,15; 23,48) und bedingte Verheißungsrede (Jer 30, 11; 46,28) kommt vor. Eine Sonderstellung nimmt Jes 53,5 *mūsar š^elōmēnū 'ālāw* »Strafe/Leid unseres Heils auf ihm« ein, wo stellvertretendes (Sühne-)Leiden eschatologisch ausgesagt wird.

Das theologische Profil der Wortsippe *jsr/mūsār/jissōr* wechselt mit den Anwendungsbereichen und -arten; ihr Grundgepräge ist aber ordnungstheologischer Art: sie meint vornehmlich Einordnung in die Lebensordnungen Gottes.

5. Die Wortsippe scheint im Qumran-Schrifttum nicht hervorstechend zu sein. In der LXX wird *jsr* vor allem durch παιδεύειν, *mūsār* vor allem durch παιδεία wiedergegeben. Zum Bedeutungswandel und zum hebr. Einfluß auf den ntl. παιδεία-Begriff s. G. Bertram, Art. παιδεύω, ThW V,596–624; H.-J. Kraus, Paedagogia Dei als theologischer Geschichtsbegriff, EvTh 8, 1948/49, 515–527.

M. Sæbø

יעד *j'd* bestimmen

1. Die in allen sem. Sprachzweigen bekannte Wurzel **w'd* trägt die Bed. »bestimmen, festsetzen«. Sie hat in verbalen und nominalen Formen verschiedene Nuancierungen erhalten, z.B. akk. *adannu* »Termin, Frist« (<**'ad-ān-*, AHw 10b; CAD A/I,97–101.184f.); ug. *'dt, m'd* »Versammlung (der Götter)« (WUS Nr. 1195); bibl.-aram. (nicht ganz gesicherte Ableitung nach BLA 196) *'iddān* »Zeit, Jahr« (KBL 1106b; DISO 204; LS 511a); syr. *wa'dā* »Bestimmung, Frist« (LS 185b, denominiertes pa. »einladen«); mittelhebr. pi. und jüd.-aram. pa. »zur Frau bestimmen« (KBL 388a); arab. *w'd* »versprechen«, *maw'id* »(Ort/Zeit einer) Verabredung« (Wehr 960f.); äth. *mō'alt* »(bestimmter) Tag« (<**maw'adt*, GVG I,237).

Der Zusammenhang von altaram. *'dn* (plur.) »Vertrag(sbestimmungen)« (DISO 203f.; Fitzmyer, Sef. 23f.; vgl. akk. *adû* »Eid«, AHw 14a; CAD A/I, 131–134) mit unserer Wurzel (so z.B. KAI II,242) ist nicht gesichert.

Das hebr. Verbum begegnet im Qal »bestimmen, bestellen«, Ni. »sich verabreden, sich einfinden«, Hi. »vorladen (vor Gericht)« und Ho. »bestellt, beordert werden«. Substantivbildungen sind *mō'ēd* »festgesetzter Ort, festgesetzte Zeit«, *mō'ād* »Sammelplatz« (so O. Procksch, Jesaja I, 1930, 206 zu Jes 14,31; L. Rost, Die Vorstufen von Kirche und Synagoge im AT, 1938, 7), *mū'ādā* »Festsetzung« (nur Jos 20,9, von den für Totschläger festgesetzten Asylstädten; vgl. noch Rost, a.a.O. 7) und *'ēdā* »Gemeinde« (BL 450, zu äg.-aram. *'dh* vgl. DISO 39; A. Verger, AANLR VIII/19, 1964, 77f.; ders., Ricerche giuridiche sui papiri aramaici di Elefantina, 1965, 116–118).

Unsicher ist die Zugehörigkeit von →*'ēt* »Zeit« zu *j'd* (BL 450: < **'id-tu*). Weitere und z.T. andere Wurzelverwandtschaften erwägt G.R. Driver, WdO I/5, 1950, 412.

Mit *j'd* ni. gebildeter Eigenname ist *Nō'adjā* (Esr 8,33 Levit; Neh 6,14 Prophetin; Noth, IP 184: »Jahwe hat sich offenbart, kundgetan«; J.J. Stamm, FS Baumgartner 1967, 312).

2. Das Verbum begegnet im Qal 5× (Ex 21,8 txt em? [vgl. u.a. Rost, a.a.O.

33; anders Noth, ATD 5,136]; Ex 21,9; 2Sam 20,5; Jer 47,7; Mi 6,9), im Ni. 19× (Ex 25,22; 29,42.43; 30,6.36; Num 10,3. 4; 14,35; 16,11; 17,19; 27,3; Jos 11,5; 1Kön 8,5 = 2Chr 5,6; Am 3,3; Ps 48,5; Hi 2,11; Neh 6,2.10), im Hi. 3× (Jer 49, 19 = 50,44; Hi 9,19), im Ho. 2× (Jer 24,1; Ez 21,21), insgesamt 29×.

mō'ēd steht 223× (davon 25× plur.masc., 1× 2Chr 8,13 plur.fem.; Num 65×, Lev 49×, Ex 38×, 2Chr 8×), davon im Ausdruck *'ōhæl mō'ēd* 146× (Num 56×, Lev 43×, Ex 34×, 2Chr 4×, 1Chr 3×, Dtn und Jos 2×, 1Sam und 1Kön 1×); *mō'ād* und *mū'ādā* kommen je 1× vor (s.o. 1), *'ēdā* 149× (Num 83×, Ex und Jos 15×, Lev 12×, Ps 10×, Ri 5×, 1Kön, Jer und Hi 2×, Hos, Spr und 2Chr 1×), überwiegend in P und davon abhängigem Sprachgebrauch (vgl. die Aufstellungen bei Rost, a.a.O. 76 [erg. Lev 8,4] und 85).

3. a) Die Grundbedeutung des Verbums ist klar eingegrenzt. Sie kann bestimmt werden als »Kundgebung eines Beschlusses oder Entschlusses, der in seiner Ausführung an einen bestimmten Ort oder eine festgesetzte Zeit oder an eine gegebene Lage so gebunden ist, daß eine Abweichung von dieser Bestimmung ... einer Nichtbefolgung des Befehls gleichzusetzen ist« (Rost, a.a.O. 6). David setzt Zeit und Ort für Amasa fest (2Sam 20,5); ein Herr bestimmt seine Sklavin zur Ehe für sich (Ex 21,8 txt em) oder für seinen Sohn (V. 9); Mi 6,9 ist der Text verderbt. Wenn mehrere Personen sich gegenseitig einen Termin setzen (ni.), so kommen sie zusammen, treffen sich: Könige (Jos 11, 5; Ps 48,5), zwei Menschen auf dem Weg (Am 3,3), die Freunde Hiobs (Hi 2,11), Führer und Volk (Num 10,3f.) u.a. (1Kön 8,5 = 2Chr 5,6; Neh 6,2.10). Das Hi. scheint nicht ganz ohne Berührung mit der Wurzel *'ūd* »bezeugen« (→*'ēd*) geblieben zu sein (Rost, a.a.O. 6); es wird ausschließlich dazu benutzt, die Festsetzung und Bestimmung eines Gerichtstermins und den Akt des Vorladens dazu zu bezeichnen (Jer 49,19 = 50,44; Hi 9,19, jeweils mit Gott als Objekt). Die beiden Ho.-Stellen belegen nur das Part. und können als Passiv zum Qal mit »bestellt, beordert« wiedergegeben werden (Jer 24,1 txt?, vgl. Rudolph, HAT 12,156; Ez 21,21).

b) Das Subst. *mō'ēd* kann den Ort (Jos 8,14) oder die Zeit des Zusammentreffens (1Sam 9,24; 13,8.11; 2Sam 20,5 mit *j'd*, s.o.; 24,15) oder beides bezeichnen (1Sam 20,35). Zumeist bedeutet *mō'ēd* soviel wie »festgesetzte Zeit, Koinzidenz verschiedener Abläufe« o.ä.: Sterne (Gen 1,14; Ps 104,19), Zeit des Auszugs aus Ägypten (Dtn 16,6), Zeitpunkt eines Überfalls (Ri 20,38), Zeitpunkt der Wanderung der Störche (Jer 8,7). Im Zusammenhang mit Verheißungen eines Sohnes begegnet die Wendung »übers Jahr um diese Zeit (*lammō'ēd* [*hazzǣ*]) (Gen 17,21; 18,14; 2Kön 4,16.17; vgl. Gen 21,2; →*hjh* 3c). Der für alles Lebende bestimmte Ort ist der Tod (Hi 30,23).

c) *'ēdā* kann einmal zur Bezeichnung des Bienenschwarmes verwendet werden, den Simson im Aas des Löwen findet (Ri 14, 8); sonst wird das Wort ausschließlich im religiösen Sinne verwendet (s.u. 4c).

d) Paralleler Ausdruck zu *j'd* q. ist in Jer 47,7 →*ṣwh* pi. »bestimmen, befehlen«; *j'd* hat gegenüber *ṣwh* pi. eine eingeschränktere Bedeutung durch die Angabe eines genauen Termins oder Ortes (Rost, a.a.O. 6 Anm. 2).

Die Bed. »bestimmen, festsetzen« wird bei sinnverwandten Verben namentlich von den Grundbedeutungen des Einritzens oder des Hinlegens und Festmachens aus erreicht, so etwa bei →*ḥqq* (3a; Jes 10,1), *ḥrṣ* (Hi 14,5 Tage), *nqb* (Grundbed. »durchbohren«; Gen 30,28 Lohn; Jes 62,2 Name), *t'h* (Num 34,7f. Grenzlinie), und bei →*jsd* (q. Ps 104,8 Ort), →*kūn* hi. (3c; Ex 23,20 u.ö. Ort; Nah 2,4 Tag), *śīm* (»setzen, legen«; Ex 21,13 Ort; Ex 9,5 *mō'ēd* »Zeitpunkt«, vgl. Hi 34,23 txt em), *šīt* (»setzen, legen«; Ex 23,31 Grenze). Nur die Bedeutung des zeitlichen Festsetzens hat *zmn* (Part.pu. Esr 10,14; Neh 10,35; 13,31), das von *zemān* »bestimmte Zeit, Stunde« (Pred 3,1; Est 9,27.31; Neh 2,6; aram. LW, vgl. Wagner Nr. 77/78) denominiert ist.*

4. a) In theologischen Zusammenhängen ist das Verbum selten verwendet. Jahwe bestimmt Zeit und Ort für das Schwert, das gegen Askalon zieht (Jer 47,7). Trifft er selber eine Verabredung (an der Lade oder am heiligen Zelt), so nimmt *j'd* ni. die Bed. »sich offenbaren« an (Ex 25,22; 29,42f.; 30,6.36; Num 17,19). Wenn sich Menschen zusammentun, so kann sich dies gegen Gott richten wie bei der »Rotte Korah« (Num 14,35; 16,11; 27,3).

b) Das Subst. *mō'ēd* »feste Zeit« bezeichnet im religiösen Sprachgebrauch die Festtermine (Lev 23,2.4; Jes 1,14; Ez 36,38; Hos 2,13), speziell das Passah-Mazzot-Fest (Ex 13,10; 23,15 u.ö.). Auch der Festort kann damit bezeichnet werden (Ps 74,4.8). Das Ende der Zeit ist im voraus fest bestimmt (Dan 8,19; 11,27 u.ö.). Der »Versammlungsberg (*har mō'ēd*) im äußersten Norden« ist der Berg, auf dem die Götter sich versammeln (Jes 14,13).

'ōhæl mō'ēd »Zelt des Zusammentreffens« (zwischen Gott und Mose bzw. zwischen

Gott und dem Volk, = »heiliges Zelt«) ist das von der Lade zu trennende (G. von Rad, Zelt und Lade, NKZ 42, 1931, 476–498 = GesStud 109–129, dazu Eichrodt I, 61f.) Wanderheiligtum und die Offenbarungsstätte der Wüstenwanderungszeit; vgl. Rost, a.a.O. 35–38; von Rad I, 248f.; Lit. bei G. Fohrer, Geschichte der isr. Religion, 1968, 72.

c) Mit *'ēdā* ist fast ausschließlich die religiös bestimmte Gemeinde bezeichnet (zum Teil mit davon abhängigem Genetiv: *'adat* [*benē*] *Jiśrā'ēl*, *'adat Jhwh*, meistens ohne Näherbestimmung; vgl. Rost, a.a.O. 76), und zwar vor allem bei P (Rost, a.a. O. 32), der mit diesem Begriff in der exilischen Zeit unter dem Einfluß des Namens *'ōhæl mō'ēd* das sonst gebräuchliche →*'am* »Volk« ersetzt (Rost, a.a.O. 39f.). Auch die abtrünnige »Rotte Korah« wird darunter begriffen (Num 16,5 u.ö.), ferner außerhalb der Priesterschrift die »Rotte der Übeltäter« (Ps 22,17; vgl. auch 68,31 und 86,14) und die »Versammlung der Götter«, über die Jahwe richtet (Ps 82,1; vgl. Kraus, BK XV, 571, mit ug. Parallelen).

An die Seite von *'ēdā* ist →*qāhāl* »Versammlung« zu stellen (vgl. Rost, a.a.O. vor allem 87–91).

5. a) Die in der LXX gebrauchten gr. Äquivalente (Rost, a.a.O. 107–138, mit Tabellen) haben alle in bezeichnender Weise die hebr. Begriffe in ihrer Bedeutung erweitert. *j'd* wird u.a. mit συνάγειν übersetzt, *'ēdā* meist mit συναγωγή (vgl. W. Schrage, Art. συναγωγή, ThW VII, 798–850), *mō'ēd* meist mit καιρός (vgl. G. Delling, Art. καιρός, ThW III, 456–465) oder ἑορτή, *'ōhæl mō'ēd* mit ἡ σκηνὴ τοῦ μαρτυρίου (*mō'ēd* also von *'ūd* »bezeugen« abgeleitet, Rost, a.a.O. 132).

b) Das Judentum setzt für *j'd* fast stets aram. *zmn* und legt damit auf die *Zeit*bestimmung einen besonderen Ton. Für *'ēdā* wird aram. *keništā* gebraucht (Ri 14,8 jedoch »Nest« der Bienen; Rost, a.a.O. 97–101; Schrage, a.a.O. 808f.).

Anders die Gemeinde von Qumran. Sie bevorzugt in bewußtem Rückgriff auf den Sprachgebrauch des hebr. AT den Ausdruck *'ēdā* für die Gemeinde Gottes (Schrage, a.a.O. 809f.) und legt ihr verschiedene Attribute bei: »Gemeinde Israels« (1QSa 1,1.20; 2,12 u.ö.), »heilige Gemeinde« (1QSa 1,12; 2,16), »Gemeinde der Männer der vollkommenen Heiligkeit« (CD 20,2), »Gemeinde der Göttlichen« (1QM 1,10), »Gemeinde Gottes« (1QM 4,9) u.a. Aber auch die »Gemeinde Belials« (1QH 2, 22) und die »Gemeinde der Bosheit« (1QM 15,9) können so bezeichnet werden. *mō'ēd* bedeutet vornehmlich »Zeit« (zahlreiche Belege, z.B. 1QS 1,9 »Zeiten der Bezeugungen«; meist im Plur., aber auch im Sing.: »Zeit seiner Heimsuchung«, 1QS 3,18), auch »Festzeit, Fest« (ebenso zahlreiche Belege, z.B. 1QpH 11,6; meist im plur. masc., in CD 6,18 und 12,4 im plur. fem.). Auch hier ist also wie beim Verbum im Gebrauch des Judentums die ursprünglich auch vorhanden gewesene Bedeutung der Festlegung auf einen bestimmten Ort zurückgetreten (vgl. F. Nötscher, Zur theologischen Terminologie der Qumran-Texte, 1956, 169; J. Carmignac, VT 5, 1955, 354). Auch die Versammlung selbst (1QM 2,7; 1QSa 2,2 mit *j'd*, u.a.) und das »Haus der Versammlung« (*bēt mō'ēd*, 1QM 3,4) können mit *mō'ēd* angesprochen werden. Das Verbum *j'd* hingegen drückt neben dem Bestimmen eines Tages zum Kampf (1QM 1,10) auch das Festsetzen und Sich-Versammeln an einem bestimmten Ort aus (1QSa 2,2 mit *mō'ēd*; 2,22 die zehn Männer, die sich zur kultfähigen Einheit zusammenfinden, usw.).

c) Das NT wählt ἐκκλησία zur Bezeichnung der urchristlichen Gemeinde (vgl. K. L. Schmidt, Art. καλέω, ThW III, 488–539, vor allem 502–539 über ἐκκλησία, dessen Bedeutung vom aram. *keništā* her erklärt wird) und scheint damit an die Vorstellung des atl. →*qāhāl* anknüpfen zu wollen (Rost, a.a.O. 151–156). Nach W. Schrage, ZThK 60, 1963, 178–202, ist jedoch in der Wahl von ἐκκλησία die gewollte Diskontinuität zur jüdischen Synagoge zu sehen, deren Mittelpunkt das Gesetz war und die man darum verließ.

G. Sauer

יעל *j'l* hi. **nützen**

1. Das hebr. Verbum *j'l*, dessen etymologische Herleitung unsicher ist, kommt nur im Hi. vor.

Wenn das Wort mit dem arab. Verbum *wa'ala* »auf einer Anhöhe Schutz suchen« in Verbindung gebracht wird (so etwa GB 307a; König 154b; KBL 389a; Zorell 318; nicht aber BDB 418b), werden gewöhnlich auch *jā'ēl* »Steinbock« (1Sam 24,3; Ps 104, 18; Hi 39,1) und *ja'alā* »Steinbockweibchen« (Spr 5, 19) als Derivate gerechnet (so GB, König und Zorell, nicht aber KBL); doch ist *jā'ēl* gemeinsemitisch (P. Fronzaroli, AANLR VIII/23, 1968, 283.294; ug. *j'l*, WUS Nr. 1197; UT Nr. 1124; arab. *wa'l*, *wa'il*, davon *wa'ala* denominiert?) und wohl mit BDB und KBL von unserem Verbum zu trennen.

Von einigen wird auch *belijjá'al* »Nichtsnutzigkeit, Heilloses« (→*rš'*) als Derivat von *j'l* aufgefaßt, indem ein Nomen **já'al* »Nutzen« o.ä. vorausgesetzt wird.

Nun ist aber die etymologische Erklärung von *b^elijjá'al* noch sehr kontrovers (vgl. V. Maag, Belîja'al im AT, ThZ 21, 1965, 287–299; HAL 128 mit Lit.); doch scheint der atl. Gebrauch von *b^elijjá'al* (27×, davon 17× in Dtn-1Kön) der durchweg negativen Verwendung von *j'l* hi. wenigstens funktionell zu entsprechen (s.u.).

2. *j'l* hi. ist 16× in prophetischen Texten (Jes 30,5.5.6; 44,9.10; 47,12; 48,17; 57,12; Jer 2,8.11; 7,8; 12,13; 16,19; 23,32.32; Hab 2,18), 6× in weisheitlichen Texten (Hi 15,3; 21,15; 30,13; 35,3; Spr 10,2; 11,4), dazu einmal im dtr. Geschichtswerk (1Sam 12,21), zusammen 23× belegt.

3. Der Gebrauch des Wortes, dessen Hauptbedeutung »helfen, nützen« ist, gliedert sich in zwei Hauptgruppen: (a) eine prophetische, zu der die einzige dtr. Stelle hinzukommt, (b) eine weisheitliche (Hi und Spr).

Beiden Gruppen gemeinsam ist die vorherrschende negative Verwendungsweise, die vor allem durch Negationspartikeln (meistens *lō*+Impf., Jes 30,5b+Inf.; Jes 44,9 *bal*+Impf.; Jes 44,10 und Jer 7,8 *l^ebiltī*+Inf.; Jer 16,19 *'ēn*+Part.), aber auch auf indirekte Weise teils spöttisch-ironisch (Jes 47,12 mit *'ūlaj* »vielleicht«), teils durch kritische Fragen, die eine verneinende Antwort erwarten lassen (Hab 2,18; Hi 21,15; 35,3), ausgedrückt wird; negativen Sinn hat auch Hi 30,13. Die einzige volle Ausnahme ist Jes 48,17.

a) Jes 48,17 nimmt sachlich eine Sonderstellung innerhalb der prophetischen Verwendung ein, indem hier in Jahwerede positiv Israel gesagt wird, daß Jahwe es »lehrt, was (ihm) hilft«. Sonst besagt das Verbum, was *nicht* »nützt« oder »hilft«, und zwar vor allem in bezug auf die Götzen (1Sam 12,21; Jer 2,8.11, wo annähernd substantivierte Anwendungsweise vorliegt; sodann Jer 16,19; Jes 44,9, vgl. auch 57,12) oder die Götzenbilder (Hab 2,18) oder auch die Bannsprüche und Zauberkünste Babels (Jes 47,12). Ein frühes und für Jesaja charakteristisches Vorkommen ist die Bezeichnung Ägyptens als »ein Volk, das (Israel) nicht helfen kann« (Jes 30,5f.); ebenso ist der Bezug auf die falschen Propheten und ihre Lügenworte Jeremia eigen (Jer 23,32; 7,8, vgl. 2,8).

Beim negativen Gebrauch sind in 1Sam 12,21 »können nicht erretten (→*nṣl* hi.)«, in Jes 30,5 »nicht zur Hilfe (*'ēzær*, →*'zr*)« und »zu Schande (*bōšæt*) und gar zu Spott (*ḥærpā*)«, in Jes 44,9 »nichtig« (*tōhū*) Parallelwendungen (vgl. noch Jes 47,12; Jer 12,13), während in Jer 2,11 *kābōd* »Ehre« (einzigartig in bezug auf Jahwe) das Gegenwort bildet. Positives Parallelwort ist »auf dem Wege leiten (*drk* hi.)« in Jes 48,17.

b) In Spr 10,2 und 11,4, aus einer der älteren Sammlungen der Proverbien, bezieht sich der negative Verbgebrauch auf »die Schätze, die durch Unrecht erworben sind« und den »Reichtum«, der »am Tage des Zorns nicht hilft«; beidemal lautet das Oppositum: »aber Gerechtigkeit errettet (*nṣl* hi.) vom Tode«. In Hi begegnet zweimal ein negiertes *skn* q. »Nutzen bringen« als Synonym (Hi 15,3; 35,3; sonst noch vorkommend in Hi 22,2.2; 34,9); dabei geht es um die »Nützlichkeit« der weisen Worte Hiobs (15,2f.) oder noch grundsätzlicher seiner »Gerechtigkeit vor Gott« (35,2f.); sonst wird das negierte Verbum auf seine Gegner bezogen (21,15; 30,13), die mit »Gottlosen *(r^ešā'im)*« identisch sind (vgl. 21,7ff.).

4. Sowohl im weisheitlichen wie vor allem im prophetischen Gebrauch ist so das Verbum durch und durch theologisch geprägt. Es geht hier nicht um eine neutral-profane oder gar eudämonistische »Nützlichkeit« (vgl. noch W. Zimmerli, ZAW 51, 1933, 193 Anm. 1), sondern im weisheitlichen Gegenüber von Gerechtigkeit und frevelhaftem Tun, von reichem Leben und Tod um die Heilsmöglichkeit des Einzelmenschen, und im prophetischen Gerichtswort und Kampf gegen fremde Verbündete, falsche Propheten und Götzendienst verschiedener Art um das Heil des Gottesvolkes Israel. Nur Jahwe in seinem Handeln und Reden kann es positiv lehren, was seinem Heil und seinem rechten Gottesdienst »hilft« und »nützt«.

5. *j'l* hi. kommt im Qumran-Schrifttum 1× vor (1QH 6,20). In der LXX ist das Verbum mit wenigen Ausnahmen durch ὠφελεῖν und Derivate wiedergegeben worden. Der theologische Sprachgebrauch setzt sich im NT fort (vgl. etwa die Fragen und negierten Aussagen in 1Kor 15,32 mit ὄφελος »Nutzen«, Mt 16,26; Joh 6,63; 1Kor 13,3; 14,6; Gal 5,2 u.ö. mit ὠφελεῖν »nützen«). *M. Sæbø*

יעץ *j'ṣ* raten

1. Die hebr. *j'ṣ* »raten« zugrunde liegende Wurzel kommt im WSem. vor und findet sich im Pun. (*j'ṣ* »Ratgeber« RES 906, Z. 1; DISO 110), Aram. (reichsaram.: Part.q. *j'ṭ* »Ratgeber« Aḥ. 12; *'ṭh* »Rat« Aḥ. 28 u.ö.; bibl.-aram.: *j'ṭ* q. Part. »Ratgeber« Esr 7,14.15, itpa. »sich beraten« Dan 6,8; *'ēṭā* »Rat« Dan 2,14; jüd.-aram.: *j'ṭ* und *j'ṣ*, KBL 1082b) und Arab. (*w'ẓ* »ermahnen«, Wehr 961b), vgl. äth. *m'd* (Dillmann 210).

Im Bedeutungsumfang deckt sich *j'ṣ* mit akk. *malāku* »(be)raten« (AHw 593f.), das als *mlk* II ni. »mit sich zu Rate gehen« in Neh 5,7 belegt ist (vgl. Wagner Nr. 170; anders L. Kopf, VT 9, 1959, 261f.); vgl. noch bibl.-aram. *m^elak* »Rat« (Dan 4,24, →*mælæk* 1).

Von der Wurzel werden im AT außer *j'ṣ* q. »raten, beschließen« das Ni. (tolerativ »sich raten lassen«, reziprok »sich beraten«), das Hitp. »sich beraten« und die Verbalnomina *'ēṣā* »Rat, Entschluß, Plan« und *mō'ēṣā* gebildet. Als Nebenform zu *j'ṣ* findet sich zweimal *'ūṣ* (Ri 19,30; Jes 8, 10).

Auf Vorschlag von G.R.Driver, ET 57, 1946, 192f., leitet KBL 726f. *'ēṣā* in Ps 13,3 und 106,43 von *'ṣh* II ab und übersetzt mit »Ungehorsam, Auflehnung, Widerstreben« (weitergehend G.R.Driver zuletzt in JSS 13, 1968, 45).

2. Im hebr. AT begegnet das Qal 57 × (ohne die beiden Formen von *'ūṣ*, s.o.; Jes 15 ×, 2Sam 7 ×), Ni. 22 × (2Chr 9 ×, 1Kön 5 ×), Hitp. 1 × (Ps 83,4), das Verbum insgesamt 80 ×, *'ēṣā* 88 × (inkl. Ps 13,3; 106,43; Jes 18 ×, Ps 11 ×, 2Sam und Spr 10 ×, Hi 9 ×, Jer 8 ×) und *mō'ēṣā* 7 ×. Am häufigsten findet sich die Wurzel (175 Stellen) in Jes (35 ×); es folgen Ps und 2Chr je 19 ×, 2Sam und Spr je 17 ×, Jer 13 ×, 1Kön und Hi je 12 ×, Esr 6 ×, 1Chr 5 ×, Mi 4 ×, Ez 3 ×, 2Kön, Hos und Neh je 2 ×, Ex, Num, Dtn, Ri, Nah, Hab, Sach je 1 ×.

3. a) Das Qal mit der Grundbedeutung »raten« weist verschiedene Konstruktionen auf; es finden sich etwa: *j'ṣ* mit folgender direkter Rede (2Sam 17,11), *j'ṣ l^e* »jemandem raten« (Hi 26,3), mit Akkusativ der Person »jemandem raten, jem. beraten« (Ex 18,19; 2Sam 17,15; Jer 38,15), *j'ṣ 'ēṣā* »einen Rat geben« (figura etymologica, vgl. GK §117p; 2Sam 16,23; 17,7), mit *'ēṣā* und Akkusativ »jemandem raten, einen Rat geben« (1Kön 1,12; 12,8.13), mit doppeltem Akkusativ »jemandem etwas raten« (Num 24,14).

Im Hinblick auf Kommendes jemanden beraten legt an wenigen Stellen die Übersetzung »kundtun, Aufschluß geben« nahe (Num 24,14; eventuell auch Jer 38,15, vgl. daneben *ngd* hi.).

Aus der Bed. »raten« ergibt sich auch die daraus resultierende von »beschließen, planen«, wobei nach dem Zusammenhang dieses Planen bzw. Beschließen sowohl einen positiven (selten, vgl. Jes 32,8) als auch einen negativen Sinn beinhaltet, so etwa *j'ṣ rā'ā 'al* »Böses planen, beschließen gegen« (Jes 7,5; vgl. u.a. auch Jes 32,7; Nah 1,11; Hab 2,10; Ps 62,5); *j'ṣ 'ēṣā 'al* »einen Entschluß fassen, planen gegen« (Jer 49,30); *j'ṣ 'aṣat-ra'* »Böses planen« (Ez 11,2).

Von der Bedeutung des Qal aus ergeben sich die Verwendungsmöglichkeiten im Ni.: tolerativ »sich raten lassen« (Spr 13,10, eine Textänderung [vgl. BH³] ist nicht vorzunehmen), reziprok »sich untereinander beraten« (mit *jaḥdāw* »zusammen« Jes 45,21; Ps 71,10; 83,6; Neh 6,7), »sich beraten, ratschlagen mit jemandem« (mit *'im* 1Chr 13,1; 2Chr 32,3; mit *'æt* 1Kön 12,6.8; mit *'æl* 2Kön 6,8; 2Chr 20, 21), auf Grund einer Beratung »rätig werden, beschließen« (1Kön 12,28; 2Chr 25, 17; 30,2.23), »anraten« (1Kön 12,6.9 = 2Chr 10,6.9).

b) Das Part.qal *jō'ēṣ* (aram. *jā'ēṭ*) wird verschiedentlich als terminus technicus für »Ratgeber, Berater« gebraucht. Der Ratgeber gehört als Vertrauter des Königs zu dessen näherer Umgebung (2Sam 15,12, vgl. 16,20.23; 1Chr 27,32f.; 2Chr 25,16; Jes 1,26; 3,3) und dürfte sich aus dem Kreis der »Weisen« rekrutieren (vgl. Jes 19,9, dazu Wildberger, BK X,66.122; Spr 11,14; 24,5f.; weiter auch in der Aḥiqar-Erzählung Z. 12.[27.]28.42 u.ö., Cowley 212ff.). Dabei ist allerdings die Abgrenzung gegenüber anderen Höflingen fließend (vgl. H.Reventlow, BHH III,1551; de Vaux I,185). Als richtige Amtsbezeichnung ist der Titel erst in jüngeren Texten zu verstehen (Esr 4,5; 7,14. 28; 8,25; vgl. Est 1,14).

c) *'ēṣā* meint analog zur Bedeutung von *j'ṣ* den »Rat(schlag)«, den man gibt (2Sam 15,31.34; 16,23; 17,14; 1Kön 12,14; vgl. *j'ṣ 'ēṣā*, s.o. 3a; *jhb 'ēṣā* »Rat geben« Ri 20, 7; 2Sam 16,20; *bō'* hi. *'ēṣā* »Rat schaffen« Jes 16,3) oder den man empfängt, auf den man hört (*šm'* Spr 12,15; 19,20), der ausgeführt wird (*'śh* ni. 2Sam 17,23), an den man sich nicht hält (*'zb* 1Kön 12,8.13 = 2Chr 10,8.13). Von hier aus ist Jes 40,13 *'īš 'ēṣā* als »Ratgeber« zu verstehen. In einem etwas spezielleren Sinn dürfte Spr 1,25.30 (par. *tōkáḥat*, →*jkḥ*) und 19,20 (par. *mūsār*, →*jsr*) als »Ermahnung« aufzufassen sein.

In zweiter Linie bezeichnet *'ēṣā* das aus der Beratung hervorgehende Ergebnis als »Entschluß, Beschluß« (Esr 10,8), »Plan« (Ps 14,6; 20,5; vgl. auch 1Chr 12,20 *b^e'ēṣā* [»mit Plan«] = »absichtlich«), etwa in politischen Zusammenhängen (Jes 29, 15; 30,1 *'śh 'ēṣā* »Plan ausführen« [unnötig M.Dahood, Bibl 50, 1969, 57f.: *'ēṣ* »Holz« im Sinne von Idol, mit archaischer Akkusativ-Endung *-ā*]; Esr 4,5; Neh 4,9), und kann bisweilen geradezu mit »Anschlag«

(Jes 8,10 *'ūṣ 'ēṣā*; Jer 18,23 »Mordanschlag«) wiedergegeben werden.

Daneben ist an verschiedenen Stellen *'ēṣā* »Rat« als »Weisheit, Fähigkeit, die rechten Mittel zu finden« (GB 610b) aufzufassen (Jes 19,3; Jer 19,7; 49,7; Spr 21, 30).

Eine besondere Bed. »Sorge« (vgl. den Parallelbegriff *jāgōn*) legt sich Ps 13,3, eventuell auch Spr 27,9 nahe (der Text braucht wohl kaum geändert zu werden; vgl. Kraus, BK XV,98; vgl. aber auch oben 1).

Erweiterter Gebrauch findet sich Jes 19, 11, wo *'ēṣā* als abstractum pro concreto steht und »Ratsversammlung« bedeutet (vgl. B. Duhm, Das Buch Jesaja, [3]1914, 118).

Mit R. Bergmeier, ZAW 79, 1967, 229–232, dürfte vermutlich, herausentwickelt aus der Bed. »Ratsversammlung« wie in Jes 19,11, schon nachexilisch auch die Bed. »Gemeinschaft« festzustellen sein, so in Ps 1,1 (par. *mōšāb*; anders u.a. GB 610b; Kraus, BK XV,4, die »Maximen, Lebensprinzipien« angeben); Hi 10,3; 21,16; 22, 18. In dieser Bedeutung findet sich dann *'ēṣā* häufig in Qumran als Bezeichnung der Gemeinschaft (als organisatorischer Größe) der Qumran-Gemeinde (1QS 5,7; 6,3; 7,2.24 u.ö.; vgl. dazu J. Maier, Die Texte vom Toten Meer, II, 1960, 204.206 Reg. unter ›Gemeinschaft der Einung‹ und ›Gemeinschaft‹, aber auch J. Worrell, *'ṣh*: »Counsel« or »Council« at Qumran?, VT 20, 1970, 65–74).

d) *mō'ēṣā* kommt mit Ausnahme der wohl zu emendierenden Stelle Hi 29,21 (vgl. BH[3]) nur im Plur. vor, in der Bed. »Rat(schlag)« (Hi 29,21; Spr 22,20) und »Plan« (durchwegs mit negativ qualifiziertem Sinn: Jer 7,24; Ps 81,13 par. »Verstocktheit«; in Ps 5,11 legt sich mit Kraus, BK XV,44, die Übersetzung »hinterhältige Pläne« nahe).

e) Die häufig im Wortfeld von *j'ṣ/'ēṣā* vorkommenden Wurzeln →*ḥkm*, →*bīn*, →*śkl* mit ihren Derivaten (vgl. etwa Dtn 32, 28f.; Jes 19,11; Jer 49,7; Ps 32,8; Hi 12, 13; 26,3; Spr 8,14; 12,15; 13,10; 21,30; Dan 2,13f.; in der Aḥiqar-Erzählung Z. 12 u.ö.) machen deutlich, daß die Wurzel *j'ṣ* in den Bereich der Weisheit gehört. Jer 18,18 »nie wird die Weisung dem Priester, noch der Rat dem Weisen, noch das Wort dem Propheten ausgehen« zeigt die enge Verbindung von *'ēṣā* und *ḥākām*.

Verwandt mit Jer 18,18 ist Ez 7,26, wobei hier statt des *ḥākām* die Ältesten (*zeqēnīm*) genannt werden. Man mag sich mit J. Fichtner, Jesaja unter den Weisen, ThLZ 74, 1949, 77 = Gottes Weisheit, 1965, 21, fragen, ob »die in der vorexilischen Zeit einflußreichen und diplomatisch wichtigen ›Weisen‹ ausgespielt und den Ältesten das Feld geräumt« haben.

Im Zusammenhang mit *j'ṣ* gebrauchte Begriffe – 2Kön 18,20 = Jes 36,5 *'ēṣā ūgebūrā* »kraftvoller Entschluß« (so HAL 165b) und demgegenüber *debar śefātājim* »bloße Worte« (vgl. Jes 11,2; Hi 12,13); Jes 29,15 *ma'aśǣ* »Werk«; Spr 8,14 *tūšijjā* »Gelingen« – wie auch der größere Kontext, in dem die Wurzel vorkommt, weisen darauf hin, daß *j'ṣ* die »Entscheidung samt ihrer Ausführung einschließt« (Kaiser, ATD 17,102 Anm. 24; vgl. Pedersen, Israel I–II, 129: »Counsel and action are identical«; hierzu wie zum ganzen vgl. auch P. A. H. de Boer, The counsellor, SVT 3, 1955, 42–71).

4. a) Die aus der weisheitlichen Tradition stammende Wurzel *j'ṣ* wird im theologischen Bereich zum ersten Mal von Jesaja verwendet (vgl. J. Fichtner, Jahves Plan in der Botschaft des Jesaja, ZAW 63, 1951, 16–33 = Gottes Weisheit, 1965, 27–43). Er richtet sich einerseits scharf gegen das menschliche, von Gott gelöste *j'ṣ*, das vereitelt wird (Jes 7,7 *lō taqūm* »es soll nicht zustande kommen«; 8,10 *prr* ho. »zerbrochen werden«; vgl. Ps 33,10 *prr* hi. »zerbrechen«); andererseits steht er in weisheitlicher Tradition (vgl. Jes 28,23–29) und spricht von Jahwes *j'ṣ* bzw. *'ēṣā* (Jes 5,19 par. *ma'aśǣ* »Werk«; 14,24–27; 28,29), wobei freilich der menschliche Erfahrungsbereich gesprengt wird (Jes 28,29 »wunderbar ist sein Rat«, →*pl'*; vgl. auch Jes 25,1). Wildberger, BK X,188f., zeigt, wie das aus dem weisheitlichen Bereich übernommene Wort Terminus des göttlichen Gerichtshandelns wird. Es geht um »Jahwes Geschichtswalten, sofern sich in ihm sein Gericht am Volk vollzieht« (a.a. O. 192).

An weisheitliche Tradition knüpft Jesaja auch an, wenn er Jes 11,2 den messianischen König mit *rūaḥ 'ēṣā* »Geist des Rates« als Gabe Jahwes ausgerüstet sein läßt (vgl. neben *'ēṣā* die anderen Termini, dazu Spr 8,14f.). Als einen der Thronnamen des Messias nennt Jes 9,5 *pælæ' jō'ēṣ* (vgl. Mi 4,9, wo der irdische König *jō'ēṣ* »Ratgeber« oder wohl besser »einer, der Pläne aufstellt« heißt; vgl. auch Ps 20,5), der mit H. Wildberger, Die Thronnamen des Messias, Jes. 9,5b, ThZ 16, 1960, 316, als »der Wunderbares plant« zu übersetzen sein dürfte (so auch Kaiser, ATD 17,102; zu andern Übersetzungsvorschlägen vgl. Wildberger, a.a.O. 316).

Dabei ist *'ēṣā* wohl in dem oben genannten, von Jesaja gefüllten theologischen Sinn zu verstehen, und weiter ist zu bedenken, daß →*pl'* »bei Jesaja streng dem das menschliche Tun weit transzendierenden Bereich göttlichen Handelns zugeordnet ist« (Wildberger, a.a.O. 316). Zur religionsgeschichtlichen Herkunft aus der äg. Königstitulatur vgl. Wildberger, a.a.O. 319ff.

Die *'ēṣā* des Menschen wird nun zugleich theologisch qualifiziert als das selbstherrliche (politische) Planen (Jes 29,15; 30,1 »die einen Plan ausführen, der nicht von mir kommt«).

b) Nachjesajanisch findet sich *j'ṣ*/*'ēṣā* sowohl (1) in bezug auf Gottes Rat(en) als auch (2) hinsichtlich seines Planes und Ratschlusses:

(1) Hi 12,13 (im Hymnus auf die Weisheit und Kraft Gottes V. 12–25; vgl. Spr 8,14 in einer Aussage über die Weisheit); Ps 16,7; 32,8; 119,24 »deine Vorschriften ... sind meine Ratgeber«;

(2) *'ēṣā* »Plan, Ratschluß« wird aufgenommen als Bezeichnung für Jahwes geschichtsmächtigen Ratschluß in Ps 33,11; 106,13 (hier als Heilsplan und Heilshandeln Gottes); Jes 44,26; 46,10f.; Jer 49, 20 (vgl. 50,45); Jes 23,8f. (als Gerichtshandeln) wie auch als »das Wollen und Tun Gottes in Schöpfung und Lenkung der Welt« (Hi 38,2; G. Fohrer, KAT XVI, 500).

5. Die LXX gibt die Wurzel hauptsächlich mit (συμ)βουλεύειν, βουλή wieder. Qumran und NT übernehmen den atl. Gebrauch, wobei βουλή im NT meist den göttlichen Ratschluß meint (vgl. G. Schrenk, Art. βουλή, ThW I,631–636).

H.-P. Stähli

יָפֶה *jāfǣ* schön → טוֹב *ṭōb*.

יפע *jp'* hi. aufstrahlen

1. Hebr. *jp'* hi. (Wurzel **wp'*) »aufstrahlen, erglänzen, leuchtend erscheinen« o.ä. (auch mittelhebr. und targumisch »erscheinen«; in Ez 28,7.17 auch das Subst. *jif'ā* »Glanz«, vgl. Zimmerli, BK XIII,664.676) hat seine Entsprechungen in akk. *(w)apû* G »sichtbar sein«, Š »sichtbar machen« (GAG §103b.106o; CAD A/II,201–204), während die Wurzel **jp'* (arab. »aufsteigen, aufwachsen«, altsüdarab. »sich aufrichten«), zu der auch ug. *yp'* gehören dürfte (WUS Nr. 1215: 137 [= III AB,B],3 »hehr sein«[?]; UT Nr. 1133 »arise«[?]; vgl. aber F. L. Moriarty, CBQ 14, 1952, 62; zu den Personennamen Gröndahl 144f.), davon wohl zu trennen ist (Huffmon 212f.).

2. *jp'* hi. begegnet 8× (Dtn 33,2; Ps 50,2; 80,2; 94,1; Hi 3,4; 10,3.22; 37,15), *jif'ā* 2× (Ez 28,7.17).

3. Das Verbum *jp'* hi. hat die innerlichkausative Bed. »strahlend sichtbar werden« (Hi 37,15 wäre auch die normal-kausative Bed. »aufstrahlen lassen« möglich, vgl. z.B. die Zürcher Bibel: »wie er das Licht seiner Wolken blitzen läßt«). An drei Stellen im Hiobbuch (Klage und Hymnus) ist das Licht als Subjekt vorgestellt: Hi 3,4 »nicht erglänze über ihm ein Lichtstrahl (*nehārā*)«; 10,22 txt em, nach Fohrer, KAT XVI,201, als paradoxe Steigerung aufzufassen: »(wo) es (nur) wie Dunkel glänzt« (vgl. Horst, BK XVI/1,139: »wo, wenn es Tag wird, [Dunkel] dämmrig scheint«); 37,15 »wie Gott es anordnet, daß das Licht (*'ōr*) seines Gewölks strahlend sichtbar wird« (so Fohrer, a.a.O. 483). Die vierte Stelle in Hi 10,3 hat Gott zum Subjekt; nach Horst, a.a.O. 138.154f. (»wenn du... hell zum Rat der Frevler sichtbar wirst«), unterstreicht die Verwendung des Terminus der Kultsprache (s.u. 4) das Paradoxe des Handelns Gottes in der Anklage Hiobs.

4. An den übrigen Stellen, die der Kultdichtung angehören, ist *jp'* hi. neben anderen Verben wie →*bō'* »kommen«, →*jṣ'* »ausziehen«, *jrd* »herabsteigen« (→*'lh*), →*qūm* »sich erheben« ein typischer Ausdruck der Theophanieschilderung (F. Schnutenhaus, Das Kommen und Erscheinen Gottes im AT, ZAW 76, 1964, 1–21, bes. 8f.; J. Jeremias, Theophanie, 1965, bes. 8–10.62–64. 77f.). Es findet sich schon in dem hymnischen Text Dtn 33,2 »Jahwe kam (*bō'*) vom Sinai und glänzte ihnen auf (*zrḥ*) von Seir; er strahlte auf (*jp'* hi.) vom Gebirge Paran und nahte (*'th*) von Meribat-Kades«, sodann in Ps 50,2 »von Zion her, der Krone der Schönheit, strahlt Gott auf«; in der Einleitung der Volksklage wird ferner um ein solches Erscheinen Jahwes gegen die Feinde gebeten: Ps 80,2f. »der du auf Cheruben thronst, erstrahle vor Ephraim ...«; 94,1 txt em »Gott der Rache, erscheine!«. So bringt es, zusammen mit den sinnverwandten Verben *zrḥ* »aufgehen, aufglänzen« (Dtn 33,2; vgl. Jes 60,1f.) und *ngh* (mit konsonantischem *h* als 3. Radikal) hi. »aufleuchten lassen« (2Sam 22, 29 = Ps 18,29; *nōgah* »Glanz« 2Sam 22, 13 = Ps 18,13; Hab 3,4.11; vgl. Jes 60,3; 62,1) das in der religiösen Umwelt weit verbreitete Motiv des Erscheinens der Gottheit im (furchtbaren) Lichtglanz (vgl.

sum. *me-lám*, akk. *melammu*) in die auf eigene, spezifisch israelitische Wurzeln zurückgehende Theophanietradition hinein. Gottes hymnisch besungene oder in der Klage erbetene Epiphanie in strahlendem Licht meint, in den Farben der altorientalischen Mythologie, das Eingreifen Jahwes in die Geschichte seines Volkes.

Wie der sum.-bab. Schreckensglanz nicht nur Göttern, sondern auch Königen zukommt (AHw 643; Seux 257.291), so ist auch in Ez 28,7.17 vom »Glanz« (*jifʿā*) des Fürsten von Tyrus, der sich als Gott wähnt (V.2.6.9), die Rede.

5. In Qumran ist *jpʿ* hi. in der Bed. »aufleuchten« und »erscheinen« o.ä. recht häufig (Kuhn, Konk. 91); in 1QpHab 11,7 bezieht sich das Verbum auf den »gottlosen Priester«, der den »Lehrer der Gerechtigkeit« verfolgt hat (vgl. K. Elliger, Studien zum Habakuk-Kommentar vom Toten Meer, 1953, 214f.; A.S. van der Woude, Die messianischen Vorstellungen der Gemeinde von Qumrân, 1957, 162–164).

Die LXX übersetzt jede Stelle individuell, in Ps 80,2 mit ἐμφαίνειν (Ps 50,2 ἐμφανῶς). Im NT ist atl. Sprachgebrauch etwa in Lk 1,79 (ἐπιφαίνειν) erkennbar. Vgl. R. Bultmann – D. Lührmann, Art. φαίνω, ThW IX,1–11. *E. Jenni*

יצא *jṣʾ* hinausgehen

1. Die Wurzel ist gemeinsemitisch (Bergstr. Einf. 187; akk. [*w*]*aṣû*, CAD A/II, 356–385; ug.: WUS Nr. 1222; UT Nr. 1138; nwsem. Inschriften: DISO 110.164; aram.: KBL 1082b; LS 304f.), in der Bed. »hinausgehen« aber im Aram. durch *npq*, im Arab. durch *ḫrǧ* verdrängt.

Nach arab. *waḍuʾa* »glänzen« wird von einigen Autoren, namentlich von M. Dahood, Proverbs and Northwest Semitic Philology, 1963, 52; ders., Bibl 46,1965, 321; 47,1966, 416, auch im AT, z.B. in Spr 25,4, für *jṣʾ* die Bed. »glänzen« vermutet.

Das Verbum *jṣʾ* kommt (wie sein Oppositum →*bōʾ*) im Qal, Hi. und Ho. vor. Nominale Ableitungen sind: das substantivierte Part. fem. *jōṣēʾt* »Fehlgeburt« (Ps 144,14; vgl. Ex 21,22), die Nomina *jāṣīʾ* »Abkömmling« (2Chr 32,21 Q) und *ṣæʾᵉṣāʾīm* »Gesproß, Nachkommen« (vgl. Gen 15,4; 17,6; 25,25f. u.ö. *jṣʾ* »herauskommen« im Sinne von »geboren werden« und 1Kön 5,13; Jes 11,1 »herauskommen« = »aufsprießen, wachsen«, syr. *jʿʿ* »wachsen«), sowie die vielfältige Bedeutungen tragenden Abstraktbildungen *mōṣāʾ* »Ausgang« o.ä. (s.u. 3a), *mōṣāʾā* »Ursprung« (Mi 5,1) bzw. »Abort« (2Kön 10.27 Q) und *tōṣāʾōt* »Ausgänge« o.ä. (s.u, 3a). Das Bibl.-Aram. kennt nur die Šafʿel-Bildung *šēṣīʾ* (Esr 6,15) als LW aus dem Akk. in der Bed. »vollenden« (KBL 1082b. 1129f.) und verwendet für »hinausgehen« *npq* q. (6 ×; ha. »herausbringen«, 5 ×).

Die Zugehörigkeit von *ṣōn* (< **ṣaʾn-*) »Kleinvieh« zu unserer Wurzel (so z.B. KBL 790a) ist nicht gesichert; unklar ist auch der Eigenname *Mōṣāʾ* (1Chr 2,46 u.ö.; KBL 505a verweist auf Ps 19,7).

2. Das Verbum ist im Qal (exkl. Ps 144,14) und im Hi. (inkl. 2Sam 18,22) am stärksten in der erzählenden Literatur vertreten:

	qal	hi.	ho.	total
Gen	61	17	1	79
Ex	62	32	–	94
Lev	22	16	–	38
Num	56	14	–	70
Dtn	34	32	–	66
Jos	44	9	–	53
Ri	46	8	–	54
1Sam	45	1	–	46
2Sam	39	9	–	48
1Kön	32	10	–	42
2Kön	42	10	–	52
Jes	31	10	–	41
Jer	51	18	1	70
Ez	43	28	3	74
Hos	1	1	–	2
Jo	2	–	–	2
Am	3	1	–	4
Ob	–	–	–	–
Jon	1	–	–	1
Mi	7	1	–	8
Nah	1	–	–	1
Hab	5	–	–	5
Zeph	–	–	–	–
Hag	1	1	–	2
Sach	20	2	–	22
Mal	1	–	–	1
Ps	17	17	–	34
Hi	22	6	–	28
Spr	6	5	–	11
Ruth	3	1	–	4
Hhld	4	–	–	4
Pred	4	1	–	5
Klgl	3	–	–	3
Est	9	–	–	9
Dan	6	1	–	7
Esr	–	5	–	5
Neh	7	3	–	10
1Chr	19	5	–	24
2Chr	35	14	–	49
AT	785	278	5	1068

Von den Nomina begegnen *jōṣēʾt* 1 ×, *jāṣīʾ* 1 ×, *ṣæʾᵉṣāʾīm* 11 × (Jes 7 ×, Hi 4 ×), *mōṣāʾ* 27 × (Ps 6 ×, Ez 4 ×), *mōṣāʾā* 2 ×, *tōṣāʾōt* 23 × (Jos 14 ×, Num 5 ×).

3. a) Die vielfältigen Gebrauchsweisen von *jṣʾ* q., für die im einzelnen auf die Wörterbücher zu verweisen ist, entfernen sich nirgends weit von der Hauptbedeutung »hinausgehen«. Da im Hebr. bei den allgemeinen Verben der Ortsveränderung wie →*'lh* »hinaufsteigen/heraufsteigen« und *jrd* »hinabsteigen/herabsteigen«, auch bei →*bō'* »hineingehen/hereinkommen«, dem Korrelat zu *jṣ'*, der Standpunkt des Sprechenden nicht wie im Dt. durch ein zusätzliches oppositionelles Morphempaar (»hin« vom Sprechenden weg, »her« in Richtung auf den Sprechenden) oder wie im Akk. durch spezielle Ventiv-Endungen (GAG § 82) markiert wird, sondern höchstens durch verschiedene Verben (*hlk* »gehen«, *bō'* »kommen«), ist auch bei *jṣ'* eine lexikalische Unterteilung der Verwendungsweisen in »hinausgehen« und »herauskommen« (so in Ansätzen KBL 393) wenig sachgemäß. Eine bessere Gliederung wird wohl bei der Unterscheidung von persönlichen und sächlichen Subjekten erreicht (vgl. GB 310f.; Zorell 321f.).

Die verschiedenen Nuancen beim Gebrauch des Verbums finden weitgehend ihre Entsprechungen in den speziellen Bedeutungen, welche die Abstrakta *mōṣā'* (*mōṣā'ā*) und *tōṣā'ōt* annehmen können; man vergleiche bei persönlichen Subjekten das gewöhnliche »hinausgehen« aus einem Haus, einer Stadt usw. (meistens mit *min* »aus«, gelegentlich aber auch mit dem Akkusativ des Ortes, Gen 44,4; Ex 9,29.33; Num 35,26; Hi 31,34; zu Gen 34,24 vgl. E.A.Speiser, BASOR 144, 1956, 20–23; G.Evans, ebd. 150, 1958, 28–33) mit *mōṣā'* »Ausgang« (Ez 42,11; 43,11; 44,5; vgl. *tōṣā'ōt* Ez 48,30), »fortziehen, auswandern« aus einem Ort, einem Land usw. (Gen 10,11; 11,31; 12,4.5; 15,14 u.ö.) mit *mōṣā'* »Wegziehen« (Ez 12,4) und »Ausgangsort« (Num 33,2.2), »etwas unternehmen« (Ri 2,15; 2Kön 18, 7 u.ö.; »auftreten« 1Sam 17,4; Sach 5,5 u.ö., vgl. L.Köhler, ThZ 3, 1947, 471; G. Ch.Aalders, ebd. 4, 1948, 234; häufig »in den Krieg ausziehen«, Gen 14,8; Num 1,3. 20ff.; Dtn 20,1; 23,10; 1Sam 8,20; 18, 30; 2Sam 18,2–4.6; Am 5,3 u.ö.) mit *mōṣā'* »Vorhaben, Aufbruch« (2Sam 3,25 neben *mābō'*, vgl. die Wendung »aus- und eingehen« zur Bezeichnung der gesamten Tätigkeit, zunächst im militärischen Bereich [Jos 14,11; 1Sam 18,13.16; 29,6], dann aber auch kultisch [Ex 28,35; Lev 16,17] und ganz allgemein [→*bō'* 3; vgl. P.Boccaccio, Bibl 33, 1952, 173–190]), »unversehrt davonkommen« (Ri 16,20; 1Sam 14,41; 2Kön 13,5; Ez 15,7; Pred 7, 18; vgl. »frei werden« Ex 21,2–11; Lev 25,28ff.; 27,21; Jes 49,9) mit *tōṣā'ōt* »Auswege« (Ps 68,21 vor dem Tod), »entstehen aus« (s.o. 1 »geboren werden«) mit *mōṣā'ā* »Ursprung« (Mi 5,1).

Dasselbe gilt für die Verwendungsweisen mit sächlichen Subjekten; zu vergleichen sind hier die Bedeutungen »aufgehen« (Sonne: Gen 19,23; Ri 5,31; Jes 13, 10; Ps 19,6; Sterne: Neh 4,15) mit *mōṣā'* »Aufgang« (Ps 19,7; 75,7 »Osten«; vgl. Hos 6,3; Ps 65,9), »ausgeführt werden« (1Kön 10,29 q. und hi. »ausführen«; vgl. Noth, BK IX, 234) und *mōṣā'* »Export« (1Kön 10,28), »hervorströmen« von Wasser usw. (Gen 2,10; Ex 17,6 u.ö.) mit *mōṣā'* »Quelle« (2Kön 2,21; Jes 41,18; 58, 11; Ps 107,33.35; 2Chr 32,30), »wachsen« (s.o. 1) mit Hi 38,27 »Boden, wo das Gras wächst« (txt?; vgl. noch Hi 28,1 »Fundort« des Silbers), »herausragen« (Röhren des Leuchters: Ex 25,32.33.35; 37,18.19. 21; Speer: 2Sam 2,23) mit *tōṣā'ōt* »Ausläufer« (eines Gebirges 1Chr 5,16), »sich ausdehnen« (Grenze: Num 34,4.9; Jos 15,3. 4.9.11 u.ö.) mit *tōṣā'ōt* »Ausdehnung, Ausläufer« (der Grenze: Num 34,4.5.8.9.12; Jos 15,4.7.11 u.ö.), »ausgesprochen werden« (Worte usw.: Num 30,3; 32,24; Jos 6,10 u.ö.) mit *mōṣā'* »Äußerung« (Num 30,13; Dtn 8,3; 23,24; Jer 17,16; Ps 89, 35; Dan 9,25), »entstehen« (Feuer: Ex 22, 5; Lev 9,24; 10,2 u.ö., vgl. noch S.Esh, VT 4, 1954, 305–307; Frevel: 1Sam 24, 14; »sich ereignen« Gen 24,50; Jes 28, 29; vgl. Pred 10,5) mit *tōṣā'ōt* »Ausgangspunkt, Ursprung« (Spr 4,23 des Lebens; vgl. Jos 17,18 »was sich ergibt«, Noth, HAT 7,102), vgl. noch »aufhören, fertig werden« (Spr 22,10; Dan 10,20) und *ṣē't haššānā* »Ausgang des Jahres« (Ex 23,16; vgl. E. Kutsch, ZAW 83, 1971, 15–21) und »schwinden« (Wein: 1Sam 25,37; Lebenskraft: Gen 35,18; Ps 146,4; Hhld 5,6; Mut: Gen 42,28) mit *ṣē'tēk* »dein Ausgang = Ende« (Ez 26,18).

b) Im Hi. des Verbums kehren die meisten Verwendungsweisen des Qal in der entsprechenden kausativen Bedeutung wieder (»hinausführen, herausbringen, herauskommen lassen« usw.). Verhältnismäßig selten sind die zu »herauskommen« im Sinne von »wachsen« bzw. »geboren werden« kausativen Bedeutungen »(Pflanzen usw.) hervorbringen« (Erde, Boden: Gen 1,12.24; Jes 61,11; Hag 1,11; Stab: Num 17,23) bzw. »(Nachwuchs) hervorgehen lassen« (Jes 65,9 aus Jakob). Zum hier stärker als beim Qal ausgeprägten theologischen Gebrauch s.u. 4b.

4. a) *jṣ'* q. mit Jahwe als Subjekt (16×) betont nicht so sehr das Hinausgehen aus einem bestimmten Bereich, um diesen zu verlassen (am ehesten Mi 7,15 »wie zur Zeit, da du aus Ägypten auszogst«; vgl. sonst Ez 10,18, wo die Herrlichkeit Jahwes den Tempel verläßt), sondern wie oft im gewöhnlichen Sprachgebrauch das Ausziehen zu einer Unternehmung, etwa zum Kampf gegen die Feinde. In dieser Bedeutung ist das Verbum eine der typischen Vokabeln der Theophanieschilderung und ihrer Nachklänge (Ri 5,4; Jes 26,21; 42, 13; Mi 1,3; Hab 3,13; Sach 14,3; Ps 68, 8; vgl. auch Ri 4,14; 2Sam 5,24 = 1Chr 14,15 in Berichten über Jahwekriege; im Zusammenhang der Exodustradition steht das Verbum außer Mi 7,15 noch Ex 11,4 und Ps 81,6; vgl. F. Schnutenhaus, Das Kommen und Erscheinen Gottes im AT, ZAW 76, 1964, 2–5; J. Jeremias, Theophanie, 1965, 7.10f. u.ö.; →*bō'* 4). Als Ausgangspunkt ist in Ri 5,4 Seir, in Mi 1,3 und Jes 26,21 »seine Stätte« (wohl die himmlische Wohnstatt) genannt, doch liegt der Nachdruck im Kontext nicht darauf, sondern auf dem Ziel, dem Kampf und Gericht gegen die Feinde bzw. der Hilfe für sein Volk. Dem entsprechend heißt es in der Volksklage: »du ziehst nicht aus mit unseren Heeren« (Ps 44,10; 60,12 = 108,12).

In gleicher Bedeutung steht *jṣ'* auch, wenn der »Bote Jahwes« (→*mal'āk*) zu einer Unternehmung aufbricht (Num 22,32; 2 Kön 19,35 = Jes 37,36; vgl. auch Dan 9, 22 von Gabriel). Etwas anders liegt der Fall, wenn das Wirken Jahwes als das Ausgehen (»herstammen«) eines Sachverhalts von Jahwe (providentielle Fügung Gen 24,50; Jes 28,29) oder als das Ausgehen (»ausgesandt werden«) einer abstrakten theologischen Größe von Jahwe her ausgesagt wird (Jahwes Zorn: Num 17,11; Jer 4,4; 21,12 u.ö.; Jahwes Hand Ruth 1, 13; »mein Wort, das aus meinem Munde kommt« Jes 55,11; »mein Heil« Jes 51,5; Gerechtigkeit: Jes 45,23; vgl. 62,1; Weisung: Jes 51,4; vom Zion her Jes 2,3 = Mi 4,2).

b) Beinahe die Hälfte aller Stellen mit *jṣ'* hi. bringt ein göttliches Handeln zum Ausdruck. Eine gute Übersicht über die Anwendungsgebiete des Verbums in theologischem Gebrauch bietet P. Humbert, Dieu fait sortir, ThZ 18, 1962, 357–361 (Ergänzungen ebd. 433–436).

Negativ ist festzuhalten, daß das Verbum nicht auf die Schöpfertätigkeit Gottes im Sinne eines erstmaligen Entstehen-Lassens bezogen wird (Humbert, a.a.O. 359), sondern nur auf ein aktuelles Wirken in der Natur (Ps 104,14 »Brot aus der Erde«; Jer 10,13 = 51,16 und Ps 135,7 »Wind aus seinen Kammern«; Wasser aus dem Felsen: Dtn 8,15; Ps 78,16; Neh 9, 15; Sterne Jes 40,26; vgl. Hi 38,32). Außer zur Bezeichnung einfacher Ortsveränderungen (Gen 15,5 u.ö.; auch Entrückung im Geist: Ez 37,1; vgl. 42,1.15; 46,21; 47,2) begegnet *jṣ'* hi. vor allem auch in der Bed. »herausführen = befreien, retten« und wird so zu einem wichtigen Verbum des Rettens und Erlösens (vgl. J. J. Stamm, Erlösen und Vergeben im AT, 1940, 18.97.103; C. Barth, Die Errettung vom Tode in den individuellen Klage- und Dankliedern des AT, 1947, 126f.; →*g'l*, →*jš'*, →*nṣl*, →*pdh*, →*plṭ*). Zu erwähnen ist eine Reihe von Stellen in den Klage- und Dankpsalmen, an denen Gott um Herausführung aus allerlei Not und Gefahr gebeten oder dafür gelobt wird (2Sam 22,49 Rettung vor Feinden [die Parallelstelle Ps 18,49 verwendet *plṭ* pi.]; Herausführung ins Weite: 2Sam 22,20 = Ps 18,20; Ps 66,12; aus dem Netz, aus der Bedrängnis: Ps 25,15.17; 31,5; 107,28; 143,11; aus der Gefangenschaft o.ä.: Ps 68,7; 107,14; 142,8; vgl. Mi 7,9 ans Licht), sodann die Masse der Stellen, die von der Herausführung aus Ägypten (76 ×; Tabellen bei Humbert, a.a.O. 358, und J. Wijngaards, VT 15, 1965, 92) oder, davon beeinflußt, aus der Zerstreuung unter den Heiden (Ez 20,34.38.41; 34,13) reden.

Die Formel von »Jahwe, der Israel aus Ägypten herausgeführt hat«, bezieht sich auf die grundlegende Heilstat Jahwes an seinem Volk und bildet das »Urbekenntnis Israels« (M. Noth, Überlieferungsgeschichte des Pentateuch, 1948, 50–54; von Rad I, 189f.). Sie findet sich in verschiedenen Abwandlungen schon bei den alten Erzählern (Ex 13,3.9.14.16; 18,1; 20,2; 32, 11.12; Num 20,16; 23,22; 24,8; Jos 24, 5.6), dann vor allem im Deuteronomium (Dtn 5,6.15; 6,12.21.23; 7,8.19; 8,14; 9, 26.28.28.29; 13,6.11; 16,1; 26,8; 29,24), im dtr. Geschichtswerk (Dtn 1,27; 4,20. 37; Ri 2,12; 6,8; 1Kön 8,16.21.51.53; 9,9) und in der Priesterschrift (Ex 6,6.7; 7,4.5; 12,17.42.51; 14,11; 16,6.32; 29,46; Num 15,41; im Heiligkeitsgesetz: Lev 19,36; 22,33; 23,43; 25,38.42.55; 26,13.45), während sie bei den Propheten erst seit Jeremia erscheint (Jer 7,22; 11,4; 31,32; 32, 21; 34,13; Ez 20,6.9.10.14.22); späte Stellen sind schließlich noch Ps 105,37.43; 136,11; Dan 9,15; 2Chr 6,5 (= 1Kön 8, 16) und 7,22 (= 1Kön 9,9); mit Mose und

Aaron als Subjekt steht *jṣ'* hi. in Ex 3,10. 11.12; 6,13.26.27; Dtn 9,12; 1Sam 12,8 (Wijngaards, a.a.O. 91 Anm. 3).

Die neueren Untersuchungen der Formel (P. Humbert, ThZ 18,1962, 357–361. 433–436; H. Lubsczyk, Der Auszug Israels aus Ägypten, 1963; J. Wijngaards, VT 15, 1965, 91–102; W. Richter, FS Schmaus 1967, 175–212; B. S. Childs, FS Baumgartner 1967, 30–39; H. J. Boecker, Die Beurteilung der Anfänge des Königtums in den dtr. Abschnitten des 1. Samuelbuches, 1969, 39–43) betonen übereinstimmend die im Herausführen mitschwingende Vorstellung von der Befreiung (vgl. den Zusatz »aus dem Sklavenhause« Ex 13,3.14; 20,2; Dtn 5,6; 6,12; 7,8; 8,14; 13,6.11; Ri 6,8; Jer 34,13; ferner Ex 6,6.7; Lev 26,13) und befassen sich im einzelnen mit der Funktion und der Geschichte der Formel, namentlich auch mit ihrem Verhältnis zur »Heraufführungsformel« mit *'lh* hi. »heraufführen« (etwa 40 ×), die schon bei den älteren Propheten vorkommt und vom Dtn an durch die »Herausführungsformel« stark zurückgedrängt wird (→*'lh*).

jṣ' q. »ausziehen« wird in bezug auf den Auszug Israels aus Ägypten weniger häufig verwendet, meistens im Sinne einer heilsgeschichtlichen Datumsangabe (vgl. etwa Ex 12,41; 13,3.4.8; 16,1; 19,1; 23, 15; 34,18; Num 1,1; 9,1; 33,38; Dtn 9,7; 16,3.6; 1Kön 6,1; 8,9 = 2Chr 5,10; Jer 7,25; Hag 2,5; Ps 114,1); auf den neuen Exodus wird es mehrfach bei Deuterojesaja bezogen (Jes 48,20; 52,11.11.12; 55, 12).

5. In den Qumranschriften steht *jṣ'* u.a. häufig als militärischer terminus technicus (1QM 1,13; 2,8; 3,1.7 u.ö.); daneben begegnet *jṣ'* auch in der Selbstbezeichnung der religiösen Gruppe als derer, »die aus dem Lande Juda ausgezogen sind« (CD 4,3; 6,5; vgl. 20,22; vgl. die mohammedanischen »Charidschiten« = »Separatisten«, von arab. *ḫrǧ* »ausziehen«).

In Hebr 11,8 ist der Auszug Abrahams als Glaubenstat gewertet. Die hauptsächlichen Äquivalente zu *jṣ'* q. und den Nomina sind ἐξέρχομαι (vgl. J. Schneider, ThW II,676–678), ἐκπορεύομαι (vgl. F. Hauck-S. Schulz, ThW VI,578f.) und ἔξοδος (vgl. W. Michaelis, ThW V,108–113), zu *jṣ'* hi. ἐξάγω. *E. Jenni*

יצר *jṣr* formen

1. Der Stamm *jṣr* ist vor allem im Kan. und Akk. verbreitet: ug. (WUS Nr. 1229; UT Nr. 1142) und phön. (DISO 110) Subst, *jṣr* »Töpfer« (vgl. auch die Eigennamen bei Gröndahl 146; Huffmon 89. 214); akk. *eṣēru* »zeichnen, formen, bestimmen« und Derivate (AHw 252f., hier und KBL 396a mit Hinweis auf arab. *wiṣr* »Abmachung«).

Neben dem Verbum (qal, ni., pu. und ho. bzw. qal pass.) kennt das AT die Subst. *jēṣær* »Gebilde, Gedanke« (in der mittelhebr. Bed. »Trieb« auch jüd.-aram. und syr. *jaṣrā*, vgl. Th. Nöldeke, ZDMG 40, 1886, 722) sowie *jᵉṣūrīm* »Glieder (des Körpers)« (nur Hi 17,7) und als Eigennamen *Jēṣær*/*Jiṣrī* (Gen 46,24; Num 26,49; 1Chr 7,13; 25,11 txt?; Noth, IP 172.247).

2. Der Stamm ist durch die jahwistische Schöpfungserzählung (Gen 2,7f.19) in vorexilischer Zeit gut bezeugt (auch Am 7,1 u.a.). Später begegnet er häufig bei Dtjes (20 ×), fehlt aber im Dtn (weithin Dtr), in der Priesterschrift und der weisheitlichen Literatur (Spr, Pred, Hi). Das Verbum wird 60 × im Qal gebraucht (inkl. Jes 49, 8 und Jer 1,5, vgl. BL 379, bei Lis. von *nṣr* abgeleitet), davon in Jes 26 ×, Jer 13 ×, Ps 7 ×, sehr oft im Part. (substantiviert »Töpfer«, 17 ×), nur je 1 × im Ni. (Jes 43,10), Pu. (Ps 139,16) und Ho. (Jes 54, 17). *jēṣær* steht 9 ×, *jᵉṣūrīm* 1 ×. Vgl. P. Humbert, Emploi et portée bibliques du verbe yāṣar et de ses dérivés substantifs, FS Eißfeldt 1958, 82–88.

3. *jṣr* bezeichnet (a) die Arbeit des Töpfers; Jer 18,2ff. (vgl. Weish 15,7) beschreibt seine Tätigkeit (an der Doppelscheibe, die mit dem Fuß gedreht wird). Bis in die Bildrede wirkt nach, daß die Arbeit mit der Hand an Material aus Ton geschieht (Jes 64,7; Klgl 4,2; Ps 95,5 u.a.). Das Part. *jōṣēr* dient wie schon im Ug. und Phön. als Berufsbezeichnung (1Chr 4,23 u.ö.), und in verschiedenen Zusammensetzungen ist »Töpfergeschirr« (= irdene Gefäße) zur festen Wendung geworden (2 Sam 17,28; Jes 30,14; Jer 19,1.11; Ps 2, 9; vgl. Klgl 4,2).

Doch bezieht sich *jṣr* (b) auch auf das »Formen bzw. Gießen« eines Bildes (aus Metall mit dem »Hammer« Jes 44,12; vgl. 44,9f.; Hab 2,18 in gleichgearteter Götzenpolemik späterer Zeit) oder auf die Herstellung von Waffen (Jes 54,17). Entsprechend hat das Part. einmal die Bed. »Gießer, Einschmelzer« (Sach 11,13; dazu C.C. Torrey, JBL 55, 1936, 247–260; Eißfeldt, KS II,107–109). Diese Tätigkeit konnte wohl deshalb mit dem gleichen Verbum wie das Töpferhandwerk bezeichnet werden, weil beide Berufe formbares (feuchtes bzw. flüssiges) Material in feste Gestalt bringen.

Indem die konkrete Grundbedeutung mehr und mehr zurücktritt, gewinnt *jṣr* den allgemeinen Sinn »bilden, schaffen« und wird damit vielfältig anwendbar (s. u. 4). Vermag schon das Verbum sowohl Tun als auch Denken zu umfassen (vgl. Jer 18,11 par. →*ḥšb*), so bezeichnet das Subst. *jēṣær* geradezu mit Vorliebe »die Gebilde (= die Gedanken, das Trachten) des Herzens« (Gen 6,5; 8,21; vgl. 1Chr 28,9; 29, 18; Dtn 31,21; ähnlich Jes 26,3 »fester, unerschütterlicher Sinn«).

Die zu *jṣr* parallel verwendeten Verben verzeichnet Humbert, a. a. O. 85.

4. *jṣr* ist einerseits ein wichtiger Terminus der Theologie der Schöpfung (a) wie der Geschichte (b) und beschreibt andererseits (c) im bildhaften Vergleich das Verhältnis von Gott und Mensch.

a) Wenn *jṣr* wohl die Entstehung der Berge (Am 4,13), der Erde oder des Festlands (Jes 45,18; Jer 33,2; Ps 95,5), nicht aber des Meeres darzustellen vermag, dann klingt noch die Grundbedeutung des »Formens« nach. Außerdem braucht mit *jṣr* (anders als →*br'* in der Priesterschrift) noch nicht der Endzustand der Schöpfung erreicht zu sein; vielmehr kann ein zweiter Akt der »Befestigung« erforderlich sein (Jer 33,2; Jes 45,18). Doch wird die Vorstellung des »Bildens« so ausgedehnt, daß *jṣr* auch die Erschaffung des Alls aussagen kann (Jer 10,16 = 51,19). Desgleichen umschreibt das Gegensatzpaar »Sommer und Winter« (Ps 74,17) das Ganze. Die auch für das AT ungewöhnlich schroffe Formulierung von Jes 45,7 »ich bilde das Licht und schaffe die Finsternis«, mit der sich Jahwe in der Ich-Rede zum Schöpfer von Heil und Unheil, Gutem und Bösem in der Geschichte erklärt, muß nicht unbedingt gegen einen persischen Dualismus gerichtet sein (vgl. die ähnliche Frage Zarathustras an Ahura Mazda »Welcher Meister schuf Licht und Finsternis?«, Yasna 44,5).

Ps 104,26 entmythisiert den Meeresdrachen Leviathan zu einem Geschöpf, ja zu Jahwes Spielzeug. Von einer Schöpfung (*jṣr*) der Tiere sprechen noch Am 7,1 und Gen 2,19. Gemäß einer im alten Orient und darüber hinaus verbreiteten anthropogonischen Vorstellung »formt« Gott nach Gen 2,7f. auch den Menschen aus Erde. Doch empfängt er allein (nicht die Tiere) Gottes »Lebenshauch«, der erst den Menschen zu einer »lebenden Seele«, d.h. einem Individuum, macht und durch diese Verbindung von »Irdischem und Göttlichem« seine besondere Stellung zwischen Gott und Welt begründet. Außerdem hält Gen 2,7 die übernommene Vorstellung nicht konsequent durch; denn das Material des Töpfers ist nicht der »Staub« (*'āfār*). Dieser Zusatz soll auf das Fluchwort (3,19b) vorausweisen: Der Mensch wird wieder zu »Staub« werden (vgl. 18, 27 J; Ps 103,14 u. a.).

Ähnlich meint Sach 12,1 mit dem von Gott im Inneren des Menschen geformten »Geist« das Leben. Bildet Gott auch das Herz (Ps 33,15), so kennt er das dem Nächsten verborgene Denken und Trachten des Menschen (vgl. noch Ps 94,9 vom Auge). Schließlich kann Gottes Barmherzigkeit mit dem Bekenntnis begründet werden, daß der Mensch nur »Gebilde«, d.h. Geschöpf, ist (Ps 103,14).

b) Vor allem in der Prophetie umschreibt *jṣr* auch Gottes geschichtliches Wirken und kann darum sogar auf Zukunft bezogen sein (Jer 18,11 vom Unheil; vgl. Ps 94,20). Sein Geschichtshandeln wird damit als Schöpfungstat ausgesagt. Er bildet »vom Mutterschoß« sowohl den einzelnen, den Propheten (Jer 1,5) wie den Knecht Jahwes (Jes 49,5; vgl. 49,8), als auch – häufig in der Botschaft Deuterojesajas, der Erwählung und Erlösung als Einheit denkt – Israel (44,2.24; vgl. 43,1.7.21 u. ö.; auch 27,11). Die Erwählung bzw. Bestimmung zu einem Auftrag geschieht demnach ohne eigenes Dazutun. Ähnlich gilt die Vorzeitigkeit des »Bildens« gegenüber Ereignissen, die Gott vorhergewußt und herbeigeführt hat (2Kön 19,25 = Jes 37,26; Jes 22,11; 46,11). Ps 139,16 scheint dieses Bekenntnis auf die Lebenstage des einzelnen zu übertragen: Gottes Allwissenheit erstreckt sich nicht nur auf das Verborgene (V. 13ff.), sondern auch auf das Künftige.

c) Im Vergleich wird die Tätigkeit des Töpfers bzw. sein Werk zum Bild für das Gottesverhältnis. So wird die Differenz zwischen göttlichem und menschlichem Handeln strenger durchgehalten als in der Schöpfungsaussage, die göttliches Wirken analog zu menschlichem »Formen« denkt. Entsprechend der Überlegenheit des Töpfers über sein Material stellt das Bild (1.) Gottes Macht und Freiheit in seinem Umgang mit den Völkern dar (Jer 18, besonders V. 6; vgl. Jes 41,25 von Kyros; auch Sir 33 [36],13ff.). Die Zerbrechlichkeit des Tongeschirrs – im Unterschied zum feuchten Ton, der nach mißratener Gestaltung neu geformt werden kann (Jer 18,4) – wird (2.) zum Zeichen für Hinfälligkeit, Nichtigkeit (Klgl 4,2; vgl. Jer 22,28) oder Ohnmacht (Ps 2,9; vgl. Hi 4,19; 10,9; 33, 6). In allgemeinerer Verwendung dient das Bild (3.) dazu, die Differenz von Schöpfer und Geschöpf anzudeuten, um Anspruch oder Vorrecht auszuschließen (Jes 29,16; 45,9.11; vgl. 64,7).

5. Paulus greift in ähnlichem Sinne das atl. Bild auf, um die Unmöglichkeit eines menschlichen Widerspruchs oder Widerstands gegen Gott darzulegen, der die Freiheit zum Erbarmen wie Verstocken hat (Röm 9,19ff.; vgl. H. Braun, Art. πλάσσω, ThW VI,254–263).

Zu *jēṣær* in der intertestamentalen Literatur und in Qumran vgl. R.E. Murphy, Bibl 39, 1958, 334–344.

W. H. Schmidt

יקר *jqr* schwer, kostbar sein → כבד *kbd.*

ירא *jr'* fürchten

I. 1. Die Wurzel *jr'* »fürchten« kommt im Hebr. und Ug. (49 [= I AB] VI,30 *yru bn il mt* »es fürchtete sich El's Sohn Mot«; 67 [= I*AB] II,6 *yraun aliyn b'l* »es fürchtete ihn der mächtige Baal«; WUS Nr. 1234) vor (als kan. Glosse eventuell in EA 155, Z. 33).

Verschiedene, aus dem Arab. zum Vergleich und zur Ermittlung einer ursprünglichen Bedeutung herangezogene Wurzeln (vgl. GB 315a; J. Becker, Gottesfurcht im AT, 1965, 1f.) »dürften kaum mehr als irgendwie bedeutungsverwandt sein« (Becker, a.a.O. 2).

Erwähnt sei noch, daß M. Dahood, Proverbs and Northwest Semitic Philology, 1963, 23f.; ders., Bibl 46, 1965, 321f., für Spr 22,4 eine Wurzel *jr'* II »fett sein« postuliert.

Dem hebr. *jr'* entspricht hinsichtlich des Bedeutungsgehaltes akk. *palāḫu*, aram. *dḥl* (KBL 1064a; bibl.-aram. q. Dan 5,19; 6,27; pa. »schrecken« Dan 4,2; *dᵉḥīl* »furchtbar« Dan 2,31; 7,7.19; vgl. hebr. *zḥl* »Angst haben« Hi 32,6, HAL 257a).

2. Von der Wurzel *jr'* finden sich außer q. »fürchten, sich fürchten (vor)«, pi. »in Furcht setzen, erschrecken«, ni. »gefürchtet werden« (mit dem Part. *nōrā'* »gefürchtet, furchtbar«, das jedoch kaum mehr als Part., sondern vielmehr als Adjektiv empfunden wird, s.u. III/2) das Verbaladjektiv *jārē'* (häufig in den Wortverbindungen *jᵉrē' Jhwh/'ᵉlōhīm*, plur. *jir'ē Jhwh*), der substantivierte fem. Inf. *jir'ā* »Furcht« (vgl. GK §45d; Joüon 111; die normale Inf.-Form *jᵉrō'* ist nur Jos 22,25; 1Sam 18,29 belegt) und das nach der Nominalform maqtal gebildete Nomen *mōrā'* »Furcht, Schrecken«.

Als von *jr'* abgeleitete Eigennamen werden von einigen der Ortsname *Jir'ōn* (Jos 19,38) und der Personenname *Tîrᵉjā'* (1Chr 4,16) angesehen (so GB 315b; Becker, a.a.O. 4; anders Noth, IP 163).

II. Die folgende statistische Übersicht zeigt eine Häufung der Belege für *jr'* q. bei Dtn und Ps, für ni. (*nōrā'*) und *jārē'* bei Ps und für *jir'ā* bei Spr:

	q.	ni.+*nōrā'*	pi.	*jārē'*	*jir'ā*	*mōrā'*	total
Gen	20	1	–	1	1	1	24
Ex	11	2	–	1	1	–	15
Lev	8	–	–	–	–	–	8
Num	4	–	–	–	–	–	4
Dtn	32	6	–	1	1	4	44
Jos	11	–	–	–	–	–	11
Ri	6	1	–	1	–	–	8
1Sam	21	–	–	1	–	–	22
2Sam	6	1	1	–	2	–	10
1Kön	8	–	–	–	–	–	8
2Kön	19	–	–	–	–	–	19
Jes	22	4	–	1	5	2	34
Jer	21	–	–	–	1	1	23
Ez	5	1	–	–	2	–	8
Hos	1	–	–	–	–	–	1
Jo	2	2	–	–	–	–	4
Am	1	–	–	–	–	–	1
Jon	4	–	–	–	2	–	6
Mi	1	–	–	–	–	–	1
Hab	1	1	–	–	–	–	2
Zeph	3	1	–	–	–	–	4
Hag	2	–	–	–	–	–	2
Sach	3	–	–	–	–	–	3
Mal	2	2	–	3	–	2	9
Ps	30	1+15	–	27	8	2	83
Hi	8	1	–	3	5	–	17
Spr	5	–	–	3	14	–	22
Ruth	1	–	–	–	–	–	1
Pred	7	–	–	2	–	–	9
Klgl	1	–	–	–	–	–	1
Dan	3	1	–	–	–	–	4
Neh	6	3	3	–	2	–	14
1Chr	3	2	–	1	–	–	6
2Chr	6	–	1	–	1	–	8
AT	284	1+44	5	45	45	12	436

III. Von den beiden ausführlichen Untersuchungen der Wurzel *jr'*, die in den letzten Jahren erschienen sind: S. Plath, Furcht Gottes. Der Begriff *jr'* im AT, 1963; J. Becker, Gottesfurcht im AT, 1965, behandelt erstere nicht nur die Gottesfurcht (s.u. IV/1–6), sondern auch die Furcht vor Menschen oder Dingen (hier III/1 *jr'* q., III/2 *nōrā'*, III/3 *mōrā'*).

1. a) Für *jr'* q. – dessen ursprüngliche, im AT allerdings kaum mehr den Stellen zu entnehmende Bedeutung nach einigen »zittern, beben« zu sein scheint (vgl. Becker, a.a.O. 1) – ergibt sich je nach syntaktischem Gebrauch die relativ einheitliche Übersetzung »sich fürchten, jem./

etw. fürchten, sich vor jem./etw. fürchten, sich fürchten, etw. zu tun«.

Die Stellen, die *jr'* als von Dingen oder Menschen verursacht zeigen, weisen folgende syntaktische Konstruktionen auf:

(1) absolute Verwendung, wobei das Furchtobjekt bzw. der Grund der Furcht oft dem Zusammenhang zu entnehmen ist (vgl. namentlich Gen 31,31; 32,8; 43,18; Ex 2,14; 14,10; Dtn 13,12; 17,13; 19,20; 20,3; Jos 10,2; 1Sam 17,11.24; 28,5; 2Kön 10,4; Jer 26,21; Am 3,8; Neh 2,2; 6,13; 2Chr 20,3);

(2) Konstruktion mit dem Akkusativ (relativ selten, vgl. Gen 32,12; Lev 19,3; Num 14,9.9; 21,34; Dtn 3,2.22; Ri 6,27; 1Sam 14,26; 15,24; 1Kön 1,51; Ez 3,9; 11,8; Dan 1,10);

(3) Konstruktion mit den Präpositionen *min* (vgl. Dtn 1,29; 2,4; 7,18; 20,1; Jos 10,8) und *mippenē* (vgl. Dtn 5,5; 7,19; Jos 9,24; 11,6; 1Sam 7,7; 21,13; 1Kön 1,50; 2Kön 25,26; Jer 41,18; 42,11.11);

(4) an wenigen Stellen findet sich *jr'* mit *le* + Inf. (vgl. Gen 19,30; Num 12,8; Ri 7, 10; 2Sam 1,14; 10,19; 12,18).

b) Als Bereiche, in denen *jr'* als (psychische) Reaktion auf drohende Gefahren verwendet wird, sind vornehmlich zu nennen:

(1) Furcht vor Tieren und Dingen: Am 3,8; Jer 42,16; Ez 11,8; Hi 5,22; Spr 31, 21; Pred 12,5;

(2) Furcht vor dem Tod: Gen 26,7; 32, 12; Dtn 13,12; 17,13; 19,20; 1Kön 1, 50f.; Jer 26,21; Jon 1,5; Dan 1,10; Neh 6,13;

(3) mehr um »unkontrollierbare Angstgefühle« handelt es sich nach Plath, a.a.O. 19, etwa in Ex 2,14; 2Sam 12,18, wobei auch hier als letzte Konsequenz die Todesfurcht durchschimmern mag;

(4) Furcht vor Feinden (in kriegerischen Auseinandersetzungen): Ex 14,10; Dtn 2,4; Jos 10,2; 1Sam 7,7; 17,11.24; 28,5; 2Sam 10,19; 2Kön 10,4 (verstärkt durch *me'ōd me'ōd*).

Hier wären auch die Stellen mit der Formel *'al-tīrā'* »fürchte dich nicht« in den sog. Kriegsansprachen zu nennen, die u. IV/2 behandelt werden.

Dtn 20,8 und Ri 7,3 schwingt bei *jārē'* »furchtsam« zugleich ein Ton der Feigheit oder zumindest der Mutlosigkeit mit (vgl. G. von Rad, Der Heilige Krieg im alten Israel, 1951, 72).

(5) An einigen Stellen drückt *jr'* die Angst vor dem Geheimnisvollen, gar Unheimlichen aus, z.B. Gen 18,15; 19,30; 42,35 (vor allem, wenn mit M. Noth, Überlieferungsgeschichte des Pentateuch, 1948, 38, V. 28b hinter V. 35 zu setzen ist); Ps 91,5 (vgl. Kraus, BK XV, 638).

c) An wenigen Stellen zeigt sich ein Bedeutungswandel zum Ethischen hin. Hi 32,6 drückt *jr'* die Ehrfurcht des Jungen vor dem Alter aus (vgl. daneben *zḥl*, s.o. I/1, herkömmlicherweise »sich verkriechen«, KBL 254a). Als Übersetzung legt sich hier »sich scheuen« nahe. »Ehrfürchtige Scheu hegen« oder etwas abgeschwächter »in Ehren halten« bedeutet die Formulierung im Gebot, Mutter und Vater zu fürchten, Lev 19,3 (zum Hintergrund des Gebotes vgl. Noth, ATD 6,121; vgl. auch Ex 20,12 *kbd* pi. »ehren«).

d) Völlig abgeschliffene Bedeutung weist schließlich Spr 14,16 auf, wo *jr'* am besten mit »vorsichtig sein« wiedergegeben wird (so Becker, a.a.O. 235f.; Plath, a.a. O. 64; ähnlich auch Ringgren, ATD 16, 62).

*e) Eine sehr große Zahl von mehr oder weniger nahe sinnverwandten Vokabeln des Fürchtens, teilweise in Parallele zu *jr'* verwendet, zählt Becker, a.a.O. 6–18, auf. Erwähnt seien hier nur die nächsten Synonyme:

(1) *gūr* q. »sich fürchten« (10 × ; *māgōr*/*megōrā* »Grauen« 8 bzw. 3 ×);

(2) *ḥrd* q. »erbeben« (23 × ; hi. »aufschrecken« 16 × ; *ḥārēd* »ängstlich« 6 × ; *ḥarādā* »Beben, Angst« 9 ×);

(3) *ḥtt* q./ni. »erschreckt sein« (17 bzw. 30 × ; pi. u.a. »schrecken« Hi 7,14; *ḥat* »schreckerfüllt« 2 × ; Subst. in der Bed. »Schrecken«: *ḥat* 2 × ; *ḥittā* Gen 35,5; *ḥatḥattīm* Pred 12,5; *ḥatat* Hi 6,21; *ḥittīt* 8 ×, nur Ez; *meḥittā* 11 ×);

(4) *jgr* q. »sich fürchten« (5 × ; *jāgōr* »Furcht hegend« 2 ×);

(5) *'rṣ* q. »schrecken/sich fürchten« (11 × ; ni.Part. »furchtbar« Ps 89,8; hi. »fürchten« 2 × ; *ma'arīṣ* »Furcht« Jes 8,13; *ma'arāṣā* »Schrecken« Jes 10,33);

(6) →*pḥd* q. »sich fürchten, beben« (22 × ; pi. »beben« 2 × ; hi. »beben machen« Hi 4,14; *páḥad* »Beben, Schrecken« 49 × ; *paḥdā* »Schrecken« Jer 2,19 txt?);

(7) neu erkannt entsprechend ug. *ṯt'* (UT Nr. 2763) und phön. *št'* (DISO 322) ist in Jes 41,10.23 *št'* q. »sich fürchten« (vgl. Meyer II, 123).

2. Das Part.ni. *nōrā'* ist als selbständiges Adjektiv im Gebrauch, gehört in den Bereich numinoser Furcht und bedeutet »furchtbar, furchterregend«. Nur an den Stellen Jes 18,2.7; Hab 1,7, wo es sich auf ein Volk bezieht, dürfte sich die Übersetzung »gefürchtet« empfehlen (vgl. KBL 400a). *nōrā'* charakterisiert die Wüste (Jes

21,1; Dtn 1,19; 8,15), das Eis (Ez 1,22), die kriegerischen Taten des Königs (Ps 45,5), wobei es an der letzten Stelle auch die schon abgeblaßte Bed. »erstaunlich, wunderbar, herrlich« haben könnte (vgl. Becker, a.a.O. 47; Plath, a.a.O. 23; LXX: θαυμαστῶς).

3. Das Subst. *mōrā'* (Ps 9,21 ist mit BHS -' statt -*h* zu lesen) bedeutet »Furcht, Schrecken«, »das, was Schrecken einjagt« und ist durchwegs Terminus der numinosen Furcht. Es kennzeichnet die Furcht der Tiere vor den Menschen (Gen 9,2 par. *ḥat*), die Furcht vor Israel (Dtn 11,25 par. *páḥad*).

IV. Die große Mehrzahl der *jr'*-Stellen (ca. 4/5) weist theologischen Gebrauch auf. Folgende charakteristische Verwendungen sind zu behandeln: IV/1 der numinose Charakter von *jr'*; IV/2 die Formel *'al-tīrā'* »fürchte dich nicht!«; IV/3 *jr'* in der dtn.-dtr. Literatur; IV/4 *jir'ē Jhwh* »die Jahwefürchtigen« in den Psalmen; IV/5 *jr'* als »kultische Verehrung«; IV/6 *jr'* in den weisheitlichen Texten; IV/7 der nomistische Begriff der Gottesfurcht.

1. An verschiedenen Stellen wird der ursprünglich numinose Charakter der »(Gottes-)Furcht« noch deutlich, beim Adj. *nōrā'* (a), beim Subst. *mōrā'* (b) und beim Verbum *jr'* (c).

a) Über 30 × wird *nōrā'* »furchtbar« als Attribut Jahwes (Ex 15,11; Dtn 7,21; 10, 17; Zeph 2,11; Ps 47,3; 68,36; 76,8.13; 89,8; 96,4 = 1Chr 16,25; Hi 37,22; Dan 9,4; Neh 1,5; 4,8; 9,32), seines Namens (Dtn 28,58; Mal 1,14; Ps 99,3; 111,9), seiner Taten (Ex 34,10; Dtn 10,21; 2Sam 7,23 = 1Chr 17,21; Jes 64,2; Ps 65,6; 66, 3; 106,22; 145,6) und seines eschatologischen Gerichtstages (Jo 2,11; 3,4; Mal 3, 23) verwendet, wobei auffällt, daß der Begriff vorexilisch noch fast kaum vorkommt (es wäre freilich verfehlt, daraus auf eine relativ späte semantische Entwicklung zu schließen). *nōrā'* findet sich verschiedentlich in Parallele mit anderen Termini, die das Numinose Gottes ausdrücken, so mit *qādōš* (→*qdš*) »heilig« (Ps 99,3; 111,9; Ex 15,11), *gādōl* (→*gdl*) »groß« (Dtn 7,21; 10, 17.21; 2Sam 7,23 = 1Chr 17,21; Ps 96,4 = 1Chr 16,25; Ps 99,3; 106,21f.; 145,6; Dan 9,4; Neh 1,5; 4,8; 9,32), *na'arāṣ* »furchtbar« (Ps 89,8; s.o. III/1e).

Als Attribut Jahwes gehört *nōrā'* zum »typischen Vokabular« der Zions- und der Jahwe-Königs-Psalmen (vgl. Ps 47,3; 76, 8.13; 96,4; 99,3; auch 68,36; 89,8). »Dies berechtigt wohl dazu, in *nōrā'* einen Terminus der Kultsprache zu sehen« (Becker, a.a.O. 48, mit Hinweis auf J. Hempel, Gott und Mensch im AT, 1926, 30: *nōrā'* von hier aus in die dtn. Rahmenstücke gekommen, vgl. Dtn 7,21; 10,17.21; 28,58). Als festgeprägte Formel *hā'ēl haggādōl wehannōrā'* »großer und furchtbarer Gott« begegnet es in Dan 9,4; Neh 1,5; 4,8; 9,32; die Aussage bezieht sich hier auf den gnädigen Gott.

nōrā' zur Kennzeichnung der »furchtbaren« Taten Gottes meint meistens die zum Heil Israels geschehenen, sei es, daß auf den Auszug aus Ägypten angespielt wird (Dtn 10,21; Ps 66,3, vgl. V. 6; 106,22; 2Sam 7,23 = 1Chr 17,21) oder auf Jahwes Machttaten in Geschichte und Schöpfung allgemein (Ps 145,6; 65,6).

Abschwächung des numinosen Gehaltes findet sich eventuell im adverbialen Gebrauch von *nōrā'ōt* (vgl. GK §118p) in der Bed. »wunderbar, in herrlicher Weise« in Ps 139,14 (vgl. Kraus, BK XV,913; Becker, a.a.O. 34 Anm. 91). *nōrā'* »schauerlich, unheimlich« (so Plath, a.a.O. 111 Anm. 330) ist nach Ri 13,6 der Anblick des Gottesboten, aber auch Gottes Offenbarungsstätte, Gen 28,17.

b) *mōrā'* in den dtn. bekenntnisartigen Formulierungen, welche die Herausführung aus Ägypten beinhalten, bezeichnet die »furchterregenden Taten« Gottes (Dtn 4,34; 26,8; 34,12; vgl. Jer 32,21; von Rad, ATD 8, 35.112.150: »Schrecknisse«, »furchtbare Großtaten«). Becker, a.a.O. 31 Anm. 73, möchte zwischen dem Plur. *mōrā'īm* in Dtn 4,34 und dem Sing. an den anderen Stellen insofern einen Unterschied sehen, als er ersteren auf die Taten selbst, letzteren auf den die Tat Jahwes begleitenden Schrecken bezieht.

Wenn *mōrā'* in Ps 76,12 belassen wird (vgl. aber BHS), so wird hier Jahwe selber »Schrecken« genannt.

c) Das Verbum *jr'* »fürchten« wird teilweise absolut gebraucht (z.B. Gen 28,17; 1Sam 4,7; Jes 41,5; Ps 40,4; 52,8); mehrheitlich ist es mit einem Akkusativobjekt konstruiert (Ex 14,31; Lev 19,30; 26,2; 1Sam 12,18; 2Sam 6,9; Jes 25,3; 59,19; Ps 67, 8), an verschiedenen Stellen mit der Präposition *min* bzw. *mippenē* (vgl. Ex 34,30; Dtn 28,10; Mi 7,17; Ps 33,8; 65,9 u.ö.).

Der deutlich numinose Charakter von *jr'*, das oft mit »erschauern« wiedergegeben werden kann, findet sich (1) beim Erlebnis der Gegenwart Gottes bei Theophanien (Ex 20,18 [txt em].20; Dtn 5,5; vgl. Ps 76,9), bei Traum- und Visionserlebnissen (Gen 28,17; vgl. Dan 10,12. 19), bei Furcht vor dem tötenden Anblick Gottes (Ex 3,6); (2) bei Jahwes Taten als

Geschichtshandeln und Machterweis (Jes 25,3; 41,5; Jer 10,7; Hab 3,2; Sach 9,5; Ps 65,9; 76,9; Hi 6,21 Grauen vor dem von Gott Geschlagenen), insbesondere auch bei der Herausführung aus Ägypten (Ex 14,31; Mi 7,17; vgl. 1Sam 4,7ff.), beim Eingreifen für Einzelne und beim Strafgericht über die Frevler (Ps 40,4; 52, 8; 64,10), bei den Schöpfungstaten (Jer 5, 22.24; Ps 33,8; 65,9; vgl. 1Sam 12,18); (3) im Zusammenhang mit dem Heiligtum (Lev 19,30; 26,2; 2Sam 6,9 = 1Chr 13, 12), mit Menschen, die in besonderem Verhältnis zu Jahwe stehen (Ex 34,30 Mose; Jos 4,14 Mose und Josua; 1Sam 12,18 Samuel; 31,4 = 1Chr 10,4; 2Sam 1,14; vgl. 1Sam 24,7, der König als der Gesalbte), mit dem Volk Jahwes, weil dessen Name über ihm ausgerufen ist (Dtn 28, 10).

Becker, a.a.O. 38f., zeigt, wie nun einerseits die numinose Furcht bei den Taten Gottes als Ausgangspunkt einer semantischen Entwicklung hin zu »sittlicher Gottesfurcht« erscheint und sich durch »den Gedanken der Anerkennung Jahwes und der Hinwendung zu ihm dem kultischen Begriff (fürchten = verehren) nähert« (vgl. etwa Ex 14,31; Jer 10,7), daß andererseits, wenn zwar auch stark abgeschwächt, ein Grundton numinoser Furcht in den u. IV/3–6 zu erwähnenden Bereichen immer mitschwingt (mit Hinweis auf die Entwicklung in außerisraelitischen Parallelen, namentlich bei akk. *palāḫu*, a.a.O. 78–80; vgl. AHw 812f.; ferner etwa R.H.Pfeiffer, The Fear of God, IEJ 5, 1955, 41–48).

2. a) Die Formel *'al-tīrā'* »fürchte dich nicht!« ist zunächst eine im profanen Bereich (etwa 15 ×) verwendete Beruhigungsformel, die mehrheitlich singularischen und absoluten Gebrauch aufweist (nur 2Kön 25,24 = Jer 40,9 mit *min*) und meist durch einen nachfolgenden selbständigen Satz (Gen 43,23; 50,21; Ruth 3,11) oder durch einen mit kausalem *kī* eingeleiteten Nebensatz (Gen 35,17; 1Sam 4,20; 22,23; 2Sam 9,7; 2Kön 6,16) begründet wird. Sie wehrt häufig die Todesfurcht ab (vgl. Ri 4,18; 1Sam 22,23; 23,17; 2Sam 9,7). Gen 35,17 und 1Sam 4,20 (bei einer Geburt) dürfte ein »zur feststehenden Formel gewordenes, allgemeines Trostwort« sein (Plath, a.a.O. 114), das in einer Notsituation Mut zuspricht und mit »sei getrost« (vgl. Zürcher Bibel) wiedergegeben werden kann. Ps 49,17 bedeutet *'al-tīrā'* abgeschwächt »warte nur ruhig ab« (Becker, a.a.O. 52 Anm. 219), »laß dich's nicht anfechten« (Zürcher Bibel).

b) Der theologische Gebrauch der Formel *'al-tīrā'* (etwa 60 ×, an wenigen Stellen *lō tīrā'*) findet sich vorwiegend bei Dtjes (Jes 41,10.13.14; 43,1.5; 44,2; 54, 4; vgl. 44,8; 51,12), bei Jer und im Dtn (vgl. Plath, 115–122; Becker, 50–55); dabei fällt auf, daß die Weisheitsliteratur nur eine Stelle aufweist (Spr 3,25) und die Formel in den Ps völlig fehlt.

Es handelt sich wie im profanen Bereich um eine in allgemeinen Notsituationen gesprochene Beruhigungsformel bzw. um ein Trostwort; es begegnet hauptsächlich (ca. 2/3 der Stellen) als Gotteswort – selten als solches des Boten Gottes (Gen 21,17; 2Kön 1,15; Dan 10,12.19) – und als Menschenwort (mit Ausnahme von Jes 35,4; Jo 2,21f.; Zeph 3,16; Spr 3,25 nur in den Geschichtsbüchern) einer in besonderem Auftrag Jahwes stehenden Person (z.B. Mose, Josua, Samuel, Elia, Nehemia, ein Priester).

Als Gotteswort steht die Formel in den Heil und Trost zusprechenden Offenbarungsformeln. Sie ist normalerweise Einleitung der Rede (als Abschluß Hag 2,5; Sach 8,13.15; Dan 10,19) und findet sich in engem Zusammenhang mit der Selbstprädikationsformel Jahwes (Gen 15,1; 26, 24; 46,3; Jes 41,10.13.14; 43,1.5; Jer 30, 10f.; 46,27f.). Meistens folgt der Formel (vgl. o. 2a) eine Begründung (Gen 21,17; 26,24; Dtn 3,2; Jos 8,1; 11,6; Jes 10,24; 41,10 u.ö. bei Dtjes). Absoluter Gebrauch findet sich in Gen 15,1; 21,17; 26,24; Jos 8,1; Ri 6,23 und in den Dtjes-Belegen, sonst die Konstruktion mit den Präpositionen *min*/*mippᵉnē* oder der nota accusativi (vgl. Num 21,34; Dtn 3,2; Jos 10,8; 11,6; 2Kön 19,6; Jes 10,24; Jer 42,11 u.ö.).

Die Formel als Menschenwort weist die gleichen Charakteristika auf. Auffallend sind hier die Erweiterungen in Reihungen durch Parallelbegriffe negativer oder positiver Wendung. Es sind besonders die Verben →*'mṣ* »stark sein« (Dtn 31,6; Jos 10, 25; 1Chr 22,13; 28,20; 2Chr 32,7), →*ḥzq* »fest sein« (Dtn 31,6; Jos 10,25; Jes 35,4; 1Chr 22,13; 28,20; 2Chr 32,7), *ḥtt* ni. »niedergeschlagen sein« (Dtn 1,21; 31,8; Jos 8,1; 10,25; Jer 30,10; Ez 3,9; 1Chr 22, 13; 28,20; 2Chr 32,7), *'rṣ* »sich fürchten« (Dtn 1,29; 20,3; 31,6), *rkk* »zaghaft sein (Herz)« (Dtn 20,3; Jes 7,4).

Nachdem schon H.Greßmann in der literarischen Analyse Deuterojesajas (ZAW 34, 1914, 254–297, besonders 287–289) die Formel *'al-tīrā'* als zur Offenbarungsrede gehörig und ihren Ursprungsort im Heilsorakel der Priester erkannt hatte, wobei er auf bab. Vorbilder zurückgriff (vgl. etwa AOT 281f.; ANET 449f.), hat J. Begrich, Das priesterliche Heilsorakel, ZAW 52, 1934, 81–92 = GesStud 217–231, den Nachweis der Institution des priesterlichen Heilsorakels im isr. Bereich erbracht. Deutliche Beweisstelle ist Klgl 3,57 (vgl. Begrich, a.a.O. 82 bzw. 219).

L. Köhlers Herleitung der Formel aus dem numinosen Erlebnis der Theophanie (Die Offenbarungsformel »Fürchte dich nicht!« im AT, SThZ 36, 1919, 33–39) hat weniger Wahrscheinlichkeit für sich, umso weniger, als dafür nur Ex 20,20; Ri 6,23; Dan 10,12. 19, bestenfalls noch Gen 26,24 in Anschlag gebracht werden können.

Besondere Erwähnung verdient noch das häufige Vorkommen der Formel in der sog. »Kriegsansprache« (vgl. H. W. Wolff, Immanuel. Das Zeichen, dem widersprochen wird, 1959, 15) innerhalb der Tradition des Jahwekrieges (G. von Rad, Der Heilige Krieg im alten Israel, 1951, 9f.): Ex 14,13; Num 21,34; Dtn 1,21.29; 3,2. 22; 20,1.3; 31,6.8; Jos 8,1; 10,8.25; 11,6; Jes 7,4; Neh 4,8; 2Chr 20,15.17; 32,7; ferner auch 1QM 10,3; 15,8; 17,4. Auch hier ist *'al-tīrā'* als Heilsorakel, genauer: als Kriegsorakel zu verstehen, das, wie entsprechende außerisr. Parallelen deutlich machen, als allgemeine altorientalische Form bekannt ist.

Als Hinweise seien nur genannt (vgl. H. Wildberger, ZThK 65, 1968, 135 und →*'mn* B/IV/2; ferner auch H. Cazelles, RB 69, 1962, 321–349; O. Kaiser, ZAW 70, 1958, 107–126): das Orakel der Ischtar von Arbela an Assarhaddon (AOT 282, III,38–IV,10): »Fürchte dich nicht (*lā tapallaḫ*), König!« sprach ich zu dir. »Ich habe dich nicht verworfen! ... nicht werde ich dich zuschanden werden lassen ... Mit eigner Hand werde ich deine Feinde vernichten!«; aus dem aram. Bereich die ZKR-Inschrift (KAI Nr. 202 A, Z. 12–14): »[und es sprach] B'LŠMJN [zu mir]: ›Fürchte dich nicht (*'l tzḥl*); denn ich habe [dich] zum Kön[ig gemacht,] ... und ich werde dich erretten vor allen [diesen Königen ...]‹«; vgl. auch den Brief Šuppiluliumas an Niqmadu von Ugarit (RS 17.132, Z. 3–5): »Wenn auch Nuhaš und Mukiš mit mir im Kriege liegen, so fürchte du, Niqmadu, sie nicht« (PRU IV, 35f.).

c) Als Ergänzung sei in diesem Zusammenhang die für einige Psalmen charakteristische Form *lō 'īrā'* (nur Ps 46,3 Plur.) »ich fürchte mich nicht« (als Freiheit von jeder Furcht vor Menschen, insbesondere Feinden, und Naturkatastrophen) erwähnt, die sich in Vertrauensliedern (Ps 23,4; 27, 1, hier als Frage), in Vertrauensäußerungen des Klageliedes (Ps 3,7; 56,5.12) bzw. des Dankliedes (Ps 118,6) findet. Die Annahme eines Zusammenhanges mit dem Heilsorakel liegt nahe (vgl. Kraus, BK XV, 805, der das Bekenntnis »Jahwe ist für mich, ich fürchte mich nicht« in Ps 118,6 als »Echo auf ein ... Heilsorakel« verstehen möchte).

3. Einheitlich sowohl hinsichtlich der Bedeutung wie auch hinsichtlich der sprachlichen Form sind die »Gottesfurcht«-Stellen in der dtn.-dtr. Literatur (Dtn 4,10; 5,29; 6,2.13.24; 8,6; 10,12.20; 13,5; 14,23; 17,19; 28,58; 31,12.13; Jos 4,24; 24,14; Ri 6,10; 1Sam 12,14.24; 1Kön 8,40.43 = 2Chr 6,31.33; 2Kön 17, 7.25.28.32–39.41; Plath, a.a.O. 33–45; Becker, a.a.O. 85–124).

Es werden nur Verbalformen gebraucht, wobei für das Dtn die Form des Inf.cs. mit *l^e* (*l^ejir'ā*) charakteristisch ist. Objekt des Verbums – soweit dieses ausdrücklich genannt wird – ist immer Jahwe oder die Verbindung »Jahwe dein/unser/euer Gott«. An wichtigen Parallelbegriffen (über-, neben- oder untergeordnet, vgl. Plath, a.a. O. 33) sind zu nennen: →*'hb* »lieben« (Dtn 10,12), →*dbq* »anhangen« (Dtn 10,20; 13, 5), →*hlk bidrākāw* »in seinen Wegen wandeln« (Dtn 8,6; 10,12), *hlk 'aḥ^arē* »folgen« (Dtn 13,5), →*'bd* »dienen« (Dtn 6,13; 10, 12.20; 13,5; Jos 24,14; 1Sam 12,14), →*'śh haḥuqqīm* »die Gebote befolgen« (Dtn 6, 24), →*šb'* ni. *bišmō* »bei seinem Namen schwören« (Dtn 6,13; 10,20), →*šm' b^eqōlō* »auf seine Stimme hören« (Dtn 13,5; 1Sam 12,14), →*šmr* »(Gebote usw.) halten« (Dtn 5,29; 6,2; 8,6; 13,5; 17,19; 31,12).

Auffallend ist die enge Beziehung von »Jahwe fürchten« und Gesetzesbeobachtung. Beider Verhältnis zueinander ist richtig zu bestimmen und zu verstehen vom sog. »Bundesformular« her (vgl. K. Baltzer, Das Bundesformular, ²1964, vor allem 22f.46f.), in dem *jr' 'æt-Jhwh* »Jahwe fürchten« einer der Termini (vgl. →*'hb*, →*dbq*) ist, der die »Grundsatzerklärung« des Treueverhältnisses Israels gegenüber Jahwe ausdrückt. So ist *jr' 'æt-Jhwh* als alleinige »Verehrung Jahwes unter dem besonderen Aspekt der Treue zu ihm als dem Bundesgott« (Becker, a.a.O. 85) zu verstehen.

In 2Kön 17,36.39 zeigt *jr'* dieselbe Bedeutung von »verehren« als Jahwetreue, während die anderen Stellen des Kapitels lediglich *jr'* als kultischen terminus technicus sowohl der Verehrung fremder Götter als auch eines illegitimen Jahwekultes aufweisen (vgl. Plath, a.a.O. 43; Becker, a.a.O. 123).

4. Typischer Terminus der Psalmen ist *jir'ē Jhwh* »die Jahwefürchtigen« (Verbaladjektiv *jārē'* im plur.cs. mit substantivischer Bedeutung, vgl. Joüon 343; Plath, a.a.O. 84–103; Becker, a.a.O. 125–161). Neben *jir'ē Jhwh* (Ps 15,4; 22,24; 115,11. 13; 118,4; 135,20; vgl. Mal 3,16.16; ursprünglich wohl auch 66,16 im elohistischen Psalter) begegnen die äquivalenten suffigierten Formen »die dich/ihn fürchten« (Ps 22,26; 25,14; 31,20; 33,18; 34, 8.10; 60,6; 85,10; 103,11.13.17; 111,5; 119,74.79; 145,19; 147,11) bzw. »die meinen/deinen Namen fürchten« (Mal 3,20; Ps 61,6), insgesamt 27 Stellen (dazu vielleicht Ps 119,63 txt em).

Unter *jir'ē Jhwh* ist die Gemeinde der kultischen Verehrer Jahwes verstanden, und zwar a) ursprünglich die im Tempel versammelte Kultgemeinde »in actu« (Ps 22,24.26; 31,20; 66,16); b) erweitert das ganze Volk Jahwes (vgl. Ps 60,6 par. *'am* »Volk« V. 5; 61,6, vgl. Weiser, ATD 15, 302; 85,10); c) in durchwegs späteren Psalmen bezeichnet der Terminus die »Jahwetreuen«, die »Frommen« der Gemeinde (Ps 25,14; 33,18; 34,8.10; 103,11. 13.17; 111,5; 119,74.79; 147,11; vgl. auch Mal 3,16.20), wobei zum Teil der sittlich-weisheitliche (Ps 25,12.14; 34,8.10, vgl. V. 12; s.u. 6a) bzw. der nomistische Sinn (vgl. Ps 103,17; 119,74.79; s.u. 7) mitschwingt; d) fraglich ist, ob Ps 115,11.13; 118,4; 135,20 *jir'ē Jhwh* die sog. »Proselyten« bezeichnet (vgl. A. Bertholet, Die Stellung der Israeliten und der Juden zu den Fremden, 1896, 182; ferner Kraus, BK XV,786.789; Weiser, ATD 15,498f.), umso mehr, als der gängige terminus technicus dafür *gērīm* ist (→*gūr*; vgl. E. Schürer, Geschichte des jüdischen Volkes im Zeitalter Jesu Christi, III, [4]1909, 175ff.). Es liegt näher, in *jir'ē Jhwh* (mit Plath, a.a.O. 102f.; Becker, a.a.O. 160) den Sammelbegriff für die nachexilischen, hierarchisch gegliederten Kultteilnehmer zu sehen.

5. Außerhalb des dtn.-dtr. Bereichs und der Gruppe der *jir'ē Jhwh* im Psalter (s.o. 3 und 4) findet sich die Bed. »fürchten« im Sinn von »Jahwe treu verehren« etwa in 1Kön 18,3.12; 2Kön 4,1; Jer 32,39.40; Neh 1,11 (bei Jer und Neh wohl direkter dtr. Einfluß). Die einfache Bed. »kultische Verehrung« zeigt Jes 29,13 (B. Duhm, Das Buch Jesaja, [4]1922, 186; Fohrer, Jes.II, 77), und Jon 1,9 weist die abgeschliffene technische Bedeutung »Kult-, Religionszugehörigkeit« auf.

6. a) Die in weisheitlicher Tradition stehenden *jr'*-Belegstellen fallen durch charakteristische sprachliche Formen auf. Es sind zu nennen: (1) das Adj. *jārē'* in der Verbindung *jᵉrē' Jhwh* (nach Becker, a.a.O. 126f.188, entspräche dabei der Plur. *jir'ē Jhwh* in den Ps eher einem gen.possessivus, der Sing. *jᵉrē' Jhwh* einem gen.objectivus), z.B. Jes 50,10; Ps 25,12; 128,1.4; Spr 14,2; *jᵉrē' 'ᵃlōhīm* z.B. Hi 1, 1.8; 2,3; Pred 7,18. Es fällt auf, daß – im Unterschied zu den Ps – nie eine suffigierte Form und nur zweimal Pluralformen vorkommen (Ex 18,21; Pred 8,12). (2) das Subst. *jir'ā*, und zwar überwiegend in der Verbindung *jir'at Jhwh* »Jahwefurcht« (Spr 1,7.29; 2,5; 8,13; 9,10; 10,27; 14,26.27; 15,16.33; 16,6; 19,23; 22,4; 23,17; vgl. Jes 11,2.3; 33,6; Ps 34,12; 111,10; 2Chr 19,9), ferner *jir'at šaddaj* (Hi 6,14), *jir'at 'ᵃdōnāj* (Hi 28,28) und das absolut gebrauchte *jir'ā* (Hi 4,6; 15,4; 22,4), das aber für *jir'at 'ᵃlōhīm* stehen dürfte (Plath, a.a.O. 55; Fohrer, KAT XVI,138.267. 355). (3) das Verbum *jr'* mit dem Objekt »Gott« (Hi 1,9; Pred 5,6; 12,13; mit *millifnē* »vor«: Pred 3,14; 8,12.13) bzw. »Jahwe« (Spr 3,7; 24,21).

b) Folgende Charakteristika, die den engen Zusammenhang mit der Weisheit zeigen, sind zu erwähnen: (1) Vornehmlich in der Spruchsammlung Spr 1–9 findet sich *jir'at Jhwh* in enger Parallele zu weisheitlichen Termini und kann fast als Synonym zu *dá'at* (→*jd'*) »Erkenntnis« gebraucht werden (vgl. Spr 1,7.29; 2,5; 9,10; 15,33; auch Jes 11,2; 33,6; Hi 28,28; vgl. Gemser, HAT 16,25; Ringgren, ATD 16/1, 43; Becker, a.a.O. 217ff.); (2) *jir'at Jhwh* steht im Tat-Ergehen-Zusammenhang der Weisheitsliteratur (Spr 10,27; 14,26; 15,16; 16,6; 19,23; 22,4).

c) Die oben erwähnten Ausdrücke für »Gottesfurcht« stehen in weisheitlichen Texten verschiedentlich in Parallele zu *tām* »recht«, *jāšār* »redlich«, *ṣaddīq* »gerecht«, *sūr mēra'* »sich fernhalten vom Bösen«, *śn' ra'* »das Böse hassen« (vgl. Spr 3,7; 8,13; 10,27; Hi 1,1.8; 4,16; 28,28; auch Ps 34,12.15; 2Sam 23,3; als Oppositum *rāšā'* »schuldig« Spr 10,27), so daß hier »Gottesfurcht« als »geprägter Begriff für rechtes sittliches Verhalten« (Becker, a.a.O. 187) aufzufassen ist (vgl. auch Plath, a.a.O. 78).

d) Wenn auch in weisheitlicher Tradition stehend, geht der Prediger (neben *jr'/jᵉrē' 'ᵃlōhīm* Pred 5,6; 7,18; 12,13 hier auch das in der Weisheit sonst nicht vorkommende *jr' millifnē* [*'ᵃlōhīm*] »sich vor Gott fürchten«, Pred 3,14; 8,12.13) doch insofern eigene Wege, als bei ihm unter dem Eindruck des Abstandes zwischen Gott und Mensch (vgl. etwa 5,1) die numinosen Züge wieder stärker hervortreten als Furcht vor der Unbegreiflichkeit Gottes, die das starke Abhängigkeitsbewußtsein des Menschen zeigt (vgl. Zimmerli, ATD 16/1, 174; Becker, a.a.O. 249f.; besonders

E. Pfeiffer, Die Gottesfurcht im Buche Kohelet, FS Hertzberg 1965, 133–158).

e) Hinsichtlich des sprachlichen Gebrauchs zeigt im Pentateuch der Elohist dieselben charakteristischen Formen wie die Weisheitsliteratur (*jr' 'æt-hā'ᵉlōhīm* Gen 42,18; Ex 1,17.21; *jᵉrē' 'ᵉlōhīm* Gen 22,12; *jir'ē 'ᵉlōhīm* Ex 18,21; *jir'at 'ᵉlōhīm* Gen 20,11) und scheint nach Becker, a.a.O. 209, »in der Weisheit beheimatet zu sein« (anders Plath, a.a.O. 46f. u.ö., der ihn aus »nebiistischer« Tradition erklärt; freilich sieht auch er mit A. Jepsen, Die Quellen des Königsbuches, ²1956, 78.98f., Beziehungen zwischen Nebiismus und Weisheit und gegenseitige Beeinflussungen, vgl. Plath 72 Anm. 181). Es geht auch hier um die sittliche Gottesfurcht, wobei Gen 20, 11; 42,18 eine allgemeine sittlich-menschliche Haltung bezeichnen (vgl. von Rad, ATD 3, 195, der in Gen 20,11 *jir'at 'ᵉlōhīm* als »Ehrfurcht und Achtung vor den elementarsten sittlichen Normen, als deren strengen Hüter man allenthalben die Gottheit wußte«, charakterisiert; H. Gunkel, Genesis, ³1910, 444, sieht in Gen 42,18 »eine gewisse internationale religiöse Sittlichkeit«).

In ähnlicher Richtung dürfte in Ex 18,21 »gottesfürchtige Männer« unter Berücksichtigung der Parallelbegriffe (»tüchtige... zuverlässige Männer, die unlauteren Gewinn verabscheuen«, Noth, ATD 5, 116) die Bed. »gewissenhaft« mitschwingen (vgl. Becker, a.a.O. 197).

f) Enge Verbindung zwischen Gottesfurcht und sittlichem Handeln zeigt neben Mal 3,5 schließlich die Formel »du sollst deinen Gott fürchten, ich bin Jahwe«, die im Heiligkeitsgesetz im Zusammenhang mit Geboten, die das allgemeine menschliche Leben regeln, vorkommt (Lev 19, 14.32; 25,17.36.43). Das begründende →*'ᵃnī Jhwh* als »ein Stück Explikation der zentralen Selbstvorstellung des sein Volk fordernden ... besser: des sein Volk heiligenden Gottes Jahwe« (W. Zimmerli, Ich bin Jahwe, GO 23) kennzeichnet *jr'* nicht nur als allgemeines sittliches Handeln, sondern als Gehorsam gegenüber Jahwes Willensoffenbarung.

7. In einigen Weisheitspsalmen, in denen das Gesetz als »absolute Größe in der Spätzeit« steht (vgl. M. Noth, Die Gesetze im Pentateuch, 1940, 70ff. = GesStud 112ff.), wird der Begriff der »Gottesfurcht« zu einem »n o m i s t i s c h e n« und ist ganz auf das Gesetz bezogen. *jr'* bezeichnet den, der an Jahwes Geboten Lust hat (Ps 112,1), den Gesetzestreuen (Ps 119,63), der in seinen Wegen wandelt (Ps 128,1). Ps 19,10 bedeutet *jir'at Jhwh* das »Gesetz« selber, vgl. die Parallelbegriffe (→*tōrā* usw.; zu einer Änderung von *jir'at* zu *'imrat* »Wort«, so u.a. Kraus, BK XV,153, liegt kein Grund vor).

V. Das Spätjudentum nimmt die verschiedenen Bedeutungen von *jr'* auf und führt sie zum Teil weiter (vgl. J. Haspekker, Gottesfurcht bei Jesus Sirach, 1967). So kennt etwa der rabbinische Sprachgebrauch *mōrā'* und *morā'ā* als gängigen Begriff sittlicher Gottesfurcht (vgl. Levy III, 57a; R. Sander, Furcht und Liebe im palästinischen Judentum, 1935). Auffallend ist das seltene Vorkommen in Qumran (vgl. S. J. de Vries, Note Concerning the Fear of God in the Qumran Scrolls, RQ 5, 1965, 233–237; 1QSb 5,25 als Zitat von Jes 11,2; CD 20,19 als Zitat von Mal 3,16; vgl. die Stellen in der Tradition des heiligen Krieges in 1QM, s.o. IV/2b; *jr' 't 'l* »einer, der Gott fürchtet« bedeutet in CD 10,2 nach J. Maier, Die Texte vom Toten Meer, II, 1960, 54, soviel wie »kultfähig«, vgl. o. IV/6a(3)).

LXX gibt *jr'* hauptsächlich mit φοβεῖν und Derivaten wieder, seltener finden sich σέβεσθαι, θεοσεβής u.a. Zum NT vgl. G. Bertram, Art. θεοσεβής, ThW III,124 – 128; W. Foerster, Art. σέβομαι, ThW VII,168–195; H. R. Balz – G. Wanke, Art. φοβέω, ThW IX, 186–216; R. Bultmann, Theologie des NT, ⁵1965, 321f.561f.; K. Romaniuk, Il timore di Dio nella teologia di San Paolo, 1967. *H.-P. Stähli*

ירד *jrd* **hinabsteigen** → עלה *'lh.*

ירה *jrh* hi. **unterweisen** → תּוֹרָה *tōrā.*

ירשׁ *jrš* beerben

1. Die Wurzel **wrṯ*, zu der hebr. *jrš* »beerben, in Besitz nehmen« gehört, ist im ganzen westsem. Bereich gut bezeugt; vgl. im älteren NWSem.: ug. *jrṯ* (WUS Nr. 1248 »sich bemächtigen«; UT Nr. 1161 »erben, bekommen«; Gröndahl 145), moab. *jrš* (Mesa-Inschrift [= KAI Nr. 181] Z. 7f.: »und es hatte sich Omri des ganzen Gebietes von Mahdeba bemächtigt«), altaram. *jrt* (Sef. I [= KAI Nr. 222] C, Z. 24f.: »und seine Nachkommenschaft soll keinen Namen erben«; vgl. Fitzmyer,

Sef. 77; R. Degen, Altaram. Grammatik, 1969, 43).

Ein Zusammenhang mit akk. *rašû* (Zimmern 17) ist wohl nicht anzunehmen (vgl. GAG §106r); im Spätbab. begegnet als aram. Lehnwort *jāritu* »Erbe« (AHw 412a).

Das Verbum kommt im Qal und Hi., seltener auch im Ni. und Pi. vor. Nominale Ableitungen sind *jerēšā*, *jeruššā*, *mōrāš* und *mōrāšā* (vgl. den Ortsnamen *Mōræšæt Gat* Mi 1,14), alle in der Bed. »Besitz«. Zum Frauennamen *Jerūšā* (»die [durch Kindesannahme] in Besitz Genommene«) vgl. Noth, IP 231f.; J. J. Stamm, FS Baumgartner 1967, 327.

Bedeutungsmäßig weiter abliegend ist *ræšæt* »(Fang-)Netz« (22×, davon 8× in Ps; ug. *rṯt*), das gewöhnlich auch von *jrš* abgeleitet wird (nicht in UT Nr. 2361). Zu *tīrōš* s.u. 3b.

2. Die Wortgruppe ist – dtn.-dtr. besonders beliebt – im hebr. AT insgesamt 258× belegt: Qal 159× (exkl. Num 21, 32K; Ri 14,15; davon Dtn 63×, Jos 12×, Jes und Ps 10×, Gen und Ri 9×), Ni. 4×, Pi. 2× (inkl. Ri 14,15; vgl. Jenni, HP 212f.), Hi. 66× (inkl. Num 21,32Q; davon Jos und Ri je 17×, Num 8×, Dtn 7×), *jerēšā* 2× (Num 24,18), *jeruššā* 14× (Dtn 7×, Jos 3×), *mōrāš* 2× (Jes 14,23; Ob 17; exkl. Hi 17,11 »Wunsch«, Wurzel *'rš*, →*'wh* 3), *mōrāšā* 9× (Ez 7×, ferner Ex 6,8; Dtn 33,4).

3. a) Das Qal des Verbums wird in der Mehrzahl der Fälle mit »in Besitz nehmen« o.ä. übersetzt, wobei als Objekt meist »das Land« (formelhaft in der dtn.-dtr. Sprache, vgl. J. G. Plöger, Literarkritische, formgeschichtliche und stilkritische Untersuchungen zum Dtn, 1967, 83) oder ein bestimmtes Land erscheint, beides vorwiegend im Zusammenhang von Landnahmeaussagen.

Grammatikalische Objekte sind: →*'æræṣ* »Land« allgemein (Gen 15,7.8; 28,4; Num 13,30; 33,53; Dtn 1,8.21.39; 3,18.20; 4,1.5.14 u.ö.; Jos 1,11.15 u.ö.; Jer 32,23; Ez 33,24–26; Ps 44,4; Esr 9,11; Neh 9,15.23; vgl. Jes 60,21; Jer 30,3; Ps 37,9.11. 22.29.34 u.ö. [vgl. Mt 5,5]), *'æræṣ* eines Volkes oder Herrschers (Sihon Num 21,24; Dtn 2,24.31; 4,47 u.ö.; Og Num 21,35; vgl. Dtn 3,12; Amoriter Jos 24,8; Am 2,10 [dtr.?, vgl. W. H. Schmidt, ZAW 77, 1965, 178–183; Wolff, BK XIV/2,185.206f.] u.a.m.), →*'adāmā* »Land« (Lev 20,24; Dtn 28,21.63; 30,18; 31,13; 32,47); →*naḥalā* »Erbe« (Num 27,11; 36,8), →*'īr* »Stadt« (Ri 3,13; Ob 20; Ps 69,36), *šá'ar* »Tor« (Gen 22,17; 24,60), ferner »Häuser« (Ez 7,24; Neh 9,25), »Berg« (Jes 57,13), »Felder« (Ob 19) u.a.m.

Gelegentlich ist ein Volk Objekt, wobei *jrš* dann in der Regel mit »vertreiben, aus dem Besitz verdrängen« wiedergegeben wird: die Rephaiter (Dtn 2,21), Horiter (Dtn 2,12.22), Amoriter (Ri 11,23), allgemein die im Land ansässigen Völker (Dtn 9,1.5; 12,29; 18,14; 19,1) u.a.m.

Nur an einer Stelle sind nicht ein Volk oder dessen (Land-)Besitz Objekt, sondern Sklaven (Lev 25, 46), doch verwendet der Zusammenhang durchgehend Begriffe, die sonst zur Bezeichnung des Grundbesitzes verwendet werden.

Das Hi. (fast nur im dtr. Geschichtswerk und in Num vorkommend) ist in vielen Fällen mit dem Qal in Anwendung und Bedeutung fast identisch. Viele Übersetzer verschärfen dabei das »Vertreiben« von Völkern in »vertilgen« oder »ausrotten«.

Mit in diesen Zusammenhang gehören die nominalen Derivate *jerēšā*, *jeruššā*, *mōrāš* und *mōrāšā*, die alle »Besitz«, vorwiegend im Sinne von Landbesitz bedeuten (parallel zu *'aḥuzzā* [→*'ḥz*], →*naḥalā*, *ḥélæq* [→*ḥlq*], *ḥǽbæl* u.ä.). Das Ni. bedeutet privativ »um den Besitz gebracht werden, arm werden« (Gen 45,11; Spr 20,13; 23, 21; 30,9); positiv dazu kann das Hi. als »arm machen« verwendet werden (1Sam 2,7; Sach 9,4; vgl. das nur hebr. belegte *rūš* »arm sein«, →*'nh* II).

b) Scheinbar unverbunden steht neben dieser Bedeutungsreihe die Verwendung von *jrš* als »(be)erben« (Gen 15,3.4.4; 21,10; Jer 49,1f.; vgl. das substantivierte Part. *jōrēš* »Erbe« 2Sam 14,7; Jer 49,1).

Man wird die Bedeutung »(be)erben« als die ursprüngliche ansehen müssen. Dies nicht nur, weil die zwar wenigen atl. Belege für diese Bedeutung zu den ältesten gehören, sondern weil sich von daher auch die übrige Verwendung und der Befund in den anderen sem. Sprachen am leichtesten erklärt: Besitz und insbesondere der Landbesitz, auf den *jrš* meist bezogen ist, ist im AT und auch außerhalb Israels grundsätzlich Erbbesitz (darum auch die sachliche Nähe von *jeruššā*, *naḥalā* und *'aḥuzzā*). Vgl. noch F. Dreyfus, Le thème de l'héritage dans l'AT, RScPhTh 42, 1958, 3–49 (vor allem 5–8).

Darauf weist für den Raum des Griechentums der Bedeutungsumfang von κλῆρος, das »Anteil, Besitz« (auch »Los«) und gleichzeitig »Erbe« bedeutet (vgl. κληρονομία »Beerbung, Erbschaft, Erbteil, Eigentum« und κληρονομεῖν »erben, beerben«. Vgl. die gr. Wörterbücher und W. Foerster, Art. κλῆρος, ThW III, 757ff.).

Ähnlich wie *nḥl* hat sich im Hebr. *jrš* vom engeren Vorgang des Erbens losgelöst und bezeichnet den »Erbbesitz« bzw. das (allenfalls kriegerische) Gewinnen von Erbbesitz allgemein mit der Wurzel *jrš*.

Von daher ist es nicht nötig, im Hinblick auf *tīrōš* »Most, Wein« o.ä. als Grundbedeutung der

Wurzel ein »niedertreten, keltern« anzunehmen (so P.Haupt, AJSL 26,1909/10, 215.223 zu Mi 6,15, danach L.Köhler, ZAW 46,1928, 218–220; KBL 406b). *tīrōš* »Wein« (vgl. ug. *trṯ* par. *yn* »Wein« in 2Aqht [=II D] VI,7 und RS 24.258 [=Ug.V, Nr.1], Z.4.16; phön. *trš* in der Karatepe-Inschrift [=KAI Nr.26] III, Z.7.9) muß dann von einer anderen Wurzel *jrš* abgeleitet werden (B.Hartmann mündlich; vgl. noch jüd.-aram. *mērᵉtā*, syr. *mēritā* »Most«, LS 406a; vielleicht auch ug. *mrṯ*, UT Nr.1558; J.C. de Moor, UF 1,1969, 170), falls nicht mit C.Rabin, Or NS 32, 1963, 137f. (vgl. UT Nr.2613), ein Kulturlehnwort aus dem Mittelmeergebiet (wie bei *jājin* »Wein«) anzunehmen ist. Zu ug. *Trṯ* als Gottesbezeichnung (UT Text 1,16 und RS 24.246 [=Ug.V, Nr.14], Z.9) vgl. M.C.Astour, JAOS 86,1966, 283; M.Dahood, EThL 44,1968, 53 (zu Hos 7,14); vgl. früher schon Zimmern 40; GB 877b; W.F.Albright, BASOR 139,1955, 18.

4. Von theologischer Relevanz ist die Wortgruppe im Zusammenhang der dtn.-dtr. formelhaften Darstellung der Landnahme. Obgleich in der Regel grammatikalisch im Qal Israel als Subjekt zu *jrš* erscheint, ist doch deutlich, daß es letztlich Jahwe ist, der Israel das Land zum (Erb-) Besitz gibt. Die häufigsten Formeln sind: »ihr werdet hineinkommen und das Land in Besitz nehmen« (Dtn 4,1; 8,1; 11,8; sing. 6,18); »das Land, dahin ihr (über den Jordan) ziehen werdet, um es zu besetzen« (Dtn 4,14.26; 6,1; 11,8.11; 31, 13; 32,47); »das Land, dahin du ziehst, es zu besetzen« o.ä. (Dtn 7,1; 11,10.29; 23, 21; 28,21.63; 30,16; plur. 4,5; Esr 9,11); Jahwe gibt Israel das Land *lᵉrištāh* »es zu besetzen« (Gen 15,7; Dtn 3,18; 5,28; 9, 6; 12,1; 19,2.14; 21,1; Jos 1,11; Obj. *naḥªlā*: Dtn 15,4; 25,19). Ähnliche stereotype Formulierungen gibt es mit dem Inf. ohne Suffix *lārǽšæt* und einzelnen Verbformen.

Im Hi. wird häufig Jahwe Subjekt, wenn von ihm gesagt wird, er habe die Völker vor den Israeliten vertrieben (formelhaft in 1Kön 14,24; 21,26; 2Kön 16, 3; 17,8; 21,2; 2Chr 28,3; 33,2 u.ö.).

5. Der Sprachgebrauch in Qumran schließt an denjenigen des AT an, umsomehr, als einige Belege in atl. Zitaten bestehen. Im NT lebt die Wortgruppe außer in dem deutlichen Nachklang in Mt 5,5 als solche nicht mehr fort; sie hat sich im allgemeinen zusammen mit *nḥl*/*naḥªlā* und *gōrāl* zu κλῆρος vereinigt. Vgl. W.Foerster – J.Herrmann, Art. κλῆρος, ThW III,757–786 (bes. 768ff.; dort auch Hinweise auf die Wiedergabe der Wortgruppe in der LXX); J.D.Hester, Paul's Concept of Inheritance, 1968.

H.H.Schmid

ישׂראל *Jiśrā'ēl* Israel

1. *Jiśrā'ēl* ist ein Satzname eines Typus, der gerade unter den ältesten uns bekannten isr. Personennamen und auch Stammesnamen nicht ungewöhnlich ist, der aber auch unter den Ortsnamen genaue Entsprechungen hat (Noth, IP 207–209; ders., Geschichte Israels, [5]1963, 12). Noth hält es für wahrscheinlich, daß »Israel« ursprünglich ein nach Analogie der Personennamen gebildeter Stammes- oder Volksname sei, oder richtiger eine umfassende Gesamtbezeichnung mehrerer Stämme, und nicht ein Personenname, der erst sekundär zum Volksnamen geworden wäre, zumal »Israel« im AT nie als wirklicher Personenname vorkommt.

Der älteste inschriftliche Beleg des Namens Israel findet sich im Siegeslied Merneptahs auf der sog. Israelstele seines Totentempels bei Theben um 1225 v.Chr. (jetzt im Ägyptischen Museum in Kairo). Im Zusammenhang der Eroberung einiger palästinischer Städte habe der Pharao auch »Israel« verdorben: »Israel ist verdorben, hat keinen Samen mehr« (Z.27; Übersetzung des Textes in AOT 20–25; TGI[2] 39f.; Abbildung der Stele in AOB Nr.109; ANEP Nr.342/343). Ob dieses Israel schon mit dem uns aus dem AT bekannten Stämmeverband identisch ist oder eine noch ältere soziologische Größe bezeichnet, bleibt unsicher. Klarer im Licht der Geschichte erscheint das Israel der moabitischen Mesa-Inschrift aus der Mitte des 9.Jh.v.Chr. (KAI Nr.181, Z.5.7.10f.14. 18.26).

Auch die Wortbedeutung läßt sich nicht mit Bestimmtheit ermitteln. Die Deutung in Gen 32,29; Hos 12,4 macht den theophoren Bestandteil zum Objekt: »Gottesstreiter«, was unwahrscheinlich ist, da *'ēl* in Eigennamen sonst immer Subjekt ist. Auch über den Sinn des Verbums sind die Meinungen strittig: »El/Gott ist aufrichtig/leuchtet/heilt/herrscht/streitet« (eine Übersicht über die Deutungen bei G.A. Danell, Studies in the Name of Israel in the OT, 1946, 22ff.). Vielleicht sollte der Name als ein liturgischer Aufruf aus der Situation des heiligen Krieges verstanden werden: »El möge streiten!«, d.h. sich als siegreicher Krieger und Kämpfer erweisen (J.Heller, Ursprung des Namens Israel, CV 7,1964, 263f.). Neue Vergleichsmöglichkeiten bringt der ug. Personenname *yšril* (PRU V, Nr.69, Z.3; vgl. O.Eißfeldt, Neue keilalphabetische Texte aus Ras Schamra-Ugarit, SAB 1965, Heft 6, 28).

2. Israel hat im AT (inkl. aram. Teile) mehr als 2500 Belege, die sich folgendermaßen verteilen (mit einer Sondertabelle der häufigen Wendung *b^{e}nē Jiśrā'ēl* »Söhne Israels = Israeliten«; in Lis. fehlen Gen 47,31 und das zweite Vorkommen in 1Kön 9,7 und 16,29):

	b^{e}nē Jiśrā'ēl	*Jiśrā'ēl* insgesamt
Gen	7	43
Ex	123	170
Lev	54	65
Num	171	237
Dtn	21	72
Jos	69	160
Ri	61	184
1Sam	12	151
2Sam	5	117
1Kön	21	203
2Kön	11	164
Jes	5	92
Jer	9	125
Ez	11	186
Hos	6	44
Jo	1	3
Am	5	30
Ob	1	1
Jon	–	–
Mi	1	12
Nah	–	1
Hab	–	–
Zeph	–	4
Hag	–	–
Sach	–	5
Mal	–	5
Ps	2	62
Hi	–	–
Spr	–	1
Ruth	–	5
Hhld	–	1
Pred	–	1
Klgl	–	3
Est	–	–
Dan	1	4
Esr	4	40
Neh	9	22
1Chr	4	114
2Chr	23	187
AT	637	2514

Von den zahlreichen Genetiv-Verbindungen außer *b^{e}nē Jiśrā'ēl* seien folgende genannt: *'admat J.* »Land I.« 17 × (nur in Ez); *'^{e}lōhē J.* »Gott Israels« 201 × (Jer 49 ×, Chr/Esr/Neh 46 ×); *bēt J.* »Haus I.« 146 × (Ez 83 ×; wahrscheinlich dem Ausdruck »Haus Juda« nachgebildet auf Grund des Nebeneinanders der Staaten Israel und Juda, vgl. M. Noth, Geschichte Israels, [3]1956, 50 Anm. 2); *hārē J.* »Berge Israels« 16 × (nur in Ez); *q^{e}dōš J.* »der Heilige Israels« 31 × (Jes 25 ×).

3. Hinter »Israel« steht nicht überall im AT die gleiche Größe. Geschichtliche Vorgänge, die für die Identität Israels bedeutsam wurden, spiegeln sich in den Verschiebungen des Sprachgebrauchs. Auszugehen ist von »Israel« als Benennung des atl. Zwölfstämmeverbandes (Noth, a.a.O. 74ff.). Hierher gehört die überwiegende Mehrzahl der Belege. Nach atl. Vorstellung sind die Stämme, die Israel ausmachen, aus der Familie eines gemeinsamen Ahnherrn entstanden, von dem zugleich der Name stammt. Dieser heros eponymus »Israel« wurde sehr früh, aber traditionsgeschichtlich infolge eines sekundären Vorganges, mit dem »Erzvater« Jakob gleichgesetzt (Noth, a.a.O. 62 Anm. 1), wodurch »Israel« auch als Personenname gebraucht wurde. Gen 32,29–50,25 steht »Israel« 34 ×, »Jakob« 75 × als Name des Erzvaters.

Als Bezeichnung des Gottesvolkes hat Israel eine allerdings nicht sehr häufige konkurrierende Benennung in »Jakob«. Abgesehen von den Genetiv-Verbindungen mit Jakob als nomen rectum (»Gott Jakobs«, »Haus Jakobs«, »Starker Jakobs« usw., ca. 60 Stellen), bei denen Personen- und Volksbezeichnung nicht immer klar auseinanderzuhalten sind, finden sich etwa 60 Stellen, an denen Jakob unverbunden als nomen populi steht (Dtjes 15 ×, Ps 12 ×, Jer 9 ×). Es handelt sich durchgehend um poetische Texte, und an zwei Dritteln der Stellen findet sich »Israel« oder »Israels Rest« als Parallele (Gen 49,7.24; Num 23,7. 21.23.23; 24,5.17; Dtn 33,10; Jes 9,7; 14, 1; 27,6; 40,27; 41,8.14; 42,24; 43,1.22.28; 44,1.21.23; 45,4; 48,12; 49,5; Jer 30,10; 31,7; 46,27; Mi 2,12; 3,8; Ps 14,7 = 53,7; 78,5.21.71; 105,10 = 1Chr 16,17; Ps 135, 4; 147,19; Klgl 2,3; vgl. unter den Genetiv-Verbindungen etwa Gen 49,24; Ex 19, 3; Num 23,10; 2Sam 23,1; Jes 29,23; 44,5; 49,6; Jer 2,4; Ez 39,25; Mi 1,5; 3,1.9; Nah 2,3; Ps 22,24). Sehr selten steht »Söhne Jakobs« als Volksbezeichnung: Mal 3,6; vgl. Ps 105,6 = 1Chr 16,13.

Die politische Trennung des Reiches Israel in zwei Teile bedeutet für den Namen Israel eine Trennung des Sprachgebrauchs. Während die Propheten in ihren religiös-theologischen Aussagen hauptsächlich an der bisherigen Sprechweise festhalten und »Israel« weiterhin als Bezeichnung des gesamten sakralen Stämmeverbandes brauchen, findet sich in den Königsbüchern eine politisch orientierte Terminologie, die »Israel« auf ein bestimmtes Staatsgebilde, das Nordreich, beschränkt. Es wird dabei vielleicht an einen älteren Sprachgebrauch angeknüpft; vgl. 2Sam

2,9; 3,17, wo »Israel« eine bestimmte, nördliche Stammesgruppe bezeichnet (vgl. L. Rost, Israel bei den Propheten, 1937, 1). Die Propheten haben für das Nordreich die (in 1/2Kön ganz fehlende) Bezeichnung »Ephraim«; so besonders Jes und Hos, aber vereinzelt auch Jer, Ez, Sach und 2Chr.

4. Im Unterschied zu »Juda«, das zunächst Name eines Staates ist und fest an dem Reich der Davididen haftet (Rost, a.a.O. 3f.), ist »Israel« erst nachträglich und infolge eines bestimmten geschichtlichen Vorganges als ein politisch-staatsrechtlicher Begriff benutzt worden. Als Bezeichnung eines sakralen, einem Gottesgesetz unterworfenen Stämmeverbandes, der weder als »Volk« noch als »Staat« genügend charakterisiert wird, ist »Israel« in erster Linie kein politischer, sondern ein religiöser Begriff (vgl. A.R. Hulst, Der Name »Israel« im Deuteronomium, OTS 9, 1951, 65–106, besonders 103f.). »Israel« ist das »Volk« als religiöse Einheit, als Träger der Traditionen von den fundamentalen Taten Gottes in der Geschichte und hat als solcher auch nach dem Untergang der Eigenstaatlichkeit in der Gestalt einer Kultgemeinde weiterleben können (vgl. Noth, a.a.O. 5f. 159).

5. In den Qumrantexten ist »Israel« besonders häufig in der Sektenregel, der Kriegsrolle und der Damaskusschrift belegt. Die Qumransekte hat sich nicht völkisch oder religiös mit Israel identifiziert, sondern betrachtet sich als einen auserwählten Teil desselben (1QS 6,13; 8,9; 9,6; CD 1,7; 3,19; 6,5). Bisweilen steht »Israel« als ideeller Begriff dem nationalgeographischen »Juda« gegenüber: »die Bekehrten Israels, die aus dem Lande Juda ausgegangen sind« (CD 6,5). Die »beiden Häuser von Israel« werden als »Ephraim« und »Juda« bezeichnet (CD 7,12f.).

Im Anschluß an atl. Sprachgebrauch bezeichnet »Israel« im NT das jüdische Volk in seiner Eigenschaft als Volk Gottes; vgl. G. von Rad – K.G. Kuhn – W. Gutbrod, Art. 'Ισραήλ, ThW III, 356–394; R. Mayer, ThBNT II, 742–752; A. George, Israël dans l'oeuvre de Luc, RB 75, 1968, 481–525.

G. Gerleman

ישׁב *jšb* sitzen, wohnen → שׁכן *škn.*

ישׁע *jš'* hi. helfen

1. Die Wurzel, ursprünglich wohl **jṯ'*, ist außer im Hebr. nur im Moab. (KAI Nr. 181, Z. 3f. *[j]š'* »Rettung«?; Z. 4 *hš'nj* »er errettete mich«; DISO 112) und als Element in amorit. (Huffmon 215f.), ug. (Gröndahl 147) und altsüdarab. (Conti-Rossini 165a) Personennamen belegt.

Die übliche Etymologie, die in arab. *wasi'a* »weit, geräumig sein« die grundlegende Bedeutung sieht (z.B. GB 325b; C. Barth, Die Errettung vom Tode in den individuellen Klage- und Dankliedern des AT, 1947, 127; J.L. Palache, Semantic Notes on the Hebrew Lexicon, 1959, 40: »make wide > save, deliver«; G. Fohrer, ThW VII, 973f.), ist zwar verlockend (vgl. als Oppositum *ṣrr* »eng sein«, hi. »bedrängen«; in Gegenüberstellung zu *jš'* z.B. Jes 63,8f.; Jer 14,8), stößt aber wegen der Differenzen bei den Konsonantenentsprechungen (altsüdarab. *jṯ'* : arab. *ws'*) auf Schwierigkeiten (vgl. J. Sawyer, VT 15, 1965, 475f. 485 Anm. 1); es ist daher von etymologisierenden Deutungen besser abzusehen.

Das Verbum ist hebr. im Hi. und Ni. belegt; der Grundstamm ist nur noch in Personennamen erhalten (*J^{e}ša'jā[hū]*, Kurzform *Jiš'ī*; *'^{æ}līšā' < 'æljāšā'*, vgl. Noth, IP 36.155.176; Wildberger, BK X,4; daneben mit *jš'* hi.: *Hōša'jā*, *Hōšē^{a}'*; vgl. noch substantivisches *Mēša'* bzw. *Mēšā'* [= »Hilfe«]). Abgeleitete Substantive sind: *jēša'*, *j^{e}šū'ā*, *mōšā'ōt* und *t^{e}šū'ā* (BL 496), alle in der Bed. »Hilfe, Heil«.

2. Statistik: hi. 184 × (davon 27 × substantiviertes Part. *mōšī^{a}'*; Ps 51 ×, Jes 25 ×, Ri 21 ×), ni. 21 × (Jer und Ps 6 ×), *jēša'* 36 × (Ps 20 ×), *j^{e}šū'ā* 78 × (Ps 45 ×, Jes 19 ×, andere Bücher 1–2 ×), *mōšā'ōt* 1 × (Ps 68,21), *t^{e}šū'ā* 34 × (Ps 13 ×, andere Bücher 1–3 ×). Von den 354 Belegen der Wurzel (ohne Eigennamen) entfallen 136 auf Ps, 56 auf Jes, 22 auf Ri, je 20 auf 1Sam, 2Sam und Jer.

3. In vielen Fällen bezeichnet *jš'* hi. (das ni. hat passive Bedeutung und wird in den gleichen Zusammenhängen wie das hi. verwendet) die Hilfe zwischen Menschen, z.B. bei der Arbeit (Ex 2,17), häufig im Krieg (Jos 10,6 par. →*'zr*; Ri 12,2; 1Sam 11,3; 23,2.5; 2Sam 10,11.19; 2Kön 16,7; 1Chr 19,12.19); von einem Helden (*gibbōr*) wird erwartet, daß er in der Schlacht Hilfe zu bringen vermag (Jer 14,9).

jš' hi. spielt aber auch im Rechtsleben eine Rolle. Widerfährt einem ein Unrecht, so hebt er ein Rufen um Hilfe an (»Zetergeschrei«), worauf diejenigen, die es hören, zu Hilfe verpflichtet sind; der Terminus für das Zetergeschrei ist →*ṣ'q* (von Rad, ATD 2,86; 3,179). Einen Rechtsfall solcher Art schildert (unter Nennung der Verben *ṣ'q* und *jš'* hi.) Dtn 22,27; vgl. auch Dtn 28,29.31: Inhalt des Fluchformulares ist u.a., daß diese Rechtsinstitution ein Ende nimmt.

Auch der König ist eine Instanz, der ein derartiger Rechtsanspruch angemeldet werden kann; der feste Ausdruck lautet *hōšī'ā hammǽlæk* »hilf, König!« (2Sam 14, 4; 2Kön 6,26; vgl. dazu H.J.Boecker, Redeformen des Rechtslebens im AT, 1964, 61–66; I.L.Seeligmann, FS Baumgartner 1967, 274ff.).

Überhaupt wird die Funktion des Königs darin gesehen, daß er seinem Volk »hilft« (1Sam 10,27; Hos 13,10, beidemal Äußerungen aus Kreisen, die dem Königtum ablehnend gegenüberstehen, doch spiegelt sich darin der positiv intendierte Sinn des Königtums; vgl. auch Ri 8,22; Jer 23,6, hier eine Aussage über den König der kommenden Heilszeit). Es wird an Hilfe sowohl im militärischen als auch juristischen Sinne zu denken sein.

4. a) Die Klage der Psalmen ist im Grunde gleich strukturiert wie die profane Rechtsstreitigkeit. Der zur Bitte gehörige Hilferuf lautet häufig *hōšī'ā* »rette!« (daneben oft Parallelausdrücke: →*nṣl* hi. »erretten« Ps 59,3; 71,2; →*'nh* »antworten« 20,7; 22,22; 60,7; →*brk* pi. »segnen« 28,9; →*plṭ* pi. »retten« 37,40; 71,2; →*dīn* und →*špṭ* »recht geben« 54,3 bzw. 72,4; →*šmr nǽfæš* »behüten« 86,2; →*g'l* »erlösen« 106, 10; mit →*qūm* »aufstehen« zusammen 3,8; 76,10; Gegenbegriff ist *bōš* hi. »zuschanden machen« 44,8). Das Schreien des Menschen wird gleich bezeichnet wie im profanen Bereich (→*qr'* und →*ṣ'q*: 55,17; 107, 13.19; neben *šaw'ā* »Zetergeschrei«: 145, 19). Der Betende erwartet in seiner Not also die Antwort und damit den rettenden Eingriff Jahwes, der mit den Farben der Theophanie angedeutet ist (»das Angesicht leuchten lassen« Ps 31,17; 44,4; 80, 4.8.20; auch *qūm* gehört in diesen Zusammenhang). Die Hilfe Gottes gilt insbesondere dem König (20,7.10; vgl. in der Geschichtsschreibung 2Sam 8,6.14), der die göttliche Rechtsordnung durchzusetzen hat, und den Armen und Elenden (Ps 18,28; 72,4; 109,31; vgl. auch Hi 5, 15), die ihrer besonders bedürfen.

In den berichtenden Lobpsalmen nimmt das Motiv der Rettung Gottes eine Stellung ein, die derjenigen in der Klage entspricht: was dort Gegenstand der Bitte war, ist hier erfahren (Ps 18,4; 98,1; auch im »eschatologischen Loblied« Jer 31,7).

Der Gebrauch der zum Verbum gehörigen Nomina im Psalter fügt sich hier an. Im Heilsorakel, das ursprünglich als Gottesantwort in die Klage gehört, macht sich Gott bekannt als der, der *jēša'* »Hilfe« schafft (Ps 12,6; vgl. auch die Anklänge an die Form des Orakels mit dem Verbum in Jer 30,10f.; 42,11; 46,27; zur Form vgl. J.Begrich, Das priesterliche Heilsorakel, ZAW 52, 1934, 81–92 = GesStud 217–231). Im Bekenntnis des Vertrauens wird Gott häufig *'ælōhē jiš'ī/jiš'ēnū* »Gott meiner/unserer Hilfe« genannt (Ps 18,47; 25,5; 65,6; 79,9; 85,5 u.ö.). Ähnlich ist der Sprachgebrauch von *ješū'ā/tešū'ā*; diese Formen scheinen besonders die bereits geschehene und erlebte Hilfe Gottes zu bezeichnen, sind sie doch häufig mit dem Ausdruck der Freude verbunden (mit *gīl* »sich freuen« Ps 9,15; 13,6; 21,2; mit anderen ähnlichen Verben 1Sam 2,1; Jes 25, 9; Ps 20,6; 35,9; 42,6.12).

Parallelausdrücke zeigen, welche Inhalte mit der göttlichen Hilfe verbunden gedacht waren: Häufig ist vor allem *ṣedāqā* »Gerechtigkeit« (Jes 45,8; 46,13; 51,5 [*ṣǽdæq*]; 56,1; 61,10; Ps 71,15; nach Jes 45,8 ist mit *jēša'* auch die Vorstellung der Fruchtbarkeit verbunden, was als Einfluß vom Begriff der *ṣedāqā* her zu verstehen ist, vgl. H.H.Schmid, Gerechtigkeit als Weltordnung, 1968, 15ff.), dann auch *'ōz* »Kraft« (Ps 21,2; 28,8; vgl. Ps 140,8), *mišpāṭ* »Recht« (Jes 59,11), *berākā* »Segen« (Ps 3,9), *ḥǽsæd* »Gnade« (Ps 119,41), *'ōr* »Licht« (Ps 27,1, Reminiszenz an das Licht der Theophanie, s.o.). Neben *jēša'* finden sich außerdem mancherlei bildhafte Ausdrücke für Jahwes Hilfe wie »Turm«, »Wehr« usw. (Ps 18,3; Jes 17,10; 61,10 u.a.). Das ganze im Kult vermittelte Heilshandeln Gottes kann demnach durch diese Begriffe ausgedrückt werden: Sein Wirken vom Zion her ist *ješū'ā* für Israel (Ps 14, 7); Gott wird »der Heilstaten *(ješū'ōt)* tut inmitten der Erde« genannt (Ps 74,12, unter Zuhilfenahme der Vorstellung vom Tempel als dem Mittelpunkt der Welt). In allen diesen Fällen ist also *jš'* eng an den Kult gebunden. Dieser Vorstellungshorizont wirkt stark nach in prophetischen Texten, wobei, wohl unter dtr. Einfluß (vgl. z.B. Ri 10,12ff. und allgemein die Polemik gegen den Fremdgötterkult), Gewicht darauf gelegt ist, daß Jahwe und kein anderer Gott errettet, vor allem bei Jeremia (2,27f.; 8,20; 11,12; 15,20; 17, 14) und Deuterojesaja (die Motive von Klage und darauffolgender Hilfe sind aufgenommen in Jes 45,17.20.22; 46,7; häufig ist der Ausdruck *mōšīa'*: 43,3.11; 45, 15.21; 47,15; 49,26). Die Hilfe Jahwes wird in späteren Schriften, vor allem in nachexilischer Zeit, zur eschatologischapokalyptischen Heilstat (z.B. Jes 25,9; 33,22; 35,4; 60,16; 63,1; Sach 8,7.13; 9, 16 usw.).

Nur einmal erscheint der Begriff *mōšīaʿ* bei Hosea in loser Verbindung mit der Ägypten-Tradition (Hos 13,4) und in Antithese gegen einheimische Götter. Es ist zu vermuten, daß der *mōšīaʿ*-Titel dem »Gott von Ägypten« nicht ursprünglich anhaftet, wohl aber den Göttern des Landes. Nur einmal ist noch in der Exodus-Perikope *jšʿ* hi. verwendet: Jahwe rettet Israel aus der Hand der Ägypter (Ex 14,30 J); hier wird Terminologie des heiligen Krieges verwendet (dazu s.u.).

b) Häufig wird *jšʿ* hi. im Bericht über die Kriege Israels in der Zeit zwischen Samuel und David gebraucht. Von der Lade und Jahwe erwartete man die Rettung im Philisterkrieg (1Sam 4,3); spätere Kriege und Siege verdankte man ebenfalls dem Eingreifen Jahwes (1Sam 14,6.23.39; 17, 47). Allgemein formuliert Dtn 20,4, daß Jahwe im heiligen Krieg mit auszieht, »euch Hilfe zu verschaffen«. Hier zeigt sich vielleicht ein eigener Traditionsstrom, in dem *jšʿ* hi. ursprünglich beheimatet war.

c) Seinen Platz hat *jšʿ* hi. auch im Zusammenhang mit den »großen Richtern«. Othniel wird Ri 3,9, Ehud 3,15 *mōšīaʿ* »Retter« genannt. Wohl mit Recht ist vermutet worden, daß ursprünglich alle großen Richter nicht *šōfēṭ*, sondern *mōšīaʿ* hießen, und daß die letztere Bezeichnung bei der Redaktion ausgeschaltet wurde (W. Beyerlin, Gattung und Herkunft des Rahmens im Richterbuch, FS Weiser 1963, 7). Auch anderen Richterfiguren wird die Funktion des »Rettens« zugeschrieben: Samgar (Ri 3,31), Gideon (6,14f.31.36f.), Thola (10,1), Simson (13,5); auch Saul war anfangs charismatischer Held (1Sam 9,16); bei den hier erwähnten »kleinen Richtern« dürfte das Motiv des Rettens sekundär sein.

Hießen wahrscheinlich die charismatischen Helden seit jeher »Retter«, so gestaltet der jetzige Rahmen des Richterbuches die Vorstellung noch aus: Je nach dem Auftreten eines Retters fällt Israel von Jahwe ab, gerät daraufhin in Not und hebt ein Klagegeschrei an *(ṣʿq)*, worauf Jahwe wieder einen Retter sendet. Der Rahmen ist also nach dem Modell des zivilen und kultischen Klageformulars gestaltet (Ri 2, 16ff.; 10,10ff.; 2Chr 20,9; vgl. auch die priesterliche Variante Num 10,9; auch 1Sam 7,8; Neh 9,27). Von diesem Aussagekomplex sind manche Stellen beeinflußt, die davon reden, daß Jahwe durch jemanden hilft (2Sam 3,18; 2Kön 14,27; mit dem Ausdruck *mōšīaʿ* 2Kön 13,5, wobei unbestimmt bleibt, wer dieser »Retter« ist; in Jes 19,20 findet sich die singuläre Vorstellung eines endzeitlichen Retters).

d) Manchmal ist dieses Motiv dahin präzisiert, daß besonders betont wird, die Hilfe für Israel komme von Gott her und nicht aus eigener Kraft. Diese Gestalt findet sich bereits in den alten Erzählungen (Ri 7,2ff.; 1Sam 17,47, hier noch weiter ausgeführt: Jahwe hilft nicht durch »Schwert oder Speer«, die Hilfe geschieht also ganz wunderbar; vielleicht klingt diese Vorstellungswelt in 1Sam 25,26.31.33 und 2Kön 6,27 nach), kehrt wieder als Psalmmotiv (Ps 33,16; häufig mit dem Subst. *t*ᵉ*šūʿā* formuliert: Ps 60,13; 108, 13; 146,3), wird von der Prophetie übernommen (Jes 30,15; 31,1; Hos 1,7; 14, 4) und erscheint schließlich gar als Thema der Weisheit (Spr 21,31; vgl. die völlig andere, ursprünglich-weisheitliche Verwendung des Begriffes *t*ᵉ*šūʿā* in Spr 11,14; 24,6). Auch dieses Motiv ist aus der Tradition vom »heiligen Krieg« heraus zu verstehen; es hat in der Jerusalemer Kulttradition und damit in den Psalmen Eingang gefunden und ist von da aus in andere Denkformen (Prophetie, Weisheit) übergegangen (vgl. G. von Rad, Der Heilige Krieg im alten Israel, 1951, vor allem 57ff.82f.).

5. Die schon in späteren atl. Schriften zu beobachtende Tendenz, *jšʿ* und dessen Derivate immer mehr auf das eschatologische Handeln Gottes zu beziehen, verstärkt sich im Spätjudentum. In Qumran werden *jšʿ* hi./ni., *jēšaʿ* und *j*ᵉ*šūʿā* gebraucht; oft ist eines dieser Wörter auf die bevorstehende Entscheidungsschlacht zwischen göttlichen und widergöttlichen Mächten bezogen (1QM 10,4.8; 11,3; auch 1QM 1,5; 13,13; 18,7; CD 20,20). Dieser Sprachgebrauch ist teilweise noch im NT spürbar, doch haftet den Ausdrücken σῴζειν, σωτηρία und σωτήρ (dies die überwiegenden Wiedergaben der Wortgruppe *jšʿ* in der LXX) neben der spätjüdisch-apokalyptischen Komponente sehr oft mancherlei griechisch-hellenistisches Gedankengut an (vgl. zum ganzen W.Foerster – G.Fohrer, Art. σῴζω, ThW VII, 966–1024). *F.Stolz*

ישׁר *jšr* gerade, recht sein

1. Die Wurzel *jšr* »gerade sein« ist gemeinsemitisch (KBL 413b, Suppl. 159a. 166a); die übertragene Bed. »recht sein« o.ä. findet sich auch akk. (*ešēru*, AHw 254 bis 256; CAD E 352–363), ug. (Krt [= I K] 13; WUS Nr. 1252: *jšr* »Rechtschaffenheit«; UT Nr. 1163 u.a.: *mtrḫt jšrh* »his rightful bride«; Gröndahl 146), phön. (DISO 112f.; KAI Nr. 4, Z 6f.: *mlk jšr* »ein rechtschaffener König«).

Im AT findet sich neben dem Verbum (qal, pi., pu., hi.; vgl. Jenni, HP 104f.) das Adj. *jāšār* »gerade«, das Abstraktum *jōšær* »Geradheit« (einmal in 1Kön 3,6 auch das Fem. *jišrā*), dazu die mit *m*-Präfix gebildeten Substantive *mīšōr* »was gerade ist«, »Ebene« und *mēšārīm* »was recht ist« (plurale tantum, Abstraktplural).

Im AT sind zwei mit *jšr* gebildete Lobnamen zu finden: der Palastvorsteher Salomos heißt 1Kön 4,6 *'aḥīšār* (= »mein Bruder [= Gott] ist aufrichtig«; Noth, IP 189 Anm. 5 will *'aḥjāšār* lesen); einer der Söhne Kalebs trägt nach 1Chr 2,18 den Namen *Jēšær*, der von Noth, IP 189, als Abkürzung für das in den samarischen Ostraka belegte *Jwjšr* (= »Jahwe ist aufrichtig«) gedeutet wird.

Ješūrūn (= »der Redliche«) ist in Dtn 32,15; 33,5.26; Jes 44,2; Sir 37,25 Ehrenname Israels, vielleicht als Gegenbildung zu Jakob (= »der Überlister«), vgl. Jes 40,4 (*'āqōb* »uneben« neben *mīšōr*) und W. Bacher, ZAW 5, 1885, 161–163; G. Wallis, BHH II, 858.

Ob die Territorialbezeichnung *Šārōn* von *jšr* abzuleiten ist (so KBL 1011; K. Galling, RGG V, 1370f.) oder von *šrh* II (so KBL Suppl. 191b; Rudolph, HAT 21, 48 Anm. 2) muß offen bleiben (vgl. auch K. Elliger, BHH III, 1673f.).

2. Im AT begegnet das Verbum 25 × (qal 13 ×, pi. 9 ×, exkl. Hi 37,3 [zu *šrh*], pu. 1 ×, hi. 2 × ; Jes 45,2 Q als pi. gezählt), *jāšār* 119 × (Ps und Spr je 25 ×, 2Chr 11 ×, 2Kön 10 ×, Hi 8 ×, Dtn 7 ×, 1Kön 6 ×), *jōšær* 14 ×, *jišrā* 1 ×, *mīšōr* 23 × (Ps und Jos je 5 ×), *mēšārīm* 19 × (Ps 7 ×, Spr 5 ×).

3. Die Wurzel *jšr* hat ursprünglich die anschauliche Bed. »gerade sein, gerade« (Gegensatz »krumm«), begegnet aber im AT überwiegend in der übertragenen Bed. »recht sein, recht« (Gegensatz »schlecht, falsch« o.ä.); vgl. die ähnlichen Verhältnisse bei *nākōaḥ* »gerade, das Gerade« (→*jkḥ* 1) und *tqn* pi. »gerade richten« (Pred 7,13; 12,9; Sir 47,9; q. Pred 1,15, 1 ni.; vgl. Wagner Nr. 328).

a) Die anschauliche Bedeutung zeigt sich in Ez 1,7 »gerades Bein« (Zimmerli, BK XIII, 1.62) und im Pi. des Verbums »eben machen« (Jes 40,3 par. *pnh* pi.; 45,2 par. *šbr* pi.; 45,13; Spr 3,6; 9,15; 11,5); auch die Verwendung von *jšr* pi. »Wasser geradeaus leiten« in 2Chr 32,30 ist hier zu nennen. *mīšōr* begegnet meist in der anschaulichen Bed. »Ebene«; es bezeichnet einerseits die nördlich des Arnon gelegene fruchtbare Hochebene (Dtn 3,10; 4,43; Jos 13,9.16.17.21; Jer 48, 8.21; 2Chr 26,10), andererseits allgemein die Ebene im Gegensatz zum Bergland (1Kön 20,23.25; Sach 4,7; in Jes 40,4; 42,16 finden sich gehäuft die Parallel- und Gegenbegriffe; Ps 26,12; 27,11; 143,10 sind wohl schon übertragen zu verstehen: »Ebene« = »Sicherheit«). Auch *mēšārīm* zeigt in einem Fall anschauliche Bedeutung: in Spr 23,31 und Hhld 7,10 ist von der »Geradheit«, besser »Glätte« des Weines die Rede.

Schon bei *jšr* pi. findet sich oft der Weg oder die Straße als Objekt; die Wendung »gerader Weg« ist z.B. in Esr 8,21 noch anschaulich, meist aber schon übertragen zu verstehen (1Sam 12,23; Jer 31,9; Hos 14,10; Ps 107,7; Spr 12,15; 14,12; 16,25; 21,2, vielleicht eine typisch weisheitliche Wendung, vgl. Wolff, BK XIV/1, 310f.).

b) Eindeutig übertragen ist der Sinn in den Zusammenstellungen »gerades Herz« (2Kön 10,15), »gerades Werk« (Spr 20,11; 21,8), ebenso in der wohl umgangssprachlichen Formel *jšr b^e'ēnē* »recht sein in (jemandes) Augen«, in der sich bis auf eine Ausnahme (1Sam 6,12) alle Belege von *jšr* q. finden (Ri 14,3.7; 1Sam 18, 20.26; 2Sam 17,4; 1Kön 9,12; Jer 18,4; 1Chr 13,4; 2Chr 30,4 und s.u. 4). Das Adj. *jāšār* begegnet sowohl in persönlicher als auch in sachlicher Bedeutung, sachlich in dem der eben genannten Formel verwandten *'śh hajjāšār b^e'ēnē* »das Rechte in (jemandes) Augen tun«. Diese Formel ist vor allem dtn.-dtr. (Dtn 12,8; Jos 9,25; 2Sam 19,7; Jer 26,14; 40,4.5), findet sich aber auch in dem »Tendenzrefrain« (von Rad I,345 Anm. 9 mit M. Buber) der Richterbuchanhänge (Ri 17,6; 21,25); vgl. CD 3,6; 8,7; 19,20. Beim persönlichen Gebrauch von *jāšār* steht der Plur. *j^{e}šārīm* im Vordergrund: »die Aufrichtigen, Rechten«. Man kann bei *j^{e}šārīm* von einem Terminus der Psalmen- und Weisheitssprache reden: Ps 33,1; 107,42; 111,1; 112,2.4; 140,14; Hi 4,7; 17,8; Spr 2,7.21; 3,32; 11,3.6.11; 12,6; 14,9.11; 1QS 3,1; 4,2; 1QH 2,10; CD 20,2. Für die Psalmen ist der erweiterte Ausdruck *jišrē lēb* »die aufrichtigen Herzens« besonders charakteristisch (Ps 7,11; 11,2; 32,11; 36,11; 64,11; 94,15; 97,11; vgl. Ps 125,4; 2Chr 29,34).

sēfær hajjāšār »Buch des Aufrechten od. Wackeren« ist der Titel einer Liedersammlung aus der Zeit der Landnahme und der frühen Königszeit (Jos 10,13; 2Sam 1,18; 1Kön 8,13 LXX?; vgl. O. Eißfeldt, Einleitung in das AT, ³1964, 176–178; L. Rost, BHH I,279).

jāšār findet sich oft neben *ṭōb* »gut« (Dtn 6,18; Jos 9,25; 1Sam 12,23; 29,6; 2Kön 10,3; Jer 26,14; 40,4; Ps 25,8; 125,4; Neh 9,13; 1QS 1,2); *jᵉšārīm* oft neben *ṣaddīq(īm)* »gerecht(e)« (Ps 32,11; 33,1; 64,11; 97,11; 140,14; vgl. Dtn 32,4; Ps 94,15; 119,137); in Hi 4,7; 17,8 steht *nāqī* »unschuldig« neben *jšr*, in Hi 8,6; Spr 20,11; 21,8 *zak* »lauter«. Die Reihung →*tmm* »untadelig (sein)« / *jšr* findet sich außer in Hi 1,1 = 1,8 = 2,3 auch in Spr 2,7.21 (Horst, BK XVI/1,4.9 »geläufige Wendung«). Gegenbegriffe zu *jᵉšārīm* sind vor allem *bōgᵉdīm* »Treulose« (Spr 11,3.6; 21,18) und *rᵉšā'īm* »Frevler« (Spr 11,11; 12,6; 14,11; 15,8; 21,29).

Die Parallelität von *ṣaddīq* und *tām* mit *jāšār* zeigt, daß auch *jāšār* zu den Verhältnisbegriffen gehört, die ein »gemeinschaftsgemäßes Verhalten« zum Ausdruck bringen (von Rad I,383 Anm.6).

Typisch für das nur übertragen gebrauchte *jōšær* ist die Wendung »Aufrichtigkeit des Herzens« (Dtn 9,5; 1Kön 9,4; Ps 119,7; Hi 33,3; 1Chr 29,17); in Dtn 9,5 findet sich *jōšær* neben *ṣᵉdāqā* (→*ṣdq*), in 1Kön 9,4; Ps 25,21 neben *tōm* (vgl. von Rad, GesStud 200f.).

mēšārīm ist wieder für Ps und Spr charakteristisch (par. zu *ṣᵉdāqā*/*ṣædæq* in Ps 9,9; 58,2; 99,4; Spr 1,3; 2,9; Jes 33,15; 45,19; par. zu *mišpāṭ* [→*špṭ*] in Ps 17,2; 99,4; Spr 1,3; 2,9). Im Gefolge des Abstraktplurals *mēšārīm* hat auch *mīšōr* in Jes 11,4; Mal 2,6; Ps 45,7; 67,5; (Jer 21,13?) die Bed. »Geradheit = Rechtschaffenheit« angenommen.

4. Einige der herausgestellten Wendungen und Bedeutungen werden auch speziell theologisch im AT verwendet; fast immer liegt dabei der übertragene Gebrauch vor.

Ausschließlich dtn.-dtr. ist die Formel »das Rechte in den Augen Jahwes tun« (Ex 15,26; Dtn 12,25.28; 13,19; 21,9; 1Kön 11,33.38; 14,8; 15,5; 2Kön 10,30; Jer 34,15; vgl. A. Jepsen, Die Quellen des Königsbuches, ²1956, 85). Sie ist vor allem ein fester Bestandteil der Zensur im dtr. Rahmenschema der Königsbücher (1Kön 15,11 = 2Chr 14,1; 1Kön 22,43 = 2Chr 20,32; 2Kön 12,3 = 2Chr 24,2; 2Kön 14,3 = 2Chr 25,2; 2Kön 15,3 = 2Chr 26,4; 2Kön 15,34 = 2Chr 27,2; 2Kön 16,2 = 2Chr 28,1; 2Kön 18,3 = 2Chr 29,2; 2Kön 22,2 = 2Chr 34,2; in 2Chr 31,20 variiert Chr die Formel selbständig); ihr entspricht die negative Zensur »das Böse in den Augen Jahwes tun« (→*r*''), z.B. 2Kön 13,2; vgl. von Rad I,347f. Die verwandte Formel »recht sein (*jšr* q.) in den Augen Gottes« begegnet Num 23,27; Jer 27,5.

Persönliche Verwendung des Adjektivs findet sich da, wo Gott als *jāšār* bezeichnet wird (Dtn 32,4; Jes 26,7?; Ps 25,8; 92,16). Auch Jahwes Befehle, sein Wort u.ä. sind »gerade« (Ps 19,9; 33,4; 119,137; Neh 9,13). Jahwe richtet die Völker (→*špṭ* und →*dīn*) mit *mēšārīm* (Ps 9,9; 75,3; 96,10; 98,9; vgl. 58,2) und *mīšōr* (Ps 67,5; vgl. Jes 11,4); vgl. Kraus, BK XV,200.

5. Die Verwendung der Wurzel in Qumran entspricht der im AT. Zum Spätjudentum und NT vgl. H. Köster, Art. ὀρθοτομέω, ThW VIII, 112f.; W. Foerster, Art. ἀρέσκω, ThW I, 455–457; H. Preisker, Art. ὀρθός, ThW V,450–453; W. Bauer, Wörterbuch zum NT, ⁵1965, s.v. εὐθύς. Besonders Jes 40,3 spielt eine Rolle, vgl. z.B. 1QS 8,14; Mk 1,3 par.; Joh 1,23.

G. Liedke

כְּ *kᵉ* **wie** → דמה *dmh*.

כבד *kbd* schwer sein

1. Die Wurzel *kbd* ist gemeinsemitisch; im näheren Umkreis des AT begegnet sie akk. (*kbd* > *kbt*, vgl. GAG Ergänzungsheft 8**; AHw 416f.418), ug. (WUS Nr. 1274; UT Nr. 1187; Gröndahl 148) und phön.-pun. (DISO 114; Harris 110). In allen Sprachzweigen ist **kabid-(at-)* »Leber« gebräuchlich (Bergstr. Einf. 184; P. Fronzaroli, AANLR VIII/19,1964, 257f.272. 279), während für q. »schwer sein«, pi. »ehren« usw. das Aram. die Wurzel *jqr* (**wqr*) »schwer, kostbar sein« vorzieht (DISO 110; KBL 1083a).

Das Verbum kommt in allen Stammformen außer dem Ho. vor. Bei den nominalen Ableitungen sind das Adj. *kābēd* »schwer« und das Subst. *kābōd* »Schwere, Ehre, Herrlichkeit« am wichtigsten; seltener gebraucht sind *kābēd* als Bezeichnung der »Leber« als des »schweren Organs« (im Akk. in erweiterter Bedeutung *kabattu*/*kabittu* auch »Inneres, Gemüt«, vgl. Dhorme 128–130; die Bed. »Seele« kann auch im Hebr. bei Emendation von *kābōd* zu *kābēd* in Gen 49,6; Ps 7,6; 16,9; 30,13; 57,9; 108,2 angenommen werden, vgl. KBL 420a; F. Nötscher, VT 2,1952, 358 bis 362) und die Abstrakta *kōbæd* »Schwere«, *kᵉbēdūt* »Schwierigkeit« und *kᵉbuddā* »Wertvolles«. Zum Personennamen *'īkābōd* (1Sam 4,21 mit volksetymologischer Deutung; 14,3) vgl. Stamm, HEN 416a (»Wo ist die Pracht« als Ersatzname), zu *Jōkæbæd* (Ex 6,20; Num 26,59) vgl. J. J. Stamm, FS Baumgartner 1967, 315.

Von der Wurzel *jqr* begegnen bibl.-aram. *jaqqīr* »schwierig« (Dan 2,11), »geehrt« (Esr 4,10), und *j^eqār* »Würde« (Dan 2,6.37; 4,27.33; 5,18.20; 7,14), beide Vokabeln neben angestammtem *jqr* q. »schwierig, kostbar sein« (9×), hi. »kostbar, selten machen« (2×) und *jāqār* »selten, kostbar« (35×, exkl. Jes 28, 16) auch im Hebr. als aram. LW (*jaqqīr* Jer 31,20 »teuer, wert«; *j^eqār* 17×; vgl. Wagner Nr. 120a/121).

2. Das Verbum kommt 114× vor (Jes 20×, 1Sam und Ps je 11×, Ex 10×), davon q. 23× (inkl. 2Sam 14,26), ni. 30×, pi. 38×, pu. 3×, hitp. 3×, hi. 17×. Die Zahlen für die Nomina sind: *kābōd* 200× (Ps 51×, Jes 38×, Ez 19×, Spr 16×), *kābēd* »schwer« 40× (Ex 12×, Gen 9×), *kābēd* »Leber« 14× (Ex 29,13.22 und 9× in Lev »Leberlappen«, vgl. L. Rost, ZAW 79,1967, 35–41; ferner Ez 21,26; Spr 7,23; Klgl 2,11), *kōbæd* 4× (Jes 21,15; 30,27; Nah 3,3; Spr 27,3), *k^ebuddā* 3× (Ri 18,21; Ez 23,41 txt?; Ps 45,14) und *k^ebēdūt* 1× (Ex 14,25).

3. a) Das Adj. *kābēd* kann sich in der Bedeutung mit dem dt. »schwer« decken, zeigt aber im Gebrauch auch charakteristische Besonderheiten. Nur an wenigen Stellen hat es die einfache Bed. »schwer an Gewicht« (1Sam 4,18 von Eli: »er war alt und schwer«; dazu Ex 17,12 die Hände Moses; Spr 27,3 Ärger wegen des Toren im Vergleich zu Stein und Sand). Aber auch diese Stellen zeigen schon, daß »schwer« hier eigentlich nicht als eine objektive Angabe gemeint ist; *kābēd* meint eigentlich das Schwere als das Lastende, das Schwere in seiner Funktion. Legt jemand einem anderen ein schweres Joch auf, dann ist das im Sinn des Lastenden gemeint, so wie wir von ›Steuerlasten‹ sprechen (vgl. 1Kön 12,4.11 = 2Chr 10,4.11).

Ist aber *kābēd* das Schwere in seiner Funktion, so ergibt sich daraus die Möglichkeit einer ambivalenten Bedeutung: das Schwer-Sein von etwas kann positiv wie negativ erfahren werden. Dabei ist es gewiß nicht zufällig, daß die negative Erfahrung des Schweren im Wortgebrauch ausgeprägter und häufiger ist. Der primitive Mensch erfährt das Schwer-Sein (1) als Last, die sein Körper schleppen muß, oder (2) als das über ihn kommende, ihn überfallende Schwere. Zu (1) gehören die Stellen vom schweren Joch (s.o.) und der übertragene Gebrauch, der von den Sünden als einer schweren Last spricht (Ps 38,5; vgl. Jes 1,4). Schwer lastend ist eine zu große Aufgabe (Ex 18,18; vgl. Num 11,14). Schwer erträglich ist »der Ärger mit dem Toren« (Spr 27,3; vgl. G. Rinaldi, BeO 3, 1961, 129). *kābēd* kann auch die Bed. »schwerfällig« haben: Mose sagt in Abwehr des Auftrags: »schwer ist mein Mund und meine Zunge« (Ex 4,10); vgl. »Volk mit dunkler Sprache und schwerer Zunge« (Ez 3,5.6); »schwer« im Sinne von »verstockt« ist schließlich das Herz des Pharao (Ex 7,14). Zu (2) gehören die elementaren Erfahrungen des Überfallenwerdens von der Schwere eines Hagels (Ex 9,18.24), einer schweren Menge Bremsen (Ex 8,20) oder Heuschrecken (10,14), einer schweren Seuche (9,3) oder Hungersnot (Gen 12,10; 41,31; 43,1; 47,4.13); eine auf einem Berg liegende Wolke kann den Eindruck des Lastenden machen (Ex 19,16), auch ein mächtiger Felsen (Jes 32,2).

Das Schwere ist eine positive Erfahrung, sofern es Gewicht verleiht. So kann es Reichtum (Gen 13,2) oder Vielheit, Größe bedeuten (Gen 50,9; Ex 12,38). Die Königin von Saba kommt mit »schwerem«, d.h. sehr großem, imponierenden Gefolge (1Kön 10,2 = 2Chr 9,1); besonders wird ein großes Heer als »schwer« bezeichnet (Num 20,20; 2Kön 6,14; 18,17 = Jes 36,2; vgl. 1Kön 3,9 »dein gewaltiges Volk«). Das Schwere im Sinn des Imponierenden ist auch gemeint, wo eine Trauerfeier als »schwer« bezeichnet wird (Gen 50,10 »eine große und feierliche Totenklage«, ähnlich V. 11). Oft steht im Hebr. »Schwere« oder »schwer«, wo wir im Dt. von »Größe« sprechen.

Einen theologischen Gebrauch gibt es beim Adj. *kābēd* nicht.

b) Das Verbum *kbd* ist ein Zustandsverbum mit der Bed. »schwer sein/werden«; alle Vorkommen im Gesamtgebrauch des Verbums lassen sich von dieser Grundbedeutung her verstehen.

Das Qal wird selten für physisches Schwer-Sein gebraucht (2Sam 14,26; Hi 6,3 vergleicht Hiob die Schwere seines Unglücks mit der Schwere des Sandes am Meer; vgl. Spr 27,3); nahe am physischen Gebrauch ist das Lasten der Arbeit (Ex 5,9) oder der Fron (Neh 5,18; vgl. Ri 1,35; *kbd* hi. vom Schwer-Machen eines Joches: 1Kön 12,10.14 = 2Chr 10,10.14; Jes 47,6; vgl. Klgl 3,7; so kann *kbd* hi. ein Ausdruck für »bedrücken« werden, Neh 5,15). *kbd* q. bedeutet in 2Sam 13,25 »jemandem beschwerlich fallen« (vgl. Hi 33, 7); es kann das Schwer-Sein der Sünde bezeichnen (Gen 18,20; Jes 24,20; vgl. Hab 2,6 hi. von einer Schuldenlast; Ps 38,5); wie im Dt. wird von »schweren« Kämpfen geredet (Ri 20,34; 1Sam 31,3; 1Chr 10,3).

Das Schwer-Sein kann auch positiv gemeint sein (Ez 27,25; Hi 14,21 reich und angesehen; Spr 8,24 ni. wasserreiche Quellen).

Schwer-Sein kann auch von Körperorganen ausgesagt werden; ähnlich unserem »schwerfällig« sagt es, daß das betreffende Organ nicht mehr oder nicht mehr richtig funktioniert (Gen 48,10 Augen; Jes 59,1 Ohr Gottes; vgl. Sach 7,11 hi.); so vom Herzen des Pharao Ex 9,7; im Pi. (1Sam 6,6) und im Hi. (Ex 8,11.28; 9,34; 10,1; Jes 6,10) bezeichnet es das Verhärten des Herzens (→*lēb* 4d).

Zum theologischen Gebrauch s.u. 4a.

c) Das Pi. hat an den meisten Stellen die Bed. »ehren«, d.h. »jemandem Gewicht verleihen« bzw. »jemanden als gewichtig anerkennen«. Im Dekalog wird geboten: »ehre deinen Vater und deine Mutter!« (Ex 20,12; Dtn 5,16; vgl. Mal 1,6); in der Thora-Liturgie Ps 15,4 erhält Zutritt, wer die Gottesfürchtigen ehrt. Wenn Saul 1Sam 15,30 Samuel bittet: »aber ehre mich doch jetzt vor den Ältesten meines Volks!«, meint er, er solle ihn vor den andern in seiner Stellung als König anerkennen. Im diplomatischen Verkehr ist auch dem König des Nachbarlandes Respekt zu erweisen (2Sam 10,3 = 1Chr 19,3). Wenn 1Sam 2,29 der Gottesmann Eli vorwirft: »du ehrst deine Söhne mehr als mich (Gott)«, meint er, daß die eigentlich Gott zukommende Ehre in der großen Nachsicht Elis mit seinen Söhnen diesen erwiesen wird. Das Ehren kann im Zusammenhang eines Ritus geschehen (Ri 9,9). Ehren kann unser Honorieren sein (Num 22,17.37; 24, 11). Die Weisheit verleiht Ehre (Spr 4,8).

Dem Pi.-Gebrauch entspricht der des Ni.: Menschen werden von Menschen geehrt. Ein Mann hat Ansehen in seiner Verwandtschaft (Gen 34,19; 1Sam 9,6; 22,14; 1Chr 4,9) oder in seiner militärischen Einheit (»unter den dreißig« 2Sam 23,19.23; 1Chr 11,21.25), er gehört zu den Geehrten, d.h. den Angesehenen (Num 22,15; Jes 3,5; 23,8.9; Nah 3,10; Ps 149,8). Die Weisheit sagt, wodurch man zu Ansehen gelangt (pu. Spr 13,18; 27,18). Wenn einer geehrt ist, soll er sich damit zufrieden geben (2Kön 14,10 ni., vgl. 2Chr 25,19 hi. txt?). Spr 12,9 (hitp.) warnt davor, vornehm zu tun, wenn man nicht einmal zu essen hat. Zwei Auffassungen von Ehrbarkeit können zusammenstoßen (2Sam 6,20 und 22).

Wenn das Ehren von Menschen durch Menschen im AT nicht viel seltener vorkommt als das Ehren Gottes durch Menschen (s.u. 4a), zeigt das schon, daß beides nicht in Konkurrenz zueinander stehen muß. In bestimmten Zusammenhängen (z.B. Ex 20,12) gehört das Ehren von Menschen genau so zum Dasein wie das Ehren Gottes. Zwar kann beides in Konflikt treten; aber gerade 1Sam 2,29 zeigt, daß außerhalb des Konflikts beides ausgewogen nebeneinander da ist. Unser Wort »ehren« kann das nicht exakt wiedergeben; *kbd* pi. ist im AT nicht ein Auszeichnen, das einen Menschen über andere erhebt, sondern es ist ein Anerkennen des anderen an seinem Platz in der Gemeinschaft.

d) Beim Subst. *kābōd* kann man von drei Hauptgruppen des Gebrauchs ausgehen: (1) in der physischen Bed. »Schwere«, (2) Herrlichkeit oder Ehre im menschlichen Miteinander, (3) Herrlichkeit oder Ehre Gottes (s.u. 4b–f). Alle Gebrauchsgruppen sind ohne Ausnahme von der Grundbedeutung »Schwere« her verständlich. Im Unterschied zum Verbum und zum Adjektiv wird *kābōd* nicht ambivalent gebraucht; *kābōd* hat nie die Bed. »Schwere« im Sinn des Lastenden, Bedrückenden (anders *kōbæd* »Schwere« Spr 27,3; »Wucht« Jes 21,15; 30,27; »schwere Menge« Nah 3,3; *k^e^bēdūt* »Beschwernis, Schwierigkeit« Ex 14,25).

(1) Die physische Bed. »Schwere« oder »Menge« hat Nah 2,10 »eine Last (oder: Menge?) von all den Kostbarkeiten«; Jes 22,24 »und es wird sich an ihn hängen die ganze Bürde (oder: Menge?) seiner Sippe«; Hos 9,11 »Ephraim gleicht dem Vogelschwarm, es verfliegt seine Menge« (Wolff, BK XIV/1,207, übersetzt »seine Herrlichkeit verfliegt«, erklärt aber dann S. 215: »Auf das Folgende hin meint *kābōd* konkret den Kinderreichtum [vgl. Prv 11,16]« – ein Beispiel, wie nahe die Bed. »Menge« der Bed. »Herrlichkeit« sein kann). Es fällt auf, daß die konkrete Bedeutung von *kābōd* an keiner dieser Stellen eindeutig »Schwere« ist; es ist vielmehr jedesmal im Sinn der »schweren Menge«, d.h. der »imponierenden Menge« gebraucht.

(2) Der konkreten Bedeutung nahe sind auch die Stellen, an denen *kābōd* »Reichtum« und »Ansehen« bedeutet (Gen 31,1; 45,13; Jes 10,3; 61,6; 66,12; Ps 49,17.18; Est 1,4; 5,11; vgl. Num 24,11 reichliche Belohnung; ähnlich *k^e^buddā* Ri 18,21 »Reichtum« oder »wertvolle Habe«). *kābōd* haben auch Bäume und Wälder bzw. Waldgebirge (Jes 10,18; 35,2; 60,13; Ez 31,18). Der Wald, aber auch der einzelne Baum hat etwas Imponierendes (es ist an das Klima und die Landschaft zu denken!), er macht den Eindruck der Fülle fruchtba-

ren Lebens, damit zugleich aber auch den Eindruck des Schönen, den unsere Übersetzung »Pracht« anklingen läßt, der aber in *kābōd* in dieser Stellengruppe enthalten ist (ähnlich Ps 85,10 »damit Fülle in unserem Lande wohne«). Den Eindruck des Prächtigen oder Herrlichen kann auch etwas von Menschen Verfertigtes machen (Jes 22,18 Prachtwagen; Hos 10,5 Stierbild; besonders der Tempel: Jer 14,21; 17,12; Hag 2,3.9; vom Wohnsitz des Königs der Endzeit Jes 11,10; vgl. noch *k^ebuddā* in Ez 23,41 txt?; Ps 45,14).

Während der *kābōd* eines Waldes der konkreten Bedeutung ganz nahe steht, bekommt das Wort eine allgemeinere und abstraktere Bedeutung, wo der *kābōd* einem ganzen Land zugeschrieben wird: »in drei Jahren wird die Herrlichkeit Moabs verächtlich sein« (Jes 16,14; vgl. Jer 48,18; von Kedar: Jes 21,16; von Assur: Jes 8, 7; 10,16; Hab 2,16). So wird auch von der Herrlichkeit Israels gesprochen (Jes 17,3. 4; 62,2; 66,11; Mi 1,15; besonders prägnant in der Klage: »dahin ist die Herrlichkeit Israels!« 1Sam 4,21.22). Dieser *kābōd* eines Landes ist nicht so unmittelbar sinnlich wahrnehmbar wie derjenige eines Waldes, er zeigt sich vielmehr an einer Fülle von Phänomenen, die die Blüte des Volkes und Landes ausmachen: Größe und Festigkeit der Städte, Blüte der Kultur, politische Größe, Handel, Heerwesen u.a. Zur Blüte des Landes gehört auch der Adel; so können Jes 5,13 die Edlen des Volkes als *kābōd* bezeichnet werden. Zum Edlen gehört der Ehrensitz (Jes 22,23); auch dem König wird *kābōd* zugeschrieben (Ps 21,6).

In einer Abwandlung dieses Wortgebrauchs spiegelt sich der große Bruch in der Geschichte Israels: In einer Gruppe von Stellen ist *kābōd* nicht mehr Bezeichnung der gegenwärtigen Wirklichkeit; die Herrlichkeit des Landes, des Volkes, des Tempels wird jetzt für die Zukunft erwartet oder angekündigt: Jes 4,2 »und an jenem Tag wird, was Jahwe sprossen läßt, zur Zierde und zur Herrlichkeit« (dazu Jes 11,10; 24,23; 61,6; 62,2; 66,11; Mi 1,15; Hag 2,7.9; Sach 2,9; Ps 85,10?; besonders für Tritojesaja ist dieses Reden von zukünftiger Herrlichkeit Israels und des Zion charakteristisch).

Eine weitere Gruppe bilden die Stellen, an denen wir *kābōd* mit »Ehre« übersetzen. Daß »Ehre« und »Herrlichkeit« im Hebr. zwei Bedeutungen *einer* Vokabel sind, ist so zu erklären: Sagt man von einem Menschen, er habe *kābōd*, so kann man damit seinen Reichtum, aber auch seine Bedeutung in einem weiteren Sinn meinen (so z.B. Gen 45,13), entsprechend unserem »wichtig« (= »gewichtig«). Dieses Gewichtig-Sein eines Mannes ist für den Hebräer identisch mit seinem Ansehen, das er in seinem Lebenskreis hat; seine Gewichtigkeit *ist* sein Ansehen, seine Ehre. Auf Grund dieses Ganzheitsdenkens kann *kābōd* beides umfassen. Ehre ist dann nicht etwas, was von dem Ehrenden, sondern von dem Geehrten ausgeht; sie ist Reflex der Gewichtigkeit eines Mannes.

Nun läßt sich aber im Gebrauch von *kābōd* im Sinn von »Ehre« eine Gruppierung um zwei Schwerpunkte erkennen. Der eine liegt im Gebrauch von *kābōd* in der Spruchweisheit. Hier bezeichnet *kābōd* die geachtete Stellung, die ein Mensch in seinem Lebenskreis hat, die Frau (Spr 11,16) wie der Mann (Spr 3,35; 15,33; 18,12; vgl. 29,23; Pred 10,1). Man kann diese Ehre durch sein Verhalten verlieren (Spr 26,1. 8; vgl. Hab 2,16); sie erweist sich im Verhalten (Spr 20,3; 25,2); Leben und Ehre gehören zusammen (Spr 21,21; 22,4; vgl. Ps 112,9; 149,5; Hi 29,20). Dem Ehrbaren wird beim Tod die letzte Ehre erwiesen (2Chr 32,33); sie ruhen in Ehren (Jes 14,18). Hierzu gehört eine Gruppe von Stellen in den Psalmen (Klage des Einzelnen), in der der Klagende die Minderung oder Vernichtung seiner Ehre beklagt (Ps 4,3; 7,6; vgl. Hi 19,9); demgegenüber weiß der Klagende im Bekenntnis der Zuversicht die Wahrung seiner Ehre bei Gott aufgehoben (Ps 3,4; 62,8; 73, 24; 84,12; vgl. 1Chr 29,12 und Pred 6,2). Aber so wird nur in besonderen Situationen gesprochen; sonst ist die Ehre etwas rein Zwischenmenschliches.

Der andere Schwerpunkt ist durch das Wortpaar »Reichtum und Ehre« charakterisiert. Dieser Gebrauch begegnet häufig im Chronikwerk (1Chr 29,28 »er starb in gutem Alter, satt an Leben, Reichtum und Ehre«; dazu 1Chr 29,12; 2Chr 1,11. 12; 17,5; 18,1; 32,27; vgl. Spr 3,16; 8, 18; 22,4; Pred 6,2). Dies sind meist späte Stellen. Das Wortpaar begegnet zuerst 1Kön 3,13 im Bericht von Salomos Traum (»dazu gebe ich dir auch, was du nicht erbeten hast, Reichtum und Ehre«). Es ist gewiß nicht zufällig, daß dieses Wortpaar zum erstenmal zu Beginn des Königtums auftritt. Es zeigt eine soziale Wandlung an, die durch das Königtum bedingt ist: eine Schicht reicher und mächtiger Familien entsteht, und das Ansehen dieser reichen Oberschicht wird jetzt mit

»Ehre« bezeichnet. Gewiß ist auch nicht zufällig, daß das Wortpaar »Reichtum und Ehre« in den Spr gerade in der jüngeren Sammlung Spr 1–8 auftritt (3,16 und 8, 18). In den Zusammenhang dieser aristokratischen Ehre gehört auch, daß der Mächtige den ehrt, der ihn anerkennt (Dan 11,39).

4. a) Der theologische Gebrauch des Verbums ist je nach den Stammformen verschieden ausgeprägt. *kbd* pi. kann als Parallelbegriff der Verben des Lobens gebraucht werden (im imperativischen Lobruf Jes 24,15; Ps 22,24; im Lobgelübde Ps 86,12; 91,15; das Lob der Völker wird Ps 86,9 in Aussicht gestellt, vgl. Jes 25,3; Lob der Tiere Jes 43,20; Reaktion auf Rettung oder Eintreffen einer Verheißung Ri 13,17; Ps 50,15). Es kann von der Gottesverehrung allgemein gebraucht werden (Dan 11,38; vgl. Dtn 28,58 ni.). Aber der eigentlich charakteristische Gebrauch ist von der Grundbedeutung »gewichtig machen« her zu verstehen. Gott ehren heißt ihm das ihm zukommende Gewicht geben, ihn in seinem Gott-Sein anerkennen (negativ Jes 29,13 »sie ehren mich mit ihrem Mund und ihren Lippen«; 43,23 »mit deinen Opfern hast du mich nicht geehrt«; vgl. ferner Jes 58,13; Ps 50,23; Spr 14,31 »den Schöpfer ehrt, wer sich der Armen erbarmt«, vgl. Spr 3,9). Hierher gehört auch 1Sam 2,29 (s.o. 3c). Darum kann das Ehren auch wechselseitig sein: »(nur) wer mich ehrt, den ehre ich« (1Sam 2,30).

Im Ni. hat das Verbum nicht passive (wie in der Gruppe, in der es auf Menschen bezogen ist), sondern reflexive Bedeutung: Gott schafft sich selbst die Gewichtigkeit. Dieser Gebrauch begegnet erst spät. Auf dem Hintergrund einer langen Erfahrung, daß Gott nicht die gebührende Ehre gegeben wurde, bricht die Erkenntnis durch, daß Gott selbst sich die ihm gebührende Ehre schafft. Eine Gruppe dieses Gebrauchs findet sich bei P: Gott verherrlicht sich durch die Vernichtung einer Israel feindlichen Macht (Ex 14,4.17.18); die gleiche Bedeutung liegt Ez 28,22; 29,13 vor; in die drei Stellen Jes 26,15; 66,5 txt em; Hag 1,8 scheint dieser Gebrauch übernommen zu sein. Er ist damit auf die Zeit des Exils und bald nach dem Exil beschränkt.

Es gibt auch einen Gebrauch, in dem Gott Subjekt des Verbums *kbd* ist, jedoch nicht im Pi., sondern nur im Qal und je zweimal im Ni. und Hi. Im Qal wird es in der Grundbedeutung »schwer sein« gebraucht, und zwar im Sinn des Lastens, wie in der Mehrzahl der nicht-theologischen Stellen. Es handelt sich um die eine feste Redewendung »die Hand Gottes lastet schwer auf...« (1Sam 5,6.11; Ps 32,4; Hi 23,2; 33,7; in die Nähe gehört Klgl 3,7 hi. »er hat meine Fesseln schwer gemacht«; vgl. Ri 1,35, s.o. 3b). Das Schwer-Sein ist in dieser Gruppe nicht eine Aussage über Gott, sondern über die von Gott ausgeübte Gewalt (→*jād*), mit der er gegen jemanden handelt. Dabei zeigt sich ein wichtiger Unterschied: In 1Sam 5,6.11 ist damit Gottes Geschichtshandeln gemeint; die Gewalt übt er gegen Israels Feinde aus. Das ist die alte, vielfach bezeugte Vorstellung. In Ps 32,4; Hi 23,2; 33,7; Klgl 3,7 dagegen übt Gott die Gewalt gegen Einzelne aus, und zwar gegen Glieder seines eigenen Volkes; der Satz ist in allen Fällen ein Teil der Klage des Einzelnen. Hier ist eine tiefe Wandlung vorausgesetzt: ein Glied des Gottesvolkes kann selbst das Lasten der gegen es gerichteten Gewalt Gottes erfahren. Die Dramatik hat sich von der Ebene des Kampfes Israels mit seinen Feinden verlagert auf die Ebene der von Leid und Anfechtung bedrängten Existenz.

In zwei späten Verheißungen wird auf dem Hintergrund der langen Zeit der Schande des niedergetretenen Landes angekündigt, daß Gott das Land (das Volk) wieder zu Ehren bringt (Jes 8,23, vgl. dazu J.A.Emerton, JSS 14, 1969, 151–175; Jer 30,19; beidemal hi.); und bei Deuterojesaja wird in einer Heilszusage Israel verkündet, daß es in Gottes Augen wert geachtet ist (Jes 43,4 ni.; dasselbe vom Knecht Jahwes Jes 49,5).

b) Über das Subst. *kābōd* in theologischem Gebrauch (4b–f) existiert – namentlich aus älterer Zeit – eine recht ausgedehnte Literatur (verzeichnet bei C.Westermann, Die Herrlichkeit Gottes in der Priesterschrift, FS Eichrodt 1970, 227); erwähnt seien davon: A.von Gall, Die Herrlichkeit Gottes, 1900; W.Caspari, Die Bedeutungen der Wortsippe *kbd* im Hebr., 1908; H. Kittel, Die Herrlichkeit Gottes, 1934; B.Stein, Der Begriff Kᵉbod Jahweh und seine Bedeutung für die atl. Gotteserkenntnis, 1939; T.A.Meger, The Notion of Divine Glory in the Hebrew Bible, Diss. Louvain 1965. Im Folgenden werden besprochen: die gegenwärtige Ehre und Ehrung Gottes (4c), der zukünftige *kābōd* Gottes (4d), *kᵉbōd Jhwh* in der Priesterschrift (4e), *kᵉbōd Jhwh* bei Ezechiel (4f).

c) Es zeichnet sich ein theologischer Gebrauch an zum Teil frühen Stellen ab, bei denen *kābōd* im Zusammenhang der Ehrerweisung steht. Er steht dem Gebrauch von *kbd* pi. (s.o. 4a) nahe und bringt zum Ausdruck, daß der *kābōd* Gottes ein ihm entsprechendes Verhalten, daß er Anerkennung fordert. So fordert Josua in der Erzählung von Achans Diebstahl diesen auf: »Gib doch Jahwe, dem Gott Israels, *kābōd*!« (Jos 7,19; ähnlich in der Lade-Erzählung 1Sam 6,5). Die Ähnlichkeit dieser beiden frühen Stellen läßt darauf schließen, daß schon in früher Zeit in Israel die Vorstellung da war, daß das Gewicht, die Würde oder das Ansehen Jahwes (*kābōd* läßt sich hier kaum in der Übersetzung ganz festlegen) verletzt werden konnte und daß man dann darauf bedacht sein mußte, daß ihm die gebührende Ehre erwiesen wurde, und zwar durch eine Handlung, wie sie sich aus der Situation ergab. Dieser Gebrauch begegnet dann wieder in der Prophetie. In der Begründung einer Gerichtsankündigung gegen Jerusalem sagt Jesaja (3,8): »Ihre Zungen und ihre Taten sind gegen Jahwe, zu erbittern die Augen seiner Majestät«. Es ist die gleiche Vorstellung: durch ein Verhalten wird das Ansehen Jahwes verletzt. Es ist zu beachten, daß an dieser Stelle der Gebrauch von *kābōd* bei Jesaja als genuin israelitisch erklärt werden kann. Er liegt auch Jer 13, 16 zugrunde: »Gebt Jahwe, eurem Gott, *kābōd*, ehe es finster wird!«. Noch beim Propheten Maleachi begegnet der gleiche Gebrauch: »Und wenn ich Vater bin, wo ist meine Ehre?« (Mal 1,6; dazu 2,2 »... und nicht darauf achtet, meinem Namen die Ehre zu geben«; vgl. auch Spr 25,2 in der Weisheit). Er bestand also in der frühen bis in die nachexilische Zeit. Er entspricht dem Gebrauch im innermenschlichen Bereich, und es besteht kein Anlaß, bei diesem Gebrauch einen außerisraelitischen Einfluß anzunehmen.

Ihm steht ein Gebrauch nahe, bei dem *kābōd* ebenfalls die Gewichtigkeit Gottes meint und dazu aufgefordert wird, Jahwe *kābōd* zu erweisen, bei dem aber diese Ehrerweisung nicht in einem Handeln, sondern in der kultischen Ehrung, besonders in der Anerkennung Gottes als Gott im Gotteslob, erwartet wird. So im 29. Psalm: »Bringt Jahwe Ehre und Macht!« (V. 1 = Ps 96,7 = 1Chr 16,28; V. 2 und par.: »Bringt Jahwe die Ehre seines Namens!«). Nun ist *kābōd* etwas wie ein Leitwort für Ps 29: V. 3b »der Gott der Herrlichkeit donnert« und V. 9b »... und in seinem Palast ruft alles *kābōd*!« (Anklang an Jes 6,3). Der Unterschied zu der vorigen Gruppe zeigt sich vor allem daran, daß wir in den imperativischen Sätzen V. 1 und 2 mit »Ehre«, das Gottesprädikat *'ēl hakkābōd* in V. 3 dagegen mit »Gott der Herrlichkeit« übersetzen. *kābōd* umfaßt also in diesem Psalm beides. Es kommt hinzu, daß der *kābōd* Gottes nicht nur in seiner Beziehung auf Menschen, sondern auch auf die Schöpfung gemeint ist: »der Gott der Herrlichkeit donnert«, vgl. V. 4–9. Es ist lange erkannt, daß Ps 29 ein von Israel aus Kanaan übernommener Psalm ist oder doch eine kanaanäische Vorgeschichte hat. Dann liegt hier ein kan. Gebrauch des Wortes *kābōd* vor, bei dem die Gewichtigkeit eines Gottes besonders in seiner Wirksamkeit in der Natur gesehen wurde. Im Gottesdienst wird der Majestät dieses Gottes Ehre erwiesen, er wird in seiner Majestät anerkannt. Nun ist zwar Ps 29 der einzige Text im AT, in dem der *kābōd* Gottes sich so unmittelbar und so ausführlich in einer Naturerscheinung manifestiert, aber daß im Gottesdienst der Majestät Gottes Ehre erwiesen wird und daß dazu aufgefordert wird, entspricht ganz israelitischer Auffassung und begegnet daher häufig (z.B. Ps 66,2 »spielet der Ehre seines Namens!«; weitere Stellen s.u.). Alle diese Stellen wären der ersten Stellengruppe parallel zu erklären, nur daß das Ehregeben hier nicht in einem Handeln, sondern in einem Sagen bzw. Singen besteht, dem Anerkennen der Ehre Gottes in der gottesdienstlichen »Verehrung«.

Einige Psalmen zeigen aber, daß das kanaanäische *kābōd*-Verständnis aus Ps 29, nach dem der *kābōd* besonders in seinem Wirken in Naturphänomenen wie dem Gewitter gesehen wird, nachwirkte. Ähnlich wie in Ps 29 wird in Ps 24,7–10 *kābōd* zu einem Leitwort, das in V.7.8.9 und zweimal in V.10 begegnet, hier aber jedesmal in der Cs.-Verbindung *mælæk hakkābōd*. Diese Bezeichnung legt nahe, daß der Psalm zum Kult des Jerusalemer Tempels gehört, an dem Elemente des kan. Kultes bewahrt wurden. Eine weitere Entsprechung zu Ps 29 zeigt sich darin, daß V.1–2 vom Schöpfer und seinem Beherrschen der Schöpfung reden. Wie in Ps 29 hat auch in Ps 24 *kābōd* mehr den Klang von »Majestät« als von »Ehre«; es wird daher mit Recht meist »König der Herrlichkeit« übersetzt. Die gleiche Bedeutung und den gleichen Klang finden wir in Ps 19,2, wo der *kābōd* wieder im Zusammenhang des Schöpferwirkens steht, und in dem Kehrvers Ps 57,6.12 »erhebe dich über die Himmel, Gott, und über die ganze Erde deinen *kābōd*!«, der in die Klage des Einzelnen schlecht paßt und ein eigenständiges, für diesen Psalm verwendetes Element zu sein scheint (vgl. auch Ps 108,6).

Dieser Stelle steht Jes 6,3 nahe: »voll ist das ganze Land von seinem *kābōd*!«. Von der Erstreckung über das ganze Land spricht auch Ps 57,6 (vgl. 97,6); es klingt in 19,2 an. Der Ort, von dem her sich der *kābōd* über das ganze Land erstreckt, ist der Tempel (ob der irdische oder der himmlische, kann hier außer Betracht bleiben). Es ist die Majestät Gottes gemeint, die im Tempel verehrt wird, wobei Jahwe als thronend vorgestellt ist. Dann ist anzunehmen, daß dieser Satz in der Berufungsvision Jesajas im Zusammenhang mit Traditionen des Tempels von Jerusalem steht, in denen eine vorisraelitische, kanaanäische Vorstellung vom *kābōd* Els mitschwingt. So auch R. Rendtorff, KuD Beiheft 1, [3]1965, 31: »In der älteren, wohl aus der Jerusalemer Tempeltradition stammenden Auffassung wurde der *kābōd* Jahwes gepriesen, der für alle Menschen sichtbar in Erscheinung tritt; er ist die den Menschen erkennbare Seite des Wirkens Jahwes, in dem er selbst in seiner Macht offenbar wird«. Erinnern wir aber an das zu Jes 3,8 Gesagte, so kommen bei Jesaja ein genuin israelitischer und ein kanaanäisch beeinflußter Gebrauch von *kābōd* zusammen; dieser genuin israelitische Sinn ist dann auch in Jes 6,3 mitzuhören.

Dies gilt auch für den vorexilischen Gebrauch des Wortes im ganzen. Es kommen darin zwei Linien zusammen; die eine ist ein schon früher, spezifisch isr. Gebrauch, in dem *kābōd* die Gewichtigkeit Jahwes bedeutet, die respektiert werden muß, primär in einem Handeln. Dieser Gebrauch erhält sich bis in die nachexilische Zeit. Die andere Linie daneben ist ein spezifisch gottesdienstliches Reden von Jahwes *kābōd*, das auf eine vorisraelitische, kanaanäische Vorstellung vom *kābōd* Els zurückgeht, in dem besonders sein Wirken in Naturerscheinungen gefeiert wird. Hierzu sagt Rendtorff, a.a.O. 28 Anm. 33: »El ist im kanaanäischen Pantheon König; vgl. auch Ps 29,10b. Zu 29,2 vgl. die ugaritischen Texte, in denen *kbd* ... zu den stereotypen Formen der Ehrfurchtsbezeugung vor dem Thron Els (vgl. Gordon, Ugaritic Manual, Text 49, I, 10; 51, IV, 26) wie vor anderen Göttern (51, VIII, 28f.; 2Aqht V, 20,30; ʿnt III, 7; VI, 20) gehört«. Vgl. dazu W.H. Schmidt, Königtum Gottes in Ugarit und Israel, [2]1966, 25f.; Wildberger, BK X, 249f. Diese beiden Linien sind aber im Reden vom *kābōd* Jahwes im AT so miteinander verschmolzen, daß bei der Mehrzahl der Stellen ein eindeutiges Zurückführen auf nur eine der Linien nicht mehr möglich ist. R. Rendtorff macht auch darauf aufmerksam, daß sich die spezifisch israelitische Linie insofern durchsetzt, als die Geschichte als der besondere Bereich des Wirksamwerdens des *kābōd* gesehen wird, wie das z.B. der eigentümliche Parallelismus von Ps 97,6 zeigt: »Die Himmel verkünden seinen *ṣǽdæq*, und alle Völker sehen seinen *kābōd*!«. Man wird aber doch Gruppen des Gebrauchs unterscheiden können, in denen die eine oder die andere Linie vorwaltet; in der einen (1) ist bei dem *kābōd* besonders an das geschichtliche Einwirken gedacht, in der andern (2) mehr an die im Gottesdienst verehrte Herrlichkeit.

(1) Ps 115,1: »Nicht uns, Jahwe, nicht uns, sondern deinem Namen gib Ehre!« Der Satz steht im Zusammenhang des Bittens um Gottes Eingreifen in der (stark abgewandelten) Volksklage; gemeint ist die Bitte um Gottes rettendes Eingreifen um seiner Ehre willen. Sein *kābōd* erweist sich im rettenden Eingreifen für sein Volk, wie auch in der Volksklage Ps 79,9: »Hilf uns, du Gott unseres Heils, um der Ehre deines Namens willen!«. Vgl. bei Deuterojesaja Stellen wie Jes 42,8 »und meine Ehre lasse ich keinem andern«; vgl. 48,11; 43,7 »zu meiner Ehre habe ich ihn geschaffen«. Zu dieser Gruppe gehört auch der Satz aus einem Gerichtswort Jeremias: »mein Volk hat seine Ehre vertauscht mit einem Nichtsnutz« (Jer 2,11), der auch Hos 4,7 begegnet und in Ps 106,20 aufgenommen ist. Jahwe ist Israels Ehre, sofern es sich seiner rühmen kann; gleichzeitig aber ist das Wirken Jahwes an seinem Volk als Erweisen seines *kādōd* gemeint.

(2) Für die gottesdienstliche Verehrung des *kābōd* Jahwes sind Sätze aus den Psalmen bezeichnend wie Ps 138,5: »denn groß ist der *kābōd* Jahwes«, oder Ps 145,5: »von der hehren Pracht deines *kābōd* singen sie«, vgl. V. 11 und 12. Diese Stellen weisen deutlich auf die vorisraelitische Vorstellung von dem *kābōd* des in seinem Heiligtum thronenden Gottes. In Ps 26,8 wird der Tempel ausdrücklich genannt: »die Stätte deines Hauses, den Ort, da dein *kābōd* wohnt«, vgl. 63,3. Das Wort begegnet auch in den Psalmen von Jahwes Königtum: Ps 96,3 = 1Chr 16,24 »erzählt unter den Völkern seine Herrlichkeit« und Ps 97,6 (s.o). Es kann auch allgemein die Majestät Gottes zum Ausdruck bringen wie in Ps 113,4: »Jahwe ist erhaben über alle Völker, und seine Herrlichkeit über die Himmel« (so auch in der späten Doxologie Ps 72,19 und in Neh 9,5). Weitere Stellen sind Ps 66,2; 79,9; 104,31; vgl. Jes 42,12.

d) In einer großen Gruppe von Stellen wird das Sich-Erweisen des *kābōd* in der Zukunft erwartet oder für die Zukunft angekündigt. Dieser Stellengruppe liegt die Auffassung zugrunde, daß sich der *kābōd* Gottes in seinem geschichtlichen Handeln erweist, daß dieses aber in der Zukunft liegt. Auch hier finden sich eine Reihe von Stellen, die einen deutlichen Einfluß der anderen Vorstellung von der im Tempel verehrten Herrlichkeit zeigen. Eine besonders prägnante Stelle ist Jes 40,5. In 40,3–4 wird in der Ebnung des Weges das Eingreifen Gottes dargestellt, das dem Volk Gottes die Heimkehr ermöglichen soll; und eben darin »wird offenbar der *kābōd* Jahwes, und alles Fleisch wird es sehen«. *glh* ni. »offenbar werden« meint hier nicht, daß etwas Vorhandenes, vorher Verhülltes, sichtbar wird, sondern daß ein

Geschehen vor aller Augen sich abspielen wird. Die Gewichtigkeit Gottes war nicht erkennbar in der gedemütigten Lage Israels im Exil; mit dessen Befreiung wird es wieder erkennbar, und zwar vor der ganzen Welt. *kābōd* ist also in Jes 40,5 durchaus im geschichtlichen Zusammenhang gemeint; ähnlich 42,8 und 43,7 (s.o.), nur daß hier mehr an den Reflex dieser Gewichtigkeit gedacht ist, weswegen es hier mit »Ehre« zu übersetzen ist (ebenso wie in 42,12, das von der Anerkennung dieses Wirkens Gottes spricht).

Bei Tritojesaja aber ist der Klang des Wortes etwas anders. Wenn in Jes 60,1f. *kābōd* im Parallelismus zu *'ōr* »Licht« steht, so ist dies offenbar eine ganz neue Nuance: das Erscheinen des *kābōd* wird einer Lichterscheinung gleichgesetzt (der gleiche Parallelismus Jes 58,8). »Eigenartig gehen in V. 1 und 2b die Verben des Kommens und Erscheinens (= Aufgehen eines Gestirns) ineinander über... Die alte Vorstellung der Epiphanie, die ein wirkliches Herbeikommen Jahwes voraussetzt, ist fast überdeckt von der Vorstellung des Aufgehens eines Gestirns« (Westermann, ATD 19, 284f.). Damit aber erhält *kābōd* bei Tritojesaja eine abstrahierende, objektivierende Bedeutung, die dann bei P und Ez noch verstärkt wird. Sie zeigt sich ebenso in 58,8: »der *kābōd* Jahwes wird deinen Zug beschließen«. Von der Anerkennung dieses *kābōd* sprechen 62,2 »und alle Könige sehen deinen *kābōd*« und 59,19 (ähnlich Jes 35,2). Während aber dieses von Tritojesaja gemeinte Geschehen noch als in der Geschichte sich vollziehend gemeint ist, weisen Jes 66, 18f. (»sie werden kommen und meine Herrlichkeit unter den Völkern verkünden«) auf ein Geschehen jenseits der gegenwärtigen Geschichte; hier tritt der Begriff *kābōd* in den Zusammenhang apokalyptischen Redens, es setzt das Kommen Gottes zum Weltgericht voraus (V. 15). Ein ähnliches Reden findet sich in einer späten Einfügung in den 102. Psalm (V. 14–23); auch hier wird vom Versammeln der Völker gesprochen (V. 23), »wenn Jahwe Zion wieder gebaut und sich in seinem *kābōd* gezeigt hat« (V. 17)... »werden alle Könige der Erde deinen *kābōd* fürchten« (V. 16). Hierher gehört auch Ez 39,21 (vgl. V. 13).

Eine Gruppe von späten Stellen, die alle von einem zukünftigen *kābōd* sprechen, läßt den Einfluß der *kābōd*-Vorstellung der Priesterschrift erkennen. In Jes 4,5, einem späten Heilswort, ist von der Erscheinung Jahwes auf dem Zion die Rede, die alles wandelt; sie wird nach Art der Sinaitheophanie beschrieben, dann wird erklärt: »denn über allem ist die Herrlichkeit Jahwes ein Schutz und Schirm«. Deutlich ist die Vorstellung von P in dem späten Zusatz 1Kön 8,11 nachträglich eingetragen: »denn es erfüllte der *kābōd* Jahwes das Haus Jahwes«. In der einzigen Stelle im Dtn (5,24) wird auf das Sinaiereignis mit den Worten zurückgeblickt: »siehe, Jahwe, unser Gott, hat uns seine Herrlichkeit und seine Größe sehen lassen«; das kann Psalmensprache sein, möglich ist aber auch hier ein Einfluß von P.

Die Perikope Ex 33,18–23 ist sehr umstritten. Sie beginnt: »laß mich doch deinen *kābōd* sehen!«. Dazu parallel steht in V.19 *kol-ṭūbī* »alle meine Schönheit« und in V.20 *pānāj* »mein Angesicht«, dann V.22: »wenn mein *kābōd* vorüberzieht...«. In der Bitte Moses, Gott schauen zu dürfen, haben die Vokabeln *kābōd*, *ṭūb*, *pānīm* nur den Sinn, die Direktheit des Gott-Schauens zu dämpfen oder zu relativieren, sie haben keine Eigenbedeutung. Es ist nach der hier dargestellten Begriffsgeschichte ausgeschlossen, daß diese Perikope einer der alten Quellen, J oder E, angehört. Sie ist eine späte Einfügung, in der es um die Erhöhung Moses geht, dessen einzigartige Gottesbeziehung herausgestellt werden soll.

e) *kābōd* begegnet in der Priesterschrift 13× (*k^ebōd Jhwh* 12×, ferner Ex 29,43 *k^ebōdī*), dazu kommen vier Stellen des verbalen Gebrauchs in theologischer Bedeutung. In der Priesterschrift erhält *kābōd* eine zentrale Bedeutung; der Begriff ist für die Theologie von P bestimmend, und zwar als geprägter Terminus in der Verbindung *k^ebōd Jhwh*. Er begegnet bei P in zwei Zusammenhängen: (1) in Stellen, die vom Sinaiereignis ausgehen, in denen es um die Begründung des Kultes geht (Ex 24,16.17; 40,34.35; Lev 9, 6.23, vgl. V. 4b.24; dazu als sekundäre Weiterbildung Ex 29,43); (2) in Erzählungen von Ereignissen bei der Wüstenwanderung (Ex 16,7.10; Num 14,10; 16, 19; 17,7; 20,6; dazu die sekundären Weiterbildungen Num 14,21.22); hinzu kommt (3) das Verbum *kbd* ni.: Jahwe erweist sich herrlich in geschichtlichem Wirken (Ex 14,4.17.18; Lev 10,3).

(1) Der Gebrauch von *k^ebōd Jhwh* an den drei Stellen Ex 24,15b–18; 40,34–35 und Lev 9 ist *einer* Geschehensfolge zugeordnet. Sie beginnt mit der Nennung eines Ortsnamens, des Berges Sinai, und berichtet die Ankunft des Volkes am Berg Sinai (Ex 19,1.2a). Der Sinai hat hier zwei Funktionen: er ist Station auf der Wanderung Israels, und er ist heiliger Berg. Die Ankunft am Sinai ist ein geschichtlicher

Akt, der heilige Berg begründet den Kultus. Alles, was nun folgt, hat an beiden Strukturen Anteil, der des Erstmaligen und der des Bleibenden. Das ›zum erstenmal‹ wird durch das *kābōd*-Ereignis bezeichnet; es charakterisiert das besondere Ereignis der Stiftung und Bestätigung des Kultes (so auch Rendtorff, a.a.O. 30f.). (a) P bezeichnet mit *kābōd* die Majestät des Gottes, der Israel erstmalig auf der Spitze des Berges begegnete. Ex 24,15–18 ist die P-Darstellung des Sinai-Ereignisses, parallel Ex 19 (J und E). *kābōd* markiert die Besonderheit dieses Ereignisses gegenüber allem, was Israel bisher geschehen oder begegnet war. Damals am Sinai geschah, was von da ab als Offenbarung des *kᵉbōd Jhwh* bezeichnet wird. (b) Das Ziel dieses Vorganges war ein Reden Gottes zu Israel. Das Neue dieses Redens erhält seinen Ausdruck in der Besonderheit des Redens am heiligen Ort zur heiligen Zeit. Sie erfordert den Mittler, der allein dem heiligen Ort naht, durch den dieses Reden dem Volk vermittelt wird. In diesem Ereignis sind die Grundstrukturen heiligen (kultischen) Geschehens begründet. (c) Das Reden vom heiligen Ort her ist ein Auftrag, der an Mose und durch ihn an das Volk ergeht, das Zelt der Begegnung zu erbauen (Ex 25,1ff.). Nachdem es erbaut ist, erfüllt der *kᵉbōd Jhwh* die Wohnung; damit ist die Heiligkeit des heiligen Ortes für Israel bestätigt (Ex 40,34–35). (d) Der heilige Ort ermöglicht die heilige Handlung. Wieder ergeht der Auftrag dazu an Mose, wieder wird nach der Ausführung der erste Vollzug der heiligen Handlung durch das Erscheinen des *kᵉbōd Jhwh* bestätigt. Damit ist das gottesdienstliche Handeln, das nun für Israel in Geltung bleiben soll, konstituiert und sanktioniert (Lev 9).

(2) Die Texte Ex 16 (das Manna), Num 14 (teilweise P; die Kundschafter), Num 17,6–15 (Aufruhr wegen der Vernichtung Korahs) und Num 20,1–13 (das Haderwasser), die Ereignisse der Wüstenwanderung beschreiben, sind in ihrer Abfolge sehr ähnlich: I. Anlaß, II. Lokalisierung am Zelt der Begegnung, III. Erscheinung des *kᵉbōd Jhwh*, IV. Wort Jahwes an Mose, V. ein Handeln Jahwes. In jedem dieser Texte steht das Erscheinen des *kᵉbōd Jhwh* in der Mitte, das die Wendung in einem bedrohlichen Augenblick bewirkt. In den Punkten II, III und IV ist die Struktur des Geschehens aus Ex 24,15–18 übernommen. Die Struktur der Wortoffenbarung wird von P zur Gestaltung von Wirkungsoffenbarungen benutzt. Es geht dabei jedesmal um ein Eingreifen Gottes in die Geschichte. P vermag auf diese Weise darzustellen, daß die eine grundlegende Gottesoffenbarung alles weitere Geschehen bestimmt. Durch den Begriff *kᵉbōd Jhwh* verklammert P die Vorgänge bei der Wüstenwanderung mit dem Urereignis am Sinai. *kᵉbōd Jhwh* war damit für P etwas, was in beiden Geschehensarten, der kultischen und der geschichtlichen, gleichermaßen erfahrbar war: die Majestät des Sich-Erweisens Gottes. Nicht die Licht- oder Feuererscheinung als solche (so Elliger, HAT 4,131; G.von Rad, ThW II, 243; Zimmerli, BK XIII,57, u.a.), die Majestät des hier wie dort begegnenden Gottes ist mit *kᵉbōd Jhwh* gemeint. In Ex 24,15–18 ist V. 17, der von der Lichterscheinung redet, Parenthese; das Geschehen ist vollständig auch ohne sie.

(3) Dieser Bedeutung allein entspricht auch der verbale Gebrauch in Ex 14,4 »so will ich mich herrlich erweisen am Pharao und seiner ganzen Macht« (dazu V. 17.18; vgl. Lev 10,3).

Die Bedeutung der Übernahme des *kābōd*-Begriffes durch P liegt in der Verbindung des Jahwenamens mit den Grundelementen heiligen Geschehens, dem heiligen Ort, der heiligen Zeit, dem Mittler des Heiligen, die es bis zu dem Ereignis am Sinai (Ex 24,15–18) für Israel noch nicht gegeben hatte. Sie kommt zu sprachlichem Ausdruck in der Cs.-Verbindung *kᵉbōd Jhwh* (zum ganzen Abschnitt vgl. C. Westermann, Die Herrlichkeit Gottes in der Priesterschrift, FS Eichrodt 1970, 227–249).

f) *kābōd* kommt bei Ezechiel nur in wenigen begrenzten Zusammenhängen vor, dort aber meist gehäuft: (1) am Abschluß der Berufungsvision Ez 1,28, dazu am Abschluß der Beauftragung in 3,23, wobei auf 1,28 zurückverwiesen wird; (2) in Ez 8–11 im Zusammenhang des Verlassens des Tempels, und (3) in Ez 43–44 beim Wiederkehren in den Tempel. Die beiden letzten Stellengruppen gehören nahe zusammen.

In Ez 8,1–3 wird Ezechiel in einer Vision an das Tor des Tempelvorhofs entrückt, »und siehe, da war der *kābōd* des Gottes Israels, so wie . . . (es wird auf 1,28 zurückverwiesen)« (V. 4). Ez 10,4 berichtet, daß sich der *kābōd* vom Cherub neben der Tempelschwelle erhebt, »bis der Vorhof voll ward vom Glanz des *kābōd*«. In 10,18.19 bewegt sich der *kābōd* von der Schwelle des Tempels weg, und 11,22–23 verläßt er die Stadt. In 43,2 kehrt der *kābōd* von Osten her wieder zurück, »und sein Rauschen war wie das Rauschen großer Wasser und das Land leuchtete auf von seinem *kābōd*«; in 43,4 geht der *kābōd* wieder in den Tempel hinein, »und siehe, das Tempelhaus war erfüllt von dem *kābōd* Jahwes« (V. 5; so noch einmal 44,4).

Die zugrunde liegende Vorstellung ist die gleiche wie bei P: der *kābōd* ist die Majestät Gottes, in der er den Menschen erscheint (1,28; 3,23; 8,4), die aber ihren eigentlichen Ort im Tempel hat; als *kābōd* über den Cheruben ist er die Majestät des im Tempel thronenden Gottes (9,3; 10,4; 11,22). Die Besonderheit des Gebrauchs bei Ezechiel liegt darin, daß eben diese Majestät des in seinem Tempel thronenden Gottes etwas wie ein selbständiges Wesen wird und den Tempel verläßt, ebenso wie es später in ihn zurückkehrt. Diese Besonderheit ist im Zusammenkommen von prophetischem und priesterlichem Reden bei Ez begründet; es ist eine tiefsinnige theologische Verarbeitung des Widerspruches zwischen der prophetischen Gerichtsankündigung über den Tempel in Jerusalem und der Heiligtumstheologie, in der die Majestät des thronenden Gottes an das Heiligtum gebunden ist. Der Prophet hat »den Weggang Jahwes aus seinem Heiligtum und darin die Vollendung des Gerichtes über die Stadt« gesehen (Zimmerli, BK XIII,234 zu 11,23). Mit dieser Darstellung ist erreicht, daß im Vollzug des von Ez selbst angekündigten Gerichts über Jerusalem die Majestät des im Tempel thronenden Gottes nicht getroffen wird, denn sie hat vorher den Tempel und die Stadt verlassen. Wenn das neue Heiligtum errichtet sein wird, kann die Majestät Gottes wieder zurückkehren, unbetroffen von dem Gericht über den Tempel.

Damit verbunden ist eine zweite Besonderheit. Die Form, in der das Weggehen und Wiederkommen des *kābōd* dargestellt wird, ist die der Visionsschilderung. Der Prophet wird entrückt (8,1–3) und *sieht*, wie der *kābōd* den Tempel verläßt. Darin ist es begründet, daß in dieser Darstellung der *kābōd* selbst ein sichtbares Phänomen wird (8,4; 10,4; 43,2 »und das Land leuchtete auf von seinem *kābōd*«; 43, 5). Dabei ist die ältere Vorstellung von P übernommen, daß bei bestimmten Höhepunkten des Kultgeschehens der Tempel von dem *kābōd* Jahwes erfüllt wird (10, 4b; 43,5), die sich aber etwas stößt mit Ezechiels Vorstellung, daß der *kābōd* Jahwes vor jemandem erscheint (8,4).

Diese letztere Vorstellung ist bestimmend für den Gebrauch von *kābōd* in Ez 1–3 bei der Berufung und Beauftragung des Propheten. Hier hat *kābōd* einen anderen Sinn und eine andere Funktion; in 1, 28 wie in 3,23 ist eine Theophanie in den drei Akten (1) Erscheinung, (2) Proskynese, (3) ein von dem Erscheinenden ergehendes Wort, dargestellt. Dies ist parallel zu Jes 6 (auch wenn dort *kābōd* etwas anders gebraucht ist!) und gehört in den Zusammenhang der prophetischen Berufungserzählung. Ezechiel geht aber darin über Jes 6 hinaus, daß der *kābōd* auch hier etwas wie ein selbständiges Wesen wird, fast eine Hypostase Gottes: die Majestät Gottes repräsentiert Gott selbst. Darin und in der Art der Erscheinung, nämlich einer Lichterscheinung (wie das 1,27 vor V. 28 zeigt), liegt das den Gebrauch in Ez 1–3 mit dem in 8–11 und 43–44 Verbindende. *kābōd* als Lichterscheinung ist dann nicht die zugrunde liegende Vorstellung, sondern die durch Ez vollzogene Weiterbildung. Erst bei ihm wird der Gott repräsentierende *kābōd* eine eigene Wesenheit, die im Lichterglanz erscheint.

5. Zum Weiterwirken der atl. Vorstellungen im Judentum und im NT vgl. J. Schneider, Doxa, 1932; H. Kittel, Die Herrlichkeit Gottes, 1934; H. Kittel – G. von Rad, Art. δοκέω, ThW II,235–258; J. Schneider, Art. τιμή, ThW VIII, 170–182; S. Aalen, Art. Ehre, ThBNT I,204–210. *C. Westermann*

כון *kūn* ni. feststehen

1. Wörter des Stammes *kūn* bezeichnen in fast allen sem. Sprachen (vgl. Bergstr. Einf. 187) in überraschend schmalem Gesamtbedeutungsspektrum das Fest-, Wahr-, Richtig-Sein und Existieren (vgl. →*'mn* I/7, →*hjh* und →*ḥzq*).

Vgl. akk. *kânu* »dauerhaft, wahr, treu sein / werden« (AHw 438–440), ug. *kn* »sein« (L-Stamm *knn* »schaffen«; WUS Nr. 1335; UT Nr. 1213), phön.-pun. *kūn* q. »sein« (DISO 117), im späteren Aram. u.a. jüd.-aram. *kwn* pa. »gerade machen« (Dalman 194b; vgl. LS 321 f.; Drower-Macuch 207 f.), arab. *kāna* »sein, geschehen« (WKAS I,451–473), äth. *kōna* »sein, geschehen« (Dillmann 861–865; W. Leslau, Hebrew Cognates in Amharic, 1969, 46). Die sem. Wörter, die sich von der Konsonantengruppe *kn* mit langem Zwischenvokal herleiten lassen, bilden eine stattliche Sippe; bezieht man Nebenformen und möglicherweise verwandte Wurzeln wie *knn* (hebr. *kēn* »Gestell, Stelle, Amt«), →*škn* (hebr. »wohnen«), →*tkn* (hebr. pi. »fest hinstellen«) mit ein, nimmt sie überhand.

Für das AT müssen die aktiven Verbalstämme Polel »feststellen, gründen, verankern, sichern« und Hi. »zurüsten, besorgen, vorbereiten, ordnen« sowie das mehr stativische als passive Ni. »fest, wahr, sicher sein« hervorgehoben werden. Das Verbaladjektiv *kēn* »feststehend, richtig, recht« (von einem sonst ungebräuchlichen Qal, so KBL 442) ist weniger häufig; es ist zu unterscheiden von der (auch im älteren Aram.) oft verwendeten Deutepartikel *kēn* »so« (*lākēn* »darum«, *'al-kēn* »deswegen«, bibl.-aram. *kēn* und *kᵉnēmā* »so«), die von einem demonstrativen Element *k* herzuleiten ist. Passive Verbalstämme sind nur sehr schwach vertreten: Polal (Ez 28, 13 txt?, vgl. Zimmerli, BK XIII,675; Ps 37,23 txt?, vgl. Kraus, BK XV,287), Ho. und Hitpol. (reflexiv »sich aufstellen«, »sich als festgegründet erweisen«). Mit Präformativen abgeleitete Substantive sind: *mākōn* »Stätte«, *mᵉkōnā* »(heilige) Stätte« (Sach 5,11; Esr 3,3; vgl. ug. *mknt*) und »Fahrgestell, Kesselwagen« (1Kön 7, 27–43 u.ö.; vgl. G.Fohrer, BHH II,944; Noth, BK IX/1,156ff.) und *tᵉkūnā* »Stätte, Wohnung« (Hi 23,3), »Einrichtung, Ausstattung« (Ez 43,11; Nah 2,10).

Personennamen werden vom Pol. und Hi. aus gebildet (mit Nebenformen, die *kūn* q. und *knn* q. voraussetzen, vgl. Noth, IP 179.202): *Kōnanjāhū*, *Kᵉnanjā(hū)*, *Kᵉnānī* und *Jᵉhōjākīn*, *Jōjākīn*, *Jākīn*, *Jᵉkonjā(hū)*, *Konjāhū*; vgl. ferner *Nākōn* (2Sam 6,6; vgl. Rudolph, HAT 21,112 zu 1Chr 13,9) und den Ortsnamen *Mᵉkōnā* (Neh 11,28). Zu den akk., amorit., ug. und phön. Analogien vgl. Stamm, AN 356b; Huffmon 221f.; Gröndahl 153; Harris 110.

2. Die drei wichtigsten Bildungen vom Stamme *kūn* sind in den atl. Schriften ziemlich gleichmäßig verteilt zu finden. Das Ni. kommt 66× vor (exkl. Hi 12,5 *nākōn* »Stoß«, zu *nkh* hi. »schlagen«; es fehlt – außer Dtn 13,15; 17,4 – vollständig in Gesetzestexten und konzentriert sich stärker in Ps [18×], Spr [11×] und Hi [5×]), das Pol. 29× (Ps 17×, besonders in hymnischen Aussagen über die Schöpfung), das Hi. 110× (inkl. 2Chr 35,4 Q; die Häufung in 2Chr [23×] und 1Chr [20×] erklärt sich leicht daraus, daß nach Meinung des Chronisten sehr viel für den Tempelbau vorbereitet und herbeigeschafft werden muß: 1Chr 22; 29; 2Chr 1–3 enthalten *kūn* hi. 15×, 2Chr 35, hauptsächlich im Zusammenhang der Zurüstung des Passa, weitere 6×). Polal begegnet 2× (s.o.), Ho. 6×, Hitpol. 4×, *mākōn* 17×, *mᵉkōnā* 25× (davon 15× in 1Kön 7, 27–43), *tᵉkūnā* 3× (s.o.), *kēn* 24× (nach Lis. 684b).

Für *kēn* »so« verbleiben damit 340 Belege (Ex 40×, Jes 26×, Num 24×, Jer 22×, Gen 21×), dazu kommen *lākēn* 200× (Ez 63×, Jer 55×, Jes 27×, kleine Propheten 21×, 2Kön und Hi 6×) und *'al-kēn* 155× (Gen und Jes 22×, Jer 15×, Ps 13×); bibl.-aram. *kēn* 8× und *kᵉnēmā* 5×.

3. a) *kūn* ni. bedeutet konkret »fest sein, fest gegründet, verankert sein« (Ri 16,26. 29 auf Säulen aufliegende Dächer oder Gemäuer; Ez 16,7 Brüste eines Mädchens; Jes 2,2 und Ps 93,1 die Berge und die Erdscheibe).

Die Redewendung »fest steht (*tikkōn*) die Erde, sie kann nicht untergehen« (Ps 93,1; 96,10 = 1Chr 16,30) muß – gerade im hymnischen Kontext! – nicht nach Ps 75,4 in *tikkēn* ... (*tkn* pi.) »er hat die Erde gegründet ...« verbessert werden; man vergleiche die Direktaussagen über den Gottesberg im Hymnus: Ps 48,3; 68,16; Jes 2,2.

Auf ähnliche Weise können auch Abstrakta »gefestigt« und somit »beständig, zuverlässig« sein: der Fortbestand der Sippe (Hi 21,8); der menschliche Charakter (Ps 51,12); die königliche Herrschaft (1Sam 20,31; 2Sam 7,16.26); der lichte Tag (Hos 6,3; Spr 4,18); eine Traumankündigung (Gen 41,32); eine Beschuldigung (Dtn 13,15). An den beiden letzten Stellen kommt es darauf an, ob eine Sache »feststeht« (= *nākōn haddābār*), die sehr unsicher sein kann. So auch in 1Sam 23,23: Saul sagt: »Kommt zu mir zurück, sobald ihr Sicheres wißt (*'æl nākōn* = auf das Festgestellte hin)«.

Aus der Vorstellung, daß gut Ding begründet sein muß, lassen sich einige Redewendungen begreifen: *nᵉkōnā* (Part.fem. ni.) ist das Richtige, das man ausspricht (Ps 5,10; Hi 42,7f.), es hat Bestand (Spr 12,19 *tikkōn*). Wir sagen: So *geht* es nicht!, der Hebräer: »es ist nicht richtig (*nākōn*), es so zu machen« (Ex 8,22). Der Lebensweg kann gerade, bestimmt sein (Ps 119, 5; Spr 4,26). Das, was einer sich vornimmt (Spr 16,3; 20,18), oder die Kulthandlungen (2Chr 29,35; 35,10) sollen in Ordnung sein.

Seiner Bedeutung nach schließt sich das Verbaladjektiv *kēn* hier an. Seine Identifizierung ist immer schwierig gewesen: vgl. GB mit KBL und Lis.; schon die LXX hat einige Stellen in das gängigere *kēn* = οὕτως »so« uminterpretiert (vgl. Jos 2,4; 2Kön 7,9; 17,9; Jer 8,6; 23,10). Das Adjektiv bedeutet »fest« (Spr 11,19), »wahr« (Num 27,7; 36,5), »richtig« (Ri 12,6), »ehrlich« (Gen 42,11.19.31.33.34, im Plur.), während *kēn* »so« als syntaktisches Bindemittel allerlei deiktische Funktionen übernehmen kann.

Was dasteht oder feststeht, wird auch die ihm zukommende Wirkung entfalten; *kūn* ni. kann also auch »*bereit*stehen« bedeuten. Das Unglück ist da, um über den

Gottlosen hereinzubrechen (Hi 18,12; vgl. Ps 38,18; Hi 15,23; Spr 19,29). Hilfe kann bei der Hand sein (Ps 89,22). Man richtet seine Aufmerksamkeit (→*lēb*) auf etwas (Ps 57,8; 78,37; 108,2; 112,7), d.h. man ist dabei, das ins Auge Gefaßte in Angriff zu nehmen. Die Aufforderung, sich bereitzumachen, kann sich folglich in die Worte *wehājū nekōnīm le* kleiden (Ex 19,11.15; vgl. Ex 34,2; Jos 8,4) oder durch den Imp. *hikkōn* ausgedrückt werden (Am 4,12; Ez 38,7).

b) Das Polel sagt aus, daß jemand den Zustand der Festigkeit herbeiführt. Das handwerkliche Moment klingt da stark an, wo es um die Gründung oder den Wiederaufbau von Gebäuden und Städten geht (Jes 62,7; Hab 2,12; Ps 48,9; über die hierhergehörigen Schöpfungsaussagen s.u. 4a) oder wo ein (schwerer) Gegenstand aufgestellt wird (Ps 9,8 der Thronsessel Jahwes). Ein »Festlegen« gibt es natürlich auch in vielfach übertragener Weise. *kūn* pol. *ḥēṣ* bedeutet »den Pfeil auf die Sehne bringen« (Ps 7,13; 11,2), absolut gebraucht »den Pfeil richten auf« (Ps 21, 13). Jahwe kann die »Schritte eines Menschen« stabilisieren (Ps 40,3) oder ein Land wieder auf die Beine bringen (Ps 68, 10). Man kann sich etwas zu tun »vorsetzen« (*kūn* pol. + Inf. mit *le*: Jes 51,13; Hi 8,8, vgl. M.Dahood, Bibl 46, 1965, 329).

c) Das Hi. ist weit und blaß in seiner Bedeutung. Wo es absolut gebraucht wird, versteht sich das zu ergänzende Objekt aus der Situation heraus, vgl. Gen 43,16.

In Jos 3,17 ist der Inf.abs. in bloßer Hilfsfunktion verwendet: »sie standen ... still« (*hākēn*; Jos 4,3 ist das Verbum wohl als Dittographie zu streichen). Ps 68,11 meint die Zuteilung oder Bereitung von Nahrung, vgl. Ps 65,10. In Hi 15,35 »bereitet« der Gottlose Trug (par. »er gebiert«); in Ri 12,6 ist *jākīn* wahrscheinlich in *jākōl* zu verbessern.

Vielfach geht es um die Bereitstellung von Geräten oder Materialien (meist *kūn* hi. mit Akkusativ und *le*): für den Tempelbau (1Kön 5,32; s.o. 2), für Mahlzeiten (Ex 16,5; Ps 78,20; Hi 38,41; Spr 6,8); von Geschenken (Gen 43,25), Opfertieren (Num 23,1), Rüstungsgegenständen (Ez 7,14; Nah 2,4; Ps 7,14), Jagdgerät (Ps 57,7), Regen (Ps 147,8), Kleidung (Hi 27,16), Galgen (Est 6,4; 7,10). Oder es geht um die Vollendung eines Projekts, z.B. eines Götzenbildes (Jes 40,20), des Allerheiligsten (1Kön 6,19), des Altars (Esr 3,3). Soweit es sich um Innenräume handelt, ist sicher an die Fertigstellung der Inneneinrichtung gedacht (2Chr 31,11; 35,20).

Die übertragenen Bedeutungen bewegen sich auf (1) »einrichten, ordnen« (vgl. Jer 10,23; 51,12; Ps 65,10; Spr 16,9; 21, 29), (2) »festsetzen, bestimmen« (vgl. Ex 23,20; Dtn 19,3; Jos 4,4; 2Sam 5,12; 1Kön 2,24; Ps 68,11; 1Chr 15,1.3.12), (3) »festigen, sichern« (vgl. 1Sam 13,13; Jes 9,6; Jer 46,14; Ps 89,5; 2Chr 17,5; Berührungen mit dem Polel!), (4) »achten auf, erforschen, suchen« (1Sam 23,22; Esr 7,10; 2Chr 12,14; 19,3) zu. Die Redewendung *kūn* hi. *libbō 'æl* bedeutet ursprünglich »seine Aufmerksamkeit richten auf«, vgl. den möglicherweise elliptischen Ausdruck 1Sam 23,22, die ähnliche Wendung *kūn* hi. *pānāw* »sein Angesicht richten auf« (Ez 4,3.7) und oben 3a *kūn* ni. *libbō*. Die Formel bekommt eine theologische Färbung.

4. Eigentlich theologische Gehalte lassen sich nur für Wortverbindungen, nicht für Einzelformen der Wurzel *kūn* nachweisen. Die religiöse Sprache nimmt dabei die oben beschriebenen semantischen Werte auf und entwickelt sie weiter.

a) In Schöpfungsaussagen treten Polel- und Hi.-Formen von *kūn* synonym neben die Verben des Schaffens und Bildens. Der Ton liegt bei *kōnēn* oder *hēkīn* auf der Festigkeit und Zuverlässigkeit des Werkes. Die Erde steht fest (vgl. auch oben 3a *kūn* ni.): Jes 45,18 *kūn* pol. neben →*jṣr*, →*'śh*, →*br'*; Ps 24,2 neben →*jsd*; Ps 119,90 neben →*'md*; vgl. den ähnlichen Gebrauch von Hi.-Formen: Jer 10,12; 33,2; 51,15; Ps 65,7. Die Gefahr des Chaos bleibt bestehen; Jahwe begründet die Welt gegen die zerstörenden Mächte, er ist der *mēkīn* (Part.hi.) der Welt (Jer 51,15; Ps 65,7). Auch der Himmel und die Gestirne »stehen fest« (Ps 8,4 pol.; 74,16 hi.; Spr 3, 19 pol.; 8,27 hi.; im Falle von Sonne und Mond bedeutet das offensichtlich nicht »unbeweglich sein«!). Und weil Israel seine Heilsgeschichte mit der Weltschöpfung verquickt, finden wir nicht nur Aussagen über die Entstehung des Menschen (Ps 119,73 pol.), sondern auch des ganzen Volkes (Dtn 32,6 pol.; 2Sam 7,24 pol., die Zweckbestimmung ist durch *lekā* »dir« angedeutet). Auch die Gründung der Zionsstadt gehört in den schöpfungs-heilsgeschichtlichen Zusammenhang (Ps 48,9; 87,5), sowie die umfassende Aussage »du hast die Lebensordnung (*mēšārīm*) festgelegt« (Ps 99,4 pol.; man wird an die äg. Maat und an akk. *kittu u mēšaru* »Recht und Gerechtigkeit« erinnert, vgl. AHw 494f.659f.).

b) Im Hi. kommt es fast zu einem kultischen terminus technicus: *kūn* hi. im Zusammenhang von Opfervorbereitungen (Num 23,1.29; Zeph 1,7) erreicht nicht ganz die Verbreitung und Eigenständigkeit von *ʿrk* »zurüsten« (Lev 6,5; Ps 5,4; 23,5) oder des kultisch-technischen →*ʿśh* (vgl. Gen 18,7; Lev 6,15; Ri 6,19; anders der Gebrauch von *kunnu* im Akk., AHw 439f.). Allein in 1/2Chr hat das allgemein stark gebrauchte *kūn* hi. auch das kultische *ʿśh* zurückgedrängt.

c) Wer »seinen Sinn auf Jahwe richtet« (*kūn* hi. *libbō ʾæl Jhwh*, so die volle Formel, vgl. 1Sam 7,3), der hat die richtige Einstellung zum Gott Israels (1Chr 29,18; 2Chr 30,19). Der Ausdruck wird aber dann auch speziell von der gottesdienstlichen Anbetung gebraucht (Hi 11,13, zusammen mit »Hände ausbreiten« als Gebetsgeste); vgl. die Vorwürfe gegen das Volk, das »sein Herz nicht aufrichtet« (verkürzte Formel in Ps 78,8; vgl. 2Chr 20,33).

5. Über die Bedeutungsgeschichte der gr. Äquivalente zu den Gliedern der *kūn*-Gruppe unterrichten die einschlägigen Artikel des ThW, vgl. besonders W. Grundmann, Art. ἕτοιμος, ThW II,702–704; W. Foerster, Art. κτίζω, ThW III, 999–1034, speziell 1008; H. Preisker, Art. ὀρθός, ThW V,450–453.

E. Gerstenberger

כזב *kzb* lügen

1. Die Wurzel **kḏb* »lügen« ist im Sem. weit verbreitet. Außerhebr. Belege finden sich besonders zahlreich im Arab. (*kḏb*; WKAS I,90–100; M. A. Klopfenstein, Die Lüge nach dem AT, 1964, 179f.) und Aram. (*kdb* pa.; jüd.-aram. auch *kzb* < hebr.; reichsaram.: DISO 115.117; Klopfenstein, a.a.O. 180–182; bibl.-aram. *kidbā* »Lüge« Dan 2,9, KBL 1084; GenAp 2,6. 7; syr.: LS 318a; mand.: Drower-Macuch 203f.), vereinzelt als kan. LW im Akk. der Amarnabriefe (*kazābu* II »lügen« und *kazbūtu* »Lüge«, AHw 467a).

Hebr. *kzb* begegnet als q. (nur Part.) und pi. »lügen«, ni. »sich als lügnerisch erweisen, der Lüge überführt werden«, hi. »jem. der Lüge zeihen, überführen«; nominale Ableitungen sind *kāzāb* »Lüge« und *ʾakzāb* »lügnerisch, trügerisch«, substantiviert »Lügenbach« (Jer 5,18; Mi 1,14; Klopfenstein, a.a.O. 243–252).

Dazu kommen als nomina loci *ʾakzīb* (Jos 15,44; Mi 1,14 in Juda; Jos 19,29; Ri 1,31 in Asser), *Kezīb* (Gen 38,5) und *Kōzēbā* (1Chr 4,22), wohl »(Ort am) trügerischen (wasserlosen) Bachbett« (Noth, HAT 7, 142; Klopfenstein, a.a.O. 252f.; zu Gen 38,5 vgl. noch G. R. Driver, FS Robert 1957, 71f.).

2. *kzb* q. steht 1 × (Ps 116,11), pi. 12 ×, ni. 2 × (Hi 41,1; Spr 30,6), hi. 1 × (Hi 24,25), *kāzāb* 31 × (Spr 9 ×, Ez 7 ×, Ps 6 ×), *ʾakzāb* 2 ×, aram. *kidbā* 1 ×. Die Streuung der insgesamt 50 Belege hat ihre Dichte in der Trias Ps/Hi/Spr einerseits (24 ×), im prophetischen Korpus (inkl. Dan) andererseits (22 ×). Die restlichen vier Stellen sind Num 23,19 und 2Kön 4,16 pi., Ri 16,10.13 *kāzāb*.

3. a) *kzb* q./pi. wird 7 × absolut gebraucht; einmal regiert es explizit und zweimal implizit ein Akkusativobjekt (»jemandem etwas vorlügen« Ez 13,19; Mi 2, 11; Ps 78,36), zweimal liegt Präpositionalrektion vor (mit *le* bzw. *be* und der Person »jem. belügen, anlügen« Ps 89,36; 2Kön 4,16) und einmal steht *kzb* pi. *ʿal penē*, dem unser »jemandem ins Angesicht lügen« genau entspricht (Hi 6,28). Das Nomen *kāzāb* steht in zwei Drittel der Fälle in Abhängigkeit von einem verbum dicendi sive audiendi (als Akkusativ) bzw. einem nomen dicendi sive audiendi (als Genetiv oder Apposition), vgl. die Tabelle bei Klopfenstein, a.a.O. 210f.

Die überwiegende Abhängigkeit des Nomens *kāzāb* von Vokabeln des Redens und Hörens erhärtet die auch vom außeratl. Material untermauerte Hauptbedeutung der Wurzel *kzb*: »lügen = Wortlügen aussprechen, die Unwahrheit sagen, den Tatsachen nicht Entsprechendes behaupten«. Von dieser Grundbedeutung führt eine Linie über die Bed. »im Unrecht sein« (Gegensatz zu *ṣdq* q., Hi 34,5f.) hin zur Bed. »untreu sein« und damit zur Angleichung an die Bedeutung von →*šqr* (in Jes 57,11). Eine andere Linie führt hin zur Beschreibung des inneren Wesens einer Sache, die durch *kzb* in ihrer Wirkungslosigkeit charakterisiert wird: eine Offenbarung kann »ausbleiben« (Hab 2,3), Wasser können »trügen, versiegen« (Jes 58,11, vgl. *ʾakzāb* »Trugbach«, s.o. 1).

Zwar gehört *kzb* häufig in den Verwendungsbereich »Lüge vor Gericht« (→*ʿēd* »Zeuge«; auch *jāfīaḥ* in Spr 6,19; 14,5.25; 19,5.9; vgl. Hab 2,3; Ps 27,12; Spr 12,17, wird neuerdings nach ug. *ypḥ* als »Zeuge« übersetzt, vgl. UT Nr. 1129; S. E. Loewenstamm, Leshonenu 26,1962, 205–208.280; ebd. 27,1963, 182; M. Dahood, Bibl 46, 1965, 319f.), doch ist der »Sitz im Leben« nicht hier, sondern im täglichen Umgang der Leute miteinander, im gewöhnlichen Handel und Wandel zu suchen, der jederzeit versuchliche Gelegenheiten zum Mißbrauch des Wortes in Fülle bietet. Dabei meint *kzb* die Diskrepanz zwischen Aussage und Sachverhalt oder zwischen Zusage und Folgeleistung, während →*šqr* die Lüge als aggressiven, auf die Schädigung des Nächsten bedachten »Treubruch« qualifiziert und →*khš* sie in der Gestalt des unrechtmäßigen »Verschweigens, Verhehlens, Bestreitens« vor Augen stellt (Klopfenstein, a.a.O. 2ff.254ff.). Belege für diesen »Sitz im Leben« sind etwa Ri 16,10.13 und Dan 11,27; er spiegelt sich aber auch in der sentenzartigen weisheitlichen Bitte: »Wahn (*šāw'*) und Lügenwort (*debar-kāzāb*) halte von mir fern« (Spr 30,8) und in der prophetischen Hoffnung, der Rest Israels werde dereinst »nicht mehr Lüge reden« (Zeph 3,13).

b) Eine lügnerische Zunge kann, als pars pro toto, das Verhalten, ja das Wesen eines Menschen offenbaren. Entsprechend kann *kāzāb* über die Wortlüge hinaus umfassendere Bedeutung bekommen. So auch dann, wenn eine Sache als »lügnerisch« bezeichnet wird. Z.B. wird der »Lügenmann« (*'īš kāzāb*) von Spr 19,22 – vorausgesetzt, der Vers gehe auf unredliche Geschäfte (vgl. Klopfenstein, a.a.O. 220; anders M.Dahood, Proverbs and Northwest Semitic Philology, 1963, 42f.) – noch andere Betrügereien als bloß Wortlügen auf dem Kerbholz haben; ähnlich wohl Ps 62,5. Und das »Lügenbrot« (*læḥæm kezābīm*) am Tisch des Magnaten (Spr 23,3) heißt so, weil es dem Günstling »die beständige Gnade des Fürsten zu verbürgen scheint und ihn doch oft genug hierin täuscht« (F.Delitzsch, Das salomonische Spruchbuch, 1873, 365).

c) Aus dem Alltäglichen herausgehoben erscheint als Anwendungsbereich für *kzb* der Ankläger- oder Zeugenstand vor Gericht. Der »Lügenzeuge« (*'ēd kezābīm* Spr 21,28; häufiger *'ēd šeqārīm*, →*šqr*) ist atl. Rechtsdenken besonders verabscheuenswürdig. Auch der in Spr häufige Ausdruck *jāfīaḥ kezābīm* (s.o. 3a; herkömmlich aufgefaßt als eine Art stehender Attributivsatz bzw. als ein zum Begriff erstarrter Relativsatz mit dem Verbum *pūaḥ* im Impf.: »der Lügen ausstößt = ein Lügenredner«) ist terminus technicus für »Lügenzeuge«. Diesem steht gegenüber der *'ēd 'æmæt*/*'æmūnā* (Spr 14,5.25) oder der *jāfīaḥ 'æmūnā* (Spr 12,17), der »wahrhaftige Zeuge«. In ein faktisches Gerichtsverfahren gehören auch die »Lügner« in Stellen aus »Gebeten unschuldig Angeklagter« (H. Schmidt, Das Gebet der Angeklagten im AT, 1928) wie Ps 5,7 und 4,3, während der Rechtsstreit als beherrschendes Stilelement der Hiobkomposition immerhin noch die Begrifflichkeit etwa in Hi 6,28; 24,25; 34,6 mitprägt.

d) Übertragener Gebrauch liegt vor, wo eine Sache Subjekt der Verbalaussage ist: die Offenbarung (Hab 2,3), die Hoffnung (Hi 41,1), die Wasser der eschatologischen Lebensquelle (Jes 58,11; dazu das Phänomen des »Lügenbaches« *'akzāb*, das in Hi 6,15–20 eindrücklich beschrieben ist); Kontrastbild zu solchen »Trugwassern« – in Jer 15,18 »Wasser, auf die kein Verlaß ist« genannt – ist »lebendiges Wasser« (Gen 26,19 u.ö.), »verläßliches Wasser« (Jes 33,16), »kühles fließendes Wasser« (Jer 18,14).

e) An Opposita lassen sich zusammenfassend anführen: Wurzel →*'mn* und Derivate (Ps 58,2.4; 78,36f.; 89,36.38, vgl. 3cd), Wurzel →*ṣdq* und Derivate (Spr 12,17; Hi 6,28–30; 34,5f., vgl. 3a), *nekōnā* (→*kūn* ni.; Ps 5,7.10), *mišpāṭ* (→*špṭ*; Hi 34,5f.). Parallel zu *kāzāb* steht →*hæbæl* (Ps 62,10), →*šāw'* (Spr 30,8 u.ö. bei Ez, s.u. 4d) und *tarmīt* »Trug« (Zeph 3,13).

4. a) Eine saubere Trennung des theologischen vom profanen Gebrauch ist nicht möglich, lassen doch die unter 3a–d genannten Stellen vom Kontext her erkennen, daß auch »profane« Lüge unter theologisch-ethischem Verdikt steht. Indirekt ist dieses Verdikt formuliert in der theologischen Kontrastaussage: »Gott ist kein Mensch, daß er lüge« (Num 23,19; vgl. Ps 89,36), direkt in der Sentenz: »Alle Menschen sind Lügner« (Ps 116,11), wobei dort gemeint ist: Gott hält wirklich, was er zusagt, hier: Alle Menschen sind notwendig Versager bezüglich der letzten Hilfe, die einer von ihnen statt von Gott erwarten möchte (so auch Ps 62,10).

b) Ist *kāzāb* vom Wesen Gottes absolut ausgeschlossen, so ist der Mensch gerade in seinem Verhältnis zu Gott durch *kāzāb* belastet. Lüge wird so ein Merkmal der Sünde, die immer auch den Gerechten in ihren Bann zu schlagen versucht. So werden die »Lügenredner« von Ps 58,4, die als »Gottlose« (*rešā'īm*) dem »Gerechten« (*ṣaddīq*) in Feindschaft gegenüberstehen, diesem durch ihre beharrliche Leugnung eines gerechten Gottes zur Anfechtung. Aber Lüge ist nicht nur da, wo Gott geleugnet, sondern auch da, wo er bekannt und wo zu ihm gebetet wird: nämlich in unaufrichtigen Bußworten, denen keine tätige Umkehr entspricht (Hos 7,13; vgl. 6,1–3 und Wolff, BK XIV/1, 162; ähnlich Ps 78,36). Ist schon an den eben genannten Stellen möglicherweise Afterkult im Spiel–

halb Baal, halb Jahwe! –, so sicher in Jes 57,11, wo *kzb* kultischen Abfall meint. In Fortsetzung dieser Linie kann dann in Am 2,4 *kāzāb* das Konkretum »Götze« selbst bezeichnen (V. Maag, Text, Wortschatz und Begriffswelt des Buches Amos, 1951, 11.81; *kezābīm* vertritt hier die *hₐbālīm* des dtr. Geschichtswerkes, vgl. Wolff, BK XIV/2, 163.199).

Umstritten ist, was unter den *śāṭē kāzāb* von Ps 40,5 zu verstehen sei. Meist wird auf »zur Lüge sich Abwendende« oder »in Lüge Verstrickte« gedeutet. Falls aber M. Dahood, Psalms, I, 1965, 243.245f., mit der Übersetzung »fraudulent images« (*śāṭīm* = *s/śēṭīm* in Ps 101,3; Hos 5,2 = »Götzenbilder«) recht hat, wäre *kāzāb* qualifizierender Genetiv zu idolatrischen Konkreta und der Schritt zu Am 2,4 nicht mehr weit.

c) Jesaja (28,15.17 txt?) und Hosea (12,2) brauchen *kāzāb* als theologisches Urteil über eine verfehlte, dem alleinigen Vertrauen auf Jahwe zuwiderlaufende Politik: den antiassyrischen Pakt König Hiskias mit Pharao Schabaka bzw. die zwischen Assur und Ägypten hin und her schwankende Bündnispolitik König Hoseas. »Das echte Gottesverhältnis besteht ... in der Wahrheit, in der Offenheit und Aufrichtigkeit eines restlosen Vertrauensverhältnisses, das nicht neben Gott und hinter seinem Rücken sich heimlich andere Hilfsquellen noch offenhält ... In dieser biblischen Grundforderung der Wahrheit im Gottesverhältnis spiegelt sich die Absolutheit des göttlichen Anspruchs« (Weiser, ATD 24,74).

d) Mit besonderer theologischer Schärfe trifft das Urteil *kāzāb* den unqualifizierten und unverantwortlichen Umgang mit Gottes Offenbarungswort. So im Bereich der Weisheit Spr 30,6: mysteriös-ekstatisch empfangene Wortoffenbarung ist an Jahwes positiver Geschichts- und Wortoffenbarung in Israel zu messen (vgl. Gemser, HAT 16, 103–105; anders G. Wildeboer, Die Sprüche, 1897, 86). So aber vor allem im Bereich der Prophetie (vgl. G. Quell, Wahre und falsche Propheten, 1952): hier ist *kāzāb* in Verbindung mit *šāw'* geradezu terminus technicus bei Ezechiel (13,6–9.19; 21,34; 22,28), wobei *kāzāb* als Akkusativ zu *qsm* q. »orakeln« bzw. als Genetiv zu *miqsām* »Orakel« tritt, *šāw'* hingegen zu →*ḥzh* »schauen« bzw. *ḥāzōn* »Schauung« (anders nur Ez 13,8). Offenbar will Ezechiel mit diesem Doppelausdruck den Offenbarungsempfang (*ḥzh*) als »eitle Einbildung« (*šāw'*) und die nachfolgende Orakelgebung (*qsm*) als »Lüge« (*kāzāb*) kennzeichnen. Jeremia braucht für dieselbe Sache den dynamischeren Terminus *šæqær* »Treubruch, Perfidie«, der dem »heißen Atem« (Zimmerli, BK XIII, 289) dieses leidenschaftlicheren Propheten mehr entsprechen mag.

Ganz am Rand gehört religionsgeschichtlich in diesen Zusammenhang der Gebrauch von *kidbā* für falsche Traumdeutung in Dan 2,9.

5. a) In Qumran wird das Verbum *kzb* nur im bildlichen Sinn von »nicht trügenden Wasserquellen« gebraucht (s.o. 3d) in 1 QH 8,16 und 1 QSb 1,4. Diese sind Metapher für die esoterischen eschatologischen Heilslehren der Qumran-Gemeinde, das »Wissen der Heiligen« (1 QSb 1,4). Beide Stellen verraten Abhängigkeit von Jes 58,11. – Das Nomen kommt u.a. dreimal in der Verbindung *maṭṭīf hakkāzāb* »der Lügenprophet« (1 QpHab 10,9; CD 8,13; 1 Q 14 10,2) und dreimal in der Verbindung *'īš hakkāzāb* »der Lügenmann« (1QpHab 2,2; 5,11; 11,1 unsicher; CD 20, 15) vor. Dieser »Lügenmann« ist möglicherweise nach H. H. Rowley mit Antiochus IV. Epiphanes identisch (vgl. J. Maier, Die Texte vom Toten Meer, II, 1960, 139). Der im AT als terminus technicus noch fehlende Ausdruck »Pseudoprophet« (LXX ψευδοπροφήτης) findet sich erstmals in 1QH 4,16 (plur. *nebī'ē kāzāb*).

b) Die Übersetzungen von *kzb* und seinen Derivaten in der LXX (Klopfenstein, a.a.O. 253f.) bestätigen das oben 3a skizzierte Bedeutungsfeld der Wurzel *kzb*: von 46 korrekten Wiedergaben haben 32 die Wurzel ψευδ- (Hauptbedeutung »lügen, Lügner sein«), 7 haben μάταια oder κενά und eine hat ἐκλείπειν (Bedeutungsentwicklung in Richtung »Wirkungslosigkeit einer Sache«), eine hat κακία und eine ἐγκαλεῖν ἀδίκως (in Richtung »im Unrecht sein«).

c) Röm 3,4 zitiert im Zusammenhang der Rechtfertigungslehre Ps 116,11 (s.o. 4a) und hat vielleicht dabei auch Num 23, 19 (s.o. 4a) vor Augen: »Gott muß sich als wahrhaftig erweisen, jeder Mensch aber als Lügner«. Nach Joh 14,6 ist Christus »die Wahrheit«, nach 8,44 der Teufel aber »ein Lügner und Vater der Lüge«. Ob einer unter dem Urteil »Wahrheit« oder »Lüge« steht, entscheidet sich dementsprechend an seiner Stellung zu Christus (1 Joh 1,6; 2,21 f.). Nimmt man die johanneische Terminologie »Licht – Finsternis« hinzu, so scheint an diesen Stellen Qumran anzuklingen. Die Stellung zu Christus entscheidet auch über die Qualifizierung »Pseudochristoi« und »Pseudopropheten« in den Endzeitreden (Mk 13,22; Mt 24,11). Haben letztere mit den atl. falschen Propheten nicht den terminus-technicus gemeinsam – er stammt aus Qumran und LXX –, so doch dies, daß auch sie sich des Mißbrauchs des Offenbarungswortes schuldig machen. Der »Lügenprophet« von 1QpHab 10,9 usw. darf vielleicht als Vorstufe »*des* Lügenpropheten« in der Johannes-Apokalypse (16,13; 19,20; 20,10) gelten.

M. A. Klopfenstein

כֹּחַ *kōaḥ* Kraft

1. Das singulare tantum *kōaḥ* »Kraft« begegnet nur im Hebr. und (als *kōḥā* daraus übernommen) im Jüd.-Aram.

Allenfalls verwandte Wurzeln im Arab. und Äth. geben GB 340 und KBL 430a an. *kōaḥ* II in Lev 11,30 bezeichnet eine Eidechsenart.

2. Von den 124 Belegen entfallen bei einer sonst normalen Streuung 21 auf Hi, 13 auf Dan, 12 auf Jes (davon 9 × in Dtjes), 11 auf Ps, 8 auf 2Chr; die 8 Belegstellen in Ri finden sich mit Ausnahme von 6,14 nur in Ri 16.

3. Aus der Hauptbedeutung, die wohl am besten als »vitale Kraft« zu bestimmen ist (die Toten werden Hi 3,17 als »Krafterschöpfte« bezeichnet), ergeben sich alle anderen Bedeutungen. So meint *kōaḥ* die Zeugungskraft des Menschen (Gen 49,3) und die Ertragskraft des Ackerlandes (Gen 4,12; Hi 31,39) sowie die Ernährungskraft der Speisen (1Sam 28,22; 1Kön 19,8), durchwegs aber die physische Kraft eines Tieres (Hi 39,11; Spr 14,4) oder des Menschen (von seiner Hand Hi 30,2; vom Arm Jes 44,12; allgemein Ri 16,6ff.; 1Sam 28, 20; 30,4; Jes 44,12 u.ö.; von einem Volk Jos 17,17). Mitgedacht ist öfters auch die Geisteskraft (Gen 31,6; Jes 40,31; 49,4; Ps 31,11), sodaß *kōaḥ* (oft in Verbindung mit *ʿṣr* q. »behalten«; vgl. E. Kutsch, Die Wurzel *ʿṣr* im Hebräischen, VT 2, 1952, 57–69, speziell S. 57) sich in der späteren Literatur zur Bed. »Fähigkeit, Eignung, Imstande-Sein« entwickeln kann (Chr; Dan).

Konkret manifestiert sich die Kraft eines Menschen in seinem materiellen Vermögen (Hi 6,22; Spr 5,10; Esr 2,69; von der militärischen und wirtschaftlichen Reserve des Volkes Hos 7,9).

Hierin berührt sich *kōaḥ* mit *ḥájil* »Kraft, Vermögen; Heer« (245 ×, davon Jer 32 ×, 1Chr 28 ×, 2Chr 27 ×, Ps 19 ×, 2Kön 17 ×, Ez 14 ×, 2Sam 13 ×), das aber im Unterschied zu *kōaḥ* nicht von der Macht Gottes gebraucht wird (HAL 298b).

Zu vergleichen sind noch *kælaḥ* »Vollkraft, Rüstigkeit« (Hi 5,26; 30,2) und *meʾōd* »Kraft, Vermögen« (300 × ; außer Dtn 6,5 und 2Kön 23,25 nur adverbial »sehr«, oft verdoppelt; Gen 38 × , Ps 35 × , 1Sam 31 × , 2Sam 20 × , Jos, 1Kön, Jer und 2Chr je 16 × , Ex und Ez je 14 ×); vgl. weiter *ʾōn* »Zeugungskraft, Körperkraft, Reichtum« (→*ʾāwæn*) und die Wurzeln →*ʾmṣ*, →*gbr*, →*ḥzq*, →*ʿzz* sowie →*jād*, →*zerōaʿ*.

4. Entsprechend den relativ zahlreichen Belegen steht *kōaḥ* im Hiobbuch geradezu thematisch für die göttliche Allmacht (9, 19; 36,22; vgl. 42,2), die aller menschlichen Macht weit überlegen ist. Diese in Lobliedern gepriesene Allmacht Gottes (Ex 15,6; Ps 111,6; 147,5; 1Chr 29,12) ist Gegenstand der Predigt Deuterojesajas, indem er an das Volk im Exil appelliert, seine Hoffnung auf Jahwe zu setzen (Jes 40,26. 29.31; 41,1; 50,2). Sie manifestiert sich in der Schöpfung(swelt) (Jer 10,12; 51,15; Ps 65,7) und in der Geschichte (Ex 9,16; Dtn 4,37; Ps 111,6; Neh 1,10) und findet ihren Ausdruck in den stereotypen Wendungen »mit großer Kraft und starker Hand« (Ex 32,11) und »mit großer Kraft und ausgerecktem Arm« (2Kön 17,36; vgl. Jer 27,5; 32,17; Dtn 9,29), die sich teils auf die Schöpfung (Jer-Stellen), teils auf den Exodus aus Ägypten beziehen.

Im Psalter begegnet *kōaḥ* ganz überwiegend in den individuellen Klageliedern des Einzelnen von der verschwundenen Kraft des Menschen, die den Frommen um Gottes Hilfe beten läßt (Ps 22,16; 31,11; 38, 11; 71,9; 102,24; vgl. Klgl 1,6.14).

Eng ist die Verbindung von Weisheit und Kraft in der Weisheitsliteratur (Spr 24,5; vgl. Hi 9,4), auch in Beziehung auf Gott (Hi 36,22; vgl. 12,13; 36,5; auch Jes 10,13; P. Biard, La puissance de Dieu dans la Bible, 1960, 75ff.).

Im AT wird davor gewarnt, sich seiner Kraft zu überheben (Dtn 8,17; Jes 10,13; Hab 1,11): weder ein großes Heer noch große Kraft vermögen dem Menschen zu helfen, wenn ihm Gott nicht hilft (Ps 33, 16ff.; 1Sam 2,9). Besonders in Dan wird betont, daß der *kōaḥ* eines Herrschers nicht seine eigene Kraft ist (Dan 8,22.24).

In Mi 3,8 sind die Worte »Geist Jahwes« wohl als Glosse zu *kōaḥ* zu betrachten, mit dem die dem Propheten von seiten Gottes geschenkte unerschütterliche Kraft, welche ihn zur Unheilspredigt befähigt, gemeint ist.

Sach 4,6b wird von B. Hartmann, OTS 14, 1965, 115–121, mit »es gibt keine Kraft und es gibt keine Macht außer bei mir« (S. 120) übersetzt. In der üblichen Deutung »nicht durch Kraft und nicht durch Heeresmacht, sondern durch meinen Geist« wird Gottes Kraft der menschlichen gegenübergestellt. Zum Text s. auch K. Galling, Studien zur Geschichte

Israels im persischen Zeitalter, 1964, 141f. = FS Rudolph 1961, 83f. (andere Fassung).

5. In den Qumranschriften setzt sich die oben erörterte Verwendung von *kōªḥ* fort (Kuhn, Konk. 99). Zum NT vgl. W. Grundmann, Art. ἰσχύω, ThW III, 400–405. *A.S. van der Woude*

כחשׁ *kḥš* pi. leugnen

1. Die Wurzel *kḥš* in der Bed. »leugnen, verheimlichen« ist bisher außerhalb des Hebr. nicht nachgewiesen.

Die von KBL 431 und GB 341a (vgl. auch J. Blau, VT 7, 1957, 99) angenommene Zusammengehörigkeit von *kḥš* q. »abmagern« und *kḥš* pi. »leugnen« ist schon von W. J. Gerber, Die hebr. verba denominativa, 1896, 26f., bestritten worden, damit auch die Annahme einer gemeinsamen Grundbedeutung »deficere«. Entsprechend bringt Zorell 352 zwei getrennte Wurzeln. Im Folgenden wird von dieser Basis ausgegangen, weil die Identität der Wurzeln ungesichert bleibt.

W.F. Albright, BASOR 83, 1941, 40, zieht ug. *ṯkḥ* heran. Dazu ist zu bemerken: (1) eine der Bed. »abmagern, hinwelken« analoge Bedeutung ist für *ṯkḥ* nicht gesichert (WUS Nr. 2863 versteht alle ug. Belege von einer Grundbedeutung »finden, treffen« her; anders Driver, CML 151b: »wilted«; vgl. noch UT Nr. 2673); (2) wäre sie gesichert, würde dennoch, die Wurzelverschiedenheit von *kḥš* q. und pi. vorausgesetzt, für *kḥš* pi. nichts gewonnen.

Jüd.-aram. *kḥš* af. »als Lügner erweisen« und itpa. »als Lügner erwiesen werden« (Dalman 196b) sind hebr. Lehngut.

Neben dem Verbum (pi., ni., hitp.) stehen das Subst. *káḥaš* »Lüge« und das Adj. *kæḥāš* »verleugnend« (zur Nominalform vgl. BL 479).

2. Die ganze Wortgruppe kommt im AT 27 × vor: *kḥš* pi. 19 ×, ni. 1 × (Dtn 33,29), hitp. 1 × (2Sam 22,45, par. Ps 18, 45 pi.), *káḥaš* 5 ×, *kæḥāš* 1 × (Jes 30,9). Die Streuung ist ziemlich gleichmäßig; eine signifikante Dichte weist nur Hosea auf (5 × : pi. Hos 4,2; 9,2; Subst. 7,3; 10,13; 12,1).

3. Die Grundbedeutung von *kḥš* pi. ist ambivalent. Man kann sie im Dt. umschreiben mit der Doppelung »sagen/machen, daß nicht ...« auf der einen, »nicht sagen/machen, daß ...« auf der anderen Seite. Keine dieser Bedeutungsrichtungen scheint primär zu sein, sondern beide sind wohl von Anfang an als inversive Funktionen nebeneinander vorhanden. Auf der einen Seite ergeben sich aus dem Grundsinn die Bedeutungen »bestreiten, abstreiten, in Abrede stellen, leugnen, ableugnen, verleugnen, versagen«, auf der anderen Seite die Bedeutungen »verschweigen, verheimlichen, hehlen, verhehlen, unterschlagen« (ähnlich *kḥd* pi. »verhehlen« und seine arab. und äth. Äquivalente; vgl. M. A. Klopfenstein, Die Lüge nach dem AT, 1964, 254 bis 310, über das Verhältnis zwischen *kḥš* und *kḥd*: 258–260. 278f.). Auf die zweite Seite gehören auch die Pi.-Bedeutungen »sich verstellen, seine wahre Absicht verbergen, sich als etwas ausgeben, etwas vortäuschen« (1Kön 13,18; Sach 13,4), die dann in den Psalmenstellen (Ps 18,45; 66,3; 81,16) im Zusammenhang der rituellen Huldigung besiegter Feinde vor dem Sieger (Klopfenstein, a.a.O. 284–297) den spezifischeren Sinn »schmeicheln, sich freundlich geben, Ergebung heucheln« bekommen können. Dies sind auch die Bedeutungen des Hitp. (2Sam 22,45) und des Ni. (Dtn 33,29); es ist aber unnötig, dem Pi. der Ps-Stellen diesen Sinn abzusprechen und es in ein Ni. zu korrigieren.

Substantiv und Adjektiv bestätigen die ambivalenten Bedeutungsreihen: *káḥaš* heißt sowohl »Verleugnung« Jahwes oder seines Bundes oder »Verfälschung« des wahren Sachverhaltes, als auch »Verstellung« gegenüber Mitmenschen; *kæḥāš* »verleugnend, abtrünnig« gehört auf die erste Seite und wird von Aquila mit ἀρνητής zutreffender wiedergegeben als von der LXX mit ψευδής.

7 × wird *kḥš* mit *bᵉ* konstruiert, wobei 5 × die Person, 1 × die Sache, 1 × auf doppeltes *bᵉ* die Person und die Sache folgt; in Hi 31,28 steht *lᵉ* für *bᵉ*. In all diesen Fällen liegt Präpositionalrektion des Verbums vor: »(eine Sache) ableugnen«, »(eine Person) verleugnen«. Wo sonst *lᵉ* folgt (noch 6 ×), handelt es sich um eigentlichen Dativ der Person: »jemandem gegenüber sich verstellen« u.ä. Beim absoluten Gebrauch des Pi. (6 ×) wird man entweder ein impliziertes Objekt oder reflexive Bedeutung voraussetzen können: »(Gestohlenes) hehlen« (Jos 7,11), »(den Vorwurf) in Abrede stellen« bzw. »sich verstellen« (Gen 18,15).

Im Unterschied zu →*šqr*, das auf das Zerstören eines Rechts- oder Treueverhältnisses geht, und zu →*kzb*, das eine der Wirklichkeit widersprechende oder ihrer ermangelnde Aussage oder Verhaltensweise meint, ist *kḥš* das Entstellen oder Verstellen, Bestreiten oder Verhüllen eines gegebenen Tatbestandes wider besseres Wissen. Dabei weisen 11 der total 27 Belegstellen *kḥš* als rechtlichen bzw. sakralrechtlichen Terminus aus. Hier dürfte der ursprüngliche »Sitz im Leben« zu finden sein. »Profan«-rechtliche Belege – strenge Trennung vom »Sakralen« ist dem AT fremd! – sind Lev 5,21 (»Ableugnen« hinterlegten oder geraubten Gutes), Lev 5,22 (»Hehlen« von Fundgegenständen), Lev 19,11 (»Verheimlichen« von Diebesgut), Hos 4,2 (neben Leben, Freiheit und Ehe soll durch Verbot der »Hehlerei« auch Hab und Gut geschützt sein; anders Rudolph, KAT XIII/1, 100). Ausläufer in außerrechtlichen Zusammenhängen sind das »Leugnen« Gen 18,15, das »Sich-Verstellen« 1Kön 13,18 und der auf Dinge übertragene Gebrauch Hi 8,18; Hos 9,2; Hab 3,17. Sakralrechtliches mag im »Sich-Aufspielen« als Prophet (Sach 13,4), Kriegsrechtliches im »Ergebung Heucheln« als Loyalitätsgestus der Besiegten (s.o.) mitschwingen. »Verschlagenheit« in Handels- und Außenpolitik (Nah 3,1), »Ränkespiel« in der Innenpolitik (Hos 7,3), »Entstellungen« in der Anklage gegen Unschuldige (Ps 59,13; anders S. Mowinckel, Psalmenstudien I, 1921, 57f.) – so lauten »profane« Anwendungen des Nomens.

4. Der theologische Sprachgebrauch lehnt sich eng an den »profanen« an: auch hier läßt sich eine (sakral)rechtliche von einer erweiterten Anwendung unterscheiden. Dabei darf der sakralrechtliche »Sitz« jedenfalls als gleich ursprünglich gelten wie der »profan«rechtliche (s.o. 3).

Als sakralrechtlicher Terminus fungiert *khš* besonders deutlich in Jos 7,11, wo »Hehlerei« mit gestohlenem Banngut als schwerwiegendes Sakrileg erscheint. Zweifellos sind wir in diesem alten ätiologischen Achan-Text (vgl. Noth, HAT 7,43–46) beim Ursprung unserer Wurzel. In Jos 24, 27 (*khš* pi. *bēlōhīm*) und Hi 31,28 (*khš lā'ēl*) wird durch Abfall zum Fremdkult bzw. Gestirnkult »Gott verleugnet«, ein sakralrechtliches Delikt auch hier; ähnlich Hos 12,1 (Deutung nach E. Sellin, Das Zwölfprophetenbuch, 2.31929, 118; Weiser, ATD 24,73; anders Rudolph, KAT XIII/1,225).

»Verleugnung Jahwes« im weiteren Sinn der Untreue gegen seinen Bund bedeutet *khš beJhwh* in Jes 59,13; so ist auch *káḥaš* in Hos 10,13 zu verstehen, wo das Wort in Parallele zu *ræša'/'awlātā* und in Kontrast zu *ṣædæq/ṣedāqā*, *ḥæsæd* und *dá'at* (V. 12 txt em) steht (vgl. Wolff, BK XIV/1, 240–242). Speziell im Sinn der Unwilligkeit, auf Jahwes Thora zu hören, manifestiert sich die »Abtrünnigkeit« der *bānīm kæḥāšīm*, der »verleugnenden Söhne« in Jes 30,9, während Jer 5,12 (*khš* pi. *beJhwh*) und Spr 30,8f. das schlechthinnige Nichtrechnen mit Jahwe »Verleugnung« nennen. Das Thema »erzwungene Huldigung der Feinde vor dem Sieger« – form- und traditionsgeschichtlich ein Element des Hymnus, besonders des Siegesliedes – erscheint theologisch auf die Huldigung vor Gott gewendet in Ps 66,3.

5. Qumran weist bisher nur zwei Belege für das Nomen *káḥaš* auf: in 1QS 4,9 in einem Lasterkatalog der zum »Geist des Frevels« Gehörigen, in 1QS 10,22 in der Gelübdereihe eines Preisliedes. An der ersten Stelle steht *káḥaš* neben *remijjā* »Täuschung«, an der zweiten ist mit »sündigem Trug« (*káḥaš 'āwōn*) ein Vergehen der »Lippen« bezeichnet. Seine spezifische Bedeutung scheint das Wort verloren zu haben.

Die LXX übersetzt unspezifisch mit der Wurzel ψευδ-; nur in Gen 18,15 hat sie präziser ἀρνεῖσθαι (vgl. das ἀρνητής des Aquila in Jes 30,9), so daß zumindest die eine Seite der Wurzelambivalenz am Rande zur Geltung kommt.

Im NT wird der theologische Sprachgebrauch christologisch gefaßt (vgl. H. Schlier, Art. ἀρνέομαι, ThW I,468–471). Gott wird da verleugnet, wo Christus verleugnet wird (1Joh 2,23). Wer Christus verleugnet, den wird er vor seinem Vater auch verleugnen (Mt 10,33 par.; 2Tim 2, 12). Denkt man hier zunächst an ein Verleugnen durch Worte (vgl. 1Joh 2,22), so zeigt doch Tit 1,16, daß dies, wie im AT, auch durch das Tun geschehen kann.

M. A. Klopfenstein

כֹּל *kōl* Gesamtheit

1. Das gemeinsem. Subst. **kull-* »Gesamtheit« (Bergstr. Einf. 190), als dessen ursprüngliche Bedeutung »Kreis« (GVG II,253) oder »Umkreis« (BL 267) vermutet wird, gehört zur Wurzel *kll*, die im Hebr. das Verbum q. »vollenden, vollkommen machen« (akk. und aram. *kll* Š »vollenden«; bibl.-aram. šaf. und ištaf. »vollendet werden«, KBL 1085f.) und die nominalen Ableitungen *kālīl* »völlig; Ganzopfer«, *miklōl* »Vollkommenheit« (Ez 23,12; 38,4), *miklāl* »Vollkommenheit, Krone« (Ps 50, 2) und *maklūlīm* »Prachtgewänder« (Ez 27, 24) liefert; vgl. noch den Eigennamen *Kelāl* (Esr 10,30; Noth, IP 224: »Vollkommenheit«).

Das Akk. hat neben *kalû*, *kalâma*, *kullatu* (AHw 423f.427.501f.) noch eine ganze Reihe von Synonymen: *gimru*, *gimirtu*, *kiššatu*, *nagbu*, *napḫaru* (GAG §134h). Zu ug. *kl*, *kll* vgl. WUS Nr. 1320; UT Nr. 1240; zu den nwsem. Inschriften vgl. DISO 118–120.

2. *kll* q. begegnet nur Ez 27,4.11, *kālīl* 15 ×, *miklōl* 2 ×, *miklāl* und *maklūlīm* 1 × ; bibl.-aram. *kll* šaf. 5 ×, ištaf. 2 ×.

kōl/*kol-* steht nach Mand. 563–583.1328f. 1535 hebr. 5404 × (davon *kōl* 843 ×, mit Suffixen 214 ×), aram. 82 × (Dan 67 ×, Esr 15 ×). Bei einem Wort von derart allgemeiner Verwendung ist zu erwarten, daß sich seine Häufigkeit in den einzelnen atl. Büchern ziemlich proportional zu deren Umfang verhält. Signifikante Abweichungen von den errechenbaren Werten ergeben sich, wenn die Bücher mit einem Umfang von weniger als 1% des AT außer Betracht bleiben, nach oben bei Dtn (353 ×) und vor allem Pred (91 ×), nach unten bei Hi (73 ×) und Spr (77 ×), was einerseits vom Inhalt (Dtn: »von ganzem Herzen, von ganzer Seele und mit aller deiner Kraft«; Pred: »alles ist eitel«), andererseits von der poetischen knappen Form her erklärt werden kann.*

3. a) Das Adj. *kālīl* bedeutet »völlig, vollkommen« (Jes 2,18 »alles«; Ri 20,40 »die ganze Stadt«). Die Schönheit einer Stadt kann *kālīl* »vollkommen« genannt werden (Ez 16,14 und Klgl 2,15 Jerusalem; Ez 27,3 und 28,12 Tyrus); vgl. auch die Verwendung des Verbums *kll* q. »vollenden, vollkommen machen« in Ez 27,4. 11 (Tyrus), ferner GenAp 20,5 aram. *kljln* »vollkommen« von den Händen Saras bei der Beschreibung ihrer Schönheit.

Für Ex 28,31 und 39,22 (wohl auch Num 4,6) nimmt G.R.Driver, Technical Terms in the Pentateuch, WdO II/3, 1956, 254–263, die Bed. »gewoben in einem Stück« an (S. 259).

Das Subst. *kālīl* bezeichnet eine Opferart (Lev 6,15.16; Dtn 13,17; 33,10), wohl das »Ganzopfer«, dem die *'ōlā* (»Brandopfer«) zur Seite trat (Ps 51,21), und das diese schließlich verdrängte (1Sam 7,9; vgl. Köhler, Theol. 174f.; R.de Vaux, Les sacrifices de l'AT, 1964, 43f.98f.).

miklōl beschreibt die in »Vollkommenheit« gekleideten und gerüsteten Reiter (Ez 23,12; 38,4). *maklūlīm* schließt an *miklōl* an und bezeichnet die Prachtgewänder, mit denen Tyrus handelt (Ez 27,24). *miklāl* (Ps 50,2) könnte auch vom Aram. herkommend von *kll* »umgeben« abgeleitet und demnach mit »Krone, Kranz« übersetzt werden (mit den meisten Kommentatoren, gegen GB 421b und KBL 521b; vgl. *kljl* in Qumran, s.u. 5).

b) Für die Verwendung und Konstruktion von *kōl* vgl. die Wörterbücher und Grammatiken. *kōl* steht seltener allein mit der Bed. »das Ganze, ganz, alles« (Ex 29, 24; Lev 1,9; 2Sam 1,9 u.ö.; vgl. GVG II, 253f.); überwiegend findet es sich in Verbindung mit anderen Nomina, ursprünglich als nomen regens vor einem Genetiv, dann aber auch appositionell vor und nach einem weiteren Substantiv (GVG II,214–216). Ist dieses nicht determiniert, kommt die Bed. »jeder, allerlei« zustande. Ist das folgende Nomen jedoch determiniert, ist *kōl* im Sing. mit »ganz«, im Plur. mit »alle« wiederzugeben. Tritt eine Negation hinzu, kommt es zur Bed. »kein«. Ist *kōl* nachgestellt, so wird sehr häufig ein Suffix angehängt, das den Rückbezug herstellt, z.B. *Jiśrā'ēl kullāh* »ganz Israel« 2Sam 2,9 u.ö.; diese Art der Konstruktion ist in den anderen sem. Dialekten besonders weit verbreitet (vgl. z.B. akk.: GAG §134h; ug.: O.Eißfeldt, El im ug. Pantheon, 1951, 42f.; aram.: Fitzmyer, Sef. 29).

Eine ins einzelne gehende Angabe über die mit *kōl* verbundenen Nomina erübrigt sich, da alle Erscheinungen dieser Welt der Reichhaltigkeit des Lebens entsprechend dafür herangezogen werden können. Außer den hebr. Konkordanzen können auch die weitgehend nach den einzelnen Verbindungen aufgegliederten Listen in K.Huber – H.H. Schmid, Zürcher Bibel-Konkordanz, I, 1969, 39ff. 638ff., für einen Überblick verwendet werden.

4. *kōl*, insbesondere auch absolut und mit dem Artikel verwendet, dient in manchen (exilisch-nachexilischen) theologischen Aussagen zur Bezeichnung der gesamten Schöpfung, ohne je theologischer oder kosmologischer Fachausdruck für »Universum« oder »(Welt-)All« zu werden (C.R.North, IDB IV,874b; ders., The Second Isaiah, 1964, 145f.). So redet etwa Jer 10,16 = 51,19 (exilisch, vgl. Rudolph, HAT 12,75) vom »Schöpfer des Alls«; Jes 44,24 heißt es: »ich, Jahwe, mache alles, spanne den Himmel aus«, und 45,7: »der ich das Licht bilde und die Finsternis schaffe ..., ich bin's, Jahwe, der dies alles wirkt«; vgl. weiter Ps 103,19 »seine Herrschaft regiert das All«; 119,91 »alles ist dir dienstbar«; 1Chr 29,14 »von dir kommt alles«, V. 16 »alles ist dein«; Hi 42,2 »ich habe erkannt, daß du alles vermagst«; schließlich auch Ps 8,7 vom Menschen: »alles hast du ihm unter die Füße gelegt«.

5. In Qumran begegnet *kōl* über 800 × (überwiegend plene *kwl*, in CD *kl*). Die Verwendung ist ganz der im AT parallel. Zu *kljl* »vollkommen (schön)« s.o. 3a; daneben wird in 1QS 4,7 und 1QH 9,25 *kljl* in der Bed. »Kranz, Krone« gebraucht (*kelīl kābōd* »Ehrenkrone«).

Die Übersetzungen ins Gr. sind mannigfaltig, dem Sinne des Zusammenhangs entsprechend; das Wort πᾶς und seine Ableitungen herrschen selbstverständlich vor.

Zum NT vgl. B.Reicke – G.Bertram, Art. πᾶς, ThW V,885–895. *G.Sauer*

כלה *klh* zu Ende sein

1. Morphologisch besteht im Hebr. keine scharfe Grenze zwischen *klh* »aufhören« und *kl'* »zurückhalten«, wie die zahlreichen Angleichungen in der Flexion erkennen lassen (BL 375.424; KBL 436a). Beide Wurzeln finden sich im Ug. (WUS Nr. 1311: *kla* »schließen«; Nr. 1317: *kly* »zu Ende sein«), während akk. *kalû* wohl als **kl'* anzusprechen ist (GAG §105c; AHw 428f.), das mit der Grundbedeutung »zurückhalten« auch den Sinn »aufhören« in sich vereint. Wie das Akk. kennt auch das Aram. nur die (gemeinsemitische) Wurzel *kl'*, und zwar im Sinne von »zurückhalten« *und* »zu Ende gehen«. Im Neupun. ist *klh* pi. nicht sicher belegt (KAI Nr. 145, Z. 11; DISO 121).

Ein Blick auf die Bedeutungsbereiche der beiden Verben zeigt, daß sie auch semasiologisch sehr eng zusammengehören. Es scheint ein elementarer semasiologischer Vorgang zu sein, daß aus der Grundbedeutung des »Zurückhaltens« und »Absperrens« sich der Begriff des »Begrenzens« und »Endigens« entwickelt; vgl. dt. »schließen« und lat. »claudere« mit dem gleichen charakteristischen Doppelsinn von »einschließen« und »abschließen«. Ein entsprechender semasiologischer Vorgang steckt hinter dem Oppositum →*ḥll* hi.: Grundbedeutung »losbinden, entlassen« > »anfangen«; vgl. dt. »eröffnen« und lat. »aperire«, etwa vom Beginn einer Verhandlung.

Auch im Hebr. erhalten die Beziehungen zwischen den beiden Verben ihre einfachste Erklärung durch die Annahme, daß »aufhören« aus dem raumbezogenen, ursprünglicheren »zurückhalten« sekundär hervorgegangen sei, und daß die Sinnerweiterung eine entsprechende, freilich nicht immer streng durchgeführte morphologische Zerlegung der Wurzel zur Folge gehabt habe.

Mehrere Nominalformen sind vom Verbum abgeleitet: das Adj. *kālǣ* »schmachtend« (Dtn 28,32 von den Augen), das Subst. mit *mi*-Präfix *miklōt* »Vollendung« (2Chr 4,21), dessen *-ōt* als sing. Abstrakt-Endung oder als Plur. der Potenzierung (vgl. BrSynt 16) erklärt wird (daneben von *kl' miklā*['] »Hürde«; vgl. claudere > clausula und claustrum); »Vollendung« meinen auch *tiklā* (Ps 119,96) und *taklīt* (Barth 295; BL 496), während *kālā* und *killājōn* (Barth 326) das feindlich gemeinte Endigen, die »Vernichtung« bezeichnen. Für den Personennamen *Kiljōn* gilt dasselbe wie für *Maḥlōn* (→*ḥlh* 1).

2. Die Wurzel erscheint im AT nur hebr. (bibl.-aram. dafür *kll* šaf. »vollenden«, Esr 4,12; 5,3.9.11; 6,14; išt. pass. Esr 4,13.16; *šlm* q. »fertig sein« Esr 5,16). Das Verbum hat mit normaler Streuung 207 Belege: qal 64 ×, pi. 141 ×, pu. 2 ×. Von den Nominalformen erscheint *kālǣ* 1 ×, *kālā* 22 × (Jer 7 ×, Ez 3 ×), und zwar 15 × als Objekt zu *'śh*: »ein Ende machen« (vor allem bei den Propheten: Jer 7 ×, Ez 2 ×, Jes und Zeph 1 ×), *taklīt* 5 × (Hi 3 ×, dazu Ps 139,22 und Neh 3,21), *killājōn* 2 × (Dtn 28,65; Jes 10,22), *tiklā* und *miklōt* je 1 × (s.o.).

3. Als sekundäre Erweiterung des Begriffes »absperren, Grenze setzen« wird *klh* meistens als transitivum verwendet (*klh* pi., mit dem weniger häufigen *klh* q. als intransitivum) und meint zunächst »abschließen«, d.h. einer Sache oder einem Vorgang »ein Ende machen« (oft von einem Inf. mit oder ohne *l*[e] begleitet). *klh* q. »aufhören« hat sehr verschiedene, konkrete oder abstrakte Subjekte.

Als sinnverwandte Verben kommen in Frage: *'ps* q. »aufhören, zu Ende sein« (Gen 47,15.16 Geld; Jes 16,4 Bedrücker, par. *klh* q.; 29,20 Tyrann, par. *klh* q.; Ps 77,9 Gnade, par. *gmr* q.) und *gmr* q. »zu Ende sein« (Ps 7,10; 12,2; 77,9), »zu Ende bringen« (Ps 57,3; 138,8; vgl. O. Loretz, Das hebr. Verbum GMR, BZ 5, 1961, 261–263); vgl. →*tmm*, →*qēṣ*.

Der neutrale Begriff des »Abschließens« wird häufig in verschiedener Weise modifiziert, zunächst positiv im Sinne von »fertig machen, vollenden«, wobei das Schließen in erster Linie als Erreichen eines angestrebten Zieles betrachtet wird (Gen 2,2; 6,16); q. »vollendet werden, in Erfüllung gehen« wird besonders vom Chronisten verwendet (1Chr 28,20 u.ö.). Eine unserem »beschlossen, entschieden sein« entsprechende Sinnerweiterung findet sich viermal (1Sam 20,7.9; 25,17; Est 7,7, immer mit *rā'ā* »Böses« als Subjekt; anders L. Kopf, VT 9, 1959, 284, zu *klh 'æl/'al* in 1Sam 25,17 und Est 7,7: »erreichen«); vgl. 1Sam 20,33, wo das Subst. *kālā* eine »beschlossene Sache« meint; so wahrscheinlich auch Ex 11,1: »wenn sein Entlassen eine beschlossene Sache ist«.

Fast noch häufiger wird aber dem Schließen eine negative Einschätzung beigelegt: pi. »ein Ende bereiten = vernichten«, q. »umkommen« (Gen 41,30; Ex 32,10.12). In diesem Sinn kann das Verbum besonders im Qal hyperbolisch als Bezeichnung eines quälenden Hinsiechens stehen, wobei je nach dem Zusammenhang entweder das heftige Begehren und Verlangen (Ps 84,3; Klgl 4,17) oder noch häufiger das entbehrende Gedrücktsein (Jer 14,6; Ps 69,4) in den Vordergrund tritt; vgl. hier auch das Adj. *kālǣ* »schmachtend« in Dtn 28,32.

Beim Verbalabstraktum *kālā* ist der zeitliche Aspekt ganz zurückgedrängt; das Wort meint überall im AT »Ende« im Sinne von »Vernichtung«. Vom zeitlichen Aufhören wird es einmal in den Qumrantexten gebraucht: *'ēn kālā* »ohne Ende« (1QH 5,34, = atl. *'ēn* →*qēṣ*).

4. In theologischem Sprachgebrauch wird das Qal etwa gleichwertig mit →*'bd* »zugrunde gehen« vom Los der Sünder häufig verwendet. Das Pi. hat etwa 30 × Gott/Jahwe als Subjekt und steht dann mit wenigen Ausnahmen im Sinne von »vernichten« und mit persönlichem Objekt. An einigen Stellen, hauptsächlich bei Ez, steht *klh* pi. mit dem »Zorn« Gottes als Objekt = »den Zorn vollstrecken« (Ez 5,13; 6,12; 7,8; 13,15; 20,8.21; Klgl 4, 11).

kālā wird zweimal vom göttlichen Wort, das in Erfüllung geht, ausgesagt (Esr 1,1; 2Chr 36,22; vgl. Esr 9,1 pi.; vgl. sonst →*qūm* hi. oder →*ml'* pi.

Weder im Qal noch im Pi. wird das Verbum, ebenso wenig wie die Nominalformen, als theologischer Fachterminus, etwa für das Endgericht, gebraucht.

5. Zum NT vgl. G. Delling, Art. τέλος, ThW VIII, 50–88 (vor allem 63–65 zu συντελέω). Es zeigt sich, daß *klh* für die spätjüdische und urchristliche Eschatologie viel weniger in Betracht kommt als → *qēṣ*, das offenbar geeigneter war, Haftpunkte für eine endzeitlich orientierte Deutung zu liefern. *G. Gerleman*

כָּנָף *kānāf* Flügel

1. Die Wurzel **kanap-* »Flügel« ist gemeinsemitisch (Bergstr. Einf. 184; P. Fronzaroli, AANLR VIII/19, 1964, 274. 279; ebd. 23, 1968, 283; akk. *kappu*, AHw 444; ug. *knp*, WUS Nr. 1345; UT Nr. 1273; jaud. und reichsaram. *knp*, DISO 123).

In Jes 30,20 begegnet ein denominiertes *knp* ni. »sich verbergen«.

2. In den verschiedenen Formen und Bedeutungen ist *kānāf* 109 × im AT belegt (Sing. 38 ×, Dual 66 ×, Plur.fem. 5 ×; Ez 26 ×, 1Kön und Ps je 12 ×, 2Chr 10 ×, Jes 7 ×). Davon entfallen die meisten Stellen auf Literatur priesterlicher oder anderer am Tempel interessierter Schriftsteller (Gen 2 ×, nur P; Ex 5 ×, davon 4 × P; Lev 1 × und Num 2 × nur P; 1Kön 6–8 und 2Chr 3,11–13; 5,7f. 22 × bei der Beschreibung der Flügel der Tempelcherube; 16 × in Ez 1 und 10). Vgl. auch die nachexilischen Belege bei Hag, Sach und Mal (insgesamt 7 ×) gegen 1 × (Hos) bei den kleinen vorexilischen Propheten (Jes 7 ×, von denen 2 nicht-jesajanisch; fehlt bei Dtjes; Jer 3 ×).

3./4. a) Von Flügeln ist im AT nicht nur bei Vögeln (bildlich Spr 23,5; zu Jes 8,8 s. die Kommentare; vgl. Ez 17,3.7), sondern mehrfach auch bei mythologischen Gestalten wie den im Zusammenhang mit der Lade (Ex 25,20; 37,9; 1Kön 6 und 2Chr 3) und in Ez erwähnten zweiflügeligen oder vierflügeligen (Ez) Cheruben (R. de Vaux, MUSJ 37, 1960–61, 91–124; P. Dhorme – L. H. Vincent, RB 35, 1926, 328–358; BRL 382–385), den sechsflügeligen schlangenartigen Seraphen (Jes 6,2), den in Ez 1; 3 und 10 genannten vierflügeligen Wesen (L. Dürr, Ezechiels Vision von der Erscheinung Gottes [Ez c. 1 u. 10] im Lichte der vorderasiatischen Altertumskunde, 1917; Zimmerli, BK XIII, 1ff. zu Ez 1) und den geflügelten Frauengestalten in Sach 5,9 die Rede. Abgesehen von den Tempelcheruben bzw. denen der Stiftshütte begegnen die geflügelten mythologischen Gestalten also nur in Visionsberichten. Die in hymnischen Texten erwähnten »Flügel des Windes« (2Sam 22, 11 = Ps 18,11; 104,3) bezeichnen wie die synonymen Begriffe *kerūb* »Cherub« (2Sam 22,11 = Ps 18,11; BHH I, 298f.) und *'āb* »Wolke« (Ps 104,3; →*'ānān*) das bei der Epiphanie Gottes verwendete Gefährt Jahwes und erinnern an die Flügel des Südwindes des Adapa-Mythus (ANET 101b; auf diese mythologische Vorstellung spielt Hos 4,19 im Urteilsspruch an). Die »Schwingen der Morgenröte« (Ps 139,9) dürften den heilbringenden Flügeln der aufgehenden »Sonne der Gerechtigkeit« (Mal 3,20) entsprechen. In diesem Text »verbindet sich der juristische Gebrauch von *ṣdq*, wonach der *ṣaddīq*, der den Namen Jahwes fürchtet, im Vollzug des Endgerichtes gerettet wird, mit der Verwendung der Wurzel zur Bezeichnung des allgemeinen Heilszustandes. Die Verbindung mit der Sonne greift ein uraltes Mythologumenon auf, insofern sehr häufig gerade der Sonnengott zum Wahrer von Recht und Ordnung gemacht worden ist« (H. H. Schmid, Gerechtigkeit als Weltordnung, 1968, 142). Das Motiv der geflügelten Sonne läßt sich durch Jahrtausende hindurch in der bildenden Kunst des Orients verfolgen (O. Eißfeldt, Die Flügelsonne als künstlerisches Motiv und als religiöses Symbol, FF 18, 1942, 145–147 = KS II, 416–419; AOB Nr. 307–311.331–333; BRL 338, Nr. 3). Die Frage, ob das namentlich in individuellen Klageliedern (Ps 17,8; 57,2; 61,5; vgl. auch Ps 36,8; 63,8; im belehrenden Bekenntnis Ps 91,4) und in Ruth 2,12 begegnende Bild des »Schattens unter den Flügeln« Jahwes vom schützenden Vogel (vgl. Dtn 32,11; Jes 31,5; J. Hempel, ZAW 42, 1924, 101–103) hergenommen ist oder letztlich auf die Vorstellung eines geflügelten Gottes zurückgeht (AOB Nr. 35.197.258; F.C. Fensham, Winged Gods and Goddesses in the Ugaritic Tablets, Oriens Antiquus 5, 1966, 157–164), ist wohl im Sinne der ersten Alternative zu entscheiden (vgl. auch Mt 23,37), zumal von der schützenden Funktion der Gottesflügel in der ug. Literatur nicht die Rede ist. Daß es sich bei diesem Bilde durchweg um ein ursprüngliches Asylbekenntnis im Zusammenhang mit der durch die Cherubenflügel symbolisierten Schutzsphäre Jahwes im Heiligtum handle (so Kraus, BK XV, 283, im Gefolge von von Rad I, 416), scheint trotz Ps 36,8 nicht sicher zu sein.

Als dichterisches Synonym zu *kānāf* begegnen *'ēbær* (Ez 17,3 par. *kānāf*; Jes 40,31 und Ps 55,7 allein) und *'æbrā* (Dtn 32,11; Ps 68,14; 91,4; Hi 39,13, immer par. *kānāf*) »Flügel«; vgl. auch denominiertes *'br* hi. »sich aufschwingen« (Hi 39,26).

b) In erweitertem Sinne meint *kānāf* den Zipfel des Gewandes. Als Rechtsbrauch wird er vom Manne über die erwählte Braut ausgebreitet (Ruth 3,9 txt em; Ez 16,8; A. Jirku, Die magische Bedeutung der Kleidung in Israel, 1914, 14ff.). Die Quasten (*ṣīṣit* Num 15,38f.; *gedīlīm* Dtn 22,12) an den vier Zipfeln des Obergewandes mit den an ihnen angebrachten violett-purpurnen Schnüren haben ursprünglich wohl apotropäische Bedeutung (P. Joüon, *kānāf* »aile«, employé figurément, Bibl 16, 1935, 201–204; R. Gradwohl, Die Farben im AT, 1963, 71f.; Noth, ATD 7, 104), wurden aber im Jahwismus als Erinnerungsmittel an die göttlichen Gebote umgedeutet (Num 15,39–40). Im apodiktischen Verbot Dtn 23,1 und in der altertümlichen Verbotsreihe des sichemitischen Dodekalogs Dtn 27,20 meint die Aufdeckung des Gewandzipfels des Vaters das eheliche Verhältnis mit der Stiefmutter (zu ähnlichen Verboten vgl. Lev 18 und K. Elliger, ZAW 67, 1955, 1–25).

In Verbindung mit *hā'āræṣ* meint *kānāf* (Plur.cs.fem. *kanfōt*) die (vier) Säume bzw. Enden der Erde (Ez 7,2; Jes 11,12; Hi 37,3; 38,13; sing. Jes 24,16; also nur in jüngeren Texten) und wird – wenn nicht davon abhängig – analog dem akk. Ausdruck *kippat erbetti* (AHw 482b) gebraucht.

5. Der atl. Sprachgebrauch setzt sich in Qumran (z.B. »Flügel des Windes«, 1QH f 19,3) und im NT fort (πτέρυξ wie in LXX; schützend Mt 23,37 par. Lk 13,34; von himmlischen Gestalten Apk 4,8; 9,9; 12,14). *A.S. van der Woude*

כְּסִיל *kesīl* Tor

1. Wenn die Wurzel *ksl* ursprünglich »dick, fett sein« (vgl. arab. *kasila* »schwerfällig sein«) bedeutet, wie allgemein vermutet wird (s. die Lexika), kann diese Grundbedeutung die angenommenen, semasiologisch sehr unterschiedlichen Derivate im Hebr. einigermaßen erklären (vgl. auch J. L. Palache, Semantic Notes on the Hebrew Lexicon, 1959, 37); sie kommt aber im Hebr. selbst nicht vor.

Dem körperlichen Sinn des »Fett-Seins« kommt *kæsæl* I »Lende« am nächsten (Lev 3,4.10.15; 4,9; 7,4; Ps 38,8; Hi 15,27; vgl. Dhorme 132f.; ug. *ksl* »Lende«, WUS Nr. 1357; UT Nr. 1280: »the back«). Ganz vorherrschend ist aber die übertragene Bedeutung sowohl im positiven wie vor allem im negativen Sinn (»schwerfällig« > »träge« > »dumm/töricht«?; → *'æwīl* 1), indem *kæsæl* II teils »Zuversicht« (Ps 49,14 txt?; 78,7; Hi 8,14; 31,24; Spr 3,26), teils »Torheit« (Pred 7,25), und *kislā* ebenso teils »Zuversicht« (Hi 4,6), teils »Torheit« (Ps 85,9 txt?; vgl. noch Ps 143,9 txt em) meinen, während die einmaligen Belege des Verbums *ksl* q. »töricht sein« (Jer 10,8) und des Nomens *kesīlūt* »Torheit« (Spr 9,13) sowie vor allem das Nomen *kesīl* I (s.u. 3) eindeutig negativ ausgerichtet sind; so auch *kesīl* II, wodurch das Sternbild »Orion als gewalttätig, frech« (KBL 447b) bezeichnet wird (Am 5,8; Hi 9,9; 38,31; Plur. Jes 13,10; vgl. Fohrer, KAT XVI, 198 mit Lit.; G.R. Driver, JThSt N.S. 7, 1956, 1–11). Vgl. noch den Personennamen *Kislōn* (Num 34,21; Noth, IP 227: »schwerfällig«).

Das nach Vorkommen und Bedeutung wichtigste Nomen ist *kesīl* I, das (gegen Barth 44) gelegentlich auch adjektivisch »töricht« (Spr 10,1; 14,7; 15,20; 17,25; 19,13; 21,20; Pred 4,13; vgl. auch 5,2, s. die Kommentare), sonst substantivisch »Tor« meint. Die Bildung *kesīl* braucht wohl weder als Fremdwort (vgl. BL 471) noch als Aramaismus (so Meyer II, 28; zurückhaltender Wagner 122) aufgefaßt zu werden (vgl. Barth 44; GK 84ᵃo).

2. Das Vorkommen von *kᵉsīl* I ist bemerkenswert: mit insgesamt 70 Belegen kommt es außer Ps 49,11; 92,7; 94,8 nur in Spr (49×, davon bloß 4× in Spr 1–9, dagegen 30× in der Sammlung 10,1–22, 16 und 11× im Torenspiegel 26,1–12) sowie in Pred (18×) vor.

Ohne das bedeutungsmäßig weiter abliegende *kǽsæl* I (7×) und *kᵉsīl* II (4×) kommt die Wurzel insgesamt 80× vor (*ksl* q. 1×, *kǽsæl* II 6×, *kislā* 2×, *kᵉsīlūt* 1×).

3. Das Personenwort *kᵉsīl*, dessen Hauptbedeutung »Tor/töricht« ist, weist eine ausgesprochen weisheitliche Verwendung auf. Daß es dabei →*nābāl* »Tor« als ein älteres Wort ersetzt haben soll (vgl. W. Caspari, NKZ 39,1928, 674f.; G. Bertram, ThW IV, 839), bleibt unsicher; es fällt aber auf, daß die adjektivische Verwendung als Beiwort namentlich in den älteren Teilen der Spr, die Determination des Substantivs durch den Artikel dagegen nur im späten Pred (11× von total 18×) vorkommt. So mag wohl eine semasiologisch wichtige substantivierende Entwicklung vorliegen: *kᵉsīl* ist allmählich ein bestimmter Typ geworden, und zwar der Gegentyp zu *ḥākām*, dem »Weisen« (→*ḥkm*), wozu *kᵉsīl* als das wichtigste Oppositum erscheint (vgl. U. Skladny, Die ältesten Spruchsammlungen in Israel, 1962, 12.21f.33ff.50f.60f.; T. Donald, VT 13, 1963, 285–292).

So in Ps 49,11; Spr 3,35; 10,1; 13,20; 14,16.24; 15,2.7.20; 21,20; 26,5; 29,11; vgl. 10,23; 17,16; 28,26; dazu Pred 2,14f.16; 4,13; 6,8; 7,4f.; 9,17; 10,2.12; andere Opposita in Spr (in Pred ist *ḥākām* vorherrschend) sind: *nābōn* »einsichtig« (14,33; 15,14) und *mēbīn* »verständig« (17,10.24; →*bīn*), *ʿārūm* »klug« (12,23; 13,16; 14,8), vgl. noch *sǽkæl* »Einsicht« (23,9). Unter den Synonymen sind zu nennen: *bắʿar* »viehisch, dumm« (Ps 49,11; 92,7; vgl. 73,22; Spr 12,1; 30,2) und *bʿr* q. »viehisch, dumm sein« (Jer 10,8; Ps 94,8), beide Wörter von *bᵉʿīr* »Vieh« denominiert; in Spr: *pᵉtājīm* »Einfältige« (1,22.32; 8,5; →*ptb*), *lēṣīm* »Spötter« (1,22; 19,29; vgl. H.N. Richardson, VT 5,1955, 163–179), →*nābāl* »Tor« (17,21; vgl. W.M.W. Roth, VT 10,1960, 394–409, bes. 403: *nābāl* »is by his very fate an outcast«).

Die herabsetzende Charakterisierung durch diese Synonyme, die der spöttischen Prägung des Torenspiegels Spr 26,1–12 entspricht, verstärkt das negative Bild des *kᵉsīl*, das sonst geboten wird: der *kᵉsīl* ist nicht wie der »Weise« schweigsam, sondern sein Mund offenbart seine »Torheit« (→*ʾᵆwīl* 3; so 12,23; 13,16; 14,7.33; 15,2.14; 18,2; 29,11.20) und sein falsches, böses (→*raʿ*) Herz (15,7; 19,1; vgl. Pred 10, 2), führt andere »in Streit« und ist dem *kᵉsīl* selbst »Untergang« und »Falle« (18, 6f.; vgl. 10,18). Er verbreitet üble Nachrede (10,18), ist für seine Mitmenschen gefährlich (13,20; 17,12), verachtet seine Mutter (15,20), wird seinen Eltern zu Gram und Unglück (10,1; 17,21.25; 19, 13). Er ist untauglich (26,6, vgl. V. 10; Pred 10,15b) und hat seine Lust an Schandtat (Spr 10,23; 13,19). Er haßt »Erkenntnis« (1,22; 18,2) und ist in seinen eigenen Augen »weise« (26,5.12; 28,26), was aber seine Torheit nur noch schärfer heraushebt.

4. Das völlig negative Bild des *kᵉsīl* ist nicht zuletzt theologisch geprägt und bedingt, so schon in der weisheitlichen Antitypik von *kᵉsīl* und *ḥākām*, zumal sie dem Gegensatz von *rāšāʿ* »Frevler« – dem der »Tor« nahekommt – und *ṣaddīq* »Gerechter« entspricht (s. etwa Spr 10,23; 15,7; Skladny, a.a.O. 12.21ff.), so aber vor allem im Blick auf die schicksalschweren Folgen von Haltung und Tun des »Toren«. Nicht nur empfängt er – in sozialer Hinsicht – »Schande« statt Ehre (3,35; vgl. 26,1.8; auch 19,10) und ist er für seine Mitmenschen gefährlich (s.o. 3), sondern er verdirbt sich selbst: sein Mund ist ihm Untergang und Falle (s.o. 3), seine Torheit ist »Trug« (*mirmā*, 14,8), seine hybride securitas verdirbt ihn (1,32 *ʾbd* pi.; vgl. 14,16b). Aufforderung an den »Toren« zur Besserung kann vorkommen (8, 5), aber öfter wird die Vergeblichkeit einer solchen ausgesprochen, weil der »Tor« an seine »Torheit« rettungslos gebunden ist (vgl. 14,24; 17,10.16; 23,9; 26, 11). So ist seine »Torheit« eine unheimliche Macht des Unheils und wird als solche auch als »Frau Torheit« personifiziert (9,13 *kᵉsīlūt*; vgl. G. Boström, Proverbiastudien, 1935; G. von Rad, Weisheit in Israel, 1970, 217ff.).

5. In der LXX wird *kᵉsīl* hauptsächlich durch ἄφρων, seltener durch ἀσεβής und andere Wörter wiedergegeben, vgl. G. Bertram, Art. φρήν, ThW IX, 216–231; ders., Art. μωρός, ThW IV, 837–852, wo die Bedeutung des Begriffs für Judentum und NT weiter erörtert wird (vgl. noch W. Caspari, NKZ 39, 1928, 668–695; U. Wilckens, Weisheit und Torheit, 1959).

M. Sæbø

כעס *kʿs* sich ärgern

1. Das Verbum hat außerhalb des Hebr. und Aram. (reichsaram.: Aḥ. 189 *kʿs* Part. q. »es sättigte sich der Gramvolle an Brot«, AOT 462; jüd.-aram.: Dalman 204b;

Jastrow I,656) keine sicheren etymologischen Entsprechungen. Oft wird auf arab. *kaši'a* »in Angst sein« hingewiesen (z.B. KBL 449a), doch ist dieser Zusammenhang ungewiß. Der Wurzel haftet immer die Bedeutung einer gereizten Stimmung an (J. Scharbert, Der Schmerz im AT, 1955, 32–34). Neben das Verbum (q., pi., hi.) tritt das Subst. *ká'as* »Kränkung« (in Hi *ká'aś* geschrieben).

2. *k's* q. steht 6×, pi. 2×, hi. 46× (Jer 11×, 1Kön 10×, 2Kön 7×, Dtn 5×); *ká'as*/*ká'aś* erscheint 25×. Die Wurzel fehlt in Gen-Num, Am, Jes und Dtjes, ist dagegen beliebt in der dtr. und davon abhängigen Literatur; Hos, Jer und Ez kennen sie, ebenso weisheitliche Texte.

3. a) Im Qal bedeutet das Verbum »sich aufregen, ärgern«. Parallelausdrücke sind (2Chr 16,10 mit *'æl* »über«; Pred 7,9 neben *rūaḥ* »Geist«) *ḥrh* q. »zornig sein« (Neh 3, 33) und *ḥrq* q. *šinnīm* »mit den Zähnen knirschen« (Ps 112,10); im letzteren Fall ist durch die beiden Ausdrücke das Los des Gottlosen (im Weisheitspsalm) geschildert. Gegenbegriff zu *k's* ist *šqṭ* q. »Ruhe haben« (Ez 16,42). In Pred 5,16 ist statt des Verbums das Substantiv zu lesen.

Das Pi. hat die Bed. »aufregen, beleidigen«; der Ausdruck wird einmal im zwischenmenschlichen Bereich gebraucht (1Sam 1,6) und einmal für das Verhältnis zwischen Israel und Gott (Dtn 32,21 par. →*qn'* pi.; s.u. 4).

Das Hi. hat ähnliche Bedeutung und Verwendungsmöglichkeiten wie das Pi. (vgl. Jenni, HP 68–70): Beleidigung unter Menschen (1Sam 1,7) und Beleidigung Gottes durch Israel (Hos 12,15 und häufig im dtr. Schrifttum, s.u. 4). Einmal ist Jahwe Subjekt des Verbums: nach Ez 32, 9 »regt Jahwe das Herz vieler Nationen auf« durch sein Unheilshandeln an Ägypten; daneben stehen Ausdrücke wie *šmm* hi. »mit Entsetzen erfüllen« und (auf Seite der Entsetzten) *ś'r* »schaudern«, *ḥrd* »zittern«. Das Verbum bezeichnet also eine sehr intensive Gefühlsregung.

b) Das Subst. *ká'as* erscheint gelegentlich mit dem Verbum zusammen zum Ausdruck der Verstärkung (1Sam 1,6; 1Kön 15,30; 2Kön 23,26). Es bezeichnet wiederum die Kränkung zwischen Menschen (1Sam 1,6), auch allgemeiner die Verzweiflung (1Sam 1,16 par. *śīaḥ* »Leid«). Diese Bedeutung ist in Formen der Klage anzutreffen: der *ká'as* gehört zu den Lasten, die der Beter zu tragen hat (Ps 6,8; 10,14 par. *'āmāl* »Mühsal«). Auch Hi 6,2; 17,7 sind in der Diktion der individuellen Klage gehalten (in 6,2 txt em par. *hawwā* »Unglück«).

Umgekehrt kann vom *ká'as* Gottes die Rede sein, der sich gegen Israel richtet (nach dem einen Beleg Dtn 32,27 auch von seiten der Feinde). Die Klage des Volkes erbittet das Ende des göttlichen Unwillens (Ps 85,5; vgl. auch Hi 10,17 in Anlehnung an die individuelle Klage). Wo über den Zusammenhang zwischen göttlichem *ká'as* und menschlichem Verhalten nachgedacht wird, ist überall dtr. Einfluß nachweisbar (Dtn 32,19; 1Kön 15,30; 21, 22; 2Kön 23,26; Ez 20,28; dazu s.u. 4).

Die Weisheitsliteratur sieht im *ká'as* eine gefährliche Gemütsbewegung: den Toren mordet sein *ká'as* (Hi 5,12 par. *qin'ā* »Eifer«), der Weise zeigt ihn nicht (Spr 12,16). *ká'as* wird nicht nur die subjektive Empfindung, sondern auch der objektive Anlaß dazu genannt. So ist der törichte Sohn dem Vater ein *ká'as* (Spr 17,25 par. *mæmær* »Verdruß«), der Tor dem Weisen (Spr 27,3), und auch ein Weib kann dazu werden (Spr 21,19).

c) Für die sinnverwandten Wurzeln, namentlich *'ṣb* q./pi. »betrüben« (q. 1Kön 1,6; Jes 54,6; 1Chr 4,10; pi. Jes 63,10 »sie betrübten seinen heiligen Geist«; Ps 56,6 txt?; ni. »sich wehe tun, sich betrüben« 7×; hi. »kränken« Ps 78,40; hitp. »sich gekränkt fühlen« Gen 6,6; 34,7; dazu verschiedene nominale Ableitungen, u.a. *'aṣṣæbæt* »Schmerz« 5×) und *jgh* hi. »betrüben« (Jes 51,23; Hi 19,2; in Klgl 1,5.12; 3,32 mit Jahwe als Subjekt; ebenso Klgl 3,33 pi.; ni. Part. Zeph 3,18 txt?; Klgl 1,4; *jāgōn* »Kummer« 14×; *tūgā* »Kummer« 4×) sei verwiesen auf Scharbert, a.a.O. 27–32.35f. (»*jgh* gibt ein tiefes seelisches Getroffensein schlechthin wieder und deutet ein rein passives Verhalten der Betroffenen an ... *'ṣb* ist als Verbum transitiv, *k's* intransitiv. Bei *'ṣb* faßt der Sprechende das leiblich oder seelisch verletzende objektive Ereignis ins Auge, deutet aber je nach Zusammenhang auch die dadurch hervorgerufene Resignation oder Abwehrhaltung, den Zorn an; *k's* aber gibt unmittelbar die Gemütsstimmung, die üble Laune, die Gereiztheit mit starker Neigung zu Zorn wieder, kann aber je nach Zusammenhang auch auf die Ursache dieser Stimmung, feindliche Gesinnung, Torheit oder seelischen Schmerz zurückdeuten«, a.a.O. 35f.).*

4. Besondere theologische Bedeutung kommt dem deuteronomistischen Sprachgebrauch zu, der das Verbum (im Hi., einmal im Pi.) dazu braucht, ein Fehlverhalten des Menschen vor Gott und dessen entsprechende Reaktion zu beschreiben. Dieses dtr. Thema ist bereits bei Hosea vorweggenommen (Hos 12,15 »Ephraim hat bitter gekränkt! Seine Blutschuld lädt ihm auf, seine Schmähung gibt ihm sein Herr zurück!«; der Vers bildet den zusammenfassenden Abschluß der Spruchreihe 12, 1–15, einer Anklage, die sämtliche Elemente der hoseanischen Theologie in ihrem Gegensatz zur herrschenden kanaanisierenden Religiosität enthält). Was bei Hosea originell formuliert ist, wird in der dtr. Theologie zum Stereotyp; verschiedene Tatbestände werden genannt als Gegenstand der Kränkung Jahwes: Dienst an anderen Göttern (Ri 2,12; 1Kön 22,54; 2Kön 17,11; 22,17), Herstellung von Gottesbildern (Dtn 4,25; 1Kön 14,9) und Ascheren (1Kön 14,15; 16,33), Bau von Höhenheiligtümern (2Kön 23,19) oder, allgemeiner formuliert, Taten, »die Jahwe mißfallen«, »Sünden» usw. (Dtn 9,18; 31, 29; 1Kön 15,30; 16,2.7; 2Kön 17,17; 21, 6 usw.).

Alle diese Tatbestände kreisen um das erste und zweite Gebot, das Zentrum der dtr. Theologie; Zuwiderhandlungen werden als vorsätzliche Beleidigung Jahwes qualifiziert, so daß dieser zum Zorn gereizt wird. Während die Dtn-Stellen vor solchem Tun warnen, ist in den Königsbüchern zuweilen geschildert, wie sich Jahwes erregter Unwille auswirkt (1Kön 16,2.7.13; 2Kön 17,11.17; 21,15 mit jeweiligem Kontext).

Jeremia bedient sich der selben Vorstellung. Die meisten Jer-Stellen dürften zwar der dtr. Redaktion zuzuschreiben sein, doch sind zwei Stellen echt: In Jer 7,18f. reflektiert der Prophet darüber, was »Gott (durch Götzendienst) beleidigen« eigentlich für den Menschen bedeute; er schließt, daß die Israeliten durch solch erniedrigendes Tun eigentlich sich selber beleidigten. So wird ein bestehender Sprachzusammenhang nach seiner anthropologischen Seite hin ausgelegt. Auch die prophetische Liturgie, die in Jer 8,18ff. angedeutet ist, dürfte echt sein. Wenn auch der Ausdruck »Jahwe mit Bildern und fremden Götzen beleidigen« dtr. Formel ist (8,19), so dient er doch hier zu einer kritischen Auseinandersetzung mit der Jerusalemer Tempeltradition, wie sie für Jeremia (z.B. Jer 7), nicht aber für die dtr. Literatur bekannt ist. Der dtr. Redaktion des Buches sind zuzurechnen Jer 11,17; 25,6f.; 32,29f.32; 44,3.8.

Auch Ezechiel kennt dieselbe Ausdrucksweise. In Ez 16,26 ist Formulierung und Sinn ganz an den dtr. Sprachgebrauch angelehnt (es geht um Fremdgötter- und Naturkult); etwas anders steht es mit Ez 8, 17: der Inhalt der »Beleidigung Gottes« ist hier mit Ausdrücken der priesterlich-kultischen (*tō'ēbā* »Kultfrevel«) und der juristischen Sprache (*ḥāmās* »Unrecht«) umschrieben.

Auch andere Texte verwenden den Ausdruck im Anschluß an die dtr. Vorstellung: Ps 78,58 (par. *qn'* hi.); 106,29; sachlich geht es je um Fremdgötterverehrung, ebenso in 2Chr 28,35; 33,6; 34,25; in Neh 3,37 besteht die »Beleidigung Gottes« nicht in Götzendienst, sondern sonst in Widersetzlichkeit gegen Jahwes Pläne. Endlich braucht die dtr. geprägte prophetische Liturgie Jes 64f. in 65,3 den Ausdruck in der Jahwe-Antwort auf die Klage des Volkes; sachlich geht es auch hier um Götzendienst.

Die Geschichte des Motives von der »Beleidigung Gottes« ist schwierig nachzuzeichnen. Deutlich ist, daß der Aussagekomplex in der Prophetie bekannt ist (Hos – Jer – Ez, bei den zwei letzteren Propheten ist die Formulierung nicht durchweg deuteronomistisch geprägt!); andererseits hat das Motiv seinen Platz innerhalb der dtr. Theologie. Dabei ist aber zu beachten, daß im Dtn selbst der Ausdruck selten ist, umso häufiger dagegen in der (späteren) dtr. Bearbeitung der Richter- und Königsbücher. Vielleicht darf man daraus den Schluß ziehen, daß das Motiv aus prophetischen Kreisen (des Nordreiches) stammt und zu einem gewissen Zeitpunkt von der dtr. Theologie übernommen wurde.

5. Im Spätjudentum und im NT ist die hier beschriebene theologische Aussage von der »Beleidigung Gottes« nicht mehr anzutreffen; andere atl. Vorstellungen vom »Zorn Gottes« (dazu O. Grether – J. Fichtner, Art. ὀργή, ThW V,392–410) traten in den Vordergrund (E. Sjöberg – G. Stählin, ebd. 413–448). *F. Stolz*

כפר *kpr* pi. sühnen

1. a) Über die Herkunft und Bedeutung des Verbums liegen zahlreiche Untersuchungen vor. Besonders eingehend sind von den neueren: D. Schötz, Schuld- und Sündopfer im AT, 1930, 102–106; J. Herrmann, Sühne und Sühneformen im AT, ThW III,302–311 (vgl. ders., Die Idee der Sühne im AT, 1905, 35–37); J. J. Stamm, Erlösen und Vergeben im AT, 1940, 59–66; L. Moraldi, Espiazione sacrificale e riti espiatori nell' ambiente biblico e nell' AT, 1956, 182–221; S. Lyonnet, De notione expiationis, VD 37, 1959, 336–352; 38, 1960, 65–75 (zu *kpr* pi.: 37, 1959, 343–352); K. Koch, Die isr. Sühneanschauung und ihre historischen Wandlungen, 1956; Elliger, HAT 4,70f.

b) Bei dem Versuch der etymologischen

Erklärung hat weder die Zurückführung auf ein nicht-hebr. Wort noch die Analyse der biblischen Belege bisher zu einem allgemein anerkannten Ergebnis geführt. Zwischen zwei Möglichkeiten der Herleitung aus einer anderen sem. Sprache läßt sich einstweilen nicht endgültig entscheiden: akk. *kuppuru* »ausroden, abwischen« und auch »(kultisch) reinigen« (AHw 442f.) und arab. *kfr* »bedecken, verhüllen« (WKAS I,261–264; Lane I/7,2620f.). Im Sinn von »sühnen« ist das Wort im Arab. erst seit der islamischen Zeit geläufig. Von den meisten wird Verwandtschaft zwischen *kpr* pi. und arab. *kfr* »bedecken« angenommen. Dabei läge entweder die Vorstellung zugrunde, daß die Sünde zugedeckt (so wieder Wildberger, BK X,253 zu Jes 6,7), oder daß der Sünder gegen die Auswirkung der Sünde-Unheil-Sphäre gedeckt wird (Elliger, HAT 4,71). Die Einwände gegen die Ableitung von akk. *kuppuru* ergeben sich aus dem angeblich zu schwachen Rückhalt in den atl. Belegen (nach Stamm, a.a.O. 62, nur die problematische Stelle Jes 28,18, s.u. 3g); doch wäre das Vergleichsmaterial sehr viel umfangreicher, wenn auch der bei *kpr* pi. naheliegende Reinigungsgedanke mehr Berücksichtigung fände; nach Lev 14,19; 16,18f.; Ez 43,26 u.ö. ist die »Sühnung« zugleich Reinigung (das wird bei eingehendem Vergleich mit bab. Vorstellungen besonders von Moraldi, a.a.O. 184–192, betont). Als stärkste atl. Stützen für die Grundbedeutung »decken« werden oft Gen 32,21 (vor allem bei Vergleich mit Gen 20,16) und Jer 18,23 (Neh 3,37) angeführt. Aus Gen 32,21 (Jakob will Esaus Angesicht »sühnen«) wird allerdings auch ein Argument gegen die Bed. »(be)decken« herausgelesen: es könne hier nicht diesen Sinn haben, weil gleich darauf gesagt wird, Jakob wolle Esaus Angesicht sehen; (vgl. J. Herrmann, ThW III,304). Die Diskussion darüber demonstriert, wie fragwürdig solche Rückschlüsse auf eine ursprüngliche Bedeutung sind. Beachtlich ist die Feststellung, daß Neh 3,37 Jer 18,23 zitiert und dabei für *kpr* pi. das Verbum *ksh* pi. »bedecken« einsetzt.

Eine dritte Möglichkeit ist die Herleitung des Verbums von dem alten Subst. *kōfær* »Lösegeld« o.ä. (s.u. c); sie wird meist mit dem Hinweis darauf zurückgewiesen, daß *kōfær* nichts mit dem Gebiet des Kultischen zu tun habe und eher umgekehrt als sekundäre Ableitung von *kpr* pi. (vor seiner kultischen Fixierung) anzusehen sei.

Die Ras Schamra-Texte haben der etymologischen Erklärung von *kpr* pi. bisher keinen Dienst geleistet (UT Nr. 1289; WUS Nr. 1369: *kpr* »Cyperblume(?)«). Auch der Sinn der Belege aus dem NWSem. ist nicht eindeutig (DISO 126). In den späteren mittelhebr. und jüd.-aram. Texten sind – wie im islamischen Arab. – die atl. Vorstellungen vorherrschend.

c) Von *kpr* pi. »sühnen« abgeleitet ist das Subst. *kippūrīm* »Sühnung«. Es ist auf P beschränkt (Ex 29,36; 30,10.16; Num 5,8; 29,11 und in *jōm kippūrīm* »Versöhnungstag« Lev 23,27.28; 25,9; wie in diesem Terminus steht *kippūrīm*, abgesehen von Ex 29,36 »für die Sühnung«, nur in Cs.-Verbindungen: »Sündopfer/Geld/Widder der Sühnung«).

kōfær, wohl ebenfalls von *kpr* pi. abgeleitet, wird bereits im Bundesbuch und von Amos gebraucht; es ist im jus civile beheimatet und bedeutet »Entschädigung, Lösegeld« (Ex 21,30; 30,12; Num 35,31f.; Jes 43,3; Ps 49,8; Hi 33,24; 36,18; Spr 6,35; 13,8; 21,18) oder »Bestechungsgeld« (1Sam 12,3; Am 5,12).

Ebenfalls zweifelhaft ist die Zurückführung von *kappōræt* auf *kpr* pi. *kappōræt* ist im AT Spezialterminus für die über der Lade befindliche Platte mit zwei Keruben, im ganzen 27 ×, außer 1Chr 28,11 nur in P (Ex 25–31; 35–40; Lev 16 und Num 7, 89). Sie scheint ursprünglich nicht Deckel der Lade (Ex 25,17.21) sondern selbständiges Heiligtum gewesen zu sein (1Kön 8 ist sie nicht erwähnt).

d) Einen anderen Stamm *kpr* repräsentieren die Hapaxlegomena *kōfær* »Asphalt« und *kpr* q. »mit Asphalt bestreichen« in Gen 6,14; für sie finden sich die genauen Äquivalente im Akk. (auch an der Stelle Gilg. XI,65, von der Gen 6,14 irgendwie abhängig ist): *kapāru* II »mit Asphalt überziehen« (AHw 443a), denominiert von *kupru* »Asphalt« (AHw 509).

Das Aram. kennt einen weiteren Stamm *kpr*, auf den jedenfalls *kāfār* (Hhld 7,12, vgl. Gerleman, BK XVIII,207; 1Chr 27,25) und *kōfær* (1Sam 6,18) »Dorf« zurückgehen (vgl. Wagner Nr. 134/135). Mit κύπρος zusammenzustellen ist *kōfær* in der Bed. »Cypernblume oder -rispe« (Hhld 1,14; 4,13; vgl. Gerleman, BK XVIII,111f.). Schließlich sei erwähnt, daß auch *kᵉfīr* »junger Löwe« (→*'ᵃrī*; »mit der Mähne bedeckt«?), sowie *kᵉfōr* »Becher« (Esr 1,10; 8,27; 1Chr 28,17) und *kᵉfōr* »Reif« (Ex 16,14; Ps 147,16; Hi 38,29) in die etymologischen Spekulationen über *kpr* pi. einbezogen werden.

2. Das Verbum *kpr* kommt im hebr. Kanon 101 × vor, 92 × pi. (Lev 49 ×, Num 15 ×, Ex 7 ×, Ez 6 ×), 7 × pu. (Jes 4 ×) und je 1 × hitp. (1Sam 3,14) und nitp. (Dtn 21,8). Fast 3/4 aller Belege stehen in P (70 × pi., 2 × pu.); die übrigen verteilen sich auf Ez (6 ×), Jes (5 ×, pi. nur 47,11), Dtn, Ps und 1/2Chr je 3 ×, Elohist (Gen 32,21; Ex 32,30), 1/2Sam, Spr je 2 ×, Jer,

Dan und Neh je 1 ×. Das Verhältnis der vorexilischen zu den exilischen und nachexilischen Stellen ist also 1 : 10.

3. *kpr* pi. in der Bed. »sühnen« ist im AT stets resultativ (»nirgends für die Schilderung eines aktuellen Hergangs, sondern immer in Hinsicht auf das zu erreichende Resultat gebraucht«, Jenni, HP 241). Zuerst ist die grammatische Konstruktion des Verbums zu behandeln (a), sodann seine Verwendung in der Priesterschrift (b–e), in Ez (f) und in den übrigen Texten (g).

a) In P ist das Verbum 53 × mit *'al* konstruiert. Subjekt ist gewöhnlich der Priester; die Präposition zielt in den meisten Fällen auf eine Einzelperson oder eine Gruppe als zu Sühnende und entspricht – wenn *kpr* pi. mit »Sühne erwirken« wiedergegeben wird – dem dt. »für« (oder dem Dativ; GK §119bb; BrSynt 106f.).

In dem 12× vorkommenden Satz »der Priester erwirkt Sühne für ihn« (Lev 4,26.31.35; 5,6.10.13. 18.26; 14,18.20; 15,15; 19,22) – zusammen mit dem folgenden »so wird ihm vergeben werden« – sieht R. Rendtorff, Studien zur Geschichte des Opfers im Alten Israel, 1967, 230, die »Grundform« der *ḥaṭṭā't*- und *'āšām*-Rituale.

6× verbindet P *kpr* pi. *'al* mit dem Altar (Ex 29, 36.37; 30,10.10 [Hörner des Altars und Altar]; Lev 8,15; 16,18), einmal mit dem Tempel (*qōdæš* und *'ōhæl mō'ēd*, Lev 16,10) und einmal mit dem vom Aussatz gereinigten Haus (Lev 14,53). Lev 16,10 wird die Anweisung gegeben, vor Jahwe den Bock für Asasel lebendig aufzustellen, »um für ihn (den Sündenbock!) Sühne zu erwirken«; das ist »sinnlos« (Elliger, HAT 4,201). Es könnte allenfalls als »um die Sühneriten über ihm zu vollziehen« erklärt werden; das wäre aber formal und inhaltlich ungewöhnlich; der Passus wird meist gestrichen.

Seltener konstruiert P *kpr* mit anderen Präpositionen: mit *bá'ad* »für« (6×), mit *be* und *'æt* (je 3×), oder ohne Objekt (5×).

In keiner anderen Schrift oder Schriftengruppe hat die Konstruktion *kpr 'al* ein deutliches Übergewicht. Wir treffen die verschiedenen Konstruktionen vielmehr in auffallendem Wechsel an; eine Folgerichtigkeit wird sich auch schon wegen der Spärlichkeit der Belege nicht nachweisen lassen, obwohl auffällt, daß eine Neh- und zwei Chr-Stellen gleich formulieren, daß E nur den Kohortativ, Jes (außer Dtjes, 47,11) nur das Pu. verwendet. Auch der Versuch der Festlegung eines bestimmten Alters der einzelnen Kombinationen muß auf Kritik stoßen.

b) Die Formel »der Priester erwirkt Sühne für ihn« (Perf.cons. + *'al*) ist fester Bestandteil des Sündopfer-Gesetzes Lev 4,1–5,13. Das Opfer muß dargebracht werden, wenn jemand sich versehentlich gegen ein Jahwe-Gebot (-Verbot) versündigt hat (4,2). Das Gesetz regelt die Zeremonie für die vier verschiedenen Fälle einer Versündigung des »gesalbten (= Hohen-)Priesters« (4,3–12), der Gemeinde Israel (4,13–21), des Nasi (4,22–26) und aller anderen Israeliten (4,27–35); drei Anhänge geben Anweisungen für leichtere Vergehen (unbesonnenes Verschweigen und Reden und – zunächst unbewußte – Verunreinigung, 5,1–6), für Arme (5,7–10) und Ärmste (5,11–13). Die letzten 5 dieser 7 Perikopen enden mit der zitierten Formel, zu der »und ihm wird vergeben« hinzutritt (bei der zweiten Perikope ist sinngemäß der Plur. statt des Sing. gebraucht, 4,20; in der Anweisung für die *ḥaṭṭā't* des Hohenpriesters fehlt der Passus).

Die Zeremonie sieht vor: Darbringung des Tiers (Rind, Schaf oder Ziege; für die Armen zwei Tauben oder Vegetabilien) zum Eingang des Zeltes, Handauflegung und Schlachtung (durch den Opfernden), siebenmaliges Blutsprengen »vor Jahwe« beim Vorhang des Heiligtums und Bestreichen des Räucheraltars mit Blut, sowie Ausgießen des restlichen Blutes an das Fundament des Brandopfer-Altars, Abtrennung und Verbrennung des Fettes und Hinausschaffen des Kadavers aus dem Lager (alles durch den Priester). Ist alles ordnungsgemäß durchgeführt, soll »der Priester« dem Opfernden »Sühne erwirkt« haben, und »ihm wird vergeben werden«.

Welche Vorstellungen Gesetzgeber, Priester und Opfernde vom Vorgang der Sühnung hatten, ist aus dieser Aneinanderreihung von Formalien nicht zu ersehen. Die einander widersprechenden neueren Hypothesen demonstrieren nur, daß der Text nicht hergibt, was man aus ihm erfahren möchte. Das Waw consecutivum in *wekippær* muß nicht den Sinn eines »dadurch« haben, was bedeuten könnte, daß der legitime Vollzug der Handlung allein die Sühne bewirkte. Hinsichtlich der Riten werden dem Armen die weitesten Konzessionen gemacht; beim Opfer des Ärmsten fehlt sogar der Blutritus (5,11–13). Das spricht nicht für den Glauben an eine Sühnung ex opere operato. Es ist dem Text auch nicht zu entnehmen, daß der Opfernde seine Sünde durch die Handaufstemmung auf das Tier überträgt und es stellvertretend stirbt (so P. Volz, ZAW 21, 1901, 93–100; K. Koch, EvTh 26, 1966, 217–239). Meist wird der Ritus heute anders erklärt: der Opfernde soll zu persönlichem Beteiligtsein angehalten werden (B. J. van der Merwe, The Laying on of the Hands in the OT, OuTWP 1962, 34–43); die Geste ist eine »feierliche Bestätigung, daß dieses Opfertier wirklich von ihm, dem Opfernden, kommt« (R.de Vaux, Das AT und seine Lebensordnungen, II, 1962, 260); zur früheren Diskussion vgl. E. Lohse, Die Ordination im Spätjudentum und im NT, 1951, 23f. Andererseits ist keine Andeutung über eine etwa geforderte Demütigung, Reue, Bekehrung des zu Sühnenden gemacht. Daß er seine Verschuldung eingesehen hat, ist allerdings vorausgesetzt. Daß die Sühne (und die Vergebung) von Gott abhängig ist, muß u.a. aus dem ständig wiederholten »vor Jahwe« (und dem passiven »ihm wird vergeben«, →*slḥ*) geschlossen werden (vgl. H. Thyen, Studien zur Sündenvergebung ... 1970, 34f.).

c) Die Konstruktion *kpr* Perf.pi. *'al* findet sich sodann viermal in den Bestimmungen zur Reinerklärung des vom Aussatz Geheilten (Lev 14,18.20 und 14,19. 31). In dem komplizierten Verfahren Lev 14,1–20 werden 16 einzelne Riten vorgeschrieben; die wichtigsten sind Blut- und Ölmanipulationen, Waschungen, vollständige Rasur, Opfer (→*ṭhr*). Die Perikope endet mit dem Satz »so erwirkt der Priester ihm Sühne, und er ist rein«. Auch die Erkrankung an Aussatz erfordert also Sühne (auch in P und Ez erkennt Moraldi, a.a.O. 203–209, die Nähe der Vorstellung einer Reinigung). Die meisten dieser Riten haben keinerlei Verbindung zum Gedanken einer Substitution. Der vom Körperausfluß Gereinigte ist ebenfalls zu Waschung und Opfer verpflichtet; »so erwirkt der Priester ihm Sühne wegen seines Ausflusses« (Lev 15,15); für Umgang mit einer einem anderen verlobten Sklavin wird ein Widder-Schuldopfer verlangt, mit dessen Darbringung die Sühne erwirkt wird (Lev 19,22); der Nasiräer, in dessen Nähe plötzlich jemand gestorben ist, hat sich an der Leiche »versündigt« und muß durch Scheren, Sünd- und Brandopfer Sühne erwirken lassen (Num 15,25).

d) Es sei zunächst von Lev 16 und 17,11 abgesehen und ein Überblick über die Imperfekt-, Infinitiv- und Imperativformen mit *'al* in der Priesterschrift gegeben. Aus Lev 5,16 geht einwandfrei hervor, daß die Notwendigkeit einer Kompensation bei den Sühnegedanken eine Rolle spielt. Wer sich versehentlich am Heiligtumsbesitz vergeht, hat ein Widder-Schuldopfer darzubringen und das Veruntreute mit einem Aufschlag von einem Fünftel zu ersetzen. Die gleiche Verpflichtung kennt Num 5, 7.8. Entsündigung, Reinigung und Sühnung sind die Vorbedingung für den Levitendienst (Num 8,21); Aaron sühnt das Volk mit Feuer vom Altar in seiner Räucherpfanne (Num 17,12), wie Mose ihm aufgetragen hatte (Num 17,11); Pinehas hat dem Volk mit seinem Speer Sühne geschafft (Num 25,13). Der Inf. mit *'al* steht Lev 1,4 (oft eliminierter Zusatz zum Brandopfergesetz), 8,34 und 10,17 (von kultischen Priesterverpflichtungen, mit denen den Priestern selbst und der Gemeinde Sühne verschafft wird), 14,21.29 (erleichternde Bestimmungen für den Bedürftigen bei der Reinigung, die jedoch auch die volle Sühne erwirken), 23,28 (Sühne durch den Versöhnungstag, s.u. f), Num 8,12.19 (die Leviten werden durch Sündopfer und Brandopfer gesühnt und sollen durch den Dienst des Begegnungszeltes Sühne für die Israeliten erwirken), Num 15,28 (Ziegen-Sündopfer für versehentliche Verfehlungen), 28,22.30 und 29,5 (Sündopferbock zur Sühne beim Passah-, Erstlings- und Neujahrsfest). *'al nǽfæš* »für das Leben« erscheint ferner Ex 30,15.16 (Kopfgeld bei der Musterung »zur Sühne eures Lebens«; von Beer, HAT 3,148, als sekundäre Zutat betrachtet; vgl. aber E. A. Speiser, Census and Ritual Expiation in Mari and Israel, BASOR 149, 1958, 17–25), Num 31,50 (die Hauptleute bringen aus Dankbarkeit[!] dafür, daß in der Midianiterschlacht niemand gefallen ist, eine Opfergabe [*qorbān*] an Schmuckstücken »zur Sühne für unser Leben«). Daß bei der Sühnung die Absicht der Weihung, der Heiligung für Jahwe, neben der der Wiederherstellung eines gestörten Gottesverhältnisses steht, darf aus den Sühnevorschriften für die Altäre (Ex 29,36f.; 30,10; Lev 8,15; 16,18) geschlossen werden; auch Heiligtum und Zelt sind nicht für die Unreinheit und Treulosigkeit der Israeliten haftbar zu machen, müssen aber dennoch gesühnt werden (Lev 16,16); so auch das vom Aussatz gereinigte Haus (Lev 14,53).

kpr pi. mit *bá'ad* »für« steht außer Lev 16 (4×, s.u. e) nur zweimal in Lev 9,7 (außerhalb P nur Ez 45,17); an allen Stellen wendet P diese Konstruktion ausschließlich auf die Sühnung von Priestertum und Volk an. Mit *b*ᵉ »mit, durch« steht *kpr* pi. Lev 7,7 (»damit«, d.h. mit dem Schuldopfer), 17,11b (s.u. e) und Perf. pu. Ex 29,33 (die Priester sind durch die ihnen zukommenden und von ihnen zu verzehrenden Stücke des Einsetzungsopfers gesühnt worden). *kpr* pi. mit *'æt* findet sich bei P nur 3× in Lev 16 (s.u.), *kpr* ohne Objekt Lev 6,23 (doch besagt der Satz, daß mit dem Blut des Sündopfers gesühnt wird), Num 35,33 (Impf. pu.; dem Land kann nur durch das Blut dessen Sühne zuteil werden, der das Blut vergossen hat) und dreimal in Lev 16 (V. 17a.27.32).

e) In Lev 16 kommt *kpr* pi. 16× vor

(V. 6.10.11.16.17a.b.18.20.24.27.30.32.33a αβ.b.34). Der ständige Wechsel der Konstruktion (auch innerhalb der verschiedenen Schichten, die anzunehmen sind, etwa der drei von Elliger) ist auffällig: 6 × mit *'al*, 4 × mit *bá'ad*, 3 × mit *'æt* und 3 × ohne Objekt. Von der Sühneleistung handeln V. 1–19. Aaron hat einen Sündopferstier und einen Brandopferwidder zu stellen, das Volk zwei Sündopfer-Ziegenböcke und einen Brandopferwidder. Mit der Darbringung des Stiers erwirkt Aaron Sühne für sich und sein Haus (V. 6.11). Von den beiden Ziegenböcken bestimmt das Los den für Jahwe und den für Asasel (V. 7f.). »Für ihn Sühne zu erwirken« in V. 10 wird meist als sekundär angesehen (s. o. a). Dann hat Aaron Räucherwerk ins Allerheiligste zu bringen (vgl. Num 17,12) und sowohl vom Blut seines Stiers wie dem des *ḥaṭṭā't*-Bocks des Volkes siebenmal an die *kappōræt* zu sprengen (V. 12–15); so schafft er dem Heiligtum und dem Begegnungszelt Sühne (V. 16). Niemand außer ihm darf während dieser Handlung im Heiligtum sein; er erwirkt für sich, sein Haus und die ganze Gemeinde Israel Sühne (V. 17). Danach schafft er mit der Blut-Zeremonie auch dem Brandopferaltar Sühne (V. 18) und reinigt und heiligt ihn (V. 19). Darauf folgt die Vertreibung des Sündenbocks in die Wüste (V. 20–28). Zu Anfang dieser Perikope wird der Abschluß der Sühnehandlung ausdrücklich konstatiert. Der Wüstenbock-Ritus steht also für sich. V. 24 spricht von der Sühnung Aarons und des Volkes durch die beiden Brandopfer, und in V. 26 ist bei der Bestimmung über die Hinausschaffung der Kadaver rückblickend noch einmal von der sühnewirkenden Kraft der *ḥaṭṭā't* die Rede; V. 29–34 (»Schlußredaktion«) ist zusammenfassend von den Sühnehandlungen gesprochen; neu ist dabei das Gebot der »Kasteiung« (→*'nh* II pi.) und der vollkommenen Arbeitsruhe an diesem Sühnetag (V. 29.31).

Der Text gibt kein Recht, die Vertreibung des Sündenbocks als sühnende Stellvertretung durch das Tier zu erklären; es handelt sich um einen Ritus der Elimination, der mehrfach im AT (Lev 14,7.53; Sach 5,5–11) und deutlich auch in den hethitischen Ersatzritualen bezeugt ist (H. M. Kümmel, Ersatzrituale für den hethitischen König, 1967, 191–195 u. ö.; ders., ZAW 80, 1968, 289–318, vor allem 310f.). Die Sühnehandlung hat ihre überragende Mitte in der Sprengung des Blutes der Sündopfertiere an die *kappōræt* (V. 14–16) und den Altar (V. 18f.).

Die zentrale Bedeutung der Blutmanipulation unter den Sühneriten wird Lev 17,11 erklärt: »Das Leben des Fleisches ist im Blut, und ich selbst habe es euch zum Altardienst gegeben, damit ihr für euch selbst Sühne wirkt; denn das Blut ist es, das durch das Leben sühnt« (die den Gesetzes-Stil durchbrechende Ich-Rede Jahwes ist Anzeichen sekundärer – homiletischer – Erweiterung; vgl. H. Reventlow, Das Heiligkeitsgesetz, 1961, 47). Im vorliegenden Text begründet der Satz das Verbot des Blutgenusses; es sind zwei Begründungen: (1) im Blut ist das Leben, (2) das Blut und das ihm innewohnende Leben ist für Sühnezwecke bestimmt; die erste mag noch die Abwehr primitiver Neigungen zur Einverleibung fremden Lebens verraten, der Gedanke der zweiten, daß das Blut (Subjekt!) durch das Leben (*bannæfæš*) sühnt, will den Sühnevorgang erklären. Doch ist damit nicht der Schlüssel zum altisraelitischen Sühneverständnis gegeben. Die im AT beschriebenen Sühnehandlungen bestätigen die Aussage von Lev 17,11 nicht; daß sie mit dem Blutritus eine Rückgabe des Lebens an Jahwe bezwecken, um auf diese Weise die Sühne zu erwirken, ist ihnen nicht zu entnehmen. Wäre dies die allgemeine Überzeugung gewesen, hätte es keines anderen Sühneritus bedurft. Die Wichtigkeit der Blutzeremonie bei der Sühne steht außer Zweifel; Lev 17,11 kann jedoch nur als unzulänglicher – wahrscheinlich sehr später – Erklärungsversuch des altisraelitischen Sühneinstituts gewertet werden (vgl. dazu D. J. McCarthy, The Symbolism of Blood and Sacrifice, JBL 88, 1969, 166–176, bes. 169f.).

f) Im Unterschied zu P gelten nach Ez 40–48 auch *minḥā* »Speisopfer« und *šælæm* »Heilsopfer« als sühnende Opfer (Ez 45, 15.17), ebenso *'ōlā* »Brandopfer«, das P nur in dem oft für nachträglich gehaltenen Passus Lev 1,4bβ ausdrücklich in das Sühnegesetz einbezieht. Der Sühnegedanke hat sich im Kult noch stärker durchgesetzt. Gesühnt werden muß nach Ezechiels »Verfassungsentwurf« der Altar (Ez 43, 20.26), Israel (45,15.17), der versehentlich und unwissend sündigende einzelne und der Tempel (45,20). Für den Altar muß »Sühne erwirkt werden« an dem Tag, an dem er errichtet wird (43,18). Obwohl neben *kpr* pi. auch *ḥṭ'* pi. »entsündigen« und *ṭhr* pi. »reinigen« (43,26) gebraucht werden, liegt die Vorstellung eines Weiheaktes nahe. Es geht weniger um eine Reinigung oder Entsündigung als solche, als darum, diesen Ort der Heiligkeit Jahwes anzupassen. Der Hauptakteur soll der angeredete *bæn-'ādām* »Mensch(ensohn)« sein, die Priester wirken mit. Der zentrale Ritus ist die Applikation des Blutes der Sündopfertiere an den Altar. Ez 45,13–17 handeln von der *t^e^rūmā* »Weihegabe« an den Nasi, der als Opferherr aus ihr die Opfer zu stellen hat (Nasi vielleicht spätere Einschaltung, vgl. Zimmerli, BK XIII, 1155). Alle Opfer dienen der Sühne Israels (*ḥaṭṭā't* und *'āšām* sind hier nicht genannt). Ez 45,19 ordnet die Sühnung des (Tempel-)Hauses durch Bestreichung der Türpfosten mit *ḥaṭṭā't*-Blut an. V. 18 war einleitend von der Entsündigung des Heiligtums am 1. 1. die Rede; V. 20 beginnt: »So sollst du auch am 7. des Monats tun . . .« (zur Änderung in 1. 7., wonach das Jahr zwei Sühnetage im 1. und 7. Monat hätte, vgl. Zimmerli, BK XIII, 1161) und fährt fort: »wegen des versehentlich und unwissend Sündigenden, und ihr sollt für das (Tempel-)Haus Sühne erwirken« (wahrscheinlich nachgetragen).

In Ez 1–39 steht *kpr* pi. nur einmal in 16,63: Gott schafft durch Aufrichtung eines neuen, ewigen Bundes (16,60–62) Sühne für das bundesbrüchige Volk.

g) Bei der Sichtung der übrigen 22 Belege nach den Motiven: wer die Sühne gewährt und durch wen, wodurch, weswegen, für wen sie erwirkt wird, ergibt sich, daß nur das chronistische Geschichtswerk sich dem aus P und Ez gewonnenen Bild einfügt (1Chr 6,34; 2Chr 29,24; 30,18; Neh 10,34). Sühne gewährt Jahwe (2Chr 30,18), die Akteure sind die Priester, das Mittel die Blutzeremonie, der Nutznießer Israel. Im Bericht über Hiskia wird die Aktivität des Königs hervorgehoben: er gibt den Anstoß zur Tempelreinigung (2Chr 29,5), zu den Sündopfern und zur Sühnung (V. 21. 23f.) und er bittet Jahwe um Gewährung der Sühne für das vorschriftswidrige Genießen des Passah ohne vorherige Reinigung (30,18). 1Sam 3,14 ist die Möglichkeit einer Sühnung durch *zæbaḥ* »Schlachtopfer« und *minḥā* »Speisopfer« angedeutet.

Sieben Texte lassen die Sühne ein reines Handeln Gottes sein. Menschlicher Aktion (außer der Bitte und der Reue) wird nicht gedacht, offenbar weil sie belanglos ist. Dahin gehören die drei Psalmstellen. Wird die Schuld übergroß, greift Jahwe ein und »sühnt« (65,4); daß im Psalm nachher vom Tempel und den Vorhöfen (wie übrigens von der ganzen Schöpfung) gesprochen wird, beweist nicht, daß es sich bei diesem Vorgang um einen kultischen Ritus handelt (so K. Koch, EvTh 26, 1966, 225f.). Das ist auch Ps 78,38 (»er sühnte die Schuld, weil er barmherzig ist«) und 79,9 (»errette uns und sühne unsre Sünden«) ausgeschlossen. *kpr* pi. ist an diesen Stellen sinngemäß mit »vergeben« zu übersetzen (besonders herausgearbeitet von J. J. Stamm, Erlösen und Vergeben im AT, 1940, und S. Herner, Sühne und Vergebung in Israel, 1942).

Mose (Ex 32,30) will dem Volk wegen seiner großen Sünde bei Jahwe »Sühne« (= Vergebung, vgl. V. 32 *nś'*) erwirken. Er bietet sein Leben nicht als Ersatz an, sondern fordert Gott heraus: wenn du ihnen nicht vergibst, streiche auch mein Leben aus dem Buch. Durch Rache an Israels Peinigern (Dtn 32,43) und durch Zerschlagung der fremden Kulte (Jes 27,9) sühnt Jahwe »das Land (txt em) seines Volkes« und die Schuld Jakobs. Von eschatologischer Sühne handelt Dan 9,24.

Die beiden letzteren Belege stammen aus der Makkabäerzeit, Ps 79 ist sicher exilisch oder nachexilisch; die Diskussion um das Alter der anderen Stellen ist offen. Wenn eindeutige Zeugnisse der späteren Zeit die Sühne als alleiniges Handeln Gottes verstehen, so spricht das gegen die Auffassung, daß die Sühne-Rituale der Priesterschrift alles Wesentliche des nachexilischen Sühne-Verständnisses wiedergeben.

Jes 28,18 *w^e^kuppar*, Perf.cons. mit Akkusativobjekt ohne *'æt*, ist hier nicht berücksichtigt. Es hat etwa die Bed. »aufheben, tilgen« (»euren Bund mit dem Tod«). Zwar ist passivisch formuliert, der Zusammenhang läßt jedoch Jahwe als allein Handelnden erkennen. Der Text wird von den meisten nach dem Targum in *w^e^tūfar* »wird zerbrochen« (*prr* ho.) geändert.

In vier Texten wird die Aussicht auf Sühne negiert. Die Schuld des Hauses Eli soll nach Gottes Schwur durch nichts gesühnt werden (1Sam 3,14); dem Propheten wird offenbart, daß die hybride Mißachtung Jahwes nicht gesühnt wird (Jes 22, 14); Jeremia bittet, daß die Schuld seiner Peiniger ungesühnt bleibt (Jer 18,23); Deuterojesaja kündigt Babel an, daß es sein Verderben (*hōwā*) nicht »sühnen« (= abwenden) kann (Jes 47,11).

Nach drei alten Texten ist die Gewährung der Sühne von rituellen Handlungen abhängig. Aus Anlaß eines unaufgeklärten Mordes müssen die Ältesten der nächstgelegenen Stadt in einem nicht beackerten Tal mit nie versiegendem Wasser (einem alten Kultort?) eine junge Kuh schlachten, eine Händewaschung vornehmen und

Jahwe bitten, daß er sein Volk sühnt und ihm die Schuld nicht anlastet (Dtn 21,8.8).

Durch die Tötung der sieben Sauliden erwirkt David Sühne und wendet Jahwes Zorn vom Land ab (2Sam 21,3, vgl. V.14; W.Preiser, der in einer juristischen Untersuchung: Vergeltung und Sühne im altisraelitischen Strafrecht, FS Schmidt 1961, 7–38, auch diesen Text interpretiert, urteilt, daß das Zurücktreten der »privaten Regelung« und die Unterwerfung aller Sühnehandlungen unter das sakrale Strafrecht »eine bemerkenswerte Ausnahme« im Alten Orient darstellt [S.38]). Jesaja, der den Tod fürchtet, weil er als Unreiner Jahwe gesehen hat, muß durch die Wundertat des Seraphen gesühnt werden (Jes 6,7).

Dreimal im AT ist die »Sühne« ein zwischenmenschlicher Vorgang. Jakob will Esaus »Angesicht« mit Geschenken »sühnen«, d.h. ihn versöhnen oder besänftigen (Gen 32,21); die Proverbien bekunden die Weisheit, daß man eine Verschuldung durch Güte und Treue (*b^{e}ḥæsæd wæ'^{æ}mæt*) »sühnen« (= wiedergutmachen) (Spr 16,6) und daß ein weiser Mann den Zorn des Königs »sühnen« (= beschwichtigen) kann (16,14); in 16,6 könnte an eine Gottesbeziehung gedacht sein.

Es sei angemerkt, daß im vierten Gottesknechtlied in Dtjes, in dem der Stamm *kpr* nicht gebraucht wird, das stellvertretende Leiden des Knechtes als sühnendes Schuldopfer (→*'āšām*) gekennzeichnet ist. Die sühnende Kraft des freiwilligen stellvertretenden Leidens ist also erfahren worden; doch ist diese Bezeugung im AT singulär (vgl. G.Fohrer, Stellvertretung und Schuldopfer in Jes 52,13–53,12 vor dem Hintergrund des AT und des Alten Orients, Das Kreuz Jesu, 1969, 7–31).

4. Die wichtigsten Ergebnisse dieser Sichtung der *kpr*-Belege des AT dürfen (unter Verzicht auf den Versuch einer in sich geschlossenen Sühne-Theorie) in die folgenden Sätze zusammengefaßt werden:

(1) Gott ist der entscheidend Handelnde, die Sühne Gewährende. – Das ist in den Opfer-Ritualen der Priesterschrift nicht ausdrücklich gesagt, aber mit Sicherheit zu erschließen und ist wohl nie ernsthaft in Frage gestellt worden. Es geht auch aus den Dtn-, Sam-, Propheten- und Ps-Stellen klar hervor. Am stärksten bringen es die eschatologischen Zeugnisse zum Ausdruck (Ez 16,63; Dan 9,24). Auch wo der Wortlaut es auf den ersten Blick nicht erkennen läßt, kann es nicht zweifelhaft sein; Lev 4–5: der Priester erwirkt die Sühne, Gott gewährt sie; Lev 17,11: das Blut sühnt (durch das Leben), aber Gott hat es zum Zweck der Sühne gegeben und bestimmt. Nur an den zwei Stellen, die an ein rein zwischenmenschliches Verhalten denken (Gen 32,21; Spr 16,14), ist die »Sühne« nicht Gott zugesprochen. In der Zurückführung der Sühne auf Gott besteht zwischen den ältesten und spätesten Belegen also kein wesentlicher Unterschied. Daraus folgt, daß der Sühnevorgang für den Jahwegläubigen nicht völlig einsichtig und rational sein kann; Gott bleibt in seiner Entscheidung frei.

(2) Antrieb des Sühnungs-Unternehmens ist nicht nur das Trachten nach Wiederherstellung eines akut gestörten Gottesverhältnisses, sondern auch das dem Jahweglauben eignende Bewußtsein, der Gottesbeziehung unwürdig, einer Zurüstung für die Gottesbegegnung ständig bedürftig zu sein. – So werden die Sühnezeremonien zur festen Einrichtung nicht nur des Versöhnungstages, sondern auch des Passah-, Erstlings- und Neujahrsfestes (Num 28, 22.30; 29,5). Weihe und Dienst der Priester und Leviten erfordern Sühne, Reinigung, Heiligung (Lev 8,34; Num 8,21). Wer den durch die Sühneriten hochheilig gewordenen Altar als Unbefugter, Nichtqualifizierter berührt, soll »dem Heiligtum verfallen« sein (Ex 29,37). Für jeden gilt, daß er Gott nur in der angemessenen Einstellung und Zurüstung nahen darf; sie wird durch die Sühne erreicht (Jes 6,7).

(3) Die »Sühnung« kann eine Weihung für Jahwe bedeuten, bei der kaum ein genuiner oder logischer Zusammenhang mit einer Entsündigung anzunehmen ist. – Das ist von der »Sühnung« des eben errichteten Altars zu behaupten (Ez 43,18), dürfte aber auch der Sinn der »Sühnung« des Tempels (Ez 45,19), des Zeltes und des Allerheiligsten (Lev 16,16) sein, obwohl hier von den Unreinigkeiten und Übertretungen der Israeliten die Rede ist.

(4) Eine Leistung des zu Sühnenden ist gefordert. – Sie ist nicht nachweisbar ein Streben nach Selbsterlösung, aber sie ist Verzicht und Opfer. Für harmlose, unwissentliche oder versehentliche Vergehen, die täglich vorkommen (Lev 5,1–5), soll der einzelne ein Schaf oder eine Ziege hingeben (5,6); der geheilte Aussätzige, der gesühnt werden will, muß dem Priester außer allem andern drei Lämmer abliefern (Lev 14,10f.). Wer sich versehentlich einer Veruntreuung am Heiligtumsbesitz schuldig gemacht hat (Lev 5,15), muß den Wert eines Widders und den des Veruntreuten mit einem Aufschlag von einen Fünftel aufbringen, um gesühnt zu werden.

(5) Die Sühnung liegt nicht nur im In-

teresse der Gemeinschaft, sondern auch des einzelnen selbst. – Zwischen kollektiven und individuellen Vergehen wird genau unterschieden (Num 15,26.27 und Sündopfer-Ritual). Die heute beliebte Hypothese, daß die ungesühnte Schuld-Unheil-Sphäre einzelner das ganze Volk und Land gleich einer verheerenden Epidemie oder einer atomaren Verseuchung bedrohte und die Gemeinschaft deshalb auf restloser Sühnung bestehen mußte, läßt sich schwer aufrecht erhalten. Obwohl z.B. die Eliden nicht ausgerottet, nicht einmal sämtlich vom Altardienst entfernt werden (1Sam 2,33), soll ihre Schuld nach Gottes Schwur ungesühnt bleiben (1Sam 3,14). Von der Sorge, daß die Gemeinschaft dadurch dem Untergang preisgegeben sein könnte, ist nichts zu spüren. Der vom Aussatz Geheilte darf während seiner Reinigung noch vor der Sühnung wieder in die Gemeinschaft (das Lager), aber nicht in sein Zelt kommen (Lev 14,8.20), was ebenfalls keine Furcht vor einer Belastung der Gemeinschaft verrät.

(6) Wer sich dem Sühneverfahren unterwarf, bewies damit seine Einsicht in die Notwendigkeit der Sühnung. – Die Rituale schweigen sich darüber aus, wie der Sühne-Prozeß in Gang kommt. Lev 5,2.3.4 sind rein private Dinge aufgezählt, von denen oft nur der Betroffene gewußt haben kann. Er muß das Sühneverfahren in diesen Fällen also selbst veranlaßt haben. Bei den Ps-Stellen und Jes 6,7 ist die Situation eindeutig.

(7) Der einzelne hat am Sühnevorgang bewußt teilgenommen. – Das ist sogar aus den Ritualen zu schließen, denen es nur auf die Festlegung der Riten ankommt. Nach Lev 5,5 muß der zu Sühnende bekennen (*jdh* hitp.); zur ewigen Satzung wird die Selbstkasteiung erhoben (Lev 16,29 »sollt ihr euch selbst demütigen«, so Noth, ATD 6, 99). Klage, Bitte, Gebet gehören nach Ex 32,30; Dtn 21,8, den Ps-Stellen und 2Chr 30,18 mit der Sühne zusammen.

(8) Es ist unwahrscheinlich, daß die Sühnung wesentlich als Abwälzung der Schuld auf das zu tötende Tier gedacht wurde. – Dem widersprechen in den Sühneverordnungen der Priesterschrift und Ezechiels alle Sühnevorgänge, für die gar kein Tier benötigt wird (Num 17,11f.; Lev 5,11–13; Ez 45,15.17). Die weite Spannung in der Anwendung des Wortes in P zeigt sich auch darin, daß es einmal auf ein »Musterungsgeld« (Ex 30,15f.), einmal auf eine Dankspende (Num 31,50) bezogen ist. In den meisten Belegen außerhalb P ist nicht an die Tötung eines Tieres als Erfordernis der Sühnung gedacht (Ex 32,30; Dtn 32,43, die Jes- und die Ps-Stellen, die eschatologischen Zeugnisse).

5. Das Sühne-Institut, wie es sich in P und Ez 40–48 repräsentiert, hat dem Judentum für ein halbes Jahrtausend das Gepräge gegeben. Anstelle von *kpr* pi. gebrauchen die außerkanonischen griechischen Texte meist – wie die LXX – ἱλάσκεσθαι. Nach allgemeinem Glauben gehen vom sühnenden Opfer stärkste Wirkungen aus (Jub 6,2.14; 50,11; Gebet Asarjas 17; 2Makk 3,33); selbst Getötete können durch das Sühnopfer von ihrer Sünde erlöst werden (2Makk 12,45). Aarons Aufgabe, für Israel Sühne zu erwirken, und Pinehas' sühnende Tat werden von Sirach hervorgehoben (Sir 45,16.23; vgl. K. Koch, Die isr. Sühneanschauung und ihre historischen Wandlungen, 1956, 99ff.). Die Möglichkeit einer Sühne durch stellvertretendes Leiden wird gesehen (4Makk 6,29; 17,22).

Auch der Pharisäismus hat an diesem Glauben teil, wenngleich schon in früher Zeit Einschränkungen gemacht werden (Ber 55a; Joma 5a; Seb 5b); sowohl *kpr* q. »bedecken, verleugnen« wie auch *kpr* pi. »vergeben, versöhnen, sühnen« sind sehr geläufig (Levy II,383–385; aram. q. »leugnen, abwischen« und pa. »sühnen« ebd. 385f.).

In Qumran sind bisher 27 Belege von *kpr* pi. nachzuweisen (Kuhn, Konk. 105; Nachträge RQ 4, 1963, 202). Sühnende Opfer werden nicht grundsätzlich verworfen (1QS 9,6f.); doch ist die conditio die Zugehörigkeit zur Qumran-Gemeinde, nur sie kann sühnen (1QS 5,6f.). Neben den konservativen Äußerungen steht die Forderung nach einem Ersatz der blutigen Opfer durch das »Hebopfer der Lippen« (1QS 9,4f., vgl. Test Lev 3,6 »das unblutige Wortopfer«; vgl. S. Lyonnet, VD 37, 1959, 349–352; H. Braun, Qumran und das NT, I/II, 1966, bes. II, 220f.315).

Das sind keine sektiererischen Forderungen, sie werden vielmehr im ganzen Judentum vor 70 n.Chr. mit wachsendem Nachdruck erhoben; diese Entwicklung ist gewiß durch den Aufstieg des Pharisäismus beeinflußt. Der Zusammenbruch des Opferapparats hat das Judentum kaum erschüttert, es kam vielmehr noch in der tannaitischen Zeit zu neuer Blüte. Die Sühne wird durch Umkehr, Gebet, Fasten, Almosen erwirkt, ohne sie sind die kultischen Riten wirkungslos (Sir 3,30; Tob 4,10f.; MJoma 8,8f.; Ab RNat 4,2; vgl. J.

Schmid, Sünde und Sühne im Judentum, Bibel und Leben 6, 1965, 16–26).

Zum NT vgl. J. Herrmann – F. Büchsel, Art. ἵλεως, ThW III, 300–324. *F. Maass*

כרת *krt* abschneiden

1. *krt* findet sich außer im Hebr. und Phön. (Beschwörung aus Arslan Taş [= KAI Nr. 27], Z. 8f.10 [7. Jh. v. Chr.]) im Akk. (AHw 448b.451b: *karātu* »abschneiden« u.a., Verbaladj. *kartu* »zerstückelt«) und im Tigre (Littmann-Höfner 401a: *karta* »ein Ende nehmen«).

Moab. *krtj* und Subst.plur. *mkrtt* (KAI Nr. 181, Z. 25) sind nach dem Kontext eher von der Wurzel *krh* »graben« (im AT: Brunnen Gen 26,25; Num 21,18; Zisterne Ex 21,33; Ps 7,16) abzuleiten (vgl. S. Segert, ArOr 29, 1961, 242, gegen DISO 127). Ein pun. Subst. *krt* (»Steinbrecher«?) ist nach Lesung und Bedeutung unsicher (DISO 127).

Als Passiv zum Qal werden vereinzelt Formen des Ni. (Jos 3,13.16; 4,7.7; Hi 14,7) und das Pu. (Ri 6,28; Ez 16,4) verwendet. Mehr intensiv als kausativ ist (bei Fehlen des Pi.) das Hi. gebraucht mit der Bed. »ausrotten« (die in Jer 50,16 auch das Qal hat; doch vgl. dazu Rudolph, HAT 12,302); als Passiv dazu erscheint – neben dem Ho. (Jo 1,9 »vertilgt sein/werden«) – in erster Linie das Ni.

Als Verbalsubstantive zur Wurzel *krt* bietet das AT: *kᵉrūtōt* »abgeschnittene und behauene Balken(?)« (1Kön 6,36; 7,2.12; vgl. KBL 458a), vielleicht präziser »im Unterschied zum Langholz kürzer geschnittene Stücke (von Zedernstämmen)« (Noth, BK IX/1, 102); *kᵉrītūt* »(Ehe-)Scheidung« (Dtn 24,1.3; Jes 50,1; Jer 3,8; vgl. mittelhebr. *krt* »[eine Ehe] trennen, scheiden«).

Der Name eines Baches *Kᵉrīt* (1Kön 17,3.5) ist statt von *krt* (KBL 454b) eher von *krh* »aushöhlen, graben« abzuleiten.

2. Das Verbum *krt* findet sich im ganzen AT, ausgenommen Jon, Hab, Hhld, Pred, Klgl, Est. Vom Jahwisten (bzw. den von ihm verarbeiteten Überlieferungen) bis Dan gebraucht, begegnet es gehäuft um das 6. Jh. Statistik: qal 134× (Jer 16×, Dtn 15×, 1Sam und 2Chr 12×), davon etwa 80× in der Wendung *krt* →*bᵉrīt*; ni. 73× (Lev 13×, Num 7×, Jes 6×, Ex, Jos und Ps 5×), pu. 2×, hi. 78× (Ez 14×, 1Kön und Jer 7×, Lev 6×), ho. 1×; insgesamt 288× (dazu *kᵉrūtōt* 3×, *kᵉrītūt* 4×, s. o.).

In 1Sam 20,16a ist der Text sinnvoll, aber vom Kontext her gesehen kaum im ursprünglichen Zustand.

3. Die Übersetzung von *krt* richtet sich nach dem Objekt: Bäume »abhauen« (Dtn 19,5 u.ö., 17×), Ranken »abschneiden« (Num 13,23), Kopf und Hände »abschlagen« (1Sam 5,4), ein Tier (in zwei Hälften) »zerteilen« (Jer 34,18; dafür in Gen 15,10 *btr* q. und pi. »zerschneiden«, vgl. Jenni, HP 130).

Von »Ausrottung« ist – im hi. und ni. – zumeist in Unheilsankündigungen an Völker (auch an Israel: z.B. 1Kön 9,7 hi.; Hos 8,4 ni.) und an Übeltäter die Rede, insbesondere in der »Ausrottungsformel«: »d(ies)er Mann/diese Person (*næfæš*) wird ausgerottet werden« (vgl. Elliger, HAT 4, 101) u.ä. im Bereich der Priesterschrift und des Heiligkeitsgesetzes (nicht im Dtn), sowie in der »Nichtausrottungs-Formel« (Jos 9,23 u.ö., 10×). Eine andere Bedeutungsnuance ist die »Austilgung« von Namen, Gedächtnis, Hoffnung (vgl. weiter KBL 457f. und zu den Synonyma vor allem →*šmd*).

4. Wie andere Verben im Hebr. (*gzr* »zerschneiden«, in Hi 22,28 »entscheiden«, vgl. Est 2,1 ni.; *ḥrṣ*, in 1Kön 20,40; Jes 10,22; Hi 14,5 »bestimmen«; *ḥtk* ni. Dan 9,24 »bestimmt sein«; mittelhebr. *psq* »teilen« und »festsetzen, bestimmen«; vgl. noch →*ḥqq* 3a, →*j'd* 3d), Aram. (altaram., bibl.- und jüd.-aram. *gzr*, jüd.-aram. *psq*), Akk. (*ḫarāṣu*, *parāsu*) hat *krt* von der Grundbedeutung »abschneiden« o.ä. aus auch den übertragenen Sinn »festsetzen, bestimmen, beschließen« (vgl. dazu lat. *decidere* und die Bedeutungsentwicklung bei akk. *parāsu* »trennen [scheiden] > unterscheiden > entscheiden«, AHw 831), so in 2Chr 7,18 (vgl. G, Syr.; für *dbr* pi. 1Kön 9,5), so wohl in Jes 57,8 (und auch im Phön., KAI Nr. 27, Z. 10), so vor allem aber in der Wendung *krt bᵉrīt*.

Dieser Ausdruck wird üblicherweise, unter Hinweis auf gr. ὅρκια τέμνειν, lat. *foedus icere (ferire, percutere)* (vgl. Gesenius, Thesaurus II, 718a, usw.), mit »einen Bund schließen« wiedergegeben. Dabei wird *krt bᵉrīt* von einem Ritus abgeleitet, der bei der »Herstellung« einer *bᵉrīt* (d.h.: einer »Verpflichtung«; →*bᵉrīt*) vollzogen werden konnte: das Subjekt der *bᵉrīt*, derjenige, der die *bᵉrīt* »(zer)schneidet«, ging zwischen den einander gegenüber gelegten Hälften eines für diesen Ritus zerschnittenen (*krt*, Jer 34,18), dabei nicht als Opfer gedachten (u.a. G. Quell, ThW II, 108f. 117f.; S.E. Loewenstamm, VT 18, 1968, 500–506; gegen GB 364b; KBL 457 u.a.) Tieres hindurch (Jer 34,18; Gen 15,17).

Dieser Ritus bedeutet (a) nicht die durch das Hindurchgehen der Flamme zwischen den Stücken bezeichnete Einigung der beiden Kontrahenten, Gen 15,17 (so etwa C.F.Keil, Gen und Ex, [3]1878, 184), denn diese Bedeutung paßt nicht in Jer 34,18 (J.J.P.Valeton, ZAW 12, 1892, 227); (b) nicht die »mystisch-sakramentale Vereinigung« zweier Partner (B.Duhm, Das Buch Jeremia, 1901, 284; J.Henninger, Bibl 34, 1953, 344–353, bes. 352f.), denn in Gen 15,17 und Jer 34,18 geht nur das Subjekt der *b^erīt* hindurch, nicht aber auch der Partner; (c) nicht »Reinigung« dessen, der zwischen den Tierhälften hindurchgeht (vgl. O.Masson, A propos d'un rituel hittite pour la lustration d'une armée, RHR 137, 1950, 5–25), und (d) nicht, daß diesem zur Mehrung seiner Fähigkeiten die aus dem getöteten Tier verströmteLebenskraft mitgeteilt wird (W.R.Smith, Die Religion der Semiten, 1899, 243; E. Bikerman, »Couper une alliance«, Archives d'histoire du droit oriental 5, 1950/51, 133-156; F.Horst, Gottes Recht, 1961, 309), denn für beides gibt der Kontext keinen Anhalt (D.J.McCarthy, Treaty and Covenant, 1963, 55ff.); sondern (e) die Selbstverfluchung des Hindurchschreitenden in einer Analogiehandlung: das Schicksal des Tieres soll ihn treffen, falls er die *b^erīt* (= übernommene Verpflichtung) nicht einhält (so schon Raschi und heute die meisten Ausleger); diese Deutung wird durch Jer 34,18 nahegelegt und durch Parallelen in der klassischen Antike (vgl. R.Kraetzschmar, Die Bundesvorstellung im AT, 1896, 44f.; z.B. Livius I, 24) und in Israels Umwelt (vgl. z.B. E. Kutsch, *kārat b^erīt* »eine Verpflichtung festsetzen«, FS Elliger 1971 [dort: Anm. 26]) gestützt.

Bei der Ableitung der Wendung *krt b^erīt* von *krt* Jer 34,18 muß man annehmen, daß das eigentliche Objekt zu *krt* (ein Tier) durch eine Bezeichnung des Ergebnisses oder Zieles des Ritus (*b^erīt* = Verpflichtung) ersetzt wird. Die so verstandene Wendung »eine *b^erīt* ab-/zerschneiden« ergibt aber ein Paradox (McCarthy, a.a.O. 55), ob man *b^erīt* als »Bund« oder als »Verpflichtung« versteht. Diese Schwierigkeit fällt dadurch weg, daß *krt* auch »festsetzen, bestimmen« bedeutet; *krt b^erīt* meint dann (wobei *b^erīt* direktes Objekt zu *krt* ist): »eine Bestimmung, Verpflichtung festsetzen« (F.Mühlau-W. Volck in Gesenius' Hebr. und chald. Handwörterbuch über das AT, [8]1878, 413b; K.Siegfried – B.Stade, Hebr. Wörterbuch zum AT, 1893, 301a; J.Pedersen, Der Eid bei den Semiten, 1914, 46; Kutsch, a.a.O.; dagegen: H.Holzinger, Genesis, 1898, 150; Quell, a.a.O. 108 Anm. 18; M.Buber, Königtum Gottes, [3]1956, 200 Anm. 20) – wie im Sumerischen nam – erìm – TAR »den Bann schneiden = einen (assertorischen) Eid leisten« (A. Falkenstein, Die neusumerischen Gerichtsurkunden, I, 1956, 64.67; III, 1957, 144f.), im Altaram. *gzr 'dn* »Bestimmung(en) (schneiden =) festsetzen« (Fitzmyer, Sef. 32f.), entsprechend dann *g^ezar q^ejām* »eine Bestimmung (schneiden =) festsetzen« der Targume und auch (bei Übergehung des Momentes des Letztwilligen, wie bei Aristophanes, Aves 440f. [dazu E.Kutsch, KuD 14, 1968, 167 Anm. 30]) διαθήκην διατίθεσθαι der LXX (Gen 15,18 u.ö.; Kutsch, a.a.O. 164ff.).

b^erīt als Objekt zu *krt* ergibt sich in 1Sam 11,2 aus V.1 und ist in 1Sam 20,16a (MT!); 22,8 logisch hinzuzudenken (vgl. die Präposition *'im*). In 1Kön 8,9 = 2Chr 5,10 ergibt sich *b^erīt* als Beziehungswort für das Relativpronomen, das Objekt zu *krt* ist, durch Konjektur (s. BH[3], vgl. Dtn 9,9).

Der Wendung *krt b^erīt* entsprechen *krt* →*'ālā* (Dtn 29,11.13; phön.: KAI Nr.27, Z.8) »einen Fluch festsetzen«, *krt dābār* »ein Wort (= Zusage) festsetzen« (Hag 2,5) und *krt 'amānā* »eine (feste) Bestimmung (Neh 11,23: par. *miṣwā* = »Gebot«!) festsetzen« (Neh 10,1).

Hinsichtlich des Verbums stehen gleichbedeutend neben *krt b^erīt* in zumeist jüngeren Texten →*qūm* hi., →*ntn*, →*śīm* mit Obj. *b^erīt* »eine Bestimmung, Verpflichtung ›aufrichten‹, ›geben‹, ›setzen‹«. Als Gegenbegriff wird vor allem →*prr* hi. *b^erīt* »eine Verpflichtung brechen« gebraucht (→*b^erīt* III/6c; →*prr* hi.).

5. Die religiös bestimmte Sprache der Texte von Qumran verwendet *krt* fast nur in der Bed. »ausrotten« (hi., mit pass. ni.), zumeist mit Jahwe als tatsächlichem oder logischem Subjekt des Strafhandelns; statt *krt brjt* (1QM 13,7; CD 15,8 mit Blick auf Israels Frühgeschichte) wird *'br bbrjt* und *bw' bbrjt* »in die *brjt* (Verpflichtung) eingehen« bevorzugt.

Unter den außerordentlich zahlreichen Wiedergaben der LXX für *krt* in der konkreten Bed. »abhauen, ausrotten« ragen etwa ἐξολεθρεύειν und κόπτειν (mit Komposita) hervor, denen im NT kein besonderes Gewicht zukommt (vgl. J. Schneider, Art. ὀλεθρεύω, ThW V,168–171; G.Stählin, Art. ἀποκόπτω usw., ThW III,851–860), während für *krt* mit Obj. *b^erīt* διατίθεσθαι gebräuchlich ist (vgl. G. Quell – J.Behm, Art. διατίθημι, ThW II, 105–137). *E.Kutsch*

לֵב *lēb* Herz

1. Das Wort **libb-* ist gemeinsemitisch (Bergstr. Einf. 184; P. Fronzaroli, AANLR VIII/19, 1964, 272.279); die Bed. »Herz« ist überall stark ausgeweitet (akk. *libbu* »Inneres«, bis zum präpositionellen Ausdruck verflacht, vgl. AHw 549–551; arab. *lubb* »Innerstes, Kern, Verstand« usw., vgl. Wehr 760a). Für die älteren nwsem. Belege vgl. WUS Nr. 1434; UT Nr. 1348; DISO 134.

Im atl. Hebr. (und Aram.) kommt neben *lēb (*libb-)* auch *lēbāb (*libab-*, aram. *lᵉbab)* vor; ein zeitliches Nacheinander beider Formen ist nicht festzustellen (gegen C.A. Briggs, A Study of the Use of LEB and LEBAB, FS Kohut 1897, 94–105; vgl. F.H. von Meyenfeldt, Het Hart (LEB, LEBAB) in het OT, 1950, 207–212): J scheint nur die Form *lēb* zu verwenden (Quellenscheidung in Ex 14,5?), E dagegen *lēbāb*; Jes braucht vorwiegend, Dtn und Dtr. fast ausschließlich *lēbāb*, Dtjes aber fast nur *lēb*, usw.

Als Femininform erscheint Ez 16,30 *libbā*. G.R. Driver, JThSt 29, 1928, 393; 32, 1931, 366, macht auf akk. *libbātu* (nur plur.) »Wut« aufmerksam (AHw 548b, dazu *labābu* »wüten«, ebd. 521b), welche Bedeutung er dann auch in Ez 16,30 voraussetzt (danach KBL 471b). Gehören aber akk. *libbu* und *labābu* zusammen? In Ez 16,30 ist wohl das Herz als Sitz der Begierde gemeint (vgl. F. Stummer, VT 4, 1954, 34–40).

Von *lēb* ist ein Verbum *lbb* denominiert: ni. »einsichtig werden« (Hi 11,12) und pi. »den Verstand nehmen« (Hhld 4,9.9).

2. *lēb* und *lēbāb* kommen 853× vor (601+252×, davon 7+1× im Plur.; vgl. die Tabelle bei von Meyenfeldt, a.a.O. 209f., wo für 1/2Chr 24× statt 2× zu lesen ist), *libbā* 1×, *lbb* ni. 1×, pi. 2×. Dazu kommen bibl.-aram. *lēb* 1× und *lᵉbab* 7× (alle in Dan).

Besondere Häufungen zeigen sich in Dtn, Jer, Ez, Ps, Spr, Pred und Chr: Ps 137× (*lēb* 102×, *lēbāb* 35×), Spr 97+2×, Jer 58+8×, Dtn 4+47×, Jes 31+18×, Ex 46+1×, Ez 41+6×, 2Chr 16+28×, Pred 41+1×.

3. a) *lēb* bedeutet ursprünglich das Körperorgan. So kennt man in Israel die Diagnose des »Herzschlages« (1Sam 25, 37), ohne daß das Herz aber Gegenstand tieferer medizinischer Kenntnis würde (wie das in umliegenden Kulturen der Fall war, vgl. J. Hempel, NAWG 1958, 253f.). Das Herzklopfen als Zeichen der Erregung wird beobachtet (Ps 38,11). Nicht spezifisch das Herz, sondern eher die Herzgegend ist wohl gemeint, wenn von Verwundungen, die das Herz treffen, die Rede ist (2Sam 18,14; Ps 37,15 u.ö.; in Hos 13,8 ist ein *sᵉgōr lēb* erwähnt, eig. »Verschluß des Herzens« = »Brustkorb«?); die »Brust«, für die im Hebr. ein besonderes Wort fehlt (*ḥāzæ* nur von Opfertieren, 13× in P; bibl.-aram. *ḥᵃdē* »Brust« in Dan 2,32; ursprünglich »Vorderseite«, vgl. Dhorme 105), kann mit *lēb* bezeichnet sein (Ex 28,29f.; P. Joüon, Bibl 5, 1924, 49ff., möchte auch im Ausdruck *ʿal-lēb*, z.B. in *śīm ʿal-lēb* »ans Herz legen«, Dtn 11,18, und in manchen ähnlichen Ausdrücken diese Bedeutung als ursprünglich annehmen; vgl. aber von Meyenfeldt, a.a.O. 135ff.). Nach H.L. Ginsberg, FS Baumgartner 1967, 80, meint *lēb* auch die Kehle als Organ des Sprechens, was aber unsicher ist. Auch das Herz des Tieres heißt *lēb* (2Sam 17,10; Hi 41,16, beidemal sinnbildlich für das Wesen des betreffenden Tieres gebraucht).

b) Übertragen bedeutet *lēb* nicht nur »Herz«, sondern auch »Mitte«, vor allem im Ausdruck *bᵉlæb-jām* (Ex 15,8; Spr 23, 34; 30,19), *bᵉlēb jammīm* (Ez 27,4.25–27; 28,2.8; Ps 46,3; vgl. Jon 2,4) »inmitten des Meeres«, vgl. auch *lēb haššāmájim* »Mitte des Himmels« (Dtn 4,11).

c) Dem menschlichen *lēb* werden Funktionen für das leibliche, seelische und geistige Wesen des Menschen zugeschrieben. *lēb* bedeutet die »Lebenskraft« im Ausdruck *sʿd lēb* »das Herz stützen« im Sinne von »essen« (Gen 18,5; Ri 19,5.8; Ps 104,15). Ebenso ist der *lēb* Organ der sexuellen Kraft und Begierde (Hos 4,11; Hi 31,9; Spr 6,25 mit *ḥmd* »begehren«; vgl. noch Ez 16,30, s.o. 1).

d) Der seelische Aspekt des *lēb* zeigt sich darin, daß in ihm die verschiedensten Gefühle Raum gewinnen können: Schmerz (1Sam 1,8; Jes 1,5; 57,15; Jer 4, 18; 8,18; Ps 13,3; 34,19 u.ö.; die Psalmstellen gehören zur Topologie der Klage), Freude (Ex 4,14; Ri 16,25; Jes 24,7; Jer 15,16; Ps 4,8; Spr 14,10 u.ö.), Angst (Dtn 20,3.8; Jos 2,11; Jes 7,2; Ps 25,17 u.ö.), Verzweiflung (Pred 2,20; Klgl 1, 20), Mut (Ps 40,13) und weitere Regungen. Die gefühlsbetont-vertrauliche Zuwendung zu einem Menschen durch Gott oder einen Mitmenschen bedient sich gern des Wortes (z.B. *dbr* pi. *ʿal lēb* »zureden«, Gen 34,3; Jes 40,2 u.ö.; auch *śīm ʿal-lēb*, s.o. 3a).

e) Zu den geistigen Funktionen des *lēb* gehört zunächst die Erkenntnis. Ein Ding »zur Kenntnis nehmen« kann ausgedrückt werden durch verschiedene Verben (*šīt* Ex 7,23; 1Sam 4,20; *śīm* Ex 9,21;

1Sam 21,13; *ntn* Pred 1,13.17) mit einer Präposition und *lēb*. Auch das Wieder-Erkennen, die Erinnerung, geschieht im *lēb* (Dtn 4,9; Jes 33,18; 65,17; Jer 3,16; Ps 31,13). Diese Funktion des *lēb* kann dahin spezifiziert werden, daß das handwerkliche Können als Sache des *lēb* genannt wird (im Ausdruck *ḥakam lēb* »geschickt« – also nicht weisheitlich zu verstehen! – Ex 28,3; 31,6; 35,10 u.ö.).

Auch die eigentlich intellektuellen Fähigkeiten sind Sache des *lēb*: Einsicht (Dtn 8,5; Hi 17,4; Spr 2,2; Pred 7,2), Fähigkeit, eine Sache kritisch zu beurteilen (Jos 14,7; Ri 5,15f.; Pred 2,1.3.15), juristisches Abwägen (1Kön 3,9; 2Chr 19,9). Diese Seite des *lēb* ist vor allem für die Denkart der Weisheit bedeutungsvoll: der *lēb* ist Organ der *ḥokmā* (Spr 2,10; 14,33; 16,23; Pred 1,16; vgl. 1Kön 10,24). Der *lēb* des Weisen befähigt zu rechter Rede (Spr 16, 23; 23,15f.), er gewinnt Einsicht in das Wesen der Zeit und ihres Geschehens (Pred 1,16; Ps 90,12). Nicht nur die isr. Weisheit mißt dem Herzen diese Bedeutung zu, sondern auch diejenige Ägyptens (vgl. H. Brunner, Das hörende Herz, ThLZ 79,1954, 697–700; C. Kayatz, Studien zu Proverbien 1–9, 1966, 43–47; sonst noch zum Herzen im Äg.: F. Hintze, FS Grapow 1955, 140ff.; A. Hermann, Altäg. Liebesdichtung, 1959, 95–97 mit Lit.).

Endlich ist der *lēb* auch Sitz des Willens und Planens (2Sam 7,3; 1Kön 8,17; Jes 10,7; Jer 22,17; Ps 20,5; 21,3 u.ö.).

f) Der *lēb* umfaßt damit sämtliche Dimensionen menschlicher Existenz (vgl. Dhorme 109–128 zum reichhaltigen akk. und hebr. Material; W.H. Schmidt, Anthropologische Begriffe im AT, EvTh 24, 1964, 374–388, spez. 383ff.). Von ihm können daher Aussagen gemacht werden, die den ganzen Menschen meinen: der *lēb* wankt (*mūg*, Ez 21,20), er »zerfließt« (*mss* ni., Dtn 20,8; Jos 2,11; 5,1; 7,5; Jes 13,7; 19,1; Ez 21,12 u.ö.), er ist »in Aufregung versetzt« (*raggāz*, Dtn 28,65), man kann ihn »in Unruhe bringen« (*k'ṣ* hi., Ez 32,9). Der *lēb* kann die Person auch in ganz abgeblaßtem Sinn bezeichnen und fast zum Ersatz für ein Personalpronomen werden (parallel zu einem solchen z. B. in Ps 22,15; 27,3; 33,21; 45,2). Doch kann das Wort auch dahingehend verwendet werden, daß gerade im *lēb* das Eigentliche der Person zu finden ist (Ri 16,15.17f.; 1Sam 9,19; auch dies eine Vorstellung, die nicht auf Israel beschränkt ist, vgl. H. Brunner, Das Herz als Sitz des Lebensgeheimnisses, AfO 17,1954/55, 140f.). Der Ausdruck *belēb* (mit Personalsuffix) und einem Verbum des Denkens oder Redens (z.B. Gen 17, 17; 27,41; Dtn 7,17; Ps 4,5 usw.) bezeichnet Gedanken, die einer für sich behält und nicht der Kommunikation preisgeben will. Auch der Traum, der die verborgensten und unzugänglichsten Regionen eines Menschen sichtbar macht, spielt sich im *lēb* ab (Hhld 5,2). So weiß die Weisheit um die Unergründlichkeit des *lēb* (Jer 17,9; Ps 64,7; Spr 20,5).

Insofern der Mensch im *lēb* seine Entscheidungen fällt und verantwortet, ist das Wort manchmal als »Gewissen« zu fassen (Gen 20,5f.; 1Sam 24,6 u.ö., vgl. Köhler, Theol. 192).

Da menschliche Existenz im AT meist nicht individualistisch gesehen ist, wird nicht nur vom *lēb* eines einzelnen, sondern auch ganzer Gruppen gesprochen (Gen 18,5; 42,28; Ex 35,29, vgl. Köhler, Theol. 149).

g) Die Parallelbegriffe ergänzen das Bild. Häufig werden gebraucht: →*næfæš* (ursprünglich »Gurgel«, dann »Lebenskraft«, »Person«, in ähnlicher Bedeutungsbreite wie *lēb* in Ps 13,3; 84,3; Spr 2,10; 19,8 u.ö.), →*rūaḥ* (ursprünglich »Hauch«, dann einerseits »Wind«, andererseits »Lebenskraft«, »Geist«, vgl. Ex 35,21; Dtn 2,30; Jos 2,11; 5,1; Jes 65,14; Ps 34,19 u.ö.). Seltener erscheinen *qæræb* »Inneres, Mitte« (Jer 31,33; Spr 14,33) und anderes. Neben *kābēd* »Leber« (→*kbd*) ist besonders noch auf *kelājōt* »Nieren« hinzuweisen, die öfters parallel zum Herzen das innerste, verborgene, nur Gott allein zugängliche Wesen des Menschen bezeichnen (Jer 11,20; 12,2; 17,10; 20,12; Ps 7,10; 16,7; 26,2; 73,21; 139,13; Hi 16,13; 19,27; Spr 23,16; Klgl 3,13; weitere 16× in Ex-Lev als Körperteil von Opfertieren, ferner Dtn 32,14; Jes 34,6; vgl. →*bḥn* 3a und Dhorme 131).

4. Es ist natürlich, daß ein derartiger anthropologischer Hauptbegriff zur Beschreibung des Verhältnisses zwischen Gott und Mensch dient.

a) Wo *lēb* in den Psalmen von theologischer Bedeutung ist, erscheint das Wort innerhalb der Klage, und zwar entweder als Bezeichnung für das reine Gewissen des Betenden (häufig sind die Ausdrücke *jišrē lēb* »die aufrichtigen Herzens« [Ps 7, 11; 11,2 u.ö.; →*jšr* 3b], *bar lēbāb* »reinen Herzens« [Ps 24,4 in einer Torliturgie; 73,1; bei manchen Stellen sind auch weisheitliche Einflüsse deutlich] oder für die Reue des sich zu seinem Unrecht bekennenden Beters (*nišbar lēb* »zerbrochenen Herzens« Ps 34,19; 51,19).

b) Die weisheitlichen Schriften akzentuieren stark das Wissen Gottes um die Regungen des menschlichen *lēb* (Spr 17,3; 21,2) und halten die Erfahrung fest, daß nicht das Planen des menschlichen *lēb*, sondern Jahwes Wille sich verwirklicht (Spr 16,1; 19,21).

c) Besondere theologische Bedeutung kommt dem *lēb* dort zu, wo anthropologische Fragestellungen im Zentrum stehen.

Dies ist der Fall im Deuteronomium. Der Mensch wird hier aufgerufen zum Hören und Handeln »von ganzem Herzen und von ganzer Seele« (Dtn 4,29; 6,5; 10,12; 11,13). Sein Wissen um Jahwes Taten soll er im Herzen bewahren (4,9.39; 6,6; 8,5 u.ö.). Der Beschneidungsritus (*mūl* »beschneiden«) wird spiritualisiert und auf den *lēbāb* bezogen (Dtn 10,16; 30, 6; vgl. Lev 26,41; Jer 4,4; Ez 44,7.9 mit *'ārēl* »unbeschnitten« in bezug auf das Herz; dazu H.-J. Hermisson, Sprache und Ritus im altisr. Kult, 1965, 64–76). In einer Zeit der Neubesinnung auf das ursprüngliche Verhältnis zwischen Gott und seinem Volk einerseits und der beginnenden Individualisierung andererseits hat dieses Dringen auf Beteiligung des ganzen *lēb* seinen Ort.

Ähnlich liegen die Verhältnisse bei Jeremia und Ezechiel, deren theologisches Interesse sich in dieser Hinsicht mit dem des Deuteronomiums deckt. Auch Jeremia fordert den *lēb* derer, die auf ihn hören (Jer 3,10; 4,4 Aufnahme des dtn. Motives der Herzensbeschneidung, s.o.; 29,13 u.ö.). Doch redet er sehr deutlich von der »Verbohrtheit des Herzens« (*šerīrūt lēb*, 3,17; 7,24; 9,13; 11,8 u.ö.). Dem Propheten wird klar, wie schwer das Hören ist, das von der Gesetzesparänese gefordert wird. Jene Erneuerung des Verhältnisses zwischen Gott und Mensch kann deshalb nicht mehr für die Gegenwart erhofft werden und wird so Gegenstand der Zukunftserwartung (Jer 31,31ff.; 32,38f.): Bund und Gesetz sollen ganz dem *lēb* einverleibt werden (vgl. dazu von Rad II,220ff.).

Sehr ähnlich denkt Ezechiel. Auch er macht die Erfahrung der Verbohrtheit des *lēb* seiner Hörer (Ez 2,4; 3,7), auch er wartet auf eine Zukunft, in der Gott das »steinerne Herz« (*lēb hā'æbæn*) des Menschen durch ein »fleischernes Herz« (*lēb bāśār*) ersetzen wird (Ez 36,26ff.).

In der Folge ist die prophetische Vorstellung von der Verbohrtheit des menschlichen *lēb* (die in allen diesen Fällen im Unterschied zur unten zu erwähnenden »Herzensverstockung« dem freien Wollen des Menschen entspringt) auch andernorts aufgenommen worden (Sach 7,12; Ps 95,8, beide Stellen in dtr. Diktion).

d) Nach isr. Glauben gibt Jahwe dem menschlichen *lēb* seine Möglichkeiten (so z.B. Ps 51,12); er kann diese Möglichkeiten auch verstellen. Dieses Motiv der »Herzensverstockung« hat seinen Platz einmal in der Exodustradition. Der Jahwist (Ex 8,11.28; 9,34; 10,1) formuliert mit *kbd* hi. *lēb* »das Herz (des Pharao) schwer werden lassen«. Subjekt ist entweder Jahwe oder der Pharao selbst. Demgegenüber differenziert der Verfasser der Priesterschrift genauer: Von Jahwe wird ausgesagt, daß er das Herz des Pharao verhärte (→*ḥzq* pi. *lēb*, Ex 9,12; 10,20.27; 11, 10 usw.; auch *qšh* hi. *lēb* »das Herz hart machen«, Ex 7,3), vom Herzen des Pharao dagegen, daß es hart werde (*ḥzq* q., Ex 7,13.22; 8,15 u.ö.). Hier wird also genau festgehalten, daß nur Jahwe der Handelnde ist. Der theologische Sinn der Verstokkung bei P wird am klarsten in Ex 14,4. Das Motiv findet sich weiter Ex 4,21 (in einem späteren Nachtrag) und wird im Dtn auf eine Episode der Landnahme übertragen (Dtn 2,30, *qšh* hi. und *'mṣ* pi.).

Nach beiden Quellenschriften hat das Motiv der Herzensverstockung in der Exodusperikope den Inhalt, daß Jahwe dem Pharao die geistigen und seelischen Möglichkeiten nimmt, den Sinn der Plagen zu verstehen und sich entsprechend zu verhalten. Es hat zum Ziel, Jahwes Geschichtsmächtigkeit in ihrem ganzen Umfang zu zeigen: diese reicht bis in die Denk- und Verstehensmöglichkeiten seiner Feinde hinein.

Dasselbe Motiv kehrt wieder in der Prophetie. Die Aussage von der Herzensverstockung gilt jetzt von Israel (ohne anthropologische Terminologie schon 1Kön 22, 21; mit *šmn* hi. *lēb* »das Herz verfetten lassen« Jes 6,9f.; aufgenommen in Dtn 29,4). Wie bei Jer und Ez spiegelt sich hier die prophetische Erfahrung wider, daß Israel nicht hören wollte. Aber dieses Nicht-Verstehen wird hier geradezu als Gericht Jahwes interpretiert; Schuld und Strafe kommen so zur Deckung (vgl. F. Hesse, Das Verstockungsproblem im AT, 1955; von Rad II,158ff.).

e) Das AT spricht nicht nur vom *lēb* des Menschen, sondern vom *lēb* Gottes (von Meyenfeldt, a.a.O. 193f.). Seine Funktionen bleiben dieselben: in Jahwes *lēb* haben Gefühle ihren Ort (Kummer Gen 6,6; Mitleid Hos 11,8), Erkenntnis und Erinnerung (1Kön 9,3; Jer 44,21 u.ö.), Wille und Planung (Gen 8,21; Jer 7,31 u.ö.). Besonders häufig redet Jeremia vom *lēb* Jahwes (8 Belege); der Gebrauch von Anthropomorphismen für Gott korrespondiert dem anthropologischen Interesse.

5. Die spätjüdische Verwendung von

lēb ist nicht wesentlich anders als die alttestamentliche (J.B. Bauer, De »cordis« notione biblica et judaica, VD 40,1962, 27–32). Doch wächst das anthropologische und psychologische Interesse noch. In Qumran (mehr als 120 Belege!) spielt der Begriff der *šerīrūt lēb* »Herzensverhärtung« eine wesentliche Rolle; er qualifiziert die nicht zur Sekte Gehörigen (1QS 1,6; 2,14. 26; 3,3 u.ö.). Dem atl. Sprachgebrauch gegenüber ist neu, daß widergöttliche Kräfte der Welt jetzt ins Herz introjiziert werden; so ist von den »Götzen des Herzens« (1QS 2,11) die Rede; die Geister von Wahrheit und Finsternis führen ihren Kampf im *lēb* (1QS 4,23), der Fromme hat »Belial« aus dem *lēb* zu vertreiben (1QS 10,21), während das Gesetz in seinem *lēb* drin ist (1QH 4,10). Ähnliche Vorstellungen zeigen sich in den rabbinischen Spekulationen um den *jēṣær ṭōb* und den *jēṣær ra'*, den guten und den bösen Trieb, die beide im *lēb* wohnen und miteinander kämpfen (StrB IV,466ff.). Die apokalyptische Variante dieser Vorstellung zeigt sich in 4Esr 3 (vor allem V.20ff.).

Zur ntl. Verwendung von καρδία vgl. F. Baumgärtel – J. Behm, Art. καρδία, ThW III, 609–616. *F. Stolz*

לבשׁ *lbš* sich bekleiden

1. Die Wurzel *lbš* »sich bekleiden« ist gemeinsemitisch (Bergstr. Einf. 188). In atl. Zeit ist sie in der Umwelt (mit Ausnahme des Phön.-Pun.) gut bezeugt, teilweise auch in metaphorischen Verwendungen (akk.: AHw 523f.561; ug.: WUS Nr. 1444; UT Nr. 1353; kan.: EA 369,9, vgl. DISO 151; aram.: DISO 135; KBL 1089f.).

Im Hebr. findet sich *lbš* im Qal (neutrisches Perf. *lābēš* noch Lev 16,4; Ps 93,1.1, vgl. Bergstr. II, 77, sonst *lābaš*; zum Part. pass. bzw. Verbaladjektiv *lābūš* »bekleidet« vgl. Joüon 345), Pu. (Part. »bekleidet«) und Hi. (kausativ »bekleiden«), nach-atl. auch im Hitp. (Sir 50,11 »sich bekleiden«). Nominale Ableitungen in der Bed. »Kleid, Bekleidung, Gewand« sind *lebūš* (< **lubūš*, vgl. Joüon 197; gegen BL 473: vielleicht *la*+*būš* »für die Scham«), *malbūš* und *tilbōšæt* (nur Jes 59,17, vgl. jedoch BHS). Im Bibl.-Aram. begegnen *lbš* q. (Dan 5,7.16), ha. (Dan 5,29) und *lebūš* »Gewand« (Dan 3,21; 7.9).

Homonyme Wurzeln sind auf Grund des Arab. vorgeschlagen worden von I. Eitan, HUCA 12/13, 1938, 63 (zu Jes 14,19), und J. Reider, JJSt 3,1952, 79 (zu Ri 6,34), vgl. Barr, CPT 330.

2. Von den 152 Belegen der Wurzel im hebr. AT entfallen 60 auf das Qal (ohne *lābūš*; Lev 9×, Ps 8×, Jes 7×, Ez und Hi je 6×), 4 auf das Pu. (1Kön 22,10 = 2Chr 18,9; Esr 3,10; 2Chr 5,12), 32 auf das Hi. (Ex 5×, Gen 4×, Jes und Est je 3×); *lābūš* steht 16× (Ez 9×), *lebūš* 31× (Hi 7×, Ps und Est je 6×), *malbūš* 8×, *tilbōšæt* 1× (s.o. 1). Dazu kommen 5 Belege im Bibl.-Aram. (s.o. 1).

3. Zusammen mit *bægæd* »Kleid« (→*bgd* 1) beherrscht *lbš* »sich bekleiden mit« (konstruiert mit dem Akkusativ, vgl. GK §117 vy, daher dann auch mit »anziehen« übersetzbar; nur Est 6,8 mit *be*) das Wortfeld der Bekleidung, das hier nicht ausführlich behandelt werden kann (vgl. etwa das Material bei H. W. Hönig, Die Bekleidung des Hebräers, 1957). Die sinnverwandten Vokabeln, die im Umkreis von *lbš* auftreten, sind bedeutungsmäßig entweder allgemeiner (*'ṭh* »sich einhüllen«, Jes 59,17 und Ps 104,2 bildlich von Gott; Ps 109,19.29 vom Feind des Beters; *ksh* hitp. »sich bedecken« Jon 3,8; *ntn 'al* »jemandem anlegen« Lev 8,7) oder spezieller (z.B. *ḥgr* »gürten« Lev 8,7 u.ö.; bildlich Ps 65,13 die Hügel mit Jubel; Spr 31,17 mit Kraft; von Gott Ps 76,11 txt?; *'zr* q. »[sich] gürten« 1Sam 2,4 »Wankende gürten sich mit Kraft«; ni. Ps 65,7 Gott mit Macht; pi. »gürten« 2Sam 22,40; Ps 18,33.40 Gott den König mit Kraft; Ps 30,12 Gott den Beter mit Freude; hitp. »sich gürten« Ps 93,1 Gott mit Macht; *'dh* »schmücken«, neben *lbš*: Jer 4,30; Ez 16,11.13; Hi 40, 10). Bei den Opposita sind am wichtigsten *pšṭ* »ausziehen« (neben *lbš*: Lev 6,4; 16, 23; Ez 26,16; 44,19; Hhld 5,3) und *'ārōm* »nackt« (16×; zu Gen 2,25 vgl. J. de Fraine, FS Robert 1957, 53f.; dazu *'ērōm* »nackt« Gen 3,7.10.11; Ez 18,7.16 und 5× in der Bed. »Nacktheit«; *'ærjā* »Nacktheit«, 6×; *'ūr* ni. »entblößt werden« Hab 3,9). Für die einzelnen Anwendungsbereiche des Verbums *lbš* – von der Alltagskleidung (Kleidung neben Nahrung als elementare Lebensnotwendigkeit: Gen 28,20; Jes 4,1; vgl. Hag 1,6; hi. 2Chr 28,15) bis zum Trauerkleid (2Sam 14,2; mit *śaq* »Trauerschurz« Jon 3,5; Est 4,1) und zum Prachtgewand (z.B. Jes 52,1; Jer 4,30; Est 5,1; 6,8), von den kultischen Gewändern (Ex 29,30 u.ö.) bis zum Prophetenmantel (Sach 13,4) und zum Panzer des Kriegers (Jer 46,4) – und für die mit der Kleidung zusammenhängenden Vorstellungen und Symbolwerte vgl. neben Hönig, a.a.O., u.a. BRL 332–337 und G. Fohrer, BHH II,962–965, ferner etwa E. Haulotte, Symbolique du vêtement selon la Bible, 1966; R. von Ungern-Sternberg, Redeweisen der Bibel, 1968, 83–95.

4. In dichterischer Sprache sind im AT für uns ungewohnte übertragene oder bildliche Verwendungen von *lbš* möglich. Insbesondere kann jemand mit abstrakten Größen wie *'ōz* »Kraft« (Jes 51,9; 52,1; s.o. zu *ḥgr* und *'zr*), *gē'ūt* »Hoheit« (Ps 93, 1), *hōd wehādār* »Pracht und Hoheit« (Ps 104,1; Hi 40,10), *ṣedāqā/ṣædæq* »Gerechtigkeit« (Jes 59,17 »wie ein Panzer« neben »Kleider der Rache«; Hi 29,14), *tešū'ā* (2Chr 6,41) und *jæša'* »Heil« (hi. Jes 61,10 »Kleider des Heils«; Ps 132,16), aber auch mit *bōšæt/kelimmā* »Schande« (Ps 35,26; 109,29; Hi 8,22; hi. Ps 132,18), *qelālā* »Fluch« (Ps 109,18) und *šemāmā* »Entsetzen« (Ez 7,27; so wohl auch *ḥarādōt* Ez 26,16, vgl. Zimmerli, BK XIII,610) bekleidet sein. Schwieriger wird das Bild, wenn sich Zion mit den Heimkehrenden wie mit einem Schmuck bekleidet (Jes 49, 18), oder wenn die Berge sich mit Herden »bekleiden« (Ps 65,14, vgl. V. 13; auch *lābūš* Jes 14,19 in der übertragenen Bed. »bedeckt [mit Erschlagenen]«), während die Bilder in Jes 50,3 hi. (»ich kleide den Himmel in Schwarz«, vgl. 1QH 5,31), Hi 7,5 (»mein Leib kleidet sich in Fäulnis und Beulen«), oder, mit *lbš* hi. von Gottes Schöpfertätigkeit, in Hi 10,11 (»mit Haut und Fleisch hast du mich umkleidet«) und 39,19 (»kleidest du seinen [des Rosses] Hals mit der Mähne?«) im Rahmen unseres Stilempfindens bleiben.

Die Stellen, die konkret von Gottes »Kleid« sprechen (von der Wurzel *lbš*: *lebūš* Jes 63,1.2; *malbūš* V. 3; vgl. aram. *lebūš* Dan 7,9 vom schneeweißen Gewand des »Hochbetagten«) bleiben innerhalb der gewöhnlichen Anthropomorphismen und sind durch den Bildgehalt der Vergleiche oder Visionen bedingt. Daneben kommen auch in bezug auf Gott die oben erwähnten Verdinglichungen abstrakter Größen vor (Jes 51,9; 59,17; Ps 93,1; 104,1).

An drei Stellen ist das Wirken des Gottesgeistes in einem Menschen so vorgestellt, daß der Geist in dem Betreffenden so wohnt, wie der Mensch in den Kleidern steckt (Ri 6,34; 1Chr 12,19; 2Chr 24,20; *lbš* hier also wie sonst »sich bekleiden mit«, nicht transitiv »jemanden umkleiden«, wobei der Geist das Kleid wäre, vgl. u.a. C.F. Burney, The Book of Judges, ²1920, 203; Rudolph, HAT 21,107; gegen z.B. Hertzberg, ATD 9,183.193; →*rūaḥ*).

5. Hauptsächlichste Wiedergabe von *lbš* in der LXX ist ἐνδύειν. Zum NT vgl. A. Oepke (– G. Bertram), Art. δύω, ThW II, 318–321; A. Oepke – K.G. Kuhn, Art. ὅπλον, ThW V, 292–315. *E. Jenni*

לון *lūn* rebellieren

1. Das Verbum *lūn* ni./hi. »murren, rebellieren« ist außerhalb des Hebr. (in Qumran 1QS 7,17; 1QH 5,25; mittelhebr. auch hitp.) nicht mit Sicherheit belegt.

Ein Zusammenhang mit arab. *lwm* »tadeln« (GB 382b; KBL 477b) ist unwahrscheinlich, ein Beleg in der Kilamuwa-Inschrift von Zincirli (KAI Nr. 24, Z. 10) umstritten (vgl. S. Herrmann, OLZ 48, 1953, 295–297: »angesichts der früheren Könige murrten die Muškabim wie Hunde«, vgl. Ps 59,15f.; DISO 136 mit Lit.; KAI II,33).

Das Verbum (im Ni. und, meist mit Gemination des ersten Radikals, im Hi.) wird herkömmlicherweise von einer Wurzel *lūn* (unterschieden von *līn* »übernachten«) abgeleitet, doch ist auch *lnn* erwogen worden (Nöldeke, BS 42; P. Joüon, Bibl 1,1920, 361f.; Bergstr. II,151). Außer dem Verbum gibt es das fem. Abstraktum mit t-Präformativ *telunnōt* (nur Plur.; BL 496: < *telūnōt*).

2. Das Verbum begegnet 14 ×, nach den Qere-Formen ni. 5 × (nur Impf.plur.: Ex 15,24; 16,2 Q; Num 14,2; 17,6; Jos 9,18), hi. 9 ×, davon 4 × Part. (Ex 16,8; Num 14,27.27; 17,20), 1 × Perf. (Num 14,29), sonst Impf. (Ex 16,7; 17,3; Num 14,36 Q; 16,11 Q); in Ex 16,2.7; Num 14,36; 16,11 schwankt die Schreibung zwischen ni. und hi. Das Nomen ist 8 × belegt (Ex 16,7.8.8. 9.12; Num 14,27; 17,20.25).

Die Stellen Ex 15,24 und 17,3 stammen von J bzw. J/E; alle anderen Belege gehören zu P. Entscheidend ist, daß der Begriff – ausgenommen Jos 9,18 und Ps 59,16, wo oft das Impf.hi. unseres Verbums angenommen wird – nur in Erzählungen von Ereignissen während der Wüstenwanderung verwendet wird.

3. Die Unterschiede zwischen den Verbalstämmen scheinen z.T. auf Spannungen in der Textüberlieferung zurückzugehen. Num 14,36 hat kausative Bedeutung (»zum Murren verleiten«); sonst scheint eine Verschiedenheit in der Bedeutung der Stämme nicht zu bestehen.

Den Kontexten zufolge hat *lūn* immer den Charakter offenen und anklagenden Aufruhrs gegen eine Person (durchgängige Konstruktion mit der Präposition *'al* »gegen«) mit dem Ziel des Umsturzes. Es gehört zur Gattung und zur Situation der vorgerichtlichen Auseinandersetzung, die jedoch auf eine offizielle gerichtliche Klärung hindrängt. Während demnach die Etymologie des Begriffes nicht klar ist, steht seine Bedeutung fest: »rebellieren gegen jem.«. Die herkömmliche Übersetzung »murren« dürfte dagegen zu schwach sein. Analoge Begriffe sind →*mrh* »widerspenstig sein« (vgl. Num 20,10) und →*mrd* »sich auflehnen, empören« (Num 14,9).

Als Rebellierende erscheinen die Korahiten (Num 16,11), dann aber immer das ganze Israel (in Ps 59,16 txt em Hunde). Die Personen, gegen die Israel rebelliert, sind: Mose oder Mose und Aaron (Ex 15, 24; 16,2.7; 17,3; Num 14,2.36; 16,11; 17, 6.20), Israels Oberste (Jos 9,18), Jahwe (Ex 16,7.8; Num 14,27.29; 17,25). Grund für das Rebellieren sind vorweg die Gefahren der Wüstenzeit: Wasser- und Brotmangel (Ex 15,24; 16,2–7; 17,3), die Furcht vor den überlegenen Landesbewohnern (Num 14,2ff.) oder das Paktieren mit ihnen (Jos 9,18), schließlich die Führerstellung Moses und Aarons (Num 16).

Der Ursprung der Verwendung des Begriffes ist in der Überlieferung von der Rebellion der Korahiten gegen die Führerschaft Moses in der Wüste zu suchen (Num 16f.). Dies dürfte auch der historische Kern der Aufruhrüberlieferung sein. Aus dieser begrenzten Episode entwickelte sich dann in der jehovistischen (vielleicht der Jerusalemer) und priesterlichen Theologie die Interpretation von der Rebellion Gesamtisraels – nicht nur gegen Moses Führerschaft, sondern gegen das Exodus-Wüstenzug-Landnahmegeschehen überhaupt.

4. In den Pentateuchquellen ist der Begriff durchweg theologisch schwer gefüllt. Israel wirft in Situationen des Bedrohtseins in der Wüste Mose (und Aaron) und Jahwe vor, sie in die Wüste geführt zu haben, um sie dort sterben zu lassen (Ex 16,3b; 17,3b; Num 14,3), und verlangt die Rückkehr nach Ägypten (Num 14,4). Die Rebellion gründet in einer totalen Fehlinterpretation der Befreiungsgeschichte als Verderbensgeschichte und zielt auf ihre Rückgängigmachung ab. Damit ist sie grundsätzlich gegen Jahwe (s.o.) gerichtet, auch dort, wo sie die Führer angreift (Num 16,11). Und sie bekennt Jahwe und seine Repräsentanten als Verderbensbringer statt als Retter. Der Begriff *lūn* deckt demnach im Zentrum alttestamentlicher Theologie eine Art Sünde auf, wonach Gottes Volk als Ganzes in den Bedrohungen der Zwischenzeit (Wüste), zwischen Befreiung (Exodus) und Erfüllung (Landnahme), aus Blindheit und Ungeduld seinen Gott mißverstehend, die von ihm gewirkte Befreiungsgeschichte und damit seine eigene heilvolle Zukunft verwirft. Diese Art von Rebellion fordert den Rettergott vor Gericht (zum Prozeß führende vorgerichtliche Anklage!) und verwirft das Heil als Ganzes. Sie ist darum tödlich für die Rebellen (Num 14, 27ff.).

In Jos 9,18 rebelliert das Volk gegen die Verletzung sakraler Traditionen durch die Obersten. Der Kontext verbirgt denn auch schlecht den begründeten Charakter dieser Rebellion.

Zum Ganzen vgl. G.W.Coats, Rebellion in the Wilderness, 1968.

5. Die Belege aus Qumran (s.o. 1) implizieren rebellisches Verhalten (1QH 5,25 par. *srr* »störrisch sein«).

LXX übersetzt *lūn* mit (δια)γογγύζειν. Hier ist die abgeschwächte Bed. »murren« eingeführt, die sich dann auch im NT findet (vgl. 1Kor 10,10; vgl. K.H.Rengstorf, Art. γογγύζω, ThW I,727–737).

R. Knierim

לחם *lḥm* ni. kämpfen → צָבָא *ṣābā'*.

למד *lmd* lernen

1. Hebr. *lmd* q. »sich gewöhnen, lernen« und pi. »lehren« besitzen Entsprechungen im Akk. (AHw 531f.), Ug. (WUS Nr. 1469; UT Nr. 1385) und Äth. (Dillmann 35). Das im Aram. dafür gebräuchliche *'lp* »gewohnt sein, lernen« (vgl. DISO 15) ist als Aramaismus auch ins Hebr. übergegangen (q. Spr 22,25; pi. »lehren« Hi 15,5; 33,33; 35,11; Wagner Nr. 18).

Eine abweichende Bed. »sich verbinden, anschließen« begegnet im Mittelhebr. und Syr. und steht möglicherweise mit ug. *mdl* in Zusammenhang (J.C. Greenfield, Bibl 45,1964, 527–534; UT Nr. 1429; anders vorher M.H.Goshen-Gottstein, Bibl 41,1960, 64–66).

Neben dem Qal steht faktitives *lmd* pi. »gewöhnen, lehren« (Jenni, HP 22) und dazu passives pu. »gewöhnt, belehrt sein«. Nominale Ableitungen sind *limmūd* »Schüler, Jünger«, *malmād* »Treibstecken« o.ä. (Ri 3,31) und, als Lehnwort aus dem Akk., *talmīd* »Schüler« (1Chr 25,8; Wagner Nr. 326).

2. *lmd* q. steht im AT 24× (Dtn 7×, Jes 5×), pi. 57× (Ps 23×, Dtn 10×, Jer 9×), pu. 5×, *limmūd* 6× (Jes 4×, Jer 2×), *malmād* und *talmīd* je 1× (s.o. 1). Von den insgesamt 94 Belegen der Wurzel entfallen 27 auf Ps, 17 auf Dtn, 15 auf Jer, 13 auf Jes (andere Bücher 0–3×).

3. Sämtliche Stellen sind von der Grundbedeutung q. »sich gewöhnen, lernen«, pi. »gewöhnen, trainieren, lehren« her gut erklärbar. Wenn auch die Anwendung in religiös-ethischen Zusammenhängen im AT überwiegt, so sind doch wenigstens drei Bereiche erkennbar, in denen *lmd* den Lern- und Lehrvorgang im alltäglichen Leben bezeichnet: (1) beim Abrichten von Tieren, (2) beim Training zum Kampf, und (3) beim Lehren und Einüben von Liedern.

(1) Im Unterschied zu *jrh* hi. »unterweisen, lehren«, wo immer die sprachliche Kommunikation (Spr 6,13 durch Zeichen) vorausgesetzt ist (zur Abgrenzung von *jrh* hi. gegenüber *lmd* →*tōrā* und Jenni, HP 119–122), findet *lmd* auch in bezug auf Tiere Verwendung (Jer 2,24 ist der Text versehrt): Jer 31,18 pu. »wie ein nicht eingewöhntes Kalb«; Hos 10,11 pu. Ephraim gleicht einem »eingeübten Kalb, das gerne drischt«; vgl. noch *malmād* »Treibstecken« (Ri 3,31; eine Grundbedeutung »antreiben, stacheln« o.ä. ist nicht zu erschließen, vgl. Rudolph, HAT 12,195, gegen M.D. Goldman, ABR 1, 1951, 139, und Greenfield, a.a.O. 530, gegen G.R.Driver, FS Nötscher 1950, 52). Zur nächsten Gruppe führt hinüber Ez 19,3.6 »er (der Junglöwe) lernte rauben«.

(2) An mehreren Stellen steht *lmd* im Zusammenhang mit dem Erlernen und Üben des Kriegshandwerks (qal: Jes 2,4 = Mi 4,3 »sie werden den Krieg nicht mehr lernen«; 1Chr 5,18 *lemūdē milḥāmā* »Kampfgeübte«; pi.: Ri 3,2 »um sie den Krieg zu lehren, auf den sie sich vordem noch nicht verstanden«; 2Sam 22,35 = Ps 18,35 »der meine Hände streiten lehrt«; Ps 144,1 »der meine Hände den Kampf lehrt«; pu.: Hhld 3,8 »geübt im Kampf«; anders Greenfield, a.a.O. 532f.).

(3) Eine dritte Gebrauchsweise betrifft das intellektuelle Aneignen, aber auch das Einüben von Liedern (pi.: Dtn 31,19.22 Lied Moses; 2Sam 1,18 Totenklage Davids; Jer 9,19 Klagelied der Töchter Zions; Ps 60,1 Psalmüberschrift; pu.: 1Chr 25,7 »auf den Gesang für Jahwe Eingeübte«, vgl. V.8 *talmīd*).

Daß *lmd* pi. keineswegs nur intellektuelles Lehren bedeutet, zeigen die Stellen bei Jeremia, die von einer Gewöhnung an Bosheit, Lüge, Baalsdienst usw. reden (pi.: Jer 2,33; 9,4.13; 12,16; 13,21; *limmūd* »gewohnt« 13,23). Am stärksten schulmäßigen Klang hat *lmd* pi. in Dan 1,4 (die Pagen am Hof Nebukadnezars sollen in der Schrift und Sprache der Chaldäer unterwiesen werden), doch ist sonst von institutionalisiertem Lehren und Lernen wenig zu erkennen (vgl. etwa substantiviertes Part. pi. *melammēd* in der Bed. »Lehrer« Ps 119,99 par. »die Alten« in V.100; Spr 5,13 par. *mōrǣ*, Part. →*jrh* hi.; dazu *talmīd* »Schüler« 1Chr 25,8 »der Kundige [*mēbīn*, →*bīn*] wie der Lernende«). Neben dem Weisen (Pred 12,9) ist es namentlich der Vater, der seine Kinder zu lehren hat (Dtn 4,10; 11,19; vgl. 31,13 q.; zu Hhld 8,2 »belehren« von der Mutter oder, mit erotischer Bedeutung, vom Geliebten gesagt, vgl. Gerleman, BK XVIII, 212, aber auch Rudolph, KAT XVII/2,178).

4. *lmd* q. ist weder in der Weisheit (Spr 30,3 [txt?] »Weisheit habe ich nicht gelernt«, dagegen z.B. Gemser, HAT 16, 102; G.Sauer, Die Sprüche Agurs, 1963, 99: »aber da lernte ich Weisheit«) noch in der prophetischen Verkündigung (Jes 1,17 »lernet Gutes zu tun«; 26,9.10 Gerechtigkeit; 29,24 Einsicht; Jer 10,2 Weg der Völker; 12,16 Wege meines Volkes) eine bevorzugte Vokabel, gehört aber im Dtn und in Ps 119 in die Reihe der typischen Verben für Gesetzesbeobachtung (Jahwe fürchten lernen: Dtn 4,10; 14,23; 17,19; 31,12.13; Satzungen und Rechte: Dtn 5,1; ähnlich Ps 119,7.71.73; sich nicht an die Greuel der Völker gewöhnen: Dtn 18,9; vgl. Ps 106,35 »und lernten ihre Werke«; N.Lohfink, Das Hauptgebot, 1963, 68. 299–302).

Bei *lmd* pi. findet sich ein theologischer Gebrauch im engeren Sinne einmal in alten hymnischen Prädikationen von Jahwe, der den König zum Kampf anleitet (2Sam 22,35 = Ps 18,35; Ps 144,1); weiter gibt es in der späteren Prophetie und in einigen Psalmen Stellen, an denen von Jahwe als einem »Lehrer« die Rede ist (Jes 48,17 »der dich lehrt, was frommt«; Jer 32,33.33 »ob ich sie lehrte früh und spät«; Ps 71,17; 94,10.12; vgl. *'lp* pi. Hi 35,11), den aber niemand selber zu belehren hat (Jes 40,14. 14; Hi 21,22). Wieder ist es das Dtn, neben einigen Psalmen (vor allem Ps 119), wo *lmd* pi. mit menschlichem oder göttlichem Subjekt und mit Ausdrücken für Gottes Willen (»Satzungen und Rechte«, »Jahwefurcht«, »Weg« usw.) als Objekt in charakteristischen Wendungen begegnet. Mose lehrt Israel im Auftrag Jahwes die Satzungen und Rechte, die Israeliten lehren sie ihre Kinder (Dtn 4,1.5.10.14; 5,31; 6,1; 11,19; dazu Dtn 6,7 *šnn* pi. »einschärfen«; vgl. 20,18 die Abwehr heidnischer Einflüsse); in den Psalmen lehrt Gott (Ps 25, 4.5.9; 119,12.26.64.66.68.108.124.135.171; 132,12; 143,10), seltener der Beter (Ps 34,

12 als Weisheitslehrer; 51,15). Schließlich tritt Esra als Lehrer von Satzung und Recht auf (Esr 7,10), und nach dem Chronisten sendet Josaphat Gesetzeslehrer in die Städte Judas aus (2Chr 17,7.9.9). In weisheitlicher Diktion begegnet eher *'lp* pi. (Hi 33,33) oder dann →*jsr*.

Die Grenzen des menschlichen Belehrens werden vor allem bei den Propheten gesehen: Jes 29,13 pu. spricht von »angelernter Menschensatzung«, und in der Verheißung vom neuen Bund und dem ins Herz geschriebenen Gesetz wird das gegenseitige Belehren für die Heilszeit als überflüssig erklärt (Jer 31,34).

Daß und warum im AT bei Gottesmännern kaum je von einem Lehrer-Schüler- bzw. Meister-Jünger-Verhältnis geredet wird, hat K.H. Rengstorf, ThW IV,428ff., ausgeführt. Das Subst. *limmūd* »Jünger, Schüler« bezeichnet höchstens an der inhaltlich schwierigen Stelle Jes 8,16 die Schüler eines Propheten; sonst sind mit *limmūd* unmittelbar von Gott Belehrte gemeint (Jes 50,4.4 der Gottesknecht als Redender und Hörender; 54,13 [txt em] die Erbauer des neuen Zion).

5. In Qumran begegnen vor allem der kriegerische und der weisheitlich-schriftgelehrte Sprachgebrauch (Kuhn, Konk. 111b). Zur LXX, zum Spätjudentum und zum NT vgl. K.H. Rengstorf, Art. μανθάνω, ThW IV,392–465; ders., Art. διδάσκω, ThW II, 138–168; K. Wegenast-L. Coenen, Art. Lehre, ThBNT II, 852–867.

E. Jenni

לקח *lqḥ* nehmen

1. *lqḥ* »nehmen« ist gemeinsemitisch, in den jüngeren Sprachen aber weitgehend durch andere Verben ersetzt (arab. *laqiḥa* »[geschlechtlich] empfangen«, daneben *'ḫḏ* »nehmen«; syr. *nsb*, *šql*; vgl. KBL 1101b zu bibl.-aram. *nś'*).

Für die zeitlich dem AT nahestehenden Belege aus der Umwelt vgl. AHw 544–546 (akk. *leqû*); AHw 537b (*laqāḫu* als kan. Lehnwort in EA 287,56); WUS Nr. 1482; UT Nr. 1396 (ug. *lqḥ*, häufig); DISO 139f. (phön.-pun., moab., Lachisch-Briefe, jaud., alt- und reichsaram. *lqḥ*).

Das Passiv zum Qal wird durch Ni. und Pu. (wohl Qal pass.) gebildet; daneben kommt in spezieller Bedeutung *lqḥ* hitp. »(hin und her genommen werden =) flackern« (vom Feuer) vor. Auch die abgeleiteten Substantive haben zum Teil sehr spezielle Bedeutungen: *lǽqaḥ* »Lehre, Einsicht« (»Übernahme« als Terminus weisheitlicher Tradition), *malqōaḥ* »Beute« (Kriegssprache), *malqōḥájim* »Gaumen« (Dual), *mælqāḥájim* »Dochtschere« (Dual), *miqqāḥ* »Entgegennahme« (nomen actionis), *maqqāḥōt* »Waren« (Handelssprache).

2. Das Qal des Verbums ist 939 × belegt (Gen 137 ×, Ex 79 ×, 1Sam 74 ×, Num und 2Kön 70 ×, Jer 63 ×, Ez 62 ×, Lev 56 ×, Dtn 45 ×, Ri 43 ×, 2Sam 39 ×, 1Kön 38 ×, Jos 22 ×, Spr 19 ×, Jes 17 ×, Hi und 2Chr 16 ×, 1Chr 15 ×, Ps 13 ×, Hos 9 ×, Sach und Neh 7 ×, Am 6 ×, Est 4 ×, Ruth 3 ×, Mi und Zeph 2 ×, Jo, Jon, Hag, Mal und Esr je 1 ×, fehlt in Ob, Nah, Hab, Hhld, Pred, Klgl und Dan); drei Viertel der Belege finden sich in den geschichtlichen Büchern. Ferner begegnen: *lqḥ* ni. 10 ×, pu. (qal pass.) 15 ×, hitp. 2 ×; *lǽqaḥ* 9 × (Spr 6 ×, dazu Dtn 32,2; Jes 29,24; Hi 11,4, in weisheitlichen Zusammenhängen), *malqōaḥ* 7 × (Num 31,11f.26f.32; Jes 49,24f.), *malqōḥájim* 1 × (Ps 22,16), *mælqāḥájim* 6 ×, *miqqāḥ* 1 × (2Chr 19,7), *maqqāḥōt* 1 × (Neh 10,32).

3. a) *lqḥ* heißt zunächst (mit Akkusativ und *bᵉ* konstruiert) »nehmen, fassen, ergreifen« (mit der Hand). Objekte sind: Stab (Ex 4,17.20; 17,5; 2Kön 4,29), Tafeln (Ex 34,4), Spieß (Num 25,7; 2Sam 18,14), Früchte (Dtn 1,25), Axt (Ri 9,48), Laute (1Sam 16,23), Stecken (1Sam 17,40), Nahrungsmittel (1Kön 14,3; 17,11), Geschenke (2Kön 5,5; 8,8.9), Geldbeutel (Spr 7,20), Tiere zum Opfer (Gen 15,9.10; 1Sam 16,2), anderes z.B. Gen 22,6; 32,14; 43,12; Ri 7,8; 1Sam 16,2; Jer 38,10.11; vgl. auch Stellen wie Gen 8,9 »er streckte die Hand aus, faßte sie (die Taube; *lqḥ*) und nahm sie herein«.

Die Synonyma zu *lqḥ* in dieser Bedeutung sind unter →*'ḫz* 3 aufgeführt; vgl. ferner →*ḥzq* hi., →*nś'* in einem Teil der Bedeutungen, sowie die spezielleren Verben *rdh* II »(in die Hand) nehmen« (Ri 14,9.9; Jer 5,31?), *qmṣ* »eine Handvoll (*qōmæṣ*) nehmen« (Lev 2,2; 5,12; Num 5,26).*

b) Prägnanter bekommt das Verbum die Bed. »fortnehmen, wegnehmen, mit sich nehmen« mit den Objekten: Habe (Gen 14,11; 34,28; vgl. Jos 7,23; 1Sam 27,9), Segen (Gen 27,35), Menschen (Gen 42,24.36), Land (Dtn 3,8; 29,7; Ri 11,13.15), Leichen (1Sam 31,12), Kleid (Spr 27,13) u.a.m.; in kriegerischem Sinne: »(Städte, Land) einnehmen« (Num 21,25; Jos 11,16.19; Am 6,13 u.ö.); vgl. noch das Subst. *malqōaḥ* »Beute«.

Die sinnverwandten Verben sind hier besonders zahlreich; vgl. etwa neben →*jrš* und *tpś* vor allem *lkd* »fangen, einnehmen« (q. 83×, ni. 36×

[inkl. Jes 8,15, bei Lis. unter q.], hitp. »sich in einander verfangen« Hi 38,30; 41,9; *lækæd* »Fang« Spr 3,26; *malkṓdæt* »Schlinge« Hi 18,10); ferner *'sp* »sammeln, ernten«, an einigen Stellen »wegnehmen« (z.B. Gen 30,23; Ri 18,25; 1Sam 14,19; 15,6; Jes 4,1; Jer 16,5; Zeph 1,2f.; Ps 26,9; 85,4; 104,29; Hi 34,14), *'ṣl* q. »(auf die Seite tun =) wegnehmen« (Num 11,17.25), *grz* ni. »weggenommen werden« (Ps 31,23), *gr'* q. »(stutzen =) wegnehmen« (Dtn 4,2; 13,1 u.ö.), *j'h* q. »wegnehmen(?)« (Jes 28,17), *sph* q. »dahinraffen, wegnehmen« (Gen 18,23.24; Dtn 29,18; Jes 7,20; Ps 40,15; ni. pass. 9×); spezieller sind *gzl* und *ḥtp* »rauben«, *gnb* »stehlen«.*

c) Weniger aktiv ist *lqḥ* mit »annehmen, (aus der Hand jemandes) entgegennehmen« wiederzugeben. Objekte sind z.B.: Lämmer (Gen 21,30), Geld (Gen 23,13), Gabe (Gen 33,10), Bestechung (Ex 23,8; Dtn 10,17; 16,19; Ez 22,12; Ps 15,5), Lösegeld (Num 35,31.32; Am 5,12), Geschenk (2Kön 5,15.20), Weisung (Hi 22, 22), Zucht (Jer 2,30; 5,3; 7,28; 17,23; 32,33; 35,13; Zeph 3,2.7; Spr 1,3; 8,10) u.a.m.; vgl. noch das Subst. *miqqāḥ* »Entgegennahme« (2Chr 19,7, von Bestechung).

Als Synonym ist *qbl* pi. »annehmen, entgegennehmen« zu nennen (11×, nur in späten Texten, vgl. Wagner Nr.250).

d) Mit Akkusativ und *le* bedeutet das Verbum »etwas/jemanden zu/für/als etwas nehmen«: als Sklaven (Gen 43,18; 2Kön 4,1; Hi 40,24), als Tochter (Est 2,7.15; vgl. G.Rinaldi, BeO 9,1967, 37f.; H.Donner, OrAnt 8,1969, 104f.), zur Frau (Gen 4,19; 6,2; 11,29; 12,19; 1Sam 25,43 u.ö., elliptisch *lqḥ* »heiraten«: Ex 2,1; vgl. ferner Ex 21,10; 34,16; in späteren Texten →*nś'* statt *lqḥ*: Ruth 1,4; Esr 10,44; 2Chr 11,21; 13,21; elliptisch Esr 9,2.12; Neh 13,25 u.ö.; weitere Parallelbegriffe bei W. Plautz, ZAW 76,1964, 311f.).

e) In übertragener Bedeutung begegnen Ausdrücke wie *lqḥ nāqām/neqāmā* »Rache nehmen« (Jes 47,3; Jer 20,10); *lqḥ ḥærpā* »Schmach auf sich nehmen« (Ez 36,30); *lqḥ 'amārīm* (Spr 2,1) bzw. *dābār* (Jer 9,19) »Worte annehmen« (Hi 4,12 *šǽmæṣ* »Geflüster?«), vgl. dazu das Subst. *lǽqaḥ* »Lehre, Überredung, Einsicht«; *lqḥ tefillā* »das Gebet annehmen« (Ps 6,10); *lqḥ lammā́wæt* »zum Tode schleppen« (Spr 24,11); *lqḥ nǽfæš* »das Leben nehmen« (Ez 33,6; Jon 4,3; Ps 31,14; Spr 11,30 txt?); *lqḥ* absolut »wegraffen« (Jes 57,13; Jer 15,15; 43,10).

f) In der Mehrzahl der Fälle wird das Verbum sehr unspezifisch gebraucht und dient – gefolgt von einem zweiten Verbum – lediglich zur Vorbereitung einer anderen, wichtigeren Handlung. Vgl. z.B. Gen 2,15 »Jahwe Gott nahm den Menschen und setzte ihn in den Garten«; 6,21 »nimm dir von aller Speise und lege dir einen Vorrat an«; Gen 9,23; 11,31; 12,5; 16,3; 17,23; 18,7.8; Dtn 4,20; 15,17; 2Sam 17,19; 18,18 und viele andere Stellen mehr. Gelegentlich steht *lqḥ* dann elliptisch: »nehmen (und bringen) = holen«: Gen 7,2; 18,5; 27,13; 42,16; Ex 25,2; 35,5; 2Kön 2,20 u.ö.; »holen lassen«: Gen 20,2; 27,45; 1Sam 17,31; Jer 38,14; 40,2.

4. a) Verhältnismäßig selten ist Gott Subjekt des Verbums (etwas über 50×); die Mehrzahl der Belege ist auffallenderweise in den prophetischen und poetischen Büchern des AT zu finden, die die Wortgruppe im ganzen sehr viel weniger verwenden als die geschichtlichen Bücher (s.o. 2). Die Verwendung des Verbums gruppiert sich in ein paar wenige Zusammenhänge:

(1) Anthropomorphe Rede von Jahwe (Gen 2,15.21.22);

(2) »Nehmen« im Sinne von »Erwählen«: Abraham (Gen 24,7; vgl. Jos 24,3), Israel aus Ägypten (Dtn 4,20; vgl. Hos 11,3), David (2Sam 7,8 = 1Chr 17,7; Ps 78,70), Amos (Am 7,15), Serubbabel (Hag 2,23), Leviten (Num 8,16.18; 18,6); vgl. Ex 6,7 »als Volk (an)nehmen« sowie Dtn 30,4; Jes 66,21; Jer 3,14;

(3) Opfer annehmen (Ri 13,23; Ps 50,9; vgl. Ps 68,19 und Hi 35,7), Gebete annehmen (Ps 6,10);

(4) Wegnehmen im Gerichtswort: Frauen (2Sam 12,11; Ez 24,16), das Reich (1Kön 11,34.35.37; 19,4), Korn und Wein (Hos 2,11), den König (Hos 13,11), den Rest von Juda (Jer 44,12), vgl. auch Am 9,3;

(5) Wegnehmen im Heilswort: den Taumelbecher (Jes 51,22);

(6) im Klagelied: Hinraffen (Jer 15,15; vgl. Jon 4,3), Ergreifen zur Rettung (2Sam 22,17 = Ps 18,17);

(7) als singuläre Belege sind zu nennen: Jahwe nimmt nicht Bestechung an (Dtn 10,17), er nimmt Rache (Jes 47,3), er holt ein Geschlecht aus dem Norden (Jer 25,9), er nimmt seinen heiligen Geist weg (Ps 51,13).

b) Besonders zu verweisen ist auf die absolute Verwendung von *lqḥ* im Sinne von »entrücken« in Gen 5,24 (Henoch) und 2Kön 2,3.5 (Elia).

Mit dem *lqḥ* analogen akk. Verbum *leqû* wird auch von der Entrückung des Utnapištim im Gilgameš-Epos berichtet (E.Schrader, Die Keilinschriften und das AT, ³1903, 551; B.Meissner, Babylonien und

Assyrien, II, 1925, 149); zu Entrückungen im griechischen Raum vgl. F.R.Walton, RGG II,499f.

Umstritten ist, ob die gleiche Bedeutung auch in Ps 49,16 und 73,24 anzunehmen ist (vgl. die Komm.; C.Barth, Die Errettung vom Tode in den individuellen Klage- und Dankliedern des AT, 1947, 158–163; anders V.Maag, Tod und Jenseits nach dem AT, SThU 34,1964, bes. 26ff.; von Rad I,403ff.).

Sollte der Personenname *Liqḥī* in 1Chr 7,19 richtig sein (anders Noth, IP Nr.818; vgl. GB 390b), so müßte er, als Kurzform von **Leqaḥjā* »Jahwe hat entrückt« (KBL 486a), ebenfalls hier genannt werden.

5. Bei der Verwendung des Verbums (und des Nomens *lǽqaḥ* in der Bed. »Lehre«, 1QS 11,1) in Qumran sind keine Besonderheiten festzustellen. Zur Entsprechung in der LXX und im NT, λαμβάνειν, in der die passivische Seite (»empfangen, bekommen«) noch ausgeprägter ist als im hebr. *lqḥ*, vgl. G.Delling, Art. λαμβάνω, ThW IV, 5–16.

H.H.Schmid

מאס *m's* verwerfen

I. 1. *m's* begegnet außerhalb des AT auch im mittelhebr. und jüd.-aram. Sprachraum. Das akk. *mašû* (ass. *mašā'u*) »vergessen« ist von hebr. *m's* zu trennen (es gehört zu hebr. *nšh*, AHw 631a). Dasselbe gilt aber auch von akk. *mêsu* »niederwerfen« und *mêšu* »mißachten« (die konsequente Schreibung mit *e* schließt ein Verbum mediae Aleph aus, vgl. GAG §98a), obwohl sich der Bedeutungsbereich von *mêšu* weitgehend mit *m's* deckt.

Zu möglichen arab. Entsprechungen (*ma'asa* »to think little of« und *ma'sun* »one who rejects advice«) s. A.Guillaume, Abr-Nahrain 1,1959, 11; 4,1963/64 (1965), 8.

Neben *m's* I kennt das AT im Ni. eine Wurzel *m's* II »vergehen« (Nebenform von *mss*).

2. Außer dem Qal findet sich im AT das Ni. im passiven Sinn: »verworfen werden«. Nominale Ableitungen existieren nicht; einzig in Klgl 3,45 ist der Inf.abs.qal als Subst. verwendet: »du machst uns zum Abscheu« (*mā'ōs* par. *seḥī* »Kehricht, Auswurf«).

II. Das Verbum *m's* wird im AT in profanen (Pr) und in theologischen Zusammenhängen verwendet. Im theologischen Gebrauch kann Jahwe Subjekt sein (s.u. IV/2a–h), aber auch Israel bzw. ein anderes Kollektivum oder ein einzelner (s.u. IV/1a-c) so daß zwischen einem theologischen Gebrauch mit Gott (ThG) oder mit Menschen (ThM) als Subjekt des Verwerfens unterschieden werden kann (wobei die Trennungslinie zwischen Pr und ThM gelegentlich nicht scharf gezogen werden kann). Eine Übersicht ergibt folgendes Bild (in Klammern die Stellen mit *m's* ni.):

	Pr	ThG	ThM	insgesamt
Lev	–	1	2	3
Num	–	–	2	2
Ri	1	–	–	1
1Sam	–	4	5	9
2Kön	–	2	1	3
Jes 1–39	4	–	4	8
Jes 40–55	–(1)	1	–	1 (1)
Jer	1 (1)	8	2	11 (1)
Ez	2	–	4	6
Hos	–	2	1	3
Am	–	1	1	2
Ps	1 (1)	4	2	7 (1)
Hi	7	3	1	11
Spr	1	–	1	2
Klgl	–	3	–	3
AT	17 (3)	29	26	72 (3)

Das älteste Vorkommen dürfte in Ri 9,38 vorliegen (Pr, noch vorköniglich). Die Streuung über das AT ist wenig pointiert. Auffallend ist aber das völlige Fehlen in den alten pentateuchischen Quellenschriften (Num 11,20 ist Nachtrag). Die relative Häufigkeit in 1Sam, Jes und Jer ist zu beachten. Die Hiob-Stellen (dazu L.J.Kuyper, VT 9,1959, 91–94) zeigen, daß *m's* in der Alltagssprache stark verwurzelt blieb, auch als es sich längst zum theologischen Terminus entwickelt hatte.

III. 1. a) Das Verbum kann absolut verwendet werden (Hi 42,6 »widerrufen«), wird aber meist mit *be* oder (noch häufiger) mit dem bloßen Akkusativ konstruiert. Ein Unterschied bei der Verwendung dieser beiden Möglichkeiten läßt sich nicht beobachten (vgl. GK §117uv. 119k und BrSynt §106d).

Je nach dem Textzusammenhang erfordert *m's* ziemlich differenzierte Übersetzungen. Wohl liegt der Schwerpunkt der semasiologischen Entwicklung beim theologischen Begriff der Verwerfung. Daneben legen sich aber oft dt. Entsprechungen wie »verachten, verschmähen, mißachten, verstoßen, ablehnen, nicht wert halten, nicht wollen, widerrufen« nahe. Auch bei theologischer Verwendung ist die Übersetzung »verwerfen«, die durch den Gegenbegriff »erwählen« bestimmt ist, nur mit Vorsicht zu verwenden; *m's* ist noch weniger als →*bḥr* ein der Bedeutung nach scharf umgrenzter terminus technicus eines theologischen Begriffssystems.

Für diese Sachlage ist bezeichnend, daß sich in der LXX eine erstaunlich große Zahl von Äquivalenten findet: ἀπωθέομαι »zurückstoßen, ablehnen« (19×), ἐξουδενέω u.ä. »für nichts halten, verachten« (16×), ἀποδοκιμάζω »zurückweisen« (7×), ἀπειθέω »ungehorsam sein« (4×), ἀποποιέομαι »beiseite schaffen« (3×), dazu drei weitere Verben mit je zwei Stellen und 13 vereinzelte Wiedergaben.

b) Ein ähnliches Bild bieten die Parallelbegriffe, die Opposita und weitere Vokabeln aus dem Wortfeld von *m's*, die geeignet sind, seinen Sinn zu verdeutlichen.

Parallelbegriffe sind: *g'l* »verabscheuen« (Lev 26, 15.43.44; Jer 14,19), →*n'ṣ* »verschmähen« (Jes 5,24 pi.; Jer 33,24 q.), →*t'b* pi. »verabscheuen« (Hi 19,19), *ntš* »aufgeben« (1Sam 12,22; Jes 2,6; Jer 7,29; 12,7; 23,33.39; Ps 78,59f.), *bzh* »verachten« (1Sam 15,9 txt em), →*sūr* hi. »wegschaffen« (2Kön 17,18.23; 23, 27), →*prr* hi. *berīt* »den Bund brechen« (Lev 26,15; Jes 33,8), →*škḥ* »vergessen« (Hos 4,6.6), *znḥ* »verstoßen« (Ps 89,39), →*śn'* »hassen« (Am 5,21), →*šlk* hi. *mippenē* »von seinem Angesicht verstoßen« (2Kön 17,20).

Opposita sind: →*bḥr* »erwählen« (1Sam 16,8; 2Kön 23,27; Jes 7,15f.; Ps 78,67f.; 106,23; Hi 34,33), →*r'h* »ersehen« (1Sam 16,1), →*jd'* »kennen, sich kümmern um« (Hi 9,21), →*ḥšb* »achten, beachten« (Jes 33,8).

Im Umkreis von *m's* finden sich: →*mrh* »widerspenstig sein« (Ez 5,6), *'br* hitp. *'im* »entrüstet sein über« (Ps 89,39), →*qṣp* »zürnen« (Klgl 5,22), *'šq* »unterdrücken« (Hi 10,3), *dbr* pi. *be* »höhnen« (Hi 19,18), *qūṣ* »unmutig sein« (Jes 7,16). Jahwes Satzungen »verwerfen« ist gleichbedeutend mit »sich widerspenstig zeigen« (*mrh* hi.) gegen Jahwes Gesetze und nicht in seinen Satzungen wandeln (Ez 5,6; vgl. 20,13.16; 2Kön 17,19), die Gebote nicht tun (Ez 20,24) bzw. nicht halten (2Kön 17,19; Am 2,4). Die »Verwerfung« der Thora Jahwes zeigt sich darin, daß man nicht auf sie hört (*qšb* hi., Jer 6,19). Jahwes Satzungen verwerfen heißt »halsstarrig sein« (*qšh* hi. *'ōræf*, 2Kön 17,14f.) u.ä.m.

c) Das ziemlich reichhaltige Spektrum der Verwendungsmöglichkeiten läßt erkennen, daß man als Grundbedeutung etwa »nichts zu tun haben wollen mit« annehmen kann; die Konstruktion des Verbums mit *be* dürfte ursprünglich sein. Im Verbalbegriff liegt ein stark affektgeladenes, irrationales Moment; man lehnt etwas ab, weil man sich innerlich damit weder identifizieren kann noch will.

Warum dem so ist, braucht nicht gesagt zu sein und ließe sich auch oft nicht mit einleuchtenden Gründen darlegen. Doch ist die relativ häufige Übersetzung von *m's* durch ἐξουδενέω in LXX wohl zu beachten: man verabscheut etwas, weil man zur Erkenntnis gekommen ist, daß ihm keine schätzenswerte Bedeutung zukommt. Noch deutlicher weist ἀποδοκιμάζω in diese Richtung. Bedeutet das Simplex »prüfen, erproben« (δόκιμος »erprobt, bewährt, verläßlich, glaubwürdig«), so das Kompositum »in der Prüfung verwerfen, für unwert finden« (vgl. W. Grundmann, Art. δόκιμος, ThW II,258–264). Auch damit ist der Sinn des hebr. *m's* gut getroffen, vgl. Ps 118,22; Hi 30,1 oder Hi 19,18. Man erwählt das Gute und verwirft das Böse; der Mensch muß sich zu einer gewissen Reife entwickelt haben, bis er diese Wahl, die ein entsprechendes Urteilsvermögen voraussetzt, vollziehen kann. Wenn Israel das »Land« verschmäht (Num 14,31), dann doch aus dem (wenn auch falschen) Urteil heraus, daß das Leben dort gefährlich sei. Für den affektgeladenen Gehalt des Verbums ist Jer 4,30 ein sprechendes Beispiel: von einem vergewaltigten Weib will keiner mehr etwas wissen, oder Jes 54,6: ein Mann mag sein Weib, vielleicht sogar die Geliebte seiner Jugendjahre verstoßen, doch wäre das ein völlig unverständliches und unnatürliches Verhalten. Daß man in einem solchen Fall versuchen wird, die im Affekt begründete Handlung durch bestimmte Überlegungen zu rechtfertigen, liegt auf der Hand. Wenn andererseits Goal Abimelech und seine Leute als militärisch bedeutungslos einschätzt (Ri 9,38), so ist das ein durch unkontrolliertes Wunschdenken getrübtes Urteil. Hiob läßt sich dazu hinreißen, zu erklären, er verschmähe das Leben (Hi 7,16; 9,21), und meint, dafür seine guten Gründe zu haben, aber seine Gesprächspartner bestreiten die Richtigkeit der Beurteilung seiner Situation. Daß aber dem »Verwerfen« durchaus ein wohl begründbares, gar experimentell zu erhärtendes Urteil zugrunde liegen kann, zeigt Jer 6,30 (*kæsæf nim'ās*, d.h. Silber, das sich im Schmelzvorgang als unbrauchbar erweist).

Aus dem Dargelegten ergibt sich, daß das Subjekt von *m's* das eigene Empfinden als Maß autonomer Ablehnung einer Person oder Sache verstehen kann, in anderen Fällen aber seine Entscheidung auf Grund von Überlegungen fällt, die an einer anerkannten Norm oder an überschaubaren Erfahrungen orientiert sind. Es läßt sich aber nicht verkennen, daß einerseits der Versuch unternommen wird, die affektgeladene Handlung zu rechtfertigen, und andererseits die mit scheinbar durchsichtigen, rationellen Gründen vollzogene Ablehnung in Wirklichkeit doch durch Emotionen gesteuert ist.

2. Ein spezieller Gebrauch von *m's* läßt sich im ethischen Bereich weisheitlichen Lebensverständnisses feststellen. Wenn, wie Hiob klagen muß, die Buben ihn verachten und seine Verwandten ihn verabscheuen (Hi 19,18f.), so verstößt das gegen die sittliche Weltordnung, nach welcher die Jüngeren die Älteren ehren (vgl. 30,1) und Verwandte einander achten sollen. Dasselbe gilt von der Mißachtung des Rechtes eines Knechtes oder einer Magd (31,13). Es kann dem Menschen nicht freigestellt sein, nach eigenem Gutdünken zu wählen oder zu verwerfen (Hi 34,33); maßgebend hat der Wille Gottes zu sein (vgl. auch Hi 36,5 txt?). Nur der Frevler verwirft nicht, was böse ist (Ps 36,5), für den Gottesfürchtigen hingegen ist verabscheuenswürdig, was bzw. wer (von Gott?) verworfen ist (Ps 15,4, Text und Verständnis umstritten), er verschmäht erpreßten Gewinn (Jes 33,15). Der Weise (bzw.

Fromme) weiß, daß sein Leben allein erfolgreich (oder gesegnet) sein kann, wenn es in die gesetzte Ordnung eingebettet bleibt; er schlägt darum »Zucht« nicht in den Wind und achtet in gebührender Bescheidenheit sich selbst gering (*m's*, Spr 15,32). Er belehrt seine Söhne, die Zucht des Allmächtigen nicht zu verwerfen, denn Zurechtweisung durch Gott wird heilbringend sein (Spr 3,11; Hi 5,17). Der Mensch soll dankbar sein, wenn ihn Gott durch »Zucht« in seine Ordnung zurückruft.

Israel steht damit in der weisheitlichen Tradition des Alten Orients. Zu vergleichen ist etwa Bab. Theodizee Z.78–81: »Wahr ist, du mit Klugheit Begabter, daß du ... die Wahrheit verwarfst (*kitta ta-at-ta-du*, von *nadû* Gtn »werfen«) und der Ordnung Gottes spottetest, daß die heiligen Riten Gottes nicht zu beobachten du in deinem Herzen begehrtest, die wahren Kulte der Göttin ver(achtest in deinem Innern) (*temêšu* von *mêšu* am Schluß ergänzt, B. Landsberger, ZA 43,1936, 54)«. Oder in einer äg. Grabinschrift ist zu lesen: »Ich habe Gerechtigkeit geübt und Ungerechtigkeit verabscheut, ich habe gewußt, ... woran (Gott) Gefallen findet« (F. von Bissing, Altäg. Lebensweisheit, 1955, 146f.); »... ich bin einer, der ... auf die Gerechtigkeit hört und das Üble aus den Herzen verscheucht« (a.a.O. 150); »ich habe nicht getan, was der Gott verabscheut, sondern was die Menschen loben und womit die Götter zufrieden sind« (a.a.O. 154).

IV. 1. a) Die Grenzen zwischen der Mißachtung der Weltordnung und derjenigen des explizit geoffenbarten göttlichen Willens sind naturgemäß fließend. Dem Israeliten tritt der Wille Gottes vornehmlich in Gestalt bestimmter Forderungen eines seiner Repräsentanten entgegen, eines Priesters oder Propheten, welcher den Anspruch erhebt, Jahwes Weisung (*tōrā*) oder Wort (*dābār*) zu künden. Dementsprechend manifestiert sich die Verwerfung des Gotteswillens in der Ablehnung von Weisung und Wort. Saul »verwirft« das Wort Jahwes, wie es ihm durch Samuel vorgelegt wurde. Hosea muß das Volk der »Verwerfung« der Erkenntnis anklagen (Hos 4,6; vgl. N. Lohfink, Bibl 42,1961, 303–332, spez. 320ff.). Und mit der »Verwerfung« der Weisung Jahwes begründet Jesaja seine Gerichtsankündigung (Jes 5,24, par. dem Verschmähen des Wortes des Heiligen Israels, womit nicht ein gegebenes Gesetz, sondern das situationsbezogene prophetische Wort gemeint ist). Die Alternativen zu *m's*, *'mn* hi. »Vertrauen haben« und *š'n* ni. *'al* »sich stützen auf« (vgl. Jes 10,20), zeigen, daß als Gegensatz zu *m's* keineswegs ein am Gesetz orientierter Gehorsam intendiert ist, sondern »Glaube« die eigentliche Antwort auf den prophetischen Anruf wäre. Wenn Jesaja dem Volk vorhält, die sanft rinnenden Wasser Siloahs zu verachten (Jes 8,6), so ist damit nicht nur die Ablehnung des konkreten prophetischen Wortes gemeint, sondern die sich in dieser kundgebende Ablehnung der Heilszusicherung Jahwes an Israel, wie sie in der Tradition von der Unüberwindlichkeit der Gottesstadt ihren Ausdruck gefunden hat. D.h.: hinter dem Nein Israels zur Weisung Jahwes steht sein Nein zu dem ihm verliehenen Wissen um sein Geborgensein in Gott.

Auch Jeremia spricht von der Verwerfung der Weisung Jahwes, welche nur Unheil nach sich ziehen kann (Jer 6,19). Er sieht diese Ablehnung vor allem bei den »Weisen« seiner Zeit praktiziert. Zwar müßte der wahre Weise gerade nach Jahwes *tōrā* fragen, aber es gibt eine »Weisheit«, die in menschlicher Überheblichkeit zum vornherein zu wissen glaubt, was rechtes Tun und Lassen des Menschen ist, und sich damit den Weg zur Gotteserkenntnis verbaut.

Anders als Jesaja oder Jeremia spricht Ezechiel tatsächlich von der Verwerfung der Gebote (*mišpāṭīm*, Ez 5,6; 20,13.16) oder Satzungen (*ḥuqqōt*, 20,24). Die Wendung klingt formelhaft, und formelhaft sind auch die parallelen Aussagen (»nicht wandeln in Jahwes Satzungen«, 5,6; 20, 13.16). Wie das gemeint ist, zeigt etwa 20,16: Jahwes Sabbate werden entweiht und Israels Herz hängt den Götzen an (vgl. auch Lev 26,43). Dabei wird die im Vergleich zu Jesaja legalistische Ausrichtung Ezechiels deutlich. Es ist aber festzuhalten, daß Ezechiel trotz aller Schärfe seiner Anklagen nicht von der Verwerfung Jahwes selber durch sein Volk spricht, und daß im zweiten Teil seines Buches das Thema Verwerfung überhaupt entfällt.

b) Es entspricht dem besonderen theologischen Ort Deuterojesajas, daß bei ihm das Thema Verwerfung überhaupt nicht mehr zur Sprache kommt; er richtet all sein Bemühen darauf, Israel des Glaubens an seine Erwählung gewiß und froh zu machen (→*bḥr* IV/3b).

Hingegen ist es dem mit Ez und Dtjes ungefähr zeitgenössischen Deuteronomisten ein Anliegen, Israel bewußt zu machen, daß der Zusammenbruch von 587 nicht zufällig und unverdient über es gekommen sei. Schon die vom Volk erzwungene Errichtung des Königtums wird als Verwerfung Jahwes gedeutet. Jener Akt war sozusagen Israels Sündenfall (1Sam 8,7; 10,19 und vgl. Hos 9,15.17). Das bedeutet gegenüber der älteren Tradition, die in 1Sam 15,23ff. von der Verwerfung des Wortes Jahwes durch Saul sprach, eine Steigerung. Es ist allerdings zu fragen, ob nicht die übliche Übersetzung mit »verwerfen« zu scharf ist; eine absolute Lossagung von Jahwe kann nicht gemeint sein (vgl. die Wiedergabe mit ἐξουδενέω »gering achten« in LXX). Ähnlich spricht Num 11,20 unter Verwendung von *m's* von der Geringschätzung Jahwes. In 2Kön 17 zieht der Dtr. nach der Darstellung des Endes des Nordreiches das Fazit des Verhaltens Israels: es habe nicht auf Jahwes Warnungen durch die Propheten gehört, seinen Nacken steif gemacht, Jahwes Satzungen verachtet und Götzendienst getrieben (V.14ff.). Damit bewegt er sich in der Nähe der ezechielischen Sicht. Aber er geht darin über diesen Propheten hinaus, daß er den Ungehorsam im Fehlen von Vertrauen zu Jahwe begründet sieht und ihn als ein Verwerfen des Bundes, den Jahwe mit den Vätern geschlossen hatte, auffaßt. D.h. er wirft Israel vor, das grundlegende Gemeinschaftsverhältnis, das Gott mit Israel gestiftet hatte, aufgekündet zu haben. V. 19 fügt vorwegnehmend hinzu, daß Juda sich desselben Bruches der Loyalität dem göttlichen Bundespartner gegenüber schuldig gemacht habe. Auch der dtr. Einschub Am 2,1–4 sieht das Gericht, das Juda getroffen hat, im Verwerfen der *tōrā* Jahwes und dem Nichthalten seiner Satzungen begründet. *tōrā* meint hier nicht mehr wie bei Jes und Jer die prophetische Weisung, sondern, wie der parallele Satzteil verrät, die Gesamtheit der Willenskundgebungen, das Gesetz, und wenn die Stelle auch nicht vom Bundesbruch spricht, so ist doch die Verneinung der von Jahwe gesetzten Lebensnormen gemeint (zum Bundesbruch vgl. W. Thiel, VT 20, 1970, 214–229).

c) Es ist höchst bemerkenswert, daß mit dem Dtr. der ThM-Gebrauch des Verbums *m's* fast vollständig aufhört. Einzig Num 14,31 und der von dieser Stelle abhängige Ps 106 (V.24) sprechen wenigstens noch davon, daß Israel das Land verschmäht habe, was Mangel an Vertrauen zu Jahwe gewesen sei. Doch gehört das einer längst vergangenen Geschichte an. Die Generation jener Zeit wurde für ihren Zweifel bestraft, die Nachkommen aber haben Erbarmen gefunden; man erzählt von jenen bösen Zeiten gerade noch, um die Ruhmeswerke und Machttaten Jahwes zu preisen (Ps 106,2) und sich der Gültigkeit des Bundes zu versichern. Natürlich weiß auch das Israel der nachexilischen Zeit um seine Untreue gegenüber Gott, aber als Verwerfung des Gesetzes oder Jahwes selber wagt man diesen Ungehorsam nicht mehr zu deuten. Das Verschwinden von *m's* auch aus weniger grundsätzlichen Anklagen mag damit zusammenhängen, daß das Verbum unterdessen immer deutlicher zu einem prägnanten theologischen Begriff geworden war, der die Absage an Jahwe beinhaltete. Ein mit diesem schwerwiegenden Wort zu tadelndes Verhalten Israels müßte erneut als Reaktion die Verwerfung des Volkes durch seinen Gott heraufbeschwören Die nachexilische Gemeinde ist aber ihrer Erwählung gewiß und weiß sich sicher geborgen in ihrem Gott.

2. a) Wie Samuel den Isai-Sohn Eliab sieht, sagt Jahwe zu ihm: »ich will ihn nicht«. Bei den nachfolgenden Brüdern Eliabs erklärt Gott: »auch diesen habe ich nicht erwählt« (1Sam 16,7ff.). Mit »verwerfen« kann hier *m's* nicht übersetzt werden, die Vokabel ist völlig zutreffend mit »nicht erwählen« aufgenommen. Denn verworfen werden kann nur einer, der vorher erwählt worden ist. So ist *m's* zweifellos auch in Jer 2,37 aufzufassen; der Satz darf nicht, wie es in der Regel geschieht, übersetzt werden: »Jahwe hat die verworfen, denen du vertraust«; am besten übersetzt man auch hier: »er hat sie nicht erwählt«.

b) Aber das sind Einzelfälle. In der Regel ist die Übersetzung »verwerfen« beim theologischen Gebrauch mit Gott als Subjekt durchaus am Platz, weil das Objekt der Erwählte Jahwes, sei es der König, das Volk oder auch ein Einzelner ist. Es kann darum auch nicht überraschen, daß, wie in Israel zuerst von der Erwählung des Königs die Rede war, so auch zuerst von dessen Verwerfung gesprochen worden zu sein scheint. Das ist bereits in der Saul-Tradition von 1Sam 15 der Fall: »Weil du das Wort Jahwes verworfen hast, hat er dich verworfen als König« (V.23, vgl. auch die spätere Stelle 16,1). Damit ist vorausgesetzt, daß Saul als Erwählter gegolten hat. Bereits hier ist aber zu beachten, daß Jahwes Verwerfung kein Akt göttlicher Willkür ist; sie ist nicht, wie die Erwählung, letztlich einfach in Jahwes Freiheit begründet. Sie ist Reaktion auf das Versagen des Königs. Dieses besteht aber keineswegs in seiner politisch-militärischen Erfolglosigkeit – 1Sam 15 weiß im Gegenteil von einem beträchtlichen Sieg Sauls zu berichten –, sondern die Verwerfung Sauls ist Folge eines konkreten Ungehorsamsaktes. D.h.: nicht Erfolg oder Mißerfolg sind der Maßstab, mit welchem der König gemessen wird, sondern die Respektierung des Gottesrechts, dessen Anwalt Samuel ist. Das Problem, wie es geschehen kann, daß ein Erwählter Gottes versagt, beschäftigt den Erzähler nicht, jedenfalls bewirkt nach ihm Erwählung keinen character indelebilis, der auch durch falsches Verhalten des Erwählten nicht in Frage gestellt werden kann.

c) Bei den Davididen wird die Möglichkeit der Verwerfung kaum ins Auge gefaßt. Darin dürfte sich die andere Struktur des jerusalemischen Königtums spiegeln, das sich als Erbmonarchie etabliert hatte. Nur einmal, in Ps 89,39f., scheint ein Nein Jahwes zu den Davididen ausgesprochen zu sein: »nun hast du verstoßen (*znḥ*), verworfen (*m's*), bist entrüstet (*'br* hitp.) wider deinen Gesalbten, du hast preisgegeben deinen Bund mit deinem Knechte«. Der Psalm muß in einer Zeit großer Schwäche der Davididen entstanden sein. Und von dieser faktischen Situation her wird geschlossen, daß das Verhältnis zwischen Königtum und Jahwe gestört sein müsse. Das meint aber nicht, daß der Gesalbte Jahwes, etwa um seiner Untreue willen, seine Vorzugsstellung verwirkt haben könnte. Der Davidsbund ist ja doch ein Bund für die »Ewigkeit« (V.5. 29f.), Jahwes Gnade ist »auf ewig« gebaut, seine Treue im Himmel gegründet (V.3). Darum kann V.39f. keinesfalls Revokation der Erwählung meinen, und es kann nicht befremden, daß der Psalm mit der Bitte an Jahwe schließt, der Schmach seines Knechtes zu gedenken.

Ähnlich wie in Ps 89 von der »Verwerfung« des Königs durch die Gottheit gesprochen wird, kann auch in seiner Umwelt von der Abwendung der Gottheit vom Herrscher, verbunden mit der Bitte um neue Zuwendung, gesprochen werden. So fleht z.B. Assurnasirpal I. in einem Klagegebet zu Ischtar: »Sieh mich an, Herrin, denn ob deiner Abwendung möchte das Herz deines Knechtes betrübt werden«. Und wie in Ps 89 auf die Erwählung Davids zurückverwiesen ist, beruft sich der assyrische König auf seine Stellung zur Göttin: »Assurnasirpal bin ich, dein hochbetrübter Knecht, der demütige, der deine Gottheit fürchtet, der umsichtige, dein Liebling...« (SAHG 265).

Diese jerusalemische Konzeption steht damit in starker Spannung zur Saul-Tradition, aber auch zu den prophetischen Stimmen des AT, die das Königtum einer harten Kritik unterziehen, wenn sie ihm nicht gar die göttliche Legitimation absprechen (vgl. Hos 8,4).

d) Obwohl das Deuteronomium ausführlich von der Erwählung Israels spricht (→*bḥr* IV/2b), ist in ihm vom Gegenteil, der Verwerfung, nicht die Rede. Es kämpft darum, daß Israel aus seiner Erwähltheit die nötigen Konsequenzen ziehe und eben damit die Erwählung voll realisiere. Aber Aufhebung der Erwählung liegt außerhalb seines Gesichtskreises. Es rechnet mit härtesten Strafen für den Fall des Ungehorsams (vgl. die Fluchdrohungen Dtn 28, 16ff.), ohne doch die scheinbar unvermeidliche Konsequenz zu ziehen, daß Jahwe den Bund auch wieder auflösen könnte. Israel ist Jahwes Volk und kann es nicht eines Tages nicht mehr sein. Das etwa gleichzeitige Heiligkeitsgesetz scheut sich allerdings nicht, mit dieser letzten Folgerung zu drohen: »... wenn ihr meine Satzungen mißachtet und meine Gebote verabscheut ... und so den Bund mit mir brecht, so werde auch ich ebenso an euch handeln« (Lev 26,15f.). Das entspricht durchaus der Logik des Bundesschemas, in welches die atl. Gesetzgebung hineingestellt ist: erweist sich ein Partner als illoyal, so ist der Bund »gebrochen«. Die Spannung, in der Bundes- und Erwählungstheologie zueinander stehen, ist hier also nicht, wie im Dtn, durchgehalten, sondern zugunsten der inneren Folgerichtigkeit des Bundesgedankens aufgehoben.

e) Die vorexilischen Propheten vermeiden es insgesamt, von Erwählung zu reden. Es steht aber außer Frage, daß ihnen Israel als das erwählte Volk Jahwes gilt. Das Thema Verwerfung kann darum auch von ihnen aufgegriffen werden. Amos, dem die Erwähltheit Israels gewiß zur Frage geworden ist (vgl. etwa Am 9,7), spricht davon, daß Jahwe Israels Feste verschmähe (5,21). Aber es wird doch kaum Zufall sein, daß er die Verwerfung Israels selbst als Abrogation seiner Erwähltheit nicht ankündet. Hosea hingegen droht zunächst den Priestern Verwerfung an (Hos 4,6), weil sie ihrerseits die »Erkenntnis« verworfen hätten. Und in 9,17 spricht er expressis verbis auch von der Verwerfung Ephraims. Die Erinnerung an Saul, die ihm nach dem vorangehenden V.15 präsent war, mag ihm die Vokabel *m's* in den Mund gelegt haben. Die Aussage ist dadurch noch verstärkt, daß Hosea nicht von Jahwe und nicht von »ihrem« Gott, sondern von »meinem« Gott spricht (vgl. 1,9 »Nicht-mein-Volk«). Nach der Gesamtbotschaft Hoseas kann das trotzdem nicht bedeuten, daß die Beziehung zwischen Jahwe und Israel zu einem radikalen Ende gekommen wäre (vgl. 11,8 und Rudolph, KAT XIII/1, 189). *m's* kann auch hier nicht das logisch ganz präzise Oppositum zu *bḥr* sein. Jesaja klagt, wie oben festgestellt wurde, Israel der Verwerfung des prophetischen Wortes an. Aber er zieht daraus nicht die Konsequenz, von der Verwerfung Israels (oder des davidischen Königs) zu reden. Bei Jer 7,29 ist es ungewiß, ob der Prophet selbst der Autor der Stelle ist oder ob sie der dtr. Überarbeitung zugeschrieben werden muß (vgl. auch 7,

15). In 14,19 ist es zweifellos Jeremia selbst, der dem Volk die Klage in den Mund legt: »Hast du denn Juda ganz verworfen? ist deine Seele Zions überdrüssig geworden?« Die Stelle ist Ausdruck jener Kultfrömmigkeit, von der oben im Blick auf Ps 89 zu reden war, welcher der Gedanke unfaßlich ist, daß Jahwe gute Gründe haben könnte, sich von Israel zu lösen. Jeremias eigene Meinung ist das natürlich nicht. Aber so hart auch in 15,1–4 seine Antwort auf die Volksklage ist, verneint er doch explizit den Glauben an die Erwähltheit Israels nicht. Doch bleibt noch 6,30: »Verworfenes Silber nennt man sie, denn Jahwe hat sie verworfen«. Man wird diese Stelle theologisch nicht überbewerten dürfen; »verwerfen« bedeutet zweifellos Preisgabe an das Gericht, einen endgültigen Strich unter die Geschichte zwischen Jahwe und seinem Volk zieht es nicht.

f) Wieder anders sieht der Verfasser des Geschichtspsalms 78 das Problem. Er steht vor der harten Tatsache, daß das Nordreich zu seinem Ende gekommen ist: »(Gott) verwarf Israel ganz und gar, er verschmähte *(nṭš)* seine Wohnung zu Silo« (V. 59f.). In V. 67 wiederholt er die Aussage: »er verwarf das Zelt Josephs«, aber er interpretiert nun, offensichtlich im Bewußtsein, wie unmöglich der Satz eigentlich ist: »den Stamm Ephraim hatte er nicht erwählt«. Die Erwählung galt in Wirklichkeit nur Juda, dem Zion und dem Knecht Jahwes, David (V. 68–72). So fragwürdig diese These ist, bezeugt sie doch das Bewußtsein des Verfassers, daß es theologisch nicht angeht, anzunehmen, daß Jahwe seine Erwählung wieder rückgängig machen könne.

g) Der Verfasser von Ps 78 hatte es insofern noch leicht, die Erwähltheit des Nordreiches preiszugeben bzw. zu leugnen, als er Juda, das in der assyrischen Bedrängnis eben noch davongekommen war, als das wahre Israel, dem alle Verheißungen Gottes galten, betrachten konnte. Aber nach 587 sah sich Israels Erwählungsglaube auch dem Untergang der Eigenstaatlichkeit Judas, der Zerstörung des Tempels, dem Ende der Herrschaft der Könige aus Davids Geschlecht gegenübergestellt. In den Klageliedern wird Gott vorgehalten: »Du hast uns zum Auswurf und Abscheu inmitten der Völker gemacht« (Klgl 3,45). Und die kleine Sammlung endet mit der harten Frage: »Oder hast du uns gänzlich verworfen, zürnest uns gar sehr?« (5,22). Aber im Grunde steht der Beter der Klagelieder ungebrochen in der Kulttradition Jerusalems, er weiß, daß eine solche Verwerfung nicht Wirklichkeit sein kann.

Schon in einem sumerischen Gebet wird geklagt, daß das Königtum aus dem Lande weggeschafft, sein Gesicht auf feindlichen Boden gelenkt worden sei und in Übereinstimmung mit dem Befehl von An und Enlil »Gesetz und Ordnung« zu existieren aufgehört hätten, und das alles, weil die Götter ihre Gunst vom Land Sumer abgewendet haben (vgl. ANET 612, Z. 19ff.).

Sehr viel härter sah der Deuteronomist in Frage gestellt, was einst dem Glauben festgestanden hatte. Jahwe hat das ganze Geschlecht Israels verworfen und von seinem Angesicht verstoßen (2Kön 17,20). In 2Kön 23,27 deutet er die Ereignisse von 587 noch präziser: »Auch Juda will ich von meinem Angesichte hinwegtun, wie ich Israel hinweggetan habe, und verwerfen will ich Jerusalem, die Stadt, die ich erwählt ...«. Damit scheinen die Akten über Israel nun doch endgültig geschlossen zu sein. Und manchen Auslegern scheint der Sinn des dtr. Geschichtswerks der zu sein, darzulegen, daß es zu diesem Ende kommen mußte, weil Jahwes Geduld von Israel bis zur Erschöpfung mißbraucht worden war. Davon kann aber doch nicht die Rede sein (→*bḥr* IV/3a); der Dtr. intendiert eine grundsätzliche Neubesinnung, welche die ganze Härte des ergangenen Gerichts sehen und in ihrer Notwendigkeit anerkennen soll.

Lev 26,44 betont ausdrücklich, daß dieses Gericht nicht als Preisgabe zur Vernichtung verstanden werden darf. Von Auflösung des Bundes kann keine Rede sein. Mit noch mehr Nachdruck sprechen es sekundäre Partien des Jeremiabuches aus, daß Jahwe Israel nicht verwerfen werde (Jer 31,37). Der Verfasser der vielleicht noch späteren Stelle 33,23ff. grenzt sich mit Schärfe gegen die im Volke umgehende Redeweise ab, daß Jahwe die zwei Geschlechter, die er erwählt, verworfen habe, und wehrt sich dafür, daß auch Davids Geschlecht weiterhin unter dem Zeichen der Erwählung stehe. Israel, seiner selbst in den Katastrophen von 721 und 587 unsicher geworden, hat sich zum Bewußtsein, von seinem Gott getragen zu sein, zurückgefunden.

Dazu hat auch Deuterojesaja einen nicht geringen Beitrag geleistet. Er betont nicht nur eindringlich, daß Israel/Jakob Jahwes Erwählter und Knecht sei (vgl. dazu H. Wildberger, Die Neuinterpretation des Erwählungsglaubens Israels in der Krise der Exilszeit, FS Eichrodt 1970, 307–324), sondern unterstreicht: »ich habe dich nicht verworfen« (Jes 41,9). Die innere Unmöglichkeit, daß Jahwe sein Volk verwerfen könnte, bezeugt er mit der Bildfrage: »das Weib der Jugendjahre, kann man es verstoßen? spricht dein Gott« (54,6). Wohl gleicht Israel einer verlassenen, tiefbetrübten Frau, man mag gar von seiner Witwenschaft sprechen (V.4), aber verworfen ist es nicht (vgl. zum Bild Jer 2,2).

h) In der nachexilischen Zeit steht auch der Gedanke der Verwerfung Israels durch Gott kaum noch im Horizont der atl. Zeugen. So belastet das Verhältnis Israels zu seinem Gott auch war, so ist doch der Erwählungsglaube für Israel, nachdem es die schwere Krise des Zusammenbruchs Judas überlebt hatte, für immer ein festes Fundament. Doch hat sich in dieser Epoche eine gewisse Individualisierung des Erwählungsglaubens vollzogen (→*bḥr* IV/4c), die auch bei den Verwerfungsaussagen festzustellen ist. Nie wird in älteren Texten, vom Sonderfall des Königs abgesehen, von der Verwerfung eines einzelnen gesprochen. In Klageliedern, wie sie im Tempelkult Verwendung fanden, mag allerdings gelegentlich von der Verworfenheit Gottloser die Rede gewesen sein. In Ps 53,6 ist zu lesen, daß die Ruchlosen zuschanden würden, weil Jahwe sie verworfen habe (der im ganzen mit Ps 53 identische Ps 14 spricht davon nicht; seine Fassung dürfte älter sein). Auch Ps 15,4 scheint vorauszusetzen, daß man in der Kultgemeinde von Verworfenen gesprochen hat. Leider ist der Text an dieser Stelle unsicher, und dasselbe gilt von Hi 36,5; wahrscheinlich ist dort zu übersetzen: »siehe, Gott verwirft den Trotzigen« (vgl. die Komm.), womit wir ein weiteres Zeugnis dafür hätten, daß Einzelne wegen ihres Verhaltens als von Gott verworfen betrachtet wurden. Gewiß schließt sich Hi 10,3 eng an den Wortlaut kultischer Gebete an, wenn geklagt wird: »ist dir's denn Gewinn, daß du unterdrückst, daß du verwirfst das Werk deiner Hände und zum Rat der Gottlosen leuchtest?«. Der Befund zeigt tatsächlich, daß im Moment, wo die Erwähltheit Israels nicht mehr grundsätzlich erörtert wurde, die Frage nach der Identität der Größe Israel und damit diejenige der Zugehörigkeit zum Gottesvolk wenn nicht überhaupt erst aufgebrochen ist, so doch mit neuem Nachdruck gestellt wurde.

Israel hat nach dem Ausgeführten neben dem Glauben an seine Erwähltheit die Möglichkeit der Verwerfung mit großem Ernst erwogen und gelegentlich wird mit ihr durchaus gerechnet. Sie ist aber nie als Willkürakt Gottes verstanden, sondern einzig als Reaktion Jahwes auf die Aufkündigung des Treueverhältnisses ihm gegenüber ins Auge gefaßt worden. Der Gedanke, daß Verwerfung endgültige Ausstoßung aus der Nähe Jahwes bedeuten könnte, taucht nur ganz am Rande auf und ist durch das Wissen um Jahwes Treue und die »Ewigkeit« seiner Gnadenzuwendung zurückgebunden. Sofern trotzdem Verwerfung angedroht oder als Tatsache konstatiert wird, kann sie nicht als absolutes Ende Israels gemeint sein, sondern muß als Preisgabe an hartes Gericht verstanden werden. So kann Lev 26,44 erklären: »selbst wenn sie im Lande der Feinde sind, verwerfe und verabscheue ich sie nicht so, daß ich ihnen ein Ende bereitete und meinen Bund mit ihnen bräche, denn ich bin Jahwe, ihr Gott«. Die Verwerfungsaussagen sind letztlich nicht Aussagen über die Aufhebung der Erwählung, sondern müssen als notwendige Versuche verstanden werden, den Erwählungsgedanken gegen falsche Folgerungen abzuschirmen. Erwähltheit verleiht dem Gottesvolk nicht einen Status der Unangreifbarkeit oder der Gesichertheit gegen Gottes Gerichte; er verlangt mit letztem Nachdruck Israels Antwort in Vertrauen, Gehorsam und Liebe.

V. 1. Im Qumranschrifttum fällt das starke Überwiegen des ThM-Gebrauchs auf (15 von 19 bei Kuhn, Konk. 113f., genannten Stellen). Dabei treten als Objekte vorwiegend Äquivalente für »Gesetz«, »Bund« o.ä. auf. Hier wie an den zwei Stellen mit ThG-Gebrauch (1Q 34bis 3 II,4f. Gott verwirft die von ihm einst Erwählten, vgl. F. Nötscher, BZ 3, 1959, 225; 1QS 1,4) wird in den Aussagen über Erwählung oder Verwerfung Einzelner das Ringen um die rechte Abgrenzung der Qumrangemeinde als des wahren Gottesvolkes deutlich. Es gilt, alles zu lieben, was er erwählt hat, und alles zu hassen, was er verworfen hat (1QS 1,4).

2. Im NT begegnet von den Äquivalenten der LXX von *m's* (s.o. III/1a) 11× ἐξουθενέω (dazu 1× ἐξουδενέω); 9× wird ἀποδοκιμάζω verwendet. Darunter wird in 6 Fällen unter Zitierung von Ps 118,22 (der Eckstein = Christus) von der Ablehnung des Menschensohnes gesprochen. In Hebr 12,17 ist in Verschärfung der atl. Stelle Mal 1,2 Esau als Verworfener bezeichnet. Vgl. H. Groß, Art. Verwerfung, BLex² 1845f. *H. Wildberger*

מות *mūt* sterben

1. Die Wurzel *mūt* »sterben« ist gemeinsemitisch (Bergstr. Einf. 185; P. Fronzaroli, AANLR VIII/19, 1964, 249.263) und hat ihre Entsprechung im Äg. Eine plausible Etymologie gibt es nicht.

Das Verbum weist im Hebr. außer dem Qal noch Pol. und Hi. (mit pass. Ho.) mit der Bed. »töten« auf. Drei Verbalabstrakta sind vom Verbum deriviert: zunächst die Segolatbildung des Typus *qatl* *mawt- > *māwæt* »Tod«, dann das präfigierte Fem. *t*^{e}*mūtā* »Sterben« (Barth 300) und das plurale tantum *m*^{e}*mōtīm* »Tod; Gestorbene«.

2. Die Zählung der Belege ist insofern etwas schwierig, als ein Unterscheiden zwischen Verbum (im Inf.) und Nomen (st.cs.) in manchen Fällen weder möglich noch sachgemäß ist. Wir folgen der Aufstellung von Lis., die gegenüber Mand. 12 Stellen zu *mūt* q. statt zu *māwæt* rechnet, nehmen aber die bei Lis. gesondert aufgeführten 72 substantivierten Part.q. *mēt* »Toter« zum Verbum (inkl. Ps 55,16Q; exkl. *'al(-)mūt* in Ps 9,1 und 48,15; Spr 19,16Q als q., nicht K als ho. gezählt). Mit dem einen bibl.-aram. Beleg von *mōt* »Tod« in Esr 7,26 ergeben sich genau 1000 Belege (unter »übr.« sind enthalten: *t*^{e}*mūtā* Ps 79,11; 102,21; *m*^{e}*mōtīm* Jer 16,4; Ez 28,8):

	q.	po.	hi.	ho.	*māwæt*	übr.	total
Gen	73	–	5	1	6	–	85
Ex	44	–	5	10	1	–	60
Lev	27	–	1	15	1	–	44
Num	67	–	6	10	5	–	88
Dtn	35	–	4	7	9	–	55
Jos	8	–	2	1	3	–	14
Ri	30	1	6	2	4	–	43
1Sam	32	2	21	4	6	–	65
2Sam	54	3	14	3	9	–	83
1Kön	38	–	18	1	3	–	60
2Kön	34	–	15	8	5	–	62
Jes	18	–	3	–	8	–	29
Jer	30	1	15	1	13	1	61
Ez	42	–	1	1	5	1	50
Hos	1	–	2	–	2	–	5
Jo	–	–	–	–	–	–	–
Am	5	–	–	–	–	–	5
Ob	–	–	–	–	–	–	–
Jon	1	–	–	–	3	–	4
Mi	–	–	–	–	–	–	–
Nah	–	–	–	–	–	–	–
Hab	1	–	–	–	1	–	2
Zeph	–	–	–	–	–	–	–
Hag	–	–	–	–	–	–	–
Sach	2	–	–	–	–	–	2
Mal	–	–	–	–	–	–	–
Ps	10	2	3	–	22	2	39
Hi	13	–	3	–	8	–	24
Spr	6	–	2	–	19	–	27
Ruth	10	–	–	–	2	–	12
Hhld	–	–	–	–	1	–	1
Pred	11	–	–	–	4	–	15
Klgl	1	–	–	–	1	–	2
Est	–	–	1	–	1	–	2
Dan	–	–	–	–	–	–	–
Esr	–	–	–	–	1(aram.)		1
Neh	–	–	–	–	–	–	–
1Chr	22	–	3	–	2	–	27
2Chr	15	–	8	4	6	–	33
AT	630	9	138	68	150+1	4	1000

3. a) Der Sinnbereich von *mūt* q. »sterben« ist im Vergleich sowohl mit akk. Sprachgebrauch wie mit moderner Ausdrucksweise begrenzter und schärfer umrissen. »Sterben« wird im AT zunächst von Menschen ausgesagt, darüber hinaus etwa 20× von Tieren (z.B. Gen 33,13; Ex 7,18.21; 22,9). Nur an einer Stelle wird das Sterben auf die Pflanzenwelt bezogen, und zwar nicht auf die Blüten oder das Laub, sondern auf den Wurzelstock (Hi 14,8). Ein übertragener Gebrauch von *mūt* ist im AT sehr selten (Gen 47,19 Feld; Hi 12,2 Weisheit). Die im Akk. erscheinende Bezeichnung des Ungültigwerdens einer Urkunde als »Sterben« (AHw 635a) findet sich im AT nie, ebenso wenig wie die in neuerer Zeit immer häufigeren Übertragungen auf verschiedene Gebiete der Natur (Feuer, Farbe, Licht) oder auf akustische Erscheinungen (Rede, Gesang, Ton). Einzigartig ist die Redeweise in 1Sam 25,37: »das Herz Nabals starb« als hyperbolischer Ausdruck für tödlichen Schrecken; vgl. die entsprechende Verwendung von »leben« in Gen 45,27; Ri 15,19.

Ein verwandtes Verbum ist das in der jüngeren Sprache geläufiger werdende *gw'* q. (24×; 12× in P in Gen, Num und Jos 22,20; 8× in Hi; ferner Sach 13,8; Ps 88,16; 104,29; Klgl 1,19), das einigemal ein Wortpaar mit *mūt* bildet, dessen Sinnfeld jedoch beschränkter ist; es bezeichnet zunächst das gewaltsame Sterben, »ums Leben kommen«, sei es durch einen Unglücksfall oder als Folge von Entbehrungen u.dgl. (vgl. noch B. Alfrink, OTS 5, 1948, 123; G.R. Driver, JSS 7, 1962, 15–17). Häufige euphemistische Umschreibungen des Sterbens sind »zu seinen Vätern/Verwandten versammelt werden (*'sp* ni.)« (→*'āb* III/2a, IV/2a) und »dahingehen« (→*hlk* 3a).

b) Von den beiden kausativen Stammformen kommt dem Pol. eine spezielle Bedeutung zu: einem fast Gestorbenen oder dem unabwendbaren Tode Verfallenen den tödlichen, erlösenden Stoß geben.

»Töten« wird normalerweise mit dem

Hi. bezeichnet. Nur selten steht das Verbum absolut: dreimal in der Redeweise »töten und lebendig machen« (Dtn 32,39; 1Sam 2,6; 2Kön 5,7, immer mit Jahwe als Subjekt), ferner Hi 9,23. Das Objekt ist überall persönlich (Menschen oder Tiere) und das Verbum steht folglich immer im eigentlichen Sinn. Als Subjekt erscheinen nur selten Dinge oder Abstrakta (was den Tod verursacht): »Lade« (1Sam 5,11), »Geißel« (Hi 9,23), »Eifer« (Hi 5,2), »Begierde« (Spr 21,25), und gleichfalls viermal ein Tier: »Rind« (Ex 21,29), »Löwe« (1Kön 13,24.26; 2Kön 17,26). Mit persönlichem Subjekt bedeutet *mūt* hi. »töten« im weitesten Sinn, einschließlich des kriegerischen und gerichtlichen Tötens (z.B. Jos 10,26; 11,17; 2Sam 8,2; 2Kön 14,6).

Während dem intransitiven *mūt* q. nur wenige sinnverwandte Vokabeln zur Seite stehen, finden sich für *mūt* hi. mehrere annähernd synonyme Ausdrücke. Semasiologisch nächstverwandt ist *hrg* (q. 162 ×, davon Gen und Ri je 16 ×, 2Chr 12 ×, Ex, Num, 1Kön je 11 × [in Lis. fehlt 1Kön 19,14]; ni. 3 ×, pu. 2 ×; *hæræg* und *harēgā* »Töten« je 5 ×), das aber das Töten als gewaltsame, blutige Handlung stärker hervorhebt (vgl. Jes 14,30). Bei *rṣḥ* (40 × q., davon 33 ×, nämlich 20 × in Num 35, 8 × in Jos 20–21, ferner Dtn 4,42.42; 19,3.4.6, in den Bestimmungen über die Asylstädte; neben dem Dekaloggebot Ex 20,13; Dtn 5,17; vgl. Jer 7,9; Hos 4,2, verbleiben Dtn 22,26; 1Kön 21,19; Hi 24,14; ni. 2 ×, pi. 5 ×, *ræṣaḥ* »Mord« 2 ×) kommt eine moralische und religiöse Zensur zum Ausdruck (Töten als böse Handlung; vgl. J.J. Stamm, ThZ 1, 1945, 81–90), die *mūt* hi. an sich nicht anhaftet.

Nur selten und spät begegnet als Aramaismus (Wagner Nr.254/255) *qṭl* »töten« (q. Ps 139,19; Hi 13,15; 24,14; *qæṭæl* »Mord« Ob 9), das im Bibl.-Aram. gebräuchliche Wort für »töten« (q. Dan 5,19. 30; 7,11; pa. Dan 2,14; 3,22; hitp. Dan 2,13.13).

Klarer ist der Unterschied gegenüber *nkh* hi. »schlagen«, das mit *mūt* hi. oft ein Wortpaar bildet und dann nicht das eigentliche Töten, sondern die Handlung, die zum Tode führt, aussagt (Jos 10,26; 11, 17; 2Sam 4,7; 18,15; 21,17; 1Kön 16,10; 2Kön 15,10.30).

Zum Ausdruck *mōt-jūmat* »er soll getötet werden« (*mūt* ho.) in den reihenbildenden Rechtssätzen vgl. Alt, KS I,308–313; V.Wagner, OLZ 63, 1968, 325–328; H.Schulz, Das Todesrecht im AT, 1969.

c) Das Subst. *māwæt* meint das Sterben und das Gestorbensein, sei es auf natürliche oder gewaltsame Weise erfolgt, nicht selten in ausgesprochenem Gegensatz zum Leben (Dtn 30,19; 2Sam 15,21; Jer 8,3; Jon 4,3.8; Ps 89,49; Spr 18,21).

Eine gewisse Konkretisierung des Begriffes ist hauptsächlich in der poetischen Sprache zu finden, bleibt aber innerhalb enger Grenzen. Von einer Personifizierung finden sich nur schwache Spuren, etwa Ausdrücke wie »Erstgeborener des Todes« (Hi 18,13), »eine Vereinbarung (*berīt*) mit dem Tode treffen« (Jes 28,15.18). Einigemal finden sich Ausdrücke, die dem Tode eine räumliche Bezogenheit mitgeben: »Tore des Todes« (Ps 9,14; 107,18; Hi 38, 17), »Wege des Todes« (Jer 21,8; Spr 14, 12 = 16,25; vgl. akk. *uruḫ mūti*), »Kammer des Todes« (Spr 7,27). An solchen Stellen steht *māwæt* offenbar als Ersatzwort für →*še'ōl*; vgl. *ḥadrē še'ōl* »Kammern des Totenreiches«, 1QH 10,34; ferner 2Sam 22,6; Jes 28,15; Hos 13,14; Ps 6,6; 22,16; Hi 30,23, wo *māwæt* ebenfalls gleichwertig mit *še'ōl* steht (vgl. C.Barth, Die Errettung vom Tode in den individuellen Klage- und Dankliedern des AT, 1947, 89). Bemerkenswert ist, daß personifizierende Attribute, etwa mit Bezug auf Körperlichkeit, Ausrüstung usw. ganz fehlen, was beim Vergleich mit dem kühnen Sprachgebrauch in akk. und ug. Texten auffällt (der ug. Mot ist ein Gott, der Baal tötet und dann von Anath getötet wird). Die spärlichen Ansätze zur Veranschaulichung des Todes werden fast ausschließlich mit Hilfe prädikativer Aussagen geleistet und beschränken sich somit auf Tätigkeiten und Wirkungen des Todes (Jer 9,20; Ps 49,15; Hi 28,22).

In verblaßtem Sinn steht *māwæt* einigemal als bloße Verstärkung, z.B. »ungeduldig bis zum Sterben« (Ri 16,16; vgl. D.W.Thomas, VT 3, 1953, 219ff.; S.Rin, VT 9, 1959, 324f.; D.W.Thomas, VT 18, 1968, 123).

4. Obwohl der Begriffskreis »Tod« theologisch außerordentlich bedeutsam ist, kann man von einem speziell theologischen Verwendungsbereich nicht sprechen und eine Unterscheidung zwischen profanem und theologischem Sprachgebrauch ist nicht möglich. Unter den atl. Theologien vgl. besonders von Rad I,288–290. 399–403.417–420; ferner G.Quell, Die Auffassung des Todes in Israel, 1925; L. Wächter, Der Tod im AT, 1967 (ausführlich über die gefühlsmäßige Einstellung zum Tode und die religiöse Wertung des Todes, mit Berücksichtigung der altorientalischen Umwelt).

5. Zu den Begriffen »sterben« bzw. »Tod« im Judentum und im NT vgl. J. Lindblom, Das ewige Leben. Eine Studie über die

Entstehung der religiösen Lebensidee im NT, 1914; R. Bultmann, Art. θάνατος, ThW III, 7–25. *G. Gerleman*

מַיִם *májim* Wasser → תְּהוֹם *tᵉhôm*.

מלא *ml'* voll sein, füllen

1. Die Wurzel *ml'* »voll sein, füllen« ist gemeinsemitisch. Sie ist im ganzen sprachlichen Umkreis belegt: akk. (AHw 597–599), ug. (WUS Nr. 1568; UT Nr. 1479), phön., jaud., aram. (DISO 151; KBL 1093), syr. (LS 388-390), arab., äth. (Bergstr. Einf. 190).

Im AT begegnen außer dem Verbum (q., ni., pi., pu., hitp.) das Adj. *mālē'* »voll« und die Subst. *mᵉlō'* »Fülle«, *mᵉlē'ā* »voller Ertrag«, *millū'ā/millū'īm* »Besatz (mit Steinen)« (zu *ml'* pi. in technischer Bedeutung), *millū'īm* »Einweihung« (zu *ml'* pi. *jād* »weihen«, s.u. 4), *millē't* »Fülle« (vgl. Gerleman, BK XVIII, 174), *millō'* »Aufschüttung, Akropolis« (zu diesem archäologisch umstrittenen Ausdruck vgl. BRL 7; G. Sauer, BHH II, 1217f.; Noth, BK IX/1, 219f.). Dazu kommt der Personenname *Jimlā(')* (»[die Gottheit] möge erfüllen«, Noth, IP 246).

Im Bibl.-aram. sind *ml'* q. »füllen« (Dan 2,35) und hitp. »erfüllt werden« (Dan 3,19) bezeugt.

2. Das Verbum begegnet im hebr. AT 246 ×: qal 97 × (Abgrenzung gegenüber dem Adj. *mālē'* nach Lis.; Jer 51,11 entgegen Lis. als q. statt pi. gezählt; Jes 14 ×, Jer und Ez 11 ×, Ps 9 ×, Gen 8 ×), ni. 36 ×, pi. 111 × (inkl. Hi 8,21 mit der Nebenform *mlh*; Ex 15 ×, Jer, Ez und Ps 9 ×, 1Kön und Hi 8 ×), pu. 1 × (Hhld 5, 14), hitp. 1 × (Hi 16,10).

Von den Nomina stehen *mālē'* 67 × (Num 25 ×, Jer und Ez 6 ×), *mᵉlō'* 38 × (Jes, Ez und Ps je 5 ×), *mᵉlē'ā* 3 ×, *millū'ā* 3 ×, *millū'īm* 15 ×, *millē't* 1 ×, *millō'* 10 ×; ganze Wurzel 383 ×, dazu 2 × bibl.-aram. (s.o.).

3. a) Entsprechend dem eigentlichen und dem übertragenen Gebrauch der Wurzel kann ein Raum sowohl im eigentlichen als auch im übertragenen Sinne von allerlei Dingen angefüllt sein, z.B. das Wasser des Meeres mit Tieren (Gen 1,22) oder das Land mit Gewalttat (Gen 6,13). Im Qal kann das Verbum wie in anderen sem. Sprachen transitive Bedeutung haben, wird aber meist intransitiv gebraucht (wovon etwas voll ist, steht im Akkusativ, vgl. BrSynt 80). Im transitiven Sinn zieht es das Akkusativobjekt nach sich (z.B. Ex 40,34f.; Jer 51,11; Ez 8,17), mit oder ohne die Partikel *'ēt*. Zu den Einzelheiten der verschiedenen Verwendungsweisen vgl. die Lexika.

b) In transitivem Gebrauch nimmt das Verbum gerne einen technischen, nämlich militärischen oder kultischen (s.u. 4a) Sinn an. So meint Jer 51,11 »füllet die Schilde« im militärischen Sinn: »füllet die Schilde mit euren Körpern«, d.h. »bewaffnet euch mit euren Schilden«. Dieser militärische Gebrauch ist auch dem Ni. eigen, vgl. 2Sam 23,7 »er füllt sich (scil. die Hand) mit einem Eisen und einem Lanzenholz«, was soviel wie »er bewaffnet sich« bedeutet; ähnlich das Pi. in Sach 9, 13 (vgl. akk. *mullû qašta* »den Bogen mit Pfeil belegen«, AHw 598a). In allen diesen Fällen hat das hebr. Verbum *ml'* in der Bed. »bewaffnen« oder »sich bewaffnen« ein Akkusativobjekt nach sich (auch »Hand« mit der durch *bᵉ* eingeführten Bezeichnung der Waffe, vgl. 2Kön 9,24). Das Verbum kann aber auch absolut gebraucht werden, so in Jer 4,5, wo der Imp. in kriegerischem Kontext begegnet (»bewaffnet euch!«, vgl. D.W. Thomas, *ml'w* in Jeremiah 4:5: A Military Term, JJSt 3, 1952, 47–52).

c) Als Synonyma zu *ml'* im Sinne von »vollständig sein« o.ä. sind →*šlm* und →*tmm* zu vergleichen. Oppositum zu »voll sein« ist *rīq* »leer sein« (im AT nur hi. »ausleeren«, 17 ×; ho. 2 ×; dazu die Adj. *rīq* und *rēq* »leer, nichtig«, 12 × bzw. 14 ×, und das Adverb *rēqām* »mit leeren Händen, ohne Erfolg, ohne Anlaß«, 16 ×, in Ruth 1,21 in Gegenüberstellung zu *mālē'*: »reich bin ich ausgezogen, und arm hat mich Jahwe zurückgebracht«).

4. a) Eine der speziellen religiösen Bedeutungen von *ml'* ist »jemanden zum Dienst an Gott weihen«. In diesem Falle folgt dem Verbum (Ex 32,29 im Qal, sonst im Pi.) das Wort *jād* »Hand« und die Präposition *lᵉ* (vgl. Ex 28,41; 32,29; 1Chr 29,5). So sagt man in der ausführlichsten Form: »jemandes Hand für Jahwe füllen«; der älteste Text, wo sich dieser Ausdruck in der einfachen Form »die Hand füllen« findet, ist Ri 17,5.12. In V. 5 handelt es sich um den Eintritt eines der Söhne Michas in priesterliche Funktionen. Der Ausdruck findet sich dann wieder in Ex 32,29; 1Kön 13,33 und in priesterschriftlichen Texten (Ex 28,41; 29,9.29.33.35; Lev 8,33; 16,32; 21,10; Num 3,3; vgl. 2Chr 13,9). Er verliert in Ez 43,26 jeden konkreten Sinn und wird für die Weihe eines Altars gebraucht. Entsprechend dient das Subst. *millū'īm* »Füllung (der Hand)« zur Bezeichnung der

Einsetzung von Priestern (vgl. Ex 29, 22–34; Lev 7,37; 8,22–33).

Der ursprüngliche Sinn der Wendung läßt sich nicht mehr mit Sicherheit bestimmen (die wörtliche Wiedergabe der LXX hilft hier nicht weiter). Eine Erklärung findet sich in Ex 29,24f. und Lev 8, 27f., aber sie gehört leider zu jungen Texten, und es ist zu vermuten, daß es sich dabei um eine sekundäre Auslegung einer Wendung handelt, deren Sinn längst vergessen war. Nach diesen Texten legt Mose die für den Altar bestimmten Opferteile in die Hände Aarons und seiner Söhne, führt mit ihnen die Geste der Darbringung aus, nimmt die Opfergaben aus ihren Händen zurück und läßt sie auf dem Altar verbrennen. Nach diesem *millū'īm*-Opfer würde »die Hand füllen« bedeuten, daß dem Priester anläßlich seiner Einsetzung die Opfergaben zum erstenmal in die Hand gegeben werden. Eine andere Erklärung bezieht sich auf die Entlöhnung des Priesters, der auf diese Weise angestellt wird. Diese Hypothese kann sich auf Ri 17,10; 18,4 stützen, wo der Levit, dem Micha »die Hand füllt«, für zehn Schekel Silber jährlich, zusätzlich Bekleidung und Beköstigung, verpflichtet wird. Eine dritte Erklärung stützt sich auf einen Mari-Brief, wo sich *mil qātišunu* »Füllung ihrer Hand« auf den Anteil an der Beute bezieht, der jedem Offizier zukommt (ARM II, Nr. 13, Z. 17). Für den Priester würde das eine Beteiligung an den Einkünften des Heiligtums und an den Opfergaben bedeuten (de Vaux II,197; M. Noth, Amt und Berufung im AT, 1958, 7f.; ders., BK IX/1,304f.).

b) Einige weitere Verwendungen der Wurzel in theologischem Zusammenhang gehen auf die gebräuchliche übertragene Bedeutung »erfüllen« von *ml'* pi. zurück, ohne daß ein spezifisch theologischer Sprachgebrauch erkennbar wäre. Wie in 1Kön 1,14 Nathan die Worte Bathsebas »erfüllt«, d.h. »bestätigt«, so ist auch die Erfüllung einer Weissagung die Beglaubigung ihrer Authentizität, und mehrfach geschieht im AT ein Ereignis zur »Erfüllung« des Wortes Jahwes durch einen Propheten, z.B. 1Kön 2,27 »damit das Wort Jahwes erfüllt würde, das er wider das Haus Elis in Silo geredet hatte«; 8,24 »was du durch deinen Mund verheißen hattest, das hast du durch deine Hand erfüllt, wie es jetzt am Tage ist«; 2Chr 36,21 »so sollte das Wort Jahwes in Erfüllung gehen, das er durch Jeremia geredet hatte...«.

Mehrfach ist auch von Zeiträumen, die »voll werden« (*ml'* q.) die Rede (z.B. *jāmīm* »Tage, Zeit« in Gen 25,24; 29,21; 50,3 u.ö.; *šābū'īm* »Wochen« Dan 10,3); entsprechend können in eschatologischem Zusammenhang Zeiten »erfüllt« sein (Jes 40,2; Jer 25,12.34; 29,10; Dan 9,2 pi.), was sich nicht auf eine durch Menschen erreichte Vollendung, sondern auf eine Setzung Gottes bezieht.

c) Das Subst. *m^elō'* »Fülle« ist in der hymnischen Sprache in Wendungen wie »das Meer und was es erfüllt« (Jes 42,10; Ps 96,11 = 98,7 = 1Chr 16,32) und »die Erde/der Erdkreis, und was sie/ihn erfüllt« (Dtn 33,16; Jes 34,1; Mi 1,2; Ps 24,1; 50,12; 89,12) beliebt. Nach Jes 6,3 ist nun »die Fülle der Erde = was die Erde erfüllt« mit Jahwes Herrlichkeit (*kābōd*) gleichgesetzt (vgl. Wildberger, BK X,232.250), ohne daß jedoch der Ausdruck eine pantheistische Färbung hätte. In anderer Weise wird Gottes Allgegenwart einmal in Jer 23,24 ausgesagt: »bin nicht *ich* es, der Himmel und Erde füllt? ist der Ausspruch Jahwes«. Daß der *kābōd* Jahwes die Stiftshütte bzw. den Tempel erfüllt, ist schließlich in Ex 40,34f.; 1Kön 8,11 = 2Chr 5,14; Ez 43,5; 44,4: 2Chr 7, 1f. ausgesagt; die »Herrlichkeit« konkretisiert hier die Gegenwart Gottes im Heiligtum.

5. In der LXX wird *ml'* hauptsächlich durch πλήρης, πληροῦν und Derivate wiedergegeben. Im NT spielt die Erfüllung der Zeiten und Prophezeiungen eine gegenüber dem AT größere Rolle, ebenso der theologisch geprägte Ausdruck πλήρωμα (in der LXX für *m^elō'*); vgl. G. Delling, Art. πλήρης, ThW VI,283–309.

M. Delcor

מַלְאָךְ *mal'āk* Bote

1. *mal'āk* »Bote« ist von der im Ug., Arab. und Äth. gut bezeugten Wurzel *l'k* »senden« abzuleiten, ebenso das dazu gehörige Abstraktum *mal'ākūt* »Botenamt« (Hag 1,13; vgl. Gulkowitsch 43) und das vielfältige Bedeutungen annehmende fem. Subst. *m^elā'kā* »Sendung, Unternehmung, Geschäft, Arbeit«. Durch die Gleichsetzung des in Mal 3,1 erwähnten Wegbereiters Jahwes mit dem anonymen Verfasser des Mal-Büchleins in der Überschrift Mal 1,1 wurde aus dem appellativischen *mal'ākī* »mein Bote« mit der Zeit der scheinbare Eigenname *Mal'ākī* »Maleachi« (Sellin-Fohrer 515f.).

Zu ug. *l'k* »senden«, *mlak* »Bote« und *mlakt* »Botschaft« vgl. WUS Nr. 1432; UT Nr. 1344. *ml'k* »Bote« begegnet auch im Phön. und Altaram. (DISO 151), ferner *mal'ak* »Engel« im Bibl.-Aram. (Dan 3,28; 6,23). In der Bed. »überirdischer Bote, Engel« ist das Wort auch ins Jüd.-Aram., Syr., Mand., Arab. und Äth. übergegangen (LS 354b; Nöldeke, MG 129 Anm. 1; anders P. Boneschi, JAOS 65,1945, 107 bis 111).

2. Im hebr. AT ist *mal'āk* 213 × belegt (dazu 1 × *Mal'ākī* und 2 × bibl.-aram. *mal'ak*), *mal'ākūt* 1 × (s.o.) und *melā'kā* 167 × (Ex 33 ×, Neh 22 ×, 1Chr 20 ×, Lev und 2Chr je 16 ×, 1Kön 10 ×, Num 8 ×, 2Kön 6 × usw.). Während *melā'kā* hauptsächlich in jungen Texten vorkommt, ohne daß es in alter Zeit ganz fehlen würde, steht *mal'āk* häufig in den älteren erzählenden Texten: Ri 31 ×, 2Kön und Sach je 20 ×, 1Sam 19 ×, 2Sam 18 ×, Gen 17 ×, Num 15 ×, 1Chr 12 ×, Jes 10 ×, 1Kön 9 ×, Ps 8 ×, Ex 6 × usw. (2Kön 6, 33 und 1Chr 21,20 steht *mal'āk* fälschlich für *mǽlæk*; in Sach 3,2 ist mit dem syr. Text *mal'ak* vor *Jhwh* einzuschieben, vgl. BH³).

Der Ausdruck *mal'ak Jhwh* (immer sing.) findet sich 58 × : Gen 16,7.9–11; 22,11.15; Ex 3,2; Num 22,22–35 10 × ; Ri 2,1.4; 5,23; 13,3–21 10 × ; 2Sam 24, 16; 1Kön 19,7; 2Kön 1,3.15; 19,35 = Jes 37,36; Hag 1,13; Sach 1,11.12; 3,1.5.6; 12,8; Mal 2,7; Ps 34,8; 35,5.6; 1Chr 21,12.15.16.18.30. Die Verbindung *mal'ak (hā)'ælōhīm* ist an 11 Stellen belegt: Gen 21,17; 31,11; 32,2; Ex 14,19; Ri 6,20; 13,6.9; 1Sam 29,9; 2Sam 14,17.20; 19,28; dazu im Plur. Gen 28, 12; 32,2.

3. a) Als *mal'āk* oder *mal'ākīm* werden Personen bezeichnet, die als Beauftragte eines einzelnen (Gen 32,4.7; Num 22,5; 1Sam 16,19; 19,11ff.; 2Sam 3,26 u.ö.) oder einer Gemeinschaft (Num 21,21; 1Sam 11,3ff.) die Interessen ihrer Auftraggeber über eine räumliche Distanz hinweg bei anderen, seien es einzelne (Gen 32,4. 7; Num 22,5) oder Gemeinschaften (Ri 6, 35; 7,24; 1Sam 11,7), zur Geltung zu bringen haben.

Die Überbrückung räumlicher Distanzen mit ihrem Auftrag ist eine wesentliche Funktion der *mal'ākīm* (vgl. C. Westermann, Gottes Engel brauchen keine Flügel, 1957, 9), wie aus den Berichten von Botensendungen (vgl. C. Westermann, Grundformen prophetischer Rede, ²1964, 71 ff.) deutlich wird. Der Bericht der Botensendung enthält in der Regel die Angabe des Absenders und die des Empfängers, manchmal mit Ortsangabe des Absenders (Num 20,14; Dtn 2,26) oder des Empfängers (Gen 32,4), nach dem Schema: »und es sandte (→*šlḥ*) NN *mal'ākīm* an X« (vgl. Gen 32,4; Num 20,14; 22,5; Dtn 2,26; Ri 11,12ff.; 1Sam 19,20f. u.ö.). Auf den Bericht der Botensendung folgt in Gen 32,5 der Bericht der Botenbeauftragung; die *mal'ākīm* werden vom Absender zur Ausführung ihres Auftrags autorisiert: »und er befahl ihnen: so sollt ihr zu Esau, meinem Herrn, sprechen: . . .« (vgl. 2Kön 1,2; 19,10; Jes 37,10). Meist fehlt jedoch der Bericht der Botenbeauftragung und es folgt auf den Bericht der Botensendung sofort der Auftrag, den die *mal'ākīm* auszurichten haben (Num 20,14; 22,5; 1Sam 6,21; 11,7; 16,19; 2Sam 2,5 u.ö.).

b) Diese Aufträge können nun sehr unterschiedlicher Art sein. Am häufigsten werden *mal'ākīm* gesandt, um Nachrichten oder Botschaften verschiedenster Art zu übermitteln, sie können also die Funktion von »Boten« wahrnehmen (Gen 32,4ff.; Num 22,5; Ri 9,31ff.; 11,12ff.; 1Sam 6, 21; 11,3ff.; 25,14; 2Sam 12,27; 2Kön 19, 9ff. u.ö.). In diesen Fällen wird die zu übermittelnde Botschaft manchmal durch die Botenformel *kō 'āmar* NN »so spricht NN« eingeleitet und damit als Wort des Absenders legitimiert (Gen 32,5; Num 20,14; Ri 11,15); oft fehlt jedoch die Botenformel vor dem Wortlaut der Botschaft, die dann durch *lēmōr* (»folgendermaßen«) mit dem Bericht der Botensendung verknüpft wird (Num 22,5; Dtn 2, 26; 1Sam 6,21 u.ö.). Die Botschaften können berichtenden Charakter haben (vgl. Gen 32,5ff.; Num 22,5; Ri 9,31; 1Sam 6,21; 2Sam 11,19.22f.25; 12,27), wobei der Bericht oftmals als Begründung für eine Aufforderung oder einen Befehl (Num 22,5f.; Ri 9,31ff.) oder auch eine Bitte (Gen 32,5f.; Num 20,14ff.) dienen kann. Es können jedoch auch Botschaften mit rein befehlendem (1Sam 16,19) oder rein bittendem (Dtn 2,26) Charakter übermittelt werden.

Eine wichtige Rolle als Nachrichtenübermittler spielen die *mal'ākīm* im politischen Bereich. So kann beispielsweise durch sie das Aufgebot zum heiligen Krieg verkündet werden (Ri 6,35; 7,24; 1Sam 11,7). Auch können *mal'ākīm* als Abgesandte an einen König die Funktion von Diplomaten haben. So führt Jephtha durch eine Gesandtschaft (*mal'ākīm*) eine Verhandlung mit dem König der Amoriter (Ri 11,12ff.); in 1Kön 20,2ff. überbringen *mal'ākīm* die Kapitulationsbedingungen Benhadads an Ahab (vgl. 2Kön 19,9ff.; 2Sam 3,12). Ferner können *mal'ākīm* mit einer Frage zur Befragung einer Gottheit entsandt werden (2Kön 1,2).

mal'ākīm werden jedoch nicht nur ausgesandt, um im Auftrag ihres Absenders Nachrichten an einen Empfänger zu übermitteln (»Boten«), sie können auch beauftragt sein, Informationen für ihren Auftraggeber zu sammeln, sie können also auch die Funktion von »Spähern« haben. So wird Jos 2,1 davon berichtet, daß Josua zwei Männer als Kundschafter (*m^e^ragg^e^līm*) aussendet; Jos 6,17.25 werden diese Kundschafter als *mal'ākīm* bezeichnet. Auch 2Kön 7,15 sind die *mal'ākīm* offensichtlich als Kundschafter ausgesandt. Schließlich können *mal'ākīm* ausgesandt werden, um im Namen ihrer Auftraggeber Handlungen auszuführen. Saul sendet *mal'ākīm* aus, die den Auftrag haben, David zu bewachen (1Sam 19,11ff.); *mal'ākīm* Joabs holen Abner von der Zisterne Sira zurück (2Sam 3,26); 2Sam 11,4 schickt David ebenfalls *mal'ākīm*, die ihm Bathseba holen sollen (vgl. 1Kön 22,9.13; 2Chr 18,12). Auch kann es die Funktion der *mal'ākīm* sein, eine Person zu ihrem Auftraggeber zu geleiten (1Sam 25,42).

c) Die *mal'ākīm* werden in einem sehr engen Verhältnis zu ihren Auftraggebern gesehen. Sie sind von ihnen bevollmächtigt, in ihrem Namen zu reden oder zu handeln, durch sie spricht oder handelt der Auftraggeber selbst. Daher können *mal'ākīm* mit ihm identifiziert und angeredet werden, als werde ihr Auftraggeber selbst angeredet (Ri 11,13; 2Sam 3, 12f.; 1Kön 20,2ff.); eine Brüskierung der *mal'ākīm* kommt der Brüskierung ihres Auftraggebers gleich (1Sam 25,14ff.). Auch kann dem Auftraggeber vorgehalten werden, was er durch seine *mal'ākīm* getan hat (2Kön 19,23; vgl. hierzu A.S. van der Woude, De *Mal'ak Jahweh*: een Godsbode, NedThT 18, 1963/64, 6f.; zum ganzen: M.S. Luker, The Figure of Moses in the Plague Traditions, Diss. Drew Univ. Madison, 1968, ch. II: The Messenger Figure in Sumerian and Akkadian Literature).

*d) Unter den sinnverwandten Wörtern ist in erster Linie →*šlḥ* »senden« zu erwähnen, das im ganzen noch über den Bedeutungsumfang der Wurzel *l'k* hinausgeht und in mittelhebr. *šālīaḥ* und gr. ἀπόστολος eine ebenso umfassende Nachgeschichte erlebt hat wie *mal'āk* in gr. ἄγγελος.

In der speziellen Bed. »Bote« begegnet einige Male *ṣīr* (Jes 18,2; 57,9; Jer 49,14; Ob 1; Spr 13,17 par. *mal'āk*; 25,13) neben gelegentlichen Umschreibungen wie *maggīd* (Part.hi. von →*ngd*; Jer 51,31; vgl. 2Sam 1,5.6.13 u.ö.). Vgl. noch den Personennamen *'azgād* (= pers. *izgad* »Bote«, KBL 694a).

Die spezielle Tätigkeit des Überbringens einer Botschaft wird mit der gemeinsemitischen Wurzel *bśr* bezeichnet, die zunächst neutrale Bedeutung hat, oft aber (vor allem bekannt bei Dtjes: Jes 40,9.9; 41, 27; 52,7.7; vgl. 60,6; 61,1; Ps 96,2 = 1Chr 16,23; Elliger, BK XI,33–35) in »frohe Nachricht bringen« übergeht (akk. *bussuru* »Botschaft bringen, senden«, AHw 142b; ug. *bšr* D, WUS Nr. 599; UT Nr. 535; hebr. *bśr* pi. »[gute oder schlechte] Botschaft bringen« 23 ×, darunter öfter das substantivierte Part. *m^e^baśśēr*; hitp. »sich melden lassen« 2Sam 18,31; Subst. *b^e^śōrā* »Meldung« und »Botenlohn«, 6 ×; vgl. noch G. Friedrich, Art. εὐαγγελίζομαι, ThW II,705–735; R.W. Fisher, A Study of the Semitic Root BŚR, Diss. Columbia Univ. 1966; P. Stuhlmacher, Das paulinische Evangelium. I. Vorgeschichte, 1968).

4. a) In der Verbindung *mal'ak Jhwh* und *mal'ak 'ᵉlōhīm* (Stellen s.o. 2) hat das Nomen *mal'āk* besondere Bedeutung: es bezeichnet einen Beauftragten Gottes, der bei den Menschen seinen Auftrag auszurichten hat, der einmal – ebenso wie bei den von Menschen an Menschen gesandten *mal'ākīm* – in der Übermittlung einer Botschaft bestehen kann (Gen 16,9ff.; 21, 17f.; 22,11f.15ff.; Ri 6,11; 13,3ff.; 1Kön 13,18; 2Kön 1,3.15) oder in einer Handlung, die der *mal'āk* vollzieht (Gen 24,7. 40; Ex 14,19; 2Sam 24,16f.; 2Kön 19,35 = Jes 37,36; 1Chr 21,12ff.). So verkörpert der *mal'ak Jhwh* das die Erde berührende Reden und Handeln Gottes (vgl. C. Westermann, Art. Engel, EKL I, 1071–1075). Im Gegensatz zu den *mal'ākīm*, die von Menschen gesandt werden und die meist in der Mehrzahl auftreten, begegnet der *mal'ak Jhwh* fast immer in der Einzahl. Nur zweimal wird von *mal'ak 'ᵉlōhīm* in der Mehrzahl gesprochen (Gen 28,12; 32,2). Hinzu kommen noch wenige Stellen, an denen eine Mehrzahl von *mal'ākīm* als »seine (Jahwes) *mal'ākīm*« bezeichnet werden (Jes 44,26; Ps 91,11; 103,20; 104,4; 148,2; Hi 4,18), außerdem müssen wohl auch die beiden *mal'ākīm* in Gen 19,1.15 als *mal'ākīm* Jahwes angesehen werden.

b) In vielen Fällen bedeutet das Auftreten des *mal'ak Jhwh* (= *m.J.*) Rettung aus Gefahr oder Not (Gen 19; Ex 14,19; Num 20,16) oder Ankündigung einer Rettung (Ri 13). Die Ankündigung der Rettung durch einem *m.J.* kann auf verschiedene Weise geschehen. So kann der *m.J.* einen Retter beauftragen: Gideon wird durch einen *m.J.* beauftragt, Israel aus der Hand der Midianiter zu erretten (Ri 6, 11ff.). Auch im Zusammenhang der Theophanie bei der Berufung des Mose ist vom *m.J.* die Rede (Ex 3,2). Andererseits kann der *m.J.* die Bedrohten auffordern, ja antreiben, sich vor einer drohenden Gefahr zu retten (Gen 19), oder sein Auftreten öffnet den Bedrohten die Augen, daß sie die Möglichkeit der Rettung erkennen wie die vom Verdursten bedrohte Hagar (Gen 21,17ff.; vgl. hierzu auch 1Kön 19,5, wo Elia in der Wüste aufgefordert wird, zu essen). Sehr eng mit der Ankündigung einer Rettung gehört die Ankündigung der Geburt eines Sohnes durch einen *m.J.* zusammen. Der *m.J.*, der Hagar an der Quelle auf dem Wege nach Sur findet (Gen 16,7ff.), gibt ihr die Verheißung der Mehrung ihrer Nachkommen (16,10; vgl. 21, 17f.). Die Voraussetzung zahlreicher Nachkommen ist jedoch die Geburt eines Sohnes, die der *m.J.* mit den formelhaften Worten ankündigt: »Siehe, du bist schwanger und wirst einen Sohn gebären und du sollst seinen Namen Ismael nennen« (16, 11). Mit ähnlichen Worten wird der Frau Manoahs von einem *m.J.* die Geburt eines Sohnes angekündigt: »Siehe, du bist unfruchtbar und hast keine Kinder, aber du wirst schwanger werden und einen Sohn gebären« (Ri 13,3). Hier bedeutet die Ankündigung der Geburt eines Sohnes in zweifacher Weise Rettung. Die Frau Manoahs wird aus der Not der Kinderlosigkeit gerettet und gleichzeitig ist der angekündigte Sohn ein Gottgeweihter, der anfangen wird, Israel aus der Hand der Philister zu erretten (13,5). Es ist in diesem Zusammenhang auch auf Gen 18 hinzuweisen, wo die drei Männer Abraham ankündigen, daß seine Frau einen Sohn haben wird.

Der *m.J.* hat jedoch nicht nur die Funktion, durch sein Wort eine Rettung anzukündigen, er kann auch eine Rettung selbst durch sein Handeln vollziehen. Als Lot zögert, den Auftrag der *mal'ākīm* auszuführen und sich zu retten, ergreifen sie ihn und führen ihn aus der Stadt (Gen 19,16). Auch das Volk Israel wurde aus der Bedrückung in Ägypten dadurch gerettet, daß Jahwe das Schreien des Volkes erhörte und seinen *mal'āk* sandte, der es aus Ägypten herausführte (Num 20,16). Durch das Eingreifen des *m.J.* wird Jerusalem aus der akuten Gefahr der Besetzung durch das Heer Sanheribs errettet (2Kön 19,35 = Jes 37,36). Im Segen, den Israel über Joseph und seine Söhne Ephraim und Manasse ausspricht, wird ein *mal'āk* als der bezeichnet, »der mich aus aller Not erlöst hat« (Gen 48,16; vgl. Ps 34,8). Neben der auf einen bestimmten Zeitpunkt begrenzten Funktion, Rettung aus Not zu vollziehen, kann der *m.J.* auch über einen längeren Zeitraum hinweg bewahrende Funktion ausüben. So kann er einzelne auf ihren Wegen behüten (Ps 91,11) als der, der von Gott vor dem zu Behütenden hergesandt wird (Gen 24,7.40; vgl. Ex 32,34); ebenso wird er vor dem ganzen Volk hergesandt, es zu beschützen (Ex 14,19; 23, 20.23; 32, 34; 33,2; vgl. Num 20,16).

Ferner kann der *m.J.* einem Propheten einen Auftrag (1Kön 13,18; 1Chr 21,18) oder ein Wort Gottes vermitteln, das er weiterzusagen hat (2Kön 1,3). Eine Funktion besonderer Art hat der *m.J.*, hier jedoch meist als *hammal'āk haddōbēr bī* »der Engel, der mit mir redete« bezeichnet (Sach 1,9.13.14; 2,2 u.ö.), in den ersten sechs Kapiteln des nachexilischen Buches Sacharja. Seine Aufgabe besteht darin, die Nachtgesichte des Propheten auf dessen Fragen hin zu deuten (Sach 1,9; 2,2; 4,4; 5,5f.10; 6,4).

Der *m.J.*, der hauptsächlich rettende und bewahrende Funktion hat, kann allerdings an einigen Stellen auch Verderben und Vernichtung bringen. 2Sam 24,16f. schlägt der *m.J.* das Volk als Strafe für Davids Vergehen (vgl. 1Chr 21,15f.); auch 2Kön 19,35 hat der *mal'āk* den Auftrag, Verderben über das Heer Sanheribs zu bringen, was für Jerusalem allerdings Rettung (s.o.) bedeutet (vgl. Jes 37,36). An ähnlich verderbenbringende Funktionen des *m.J.* wird Ps 35,5.6 und 78,49 zu denken sein.

Das Auftreten des *m.J.* ist nirgends an einen bestimmten Ort oder eine bestimmte Zeit gebunden, sondern er begegnet den Menschen dort, wo sie gerade sind, auf dem Weg (Gen 16,7; 32,2), in der Wüste (Gen 21,17; 1Kön 19,5.7), bei der Arbeit (Ri 6,11ff.), auf dem Feld (Ri 13,9ff.). Auffällig ist, daß der *m.J.* von den Menschen nicht sofort erkannt wird, sondern sie bemerken erst, mit wem sie zu tun hatten, wenn der *m.J.* sie wieder verlassen hat (Gen 16; Ri 6 und 13) oder wenn ihnen die Augen geöffnet werden, daß sie den *m.J.* erkennen (Num 22,31). Das Erkennen des *mal'āk* löst Furcht aus (Ri 6; 13).

c) Besonders schwierig ist die Bestimmung des Verhältnisses zwischen Jahwe und seinem *mal'āk*, da in einer Reihe von Texten zwischen Jahwe und dem *mal'ak Jhwh* nicht genau unterschieden wird (Gen 16,7ff.; 21,17ff.; 22,11ff.; 31, 11ff.; Ex 3,2ff.; Ri 6,11ff.; 13,21f.). Dieses Problem ist in der Forschung ausführlich behandelt worden (zu den verschiedenen Lösungsversuchen vgl. A.S. van der Woude, a.a.O. 4ff., dort weitere Lit.) und hat verschiedene mehr oder weniger befriedigende Lösungen gefunden. In der patristischen Literatur wird unter dem *m.J.* das göttliche Wort verstanden (Logostheorie); im röm.-kath. Bereich hat der Erklärungsversuch, daß der *m.J.* ein kreatürlicher Bote ist, der im Namen und Auftrag Gottes handelt, viele Anhänger gefunden (Repräsentationstheorie). Für E. Kautzsch, Biblische Theologie des AT, 1911, 83–87; W.G.Heidt, Angelology of the OT, 1949 (vgl. noch R.North, Separated Spiritual Substances in the OT, CBQ 29,1967, 419–449), ist der *m.J.* eine Erscheinungsform Jahwes, es »ist Jahwe selbst, der in menschlicher Gestalt den Menschen erscheint« (von Rad I,300) (Identitätstheorie). Andere sehen im *m.J.* eine Hypostase Jahwes (Hypostasentheorie). G. van der Leeuw, Zielen en Engelen, ThT 53 (= N.R. 11), 1919, 224–237, und A. Lods, L'ange de Jahwe et l'âme extérieure, FS Wellhausen 1914, 263–278, vertreten die Theorie von der »âme extérieure«, die besagt, daß ein Engel dem Wesen nach eine losgelöste Seele sei; der *m.J.* wird als äußerliche göttliche Kraft aufgefaßt. Andere sehen im *m.J.* eine spätere Interpolation für Jahwe, die vorgenommen wurde, um einer allzu anthropomorphen Zeichnung Jahwes zu begegnen (Interpolationstheorie bei B. Stade, H.Gunkel; vgl. W. Baumgartner, Zum Problem des Jahwe-Engels, SThU 14,1944, 97–102 = Zum AT und seiner Umwelt, 1959,240–246). Von diesen Theorien hat wohl die Repräsentationstheorie die größte Berechtigung, da sie der Funktion des *m.J.* als einem von Gott zum Reden und Handeln Beauftragten am besten gerecht wird. Die Schwierigkeit, daß Jahwe und sein *mal'āk* teilweise identifiziert werden, besteht dann nicht mehr, wenn man bedenkt, daß ein *mal'āk* allgemein mit seinem Auftraggeber identifiziert werden kann (s.o. 3c). Die Repräsentationstheorie braucht auch nicht unbedingt als Widerspruch zur Interpolationstheorie gesehen zu werden, da sie die Funktion des *m.J.* zu erklären versucht, während die Interpolationstheorie davon ausgeht, daß *mal'ak* erst später in die Texte eingefügt wurde, und versucht, diese Einfügung zu erklären.

Der *m.J.* ist nun wegen seiner besonderen Funktionen streng von den anderen himmlischen Wesen zu unterscheiden, er greift wie kein anderes himmlisches Wesen unmittelbar in das Leben der Menschen ein. Dieser einzigen religiös schärfer umrissenen, persönlichen Gestalt unter den himmlischen Wesen fällt eine besondere Funktion in der Geschichte zu; wo von ihr die Rede ist, da steht sie im Mittelpunkt des Geschehens (vgl. von Rad I,299). Der Unterschied zwischen dem *mal'ak Jhwh* und den anderen himmlischen Wesen wurde erst durch den Sprachgebrauch der LXX verwischt, die auch andere himmlische Wesen als ἄγγελος bezeichnet (s.u. 5).

5. In der LXX wird *mal'āk* meist mit ἄγγελος übersetzt (daneben πρέσβεις »Gesandte«: Num 21,21; 22,5; Dtn 2,26; κατασκοπεύσαντες »Kundschafter« Jos 6,25; παῖδες »Knechte« 1Sam 25,42). *mal'ak Jhwh* wird mit ἄγγελος κυρίου, *mal'ak 'ᵉlōhīm* mit ἄγγελος τοῦ θεοῦ wiedergegeben. Ebenso wie das hebr. *mal'āk* dient also das gr. ἄγγελος zur Bezeichnung sowohl von Beauftragten eines Menschen als auch zur Bezeichnung eines Beauftragten Gottes. Einen Unterschied macht erst die Vulgata, die menschliche Boten mit *nuntius* und himmlische Boten mit *angelus* bezeichnet (vgl. Baumgartner, a.a.O. 98 = Zum AT und seiner Umwelt, 1959, 241).

Außer dem *mal'āk*, der von Gott gesandt ist, werden auch andere himmlische Wesen in der LXX als ἄγγελοι bezeichnet. So kann ἄγγελος Äquivalent sein für *bᵉnē 'ᵉlōhīm* (Gen 6,2; Dtn 32,8; Hi 1,6; 2,1; 38,7), für *'abbīr* (Ps 78,25), für *'ᵉlōhīm* (Ps 8,6; 97,7; 138,1) und *śar* (Dan 10,21; 12,1). Damit beginnt eine Entwicklung, die ἄγγελος zum terminus technicus werden läßt und die dann in der Vulgata abgeschlossen ist. Vgl. weiter W. Grundmann – G. von Rad – G.Kittel, Art. ἄγγελος, ThW I,72–87; H.Ringgren, RGG II, 1301–1303. *R. Ficker*

מלט *mlṭ* pi. **retten** → פלט *plṭ*.

מֶלֶךְ *mælæk* König

1. a) *mlk* ist eine gemeinsemitische Wurzel (Bergstr. Einf. 182), hat aber nur im NW- und Südsem. die Bed. »König sein«. Im akk. heißt *malāku* II durchgehend »(be)raten« (AHw 593f.; dazu u.a. *māliku* »Ratgeber, Berater«, *malku* II »Rat«), während für den König und sein Amt meistens *šarru*, seltener *malku* I gebraucht wird, dem ein *malāku* III entspricht, das einmal in den akk. Texten aus Ugarit (PRU III, 135,16) bezeugt ist (wohl westsem. LW). Ebenfalls westsem. Herkunft ist für die im Raume

Mari belegten, mit *mlk* zusammengesetzten Namen anzunehmen, falls die Wurzel hier nicht die allgemeine akk. Bedeutung hat (Huffmon 230f.).

Die Bed. »(be)raten« ist aber auch dem NWSem. nicht fremd: im Hebr. erscheint er in *mlk* ni. »mit sich zu Rate gehen« Neh 5,7 (nach Wagner Nr. 170 ein Aramaismus; ganz anders L.Kopf, VT 9,1959, 261f.) und vielleicht noch im *mælæk* von Pred 1,12, falls die von W.F.Albright, SVT 3,1955, 15 Anm. 2 vorgeschlagene und von R.Kroeber, Der Prediger, 1963, 5, als erwähnenswert betrachtete Wiedergabe des Wortes mit »Berater, Ratgeber« zutrifft. Ferner finden wir ihn im bibl.-aram. *mᵉlak* »Rat« (Dan 4,24), im Jüd.-Aram., Mittelhebr. und Syr. neben dem üblichen Sinn »regieren«. Ob und inwiefern Beziehungen zwischen den beiden Bedeutungen bestehen, kann nicht mit Sicherheit ermittelt werden.

b) Auf die gleiche Wurzel wie *mǽlæk* gehen im AT das Verbum *mlk* (qal, [ni., s.o.], hi. und ho.) und die folgenden, teilweise von *mǽlæk* abgeleiteten Nomina zurück: das Fem. *malkā* »Königin« (auch bibl.-aram.), das seltene, vielleicht künstlich geschaffene *mᵉlǽkæt (haššāmájim)* »(Himmels)königin«, *mᵉlūkā* »Königtum« (potestas regia), *malkūt* »Königreich« (bibl.-aram. *malkū*), *mamlākā* »Königsherrschaft« bzw. »Königswürde«, seltener *mamlākūt*. Die letzten vier Wörter sind in ihren Bedeutungsnuancen nicht immer leicht voneinander zu unterscheiden. Ferner haben wir den etymologisch umstrittenen, namentlich im Phön.-Pun. belegten Opferbegriff *mōlæk* (s.u. 4e).

Seit der Mari-Zeit sind mit *mlk* gebildete Eigennamen im NW- und Südsem. häufig belegt (Huffmon 230f.; Gröndahl 157f.; Harris 118f.; Noth, IP 114f.118f.). Im AT begegnen neben dem Gottesnamen *Milkōm* (s.u. 4f), den Frauennamen *Milkā*, *Mōlǽkæt* und den Männernamen *Mǽlæk*, *Mallūk* vor allem Zusammensetzungen wie *Malkī'ēl*, *Malkijjā(hū)*, *Malkīṣǽdæq* und *'ᵃbīmǽlæk*, *'ᵃḥīmǽlæk*, *'ᵉlīmǽlæk*.

*2. *mǽlæk* ist nach *bēn* und *'ᵉlōhīm* das dritthäufigste Substantiv im hebr. AT (2526 Belege, inkl. 1Kön 15,9b, exkl. 1Chr 21,20; Lis. 814b hat Jer 32,4a doppelt). Gewisse Häufungen sind u.a. durch Listen bedingt; so kommt *mǽlæk* z.B. 39 × in Jos 10 und 37 × in Jos 12 vor. In der Gen stehen 27 Belege in Gen 14; andererseits verwendet P das Wort nur für den Pharao.

In der folgenden Tabelle, in der *mlk* ni. (Neh 5,7), *mōlæk* (8×, davon 5× in Lev 18 und 20) und die Eigennamen nicht aufgeführt sind, bedeuten m. = *mælæk*, f. = *malkā*, (f.) = *mᵉlækæt*, I = *mᵉlūkā*, II = *malkūt*, III = *mamlākā*, IV = *mamlākūt*:

	q.	hi. (ho.)	m.	f. (f.)	I	II	III	IV	zus.
Gen	12	–	41	–	–	–	2	–	55
Ex	1	–	14	–	–	–	1	–	16
Lev	–	–	–	–	–	–	–	–	–
Num	–	–	20	–	–	1	2	–	23
Dtn	–	–	26	–	–	–	7	–	33
Jos	3	–	109	–	–	–	2	5	119
Ri	5	3	37	–	–	–	–	–	45
1Sam	12	5	86	–	5	1	6	1	116
2Sam	11	1	284	–	2	–	6	1	305
1Kön	56	6	305	4	7	1	12	–	391
2Kön	81	9	370	–	1	–	5	–	466
Jes	4	1	80	–	2	–	14	–	101
Jer	10	1	269	(5)	1	3	17	1	307
Ez	1	1	37	–	2	–	4	–	45
Hos	–	1	19	–	–	–	–	1	21
Jo	–	–	–	–	–	–	–	–	–
Am	–	–	8	–	–	–	3	–	11
Ob	–	–	–	–	1	–	–	–	1
Jon	–	–	2	–	–	–	–	–	2
Mi	1	–	5	–	–	–	1	–	7
Nah	–	–	1	–	–	–	1	–	2
Hab	–	–	1	–	–	–	–	–	1
Zeph	–	–	4	–	–	–	1	–	5
Hag	–	–	2	–	–	–	2	–	4
Sach	–	–	9	–	–	–	–	–	9
Mal	–	–	1	–	–	–	–	–	1
Ps	6	–	67	–	1	6	6	–	86
Hi	1	–	8	–	–	–	–	–	9
Spr	2	–	32	–	–	–	–	–	34
Ruth	–	–	–	–	–	–	–	–	–
Hhld	–	–	5	2	–	–	–	–	7
Pred	1	–	12	–	–	1	–	–	14
Klgl	–	–	3	–	–	–	1	–	4
Est	3	1	196	25	–	26	–	–	251
Dan	1	(1)	52	–	1	16	–	–	71
Esr	–	–	32	–	–	6	1	–	39
Neh	–	–	43	–	–	2	1	–	46
1Chr	20	7	69	–	1	11	3	–	111
2Chr	66	13	277	4	–	17	19	–	396
hebr. AT	297	49 (1)	2526	35 (5)	24	91	117	9	3154

Im Bibl.-Aram. begegnen *mælæk* 180× (Dan 135×, Esr 45×), *malkā* 2× (Dan), *malkū* 57× (Dan 53×, Esr 4×), zusammen 239×.

3. Das Subst. *mǽlæk* und das Verbum *mlk* im Qal und im Hi. treten am häufigsten in Verbindung mit Menschen, seltener mit Jahwe auf; ähnlich verhält es sich mit den abgeleiteten Nomina. Im ersten Fall handelt es sich um das Königtum im politischen Sinn (3a–b), im zweiten um die Königsherrschaft Jahwes, einen theologisch grundlegenden Begriff (4a–d). Sonderfälle bilden *mōlæk* (4e) und *Milkōm* (4f). Unter den sinnverwandten Wörtern ist neben →*mšl*, dessen Bedeutung sich mit der von *mlk* oft geradezu deckt, vor allem auch *māšīᵃḥ* »Gesalbter« zu erwähnen (3c und 5).

a) Das Königtum als politische Größe erscheint in Israel verhältnismäßig spät, gegen Ende des 2. Jahrtausends/Anfang des 1. Jahrtausends, ein paar Jahrhunderte nach der Seßhaftwerdung und der Landnahme, und gehört deswegen kaum zu seinem ideologischen Urbestand und seiner Existenznotwendigkeit. Während nach der »Sumerischen Königsliste« Sumer von Uranfang an durch ein vom Himmel herabgestiegenes Königtum regiert wurde (ANET 265b; S.N. Kramer, The Sumerians, 1963, 43–53.328–331), die äg. Religion im irdischen Königtum die Verkörperung des himmlischen Regiments des Horus sieht (H. Frankfort, Kingship and the Gods, 1948, 148ff.; E. Hornung, Einführung in die Ägyptologie, 1967, 76–78), in Syrien im Stadtstaat Ugarit eine Adoption und Säugung des Königs durch die Gottheit und dessen Amt als unerläßlich für die Fruchtbarkeit von Boden und Herde belegt ist (J. Gray, The Krt Text in the Literature of Ras Shamra, ²1964, 5ff.), kennt das AT eine lange vorkönigliche, von der späteren Geschichtsschreibung positiv gewertete Zeit.

Zum Königtum in Israel kam es aus politischen Gründen: einerseits bildete es das Endergebnis des mit der Seßhaftwerdung und der Landnahme begonnenen Prozesses (G. Buccellati, Da Saul a David, BeO 1, 1959, 99–128), andererseits wurde diese Entwicklung durch den militärischen Druck der Philister beschleunigt (1Sam 8,20; 9,17b; Alt, KS II, 1–65). Durch das Fehlen einer ursprünglichen Theologie des Königtums erklärt es sich, daß mancher König von Propheten und Dtr. angegriffen, ja die Institution selbst als fragwürdig empfunden wird (1Sam 8,1ff.; 10,17–27). Der Untergang des Königtums im 6. Jh. wurde dadurch bald nicht so sehr als national-religiöse Tragödie, sondern als göttliches Gericht über das Volk und seine Vertreter gedeutet (Jes 40,2).

Tendenzen in Richtung eines kanaanäischen Konzeptes des Königtums sind aber auch belegt (vgl. Ps 2,7; 21,5; 45,7, vgl. die Komm.; 72,6.16; ferner 2Sam 21,17 und vielleicht 1Sam 24,11b par. 26,11a). Es handelt sich um einige im Süden, vermutlich durch Übernahme von Ideengut des eroberten Stadtstaates Jerusalem entstandene Gedanken, über deren Verbreitung wir nicht informiert sind. Noch in ntl. Zeit wird die Abscheu Israels gegen jeden Versuch, einem König göttliche Ehren zu erweisen, laut (vgl. Josephus, Ant. XIX, 8,2 = §343–352). Anders verhält es sich mit priesterlichen Befugnissen, die dem König nicht ohne Widerspruch zugestanden wurden (1Kön 6,1ff.; 8,1ff.; die Reformbestrebungen Hiskias und Josias usw.; vgl. J.A. Soggin, ZAW 78, 1966, 193 Anm. 35).

b) Dies darf aber nicht in Richtung einer rein säkularen Institution ausgelegt werden: am Anfang steht eine göttliche Begabung und Berufung des Königs, die wohl als c h a r i s m a t i s c h bezeichnet werden darf: 1Sam 11 unmittelbar durch den Geist Jahwes, 9,15–16 durch eine an Samuel ergangene Vision, 10,20f. durch das Los. Deren Zeichen wurden von der Gemeinde geprüft und führten zur Akklamation. Auch im Fall Davids und Jerobeams I. erfolgt die Krönung nach einem über den Anwärter ausgesprochenen Orakel (2Sam 3,9.18; 5,2b und 2,1–4; 5,1–3) bzw. nach der Designation durch einen Propheten (1Kön 11,26–40 und 12,20). Der Versuch, nach der Reichstrennung diese Form im Norden wieder einzusetzen, scheiterte bald am überwiegend aus Kanaanäern zusammengesetzten Volkstum und Heerwesen, durch die die israelitischen Volksversammlungen selten richtig zustande zu kommen und ihren Willen durchzusetzen vermochten. Im Süden wurde die charismatische Berufung des Königs ein für allemal durch die 2Sam 7 an die davididische Dynastie ergangene Verheißung ersetzt, ohne daß dadurch die Versammlungen ihrer Befugnisse enthoben wurden, was zu einer größeren, bis zum Ende des 7. Jahrhunderts dauernden Stabilität führte.

Zum ganzen vgl. J. de Fraine, L'aspect religieux de la royauté israélite, 1954; K.-H. Bernhardt, Das Problem der altorientalischen Königsideologie im AT, 1961; A.R. Johnson, Sacral Kingship in Ancient Israel, (1955) ²1967; G. Buccellati, Cities and Nations of Ancient Syria, 1967; J.A. Soggin, Das Königtum in Israel, 1967; ferner zum Teil die unter 4a genannten Werke.

*c) Der geschilderten Vielfalt von Erscheinungsformen des Königtums innerhalb und außerhalb Israels entspricht in sprachlicher Hinsicht nicht eine ebensolche Vielfalt von Bezeichnungen. Vielmehr deckt *mælæk* alle Arten von monarchischen Herrschern eines Stadtstaats, eines Landes oder Territoriums, eines Stammes oder Volkes (vgl. KBL 530b). Steigerungsformen wie »König der Könige« (Ez 26,7 und Dan 2,37 der König von Babel; Esr 7,12 der Perserkönig) oder »der Großkönig« (Jes 36,4 der König von Assur) gehen natürlich auf die entsprechenden Titulaturen der altorientalischen Großreiche zurück (vgl. Seux 298–300.318f. zu akk. *šarru rabû* und *šar šarrāni*; Zimmerli, BK XIII, 616); zu »Herr der Könige« (Dan

2,47) vgl. K. Galling, ZDPV 79,1963, 140-151.

Ein eigenes Adjektiv »königlich« wird nicht gebildet; es wird ersetzt durch die häufige Verwendung von *mælæk* als Genetiv in der Cs.-Verbindung (s. die Lexika; in Est 8,10.14 wird einmal das pers. LW *'aḥaštᵉrān* »herrschaftlich, königlich« von Pferden gebraucht).

Nur in wenigen Fällen ist *mælæk* außerhalb des menschlichen (oder göttlichen) Bereiches verwendet, so in der Fabel Ri 9,8.15 von den Bäumen, die einen König über sich setzen, Hi 41,26 vom Flußpferd, das »ein König über alle stolzen Tiere« ist, und Spr 30,27 von den Heuschrecken, die keinen König haben. Ganz selten ist der metaphorische Gebrauch *mælæk ballāhōt* »König der Schrecken« als dichterische Umschreibung des Todes (Hi 18,14; vgl. Horst, BK XVI/1,273).

Von sinnverwandten Wörtern erwächst *mælæk* nach dem Gesagten wenig Konkurrenz. Die in Reihungen oder im parallelismus membrorum verwendeten Ausdrücke sind entweder weiter (»Anführer« o.ä.) oder enger (z.B. »Richter«, →*špṭ*) und bezeichnen meistens dem König nicht gleichzustellende Personen (vgl. etwa *śar* »Beamter, Oberster«, herkömmlicherweise »Fürst«, →*mšl* 3b; *rōzēn* »Würdenträger«, par. *mælæk* in Ri 5,3; Hab 1,10; Ps 2,2; Spr 8,15; 31,4; par. *šōfēṭ* in Jes 40,23; zu *nāgīd* →*ngd*; zu *nāśī'* →*nś'*).

Besonderer Erwähnung bedarf hier noch die Wurzel *mšḥ*, die im Verbum *mšḥ* q. »salben« (64×) und im Subst. *māšīᵃḥ* »Gesalbter« mehrfach Äquivalente zu *mlk* hi. »zum König machen« und *mælæk* »König« liefert (E. Kutsch, Salbung als Rechtsakt im AT und im alten Orient, 1963, vor allem 7–9.52–66). An einigen Stellen wird *mšḥ* in nicht-kultischen Zusammenhängen verwendet (Jes 21,5 Salben des Schildes; Jer 22,14 Hausbemalung; Am 6,6 Körperpflege; Ps 45,8 bildlich Salbung mit Freudenöl, vgl. Kutsch, a.a.O. 63–65; dazu bibl.-aram. *mᵉšaḥ* »Salböl«, Esr 6,9; 7,22; = hebr. *šæmæn* und *jiṣhār*, vgl. L. Köhler, JSS 1, 1956, 9f.), in Ex, Lev und Num bei kultischen Salbriten an Gegenständen und Personen (24×, dazu *mšḥ* ni. 5×, *mišḥā* und *mošḥā* »Salbung«, 21× in Ex – Num bzw. 2× in Ex; Elliger, HAT 4, 117f.; vgl. noch Gen 31,13 Salben einer Massebe, Dan 9,24 eines »Hochheiligen«). Sonst ist zweimal von der Salbung zum Propheten die Rede (1Kön 19,16; Jes 61,1, in übertragener Bedeutung, vgl. Kutsch, a.a.O. 62) und 32×, namentlich in 1Sam – 2Kön (dazu Ri 9,8.15; Ps 89,21; 1Chr 11,3; 29,22; 2Chr 22,7; 23,11), von der Königssalbung (zum *nāgīd* 1Sam 9,16; 10,1; 1Chr 29,22; zum *mælæk* Ri 9,8.15; 1Sam 15,1.17 u.ö.). Entsprechend bezeichnet *māšīᵃḥ* »Gesalbter« (39×) in späten Texten den Hohenpriester (Lev 4,3.5.16; 6,15; Dan 9,25.26) und die Patriarchen (als Propheten?, Ps 105,15 = 1Chr 16,22), in den meisten Fällen aber den König (Jes 45,1 Kyros, sonst einen israelitischen König; 2Sam 1,21 txt?).

Die Grundform des Titels lautet *mᵉšīᵃḥ Jhwh* »Gesalbter Jahwes« (Saul: 1Sam 24,7.7.11; 26,9.11.16.23; 2Sam 1,14.16; David: 2Sam 19,22; Zedekia: Klgl 4,20). Sie wird je nach dem Kontext abgewandelt in »mein (1Sam 2,35; Ps 132,17) / dein (Hab 3,13; Ps 84,10; 89,39.52; 132,10; 2Chr 6,42) / sein (1Sam 2,10; 12,3.5; 16,6; 2Sam 22,51 = Ps 18,51; Jes 45,1; Ps 2,2; 20,7; 28,8) Gesalbter« und einmal in »Gesalbter des Gottes Jakobs« (2Sam 23,1) sowie »meine Gesalbten« (Ps 105,15 = 1Chr 16,22).

Der Ausdruck weist hin auf die enge Verbindung zwischen Jahwe und dem König. Als Folgen der Salbung werden Unverletzlichkeit (1Sam 24 und 26; 2Sam 1,14.16; 19,22) und Begabung mit dem Geist Jahwes (1Sam 16,13) genannt. Eine speziell eschatologisch-messianische Bedeutung des Titels ist im AT noch n i c h t erkennbar, auch nicht in Jes 45,1, wo Kyros nicht mit dem erwarteten endzeitlichen König gleichgesetzt wird (diese Erwartung fehlt bei Deuterojesaja überhaupt), sondern als erwähltes Werkzeug Jahwes einen besonders hohen Ehrentitel erhält (*mšḥ* in der übertragenen Bed. »bevollmächtigen«, vgl. Kutsch, a.a.O. 61f.; Westermann, ATD 19,129).

So gehört die weitere Entwicklung des Titels zur Bezeichnung des »Messias« (gräzisiert aus aram. *mᵉšīḥā* = hebr. *hammāšīᵃḥ*) nicht mehr in den atl. Sprachgebrauch, sondern in dessen Nachgeschichte im Spätjudentum (s.u. 5). Die atl. »Messiaserwartung« kennt für den erwarteten endzeitlichen König verschiedene, teilweise nur andeutende oder (wie *ḥōṭær* »Reis« Jes 11,1, *ḥōtām* »Siegelring« Hag 2,23) bildlich umschreibende Ausdrücke, unter denen *mōšēl* »Herrscher« (Mi 5,1, →*mšl* 4d), *ṣæmaḥ ṣaddīq* »gerechter Sproß« (Jer 23,5; Rudolph, HAT 12,134f.: »echter Sproß« [Davids]; danach Sach 3,8 und 6,12 *ṣæmaḥ* als terminus technicus) und auch *mælæk* (Ez 37,22.24, vgl. zum Text und zur Auslegung Zimmerli, BK XIII, 905f.912f.915–918; Sach 9,9) am wichtigsten sind.

4. a) Religionsgeschichtlich und theologisch wichtig ist die Bezeichnung J a h w e s a l s K ö n i g.

Aus der beinahe unübersehbaren Literatur vgl.: P. Volz, Das Neujahrsfest Jahwes, 1912; S. Mowinckel, Psalmenstudien, II, 1922 (Neudruck 1961); H. Schmidt, Die Thronfahrt Jahves am Fest der Jahreswende im alten Israel, 1927; F.M.Th. de Liagre Böhl, Nieuwjaarsfeest en Koningsdag in Babylon en in Israël, 1927= Opera Minora, 1953, 263–281; O.Eißfeldt, Jahwe als König, ZAW 46,1928, 81–105=KS I, 172–193; Gunkel-Begrich 94–116; I.Engnell, Studies in Divine Kingship in the Ancient Near East, 1943 (Neudruck 1967); J.Muilenburg, Psalm 47, JBL 63,1944, 235–256; A.Alt, Gedanken über das Königtum Jahwes, (1945)=KS I, 345–357; I.Engnell, The Call of Isaiah, 1949; A.Bentzen, King Ideology – »Urmensch« – »Troonsbestijgingsfeest«, StTh 3,1949, 143–157; M.Noth, Gott, König, Volk im AT, ZThK 47,1950, 157–191=GesStud 188–229; A.Weiser, Zur Frage nach den Beziehungen der Psalmen zum Kult, FS Bertholet 1950, 513–531= Glaube und Geschichte im AT, 1961, 303–321; H.J. Kraus, Die Königsherrschaft Gottes im AT, 1951; L.Köhler, *Jahwäh mālāk*, VT 3,1953, 188f.; J.Ridderbos, Jahwäh malak, VT 4, 1954, 87–89; R. Hentschke, Die sakrale Stellung des Königs in Israel, ELKZ 9,1955, 69–74; G.Widengren, Sakrales Königtum im AT und im Judentum, 1955; W.S.McCullough, The »Enthronement of Yahweh« Psalms, FS Irwin 1956, 53–61; D.Michel, Studien zu den sogenannten Thronbesteigungspsalmen, VT 6,1956, 40–68; R.Press, Jahwe und sein Gesalbter, ThZ 13, 1957, 321–334; Eichrodt I, 122–126. 295–308; A. Caquot, Le Psaume 47 et la royauté de Yahwé, RHPhR 39,1959, 311–337; de Vaux II, 409–412; D. Michel, Tempora und Satzstellung in den Psalmen, 1960, 215–221; Kraus, BK XV, p. XLIIIf. 197–205. 879–883; T.H.Gaster, Thespis, [2]1961, 450–452; K.-H.Bernhardt, a.a.O. (s.o. 3b) 183–242; C.Westermann, Das Loben Gottes in den Psalmen, [2]1961, 106 bis 111; H.J.Kraus, Gottesdienst in Israel, [2]1962, 239–242; S.Mowinckel, The Psalms in Israel's Worship, I,1962, 106–192; E.Lipiński, *Yāhweh mâlāk*, Bibl 44,1963, 405–460; J.Schreiner, Sion-Jerusalem Jahwes Königssitz, 1963, 191–216; A.S.Kapelrud, Nochmals *Jahwä mālāk*, VT 13, 1963, 229–231; E.Lipiński, La royauté de Yahwé dans la poésie et le culte de l'ancien Israël, 1965; Gray, Legacy 86ff.; J.D.W.Watts, Yahweh Mālak Psalms, ThZ 21,1965, 341–348; W.H.Schmidt, Königtum Gottes in Ugarit und Israel, [2]1966, 66ff.80ff.; Weiser, ATD 14, 22ff.; Th.C.Vriezen, Hoofdlijnen der theologie van het OT, [3]1966, 358f.; A.Gelston, A Note on *Jhwh mlk*, VT 16,1966, 507–512; A.R.Johnson, a.a.O. (s.o. 3b), 70f.; W.H.Schmidt, Atl. Glaube und seine Umwelt, 1968, 126–134; H. Bardtke, BiOr 25, 1968, 289–302.

Vgl. ferner die Forschungsberichte von J. de Fraine, a.a.O. 122ff.; J.J.Stamm, ThR 23,1955, 46–50; E.Lipiński, Les Psaumes de la Royauté de Yahvé dans l'exégèse moderne, in: R. de Langhe, Le Psautier, 1962, 133–272; ders., a.a.O. 11–90; J.Coppens, Les Psaumes de l'intronisation de Yahvé, EThL 42,1966, 225–231; ders., La date des Psaumes de l'intronisation de Yahvé, EThL 43,1967, 192–197.

Diese Bezeichnung ist verhältnismäßig selten (vgl. noch →*mšl* 3a[3]): 13× ist Jahwe Subjekt von *mlk* q., davon 7× in den malak-Jahwe-Psalmen und verwandten Stücken (Ex 15,18; 1Sam 8,7; Jes 24, 23; 52,7; Ez 20,33; Mi 4,7; Ps 47,9; 93,1; 96,10=1Chr 16,31; Ps 97,1; 99,1; 146, 10); mit dem Titel *mǽlæk* wird er versehen in Num 23,21 (E?); Dtn 33,5 (E?); Jes 6, 5; 41,21; 43,15; 44,6; Jer 8,19; Zeph 3, 15; Ps 5,3; 10,16; 24,7–10; 29,10; 44,5; 47,3.7; 48,3; 68,25; 74,12; 84,4; 89,19; 95,3; 98,6; 99,4; 145,1; 149,2; Dan 4,34. Von der *malkūt Jhwh* ist Ps 103,19 (par. »sein Thron«) und 145,11–13 (par. *mæmšālā*) die Rede; nach Ps 22,29 und Ob 21 gebührt Jahwe die *m*e*lūkā*, während die *mamlākā* Jahwe nach 1Chr 29,11 zukommt (vgl. Dan 3,33 und 4,31 *malkū* par. *šolṭān* »Herrschaft«). Jes 10,10 erwähnt die »Reiche *(mamlākōt)* der Götzen«. Das Königtum Jahwes wird auch durch die Erwähnung seines Thrones *(kissē')* hervorgehoben (Jes 6,1; 66,1; Jer 3,17; 17,12; Ez 1, 26; Ps 9,5.8; 47,9; 89,15; 93,2; 103,19); vgl. noch *kābōd* (→*kbd*). An einigen Stellen wird Jahwes Königtum über Israel, an anderen seine kosmische Herrschaft betont.

b) Da in der ganzen semitischen Welt Gottheiten mit dem Königstitel belegt sind und archaische Stellen (Ex 15,18; Num 23,21; Dtn 33,5) diesen Brauch in vorköniglicher Zeit für Israel bezeugen, gibt es keinen Grund, zu behaupten, der Titel sei für Jahwe erst nach der Einführung des Königtums in Israel aufgekommen. Ähnlich ist zum Teil die These des Deuteronomisten, nach der das Volk in vorköniglicher Zeit ein theokratisches Regiment gehabt hat (Ri 8,22–23 →*mšl*; 1Sam 8,7; 10,18f.; 12,12), so daß die Einführung des politischen Königtums (besonders in Juda, wo der Monarch auf Grund der Nathanweissagung 2Sam 7 einen Platz im Staatskult und in der Theologie erhielt) eine dritte Größe zwischen Jahwe und dem Volk einschaltete. Diese Verbindung des göttlichen mit dem irdischen Königtum soll aber nicht ohne Widerstand vor sich gegangen sein, und die Zurückhaltung, mit der die Propheten und der Dtr. Jahwe mit dem Königstitel benennen, ist bezeichnend (vgl. noch H.J. Boecker, Die Beurteilung der Anfänge des Königtums in den deuteronomistischen Abschnitten des 1. Samuelbuches, 1969). Auch die Einführung des *mōlæk*-Kultes (s.u. 4e) dürfte, wie beim Baal-Titel, das Ihrige dazu beigetragen haben.

Titel und Verbum werden dann von Deuterojesaja wieder aufgenommen, um die bevorstehende große Befreiungstat Jahwes zu verkünden, durch die er, wie in der Urzeit, seine Weltherrschaft kundtut.

c) Ein besonderes Problem bilden die doch wohl vorexilischen malak-Jahwe-Psalmen, seitdem P.Volz und S.Mowinckel unabhängig voneinander ihren

Sitz im Leben in einer judäischen Parallele zu jenem im ganzen alten Orient bezeugten Feste, in dem zur Jahreswende die Thronbesteigung des Chaosüberwinders zelebriert wurde, erklärten. Die betreffenden Fragen werden immer wieder neu gestellt, denn eine befriedigende Lösung des Problems ist bis jetzt noch nicht gefunden worden. Dies einmal wegen der inneren Schwierigkeiten der in Betracht kommenden Psalmen, dann aber auch wegen der nicht immer eindeutigen Bestandteile des Festes außerhalb Israels, die man oft ohne jegliche Nuancierung als gleichbedeutend betrachtet hat.

Ausgangspunkt ist der Satz *Jhwh mālak* (Ps 93,1; 96,10 = 1Chr 16,31; Ps 97,1; 99,1) bzw. *mālak 'ᵉlōhīm* (Ps 47,9); vgl. noch Ps 146,10, wo *jimlōk Jhwh* steht. Er wurde von S.Mowinckel und in seinem Gefolge von H.Schmidt, F.M.Th. de Liagre Böhl, den Gelehrten der »Myth and Ritual«-Schule und der Uppsala-Schule mit »Jahwe ist König geworden« übersetzt und als Inthronisierungsruf aufgefaßt. Dazu wurden atl. Stellen, in denen sich ein sprachlich entsprechender Satz befindet, herangezogen: 2Sam 15,10; 1Kön 1,11; 2Kön 9,13 (»Absalom / Adonja / Jehu ist König geworden!«). Dazu wurden weitere Parallelen in der altorientalischen Welt gefunden: der Ausruf im bab. *akītu*-Fest *ᵈMarduk-ma šarru* (Enuma eliš IV,28; ANET 66a) und der ähnliche, in Assur belegte Ausruf *ᵈAššur šar*; später gesellten sich einige ug. Texte hinzu: 68 (=III AB, A), 32 *ym lmt b'lm yml[k]* »Jamm ist nun wirklich tot, nun soll Ba'al regieren«; 129 (=III AB,C), 22 *ṯpṭ nhr mlkt* »o Herrscher Fluß, du bist nun König« usw.

Eine allgemeine Kritik wurde schon von A.Alt und M.Noth a.a.O. geäußert, aber erst in den letzten Jahren ist die Frage vom grammatisch-syntaktischen Gesichtspunkt aus behandelt worden. Außer einem weisen die genannten Psalmen die Konstruktion x-qatal auf, die Stellen aus 2Sam und 1/2 Kön dagegen die Konstruktion qatal-x; beide sind auch in der traditionellen Grammatik nicht gleichbedeutend, da ein vorangestelltes Subjekt im Verbalsatz emphatisch zu verstehen ist. Das bab. Zitat bildet als Nominalsatz keine genaue Parallele, und seine Übersetzung kann nur lauten: »Marduk ist König«. Der assyrische Satz ist ein x-qatal-Satz, und dasselbe trifft für die ug. Stellen zu. Ihre Ähnlichkeit mit unseren Psalmen zeigt, daß es sich um eine in der semitischen Welt weitverbreitete Formel handelt. Da nun aber in all diesen Fällen das Subjekt emphatisch vor dem Verbum steht, liegt es nahe, entweder »Jahwe ist König« (im Unterschied zu anderen; Köhler, McCullough, Johnson) oder »Jahwe ist (seit jeher) König« (Ridderbos, Schreiner, Watts, Gray) oder »Jahwe ist der, der die Königsherrschaft ausübt« (Michel) zu übersetzen. Bei allen Unterschieden in der Auffassung ist es jedoch klar, daß es sich nicht um einen Ausruf handelt, mit dem die periodische Wiedereinsetzung Jahwes in die Königsherrschaft kundgetan wird, sondern um eine kultisch-kerygmatische Proklamation des ewigen Königtums Jahwes (so auch W.H. Schmidt, auch wenn er weiter »Jahwe ist König geworden« übersetzt). In der Tat wird Jahwe an den genannten Stellen oft als König über die Götter dargestellt (Ps 95,3; vgl. 96,4; 97,7–9).

d) Die Frage nach dem Inhalt und der Form des Festes, zu dessen Vorhandensein die genannten Stellen gewisse Anhaltspunkte bieten, kann nicht befriedigend beantwortet werden. Kraus und Weiser sind zur Postulierung eines königlichen Zionsfestes (mit Prozession der Lade) bzw. eines Bundesfestkultes gelangt, die jeweils in Jerusalem im Zusammenhang mit dem Laubhüttenfest begangen worden sein sollen. Mit Weiser und N.Poulssen, König und Tempel im Glaubenszeugnis des AT, 1967, 64ff., muß aber festgestellt werden, daß die Materialien zur Herausarbeitung eines königlichen Zionsfestes nicht genügen, und ähnliches muß wohl auch vom Bundesfestkult gelten, besonders nach den jüngsten Infragestellungen des Alters der Bundesvorstellung überhaupt (→*bᵉrīt*).

e) Ein molk-Opfer ist seit langem aus phön.-pun. Quellen bekannt (vgl. O.Eißfeldt, Molk als Opferbegriff im Punischen und das Ende des Gottes Moloch, 1935; ders., RGG IV, 1089f.; R.Dussaud, CRAIBL 1946, 371–387; R. de Vaux, Les sacrifices de l'AT, 1964, 67–81). Nach de Vaux ist (auf Grund der Karatepe-Inschrift, KAI Nr.26, II, Z.19; vgl. A.Alt, WdO I/4,1949, 282f.) die Wurzel nicht *mlk*, sondern *hlk* (phön. jif'il, »darbringen«), doch wäre der Ausdruck bei der Übernahme in Israel auf einen Gott *Mlk* bezogen worden (a.a.O. 70.80; die hebr. Vokalisierung *mōlæk*, [LXX Μολοχ] ist wohl nach *bōšæt* »Schande« gebildet und gibt kaum die originale wieder). Daß es sich um ein Kinderopfer handelt, ist u.a. durch die Auffindung zahlreicher Kinderskelette in den verschiedenen ausgegrabenen phön.-pun. Kultbezirken *(tōfæt)* bewiesen. Da der geopferte Mensch als Gegenstand einer Apotheose galt, dürfte an diesen Orten auch ein Totenkult begangen worden sein.

Als Stellen im AT kommen in Betracht: Lev 18,21; 20,2–5; 1Kön 11,7; 2Kön 23, 10; Jer 32,35. Vom *tōfæt* ist 2Kön 23,10; Jes 30,33; Jer 7,31.32a.b; 19,6.11–14 die Rede. Der oft belegte Ausdruck »durch das Feuer gehen lassen« (→*'ēš* 3a) meint diese Opferart.

Zum ganzen vgl. noch E. Dhorme, Le dieu Baal et le dieu Moloch dans la tradition biblique, Anatolian Studies 6,1956, 57–61; S. Moscati, Il sacrificio dei fanciulli, Pontificia Accademia romana di Archeologia, Rendiconti 38,1965–66, 61–68; ders., Il »tofet«, FS Rinaldi 1967, 71–75. Vielleicht ist auch Jer 2,23 in Hinsicht auf diese Opfer zu deuten, vgl. J. A. Soggin, OrAnt 8,1969, 215–217.

f) Eine Gottheit *Milkōm* ist 1Kön 11, 5.33; 2Kön 23,13 (vgl. noch die vorgeschlagenen Emendationen zu 2Sam 12,30; 1Kön 11,7; Jer 49,1.3; Zeph 1,5) für die Ammoniter belegt. Es handelt sich wohl um eine Form von *mælæk* mit Mimation. Milkom ist nur im AT und auf zwei aram. Siegeln bezeugt; von seinem Kult wissen wir nichts.

Vgl. Gray, Legacy 171–173; N. Avigad, Seals of Exiles, IEJ 15,1965, 222–228; G. Garbini, Un nuovo sigillo aramaico-ammonita, AION 17,1967, 251–256; H. Gese, Die Religionen Altsyriens, 1970, 139.214f.

5. In der Qumranliteratur tritt die Wortgruppe nicht besonders hervor (neben seltenem *mlk* q. nur *mælæk* und *malkūt*, vgl. Kuhn, Konk. 124f.). In GenAp 2,4.7 begegnet die Gottesbezeichnung *mlk kwl 'lmjm* »König aller Aeonen/Welten«, in 2,14 *mlk šmj'* »König des Himmels« (vgl. Fitzmyer, Gen.Ap. 75.80).

In der Wiedergabe der LXX dominieren βασιλεύς und seine Derivate, von denen βασιλεία »Königsherrschaft« (hebr. *malkūt*) im Spätjudentum und im NT zu einem besonders wichtigen Begriff geworden ist (vgl. H. Kleinknecht – G. von Rad – K. G. Kuhn – K. L. Schmidt, Art. βασιλεύς, ThW I,562–595; K. Galling – H. Conzelmann, Art. Reich Gottes, RGG V, 912–918; C. Westermann – G. Schille, BHH III,1573–1577).

b) Die im Jerusalemer Kultus hergestellte enge Verbindung zwischen dem göttlichen und dem irdischen König und die Hervorhebung kosmisch-überzeitlicher Dimensionen bei ersterem schon in vorexilischer Zeit schufen im Judentum die Voraussetzungen zur eschatologischen Erwartung eines realisierten Gottesreiches, regiert durch einen göttlichen Gesalbten (*māšīaḥ*, Μεσσίας, gr. Χριστός). Von dieser Umwandlung zeugen besonders die pseudepigraphischen Bücher und die Qumranliteratur. Vgl. etwa die Übersicht von A. S. van der Woude, BHH II, 1197–1204, mit weiterführenden Literaturangaben. Daß auch nicht-theologisches, ja fremdes Gedankengut, wie z. B. politische Frustration oder persische Ideologie, ihren Beitrag zu dieser Neugestaltung lieferten, versteht sich von selbst, erklärt aber den ganzen Tatbestand nicht: denn ein konsequent durchdachter und vertiefter Glaube an die Königsherrschaft Gottes mußte ohne weiteres zur Hoffnung auf ein verwirklichtes Gottesreich führen. *J. A. Soggin*

מעל *m'l* treulos sein

1. Das Verbum *m'l* q. »treulos sein/werden« begegnet nur im Hebr. (und, davon abhängig, im Jüd.-Aram.; mittelhebr. auch *meʿīlā* »Treulosigkeit, Veruntreuung«).

Die etymologischen Versuche, einen Zusammenhang mit arab. Verben (vgl. GB 445a; KBL 547b; Zorell 457b) oder mit *meʿīl* »Obergewand« (GB 445a; J. L. Palache, Semantic Notes on the Hebrew Lexicon, 1959, 10; Grundbedeutung »bedecken«?, →*bgd*) herzustellen, bleiben ungewiß.

Im AT ist neben dem Verbum (nur im Qal) das Segolatnomen *má'al* belegt.

2. Das Verbum begegnet 35 × (2Chr 8 ×, Ez 7 ×, Jos 4 ×, Lev, Num und 1Chr 3 ×, Esr und Neh 2 ×, Dtn, Spr, Dan 1 ×), das Nomen 29 ×, davon 20 × in einer figura etymologica mit dem Verbum (Ez 6 ×, Jos 4 ×, Lev und Num 3 ×, 2Chr 2 ×, Dan und 1Chr 1 ×).

m'l erscheint nicht in den erzählenden Werken (ausgenommen Jos), in den Psalmen und in den Prophetenbüchern (außer Ez), und nur je 1 × in Dtn 32,51 q.; Hi 21,34 Subst.; Spr 16,10 q. Die Belege gehören fast ausnahmslos der exilisch-nachexilischen Literatur und zwar der priestertheologischen Sprache an (Spr 16,10 ist zeitlich nicht bestimmbar; die Jos-Stellen dürften dtr. sein).

3. a) Die Grundbedeutung kann aus Num 5,12 erschlossen werden: »ein Mann, dessen Frau abweicht (*śṭh*, sonst nur noch Num 5,19.20.29; Spr 4,15; 7,25) und eine Treulosigkeit gegen ihn begeht«. Das »Abweichen« ist als »Untreuwerden« erklärt. *m'l* bezieht sich demnach auf das zwischen zwei Personen bestehende, rechtlich faßbare Treueverhältnis. Treulosigkeit gegen Menschen wird auch Spr 16, 10 und Hi 21,34 gemeint. Nur einmal bezieht sich *mʿl* auf eine Sache, den Bann: Jos 7,1; vgl. 22,20; 1Chr 2,7.

b) Das Treueverhältnis kommt auch zum Ausdruck, wenn *mʿl* q./*máʿal* mit *b^e* und folgendem Personenobjekt verbunden ist (27 von 44 Fällen): man ist »mit« jemand »treulos«; so vor allem in den gesetzlichen Texten (ausgenommen Lev 5, 15) und in Jos, wo auch die Verbindung von Verbum und Nomen dominiert (s.o. 2). In diesen Texten ist der Sprachgebrauch am geprägtesten, während in den nichtgesetzlichen Texten der Begriff zunehmend absolut erscheint (*mʿl* q.: Ez 14,13; 15,8; 18,24; Spr 16,10; Esr 10,10; Neh 1,8; 2Chr 26,18; 29,6; 36,14; *máʿal*: Lev 5,15; Hi 21,34; Esr 9,2.4; 10,6; 1Chr 9,1; 2Chr 29,19; 33,19).

c) Parallelbegriffe sind: *ḥēṭʾ*/*ḥaṭṭāʾt* »Verfehlung« (Lev 5,15.21; Num 5,6; Ez 14,13; 18,24; 2Chr 33, 19), *ʿāwōn* »Schuld« (Lev 26,40), *ṭmʾ* »unrein sein« (Num 5,27; 2Chr 36,14), *mæræd* »Auflehnung« (Jos 22,22), *ʿáwæl* »Unrecht« (Ez 18,24), *tōʿēbā* »Abscheuliches« (2Chr 36,14; vgl. Ez 18,24); *gdp* pi. »verhöhnen« (Ez 20,27), *raʿ* »Böses« (2Chr 29,6), *znh* »buhlen« (1Chr 5,25).

Die Parallelbegriffe zeigen, daß *mʿl* ein übergeordneter Formalbegriff ist, der sehr weiten Raum (Lev 5,15; Num 5,6) läßt für verschiedene Formen von Untreue (vgl. Num 31,16; Dtn 32,51; Jos 22,20.22; Ez 18,24; Esr 9,2.4; 1Chr 5,25; 2Chr 26,16 u.a.), daß *mʿl* andererseits die Parallelbegriffe in dem ihm eigenen Sinne charakterisiert.

4. Von Ausnahmen abgesehen, ist das Wort auf »Treulosigkeit« gegen Jahwe/Gott/den Gott Israels bezogen. Es ist also auch der Sache nach ein explizit theologischer Begriff.

Kennzeichnend ist die Formel *mʿl (máʿal) bJhwh* »Treulosigkeit gegen Jahwe begehen« (Lev 5,21; 26,40; Num 5,6; Dtn 32,51; 1Chr 10,13; 2Chr 12,2; 26, 16; 28,19.22; 30,7; vgl. Jos 22,16; Esr 10,2; Neh 13,27; 1Chr 5,25). Die Gattungen, in denen das Wort verwendet wird, sind sehr verschieden: Einleitungen zu kultischen Verordnungen (Lev 5,15; Num 5,6.12.27), Anweisung zum Sündenbekenntnis und Sündenbekenntnis des Volkes (Lev 26,40; Esr 10,2; Dan 9,7), Anklage (Dtn 32,51; Ez 14,13; 15,8; 17,20; 20,27; 39,23; Esr 10,10; 1Chr 9, 1; 2Chr 12,2), Rechtsproklamation (Ez 18, 24), Freispruch (Jos 22,31), Heilsankündigung (Ez 39,26).

Der direkte Bezug auf Jahwe in den verschiedenen Gattungen zeigt ein vorgerücktes Stadium theologischen Denkens, in dem an sich schon disqualifizierte Vergehen noch ausdrücklich unter dem Blickpunkt des mit Jahwe bestehenden Treueverhältnisses gewertet werden. Mit anderen Worten: die theologische Eigenart des Begriffes »Treulosigkeit« besteht darin, daß die rechtliche Implikation des Gemeinschaftsverhältnisses mit Gott auf die Ebene des ethischen Kriteriums der Treue, und zwar der personalen Treue gegen Gott selbst, verlagert wird.

Zur Frage des Verhältnisses von irrtümlicher und wissentlicher Treulosigkeit vgl. Elliger, HAT 4,75f. Die herkömmliche Übersetzung »Treulosigkeit« ist jedoch Elligers Übersetzung »Pflichtverletzung« vorzuziehen.

5. Gebrauch und Bedeutung des Wortes in den Qumranschriften (Verbum und Nomen, s. Kuhn, Konk. 127) schließen sich der in den nachexilischen Texten erkennbaren Entwicklung an. Der Mischnatraktat *M^eʿīlā* handelt von Veruntreuungen des Geheiligten.

Die LXX verwendet über ein Dutzend verschiedene gr. Wörter zur Übersetzung von *mʿl*. Dabei sind die jeweiligen Übersetzer überwiegend konsequent (z.B. Jos, Dan und Sir πλημμελεῖν »Fehler machen«, Ez meist παραπίπτειν »übertreten«, Esr/Neh ἀσυνθετεῖν »vertragsbrüchig sein«), und nur die Übersetzer von Lev/Num und Chr sind recht flexibel. Insgesamt aber trifft keiner der gr. Begriffe die Grundbedeutung des hebr. Begriffes.

R. Knierim

מצא *mṣʾ* finden

1. Die gemeinsemitische Wurzel *mṣʾ* kommt im AT nur als Verbum (Qal, passives Ni., kausatives Hi.) vor. Obwohl der Raumcharakter in hebr. *mṣʾ* wie in akk. *maṣû* nur spärlich belegt ist, handelt es sich sehr wahrscheinlich um ein ursprüngliches Bewegungsverbum »hingelangen«. Dafür sprechen Stellen wie Jes 10,10.14; Ps 21,9; Hi 11,7, wie auch die Hi.-Belege, die alle nur als Kausative eines Bewegungsverbums zu verstehen sind (am besten ist der räumliche Sinn in äth. *maṣʾa* »kommen« konserviert).

Die etymologische Frage wird kompliziert durch das Vorhandensein einer weiteren Wurzel **mẓj* (vgl. G. Garbini, Il semitico di nord-ovest, 1960, 30) »kommen, erreichen«, die im ug. *mġy* (UT Nr. 1520; WUS Nr. 1627) und im aram. *mṭj* (reichsaram., bibl.-aram. *mṭʾ* q. »reichen an, eintreten, ankommen« [8× in Dan], syr. usw.: KBL 1092f.) gut belegt ist (vgl. noch Huffmon 232; Gröndahl 156; nach G.R. Driver, ZAW 50,1932, 146, aufgenommen von KBL 515b, auch in *māṭā* »gelangend« Spr 24,11; Verwandtschaft mit arab. *maḍā* »gehen« ist umstritten, vgl. z.B. P.Fronzaroli, La fonetica ugaritica, 1955, 35).*

Die Wurzel *mṣ'* fehlt im Arab. und ist im Aram. seltener belegt: äg.-aram. »finden«(?) (DISO 164); syr. und mand. »können, finden« (LS 398f.; Drower-Macuch 276b); jüd.-aram. q./itpe. »können«, af. »finden lassen« (Dalman 248a); vgl. sonst akk. *maṣû* »entsprechen, genügen, ausreichen« (AHw 621f.); ug. *mṣ'* D »gelangen lassen« (WUS Nr. 1634; Nebenform *mẓ'* »jem. treffen«, WUS Nr. 1649; vgl. UT Nr. 1524, auch zum Altsüdarab.); äth. »kommen« (Dillmann 226f.). Eine abschließende Klärung der Fragen des Verhältnisses der Wurzeln zueinander und allfälliger gegenseitiger Beeinflussungen ist noch nicht erreicht.*

Für »finden« verwendet das Aram. normalerweise *škḥ* (bibl.-aram. ha. 9×, hitpe. pass. 9×; KBL 1130a). Die sinngemäße akk. Entsprechung ist nicht *maṣû*, sondern *kašādu*, das die gleiche Entwicklung wie hebr. *mṣ'* durchgemacht hat: »hingelangen (ein Ziel erreichen) > finden«; vgl. lat. *venire – invenire*.

2. Das AT hat 454 Belege des Verbums in normaler Streuung, und zwar Qal 306× (Gen 44×, 1Sam 27×, Spr 24×, Ps und Pred je 17×, Dtn 16×, 1Kön 14× inkl. 1Kön 18,5 qal Impf. 1. plur. [Lis. ni. Perf.]), Ni. 141× (2Chr 20× [in Lis. fehlt 2Chr 21,17]), Hi. 7× (exkl. 2Sam 18,22 [*jṣ'* hi.]).

3. a) Der Sinnbereich von *mṣ'* »finden« hat eine auffallende Affinität zu dem von →*bqš* pi. »suchen«. Wenn dem »Finden« ein explizit ausgesagtes »Suchen« voraus- oder nebenhergeht, kommt mit wenigen Ausnahmen *bqš* pi. zur Anwendung (etwa 35 Stellen), während →*drš* und andere Verben des Suchens nur vereinzelt als Gegenbegriff zu *mṣ'* stehen (Jenni, HP 249). Wie *bqš* pi. zunächst das Suchen eines Verlorenen oder Vermißten meint und Personen, Tiere oder Sachen als Objekt haben kann, ist für *mṣ'* das entsprechende »Finden« als Hauptbedeutung festzustellen. In etwa einem Drittel der sämtlichen Belege handelt es sich um das Finden eines Gesuchten, dessen örtliche Lage unbekannt war, wie z.B. Gen 19,11 (lat. *invenire*).

Eine Bedeutungserweiterung liegt an den zahlreichen Stellen vor, wo *mṣ'* ein zufälliges Finden ohne vorhergehendes Suchen meint, z.B. Gen 30,14 (lat. *reperire*).

Neben diesem zunächst örtlich orientierten Gebrauch hat *mṣ'* einen zweiten großen Verwendungsbereich, der hauptsächlich außerhalb der räumlichen Sphäre liegt. Es bezeichnet Ziel und Ergebnis irgendeiner Bestrebung in weiterem Sinne: »erreichen, aufbringen« (z.B. Hi 31,25); vgl. *nśg* hi. (»einholen, erreichen«, 49× [exkl. Hi 24,2]), das oft annähernd synonym zu *mṣ'* steht, dessen Objekt jedoch zunächst nicht als verschwunden, sondern fliehend, vorauseilend gedacht wird. Diese Verwendung entspricht einer Gebrauchsweise von *bqš* pi. in emotionell-voluntativem Sinn (»nach etwas trachten, sich zu verschaffen suchen«).

Wie das »Suchen« dabei ein feindliches Nachstellen sein kann, so bekommt das »finden« entsprechend nicht selten den Sinn »in seine Gewalt bekommen«, z.B. 2Sam 20,6 (lat. *usurpare*). Als Subjekt können dabei auch Abstrakta stehen: »Unheil« (Gen 44,34; Dtn 31,17.21; Hi 31,29; Est 8,6), »Schuld« (Num 32,23; 2Kön 7, 9), »Mühsal« (Ex 18,8; Num 20,14; Neh 9,32), »Angst« (Ps 116,3; 119,143).

b) Das Ni. dient zunächst als Passiv zum Qal (»gefunden werden« und »erreicht werden«), ferner als Passiv zu feindlichem »finden«, d.h. »in die Gewalt kommen« (Jer 50,24). S.Iwry, Textus 5, 1966, 34–43, will im Part. ni. *nimṣā'* einen terminus technicus für »Gefangener, displaced person« sehen.

Vornehmlich in der chronistischen Literatur findet sich ein reflexivischer Gebrauch des Ni., »sich erweisen« (Esr 10,18; Neh 13,1; 1Chr 24,4; 2Chr 2,16).

Sehr oft hat *mṣ'* ni. einen abgeschwächten Sinn: »sich irgendwo befinden« (mit Ortsbestimmung, etwa 30×), in der späteren Sprache sogar »gegenwärtig sein« (2Chr 35,7.17f.). Etwa 50× ist *mṣ'* ni. fast synonym mit →*hjh* q. »es gibt« (Gen 41, 38; Dtn 21,17).

4. Eine speziell theologische Verwendung von *mṣ'* ist nicht vorhanden. Nur 13× steht Gott als Subjekt des Findens, ohne Unterschied zum profanen Gebrauch (Gen 2,20; 18,26.28.30; 44,16; Dtn 32, 10; Jer 23,11; Ez 22,30; Hos 9,10; Ps 17, 3; 89,21; Hi 33,10; Neh 9,8; ferner Jes 10,10.14 »meine [Gottes] Hand«). Zu der von R.Bach, Die Erwählung Israels in der Wüste, Diss. Bonn 1951 (vgl. ThLZ 78, 1953, 687) auf Grund von Dtn 32,10 und Hos 9,10 (sowie weiterer Stellen ohne *mṣ'*) erschlossenen, von der Exodustradition unabhängigen »Fundtradition« vgl. E.Rohland, Die Bedeutung der Erwählungstraditionen Israels für die Eschatologie der atl. Propheten, 1957, 27–32; Wolff, BK XIV/1,212f.; von Rad, ATD 8,141; kritisch: Zimmerli, BK XIII,345f.; Rudolph, KAT XIII/1,185.

Noch seltener ist Gott Objekt von *mṣ'*

(Dtn 4,29; Jer 29,13; Hos 5,6; Hi 23,3; 37,23); in Betracht kommen ferner folgende Objekte aus der Weisheitsliteratur, wo *mṣ'* nicht selten den kognitiven Sinn »erkennen« hat: »Tiefen Gottes« und »Vollkommenheit des Allmächtigen« (Hi 11,7), »Gotteserkenntnis« (Spr 2,5), »Gottes Werk« (Pred 3,11; 8,17); ferner »Wort Gottes« (Am 8,12).

»Bei jemandem Gnade finden« ist 40× belegt, davon 13× auf Gott bezogen (Gen 6,8; 18,3; 19,19; Ex 33,12.13.13.16.17; 34,9; Num 11,11.15; Ri 6,17; 2Sam 15,25). Die Phrase, die ausschließlich in Erzählungstexten erscheint, ist eine bloße Höflichkeitsbezeugung ohne religiöse Prägung (→*ḥēn* 3a).

5. Die 16 Belege aus den Qumrantexten (Kuhn, Konk. 130b) weichen vom biblischen Sprachgebrauch nur insofern ab, daß sie ein markantes Übergewicht des Passivs aufweisen (3× qal, 13× ni.). In der LXX wird *mṣ'* überwiegend mit εὑρίσκειν übersetzt (etwa 385×), aber außerdem erscheinen mindestens etwa zwanzig andere Äquivalente; vgl. H. Preisker, Art. εὑρίσκω, ThW II, 767f. *G. Gerleman*

מָרֵא *mārē'* (aram.) **Herr** → אָדוֹן *'ādōn*.

מרד *mrd* sich auflehnen

1. Die Wurzel *mrd* »sich auflehnen« begegnet nur im NW- und Südsem., mit einheitlicher Bedeutung.

Die ältesten außerbiblischen Belege entstammen dem Reichsaram. (DISO 167; vgl. auch GenAp 21, 27). Außer im Hebr. und Aram. findet sich die Wurzel noch arab., altsüdarab. und äth. (KBL 564b).

Im atl. Hebr. kommen neben dem Verbum (nur im Qal) noch die Subst. *mæræd* (Jos 22,22) und *mardūt* (1Sam 20,30) »Auflehnung« vor. Das Bibl.-Aram. kennt *m^erad* »Auflehnung« (Esr 4,19 par. *'æštaddūr* »Empörung«) und *mārād* (BLA 191: Nominalform qattāl) »Aufruhr« (Esr 4,12.15).

2. Statistik: *mrd* q. 25× (Jos 5×, 2Kön und Ez 4×, Neh 3×, Dan und 2Chr 2×; Gen 14,4; Num 14,9; Jes 36,5; Jer 52,3; Hi 24,13), *mæræd* und *mardūt* je 1×; bibl.-aram. *m^erad* 1×, *mārād* 2×; insgesamt 30 Belege.

Die ältesten Belege sind Num 14,9 (J); 2Kön 18, 7.20 = Jes 36,5; 2Kön 24,1.20 = Jer 52,3. Der Rest gehört der exilisch-nachexilischen Zeit an.

3. a) *mrd* ist ein völkerrechtlicher Begriff (12× sowie Esr 4,12.15.19 und 1Sam 20,30 in nicht-theologischem Gebrauch). Dies geht eindeutig aus den Kontexten hervor: Der sich Auflehnende war durch Vertrag (Ez 17,13–15) und durch Eid bei Gott (2Chr 36,13) zum Vasallen (*'æbæd*) eines Königs geworden (Gen 14,4; 2Kön 18,7; 24,1; 2Chr 13,6) und zum Halten des Vertrages verpflichtet (Ez 17,14f.). Durch Auflehnung bricht er Vertrag und Eid bei Gott und versucht, sich politisch selbständig zu machen. Vgl. auch Esr 4, 12.15.19. Parallelbegriff in den politischen Kontexten ist →*qūm* »sich erheben« (2Chr 13,6).

Die Belege im aram. Teil der Behistun-Inschrift Darius' I. (*mrdj'* »Rebellen«, Cowley 251ff., Z. 1.3.5. 7.8.44; das akk. Äquivalent *nekru* »Feind« [AHw 776a] hat allgemeinere Bedeutung) beziehen sich auf die Bürgerkriegszustände nach dem Tode des Kambyses, diejenigen der Texte Cowley Nr. 27, Z. 1; Driver, AD Nr. 5, Z. 6; Nr. 7, Z. 1 (jeweils *mrd* q.) auf die Wirren von 411/410 v. Chr. in Ägypten (Driver, AD 9). GenAp 21,27 (*mrd* q.) gibt Gen 14,4 wieder.

Das Verbum hat fast durchweg die Präposition *b^e* bei sich, nur spät die Präposition *'al* »gegen« (Neh 2,19; 2Chr 13,6), während es in Gen 14,4 und Neh 6,6 absolut steht.

Der Begriff begegnet im Chronikstil (Gen 14,4; 2Kön 18,7; 24,1.20 = Jer 52,3; 2Chr 36,13), im Disput (1Sam 20,30; 2Kön 18,20 = Jes 36,5; Neh 2,19; 2Chr 13,6), in Lehrerzählung (Ez 17,15) und Brief (Neh 6,6).

b) *mrd* bezieht sich grundsätzlich auf Auflehnung im unvollendeten Stadium. Ausgenommen 2Chr 36,13 mißlingt sie immer. Vgl. besonders die Dispute über das Gelingen (s.o.).

Auch 1Sam 20,30 (*mardūt*) hat eine politische Implikation, wie der Kontext V. 30f. zeigt: Nach Sauls Meinung lehnt sich Jonathan durch seine Treue zu David gegen Saul und dessen Königtum auf.

c) Das unter 3a–b gezeigte Verständnis des Begriffes bestimmt seine Übersetzung und seine Unterscheidung von sinnverwandten Begriffen. Die sachgemäße Übersetzung lautet: »sich auflehnen (*b^e* = gegen)« bzw. »Auflehnung«, im Unterschied zu »abfallen, abtrünnig werden«, das mehr eine vollendete Tatsache meint und einem anderen hebr. Begriff entspricht.

Die Zürcher Bibel ist in der Übersetzung (einschließlich der theologischen Belege) durchaus inkonsequent, wenn sie *mrd* a) mit »sich empören« (Jos 22,16.18.19.29; Ez 20,38; Neh 9,26; 2Chr 13,6), b) mit »widerspenstig sein« (Num 14,9), hebr. →*mrh*, c) mit »abtrünnig werden« (2Kön 18,7.20 = Jes 36,5; Ez 2,3; Dan 9,5.9) oder mit »abfallen« (Gen 14,4; 2Kön 24,1.20 = Jer 52,3; Ez 17,15; Neh 2,19; 6,6; 2Chr 36,13), hebr. →*pš'*, übersetzt.

mrd ist also einesteils unterschieden von *pš'* »brechen mit« im Sinne einer vollendeten Tatsache (nur in der späteren theologischen Sprache wird der Unterschied verwischt); andererseits ist es sinnverwandt mit →*lūn* ni./hi. »rebellieren«, wobei *lūn* die revolutionäre Ersetzung des Angegriffenen durch den Angreifer zum Ziele hat, *mrd* dagegen nur die Selbständigkeit des sich Auflehnenden.

d) Die politische Auflehnung der israelitischen bzw. judäischen Könige, vom Standpunkt der betroffenen Großreiche aus natürlich ein Vertragsbruch, ist in den Texten verschieden beurteilt: positiv in 2Kön 18,7.20ff.; negativ in 2Kön 24,1.20; Ez 17,15; 2Chr 36,13. Politische Auflehnung ist nicht an sich gut oder böse (wie denn auch der Chronikstil neutral berichten kann, Gen 14,4), sondern sie wird – im Kontext – vom Gesichtspunkt des Verhältnisses des Rebellen zu Jahwe aus beurteilt. Die politische Tat hat demnach durchaus eine theologische Dimension.

4. Auflehnung gegen Jahwe ist immer illegitim (12 Belege, dazu Hi 24,13: Auflehnung gegen das Licht). Hinsichtlich des Verhältnisses zu Jahwe meint *mrd* das Sich-Auflehnen gegen das Treue- und Dienstverhältnis mit Jahwe, den Versuch, sich ihm zu entziehen.

Auch hier überwiegt die Verbindung mit der Präposition *b*^{e} (Num 14,9; Jos 22,16.18.19bα.29; Ez 2,3aα; 20,38; Dan 9,9; Neh 9,26); Jos 22,19bβ hat *'æt*; Ez 2,3aβ und Dan 9,5 stehen absolut.

Auflehnung geschieht in Vertrauenslosigkeit (Num 14,9), in – vermutetem – Fremdgötterdienst (Jos 22,18–29), oder es ist grundsätzlicher Begriff für das Verhalten des Gottesvolkes, so in prophetischer Anklage (Ez 2,3; 20,38) oder im Sündenbekenntnis des Volkes (Dan 9,5.9; Neh 9,26).

Die sinnverwandten Begriffe sind in diesem Spätstadium gehäuft und generalisiert gebraucht. Die verallgemeinernde, theologisch disqualifizierende Intention drängt die spezielle Herkunft zurück. Bester Parallelbegriff ist *má'al* »Untreue« (→ *m'l*; Jos 22,16.22 [*mæræd*]), der allerdings bezeichnenderweise nur im theologischen Kontext begegnet, wo der im politischen Bereich neutrale Begriff den Vorgang der Auflehnung automatisch disqualifiziert. Ez 2,3 hat *pš' b*^{e}, in 20,38 als Hendiadyoin mit *mrd* (»Empörer und Abtrünnige/Treubrüchige«). Je später, desto allgemeiner und gehäufter werden die Parallelwendungen (vgl. Jos 22,16.29 P; Neh 9,26; Dan 9,5).

5. In den Qumrantexten ist das Verbum nach Kuhn, Konk. 133, dreimal belegt: 1QpH 8,11 (gegen Gott); 8,16; CD 8,4.

Die LXX verwendet als Übersetzung für das Verbum vornehmlich das schon nicht mehr ganz präzise ἀφιστάναι (9×), ferner ἀθετεῖν »aufheben, beseitigen« (2Kön 18,7.20; 24,1.20; 2Chr 36,13) und verschiedene einzelne Verben und Wendungen. Vgl. noch H. Schlier, Art. ἀφίστημι, ThW I,509–511. *R. Knierim*

מרה *mrh* widerspenstig sein

1. Die Wurzel *mrh (*mrj)* »widerspenstig sein« ist in dieser Bedeutung auf das Hebr. beschränkt; Brockelmann u.a. (LS 402a; KBL 565a) stellen hebr. *mrh* mit jüd.-aram. *mrj* af. »zornig machen«, syr. *mrj* pa. »wetteifern«, arab. *mrj* III »disputieren« zusammen.

Im atl. Hebr. sind belegt: das Verbum im Qal und im innerlich-kausativen Hi. (GK §53d; Bergstr. II,102) und das Segolatnomen *m*^{e}*rī* »Widerspenstigkeit« (BL 577ff.).

Zu den Personennamen *M*^{e}*rājā* und *M*^{e}*rājōt* vgl. Noth, IP 250; Rudolph, HAT 20,66f. (»Trotzkopf«?), zu *Jimrā* (1Chr 7,36 txt?) Noth, IP 246; Rudolph, HAT 21,74; zum Landschaftsnamen *M*^{e}*rātájim* (für Babel, Wortspiel im Anklang an akk. *nār marrātu*) vgl. Rudolph, HAT 12,302f.

2. Das Verbum (q. 22×, dazu Zeph 3,1 mit der Nebenform *mr'*; hi. 22×, dazu Ex 23,21, jetzt als Form von *mrr* punktiert) begegnet 10× in Ps, 8× in Dtn, je 4× in Jes, Ez und Klgl, sowie vereinzelt vorwiegend in historischen Büchern. *m*^{e}*rī* kommt 23× vor, davon 16× in Ez. Sicher vorexilisch sind: Dtn 21,18.20; 1Sam 15,23; 1Kön 13,21.26; Jes 1,20; 3,8; 30,9; Jer 4,17; 5,23; Hos 14,1; vielleicht auch Ps 78,8.17.40.56; 107,11; Spr 17,11.

3. a) Als Ausdruck für eine seelische Grundhaltung gehören *mrh* »widerspenstig, trotzig sein« und *m*^{e}*rī* »zornige, trotzige Widerspenstigkeit« in den Bereich anthropologischer Begrifflichkeit. Indem das Wort durchweg ein wissentliches und willentliches Verhalten impliziert, macht es das aktive, subjektive Beteiligtsein des Menschen an seiner Einstellung einsichtig (vgl. Dtn 21,18.20; Jes 30,9; Jer 5,23; Ps 78,8). »Widerspenstigkeit« erscheint somit als grundsätzliche, trotzige Opposition.

b) Die Widerspenstigkeit äußert sich entweder in offenem Widerspruch als Wortereignis (Num 17,25; 20,10; vgl. V. 3–5; 27,14; Dtn 1,26; Ps 78,17–20) oder in Taten (Dtn 21,18–21; 1Sam 12,14f.;

1Kön 13,21.26; 2Kön 14,26; Jer 4,17f.; Ez 5,6; 20,8.13.21). Vgl. Jes 3,8 »weil ihre Zunge und ihre Taten wider den Herrn sind, den Augen seiner Majestät zu trotzen« (Zürcher Bibel).

c) Von etwa zwanzig sinnverwandten Wörtern in den Kontexten von *mrh/m^e^rī* sind die wichtigsten: *lō* →*šm'* »nicht hören« (sehr häufig, z.B. Dtn 9,23; Jos 1,18; Jes 30,9; Ez 20,8;) *m'n* pi. »sich weigern« (Jes 1,20; Neh 9,17); →*rīb* »hadern« (Num 20,3 und 10); →*lūn* »rebellieren« (Num 17,25 *t^e^lunnōt*); *lō* →*'bh* »nicht wollen« (Dtn 1,26; Jes 30,9); *srr* »störrisch sein« (Dtn 21,18; Ps 78,8; vgl. *sārā* »Widerspenstigkeit«); →*m's* »verwerfen« (Ez 20,13); vgl. ferner Dtn 1,26f.; 9,23; 31,27; Jes 30,9; 63,10; Hos 14,1; Ps 106,7; Klgl 3,42; Neh 9,26. Vgl. noch die Wendungen mit *'ōræf* »Nacken« und *qšh* hi. »verhärten« (Ex 32,9 u.ö.) bzw. *qāšæ* »hart« (Dtn 10,16 u.ö.) zur Umschreibung der Widerspenstigkeit als »Hartnäckigkeit«. Zu *sārāb* »widerspenstig« Ez 2,6 txt? vgl. Zimmerli, BK XIII,10; Wagner Nr. 205; zu *'ēṣā* II →*j'ṣ* 1.

4. a) Von Ausnahmen abgesehen (Dtn 21,18.20; Hi 17,2; 23,2; Spr 17,11), ist *mrh/m^e^rī* durchweg auf Widerspenstigkeit gegen Gott bezogen. Vgl. die formelhaften Wendungen *mrh 'im-/'æt-/b^e^Jhwh* »widerspenstig sein gegen Jahwe« (Dtn 9,7. 24; 31,27; Jer 4,17; Ez 20,8.13.21; Ps 5, 11; 78,40; gegen Gott: Hos 14,1; Ps 78, 56; gegen den Geist Gottes: Ps 106,33; gegen die Augen seines *kābōd*: Jes 3,8).

b) Die ältesten Belege (s.o. 2) lassen erkennen, daß der Begriff zunächst für begrenzte Situationen verwendet wird: Widerspenstigkeit des Sohnes gegen die Eltern (Dtn 21,18.20), Widerspenstigkeit als Wahrsagerei (1Sam 15,23 par. zu ungedeutetem *hafṣar* = *pṣr* hi.), als Ungehorsam gegen ein bestimmtes Jahwewort (1Kön 13,21.26; Jes 1,20). In der Prophetie des 8. und 7. Jahrhunderts wird das Wort dann auf das Gesamtverhältnis des Volkes zu Jahwe ausgeweitet (Jes 3,8; 30,9; Hos 14, 1; Jer 4,17; 5,23).

c) Von da an begegnet das Wort in Texten, in denen anklagend Israels Widerspenstigkeit gegen Jahwes offenbare Geschichtstaten, speziell jene in der Wüste, zur Sprache kommt: Num 17,25; 20,10. 24; 27,14 (P); Dtn 9,7.23f.; 31,27; Jes 63, 10; Ps 78,8.17; 106,7.43. Vor allem aber richtet sich die Widerspenstigkeit gegen Jahwes Wort selbst: Jes 30,9; 50,5; Ez 2, 4ff.; 5,6; 20,13.21; Ps 105,28. Charakteristisch ist die anklagende Formel *mrh* q./hi. *'æt-pī Jhwh* »gegen den Mund (= Wort, Gebot) Jahwes widerspenstig sein« (q. Num 27,14; 1Kön 13,21.26; hi. Dtn 1,26. 43; 9,23f.; Jos 1,18; 1Sam 12,14f.). Vgl. hierzu den Ausdruck »nicht hören« (s.o. 3c). Die ursprüngliche Tradition von der Widerspenstigkeit gegen das dem Propheten zuteil gewordene Jahwewort (1Kön 13,21.26; Jes 30,9) ist – umgekehrt – aufgenommen worden in Jes 50,5 »der Herr Jahwe hat mir das Ohr geöffnet, und ich bin nicht widerspenstig ...« (ähnlich Ez 2,8).

Für Ezechiel endlich ist die Widerspenstigkeit gegen das prophetische Wort (Ez 2,5.8; 3,9; 5,6; 20,13.21) zum Stigma des Gottesvolkes geworden, was sich in der stereotypen deklaratorischen Formel »Haus der Widerspenstigkeit« niederschlägt (Ez 2,5.6.7; 3,9.26.27; 12,2.3.9.25; 17,12; 24, 3; 44,6); vgl. auch Jes 30,9; Ps 78,8. Hier wird das Verhalten des ganzen Gottesvolkes in seiner gesamten Geschichte als Widerspenstigkeit gegen Jahwes offenbares Reden disqualifiziert; ähnlich dann auch im Sündenbekenntnis (Klgl 1,18.20; 3,42; Neh 9,17.26).

In diesen Belegen wird *mrh/m^e^rī* zu einem zentralen Begriff für Sünde, durch den das Verhältnis Israels zu Jahwe in einer ganz bestimmten Weise, nämlich als grundsätzliche, bösartige Opposition gegen alles, was von Jahwe offenbar ist, charakterisiert wird. Der Begriff steht damit der Verstockungsterminologie nahe.

5. Die Qumrantexte verwenden nur das Verbum (4×, CD 9,10 enthält *'mr* »sagen«). Die Bedeutung ist erhalten, jedoch im ursprünglichen engeren Sinne von Widerspenstigkeit gegen den Rat des Nächsten, das Wort Gottes, die Umkehr.

Die LXX übersetzt *mrh/m^e^rī* mit zahlreichen verschiedenen gr. Wörtern, am häufigsten mit παραπικραίνειν »erbittern« (durchweg in Ps und – mit Ausnahme von Ez 5,6; 12,2; 20,13.21 – in Ez, dazu in Dtn 31,27; 1Kön 13,21.26; Klgl 1,18. 20; vgl. πικρός in 2Kön 14,26), das unter dem Einfluß von *mrh* die ursprüngliche Bedeutung (= hebr. *mrr*) erweitert hat (darüber W. Michaelis, Art. πικρός, ThW VI,122–127). *R. Knierim*

משׁח *mšḥ* salben → מֶלֶךְ *mælæk*.

משׁל *mšl* herrschen

1. Die Wurzel *mšl* II »herrschen, regieren (lat. dominari)« (zu unterscheiden von *mšl* I < **mṯl* »gleich sein«, →*dmh* 3a) ist vorläufig nur im NWSem. (phön., pun., altaram.: DISO 171; nicht im Ug.) bezeugt und auch dort verhältnismäßig selten. Im AT ist sie hauptsächlich im Qal, weniger oft im Hi. belegt; das Part. *mōšēl* neigt dazu, zum selbständigen Subst. (»Herrscher«) zu werden. Von *mšl* werden die Subst. *mōšæl* »Herrschaftsbereich«, *mimšāl* »Herrschaft, das Herrschen« und *mæmšālā* »Reich, Regierung« gebildet.

Im Bibl.-Aram. wird *mšl* durch die Wurzel *šlṭ* vertreten (auch akk., ug.; zu den mannigfachen Entlehnungen im Hebr., Arab. und Äth. s. Wagner Nr. 306–309): q. »herrschen«, ha. »zum Herrn machen«, *šilṭōn* »Beamter«, *šolṭān* »Herrschaft«, *šallīṭ* »mächtig« (KBL 1131); im Hebr. begegnen *šlṭ* q./hi., *šilṭōn* und *šallīṭ* »Machthaber«, *šallæṭæt* »mächtig« (KBL 977).

2. Das Verbum hat im Qal 77 (exkl. Jes 28,14), im Hi. 3 Belege; aus den 43 Stellen, an denen das Part.act.masc.qal verwendet wird (davon 33 × sing.) lassen sich die Belege für substantivierten Gebrauch nicht eindeutig ausgrenzen (nach Lis. 24 ×). Von den Substantiven begegnen *mōšæl* 2 × (spät: Sach 9,10; Dan 11, 4), *mimšāl* 3 × (spät: Dan 11,3.5; 1Chr 26,6), *mæmšālā* 17 ×.

3. a) Je nach dem Zusammenhang wird die Bedeutung von *mšl* folgendermaßen nuanciert:

(1) »herrschen« im allgemeinen, nicht politischen Sinn, meistens mit *bᵉ* »über« konstruiert: (a) der Mensch über die Schöpfung: Ps 8,7 hi. »du setztest ihn zum Herrscher über das Werk deiner Hände«; (b) der Mensch über seinen Mitmenschen (z. B. der Mann über die Frau, ein Bruder über seine Geschwister, der Herr über den Sklaven, ein Land über andere): Gen 3, 16; 37,8 (par. →*mlk*); Ex 21,8; Dtn 15,6; Jo 2,17; Hab 1,14 (negativ, vgl. aber 1QpHab); Ps 106,41; Spr 12,24; 17,2; 19,10; 22,7; Klgl 5,8; (c) im Sinn von Selbstbeherrschung: Gen 4,7 txt?; Ps 19, 14; Spr 16,32 (Part., im folgenden mit * bezeichnet); (d) im Sinn von »verwalten«: Gen 24,2*; Ps 105,21*;

(2) »herrschen« im politischen Sinn: Gen 45,8*.26*; Jos 12,2*.5* (Subj. →*mǽlæk*); Ri 8,22–23; 9,2; 14,4*; 15,11*; 2Sam 23,3*; 1Kön 5,1*; Jes 3,4.12; 14, 5*; 16,1*; 19,4 (Subj. *mǽlæk*); 49,7* txt? (par. *mǽlæk*); Jer 22,30* (par. »einer, der auf dem Thron Davids sitzt«); 30, 21*; 51,46*; Ez 19,11*; Sach 6,13 (neben »auf dem Throne sitzen«); Hi 25,2; Spr 23,1*; 29,2.12*.26*; Pred 9,17*; 10,4*; Dan 11,3–5 (par. *mǽlæk*). 39.43; Neh 9, 37*; 2Chr 7,18* (par. »Thron deiner Königsherrschaft«); 9,26*; 23,20*;

(3) »herrschen« mit Jahwe als Subjekt oder in bezug auf ihn: Jes 40,10; 63,19; Ps 22,29 (par. *mᵉlūkā* »Reich«); 59,14*; 66,7*; 89,10*; 103,19 (Subj. »seine Königsmacht«); 1Chr 29,12*; 2Chr 20,6 (»über alle Königreiche der Völker«);

(4) vom eschatologischen Herrscher: Mi 5,1*.

b) In den letzten drei Bedeutungen deckt sich also *mšl* oft mit *mlk* »(als König) herrschen« (und Derivaten).

Weitere sinnverwandte Vokabeln sind:

(1) *rdh* »(die Kelter) treten« (Jo 4,13) und »herrschen« (21 × ; Gen 1,26.28 der Mensch über die Tiere; Ps 72,8 weltweite Herrschaft des Königs; nicht mit Gott als Subj.; hi. Jes 41,2 txt?);

(2) *śrr* q. »herrschen« (Ri 9,22; Jes 32,1; Spr 8, 16; Est 1,22; 1Chr 15,22 *śrr* »vorstehen«; hitp. »sich zum Herrscher machen« Num 16,13.13; hi. »zum *śar* machen« Hos 8,4 par. *mlk* hi.), dazu die Subst. *śar* »Beamter, Oberster« (421 ×, davon Jer 56 ×, 2Chr 51 × [Lis. 1386b ist 2Chr 35,25 zu streichen], 1Chr 47 ×, Gen, 1Kön und 2Kön je 25 ×, Dan 18 ×, Num, 1Sam, Jes und Neh je 17 ×, 2Sam und Est 15 ×, Esr 11 ×, Ex 10 ×, Ri und Ps 9 ×, Hos 8 ×, Dtn 5 ×, Hi und Klgl 4 ×, Ez, Spr und Pred 3 ×, Jos, Am und Zeph 2 ×, Mi 1 ×, also vorwiegend in den erzählenden Büchern; Jos 5,14f. und Dan 8,25.25; 10,13.20. 20.21; 12,1 von Engelwesen) und *śārā* »Fürstin« (Ri 5,29; 1Kön 11,3; Jes 49,23; Klgl 1,1; Est 1,18; vgl. den Personennamen *Śāraj*/*Śārā*), vgl. akk. *šarru* »König«;

(3) *miśrā* »Herrschaft« (Jes 9,5f.; Wurzel *śrh*);

(4) *šlṭ*, s.o. 1; vgl. noch →*špṭ*.*

4. a) »Herrschen« im allgemeinen Sinn hat in manchen Fällen theologische Relevanz. Ps 8,7 z.B. redet von einer Herrschaft des nach Gottes Ebenbild geschaffenen Menschen (→*ṣǽlæm*) über die zu unterwerfende Schöpfung (Gen 1,26.28 *rdh* »herrschen«, V. 28 neben *kbš* »niedertreten, unterjochen«; vgl. noch Gen 1,18 vom Herrschen [*mšl*] der beiden großen »Lichter« über Tag und Nacht, ebenfalls von P). Die Tatsache, daß hier nicht die Wurzel *mlk* gebraucht wird, ist dabei unerheblich, da P den Gebrauch dieser Wurzel meidet (→*mlk* 2), während im Psalter ihre Anwendung auf den Menschen zu Verwechslungen mit dem die Königsherrschaft ausübenden Jahwe hätte führen können. Deswegen erklärt es sich auch, daß oft (u.a. besonders von der skandinavischen und der »Myth and Ritual«-Schule) die Gestalt des Urmenschen auf Grund der Schilderung des Urmenschen in Ez 28, 12b–16 (vgl. V. 2b–5) als König oder als Träger königlicher Befugnisse beschrieben wird. Eine solche an sich mögliche Deutung kann allerdings nicht mit Sicherheit gegeben werden.

Was die weiteren Stellen betrifft, so wird die Herrschaft einer Person oder eines Volkes über andere oft als Gericht über die Sünde dieser letzteren dargestellt, und dies nicht nur im Rahmen der dtr. Vergeltungstheorie: Gen 3,16; Dtn 15,6; Ps 106,41.

b) Im politischen Sinn wird *mšl* ein paarmal, so Ri 8,22f. und 9,2, anscheinend bewußt anstatt der Wurzel *mlk* gebraucht, vermutlich nach jener These des Dtr., nach welcher Israel in vorköniglicher Zeit theokratisch regiert worden sei und es einen mit *mlk* bezeichneten König nicht geben durfte (→*mælæk* 4b); vielleicht sollte ferner für den Dtr. die durch die nachträglich negativ eingeschätzte Entwicklung des Königtums diskreditierte Wurzel für die konstituierende Urzeit nicht gebraucht werden. Ähnlich verfährt Ezechiel mit dem »Fürsten« der Restauration, der nicht als *mælæk*, sondern als *nāśī'* bezeichnet wird.

c) Mit Jahwe als Subjekt oder mit seiner Herrschaft verbunden erscheint *mšl* in Texten, die ideologisch zum theologischen Sondergut der Bezeichnung Jahwes als *mælæk* gehören (→*mælæk* 4a).

d) Besonders wichtig ist der durch Jahwe erweckte eschatologische *mōšēl* »Herrscher« Mi 5,1ff. (→*mælæk* 3c); bei dieser Bezeichnung ist wiederum, vielleicht aus den oben 4b genannten Gründen, die Wurzel *mlk* vermieden.

5. Die Wurzel und die meisten ihrer Ableitungen sind auch in den Qumrantexten gut belegt. Unter den Übersetzungsmöglichkeiten der LXX sind ἄρχειν (ἄρχων) und κυριεύειν am wichtigsten (vgl. G. Delling, Art. ἄρχω, ThW I,476–488; W. Foerster, Art. κυριεύω, ThW III,1097f.). Durch den oben 4d erwähnten, in Mt 2,6 (vgl. Joh 7,42) zitierten Text Mi 5,1ff. wird auch für *mšl* die Verbindung zum NT geschaffen (vgl. F. Büchsel, Art. ἡγέομαι, ThW II,909–911).

J.A.Soggin

מָתַי *mātaj* wann?

1. Das temporale Frageadverb *mātaj* »wann?« gehört zum gemeinsemitischen Grundbestand (Bergstr. Einf. 192; Moscati, Introduction 121).

Abgesehen vom Hebr. und Akk. (AHw 632b; GAG §113k.119a) fehlen bisher Belege in den älteren Texten (ug.; phön.-pun.; aram. *'mt* »wann« begegnet zuerst auf dem Ostrakon RES 1793 aus dem 5. Jh., vgl. A. Dupont-Sommer, REJ 7,1946/47, 39–51; BMAP 96; P. Grelot, VT 4,1954, 378 Anm.1; DISO 18).

In Verbindung mit *'ad* »bis« kann auch das lokale Adverb *'ānā* (bzw. *'ān* Hi 8,2) temporal verwendet werden (→*'ajjē* 2); vgl. ferner *'ad-mā* (Num 24,22 txt?; Ps 74,9; 79,5; 89,47), *'ad-mæ* (Ps 4,3) und *kammā* (Ps 35,17; Hi 7,19) in der Bed. »bis wann, wie lange«.

2. *mātaj* kommt im AT 43× vor, am häufigsten in den Ps (13×) wie auch *'ad-'ān(ā)* (5× von 14 Belegen).

3. Noch weniger häufig als bei →*'ajjē* »wo?« sind die mit *mātaj* »wann?« gebildeten Fragen echte Informationsfragen, denen eine konkrete Antwort entspricht (nur Ex 8,5; Dan 8,13; 12,6; Neh 2,6.6; vgl. auch Jes 6,11; in Jer 23,26 und Ps 101,2 ist der Text zu ändern). In der überwiegenden Mehrzahl der Fälle mit *mātaj* »wann?« oder *'ad-mātaj* »bis wann, wie lange?«, bei *'ad-'ān(ā)* »wie lange?« regelmäßig, handelt es sich um rhetorische Fragen, in denen ein unwilliger und ungeduldiger Vorwurf in verschiedenen Abtönungen zum Ausdruck kommt. Dabei wird mit dieser Frage gerne die Anrede eröffnet (vgl. Ex 10,3.7; Num 14,27 »wie lange soll ich dieser bösen Gemeinde vergeben?«; 1Sam 1,14 »wie lange willst du dich trunken gebärden?«; 16,1 »wie lange willst du Leid tragen um Saul?«; 2Sam 2,26 nach zwei anderen rhetorischen Fragen; 1Kön 18,21 »wie lange wollt ihr auf beiden Seiten hinken?«; Jer 47,5; Sach 1,12; Ps 41,6; 82,2; Spr 1,22; in Am 8,5; Hi 7,4; Spr 23,35 liegt eher ein Selbstgespräch vor; mit *'ad-'ān(ā)*: Ex 16,28; Num 14,11.11; Jos 18,3; Jer 47,6; Hab 1,2; Ps 13,2.2.3.3; 62,4; Hi 8,2; 18,2; 19,2), seltener ein zusammenfassender Abschluß der Rede erreicht (Gen 30,30; Jer 13,27), während in der Klage und in der Mahnrede (Jer 4,14.21; 12,4; 31,22; Hos 8,5; Hab 2,6; Ps 6,4; 42,3; 74,10; 80,5; 90,13; 94,3.3.8; 119,82.84; Spr 6,9.9) die Stellung freier ist. Zu beachten sind auch die Aposiopesen (Jer 23,26 txt?; Hab 2,6; Ps 6,4; 90,13) und die Häufungen der Fragen (Num 14,11; Jer 47,5f.; Ps 13,2f.; 74,9f.; 94,3; Spr 6,9).

4. Auf dem Hintergrund des Gesagten ist der Topos der vorwurfsvollen und gequälten Frage an Gott »wann, wie lange ...?« in der Volksklage (*'ad-mātaj*: Ps 74,10; 80,5 »wie lange zürnst du noch beim Gebet deines Volkes?«; 90,13; 94,3.3; vgl. *'ad-mā* Ps 79,5) und im Klagegebet des Einzelnen (*'ad-mātaj*: Ps 6,4; 119,82.84; vgl. Jer 12,4; Sach 1,12; eventuell auch Jes 6,11, vgl. Wildberger, BK X,257; *'ad-'ānā*: Hab 1,2; Ps 13,2.2.3.3; vgl. *'ad-mā* Ps 89,47; *kammā* Ps 35,17; Hi 7,19) zu sehen. Dieses in der formgeschichtlichen Untersuchung der Psalmen schon immer beachtete Formelement (vgl. u.a. Gunkel-Begrich 127.230; E. Baumann, ZAW 61,1945–48, 126–131; C. Westermann, Struktur und Geschichte der Klage im AT, ZAW 66,1954, 44–80, bes. 53f. 58f., = Forschung am AT, 1964, 276f. 282) ist einerseits demjenigen der an Gott gerichteten Frage mit *lāmmā/lāmā* »warum?« an die Seite zu stellen (vgl. A. Jepsen, Warum? Eine lexikalische und theologische Studie, FS Rost 1967, 106–113, mit Anführung der Stellen und Unterscheidung der vorwurfsvollen Frage mit *lāmmā* von der informatorischen oder verwunderten Frage mit *maddūaʿ*, →*jdʿ* I/3f), andererseits in seiner Verbindung mit dem Stil babylonischer Klage- und Bittgebete zu sehen (vgl. z. B. die Analogie in einem Klagelied an Ischtar bei E. Ebeling, Die akkadische Gebetsserie »Handerhebung«, 1953, 132–135, Z. 56.59.93f. [=AOT 259f.; ANET 384f.; Übersetzung hier nach SAHG 331.333]: »Wie lange noch, meine Herrin, sehen meine Widersacher mich finster an ... Bis wann noch, meine Herrin, kann [sogar] der Blöde [und] der Krüppel [achtlos] an mir vorbeigehen? ... Wie lange noch zürnst du, meine Herrin, und ist dein Angesicht abgewandt? Wie lange noch bist du, meine Herrin, zornerregt und ist dein Gemüt ergrimmt?«).

5. Der atl. Hintergrund der unwilligen oder klagenden rhetorischen Frage ἕως πότε »bis wann?« ist auch in 1Makk 6,22; Mt 17,17.17 par.; Joh 10,24; Apk 6,10 zu berücksichtigen.

E. Jenni

REGISTER DER DEUTSCHEN STICHWÖRTER

abschneiden 857
ach 73
sich ärgern 838
Alleinsein 104
alles 828
anderer 110
anhangen 431
Anteil 576
antun 426
anverloben 240
Arm 522
arm 23
aufdecken 418
sich auflehnen 925
aufstrahlen 753

Bann 635
bauen 325
beerben 778
begehren 579
bekennen 674
sich bekleiden 867
sich bergen 621
in Besitz nehmen 778
Besitzer 327
bestimmen 742
Blut 448
Bote 900
Bruder 98
Bund 339

danach 110
denken 641

ehren 794
einer 104
einritzen 626
Einsicht 305
Ende 110
zu Ende sein 831
Engel 900
entbrennen 633
entweihen 570
Erdboden 57
Erde 228
ergreifen 107
erkennen 682
erlösen 383
Erregung 581
erscheinen 753
erwählen 275
erweisen 426
essen 138

Feind 118
fest 177
fest sein 538
festsetzen 626
feststehen 812
feststellen, was recht ist 730
Feuer 242
finden 922
Fleisch 376
Flügel 833
folgen 486
formen 761
fragen nach 460
Frau 247
fremd 520
als Fremdling weilen 409
fromm 600
füllen 897
fürchten 765

gebären 732
gedenken 507
Gefallen haben 623
gehen 486
Gemeinde 742
Generation 443
gerade sein 790
Gesalbter 908
Gesamtheit 828
gewaltig 38
Gewalttat 583
glauben 177
gleichen 451
glücklich preisen 257
Gnade 600
gnädig sein 587
Gott 142.153
groß 402
gründen 736
Güte 600
Gunst 587
gut 652

Hand 667
harren 727
Hauch 467
Haus 308
helfen 785
Herr 31
Herrlichkeit 794
herrschen 930
Herz 861
heute 707
hinausgehen 755
hoch sein 379.394
Hoheit 472
huren 518

ich 216
Israel 782
Jahwe 701
jauchzen 415

Kind 732
König 908
kommen 264
Kraft 823
krank sein 567

Land 228
leben 549
lernen 872
leugnen 825
Licht 84
lieben 60
loben 493
Löwe 225
Los 412
lügen 817

Macht 667
Mann 130
Mensch 41
Mutter 173

nehmen 875
neu 524
Nichtigkeit 167
Nichtsein 127
sich niederwerfen 530
nützen 746

offenbaren 418
Ohr 95
Ordnung 626

pervertiert sein 597
Plan 748
Pracht 469
preisen 674
profan 570
prüfen 272

raten 748
rebellieren 870
recht sein 790
reden 433
rein sein 646
retten 785
richten 445
rühmen 493

Sache 433
sagen 211
salben 908
schaffen 336
Schande 269
schauen 533
schelten 429
schön 652
Schuldverpflichtung 251
schweigen 639
schwer sein 794
Schwester 98
segnen 353
sein 477
sicher 177
siehe 504
Sohn 316
Speise 138
sprechen 433
stark 25
stark sein 209
sterben 893
suchen 333
sühnen 842
Sünde 541

Tag 707
taub 639
teilen 576
Tempel 308
Tochter 316
Tod 893
töten 893
Tor 77.836
trauern 27
Treue 177
treulos handeln 261
treulos sein 920

Unglück 122
Unheil 81
unrein sein 664

Vater 1
sich verfehlen 541
verfluchen 236
Verfluchung 149
Verpflichtung 339
verstehen 305
vertrauen 300
verwerfen 879
verwirren 502
vielleicht 79
voll sein 897

Wahrheit 177
wann? 933
warten 727
Weg 456
wehe 474
weinen 313
weise sein 557
widerspenstig sein 928
wie 451
wissen 682
Witwe 169
wo? 125
wollen 20
Wort 433
wünschen 74

Zeichen 91
Zeit 707
Zorn 220
züchtigen 738
Zuflucht 621
zugrunde gehen 17
Zukunft 110
zurechtweisen 730
zuschanden werden 269
Zuverlässigkeit 177

Alttestamentliche Forschung im Chr. Kaiser Verlag

Joachim Begrich: Gesammelte Studien zum Alten Testament. Herausgegeben von Walther Zimmerli. 280 Seiten.

Joachim Begrich: Studien zu Deuterojesaja. Herausgegeben von Walther Zimmerli. 180 Seiten.

Walter Dietrich: Jesaja und die Politik. 328 Seiten.

Hartmut Gese: Vom Sinai zum Zion. Alttestamentliche Beiträge zur biblischen Theologie. 260 Seiten.

Hartmut Gese: Zur biblischen Theologie. Alttestamentliche Vorträge. 240 Seiten.

Christof Hardmeier: Texttheorie und Biblische Exegese. Zur rhetorischen Funktion der Trauermetaphorik in der Prophetie. 412 Seiten.

Siegfried Herrmann: Geschichte Israels in alttestamentlicher Zeit. 428 Seiten.

Kornelis Heiko Miskotte: Wenn die Götter schweigen. Vom Sinn des Alten Testaments. Aus dem Holländischen. 496 Seiten.

Martin Noth: Gesammelte Studien zum Alten Testament I. 396 Seiten / *Gesammelte Studien zum Alten Testament II.* Herausgegeben von Hans Walter Wolff. 220 Seiten.

Gerhard von Rad: Gesammelte Studien zum Alten Testament I. 352 Seiten / *Gesammelte Studien zum Alten Testament II.* Herausgegeben von Rudolf Smend. 328 Seiten.

Gerhard von Rad: Theologie des Alten Testaments. Band I: 512 Seiten. *Band II:* 480 Seiten.

Rolf Rendtorff: Gesammelte Studien zum Alten Testament. 312 Seiten.

Henning Graf Reventlow: Rechtfertigung im Horizont des Alten Testaments. 164 Seiten.

Lothar Vosberg: Studien zum Reden vom Schöpfer in den Psalmen. 128 Seiten.

Siegfried Wagner: Franz Delitzsch. Leben und Werk. 508 Seiten.

Julius Wellhausen: Grundrisse zum Alten Testament. Herausgegeben von Rudolf Smend. 140 Seiten.

Claus Westermann: Forschung am Alten Testament. Gesammelte Studien Band II. Herausgegeben von Rainer Albertz und Eberhard Ruprecht. 340 Seiten.

Claus Westermann: Grundformen prophetischer Rede. 160 Seiten.

Hans Walter Wolff: Anthropologie des Alten Testaments. 368 Seiten.

Hans Walter Wolff: Gesammelte Studien zum Alten Testament. 460 Seiten.

Walther Zimmerli: Gottes Offenbarung. Gesammelte Aufsätze zum Alten Testament. 336 Seiten.

Walther Zimmerli: Studien zur alttestamentlichen Theologie und Prophetie. Gesammelte Aufsätze Band II. 336 Seiten.

Theologisches Handwörterbuch zum Alten Testament

Zwei Bände

Herausgegeben von
ERNST JENNI
unter Mitarbeit von
CLAUS WESTERMANN

THAT

Band II

נְאֻם *neʾūm* – תְּרָפִים *terāfīm*

1979
CHR. KAISER VERLAG MÜNCHEN
THEOLOGISCHER VERLAG ZÜRICH

CIP-Kurztitelaufnahme der Deutschen Bibliothek

Theologisches Handwörterbuch zum Alten Testament:
2 Bde.; THAT / hrsg. von Ernst Jenni
unter Mitarbeit von Claus Westermann.
NE: Jenni, Ernst [Hrsg.]

2. durchgesehene Auflage 1979

ISBN 3 459 00 788 5 (Gesamtausgabe)
ISBN 3 459 00 608 0 (Bd.I)
ISBN 3 459 00 789 3 (Bd.II)

Theologischer Verlag Zürich

ISBN 3 290 11 277 2 (Gesamtausgabe)
ISBN 3 290 11 259 4 (Bd.I)
ISBN 3 290 11 276 4 (Bd.II)

Umschlagentwurf von Jan Buchholz
Gesamtherstellung: Graphischer Großbetrieb Friedrich Pustet, Regensburg
Printed in Germany

VORWORT

Vier Jahre nach Erscheinen des ersten Bandes kann nunmehr die Arbeit am THAT abgeschlossen werden. Die Herausgabe des zweiten Bandes erfolgte nach den gleichen Prinzipien, wie sie in Bd. I, S. XXIV f., dargelegt sind. Die Zahl der Mitarbeiter hat sich auf insgesamt fünfzig erhöht. Ihnen allen, von den frühzeitig ihre Beiträge abliefernden bis zu den spät noch in die Lücke tretenden, sei für ihre Mühe und Geduld herzlich gedankt, insbesondere auch Herrn Prof. D. C. Westermann, der wiederum jederzeit bereitwillig mit Rat und Tat die Herausgabe gefördert hat. Als Assistenten haben die Herren Pfr. Matthias Suter (jetzt Lauterbrunnen, Kanton Bern) und Pfr. Thomas Hartmann (Basel) in dankenswerter Weise an der Last des Kontrollierens und Korrigierens mitgetragen. Von Herrn Hartmann stammt ferner das Register der deutschen Wörter.

Da für die Herstellung des Satzes mehr als zwei Jahre benötigt wurden, konnte nicht in allen Artikeln die neueste Literatur gleichmäßig berücksichtigt werden. Diese Verzögerungen haben es dem Herausgeber aber auch ermöglicht, den statistischen Anhang auf den jetzigen Umfang auszubauen. Bei den hebräischen und deutschen Wortregistern kam es uns in erster Linie auf praktische Brauchbarkeit, weniger auf konkordanzmäßige Vollständigkeit an. Aus dem gleichen Grunde haben wir nach längerem Abwägen auf weitere Wort-, Sach- und Stellenregister verzichtet, die in der Auswahl des Aufzunehmenden notgedrungen willkürlich oder nur für Spezialisten dienlich geworden wären. Dagegen mag das Autorenregister, bei dem nur die gebräuchlichsten Handbücher nicht berücksichtigt wurden, als Hilfe bei der bibliographischen Arbeit von Nutzen sein.

Basel, im November 1975 — Ernst Jenni

INHALT

Nachträge zum Abkürzungsverzeichnis . . . . S. XI

Lexikalischer Teil . . . . Sp. 1–1060

ne'ūm	Ausspruch	D. Vetter	1
n'ṣ	verachten	H. Wildberger	3
nābī'	Prophet	J. Jeremias	7
nābāl	Tor	M. Sæbø	26
ngd hi.	mitteilen	C. Westermann	31
ng'	berühren	M. Delcor	37
ndr	geloben	C.A. Keller	39
nūaḥ	ruhen	F. Stolz	43
nūs	fliehen	S. Schwertner	47
nāzīr	Geweihter	J. Kühlewein	50
nḥh	leiten	E. Jenni	53
naḥalā	Besitzanteil	G. Wanke	55
nḥm pi.	trösten	H.J. Stoebe	59
nēkār	Fremde	R. Martin-Achard	66
nsh pi.	versuchen	G. Gerleman	69
nǽfæš	Seele	C. Westermann	71
nṣl hi.	retten	U. Bergmann	96
nṣr	bewachen	G. Sauer	99
nqh ni.	schuldlos sein	C. van Leeuwen	101
nqm	rächen	G. Sauer	106
nś'	aufheben, tragen	F. Stolz	109
ntn	geben	C.J. Labuschagne	117
segullā	Eigentum	H. Wildberger	142
sōd	Geheimnis	M. Sæbø	144
sūr	abweichen	S. Schwertner	148
slḥ	vergeben	J.J. Stamm	150
smk	stützen	F. Stolz	160
sēfær	Buch	J. Kühlewein	162
str hi.	verbergen	G. Wehmeier	173
'ǽbæd	Knecht	C. Westermann	182
'br	vorüber-, hinübergehen	H.-P. Stähli	200
'æbrā	Zorn	G. Sauer	205
'ad	immer	E. Jenni	207
'ēd	Zeuge	C. van Leeuwen	209
'ūz	Zuflucht suchen	E. Gerstenberger	221
'āwæl	Verkehrtheit	R. Knierim	224
'ōlām	Ewigkeit	E. Jenni	228
'āwōn	Verkehrtheit	R. Knierim	243
'zb	verlassen	H.-P. Stähli	249
'zz	stark sein	A.S. van der Woude	252
'zr	helfen	U. Bergmann	256
'ájin	Auge	E. Jenni (1–3)/ D. Vetter (4–5)	259

ʿîr	Stadt	A.R. Hulst	268
ʿlh	hinaufgehen	G. Wehmeier	272
ʿam/gôj	Volk	A.R. Hulst	290
ʿim	mit	D. Vetter	325
ʿmd	stehen	S. Amsler	328
ʿāmāl	Mühsal	S. Schwertner	332
ʿnh I	antworten	C.J. Labuschagne	335
ʿnh II	elend sein	R. Martin-Achard	341
ʿānān	Wolke	E. Jenni	351
ʿāfār	Staub	G. Wanke	353
ʿēṣ	Baum	J.A. Soggin	356
ʿśh	machen, tun	J. Vollmer	359
ʿēt	Zeit	E. Jenni	370
ʿtr	beten	R. Albertz	385
pʾr pi.	verherrlichen	D. Vetter	387
pdh	auslösen, befreien	J.J. Stamm	389
pǣ	Mund	C.J. Labuschagne	406
pḥd	beben	H.-P. Stähli	411
plʾ ni.	wunderbar sein	R. Albertz	413
plṭ pi.	retten	E. Ruprecht	420
pll hitp.	beten	H.-P. Stähli	427
pānîm	Angesicht	A.S. van der Woude	432
pʿl	machen, tun	J. Vollmer	461
pqd	heimsuchen	W. Schottroff	466
prr hi.	brechen	E. Kutsch	486
pǽšaʿ	Verbrechen	R. Knierim	488
pth	verleitbar sein	M. Sæbø	495
ṣābāʾ	Heer	A.S. van der Woude	498
ṣdq	gemeinschaftstreu/ heilvoll sein	K. Koch	507
ṣwh pi.	befehlen	G. Liedke	530
ṣûm	fasten	F. Stolz	536
ṣûr	Fels	A.S. van der Woude	538
Ṣijjôn	Zion	F. Stolz	543
ṣlḥ	gelingen	M. Sæbø	551
ṣǽlæm	Abbild	H. Wildberger	556
ṣmḥ	sprießen	S. Amsler	563
ṣnʿ	bedachtsam sein	H.J. Stoebe	566
ṣʿq	schreien	R. Albertz	568
ṣāfôn	Norden	W.H. Schmidt	575
ṣrr	befeinden	E. Jenni	582
qbṣ	sammeln	J.F.A. Sawyer	583
qǽdæm	Vorzeit	E. Jenni	587
qdš	heilig	H.-P. Müller	589
qāhāl	Versammlung	H.-P. Müller	609
qwh pi.	hoffen	C. Westermann	619
qôl	Stimme	C.J. Labuschagne	629
qûm	aufstehen	S. Amsler	635
qll	leicht sein	C.A. Keller	641
qinʾā	Eifer	G. Sauer	647
qnh	erwerben	W.H. Schmidt	650
qēṣ	Ende	M. Wagner	659
qṣp	zornig sein	G. Sauer	663

qr'	rufen	C.J. Labuschagne	666
qrb	sich nähern	J. Kühlewein	674
qrh	widerfahren	S. Amsler	681
qšb hi.	aufmerken	W. Schottroff	684
qšh	hart sein	A.S. van der Woude	689
r'h	sehen	D. Vetter	692
rōš	Kopf	H.-P. Müller	701
rab	viel	Th. Hartmann	715
rūaḥ	Geist	R. Albertz/ C. Westermann	726
rūm	hoch sein	H.-P. Stähli	753
rḥm pi.	sich erbarmen	H.J. Stoebe	761
rḥq	fern sein	J. Kühlewein	768
rīb	streiten	G. Liedke	771
rkb	reiten, fahren	R. Ficker	777
rnn	jubeln	R. Ficker	781
rēaʿ	Nächster	J. Kühlewein	786
rʿh	weiden	J.A. Soggin	791
rʿʿ	schlecht sein	H.J. Stoebe	794
rp'	heilen	H.J. Stoebe	803
rṣh	Gefallen haben	G. Gerleman	810
ršʿ	frevelhaft/schuldig sein	C. van Leeuwen	813
śbʿ	sich sättigen	G. Gerleman	819
śāṭān	Widersacher	G. Wanke	821
śkl hi.	einsichtig sein	M. Sæbø	824
śmḥ	sich freuen	E. Ruprecht	828
śn'	hassen	E. Jenni	835
še'ōl	Totenreich	G. Gerleman	837
š'l	fragen, bitten	G. Gerleman	841
š'r	übrig sein	H. Wildberger	844
šbʿ ni.	schwören	C.A. Keller	855
šbt	aufhören, ruhen	F. Stolz	863
šgg	sich versehen	R. Knierim	869
Šaddaj	(Gottesname)	M. Weippert	873
šāw'	Trug	J.F.A. Sawyer	882
šūb	zurückkehren	J.A. Soggin	884
šḥt pi./hi.	verderben	D. Vetter	891
šīr	singen	R. Ficker	895
škḥ	vergessen	W. Schottroff	898
škn	wohnen	A.R. Hulst	904
šlḥ	senden	M. Delcor/E. Jenni	909
šlk hi.	werfen	F. Stolz	916
šlm	genug haben	G. Gerleman	919
šēm	Name	A.S. van der Woude	935
šmd hi.	vertilgen	D. Vetter	963
šāmájim	Himmel	J.A. Soggin	965
šmm	öde liegen	F. Stolz	970
šmʿ	hören	H. Schult	974
šmr	hüten	G. Sauer	982
šǽmæš	Sonne	Th. Hartmann	987
špṭ	richten	G. Liedke	999
šqr	täuschen	M.A. Klopfenstein	1010
šrt pi.	dienen	C. Westermann	1019

šth	trinken	G. Gerleman	1022
tᵉhōm	Flut	C. Westermann	1026
tōrā	Weisung	G. Liedke/C. Petersen	1032
tkn	bemessen	M. Delcor	1043
tmm	vollständig sein	K. Koch	1045
tʻb pi.	verabscheuen	E. Gerstenberger	1051
tʻh	umherirren	J.F.A. Sawyer	1055
tᵉrāfīm	Idol(e)	K. Seybold	1057

Statistischer Anhang . . . . S. 531

Hebräisches Wörterverzeichnis 543

Aramäisches Wörterverzeichnis 565

Deutsches Wörterverzeichnis 567

Personenregister 588

NACHTRÄGE ZUM ABKÜRZUNGSVERZEICHNIS

BDB	F. Brown – S.R. Driver – Ch.A. Briggs, A Hebrew and English Lexicon of the Old Testament. 1906.
Friedrich-Röllig	J. Friedrich – W. Röllig, Phönizisch-Punische Grammatik, ²1970.
FS Albright 1971	Near Eastern Studies in Honor of W.F. Albright. 1971.
FS Barth 1936	Theologische Aufsätze, Karl Barth zum 50. Geburtstag. 1936.
FS Barth 1956	Antwort. Festschrift zum 70. Geburtstag von Karl Barth. 1956.
FS Coppens 1969	De Mari à Qumran. Hommage à J. Coppens. 1969.
FS Dupont-Sommer 1971	Hommages à André Dupont-Sommer. 1971.
FS Elliger 1973	Wort und Geschichte. Festschrift für Karl Elliger zum 70. Geburtstag. 1973.
FS Faulhaber 1949	Festschrift für Kardinal Faulhaber. 1949.
FS Frings 1960	Festgabe J. Kardinal Frings. 1960.
FS Gelin 1961	A la rencontre de Dieu. Mémorial A. Gelin. 1961.
FS Gispen 1970	Schrift en uitleg. Studies ... W.H. Gispen. 1970.
FS Glueck 1970	Near Eastern Archaeology in the Twentieth Century. Essays in Honor of Nelson Glueck. 1970.
FS Jepsen 1971	Schalom. Studien zu Glaube und Geschichte Israels. Alfred Jepsen zum 70. Geburtstag ... 1971.
FS Krüger 1932	Imago Dei. Festschrift Gustav Krüger ... 1932.
FS de Liagre Böhl 1973	Symbolae Biblicae et Mesopotamicae Francisco Mario Theodoro de Liagre Böhl dedicatae. 1973.
FS Manson 1959	New Testament Essays. Studies in Memory of T.W. Manson. 1959.
FS Marti 1925	Vom Alten Testament. Marti-Festschrift ... 1925.
FS May 1970	Translating and Understanding the Old Testament. Essays in Honor of H.G. May. 1970.
FS Michel 1963	Abraham unser Vater. Festschrift für Otto Michel zum 60. Geburtstag. 1963.
FS Muilenburg 1962	Israel's Prophetic Heritage. Essays in Honor of James Muilenburg. 1962.
FS von Rad 1971	Probleme biblischer Theologie. Gerhard von Rad zum 70. Geburtstag. 1971.
FS van Selms 1971	De fructu oris sui. Essays in Honour of Adrianus van Selms. 1971.
ThWAT	G.J. Botterweck – H. Ringgren, Theologisches Wörterbuch zum Alten Testament. Bd. 1 ff., 1973 ff.

LEXIKALISCHER TEIL

נְאֻם *ne'ūm* Ausspruch

1. Die Etymologie des Wortes ist unsicher. Gewöhnlich wird *ne'ūm* »Ausspruch« zu arab. *n'm* »flüstern« in Beziehung gesetzt und entweder als Part. pass. von *n'm* q. »etwas Geflüstertes« (GB 477a; vgl. BL 472) oder (nach Jer 23,31, der einzigen Stelle mit *ne'ūm* im st. abs.) als *qutūl*-Nominalbildung »ein Flüstern« (Barth 129), von der *n'm* q. »sprechen« (nur Jer 23,31) denominiert ist, verstanden.

Ein akk. Äquivalent läßt sich nicht nachweisen (W. von Soden nach F. Baumgärtel, ZAW 73,1961, 290 Anm. 35).

Die überwiegende Schreibung *nw'm* in 1Q Is[a] läßt nach DJD III,1962, 66 (anders KBL Suppl. 170b) auf eine spätere Aussprache **nūm* schließen (vgl. noch mittelhebr. *nūm* »sagen, sprechen«).

2. Im AT kommt *ne'ūm* 376 × vor (bei Mand. fehlen je ein Beleg in Jer 3,12; 23, 32; Hag 2,4.23), davon 365 × in der Formel *ne'ūm (...) Jhwh* (einschließlich Erweiterungen durch eingeschobenes *hammælæk* [Jer 46,18; 48,15; 51,57], *hā'ādōn* [Jes 1,24; 19,4] oder *'adōnāj* [Jes 3,15; 56,8; Jer 2,19.22; 49,5; Ez immer außer 13,6.7; 16,58; 37,14, = 81 × ; Am 3,13; 4,5; 8,3.9.11]; unerweitert somit 269 ×): Jer 175 ×, Ez 85 ×, Jes 25 × (davon Dtjes. 8 ×, Tritojes. 5 ×), Am 21 ×, Sach 20 ×, Hag 12 ×, Zeph 5 ×, 2Kön und Hos je 4 ×, 1Sam, Ob, Mi und Nah je 2 ×, ferner Gen 22,16; Num 14,28; Jo 2,12; Mal 1,2; Ps 110,1 und 2Chr 34,27. Als nomen regens in anderen Verbindungen steht *ne'ūm* 10 × : Num 24,3.3.4.15.15.16 (Bileam); 2Sam 23,1.1 (David); Ps 36,2 txt?; Spr 30,1 (Agur); in Jer 23,31 wird *ne'ūm* absolut als Objekt zu einmaligem *n'm* q. gebraucht.

3. Einer generellen Einordnung von *ne'ūm* in die prophetischen Redewendungen (S. Mowinckel, ZAW 45, 1927, 43–45; O. Grether, Name und Wort Gottes im AT, 1934, 85ff.; O. Procksch, ThW IV, 92f.) widersetzt sich die Geschichte des Begriffs. Sie zeigt, daß der Ausdruck nicht von Anfang an eine prophetische Stilform war (J. Lindblom, Die literarische Gattung der prophetischen Literatur, 1924, 67). Die Frage nach seiner Herkunft (im »Magier- und Mantikerwort« bei S. Mowinckel, ZAW 48, 1930, 266 Anm. 9, im Anschluß an G. Hölscher, Die Profeten, 1914, 79ff.; im Seherwort bei E. Schütz, Formgeschichte des vorklassischen Prophetenspruchs, Diss. Bonn 1958 [Masch.]; C. Westermann, Grundformen prophetischer Rede, 1960, 135f.; F. Baumgärtel, ZAW 73, 1961, 288; D. Vetter, Untersuchungen zum Seherspruch, Diss. Heidelberg 1963 [Masch.]; J. Lindblom, ZAW 75, 1963, 282f.) beantworten die altertümlichen Sprüche in Num 24,3f.15f. (W. F. Albright, The Oracles of Balaam, JBL 63, 1944, 207–233). Sie haben die ursprüngliche Gestalt und Funktion der Formel bewahrt. In der Verbindung mit dem Namen (und den näheren Bezeichnungen) eines menschlichen Sprechers und ihrer Stellung unmittelbar am Spruchеingang unterstreicht die Seherspruchformel das Subjekt des Spruches und damit das vom Seher selbst zu verantwortende Wort.

Später scheinen Weisheitskreise diese Terminologie für sich beansprucht zu haben (2Sam 23,1; Spr 30,1).

Andere hebr. Vokabeln für »Spruch, Ausspruch« haben einen weiteren Bedeutungsumfang, vgl. *'imrā* (→*'mr* 3c), →*dābār*, *maśśā'* (→*nś'* 4b) und vor allem *māšāl* »Spruch, Sprichwort, Gleichnis, Spottspruch« (→*dmh* 3a; im AT 39 ×, davon Ez 8 ×, Num 23,7.18; 24,3.15.20.21.23 in der erzählenden Einleitung zu den Bileamsprüchen 7 ×, Spr 6 ×, Ps 4 ×).

4. Die Abwandlung der alten Seherspruchformel zur Jahwespruchformel (die Voranstellung in Ps 110,1 läßt eine Nachahmung von Num 24,3f.15f. vermuten) ist vor Amos nicht belegt (Baumgärtel, a.a.O. 287–289, hält sie von Haus aus für eine Wendung des Nabitums mit Bezug auf 1Sam 2,30; 2Kön 9,26; 19,33, die A. Jepsen, Nabi, 1934, 121ff.; ders., Die Quellen des Königsbuches, [2]1956, 76ff., zur »nebiistischen Redaktion« zählt). In der frühen Form des Botenspruchs fehlt sie (Westermann, a.a.O.). Wahrscheinlich hat Amos als erster *ne'ūm Jhwh* zur Bekräftigung der im Prophetenwort redenden ersten Person Gottes gebraucht, und zwar an der Stelle der abschließenden Botenspruchformel *'āmar Jhwh* (von 13 Fällen ziemlich sicher in Am 2,16; 3,15; 4,3.5; 9,7); in Spruchеinleitungen und als Zwischenformel ist sie redaktionelles Werk (Wolff, BK XIV/2,109f. 174). Gleicher Herkunft scheint die Formel bei Hosea zu sein (Wolff, BK XIV/1,49), da die dominierende Form der Gottesrede sonst eine häufigere Verwendung erwarten ließe. Auch bei Micha ist sie nicht ursprünglich (Th. H. Robinson, HAT 14, 1954, 141.145). Selten findet sich *ne'ūm Jhwh* bei Jesaja (in der Einleitung: 1,24; 30,1; als Schlußformel: 3,15; 17,3.6; 19,4; 31,9); dies entspricht der Beobachtung, daß Jesaja wenig Einleitungs- und Schlußformeln benutzt (Wildberger, BK X, 62; vgl. R. B. Y. Scott, FS Robinson 1950, 178f.). Häufig erscheint die Verbindung erst bei Jer und Ez: im Jeremiabuch 35× als Abschluß einer Jahwerede, 31× in Einleitungen, 42× zwischen den Gliedern des Parallelismus, ferner in anderen Funktionen (R. Rendtorff, ZAW 66, 1954, 27–37; vgl. H. Wildberger, Jahwewort und prophetische Rede bei Jeremia, 1942, 48f.102f.; O. Loretz, UF 2, 1970, 113.129), bei Ezechiel ca. 40× in abschließender Stellung, ca. 20× als Kontextformel, 13× zur Betonung des *ḥaj-'ānī* im Gottesschwur, dazu 9× in 43,19–48,29 in Einheiten, denen »die prophetische Formelsprache übergestülpt« ist (Zimmerli, BK XIII, 39*.135. 1098.1250, mit Baumgärtel, a.a.O. 286). Danach verwenden nur noch Hag und Sach die Formel oft. Bei Mal ist sie völlig durch den zahlreichen Gebrauch von *'āmar Jhwh* ersetzt.

Am Anfang seines Weges hat *ne'ūm Jhwh* bei Amos die schwächere abschließende Botenspruchformel abgelöst, auf dem Höhepunkt seiner Geschichte *'āmar Jhwh* (Jer 8×, Ez 0×) verdrängt, am Ende aber erliegt es jener anderen Formel.

5. Zu den Äquivalenten von *ne'ūm* in der LXX (meist λέγει κύριος) vgl. Baumgärtel, a.a.O. 278f. In den Qumrantexten findet sich nur einmal *n'm 'l* (CD 19,8).

D. Vetter

נאץ *n'ṣ* verachten

1. Abgesehen vom AT findet sich *n'ṣ* »verachten, geringschätzig reden von, verwerfen, verschmähen« noch im nach-atl. Hebr. (daraus targum-aram. das Subst. *nē'ūṣā* »Schmähung«), ferner im Ug. (*naṣ* »verachten«, WUS Nr. 1731) und im Akk. (*na'āṣu/nâṣu* »geringschätzig ansehen«, AHw 758a; davon ist gegen KBL 585b *na'āsu* »zerbeißen, zerkauen« zu trennen, vgl. arab. *nhš* »beißen«, Wehr 892a).

Im AT begegnet das Verbum im Qal und Pi., dazu einmal in der Form *minnō'āṣ* (Jes 52,5; nach BL 198.366 Part. hitpo. mit assimiliertem *t*, nach Meyer II, 126 dagegen Mischform, die Part. po. und hitp. zur Wahl stellen soll; nach Zorell 491a muß möglicherweise Part. pu. gelesen werden). An nominalen Bildungen bietet das AT *ne'āṣā* »Schmach« und den aramaisierenden Inf. pi. *næ'āṣā* (*qattālā*-Form, BL 479) »Schmähung«.

2. Im Qal steht das Verbum 8× (Spr 3×, Jer 2×, Dtn, Ps und Klgl je 1×), im Pi. 15× (Ps 4×, Num und Jes je 3×, 2Sam 2×, Dtn, 1Sam und Jer je 1×), im Hitpo. 1× (Jes 52,5, s.o.). *ne'āṣā* findet sich 2× (2Kön 19,3 = Jes 37,3), *næ'āṣā* 3× (Ez 35,12; Neh 9,18.26). Die ganze Wurzel ist somit 29× belegt.

3. a) Als zentrale Bedeutung kann für *n'ṣ* q. etwa »in seiner Bedeutung verkennen, mißachten«, für *n'ṣ* pi. »mit Geringschätzung behandeln« angenommen werden. Nur beim Qal begegnet die »profane« Verwendung (ohne göttliches Subjekt oder Objekt: Jer 33,24; Spr 1,30; 5,12; 15,5; s.u. 3b–c); beide Stammformen haben ihr theologisches Schwergewicht dort, wo sie sich dem Begriff »verwerfen« genähert haben (s.u. 4).

Aus den Parallel- und Gegenbegriffen ergibt sich ein sehr mannigfaltiges Bild: je zweimal stehen →*m's* »verwerfen« (Jes 5,24; Jer 33,24), →*prr* hi. *berīt* »den Bund brechen« (Dtn 31,20; Jer 14,21) und *ḥrp* pi. »schmähen, lästern« (Ps 74,10.18), je einmal →*'zb* »verlassen« (Jes 1,4), →*mrh* hi. »widerspenstig sein« (Ps 107,11; *mrh* und *mrd* »sich auflehnen« auch neben *næ'āṣā* Neh 9,26, wo auch die Wendung *šlk* hi. *'aḥarē gaw* »hinter seinen Rücken werfen = verwerfen« begegnet [sonst noch 1Kön 14,9; Ez 23,35; mit *gēw* Jes 38,17; →*šlk* hi. 3]) und →*śn'* »hassen« (Spr 5,12). Als Opposita erscheinen →*'mn* hi. »vertrauen« (Num 14,11 negiert), →*zkr* »gedenken« (Jer 14,21), →*bḥr* »erwählen« (Jer 33,24), →*'bh* »willfahren« (Spr 1,30 negiert), →*šmr* »bewahren« (Spr 15,5).

Sinnverwandt ist das aramaisierende Verbum *slh* »verachten, verwerfen« (q. Ps 119,118; pi. Klgl 1,15, jeweils mit Gott als Subjekt; vgl. Wagner, Nr. 201; Jenni, HP 226). Vgl. ferner *g'l* »verabscheuen« (Lev 26,11.15.30.43.44; Jer 14,19; Ez 16,45.45) und die bei →*qll* angeführten Verben des Geringschätzens.

b) Ob und wie das Verbum im gewöhnlichen Alltag verwendet wurde, läßt sich nicht feststellen. Die Stellen ohne göttliches Subjekt oder Objekt lassen lediglich die Verwendung in zwei spezifischen Bereichen erkennen. Jer 33,24 klagt Jahwe, daß es Leute gibt, die so sehr sein Volk »verachten«, daß es ihnen nicht mehr als ein Volk gilt. Zu diesem Bereich ist auch die Verwendung von *ne'āṣā* in 2Kön 19,3 = Jes 37,3 zu rechnen, wo Hiskia klagt, daß »ein Tag der Not, der Züchtigung und der Schmach« gekommen sei (nicht der »Verwerfung«, wie *ne'āṣā* hier oft wiedergegeben wird). Auch Ez 35,12 mit der Substantivbildung *næ'āṣā* (zur Form *nā'āṣō-tækā* vgl. GK § 84b.e) ist hier einzureihen, wo Edom von Jahwe die Schmähungen entgegengehalten werden, die es »wider die Berge Israels« geredet habe. An diesen Stellen geht es also um die Geringschätzung, die Israel zu tragen hat, weil seine Würde als Gottesvolk nicht erkannt wird. Doch darf angenommen werden, daß *n'ṣ* in Israel auch verwendet wurde, wenn man von der Geringschätzung eines Volkes in einem ganz allgemeinen Sinn reden wollte. Das läßt noch der Brief Rib-Addis an den Pharao erkennen, in dem sich der Herrscher von Byblos beklagt, daß man ihn um seiner militärischen Schwäche willen verachte (EA 137,14.23 mit akk. *na'āṣu*). Der Gebrauch an den genannten atl. Stellen ist also gegenüber einer allgemeinen Verwendung offensichtlich spezifiziert und legt Zeugnis ab von der besonderen Würde, deren sich Israel bewußt gewesen ist.

c) Der andere profane Bereich, in dem das Qal verwendet wurde, läßt sich aus den drei Proverbia-Stellen erfassen: beim Verschmähen der »Zucht«, wie sie der Vater (Spr 15,5) oder die Weisheit (Spr 1,30; 5,12) ausübt. Am besten trifft hier das dt. »mißachten« den Sinn. Inhaltlich ist die Verkennung der Bedeutung gemeint, die der Einfügung in die von der Weisheit intendierte Ordnung zukäme. In der »Babylonischen Theodizee« beklagt sich der Leidende, daß der Abschaum der Menschen wie die Begüterten ihn verachten, worauf sein Freund ihm vorhält, daß er das Recht verlassen habe und die Absichten Gottes mißachte (BWL 76, Z. 79; 86, Z. 253, mit akk. *nâṣu*; Übersetzung auch in AOT 289f. und ANET, Suppl. 1969, 603f.). Die erwähnten Spr-Stellen sind zweifellos in ähnlicher Weise dahin zu interpretieren, daß das Mißachten der »Zucht« letztlich eine Verkennung der guten Absichten Gottes ist.

4. a) Haben also schon diese »profanen« Stellen theologisches Gewicht, so erst recht die andern, an denen das Qal von Gottes Verhalten spricht: Jahwe »verwirft« sein Volk (Dtn 32,19; Jer 14,21) oder doch König und Priester (Klgl 2,6). Hier ist das Verbum als theologischer Terminus im engeren Sinn verwendet, eine Sonderentwicklung, durch die *n'ṣ* zum Synonym von →*m's* geworden ist.

b) Der Gebrauch mit Göttlichem als Objekt ist beim Qal nur gerade einmal in Ps 107,11 festzustellen, wo vom Mißachten des »Rates des Höchsten« gesprochen wird. Sonst findet sich, wo vom Verhalten des Menschen gegen Gott oder seine Anordnungen zu sprechen ist, immer das Pi., und dieser Verwendungsbereich ist zweifellos der wichtigste im AT. Diese Aufteilung, Qal für göttliches Subjekt und Pi. für göttliches Objekt, ist kein Zufall: das Qal bezeichnet den tatsächlichen Vollzug der Handlung, das Pi. beschränkt die Handlung auf die gesinnungsmäßige Absicht (vgl. Jenni, HP 225f.). In den Klageliedern des Einzelnen werden die »Gottlosen« angeklagt, Jahwe zu verachten (Ps 10,3.13), in den Volksklagen, daß dessen Feinde von seinem Namen geringschätzig reden (Ps 74,10.18). Diese Verachtung entstammt dem Hochmut, in welchem der Frevler meint, mit Gott nicht rechnen zu müssen. Solche Mißachtung findet sich auch bei denen, die es besser wissen müßten: bei den Priestern, die ihre Opfer nicht ordnungsgemäß darbringen (Num 16,30; 1Sam 2,17), und bei David, indem er sich an Uria verfehlt hat (2Sam 12,14). Ja, Israel überhaupt kann durch sein Verhalten das Mißachten seines Gottes kundtun (Num 14,11.23 J). Bei Jesaja vollends dient das Verbum zum Ausdruck des radikalen Bruches mit Gott (Jes 1,4, par. *'zb* »verlassen«) und wird so auch hier zum Synonym zu →*m's* »verwerfen«. So kann schließlich das »Verachten« Jahwes mit dem Bundesbruch gleichgesetzt werden (Dtn 31,20).

c) Das Hitpo. in Jes 52,5 wird in der Regel mit »gelästert werden« (vom Namen Jahwes) übersetzt (G βλασφημεῖν), und dementsprechend gibt man in Ps 74,10 (vgl. V. 18) die Stelle wieder mit »der Feind wird deinen Namen lästern« (G hier παροξύνειν). Doch sollte die Vorstellung von der Gotteslästerung ferngehalten werden; man kommt mit der Übersetzung »gering achten, geringschätzig reden von« sehr wohl durch.

5. Im Qumranschrifttum findet sich *n'ṣ* an sechs Stellen (Kuhn, Konk. 139a; dazu das Zitat in DJD V, Nr. 162, II, 8 aus Jes 5,24). Der Gebrauch entspricht dem atl., wenn man von 1QH 4,12 absieht, wo Gott als derjenige gelobt wird, der jedes Vorhaben Belials verschmäht.

In der LXX ist auffallenderweise *n'ṣ* am häufigsten (15×) mit παροξύνειν »anspornen, aufreizen« wiedergegeben, einem Verbum, das nie zur Übersetzung des sinnverwandten →*m's* verwendet wird; zweimal steht μυκτηρίζειν »die Nase rümpfen«, alle anderen Entsprechungen sind singulär und ebenfalls von der hebr. Grundbedeutung einigermaßen entfernt. Die LXX-Äquivalente finden sich auch im NT, meistens in ähnlicher Verwendung (vgl. H. Preisker – G. Bertram, Art. μυκτηρίζω, ThW IV,803–807; H. Seesemann, Art. παροξύνω, ThW V,855f.). Besonders zu erwähnen ist das Hapaxlegomenon μυκτηρίζειν in Gal 6,7. Die Bedeutung im weisheitlichen Kontext dieser Paränese entspricht genau derjenigen der zwei Wiedergaben von *n'ṣ* in Spr 1,30 und 15,5 (s.o. 3c). *H. Wildberger*

נָבִיא *nābī'* Prophet

I. Das Nomen *nābī'* »Prophet« ist außerbiblisch in den Lachisch-Briefen (Ostrakon Nr. 3 [= KAI Nr. 193], Z. 3; Nr. 16, Z. 5?), sonst im Aram./Syr. (bibl.-aram. *n^ebī'*), Arab. und Äth. belegt, durchweg wohl aber als Lehnwort aus dem Hebr. Männer und Frauen mit ähnlichen Funktionen heißen im Akk. *maḫḫû(m)* (in Mari *muḫḫûm*, fem. *muḫḫūtum*) »Ekstatiker(in)« bzw. *āpilu(m)* (fem. *āpiltum*) »Beantworter(in)« (vgl. F. Ellermeier, Prophetie in Mari und Israel, 1968, mit Lit.; AHw 58a. 582f.), im Ass. *raggimu* (fem. *raggintu*) »Rufer(in)« (AHw 942a), in der altaram. Inschrift des Königs Zakir von Hamath *ḥzjn* »Seher« und *'ddn* »Zukunftsdeuter« (KAI Nr. 202A, Z. 12).

Die etymologische Ableitung des Nomens *nābī'* ist noch nicht gesichert. Ältere Versuche, das Nomen von der Wurzel *nb'* »hervorsprudeln« herzuleiten (Gesenius, Thesaurus II/2,838a; H. Hackmann, NTT 23, 1934, 42) oder es als Passivum des Verbums *bō'* »eintreten« zu verstehen (»der von . . . Überkommene, Besessene«: J. P. N. Land, ThT 2, 1868, 170ff., u.a.), waren von dem Bemühen geleitet, das ekstatische Element im prophetischen Auftreten als dessen Ursprung auch sprachlich nachzuweisen.

Demgegenüber wird *nābī'* heute fast allgemein mit akk. *nabû(m)* (altakk. *nabā'um*) »nennen, berufen« (AHw 699f.) in Verbindung gebracht. Umstritten ist freilich nach wie vor, ob das Nomen im aktiven Sinn (»Sprecher, Verkündiger«: Barth 184; GVG I,354; E. König, Der Offenbarungsbegriff im AT, 1882, 71ff.) oder passivisch zu verstehen ist (»Verzückter, vom Geist Berufener«: H. Torczyner, ZDMG 85, 1931, 322; »Berufener«: W. F. Albright, Von der Steinzeit zum Christentum, 1949, 301; »mit einer Botschaft Betrauter«: A. Guillaume, Prophecy and Divination, 1938, 112f.; ähnlich J. A. Bewer, AJSL 18, 1901/02, 120: »von einer übernatürlichen Macht Fortgeführter« [von akk. *na/epûm* »fortführen« hergeleitet]); neuere Lit. zu beiden Auffassungen bei R. Rendtorff, ThW VI,796, und bes. bei A. R. Johnson, The Cultic Prophet in Ancient Israel, [2]1962, 24f. Im Blick auf 1) die Mehrzahl entsprechender Nominalbildungen wie etwa *'āsīr, māšīaḥ, nāgīd, nāzīr, nāśī', pāqīd* (Joüon 196), auf 2) akk. *nabīum/nabû(m)* »Berufener« (in Eigennamen und von Königen gebraucht, vgl. AHw 697f.; Seux 175) sowie 3) auf die Tatsache, daß das Verbum *nb'* nur in reflexiven und passiven Stammformen begegnet, zieht man mit Recht in jüngster Zeit das passivische Verständnis vor.

Das Verbum *nb'*, das im Ni. und Hitp. begegnet (bibl.-aram. im Hitp., syr. im Pa.), ist mit hoher Wahrscheinlichkeit von *nābī'* denominiert. Abgeleitete Bildungen sind ferner das fem. *n^ebī'ā* »Prophetin« und das Abstraktum *n^ebū'ā* »Prophetenwort« (auch bibl.-aram.).

II. Das Nomen *nābī'* (315 × ; in Lis. fehlen 1Kön 19,14 und Hos 12,11b) ist breit, aber ungleich gestreut. Es begegnet im Tetrateuch nur 4 × (Gen 20,7; Ex 7,1; Num 11,29; 12,6), im Dtn 10 ×, in den älteren Geschichtsbüchern 99 × (Ri 1 ×, 1Sam 12 ×, 2Sam 3 ×, 1Kön 50 ×, 2Kön 33 ×), seltener in den poetischen Büchern (Ps 3 ×, Klgl 4 ×), im chron. Geschichtswerk 35 × (Esr 1 ×, Neh 5 ×, 1Chr 3 ×, 2Chr 26 × ; dazu aram. *n^ebī'* 4 × in Esr) und bei Dan 4 ×. Am häufigsten findet es sich im prophetischen Schrifttum und hier besonders bei Jer (95 ×) und Ez (17 ×), sonst: Jes 7 ×, Hos 8 ×, Am 5 ×, Mi 3 ×, Hab 2 ×, Zeph 1 ×, Hag 5 ×, Sach 12 ×, Mal 1 ×.

Während das Abstraktum *n^ebū'ā* als späteste Bildung nur im chron. Geschichtswerk 3 × hebr. (Neh 6,12; 2Chr 9,29; 15, 8; auch Sir 44,3) und 1 × aram. (Esr 6, 14) belegt ist und das fem. *n^ebī'ā* 6 × über das AT verstreut begegnet (Ex 15,20; Ri 4,4; 2Kön 22,14; Jes 8,3; Neh 6,14; 2Chr 34,22; in Ez 13,17ff. wird es bewußt vermieden), hat das Verbum *nb'* in seinen beiden Stammformen je verschiedene Schwerpunkte: im Hitp. findet es sich 14 × in den älteren Geschichtswerken (10 × in 1Sam 10,5–13; 18,10; 19,20–24; 4 × in 1Kön 18,29; 22,8–18), 3 × in Num 11,25–27, 4 × im chron. Geschichtswerk (2Chr 18,7. 9.17; 20,37; dazu aram. 1 × in Esr 5,1) und nur 7 × im prophetischen Schrifttum (5 × bei Jer, 2 × bei Ez), im Ni. dagegen 80 × bei den Propheten (Jer und Ez je 35 ×, Am 6 ×, Sach 3 ×, Jo 1 ×) und nur 3 × in den älteren Geschichtswerken (1Sam 10,11; 19,20; 1Kön 22,12) und 4 × im chron. Geschichtswerk (1Chr 25,1.2.3; 2Chr 18,11).

III. Das AT gebraucht – zumeist ohne erkennbares Interesse an Differenzierung – das geläufige Subst. *nābī'* (III/1–5) wie auch das Verbum *nb'* (III/6) für Männer, die sehr verschiedene Arten »prophetischer« Tätigkeit ausüben. Vom Geist hervorgerufene ekstatische Verzückung, Mitteilung aktueller Gottesworte, Gebots- und Umkehrpredigten, an Jahwe gerichtete Befragungen und Fürbitten, Wundertaten u.a. können als wesentliche Funktionen des *nābī'* genannt werden. Die Übersetzung »Prophet« (in Anlehnung an LXX) ist nur ein Notbehelf. Häufig ist schon schwer zu entscheiden, ob *nābī'* Habitus- bzw. Funktionsbeschreibung (vgl. nur das Sprichwort: »Ist Saul auch unter den Propheten?« 1Sam 10,11f.; 19,24) oder im strengeren Sinne Berufsbezeichnung (s.u. III/3) ist. Dabei werden sowohl zu verschiedenen Zeiten innerhalb der Geschichte Israels als auch in verschiedenen literarischen Schichten des AT dem *nābī'* je spezifische Aufgabenbereiche wesenhaft zugeschrieben, ohne daß sich doch aufgrund des verstreuten Materials eine lückenlose Geschichte der Prophetie schreiben ließe. Zu den historischen und literarhistorischen Differenzen im Bild des *nābī'* tritt eine grundlegende Unterscheidung: manche der genannten Funktionen werden vornehmlich Gruppen von *nebī'īm* zugeschrieben, andere wiederum fast nur dem einzelnen *nābī'*. – Zu *nebī'ā* s.u. III/3b.4a.5; IV/13.

Zur Forschungsgeschichte vgl. H.H. Rowley, HThR 38, 1945, 1–38 = The Servant of the Lord, ²1965, 95–134; G. Fohrer, ThR 19, 1951, 277–346; 20, 1952, 193–271. 295–361; 28, 1962, 1–75.235–297.301–374; J. Scharbert, FS Coppens 1969, 58–118 = EThL 44, 1968, 346–406.

1. a) Daß auch Israels Umwelt Propheten kennt, sagt das AT selbst. Zur Zeit Elias stehen zahlreichen »Jahwe-Propheten« (1Kön 18,4.13) 450 »Baal-Propheten« (V. 19f.; eine spätere Hand ergänzt: »und 400 Aschera-Propheten«) gegenüber, die »vom Tisch der Isebel essen«, d.h. ihren Lebensunterhalt vom Königshof beziehen. Jer 27,9 werden im Gefolge edomitischer, moabitischer, ammonitischer, tyrischer und sidonischer Könige Propheten erwähnt neben »Orakelspezialisten« (*qōsemīm*; →*gōrāl* 3a), »Traumspezialisten« (*ḥōlemīm* cj), »Beschwörern« (*'ōnenīm*) und »Zauberern« (*kaššāfīm*), geschulten Fachleuten, die mit technischen Mitteln dem König die unmittelbare Zukunft deuten.

Gelten die beiden letztgenannten Praktiken prophetischen Kreisen in Israel als heidnisch und mit dem Jahweglauben unvereinbar (2Kön 9,22; Jes 2, 6; Mi 5,11; vgl. Lev 19,26; Dtn 18,10.14; 2Kön 21, 6 u.ö.), so werden Traumspezialisten und Propheten Dtn 13,2.4.6; vgl. 1Sam 28,6.15, Träumen und Prophet-Sein (*nb'* ni.) Jo 3,1 nebeneinandergestellt, und in Träumen und Gesichten redet Jahwe nach Num 12,6 auch zu den Propheten (vgl. aber Jer 23,25ff.). Auch die mit *qsm* umschriebenen Orakelpraktiken (vgl. Johnson, a.a.O. 31ff.) wurden von Propheten Israels ausgeübt (Mi 3,6f.11; Jer 14,14; Ez 13,6.9.23 u.ö.; vgl. aber Num 23,23; Dtn 18,10.14; 1Sam 15, 23; 28,8; 2Kön 17,17!), und *qōsemīm* stehen neben *nebī'īm* in Jes 3,2; Jer 29,8; Ez 22,28; vgl. 21,34.

b) Gelegentlich werden Israels Propheten mit den älteren »Sehern« (*ḥōzīm*, →*ḥzh*) identifiziert (2Sam 24,11; 2Kön 17, 13; Mi 3,5.7 u.ö.; vgl. aber u. 4a und G. Hölscher, Die Profeten, 1914, 125ff.). 1Sam 9,9 vermerkt dazu, daß »Seher« (hier allerdings *rō'ǣ*; vgl. Jes 30,10) die früher übliche Bezeichnung für den *nābī'* war, der dessen Funktionen mitübernahm. Synonym mit *dābār* (s.u. IV/2; vgl. Ez 7,26 mit Jer 18,18) kennzeichnet *ḥāzōn* (und seltener *ḥzh*) daher später grundlegend das Spezifikum prophetischer Bevollmächtigung (Hos 12,11; Klgl 2,9; Ez 13,6ff. u.ö.; →*ḥzh* 4a).

Häufiger noch wechselt der Titel »Gottesmann« (*'īš hā'ælōhīm*) mit *nābī'*, besonders in den Elisa- und den jüngeren Elia-Überlieferungen (vgl. weiter 1Kön 20,28 mit V. 13.22; 1Kön 13,1ff. mit V. 18; 1Kön 12,22 mit 2Chr 12,5ff.; R. Rendtorff, ThW VI,809) und scheint die Begabung einzelner mit göttlicher (Wunder-)Macht hervorheben zu wollen (→*'ælōhīm* III/6).

c) Etwa 30 × werden – vor allem in der späten Königszeit – Priester und Prophet in einem Atemzug genannt und müssen sich in dieser Zeit einander angenähert haben (vgl. schon 1Kön 1,8ff. und besonders die Wendungen *gam-nābī' gam-kōhēn* in Jer 14,18; 23,11 und *minnābī' we'ad-kōhēn* in Jer 6,13; 8,10 und O. Plöger, Priester und Prophet, ZAW 63, 1951, 157–192 = Aus der Spätzeit des AT, 1971, 7–42). Zusammen wachen Priester und Prophet am Tempel über die Rechtmäßigkeit der Verkündigung (Jer 26,7ff.), zusammen werden sie am Tempel befragt (Sach 7,3), zusammen am Heiligtum erschlagen (Klgl 2,20). Die Priester agieren »an der Seite« der Propheten (Jer 5,31; Johnson, a.a.O. 64: »unter ihrer Leitung«), ja ein Priester kann sogar »weissagen« (*nb'* ni. Jer 20,6). Mit dem König und den hohen Beamten bilden Priester und Propheten im Buch Jeremia die Oberschicht des Volkes (Jer 2,26; 4,9; 8,1 u.ö.; vgl. im Exil Jer 29,1 und Neh 9,32).

d) Zuweilen sind Propheten an äußeren Merkmalen erkennbar: am härenen Mantel (*'addæræt śē'ār* Sach 13,4; vgl. 1Kön 19, 19; 2Kön 1,8; 2,8.13f.; zu Parallelen aus Mari vgl. M. Noth, JSS 1, 1956, 327–331 = Aufsätze zur biblischen Landes- und Altertumskunde, II, 1971, 239–242), an Narben auf der Brust (Sach 13,6, oder: auf dem Rücken, so H.L. Ginsberg, JPOS 15, 1935, 327; vgl. M. Sæbø, Sacharja 9–14, 1969, 105 Anm. 8), vielleicht auch an einem Zeichen an der Stirn (1Kön 20,38ff.; J. Lindblom, Prophecy in Ancient Israel, 1962, 66–69).

2. Prophetengruppen sind in den älteren Geschichtsbüchern in drei verschiedenen historischen Zusammenhängen unter der Bezeichnung *nebī'īm* belegt – mit je unterschiedlichen Merkmalen und Funktionen.

a) In der Periode des Übergangs von der Richter- zur Königszeit (1Sam 10; 18; 19; Num 11) wird der Plural *nebī'īm* (und häufiger noch das Verbum *nb'*: 15×) für ekstatisch Verzückte gebraucht, die in Scharen (*ḥæbæl* 1Sam 10,5.10) umherziehen bzw. sich in Gruppen in Häusern versammeln (1Sam 19,20). Als Mittel zur Herbeiführung der prophetischen Begeisterung scheinen Musikinstrumente zu dienen (1Sam 10,5; vgl. 18,10; Ex 15,20; 2Kön 3,15); die Wirkung kann u.a. entkleidetes Daliegen für begrenzte Zeit sein (1Sam 19, 24), verständliches Wort ist von ihnen nicht belegt. Als auslösender Faktor der Ekstase aber gilt der »Gottesgeist« (1Sam 10,10; 19,20.23) bzw. »Jahwes Geist« (Num 11,29; 1Sam 10,6), der auch auf andere Menschen »überspringt« und sich auf sie »setzt«, wenn sie mit solchen Prophetenscharen in zufällige und selbst ferne Berührung kommen (1Sam 10,6.10; 19, 20f.23; Num 11,25f.).

Die unentrinnbare Macht des »Geistes« zeigt 1Sam 18,10f.: Ein »böser Gottesgeist« kann die Raserei (*nb'* hitp.) bei einem einzelnen im unkontrollierten Mordversuch enden lassen.

Da solche wilde Raserei Israel sonst von den Baal-Propheten geläufig war (s.u. b), versteht man die Verachtung, die diesen Propheten entgegengebracht wurde (1Sam 10,11f.; 19,24; vgl. später 2Kön 9,11; Hos 9,7; Jer 29,26 u.ö.). Demgegenüber legitimiert Num 11,16f.24ff. die ekstatische Verzückung als mosaisch, indem hier das *nb'* hitp. der siebzig Ältesten (vgl. Ex 18) auf Moses Geist zurückgeführt wird, der mit Jahwes Geist identisch ist (V. 17. 25.29; vgl. Noth, ÜPt 141–143; G. von Rad, ZAW 51, 1933, 115f.; von Rad II, 19).

b) Für die mittlere Königszeit belegt 1Kön 22 (= 2Chr 18) die Existenz von ca. 400 Propheten am Hof des israelitischen Königs, die dieser jederzeit zusammenrufen kann (V. 6; vgl. 1Kön 18,19f.), die ihre Tätigkeit »vor ihm« ausüben (V. 10) und daher »seine Propheten« heißen (V. 22f.). Ein namentlich genannter Leiter ist ihr Wortführer (V. 11.24), und durch sie kann der König »(das Wort) Jahwe(s) erfragen« (V. 5.7f.; →*drš* 4b), d.h. durch ihr Gebet vor gewichtigen (innen- und) außenpolitischen Entscheidungen den Willen, die Zustimmung und Verheißung Gottes einholen, um sicherzustellen, daß sein Unternehmen Erfolg hat. Auch die Tätigkeit dieser Propheten gilt als geistgewirkt und heißt *nb'* ni./hitp., aber der Geist ist »in ihren Mund« gegeben (V. 22), »spricht mit ihnen« (V. 28), und entsprechend heißen *nb'* ni. und hitp. nun »in prophetischer Eingebung reden, weissagen« (V. 8.12.18), wobei *nb'* hitp. die ältere Bed. »sich prophetisch gebärden, aufführen« beibehalten kann (V. 10f.).

Ähnliche Funktionen mögen auch die 450 »Baal-Propheten« am Hof Isebels wahrgenommen haben (1Kön 18,19ff.). Zwar bezeichnet *nb'* hitp. in V. 29, da es durch kultischen Tanz und Selbstverstümmelung herbeigeführt wird (V. 26. 28), »in ekstatische Raserei geraten«, aber es wird nur als Mittel geschildert, um beim »Anrufen des Gottesnamens« »Antwort« zu erlangen (V. 24–29; vgl. 2Kön 1,2).

c) Für sich zu sehen sind die Kreise von *benē hannebī'īm* (»Prophetenjünger, Angehörige einer Prophetenzunft«) um Elisa. Sie wohnen mit ihren Familien (2Kön 4,1ff.) in größeren Gemeinschaften (2Kön 2,7) in bescheidenen Verhältnissen (4,1ff., 38ff. u.ö.) an verschiedenen (Kult-)Orten (Bethel, Jericho 2,3ff.; Gilgal 4,38), versammeln sich in Gemeinschaftsräumen »vor« ihrem Meister, den sie »Vater« anreden (2,12; 6,21; 13,14), zum Unterricht (4,38; 6,1) und stehen ihm für Aufträge zur Verfügung (9,1ff.), können aber wohl auch je einzeln Jahwes Wort empfangen und weitergeben (1Kön 20,35ff.). In diesen Kreisen wurden bescheidene eschatologische Hoffnungen auf ein gesichertes Dasein gepflegt (2Kön 2,21; 3,16f.; 4,43; 7,1; vgl. W. Reiser, ThZ 9, 1953, 321–338).

3. *nābī'* im Sing. steht in den älteren Geschichtsbüchern zumeist mit Artikel in appositioneller Stellung hinter dem Namen eines Propheten und ist dann Berufsbezeichnung. Solche Propheten treten wesenhaft als einzelne auf; Funktionen und Tätigkeiten – außer 1Kön 22 nie mit dem Verbum *nb'* charakterisiert! – sind dennoch vielfältig verschieden.

a) Gad und Nathan, der am häufigsten (11× in 2Sam 7,2; 12,25; 1Kön 1,8–45; zusätzlich Ps 51,2; 1Chr 29,29; 2Chr 9, 29; 29,25) *hannābī'* genannt wird, gehören zu Davids unmittelbarem Gefolge (Gad schon, bevor David König wurde, 1Sam 22,5) an seinen Hof. Gad kann »Seher Davids« genannt werden (2Sam 24,11), Nathan ergreift im Intrigenspiel der Thronfolge Davids aktiv Partei (1Kön 1, 8ff.; vgl. 2Sam 12,25) und ist an der Salbung Salomos mitbeteiligt (1Kön 1,32. 34.38.44f.; vgl. aber V. 39). Mit beiden beriet sich David vor wichtigen Entscheidungen (2Sam 7,2; dazu S. Herrmann, WZ Leipzig 3, 1953/54, 57ff.; 1Sam 22,5); ihr

Rat konnte zuweilen ohne Inspiration erteilt werden (1Sam 22,5; 2Sam 7,3). Zu einer Abhängigkeit vom König kam es dennoch nicht: Wie ihre Nachfolger treten beide Propheten dem König mit harten Gerichtsworten gegenüber (2Sam 12; 24,11ff.).

b) Dagegen heißen Ahia von Silo (1Kön 11,29; 14,2.18), Jehu (16,7.12), Elia (1Kön 18,36; vgl. Mal 3,23; 2Chr 21,12), Elisa (2Kön 6,12; 9,1), ein Elisaschüler (9,4), Jona (14,25) und Jesaja (19,2; 20, 1.11.14 = Jes 37,2; 38,1; 39,3) *hannābī'* bzw. Hulda *hannᵉbī'ā* (2Kön 22,14 = 2Chr 34,22), ohne ständigen Sitz am Hof zu haben. Es liegt an der Art der Überlieferung, daß uns speziell von Königen berichtet wird, daß sie einen Propheten zufällig unterwegs treffen (1Kön 11,29), ihn mit Geschenken am Wohnort aufsuchen lassen (1Kön 14,1ff.; vgl. 1Sam 9,6ff.), der zuweilen exakt angegeben wird (2Kön 22,14), oder dort, wo der Prophet sich gerade aufhält (2Kön 8,8ff.); in Extremfällen muß er im ganzen Land gesucht werden (1Kön 18,3ff.; vgl. 2Kön 3,11). Freilich kann er nicht nur durch Kriegsorakel (1Kön 20,13f.; 2Kön 3,16ff. u.ö.), sondern auch durch Berufung (Noth, GesStud I, 322f.) und Salbung (2Kön 9) kommender Könige das politische Geschehen entscheidend beeinflussen. Aufgesucht wurden Propheten in Notlagen – in privaten, etwa Krankheiten, durch Vertraute des Königs (1Kön 14,1ff.; 2Kön 8,8ff.), in allgemeinen Notsituationen durch hohe Beamte und Priester (2Kön 22,13f.; 19,2ff.; vgl. Jer 21,1ff.; 37,3ff.; 42,1ff.) –, um Jahwe »befragen« zu lassen (s.o. 2b), d.h. durch vollmächtige Fürbitte des Propheten (→*pll* hitp. *bᵉ'ad*), und zwar zu »Jahwe, deinem Gott« (2Kön 19,14; Jer 42,2f.5), Jahwe zur Wendung der Not zu veranlassen. Bei privaten Notlagen wurden Feiertage bevorzugt (2Kön 4,23), bei offiziellen geschah das prophetische Gebet vermutlich im Rahmen von Fastengottesdiensten (Jer 14; Ps 74,9 u.ö.). Zur prophetischen Befragung Jahwes und Fürbitte vgl. C.Westermann, KuD 6, 1960, 16ff.; G.C.Macholz, FS von Rad 1971, 313ff.; G. von Rad, ZAW 51, 1933, 109–120; P.A.H. de Boer, De Voorbede in het OT, 1943; F.Hesse, Die Fürbitte im AT, 1951; H.Reventlow, Liturgie und prophetisches Ich bei Jeremia, 1963, 143ff.; zum Zusammenhang zwischen Befragung und Fürbitte J.Jeremias, Kultprophetie und Gerichtsverkündigung in der späten Königszeit Israels, 1970, 140–150.

Gleiche Funktionen üben später noch Jeremia (21,1ff.; 37,3ff.; 42,1ff.) und im Exil Ezechiel aus (8,1ff.; 14,1ff.; 20,1ff.), deren Verbindung mit den früheren Propheten hieraus unübersehbar wird.

Daß Propheten hiermit ältere Funktionen der Seher und Priester übernahmen, zeigen u.a. 1Sam 9,9 bzw. 28,6.(15); vgl. 1Kön 20,13f. mit 1Sam 14,38ff. und C.Westermann, a.a.O.; R.Rendtorff, ZAW 74, 1962, 173.

Elia und Elisa werden in der Überlieferung häufiger »Gottesmann« (s.o. 1b) genannt, *nābī'* nur im Mund von Ausländern (2Kön 5,3.13; 6,12), in Gegenüberstellung zu den Baal-Propheten als wahre Propheten (1Kön 18,22.36; vgl. »Prophet in Israel« 2Kön 5,8; 6,12), oder als Leiter von Schülern (9,1). Ihr enges Verhältnis zueinander wird in mehreren im AT singulären oder seltenen Zügen zum Ausdruck gebracht: dem Bericht von der Berufung Elisas durch Elia (1Kön 19,19–21), der übertragenen Rede von der »Salbung« Elisas (19,16; vgl. später Jes 61,1; Ps 105,15 = 1Chr 16,22), der Vererbung des Geistbesitzes von Elia auf Elisa (2Kön 2), der Entrückung des Propheten durch den Geist (1Kön 18,12; 2Kön 2,16; vgl. Ez 3,12ff.; 8,3f.; 37,1; 40,1ff.).

4. Ob die sog. »Schriftpropheten« vor Jeremia (und der dtn. Reform) sich als *nābī'* verstanden und ob der Titel für sie jeweils Gleiches besagte (A.H.J. Gunneweg, Mündliche und schriftliche Tradition der vorexilischen Prophetenbücher, 1959, 98ff.), ist nicht sicher. Andere *nᵉbī'īm* betrachteten die meisten unter ihnen (Ausnahme: Hosea) fast ausschließlich als Gegner.

a) Amos wird vom Priester Amazja »Seher« (*ḥōzǣ*) angeredet (Am 7,12) und wehrt sich in der umstrittenen Aussage von Am 7,14f. zumindest dagegen, daß seine Tätigkeit von vorausgehender beruflicher Prophetenschulung her verstanden wird; vermutlich lehnt er aber auch den Titel *nābī'* selbst – und zwar im Sinne einer Berufsbezeichnung – mit diesem Satz für sich ab (vgl. Sach 13,5; Lit. bei Wolff, BK XIV/2,352; Rudolph, KAT XIII/2,249ff.). Dagegen nimmt er das zugehörige Verbum *nb'* auf, das auch Amazja (V. 13f.) für Amos' Tätigkeit gebraucht (V. 15; vgl. 3,8). Zu den späteren Versen 2,10–12; 3,7 s.u. IV/11.

Eher könnte Hosea sich *nābī'* genannt haben, denn er sieht sich verbunden sowohl mit frühen, bis zu Mose zurückreichenden als auch mit gleichgesinnten gegenwärtigen *nᵉbī'īm* (Hos 6,5; 12,11.14) in einer »Oppositionsgemeinschaft« (Wolff, GesStud 233ff.) und wird zumindest von seinen Gegnern *nābī'* genannt (9,7.[8?]). Das Verbum *nb'* gebraucht er allerdings nicht.

Jesaja wird nur in den »Jesaja-Legenden« (2Kön 19f. = Jes 37–39) *hannābī'* genannt. Er selbst hat sich (wie Amos) vielleicht als »Seher« (*ḥōzǣ*) betrachtet (vgl. 1,1; 2,1 und bes. 30,10 mit 28,7), obwohl seine Frau »Prophetin« heißt (8,3).

b) Dagegen weiß sich Jeremia zum *nābī'* berufen (Jer 1,5; s.u. IV/7) und zugleich in aktueller Stunde zum »Auftreten als Prophet« (19,14) bzw. »Ausrufen des prophetischen Gotteswortes« (*nb'* ni. *'æl* 26,12 u.ö.) von Jahwe beauftragt. In den erzählenden Partien des Jeremiabuches wird er – wie auch sein Gegenspieler Hananja (Jer 28) – häufig mit der Berufsbezeichnung *hannābī'* benannt (31×). Er selbst sieht sich als Glied in einer langen Reihe von gleichgesinnten *nebī'īm* stehen (28,8; vgl. 2,30; 5,13; 26,17ff.).

c) Erstmalig in einer Buchüberschrift wird Jeremias Zeitgenosse Habakuk, der stark in kultischen Traditionen lebt, als *hannābī'* bezeichnet (Hab 1,1; vgl. 3,1 und nach dem Exil Hag 1,1; Sach 1,1); dies dürfte mit seiner Sonderstellung unter den Schriftpropheten als Kult- bzw. Tempelprophet zusammenhängen (Jeremias, a.a.O. 90ff., bes. 104).

d) Sicher hat sich auch Ezechiel als *nābī'* gewußt: Ist Ziel Jahwes bei ihm gemeinhin, daß Israel und alle Welt »erkennen, daß ich Jahwe bin«, so tritt in 2,5; 33,33 (vgl. 1Kön 17,24; 2Kön 5,8) an Stelle dieser Formulierung die verwandte: »sie werden erkennen, daß ein Prophet in ihrer Mitte gewesen ist« (vgl. 14,4). Den Auftrag Jahwes zum Reden beschreibt er fast stereotyp mit dem formelhaften Imp. des Verbums *nb'* ni. zumeist mit der Präp. *'æl* bzw. *'al*: »weissage über« bzw. »gegen« oder mit dem perf. consecutivum von *'mr*: »tritt als Prophet auf und sprich«.

e) Haggai und Sacharja werden in der Buchüberschrift und auch sonst von den Überlieferern (vgl. W.A.M.Beuken, Haggai-Sacharja 1–8, 1967) *hannābī'* genannt (Hag 1,1.3.12; 2,1.10; Sach 1,1.7; vgl. Esr 5,1f.; 6,14). Das Verbum fehlt bei ihnen.

5. Die verschiedenen mit dem Begriff *nābī'* verbundenen Funktionen und Vorstellungen kommen deutlich dort zum Ausdruck, wo Gestalten der Frühzeit *nābī'* bzw. *nebī'ā* genannt werden: Abraham als Fürbitter (Gen 20,7), Aaron als Sprecher an Gottes (d.h. in der Bildrede: Moses) Statt (Ex 7,1 P; vgl. 4,16), Mirjam als Sängerin ihres Liedes bei Musik und Tanz (Ex 15,20), Debora (Ri 4,4) am ehesten als Beruferin eines militärischen Führers, Samuel als Sprecher, dessen Worte Jahwe wahr macht (1Sam 3,19f.; vgl. 2Chr 35, 18).

Allein Moses Einzigartigkeit vermag der Begriff *nābī'* zumeist nur annäherungsweise zu decken: er ist mehr und hat vor allem ein engeres Verhältnis zu Jahwe (Num 12, 6–8; Dtn 34,10; vgl. aber Hos 12,14 und L.Perlitt, Mose als Prophet, EvTh 31, 1971, 588–608), so gewiß seine Berufung (Ex 3f.) und manche seiner Reden und Taten wie die eines Propheten beschrieben werden und Propheten ihre Legitimation von ihm her erhalten können (Num 11, 16f.24ff.; Dtn 18,15.18).

6. In der Grundbedeutung heißt das Verbum *nb'* »sich als Prophet verhalten, prophetisch agieren, als Prophet auftreten« (vgl. etwa Am 7,12f.; Jer 19,14; 26, 18; Sach 13,3 im Ni.; 1Kön 22,10; Jer 29,26f. im Hitp.). Eine sichere Abgrenzung der Grundbedeutung des Ni. gegenüber der des Hitp. gelingt nicht (vgl. die ältesten Belege 1Sam 10,5.6.10.13 mit 10, 11; ferner 19,20.21.23.24 mit V. 20), so gewiß beide Stämme nicht einfach promiscue verwendet werden. So bezeichnet das Ni. in der Mehrzahl der Fälle prophetisches Reden, das Hitp. dagegen kaum, sondern zumeist äußerlich sichtbare Seiten prophetischer Tätigkeit.

Nur selten wird das Verbum für Menschen, die nicht Propheten sind, gebraucht (Saul: 1Sam 10,5ff.; 18,10; 19,23; Älteste: Num 11,25ff.; Priester: Jer 20,6; Männer und Frauen Israels: Ez 13,17ff.; Jo 3,1; vgl. Jer 29,26; Sänger: 1Chr 25,1–3).

a) *nb'* ni., das häufig im Part. (oder Perf.) unmittelbar hinter dem Plural des Substantivs *nābī'* steht, bezeichnet dessen übliche Tätigkeit, ob diese nun im »verzückten Rasen« und »prophetischer Ergriffenheit« (1Sam 10,11; 19,20; Sach 13, 4) oder wie fast an allen anderen Stellen im »Reden in prophetischer Eingebung, Verkündigen, Weissagen« besteht.

Letztere Bedeutung ergibt sich zumeist aus dem direkten Objekt (»jene Worte« Jer 20,1; 25,13.30 u.ö.; »folgendermaßen« Jer 26,9; 32,3 u.ö.; »genauso« 1Kön 22,12; »Trug« [*šǣqær*] Jer 14,14; 23, 25 u.ö.; »Trug-Träume« 23,32; »selbstersonnene Täuschung« 23,26) oder aus den verwendeten Präpositionen:

'æl mit der Angabe dessen, den die prophetische Botschaft betrifft (»weissagen über« Jer 26,11f.; 28, 8 u.ö.) bzw. *'al*, wenn die Botschaft drohenden Charakter hat (»weissagen gegen« Jer 25,13; 26,20); beide Präpositionen oft bedeutungsgleich verwendet; vgl. Ez 6,2; 13,2 etc. mit 4,7; 11,4 etc. und schon Am 7,15 mit 7,16;

le mit Angabe der Adressaten (»ihnen, euch« Jer 14,16; 23,16 u.ö.) bzw. des Inhalts (»weissagen von« Jer 28,8f.), des Zieles (»für ferne Zeiten« Ez 12,27), des Ergebnisses (»zu Unrecht« Jer 27,15; vgl. *be* in 29,9);

bᵉ (mit determiniertem Subst.) mit Angabe der bevollmächtigenden Autorität (»unter Berufung auf, durch«: Jer 2,8 [Baal; vgl. hitp. 23,13]; 5,31; 20,6 [Trug]; 14,14f.; 23,15 u.ö. [»im Namen Jahwes«]).

Zur stereotypen Verwendung des Verbums bei Ez s.o. 4d.

Eine eingeengte Bedeutung von *nb'* ni. findet sich nur Jo 3,1 (»prophetische Offenbarung empfangen«), übertragene Bedeutung in 1Chr 25,1–3 »(mit Kultgesang und -musik) begeistert lobsingen« (die sich aus dem Aufgehen von Kultpropheten in den Sängergilden der nachexilischen Zeit erklärt; s.u. IV/13).

b) Das anfangs häufigere, seit der sog. »Schriftprophetie« seltene Hitp. bezeichnet zumeist (A. Jepsen, Nabi, 1934, 7, läßt sogar nur zwei Ausnahmen gelten: Jer 26,20a; 2Chr 20,37) einen Zustand verzückter Erregung, ekstatischer Begeisterung und wilder Raserei, in den der Mensch unversehens und ev. zwangsweise hineingerät (inchoativ: finite Verbformen mit waw consecutivum: Num 11,25f.; 1Sam 10,6.10; 18,10; 19,20ff.; 1Kön 18,29) bzw. in dem er sich für begrenzte Zeit »außer sich« (vgl. *'īš 'aḥēr* 1Sam 10,6) befindet (so Partizipien und Infinitive: Num 11,27; 1Sam 10,5.13; 1Kön 22,10 = 2Chr 18,9; vgl. 1Sam 10,11; 19,20 ni.).

Auch das Hitp. kann später ein Reden bezeichnen und wie das Ni. konstruiert werden. Es ist aber selten bedeutungsgleich mit dem Ni. (Jer 14,14; Ez 37,10; 2Chr 20,37; aram. Esr 5,1) und bezeichnet häufiger ein abschätzig gemeintes »Prophezeien« (1Kön 22,8.18 = 2Chr 18,7.17; Jer 23,13), wie auch die erstgenannte Bedeutung abwertend (»sich als Prophet gebärden« Jer 29,26f.; Ez 13,17) gebraucht werden kann.

Daß der Unterschied zwischen Hitp. und Ni. auch später bewußt war, zeigt deutlich Jer 26,20: Wo von äußerlich erkennbarem prophetischen Auftreten im Namen Jahwes die Rede ist, wird das Hitp. gebraucht, wo der Prophet zu reden beginnt, das Ni.

IV. 1. Die Mittlerstellung der Propheten zwischen Gott und Mensch kommt sprachlich darin zum Ausdruck, daß sie in suffigierten Formen sowohl Propheten Israels (Jer 2,26.30; Ez 13,4; Neh 9,32 u.ö.) bzw. Jerusalems (Mi 3,11; Zeph 3,4; Klgl 2,9.14; 4,13; Ez 22,28) als auch Propheten Jahwes (1Kön 19,10.14; Ps 105, 15; 1 Chr 16,22 u.ö.) heißen und ebenso in Cs.-Verbindungen einerseits »Propheten Israels« (Ez 13,2.16; 38,17) bzw. »Samarias« und »Jerusalems« (Jer 23,13–15) und andererseits »Propheten Jahwes« (1Kön 18,4.13, vgl. *nābī' lᵉJhwh* V. 22; 1Sam 3,20; 1Kön 22,7 = 2Chr 18,6; 2Kön 3,11; 2Chr 28,9). Nur in 1Kön 22, 22f. (= 2Chr 18,21f.) werden sie durch Suffixe als Propheten des Königs bezeichnet (»die Propheten deiner Eltern« 2Kön 3,13 meinen die Propheten, an die sich die Eltern des Königs wandten).

2. Primäres Kennzeichen aller Propheten Israels – mit Ausnahme der ältesten Ekstatikergruppen – ist das von Jahwe empfangene Wort (*dābār* Jer 18,18; 27, 18; *ḥāzōn* Ez 7,26; vgl. O. Grether, Name und Wort Gottes im AT, 1934), das sie an die ihm zugedachten Adressaten weiterzugeben haben. Es »ergeht an« die Propheten (2Sam 24,11; 1Kön 13,20; Jer 37,6 u.ö.), ist »in ihnen« (Jer 5,13), Jahwe »spricht es zu« ihnen (Jer 46,13 u.ö.), so daß sie »im Namen Jahwes reden« (Dtn 18,20 u.ö.) bzw. »Jahwe durch (sie) redet« (Jer 37,2; vgl. Hag 1,1.3 u.ö.). – Jahwe erfüllt sein Wort, indem er »über ihm wacht« (Jer 1,12), »es aufrichtet« (28,6), »ausführt« (Ez 12,25.28), »bestätigt« (Dan 9,24). Vgl. bes. Jes 55,10f.

3. Von entscheidender Bedeutung ist hierbei, ob die Initiative zum Übermitteln des Gotteswortes vom Propheten oder von Jahwe ausgeht.

a) Ersteres ist der Fall, wo Menschen in Notsituationen den Propheten aufsuchen, um durch ihn Jahwe »befragen« zu lassen, ihn zur Fürbitte bzw. zum »Bedrängen« Jahwes (*pg'*) zu bewegen (s.o. III/2b.3b). Gebet und Verkündigung des Jahwewillens gehören hier unlöslich zusammen; der Prophet ist Mittler zwischen Gott und Mensch als Fürsprecher Israels einerseits und Sprachwerkzeug Jahwes andererseits, und diese Aufgabe wird mehrfach als die prophetische Funktion schlechthin dargestellt (1Sam 9,9; Gen 20,7; 2Kön 3,11; Jer 27,18). Vgl. die prophetischen Worte in den Psalmen und dazu S. Mowinckel, Psalmenstudien III, 1923; J. Jeremias, a.a.O. 110ff.

b) Häufiger aber ist es Jahwe unmittelbar, der die Propheten mit einer unerbetenen Botschaft zu bestimmten Menschen sendet. Die Propheten von Gad und Nathan an (2Sam 7,5.8; 12,7.11; 24,12) legitimieren sich dabei zumeist mit der – aus der Diplomatensprache übernommenen – Botenformel *kō 'āmar Jhwh* »so spricht (bzw. hat gesprochen) Jahwe«, der sie jedoch oft eigene, die Botschaft begründende und motivierende bzw. bedingende Worte vorausschicken (vgl. C. Westermann, Grundformen prophetischer Rede, ²1964, mit Lit.). Durch Zeichenhandlungen (1Kön 11,29ff.; Jes 20; Ez 4,1ff.; 5,1ff. u.ö.), die ihr eigenes Leben tiefgreifend umgestalten können (Hos 1; 3; Jer 16,1f. u.ö.), unterstreichen sie die Gewißheit, daß das Angekündigte eintrifft (G. Fohrer, Die symbolischen Handlungen der Propheten, ²1968).

Ein derartiges unaufgefordertes Auftreten prophetischer Gestalten ist uns in Israels Umwelt neben dem Reisebericht des Wen Amon (11. Jh.; ANET 25–29) aus dem Briefarchiv aus Mari (18. Jh.; vgl. Ellermeier, a.a.O.) belegt. Von der Gottheit ungewollt überfallen, verstehen auch diese Männer sich als gesandte Boten, legitimieren sich mit der Botenformel und sprechen in der Ich-Rede Gottes. Adressat ihres Wortes ist in den Briefen der König, an den neben Verheißungen (Siegeszusagen) auch Forderungen (insbesondere den Kult betreffend) gerichtet werden, die mit göttlichen Drohungen für den Fall des Ungehorsams unterstrichen werden. Mit der Prophetie eines Gad, Nathan, Ahia von Silo ist dieses Auftreten vergleichbar, wenn Unheilsworte in Mari auch stets nur als bedingte Drohungen ergehen, nie deshalb, weil der König Gottes Willen schon übertreten hat (so 2Sam 12; 24,11ff.).

4. Im Propheten und seinem Wort begegnet Jahwe den Menschen; er verherrlicht sich in ihm (2Kön 5,8; Ez 8,5; 33, 33; vgl. 1Kön 17,24; 18,36) und bestraft den, der den Propheten am Reden hindert, weil damit Jahwe am Reden gehindert wird (Am 7,12ff.; Jer 20,1ff. u.ö.).

5. Die verschiedenartige Überlieferung – in Einzelerzählungen eingestreute, vornehmlich außergewöhnliche Prophetenworte vor Amos, systematische Sammlung von Prophetenworten seit Amos in Schülerkreisen – spiegelt wider, wie sich Adressaten, I n h a l t der prophetischen Botschaft und Stellung zur Tradition mit Amos und dem Aufkommen der sog. Schriftprophetie entscheidend wandeln (vgl. E. Würthwein, ZAW 62, 1950, 10–52 = Wort und Existenz, 1970, 68–110; W.H. Schmidt, EvTh 31, 1971, 630–650).

a) Vor Amos richtet sich die prophetische Botschaft ausnahmslos an Einzelne, dem Charakter der Überlieferung entsprechend überwiegend an den König, dessen Schuld aufgedeckt und dem im Namen Jahwes harte Strafe angesagt wird (2Sam 12,1ff.; 1Kön 14,10ff.; 20,38ff.; 21,19 u.ö.); allerdings kann Israel von der Strafe mitbetroffen sein (2Sam 24,11ff.; 1Kön 22,17f.). Daneben stehen Verheißungen an den König, die den Bestand der Dynastie (2Sam 7), Siege (1Kön 20,13.28) oder Gesundung (2Kön 20,5f.) beinhalten.

Bei den vorexilischen Schriftpropheten dagegen sind selten Einzelne (Am 7,14ff.; Jes 22,15ff. u.ö.) oder bestimmte Berufsgruppen (Mi 3; Jer 23,9ff. u.ö.), zumeist ist ganz Israel aufgrund von Schuld von Gericht und Untergang betroffen. In unüberbietbarer Schärfe wird Israel sein »Ende« (Am 8,2; vgl. Ez 7) angesagt, das verschieden (Erdbeben, Feindeinfall, Seuchen etc.) expliziert werden kann. Nicht um exakte Vorhersage geht es dabei, sondern prophetisches Ziel ist, daß die Zukunft Israels, die Gott heraufführt, Israels Einstellung zu Gott und Mensch in der Gegenwart bestimmt.

b) Prophetische Anklagen richten sich gegen Vergehen im sozialen Bereich (Amos, Micha, Ez 22), häufiger noch gegen die Verachtung Jahwes: in Gestalt der Vermischung Jahwes mit Baal (Elia, Hosea, früher Jeremia, Ezechiel), in der Befragung fremder Götter (2Kön 1; 3,11; Hos 4,12; Jer 2,22 u.ö.), im hochmütigen Vertrauen auf eigene politische Klugheit (Jesaja, Jeremia), im Vergessen der Heilstaten Jahwes (Am 2,9; Hos 9,10ff.; 11, 1ff.; Jes 5,1ff. u.ö.). Letztlich scheitert Israel für diese Propheten an Jahwe (von Rad II,421ff.). Israels Schuld wird häufig so tief gesehen, daß eine Umkehr als unmöglich betrachtet wird (Hos 5,4.6; Jes 6,10; 29,9f.; Jer 2,22; 13,23); Mahnworte (Am 5,4f.; Hos 14,2 u.ö.) finden sich vergleichsweise selten. Erst bei Ez wird jeder einzelne vor die Wahl von »Leben« und »Tod« (3,17ff.; 18; 33; vgl. Zimmerli, GO 178ff.) gestellt, und in den sekundären Schichten des Jeremiabuches aus dem Exil wird spezifische Umkehrpredigt laut (s.u. 11b; vgl. Wolff, GesStud 130ff.).

c) Breiten Raum nehmen prophetische Worte gegen Israels Kult ein. Glaubte Israel aufgrund seines gottesdienstlichen Handelns vor allem Unheil sicher zu sein (Mi 3,11; Jer 7 u.ö.), so ist zentraler Gedanke prophetischer Kultkritik, daß der Gottesdienst eines Jahwe-entfremdeten Israel seinen Gott nicht mehr erreicht und damit sinnlos wird (Am 4,4f.; 5,21ff.; Jes 1,10ff. u.ö.). Hosea und der frühe Jeremia wenden sich daneben gegen den Kult in seiner baalisierten Gestalt.

d) Unheilsworte gegen fremde Völker, ursprünglich wohl gesprochen, um Israels Heilszustand zu sichern (vgl. etwa Num 24,20; Ps 60,10), besagen bei den Schriftpropheten zumeist, daß die Völker wie Israel gerichtsreif sind und ihr kommender Untergang Israels Geschick widerspiegelt (Am 1,3ff.; Zeph 1f. u.ö.).

e) Heil wird – außer bei Hosea (11,8f.; 14) – nur jenseits des Gerichts (Jer 30f.; 32,15; Ez 37 u.ö.) bzw. nur bedingt für einen kleinen Teil Israels erwartet und erhofft (die Glaubenden: Jes 28,16; 7,9; die Demütigen: Zeph 2,3; vgl. dort und Am 5,15 das einschränkende »vielleicht«; →*'ūlaj*), bis im Exil mit Deuterojesaja die Heilsverkündigung beherrschend in den Vordergrund tritt. Das Heil ist jedoch – wie bei Hos – auch jetzt allein in Gott begründet, nicht in Israels gewandeltem Verhalten; vgl. S. Herrmann, Die prophetischen Heilserwartungen im AT, 1965.

f) Das prophetische Wort ergeht in konkrete Situationen hinein. Gerichtsankündigung (etwa Jes 30,1ff.; Ez 17,11ff.) wie Heilsworte (etwa die Kyrosworte bei Dtjes.) knüpfen häufig an gegebene Voraussetzungen der Weltpolitik an. Die jeweiligen Weltmächte erscheinen als Werkzeuge Jahwes, des Herrn der Weltgeschichte (Jes 7,18ff.; 10,5ff.; Jer 27,1ff. u.ö.). Zugleich nehmen die Propheten damit Stellung zu gewichtigen Fragen der Politik (Jes 7,1ff.; 31,1ff.; Jer 21,8ff. u.ö.).

g) Während die früheren Propheten im Rückgriff auf alte Traditionen (Zelttradition 2Sam 7,6f.; Traditionen des Jahwekrieges: 1Sam 15; 2Sam 24; 1Kön 20, 35ff.; erstes Gebot: 1Kön 18,21ff.; Rechtstraditionen 2Sam 12; 1Kön 21; vgl. R. Rendtorff, ZThK 59, 1962, 145ff.) den Jahwe-Glauben vor kanaanäischer Überfremdung bewahren wollten, kann die neue Botschaft der Propheten seit Amos sich der Tradition häufig nur bedienen, indem sie diese in ihr Gegenteil verkehrt: Jahwe führt jetzt Kriege gegen Israel (Jes 28,21; Jer 4,5ff. u.ö.), führt es nach Ägypten zurück (Hos 8,13), nimmt ihm sein Land (Am 7,11.17 u.ö.), zieht die Bundeszusage zurück (Hos 1,9) etc.

In den prophetischen Heilserwartungen werden zwar Psalmensprache (Dtjes.), Priesterthora (Ez), Aussagen über das Königsheil, über den Bund etc. aufgegriffen, aber durch Verlagerung in die Zukunft (messianische Verheißungen, neuer Bund Jer 31,31ff.), Ausweitung auf ganz Israel oder sogar die Völkerwelt (Jes 2, 2ff. u.ö.) stark umgeprägt. Im Blick auf Jahwes neues Handeln kann Dtjes. sogar zum Vergessen des »Früheren« auffordern (Jes 43,18).

6. a) Führen die früheren Propheten ihre Vollmacht zu je verschiedenem Reden, Handeln und überraschendem Auftreten zumeist auf die Wirkung des Geistes zurück (1Sam 10,6.10; 19,20ff.; 1Kön 18, 12; 22,21f.; 2Kön 2,9.16. u.ö.), so meiden die Schriftpropheten mit Ausnahme von Ez (dazu W. Zimmerli, BK XIII, 1264f.) dieses Theologumenon (nur Hos 9,7 im Mund der Hörer, Mi 3,8 in einem deutenden Zusatz und später Jes 48,16; 61,1; Jo 3,1; vgl. S. Mowinckel, JBL 56, 1937, 261ff.). Sie sprechen statt dessen vom ergehenden Wort, von der Sendung durch Jahwe (Am 7,15; Jes 6,8f.; Jer 1,7 u.ö.), von visionären Zwiegesprächen mit Jahwe (Am 7f.; Jer 1 u.ö.), vom Zugriff der Hand Jahwes (Jes 8,11; Ez 1,3; 3,14.22 u.ö.; vgl. aber schon 1Kön 18,46; 2Kön 13,15f.), vom niederfallenden Wort (Jes 9,7), vom Wort als Feuer und Hammer (Jer 23,29) etc., um den Zwang zum Reden auszudrücken, der auf ihnen lastet und von dem sie sich nicht lösen können (Am 3,8; Jer 17,16; 20,7ff.; 23,9).

b) Da ihnen teilweise die Fürbitte von Jahwe untersagt wird (Jer 7,16f.; 11,14; 14,11; 15,1; vgl. Am 7,1–6 mit 7,7f.; 8, 1f.), treten sie ganz auf die Seite Jahwes, so gewiß – besonders bei Hos und Jer – ihre Gerichtsverkündigung von Klagen über das Geschick ihres Volkes (Hos 7, 8f.; 8,8; Jer 4,19ff.; 8,18ff.; 14,17f. u.ö.) und bei Jer über die Bürde des unerwünschten Auftrags (17,16; 20,7ff. u.ö.) durchzogen ist.

7. Eine besondere Aufgabe wird Jeremia zuteil. Er wird zum Völkerpropheten (*nābī' laggōjīm* Jer 1,5) berufen, zum Propheten, der, wie der König von Mutterleib zum Mandatar Jahwes erwählt (vgl. Sir 49,6f.), göttliche Herrschaft über die Welt ausübt, indem er mit seinem Gotteswort Aufbau und Untergang der Völker heraufruft (1,10).

8. a) Wie schon Micha ben Jimla (1Kön 22), so treten die vorexilischen Schriftpropheten – mit Ausnahme Hoseas – in scharfen Gegensatz zu zeitgenössischen Propheten und Prophetengruppen (vgl. u.a. G. Quell, Wahre und falsche Propheten, 1952; E. Oßwald, Falsche Prophetie im AT, 1962). Ihre Vorwürfe gegen diese betreffen Bestechlichkeit (Mi 3,5; Ez 13, 17ff.), Übertretung elementarer ethischer Verhaltensregeln (Jes 28,7f.; Jer 23,14; 29,23), Vernachlässigung der Fürbitte (Jer 27,18; Ez 13,5), zentral jedoch ihre Heilsverkündigung in einer Unheilssituation, in der Israel an Jahwe gescheitert ist. Wird dieser Vorwurf 1Kön 22,19ff.; Mi 3,5 damit begründet, daß Jahwe die Propheten betört habe (vgl. Ez 14,9) bzw. die Propheten ihre Vollmacht pervertiert hätten (vgl. Ez 13,17ff.), so bestreitet erstmals Jeremia seinen Gegnern, daß Jahwe sie überhaupt gesandt habe (14,14; 23,21 u.ö.; vgl. J. Jeremias, EvTh 31, 1971, 314ff.), und Ezechiel folgt ihm darin (13, 3.6f.; 22,28). Da sie »Heil« (*šālōm* 14,13 u.ö.), und das heißt jetzt – wie Jeremia es stereotyp nennt – »Trug weissagen« (*nb'* ni. *šæqær*) bzw. »Wunschgesichte schauen« (14,14; 23,25ff. u.ö.; vgl. Jes 9,14; Ez 13,2ff.17), Worte sprechen, die Israel nur tiefer in Schuld verstricken, statt es zur Erkenntnis seiner Schuld gelangen zu lassen (Jer 23,14.22.27; 28,15; 29,31; Ez 13, 10ff.22), ist »Trug« – allenfalls Baal (2,8) – auch Quelle ihres Redens (5,31; 20,6) und nicht Jahwe (vgl. M.A. Klopfenstein, Die Lüge nach dem AT, 1964; Th.W. Overholt, The Threat of Falsehood, 1970).

b) Jedoch treten auch diese Propheten mit dem Anspruch, Gottes Wort zu sprechen, auf und bedienen sich des »so sagt Jahwe« und »Spruch Jahwes« zur Legitimierung ihrer Botschaft (Jer 28; Ez 13, 6f.; 22,28 u.ö.). Die Berufungsberichte der Schriftpropheten, in denen sie auf ihre Weigerung gegen die Sendung Gottes (Jer 1,6; vgl. Ex 3f.; Ri 6,11ff.; Am 7,14f.) bzw. ihre visionäre Teilhabe am göttlichen Thronrat (Jes 6; Ez 1–3; vgl. 1Kön 22, 19ff.; Jer 23,22) verweisen, zeigen in ihrem Charakter als »Legitimationsurkunden« (H.W. Wolff), daß auch ihre Vollmacht angezweifelt wurde (Jes 5,19; 28,9ff.; 30, 10; Jer 5,13; 11,21; 17,15; Ez 12,27; Mi 2,6f. u.ö.). Dieser Zweifel fand sichtbaren Ausdruck in der Verfolgung der Propheten bis hin zu ihrer Tötung (1Kön 18,4. 13; 19,10.14; Jer 2,30; 26,20ff. u.ö.). Für Außenstehende wurde der Streit zwischen Prophet und Prophet erst mit dem Untergang Jerusalems entschieden; die »Schriftpropheten« wurden als wahre Jahweboten erkannt und als die »früheren Propheten« (*hann*ᵉ*bī'īm hāri*š*ōnīm* Sach 1,4; 7,7.12) von den Propheten im und nach dem Exil abgehoben.

9. In den Klgl wird über den Tod der Propheten geklagt, die mit den Priestern im Heiligtum erschlagen wurden (Klgl 2, 20). Ohne Prophet ist Israel unfähig, die Länge der auferlegten Strafzeit zu erkennen (Ps 74,9), und die verbliebenen Propheten empfangen kein Jahwewort (Klgl 2,9). Im Gefolge Jeremias wird als Schuld der Propheten bekannt, daß sie für Israel »Trug« schauten, statt es auf seine Vergehen hinzuweisen (Klgl 2,14; vgl. 3,14). In diese Zeit fällt die große Heilsbotschaft Ezechiels und Deuterojesajas.

10. Zweimal nimmt auch das Deuteronomium zu innerprophetischen Streitigkeiten Stellung. Es verfügt die Tötung (13,6; 18,20) von Propheten, die – und sei es mit beglaubigenden Wundern – Israel zum Bruch des 1. Gebotes verführen (13, 2ff.) bzw. die ohne Autorisierung von Jahwe im Namen Jahwes auftreten (18, 20). Das von Jahwe legitimierte Wort, das lückenlos ergeht (18,15), wird an seinem Eintreffen erkannt (18,22; vgl. Jer 28,8f., aber mit anderer Akzentsetzung), und am Gehorsam ihm gegenüber entscheidet sich Israels Geschick (18,19).

11. Die theologischen Anstöße des Dtn greifen die dtr. Kreise im Exil auf, indem sie a) Israels Geschichte in der Königszeit als eine Geschichte zeichnen, die durch die genaue Erfüllung aller prophetischen Weissagungen bestimmt ist (1Kön 14,18; 16,12; 2Kön 14,25 u.ö.; Belege bei von Rad, GesStud 193ff.), b) von einer lückenlosen Reihe ständiger Auftritte von Propheten sprechen, die Jahwe als »seine Knechte« sandte (2Kön 17,13.23; 21,10; 24,2; vgl. 9,7; Jer 7,25; 25,4; 26,5; 29, 19; 35,15; 44,4) bzw. »einsetzte« (*qūm* hi. Dtn 18,15.18; Am 2,11; Jer 29,15) und die in genauer Kenntnis der Pläne Jahwes (Am 3,7; Sach 1,6) das Volk zu Umkehr, Buße und Gesetzesbefolgung mahnten – jedoch ohne Erfolg (Ri 6,8ff.; 2Kön 17, 13f.; Sach 1,4f.; Jer 25,5; 35,15 u.ö.; vgl. Am 2,12; Ez 38,17). Mit dieser Darstellung soll Israel zur Bejahung des ergangenen Gerichts und zur neu ermöglichten Umkehr geführt werden, will es nicht gänzlich vernichtet werden (vgl. W. Herrmann, Die Bedeutung der Propheten im Geschichtsaufriß des Dtr, Diss. Berlin 1957; Wolff, GesStud 308ff.).

12. Im Gefolge der dtr. Kreise sprechen das Buch Daniel und der Chronist im Rückblick von den Propheten als mahnenden »Knechten« Jahwes, die kein Gehör fanden (Neh 9,26.30; 2Chr 24,19; 36,15f.; Dan 9,6.10), ja Verspottung und Tod erlitten (2Chr 36,15f.; Neh 9,26 u.ö.; vgl. dazu O.H. Steck, Israel und das gewaltsame Geschick der Propheten, 1967). Der Chr. läßt aus der Tradition bekannte (2Chr 12,5; 15,1ff.; 21,12ff.; 24,20; 28, 9ff.) und namenlose (Esr 9,11ff.; 2Chr 25,15f.) Prophetengestalten häufig predigtartige Mahn- und Strafreden vortragen, setzt Vertrauen auf Propheten mit Vertrauen auf Jahwe gleich (2Chr 20,20;

vgl. Ex 14,31), läßt die Tempelmusik von Propheten angeordnet sein (2Chr 29,25) und gibt als seine Quellen Prophetenschriften an (1Chr 29,29; 2Chr 9,29; 12,15; 13,22; 26,22; 32,32).

Für das Buch Daniel werden die Voraussagen Jeremias in der Gegenwart als der beginnenden Endzeit erfüllt (Dan 9,2.24).

13. Nach dem Exil verebbt die Prophetie, nachdem Schülerkreise Deuterojesajas Botschaft aufgegriffen, zugleich aber einen tiefen Riß in Israel beklagt hatten (Jes 56–66), Haggai und Sacharja den Beginn des Tempelbaus als Jahwes Willen verkündigt und Serubbabel als König der Heilszeit ausgerufen hatten und Maleachi in Disputationsworten Jahwes Unmut über Israels Trägheit eingeschärft hatte. In der Nehemia-Denkschrift werden Propheten und Prophetinnen höchst negativ gezeichnet: Sie reden auf Bestellung politischer Anführer (Neh 6,7.10ff.14), und Sach 13,2ff. wird das – synkretistisch geprägte – Prophetentum sogar auf die Stufe des Götzendienstes gestellt (K. Elliger, Das Buch der zwölf Kleinen Propheten, II = ATD 25, 1950, 162–164). Andere Propheten gingen in den Reihen der Leviten auf (vgl. 2Chr 34,30 mit 2Kön 23,2 und dazu S. Mowinckel, Psalmenstudien III, 1923, 17f.21f.24ff.; Johnson, a.a.O. 66ff.; Plöger, a.a.O. 190ff. u.a.). An der Schwelle zur Apokalyptik stehen Ez 38f., Deuterosacharja (Sach 9–14), Joel, Jes 24–27 und vor allem Daniel.

V. LXX gibt *nābī'* durchweg mit προφήτης, das Verbum (außer 1Chr 25,1–3) mit προφητεύειν wieder. Die Gegner der Schriftpropheten, vor allem die des Propheten Jeremia, heißen häufig ψευδοπροφήτης (im Targum oft *nbjj šqr'*).

In Qumran wird das Substantiv (16×) häufiger als das Verbum (1× ni.) gebraucht; neben namentlich eingeführten Prophetenzitaten (CD 3,21; 4,13; 7,10; 19,7; 4QFl 1,15f.) wird dtr. (1QpHab 2,9; 7,5.8; 1QS 1,3; 4QDibHam 3,13) und jeremianischer Sprachgebrauch (CD 6,1; 1QH 4,16) weitergeführt; daneben ist von »Prophetenbüchern« (CD 7,17) die Rede, wird in Anlehnung an Dtn 18,15 ein eschatologischer Prophet erwartet (1QS 9,11) und prophetische Offenbarung auf Jahwes »heiligen Geist« zurückgeführt (1QS 8,16).

Zu den Nachwirkungen des atl. Sprachgebrauchs im sonstigen nachbiblischen Judentum und im NT vgl. E. Fascher, Prophetes, 1927; R. Meyer, Der Prophet aus Galiläa, 1940; H.A. Guy, NT Prophecy, 1947; F. Gils, Jésus prophète, 1957; F. Hahn, Christologische Hoheitstitel, 1963, 351ff.; zum Ganzen H. Krämer – R. Rendtorff – R. Meyer – G. Friedrich, Art. προφήτης, ThW VI, 781–863. *J. Jeremias*

נָבָל *nābāl* Tor

1. Auf die Frage nach der Etymologie von *nābāl* »Tor, töricht« wird noch keine einmütige Antwort gegeben; verschiedene Vorschläge sind gemacht worden u.a. von J. Barth, Wurzeluntersuchungen zum hebr. und aram. Lexicon, 1902, 28f.; P. Joüon, Bibl 5, 1924, 356–361; W.M.W. Roth, VT 10, 1960, 394–409. Die älteren sem. Sprachen weisen keine hinreichenden Entsprechungen auf (das von Roth, a.a.O., angeführte akk. Verbum ist als *napālu* »zu Fall bringen, abbrechen, zerstören« anzusetzen und mit hebr. *npl* »fallen« zusammenzubringen, vgl. AHw 733b).

Wenn man von den etymologisch ungeklärten Nomina *nēbæl* I »Krug« und *næbæl/nēbæl* II »Harfe o.ä.« absieht (vgl. neben den Lexika noch DISO 173; UT Nr. 1598), wird für die atl. Wörter mit den Radikalen *nbl* von einigen Forschern eine einzige Wurzel angenommen; in diesem Fall werden sowohl *n^ebēlā* »Leichnam« als auch *nābāl* »Tor, töricht« und *n^ebālā* »Torheit« sowie das einmalige *nablūt* »Scham (der Frau)« (Hos 2,12) als Derivate des einen Verbums *nbl* »welken« gerechnet (so Barth, a.a.O.; W. Caspari, NKZ 39, 1928, 668–695; A. Caquot, RHR 155, 1959, 1–16; KBL 589; Zorell 494; zurückhaltender auch Joüon und Roth, a.a.O.). Andere nehmen dagegen zwei Wurzeln *nbl* an, und zwar neben *nbl* I »welken« (qal 20×; zur traditionellen Wiedergabe vgl. Joüon, a.a.O. 357) mit *n^ebēlā* »Leichnam« (48×, davon 19× in Lev, 10× in 1Kön) noch *nbl* II »töricht sein« (qal Spr 30,32; pi. Dtn 32,15; Jer 14,21; Mi 7,6; Nah 3,6) mit den Nomina *nābāl*, *n^ebālā* und gewöhnlich auch *nablūt* (vgl. aber Roth, a.a.O. 397 Anm. 8; dazu KBL Suppl. 170, gegen P. Steininger, ZAW 24, 1904, 141f.; GVG I, 382; Meyer II, 35), so u.a. GB 480b; K.H. Fahlgren, *ṣedāḳā*, 1932, 28–32 (nun auch in K. Koch, Um das Prinzip der Vergeltung, 1972, 115–120). Ob auch der Personenname *Nābāl* (1Sam 25,25 als »Tor« gedeutet) ursprünglich zu *nbl* II gehört (so Noth, IP 229; F.L. Benz, Personal Names in the Phoenician and Punic Inscriptions, 1972, 146.358), ist umstritten, vgl. Buccellati 152f.; H. Schult, Vergleichende Studien zur atl. Namenkunde, 1967, 93f.

Die Möglichkeit einer einzigen Wurzel *nbl* ist vielleicht nicht auszuschließen, doch ist ihr Nachweis mit sehr großen Schwierigkeiten verbunden, wie an den erwähnten, recht unterschiedlichen Erklärungsversuchen ersichtlich ist. Dabei wird auch klar, daß die inhaltliche Erklärung eine entscheidende Rolle spielt. Semasiologisch untersucht ergeben aber die *nbl*-Vokabeln zwei abgegrenzte Wortfelder, die den angezeigten zwei Wurzeln zuzuordnen sind (vgl. Roth, a.a.O. 398ff.). So mag es wohl geraten sein, wenigstens semasiologisch-funktionell mit zwei (homonymen) Wurzeln *nbl* zu rechnen, von denen hier *nbl* II in Frage kommt.

Von *nbl* II kommen überwiegend nominale Realisationen vor: das Personenwort *nābāl*, das teils adjektivisch, teils substantivisch verwendet wird, und das Abstraktnomen *nᵉbālā*. Das Verbum kommt im Qal und Pi. vor, wobei man öfter *nbl* pi. als von *nābāl* denominiert angesehen hat (vgl. Barth, a.a.O. 29; Roth, a.a.O. 407; Zorell 494a).

2. Von den 36 Belegen der Wurzel *nbl* II (von *nablūt* abgesehen) entfallen 5 auf das Verbum (q. 1 × ; pi. 4 ×, s.o.), 18 auf *nābāl* (Ps 5 ×, Spr 3 ×, Dtn, 2Sam, Jes und Hi je 2 ×, Jer und Ez je 1 ×) und 13 auf *nᵉbālā* (Ri 4 ×, Jes 2 ×). Mit 13 Belegen im dtr. Geschichtswerk, 10 in prophetischen und 7 in weisheitlichen Schriften (ohne Pred), 5 in Ps und 1 in Gen (34,7) hat die Wortsippe eine relativ breite Streuung.

3. Als Hauptbedeutung des Personenworts *nābāl* wird allgemein »töricht« angegeben, wenn es adjektivisch steht (Dtn 32,6.21; Ez 13,3; Ps 74,18; vielleicht auch Jer 17,11), und »Tor«, wenn es substantivisch verwendet wird (die übrigen 14 bzw. 13 Stellen). Doch ist *nābāl* – wie der Rest der Wortsippe – vieldeutiger als die anderen Wörter für »Tor, töricht« im AT (→*'ᵆwīl*, →*kᵉsīl*, →*pth*; Fahlgren, a.a.O.; U. Skladny, Die ältesten Spruchsammlungen in Israel, 1962, 10–12.32ff.50ff.; T. Donald, The Semantic Field of »Folly« ..., VT 13, 1963, 285–292). Für eine abgewogene Gesamterfassung sind zugleich mehrere Aspekte wichtig. Ob sich auch eine Begriffsgeschichte nachweisen läßt (vgl. Roth, a.a.O. 402ff.), bleibt unsicher.

a) Das Verbum drückt im Grundstamm eine unüberlegte (sowohl ungebührliche wie dumme) Handlung aus (Spr 30,32; vgl. W. McKane, Proverbs, 1970, 664), deren Gegensatz die kluge und überlegte Handlung ist (Oppositum: *zmm* »überlegen«; vgl. *mᵉzimmā* »Plan, Besonnenheit«). Sonst kommt in dieser »Klugheitsmahnung« (Gemser, HAT 16,107) das weisheitliche Ideal des rechten Schweigens zum Ausdruck (vgl. G. von Rad, Weisheit in Israel, 1970, 116).

Gegenüber dem Grundstamm hat der Doppelungsstamm hier kaum eine faktitive Funktion, etwa »den Zustand des *nbl* herbeiführen, verdummen und/oder gemein machen« (W. Richter, Recht und Ethos, 1966, 56, in bezug auf Mi 7,6), sondern eher eine ästimative (vgl. Jenni, HP 41: »für verächtlich halten«; so gegebenenfalls in Dtn 32,15; Mi 7,6); doch auch eine äußere Handlung gehört mit dazu (bes. in Jer 14,21 und Nah 3,6, wohl aber auch in Dtn 32,15; Mi 7,6), so daß man am besten mit KBL 589b mit »verächtlich behandeln« übersetzt. Eine gewisse weisheitliche Prägung haben Dtn 32,15 (zum betonten »fett werden« im negativen Sinn →*'ᵆwīl* 1; vgl. Ps 73,3–11; Jer 5,28) und Mi 7,6 (Aufruhr gegen gesetzte Ordnung; vgl. von Rad, a.a.O. 102ff.). Die vier Stellen sind aber noch stärker religiös-ethisch ausgerichtet. Gott ist in Dtn 32,15 Objekt der Handlung, wobei *nbl* pi. mit dem Parallelwort *nṭš* »verwerfen« die Apostasie des Volkes ausdrückt, und in Jer 14,21 und Nah 3,6 Subjekt der Handlung; das Verbum drückt hier Gottes Straftat, sein Vernichten unter entehrenden Umständen, aus.

b) Von den Nomina steht das Abstraktnomen *nᵉbālā* dem Verbum am nächsten. Das Abstraktwort kann – wie das Verbum – gelegentlich von Gottes Handeln gegenüber Menschen verwendet werden; so an der schwierigen Stelle Hi 42,8, wo *nᵉbālā* ein auffälliger Ausdruck für Gottes Haltung/Handlung gegenüber Hiobs Freunden ist, und zwar im richtend-strafenden und entehrenden Sinne (vgl. Fahlgren, a.a.O. 30–32 [bzw. 118–120]; Roth, a.a.O. 408; Fohrer, KAT XVI, 538.540: »tue Schimpfliches an euch«), wenn nicht die unbestimmte Inf.-Konstruktion eine Strafhandlung, die auf Gottes Veranlassung von anderen ausgeführt werden soll, meint (vgl. Caspari, a.a.O. 672). Die Formulierung ist dem Ausdruck *'śh nᵉbālā* (*bᵉJiśrā'ēl*) »eine *nᵉbālā* tun (in Israel)« beinahe analog. Dieser Ausdruck, der (mit gewisser syntaktischer Variation) in bezug auf schwere Schandtaten 8 × formelhaft vorkommt und noch zweimal apodiktisch begründet ist (Gen 34,7; 2Sam 13,12), ist vor allem auf sexuelles Vergehen/Unrecht bezogen: Gen 34,7; Dtn 22,21 (par. *hāra'* »das Böse«); Ri 19,23 (par. *r''* hi. »verwerflich handeln«). 24; 20,6 (par. *zimmā* »Schandtat«). 10; 2Sam 13,12 (s.u.); er ist u.a. sexuell gemeint in einer Anklage gegen falsche Propheten in Jer 29,23 (vgl. Rudolph, HAT 12, 185; s. auch Ez 13,3, wo in einem Wehewort attributives *nābāl* zur allgemeinen Kennzeichnung der falschen Propheten dient; vgl. aber Zimmerli,

BK XIII, 282); Jos 7,15 bezieht ihn auf Diebstahl von »Gebanntem« (→*ḥérœm*; auffälliger Parallelausdruck: *'br 'œt-berīt Jhwh* »den Bund Jahwes brechen«). An allen Stellen liegt ein schicksalschwerer Bruch mit dem »festgefügten Sittenkodex« Israels vor (vgl. Richter, a.a.O. 50f.); die Schandtaten bringen ihrem Täter nur Unheil und Entehrung (vgl. Fahlgren, a.a.O. 29ff. [bzw. 117ff.]; Roth, a.a.O. 404ff.).

Zweimal, und zwar 2Sam 13,12f. und Jes 32,5f., wird das Personenwort *nābāl* noch gleichzeitig neben dem Abstraktwort *nebālā* verwendet; damit wird die Aufmerksamkeit stärker auf die hinter den Handlungen stehenden Personen oder Personengruppen gelenkt. In Jes 32,6 wird zur Begründung ganz generell ausgesagt: »der Tor (*nābāl*) redet Torheit (*nebālā*)«, und in der prophetischen Anklage Jes 9,16 heißt es vom Volk im Nordreich: »jeder Mund redet *nebālā*« (par. *ḥānēf* »Gottloser« und *mēra'* »Übeltäter«, →*r"* hi.). Mit diesem »Reden«, das ein religiös disqualifizierendes Gesamturteil veranlaßt, sind wohl kaum nur »bestimmte Frevelworte« gemeint (vgl. Jenni, HP 170; Roth, a.a.O. 407), sondern vielmehr dürfte hier der fast absolute Gebrauch des Abstraktnomens neben dem Personenwort auf eine ganzheitliche Charakterisierung zielen, und zwar auf die Grundhaltung, aus der die Person handelt, wie auch auf die gegenseitige Beziehung zwischen Tat und Täter, so wie es noch bei der Personcharakterisierung durch den Namen Nabal in 1Sam 25,25 der Fall ist. Was die Begründung Jes 32,6 kurz zum Wesen und Tun des *nābāl* sagt, wird im Kontext (V. 5–8) ausführlicher erklärt; hier wird der *nābāl* katalogartig geschildert als der Gegenpart zum »Edlen« (*nādīb* V. 5, vgl. V. 8; par. *kīlaj* »Betrüger«, vgl. V. 7, dazu R. Borger, AfO 18, 1958, 416); er verursacht »Unheil« (→*'āwœn*) und »Abfall« (*ḥōnœf*, →*ḥnp*; KBL 317b: »Entfremdung von Gott«) und redet »Verkehrtes« (*tō'ā*, →*t'h*) über Jahwe; er läßt Hungrige hungern und wehrt den Durstigen das Trinken (V. 6). Der *nābāl* realisiert sein *nebālā*-Wesen, wozu noch seine Gottlosigkeit als dessen Tiefpunkt gehört. Er ist kein »Verständiger« (*maśkīl*, →*śkl*), der »nach Gott fragt« (Ps 14,2), sondern leugnet vielmehr die Wirklichkeit und Wirksamkeit Gottes (Ps 14,1 = 53,2; vgl. Ps 12,2ff.; 73,3ff.). Wenn dasselbe auch vom »Frevler« (*rāšā'*, →*rš'*) gesagt wird (Ps 10,4), erscheint *rāšā'* indirekt als ein Synonym zu *nābāl*, was weisheitlich nicht verwundernimmt (vgl. →*'æwīl* 4; →*ḥkm* 4). Weisheitliches Synonym ist sonst →*kesīl* »Tor« (Spr 17,21), Oppositum *ḥākām* »weise« (*lō ḥākām* »unweise« Dtn 32,6, in bezug auf das eigene, ungehorsame Volk, par. *'am nābāl* »törichtes Volk«, was in Ps 74,18 von einem fremden, feindlichen Volk ausgesagt ist; vgl. noch Dtn 32,21; Ps 74,22; s.o. zu Jes 9,16). Bei diesem erweiterten Gebrauch ist der religiöse Aspekt noch offenkundiger, auch wenn die Phraseologie weisheitlich ist.

Neben dem wichtigsten religiös-ethischen (und weisheitlichen) Aspekt hat das Personenwort *nābāl* noch einen sozialen Aspekt, dem die neuere Forschung am meisten nachgegangen ist (vgl. vor allem die erwähnten Arbeiten von Joüon, Roth und Caquot, sowie Caspari, Fahlgren und Skladny). Die sozial niedrigere Stellung des *nābāl* ist einmal aus der zweimaligen Gegenüberstellung zu *nādīb* »Edler, Vornehmer« (Jes 32,5, s.o.; Spr 17,7, vgl. McKane, a.a.O. 507), sodann aus dem Zahlenspruch in Spr 30,21–23 zu erkennen, wo in V. 22f. *'œbœd* »Sklave«, *śenū'ā* »verschmähte Frau« und *šifḥā* »Sklavin« die Parallelwörter sind; wichtig ist ebenfalls das Synonym *belī-šēm* »namenlose (Leute)« (Hi 30,8; vgl. Fohrer, KAT XVI, 418). Der *nābāl* ist ein Elender (vgl. Barth, a.a.O. 28f.; Joüon, a.a.O. 358–361: »bas, vil, ignoble«), ein aus der Gesellschaft Ausgestoßener (Roth, a.a.O. 403: »by his very fate an outcast«), dessen ehrloser Tod sprichwörtlich ein Symbol des Elends wurde (2Sam 3,33; Jer 17,11).

Semasiologisch ergibt so die Wortsippe *nbl* II ein recht buntes Spektrum, dessen genaue Wiedergabe schwierig ist. Es wird aber kaum möglich sein, einen besseren gemeinsamen Ausdruck dieser Vielfalt zu finden als die traditionelle Wortsippe »Tor/töricht/Torheit«, obwohl verschiedene Sinngehalte dabei nicht verbalisiert werden. Umgekehrt kann aber *nbl* II das übrige Wortfeld von »Tor/Torheit« im AT wesentlich bereichern.

4. Wie aus dem Obigen hervorgehen dürfte, sind im Wortgebrauch von *nbl* II »Profanes« und »Religiöses« untrennbar ineinander gewoben; das theologisch Relevante ist in der allgemeinen Übersicht schon weithin mit erörtert worden (s.o. 3). Während aber dort die inneren Unterschiede im Bedeutungsfeld besonders zum Vorschein kamen, darf nunmehr das den Aspekten Gemeinsame kurz in den Blick treten.

Als wichtigster Aspekt ergab sich der religiös-ethische, wozu noch ein weisheitlicher und ein sozialer Aspekt hinzukamen. Theologisch ist aber der Abstand zwischen den Aspekten nicht so groß, wie es zunächst scheinen mag. Denn die verschiedenen Aspekte des *nābāl* – etwa als des sozial Elenden, moralisch Niederträchtigen oder religiös Gottlosen – wie auch der *n^e^bālā* – als Schandtat oder Gottlosigkeit – gründen in demselben Ordnungsdenken, das sonst der Weisheitslehre (→*ḥkm*) vor allem eigen ist. *n^e^bālā* meint Bruch aus einem Zusammenhang (vgl. Fahlgren und Roth), oder aktiver: Aufruhr gegen gesetzte Ordnungen. Dieser Bruch und Aufruhr ist eben »Torheit«, ist Mangel an Einsicht und Einordnung in die guten Ordnungen, deren Garant Gott ist. Der Mensch, der herausbricht oder hinausgestoßen werden muß, ist *nābāl* »töricht«, »gemein« und »unvernünftig« (vgl. G. von Rad, Weisheit in Israel, 1970, 90f.). Die völlig negative Wortsippe *nbl* II gehört zum größeren Wortfeld der »Torheit« im AT, das dem der »Weisheit« kontrapunktisch entgegensteht; doch ist *nbl* II mehr als die übrigen Wörter dieses Wortfeldes rechtlich und sozial geprägt, und zwar im negativen Sinn des »Frevlerischen« (vgl. T. Donald, a.a.O.); das warnt vor einer intellektualistischen Verharmlosung der atl. »Torheit«. Denn *n^e^bālā* ist auch gefährliche Macht; und der *nābāl* ist wie der *rāšā'* »Frevler« ein »gemeingefährlicher« Mensch, der Unheil stiftet, und der anderen wie sich selbst ein »Verderbensträger« ist (vgl. Caspari, a.a. O. 671.673f.).

5. Die alten Versionen haben die Wortsippe weithin im Sinne von »Tor/töricht/Torheit« verstanden. So hat LXX (vom Verbum abgesehen, das sehr unterschiedlich wiedergegeben ist) *nābāl* 11× durch ἄφρων und 3× durch μωρός, *n^e^bālā* durch 9 Wörter, davon 7× durch ἀφροσύνη wiedergegeben (vgl. Caspari, a.a.O.; Joüon, a.a.O. 357; Roth, a.a.O. 401; vgl. G. Bertram, Art. μωρός, ThW IV, 837–852; ders., Art. φρήν, ThW IX, 216–231). Im Qumran-Schrifttum begegnet die Wortsippe insgesamt 4× (Kuhn, Konk. 139c). In bezug auf das NT ist vor allem auf U. Wilckens, Weisheit und Torheit, 1959, zu verweisen.

M. Sæbø

נגד *ngd* hi. mitteilen

1. Die Versuche, die hebr. Wortgruppe *ngd* hi. »mitteilen« (ho. »mitgeteilt werden«), *nǽgæd* »gegenüber« und *nāgīd* »Anführer« zusammen mit aram. *ngd* »ziehen (transitiv und intransitiv)« (bibl.-aram. q. »fließen« Dan 7,10; vgl. KBL 1098a; E. Vogt, Lexicon linguae Aramaicae Veteris Testamenti, 1971, 109b; LS 413; Drower-Macuch 288b) und weiteren arab. und äth. Vokabeln von einer gemeinsamen Grundbedeutung abzuleiten, bleiben mehr oder weniger hypothetisch (z.B. Nöldeke, NB 197f.; GB 482: »sich erheben, hoch sein«; H. Gese, ZThK 61, 1964, 12f. Anm. 7: »hervorkommen«, »herausziehen«). Wahrscheinlich ist das nur hebr. (auch Lachisch-Ostrakon 3, Z. 2 hi.; Z. 13 ho.) belegte Verbum *ngd* hi. »künden, mitteilen« von der (ursprünglich substantivischen) Präp. *nǽgæd* »(Gegenüber, Gegenstück >) gegenüber« denominiert (W. J. Gerber, Die hebr. Verba denominativa, 1896, 139; Zorell 495b), während bei *nāgīd* die Frage der Etymologie ungeklärt bleibt (z.B. GB 483b: »erhaben«; Alt, KS II, 23 Anm. 2: »Kundgegebener«; unhaltbar J. J. Glück, VT 13, 1963, 144–150: »Hirt«; vgl. W. Richter, BZ NF 9, 1965, 72f. Anm. 6f.).

Das Bibl.-Aram. bietet neben dem oben genannten Verbum auch die Präp. *nægæd* »gegen«, allerdings vielleicht als Hebraismus bzw. als Glosse (Dan 6,11; vgl. F. Rosenthal, A Grammar of Biblical Aramaic, 1961, 37). Die Bed. »kundtun, mitteilen« wird durch *ḥwh* pa./ha. wahrgenommen (4+10× in Dan; als aram. LW begegnet *ḥwh* pi. »verkünden« in Ps 19,3; Hi 15,17; 32,6.10.17; 36,2; vgl. Wagner Nr. 91/92; J.A. Soggin, AION 17, 1967, 9–14; Jenni, HP 112–119).

2. Das Verbum begegnet 335× im Hi. (1Sam 47×, 2Sam 33×, Gen 31×, Jes 29× [Dtjes 21×], Jer 28×, Ri 26×, 2Kön und Ps je 20×, Hi 17×, Est 14×, 1Kön 10×) und 35× im Ho. (Gen, 1Sam und 1Kön je 5×, 2Sam 4×), am häufigsten in der erzählenden Literatur. *nǽgæd* steht 151× (Ps 36×, Neh 19×, sonst unter 10×), *nāgīd* 44× (1Chr 12×, 2Chr 9×, 1Sam 4×, 2Sam, 1Kön und Dan je 3×, Hi und Spr je 2×, 2Kön, Jes, Jer, Ez, Ps und Neh je 1×).

3. a) Der Grundvorgang ist bei *ngd* hi. an allen Stellen der gleiche: A teilt B etwas (C) mit, dieser Vorgang vollzieht sich in Worten. *ngd* hi. ist ein personaler Wortvorgang; zu ihm gehören immer die drei Elemente A, B und C, auch wenn sie nicht immer alle zum Ausdruck kommen. Die einfachste Konstruktion ist eine Verbform von *ngd* hi. mit *l^e^* der Person und dem Mitgeteilten im Akkusativ (Gen 44,24 »und wir teilten ihm die Worte meines Herrn mit«), doch begegnen auch andere Konstruktionen (s. die Lexika). Das Mitgeteilte ist häufig ein Objektsatz (eingeleitet häufig durch *kī* »daß«) oder eine direkte Rede (z.B. Gen 45,26; 2Sam 11,5). Das Mitgeteilte kann sich aus dem Zusammenhang ergeben, der Kündende oder Mitteilende braucht nicht immer bezeichnet, das Mitteilen kann unpersönlich ausgedrückt werden (z.B. 1Sam 23,1.25 neben V. 13 ho.). Das Fehlen des Adressaten ist vor allem in den Ps-Stellen zu beobachten (z.B. Ps 30,10); das Gewicht liegt darauf, *daß* Gottes Tun verkündet wird, der Adressat kann offen bleiben.

Falls das Verbum von *nægæd* »gegenüber« denominiert ist (»vor jemanden bringen, vorbringen«), so hat gegenüber der allgemeinen lokalen Bedeutung von *nægæd* (vgl. auch das sinnverwandte *nṓkaḥ* [→*jkḥ* 1] und *lifnē* »vor« [→*pānīm*]), der oft ein Sehen entspricht, eine Einengung auf das Kommunikative stattgefunden. Vgl. dagegen die Wendungen mit *nægæd*, die ein Wissen um etwas zum Ausdruck bringen (in theologischem Zusammenhang z.B. 1Sam 12,3; 2Sam 22,25 = Ps 18,25; Jes 49,16; 59,12; Hos 7,2; Ps 38,10; 69,20; 90,8; 109,15; Hi 26,6; Spr 15,11; Klgl 3,35).

Die Bedeutung des Verbums ist, der einfachen Struktur des Vorgangs entsprechend, meist völlig klar; doch gibt es verschiedene Gebrauchsgruppen, deren Verhältnis zueinander und zur Hauptgruppe nicht ohne weiteres deutlich ist. Da *ngd* hi. einen personalen Wortvorgang meint, steht es häufig parallel zu Verben des Sagens: *'mr* »sagen« (1Sam 23,1), *dbr* »reden« (Jes 45,19), *spr* pi. »erzählen« (Ps 19,2), *qr'* »rufen« (Jes 44,7), wobei *jd'* hi. »wissen lassen« = »verkünden« (Ps 145,4.12; Hi 26,3f.; 38,3f.) und *šm'* hi. »hören lassen« = »verkünden« (Jes 41, 22.26; 42,9 u.ö.) unserem Verbum am nächsten kommen. Ein deutlicher Unterschied zu den Verben des Sagens aber liegt darin, daß *ngd* hi. meist ein Mitteilen über einen räumlichen Abstand hinweg ist; in sehr vielen Fällen ist der, der etwas kündet, ein von anderswoher Kommender. Das zeigen die Verben der Bewegung, die oft *ngd* hi. vorausgehen: *bō'* »kommen« (1Kön 18,12 u.ö.), *hlk* »gehen« (1Kön 18, 16), *šūb* »zurückkehren« (2Kön 7,15), *'lh* »hinaufgehen« (Gen 46,31), *jrd* »hinabgehen« (Jer 36,12f.), *rūṣ* »laufen« (Num 11,27). Damit hängt eine zweite Besonderheit nahe zusammen: die Bewegung, die dem *ngd* hi. vorausgeht, vor allem, wenn es das rasche Laufen des Melders ist, zeigt an, daß das Mitgeteilte etwas für den Adressaten Notwendiges, oft Lebenswichtiges ist. Es wird ihm darin etwas eröffnet, was er wissen muß: »Ein Läufer läuft dem anderen entgegen und ein Melder dem Melder, um dem König von Babel zu künden, daß seine Stadt von allen Enden her erobert wird« (Jer 51,31).

Zu *ngd* hi. gehört also – mindestens in einer Gruppe von Stellen – dieser Charakter des für den Adressaten bedeutsamen Eröffnens. Von diesem Bedeutungselement her erklären sich zwei besondere Gebrauchsgruppen: a) das Deuten eines Traums (Gen 41,24; das spezifische Verbum dafür ist *ptr* q. »deuten« Gen 40,8. 16.22; 41,8.12f.15; Subst. *pittārōn* »Deutung« Gen 40,5.8.12.18; 41,11; vgl. bibl.-aram. *pšr* q./pa. »deuten« Dan 5,12.16; Subst. *pešar* »Deutung« Dan 2,4 – 5,26 19 × ; vgl. *ḥwh* pa./ha. »kundtun, deuten«, s.o. 1) und das Lösen eines Rätsels (Ri 14, 12ff.; 1Kön 10,3; sonst etwa *ptḥ* »öffnen = lösen« Ps 49,5); b) ein Aussagen im Gerichtsvorgang: »gegen jemanden aussagen« (1Sam 27,11 mit *'al* »gegen«), »Verfehlungen aufdecken« (Jes 58,1; Mi 3,8), »Zeugenaussage machen« (Lev 14,35; Spr 12,17), »anzeigen« (Jer 20,10; auch Dtn 13,10 nach G; vgl. I.L.Seeligmann, FS Baumgartner 1967, 261f.).

*b) Der Titel *nāgīd* bezeichnet zur Zeit Samuels und Sauls im Unterschied zu →*mælæk* den designierten künftigen König (Alt, KS II, 23: »Zudem lassen die Erzählungen von Sauls Aufstieg durch andere Ausdrücke sehr deutlich erkennen, daß sie zu unterscheiden wissen und unterschieden wissen wollen, was Saul durch die Designation Jahwes und was er durch die Akklamation des Volkes geworden ist: als Designierter Jahwes heißt er nur *nāgīd*, erst das Volk verleiht ihm von sich aus den Königstitel *melek*, so daß die göttliche Weihe und die menschliche Würde klar voneinander geschieden bleiben«). Der Ausdruck findet sich in 1Sam – 2Kön zehnmal (1Sam 9,16; 10,1; 13,14; 25,30; 2Sam 5,2; 6,21; 7,8; 1Kön 1,35; 14,7; 16,2; dazu 2Kön 20,5 txt?) im Rahmen einer Formel, deren Geschichte und sachliche Bedeutung W.Richter, Die *nāgīd*-Formel, BZ NF 9, 1965, 71–84, untersucht hat. Bezeichnet der Titel in der Frühzeit Israels (und in späteren Nachklängen: Jes 55,4; Dan 9,25.26; 11,22) die Bindung des Königs an Jahwe und gibt in der Königstitulatur die eigentlich religiöse Komponente (so Richter, a.a.O. 77.83f., der den *nāgīd*-Titel vor seiner Beanspruchung durch David einem vermuteten vorköniglichen Retteramt im Bereich der Nordstämme zuweist), so verlieren sich in der späteren Zeit die präzisen Vorstellungen; der Ausdruck sinkt beim Chronisten (schon Jer

20,1) zum Beinamen des Königs oder zu einem Ausdruck für verschiedene Arten von Vorstehern ab und kann auch für Ausländer verwendet werden (Ez 28,2; Ps 76,13; 2Chr 32,21; außerbiblisch ist das Wort bisher nicht sicher nachgewiesen [zu Sef. III, Z. 10 vgl. Fitzm., Sef. 112f., aber auch M.Noth, ZDPV 77, 1961, 150; R. Degen, Altaram. Grammatik, 1969, 21: *ngrj* »meine Offiziere«]); in der Weisheitsliteratur meint er nur noch den »Vornehmen« (Hi 29,10; 31,37; Spr 8,6; 28,16; zum Ganzen Richter, a.a.O. 82f.).

4. Der Gebrauch von *ngd* hi. ist weit überwiegend nicht-theologisch; *ngd* ist wesentlich und eigentlich etwas, was zwischen Menschen geschieht. Nur selten ist Jahwe Subjekt (z.B. 1Sam 23,11; Ps 111,6) oder Adressat des Verbums (Ex 19,9, wo Mose Jahwe die Antwort des Volkes vermittelt). Da im AT das Reden Gottes zu den Menschen eine so beherrschende Bedeutung hat, wäre es durchaus denkbar, daß *ngd* hi. ein Terminus für dieses Reden Gottes zu den Menschen, zu seinem Volk, zu einzelnen, geworden wäre; aber das ist nicht der Fall. Es wäre genauso denkbar, daß für das Verkünden der Gottesworte durch die Propheten *ngd* hi. Terminus geworden wäre; auch das ist nicht der Fall. Es sind nur wenige und begrenzte Bedeutungsgruppen, in denen *ngd* hi. eine theologische Bedeutung bekommen hat (vgl. noch H.Haag, ThZ 16,1960, 256–258):

a) *ngd* hi. kann die Antwort auf die Gottesbefragung bezeichnen (1Sam 23,11 »Wird Saul herabkommen ...? Künde es doch deinem Knecht!«; Jer 42,3.20; vgl. Hos 4,12). Gewöhnlich aber ist der die Antwort Vermittelnde Subjekt von *ngd* hi., so Mose (Dtn 5,5), der Seher (1Sam 9,6.8.18.19; 10,16) oder der Prophet (1Kön 14,3; Jer 38,15; 42,4.21).

b) Im Zusammenhang der Gerichtsankündigung wird *ngd* hi. im allgemeinen nicht gebraucht, was bemerkenswert ist. Wo das Gericht über einen einzelnen, den König, ergeht, kann ihm das mitgeteilt werden (durch Samuel das Gericht über das Haus Eli, 1Sam 3,13.15.18; Sauls Verwerfung, 1Sam 15,16; das Gerichtswort Gads gegen David, 2Sam 24,13). Der Prophet kann einmal mit einem Späher verglichen werden, der das Gesehene weitermeldet (Jes 21,6.10, vgl. V. 2 ho.). In den Fremdvölkerworten werden andere aufgefordert, das nahende Verderben zu künden (Jer 46,14; 48,20 u.ö.).

c) Es gibt nur einen Zusammenhang in der Prophetie, in dem *ngd* hi. als Verkündigen Gottes eine eigene Bedeutung erhält: als Verkündigen des Künftigen bei Deuterojesaja in den Gerichtsreden. Was die Götter der Völker nicht können (Jes 41,22.23.26 u.ö.), das vermag Jahwe: er verkündet das Zukünftige, wie er das Frühere verkündet hat (42,9; 43,12; 44,8; 45,19; 48,3.5). An diesem Gebrauch zeigt sich beispielhaft abstrakt-theologische Begriffsbildung. Aus der Situation der Gerichtsrede (die Kontrahenten sind Jahwe und die Götter der Völker) ergibt sich die Verlagerung der Bedeutung: hier ist mit *ngd* hi. nicht mehr gemeint, daß jemand einem anderen etwas mitteilt, eröffnet, sondern die Frage ist, wer dazu fähig ist, Zukünftiges vorher anzukündigen, weil dies allein die Verläßlichkeit des die Geschichte Übersehenden und Beherrschenden und damit das Gottsein ausmacht. Damit schließt die neue Bedeutung »(das Zukünftige) verkünden« an die frühe Sonderbedeutung »(etwas Unbekanntes, einen Traum, ein Rätsel) eröffnen« an und faßt prophetisches Gerichtswort und Heilswort in diesem Begriff des Ankündigens des Zukünftigen, dessen Subjekt Gott ist, zusammen. Der Begriff bleibt aber in dieser Prägnanz auf Dtjes beschränkt. Wahrscheinlich eine Nachwirkung zeigt sich in einem späten, ausgeweiteten Gebrauch: Gott tut seinem Volk seine Werke (Ps 111,6), seine Gebote (Ps 147,19), seinen Bund (Dtn 4,13), Großes und Unfaßbares (Jer 33,3) kund; vgl. auch in der Apokalyptik Dan 10,21.

c) Der wichtigste und häufigste theologische Gebrauch von *ngd* hi. liegt nicht innerhalb des prophetischen, sondern des gottesdienstlichen Redens im Zusammenhang der Verben und der Formen des Gotteslobes. Hier handelt es sich nicht um eine abstrakte Begriffsbildung; das Verbum wird in seiner einfachen Grundbedeutung verwendet. Weil zum berichtenden Lob das Künden dessen, was Jahwe getan hat, gehört, kann *ngd* hi. zum Parallelwort der spezifischen Verben des Lobens werden oder auch an ihre Stelle treten (→*hll* pi. 4a). So in der Aufforderung zum Lob (Ps 9,12; 50,6 txt em; 145,4; Jes 42,12; 48,20), im Zusammenhang des Lobgelübdes (Ps 22,32; 51,17; 71,18; 92,16) und an anderen Stellen (Ps 19,2; 30,10; 40,6; 64,10; 71,17; 92,3; 97,6). Das AT kennt neben einem Verkünden aufgrund eines Auftrags oder einer Sendung (prophetische Verkündigung) ein Verkünden dessen, was Gott getan hat, für das keinerlei Auftrag oder Sendung notwendig ist, sondern das als unmittelbare Reaktion auf Gottes Handeln von jedem erwartet wird, der es erfährt, und zu dem der, der es erfuhr, den Kreis auffordert, vor dem er davon erzählt.

5. In Qumran kann mit *ngd* hi. auf frühere Offenbarungen Bezug genommen werden (1Q M 11,5.8). In dem Begriff Haggada, dem späteren rabbinischen terminus technicus für den nichtgesetzlichen Teil der Bibelauslegung, hat *ngd* hi. im Judentum noch einmal eine große Bedeutung bekommen (vgl. W. Bacher, Die exegetische Terminologie der jüdischen Traditionsliteratur, I, 1899, 30–37; E.L. Dietrich, RGG III, 23f.). In der LXX wird *ngd* hi. fast regelmäßig durch ἀναγγέλλειν oder ἀπαγγέλλειν wiedergegeben; vgl. dazu und zum NT, wo die wesentlichen Gebrauchsgruppen des atl. Verbums aufgenommen werden, J. Schniewind, Art. ἀγγελία, ThW I, 56–71. *C. Westermann*

נגע *ngʻ* berühren

1. Das Verbum *ngʻ* »berühren, schlagen« ist nicht gemeinsemitisch. Es begegnet außer im Hebr. noch im Aram. (reichsaram.: Ah. Z. 165.166; Dalman 263a; vgl. Drower-Macuch 25a). In der Lautgestalt und in der Bedeutung ähnlich sind im Hebr. *ngḥ* »stoßen«, *ngn* »(Saiteninstrument) spielen«, *ngp* »stoßen, schlagen«, *nkʼ*/*nkh* (hi.) »schlagen«.

Das Verbum begegnet im Qal, Ni., Pi., Pu. und Hi.; abgeleitetes Substantiv ist *nǽgaʻ* »Schlag, Plage«.

2. Statistik: *ngʻ* q. 107 × (Lev 27 ×, Num 10 ×, Hi 7 × ; Ex 4,25 in Lis. 899b gehört zum hi.), ni. 1 × (Jos 8,15), pi. 3 × (Gen 12,17; 2Kön 15,5; 2Chr 26,20), pu. 1 × (Ps 73,5), hi. 38 × (davon in der Bed. »eintreffen« 10 ×), *nǽgaʻ* 78 × (allein in Lev 13–14 61 ×, Dtn und Ps je 4 ×).

3. *ngʻ* q. wird häufig mit *be* konstruiert, auch mit *ʼæl* (z.B. Num 4,15; Hag 2,12), *ʻal* (Ri 20,34.41 »ereilen«, Subj. »Unheil«), *ʻad* (Jes 16,8 u.ö. »reichen bis«), mit dem Akk. (Jes 52,11; Hi 6,7) oder ohne Objekt (Esr 3,1; Neh 7,72 »eintreffen«). Die lokale Hauptbedeutung »berühren« variiert von der statischen Kontaktsituation (1Kön 6,27 »sodaß der Flügel des einen Cherubs die eine Wand und der Flügel des andern die andre Wand berührte, während in der Mitte des Raumes Flügel an Flügel stieß«) über das einfache Berühren (Lev 5,2 u.ö. Unreines) bis zum gewaltsamen Schlagen (Gen 32,26.33 auf das Hüftgelenk; Hi 1,19 vom Sturm; militärisch Jos 8,15 ni.; »antasten, Leid antun« Gen 26,11.29). Der Ausdruck »eine Frau berühren« ist Euphemismus für sexuelle Beziehungen (Gen 20,6; Spr 6,29; vgl. E. König, Stilistik, Rhetorik, Poetik in bezug auf die biblische Literatur komparativisch dargestellt, 1900, 39; vgl. ἅπτεσθαι γυναικός 1Kor 7,1). *ngʻ* wird bildlich oder übertragen verwendet z.B. 1Sam 10,26 »die Tapferen, denen Gott das Herz gerührt hatte«. Zeitlicher Gebrauch begegnet Esr 3,1 und Neh 7,72 mit der Bed. »eintreffen«, doch ist hier *ngʻ* hi. üblicher (Ez 7,12; Hhld 2,12; Pred 12,1; Est 2,12.15; durchweg in späteren Texten). Aus der Bed. »schlagen« entwickelt sich bei göttlichem Subjekt nicht selten die Bed. »mit einer Plage schlagen, strafen« (z.B. 1Sam 6,9; Hi 19,21); ebenso hat das Subst. *nǽgaʻ* neben der Grundbedeutung »Schlag« (z.B. Dtn 17,8; 21,5; 2Sam 7,14) die Bed. »Plage, Leiden« (1Kön 8,37 u.ö.), wobei häufig speziell die Plage des Aussatzes gemeint ist (Lev 13 bis 14; Dtn 24,8). Entsprechend dem Part.q. pass. *nāgūaʻ* in der genannten Bed. »(von Gott mit einer Plage) geschlagen« (Jes 53,4; Ps 73,14) bekommt *ngʻ* pi. die faktitive Bed. »(mit einer Plage) geschlagen machen« (Gen 12,17; 2Kön 15,5; 2Chr 26,20; an den beiden letzten Stellen handelt es sich um Aussatz; vgl. Jenni, HP 208; pu. »geplagt werden« Ps 73,5).

Das Hi. ist kausativ (»berühren lassen«, z.B. Jes 6,7), auch innerlich-kausativ (»berühren« Gen 28,12). Zu den einzelnen Verwendungen (»erreichen, reichen an, gelangen zu« usw.) vgl. die Lexika; zur temporalen Bedeutung s.o.

4. Soweit Jahwe Subjekt von *ngʻ* ist, bekommt das Verbum theologische Bedeutung. Einerseits werden Erdbeben direkt auf Gott selber zurückgeführt; er rührt die Erde oder die Berge an (Am 9,5; Ps 104, 32; 144,5). Andererseits greift Jahwe im menschlichen Bereich ein: er rührt an das Herz derer, die sich zu Saul halten (1Sam 10,26), und er sendet Plagen (auf den Pharao, Gen 12,17; auf Hiob, Hi 1,11; 2,5; 19,21 mit der »Hand Gottes« als Subjekt, vgl. 1Sam 6,9; →*jād* 4a). Beim Leiden des Gottesknechtes in Jes 53,4 steht parallel zu *nāgūaʻ* »gestraft« noch *nkh* Part.ho. »geschlagen« und *ʻnh* Part.pu. »gedemütigt«. Vgl. weiter die Verwendung von *nǽgaʻ* im Sinne einer Strafe Gottes (Ex 11,1; Ps 39,11; 89,33 u.ö.).

5. In Qumran bedeutet die speziell in der Sektenregel begegnende Wendung »die

Reinheit der Vielen berühren« o.ä. (1 Q S 6,16 u.ö., vgl. Kuhn, Konk.140) wohl das Berühren der rituell reinen Gegenstände der Qumran-Gemeinde (vgl. P.Wernberg-Møller, The Manual of Discipline, 1957, 96 Anm. 52).

In der LXX wird *ng'* fast regelmäßig durch ἅπτεσθαι (*næga'* durch ἁφή) wiedergegeben; das Verbum wird im NT ähnlich wie im AT, öfters für eine durch Berührung vermittelte Kraftübertragung verwendet.

M. Delcor

נדר *ndr* geloben

1. Wie im Hebr. (*ndr* q. »geloben« und *nædær*, seltener *nēdær*, »Gelübde«) kommt die Wurzel *ndr* sowohl verbal als auch substantivisch im Ug., Phön.-Pun. und Aram. vor (WUS Nr.1758; UT Nr.1618; DISO 174f.; LS 416a).

Während aram. *ndr* dem hebr. *nzr* lautlich entspricht (→*nāzīr* 1), muß bei Annahme eines Zusammenhanges der Wurzeln *nzr* und *ndr* in kan. *ndr* eine Dissimilation (GVG I,237) oder eine Dialektvariante (Fronzaroli, →*nāzīr* 1) vermutet werden.

Das Verbum und das entsprechende Substantiv finden sich sehr häufig in phön.-pun. Weihinschriften, öfters im Zusammenhang mit Menschenopfern (z.B. KAI Nr. 103–108) und mit Vorliebe in der an das AT erinnernden Doppelung »das Gelübde, das... gelobt hat« (KAI Nr. 40, Z. 5; Nr. 103, Z. 2 u.ö.). Oft betonen die Inschriften, die Gottheit habe »seine (des Gelobenden) Stimme gehört« (z.B. KAI Nr. 47; 68; 88; 98; 103–108; 110; 111; 113); es darf daraus geschlossen werden, daß es sich in diesen Fällen um »bedingte« Gelübde handelt. Interesse verdient, daß in ähnlich formulierten Inschriften gelegentlich das Wort »Gelübde« durch »Gabe« ersetzt ist (KAI Nr. 102, Z. 2 *mtnt 'š tn'*; Nr. 113, Z. 1f. *mtnt 'š ndr*).

2. Die Wurzel *ndr* ist im hebr. AT 91 × belegt: *ndr* q. 31 × (Num 7 ×, Dtn 5 ×, Pred 4 ×) und *nædær*/*nēdær* 60 × (Num 20 ×, Ps 9 ×, Lev und Dtn je 6 ×). Nicht weniger als 19 × wird die Doppelform »ein Gelübde geloben« verwendet.

Auf die einzelnen literarischen Gattungen und Kompositionen verteilt, ergibt sich folgende Streuung: vorexilische Erzählungen 17 × (Gen 28,20 E; 31,13 E; Num 21,2 J; Ri 11,30.39; 1Sam 1,11.21; 2Sam 15,7f.), späte Erzählungen 2 × (Jon 1,16), spätvorexilische, exilische und nachexilische Propheten 8 × (Jes 19,21; Jer 44,25; Nah 2,1; Mal 1,14), Psalmen (inkl. Jon 2,10) 12 ×, Weisheitsliteratur 9 × (Hi 22,27; Spr 7,14; 20,25; 31,2; 5 × in Pred 5,3f.), Dtn 11 × (in c. 12 und 23), Priesterschrift 32 × (davon 6 × in Num 6 und 16 × in Num 30). Bezeichnend ist die spärliche und eher kritische Verwendung in der prophetischen und weisheitlichen Literatur.

3. Wie in der Umwelt Israels, so sind auch im AT zwei Arten von Gelübden zu unterscheiden: »unbedingte« und »bedingte« Gelübde. Das unbedingte Gelübde (vgl. J.Pedersen, Der Eid bei den Semiten, 1914, 119–127), das z.B. deutlich in Ps 132,2 vorliegt, kommt praktisch einem Schwur (→*šb'*) oder feierlichen Versprechen gleich und weist auch die Form eines solchen auf. In Num 30,3 erscheinen als Parallelausdrücke *šebū'ā* »Schwur« und *'issār* »Bindung« (Wagner Nr. 24; meist ohne Grund als »Enthaltungsgelübde« gedeutet). Das im AT eindeutig beschriebene und auch in der Umwelt Israels beliebte bedingte Gelübde hingegen bindet eine besondere Leistung des Gelobenden an eine vorherige bestimmte Leistung der Gottheit: »Wenn (*'im*) Gott ... gibt, dann werde ich ...« (zu dieser dem Wesen des bedingten Gelübdes entsprechenden Form vgl. W.Richter, BZ 11,1967, 22–31).

Ein einmal ausgesprochenes Gelübde »gilt« (*qūm*, Num 30,5ff.), und es muß grundsätzlich erfüllt, d.h. die Schuld des Gelobenden muß »abbezahlt« werden (*šlm* pi./pu., gegen 20 × mit Obj. *nædær*; vgl. im Pun. z.B. KAI Nr.115). Daß das bedingte Gelübde nur gelte, wenn Jahwe die Bitte des Gelobenden »hört« (→*šm'*, Num 21,2f.; Ps 61,6; vgl. 65,2f.), wird nirgends gesagt: die Möglichkeit, daß Gott nicht »hört«, wird in den Texten überhaupt nicht ins Auge gefaßt. Auf den verpflichtenden Charakter des Gelübdes weist vielleicht die in Lev und Num gebräuchliche Wendung *pl'* pi./hi. *nædær* (Lev 22,21; 27,2; Num 6,2; 15,3.8), falls sich die ansprechende Vermutung bestätigen sollte, ihr Sinn sei »ein Gelübde wirksam machen«, d.h. es gültig aussprechen und sich dadurch zu seiner Erfüllung verpflichten (vgl. H.J.Stoebe, ThZ 28,1972, 15f.). Das Gelübde bzw. seine Erfüllung ist dem Gelobenden »auferlegt« (*'al*, Num 30,5.7.9; Ps 56,13); jedoch kann nach Num 30 ein von einer Frau abgelegtes Gelübde u.U. vom Vater oder Ehemann aufgehoben, d.h. unwirksam gemacht werden. Das Gelübde ist heilig; ein Gelübde »brechen« (*prr* hi., Num 30,9) heißt daher »es entweihen« (*ḥll* hi., Num 30,3). Ein nicht erfülltes Gelübde wird von Gott »gefordert« (*drš*, Dtn 23,22; vgl. Pred 5,5) und wird als religiöses Vergehen (*ḥēṭ'*, Dtn 23,22) beurteilt.

Das im Gelübde enthaltene Versprechen ist immer religiöser, kultischer Art (Weihung von Menschen, Opfer). Daher finden sich in der Umgebung der Wurzel *ndr* Termini wie »Gabe« (*qorbān*, Num 6,21), »Geschenk« (*mattānā*, Lev 23,38), »freiwillige Gabe« (*n*ᵉ*dābā*, Lev 7,16; 22,18. 21.23; Dtn 12,6; 23,24 u.ö.), »Opfergabe« (*minḥā*, Jes 19,21), »Schlachtopfer« (1Sam 1,21; Jes 19,21; Jon 1,16; 2,10; Spr 7,14 u.ö.), »Brandopfer« (Dtn 12,6; Ps 66,13), »Dankopfer« (*tōdā*, Ps 50,14; 56,13), »Zehnten« (Dtn 12,6), aber auch »Lob« (*t*ᵉ*hillā*, Ps 22,26; 65,2) und »Festfeier« (*ḥag*, Nah 2,1). In den meisten Fällen ist das Gelübde einfach als »aufgrund eines Versprechens erfolgendes freiwilliges Opfer« zu definieren.

Es kam vor, daß sowohl Israeliten fremden Göttern (Jer 44,25) wie Fremde dem israelitischen Gott (Jon 1,16; vgl. Jes 19, 21) solche Opfer gelobten.

4. Aus den wenigen von Gelübden handelnden Erzählungen geht hervor, daß das bedingte Gelübde in einer Notsituation formuliert wurde, nämlich bei Kinderlosigkeit (1Sam 1,11; vgl. vielleicht auch Spr 31,2; Ähnliches im ug. Krt-Text), im Krieg (Num 21,1–3; Ri 11,30) oder in der Verbannung (2Sam 15,7f.) und auf Wanderungen (Gen 28,20). Der Gelobende »verlangte« (*š'l*, 1Sam 1,27, vgl. V.11) von Gott Abhilfe, d.h. daß er das Nötige »gebe« (*ntn*, vgl. Gen 28,20; Num 21,2; Ri 11,30); als Gegenleistung versprach er seinerseits eine bestimmte Gabe. An der in diesem Vorgehen zum Zuge kommenden Denk- und Handlungsweise wird keinerlei Kritik geübt, auch nicht in den Fällen, wo der Gelobende Gott einen Menschen verspricht (Num 21; Ri 11; vgl. 1Sam 1).

Das unbedingte Gelübde mag als Dank für erhaltene Guttaten (so wohl 1Sam 1,21 und Jon 1,16) oder auch aus religiösem Eifer abgelegt worden sein (vgl. Ps 132,2): im Überschwang der Gefühle versprach man, bei bestimmter Gelegenheit (z.B. am jährlichen Familienopferfest, 1Sam 1,21) Gott eine bestimmte Gabe zu bringen.

In den Psalmen spiegeln sich beide Arten von Gelübden. Ps 66,13f. wird deutlich auf die Not angespielt,welche den Beter zum Ablegen eines Gelübdes veranlaßt hatte, und Ähnliches kann in den Dankliedern Jon 2,10; Ps 65,2; 116,14.18 beobachtet werden. Ebenso ist als Hintergrund eines Gelübdes eine Notlage dann anzunehmen, wenn das Gelübde im hymnischen Schlußteil von Klageliedern erwähnt wird (Ps 22,26; 56,13; 61,6.9). In all diesen Fällen darf man wohl an bedingte Gelübde denken, deren Darbringung in öffentlicher Kultversammlung in ein Bekenntnis zu dem helfenden Gott ausmündet. Umgekehrt scheint es sich um unbedingte Gelübde zu handeln, wenn etwa im Hymnus jedermann zur Darbringung von Gelübden aufgefordert wird (Ps 76, 12). Im »prophetischen« Psalm 50, V.14, wird für alle Gelübde der Dank- und Lobcharakter unterstrichen.

Im Dtn (12,6.17) und bei P (z.B. Lev 23,37f.; Num 29,39) wird das Gelübde bedenkenlos als eine Opferart unter vielen anderen genannt. Es scheint sich dabei meist um unbedingte Gelübde zu handeln. Daß ein Gelübde unbedingt erfüllt werden müsse, wird mehrmals eingeschärft (Num 30,3ff.; Dtn 23,22–24); auch wird auf die Qualität der Gelübdeerfüllung geachtet (Lev 22,23; Dtn 23,19; vgl. Mal 1,14). Daneben wird die Freiwilligkeit des Gelübdes unterstrichen: sie klingt an in dem häufigen Parallelismus »Gelübde und freiwillige Opfer« (*n*ᵉ*dābōt*, Dtn 12,6.17; 23, 22–24; bei P kommt das »freiwillige Opfer« überhaupt nur in dieser Verbindung vor: Lev 7,16; 22,18.21.23; 23,38; Num 15,3; 29,39) und wird in Dtn 22,23 ausdrücklich zugestanden. Indessen steht das Gelübde wertmäßig über dem freiwilligen Opfer, denn gewisse Tiere kommen zwar als freiwilliges, nicht aber als Gelübdeopfer in Frage (Lev 22,23). Die Sitte, Menschen zu geloben, stellt besondere Probleme, die in Num 6 (Nasiräergelübde) und Lev 27 (Ablösung eines durch Gelübde verfallenen Menschen durch – vermutlich jährliche – Geldzahlungen) zur Sprache kommen.

Recht reserviert steht die sog. Weisheit den Gelübden gegenüber. Als Element der Volksreligion, d.h. als spontan und oft leichtfertig gemachtes und bald vergessenes Versprechen, mußte das Gelübde den »Weisen« verdächtig sein. Das sagt Pred 5,3f. ohne Umschweife: der Besonnene legt überhaupt kein Gelübde ab, und wenn es ihm doch einmal passiert, dann gibt er sich wenigstens Mühe, das versprochene Gelübde auch einzulösen. Schon Spr 20, 25 rügt die Voreiligkeit und Unbedachtheit, mit der gewisse Leute Gelübde leisten (vgl. Jephtha!). Daß in Spr 7,14 der verführerischen und gefährlichen »fremden Frau« Gelübde zugeschrieben werden, ist wohl für die Haltung der Weisen bezeichnend.

5. In der LXX wird die Wortgruppe fast immer mit εὔχομαι / εὐχή wiedergegeben, jedoch in Jer 44 (51),25 und Lev 22,18 mit ὁμολογία bzw. ὁμολογεῖν, was durchaus in der Linie der Funktion eines Gelübdes liegt.

Auch in Qumran wird die Freiwilligkeit der Gelübde unterstrichen und gleichzeitig verboten, dem Heiligtum unrechtmäßigen Besitz zu geloben (CD 16,13). In CD 6,15 wird vor unrechtmäßigem, weil infolge eines Gelübdes verfallenem Besitz gewarnt.

Zum Gelübde im Judentum und im NT vgl. I. Gold, Das Gelübde nach Bibel und Talmud, Diss. Würzburg 1925; A. Wendel, Das israelitisch-jüdische Gelübde, 1931; StrB II,80–88.747–751.755–761; H. Greeven, Art. εὔχομαι, ThW II,774–776.

C. A. Keller

נוח *nūaḥ* ruhen

1. Die Wurzel **nūḥ* »ruhen« ist gemeinsemitisch (Bergstr. Einf. 187); sie kann in den meisten Fällen ihres Vorkommens sowohl in bezug auf einen körperlichen als auch einen seelischen Ruhezustand verwendet werden.

Den beiden im Qal vorhandenen Hauptbedeutungen »ruhen« und »sich niederlassen« entsprechen im Hi. (und Ho.) auch formal zwei verschiedene Bildungen, hi. I *hēnīaḥ* »ruhen lassen« und hi. II *hinnīaḥ* »hinlegen« (BL 400; Joüon 171 f.). Nominale Ableitungen sind *mānōaḥ/menūḥā* »Ruhestätte« und die substantivierten Infinitive *náḥat* »Ruhe« (fem. Inf. qal), *nīḥōaḥ* »Beruhigung« (Inf.pol., BL 475; auch bibl.-aram. als LW aus dem Hebr.) und *hanāḥā* »Steuererlaß« (aram. Inf.ha., BL 486). Dazu kommen die Eigennamen *Nōaḥ* (M. Noth, VT 1, 1951, 254–257; J. H. Marks, IDB III,555 f. mit Lit.), *Nōḥā*, *Náḥat*, *Mānōaḥ*, *Mānáḥat* und *Jānōaḥ* (teilweise anders Noth, IP 228 f.; vgl. Huffmon 237).

2. Das Verbum begegnet 144 ×, nämlich q. 35 × (inkl. 2Sam 17,12 [*náḥnū* nicht »wir«, sondern Perf. 1.plur. »herfallen über«, par. *npl* »fallen«, vgl. S. R. Driver, Notes on the Hebrew Text and the Topography of the Books of Samuel, [2]1913, 323]; Jes 7,2 [vgl. Wildberger, BK X, 264 f.; je anders z. B. O. Eißfeldt, SThU 20, 1950, 71–74 = KS III,124–128; KBL 606a; HAL 30a, →*'āḥ* 1; L. Delekat, VT 8, 1958, 237–240; H. Donner, SVT 11, 1964, 8; bei Lis. 914b unter *nḥḥ*]; Est 9,17.18 [Inf.abs. wie V. 16 txt?, vgl. A. Rubinstein, VT 2, 1952, 363]; 2Chr 6,41 [Inf.cs. mit Suffix, vgl. Rudolph, HAT 21,214 f.]), hi. I 33 ×, hi. II 71 ×, ho. I 1 ×, ho. II 4 ×.

Von den Derivaten sind belegt: *mānōaḥ* 7 ×, *menūḥā* 21 ×, *náḥat* 7 × (ohne Jes 30, 30, zur Wurzel *nḥt* »herabkommen«, Wagner Nr. 188), *nīḥōaḥ* 43 × (immer in der Verbindung *rēaḥ nīḥōaḥ* »Beschwichtigungsgeruch«, 38 × in Ex-Num, 4 × in Ez, 1 × in Gen), aram. 2 × (Dan 2,46 und Esr 6,10 »Räucheropfer«), *hanāḥā* 1 × (Est 2, 18 »Steueramnestie«, vgl. Bardtke, KAT XVII/5,307 f.).

3. a) Im Qal bedeutet das Verbum zunächst »sich niederlassen« (ausgesagt von der Arche Gen 8,4; von der Lade Num 10,36, Gegensatz *ns'* »aufbrechen« V. 35). Es wird von fliegenden Tieren gebraucht (Ex 10,14; 2Sam 21,10; Jes 7,19), etwas anders vom Menschen bzw. seinen Füßen (»den Boden berühren« Jos 3,13). Feindliches »sich niederlassen auf, herfallen über« wird in 2Sam 17,12 und Jes 7,2 (s. o. 2) gemeint sein.

Auch für abstrakte Begriffe wird der Ausdruck verwendet: »Weisheit« oder »Unmut« lassen sich im Herzen des Weisen bzw. des Toren nieder (Spr 14,33; Pred 7,9); die Hand Jahwes wird dereinst auf dem Zionsberg ruhen (Jes 25,10; vgl. Ps 125,3 »Szepter der Gottlosigkeit«); der Geist Jahwes liegt auf den Ältesten (Num 11,25 f.), auf dem Propheten (2Kön 2,15) und auf dem König (Jes 11,2).

In umfassenderem Sinn meint das Wort »Ruhe haben«; als Parallelbegriffe erscheinen *šqṭ* »ruhen« (Jes 14,7; Hi 3,13.26), *jšn* »schlafen« und *škb* »liegen« (Hi 3,13; vgl. Jes 57,2), *šlh* »Ruhe haben« (Hi 3,26), Gegensatzbegriff ist *rgz* »unruhig sein« (Hi 3,17.26). Dieses »Ruhen« kann verschiedene Nuancen haben: Der Tote ist zu seiner Ruhe gekommen (Hi 3,17; Spr 21,16; in besonderer Weise ist durch *nūaḥ* der »Zwischenzustand« des Toten, der auf seine Auferstehung wartet, in Dan 12,13 bezeichnet). Auch die Arbeitsruhe am Sabbat (→*šbt*) kann durch *nūaḥ* anvisiert sein (Ex 20,11; 23,12; Dtn 5,14; anders G. R. Berry, JBL 50, 1931, 207–210); endlich der Zustand dessen, der nicht durch Feinde bedrängt wird und sich des Friedens erfreuen kann (Jes 23,12; Est 9,16[txt?].22; Neh 9,28).

In 1Sam 25,9 kann mit »warten« übersetzt werden, ebenso wohl auch in Hab 3,16 »wartend ausharren« (J. Jeremias, Kultprophetie und Gerichtsverkündigung in der späten Königszeit, 1970, 87 Anm. 2, gegen Textänderungen und die Annahme einer Nebenform *nūaḥ* II zu *'nḥ* »jammern« durch G.R. Driver, JThSt 34, 1933, 377, und KBL 602b).

b) Das Hi. I bedeutet (kausativ) »ruhen, sinken lassen«, z. B. »die Hand sinken lassen« (Ex 17,11, Gegensatz *rūm* hi. »aufheben«), »einen Stecken niederfahren lassen« (Jes 30,32), »Segen auf ein Haus legen« (Ez 44,30; vgl. Ps 125,3 txt em).

Daneben steht die Bed. »etwas in den Zustand der Ruhe bringen« im weitesten Sinne: Im Zusammenhang mit →*ḥēmā* meint es »dem Zorn freien Lauf lassen« (Ez 5,13 par. *klh* »sich voll auswirken« mit Subj. *'af* »Zorn«; 16,42; 21,22; 24,13; in Sach 6,8 mit *rū^{a}ḥ* statt *ḥēmā*). Auch der Mensch kann Obj. zu *nū^{a}ḥ* hi. sein, z.B. Spr 29,17 »erquicken« par. »Freude bereiten«; weitere Stellen s.u. 4a.

c) Das zweite Hi. läßt sich durch die Bedeutungen »hinbringen, hinlegen, dalassen« umschreiben. Objekt können Menschen (Gen 2,15; 19,16 u.ö.) oder Dinge (Gen 39,16; Ex 16,23 u.ö.) sein. Spezielle Bedeutung hat der Ausdruck *hinnī^{a}ḥ lā'āræṣ* »niederschlagen« (Jes 28,2; Am 5,7). Das Ho. II bedeutet im Part. »das, was freigelassen ist«, »freier Raum« (Ez 41,9.11.11; in Sach 5,11 ist hi. zu lesen).

d) Die Derivate *mānō^{a}ḥ* und *m^{e}nūḥā* haben meist die Bed. »Ruheplatz, Aufenthaltsort« und allgemeiner »Ruhe, Beruhigung« (vgl. auch phön. und altaram. *nḥt* »Ruhe, Frieden«, DISO 177; Fitzmyer, Sef. 87; M.Metzger, UF 2, 1970, 153f. 157f., weist hin auf die Beziehungen zwischen Thron und *m^{e}nūḥā* in Jes 66,1; Ps 132,8.14; 1Chr 28,2; ev. Jes 11,10; dazu ug. *nḥt* »Ruhe[sitz]«; vgl. J.C. de Moor, The Seasonal Pattern in the Ugaritic Myth of Ba'lu, 1971, 120). Erwähnenswert sind die Stellen, in denen die Ausdrücke in vergeistigender Art und Weise gebraucht werden. Ein Ansatz dazu zeigt sich in Ruth 3,1 (vgl. 1,9): *mānō^{a}ḥ* meint hier das »Zuhause« in allen Aspekten, dem ein Wohlbefinden, *jṭb* q., entspricht. Der Tempel und die zu ihm gehörige Sphäre der Jahwe-Verehrung ist die »Ruhstatt« der Seele (Ps 116,7; vgl. Ps 23,2). Schließlich erscheint auch die Landnahme unter dem Begriff der *m^{e}nūḥā*, welcher hier ein umfassendes Heilsverhältnis zwischen Gott und Mensch beinhaltet (Dtn 12,9; Ps 95,11; s.u. 4a).

4. a) In vielen Fällen ist es Jahwe, der seinem Volk Ruhe verschafft (vgl. G. von Rad, Es ist noch eine Ruhe vorhanden dem Volke Gottes, Zwischen den Zeiten 11, 1933, 104–111 = GesStud 101–108; G. Braulik, Menuchah – Die Ruhe Gottes und des Volkes im Lande, Bibel und Kirche 23, 1968, 75–78). Diese Aussage begegnet oft im Zusammenhang mit dem (meist deuteronomistisch geprägten) Reden über die Landnahme in Palästina (*nū^{a}ḥ* hi. I: Ex 33,14; Dtn 3,20; 12,10; 25,19; Jos 1,13.15; 21,44; 22,4; 23,1; Jes 63,14; *m^{e}nūḥā*: Dtn 12,9; Ps 95,11). Mit diesem »Ruhe verschaffen« durch die Verleihung des Landes gehört implizit die Gewährung des Sieges über die Feinde Israels zusammen; nachdem das Land im Besitz der Israeliten ist, tritt in der dtr.-theologischen Formulierung dieses letztere Moment in den Vordergrund: Jahwe verschafft Ruhe vor den Feinden (hi.: 2Sam 7,1.11; 1Kön 5,18; 1Chr 22,9.18; 23,25; 2Chr 14,5.6; 15,15; 20,30; *m^{e}nūḥā*: 1Kön 8,56; 1Chr 22,9; vgl. Klgl 5,5 ho. negiert). Doch ist damit nicht nur ein politisch-äußerlicher, sondern ein vollständiger, das ganze Leben umfassender Heilszustand gemeint. Der Gedanke wird auch eschatologisch gewendet (Jes 14,3 hi.; vgl. 32,18 »ungestörte Ruhestätten [*m^{e}nūḥōt ša'^{a}nannōt*]« par. »Auen des Heils, sichere Wohnungen«).

Andererseits lautet Jahwes Gebot an den Menschen dahin, den »Müden Ruhe zu verschaffen« (Jes 28,12 hi. und *m^{e}nūḥā*, par. *margē'ā* »Ruhstatt« [nur hier; vgl. noch *margō^{a}'* Jer 6,16 in gleicher Bedeutung]); diese Aussage hat nichts mit dem erwähnten dtr. Gedanken zu tun, sondern entspringt prophetischem Interesse an sozialer Gerechtigkeit.

b) Eine ganz spezifische, im Kult beheimatete Vorstellung kommt in der Wortverbindung *rē^{a}ḥ nīḥō^{a}ḥ* zum Ausdruck: Vom Opfer her steigt ein »Beschwichtigungsgeruch« zur Gottheit auf und bringt so das Verhältnis zwischen Mensch und Gott in Ordnung; die Altertümlichkeit der Vorstellung liegt auf der Hand (Speisung des Gottes durch den Geruch). Der Ausdruck kommt in Gen 8,21 (J) vor, ist aber im Zusammenhang mit dem Sintflutabschluß schon vorisraelitisch belegt (akk. *erīšu* »Duft« in Gilg. XI,159f.). Sonst begegnet die Formel vor allem in der priesterschriftlichen Gesetzgebung im Zusammenhang mit verschiedenen Opferarten (Ex 29,18.25.41; Lev 1,9 u.ö.; vgl. Elliger, HAT 4,35f.). Ezechiel wirft seinen Mitbürgern vor, fremden Göttern derartige »Beschwichtigungsgerüche« dargebracht zu haben (Ez 6,13; 16,19; 20,28), erwartet aber eine Zeit, in der Jahwe wieder seine legitimen Opfer erhält (20,41).

5. Vor allem in Mt 11,28f. und Hebr 4 wirkt das Thema der von Gott verschafften Ruhe nach (vgl. von Rad, a.a.O. 106ff.; O. Bauernfeind, Art. ἀναπαύω, ThW I,352f.; ders., Art. καταπαύω, ThW III,629f.). *F. Stolz*

נוס *nūs* fliehen

1. Für den Begriff »fliehen« verwenden die sem. Sprachen kein einheitliches Verbum (z.B. akk. *nābutu* [AHw 700b]; altaram. *qrq* [DISO 266], später *'rq* [Fitzmyer, Gen.Ap. 215a; Dalman 325a; LS 550a], arab. *farra/haraba* [Wehr 627.910f.]). Die in den Lexika zu hebr. *nūs* »fliehen« angegebenen Äquivalente weichen entweder in der Bedeutung (syr. *nās* »beben« [selten], LS 421a; arab. *nāsa* »lose hängen, baumeln«, Wehr 897b) oder in der Form ab (arab. *nāṣa* »vermeiden, ausweichen, fliehen«, Wehr 898a). Etymologisch am nächsten steht altaram. *nūs* ha. »fortschleppen« (KAI Nr. 202B, Z. 20; 225, Z. 6; 226, Z. 8.9; DISO 68; vgl. hebr. *nūs* hi. »mit etwas fliehen«). Sichere ug. Belege fehlen bisher (vgl. Driver, CML 157a; WUS Nr. 1798; UT Nr. 1660).

Außer dem Qal wird von hebr. *nūs* noch ein Pil. (Jes 59,19 »treiben, jagen«) und ein Hi. gebildet (Dtn 32,30 »in die Flucht treiben«, vgl. 1QM 3,5; Ex 9,20 und Ri 6,11 »etwas in Sicherheit bringen«, vgl. Ri 7,21K und Jer 48,44K). Zum gleichen Stamm gehören die Nomina *mānōs* »Zuflucht(sort)« (Jer 46,5 txt? »Flucht«) und *menūsā* »Flucht« (BL 493).

2. Von den 159 Belegen des Verbums stehen 155 im Qal (hauptsächlich in den Geschichtsbüchern: 2Sam 16×, Jos und Jer je 13×, Ri, 1Sam und Jes je 12×, 2Kön 11×, Dtn 9×, Num und 1Chr je 8×, Gen 7×, 1Kön 6×), 1 im Pil. und 3 im Hi. (s.o. 1). *mānōs* begegnet 8× (Jer 3×), *menūsā* 2× (Lev 26,36; Jes 52,12).

3. a) *nūs* hat eine kleine Bedeutungsskala. Es wird gebraucht für »sich schnell aus einem Gefahrenbereich entfernen«, somit »weichen, fliehen«. Subjekt sind meistens Menschen, in figurativer Bedeutung aber auch das Meer (Ps 114,3.5), Wasser (Nah 2,9; Ps 104,7), Schatten (Hhld 2,17; 4,6), Leid und Seufzen (Jes 35,10 = 51,11), der Lebenssaft (Dt 34,7). Meistens wird durch die entsprechenden Präpositionen angegeben, wovor man flieht (vor Feinden Ex 14,25 u.ö.; vor Tieren Ex 4,3; Am 5,19; vor Gefahren aller Art, z.B. Gen 19,20; 39,12.13.15.18; vor Gottes Schelten Ps 104,7 par. *ḥpz* ni. »ängstlich fliehen«), und wohin man flieht (zur Asylstätte des Totschlägers s.u. 4c).

*b) Vom sinnähnlichen Verbum *brḥ* (q. 59×, davon Gen 9×, 1Sam 8×, 2Sam und 1Kön je 6×; in Ex 36,33 »gleiten«, sonst gewöhnlich mit »fliehen« übersetzt; hi. 6×, Ex 26,28 »gleiten«, sonst »vertreiben«; zu andersartigen Deutungen vereinzelter Stellen vgl. HAL 149b; Barr, CPT 323) ist *nūs* recht gut zu unterscheiden. Während *nūs* das Davonlaufen vor einer Gefahr (vor allem im Kampf) bezeichnet, meint *brḥ* das Entweichen aus den angestammten Verhältnissen (Stand, Heimat, Herrschaftsbereich), um als Flüchtling und Emigrant anderswo weiterzuleben (z.B. Gen 16,6.8 Hagar; 27,43 u.ö. Jakob; Ex 2,15 Mose; 1Sam 19,12.18 u.ö. David; Am 7,12 Amos; Jon 1,3.10 und 4,2 Jona; 2Sam 4,3 »die Beerothiter jedoch waren nach Gittaim emigriert und dort Beisassen geworden bis auf den heutigen Tag«). Auf eine Kampfsituation weisen nur wenige Stellen, z.B. Hi 20,24; 27,22. Nur bei übertragener Verwendung (Hi 9,25 Tage fliehen dahin; 14,2 Menschen schwinden dahin wie Schatten) verwischen sich die Unterschiede gegenüber *nūs*. In Ri 9,21 werden beide Verben nacheinander verwendet: Jotham flieht nach seiner Rede aus der unmittelbaren Gefahr (*nūs*) und emigriert aus dem Herrschaftsbereich seines Bruders Abimelech nach Beer (*brḥ*). Mose entweicht aus dem Machtbereich des Pharao (Ex 2,15 *brḥ*), aber er flüchtet vor der Schlange (Ex 4,3 *nūs*).

Zu *mibrāḥ* »Flüchtling« Ez 17,21 txt? vgl. Zimmerli, BK XIII, 376. Zu *bārīaḥ* »flüchtig, gewandt, schnell«, einem Beiwort für Leviathan (Jes 27,1; Hi 26,13; ug. 67 [= I*AB] I,1) vgl. HAL 149b; Fohrer, KAT XVI, 382f.; H.Donner, ZAW 79, 1967, 339; P.J. van Zijl, Baal, 1972, 158.

Ein weiteres Verbum mit der Bed. »fliehen«, das im Ug., Aram. und Arab. seine Entsprechungen findet (vgl. WUS Nr. 1755; KBL 596.1098b), ist *ndd* (q. 21×, davon 8× Jes; po. »fliehen« Nah 3,17; hi. »verjagen« Hi 18,18; ho. »verscheucht werden« 2Sam 23,6; Hi 20,8; Subst. *nedūdīm* »Unrast« Hi 7,4). Es wird gerne auch in bezug auf Vögel verwendet (Jes 16,2; Jer 4,25; 9,9; Jes 10,14 »mit den Flügeln schlagen«; Nah 3,17 po. Heuschrecken) und drückt die eilige Bewegung, das Zerstieben und Verscheucht-Werden aus. Mit Ausnahme des figurativen Gebrauchs mit dem Subj. »Schlaf« (Gen 31, 40 »der Schlaf floh meine Augen«; Est 6,1; bibl.-aram. Dan 6,19) kommt das Verbum nur in poetischen Texten vor. Bibl.-aram. begegnet außer *ndd* noch *nūd* »flüchten« (Dan 4,11 von Getier und Vögeln). Vgl. noch *mlṭ* ni. »entkommen« (→*plṭ* 3b).

4. a) *nūs* hat im AT keine ausgeprägte theologische Verwendung gefunden. Da das Verbum vorwiegend in Zusammenhängen vorkommt, in denen es um kriegerische Handlungen geht, ist hier zunächst der Jahwe-Krieg zu nennen, in dem die Feinde vor Israel fliehen müssen, da Jahwe der eigentlich Handelnde in ihm ist (Ex 14,25 »laßt uns vor Israel fliehen, denn Jahwe streitet für sie wider Ägypten«; Jos 10,11 »und als sie auf ihrer Flucht vor Israel am Abhange von Beth-Horon waren, ließ Jahwe große Steine vom Himmel auf sie fallen bis nach Aseka«; Ri 1,6; 4, 15; 7,21.22; 1Sam 14,22 u.ö.; vgl. G. von Rad, Der Heilige Krieg im alten Israel, [4]1965; R. Smend, Jahwekrieg und Stämmebund, 1963); aber auch Israel muß beim Ausbleiben der Hilfe Jahwes infolge der Übertretung des Banngebotes vor seinen Feinden fliehen (Jos 7,4), im Amphiktyonenkrieg Benjamin vor den übrigen Mitgliedern des Stämmeverbandes (Ri 20, 45.47).

Aus dem Jahwekrieg gelangte das Reden von der Flucht in die Vorstellung vom Tag Jahwes (vgl. von Rad II, 129–133; R. Martin-Achard, BHH III, 1923–1925; →*jōm* 4b), nur ist das Schwert Jahwes jetzt gegen sein Volk gerichtet, die allgemeine Flucht erstreckt sich auf jeden einzelnen (Am 2,16; 5,19; 9,1). In späterer Zeit müssen wieder im traditionellen Sinne die Feinde fliehen (Jes 13,14), besonders hervorgehoben in den Fremdvölkersprüchen Jer 46–51; von den 13 Vorkommen innerhalb dieses Abschnittes (im übrigen Jeremiabuch wird *nūs* nicht verwendet) stehen vier in sog. »Aufforderungen zur Flucht« (vgl. R. Bach, Die Aufforderung zur Flucht und zum Kampf im atl. Prophetenspruch, 1962, 15–50). *nūs* steht in diesen Aufforderungen, die immer mehrere Imperative aufweisen, zusammen mit *nūd* »heimatlos werden« (Jer 49,30; vgl. 50,8), *mlṭ* pi. *nǽfæš* »das Leben retten« (48,6), *mlṭ* ni. »sich retten« (51,6; vgl. Sach 2,10f.), *pnh* ho. »sich wenden« (49,8).

b) *nūs* gehört auch der Rechtssprache an. Und zwar wird, nachdem ein Unterschied zwischen Mord und Totschlag in Israel gemacht wurde, bei letzterem dem Täter die Möglichkeit gegeben, an eine Asylstätte zu fliehen (Ex 21,13; Num 35,6ff.; Dtn 4,42; 19,3–5.11; Jos 20,3.4.6.9; vgl. 1Kön 2,28f.; N. M. Nicolsky, Das Asylrecht in Israel, ZAW 48, 1930, 146–175; M. Löhr, Das Asylwesen im AT, 1930).

*c) Die Vorstellung einer Flucht zu Gott begegnet an den Stellen, wo Jahwe als *mānōs* »Zuflucht« bezeichnet wird (2Sam 22,3; Jer 16,19; Ps 59,17); häufiger und spezifischer sind jedoch *maḥsǣ* und *mā'ōz* »Zuflucht« (→*ḥsh*, →*'ūz*). Eine Flucht vor Gott im Sinne des Ungehorsams wird nicht durch *nūs* »vor einer Gefahr fliehen«, sondern durch *brḥ* »aus dem Herrschaftsbereich fliehen« (Jon 1,3.10; 4,2; Ps 139,7 »wohin soll ich fliehen vor deinem Angesicht?«) oder *ndd* (Hos 7,13 »wehe ihnen, daß sie von mir gewichen sind«, par. *pš'* »abfallen«) zum Ausdruck gebracht.

5. Die Verben *nūs* und *brḥ* sind in den Qumrantexten wenig gebraucht, etwas häufiger *mānōs* (Kuhn, Konk. 36b.126a. 142a). Die LXX übersetzt *nūs* vorwiegend mit φεύγειν, *brḥ* daneben auch mit ἀποδιδράσκειν. Im NT hat φεύγειν die u.a. in Sir 21,2 vorbereitete Bed. »meiden, sich scheuen vor« auf sittlichem Gebiet hinzugewonnen (1Kor 6,18; 10,14; 1Tim 6,11; 2Tim 2,22). *S. Schwertner*

נָזִיר *nāzīr* Geweihter

1. Die Wurzel *nzr* (**ndr*) ist gemeinsemitisch (P. Fronzaroli, AANLR VIII/20, 1965, 250.262; über das Verhältnis zu →*ndr* ebd. 267). Im Akk. findet sie sich in der Bed. »verwünschen« (*nazāru*), im WSem. in der von »geloben« (altaram. *nzr*, KAI Nr. 201, Z. 4; arab. *ndr*, Wehr 847b; sonst →*ndr*). Grundbedeutung dürfte »dem üblichen Gebrauch entziehen« sein (KBL 605a).

Im Hebr. sind vom Verbum das Ni. und Hi. belegt, dazu die Subst. *nḗzær* und *nāzīr*.

2. *nzr* ni. kommt 4 × vor (»sich [durch Enthaltungen] weihen« Ez 14,7; Hos 9, 10; Sach 7,3; »sich zurückhaltend zeigen« Lev 22,2), *nzr* hi. 6 × (»sich als *nāzīr* weihen« Num 6,2.3.5.6.12; zu Lev 15,31 txt? vgl. Elliger, HAT 4,192; anders L. Kopf, VT 8, 1958, 183; G. Rinaldi, BeO 9, 1967, 95). *nāzīr* findet sich im AT 16 ×, (davon allein 6 × in Num 6, ferner Gen 49,26; Lev 25,5.11; Dtn 33,16; Ri 13,5.7; 16,17; Am 2,11.12; Klgl 4,7), *nḗzær* 25 × (in der Bed. »Weihe« 15 ×, davon 13 × in Num 6; in der Bed. »Diadem« 10 ×).

3. *nāzīr* bedeutet ursprünglich etwas, das dem alltäglichen Gebrauch entzogen ist, herausgehoben aus dem Üblichen und zu etwas Besonderem bestimmt, geweiht. So wird in den alten Segenssprüchen Gen 49, 26 und Dtn 33,16 Joseph als *nāzīr* bezeichnet, als einer also, der »unter seinen Brüdern« eine besondere, abgesonderte Stellung einnimmt (vgl. auch Klgl 4,7, wenn man nicht vorzieht, den Text zu ändern, vgl. Kraus, BK XX, 67).

Von daher ist zu verstehen, wenn in Lev 25,5.11 *nāzīr* im übertragenen Sinn den »nicht gepflegten und nicht beschnittenen Weinstock« bezeichnet: es ist der Weinstock, der (im Sabbat- bzw. Halljahr) dem alltäglichen Gebrauch entzogen ist (Noth, ATD 6, 162). Aus dem Kontext (V. 4) wird deutlich, daß das Entzogen-Sein seinen Sinn und sein Ziel darin hat, daß es »für Jahwe« entzogen, Jahwe geweiht ist.

4. a) Es gab bereits in Israels Frühzeit Männer, die man als *nᵉzīr 'ᵆlōhīm* »gottgeweiht« bezeichnete, so Simson (Ri 13,5.7; 16,17; vgl. Eichrodt I, 200–202; von Rad I, 76; G. Fohrer, Geschichte der isr. Religion, 1969, 146f.).

Das Wortfeld ist charakterisiert durch Wendungen wie »von Mutterschoß an« (Ri 13,5.7; 16,17; also lebenslängliche Aussonderung, vgl. 13,7 »bis zum Tag seines Todes«), außerdem durch Verbote wie »trinke keinen Wein noch berauschendes Getränk« (13,7; vgl. V. 4.14) und »auf sein Haupt soll kein Schermesser kommen« (13,5; vgl. 16,17). Das gleiche Wortfeld, allerdings ohne den Begriff *nāzīr*, findet sich auch in 1Sam 1,11.

Wenn Amos seine Zeitgenossen anklagt, sie hätten den *nᵉzīrīm* Wein zu trinken gegeben (Am 2,11f.), so sind sie der Übertretung uralter Jahwegebote angeklagt. Am 2,11f. stehen die *nᵉzīrīm* im Parallelismus zu den *nᵉbī'īm* »Propheten«, was sowohl auf die Bedeutsamkeit der *nᵉzīrīm* schließen läßt, als auch auf die Größe der Schuld Israels.

b) Die Vorkommen der Wurzel *nzr* häufen sich in Num 6. Im Unterschied zu Ri 13 ist das *nāzīr*-Sein hier nicht lebenslänglich, sondern erstreckt sich lediglich auf eine gewisse Zeit der Enthaltung, welche der *nāzīr* in seinem Gelübde selbst bestimmt.

Die beiden Hauptverbote von Ri 13 (Wein- und Scherverbot) finden sich auch hier, allerdings verschärft durch eine Reihe von Ergänzungsvorschriften, außerdem um das Verbot, sich an Toten zu verunreinigen. Die Enthaltungsvorschriften, die sich der *nāzīr* aufzuerlegen hat, rücken damit so sehr in den Vordergrund, daß in der Segolatbildung *nēzær* die Bed. »Weihe« mit der Bed. »Enthaltung« identisch werden kann (der Sinn der Weihe liegt nach Num 6 in der Enthaltung). Dieselbe Bedeutungserweiterung ist auch bei den fünf Belegen des Verbums (alle im Hi.) in Num 6 festzustellen: der *nāzīr* soll sich Jahwe zu Ehren (*lᵉJhwh*: V. 2.5.6.12) bestimmter Dinge »enthalten«.

Umgekehrt kann *nēzær* auch verengt gebraucht werden und lediglich das Haar bezeichnen, das der Geweihte während der Zeit seiner Weihung nicht geschoren hat (Num 6,12b.19; in Verbindung mit *rōš* »Haupt«: V. 9.18; in Jer 7,29 ist *nēzær* zur Bed. »Haar, Haupthaar« verflacht.

c) *nēzær* kann auch das Zeichen sein, das der trägt, dessen Haupt geweiht ist, also ein Diadem. Allerdings wird nie von einem *nāzīr* ausgesagt, daß er ein *nēzær* getragen habe. Zunächst waren es die Könige, welche zum Zeichen ihrer aus dem gewöhnlichen Volk herausragenden Stellung (vgl. die Grundbedeutung von *nzr*) ein Diadem trugen (vgl. BRL 125–128; zur ursprünglichen Bedeutung von *nēzær* vgl. Noth, ATD 5, 184f. zu Ex 28,36–38): 2Sam 1,10; 2Kön 11,12 = 2Chr 23,11; Ps 89,40; 132,18. In 2Kön 11,12 = 2Chr 23,11 steht *nēzær* parallel mit *'ēdūt*; beides, Diadem und »Königsprotokoll« (G. von Rad, Das judäische Königsritual, ThLZ 72, 1947, 211–216 = GesStud 205–213), werden dem König bei seiner Inthronisation überreicht.

Nach dem Ende des Königtums in Israel wird *nēzær* gelegentlich zur Bezeichnung des Kopfschmuckes des Hohenpriesters gebraucht: Ex 29,6; 39,30; Lev 8,9.

In sämtlichen drei Belegen erscheint der Begriff in Verbindung mit einem Beiwort als *nēzær haqqōdæš* »heiliges Diadem«; das Ausgesondertsein wird dadurch noch unterstrichen.

Ex 39,30 und Lev 8,9 steht *nēzær haqqōdæš* wie eine Erklärung zu dem vorausgehenden Begriff *ṣīṣ* »Blume«; Ex 28,36 findet sich *ṣīṣ* ohne das erklärende *nēzær* (das Verbum *ṣīṣ* »blühen« in Verbindung mit *nēzær* auch Ps 132,18). Von daher legt sich der Schluß nahe, den Noth, ATD 5,184 zu Ex 28,36, zieht: *nēzær* bedeutet nicht »Diadem«, sondern »nur ›Weihe, Weihung‹ und ist in Wirklichkeit eine ›Blume‹, wie vor allem aus Ps 132,18 hervorgeht...«.

Die Aufschrift auf dem *ṣīṣ* (Ex 28,36) bzw. *nēzær* (Ex 39,30) lautet: *qōdæš lᵉJhwh* »Heiligtum Jahwes«. Das bringt wie in Ri 13 und Num 6 den theologischen Aspekt der »Weihung« zum Ausdruck.

Der in ähnlicher Bedeutung sich findende Begriff *'ᵃṭārā* »Kranz, Krone« (23×) wird nicht nur zur Bezeichnung des königlichen Diadems (Ps 21,4) verwendet, sondern auch in dem sehr viel weiteren Sinn eines Schmuckstücks (z.B. Ez 16,12; 23,42; Spr 4,9) oder im übertragenen Gebrauch (Jes 62,3; Spr 16,31).

d) Interessanterweise dient in der Prophetie das Verbum *nzr* ni. dazu, die Hingabe Israels (weg von Jahwe) an fremde Götter zu beschreiben: »sie weihten sich der Schande« (Hos 9,10); »jeder, der sich von mir wegweiht und seinen Götzen nachhängt . . .« (Ez 14,7).

5. Eine Entsprechung zum atl. *nāzīr* findet sich im NT in Apg 21,23f., auch hier verbunden mit dem Motiv des Haarscherens. Der Begriff εὐχή »Gelübde« und die Tatsache, daß hier an ein zeitlich begrenztes Nasiräat gedacht ist, zeigen, daß sich in Apg 21,23f. die Linie von Num 6 fortsetzt (vgl. H. Greeven, ThW II, 775; G. Delling, Art. Nasiräer, BHH II, 1288f. mit Lit.). *J. Kühlewein*

נחה *nḥh* leiten

1. Zu hebr. *nḥh* q./hi. »leiten, führen« sind arab. *naḥā* »seinen Weg richten, sich wenden, die Richtung einschlagen« (Wehr 843) und altsüdarab. *mnḥj* »in der Richtung nach« (Conti Rossini 186a; W. W. Müller, Die Wurzeln mediae und tertiae y/w im Altsüdarabischen, Diss. Tübingen 1962, 104) zu vergleichen. Weniger wahrscheinlich ist der Vorschlag von J. F. A. Sawyer, Semantics in Biblical Research, 1972, 39, *nḥh* als Nebenform zu *nūªḥ* zu betrachten; an mehreren Stellen (1Sam 22,4; 1Kön 10, 26, vgl. 2Chr 9,25; 2Kön 18,11; Jes 57, 18; Ps 61,3) ist entgegen der Punktation eine Form von →*nūªḥ* hi. zu lesen (vgl. die Komm. und u.a. KBL 606a).

Das Verbum begegnet im Qal (Perf. und Imp.) und im Hi. (Perf. nur Gen 24,48 und Neh 9,12, sonst Inf. und Impf.; vgl. Joüon 186); der Bedeutungsunterschied ist in der Übersetzung kaum faßbar (vgl. Jenni, HP 255). Ableitungen und mit der Wurzel gebildete Eigennamen sind nicht vorhanden.

2. Von den 39 Belegen des Verbums (q. 11× [exkl. Ex 13,21; Neh 9,19, die bei Lis. 914 unter hi. zu versetzen sind, und Jes 7,2, →*nūªḥ*]; hi. 28×) stehen 18 im Psalter (q. 6×, hi. 12×), 4 in Ex (3× q., 1× hi.), je 3 in Hi und Spr (jeweils hi.).

3. Das Verbum *nḥh* »leiten, führen« wird, namentlich wenn man die oben erwähnten Emendationen vornimmt, nur selten im eigentlichen Sinn in nicht-theologischen Zusammenhängen verwendet (im Bileamspruch Num 23,7 »aus Aram führte mich Balak her«; Spr 18,16 »das Geschenk eines Menschen schafft ihm Raum, und vor Große geleitet es ihn«). Eine ursprüngliche Herkunft aus der Hirtensprache, wie sie für *nhg* und *nhl* (s.u.) angenommen werden kann, ist für *nḥh* angesichts der recht allgemeinen Bedeutung der Wurzel im Südsem. nicht ohne weiteres gegeben, wenn auch das Verbum im Zusammenhang mit der Anwendung des Hirtenbildes auf Jahwe mehrfach in diesem Sinne gebraucht wird (Ps 23,3 par. *nhl* pi. V. 2; 31,4 par. *nhl* pi.; 77,21 »wie eine Herde«; 78,72 par. →*r'h* »weiden«; vgl. als Oppositum →*t'h* hi. »in die Irre führen« Jer 50,6).

Als Synonyma kommen außer →*hlk* hi. »führen« und anderen Kausativen von Bewegungsverben vor allem *nhg* q./pi. »treiben, leiten, führen« (q. 20×, pi. 10×; *minhāg* »Art zu lenken« 2Kön 9,20.20) und *nhl* pi. »leiten, geleiten, befördern, durchbringen« (pi. 9×; hitp. »sich weiterbewegen« Gen 33,14; *nahªlōl* »Tränkplatz« Jes 7,19 und als Ortsname) in Betracht. Beide dürften ihren Ausgangspunkt im Hirtenleben genommen haben (vgl. arab. *manhal* »Tränkplatz«), werden aber sowohl in eigentlicher als auch in bildlicher Verwendung darüber hinaus auch in anderen Bereichen üblich; beide werden ähnlich wie *nḥh* oft in bezug auf Gottes Leitung und Führung gebraucht (s.u. 4; *nhg* pi. par. *nhl* pi. in Jes 49,10).

4. Obwohl die Vorstellung von der Führung durch Gott seit der Väterreligion und der Exodus- und Wüstenwanderungstradition bis hin zu den novellistischen Führungsgeschichten der Josephserzählung und des Buches Ruth im isr. Glauben tief verwurzelt ist (von Rad I, 185–189. 294–297), hat sich weder *nḥh* noch ein anderes Verbum zum theologischen Begriff entwickelt. Die atl. Texte lassen keine formelhaften Prägungen mit *nḥh* erkennen; die Wendungen, die von Jahwe als einem Hirten (→*r'h*) reden, der sein Volk oder einen einzelnen Menschen führt, entspringen der lebendigen Frömmigkeit, die in immer neuen Abwandlungen die Geborgenheit Israels bei seinem Gott zum Ausdruck bringt (J. Jeremias, ThW VI, 486).

Auf die Führung beim Auszug aus Ägypten und bei der Wüstenwanderung, teilweise mit Erwähnung der Wolkensäule, in der Jahwe das Volk leitet (→*'ānān*), beziehen sich Ex 13,17.21; 15,13 par. *nhl* pi.; 32,34 durch Mose; Dtn 32,12; Ps 78, 14.53 par. *nhg* pi. V. 52; Neh 9,12.19. Die wunderbare Führung eines Einzelnen wird Gen 24,27.48 bezeugt. Die Verheißung zukünftiger Führung begegnet Jes 57,18 und 58,11; die Mehrzahl der Belegstellen findet sich innerhalb der Psalmenfrömmigkeit (Ps 5,9; 23,3; 27,11; 31,4 par. *nhl* pi.; 43,3 par. →*bō'* hi. »bringen«; 60,11 = 108, 11; 61,3 txt?; 73,24; 78,72 par. *r'h*; 107, 30; 139,10 txt?. 24; 143,10; mit universaler Ausweitung Ps 67,5 »und leitest die Nationen auf Erden«; vgl. Hi 12,23 txt?; zu Hi 31,18 vgl. Fohrer, KAT XVI, 424f.); auf weisheitlichem Boden bewegen sich Spr 6,22; 11,3.

Das Verbum *nhg* kann auch ein Treiben in strafendem Sinne meinen (q. Klgl 3,2; pi. Dtn 4,27; 28,37); von der gnädigen Leitung des Volkes durch Gott sprechen Ps 80,2 (q.); Jes 49,10; 63,14; Ps 48,15; 78, 26.52 (pi.). *nhl* pi. in theologischer Verwendung begegnet Ex 15,13; Jes 40,11; 49,10; Ps 23,2; 31,4.

5. In Qumran ist *nḥh* einmal in 1QS 9,18 belegt (»sie mit Einsicht zu leiten«). Die LXX übersetzt vorwiegend mit ὁδηγεῖν, das im NT ähnlich wie im AT einen eigentlichen (Mt 15,14 »wenn aber ein Blinder einen Blinden führt, werden beide in eine Grube fallen«) und einen übertragenen Sinn (Joh 16,13 »er wird euch in die ganze Wahrheit leiten«) haben kann, dagegen stärker als das AT die übertragene Bed. »anleiten, lehren« aufweist (vgl. W. Michaelis, Art. ὁδηγός, ThW V,101–106).

E. Jenni

נַחֲלָה *naḥᵃlā* Besitzanteil

1. Der Stamm *nḥl* ist neben dem Hebr. im Ug., Phön., Altsüdarab. und Arab. belegt, entstammt also den westsem. Sprachen. Im Akk. begegnet er nur innerhalb der Mari-Texte als kan. Lehnwort (AHw 712b; A. Malamat, JAOS 82, 1962, 147–150).

Eine Grundbedeutung des Stammes kann nur mit Vorbehalt angegeben werden: »Besitz erhalten, übereignen«, wobei Kaufvorgänge ausgeschlossen zu sein scheinen (s. F. Horst, FS Rudolph 1961, 135–152, zu ARM I,91; V, 4; VIII,11–14 und KAI Nr. 3; doch vgl. die verschiedenen Interpretationen von KAI Nr. 3 in KAI II,5; W. F. Albright, BASOR 73, 1939, 9–13; J. Obermann, JBL 58, 1939, 229–242).

Das AT bildet von der Wurzel *nḥl* q. »etwas als Besitz erhalten«, pi. »jemanden zum Besitzer machen«, hi. »jemanden etwas als Besitz haben lassen«, ho. »zum Besitzer gemacht werden« und hitp. »sich in Besitz bringen«, sowie das Subst. *naḥᵃlā* »Besitzanteil«.

2. Das Verbum begegnet 59×, davon qal 30× (Num 8×, Jos 5×, Spr 4×), pi. 4× (Jos 3×, Num 1×), hi. 17× (Dtn 7×), ho. 1× (Hi 7,3), hitp. 7× (Num 4×), *naḥᵃlā* 222× (davon Jos 50×, Num 46×, Dtn 25×, Ps 23×, Ez 15×, Jer 12×). In Hos, Am, Ob, Jon, Nah, Hab, Hag, Hhld, Est, Esr kommt der Stamm *nḥl* nicht vor.

3. Die verschiedenen Bedeutungen des Verbums *nḥl* im AT sind geprägt durch die Verwendung des Subst. *naḥᵃlā* und seiner Verbindung mit anderen Wörtern. *naḥᵃlā* ist grundsätzlich unveräußerlicher, daher dauernder Besitzanteil vor allem an Boden, der durch Vergabung (→*ntn*, →*lqḥ*, →*ḥlq*), im Erbgang (→*'br*) oder durch Enteignung der Vorbesitzer an einzelne oder Gruppen fällt (*npl*). *naḥᵃlā* ist Besitz (→*jrš*, →*'ḥz*), da mit ihr dauernder Besitzanspruch verbunden ist. *naḥᵃlā* ist aber auch (Besitz-)Anteil, sofern man zu ihr durch Zu- oder Verteilung gelangte und der Besitzanspruch dem einzelnen übergeordneter Kollektive noch in irgendeiner Form zum Tragen kommt. Im erweiterten Gebrauch kann *naḥᵃlā* den Erbbesitz allgemein (bedingt durch städtische Verhältnisse; Spr 17,2; 19,14; 20,21; Klgl 5,2; vgl. Jos 14,13f.) sowie einen dauernden Besitzanspruch an unterworfenen Personen oder Völkern bezeichnen (Jos 23,4; Ps 2,8 u.ö.). Der übertragene Gebrauch von *naḥᵃlā* ist vorwiegend bestimmt durch die Verwandtschaft mit dem Wort *ḥēlæq* »Anteil« (→*ḥlq*) und umschreibt das Geschick eines Menschen (Hi 20,29; 27,13; 31,2), Anteil/Gemeinschaft an etwas (2Sam 20,1; 1Kön 12,16) oder einem Menschen Zugeteiltes (Ps 127,3).

Der verbale Gebrauch des Stammes *nḥl* dient der Darstellung verschiedener Weisen von *naḥᵃlā* betreffenden Vorgängen, ersetzt daher häufig die genannten Wortverbindungen, die *naḥᵃlā* eingeht. Das Qal bedeutet »*naḥᵃlā* erhalten« und »*naḥᵃlā* innehaben« (par. *ḥlq*, *ntn*, *jrš*), wobei die Objekte meist Land (Ex 23,30; 32,13; Num 18,20 u.ö.), seltener Völker (Ex 34,9; Zeph 2,9; Ps 82,8) und anderes wie Trug, Ehre, Wind, Torheit, Gutes (Jer 16,19; Spr 3, 35; 11,29; 14,18; 28,10) sind. Das Pi. ist faktitiv (Jenni, HP 213) »*naḥᵃlā* zuteilen«, »jemanden zum *naḥᵃlā*-Inhaber machen« (auf Landbesitz bezogen). Meist begleitet von einem doppelten Akkusativ ist das Hi. »jemanden etwas als *naḥᵃlā* haben lassen« (*naḥᵃlā*-Besitz auch hier häufig Land; anderes nur 1Sam 2,8; Sach 8,12; Spr 8, 21 und beim Ho. Hi 7,3). Das Hitp. hat die reflexive Bed. »etwas für sich in *naḥᵃlā*-Besitz bringen« (Land oder Sklaven, Lev 25,46; Jes 14,2).

Je nach Betonung eines der vielen dem *naḥᵃlā*-Begriff innewohnenden Aspekte erheben sich ganz verschiedene Übersetzungsmöglichkeiten, etwa »besitzen, zuteilen, erben, Anteil haben«. Das Bedeutungsspektrum des hebr. *nḥl* hat wegen der geringen Zahl der Belege in den andern alten semitischen Sprachen kein Gegenstück. Sie unterstreichen jedoch diesen oder jenen Einzelzug des hebr. Wortes, so das Akk. und Altsüdarab. »Landbesitz«, das Ug. »Erbe« und »Erbgut«.

Zum Ganzen vgl. vor allem F. Horst, FS Rudolph 1961, 135–156; zu 4a–c außerdem J. Herrmann, ThW III, 768–775; G. von Rad, ZDPV 66, 1943, 191–204 = GesStud 87–100; H. Wildberger, EvTh 16, 1956, 404–422; F. Dreyfus, RScPhTh 42, 1958, 3–49; H. Langkammer, Bibel und Leben 8, 1967, 157–165.

4. a) Theologische Bedeutung gewinnt der Stamm *nḥl* – vor allem in seiner nominalen Ausprägung – mit seiner Verwendung als Kennzeichnung des durch die Landanspruchs- und Landnahmeüberlieferungen des Hexateuchs begründeten Landbesitzes Israels in der priesterschriftlichen und deuteronomischen Theologie. P verwendet dabei häufig *nḥl* innerhalb der als Jahwerede gestalteten Landverteilungsanordnungen (Num 26,52–56; 33,50–34, 29) und der Gebietsbeschreibungen der einzelnen Stämme (Jos 13,23.28.32; 14, 1–3; 15,20; 16,4f.8f.; 18,20.28; 19,1–51*), wobei P konsequent von einer *naḥᵃlā* der Stämme im Blick auf ihre Sippen spricht, die diese durch das Los (→*gōrāl*) zugeteilt (→*ḥlq*) erhalten. Das gleiche gilt für die in Ez 40–48 überlieferten Landverteilungspläne (Ez 45,1; 47,13–48, 29), die als Jahweanordnung sich auf die Väterverheißung beziehen. P greift in seiner Darstellung der Stammes- und Sippen-*naḥᵃlā* eine wenn auch selten belegte alte Verwendung des *naḥᵃlā*-Begriffs auf (Num 32,18f. E; Jos 14,9.13f. E; 17,14 N; 18, 2.4; 24,28.32 E; Ri 18,1; 21,23), die auch die *naḥᵃlā* einzelner kennt (vgl. Ri 21,23f.; 1Kön 21,3f. u.ö.; vgl. Horst, a.a.O. 145ff.).

Ohne Vorbild scheint hingegen die deuteronomische Redeweise von der *naḥᵃlā* Israels zu sein (vordtn. nur Ex 23,30 *nḥl* q.; Ri 20,6). Mit der formelhaften Wendung »das Land, das Jahwe (dein Gott) dir geben wird« (Dtn 4,21.38; 12,9; 15,4; 19, 10; [20,16 Städte; 21,23 *'ᵃdāmā*;] 24,4; 25, 19; 26,1; vgl. dtr. 1Kön 8,36 = 2Chr 6, 27) betont das Dtn, daß Israel das Land nur auf Grund der Vergabe seines Gottes besitzt und sein Anspruch darauf einzig in der Zusage Jahwes begründet ist. Den Landbesitz versteht das Dtn daneben als Verwirklichung der Landzusagen an die Patriarchen (6,10.18.23 u.ö.). Von dieser Redeweise weicht es nur ab, wo es von festgeprägten Überlieferungen abhängig ist (10,9; 12,12; 14,27.29; 18,1f.; 29,7).

Palästina als Israels *naḥᵃlā* begegnet außerdem im Buch Jeremia, das unter anderem die Möglichkeit des Entzugs der *naḥᵃlā* ins Auge faßt (Jer 3,19; 12,14f.; 17,4), bei Ez (35,15; 36,12) und häufig im Psalter (Ps 105,11 = 1Chr 16,18; Ps 135, 12; 136,21f.; vgl. Ps 47,5; 69,37; 111,6). Nur selten werden Völker als *naḥᵃlā* Israels, seiner Stämme oder seines Königs genannt (Jes 14,2 hitp. und Ps 78,55; Jos 23,4; Ps 2,8).

b) Gegenüber der so zahlreich belegten Vorstellung, daß Jahwe der Geber und Garant der *naḥᵃlā* Israels und seiner Stämme ist, tritt die Aussage, daß Palästina die *naḥᵃlā* Jahwes sei, auffallend in den Hintergrund. Sie begegnet nur im Jeremiabuch (2,7; 12,7–9; 10,16 = 51,19; 16,18; 50,11) und in dem nachexilischen Ps 68,10.

Die Vorstellung vom Zionsberg mit dem Jahweheiligtum als *naḥᵃlā* Jahwes (Ex 15,17; Ps 79,1) ist aus der kan. Umwelt entnommen; die ug. Texte ʻnt (= V AB) III,27; IV,64 und 51 (= II AB) VIII,13f.; 67 (= I*AB) II,15f. sprechen von den Wohnsitzen Baals und Mots als dem Berg bzw. dem Land ihrer *nḥlt*.

Diese Diskrepanz mag dadurch entstanden sein, daß mit dem Wort *naḥᵃlā* ein Besitzanspruch verbunden ist, daher als Inhaber einer *naḥᵃlā* meist der genannt wird, der diesen Anspruch unmittelbar vertritt, wobei die Herleitung des Anspruchs für die Ausprägung der Begrifflichkeit erst in zweiter Linie eine Rolle spielt. Dies erklärt außerdem, warum als *naḥᵃlā* Jahwes nun sehr häufig Israel genannt wird. Jahwe hat Anspruch auf sein Volk (*naḥᵃlā* in Verbindung mit *ʻam* Dtn 4,20; 9,26.29; 1Kön 8,51; Jes 47,6; Jo 2,17; 4,2; Mi 7,14; Ps 28,9; 78,62.71; 94,5.14; 106,4f.40). Begründet wird dieser Anspruch Jahwes in dtn.-dtr. Literatur mit der Herausführung Israels aus Ägypten (Dtn 4,20; 9,26.29; 1Kön 8,51), in Ps 33,12 mit der Erwählung (→*bḥr*; vgl. 1Kön 8,53 *bdl* hi. »aussondern«).

Hinter der ganz andersartigen Begründung der *naḥᵃlā* Jahwes in Dtn 32,8f. steht die wohl sehr alte Vorstellung von der Verteilung der Völker (*nḥl* hi.; *ḥēlæq*) durch Äljon an die Götter.

Die enge Verbindung der Wörter *naḥᵃlā* und *ʻam* in diesem Zusammenhang wie die Begründung der Jahwe-*naḥᵃlā* unterstreichen das besondere personale Verhältnis Jahwe–Israel wie die besondere Stellung Israels unter den Völkern. Israel ist *naḥᵃlā*-Volk (Dtn 4,20) und *naḥᵃlā*-Stamm (Jes 63,17; Jer 10,16 = 51,19; Ps 74,2 par. *ʻēdā*). Wer in dieser Gemeinschaft lebt, hat Gemeinschaft mit Jahwe (1Sam 26,19; 2Sam 14,16). Über die *naḥᵃlā* Jahwes wird Saul zum Nagid gesalbt und für sie sucht David den Segen der Gibeoniten zu erlangen (1Sam 10,1; 2Sam 21,3). In diesen älteren Belegen (vgl. noch 2Sam 20,19) tritt im Gegensatz zu der stärker theologisch durchreflektierten Sprache der dtn. und jüngeren Belege der Rechtscharakter des *naḥ^{a}lā*-Begriffs zugunsten des personalen Bezugs zurück.

c) Eine Sonderstellung bezüglich des Landanspruchs der Stämme nehmen die Leviten ein. Schon die älteren Quellenschichten des Hexateuchs betonen, daß die Leviten keinen Landanteil erhalten; ihre *naḥ^{a}lā* ist das Priestertum Jahwes (Jos 18, 7). Auch die Priesterschrift betont, daß Aaron und die Leviten keinen Landanspruch haben; ihre *naḥ^{a}lā* ist Jahwe und ist der Zehnte, den sie für ihren Dienst erhalten (Num 18,20f.23f.26; 26,62; Jos 14,3); daneben wird den übrigen Stämmen auferlegt, aus ihrer *naḥ^{a}lā* den Leviten Städte abzutreten (Num 35,2.8; Jos 21,3). Daß Jahwe Levis *naḥ^{a}lā* sei, dient auch dem Dtn zur Begründung des fehlenden Landanspruchs der Leviten (Dtn 10,9; 12, 12; 14,27.29; 18,2; dtr. Jos 13,14.33; die Stellen Dtn 18,1 und Jos 13,14 interpretieren das näher: von Opfern und Abgaben als ihrer *naḥ^{a}lā* sollen sie sich nähren). Auch der Ezechielanhang kennt diese Vorstellung von der Leviten-*naḥ^{a}lā* (Ez 44,28 txt em), soweit sie in Zusammenhang steht mit der Stammes-*naḥ^{a}lā*; wo es sich hingegen um den aus der Stammes-*naḥ^{a}lā* ausgegrenzten Jerusalemer Heiligtumsbezirk handelt, kann den Leviten durchaus Grundbesitz zugestanden werden (45,5; 48,13).

5. In Qumran wird der Stamm *nḥl* für Grundbesitz und als Bezeichnung für das Gottesvolk selten gebraucht (1QM 10,15; 12,12; 19,4; 1QH 6,8), häufiger in übertragener Bedeutung (1QS 4,15f.24.26; 11, 7; 1QH 14,19; 17,15; vgl. 4QpPs 37 3,10).

Zur Verwendung von *nḥl* im Judentum und im NT vgl. J. Herrmann – W. Foerster, Art. κλῆρος, ThW III,757–786; H. Langkammer, Bibel und Leben 8,1967, 157–165.

G. Wanke

נחם *nḥm* pi. **trösten**

1. Der Stamm *nḥm* kommt im Hebr., Jüd.-Aram. und Chr.-Pal. (selten im Syr., wo *nḥm* pa. gewöhnlich »auferwecken« bedeutet, vgl. LS 423b mit Lit.) als Pi./Pa. mit der Bed. »trösten« vor, darüber hinaus in Eigennamen auch im Ug., Phön. und Äg.-Aram. (Gröndahl 165; Huffmon 237 bis 239; F.L. Benz, Personal Names in the Phoenician and Punic Inscriptions, 1972, 359f.; F. Vattioni, Bibl 50, 1969, 387f.; zum AT s.u.).

Der etymologische Zusammenhang mit arab. *nḥm* »heftig atmen« (D.W. Thomas, ET 44, 1932/33, 191f.; 51, 1939/40, 252; auch N.H. Snaith, ET 57, 1945/46, 48; vgl. Zorell 510) ist angesichts der Bedeutungsentfaltung im AT (trotz Thomas, a.a.O. 192) wenig ergiebig, zumal das hier vorauszusetzende emotionale Moment als Sinngrundlage des hebr. Verbums fraglich scheint. Das von Jenni, HP 247, als Ausgangsmeinung angenommene »umstimmen (transitiv)« befriedigt ebenfalls nicht ganz. Jedenfalls könnte in der Wurzel auch der Gedanke an menschliche Nähe und Beistand mitschwingen, ohne daß sich das aber noch überall einsichtig durchführen ließe.

Im AT begegnet das Verbum im Pi. als »trösten« (pu. »getröstet werden«, hitp. »Trost finden«), im Ni. neben »sich trösten (lassen)« als »leid tun« im weitesten Umfang (auch hitp. »es sich leid sein lassen«). Die Möglichkeit von Verschreibungen und Mischformen ist von vornherein nicht auszuschließen. Nominale Ableitungen sind *nōḥam* »Mitleid«, *næḥāmā* »Trost« (BL 479: aramaisierender Inf.Pi.), *niḥūmīm* »Trost« (Abstraktplural, Verbalnomen zum Pi., vgl. BL 480) und *tanḥūmīm/tanḥūmōt* »Trost« (ebenso, vgl. BL 497). In Eigennamen ist der Stamm auch im AT gut vertreten (darunter bekannte Namen wie *N^{e}ḥæmjā*, *M^{e}naḥēm* und *Naḥūm*, ferner *Náḥam*, *Naḥ^{a}mānī*, *Tanḥūmæt*). Es wird sich – wenigstens ursprünglich – um sog. Ersatznamen handeln (Nöldeke, BS 99f.; Noth, IP 175. 222; H. Schult, Vergleichende Studien zur atl. Namenkunde, 1967, 96f.; Stamm, HEN 421f.).

Entsprechend den beiden Hauptbedeutungen der Wurzel im AT werden in 3a–d die Bed. »trösten« und in 4a–b die Bed. »jemandem leid tun« behandelt.

2. Die 119 Belege der Wurzel (ohne Eigennamen) verteilen sich wie folgt auf die atl. Bücher (bei ni. sind in Klammern die Stellen mit der Bed. »sich trösten« [und »Rache nehmen« Jes 1,24] angegeben; unter Subst. sind zusammengefaßt: *nōḥam* Hos 13,14; *næḥāmā* Ps 119,50 und Hi 6,10; *niḥūmīm* Jes 57,18; Hos 11,8; Sach 1,13; *tanḥūmīm* Jes 66,11; Jer 16,7; Ps 94,19; *tanḥūmōt* Hi 15,11; 21,2):

	ni.	pi.	pu.	hitp.	Subst.
Gen	4 (2)	3	–	2	–
Ex	3	–	–	–	–
Num	–	–	–	1	–
Dtn	–	–	–	1	–
Ri	3	–	–	–	–
1Sam	4	–	–	–	–
2Sam	2 (1)	3	–	–	–
Jes	2 (2)	13	2	–	2

	ni.	pi.	pu.	hitp.	Subst.
(Dtjes)		(8)	(1)		
Jer	12 (2)	2	–	–	1
Ez	4 (3)	2	–	1	–
Hos	–	–	–	–	2
Jo	2	–	–	–	–
Am	2	–	–	–	–
Jon	3	–	–	–	–
Nah	–	1	–	–	–
Sach	1	2	–	–	1
Ps	4 (1)	6	–	2	2
Hi	1	6	–	–	3
Ruth	–	1	–	–	–
Pred	–	2	–	–	–
Klgl	–	6	–	–	–
1Chr	1	4	–	–	–
AT	48 (11)	51	2	7	11

3. a) Die für *nḥm* pi. allgemeine Bed. ist »trösten«. In den ältesten Texten und späterhin ist das Subjekt ein Mensch, der Anlaß ein Todesfall (Gen 37,35; 2Sam 10,2.3 = 1Chr 19,2.2.3; 2Sam 12,24; Jer 16,7) oder ein anderer, allgemeinerer Grund zur Trauer (Gen 50,21; Jes 22,4; 61,2 »alle Trauernden«; Jer 31,13 »nach ihrem Kummer«; Ruth 2,13; Hi 2,11; 7,13; 29,25; 42,11; Pred 4,1.1 »Unterdrückungen«; Klgl 2,13).

Ein solches Trösten vollzog sich weithin nach Riten in festen Formen (Jer 16,7 *kōs tanḥūmīm* »Trostbecher«; Hi 42,11 Brot essen); vgl. auch das ähnlich gebrauchte *nūd le* »(den Kopf schüttelnd) jemandem Teilnahme bekunden« (Jes 51,19; Jer 15,5; 16,5; 22,10; 48,17; Nah 3,7; Ps 69,21 txt em; Hi 2,11; 42,11; vgl. *nīd* »Beileid« Hi 16,5; *mānōd* »Kopfschütteln« Ps 44,15).

Diese geprägten Formen stehen auch hinter dem Besuch der Freunde Hiobs (Hi 2,11). Ein solcher Trost will mehr sein als ein gut gemeintes, aber unverbindliches Zureden; Gen 50,21 und Jes 40,1 meint das parallele *dbr* pi. *ʿal-lēb* »zum Herzen reden« einen zu Herzen dringenden Trost, der damit Realität wird. Die Grundvoraussetzung der mit *nḥm* pi. gemachten Aussage scheint das persönliche Bereit- und Dasein des einen für den anderen gewesen zu sein (beachte dazu noch Ps 119,76 die Verbindung mit →*ḥæsæd*). Mag Hi 42,11 auch nicht mehr in seinem ursprünglichen Kontext stehen (vgl. dazu A. Alt, ZAW 55, 1937, 267f.), so läßt die Stelle doch erkennen, wie real ein solches Trösten werden konnte. Gerade weil die Erwartung hoch war, konnte sie durch unangemessene und hilflose Trostversuche enttäuscht werden, vgl. die »leidigen Tröster« in Hi 16,2 und 21,34 (Sach 10,2 »windiger Trost«); in gewisser Weise gehören auch Hi 7,13 (das Bett als Tröster) und 15,11 (»das sanfte Wort« par. *tanḥūmōt ʾēl* »Tröstungen Gottes«) hierher. Daß Trost wenn nötig und möglich reale Hilfe mit einschließt, zeigt weiterhin Pred 4,1 (das zweimalige *menaḥēm* wird beabsichtigt sein). In die gleiche Richtung weist auch das stereotyp wiederkehrende *ʾēn menaḥēm* »niemand ist da, der tröstet« Klgl 1,2.9.17. 21 (V.16 »fern von mir ist der Tröster«); die Liebhaber (V.2), von denen sich Jerusalem Hilfe versprach, haben sich zurückgezogen, so daß *menaḥēm* geradezu den »Helfer« meint (vgl. 1,16 *mēšīb nafšī* »der mich erquickt«). Von dieser Konkretheit des Trostes her ist wohl Ps 23,4 (»dein Stecken und Stab trösten mich«), aber auch Ps 71,21 (»mehre mein Ansehen und wende dich, mich zu trösten«) und 86,17 (par. *ʿzr* »helfen«) zu verstehen.

Klgl 2,13 fällt etwas aus diesem Rahmen heraus, denn hier bilden die Leidensgefährten den Trost (»was soll ich . . . dir gleichsetzen, dich zu trösten«; das Pi. bezeichnet nur das Resultat am Objekt, nicht den Hergang, vgl. Jenni, HP 247). Der Gedanke berührt sich mit Ez 14,22 (ni.).23 (pi.) und 31,16 (ni.), wohl auch mit Ez 16, 54 (pi.), wo die schlimmere Sünde Jerusalems für die beiden Schwestern Sodom und Samaria eine »Tröstung« bedeutet (vgl. Zimmerli, BK XIII,368).

Nach den Mitteln des Tröstenden bestimmt es sich, wie der Trost jeweils aussieht. Stellt er ein Gemeinschaftsverhältnis (wieder) her (Ruth 2,13), so rückt *nḥm* pi. an die Bedeutung von →*rḥm* pi. »sich erbarmen«. Das wird Jes 66,13 sehr klar (»wie einen seine Mutter tröstet, so will ich euch trösten«, vgl. Jes 49,15). Dieses ausgeprägte Verständnis liegt nun überall da vor, wo Jahwe selbst der Tröster ist, denn in seiner Zuwendung zum Trost erneuert Gott die Gnadengemeinschaft mit dem, von dem er sich im Zorn abgewandt hat (Jes 12,1). Von hier aus ist die Bedeutung verständlich, die *nḥm* pi. in der Verkündigung Deuterojesajas gewinnt (vgl. dazu auch die Häufung der mit *nḥm* gebildeten Namen in nachexilischer Zeit). Mit Ausnahme von Jes 51,19 txt em (1 3.Pers.) ist Jahwe grammatisches (49,13; 51,3.3.12; 52,9) oder doch wenigstens logisches Subjekt (40,1.1), weswegen als Objekt zu *nḥm* pi. auch »Zion« und »Trümmer« treten kann (51,3; vgl. Sach 1,17, par. *bḥr* »erwählen«). Dennoch zeigt Jes 49,13 (*rḥm* pi. im synonymen Parallelismus; vgl. 52,9 par. →*gʾl*), daß beides nicht ganz zusammenfällt und bei *nḥm* pi. der Nebenton des Beistandes immer mitgehört worden ist. Jedenfalls tritt ein formal allgemeiner Gebrauch (vielleicht Jes 22,4; 66,13; Ps 119,82) zurück.

Gen 5,29 ist die etymologische Verwendung von *nḥm* pi. zur Erklärung des Namens Noah zwar überraschend, doch in der Linie von J liegend (es besteht kein Grund zur Textänderung, vgl. Westermann, BK I,470). Der Trost scheint in der Linie von Ez 14, 14 zu liegen (an Gen 9,20 – der Wein als Tröster – zu denken, verbietet trotz Spr 31,6f. der allgemeine Tenor atl. Aussagen).

b) Von den Pu.-Stellen erinnert Jes 54,11 formal wie inhaltlich an Hos 1,6; dagegen ist Jes 66,13, weil Zusatz, unprofiliert.

Gemäß seinem Bedeutungsumfang (Bergstr. II,98) hat das Hitp. bei *nḥm* verschiedene Nuancen. Reflexiv ist es Gen 37,25 (Jakob läßt sich von seinen Kindern nicht trösten, will also ihren Beistand nicht) und Ps 119,52 (vgl. V. 50; die *mišpāṭīm* »Ordnungen« sind durch →*zkr* als real gegenwärtig und wirksam vorgestellt, vgl. A. Deißler, Psalm 119 (118) und seine Theologie, 1955, 153). Ist dagegen Jahwe das Subjekt (Dtn 32,36; Ps 135,14), so nimmt *nḥm* hitp. die Bed. »sich erbarmen« an (s.o. 3a; anders H.L. Ginsberg, FS Baumgartner 1967, 78). Für Gen 27,42, das aus dem Rahmen herausfällt, könnte man nach dem inhaltlich ähnlichen Jes 1,24 (ni.) an eine schwächere Potenz von *nqm* »sich rächen« denken (A.B. Ehrlich, Randglossen zur Hebr. Bibel, I,1908, 133: gutturale Aussprache für *mitnaqqēm*), doch liegt auch hier wohl der Gedanke an ein »sich Trost verschaffen« näher (anders D.W. Thomas, ET 51, 1939/40, 252). Der zweifellos vorhandene Gegensinn (Nöldeke, NB 86) erklärt sich wohl so, daß hier der Trost nicht in der Anwesenheit eines angenehmen, sondern in der Entfernung eines ärgerlichen Mitmenschen liegt (V. 42 »dich zu töten«). Wenn *hinnæḥāmtī* Ez 5,13 (zur Form BL 198.367) nicht Dittographie zum Vorhergehenden ist, liegt der Gedanke ähnlich. Num 23,19 gehört in das Bedeutungsfeld des Ni. (Gott läßt sich nichts gereuen, vgl. 1Sam 15,29.35; s.u. 4a).

c) Ein Teil der Ni.-Stellen (s.o. 2 in Klammern) nähert sich im Verständnis der Bedeutung des Pi. (»trösten«) an. Dabei liegt Gen 24,67; 38,12; 2Sam 13,39 (»sich trösten«); Jes 57,6 (»sich beruhigen«); Jer 15,6 (»sich erbarmen«) reflexive, Jer 31,15 und Ps 77,3 (»sich trösten lassen«) eher tolerative Auffassung vor. Wie weit man aber von einer näheren Beziehung des Ni. zum Pi. reden kann (Bergstr. II, 90), ist angesichts des Bedeutungsumfanges des Ni. schwer zu entscheiden. Die Bed. »sich trösten« liegt auch in Ez 14,22; 31,16 und 32,31 vor; ein spezifischer Unterschied ist aber darin zu sehen, daß der Trost nicht in einer bevorstehenden realen Änderung des eigenen Geschickes, sondern in einer Leidenssolidarität besteht. Das ist aber nicht als Schadenfreude zu verstehen, sondern eher daher, daß man mit seinem Leid nicht mehr allein ist.

Ganz aus dem Rahmen fällt zunächst Jes 1,24 (s.o. 3b zu Gen 27,42). Die Übersetzung »ich will mich letzen an meinen Widersachern« ist allgemein angenommen, aber doch wohl zu allgemein. Der Gedanke könnte, wieder mit einem gewissen Widersinn, der sein, daß Jahwe sich an seinen Gegnern »trösten«, also nicht mehr über seine die Strafe aussetzende Langmut Reue empfinden will.

d) Die Nominalform *tanḥūmīm*/*tanḥūmōt* hat entsprechend der Affinität der t-Bildungen zum Intensivstamm (BL 494f.) allgemein die Bed. »Tröstung« (Jes 66,11 »Brust des Trostes«, von V. 13 her zu verstehen; Jer 16,7 »Trostbecher«; allgemeiner Ps 94,19 »so erquickt dein Trost meine Seele«; Hi 15,11 »Tröstungen Gottes«; in der Linie der konkreten Vorstellungen liegt es, wenn bloßes Zuhören Hiob schon als Tröstung erscheint, Hi 21,2).

Das gleiche gilt von *niḥūmīm*. Jahwe ist in allen Fällen der Urheber des Trostes. Darum liegt mehr als nur »Trösten« im Wort. Die »freundlichen, tröstlichen Worte« Sach 1,13 verheißen das Erbarmen; ähnlich Jes 57,18 (par. *rp'* »heilen«) und Hos 11,8 (*kmr* ni. »erregt werden«, sonst bei *raḥᵃmīm* »Erbarmen«: Gen 43,30; 1Kön 3,26).

Das nur zweimal vorkommende *næḥāmā* ist am wenigsten konkret (Ps 119,50 Trost, daß das Wort belebt; entgegengesetzt Hi 6,10 der tröstliche Tod; vgl. 30,28 txt em).

4. a) An der Mehrzahl der Stellen bedeutet das Ni. »über etwas Leid empfinden, etwas bereuen« (30 × von Gott, 7 × vom Menschen gesagt). Wie weit sich eine Beziehung zu der für *nḥm* pi. angenommenen Grundvorstellung der menschlichen Nähe herstellen läßt, muß unbeantwortet bleiben (s.o. 1). Ein ausgesprochen emotionales Element fehlt auch hier.

Gewöhnlich ist Jahwe Subjekt, das mit *'al*/*'æl* angeschlossene Objekt unpersönlich, ein beschlossenes Unheil (*rā'ā* Ex 32, 12.14 »da ließ sich Jahwe das Unheil gereuen, das er seinem Volke angedroht hatte«; 2Sam 24,16 [=1Chr 21,15], vgl. V. 14 *raḥᵃmīm* »Erbarmen«; Jer 18,8; 26,3.

13.19; 42,10; Jo 2,13; Jon 3,10; 4,2; *zōt* »dieses [Unheil]« Am 7,3.6) oder (selten!) eine geplante bzw. erwiesene Wohltat (Jer 18,10). Jer 8,6 bereut der Mensch seine Missetat *(rā'ā)*. Einerseits damit, daß Jahwe Subjekt ist, andererseits mit der im Stamme liegenden Grundbedeutung ist es gegeben, daß *nḥm* ni. nicht resignierendes Bedauern ist, sondern konkrete Folgen hat. Deswegen kann »und es gereut ihn des Übels« als Fortführung zu »er ist gnädig und barmherzig« treten (Jo 2,13; Jon 4,2; vgl. in weiterem Sinne auch Ps 106,45).

Ist das mit *'al/'æl/le* angeschlossene Objekt personal (Ri 21,6.15 Subj. Menschen; Ps 90,13 Subj. Jahwe; vgl. Ri 2,18 »wegen ihrer Wehklage«; Jer 20,16 negiert), wird *nḥm* ni. gewöhnlich mit »sich erbarmen« übersetzt, doch ist das atl. gesehen nicht ganz zutreffend (s.o. 3a). Richtiger ist die Wiedergabe durch »jemandem leid tun, Mitleid empfinden über«.

Die Wortbedeutung gewinnt in Richtung auf Unerträglichkeit Gewicht, wenn der Gegenstand der Reue eine (durch *kī* eingeführte) vollzogene Maßnahme Jahwes ist (Gen 6,6.7; 1Sam 15,11.35), deren Zurücknahme durch diese Reue begründet und eingeleitet wird. Die Reaktion Samuels darauf (1Sam 15,11b) macht das irrational Drohende deutlich, das darin liegt.

Mit dem absoluten Gebrauch erweitert sich die Bedeutung in ihrem Umfang, verliert aber gleichzeitig an Profiliertheit. Der Sinn ist dann allgemein »bereuen«. Ist der Mensch Subjekt, so ist der Grund menschliche Wankelmütigkeit (Ex 13,17; 1Sam 15,29b), oder Sündhaftigkeit macht die Reue notwendig (Jer 31,19; Hi 42,6). Ist dagegen Jahwe Subjekt (1Sam 15,29a, vgl. Num 23,19 hitp.; Jer 4,28; Ez 24,14; Sach 8,14; Ps 110,4), so ist die Aussage verneint. Eine Ausnahme bedeuten Jo 2,14 und Jon 3,9 (»wer weiß, vielleicht gereut es Jahwe doch noch«), die trotz absoluten Wortgebrauchs den zuerst erwähnten Stellen mit *rā'ā* nahestehen.

Es besteht also nicht, wie oft gesagt wird, ein innerer Widerspruch zwischen einer mehr anthropomorphen Aussage von einer Reue Gottes und einem vergeistigteren Verständnis. Das Nebeneinander ist in der Polarität der Gotteserfahrung begründet. Jahwe ist einerseits der »eifersüchtige Gott« (→*qn'*), darum braucht er einen Beschluß weder zu bereuen, noch ist er an ihn gebunden (Gen 6,6.7; 1Sam 15,11.35); und er ist andererseits »gnädig und barmherzig« (→*rḥm*), darum muß beschlossenes Unheil nicht sein letztes Wort bleiben.

b) Von den Substantiven ist hier *nōḥam* »Mitleid« Hos 13,14 zu erwähnen. Zwar will Ginsberg (a.a.O. 78f.) nach seiner Deutung von Dtn 32,36; Ps 135,14 (s.o. 3b) das Wort ebenfalls als »Rache« erklären, doch liegt die Auffassung »Mitleid« näher (Rudolph, KAT XIII/1, 239).

5. Unter den verhältnismäßig wenigen Belegen für *nḥm* aus Qumran (Kuhn, Konk. 142f.) sind 1QH 5,3 und 9,13 mit *nḥm* ni. »bereuen« in bezug auf die Sünden hervorzuheben.

Die LXX übersetzt *nḥm* pi. überwiegend durch παρακαλεῖν »(herbeirufen >) trösten«; interessant ist auch die Wiedergabe durch ἐλεεῖν (Jes 12,1; 49,13; 52,9; Sach 1,17; sonst hauptsächlich für →*ḥnn* oder →*rḥm* pi.). Für das Ni. steht, entsprechend den beiden Hauptbedeutungen, aber nicht durchweg in Übereinstimmung mit der Abgrenzung in 3c und 4a, meistens entweder παρακαλεῖσθαι oder μετανοεῖν bzw. μεταμέλεσθαι. Vgl. zu den Übersetzungen R. Loewe, VT 2,1952, 261–272; zum Spätjudentum und zum NT O. Michel, Art. μεταμέλομαι, ThW IV, 630–633; J. Behm – E. Würthwein, Art. μετανοέω, ThW IV, 972–1004; O. Schmitz – G. Stählin, Art. παρακαλέω, ThW V, 771–798; J. Behm, Art. παράκλητος, ThW V,798–812.

H.J. Stoebe

נֵכָר *nēkār* Fremde

1. Das Subst. *nēkār* »Fremde, Ausland« und das (oft substantivierte) Adj. *nokrī* »fremd, ausländisch« haben ihre Entsprechungen im gesamten sem. Sprachraum (vgl. Bergstr. Einf. 182); ältere außerbiblische Belege sind ug. *nkr* »Fremder« (WUS Nr.1786; UT Nr.1649) und reichsaram. *nkrj'* »Fremde (plur.)« (Ah. Z.139; DISO 179). Im Akk. hat *nakru* neben »fremd« hauptsächlich die Bed. »feindlich/ Feind« (AHw 723). Eine andere abwertende Bedeutungsnuance hat das Abstraktnomen *nōkær* (Ob 12, par. *'bd* »zugrunde gehen«) bzw. *nēkær* (Hi 31,3, par. *'ēd* »Unglück«), etwa »(befremdliches, widriges) Mißgeschick«.

Die Verbalbedeutungen *nkr* ni. »sich verstellen« (Spr 26,24), pi. »fremd machen« (Jer 19,4), »falsch darstellen« (Dtn 32,27; 1Sam 23,7 txt?), hitp. »sich verstellen« (Gen 42,7; 1Kön 14,5.6), dürften von *nokrī* denominiert sein (W. J. Gerber, Die hebr. Verba denominativa, 1896, 97f.; Zorell 518a).

Ein Zusammenhang mit *nkr* hi. »betrachten, erkennen, anerkennen« (38× ; dazu ni. »erkannt werden« Klgl 4,8; pi. »ansehen« Hi 21,29; 34,19; hitp. »sich zu erkennen geben« Spr 20,11; Subst. *hakkārā* »Berücksichtigung[?]« Jes 3,9, vgl. Wildberger, BK X,117f.; vielleicht auch *makkār* »Bekannter[?]« 2Kön 12,6.8, vgl. aber J. Gray, I & II Kings, 1963, 529f.), wobei die verschiedene Behandlung des Fremden, Auffälligen sich in einer entgegengesetzten Bedeutungsentwicklung widerspiegelte (vgl. Ruth 2,10), wird angenommen von Nöldeke, NB 96; P. Humbert, Opuscules d'un hébraïsant, 1958, 117; KBL 617b; anders z.B. GB 505b; Zorell 517f.

2. *nēkār* wird im AT 36× verwendet (Ps 6×, Jes 5×, Gen 4×), *nokrī* 45× (Spr 9×, Esr 10,2–44 7×, Dtn 5×, 1Kön 4×); zu *nēkær/nōkær* (2×) und zum Verbum (7×) s.o. 1.

Sowohl *nēkār* als auch *nokrī* scheinen, obwohl schon vorexilisch belegt, erst in nachexilischer Zeit eine größere Bedeutung bekommen zu haben, als sich für Israel das Problem seiner Beziehungen zum Ausland in besonderer Weise stellte.

3. a) *nēkār* bezeichnet ähnlich wie →*zār* etwas »Fremdes«, nach Humbert, a.a.O. 117f., »das, was man nicht als sein anerkennt«, während *zār* »das, was anders ist« bzw. »was einem anderen gehört« meint. *nēkār*, immer als nomen rectum einer Cs.-Verbindung auftretend, bezieht sich durchweg auf Fremdes im ethnischen Sinn. Die Wendung *bæn/benē-nēkār* (19×) dient zur Bezeichnung des/der (Volks-)Fremden; sie begegnet in priesterlichen Texten, wo es um die Stellung des Fremden im Kult geht (Gen 17,12.27 von einem Fremden gekaufte Sklaven, die ebenfalls beschnitten werden; Ex 12,43 Passagesetz; Lev 22,25; vgl. Ez 44,7.9.9 par. *'ārēl* »unbeschnitten«), ferner in späten Texten des Jesajabuches, wo die Beziehungen zwischen den Fremden und Israel behandelt werden (Jes 56,3.6 Proselyten; 60,10; 61,5; 62,8 par. *'ōjebīm* »Feinde«; vgl. Neh 9,2), sowie in den Königspsalmen 2Sam 22,45.46 = Ps 18,45.46; Ps 144,7.11. In Ps 137,4 ist *'admat nēkār* die »fremde Erde« des Exils; Neh 13,30 spricht generell von »allem Ausländischen«. Häufig, vor allem in der dtr. Sprache, ist ferner die Wendung »ein fremder Gott« bzw. »fremde Götter« (Gen 35,2.4; Dtn 31,16; 32,12; Jos 24,20.23; Ri 10,16; 1Sam 7,3; Jer 5,19; Mal 2,11; Ps 81,10; Dan 11,39; 2Chr 33,15; vgl. *hablē nēkār* »fremde Götzen« [→*hæbæl* 3c] Jer 8,19; dazu 2Chr 14,2 »fremde Altäre«).

b) Auch *nokrī* »fremd/Fremder« bezieht sich in der überwiegenden Mehrzahl der Stellen auf ein anderes Volk (Ex 2,22; 18,3; Dtn 14,21; 15,3; 17,15; 23,21; 29,21; Ri 19,12; 2Sam 15,19; 1Kön 8,41.43; 11,1.8; Jes 2,6; Ob 11; Zeph 1,8; Ruth 2,10; Klgl 5,2; Esr 10,2.10.11.14.17.18.44; Neh 13,26.27; 2Chr 6,32.33), seltener auf jemanden, der nicht (mehr) zum Kreise der Familie oder der Sippe gehört (Gen 31,15 Laban behandelt seine Töchter als Fremde; Ex 21,8 Verbot des Weiterverkaufes einer Israelitin; Ps 69,9 »fremd bin ich geworden meinen Brüdern, ein *nokrī* den Söhnen meiner Mutter«; ähnlich Hi 19,15). *nokrī* kann aber auch einfach »ein anderer« oder »einem anderen gehörend« bedeuten (Spr 5,10; 20,16 K; 27,2; Pred 6,2); die *nokrijjā* »fremde Frau« (Spr 2,16; 5,20; 6,24 txt em; 7,5; 23,27; 27,13, vgl. 20,16Q) bezeichnet nicht eine heidnische Ausländerin (so G. Boström, Proverbiastudien, 1935), sondern die (ehebrecherische) Frau eines anderen (Israeliten) (Humbert, a.a.O. 111–118; ders., Revue des Etudes Sémitiques 1937, 49–64) oder die Frau beliebiger Herkunft, deren ungewöhnliches, dem Leben der Sippe fremdes Verhalten sozial disqualifiziert ist (L.A. Snijders, OTS 10, 1954, 60–110; zum Ganzen vgl. das parallel gebrauchte Adj. →*zār* [3b]). Übertragene Verwendung von *nokrī* findet sich Jer 2,21 (»entarteter Weinstock«) und Jes 28,21 (»befremdlich«, vom Handeln Gottes; →*zār* 3d).

4. Die Übersicht über die Verwendung von *nēkār/nokrī* im AT bestätigt weitgehend das, was zu →*zār* (4) über das Verhältnis von Israel zum Fremden und Ausländischen zu sagen war: es wird für gewöhnlich von einer zurückhaltenden bis abwehrenden Haltung geprägt. Dies zeigen namentlich die Texte deuteronomistischer Richtung, welche die verderbliche Rolle der »fremden Götter« (s.o. 3a) hervorheben, die tritojesajanischen Stellen, die den Nichtjuden für die Zeit der Wiederherstellung Jerusalems und Judas eine untergeordnete, dienende Rolle zuweisen (vgl. jedoch den positiveren Ton in Jes 56,3.6), oder die priesterlichen Texte, welche die Stellung des *bæn-nēkār* innerhalb bzw. eher außerhalb der Kultgemeinschaft fixieren.

5. In den Qumrantexten begegnet *nēkār* bisher 5× (Kuhn, Konk.143c; RQ 14, 1963, 210a) in Fortführung des atl. Sprachgebrauchs; vgl. 4Q Flor. 1,4 »das Haus, in das in Ewigkeit kein Ammoniter und kein Moabiter und kein Bastard und kein Ausländer (*bn nkr*) und kein Fremdling eintreten darf« mit Dtn 23,2ff.

Zum »Fremden« im Spätjudentum und im NT vgl. die bei →*zār* 5 angegebene Lit.

R. Martin-Achard

נסה *nsh* pi. versuchen

1. Die Wurzel *nsh* erscheint außer im Hebr. (außerbiblisch noch im Lachisch-Ostrakon KAI Nr. 193, Z. 9) nur im Aram. und, daraus übernommen, im Äth. (LS 433b; Dillmann 642f.).

Im Ug. ist das Verbum nicht sicher nachgewiesen (vgl. UT Nr. 1661; A. van Selms, UF 2, 1970, 264).
Die Etymologie ist unsicher. Wenig wahrscheinlich ist ein vermuteter Zusammenhang mit *nś'*, wobei »heben, wägen« als ein Prüfen zu verstehen wäre (W. J. Gerber, Die hebr. Verba denominativa, 1896, 30). Ebenso wenig ist wohl an einen Zusammenhang mit dem Subst. *nēs* »Kennzeichen, Feldzeichen« zu denken.

Vom Verbum, das nur im Pi. belegt ist, wird das Verbalabstraktum *massā* »Prüfung« abgeleitet. Der gleichlautende Ortsname (Ex 17,7; Dtn 6,16; 9,22; 33,8; Ps 95,8; vgl. S. Lehming, ZAW 73, 1961, 71–77) wird volksetymologisch mit *nsh* pi. verknüpft.

2. Das Verbum kommt 36 × vor (Dtn 8 ×, Ps 6 ×, Ex 5 ×, Ri 4 × ; bei den Propheten nur Jes 7,12). Das Nomen (nur Plur. *massōt*) erscheint 3 × (Dtn 4,34; 7,19; 29,2).

3. Zu den Abschnitten 3–5 vgl. I.V. Oikonomos, Πειρασμοὶ ἐν τῇ Παλαιᾷ Διαθήκῃ, 1965.

a) Als Grundbedeutung des Verbums ergibt sich bei persönlichem Objekt »prüfen, auf die Probe stellen«. Ein Mensch kann den andern auf die Probe stellen, um zu sehen, ob er sich bewähre (1Kön 10,1 = 2Chr 9,1; Dan 1,12.14).

Unter den mit *nsh* pi. sinnverwandten Wörtern ist in erster Linie →*bḥn* »prüfen« zu nennen. Die beiden Verben stehen parallel in Ps 26,2; 95,9, ebenso in 1QH 2,13f. Im Unterschied zu *nsh* pi., als dessen persönliches Objekt immer der ganze Mensch bzw. Gott steht, bezieht sich *bḥn* oft auf verschiedene Teilgebiete der menschlichen Erscheinung (Herz, Nieren, Worte, Wandel).

Ein Prüfen anderer Art wird mit *ḥqr* »erforschen« (→*bḥn* 3b) bezeichnet, das den kognitiven Sinn viel stärker betont. Während bei *nsh* pi. die Aufmerksamkeit sich vor allem auf das Objekt und sein Verhalten (Bewährung) richtet, wird bei *ḥqr* das Hauptgewicht ebenso bestimmt auf das erforschende Subjekt und seine Tätigkeit gelegt.

b) Mit sächlichem Objekt erscheint *nsh* pi. in abgeschwächter Bedeutung: »erproben, einen Versuch anstellen« (Hi 4,2; Pred 7,23). Der gleiche Sinn findet sich auch, wenn *nsh* pi. absolut steht (Ri 6,39; 1Sam 17,39.39; Pred 2,1 txt?, vgl. Galling, HAT 18, 87; Hertzberg, KAT XVII/4, 79), oder wenn es mit dem Inf. verknüpft wird (Dtn 4,34 mit *le*; 28,56 ohne *le*).

Sinnverwandt mit *nsh* pi. in dieser abgeschwächten Verwendung (tentare) ist *j'l* hi. »sich an etwas machen« (conari), das vor allem den ingressiven Sinn ausdrückt (eig. »den Anfang machen«). Den Unterschied veranschaulicht sehr klar 1Sam 17,39: »David machte sich (zum ersten Mal) daran (*j'l* hi.), (in der Rüstung) zu gehen, denn er hatte es noch nie versucht (*nsh* pi.)«.

O. Eißfeldt, VT 5, 1955, 235–238 = KS III, 356–358, will *nsh* pi. hier und an einigen anderen Stellen als einen militärtechnischen Terminus erklären: »einüben, einexerzieren«. Aber die eigentliche Pointe der Aussage liegt nicht darin, daß David kein geübter Rüstungsträger sei, sondern daß er nie früher eine Rüstung getragen habe. Auch für die übrigen Stellen (Ex 15,25; Dtn 33,8; Ri 3,1) ist die Übersetzung »einüben« entbehrlich.

4. Häufig ist es Gott, der die Menschen prüft, um ihre Gesinnung zu erforschen (Gen 22,1, vgl. D. Lerch, Isaaks Opferung, christlich gedeutet, 1950, 98–101; Ex 15, 25, vgl. Noth, ATD 5,102; 16,4; 20,20, vgl. M. Greenberg, JBL 79, 1960, 273–276; Dtn 8,2.16; 13,4; 33,8; Ri 2,22; 3,1.4; Ps 26,2; 2Chr 32,31).

Fast ebenso oft steht Gott als Objekt bei *nsh* pi.; »Gott versuchen« heißt, wie aus den Kontexten sehr klar hervorgeht, soviel wie Wunder erwarten oder begehren (Ex 17,2.7; Num 14,22; Dtn 6,16.16; Jes 7,12; Ps 78,18.41.56; 95,9; 106,14; zur kultischen Verbindung der Proklamation des Hauptgebotes und der Warnung vor einem Verhalten wie in Massa vgl. N. Lohfink, Das Hauptgebot, 1963, 80; zum Verbot der Versuchung Gottes in Dtn 6,16 vgl. Wildberger, BK X, 286f.: »Damit ist ein ganz wesentlicher Punkt dessen ins Licht gerückt, was Israels Gottesglauben von seiner Umwelt trennt [vgl. auch die Verurteilung von Wundersucht und Zeichenforderung durch Jesus Mt 16,4], in der Zeichendeuterei eine eminente Rolle spielt«).

Genau innerhalb dieses Sinnbereiches ›Wunder‹ hält sich die Ableitung *massōt* »Prüfungen« zur Bezeichnung der mächtigen Taten Jahwes (Dtn 4,34; 7,19; 29,2), die wohl als eine exklusiv dtr. Vokabel betrachtet werden darf. Sie erscheint jedesmal in Verbindung mit *'ōtōt* »Zeichen« und *mōfetīm* »Wahrzeichen« (→*'ōt* 4b).

5. Wie in Sir 36 (33), 1 und 44,20 begegnet in Qumran neben dem Verbum (s.o. 3a) das Abstraktnomen zum Doppelungsstamm *nissūj* »Prüfung« (1QS 1,18; 4QDibHam 5,18; 6,7).

In der LXX wird das Verbum normalerweise mit (ἐκ)πειράζειν bzw. πειρᾶν übersetzt. Für *massā* steht πειρασμός, nur Dtn 33,8 πεῖρα. Zum ntl. Gebrauch der Vokabeln vgl. H.Seesemann, Art. πεῖρα, ThW VI,23–37. *G. Gerleman*

נֶפֶשׁ *nǽfæš* Seele

*I. Hebr. *nǽfæš* (fem.) hat seine Entsprechungen in allen sem. Sprachen (Bergstr. Einf. 185; P.Fronzaroli, AANLR VIII/19, 1964, 246–248.263.275f.). Die verschiedenen Bedeutungen, die hebr. *nǽfæš* aufweist (s.u. III/1–6), begegnen meistenteils auch in den verwandten Sprachen, vgl. u.a. akk. *napištu* »Kehle, Leben« (AHw 738; Dhorme 18f.92; L.Dürr, Hebr. *nǽfæš* = akk. *napištu* = Gurgel, Kehle, ZAW 43, 1925, 262–269), amorit. *napš-* »breath, life« in Personennamen (Buccellati 176; Huffmon 240f.), ug. *npš* »Kehle, Appetit, Seele, Lebewesen« usw. (WUS Nr. 1826; UT Nr. 1681; G.Widengren, VT 4, 1954, 97–102); zu phön.-pun. und (alt)aram. *npš*/*nbš* vgl. DISO 183f. (zur Form *nbš* vgl. M.Weippert, Die Landnahme der isr. Stämme, 1967, 80 mit Lit.; R.Degen, Altaram. Grammatik, 1969, 31f.; auch in einem hebr. Ostrakon aus Arad, s. Y.Aharoni, BASOR 197, 1970, 20), zu arab. *nafs* vgl. Wehr 875f. (auch R.Blachère, Note sur le substantif *nafs* »souffle vital«, »âme«, dans le Coran, Sem 1, 1948, 69–77), zu äth. *nafs* Dillmann 707.

Im mittleren Aram. und Hebr. wie auch im Altsüdarab. begegnet die Bed. »Grabmal, Grabstele" (DISO 183f.; B. Lifshitz, ZDPV 76, 1960, 159f.; LS 441; E.Jenni, ThZ 21, 1965, 385; Conti Rossini 189; G.Ryckmans, Le Muséon 71, 1958, 132–138); sie beruht wohl nicht auf der Vorstellung vom Grabe als dem Rachen der Unterwelt (Fronzaroli, a.a.O. 247), sondern auf der Vorstellung von der Stele, »in welche die Seele des Toten gebannt ist« (W.Caskel, Lihyan und Lihyanisch, 1954, 139). Das Wort findet sich auch auf der Kupferrolle von Qumran (J.T.Milik, DJD III, 1962, 212.247.273.284f. zu 3 Q 15 I,5).

Das Verbum *npš* ni. »aufatmen« dürfte vom Substantiv denominiert sein (Fronzaroli, a.a.O. 247; anders z.B. D.W.Thomas, A Study in Hebrew Synonyms; verbs signifying »to breathe«, ZS 10, 1935, 311–314; D.Lys, Nèphèsh, 1959, 119). Vgl. noch akk. *napāšu* »blasen, (auf)atmen; weit werden« (AHw 736, ohne Verweis auf *napištu*).

*II. Das Nomen begegnet 754 × (s. Tabelle), das Verbum *npš* ni. 3 × (Ex 23,12; 31,17; 2Sam 16,14); vgl. auch die statistischen Angaben bei Lys, a.a.O. 116–119. Der Plur. *nefāšōt* steht 50 × (*nefāšīm* in Ez 13,20 ist zu emendieren).

Gen	43	Ez	42	Ps	144
Ex	17	Hos	2	Hi	35
Lev	60	Jo	–	Spr	56
Num	50	Am	3	Ruth	1
Dtn	35	Ob	–	Hhld	7
Jos	16	Jon	5	Pred	7
Ri	10	Mi	3	Klgl	12
1Sam	34	Nah	–	Est	6
2Sam	17	Hab	3	Dan	–
1Kön	23	Zeph	–	Esr	–
2Kön	15	Hag	1	Neh	–
Jes	34	Sach	2	1Chr	5
Jer	62	Mal	–	2Chr	4

III. *nǽfæš* ist eines der am meisten untersuchten Wörter im AT. Die folgende Bibliographie gibt nur eine Auswahl der reichhaltigen Literatur, die sich mit der Vokabel befaßt: C.A.Briggs, The Use of *npš* in the OT, JBL 16, 1897, 17–30; J. Schwab, Der Begriff der *nefeš* in den heiligen Schriften des AT, Diss. München 1913; M.Lichtenstein, Das Wort *nǽfæš* in der Bibel, 1920; L.Dürr, ZAW 43, 1925, 262–269 (s.o. I); Pedersen, Israel I–II, 97–181.246; J.H.Becker, Het Begrip *Nefesj* in het Oude Testament, 1942; M.Seligson, The Meaning of *npš mt* in the Old Testament, 1951, dazu G.Widengren, VT 4, 1954, 97–102; A.Murtonen, The Living Soul, 1958; D.Lys, Nèphèsh, 1959; A.R. Johnson, The Vitality of the Individual in the Thought of Ancient Israel, (1949) ²1964; W.H.Schmidt, Anthropologische Begriffe im AT, EvTh 24, 1964, 374–388; O.Sander, Leib-Seele-Dualismus im AT?, ZAW 77, 1965, 329–332; Eichrodt II, 87–93; Köhler, Theol. 129–132; J.Scharbert, Fleisch, Geist und Seele im Pentateuch, 1966; H.W.Wolff, Anthropologie des AT, 1973, 25–48.

Eine Darstellung der Seelenvorstellungen im AT und in seiner Umwelt würde den Rahmen eines Wörterbuchartikels sprengen. Material und Literaturangaben dazu finden sich in manchen der genannten Arbeiten (vgl. z.B. Johnson, a.a.O. 8f.; ferner etwa: R.Dussaud, La notion d'âme chez les Israélites et les Phéniciens, Syria 16, 1935, 267–277; A.Kammenhuber, Die hethitischen Vorstellungen von Seele und Leib, Herz und Leibesinnerem, Kopf und Person, ZA 56, 1964, 151–212; E.Hornung, Einführung in die Ägyptologie, 1967, 64f. mit Lit.; G. Widengren, Religionsphänomenologie, 1969, 427–439).

Die Übersicht über die Bedeutungen und den Gebrauch von *næfæš* (abgekürzt = *n.*) im AT ist folgendermaßen gegliedert:

III/1. konkrete Grundbedeutung: a) Hauch/Atem, b) Kehle/Schlund;

2. Gier/Begier/Verlangen: a) Hunger, b) Rachedurst, c) Begehr/Wunsch/Belieben, d) negative Aspekte, e) feste Redewendungen;

3. Seele: a) begehrend, b) hungrig/satt, c) betrübt/freudig, d) hoffend, e) liebend/hassend, f) lebendig, g) Zusammenfassung;

4. Leben: a) Rettung/Bewahrung/Erhaltung, b) Bedrohung/Verlust, c) Zusammenfassendes;

5. Lebewesen/Mensch: a) in Gesetzen, b) bei Zählungen, c) allgemeine Wendungen, d) pronominaler Gebrauch;

6. *n. (mēt)* Leiche.

1. Die Frage der konkreten Grundbedeutung liegt deswegen schwierig, weil im Hebr. *næfæš* in der Bed. »Atem« fast nicht belegt ist, aber aus dem Verbum *npš* ni. erschlossen werden kann (a); sicher, wenn auch nicht häufig, ist die konkrete Bed. »Kehle, Schlund« für *n.* nachzuweisen (b).

a) Aus dem dreimaligen Vorkommen des Verbums *npš* ni. »aufatmen, sich erholen« (Ex 23,12; 31,17; 2Sam 16,14; das Qal kommt nicht vor) kann geschlossen werden, daß *n.* einmal (mindestens auch) die Bed. »Atem« hatte (dafür normalerweise *nešāmā*, später auch *rūaḥ*; →*rūaḥ* III/7–8). In dieser Bedeutung begegnet jedoch *n.* im AT nur in Gen 1,30 »was Lebensatem in sich hat« (*n. ḥajjā*; Zorell 526a: 1 *n. ḥajjīm*) und Hi 41,13 txt em »sein Atem sengt wie glühende Kohlen« (so auch Widengren, a.a.O. 100; Johnson, a.a.O. 11 mit Bedenken).

Wohl nicht hierher gehört der Ausdruck *bāttē hannæfæš* Jes 3,20, traditionell mit »Riechfläschchen« wiedergegeben (vgl. W. von Soden, ZAW 53, 1935, 291f.; Wildberger, BK X, 143: »Seelengehäuse«; →*bájit* 3c).

Eine Reihe von Stellen, an denen *n.* mit »Seele/Leben« oder »Lebewesen« wiederzugeben ist, weist auf die Nähe dieser Bedeutungen zu »Atem, Lebensatem« hin, so 1Kön 17,21.22 »laß doch die Seele dieses Knaben wieder zu ihm zurückkehren... die Seele des Knaben kehrte zu ihm zurück« (vgl. hierzu Johnson, a.a.O. 11) und vor allem der die Erschaffung des Menschen beschließende Satz Gen 2,7 »so wurde der Mensch ein lebendes Wesen (*lenæfæš ḥajjā*)«, d.h. dadurch, daß der Schöpfer ihm den Atem einhauchte. Während der Ausdruck *n. ḥajjā* in Gen 2,7 J (in V. 19 wahrscheinlich Glosse) wie eine Neuprägung klingt, ist sie bei P eine geläufige Wendung für »lebende(s) Wesen«, die Menschen und/oder Tiere bezeichnen kann und nur im Zusammenhang von Schöpfung und Flut begegnet (Gen 1,20.21.24; 9,10.12.15.16; daran anklingend Lev 11, 10.46; Ez 47,9; vom Erschaffen der *n.* ist sonst nur Jer 38,16 die Rede). Aus den erwähnten (unten 3f bzw. 5 einzureihenden) Belegen läßt sich schließen, daß dem AT der Zusammenhang von *n.* mit einer früheren Bed. »Atem« noch bekannt ist, obwohl *n.* in der Bed. »Atem« fast nicht mehr gebraucht wird.

In die gleiche Richtung weist die kleine Stellengruppe, in der *n.* Subjekt zu *qṣr* q. »kurz sein« (Num 21,4 »unterwegs aber wurde das Volk ungeduldig«; Ri 10,16 »da wurde er ungehalten«; 16,16 »da wurde er sterbensungeduldig«; Sach 11, 8.8 »dann verlor ich [Gott] die Geduld mit ihnen, und auch sie wurden meiner überdrüssig«) oder Objekt zu *'rk* hi. »lang machen« (Hi 6,11 »und was ist mein Ende, daß ich mich gedulden könnte?«) ist. Die ursprüngliche Vorstellung ist die des Atmens (vgl. die ähnlichen Ausdrücke mit *'appájim* [→*'af* 3a] und →*rūaḥ* [III/9a]); in ihrer übertragenen Bedeutung gehören die Wendungen zu den polaren Verhaltensweisen der »Seele« (s.u. 3g).

Anders ist die Beziehung von *næfæš* zu →*dām* (4b) »Blut«. Wenn Dtn 12,23 erklärt: »denn das Blut, das ist die *næfæš*«, und Lev 17,14 zweimal (del *benafšō*): »denn die *næfæš* allen Fleisches ist sein Blut« (dagegen V. 11a »denn die Seele des Fleisches ist im Blut«; V. 11b »durch die Seele (darin)«; vgl. Elliger, HAT 4,228 und ebd. Anm. 30 zur Verwendung von *n.* in Lev), so wird hier deutlich das Blut nachträglich zur *n.* erklärt; es ist eine andere Tradition, nach der nicht der Atem, sondern das Blut mit dem Leben zu identifizieren oder der Sitz des Lebens ist. So wird schon Gen 9,4 mit dieser Begründung der Blutgenuß verboten. Gerade diese Erklärungen zeigen, daß *n.* im Hebr. nie die Bed. »Blut« hatte, sondern daß das Blut nachträglich mit *n.* im Sinne von »Leben« in Beziehung gebracht wurde (*dām* par. zu *n.* in Ez 22,27; Jon 1,14; Ps 72,14; 94,21; Spr 1,18).

b) Sicher, wenn auch nicht häufig, ist in einzelnen geprägten Wendungen noch die konkrete Bed. »Kehle, Schlund« für *næfæš* nachzuweisen (hierzu Dürr, a.a.O.; vgl. noch die ug. Parallele zu »Schlund der

Unterwelt« bei N.J.Tromp, Primitive Conceptions of Death and the Nether World in the Old Testament, 1969, 36. 104f.). In zwei prophetischen Stellen ist vom Öffnen (Aufsperren) des Schlundes der Scheol die Rede (Jes 5,14; Hab 2,5), und in zwei Psalmstellen (Ps 69,2; Jon 2, 6) klagt der Todbedrohte, daß ihm die Wasser »bis an die Kehle« gehen; die gleiche Bedeutung und der gleiche Zusammenhang klingt in Ps 124,4.5 noch an. Mit der Bed. »Kehle, Schlund« ist die nur schwach bezeugte Bed. »Atem« leicht vereinbar, entsprechend den verschiedenen Funktionen der Kehle (im AT dafür sonst *gārōn* [8×] oder *lōaʿ* [nur Spr 23,2; →*šth* 3c]; vgl. Dhorme 18f.92). Dies läßt sich dadurch bestätigen, daß in den verschiedenen Gebrauchsgruppen von *n.* das Nachwirken beider Funktionen der Kehle, des Verschlingens wie des Atmens, noch erkennbar ist, die eine in der Bed. »Gier, Begier, Verlangen« (s.u. 2) und in einer Reihe von Ausdrücken, die mit *n.* verbunden werden und die ursprüngliche Bed. »Kehle, Rachen, Schlund« voraussetzen (z.B. *śbʿ* hi. »sättigen« Jes 58,11; *mlʾ* pi. »füllen« Spr 6,30; *rēq* »leer« Jes 29,8; *šōqēq* »lechzend« Jes 29,8; Ps 107,9; par. zu *pǣ* »Mund« Pred 6,7; par. zu *gargᵉrōt* »Hals« Spr 3,22; vgl. ferner Num 21,5; 1Sam 2,33; Jer 4,10; Ps 105,18; Spr 23,7 txt?), die andere in den drei Belegen des Verbums und in der Verbindung mit *qṣr* und *ʾrk* (s.o. 1a).

Zu *kābōd* bzw. **kābēd* »Leber« als einer von einer anderen Körperteilbezeichnung herkommenden Vokabel für »Seele« (Gen 49,6 und Ps 7,6 par. *næfæš*; Ps 16,9 par. →*lēb* »Herz«; 30,13; 57,9; 108,2 par. *lēb*) vgl. →*kbd* 1.

2. An einer Reihe von Stellen hat *nǽfæš* die Bed. »Gier, Begier, Verlangen«. Diese Gruppe steht der Bed. »Kehle, Schlund« am nächsten; weder die Übersetzung »Seele« noch »Leben« wäre hier möglich. *n.* ist hier die Kraft des Verlangens, die aus dem Leersein der Kehle, des Rachens, entsteht, wobei aber die Kraft des Verlangens über Hunger und Durst hinaus erweitert ist. Zu den Synonymen vgl. →*ʾwh*, →*ḥmd*.

a) *nǽfæš* kann einfach den Hunger meinen: Dtn 23,25 »so magst du Trauben essen je nach deinem Hunger«; Hos 9,4 »denn ihr Brot ist nur für ihren Hunger«; Spr 12,10 »der Gerechte hat Verständnis für das Verlangen seines Viehs«; ähnlich Spr 10,3; 16,26; vgl. die in 1b genannte Stelle Jes 29,8 »wie ein Hungernder träumt, daß er esse, und wenn er erwacht, ist ungestillt sein Verlangen (ist leer seine Kehle)«.

b) Die *nǽfæš* der Feinde wird erfahren als Rachedurst und Vernichtungsstreben: Ex 15,9 »der Feind sprach: ich jage nach, sättige meine Gier!«; Ez 16,27 »ich gab dich der Gier deiner Feindinnen preis«; vgl. Ps 17,9 *bᵉnǽfæš* »gierig«; 27,12; 41,3;

c) *nǽfæš* kann etwas abgeschwächt den Sinn von »Begehr, Wunsch, Belieben« haben: Ps 35,25 »sie sollen nicht sprechen in ihrem Herzen: ha, das ist's, was wir wünschen (*hǣʾāḥ nafšēnū*)!«; vgl. weiter Dtn 21, 14; 1Sam 2,35; Jer 34,16 txt?; Ps 78,18; 105,22. Hierzu gehört die Redewendung *ʾim-jēš ʾæt-nafšᵉkæm* »wenn es euch recht ist«, genauer: »wenn es eurem Begehr entspricht« (Gen 23,8; vgl. 2Kön 9,15). In die Nähe dieses Gebrauchs gehört der nur einmal begegnende Ausdruck »ihr kennt die *n.* des Fremden« (Ex 23,9), gewöhnlich übersetzt: »ihr wißt, wie dem Fremden zumute ist«. Wahrscheinlich ist auch hier die Bed. »Begehren, Verlangen« im Hintergrund und es ist an das Verlangen nach menschlicher Behandlung gedacht.

d) In der Weisheit wird *nǽfæš* als Begierde thematisiert und bekommt damit einen negativen Aspekt. Aber nicht die Begierde als solche, sondern die Begierde des Gottlosen wird verurteilt: Spr 21,10 »die Gier des Gottlosen trachtet nach Bösem« (vgl. Spr 13,2.4; 19,2; Pred 6,9). Anders die Reflexion des Predigers (Pred 6, 7), der *n.* als menschliches Phänomen im Zusammenhang mit seinem Leitwort »alles ist eitel« sieht: »alle Mühsal des Menschen dient seinem Mund, und doch wird das Begehren nicht gestillt«. Er sieht das Phänomen des nicht zu stillenden Begehrens, der immer steigenden Ansprüche, die am Ende für den Nimmersatten doch nur Mühsal (*ʿāmāl*) bedeuten. *n.* ist hier der konkreten Grundbedeutung besonders nahe (par. *pǣ* »Mund«; vgl. auch das Verbum *mlʾ* ni. »gefüllt werden«); man könnte *n.* hier geradezu mit »Schlund« übersetzen. Die Stelle beweist, daß auch in spätester Zeit die konkrete Bed. »Kehle, Schlund« noch nicht vergessen ist.

e) Wie gewichtig diese Bedeutungsgruppe ist, zeigt sich daran, daß mehrere feste Redewendungen mit *n.* ihr angehören: *bāʿal nǽfæš* (Spr 23,2; vgl. L.Kopf, VT 8, 1958, 183) oder *ʿaẓ nǽfæš* (Jes 56,11) wird der besonders »Gierige« genannt, *rᵉḥab-nǽfæš* der »Habgierige«, der nicht genug bekommen kann (Spr 28,25). Ist diese Bed. »Verlangen, Gier, Begier« nicht eine sekundäre Weiterentwicklung des Begriffs (so Eichrodt II,90), sondern der Grundbedeutung besonders nahe, dann bezeichnet *n.* »Verlangen, Begierde« etwas zum Menschsein Gehöriges. Hier schon zeigt sich ein fundamentaler Gegensatz zu einem Verständnis des Menschen, nach dem »Seele« von vornherein im Gegensatz zu Begierde steht und diese (ἐπιθυμία) von vornherein unter einem negativen Aspekt gesehen wird. Dagegen steht dieses Menschenverständnis der modernen Psychologie und Soziologie näher, sofern auch hier Verlangen und Begehren notwendig zum Menschsein gehören.

3. Es folgen die Stellengruppen, an denen *nǽfæš* mit »Seele« übersetzt wird.

a) An gegen zwanzig Stellen ist *n.* mit →*'wh* pi./hitp. »begehren« bzw. *'awwā* und *ta'ᵃwā* »Begehren« verbunden. Diese Bedeutungsgruppe steht 2a–e nahe; dort war *n.* das Begehren, hier wird von der *n.* das Begehren ausgesagt. Für *n.* ist daraus zu folgern, daß in dieser Verbindung mit *'wh* eine spezifische Seite der Bedeutung zu finden ist, das Begehren, Wünschen, Belieben. *n.* ist dann von vornherein nicht ein ruhendes Sein, sondern sie ist in Bewegung auf etwas zu. Wie in 2a *n.* »Hunger« bedeuten kann, so kann hier die *n.* Verlangen (Hunger) haben (Mi 7,1 »keine Feige, nach der mein Herz verlangt«). In ähnlichem und in weiterem Sinne steht *n.* mit *'wh* pi. in Dtn 12,20; 14,26 (daneben *š'l* q. »verlangen«); 1Sam 2,16; 20,4 txt em »nimm, was dein Herz begehrt«; 2Sam 3, 21; 1Kön 11,37; Hi 23,13; Spr 21,10; mit *'wh* hitp. Spr 13,4 txt?; mit *'awwā* Dtn 12, 15.20.21 »ganz nach Herzenslust«; 18,6; 1Sam 23,20; Jer 2,24 txt?; mit *ta'ᵃwā* Ps 10,3; Spr 13,19 »befriedigtes Verlangen ist der Seele süß«; mit *hawwā* »Begehren« Mi 7,3 »der Mächtige entscheidet nach seinem Belieben«. Nur an einer sehr späten Stelle, in einem Psalm in der Jesaja-Apokalypse, ist dieses Verlangen auf Gott gerichtet: Jes 26,8 txt? (*ta'ᵃwā*); V. 9 »meine Seele verlangt (*'wh* pi.) nach dir in der Nacht, und mein Geist in mir sehnt sich (*šḥr* pi.) nach dir« (s. u. IV/3).

b) *nǽfæš* in der Bed. »Gier, Verlangen« konnte u.a. das Verlangen des Hungrigen sein (s.o. 2a); so wird nun von der »Seele« gesagt, daß sie hungert bzw. gesättigt wird. Die Übersetzung »Seele« paßt an diesen Stellen nur notdürftig; die Gruppe 3b verbindet die Bed. »Verlangen« mit der Bed. »Seele«.

Vom physischen Hunger spricht Ps 107,9: »denn er sättigte die ausgetrocknete (verschmachtete) Seele und die hungrige Seele füllte er mit Gutem«. Von der »hungrigen Seele« spricht auch Spr 19,15; 25, 25; 27,7b. Vom Verschmachten der Hungrigen heißt es bei der Wüstenwanderung Num 11,6: »und nun, unsere Seele verdorrt (*jbš*)« (vgl. Ps 107,9); auch hier ist die konkrete Grundbedeutung nahe, ebenso dort, wo das Stillen des Hungers als »füllen (*ml'* pi.)« bezeichnet wird (Spr 6, 30). Dem Vollsein der *n.* entspricht das Leersein wie in Jes 32,6 »leerzulassen die *n.* des Hungrigen«.

Das Hungern kann auch ein beabsichtigtes Tun sein, nämlich im Fasten (→*ṣūm*); der Ausdruck für »fasten«, →*'nh* pi. *nǽfæš*, besagt dann ursprünglich ein Herunterdrücken, Unterdrücken des Verlangens (nach Nahrung). Doch wird man wegen Lev 23,29 »jeder, der sich nicht kasteit (*'nh* pu.) . . ., soll ausgerottet werden« (s.u. 5a) die Stellen mit *'nh* pi. *n.* »sich kasteien« (Lev 16,29.31; 23,27.32; Num 29,7; 30,14; Jes 58,3.5; Ps 35,13) zum pronominal-reflexiven Gebrauch von *n.* rechnen dürfen (s.u. 5d; vgl. Elliger, HAT 4,319).

An einigen Stellen ist das Dürsten oder Schmachten auf Gott gerichtet: Ps 42,2.3; 63,2; 119,20.81; 143,6; nach den Tempelvorhöfen Ps 84,3; s.u. IV/3.

Anzuschließen ist hier eine kleine Gruppe, in der *nś'* q./pi. *nǽfæš* »sich sehnen, verlangen nach« bedeutet (→*nś'* 3d; q.: Dtn 24,15; Hos 4,8; Ps 24,4 txt em; Spr 19, 18; pi.: Jer 22,27; 44,14; vgl. noch Ez 24,25 *maśśā' nafšām* »Sehnsucht ihrer Herzen« [V. 21 *maḥmal nafšᵉkæm* mit der zu *nś'* parallelen Bed. der Wurzel *ḥml*, arab. »tragen«, vgl. Zimmerli, BK XIII,569]). Auf die hoffende, verlangende Hinwendung zu Gott ist die Wendung übertragen in Ps 25,1; 86,4; 143,8 (*nś'* q.).

In einigen der von Hunger und Durst redenden Sätzen war schon von der Entsprechung, der Sättigung oder Labung, die Rede (Jes 56,11; Ps 107,9; Spr 6,30; 25,25; 27,7). In einer entsprechenden Stellengruppe wird ausdrücklich von der Sättigung, Labung, Erquickung der *n.* gesprochen: mit →*śb'* q. »satt werden, sich sättigen« (Jer 31,14; 50,19; Ps 63,6; 88,4; 123,4; Pred 6,3; pi. Ez 7,19; hi. Jes 58, 10; *śābēaʿ* »satt« Spr 27,7; *śōbaʿ* »Sättigung« Spr 13,25); mit *'ng* hitp. »sich laben« (Jes 55,2); mit *rwh* pi. »mit Trank sättigen« (Jer 31,14 par. *śb'* q., vgl. V. 12 »wie ein wohlbewässerter Garten«; hi. Jer 31,25 par. *ml'* pi.); mit *dšn* pu. »fett gemacht werden = gesättigt werden« (Spr 11,25; 13,4b). Dabei sprechen einige Stellen von der Sättigung physischen Hungers, z.B. Spr 27,7 »die satte *nǽfæš* zertritt Honigwaben«. Hier ist *n.* der Bed. »Verlangen« ganz nahe: Ist das Verlangen des Hungers gestillt, achtet man nicht auf Eßbares. Das Sättigen physischen Hungers ist auch an den Stellen gemeint, wo es in Verheißungen begegnet (Jes 55,2; Jer 31,14.25; 50, 19). Das Sättigen der *n.* kann aber auch übertragen, gleichnishaft gebraucht werden, negativ (Ps 88,4 »meine Seele ist mit Leiden gesättigt«; 123,4 »übersatt ist unsere Seele des Spotts«) und positiv (Ps 63,6 »gleich wie an Mark und Fett sättigt sich meine Seele«; Spr 11,25 »die Seele, die wohltut, wird reichlich gesättigt«). An diesen Stellen liegt die Übersetzung »Seele« näher.

In der Wendung *šūb* hi./pol. »wiederherstellen, erquicken« mit Obj. *nǽfæš* ist die konkrete Vorstellung nicht ganz sicher. Das, was zurückgebracht, wiederhergestellt wird, kann eigentlich nur das (heile) Leben sein; dann wäre *n.* hier als »Leben« zu verstehen. So ist am besten Klgl 1,16 zu verstehen: »denn fern von mir ist der Tröster, der mich erquicken könnte (*mēšīb nafšī*)«; so auch Ruth 4,15: »er wird dein Leben aufrechterhalten«. Es besteht aber auch die andere Möglichkeit, daß *n.* als Objekt zu *šūb* hi./pol. eigentlich »Verlangen« bedeutet; so übersetzt die Zürcher Bibel Ps 23,3 (pol.) »er stillt mein Verlangen«. Diese Bedeutung liegt auch Klgl 1, 11 näher: »ihr Köstlichstes geben sie für Nahrung, den Hunger zu stillen«, doch wäre hier auch denkbar: »das Leben zu fristen« (so z.B. Rudolph, KAT XVII/3, 205). Vgl. weiter Ps 19,8 »das Gesetz Jahwes erquickt (hi.) die Seele«; Spr 25,13 »ein zuverlässiger Bote ... erquickt (hi.) das Herz seines Herrn«. Der Gebrauch in dieser Gruppe steht in der Mitte zwischen den Bedeutungen »Seele« und »Leben«; dem entspräche etwa die Übersetzung »Lebenskraft, Vitalität« (vgl. den Titel der Untersuchung von A.R. Johnson, s.o. III).

c) Erst in der Stellengruppe, die von der *nǽfæš* Betrübtsein und Kummer (seltener Freudigkeit und Trost) auszusagen weiß, ist die Übersetzung mit »Seele« entsprechend dem dt. Wortgebrauch eindeutig und in jedem Fall möglich.

An 15 Stellen ist *n.* mit Vokabeln der Wurzel *mrr* »bitter sein« verbunden, 10 × in der festen Verbindung *mar nǽfæš* (Ri 18,25; 1Sam 1,10; 22,2; 2Sam 17,8; Jes 38,15; Ez 27,31; Hi 3,20; 7,11; 10,1; Spr 31,6), ferner *n. mārā* (Hi 21,25), neben *mrr* q. (1Sam 30,6; 2Kön 4,27), *mrr* hi. »bitter machen« (Hi 27,2) und *mōrā* »Bitterkeit« (Spr 14,10). *mar nǽfæš* »betrübten Herzens« findet sich oft im Zusammenhang der Klage (vgl. Hanna in 1Sam 1,10; Hiob in 7,11; 10,1), doch hat die gleiche Wendung eine etwas andere Bedeutung, wo *'īš/'anāšīm mar/mārē nǽfæš* »verzweifelte Männer, outcasts« meint (Ri 18,25; 1Sam 22,2; 2Sam 17,8). »Verzweifelte Leute« kann man in jedem Fall, auch bei verschiedenen Nuancen, übersetzen (vgl. dt. »verbittert« und »erbittert«, »Gram« und »ergrimmen«).

Der Sinn der Verbindung von *n.* und *mrr* zeigt sich von der verbalen Formulierung in Hi 27,2 her: »der Allmächtige, der meine *n.* bitter gemacht hat«. Die gesunde und heile *n.* ist dadurch verändert, daß Gott sie bitter gemacht hat. Der Mensch ist in seinem Zentrum, in seinem Kern, und dadurch in seiner Ganzheit bitter geworden (»betrübt« ist eigentlich eine zu schwache Wiedergabe des hebr. *mar*). Es ist keineswegs zufällig, daß gerade die feste Wendung *mar nǽfæš* etwas für das Verständnis von *n.* im AT Typisches zeigt: im Schmerz, in der Betrübnis, in der Verzweiflung, in der Verbitterung zeigt sich das Menschsein des Menschen besonders deutlich; gerade dies gehört zur »Eigentlichkeit« (M. Heidegger) des Menschen.

Außerhalb der Verbindung von *n.* mit *mrr* gibt es noch eine ganze Reihe von Ausdrücken, die von Kummer, Leid, Verzagtheit, Mühsal des Menschen in der Weise reden, daß es die *n.* ist, von der alles ausgesagt wird. Zunächst sind es wieder vor allem Wendungen in der Klage, die hier zu nennen sind: Jer 13,17; Ps 6,4; 13,3; 31,10 (*n.* par. *bǽṭæn* »Leib«, vgl. 44, 26); 42,6.7.12; 43,5; 44,26; 57,7; 119,25. 28; Klgl 3,20; vgl. Hi 14,22; Spr 27,9 txt?; Hhld 5,6; im Rückblick auf die Klage Jon 2,8 »als meine Seele in mir verzagte (*'ṭp* hitp.)«; vgl. Ps 107,5.26. Im Fluchkapitel Dtn 28 wird angekündigt: »Jahwe wird dir dort Verschmachten der Augen und Verzagen der Seele geben« (V. 65; *de'ābōn* »Verzagen« nur hier; vgl. *d'b* q. »schmachten« Jer 31,25). In einer Gerichtsankündigung ist Jes 19,10 von *'agmē-nǽfæš* »Bekümmerten« die Rede (*'āgēm* »traurig« nur hier). In der Josephsgeschichte sagen die Brüder rückblickend: »wir sahen die Not (*ṣārā*) seiner Seele« (Gen 42,21). Gemeint ist: »wir sahen seine Not«; der Ausdruck »Not seiner Seele« kann innerhalb der nüchternen, prosaischen Rede nur bedeuten: wir sahen ihn in seiner ganzen Not, der Not, die seine ganze Existenz erfaßt hatte. Von der »Mühsal (*'āmāl*) seiner Seele« wird Jes 53,11 beim Gottesknecht gesprochen; der Sinn ist

Gen 42,21 entsprechend. Zu Ps 105,18 vgl. Kraus, BK XV, 718.

Eine besondere Bezeichnung der Klage ist im AT »das Herz (die Seele) ausschütten *(špk)*« (1Sam 1,15; Ps 42,5; Hi 30,16). Nach der Erklärung von Pedersen (a.a.O. 149f.) entleert der Klagende seine Seele, um in dieser Leere und Kraftlosigkeit erbarmungswürdig zu sein; dann wäre es eine der Gebärden des Sich-Geringmachens, die Hilfe bewirken möchte. Das entspricht aber dem sonstigen Gebrauch von *n.* nicht. Dagegen spricht vor allem Ps 102,1: »das Gebet eines Elenden, wenn er ... vor Jahwe seine Klage ausschüttet«. Es ist der gleiche Ausdruck, aber statt *n.* steht *śīaḥ* »Klage«. Wenn statt vom Ausschütten der Seele ebenso vom Ausschütten der Klage gesprochen werden kann, bedeutet das, daß *n.* hier das klagende Ich ist; die Klage, in der man »sich ausspricht«, in der man »alles los werden will«, ist selbst die Bewegung des Ausschüttens. Gemeint ist dann mit *n.* hier das Ich, das Selbst.

Hier ist der merkwürdige Tatbestand zu beobachten, daß die große und vielgestaltige Gruppe, in der die Seele betrübt, verzweifelt, bekümmert ist, eine Entsprechung, in der die Seele sich freut, Lust, Wonne empfindet usw., so gut wie nicht hat. In der Bitte Ps 86,4a »erfreue die Seele deines Knechtes« wird die Freude erfleht. Es wird gelegentlich einmal gesagt, daß etwas »süß für die Seele« sei (Spr 16,24); die Erkenntnis ist für die Seele »angenehm« (*n'm* q.; Spr 2,10); vgl. Spr 29,17 (*ma'ᵃdannīm* »Wonne«). Auch die Stellen, an denen die Seele Trost und Kraft empfängt, sind nicht zahlreich (Ri 5,21 txt?; Jer 6,16; Ps 77,3; 94,19; 116,7; 138,3). Eine deutliche Gruppe bilden nur, der Klage, dem Ausschütten des Herzens entsprechend, die Verben des Lobens, die oft mit *n.* verbunden werden, so vor allem in der Selbstaufforderung zum Lob »lobe Jahwe, meine Seele« (Ps 103,1.2.22; 104, 1.35; vgl. weiter Jes 61,10; Ps 34,3; 35,9; 71,23; 146,1). Vom Frevler wird gesagt, daß er sich selbst (= seine eigene Seele) preist, Ps 49,19. Diese Stellen gehören aber eigentlich zu der Gruppe, in der *n.* das Ich oder das Selbst ist (s.u. 5d).

d) Das Hoffen auf Jahwe (→*qwh* pi.) kann als ein Hoffen der Seele auf ihn bezeichnet werden (Ps 130,5f. txt em: *nafšī* »meine Seele« = »ich«), ebenso mit *drš* »suchen« (Klgl 3,25 par. *qwh*) und *ḥkh* pi. »warten« (Ps 33,20). Sachlich entspricht dem Ps 62, 2 »zu Gott allein ist still meine Seele« (vgl. V. 6; vielleicht gehört auch Ps 131,2 hierzu).

Vom Suchen der Seele kann auch ohne die Richtung auf Gott gesprochen werden: Pred 7,28 »was meine Seele immerfort suchte (*bqš* pi.)«; deutlich ist hier gemeint: »was ich immerfort mit aller Intensität suchte«. Das Sich-Sehnen, die Sehnsucht der Seele kann mit dem Hoffen zusammengesehen werden; es steht aber auch dem Dürsten im übertragenen Sinn ganz nahe, besonders wo Schmachten und Sehnen zusammenkommen (s.o. 3b).

e) An zahlreichen Stellen ist von der Zuneigung oder der Abneigung der Seele die Rede.

Im Hhld ist *n.* Subjekt der Liebe zwischen Mann und Frau (»du, den meine Seele liebt [→*'hb* III/2]« = »mein Geliebter« Hhld 1,7 und 3,1–4; vgl. Jer 12,7 *jᵉdīdūt nafšī* »Liebling meiner Seele«; mit →*dbq* »hängen an« Gen 34,3; mit *ḥšq* »hängen an« Gen 34,8). Von der *n.* wird auch bei der Freundschaft zwischen David und Jonathan gesprochen: 1Sam 18,1 »die *n.* Jonathans band sich (*qšr* ni.) an die *n.* Davids, und es liebte ihn Jonathan wie seine eigene *n.*« (vgl. V. 3 und 20,17; Dtn 13,7; ähnlich Gen 44,30 mit *qšr* q.).

Diese Gruppe von Stellen ist für *nǽfæš* besonders charakteristisch. Die Übersetzung »Seele« (oder »Herz«) ist hier durchaus gemäß; aber es ist zugleich deutlich, daß *n.* an diesen Stellen nicht etwas Seiendes, Vorhandenes ist, sondern ein Bewegtsein auf etwas hin; *n.* entspricht hier ganz der Bed. »Verlangen«.

Selten wird *dbq* »hängen an« auf die Gottesbeziehung übertragen, so Ps 63,9 »meine Seele hängt an dir« (Jes 66,3 mit *ḥpṣ* »Gefallen haben« an den Götzen); umgekehrt von Gottes Gefallen (*rṣh*) an dem Gottesknecht Jes 42,1 »an dem meine Seele Wohlgefallen hat«. Das Sich-Zuwenden der Seele kann auch nominal ausgedrückt werden, vgl. Jer 15,1 und umgekehrt 6,8. In Hi 30,25 bezeichnet *'gm* q. »Mitgefühl haben« die Zuwendung zum Armen (das Verbum nur hier).

Mit dieser Bedeutungsgruppe wird die Wendung *bᵉkol-nǽfæš* »mit ganzer Seele« zusammengehören. Den Zusammenhang können die Stellen Dtn 6,5 und 30,6 zeigen (»Jahwe lieben ... mit deiner ganzen Seele«). Wenn an vielen Stellen *n.* das Subjekt des Liebens ist, kann »lieben von ganzer Seele« als eine Weiterbildung verstanden werden. Eine relativ späte Bildung ist die Wendung auch wegen der Zusammenfügung von →*lēb* »Herz« mit *n.* in der gleichen Wendung, bei der die spezifische Bedeutung des einzelnen Wortes abgeschliffen wird: Das Subjekt des Liebens ist im Hebr. *nǽfæš*, nicht *lēb*; die Zusammenfügung hat rhetorischen Charakter und kommt, wie es scheint, erst in der Sprache des Dtn auf (vgl. auch 1Chr 22,19; 28,9 *benǽfæš ḥafēṣā* »mit williger Seele« neben »mit ganzem Herzen«).

Beim Gebrauch der Wendung ist ein voll sinnhafter von einem allmählich formelhaft werdenden Gebrauch zu unterscheiden. Voll sinnhaft ist er, wo er direkt eine personale Beziehung zwischen Gott und Mensch aussagt (*'hb* »lieben«, *'bd* »dienen« usw., schon etwas formelhafter bei *hlk lefānaj* »vor mir wandeln«, *šūb 'ēlaj* »zu mir umkehren« usw.): Dtn 4,29; 6,5; 10, 12; 11,13; 13,4; 26,16; 30,2.6.10; Jos 22, 5; 23,14; 1Kön 2,4; 8,48 = 2Chr 6,38; 2Kön 23,25; 2Chr 15,12; formelhaft ist die Wendung geworden, wo sie mit dem Halten der Gebote verbunden wird (2Kön 23,3 = 2Chr 34,31); nur noch eine leere Formel ist sie Jer 32,41 »und ich (Gott) werde sie in dieses Land einpflanzen von ganzem Herzen und von ganzer Seele«. Die allmähliche Sinnentleerung dieser Formel zeigt, daß *n.* in geprägter paränetischer Sprache sich sehr weit von seiner präzisen ursprünglichen Bedeutung entfernen konnte. Diese formelhafte Sprache zeigt auch Dtn 11,18 (in einem späteren Zusatz): »schreibt euch diese meine Worte ins Herz und in die Seele«. Hier ist aus *n.* etwas im Menschen Vorhandenes geworden; eine Objektivierung des Begriffes deutet sich an.

Für die Abneigung der *nǽfæš* sind folgende Verben charakteristisch: *śn'* »hassen« (2Sam 5,8; Jes 1,14 »eure Neumonde und eure Feste haßt meine Seele« [= »hasse ich«]; Ps 11,5), *g'l* »verabscheuen, Widerwillen haben gegen« (Lev 26,11.15.30.43; »überdrüssig werden« Jer 14,19), *qūṣ* »Ekel empfinden« (Num 21,5; vgl. Ps 106,15, wo anstelle von *rāzōn* »Abmagerung« von vielen Auslegern ein Wort für »Ekel« angenommen wird), *t'b* pi. »verabscheuen« (Ps 107,18; vgl. *tō'ēbā* Spr 6,16 »sieben sind seiner Seele ein Greuel«), *zhm* pi. »verleiden, verekeln« (Hi 33,20 Brot, das Verbum nur hier; vgl. Hi 6,7 »meine Seele weigert sich, daran zu rühren«), *qūṭ* ni. »sich ekeln« (Hi 10,1), *bḥl* »verachten« (Sach 11,8 txt?), *jq'/nq'* »überdrüssig werden« (Ez 23,17.18.18.22.28); vgl. noch *še'āṭ* »Verachtung« (Ez 25,6.15; 36,5, nur hier, immer mit *n.*).

f) Die Gruppe, in der *nǽfæš* Subjekt zu →*ḥjh* q. »am Leben bleiben« oder Objekt zu *ḥjh* pi./hi. »am Leben erhalten« ist, bildet eine Brücke zwischen den Bedeutungen »Seele« und »Leben« (s.u. 4). *n./nefāšōt* mit *ḥjh* q. findet sich in Gen 12,13 (»damit es mir wohl gehe um deinetwillen und durch dich meine *n.* am Leben bleibe«); 19,20; 1Kön 20,32 (»es lebe doch meine *n.*« = »laß mich doch am Leben«); Jes 55,3; Jer 38,17.20; Ez 13,19; Ps 119,175; mit *ḥjh* pi. 1Kön 20,31 (»vielleicht läßt er dich am Leben«); Ez 13,18.19; 18,27; Ps 22,30 txt?; mit *ḥjh* hi. Gen 19,19; vgl. noch 2Sam 1,9 »noch ist meine Seele (mein Leben) in mir«; Hab 2,4 txt?; Ps 66,9 »er brachte unsere Seele ins Leben«; Hi 12,10 »in dessen Hand die Seele alles Lebenden ist«; Hi 24,12 txt?; dazu die in 1a erwähnten Stellen 1Kön 17,21.22; Ez 47,9.

Der Satz »deine *n.* wird am Leben bleiben« darf nicht als Tautologie aufgefaßt werden; es ist gemeint: dein Ich, das liebt und haßt, betrübt ist und sich freut, wird am Leben bleiben. Die Gruppe dieses Gebrauchs ist aus der Situation der Bedrohung und Gefährdung des Lebens zu verstehen: es ist die vom Tod bedrohte und nach dem Leben sich ausstreckende *n.*, von der hier gesprochen wird. An den meisten Stellen dieser Gruppe kann *n.* auch mit dem Personalpronomen (s.u. 5d) wiedergegeben werden (z.B. 1Kön 20,32, s.o.; Ps 119,175 »laß mich leben, daß ich dich lobe!«).

g) Übersieht man die Stellengruppen, in denen *nǽfæš* mit »Seele« übersetzt wird, so fällt zunächst ein eigentümlich polarer Charakter des Gebrauchs von *n.* auf. Die Seele dürstet / wird satt; sie hat Sehnsucht / findet Ruhe; sie ist betrübt / hat Freude; sie liebt / haßt usw. *n.* ist in dieser Gebrauchsgruppe nur da in diesen Gegensätzen. Dazu kommt eine zweite Beobachtung: Das intensive Ausgerichtetsein auf etwas ist in diesem Gebrauch vorherrschend. Es kann einen mehr passiven Sinn haben (dürsten, darben usw.) oder einen mehr aktiven (hassen, verabscheuen usw.). Das in beidem Gleiche ist die Intensität des Empfindens. Beide Beobachtungen gehören zusammen und weisen auf das für *nǽfæš* »Seele« Charakteristische. Sie zeigen, daß diese Gebrauchsgruppe derjenigen, in der *n.* mit »Gier, Begier, Verlangen« wiederzugeben ist (s.o. 2), nahesteht, daß aber die Wiedergabe mit »Seele« im Dt. zum Teil nur ein Notbehelf ist. Nur in 3c–d deckt sich der Sprachgebrauch von dt. »Seele« und hebr. *nǽfæš* einigermaßen. Steht einmal *n.* neben →*bāśār* »Leib« (Jes 10,18 »er wird vertilgen von der Seele bis zum Leib«), so ist das meristisch im Sinn von »ganz und gar« gemeint.

4. Die Bed. »Leben« für *nǽfæš* ist häufiger, dichter und eindeutiger bezeugt als die Bed. »Seele«; die Vokabel wurde im Hebr. zuerst und zumeist in diesem Sinne als »Leben« gehört, wobei sich aber das

Wort keineswegs mit dem dt. »Leben« deckt. Ein wesentlicher Unterschied von der vorigen Gruppe mit *n.* = »Seele« besteht darin, daß in jener *n.* meist Subjekt ist, in dieser dagegen meist Objekt.

a) An zahlreichen Stellen ist vom Retten des Lebens die Rede, sei es daß jemand das Leben eines anderen rettet (z.B. 2Sam 19, 6), oder daß er sein eigenes Leben rettet (z.B. 1Sam 19,11), oder daß Gott sein Leben rettet (oft in den Psalmen; mit fließendem Übergang zwischen »sich selbst retten« und »durch Gott gerettet werden« Ez 14,14.20). Fast alle Verben des Rettens können *n.* zum Objekt haben: *nṣl* pi. »retten« (Ez 14,14 txt?), hi. »retten« (Jos 2, 13; Jes 44,20; 47,14; Ez 3,19.21; 14,20; 33,9; Spr 14,25; 23,14; Subj. Gott: Jer 20,13; Ps 22,21; 33,19; 56,14; 86,13; 116,8; 120,2; ni. Gen 32,31); *mlṭ* pi. »retten« (1Sam 19,11; 2Sam 19,6; 1Kön 1,12; Jer 48,6; 51,6.45; Ez 33,5; Am 2,14.15; Ps 89,49; Subj. Gott: Ps 116,4; ni. Ps 124,7); im folgenden immer mit Subj. Gott: *ḥlṣ* pi. »retten« (Ps 6,5), *plṭ* pi. »retten« (Ps 17,13), *jšʻ* hi. »helfen« (Ps 72,13), *pdh* q. »erlösen« (2Sam 4,9; 1Kön 1,29; Ps 34,23; 49,16; 55,19; 71,23; Hi 33,28), *g'l* q. »erlösen« (Ps 69,19; 72,14), *šūb* hi. »wiederbringen« (Ps 35, 17; Hi 33,30), *šlḥ* pi. »freilassen« (Ez 13,20), *jṣ'* hi. »herausführen« (Ps 142,8; 143,11), *ʻlh* hi. »heraufführen« (Ps 30,4, aus der Totenwelt), *rp'* q. »heilen« (Ps 41,5), *ḥšk* q. »zurückhalten« (Ps 78,50 vom Tod; Jes 38,17 txt em pr *ḥšq*); vgl. Klgl 3,58 »du hast meine Sache geführt (*rīb*)«; mit Subj. König: *ntn* ni. »geschenkt werden« (Est 7,3).

Daran schließen die Stellen, die vom Bewahren des Lebens handeln: mit *šmr* q. »bewahren« (Dtn 4,9, vgl. V. 15 ni.; Hi 2,6 »nur sein Leben schone«; Spr 13,3; 16,17; 19,16; 21,23; 22,5; Subj. Gott: Ps 25,20; 86,2; 97,10; 121,7), *smk* q. »stützen« (Ps 54,6), *ḥšk* q. (Hi 33,18 »seine Seele vor der Grube zu bewahren«), *ḥsh* q. »sich bergen« (Ps 57,2); vgl. weiter die Wendungen Ps 74,19 »gib nicht dem Raubtier preis die Seele deiner Taube«; 1Sam 25,29 »so möge die *nǽfæš* meines Herrn im Beutel der Lebendigen (*ṣᵉrōr haḥajjīm*) verwahrt sein bei Jahwe deinem Gott« (dazu A.L.Oppenheim, JNES 18, 1959, 121–128; O.Eißfeldt, Der Beutel der Lebendigen, 1960) und *ntn/hjh lᵉšālāl* »zur Beute geben/werden« (Jer 45,5 bzw. 21,9; 38,2; 39,18).

In 2Kön 1,13.14 fleht der Hauptmann Elia an, ihn und seine Leute zu verschonen: »es möge doch teuer sein meine *n.* und die *n.* der Leute in deinen Augen!« (ebenso mit *jqr* q. »kostbar sein« 2Sam 26, 21, wo David Sauls Leben verschont; mit *gdl* »groß, wertvoll sein« zweimal in V. 24; vgl. *jqr* noch in Ps 49,9 »zu teuer ist der Kaufpreis für ihr Leben« und Spr 6,26 txt? *n. jᵉqārā* »kostbares Leben«, dazu Hi 2,4 »alles, was der Mensch hat, gibt er um sein Leben«). Nicht erst eine Qualität macht das Leben kostbar, sondern das Leben selbst ist das Kostbare. Weil die *n.* teuer und kostbar ist, muß auf sie geachtet werden (*drš* Ps 142,5; *jdʻ* Ps 31,8; Hi 9,21; *nṣr* Spr 24,12; vgl. noch mit *gōʻal* »Abscheu« Ez 16,5 »weil man dein Leben nichts achtete«).

In diesem Zusammenhang können auch die Stellen Ps 22,21 und 35,17 (s.o.) mit okkasionellem *jᵉḥīdātī* »mein einziges Gut« (wörtlich: »meine einzige«) par. *nafšī* genannt werden.

Eine Reihe von präpositionalen Wendungen drückt aus, daß es »um das Leben« geht (mit *'æl*: 1Kön 19,3; 2Kön 7,7; mit *bᵉ*: Jer 17,21; Spr 7,23; mit *lᵉ*: Dtn 4,15; Jos 23,11; mit *ʻal*: Gen 19,17; Klgl 2,19; Est 7,7; 8,11; 9,16; etwas anders mit *bᵉ* »unter Lebensgefahr« 2Sam 23,17 = 1Chr 11,19; Klgl 5,9, bzw. »mit Verwirkung des Lebens« Num 17,3; 1Kön 2,23). Weitere Ausdrücke für das Riskieren des Lebens sind *śīm bᵉkaf* »in die Hand nehmen« (Ri 12,3; 1Sam 19,5; 28,21; Hi 13,14; ähnlich Ps 119,109), *ḥrp* pi. »verachten« (Ri 5,18) und *šlk* hi. *minnǽgæd* »fortwerfen« (Ri 9,17).

In der Formulierung *nǽfæš (táḥat/bᵉ)nǽfæš* »Leben um Leben« (Ex 21,23; Lev 24,18; Dtn 19,21), einem Satz des alten Talionsgesetzes (vgl. zuletzt V.Wagner, Rechtssätze in gebundener Sprache und Rechtsatzreihen im isr. Recht, 1972, 3–15; ein Beispiel der Ausübung dieses Gesetzes wird 2Sam 14,7 erzählt; vgl. noch Gen 9,6 und V. 4; ferner Jon 1,14), zeigt sich wieder die Kostbarkeit des Lebens. Mit *n.* kann hier nicht ein Abstraktum »Leben« gemeint sein, sondern nur das Ich in seiner Einzigkeit, dessen Vernichtung diese Vergeltung erfordert. Es ist das gleiche Verständnis und die gleiche Wertung der *n.*, wenn einer mit dem Leben für jemanden oder etwas haftet oder bürgt (*n. táḥat n.* 1Kön 20,39.42; 2Kön 10,24; ähnlich Jos 2,14; bezeichnend Dtn 24,6 »man soll die Handmühle ... nicht zum Pfand nehmen, denn damit würde man die *n.* zum Pfand nehmen«). Unter bestimmten Umständen kann ein Lösegeld für das Leben bezahlt werden (*pidjōn* Ex 21,30; *kṓfær* Ex 30,12; *kpr* pi. V. 15.16; Lev 17,11; für das Leben eines Mörders wird dies ausdrücklich verboten Num 35,31). Spr 13,8 sagt, daß für manchen der Reichtum Lösegeld für sein Leben ist. Israel ist für Jahwe so kostbar, daß er Völker für sein Leben gibt (Jes 43,4). Auf dem Hintergrund aller dieser Stellen, die die Kostbarkeit des Lebens voraussetzen (auch Mi 6,7 »sollte ich die Frucht meines Leibes als Sühnopfer für mein Leben geben?«), ist Jes 53,10 zu verstehen: »wenn er sein Leben zum Schuldopfer (*'āšām*) einsetzt«.

b) Den Aussagen über Rettung, Bewahrung und Wertschätzung des Lebens sind nunmehr diejenigen über Bedrohung und Verlust des Lebens gegenüberzustellen.

Furcht um das Leben zeigen Jos 9,24 (→*jr' le* »fürchten um«), Jes 15,4 (*jr'* »zittern«, nur hier); Ez 32,10 (*ḥrd le* »zittern um«).

Sehr zahlreich sind die Stellen die eine Bedrohung des Lebens durch Feinde aussagen, meistens mit →*bqš* pi. »trachten nach« (Ex 4,19; 1Sam 20,1; 22,23.23; 23, 15; 25,29; 2Sam 4,8; 16,11; 1Kön 19,10. 14; Jer 4,30; 11,21; 19,7.9; 21,7; 22,25; 34,20.21; 38,16; 44,30.30; 46,26; 49,37; Ps 35,4; 38,13; 40,15; 54,5; 63,10; 70,3; 86,14), aber auch mit vielfältigen vereinzelten Verben: *'rb* »auflauern« (Ps 59,4); *gdd 'al* »sich zusammenrotten gegen« (Ps 94,21); *ḥpr le* »Grube graben« (Ps 35,7); *jgh* hi. »plagen« (Hi 19,2), *krh šūḥā* »eine Grube graben« (Jer 18,20), *nqš* hitp. *be* »nachstellen« (1Sam 28,9), *ṣdh* »nachstellen« (1Sam 24,12), *ṣūd* pil. »erjagen« (Ez 13,18.20), *ṣpn le* »lauern auf« (Spr 1,18), *ṣrr* »befeinden« (Ps 143,12), *qwh* pi. »auflauern« (Ps 56,7), *rdp* »verfolgen« (Ps 143, 3), *śṭn* »anfeinden« (Ps 71,13), *š'l* »verlangen, einfordern« (1Kön 3,11 = 2Chr 1, 11; Hi 31,30), *šmr* »belauern« (Ps 71,10); vgl. noch *mōqēš* »Falle« (Spr 18,7; 22,25) und *paḥ* »Falle« (Ps 124,7).

Den Verlust des Lebens durch Töten bezeichnen folgende Verben: *nkh* hi. »schlagen« (Gen 37,21; Lev 24,17.18; Num 35,11.15.30a; Dtn 19,6.11; Jos 20,3.9; Jer 40,14.15), *lqḥ* »wegnehmen« (Ez 33,6; Ps 31,14; Spr 1,19; 11,30), vereinzelt *'bd* pi. »vernichten« (Ez 22,27), *'kl* »fressen« (Ez 22,25), *hrg* »töten« (Num 31,19; vgl. Jer 4,31), *krt* hi. »ausrotten« (Ez 17,17), *mūt* hi. »töten« (Ez 13,19), *rṣḥ* »totschlagen« (Dtn 22,26); vgl. noch die Umschreibung 1Kön 19,2 und die bildliche Wendung mit *ql'* pi. »fortschleudern« in 1Sam 25,29 (s.o. 4a den Gegensatz »im Beutel der Lebendigen verwahren«). Weniger ausgeprägt sind die Wendungen mit *n.* für das Sterben: mit *mūt* »sterben« (Ri 16,30; Hi 36,14; »den Tod der Gerechten« Num 23,10), *jṣ'* »hinausgehen« (Gen 35,18), *npḥ* »verhauchen« (Jer 15,9; hi. Hi 31,39; vgl. Hi 11,20 *mappaḥ-n.* »Verhauchen der *n.*«), *špk* hitp. »aushauchen« (Klgl 2,12); vgl. ferner Jes 53,12 (»sein Leben dahingeben«, *'rh* hi. »ausgießen«); Ps 94,17 (»im stillen Lande wohnen«); Hi 33,22 »seine Seele naht der Grube«, par. *ḥajjā* »Leben« (→*ḥjh* 3d); 1Kön 19,4, Jon 4,8 und Hi 7, 15 vom Wunsch nach dem Tod.

Eine Vernichtung des Lebens durch Gott ist ins Auge gefaßt an folgenden Stellen: mit *'sp* »wegraffen« (Ps 26,9 negative Bitte), *dūb* hi. »verschmachten lassen« (Lev 26,16 Strafe), *drš* »einfordern« (Gen 9,5b), *znḥ* »verstoßen« (Ps 88,15 Anklage; Klgl 3,17 Klage), *lqḥ* »wegnehmen« (1Kön 19,4 und Jon 4,3 positive Bitte), *nś'* »wegraffen« (2Sam 14,14 Zuversicht; Hi 27,8 txt em), *'zb* »(dem Tode) überlassen« (Ps 16,10 Zuversicht), *'rh* pi. »ausgießen« (Ps 141,8 negative Bitte), *qb'* »berauben« (Spr 22,23), *ql'* pi. »fortschleudern« (1Sam 25, 29, s.o.).

c) Überblickt man die Stellen, an denen *n.* »Leben« bedeutet (bzw. an denen es im Dt. mit »Leben« übersetzt werden kann), so zeigt sich ein überraschender Tatbestand: *n.* bedeutet nicht »Leben« in dem allgemeinen, sehr weiten Sinn, in dem es in den europäischen Sprachen der Neuzeit gebraucht wird (Leben in der Differenziertheit seiner Erscheinungsformen, vgl. »Großstadtleben«, »Lebenslauf« usw.). Der Gebrauch ist vielmehr streng konzentriert auf die Grenze des Lebens; *n.* ist das Leben dem Tode gegenüber. Das Vorkommen von *n.* in dieser Bedeutung gliedert sich daher wie von selbst in zwei Hauptgruppen (s.o. 4a und b); in der einen geht es um Rettung oder Bewahrung, in der andern um Bedrohung und Vernichtung des Lebens.

Zur ähnlichen und doch meistens unterschiedlichen Verwendung von *ḥajjīm* »Leben« vgl. →*ḥjh* 3e.4b; dagegen ist *ḥajjā* in der Bed. »Leben« praktisch synonym (Ps 74,19; 78,50; 143,3; Hi 33,18.20.22.28; 36,14; →*ḥjh* 3d). Zur Bed. »Lebenszeit, Lebensdauer« →*jōm* 3g.

5. Nach dem ganzheitlichen Verständnis des Menschen im AT wird die *næfæš* nicht als ein besonderer Teil des Menschen abgespalten (Gen 2,7 »so wurde der Mensch eine *n. ḥajjā*«; vgl. Köhler, Theol. 129: »Die Seele ist des Menschen Wesen, nicht sein Besitz«; W.H.Schmidt, EvTh 24, 1964, 381). Es ist darum leicht verständlich, daß *n.* an zahlreichen Stellen geradezu mit »Lebewesen (Tier oder Mensch)« wiederzugeben ist, dann aber auch in einem sehr allgemeinen und abstrakteren, zum Teil sogar pronominalen Sinn mit »Mensch, Person, Individuum, Selbst, jemand«; mit dem entsprechenden Suffix dient das Wort öfters als Ersatz für »ich, du« usw., wobei aber die Intentionalität und Intensität, die dem Worte eignet, durchaus erhalten bleibt (Johnson, a.a.O. 22: »a pathetic periphrasis for such a pronoun«). Neben den bereits in 1a genannten Stellen (Gen 2,7.19 und priesterliche Texte) sind namentlich die Verwendungen in kasuistischen Gesetzen (a), bei Zählungen (b), in allgemein gehaltenen Wendungen (c) und als Ersatz für ein Pronomen (d) zu nennen.

a) Soll in kasuistischen Gesetzen, sowohl bei der Bestimmung des Tatbestandes als auch bei der Bestimmung der Tatfolge, der betreffende Täter möglichst allgemein bezeichnet werden, so eignet sich dazu weniger das ursprüngliche Kollektivum →*'ādām* (die Formel *'ādām kī* . . . »wenn jemand . . .« begegnet im AT nur Lev 1,2; 13,9; Num 19,4, s. Elliger, HAT 4, 34) oder das die Frauen nicht einschließende →*'īš* (vgl. Lev 17,4.9); als abstrakter, juristisch eindeutiger Begriff dient hier *nǽfæš* »Mensch, Person, jemand«.

Im Vordersatz steht häufig *n. kī* oder *n. 'ašær* »wenn jemand« (Lev 2,1; 4,2; 5,1.2.4.15.17.21; 7,20.21.27; 17,15; 20,6a; 22,6; 23,29.30; Num 15,30; vgl. auch Lev 4,27; 7,18; Num 5,6; 15,27.28; 19,22), im Nachsatz wird die Strafe bezeichnet mit *krt* ni. »ausrotten« (Gen 17,14; Ex 12,15.19; 31,14; Lev 7,20.21.25.27; 18,29; 19,8; 22,3), mit *'bd* hi. (Lev 23,30) und mit *ntn pānaj be* »mein Angesicht richten wider« (Lev 17,10; 20,6b).

b) Ähnlich ist der Gebrauch von *n.* bei Zählungen (Jer 52,29 »im 18. Jahre Nebukadrezars aus Jerusalem 832 Seelen«, von der Exilierung) und Rechnungen (Ex 12,4 »nach der Zahl der Seelen«); mit *kōl* ergibt sich einfaches »alle« oder »jeder« (z.B. Ex 12,16; Ez 18,4). Außer den genannten Beispielen gehören hierher: Gen 46,15.18.22.25.26.26.27.27; Ex 1,5.5; 16,16; Lev 17,2 (»niemand«); Num 31,28.35.35.40.40.46; Dtn 10,22; Jos 10,28.30.32.35.37.37.39; 11,11; 1Sam 22,22; Jer 43,6; 52,30.30; 1Chr 5,21.

c) Auch sonst begegnet der Gebrauch von *n.* »Person, Individuum, Mensch« und im Plur. »Leute«, wenn die Bezeichnung möglichst allgemein gehalten werden soll (Lev 27,2; Num 19,18; 35,30b; Dtn 24,7; 2Kön 12,5; Ri 18,25; Jes 49,7 txt?; Jer 2,34; Ez 18,4.20; Spr 28,17). Bei der Aufzählung dessen, was einem Familienoberhaupt untersteht, kann so *n.* entweder den engeren Familiengliedern (Gen 36,6) oder der Habe (Gen 14,21) gegenübergestellt werden und bezeichnet dann die Sklaven (Gen 12,5); auch Lev 22,11 und Ez 27,13 ist *n.* bzw. *n. 'ādām* mit »Sklave« zu übersetzen.

d) Es ist oft Ermessenssache, ob man *nafšī* mit »meine Seele« oder pronominal mit »ich« wiedergeben soll (z.B. s.o. 3f; gerade bei den Psalmen sind neben den semasiologischen auch die stilistischen und metrischen Gegebenheiten zu berücksichtigen). Unter diesem Vorbehalt sind etwa folgende Stellen zum pronominalen Gebrauch zu rechnen:

1.Pers.Sing.: Gen 19,19.20; 27,4.25; 49,6; 2Sam 18,13Q; 1Kön 20,32; Jes 1,14; Jer 4,19; 5,9.29; 9,8; Ez 4,14; Ps 3,3; 7,3.6; 11,1; 35,3.12; 57,5; 66,16; 109,20; 119,129.167.175; 120,6; 139,14; Hi 16,4; Pred 7,28; Klgl 3,24.51; reflexiv: Ps 35,13; Pred 4,8; Hhld 6,12 txt?;

2.Pers.Sing.: Gen 27,19.31; Jes 51,23; Spr 3,22; 24,14 txt?; dazu in der Schwurformel »so wahr du lebst« 1Sam 1,26; 17,55; 20,3; 25,26; 2Sam 11,11; 14,19; 2Kön 2,2.4.6; 4,30; reflexiv »dich selbst«: Ri 18,25; Hab 2,10; vgl. Est 4,13 »du allein«;

3.Pers.Sing.: Ps 25,13; 109,31 txt?; Spr 29,10; Pred 6,2; reflexiv »sich selbst«: Num 30,3–13; Jes 58,5; Jer 3,11 (fem.); 51,14; Am 6,8; Hi 18,4; 32,2; Spr 6,32; 8,36; 11,17; 15,32; 19,8; 20,2; 29,24;

1.Pers.Plur.: Num 31,50; reflexiv: Jes 58,3; Jer 26,19;

2.Pers.Plur.: Hi 16,4; reflexiv: Lev 11,43.44; 16,29.31; 20,25; 23,27.32; Num 29,7 (vgl. 30,14); Jer 37,9; 42,20; 44,7; vgl. Gen 9,5a »euer eigenes Blut«;

3.Pers.Plur.: Jes 3,9; 46,2; reflexiv: Klgl 1,19 txt em (vgl. Rudolph, KAT XVII/3,208); Est 9,31.

6. In einer Reihe von gesetzlichen Bestimmungen, bei denen es um das Sich-Verunreinigen durch Berühren eines Toten (Lev 19,28 Einritzungen als Totenbrauch) geht, wird mit *nǽfæš* offensichtlich die Leiche bezeichnet (*n.* oder *n. 'ādām*: Lev 19,28; 21,1; 22,4; Num 5,2; 6,11; 9,6.7.10.11.13; Hag 2,13; *n. mēt*: Lev 21,11; Num 6,6). Die Stellengruppe, in der *n.* einen Toten oder eine Leiche meint, ist schwer zu erklären, weil *n.* sonst gerade das Lebendigsein bezeichnet. Am wahrscheinlichsten ist die Herleitung aus der allgemeinen Bed. »Person« (s.o. 5c); man kann in dieser Bezeichnung eine euphemi-

stische Umschreibung sehen, mit der man eine direkte Nennung der Leiche vermeiden wollte: Lev 21,11 »er (der Hohepriester) darf nicht zur ›Person‹ eines Toten hineingehen«; Num 19,11 »wer einen Toten, die ›Person‹ irgendeines Menschen, berührt«, usw. Andere Erklärungen sprachlicher (Johnson, a.a.O. 26: »semantic polarisation«; dagegen Seligson, a.a.O. 78ff.) oder religionsgeschichtlicher Art (z.B. Elliger, HAT 4,288: »Fachausdruck ... ›Seele‹ ..., die man sich um den verlassenen Körper herum geistern denkt«) sind weniger befriedigend.

IV. Bei dem großen Bestand von Stellen, an denen *næfæš* begegnet, ist es nicht möglich, einen spezifisch theologischen Gebrauch festzustellen. Während z.B. »Arm Jahwes«, »Angesicht Jahwes«, »Geist Jahwes« eine spezifische Bedeutung in einem festen Sprachgebrauch haben können, ist das bei *n.* nicht der Fall; die Verbindung *næfæš Jhwh* gibt es im AT nicht. Das Fehlen dieser Verbindung ist darin begründet, daß *n.* in der Bed. »Gier, Verlangen, Begehren« etwas dem Menschen Spezifisches aussagt, was von Gott nicht gesagt werden kann.

Trotzdem wird *n.* an einer Anzahl von Stellen mit Gott und mit dem Geschehen zwischen Gott und Mensch in Verbindung gebracht. Dieser theologische Gebrauch begegnet in drei Hauptgruppen: Es wird geredet von Gottes *næfæš* (1), von Gottes Handeln an der *næfæš* des Menschen (2) und vom Verhalten der *næfæš* des Menschen zu Gott (3).

1. Der Gebrauch von *n.* in bezug auf Gott ist selten und sporadisch. In einer kleinen Stellengruppe wird das Sich-Abwenden Gottes von seinem Volk in seiner Intensität und Leidenschaftlichkeit sprachlich so dargestellt, daß die *n.* Gottes das Subjekt dieses Sich-Abwendens ist: Jer 6,8 »laß dich warnen, Jerusalem, daß meine Seele sich dir nicht entfremde!«; 15,1 »meine Seele würde sich diesem Volke nicht zuwenden«; Jer 5,9.29; 9,8: »sollte meine Seele sich nicht rächen an einem solchen Volk?«; 14,19 »ist deine Seele Zions überdrüssig geworden?«; vgl. weiter Lev 26,11.30; Jes 1,14; Ez 23,18; Sach 11,8. Diese Stellen entsprechen der Gruppe, in der Menschen Subjekt dieser leidenschaftlich-intensiven Abwendung sind (s.o. III/3e). In jedem dieser Sätze könnte *nafšī* durch das Personalpronomen ersetzt werden (s.o. III/5d): Jes 1,14 »eure Feste haßt meine Seele« bedeutet dasselbe wie Am 5,21 »ich hasse eure Feste«. Das Nomen *nafšī* statt des Pronomens dient der Intensivierung der Aussage; Ez 23,18 »da ward meine Seele ihrer überdrüssig« könnte auch übersetzt werden: »da ward ich ihrer gründlich überdrüssig«. Diese Stellengruppe, in der Gottes leidenschaftliche Abwendung von seinem Volk in der Sprache der Propheten (alle Stellen außer Lev 26 sind prophetisch) mit *n.* als Subjekt wiedergegeben wird, zeigt, daß *n.* nicht etwas am Menschen (bzw. Gott) oder im Menschen ist, sondern die Intensität eines Verhaltens oder Empfindens; *n.* ist das Ich in seiner intensiven Intentionalität.

Es ist bezeichnend, daß die positive Entsprechung nur ganz selten mit dem Subjekt *n.* begegnet. Im ersten Gottesknechtlied Jes 42,1 steht: »... an dem meine Seele Wohlgefallen hat«; 1Sam 2,35 »ich erwecke mir einen zuverlässigen Priester, der nach meinem Willen (*lēb*) und nach meinem Wohlgefallen (*n.*) tut«. Außerdem findet sich *n.* nur noch als Reflexivpronomen: Gott schwört bei sich selbst, Am 6,8 und Jer 51,4.

2. Gottes Handeln an der *n.* des Menschen ist ein rettendes (a), segnendes (b) oder auch strafendes Handeln (c).

a) Eine größere Stellengruppe beschreibt das Wirken Gottes als das Retten und Bewahren des Lebens eines Menschen; es geht dabei durchweg um das individuelle Leben. Die Stellen sind oben unter III/4a angeführt; das Flehen um die Rettung aus dem Tod z.B. Ps 116,4 »ach, Jahwe, errette mein Leben!«, das Gotteslob z.B. Ps 116,8 »ja, du hast mein Leben vom Tode errettet«. Bei der Fülle und Vielfalt des Gebrauchs von *n.* ist in dieser einen Gruppe die *n.* des Menschen in der Bed. »Leben« mit dem, was das AT insgesamt vom Wirken Gottes sagt, fest verbunden. Zum Menschen gehört die ständige Gefährdung seines Lebens; im Wissen um diese Gefährdung weiß er gleichzeitig, daß eine stärkere Macht der Gefährdung entgegenwirken kann. In der Steigerung dieser ständigen Gefährdung zur Todesgefahr und in der Lösung dieser Spannung der Todesgefahr wendet er sich rufend zu dem Gott, der ein rettender Gott ist: »der meine *n.* aus aller Not erlöst« (2Sam 4,9; 1Kön 1,29). Die Not der Gefährdung des Menschen hat ihre Grenze im rettenden Wirken Gottes. Hier stoßen wir auf die elementarste Aussage vom Wirken Gottes im AT, in der der Mensch als *n.* sich dort, wo diese *n.* tödlich gefährdet ist, vom rettenden und bewahrenden Wirken Gottes umfangen weiß: »bei dir ist mein Leben geborgen« (Ps 57,2); »du achtest in Nöten auf meine *n.*« (Ps 31,8). So kann einem Menschen in einer besonderen Situation die Bewahrung des Lebens zugesagt werden, so in dem Wort an Baruch Jer 45,5: »dir gebe ich dein Leben als Beute«. Einmal, Jes 43,4 »so gebe ich Länder (txt em) für dich und Nationen für dein Leben«, richtet sich das Bewahren Gottes auf das Leben eines Volkes; aber von Israel ist hier, wie oft bei Deuterojesaja, wie von einer Person geredet.

b) Vom segnenden Wirken Gottes an der *n.* wird nur selten geredet, z.B. in Ps 23,3 »er erquicket meine Seele« (Luther) oder »er stillt mein Verlangen« (Zürcher Bibel). Man kann aber auch im Parallelismus *nafšī* »meine Seele« als Synonym zum vorangehenden Suffix »mich« verstehen, sodaß der Sinn einfach wäre: »er erquickt mich« (ähnliche Aussagen Ps 86,4a; 94, 19; 138,3). In den Zusammenhang des bewahrenden Handelns Gottes gehört auch der so nur einmal begegnende Satz Ez 18,4 »alle Seelen sind mein« (Zimmerli, BK XIII, 391, übersetzt: »alle Personen gehören mir«, und betont S. 403, daß diese Machtaussage bedeutet: »Hier ist Leben behütet«).

Von der Erschaffung der *n.* durch Gott ist Jer 38,16 einmal in einer Schwurformel die Rede (»so wahr Jahwe lebt, der uns diese unsere Seele geschaffen hat«). Vgl. noch Jes 57,16 »die Seelen, die ich doch geschaffen« (mit Obj. *n^e^šāmōt*, →*rū^a^ḥ* III/8).

c) Aber gerade die Aussage Ez 18,4 impliziert, daß Gott auch das Leben nehmen kann. Hier aber ist zu beachten, daß dies nicht etwa eine allgemeine Bezeichnung für das Sterben des Menschen geworden ist. Daß Gott das Leben rettet, bewahrt, erhält, ist eine sehr häufige und sehr emphatische Aussage im AT, sie hat aber kein Äquivalent in einer entsprechenden, daß Gott das Leben wegnimmt, auslöscht, vernichtet. Dies wird niemals allgemein, sondern nur in besonders bedingten Fällen und nur selten gesagt. Wenn Gott das Leben eines Menschen einfordert (Gen 9,5), so nur, weil das Leben dieses Menschen durch Mord verwirkt ist (so auch Hi 27,8). Den Frevler straft Gott damit, daß er ihm das Leben nimmt (Lev 26,16; Dtn 28,65; 1Sam 25,29). Darum kann der Leidende anklagen: »er verstieß mein Leben aus dem Frieden« (Klgl 3,17; vgl. Ps 88,15; Hi 27,2). Er fleht Gott an, daß er sein Leben nicht wegraffe (Ps 26,9; 141,8), oder er spricht die Zuversicht aus: »du wirst mein Leben nicht der Unterwelt überlassen« (Ps 16,10; vgl. 2Sam 14,14). Ein Mensch kann aber auch in die Lage kommen, daß er Gott bittet, sein Leben zu nehmen (1Kön 19,4; Jon 4,3). Bei der Fülle der Strafworte, Gerichtsankündigungen usw. begegnet, abgesehen von den eben genannten wenigen Stellen, nicht mehr, daß zum Wirken Gottes das Vernichten der *n.* gehöre. Das rettende und bewahrende Handeln Gottes an der *n.* des Menschen hat das absolute Übergewicht.

3. Bei den Stellen, an denen die *n.* des Menschen Subjekt und Gott Objekt ist, hebt sich eine Gruppe heraus, in der das Hoffen, Sich-Sehnen, Verlangen der *n.* auf Gott gerichtet ist: Jes 26,9 »meine Seele verlangt nach dir in der Nacht«; Ps 33,20 »unsere Seele harrt auf Jahwe«; 42,2.3; 62, 2.6; 63,9; 84,3; 119,20.81; 130,5f.; 143, 6; Klgl 3,25 (s.o. III/3). Dieser ganzen Gruppe von Stellen liegt die Bed. »Verlangen« für *n.* zugrunde, und der Vergleich mit dem Hirsch, der nach Wasser lechzt (Ps 42,2), zeigt noch die Nähe zu dieser Bedeutung. Wenn an diesen Stellen (es sind alles Psalmstellen) von der *n.* des Menschen, sofern sie auf Gott gerichtet ist, gerade dies und fast allein dies gesagt wird, daß ihr Hoffen, Verlangen, Dürsten Gott gilt, dann zeigt sich hier besonders deutlich, daß *n.* eben das intensive Sich-Ausstrecken des Menschen nach Leben meint. Auf Gott ist es gerichtet, weil Gott für diese Menschen der ist, der Leben errettet und Leben bewahrt (s.o. 2). In die Nähe dieser Gruppe gehört der Ausdruck Ps 25,1 »zu dir, Jahwe, erhebe ich meine Seele« (vgl. Ps 86,4; 143,8). In den gleichen Zusammenhang gehört auch die feste Wendung »das Herz vor Jahwe ausschütten« (1Sam 1,15; vgl. Ps 102,1; s.o. III/3c).

Die Wendung »lobe, meine Seele, Jahwe« (Ps 103,1.2 u.ö., s.o. III/3c) ist eine kultisch-rhetorische Bildung, in der *n.* keine Eigenbedeutung mehr hat, sondern nur noch die abgewandelte Bedeutung des Personalpronomens.

Die Wendung »Gott lieben von ganzer Seele« (Dtn 6,5 u.ö., s.o. III/3e) ist eine reflektierte Bildung. Sie ist nicht im Sinn von Innerlichkeit o.ä. gemeint, sondern die darin gemeinte Intensität ist die der *n.*, die diesem Begriff selbst schon eignet.

Vergleicht man IV/2 und IV/3 miteinander, so zeigt sich ein sehr auffälliger und aufschlußreicher Tatbestand: bei Gottes Handeln an der *n.* des Menschen ist diese durchweg im Sinn von »Leben«, beim auf

Gott gerichteten Verhalten der menschlichen *n.* immer im Sinn von »Seele« gebraucht. Dieser Tatbestand des theologischen Gebrauchs bestätigt das oben (III/3.4) gefundene Verhältnis der Bedeutungsgruppen zueinander. Das Leben, das Gott rettet und bewahrt, aber ebenso das Verlangen der Seele, das sich auf Gott richtet, ist das Leben in seiner Intentionalität. Seele als Verlangen ist auf Leben aus. Beide Gruppen gehören der Psalmensprache an. Der Zuwendung Gottes entspricht die Hinwendung des Menschen; *n.* ist das Selbstsein des Menschen in diesem Wechselgeschehen.

V. 1. Der Gebrauch von *nǽfæš* in den Qumrantexten entspricht im großen und ganzen demjenigen des AT, nur daß als neue Formel *qūm* hi. *ʿal-nafšō* »sich zu etwas verpflichten« (CD 16,4 u.ö.) auftaucht (H.A.Brongers, Das Wort »NPŠ« in den Qumranschriften, RQ 15, 1963, 407–415).

2. Die Wiedergabe von *nǽfæš* in der LXX durch ψυχή ist untersucht worden u.a. durch N.P.Bratsiotis, SVT 15, 1966, 181–228, und D.Lys, VT 16, 1966, 181–228.

Mit großer Einmütigkeit wurde von atl. Forschern (einige Stimmen bei Bratsiotis, a.a.O. 58–60) die Übersetzung von *n.* mit ψυχή als ungenügend oder gar irreführend angesehen, weil damit dem »griechischen Seelenglauben« oder dem gr. Spiritualismus oder Dualismus Einlaß gegeben werde. Geht man aber von dem vorplatonischen Sprachgebrauch von ψυχή aus, so hält dieses Urteil nicht mehr stand, wie Bratsiotis nachweist. Die Grundbedeutung von ψυχή ist »Atem«; es begegnet oft in der Bed. »Leben« und kann den Sitz des Begehrens, der Gefühle, auch das »Zentrum der religiösen Äußerungen« bezeichnen (a.a.O. 76); es kann auch für »Mensch« stehen oder statt eines Pronomens. Bratsiotis kommt zu dem Schluß, »daß eine erstaunliche Entsprechung besteht zwischen dem hebr. Begriff *nǽfæš* und dem ... griechischen Begriff ψυχή«.

Lys prüft die Übersetzung von *n.* in der LXX nach. Von den 754 Stellen im hebr. AT sind etwa 680 mit ψυχή übersetzt. Der häufigere Gebrauch des Plurals in der LXX zeigt die Tendenz zur Individualisierung, die in ihr auch sonst zu beobachten ist. Wo in der LXX *n.* anders als mit ψυχή übersetzt wird, ergibt sich kein einziger anderer Begriff, der als Übersetzung von *n.* ψυχή an die Seite gestellt werden könnte; die verschiedenen abweichenden Übersetzungen sind jeweils aus dem Zusammenhang zu erklären und bleiben alle im Umkreis der vielen Bedeutungsnuancen, die *n.* im Hebr. hat. Die größte Gruppe abweichender Übersetzungen ist dadurch bedingt, daß in der gr. Übersetzung häufiger als im Hebr. »Mensch« oder ein Pronomen (»selbst«) verwendet wird. An 62 Stellen wird in der LXX ψυχή gebraucht, wo es für eine andere Vokabel als *n.* steht (u.a. für *lēb* »Herz«). Aber gerade hier zeigt sich, daß für die LXX-Übersetzer ψυχή eine mehr atl. als spezifisch gr. Bedeutung hatte. Die Übersetzung ψυχή wird jeweils um ihres hebr. Sinnes willen gewählt. »The LXX never goes in the direction in which ›soul‹ would be understood as opposite to ›body‹ (as in Platonic dualism)« (Lys, a.a.O. 227).

3. Zu ψυχή im NT und in seiner Umwelt vgl. A.Dihle – E.Jacob – E.Lohse – E.Schweizer u.a., Art. ψυχή, ThW IX, 604–667 (mit Lit.). Zu der von E.Fascher, Seele oder Leben?, 1960, ausgelösten Diskussion über die Wiedergabe von *n.* in der Lutherbibel vgl. vor allem J.Fichtner, Seele oder Leben in der Bibel, ThZ 17, 1961, 305–318.

C. Westermann

נצל *nṣl* hi. retten

1. Die Wurzel *nṣl* begegnet nur im NWSem. und Arab. in größerem Ausmaß, hebr. und aram. vor allem im Kausativstamm in der Bed. »entreißen, retten«, arab. im Grundstamm »herausfallen, abfallen« (Wehr 863b).

Zu anderweitigen bzw. fraglichen Belegen der Wurzel vgl. Dillmann 698; AHw 755a; UT Nr. 1688; LS 443a; ferner G.R.Driver, FS Baumgartner 1967, 62f.

Nach GB 517f. ist die Grundbedeutung im Hebr. »herausreißen, herausziehen« (vgl. zustimmend C. Barth, Die Errettung vom Tode in den individuellen Klage- und Dankliedern des AT, 1947, 124f.). Da jedoch die Bed. »herausreißen« auf die Konstruktion mit *min* »aus« angewiesen ist (Ps 86,13; 91,3; 144,7 u.ö.), der Vorgang des Entreißens oder Wegnehmens dagegen sowohl mit (Gen 31,16; Ex 18,4; Ps 22,21 u.ö.) wie ohne *min* (Gen 31,9; Dtn 25,11; 1Sam 30,8 u.ö.) ausgedrückt wird, ist als Ausgangsbedeutung im Hebr. »wegnehmen, entreißen« anzunehmen, die nur in Verbindung mit *min* den Vorgang des Herausreißens kennzeichnet (vgl. U.Bergmann, Rettung und Befreiung, Diss. Heidelberg [Masch.], 1968, 294f.).

Im AT ist vorwiegend die Hi.-Form (bibl.-aram. Ha.) in Gebrauch, gelegentlich Ni., vereinzelt Pi., Ho. und Hitp. Als Substantiv ist nur das wohl unter aram. Einfluß gebildete Hi.-Abstraktum *haṣṣālā* »Rettung« überliefert (Est 4,14; s.u. 3).

Mit *nṣl* gebildete Personennamen fehlen im AT; vgl. aber *Hṣljhw* im Lachisch-Ostrakon Nr.1, Z.1.

2. *nṣl* hi. findet sich 191 × hebr. (gehäuft 27 × in 2Kön 18–19 par. Jes 36–37 par. 2Chr 32; sonst gleichmäßig gestreut: Ps 43 ×, Jes 20 ×, 1Sam 17 ×, Ez 14 ×, 2Kön 12 ×, Ex 11 ×, Spr 10 ×) und 3 × aram. (ha. Dan 3,29; 6,15.28). Subjekt ist in etwa 120 Fällen die Gottheit (2Kön 18–19 par. immer außer 18,29 = Jes 36,14; in den Psalmen 38 × von insgesamt 43 ×), in etwa 60 Fällen sind es Menschen, gelegentlich auch Sachen (Silber und Gold Ez 7,19; Zeph 1,18; Rizinus Jon 4,6; Gerechtigkeit/Weisheit Ez 33,12; Spr 2,12.16; 10,2; 11,4.6; 12,6). Objekt sind etwa 75 × das Volk, etwa 75 × ein Einzelner (davon 36 × in Ps), etwa 15 × Sachen (Besitz Gen 31,9.16; Gebiet, Städte Ri 11,26; Beute Jes 5,29, usw.). *nṣl* ni. ist 15 ×, pi. 4 ×, ho. 2 × und hitp. 1 × belegt, dazu 1 × *haṣṣālā*.

3. a) *nṣl* hi. bezeichnet das Wegnehmen oder Befreien aus allerlei Festgehalten-Werden. Die Grundbedeutung »entreißen, wegnehmen« wird verhältnismäßig oft gebraucht (so auch Dtn 32,39 und Jes 43,13) und bleibt bis in späte Zeit erhalten (Ps 119,43). Entreißen zugunsten des Objektes (vgl. Dtn 25,11; 1 Sam 30,8.18) führt zu der Bed. »retten«. Dabei klingt »entreißen« in zahlreichen Fällen noch deutlich mit (vgl. 1Sam 30,18), doch kann dieser spezifische Klang auch ganz verschwinden (oft bei göttlichem Subjekt, vgl. 1Sam 12,21 par. →*j'l* hi. »nützen«, Jes 31,5 par. *gnn* »beschützen«, Zeph 1,18 »am Tage des Zornes«, usw.); so ist auch Ex 12,27 zu verstehen, wo eine Sonderbedeutung »schonen«, wie die Wörterbücher sie teilweise angeben, nicht erforderlich ist. In später Zeit kann es sogar gegen den spezifischen Klang des Entreißens mit *b*ᵉ »in« konstruiert werden, so Hi 5,19 »in sechs Nöten rettet er dich«. Der Übergang vom spezifischen Klang zum allgemeinen »retten« ist fließend (vgl. 2Kön 18–19). Typisch ist die häufige Konstruktion mit *min* (ca. 115 ×, davon etwa 70 × *mijjad* bzw. *mikkaf* »aus der Hand/Gewalt«); idiomatisch ist *nṣl* hi. *min* (oder *mijjad*) »retten vor« (Ex 18,4; 1Sam 4,8 u.ö.). An besondere form- und traditionsgeschichtliche Zusammenhänge ist es nicht gebunden.

Während im Wortfeld »retten« →*jš'* hi. das Beseitigen des Bedrängers und *mlṭ*/→*plṭ* pi. das Entkommen-Lassen bedeuten, bezeichnet *nṣl* hi. ähnlich wie →*pdh* das Entfernen aus dem Bereich der Bedrängnis. Von letzterem unterscheidet es sich insofern, als bei *nṣl* hi. das Festgehalten-Werden nicht immer negativ für das Objekt ist (z.B. Besitz in Gen 31,9.16).

Als Synonyma der Psalmensprache sind noch zu erwähnen: *ḥlṣ* pi. »retten« (2Sam 22,20 = Ps 18,20; Ps 6,5; 34,8; 50,15; 81,8; 91,15; 116,8; 119,153; 140,2; Hi 36,15; vgl. Jenni, HP 138) und *pṣh* in der aram. Lehnbedeutung »befreien« (Ps 144,7.10.11; vgl. Wagner Nr. 231); vgl. zum Wortfeld weiter Barth, a.a.O. 124–140; J.Sawyer, VT 15, 1965, 479f.; ders., Semantics in Biblical Research, 1972; →*jš'* hi., →*'zr*, →*plṭ*.

b) *nṣl* ni. bedeutet tolerativ-passiv »gerettet werden«, gelegentlich reflexiv »sich retten« (Dtn 23,16; Hab 2,9; Ps 33,16); das Entreißen klingt auch hier deutlich an (Spr 6,3.5) und ermöglicht in Am 3,12 eine beißende Ironie.

nṣl pi. führt von der Bed. »an sich reißen« zu »ausplündern, berauben« (Ex 3, 22; 12,36; 2Chr 20,25); in Ez 14,14 bedeutet es »retten«, doch ist wie in V. 20 hi. zu lesen.

Part. ho. begegnet zweimal für das aus dem Feuer gerissene Holzscheit (Am 4,11; Sach 3,2). *nṣl* hitp. in Ex 33,6 bedeutet wohl »von sich abreißen, sich einer Sache entledigen«, doch ist der Textzusammenhang nicht ganz deutlich.

c) Daß außer in Est 4,14 kein Substantiv belegt ist, liegt vermutlich an dem langen Mitklingen der Bed. »entreißen«; auch gibt es keinen typischen Anwendungsbereich, der zur Substantivbildung veranlaßt hätte (anders als etwa bei *jš'* hi. der Bereich des Krieges).

4. Hintergrund für den Gebrauch von *nṣl* hi. mit göttlichem Subjekt ist die Erfahrung und Erwartung Israels, daß Jahwe das Volk und den einzelnen in vielfältiger Weise aus Not befreit und sie rettet, wenn sie bedroht sind. Davon wird berichtet (Ex 18,4ff.; Ps 18,18; 34,5; 56,14), daran wird erinnert (Ri 6,9; 1Sam 10,18; 2Sam 12,7); das wird angekündigt (Ex 3,8; 6,6; 1Sam 7,3; Jer 39,17), darum fleht man zu Jahwe (Gen 32,12; Ps 7,2; 31,16 usw.), darauf verläßt man sich (2Kön 18–19) oder man klagt, daß Jahwe sein Volk nicht gerettet habe (Ex 5,23). Doch in all diesen Zusammenhängen wird *nṣl* hi. nirgends zu einem besonderen theologischen Begriff; auch als »term. techn. für die Erlösung Israels aus Ägypten« kann man es trotz Ex 3,8; 5,23; 6,6; 18,4ff.; Ri 6,9; 1Sam 10,18 usw. nicht bezeichnen (anders J. J. Stamm, Erlösen und Vergeben im AT, 1940, 18, übernommen bei Barth, a.a.O. 125). Es ist e i n Wort unter zahlreichen anderen, um Jahwes rettendes Handeln auszudrücken (vgl. die Aufzählung bei Barth, a.a.O. 124ff.). Man kann jedoch annehmen, daß die allgemeine Bed. »retten« durch den Gebrauch mit göttlichem Subjekt gefördert wurde. Wegen seines allgemeinen Anwendungsbereiches (Festgehalten-Werden jeglicher Art) wird *nṣl* hi. auch auf göttliche Rettung aus irgendwelchen Nöten angewendet (Ex 18,8 Mühsal; 1Sam 17,37 Rachen des Löwen; Ez 34,12 Zerstreuung; Ps 22,9 und 109,21 Krankheit?; Ps 39,9 und 40,14 Sünde?). Jahwe rettet eben »aus allen Bedrängnissen und Nöten« (Ps 34,18.20). Daß dabei die Rettung aus Bedrängnis, die durch Menschen verursacht wurde, überwiegt, liegt am atl. Überlieferungsgut, nicht an der Wortbedeutung von *nṣl* hi.

5. Die LXX übersetzt vorwiegend mit ῥύεσθαι (ca. 85 ×) und ἐξαιρεῖν (ca.75 ×), was den Bedeutungen »entreißen« und »retten« entspricht. Im NT werden beide Vokabeln selten gebraucht, ῥύεσθαι in einer atl. Wortverbindung (»vor dem Bösen«) jedoch in der Vaterunser-Bitte Mt 6,13 (vgl. W.Kasch, Art. ῥύομαι, ThW VI,999–1004). Im Spätjudentum wird *nṣl* hi. vorwiegend für menschliches Retten gebraucht, für göttliches dagegen *jšʿ* hi. (W.Foerster, ThW VII,987). *U. Bergmann*

נצר *nṣr* bewachen

1. Die Wurzel *nṣr* (mit ursprünglichem emphatischem Interdental; akk., hebr., äth. > *ṣ*, aram. > *ṭ*, arab. > *ẓ*) ist gemeinsemitisch (Bergstr. Einf. 189) und hat im allgemeinen die Bed. »bewachen, bewahren« (vgl. AHw 755f.; WUS Nr. 1811; UT Nr. 1670; DISO 178.185), im Südsem. die Bed. »betrachten« (Wehr 866f.; Dillmann 701f.; zum Ganzen vgl. die in Bibl 48, 1967, 335* Nr. 4689 angezeigte Diss. von W. J. Odendaal, 1966).

Im Hebr. ist beim Verbum nur das Qal bekannt. Es ist fraglich, ob *neṣūrīm* in Jes 65,4 als Substantiv zu verstehen ist (KBL 629b: »Wachthütten?«); falls es nicht substantiviertes Part.pass. (z.B. Zorell 530a: »verborgene Orte«) oder als Textfehler (z.B. BHS nach G: *bēn ṣūrīm* »zwischen Felsen«) zu verstehen ist, läge hier die einzige nominale Ableitung im Hebr. vor (Jes 49,6 1 Q; KBL 558a erschließt in Jes 29,3 und Nah 2,2 noch ein Subst. *maṣṣārā* »Wache«). Zu Jes 1,8; Jer 4,16 und Spr 7,10 vgl. noch den Vorschlag von C. Rabin, Textus 5, 1966, 44–52.

Im AT ist auch die selten (4 × in Hhld) gebrauchte Nebenform *nṭr* mit der gleichen Bedeutung bekannt, die aus dem Aram. übernommen sein dürfte (vgl. Wagner Nr. 189/190; bibl.-aram. *nṭr* q. »bewahren« Dan 7,28); von ihr ist das Subst. *maṭṭārā* »Wache« (11 × in Jer 32–39, dazu Neh 3,25; 12,39; mit der Bed. »Ziel, Zielscheibe« 1Sam 20,20; Hi 16,12; Klgl 3,12) abgeleitet. Strittig ist, ob *nṭr* II mit der Bed. »zürnen« (Lev 19,18; vom göttlichen Zorn: Jer 3,5.12; Nah 1,2; Ps 103,9) dazugehört (z.B. KBL Suppl. 172a: »[den Zorn] bewahren«, unter Auslassung von *ʾaf* »Zorn«) oder eine eigene Wurzel bildet (so z.B. O. Rößler, ZAW 74, 1962, 126).

2. *nṣr* q. kommt im AT 62 × vor (inkl. Jes 49,6 Q; 65,4 txt?; exkl. Jes 49,8 und Jer 1,5 [→*jṣr* 2]; davon Ps 24 ×, Spr 19 ×, Jes 8 ×, ferner Ex 34,7; Dtn 32,10; 33,9; 2Kön 17,9; 18,8; Jer 4,16; 31,6; Ez 6,12; Nah 2,2; Hi 7,20; 27,18), aram. *nṭr* q. 1 × (Dan 7,28); zu hebr. *nṭr* und *maṭṭārā* s.o. 1.

3. Die Bedeutung von *nṣr* ist für das Hebr. des AT klar gegeben: »behüten, bewachen, bewahren«; sie entspricht in weitem Umfang derjenigen von →*šmr*.

Konkrete Bedeutung liegt vor, wo das Feld von einer Hütte (Hi 27,18) oder einem festen Turm aus bewacht wird (2Kön 17,9; 18,8; vgl. Jer 31,6); auch Obstbäume bedürfen der Bewachung (Spr 27,18; vgl. *nṭr* in Hhld 1,6.6; 8,11.12 vom Hüten eines Weinbergs; ähnlich vielleicht auch Jes 65,4, s.o. 1; auch das Ug. kennt diese Verwendung, vgl. 52 [= SS], 68 u.ö.; Text und/oder Deutung sind fraglich in Jes 1,8; Jer 4,16; Nah 2,2). Häufiger ist die bildliche oder übertragene Verwendung: Bewahrung vor Schwert und Pest (Ez 6,12); bewahrte Kunde ist noch nicht offenbar und daher verborgen (Jes 48,6). In der Weisheitsliteratur bewahren Verstand und Einsicht vor Bösem (Spr 2,11; 4,6; 13,3.6; 16,17; 20,28). Lehren mögen angenommen und bewahrt werden (Spr 3,1.21; 4,13; 5,2; 6,20); so bleibt das Herz bewahrt (Spr 4,23), das allerdings auch in böser Absicht bewahrt, d.h. versteckt und damit hinterhältig sein kann (Spr 7,10). Daniel bewahrt die ihm mitgeteilte Rede (Dan 7,28; vgl. Maria in Lk 2,19).

In den akk. und ug. Briefen wird häufig im Eingang die Bewahrung durch die Götter angewünscht (vgl. B. Hartmann, FS Baumgartner 1967, 102–105; S.E. Loewenstamm, BASOR 194, 1969, 52–54; A.F. Rainey, UF 3, 1971, 157f.). In den altaram. Inschriften von Sefire wird mit *nṣr* die Notwendigkeit ausgedrückt, Vereinbarungen und Abmachungen zu bewahren (KAI Nr. 222, B,8 und C,15.17; Fitzmyer, Sef. 61.75).

4. Im religiösen Bereich wird das Verbum wie →*šmr* sehr gerne zum Ausdruck der Fürsorge Gottes für sein Volk (Dtn 32,10 »wie seinen Augapfel«; Jes 27,3.3; 49,6; Ps 12,8; Spr 24,12) und für den Einzelnen (Ex 34,7; Jes 42,6 Knecht Jahwes; Ps 31,24; 32,7; 40,12; 64,2; 140,2.5; Spr 2,8) gebraucht. Er behütet den Frieden (Jes 26,3) und die (gute) Einsicht (Spr 22, 12). Bei Hiob (7,20) liegt in der Anrede »du Menschenhüter« die Anerkennung der unantastbaren Macht Gottes. Metaphorisch können auch Unschuld und Redlichkeit (Ps 25,21), Gnade und Treue (Ps 61, 8) den Frommen bewahren.

Umgekehrt ist es Aufgabe des Frommen, die Worte und die Gebote Gottes zu bewahren und zu halten bzw. zu befolgen (Ps 78,7; 105,45; 119,2.22.33.34.56.69. 100.115.129.145; Spr 23,26; 28,7). Die Leviten bewahren den Bund (Dtn 33,9), ebenso alle Frommen (Ps 25,10). Es gilt, die Zunge vor böser Rede zu bewahren (Ps 34,14), worum auch Gott gebeten werden kann (Ps 141,3).

5. In den Qumranschriften ist das Verbum *nṣr* nicht, *nṭr* nur in der Bed. »zürnen« belegt (Kuhn, Konk. 143). Die LXX gibt *nṣr* vornehmlich mit (δια)τηρεῖν und (δια)φυλάσσειν wieder. Wenn es sich um das Bewahren der Gebote Gottes handelt, bevorzugt sie (ἐκ)ζητεῖν. Für das NT vgl. H. Riesenfeld, Art. τηρέω, ThW VIII, 139–151. *G. Sauer*

נקה *nqh* ni. schuldlos sein

1. Die Wurzel *nqh* (**nqj*) ist in der Bed. »ledig, schuldlos sein« nur im Hebr. (auch außerbiblisch nach F.M.Cross, FS Glueck 1970, 302.306 Anm. 16), in der variierenden Bed. »rein, sauber, makellos sein« aber auch im Aram. (DISO 186; KBL 1101) und im Arab. (Wehr 885f.) belegt.

Von der Wurzel finden sich im AT außer ni. »ledig sein (von etwas), ungestraft bleiben« (einmal Inf.abs.qal neben ni. in Jer 49,12) und pi. »ungestraft lassen« das oft substantivisch verwendete Adj. *nāqī* »schuldlos, unschuldig« (bibl.-aram. *neqē* »rein« Dan 7,9) und das Subst. *niqqājōn* »Schuldlosigkeit, Reinheit«.

Es ist nicht unmöglich, daß das Subst. *menaqqīt* »Opferschale« (Ex 25,29; 37,16; Num 4,7; Jer 52, 19) von der gleichen Wurzel abzuleiten ist, wenn nämlich als ursprüngliche Bedeutung der Wurzel »ausleeren« bzw. »ausgeleert sein« (GB 520a) anzunehmen ist. In diesem Falle wäre auch akk. *naqû* »libieren, opfern« mitsamt Ableitungen (AHw 744f.) und, daraus übernommen, syr. *nq'* pa. »opfern« (LS 444b) auf die gleiche Wurzel zurückzuführen, wie auch arab. *nq'* »Mark aus einem Knochen holen« neben *nqj* »rein sein«. In den bisher veröffentlichten ug. Texten fehlt die Wurzel.

2. Statistik: qal 1× (Inf.abs.), ni. 25× (Spr 7×, Jer 6×, Num 3×, Gen 2×), pi. 18× (Jer 4×, Ex 3×), wovon 5× Inf. abs.; Verbum total 44×. Adj. *nāqī* 43× (Dtn, Jer und Hi je 6×, Ps 5×, Jos und 2Kön je 3×), wovon 8× Plur. und 21× in Verbindung mit →*dām* »Blut«; bibl.-aram. *neqē* 1× (Dan 7,9 »rein wie Wolle«); Subst. *niqqājōn* 5×. Die Wurzel fehlt u.a. in Lev, Ez und im chron. Geschichtswerk.

3. Wenn die Annahme einer Grundbedeutung »ausleeren« o.ä. richtig ist, so hat diese sich im AT in bonam und in malam partem entwickelt. In ungünstigem Sinn (selten) findet sich *nqh* ni. in Jes 3,26; die als trauerndes Weib dargestellte Stadt Jerusalem wird der Männer (KBL 632b) bzw. der Kinder (Wildberger, BK X, 148) »beraubt« am Boden sitzen; vgl. in Am 4,6 *niqjōn šinnājim* »müßige Zähne«, d.h. der Nahrung beraubt (par. »Mangel an Brot«).

Ungünstig ist vielleicht auch der Sinn von *nqh* pi. in Jo 4,21: »und ich werde ihr Blut ausgießen, das ich (bisher) nicht ausgegossen habe« (G.R.Driver, JThSt 39, 1938, 402), wenn man V. 21a nicht als Frage (»und ich sollte ihre Blutschuld ungestraft lassen?«, W.Rudolph, FS Baumgartner 1967, 250) oder als sich auf Judas Unschuld (V. 19) beziehende Glosse (Wolff, BK XIV/2, 88.102) betrachten will. Jedenfalls ist nicht zu ändern in *niqqamtī* (gegen BH3, BHS und KBL 632b), eine Lesung, die nicht durch LXX vorausgesetzt wird.

In den übrigen Belegstellen handelt es sich immer um eine günstige Entledigung. *nqh* ni. (oder *hjh nāqī*) *min* bringt zum Ausdruck, daß man einer eidlichen Verpflichtung (Gen 24,8; Jos 2,17.20), einer den Eid begleitenden Verfluchung (Gen 24, 41), der Fluchwirkung des Ordalwassers (Num 5,19.28) oder der »Schuld-Strafe«-Folge eines Vergehens (Num 5,31) enthoben wird. Letztere Bedeutung ist wohl auch in Ri 15,3 gemeint, obgleich dort der »Schuld-Strafe«-Gedanke nur implizit in *mippelištīm* »von der Seite der Philister« steckt. An den anderen Stellen fehlt die direkte Andeutung der Sache, deren man enthoben wird (bzw. ist), und entscheidet der Kontext: so heißt *hjh nāqī* in Dtn 24,5 für den kürzlich Verheirateten: »seiner militärischen und ähnlichen Verpflichtungen enthoben sein« (vgl. 1Kön 15,22), und in Gen 44,10 »frei ausgehen« im Gegensatz zu »Sklave werden« (sinnverwandter terminus technicus dafür ist *ḥofšī* »frei, freigelassen«, der im AT 17 × begegnet: in den Sklavengesetzen Ex 21,2.5.26.27; Dtn 15, 12.13.18 und deren Anwendung Jer 34,9. 10.11.14.16; ferner 1Sam 17,25 »steuerfrei«; Jes 58,6 Mißhandelte; Ps 88,6 txt?, vgl. P. Grelot, VT 14, 1964, 256–263; Hi 3,19 »frei ist der Knecht von seinem Herrn« im Tode; 39,5 bildlich vom Wildesel; *ḥpš* pu. »freigelassen werden« Lev 19, 20; *ḥufšā* »Freilassung« Lev 19,20; zu *bēt haḥofšīt* 2Kön 15,5 = 2Chr 26,21 vgl. J. A. Montgomery – H. S. Gehman, The Books of Kings, 1951, 448.454; J. Gray, I & II Kings, 1963, 560f.; zum Ganzen vgl. de Vaux I,137f.328 mit Lit.). Sonst trifft meistens die Übersetzung »ungestraft bleiben« den gemeinten Sinn für *nqh* ni. (Spr 6,29; 19,5.9; 28,20), namentlich in den kasuistischen Rechtsbestimmungen des Bundesbuches (Ex 21,19; vgl. *nāqī* im Nominalsatz 21,28), und für *(hjh) nāqī* (Num 32, 22; Jos 2,19; in 2Sam 14,9 »ohne Schuld sein«).

Als Parallelbegriffe findet man hier: *mlṭ* ni. »entrinnen« (Spr 19,5) und *rab berākōt* »reich an Segen« (Spr 28,20); als Gegenbegriffe Wendungen, die das Eintreffen der Strafe aussagen (Num 32,22f.; Jos 2,19; 2Sam 14,9), oder *'bd* »zugrunde gehen« (Spr 19,9).

Wo *nāqī* nicht als Prädikat eines Nominalsatzes fungiert, hat es oft substantivische Bed. »der Schuldlose, der Unschuldige«. Die Meinung gewisser Weisheitskreise, daß ein solcher »Unschuldiger« nicht zugrunde gehen könne (Hi 4,7) und sogar »des Silbers des Frevlers teilhaft werde« (Hi 27,17), wurde durch die harte Wirklichkeit der isr. Gesellschaft Lügen gestraft. Der *nāqī* erscheint wiederholt als Opfer von wider ihn gerichteter Bestechung (Ps 15,5) oder als der Unschuldige, dessen Leben ohne Ursache von »Sündern« oder vom »Frevler« bedroht wird (Spr 1, 11 bzw. Ps 10,8) und darum durch das Gesetz in Schutz genommen werden muß (Ex 23,7).

Von *dam hannāqī* »Blut des Unschuldigen« (Dtn 19,13; 2Kön 24,4) oder (meistens) von *dām nāqī* »unschuldigem Blut« ist die Rede, wenn unschuldige Leute durch absichtlichen Totschlag oder Mord bedroht werden (Dtn 19,10; 27,25; 1Sam 19,5) oder ums Leben gebracht worden sind (Dtn 19,13; 2Kön 21,16; 24,4; Jon 1,14). Häufig findet sich der Ausdruck – namentlich bei Jer – in der prophetischen Anklage, sowohl gegen die eigenen Volksgenossen (Jer 2,34; 19,4; vgl. Jes 59,7; Ps 94,21; 106,38; gegen Jojakim Jer 22, 17) als gegen andere Völker (Jo 4,19 gegen Ägypten und Edom, die »unschuldiges Blut« der Judäer vergossen haben), in der Mahnung »vergießt nicht unschuldiges Blut!« (Jer 22,3; vgl. die bedingte Form in Jer 7,6), und in der Drohung »wenn ihr mich tötet, so bringt ihr unschuldiges Blut über euch« (Jer 26,15).

Wer der bedrohte oder ums Leben gebrachte Unschuldige genau ist, wird nicht immer deutlich. Es kann einer sein, der versehentlich jemanden getötet hat und nun vom Bluträcher verfolgt wird (Dtn 19,10), oder ein durch persönliche Eifersucht oder Haßgefühle bedrohter Mensch (David in 1Sam 19,5; Jeremia in Jer 26, 15). Es können auch die im Götzendienst geopferten Kinder gemeint sein (Ps 106, 38 und vielleicht auch in 2Kön 21,16; 24,4; Jer 19,4, vgl. V. 5); meistens sind es aber die Armen Israels, die Opfer des gewalttätigen Unrechts der isr. Gesellschaft (Dtn 27,25; Jes 59,7; Jer 2,34 *'æbjōnīm*; 7,6; 22,3.17). Das Vergießen unschuldigen Blutes bringt nicht nur *dāmīm* »Blutschuld« auf den Täter (Dtn 19,10), sondern auch auf seine ganze Familie (2Sam 14,9), ja auf das ganze Land (Ps 106,38) und Volk, namentlich wenn ein Unbekannter (Dtn 21, 8) oder der König das Blut vergossen hat (Manasse 2Kön 24,3f.). Darum soll das »unschuldige Blut« mit seiner schicksalwirkenden Kraft aus Israel weggeschafft werden (Dtn 19,13).

Als Parallelbegriffe von *nāqī* erscheinen hier: *ṣaddīq* »Gerechter« (Ex 23,7; Ps 94,21; Hi 17,8f.; 22, 19; 27,17), *jāšār* »Redlicher« (Hi 4,7; 17,8), *tām* »Unschuldiger« (Hi 9,22f.), *'ānī* »Armer« (Ps 10,8f.); als Gegenbegriffe: *rāšā'* »Schuldiger« (Ex 23,7; Hi 9, 22f.; 22,18f.; 27,13.17) und *ḥānēf* »Ruchloser« (Hi 17,8).

Aus den Belegstellen, den Parallel- und Gegenbegriffen geht hervor, daß *nqh* im AT in der Rechtssprache beheimatet ist und das Ledig-Sein von (sozial-)ethischer Verpflichtung, Strafe oder Schuld bezeichnet. Obgleich es einige Male in einem kultischen Kontext steht (*nqh* ni. im Ordalritual, Num 5; *dām nāqī* im Sühnungsritual eines von unbekannter Hand verübten Mordes, Dtn 21,8f.), so hat das Wort an sich auch dort keinen levitisch-kultischen Sinn wie etwa →*ṭhr* »rein sein«. Es ist wohl nicht zufällig, daß *nqh* in Lev überhaupt fehlt. Für *niqqājōn* liegt ein kultisch-ritueller Sinn nahe in Ps 26,6 (par. Umwandeln des Altars; eine symbolische Händewaschung?, so I. L. Seeligmann, FS Baumgartner 1967, 258; oder »mit reinem

Wasser«?, vgl. Ex 30,17ff., so N. Ridderbos, GThT 50, 1950, 92) und in Ps 73,13; nach Seeligmann, a.a.O., auch für *n^e qī kappájim* »wer reine Hände hat« in Ps 24,4, wo der Kontext zwar kultisch (V. 3), der Begriff aber ethisch ist (par. »lauteres Herz«; Gegenbegriffe »Trug« und »Meineid«), wie auch *b^e niqjōn kappaj* »mit reinen Händen« (par. *ṣaddīq* V. 4) ethischen Sinn hat. Unsicher ist Hos 8,5, wo *niqqājōn* in Gegensatz zum Götzendienst steht.

4. Wo *nqh* ni. (bzw. *nāqī* im Nominalsatz) »ungestraft bleiben« bedeutet, ist die Entscheidung Strafe/Freispruch und der Strafvollzug entweder Sache des Gerichts (Ex 21), oder sie werden in der schicksalwirkenden Tatsphäre gesehen (Num 5,31; 32,22f.; Jos 2,19), wobei aber im AT Jahwe mitbeteiligt ist (Num 32,22f.), wie auch bei der Befreiung von einem Fluch, der ja beim Namen Gottes ausgesprochen wurde. Öfters ist das Ungestraft-Bleiben deutlich als Sache Jahwes dargestellt (1Sam 26,9; 2Sam 3,28 *nāqī mē'im Jhwh* »unschuldig vor Jahwe«; Spr 16,5; 11,21 »der Böse bleibt nicht ungestraft«, par. »ein Greuel für Jahwe« V. 20; 17,5), namentlich im von den Propheten übermittelten göttlichen Gerichtswort gegen Juda (Jer 2,35), gegen Diebe und Meineidige (Sach 5,3) oder gegen die Völker (Jer 25,29; 49,12), und im Gebet (Ps 19,14).

Bei *nqh* pi. »ungestraft lassen« ist es immer Jahwe, an den man die Bitte »sprich mich ledig« richtet (Ps 19,13), oder der (mit einer Ausnahme, 1Kön 2,9, wo Salomo angeredet ist) den Sünder »nicht ungestraft läßt« (immer in verneinenden Sätzen): a) im Dekalog gegen den, der Jahwes Namen mißbraucht (Ex 20,7; Dtn 5,11); b) in der Formel *w^e naqqē lō j^e naqqǣ* »aber er läßt nicht ganz ungestraft« inmitten einer Reihe von Wendungen, die zuerst Gottes Güte und nachher sein Heimsuchen der Schuld der Väter bezeugen (Ex 34,7; Num 14,18; vgl. Nah 1,3); c) in der göttlichen Gerichtsrede »ich will dich nicht gänzlich ungestraft lassen« par. »ich will dich züchtigen« (Jer 30,11; 46,28); d) in der Anrede »du sprichst mich nicht ledig« (Hi 9,28 par. »ich soll ja schuldig sein« V. 29; 10,14 »von meiner Schuld«).

Auch der Schutz des Blutes der Unschuldigen gilt als Gebot Jahwes (Dtn 19, 10.13; Jer 22,3; vgl. 7,6); die Strafe für unschuldig vergossenes Blut (2Kön 24,4; Jer 2,34f.; 19,3f.; 22,17f.; Jo 4,19; Jon 1,14; Ps 94,21ff.; 106,38ff.; vgl. den Fluch Dtn 27,25) und die Sühne unschuldigen Blutes sind seine Sache (Dtn 21, 8f.), denn er haßt »Hände, die unschuldiges Blut vergießen« (Spr 6,17). Umgekehrt rettet er den *'īš nāqī* (Hi 22,30, so statt *'ī-nāqī*) und spottet der *nāqī* der »Frevler«, die untergehen (Hi 22,19), obgleich es in der Verzweiflung heißt, daß Gott auch die Unschuldigen tötet und ihrer Verzweiflung spottet (Hi 9,23).

5. In den Qumranschriften kommt *nqh* ni. in CD 5,14f. vor: »wer ihnen (sc. den Sündern) nahe kommt, bleibt nicht ungestraft«. Im späteren Judentum finden sich für hebr. *nqh* pi. sowohl die Bed. »reinigen« als auch »ungestraft lassen«; von *nāqī* kommt neben »ledig, unschuldig, rein« auch die syr. Bed. »junges Lamm« vor (Jastrow 932).

In der LXX wird die Vokabelgruppe am häufigsten mit ἀθῷος / ἀθῳοῦν übersetzt. Im NT findet sich deutlicher Anschluß an das atl. *nāqī* nur im Ausdruck αἷμα ἀθῷον »unschuldiges Blut« in Mt 27,4 (vgl. V. 24) und αἷμα δίκαιον in Mt 23,35 (vgl. das Zitat von Jes 59,7 in Röm 3,15, wo wie in der LXX »unschuldig« bei »Blut« fehlt). Ferner ist in Apg 18,6 καθαρός nach dem Ausdruck »euer Blut komme über euer Haupt« wohl im Sinne von *nāqī* als »der (Blut)schuld ledig« zu verstehen (vgl. 20,26; vgl. F. Hauck – R. Meyer, Art. καθαρός, ThW III,416–434). *C. van Leeuwen*

נקם *nqm* rächen

1. Die Wurzel *nqm* »(sich) rächen« ist nur im Westsem. anzutreffen (vgl. auch AHw 721b), amorit. (Huffmon 241–243), ug. (Gröndahl 168) und phön. (F. L. Benz, Personal Names in the Phoenician and Punic Inscriptions, 1972, 363) nur in Personennamen belegt. Häufiger ist der Gebrauch außerhalb des Hebr. (vgl. noch J. Prignaud, RB 77, 1970, 50–59) nur im Arab. (Wehr 885b; zum Altsüdarab. vgl. Conti Rossini 191a; zur äth. Nebenform *qīm* vgl. Dillmann 458), während im jüngeren Aram. die Wurzel zurücktritt (altaram. in Sef. III, Z. 11f.22, vgl. DISO 186; sonst, vom AT abhängig, im Targum-Aram., Chr.-Pal., selten im Syr., vgl. LS 446b).

Das Verbum wird im Hebr. als q. »rächen, sich rächen, Rache nehmen«, ni. »sich rächen« bzw. »gerächt werden« (Ex 21,20 neben Inf.abs.q.), pi. »gerächt machen« (vgl. Jenni, HP 144) und hitp. »sich rächen« gebraucht; bei den als (Pu.- oder)

Ho.-Formen angesehenen Belegen in Gen 4,15.24; Ex 21,21 dürfte es sich um ein Qal pass. handeln (GK §53u; BL 286; KBL Suppl. 173a). Abgeleitete Substantive sind das Verbalnomen *nāqām* »Rache« (BL 463) und das fem. Abstraktum *neqāmā* »Rache« (BL 463).

2. *nqm* kommt als Verbum im AT 35× vor, davon q. 13×, q.pass. 3× (s.o. 1), ni. 12×, pi. 2×, hitp. 5× (Textänderungsvorschläge s. KBL 633a); das Subst. *nāqām* begegnet 17× (immer im Sing.), *neqāmā* 27× (davon 7× im Plur. »Rachetaten, Vergeltungshandlungen«: Ri 11,36; 2Sam 4,8; 22,48 = Ps 18,48; Ez 25,17; Ps 94,1.1). Von den insgesamt 79 Belegen der Wurzel finden sich mehr als die Hälfte in prophetischen Büchern (Jer 18×, Ez 12×, Jes 7×, Nah 3×, Mi 1×), ferner 9 in Ps.

Eine Verbindung des Verbums mit den Subst. *nāqām* und *neqāmā* ist häufig anzutreffen (q.: Lev 26,25; Num 31,2; Ez 24, 8; 25,12; ni.: Ri 16,28; Jer 46,10; Ez 25, 15; pi.: Jer 51,36; vgl. Dtn 32,43 und die figura etymologica in Ex 21,20).

3. Die ursprüngliche Bedeutung des Stammes *nqm* dürfte der Rechtssprache zugehören. Ein begangenes Unrecht wird durch Bestrafung ausgeglichen und dadurch aufgehoben (vgl. C. Westermann, Art. Rache, BHH III, 1546; F. Horst, Art. Vergeltung, RGG VI, 1343–1346). Nach F. Horst, Recht und Religion im Bereich des AT, EvTh 16, 1956, 49–75 = Gottes Recht, 1961, 260–291 (bes. 73 bzw. 289), meint der Begriff der Rache die »typische Privatstrafe, die sich eigentlich gegen Personen richtet, die außerhalb des eigenen Rechts- und Gewaltbereichs sich befinden«, im Unterschied etwa zur »Heimsuchung« (→*pqd*, *pequddā*), der »im eigenen Gewaltbereich durchgeführten dienstaufsichtlichen Überprüfung, die die Betroffenen für Versäumnisse und Verfehlungen verantwortlich macht und dagegen einschreitet«. *nqm* als Rechtsmaßnahme bis hin zur Blutrache (→*dām*; →*g'l*; E. Merz, Die Blutrache bei den Israeliten, 1916) ist am deutlichsten in Ex 21,20f. (Tötung eines Sklaven; dazu G. Liedke, Gestalt und Bezeichnung atl. Rechtssätze, 1971, 48f.); vgl. ferner die siebenfache Blutrache für Kain (Gen 4,15. 24; Westermann, BK I, 423f.). Ein ähnlicher Sachverhalt wird aus einer altaram. Vertrags-Inschrift aus Sefire ersichtlich (KAI Nr. 224, Z. 11f.: Verpflichtung des einen Vertragspartners zur Blutrache an den Urhebern einer Revolte gegen den anderen; Z. 22: Androhung der Blutrache für den Fall, daß der eine sich an einem Anschlag gegen den anderen beteiligen sollte).

In der Mehrzahl der Fälle geht es nicht um Rache für einen Einzelnen (z.B. Ri 15, 7 und 16,28 Simson) oder an einem Einzelnen (Jer 20,10), sondern um die Auseinandersetzung einer Gemeinschaft mit ihren Feinden (Israel an seinen Feinden: Num 31,2; Jos 10,13; 1Sam 14,24; 18,25; Jer 50,15; Est 8,13; Israels Feinde gegen Israel: Ez 25,12.15; Klgl 3,60; vgl. in Ps 8,3 und 44,17 das Part. hitp. *mitnaqqēm* »sich Rächender« neben →*'ōjēb* »Feind«). Öfters tritt das affektgeladene Handeln sehr stark in den Vordergrund und bestimmt die Bedeutung von *nqm* in überwiegendem Maße, besonders deutlich Spr 6,34 (schonungslose Rachsucht eines Mannes aus Eifersucht); dagegen warnt Lev 19,18 in Verbindung mit dem Liebesgebot ausdrücklich vor Rachsucht und Nachträgerei (*nṭr*) gegenüber dem Volksgenossen (vgl. Elliger, HAT 4,259).

Für sinnverwandte Vokabeln ist zu verweisen auf Ableitungen der Wurzeln →*gml*, →*šlm* (pi.), →*pqd*, auch von →*šūb* (hi.).

4. Eine strenge Scheidung zwischen profaner und religiöser Verwendungsweise von *nqm* ist nicht möglich, da sowohl bei erlangter als auch erwünschter menschlicher Rache immer auch mit göttlicher Autorisation oder Gewährung gerechnet wird (vgl. etwa Num 31,2 Befehl an Mose; Ri 11,36 *'śh neqāmōt* »Rache verleihen«; 2Sam 4,8; 22,48 = Ps 18,48). Das Reden vom Einschreiten Gottes zur Bestrafung ist ähnlich wie die Aussagen über den göttlichen Zorn (→*'af* 4b) zu verstehen (zur Behandlung des Problems in der Auslegungsgeschichte vgl. G. Sauer, Die strafende Vergeltung Gottes in den Psalmen, 1961, 9–51). Gott straft in erster Linie den Bundesbruch seines Volkes (Lev 26,25; Jes 1,24, vgl. →*nḥm* 3c; Jer 5,9.29; 9,8; Ez 24,8), aber auch jedes Vergehen des Einzelnen ahndet er (Ps 99,8). Das Blut seiner Propheten rächt er (2Kön 9,7). Er straft aber auch die Feinde Israels und rächt so sein Volk (Num 31,3; Dtn 32,35.41.43, vgl. Röm 12,19; Hebr 10,30), dies besonders bei den exilisch-nachexilischen Propheten (Jes 34,8; 35,4; 47,3; 59,17; Jer 46, 10; 50,15.28; 51,6.11.36; Ez 25,14.17; Jo 4,21 txt em; Mi 5,14; Ps 149,7). Der *jōm nāqām/neqāmā* »Tag der Rache« (Jes 34,8; Jer 46,10; →*jōm* 4b) bedeutet Trost für das trauernde Volk (Jes 61,2; 63,4). Daß dadurch das alte rechtmäßige Verhältnis wieder hergestellt werden soll, schimmert noch gelegentlich durch. Häufig wird

Gott von Einzelnen um Rache gebeten (Ri 16,28; Jer 11,20; 15,15; 20,12; Ps 79, 10); diese bewahrt den Menschen davor, selber Vergeltung üben zu müssen (1Sam 24,13), und ist für den Gerechten Grund zur Freude (Ps 58,11). Bei all diesen Handlungen steht der Eifer Gottes (→*qn'*) um und für sein Volk im Hintergrund (Nah 1,2 *nōqēm* »Rächer«; Ps 94,1 *'ēl neqāmōt* »Gott der Rache« im Appellationsruf an Jahwe, den Richter, vgl. Kraus, BK XV,654).

5. Die Schriften von Qumran kennen, der sich separierenden Grundhaltung der Gemeinde entsprechend, eine ausgiebige Verwendung der Vokabel, besonders im Hinblick auf den göttlichen Zorn, der mit dem rächenden Schwert die Bundesrache vollstreckt (CD 19,13 u.ö.; vgl. Kuhn, Konk. 146). Die LXX übersetzt zumeist mit ἐκδικεῖν und Ableitungen davon. Zum ntl. Sachverhalt vgl. F. Büchsel, Art. ἀποδίδωμι, ThW II,170f.; G. Schrenk, Art. ἐκδικέω, ThW II,440–444; H. Preisker – E. Würthwein, Art. μισθός, ThW IV,699–736. *G. Sauer*

נשׂא *nś'* aufheben, tragen

1. Das Verbum *nś'* ist gemeinsemitisch (Bergstr. Einf. 187; im späteren Aram. durch andere Verben verdrängt, KBL 1101b) und in Texten der atl. Zeit reichlich belegt (AHw 762–765; Huffmon 239f.; WUS Nr. 1859; UT Nr. 1709; DISO 169. 186f.); die Bed. »aufheben, tragen, wegtragen« liegt überall zugrunde (arab. *nš'* intransitiv »sich erheben«, Wehr 856b; vgl. L. Kopf, VT 8, 1958, 186f.).

Im AT begegnen hebr. alle Verbalstammformen außer Pu. und Ho., aram. nur Qal und Hitp. Von den Nominalbildungen sind häufig *naśī'* »Fürst«, *maśśā'* »Last« und »(Erhebung der Stimme =) Ausspruch«, *maś'ēt* »Erhebung« (Jer 6,1 »Rauchsignal«, vgl. Ri 20,38.40 und Lachisch-Ostrakon KAI Nr. 194, Z. 10) und »Abgabe«, seltener *maśśō'* »Beachtung (des Angesichts)« (2Chr 19,7), *maśśā'ā* »Erhebung« (Jes 30,27), *neśī'īm* »Wolken, Nebelschwaden« (Jer 10,13 = 51,16; Ps 135, 7; Spr 25,14; vgl. R.B.Y. Scott, ZAW 64, 1952, 25), *śe'ēt* »Hoheit« und »Hauterhebung, Hautmal«, *śī'* »Hoheit« (Hi 20,6; anders C. Rabin, Scripta Hierosolymitana 8, 1961, 399). Grammatisch und textlich unsicher ist *maś'ōt* in Ez 17,9.

2. Das Verbum begegnet im AT 654 × (dazu aram. 3 × : q. 2 ×, hitp. 1 ×), und zwar im Qal 597 × (inkl. Jes 46,1 *neśū'ōt*; Ez 8,3, bei Lis. unter ni.; exkl. Gen 4,7 *śe'ēt*; Ez 17,9 *maś'ōt*; bei Mand. fehlt Esr 10,44 Q), Ni. 33 × (inkl. 2Sam 19,43 *niśśē't*), Pi. 12 ×, Hitp. 10 ×, Hi. 2 ×. Das Qal ist am häufigsten in Ez (68 ×, weiter Gen 46 ×, Ps 45 ×, Num und Jes je 44 ×, Ex und 1Sam je 32 ×, Hi 28 ×), das Ni. in Jes (14 ×, Ez 5 ×).

Die Zahlen für die Nomina sind: *nāśī'* »Fürst« 130 × (Num 62 ×, Ez 37 × [in Lis. fehlt Ez 12,12], Jos 13 ×), *neśī'īm* »Wolken« 4 ×, *maśśā'* »Last« 45 × (Jer 12 ×, Num 11 ×), *maśśā'* »Ausspruch« 21 × (Jes 11 ×), *maśśō'* 1 ×, *maśśā'ā* 1 ×, *maś'ēt* 16 × (inkl. Ez 17,9), *śe'ēt* 14 × (davon 7 × in der Bed. »Hautmal« in Lev 13–14), *śī'* 1 ×.

3. a) Die der Wurzel eigene Grundbedeutung »aufheben, tragen« ist im Qal gut belegt: Menschen heben ein Feldzeichen empor (Jer 4,6; 50,2 u.ö.), steigendes Wasser hebt ein Schiff empor (Gen 7,17) usw. Als Gegenbegriff wird in Ps 102,11 →*šlk* hi. »fallen lassen« verwendet. Eine spezielle technische Bedeutung scheint *nś'* im Zusammenhang mit dem Wägen gehabt zu haben (Hi 6,2 *nś' bemōzenájim* »auf die Wagschalen heben«, par. *šql* »wägen«). In der Bed. »tragen« kommen ebenso verschiedene Subjekte und Objekte in Betracht: Menschen tragen ein Götterbild (Am 5,26; vgl. Jes 46,1 *neśū'ōt*), Bäume tragen Früchte (Ez 17,8), usw. Als Parallelausdruck begegnet *sbl* »tragen« (Jes 46, 4.4.7; 53,4; sonst noch Gen 49,15; Jes 53,11; Klgl 5,7; pu. Ps 144,7; hitp. Pred 12,5 »sich fortschleppen«; dazu die Ableitungen *sēbæl*/*siblā*/*sōbæl* »Last[arbeit]«, [vgl. noch T.N.D. Mettinger, Solomonic State Officials, 1971, 137–139], *sabbāl* »Lastträger« par. *nōśē'* 1Kön 5,29, vgl. Noth, BK IX, 87; unklar ist aram. *sbl* po. in Esr 6,3; zu *zbl* s.u. 3e), ferner *'ms* »heben, tragen, aufladen« (Jes 46,1.3; Neh 4,11; sonst noch Gen 44,13; Sach 12,3; Ps 68,20; Neh 13,15; hi. »aufladen« 1Kön 12,11 = 2Chr 10,11; *'æbæn ma'amāsā* »Stemmstein« Sach 12,3).

Unter den sinnverwandten Wörtern vgl. noch *nṭl* q. »aufladen« (2Sam 24,12; Klgl 3,28) und »wägen« (Jes 40,15), aram. q. »aufheben« (Dan 4,31; 7,4), pi. »aufheben« (Jes 63,9 par. *nś'* pi.), *nāṭīl* »darwägend« (Zeph 1,11) und *nēṭæl* »Last« (Spr 27,3); etwas entfernter ist *jbl* hi. »bringen« (7 ×, aram. ha. 3 × ; ho. pass. 11 × ; *jebūl* »Ertrag« 13 × ; *jābāl* [Jes 30,25; 44,4] und *jūbal* [Jer 17,8] »Wassergraben«). Unsicher ist die Ableitung von *kenā'ā* bzw. *kin'ā* »Last, Bündel« in Jer 10,17. In Ps 31,12 vermutet G.R. Driver, JThSt

32, 1931, 256, ein Subst. *mā'ōd* »Last« (KBL 489a) statt *me'ōd*.

Besonders häufig wird im AT als Objekt die Lade Gottes genannt (Jos 3,3ff.; 2Sam 6,3f.13 u.ö.). Die Ausdrücke für »Waffen-/Schild-Träger« werden mit dem Part. *nōśē'* und entsprechendem Objekt gebildet (Ri 9,54; 1Sam 14,1ff. u.ö.; 1Sam 17,7.41 u.ö.).

Von der Bed. »tragen« her ist die Nuance »wegtragen« zu verstehen (2Sam 5,21 u.ö.; häufig mit Subj. →*rūaḥ* »Wind« bzw. »Geist Gottes«, 1Kön 18,12; 2Kön 2,16; Jes 41,16; 57,13 par. →*lqḥ* »nehmen«; Ez 3,12.14; 8,3; 11,1.24; 43,5; aram. Dan 2,35; mit *se'ārā* »Sturm« Jes 40,24; mit *qādīm* »Ostwind« Hi 27,21, par. *ś'r* pi. »wegblasen«). Das Verbum wird in dieser Bedeutung bisweilen verwendet im Ausdruck »eine Frau nehmen« (Ruth 1,4; Esr 9,2.12; 10,44 Q; Neh 13,25; 2Chr 11,21; 13,21; 24,3; →*lqḥ* 3d). Das »nehmen« kann negativ qualifiziert sein und in die Nähe von »rauben« geraten (Ri 21,23; 1Sam 17,34; Hhld 5,7; Dan 1,16; in Ez 29,19 werden im Kontext *šll* und *bzz* »plündern« gebraucht).

Der Ausdruck *nś' rōš/mispār* (Ex 30,12; Num 1,2.49; 4,2.22; 26,2; 31,26.49 bzw. Num 3,40; 1Chr 27,23; immer im Zusammenhang von Musterungen) hat die Bed. »zählen«; er ist wohl auf akk. Spracheinfluß zurückzuführen (vgl. AHw 762f.; F.X.Steinmetzer, OLZ 23, 1920, 153).

b) Sehr oft ist mit dem Verbum ein Gestus bezeichnet. Von daher ergibt sich häufig eine übertragene Bedeutung, indem das durch den Gestus Bezeichnete mit dem Verbum gemeint ist. Ein Erheben der Hände kann in feindlicher Weise geschehen (2Sam 20,21); üblich ist der Gestus beim Schwören (Ex 6,8; Num 14,30; Dtn 32,40; Ez 20,5ff.; Ps 106,26 u.ö., oft in anthropomorpher Vorstellung von Jahwe ausgesagt), beim Beten und Flehen (Ps 28,2; 63,5; Klgl 2,19 u.ö.; in Ps 134,2 ist in ähnlicher Weise *brk* pi. »preisen« gebraucht) und beim Herbeiwinken (Jes 49,22).

Der Ausdruck »das Haupt erheben« gilt vom Freien, Mächtigen, Selbstbewußten (Ri 8,28; Sach 2,4; Ps 83,3; Hi 10,15). Die Formulierung kann auch transitiv sein: jemand erhöht einen anderen in irgend einer Weise (2Kön 25,27 = Jer 52,31). In Gen 40,13.19f. wird die Mehrdeutigkeit von *nś'* zu einem Wortspiel benützt (*nś' rōš* ist einerseits im hier besprochenen Sinn verwendet, bedeutet aber andererseits »das Haupt nehmen = hinrichten«).

nś' pānīm »das Gesicht erheben« (vgl. I.L.Seeligmann, FS Baumgartner 1967, 270–272) ist zunächst Ausdruck des guten Gewissens (2Sam 2,22; Hi 11,15; vgl. Gen 4,7 *śe'ēt*) oder einer Erwartung (2Kön 9,32; Hi 22,26). Auch diese Formulierung kann transitiv verwendet sein; sie bekommt dann die Bed. »jemandem günstig gesinnt sein, willfahren« (Gen 19,21; 32,21; Hi 42,8.9; Parallelausdrücke sind *ḥnn* »gnädig sein« Dtn 28,50; *šm' beqōl* »auf die Stimme hören« 1Sam 25,35; *rṣh* »Gefallen haben an« Mal 1,8f.; *knh* pi. »schmeicheln« Hi 32,21; *nkr* pi. im Sinn von »bevorzugen« Hi 34,19; *nbṭ* hi. »[freundlich] anblicken« Klgl 4,16). Der Ausdruck kann in positivem (2Kön 3,14 »Rücksicht nehmen« und s.o.) oder negativem Sinn gebraucht sein (»Partei ergreifen, parteiisch sein« Mal 2,9; Ps 82,2; Hi 13,8.10; Spr 6,35; 18,5; par. *hdr pānīm* Lev 19,15 »du sollst die Person des Geringen nicht ansehen, aber auch den Vornehmen nicht begünstigen«, beides ist also als Gefahr gleichwertig; par. *lqḥ šōḥad* »Bestechung annehmen« in Dtn 10,17). Recht häufig ist der Ausdruck *neśū'* (Part. pass.) *fānīm* »angesehen, geachtet« (2Kön 5,1 neben *gādōl* »groß, angesehen«; Jes 3,3 in einer Aufzählung von Würdenträgern; Jes 9,14 neben *zāqēn* »Ältester«; Hi 22,8 par. *'īš zerōa'* »Mann des Arms = Mächtiger«). Wenn Jahwe sein Angesicht erhebt, hat dies für den Menschen heilvolle Bedeutung (Num 6,26; Ps 4,7; in Qumran gilt die Vorstellung sowohl für Gottes Segens- als auch Fluchhandeln, 1QS 2,4.9).

Eine andere Bewegung ist schließlich durch den Ausdruck *nś' 'ēnájim* »die Augen erheben« erfaßt (sehr oft mit *r'h* »sehen« zusammen, Gen 13,10.14; 18,2 u.ö.; →*'ájin* 3a). Mit dem Ausdruck kann auch eine besondere Gemütsbewegung wie die der Liebeslust (Gen 39,7; Ez 23,27), der Sehnsucht nach Jahwe (Ps 121,1; 123,1) oder anderen Göttern (Ez 18,12) angedeutet sein.

c) Sehr oft kommt *nś'* mit einem Ausdruck des Redens vor. Besonders häufig wird *nś' qōl* »die Stimme erheben« verwendet (zusammen mit *bkh* »weinen« ist damit ein laut hörbares Weinen gemeint: Gen 21,16; 27,38; 29,11; Ri 2,4; 21,2; 1Sam 11,4; 24,17 u.ö.; neben *qr'* »rufen« Ri 9,7; neben *ṣ'q* »schreien« Jes 42,2; neben *rnn* q. »jauchzen« Jes 24,14; pi. 52,8). Andere Objekte mit akustischer Bedeutung sind beispielsweise *qīnā* »Klagelied« (Jer 7,29; 9,9; Ez 19,1; 27,2.32; 28,12; 32,2; Am 5,1; mit *nehī* Jer 9,9.17), *tefillā* »Gebet«

(2Kön 19,4 = Jes 37,4; Jer 7,16; 11,14), *māšāl* »Spruch« (Num 23,7.18; 24,3.15. 20.21.23; Jes 14,4; Mi 2,4; Hab 2,6; Hi 27,1; 29,1), mit einer figura etymologica *maśśā'* »Ausspruch« (2Kön 9,25, s.u. 4b), ferner *ḥærpā* »Schmähung« in Ps 15,3, *šēma'* »Gerücht« in Ex 23,1 und wohl auch *nś' šēm* »den Namen aussprechen« (Ex 20, 7; Dtn 5,11; vgl. Ps 16,4; 139,20 txt em; vgl. J.J.Stamm, ThR NF 27, 1961, 288f.). Ein Objekt kann auch fehlen (elliptische Ausdrucksweise: Jes 3,7; 42,2.11; Hi 21, 12).

d) Der Gebrauch des Verbums wird von körperlichen Bewegungen auf solche des Gemütes übertragen: *nś' næfæš* meint dann »auf eine Sache hin ausgerichtet sein«, mit verschiedenen Nuancen: »sich sehnen« (Dtn 24,15; Hos 4,8), »sich mit dem Gedanken abgeben« (Ps 24,4; Spr 19,18), »vertrauen« (Ps 25,1f. und 143,8 par. →*bṭḥ*; Ps 86,4). Andererseits kann die Vorstellung umgekehrt so sein, daß das seelische Organ selbst den Menschen zu einer Sache hintreibt (vom *lēb* »Herzen« ausgesagt: Ex 35,21.26 und 36,2 in positiver, 2Kön 14, 10 = 2Chr 25,19 in negativer Beleuchtung).

e) Vom Wortsinn »tragen« her ergibt sich als übertragene Bedeutung »ertragen« (vom Land: Gen 13,6; 36,7; Spr 30,21; von Menschen und Gott: Dtn 1,9; Jes 1, 14; Jer 44,22; Mi 7,9; Hi 21,3). Nach L. Köhler (ThZ 5, 1949, 395; KBL 250a) zeigt sich bei *zbl* (akk. und arab. »tragen«) in Gen 30,20 die gleiche Entwicklung von »tragen« zu »ertragen« (anders M.David, VT 1, 1951, 59f.; HAL 252b; M.Held, JAOS 88, 1968, 90–96; M.Dietrich – O. Loretz, OLZ 62, 1967, 539: »beschenken«, vgl. akk. *zubullû* »Brautgabe«).

f) Der Ausdruck *nś' 'āwōn/ḥēṭ'* (darüber ausführlich R.Knierim, Die Hauptbegriffe für Sünde im AT, 1965, 50–54.114–119. 193.202–204.217–222.226; →*ḥṭ'* 3b) gehört zur kultischen Terminologie. Ausgehend von den Bedeutungen »aufladen« und »tragen« bedeutet er einerseits »Sünde auf sich laden«, andererseits »(die Straffolgen seiner) Schuld tragen (müssen)« (Lev 5,1.17; 7,18; 17,16; 19,8.17; 20,17.19.20; 22,9; 24,15; Num 5,31 u.ö. Ez 14,10; 18,19f. u.ö.). Dabei ist allenfalls Stellvertretung möglich, die durch den Priester (Ex 28, 38), die Söhne (Num 14,33), den Propheten (Ez 4,4–6) und schließlich den Gottesknecht (Jes 53,12, par. *pg'* hi. »eintreten für«, womit das aktive Moment bei der Stellvertretung durch den Gottesknecht in Sicht kommt) vollzogen werden kann. Der Ursprung dieses Sprachgebrauchs und der entsprechenden Vorstellung wird in der kultischen Deklaration des Priesters, der Übertretungen qualifiziert, zu suchen sein (vgl. W.Zimmerli, ZAW 66, 1954, 9–12 = GO 157–161).

g) Auch von der Bed. »wegtragen« her ergibt sich beim Obj. *ḥēṭ'/'āwōn/pæša'* ein übertragener Sinn: »(die Sünde) vergeben« (auch elliptisch; vgl. Gen 4,13; 18, 24.26; 50,17.17; Ex 10,17; 23,21; 32,32; 34,7; Lev 10,17; Num 14,18.19; Jos 24, 19; 1Sam 15,25; 25,28; Jes 2,9; 33,24; Hos 1,6.6; 14,3; Mi 7,18; Ps 25,18; 32,1. 5; 85,3; 99,8; Hi 7,21; vgl. J.J.Stamm, Erlösen und Vergeben im AT, 1940, 67f.). Als Parallelausdrücke sind belegt: →*nqh* pi. »unschuldig erklären« und →*slḥ* »vergeben« (Num 14,18f.), →*kpr* pi. »entsündigen« (Lev 10,17), *ksh* pi. eigentlich »zudecken« (Ps 85,3; vgl. Ps 32,1), *'br* hi. *'āwōn* »Schuld hingehen lassen« (Hi 7,21). Ausdrücke dieser Art haben ihren Sitz in der Klage, die sich, um Vergebung von Schuld bittend, an Gott wendet (Ps 25,18; 32,1.5; 85,3; vgl. Hi 7,21), im Zusammenhang mit kultisch-priesterlicher Erörterung (Lev 10,17), paränetischer (wohl dtr. geprägter) Ansprache (Ex 23,21; Num 14,18f.; Jos 24,19), in prophetischer Heils- und Unheilsankündigung (Jes 2,9; 33,24; Hos 1,6); theologiegeschichtlich schwierig einzuordnen sind die Bemerkungen über die »Vergebung« in Gen 18, 24.26 (das Stück gehört zeitlich und sachlich wohl in die Nähe von Dtn und Ez, kaum zu J; anders von Rad I, 407f.). Gott wird in hymnischer Formulierung geradezu *'ēl nōśē'* »Vergebergott« genannt (Ps 99,8).

h) *nś'* ni. hat reflexive und passive Bedeutung. Von den Rädern der Thronwagenvision Ezechiels wird ausgesagt, daß sie sich erheben (Ez 1,19–21), auch von den Toren des Tempels (Ps 24,7.9 txt em, je par. zu *nś'* q.). Passive Bedeutung ist in Jes 40,4 belegt (»erhöht werden«, Gegensatz *špl* »niedrig sein«), ferner in 2Sam 19, 43; 2Kön 20,17 u.ö. (»weggenommen, weggetragen werden«). Oft ist das Part. *niśśā'* »erhaben« bei Jesaja und davon abhängigem Schrifttum verwendet (teilweise zusammen mit →*rūm* oder →*gbh* »hoch sein«; Jes 2,2.12–14; 6,1; 30,25; 57,7), um einerseits den Gottesberg (2,2) und den Gottesthron (6,1), andererseits die Gott konkurrenzierenden Mächte (2,12–14) zu beschreiben (auch für den Gottesknecht gilt in Jes 52,13 dieselbe Terminologie, *nś'* neben *rūm* und *gbh*); die gleichen Ausdrücke können – theologisch nicht qualifizierend – zur Beschreibung eines Hügels dienen (Jes 30,25; 57,7).

Einige Stellen reden vom »Sich-Erheben« Jahwes; dahinter steht die Vorstellung der Theophanie (neben *qūm*: Jes 33, 10; Ps 7,7; neben *rūm* hitpo.: Jes 33,10; neben *jp'* hi.: Ps 94,1f.). Dabei handelt es sich in Ps 7,7 und 94,2 um Bitten um das Erscheinen Gottes; in Jes 33,10 ist dieses im prophetischen Jahwe-Wort angekündigt.

i) Im Pi., das die Bed. »aufheben, erheben« hat, sind als Parallelausdrücke *nṭl* pi. »aufheben« und *gdl* pi. »groß machen« belegt (Jes 63,9; Est 5,11). Das Hi. ist nur zweimal belegt in der Bed. »(jemanden seine Sünde) tragen lassen« (Lev 22,16; vgl. dazu auch 1QS 5,14) und »herbeitragen« (2Sam 17,13 txt?). Das Hitp. meint »sich erheben« (Num 23,24 par. *qūm*; 24,7 par. *rūm*, sowohl im eigentlichen als auch im übertragenen Sinn: einmal von einem Löwen, das andere Mal von einem Königreich; Gegenbegriff ist nach Ez 17,14 *špl*).

4. a) Ursprung und Bedeutung des Wortes *nāśī'* ist umstritten (vgl. u.a. M.Noth, Das System der zwölf Stämme Israels, 1930, 151–162; J. van der Ploeg, RB 57, 1950, 40–61; M.H.Gottstein, VT 3, 1953, 298f.; E.A.Speiser, CBQ 25, 1963, 111–117). M.Noth versteht es vom Ausdruck *nś' qōl* (s.o. 3c) her (also als »Sprecher«) und ordnet es der postulierten altisr. Zwölf-Stämme-Amphiktyonie zu. Er erwähnt die Listen von je zwölf *neśī'īm* (Num 1,5–16; 13,4–15; 34,17–28) und weist auf Gen 25, 16 hin, wo die Rede von zwölf *neśī'īm* der Ismaeliter ist; auch für sie wird amphiktyonische Sprecherfunktion angenommen. Demgegenüber scheint es wahrscheinlicher daß die Bed. »(Bundes-)Sprecher« für relativ alte Belege nicht in Betracht kommt (Gen 34,2; 1Kön 11,34; vgl. den Sprachgebrauch bei Ez). Eine ismaelitische Amphiktyonie ist kaum denkbar, eher wußte man traditionell um zwölf Ismaeliter-Fürsten (Gen 17,20; 25,16). Man wird als Grundbedeutung »Erhabener, Fürst« annehmen dürfen. Der Ausdruck scheint sich in der isr. Stämmeorganisation festgesetzt zu haben (alte Belege: Ex 22,27; 1Kön 8,1) und wurde später zur Bezeichnung des Führers innerhalb der religiös verstandenen Nationalgemeinschaft; dabei denken die der Priesterschrift nahestehenden Stücke (Belege in Ex, Lev, Num, Jos) wohl an eine Zwölfzahl von *neśī'īm*, die dem Priesteramt Aarons bzw. Moses untergeordnet sind (vgl. etwa Ex 16,22; 34,31; Num 1,16 usw.), während Ezechiel nur einen *nāśī'* kennt, der in der künftigen Heilszeit priesterlichen Dienst tut und wohl als kultischer Rechtsnachfolger des isr. Königs zu gelten hat (z.B. Ez 45,7. 16f.; 46,8.10.17).

b) Der Ausdruck *maśśā'* »Unheilsankündigung« (es ist wohl nicht von *nś' qōl* »sprechen« auszugehen [so u.a. M.Tsevat, HUCA 29, 1958, 119.130; G.Rinaldi, Bibl 40, 1959, 278f.], sondern von der Bed. »aufheben«; *maśśā'* ist die »Last« des Unheils, die dem Angesprochenen durch prophetisches Wort aufgeladen wird, vgl. P.A.H. de Boer, OTS 5, 1948, 197–214; G.Lambert, NRTh 87, 1955, 963–969) ist terminus technicus der prophetischen Sprache. Er bezeichnet in der Regel das Fremdvölkerorakel (mit Bezeichnung des Adressaten: Jes 13,1; 15,1; Nah 1,1; vgl. Jes 14,28 usw.). Doch kann damit (wohl sekundär) der Prophetenspruch ganz allgemein gemeint sein (Sach 9,1; 12,1; Mal 1,1; vgl. Hab 1,1: hier ist *maśśā'* der Inhalt prophetischen Schauens, →*ḥzh*). Die falschen Völkerorakel unzuverlässiger Propheten werden beklagt (Klgl 2,14). In einem Fall wird die prophetische Unheilsankündigung an einen Einzelnen *maśśā'* genannt (2Kön 9,25).

c) Von Gottes Tragen im Sinne des Schützens und Bewahrens ist an verschiedenen Stellen in Bildern und Vergleichen die Rede. *nś'* wird verwendet im Zusammenhang mit dem Auszug aus Ägypten und der Wüstenwanderung in Ex 19,4 »wie ich euch auf Adlersflügeln getragen habe« (vgl. Dtn 32,11) und in Dtn 1,31 »wo dich Jahwe, dein Gott, getragen hat, wie einer sein Kind trägt«. Zusammen mit *'ms* und *sbl* (s.o. 3a) steht *nś'* in Jes 46,3f. (vgl. Westermann, ATD 19, 143–147 mit der Überschrift zu 46,1–4: »Die Getragenen und der Tragende«): »Höret auf mich, Haus Jakob ..., die ihr aufgeladen von Mutterleib an, getragen seid vom Mutterschoß an: Auch bis zum Greisenalter bin ich's, und bis zum grauen Haar will ich tragen«. Ps 91,12 wird *nś'* von den Engeln ausgesagt; in Jes 63,9 steht *nś'* pi. neben *nṭl* pi. (vgl. noch *jbl* hi. in Jer 31,9). Ferner begegnet *'ms* »tragen« noch in Ps 68,20 »uns trägt der Gott, der unsere Hilfe ist«. Die hier zum Ausdruck kommenden Vorstellungen und Bilder von Gottes schützendem Handeln liegen wohl auch den mit Verben des Tragens gebildeten theophoren Eigennamen zugrunde; im AT vgl. *'amasjā* (2Chr 17,16) und die Kurzformen *'amāśā*, *'amāśaj* und *'āmōs* (Noth, IP 178f.;

für außerbiblische Analogien vgl. M. Noth, JSS 1, 1956, 325; Huffmon 198; Gröndahl 109; Harris 134).*

5. In Qumran findet der atl. Sprachgebrauch weithin Fortsetzung; im NT wirkt er in ἀφιέναι nach (vgl. R. Bultmann, Art. ἀφίημι, ThW I, 506–509); er steht auch hinter der Verwendung von αἴρειν in Joh 1,29, wobei die Mehrdeutigkeit von *nś'* hier nachwirkt (vgl. J. Jeremias, Art. αἴρω, ThW I, 184–186; ferner K. Weiss, Art. φέρω, ThW IX, 57–89).

F. Stolz

נתן *ntn* geben

I. 1. Der Wortstamm des Verbums zeigt in verschiedenen sem. Sprachen variierende Formen (hebr. und aram. *ntn*, vgl. DISO 188f.; KBL 1102; auch amorit., vgl. Huffmon 244; ug. und phön.-pun. *jtn*, vgl. WUS Nr. 1255; UT Nr. 1169; DISO 113; akk. *ndn*, vgl. AHw 701ff.).

Verschiedene Wortformen im Hebr. (die Personennamen *Jitnān* und *Jatnī'ēl*, wohl auch das mit prosthetischem Aleph gebildete *'ētān* < **'ajtān* »immer wasserführend, beständig«, die PN *'ætnī*/*'ætnān* und die Subst. *'ætnan*/*'ætnā* »Geschenk« [anders HAL 99b], sowie das Verbum *tnh* I »Lohn geben« Hos 8,9.10 [nicht Denominativ von *'ætnan*/*'ætnā*; anders H.S. Nyberg, ZAW 52, 1934, 250; C. van Leeuwen, Hosea, 1968, 175]), im Ug. (Inf. *tn*, vgl. J.C. de Moor, The Seasonal Pattern . . ., 1971, 150; vgl. Ps 8,2) und Akk. (sekundäre Verbalbildung *tadānum*, vgl. GAG §51c. 102m. 103d) zeigen, daß von einem zweiradikaligen Stamm *tn* oder *dn* (< *tn*, GVG I, 153) auszugehen ist, während der erste Stammkonsonant *n*/*j*/*'*/*t* überall sekundär dazugekommen ist (vgl. u.a. F.M. Cross – N. Freedman, JBL 72, 1953, 32 Anm. 91; N.M. Sarna, JBL 74, 1955, 273; S. Segert, ArOr 24, 1956, 133f.; D.W. Young, VT 10, 1960, 457–459; B. Kienast, ZA 55, 1963, 140f. 144; J. MacDonald, ALUOS 5, 1963/65, 63ff.; weitergehende etymologische Überlegungen bei C.H. Gordon, RSO 32, 1957, 273f. [Ableitung von einem äg.-sem. einradikaligen Nomen *d* »Hand«]; anders C.J. Labuschagne, OuTWP 1967, 60 [*t* > *tn*]).

2. Das Verbum *ntn* begegnet im Hebr. nur im Qal und im Ni. Die Form *juttan* (vgl. *ju-da-an* o.ä. in EA 89,58 u.ö.) ist nicht als Ho., sondern als Qal pass. zu erklären (Bergstr. II, 87; Joüon 126.142; Meyer II, 117.135). Zum Perf. declarativum (z.B. Gen 1,29 »hiermit gebe ich«) vgl. → *'mr* 3a.

Als nominale Ableitungen begegnen neben *'ætnan* bzw. *'ætnā* »Geschenk« (s.o. 1) das substantivisch verwendete Verbaladjektiv *nātīn* »Geschenktes, Geweihtes« (s.u. III/1c) und die Substantive *mattān*/*mattānā*/*mattat* »Gabe, Geschenk« (bibl.-aram. *n^{e}tīn* und *matt^{e}nā*; hebr. *nādān* »Geschenk« in Ez 16,33 könnte akk. LW sein, vgl. KBL 597b); dazu kommt eine Anzahl Personennamen: *Nātān*, *'ælnātān*, *N^{e}tan'ēl*, *J(^{e}h)ōnātān*, *N^{e}tanjā(hū)*, *N^{e}tan-mǽlæk*, *Jitnān*, *Jatnī'ēl*, *Mattān*, *Matt^{e}naj*, *Mattanjā(hū)*, *Mattattā*, *Mattitjā(hū)* und der Ortsname *Mattānā* (vgl. Noth, IP 170; Huffmon 216f. 244; Gröndahl 147; F. L. Benz, Personal Names in the Phoenician and Punic Inscriptions, 1972, 328f. 364; J.K. Stark, Personal Names in Palmyrene Inscriptions, 1971, 101a; s.u. IV/1).

3. Im Aram. ist das Perf. von *ntn* schon früh durch *jhb* ersetzt worden (KBL 1081. 1102; DISO 105f. 188f.; LS 298f.; zur Etymologie vgl. C. J. Labuschagne, OuTWP 1967, 62), das im Bibl.-Aram. im Q. und Hitpe. vorkommt.

Im Hebr. begegnet *jhb* nur im Imp. (Sing. und Plur.) und ist manchmal zur Interjektion versteinert (HAL 226f.). Zu *j^{e}hāb* »Last, Sorge(?)« vgl. Wagner Nr. 120 (anders M. Dahood, Psalms II, 1968, 38: l *jōhēb* »Benefactor«).

II. Mit seinen rund 2000 Belegen ist *ntn* das fünfthäufigste Verbum im AT. Es begegnet (ausgenommen in Nah) in allen atl. Büchern (Gen 29,27 *nitt^{e}nā* ist mit BrSynt § 35e als 3.sing.fem. Perf. ni. gerechnet, nicht als 1.plur.Kohortativ q.; 2Sam 21,6 Q als q., nicht K als ni.; exkl. Ps 8,2 txt? *t^{e}nā*; Hi 9,24 ist bei Lis. unter q. statt ni. angeführt):

	q.	q. pass.	ni.	zus.
Gen	147	–	3	150
Ex	113	–	2	115
Lev	81	1	4	86
Num	117	2	1	120
Dtn	176	–	–	176
Jos	88	–	1	89
Ri	69	–	–	69
1Sam	70	–	2	72
2Sam	28	2	–	30
1Kön	110	1	–	111
2Kön	55	1	4	60
Jes	49	–	7	56
Jer	131	–	17	148
Ez	196	–	12	208
Hos	12	–	–	12
Jo	8	–	–	8
Am	4	–	–	4
Ob	1	–	–	1
Jon	2	–	–	2
Mi	7	–	–	7
Nah	–	–	–	–
Hab	1	–	–	1
Zeph	2	–	–	2
Hag	1	–	–	1
Sach	7	–	–	7
Mal	3	–	–	3

	q.	q.pass.	ni.	zus.
Ps	94	–	–	94
Hi	30	1	2	33
Spr	34	–	–	34
Ruth	8	–	–	8
Hhld	7	–	–	7
Pred	23	–	2	25
Klgl	9	–	–	9
Est	15	–	14	29
Dan	14	–	3	17
Esr	18	–	1	19
Neh	41	–	2	43
1Chr	38	–	2	40
2Chr	110	–	4	114
AT	1919	8	83	2010

Nominale Ableitungen von *ntn* kommen verhältnismäßig selten vor: *nātīn* 17 × (nur Plur. in Esr/Neh und 1Chr 9,2), *mattān* 5 × (Spr 3 ×), *mattānā* 17 × (Ez 5 ×), *mattat* 6 ×, ferner *'ætnā* 1 ×, *'ætnan* 11 ×.

Im Bibl.-Aram. begegnet *ntn* q. 7 × (Impf. und Inf.), *jhb* q. 12 × (Perf., Imp. und Part.), *ntn* q.pass. 9 ×, hitpe. 7 ×; *n^e^tīn* 1 × (Esr 7,24 Plur.), *matt^e^nā* 3 ×. Im hebr. AT ist *jhb* 33 × belegt (nur Imp.: *hab* 2 × in Spr 30,15; *hābā* 12 ×, davon 5 × als Interjektion »wohlan!«; *hābī* 1 × in Ruth 3,15; *hābū* 18 ×).

III. Die Wörterbücher unterscheiden üblicherweise drei Hauptbedeutungen von *ntn*: (1) »geben«, (2) »setzen«, »aufstellen«, »legen« und (3) »machen«, »tun« (vgl. GB 529–531 und Zorell 539–541; anders KBL 642f., das »geben« als Hauptbedeutung annimmt). Im Grunde bezeichnet *ntn* die Handlung, durch die ein Gegenstand oder eine Sache in Bewegung gesetzt wird. Aus dieser Grundbedeutung ergeben sich zwei Hauptbedeutungsreihen: Einerseits gibt es eine Reihe von Bedeutungen, die das »in Bewegung setzen« bzw. »versetzen« eines Gegenstandes (»etwas in Bewegung setzen in Richtung auf«, »[ver]setzen«, »legen« und auf Personen bezogen »jemandem etwas zukommen lassen«, »geben«) bezeichnen (s.u. III/1); andererseits finden wir eine Reihe von Bedeutungen, die sich auf das »in Bewegung setzen« bzw. »in Gang bringen« einer Sache im Sinne des »verursachen«, »bewirken«, »veranlassen«, »tun« usw. beziehen (s.u. III/2). Wegen der gemeinsamen Grundbedeutung lassen sich aber beide Reihen nicht absolut voneinander trennen, um so weniger, als es oft schwierig ist, zwischen Gegenstand und Sache (z.B. zwischen »geben an« und »bewirken für« in den Fällen, wo *ntn* ein Abstraktum zum Objekt hat) eine klare Grenzlinie zu ziehen (s.u. 1b und 1d). Hinzu kommt, daß *ntn* meistens, vor allem in der ersten Reihe, in enger Verbindung mit Präpositionen verwendet wird, so daß entweder die Bedeutung des Verbums durch den jeweiligen Kontext beeinflußt wird, oder feste Verbindungen entstehen, bei denen die erste Reihe idiomatisch auf die zweite einwirkt. Ebenfalls ist in Rechnung zu ziehen, daß ein derart oft verwendetes Verbum wie *ntn* im Laufe der Zeit in verschiedenen Bereichen termini technici hervorgebracht hat, die gleichsam ein eigenes Leben zu führen begannen. Für eine ins einzelne gehende Erörterung der Verwendung des Wortes *ntn* muß auf die Wörterbücher verwiesen werden. Ein kurzer Überblick über den »einfachen« Gebrauch des in Rede stehenden Wortes muß genügen, damit seiner speziellen Verwendung größere Aufmerksamkeit gewidmet werden kann.

1. a) Im Falle der ersten Hauptbedeutung »in Bewegung setzen« im Sinne von »(ver)setzen«, »legen«, »geben« wird *ntn* zusammen mit den Präpositionen *'æl*, *l^e^*, *b^e^*, *b^e^qæræb*, *b^e^tōk*, *'al*, *bā'ad*, *táḥat*, *'ēt* und *'im* verwendet (für *lifnē* und *b^e^* in Verbindung mit *jād* s.u. III/3, für *b^e^* pretii s.u. 1f), die zur Bezeichnung der Richtung, der Bestimmung oder des Ortes des versetzten Gegenstandes dienen. Die von KBL 642a (unter 2) angenommene Verwendung von *ntn* mit zwei Akkusativen in der hier erörterten Hauptbedeutung »jemandem etwas geben« bzw. »jemanden mit etwas beschenken« muß als unbewiesen angesehen werden. Bei den von KBL angeführten Belegen (Jos 15,19; Jes 27,4; Jer 9,1; Esr 9,8) wird der Empfänger mittels eines Suffixes bezeichnet, das in allen Fällen als Dativsuffix am Verbum aufzufassen ist. Andere Beispiele sind Ez 16,38; 17,19; 21, 32; Klgl 5,6 usw. (vgl. Joüon 366f. Anm. 2; M. Bogaert, Bibl 45, 1964, 220–247; H. J. van Dijk, VT 18, 1968, 24; M. Dahood, Psalms I, 1966, 12; anders GVG II, 322 und GK § 117x und ff). Einige Male begegnet das Dativsuffix als Pronominalsuffix am Nomen, das den gegebenen Gegenstand bezeichnet, z.B. Ez 27,10; Est 2,3 (weitere Beispiele bei Joüon 389). In den wenigen Fällen, in denen *ntn* in dieser Bedeutung zwei Akkusative zu sich nimmt, wie z.B. Ex 40,8 und 1Kön 10,17 (in 2Chr 9,16 mit der Präp. *b^e^*!), muß der zweite Akk. als accusativus loci betrachtet werden, der normalerweise durch das he-locale angedeutet wird (vgl. Ex 30,18), was aber in den betreffenden Fällen wegen der Cs.-Verbindung nicht möglich war. Obgleich den Verbalformen von *ntn* in der

Bed. »(ver)setzen«, »geben« in fast allen Fällen ein Akk. folgt, begegnet das Verbum vereinzelt im absoluten Sinne, besonders in der technischen Bedeutung »leihen« (Dtn 15,10; Ps 37,21). In Spr 9,9 ist das Objekt (Erkenntnis) deutlich vorausgesetzt (anders GB 529b [unter f] »lehren«, »Kenntnisse mitteilen«; nach G.R. Driver, EThL 26, 1950, 352, ist *tan* »lobe« statt *tēn* zu lesen).

b) In bestimmten Fällen, wo *ntn* Flüssigkeiten oder Abstrakta wie »Blut«, »Regen«, »Geist«, »Schrecken«, »Schande«, »Eifersucht«, »Zeichen«, »Wunder« usw. (s. dazu die ausführliche Abhandlung von H.J. van Dijk, VT 18, 1968, 16–30, und S.C. Reif, VT 20, 1970, 114–116) zum Objekt hat, kann das Verbum »ergießen«, »bringen über« bedeuten, vor allem in den Fällen, in denen Verben wie einerseits *špk* »gießen« und *msk* »mischen« und andererseits *śīm/šīt* »legen« und *šlḥ* »senden« in gleicher Verbindung vorkommen. Diese scheinbar technische Bedeutung entspricht jedoch völlig der ersten Hauptbedeutung »etwas in Bewegung setzen«. Vielfach kann *ntn*, wenn ihm ein abstraktes Substantiv folgt, jedoch besser im Sinne der zweiten Hauptbedeutung (»in Bewegung setzen« einer Sache im Sinne von »in Gang setzen«, »verursachen«, »veranlassen«) aufgefaßt werden, obgleich es schwierig ist, immer zwischen den beiden Hauptbedeutungen zu unterscheiden (s.u. 2).

c) Wenn *ntn* Personen zum Objekt hat, erweitert sich der Begriff zum terminus technicus: »ins Gefängnis legen« (mit *'æl* Jer 37,18; mit *b^e* Jer 52,11 [Q ohne *b^e*]; mit acc.loci Jer 37,4.15, vgl. auch 2Sam 20,3; 2Chr 16,10) und »ausliefern«, besonders einen Beschuldigten oder einen Angeklagten (2Sam 14,7; 20,21; Ri 20,13 – die gleiche Konstruktion mit *jṣ'* hi. in Ri 6, 30; in diesen Fällen handelt es sich um die Aufforderung zur Herausgabe des Angeklagten, vgl. H.J. Boecker, Redeformen des Rechtslebens im AT, 1964, 21–24; 2Sam 20,21 fehlt bei Boecker); weiter »preisgeben« im Sinne des urteilenden »überliefern«, besonders wenn Jahwe Subjekt ist (Num 21,3; 1Kön 13,26; 14,16; Jes 34,2; Jer 15,9; 25,31; Ez 16,27; 23, 46; Mi 5,2; Ps 27,12; 41,3; 118,18) und schließlich »überlassen, zur Verfügung stellen, weihen« (besonders einer Gottheit): alle Erstgeborenen Ex 22,28f. (vgl. *'br* hi. Ex 13,11; *qdš* hi. Num 3,13; 8,17; Dtn 15,19); ein Kind, das wegen eines besonderen Gelübdes Jahwe geweiht wurde, 1Sam 1,11; Moloch geweihte Kinder Lev 20,2; der Sonne geweihte Pferde 2Kön 23, 11. In diesen Zusammenhang gehören auch *n^etūnīm* »Gegebene, Geweihte« als terminus technicus für die Leviten (Num 3,9; 8,16.16.19; 18,6; 1Chr 6,33) und *n^etīnīm* als terminus technicus (nicht der Tempelsklaven, sondern) einer bestimmten Klasse von »Geweihten« (vgl. E.A. Speiser, IEJ 13, 1963, 69–73; B.A. Levine, JBL 82, 1963, 207–212). Letzterer Ausdruck begegnet auch im Aram. (DISO 188) und entspricht ug. *jtnm* (UT Nr. 1169; WUS Nr. 1255); im biblischen Hebr. ist er nur im chron. Geschichtswerk belegt: Esr-Neh 16 × und 1Chr 9,2.

d) Als besondere Nebenbedeutung der ersten Hauptbedeutung meint *ntn* in manchen Fällen die Tat der Vergeltung, d.h. etwas »in Bewegung setzen« über bzw. auf jem.: jemandes Greueltaten auf (*'al*) ihn bringen Ez 7,3; jemandes Wandel (*dæræk*) auf (*'al*) ihn bringen Ez 7,4.9, jemandes Wandel (*dæræk*) auf sein Haupt (*b^erōš*) geben 1Kön 8,32 = 2Chr 6,23; Ez 9,10; 11,21; 16,43; 22,31 (vgl. Ez 17, 19 ohne *dæræk* und die synonymen Wendungen mit →*šūb* hi. Ri 9,57; 1Sam 25,39; Jo 4,7; q. Ps 7,17; vgl. auch 1Kön 2,33). In anderen, die Vergeltung zum Ausdruck bringenden Wendungen hat sich die Bedeutung von *ntn* aus der zweiten Hauptbedeutung »in Bewegung setzen, in Gang bringen, tun« entwickelt: jemandem (mit *l^e*) etwas (Strafe) »antun« Hos 9,14; Ps 120,3; jemandem etwas »tun« entsprechend (*k^e*) seiner Gerechtigkeit (1Kön 8, 32 = 2Chr 6,23), entsprechend (*k^e*) dem Werk seiner Hände (Ps 28,4), entsprechend (*k^e*) seinem Wandel (*dæræk* 1Kön 8,39; Jer 17,10; 32,19).

e) Jemandem etwas »zukommen lassen« führt zur Sonderbedeutung »zudenken, zuschreiben«: jemandem (*'al*) die königliche Würde zudenken (Dan 11,21), Gott (*l^e*) Ungeziemendes zuschreiben (Hi 1,22), Gott Gerechtigkeit zuschreiben (Hi 36,3; so M.H. Pope, Job, 1965, 230; anders Fohrer, KAT XVI, 471), bzw. majestätische Macht (*'ōz* Ps 68,35; →*'zz*) oder Ehre (1Sam 6,5; Jer 13,16; Mal 2,2; Ps 115,1; profan Spr 26,8; mit *śīm* Jos 7,19; mit *jhb* Ps 29,1; 96,7f.) oder Größe (mit *jhb* Dtn 32,3). Zu diesem Bereich gehört auch die Wendung »(Gott) eine *tōdā* darbringen«, ein technischer Ausdruck für die Ehre bzw. das Bekenntnis, das der Angeklagte nach Abschluß des Gerichtsverfahrens Gott darbringt (Jos 7,19; Esr 10,11; *šm'* hi. Ps 26,7; vgl. H.-J. Hermisson, Sprache und Ritus im altisraelitischen Kult, 1965,

42; F.Horst, ZAW 47, 1929, 50f. = Gottes Recht, 1961, 162f.; →*jdh* 4h).

f) Auch in der Rechtssphäre, besonders im Bereich des Handels, der Löhne und Preise, der Eheschließung und der Erblassung hat *ntn* technische Bedeutung. Die Wendung *ntn le* meint durchgängig »jemandem etwas zukommen lassen«, entweder durch Tauschhandel (1Kön 21,2) oder durch Darlehen (Dtn 15,10, vgl. V. 8; Ps 37,21) oder durch Verkauf gegen (*be*) Entrichtung einer Geldsumme oder ähnliches (Gen 23,9; 47,16; Dtn 14,25f.; 1Kön 21,15 usw.; par. *šql* ni. *kæsæf* Hi 28, 15; par. *mkr* »verkaufen« Jo 4,3; Spr 31, 24). Umgekehrt meint *ntn* auch das »Geben« von Geld im Sinne von »bezahlen« oder »vergüten« (Ex 21,19.30; 22,6.9; Num 5,7; Spr 6,31 par. *šlm* pi.), vorwiegend wenn es sich um Geldstrafen (Ex 21, 22 *biflīlīm* »dem Urteil der Autoritäten entsprechend[?]«, vgl. G. Liedke, Gestalt und Bezeichnung alttestamentlicher Rechtssätze, 1971, 44f.), Tribut (2Kön 15,20; 23,35), Belohnung für geleistete Dienste (2Sam 18,11), Botenlohn (*beśōrā* 2Sam 4, 10), Arbeitslohn (*śākār* Gen 30,28; Ex 2, 9; 1Kön 5,20; *pō'al* Jer 22,13), Fahrpreis (Jon 1,3) oder Hurenlohn (*nēdæ* Ez 16,33; *'ætnan* Ez 16,34.41; vgl. Hos 2,14) handelt. Zur Handelssprache gehören weiter die Wendungen *ntn benæšæk* »auf Zins leihen« (Ez 18,8; Ps 15,5; in Israel verboten: Ex 22,24; Lev 25,35–38; Dtn 23,20f.; vgl. H.Gamoran JNES 30, 1971, 127–134), *ntn bemarbīt* »(Nahrung) gegen Zuschlag verkaufen« (Lev 25,37), *ntn 'iz(z)ebōnīm* »um Depositwaren liefern« (Ez 27,12.14. 22; mit *be* Ez 27,16.19; vgl. Zimmerli, BK XIII,650), *ntn (be)ma'arāb* »um/als Tauschware liefern« (Ez 27,13.17.19), vgl. die verwandten Ausdrücke für die regelmäßige Lieferung von Produkten kraft eines Handelsabkommens Ps 72,10.

Mit sich der Verbalform anschließendem *le'iššā* »zur Frau« wird *ntn* im Zusammenhang der Eheschließung verwendet zur Bezeichnung des Handelns der Eltern der Braut oder anderer, in deren Obhut die Braut sich befindet (Gen 16,3; 29,28; 30, 4.9; 34,8.12; 38,14; 41,45; Ex 2,21 u.ö.), so wie *lqḥ* »nehmen« gebraucht wird, wenn es sich um die Tätigkeit des Bräutigams oder seiner Eltern handelt (Gen 12,19; 25,20; 28,9; 34,4.21 u.ö.). Auch im Munde des Bräutigams oder seiner Eltern ist *ntn* stereotype Redeform beim Verfahren des Brautkaufs (Gen 34,8.12; 2Kön 14,9 = 2Chr 25,18; mit *lqḥ* vgl. Gen 34,4; Ri 14, 2; s. Boecker, a.a.O. 170–175). Mit *ntn* wird auch das Geben der Mitgift an die heiratende Tochter (*šillūḥīm* 1Kön 9,16; weiter nur Mi 1,14, vgl. A.S. van der Woude, ZAW 76, 1964, 190) oder eines einen Segenswunsch veranschaulichenden Heiratsgeschenkes (*berākā* Jos 15,19; in Ri 1,15 mit *jhb*; *berākā* beschränkt sich nicht auf Geschenke bei der Eheschließung, aber in solchen Fällen werden andere Verben benutzt Gen 33,11; 1Sam 25,27 [beide Male mit *bō'* hi.]; 2Kön 5,15 [mit *lqḥ*] und 1Sam 30,26 [mit *šlḥ* pi.], →*brk* III/4; H.Mowvley, The Bible Translator 16, 1965, 74–80). Auch bei der Ehescheidung ist *ntn* der spezifische Rechtsausdruck für die offizielle Aushändigung des Scheidebriefes (Dtn 24,1.3 mit *bejād*; Jer 3,8 mit *'æl*, LXX setzt jedoch *bejād* voraus) und des Kaufbriefes beim sich auf den Erwerb eines Grundstückes beziehenden Rechtsverfahren (Jer 32,12).

In bezug auf Erblassungen wird *ntn* im absoluten Sinne für »vermachen, zuweisen« verwendet (Gen 25,5; Dtn 21,17). Als Objekte dienen *'aḥuzzā* »Grundbesitz« (Num 27,4.7) und *naḥalā* »Erbanteil« (Num 27,9ff.; 36,2; Jos 17,4; Hi 42,15). Aus dem Bereich der verwandtschaftlichen Erblassung wechselte die Wendung nach dem Bereich des Grund- und Landbesitzes der Stämme bzw. des Volkes Israel hinüber. *ntn* ist in diesem Sinne 11 × in Verbindung mit *'aḥuzzā* und 30 × mit *naḥalā* verwendet (Ausnahmen: Lev 25,45f. Sklaven; Num 18,21.24 die Zehnten der Leviten; Ps 2,8 Völker; Ez 47,23 Erbteil Fremder; 1Kön 21,3f. Verkauf eines Erbteils; s.u. IV/1; →*'ḥz*, →*naḥalā*). Der Wendung *ntn naḥalā* entspricht *'br* hi. (Num 27, 7) und selbstverständlich *nḥl* hi. (Jos 19, 9). Für den Empfang eines Erbteils dient meistens →*lqḥ*, vgl. Num 34,15; Jos 13,8; 18,7 (Spr 17,2 jedoch →*ḥlq* und Num 34,2 *npl be* »als Erbbesitz zufallen«). Oft bezeichnet *ntn* nicht ein tatsächliches Geben, sondern bloß den grundsätzlichen Willen zum Geben (»zuweisen, vermachen«, vgl. die Verwendung von *'mr* im gleichen Sinne 1Kön 11,18; 2Chr 29,24 und Dtn 33,8 txt em). In diesen Fällen entscheidet nur der Kontext.

g) Verhältnismäßig wenig bilden Substantive, die ein Geschenk oder eine Gabe bezeichnen, das Objekt von *ntn*. Abgesehen von den vorhin erörterten Wendungen *ntn šillūḥīm* und *ntn berākā* bezeichnet *ntn mattānā* bzw. *mattānōt* das Geben von Geschenken an Abhängige, zusätzlich zum oder ausgenommen vom Erbteil (Ez 46, 16f.) oder anstatt dieses (Gen 25,5: Isaak erbte, aber den Söhnen der Kebsweiber gab Abraham Geschenke; 2Chr 21,3: Josaphat verlieh Joram die königliche Würde, aber seinen anderen Söhnen gab er viele Geschenke; in Num 18,6f. bezieht sich die Wendung auf die Leviten und ihren Dienst); *ntn m^enāt* meint das Geben eines besonderen Beitrags an Priester, Leviten, Sänger und Torwächter (Neh 12,47; 13,10; 2Chr 31,4.19); *ntn maś'ēt* »Geschenke austeilen« (Est 2,18: der König beschenkt seine Untertanen; vgl. 2Sam 11,8: David beschenkt Uria; Jer 40,5: der Oberste der Leibwache beschenkt Jeremia; Ez 20,40 txt?, vgl. Zimmerli, BK XIII,437); *ntn qorbān* begegnet nur ein einziges Mal Ez 20,28 und meint das Darbringen einer Opfergabe an die Götter; sonstwo treten die Verba *qrb* hi. (Lev und Num passim), *'śh* (Lev 9,7) und *bō'* hi. (Lev 4,23.28.32; 5,11; 7,29; 23,14; Num 5,15; 7,3) an die Stelle von *ntn*, vgl. S. Zeitlin, JQR 59, 1968, 133–135. Zweimal begegnet *n^edābā* als direktes Objekt von *ntn*, »eine freiwillige Gabe schenken« (Lev 23,38; Dtn 16,10; mit *bō'* hi. Dtn 12,6; mit *qr'* Am 4,5; mit *zbḥ* Ps 54,8; öfters zusammen mit *nédær* Lev 7,16; 22,18ff.; 23,38; Num 29,39; Dtn 12,6.17), 14× findet sich die Wendung *ntn t^erūmā* zur Bezeichnung der Verleihung einer Abgabe im Kult, als »Hebe-Opfer« oder vielleicht »Geschenk« (vgl. W. von Soden, UF 2, 1970, 271).

In Verbindung mit *ntn* begegnet *t^erūmā* in Ex 30, 13.14.15; Lev 7,32; Num 15,21 (V. 19 und 20 *rūm* hi.); 18,8.11.19.24.28 (auch mit *lqḥ*); 31,29.41 (*t^erūmā* par. zu *mækæs*); Neh 13,5; 2Chr 31,14 »austeilen«. *rūm* hi. mit *t^erūma* kommt 12× vor: Ex 35,24; Num 15,19f.; 18,24.26.28f.; 31,52; Ez 45,1.3; 48,8f.20; Esr 8,25. *qrb* hi. *t^erūmā* findet sich in Lev 7,14 (Jes 40,20 txt?). *bō'* hi. mit *t^erūmā* begegnet 8× : Ex 35,5. 21.24; Dtn 12,6.11; Neh 10,40; 2Chr 31,10.12. Zu *t^erūmā* in Verbindung mit *lqḥ* s. Ex 25,2f.; 35,5; Num 18,28; mit *'kl* Lev 22,12; Num 18,11; mit *drš* Ez 20,40. Der Begriff *mækæs*, vgl. akk. *miksu*, der nur in Num 31,28.37–41 (6×) begegnet, bezeichnet die besondere, aus der Kriegsbeute herrührende Abgabe an den Kult.

Besonders auffallend ist die Tatsache, daß *ntn* nur 4× *minḥā* zum Objekt hat (Num 5,18 vom Priester, der das Eifersuchts-Speisopfer auf die Hände der des Ehebruchs verdächtigen Frau »tut«; Neh 13,5 von der großen Kammer, in die man das Opfermehl, den Weihrauch, die Geräte usw. zu »bringen« pflegte; 2Chr 17,5 von den Gaben, die Juda Josaphat »brachte«; 2Chr 26,8 vom Tribut, den die Ammoniter Ussia »bezahlten«). Bemerkenswert ist auch, daß zwar von Jahwe gesagt wird, daß er eine *minḥā* »nimmt« (Ri 13,23) oder »sich ihr zuwendet« (Num 16,15; Mal 2, 13) oder »auf sie sieht« (Gen 4,4f.), daß aber *ntn minḥā* niemals in Bezug auf Jahwe verwendet wird. Andere Verba kommen in diesem Zusammenhang vor (*bō'* hi., *nūf* hi., *ngš* hi., *nś'*, *'bd*, *'lh* hi., *'śh*, *qrb* hi., *qṭr* hi. und *'ph*).

Das Subst. *minḥā* ist 211 × belegt, davon 174× als »Opfer«; es begegnet 2× als Lehnwort im biblischen Aram. (Dan 2,46; Esr 7,17) und fehlt auffälligerweise im Dtn; vgl. KBL 538f.; GB 437; UT Nr. 1500; weiter N.H. Snaith, VT 7, 1957, 314–316; R. Hentschke, RGG IV, 1641 bis 1647 (Lit.!). Andere Begriffe, die nicht in Zusammenhang mit *ntn* vorkommen und daher noch nicht erwähnt wurden, sind: *zébæd* »Geschenk« (nur Gen 30,20), *mégæd* »Gabe der Natur« (Dtn 33,13–16; Hhld 4,13.16; 7,14; das Verbum *mgd* fehlt im Hebr., s. aber F. Horst, ZAW 47,1929, 49 = Gottes Recht, 1961,160 zu Am 4,12), *nādān* »Geschenk, Liebeslohn« (nur Ez 16, 33), *nésæk* »Gußspende« (KBL 620f.; GB 508a), *śákær* »Lohn« (nur Jes 19,10 und Spr 11,18), *šóḥad* »Geschenk« (23×, davon 18× im Sinne von »Bestechungsgabe« und 9× mit *lqḥ* als terminus technicus für die Entgegennahme von Bestechungsgeld; nirgends mit *ntn* konstruiert!), *šaj* »Gabe, Geschenk« (3× : Jes 18,7; Ps 68,30; 76,12, immer mit *jbl*, vgl. ug. *ṯ'j*, UT Nr. 2715), *šalmōnīm* »Geschenke« (nur Jes 1,23 par. *šóḥad*, vgl. ug. *šlm(m)*, UT Nr. 2424), *t^ešūrā* »Geschenk« (nur 1Sam 9,7; GB 816a. 891b; KBL 1043b). Spezialausdrücke für Abgaben u.ä. sind: *middā* II »Abgabe« (nur Neh 5,4; aram. *middā/mindā* 4× in Esr, davon 3× neben *b^elō* und *h^alāk*; jeder der drei Begriffe ist Lehnwort aus dem Akk.), *'æškār* »regelmäßiger Tribut« (nur Ez 27,15 und Ps 72,10, hier par. zu *minḥā*; akk. *iškaru*: CAD I/J 249; AHw 395f.), *maśśā'* (genau genommen »Ladung, Fracht«, »Last«, aber möglicherweise »Abgabe« [aufgrund von 2Chr 17,11, wo *minḥā* par. zu *maśśā'* erscheint und eher eine »Silberabgabe« als eine »Silberfracht« gemeint sein dürfte], wahrscheinlich auch *'nwš* »Steuer« oder »Landabgabe« (Jes 33,8 cj; als akk. Lehnwort [*unuššu*], s. D.R. Hillers, HThR 1971,257–259).

h) In enger Berührung mit *š'l* »fragen, ersuchen« erlangte *ntn* die Bed. »das Ersuchte geben, in eine Bitte einwilligen«. Bei zwischen Personen geführten Lohn- und Preisverhandlungen begegnen stereotype Wendungen wie »was gibst/bezahlst du mir?« (z.B. Gen 38,16, wo Thamar und

Juda über Liebeslohn verhandeln) und »was soll ich dir geben/bezahlen?« (z.B. Gen 30,31, wo Laban und Jakob Lohnverhandlungen führen). Aus der Umgangssprache gingen beide Wendungen in den religiösen Sprachbereich über: Gen 15,2, wo Abram Jahwe fragt: »was wolltest du mir geben?«, und (umgekehrt) 1Kön 3,5 = 2Chr 1,7, wo Jahwe Salomo auffordert: »erbitte, was ich dir geben soll«. Die Bereitschaft, in die Bitte einzuwilligen, wird als Zusage formuliert: »was ihr zu mir sagt, will ich geben/bezahlen« (Gen 34,11. 12) bzw. »bestimme mir deinen Lohn, so will ich ihn dir geben/bezahlen« (Gen 30, 28) oder auch »was ist deine Bitte? Sie soll dir gewährt werden« (Est 5,6; 7,2); in der religiösen Sprache: »erbitte von mir, und ich gebe dir...« (Ps 2,8; anders Dahood, a.a.O. 12, der *māmōnī* lesen möchte und demgemäß »ask wealth of me« übersetzt, s. jedoch Ps 21,5, wo *min* ähnlich wie in Ps 2,8 begegnet: »Leben erbat er von dir, du hast es ihm gegeben«. Mit Recht verweist Dahood auf ug. Parallelen: 2Aqht VI, 17.27 »erbitte Silber [bzw. Leben] und ich werde es dir geben«).

Als Ausdruck für die Einwilligung in eine Bitte kann *ntn* absolut verwendet werden (1Kön 3,12f.), doch nimmt es meistens ein Objekt an: so *šeʾēlā* »Bitte« (1Sam 1,17.27; Ps 106,15; Est 5,8; vgl. Est 7,3), *mišʾālā* (Ps 37,4; in Ps 20,6 mit *mlʾ* pi.) und *taʾawā* (Spr 10,24), vgl. auch *ntn kelēbāb* (Ps 20,5); für einen möglicherweise synonymen Ausdruck in Am 4,12 vgl. F. Horst, Gottes Recht, 1961,160, der an dieser Stelle *memaggēd lāʾādām ma-ḥæšḇō* »der den Menschen reichlich spendet, was sie begehren bzw. bedürfen« lesen möchte.

i) In Verbindung mit dem Verbum *lqḥ* »nehmen« entstand die stereotype Wendung »nehmen und geben«, die wie eine Art Hendiadys an einigen Stellen eine spezifisch juridische Bedeutung bekommen hat; vgl. akk. *našū – nadānu* »nehmen, verfügbar machen und geben« (AHw 764 unter III/5), eine Wendung, die besonders in den akk. Rechtsurkunden aus Ugarit häufig in bezug auf die vom König vorgenommene Übereignung des Eigentums und der an diesem haftenden Rechte und Pflichten benutzt wird (vgl. PRU 3,224; E.A. Speiser, JAOS 75,1955,157–161; C.J. Labuschagne, Die seggenskap van die koning oor eiendom in Ugarit, [Pretoria] 1959, 65–69). Obgleich das zu erwartende hebr. Äquivalent *nśʾ – ntn* im AT nicht vorkommt, begegnet es im späteren Hebr. häufig (s. Speiser, a.a.O. 161; Jastrow 848b). Das bibl.-hebr. Äquivalent bildet jedoch *lqḥ – ntn*, eine Verbindung, die – häufig im feierlichen Sinne – zwar öfters im alltäglichen Sprachgebrauch begegnet (z.B. Gen 18,8; 21,14; Ex 12,7; Num 6,18.19; 19,17; Ri 17,4; 1Sam 6,8; 2Sam 21,8f.; Ez 4,1.3.9; 45,19), aber deutlich mit Übereignung eines Besitzes und der an diesem haftenden Rechte und Pflichten zu tun hat in den Fällen, wo der Fürst »nimmt und gibt« (1Sam 8,14f., vgl. 2Sam 9,9; 1Kön 9,16; vielleicht auch Gen 20,14; 21,27) oder Jahwe als souverän verfügender Herr »nimmt und gibt« (Lev 7,34; Num 8,18f.; 2Sam 12,11; 1Kön 11,35; auch in Hi 1,21 lassen die Worte »Jahwe hat gegeben, Jahwe hat genommen« die souveräne Verfügungsmacht Jahwes noch immer klar erkennen). Auf der gleichen Linie bewegt sich die Verbindung *lqḥ – ntn* in Ex 30,16; Num 7,6; 31,47, wo es sich um die Verfügungsmacht Moses handelt. Ein zweites bibl.-hebr. Äquivalent von *našū – nadānu* bildet die Verbindung *nṣl* hi. – *ntn* (Gen 31,9, von Jahwe, der die Herde Laban »nahm« und Jakob »gab«; Num 11,25, ebenfalls von Jahwe, der einen Teil des Geistes, der auf Mose war, »wegnahm« [vgl. BH³] und auf die siebzig Ältesten »legte«).

2. In der zweiten Hauptbedeutung bezeichnet *ntn* das »in Bewegung setzen« oder »in Gang bringen« einer Sache im Sinne von (faktitiv) »etwas veranlassen«, »entstehen lassen«, »machen«, »verursachen«, »bewirken«, »verschaffen« und (kausativ) »etwas oder jem. machen zu«, »bestimmen«, »einsetzen/ernennen«, »auftragen«. Von dieser Bedeutungsreihe läßt sich im allgemeinen sagen, daß es sich hier nicht mehr um das Bewegen oder Versetzen von Dingen, sondern um das Werden von Dingen handelt. Selbstverständlich hat *ntn* hier meistens Abstrakta und Personen zum Objekt. In bestimmten Fällen bilden aber auch halb-abstrakte Substantiva wie »Regen«, »Eis«, »Hagel«, »Stimme« usw. das Objekt von *ntn*.

In einer Anzahl von Fällen, in denen *ntn* ein abstraktes Substantiv zum Objekt hat, dem ein stammverwandtes, im Hi. (oder auch im Pi.) begegnendes Verbum entspricht, ist zu beachten, daß zwei Verbindungen möglich sind: einerseits *ntn* + Nomen und andererseits das Hi. des stammverwandten Verbums, d.h. also eine analytische bzw. ›nominalisierte‹ oder eine synthetische bzw. ›verbalisierte‹ Verbindung. Wegen des Umfanges und der Verwickeltheit des Problems, das eine Monographie erforderte, können wir hier nicht auf Einzelheiten eingehen. Es muß genügen, auf das Phänomen hinzuweisen und zu betonen, daß es nicht nur philologisch, sondern auch theologisch wichtig ist, den beiden Verbindungen nicht die gleiche Bedeutung zuzuschreiben, sondern den Unterschied zwischen beiden ins Auge zu fassen, weil dieser Unterschied in bestimmten Fällen wesentlich sein kann.

Es handelt sich um Fälle wie *ntn m^{e}nūḥā* »Ruhe geben/bewirken/verschaffen« und *nū^{a}ḥ* hi. »Ruhe geben«, »ruhen lassen«, *ntn naḥ^{a}lā* »einen Erbteil geben« und *nḥl* hi. »erben lassen« bzw. *nḥl* pi. »jem. zu Besitz bringen« (Jenni, HP 213), *ntn tešū'ā* »Rettung geben/bewirken« und *jš'* hi. »retten« (vgl. J.F.A. Sawyer, Semantics in Biblical Research, 1972, 60–70), weiter *ntn śimḥā* »Freude geben« und *śmḥ* pi. »erfreuen«, hi. »zulassen, daß jem. sich freut«; *ntn māṭār* »Regen geben/machen« und *mṭr* hi. »regnen lassen« usw. Zum Problem s. vor allem Sawyer, a.a.O. 60–70; weiter Jenni, HP 33–40; M.Z. Kaddari, Leshonenu 34, 1969/1970, 245–256, und s. B. Kedar-Kopfstein, ZAW 83, 1973, 196–219, bes. 206f.213, zur analytischen und synthetischen Wiedergabe des hebr. Kausativs in der Vulgata. Obgleich der genaue Unterschied zwischen analytischer und synthetischer Konstruktion von Fall zu Fall aufgrund des jeweiligen Kontextes zu bestimmen ist, läßt sich grammatikalisch doch sagen, daß im Falle der analytischen Konstruktion, d.h. bei *ntn* (gegebenenfalls auch *'śh, p'l* und *br'* und selbstverständlich Synonymen von *ntn*) + Nomen + Akk. (bzw. *l^e/b^e*), zwischen dem handelnden Subjekt und der Handlung eine besonders enge Beziehung besteht, während der Empfänger des Objekts der Handlung in ziemlich passiver Art und Weise Dativobjekt ist. Im Falle der synthetischen Konstruktion, d.h. beim Hi. des stammverwandten Verbums + Akk., ist der Empfänger des Objekts der Handlung jedoch aktiviert und in die Handlung selbst hineingezogen, so daß er gleichsam statt zum Dativobjekt zum Untersubjekt (s. Jenni, HP 34) wird. Das Subjekt ist in diesem Falle also nicht das einzige handelnde Subjekt.

Wenn es auch nicht möglich ist, überall den Unterschied zwischen Faktitiv und Kausativ (einen Unterschied, der vielmehr in beschränkterem Sinne zur Bezeichnung des Grundunterschiedes zwischen Pi. und Hi., vgl. Jenni, HP, statthaft ist), herauszustellen, soll hier doch, um einen guten Überblick zu gewinnen, die Übersicht über diese Bedeutungsreihe in der Form einer Unterteilung in zwei Hauptgruppen, d.h. a) etwas »bewirken/machen« und b) etwas »machen zu« bzw. »werden lassen«, geboten werden. Selbstverständlich lassen sich nicht immer ›Abstraktum‹, ›Semi-Abstraktum‹ und ›Konkretum‹ von einander klar trennen, weil der moderne Unterschied nicht immer der altorientalischen Betrachtungsweise entspricht.

a) Stellenweise wird *ntn* mit Objekt, aber ohne Dativobjekt, verwendet: Spr 10,10 »wer das Auge zudrückt, verursacht Kummer«; 13,10 »der Leichtfertige stiftet Zank«; 13,15 »gute Einsicht schafft Gunst«; 29,15 »Rute und Rüge gibt Weisheit«; auch Spr 29,25 »Menschenfurcht verursacht Fallen«; dazu Spr 23,31 Q vom Wein, der im Becher »Glanz (wörtlich: Auge) gibt«, d.h. funkelt (vgl. P. Auvray, VT 4, 1954, 4f.). Ähnliche Fälle in Ez 30,21 vom Arm, der nicht verbunden werden soll, »um ihm Heilung zu schaffen«, und vor allem in Wendungen die Naturphänomene beschreiben, z.B. Duft »geben« (Hhld 1,12; 2,13; 7,14, vgl. P.A.H. de Boer, SVT 23, 1972, 37–47), Früchte bzw. Ertrag »geben« (*p^{e}rī*: Lev 25,19; Ez 34, 27; Sach 8,12; *j^{e}būl*: Ps 67,7; 85,13 u.ö.). Gott »macht« Eis (Hi 37,10), »bewirkt« bzw. »bringt hervor« Donner und Regen (1Sam 12,18; vgl. Lev 26,4; Jer 5,24 Q u.ö.), der Fels »gibt sein Wasser her« (Num 20,8) usw.

Wichtig in diesem Zusammenhang ist die Wendung *ntn qōl*, wörtlich »Laut (von sich) geben, Laut(e) hervorbringen/machen«.

Zu ug. *jtn ql*, vgl. WUS Nr. 2407; J.C. de Moor, UF 1, 1969, 172 Anm. 31, und zu *jtn gh* UT Nr. 1169; WUS Nr. 612. Synonyme sind: *šm'* hi. (*qōl*) z.B. 1Kön 15,22; Jer 51,27, *nś' qōl* Gen 27,38; Ri 9,7; Jes 24,14, und *rūm* hi. (*qōl*) »die Stimme erheben«. Die Wendung *ntn qōl* ist 28× belegt (davon 10× von Jahwe gesagt) und *ntn b^{e}qōl* 3× (Jer 12,8; Ps 46,7; 68,34); in diesem Ausdruck bildet *qōl* das Instrument (»hervorbringen mit Hilfe von...«, vgl. Joüon 371f.). In Jer 10,13 = 51,16 muß, ähnlich wie im Ug. (vgl. de Moor, a.a.O.), Ellipse von *qōl* vorliegen: »beim Laut seiner (Stimmes)erhebung...«, →*qōl*). Verwandt ist der Ausdruck *ntn 'ōmær* Ps 68,12 (»der Herr läßt sein Machtwort ertönen«). Schwierig zu deuten ist Gen 49,21, doch ist statt »Naftali läßt schöne Worte hören« wohl »Naftali liefert schöne Jungtiere« (vgl. HAL 65a) zu übersetzen. Die Bed. »ertönen lassen« liegt auch der Wendung *ntn tōf* (Ps 81,3) zugrunde, bei der wiederum Ellipse von *qōl* angenommen werden muß.

Ähnlichen Bedeutungsgehalt hat *ntn* in der Wendung *ntn mōfēt* »ein Wunderzeichen geben« Ex 7,9; 2Chr 32,24 (Ex 11,10 und Dtn 34,11 mit *'śh* in derselben Bedeutung; 1Kön 13,3.5 und Dtn 13,2 meint *ntn* »bieten«, »bekanntgeben«, vgl. bab. *nadānu itti* »ein Zeichen bekanntgeben«, AHw 702b), *ntn b^{e}rīt* »eine *b^{e}rīt* herstellen« (Gen 9,12, vgl. V. 17 *qūm* hi.; 17,2; Num 25,12; vgl. auch *śīm b^{e}rīt* 2Sam 23,5, →*b^{e}rīt* III/6; in der Wendung *ntn librīt* heißt *ntn* jedoch Jes 42,6 und 49,8 »machen zu...«).

Die Bed. »verschaffen« tritt deutlich hervor, wenn das Objekt ein abstraktes Substantiv ist, z.B. Ex 3,21 »ich werde diesem Volk Gunst in den Augen der Ägypter verschaffen« (so auch Ex 11,3; in beiden Fällen bringt die Genetivverbindung die Idee des Dativs zum Ausdruck, s. Joüon 389); Gen 39,21 »Jahwe verschaffte ihm Gunst in den Augen des Obersten des Gefängnisses« (wörtlich: »seine Gunst« mit Possessivpronomen als Dativ, vgl. Joüon, a.a.O.); so auch Klgl 1,13 »er führte für mich Entsetzen herbei«; mit *l*^e: Dtn 13,18 »er gewährte mir Barmherzigkeit« (vgl. Gen 43,14); Ps 78, 66 »ewige Schande brachte er über sie«; 1Kön 8,56 »Jahwe, der seinem Volk Ruhe gegeben hat« (vgl. *nū*^a*ḥ* hi. Jos 1,13); 2Sam 4,8 »Jahwe hat dem König Rache verschafft«.

Vgl. Num 31,3 mit *b*^e und Ez 25,17, wo *ntn n*^e*qāmā b*^e im gleichen Wortfeld begegnet wie *'śh n*^e*qāmā b*^e; weiter Wendungen wie *ntn ḥittīt l*^e (bzw. *b*^e) »Schrecken bereiten bei bzw. unter jemandem« (Ez 26,17; 32,23–26.32), *ntn mūm b*^e »jemandem einen Schaden zufügen« (Lev 24,19.20). Schwierig sind Fälle wie Dtn 7,15 *ntn b*^e und *śīm b*^e, die entweder »bringen über« oder (vielleicht eher) »bewirken unter« meinen.

Im sexuellen Bereich begegnet *ntn* auch in der Bedeutung »vollziehen«: *ntn šōkæbæt b*^e »den Beischlaf vollziehen bei ...« (Lev 18,23; 20,15; Num 5,20; mit *'æl* Lev 18,20; vgl. die verwandte Wendung *škb 'im*, z.B. Ex 22,18).

b) Wenn *ntn* »machen zu, werden lassen« bedeutet, sind drei verschiedene Verbindungen möglich, und zwar (der Reihe ihrer Belege nach) *ntn k*^e, *ntn* + doppelter Akk. und *ntn* + Akk. + *l*^e. Die Verbindung *ntn k*^e begegnet in der Bedeutung »machen wie« Jes 41,2; Jer 19,12; Ez 3,9; 16,7; 26,19; 28,2.6; Hos 11,8; Ruth 4,11 (in Ps 44,12 kann *ntn* jedoch auch im Sinne von »preisgeben« aufgefaßt werden, vgl. KBL 642b) und als »jemandem begegnen«, »behandeln als« Gen 42,30.

1Sam 1,16 kommt *ntn lifnē* in gleicher Bedeutung vor (vgl. P. Joüon, Bibl 7, 1926, 290f.). Vgl. in diesem Zusammenhang die Wendung *ntn kēn* mit Akk. in Jer 24,8 »so werde ich Zedekia behandeln«. Synonyme Ausdrücke sind *śīm k*^e (Gen 13,16; 1Kön 19,2; Jes 50,7) und *šīt k*^e (Hos 2,5; Ps 21,10; 83,12. 14 usw.), die beide »machen wie« bedeuten.

Die Verbindung *ntn* + doppelter Akk. kommt einige Male im Sinne von »bestellen, bestimmen zu«, d.h. »jem. zu etwas machen« vor (Jer 1,5; 6,27; Ez 3,17; 12,6; 33,7; vielleicht auch Jes 55,4; Ps 89,28), sonst aber – abgesehen von zwei Belegen, in denen *ntn* »dahingeben« (Jes 51,12) bzw. »preisgeben« (Mi 6,7) meint – nur in der Bed. »machen zu«: Gen 17,5 Abram zum Vater der Völker; Num 21,29 Söhne zu Flüchtlingen; 1Kön 9,22 jem. zum Sklaven; Ps 69,12 Trauergewand zum Kleid; Ps 79,2 Leichen zum Fraß; Ps 105,32 Regen zu Hagel; die Wendung begegnet besonders in Ez bei prophetischen Drohworten und Urteilsankündigen (Ez 22,4; 26,19.21; vgl. 32,15; 33,29; 35,9); manchmal liegen Zusammenhänge mit der Wendung *nṭh jād* »die Hand ausstrecken gegen« vor (Jer 51,25; Ez 25,7.13; 35,3; →*jād* 4c). Stellenweise ist der zweite Akk. ein Adj. oder Part.: Num 5,21 »indem Jahwe deine Hüfte einfallen läßt«; Dtn 26,19 »indem er dich hoch über alle Völker stellen will«; Jer 49,15 = Ob 2 »ich mache dich klein unter den Völkern«; Ez 3,8 »ich mache dein Angesicht hart entsprechend ihrem Angesicht«; Ps 18,33 »er machte meinen Weg untadelig«.

Der Unterschied zwischen den Wendungen *ntn* + doppelter Akk. und *ntn* + Akk. + *l*^e besteht darin, daß jene ein faktitives Machen, diese aber ein kausatives Werden-Lassen zum Ausdruck bringt. Bei der Wendung *ntn* + Akk. + *l*^e vermischen sich manchmal die beiden Hauptbedeutungen von *ntn*, wie sich aus der Tatsache ergibt, daß *ntn* hier zwar öfters gemäß der ersten Hauptbedeutung als »dahingeben« bzw. »preisgeben« verstanden werden kann (z.B. Dtn 28,7.25; Jes 43,28; Jer 24, 9 Q; Ez 15,6; 23,46; 25,4; 29,5; 33,27; 39,4; Neh 3,36), während die Wendung sich doch auf die zweite Hauptbedeutung »jem. oder etwas zu ... werden lassen« gründet. Dem Gebrauch nach begegnet diese Wendung häufiger, und zwar mit Jahwe als Subjekt: Gen 17,6.20 Abram zum Volk; Gen 48,4 Jakob zur Völkermenge; Ex 7,1 Mose zum Gott für Pharao; Jes 49,6 den Knecht zum Licht der Völker; Jer 1,18 den Propheten zur Festung; Jer 15,20 den Propheten zur Mauer; Zeph 3, 20 Israel zu Ruhm und Preis unter allen Völkern; 1Chr 17,22 Israel zu einem Volk (2Sam 7,24 jedoch *kūn* po. »befestigen«). In einigen der schon erwähnten Fälle kann *ntn* auch mit »bestimmen« wiedergegeben werden (vgl. N. Lohfink, FS von Rad 1971, 297 Anm. 79, der in 1Chr 17,22 einen Erwählungsausdruck, »rechtskräftig bestimmen«, findet; s. weiter auch u.a. Lev 17,11; 1Chr 21,23). Am häufigsten begegnet die Wendung in den prophetischen Drohworten oder Urteilsankündigungen, besonders in Jer und Ez (Jer 5,14; 9,10; 15,4 Q; 20,4; 25,18; 26,6; 29,18 Q; 34,22; Ez 5,14; 7,20; 26,14; 28,17.18; vgl. aber auch Mi 6,16). Sie kommt aber auch in der priesterlichen Urteilsankündigung vor (Num 5,21). In einer Anzahl späterer Texte finden wir den Ausdruck *ntn l*^e*raḥ*^a*mīm lifnē* »jem. Gegenstand des Erbarmens werden lassen vor« (1Kön 8,50; Ps 106,46; Dan 1,9; Neh 1,11).

śīm und *šīt* bilden dieselben Ausdrücke (s. KBL 921a unter 16; 967 unter 4). Für »bestellen, einsetzen« gibt es mehrere Synonyme: *ntn* + Akk. + *le* »bestellen zu« (2Kön 23,5; Ez 33,2; 2Chr 25,16); *ntn* + Akk. + *'al* «(ein)setzen über« (Gen 41,41.43; 2Chr 32,6; Dtn 17,15b: mit *śīm* in V. 15a); *ntn rōš* »ein Oberhaupt einsetzen« (Num 14,4; Neh 9,17; vgl. J.R. Bartlett, VT 19, 1969, 1–10; anders KBL 643a unter 11: »setzt sich in den Kopf«); *ntn berōš* »jem. zum Oberhaupt machen« (1Chr 12,19); *śīm berōš* »jem. als Oberhaupt einsetzen« (Dtn 1,13) und schließlich der technische Ausdruck für die Amtseinsetzung von Leviten und Priestern, *ml'* pi. *jād* »die Hand füllen« (→*jād* 3d[3]; Noth, GesStud I,309–333, bes. 311–314; L. Sabourin, Priesthood, 1973, 137f.). Mit einem abstrakten Objektsnomen verbunden meint *ntn* in diesem Zusammenhang »durchführen«, so Lev 25,24 *ntn ge'ullā* »einen Loskauf durchführen« (vgl. F. Horst, Gottes Recht, 1961, 213ff.; O. Loretz, BZ 6, 1962, 269–279). Für *ḥqq* »bestimmen« (Jer 31,35) und *ntn leḥōq* »zur Ordnung machen« (2Chr 35,25) vgl. G. Liedke, Gestalt und Bezeichnung alttestamentlicher Rechtssätze, 1971, 158–175.

Hierher gehört auch die technische Bedeutung von *ntn* + Akk. + *le* »jem. etwas tun lassen«, »jem. etwas erlauben«, »jem. zulassen, etwas zu tun« (anders GB 529b; wie ass. *nadānu*, dazu s. AHw 702 II/6). Die in Rede stehende Wendung läßt meistens den Akk. durch ein Suffix ausgedrückt sein, während der Präp. *le* ein Inf. cs. folgt, z.B. Gen 20,6 »ich ließ dir nicht zu, sie zu berühren« (weiter Gen 31,7; Ex 3,19; Num 22,13; Jos 10,19; Ri 1,34; 15,1; 1Sam 18,2; 24,8; auch Hos 5,4, s. BH³). Doch steht auch anstatt des Pronominalsuffixes manchmal ein Nomen, z.B. Pred 5,5 »laß nicht zu, daß dein Mund deinen Leib in Sünde stürze« (vgl. auch Ps 16,10; 66,9; 121, 3; Hi 31,30), oder anstatt des Akk. *le* + Nomen, z.B. Est 8,11 »der König gestattete den Juden, sich zu versammeln« (vgl. auch 2Chr 20,10), oder auch anstatt *le* + Inf.cs. bloß Inf.cs., so Num 21,23 »Sihon gestattete Israel den Durchzug nicht« (auch Num 20, 21; unsicher bleibt, ob in diesen Texten Inf.cs. statt Inf. abs. [vgl. Ps 55,23 und Hi 9,18] gebraucht worden ist, oder ob *le* vor *'ₐbōr* ergänzt werden soll, s. BH³; vgl. aber Joüon 353 und 366 Anm. 2; GK § 157b, Anm. 1). Vielleicht gehört auch die Verwendung von *ntn* in Dtn 18,14 »Jahwe ließ dir dies (*kēn*) nicht zu« hierher; weiter Spr 6,4 »gönne deinen Augen keinen Schlaf« (vgl. Ps 132,4) und 1Kön 15,17 »um dem König Asa Ausgang und Eingang nicht mehr offen zu lassen«.

In der zur Wunschpartikel erstarrten Wendung *mī jittēn* (vgl. syr. *man nettel*, LS 299a), die 25× begegnet (davon 10× in Hi und 4× mit Dativsuffix: Jes 27,4; Jer 9,1; Hi 29,2; Hhld 8,1) lassen sich noch viele der verschiedenen Bedeutungsgehalte von *ntn* erkennen (ausführliche Behandlung bei B. Jongeling, VT 24, 1974, 32–40), und zwar »geben« (Ri 9,29; Ps 55,7; Hi 31,35 usw.), »machen zu« (mit zwei Akk.: Num 11,29; Jer 8,23; mit *ke*: Hi 29,2; Hhld 8,1 usw.), »zulassen« (Hi 11,5 usw.) und vor allem »bewerkstelligen« (Ex 16,3; Dtn 28,67; 2Sam 19,1; Ps 14,7 = 53,7). In Hi 14,4 und 31,31 hat das ursprüngliche »hat einer je bewerkstelligt, daß« den Sinn von »ist es je vorgekommen, daß«, was aber nicht bedeutet, daß *ntn* je »es gibt« meinte. Die früher angenommene unpersönliche Verwendung von *jittēn* im Sinne von »es gibt« ist sehr ungewiß (s. GB 530a).

3. Besondere Behandlung verlangt die Verwendung von *ntn* in bezug auf Körperteile, die zu einer Anzahl idiomatischer Ausdrücke geführt hat (zu *nadānu* mit Körperteilen als Objekt vgl. AHw 702 II/3; das hebr. Äquivalent des akk. *nadānu šēpē* »sich auf den Weg machen« bildet nicht etwa *ntn rágæl*, sondern *nś' rágæl*, vgl. Gen 29,1):

a) Wendungen, die nur vereinzelt vorkommen: *ntn kātēf sōrǽræt* Sach 7,11; Neh 9,29 »sie machten die Schulter widerspenstig«; das Idiom ist von widerspenstigen Zugtieren, die sich weigern, das Joch auf den Nacken setzen zu lassen (halsstarrig weigern), hergenommen, vgl. die Wendung *qšh* hi. *'ōræf* »den Nacken hart machen« Neh 9,29); *ntn 'ōræf* »den Rücken zukehren« 2Chr 29,6 (vgl. *r'h* hi.: »den Nacken sehen lassen« Jer 18,17); *ntn 'ōtō 'ōræf 'æl* »machen, daß jem. den Rücken zeigen muß«, d.h. »jem. fliehen lassen« Ex 23,27 (mit *le* statt *'æl* 2Sam 22,41 = Ps 18,41); *ntn 'ájin* »Auge machen« im Sinne von »funkeln« des Weines Spr 23,31 Q (s.o. 2a). Für *ntn rōš* s.o. 2b.

b) Häufiger wird *ntn* in Verbindung mit *jād* »Hand« (als Objekt des Verbums) verwendet: »die Hand herausstrecken« Gen 38,28; »einem die Hand geben« als Freundschaftszeichen 2Kön 10,15 oder auch als Zeichen einer eingegangenen Verpflichtung Esr 10,19, vor allen Dingen bei Vereinbarungen und Bündnissen (Ez 17,18; Klgl 5,6; 2Chr 30,8, →*jād* 4d; vgl. E. Kutsch, Verheißung und Gesetz, 1973, 11 und die Wendung *tq' kaf* »Handschlag geben« als Zeichen des Bürgens Spr 6,1; 17,18; 22,26; Lit. bei Gemser, HAT 16, 36); vgl. auch *ntn jād táḥat* »sich jemandem gelöbnisweise unterwerfen« als Zeichen der Treue 1Chr 29,24 (→*jād* 3d[2]), *ntn jād* »die Hand geben« als Zeichen der Übergabe Jer 50,15 und *ntn jād be* »Hand legen an« Ex 7,4. Besonders wichtig ist die Wendung *ntn bejād* (→*jād* 3d[4]), die verschiedene Bedeutungen haben kann: »in die Hand geben«, »aushändigen« (Gen 27,17; Dtn 24, 1.3; Ri 7,16), »zur Verfügung stellen« (Gen 9,2; Ex 10,25), »beauftragen« (2Sam 16,8; Jes 22,21; 2Chr 34,16), »in Obhut geben, mit der Fürsorge (bzw. der Aufsicht) beauftragen« (Gen 30,35; 32,17;

39,4.8.22; vgl. *ntn 'al jād* in der gleichen Bedeutung Gen 42,37; Est 6,9), militärisch »unter Befehl stellen« (2Sam 10,10; 1Chr 19,11).

Schwierig ist Ps 10,14 *lātēt bejādekā*, das H. Schmidt (HAT 15, 1934, 16) als »um es in deine Hand zu legen« und Kraus (BK XV,75) als »um es in deine Hand zu nehmen« deuten möchten, das aber wohl eher »um es deiner Fürsorge anzuvertrauen« meint. Zur Wendung *ml'* pi. *jād* »die Hand füllen«, die sich anderwärts auf die Amtseinsetzung von Leviten und Priestern bezieht (→*jād* 3d[3]), sei noch bemerkt, daß sie in 1Chr 29,5 und 2Chr 29,31 mit Weihe nichts zu tun hat, sondern »die Hand füllen (für)«, d.h. um zu geben, meint, vgl. Noth, GesStud I, 311 Anm. 6.

Der Ausdruck *ntn bejād* wird aber vor allem im militärischen und rechtlichen Bereich verwendet und meint die Auslieferung bzw. die Preisgabe einer Person oder eine Sache in die Gewalt anderer: Jahwe gibt die Feinde in die Gewalt Israels Dtn 7,24; 21,10; Jos 21,44; Ri 3,28 usw. oder auch das Land Jos 2,24; Ri 1,2; 18,10; Dagon gibt Simson in die Gewalt der Philister Ri 16,23f.; man gibt jem. in die Gewalt des Bluträchers Dtn 19,12; den Propheten Jeremia in die Gewalt des Volkes Jer 26,24; 38,16, vgl. das synonyme *ntn bekaf* »preisgeben in die Gewalt« Ri 6,13; Jer 12,7 und den Ausdruck der Unterwerfung *ntn táḥat kappōt raglájim* »unter die Sohlen der Füße legen« 1Kön 5,17 usw.

Im Hinblick auf den verschiedenartigen Gebrauch von *ntn bejād* als allgemein verwendbarer Redewendung erscheint es unrichtig, sie als »Formel«, entweder als »Übergabe-« oder als »Übereignungsformel« zu betrachten (vgl. W. Richter, Traditionsgeschichtliche Untersuchungen zum Richterbuch, 1963,21ff.; J.G. Plöger, Literarkritische, formgeschichtliche und stilkritische Untersuchungen zum Deuteronomium, 1967,61ff.; P. Diepold, Jahwes Land, 1972,61; vgl. die kritischen Bemerkungen bei F. Stolz, Jahwes und Israels Kriege, 1972,21f., und P.D. Miller, Interpretation 23,1969,455, weiter s.u. 3d für den Unterschied zwischen *ntn bejād* und *ntn lifnē*).

c) In Verbindung mit →*lēb* »Herz« begegnet *ntn* in folgenden Wendungen: *ntn lēb be* »(seinen) Sinn (dar)auf richten« Pred 1,17; 7,21; 8,9.16; Dan 10,12; 1Chr 22,19; 2Chr 11,16; mit *šīt* Ex 7,23; 1Sam 4,20; Hi 7,17; mit *śīm* Ex 9,21; Dtn 11,18; *ntn belēb* »in den Sinn (ins Herz) geben«, immer mit Jahwe als Subjekt Ex 35,34; Esr 7,27 (beide Male absolut); Neh 2,12; 7,5 (beide Male absolut mit *'æl* statt *be*); Ex 36,2; 2Chr 9,23 (Objekt: »Weisheit«); Jer 32,40 (»Angst«); Ps 4,8 (»Freude«) (in Verbindung mit *śīm* 1Sam 21,13 bildet jedoch eine menschliche Person das Subjekt).

d) In Verbindung mit *pānīm* »Antlitz« begegnet *ntn* in folgenden Wendungen: *ntn pānīm le* + Inf. »das Antlitz richten um« im Sinne von »sich reisefertig machen um« 2Chr 20,3 (Josaphat um Jahwe um Rat zu fragen; zum Akk. s. AHw 702; häufiger kommt aber das synonyme *śīm pānīm le* vor, 2Kön 12,18; Jer 42,15; Dan 11,17); *ntn pānīm 'æl* »das Antlitz kehren zu/gegen« Gen 30,40; Dan 9,3 (häufiger wird auch in diesem Falle *śīm* verwendet: 9 × in Ez; in Num 24,1 jedoch *šīt;* Dan 10,15 begegnet in Verbindung mit *ntn pānīm* das he-locale statt *'æl*); *ntn pānīm be* »das Antlitz kehren gegen« (im feindlichen Sinne) hat Jahwe als Subjekt Lev 17,10; 20,3.6; 26,17; Ez 14,8; 15,7 par. *śīm* wie in Lev 20,5 (*śīm* weiter in Jer 21,10; 44,11; vgl. Ps 34,17).

In Verbindung mit der Präp. *lifnē* »vor« zeigt *ntn* verschiedene Bedeutungen. Diese Wendung findet sich als Synonym von *ntn ke* »begegnen als« (nur 1Sam 1,16, s.o.), bedeutet aber häufiger »legen/setzen vor« (Ex 30,6.36; 40,5.6; Lev 19,14; Sach 3,9 (s.u.) usw.; mit der Präp. *nōkaḥ* nur Ez 14,3, vgl. aber V. 4 und 7 mit *śīm*) und vor allem »vorsetzen« bzw. »vorlegen«, z.B. von Speisen und Getränken (2Kön 4,43; Jer 35,5; Ez 16,18Q.19). Im Buche Dtn erscheint nur Mose als Subjekt der Wendung, indem er Israel Segen oder Fluch (11,26; 30,1), Leben und Glück oder Tod und Unglück (30,15.19), die *tōrā* (4,8), Satzungen und Rechte (11,32) »vorlegt«. Sonst wird im AT nur Jahwe bezeichnet als derjenige, der Israel etwas »vorlegt« oder »vorhält«: den Weg des Lebens und des Todes (Jer 21,8), die *tōrā* (Jer 9,12; 26,4; vgl. 31,33 *beqæræb*; plur. Dan 9,10 txt?), die *tōrā* und Satzungen (Jer 44,10), Gebote und Satzungen (1Kön 9,6 par. 2Chr 7,19). In den eben erwähnten Fällen kann man die Wendung auch mit »anheimstellen« wiedergeben, vor allen Dingen in Ez 23,24 »ich werde ihnen (den Völkern) das Gericht *(mišpāṭ)* anheimstellen« (so Zimmerli, BK XIII,529; vgl. H. Cazelles, Proclamation and Presence, FS Davies 1970,245: »I have committed to them the legislative power«) und vielleicht auch in Sach 3,9 in bezug auf den Stein, den Jahwe Josua anheimstellt.

In der Bedeutung »ausliefern« oder »preisgeben« kommt *lifnē* im militärischen Sinne nur mit Jahwe als Subjekt vor (Dtn

2,33; 7,2.23; 28,7.25; 31,5; Jos 10,12; 11,6; Ri 11,9; 1Kön 8,46 = 2Chr 6,36; Jes 41,2). Objekt sind immer der Feind (die Feinde) oder sein (ihr) König. Die Wendung *ntn lifnē* unterscheidet sich in diesen Fällen der Bedeutung nach kaum von *ntn bejād* (vgl. Dtn 2,33 mit 2,24; 7,23 mit 7,24; Jos 10,12 mit 10,30.32; 11,6 mit 11,8; Ri 11,9 mit 11,21.30.32; 12,3). Als Ausdruck des Rechts ist *ntn lifnē* nur in Dtn belegt und meint immer die von Jahwe verfügte Übertragung des Eigentums im Sinne von »jemandem etwas in Eigentum geben« oder »jemandem etwas zur Verfügung stellen«: 1,8.21 das Land dem Volke Israel; 2,36 die ammonitischen Städte; 2,31 Sihon (!) und sein Land. In dem letzterwähnten Vers liegt vermischter Gebrauch des Ausdrucks vor (2,36 von Sam und LXX als »überliefern« mißverstanden), der sich daraus erklärt, daß der Rechtsausdruck lediglich in einem militärischen Kontext verwendet wird. Der Ausdruck darf nicht ohne weiteres als »Preisgabeformel« bezeichnet werden (Plöger, a. a. O. 62f.; vgl. aber Miller, a. a. O. 455 und N. Lohfink, Bibl 41, 1960, 125f.), weil *ntn* in dieser »Formel« variierenden Bedeutungsgehalt hat und weil sauber zwischen militärischem »Ausliefern« (promiscue verwendet mit *ntn bejād*!) und rechtlichem dtr. »Übertragen« zu unterscheiden ist, wenn auch der Rechtsausdruck in militärischem Kontext begegnet.

4. Abgesehen von den bereits erwähnten Synonymen von *ntn* sind folgende zu verzeichnen: *'*ūš* »geben« (HAL 25; vgl. B. Rocco, AION 20, 1970, 396–399) kommt im bibl. Hebr. nur in PN vor (*Jehō'āš*; *Jō'āš*); *zbd* »jem. mit etwas beschenken« (nur Gen 30,20; zu PN vgl. HAL 250); *ḥlq* »zuteilen« (Dtn 4,19; 29,25), »austeilen an« (Neh 13,13) und mit *be* »Anteil geben an« (Hi 39,17); *ḥnn* »jem. gnädig beschenken« (Gen 33,5; Ps 119,29); *mgn* pi. »überliefern« (Gen 14,20; vgl. DISO 142), »hingeben« (Hos 11,18) und mit Dativsuffix »jem. beschenken« (Spr. 4,9); *mkr* (als Ausdruck das Handels) »verkaufen«, im religiösen Bereich auf Jahwe übertragen (Jahwe Subjekt, das Volk Objekt) »ausliefern, preisgeben« (Dtn 32,30; Ri 2,14; 3,8; 4,2; 4,9 [mit einer Person als Objekt]; 10,7; 1Sam 12,9; Jes 50,1; Ps 44,13; Ez 30,12 [Land als Objekt], vgl. KBL 522f.; GB 422f.); *ndb* hitp. »freiwillig geben« (nur Esr 1,6; 2,68; 3,5 [aram. 7,15f.]; 1Chr 29,9.14.17); *šḥd* »nehmen lassen«, »schenken« (Ez 16,33; Hi 6,22; vgl. F. Rundgren, AcOr 21, 1953, 331–336; C.J. Labuschagne, OuTWP 1967, 60); →*šlḥ* »geben« (ug. *šlḥ* »geben«, UT Nr. 2419; A.S. van der Woude, ZAW 76, 1964, 188–191; par. zu *ntn* Gen 38,16.17; Jo 2,19; Hi 5, 10); *špt* »legen«, »geben« (vgl. GB 859b; E. Ullendorff, VT 6, 1956, 197; A.F.L. Beeston, VT 8, 1958, 216–217); *šwh* II pi. »hinlegen« (vgl. GB 813a; KBL 954b); zu den Substantiven s. o. III/1g.

IV. 1. Als deren Herrn und Schöpfer gehört Jahwe die Erde und ihre Fülle (Ps 24,1; 50,9–12; vgl. 97,5 und 1Chr 29,14) Als einziger und eigentlicher Besitzer alles Geschaffenen ist er zugleich souverän Verfügender und Gebender. Bezeichnend für die Verfügungsgewalt über seine Schöpfung ist die grundsätzliche Aussage von Jer 27,5: »Ich habe die Erde geschaffen, die Menschen und die Tiere ... und ich gebe sie, wem ich will« (vgl. Ps 115,16; Pred 2,26). Als Herr der Geschichte verfügt er über das, was geschieht. So greifen Schöpfung und Geschichte ineinander, weil beide in der Hand Gottes liegen. Es ist daher nicht zu verwundern, daß *ntn* in seinen beiden Hauptbedeutungen (d.h. »in Bewegung setzen« = »schenken, geben« und »in Bewegung setzen« = »bewirken, werden lassen«) Jahwe als Subjekt verwenden kann. Dieses »Geben« und »Bewirken« Jahwes macht sich zunächst im Bereich des Allgemein-Menschlichen bzw. des Einzelnen bemerkbar: Jahwe gibt Lebensatem (*nešāmā*) und Lebensgeist (→*rūaḥ*; vgl. Jes 42,5; Ez 37,6; nirgends begegnet *ntn næfæš*!, Est 7,3 »so werde mir mein Leben [*nafšī*] geschenkt« geht auf die Schonung des Leben), *ḥajjīm* »Leben« (→*ḥjh* 3e.4b; mit *ntn* nur Ps 21,5; →*'śh* Jer 38,16), *jāmīm* »Lebenstage« (→*jōm* 3f; vgl. Ps 39,6; Pred 5,17.18; 8,15; 9,9), Körpereigenschaften wie Gehör, Sehvermögen usw. (Dtn 29,3; Jes 50,4f.; vgl. *'śh* in Spr 20,12), die Fähigkeit, die Bereitschaft und den Willen, etwas zu tun (s. o. III/3c), Kraft (→*kōaḥ*) und Stärke (→*'zz*; vgl. Dtn 8,18; Jes 40,29; Ps 29,11; 68,36), Gnade (→*ḥnn* 4a), Barmherzigkeit (→*rḥm*), Frieden (→*šlm*), Vergeltung (→*nqm*), Krankheit (→*ḥlh*) usw. Was Jahwe dem Menschen zuteilt, bezieht sich nicht nur auf den Bereich der Natur (er – und kein anderer, vgl. Jer 14,22! – gibt Regen, Nahrung und andere Segensgaben der Erde), sondern auch auf den Bereich der menschlichen, oft der ganz persönlichen Geschichte: Er gibt dem Menschen eine Frau (Gen 3,12), Kinder (Gen 17,16; Jes 8,18) und Nachkommen (Gen 15,3).

Von diesem Glauben legen vor allem die vielen, mit *ntn* oder seinen Synonymen *'ūš*, *zbd*, *ḥnn* und *ndb* gebildeten PN beredtes Zeugnis ab (s.o. I/2 und III/4); vgl. weiter die PN *'ᵃbîšaj*(?), *'ᵃbîšūr*(?), *Qūšājāhū* (vgl. akk. *qāšu* »schenken«), Fremdnamen wie *Mitrᵉdāt* (»Gabe des Mitra«) und *Pôṭî-fǽra'* (äg. *p' dj p' r'* »den Re gegeben hat«) und vielleicht auch PN wie *Mirjām* und *Jirmᵉjāhū* »(Gottes)geschenk« bzw. »Jahwe hat geschenkt«, vgl. W. von Soden, UF 2, 1970, 269–272).

Die Gaben und Verfügungen Jahwes hat Israel vor allem in seinem Volksdasein kennengelernt, indem Jahwe Israel ein Land gab und sein Dasein allerseits lenkte. Die dtn. und dtr. theologische Grundvoraussetzung hinsichtlich der sogenannten »Landnahme« ist nicht die, daß Israel (zwar mit Hilfe Jahwes) das Land erobert oder auch daß Gott das Land im militärischen Sinne »preisgibt«, so wie Feinde in einer militärischen Operation preisgegeben werden (Plöger, a.a.O. 63), sondern die, daß Jahwe als Eigentümer des Landes das Land »überträgt«: es handelt sich daher nicht um Landnahme, sondern um Landgabe (s.o. III/1i und III/3c.d; für eine Übersicht der Landgabe-Formeln vgl. J.N.M.Wijngaards, The Formulas of the Deuteronomic Creed, 1963, 28–34, weiter ders., VT 15, 1965, 91–102, und OTS 16, 1969, 68–105, und vor allem P. Diepold, Israels Land, 1972 (Lit.); weiter J.G.Plöger, Art. *'ᵃdāmā*, ThWAT I, 95–105 (Lit.); P.D.Miller, Interpretation 23, 1969, 451–465, und W.Zimmerli, Grundriß der atl. Theologie, 1972, 53–58). Jahwe verfährt als eigentlicher Besitzer, der im rechtlichen Sinne das Land »überträgt« bzw. »zur Verfügung stellt«.

Für das analoge Verfahren eines Großkönigs hinsichtlich seiner Vasallen, das besonders in den altorientalischen Staatsverträgen belegt ist, vgl. K. Baltzer, Das Bundesformular, 1964, 21–31; M.Weinfeld, Deuteronomy and the Deuteronomic School, 1972, 71–81 (Lit.). Das Alleinrecht Jahwes, Land zu schenken (vgl. aber Ri 11,24), gilt nicht nur für Israel, sondern auch für andere Völker (Dtn 2,5.9; Jos 24,4; Ez 29,20). Das Verbum *ntn* wird in diesem Sinne nicht nur mit Jahwe als Subjekt verwendet. Auch Mose als Bevöllmächtigter Jahwes »gibt« (Dtn 3,19 Städte; 3,20 Besitz; in Dtn niemals Land; Num 32,33 [vgl. Jos 13,15ff. und 14,3] die Königreiche Sihons und Ogs [den Stämmen jenseits des Jordans]; 32,40 Gilead [dem Machir]; Jos 14,13 Hebron [dem Kaleb]). Auch Josua »gibt« (Jos 11,23; 12,7 das Land[!] dem Volke Israel gemäß der Einteilung der Stämme). In diesen Fällen meint *ntn* »zuteilen« (vgl. Jos 18,10 *ḥlq* pi.; s. Plöger, a.a.O. 79 Anm. 77), vgl. auch Gen 47,11, wo gesagt wird, daß Joseph seinen Brüdern Grundbesitz zuteilt.

So wie Bodenschenkungen in Staatsverträgen bestimmten Bedingungen unterlagen, mindestens der Loyalität des Empfängers, ist auch Israels Landgabe in dtn. und dtr. Sicht konditionell (vgl. Diepold, a.a.O. 76ff.; Miller, a.a.O. 454ff.; vgl. aber auch Weinfeld, a.a.O. 71ff., der in bestimmten Fällen eine bedingungslose Schenkung als Belohnung für erwiesene Treue annimmt). Wegen des bedingten Charakters des Landbesitzes und der absoluten Abhängigkeit Israels vom Geber Jahwe hat Israel niemals ein Autochthonenbewußtsein im Lande entwickelt (Zimmerli, a.a.O. 53f.). Das Land ist immer Gabe Jahwes, und das Verhältnis Israels zu seinem Lande gründet sich auf die Verfügung Jahwes, Israel das Land zu geben als eine zur Bundesbeziehung gehörige konkrete Segenspende. Als eigentlicher Besitzer des Landes konnte er es auch wieder enteignen.

Der Gedanke, daß Jahwe seinem Volke Ruhe *mᵉnūḥā* (→*nūᵃḥ*) gibt bzw. verschafft, ist engstens mit der Landgabe verbunden, insofern *mᵉnūḥā* stellenweise materiell das Land als »Ruhestätte« bezeichnen kann (vgl. Dtn 12,9, par. *naḥᵃlā*; Mi 2,10; Sach 9,1; Ps 95,11; 132,8.14) und die Ruhe als das zur-Ruhe-Kommen nach den Beschwerden der Zeit der Wanderung zeitlich mit der Landgabe zusammenfällt (vgl. von Rad, GesStud 101–108, und vor allem A.R.Hulst, Schrift en kerk, FS Gispen 1970, 62–78). Damit hängt zusammen, daß Jahwe die Geschichte lenkt, positiv mittels seiner Gaben der *tōrā* (s.o.), *mišpāṭ* und *ṣᵉdāqā* (vgl. K.Koch, FS von Rad 1971, 236–257, bes. 249ff.) und der Charismata der Leitung und Weisung (Zimmerli, a.a.O. 68–93), negativ, indem er sein Volk im Gericht »hingibt« (1Kön 14,16; Jer 15, 9; Ez 16,27; Mi 5,2).

2. Auffällig ist, wie wenig der Mensch im Verhältnis zum vielen, das Jahwe »gibt«, seinem Gotte »gibt«. Das Verbum *ntn* kommt in diesem Sinne verhältnismäßig wenig vor. Zwar werden Opfer als vom Menschen Jahwe dargebrachte »Gaben« betrachtet (vgl. Pedersen, Israel III/IV, 322ff.; R.Hentschke, RGG IV, 1642; von Rad I, 267ff.) und durften die Israeliten nicht »mit leeren Händen« (*rēqām*; Ex 23,15; 34,20; Dtn 16,16f.; vgl. Ex 22,28 *'ḥr* pi.) vor Jahwe treten, doch begegnet *ntn* nur selten im Zusammenhang mit Opfern. Vereinzelt kommt es in Verbindung mit *zǽbaḥ* »Schlachtopfer« (Ps 51, 18; Pred 4,17), *'iššǣ* »Feueropfer« (Lev 22, 22; zu den sog. »Feueropfern« vgl. J.Hoftijzer, FS Baumgartner 1967, 114–134), verschiedenen anderen Gaben (Lev 23, 38), *qōdæš lᵉJhwh* »etwas Jahwe Heiliges«

(Lev 27,9.23), *kôfær* »Sühne« (Ex 30,12f.; Ps 49,8; vgl. *ntn* Mi 6,7), *rēšīt* »das Beste« (Num 18,12; *bō'* hi. V. 13; *qrb* hi. V. 15; Dtn 26,10 aber *nūaḥ* hi.) vor, des öfteren aber in Verbindung mit *t^erūmā* »Abgabe, Geschenk« (14 × mit *ntn*; 12 × mit *rūm* hi.; 8 × mit *bō'* hi.; Lev 7,14 *qrb* hi.; s.o. III/1g). In vielen dieser Belege hat *ntn* die Bed. »bestimmen« oder »zur Verfügung stellen« (zu den anderen Bedeutungen von *ntn* s.o. III).

Nirgends ist *ntn* technischer Ausdruck für das »Geben« von Opfern als Jahwe dargebrachter Gabe, die Verbindung mit *t^erūmā* vielleicht ausgenommen. In Wirklichkeit gehört alles Jahwe (Ps 50,9–12!), daher gilt für jede Gabe, daß man sie Jahwe »aus dessen eigener Hand« schenkt (1Chr 29,14). In der Abgabe der Erstlinge ist das Bewußtsein und die Anerkennung, daß Jahwe der eigentliche Besitzer des Landes ist, beschlossen (s. O. Hanssen, BHH I,434f. mit Lit.).

In bezug auf *ntn* im Sinne von »überlassen, abtreten« oder »weihen« (s.o. III/1c) spielen die Jahwe zu gebenden Erstgeborenen (Ex 22,28f.; vgl. 13,1.2.12; 34,19) eine wichtige Rolle. Obgleich alle Erstgeborenen, Tiere wie Menschen, Jahwe zukommen, wird ein deutlicher Unterschied zwischen tierischen und menschlichen Erstgeborenen gemacht: jene werden geschlachtet, diese losgekauft (→*pdh*), wenn auch nicht immer (Ex 22,28f.!) vom Loskaufen die Rede ist (s. de Vaux II,329–333; M. Weinfeld, UF 4, 1972, 133–154).

In Hinblick auf die Kinderopfer ist es wichtig festzustellen, daß *ntn* »überlassen, abtreten, weihen« an sich durchaus nicht »opfern« impliziert (vgl. auch Ri 11,31, wo beide Sachen deutlich unterschieden werden). Zu der von einigen Forschern geäußerten, aber unrichtigen Vermutung, daß der Jahwismus legitime Kinderopfer gekannt habe, s. die Auseinandersetzungen bei de Vaux, a.a.O. 329–333; G. Fohrer, Geschichte der israelitischen Religion, 1969, 39f. (Lit.); L. Delekat, BHH I,434 (Lit.) und Weinfeld, a.a.O. 151ff.154.

V. Für die Qumrantexte verzeichnet Kuhn, Konk. 147f., 58 Belege, die sich an den atl. Sprachgebrauch anschließen. LXX verwendet hauptsächlich διδόναι, aber auch andere Verben entsprechend den verschiedenen Bedeutungsgehalten von *ntn*. Zum NT vgl. F. Büchsel, Art. δίδωμι. ThW II,168–175; H. Conzelmann, Art. χάρισμα, ThW IX,393–397, und J. Behm, Art. ἀνάθεμα, ThW I,356f.).

C. J. Labuschagne

סְגֻלָּה *s^egullā* Eigentum

1. Das hebr. *s^egullā* wurde früher mit akk. *sugullu* »Rinderherde« zusammengestellt (vgl. H. Zimmern, Die Keilinschriften und das AT, ³1903, 651; GB 536a; KBL 649a). Nach neuerer Erkenntnis gehört es aber zu akk. *sikiltu(m)* (ev. *siqiltum*, dazu das Verbum *sak/qālu*; vgl. M. Greenberg, JAOS 71, 1951, 172–174; A. Goetze, JCS 4, 1951, 227; E. A. Speiser, OrNS 25, 1956, 1–4; A. Falkenstein, ZA 52, 1957, 328; M. Held, JCS 15, 1961, 11f.). Im § 141 des Codex Hammurabi meint *sakālu sikilta* »ein Privatvermögen anhäufen«; in der Titulatur des Königs Abba-AN von Alalaḫ bezeichnet *sikiltu* den König als »spezielles, persönliches Eigentum«, als »Verehrer« der Gottheit (Seux 261f.; vgl. dazu den PN *Sikilti-Adad* bei K. Tallqvist, Assyrian Personal Names, 1914, 195). Dazu würde ug. *sglt* zur Bezeichnung des Vasallen des Großkönigs in PRU V, Nr. 60, Z. 7 und 12 (in fragmentarischem Zusammenhang) passen (M. Dahood, Bibl 46, 1965, 313; 50, 1969, 341; H. B. Huffmon – S. B. Parker, BASOR 184, 1966, 37; M. Dietrich – O. Loretz, OLZ 62, 1967, 544).

Im Mittelhebr. und Jüd.-Aram. findet sich das Subst. *s^egullā* bzw. *s^egull^etā* »Besitz«, ebenso das zweifellos denominierte Pi. bzw. Pa. des Verbums *sgl* in der Bed. »zurücklegen, aufhäufen« (vgl. Greenberg, a.a.O.).

2. Im AT kommt *s^egullā* 8 × vor: Ex 19,5; Dtn 7,6; 14,2; 26,18; Mal 3,17; Ps 135,4; Pred 2,8; 1Chr 29,3.

3. *s^egullā* ist, wie das akk. *sikiltu* und die Verwendung von *s^egullā* im Talmud deutlich erkennen lassen, eine Bezeichnung für Eigentum im qualifizierten Sinn: persönlich erworbener, sorgfältig gehegter Privatbesitz (s. dazu Greenberg, a.a.O.). Genau das ist auch die Bedeutung von *s^egullā* an den beiden Stellen im AT, an denen es in einem »profanen« Zusammenhang verwendet wird: David gelobt, das, was er als *s^egullā* an Gold und Silber besitzt (über das hinaus, was er sonst bereits an Mitteln beschafft hat), für den Bau des Gotteshauses zur Verfügung zu stellen (1Chr 29,3). Damit ist zweifellos königlicher Privatbesitz gemeint, der normalerweise für öffentliche Bauten nicht herausgegeben wurde. In Pred 2,8 spricht der Verfasser von »Silber und Gold und der *s^egullā* von Königen und Ländern«, die er gesammelt habe. Das Wort bezeichnet »einen besonderen Teil des Besitzes, der für gewöhnliche Zwecke nicht verwendet, sondern für einen speziellen Zweck aufbewahrt wird« (A.B.Ehrlich, Randglossen zur hebr. Bibel, I, 1908, 336f.), und unterscheidet sich darin von anderen Begriffen im Umkreis von »Besitz, Eigentum« wie *'ᵃḥuzzā* (→*'ḥz*), →*naḥᵃlā*, *jᵉruššā* (→*jrš*), *qinjān* (→*qnh*). In dieselbe Richtung weist die LXX-Übersetzung. Zwar kann sie einmal περιποίησις »Erwerben, Eigentum« (Mal 3,17; vgl. 1Petr 2,9) und einmal περιποιεῖσθαι »sich erwerben« (1Chr 29,3) sagen. Aber viermal verwendet sie περιούσιος »reichlich auserlesen, auserwählt« (Ex 19,5; Dtn 7,6; 14,2; 26,18; vgl. auch die Erweiterung in Ex 23,22, ferner Tit 2,14; 1Clem 64), und zwar in der Verbindung λαὸς περιούσιος »Volk, das Gottes Kronschatz bildet« (H. Preisker, ThW VI, 57), sowie zweimal περιουσιασμός »Erwerbung, Eigentum« (Ps 135,4; Pred 2,8).

4. *sᵉgullā* ist im AT fast ganz zu einem terminus technicus für die Umschreibung der Zugehörigkeit Israels zu Jahwe geworden (vgl. dazu das oben genannte akk. Königsepitheton und den PN *Sikilti-Adad*). Da es an drei Stellen des Dtn vorkommt (jedesmal in der Verbindung *lihjōt lō lᵉ'am sᵉgullā* »daß du sein Eigentumsvolk werdest«), scheint es ein Spezifikum der dtn. Diktion zu sein. Aber in etwas anderer Form findet sich der Satz auch in Ex 19,5, und zwar innerhalb eines Abschnittes (19, 3–6[.8]), den manche als einen dtr. Zusatz betrachten (so neuerdings wieder G. Fohrer, »Priesterliches Königtum«, Ex. 19,6, ThZ 19, 1963, 359–362), der aber eher älteres Traditionsgut bewahrt hat (vgl. H. Wildberger, Jahwes Eigentumsvolk, 1960, 10ff.; W. Zimmerli, Erwägungen zum »Bund«, FS Eichrodt 1970, 171–190, [175f.]), das dem Dtr. bereits vorlag (anders L. Perlitt, Bundestheologie im AT, 1969, 171ff.). Wäre Ex 19,6 vom Dtn abhängig, wäre nicht *gōj*, sondern *'am qādōš* zu erwarten. Daß *sᵉgullā* in Ex 19,5 eine begriffliche Verkürzung des ursprünglichen *'am sᵉgullā* des Dtn sein sollte – so Perlitt, a.a.O. 171 –, leuchtet angesichts der Tatsache nicht ein, daß Israel durchaus als *naḥᵃlā* Jahwes bezeichnet werden kann (abgesehen von der relativ späten Stelle Dtn 4,20, an der *'am naḥᵃlā* erscheint). Von *sᵉgullā* spricht auch Ps 135,4: »Jahwe hat sich Jakob erwählt (→*bḥr*), Israel zu seiner *sᵉgullā*«. Vermutlich greift auch dieser (in seiner jetzigen Form nachexilische) Psalm auf eine längst fest geprägte Formulierung zurück. Jedenfalls ist es beachtenswert, daß der theologische Gehalt von *sᵉgullā* (wie in Dtn 7,6 und 14,2) durch den Parallelbegriff *bḥr* interpretiert ist. An der Maleachi-Stelle (3,17) dient *sᵉgullā* dem Gedanken der neuen Zuwendung Jahwes zu Israel in der Zukunft (vgl. →*bḥr* IV/4b) und ist damit Inhalt der Heilsverheißung geworden.

Der theologische Gehalt von *sᵉgullā* ist durch die an sich keineswegs wörtliche LXX-Übersetzung λαὸς περιούσιος (Ex 19,5; Dtn 7,6; 14,2; 26,18; ferner in Ex 23,22 für bloßes *'am*) bzw. εἰς περιουσιασμόν (Ps 135,4) klar umschrieben. In Mal 3,17 bringt die Formulierung εἰς περιποίησιν gut zum Ausdruck, daß Israel von Jahwe durch einen gnädigen Akt erst wieder »erworben« werden muß.

5. In den Qumrantexten ist der Ausdruck nicht belegt. Zum rabbinischen Sprachgebrauch vgl. Greenberg, a.a.O. Im NT begegnet, zweifellos von LXX inspiriert, λαὸς περιούσιος in Tit 2,14: durch Jesu Erlösungstat schafft sich Gott ein Volk als seinen kostbaren Besitz. In 1Petr 2,9 wird die ntl. Gemeinde trotz der starken Anlehnung an Ex 19 als λαὸς εἰς περιποίησιν angesprochen. Die übliche Wiedergabe mit »Volk des Eigentums« wird dem gr. Text insofern nicht gerecht, als die Wahl des Ausdrucks hier anstelle desjenigen von Tit 2,14 zweifellos zum Ausdruck bringen will, daß Gott sein Volk durch seine Erlösungstat erst in seinen Besitz bringen mußte.

H. Wildberger

סוֹד *sōd* Geheimnis

1. Etymologisch ist das Nomen *sōd* eine crux. Entweder hat man (von Verweisen auf andere sem. Sprachen abgesehen) keinen Vorschlag zur möglichen Herleitung (GB 537f.; Zorell 547b), oder aber man schlägt als Wurzel **sūd* vor, die auch für Ps 2,2 und 31,14 geltend gemacht wird (vgl. Kraus, BK XV, 11; P. Humbert, FS Baumgartner 1967, 136f.), oder die mit *jsd* (z.B. BDB 691a) bzw. *jsd* II »sich zusammentun« (KBL 386b.651a) verbunden wird.

sōd wird sonst allgemein mit arab. *sāwada* »heimlich reden« sowie mit syr. *sᵉwādā/suwādā* »vertrauliches Gespräch« verglichen. Fohrer, KAT XVI,269, weist auf altsüdarab. *mšwd* »Ratsversammlung« hin (vgl. BDB 691a; R.E. Brown, CBQ 20, 1958, 418). DISO 190 (vgl. 191) erwähnt mit Vorbehalt pun. *swb* (bzw. *swd*) »(rond, cercle >) voûte céleste«. An der schwierigen Stelle Ps 25,14, wo G für *sōd* einmalig κραταίωμα hat, will G.R. Driver, JBL 55,

1936, 102; EThL 26, 1950, 345, arab. *sūd* »chieftaincy« heranziehen (vgl. Barr, CPT 251; S. Jellicoe, The Septuagint and Modern Study, 1968, 326).

In Sir begegnen ein von *sōd* denominiertes Pi. (Sir 7,14) und ein Hitp. (8,17; 9,3.14; 42,12). Dazu kommen noch die Eigennamen *Sōdī* (Num 13,10) und *B^esōd^ejā* (Neh 3,6; vgl. Noth, IP 32.152).

2. Das Nomen *sōd* kommt insgesamt 21 × vor, wovon 8 Belege auf weisheitliche Schriften (Spr 5 ×, Hi [inkl. 29,4] 3 ×, fehlt in Pred), 6 auf Ps, 4 auf Jer und je 1 auf Gen, Ez und Am entfallen. Mit einer Ausnahme fehlt das Wort also im Pentateuch, vollständig im dtr. und im chr. Geschichtswerk, auch in der apokalyptischen Literatur (in Dan aber 9 × bibl.-aram. *rāz* »Geheimnis«, von LXX mit μυστήριον wiedergegeben; s. u. 5).

3. Das Wort *sōd* kommt nur im Sing. vor; es ist 2 × Subj. (Ps 25,14; Spr 3,32, im Nominalsatz) und 6 × Obj. (Am 3,7; Ps 83,4; Spr 25,9, im Verbalsatz, vgl. noch Ps 55,15; weiter Spr 11,13; 20,19 im Nominalsatz), davon 4 × mit *glh* »offenbaren« (je 2 × qal und pi., vgl. Jenni, HP 202f.). In Hi 29,4 mag ein Textfehler vorliegen, vgl. BH³ und etwa Fohrer, KAT XVI, 402.

Semasiologisch hat das Wort *sōd* einen relativ breiten Bedeutungsbogen. Zum konkreten Gebrauch des Wortes, bei dem die Bed. »Zusammenkunft« / »Kreis« vorherrscht, kommt noch als wesentlicher Teil ein erweiterter – auf Menschen wie auf Gott bezogener – Gebrauch hinzu; besonders bemerkenswert sind dabei abstrakte Anwendungsweisen wie etwa »Ratschluß« oder »Geheimnis«, die theologisch auch am wirksamsten geworden sind (s. u. 4).

Die Annahme eines Grundstammes *sūd* »sich zusammentun« dürfte dem konkreten Gebrauch von *sōd* am nächsten entsprechen; denn *sōd* meint vorerst Zusammenkünfte verschiedener Art. In bezug auf Menschen geht es nicht so sehr um »feierabendliche freie Zusammenkunft der erwachsenen Männer« im Dorf (L. Köhler, Der hebr. Mensch, 1953, 90), als vielmehr um Zusammenkünfte von Menschen, die irgendwie näher zusammengehören; sodann ist der engere Kreis der Männer, die sich treffen, gemeint (Ps 55,15; Hi 19,19, dazu Fohrer, KAT XVI, 307: »Vertrautenkreis«; vgl. Gemser, HAT 16, 32); darin wurde u.a. fröhliche Gemeinschaft gepflegt (Jer 15,17; Gegensatz »einsam sitzen«). In bezug auf den »Kreis der Bösen« (*sōd m^erē'īm*, Ps 64,3) hat es negative Bedeutung (zu ihren Angriffen auf die Gottesfürchtigen V.4ff.; vgl. 1,1; 31,14). Als erweiterter Gebrauch ist zunächst die alte, kollektivische Anwendung auf die »Versammlung« zweier Stämme in Gen 49,6 (par. *qāhāl* »Versammlung, Gemeinde«) sowie die jüngere mit Bezug auf Israel (Ez 13,9) und die Tempelgemeinde (Ps 111,1; s. u. 4) zu rechnen, sodann aber auch der generelle Gebrauch bei Angabe einer Menge wie in Jer 6,11 (»Kreis der jungen Männer« = die jungen Männer allgemein bzw. in ihrer Totalität; vielleicht wäre auch Ps 64,3 hierher zu rechnen). Das Reden vom himmlischen Rat Gottes will ebenfalls konkret verstanden werden (vgl. H. W. Robinson, JThSt 45, 1944, 151-157; s. u. 4).

Wichtiger als der konkrete dürfte aber der abstrakte Wortgebrauch sein; entscheidend ist hier nicht die Zusammenkunft oder der Kreis an sich, sondern die darin stattfindende »Besprechung« und besonders der »Ratschluß« / »Plan« als Resultat der Besprechung (s. o. 1 zu den verwandten Wörtern im Syr. und Arab.; vgl. G. Fohrer, FS Thomas 1968, 103). In Spr 15,22 sind mit *sōd* »Besprechung« *maḥ^ašābōt* »Pläne« und *jō'^aṣīm* »Ratgeber« verbunden (vgl. P.A.H. de Boer, SVT 3, 1955, 43ff.; zum politischen Aspekt vgl. W. McKane, Prophets and Wise Men, 1965, 55ff. 124; dazu Spr 11,14; 20,18; 24,6). In der älteren Weisheit galt weiter als Regel, daß das heimlich Besprochene nicht herumgesprochen werden durfte, wobei *sōd* die Bed. »Geheimnis« erhielt (Spr 11,13; 20,19, vgl. Jenni, HP 202f.; 25,9 im Mahnwort). Negativ heißt es von den Feinden Jahwes, daß sie »eine listige Besprechung halten« (Ps 83,4a; par. →*j'ṣ* hitp. »sich beraten«, vgl. V.6; Ps 2,2). Theologisch bedeutsam sind vor allem die Aussagen über Gottes Ratschluß/Plan (s. u. 4).

4. Der besondere theologische Sprachgebrauch gewinnt schon Profil, wo *sōd* im Rahmen religiöser Charakteristik menschlicher Gemeinschaft auftritt; dabei kann *sōd* im Sinne von »Gemeinschaft« negativ ein Hindernis für oder positiv eine Durchbruchstelle zur wahren Gottesgemeinschaft, worum es letzten Endes religiös geht, meinen oder auch diese selbst ausdrücken.

Das geschieht in religiös disqualifizierendem Sinne, wenn vom Kreis und bösen Plan der Frevler in Israel sowie der Feinde außerhalb Israels die Rede ist (Ps 64,3; 83,4, s. o. 3), oder wenn in prophetischer Gerichtsrede die mangelnde Gemeinschaft der falschen Propheten mit dem Gottesvolk durch »nicht in die Gemeinde meines Volkes (*bᵉsōd ʿammī*) kommen« ausgedrückt wird, Ez 13,9 (par. »im Buch des Hauses Israel nicht verzeichnet werden« und »ins Land Israel nicht hineinkommen«; vgl. dazu Zimmerli, BK XIII, 292f.: sie »sollen aus dem Vertrauenskreis des Gottesvolkes ausgeschlossen werden«). Umgekehrt ist die Gemeinde (*ʿēdā* als Parallelwort; vgl. Ps 1,5) als »Kreis der Aufrichtigen« (→*jšr* 3b) der Ort des Lobpreises Jahwes, Ps 111,1. So heißt es auch in Spr 3,32, im theologischen Teil der Sprüche, daß Jahwe »mit den Aufrichtigen« (*'æt-jᵉšārīm*) »vertrauliche Gemeinschaft« (*sōd*) hat (Oppositum: »Greuel für Jahwe«; vgl. W. McKane, Proverbs, 1970, 300f.), im schwierigen Ps 25,14 (s.o. 1) ähnlich in bezug auf die »(Jahwe-)Fürchtigen« (par. *bᵉrīt* »Bund«; nach Kraus, BK XV, 212, ist *sōd* hier Jahwes wegweisender »Ratschluß«).

Indem *sōd* von Jahwes himmlischer »Ratsversammlung« sowie von seinem göttlichen »Ratschluß/Plan/Geheimnis« gebraucht und somit direkt auf sein Handeln und Sein bezogen wurde, erhielt es wesentliche Bedeutung für den Werdegang und Inhalt des atl. Gottesbegriffes.

Die bekenntnismäßige Aussage in Ps 89,8, daß Jahwe ein gefürchteter Gott »im großen Kreis/Rat der Heiligen« (*bᵉsōd qᵉdōšīm rabbā*, vgl. BHS) ist, verbindet sich mit ähnlichen Bestimmungen seiner Umgebung (neben allgemeinerem »seine ganze Umgebung« vgl. »in der Versammlung der Heiligen« und »unter den göttlichen Wesen« V.6f.; Ps 82,1 »Gott steht in der Gottesversammlung, inmitten der Götter hält er Gericht«, vgl. V.6), wodurch mit wechselnder Phraseologie, die ein Resultat langer Religionspolemik gewesen ist, die Vorstellung von Jahwes erhabener und unvergleichlicher Stellung im Kreis göttlicher Wesen hervorgewachsen ist (vgl. G. Cooke, ZAW 76, 1964, 22–47; sonst W. Herrmann, ZRGG 12, 1960, 242–251; H.-P. Müller, ZNW 54, 1963, 254–267; W.H. Schmidt, Königtum Gottes in Ugarit und Israel, 1966, 26ff. u.ö.). In seiner Erhabenheit berät sich aber Jahwe mit seiner Umgebung (1Kön 22,19–22; s. sonst Cooke, a.a.O.). Bei Jeremia wird es ein Kriterium wahrer Prophetie, daß der Prophet »im Rate Jahwes gestanden« hat (Jer 23,18.22); nur so kann er Bote mit Jahwes Wort sein (23,21f.; vgl. Jes 6; E.C. Kingsbury, JBL 83, 1964, 279–286), nachdem ihm Gott »seinen Ratschluß/Plan/sein Geheimnis enthüllt hat« (Am 3,7; vgl. W.H. Schmidt, ZAW 77, 1965, 183–188). Auch »Weisheit« ist in Gottes Ratsversammlung zu erhalten (Hi 15,8).

5. Im Qumran-Schrifttum ist das Nomen *sōd*, mit *jswd* (13×) wechselnd, über 40× belegt (davon gegen 30× in 1QH; s. Kuhn, Konk. 90. 150; RQ 14, 1963, 212).

In der LXX, wo Spr 20,19 fehlt, und wo Spr 25,9 einen anderen Text hat, wird *sōd* durch 12 gr. Wörter wiedergegeben (βουλή 4×, vgl. G. Schrenk, Art. βουλή, ThW I, 631–636; συνέδριον 3×, vgl. E. Lohse, Art. συνέδριον, ThW VII, 858–869; die übrigen je 1×). Auffällig ist die doppelte Wiedergabe in Spr 11,13 (βουλὰς ἐν συνεδρίῳ). Hinzu kommt noch die zweimalige Wiedergabe durch παιδεία (Ez 13,9; Am 3,7; vielleicht ist fälschlich *jissūr* »Züchtigung« gelesen worden; vgl. sonst G. Bertram, FS Krüger 1932, 48f.; ders., ThW V, 610). Wiedergabe durch μυστήριον kommt nicht vor (vgl. aber G. Bornkamm, ThW IV, 820; R.E. Brown, CBQ 20, 1958, 417–443). *M. Sæbø*

סור *sūr* abweichen

1. Der Stamm *sūr* ist im Hebr., Mittelhebr. und Phön.-Pun. (jif. »entfernen«, DISO 191; KAI Nr. 10, Z. 13f.; Nr. 79, Z. 7) belegt. Vgl. noch akk. *sâru* »kreisen, tanzen« (AHw 1031b).

Als Verbum mit ähnlicher Bedeutung ist *zūr* II »sich abwenden« zu vergleichen (→*zār* 1). Unsicher ist *śūr* Hos 9,12, worin GB 781a u.a. eine abnorme Schreibung für *sūr* sehen (vgl. Wolff, BK XIV/1,208; Rudolph, KAT XIII/1,182).

Von *sūr* wird im AT q. »abweichen«, hi. »veranlassen, daß jemand weicht = entfernen«, ho. »entfernt werden« und pil. »durcheinander bringen« (Klgl 3,11), ferner das Verbaladjektiv *sūr* »abtrünnig« und das Nomen *sārā* »Aufhören, Ablassen« (nur Jes 14,6) gebildet.

Auffällig sind im MT die vielen Textschwierigkeiten an Stellen, wo *sūr* verwendet ist (vgl. u.a. zu Ex 14,25; 1Sam 21,7; 22,14; 2Sam 7,15; 22,23; Jes 17,1; 22,3; 49,21; Jer 2,21; 6,28; 17,13; Hos 4,18; 7,14; Hi 15,30b; 2Chr 35,12 die Wörterbücher und BH³).

2. Das Verbum weist bei 299 Belegen (q. 159×, hi. 134×, ho. 5×, pil. 1×; inkl. *śūr* Hos 9,12; exkl. 2Kön 11,6 txt? Eigenname; Ex 8,27 mit Lis. als hi., nicht mit Mand. als q. gerechnet) keine besondere Ballung auf (q.: 2Kön 21×, Ri und Spr je 14×, 1Sam 13×, Dtn 12×, Jes 10×; hi.: Jes und 2Chr 13×, 2Kön 11×). Das

Adj. *sūr* begegnet 3× (Jes 49,21 txt?; Jer 2,21 txt?; 17,13 Q), das Nomen *sārā* 1×.

3. Die Grundbedeutung von *sūr* »von der eingeschlagenen Richtung abbiegen« (1Sam 6,12) hat sich sehr weit entfaltet. Die Bedeutungsskala reicht von »weggehen« bis »einkehren«. In ihr ragen vier Bedeutungsrichtungen heraus: (1) »abweichen« (absolut Ri 14,8 oder mit *min* Ex 32,8 u.ö.); (2) »verlassen« (mit *min* 1Sam 15,6, mit *mēʿal* Num 12,10 u.ö.); (3) »ausweichen« (Klgl 4,15); (4) »sich hinwenden« (mit *ʾæl* Gen 19,2f., *le* Ri 20,8, *šām(mā)* Ri 18,3.15, *ʿal* 1Kön 22,32). Die Bedeutungen im Hi. lehnen sich vorwiegend an (2) an: »entfernen, wegschaffen, beseitigen«.

Das Verbum kann mit den verschiedensten Subjekten verbunden werden; vorwiegend steht es bei Personen (im einzelnen s. die Wörterbücher).

Am nächsten sinnverwandt sind *śṭh* »abweichen« (ebenfalls mit *min* [Spr 4,15] und *ʾæl* [Spr 7,25] konstruierbar; in Num 5,12.19.20.29 übertragen verwendet) und *mūš* »von der Stelle weichen« (20×, mit strittiger Verteilung auf *mūš*/*mīš* q. und hi. [vgl. GB 408f. mit KBL 506b und Zorell 421], in Mi 2,3 aber wohl deutlich hi. »weichen lassen, entfernen«).

4. *sūr* hat an sich keine ausgeprägte theologische Bedeutung; es erscheint aber häufig in ganz bestimmten theologischen Zusammenhängen. Es ist verständlich, daß es im Qal (a), wegen der intransitiven Bedeutung, weniger als im Hi. (b) mit Jahwe als Subjekt verbunden ist.

a) Daß Jahwe selbst von einem Menschen weicht, wird ausgesagt von Simson (Ri 16,20) und Saul (1Sam 18,12; 28,15.16); dasselbe ist gemeint, wenn der Geist Jahwes von Saul weicht (1Sam 16,14). Dazu kommen die Aussagen, daß seine Hand nicht abläßt (1Sam 6,3), daß er seine Gnade nicht entzieht (2Sam 7,15), und daß sein Eifer weicht (Ez 16,42).

Viel häufiger wird das Verbum für das Verhalten des Volkes bzw. eines Einzelnen zu Jahwe verwendet. Es hat einen festen Ort in der dtn.-dtr. Terminologie (vgl. N. Lohfink, Das Hauptgebot, 1963, 71f.): für »abfallen« von Jahwe (1Sam 12,20; vgl. Jer 5,23; 17,5; Ez 6,9; Hi 34,27; 2Chr 25,27), für »abweichen« vom Wege, den Jahwe geboten hat (Ex 32,8; Dtn 5,32; 9,12.16; 11,28; 31,29; vgl. Jos 1,7; Ri 2,17), für »abweichen« vom Gesetz (*miṣwā* Dtn 17,20; *dābār* Dtn 17,11; 28,14; *ḥuqqā* 2Sam 22,23), vom Buch des Gesetzes (Jos 23,6). Es findet in 2Kön (2Chr) Verwendung im Zusammenhang mit der Beurteilung der Könige, die nicht von der Sünde (2Kön 10,29.31; 13,2.6 u.ö.), von den Höhen (14,4; 15,35 u.ö.) ablassen. Die Wendung *sūr mēraʿ* »das Böse meiden« gehört der weisheitlichen Sprache an (Ps 34,15; 37,27; Hi 1,1.8; 2,3; 28,28; Spr 3,7; 13,19; 14,16; 16,6.17).

b) Etwa 40× ist bei *sūr* hi. Jahwe/Gott der Handelnde, überwiegend in den geschichtlichen und prophetischen Büchern, weniger oft in Ps und Hi. Während sich in den ersten beiden Gruppen sein Handeln überwiegend gegen oder zugunsten von Israel/Juda richtet, gilt dies in Ps und Hi dem Einzelnen.

Im Handeln des Volkes bzw. des Einzelnen hat *sūr* hi. keine ausgeprägte Stellung. Mit einer gewissen Regelmäßigkeit steht es in Zusammenhängen, in denen es um die Beseitigung von Höhenheiligtümern, Altären und Masseben Baals geht (bes. 2Kön und 2Chr; in 2Kön 18,22 = Jes 36,7 sind es solche Jahwes). Besteht hier ein terminologischer Zusammenhang zu der Abrenuntiationsaufforderung Gen 35,2 und Jos 24,14.23 (vgl. Alt, KS I, 79–88), zu der das Verbum gehört? Erwähnt sei noch, daß *sūr* hi. gehäuft im Opfer-Ritual Lev 3; 4 und 7 bei der Anweisung zum »Fettabheben« steht (R. Rendtorff, Studien zur Geschichte des Opfers im Alten Israel, 1967, 157f.).

5. In der LXX hat *sūr* kein spezielles Äquivalent. Das Verbum wird in seinen verschiedenen Stammformen mit über 50 Vokabeln wiedergegeben. In den Qumran-Texten überwiegt ein theologischer Gebrauch, der an die Bedeutungen (1) und (2) (s.o. 3) anschließt und an die dtr. Terminologie (s.o. 4a) erinnert. *S. Schwertner*

סלח *slḥ* vergeben

1. *slḥ*, das im Hebr. nur »vergeben, verzeihen« bedeutet, ist ein gemeinsemitisches Verbum. Im Akk. heißt es »besprengen« (Belege bei J.J. Stamm, Erlösen und Vergeben im AT, 1940, 57; AHw 1013), und das dürfte der ursprüngliche konkrete Sinn des Verbums sein. Er hat sich auch im Aram.-Syr. erhalten, wo das Verbum mit verändertem Zischlaut als *zlḥ* erscheint und »sprengen, ausgießen« bedeutet (Stamm, a.a.O. 58 Anm. 2). Das ebenfalls zugehörige äth. *zlḥ* übersetzt Dillmann 1034 mit »haurire«.

Im Ug. findet sich in dem Ritualtext Nr. 9 (= Herdner, CTA Nr. 36), Z. 1 der Ausdruck *slḥ npš*. C.H. Gordon, Ugaritic Literature, 1949, 113, übersetzt ihn mit »forgiveness of soul«, was wegen des lückenhaften Zusammenhanges an der Stelle unsicher bleibt. In UT Nr. 1757 erwägt Gordon denn auch zur früheren Wiedergabe hinzu die mit »besprengen«, so daß auch im Ug. die alte konkrete Bedeutung bewahrt wäre. Unter Verzicht auf das hebr. *slḥ* verbindet J. Gray, SVT 15, 1966, 191, das ug. *slḥ* mit einem arab. Verbum *slḫ* »entkleiden« und »zu einem Ende kommen«. WUS Nr. 1914 bietet *slḥ* ohne Übersetzung.

Im AT begegnet *slḥ* im Qal und im Ni. Nur spärlich und spät zu belegen sind das Gewohnheitsadjektiv *sallāḥ* »bereit zu vergeben« (Ps 86,5) und das abstrakte Subst. *s^elīḥā* »Vergebung, Verzeihung« (Ps 130,4; Dan 9,9; Neh 9,17).

Zu den Belegen für das Qal kommt aus den Elephantine-Papyri noch der mehrfach getragene Name *Jslḥ* (= *Jislaḥ*) hinzu (vgl. Cowley 291a; BMAP 306a). Noth, IP 210f., versteht den Namen als Wunsch: »(die Gottheit) möge vergeben«. Doch kann es sich auch um eine dankende Feststellung handeln: »Er (Jahwe) hat vergeben«, was sich auf eine Sünde beziehen mag, deren Folgen die Eltern entweder in langer Kinderlosigkeit oder in schwerer Krankheit des Namensträgers wahrnahmen, von denen sie nun befreit sind. Vgl. noch Huffmon 43.246.

2. Statistik: *slḥ* q. kommt 33 × vor (Jer und 2Chr je 6 ×, Num und 1Kön je 5 ×, 2Kön 3 ×, Ps 2 ×, Ex, Dtn, Dtjes, Am, Klgl und Dan je 1 ×), ni. 13 × (Lev 10 ×, Num 3 ×), *sallāḥ* 1 ×, *s^elīḥā* 3 ×.

3. a) *slḥ* ist im AT der einzige eigentliche Terminus für »vergeben« (vgl. dazu Köhler, Theol. 208, und Th. C. Vriezen, Art. Sündenvergebung im AT, RGG VI, 507–511). Es hat nur Jahwe zum Subjekt; das wird im Qal direkt ausgesagt, doch ist es indirekt, aber unzweideutig auch im Ni. gegeben in den sog. *kippær*-Formeln in Lev und Num, wo mit dem *w^enislaḥ lō/lāhæm* »und es wird ihm/ihnen vergeben werden« auf Jahwe hingewiesen wird im Unterschied zu dem die Sühne erwirkenden Priester (vgl. zu dieser Formel und ihrer u. a. in Lev 4,31 vorliegenden Grundform »und der Priester wird ihm Sühne schaffen, und es wird ihm vergeben werden« R. Rendtorff, Die Gesetze in der Priesterschrift, ²1963, 76).

Man kann fragen, ob es mit der hohen terminologischen Sonderart des Verbums zusammenhängt, daß es nur wenig gebraucht wird, um die abgelehnte Vergebung wiederzugeben (Dtn 29,19; 2Kön 24,4; Jer 5,7; Klgl 3,42). Viel häufiger bezeichnet es jedenfalls die gewährte Vergebung, die entweder an die priesterliche Interzession gebunden (Lev 4–5; 19,22; Num 15,25f.28) oder von einer solchen frei sein kann (Num 14,20; 30,6.9.13; 2Chr 7,14). Kaum weniger häufig steht *slḥ* in Wunsch oder Bitte (so Ex 34,9; Num 14,19; 1Kön 8,30.34.36.39.50 = 2Chr 6,21.25.27.30.39; Am 7,2; ferner 2Kön 5,18.18; Ps 25,11; Dan 9,19). *slḥ* hat außerdem Raum in der prophetischen, auf die kommende Zeit gerichteten Zusage (Jer 31,34; 33,8; 50,20), und es kann ebenfalls bei den Propheten auch Inhalt einer von Jahwe in der Gegenwart des Volkes gewährten Möglichkeit sein (Jer 5,1; 36,3; Jes 55,7). Im hymnischen Preis haben wir das Verbum nur Ps 103,3; doch treten ihm hier das Adj. *sallāḥ* (Ps 86,5) und das Subst. *s^elīḥā* (Ps 130,4; Dan 9,9; Neh 9,17) zur Seite.

b) Mit seinen 46 Belegen ist *slḥ* kein häufiges Verbum, und es begegnet viel seltener, als es der Bedeutung der Vergebungsbotschaft im AT entspricht (vgl. Eichrodt III, 308ff.). In der Tat hat das spezielle *slḥ* mehrere Ausdrücke neben sich, die mit ihm in einem weiteren Sinn gleichbedeutend sind. Ihr Inhalt ist das Bedecken oder Sühnen der Sünde (→*kpr* pi.), ihr Wegnehmen (→*nś'*), Vorbeigehen-Lassen (→*'br*), Abwischen, Abwaschen, Reinigen, das Nicht-mehr-Gedenken. Diesen geprägten Ausdrücken, die wie *slḥ* meist aus kultischen Riten erwachsen sind, stehen einzelne freie bildliche Wendungen gegenüber. Sie sprechen davon, daß Jahwe die Sünde fern sein läßt (Ps 103,12), er sie hinter seinen Rücken (Jes 38,17) oder in die Tiefe des Meeres wirft (Mi 7,19). In dieser Reihe ist auch das Verbum →*rp'* »heilen« zu nennen, sofern es öfter eine umfassende, auch die Schuld einschließende Wiederherstellung des Menschen meint (so Jes 57,18; Jer 3,22; Hos 7,1; Ps 41,5; 107,20; 147,3; ni. Jes 53,5; die zuvor genannten Verben und Wendungen sind besprochen bei J. J. Stamm, Erlösen und Vergeben im AT, 1940, 66ff., und bei Th. C. Vriezen, RGG VI, 508). Wie im weiteren (s.u. 4) noch zu betonen sein wird, kennt das AT Vergebung nicht im modernen Sinn als geistiges Geschehen; es kennt sie vielmehr nur als einen konkreten, umfassenden, auch im Äußeren des Einzelnen oder der Gemeinschaft sich auswirkenden Vorgang. Damit mag es zusammenhängen, daß das zum abstrakten Begriff gewordene *slḥ* die bildhaften Wendungen nicht verdrängen konnte. Von diesen können allerdings *nś'* (*'āwōn*) »(die Sünde) wegnehmen« und *kpr* pi. »bedecken, sühnen« mitunter die Bed. »vergeben« gewinnen. Für *nś'* (*'āwōn*) im Sinne der Vergebung durch Gott vgl. Ex 32,32; 34,7; Num 14,18; Jos 24,19; Hos 14,3; im Sinne der Vergebung durch Menschen Gen 50,17; Ex 10,17; 1Sam 15,25; 25,28.

Für *kpr* pi. »vergeben« vgl. Ez 16,63; Ps 65,4; 78,38; 79,9; 2Chr 30,18; pu. Jes 22,14.

4. a) Wie die Statistik zeigt, kommt *slḥ* in den Opfervorschriften von Lev und Num am regelmäßigsten vor, was einfach in der Sache begründet ist. Innerhalb dieser Vorschriften hat das Verbum seinen Platz in der sog. *kippær*-Formel »und der Priester wird ihm/ihnen Sühne schaffen, und es wird ihm/ihnen vergeben werden« (s. dazu schon oben 3a). Dabei faßt der erste Satz das Ergebnis der priesterlichen Opfer- und Besprengungsriten zusammen, und der zweite spricht ihre Anerkennung durch Gott aus. Das Nacheinander der beiden Sätze ist auffallend, es ist aber kaum mit S.Herner, Sühne und Vergebung in Israel, 1942, 3, dahin zu deuten, daß durch die Sühnehandlung die Vergebung ihren eigentlichen Charakter verloren habe. Demgegenüber ist mit Eichrodt III,309 der ganze Zusammenhang zu berücksichtigen. In diesem gelten die Sühneriten als »von Gott selbst angeordnetes Mittel zur Aufhebung der Sünde«, und jene bekommen »ihre Wirkungskraft also nicht mehr durch eine ihnen von Natur innewohnende Eigenschaft, sondern durch die ihnen von Gott verliehene Wirkung ... Damit hat der Begriff der Sühnung eminent persönlichen Charakter gewonnen; Sühnung ist nicht eine von der Sündenvergebung unabhängige Beseitigung der Sünde, sondern bildet ein Mittel der Vergebung«.

An eine Institution des Kultes gebunden, war die zur Vergebung führende Sühne einem selbstsüchtigen und veräußerlichenden Mißbrauch durch den Menschen offen. Um dem zu wehren, waren die sühnbaren Vergehen – vielleicht im Sinne einer absichtlichen Reduktion – auf Irrtumssünden beschränkt (vgl. Eichrodt III,311). Als Abwehr des erwähnten Mißbrauches könnte auch ein regelmäßig verlangtes Bekenntnis der Schuld gedient haben. Ein solches wird aber im Zusammenhang mit dem Sündopfer nur Lev 5,5 (und 16,21) erwähnt. Das ist auffallend genug und darf vielleicht mit Vriezen, RGG VI,509, so erklärt werden, daß »die Darbringung von Sünd- und Schuldopfern wohl ohnehin ein Sündenbekenntnis voraussetzt oder es in sich schließt«.

Zu den Kultordnungen gehören auch die Bestimmungen über die Verbindlichkeit der Gelübde von Frauen (Num 30,2–17). Darin wird die Vergebung Jahwes einer Frau zugesagt, die von einem Gelübde zurücktritt, weil entweder ihr Vater oder ihr Mann es nicht anerkennt. Es ist nach dem Text eine Zusage, die unabhängig von Opfer und priesterlicher Vermittlung gilt. Sie hat ihren Beweggrund allein in der Rücksicht auf die abhängige Lage der Frau. Das berechtigt dazu, *slḥ* hier durch »Nachsicht üben« zu umschreiben, wie es Köhler, Theol. 208, tut.

Innerhalb einer der spätesten Schichten des Dtn (28,69–29,28) wird für den Fall des Ungehorsams der Fluch angedroht, und zu seinen Äußerungen oder Folgen gehört es, daß Jahwe nicht mehr vergeben wollen wird (29,19), eine harte Drohung, die aber in einer anderen Schicht des Dtn (c. 30) und in der dtr. Literatur (1Kön 8,14ff.) die Aussicht auf eine Umkehr mit der ihr folgenden Vergebung nicht ausschließt (s.u. b).

b) Dem Kult nahe und mit ihm mehr oder weniger verbunden sind die Gebete, zu denen wir außer den Psalmen (25; 86; 103; 130) auch die Prosagebete in 1Kön 8 (=2Chr 6), Neh 9 und Dan 9 rechnen.

Wenn aus den Psalmen nur vier Stellen zu nennen sind, so erhellt daraus noch einmal (s.o. 3b), daß *slḥ* nur einer unter vielen anderen Ausdrücken für »vergeben« ist. Das zeigt Ps 25, wo die Bitte von V.11 »um deines Namens willen, Jahwe, vergib meine Sünde, wenn sie auch groß ist!« in V.7 die Bitte neben sich hat, Jahwe möge der Jugendsünden nicht mehr gedenken, und in V.18 die Bitte, er möge alle Sünden wegnehmen. Im Bewußtsein der über eine einzelne Tat hinausgehenden und sein Leben bestimmenden Macht der Sünde kann der Psalmist seine Bitte (V.11) allein auf den Namen Jahwes abstützen, d.h. auf Jahwes Offenbarungswirken, das auf seine Ehre abzielt (vgl. Kraus, BK XV,211). Was in diesem Falle die Vergebung erwirkt, das läßt sich wohl den Bitten von V.4 und 5 entnehmen: es ist ein neues Leben nach den zuverlässigen Ordnungen des Bundesvolkes.

Das ist im Eingang zum 103. Psalm (V.1a und 3) »preise, meine Seele, Jahwe..., der vergeben hat all deine Sünde, der geheilt hat all deine Gebrechen ...« anders. Hier bestätigt die Heilung die dem Psalmisten gewährte Vergebung, wie denn auch sonst im AT der Zusammenhang zwischen Heilung und Vergebung stark empfunden wurde (vgl. dazu Stamm, a.a.O. 78ff.). Doch war der Geheilte ja nicht allein der physisch wieder Gesunde, sondern der aus dem Bereich des Todes in das Leben mit der Gemeinde vor Jahwe Zurückgeführte (vgl. Ch. Barth, Die Errettung vom Tode in den individuellen Klage- und Dankliedern des AT, 1947, 146ff.).

In der Vertrauensäußerung von Ps 86,5 ist Jahwe als »gütig und bereit zum Vergeben« (*ṭōb wᵉsallāḥ*) angeredet, und ähnlich geschieht es Neh 9,17 mit den Worten:

»und du bist ein Gott der Verzeihung« (*'ᵉlōᵃh sᵉlīḥōt*). Hier wie dort ist die alte Huldformel von Ex 34,6f.; Num 14,18 variierend und für den Beter aktualisierend aufgenommen, wie das auch an den ebenfalls eher späten Stellen Ps 86,15 und 103,8 der Fall ist.

Auch Ps 130,4 ist eine Äußerung des Vertrauens: »doch bei dir ist Vergebung, auf daß man dich fürchte«. Was den Psalmisten bedrängt, ist V.1 mit dem Wort »Tiefen« angedeutet. Sie sind Bild für die menschliche Verfallenheit an die Sünde (V.3) und zugleich wohl auch für die den Beter bedrängende Not. Mit der Vergebung und durch sie würde er somit die Rettung aus der inneren und äußeren Anfechtung erfahren, eine Einsicht, die mit der oft betonten Höhenlage des Psalmes nicht in Widerspruch steht (vgl. C. Westermann, Forschung am AT, 1964, 241). Die Begründung »auf daß man dich fürchte« ist als Ausblick auf die Zeit nach der Errettung zu verstehen, da der Preis des Geschehenen Jahwe neue Verehrer zuführt (vgl. Ps 22,23–25).

Aus den Prosagebeten ist die Stelle Neh 9,17 soeben erwähnt worden. Ihr steht Dan 9,9 nahe, wo innerhalb eines ausgebreiteten Schuldgeständnisses dem eigenen Abfall die Barmherzigkeit und die Vergebungsbereitschaft (*sᵉlīḥōt*) Gottes gegenübergestellt sind. Das Wortpaar Barmherzigkeit und Vergebungsbereitschaft hält die im AT grundlegende Erkenntnis fest – sie bestimmt schon die Huldformel von Ex 34,6f.; Num 14,18 –, daß es ohne Erbarmen keine Vergebung geben kann. Dem geben auch die Loblieder aus Qumran Ausdruck, indem sie wiederholt die Worte »Erbarmen« und »Vergebung(en)« verbinden (so 1QH 7,18.30.35; 9,34; 10,21; 11,9.31f.).

In dem großen dtr. Tempelweihgebet von 1Kön 8,14–66 (2Chr 6,3–42) findet sich die Bitte um Vergebung fünfmal, und zwar so, daß die Vergebung in der Regel nicht nur die Aufhebung der Sünde, sondern damit zugleich die Abwendung der in einer Not erfahrenen Strafe umschließt. So entspricht es dem dtr. Verständnis der Sünde, wie es auch Ri 2; 1Sam 7; 12; 2Kön 17 zum Ausdruck kommt. Mit den Anschauungen dieses Verfassers geht es auch zusammen, daß Bekenntnis der Sünde bzw. Flehen und Umkehr der Bitte um Vergebung vorausgehen (so V.33f.35f. 37–40.48); vgl. dazu H.W.Wolff, Das Kerygma des dtr. Geschichtswerks, ZAW 73, 1961, 171–186, bes. 177ff. = GesStud 308–324, bes. 314ff.). Eigenartig und ohne Parallele ist dagegen der 1Kön 8,30 hervortretende Zusammenhang zwischen Gebetserhörung und Sündenvergebung. Er hat immerhin das den Deuteronomisten auch sonst charakterisierende Wissen um die in der Volksgeschichte sich auswirkende Macht der Sünde zur Voraussetzung.

Aus dem Gebet Dan 9,4–14 ist noch die Bitte »O Herr, höre! O Herr, vergib!« (V.19) zu nennen. Nach V.18 ist sie ausschließlich in der Barmherzigkeit Gottes begründet (vgl. dazu Plöger, KAT XVIII, 138; ebd. 139 zur Frage der Ursprünglichkeit des Gebetes im Zusammenhang).

Nur ein einziges Mal im Bereich der Kultdichtung ist mit Hilfe von *slḥ* die Rede von der Vergebung, die Gott verweigerte, nämlich Klgl 3,42: »Wir fielen ab und waren widerspenstig, darum hast du nicht vergeben«. Das ist ein Satz aus dem »kollektiven Klagelied« Klgl 3,42–47, in dem sich die Gemeinde rückhaltlos Rechenschaft gibt über die Ursache der sie bedrängenden Not. Es ist ein Bekenntnis, das die Gerichtsdrohung der Propheten vor sich und die dtr. Geschichtsschau neben sich hat.

c) Bei den Propheten begegnet *slḥ* zuerst in der Fürbitte des Amos (7,2): »Herr, Jahwe, vergib doch! Wie kann Jakob bestehen, da er so klein ist?« Was sie erwirkt, ist aber nicht Vergebung der Sünde des Volkes, sondern eine Umstimmung Jahwes (V.3), so daß er das drohende Unheil noch hinausschiebt.

Zeitlich nach Amos ist in unserem Zusammenhang erst wieder Jeremia zu nennen, der unter den Propheten *slḥ* am häufigsten braucht. Mit Hilfe dieses Verbums spricht sich bei ihm zweimal (5,1; 36,3) die Vergebung als eine bei Gott immer noch vorhandene Möglichkeit aus. Nach 5,1, das mit 5,1–6 eine Einheit bildet, wäre sie gegeben, wenn sich in Jerusalem *ein* Gerechter fände (vgl. dazu H.J.Boecker, Redeformen des Rechtslebens im AT, 1964, 154), und nach 36,3 wäre die Vergebung die göttliche Antwort auf die unter dem Gewicht des Prophetenwortes erfolgte Buße. Da Jeremia in der Frühzeit den Bußruf nur gelegentlich – z.B. 4,14 – anklingen läßt, ist es möglich, daß im Wortlaut von 36,3 und 7 die Absicht des Propheten etwas vergröbert wiedergegeben wurde (so A.Baumann, ZAW 80, 1968, 369). Aufgrund älterer Überlieferung (vgl. Ex 34,6ff.) verließ man sich im Volk wohl leichthin auf Jahwes Bereitschaft, zu vergeben. Das war ein Mißverständnis, dem der Prophet in 5,7–11 entgegentritt, indem er die jetzt nicht mehr mögliche Vergebung mit dem Abfall und der herrschenden Sittenlosigkeit begründet.

Wegen Jer 29,1–14 und 32,1–15 steht es fest, daß Jeremia in seiner Spätzeit seiner Hoffnung einen deutlicheren Ausdruck gab als zuvor (vgl. von Rad II,220ff.). So erscheint die Vergebung in 31,31–34 nun auch als Zusage. Von Jahwe geschenkt, ist sie die Voraussetzung für das Leben im neuen Bund, wo es allein noch den freien und gleichsam naturgemäßen Gehorsam gibt. Es ist sicher, daß Jer 31,31–34 in dtr. Überarbeitung überliefert und kein ursprünglicher Bestandteil des sog. »Trostbüchleins« ist. Das schließt jedoch nicht aus, daß die Perikope im Grundbestand auf Jeremia zurückgeht (vgl. dazu einerseits P. Buis, La nouvelle alliance, VT 18,1968, 1–15, und andererseits S. Herrmann, Die prophetischen Heilserwartungen im AT, 1965, 179ff. und 193ff.).

In der Heilsweissagung von Jer 33,1–13 – sie kann in ihrem Kern auf Jeremia zurückgehen – ist die Vergebung (V.8) ebenfalls ein endzeitliches Gut, das in der Wiederherstellung Judas und Israels (nach LXX Jerusalems) seine äußere Gestalt gewinnt. In dem sicher nachjeremianischen Text Jer 50,18–20 gilt das ähnlich für den nach dem Untergang Babylons heimgekehrten Rest des Volkes.

Für Deuterojesaja gehören Rettung und Vergebung zusammen, und zwar ist letztere Hintergrund oder Voraussetzung der ersteren. »Die Wendung des Geschickes Israels gründet in Gottes Vergebung« (Westermann, ATD 19, 32). Um von ihr zu sprechen, bedient sich aber der Prophet nicht des Verbums *slḥ*. Zweimal (Jes 43, 25; 44,22) braucht er statt dessen das Bild vom Abwischen der Sünde (*mḥh pǽšaʿ*), ein Bild, das teils aus dem Bereich des Rechtes – Auswischen der Sünde aus Jahwes Schuldbuch – und teils aus dem des Kultus mit seinen Waschungen hervorgegangen ist (vgl. dazu Stamm, a.a.O. 73f.).

In Jes 55,7 ist die Mahnung an den Frevler, seinen Weg zu verlassen, begründet mit dem Hinweis auf die Bereitschaft Gottes, zu vergeben, und diese ist mit dem Verbum *slḥ* formuliert. Ob der Vers von Dtjes. stammt, ist zweifelhaft. Während J. Begrich, Studien zu Deuterojesaja, 1938, 50f., Jes 55,6 und 7 als ein selbständiges und echtes Mahnwort beurteilt, nimmt Westermann, ATD 19, 230, Jes 55, 6–11 als Einheit zusammen, in der V.7 als Zusatz den Zusammenhang zwischen V.6 und 8 unterbricht. Obwohl ich früher (Stamm, a.a.O. 52) Begrich gefolgt bin, glaube ich heute, die Gründe von Westermann anerkennen zu müssen. Damit scheidet *slḥ* aus dem Wortschatz des Dtjes. aus.

d) Will man die Belege aus der erzählenden Literatur zeitlich ordnen, so mag 2Kön 5,18 voranstehen. Es ist der Wunsch Naemans, daß Jahwe ihm verzeihe, wenn er sich bei dem mit seinem Herrn gemeinsamen Tempelbesuch vor dem Gott Rimmon niederwirft. Mit dem etwas allgemeinen *lēk lešālōm* »geh getrost!« oder »geh guten Mutes!« (vgl. dazu Stamm, a.a.O. 48 Anm.5) spricht Elisa seinem Gast nicht direkt Vergebung zu; er läßt ihn eher auf eine gewisse Nachsicht Jahwes hoffen (vgl. Köhler, Theol. 208).

Die zugehörigen Stellen aus dem Pentateuch (Ex 34,9; Num 14,19f.) lassen sich unter dem Gesichtspunkt des Alters hier anschließen, weil sie nicht zum anfänglichen Bestand der älteren Quellen (J und E) gehören (zu Ex 34,6aβb.7.9 vgl. Noth, ATD 5, 213.214f.; zu Num 14,11–25 vgl. Noth, ATD 7, 91.96f.). Die Sünde, um deren Vergebung Mose nach Ex 34,9 bittet, bezieht sich auf den Abfall zum goldenen Jungstier (vgl. dazu Eißfeldt, KS IV,234 Anm.2). Im Sinne des Ergänzers, der V.9 zwischen V.8 und 10 einfügte, wäre die Bitte in der Weise erhört worden, daß Jahwe einen Bundesschluß zusagt. In Num 14,19 folgt der Bitte um Vergebung unmittelbar (V.20) die Gewährung; sie hebt die dem Volk (V.12) angedrohte Vernichtung auf, schließt aber die Bestrafung der für den Unglauben verantwortlichen Generation ein (V. 21–23a).

Nach 2Kön 24,2aβb–4 sieht der Dtr. in den Ereignissen vom Ende der Regierung Jojakims die Wirkung von Jahwes Zorn über die Untaten Manasses. Sie lassen Vergebung nicht zu (V.4). Würde sie gewährt, so müßte sie sich erweisen in der Aufhebung der von der Vergangenheit her auf dem Volke lastenden Sündenstrafe (vgl. oben 4b zu 1Kön 8,14ff.).

Als jüngster Beleg ist 2Chr 7,14 zu nennen. Er enthält die Zusage Jahwes, daß er die »Sünde vergeben und das Land heilen werde«, wenn das Volk sich durch Schläge mahnen und zur Umkehr bewegen läßt. V.14 ist zusammen mit V.13 und 15 vom Chronisten aus Eigenem in einen sonst aus 1Kön 9,1–9 (zweite Gotteserscheinung vor Salomo in Gibeon) übernommenen Bericht eingefügt worden, wobei in V.13–15 der Bezug auf Salomos Gebet bei der Tempelweihe (2Chr 6) deutlich ist. Vergebung bringt nach V. 14 »Heilung«, d. h. das Land wird von den Plagen befreit, die Jahwe ihm mit Dürre, Heuschrecken und Pest auferlegte. Unverkürzt spricht sich so noch einmal aus, was das AT unter Vergebung versteht, nämlich ein dem Menschen antwortendes Tun von Gott her, das mit der Befreiung von Sünde und der Aufhebung von Strafe auch eine umfassende Wiederherstellung oder Erneuerung bringt.

5. *slḥ* und *s^e^lîḥā* haben sich im nachbiblischen Hebr. erhalten (z. B. Sir 5,5 *sljḥh* = ἐξιλασμός). In Qumran begegnet das Verbum nach Kuhn, Konk. 151b, 2× (1QS 2,8; 1QH 14,24) und das Substantiv 12× (davon 10× in 1QH und je 1× in 1QS 2,15 und CD 2,4). Das ist eine im Blick auf das AT auffallende Bevorzugung des Substantivs gegenüber dem Verbum. Sie wiederholt sich im Neuhebr., wo *s^e^lîḥā* im Sinne des dt. »Verzeihung!« zu einem viel gebrauchten Terminus der Umgangssprache wurde.

In der LXX hat sich kein einzelner Begriff zur Wiedergabe von *slḥ* durchgesetzt. Am häufigsten sind ἵλεως εἶναι / ἱλάσκεσθαι o. ä. und ἀφιέναι (vgl. R. Bultmann, Art. ἀφίημι, ThW I,506–509; J. Herrmann – F. Büchsel, Art. ἵλεως, ThW III,300-324).

Im NT sind ἀφιέναι / ἄφεσις gegenüber anderen Termini stark bevorzugt worden. Doch so wenig, wie im AT *slḥ* der allein dominierende Begriff wurde, ist das im NT bei den genannten Vokabeln der Fall, da sie bei Paulus und Johannes kaum begegnen. Beide bringen die Sache auf andere Weise zum Ausdruck (vgl. Bultmann, a. a. O. 509). Anders als *slḥ* (s. o. 3a) kommt ἀφιέναι wiederholt auch mit menschlichem Subjekt vor (z. B. Mt 6,12b.14a; 18,21–35; Mk 11,25 u. ö.). Gleich wie das hebr. Verbum kann das griechische auch die von Gott gewirkte Vergebung bezeichnen (so u. a. Mt 6,12a. 14b; Mk 11,25; Lk 12,10; Apg 8,22). Über das AT hinaus führt das ntl. Zeugnis dadurch, daß es ἀφιέναι / ἄφεσις und andere Termini mit Jesus verbindet. Damit ist ausgesagt: Jesus hatte die Vollmacht, zu seinen Lebzeiten die Vergebung Gottes zuzusprechen (Mk 2,5 ff. par.), und durch seine Heilstat hat die Gemeinde Vergebung (Eph 1,7; Kol 1,14), die sie dann durch ihn selber anbietet oder spendet (Mt 26,28; Lk 24,47; Apg 2,38; 10,43; 1 Joh 2,12 u. ö.; vgl. Bultmann, a. a. O. 509). Nach Mk 2,5 ff. kann Heilung noch immer Zeichen gewährter Vergebung sein, aber im Ganzen treten im NT die im AT wichtigen äußeren Bestätigungen der Vergebung zurück; es bedarf ihrer nicht mehr, da Jesus die bestätigte Vergebung selber ist.

J. J. Stamm

סמך *smk* stützen

1. Die Wurzel *smk* »stützen« ist im Hebr., Aram. (DISO 194; LS 480) und Südsem. (Conti-Rossini 255; Dillmann 335 f.) erhalten.

Neben das Verbum (q., ni., pi.) treten im AT die Eigennamen *S^e^makjāhū*, *Jismakjāhū* und *'^a^ḥīsāmāk*, in denen »stützen« mit »helfen« gleichbedeutend ist (Noth, IP 176; außerbiblische Belege: KAI II,194; Harris 121.127; Cowley 154).

Unsicher ist die Zugehörigkeit zur Wurzel bei ug. *smkt* (nach WUS Nr. 1923 »Himmelszelt«) und hebr. *ś^e^mīkā* »Decke (?)« (Ri 4,18; vgl. A. Penna, Giudici e Rut, 1962, 83).

2. Das Verbum ist im Qal 41× belegt (Lev 14×, Ps 10×), im Ni. 6×, im Pi. 1×.

3. a) Die Bed. »stützen« im wörtlichen Sinn ist in Am 5,19 belegt: der Erschöpfte stützt seine Hand an die Wand (weiter s. u. 4). Oft ist das Wort in übertragener Bedeutung gebraucht, im Sinne von »unterstützen, helfen« (Gen 27,37 mit Speise und Trank; Jes 63,5a und Ps 54,6 par. →*'zr* »helfen«; Jes 59,16 und 63,5b par. →*jš'* hi. »helfen«; Ps 145,14 par. *zqp* »aufrichten«). Oft ist Jahwe Subjekt derartiger Ausdrücke: Jahwe »stützt« den Gerechten und Gebeugten (Ps 37,17.24; 119,116; 145,14), der Klagende hofft auf diesen Akt (Ps 51,14; 54,6; für Ps 3,6 ist ein Inkubationsorakel und -ordal als Inhalt dieser »Stützung« vermutet worden, vgl. H. Schmidt, Das Gebet des Angeklagten im AT, 1928, bes. 21 ff.; W. Beyerlin, Die Rettung der Bedrängten in den Feindpsalmen der Einzelnen auf institutionelle Zusammenhänge untersucht, 1970, 75 ff.). Eine andere Übertragung liegt in Ez 24,2 und Ps 88,8 vor; das Verbum hat hier ungefähr die Bed. »sich auf etwas legen« (von einem feindlichen König, der zur Belagerung schreitet, und vom Zorn Gottes, der sich auf den Menschen legt, ausgesagt).

Das Part. pass. *sāmūk* hat die Bed. »fest, beständig« (Jes 26,3; Ps 111,8; 112,8).

b) Im Ni. bedeutet das Verbum »sich stützen« in eigentlichem wie in übertragenem Sinn (vgl. Ri 16,29 »sich [gegen Säulen] stemmen«, gegenüber Jes 48,2; Ps 71,6 und 2Chr 32,8 »[auf Gott bzw. die Worte Hiskias] vertrauen«; in 2Kön 18,21

= Jes 36,6 ist »sich auf einen Stab stützen« bildlich neben →*bṭḥ* »vertrauen« verwendet).

Im Pi. erscheint das Verbum einmal in der Bed. »erfrischen« (Hhld 2,5 par. *rpd* pi. »erquicken«; vgl. *smk* q. in Gen 27,37).

c) Ähnliche Bedeutung wie *smk* q. hat das (im AT nur übertragen verwendete) Verbum *s'd* q. »stützen, stärken« (12× ; Obj. Königreich, Thron: Jes 9,6; Spr 20,28; »das Herz stützen« = »[sich] stärken«: Gen 18,5; Ri 19,5.8; Ps 104,15; ohne *lēb* 1Kön 13,7; Jahwe stützt den Beter: Ps 18,36; 20,3; 41,4; 94,18; 119,117; aram. pa. »unterstützen« Esr 5,2; zum unerklärten *mis'ād* 1Kön 10,12 vgl. Noth, BK IX,228; zur Etymologie vgl. KBL 662a.1103b; Huffmon 245). *smk* ni. entsprechen weitgehend *rpq* hitp. »sich anlehnen, sich stützen auf« (Hhld 8,5) und *š'n* ni. »sich stützen auf« (22×, sowohl wörtlich [Ri 16,26; 2Sam 1,6; 2Kön 5,18 u.ö.; »aufgestützt lagern = sich ausruhen« Gen 18,4] als auch übertragen [Num 21,15; par. *bṭḥ* »vertrauen« Jes 30,12; 31,1 u.ö.; sich auf Jahwe/Gott stützen: Jes 10,20b; 50,10; Mi 3,11; 2Chr 13,18; 14,10; 16,7.8]; dazu kommen die Ableitungen *miš'ān* »Stütze« [Jes 3,1.1; von Jahwe ausgesagt 2Sam 22,19 = Ps 18,19], *maš'ēn* und *maš'ēnā* [Jes 3,1; vgl. Wildberger, BK X,120f.], sowie *miš'ænæt* »Stab, auf den man sich stützt« [11×]).*

4. Eine besondere Verwendungsbreite hat *smk* q. im kultischen Bereich; es meint jedenfalls hier den Gestus des Handauflegens auf das Haupt eines Tieres oder eines Menschen. Beim Tieropfer hat der Darbringende den Gestus vor der Schlachtung zu vollziehen (Lev 1,4; 3,2.8.13 u.ö.); der Ritus ist bei allen Opferarten, wo Tiere getötet werden, vorgesehen: bei *'ōlā* »Brandopfer« (z.B. Lev 1,4), *zæbaḥ šelāmīm* »Abschlußopfer« (z.B. Lev 3,2), *ḥaṭṭā't* »Sündopfer« (z.B. Lev 4,4). Auch die Priester haben unter Umständen den Ritus und die anschließende Opferschlachtung zu vollziehen: beim Weiheopfer zur Priesterweihe (Ex 29,10.15.19; Lev 8,22) und beim großen Sühneopfer des alljährlich in nachexilischer Zeit gefeierten Versöhnungstages (Lev 16,21); bei dieser Gelegenheit wird ein Bock freilich nicht geopfert, sondern in die Wüste zum Dämon Azazel getrieben. Ein etwas anderer Ritus wird in Num 8,10.12 geschildert: Im Rahmen der Levitenweihe haben die Israeliten den Leviten und diese den Opferstieren die Hände aufzulegen; so soll zum Ausdruck kommen, daß die Leviten als (für Jahwe ausgesonderter und eigentlich zu opfernder) Erstgeburtsanteil Israels zu verstehen sind. Soll ein Fluchender hingerichtet werden, so haben die Zeugen vor der Steinigung ihre Hand auf den Delinquenten zu legen (Lev 24,14). Mose legt seinem Rechtsnachfolger Josua die Hand auf und überträgt ihm so seine Funktionen. Man kann bei diesen priesterschriftlichen Stellen von einer eigentlichen Ordination sprechen (vgl. E. Lohse, Die Ordination im Spätjudentum und im NT, 1951, bes. 19ff.: Num 27,18.23; Dtn 34,9).

Der gemeinsame Hintergrund aller dieser Vorstellungen besteht darin, daß zwischen den beiden Figuren, welche am Ritus beteiligt sind, eine intensive Beziehung magisch-dinglicher Art hergestellt wird (religionsgeschichtlicher Hintergrund der Berührungsmagie, vgl. A. Bertholet – C.-M. Edsman, RGG IV,595ff.; anders B.J. van der Merwe, The Laying on of the Hands in the OT, OuTWP 5,1962, 34–43). Diese Beziehung kann darin bestehen, daß dem Opfertier eigene Schuld zur Sühneleistung übertragen wird (beim Sündopfer und bei der Vertreibung des Bockes am Versöhnungstag; manche sehen darin den Ursprung des Ritus, z.B. P. Volz, ZAW 21,1901, 93–100), daß das Opfertier der Gottheit als höchsteigene Gabe des Darbringenden, der sich mit der Darbringung identifiziert, übereignet wird (beim Brandopfer), daß die durch das Opfer geschaffene Communio mit der Gottheit dem Darbringenden zuteil wird (beim Schlachtopfer), daß der Fluch, den jemand gehört hat, auf den Fluchenden selbst zurückfällt, oder daß das Charisma des Führers des Volkes weitergegeben wird. Diese letzte Vorstellung dürfte erst spät entstanden sein (bei P belegt für das Verständnis eines umfassenden priesterlich-herrscherlichen Amtes), doch für die anderen Vorstellungen ist hohe Altertümlichkeit anzunehmen (vgl. Elliger, HAT 4, 34).

5. Zu *smk* in den Qumran-Texten und zur Wiedergabe in der LXX vgl. G. Harder, Art. στηρίζω, ThW VII,653–657. Der Ritus der Handauflegung spielt auch im NT vor allem in den Schriften frühkatholischer Tendenz eine gewisse Rolle, besonders innerhalb des Ordinationsverfahrens (Lohse, a.a.O. 67ff.). Daneben hat die Handauflegung ihren Ort in der Heilung des θεῖος ἀνήρ was der hellenistischen Religiosität entstammt. Vgl. dazu C. Maurer, Art. ἐπιτίθημι, ThW VIII, 160–162. *F. Stolz*

סֵפֶר *séfær* Buch

1. Die Etymologie der Wortgruppe *spr* »zählen«, *séfær* »Schriftstück« und *sōfēr* »Schreiber« ist kompliziert und umstritten.

Während man seit F. Hommel, NKZ 1, 1890, 69, gerne *sēfær* als LW aus akk. *šipru* »Sendung, Werk, Botschaft« ableitete (u.a. GB 550b; BDB 706b; KBL 1104a und Suppl. 175a; Zorell 560a; LS 493a; WUS Nr. 1947; ferner H.H. Rowley, BZAW 66, 1936, 175–190; G. Rinaldi, Bibl 40, 1959, 282) und entsprechend *sōfēr* öfter aus akk. *šāpiru* (»Auftraggeber, Vorstand«, Part. zu *šapāru* »senden«; u.a. H.H. Schaeder, Esra der Schreiber, 1930, 39.45f.; KBL 1104a; W. McKane, Prophets and Wise Men, 1965, 25ff.; vgl. J.A. Soggin, BeO 7, 1965, 279–282), lehnt neuerdings T.N.D. Mettinger, Solomonic State Officials, 1971, 42–45, diese Herleitung wegen mangelnder Bedeutungsübereinstimmung ab und plädiert für eine intern-nwsem. Bedeutungsentwicklung. Danach wird zum Verbum *spr* mit der Grundbedeutung »zählen« (hebr. und ug., vgl. UT Nr. 1793; äth. *sfr* »messen«, Dillmann 404; altsüdarab. *sfrt* »Mass«, Conti Rossini 199a) das Subst. *sēfær* »Aufzählung, Liste« gebildet, dessen Bedeutung sich auf »Schriftstück« allgemein ausweitet (ug.; phön.-pun. und altaram. *spr* »Inschrift, Brief, Dokument«, DISO 196; K. Euler, ZAW 55, 1937, 281–291; arab. *sifr* ist LW aus dem Aram., vgl. Fraenkel 247). Von *sēfær* wird *sōfēr* »Schreiber, Sekretär« direkt denominiert (Mettinger, a.a.O. 18; ebenfalls ug., phön.-pun. und reichsaram., DISO 196), und daraus erst rückgebildet schließlich *spr* q. »schreiben« in Ps 87,6 (ug. *spr* im Kolophon 62 [= I AB VI], 53 ist entgegen WUS Nr. 1947 nicht als Perf. des Verbums, sondern mit UT § 9.23 und H. Hunger, Bab. und ass. Kolophone, 1968, 22, als Berufsbezeichnung »Schreiber« zu verstehen).*

Auf jeden Fall werden die Vokabeln der Wortgruppe nach den Hauptbedeutungen »zählen« und »Schriftstück/Schreiber« zu sondern sein: einerseits *spr* q. »zählen« (ni. »gezählt werden, zählbar sein«, pi. »aufzählen, erzählen«, pu. »erzählt werden«) mit den Substantiven *mispār* »Zahl« (in Ri 7,15 »Erzählung«), *sᵉfār* »Zählung« (2Chr 2,16; vgl. Wagner Nr. 204a), *sᵉfōrā* »Zahl(?)« (Ps 71,15; anders L. Delekat, VT 14, 1964, 32f.), andererseits *sēfær* »Schriftstück, Inschrift, Brief, Buch, Schrift« (bibl.-aram. *sᵉfar* »Buch«), *sifrā* »Buch« (Ps 56,9), *sōfēr* (bibl.-aram. *sāfar*) »Schreiber, Sekretär«, *spr* q. »schreiben« (ev. in Ps 87,6), ferner der wohl auf ein Appellativum »Schreiber(amt)« zurückgehende Eigenname *Sōfæræt* (Esr 2,55; Neh 7,57; vgl. H. Bauer, ZAW 48, 1930, 80; Mettinger, a.a.O. 51). Das Schwergewicht liegt im folgenden auf der zweiten Gruppe (3b-e, 4b-e), während die Bed. »zählen« usw. mehr am Rande behandelt wird (3a, 4a).

Abweichende Wortbedeutungen sind mehrfach vermutet worden: Die Bed. »senden« analog zu akk. *šapāru* findet L. Kopf, VT 9, 1959, 267–269, in *spr* q. Esr 1,8 (gewöhnlich: »darzählen«) und im Plur. *sᵉfārīm* 2Kön 20,12 = Jes 39,1 »Abgesandte« (gewöhnlich: »Briefe«). *mispār* in Dtn 32,8 soll nach F. Zimmermann, JQR 29, 1938/39, 241f., analog zu aram. *sᵉfār* »Grenze« bedeuten (vgl. Barr, CPT 331). Für *sēfær* ist nach akk. *siparru* in Jes 30,8 und Hi 19, 23 die Bed. »Erz, Kupfer« vermutet worden (u.a. P. Dhorme, Le livre de Job, 1926, 255f.; S. Terrien, Job, 1963, 149 mit Lit.; Zorell 560a; vgl. dagegen G. Hölscher, Das Buch Hiob, HAT 17, ²1952, 48; Fohrer, KAT XVI, 307f. 317).*

*2. In der statistischen Tabelle ist *sōfēr* Jes 33,18.18 als Part. zum Verbum *spr* q. gerechnet, nicht zum Subst. *sōfēr* (bei Lis. ist *sēfær* Neh 8,5 von Sp. 992c nach 1005c zu versetzen). Nicht aufgeführt sind die Hapaxlegomena *sᵉfār* (2Chr 2,16), *sifrā* (Ps 56,9) und *sᵉfōrā* (Ps 71,15), ferner bibl.-aram. *sᵉfar* (5×, davon 4× in Esr) und *sāfar* (6× in Esr).

	spr q.	ni.	pi.	pu.	*mispār*	*sēfær*	*sōfēr*
Gen	3	2	8	–	2	1	–
Ex	–	–	4	–	2	4	–
Lev	5	–	–	–	4	–	–
Num	–	–	1	–	34	2	–
Dtn	2	–	–	–	4	11	–
Jos	–	–	1	–	2	7	–
Ri	–	–	2	–	5	–	1
1Sam	–	–	1	–	3	1	–
2Sam	1	–	–	–	5	3	2
1Kön	–	2	2	–	1	16	1
2Kön	–	–	3	–	–	44	10
Jes	3	–	2	1	3	12	3
Jer	–	1	4	–	6	26	12
Ez	1	–	1	–	5	1	2
Hos	–	1	–	–	1	–	–
Jo	–	–	1	–	1	–	–
Nah	–	–	–	–	–	1	–
Hab	–	–	–	1	–	–	–
Mal	–	–	–	–	–	1	–
Ps	4	–	30	2	6	3	1
Hi	3	–	4	1	13	2	–
Hhld	–	–	–	–	1	–	–
Pred	–	–	–	–	3	1	–
Est	–	–	2	–	1	11	2
Dan	–	–	–	–	1	5	–
Esr	1	–	–	–	4	–	3
Neh	–	–	–	–	1	9	7
1Chr	1	1	1	–	21	1	4
2Chr	3	1	–	–	5	23	6
AT	27	8	67	5	134	185	54

3. a) *spr* q./ni. »zählen/gezählt werden« wird im AT in bezug auf endliche Mengen (z.B. Lev 15,13.28 u.ö. Kultvorschriften; 2Sam 24,10; 1Chr 21,2; 2Chr 2,1.16 Volkszählung; ni. nur 1Chr 23,3) wie auch (negiert) bei Unendlichkeitsaussagen (Gen 15,5; 41,49; Ps 139,18 und die übrigen Ni.-Stellen) verwendet.

Weitgehend synonym ist *mnh* »zählen« (q. 12×, ni. 6×; bibl.-aram. q. Dan 5,26, *minjān* »Zahl« Esr 6,17; par. zu *spr* ni. steht *mnh* ni. 1Kön 8,5 und 2Chr 5,6; vgl. *mnh* q. in 2Sam 24,1 neben *pqd* q. V. 2.4 und *spr* q. V. 10), während *mdd* (q. 43×, davon 36× in Ez 40–47; ni. 3×, pi. 5×, hitpo. 1×; *middā* »Ausdehnung, Mass« 53×; *mᵉmād* »Mass« Hi 38,5) die Grundbedeutung »(ab)messen« hat (ni. par. zu *spr* ni. in Jer 33,22; Hos 2,1). Vgl. weiter *kss* q. »jem. auf etw. in Anrechnung bringen« (Ex 12,4), →*ḥšb* 3, →*nś'* 3a, →*pqd*.

Der Bedeutung des Verbums im Qal entspricht die Bedeutung des Subst. *mispār* »Zahl, Anzahl«. Die Vorkommen häufen sich in denjenigen biblischen Büchern, in welchen besonders von Zählungen die Rede ist (Num 34×, 1Chr 21×). Hinzuweisen ist auf die feste Wendung *'ēn mispār* »ohne Zahl, unzählig« (Gen 41, 49; Ri 6,5; 7,12; Jer 2,32; 46,23; Jo 1,6; Ps 40,13; 104,25; 105,34; 147,5; Hi 5,9; 9,10; 21,33; Hhld 6,8; 1Chr 22,4.16; 2Chr 12,3) und auf die Verwendung von *mispār* (selbständig oder als zweites Glied einer Cs.-Verbindung) in der Bed. »geringe Zahl, einige, wenige« (Gen 34,30; Num 9,20; Dtn 4,27; 33,6; Jes 10,19; Jer 44,28; Ez 12,16; Ps 105,12 = 1Chr 16, 19; Hi 16,22). In Ri 7,15 wird die Bedeutung von *mispār* von der Pi.-Bedeutung des Verbums abgeleitet (»Erzählung«).

spr pi. nimmt die Bed. »nachzählen, abzählen« (Ps 22,18; Hi 28,27; 38,37) oder meistens »erzählen« an (vgl. Jenni, HP 218f.); in letzterer Bedeutung und im passiven Pu. ist es sinnverwandt mit einer Reihe von verba dicendi, vgl. u.a. →*zkr* hi. (3d) und →*ngd* hi.

b) Die Grundbedeutung von *sēfær* im Hebr. und in den verwandten Sprachen ist »Schriftstück«, d.h. ein Stück Schreibmaterial (BRL 460–469), auf welchem etwas geschrieben steht. Je nach dem Zusammenhang ist das Nomen verschieden wiederzugeben, in den nwsem. Inschriften und Papyri mit »Inschrift« oder »Brief«, im AT in der Regel mit »Brief« oder »Buch« (mit »Dokument, Urkunde« o.ä. in Ex 17, 14; Jes 30,8 par. *lūaḥ* »Tafel, Brett« [43× im AT]; Hi 19,23, s. die Komm.; vgl. J. A. Soggin, BeO 7, 1965/66, 279f. mit Lit.).

In der Bed. »Brief« findet sich *sēfær* im Pentateuch und in der vorstaatlichen Zeit nicht. Botschaften werden in der Frühzeit Israels durch Boten mündlich übermittelt (Gen 32,3ff.; Num 22,5ff.; Ri 6, 35 u.ö.). Erst seit der Königszeit ist von schriftlichen Botschaften die Rede (2Sam 11,14f. Davids Brief über Uria; 1Kön 21, 8ff. Isebels Briefe; 2Kön 5,5ff.; 10,1ff.; 19,14; 20,12; Jer 29,1ff. Jeremias Brief an die Gefangenen in Babel).

sēfær kann aber auch im Sinne eines verbrieften Rechts als »Rechtsdokument« gebraucht werden, so in der Wortverbindung *sēfær kerītūt* »Scheidebrief« (Dtn 24, 1.3; Jes 50,1; Jer 3,8) oder *sēfær hammiqnā* »Kaufbrief« (Jer 32,11ff.).

Briefe werden geschrieben, versiegelt, gesandt, empfangen und gelesen. Dementsprechend finden sich folgende Verben fast regelmäßig im Wortfeld: *ktb* »schreiben« (Dtn 24,1.3; 2Sam 11,14.15; 1Kön 21,8.9.11; Jer 32,10 u.ö.; *ktb* q. steht im AT 204×, davon 30× in 2Kön, 27× in 2Chr, 22× in Dtn, 20× in Jer, 16× in 1Kön; ni. 17×, davon 9× in Est; pi. 2× in Jes 10,1; dazu *ketāb* »Schrift, Schriftstück« 17× [9× in Est]; *ketōbæt* »Tätowierung« 1× Lev 19,28; *miktāb* »Schrift, Schriftstück« 9×; bibl.-aram. *ktb* q. 8×, *ketāb* 12×; zu den Wendungen *ktb sēfær* bzw. *ktb bassēfær* vgl. K.F. Euler, ZAW 55, 1937, 281–291); *ḥtm* q. »versiegeln« (1Kön 21,8; Jer 32,10.11.14.44 u.ö.; im AT q. 23×, ni. 2×, pi. 1×, hi. 1×; dazu *ḥōtām* »Siegel« 14×, *ḥōtæmæt* »Siegel« 1×); →*šlḥ* »senden« (2Sam 11,14; 1Kön 21,8.11 u.ö.); →*lqḥ* »empfangen« (Jes 37,14); →*qr'* »lesen« (2Kön 5,7; 19,14; Jes 37,14; Jer 29,29).

In nachexilischer Zeit kann *sēfær* im Sinn eines königlichen Erlasses gebraucht werden (Est 1,22; 3,13 u.ö.). Erst in dieser späten Zeit weist der Begriff Parallelbegriffe auf, sämtliche im Sinne eines amtlichen Erlasses: *'iggæræt* (Est 9,26.29; Neh 2,7.8.9; 6,5.17.19; 2Chr 30,1.6; bibl.-aram. *'iggerā* Esr 4,8.11; 5,6; zur Herleitung vgl. Wagner Nr. 3a), *miktāb* (Esr 1,1; 2Chr 21,12; 35,4; 36,22) und *ništewān* (Esr 4,7; 7,11; pers. LW, vgl. Wagner Nr. 193).

c) In der überwiegenden Mehrzahl der Belege ist *sēfær* mit »Buch« zu übersetzen. Auch bei dieser Bedeutung finden sich im Wortfeld die Verben *ktb* »schreiben« (Ex 32,32; Dtn 17,18; 1Kön 11,41 u.ö.), *ḥtm* »versiegeln« (Jes 29,11; Dan 12,4), *qr'* »lesen« (Ex 24,7; 2Kön 22,16; 23,2; Jer 36,1ff. u.ö.).

Als Synonymbegriff zu *sēfær* »Buch« findet sich gelegentlich *megillā* (21×), was aber dazu dient, das Buch genauer als eine »Buchrolle« zu charakterisieren. *megillā* kann für sich stehen (Jer 36,6ff.; Ez 3,1. 2.3; Sach 5,1.2) oder auch mit *sēfær* eine Cs.-Verbindung eingehen (Jer 36,2.4; Ez 2,9; Ps 40,8). Nur je einmal finden sich als Synonyma dieser Bedeutung die Subst. *sifrā* (Ps 56,9) und *ketāb* (Dan 10,21).

Um den Inhalt des betreffenden Buches auszudrücken, geht *sēfær* meist feste Wortverbindungen mit anderen Nomina ein, z.B. *sēfær milḥamōt Jhwh* »Buch der Kriege Jahwes« (Num 21,14), *sēfær hajjāšār* »Buch des Wackeren« (Jos 10,13; 2Sam 1,18), *sēfær dibrē Šelōmō* »Buch der Begebenheiten Salomos« (1Kön 11,41) usw. Die im AT genannten Bücher sind uns allerdings meist gar nicht und zum Teil lediglich als Fragmente erhalten. Man kann ihren Inhalt nur vermuten. So werden das »Buch der Kriege Jahwes« und das »Buch des Wackeren« wohl Kriegsberichte und Lieder enthalten haben, während das »Buch der Begebenheiten = Chronik Salomos« und die »Chronik der Könige Israels/Judas« den jetzigen Königsbüchern als Vorlage dienten (vgl. O. Eißfeldt, Einleitung in das AT, [3]1964, 175–178, mit Lit.). Das »Buch der Zeugungen« (*séfær tōlēdōt*) hat wohl der Priesterschrift als Vorlage gedient; es dürfte ursprünglich in der Hauptsache nur Genealogien enthalten haben (von Rad, ATD 2,55). Zu weiteren Wortverbindungen s.u. 4.

d) Mit einer Bedeutungsverschiebung kann *séfær* im Sinne von »Schrift, Schriftart« gebraucht werden (Jes 29,11f. mit *jd'* »lesen können«; Dan 1,4.17 »in der Schrift und Sprache der Chaldäer unterweisen«). Synonym dazu sind *kᵉtāb* (Est 1,22; 3,12; 8,9; Esr 4,7) und *miktāb* (Ex 32,16 »Gottesschrift«; 39,30 »Siegelstecherschrift«).

e) *sōfēr* »Schreiber« bezeichnet sowohl eine allgemeine Funktion (z.B. Ps 45,2) als auch einen hohen Beamten am Königshof seit der Zeit Davids (2Sam 8,17; 20, 25; Ri 5,14 ist textlich ganz unsicher). Gelegentlich erfahren wir, daß Schreiber neben der Ausfertigung von Briefen und Erlassen auch andere Tätigkeiten zu verrichten hatten (2Kön 12,11 Geld zählen; 2Kön 18,18.37; 19,2; 22,3ff. diplomatische Dienste; 2Kön 25,19 Musterung). In späterer (zuerst Jer 8,8) und vor allem in nachexilischer Zeit begegnet der Begriff in erweitertem Sinn. *sōfēr* ist nicht mehr nur der Schreiber, sondern zugleich der, der sich in den »Schriften« bzw. dem »Gesetz« auskennt, so vor allem Esra, der als *sōfēr māhīr bᵉtōrat Mōšǣ* »Schriftgelehrter, wohlbewandert im Gesetz Moses« bezeichnet wird (Esr 7,6; ähnlich V. 11; vgl. Neh 8, 1ff.; H.H.Schaeder, Esra der Schreiber, 1930, 39–59; zu *sōfēr* allgemein vgl. u.a. J.Begrich, ZAW 58, 1940/41, 1–29 = GesStud 67–98; de Vaux I,201f.332f. mit Lit.; T.N.D.Mettinger, Solomonic State Officials, 1971, mit Lit.).

Eine analoge Entwicklung von der Tätigkeitsbezeichnung zum Beamtentitel läßt sich bei *ṭifsār*, der Bezeichnung für einen bab. Beamten in Jer 51,27 und Nah 3,17 (aus akk. *ṭupšarru*, das seinerseits aus dem Sum. stammt, wörtlich »Tafelschreiber«; vgl. G.R.Driver, Semitic Writing, [2]1954, 71f.; M.Ellenbogen, Foreign Words in the O.T., 1962, 78f.) und bei *šōṭēr* »Aufseher, Kommissär« (KBL 964b: »Listenführer, Ordner«), einem auf militärischem und seltener auch auf juristischem Gebiet gebräuchlichen Beamtentitel, beobachten (im AT 25× : Ex 5,6.10.14. 15.19; Num 11,16; Dtn 1,15; 16,18; 20,5.8.9; 29,9; 31,28; Jos 1,10; 3,2; 8,33; 23,2; 24,1; Spr 6,7; 1Chr 23,4; 26,29; 27,1; 2Chr 19,11; 26,11; 34,13; vgl. J. van der Ploeg, OTS 10, 1954, 185–196; J.T. Milik, Bibl 38, 1956, 266f.; de Vaux I,239; II,26.262; Mettinger, a.a.O. 20.51; von der gleichen Wurzel abgeleitet ist *mišṭār* »Herrschaft« oder nach anderer Deutung »Schrift«, Hi 38,33; vgl. Fohrer, KAT XVI, 508); *šōṭēr* und ebenso aram. *šṭr* »schreiben«/*šᵉṭār* »Schriftstück« (DISO 295f.; LS 773a) gehen zurück auf akk. *šaṭāru* »schreiben« (Zimmern 19.29; Driver, a.a.O. 70; arab. *sṭr* »schreiben« ist LW aus dem Aram. vgl. Fraenkel 250).*

4. a) Was den theologischen Zusammenhang von *spr* (q./ni.) im Sinne von »zählen« (oben 3a) betrifft, so ist zunächst einmal auf die Vätergeschichten in der Genesis hinzuweisen. Das Verbum hat hier seinen festen Sitz in der Mehrungsverheißung (Verheißung großer Nachkommenschaft, vgl. C.Westermann, Arten der Erzählung in der Genesis, in: Forschung am AT, 1964, 9–91, bes. 19ff.): den Vätern wird eine so große Nachkommenschaft (wie die Sterne am Himmel, wie der Sand am Meer) verheißen, daß man sie nicht mehr »zählen« kann: Gen 15,5; 16,10; 32, 13, aufgenommen in 1Kön 3,8; Jer 33,22 und vor allem Hos 2,1, vgl. Wolff, BK XIV,29f.

2Sam 24 wird das Zählen des Volkes (*mnh* V. 1; →*pqd* V. 2.4; *spr* V. 10; *mispār* V. 2.9), das David durchführen ließ, als eine Sünde gegen Jahwe betrachtet. Eine Zählung und organisatorische Erfassung der Heerbannpflichtigen, wie sie hier berichtet ist, verstieß gegen das Freiwilligkeitsprinzip der Jahwekriege (vgl. G. von Rad, Der Heilige Krieg im alten Israel, 1951, 37f.).

Gelegentlich ist in den Psalmen und bei Hiob von einem Zählen Jahwes die Rede, so in der Vertrauensäußerung des Klagenden (Ps 56,9 »du hast gezählt die Tage meines Elends«; Hi 14,16 »dann zähltest du meine Schritte«; vgl. 31,4). Mit der Aussage, daß Jahwe die Völker zählt (Ps 87,6) oder die Monate abzählt (Hi 39,2), unterstreicht der Lobende die Größe und Majestät Jahwes; vgl. auch Jes 40,26; Ps 104,25; 147,4; Hi 25,3, wo jeweils *mispār* verwendet ist, ferner Ps 147,5; Hi 5,9; 9, 10; 36,26.

In der Pi.-Bedeutung (»erzählen«) hat *spr* seinen besonderen theologischen Ort in den Psalmen: im Lobgelübde und überall dort, wo davon berichtet wird, daß Menschen die großen Taten Gottes, welche sie selbst erlebt oder vernommen haben, anderen weitererzählten (vgl. C. Westermann, Vergegenwärtigung der Geschichte in den Psalmen, in: Forschung am AT, 1964, bes. 311ff.). Als Objekte des Erzählens erscheinen der Name Jahwes (Ps 22,23; 102,22; vgl. Ex 9,16), seine Wunder (Ps 9,2; 26,7; 40,6; 75,2), Ruhmestaten (Ps 9,15; 78,4; 79,13; vgl. Jes 43,21), Hoheit (Ps 96,3 = 1Chr 16,24; vgl. Ps 19,2), Treue (Ps 88,12 pu.), Taten

(Ps 107,22; 118,17; vgl. Jer 51,10; Ps 66, 16), Werke (Ps 73,28), Größe (Ps 145,6 Q), Gerechtigkeit (Ps 71,15), Ordnungen (Ps 119,13; vgl. Ex 24,3), Setzung (Ps 2, 7). Hinzu kommen noch all diejenigen Belege, die deutlich machen, daß dieses Weitererzählen des Erlebten zunächst ein Vorgang in der Familie war und von den Vätern auf die Kinder und Kindeskinder überging: Ex 10,2; Ri 6,13; Jo 1,3; Ps 22,31 (pu.); 44,2; 48,14; 78,3.6. Jedenfalls sieht man an der Häufigkeit der Belege, daß solches Weitererzählen des mit Jahwe Erlebten ein wichtiges Element in der atl. Traditionsbildung war.

In der Feindklage der Psalmen sind es die gottlosen Feinde, die Lügen erzählen (Ps 59,13), von Fallstricken reden (64,6; vgl. 69,27; 73,15); nach Ps 50,16 führt auch der Gottlose die Satzungen Jahwes im Munde, sein Erzählen entspricht aber nicht seinem Tun. Ähnlich der Feindklage werden bei Jeremia die falschen Propheten angeklagt, Lügenträume zu erzählen (Jer 23,27.28.32).

b) *sēfær* in der Bed. »Brief« hat wenig theol. Verwendung gefunden. Der im dtn. Gesetz vorkommende Begriff *sēfær keritūt* »Scheidebrief« wird in der Prophetie zweimal aufgenommen und als Bild für eine theol. Aussage gebraucht (Jes 50,1; Jer 3,8): Israel wird mit einer abtrünnigen Frau verglichen, welcher Jahwe, ihr Mann, den Scheidebrief gibt. Zweimal ist bei Jeremia von einem Brief die Rede. Einmal ist es ein Kaufbrief (Jer 32,10ff.), den er zur Bestätigung eines Ackerkaufs in Anathoth schrieb und versiegelte. Das dient als Gleichnishandlung zur Bekräftigung seiner Heilsankündigung: »Denn so spricht Jahwe ...: Man wird in diesem Lande wieder einmal Häuser und Äcker und Weingärten kaufen« (V. 15). Der andere Brief Jeremias ist die in die Form eines Briefes gekleidete Botschaft Jahwes, die Jeremia an die Verbannten in Babel schickt. Sie werden ermuntert, sich im fremden Lande einzurichten.

c) Die Verwendung von *sēfær* in der Bed. »Buch« läßt einerseits im Bereich der Prophetie (4c) und andererseits in demjenigen des Gesetzes (4d) einzelne Stadien auf dem Wege zur Buchreligion erkennen.

Einige Belege innerhalb der Prophetie geben Einblick in die Buchwerdung der Prophetenworte (vgl. dazu von Rad II, 51f.). Jes 30,8 wird die Botschaft, die der Prophet bisher (erfolglos) verkündigt hat, niedergeschrieben »für einen künftigen Tag«, d.h. damit Spätere erkennen, daß sie sich erfüllt hat, und damit sie besser auf die Worte Jahwes hören (sachlich hierher gehört auch Jes 8,16, wenngleich dort das Wort *sēfær* fehlt).

Auch die Worte Jeremias werden in einer Buchrolle niedergeschrieben (Jer 36); es sind »alle Worte, die ich (Jahwe) zu dir (Jeremia) geredet habe gegen Jerusalem, gegen Juda und gegen alle Völker... von den Tagen Josias an bis auf diesen Tag« (V. 2). Die schriftliche Fixierung geschieht mit der Absicht, daß das Haus Juda vielleicht doch noch hört und umkehrt (V. 3), wenn all die Worte Jeremias schriftlich festgehalten und nochmals verlesen werden. Aber der Bericht in Jer 36 zeigt, daß es dem Buch des Propheten nicht anders ergeht, als dem Propheten selbst: es kann die Umkehr des Volkes nicht herbeiführen, sondern wird vernichtet. Aber das bedeutet nicht das Ende, sondern ist vielmehr der Anlaß für den Propheten, das Buch nochmals in einer durch »viele ähnliche Worte« erweiterten Form durch den Schreiber Baruch verfassen zu lassen (V. 32; vgl. 45,1). Das Ergehen des Buches steht hier für das Ergehen und Erleiden und ständige Neuwerden des Gotteswortes überhaupt. – Es gibt bei Jeremia noch mehrere Belege, die von der Buchwerdung zumindest von Teilen seiner Botschaft zeugen, etwa der Heilsworte (30,2) oder der Fremdvölkersprüche (51,60.63; vgl. 25,13).

Von daher dürfte es auch zu verstehen sein, wenn dem Propheten Ezechiel (2,8–3,1) befohlen wird, die mit »Klagen, Seufzen und Wehe« beschriebene Buchrolle zu essen. Hier ist vorausgesetzt, daß das an einen Propheten ergehende Gotteswort zum Buch geworden ist (vgl. Zimmerli, BK XIII,79); im Unterschied zu Jesaja und Jeremia wird dieses Gotteswort nicht erst am Ende eines Wirkungsabschnittes des Propheten aufgeschrieben, sondern ergeht gleich von vornherein in Buchform.

Aus der Überschrift des Prophetenbüchleins Nahum (1,1) geht hervor, daß möglicherweise schon das Ganze dieser Prophetenworte gegen Ninive in Buchform entstanden ist. Die Datierung der Überschrift ist allerdings nicht gesichert; die Bezeichnung *sēfær* könnte durchaus auch aus späterer Zeit stammen als die dort zusammengestellten Worte selbst.

Im Danielbuch (9,2) liegen »das Wort Jahwes, das an den Propheten Jeremia ergangen war«, und wohl auch die Worte an andere Propheten bereits als *sefārīm* »Schriften« vor, in welchen man aufmerksam forschen (*bīn*) kann. Ob der Begriff *sēfær Jhwh* in dem sicher nachexilischen Kapitel Jes 34,16 auch auf eine Sammlung von Prophetenworten oder auf einen noch größeren Zusammenhang des buchgewordenen Jahwewortes hinweist, läßt sich nicht genau sagen.

d) Zusammenstellungen von Rechtssätzen sind schon sehr früh belegt (Dekaloge; Dtn 27,15ff.; vgl. Jer 35,6f.) und wurden zunächst wohl zum Zwecke der Kinderbelehrung innerhalb der Großfamilie vorgenommen (E. Gerstenberger, Wesen und Herkunft des »apodiktischen Rechts«, 1965). Die Bezeichnung »Buch« für solche Sammlungen taucht jedoch erst viel später auf. Der Komplex Ex 20,22–23,19 wird im wesentlichen in vorstaatlicher Zeit zusammengestellt worden sein (Noth, ATD 5,141), die Benennung dieser Sammlung als »Bundesbuch« (aus Ex 24,7) dürfte jedoch aus wesentlich späterer Zeit stammen, denn sie hat mit die Funktion, eine ursprünglich selbständige Sammlung von Rechtssätzen in den Ablauf einer kultischen Begehung (24,3–8) einzubringen und zudem noch mit den Ereignissen am Sinai zu verbinden. Von der Untersuchung des Begriffes →*b^erit* her (J. Begrich, Berīt, ZAW 60, 1944, 1–11 = GesStud 55–66, bes. 62ff.) läßt sich bestätigen, daß die Wortverbindung *sēfær b^erīt* in diesem Zusammenhang (also die Verbindung von *b^erīt* und Gesetzbuch, wobei sich Israel und Jahwe als Partner gegenüberstehen) für die frühere Zeit ausgeschlossen ist (Begrich rechnet Ex 24,7 der Pentateuchquelle E zu).

Hierher gehört auch das in Jos 24,26 erwähnte *sēfær tōrat 'ᵉlōhīm* »Buch des Gesetzes Gottes«; auch dieses ist im Rahmen eines Bundesschlusses als Vertragsurkunde zwischen Jahwe und Israel gedacht. Der Inhalt dieser Urkunde ist allerdings nicht mehr sicher auszumachen.

In dtn.-dtr. Zeit wird zusammen mit der Sache auch die Sprachform aufgenommen. So wird etwa das unter Josia im Tempel aufgefundene Gesetzbuch neben *sēfær hattōrā* (2Kön 22,8.11; 2Chr 34,15) und bloßem *sēfær* (2Kön 22,10.13.16; 23,3.24; 2Chr 34,15.16.18.21.24.31) auch als *sēfær habb^erīt* (2Kön 23,2.21; 2Chr 34,30) und in 2Chr 34,14 als *sēfær tōrat Jhwh b^ejad Mōšǣ* »Buch des Gesetzes Jahwes durch Mose« bezeichnet. Das aufgefundene Gesetzbuch dürfte mit dem Grundbestand unseres dtn. Gesetzes identisch sein. Der Zusammenhang, in welchem dieses Buch verlesen wird, erinnert stark an Ex 24 und Jos 24 (Alt, KS II,250–275; M. Noth, Die Gesetze im Pentateuch, 1940 = GesStud 9–141, bes. 58ff.).

In den jüngsten literarischen Schichten des Dtn zeigt sich, wie nun auch die Gesamtheit dieses ja sehr komplexen Gebildes als *sēfær hattōrā*, als schriftlich niedergelegte Willenserklärung Jahwes aufgefaßt wird (Dtn 28,61; 29,20; 30,10; 31, 26; Jos 1,8).

An diesen erweiterten Gebrauch knüpft auch Jos 8,31.34 an: Das gesamte Dtn wird als *sēfær hattōrā* verstanden, denn in Jos 8,30ff. wird die Ausführung der in Dtn 27,1ff.; 31,9ff. geschilderten Befehle Jahwes berichtet. In Jos 8,31 (vgl. 23,6; 2Kön 14,6) taucht zum erstenmal die Wendung *sēfær tōrat Mōšǣ* auf (nach Dtn 31,24 ist das Gesetzbuch von Mose niedergeschrieben worden, vgl. Ex 24,7). Hierher dürfte auch das in Ps 40,8 geäußerte Verständnis von *sēfær* gehören, wenn man die Parallelität zu dem in V. 9 stehenden Begriff *tōrā* mitbedenkt. Allerdings ist die Datierung des Psalms unsicher.

Auch in nachexilischer Zeit findet sich dieser Sprachgebrauch wieder, wobei die Verbindungen »Buch des Gesetzes« (Neh 8,3), »Buch des Gesetzes Moses« (Neh 8, 1), »Buch Moses« (Neh 13,1; vgl. 2Chr 25,4; 35,12), »Buch des Gesetzes Gottes« (Neh 8,8.18) und »Buch des Gesetzes Jahwes« (Neh 9,3; 2Chr 17,9) unterschiedslos nebeneinander stehen. Welchen Inhalts das Gesetz war, das Esra verlas, ob den gesamten uns jetzt vorliegenden Pentateuch (so z. B. O. Eißfeldt, Einleitung in das AT, ³1964, 756) oder nur einen Teil davon umfassend (so z. B. M. Noth, Geschichte Israels, ³1956, 302–304), ist nicht mehr zu entscheiden. Offenbar muß man jedoch mit einem bereits vorgeschrittenen Stadium der Buchwerdung rechnen.

e) Schließlich sind noch einige Belege zu nennen, die von einem Buch Jahwes (»mein/dein Buch« Ex 32,32.33; Ps 139, 16), »Buch des Lebens« (Ps 69,29) oder »Gedenkbuch« (Mal 3,16; »Buch« allein: Dan 12,1.4) sprechen, in welchem Namen von Menschen aufnotiert sind. Bezeichnend ist das Wortfeld dieser Stellen: *ktb* »einschreiben« (Mal 3,16; Ps 139,16; Dan 12,1), *mḥh* »austilgen« (Ex 32,33; Ps 69, 29), auch *ḥtm* »versiegeln« (Dan 12,4). Die Vorstellung geht nach Ex 32,32f. dahin, daß Jahwe ein Verzeichnis aller Lebenden besitzt; wer aus diesem Buch gestrichen wird, stirbt. Doch bereits hier ist der Gedanke mitgesetzt, daß der Sünder aus diesem Buch getilgt wird, wobei aber das Austilgen aus dem Buch und der Tod des Sünders zeitlich nicht zusammenfallen müssen. In Ps 139,16 wird die Vorstellung insofern erweitert, als in dem Buche nicht nur die Namen, sondern auch die Taten (»alle meine Tage«) verzeichnet stehen, während nach Ps 69,29 im »Buche des Lebens« – wie der Parallelismus nahelegt – nur noch die Geretteten zu finden sind, und nach Mal 3,16 und Dan 12,1.4 werden überhaupt nur die Gerechten eingeschrieben (vgl. noch Jes 4,3; 56,5 ohne *sēfær*). Vgl. zur ganzen Vorstellung Wildberger, BK X,157f.

5. *spr* q. »zählen« und *mispār* »Zahl« werden in der LXX und im NT durch ἀριθμεῖν bzw. ἀριθμός aufgenommen, vgl. O. Rühle, Art. ἀριθμέω, ThW I,461–464. *spr* pi. »erzählen« gibt die LXX mit διηγεῖσθαι wieder (im NT 8 ×; vgl. z. B. Lk 8,39 mit der an die Psalmen erinnernden Diktion).

Für *sēfær* (auch in der Bed. »Brief«) verwendet die LXX βίβλος bzw. βιβλίον, ohne daß zwischen den beiden Begriffen ein Unterschied festzustellen wäre. Im NT dient βίβλος dann auch zur Bezeichnung einzelner atl. Schriften (Mk 12,26; Lk 20,42 u.ö.). Besonders häufig findet sich βιβλίον in Apk (»Buch mit sieben Siegeln«, »Buch des Lebens« usw.), vgl. G. Schrenk, Art. βίβλος, ThW I,613–620.

J. Kühlewein

סתר *str* hi. verbergen

1. Die Wurzel *str* kommt im NW- und Südsem. vor (ug.: vgl. J.C. de Moor, The Seasonal Pattern in the Ugaritic Myth of Baʻlu, 1971, 169f. zu 51 [= II AB] VII,48; phön.: DISO 161; reichsaram.: DISO 198; syr.: LS 502f.; mand.: Drower-Macuch 338b). Die Art ihrer Verwendung läßt an eine gemeinsame Bed. »verhüllen« denken (vgl. akk. *šataru* für ein Bekleidungsstück[?], GB 553b; äg. *mśtr.t* »Schurz«, Erman-Grapow II,152); von hier aus ist der speziellere Sinn von »verbergen« einerseits und »schützen« andererseits erklärlich.

Im AT kommen als Verbformen Hi., Ni., Hitp., Pi. und Pu. (aram. Pa.) vor. Während im Hebr. als Transitivum vor allem das Hi. gebraucht wird, herrscht in der aram. Sprachgruppe das Pa. vor. Als nominale Ableitungen begegnen *sētær* »Versteck, Hülle, Schutz«, *sitrā* »Schutz«, *mistōr* »Zufluchtsort«, *mistār* »Versteck« und *mastēr* »Verhüllen«. Zu den Personennamen *Sitrī* (Ex 6,22) und *Seṯūr* (Num 13,13) vgl. Noth, IP 158; Huffmon 253f.

2. Im hebr. AT kommen vor allem das Hi. (44 ×) und das Ni. (30 ×) vor. Daneben steht 5 × das Hitp. und je 1 × das Pi. (Jes 16,3) und das Pu. (Spr 27,5). Im Aram. begegnet nur 1 × das Pa. (Dan 2,22; *str* q. »zerstören« Esr 5,12 entspricht hebr. *śtr* [ni. »ausbrechen« o.ä. in 1Sam 5,9]). Eine gewisse Häufung findet sich in den Ps (hi. 17 ×, ni. 5 ×, hitp. 1 ×) und bei Jes (hi. 8 ×, ni. 3 ×, hitp. 2 ×, pi. 1 ×). Unter den Nominalbildungen sind *sētær* (35 ×, davon 10 × in Ps, je 5 × in Jes und Hi) und *mistār* (10 ×, davon Ps 4 ×, Jer 3 ×) am häufigsten; *sitrā* (Dtn 32,38), *mistōr* (Jes 4,6) und *mastēr* (Jes 53,3) kommen je nur 1 × vor.

3. Wie das dt. »verbergen« hat *str* zugleich eine negative und eine positive Bedeutungsnuance. Es meint einerseits, eine Person oder Sache der Wahrnehmung durch einen anderen zu entziehen, und andererseits, diese gerade so zu schützen.

a) Dem transitiven Gebrauch des dt. Verbums entsprechend wird im Hebr. fast ausschließlich (nur Jes 16,3 steht das Pi. in dieser Funktion) das Hi. verwendet. Im konkreten Sinne heißt *str* hi. zunächst »verstecken«: Joseba versteckt Joas vor (*min*) Athalja, damit nicht auch er getötet wird (2Kön 11,2 = 2Chr 22,11). Diese Bedeutung schwingt auch dann mit, wenn das Wort übertragen verwendet wird. Die Frevler verbergen ihren Plan tief vor Jahwe (*ʻmq* hi. mit *le* und Inf.) und glauben so, sie würden nicht gesehen und erkannt (Jes 29,15). Hiob verwünscht die Nacht seiner Geburt, weil sie das Leid nicht vor seinen Augen verborgen hat (Hi 3,10). An diesen Sprachgebrauch knüpfen die Aussagen an, in denen davon die Rede ist, daß Gott Menschen verbirgt und so schützt (6 ×, s.u. 4d; die ursprünglich lokale Bedeutung wird aus der Verwendung der Präp. *be* ersichtlich, Jes 49,2; Ps 17,8; 27,5; 31,21; bei Jer 36,26 ist eher dem Text der LXX zu folgen: »sie versteckten sich«, vgl. Rudolph, HAT 12,232).

Ob zwischen dem Gebrauch des kausativen Hi. (»verborgen sein lassen«) und dem des faktitiven Pi. (»verborgen machen«) ein sachlicher Unterschied besteht, läßt sich wegen der Spärlichkeit des Materials nicht mit Sicherheit entscheiden.

Bezieht sich das Wort auf die verbale Kundgabe eines Tatbestandes oder auf deren Zurückhaltung, bekommt es die Bed. »geheimhalten« (1Sam 20,2: Saul verbirgt

Jonathan nichts, par. →*glh 'ōzæn*). Passivisch wird der gleiche Sachverhalt durch das Pu. ausgedrückt: »Tadel, der sich offen ausspricht (*glh* pu.), ist besser als Liebe, die sich nicht äußert (*str* pu.)« (Spr 27,5).

In Verbindung mit *pānīm* »Angesicht« meint *str* hi. »verhüllen«. Im wörtlichen Sinne findet sich die Wendung Jes 50,6. Der Knecht Gottes verhüllt sein Angesicht nicht gegenüber denen, die ihn schmähen und bespeien, wie er seinen Rücken und seine Wange denen darbietet (*ntn*), die ihn schlagen. Mose verhüllt sein Gesicht bei der Gottesbegegnung am Horeb, »denn er fürchtete sich, Gott anzuschauen« (Ex 3,6). Wie die Zuwendung des Gesichtes Zeichen der Freundlichkeit und Huld ist, so ist die Abwendung oder Verhüllung des Antlitzes Ausdruck der Ungnade. Im Blick auf irdische Herrscher wird diese Vorstellung im AT freilich nicht verwendet, umso häufiger jedoch in Bezug auf Gott (26 ×, s.u. 4a).

b) Bei personalen Subjekten (Ps 89,47 von Jahwe, s.u. 4b) hat das Ni. fast immer reflexive Bedeutung. Wenn eine lokale Angabe hinzugefügt ist, ist mit »sich verstecken« zu übersetzen (David versteckt sich »auf dem Feld«, 1Sam 20,5.24, oder »dort«, 1Sam 20,19; Elia am Bach Krith, 1Kön 17,3; »auf dem Grund des Meeres«, Am 9,3; übertragen: »im Trug«, Jes 28, 15; »im Verborgenen«, Jer 23,24; »in Dunkel und Finsternis«, Hi 34,22). Vor wem oder wovor sich der Mensch verbirgt, wird durch *min* ausgedrückt (vor seinem Hasser, Ps 55,13; vor Israel, Dtn 7,20; vor Jahwes Angesicht, Gen 4,14; Jer 16,17; Hi 13,20; vor Jahwes Augen, Am 9,3).

Absolut gebraucht, meint *str* ni. »sich in Sicherheit bringen« (Jer 36,19 »geht und verbergt euch«; Spr 22,3 Q = 27,12 txt em »der Kluge sieht das Unglück kommen und verbirgt sich«; 28,28 »wenn die Frevler hochkommen, verbergen sich die Menschen«).

Auf Dinge oder Abstrakta bezogen, drückt das Ni. den Zustand des Verborgenseins aus. Verborgen bleibt zunächst das, was nicht wahrgenommen wird (Num 5,13: die Frau, die Umgang mit einem anderen Mann hatte, bleibt unentdeckt; Dtn 29,28 »was verborgen ist, steht bei Jahwe, unserem Gott«; Ps 19,13 ist *nistārōt* »das Verborgene« durch das parallele *šegī'ōt* »Versehen« negativ qualifiziert, meint also die »verborgenen Fehler«). Das Nicht-Wahrnehmen kann in der Unfähigkeit des Betrachters begründet sein (Hi 28,21: den Vögeln des Himmels ist die Weisheit verborgen; Hi 3,23: dem Menschen sein Geschick). Von Gott ausgesagt, meint diese Wendung jedoch, daß er bestimmte Tatbestände nicht sehen will (s.u. 4c).

Zweimal steht *str* ni. auch in Bezug auf Personen im nicht-reflexiven Sinne (Gen 31,49; Zeph 2,3). Der eigentlichen Bedeutung des Ni. entsprechend, meint dies, daß sich die Handlung am Subjekt vollzieht, ohne daß es selbst oder ein anderer als Urheber in Erscheinung tritt. Gen 31,49 wird so das schicksalhafte Getrenntsein zweier Menschen ausgedrückt (»wenn wir vor einander verborgen sind« = »wenn wir einander nicht sehen«), Zeph 2,3 die rätselhafte Möglichkeit, am Tage des Zornes Gottes verschont zu bleiben. Im zweiten Falle geht die Bedeutung somit über zu »geborgen bleiben« (sonst *str* hi., s.u. 4d).

c) Das Hitp. wird dem Ni. analog gebraucht, nur geht es bei seiner Verwendung nicht so sehr um den Akt des Sich-Versteckens, sondern um den kontinuierlichen Prozeß des Sich-Verborgen-Haltens (1Sam 23,19 »David hält sich bei uns auf den Höhen verborgen«; ebenso 26,1; Ps 54,2). So bringt denn Jes 29,14 das andauernde Verborgensein der Einsicht zum Ausdruck und Jes 45,15 die grundsätzliche Verborgenheit Gottes (s.u. 4b).

d) Das Nomen *sētær* meint konkret das »Versteck« (Hi 40,21; Hhld 2,14; 1Sam 25,20 »im Versteck des Berges« = »vom Berge verdeckt«; vgl. *mistār* Hab 3,14; Ps 10,9 bzw. plur. *mistārīm* Jer 23,24; 49, 10; Ps 10,8; 17,12; 64,5), dann die »Hülle« (Ps 18,12; 81,8; Hi 22,14; 24,15; vgl. *mastēr* »Verhüllen« Jes 53,3) und den »Schutz« (par. *maḥsæ* »Zuflucht« Jes 28,17; *maḥabē'* »Versteck« 32,2; *sukkā* »Hütte« Ps 18,12; 27,5 [Q *sōk*]; 31,21; *'ōhæl* »Zelt« Ps 61,5; *ṣēl* »Schatten« Ps 91,1; *māgēn* »Schild« Ps 119,114; vielleicht auch Ps 32,7 [s. BHS]; Jes 16,4 entspricht *gūr* »zu Gast sein« dem Nomen, Ps 32,7 *nṣr* »bewahren«; ebenso *sitrā* Dtn 32,38, par. *ṣūr* »Fels«, und *mistōr* Jes 4,6, par. *maḥsæ* »Zuflucht« neben *ḥuppā* »Decke« [V.5] und *sukkā* »Hütte«). Häufiger steht es jedoch mit *be* im adverbialen Sinne »im Verborgenen«, »heimlich« (Dtn 13,7; 27,15.24; 28,57; 1Sam 19,2; 2Sam 12,12; Jes 45,19; 48,16; Jer 37,17; 38,16; 40,15; Ps 101,5; 139,15; Hi 13,10; 31,27; mit *mistār* Jer 13,17 [txt?, vgl. Rudolph, HAT 12,92]) oder als nomen regens in einer Constructus-Verbindung im Sinne von »geheim« (Ri 3,19 »geheime Mitteilung«; Spr 9,17

»heimlich gegessenes Brot«; 25,23 »heimlich redende Zunge«; mit *mistārīm* Jes 45,3 »versteckte Reichtümer«).

e) Häufigstes Oppositum zu *str* ist →*glh* »aufdecken« (wobei die Stammformen einander entsprechen: pi. Jes 16,3; pu. Spr 27,5; ni. Dtn 29,28; vgl. 1Sam 20,2; Dan 2,22). Die übrigen sind von speziellen Bedeutungen von *str* her erklärlich (*nṣr* »bewahren« Ps 64,2f. und *ḥqr* »erforschen« Spr 25,2 par. *str* hi.; *rbh* »mächtig werden« Spr 28,28 par. *str* ni.).

Eigentliche Parallelbegriffe sind *ṣpn* (par. *str* hi. Ps 27,5; 31,21; Hi 14,13; par. *str* ni. Jer 16,17), *ḥb'* (par. *str* hi. Jes 49,2; *str* ni. Am 9,3; vgl. 1Sam 19,2) und *'lm* ni. (par. *str* ni. Num 5,13; Hi 28,21). Außerdem kommen für das Hi. *sgr* »verschließen« (Hi 3,10) und für das Ni. *'br min* »entgehen« (Jes 40,27) und *škḥ* ni. »vergessen werden« (Jes 65,16) vor (zu den vielfältigen Parallelen zu *str* hi. *pānīm* s.u. 4a).

Die mit *str* verwandten Wörter *ḥb'*, *ṭmn*, *kḥd*, *'lm* und *ṣpn* (auch →*ḥsh*) weisen untereinander recht charakteristische Unterschiede und ein breites Spektrum von Bedeutungen auf:

(1) *ḥb'* (ni. 16×, pu. 1×, hi. 6×, ho. 1×, hitp. 10×) bzw. *ḥbh* (q. 1×, ni. 3×) kommt in der Verwendung *str* am nächsten und hat offenbar »(sich) verstecken« als originäre Bedeutung (vornehmlich von Personen gebraucht).

(2) Der Sinn von *ṣpn* (q. 27×, inkl. Ez 7,22; Ps 17,14 Q; 56,7 Q; Hi 20,26; Spr 2,7 Q; ni. 3×; hi. 2×) erweitert sich von »verbergen« (Ex 2,2; Jos 2,4 u.ö.; hi. Ex 2,3; von Gott Hi 14,13; zu den Personennamen wie *Ṣ^e fanjā[hū]* vgl. Noth, IP 178) zu »aufbewahren, aufsparen« einerseits (z.B. Ps 119,11; Spr 2,1; 7,1; von Gott Ps 31,20; Hi 21,19; Spr 2,7; vgl. den Bedeutungswandel des Verbums *spn* von »bedecken« zu »aufbewahren«, Dtn 33,21) und »auflauern« andererseits (Ps 10,8; 56,7 Q; Spr 1,11.18).

(3) *'lm* (q. 1×, ni. 11×, hi. 10× [Lis. 1072b: Dtn 28,61 und Ri 16,3 gehören zu *'lh* hi.], hitp. 6×) hat es stärker mit dem Bereich des Kognitiven zu tun (2Kön 4,27, Oppositum zu *ngd* hi. »kundtun«, von der versagten Selbstmitteilung Jahwes). Häufiger sind »die Augen« Objekt (zu *'lm* hi. Lev 20,4; 1Sam 12,3; Jes 1,15; Ez 22,26; Spr 28,27; offenbar besteht eine semantische Beziehung zwischen Dunkelheit und Unwissenheit; *'lm* ni. Nah 3,11 meint »umnachtet sein«). »Verbergen« meint dann in erster Linie »aus dem Blickfeld rücken«; so kommen denn auch Bedeutungen wie »nachsehen« (Lev 20,4), »vernachlässigen« (Ez 22,26) und »nicht beachten« (Jes 1,15) zustande.

(4) *kḥd* (ni. 11×, hi. 6×, pi. 15×) hat oft einen stark negativen Akzent (ni. »verborgen sein vor« 2Sam 18,23; Hos 5,3 u.ö.; pi. »verhehlen« Jos 7,19; 1Sam 3,17.18 u.ö.), so daß die Bedeutung zu »vertilgen« (hi. Ex 23,23; 1Kön 13,34 u.ö.) bzw. »vertilgt werden« (ni. Ex 9,15; Hi 4,7 u.ö.) übergehen kann.

(5) *ṭmn* (q. 28×, davon 7× Part. pass.; ni. 1×, hi. 2× [nach BL 297 qal]; vgl. *maṭmōn* »Schatz«, 5×) meint häufig »vergraben, verscharren« (q. Gen 35,4; Jos 7,21.22; Jer 43,9.10 u.ö.; hi. 2Kön 7,8. 8), bezeichnet dann das Aufstellen von Fallen o.ä. (Jer 18,22; Ps 31,5; 35,7.8 u.ö.) und heißt schließlich »verstecken« (q. Ex 2,12; Dtn 33,19; Jos 2,6 u.ö.; ni. Jes 2,10). Dieses Verbum hat nirgendwo übertragene Bedeutungen und wird nicht für theologische Aussagen verwendet.

4. Der Doppelbedeutung von *str* entsprechend, zerfallen die Aussagen von theologischer Relevanz (vgl. H. Schrade, Der verborgene Gott. Gottesbild und Gottesvorstellung in Israel und im Alten Orient, 1949; L. Perlitt, Die Verborgenheit Gottes, FS von Rad 1971, 367–382) im wesentlichen in zwei Gruppen, in solche über die Verborgenheit Gottes (a–c) und solche über den von ihm gewährten Schutz (d).

a) Wenn Gott sein Angesicht vor einem Menschen verhüllt, so ist dies Ausdruck seines Zorns.

Dies machen insbesondere die *str* hi. *pānīm* parallelen und entgegengesetzten Wendungen sichtbar: par. *škḥ* »vergessen« Ps 10,11; 44,25; *'zb* »verlassen« Dtn 31,17; Ps 27,9; *nkh* hi. »schlagen« Jes 57,17 (*pānīm* ist nach G zu ergänzen); Jer 33,5; *qṣp* »zürnen« Jes 57,17; *bzh* »verachten« Ps 22,25; *šqṣ* pi. »verabscheuen« Ps 22,25; *nṭh* hi. »abweisen« Ps 27, 9; *nṭš* »verwerfen« Ps 27,9; *znḥ* »verstoßen« Ps 88, 15; Opposita: *'nh mahēr* »eilends erhören« Ps 69,18; 102,3; 143,7; *rḥm* pi. »sich erbarmen« Jes 54,8; *r'h* »sehen« Ps 10,11; *šm'* »hören« Ps 22,25; *nṭh 'ōzæn* »das Ohr neigen« Ps 102,3; *šqṭ* hi. »sich ruhig verhalten« Hi 34,29).

Es geht somit nicht um die allgemeine Aussage, Gottes Walten sei unerforschlich, sondern um sehr konkrete Akte göttlichen Strafens (Dtn 32,20; Ez 39,23.24; Mi 3,4; Hi 34,29; in hymnischer Verallgemeinerung Ps 104,29).

Daß Jahwe sein Angesicht, seine freundliche Zuwendung entzieht, ist Gegenstand der Klage des Frommen (Ps 13,2; 44,25; 88,15; Hi 13,24). Nicht die Bedrängnis durch die Feinde selbst, sondern die darin erfahrene Verborgenheit Gottes ist die eigentliche Not des Gerechten. Im Danklied preist er darum deren Überwindung (Ps 30,8; nach Ps 22,25 dankt der Beter, dafür, daß Gott sein Antlitz trotz gegenteiligen Anscheins nicht verborgen hat; vgl. Ez 39,29). Entsprechend richtet sich die Bitte darauf, Gott möge künftig sein Antlitz nicht verhüllen, d.h. seine hilfreiche Gegenwart nicht versagen (Ps 27,9; 69,18; 102,3; 143,7). Der Theologie dieses Psalmes gemäß wird diese Bitte in Ps 119,19 so formuliert, daß Jahwe seine »Gebote« nicht verbergen möge.

Jes 59,2 wird das Bild, daß Jahwe sein Gesicht verhüllt, bewußt abgewandelt: nicht er entzieht den Menschen seine hilfreiche Nähe, sondern sie selbst, ihre Sünden, sind es, die sein (txt em nach BHS) Antlitz verdecken, so daß er sie nicht hört. Jahwes Wille ist nicht die Abwendung von seinem Volke, sondern die bleibende Zuwendung: er hat sein Angesicht im Aufwallen seines Zornes »einen Augenblick« vor Israel verborgen, doch erbarmt er sich seiner mit ewiger Huld (Jes 54,8). Diese bei Deuterojesaja ausgesprochene Gewißheit ist implizit schon bei Jesaja vorhanden, wenn dieser ausgerechnet auf den Gott hofft (→*qwh* pi.) und harrt, der »sein Angesicht verborgen hat vor dem Hause Jakob« (Jes 8,17).

Die mit *ʿlm* hi. gebildete analoge Wendung »die Augen verhüllen« weist offenbar auf eine weniger grundsätzlich zu verstehende Abkehr Gottes vom Menschen hin. Wenn Jahwe seine Augen vor dem Beter verschließt (Jes 1,15), meint dies, daß er ihn (wegen seiner Schuld) nicht beachten will, so wie ein Mensch, der von einem Armen um eine Gabe angegangen wird, diesen »übersieht« (Spr 28,27). Weil der Fromme »Erhörung« erhofft, kann die entsprechende Bitte auch lauten, Jahwe möge sein »Ohr« nicht vor dem Flehen des Gerechten verschließen (Klgl 3,56).

b) Gegenüber der Aussage, daß Jahwe sein Angesicht verhüllt, ist die, daß er *sich* verberge, relativ selten. Ps 89,47 ist *str* ni. in der Klage in genau der gleichen Weise verwendet, in der sonst *str* hi. *pānīm* steht: »Wie lange, Jahwe, verbirgst du dich immer, brennt dein Zorn wie Feuer?«. Entsprechend ist Ps 10,1 *ʿlm* hi. (vielleicht ist besser das Hitp. zu lesen) gebraucht (par. *ʿmd bᵉrāḥōq* »von ferne stehen«). Ps 55,2 wird mit *ʿlm* hitp. die sonst öfter mit »das Angesicht nicht verhüllen« ausgedrückte Bitte um gnädige Zuwendung Gottes ausgesprochen (par. *'zn* hi. »aufmerken«). Dagegen geht Jes 45,15 inhaltlich über die soweit angeführten Belege hinaus. Hier dürfte bewußt die besondere Bedeutung des Hitp., das kontinuierliche Sich-Verborgen-Halten, zum Ausdruck gebracht sein. Jahwe wendet sich nicht nur eine Weile im Zorn ab, sondern der Gott Israels ist gerade als der Helfer (*mōšīᵃʿ*) einer, der sich verborgen hält, d.h. Jahwes Wirken in der Geschichte ist nicht immanent ausweisbar, sondern es erschließt sich allein dem Glauben (nach Westermann, ATD 19,138f., ist Jes 45,15 Antwort Deuterojesajas selbst oder eines Glossators auf das Kyros-Wort 44,24–45,7, die das Handeln Jahwes durch einen heidnischen Herrscher bewußt bejaht). Dazu passen die Aussagen, denen zufolge Jahwe seinem Wesen nach verhüllt ist. Die Theophanieschilderung Ps 18,8–16 stellt Jahwe als den dar, der »Finsternis zu seiner Verhüllung (*sētær*) macht« (V.12; von LXX auch 2Sam 22,12 vorausgesetzt). Damit ist deutlich auf die Sinaitheophanie angespielt (Ex 19, 16.18; vgl. Ps 18,10; 97,2). In diesen Themenkreis gehört auch die Rede von Jahwes Antwort aus der Donnerhülle (*bᵉsētær rá'am*, Ps 81,8; vgl. Ex 20,21). Die möglicherweise daraus resultierende Meinung, der im Wolkendunkel verborgene Gott (*ʿābīm sētær lō*) sei unfähig, in die Geschicke der Welt einzugreifen, wird von Eliphas aber ausdrücklich als gottlose Äußerung zurückgewiesen (Hi 22,14; vgl. Jes 40,27 *str* ni.). Für den Frevler meint die Verborgenheit Gottes (*str* hi. *pānīm*) in der Tat, daß er das Unrecht »vergessen« hat, »es in Ewigkeit nicht sieht« (Ps 10,11). Andererseits liegt gerade der Weisheit an der Feststellung, daß die Unerforschlichkeit Gottes zu seinem Wesen gehört: »Gottes Ehre ist es, eine Sache zu verbergen« (im Gegensatz zu *ḥqr* »erforschen«, Spr 25,2).

c) Während das Sich-Abwenden Gottes von den Frommen sonst als Ausdruck des göttlichen Zorns verstanden wird, ist die Wendung »das Gesicht verhüllen« Ps 51,11 im positiven Sinne gebraucht, und zwar so, daß der Mensch dadurch vor der Strafe verschont zu bleiben hofft: »verbirg dein Antlitz vor meinen Sünden« (par. *mḥh* »tilgen«).

Die Aussage, etwas sei vor Jahwe verborgen, meint aus sachlichen Gründen nicht, daß Jahwe einen Tatbestand nicht durchschauen könne, sondern daß er ihn nicht sehen will (*str* ni., Hos 13,14 »Mitleid ist vor meinen Augen verborgen« = »ich kenne kein Mitleid«; Jes 40,27 das »Geschick ist vor Jahwe verborgen« par. *ʿbr min* »vorübergehen an«; Jes 65,16 »die Drangsal ist vor meinen Augen verborgen« = »aufgehoben« par. *škḥ* ni. »vergessen sein«). Grundsätzlich gilt hingegen, daß Gott nichts verborgen bleibt (Dtn 29, 28 »was verborgen ist, steht bei Jahwe, unserem Gott«; Dan 2,22 »er enthüllt das Tiefste und Verborgenste«; Ps 38,10 »mein Seufzen ist dir nicht verborgen«; mit *kḥd* ni. Hos 5,3 »Israel ist nicht vor mir verborgen«; Ps 69,6 »was ich verschuldet habe, ist vor dir nicht verborgen«; 139,15 »mein Gebein war vor dir nicht verborgen«; jeweils par. *jd'* »wissen«). Es ist darum Frevel, wenn der Mensch meint, sein Tun (*'ēṣā* »Plan«) vor Jahwe geheimhalten zu können (*str* hi. Jes 29,15).

d) Daß *str* eine der wesentlichen Bezeichnungen für den durch Jahwe gewährten Schutz geworden ist, hat wohl ursprünglich mit der Asylfunktion des Heiligtums zu tun. Hier, »im Schatten deiner Flügel« (Ps 17,8; jedoch →*kānāf* 3/4a), »im Schutz seines Zeltes« (Ps 27,5), »im Schirm deines Angesichts« (Ps 31,21), läßt Jahwe den Bedrängten und Notleidenden Unterschlupf finden. Insbesondere die Vertrauensäußerungen der Psalmen rühmen darum den Schutz, den Jahwe gewährt (*str* hi. Ps 27,5; 31,21; beidemal par. *ṣpn* *b^esukkā* »in der Hütte bergen«; *sētær* Ps 27,5; 31,21; 32,7; vgl. Ps 91,1; 119,114; *mistōr* Jes 4,6 neben *maḥsæ*, *ḥuppā* und *sukkā*; *sitrā* Dtn 32,38 von dem vermeintlichen Schutz durch die Götter), während er in der Klage erbeten wird (*str* hi. Ps 17,8; 64,3; *str* pi. Jes 16,3; *sētær* Jes 16,4; Ps 61,5). Daß solcher Schutz aber keineswegs an das Heiligtum gebunden ist, sondern daß Gottes hilfreiche Nähe auch unmittelbar erfahren wird, macht namentlich das Bekenntnis des Gottesknechtes Jes 49,2 deutlich: »im Schatten seiner Hand hat er mich verborgen (*ḥb'* hi.), . . . in seinem Köcher hat er mich versteckt (*str* hi.)«; vgl. Hi 14,13 »im Totenreich«.

5. Das Gr. hat zur Wiedergabe der unterschiedlichen hebr. Termini für »verbergen« im wesentlichen nur die Wurzel κρύπτειν (*str* wird auch 7 × mit σκεπάζειν übersetzt) zur Verfügung. Auf diese Weise werden deren Bedeutungsnuancen weitgehend nivelliert; im Sachlichen besteht jedoch kein weitreichender Unterschied.

Auch im NT wird festgehalten, daß Gott gerade in seiner Offenbarung verhüllt bleibt (Mt 13,44 »die Gottesherrschaft gleicht einem im Acker verborgenen Schatz«; stärker als durch die Ableitungen von κρύπτειν wird dieser Gedanke jedoch etwa durch die Aussage zum Ausdruck gebracht, Gott sei unsichtbar, d.h. dem Menschen nicht verfügbar, vgl. z.B. Joh 1,18); er offenbart sich ja im Kreuzesereignis. Entsprechend ist auch das neue Leben des Christen »mit Christus in Gott verborgen« (Kol 3,3). Erst in der eschatologischen Vollendung hört die Verborgenheit Gottes auf; dann werden wir ihn »sehen, wie er ist« (1 Joh 3,2). Vgl. A. Oepke, Art. κρύπτω, ThW III,959–979.

G. Wehmeier

עֶבֶד *'æbæd* Knecht

I. Die Wurzel *'bd* (Verbum und Subst. **'abd-* »Knecht«) ist in allen westsem. Sprachen verbreitet (außer im Äth., wo für »Knecht« *gabr* verwendet wird); im Akk. begegnet selten *abdu* als LW aus dem WSem. (Zimmern 47; CAD A/I, 51a; AHw 6a) neben *(w)ardu(m)*, dem gebräuchlichen Wort für »Knecht, Sklave«. Das Nomen bedeutet fast überall sowohl »Knecht, Sklave« im zwischenmenschlichen Bereich als auch »Knecht, Verehrer« eines Gottes (vgl. W.W. Baudissin, Kyrios, III, 1929, 176–178.196–200.228–231.524–555). Umstritten ist die Frage, ob die hebr. Verbalbedeutung denominiert ist und wie sich die Bedeutungen »Knecht sein, dienen« und »bearbeiten, arbeiten« (im Aram. allgemein »tun, machen«) zueinander verhalten (Lit. bei C. Lindhagen, The Servant Motif in the OT, 1950, 41 f.; ebd. 6–39 zum außerbibl. Vergleichsmaterial; zum Ganzen vgl. noch W. Zimmerli, ThW V,653–676, mit Lit.).

Neben *'æbæd* »Knecht, Sklave« (s.u. III/1; IV/1) und dem Verbum *'bd* (im Qal, Ni., Pu., Hi. und Ho.; s.u. III/2; IV/2) werden im hebr. AT von der Wurzel noch abgeleitet: das fem. nomen actionis *'^abōdā* »Arbeit, Dienst« (BL 474; s.u. III/3; IV/3), das Kollektivsubst. *'^abuddā* »Dienerschaft« (Gulkowitsch 18.25.30; s.u. III/1a), sowie die aram. Lehnwörter *'^abād* »Tat«, *ma'^abād* »Tat« und *'abdūt* »Knechtschaft« (Wagner Nr. 208–211). Im Bibl.-Aram. begegnen außer dem Verbum (q. »tun, machen«, hitpe. »gemacht werden«) die Subst. *'^abed* »Diener«, *'^abīdā* »Arbeit, Verwaltung« und *ma'^abād* »Tat«.

Dazu kommen zahlreiche mit *'æbæd* oder Part.q. *'ōbēd* gebildete Personennamen (*'abdī'ēl*, *'abdōn*, *'ōbadjā[hū]*, *'ōbēd-'^ædōm* usw.) als »Selbstbekenntnisnamen« (Noth, IP 137f.; Lindhagen, a.a.O. 276f.), die in den verwandten Sprachen ihre vielfältigen Entsprechungen haben (vgl. u.a. Huffmon 189; Gröndahl 104–106; F.L. Benz, Personal Names in the Phoenician and Punic Inscriptions, 1972, 369–372; A. Caquot, Syria 39, 1962, 238f.; J.K. Stark, Personal Names in Palmyrene Inscriptions, 1971, 102b; vgl. das Material bei Baudissin, a.a.O. 524–555).

***II.** In der folgenden Tabelle sind neben der Gesamtzahl der Belege für *'æbæd* (bzw. aram. *'^abed*) unter KG (= Knecht Gottes) diejenigen Vorkommen, an denen *'æbæd* (*'^abed*) auf Jahwe/Gott bezogen ist (ohne die Gottes- und Botenerscheinungen in Gen 18,3.5; 19,2; Jos 5,14; Dan 10,17), aufgeführt, unter »übr. Verben« 4 × ni. (Dtn 21,4; Ez 36,9.34; Pred 5,8),

2 × pu. (Dtn 21,3; Jes 14,3) und 4 × ho. (Ex 20,5; 23,24; Dtn 5,9; 13,3), dazu 9 × aram. hitpe., unter »übr. Subst.« 2 × *ʿᵃbuddā* (Gen 26,14; Hi 1,3), 1 × *ʿᵃbād* (Pred 9,1), 1 × *maʿᵃbād* (Hi 34,25; dazu 1 × aram. in Dan 4,34) und 3 × *ʿabdūt* (Esr 9,8.9; Neh 9,17).

	ʿæbæd (*ʿᵃbed*)	davon KG	*ʿbd* qal	*ʿbd* hi.	übr. Verb.	*ʿᵃbōdā* (*ʿᵃbīdā*)	übr. Subst.
Gen	88	3	23	–	–	2	1
Ex	43	3	27	2	2	23	–
Lev	9	3	3	–	–	7	–
Num	11	4	21	–	–	50	–
Dtn	29	5	31	–	4	1	–
Jos	27	19	21	–	–	1	–
Ri	6	2	17	–	–	–	–
1Sam	62	6	13	–	–	–	–
2Sam	106	14	6	–	–	–	–
1Kön	76	28	8	–	–	1	–
2Kön	58	15	18	–	–	–	–
Jes	40	33	6	2	1	4	–
(Dtjes)	(21)	(20)	(–)	(2)	(–)	(–)	(–)
Jer	32	14	35	1	–	–	–
Ez	8	7	8	1	2	3	–
Hos	–	–	1	–	–	–	–
Jo	1	–	–	–	–	–	–
Am	1	1	–	–	–	–	–
Ob	–	–	–	–	–	–	–
Jon	–	–	–	–	–	–	–
Mi	1	–	–	–	–	–	–
Nah	–	–	–	–	–	–	–
Hab	–	–	–	–	–	–	–
Zeph	–	–	1	–	–	–	–
Hag	1	1	–	–	–	–	–
Sach	3	2	1	–	–	–	–
Mal	2	1	4	–	–	–	–
Ps	57	54	8	–	–	2	–
Hi	12	7	3	–	–	–	2
Spr	10	–	2	–	–	–	–
Ruth	–	–	–	–	–	–	–
Hhld	–	–	–	–	–	–	–
Pred	4	–	1	–	1	–	1
Klgl	1	–	–	–	–	1	–
Est	7	–	–	–	–	–	–
Dan	7	4	–	–	–	–	–
Esr	5	1	–	–	–	1	2
Neh	22	11	1	–	–	4	1
1Chr	27	15	2	–	–	30	–
2Chr	44	15	10	2	–	15	–
hebr. AT	800	268	271	8	10	145	7
aram. AT	7	4	19	–	9	6	1

III. 1. *ʿǽbæd* »Knecht« ist innerhalb des Wortfeldes der sozialen Ordnung durch den Gegenbegriff →*ʾādōn* »Herr« in seiner Bedeutung als Verhältnisbegriff bestimmt und läßt sich daher – wenigstens primär – nicht auf eine genau fixierte Standesbezeichnung (»Sklave«, z.B. Ex 21,2.32) oder eine beschreibende Tätigkeitsbezeichnung (»Arbeiter«, vgl. Hi 7,2 »*ʿǽbæd*, der nach Schatten lechzt« par. »Tagelöhner, der auf Lohn hofft«) einengen, wie auch die weit überwiegende Verwendung des Begriffs mit nachfolgendem Genetiv oder mit Possessivsuffix (bzw. in einer Konstruktion mit *lᵉ* der Zugehörigkeit) zeigt. Außerhalb einer Beziehung zu Personen ist *ʿǽbæd* im AT kaum gebraucht (vgl. Jos 9,23 »Sklaven des Hauses meines Gottes«; Zimmerli, a.a.O. 657); bildliche Verwendung für Abhängigkeit von abstrakten Größen (vgl. »Knecht der Sünde« Joh 8,34; Röm 6,17.20; »Sklave des Verderbens« 2Petr 2,19) ist im AT nicht belegt.

Als Verhältnisbegriff bekommt *ʿǽbæd* seine gefüllte Bedeutung (»Leibeigener, Untergebener, Untertan, Vasall, Kriegsknecht, Beamter, Minister«) je nach dem Bereich, in dem jemand der Untergebene seines Herrn (seiner Herren) ist. Man kann etwa von einem *ʿǽbæd*-Verhältnis (a) im sozialen, (b) im innenpolitischen und (c) im außenpolitischen Bereich sprechen, wobei aber zahlreiche Übergänge auftreten.

Im Bereich der Familie gibt es ein *ʿǽbæd*-Verhältnis eigentlich nicht; wo es hier begegnet, ist es das Unnormale, Außerordentliche. Über Kanaan, der gegen seinen Vater gefrevelt hat, wird der Fluch ausgesprochen: »Verflucht Kanaan, Knechtesknecht sei er seinen Brüdern!« (Gen 9,25, vgl. V. 26.27). Der Fluch liegt darin, daß Kanaan zum Knecht *seiner Brüder* wird. Esau muß seinem Bruder Jakob dienen (Gen 27,37, vgl. V. 29.40). Auch wenn hier vorblickend schon an politische Verhältnisse gedacht ist, steht dahinter die Grundüberzeugung, daß ein Bruder nicht Knecht seines Bruders sein sollte (vgl. auch Gen 37ff.). Sie hat sich darin durchgehalten, daß ein Israelit eigentlich nicht Knecht eines Israeliten sein sollte (Lev 25,39ff.).

Damit scheint ein anderer Sprachgebrauch in Widerspruch zu stehen, nach dem in der Anrede ein Bruder sich als Knecht seines Bruders bezeichnen kann, so besonders Jakob in der Anrede an seinen Bruder Esau Gen 32,5.19 und 33,5.14 (obwohl nach dem Segen Esau dem Jakob dienen sollte!). Diese Selbstbezeichnung in der Anrede als *ʿabdᵉkā* »dein Knecht« (gegenüber einer Mehrzahl »euer Knecht«; in der Höflichkeitsform in 3. Person auch »sein Knecht«, z.B. Gen 33,14; jeweils mit dem Verbum in der 3. Person, wobei aber der Redende im weiteren Verlauf des Gesprächs wieder in die 1. Person zurückfallen kann, vgl. Gen 33,5 mit V. 10) ist im AT sehr häufig, so daß man von einer formelhaften Wendung sprechen kann (L. Köhler, ZAW 40, 1922, 43f.; Lande 68–71: »Unterwürfigkeitsformel«;

parallel dazu geht die höfliche Anrede »mein Herr«, →*'ādōn* III/3). Diese Wendung ist für das *'ǽbæd*-Verständnis im AT sehr instruktiv. Sie zeigt, gerade an den Stellen, wo sich ein Bruder als Knecht seines Bruders bezeichnet, aber auch in einer Fülle anderer Situationen, daß die Herr-Knecht-Beziehung auf die Situation bezogen, also funktional und nicht statisch gemeint ist. Zugleich wird deutlich, daß dem *'ǽbæd*-Begriff nicht nur negative Konnotationen eignen. Wenn in Gen 32f. ein Bruder in einer Situation der Gefährdung sich seinem Bruder gegenüber als *'ǽbæd* bezeichnet, so unterwirft er sich ihm nicht nur; er erkennt vielmehr darin das durch die Situation gegebene Herr-Sein, die Überlegenheit des Bruders an und birgt sich in ihr; er vertraut sich dieser Überlegenheit an und appelliert an die Verpflichtung, die dem anderen seine Überlegenheit, sein Herr-Sein gibt.

a) Im sozialen Bereich ist *'ǽbæd* die im AT geläufige Bezeichnung für den Sklaven. Es ist aber nicht terminus technicus in dem Sinn wie unser »Sklave«, das ein unbedingt negatives Vorverständnis mit sich bringt. Man darf nie vergessen, daß das gleiche Wort den Offizier und den Minister des Königs bezeichnen kann, und welchen Klang es in der Selbstbezeichnung »dein Knecht« hat. Die Sklaverei (I. Mendelsohn, Slavery in the Ancient Near East, 1949; de Vaux I,125–140.328f. mit Lit.) ist als Institution von Israel vorgefunden und übernommen worden, als es in Kanaan seßhaft wurde. Das zeigt sich in der Übernahme des Sklavenrechtes aus der Umwelt (Ex 21,2–11.20f.26f.32). Dabei tendiert das isr. Sklavenrecht zu möglichst humaner Behandlung des Sklaven. Das wird damit zusammenhängen, daß der Sklave ursprünglich der Familie zugeordnet und ein Glied der Familie ist, auch kultisch. Von daher ist in Israel das Primäre in der Existenz des Sklaven nicht die Unfreiheit, sondern Dazugehören und Geborgensein. Wie geachtet die Stellung eines Sklaven sein konnte, zeigt Gen 24, wo der zur Brautwerbung ausgesandte Knecht Abrahams als dessen Bevollmächtigter handelt. Die mögliche Bedeutung auch der weiblichen Sklavin (s.u. 1d) zeigt Gen 16. Dabei teilt aber Israel die antike Auffassung, daß Sklaven zum Besitz gerechnet werden (so in der Aufzählung des Besitzes Gen 12,16; 20,14; 24,35 u.ö.; hierher gehört auch der zweimalige Ausdruck *'abuddā rabbā* »großes Gesinde« in Gen 26,14 und Hi 1,3; zu anderen Deutungen vgl. Lindhagen, a.a.O. 55 Anm. 3). Außer in Gesetzesüberlieferungen (Ex 21; Dtn 15,12–18; Lev 25 u.ö.; vgl. Jer 34) wird in den Proverbien generell von den Sklaven gesprochen (z.B. Spr 29,19.21; 30,10 u.ö.).

b) Innenpolitisch ist am wichtigsten der *'ǽbæd* des Königs. Dieses *'ǽbæd*-Verhältnis hat seine Vorformen in der vorköniglichen Zeit des Überganges vom Stamm zum Volk, wo die Knechte eines Mannes seine Kriege führen, z.B. Gen 14,15; Ri 6,27. Die *'abādīm* des Königs sind freie Männer; sie sind nicht Personen niederen Rechtes, sondern können einen hohen Rang und eine hohe Stellung haben. Die Knechte des Königs sind seine Gefolgsleute, sie entscheiden sich frei zum Königsdienst (1Sam 27,5.12), der nicht auf Zwang, sondern auf Gefolgstreue (2Sam 15,21) und auf dem Vertrauen des Königs zu seinen Gefolgsleuten (1Sam 27,12) beruht. In den David-Traditionen besonders hat dieses personale Loyalitätsverhältnis zwischen dem König und seinen Männern einen gewichtigen Platz. Der *'ǽbæd* (Gefolgsmann) des Königs hat – im Gegensatz zum Verhältnis des Sklaven zu seinem Herrn – eine so weitgehende Selbständigkeit, daß er in der Geschichte des Königtums oft genug eine führende Rolle bekam. Die Diener des Königs hatten zivile wie militärische Funktionen. Mit der Differenzierung des staatlichen Apparates differenzieren sich auch die Funktionen der Diener des Königs. Es ist aber bezeichnend, daß sie alle mit dem gleichen Wort *'ǽbæd* benannt werden: *'ǽbæd* ist der einfache Soldat wie der Offizier und Heerführer, *'ǽbæd* ist der Melder, der Beamte oder der Minister, der selbst wieder viele Diener hat. Hier zeigt sich, daß das personale Moment beherrschend bleibt: sie alle sind Diener des Königs, ihm verpflichtet und ihm ergeben.

c) Außenpolitisch hat *'ǽbæd* einen ebenso eindeutig negativen Klang wie es innenpolitisch (Diener des Königs) einen eindeutig positiven Klang hat. Das Subjekt ist hier eine Gruppe, ein Stamm oder ein Volk. Grundlegend sind die Texte, die von Israels Knechtschaft in Ägypten sprechen (Dtn 5,15; 15,15; 16,12; 24,18.22). Ägypten ist das Sklavenhaus (*bēt 'abādīm*), aus dem Israel herausgeführt wurde (Ex 13,3.14; 20,2; Dtn 5,6; 6,12; 7,8; 8,14; 13,6.11; Jos 24,17; Ri 6,8; Jer 34,13; Mi 6,4; vgl. N. Lohfink, Das Hauptgebot, 1963, 100f.). Aber ebenso macht Israel erst Volksgruppen (die Gibeoniten, Jos 9) und dann Völker zu *'abādīm* (2Sam 8,2.6.14

Moabiter, Aramäer, Edomiter). Am Ende der Königsgeschichte wird Israel wieder zum Knecht unter fremden Eroberern (vgl. die Unterwerfungsformel in 2Kön 16,7, →*bēn* III/2b; ferner etwa Esr 9,9; Neh 9, 36).

*d) Als sinnverwandte Vokabeln begegnen im AT außer *m*^{e}*šārēt* »Diener« (→*šrt*) und *j*^{e}*līd bájit* »Sohn des Hauses = hausgeborener Sklave« (→*jld* 3c; in Gen 14, 14 neben *ḥānīk* »Gefolgsmann«, vgl. R. de Vaux, Die hebr. Patriarchen und die modernen Entdeckungen, 1959, 35) nur die ursprünglichen Lebensaltersbezeichnungen *ná'ar* »Knabe, Jüngling« und dann »(junger) Knecht« (kan. Wort, vgl. UT Nr. 1666; DISO 181; Lindhagen, a.a.O. 31f.42f.; L.Kopf, VT 8, 1958, 183; im AT 239 ×, am häufigsten in den erzählenden Büchern: 1Sam 60 ×, Gen 27 ×, 2Sam 26 ×, 2Kön 24 ×, Ri 23 ×, 1Kön und Jes je 11 × ; fem. *na'*^{a}*rā* »Mädchen, Dienerin«, im AT 63 ×, davon Dtn 14 ×, Est 13 ×, Gen 9 ×, Ri und Ruth je 7 ×) und *'ælæm* »Jüngling« (1Sam 17,56) und »Bursche« (1Sam 20,22, par. *ná'ar* V. 21; westsem. Wort, vgl. KBL 709; fem. *'almā* »Mädchen, junge Frau«, 9 ×), beide ohne theologische Verwendung (der ug. PN *N'ril* ist unsicher, vgl. Gröndahl 163f.).

Für die weibliche Unfreie wird im Hebr. nicht (wie im Arab.) eine Femininform zu *'æbæd* verwendet, sondern entweder das gemeinsemitische Wort *'āmā* »Magd, Sklavin« (Bergstr. Einf. 182) oder das nur mit kan. Vokabeln näher verwandte *šifḥā* (vgl. hebr. *mišpāḥā* »Geschlecht, Familie«; ug. und pun. *špḥ* »Familie«, WUS Nr. 2664; DISO 316). Die Streuung der beiden Wörter im AT ist nicht grundsätzlich verschieden (*'āmā* 56 ×, davon 1Sam 10 ×, Ex 9 ×, Dtn 8 ×, Gen 7 × ; *šifḥā* 63 ×, davon Gen 28 ×, 2Sam 7 ×, 1Sam und Jer je 6 ×). Nach A. Jepsen, VT 8, 1958, 293–297, handelt es sich ursprünglich um zwei rechtlich zu unterscheidende Klassen: *šifḥā* »ist das noch unberührte, unfreie Mädchen, vor allem im Dienst der Frau des Hauses«; *'āmā* »ist die unfreie Frau, sowohl die Nebenfrau des Mannes, wie die unfreie Frau eines unfreien Mannes, eines Sklaven« (a.a.O. 293). Beide Wörter »werden aber dann im Munde der Frau nebeneinander als Zeichen der Unterwürfigkeit gebraucht. Das hat wohl dazu geführt, daß auch sonst die Worte nicht mehr immer in der ursprünglichen Unterscheidung gebraucht wurden« (a.a.O. 296). Als unterwürfige Selbstbezeichnung gegenüber Gott begegnet nur *'āmā* (1Sam 1,11 dreimal im Munde der Hanna; vgl. Ps 86,16; 116,16 »Sohn deiner Magd«; in Personennamen fehlen im Unterschied zur Namengebung in der altorientalischen Umwelt die mit *'āmā* oder *šifḥā* zusammengesetzten Namen ganz, vgl. J.J.Stamm, FS Baumgartner 1967, 321f.).

2. Das Verbum *'bd* mit seinen Ableitungen hat einen weiten Bedeutungsradius. Es umfaßt unser dt. »arbeiten« und »dienen«, Arbeit und Dienst in allen Daseinsbereichen. Auf Gott bezogen ist es einmal als »Gott dienen« umfassende Bezeichnung des Gottesverhältnisses (s.u. IV/2a), zugleich auch Bezeichnung für den Kult, den Dienst am Heiligtum (s.u. IV/2d). Nach seiner profanen wie nach seiner religiösen Seite hat es eine hohe Bedeutung im AT; mit *'bd* ist etwas bezeichnet, was zum Menschsein gehört und nicht von ihm abzulösen ist.

Der nichttheologische Gebrauch des Verbums teilt sich in zwei Hauptgruppen: (a) einen gegenstandsbezogenen und (b) einen auf Personen bezogenen Gebrauch.

a) Die für das Dasein grundlegende Bedeutung zeigt der gegenstandsbezogene Gebrauch, wie er in der Schöpfungserzählung des Jahwisten begegnet: in der Exposition Gen 2,5 »Menschen waren noch nicht da, den Boden zu bebauen«; im Auftrag, den Boden zu bebauen und zu bewahren (V. 15) und in der Wiederholung dieses Auftrages am Ende (3,23). Kain ist Ackerbauer (4,2.12). Daneben wird vom Bearbeiten des Flachses (Jes 19,9) gesprochen; vom Bebauen des Ackers (des Weinbergs) sonst noch Dtn 28,39; 2Sam 9,10; Jes 30,24; Jer 27,11b; Sach 13,5; Spr 12, 11; 28,19; ni.: Ez 36,9.34; Pred 5,8. Der Mensch ist von seinem Schöpfer für seine Ernährung an den Acker gewiesen, und der Acker fordert das Bearbeiten (Gen 2, 15). Sofern zum Erschaffensein des Menschen die Versorgung mit Nahrung gehört, gehört auch das Bearbeiten des Bodens, der den Menschen ernährt, notwendig und unablösbar zu seinem Menschsein. Damit erhält die Arbeit im AT eine hohe Wertung, und zwar von der Grundtätigkeit des Bebauens des Bodens her.

Dem geschilderten transitiven Gebrauch steht nahe der von dem zu bearbeitenden Gegenstand abgelöste Begriff des Arbeitens, wie er aus dem Sabbatgebot bekannt ist: »Sechs Tage sollst (kannst) du arbeiten ...« (Ex 20,9 = Dtn 5,13). Auch dieser Gebrauch ist gegenstandsbezogen, nur daß hier der Gegenstand nicht mehr genannt ist, weil bei der Differenzierung der

Arbeit das zu Bearbeitende sehr vielfältig sein kann. Dieser Gebrauch entspricht exakt dem dt. »arbeiten« (weitere Stellen: Ex 1,14; 5,18; Dtn 15,19; Jer 22,13; Ez 48,18.19; ni.: Dtn 21,4; pu.: Dtn 21,3; hi.: Ex 1,13; 2Chr 2,17). Das Part.q. *ʿōbēd* in Pred 5,11 entspricht unserem »Arbeiter«. Ez 29,18 (hi.) wird die Belagerung von Tyrus als Arbeit bezeichnet.

b) In der zweiten Hauptgruppe des Gebrauchs ist *ʿbd* auf Personen bezogen: ein Mensch dient einem Menschen. Dabei ist das Dienen Einzelner vom Dienen einer Gruppe (eines Volkes) zu unterscheiden: das eine bezeichnet den sozialen, das andere den politischen Bereich. Bei dem personbezogenen *ʿbd* kann man nicht durchgehend sagen, daß es notwendig zum menschlichen Dasein gehört; es kann daseinsfördernd, aber auch daseinshemmend sein.

Bei dem Dienen Einzelner unterscheidet das AT ein zeitlich begrenztes (Gen 29–31, Jakob bei Laban) von einem ständigen Dienen, dem Dienst des Sklaven (Ex 21,2.6; Lev 25,39.40.46; Dtn 15,12 u.ö.). Die Gesetzgebung schränkt den Dienst des israelitischen Sklaven zeitlich auf sechs Jahre und sachlich auf Lohnarbeit (wie Gen 29–31) ein (vgl. auch Jer 34,9.10.14). Es zeigt sich auch sonst eine Tendenz, das Dienen als einen lebenslänglichen Status, also Sklaverei, möglichst einzuschränken bzw. auf Nichtisraeliten zu begrenzen; die Begründung gibt Lev 25,42: »Denn meine Knechte sind sie, die ich aus Ägypten geführt habe«. – Auch Tiere können dem Menschen dienen (Jer 27,6; Hi 39,9). Eine wichtige Rolle spielt im AT der dem König geleistete Dienst (s.o. 1b). Hier ist zu unterscheiden zwischen dem Dienen des Volkes, das seinem König dient, und besonderen Diensten Einzelner im Dienst des Königs. Das erste ist in den königskritischen Texten (z.B. 1Sam 8) negativ gesehen; Samuel warnt davor. Es ist auch nicht selbstverständlich, daß die Nordisraeliten dem judäischen König dienen (1Kön 12,4.7). Sonst aber wird es voll bejaht, daß das Volk seinen König als Herrn anerkennt und ihm dient. Von einzelnen Dienern des Königs wird viel gesprochen (meist nominal, s.o. 1b), wobei die Vokabel nicht zwischen hohen und niederen Dienern des Königs unterscheidet, ebenso nicht zwischen zivilem und militärischem Dienen.

Daß ein Volk einem anderen Volk (bzw. dessen Oberherrn) dient, wird zwar als ein Faktum hingenommen, aber meist negativ beurteilt. Mit der Knechtschaft in Ägypten fing die Geschichte Israels an (Ex 1,13 »da machten die Ägypter die Israeliten zu Knechten mit Gewalt«); die relativ kurze Epoche der Geschichte Israels in Palästina ist durchzogen von Perioden der Knechtschaft (Ri 3,14 »die Israeliten dienten Eglon achtzehn Jahre«); sie endet mit der Knechtschaft der Übriggebliebenen unter Babylon, wie sie z.B. Jer 27 und oft angekündigt wird. Das typische Bild für die politische Knechtschaft ist das Joch (*ʿōl*, im AT 40 ×, fast immer bildlich gebraucht), es bringt beide Seiten zum Ausdruck: das Arbeiten für Andere und die Unfreiheit. Das »Dienen« im Sinn politischer Knechtschaft (dafür im AT auch das Abstraktum *ʿabdūt*, Esr 9,8.9; Neh 9,17) bedeutet menschenunwürdige, gehemmte und eingeengte Existenz; das Ende dieses »Dienens« wird als Errettung, Befreiung erfahren (Ez 34,27; vgl. Jes 40,2 →*ṣābāʾ* im Sinne von »Frondienst«). Aber in Davids Angriffskriegen hat Israel selbst andere Völker geknechtet, und auch in der Zukunftserwartung fehlt die Unterwerfung anderer Völker unter Israel nicht (Jes 60, 12; vgl. Sach 2,13).

Daß Menschen anderen Menschen dienen, gibt es also in einer Fülle verschiedener Ausprägungen: es begegnet in der Familie, im Stamm, im Volk, im sozialen wie im politischen Bereich. Das Dienen kann vom Sklaven, vom Freien, vom Minister, vom Bruder, von einer Gruppe, von einem Volk ausgesagt werden. Während aber das sachbezogene *ʿbd* etwas zum Menschsein Gehörendes, Normales, Unproblematisches ist, spiegelt sich im Gebrauch des personenbezogenen *ʿbd* die gesamte Problematik sozialen und politischen Geschehens. Diese Problematik deutet schon das Urgeschehen an, in dem Fluch über Kanaan: »Knechtesknecht sei er seinen Brüdern« (Gen 9,25, vgl. V. 26.27). Es ist richtig und gut, daß ein Sohn seinem Vater dient (Mal 3,17); aber dieses Dienen ist zeitlich und sachlich begrenzt. Daß aber ein Bruder seinem Bruder dient, das soll eigentlich nicht sein und weist stets auf eine Störung. Das gilt sowohl für den sozialen (Sklaverei) wie für den politischen Bereich (politische Knechtschaft).

3. Das Subst. *ʿ^{a}bōdā* bedeutet »Arbeit, Werk, Dienst« und stimmt mit Bedeutung und Gebrauch des Verbums weithin überein. Es bezeichnet die Arbeit des Bauern (Ps 104,23 »da tritt der Mensch heraus zu seinem Werk, zu seiner Arbeit bis zum Abend«; so auch Neh 10,38; 1Chr 27,26).

Es kann dabei die Last schwerer Arbeit betont sein (Ex 1,14; 2,23 u.ö.). Es ist im Sinn von »Dienst« gemeint, wo von der für jemanden verrichteten Arbeit gesprochen wird, so bei dem Dienst Jakobs bei Laban (Gen 29,27; 30,26). Zur kultischen und theologischen Bedeutung des Wortes s.u. IV/3.

Zu den sinnverwandten Wörtern für »Arbeit« s. unter →*'āmāl*, →*'śh*, →*ṣābā'*, →*šrt*. Neben *sébæl/siblōt* »Fronarbeit« (→*nś'* 3a) ist hier noch das ursprünglich kan. Wort *mas* »Fronarbeiter (kollektiv)« und »Fronarbeit« (im AT 23×) zu erwähnen; vgl. dazu und zum Ausdruck *mas 'ōbēd* (Gen 49,15; Jos 16,10; 1Kön 9,21; nach D. Künstlinger, OLZ 34, 1931, 611f., hat *'ōbēd* in diesem Ausdruck ursprünglich nichts mit *'bd* »arbeiten, dienen« zu tun, sondern ist mit *'bd* II [→*'bd* 1] zusammenzubringen und bedeutet »für immer, dauernd«) die Untersuchung von T.N. D. Mettinger, Solomonic State Officials, 1971, 128–139 (mit Lit.). Unsicher sind die Bed. »Fronknecht« für *jgb* q. Part. (2Kön 25,12 = Jer 52,16) und »Fronleistung« für *jāgēb* (Jer 39,10); vgl. KBL 361a (GB 282b: »Pflüger, Ackerleute« und »Acker[?]«).

IV. 1. Daß ein Mensch sich als Gottes *'æbæd* »Knecht« versteht und bezeichnet (»dein Knecht«) oder als Gottes »Knecht (Diener)« bezeichnet wird, ist im AT die natürliche Entsprechung des Verständnisses Gottes als des Herrn, das es mit allen sem. Religionen teilt (→*'ādōn* IV). Die primäre Assoziation bei dem Wort *'æbæd* ist nicht das Untergebensein, sondern das Zugehören zu dem Herrn und das Geborgensein bei dem Herrn. Man kann nicht sagen, der religiöse Gebrauch sei vom profanen abgeleitet; beide werden gleich ursprünglich sein. Der einzig wesentliche Unterschied im *'æbæd*-Verhältnis zwischen Menschen und demjenigen zwischen Mensch und Gott liegt darin, daß *'æbæd* eines Menschen zu sein auch schwerste Daseinsminderung bedeuten kann, *'æbæd* Gottes zu sein aber immer bedeutet, einen guten Herrn zu haben. Es kann niemals Knechtschaft im negativen Sinn bedeuten.

a) Da das Nomen *'æbæd* zunächst und zumeist einen einzelnen Menschen im Verhältnis zu seinem Herrn bezeichnet, geht auch *'æbæd* im Verhältnis zu Gott zunächst und zumeist auf einen einzelnen Menschen (so mit W. Zimmerli, ThW V,661 Anm. 41, gegen Lindhagen, a.a.O. 82ff.). Das bezeugt die Hauptgruppe der Stellen, in denen ein Mensch in der Anrede an Gott sich als Gottes Knecht bezeichnet, ebenso die Gruppe, in der ein besonderer Einzelner als Gottes Knecht bezeichnet wird (s.u. b).

Die große Nähe zur Selbstbezeichnung eines Menschen einem anderen Menschen gegenüber als Knecht (s.o. III/1) zeigt sich an den Stellen, an denen ein Mensch Gott oder einem Boten Gottes begegnet und sich in der Anrede an ihn als sein Knecht bezeichnet: Gen 18,3.5; 19,2; Jos 5,14; 1Sam 3,9; vgl. Dan 10,17. Von daher ist das »dein Knecht« in der Psalmensprache (über 25×) zu verstehen. Die Wendung begegnet am häufigsten in der Klage des Einzelnen, hier vor allem in der Bitte (Ps 86,2 »hilf deinem Knecht, der auf dich vertraut!« u.ö.), entfaltet in Ps 123, und im Bekenntnis der Zuversicht (Ps 116,16 »ach Jahwe, ich bin dein Knecht!«). Es kann auch Kontrastmotiv in der Klage sein (Num 11,11; Ri 15,18). Dieser Ort der Wendung im Klagepsalm (es sind nur Beispiele genannt) zeigt ihre Funktion deutlich: der Betende hält sich in dieser Wendung an seinen Herrn, von dem er Hilfe, Rettung, Bergung, Bewahrung erwartet und erfleht. Das im Wort *'æbæd* sich zeigende Selbstverständnis des Menschen gegenüber Gott läßt besonders Ps 123,2f. erkennen: »Wie die Augen der Knechte auf die Hand ihres Herrn, wie die Augen der Magd auf die Hand ihrer Herrin – so unsere Augen auf Jahwe, unseren Gott, bis er uns gnädig ist. Sei uns gnädig, Jahwe, sei uns gnädig ...!« Wie es in diesem Psalm eine Mehrzahl ist, die zu Gott fleht, so kann im gottesdienstlichen Gebet die Gemeinde sich als *'ªbādīm* Gottes verstehen und bezeichnen (Ps 34,23; 69,37; 113,1; 135,1.14). In nachexilischer Zeit wird daraus eine Bezeichnung der Frommen im Gegensatz zu den Gottlosen, so bei Tritojesaja (Jes 56,6; 65,8.9.13–15; 66,14; vgl. Mal 3,18 *'bd* q.). Dieser Plural ist, wie besonders Ps 123 zeigt, vom einzelnen *'æbæd* her konzipiert.

b) In einer großen Gruppe von Stellen (fast der Hälfte der Stellen, an denen *'æbæd* auf Gott bezogen ist) wird ein besonderer Einzelner (oder eine Gruppe solcher) als Jahwes Knecht (Knechte) bezeichnet. Von der Gruppe, in der der Beter sich als Jahwes Knecht bezeichnet, ist diese darin unterschieden, daß hier meist an einen Dienst gedacht ist, mit dem der Knecht beauftragt ist; dieser Dienst aber steht allermeist im Zusammenhang des Wirkens Gottes an seinem Volk. So wird vor allem Mose Gottes Knecht genannt, dazu andere Gestalten der Frühzeit wie besonders die Väter, dann die Könige und die Propheten. Es fällt auf, daß die Priester dabei fehlen; dies ist darin begründet, daß das kultische Handeln der Priester vom Geschichtswirken Gottes mittels der vorher genannten *'ªbādīm* unterschieden wird.

Mose wird am häufigsten als Gottes Knecht bezeichnet (Ex 14,31; Jos 1,2.7. 13.15 u.ö., im ganzen 40×). Die funktionale Bedeutung wird besonders in Num 12,7.8 klar; die Stelle zeigt aber in ihrem Zusammenhang, dem Vergleich von Mose mit den Propheten, auch, daß es sich um eine nachträgliche Deutung der Funktion Moses handelt (die Bezeichnung ist denn auch am häufigsten dtn. und dtr.). Ähnlich werden im Rückblick auch andere Gestalten der Vorzeit als Knechte Jahwes bezeichnet: Abraham (Gen 26,24; Ps 105, 6.42), Isaak (Gen 24,14; 1Chr 16,13), Abraham, Isaak und Jakob (Ex 32,13; Dtn 9,27), Hiob (Hi 1,8; 2,3; 42,7.8). Häufig begegnet »mein Knecht David« (2Sam 3,18; 7,8; 1Kön 11,13.32.34.36.38 u.ö.). Propheten werden vom Exil an als Gottes Knechte bezeichnet (meist Plur.), vor allem im dtr. Geschichtswerk (1Kön 14,18; 15,29; 2Kön 17,13.23 u.ö.). In dieser Bezeichnung zeigt sich die dtr. Deutung der vorexilischen Prophetie: die Propheten haben in einer Zeit des wachsenden Abfalls von Jahwe ihm die Treue gehalten und in seinem Dienst gewirkt. Vgl. zum ganzen Abschnitt W.Zimmerli, ThW V, 662–664.

c) Erst auf dem Hintergrund dieses Gebrauchs, nach dem ein besonders genannter Mann oder Könige und Propheten als Gottes Knechte bezeichnet werden, wird bei Deuterojesaja ein Gebrauch möglich, in dem Israel singularisch als *'æbæd Jhwh* bezeichnet wird. Diese erstaunliche Weiterbildung des *'æbæd*-Begriffes ist bei Dtjes. durch die Form des Heilsorakels ermöglicht, das in der Sprache der Klage des Einzelnen ergeht und deshalb Israel wie eine Einzelperson anredet (zu vergleichen ist die Personifizierung Israels bei den Propheten und in den Psalmen). Dem *'abdekā* »dein Knecht« aus der Klage des Einzelnen (s.o. a) entspricht hier *'abdī* »mein Knecht« in der Anrede Jahwes an Israel: »Und du, Israel, mein Knecht, Jakob, ..., mein Knecht bist du ...« (Jes 41,8f.; weiter 44, 1.2; 45,4; vgl. 44,21; 48,20; Nachwirkung dieses Sprachgebrauchs in Jer 30,10; Ps 136,22; einige andere Stellen sind fraglich). Wenn an diesen Stellen Israel in der gleichen Art wie Mose Jahwes Knecht genannt wird, dann zeigt sich darin eine Bedeutung Israels für andere, so wie Mose Knecht Jahwes als der heißt, der in Gottes Auftrag an seinem Volk wirkt. Hier wird eine Linie hin zu den *'æbæd-Jhwh*-Liedern sichtbar.

d) Was der *'æbæd Jhwh* in den Gottesknechtliedern (Jes 42,1; 49,3.5.6; 52,13; 53,11) bedeutet, kann nur von den Texten im ganzen geklärt werden, wobei Jes 50, 4–9 zu 42,1–4; 49,1–6; 52,13–53,12 hinzuzunehmen ist, obwohl die Vokabel hier nicht vorkommt; der *'æbæd* spricht hier in der 1. Pers. Eine Behandlung dieser Texte und des Gottesknecht-Problems ist hier nicht möglich (zur Forschungsgeschichte bis 1900 vgl. E.Ruprecht, Diss. Heidelberg 1972); es ist nur zu klären, (1) wie der Gebrauch des Wortes sich zum sonstigen Gebrauch verhält, und (2) wie sich der *'æbæd Jhwh* in den vier Texten zum Gebrauch im übrigen Dtjes. verhält.

(1) Als Analogie bietet sich zunächst die Gruppe des Gebrauchs an, in der ein besonderer Einzelner von Jahwe als »mein Knecht« bezeichnet wird; genau das geschieht in dem Präsentationswort 42,1–4, in dem der Knecht von Gott für eine Aufgabe designiert wird. Dem entspricht es, wenn der Knecht in 49,5f. von einem zunächst für Israel bestimmten an einen Dienst an den Völkern gewiesen wird. Von der Ausübung dieses Dienstes spricht sowohl 42,3f. wie auch 50,4f.; dieser Dienst erinnert unverkennbar an den der Propheten. Es zeigen sich auch Züge des Königsamtes; 42,1–4 erinnert auch sprachlich an die Designation eines Königs (Westermann, ATD 19,78), dazu das Hinaustragen des Rechtsurteils (*mišpāṭ*) 42,1.3f.; vgl. J.Jeremias, VT 22, 1972, 31–42. Diese königliche Linie in den Gottesknechtliedern wird verständlich, wenn der König auch sonst im AT als Gottes Knecht bezeichnet wird (s.o. b). Stärker aber tritt das Wortamt des Knechtes heraus, besonders in 49,1–6, wo das scheinbar vergebliche Wirken der Propheten in der vorexilischen Zeit angedeutet ist. Mit diesem Wortamt steht in engster Verbindung das Leiden des Knechtes, von dem 42,4a; 49,7; 50,4–9 und 52,13–53,12 reden. Hier ist der Anklang an das Leiden und an die Klagen Jeremias unverkennbar (G. von Rad, W.Zimmerli u.a.). Im Unterschied zum Leiden des Propheten Jeremia aber erhält das Leiden des Knechtes in 52,13–53,12 eine positive, daseinsfördernde Bedeutung durch seine stellverstretende Funktion, in der sie von Gott bejaht und durch seinen Tod hindurch bestätigt wird. Dies ist im AT so vorher noch niemals gesagt worden und geht auch über alles hinaus, was bis dahin von einem Knecht im Dienste Jahwes gesagt worden ist.

(2) Mit der Verkündigung Deuterojesajas besteht ein Zusammenhang (abgesehen von Verwandtschaft in Sprache und Stil,

dazu Zimmerli, a.a.O. 664) einmal im Reden von Israel als dem Knecht Jahwes im Heilsorakel (s.o. c). Eine kollektive Deutung der Gestalt des Gottesknechtes in den Liedern ist darauf nicht zu begründen (trotz 49,3, der heute überwiegend als nachträgliche kollektive Deutung des Knechtes gesehen wird); wohl aber wird in diesem Reden von Israel als Knecht Jahwes eine in die Zukunft weisende Aufgabe Israels im Dienste Jahwes angedeutet. Die kollektive Deutung kann, sehr eingeschränkt, darin zutreffen, daß es im Werk des Gottesknechtes der Lieder, auch wenn von ihm deutlich als einer Einzelgestalt gesprochen wird, zugleich um die zukünftige Aufgabe Israels geht. Deutlicher und direkter besteht ein Zusammenhang darin, daß in 43,22–28 das Verbum *ʿbd* hi. zum erstenmal auf Gott bezogen wird: »ihr habt mich dienen gemacht mit euren Sünden«. Weil das Gott-Dienen Israels gescheitert ist (»ihr habt mir nicht gedient«) wird Gott selber die Arbeit (der Dienst) aufgeladen, darin bestehend, daß die Sünde des Volkes beseitigt wird. Um das gleiche aber geht es im Werk des Gottesknechtes in den Liedern; hier ist es das stellvertretende Leiden des Knechtes, das die Sünden beseitigt. Durch seinen Knecht wirkt aber Jahwe, was die Erhöhung des Knechtes bestätigt.

2. Während das Verbum *ʿbd*, auf das Dienen unter Menschen bezogen (s.o. III/2), durchaus ambivalent ist und etwas Positives wie etwas Negatives meinen kann, ist *ʿbd*, sofern es sich auf Gott richtet, etwas schlechthin Positives. Hierin besteht eher eine Entsprechung zum sachbezogenen *ʿbd* (III/2a): wie dieses gehört das Gott-Dienen zum Menschsein. Menschsein, das nicht Gott diente, kann es so wenig geben wie Menschsein ohne Tätigkeit. ›Gott dienen‹ ist im AT eine umgreifende Bezeichnung des Gottesverhältnisses. Vergleicht man sie mit der uns geläufigen ›an Gott glauben‹, so liegt der wesentliche Unterschied darin, daß ›Gott dienen‹ einen dem Unglauben entsprechenden Gegenbegriff nicht hat. Die Alternative zu ›Gott dienen‹ ist vielmehr ›anderen Göttern dienen‹. Daß ein Mensch (bzw. eine Gruppe) einem Gott dient, ist keine Frage; die Frage ist nur, welchem Gott er dient. Ist ›Gott dienen‹ eine Bezeichnung des Gottesverhältnisses im ganzen, dann kann es nicht etwa meinen: Gott einen Dienst tun. Es bedeutet vielmehr, Gott als Herrn anzuerkennen, was nur mit der ganzen Existenz geschehen kann. Während ›an Gott glauben‹ einen nur geistigen Vorgang bezeichnen kann, ist ›Gott dienen‹ nur mit der ganzen Existenz möglich.

Folgende Gruppen des theologischen Gebrauchs von *ʿbd* lassen sich erkennen: In den Hauptgruppen stehen sich ›Jahwe (Gott) dienen‹ (2abd) und ›anderen Göttern dienen‹ (2c) gegenüber. In der Stellengruppe ›Jahwe dienen‹ ist ein einmaliges (2a) und ein andauerndes (2bd) ›Gott dienen‹ zu unterscheiden, bei letzterem wiederum die existenzielle Anerkennung Jahwes (2b) und der kultische Vollzug des Gott-Dienens (2d); in diesem Auseinandertreten liegt die Möglichkeit der prophetischen Kritik am Kult (2e) begründet.

a) Das einmalige ›Gott dienen‹ meint eine Opferbegehung, die Jahwe in der Wüste dargebracht werden soll (15 Stellen in Ex 3–12) und einmal ein familiäres Opferfest in 2Sam 15,8. Die Übersetzung »dienen« kann hier das Gemeinte nicht wiedergeben; gemeint ist, daß die Anerkennung Jahwes als des Herrn eine bestimmte Handlung als Anerkennungsakt fordert. In dieser Stellengruppe liegt sicher der ältere Gebrauch von auf Gott gerichtetem *ʿbd* vor. Hier bedeutete das auf Gott bezogene *ʿbd* noch nicht ein ständiges, in den Bahnen kultischer Institutionen festgelegtes Handeln, sondern es bedeutet die Anerkennung Gottes als des Herrn, das in einem Handeln zum Ausdruck kommt, wo es richtig und nötig ist. In diesem frühen Gebrauch ist das spätere Auseinandertreten in zwei ganz verschiedene Begriffe von ›Gott dienen‹ und ›Gottesdienst‹ bedingt, das im AT, im NT und in der kirchlichen Sprache bis in die Gegenwart vorliegt: ›Gott dienen‹ in bestimmten, regelmäßigen kultischen Handlungen und ›Gott dienen‹ in einem kontingenten, alltäglichen Handeln, gewöhnlich durch ›kultisches‹ und ›ethisches‹ Gott-Dienen bezeichnet. In Ex 3ff. ist die von Jahwe geforderte Opferbegehung ein kontingentes Ereignis, das in einem geschichtlichen Ablauf eine Rolle spielt. Hier liegt beides noch ineinander. Erst mit dem Übergang in die seßhafte Lebensweise tritt beides auseinander: das Gott-Dienen wird ein stetiges Tun an einem festen Ort zu festen Zeiten; das kontingente Element lebt weiter in einem Begriff ›Gott dienen‹, der ein Anerkennen Gottes als des Herrn in einer kontingenten Situation meint, ein Gott-Dienen mit der Existenz.

b) Den Übergang bildet der Gebrauch in Jos 24; in diesem Kapitel ist *ʿbd*, auf Gott bezogen, das Leitwort (es begegnet

16×). Der in diesem Kapitel dargestellte Vorgang zeigt, daß mit *ʿbd* die Entscheidung für Jahwe als den Gott und damit den Herrn Israels gemeint ist. Mit dieser Entscheidung ist ein dauerndes Gott-Dienen eingeleitet, aber in diesem dauernden Gott-Dienen bleibt die Entscheidung für Jahwe als den Herrn wirksam. Das *ʿbd* ist dann nicht allein da im Verrichten von Kulthandlungen, es ist vielmehr eigentlich da im Bejahen Jahwes als des Herrn Israels in Entscheidungssituationen, in denen die Situation von Jos 24 wiederkehrt. Nur im Durchhalten der Entscheidung für Jahwe kann das *ʿbd* intakt bleiben. Von Jos 24 her wird deutlich, daß ›Gott dienen‹ zwar eigentlich beides in einem meint, daß aber von jetzt an in der seßhaften Existenz der Vollzug des Gottesdienstes im Kult und die Entscheidung für Jahwe mit der Existenz auseinandertreten können; in diesem Auseinandertreten ist die Möglichkeit angelegt, daß das kultische Gott-Dienen nicht mehr eindeutig Ausdruck der Anerkennung Jahwes mit der Existenz ist, und damit die Möglichkeit der prophetischen Kritik am Kult.

Das Gott-Dienen mit der Existenz erhält seine besondere Ausprägung im Deuteronomium, z.B. in dem zentralen Kap. 6 in V. 13: »Jahwe, deinen Gott, sollst du fürchten, ihm sollst du dienen und bei seinem Namen schwören«. Wenn im Dtn das Dienen mit der Existenz so stark betont wird, z.B. 10,12 »zu dienen deinem Gott von ganzem Herzen und von ganzer Seele«, so ist anzunehmen, daß hinter solchen Formulierungen schon die Sorge steht, daß das Gott-Dienen im kultischen Vollzug nicht mehr eindeutig Ausdruck der Anerkennung Jahwes als des Herrn über die ganze Existenz ist. Von da aus ist auch verständlich, daß von diesem Gott-Dienen meist in Mahnungen und Warnungen gesprochen wird, so in dem dtr. Abschnitt 1Sam 12, in dem das Wort »dienet Jahwe mit ganzem Herzen!« mehrfach vorkommt (V.20.24). Der Mahnung entspricht auf seiten der Angeredeten das Versprechen (Gelübde), Jos 24,18.21.24; 1Sam 12,10. Dieses Versprechen wiederum hält nur vor, »solange Josua lebte« (Jos 24,31; Ri 2,7). Israel weigert sich, Jahwe zu dienen (Jer 2,20). So kann das Jahwe-Dienen zur endzeitlichen Verheißung werden (Jer 30,9; Ez 20,40); diese kann sich auch auf Nicht-Israeliten erstrecken (Jes 19,21.23; Zeph 3,9).

c) Diesem ›Jahwe dienen‹ wird in einer großen Stellengruppe der Ausdruck ›andern Göttern dienen‹ entgegengesetzt. Zugrunde liegt das Gebot: »du sollst sie nicht anbeten und ihnen nicht dienen« (Ex 20,5 = Dtn 5,9 ho.; vgl. Ex 23,33). Für das Dtn ist der Dienst anderen Göttern gegenüber die große Versuchung, an der das Schicksal Israels hängt; im dtr. Geschichtswerk ist es die »Sünde Jerobeams«, die der Beurteilung aller Könige zugrunde liegt. Die Warnung davor, anderen Göttern zu dienen, zieht sich durch das ganze Dtn (4,19; 7,4.16; 8,19; 11,16; 12,30; 13,3 [ho.].7.14; 28,14 u.ö.; vgl. N. Lohfink, Das Hauptgebot, 1963, 74f.303f.); es ist immer gleichbedeutend mit dem Sich-Abwenden von Jahwe (→*škḥ* »vergessen«, →*ʿzb* »verlassen« usw.). Die Wendung ›anderen Göttern dienen‹ meint nicht nur einen Fremdkult ausüben, sondern andere Götter (bzw. einen anderen Gott) als Herrn anerkennen, sich für das Herrsein eines anderen Gottes entscheiden. Anderen Göttern dienen ist die Verwerfung des ersten Gebots.

Daneben gibt es einen anderen Sprachgebrauch: die gleiche Wendung kann auch die Zugehörigkeit zu einem anderen Lebenskreis bzw. das Überwechseln in einen anderen Lebenskreis bedeuten. Daß andere Völker anderen Göttern dienen, ist Dtn 12,2.30 vorausgesetzt; die Vorväter Israels dienten anderen Göttern (Jos 24,2.14.15), und das Land zu verlassen bedeutet, anderen Göttern zu dienen (Dtn 4,28; 28,36.64; 1Sam 26,19). Hier hat das ›anderen Göttern dienen‹ nichts Schuldhaftes, es ist vielmehr ein Schicksal, das über einen kommen kann. Diese kleine Stellengruppe macht es noch einmal deutlich, daß einem Gott zu dienen zum Menschsein gehört; gerät man aus dem Herrschaftsbereich des eigenen Gottes heraus, wird es unvermeidlich, einem anderen Gott oder anderen Göttern zu dienen. Sie zeigt zugleich, daß das Verbot, anderen Göttern zu dienen, in Israel allein den Sinn hat, die unbedingte Ausschließlichkeit der Herrschaft Jahwes über Israel zu wahren (Dtn 6,4). Die Verwerfung des ersten Gebotes ist darum nur in dem Bereich möglich, in dem dieses Gebot gilt.

d) Während die Wendungen ›Gott dienen‹ und ›anderen Göttern dienen‹ darin zusammengehören, daß sie von der Entscheidung für oder gegen Jahwe bestimmt sind, wie sie in Jos 24 dargestellt ist, hat die andere Seite des auf Gott bezogenen *ʿbd* in der priesterlich-kultischen Sprache eine andere Linie des Begriffes ausgebildet, in der *ʿbd* den Dienst am Heiligtum bedeutet. Dieser Gebrauch begegnet bei P (Elliger, HAT 4,358 Anm. 52) und Chr. Die Leviten werden zum Dienst am Heiligtum bestimmt, der synonym als Jahwedienst bezeichnet wird (Num 8,11; häufig ist die figura etymologica *ʿbd ʿabōdā*, Num 3,7.8; 4,23.30.47 u.ö.). Jahwe dienen und kultische Diensthandlung sind hier identisch. Subjekt dieses Dienens sind immer Priester und Leviten. Die nähere Bestimmung dieses Dienens ist meist technischer Art; es geht dabei um den Vollzug der Opferhandlung oder anderer kultischer Handlungen; von deren Ort, den dabei benötigten Geräten, den Zeiten dieses Dienstes ist die Rede. Im Sprachgebrauch steht dieses kultische Dienen unserem profanen Begriff ›Dienst‹ nahe.

e) Das so auffällige Auseinanderklaffen des Gott-Dienens, wie es in Jos 24 und den Kernstellen des Dtn gemeint ist, und des Gott-Dienens im kulttechnischen Sinn findet einen Reflex in der prophetischen Kritik am Kult. Allerdings kommt das Verbum *ʿbd* in den kultkritischen Worten der Propheten des 8. und 7. Jh. nicht vor, dafür aber rückblickend in der Schlüsselstelle bei Deuterojesaja: »Ich ließ dich nicht dienen mit Opfergaben ... Du ließest mich dienen – mit deinen Sünden!« (Jes 43,23f.). In der Gottesrede wird das Argument umgekehrt, das Israel in seiner Klage gegen Gott vorbrachte: wir haben dir doch mit unseren Opfern treu gedient! Darauf antwortet Jahwe: Ihr habt mir nicht wirklich gedient. Ihr habt mich zum Diener gemacht! Oder: Nicht ich habe dich arbeiten (dienen) lassen – du hast mich arbeiten (dienen) lassen! Dies ist ein außerordentlich kühner Satz; die Anwendung des Hi. von *ʿbd* auf Gott ist eigentlich unmöglich; Gott kann nicht *ʿǽbæd* sein. Aber gerade in dieser Bestreitung der Echtheit des Gott durch Israel dargebrachten Kultes bietet sich Dtjes. dieser eigentlich unmögliche Ausdruck an, in dem Gott zum Subjekt des *ʿbd* wird. Diese Stelle ist die wichtigste Verbindung zwischen der Verkündigung Deuterojesajas und den Gottesknechtliedern (s.o. IV/1d[2]).

3. *ʿabōdā* bezeichnet an der Mehrzahl der Stellen den Dienst am Heiligtum, kultischen Dienst. Einen Übergang bilden die Stellen, an denen vom Bau des Heiligtums und der Arbeit daran gesprochen wird (Ex 27,19; 36,5; 38,21; Num 3,26). Vom Dienst der Priester und Leviten reden Num 4,4.19; 2Chr 8,14; vom Dienst am Heiligtum (Zelt, Wohnung usw.) zahlreiche Stellen in P (vgl. J. Milgrom, Studies in Levitical Terminology, I, 1970) und im chron. Geschichtswerk (vgl. auch Ez 44,14). Unserem »Gottesdienst« entspricht *ʿabōdat Jhwh* (Num 8,11; Jos 22,27; 2Chr 35,16).

Hervorzuheben ist die nur einmalige, eigenartige Bezeichnung des Wirkens Gottes als *ʿabōdā* in dem Satz vom opus alienum Dei in Jes 28,21: »zu wirken sein Werk – fremd ist sein Werk!« (par. *maʿaśǣ*, →*ʿśh*). Der uns geläufige Begriff des Wirkens und des Werkes Gottes ist hier, soweit wir wissen, zum erstenmal konzipiert.

V. In den Hodajoth von Qumran ist »dein Knecht« häufige Selbstbezeichnung des Betenden (1QH 5,15.28; 7,16 u.ö.).

In der Übersetzung der LXX zeigt sich, wie die Bedeutungszweige des hebr. Verbums *ʿbd* in verschiedene Vokabeln auseinandertreten. Wo *ʿbd* die Bed. »bearbeiten, arbeiten« hat, gibt die LXX es mit ἐργάζεσθαι wieder. δουλεύειν bezeichnet im allgemeinen in der LXX den Dienst des Sklaven; auch die Knechtschaft in Ägypten wird so bezeichnet. Während aber δουλεύειν in der außerbiblischen Gräzität keinerlei Beziehung zur religiösen Sprache hat, kann es in der LXX das Abhängigkeits- und Dienstverhältnis bezeichnen, in dem ein Mensch zu Gott steht. λατρεύειν bedeutet »kultisch dienen, verehren«. Im Unterschied zu δουλεύειν gebraucht die LXX λατρεύειν nur vom Dienen, das sich auf Gott richtet; auch λατρεία verwendet sie nur vom kultischen Dienst, für den aber auch λειτουργία gebraucht werden kann. Unter den Übersetzungen für *ʿǽbæd* ragen δοῦλος und παῖς hervor; vgl. dazu und zum NT u.a. W. Brandt, Dienst und Dienen im NT, 1931; S. Daniel, Recherches sur le vocabulaire du culte dans la Septante, 1966; H. Rengstorf, Art. δοῦλος ThW II, 264–283; G. Bertram, Art. ἔργον ThW II, 631–653; H. Strathmann, Art. λατρεύω, ThW IV, 58–66; H. Strathmann – R. Meyer, Art. λειτουργέω, ThW IV, 221–238; A. Oepke, ThW V, 637 (zu παῖς in der LXX); W. Zimmerli – J. Jeremias, Art. παῖς θεοῦ, ThW V, 653–713.

C. Westermann

עבר *ʿbr* vorüber-, hinübergehen

1. *ʿbr* kommt (außer äth.) in allen sem. Sprachen vor (zu den älteren Texten vgl. u.a. AHw 182 [akk. *ebēru*]; ug.: WUS Nr. 1990; J.C. de Moor, The Seasonal Pattern ..., 1971, 156; nwsem. Inschriften: DISO 202).

Von der Wurzel finden sich im AT außer q. »vorüber-, hinübergehen«, ni. »überschritten werden«, pi. (s.u. 3c), hi. (kausativ zu q.), die Substantive *'ēbær* (aram. *'abar*) »gegenüberliegende Seite«, *'abārā* »Furt, Übergang«, *ma'abār* »(Einherfahren des Stockes =) Hieb« (Jes 30,32) und »Furt, Durchgang« (Gen 32,23; 1Sam 13, 23), *ma'bārā* »Furt, Schlucht«, dazu als Ortsname *'abārīm* »Übergang«; →*'æbrā*.

Die Herkunft des Wortes *'ibrī* »Hebräer« ist dunkel. Größtenteils wird eine Gleichsetzung mit akk. *ḫab/piru*, ug. *'prm*, äg. *'pr* für möglich gehalten (strikt dagegen R. Borger, ZDPV 74, 1958, 121–132). Zwar wird z.T. eine Ableitung von *'āfār* »Staub« (R. de Langhe, Les textes de Ras Shamra-Ugarit..., II, 1945, 465; Borger, a.a.O. 130f.) oder eine solche von *'br* (J. Lewy, HUCA 28, 1957, 1–13) erwogen, doch sind »alle bisher vorgetragenen Vermutungen unbefriedigend« (M. Weippert, Die Landnahme der israelitischen Stämme in der neueren wissenschaftlichen Diskussion, 1967, 83; an neuerer Lit. vgl. J. Bottéro, Le problème des Ḫabiru, 1954; M. Greenberg, The Ḫab/piru, 1955; R. de Vaux, Die hebr. Patriarchen und die modernen Entdeckungen, 1959, 44–54; ders., Bible et Orient, 1967, 165–174; Weippert, a.a.O. 66–102; K. Koch, VT 19, 1969, 37–81).

2. Statistik: *'br* q. 465× (inkl. Jer 2, 20 Q, K: *'bd*; del Ez 16,37 in Lis. 1021b [*'rb*]; Jos 53×, Dtn 46×, 2Sam 39×, Jes 34×, Num 31×, Jer und Ps je 25×, Ri 23×, Ez 22×, 1Sam 21×, Gen 20×), ni. 1× (Ez 47,5), pi. 2×, hi. 80× (inkl. 2Sam 19,41 Q; Ez 48,14 Q; Ez 13×, 2Sam 9×), Verbum total 548×; *'ēbær* 90× (Jos 24×, Dtn 12×), aram. *'abar* 14× (in Esr, immer *'abar naharā*, s.u. 3e), *'abārā* 2× (2Sam 15,28 K; 19,19), *ma'abār* 3× (s.o. 1), *ma'bārā* 8×.

3. a) Im Dt. bieten sich je nach Kontext und Gebrauch der Präpositionen für das Qal verschiedene Übersetzungsmöglichkeiten an, die alle um die (räumliche) Bed. »überschreiten, hinüberziehen, vorübergehen« kreisen: mit Akk.-Objekt oder auch absolut »überschreiten, durchziehen« (etwa ein Drittel der Stellen mit Akk. betreffen den Jordan; vgl. H.-J. Kraus, Gottesdienst in Israel, ²1962, 181–187); mit Akk. der Richtung »hinübergehen nach, sich erstrecken nach« (Am 5,5 par. →*bō'*; 6,2 par. →*hlk*; Jer 48,32 par. *ng'* »reichen bis«; vgl. 1Sam 14,1 mit *'æl*); mit Obj. »Weg« »des Weges ziehen« (Jes 33,8; Ps 8,9; Spr 9, 15); mit persönlichem Objekt »überholen« (2Sam 18,23); mit *be* »durchziehen durch« (Gen 12,6; 30,32; Num 13,32; Dtn 2,4; Jes 62,10); mit *'al* »über etwas hingehen« (Num 6,5; Jon 2,4; Ps 88,17), »an jemandem/etwas vorbei-, vorübergehen« (Gen 18,3 [*mē'al*].5; 2Sam 15,18; 1Kön 9,8; Jer 18,16); mit *lifnē* »vor jemandem/etwas herziehen« (Gen 32,17; 33,3.14; Ex 17,5; 1Sam 9,27; 2Kön 4,31); mit *'aḥarē* »nachfolgen« (2Sam 20,13); mit *min* »entgehen, loskommen« (Jes 40,27; Ps 81,7).

Besonders erwähnt seien Ausdrücke mit Tendenz zu Verfestigung als termini technici, so etwa: *'ōbēr jām* »seefahrend« (Jes 23,2; vgl. Ps 8,9; akk. *ēbir tâmti* »Seefahrer«, AHw 182b); *kæsæf 'ōbēr* »gangbares Geld« (Gen 23,16; 2Kön 12,5 txt?; vgl. KBL 675b); *mōr 'ōbēr* »flüssige Myrrhe« (Hhld 5,5.13; P. Katz, Gnomon 30, 1958, 541; Gerleman, BK XVIII, 167); für »Durchziehende« Ez 39,15 dürfte sich die Bed. »Nachprüfer, Kontrollmänner« nahelegen (par. *ḥqr* »nachforschen« V. 14; vgl. Zimmerli, BK XIII, 924.967); *'br 'al happeqūdīm* (Ex 30,13.14; 38,26) »in die Reihe der Gemusterten eintreten« (so Noth, ATD 5, 193) ist ein priesterschriftlicher terminus technicus für die Musterung (vgl. auch CD 10,1f.; 15,6).

b) In engem Anschluß an 3a sind folgende Bedeutungsmöglichkeiten in übertragenem Gebrauch zu vermerken: »ein Gebot übertreten, mißachten« (Ps 148,6; Est 3,3); »vorübergehen, vergehen« in zeitlichem Sinn (Gen 50,4; 2Sam 11,27; 1Kön 18,29; Jes 26,20; Jer 8,20 par. *klh* »zu Ende sein«; Am 8,5; Hi 17,11; Hhld 2,11 par. *ḥlp* »vergehen«); »erlöschen, hinfällig werden« (Est 1,19); »verrinnen, versiegen« (Hi 6,15; 11,16); »zerstieben« (von Spreu: Jes 29,5; Jer 13,24; Zeph 2,2; von Schatten: Ps 144,4); »umkommen« (Hi 34,20 par. *mūt* »sterben«), vgl. *'br baššælaḥ* (Hi 33,18.28 [txt em]; 36,12), nach KBL 976b und Fohrer, KAT XVI, 454. 458 (unter Hinweis auf ug. *šlḥ* in Krt [= I K] 20) eigentlich »in den Spieß rennen« (anders M. Tsevat, VT 4, 1954, 43, und D. Leibel, Tarbiz 33, 1963/64, 225–227: »den Unterweltsfluß überschreiten« = »sterben«).

c) Das Pi. wird 1Kön 6,21 in der technischen Bed. »(mit goldenen Ketten) durchziehen« (vgl. Noth, BK IX, 96.122; Jenni, HP 140) und Hi 21,10 vom »Bespringen« des Stieres verwendet (vgl. jüd.-aram. *'br* pa. »schwängern«; Wagner Nr. 212; ev. auch KAI Nr. 162, Z. 4).

Das Hi. weist die dem Qal entsprechenden kausativen Bedeutungen auf (»überschreiten lassen, hinüberführen, vorübergehen lassen« usw.). Als besondere Bedeutungen seien erwähnt: der terminus technicus für das Kinderopfer *'br* hi. (Ex 13,12; Lev 18,21; Jer 32,35; Ez 16,21;

20,26; 23,37) bzw. *'br* hi. *bā'ēš* »durchs Feuer gehen lassen« (Dtn 18,10 u.ö., s. die Stellen unter →*'ēš* 3a); ferner mit Obj. *šōfār* »Horn« (Lev 25,9) bzw. *qōl* »Stimme« (Ex 36,6; Esr 1,1; 10,7; Neh 8,15; 2Chr 30,5; 36,22; vgl. noch 1Sam 2,24) »erschallen lassen«; »entreißen, wegnehmen« (2Sam 3,10; Est 8,2 par. *sūr* hi. »entfernen«); »wegschaffen, beseitigen« (1Kön 15,12 par. *sūr* hi.; Jon 3,6; Sach 13,2 par. *krt* hi. »ausrotten«); »abwenden, fernhalten« (Ps 119,37.39; Pred 11,10).

d) Als sinnverwandte Verben sind zu nennen: *gūz* »vorübergehen« (Num 11,31; Ps 90,10; s. HAL 175a mit Konjekturen); *ḥlp* I »weiterziehen, vorüberfahren, dahinfahren, vergehen« (q. 14 ×, par. *'br* in Jes 8,8; 24,5 »[Gebot] übertreten«; Hab 1,11; Hi 9,11; Hhld 2,11); *'tq* »weitergehen, vorrücken« (Hi 14,18; 18,4; übertragen »altern« Ps 6,8; Hi 21,7; dazu vgl. Wagner Nr. 228).

e) *'ēbær* »das Jenseitige«, »die gegenüberliegende Seite« eines Tales (1Sam 31, 7), Meeres (Jer 25,22), Flusses (Jes 8,23; anders B. Gemser, VT 2, 1952, 349–355), als Akk. des Ortes (Dtn 4,49; Jos 13,27) oder mit *min*/*b*^e (Gen 50,10f.; Num 22,1; 34,15; Dtn 1,1.5; Jos 13,32; Ri 11,18 u. ö.) zur Präp. »jenseits« hintendierend, kommt als geographische Benennung vor, besonders in den Verbindungen *'ēbær hajjardēn*, wobei – je nach dem Standpunkt des Redenden – sowohl das Ostjordanland (Gen 50,10f.; Num 22,1; 32,32; Dtn 1, 1.5; Jos 1,14; 2,10 u.ö.) als auch das Westjordanland (Num 32,19; Dtn 3,20.25; 11, 30 u.ö.) gemeint sein können, und *'ēbær hannāhār* (aram. *'abar nahᵃrā*, akk. *Eber nāri*, AHw 181b) »das Land westlich des (Euphrat-)Stromes, Transpotamien« (1Kön 5,4; Esr 8,36; Neh 2,7.9; 3,7; aram. Esr 4,10f.16f.20 u.ö.), das sich als politisch-geographischer terminus technicus in Syrien-Palästina »aller Wahrscheinlichkeit nach erst mit der Amtssprache des persischen Reiches eingebürgert hat« (Noth, BK IX, 76; vgl. J. Simons, The Geographical and Topographical Texts of the OT, 1959, 33; in einigen vorexilischen Texten bezeichnet der Ausdruck noch das Gebiet östlich des Euphrat: Jos 24,2f.14f.; 2Sam 10,16 = 1Chr 19,16; 1Kön 14,15; Jes 7,20).

4. Der theologische Gebrauch des Verbums *'br* (q. und hi.), der sich an die in 3a–c genannten Bedeutungen anschließt, findet sich selten. Es sind folgende typische Bereiche zu erwähnen:

(1) das Vorbeiziehen Gottes (bzw. seines →*kābōd*) bei der Theophanie (Ex 33,22, vgl. V. 19 hi.; 34,6; 1Kön 19,11; vgl. J. Jeremias, Theophanie, 1965, bes. 112–115);

(2) Gottes strafendes Einherschreiten (Ex 12,12.23; Am 5,17; vgl. J. L. Crenshaw, ZAW 80, 1968, 206);

(3) Gottes Voranziehen im heiligen Krieg (Dtn 9,3; 31,3; vgl. G. von Rad, Der Heilige Krieg im alten Israel, 1951, 9.68ff.74f.);

(4) Als Terminus der Vergebung ist *'br* hi. →*'āwōn* »Sünde wegbringen, vorbeigehen lassen« zu bezeichnen (2Sam 24,10 = 1Chr 21,8; Sach 3,4 par. *sūr* hi. »entfernen«; Hi 7,21 par. →*nś'* *pæša'* »Verfehlung wegnehmen«; mit Obj. *ḥaṭṭā't* »Sünde« 2Sam 12,13). In die Nähe von »vergeben« rückt auch *'br* q. *'al pæša'* »an der Sünde vorbeigehen« (Mi 7,18 par. *nś'* *'āwōn*; vgl. Spr 19,11 mit menschlichem Subjekt; vgl. auch *'br* q. *l*^e »verschonen« Am 7,8; 8,2). Freilich ist wohl *'br 'al* »nur ein unvollkommenes und daher nicht verbreitetes Bild für Vergebung; denn es sagt nur das Übersehen und Nicht-beachten, aber nicht das Aufheben der Schuld aus« (J. J. Stamm, Erlösen und Vergeben im AT, 1940, 72).

(5) Der Mensch ist Subjekt von *'br* q. beim Übertreten des Bundes (→*b*^e*rīt* III/6c; Dtn 17,2; Jos 7,11.15; 23,16; Ri 2,20; 2Kön 18,12; Jer 34,18; Hos 6,7 par. →*bgd* »treulos handeln«; 8,1 par. *pš' 'al* »freveln gegen«; vgl. CD 1,20 hi.; 16,12 q.) bzw. der Gebote Gottes (*pī Jhwh*: Num 14,41; 22,18; 24,13; 1Sam 15,24 [→*pæ*]; *miṣwā*: Dtn 26,13; 2Chr 24,20 [→*ṣwh* pi.]; →*tōrā*: Jes 24,5 par. *ḥlp* →*ḥōq* und *prr* hi. *b*^e*rīt*; Dan 9,11; vgl. 1QS 5,7.14; 8,22; 1QH 4,27).

(6) Auf den ursprünglich mit einem Bundesschluß verbundenen Ritus des Hindurchschreitens zwischen den Stücken eines zerlegten Tieres (*'br bēn* Gen 15,17; Jer 34,18.19; vgl. Noth, GesStud I, 142–154) dürfte eventuell auch noch der Ausdruck *'br bibrīt Jhwh* »in den Bund eintreten« (Dtn 29,11; vgl. 1QS 1,16 u.ö.) hinweisen.

5. In Qumran findet sich eine ähnliche Verwendung von *'br* wie im AT. Die LXX gibt die Wurzel am häufigsten mit διαβαίνειν und παρέρχεσθαι wieder. Von theologischer Relevanz ist letzteres Verbum im Zusammenhang des Übertretens göttlicher Gebote und der Gotteserscheinungen. In dieser Richtung dürfte im NT eventuell Lk 18,37 zu verstehen sein (vgl. J. Schneider, Art. παρέρχομαι, ThW II,679f.; ders., Art. παραβαίνω, ThW V,733–741). In der Bed. »vergehen« erhält das Wort oft einen eschatologischen Klang.

H.-P. Stähli

עֶבְרָה *'æbrā* Zorn

1. Das Subst. *'æbrā* »Zorn« ist abzuleiten von einer verbalen Wurzel *'br*, deren Bedeutung jedoch nicht sicher festzulegen ist. Einerseits wird eine Ableitung von →*'br* I »überschreiten, hinübergehen« versucht, da im Hebr. ein Verbum *'br* hitp. mit der Bed. »sich übermütig, erzürnt zeigen« (< »sich hinreißen lassen«?) einige Male belegt ist. Auch könnte ein Subst. *'æbrā* I »Überheben, Übermaß« (Jes 16,6; Jer 48,30; Spr 21,24) hiervon abgeleitet werden (GB 561a; O. Grether – J. Fichtner, ThW V, 393 Anm. 62). Andererseits und zutreffender wird an eine selbständige Wurzel *'br* II »zornig sein« zu denken sein, die außer im Arab. (*ġbr*) sich sonst nicht findet (Wehr 595b: *iġbirār* »Groll«; J.A. Emerton, ZAW 81, 1969, 189; ob altaram. Sef. III, Z. 17 *j'brnh* von *'br* »zürnen« abzuleiten ist, ist fraglich; vgl. DISO 202; R. Degen, Altaram. Grammatik, 1969, 68 Anm. 54; targum-aram. begegnet zu Jes 9,18 und 13,9 *ta'ᵃbūr* »Zorn«, vgl. Jastrow 1683b). Kaum möglich erscheint unter Vertauschung des 2. und 3. Radikals die Herleitung von arab. *ġariba* »Groll hegen« (KBL 676b mit ?) oder arab. *ġarb* »Leidenschaft, Heftigkeit« (GB 560 mit ?; vgl. Wehr 598b: »Heftigkeit, Ungestüm«).

Das Subst. *'æbrā* ist im Hebr. eine fem. Segolatbildung (qitl). Der Plur.cs. *'abrōt* (Ps 7,7, gegenüber Hi 40,11 *'æbrōt*) könnte auf eine Segolatbildung nach qatl schließen lassen (BL 604).

2. Das Verbum *'br* hitp. ist im AT 8 × bezeugt (Ps 4 ×, Spr 3 ×, Dtn 1 ×), das Subst. *'æbrā* 34 × (Jes 6 ×, Ez, Ps und Spr je 5 ×), davon nur 3 × im Plur. (Ps 7,7; Hi 21,30; 40,11).

3. a) In der Bed. »sich erzürnt zeigen« begegnet *'br* hitp. eindeutig nur an fünf Stellen, und zwar stets vom göttlichen Zorn: Dtn 3,26; Ps 78,21.59.62; 89,39. Die übrigen drei Vorkommen beziehen sich ausschließlich auf die menschliche Gefühlswallung. Davon ist nur Spr 20,2 eindeutig; Spr 14,16 und 26,17 wird von den Übersetzungen eine von *'rb* abzuleitende Form vorausgesetzt (vgl. Gemser, HAT 16,67.95). Das Verhalten des Menschen, das das Buch der Sprüche mit *'br* hitp. bezeichnet, ist stets von einer gewissen Überheblichkeit oder gar Unmäßigkeit erfüllt. Der Narr achtet das Böse gering (Spr 14, 16). Wer sich in Unmäßigkeit und Zorn gegen den König erhebt, gefährdet sein Leben (Spr 20,2).

b) Das Subst. *'æbrā* umschreibt 22 × den göttlichen (Jes 9,18; 10,6; 13,9.13; Jer 7, 29; Ez 7,19; 21,36; 22,21.31; 38,19; Hos 5,10; 13,11; Hab 3,8; Zeph 1,15.18; Ps 78,49; 85,4; 90,9.11; Spr 11,4; Klgl 2,2; 3,1) und 12 × den menschlichen Zorn (Gen 49,7; Jes 14,6; Am 1,11; Spr 11,23; 14,35; 22,8; dazu die Plur.-Stellen, s.o. 2, ferner die Stellen, bei denen *'æbrā* mehr die Bed. »Überhebung, Übermaß« hat, s.o. 1).

Auch die Stellen mit dem Subst. drücken aus, daß der Zorn nur zum Verderben und zur Bestrafung führen kann: Simeon und Levi wurden wegen ihres Zorns zerstreut (Gen 49,7), ebenso wie Babels (Jes 14,6), Moabs (Jes 16,6; Jer 48,30), Edoms (Am 1,11), ja aller Menschen Zorn (alle Erwähnungen in Spr) bestraft werden wird. Die Pluralformen bezeichnen mehr die im Zorn vollbrachten Taten des Menschen, gegen die Jahwe einzuschreiten gebeten wird (Ps 7,7); am Tage dieser Taten wird der Böse nicht verschont werden (Hi 21, 30), und Hiob kann sie als schwacher Mensch nicht in der gleichen Weise wie Gott vollbringen (Hi 40,11).

Zusammen mit anderen Begriffen in diesem Bereich begegnet *'br*/*'æbrā*: mit *ga'ᵃwā* und *gā'ōn* (→*g'h*) Jes 16,6; mit →*'af* in Cs.-Verbindung Hi 40,11 und im parallelismus membrorum Jes 14,6; Am 1,11.

4. a) Im theol. Sprachgebrauch gewinnen die Aussagen an Prägnanz. So ist es bezeichnend, daß *'br* hitp. außer Dtn 3,26, wo es den Zorn Gottes gegen Mose aufgrund des Ungehorsams des Volkes umschreibt, nur in den Psalmen begegnet und auch hier die göttliche Reaktion auf den Abfall des Volkes wiedergibt.

b) So ist es nicht verwunderlich, daß besonders die Propheten den Begriff *'æbrā* benützen (15 ×), wobei um die Zeit des Exils, wie auch bei den andern Begriffen für »Zorn«, eine Häufung zu beobachten ist. Eine feste Verbindung geht der Begriff in folgenden Wendungen ein: *'æbrat Jhwh* »Zorn Jahwes« (Jes 9,18; 13,13; Ez 7,19; Zeph 1,18); *'am*/*dōr* *'æbrātī*/*'æbrātō* »Volk meines/seines Zorns« (Jes 10,6; Jer 7,29); *jōm 'æbrā* »Tag des Zorns« (Ez 7,19; Zeph 1,15.18; Spr 11,4; dem Sinn nach auch Jes 13,9.13); *'ēš 'æbrātī* »Feuer meines Zorns« nur bei Ez: 21,36; 22,21.31; 38,19.

Zusammen mit anderen Ausdrücken des Zorns begegnet *'æbrā* in diesem Bereich: mit →*'af* Hos 13,11; Ps 78,21; 90,11; mit *'af* und →*ḥrh* Hab 3,8; mit *ḥᵃrōn 'af* Jes 13,9; Ps 85,4; mit *ḥᵃrōn 'af* und *za'am* Ps 78,49; mit *za'am* Ez 21,36; 22,31; mit →*qin'ā* Ez 38,19; mit →*'ēš qin'ā* Zeph 1,18.

5. Die Schriften von Qumran kennen *'æbrā* als Bezeichnung des göttlichen Zorns ganz wie das AT (1QS 4,12; 1QM 4,1; 14,1; CD 8,3; 19,16). Für das NT vgl. →*'af* 5; →*ḥēmā* 5. *G. Sauer*

עַד *'ad* immer

1. Das nur hebr. in hauptsächlich adverbieller Verwendung belegte Subst. *'ad* »Ewigkeit, immer« (von ug. *b'd 'lm* in PRU II, Nr. 19, Z. 6, dürfte abzusehen sein; vgl. WUS Nr. 1999; UT Nr. 1813) wird gewöhnlich mit der Präp. *'ad* »bis« und mit der Wurzel **'dj* »weitergehen, vorübergehen« (hebr. nur *'dh* q. »schreiten« Hi 28,8; hi. »[Kleid] abstreifen« Spr 25, 20; Aramaismus?, vgl. Wagner Nr. 214) in Verbindung gebracht (z.B. GB 563a; Zorell 571b.573a) und als »immerwährende Fortdauer« o.ä. verstanden (vgl. auch G.R.Driver, WdO I/5, 1950, 412).

2. Die 48 Belege für *'ad* sind im AT sehr ungleichmäßig verteilt: 29 × in Ps, 8 × in Jes, je 2 × in Mi, Hi und Spr, je 1 × in Ex 15,18; Am 1,11; Hab 3,6; Dan 12,3; 1Chr 28,9. Zu beachten ist die ähnliche Streuung der Synonyme →*dōr wādōr*, →*'ōlām* und *næṣaḥ*, letzteres in der Bed. »Dauer, Ewigkeit« o.ä. 40 ×, davon 18 × in Ps, 7 × in Jes (34,10 *l^enēṣaḥ n^eṣāḥīm*), 6 × in Hi, 3 × in Jer, ferner 2Sam 2,26; Am 1,11; 8,7; Hab 1,4; Spr 21,28; Klgl 5,20.

3. *'ad* wird, ähnlich wie →*'ōlām*, als dessen Begleitwort es häufig auftritt, nur in Verbindung mit Präpositionen, als adverbieller Akkusativ oder als Genetiv in Vertretung eines solchen Ausdrucks verwendet. Nur in einem Fall begegnet die vergangenheitliche Bedeutung: Hi 20,4 *minnī-'ad* »(weißt du es nicht) seit jeher« (par. »seit er Menschen auf die Erde gesetzt hat«). Sonst ist immer die unabsehbare Zukunft gemeint, und zwar in folgenden Wendungen: *'^adē-'ad* »auf immer« (Jes 26,4; 65,18; Ps 83,18; 92,8; 132,12.14; vgl. Jes 17,2 txt em; in Jes 45,17 verstärkt *'ad-'ōl^emē 'ad* »bis in alle Ewigkeit«), *lā'ad* »auf immer, für immer« (Jes 30,8, hier aber wohl *l^e'ēd* »zum Zeugen« zu punktieren; 64,8; Am 1,11; Mi 7,18; Ps 9,19; 19,10; 21,7; 22,27; 37,29; 61,9; 89,30; 111,3.8.10; 112,3.9; 148,6; Hi 19,24; Spr 12,19; 29, 14; 1Chr 28,9), *l^e'ōlām wā'æd* (besondere Pausalform, vgl. BL 548) und *'ōlām wā'æd* »auf immer und ewig« (Ex 15,18; Mi 4,5; Ps 9,6; 10,16; 21,5; 45,7.18; 48,15; 52, 10; 104,5; 119,44; 145,1.2.21; Dan 12,3), sowie in einigen Constructus-Verbindungen, bei denen das zweite Glied *'ad* die Näherbestimmung »auf immer, für immer« enthält (Jes 9,5 *'^abī-'ad* »Vater für immer«, →*'āb* III/3; vgl. Wildberger, BK X,383; Jes 47,7 txt em *g^ebæræt 'ad* »Herrin für immer«; 57,15 *šōkēn 'ad* »der ewig thront«; Hab 3,6 *har^erē-'ad* »die ewigen Berge«, so auch Gen 49,26 txt em).

Als Parallelausdrücke zu *'ad* begegnen →*'ōlām* (außer in den bereits genannten Verbindungen noch Jes 26,4; 30,8; 45, 17; 47,7; Hab 3,6, vgl. Gen 49,26 txt em; Ps 92,8f.; 111,8; 148,6), *(lā)næṣaḥ* (Am 1,11; Ps 9,19), *b^ekol-dōr wādōr* (Ps 45,18), *jōm jōm* »täglich« Ps (61,9), *kīmē šāmájim* »wie die Tage des Himmels« (Ps 89,30), *tāmīd* »immer« (Ps 119,44), *b^ekol-jōm* »allezeit« (Ps 145,2). In Spr 12,19 wird *lā'ad* eine Wendung mit *rg'* hi. in der Bed. »nur einen Augenblick lang« entgegengesetzt.

Ein ähnliches Bild bietet sich bei dem synonym verwendeten Wort *næṣaḥ*. Vergangenheitsbedeutung liegt allenfalls vor in der Constructus-Verbindung *maššū'ōt næṣaḥ* »uralte Trümmer« oder »ewige Trümmer«. Sonst findet sich mit dem Blick auf die Zukunft 32 × *lānæṣaḥ* »für immer« (dazu Jes 34,10 die Steigerungsform *l^enēṣaḥ n^eṣāḥīm*), ferner der adv. Akk. *næṣaḥ* (Jer 15,18; Am 1,11; Ps 13,2; 16, 11) und die präpositionale Wendung *'ad-næṣaḥ* bzw. *'ad-nēṣaḥ* (Ps 49,20; Hi 34,36) mit gleicher Bedeutung. Auch hier werden oft Parallelausdrücke verwendet: *l^e'ōlām* (Jes 57,16; Jer 3,5; Ps 9,6.8 par. V. 7; Ps 49,9 par. V. 10 txt?; 103,9), *lā'ad* (s.o.), *'ad-/l^edōr wādōr* (Jes 13,20; Jer 50,39; Ps 77,9; vgl. *middōr lādōr* Jes 34,10) und *l^e'ōræk jāmīm* (Klgl 5,20).

4. Die meisten Verwendungen von *'ad* begegnen in theologischen Zusammenhängen, für die generell auf die Besprechung bei →*'ōlām* verwiesen werden kann. Insbesondere ist zu beachten, daß nirgends ein durchreflektierter theologischer Zeit- und Ewigkeitsbegriff anzunehmen ist, sondern vielfach nur in emphatischer Redeweise die Endgültigkeit und Unabänderlichkeit einer Sache beteuert werden soll. Dem entspricht die vorwiegende Verwendung des Wortes in der Psalmensprache in hymnischen (z.B. Ex 15,18 »Jahwe ist König immer und ewig«; vgl. Jes 26,4; 57,15; Mi 7,18; Ps 9,6.19; 10,16; 19,10; 48,15; 111,3.8.10; 112,3.9; 132,14) oder bekenntnisartigen, klagenden und bittenden Zusammenhängen (Mi 4,5 »wir aber, wir wandeln im Namen Jahwes, unseres Gottes, immer und ewig«; vgl. Jes 64,8; Ps 22,27; 37,29; 45,18; 52,10; 61,9; 83, 18; 92,8; 119,44; 145,1.2.21), seltener in prophetischen Heilszusagen (Jes 45,17; 65,18; vgl. auch Dan 12,3) oder in der Weisheit (Spr 12,19; 29,14). In den genannten literarischen Bereichen finden sich neben den allgemeineren Aussagen über Gott, die Gerechten und die Gottlosen noch speziellere: über den ewigen Bestand der Schöpfung (Gen 49,26 txt em; Hab 3,6; Ps 104,5; 148,6) und des von Gott eingesetzten Königtums (Ps 21,5.7; 45,7; 89,30; 132,12; vgl. als Kontrast Jes 47,7 txt em; auch der messianische Ehrenname *'abī-'ad* Jes 9,5 [s.o. 3] gehört hierher); zur Übernahme außerbiblischer Wendungen des Hofstiles vgl. →*'ōlām* 4b. Juristische Verwendung von *'ad* begegnet nicht (vgl. allenfalls Hi 19,24), nur selten eine solche in der prophetischen Anklage (Am 1,11). In Prosa gehalten ist nur 1Chr 28,9 (David zu Salomo: »so wird er dich für immer verwerfen«).

Die Annahme einer Gottesbezeichnung *'ad* »der Ewige« in Ps 119,8.43.51 und Klgl 5,22 nach M. Dahood, Bibl 50, 1969, 346f., ist unbegründet (vgl. J.C. de Moor, UF 2, 1970, 202.314; O. Loretz, BZ N.F. 16, 1972, 245–248).

Bei *nǽṣaḥ* ist die theologische Verwendung sehr viel weniger ausgeprägt. In verschiedenen Zusammenhängen ist von ewiger Vernichtung, ewigem Zürnen und Vergessen die Rede (Jes 13,20 = Jer 50,39; Jes 34,10; 57,16; Jer 3,5; Ps 9,19; 13,2 u.ö.). Unter den heilseschatologischen Aussagen ragen Jes 25,8 (»vernichten wird er den Tod auf ewig«) und Ps 16,11 (»Wonnen in deiner Rechten ewiglich«) hervor.

5. →*'ōlām* 5. *E. Jenni*

עֵד *'ēd* Zeuge

1. Die Wurzel *'ūd* ist in den sem. Sprachen weit verbreitet (z.B. arab. *'āda* »zurückkehren«, äth. *'ōda* »herumgehen«, phön./hebr./aram. *'ōd* »noch«, vgl. KBL 685f.1106b; DISO 203f.; LS 515a; WUS Nr. 1999; vgl. J.A. Thompson, JSS 10, 1965, 224–227; zu akk. *adê* s.u. 4d), ist aber in der Bed. »Zeuge« (*'ēd*) bzw. »Zeuge sein« oder »als Zeugen anrufen« (*'ūd* hi.) nur im Hebr. belegt.

Während *'ūd* pi. »umgeben, umfangen« (Ps 119,61; vgl. die äth. Bed. »herumgehen«) und po. »mit Sorge umgeben, aufhelfen« (Ps 146,9; 147,6; hitpo. »einander aufhelfen« Ps 20,9) der zu vermutenden sem. Grundbedeutung näherstehen, könnte *'ūd* hi. mit seinen verschiedenen Bedeutungen von *'ēd* »Zeuge« denominiert sein. Selten ist die Bed. »Zeugnis ablegen« (1Kön 21,10.13; Hi 29,11; s.u. 3b) oder »Zeuge sein« (Mal 2,14 von Jahwe; s.u. 4b). Etwas häufiger heißt *'ūd* hi. (*'ēdīm*) »Zeugen heranrufen« (bei der Aktenbezeugung in Jer 32,10.25.44 und Jes 8,2; s.u. 3a) und »als Zeugen anrufen« (den Himmel Dtn 4,26; 30,19; 31,28; s.u. 4c). Die am meisten vorkommende Bed. »beteuern, ermahnen, warnen« wird von GB 568b u.a. abgeleitet von *'ūd* als Ausdruck der Wiederholung (s.o.) und erklärt als »wiederholt und eindringlich sagen«. Vielleicht ist sie aber eher vom Herbeirufen Gottes als Zeuge abzuleiten (s.u. 4c).

Nominale Ableitungen sind zunächst die Subst. *'ēd* »Zeuge« (entweder nach dem Schema qatil mit Kontraktion, BL 464, oder einfach nach Analogie der Verbaladjektive qatil, Joüon 166.173), *'ēdā* »Zeugin« und *t*^{e}*'ūdā* »Bezeugung« (BL 496). Das Subst. *'ēdūt* »Zeugnis, Gebot« o.ä. (s.u. 4d) wird meistens als Abstraktbildung von *'ēd* betrachtet (vgl. Gulkowitsch 38–40), von H. Zimmern (s. GB 565b) und G. Widengren (Sakrales Königtum im AT und im Judentum, 1955, 94 Anm. 69) u.a. aber von →*j'd* »bestimmen« abgeleitet. Die Pluralform *'ēdōt* »Gesetzesbestimmungen« o. ä. (s.u. 4d) wird in GB 565b und Lis. 1028 zwar von einem nicht belegten Sing. *'ēdā* III abgeleitet, jetzt aber gewöhnlich wie der Plur. *'ēd*^{e}*wōt* (in 11Q Ps^{a} *'dwwt*) unter *'ēdūt* aufgeführt (KBL 683a; vgl. BL 605); vgl. zu *'ēdūt*/*'ēdōt* die Untersuchung von B. Volkwein, BZ N.F. 13, 1969, 18–40.

Erwähnt sei noch der Personenname *Jō'ēd* (Neh 11,7), zu dem Noth, IP 162f., die Stellen Hi 16,19 und 19,26 txt em vergleicht.

Hebr. (und bibl.-aram.) *'ōd* ist ursprünglich ein Subst. mit der Bed. »Dauer, Wiederholung« (vgl. arab. *'aud* »Wiederholung«), das sich zum Adverb »noch, wieder« entwickelt hat.

Im Aram. dient für den Begriff der Zeugenschaft die Wurzel *śhd*, von der im Bibl.-aram. jedoch nur das Abstraktum *śāh*^{a}*dū* »Zeugnis« (Gen 31,47) belegt ist (KBL 1126a). Hebr. *śāhēd* »Zeuge« (Hi 16,19 par. *'ēd*) ist LW aus dem Aram. (Wagner Nr. 295).

Man kann sich fragen, ob es sich in 2Kön 11,12 = 2Chr 23,11 nicht um ein anderes *'ēdūt* handelt; neben *nḗzær* »Diadem« wäre hier vielleicht eher an einen »Schmuck« (von *'dh* »sich schmücken«) zu denken (vgl. BL 505). Für die vielen anderen Erklärungen dieses *'ēdūt* vgl. Volkwein, a.a.O. 27–31.

Es ist nicht einfach zu entscheiden, auf welche Bedeutung der Wurzel der Begriff

»Zeuge (sein)« zurückgeht. Man könnte an eine Grundbedeutung »zugegen sein« denken (vgl. lat. testis < tri-stis »der als dritter bei einem Vorgang Stehende«), oder an die arab. Bed. »zurückkehren«, was im Hi. »zurückbringen« bedeuten würde; *'ēd* wäre dann derjenige, der einen Vorgang mit seinen Worten zurückbringt (bzw. wiederholt), vgl. lat. referre, franz. rapporter.

2. Das Verbum findet sich total 44 × : pi. 1 × (Ps 119,61), po. 2 × (Ps 146,9; 147,6), hitpo. 1 × (Ps 20,9), hi. 39 × (Jer 8 ×, Neh 6 ×, Dtn 5 ×), ho. 1 × (Ex 21,29).

Von den Substantiven begegnen *'ēd* 69 × (Dtn 14 ×, Spr 11 ×, Jes 8 × [davon Dtjes 6 ×], Jer 6 ×, Jos 5 ×, Gen 31,44–52 4 ×), *'ēdā* 4 × (Gen 21,30; 31,52; Jos 24, 27.27), *te'ūdā* 3 × (Jes 8,16.20; Ruth 4,7), *'ēdūt* 83 ×, davon Sing. *'ēdūt* 46 × (Defektivschreibung [27 ×] findet sich nur in Ex/Lev/Num; Ex 21 ×, Num 12 ×, Ps 7 ×, Lev und 2Chr je 2 ×, Jos und 2Kön je 1 ×, dazu 2 × in Sir), Plur. *'ēdōt* (fast immer mit Suffix) 23 ×, wovon 2 × plene geschrieben (Ps 19 ×, davon 14 × in Ps 119; Dtn 3 × ; 2Chr 34,31), *'ēdewōt* 14 × (immer mit Suffix; in Ps 119 8 ×, ferner 1Kön 2,3; 2Kön 17,15; 23,3; Jer 44,23; Neh 9,34; 1Chr 29,19). *'ōd* begegnet 490 × (Ez 58 ×, Gen und Jer je 54 ×, Jes 48 ×, 2Sam 35 ×, Ps 22 ×, Hi 18 ×, 1Sam 17 ×), dazu 1 × bibl.-aram. (Dan 4,28).

Die Pluralformen *'ēdewōt* und *'ēdōt* stellen wahrscheinlich nur Varianten in der masoretischen Tradition dar und haben wohl die gleiche Bedeutung (vgl. 2Kön 23,3 mit 2Chr 34,31; Volkwein, a.a.O. 19).

3. Der Begriff *'ēd* ist in der Rechtssprache des AT beheimatet. Der *'ēd* tritt sowohl in Zivilsachen (a) als auch im Kriminalprozeß (b) auf, meistens vor dem (nach der Landnahme im Stadttor) versammelten Gerichtsforum.

a) Bei familien- und vermögensrechtlichen Vorgängen nimmt das Gerichtsforum eine notarielle Funktion wahr. In alten Zeiten (Ruth 4,7ff.) wurde Kauf oder Lösung eines Grundstückes mündlich zwischen den Beteiligten abgemacht und von ihnen selbst bestätigt (→*qūm* pi.; vgl. *qūm* q. für den rechtsgültigen Besitzübergang, Gen 23,17–20; Lev 25,30) durch den Akt des Ausziehens und Aushändigens eines Schuhes (= symbolische Besitzübertragung, oder symbolische Bezahlung, wie E.A. Speiser, BASOR 77, 1940, 15–20, aus Nuzi-Texten erschloß?). Erst nachher erfolgte wahrscheinlich der Akt der *te'ūdā* »Bezeugung«, wobei die Beteiligten das Gerichtsforum, d.h. die im Tor versammelten Ältesten und Stadtbewohner, mit der festgeprägten Formel *'ēdīm 'attæm hajjōm* »ihr seid heute Zeugen« aufforderten, ihre notarielle Funktion wahrzunehmen. Mit der Bereitschaftserklärungsformel *'ēdīm* »(wir sind) Zeugen« erklärten diese dann, daß die Besitzübertragung rechtsgültig stattgefunden hatte und von diesem Tage an (*hajjōm*; vgl. die ähnlichen Datierungsformeln in den akk. juristischen Texten aus Ras Schamra, J. Nougayrol, PRU III, 1955, 24) für immer zu gelten hatte (G.M. Tucker, Witnesses and »Dates« in Israelite Contracts, CBQ 28, 1966, 42–45), und daß sie eventuell später vor Gericht diese Übertragung bestätigen würden (I.L. Seeligmann, FS Baumgartner 1967, 265).

Daß es sich bei *qūm* pi. und *te'ūdā* um zwei verschiedene alte Akte handelt, wird in Ruth 4 verdunkelt durch V. 8, welcher den Zusammenhang von *wezōt hatte'ūdā* (V. 7) mit V. 9 stört.

Als in späteren Zeiten diese mündlichen Kontrakte durch geschriebene Dokumente ersetzt wurden, zogen die Beteiligten Zeugen heran (*'ūd* hi. *'ēdīm*, Jer 32,10.25.44; vgl. Jes 8,2), um den Kaufbrief (→*sēfær* 3b) von ihnen unterschreiben zu lassen (Jer 32,12). Bei einem Vertragsabschluß konnten eventuell auch Tiere (Gen 21,30) oder ein lebloses Ding von den Beteiligten mit der Formel *'ēd(ā)* ... (*bēnī ūbēnækā*) »... sei Zeuge/Zeugin zwischen mir und dir« als Zeugen eingesetzt werden (z.B. der Steinhaufen und die Massebe beim Vertrag zwischen Laban und Jakob), damit diese die Kontrahenten hinfort an ihre Verpflichtung erinnern konnten (Gen 31,44. 48.52; in V. 48 mit dem gleichen *hajjōm* »heute« wie in Ruth 4,9). In ähnlicher Weise fungiert ein Altar als *'ēd* zwischen den Ost- und Weststämmen Israels, um die Nachkommen der Rubeniten und Gaditen daran zu erinnern, daß Jahwe auch der Gott der ostjordanischen Stämme sei (Jos 22,27.28.34).

b) Im alten Israel, wo staatliche Fahndung von Verbrechen unbekannt war, konnte eine Anklage vor Gericht entweder vom Geschädigten selbst (Dtn 22,14; vgl. 1Kön 3,17–21) – womöglich unter Herbeischaffung von Zeugen – oder vom *'ēd*, d.h. von demjenigen, der das Verbrechen gesehen oder gehört hatte (Lev 5,1), erhoben werden (*'ūd* hi. in 1Kön 21,10.13; H.J. Boecker, Redeformen des Rechtslebens im AT, 1964, 18–20; F. Horst, RGG II, 1429). Fast immer ist der Zeuge vor Gericht derjenige, der Klage erhebt oder die Anklage des Geschädigten bestätigt (Seeligmann, a.a.O. 262f.; vgl. A.B. Ehrlich, Randglossen zur hebr. Bibel, I, 1908, 345). Ganz deutlich ist das in den Verfahrensvorschriften gegen die ehebrecherische Frau, Num 5,13, wo »es ist kein Zeuge wider sie da« im Parallelismus steht zu »sie ist nicht ertappt worden«.

Auch das neunte (achte) Gebot des Dekalogs hat die konkrete juristische Bedeutung: »du sollst nicht als falscher Zeuge/Ankläger (*'ēd* →*šæqær* Ex 20,16; *'ēd* →*šāw'* Dtn 5,20) Zeugnis ablegen wider (→*'nh bᵉ*) deinen Nächsten« (vgl. Spr 25,18). Ein solcher falscher Belastungszeuge heißt außer *'ēd šæqær* (Ex 20,16; Dtn 19,18; Ps 27,12; Spr 6,19; 14,5; 25,18) auch *'ēd šᵉqārīm* (Spr 12,17; 19,5.9) oder *'ēd kᵉzābīm* (Spr 21,28; →*kzb*). Als Parallelbegriffe erscheinen *jāfīaḥ kᵉzābīm* »Lügenzeuge« (Spr 6,19; 14,5.25; 19,5.9) und *jᵉfēaḥ ḥāmās* (Ps 27,12; zu *jāfīaḥ* »Zeuge« nach ug. *ypḥ* s. →*kzb* 3ac, obgleich in Spr 14,5 *jāfīaḥ* in Gegenüberstellung zu *jᵉkazzēb* besser als Verbum paßt). Als Gegenbegriffe erscheinen *'ēd 'ᵉmæt* (Spr 14,25), *'ēd 'ᵉmūnīm* (Spr 14,5) oder *jāfīaḥ 'ᵉmūnā* (Spr 12,17) »wahrer, verläßlicher Zeuge«. Auf die möglichen Folgen eines solchen falschen Zeugnisses wird wahrscheinlich hingewiesen, wenn der Kläger/Zeuge *'ēd bᵉlijjá'al* »nichtswürdiger Zeuge« genannt wird, ein Zeuge, der mit seiner Beschuldigung keinen Nutzen, sondern Verderben im Sinn hat und daher des Rechts spottet (Spr 19,28 par. *rᵉšā'īm* »Frevler«; vgl. die *bᵉnē bᵉlijjá'al* 1Kön 21, 10ff., die gegen Naboth Zeugnis ablegen), oder auch *'ēd ḥāmās*, ein Zeuge, der den gewaltsamen Tod des Angeklagten beabsichtigt (Ex 23,1; Dtn 19,16; Ps 35,11; Spr 24,28 txt em nach G; vgl. Ps 27,12). Die falsche Anzeige als Mordanschlag war in der isr. Gesellschaft offenbar ein so verbreitetes Übel (vgl. Jer 18,18; 20,10; Ps 37,32f.; Seeligmann, a.a.O. 263f.), daß das apodiktische Recht ihm vorzubeugen suchte durch das Verbot, einem Frevler als *'ēd ḥāmās* Beihilfe zu leisten (Ex 23,1); die Weisheitssprüche taten es durch den Hinweis auf die Vergeltung, die auf solch einen Mordanschlag folgen mußte: der falsche *'ēd* wird selber erleiden, was er dem Angeklagten anzutun beabsichtigte (vgl. Dtn 19,19f.); er wird nicht ungestraft bleiben (Spr 19,5), er wird umkommen (21, 18; vgl. 19,9). Vielleicht hatte auch die spätere Bestimmung, daß ein Belastungszeugnis bei Halsverbrechen (wie Totschlag und Götzendienst) vor dem Gericht nur gültig sei, wenn es nicht von einem einzelnen, sondern von zwei oder drei Zeugen erhoben sei (Num 35,30; Dtn 17,6; 19,15), das gleiche Ziel, diesem Übel zu steuern (Seeligmann, a.a.O. 264; Boecker, a.a.O. 50.72), wie auch der Codex Hammurabi einschlägige Strafbestimmungen für falsche Anklage und falsches Zeugnis enthält (§§ 1–4). Im altisr. Recht, wo die verschiedenen Funktionen im Gericht nicht streng getrennt waren, konnte der *'ēd*, dessen Belastungszeugnis sich als richtig herausstellte, zugleich als Richter an der Fällung des Urteils teilnehmen (vgl. u. 4b) und das Todesurteil zu vollziehen helfen (Dtn 17,7).

Es ist bemerkenswert, daß *'ēd* im AT nicht als (menschlicher) Entlastungszeuge vorkommt. Das braucht aber nicht zu bedeuten, daß es im isr. Recht nie Entlastungszeugen gegeben hat. Jedenfalls heißt *'ūd* hi. in Hi 29,11 wohl »ein gutes Zeugnis geben« (vgl. auch die Verteidiger in Jer 26,17–19; Boecker, a.a.O. 95f.), und *'ēd* hat in Ex 22,12 den Sinn eines »Entlastungsbeweises«; es ist hier das (von einem Raubtier) zerrissene Tier, das der Hüter dem Besitzer zu bringen hat, um zu zeigen, daß er sich nicht selber am Tier vergriffen hat.

4. a) Weil das Recht im alten Orient als Ausdruck des Willens der Götter und in Israel als Ausdruck des Willens Jahwes galt, haben auch die Gesetzesbestimmungen, die vom profanen *'ēd* sprechen, naturgemäß einen theologischen Hintergrund. Explizit gilt das für das Verbot, als *'ēd šæqær* Klage zu erheben, das ja im Dekalog, d.h. in den apodiktischen Geboten Jahwes, steht (Ex 20,16; vgl. 23,1; Dtn 5,20); vgl. Spr 6,19, wo das gleiche Vergehen zu den Dingen gehört, die Jahwe haßt, und die ihm ein Greuel (*tō'ēbā*, →*t'b*) sind. Auch die Bestimmung, daß für ein Todesurteil ein einziger Zeuge nicht genüge (Num 35,30), wird ausdrücklich auf ein Wort Jahwes (Num 30,9) zurückgeführt. Die religiöse Bedeutung ist auch klar, wenn die Zeugen den Tod eines Götzendieners herbeiführen können (Dtn 17,2–7).

b) Wie man bei einem Vertragsabschluß Menschen oder leblose Dinge als Zeugen heranzog (s.o. 3a), so konnte man auch – mit einer ähnlichen Formel – Gott als Zeugen bezeichnen. Beim Vertrag zwischen Laban und Jakob heißt es »Gott ist Zeuge zwischen mir und dir!« (Gen 31,50; vgl. V. 44.48). Mal 2,14 macht eine Anspielung auf eine Eheschließung (einen familienrechtlichen Vertrag), bei der Jahwe Zeuge gewesen ist. Nachdem in 1Sam 12,3–5 das versammelte Volk Samuels ordnungsgemäße Amtsführung feierlich bestätigt hat, ruft dieser Jahwe und seinen Gesalbten als Zeugen für diese Bestätigung an: »Jahwe ist *'ēd* gegen euch und sein Gesalbter ist heute *'ēd*, daß ihr nichts in meiner Hand gefunden habt«. Die Formel entspricht der geprägten Zeugenaufforderung *'ēdīm 'attæm* und der zeitlichen Gültigkeitserklärung *hajjōm* aus Ruth 4,9ff. (s.o. 3a), wie die das Einverständnis des Volkes aussagende Antwort *'ēd* der dortigen Bereitschaftserklärung *'ēdīm* entspricht. Wenn Jahwe in dieser Weise zum Zeugen ausgerufen worden ist, kann die vom Volk ausgesprochene Bestätigung der Amtsführung Samuels nicht mehr rückgängig gemacht werden (Boecker, a.a.O. 161f.), ebensowenig wie wenn Jahwe als treuer »Zeuge in den Wolken« seine eigene Verheißung an die davidische Dynastie garantiert (Ps 89,38).

Umgekehrt fordert Jahwe im prophetischen Gotteswort bei Deuterojesaja die exilierten Israeliten dreimal auf, als seine Zeugen seinen Anspruch zu bestätigen, daß er der einzige Gott ist, der Israels Rettung verkündet und geschaffen hat (Jes 43,10.12; 44,8). Mit den auf die bekannte Aufforderungsformel des isr. Rechts anspielenden Worten *'attæm 'ēdaj* »ihr seid meine Zeugen« erinnert Jahwe an seine Worte und Taten, deren Zeugen die exilierten Judäer gewesen sind, und die sie deshalb gegenüber den Völkern bestätigen können (vgl. David als »Zeugen für die Völker« in Jes 55,4 [dazu J.H.Eaton, ASTI 7, 1968/69, 25–40], sowie Altar und Massebe als *'ēd* für Jahwe in Ägypten, Jes 19,20), die solche Zeugen für die Macht ihrer Götter nicht hervorbringen können (Jes 43,9; 44,9).

Auch in der »Bundeszeremonie« in Jos 24 erscheinen die Zeugenaufforderung und die Bereitschaftserklärung, sei es auch insofern in abgewandelter Form, als hier der eine Rechtspartner, Israel, als Zeuge seines eigenen Versprechens, nur Jahwe dienen zu wollen, von Josua aufgefordert wird mit den Worten: »ihr seid Zeugen gegen euch selbst« (Jos 24,22), so daß Israel im Falle der Untreue gegenüber seinem Versprechen gegen sich selbst zeugen muß. Das »wider Israel« gilt auch für den Stein, den Josua als *'ēdā* »Zeugin« gegen die Israeliten aufrichtet, damit sie ihren Gott nicht verleugnen (Jos 24,27), und für das Lied (Dtn 31,19.21) und das neben die Lade gelegte Thorabuch (V. 26), welche beide von Jahwe als »Zeugen« wider die Israeliten bestellt werden für die künftige Zeit, in welcher sie Jahwe verwerfen und anderen Göttern dienen werden. Der Nachdruck liegt hier auf der künftigen anklagenden Funktion dieser Zeugen: sie werden ebenso wie »Himmel und Erde« in Dtn 31,28 (s.u. 4c) als Belastungszeugen auftreten müssen wie in einem Kriminalprozeß (vgl. o. 3b). Auch Hiob weiß von solchen Belastungszeugen, die Gott wider ihn aufstellt (Hi 10,17); ja, er erfährt sein Leiden als Zeugen (16,8), der ihn in seinem Rechtsstreit mit Gott anklagt, obwohl er gleichzeitig auf den selben Gott, den »Zeugen im Himmel«, als seinen Entlastungszeugen hofft (16,19). In der prophetischen Literatur wird Jahwe selbst einige Male als Zeuge/Kläger eines Kriminalprozesses dargestellt. In einem in der Rechtssprache formulierten Botenspruch, in welchem Jahwe zugleich als Zeuge anklagt (Jer 29,23) und als Richter das Urteil fällt (V. 21; s.o. 3b), erklärt er als *'ēd* wider die Lügenpropheten, daß er um die Schandtaten (Ehebruch und Lügenprophetie), die sie verübt haben, weiß. Die gleiche Verbindung von Zeuge/Kläger und Richter findet sich in dem von Micha (1,2–7) angekündigten Gericht Jahwes über Israels Sünde und im Jahwewort Mal 3,5, wo er als »schneller Zeuge« Klage erhebt gegen Zauberer, Ehebrecher, Meineidige, Bedrücker der Schwachen und alle, die ihn nicht fürchten.

c) Das Verbum *'ūd* hi. wird (neben Mal 2,14, wo Jahwe »Zeuge ist«, s.o. 4b) in Dtn dreimal in dem Sinn gebraucht, daß Mose Himmel und Erde »zu Zeugen anruft« wider Israel (bzw. die Ältesten, Dtn 31,28), um den Israeliten zu beteuern, daß sie vertilgt werden, wenn sie Jahwe durch ihren Götzendienst reizen (4,26; 31,28), und um sie zu ermahnen, das Leben und nicht den Tod zu erwählen (30,19). Dieser Zweizeugenruf stammt vielleicht aus der Zeit, als wenigstens zwei Zeugen vor Gericht erforderlich geworden waren (Seeligmann, a.a.O. 266; anders M.Delcor, VT 16, 1966, 8–25, der hier Einfluß alter außerbiblischer Vertragsformulare sieht), und geht zurück auf die Gewohnheit, Jahwe selbst als Zeugen eines Abkommens herbeizurufen (Gen 31,50; Jer 42,5 »Jahwe sei ein wahrhafter und gewisser Zeuge wider uns«). Die Beteuerung der Zeugenschaft Gottes hat entweder die Funktion der bedingten Selbstverfluchung, bei welcher der sprechende Partner Gottes Strafe auf sich herabruft, falls er selbst das Abkommen nicht halten sollte (wie beim Eid, z.B. Gen 31,53b), oder aber die Funktion der Bedrohung des anderen mit der Strafe Gottes, falls dieser untreu werden sollte (Gen 31,50). Aus diesem mit Strafe drohenden Herbeirufen Gottes als Zeuge hat *'ūd* hi. *b^e* sich dann vielleicht zur allgemeineren Bed. »warnen« oder »ermahnen« entwickelt (Gen 43,3; Ex 19,21; Dtn 8, 19; 32,46; 1Sam 8,9; 1Kön 2,42; Jer 6, 10; 42,19; Am 3,13; Sach 3,6; Neh 9,26; 13,15.21; 2Chr 24,19; ho. »gewarnt werden« Ex 21,29). Aus dem Sinn der Selbstverfluchung könnte *'ūd* hi. auch zu einer aufmunternden Zusicherung verflacht sein (Klgl 2,13; vgl. Kraus, BK XX,33, der aber von einer Hi.-Bedeutung »Worte immer wiederholen« ausgeht; vgl. KBL 686a). Als man sich der ursprünglichen Bedeutung von *'ūd* hi. nicht mehr bewußt war, konnte man es auch dort gebrauchen, wo Gott als Subjekt des Warnens erscheint (Ex 19,23; 2Kön 17,13.15; Jer 11,7; Ps 50,7; 81,9; Neh 9,29.30.34; vgl. Seeligmann, a.a.O. 265f.).

d) Das Nomen *'ēdūt*, gewöhnlich mit »Zeugnis«, oft aber auch mit »Gesetz« o.ä. übersetzt (vgl. Volkwein, a.a.O. 19f.), bezeichnet an weitaus den meisten Stellen den Inhalt der Lade nach der priesterlichen Tradition: Jahwe hat Mose den Auftrag erteilt, die *'ēdūt*, die er ihm geben werde, in die Lade zu legen (Ex 25,16.21; vgl. 40,20). Nach Ex 31,7 sollen Bezaleel und Oholiab die Lade für die *'ēdūt* machen. Daher wird die Lade *'^arōn hā'ēdūt* genannt (Ex 25,22; 26,33.34; 30,6.26; 39,35; 40, 3.5.21; Num 4,5; 7,89; Jos 4,16), das Wanderheiligtum, in dem sich die Lade befand, *miškan hā'ēdūt* (Ex 38,21; Num 1, 50.53; 10,11) oder *'ōhæl hā'ēdūt* (Num 9, 15; 17,22.23; 18,2; 2Chr 24,6). Ferner soll Aaron einen Krug mit Manna (Ex 16, 34) und Mose Räucherwerk (Ex 30,36) und den Stab Aarons (Num 17,19.25) »vor die *'ēdūt*« legen; es ist die Rede von der Deckplatte, die über der *'ēdūt* (Ex 30,6; Lev 16,13) bzw. auf der Lade (Num 7, 89) lag, und vom Vorhang, der sich über der *'ēdūt* (Ex 27,21; vgl. Lev 24,3) bzw. vor der Lade (Ex 30,6) befand. Ist aus diesen Stellen wie auch aus den Überschriften der Ps 60 und 80 kaum abzuleiten, was mit *'ēdūt* gemeint ist, so wird aus Ex 31, 18 (vgl. 32,15; 34,29), nach welcher Stelle Jahwe Mose auf dem Sinai die zwei steinernen *lūḥōt* (»Tafeln«) *hā'ēdūt*, vom Finger Gottes beschrieben, übergab, jedenfalls klar, daß es sich um einen geschriebenen Text handelt. Der Ausdruck erinnert an *lūḥōt habb^erīt* in Dtn 9,9.15, wo offenbar die selbe Sache gemeint ist (vgl. *'^arōn b^erīt Jhwh* statt *'^arōn hā'ēdūt*, z.B. Num 10, 33; Dtn 10,8; 1Sam 4,3), und zwar – nach Dtn 10,4 und Ex 34,28 – der Dekalog, d.h. sowohl die Erinnerung an Jahwes rettendes Handeln als – vor allem – die Verpflichtung, die er Israel auferlegt hat (→*b^erīt* IV/4).

Auch der Begriff →*tōrā*, mit dem *'ēdūt* in Ps 19,8 und 78,5 parallel steht (vgl. *t^e'ūdā* par. *tōrā* in Jes 8,16.20), weist in die selbe Richtung. Es ist die Weisung hinsichtlich der Heilstaten und des Willens Jahwes, obgleich in späterer Zeit der Nachdruck auf dem Gesetz, dem Ausdruck des Willens Jahwes, liegt. Bei *'ēdūt* steht vielleicht der Gedanke im Hintergrund, daß die *tōrā*, namentlich der Dekalog, für Israel als »Zeugnis« oder »Bezeugung« von Gottes Heilshandeln (Ex 20,2; vgl. Ps 81,7f.11) und vor allem seines Willens (Ex 20,3ff.; vgl. Ps 81,10) zu gelten hatte. Anders urteilt Volkwein, a.a.O. 38f., der *'ēdūt* einfach als Wechselbegriff für *'ēdōt* (s.u.) betrachtet, obgleich *'ēdūt* in Sir deutlich vorkommt als »Zeugnis« hinsichtlich des Verhaltens einer Person (Sir 34,23f. [= Rahlfs 31, 23f.]) und als »Bezeugung« Gottes hinsichtlich seiner Schöpfung Israel (Sir 36, 20 [= Rahlfs 36,14]).

Beim fast immer mit Suffix versehenen Plur. *'ēdōt* (bzw. *'ēd^ewōt*, s.o. 2) handelt es sich immer um die *'ēdōt* Jahwes. Das Wort hat einige Male *b^erīt* als Parallelbegriff neben sich (2Kön 17,15 in der Reihung *ḥuqqīm/b^erīt/'ēd^ewōt*; in Ps 132,12 ist *b^erīt* die den Israeliten von Jahwe auferlegte Verpflichtung, die sie »halten« [*šmr*] sollen, vgl. Ps 25,10 »alle Pfade Jahwes sind Huld und Treue denen, die seine *b^erīt* und seine *'ēdōt* halten« [*nṣr*, vgl. Ps 119,2]). In Ps 78,56; 93,5; 119,2.79.119.129 finden sich keine direkten Parallelbegriffe. In allen übrigen Fällen steht *'ēdōt* neben oder im Parallelismus mit *ḥuqqīm* (→*ḥqq*; in Ps 99,7 par. Sing. *ḥōq* »Satzung«, wie *'ēdūt* in Ps 81,5f. par. *ḥōq* und *mišpāṭ*), *mišpāṭīm* (→*špṭ*), *miṣwōt* (→*ṣwh*), *piqqūdīm* (→*pqd*), alles Wörtern, die die Satzungen, Rechte, Gebote und Verordnungen Jahwes bezeichnen, so daß auch für *'ēdōt* eine ähnliche Bedeutung anzunehmen ist: Jahwe hat die von Mose den Israeliten verkündeten *'ēdōt* usw. (Dtn 4,45, in Dtn 5 auf den Dekalog bezogen; vgl. N. Lohfink, Das Hauptgebot, 1963, 57f.; G. Braulik, Bibl 51, 1970, 63f.) selbst »geboten« (*ṣwh* pi., Dtn 6,17.20), und die Israeliten sollen sie darum »halten« (*šmr*). Das gilt für das ganze Volk (Dtn 6,17; 2Kön 23,3) und vor allem für die Führer (Ps 99,7) und den

König (Salomo: 1Kön 2,3; 1Chr 29,19; Josia: 2Kön 23,3; 2Chr 34,31). Die Israeliten waren aber immer wieder treulos: sie haben auf Jahwes *ʿēdōt* nicht geachtet (*qšb* hi. *ʾæl*, Neh 9,34), sind nicht in seinen *ʿēdōt* gewandelt (*hlk bᵉ*, Jer 44,23), sie haben sie nicht gehalten (*šmr*, Ps 78,56), sondern verachtet (*mʾs*, 2Kön 17,15). Der fromme Dichter des 119. Psalms ist aber nicht von den für ewig gegründeten (V. 152) *ʿēdōt* Jahwes gewichen (*nṭh*, V. 157); er hat sie gehalten (*nṣr*, V. 22; *šmr*, V. 167), sie geliebt (*ʾhb*, V. 119.167), sich an ihnen festgehalten (*dbq bᵉ*, V. 31), sich über ihren Weg gefreut (*śūś*, V. 14); er gibt acht auf sie (*bīn* hitpo., V. 95) und lenkt seine Schritte zu ihnen (V. 59), er will sogar vor Königen von ihnen reden (V. 46), denn sie sind auf ewig gerecht (V. 144, vgl. V. 138), sie sind sein andächtiges Sinnen (V. 99), sein Ergötzen (V. 24); Wunder sind sie ihm (V. 129), ein freudvolles, ewiges Erbe (V. 111); er weiß sich für das Halten der *ʿēdōt* von Jahwe selbst abhängig (V. 146) und bittet darum, daß er sein Herz zu seinen *ʿēdōt* neigt (V. 36), damit er sie versteht (V. 125, vgl. V. 79).

Der Plur. *ʿēdōt* wird heute meistens in Verbindung gebracht mit dem akk. plurale tantum *adê*, das nur in der neuass. und neubab. Periode belegt ist, und zwar als »a type of formal agreement« (CAD A/I, 131; Volkwein, a.a.O. 32ff.). Das Wort wird nach CAD A/I, 133 nur in Verträgen zwischen einem Höhergestellten (Gott, König, Mitglied der königlichen Familie) und seinen Untergeordneten (Sklaven, Untertanen) gebraucht und ist nach R. Frankena, OTS 14, 1965, 134, terminus technicus für den Vasallenvertrag; nach D. J. Wiseman, The Vassal-Treaties of Esarhaddon, 1958, 3.81, heißt *adê* »Vertragsbestimmungen« oder genauer »Bestimmungen eines Gesetzes oder Gebotes, das ein Suzerän feierlich in Gegenwart göttlicher Zeugen einem Vasallen oder einem Volke auferlegte«. In den altaram. Sefire-Inschriften (ca. 750 v.Chr.) findet sich über 30× der Plur. *ʿdn*/*ʿdj*/*ʿdjʾ* in der gleichen Bedeutung wie akk. *adê* (DISO 203f.; Fitzmyer, Sef. 23f.; Volkwein, a.a.O. 34–37).

Sowohl die atl. Parallelbegriffe als auch die außerisr. Belege machen für *ʿēdōt* die Bed. »Gesetzesbestimmungen« wahrscheinlich (eher als »Bundesbestimmungen«, so Volkwein, a.a.O. 39f., weil »Bund« eine gegenseitige Abmachung voraussetzt, während bei *adê*/*ʿdj*/*ʿēdōt* aller Nachdruck auf den vom Suzerän oder Gott auferlegten Bestimmungen liegt, die der Partner nur zu akzeptieren und zu befolgen hat). Die Benennung solcher Bestimmungen nach der Wurzel *ʿūd* ist vielleicht aus dem Anrufen göttlicher Zeugen, das bei ihrer Auferlegung stattfand, zu erklären; weil dieser Hintergrund später vergessen wurde, konnte *ʿēdōt* auch für die von Gott selbst auferlegten Bestimmungen gebraucht werden (vgl. zu *ʿūd* hi. o. 4c).

5. Sir gebraucht das Verbum *ʿūd* hi. in der Bed. »(Gott) als Zeugen anrufen« (46, 19, vgl. *ʿēd* 1Sam 12,5) sowie als »ermahnen« (4,11 par. *lmd* pi. »lehren«) und kennt neben *ʿēdūt* »Zeugnis« (s.o. 4d) auch *ʿēdōt* (par. *ḥuqqīm* und *mišpāṭīm*) für Gottes Verordnungen, die Mose Jakob lehren mußte (45,5).

In den Qumranschriften erscheint *ʿūd* hitpo. in der Bed. »sich aufrichten« (1QH 4,22.36) und *ʿūd* hi. in der Bed. »(die Satzungen der *tōrā*) bezeugen« (1QSa 1,11) oder »Zeugnis ablegen gegen« (CD 19,30; in 9,20 in belastendem Sinn, s.u.).

Wie im AT heißt *ʿēd* in den Qumranschriften »Belastungszeuge, Ankläger«. Auch hier braucht es zur Verurteilung wegen schwerer Verbrechen zwei glaubwürdige Zeugen (Part. hi. von *ʿūd*, CD 9,20), während für Vermögenssachen ein einziger genügt, obgleich das Zeugnis zweier Zeugen auch dann vorgezogen wird (CD 9,22f.). Für ein Todesurteil muß der Zeuge ohnedies vollwertiges Mitglied der Gemeinde sein (CD 10,1–3). Ferner heißen *ʿēdīm* diejenigen, von denen ein Schuldiger zurechtgewiesen werden soll, bevor seine Sache vor »die Vielen« gebracht wird (1QS 6,1; CD 9,3); die Mitglieder der Gemeinde sind »Zeugen der Wahrheit für das Gericht ... um für das Land zu sühnen« (1QS 8,6). Der Plur. *ʿēdōt* findet sich in gleicher Bedeutung wie im AT (1Q 22, 2,1; CD 3,15; 20,31).

Viel häufiger als im AT erscheint *tᵉʿūdā*. Die Bedeutung ist nicht immer klar: in 1QSa 1,25 heißt es wohl die »Einberufung« für die Volksversammlung; in 1QSa 1,26 das »Aufgebot« des Krieges (vgl. 1QM 4,5; Plur. 1QM 2,8; 3,4), in 1QM 15,1 (defekter Text) die »(Kriegs-)Erklärung« unter allen Völkern. In 1QM 11,8 werden die Propheten »Seher der göttlichen Offenbarungen(?)«, in 1QH 6,19 die Frommen Qumrans »die meinem (= Gottes) Zeugnis Verbundenen« genannt. In 1QM 13,8 sind mit den »Bezeugungen deiner Herrlichkeit« wohl Gottes Heilstaten gemeint (vgl. 1QM 14,4f.). Bisweilen hat *tᵉʿūdā* die Bed. »Bestimmung«, z.B. 1QH 1,19 »du hast ihre Bestimmung festgesetzt« (vgl. den Plur. in 1QS 3,16) und vielleicht an den Stellen, die von den von Gott bestimmten Fest- und Kultzeiten reden (1QS 1,9; 3,10; 1QM 14,13; 4QMᵃ 11; vgl. 1QH 12,9). Schwer zu erkennen ist die Bedeutung in den lückenhaften Texten 1QH 2,37; f 59,3, vgl. 5,11; 1Q 36, 1,2. Vgl. noch B. Dombrowski, RQ 28, 1971, 567–574.

Im Spätjudentum wird *'ēd* entweder im Sinne von »Zeuge« oder von »Beweis« gebraucht, in speziellem Sinn für ein Stück Tuch, das von Frauen benutzt wird, um ihre Reinheit oder Unreinheit festzustellen (Jastrow 1042f.). Auch *'ēdūt* bedeutet hier »Zeugnis« oder »Beweis« (Jastrow 1043). In Pirqe Abot 4,22 wird Gott wie im AT (s.o. 4b) zugleich als Richter und als *'ēd* »Ankläger/Zeuge« bezeichnet, jetzt aber im Rahmen des jenseitigen Gerichts.

Die LXX übersetzt unsere Wortgruppe fast immer mit μάρτυς, μαρτύριον usw. Vgl. dazu und zum Gebrauch im NT H. Strathmann, Art. μάρτυς, ThW IV, 477–520. *C. van Leeuwen*

עוז *'ūz* Zuflucht suchen

1. Das Verbum hat bei insgesamt fünf atl. Belegen (1× q.; 4× hi. »bergen, in Sicherheit bringen«; vgl. die einzige Ni.-Form in 1QH 6,25) auch in anderen sem. Sprachen keine nennenswerte Verbreitung. Es ist bisher nur noch im Arab. belegt: *'āḏa* »Zuflucht suchen« (Wehr 588a). Wegen der lautlichen und semantischen Nähe zur Wortgruppe →*'zz* »stark sein« sind die Derivate von *'ūz* umstritten (die Möglichkeit einer Denominierung des Verbums sollte darum im Auge behalten werden). Es kommen in Frage: a) *mā'ōz* »Zuflucht, Zufluchtsstätte«; dagegen KBL 545a (»eher von *'zz*«); zu vergleichen ist arab. *ma'āḏ* »Zuflucht« (Wehr 588a) und phön. *m'z* »Zuflucht« (KAI Nr. 42, Z. 1 »Anat, Zuflucht der Lebenden«; doch vgl. DISO 205); b) *'ōz* II »Zuflucht, Schutz« (so KBL 693a im Gegensatz zu GB, Zorell und den meisten Kommentatoren); eine ug. Parallele wäre *'d* IV »Schutz« (WUS Nr. 2000). Der Personenname *Ma'azjā(hū)* (»Jahwe ist Zuflucht«, vgl. Noth, IP 157) kommt nur in den späten Texten Neh 10, 9; 1Chr 24,18 vor; vgl. die Personennamen *M'wzj*, *M'wzjh* und *M'zjh* aus Elephantine (Cowley 297b; BMAP 306b).

2. Über Verbreitung und genaue Wortbedeutung des Verbums läßt sich bei der geringen Zahl von Belegstellen kaum etwas sagen. Der einsame Inf.cs. q. Jes 30,2 kann lediglich die vorexilische Verwendung des Wortes (»hinfliehen zu jemandem«; par. →*ḥsh b*ᵉ) beweisen. Die Konjektur Gunkels in Ps 52,9 (H. Gunkel, Die Psalmen, ⁴1926, 231) hilft nicht weiter. Die Hi.-Formen finden sich ausnahmslos in Unheils- oder Fluchtsprüchen (Ex 9,19; Jes 10,31; Jer 4,6; 6,1; vgl. R. Bach, Die Aufforderungen zur Flucht und zum Kampf im atl. Prophetenspruch, 1962, 20f.); die Jer-Stellen sind eine Art Alarmruf (vgl. auch Ex 9,19) »rettet euch!«, eingebettet in Kriegs- und Fluchtschilderungen (→*nūs* »fliehen«). Daraus ergibt sich für das Hi., soweit erkennbar, eine gattungsmäßige und milieubezogene Verwendung.

Die Nomina sind ungleich häufiger vertreten: *mā'ōz* 36×, *'ōz* II nach KBL 693a (ohne die dortigen Konjekturen) 14× (Jes 12,2; 49,5; Jer 16,19; Ps 21,2; 28,7.8; 29,11; 46,2; 59,17.18; 62,8; 68,35; 81,2; 118,14).

Selbst wenn eine oder gar beide Bildungen etymologisch auf *'zz* zurückzuführen wären (zu Ex 15,2 vgl. noch C. Rabin, Scripta Hierosolymitana 8, 1961, 387; anders S. E. Loewenstamm, VT 19, 1969, 464–470; →*'zz*), sind im atl. Sprachgebrauch gewollte Bedeutungsanklänge an *'ūz* festzustellen: für *mā'ōz* vgl. Jes 25,4; 30,2f.; Jo 4,16; die Parallele *maḥsä* (→*ḥsh*) spricht für sich, und in *ṣūr mā'ōz* »Fels, der Zuflucht bietet« (Jes 17,10) ist *mā'ōz* ebenfalls Ziel der Fluchtbewegung. In anderen Zusammenhängen mag die Bedeutungskomponente »starker, mächtiger« Zufluchtsort mitschwingen. Zu *'ōz* II vgl. Gunkel, a.a.O. 87 (zu Ps 21,2); ähnlich postuliert M. Dahood, Psalms I, 1966, 50, bei Ps 8,3 die Bed. »fortress, stronghold« (also auch: »Bergungsort« und nicht abstrakt »Macht«; vgl. L. Wächter, ZAW 78, 1966, 65), ohne auf *'ūz* zurückzugreifen.

Beide Wörter verteilen sich recht ungleichmäßig auf das AT. Die frühen Erzählungen und die Gesetzessammlungen verwenden sie kaum. Dagegen ist eine erstaunliche Konzentration der Nomina auf kultisch-liturgische und prophetische Texte zu beobachten. Bei Jes erscheint *mā'ōz* 10×, in den Ps 9×. Zusammen mit 2Sam 22,33; Jer 16,19; Ez 24,25; 30,15; Jo 4, 16; Nah 1,7; 3,11 sind damit insgesamt 26 von 36 Stellen (darunter noch die 7 festgeprägten Ausdrücke von Dan 11) kultisch-liturgischer bzw. prophetischer Art (zur letzteren Gruppe gehören hauptsächlich 7 Unheilssprüche bei Jes). Bei *'ōz* II liegen die Dinge ähnlich: alle 14 Stellen sind kultisch-liturgisch geprägt.

3. Die Bedeutungsentwicklung der Nomina läßt sich einigermaßen deutlich erkennen: Ri 6,26 wird für den Altarbau eine »Anhöhe« vorgesehen, die »Flüchtigen Schutz bietet« (*rōš hammā'ōz*; vgl. →*ṣūr mā'ōz*, Jes 17,10; Ps 31,3). Die Grundbedeutung »Zufluchtsort« läßt sich in allen Belegstellen noch wiederfinden, wenn auch der »Schutzort« je nach Kontext, Sprachniveau und Redegattung eine spezifische Beschaffenheit hat. Er ist »Fluchtstadt« (Jes 17,9), »Tempel« (Ez 24,25 nach der Parallele V. 21; vgl. Zimmerli, BK XIII, 575ff.), als Schutz für den Kopf = »Helm« (Ps 60,9), dann auf die Person übertragen, die Schutz gewährt (Jes 25,4; 27,5 mit *ḥzq* hi. »ergreifen«; 30,2f.) oder in geistig-ethischem Sinn »sichere Lebensnorm« (Spr 10,29), »Geborgenheit im Festtagsgeschehen« (Neh 8,10). Zunehmend spielt der sachlich und lautlich (*'zz*) naheliegende Gedanke der »Stärke« mit hinein, so daß *mā'ōz* am Ende u.a. auch Terminus für »(Fliehburg >) Festung« geworden ist (Jes 23,11.14; Ez 30,15; Dan 11).

Parallelausdrücke sind z.B. *miśgāb* »Anhöhe, Burg, Zuflucht« (im AT 17×, davon 13× in Ps; außer Jes 25,12; 33,16; Jer 48,1 immer von Gott; dazu *śgb* pi. »schützen«, 6×, immer mit Gott als Subjekt), *mānōs* (→*nūs*), *maḥsæ* (→*ḥsh*), *meṣūdā* »Bergfeste« (18×, davon 2Sam 22,2 = Ps 18,3; Ps 31,3.4; 66,11 txt?; 71,3; 91,2; 144,2 im übertragenen Sinne von Gott; nur konkret sind *meṣād* [11×] und *māṣōd* [Pred 9,14] verwendet), in einem weiteren Sinne auch *māgēn* »Schild« (im AT 59×, davon etwa 20× von Gott; dazu *gnn* »schützen« 8×, immer mit göttlichem Subjekt) und *ṣēl* »Schatten« (53×, von Gott Jes 49,2; 51,16; Hos 14,8; Ps 17,8; 36,8; 57,2; 63,8; 91,1; 121,5; vgl. noch den Personennamen *Beṣal'ēl* »im Schatten [= Schutz] Gottes«, s. Noth, IP 32.152).

'ōz II kann in dem hiesigen Zusammenhang als Synonym zu *mā'ōz* gelten (vgl. Jer 16,19; Ps 62,8); die bedeutungsmäßige Abgrenzung gegenüber *'ōz* I »Stärke« ist allerdings nicht immer leicht.

4. Wie das Nomen *maḥsæ* werden sowohl *mā'ōz* als auch *'ōz* II in Vertrauens- und Bekenntnisformulierungen gebraucht: »du bist meine Zuflucht« heißt es im Gebet an Jahwe (Ps 31,5; vgl. 43,2; Jes 25,4; nur mit *'ōz* II Ps 59,18). Verschiedene Ausdrücke in der 3. Pers. entsprechen dem in der Hymnensprache: »Jahwe (Gott) ist meine/unsere/ihre Zuflucht« o.ä. (2Sam 22,33; Jer 16,19; Jo 4,16; Ps 27,1; 28,8; 37,39; nur mit *'ōz* II: Ps 28,7; 46,2; 62,8; Jes 49,5). Besondere Beachtung verdient die dreimal vorkommende Formel »mein Schutz und (mein) Lied ist Jahwe« (Ex 15, 2; Jes 12,2; Ps 118,14; vgl. S.E. Loewenstamm, VT 19, 1969, 464–470). Zum ganzen Fragenkomplex der Vertrauensäußerung vgl. Gunkel-Begrich 233ff. u.ö.; P. Hugger, Jahwe, meine Zuflucht, 1971. Weil auch die prophetische (vgl. Jer 16, 19; Nah 1,7 usw.) und die weisheitliche (vgl. Spr 10,29; Ps 52,9) Verwendung auf die kultisch-liturgische Bedeutung des Wortpaares abheben, kann man diesen Sprachgebrauch als entscheidende Weiterentwicklung des unter 3 genannten Sinnes ansehen.

5. Die LXX gebraucht eine bunte Palette von Wörtern zur Wiedergabe von *mā'ōz* und *'ōz*. Sie lassen sich in zwei Gruppen einteilen, diese, die »Kraft, Macht« bedeutet (ἰσχύς z.B. gibt »16 mal ... *mā'ōz* wieder, 28 mal *'ōz*«, W. Grundmann, ThW III,400), und jene, die »Schutz, Zufluchtsort« meint (vgl. Ableitungen von βοηθεῖν »helfen«, Jes 30,2; Jer 16,19; Ps 52,9, und die häufige Übersetzung mit ὑπερασπιστής »Helfer« Ps 27,1; 28,8; 31,3.5; 37,39). Im NT spielt unser Wortpaar vielleicht auch deshalb keine große Rolle, weil liturgische Texte nur sporadisch in ihm erhalten sind. *E. Gerstenberger*

עָוֶל *'áwæl* Verkehrtheit

1. Die Wurzel begegnet außerhalb des AT nur noch in späteren sem. Texten (mittelhebr., jüd.-aram., syr., arab. [*'wl* »abweichen«], äth. [*'lw* »verderben«]).

Im AT sind belegt: die masc. und fem. Segolata *'áwæl* und *'awlā* »Unrichtigkeit, Unrecht, Verkehrtheit« (BL 583.601; zu den Nebenformen *'awlātā* und *'ōlātā* sowie zur Metathese bei *'alwā* Hos 10,9 vgl. BL 528.604; Meyer I, 100; II, 23), das denominierte *'wl* pi. »unrecht handeln« und das nomen agentis *'awwāl* »Ungerechter« (BL 479).

2. *'áwæl* kommt 21× vor (Ez 10×, Ps 3×), *'awlā* 33× (inkl. *'alwā* Hos 10,9; exkl. Jes 61,8 txt em; Hi 10×, Ps 9×, übrige Bücher unter 3×), *'wl* pi. 2× (Jes 26,10; Ps 71,4), *'awwāl* 5× (Hi 4×, Zeph 1×). Von insgesamt 61 Belegen der Wurzel stehen 40 in den drei Büchern Hi (16×), Ps (13×) und Ez (11×); der Rest ist zerstreut über prophetische und gesetzliche Texte (dazu 2Sam und Spr je 2×). Vorexilisch sind 11 Belege, 6 von *'áwæl* (Lev 19,15.35; Dtn 25,16; 32,4; Jer 2,5; Ps 82,2) und 5 von *'awlā* (2Sam 3,34; Hos 10, 9; Mi 3,10; Ps 43,1; 89,23). Die beiden Nomina stellen somit nicht nur die einzigen vorexilischen Belege, sondern auch den Hauptanteil an der Wurzel, 54 von 61 Belegen.

3. a) Ihren ältesten und präzisesten Gebrauch haben *'áwæl*/*'awlā* im Kontext von sozialrechtlichen Sachverhalten.

Die herausragende feste Wortverbindung →*'śh* *'áwæl*/*'awlā* »Unrecht (o.ä.) tun« bezieht sich auf eine konkrete, juristisch faßbare Tat (vgl. Lev 19,15.35; Dtn 25,

16; Ez 3,20; 18,24; 33,13.15.18; Zeph 3, 13; Ps 7,4; 37,1). Erst später werden die Nomina verbunden mit →*pʿl* »tun« (Ps 58, 3; 119,3; Hi 34,32; 36,23), →*tʿb* hi. »abscheulich handeln« (Ps 53,2), und dann mit Ausdrücken des Redens (vgl. Jes 59, 3; Mal 2,6; Ps 107,42; Hi 5,16; 6,30; 13, 7; 27,4). Nach Ez 18,8; Ps 7,4; 125,3 geschieht *ʿāwæl* mit der »Hand«.

Das Tun kann geschehen in einem Prozeßverfahren, sei es durch Richter (Lev 19, 15) oder durch Ankläger (Ps 71,4; Hi 5, 16; 6,29; 13,7; 27,4), oder es kann zum Gerichtsurteil führen. In diesem Zusammenhang ist die reiche rechtliche Begrifflichkeit im Kontext des Begriffes zu beachten.

Verwandte Begriffe sind: *ʿnh* pi. »bedrücken« (2Sam 7,10), *rāšāʿ/ræšaʿ* »Schuldiger/Schuld« (Jes 26, 10; Ez 18,24; 33,12f.15.18f.; Ps 125,3; Hi 27,7; 34, 10), *pæšaʿ* »Verbrechen« (Ez 33,12f.), *ḥāmās* »Gewalttat« (Ez 28,15f.; Ps 58,3), *dām* »Blutschuld« (Mi 3, 10; Hab 2,12), *ḥmṣ* q. »unterdrücken« (Ps 71,4), *mirmā* »Trug« (Ps 43,1), *kāzāb* »Lüge« (Zeph 3,13), *r^emijjā* »Täuschung« (Hi 13,7), vgl. auch →*ʿāwōn* (Ez 28,18), →*ʾāwæn* (Hi 11,14; 31,3; Spr 22,8), →*nābāl* (2Sam 3,33f.; Ps 53,2).

Entgegengesetzte Begriffe sind: *ṣædæq/ṣ^edāqā* »Gemeinschaftstreue, Gerechtigkeit« (Lev 19,15.35f.; Jes 26,10; 59,3f.; Ez 3,20; 18,8f.24; 33,12f.15f.; Hi 6,29), *ṣaddīq* »Gerechter, Gemeinschaftstreuer« (Dtn 32,4; Ez 3,20; 18,24.26; 33,13; Zeph 3,5; Ps 125,3; Spr 29,27), *ʾ^æmūnā* »Zuverlässigkeit, Redlichkeit« (Dtn 32,4; Jes 59,3f.), *jāšār* »gerade« (Dtn 32, 4; Ps 107,42), *mišpāṭ* »Recht, Gericht« (Dtn 32,4; Ez 33,14f.; Zeph 3,5), *špṭ* »richten« (Mi 3,11; Ps 43,1; 82,2), *nākō^aḥ* »gerade, recht« (Jes 26,10); vgl. Belege mit gehäufter Begrifflichkeit wie Jes 59,2ff.; Hos 10,13; Mi 3,10. *ʿawlā* wird wohl seinen rechtlichen Charakter behalten, auch wenn es »in Zelten« geschieht (Hi 11,14; 22,23; vgl. 18,21).

Entsprechend dem Gesagten hat das Wort seine Sitze vor allem in der Rechtssetzung (Lev 19,15.35; Dtn 25,16; Ez 3, 20; 18,8.24.26; 28,18; 33,13.15.18), von dorther kommend in der rechtlich begründenden prophetischen Anklage (Jes 26, 10; 59,3; Ez 28,15; Hos 10,9.13; Mi 3, 10; Hab 2,12) oder in Formen der Unschuldserklärung (Dtn 32,4; Mal 2,6; Ps 7,4; 43,1; 71,4; Hi 34,32; vgl. auch Zeph 3,5).

In poetischen Texten begegnen dann generalisiert zunächst die Ausdrücke *b^enē ʿawlā* (2Sam 3,34; 7,10; Hos 10,9; Ps 89, 23; 1Chr 17,9) oder *ʾīš ʿawlā* (Ps 43,1; Spr 29,27) und schließlich spät das Adj. *ʿawwāl* (Zeph 3,5; Hi 18,21; 27,7; 29,17; 31,3). Wo die Vergehen inhaltlich näher erkennbar sind, handelt es sich durchweg um solche sozial-, besitz- oder handelsrechtlicher Art (vgl. Lev 19,15.35; Dtn 25, 16; Jes 59,3; alle Ez-Belege, z.B. 28,15: Handel!; Mi 3,10 und Hab 2,12: Blut; Ps 71,4).

Dem Rechtscharakter widerspricht nicht, daß der Begriff gelegentlich im Bereich des Tatsphäredenkens erscheint (vgl. 2Sam 3,34; Hos 10,13; Ez 18,24; 33,12f.; Ps 37,1f.; 125,3; Hi 18,21; 22,23; 27,7; 31, 3; Spr 22,8). Ein Gerichtsprozeß kann die Vollstreckung eines Tatsphäreprozesses sein.

b) Die Grundbedeutung des Begriffes ist herkömmlich mit »Unrecht, Ungerechtigkeit, Verkehrtheit, Frevel« wiedergegeben. Die Übersetzung »Unrecht, Ungerechtigkeit« bezieht die Wurzel einseitig auf die rechtliche Kategorie, während »Frevel« zu allgemein ist. Wahrscheinlich geht die Grundbedeutung aber auf eine sachliche Kategorie, die des Un-*Richtigen* zurück, der dann das rechtliche Element des Un-*Rechten* komplementär ist. *ʿwl* wäre dann ein Begriff für »unrichtig handeln« oder »verkehren, fälschen«.

Dieses Verständnis scheint enthalten zu sein in Lev 19,35f. und Dtn 25,15f., wo die Kontrastbegriffe *ṣædæq* und *ʿāwæl* sich erst sekundär, nämlich im Kontext von *mišpāṭ*, auf das juristisch Gerechte, primär jedoch auf die genannte Sache, »richtiges« und »falsches« Maß, beziehen. In Lev 19, 15 ist *ʿāwæl* doppeldeutig: unrichtige Beurteilung des Geringen und Vornehmen im Gericht ist zugleich ungerechte Beurteilung. Nach Ez 18,8 ist *ʿāwæl* konfrontiert mit *mišpaṭ ʾ^æmæt* »wahrer Spruch«. Nach Ez 28,15f. ist Verkehrtes im Handelsgebaren die Ursache der Verfehlung; vgl. auch Zeph 3,5.13; Ps 7,4; 71,4; 82, 2; Hi 5,16; 6,29f.; 27,4. Grundsätzlich läßt sich die tatbezogene Übersetzung »verkehren, fälschen; Verkehrung, Fälschung; Verkehrtheit, Falschheit; Fälscher« durchweg anwenden. Sie dürfte darum die Grundbedeutung darstellen, während »unrecht handeln« usw. übertragene Bedeutung ist, deren Anwendung vom jeweiligen Kontext abhängt.

Zwischen *ʿāwæl* und *ʿawlā* besteht im tatsächlichen Gebrauch kein Unterschied.

4. *ʿwl* hat im AT immer theologisches Gewicht. Dies kommt zunächst dadurch zum Ausdruck, daß die Vokabeln im Kontext von Jahwerecht (Lev, Dtn, Ez), prophetischer Verkündigung, Gebeten zu Jahwe (Ps) oder Disput über Jahwes Gerechtigkeit (Hi) stehen. Wie Jahwe sich dabei einer »Fälschung, Ungerechtigkeit« annimmt, hängt ganz von den im jeweiligen Kontext vorausgesetzten Umständen ab.

Darüber hinaus aber machen zahlreiche Texte direkte Aussagen über Jahwes Verhalten gegenüber dem *'āwæl*-Täter. Wenn Jahwe den Geringen rettet, »kann der Schwache Hoffnung haben, die Falschheit aber verschließt ihr Maul« (Hi 5,16). Der *'ōśē 'āwæl* bzw. *'īš 'āwæl* ist Jahwe ein Greuel (Dtn 25,16; Spr 29,27). Wenn ein Gerechter »Unrecht tut und ich ihn straucheln lasse, so muß er sterben« (Ez 3,20). Hier ist Jahwes Einflußnahme in den Kategorien des rechtlichen und des Tatsphäre-Denkens ausgedrückt, Ganz im Stil des Tatsphäredenkens handelt Hi 18,21 vom Schicksal der »Wohnungen des *'awwāl*« und der »Stätte dessen, der Gott nicht kennt«. Diesen Belegen gehen ältere Aussagen voran, nach denen (im Stil der Unschuldserklärung) Jahwe mit »Falschheit, Unrecht« nichts zu tun hat: »Recht sind alle seine Wege, ein Gott der Treue, ohne Falsch« (Dtn 32,4; vgl. Zeph 3,5; Hi 34, 10; 2Chr 19,7). Nach Jer 2,5 fragt Jahwe, ob die Väter ihm aus ihrer Geschichte »Falschheit« nachweisen können. Und nach dem vielleicht ältesten Beleg Ps 82,2 wird Jahwe zum Richter der Erde und Herrn der Völker (V. 8), weil er in der Götterversammlung sich als der Gott des Rechts erweist, der die Götter wegen ihrer »falschen« Gerichtsbarkeit (speziell gegenüber den Geringen, V. 3) richtet und stürzt. So wird am Anfang der Geschichte des Begriffes Jahwe durch sein Gericht und das »falsche« Richten der Götter spezifisch charakterisiert und als Gott der Völker legitimiert. Vgl. die Analogie zwischen dieser mythischen und der etwa gleich alten sozialrechtlichen Situation in Lev 19,15.

Das theologische Verständnis zeigt *'āwæl*-Tun schließlich in seiner tiefsten Verwerflichkeit, wo es dem von Jahwe geschenkten Heil gegenübergestellt wird, der Befreiung aus Ägypten (Lev 19,35f.), und wo es heißt: »Findet Gnade der Gottlose, so lernt er nicht Gerechtigkeit; in rechtem Lande übt er Unrecht und sieht nicht Jahwes Hoheit« (Jes 26,10).

5. In den Qumranschriften begegnet das Verbum nicht. Dagegen sind die Subst. *'āwæl* und *'awlā* etwa ebenso oft wie im AT belegt, *'awwāl* einmal in 1QH 1,26. Was die Statistik andeutet, wird durch die Inhalte bestätigt: Der Begriff ist zu einem Zentralbegriff für das Thema der eschatologischen Trennung des Geistes oder der Söhne der Wahrheit von dem Geiste oder den Söhnen der Unwahrheit geworden (1QS 3,19; 4,9.17f.20.23; 8,13.18; 9,9. 21; 1QH 14,15.25). Dabei machen auch diese Texte keinen Unterschied zwischen *'āwæl* und *'awlā*. Hinsichtlich der Bedeutung ist die gleiche Beobachtung wie im AT zu machen: *'āwæl*/*'awlā* ist häufig Gegenbegriff zu *'ᵆmæt* und heißt »Falschheit« (1QS 3,19; 4,17–20.23; 6,15; 1QH 11, 26). In 1QS 3,20f.; 1QH 1,36; 5,8 steht es *ṣædæq* gegenüber. In 1QS 3,19–21 ist *'āwæl* also in seiner traditionellen Doppelbedeutung von »Falschheit« und »Unrecht« gebraucht (vgl. auch 1QS 4,24; 1QH 1,26). Im übrigen begegnet häufig ein traditionell formelhafter Gebrauch.

LXX verwendet zur Wiedergabe der Wurzel am häufigsten ἀδικία u. dergl. Vgl. G.Schrenk, Art. ἄδικος, ThW I, 150–163. *R.Knierim*

עוֹלָם *'ōlām* Ewigkeit

1. Das Subst. **'ālam-* »fernste Zeit« o.ä. ist in allen Sprachzweigen des NWSem. verbreitet (ug.: WUS Nr. 2036; UT Nr. 1858; PRU V, Nr. 8, Z. 7.9; Ugaritica V, 553 = RS 24.252, rev. 6.7; phön.-pun., moab., aram. von Sef. III, Z. 24.25 an: DISO 213f.); aus dem Aram. ist es als Lehnwort, teilweise mit den jüngeren Bedeutungen (s.u. 5), ins Arab. und Äth. übergegangen (vgl. E.Jenni, Das Wort *'ōlām* im AT, Diss.theol. Basel 1953 = ZAW 64, 1952, 197–248; 65, 1953, 1–35; über Herkunft und außerbiblische Verwendung des Wortes S. 199–221, seither zahlreiche neue Belege).

Die Etymologie des Wortes ist ungewiß. Bei der älteren Ableitung von dem nur hebr. belegten Verbum *'lm* »verborgen sein« bleibt die Nominalform singulär (vgl. noch W.F.Albright, The Proto-Sinaitic Inscriptions and their Decipherment, 1966, 32.42: Augmentativform **'awlam* > *'ōlam*, im Aram. hyperkorrekt zu *'ālam* umgebildet); die Auffassung des Wortes als Adverbialbildung auf *-ām* kann sich nicht auf bedeutungsmäßig ähnliche Verwendungen von Adverbialbildungen zu akk. *ullû* »jener« berufen; nur Vermutungen ergeben sich aus der Gleichsetzung einer Form von hurrit. **alam(u)-* mit akk. *dūriš* »für immer« in einer akk.-hurritischen Bilingue aus Ugarit (PRU III, 311.318 Anm. 2).

Im AT steht neben hebr. *'ōlām* (*lᵉ'ēlōm* in 2Chr 33,7 ist Schreibfehler, vgl. Rudolph, HAT21,314; anders A.Dotan, UF 3, 1972, 297) die bibl.-aram. Entsprechung *'ālam* (KBL 1109a).

2. Die statistische Tabelle gliedert die 440 hebr. und 20 aram. Belege (inkl. Jer 49,36 K [l Q: *'ēlām*] und 2Chr 33,7, s.o.) nach ihrer Verwendung mit den Präp. *lᵉ* (in 1Chr 23,25; 28,7 *'ad-lᵉ'ōlām*), *'ad* und *min*, als nomen rectum in einer Cs.-Verbindung (n.r.) oder als adv.Akk., letztere Gruppe unter ›übr.‹ zusammen mit den Textfehlern Jes 64,4 (s. BHS) und Jer 49, 36 K (s.o.) sowie den singulären Stellen Pred 3,11 (*hā'ōlām* als Obj., s.u. 4g) und 12,5 (*'ōlām* mit Suffix, s. u. 4g).

	l^{e}	*'ad*	*min*	n.r.	übr.	zus.
Gen	2	1	1	9	–	13
Ex	6	2	–	9	–	17
Lev	1	–	–	20	–	21
Num	–	–	–	10	–	10
Dtn	3	4	–	5	–	12
Jos	–	2	1	1	–	4
Ri	1	–	–	–	–	1
1Sam	–	8	1	1	–	10
2Sam	2	9	–	1	–	12
1Kön	4	3	–	–	1	8
2Kön	2	–	–	–	–	2
Jes	9	7	6	23	1	46
Jer	5	5	5	19	1	35
Ez	6	3	1	8	–	18
Hos	1	–	–	–	–	1
Jo	3	–	1	–	–	4
Am	–	–	–	1	–	1
Ob	1	–	–	–	–	1
Jon	1	–	–	–	–	1
Mi	2	1	–	2	–	5
Nah	–	–	–	–	–	–
Hab	–	–	–	2	–	2
Zeph	–	1	–	–	–	1
Hag	–	–	–	–	–	–
Sach	1	–	–	–	–	1
Mal	–	1	–	1	–	2
Ps	99	15	7	10	12	143
Hi	1	–	–	2	–	3
Spr	2	–	1	3	–	6
Ruth	–	–	–	–	–	–
Hhld	–	–	–	–	–	–
Pred	5	–	–	–	2	7
Klgl	2	–	–	1	–	3
Est	–	–	–	–	–	–
Dan	1	–	–	4	–	5
Esr	1	2	–	–	–	3
Neh	1	2	1	–	–	4
1Chr	8	14	2	1	–	25
2Chr	11	1	–	–	1	13
hebr. AT	181	81	27	133	18	440
aram.						
Dan	8	3	1	6	–	18
Esr	–	–	–	2	–	2

3. a) Die in der Überschrift verwendete dt. Übersetzung »Ewigkeit« ist für zahlreiche Stellen mit *'ōlām* im AT ungeeignet und darf auch dort, wo sie angebracht erscheint, nicht einen vorgefaßten, mit allerlei späteren philosophischen oder theologischen Inhalten belasteten Ewigkeitsbegriff in die Texte zurücktragen (vgl. J. Schmidt, Der Ewigkeitsbegriff im AT, 1940; kritisch J. Barr, Biblical Words for Time, [1962] ^{2}1969, 68ff.86ff.123ff., gegenüber C. von Orelli, Die hebr. Synonyma der Zeit und Ewigkeit genetisch und sprachvergleichend dargestellt, 1871).

Mit Ausnahme weniger später Stellen in Qohelet (s.u. 4g) hat *'ōlām* im AT (wie auch in den gleichzeitigen nwsem. Inschriften) die Grundbedeutung »fernste Zeit«, und zwar entweder im Blick auf die Vergangenheit (3b–c) oder auf die Zukunft bzw. auf beide (3d–g). Bezeichnend für diesen Extrembegriff ist der Umstand, daß er nicht selbständig (als Subjekt oder als Objekt) zur Sprache kommt, sondern nur in Verbindung mit Richtungspräpositionen (*min* »seit«, s.u. 3b; *'ad* »bis zu«, s.u. 3d; *l*^{e} »bis gegen«, s.u. 3e) oder als adverbieller Akkusativ der Richtung (s.u. 3f) oder schließlich als zweites Glied einer Cs.-Verbindung, d.h. als Genetiv, der einen präpositionalen Ausdruck vertritt (s.u. 3c.g). Im letzteren Fall kann *'ōlām* allein den Bedeutungsinhalt der ganzen adverbiellen Wendung »seit der/bis zur fernsten Zeit« ausdrücken, d.h. die Bed. »(unbegrenzte, unabsehbare) Dauer, Ewigkeit« annehmen, allerdings nur in attributivem Gebrauch (»dauernd, ewig«; vgl. Barr, a.a.O. 73 Anm. 1: »We might therefore best state the ›basic meaning‹ as a kind of range between ›remotest time‹ and ›perpetuity‹«). Daß die »fernste Zeit« je nach dem im Zusammenhang vorausgesetzten zeitlichen Horizont ein relativer Begriff ist, läßt sich sowohl für *'ōlām* mit zukünftiger als auch vor allem mit vergangenheitlicher Bedeutung zeigen. Wie bei anderen Zeitbegriffen (→*jōm*, →*'ēt*) ist nicht mit einer rein abstrakten Zeitauffassung zu rechnen, sodaß im Gebrauch von *'ōlām* auch allerlei qualitative Konnotationen wie »Dauerhaftigkeit, Endgültigkeit, Unabänderlichkeit« usw. mitschwingen können (s.u. 3b.c.e.g).

Der Plural *'ōlāmīm* (im hebr. AT 12×: mit *'ad* Jes 45,17b in der steigernden Wendung *'ad-'ōl*^{e}*mē 'ad* »bis in alle Ewigkeit«; mit *l*^{e} Ps 77,8; Pred 1,10; als adv. Akk. 1Kön 8,13 = 2Chr 6,2; Ps 61,5; als nomen rectum Jes 26,4; 45,17a; 51,9; Ps 77,6; 145,13; Dan 9,24) bezieht sich nicht auf eine numerische Vielheit von »Zeiträumen« (außer vielleicht Pred 1,10, s.u. 4g), sondern steht als intensiver Gefühlsplural in einer Linie mit Steigerungsformen wie (*l*^{e})*'ōlām wā'æd* (s.u. 3e.f), →*dōr dōrīm* (Jes 51,8 u.ö.), *l*^{e}*næṣaḥ n*^{e}*ṣāḥīm* »auf ewige Zeiten« (Jes 34,10) usw. und unterliegt, ebenso wie diese, einer gewissen Abnützung; in der späten atl. Literatur (auch in Qumran) ist er häufiger, vielleicht unter dem Einfluß des Aram., das den Plural gerne verwendet (bibl.-aram. 8 × mit *l^e* in Dan, dazu Dan 7,18 steigernd *'ad-'āl^emā w^e'ad 'ālam 'āl^emajjā*; auch äg.-aram. in BMAP 3,11 und 12,23 *'d 'lmjn* neben 2,4 u.ö. *'d 'lm* von der Hand anderer Schreiber; nab., s. DISO 213; vgl. Fitzmyer, Gen.Ap. 75.214). Ein Bedeutungsunterschied ist gegenüber dem Sing. kaum festzustellen (Jenni, a.a.O. 243–245; Barr, a.a.O. 69f.).

In der späten Zeit (zuerst Jer 28,8) wird *'ōlām* auch mit dem Artikel determiniert (15× : mit den Präp. *min* und/oder *'ad* 13× ; Dan 12,7 »der Ewiglebende« mit Determination der ganzen Cs.-Verbindung; Pred 3,11 als Obj.). Weder hier noch im Bibl.-Aram. (8× : Sing. mit Präp. Dan 2.20.20; 7,18; nomen rectum Dan 4,31; Esr 4,15.19; Plur. Dan 2,44; 7,18) läßt die Determination auf eine Bedeutungsänderung schließen (ausgenommen Pred 3,11, s.u. 4g).

b) Wie die Synonyme →*'ad* (Hi 20,4) und →*dōr* (Ex 17,16) verbindet sich *'ōlām* mit der Präp. *min* »seit« zur Bezeichnung der Herkunft aus fernster Vergangenheit (außerbiblisch nur Mesa-Inschrift, Z. 10: »und die Leute von Gad wohnten seit jeher im Lande von Ataroth«; im AT 27 × hebr. und 1 × aram., davon 10 × in einer Doppelformel mit *min* und *'ad* »von Ewigkeit her [und] bis in Ewigkeit«: Jer 7,7; 25,5; Ps 41,14; 90,2; 103,17; 106,48 = 1Chr 16,36; Neh 9,5; 1Chr 29,10; aram. Dan 2,20; vgl. Sir 39,20; s.u. 3d).

An sämtlichen Stellen dürfte *min* die ablative Bed. »von ... an, seit« bewahrt haben (anders z.B. Gemser, HAT 16,46, zu Spr 8,23: »in der Urzeit«); jedenfalls bezeichnet *'ōlām* nirgends einen abgeschlossenen frühesten Zeitraum, sondern auch in der Übersetzung »von Urzeit her« den äußersten terminus a quo (= »seit jeher«). Nur wo in theologischen Zusammenhängen ein Anfang der Schöpfung bzw. Gott als vor allem Anfang existierend vorausgesetzt wird, kann allenfalls mit »von Uranfang an« (Jes 44,7 txt em; 46,9; 63,16; vgl. Spr 8,23) oder »von Ewigkeit her« (Ps 25,6; 90,2 in der Doppelformel; 93,2; vgl. Sir 42,21; 51,8) übersetzt werden; in den anderen Fällen genügen adverbielle Ausdrücke wie »von uran« (Gen 6,4), »urlange« (Jes 42,14), »von alters her« (Jer 28,8), »längst schon« (Jer 2,20), »seit jeher« (Jos 24,2; Mesa-Inschrift, Z. 10), attributives »uralt« (Jer 5,15; Ez 26,20; 32, 27 txt em; Ps 119,52) oder bei negierten Aussagen »nie« (Jes 63,19; 64,3; Jo 2,2; die Stellen 1Sam 27,8 und Jes 57,11 scheiden wegen Textverderbnis aus). Wo als Korrelat zu *mē'ōlām* ein »jetzt/dann aber«, »(nicht) erst jetzt« vorhanden ist, steht die rein zeitliche Bedeutung im Vordergrund (Jos 24,2; Jes 42,14; 63,19; 64,3; Jer 2, 20; 28,8; Jo 2,2); daneben kann aber auch (in unausgesprochenem Kontrast zu »neu, minderwertig« o.ä.) das hohe Alter und damit eine besondere Qualität der in die Urzeit zurückreichenden Größen betont werden (uralte Völker und Heroen: Gen 6,4; Jer 5,15; Ez 26,20; 32,27 txt em; die Weisheit, die sich dadurch den Menschen empfiehlt: Spr 8,23; Gottes Wesen, Taten und Eigenschaften, s.o. die übrigen Stellen).

c) Bei *'ōlām* in der Genetivverbindung ist die Vergangenheitsbedeutung »Urzeit, Vorzeit« und adjektivisch »uralt« (etwa 25 ×) nur aus dem Zusammenhang und daher nicht immer ganz sicher zu erkennen, außer wenn das nomen regens bereits eine Zeitbestimmung (»Tage«, »Jahre«, »Geschlechter«) enthält (Dtn 32,7 »gedenke der Tage der Vorzeit«; Jes 51,9; 61,9.11; Am 9,11; Mi 5,1; 7,14; Mal 3,4; Ps 77,6; aram. Esr 4,15.19 »seit uralten Tagen = von alters her«; vgl. Sir 44,1.2). Werden Personen oder Sachen, die nicht an sich schon eine Zeitbestimmung enthalten, mit *'ōlām* qualifiziert, so ist die Abgrenzung von der Beziehung auf die Zukunft oder auf die gesamte Zeitdauer schwieriger, da etwas »Uraltes« dank seiner Beständigkeit auch als »ewig« angesehen werden kann. Unter diesem Vorbehalt gehören hierher die Ausdrücke: »Volk der Vorzeit« (Ez 26,20), »uralte Trümmer« (Jes 58,12; 61, 4; vgl. Jer 49,13 »Trümmer für immer«), »längst Verstorbene« (Ps 143,3; Klgl 3,6), »uralte Hügel« (Gen 49,26; Dtn 33,15; Hab 3,6), »uralte Pforten« (Ps 24,7.9); »uralte Grenze« (Spr 22,28; 23,10 txt em), »Pfade der Vorzeit« (Jer 6,16; 18,15; Hab 3,6 txt?; Hi 22,15 txt em); zu Dtn 33,27 txt? »uralte Arme« s.u. 4a. Außer bei Esr 4,15.19 mit rein zeitlicher Bedeutung schwingt hier überall die Vorstellung von der besonderen Qualität des Uralten, Unwiderruflichen o.ä. mit.

d) Mit der Präp. *'ad* »bis zu« wird *'ōlām* ähnlich wie seine Synonyme (→*'ad*, Jes 17,2 txt em; 26,4 u.ö.; →*dōr wādōr*, Jes 13,20; Jer 50,39; Ps 100,5; *nǽṣaḥ*, Hi 34,36; vgl. Num 24,20.24 *'^adē 'ōbēd* »für immer«, →*'bd* 1) und ähnlich wie in den nwsem. Inschriften (ug. *'d 'lm* »auf immer« 1005 [= 183], 5.15; 1008 [= 186], 14.20 u.ö. in Urkunden, daneben *'m 'lm* in 51 [= II AB] IV,42; 'nt [= V AB] V,39; phön. KAI Nr. 43, Z. 12 »Monat für Monat für immer«; äg.-aram. häufig formelhaft »von heute an und für immer« in Urkunden, s. DISO 213; R. Yaron, Introduction to the Law of the Aramaic Papyri, 1961, 47) zum Ausdruck *'ad-'ōlām* »auf immer, immerdar, bis in Ewigkeit« (negiert »nie«: Ex 14,13; Dtn 23,4; 1Sam 3,14; 20,15; 2Sam 12,10; Jes 45,17; 59,21; Jer 35,6; Esr 9,12a; Neh 13,1) verbunden, wobei »Ewigkeit« nichts anderes als die unbegrenzte Zukunft meinen soll. In 1Sam 1,22 könnte man mit »immer, lebenslänglich« übersetzen, da der zeitliche Horizont auf ein Menschenleben begrenzt ist, doch läßt sich daraus für *'ōlām* nicht eine Bed. »Lebenszeit« (vgl. gr. αἰών) ableiten. Im Unterschied zu *le'ōlām* mit seiner mehr statischen Bedeutung der endgültigen Dauer (s.u. 3e) ist bei *'ad-'ōlām* fast immer das sukzessive zeitliche Fortschreiten in die Zukunft ausgedrückt, was sich an den hier häufigen Wendungen, die auf eine Geschlechterfolge hinweisen, zeigt (z.B. Gen 13,15 »das ganze Land ... will ich geben dir und deinen Nachkommen *'ad-'ōlām*«; ähnlich in den nwsem. Inschriften, z.B. KAI Nr. 224, Z. 25 »an ... und an seinen Sohn und an seinen Enkel und an seine Nachkommenschaft *'d 'lm*«). Als Beispiel für den Unterschied von *'ad-'ōlām* und *le'ōlām* diene 1Kön 2,33, wo der endgültig wirksame Fluch, der das Weiterbestehen des Verfluchten und seiner Nachkommenschaft verhindern soll, mit *le'ōlām*, der positive Wunsch für den König und seine Dynastie aber mit *'ad-'ōlām* verbunden ist.

Die Doppelformeln mit *min* und *'ad* (s.o. 3b) sind in Ps 90,2 (vgl. Sir 39,20) im Vollsinn »von Ewigkeit her und bis in Ewigkeit« (par. »ehe die Berge geboren waren«; vgl. Ps 102,26ff.) gebraucht, an anderen Stellen dagegen etwas abgeblaßter in der Bed. »allezeit, in alle Ewigkeit« (Jer 7,7; 25,5; Ps 103,17); sie begegnen vor allem in Doxologien (in der Einleitung von Gebeten: Neh 9,5; 1Chr 29,10; aram. Dan 2, 20; in Schlußdoxologien: Ps 41,14; 106, 48 = 1Chr 16,36), wo auch sonst gerne Doppelungen und Steigerungen vorkommen.

e) Die weitaus größte Gruppe unter den Verwendungsarten von *'ōlām* ist diejenige mit der Präp. *le*, sowohl im AT (s.o. 2) als auch in den gleichzeitigen phön. und aram. Texten.

Für *b'lm* in schwierigem Kontext in der Ahiram-Inschrift (KAI Nr. 1, Z. 1; KAI II, 2 sachlich unklar: »als er ihn in der Ewigkeit niederlegte«) wird von einigen gleiche Bedeutung wie für *l'lm* angenommen (vgl. Harris 84.133); s. aber u. 4g. Aram. *b'lmj* in der Hadad-Inschrift (KAI Nr. 214, Z. 1) ist mit DISO 214 »in meiner Jugend« zu übersetzen (anders KAI II, 214.217: »für meine Fortdauer«) und mit hebr. *'ǣlæm* »Jüngling«, *'almā* »Mädchen«, *'alūmīm* »Jugend« von *'lm* II (**ǵlm*) abzuleiten.

Die Präp. *le* »bis gegen, auf ... hin« ist im zeitlichen Sinne weniger stark als *'ad* »bis zu« (vgl. die Verstärkung *'ad-le'ōlām* in den späten Stellen 1Chr 23,25; 28,7) und ergibt im Vergleich zu *'ad-'ōlām* (s.o. 3d) in *le'ōlām* die mehr statische Bed. »für immer, auf immer, immerdar« (nur in ausgesprochen theologischen und doxologischen Zusammenhängen mit »auf ewig, in Ewigkeit« zu übersetzen). Wieder bezeichnet *'ōlām* die fernste Zukunft, nicht etwa eine bestimmte zukünftige Zeitperiode oder einfach die Zukunft oder die Fortdauer an sich, wobei *le'ōlām* bei Einengung des zeitlichen Horizontes auch einmal praktisch soviel wie »lebenslänglich« bedeuten kann (Ex 21,6 »dann ist er für immer sein Sklave«). Die Formel *le'ōlām wa'æd* »(auf/für) immer und ewig« begegnet als feierliche Abschluß- und Bekräftigungsformel (Ex 15,18; Mi 4,5; Ps 9,6; 45,18; 119,44; 145,1.2.21; Dan 12,3; s.u. 3f). Eine Negation kann sich entweder direkt auf *le'ōlām* (»nicht für immer«: Gen 6,3; Jes 57,16; Jer 3,12; Ps 103,9; Hi 7, 16; Spr 27,24; Klgl 3,31) oder aber auf das ganze Prädikat beziehen (»für immer nicht = nie«: Dtn 23,7; Ri 2,1; Jes 14, 20; 25,2; Jer 31,40; Jo 2,26.27; Ps 15,5; 30,7; 31,2; 55,23; 71,1; 112,6a; 119,93; Spr 10,30; aram. Dan 2,44a; vgl. Sir 7,36; 45,13).

le'ōlām wird in Verbal- und Nominalsätzen zum Ausdruck eines (erhaltenen, bewirkten, nicht zu verändernden) bleibenden Zustandes verwendet, hat also weitgehend die qualitative Bedeutung der Dauerhaftigkeit, Endgültigkeit, Unabänderlichkeit (z.B. Gen 3,22 »daß er nicht ewig lebe«; Ex 3,15 »das ist mein Name ewiglich«; 32,13 »sie sollen es für immer besitzen«; vgl. phön. z.B. KAI Nr. 26 V,5f. »nur der Name des Azitawadda möge bestehen für immer, so wie der Name von Sonne und Mond«; KAI Nr. 14, Z. 20 »damit sie den Sidoniern auf ewig gehören«, vgl. Z. 22). Zu den häufig gebrauchten Formeln, die mit *kī le'ōlām ḥasdō* »denn seine Güte währet ewiglich« schließen (Jer 33,11; Ps 100,5; 106,1; 107,1; 118, 1–4.29; 136,1–26; Esr 3,11; 1Chr 16,34. 41; 2Chr 5,13; 7,3.6; 20,21; vgl. Sir 51, 12) vgl. K. Koch, EvTh 21, 1961, 531–544; →*ḥǣsæd* III/4b.

f) Gleichbedeutend mit *le'ōlām* steht bloßes *'ōlām* an einigen Stellen als bloßer adverbieller Akkusativ »für immer« (Ps 61,8; 66,7; 89,2.3.38; in der Formel *'ōlām wā'æd*: Ps 10,16; 21,5; 45,7; 48,15; 52,10; 104,5; Plur. *'ōlāmīm*: 1Kön 8,13 = 2Chr 6,2; Ps 61,5, vgl. V. 8); vgl. *dōr dōrīm* (Ps 72,5), *næṣaḥ* (Jer 15,18; Ps 13,2; 16, 11) und *kol-hajjāmīm* (→*jōm* 3f) mit gleicher grammatischer Konstruktion und ähnlicher Bedeutung.

Außerbiblisch findet sich der adv.Akk. *'lm* in der Mesa-Inschrift, Z.7: »und Israel ist für immer zugrunde gegangen«. Im Ug. begegnet *'lmh* »für immer« mit dem Suffix der Richtung *-h* (52 [=SS], 42.46.49; 1Aqht [=I D] 154.161.168 *lht w'lmh* »von jetzt an und für immer«; vgl. Meyer II,49f.; Dahood, UHPh 16, gewinnt eine entsprechende hebr. Form durch Textänderung in Hi 13,14 txt?); daneben scheint in der Wendung *šḥr 'lmt* in 1008 (= PRU II, Nr.8), Z.15 (WUS Nr.2036: »von diesem Morgen an auf ewig«; vgl. J.J.Rabinowitz, JNES 17, 1958, 145f.) eine gleichbedeutende Adverbialendung *-t* vorzuliegen (vgl. UT 102).

g) Bei *'ōlām* als nomen rectum mit Zukunftsbedeutung entspricht die Cs.-Verbindung in den meisten Fällen einer Aussage mit *le'ōlām*, seltener mit *'ad-'ōlām* (vgl. Gen 9,16 *berīt 'ōlām* »ewiger Bund« mit Ps 105,8; 111,5.9; ferner Gen 17,8 und 48,4 *'aḥuzzat 'ōlām* »ewiger Besitz« mit Ex 32,13). *'ōlām* bedeutet auch hier »fernste Zeit (in der Zukunft)«; die Vorstellung einer unendlich langen Zeitspanne ergibt sich nur als Produkt der Verbindung eines Regens, dem die Vorstellung der Dauer schon innewohnt, mit dem Rectum, das, einen präpositionalen Ausdruck vertretend, diese Dauer bis ins Unendliche verlängert. An einigen Stellen, wo aus sachlichen Gründen kein Ausgangspunkt in der Gegenwart angegeben werden kann (von Gott und seinen Eigenschaften), mag die Cs.-Verbindung die ganze Zeitdauer in Vergangenheit und Zukunft betreffen.

Besonders in der Priesterschrift (s.u. 4f) ist die Prädizierung der Ausdrücke für »Satzung«, »Verpflichtung« usw. mit *'ōlām* beliebt (etwa 45 × ; →*berīt*: Gen 9,16; 17,7. 13.19; Ex 31,16; Lev 24,8; Num 18,19b; außerhalb P: 2Sam 23,5; Jes 55,3; 61,8; Jer 32,40; 50,5; Ez 16,60; 37,26a; Ps 105,10 = 1Chr 16,17; vgl. Sir 44,18 txt em; 45,15; *ḥōq* [→*ḥqq*]: Ex 29,28; 30,21; Lev 6,11.15; 7,34; 10,15; 24,9; Num 18, 8.11.19a; außerhalb P: Jer 5,22; vgl. Sir 45,7; *ḥuqqā*: Ex 12,14.17; 27,21; 28,43; 29,9; Lev 3,17; 7,36; 10,9; 16,29.31.34; 17,7; 23,14.21.31.41; 24,3; Num 10,8; 15,15; 18,23; 19,10.21; außerhalb P: Ez 46,14). Daneben werden Heils- und Unheilszustände als »immerwährend« beschrieben (z.B. *śimḥat 'ōlām* »ewige Freude«: Jes 35,10; 51,11; 61,7; *šimemōt 'ōlām* »Wüstenei auf immer«: Jer 25,12; 51,26. 62; Ez 35,9; 36,2 txt em; usw.). Bei Ausdrücken, die göttliche Dinge betreffen, kommt durch Zurückverlegung des ganz unbetonten Anfangspunktes die Bed. »ewig« zustande (z.B. Jes 54,8 *ḥæsæd 'ōlām* »ewige Güte«; hier auch die Verbindungen mit dem Plur.: Jes 26,4 »ewiger Fels«; 45,17a; Ps 145,13).

In Dtn 15,17; 1Sam 27,12 und Hi 40,28 begegnet der Ausdruck *'æbæd 'ōlām* »Sklave für immer«, »Dauersklave (ohne Anrecht auf Freilassung)«; zur scheinbaren Einengung des Begriffs der »Ewigkeit« auf den der »Lebenszeit« vgl. 1Sam 1,22 (s.o. 3d), Ex 21,6 (s.o. 3e) und ug. *'bd 'lm* (1Krt [= I K], 55. 127.140.285; vgl. 67 [= I*AB] II, 12.20 *d'lmk* par. *'bd*).

4. Die theologisch relevanten Stellen werden unter zusammenfassender Benützung von Jenni, a.a.O. 1–29, in folgenden Abschnitten besprochen: *'ēl 'ōlām* (Gen 21, 33) und die außerbiblischen Aussagen über göttliche Ewigkeit (a); *'ōlām* als Königsprädikat im Hofstil (b); *'ōlām* in der vorexilischen Literatur (c), bei Deuterojesaja und in seinem Gefolge (d), im Psalter (e), in der Priesterschrift (f) und bei Qohelet (g).

a) Aus der kurzen Notiz Gen 21,33 J läßt sich ein von den Israeliten auf Jahwe übertragener vorisraelitischer Kult des *'ēl 'ōlām* in Beerseba erschließen (→*'ēl* III/2; F.M.Cross, HThR 55, 1962, 236–241; Eißfeldt, KS IV,196f.; R. de Vaux, Histoire ancienne d'Israël, 1971, 262f.). Nach den nächsten Analogien ist die Bezeichnung als Cs.-Verbindung »der ewige El/Gott« zu verstehen, nicht als »der Gott *'ōlām*« mit *'ōlām* als selbständigem Appellativ »der Ewige« oder »der Uralte«, wofür keine sicheren Belege vorhanden sind (anders Cross, a.a.O. 236.240: »El, the Ancient One« und Dtn 33,27 *zerō'ōt 'ōlām* nicht »ewige/uralte Arme«, sondern »arms of the Ancient One«; Dahood, Proverbs 45; ders., UHPh 36; ders., Psalms I, 1966, 322; II, 1968, 386; III, 1970, 476, operiert freizügig mit dem angeblichen Gottesnamen *'ōlām* »der Ewige«, z.B. Ps 31,2 u.ö. *le'ōlām* »O Eternal One« mit Vokativpartikel *le*). Aus den späten kosmogonischen Angaben bei Damascius und bei Philo von Byblos über einen Gott Οὐλωμός bzw. Αἰών sind keine gesicherten Rückschlüsse zu ziehen (H.Gese u.a., Die Religionen Altsyriens ..., 1970, 113.203), eher dagegen aus den ug. und phön. Gottesbezeichnungen *špš 'lm* »ewige Sonne« (PRU V, Nr. 8, Z. 7; vgl. akk. *šarru ašamaš dārîtum* »der König ist die ewige Sonne« als Huldigung für den Pharao in EA 155,6.47) bzw. *šmš 'lm* »ewige Sonne« in der Karatepe-Inschrift aus dem 8. Jh. v.Chr. (KAI Nr. 26 III,19, vgl. IV,2f.) und vielleicht *'lt 'lm* »ewige Göttin« auf der Beschwörungstafel von Arslan Tash aus dem 7. Jh. v.Chr. (KAI Nr. 27, Z. 9f.; vgl. aber KAI II, 44f.: »Bund der Ewigkeit«; ungewiß sind vorläufig noch Lesung und Deutung der Sinai-Inschriften aus dem 15. Jh. v.Chr., in denen W.F. Albright, The Proto-Sinaitic Inscriptions and their Decipherment, 1966, 24, und Cross, a.a.O. 238f., einen *'il ḏū 'ôlami* »El, the ancient (or Eternal) One« finden, ebenso die des schwierigen ug. Textes 76 [= IV AB] III,6f.).

Nach den aus der Umwelt bekannten Analogien, wozu man auch den ug. Titel *mlk 'lm* »ewiger König« rechnen darf (PRU V, Nr. 8, Z. 9, für *Nmry* = Amenophis III.; Ugaritica V,551ff. [= RS 24. 252], Z. 1 und rev. 6.7, für einen Gott; vgl. 68 [= III AB, A], Z. 10 *mlk 'lmk* »dein ewiges Königtum«, von Baals Herrschaft; vgl. J.C. de Moor, UF 1, 1969, 175f.), verbindet sich mit dem Prädikat der Ewigkeit die letztlich aus der Naturbeobachtung gewonnene und daher dem zyklischen Zeitbegriff entsprechende Vorstellung von der Unveränderlichkeit, Konstanz und Kontinuität des Daseins, die zwar in Israel aus der Umwelt aufgenommen werden konnte, aber zur spezifisch israelitischen Gottesvorstellung, wie sie etwa bei Deuterojesaja zum Ausdruck kommt (s.u. 4d), nicht viel beiträgt (zum »Ewigkeitsbegriff« im Äg. vgl. G. Thausing, Mélanges Maspéro I, 1934, 35–42; E. Otto, Die Welt als Geschichte 14, 1954, 135–148; E. Hornung, FF 39, 1965, 334–336; zum Sum. vgl. R. Jestin, Syria 33, 1956, 117; zum Bab. etwa das Material in CAD D 111–118.197f.).

b) In einigen atl. Texten wird dem König »ewiges« Leben gewünscht, wozu es im außerbiblischen Hofstil, u.a. in den Amarnabriefen, Parallelen gibt. Neben der Huldigungsformel »es lebe der König!« (1Sam 10,24; 2Sam 16,16; 1Kön 1,25.34. 39; 2Kön 11,12 = 2Chr 23,11) findet sich in 1Kön 1,31 im Munde Bathsebas die Bekräftigung mit *le'ōlām*: »Mein Herr, der König David, möge leben auf immer!« (Lande 33f.; vgl. den Segenswunsch Joabs in ähnlicher Situation 2Sam 14,21f.). Am persischen Hof lautet die Grußformel: »der König lebe ewiglich!« (Neh 2,3) oder »o König, mögest du ewiglich leben!« (aram. Dan 2,4; 3,9; 5,10; 6,7.22). Mag die Formel vielleicht ursprünglich einmal eine Vergöttlichung des Königs enthalten haben, so ist sie bereits vorisraelitisch zu einer Hyperbel der höfischen Rede geworden (vgl. EA 21, Z. 22f.39 »und mein Bruder möge leben bis in Ewigkeit« ... »für 100000 Jahre«; vgl. 149,24ff. vom Leben des Dieners), erst recht in Israel, wo der Ewigkeitsdrang durch Aussagen über die von Gott verhängte Nicht-Ewigkeit alles menschlichen Lebens durchkreuzt wird (Gen 3,22; 6,3; Hi 7,16).

Grundsätzlich ähnlich, nicht als Unsterblichkeitshoffnung, sondern als überschwengliche Wünsche für ein recht langes Leben des Königs und für ein dauerndes Bestehen der Dynastie, sind die Wünsche und Aussagen in den Königspsalmen zu beurteilen: Ps 21,5 »Leben erbat er von dir, du gabst es ihm, Länge der Tage auf immer und ewig«; 61,7f. »füge Tage zu den Tagen des Königs hinzu, seine Tage seien wie (txt em) die Tage von Geschlecht zu Geschlecht; er throne ewig vor Gott«; vgl. 72,5. Andere Stellen beziehen sich auf den Namen des Königs, seinen Segen, seinen Thron, seine Nachkommenschaft und Dynastie (2Sam 22,51 = Ps 18, 51; Ps 45,3.7.18; 72,17; 89,5.37f.; 110,4; vgl. Ps 28,9; mit →*'ad*: Ps 21,7; 132,12); sie konnten im Zusammenhang mit der Nathanverheißung und der Vorstellung vom Davidsbund (2Sam 7; 23,5; Ps 89; 132) ohne weiteres rezipiert werden und sind nicht an späteren eschatologisch-messianischen Maßstäben zu messen.

c) Auch abgesehen von den bereits behandelten Stellen wird *'ōlām* in der vorexilischen Literatur gelegentlich in theologisch mehr oder weniger bedeutsamen Zusammenhängen verwendet, doch ist das Wort noch nicht von einer theologischen Sprache in Beschlag genommen und geprägt. An einigen Stellen wie Gen 13,15 (»das ganze Land ... will ich dir und deinen Nachkommen geben für immer«); Jes 30,8 txt em (»als Zeugen für immer«); Hos 2,21 (»ich verlobe dich mir für immer«) ist vielleicht der Einfluß der juristischen Sprache erkennbar. Die Geschichtsschreibung und das Deuteronomium bevorzugen gegenüber *le'ōlām* die dynamischere Wendung *'ad-'ōlām*, was mit der Orientierung des Zeitbewußtseins an der Geschichte des Volkes zusammenhängen mag. Die ältere Schriftprophetie verwendet *'ōlām* sehr wenig (vgl. Jes 9,6; 30,8; 32,14; Hos 2,21; Mi 2,9; 5,1) und jedenfalls nicht im technischen prophetisch-eschatologischen Sinn. Erst im Jeremiabuch und bei Ezechiel bahnt sich ein neuer Gebrauch von *ʿōlām* zur Bezeichnung des endgültigen eschatologischen Handelns Gottes an, zunächst nach der Seite des Gerichts (Jer 18, 16; 20,11 »immerwährende Schande«; 23, 40.40; 25,9.12; 49,13; 51,26.39.57.62; Ez 35,9; 36,2 txt em; vgl. noch Jer 49,33; Ez 26,21 txt em; 27,36; 28,19).

d) Innerhalb der Verkündigung Deuterojesajas bekommt *ʿōlām* zwar keine neue Wortbedeutung (gegen H. Sasse, ThW I, 200f.), aber doch einen teilweise neuen theologischen Stellenwert. Das Wort wird in den Dienst des Glaubens an den universalen Gott der Geschichte gestellt; gegenüber den verzagenden Exilierten heißt es Jes 40,28: »Weißt du es nicht oder hast du es nicht gehört: Ein ewiger Gott (*ʾᵆlōhē ʿōlām*) ist Jahwe, der Schöpfer der Enden der Erde; er wird nicht müde und wird nicht matt«. Wie Jahwe, der Schöpfer, Herr ist über die Enden der Erde – wieviel mehr also auch über die Gebiete, in denen das zerstreute Israel lebt –, so ist er als der Gott der Ewigkeit auch Herr über die Geschichte aller Völker – wieviel mehr also auch über das Geschick Israels; unermüdlich bleibt er seiner Erlöserabsicht treu. Der auch bei Dtjes. singulär bleibende Ausdruck »ewiger Gott« bezeugt dabei nicht ein Interesse an einem abstrakten Zeit- oder Ewigkeitsbegriff oder gar einer Zeitlosigkeit, sondern will die absolute Freiheit Gottes von Werden und Vergehen, sein Herrsein über alle Zeitlichkeit und das Moment der Treue den Gläubigen gegenüber zum Ausdruck bringen. Je besser die absolute Einzigkeit dieses Gottes und gleichzeitig seine Ewigkeit als Herrschaft über alle Zeit erkannt wurde, desto mehr kam »ewig« in die Nähe von »göttlich« zu stehen und wuchs die Tendenz, das Wort für die religiöse Sprache zu reservieren (vgl. Jes 40,8; 45,17.17; 51,6.8; 54,8; 55,3.13). *ʿōlām* wird zum Kennwort für die Welt Gottes und für Gottes Handeln, das im Eschaton alleinbestimmend übrig bleibt.

Nachwirkungen Deuterojesajas sind am stärksten sichtbar in Jes 60,15.19.20.21; 61,7.8; ferner in Jes 35,10; 51,11. *ʿōlām* wird, neben mannigfacher anderweitiger Verwendung, zu einem gern gebrauchten, teilweise auch schon etwas abgegriffenen Beiwort für Gott und die höchsten religiösen Güter (z.B. Dtn 32,40; 33,27; Jes 63, 16; Jer 10,10; Klgl 5,19; häufig und fast ausschließlich bei Dan). Das Wort dient zur Bezeichnung der Endgültigkeit des kommenden Heils oder Unheils (außer an den erwähnten tritojesajanischen Stellen z.B. in Jes 14,20; 25,2; 32,17; 34,10.17; Jo 2,26.27; 4,20; Ob 10; Mal 1,4; Dan 2,44; 7,18; 12,3). Bei zunehmender Ausbildung der eschatologischen Vorstellungen in der Apokalyptik wird *ʿōlām* stehendes Attribut der jenseitigen Welt (vgl. Dan 12,2 »und viele von denen, die schlafen im Erdenstaube, werden erwachen, die einen zu ewigem Leben, die andern zu Schmach, zu ewigem Abscheu«). An eigentlich messianischen Stellen begegnet *ʿōlām* eher selten (vgl. Ez 37,25 »und mein Knecht David wird ihr Fürst sein in Ewigkeit«).

e) In den Psalmen erinnern einige Stellen an Deuterojesaja (Ps 90,2 »ehe die Berge geboren waren und die Erde und das Festland hervorgebracht waren, bist du Gott von Ewigkeit zu Ewigkeit«; 92,8f.; 102,12f.), doch begegnen auch Nachwirkungen älterer Tradition, z.B. in den Stellen, die Jahwe feiern als den König, der in Ewigkeit thront und seine Feinde für immer vernichtet (Ps 9,6.8; 10,16; 29, 10; 66,7; 93,2; 145,13; 146,10; vgl. Ex 15,18; Mi 4,7). Dazu kommen Aussagen über Gottes immerwährende Gnade, Bundestreue usw. (Ps 25,6; 33,11; 89,3; 103, 17; 105,8.10; 111,5.8.9; 117,2; 119,89. 142.144.152.160; 125,2; 135,13; 138,8; 146,6; 148,6; ferner die Stellen mit *kī leʿōlām ḥasdō*, s.o. 3e) und über die Ewigkeit des Zions als des Ortes der Heilsgegenwart Gottes (Ps 48,9, vgl. V. 15; 78, 69; 125,1; 133,3).

Charakteristisch für den Psalmenstil sind die Stellen mit *ʿōlām*, die das Ideal des Frommen als »ewiges« Bleiben, Nicht-Wanken o.ä. umschreiben (Ps 15,5; 30,7; 31,2; 37,18.27; 41,13; 55,23; 61,5.8; 71, 1; 73,26; 112,6.6; 121,8; 139,24); an diese Gruppe schließen sich ohne scharfe Abgrenzung die Stellen an, die vom »ewigen« Vertrauen und Lobpreis des Psalmdichters oder der Gemeinde handeln oder an denen der Fromme verspricht, das Gesetz »ewig« halten zu wollen (Ps 5,12; 30,13; 44,9; 52,10.11; 75,10; 79,13; 86,12; 89,2; 115, 18; 119,44.93.98.111.112; 131,3; 145,1.2). *leʿōlām* (bzw. adv. *ʿōlām* [*wāʿæd*]) ist an diesen Stellen nicht auf eine individuelle Fortexistenz nach dem Tode zu beziehen, sondern enthält ähnlich wie im ausgeprägten liturgischen Sprachgebrauch (Ps 104, 31; 113,2; Schlußdoxologien zu den ersten vier Büchern des Psalters: 41,14; 72,19; 89,53; 106,48) eine Bekräftigung, die im gesteigerten Affekt der Gebetssituation und des Kulterlebnisses eine Heilserfahrung, ein Versprechen oder einen Willensentschluß verabsolutieren möchte, indem es ihn aller zeitlichen Wandelbarkeit entnimmt und als unveränderlich und endgültig charakterisiert (die Frage, ob Ps 73, 26 eine Unsterblichkeitshoffnung enthalte oder nicht, läßt sich auf Grund von *le'ōlām* allein nicht beantworten).

f) Die Priesterschrift verwendet *'ōlām* in geprägten Wendungen (45 × *'ōlām* in Cs.-Verbindungen, dazu *le'ōlām* in Ex 31, 17; Lev 25,46; nie *'ad-'ōlām*), die auf die Sprache des rechtlichen Verkehrs zurückweisen, und zwar ohne besonderen religiösen Klang als Ausdruck für die unveränderlichen Ordnungen, das Statutarische und Gleichbleibende, worauf es dem priesterlichen Denken so sehr ankommt (vgl. Lev 25,32 *ge'ullat 'ōlām* »dauerndes Rückkaufsrecht«; Gen 17,8; 48,4; Lev 25,34 *'aḥuzzat 'ōlām* »dauernder Besitz«; danach sind auch die Ausdrücke →*berīt/ḥōq/ḥuqqat 'ōlām* [s.o. 3g] zu verstehen). Das Prädikat *'ōlām* bedeutet hier keine Transzendentalisierung der Größen »Gesetz« oder »Bund«, so umfassend die priesterliche Konzeption des Gesetzes und des Bundes als göttlicher Gnadenordnung auch sein mag.

g) Einige Probleme wirft schließlich noch die Verwendung von *'ōlām* bei Qohelet auf. Pred 1,4 »ein Geschlecht geht und ein Geschlecht kommt, und die Erde bleibt bestehen auf immer« zeigt *le'ōlām* in seiner gewohnten statischen Bedeutung der unveränderlichen Beständigkeit (ähnlich 3,14 »alles, was Gott tut, ist für immer/wird unaufhörlich so sein«; in negierten Sätzen 2,16; 9,6). In 1,10 dagegen steht *le'ōlāmīm* (Plur.) ungewöhnlicherweise in Vergangenheitsbedeutung und wird von einem Relativsatz (im Sing.) näherbestimmt: »längst schon ist es dagewesen *le'ōlāmīm*, der vor uns gewesen ist«. Neben der Vermutung, *'ōlām* habe hier unter dem Einfluß von gr. αἰών die Bed. »Zeitraum, Zeitalter, Zeit« angenommen (Jenni, a.a.O. 24), ist mit der Möglichkeit zu rechnen, daß das Wort von Qohelet selbständig als freies Appellativ (nicht nur wie bisher in adverbiellen und genetivischen Konstruktionen, die eine Angabe der Richtung enthalten, s.o. 3a.g) und damit in leicht verschobener Bedeutung (»ferne, unüberschaubare Zeit« oder »Dauer«, nicht mehr nur attributiv) verwendet worden ist (F. Ellermeier, Qohelet I/1, 1967, 210.319f.: »in der unüberschaubaren Zeit«; J.R. Wilch, Time and Event, 1969, 18: »it has already belonged to distant times that have been before us«).

Dies könnte dann auch auf die schwierige und viel diskutierte Stelle Pred 3,11 ein Licht werfen: »Alles hat er (Gott) schön gemacht zu seiner Zeit (*'ēt*), auch den *'ōlām* hat er *belibbām* gegeben, nur daß der Mensch nicht erfassen kann das Werk, das Gott tut, von Anfang bis Ende«. Von den zahlreichen Deutungen, die bisher gegeben worden sind (Übersichten bei O. Loretz, Qohelet und der Alte Orient, 1964, 281ff.; Ellermeier, a.a.O. 309–322), werden diejenigen, die in *'ōlām* (neben →*'ēt* »rechter Zeitpunkt« und »von Anfang bis Ende«) einen Zeitbegriff sehen, am meisten Wahrscheinlichkeit beanspruchen dürfen. Je nachdem ob die Aussage mit *belibbām* (»in ihr Herz« oder »in sie hinein«) auf die Menschen oder auf die Dinge (»alles«) bezogen wird, wird mit »Ewigkeit« (Zimmerli, ATD 16/1, 168.172: »der Mensch muß über seinen Augenblick hinaus fragen«) bzw. »Dauer« (Loretz, a.a.O. 281.284: »Streben nach einem dauernden Ruhm und Namen«; Barr, a.a.O. 124 Anm. 1: »perpetuity« ... »the consciousness of memory, the awareness of past events«) oder aber mit »Unaufhörlichkeit« (Ellermeier, a.a.O. 320f.) bzw. »Dauer« (Galling, HAT 18, ²1969, 93.95: »in einem unendlichen Ablauf unabänderlich gesetzt«) übersetzt.

In Pred 12,5 ist *bēt 'ōlām* »ewiges Haus« eine Bezeichnung für das Grab. Der Ausdruck stammt ursprünglich aus Ägypten; er begegnet seit hellenistischer Zeit verbreitet in Grabinschriften und anderen Texten (Jenni, a.a.O. 207f.217 und 27-29; zum eventuellen Beleg in der Ahiram-Inschrift des 10.Jh.v. Chr. [s.o. 3e] vgl. zuletzt H. Tawil, The Journal of the Ancient Near Eastern Society of Columbia University 3, 1970/71, 32–36; zu den syr. Inschriften vgl. H.J.W. Drijvers, Old-Syriac [Edessean] Inscriptions, 1972, 79.107; im aram. Ehekontrakt aus Murabba'āt, DJD II, Nr. 20, Z. 7 [vgl. Nr. 21, Z. 12], ist »zum Haus der Ewigkeit gehen« = »sterben«, vgl. DJD II, 110f.113). Im AT klingt Ps 49,12 deutlich an: »Gräber (txt em) sind ihre Häuser für immer«; vgl. weiter Tob 3,6; Jub 36,1. Eine Hoffnung auf ewiges Leben ist in dem Ausdruck nicht enthalten.

5. In den atl. Apokryphen und Pseudepigraphen der vorchristlichen Zeit (vgl. Jenni, a.a.O. 29–35) wie auch in den Qumrantexten (Kuhn, Konk. 159f.; RQ 14, 1963, 214; Fitzmyer, Gen.Ap. 214; vgl. Barr, a.a.O. 67.118) ist der atl. Sprachgebrauch weitgehend beibehalten (in Qumran wird von einzelnen Verfassern gegenüber dem Sing. der gleichbedeutende Plur. vorgezogen, z.B. in 1QM und in 1QS Kol. 2–4). Erst in den Texten des 1. Jh. n.Chr. kommen die neuen Bedeutungen »Aeon« und bald auch »Welt«

entsprechend gr. αἰών und κόσμος auf (vgl. H. Sasse, ThW I,204ff.; palm. *mr' 'lm'* »Herr der Welt« in Inschriften des 2. Jh. n. Chr.), die im Mittelhebr., Aram., Arab. und Äth. geläufig werden.

Die LXX hat für *'ōlām* fast durchgehend αἰών/αἰώνιος (vgl. noch R. Loewe, Jerome's Rendering of *'wlm*, HUCA 22, 1949, 265–306); vgl. dazu und zum NT H. Sasse, Art. αἰών, ThW I,197–209; Barr, a.a.O. 65ff. *E. Jenni*

עָוֹן *'āwōn* Verkehrtheit

1. Hebr. *'āwōn* (Abstraktbildung mit Endung *-ān* > *-ōn*, BL 498) und bibl.-aram. *'awājā* (Dan 4,24 »Vergehen« par. *ḥaṭāj* »Sünde«; BLA 187), nur im AT und im davon abhängigen mittelhebr. und jüd.-aram. Schrifttum belegt, gehören zu hebr. *'wh* q. »verkehrt sein, sich vergehen« (pi. »verkehren, krümmen«; ni. »verstört sein«; hi. kausativ »verkehrt sein lassen« Jer 3,21 und Hi 33,27, sonst innerlich-kausativ »sich als verkehrt erweisen«; vgl. Jenni, HP 106) und arab. *'awā* »beugen« oder *ġawā* »vom Wege abweichen« (vgl. S. R. Driver, Notes on the Hebrew Text... of the Books of Samuel, ²1913, 170f.; GB 569b; Zorell 578a).

Zu allfälligen akk. Äquivalenten vgl. AHw 267a. 408a; J. J. Finkelstein, JCS 15, 1961, 94.

Weitere nominale Ableitungen im Hebr. sind *'iw'īm* (Plur.) »Taumel« (Jes 19,14), *'awwā* (Ez 21, 32, 3×), *'ī* (Jer 26,18; Mi 1,6; 3,12; Ps 79,1; Hi 30, 24; Mesa-Inschrift KAI Nr. 181, Z. 27; vgl. auch die dazugehörigen Ortsnamen wie *'aj* »Ai« u.a.) und *me'ī* (Jes 17,1 txt?) in der Bed. »Trümmer« (vgl. W. L. Moran, Bibl 39, 1958, 419f.).

Erwähnt seien noch die Vermutungen von S. D. Goitein, JSS 10, 1965, 52f., zu *mā'ōn* Ps 90,1, und M. Dahood, Bibl 50, 1969, 351, zu *'ōn* Ez 18,17 txt?.

2. Das Verbum begegnet im AT 17× (q.: Est 1,16; Dan 9,5; ni.: 1Sam 20,30; Jes 21,3; Ps 38,7; Spr 12,8; pi.: Jes 24,1; Klgl 3,9; hi.: 2Sam 7,14; 19,20; 24,17; 1Kön 8,47 = 2Chr 6,37; Jer 3,21; 9,4; Ps 106,6; Hi 33,27). Alt sind 2Sam 19,20 und 24,17 (1Sam 20,30 txt?); alle anderen Belege sind exilisch-nachexilisch.

Das Nomen *'āwōn* ist 231× belegt (dazu 2× in 1Sam 14,41 G; exkl. Hos 10,10 Q *'ōnōtām* txt?): Ez 44×, Ps 31×, Jes 25× (Dtjes 6×, Tritojes 9×), Jer 24×, Lev 18×, Hi 15×, Num 12×, Hos 10×, 2Sam 7×, Ex, 1Sam und Klgl je 6×, Gen 4×, Dan und Esr je 3×, Dtn, Jos, Mi, Sach, Spr und Neh je 2×, 1Kön, 2Kön, Am, Mal und 1Chr je 1×.

Die ältesten Belege sind: 1Sam 20,1.8; 25,24; 28, 10; 2Sam 3,8; 14,9.32; (16,12); 19,20; (22,24 = Ps 18,24); 24,10; ins 9./8. Jh. gehören ferner: Gen 4, 13; 19,15; 44,16 (J); Ex 20,5 (E); 1Kön 17,18; 2Kön 7,9; Jes 1,4; 5,18; 6,7; 22,14; 30,13; Hos (10×); Am 3,2; 1Sam 3,(13).14. Die Hauptmasse der Belege fällt in den Ausgang des 7. Jh. und in die exilisch-nachexilische Zeit.

3. a) Die Grundbedeutung des Verbums »beugen, krümmen, verkehren, verdrehen« ist wörtlich erkennbar in Ps 38,7 ni. »ich bin gebeugt«; Jer 24,1 pi. »siehe, Jahwe verheert die Erde, verwüstet sie; er verdreht ihr Angesicht ...«. Im übertragenen Sinne heißt es »den (Lebens-)Pfad krümmen« (Klgl 3,9 pi.), »das Recht verkehren« (Hi 33,27 hi.), »verkehrten Sinnes sein« (Spr 12,8 ni.; vgl. Jes 21,3 ni.). Dementsprechend bedeutet das Nomen *'āwōn* »Beugung, Krümmung, Verkehrung, Verdrehung«, jedoch nur in übertragenem Sinne begegnend (vgl. die ähnlichen Bedeutungen bei *lūz* q./hi. »weichen« [Spr 3,21 bzw. 4,21], ni. Part. *nālōz* »verkehrt« [Jes 30,12; Spr 2,15; 3,32; 14,2] neben Subst. *lāzūt* »Verkehrtheit« [Spr 4,24]). In diesem Sinn werden das Verbum und das Nomen allermeist zur formalen Disqualifizierung bestimmter Handlungen, Verhaltensweisen oder Zustände und ihrer Folgen – und dies in ausdrücklich theologischen Zusammenhängen – verwendet. Dies ist der Grund, warum *'āwōn* schließlich mit »Schuld, Sündenschuld« übersetzt wurde. Vgl. zum Ganzen S. Porúbčan, Sin in the OT, 1963; R. Knierim, Die Hauptbegriffe für Sünde im AT, 1965, 185ff.

b) Der Begriff wurzelt unabtrennbar im dynamistischen Ganzheitsdenken, wahrscheinlich deshalb, weil er ein Begriff der Bewegung ist, der wesentlich den Vorgang eines Bewegungsablaufes ausdrückt. Am häufigsten äußert sich das Ganzheitsdenken im Tat-Folge-Zusammenhang (vgl. Gen 15,16; 1Kön 17,18; Jes 30,13; 64,6; Jer 13,22; Hos 5,5; Ps 32,2.5 u.ö.).

Vgl. etwa die formelhaften Wendungen *'awōn qēṣ* »Endstrafe« (Ez 21,30.34; 35,5; vgl. Hi 22,5), *nś' 'āwōn* »Schuld tragen« (Gen 4,13; Ex 34,7; Hos 14,3; Ps 85,3 u.ö.), *'br* hi. *'āwōn* »Schuld vorübergehen lassen« (Sach 3,4 u.ö.), *pqd 'āwōn* »Schuld heimsuchen« (Ex 20,5; Am 3,2 u.ö.), usw. Der *'āwōn* ist als »Tat« Anstoß zur »Strafe« (Jes 30,13; Ez 18,30; 44,12; Hos 5,5; 10, 10 txt em; Hi 31,11.28 u.ö.); er ist »Strafe« (Gen 19,15; Jer 51,6; Ps 39,12; 106,43; Hi 13,26; 19,29; Esr 9,7); er ist die Situation zwischen »Tat« und »Strafe«, vgl. z.B. das Schuldbekenntnis 1Sam 25,24;

2Sam 14,9; die Unschuldsbeteuerung oder Verteidigungsrede 1Sam 20,1.8; Ps 59,5; Hi 33,9; die bedingte Selbstverurteilung 1Sam 14,41 G; 2Sam 3,8; 14,32; Formeln wie *zkr ʿāwōn* »der Schuld gedenken« (1Kön 17,18; Hos 8,13; 9,9 u.ö.), *rōb ʿāwōn* »die Fülle der Schuld« (Hos 9,7), *glh ʿāwōn* »Schuld aufdecken« (Hos 7,1; Klgl 2,14); vgl. Ez 39,23; Klgl 4,22 usw.

Aber auch der *ʿāwōn*-Zusammenhang zwischen dem Einzelnen und der Gemeinschaft ist Ausdruck des Ganzheitsdenkens (vgl. Lev 16,22; 22,16; Jes 53,5; Ez 4, 4ff.) und schließlich der Zusammenhang zwischen den Generationen (vgl. Lev 26, 39f.; Jes 14,21; 53,11; Jer 11,10; Ez 18, 17.19f.; Dan 9,16; Neh 9,2 u.ö.).

c) Angesichts der durch das Ganzheitsdenken bestimmten einheitlichen Verwendung des Begriffes *ʿāwōn* für die verschiedenen Stadien eines Untat-Geschehensablaufes (Tat–Folgesituation–Vollendung) wird die herkömmliche, auch lexikographische Übersetzungspraxis problematisch. Sie übersetzt *ʿāwōn* je nach dem Kontext mit »Vergehen« – »Schuld« – »Strafe«. Zunächst einmal können »Schuld« und »Strafe« nur noch als freie Interpretationen der Grundbedeutung angesehen werden. Darüber hinaus drohen die Implikationen der Einheitlichkeit eines Geschehensablaufes und die Einheitlichkeit desselben hebr. Begriffes in verschiedenen Kontexten durch die Verschiedenheit der Übersetzung verlorenzugehen. Von der Grundbedeutung her wäre eine Übersetzung mit »Beugung« (Tat und Folge) – »Gebeugt-Sein/Gebeugtheit« (Schicksal, Strafe), »Krümmung/Gekrümmt-Sein« oder »Verkehrung/Verkehrtheit/Verkehrt-Sein« am konsequentesten. Sie ist unerläßlich, will man die Art des Hebräischen, die entsprechenden Vorgänge mit dieser Art von Metapher zu disqualifizieren, exakt wiedergeben.

d) In einer großen Anzahl von Belegen ist *ʿāwōn* als bewußtes Abweichen vom rechten Weg (vgl. Eichrodt III, 264) zu erkennen (vgl. z.B. für das Verbum: 1Kön 8,47; Jer 3,21; 9,4; Ps 106,6; Hi 33,27; Spr 12,8; Est 1,16; Dan 9,5; für das Nomen: Gen 44,16; Num 14,19; Jos 22,20; 1Sam 25,24; 2Sam 3,8; Jes 22,14; Jer 11, 10 u.ö.).

Trotzdem dürfte die Annahme, daß der Begriff an sich das Bewußte des Tuns betone und also Begriff einer fortgeschrittenen Anthropologie und Psychologie sei, nicht haltbar sein: (1) Mehrere Belege setzen klar das Unbewußte und Ungewollte des Vergehens voraus: Gen 15,16; 19,15; Lev 22,16; Num 18,1.23; 1Sam 14,41 G; 20,1; 2Sam 14,32; 1Kön 17,18; Jes 6,7. (2) In vielen Belegen geht es überhaupt nicht um die Frage bewußt–unbewußt, sondern um das Verhältnis von Tat und Folge: Gen 4,13; Dtn 19,15; 2Kön 7,9; Jes 5,18; Ps 25,11; 31,11 u.ö. (3) Stellen wie Dtn 19,15; Am 3,2; Ps 103,3 u.a. betonen die Gesamtheit aller Vergehen, gleich welcher Art. (4) Der Begriff *ʿāwōn* kann gelegentlich durch den Begriff *ḥaṭṭāʾt* ausgewechselt werden (→*ḥṭʾ* 3d). (5) Da sich der Begriff nicht nur auf Taten, sondern auch auf deren Folgen bezieht, ist der wissentlich-willentliche Faktor unwesentlich, weil die Folge sich oft ohne Wissen, jedenfalls unwillentlich, einstellt. Das Hervortreten des Wissentlichen gehört deshalb nicht zum Eigentlichen des Begriffs, sondern es liegt in der Natur des – jeweils geschichtlich bedingten – Kontextes, nach dem ein Schuldablauf einsichtig gemacht werden soll (Gen 3; Hos; Jer; Ez).

e) In den ältesten Belegen ist *ʿāwōn* verwendet in den Gattungen des Schuldbekenntnisses (1Sam 25,24; 2Sam 14,9), der Diskussion (1Sam 20,1.8; 2Sam 3,8; 14, 32), der Entschuldigung (1Sam 28,10), der Bitte um Vergebung (2Sam 19,20; 24, 10). Der Begriff wurde zunächst in der Umgangssprache, dort jedoch innerhalb bestimmter Situationen verschiedentlich festgeprägt verwendet.

Von den nächstjüngeren Belegen an wird *ʿāwōn* dann zunehmend Begriff der theologischen Sprache. Dies gilt zunächst für die bereits genannten Gattungen des Schuldbekenntnisses (Gen 4,13; 44,16; 2Kön 7,9), der Diskussion (1Kön 17,18) und der Bitte um Vergebung (Hos 14,3). Dazu erscheint der Begriff nun in den Gattungen der Beschuldigung (oder Gerichtsbegründung; Hos 4,8; 5,5; 7,1; 9,7; 12, 9; 14,2; Jes 1,4; 5,18), der Gerichtsankündigung (1Sam 3,14; Jes 22,14; 30,13; Hos 8,13; 9,9; 13,12; Am 3,2), des Vergebungszuspruchs (Jes 6,7) und der Selbstprädikation Jahwes (Ex 20,5).

Die weitere Geschichte des Begriffes ist gekennzeichnet durch sein Eindringen in zusätzliche Gattungen und durch große Beweglichkeit der Formensprache. Zu erwähnen sind: Bekenntniswendungen (Lev 16,21; 26,40ff.; Jes 53,5f.; 64,5; Ps 32,5; 38,5.19; 40,13; 51,7; 90,8; 130,3; Dan 9,13; Esr 9,6.13a; die Wendungen haben ihren Sitz ausnahmslos in kultischen Vorgängen oder in deren Sprache, und immer ist *ʿāwōn* der konstituierende Begriff), Unschulds- oder Loyalitätserklärung (Ps 59, 5; Hi 33,9), Bestreitung (Jer 16,10; Hi 7, 21; 13,23; 31,33), Anklage (sehr häufig und mit großer Beweglichkeit des Ausdrucks; Lev 26,39; Jes 43,24; Jer 5,25; 11,10; Ez 4,17; Ps 65,4), Gerichtsankündigung (Jes 13,11; 26,21; Jer 2,22; 25,12; 36,31; Ps 89,33). Neu sind Urteils- oder Gesetzesformulierungen (z.B. Jer 31,30; Ez 3,18f.; 7,16; 18,17.18; 33,8f.). Hier ist besonders auf die Urteilsformel mit *nś'* *'āwōn* »Schuld tragen« hinzuweisen (vgl. Knierim, a.a.O. 219). Neben der Bitte um Vergebung (Ex 34,9; Num 14,19; Jes 64, 8; Ps 25,11; 51,4.11; 79,8) sind neu die Bitte, nicht zu vergeben (Jer 18,23; Neh 3,37), die Vergebungsankündigung (Jes 40,2; Jer 31,34; 33,8; 36,3; 50,20; Ez 36, 33; Sach 3,9 u.ö.), der Vergebungszuspruch (Sach 3,4), Formen doxologischen und weisheitlichen Redens vom Vergeben Gottes (Ex 34,7; Num 14,18; Mi 7,18; Ps 32,2; 78,38; 103,3.10; Spr 16,6; Esr 9, 13) und im Bekenntnis der Hoffnung und Klage (Jes 64,6; Jer 14,7; Mi 7,19; Ps 130, 8; Klgl 2,14; 4,22; Esr 9,7).

Etwa 25 formelhafte Wendungen oder Wortverbindungen sind beredtes Zeugnis für den weitverbreiteten und doch geprägten Gebrauch des Begriffes in verschiedenen Gattungen und Sitzen im Leben (vgl. Knierim, a.a.O. 259–261).

4. Zum theologischen Begriff wird *'āwōn* dadurch, daß der mit ihm bezeichnete Schuldverlauf als Ereignis gesehen wird, dem der Mensch durch Gott (Jahwe) ausgeliefert ist. Diese Verwendung des Begriffes drückt sich während seiner Geschichte immer konsequenter aus (s.o. 3e). Sie dominiert durchweg bei den Propheten (Hos, Jes, Dtjes, Tritojes, Jer, Ez), in den Psalmen und in der Priesterschrift, wo entweder das Verhältnis Mensch–Gott ohnedies das Hauptanliegen ist, oder wo der Begriff in kultbezogenen Texten verwendet wird. Dies bedeutet jedoch keineswegs, daß *'āwōn* sich nur auf Kultusfrevel bezieht. Das Wort ist ja ursprünglich ein unkultischer Begriff und wurde zuerst für Schuldtatbestände unkultischer Art benützt. Außerdem ist es ein Formalbegriff, der sich auf alle Arten von Vergehen beziehen kann. Eine Prüfung seines Gebrauchs, etwa bei J, E, in den Samuelbüchern und bei Hiob zeigt jedoch, daß auch die Vergehen im außerkultischen Bereich vom Urteil des Jahweglaubens disqualifiziert wurden. Letzten Endes gibt es überhaupt kein untheologisches Verständnis eines *'āwōn*-Vorganges mehr, wo Jahwes allumfassender Einfluß auf die Welt bezeugt wird.

Schließlich hängt die Erkenntnis der Schwere von *'āwōn* nicht mehr von den im dynamistischen Daseinsverständnis vorausgesetzten ontologischen Auffassungen ab, und schon gar nicht von der psychologischen Auffassung der subjektiven Einsicht in eine Tat, sondern vom Bewußtsein des Konfrontiertseins mit Gott, und damit von einem theologischen Kriterium. Fehlt dieses Bewußtsein, dann »spricht der Frevler: ›Gottlos zu sein bin ich gesonnen‹. Er kennt kein Erschrecken vor Gott; denn er schmeichelt sich selbst in seinem Wahn, daß sein *'āwōn* nicht aufgefunden, nicht gehaßt werde« (Ps 36,2f.). Wo aber der Mensch sich Jahwe unausweichlich konfrontiert weiß, da überfällt ihn die drükkende Last des *'āwōn*, und er begreift, was in *'āwōn* eigentlich geschieht: »Du hast mich belästigt mit deinen Verfehlungen, mir Mühe gemacht mit deinen Verschuldungen« (Jes 43,24b); »Eure Verschuldungen sind es, die eine Scheidewand aufrichten zwischen euch und eurem Gott; wegen eurer Verfehlungen verhüllt er sein Angesicht vor euch, daß er nicht hört« (Jes 59,2); »Gegen dich allein habe ich mich verfehlt, habe, was übel ist in deinen Augen, getan – damit du recht behältst in deinem Wort, rein dastehst in deinem Richten. Siehe, in Verschuldung bin ich geboren, in Verfehlung hat meine Mutter mich empfangen« (Ps 51,6f.); »Wir vergehen in deinem Zorn, fahren dahin in deinem Grimm. Du hast unsere Verschuldungen vor dich gestellt, unser Geheimstes in das Licht deines Angesichts« (Ps 90,7f.). →*ḥṭ'*, →*pš'*.

5. In den Qumrantexten begegnet das Verbum 7 ×: einmal im Sündenbekenntnis 1QS 1,24 und 6 × in der übertragenen Bedeutung des wörtlichen Sinnes: »verdreht ohne Einsicht« (1QH 1,22), »verdrehter Geist« (3,21; 11,12; 13,15; f 12,6), »verdrehtes Herz« (7,27). Das Nomen begegnet über 40 ×, meist in traditionell formelhaften Wendungen; gehäuft mit anderen Begriffen für »Sünde« erscheint *'āwōn* in 1QS 3,22; 11,9; von der Fülle der *'awōnōt* sprechen in verschiedenen Formen 1QS 3,7.8.22; 11,14; 1QH 1,32; 17,15.

LXX übersetzt *'āwōn* überwiegend mit ἁμαρτία, ἀνομία und ἀδικία, gelegentlich mit ἁμάρτημα. Obgleich auch hier die ursprüngliche Bedeutung des hebr. Begriffes nicht mehr erhalten ist, zeigt doch die geringe Anzahl griech. Äquivalente, daß *'āwōn* als einer der Hauptbegriffe für Sünde galt, der nur mit den griech. Hauptbegriffen wiedergegeben werden konnte. Dagegen weist das Verbum, vorwiegend bedingt durch die hebr. Stammformen, unregelmäßigere Übersetzung auf.

Vgl. dazu und zum NT: G. Quell – G. Bertram – G. Stählin – W. Grundmann, Art. ἁμαρτάνω, ThW I,267–320; W. Gutbrod, Art. ἀνομία, ThW IV,1077–1079; G. Schrenk, Art. ἄδικος, ThW I,150–163; W. Günther – W. Bauder, Art. Sünde, ThBNT III,1192–1204, mit Lit.

R. Knierim

עזב *ʿzb* verlassen

1. *ʿzb* »verlassen« kommt nur im Hebr. und Akk. (*ezēbu*, AHw 267–269; CAD E 416–426) vor; das Arab. kennt *ʿzb* »fern sein« und *ʿazab* »ledig« (Wehr 548b), vgl. noch äth. *mäʿsab* »ledig, verwitwet« (Dillmann 973 f.). Im Aram. deckt sich der Bedeutungsumfang von *šbq* ungefähr mit demjenigen von hebr. *ʿzb* (DISO 289 f.; KBL 1128b; bibl.-aram.: q. »zurücklassen« Dan 4,12.20.23; »gewähren lassen« Esr 6,7; hitpe. »überlassen werden« Dan 2,44).

Von der Wurzel werden im AT neben q. noch ni. »verlassen werden« und pu. »verlassen, verödet sein« sowie das Subst. im Plur. *ʿizzeᵉbōnīm* »(Deposit-)Waren« (BL 498; Zimmerli, BK XIII, 650 f. nach H. P. Rüger, Das Tyrusorakel Ez 27, Diss. Tübingen 1961; Diskussion und weitere Vorschläge bei H. J. van Dijk, Ezekiel's Prophecy on Tyre, 1968, 75 f.) und der fem. Personenname *ʿᵃzūbā* (Noth, IP 231; J. J. Stamm, FS Baumgartner 1967, 327) gebildet.

Ob akk. *šūzubu* »retten« und, aus dem Akk. ins Aram. übernommen, *šēzib* »retten« (DISO 296; KBL 1129b; LS 762b; Huffmon 192; Wagner Nr. 180; bibl.-aram. 9× vom rettenden Eingreifen Gottes bzw. des Königs in Dan 3,15.17.28; 6,15.17.21.28) zur gleichen Wurzel gehören, ist nicht sicher (CAD E 426).

Von einer zweiten Wurzel *ʿzb* = **ʿḏb*, die im Altsüdarab. (Conti Rossini 202 f.: »restituit, reparavit«) und Ug. (*ʿdb* »legen, zubereiten, machen«, WUS Nr. 2002; UT Nr. 1818) belegt ist, dürfte *ʿzb* in Neh 3,8.34 abzuleiten sein (KBL 694a). Einige möchten dieselbe Wurzel auch für andere Stellen annehmen, so u. a. U. Cassuto, A Commentary on the Book of Exodus, ³1959 (hebr.), 207, für Ex 23,5b (hier wird sonst *ʿzr* »helfen« konjiziert, vgl. BH³ und Noth, ATD 5,138), C. H. Gordon, UT Nr. 1818, für 1Chr 16,37, und M. Dahood, JBL 78, 1959, 303–309, für Hi 9,27; 10,1; 18,4; 20,19; 39,14 (Fohrer, KAT XVI, 199, lehnt bei den letzten vier Stellen diesen Vorschlag ab). Vgl. noch Barr, CPT 140 f.332.

2. *ʿzb* q. steht im AT 203× (exkl. Neh 3,8.34, s. o. 1; Jer 24×, 2Chr 23×, Ps 21×, Jes 18×, 1Kön 12×, 2Kön und Spr je 11×), ni. 9× (Jes 4×), pu. 2×, *ʿizzeᵉbōnīm* 7× (Ez 27,12–33), das Verbum somit total 214×.

3. a) Je nach dem Kontext bieten sich im Dt. für die relativ einheitliche Hauptbedeutung des Qal »verlassen, loslassen« (Gen 2,24; 1Sam 31,7; 1Kön 19,20; 2Kön 8,6; Jer 25,38; Sach 11,17; Ps 38,11; 40, 13; Spr 2,17 u. ö.) verschiedene Übersetzungsmöglichkeiten an: »im Stich lassen« (Num 10,31; Dtn 12,19; 14,27; Jer 14,5), »(einen Rat) verlassen = mißachten« (1Kön 12,8.13 = 2Chr 10,8.13; vgl. Spr 4,2), »zurücklassen« (Gen 39,12 f.15.18; 50,8; 1Sam 30,13; 2Sam 15,16; 2Kön 7,7; Ez 24,21); »(etwas) überlassen« (Gen 39,6 mit *bᵉjad*; Ex 23,5a mit *lᵉ*; Hi 39,11 mit *ʾæl*, par. *bṭḥ* »vertrauen«), »übrig lassen« (Lev 19,10; 23,22; Ri 2,21; Mal 3,19), »hinterlassen« (Ps 49,11), »gehen lassen« (2Kön 2,2.4.6; 4,30), »liegen lassen« (Ez 23,29; Ruth 2,16), »aufgeben« (Ez 23,8; Spr 28,13), »freilassen« (2Chr 28,14), »gewähren lassen« (2Chr 32,31), »(Forderung) erlassen« (Neh 5,10).

Fünfmal findet sich *ʿzb* in der ihrer Bedeutung nach nicht mehr sicher zu erklärenden Wendung *ʿāṣūr wᵉʿāzūb* o. ä. (Dtn 32,36; 1Kön 14,10; 21,21; 2Kön 9,8; 14, 26). In dem Wortpaar »zurückgehalten und losgelassen«, das offenbar ein Terminus der Rechtssprache ist, dürfte »eine mit zwei gegensätzlichen Möglichkeiten ausdrückbare Umschreibung einer Gesamtheit vorliegen« (Noth, BK IX, 316 mit Diskussion früherer Vorschläge; vgl. u. a. L. Delekat, Asylie und Schutzorakel am Zionheiligtum, 1967, 320–342; G. R. Driver, FS Kahle 1968, 94; Noth folgt in der familienrechtlichen Deutung »unmündig und mündig« E. Kutsch, Die Wurzel *ʿṣr* im Hebr., VT 2, 1952, 57–69, spez. 60–65).

Dreimal begegnet als Bild der Ausdruck (*ʾiššā*) *ʿᵃzūbā* »verlassene Ehefrau« (Jes 54, 6; 60,15 par. →*śnʾ* »[eine Frau] zurücksetzen«; 62,4; vgl. 49,14). Der Ausdruck *ʿzb* meint hier wohl ein zeitweiliges Verlassen, Vernachlässigen, in Parallele mit *śnʾ* ein Verstoßen und Hintansetzen gegenüber anderen, doch reicht der Textbefund kaum dazu aus, darin einen geprägten Rechtsterminus für die Ehescheidung zu finden, wie er im Akk. eindeutig feststellbar ist (vgl. AHw 267b.408b; Driver-Miles I, 291 f.; II, 54 f.219.366a).

b) *ʿzb* ni. hat Passivbedeutung: »verlassen werden« (Lev 26,43; Jes 7,16; 27,10;

62,12; Ez 36,4; Hi 18,4), »überlassen werden« (Jes 18,6), »vernachlässigt werden« (Neh 13,11); *'zb* pu. bedeutet »verödet, verlassen sein« (Jes 32,14; Jer 49,25).

c) Als sinnverwandte Verben sind zu erwähnen: *nṭš* q. »etwas sich selber überlassen, aufgeben« (33 ×, par. zu *'zb* in 1Kön 8,57; Jer 12,7; Ps 27,9; 94,14; pu. »verlassen sein« Jes 32,14 par. *'zb* pu.) und *rph* hi. »fallen lassen, aufgeben, im Stich lassen« (21 ×, par. zu *'zb* in Dtn 31,6.8; Jos 1,5; Ps 37,8; 1Chr 28,20). Zu aram. *šbq* s.o. 1.

4. An etwa 100 Stellen weist *'zb* theologischen Gebrauch auf, sei es, daß Gott den Menschen (etwa 40 ×), sei es daß der Mensch Gott bzw. seinen Bund, seine Gebote usw. verläßt (etwa 60 ×). Es seien folgende Bereiche vorzugsweise erwähnt:

a) *'zb* ist hauptsächlich in der Bundestradition beheimatet und beinhaltet dort in der Aussage des Verlassens Jahwes bzw. seines Bundes (Dtn 29,24; Jer 22,9) die Anklage auf Abfall und Bundesbruch (vgl. Dtn 31,16 das zu *'zb* parallel verwendete →*prr* hi. *b^erīt* »den Bund brechen«). Zum ersten Mal taucht der Begriff bei Hos 4,10 auf, und zwar in dem für Hosea charakteristischen Zusammenhang mit →*znh* »huren« (vgl. Wolff, BK XIV/1, 101f.). Jes 1,4 (vgl. V. 28) bringt ihn neben →*n'ṣ* pi. »verschmähen« und drückt damit die »Preisgabe des Lebenszusammenhangs mit Jahwe« aus (vgl. Wildberger, BK X, 23). Jeremia nimmt den Begriff auf (vgl. Jer 1, 16; 2,13.17.19; 5,7 und, falls jeremianisch – sonst wären die Stellen dem dtr. bestimmten Sprachgebrauch zuzurechnen – 5,19; 9,12; 16,11; 17,13; 19,4; 22,9), wobei das Verlassen und also die Störung des Bundesverhältnisses als die Hinwendung zu heidnischen Gottheiten charakterisiert wird. Dieselbe Verwendung führt in ausgeprägter Weise die dtr. Literatur weiter, die darin die Begründung für das Verlassen des Volkes durch Jahwe und für dessen Strafe sieht (Dtn 29,24; 31,16f.; Jos 24,16.20; Ri 2,12f.; 10,6.10.13; 1Sam 8, 8; 12,10; 1Kön 9,9; 11,33 u.ö.; vgl. Jes 65,11; Ps 89,31; 119,53.87; Esr 8,22; 9, 10; Neh 10,40; 1Chr 28,9; 2Chr 7,19.22 u.ö.; in den Qumran-Texten CD 1,3; 3, 11; 8,19).

b) Im Klagelied findet sich *'zb* in der Klage darüber, daß Gott den Beter verlassen hat (Ps 22,2; Klgl 5,20 par. →*škḥ* »vergessen«; vgl. Jes 49,14), bzw. als Bitte, daß er ihn nicht verlassen möge (Ps 27,9 par. *nṭš*; 38,22 par. →*rḥq* »fern sein«; 71,9 par. *šlk* hi. »verwerfen«). Im Zusammenhang damit begegnet *'zb* als Aussage, daß Gott jemanden nicht verlassen wird, in Formeln, die ursprünglich auf ein Heilsorakel (Jes 41,17, nach C. Westermann, Forschung am AT, 1964, 120: »Heilsankündigung«; vgl. 54,7), speziell auf Kriegsorakel (Dtn 31,6–8; vgl. Jos 1,5 par. *rph* hi.) zurückgehen dürften. Vgl. die theol. Verwendung der Präpositionen *'ēt* und →*'im* »mit«.

5. Qumran übernimmt den atl. Sprachgebrauch des Verbums. Die LXX gibt es hauptsächlich mit ἐγκαταλείπειν und καταλείπειν wieder. Die Klage von Ps 22,2 »mein Gott, mein Gott, warum hast du mich verlassen?« erscheint Mt 27, 46 par. Mk 15,34 in aram. Form als Kreuzesruf Jesu (vgl. J. Jeremias, Ntl. Theologie I, 1971, 15). *H.-P. Stähli*

עזז *'zz* stark sein

1. Die Wurzel *'zz* »stark, gewaltig sein« ist gemeinsemitisch (Bergstr. Einf. 191; vgl. u.a. WUS Nr. 2021; UT Nr. 1835; DISO 205f.). Im Akk. haftet ihr die Bedeutung des Zürnens, Wütens und des Furchtbaren an (*ezēzu/ezzu*, AHw 269f.), während altsüdarab. *'zt* »Ruhm« bedeutet (Conti Rossini 204b; vgl. W. Leslau, Lexique Soqoṭri [sudarabique moderne], 1938, 304).

Das Verbum findet sich im AT im Qal und im Hi., dazu eine Nebenform *j'z* im Ni. (Part. *nō'āz* »vermessen, frech« Jes 33, 19). Nominale Ableitungen sind: das Adj. *'az* »stark«, das dazu gebildete Abstraktnomen *'ōz* »Stärke« (BL 455), das Subst. *'^æzūz* »Stärke«, das Adj. *'izzūz* »stark«; zu *mā'ōz* s.u.

Beim Subst. *'ōz* unterscheidet KBL 692f. etymologisch zwischen einem von *'zz* »stark sein« hergeleiteten *'ōz* »Stärke« und einem von der Wurzel *'ūz* (= arab. *'āḏa*) »Zuflucht nehmen« herrührenden Homonym mit der Bed. »Schutz, Zuflucht«. Der Bedeutungsunterschied läßt sich jedoch semasiologisch erklären, ohne daß auf zwei verschiedene Wurzeln Bezug zu nehmen wäre (s.u. 4b und →*'ūz*).

Daß es aber im Hebr. neben *'zz* eine (nicht mit dem genannten **'ūḏ* zu verwechselnde) zweikonsonantige Nebenform *'ūz* gab, wird durch Gen 49,7 nahegelegt, wo *'āz* neben *qāš^etā* »ist stark« kaum anders denn als 3.Pers.masc.sing. von *'ūz* q. »stark sein« zu deuten ist. Setzt man eine derartige zweiradikalige Wurzel neben der dreiradikaligen (ʿzz) voraus, so erübrigt sich die Frage, ob *māʿōz* »Feste; Schutz« ganz (Joüon 204) oder teilweise (GK § 85k; GB 443a) von *ʿūz* (**ʿūd*) »Zuflucht nehmen« oder vielmehr von *ʿzz* »stark sein« (KBL 545a) herzuleiten ist.

ʿēz »Ziege« hat nach Ausweis des akk. *enzu* und des arab. *ʿanz* mit der Wurzel *ʿzz* nichts zu tun (gegen KBL 692a).

Neben *ʿzz* kommt im Arab., Altsüdarab. und Syr. eine Form der Wurzel tertiae infirmae (*ʿzw/j*) in der Bed. »stark sein, ertragen« vor (vgl. Wehr 550; W. W. Müller, Die Wurzeln mediae und tertiae y/w im Altsüdarabischen, Diss. Tübingen 1962, 79; LS 519a).

Zu den zahlreichen mit Formen der Wurzel *ʿzz* zusammengesetzten Personennamen wie *ʿazazjāhū*, *ʿuzzijjā(hū)*, *ʿuzzīʾēl*, *ʿazīzā* u.a. vgl. Noth, IP 160f. 190.225; Huffmon 160; Gröndahl 112; F.L. Benz, Personal Names in the Phoenician and Punic Inscriptions, 1972, 374f.; J.K. Stark, Personal Names in Palmyrene Inscriptions, 1971, 105.

2. Rein verbale Belege der Wurzel *ʿzz* begegnen im AT relativ selten und nur in jüngeren Texten (qal 9 × : Ri 3,10 und 6,2 im dtr. Rahmenwerk; Ps 9,20; 52,9; 68, 29 txt em; 89,14; Spr 8,28 txt em [l pi., vgl. Gemser, HAT 16,46; anders K. Aartun, WdO IV/2, 1968, 297]; Pred 7, 19; Dan 11,12; hi. 2 × : Spr 7,13; 21,29).

Recht häufig ist *ʿōz* belegt: 94 ×, davon allein in Ps 44 ×, ferner Spr 9 ×, Ez 8 ×, Jes 7 ×, (inkl. *ʿāz* Gen 49,3 als Pausalform von *ʿōz* nach GK § 29 u; Gunkel, Gen. 479; Bergstr. I,161). *ʿaz* kommt insgesamt 22 × vor (inkl. Gen 49,7, aber s.o. 1), *ʿæzūz* 3 × (Jes 42,25; Ps 78,4; 145,6; vgl. Sir 45,18), *ʿizzūz* 2 × (Jes 43,17; Ps 24,8); zu *māʿōz* (36 ×) und *ʿōz* II (oben inkl.) vgl. →*ʿūz* 2.

3. In profaner Verwendung bringen die verbalen Belege der Wurzel *ʿzz* im Qal die sich mächtig erweisende Kraft der Naturgewalten (Spr 8,28), die bedrückende Macht des Feindes (Ri 3,10; 6,2, mit Subj. →*jād*) und die Leidenschaftlichkeit des Zorns (Gen 49,7, s.o. 1) zum Ausdruck; zum kräftigen Schutz der Weisheit (Pred 7,19) s.u. 4c. Im Hi. erscheint *ʿzz* nur in Verbindung mit *pānīm* »Angesicht« und meint dreistes und schamloses Verhalten (Spr 7,13; 21,29; vgl. D.R. Ap-Thomas, VT 6, 1956, 240, und Sir 8,16).

Das Abstraktum *ʿōz* meint profan die physische Kraft eines Tieres (Hi 41,14) oder eines Menschen (nur vereinzelt: von der tugendsamen Hausfrau Spr 31,17; vgl. Ri 5,21; nach 2Sam 6,14 und 1Chr 13,8 tanzte David vor der Lade »mit voller Kraft«, d.h. mit voller Hingebung; so priesen nach 2Chr 30,21 txt em die Leviten Jahwe), die im Zepter symbolisierte königliche Macht (Jer 48,17; Ps 110,2), die solide, schützende Stärke einer Stadt (Jes 26,1; Jer 51,53; Spr 18,19) oder der Befestigungswerke (Ri 9,51; Am 3,11; Spr 21,22), die Kraft eines Astes (Ez 19, 11.12.14), die innere Kraft (der Seele Ps 138,3) und die Härte des Gesichts (mit *pānīm* »Angesicht« Pred 8,1, d.h. den Trotz der Züge). Nur in P (Lev 26,19) und Ez (7,24 txt em; 24,21; 30,6.18; 33,28) begegnet der Ausdruck *geʾōn ʿuzzekæm* (bzw. mit anderen Suffixen), mit dem »die Pracht, worauf ihr trotzt« (Land, Tempel) als vermeintliche Garantie des Heils gemeint ist.

Das Adj. *ʿaz* bezeichnet, abgesehen von der Stärke als physischer Kraft (Ri 14,18), von der Macht eines Volkes (Num 13,28; Jes 25,3) und von der Gewalt der Elemente (Gewässer: Jes 43,16; Neh 9,11; Ostwind: Ex 14,21), öfters das Überwältigende (der Liebe, Hhld 8,6) und die Leidenschaftlichkeit der Gefühle (Spr 21,14; Jes 56,11 von gierigen Hunden) sowie die Härte des Benehmens (Jes 19,4; 25,3) und die ihr entsprechende Härte der Gesichtszüge (mit *pānīm* Dtn 28,50; Dan 8,23).

Abgesehen von den unten 4 erwähnten Synonymen zu *ʿōz* fungieren →*ʾmṣ*, →*gbr*, →*ḥzq* und →*qšh* als hauptsächliche Parallelbegriffe. Zum Wortfeld der »Stärke« vgl. noch →*ʾabbīr* und die bei →*kōaḥ* (3) genannten Begriffe, ferner einige seltenere Vokabeln: *ʾæjāl* (Ps 88,5) und *ʾæjālūt* (Ps 22,20) »Kraft« (vgl. Wagner Nr. 11/12); zu *ʾēl* »Macht« s. →*ʾēl* 1; *ʾāfīq* »stark« (Hi 12,21); *dōbæʾ* »Stärke« (Dtn 33,25; vgl. HAL 199b und F.M.Cross, VT 2, 1952, 162–164); *zimrā* »Stärke« (Gen 43,11; Ex 15,2; Jes 12,2; Ps 118,14; vgl. HAL 263a); *ḥasīn* (Ps 89,9) und *ḥāsōn* (Jes 1,31; Am 2,9) »stark« (vgl. Wagner Nr. 106; HAL 324b); *tqp* q. »überwältigen« (Hi 14,20; 15,24; Pred 4,12; 6,10 hi.), *taqqīf* »stark« (Pred 6,10) und *tōqæf* »Kraft, Gewalt« (Est 9,29; 10,2; Dan 11, 17) sind Aramaismen (vgl. bibl.-aram. *tqp* q. »stark sein/werden« Dan 4,8.17.19; 5,20; pa. »stark machen, in Kraft setzen« Dan 6,8; *taqqīf* »stark« Dan 2,40.42; 3,33; 7,7; Esr 4,20; *teqōf* »Stärke« Dan 2,37; *teqāf* »Stärke« Dan 4,27; Wagner Nr. 329–331). Zu *ʿṣm* »stark, zahlreich sein« und *ʿāṣūm* »mächtig, zahlreich« vgl. →*rab*; dagegen sind die Subst. *ʿōṣæm* (Dtn 8,17; Nah 3,9; Hi 30,21) und *ʿoṣmā* (Jes 40,29; 47,9) »Stärke« hier zu erwähnen (vgl. noch *ʿaṣūmōt* »Beweise« Jes 41,21; *taʿaṣūmōt* »Kraftfülle« Ps 68,36). Schließlich sei noch an *qæræn* »Horn« (im AT 75× hebr. und 14× aram.) als häufiges Symbol der Stärke erinnert (1Sam 2,1.10 u.ö.; Jahwe als »Horn meines Heils« 2Sam 22,3 = Ps 18,3).*

4. Der theologische Bedeutungsgehalt von *ʿōz* entspricht den verschiedenen Aspekten der Stärke und Macht Jahwes, die sich den Menschen und seinem Volke einerseits als überwältigend-majestätisch, andererseits als hilfreich-schützend erweist. Dabei ist *ʿōz* im Sinne von »majestätische

Kraft, Ehre« vor allem in Hymnen bezeugt (a), während der Aspekt der Hilfe und der Zuflucht vorwiegend in individuellen Klageliedern und Vertrauenspsalmen hervortritt (b). Dem Gebrauch von *'ōz* entspricht im ersten Falle die Verwendung von Synonymen wie *kābōd* »Ehre« (→*kbd*), *gā'ōn* »Hoheit« (→*g'h*), →*hādār* »Pracht«, →*hōd* »Hoheit« und *tif'ǽrǽt* »Pracht« (→*p'r*), im zweiten Falle die Verwendung von Begriffen wie *maḥsǽ* »Zuflucht(sort)« (→*ḥsh*), *j^e*šū'ā* »Hilfe« (→*jš'*), *miśgāb* »Anhöhe, Zuflucht« und →*ṣūr* »Fels«. Besonderer Art ist die Verwendung von *'ōz* in der Weisheitsliteratur (c).

a) In manchen Hymnen wird der sich in Schöpfung (Ps 68,34; 74,13; 150,1; vgl. Ps 78,26) und Geschichte zeigende majestätische *'ōz* Gottes besungen: Vor seiner Stärke, mit der Jahwe sich umgürtet (Ps 93,1), bei der er schwört (Jes 62,8) und die sich im himmlischen Heiligtum zeigt (Ps 96,6), beugen sich seine Feinde (Ps 66,3; vgl. Ps 77,15; 89,11 und auch Esr 8,22). Durch sie wird sein Volk majestätisch geführt (Ex 15,13). Der auserwählte König und das auserwählte Volk Gottes erfreuen sich der ihnen von Jahwe verliehenen Kraft (1Sam 2,10; Ps 21,2; 29,11; 68,36; 89,18). Die ihm von Gott geschenkte majestätische Stärke wird einst auch die Herrschaft des messianischen Königs bestimmen (Mi 5,3). Die so verliehene »Ehre« und »Majestät« führt im reziproken Verhältnis zwischen Gott und seinen Verehrern im Kultgeschehen dazu, daß die in den Hymnen gelobte Stärke Jahwes die Aufforderung, ihm die Ehre zu geben (Ps 29,1; 68,35; 96,7 = 1Chr 16,28) bzw. seine Ehre zu suchen (→*drš*; nur in jüngeren Texten: Ps 105,4 = 1Chr 16,11), auslöst. In der formelhaften Wendung *'ozzī w^e zimrāt Jāh* (Ex 15,2; Jes 12,2; Ps 118, 14) wird Jahwe in einem als Quelle der Ehre und des Gesangs und als Objekt derselben besungen (vgl. S.E. Loewenstamm, »The Lord is my strength and my glory«, VT 19, 1969, 464–470).

Aus der Bed. »Majestät, Ehre« ergibt sich dann auch Jes 52,1 in mehr oder weniger profanem Gebrauch die Bed. »Schmuck« in Parallele zu *bigdē tif'artēk* »deine Prachtkleider« (vgl. auch Spr 31,25; anders z.B. Westermann, ATD 19, 199). Außer in Ps 96,6 tritt auch in Ps 78,61 *tif'ærǽt* »Pracht« als Parallelbegriff zu *'ōz*, das hier konkret die heilige Lade als »Ehre, Majestät« Gottes bezeichnet, wie aus *'^a rōn 'uzzǣka* »deine majestätische Lade« in Ps 132,8 = 2Chr 6,41 hervorgeht.

Die überwältigende Macht Jahwes, vor der sich die Feinde Gottes fürchten, kann auch Israel selbst treffen, wenn er das Volk in seinem Zorn straft (Ps 90,11, Volksklagelied).

b) In individuellen Klage- und Bittliedern und in Vertrauenspsalmen erscheint Jahwes *'ōz* als die Hilfe und Zuflucht, die er denen, die ihn anrufen, gewährt (Ps 28,7.8; 46,2; 59,10 txt em; 62,8.12; 71, 7; 81,2; 84,6; 86,16; vgl. Jer 16,19).

Aus den unter a) und b) erwähnten Belegstellen geht hervor, daß sich der Bedeutungsunterschied von *'ōz* im Sinne von »majestätische Kraft, Ehre« und »Hilfe, Zuflucht« gemäß der Verwendung in verschiedenen Literaturgattungen *semasiologisch* erklären läßt. Deswegen scheint die von KBL 692f. vorgeschlagene Unterscheidung aufgrund *etymologischer* Erwägungen nicht angebracht.

c) Charakteristisch ist weiter die Verbindung, die *'ōz* in der Chokma-Literatur mit der »Weisheit« eingeht. Die in der äg. Weisheitsliteratur begegnende Vorstellung von der Weisheit als Leben und Schutz (C.Kayatz, Studien zu Proverbien 1–9, 1966, 102ff.) findet sich auch im AT (vgl. Pred 7,12). Weil bei Gott *'ōz* und Einsicht ist (Hi 12,16), erweist er bzw. sein Name (→*šēm*) sich als ein starker, schützender und Asyl bietender Turm (Spr 18,10; vgl. Ps 61,4 und Pap. Insinger 19,12: »Die Festung des Frommen im Jahre der Not ist Gott«, zitiert bei Gemser, HAT 16,75). Auf die von Gott herrührende Weisheit kann man daher besser als auf Geld vertrauen (vgl. Spr 18,11 nach 10,15!), weil sie sich als stärker erweist (vgl. Spr 21,22; vgl. auch Pred 7,19). Zum Ganzen P. Biard, La puissance de Dieu, 1960, 75–81.

5. Die LXX gibt *'ōz* meistens durch ἰσχύς und δύναμις, manchmal auch durch κράτος und (gemäß der Bed. »Hilfe«) durch βοηθός »Helfer« wieder. In den Qumranschriften tritt letztere Bedeutung fast völlig zurück und überwiegt der Gedanke der Kraft. Zum NT vgl. W.Grundmann, Der Begriff der Kraft in der ntl. Gedankenwelt, 1932; Biard, a.a.O. 105–190; W.Grundmann, Art. δύναμαι, ThW II,286–318; ders., Art. ἰσχύω, ThW III, 400–405; W.Michaelis, Art. κράτος ThW III,905–914. *A.S.van der Woude*

עזר *'zr* helfen

*1. Die Wurzel *'*ḏr* »helfen« ist außer im Akk. und Äth. in allen sem. Sprachzweigen belegt (ug.: WUS Nr. 2115; UT

Nr. 1831; altsüdarab.: Conti Rossini 203; arab. »entschuldigen« u.ä.: Wehr 540; phön.-pun. *'zr*, aram. *'zr/'dr*: DISO 206; LS 513; akk. *izirtu* »Hilfe« in EA 87,13; 89,18 ist kan. LW, vgl. AHw 408b; CAD I/J 319a), vor allem in zahlreichen Eigennamen wie z.B. Hadadidri, Asarja, Esra, Hasdrubal (vgl. für die ältere Zeit u.a. Buccellati 130f.; Huffmon 193; Gröndahl 107.113; Harris 131f.; Noth, IP 154.175; W. Baumgartner, ZAW 45, 1927, 95 = Zum AT und seiner Umwelt, 1959, 82f.; Wagner Nr. 215–217).

Wegen ug. *ǵzr* »Jüngling, Krieger« o.ä. (WUS Nr. 2138; UT Nr. 1956; H.-P. Müller, UF 1, 1969, 90f.; J.C. de Moor, The Seasonal Pattern in the Ugaritic Myth of Ba'lu, 1971, 76 mit Lit.) wird seit H.L. Ginsberg, JBL 57, 1938, 210f. Anm. 4, an verschiedenen Stellen des AT für Part. q. *'ōzēr* (u.a. Ez 30,8; 32,21; 1Chr 12,1.19) bzw. für das Subst. *'ēzær* (Ez 12,14; Ps 89,20) mit einiger Wahrscheinlichkeit die Ableitung von einer Wurzel *'zr* II = **ǵzr* »stark sein« vermutet (zusammenfassend P.D. Miller, UF 2, 1970, 159–175 mit Lit.). Die philologische Möglichkeit beruht auf dem Zusammenfallen gewisser im Ug. noch unterschiedener Konsonanten im Hebr.; eine exakte Abgrenzung zwischen »Helfer/Hilfe« und »Held, Krieger/Macht« bleibt schwierig wegen der Bedeutungsnähe (vgl. auch Barr, CPT 139f.332), die auch die schließliche Verdrängung einer allfällig vorhandenen Wurzel *'zr* II durch *'zr* I erklärlich machen würde.

Neben dem überwiegenden Qal finden sich im AT auch Ni. und Hi. (?); an Substantiven sind *'ēzær* und *'æzrā* »Hilfe« belegt. Das Subst. *'ᵃzārā* »Einfassung« o.ä. (6× in Ez 43,14–20; 45,19) und »Vorhof« (2Chr 4,9.9; 6,13) ist, falls überhaupt wurzelverwandt (G.R. Driver, Bibl 35, 1954, 307f.), hier wegen seiner abliegenden Bedeutung wegzulassen.

2. *'zr* q. begegnet 76× (Ps 16×, Jes und 2Chr 12×, 1Chr 10×, übrige Bücher unter 5×), ni. 4× (Ps 28,7; Dan 11,34; 1Chr 5,20; 2Chr 26,15), hi. 1× (2Chr 28,23 txt?, 1 qal; 2Sam 18,3 Q zählt als q.), *'ēzær* 21× (Ps 11×, Dtn 3×), *'æzrā* 26× (Ps 14×, Jes 4×). Von den 128 Belegen der Wurzel stehen 42 in Ps, 17 in Jes, 15 in 2Chr, 11 in 1Chr, 6 in Hi.

3. Bestimmend für die Bedeutung des Verbums und der Substantive ist der Aspekt gemeinsamen Handelns oder das Zusammenwirken von Subjekt und Objekt, wo die Kraft des einen nicht hinreicht (Jos 10,4f. »kommt herauf zu mir und helft mir, daß wir Gibeon schlagen ... da kamen zusammen und zogen hinauf ...«; Jes 41,6 »einer hilft dem andern und sagt zum Genossen: Faß an!«; 41,10 »... ich bin bei dir, ... ich stärke dich, ich helfe dir, ich stütze dich ...«). Dabei können die Bedeutungsnuancen variieren von »unterstützen« (Esr 10,15), »zusammenhelfen« (Jos 1,14; vgl. Gen 2,18), »fördern« (Gen 49,25) bis »rettend beistehen« (Dan 10,13; vgl. Klgl 4,17) und »zu Hilfe kommen« (2Sam 21,17; vgl. Ps 60,13 = 108, 13). Insofern decken sich die hebr. Vokabeln mit den dt. Wörtern »helfen« und »Hilfe«. Da der Blick auf das Zusammenwirken, nicht auf die Dauer oder Art der Handlung gerichtet ist, können sich außerdem Verbum und Substantiv auf stetige oder auf punktuelle Vorgänge beziehen (vgl. etwa 1Sam 7,12 »bis hierher hat uns Jahwe geholfen«). Darin unterscheidet sich *'zr* von den mehr punktuellen Verben des Helfens und Rettens (→*jš'* hi.; →*nṣl* hi.; →*pdh*; →*g'l* usw.); in Jos 10,6 z.B. kennzeichnet *jš'* hi. die Rettung und *'zr* das Zusammengehen gegen den Feind.

Besondere formgeschichtliche Zusammenhänge zeichnen sich nicht ab. Als deutlicher Anwendungsbereich hebt sich das Verbündet-Sein im Kriege hervor (1Kön 20,6; Jes 31,3, Ez 32,21; Ps 35,2 usw.), das wiederum die Aspekte des Zusammenhelfens oder des Zu-Hilfe-Kommens haben kann. Hier den ursprünglichen Anwendungsbereich zu sehen, lassen die Text jedoch nicht zu.

Besondere Konstruktionen sind *'zr 'aḥᵃrē* »als Parteigänger hinter jemandem stehen« (1Kön 1,7) und *'zr min* »schützen vor« (Esr 8,22, wahrscheinlich eine Kontamination von *'zr* [*'al* »gegen«] und *nṣl* hi. *min* »retten vor«).

4. Bei *'zr* q. ist etwa 30× Gott Subjekt (dazu Dtn 32,38 und 2Chr 28,23 die Götter, Dan 10,13 ein Engel), und zwar neben Gen 49,25 (par. →*brk* pi. »segnen«) und 1Sam 7,12 (in einer Ätiologie) gehäuft in Dtjes. (7× in Jes 41,10 – 50,9), in Ps (alle Stellen außer Ps 22,12; 72,12 und 107,12 mit *'ēn 'ōzēr* »ohne Helfer«) und 1/2Chr (8×). Sinngemäß ist auch bei *'ēzær* und *'æzrā* in den Psalmen (sowie in Ex 18,4; Dtn 33,7.26.29) Gott der Handelnde (sonst Menschen), ebenso bei *'zr* ni. (außer Dan 11,34), obwohl in dieser Stammform der Handelnde von Hause aus unbetont bleibt.

Für diese auffällige Häufung im späteren Gebrauch (Ps, Dtjes., Chr), wobei die allgemeinen Bedeutungen »helfen« und »Hilfe« überwiegen, lassen sich zwei Gründe erkennen: (a) die gattungsmäßige Eigenart der Psalmen, die zu Formensprache und Begriffshäufungen führt, in unserem Fall besonders in Bitte und Bekenntnis der Zuversicht (vgl. etwa Ps 38, 23; 79,9; 86,17); von diesem Bereich her ist wahrscheinlich auch der häufige Gebrauch des Wortes bei Dtjes. beeinflußt (dort begegnet *'zr* besonders in den Heilsworten), und (b) die Theologie des Chronikwerkes, nach der das Leben immer mehr von konventioneller und formaler Frömmigkeit geprägt wird, Gott dabei aber im Grunde ein ferner Gott ist. Dabei steht im Chronikwerk dem zunehmenden Gebrauch von *'zr* mit göttlichem Subjekt ein abnehmender Gebrauch von *jš'* hi. (nur 2Chr 20,9; 32,22 ohne und 1Chr 11, 14 gegen eine Vorlage) und *nṣl* hi. (2Chr 25,15 ohne, 1Chr 16,35; 2Chr 32,11.17 zusätzlich zur Vorlage) gegenüber. Damit deckt sich der chronistische Sprachgebrauch mit dem dt. kirchlichen Sprachgebrauch der Gegenwart, in dem ebenfalls ein blasses »helfen« eine der häufigsten Vokabeln für Gottes heilvolles Handeln ist (vgl. die Gebetsformulierung »hilf ...!« oder die Beteuerung »mit Gottes Hilfe«). Dieser Sprachgebrauch und die dahinter stehende Theologie entsprechen nicht der übrigen Diktion des AT. Dort ist deutlich zwischen rettendem Handeln Gottes (Verben des Rettens) und segnendem Handeln Gottes (Vokabeln des Segnens, Mit-Seins, Gelingen-Lassens) unterschieden; *'zr* mit göttlichem Subjekt dagegen ist verschwindend gering verwendet.

Zu *'zr* in Personennamen (s.o. 1) als Äußerung des Vertrauens und des Dankes vgl. Noth, IP 154.175f.

5. Die Verwendung von *'zr* in den Qumran-Texten (Kuhn, Konk. 162) zeigt keine Besonderheiten. LXX übersetzt vorwiegend mit βοηθεῖν und Derivaten davon. Im NT tritt dieses Wort stark zurück, wogegen Josephus z.B. es häufig gebraucht. Das NT nimmt also den späteren atl. und den jüdischen Sprachgebrauch hier nicht auf (vgl. F. Büchsel, Art. βοηθέω, ThW I,627, mit Zitat aus A. Schlatter, Wie sprach Josephus von Gott?, 1910, 66). *U. Bergmann*

עַיִן *'ájin* Auge

1. *'*ajn*- »Auge« ist gemeinsemitisch (Bergstr. Einf. 183; auch in der Bed. »Quelle«: P. Fronzaroli, AANLR VIII/19, 1964, 256.270; 23, 1968, 273.288).

Außer dem nomen primitivum (GK §82) *'ájin* (hebr. und bibl.-aram.) sind im AT belegt: ein denominiertes Verbum *'jn* q. »mit Argwohn betrachten« (nur Part. *'ōjēn* 1Sam 18,9 Q; verba denominativa mit verschiedenen Bedeutungen begegnen auch im Mittelhebr., Aram., Arab. und namentlich im Ug.: *'n* »sehen«, WUS Nr. 2055a; UT Nr. 1846), das denominierte Nomen *ma'jān* »Quelle« (auch altaram., DISO 161) und einige abgeleitete Eigennamen, darunter der nach akk. Muster gebildete nachexilische PN *'ælj(ᵉh)ō'ēnaj* »bei Jahwe sind meine Augen« (Noth, IP 163.216.224).

2. In der statistischen Tabelle wird die Bed. »Quelle« (Abgrenzung von Ortsnamen [ca. 40×] nach Lis., inkl. Ri 7,1; 1Sam 29,1; 1Kön 1,9; Neh 2,13) von der Bed. »Auge« usw. (inkl. 2Sam 16,12Q; exkl. Hos 10,10) getrennt aufgeführt, bei letzterer mit Sondertabelle für die übertragenen Wendungen *bᵉ'ēnē* »in den Augen von = nach dem Urteil von« (ohne »in/mit den Augen« in konkretem Sinn: Num 33, 55; Dtn 3,27; 34,4; Jos 23,13; 2Kön 7, 2.19; Jes 6,10; Ez 40,4; 44,5; Ps 91,8; Hi 40,24; Spr 6,13; 20,8; Pred 8,16; Esr 3,12; 2Chr 29,8) und *lᵉ'ēnē* »in Gegenwart von, vor« (ohne Ps 50,21; 132,4; Hi 31,1; Spr 6,4). Bibl.-aram. *'ájin* kommt 5× vor (Dan 4,31; 7,8.8.20; Esr 5,5).

	'ájin »Auge«	davon: *bᵉ'ēnē*	*lᵉ'ēnē*	*'ájin* »Quelle«	*ma'jān*
Gen	70	36	5	10	2
Ex	34	15	9	1	–
Lev	16	2	3	–	1
Num	39	11	9	1	–
Dtn	58	13	11	2	–
Jos	11	6	2	–	2
Ri	19	15	–	1	–
1Sam	42	31	1	1	–
2Sam	40	26	7	–	–
1Kön	31	21	–	1	1
2Kön	49	34	1	–	2
Jes	45	7	2	–	2
Jer	54	13	15	–	–
Ez	70	1	31	–	–
Hos	2	–	1	–	1
Jo	1	–	–	–	1
Am	3	–	–	–	–
Ob	–	–	–	–	–
Jon	1	–	–	–	–
Mi	2	–	–	–	–
Nah	–	–	–	–	–
Hab	1	–	–	–	–
Zeph	1	–	1	–	–
Hag	1	1	–	–	–
Sach	19	3	–	–	–
Mal	2	1	–	–	–
Ps	66	8	2	–	5
Hi	46	6	1	–	–
Spr	47	13	1	1	3
Ruth	4	3	–	–	–
Hhld	7	1	–	–	2
Pred	9	–	–	–	–
Klgl	10	–	–	–	–
Est	13	13	–	–	–
Dan	7	–	–	–	–
Esr	2	–	–	–	–
Neh	3	1	1	4	–
1Chr	11	7	3	–	–
2Chr	30	20	1	1	1
hebr. AT	866	307	107	23	23

3. Der Sing. *'ájin* und der Dual *'ēnájim* (an etwa 7/8 der Stellen) bezeichnen in vielfältigen eigentlichen und bildlichen Verwendungen (vgl. Dhorme 75–80) das Auge in erster Linie (a) als das Organ des Sehens (auch bei Tieren, z.B. Hi 28,7 und 39,29 bei Greifvögeln, aram. Dan 7,8.20 beim visionären »vierten Tier«), seltener (b) als Träger anderweitiger Funktionen (Schlafen, Weinen, Ausdrucksbewegungen usw.). Bedeutungsverschiebungen ergeben sich namentlich bei präpositionalen Wendungen (c) und in einigen weiteren Fällen (d).

a) Als (wertvoller, empfindlicher) Körperteil (1) begegnet das Auge nicht nur zur Bezeichnung des (normalen oder gestörten) Sehens und Hinblickens (2), sondern auch zum Ausdruck seelischer Regungen wie Begehren, Stolz, Freude, Erbarmen usw. (3).

(1) Das Auge als Körperteil wird in mannigfachen Beziehungen genannt: Ps 94,9 Erschaffung des Auges; Hi 10,4 *'ēnē bāśār* »Fleischesaugen« = körperliche, vergängliche Augen; in der Reihung Mund–Augen–Hände 2Kön 4,34 (vgl. noch →*'ōzæn* »Ohr«); im erotischen Beschreibungslied: Hhld 1,15; 4,1.9; 5,12; 7,5; Schönheit 1Sam 16,12 (vgl. Gen 29, 17 »matte Augen«); als Objekt der Kosmetik: 2Kön 9,30 und Jer 4,30 mit *pūk* »Schminke«, Ez 23,40 *kḥl* q. »schminken«; im Strafrecht: Ex 21,24.26 und Lev 24, 20 (zum Talionsrecht »Auge um Auge« vgl. Alt, KS I,341–344; Elliger, HAT 4, 335); in der Wendung *bēn 'ēnájim* »zwischen den Augen« = »auf der Stirn« o.ä.: Ex 13,9.16; Dtn 6,8; 11,18; 14,1; Dan 8, 5.21 (vgl. Noth, ATD 5,79; ug. UT Nr. 1846); vgl. weiter Gen 46,4; Num 33,55; Jos 23,13; Ri 16,28; Hi 40,24; Spr 10, 26; Pred 2,14.

Bildliche Darstellung von Augen ist Ez 1,18; 10,12 (vgl. Zimmerli, BK XIII,67; anders P. Auvray, VT 4, 1954, 1–6); Sach 3,9 erwähnt.

Zum Auge gehören Pupille (*'īšōn* Dtn 32,10; Ps 17,8; Spr 7,2 [→*'īš* I.]; *bābā* Sach 2,12; *bat* Ps 17,8; Klgl 2,18), Augenlid (*šemūrā* Ps 77,5) und Augenbrauen (*gabbōt* Lev 14,9). Bei *'af'appájim* (im AT 10×, auch ug. *'p'p*, WUS Nr. 2072) wird die traditionelle Übersetzung »Wimpern« neuerdings zugunsten derjenigen von »(blitzende) Augen« oder »Pupillen« angefochten (vgl. KBL 723b; J.M. Steadman, HThR 56, 1963, 159–167; M. Dahood, Bibl 50, 1969, 272. 351f.).

Für Gebrechen und Schädigungen der Augen werden verwendet: *khh* q. »schwach, trüb werden« (Gen 27,1; Dtn 34,7; Sach 11,17; Hi 17,7; Adj. *kēhæ* »matt, trüb« 1Sam 3,2), *klh* q. »hinschwinden« (Jer 14, 6; Ps 69,4; Hi 11,20; 17,5; Klgl 4,17; pi. »verschmachten lassen« Lev 26,16; 1Sam 2,33; Hi 31,16; *kiljōn* »Verschmachten« Dtn 28,65), *kbd* q. »schwer werden« (Gen 48,10), *qūm* q. »starr werden« (1Sam 4,15; 1Kön 14,4), *'šš* q. gewöhnlich »schwach/verdunkelt werden«, vielleicht »geschwollen werden« (so L. Delekat, VT 14, 1964, 52–55; Ps 6,8; 31,10), *d'b* q. »schmachten« (Ps 88,10), *ḥšk* q. »dunkel werden« (Ps 69, 24; Klgl 5,17), *mqq* ni. »faulen« (Sach 14, 12); *nqr* q. »ausstechen« (1Sam 11,2; pi. Num 16,14; Ri 16,21), *šbr* q. »zerbrechen« (Ez 6,9), *'wr* pi. »blenden« (Dtn 16,19; 2Kön 25,7 = Jer 39,7 = 52,11; Adj. *'iwwēr* »blind«, von Menschen: Jes 29,18; 35,5; 43,8; vgl. 59,10 »ohne Augen«; von den Augen Jes 42,7); vgl. noch *teballūl* »mit einem Fleck (im Auge)« (Lev 21,20).

Die Vokabeln der Wurzel *'wr* (pi. »blenden« 5×; *'iwwēr* »blind« 26×; *'iwwārōn* »Blindheit« 2×; *'awwæræt* »Blindheit« 1×) werden teilweise in übertragenem Sinn verwendet (Ex 23,8 und Dtn 16,19: »Bestechung macht blind«; bei Dtjes. u.a. Jes 43,8 »das blinde Volk, das doch Augen hat«; vgl. W. Herrmann, Das Wunder in der evangelischen Botschaft. Zur Interpretation der Begriffe *blind* und *taub* im Alten und Neuen Testament, 1961).

Eine plötzliche Blendung von seiten Gottes bezeichnet in der Sagen-Überlieferung Gen 19,11 und 2Kön 6,18 das Wort unbekannter Herkunft *sanwērīm* (zu den zahlreichen Ableitungsversuchen, u.a. von E.A. Speiser, JCS 6, 1952, 89; F. Rundgren, AcOr 21, 1953, 325–331, vgl. zuletzt C. Rabin, Tarbiz 39, 1968/69, 214f.).

(2) *'ájin* steht naturgemäß häufig in Verbindung mit Ausdrücken für das Sehen (→*r'h*): Gen 45,12; Lev 13,12; Num 11,6; Dtn 3,21; 4,3.9; 7,19; 10,21; 11,7; 21,7; 28,32.34.67; 29,2; Jos 24,7; 2Sam 24,3; 1Kön 1,48; 10,7; 2Kön 22,20; Jes 6,5.10; 11,3; 30,20; 33,17.20; 64,3; Jer 5,21; 20, 4; 42,2; Ez 12,2.12; 23,16; 40,4; 44,5; Mal 1,5; Ps 17,2; 35,21; 50,21; 91,8; 94, 9; 115,5; 135,16; 139,16; Hi 7,7.8a; 10, 18; 13,1; 19,27; 20,9; 21,20; 24,15; 28, 7.10; 29,11; Spr 20,8.12; 22,12; 23,33; 25,7; Pred 5,10; 6,9; 11,7.9; mit eigenen Augen sehen: Dtn 3,27; 29,3; 34,4; 1Sam 24,11; 2Kön 7,2.19; Sach 9,8; Hi 42,5; Esr 3,12; 2Chr 9,6; 29,8; 34,28; Auge in Auge sehen: Num 14,14; Dtn 19,21; Jes 52,8; Jer 32,4; 34,3; mit der Nebenbedeutung des Sich-Weidens bzw. Sich-Satt-Sehens: Mi 4,11; 7,10; Ps 54,9; 92,12 bzw. Spr 27,20; Pred 1,8; 4,8; aus Gründen der Textkritik entfallen 2Sam 16,12Q; 20,6; Sach 5,6; 9,1; Ps 73,7.

Die gegen 50 × vorkommende Wendung →*nś'* *'ēnájim* »die Augen erheben = aufsehen, hinblicken« bezeichnet meistens die Einleitungshandlung zu folgendem *r'h* »sehen«: Gen 13,10.14; 18,2; 22,4.13; 24,63.64; 31,10.12; 33,1.5; 37,25; 43,29; Ex 14,10 (erg. *r'h*); Num 24,2; Dtn 3,27; Jos 5,13; Ri 19,17; 1Sam 6,13; 2Sam 13,34; 18,24; Jes 40,26; 49,18; 51,6 (mit *nbṭ* hi. »schauen«); 60,4; Jer 3,2; 13,20; Ez 8,5.5; Sach 2,1.5; 5,1.5.9; 6,1; Hi 2,12 (mit *nkr* hi. »erkennen«); Dan 8,3; 10,5; 1Chr 21,16; nach *r'h* folgt oft noch *wehinnē* »und siehe«; entsprechende akk. und ug. Wendungen s. AHw 762b; WUS Nr. 2055. Sie kann aber auch Begehren, Sehnsucht, Anhänglichkeit o.ä. ausdrücken und nähert sich damit den unter (3) aufgeführten Fällen: Gen 39,7; Dtn 4,19; 2Kön 19,22 = Jes 37,23; Ez 18,6.12.15; 23,27; 33,25; Ps 121,1; 123,1; aram. mit *nṭl* »erheben« Aḥ. 169 und Dan 4,31.

Das Gerichtet-Sein der Augen auf etwas meint in zahlreichen verschiedenen Wendungen ein Beachten, Prüfen, Anhangen, Sich-Kümmern um etwas (Gen 44,21; Dtn 11,12; 1Kön 1,20; 9,3 = 2Chr 7,16; Jes 17,7; Jer 16,17; 24,6; 39,12; 40,4; Ez 20,24; Am 9,4.8; Ps 10,8; 11,4; 17,11; 25,15; 32,8; 33,18; 34,16; 66,7; 101,6; 123,2; 141,8; 145,15; Hi 7,8b; 17,2; 24,15.23; 34,21; 39,29; Spr 4,25; 15,3; 17,24; 23,5.26; Ruth 2,9; 2Chr 16,9; 20,12; aram. Esr 5,5).

Häufig sind Ausdrücke für Offen-Sein oder Öffnen der Augen: →*glh* q. Num 24,4.16 vom visionären Schauen (par. *štm* »öffnen«[?] V. 3.15); *glh* pi. Num 22,31; Ps 119,18; *ptḥ* »öffnen« nur 1Kön 8,29.52; Neh 1,6; 2Chr 6,20.40; 7,15, sonst dafür *pqḥ* q. (außer Jes 42,20 immer auf das Auge bezogen): Gen 21,19; 2Kön 4,35; 6,17.17.20.20; 19,16 = Jes 37,17; 42,7; Jer 32,19; Sach 12,4; Hi 14,3; 27,19; Spr 20,13; Dan 9,18; vgl. Ps 146,8; ni. Gen 3,5.7; Jes 35,5 (vgl. das Adj. *piqqēaḥ* »klar sehend« Ex 4,11; 23,8, und das Subst. *peqaḥqōaḥ* »Öffnung, Auftun« Jes 61,1; altaram. *pqḥ* q. in Sef. I,13, vgl. Fitzmyer, Sef. 39; DISO 234), oder, ebenfalls in eigentlichem und übertragenem Sinn, für das Verschließen, Zudecken und Abwenden: *'ṣm* q./pi. »schließen« Jes 29,10; 33,15; *'lm* hi. »verbergen, verhüllen« Lev 20,4; 1Sam 12,3; Jes 1,15; Ez 22,26; Spr 28,27; *ṭḥḥ* q. »verklebt sein« Jes 44,18; *š''* q. »verklebt sein« Jes 32,3 txt em; vgl. hitpalp. Jes 29,9; hi. »verkleben« Jes 6,10; vgl. weiter Ps 119,37; Hi 36,7; Hhld 6,5; *'afēr* »Binde über den Augen« 1Kön 20,38.41; *kesūt 'ēnájim* »Bedeckung der Augen = Begütigungsgeschenk« Gen 20,16.

(3) Unter den seelischen Regungen, die in Wendungen mit *'ájin* zum Ausdruck kommen, steht obenan das Begehren in mannigfaltigen Nuancen: Gen 3,6; Num 15,39; 1Kön 20,6; Jer 5,3; 22,17; Ez 20,7.8; 24,16.21.25; Hi 31,1.7; Pred 2,10; Klgl 2,4 (Gegenteil »aus den Augen verlieren« Spr 3,21; 4,21). Weiter begegnen Ausdrücke für Mitleid (Gen 45,20; Dtn 7,16; 13,9; 19,13.21; 25,12; Jes 13,18; Ez 5,11; 7,4.9; 8,18; 9,5.10; 16,5; 20,17), Stolz (2Sam 22,28 txt em = Ps 18,28; Jes 2,11; 5,15; 10,12; Ps 101,5; 131,1; Hi 22,29; Spr 6,17; 21,4; 30,13), Trotz (Jes 3,8), Spott (Spr 30,17), Sehnsucht (Ps 119,82.123.148), Reinheit (Hab 1,13), Güte (Spr 22,9) und Bosheit, Mißgunst (Dtn 15,9; 28,54.56; Spr 23,6; 28,22). Als Zeichen für Leben und Freude werden Glanz und Leuchten der Augen erwähnt: Gen 49,12; 1Sam 14,27.29; Ps 13,4; 19,9; 38,11; Hi 41,10; Spr 15,30; 29,13; Dan 10,6; Esr 9,8 (→*'ōr*).

b) Verhältnismäßig selten wird das Auge im Zusammenhang von Wachen und Schlafen genannt, vgl. Gen 31,40; Ps 77,5; 132,4; Spr 6,4; Pred 8,16.

Etwas häufiger erscheint das Auge als Quell der Tränen (*dm'* q. »Tränen vergießen« Jer 13,17.17; *dim'ā* »Tränen«, im AT 23 × ; vgl. *dǽma'* »Saft« Ex 22,28), was wohl schon früh die Metapher für *'ájin* = »Quelle« geliefert hat. Zu erwähnen sind die Stellen Jes 38,14 txt em; Jer 8,23; 9,17; 13,17; 14,17; 31,16; Ps 116,8; 119,136; Hi 16,20; Klgl 1,16; 2,11.18; 3,48.49 (vgl. Spr 23,29 rote Augen; Klgl 3,51 schmerzende Augen). Nirgends ist das Auge Subjekt zu →*bkh* »weinen« (offenbar weil im Weinen zugleich das Schreien mitenthalten ist); nur in Jer 8,23; 13,17; 31,16; Klgl 1,16 stehen »(tränendes) Auge« und »weinen« im parallelismus membrorum.

Als weitere Ausdrucksbewegungen kommen noch vor: *śqr* pi. »blinzeln« Jes 3,16 (vgl. noch Wildberger, BK X,138); *qrṣ* »zukneifen, zwinkern« Ps 35,19; Spr 6,13; 10,10; *lṭš* »wetzen« Hi 16,9 (metaphorisch); *rzm* »rollen« Hi 15,12; *'ṣh* »zukneifen« Spr 16,30.

c) In Verbindung mit Präpositionen ergeben sich präpositionale Wendungen, bei denen *'ájin* von seiner konkreten Bedeutung zu den metonymischen Abstraktbegriffen »Ansicht, Meinung, Urteil« oder »Anblick, Augenzeugenschaft, Gegenwart« o. ä. hintendiert. Ersteres begegnet bei der häufigen Wendung *be'ēnē* »in den Augen von = nach Ansicht, Meinung, Urteil von« (Gen 6,8; 16,4.5.6; 18,3; 19, 8.14.19 u. ö., s. o. 2 mit Tabelle); zusammen mit *ṭōb* »gut«/*jṭb* »gut sein« und *ra'* »schlecht«/*r''* »schlecht sein« werden Ausdrücke für »gefallen« (Gen 16,6; 19,8; 20, 15 u. ö., →*ṭōb* 3d) und »mißfallen« (Gen 21, 11.12; 28,8 u. ö.) gebildet. Anzufügen ist hier die Wendung *mē'ēnē* »ohne Wissen von« (Lev 4,13; Num 5,13; 15,24). Die zweite Bedeutung »Anblick, Gegenwart« ist erkennbar in *le'ēnē* »vor den Augen von = in Gegenwart von« (Gen 23,11.18; 30, 41 u. ö.); *le'ēnē* wird weitgehend gleichbedeutend mit *lifnē* »vor« (→*pānīm*). In gleichem Sinne werden auch (*le*)*nǽgæd 'ēnē* (2Sam 22,25 = Ps 18,25; Jo 1,16; Ps 5,6; 26,3; 36,2; 101,3.7; Hi 4,16) und *nōkaḥ 'ēnē* (Spr 5,21) gebraucht. Das Gegenteil wird ausgesagt durch *mē'ēnē* oder *minnǽgæd 'ēnē* »aus den Augen von, von ... weg« (Ri 6,21; Jes 65,16; Hos 13,14; Hi 3,10; 28,21 bzw. Jes 1,16; Jer 16,17; Am 9,3; Jon 2,5; Ps 31,23).

d) Es bleiben noch einige auffallende bildliche und übertragene Verwendungen zu erwähnen.

Metaphorisch werden Personen als »Augen« bezeichnet in Num 10,31 (Hobab soll als Führer in der Wüste den Israeliten ein »Auge« sein), Sach 4,10 (die sieben Lampen im Gesicht des Propheten sind »die Augen Jahwes, die über die ganze Erde schweifen«) und Hi 29,15 (»Auge wurde ich dem Blinden und Fuß war ich dem Lahmen«).

Nicht durchweg klar sind die Übertragungen, bei denen *'ájin* mit »Aussehen«, »Glanz« oder »Oberfläche« zu übersetzen ist. Vom »Aussehen« eines Ausschlages ist in Lev 13,5.37.55, von demjenigen des Manna in Num 11,7 die Rede. Die Bed. »Glanz« findet sich bei den visionären Schilderungen Ez 1,4.7.16.22.27; 8,2; 10, 9 und Dan 10,6, sowie in Spr 23,31 vom Funkeln des Weines. Wieder anders liegt die Bedeutung in *'ēn hā'āræṣ* Ex 10,5.15 und Num 22,5.11, wo *'ájin* offenbar anstelle von *pānīm* die Oberfläche der Erde meint. Es ist möglich, alle genannten Stellen unter dem Oberbegriff »das Sichtbare« zusammenzufassen, doch bleibt die Metonymie immer noch auffallend.

Schon in 1 und 3b ist die alte, erstarrte Metapher »Auge« = »Quelle« erwähnt worden (vgl. Dhorme 75f.). Sie findet sich, abgesehen von einer Reihe von Ortsnamen, in Gen 16,7.7; 24,13.16.29.30.42. 43.45; 49,22; Ex 15,27; Num 33,9; Dtn 8,7; 33,28; Ri 7,1; 1Sam 29,1; 1Kön 1,9; Spr 8,28; Neh 2,13.14; 3,15; 12,37; 2Chr 32,3.

4. a) Etwa 200 × ist im AT von den Augen Gottes die Rede (*'ēn*/*'ēnē Jhwh* 100 × ; selten *'ēnē* [*hā*]*'ælōhīm* Num 23,27; Spr 3,4; 1Chr 21,7; *'ēnē 'adōnāj* [*Jhwh*] 1Kön 3,10; Am 9,8; aram. »Auge ihres Gottes« Esr 5,5; sonst »mein Auge« Jer 24,6; Ez 5,11; 7,4.9; 8,18; 9,10; 20,17; Am 9,4; Ps 32,8; »sein Auge« Dtn 32,10; häufig »meine/deine/seine Augen«; vgl. noch Hab 1,13). In den meisten Fällen handelt es sich aber um die gleichen Wendungen, wie sie auch von menschlichen Augen gebraucht werden und bei denen die konkrete Bedeutung stark zurücktritt. So steht häufig *be'ēnē* »in den Augen von = nach dem Urteil von«, vor allem in der Wendung *mṣ' ḥēn* »Gunst finden« (Stellen →*mṣ'* 4, dazu Spr 3,4) und in den wertenden Aussagen mit *ṭōb*/*jṭb* »gut« (→*ṭōb* 3d[1], dazu Mal 2, 17), *jāšār*/*jšr* »recht« (→*jšr* 4, dazu Jer 34, 15), *ra'*/*r''* »böse« (→*ra'* 3a), ferner mit *gdl* »groß sein« (1Sam 26,24), *qṭn* (2Sam 7,19 = 1Chr 17,17) und *qll* ni. (2Kön 3,18) »gering sein«, *kbd* ni. »geehrt sein« (Jes 49, 5), *pl'* ni. »wunderbar sein« (Sach 8,6), *jqr* »wertvoll sein« (Jes 43,3; *jāqār* »wertvoll« Ps 116,15). Vgl. weiter die Wendungen von der »Reinheit vor seinen Augen« (2Sam 22,25 = Ps 18,25; Hi 11,4; 15,15; 25,5) und »tausend Jahre sind vor deinen Augen wie der gestrige Tag« (Ps 90,4).

Nur selten begegnet das Auge Gottes in konkretem Sinn: im bildlichen Vergleich Dtn 32,10 »er hütete es wie seinen Augapfel«; verneint Hi 10,4 »hast du denn Fleisches Augen, oder siehest du etwa, wie Menschen sehen?«; »Auge in Auge« beschreibt Num 14,14 die unmittelbare Gottesbegegnung (sonst mit →*pānīm*, Gen 32,31; Ex 33,11; Dtn 5,4; 34,10; Ri 6, 22; Ez 20,35).

Eine Reihe der in 3a(2) genannten Wendungen beschreibt Jahwes überwachende Gegenwart und seine Allwissenheit: Jer 16,17.17; 32,19; Ps 66,7 »seine Augen haben acht auf die Völker«; 139,16; Hi 7,8; 14,3; 34,21; 36,7; Spr 5,21; 15,3; 22,12; 2Chr 16,9 »Jahwes Augen schweifen über die ganze Erde«; vgl. dazu die Bildsymbolik im Nachtgesicht Sach 4,10. Andere Wendungen wie »seine Augen auf jemanden richten« (am Königshof in der Bed. »für jemanden sorgen«, Gen 44,21; Jer 39,12; 40,4), »die Augen offen halten« oder »das Auge verhüllen« veranschaulichen die verschiedenen Weisen des Handelns Gottes: rettendes Eingreifen (Jer 24,6 »ich richte mein Auge auf sie zum Guten«; Sach 9,8.12; Ps 11,4 und 17,2 mit →*ḥzh*; 32,8, vgl. Kraus, BK XV,257; 33, 18, vgl. V. 19; 34,16) und Gerichtshandeln (Jes 1,15.16; Am 9,4.8; Hi 16,9; vgl. 2Sam 22,28 txt?), Segnen und Bewahren (Dtn 11,12 »ein Land, auf dem die Augen Jahwes, deines Gottes allzeit ruhen«; Esr 5,5). Aus dem Segensbereich sind auch die Aussagen zu verstehen, daß Jahwes Augen über dem Tempel offen stehen, um die Gebete zu erhören (1Kön 8,29.52; 9,3; 2Chr 6,20.40; 7,15.16; den Verheißungen entsprechen die Bitten um Gebetserhörung 2Kön 19,16 = Jes 37,17; Dan 9,18; Neh 1,6).

b) Der wesentliche theologische Gebrauch von *'ájin* in bezug auf menschliche Augen ist verbunden mit dem Anrufen Gottes und begegnet vor allem in der Psalmensprache. Dabei bediente sich Israel zum Teil sprachlicher Wendungen, die gleiche Vorgänge am Hof und im Kult von Babylon geprägt haben (vgl. F. Nötscher, »Das Angesicht Gottes schauen« nach biblischer und babylonischer Auffassung, 1924, auch zu Abschnitt 4a). Die Verbindung »seine Augen erheben« o.ä. drückt die Hinwendung zu Gott aus (Ps 123,1f.; vgl. 121,1 und den Eigennamen *'æljehō'ēnaj*, s.o. 1), das »Aufheben der Augen zu den Götzen des Hauses Israel« den Abfall (Ez 18,6.12.15). Die »hoffärtige Augen« haben, schauen nicht nach Jahwes Hilfe aus (vgl. Jes 2,11; 10,12; Ps 18,28; 101,5; Spr 6,17 u.ö.; →*gbh*, →*rūm*). In vielen Wendungen kehrt *'ájin* in den Klagen wieder: »mit den Augen zwinkern« falsche Zeugen, indem sie versichern: »wir haben es mit eigenen Augen gesehen« (Ps 35,19, V. 21 vielleicht Redeform aus dem Rechtsleben). Das Elend läßt »das Auge von Kummer getrübt sein« (Ps 6,8; 31,10 u.ö.), verhindert, daß das Auge »jemals wieder Gutes sieht« (Hi 7,7), denn Glück erlebt, wen Gott und Menschen beachten (V. 8). Wie die Augen der Bittenden nach dem Eingreifen Gottes ausschauen, so sehen sie auch staunend das Eintreffen (z.B. *le'ēnē* Ex 4,30; *be'ēnē* Ps 118,23; Jes 33,17 mit *ḥzh*; Jes 52,8 *'ájin be'ájin* mit *r'h*; Jes 64,3 »kein Ohr hat gehört, kein Auge hat gesehen einen Gott außer dir ...«).

'ájin im Zusammenhang des visionären Schauens begegnet Num 24,3f.15f.; Jes 6,5; Ez 10,2; Hi 4,16; zur Verwendung des Begriffs in der Apokalyptik vgl. noch Dan 4,31; 7,8.20.

5. Zum ›Auge‹ in der LXX und im NT vgl. W. Michaelis, Art. ὀφθαλμός, ThW V, 376–379.

E. Jenni (1–3)/D. Vetter (4–5)

עִיר *'īr* Stadt

1. Das Wort *'īr* »Stadt« (Plur. *'ārīm*) findet sich in mehreren sem. Sprachen: ug. und phön. *'r* (WUS Nr. 2091; UT Nr. 1847; DISO 221); außerbibl.-hebr. im Lachisch-Ostrakon 4, Z. 7 *h'jrh* »zur Stadt (= Jerusalem)« (KAI Nr. 194, Z. 7); altsüdarab. *'r* »Burg« (Conti Rossini 213a). Nach GB 584a und KBL 701a ist Verwandtschaft mit sum. *uru* nicht ausgeschlossen. Über eine Grundbedeutung läßt sich nichts Sicheres sagen; immerhin sollte man bei *'īr* an irgendeine Form von Befestigung denken.

Im Bibl.-Aram. wird für »Stadt« *qirjā* verwendet (9 × in Esr 4,10–21); dieses Wort ist auch im Hebr. belegt (30 ×, davon 10 × in Jes, 5 × in Spr, 3 × in Hab; par. zu *'īr* z.B. Jes 1,26); vgl. hebr. *qæræt* (Hi 1 ×, Spr 4 ×), ug. *qrt/qryt* (WUS Nr. 2462), phön.-pun. *qrt* (DISO 267), aram. *qirjā* (DISO 266). Das Moab. hat für »Stadt« *qr* (KAI Nr. 181, Z. 11.12.24.29), während im Hebr. *qīr* »Wand, Mauer« bedeutet (74 ×, davon Ez 25 ×, 1Kön 13 ×). Im Falle einer Verwandtschaft von *qīr* und *qirjā* wäre mit *qirjā* wohl eine ummauerte Siedlung gemeint. Unter Annahme eines Wechsels von ' und *q* hat man die Wurzel *qr* mit *'r* zusammenbringen wollen und für *'īr* u.a. die Bed. »what is protected by a stone-wall« angenommen (H. J. Dreyer, FS van Selms, 1971, 17–25); ein solcher Zusammenhang ist aber fraglich.

Von den näheren Bestimmungen des Wortes seien nur genannt die durch Personennamen (vor allem *'īr Dāwīd* »Stadt Davids«, 2Sam 5,7 u.ö.), Gebietsnamen (z.B. *'īr 'amālēq*, 1Sam 15,5) und diejenigen, die eine besondere Stellung andeuten (z.B. *'īr hammelūkā* »Residenz«, 2Sam 12,26; *'īr miqlāṭ* »Asylstadt«, Num 35,6.11ff. u.ö.). Es ist auffällig, daß *'īr* in Ortsnamen kaum verwendet wird und dann anscheinend als Nebenname (z.B. *'īr hattemārīm* »Palmenstadt« für Jericho, Dtn 34,3 u.ö.; *'īr Šæmæš* Jos 19,41 neben *Bēt Šæmæš*); dagegen kommt *qirjā* in Ortsnamen häufiger vor (Kirjath-Arba, Kirjath-Sepher, Kirjath-Jearim usw.).

*2. Folgt man in der Abtrennung der Ortsnamen Lis. 1651c und rechnet u.a. *'īr* in »Stadt Davids« und in »Palmenstadt« zu den Appellativa, so ergibt sich folgende Statistik von *'īr* (inkl. Jos 8,12K.16K und 2Kön 20,4K; exkl. Ri 10,4 [das zweite

ʿajārīm wohl Schreibfehler für *ʿārīm*; anders z.B. BL 620: Plur. *ʿajārīm* Neubildung wegen eines Wortspiels mit *ʿajārīm* »Eselsfüllen«]; Ps 73,20 und *ʿīr* »Erregung« in Jer 15,8; Hos 11,9 von der Wurzel *ʿūr*):

	Sing.	Plur.	zusammen
Gen	39	9	48
Ex	2	1	3
Lev	7	7	14
Num	15	34	49
Dtn	30	28	58
Jos	70	88	158
Ri	49	7	56
1Sam	31	7	38
2Sam	38	7	45
1Kön	38	13	51
2Kön	51	15	66
Jes	30	16	46
Jer	79	58	137
Ez	43	18	61
Hos	–	4	4
Jo	1	–	1
Am	8	3	11
Ob	–	1	1
Jon	8	–	8
Mi	1	3	4
Nah	1	–	1
Hab	1	–	1
Zeph	2	2	4
Hag	–	–	–
Sach	5	4	9
Mal	–	–	–
Ps	18	2	20
Hi	1	1	2
Spr	4	–	4
Ruth	4	–	4
Hhld	3	–	3
Pred	5	–	5
Klgl	5	1	6
Est	12	2	14
Dan	6	–	6
Esr	3	4	7
Neh	11	10	21
1Chr	16	21	37
2Chr	41	48	89
hebr. AT	678	414	1092

3. Wenn man *ʿīr* als eine durch Mauern befestigte Siedlung auffaßt und die Ummauerung als ein charakteristisches Merkmal betrachtet, so trifft diese Bezeichnung in vielen Fällen zu, aber sie darf keineswegs als eine allgemein gültige Definition hingestellt werden. An eine kunstvoll errichtete Ummauerung, wie wir sie durch die Ausgrabungen im Vorderen Orient kennengelernt haben, braucht nicht unbedingt gedacht zu werden. An Städte in unserem Sinne sollte man ohnehin nicht denken. Jede Siedlung, mehr oder weniger permanent bewohnt, geschützt durch die Errichtung einer »Burg« oder einer einfachen Umwallung, kann *ʿīr* genannt werden. Dtn 3,5 nennt neben den mit hohen Mauern, Toren und Riegeln befestigten Städten die vielen *ʿārē happerāzī* »Siedlungen der Landbevölkerung«, wohl ohne Mauern, kaum Schutz bietend oder nur primitiv umzäunt (vgl. auch Ez 38,11). Lev 25,29.31 unterscheidet *ʿīr ḥōmā* »ummauerte Stadt« von *ḥāṣēr* »Gehege« ohne Mauern, aber wohl mit irgendeinem Schutz gegen wilde Tiere und feindliche Leute (vgl. M.Noth, Die Welt des Alten Testaments, [3]1957, 113). Man könnte hebr. *ʿīr* manchmal mit akk. *ālu* vergleichen (s. AHw 39a, etymologisch verwandt mit hebr. *'ōhæl* »Zelt«); es könnten dann auch mehr oder weniger permanente »Zeltstädte« gemeint sein (z.B. 1Sam 15,5 »Stadt Amaleks«; 30,29 »Städte der Keniter«). Die Wohnorte der in Kanaan seßhaft gewordenen Israeliten werden anfangs vielfach primitive Siedlungen gewesen sein; erst später, in der Königszeit, haben sich die Eingewanderten allmählich stärker dem Leben in Städten und der städtischen Kultur zugewandt.

In der LXX ist *ʿīr* durch πόλις wiedergegeben, aber dieses Wort ist als Entsprechung zu hebr. *ʿīr* geradezu entpolitisiert, weil für eine ›Stadt‹ nach isr. Urteil das politische Gebilde keine konstitutive Rolle spielte (vgl. H.Strathmann, ThW VI, 521ff.). Im AT ist zwar von Königen der kanaanäischen Städte die Rede, aber in isr. Zeit gab es nur die Herren, die Männer, die Ältesten der Stadt, die vor allem die richterliche Gewalt ausübten. Die Bedeutung der Stadt lag vielmehr in dem Schutz, den sie nicht nur den Einwohnern, sondern auch den in ihrer unmittelbaren Nähe Wohnenden in Notzeiten zu bieten hatte. Erst im Laufe der Zeit wurden die Städte auch für die Israeliten der wirtschaftliche, geistige und kultische Mittelpunkt und schreitet bei der Distanzierung von der einstmaligen halbnomadischen Lebensstruktur die Urbanisierung voran. Damit ist zugleich die Frage nach der Beurteilung der Stadt und ihrer Kultur im AT gegeben.

4. a) Die Notiz von der Städtegründung in der jahwistischen Urgeschichte durch Kain (Gen 4,17 MT, doch vgl. Westermann, BK I,443f.) wird oft verstanden im Sinne einer Abneigung gegen die städtische Lebensform, sogar einer Ablehnung der Stadt gegenüber. Stadt und menschliches Sicherheitsstreben, Herrentum, Machtkonzentration und Auflehnung gegen Gott gehen zusammen, Gen 11,1–9. Widerliche Sünden sind in der Stadt zu Hause, Gen 18f. Die Stadt bringt eine Auflösung der alten Sippenordnung mit sich und gewährt Untugenden ein freies Spiel. Israel hat »offensichtlich nie ein echtes und progressives Verhältnis zur Stadt und ihrer Gesellschaft gefunden« (G. Wallis, Die Stadt in den Überlieferungen der Genesis, ZAW 78, 1966, 133–148, Zitat S.148). Auch die Kritik der Propheten ist gegen die Stadt und ihre Verderbnisse gerichtet (Am 4,1ff.; Mi 6,9ff.; Jes 3,16ff.; 5,8ff.; Hab 2,12 usw.). Man denke auch an die Rechabiten mit ihrer Ablehnung der seßhaften Kultur (Jer 35).

Eine derartige negative Beurteilung der Stadt ist jedoch einseitig und wird dem atl. Zeugnis nicht gerecht. Die Städtegründung in Gen 4,17 (kulturhistorisch handelt es sich wohl nur um einen festen, gesicherten Zentralpunkt, wohin nomadisierende Gruppen sich in Notzeiten zurückziehen können) kann auch in positivem Sinne verstanden werden (vgl. Westermann, a.a.O. 444f.). Auch in Gen 11 ist nicht das Bauen einer Stadt an sich schon eine sündige Tat. Zwar wird die Gründung der Städte im AT nicht als mit der Schöpfung ohne weiteres gegeben betrachtet, aber Israel darf die schon vorhandenen Städte in Kanaan übernehmen, weil Jahwe sie ihnen zur Verfügung stellt, Dtn 6,10. War auch das Wohnen in Häusern und Städten an sich nicht sündhaft, so war doch die Stadtkultur für das Volk gefährlich und verführerisch, wie die Geschichte klar gezeigt hat. Agrarische und kulturelle Vorurteile mögen zwar mitgespielt haben, aber die prophetische Kritik ist letzten Endes daraus kaum zu erklären; sie ist vielmehr durchaus religiös begründet. Die Sünde war die Selbstsicherheit, die Machtentfaltung, das Herrentum als Abfall von Gott. Nicht die Städte mit hohen und festen Mauern bedeuteten an sich schon Böses, das Schlimme war das Vertrauen auf diese Mauern (Dtn 28,52). Es geht nicht um eine durch Menschenmacht erworbene Sicherheit, sondern um den Schutz, den nur Jahwe geben kann (vgl. Ps 127,1 »wenn Jahwe nicht die Stadt behütet, so wacht der Hüter umsonst«; Sach 2,9).

b) Die »Burg Zion« (→*Ṣijjōn* 3) wurde nach der Eroberung durch David *ʿīr Dāwīd* »Stadt Davids« genannt, 2Sam 5,9; die Lade fand hier ihre Stelle, 2Sam 6,12ff. In der Stadt Davids wurden David und die judäischen Könige begraben, 1Kön 2,10; 11,43 usw. Jerusalem wird an einigen allerdings späten Stellen *ʿīr haqqōdæš* »heilige Stadt« genannt (Jes 48,2; 52,1; Neh 11,1.18; vgl. Dan 9,24.26; so auch CD 20,22; [12,1f. *ʿīr hammiqdāš* »Stadt des Heiligtums«]; im NT Mt 4,5; 27,53; Apk 21,2; vgl. noch den arab. Namen *el-quds* für Jerusalem).

Der Grund für diese Wendung liegt darin, daß die Stadt der Ort des Tempels Jahwes und der Lade war. An eine der Stadt seit uralter Zeit anhaftende Heiligkeit ist nach isr. Auffassung wohl nicht zu denken; nur als die von Jahwe erwählte Stadt kann sie als heilig bezeichnet werden. In späterer Zeit kann dies so verstanden werden, daß jede Unreinheit von der heiligen Stadt fernzuhalten ist (vgl. CD 12, 1f.; möglich auch in 2Chr 8,11: die Pharaonentochter muß aus dem heiligen Bezirk im engeren Sinn ausziehen).

Vereinzelt findet sich für Jerusalem auch die Bezeichnung *ʿīr Jhwh* »Stadt Jahwes«: Ps 101,8; Jes 60,14 (im Munde der Bedrücker Israels); zweifelhaft Jer 31,38 und Ps 48,9. Von der Erwählung Jerusalems durch Jahwe reden 1Kön 8,16; 11,13.32. 36; 14,21; 2Kön 21,7; 23,27; 2Chr 6,5; 12,13; 33,7; vgl. auch Ps 78,68; 132,13 (→*bḥr* IV/2d). Von Verwerfung der Stadt spricht 2Kön 23,27, von einer neuen Erwählung Sach 1,17; 2,16. Bei der »Stadt Gottes« in Ps 46,5; 48,2.9 ist konkret an Jerusalem gedacht (Kraus, BK XV,342 bis 345 Exkurs zu Ps 46). Vgl. weiter: G. von Rad, Die Stadt auf dem Berge, EvTh 8, 1948/49, 439–447 = GesStud 214–224; A. van Selms, Hervormde Teologiese Studies 8, 1952, 79–89; Th.C. Vriezen, Jahwe en zijn stad, 1962; L.M. Muntingh, FS van Selms 1971,108–120; →*Ṣijjōn*.

5. Zur LXX (s.o. 3) und zum NT vgl. H. Strathmann, Art. πόλις, ThW VI,516 bis 535. *A.R. Hulst*

עלה *ʿlh* hinaufgehen

1. Die Wurzel *ʿlh* (**ʿlj*) ist gemeinsemitisch (Bergstr. Einf.187; akk. *elû*, AHw 206–210; ug. *ʿly*, WUS Nr.2030; UT Nr. 1855; phön. *ʿlj*, DISO 211, usw.), wie namentlich die Verbreitung der Präp. *ʿal* »auf, über, gegen« zeigt. Der Verbalstamm ist im Aram. weitgehend durch *slq* verdrängt (KBL 1103b; Ps 139,8 ist *slq* »hinaufsteigen« aram. Lehnwort, vgl. Wagner Nr.202).

Die häufigsten Konjugationen sind Q. und Hi.; daneben begegnen gelegentlich Ni. und Ho. (das Hitp. nur in der textlich äußerst unsicheren Stelle Jer 51,3, vgl. Rudolph, HAT 12,306).

Nominale Ableitungen sind *ʿal* »Höhe«, *ʿālǣ* »Laub«, *ʿōlā* »Brandopfer«, *ʿᵆlī* »Mörserkeule«, *'alijjā* »Obergemach«, *má'al* »das Obere«, *mō'al* »Aufheben«, *ma'alǣ* »Aufgang«, *ma'alā* »Hinaufsteigen, Stufe« und *te'ālā* »Heilung (Vernarbung)«. *'illī* »oberes« und *'æljōn* »ober(st)es« werden in der Regel adjektivisch verwendet.

Im Bibl.-Aram. begegnen *'illī* und *'æljōn* als hebr. Lehnwörter; neben der Präp. *'al* und dem Adverb *'ellā* »oben« kommen noch *'illāj* »höchstes« und *'alāwān* (nur Plur.) »Brandopfer« vor.

Als Eigennamen sind der männliche Personenname *'ēlī* (1Sam 1,3–4,16; 14,3; 2Kön 2,27; vgl. Noth, IP 146) und die Ortnamen *'alwā*/*'aljā* (Gen 36,40 bzw. 1Chr 1,51) und *'æl'ālē* (Num 32,3.37 u.ö.) von diesem Stamm abgeleitet.

2. Das Verbum begegnet in allen Teilen des AT, doch springt eine gewisse Häufung der Qal-Formen in den erzählenden Partien (Ri 57 ×) ins Auge:

	Qal	Hi.	Ho.	Ni.	total
Gen	44	7	–	–	51
Ex	36	23	–	3	62
Lev	4	10	–	–	14
Num	23	12	–	7	42
Dtn	24	8	–	–	32
Jos	48	7	–	–	55
Ri	57	14	1	–	72
1Sam	48	22	–	–	70
2Sam	22	13	–	1	36
1Kön	38	15	–	–	53
2Kön	52	7	–	–	59
Jes	34	6	–	–	40
Jer	41	20	–	2	63
Ez	18	19	–	2	39
Hos	6	1	–	–	7
Jo	7	–	–	–	7
Am	5	6	–	–	11
Ob	1	–	–	–	1
Jon	3	1	–	–	4
Mi	2	1	–	–	3
Nah	1	1	1	–	3
Hab	1	1	–	–	2
Zeph	–	–	–	–	–
Hag	1	–	–	–	–
Sach	6	–	–	–	6
Mal	–	–	–	–	–
Ps	12	9	–	2	23
Hi	6	2	–	–	8
Spr	6	1	–	–	7
Ruth	1	–	–	–	1
Hhld	5	–	–	–	5
Pred	2	–	–	–	2
Klgl	1	1	–	–	2
Est	–	–	–	–	–
Dan	3	–	–	–	–
Esr	8	5	–	1	14
Neh	10	3	–	–	13
1Chr	11	13	–	–	24
2Chr	25	27	1	–	53
AT	612	255	3	18	888

Nicht in allen Fällen sind Q. und Hi. eindeutig voneinander abzugrenzen. Doch ist 1Sam 28,11a; 1Kön 8,4b; 10,5; Jer 52,9; Ez 19,3; Ps 51,21; 2Chr 5,5a sicher das Hi. zu lesen (gegen Lis.) und wohl auch Jes 40,31 (vgl. Elliger, BK XI,100f.), dagegen 2Kön 16,12 und Jer 46,8 wahrscheinlich das Q. (gegen Mand.; weitere Abweichungen von Mand. mit Lis.: Lev 6,2; Jes 32,13; 2Chr 1,17; 9,4; 32,5). Der Text von 2Sam 15,24, hier mit Lis. zum Hi. gerechnet (vgl. Hertzberg, ATD 10,282), ist höchst unsicher. – Bei Lis. fehlen die Hi.-Formen Dtn 28, 61 und Ri 16,3 (zu *'lm* aufgeführt); 1Chr 26,16 ist dort als Nominalform (*'ōlā*) gewertet (hier Part.q.). – Die unsichere Belegstelle für das Hitp. (Jer 51,3) ist hier nicht mitgezählt.

'ōlā kommt 287 × vor, vor allem in Texten, in denen kultische Anweisungen im Vordergrund stehen (Lev 62 ×, inkl. 6,2b; Num 56 × ; 2Chr 30 × ; Ez 19 ×, exkl. 40, 26 txt?; Ex 17 ×); *má'al* steht 141 × (Num 38 ×, Ez 15 ×, Ex 13 ×), *'æljōn* 53 × (31 × als Gottesprädikat, davon 21 × in Ps), *ma'alā* 47 × (davon 15 × als Plur. in den Überschriften zu Ps 120–134), *'alijjā* 20 ×, *ma'alǣ* 19 × (inkl. Ez 40,31.34.37 Q), *'ālǣ* 18 ×, *'al* substantivisch 6 × (2Sam 23,1; Hos 7,16 txt?; 11,7 txt?, s. die Komm.; *mē'āl* »droben« Gen 27,39; 49,25; Ps 50,4, vgl. die Verwendung von *má'al*), *'illī* 2 × (Jos 15,19; Ri 1,15), *te'ālā* 2 × (Jer 30,13; 46,11), *mō'al* 1 × (Neh 8,6), *'ælī* 1 × (Spr 27,22).

Im Aram. kommen 10 × *'illāj* (daneben 4 × *'æljōn*), 1 × *'ellā* (Dan 6,3), 1 × *'illī* (Dan 6,11) und 1 × *'alāwān* (Esr 6,9) vor.

3. a) *'lh* q. bezeichnet in einem verhältnismäßig engen Bedeutungsspektrum die Fortbewegung von einem niedriger zu einem höher gelegenen Platz. Es ist lediglich ein Problem der Wiedergabe, daß im Dt. nach Maßgabe des Standortes des Berichtenden verschiedene Ausdrücke gebraucht werden: »hinaufgehen« o.ä., sofern die Bewegung sich vom Betrachter entfernt (so die Regel), »heraufkommen«, wenn der Redende sich an dem höheren Ort befindet (z.B. Ex 24,2; Jos 10,4).

Das Verbum umschreibt regelmäßig die Wanderung von Ägypten nach Palästina bzw. zu den Stationen auf dem Wege dorthin (Gen 13,1; 45,25; Ex 1,10 s.u.; 12,38; 13,18; Num 32,11; Ri 11,13.16; 19,30; 1Sam 15,2.6; 1Kön 9,16; Jes 11,16; Hos 2,17 u.ö.) sowie den Aufstieg von der Wüste ins Land Kanaan (Ex 33,1; Num 13,17.21.30; Dtn 1,21.26.41; Ri 1,1–4). Diese Redeform wird so stereotyp gebraucht, daß die topographischen Angaben gänzlich fehlen können (Gen 44,17.24.33. 34; 45,9; 50,5–7.9.14 u.ö.). In ähnlicher Weise wird die Heimkehr der Exulanten als »Aufstieg« gesehen (Esr 2,1.59; 7,6.7. 28; 8,1; Neh 7,5.6.61; 12,1).

Die Verwendung dieser Vokabel ist angesichts der geographischen Gegebenheiten so einleuchtend, daß die Annahme G.R.Drivers (ZAW 69, 1957, 74–77; vgl. noch W.Leslau, ZAW 74, 1962, 322f.; S.Shibayama, Journal of Bible and Religion 34, 1966, 358–362), *'lh* q. habe gelegentlich die Spezialbedeutung »nach Norden gehen«, deswegen abzulehnen ist.

Da Städte häufig auf Anhöhen liegen, wird das Gehen dorthin öfters durch *'lh* ausgedrückt (z.B. Ai: Jos 7,2; 8,1.3.10.11; Thimna: Gen 38,12f.; dagegen steigt man zu dem Ri 14,1.5 erwähnten Thimna hinab [*jrd*]), ebenso das Hineingehen in eine Stadt von außen (Jos 6,5.20; 1Sam 9,11. 14; 1Kön 1,35.40.45; vgl. Jer 48,15; Spr 21,22). Handelt es sich um einen Ort, an dem sich ein Heiligtum befindet (Bethel: Gen 35,1.3; Ri 20,18.23 txt em; Hos 4,15 txt em [doch steht 2Kön 2,2 *jrd*]; Beerseba: Gen 26,23; Silo: 1Sam 1,3.7.21.22; 2,19; Jerusalem: 1Kön 12,27.28; Sach 14, 16–19; auch von der Königsburg zum Tempel geht man hinauf: 2Kön 12,11; 19,14; 20,5.8; 23,2 und par.; Jer 26,10), so ist wohl nicht allein die räumliche Vorstellung beherrschend, sondern auch der Gedanke an die Begegnung mit dem »in der Höhe« wohnenden Gott (Dtn 17,8; vgl. 1Sam 10,3 »zu Gott nach Bethel«; Ri 21,5.8 »zu Jahwe nach Mizpa«). Von daher bekommt das Verbum geradezu die technische Bed. »pilgern, wallfahren« (z.B. Ex 34,24; Jer 31,6; Ps 122,4).

In übertragener Weise wird *'lh* entsprechend gebraucht, wenn vom Gang zu einer bedeutenden (»hochgestellten«) Persönlichkeit die Rede ist: während die Reise nach Ägypten sonst als Abstieg gilt, geht Joseph nach Gen 46,31 zu dem Pharao »hinauf« (V.29 steht *'lh* umgekehrt für die Reise nach Gosen). Auch zur Inanspruchnahme der Rechtsinstitution der Ältesten am Tor muß man hinaufgehen (Dtn 25,7; Ruth 4,1). Die Auffassung, man habe es im Falle von Assyrien mit einem mächtigen Partner zu tun, könnte bei der Wortwahl in Hos 8,9 ausschlaggebend gewesen sein.

Zur Angabe des Ortes, von dem jemand kommt, steht gewöhnlich *min* (Gen 13,1; 19,30; 41,2f. u.ö.; bei Personen *mē'al*, Gen 17,22; 35,13; Jon 4,6). Wohin man geht, wird oft durch den Akk. der Richtung ausgedrückt (z.B. Gen 26,23; 35,1.3; 38,12.13), selten mit *le* (1Sam 25,35; Jes 22,1; Ez 40,40; Esr 1,3; vgl. Hab 3,16). Wird *'al* gebraucht, ist die beherrschende Vorstellung die, daß man sich auf die Oberfläche eines Gegenstandes oder an die höchste Stelle begibt (Ex 20,26; Jos 2,8; Ri 9,51; 1Sam 2,28 u.ö.; vgl. Gen 31,10.12: Böcke bespringen die Schafe; Ex 10,12.14: Heuschrecken bedecken das Land), während mit *be* die Bewegung an der Seite eines Objekts oder in dessen Inneren beschrieben wird (Gen 28,12; Ex 7,29; 19,12; Dtn 5,5; 2Sam 2,1; 15,30 u.ö.; auch instrumental, z.B. Ex 20,26; Num 20,19; Dtn 1,22; Ez 40,22). *'æl* bezeichnet vornehmlich die Bewegung zu einer Person hin (Gen 44,17.34; 45,9; Jos 10,4; Ri 16,18 u.ö., doch auch im adversativen Sinne wie *'al* verwendet, s.u.), zu Gott (Ex 2,23; 19,3; 1Sam 10,3; Jahwe: Ex 19,24; 24,1.12; 32,30; Dtn 10,1; Ri 21,5.8) oder zu einer heiligen Stätte (Gottesberg: Ex 24,13; Berg Sinai: Ex 19,23; 34,2.4; vgl. Ex 24, 15.18; Berg Jahwes: Jes 2,3 = Mi 4,2; Berg Hor: Num 20,27; 33,38; Karmel: 1Kön 18,42; Kultort: Dtn 17,8; Jerusalem: Esr 7,7; Vorhalle des Tempels: Ez 40,49; Altar: Lev 2,12).

Häufig wird *'lh* neben anderen Verben der Fortbewegung gebraucht, so namentlich neben *bō'* »kommen« (Gen 45,25; Ex 7,28; Dtn 1,24 u.ö.), *hlk* »gehen« (Ex 33,1; Ri 11,16; 2Sam 17,21; Jes 2,3; 8,7; Mi 4,2), *pnh* »sich umwenden« (Dtn 1,24; 3,1), *jṣ'* »hinausgehen« (1Kön 10,29) und *ngš* »sich nähern« (Jos 8,11), vgl. die Verbindung mit *qūm* »aufstehen« (Gen 35,1.3; Dtn 17,8; Jos 8,1.3 u.ö.).

Der Verwendung von *'lh* entspricht die seines Oppositums *jrd* »hinabsteigen, herabsteigen« (q. 307 ×, davon 1Sam 35 ×, Ri 29 ×, Gen 25 ×, 2Kön 24 ×, Ez 23 ×, Ps 20 ×, Ex und Jes je 19 ×; exkl. Jo 4,13; hi. »hinabführen« 67 ×, davon Gen 13 ×, 1Sam und 1Kön je 7 ×; ho. »hinabgeführt werden« 6 ×; Verbum insgesamt 380 ×; dazu Subst. *mōrād* »Abhang« 5 ×).

jrd wird gebraucht für die Reise von Palästina nach Ägypten (Gen 12,10; 26,2; 42,2; 43,15; 46,3.4; Num 20,15; Jos 24,4; Jes 30,2; 31,1), vom Gebirgsland in die Wüste (Num 14,45; 1Sam 25,1; 26,2), in niedriger gelegene Städte (wie Gilgal: 1Sam 10,8; 13,12; 15,12; Kegila: 1Sam 23,4.6.8), das Verlassen einer Stadt (1Sam 9,27; Ruth 3,3.6), das Herabsteigen zu einem Brunnen (Gen 24,16.45; 2Sam 17, 18) oder zu einem Fluß (Ex 2,5; 2Sam 19, 32; 1Kön 2,8; 2Kön 5,14) oder das Herabfahren in die Totenwelt (s.u. 4b).

Woher man kommt, wird ebenfalls mit *min* ausgedrückt (z.B. Ex 19,14; 32,1.15; 34,29; von Personen: Gen 38,1; vgl. *mē'al* »von ... herab« Ri 4,15; Ez 26,16), wohin man geht, mit dem Akk. der Richtung (Gen 12,10; 24,16.45; 26,2 u.ö.), mit *'æl* »zu, nach« (von Orten: Ri 15,11; 1Sam 25,1; 26,2; 2Sam 5,17 u.ö.; von Personen: Gen 37,35; 45,9; Ex 11,8; 19,25 u.ö.), *le* »zu« (von Orten: 2Sam 11,8; Ez 26,11; Hhld 6,2; Pred 3,21; von Personen: Ri 5,11), *be* »an, in« (Gen 28,12; Ex 15,5; Ri 7,9.11; 1Sam 9,27 u.ö.) und *'al* »auf« (Gen 15,11; Ex 19,18.20; Ri 11, 37; Jes 31,4 u.ö.).

Die verhältnismäßig wenigen Stellen, nach denen die gegensätzlichen Bewegungen nacheinander oder nebeneinander ausgeführt werden (Gen 24,16; 28,12; Ex 19,24; Num 20,27f.; Dtn 28,43; Ri 14,1f. 19; 16,31; 2Kön 1,4.6.16; 1,9.11; Jer 48,

18; Ps 104,8; 107,26; Hi 7,9; Spr 30,4; Pred 3,21; 2Chr 18,2; vgl. Gen 46,4 [*'lh* hi.] und Jes 14,13–15 [*jrd* ho.]) weisen *'lh* und *jrd* zudem deutlich genug als Opposita aus.

Die räumliche Vorstellung ist auch dann mit im Blickfeld, wenn *'lh 'al* die technische Bed. »in den Kampf ziehen« bekommt (Jos 22,12.33 mit dem Zusatz »in den Kampf«; Ri 6,3; 15,10; 18,9; 1Kön 14,25 = 2Chr 12,9; 1Kön 15,17 = 2Chr 16,1; 1Kön 20,22; 2Kön 12,18; 17,3; 18,13 = Jes 36,1; 2Kön 18,25 = Jes 36,10; 2Kön 18,25; 23,29; Jer 50,3.21; Ez 38,11.16; Jo 1,6; Nah 2,2; 1Chr 14,10; mit *'æl* Num 13,31; Jos 15,15; Ri 1,1; 12,3; 20,23.30; 1Sam 7,7; 2Sam 5,19; 2Kön 16,9; Jer 35,11; 49,28.31; mit *b*^{e} Jes 7,6): der in Verteidigungsstellung befindliche Feind hält sich ja in der Regel an einem höher gelegenen Ort auf (vgl. dt. »anrücken gegen«, »anstürmen gegen«). Im gleichen Sinne werden auch *'lh l*^{e}*hillāḥēm* »ausrükken, um zu kämpfen« (2Kön 3,21; 2Chr 35,20), *'lh lammilḥāmā* (1Kön 20,26; 2Kön 16,5; Jes 7,1) bzw. *'lh bammilḥāmā* (1Sam 29,9) »in den Krieg ziehen« und *'lh bammaḥ*^{a}*nǣ* »ins Feld ziehen« (1Sam 14,21) gebraucht. Ebenfalls kann absolutes *'lh* gelegentlich »zum Kampf ausziehen« meinen (Ri 20,28 par. *jṣ' lammilḥāmā*; 1Sam 17,23.25; 1Kön 12,24 = 2Chr 11,4 par. *lḥm* ni.; Jes 21,2; Jer 6,4.5).

Im Zusammenhang mit *'lh* finden sich häufiger Verben aus dem Bereich des Kriegswesens, namentlich *lḥm* ni. »kämpfen« (Dtn 1,41f.; Jos 10,36; 19,47; Ri 1,3; 1Kön 12,24; 20,1; 2Kön 12,18; 2Chr 11,4), *ṣūr* »belagern« (1Kön 20,1; 2Kön 6,24; 16,5; 17,5; 18,9; Jes 21,2), *tpś* »(eine Stadt) einnehmen« (2Kön 16,9; 18,13; Jes 36,1), *nkh* hi. »schlagen« (Jos 7,3; Ri 8,11), *bq'* »sich bemächtigen« (Jes 7,6), *ḥnh* »sich lagern gegen« (1Sam 11,1), *hrb* »morden« (Jer 50,21), *ḥrm* hi. »den Bann vollstrecken« (Jer 50,21), *jrš* »besetzen« (Dtn 9,23), *šdd* »verwüsten« (Jer 49,28) und *śrp* »verbrennen« (Ri 15,6).

Soll betont werden, daß der Feind sich an einer niedriger gelegenen Stelle befindet, kann auch *jrd 'al* »hinabziehen gegen« gebraucht werden (2Chr 20,16; vgl. Ri 1,9 *jrd l*^{e}*hillāḥēm*; 1Sam 26,10; 29,4; 30,24 *jrd bammilḥāmā*; 1Sam 17,28 »um den Krieg zu sehen«).

Das Gegenteil von *'lh 'al* in militärischer Bedeutung ist nicht *jrd min*, sondern *'lh mē'al* »abziehen von« (1Kön 15,19 = 2Chr 16,3; 2Kön 12,19; Jer 21,2; 34,21; 1Sam 14,46 *mē'aḥ*^{a}*rē*; vgl. 2Sam 20,2 *'lh mē'aḥ*^{a}*rē* »abfallen von«; 2Sam 23,9 *'lh* »sich zurückziehen«; Ez 11,24 die Vision entfernt sich vom [*mē'al*] Seher; mit *'lh* ni.: Jer 37,5.11; 2Sam 2,27 [*mē'aḥ*^{a}*rē*]).

Die Annahme einer Sonderbedeutung für *'lh min* in Ex 1,10 und Hos 2,2 im Sinne von »sich bemächtigen« (M. Lambert, REJ 39,1899, 300; nach ihm z.B. G. Beer, Exodus, HAT 3, 1939, 14; Noth, ATD 5,9; Wolff, BK XIV/1, 27.32; dagegen K. Rupprecht, ZAW 82,1970, 442–447) ist im Zusammenhang nicht notwendig und wegen der sonstigen Verwendung der Präp. *min* abzulehnen.

Im übertragenen Sinne gebraucht, meint *'lh* »groß, stark werden« (Gen 49,9), »emporkommen« (Dtn 28,43, im Gegensatz zu *jrd* »an Bedeutung abnehmen«) oder »übertreffen« (Spr 31,29). Wenn dagegen jemand auf der Waage »hochschnellt« (Ps 62,10), so ist dies Ausdruck seiner Wertlosigkeit.

Bei sächlichen Subjekten ergibt sich eine Fülle von Übersetzungsmöglichkeiten, die jedoch alle von der Bewegung von unten nach oben her zu verstehen sind: die Morgenröte bricht an (Gen 19,15; 32,25.27 u.ö.), Pflanzen sprossen (Gen 41,5.22; Dtn 29,22; Jes 5,6; 34,13 u.ö.), Blüten brechen auf (Gen 40,10) und verfliegen (Jes 5,24), eine Wolke bildet sich (1Kön 18,44; Jer 4,13 Vergleich; vgl. Jer 10,13; 51,16; Ps 135,7 [*'lh* hi.]), das Meer flutet über (Jer 51,42, vgl. Ez 26,3 [*'lh* hi.]), eine Stadt geht in Flammen auf (Ri 20,40), Landschaften steigen an (Jos 11,17; 12,7; 15, 3.6–8; 16,1 u.ö.), das Los fällt (= steigt aus dem Becher herauf [→*gōrāl*] Lev 16,9f.; Jos 18,11; 19,10), eine Falle schnellt hoch (Am 3,5), Fleisch überzieht die Knochen (Ez 37,8, vgl. V.6 hi.), ein Schermesser kommt aufs Haupt (Ri 13,5; 16,17; 1Sam 1,11), usw.

Entsprechend wird das Wort auch in übertragener Bedeutung verwendet: Zorn wallt auf (2Sam 11,20; 2Chr 36,16; Ps 78,21.31, vgl. Spr 15,1 hi.) u.ä., Wehgeschrei dringt empor (Ex 2,23; 1Sam 5,12; Jer 14,2), Bosheit kommt vor Jahwe (Jon 1,2, vgl. Ps 74,23), die Hoheit reicht zum Himmel (Hi 20,6), eine Schlacht entbrennt (1Kön 22,35 = 2Chr 18,34), ein Streitwagen kostet (dt. »beläuft sich auf«, 1Kön 10,29), Ausbesserungsarbeiten machen Fortschritte (2Chr 24,13).

Häufiger muß man im Dt. passivisch übersetzen: ein Kleidungsstück wird getragen (Lev 19,19; Ez 44,17), ein Joch wird auferlegt (Num 19,2; 1Sam 6,7; vgl. Klgl 1,14), ein Speiseopfer wird dargebracht (1Kön 18,29.36; 2Kön 3,20), eine

Wunde wird (mit Fleisch) bedeckt (Jer 8, 22; vgl. Jer 30,17; 33,6 [*'lh* hi.] und Jer 30,13; 46,11 [Subst. *te'ālā*]), Garben werden eingebracht (Hi 5,26), eine Zahl wird eingetragen (1Chr 27,24; vgl. 2Chr 20,34 ho.), eine Hand wird zum Schlage erhoben (Sach 14,13).

'lh 'al lēb meint »in den Sinn kommen« (2Kön 12,5; par. zu *zkr* »gedenken«: Jes 65,17; Jer 3,16; 44,21; 51,50); par. zu *ṣwh* pi. »gebieten«: Jer 7,31; 19,5; 32,35; vgl. *'lh 'al lēbāb* Ez 38,10 und *'lh 'al rūaḥ* Ez 20,32).

b) Nahezu sämtliche Verwendungsweisen des Qal kehren im Hi. im kausativen Sinne wieder; das Ho. ist das entsprechende Passiv. Bei personalen Objekten meint *'lh* hi. »hinaufsteigen lassen« (auf einen Wagen: 1Kön 20,33; 2Kön 10,15; auf ein Dach: Jos 2,6; auf eine Mauer: Neh 12,31; aus einer Zisterne: Jer 38, 10.13; aus dem Wasser: Jes 63,11, vgl. Ez 29,4; 32,3; Hab 1,15; aus der Unterwelt: 1Sam 2,6; Jon 2,7; Ps 40,3; 71,20; vgl. Ez 37,12.13; vom Werk der Totenbeschwörerin: 1Sam 28,8.11.11.15) oder »hinaufführen« (Gen 37,28; Num 20,25; 22,41; Jos 7,24 u.ö., vgl. Nah 2,8 ho.). Im letzteren Sinne steht das Verbum 42 × mit Bezug auf den historischen Exodus und 4 × im Blick auf den kommenden Exodus (s.u. 4c).

Aus der räumlichen Bedeutung abgeleitet ist die technische Verwendung von *'lh* hi. im Sinne von dt. »ausheben« (von Fronarbeitern: 1Kön 5,27; 9,15; 9,21 = 2Chr 8,8). *'lh* hi. *'al* meint auch, dem Qal entsprechend, »in den Kampf führen« (Jer 50,9; Ez 16,40; 23,46; 26,3; 2Chr 36,17; vgl. Jer 51,27; Nah 3,3).

Bei sächlichen Objekten tritt die tragende Bed. »hinaufbringen« namentlich dann hervor, wenn Gegenstände zu einem höher gelegenen Platz (Bergland Palästinas, Tempel, etc.) transportiert werden (von der Lade: 2Sam 6,2.12; 1Kön 8,1. 4.4; 1Chr 13,6; 15,3.12.14.25.28; 2Chr 1,4; 5,2.5.5; von heiligen Geräten: Jer 27,22; Esr 1,11; vom Zehnten: Neh 10,39; von den Gebeinen Josephs: Gen 50,25; Ex 13, 19; Jos 24,32; von den Gebeinen Sauls: 2Sam 21,13; von Holz: 2Chr 2,15; von Wagen: 2Chr 1,17). Von daher erklären sich auch die übrigen Verwendungsweisen des Verbums: etwas über jemanden bringen (Frösche: Ex 8,1.3; Seuchen: Dtn 28,61), Staub aufs Haupt werfen (Jos 7,6; Ez 27,30; Klgl 2,10), Lampen anbringen (Ex 25,37; 27,20; 30,8; 40,4.25; Lev 24, 2; Num 8,2.3), bekleiden (mit goldenem Schmuck: 2Sam 1,24; mit einem Sackgewand: Am 8,10; mit Ornamenten: 2Chr 3,5.14; mit Gold [zur Angabe der verwendeten Menge: »soviel geht auf«]: 1Kön 10, 16.17 = 2Chr 9,15.16), Tribut darbringen (2Kön 17,4), wiederkäuen (Lev 11,3.4.4.5. 6.26; Dtn 14,6.7.7) und aufziehen (von Tieren: Ez 19,3; vgl. Jes 40,31: Federn wachsen lassen). *'lh* hi. *'al lēb* meint »ins Herz schließen« (Ez 14,3.4.7; vgl. Ps 137,6).

Bei mehr als einem Viertel aller Belege (77 ×) bezeichnet das Hi. die Darbringung eines Opfers (vgl. ug. *'ly* Š in 1Aqht [= I D] 185.192). Vornehmlich wird diese Konstruktion gebraucht, wenn es um das Brandopfer (*'ōlā*) geht (33 × mit Plur. *'ōlōt*, 28 × mit Sing. *'ōlā*, davon 2 × *le'ōlā*, Gen 22,2.13), während die Darbringung anderer Opferarten gewöhnlich durch andere Verben ausgedrückt wird. Werden diese neben *'lh* hi. verwendet, treten die unterschiedlichen Opfervorstellungen deutlich zutage (*'lh* hi. neben *zbḥ* »schlachten«: Ex 24,5; Dtn 27,6f.; Jos 8,31; 1Sam 6,15; 10,8; neben *qṭr* hi. »räuchern«: Jer 33,18; 48,35; 2Chr 29,7; neben *ngš* hi. »darbringen«: Ex 32,6; *'śh šelāmīm*: 1Kön 3,15; *'śh zæbaḥ*: Jer 33,18).

Allerdings kann sich *'lh* hi. auch auf die Darbringung anderer Opferarten beziehen, besonders wenn verschiedene Arten nebeneinander genannt sind und ihre Zwecke nicht deutlich unterschieden werden (mit *minḥā* Jes 57,6; 66,3; *'ōlā* und *minḥā* Ex 30,9 [dazu *qeṭōræt*]; 40,29; Lev 14,20; Jos 22,23; Jer 14,12; *'ōlā* und *šelāmīm* 1Chr 16,2; *'ōlā* und *ḥalābīm* 2Chr 35,14; *'ōlōt* und *šelāmīm* Ri 20,26; 21,4; 2Sam 6,17; 24,25 = 1Chr 21,26; 1Kön 9,25; *'ōlōt* und *minḥōt* Am 5,22). Umgekehrt stehen gelegentlich andere Verben im Zusammenhang mit *'ōlā* (*zbḥ* Ex 20,24; *qṭr* hi. 2Kön 16,13.15, vgl. aram. *qṭr* ha. Esr 6, 9f.), namentlich allgemeine Termini, unter denen verschiedene Handlungen subsumiert werden können (*'śh* »veranstalten« Ex 10,25; Lev 9,7.22; 16,24; Num 6,16; 29,2; Dtn 12,27 u.ö.; *qrb* hi. »darbringen« Lev 7,8; 10,19; 23,37; Num 28,11.27; 29,8.13.36 u.ö.; *ngš* hi. »darbringen« 1Sam 13,9).

Ohne nähere Angaben gebraucht, bekommt *'lh* hi. in solchen Zusammenhängen die allgemeine Bed. »opfern« (Num 23,2. 4.14.30; Ri 13,19; 2Sam 15,24; 24,22; Jer 48,35 txt?; Ps 51,21 u.ö.; vgl. Ri 6,28 *'lh* ho.).

Die Bezeichnung *'ōlā* für das Ganzopfer erklärt sich wohl so, daß ursprünglich von *hamminḥā hā'ōlā* die Rede war, von einer »(im Feuer) aufsteigenden Gabe« für Gott (so Köhler, Theol. 175), vgl. die »Definition« Ex 29,18 »laß den ganzen Widder auf dem Altar in Rauch aufgehen (*qṭr* hi.); das ist eine *'ōlā* für Jahwe«; ähnlich Lev 1,9.13.17; 8,21.28; 9,17. Zum Brandopfer vgl. W.B. Stevenson, FS Bertholet 1950, 488–497; de Vaux II,292–294.451; ders., Les sacrifices de l'Ancien Testament, 1964, 28–48; L. Rost, FS Eißfeldt 1958, 177 bis 183; ders., BHH II,1345–1350.

Die Verwendung des Oppositums *jrd* hi. (67× ; 1Sam 2,6 par. *'lh* hi.; Am 9,2 und Spr 21,22 neben *'lh* q.) und *jrd.* ho. (4×) entspricht der von *'lh.* So meint *jrd* hi. »hinunterführen, hinunterbringen« (von Personen: Gen 39,1; 43,7; 45,13; Ri 16,21 u.ö.; vgl. *jrd* ho. Gen 39,1; von Tieren: Dtn 21,4; vgl. Jer 51,40; von Dingen: Gen 37,25; 43,11.22; Dtn 1,25 u.ö.), »hinunterlassen, herunterlassen« (Personen durchs Fenster: Jos 2,15.18; 1Sam 19,12; Leichen vom Pfahl: Jos 8,29; 10,27; Lade vom Wagen: 1Sam 6,15; das »Meer« von den Rindern: 2Kön 16, 17), »hinuntersteigen lassen« (vom Altar: 1Kön 1, 53), »hinuntertragen« (vom Obergemach: 1Kön 17, 23), »hinabstürzen« (Jer 49,16; Am 3,11; 9,2; Ob 3.4; vgl. Sach 10,11 ho.), »ablegen« (von Säcken: Gen 44,11; von Schmuck: Ex 33,5), »abbrechen« (Wohnung: Num 1,51; vgl. Num 10,17 ho.), »abnehmen« (vom Vorhang: Num 4,5), »fließen lassen« (1Sam 21,14; Jes 63,6; Klgl 2,18), »regnen lassen« (Ez 34,26; Jo 2,23), »senken« (vom Kopf: Klgl 2, 10), »jemanden unterwerfen« (2Sam 22,48; Jes 10, 13 txt?; Ps 56,8; 59,12; vgl. Jes 43,14; Spr 21,22). Wiederholt findet sich die Aussage, daß jemand einen anderen in die Totenwelt bringt, d.h. seinen Tod veranlaßt (s.u. 4a).

c) Das Ni. kann man im Dt. gewöhnlich als Reflexivum wiedergeben: »sich erheben« (von der Wolke Ex 40,36.37.37; Num 9,17.21.21.22; 10,11; von der Herrlichkeit Gottes Ez 9,3), »sich entfernen« (Num 16,24.27; 2Sam 2,27; Jer 37,5.11). Auch die beiden öfters als Passiva betrachteten Formen Ez 36,3 und Esr 1,11 lassen sich durchaus im medialen Sinne erklären: »ins Gerede der Leute kommen« (Ez 36,3) bzw. »sich von Babylon nach Jerusalem hinaufbegeben« (Esr 1,11; eine Änderung zum Hi. [so BH³] ist nicht nötig). Von Jahwe gebraucht, ergibt sich die Zustandsaussage »er ist erhaben« (Ps 47,10; 97,9).

d) *'æljōn* (Gegensatz *taḥtōn* »unterer«, Jos 16,3.5; 1Chr 7,24; 2Chr 8,5; neben *taḥtōn* »unterer« und *tīkōn* »mittlerer« Ez 41,7; 42,5) wird in lokaler Bedeutung sowohl im komparativischen (das obere Tor: 2Kön 15,35 = 2Chr 27,3; Jer 20,2 u.ö.; der obere Teich: 2Kön 18,17 = Jes 36,2; Jes 7,3 u.ö.; vgl. *'illī* Jos 15,19; Ri 1,15) als auch im superlativischen (Gen 40,17: der oberste von drei Körben) Sinne gebraucht. In übertragener Verwendung entspricht das Wort immer dem Superlativ »der Höchste« (von Israel: Dtn 26,19; 28,1; von David: Ps 89,28; 31× von Gott, s.u. 4b).

4. Von theologischer Relevanz sind im wesentlichen drei Themenkreise: (a) die Aussagen über das Hinauf- und Herabfahren Jahwes und die damit zusammenhängenden Himmel- und Hadesfahrtvorstellungen, (b) die mit *'æljōn* zusammengesetzten Gottesprädikate und (c) die mit Formen von *'lh* gebildeten Hinweise auf den Exodus.

a) Da der Himmel seit ältester Zeit als der Wohnsitz Jahwes gilt (vgl. Eichrodt II, 125–131; →*šāmájim*), können Gottes Erscheinen bei den Menschen und die Rückkehr an seinen Wohnort durch *jrd* und *'lh* ausgedrückt werden.

Aussagen mit *'lh* finden sich freilich ziemlich selten. Die Priesterschrift verwendet für den Aufbruch Gottes nach seiner Begegnung mit einem der Patriarchen *'lh mē'al* (Gen 17,22; 35,13; sein Kommen ist jeweils durch *r'h* ni. »erscheinen« ausgedrückt, Gen 17,1; 35,9): Gott kehrt in seine himmlische Wohnung zurück. Dem entspricht die Rede von der Auffahrt des Boten Jahwes, d.h. seiner Manifestation, in der Flamme (Ri 13,20); hier wird ausdrücklich erwähnt, daß die Flamme »vom Altar zum Himmel« aufsteigt.

Nach dem Jahwe-Königs-Hymnus Ps 47 begründet die Auffahrt Jahwes (V.6) seine Machtstellung als Herr der Welt (V.3).

Daß mit *'lh* »gewiß der Aufzug der Lade zum Zion beschrieben« sei (Kraus, BK XV,351), läßt der Text nicht erkennen; eher ist die übliche Bed. »(zum Himmel) auffahren« (ebd.) vorauszusetzen. Die Erwähnung von »Jubelklang« und »Schall der Posaunen« muß nicht unbedingt auf einen kultischen Vorgang hinweisen; sie gehört vielmehr zur Topik der Inthronisation eines irdischen Königs (Num 23,21; 2Sam 15,10; 2Kön 9,13), mit der der Herrschaftsantritt Jahwes verglichen wird.

Bei Ps 68,19 weist der Umstand, daß Jahwe bei seiner Auffahrt zur Höhe (*mārōm*) Gefangene mit sich führt und Huldigungsgaben erhält, darauf hin, daß es wie in Ps 47 um seine universale Herrschaft geht. Darum ist nicht nur an den Aufstieg Jahwes zu seinem irdischen Wohnsitz (nach Ps 68 wohl der Tabor) zu denken, sondern (wenigstens auch) an seine Himmelfahrt. Dabei mögen durchaus altkanaanäische Vorstellungen von Himmel- und Thronfahrt der Gottheit nachwirken. Doch anders als der »immer neu inthronisierte Himmelsbaal« kommt Jahwe nicht aus der Unterwelt, sondern vom Sinai her (Kraus, BK XV,474f.), d.h. nicht ein mythisches Geschehen, sondern Gottes geschichtliches Handeln begründet seine Machtstellung.

Das in den Hinweisen auf seine Himmelfahrt eher implizit ausgedrückte Bekenntnis zur universalen Herrschaft Gottes wird in den beiden Ni.-Stellen deutlich vernehmbar. Es findet sich bezeichnenderweise in Jahwe-Königs-Hymnen (Ps 47,10; 97,9), in denen Gott auch als *'æljōn* (s.u. 4b) bezeichnet wird (47,3; 97,9). In Ps 47,10 wird die Erhabenheit Jahwes durch den Parallelsatz als Herrschaft über die »Schilder der Erde«, d.h. über alle politischen und militärischen Machthaber, interpretiert. Ps 97,9 betont darüber hinaus Jahwes Überlegenheit über alle Götter.

Im Lichte solcher Aussagen über die Erhabenheit Gottes wird die Vermessenheit des Menschen besonders manifest, der seinerseits »zum Himmel« emporsteigen will (als Ausdruck der Hybris Jes 14,13.14; Jer 51,53; zur Flucht Am 9,2; rein bildhaft dagegen Ps 107,26).

Häufiger als Hinweise auf die Auffahrt Jahwes sind die auf seine Kondeszendenz (besonders bei J, Gen 11,5.7; 18,21; Ex 3,8; 19,11.18.20). In solchen Zusammenhängen hat *jrd* geradezu die technische Bed. »vom Himmel herabfahren«, so daß der Wohnsitz Gottes nicht als Ausgangsort erwähnt zu werden braucht. Namentlich die jahwistische Schilderung der Sinaitheophanie (Ex 19,11.18.20; 34,5, vgl. Neh 9,13) zeigt, daß der Gottesberg als Ort der Erscheinung Jahwes und nicht als sein ständiger Wohnsitz verstanden wird. Das gleiche Bild ergibt sich aus den Aussagen über das Kommen Jahwes zum Begegnungszelt (Num 11,17.25; 12,5, wohl Zusätze zu J, vgl. Noth, ATD 7, 75.83). Charakteristisch für diese Kette von Aussagen ist die Anspielung auf vulkanische Phänomene: Jahwe erscheint im Feuer (Ex 19,18) oder in der Wolke (Ex 34,5; Num 11,25; 12,5). Dem gegenüber erinnert die Theophanieschilderung Ps 18,10 = 2Sam 22,10 (vgl. die Bitte um das Herabfahren Jahwes Jes 63,19) eher an Gewittererscheinungen. Das Gebet um Theophanie Ps 144,5 (wie in Ps 18,10 = 2Sam 22,10 steht *jrd* neben »den Himmel neigen«) vereinigt beide Vorstellungen. In jedem Fall macht die Erwähnung der Begleiterscheinungen deutlich, daß das Herabkommen Jahwes der unmittelbaren Wahrnehmung entzogen bleibt.

Die Rede vom Herabfahren Gottes ist denn auch nicht eigentlich Anthropomorphismus, sondern sie ist ein Stilmittel zum Ausdruck der Weltüberlegenheit Gottes. Das zeigen gerade Gen 11,5.7. Wenn Jahwe »herabfahren« muß, um das »in den Himmel« hinaufreichende Werk der Menschen zu »sehen« (V.5, vgl. Gen 18,21), so spricht sich darin eine »großartige Ironie« (O. Procksch, Die Genesis, 2.3 1924, 90) aus. Bezeichnenderweise dient das Herabfahren Jahwes vor allem dem Erweis seiner Macht: er kommt, um zu befreien und zu helfen (Ex 3,8; Jes 31,4; 63,19 [64,2 ist wiederholende Glosse]; Ps 144,5–8) oder um zu strafen (Gen 11,7; Mi 1,3 [neben »bricht auf von seiner Stätte«, →*jṣ'* 4a]; vgl. Mi 1,12).

Von der Himmelfahrt eines Menschen im eigentlichen Sinne (Dtn 30,12 weist nur auf die Unnötigkeit eines solchen Unternehmens zum Empfang des Gesetzes hin) wird nur im Blick auf die Entrückung Elias gesprochen (*'lh* q. 2Kön 2,11; *'lh* hi. 2Kön 2,1; vgl. die Aussagen mit →*lqḥ* Gen 5,24; 2Kön 2,3.5). Dagegen ist *jrd* terminus technicus für den Abstieg der Toten in die Unterwelt (*jrd* q.: Gen 37,35; Num 16,30.33; Jes 5,14; 38,18; Ez 26,20; 31,14–17; 32,18–30; Ps 22,30; 28,1; 30,4.10; 55,16; 88,5; 115,17; 143,7; Hi 7,9; 33,24; Spr 1,12; 5,5; 7,27; vgl. Ps 49,18; Hi 17,16; *jrd* hi. mit Subj. Menschen: Gen 42,38; 44,29.31; 1Kön 2,6.9; Ez 28,8; 32,18; mit Subj. Gott: 1Sam 2,6; Ez 26,20; 31,16; Ps 55,24; *jrd* ho.: Jes 14,11.15; Ez 31,18). Gewöhnlich bezeichnet *jrd bōr* »zur Grube hinunterfahren« (Jes 38,18; Ps 28,1; 30,4 u.ö.), *jrd še'ōl(ā)* »ins Totenreich hinunterfahren« (Gen 37,35; Hi 7,9; 17,16; vgl. *jrd* hi. Gen 42,38; 44,29.31) u.ä. den Vorgang des natürlichen Sterbens. Dagegen ist Num 16,30.33; Ps 55,16 davon die Rede, daß Menschen auf Grund eines Gottesurteils als Lebende in die Totenwelt (→*še'ōl*) hinabsteigen. In ähnlicher Weise ist der Tod öfters als Strafe Gottes – namentlich über menschliche Hoffart – gewertet (mit *jrd* hi.: Ez 26,20; 31,16; Ps 55,24; *jrd* ho.: Jes 14,11.15; Ez 31,18; vgl. *jrd* q.: Jes 5,14; Ez 26,20; 31,14–17; 32,18–30).

Die Totenwelt (vgl. Eichrodt II,143 bis 145) gilt als die Sphäre, in der keine Verbindung des Menschen mit Gott besteht (vgl. Jes 38,18; Ps 28,1; 30,10; 115,17). Doch wird grundsätzlich daran festgehalten, daß auch dieser Bereich der Macht Jahwes nicht entnommen ist: er kann nicht nur in die Totenwelt hineinführen, sondern auch aus ihr heraus (1Sam 2,6; Jon 2,7; vgl. Am 9,2 *lqḥ*). Doch ist in solchen

Zusammenhängen nicht immer der Zustand des Todes selbst im Blickfeld, sondern bereits Leiden verschiedener Art werden als gegenwärtige Todessphäre erfahren, so daß die Befreiung von ihnen als Errettung vom Tode gilt (mit *'lh* hi. Ps 40,3; 71,20; vgl. C. Barth, Die Errettung vom Tode in den individuellen Klage- und Dankliedern des AT, 1947, 93–110.130). Insgesamt freilich zeigt sich der Glaube Israels an der Totenwelt auffällig uninteressiert (vgl. von Rad II,371f.; Eichrodt II,151f.).

b) Stärker noch als die Rede vom Hinauf- und Herabfahren Jahwes verweist das Gottesprädikat *'æljōn* auf dieMachtstellung des im Himmel thronenden Gottes.

Von den 31 Stellen, an denen *'æljōn*, auf Gott bezogen, vorkommt, steht das Epitheton 22× allein (Num 24,16; Dtn 32,8; 2Sam 22,14 = Ps 18,14; Jes 14,14; Ps 9,3; 21,8; 46,5; 50,14; 73,11; 77,11; 78, 17; 82,6; 83,19; 87,5; 91,1.9; 92,2; 97,9; 107,11; Klgl 3,35.38) und sonst als Attribut zu anderen Gottesnamen (5× zu *'ēl*: Gen 14,18.19.20.22; Ps 78,35; 2× zu *Jhwh*: Ps 7,18 [wahrscheinlich ist der Gottesname zu streichen, vgl. Kraus, BK XV,55]; 47,3 und 2× zu *'ælōhīm*: Ps 57,3; 78,56). In Verbindung mit Jahwe gebraucht, ist *'æljōn* sicher nicht Bestandteil des Namens, sondern Apposition. In Ps 57,3 und 78, 56 hat die elohistische Redaktion wahrscheinlich den ursprünglichen Gottesnamen durch das Appellativum ersetzt.

'æljōn ist als Gottesbezeichnung bzw. als Gottesprädikat aus dem syrisch-kanaanäischen Bereich bekannt, namentlich aus der altaram. Inschrift Sef. I, A Z.11, wo innerhalb der Liste der göttlichen Schwurzeugen *wqdm 'l w'ljn* »und vor El und 'Eljān« begegnet (KAI Nr. 222; Fitzmyer, Sef. 37f.; →*'ēl* III/3); andererseits ist Eljon nach Philo Byblius eine von El deutlich verschiedene Gottheit, die zwei Generationen älter ist als dieser (vgl. C. Clemen, Die phönikische Religion nach Philo von Byblos, 1939, 25–32.62–75). Vgl. zum religionsgeschichtlichen Befund u.a. G. Levi della Vida, JBL 63,1944, 1–29; M.H. Pope, El in the Ugaritic Texts, 1955, 55–58; O. Eißfeldt, JSS 1,1956, 28 Anm.1; F.M. Cross, HThR 55,1962, 241–244; R. Lack, CBQ 24, 1962, 44–64; R. Rendtorff, ZAW 78, 1966, 277–291; W.H. Schmidt, Atl. Glaube und seine Umwelt, 1968, 120f.; H. Gese (– M. Höfner – K. Rudolph), Die Religionen Altsyriens, Altarabiens und der Mandäer, 1970, 116f.; R. de Vaux, Histoire ancienne d'Israël, 1971, 262.

Das ug. Gegenstück zu *'æljōn* ist *'ly* (126 [= II K], Z. 5–8, zweimal par. zu Baal verwendet). Diese Kurzform wäre nach M. Dahood, ThStudies 14, 1953, 452–457, auch in Ps 7,9.11; 57,3 vorauszusetzen.

Wahrscheinlich wurde das Epitheton *'ēl 'æljōn* im vordavidischen Jerusalemer Kultus verwendet und fand von daher Aufnahme in Israels Liturgie (vgl. H. Schmid, ZAW 67,1955, 168–197; F. Stolz, Strukturen und Figuren im Kult von Jerusalem, 1970,157–163). Auf diesen Zusammenhang weist vor allem der Abschnitt Gen 14, 17–20 hin (vgl. W. Schatz, Genesis 14, 1972, 207ff.). Der polytheistische Hintergrund dieses Prädikats tritt namentlich Ps 97,9 hervor, wenn dort die Überlegenheit Eljons »über alle Götter« betont wird. Bezeichnenderweise begegnet *'æljōn* als Gottesprädikat außerhalb von Gen 14 nur in poetischen Texten, in denen die Verwendung außerisraelitischen Gutes eher zulässig war. Dazu kommt, daß dieser Titel gewöhnlich neben anderen Gottesprädizierungen gebraucht wird, so daß kein Zweifel daran bestehen kann, daß damit der Gott Israels gemeint ist (neben Jahwe: Dtn 32,8f.; 2Sam 22,14 = Ps 18,14; Ps 9,2f.; 21,8; 77,11f. [*Jāh*]; 83,19; 87,5; 91,9; 92,2; 97,9; neben *'ælōhīm*: Ps 46,5; 50,14; 78,35; neben *'ēl*: Num 24,16; Ps 73,11; 78,17f.; 107,11; neben *Šaddaj*: Num 24,16; Ps 91,1; neben *'adōnāj*: Klgl 3,35 bis 38).

Nach O. Eißfeldt, KS III,441–447, wären Eljon und Schaddaj in Ps 91 noch nicht mit Jahwe identifiziert.

Mit dem Epitheton *'æljōn* verbinden sich vor allem die folgenden Vorstellungen: Nach Gen 14,19 ist Jahwe als *'ēl 'æljōn* – V.22 setzt die beiden Namen ausdrücklich gleich – der Schöpfer Himmels und der Erde. Er ist darum auch Herrscher »über die ganze Erde« (Ps 83,19; 97,9). Er teilt den Völkern ihre Gebiete zu (Dtn 32,8). Er garantiert den Bestand des Königshauses und der Gottesstadt (Ps 21,8; 46,5; 87,5), und er gewährt dem Frommen Rechtsschutz (Ps 57,3; 91,1.9). Seine scheinbare Machtlosigkeit gehört zu den Anfechtungen des Gerechten (Ps 73,11; 77,11). Er wohnt »über den hohen Wolken« (Jes 14,14) und läßt seine Stimme vom Himmel erschallen (Ps 18,14 = 2Sam 22,14). Als dem Weltenherrscher gebührt ihm Lob (Ps 7,18; 9,3; 50,14; 92,2). Die Auflehnung gegen seine Majestät ist gröbster Frevel (Ps 78,17.56; 107,11).

Findet das Gottesprädikat *'æljōn* in den älteren Schichten des AT nur in den alten oder archaisierenden Stücken der Liturgie seinen Platz, so erfreut es sich in der jüngsten Schrift des AT und in den Apokryphen (s.u. 5) auffälliger Beliebtheit. Dieser Titel findet sich 14 × in den aram. Partien des Danielbuches, und zwar 6 × in der absoluten Form *'illā'ā* (immer Q: Dan 4,14.21. 22.29.31; 7,25), 4 × in der Verbindung mit *'ælāhā* (Dan 3,26.32; 5,18.21) und 4 × in der hebraisierenden Form *qaddīšē 'æljōnīn* (Doppelplural oder Angleichung an *'ælōhīm*; Dan 7,18.22.25.27). Dieses nicht spezifisch israelitisch geprägte Gottesprädikat kommt dem Verständnis der Umwelt entgegen und eignet sich deshalb besonders für die jüdische Diaspora (vgl. Eichrodt II,113).

Inhaltlich geht es auch hier um die universale Macht Gottes (Dan 4,14.22.29 »der Höchste ist Herr über das Königtum der Menschen«, vgl. 5,21; 4,31 »dessen Gewalt nie endet und dessen Herrschaft alle Geschlechter überdauert«; 5,18: er gibt Königswürde und Macht).

Wer die »Heiligen des Höchsten« (Dan 7,18–27) sind, ist umstritten. Während dieser Ausdruck gewöhnlich auf die treuen Glieder des jüdischen Volkes bezogen wird (so zuletzt R.Hanhart, FS Baumgartner 1967, 90–101), ist vor allem M.Noth (FS Mowinckel 1955, 146–161 = GesStud 274–290) dafür eingetreten, es handle sich um himmlische Wesen (so *b^enē 'æljōn* Ps 82,6).

c) Das »Urbekenntnis« Israels (Noth, ÜPt 52) zu Jahwe, »der Israel aus Ägypten herausgeführt hat«, begegnet im AT in zweifacher Gestalt. Für den Akt der Herausführung wird entweder das Verbum →*jṣ'* hi. (76 ×) oder *'lh* hi. (42 ×) gebraucht, und zwar in einer trotz mannigfacher Variationen verhältnismäßig fest geprägten Formel.

Die wichtigsten Formen sind das Bekenntnis »Jahwe hat uns aus dem Lande Ägypten heraufgeführt« (Jos 24,17; Ri 6, 13; Jer 2,6), der Gottesspruch »ich habe dich ... heraufgeführt« (Mi 6,4; Ps 81,11 [mit Selbstvorstellungsformel], vgl. Gen 46,4; »euch«: Gen 50,24; Ex 3,17; Lev 11,45; Am 2,10; Ri 2,1; 6,8; »sie«: 2Sam 7,6; Am 3,1 u.ö., vgl. Ex 3,8) und der Aussagesatz »Jahwe hat Israel ... heraufgeführt« (1Sam 12,6; 2Kön 17,7; Jer 16, 14; 23,7; Hos 12,14; »dich«: Dtn 20,1; »euch«: 2Kön 17,36).

Die Einleitungsformulierungen zeigen, daß die Formel häufiger in liturgischen Zusammenhängen verwendet wurde (vgl. die kultischen Ausrufe »Israel, dies sind ...« Ex 32,4.8; 1Kön 12,28; »dies ist ...« Neh 9,18; »wo ist Jahwe ...?« Jer 2,6; »hat Jahwe nicht ...?« Ri 6,13, vgl. Am 9,7; die Schwurformel »so wahr Jahwe lebt...« Jer 16,14; 23,7; die Botenformel »so spricht Jahwe« leitet Ri 6,8; 1Sam 10,18 den Gottesspruch ein, vgl. Am 9,7), vgl. J.Wijngaards, VT 15,1965, 99.

Gewöhnlich ist Jahwe Subjekt der Handlung. Sachlich macht es allerdings keinen Unterschied, wenn gelegentlich der Engel Jahwes (Ri 2,1) oder Mose (Ex 17,3; 32, 1.7.23; 33,1.12; Num 16,13; 20,5 [und Aaron]) als Handelnde in Erscheinung treten; denn durch sie ist Gott selbst am Werk (vgl. Hos 12,14 »durch einen Propheten führte Jahwe Israel von Ägypten herauf«). Num 21,5 sind denn auch Gott und Mose gemeinsam als Subjekt gesehen. Im folgenden wird daher nicht zwischen den verschiedenen grammatischen Subjekten unterschieden.

Die Formen mit *'lh* hi. sind offenbar älter als die mit *jṣ'* hi. Sie begegnen bereits in den älteren Erzählungen (J: Ex 3,8.17; 33,12.15; Num 16,13; JE: Gen 46,4; 50, 24; Ex 17,3; 32,1.4.7.8.23; Num 20,5; 21,5), bei den frühen Schriftpropheten (Hos 12,14; Am 2,10; 3,1; 9,7; Mi 6,4) und in vordeuteronomistischen Stücken des dtr. Geschichtswerks (Jos 24,17; Ri 2,1; 6,8.13; 2Sam 7,6; 1Kön 12,28). In der späteren Königszeit tritt die Häufigkeit der Verwendung deutlich hinter der von *jṣ'* hi. zurück, namentlich in den gesetzlichen Partien des AT (Dtn nur 20,1 [gegenüber 17 × *jṣ'* hi.]; dtr. Geschichtswerk: Ex 33,1; 1Sam 8,8; 10,18 [vgl. dazu und zum ganzen Problem H.J. Boecker, Die Beurteilung der Anfänge des Königtums in den deuteronomistischen Abschnitten des 1. Sammelbuches, 1969, 39–43]; 12,6; 2Kön 17,7.36; Jer: 2,6; 11,7; 16,14; 23,7; Ps: 81,11; P: Lev 11, 45; Num 14,13; Chron.: Neh 9,18, vgl. Ex 32,4; 1Chr 17,5 = 2Sam 7,6), vgl. die Tabelle bei Wijngaards, a.a.O. 98. Ri 6,8 begegnen die »Heraufführungsformel« und die »Herausführungsformel« nebeneinander.

Aus der Verbreitung läßt sich schließen, daß die Formel mit *'lh* hi. im Nordreich beheimatet war und an den dortigen Heiligtümern gepflegt wurde (vgl. Wijngaards, a.a.O. 100). Offenbar hatte sie einen festen Platz in der Überlieferung von der Aufstellung der »goldenen Kälber« in Bethel und Dan (1Kön 12,28; daß Ex 32,4.8 der in diesem Zusammenhang unpassende Plural [»dies sind die Götter, die ...«] steht, zeigt die traditionsgeschichtliche Abhängigkeit dieses Abschnittes von 1Kön 12; Neh 9,18 ist der zu erwartende Sing. verwendet). Die Verbindung mit dem illegitimen Kult im

Nordreich dürfte der Grund dafür gewesen sein, daß die Formel mehr und mehr ausgemerzt bzw. durch die mit *jṣ'* hi. ersetzt wurde.

Die »Heraufführungsformel« eignet sich vor allem dazu, die Traditionskomplexe »Herausführung aus Ägypten« und »Landnahme« miteinander zu verbinden. Den inneren Zusammenhang beider Taten Jahwes weist die Formel namentlich an den Stellen auf, an denen der Ausgangs- und Bestimmungsort nebeneinander genannt werden (mit *min* und *'æl:* Gen 50,24; Ex 3,8.17; 33,1). Auch wird die Hineinführung Israels ins Land (mit *bō'* hi. *'æl*) neben der Heraufführung aus Ägypten erwähnt (Num 16,13f.; 20,5; Ri 2,1; Jer 2,6f.). Schon die in verschiedenen Zusammenhängen überlieferte Klage des Volkes, daß es in die Wüste statt in die Fülle des Kulturlandes »heraufgeführt« sei (vgl. Num 16,13; 20,5; 21,5), zeigt, wie hier der Gedanke an die Inbesitznahme des Landes von vornherein mitgesetzt war. Eine Verbindung mit dem Thema »Führung in der Wüste« (*hlk* hi.) ist Jer 2,6 und Am 2,10 hergestellt.

Daß die »Heraufführung« Israels die grundlegende Tat Gottes zur Errettung seines Volkes ist, tritt zwar nicht so deutlich hervor wie in der traditionsgeschichtlich mit dem Meerwunder verbundenen Formel mit *jṣ'* hi., kommt aber durch die liturgische Sprache und das Gewicht der Zusammenhänge, in denen die Heraufführungsformel steht, klar genug zum Ausdruck (neben *nṣl* hi. »befreien« Ex 3,8; 1Sam 10,18).

Im inneren Zusammenhang mit dem Thema »Herausführung aus Ägypten« stehen auch die Aussagen, nach denen Jahwe Israel auf der Reise dorthin und von dort begleitet (*jrd* q.: Gen 46,4; *'lh* q.: Ex 33, 3.5 [negativ]; positiv mit *hlk* Ex 33,14.15).

Jeremia stellt den ersten und den zweiten Exodus bewußt einander gegenüber (Jer 16,14f. = 23,7f.). Die Heimführung Israels aus dem Exil wertet er dabei als einen so großen Erweis der Macht Gottes, daß sie die grundlegende Tat der Herausführung aus Ägypten in den Schatten stellt. In Zukunft wird eben diese Rettungstat das Urdatum des Bekenntnisses Israels darstellen; Schwurformeln berufen sich darum auf den Gott Israels, der sein Volk aus der Zerstreuung heimgebracht hat.

Ezechiel verwendet für die Heimführung Israels aus dem Exil das Bild von der Wiederbelebung der Totengebeine (Ez 37,12. 13 »ich führe euch, mein Volk, aus euren Gräbern heraus«; in V.12 wechselt das Bild zur Sache hin: »und bringe euch ins Land Israel«).

'ᵃlijjā ist denn auch durch die Jahrhunderte hindurch der terminus technicus für die Heimkehr der zerstreuten Glieder des Gottesvolkes ins Land der Väter geblieben.

5. LXX gibt *'lh* und *jrd* in aller Regel durch das Gegensatzpaar ἀναβαίνειν und καταβαίνειν wieder; *'æljōn* erscheint als ὕψιστος.

Der Gottesname Eljon erfreut sich in den Apokryphen (Sir etwa 50×, Sap und 3Esr) und Pseudepigraphen (Hen, Jub und 4Esr) großer Beliebtheit. Dieses Gottesprädikat dringt durch jüdische Vermittlung auch im hellenistischen Raum ein und wird zur gängigen Bezeichnung für den Gott der Juden (Belege bei A.B.Cook, Zeus, 1914–40, II/2, 876–890; III/2, 1162f.).

In der Apokalyptik kommt darüber hinaus die Vorstellung von der Himmelfahrt eines Menschen stärker zum Tragen (Himmelfahrt Moses, etc.), in der Gnosis die von der Himmelsreise der Seele.

Das NT schließt sich fest dem Sprachgebrauch des AT an (bis hin zu Semitismen, vgl. »ins Herz emporsteigen« Apg 7,23; 1Kor 2,9), vgl. J.Schneider, Art. βαίνω, ThW I,516–521; G.Bertram, Art. ὕψος, ThW VIII, 600–619. *G.Wehmeier*

עַם/גּוֹי *'am/gōj* Volk

I. *'am* und *gōj*, oft mit »Volk« oder »Nation« übersetzt, können am besten in Zusammenhang miteinander untersucht werden. Nur so kann es gelingen, Gemeinsamkeiten und Unterschiede herauszustellen und ihre Sonderentwicklung klar zu erkennen.

1. a) Das Wort *'am* (**'amm-*) findet sich in mehreren sem. Sprachen, z.B. akk. (als wsem. LW altbab. *ammum/ḫammum* »Volk[?]«, vgl. AHw 44b; CAD A/II,77a), amorit. (Huffmon 196–198), ug. (*'m* »Volk«, vgl. WUS Nr. 2042; UT Nr. 1864), phön.-pun., moab. und aram. (*'m* »Volk«, DISO 216; LS 529a), arab. (*'amm* »Vatersbruder«, Wehr 575b), altsüdarab. (*'m* »patruus«, Conti Rossini 208f.). Mit → *'āb*, → *'āḥ* usw. gehört es zu den Verwandtschaftsbezeichnungen und meint den Vatersbruder. Das Wort bedeutet wohl früh auch »Sippe«, »Verwandte (väterlicherseits)«, »Verwandtschaft« und hat dann einen kollektiven Sinn (Lane I,2149: »a company of men, a tribe, a numerous company«; nach

WUS Nr. 2042 hat ug. *'m* die Bed. »Sippe, Verwandtschaft«).

Am wahrscheinlichsten steht im Hebr. die Bed. »Vatersbruder« am Anfang und ist die Bed. »Sippe« eine spätere Entwicklung; jedenfalls ist in *'am* die Verwandtschaft der Glieder betont. Von daher läßt sich schließen, daß die geläufige Wiedergabe des Wortes mit »Volk« weniger genau ist und nur beibehalten werden kann, wenn man sich vergegenwärtigt, was dabei unter »Volk« zu verstehen ist. GB 596f. nennt *'am* I »Volk« neben *'am* II »Stammgenosse, Verwandter«, allerdings mit der Bemerkung: »ursprünglich wohl dasselbe Wort wie *'am* I«; KBL 710f. unterscheidet *'am* I »Stammverwandter«, *'am* II »Verwandter (in theophoren Namen)« und *'am* III »Volk« und betrachtet anscheinend die beiden letzten als aus *'am* I entstanden. Die Richtigkeit einer solchen Trennung in den Wörterbüchern darf man mit Recht beanstanden, wenn man sich bewußt ist, daß es sich im Grunde genommen um ein und dasselbe Wort handelt, und zwar um eine Verwandtschaftsbezeichnung; am Anfang steht die Bed. »Vatersbruder«. R.de Vaux, Histoire ancienne d'Israël, 1971, 151f., umschreibt die Situation folgendermaßen: »Il n'y a pas de raison pour répartir ces usages entre deux mots différents, comme font les dictionnaires, car le ›peuple‹ est conçu comme une extension de la famille, de la famille paternelle ... Du sens de proche parent à ceux de famille, clan, peuple, le passage est insensible«.

b) Innerhalb der wsem. Namengebung begegnen wir *'m* ziemlich oft; anscheinend ist es dabei ein theophores Element. So z.B. in amorit. Namen in den Mari-Texten und in ug., phön. und pun. Namen.

Die Frage, ob es sich dann um einen Gott 'Ammu handelt oder um die Verwendung einer Verwandtschaftsbezeichnung in appellativischem Sinne für eine Gottheit, ist noch nicht völlig geklärt. Es scheint vieles dafür zu sprechen, daß auch hier die Verwandtschaftsbedeutung am Anfang steht und die Anwendung dieser Bezeichnung auf eine Gottheit von der engen Verbundenheit der Verehrer mit dieser Gottheit Zeugnis ablegt. Sie betrachten also den Gott als ihren nahen Verwandten und erwarten von ihm Schutz und Hilfe, wie sie ja auch der Onkel väterlicherseits zu geben bereit ist. Daß *'ammu* (oder *ḫammu*) in amorit. Namen den Vatersbruder bedeute, ist nach Huffmon 196 zwar »the most probable explanation«, aber »the sense ›kindred, people‹ ... can also be argued ...« Daß man es mit einem richtigen Gottesnamen zu tun haben sollte, scheint durch das Fehlen des Gottesdeterminativs ausgeschlossen und kann auch nicht dadurch als bewiesen gelten, daß *'ammu* in den Namen genau an der Stelle eines Gottesnamens steht, auch nicht dadurch, daß ihm Eigenschaften und Tätigkeiten zugeschrieben werden, die man sonst Gottheiten zuschreibt. So stellt Gröndahl 82f. (vgl. 109) fest: »In ugaritischen Namen wird *'Ammu* ›Löwe‹, ›stark‹, ›Licht‹ genannt, er ist ›Heiler‹ und wird gebeten ›groß zu machen‹, ›fruchtbar zu sein‹, ›dauerhaft, beständig zu sein‹, ›zurückzukehren‹, ›er nennt (bei Namen)‹, der Mensch nennt sich ›Sohn‹ und ›Sproß‹ 'Ammu's«. Für phön.-pun. Namen vgl. F.L.Benz, Personal Names in the Phoenician and Punic Inscriptions, 1972, 379; für den qatabanischen Mondgott 'Amm vgl. M.Höfner, in: H.Gese u.a., Die Religionen Altsyriens, Altarabiens und der Mandäer, 1970, 282f.377.

In atl. Personennamen kommt *'am* öfters vor (vgl. Noth, IP 76ff.; J.J.Stamm, SVT 7, 1960, 177f.; ders., FS Landsberger 1965, 418f.), wie in der wsem. Namengebung überhaupt auch hier wohl, wenigstens ursprünglich, als theophores Element. Genannt seien u.a. *'ammī'ēl* (Num 13,12 u.ö.), *'ammīhūd* (Num 1,10 u.ö.), *'ammīnādāb* (Ex 6,23 u.ö.), *'ammīšaddāj* (Num 1,12 u.ö.), *'amrām* (Ex 6,18 u.ö.), *Jeqam'ām* (1Chr 23,19; 24,23), *Jārob'ām* (Jerobeam, 1Kön 11,26 u.ö.) und *Reḥab'ām* (Rehabeam, 1Kön 11,43 u.ö.). Die Bedeutung der letzten zwei Namen ist umstritten; entweder ist auch hier *'am* das theophore Element oder *'am* bedeutet in beiden Fällen »Volk« (vgl. Gröndahl 109.179; UT Nr. 2330; J.J.Stamm, FS Albright 1971, 443–452). Zum Namen *'ammōn* vgl. J.J. Stamm, ArOr 17, 1949, 379–382; von Rad, ATD 3, 9176 zu Gen 19,38.

Die angeführten atl. Namen lassen doch wohl darauf schließen, daß die alte Bedeutung von *'am* wenigstens in der älteren Zeit und zu Anfang der Königszeit nicht vergessen war, ja sogar auch später noch bekannt geblieben ist. Die Bemerkung, diese Bedeutung habe sich nur noch ganz vereinzelt im Hebr. erhalten (von Rad, a.a.O.), trifft wohl nicht zu, vielmehr ist von vornherein damit zu rechnen, daß sie an mehreren Stellen noch tatsächlich gefunden wird oder zumindest eine mehr oder weniger bedeutsame Rolle gespielt hat.

2. a) Im Gegensatz zu *'am*, das in der Umwelt des AT weit verbreitet war, begegnet das Wort *gōj* außerhalb des Hebr. im sem. Sprachbereich nur in den Mari-Texten (*gā'um/gāwum*, ARM IV 1,13.15; VI 28,8; RA 49, 1955, 16ff.; vgl. ARM V 87,5). Als Deutungen sind im Laufe der Jahre vorgeschlagen worden: »tribu« (Dossin, Kupper), »Stamm« (A.Falkenstein, BiOr 13, 1956, 31), »Volk« (AHw 284a), »group, gang (of workmen)« (CAD G 59). A.Malamat, JAOS 82, 1962, 143f. Anm. 3, ist der Meinung, daß »the term originally designated a gentilic unit, though in the Mari documents it is already used in the context of territorial and administrative organization«. Nach D.O. Edzard, ZA 56,1964,144, ist es eine Bezeichnung für einen Stammesteil. Die nähere Begriffsbestimmung bleibt also unklar. Dieser Tatbestand liefert deshalb kaum einen positiven Beitrag zur Aufhellung des atl. Wortes *gōj*, vor allem nicht, weil das Verhältnis zwischen *gōj* und *gāʾum* undeutlich ist. Ist *gōj* von dem (wsem.) *gāwum/gājum* hergeleitet (R.E.Clements, ThWAT I,966) oder ist *gāʾum* kan. Fremdwort (AHw 284a)? Oder sind beide Wörter gemeinsamen Ursprungs, so daß man nicht von Herleitung usw. sprechen sollte? Über eine zugrunde liegende Etymologie läßt sich nichts Sicheres erheben. So hilft z.B. *gēw* »Gemeinschaft, Gemeinde, Korporation« (im AT nur Hi 30,5; vgl. phön.-pun. *gw*, DISO 48; HAL 174b), auch wenn ein Zusammenhang mit *gōj* anzunehmen wäre, nicht weiter.

b) Hinsichtlich des Unterschiedes zwischen *ʿam* und *gōj* könnte man versuchsweise folgendes sagen: Als Begriff aus dem verwandtschaftlichen Bereich ist bei *ʿam* die Zusammengehörigkeit von innen her gegeben und keineswegs erst durch äußere Umstände bedingt, während bei *gōj* eine naturgemäße Einheit, wenn schon vorhanden, nicht entscheidend zu sein scheint, weil gerade andere Faktoren mit im Spiele sind (entweder territoriale oder vor allem politische?). E.A.Speiser, JBL 79,1960,160, bringt den Unterschied auf die Formel: *ʿam* – subjective and personal, *gōj* – objective and impersonal. Übersetzungen wie »Volk« für *ʿam* und »Nation, Bevölkerung, Staat« für *gōj* sind kaum befriedigend und können nur vom Kontext her oder mit einer Erläuterung versehen als angebracht bezeichnet werden. Eine Deutung von *ʿam* als religiöser Gemeinschaft und von *gōj* als politischer Gemeinschaft trifft ebensowenig zu.

II. Die Belegstellen sind folgendermaßen über das (hebr.) AT verteilt (inkl. *gōjīm* in Gen 14,1.9; Jos 12,23; Ri 4,2.13.16; *ʿam* in Hos 10,14 txt? als Sing. gerechnet):

	gōj			*ʿam*		
	sing.	plur.	total	sing.	plur.	total
Gen	9	18	27	23	10	33
Ex	4	2	6	170	5	175
Lev	2	5	7	29	14	43
Num	1	4	5	83	4	87
Dtn	13	33	46	82	25	107
Jos	5	8	13	67	3	70
Ri	1	6	7	65	2	67
1Sam	–	2	2	110	–	110
2Sam	1	4	5	102	1	103
1Kön	2	3	5	77	6	83
2Kön	5	12	17	53	–	53
Jes	20	53	73	105	25	130
Jer	28	59	87	162	3	165
Ez	1	86	87	69	29	98
Hos	–	3	3	15	3	18
Jo	2	8	10	11	2	13
Am	1	3	4	7	–	7
Ob	–	4	4	1	–	1
Jon	–	–	–	1	–	1
Mi	2	7	9	12	7	19
Nah	–	2	2	2	–	2
Hab	1	6	7	2	4	6
Zeph	4	3	7	5	2	7
Hag	1	3	4	8	–	8
Sach	–	17	17	10	9	19
Mal	1	4	5	2	–	2
Ps	7	53	60	83	37	120
Hi	1	2	3	5	3	8
Spr	1	–	1	8	1	9
Ruth	–	–	–	10	–	10
Hhld	–	–	–	1	–	1
Pred	–	–	–	2	–	2
Klgl	1	6	7	9	2	11
Est	–	–	–	24	7	31
Dan	3	–	3	16	–	16
Esr	–	1	1	16	7	23
Neh	–	6	6	46	7	53
1Chr	3	6	9	40	5	45
2Chr	3	9	12	106	6	112
AT	123	438	561	1639	229	1868
	22%	78%	100%	88%	12%	100%

Im aram. Teil des AT finden sich 15 Belege für *ʿam* (Dan 10×, Esr 5×), davon 8× Sing. und 7× Plur. (in Dan).

Bei *ʿam* überwiegen weitaus die Sing.-Stellen, bei *gōj* ist gerade das umgekehrte der Fall. Ein charakteristischer Unterschied ist weiter noch, daß *ʿam* oft mit Personalsuffixen versehen wird, während bei *gōj* Suffixe praktisch nicht verwendet werden (nur Gen 10,5.20.31.32 »ihre Völker« und Ez 36,13.14.15 »deine Völker«; weiter Zeph 2,9 und Ps 106,5 »mein/dein Volk«, beidemale par. zu *ʿam*, das zuerst genannt wird).

Im Hinblick auf die Streuung im Pentateuch ist die überaus große Zahl der sing. *ʿam*-Stellen (Ex, Num, Dtn) im Gegensatz zu den ganz wenigen sing. *gōj*-Belegen sehr auffallend. Beachtung verdient noch, daß ungefähr die Hälfte aller plur. Belege sich im Dtn findet, wobei *ʿammīm* und *gōjīm* nahezu im Gleichgewicht sind.

Auch in Jos – 2Kön läßt sich der gleiche Tatbestand beobachten: geringe Zahl der sing. *gōj*-Stellen gegenüber zahlreichen *ʿam*-Belegen (14 zu 474). Bemerkenswert ist weiter, daß sich, was die Pluralstellen anbelangt, eine gewisse Vorliebe für *gōjīm* abzuzeichnen scheint (vgl. vor allem 2Kön, wo *'ammīm* fehlt).

Was die Prophetenbücher betrifft, sei hingewiesen auf die reichliche Zahl der sing. *'am*-Belege in Jer im Gegensatz zu den sehr wenigen Pluralstellen; dagegen gibt es in Ez ganz wenige sing. *gōj*-Belege im Verhältnis zu den zahlreichen Pluralstellen. Mehr als die Hälfte der plur. *gōj*-Belege finden wir in Dtn, Jes, Jer und Ez. In den Psalmen fällt neben den vielen *gōjīm*-Stellen die relativ große Zahl der *'ammīm*-Belege auf.

III. Die Untersuchung der beiden Wörter *'am* und *gōj* wird folgendermaßen gegliedert: III/1 *'am* als Verwandtschaftsbegriff; III/2 *'am hā'āræṣ* »das Volk des Landes«; III/3 *'am* als Bezeichnung für »Kriegsvolk, Heer«?; III/4 *'am Jhwh* »das Volk Jahwes«; III/5 *'am qādōš* »ein heiliges Volk«; IV/1 *gōj* in den Verheißungsaussagen; IV/2 der Bedeutungsunterschied zwischen *'am* und *gōj*; IV/3 plur. *'ammīm* und *gōjīm*.

Zum Gesamten sei auf folgende Literatur (in Auswahl, ohne die Kommentare und die »Theologien« des AT) verwiesen: M. Krenkel, Das Verwandtschaftswort *'am*, ZAW 8, 1888, 280–284; J. Boehmer, »Dieses Volk«, JBL 45, 1926, 134–148; G. von Rad, Das Gottesvolk im Deuteronomium, 1929 = GesStud II, 1973, 1–108; L. Rost, Die Bezeichnungen für Land und Volk im AT, FS Procksch 1934, 125–148 = KC 76–101; N.W. Porteous, Volk und Gottesvolk im AT, FS Barth 1936, 146–163; A. Causse, Du groupe ethnique à la communauté religieuse, 1937; N.A. Dahl, Das Volk Gottes, 1941; W. Eichrodt, Gottes Volk und die Völker, 1942; O. Eißfeldt, Volk und »Kirche« im AT, ThStKr 109, 1947, 9–23; H.W. Wolff, Volksgemeinde und Glaubensgemeinde im AT, EvTh 9, 1949/50, 65–82; H.W. Hertzberg, Werdende Kirche im AT, 1950; A.R. Hulst, Der Name »Israel« im Deuteronomium, OTS 9, 1951, 65–106; Th.C. Vriezen, Die Erwählung Israels nach dem AT, 1953, neubearbeitet holl.: De verkiezing van Israel, 1974; J.D.W. Kritzinger, Qehal Jahwe, 1957; R. Martin-Achard, Israël et les nations, 1959; E. A. Speiser, »People« and »Nation« of Israel, JBL 79, 1960, 157–163; H. Wildberger, Jahwes Eigentumsvolk, 1960; O. Bächli, Israel und die Völker, 1962; R. Smend, Die Bundesformel, 1963; ders., Jahwekrieg und Stämmebund, (1963) [2]1966; G. von Rad, Der Heilige Krieg im alten Israel, [4]1965; F. Stolz, Jahwes und Israels Kriege, 1972.

Zu Einzelproblemen vgl. außer der in den betr. Abschnitten genannten Lit. noch folgende neuere Arbeiten: D.E. Hollenberg, Nationalism and »the nations« in Isaiah XL–LV, VT 19, 1969, 23–36; H.G. May, »This people« and »This nation« in Haggai, VT 18, 1968, 190–197; H.M. Lutz, Jahwe, Jerusalem und die Völker, 1968; G. Schmitt, Du sollst keinen Frieden schließen mit den Bewohnern des Landes, 1970; J.T. Willis, Micah 2,6–8 and the »People of God« in Micah, BZ 14, 1970, 72–87; G.W. Anderson, Israel: Amphictyony: *'am, qāhāl, 'ēdā*, FS May 1970, 135–151; N. Füglister, Strukturen der atl. Ekklesiologie, in: J. Feiner – M. Löhrer, Mysterium Salutis, IV/1, 1972, 25–28.

1. Entsprechend dem in I/1a Ausgeführten ist bei *'am* auszugehen von der Verwendung des Wortes als V e r w a n d t s c h a f t s b e g r i f f. Es empfiehlt sich, die Bed. »Verwandtschaft« anhand der atl. Aussagen einmal konkret nachzuweisen; dabei sind neben vereinzelten Stellen (s.u. 1c) zwei geprägte Redewendungen wichtig (1a–b).

a) Die erste ist *'sp* ni. *'æl 'ammīm* »zu den *'ammīm* versammelt werden«. Von Abraham heißt es, er sei verschieden, gestorben, zu seinen *'ammīm* versammelt und begraben worden (Gen 25,8f.); ähnlich von Ismael (25,17), Isaak (35,29), Jakob (49,29.33), Aaron (Num 20,24; Dtn 32,50) und Mose (Num 27,13; 31,2; Dtn 32,50). Es handelt sich um eine wohl sehr alte, in P erhaltene Formel. Die *'ammīm* sind hier die (toten) Verwandten, mit denen der Verstorbene vereinigt wird; die Verbundenheit mit den Vorfahren wird auf diese Weise klar hervorgehoben. Daß diese Formel die Vorstellung vom Väter- und Familiengrab voraussetze, wie öfters behauptet wird (R. de Vaux, La Genèse [Bible de Jérusalem], [2]1962, 118 zu Gen 25,8: »l'expression ... tire son origine des tombeaux de famille«; vgl. auch von Rad, ATD 3, [9]210), wird mit guten Gründen bestritten von B.J. Alfrink, OTS 5, 1948, 118ff. Nach ihm ist in dieser Aussage nicht »la réunion aux ancêtres dans le tombeau familial« gemeint, vielmehr enthält sie einen Hinweis »à la réunion aux ancêtres dans le Shéol«.

Im Gegensatz zum Plural im MT finden wir den Sing. im Targum und in der LXX (λαός, in Gen 25,17 und 35,29 γένος), meist auch in der Vulgata.

Der sam. Text hat, wenn es sich um die Suffixe der 2. und 3. Person handelt, *'mk* und *'mw*; diese Formen können sowohl sing. als auch plur. (defektiv geschrieben) verstanden werden. Die masoretische Textüberlieferung hat jedoch auf die Pluralformen Wert gelegt und dadurch die ursprüngliche Form der Aussage bewahrt. Gerade deshalb ist der Plural beizubehalten und in Gen 49,29 *'ammaj* statt *'ammī* wieder hergestellt worden. Die sing. Wiedergabe weist darauf hin, daß man entweder die Formel nicht mehr richtig verstanden oder nur als eine stereotype Wendung betrachtet hat.

Zu den vergleichbaren Formeln wie »sich zu seinen Vätern legen« o.ä. →*'āb* IV/2a.

b) Die zweite Formel lautet (mit einiger Variation) *krt* ni. *mē'ammāw* »von seinen Verwandten abgeschnitten werden« (Gen 17,14; Ex 30,33.38; 31,14; Lev 7,20.21. 25.27; 17,9; 19,8; 23,29; Num 9,13, alle Belege zu P oder H gehörig). Die Vergehen, aufgrund deren der Übeltäter aus dem Kreise seiner Verwandten ausgeschlossen wird, sind religiöser und sakralrechtlicher Art, Verletzung bestimmter Taburegeln und Verstöße gegen kultische und rituelle Bräuche, wodurch der Verwandtenkreis, die Sippe als religiöse und kultische Gemeinschaft gefährdet wird. Der Schuldige stellt sich durch seine Tat außerhalb dieser Gemeinschaft und wird seinem Schicksal überlassen.

Nun wird diese Formel auch mit sing. *'am* statt plur. *'am* überliefert (mit *krt* ni.: Lev 17,4; 18,29; 20,17.18; Num 15,30; mit *krt* hi.: Lev 17,10; 20,3.5.6; vgl. Ez 14,8.9). Zu dieser Bannformel vgl. W. Zimmerli, ZAW 66, 1954, 17ff., und BK XIII,302ff. Nach ihm dürfte die plur. Formulierung die alte Form der Aussage darstellen und sich auf die Sippe als die kultische Gemeinschaft beziehen, während die sing. Formulierung sich auf das Bundesvolk Israel als die eigentliche Kultgemeinschaft bezieht. Es fragt sich jedoch, ob nicht die Situation tatsächlich etwas differenzierter ist; es wäre möglich, daß nicht an allen in Betracht kommenden Stellen eine einwandfreie Beziehung auf das Volk als ganzes vorliegt. Ist an den Stellen mit *krt* hi. und Suffix der 3. Pers. an *'am* das ganze Volk Israel oder nur die Sippe des Missetäters gemeint? Für die letztere Auffassung könnte geltend gemacht werden, daß auch in der passivischen Form der Bannformel *'ammīm* mit *'am* abwechselt; sing. *'am* bedeutete dann kollektiv »Sippe, Verwandtschaft«, und mit dieser Möglichkeit ist zu rechnen. Die sing. Formulierung der Bannformel läßt beide Deutungen zu: entweder bezieht sie sich wie die plur. Form auf die Sippengemeinschaft, oder sie kann, wie erwähnt, in späterer Zeit auf die religiöse Gemeinschaft Israel bezogen werden. Diese Deutung wird übrigens auch wohl gemeint sein in der sing. Wiedergabe aller Variationen der Bannformel in der LXX und im Targum.

c) Die Bed. »Verwandtschaft« zeigt sing. *'am* einwandfrei auch in 2Kön 4,13 »ich wohne unter meinen Verwandten«. Im Kreis der eigenen Leute gibt es Schutz und Sicherheit (*'ammaj* zu lesen statt *'ammī* ist unnötig; *'am* ist kollektiv verwendet). Der Gottlose wird in seiner Sippe keine Nachkommen haben, die sein Gedächtnis pflegen und seinen Namen in Ehren halten, Hi 18,19 (vgl. V. 17). In Jer 37,12 dagegen ist die Bedeutung von *'am* einigermaßen unsicher. Nach Rudolph, HAT 12,238, handelt es sich darum, daß der Prophet »im Kreis der Familie« eine Erbteilung zu regeln hat (V.4, wo *'am* die Bevölkerung von Jerusalem meint, entscheidet keineswegs über die Bedeutung von *'am* in V.12). Wenn auch etwas zweifelhaft, hat doch die Bed. »Familie« hier große Wahrscheinlichkeit für sich. Auch in Ruth 1,10.16 ist im Rahmen der Familienerzählung die Bed. »Verwandtschaft« erwägenswert, jedenfalls steht sie im Hintergrund.

In Ez 18,18 sind mit *'ammīm* zweifellos die Verwandten gemeint. »Der Blick auf den Umkreis der Familie ist in dieser so stark mit der Frage der Schuldsolidarität in der Familie beschäftigten Erörterung nicht abwegig« (so Zimmerli, BK XIII, 394; die sing. Übertragung der LXX ist eine sekundäre Übertragung auf das Gottesvolk).

Nach Lev 21,1.4 darf ein Priester sich nicht verunreinigen bei einem Todesfall unter seinen Verwandten (*'ammīm*); dem Hohenpriester ist nur die Heirat mit einer Jungfrau aus seiner Verwandtschaft erlaubt, Lev 21,14.15 (vgl. aber die wohl spätere Vorschrift in Ez 44,22 und den sam. Text sowie G^B zu Lev 21,15). Zuletzt noch Lev 19,16: »Du sollst nicht als Verleumder unter deinen Sippengenossen umhergehen«; auch hier ist die Auffassung »Volk, Volksgenossen« eine spätere Ausweitung der ursprünglichen Bedeutung.

Die Bed. »Verwandtschaft« ist von Anfang an wichtig gewesen; daß sie im priesterlichen Schrifttum einen solchen Nachhall gefunden hat, könnte möglicherweise damit zusammenhängen, daß in der späteren, nachexilischen Zeit auf verwandtschaftliche Gemeinschaft besonderer Wert gelegt wurde.

Das (wohl jüngere) Wort *ʻāmīt* (Lev 5,21.21; 18,20; 19,11.15.17; 24,19; 25,14.14.15.17) bedeutet schwerlich »Sippengenosse«, wohl eher »Glied der Volksgemeinschaft, Mitbürger« (Elliger, HAT 4, 241 Anm. 19). In Lev 19,11–18 steht es in Parallele zu »Nächster«, »Bruder«, »Söhne deines Volkes«. In Sach 13,7 bedeutet es vielleicht »Vertrauter«; man denkt aber auch an ein Abstraktum »Gemeinschaft« o.ä. (vgl. M. Sæbø, Sacharja 9–14, 1969, 279f.; LXX hat hier πολίτης, sonst πλησίον).

Die Bed. »Verwandte« für *ʻammīm* hat man auch in Dtn 33,3 finden wollen (J. Wijngaards, Deuteronomium, 1971, 350), aber diese Stelle ist zu unsicher. Zwar ist der Plur., weil textkritisch besser bezeugt als der Sing., beizubehalten; das Argument, daß die *ʻammīm* »doch nicht Gegenstand der Liebe Jahwes sein können« (C. Steuernagel, Das Deuteronomium, [2]1923, 174), ist, wenn es eine textkritische Entscheidung betrifft, irrelevant.

2. a) Die Bezeichnung *ʻam hāʼāræṣ* »Volk des Landes« wird oft als terminus technicus verstanden und gedeutet als die Zusammenfassung der Männer eines Territoriums zu politischem Handeln oder, ein wenig allgemeiner, als die im Besitz der bürgerlichen Rechte befindliche Oberschicht (vgl. u.a. E. Würthwein, Der ʻamm ha'arez im AT, 1936; R. Meyer, Judaica 3, 1947, 169–199; de Vaux I,111–113.326f. Lit.; ders., Le sens de l'expression »Peuple du pays« dans l'Ancien Testament et le rôle politique du peuple en Israël, RA 58, 1964, 167–172; L. A. Snijders, Het »volk des lands« in Juda, NedThT 12, 1957/58,241–256; J. A. Soggin, Der judäische *ʻam haʼareṣ* und das Königtum in Juda, VT 13, 1963, 187–195; E. W. Nicholson, The Meaning of the Expression *ʻm hʼrṣ* in the OT, JSS 10, 1965, 59–66; Ihromi, Die Königinmutter und der ʻamm ha'arez im Reich Juda, VT 24, 1974, 421–429). Eine kritische Prüfung der Belege (75×, davon *ʻam(–)hāʼāræṣ* 51× [exkl. Neh 9,10 und Ez 45,16 txt em], *ʻammē hāʼāræṣ* 16×, *ʻammē hāʼarāṣōt* 8×) mahnt jedoch zur nötigen Vorsicht. So handelt es sich in Gen 42,6 und Num 14,9 doch wohl um die Gesamtbevölkerung eines Wohngebietes, während Ex 5,5 bestimmt mit Ex 1,7.9f. zu verbinden ist; eine Beschränkung auf die Männer liegt nicht vor. Wird die Wortverbindung im technischen Sinne verwendet, so haben wir es mit einer durch bestimmte Umstände veranlaßten und geprägten Spezialbedeutung zu tun, die nicht immer die gleiche zu sein braucht. Abraham verhandelt mit dem *ʻam hāʼāræṣ* in Hebron; hier sind die vollberechtigten, grundbesitzenden Bürger gemeint (Gen 23,7.12.13). In 2Kön 11,14ff. (vgl. 2Chr 23) handelt es sich um die Gesamtheit der judäischen Vollbürger; eine politische Komponente ist mit im Spiel, und im besonderen könnten führende Kreise der Landbevölkerung außerhalb Jerusalems gemeint sein (vgl. 2Kön 21,24; 23,30; 25,19).

Fraglich ist dieser Spezialsinn schon in 2Kön 15,5 und 16,15, weil hier, viel allgemeiner, eher an die Landbevölkerung als solche gedacht sein kann. Weiter wird in 2Kön 23,35 wohl von einer allgemeinen Besteuerung die Rede sein, »not ... from the men of property alone« (J. Gray, I & II Kings, 1963, 683). Schließlich hat man in 2Kön 24,14; 25,3.12 doch gewiß an die ganze Bevölkerung zu denken.

b) In Jer bezieht sich der Ausdruck neben König, Ministern, Priestern usw. auf die Landesbevölkerung bzw. ihre Vertreter (Jer 1,18; 34,19; 37,2; 44,21). Im Buche Ez ist die Lage etwas komplizierter. Ez kennt *ʻam hāʼāræṣ* als Landvolk neben dem König, so 7,27. Mitglieder der oberen Schichten sind konkret gemeint im Kontext von 12,19; 22,29. In 39,13 aber ist das ganze Volk gemeint, nicht mehr nur die Oberschicht (vgl. vor allem Zimmerli, BK XIII,966); so auch grundsätzlich wohl in 45,22 und 46,3.9, weil es sich da nach dem Kontext um die ganze kultfähige Gemeinde handelt, die ja gerade auf palästinischer Erde als neu konstituiert gedacht ist (Zimmerli, a.a.O. 1163). Vielleicht fügen sich hier am besten auch die Belege in Lev ein (4,27; 20,2.4), unter der Voraussetzung, daß es sich um die gesamte Kult- bzw. Rechtsgemeinde handelt (so mit Recht Elliger, HAT 4,73: »Mit dem alten politischen terminus technicus *ʻam hāʼāræṣ* ... ist jetzt offenbar nicht mehr nur die grundbesitzende und im Besitz der vollen bürgerlichen Rechte befindliche ›Oberschicht‹ gemeint, sondern ganz einfach die Gesamtheit der jüdischen Gemeinde, so daß *ʻam hāʼāræṣ* also Wechselbegriff zu *qāhāl* und *ʻēdā* 4,13 und *ʻam* 4,3 geworden ist«; vgl. ebd. 273 zu Lev 20,2ff.).

c) Auch in Hag 2,4 und Sach 7,5 ist *ʻam hāʼāræṣ* wohl eher die frühnachexilische judäische Bevölkerung und nicht speziell die Oberschicht im vorexilischen technischen Sinne; vgl. Hag 2,4 mit V.2 (gegen Elliger, ATD 25,86). Man sollte in diesem Zusammenhang gerade nicht vom »Adel des Volkes« reden, weil kein Grund vorliegt, hier die Bezeichnung auf eine bestimmte Gruppe oder soziale Klasse im Volk zu beschränken. Wenn nämlich für das Verständnis von *ʻam hāʼāræṣ* im technischen Sinn tatsächlich eine gewisse politische Selbständigkeit des judäischen Staates oder wenigstens eine politische Handlungsmöglichkeit vorausgesetzt werden darf, so ist gerade davon in nachexilischer Zeit keine Rede mehr. Dieser Überlegung sollte man Rechnung tragen, weil sie eine gleich zu nennende Verschiebung der Bedeutung in der Zeit nach dem Exil verständlich machen kann. Ausgerechnet eine nichtjüdische Bevölkerung (oder konkret: deren Vertreter) kann jetzt, im Unterschied zu der aus dem Exil zurückgekehrten Exulantenschaft und der jüdischen Religionsgemeinde im allgemeinen, als *'am hā'āræṣ* bezeichnet werden, so in Esr 4,4 die Leute Samariens (weil hier die oben angedeutete politische Komponente anwesend war?). Der Ausdruck wird sogar im Plural (*'ammē hā'ᵃrāṣōt* oder *'ammē hā'āræṣ*) zur Bezeichnung mehrerer nichtjüdischer Volksgemeinschaften verwendet; dabei fällt auf, daß es sich um diejenigen Völker handeln kann, die z. B. in Dtn 7 als *gōjīm* bezeichnet sind (vgl. Esr 3,3; 9,1.2; 10,2.11; Neh 9,30; 10,29; H.C.M. Vogt, Studie zur nachexilischen Gemeinde in Esra-Nehemia, 1966, 152–154). Die zur jüdischen Religionsgemeinde Gehörigen verpflichten sich, im Gesetz Gottes zu wandeln; in diesen Zusammenhang gehört auch das Heiratsverbot von Neh 10,29 hinein (vgl. auch die Formulierungen in Ex 34,15f. und Dtn 7,3f.!). Hier zeigt sich bereits unbestreitbar, wie die Bezeichnung *'am hā'āræṣ* in nachexilischer Zeit auf die nicht in die neue jüdische Kultgemeinde aufgenommene fremde Landesbevölkerung übergeht, womit die in späterer Zeit übliche Deutung auf die Leute, die das Gesetz nicht kennen oder dem Gesetz untreu sind, deutlich angebahnt ist. Vgl. für diesen späteren Gebrauch R. Meyer, Art. ὄχλος, ThW V, 582f. 585–590.

3. Unbestreitbar ist, daß mit *'am* oft nicht das Volksganze, sondern nur ein Teil davon gemeint ist; die konkrete Bedeutung ist dann in den meisten Fällen vom Kontext her ohne weiteres deutlich (vgl. die Lexika). Aufgrund dieser Erwägung empfiehlt es sich nicht, eine mehr oder weniger selbständige Sonderbedeutung des Wortes *'am* im Sinne von »Kriegsvolk, Heer« anzunehmen. Ein »Volk« als verwandtschaftlich verbundene Menschengruppe, ob Familie, Clan oder Stamm, kann, wenn die Situation dazu veranlaßt, nach außen als Gesamtheit kriegerisch auftreten, auch wenn dabei selbstverständlich nur die wehrfähige Mannschaft tatsächlich beteiligt ist; *'am* als Verwandtschaft steht deutlich im Hintergrunde (vgl. de Vaux II,10: »Chez les nomades, l'armée ne se distingue pas du peuple«). Gerade die Wortverbindung *'am milḥāmā* »Kriegsvolk« (Jos 8,1.3.11 [txt?]) zeigt, daß *'am* an und für sich alle zum »Volk« gehörigen Menschen umfaßt; durch *milḥāmā* wird eben die in diesem Falle sachliche Beschränkung auf die wehrhaften Männer festgelegt. Im Kontext der Erzählung genügt dann weiter einfach das Wort *'am* (Jos 8,5.9.13). Übrigens ergibt sich auch ohne die volle Aussage mit *'am hammilḥāmā* aus dem Kontext klar, wann die Kriegsleute gemeint sind; von mehreren Beispielen seien nur genannt die Erzählungen über Sihon und Og (Num 21,23.35; Dtn 2,32. 33; 3,1–3), weiter 1Sam 15 und 2Sam 10. Stets ist mit *'am* die bei einer Person befindliche, zu ihm gehörige und unter seiner Führung stehende einheitliche Kriegerschar gemeint.

Allerdings kann sich – situationsbedingt – eine bestimmte Verselbständigung dieser Bedeutung von *'am* als »Kriegsschar« ergeben. Davon könnte z. B. die Rede sein in Num 20,20 (*'am kābēd* »mächtiges Heer« oder »schwerbewaffnetes Kriegsvolk«), auch in Gen 33,15, weil hier *'am 'ᵃšær 'ittī* »meine Leute« doch mit den »vierhundert Mann« in Gen 32,7; 33,1 identisch sind, also die wehrfähigen Männer meinen, die Esau aufbieten kann und die möglicherweise nicht alle als Angehörige seiner Familie im engeren Sinne zu betrachten sind. Ist vielleicht auch in den Nachrichten über Sihon und Og schon damit zu rechnen? Auch unter Beibehaltung althergebrachter Bezeichnungen muß man mit einer Bedeutungsentwicklung rechnen, wenn politisch bedingte Konzentrationen von Gruppen und Staatenbildung auftreten. Nichtsdestoweniger sollte man aufrechterhalten, daß die Verwendung von *'am* im Sinne von »Kriegsschar« nur aus der Situation heraus verstanden werden kann, daß eine verwandtschaftlich gebundene Gruppe (*'am*) als Gesamtheit sich in ihrer wehrhaften Mannschaft gelegentlich zur Wehr setzt.

In 1QM 1,5; 3,12 ist von *'am 'ēl* die Rede; dazu Yadin 44: »the term *'am* ... marks, as in the O. T., the military character of the congregation organized for war«. Seine Bemerkung »the *'am 'ēl* of DSW corresponds to the O. T. *'am Yahweh*« (ebd. Anm. 5) führt uns gleich zum nächsten Abschnitt.

4. a) Zur Bezeichnung *'am Jhwh* »Volk Jahwes« und den diesen Begriff voraussetzenden auf Jahwe bezogenen Suffixformen *'ammī/'ammᵉkā/'ammō* »mein/dein/sein Volk« vgl. N. Lohfink, Beobachtungen zur Geschichte des Ausdrucks *'m Jhwh*, FS von Rad 1971, 275–305 (S. 276 die Belege) mit Lit. Der Ausdruck, der in der prophetischen Sprache und in den Psalmen beliebt ist, jedoch in der priesterlichen Gesetzesliteratur und in den Weisheitsbüchern fehlt, »gehört hauptsächlich in die Sprechsituation des Dialogs zwischen Jahwe und Israel, weniger in die Situation des objektiven Sprechens über Israel« (Lohfink, a.a.O. 280) und hat mehr als eine Bedeutung. Als ältester sicherer Beleg kommt nach Lohfink Ri 5,13 in Betracht, wo *'am Jhwh* nicht mit dem Volk Israel identisch ist, sondern vielmehr als das »Heer Jahwes« verstanden werden muß (a.a.O. 282; vgl. R. Smend, Die Bundesformel, 1963, 11ff.). Lohfink möchte, allerdings mit der gebotenen Vorsicht in bezug auf diese Deutung, eine Verbindung mit der Kriegslyrik annehmen (ebd.). Für die Bed. »Heer Jahwes, Mannschaft im Kriege Jahwes« verweist man auch auf 2Sam 1,12 unter Voraussetzung eines Unterschieds zwischen *'am Jhwh* und *bēt Jiśrā'ēl*.

Wenn man auch für *'am Jhwh* an einigen Stellen konkret diese Bed. »Heer Jahwes« als nicht mit Israel als dem Volk Jahwes austauschbar aufrechterhalten könnte, so bleibt immerhin Zurückhaltung geboten. Die kategorische Behauptung, Ri 5,13 sei der älteste sichere Beleg (a.a.O. 281) ist m.E. zu beanstanden; denn erstens ist dabei vorausgesetzt, daß Ri 5,11 nicht zum ursprünglichen Text des Deboraliedes gehört, und zweitens ist der MT von V. 13 sehr problematisch und vor allem die mehrfach angenommene Emendation des heutigen vokalisierten Textes rein textkritisch kaum zu verteidigen. Eine Rekonstruktion des »Urtextes« bleibt also sehr hypothetisch. Und – ist in 2Sam 1,12 eine Tautologie ganz ausgeschlossen?

b) Als nächste Bedeutung von *'am Jhwh* nennt Lohfink »Sippe Jahwes, Verwandtschaft Jahwes«. »Wenn Jahwe den Notschrei einer Gruppe seiner Verehrer hörte und sich zur Rettung entschloß, dann deshalb, weil er diese notleidende Menschengruppe als seine eigene Sippe betrachtete« (a.a.O. 289). Es handelt sich um eine Verwendung dieser Bezeichnung in Rettungsaussagen. Als dritte Verwendung, allerdings mit der zweiten zusammenhängend und daraus erklärlich, käme diejenige in Betracht, welche mit *'am Jhwh* »Verwandte Jahwes« besonders die sozial Schwachen und Hilfsbedürftigen innerhalb Israels andeutet (a.a.O. 293). Vor allem die zweite der drei genannten Deutungen tritt stark in den Vordergrund und ist weit verbreitet.

Die Bed. »Sippe Jahwes« läßt sich kaum von der Bed. »Heer Jahwes« ableiten; die umgekehrte Ableitung ist aber genauso riskant (so Lohfink, a.a.O. 293). Problematisch dabei scheint mir zu sein, wenn er im Zusammenhang der semantischen Differenzierung von *'am* (Onkel, Familie, Sippe, Volk, Kriegsvolk) von zwei verschiedenen Bedeutungen des Wortes *'am* spricht und mit einer semantischen Koexistenz eines *'am Jhwh* I (»Heer Jahwes«) und *'am Jhwh* II (»Sippe Jahwes«) rechnet (a.a.O. 294). Im Grunde genommen gibt es ja diese zwei verschiedenen Bedeutungen von *'am* gar nicht, weil im Falle von *'am* »Kriegsvolk, bewaffnete Mannschaft« de facto nur eine in bestimmten Kontexten konkret vorhandene sekundäre Sonderbedeutung der Grundbedeutung »Verwandtschaftsgruppe, Sippe, Volk« vorliegt, eine semantische Differenzierung, welche bestimmt alt ist. Eine mehr oder weniger selbständige oder sogar unabhängige militärische Verwendung des Ausdrucks liegt kaum vor. Übrigens stellt auch Lohfink fest, daß *'am Jhwh* I »vom Markte verschwand«; nicht jedoch weil *'am Jhwh* II in immer neuen Zusammenhängen Heimatrecht erwarb (so Lohfink ebd.), sondern eher weil die Verwendung in der Bed. »Heer Jahwes« von Anfang an nur als Sonderfall der allgemeinen Verwendung im Sinne von »Sippe Jahwes« bestehen konnte. Man darf m.E. mit O. Procksch, Theologie des AT, 1950, 503ff., ohne weiteres von »Gottesfamilie« reden: wenn vom »Volk Jahwes« die Rede ist oder Jahwe sich zu seinem Volke bekennt, so liegt darin die Anerkennung der Verwandtschaft zwischen ihm und Israel (a.a.O. 506); vgl. jetzt auch Th.C. Vriezen, De verkiezing van Israel, 1974, 43.90ff.

c) In der Bezeichnung *'am Jhwh* ist also der Gedanke der Familienzugehörigkeit klar herausgestellt. Der dadurch angedeutete Sachverhalt gilt als schlechthin gegeben, ohne daß der Grund dafür expressis verbis definiert würde. Es wäre vor allem voreilig, diesen Sachverhalt aus der Bundesidee zu erklären; diese Idee spielt hier überhaupt keine überragende Rolle. In der sog. Bundesformel erscheint (so Lohfink) dieser Sachverhalt vielmehr als eintretend (»ihr sollt mein Volk werden«). »Das Moment des Eintretens oder Werdens ist das entscheidend Neue, das die ›Bundesformel‹ zur Geschichte des Gebrauchs von *'m Jhwh* beiträgt« (a.a.O. 297f.). Das würde jedoch heißen: Man findet im AT zwei Gedankenkomplexe – einerseits *ist* Israel das Volk Jahwes aufgrund einer Verwandtschaftszugehörigkeit zu Jahwe, andererseits *wird* Israel ein *'am Jhwh* aufgrund einer Bundschließung. Problematisch ist dann, wie diese beiden Linien miteinander zu verknüpfen sind, oder wenigstens, wie sie sich gegenseitig verhalten. Wenn es richtig ist, daß Jahwe Israel aus Ägypten rettet, weil es sein Volk *ist*, und demnach Israel nicht erst durch den Auszug aus Ägypten ein Volk Jahwes *wird*, so könnte man auch wohl sagen, daß Jahwe mit Israel einen »Bund« schließt aufgrund dessen, daß er es als sein Volk betrachtet und sich zu seinem Volk bekennt; also wird Israel nicht erst durch den Bund das Volk Gottes. *'am Jhwh* wäre somit auch in diesem Falle eine bereits vorgegebene Wirklichkeit von Gott her, weil Jahwe diese Menschengruppe als sein *'am* anerkannt hat, als ihm zugehörig. Zur Beantwortung der Frage, warum denn gerade dieses Volk Israel Jahwe gehöre, könnte man hinweisen auf das Theologumenon der Erwählung als Gnadenwahl, oder, anders und wohl noch tiefer, auf die Liebe Gottes – und hinter diesem Wort »Liebe« gibt es keine weiteren Wörter und Begriffe mehr.

Lohfink sagt, daß Israel durch »einen *b^erīt*-Ritus ... im Sinne kultischer Erneuerung, im Sinne eines jeweiligen kultischen ›Heute‹ immer wieder neu zum *'am Jhwh*« wurde. »Damit war nie ausgeschlossen, daß Israel auch schon vorher *'m Jhwh* war«, »nirgends wird gesagt, Israel sei vorher noch nicht *'m Jhwh* gewesen« (a.a.O. 302f.). Aus diesen Zitaten geht m.E. klar hervor, daß die ingressiv-fientische Übersetzung des Verbums *hjh* (»werden«) in der Bundesformel, wie sie Lohfink (a.a.O. 297) vorträgt, mindestens zweifelhaft ist und einmal gründlich nachgeprüft werden sollte. Es würde sich dann zeigen, daß die Frage der Übersetzung: entweder »Werden« oder »Sein«, im Grunde genommen gar keine echte Frage ist. Die Bemerkungen a.a.O. 297 Anm. 79 sind nicht sehr überzeugend und zeigen die Schwäche seiner Meinung; auch in Dtn 27,9; Jer 7,23 und Sach 2,15 scheint mir die ingressiv-fientische Übersetzung nicht geboten. Höchstens könnte man formulieren: es handelt sich in bezug auf die Bedeutung von *hjh* in der Bundesformel um ein Werden dessen, was man (im Glauben) schon ist; Israel hat in der Welt im Leben des Gehorsams und des Glaubens zu sein, was es in Gottes Augen ist. Deshalb kann die Übersetzung »sein« beibehalten werden, wenn man sich klar macht, daß eine Glaubensaussage vorliegt.

d) Man kann »Volk« definieren als eine Gemeinschaft von Menschen, die durch die Bande gemeinsamer Herkunft, Existenzgrundlage, Sprache, Kultur und Geschichte miteinander verbunden sind. Diese Definition liegt auf einer Linie mit der Auffassung von *'am* als Familie, Sippe, Verwandtschaft, welche ja im Ausdruck *'am Jhwh* eine bedeutsame Rolle spielt. Wie die Moabiter »Volk des Kemosch« genannt werden (Num 21,29), so kann auch Israel als Volk Jahwes bezeichnet werden. Gedacht ist im allgemeinen an eine Verbundenheit der Gottheit mit einem Volksganzen (und nicht nur mit den kriegsfähigen Männern!), an eine Art von Verwandtschaftsverhältnis zwischen Gott und Volk. Israel ist demnach die Sippe, die zu Jahwe gehört, so wie andere Völker ihrerseits die gleiche Vorstellung haben können und als *'am* ihres Gottes betrachtet werden; die Vorstellung ist wohl gar nicht speziell israelitisch. Man muß zwar damit rechnen, daß die Gefahr vorhanden ist, eine solche Aussage als eine gewissermaßen natürliche Gegebenheit, als eine Selbstverständlichkeit zu erfahren in dem Sinne, daß die Gottheit eben aufgrund dieser engen Beziehung automatisch sein Volk schützen und segnen und erhalten müßte. Gewiß ist in Israel eine derartige populär-nationale Auffassung, wenn sie sich zeigte, vor allem von prophetischer Seite nachdrücklich relativiert und rektifiziert worden; statt »mein Volk« findet sich im Munde Jahwes oft »dieses Volk«, was zwar keine Abweisung, wohl aber eine Zurechtweisung enthält (vgl. Vriezen, a.a.O. 99). Nichtsdestoweniger bleibt *'am Jhwh* als »zu Jahwe gehörige Sippe« im AT eine durchaus legitime Aussage.

In diesen Zusammenhang der Beziehung zwischen Gott und Volk gehören auch Stellen wie Dtn 14,1 (Israel als Söhne, Kinder, in Beziehung zu Jahwe stehend, ihm zugehörig; →*bēn* IV/3b); 32,5f. (Jahwe als Vater; →*'āb* IV/3); 32,19 (Israel als Jahwes Söhne und Töchter; vgl. Num 21,29, wo von den Söhnen und Töchtern des Kemosch die Rede ist); Hos 11,1 (»aus Ägypten rief ich meinen Sohn«); Dtn 1,31 (»in der Wüste ... wo dich Jahwe, dein Gott, getragen hat, wie einer sein Kind trägt«); Jes 1,2; 30,1.9 (das Volk als abtrünnige, verlogene Söhne); Jer 3,14.19; auch Jes 43,6f. (Jahwes Söhne und Töchter, die seinen Namen tragen). Dabei muß immer bedacht werden, daß es sich in diesen Zusammenhängen nicht um eine ursprüngliche Blutsverwandtschaft zwischen

Gott und Volk handelt (vgl. Procksch, a.a.O. 506; Vriezen, a.a.O. 44; auch P. A.H. de Boer, OTS 18, 1973, 197f.201: »the intimate relationship is being emphasized rather than physical descent«). Im Vordergrund stehen, bildhaft, Vaterliebe und Vatersorge, das Verhalten der Kinder dem Vater gegenüber, auch verwandtschaftlicher Rechtsschutz, welcher ja auch klar in der Bezeichnung Jahwes als des *gōʾēl* (z.B. bei Dtjes.; →*gʾl*) zum Ausdruck kommt. Auf die ebenso im NT deutlich vorhandene Redeweise (»Kinder Gottes« usw.) braucht nur hingewiesen zu werden. Es ist also richtig, diesem Verwandtschaftsgedanken in der Terminologie des Verhältnisses zwischen Gott und Volk (*ʿam Jhwh* usw.) einen weiten Platz einzuräumen.

5. a) In Dtn 7,6; 14,2.21; 26,19; 28,9 wird Israel als *ʿam qādōš* »heiliges Volk« bezeichnet. Dtn 14,21 fängt pluralisch an mit dem Verbot, Aas zu essen, und schließt singularisch mit der Feststellung »du bist ja ein heiliges Volk in bezug auf Jahwe, deinen Gott«. Es handelt sich dabei gewiß nicht um eine Israel inhärente Eigenschaft, sondern um *qādōš* als Verhältnisbegriff. Wie Israel nur aufgrund von Wort und Tat Jahwes *ʿam Jhwh* genannt werden kann, so kann analog die Bezeichnung *ʿam qādōš* nur verstanden werden von der Tatsache her, daß Israel Jahwe angehört und von ihm aus der Reihe der Völker ausgesondert ist. Zwar handelt es sich in Dtn 14,21 um ein rituelles Gebot, aber zu seiner Begründung sind nicht allgemeingültige Auffassungen von rein und unrein entscheidend, vielmehr wird es mit der besonderen Beziehung Israels Jahwe gegenüber in Verbindung gebracht. In Dtn 14,2 findet sich neben der Formel *ʿam qādōš* ein klarer Hinweis auf die Erwählung Israels aus allen Völkern der Erde, damit es das Eigentumsvolk (*ʿam* →*segullā*) Jahwes sei. »Aus dem Treiben der heidnischen Kulte und Bräuche ist Israel ausgesondert worden und steht nun unter dem alle Bereiche des Seins und Tuns bestimmenden Ausschließlichkeitsanspruch Jahwes« (H.-J. Kraus, Das heilige Volk, Biblisch-theologische Aufsätze, 1972, 39).

Die Frage, auf welchen Traditionszusammenhang die Bezeichnung *ʿam qādōš* schließlich zurückzuführen sei, ist wohl kaum mehr mit Sicherheit zu beantworten. Die Erwählungstheologie spielt dabei im Dtn bestimmt eine große Rolle. Eine Verbindung mit der Tradition des heiligen Krieges anzunehmen, scheint mir nicht ratsam, weil ja überhaupt der heilige Krieg eine sehr umstrittene Größe ist. Zu erwägen wäre, ob man nicht auch von der Aussage »ihr seid Kinder Jahwes« her (Dtn 14,1) zu der Auffassung fortschreiten konnte, daß die so angedeutete Volksgemeinschaft eine Jahwe zugehörige, für ihn ausgesonderte, also »heilige« Gemeinschaft darstellt, die sich von Riten und Bräuchen, die ihm nicht wohlgefällig sind, fern zu halten hat.

Inwiefern Dtn 14,1 und 14,2 zusammengehören oder nicht, ist eine Frage für sich. Man betrachtet bisweilen 14,2 als Abschluß von c.13 und 14,1 als Einleitung der rituellen Gebote in c.14. Aber als solche könnte eher 14,3 angesehen werden. Weiter fehlt auch in der Parallele Lev 11 eine mit Dtn 14,1 einigermaßen vergleichbare Einführung, während in beiden Stücken die Heiligkeitsaussage am Ende steht (Lev 11,44f. und Dtn 14,21). Trotz dem Numeruswechsel (der Sing. in V.2 ist von 7,6 her verständlich!) sind m.E. beide Verse zusammenzunehmen. J.Wijngaards, Deuteronomium, 1971, 139, findet hier ein aus früher Zeit stammendes Verbot der Teilnahme an rituellen Bräuchen des Baalskultes: die Israeliten haben von Baal nichts zu erwarten, sie sind Jahwes Kinder, seine Verwandten, sein ausgesondertes Volk. Er weist hin auf einen ug. Text (125 = IIK = Herdner, CTA 16, col. I, Z.20–22; vgl. H.L.Ginsberg, ANET 147), wo Krt als Sohn Els, als sein Sproß und als *qdš* »heilig« bezeichnet wird, in einer Kombination, die mit *bānīm* und *ʿam qādōš* in Dtn 14,1f. vergleichbar ist. Dazu muß bemerkt werden, daß dies nur gilt unter der Voraussetzung der Richtigkeit seiner Interpretation des ug. Textes.

Dtn 7,6 stimmt im Wortlaut mit 14,2 überein. Aus der Tatsache, daß Israel ein *ʿam qādōš* ist, wird das Verbot der Ehegemeinschaft mit der kanaanäischen Bevölkerung hergeleitet, weil diese Verschwägerung nur den Dienst fremder Götter fördern würde. Israel hat als ein exklusiv für den Dienst Jahwes abgesondertes, daher heiliges Volk zu gelten. Weil Jahwe der Gott dieses Volkes sein will, ist das Volk sein *ʿam segullā* »Eigentumsvolk«, ihm geweiht und unter seine Verfügungsgewalt gestellt (Dtn 26,18f.). Die Gehorsamsleistung ist Folge, nicht Bedingung des *ʿam qādōš*-Seins. Dtn 28,9 spricht wohl nicht dagegen, trotz der anscheinend konditionalen Formulierung (»wenn du die Gebote hältst«). Das Halten der Gebote und der dauernde Gehorsam auf Seiten des Volkes ist nur möglich im Rahmen der Tatsache, daß es ein heiliges Volk ist; in analoger Weise wird Jahwe den Status Israels als eines *ʿam qādōš* aufrechterhalten (*qūm* hi.). Auf diese Weise bleibt das gegenseitige Verhältnis Jahwe–Israel und Israel–Jahwe gewährleistet.

Man sollte also nicht die anscheinend konditionale Bedeutung der Partikel *kī* an dieser Stelle betonen, wie es hin und wieder in Übersetzungen geschieht (»unter der Bedingung daß«, »provided that«). Ein mehr oder weniger konklusiver Sinn ist nicht ausgeschlossen; ein bemerkenswerter Unterschied zu einem konklusiven *w*ᵉ (vgl. z.B. Dtn 27,9f.) liegt kaum vor.

b) Um die spezifisch deuteronomische Prägung der Heiligkeitsaussagen hervorzuheben, weist man öfters auf vergleichbare Aussagen in H und in der priesterlichen Literatur hin. Von *ʿam qādōš* ist da nicht die Rede, wohl aber werden die Israeliten *qᵉdōšīm* »heilig« genannt. Man erkennt bemerkenswerte Unterschiede: ist »im Deuteronomium die Heiligkeit Israels das vorausgesetzte, in Erinnerung gerufene Faktum, so ist in der priesterlichen Gesetzgebung die Heiligkeit der Israeliten eine Hauptforderung, die nun freilich ihrerseits von dem Faktum der Heiligkeit Jahwes her begründet und bestimmt wird« (Kraus, a.a.O. 41). So heißt es z.B. in Lev 19,2: »heilige Leute (*qᵉdōšīm*) sollt ihr sein, denn heilig bin ich, Jahwe, euer Gott«. Er ist es, der die Menschen heiligt, und mit dieser Tat ist das menschliche Handeln als »Heilige« aufs engste verbunden. In Wirklichkeit jedoch lassen die in Betracht kommenden Aussagen die Annahme eines so klaren Unterschiedes zwischen zwei überlieferungsgeschichtlich getrennten Komplexen kaum zu. Zwar ist das Faktum im Dtn stark betont, aber auch hier ist mit diesem Heilig-Sein das Wissen darum, daß man ein heiliges Volk sein muß, eng verbunden. Bekennt Israel im Glauben, durch Jahwes erwählendes Handeln aus den Völkern als sein Volk herausgenommen zu sein, so ist es auch gerufen, als sein heiliges Volk zu leben. Israel soll so sein, wie es von Jahwe gedacht ist.

Andererseits ist zu sagen, daß die priesterlichen Heiligkeitsaussagen nicht nur als Forderungen an das Volk anzusehen sind; vgl. Num 16,3 *kullām qᵉdōšīm* »sie alle sind heilig«. Auch das Satzgefüge *qᵉdōšīm tihjū* in Lev 19,2 muß nicht unbedingt als ein Gebot verstanden werden; der Wortlaut läßt unentschieden, ob ein Indikativ oder ein Jussiv gemeint ist (Noth, ATD 6,120). Man wird wohl das Richtige treffen, wenn in diesen Aussagen das Impf. des Verbums *hjh* interpretiert wird als »sei heilig, weil du heilig bist«, d.h. weil du mir, dem Heiligen, zugehörst und von mir geheiligt bist. Auch bei der Betonung des Aspekts der Forderung steht die Tatsache, daß Israel von Gott her als heilig betrachtet wird, im Hintergrund (vgl. Lev 20,26; 22,16; 23,31ff.). Indikativische Übersetzung ist auch z.B. in Ex 22,30 und in Lev 21,6 m.E. nicht ausgeschlossen und in Lev 23,20 sogar geboten. Statt von bemerkenswerten Unterschieden hinsichtlich der auf Israel bezogenen Heiligkeitsaussagen sollte man lieber von Akzentverschiebungen sprechen. Wesentliche Unterschiede im Verständnis des Heiligkeitsbegriffs an sich liegen nicht vor.

IV. 1. Bei *gōj* soll zunächst die Verwendung des Wortes in Verheißungsaussagen behandelt werden (»heiliges/großes/starkes Volk«).

a) Nach *ʿam qādōš* ist jetzt *gōj qādōš* auf seine Bedeutung hin zu untersuchen. Es ist nicht ratsam, diese einmalige Bezeichnung Israels in Ex 19,6 von vornherein allzu eng mit dem deuteronomischen *ʿam qādōš* zu verknüpfen und von daher zu interpretieren. Ebensowenig ist die Wahl des Wortes *gōj* unter Hinweis auf *mamlækæt* (*kōhᵃnīm*) »Königreich (von Priestern)« im gleichen Vers genügend erklärt. Eher ist eine Verbindung mit der Terminologie der Verheißungsaussagen in Gen usw. zu erwägen.

Die Zusage, ein großes Volk (*gōj* →*gādōl* [4c]) zu werden, gilt Abraham bzw. auch Ismael, Jakob und Mose. Die einfache Kurzformel *gōj gādōl* findet sich Gen 12,2 (Abraham); 17,20 und 21,18 (Ismael); 46,3 (Jakob); Ex 32,10 (Mose). Eine erweiterte Form *gōj gādōl wᵉʿāṣūm* »ein großes und starkes Volk« liegt vor in Gen 18,18 (Abraham); Num 14,12 (Mose); von *gōj gādōl ʿāṣūm wārāb* »großes, starkes und zahlreiches Volk« ist in Dtn 9,14 (Mose) und 26,5 (Jakob) die Rede. Schließlich sei noch *gōj ʿāṣūm* »starkes Volk« in Mi 4,7 und Jes 60,22 erwähnt, wo die Verheißungsterminologie nachwirkt.

An allen diesen Stellen deuten die Qualifikationen *gādōl*, *ʿāṣūm*, *rab* deutlich hin auf das Verhältnis von *gōj* zu anderen Völkern bzw. Menschengruppen. Das Volk mag groß sein an und für sich, vor allem jedoch ist es groß, mächtig, zahlreich im Hinblick auf andere. Klar ist dies der Fall in Num 14,12 (»größer und stärker als sie«); vgl. auch Num 22,6 (Israel ist mächtiger als bzw. zu mächtig für Balak) und Ex 1,9 (die Israeliten zu zahlreich und zu stark für die Ägypter). Daneben weist auch der (engere oder weitere) Kontext darauf hin, so Gen 12,2f.; 18,18 und der ganze Abschnitt Num 22–24 (vgl. 22,3.5.11; 22,6 und die Bileamsprüche).

Daß es sich in den Verheißungsaussagen um die Hervorhebung der Stärke und Größe, des Ansehens usw. des verheißenen Volkes handelt, wird unterstrichen durch die Erwähnung der großen Zahl der Nachkommen (z.B. Gen 13,15f. *zæra'*; 15,5; 16,10; 17,2.6a; 22,17; 26,4; der damit verbundene Aspekt der Macht schwingt mit in 22,17; 26,4). Macht und Ansehen stehen im Vordergrund in Gen 13,6 (*rekūš rāb* »große Habe«); 17,4.5 (was mit *hamōn gōjīm* exakt gemeint ist, bleibe dahingestellt); 17,6b; 35,11 (ist an die Könige Israels gedacht?); nach 17,20 wird Ismael zwölf *neśī'īm*, hohe Stammesautoritäten, zeugen (vgl. 25,16). Auf Macht weist an sich schon das Wort *'āṣūm* hin; neben *gādōl* verstärkt es den Aspekt der Stärke, welcher der Wurzel *gdl* ohnehin anhaftet. In diesem Zusammenhang sind noch zu beachten Gen 26,16 (*'ṣm*); Gen 24,35 und 26,13 (*gdl* »reich, wohlhabend sein«).

So finden die Motivworte der Verheißungen von Gen 12 an ihren deutlichen Widerhall in den Erzählungen und bekunden damit, daß die Verwirklichung der Verheißung, ein *gōj gādōl* zu werden, sich bereits anzeigt. Von der Verheißungsterminologie her ist bestimmt das Wort *gōj* in Num 14,12 zu verstehen, während der Kontext Israel als *'ēdā* (V.10) und *'am* (V.11 u.ö.) bezeichnet und mit *gōjīm* die nichtisraelitischen Völker meint. Weiter klingt diese Terminologie deutlich nach in Ex 1,1ff. (vgl. V.7.9.20); schon in Ägypten wird die Erfüllung der Väterverheißung sichtbar, wie sie in Gen 46,3 angekündigt und im Bekenntnis von Dtn 26,5 festgestellt wurde; in Ex 1,9 wird eine solche Feststellung sogar dem König von Ägypten in den Mund gelegt (vgl. jetzt W.H.Schmidt, BK II,32f.).

Angesichts der Tatsache, daß in diesen Texten auf eine Charakterisierung der Väternachkommen anderen Völkern gegenüber Wert gelegt wird, lag die Wahl des Wortes *gōj* auf der Hand; hierin sind die Quellen von Gen 12,2 an einig. Zu erinnern ist an den Satz von L.Rost, FS Procksch 1934, 141 = KC 89, daß »*gōj* da vorhanden ist, wo eine Menschengruppe nach Abstammung, Sprache, Land, Gottesverehrung, Recht und Heerwesen zu einer Einheit zusammengefaßt und gegen Außenstehende abgeschlossen ist«. Es ist zu betonen, daß in den Verheißungstexten die gemeinsame Abstammung an erster Stelle in Betracht kommt; es handelt sich jedoch auch um die Macht und das Ansehen dieser Volksgemeinschaft in der Welt, und von daher läßt sich das Wort *gōj* leicht verstehen. Zweifellos wird die Verheißungsterminologie in der glorreichen Zeit Davids und Salomos (10. Jh. v.Chr.) sehr beliebt gewesen sein. Wenn auch die knappe Formulierung *gōj gādōl* möglicherweise älter ist, so könnten gerade die Erweiterungen mit *'āṣūm* und *rab* in jener Zeit entstanden sein; es ist nicht notwendig an eine jüngere Zeit zu denken und die Ausdehnung der Formel erst dem dtn. Redaktor zuzuschreiben, wie R.P.Merendino, Das deuteronomische Gesetz, 1969, 361, zu Dtn 26,5 erwägt.

Aus dem Vorhergehenden läßt sich schließen, daß in bezug auf die Deutung der Qualifikation *gādōl* usw. besonders auch an das Territorium (man denke an die Zusage des Landes in den Verheißungstexten) und an den Staat als politische Größe gedacht ist. Gerade in einer Zeit, in der man mit der Macht des isr. Staates und der Herrschaft der isr. Könige zu rechnen hatte, wird dies bestimmt der Fall gewesen sein. Als jedoch Israels Macht und Größe im politischen Bereich sichtbar zusammenschrumpften und das Volk, statt anderen Machtkonzentrationen gegenüber selbständig zu bleiben, mehr und mehr von diesen Mächten bedroht wurde und in Abhängigkeit geriet, verlor eine solche nationalistische Deutung jener Verheißungsformeln allmählich an Realitätswert. Sie lebte wohl noch hauptsächlich als Hoffnung für die Zukunft weiter, weil doch Jahwe keine seiner Zusagen zur Erde fallen lassen konnte.

Eine andere Deutung aber, von spezifisch religiöser Überzeugung getragen, wurde in deuteronomistischer Zeit von gewissen Kreisen vertreten. In Dtn 4,6ff. ist von Israel als einem *gōj gādōl* in neuer Weise die Rede; Israel selbst und auch die Völker ringsum sind sich dieser Größe bewußt. Es handelt sich dabei deutlich nicht um Israels politische Größe oder nationale Reputation, sondern um seine religiöse Größe, die in seiner Weisheit und Einsicht, seinen gerechten Rechtssatzungen und vor allem in der Tatsache, daß sein Gott ihm nahe ist, sichtbar wird. In 4,32ff. ist seine Größe gerade von seiner Bezogenheit auf den großen und mächtigen Gott hergeleitet. Israel ist *'am Jhwh*, weil Jahwe Israels Gott ist; Israel ist im Verhältnis zu den *gōjīm* ein *gōj gādōl*, weil Jahwe seine Größe und Macht in den sein Volk befreienden Taten und Wundern und in seiner Erwählung Israels aus den Völkern geoffenbart hatte. So besteht die »Größe« Israels lediglich darin, daß es ganz und allein Jahwe gehört und nur ihm Gehorsam zu leisten hat. Sollte auf diese Weise Dtn 4, das mit *gōj gādōl* an die Verheißungsterminologie erinnert, nicht gleich einen bestimmten Aspekt von *'am qādōš* verdeutlichen? Könnte vielleicht so die Verbindung von *gōj* und *qādōš* in Ex 19,6 eine gewisse Beleuchtung erfahren? Wie dem auch sein mag, nicht anzuzweifeln ist jedenfalls, daß *gōj* in Ex 19,6 die Verheißungsterminologie im Hintergrunde hat, und daß *qādōš* an dieser Stelle von deuteronomischen Gedankengängen her verstanden werden muß.

Auch L. Perlitt, Bundestheologie im AT, 1969, 172 ff., weist in seinen Bemerkungen zu *gōj qādōš* auf die dtr. Vorstellungswelt von Dtn 4 hin. Israel zählt zu den *gōjīm* gerade im Kontext der Besonderheit und Auswahl. In der exilischen Situation wurde der *'am* zum *gōj*, unter Beibehaltung der Substanz der Gottesvolk-Theologie. »Im Gegenteil behauptet Israel auf dieser Stufe des Lebens unter den *gōjīm* energischer als früher seinen Sonderstatus von Jahwe her, nun aber mit der einzigartigen Spitze: ein *gōj* ist erwählt! Und genau dieses Kerygma wurde mit Ex 19,6 für den exilischen Leser in den Sinaibericht eingetragen« (a.a.O. 174). Das bedeutet eine Spätdatierung der betreffenden Stelle: »Ex 19,6a ist ... nicht Vor-, sondern Endstufe des Weges von Dtn 7,6 her« (ebd.). Statt auf diese Weise für die Verwendung des Wortes *gōj* eine Erklärung zu suchen, möchte ich immer noch auf die Beziehung zur alten Verheißungsterminologie Wert legen; daß der Gebrauch von *gōj* in Ex 19,6 in dieser späteren Zeit legitim und sinnvoll war, ist unanfechtbar.

b) In Ex 19,6 wird Israel bekanntlich nicht nur als ein *gōj qādōš*, sondern auch als eine *mamlǽkæt kōhᵃnīm*, als ein »Königreich von Priestern« umschrieben. Für die Problematik der grammatischen Konstruktion und Übersetzung von *mamlǽkæt kōhᵃnīm*, die schon in den alten Versionen sichtbar ist, sei hingewiesen auf R.B.Y. Scott, A Kingdom of Priests (Exodus 19,6), OTS 8, 1950, 213–219; ferner auf J. Bauer, Könige und Priester, ein heiliges Volk (Ex 19,6), BZ 2, 1958, 283–286; G. Fohrer, »Priesterliches Königtum«, Ex 19,6, ThZ 19, 1963, 359–362.

Alle Erklärungsversuche, die davon ausgehen, daß *gōj* und *mamlǽkæt* im Zusammenhang von Ex 19,6 die Hauptbegriffe sind, befinden sich wohl auf falschem Wege. Berücksichtigt man jedoch die Parallelität der beiden Bezeichnungen und weiter vor allem auch die Tatsache, daß in *gōj qādōš* das Wort *qādōš* als Näherbestimmung von *gōj* für die Deutung entscheidend ist, so bleibt es am wahrscheinlichsten, daß im Ausdruck *mamlǽkæt kōhᵃnīm* (wobei unentschieden bleiben kann, ob es sich um eine reine Genetivkonstruktion handelt oder nicht) ebenso das zweite Wort, also *kōhᵃnīm*, konstitutiv ist für die Exegese. Daher verdient die Übersetzung »Königreich von Priestern« den Vorzug. Noth, ATD 5, 126, umschreibt den Sinn folgendermaßen: »Israel soll für Jahwe, dem die ganze Erde und damit alle Völker gehören, das besondere persönliche Eigentum (V. 5) und also ein ›heiliges‹, d.h. aus dem Völkerkreis ausgesondertes, Volk (V. 6) sein ... In der Reihe der irdischen Staaten soll Israel die Rolle des priesterlichen Gliedes haben. Es soll Gott ›sich nahen‹ dürfen, wie es das besondere Vorrecht der Priester ist ..., da es dazu ausersehen ist«. In den gleichen Kontext gehört auch Jes 61,6 (»ihr aber werdet Priester Jahwes heißen, Diener unseres Gottes wird man euch nennen«).

Ähnlich urteilen viele andere Forscher, z.B. Vriezen, a.a.O. 49. Das Volk ist für den Dienst Gottes in der Welt aus den Völkern ausgesondert; als »Priester« sind sie Jahwe geweiht und geheiligt, um seinen Dienst in die Welt hinauszutragen. Auf diese Weise werden sie für die Völker der Erde Segen bedeuten; m.E. liegt die Deutung von Ex 19,6 auf der gleichen Linie wie die von Gen 12,2 und kann man auch an diesem Punkt einen wenn auch späten Einfluß der Verheißungstheologie annehmen. Das Volk ist nicht dazu berufen, im gewöhnlichen Sinne zu herrschen, sondern zu dienen.

Quellenzugehörigkeit und Datierung sind immer noch sehr umstritten. Eine Entscheidung in dieser Hinsicht hängt auch an der Deutung der einzelnen Ausdrücke; wer an Staat und Königtum denkt, ist geneigt, eine frühere Datierung anzunehmen als diejenigen, welche darauf weniger achten. Eine späte Datierung des Textzusammenhanges hat vieles für sich, wenn man dabei nur bedenkt, daß der Inhalt dieser seltsamen Formulierungen von altem Vorstellungsgut her verstanden werden muß (weiteres in der genannten Lit.; vgl. noch 1 Petr 2,9 und die Idee des sog. allgemeinen Priestertums der Gläubigen).

c) Die Überlegungen zu *'am qādōš* und *gōj qādōš* haben gezeigt, daß, wenn auch das Wissen um eine verwandtschaftliche Verbundenheit mit im Spiele war, die Einheit des Volkes letzten Endes in Gottes zusammenfassendem und einigendem Handeln gründete. Israel ist, weil die Bindung an Jahwe das wesentliche Faktum ist, nicht ein »profanes« Volk wie jedes andere; es nimmt eine Ausnahmestellung ein. Ein isr. Selbstbewußtsein bedeutet für seine religiöse Aufgabe eine Gefahr, wenn es mit einem profanen Nationalgefühl verwechselt wird. Nicht das Ethnische, das Naturhafte, ist entscheidend, sondern einzig und allein sein Verhältnis zu Jahwe. Dies muß betont werden, weil ja gerade die freudige Anerkennung der Verheißungsaussagen, die von *gōj gādōl* usw. reden, und die Erwählung des Volkes zu einem *gōj*/*'am qādōš* leicht zu einem Erhabenheits- und Überlegenheitsgefühl führen können. Dadurch würde die Verheißung aber grundsätzlich mißverstanden, weil diese ja auf die Verherrlichung Gottes durch Israel, auf seinen Dienst zum Segen der Völker und auf die Anerkennung der Größe und Herrlichkeit Gottes durch die ganze Welt hinzielen. Von Jahwe her ist *'am qādōš*, *gōj gādōl*, *gōj qādōš* ein Anspruch an Israel; für das Volk bedeutet es einen Auftrag, in der Welt zu sein, was es von Gott her ist. Ganz deutlich muß festgestellt werden, daß Israel laut atl. Überlieferung zwar als ein Volk neben anderen Völkern betrachtet werden kann, jedoch niemals wie die übrigen Völker, ihnen gleich sein darf. Wer weniger aus der Kraft Gottes und mehr aus eigener Kraft lebt, wird leicht geneigt sein, eine schwierige und gefährliche Lage durch rein menschliche Maßnahmen überwinden zu wollen; in dieser Beziehung bedeutete gerade das Königtum die Gefahr einer falschen Politisierung und Säkularisierung des Gottesvolkes (vgl. 1Sam 8). Israel ist von Anfang an mehr *'am Jhwh*, *'am qādōš*, *gōj qādōš*, *'am →sᵉgullā*, *'am →naḥᵃlā* (die jeweiligen Näherbestimmungen sind entscheidend!) als »Volk« im neutralen Sinne des Wortes, mehr eine Glaubensgemeinschaft. Von daher wird auch verständlich, daß Blutsverwandtschaft und gemeinsamer Besitz eines Landes und Territoriums, wie wichtig sie unter Umständen auch sein mögen, schlechthin nicht von konstitutiver Bedeutung sind. Vor allem ein eigenes Territorium als eigenes Besitztum nicht, weil Israel auch ohne dies »Volk Gottes« ist. Es hat seine Existenz nicht dem Boden, sondern dem geschichtlichen Handeln Jahwes zu verdanken (vgl. N.A.Dahl, Das Volk Gottes, 1941, 19).

2. Im Vorhergehenden wurde schon öfters darauf hingewiesen, daß zwischen *'am* und *gōj* ein Bedeutungsunterschied besteht. Er wird von A.Cody, VT 14, 1964, 5, folgendermaßen zusammengefaßt: »while *'am* throughout the Old Testament refers to a people or nation in its aspect of centripetal unity and cohesiveness, *gôy* is linked inseparably with territory and government and what we would today call foreign relations« (die Formulierung mit »inseparably« ist wohl etwas zu absolut). Es ist nun zu fragen, inwieweit dieser Unterschied, der zweifellos besteht, tatsächlich in jedem Kontext, wo entweder von *'am* oder von *gōj* die Rede ist, die Wortwahl bestimmt hat und also dem Verfasser bewußt gewesen ist.

a) Die Frage ist gewiß nicht ausnahmslos in bestätigendem Sinne zu beantworten. Die beiden Wörter werden manchmal im Parallelismus nebeneinander verwendet, ohne daß man von einem klaren und nennenswerten Unterschied der Bedeutung reden könnte. Als Beispiele seien, was den sing. Gebrauch betrifft, genannt: Dtn 32,21; Jos 3,14.16 neben 3,17; 4,1 (*kol-haggōj* hier ungefähr »jedermann«) neben V.2; Jos 5,4 neben V.6 (*gōj* oder *dōr* zu lesen?); 5,5 neben V.8; Jes 1,4; 18,2.7; Jer 6,22; 50,41; Zeph 2,9; Hag 2,14; Ps 33,12 (vgl. V.12a mit 144,15b); 105,13; 106,5 txt?; auch bei plur. *'ammīm* neben *gōjīm* findet sich der gleiche Tatbestand (s.u. IV/3).

Nun weisen Jer 50,41 und Ps 105,13 noch auf eine andere bemerkenswerte Parallele in bezug auf das Wort *gōj* hin. In Jer 50,41 ist die Lage am klarsten: der Text hat die Reihenfolge *'am*, *gōj*, *mᵉlākīm* (»Könige«); in Ps 105,13 findet man *gōj*, *mamlākā* (»Königreich«), *'am*. Nicht nur mit *'am* sondern auch mit *mamlākā* kann *gōj* verbunden werden; daraus geht hervor, wie wichtig der Aspekt der Staatsbildung bei der Deutung von *gōj* ist oder wenigstens sein kann. Diese für *gōj* typische Parallele bedeutet freilich nicht, es sei, um ein *gōj* zu bilden, für jedes »Volk« und bedingt notwendig, eine selbständige Regierung zu haben, geschweige denn eine Monarchie zu sein. Die Tendenz, *gōj* zu verwenden, wenn politische oder auch territoriale Aspekte im Spiel sind, wird durch die erwähnte Parallele allerdings bestätigt.

Für die Parallele *gōj – mamlākā* vgl. 1Kön 18,10; Jer 18,7.9; 27,8; Jes 60,12; für *gōjīm – mamlākōt* Jer 1,10; 29,18; 51,20.27; Ez 37,22; Nah 3,5; Zeph 3,8; Hag 2,22 (txt?); Ps 46,7; 135,10f.; für *gōjīm – mᵉlākīm* Jes 41,2; Jer 25,14; Ps 135,10.

Zum Tatbestand, daß Israel nicht nur als *'am*, sondern auch als *gōj* bezeichnet werden kann, vgl. den oben erwähnten Aufsatz von A.Cody: »In particular contexts which deal with the Chosen People

... *'am* bespeaks: 1) all the internal relations of the people with one another (fraternal aid, and so forth), their internal administration and organization, including that of liturgy and public worship; 2) the relations of the Chosen People with God (»vertical« theological relations). *Gôy* is used of the Chosen People by semantic necessity as a complement of a word expressing ruling power, with land tenure as a foundation, constituting a political unity capable as such of entering into relations with other *gôyim* (»horizontal« socio-political relations)« (a.a.O. 5). Diese Bemerkungen können zwar in vielen Fällen hilfreich sein, sie treffen jedoch wohl nicht ganz zu, weil es sich z.B. in der Verwendung des Wortes *gōj* in der Verheißungsterminologie auch um »vertical theological relations« handelt.

b) Einige Bemerkungen zu Einzeltexten seien hier angeschlossen: Ex 15,16 *'am-zū qānītā* kann übersetzt werden mit »das Volk, das du geschaffen hast«. Von »Geburt« an gehörte Israel zu Jahwe (vgl. für *qnh* »ins Dasein rufen« z.B. Gen 4,1; Ps 74,2; H.L.Ginsberg, BASOR 98, 1945, 22 Anm. 68; P.Humbert, FS Bertholet 1950, 259ff.; anders →*qnh* 4a).

Ex 33,13: neben *hā'ām hazzǣ* in V.12 hat *haggōj hazzǣ* in V.13 wohl einen herabwürdigenden Sinn; man könnte übersetzen: »bedenke, dein Volk (*'am*) ist es, dieser Haufen«. Auch an anderen Stellen, wo es sich um Ungehorsam und Treulosigkeit des isr. Volkes handelt, wird *gōj* in diesem rügenden Sinn verwendet. Es liegt hier also nicht eine reine promiscue-Verwendung von *'am* und *gōj* vor.

Dtn 32,21: parallel sind *lō-'ām* »Unvolk« und *gōj* →*nābāl*; vgl. dazu jetzt G.Gerleman, Der Nicht-Mensch. Erwägungen zur hebr. Wurzel NBL, VT 24, 1974, 147–158. »Daß die Grundbedeutung des *nābāl* im Bereich des Negativen steckt, ergibt sich auch aus Dtn 32,21 ... *gōj nābāl* ist ebenso wie *lō-'ām* freilich ein Volk, aber ein solches, dem alles abgeht, was das Volk zum Volk macht. Ein Ton der Mißbilligung klingt mit« (a.a.O. 152f.). Die Übersetzung mit »töricht« oder »gottlos« trifft den Sinn also nicht, ebensowenig die Bemerkung von S.R.Driver, Deuteronomy, 1902, 365: »with a heathen nation, unworthy to be called a people, will Jehovah now provoke Israel's jealousy«. Vgl. Ps 74,18: *'am nābāl* als ein Volk, das Gott verneint (vgl. Gerleman, a.a.O. 151; Ps 14,1).

Jer 31,36: Solange die Schöpfungsordnungen aufrechterhalten werden, wird Israel nicht aufhören, ein *gōj* zu sein vor Jahwes Angesicht, d.h. in seiner Gemeinschaft. Kann man in diesem Zusammenhang aus der Verwendung des Wortes *gōj* tatsächlich schließen, es handle sich hier auch um die politische Zukunft des Volkes? (vgl. z.B. Rudolph, HAT 12,204; anders dagegen Weiser, ATD 21,297). Die Exegese von Jer 33,24 darf keineswegs das Verstehen von 31,36 beeinflussen. Vielleicht klingt in 31,36 noch eine Anspielung auf die Verheißungsterminologie mit; in diesem wohl späten Text dürfte die politische Komponente kaum noch eine beträchtliche Rolle spielen.

3. a) Über Zahl und Streuung der pluralischen Belege (*'ammīm* und *gōjīm*) sind bereits unter II. einige Bemerkungen erfolgt.

Was in bezug auf die Verwendung von *'am* und *gōj* nebeneinander im parallelismus membrorum oder in parallelen Aussagen festgestellt wurde, trifft auch für die Pluralformen zu. Belege dafür sind: Dtn 4,27 (Israel wird unter die *'ammīm* zerstreut, nur eine geringe Zahl von ihnen bleibt unter den *gōjīm* übrig); 28,64f.; 30,1.3; Jes 2,2.4 *gōjīm* neben Mi 4,1.3 *'ammīm*, dazu Jes 2,3.4 *'ammīm* neben Mi 4,2.3 *gōjīm*; Jes 14,6; 25,7; 30,28; 33,3; 49,22; 61,9; Ez 20,34.41; 25,7; 28,25; 29,12f.; 32,9; 36,15 (Schmähungen der *gōjīm* und Spott der *'ammīm*); nachexilisch: Mi 5,6f.; Hab 2,5 (er rafft an sich alle *gōjīm* und sammelt zu sich alle *'ammīm*); 2,8; Sach 8,22; 12,3; 14,12.18; schließlich einige Belege in den Psalmen: 33,10; 67,3f.; 96,3.10; 106,34f.

Hinzuweisen ist auch auf folgende Wortpaare: *'ammīm* – *l*^{e}*'ummīm* (Gen 27,29; Ps 47,4; 57,10; 108,4), *gōjīm* – *l*^{e}*'ummīm* (Gen 25,23; Jes 34,1; 43,9; Ps 2,1; 44,3.15 txt?; 105,44; 117,1 txt?; 149,7), *gōjīm* – *'*^{a}*rāṣōt* »Länder« (Ez 29,12; 30,23.26; 36,19.24; Ps 106,27), *gōjīm* – *'ǽræṣ* (Jes 14,26; 66,8; Hab 3,6.12), *gōjīm* – *m*^{e}*lākīm/mamlākōt* (Jes 41,2; 45,1; 52,15; 60,3.11.16; 62,2; Jer 1,10; 25,14; 27,7; 29,18; 51,20.27; Zeph 3,8; Ps 46,7; 72,11; 79,6 *mamlākōt*, par. Jer 10,25 *mišpāḥōt*; Ps 102,16; 135,10; aber *mamlākōt* neben *'ammīm* in Ps 102,23), *gōjīm* – *mišpāḥōt* (Jer 10,25, s.o.; Ez 20,32; Nah 3,4).

Neben *'am* und *gōj* begegnen als sinnverwandte Wörter noch *l*^{e}*'ōm* (plur. *l*^{e}*'ummīm*) »Volk« (35×, nur in poetischen Texten; vgl. HAL 488), *'ummā* »Stamm, Völkerschaft« (plur. *'ummōt* Gen 25,16; Num 25,15; vgl. HAL 60a; A.Malamat, JAOS 82, 1962, 144; plur. *'ummīm* Ps 117,1, entsprechend bibl.-aram. *'ummā* »Volk, Nation«, plur. *'ummajjā*, 8× in Dan 3,4.7.29.31; 5,19; 6,26; 7,14; Esr 4,10; vgl. KBL 1051a), *mišpāḥā* »Großfamilie, Sippe« (im AT 300×, davon 159× in Num, 47× in Jos, 19× in 1Chr, 12× in Gen; vgl. HAL 615); *maṭṭǣ* (252×, davon 111× in Num, 59× in Jos, 27× in Ex, 23× in 1Chr; HAL 542f.) und *šḗbæṭ* (190×, davon 33×

in Jos, 18× in Dtn, je 16× in Ri und Ez, 13× in Ps) haben neben der konkreten Bed. »Stab, Stock« die übertragene Bed. »Stamm« (vgl. de Vaux I,17ff.; K.-D. Schunck, BHH III,1851f. mit Lit.).*

b) Zur Nebeneinanderschaltung von *'ammīm* und *gōjīm* (s.o.) ist zu bemerken: Aus einigen Stellen geht hervor, daß in bestimmten Kontexten von einem Bedeutungsunterschied zwischen *'ammīm* und *gōjīm* nicht oder kaum die Rede sein kann; man liebt im Parallelismus als Stilfigur die Variation. Aufgrund dessen ist es wohl nicht erlaubt, bestimmte Bedeutungsaspekte von *'ammīm* und *gōjīm* von außen her in diese Texte hineinzutragen und so die Interpretation zu belasten mit dem Anspruch, mehr und anderes zu wissen als die Verfasser der betreffenden Aussagen. In der LXX läßt sich eine gewisse Vorliebe erkennen für ἔθνη auch als Wiedergabe von *'ammīm*; freilich ist eine Konsequenz in der Übersetzung von *'ammīm* und *gōjīm* nicht vorhanden. Eine solche Konsequenz fehlt übrigens auch in den Übersetzungen bis auf unsere Zeit. Man versucht wohl, den Unterschied erkennbar zu machen, z.B. mit *'ammīm* »Völker« gegenüber *gōjīm* »Nationen«, aber *gōjīm* »Heiden« weicht schon wieder stark ab; eine deutliche Regel, warum manchmal »Nationen« und manchmal »Heiden« gebraucht wird, ist dabei nicht zu konstatieren. Die Möglichkeit (oder sogar Gewißheit), daß vom Kontext her bei *'ammīm* an »Völker« im allgemeinen Sinne ohne weitere spezielle Nuancierung gedacht ist, bei *gōjīm* dagegen mehr an »Völker« als Gemeinwesen, Staaten, Königreiche, sozio-politische Sonderbereiche, ist gegebenenfalls anzuerkennen. Bedeutungsnuancen sind vor allem bei *gōjīm* feststellbar. Schon die Tatsache, daß die Zahl der *gōjīm*-Belege die der *'ammīm*-Belege weit übertrifft, macht dies wahrscheinlich. Weiter handelt es sich oft um die *gōjīm* in ihrem Verhältnis zu Israel, wobei nicht nur nationale, sondern auch religiöse Unterschiede eine wichtige Rolle spielen. Es tritt eine Bedeutungsverschiebung hervor, die darauf hinausläuft, daß *gōjīm*, Israel gegenüber, nicht »Völker, Nationen« in neutralem Sinne meint, sondern vielmehr eine Bezeichnung wird für die in religiöser Hinsicht anderen Völker, die Jahwe nicht dienen, also für die vom isr. Standpunkt aus »heidnischen Völker« (näheres s.u. 3d).

c) Mit *'ammīm* sind die Völker der Erde gemeint in Ex 19,5; Dtn 2,25; 4,19; 7,6.7.14; 14,2 (Israel erwählt aus allen Völkern der Erde); weiter in Dtn 4,6; 28,10; Jos 4,24; 1Kön 8,43.53; Ez 31,12; Zeph 3,20; Ps 49,2; 96,3; 98,9; 2Chr 6,33. Es handelt sich dabei entweder um die Völker mit Einschluß Israels (z.B. in den dtn. und dtr. Erwählungsaussagen, auch in den priesterlichen Texten Lev 20,24.26) oder um die (übrigen) Völker neben Israel. Auf kanaanäische und benachbarte Völker beschränkt findet sich *'ammīm* z.B. in Ex 15,14; Dtn 6,14; 13,8.

Bei der Bezeichnung *qᵉhal 'ammīm/gōjīm* in den P-Texten Gen 28,3; 35,11 und 48,4 (Jakob wird zu einer »Gemeinde« von Völkern) denkt man meist an die (zwölf) Stämme Israels oder (wahrscheinlicher?) an Völker. Enthält die Bezeichnung »some sort of Messianic outlook« (J. Skinner, Genesis, ²1930, 375) oder meint sie »eine universale eschatologische Kultgemeinschaft von Völkern« (von Rad, ATD 4, ⁹226f.)? In Ez 23,24 und 32,3 meint der Ausdruck feindliche Fremdvölker.

Auch in Gen 49,10 ist bei *'ammīm* entweder an die Stämme Israels oder an die Völker zu denken. Die Entscheidung wird erschwert durch die Problematik des ganzen Abschnitts (*šīlō*!) und ist kaum mit Sicherheit zu treffen (s. die Komm.).

In Dtn 33,19 können die *'ammīm* als Stämme, Verwandtengruppen verstanden werden; man denkt an den Brauch, die benachbarten isr. Stämme auf den Berg (Tabor?) einzuladen. Viele Ausleger sehen auch hier jedoch die Fremdvölker (Driver, a.a.O. 408f.: »these two Northern tribes ... were in the habit of holding sacrificial feasts in which foreign nations were invited to take part«). Die Stelle bleibt nach wie vor unklar.

Zu Ps 47,10 *nᵉdībē 'ammīm* »die Edlen/Fürsten der Völker« s. die Komm.; es ist wohl daran zu denken, daß die Völker Jahwe im Glauben huldigen und auf diese Weise auch selbst zum Volk von Abrahams Gott gerechnet werden.

d) Eine genaue Prüfung der *gōjīm*-Belege ergibt, daß in den meisten Fällen aus dem jeweiligen Kontext hervorgeht, in welcher Bedeutung das Wort verwendet wird. Ohne Anspruch auf Vollständigkeit in bezug auf Bedeutungsnuancen und Belegstellen sei Folgendes vermerkt:

Mit *gōjīm* sind die Völker im allgemeinen Sinne, ohne klaren Spezialsinn, gemeint z.B. in Dtn 26,19; 28,1; 32,8; Jes 14,26; 40,15ff.; 60,3; Ps 22,28.29; 86,9; 94,10. In diesen Zusammenhang gehört wohl auch Jer 10,7, wo Gott »König der Völker« genannt wird.

Für die nicht-isr. Völker, die nicht in Kanaan wohnhaften Fremdvölker steht *gōjīm* z.B. Dtn 30,1; Jer 29,14; 30,11; 43,5; 46,28; Ez 4,13; 6,8.9; 11,16; 12,16; Jo 4,2ff.; par. zu den fremden Ländern Ez 20,23.41; 22,15; *gōjīm* für die anderen Völker auch Gen 48,19; Num 23,9; Dtn 28,12; Ps 18,50; 106,41. Manchmal ist auch die Feindseligkeit der Völker Israel gegenüber betont (Lev 26,33.38; Num 24,8; Ps 2,1; 79,1.10; Klgl 1,10); die *gōjīm* ziehen gegen Jerusalem heran (Sach 12,3.9; 14,2, vgl. V.12). Über die Situation Jerusalems inmitten der *gōjīm* und ihnen gegenüber handeln u.a. Ez 5,5.14.15; 7,24; 16,24; Sach 1,15. Die *gōjīm* werden sich zu Jahwe wenden (Sach 2,15; 8,22.23). Übel bekommt es Israel, wenn es sein will wie die Völker (in religiösem Sinne Ez 20,32; in politischer Hinsicht 1Sam 8,5; vgl. Dtn 17,14).

Wichtig ist vor allem, daß die *gōjīm* auf dem Gebiet der Religion ganz anders sind als Israel, ihnen fremd und zuwider (vgl. 2Kön 17,33; 18,33; 19,12.17; Jer 3,17; 31,10). Die *gōjīm* rufen Gottes Namen nicht an (Jer 9,25; 10,2.25; 14,22; 16,19; Ez 23,30; Ps 79,6). Im Kontext von Ps 9–10 sind die *gōjīm* den *r*^e^*šā'īm*, den Gottvergessenen, gleichzustellen.

Eine besondere Beachtung verdienen die Stellen, an denen mit *gōjīm* konkret die Völker gemeint sind, die früher in Kanaan wohnhaft waren. Es handelt sich dabei um die bekannte Siebenzahl der Hethiter, Girgasiter, Amoriter usw., die Jahwe vor seinem Volke vertreibt, damit Israel in das schon den Vätern zugesagte Land einziehen kann (Dtn 4,38; 7,1.17.22; 8,20; 9,1.4.5; 11,23; 12,2.29.30; 18,9.14; 19,1; 31,3; weiter Jos 23,3ff.; Ri 2,21.23; 3,1.3; vgl. auch noch 1Kön 14,24; 2Kön 16,3; 17,8.11; 21,2.9; Ps 78,55). Voraussetzung ist, daß bei der Landnahme von einer totalen Ausrottung dieser Völker gar nicht die Rede war und sie nur allmählich entweder militärisch oder politisch bezwungen werden konnten, während es daneben teilweise auch zu einem friedlichen Zusammenleben von Israeliten und autochthonen Gruppen kam. Die große Gefahr von seiten dieser Völker (zuweilen auch von Völkern in der nächsten Umgebung Palästinas, 1Kön 11,1f.) für Israel bestand für den dtn. und den dtr. Schriftsteller darin, daß sie Israel auf religiösem und kultischem Gebiet dazu verführten, von Jahwe abtrünnig zu werden. Daher dürfen die Israeliten ihnen gegenüber keine Gnade walten lassen, keinen »Bund« mit ihnen schließen und sich nicht mit ihnen verschwägern (Dtn 7,1ff.; auch Ex 34,11–17). Man versucht also, der Gefahr der Konfrontation mit fremden Religionen und Kultbräuchen dadurch zu entrinnen, daß man einerseits das Konnubium verbietet und sich von den Völkern fernhält, andererseits Heiligtümer und Kultgegenstände vernichtet, um die Ausübung der Kulte unmöglich zu machen. Die Wirklichkeit jedoch sah anders aus. Die Erfahrung der Jahrhunderte führte dazu, daß man, wollte man die Reinheit des eigenen Glaubens bewahren, darauf Wert legte, jede Beziehung zur fremden religiösen Praxis zu meiden, wenn man sie nicht eliminieren konnte. Daß man dabei, vom hohen und exklusiven Wert der eigenen Jahwereligion überzeugt, zu einer rigorosen Herabwürdigung fremder Kultpraktiken kam, war nur allzu verständlich. Man sprach von den »Greueln« der *gōjīm*, nicht nur in bezug auf Jahwe, sondern auch als von etwas an sich Minderwertigem und Verwerflichem. Schließlich fühlte man sich als das erwählte und von Jahwe geliebte Volk weit erhaben über die *gōjīm* und sah auf sie herab; es sind die Ungläubigen, die »Heiden«. Auf diese Weise kommt es zu einer scharfen Trennung zwischen den »Juden« einerseits und den *gōjīm* andererseits, wie es vor allem in der nachexilischen Literatur der Fall ist. Die hier vorliegende herabwürdigende Bedeutung von *gōjīm* als »Heiden« ist von dem oben umschriebenen Gedankengang her leicht zu verstehen. Man denke in diesem Zusammenhang z.B. an das Mischehenproblem in Esr 9 und Neh 13,23ff.; man will »heiliger Same« sein und bleiben und sucht in der Isolierung seine Kraft.

Nun ist freilich die Absonderung Israels im AT tief verwurzelt; festzustellen bleibt jedoch, daß der Erwählungsglaube, verstanden als sei Jahwe ausschließlich für Israel und Israel für Jahwe da, Israel davon zurückgehalten zu haben scheint, sich den *gōjīm* zuzuwenden. Im Deuteronomium ist ja nirgends davon die Rede, daß Israel die heilbringende Aufgabe haben könnte, die *gōjīm*, nah und fern, zum Glauben an den einen und universalen Gott aufzurufen. Man sieht in den *gōjīm* potentielle Verführer, also eine drohende Gefahr. Die *gōjīm* können höchstens Israel bewundern (Dtn 4,6), am liebsten sollten sie sich mit ihrer eigenen Religion zufrieden geben und Israel nicht belästigen.

Bekanntlich ist aber im AT auch an einigen Stellen eine andere Linie sichtbar, die darum weiß, daß Jahwe sein Volk erwählt hat, damit es für ihn ein Mittel werde, den Völkern der Erde das Heil zu künden und so die ganze Welt zur Anerkennung der Herrlichkeit Gottes zu bringen. Von der Grundverheißung in Gen 12 her, auch von den späteren Aussagen in Ex 19 her, führt diese Linie zu Jes 60. Aber auch hier konnte noch leicht ein religiöses Überlegenheitsgefühl hochkommen. Man muß einen tiefen Weg gehen, um dieses Gefühl los zu werden und zu einer rechten Sicht auf die segensreiche Aufgabe Israels im Hinblick auf das Heil der *gōjīm* überhaupt zu kommen. Exil und Diaspora waren dabei positiv zu werten. Der Knecht Jahwes ist das Licht der *gōjīm* (Jes 49,6), der ganzen Menschheit; das Leiden zum Wohl der Welt kommt in den Gesichtskreis.

Volk Gottes, *'am qādōš* zu sein, darf nicht zu religiösem Egoismus oder sogar zum Fremdenhaß führen; es kann nur wahrhaft Gestalt bekommen im gehorsamen Glauben und Dienst zum Heil der *gōjīm*. Man ist nicht für sich selbst, sondern nur für Jahwe und darin für andere Völker da. Es bleibt eine Freiheit Gottes, die er auch in seinem Erwählen eines Volkes nicht aufgibt und durch die er Fremde und Feinde letzten Endes sein Heil erfahren läßt. Dabei muß gerade sein Volk ihm zu Dienste stehen. Diese Haltung des Dienstes »bedeutet das Größte, was Israel im Verhältnis zu anderen Völkern möglich war: das Offensein für ein neues Werk Gottes, das von sich aus in den Weg zu leiten nicht in Israels Macht stand« (G. Schmitt, Du sollst keinen Frieden schließen mit den Bewohnern des Landes, 1970, 162; für die obige Problematik ist besonders auf diese Arbeit hinzuweisen). Wir sind hier an die Grenze des AT gekommen; die Fragen weiter zu erörtern, würde uns in den Bereich der ntl. Verkündigung über das Verhältnis von ›Kirche‹ und ›Welt‹ bringen.

e) Abschließend noch einige Bemerkungen zu Einzelstellen.

Die Völkertafel Gen 10 (P) hat in bezug auf die Söhne Japhets die Reihenfolge Länder–Sprache–Geschlecht–Volk (Gen 10,5); das Wohngebiet bildet also die Grundlage für eine Volksgemeinschaft. In 10,20.31 findet sich dagegen die Reihenfolge Geschlecht–Sprache–Land–Volk; Verwandtschaft und Sprache sind hier anscheinend von größerer Bedeutung als der feste Landbesitz. Könnte man zur Erklärung dieses Unterschiedes daran denken, daß bei Ham und Sem »nomadische« Verhältnisse sich während längerer Zeit erhalten haben als bei Japhet? Daß in Gen 10, wo die Völker in ein genealogisches Schema gefaßt werden, nicht von *'ammīm*, sondern von *gōjīm* die Rede ist, wird wohl mit dem Umstand zusammenhängen, daß trotz diesem genealogischen Aspekt die politisch-geschichtliche Abgrenzung der Völker voneinander eine wichtige Rolle spielt (vgl. von Rad, ATD 2, ^{9}108ff.).

In 2Sam 7,23 sind mit *gōjīm* nicht die Ägypter gemeint; das Wort (ohne Präp.!) ist nicht mit *pdh min* »erlösen von« zu verbinden, sondern steht wohl als Obj. zu dem in *l^{e}'arṣǣkā* zu restituierenden *grš* pi. »vertreiben« (vgl. LXX und 1Chr 17,21).

Daß in Jer 4,2 (und vielleicht auch 3,17) mit *gōjīm* die (zehn) isr. Stämme gemeint seien und nicht Fremdvölker, ist wohl wenig wahrscheinlich (so z.B. A. van Selms, Jeremia I, 1972, 74 und 82).

Jer 22,8 bedeutet *gōjīm* nicht »Völker«, sondern »Leute (individuelle Nicht-Israeliten)« (später Sprachgebrauch). In Ez 35,10 und 37,22 handelt es sich deutlich um Juda und Israel als die beiden Teile von Gesamtisrael; territoriale und staatliche Aspekte sind mit im Spiel (vgl. Zimmerli, BK XIII,862.912).

Jer 1,5 wird Jeremia zum Propheten für die Völker bestellt. Gemeint ist: für die *gōjīm* mit Einschluß Israels, nicht für die Fremdvölker allein (Vgl. Jer 25.13.15–17).

V. 1. In den Qumran-Texten ist *'am* Bezeichnung für das Volk Gottes (so z.B. in Suffixformen; *'am p^{e}dūt 'ēl* »Volk der Erlösung Gottes« 1QM 1,12; vgl. 14,5; weiter 1QM 6,6; 10,9; 12,1; 16,1). Zuweilen ist *'am* auch konkret das Kriegsvolk, die Kriegsschar (1QM 3,13; 8,9; 9,1; 10,2; 1QpHab 4,7). Schließlich bezeichnet *'am* noch eine bestimmte Gruppe von Mitgliedern der Gemeinschaft: 1QS 2,21 neben den Priestern und den Leviten; 1QS 6,8f. neben den führenden Klassen der Priester und der Ältesten; aufgrund von CD 14,3ff. umfaßt *'am* anscheinend die *b^{e}nē Jiśrā'ēl* und die Proselyten (*gēr*), wenn letztere nicht eine Gruppe für sich bilden.

'ammīm sind die Völker, manchmal ohne Bedeutungsunterschied gegenüber *gōjīm* (vgl. 1QpHab 3,5 mit 3,6; s. auch 1QH 5,17 neben 4QpNah 1,1; Israel ist erwählt aus allen *'ammē '^{a}rāṣōt* 1QM 10,9, vgl. 1QH 4,26).

Zu *gōj/gōjīm*: 1QM 6,6 ist von *gōj hæbæl* »Volk der Nichtigkeit« gegenüber *q^{e}dōšē* *'ammō* »die Heiligen seines Volkes« die Rede; 1QM 11,8f. sind »sieben nichtige Völker« genannt (vgl. Dtn 7,1). Die *gōjīm* sind die Feinde Gottes (1QM 12,11; sie sind dem Gericht verfallen (1QpHab 5,4); *gōjīm* hat an einigen Stellen unzweifelhaft die Bed. »Heidenvölker«, so 1QpHab 12,13; 13,1, wo von den Götterbildern der *gōjīm* die Rede ist; sie verehren Holz und Stein und können mit den *rešā'īm* »Gottlosen« gleichgesetzt werden (1Qp Hab 13,4; vgl. 1QM 14,7; 15,2). Man darf keine reinen Tiere und Vögel an die *gōjīm* verkaufen, damit sie diese nicht opfern (CD 12,9). Nach CD 9,1 soll jemand nach den Gesetzen der Heiden (*ḥuqqē haggōjīm*) getötet werden; der Sinn dieser Aussage könnte sein, daß die Vollstreckung der Todesstrafe der heidnischen Obrigkeit überlassen wird.

2. Für die Bezeichnungen für »Volk« in der LXX, im Spätjudentum und im NT sei verwiesen auf die Lexikonartikel mit der dort verzeichneten Lit.: W. Grundmann, Art. δῆμος, ThW II,62–64; G. Bertram – K. L. Schmidt, Art. ἔθνος, ThW II,362–370; H. Strathmann – R. Meyer, Art. λαός, ThW IV,29–57; R. Meyer – P. Katz, Art. ὄχλος, ThW V,582–590; H. Bietenhard, Art. Volk, ThBNT II/2, 1317–1330.

A. R. Hulst

עִם *'im* mit

1. Während im Hebr. die Präpositionen *'im* und *'ēt/'æt-* »mit, bei« promiscue gebraucht werden (H.D. Preuß, ZAW 80, 1968, 140; ders., ThWAT I,485: *'ēt* in späteren Texten zugunsten von *'im* zurücktretend), begegnen ihre Entsprechungen auf die einzelnen verwandten Sprachen verteilt: akk. *itti* (AHw 405a), phön.-pun. *'t* (DISO 29) gegenüber ug. *'m* (WUS Nr. 2041; UT Nr. 1863), aram. *'im* (KBL 1109b; DISO 215f.; syr. *'am*, LS 529a), arab. *ma'a* (Moscati, Introduction 121), altsüdarab. *'m* (Conti Rossini 208a).

Neben der Form mit Suffix der 1.Pers. *'immī* (45 ×) steht gleich häufig die längere Form *'immādī* (→*'md* 1).

Als Element in Personennamen begegnet *'ēt* in (phön.) **'ittōbá'al* > *'ætbá'al* (1Kön 16,31; vgl. Noth, IP 32; KAI Nr. 1, Z. 1; F. L. Benz, Personal Names in the Phoenician and Punic Inscriptions, 1972, 281; zu *'itī'ēl* und *'ītaj* vgl. HAL 43a) und *'im* im Symbolnamen *'immānū 'ēl* (Jes 7,14; vgl. Noth, IP 160, zu den außerbiblischen Parallelbildungen; Wildberger, BK X,292).

2. Nach Mand. 881–885.1338.1539 kommt *'im* im AT 1093 × hebr. (inkl. *'immādī* 45 ×, exkl. Jes 7,14) und 22 × aram. vor. *'ēt* ist rund 900 × belegt (Gen 138 ×, Jer 99 ×, Ez 70 ×, 2Sam 64 ×, 2Kön 56 ×, Num 55 ×, Jes 50 ×, 1Kön 47 ×, vgl. *'im* 2Chr 115 ×, Gen 97 ×, 1Sam 92 ×, 2Sam 78 ×, Ps 71 ×).

3. Zur allgemeinen Verwendung der Präpositionen vgl. die Wörterbücher, ferner die Zusammenstellungen in BrSynt 111f. 115f. und Preuß, a. a. O. 486. Bei *'im* wird die Grundbedeutung der Begleitung und Gemeinschaft (z. B. Gen 13,1; 18,16; 1Sam 9,24) übertragen auf feindliche Beziehungen (Ex 17,8, bes. bei *lḥm* ni. »kämpfen«), örtliche Lage (Ri 19,11), Gleichzeitigkeit (Ps 72,5), Ausstattung (1 Sam 16,12; Ps 89,14), geistige Vorgänge (*'im lēb/lēbāb*: Dtn 8,5; 1Kön 8,17). Die Präp. *'ēt* bezeichnet primär den Raum (Ri 4,11), in zweiter Linie erhält sie die Bedeutung der Begleitung (Gen 7,7). Zu den Präpositionen bei der Wendung →*krt berīt* »einen Bund schließen« vgl. E. Kutsch, ZAW 79, 1967, 24f. Anm. 26.

4. Die Rede vom Mit-Sein Gottes mit einem Menschen oder einer Menschengruppe ist im AT etwas über 100 × belegt (*'im* etwa viermal häufiger als *'ēt*; vgl. W.C. van Unnik, FS Manson 1959, 270 bis 305, bes. 276.300f. Anm. 37; H.D. Preuß, ». . . ich will mit dir sein!«, ZAW 80, 1968, 139–173; ders., ThWAT I,485–500; W. Richter, Die sogenannten vorprophetischen Berufungsberichte, 1970, 146–151). Die Wendung ist stets als Nominalsatz gebildet (Subj. Jahwe/Gott, Prädikat öfters mit *hjh* zur genaueren Bestimmung der Zeitsphäre und des Modus).

Das Motiv von Gottes Mit-Sein (zur Vorgeschichte vgl. C. Westermann, Forschung am AT, 1964, 31 Anm. 19; Preuß, a. a. O. 161ff.) stammt aus dem Leben von Nomaden; entsprechend gehört es in die das Dasein wandernder Familien bestimmende Geschehensstruktur, den Segen (C. Westermann, Der Segen in der Bibel und im Handeln der Kirche, 1968, 9–22); es manifestiert sich in Bewahrung und Förderung des physischen Lebens, nicht in einmaligen Ereignissen, in denen Gottes rettendes Tun erfahren wurde (D. Vetter, Jahwes Mit-Sein – ein Ausdruck des Segens, 1971; anders K.W. Neubauer, ZAW 78, 1966, 292–316; Preuß, a. a. O.; vgl. H.E. von Waldow, ». . . denn ich erlöse dich«, 1960, 39f.).

Die Vätergeschichte verwendet die Formel im Zusammenhang mit der Wanderung von Menschen. Sie bezeichnet Jahwes Schutz in den Gefahren des Weges (Zusage Jahwes: Gen 26,3; 28,15; 31,3, vgl. 26,24; Gelübde: Gen 28,20; Lob: Gen

31,5; 35,3; Segenswunsch: Gen 48,21; Feststellung des Erfolgs: Gen 21,20.22; 26,28). Die Formel zeigt ihre ursprüngliche Bindung an Wanderungen auch in der die Zeit zwischen dem Exodus und dem Beginn der Staatenbildung betreffenden Überlieferung (Zusage: Ex 3,12, vgl. E. Kutsch, ThLZ 81, 1956, 75–84; W. Beyerlin, VT 13,1963, 6ff.; Dtn 31,8.23; Jos 1,5.9; 3,7; Wunsch der Stämme: Jos 1,17; Ironie: Ex 10,10; Feststellung: Dtn 2,7; 32,12; Ri 1,22; Heilsschilderung im Seherspruch: Num 23,21). Das gilt ebenso für den Bereich des Jahwekrieges (Dtn 20,1.4; 31,6.8; Jos 1,17; 14,12); hier wirkt sich Gottes Gegenwart als Bewahrung und Kraft zum Sieg über die Feinde aus (so Pedersen, Israel I/II,194f.; anders Waldow, a.a.O. 39; Preuß, a.a.O. 154); beide Weisen des Handelns Gottes kommen zusammen: Retten (vgl. Ex 14,14.25; 15,21) und Segnen (= Mit-Sein; Zusage: Dtn 20,1; Ri 6,12.16; 1Sam 10,7, vgl. H. Seebaß, ZAW, 79,1967, 162f.; 17,37; Jer 1,19; 15,20; 20,11 txt em, vgl. Preuß, a.a.O. 143.151; Sach 10,5; 2Chr 13,12; 20,17; 32,7f.; negativ: Num 14,43; Jos 7,12; 2 Chr 25,7; Klage: Ri 6,13; Feststellung: Ri 1,19; 2,18; Rückblick: 2Sam 7,9 = 1Chr 17,8; 1Chr 22,18; Vertrauensäußerung: Jos 6,27; Jes 8,8.10, vgl. 7,14; 2Chr 35,21). Im Zusammenhang von Wanderung und Jahwekrieg begründet die Formel den Heilszuspruch »Fürchte dich nicht!« an den Gefährdeten (Gen 26,24; Dtn 20,1; 31,8; Jos 1,9; 2Chr 20,17; 32,7f.); auch an anderen Stellen ist der Bezug auf eine Bedrohung deutlich (Jes 41,10, vgl. Westermann, a.a.O. 118f. und ATD 19,60f.; 43,5; Jer 1,8f.; 30,10f.; 42,11; 46,28; Ps 23,4; 46,4 [txt em].8.12; vgl. Jes 43,2; Am 5,14; Hag 1,13; 2,4).

Jahwes Verbundenheit bedeutet für den Menschen Gelingen. Im Erfolg äußert sich Gottes Segen schon in der Vätergeschichte (s.o.; vgl. G. Wehmeier, Der Segen im AT, 1970, 136.170; nicht erst in einem späteren Stadium, so Preuß, a.a.O. 156). Andere Überlieferungen nehmen das alte Motiv auf (Gen 39,2f.21.23, vgl. L. Ruppert, Die Josephserzählung der Genesis, 1965, 44ff.; C. Westermann, Calwer Predigthilfen 5, 1966, 46f.; 1Sam 3,19; 16,18; 18,12.14.28; 2Sam 5,10; 7,3 = 1Chr 17,2; 2Sam 14,17; 2Kön 18,7; 1Chr 11,9; 2Chr 1,1; 15,2.9; 17,3). Der »Vergegenwärtigung von Geschichte« dient die Wendung, indem sie Gottes Mit-Sein mit dem Hinweis auf Geschehenes begründet (Jos 1,5.17; 1Sam 20, 13; 1Kön 1,37; 8,57). In nachexilischer Zeit erscheint die Formel außer in häufiger Beziehung zu Kämpfen (s.o.) ohne besonderen Haftpunkt (1Kön 11,38; Sach 8,23; Esr 1,3; 1Chr 22,11.16; 28,20; 2Chr 19,6, vgl. Ex 18,19; 2Chr 36,23; als Gruß: 1Chr 9,20; 2Chr 19,11; vgl. Ruth 2,4).

Auf die Immanuel-Perikope Jes 7,1–17 kann hier nicht näher eingegangen werden. Der Symbolname Immanuel »Gott (ist) mit uns« wird auf dem Hintergrund der Jerusalemer Kulttradition zu verstehen sein (vgl. Ps 46,8.12); der Zusammenhang läßt auch an den Jahwekrieg (vgl. Dtn 20,4) und an die Davidstradition (vgl. 2Sam 23,5) denken (vgl. Wildberger, BK X,292f.).

5. Zum Gebrauch der Formel im NT vgl. van Unnik, a.a.O.; W. Grundmann, Art. σύν – μετά, ThW VII,766–798. *D. Vetter*

עמד *'md* stehen

1. Die Wurzel *'md* wird verbal verwendet außer im Hebr. (q. »hintreten, stehen, stillstehen« usw.) im Akk. (*emēdu* »anlehnen, auferlegen«, AHw 211a) und Arab. (»stützen, beabsichtigen«, Wehr 576b).

Während im Hebr. *'md* »stehen« und →*qūm* »aufstehen« unterschieden werden, hat das Aram. für beide Bedeutungen *qūm* (*'md* q. in Ah. Z. 160, vgl. DISO 216, ist unsicher, s. P. Grelot, RB 68, 1961, 190; ders., Documents araméens d'Egypte, 1972, 444). Die späte Bed. »aufstehen« für *'md* in Neh 8,5; Dan 12,13 und im Mittelhebr. wird von E.Y. Kutscher, Tarbiz 33, 1963/64, 118ff.; ders. in: Th.A. Sebeok (hrsg.), Current Trends in Linguistics, VI, 1970, 359, als »inverted calque« auf aram. Einfluß zurückgeführt.

Nominale Ableitungen im AT sind: *'ammūd* »Pfeiler, Stütze, Säule« (gemeinsem., vgl. Bergstr. Einf. 186; DISO 216f.), *'ōmæd* »Stelle, Platz«, *'æmdā* »Standort«, *ma'ᵃmād* »Posten, Stellung«, *mo'ᵒmād* »Stand, Halt«, vielleicht auch *'immād* mit Suffix der 1.Pers.Sing. *-ī* »bei mir, mit mir«, verstärkend anstatt der Präp. *'im* mit Suffix (BL 644; KBL 713b; anders Joüon 280).

2. Statistik: *'md* q. 435 × (Dan 39 ×, Ez 32 ×, 2Chr 31 ×, 2Kön und Jer je 28 ×, 1Kön und Ps je 26 ×, Jos 20 ×, Ex, Dtn, 1Sam und Jes je 17 ×, Gen und 2Sam je 15 ×, Num 13 ×, Sach 12 ×, Est 11 ×), hi. 85 × (2Chr 20 ×, Neh 18 ×, Num 8 ×, Ps und 1Chr je 6 ×, Lev, Ez, Dan und Esr je 4 ×), ho. 2 × (Lev 16,10; 1Kön 22,35); *'ōmæd* 9 × (Dan, Neh und 2Chr je 3 ×), *'æmdā* 1 × (Mi 1,11), *'ammūd* 111 × (Ex 39 ×, 1Kön 22 × [alle Belege in c. 7],

2Chr 8×), *ma'amād* 5× (1Kön 10,5 = 2Chr 9,4; Jes 22,19; 1Chr 23,28; 2Chr 35, 15), *mo'omād* 1× (Ps 69,3).

Das Verbum findet sich mit ziemlich gleichmäßiger Streuung im ganzen AT, besonders häufig (in speziellerer Verwendung) in der späten Sprache (chr. Geschichtswerk, Est, Dan), gerne in Beschreibungen (1/2Kön 58×) und Visionsberichten (Ez 36×; Dan 43×, davon 20× in c. 11).

3. Für die vielfältigen Gebrauchsweisen des Verbums in den Hauptbedeutungen »sich hinstellen, stehen, stehen bleiben« und die sich daraus ergebenden Sonderbedeutungen und speziellen Wendungen ist auf die Lexika zu verweisen. Gegen 200× ist das Verbum absolut verwendet; es steht häufig neben anderen beschreibenden Verben (3a b) und erhält, mit bestimmten Präpositionen konstruiert, besondere Bedeutungen (4a–c).

a) Die Grundbedeutung kann durch folgende Parallelverben illustriert werden: »hintreten, sich hinstellen« von einem Soldaten, einer Wache (par. *jṣb* hitp. 2Sam 18, 30; Hab 2,1); »feststehen, standhalten« von einem Haus (par. →*qūm* Hi 8,15; allgemein Nah 1,6); »stillstehen, stehenbleiben« von Sonne und Mond (par. *dmm* Jos 10,13); »unbeweglich dastehen« von einem Götterbild« (par. zu negiertem *mūš* »sich bewegen« Jes 46,7, nach →*nūaḥ* hi. II »hinstellen«); »sich einstellen« von einem Ereignis (par. →*hjh* »geschehen« Ps 33,9; vgl. 2Sam 21,18 *hjh* mit 1Chr 20,4 *'md* und 2Sam 24,16 *hjh* mit 1Chr 21,15 *'md*, so J.C. Greenfield, Bibl 50, 1969, 101 nach Z. Ben-Hayyim). Die Parallelen →*qrb* »herzutreten« (Dtn 4,11; Ez 44,15) und →*'bd* »dienen« (Num 16,9) verweisen auf die kultische Bedeutung von *'md lifnē* (s.u. 4c[3]).

b) Andererseits dient *'md* als Antonym zu zahlreichen Verben der Bewegung: →*hlk* »gehen« (Ps 1,1), →*bō'* »hereinkommen« (Gen 24,31), →*jṣ'* »ausziehen« (2Sam 15,17), *rūṣ* »laufen« (1Sam 17,51), *ns'* »aufbrechen, weiterziehen« (Ex 14,19) usw. Das Verbum bezeichnet das Aufhören der Bewegung, das Stillstehen (Jos 3, 13; 1Sam 17,8 u.ö.). Die Bedeutungsnuancen der Festigkeit und Beständigkeit werden unterstrichen durch die Opposition zu *hpk* »umstürzen« (Spr 12,7; vgl. Mt 7, 24–27), *brḥ* »fliehen, dahinschwinden« (Hi 14,2), *mūr* ni. »sich ändern« (Jer 48,11), →*'bd* »zugrunde gehen« (Am 2,14f.; Ps 102,27), →*mūt* »sterben« (Ex 21,20f.). Die Vorstellung des Widerstandes gegenüber dem Angriff des Feindes begegnet innerhalb des Zusammenhanges der Kriegsberichte, wo *'md lifnē* »bestehen (können) vor« bedeutet (2Kön 10,4; vgl. 1Sam 6, 20, s.u. 4c[4]).

c) Daran schließt der prägnante Gebrauch des absolut stehenden Verbums zur Bezeichnung der unveränderten Erhaltung und Dauerhaftigkeit einer Sache: eines Dokuments (Jer 32,14), Jerusalems (1Kön 15,4), der Israeliten (Jes 66,22) oder der Jahwefurcht (Ps 19,10).

4. In Verbindung mit einer Präposition erhält *'md* besondere Bedeutungen:

a) Mit lokalen Präpositionen bezeichnet *'md* q. das Sich-Aufhalten oder Stehenbleiben an einem bestimmten Ort: »draußen« (Gen 24,31), »neben dem Altar« (Ez 9,2), »neben dem Tor« (2Sam 18,4), »sie stellten sich auf die Füße« (Ez 37,10), »jeder blieb an seinem Platze stehen« (Ri 7 21). Ist dieser Ort mit einer bestimmten Funktion verbunden, so bezeichnet *'md* q. das Verhalten dessen, der an seinem Posten seine Aufgabe erfüllt: die Wache auf dem Turm (Hab 2,1), der Verteidiger in der Bresche (Ez 22,30), der Gläubige im Tempel (Ps 134,1). Entsprechend bezeichnet *'md* hi. mit einer Präposition die Einsetzung eines Amtsträgers in sein Amt, so 1Kön 12,32 die der Priester zu Bethel, 2Chr 8,14 die der Priester und Leviten in ihren Dienst. Zu *'md be* vgl. noch P.A.H. de Boer, FS Baumgartner 1967, 25–29.

b) Durch *'md* verbunden mit der Präp. *le* und einem Inf.cs. kann das Auftreten zur Erfüllung einer bestimmten Aufgabe ausgedrückt werden: die Stämme erscheinen bei Sichem zum Segnen und Fluchen (Dtn 27,12f.), Jerobeam zum Opfern in Bethel (1Kön 13,1), Jeremia zur Fürbitte (Jer 18,20). Im Bereich des Rechtswesens ist vom Hintreten der Parteien vor den Richter (1Kön 3,16) und vom Erscheinen des Richters zur Rechtsprechung (Ez 44, 24; vgl. Num 35,12) die Rede. In dieser Weise ist zweimal *'md* q. mit Jahwe als Subjekt verwendet: Jes 3,13 txt em »er steht da, über sein Volk Recht zu sprechen«; Ps 109,31 »dem Armen steht er zur Rechten« (die wenigen übrigen Verwendungen mit Jahwe als Subjekt von *'md* q. sind entweder konkret anthropomorphistisch wie Ex 17,6; Num 12,5; Hab 3,6 txt em »er tritt auf und macht die Erde erbeben«, visionär von der Herrlichkeit Jahwes Ez 3,23; 10,18; 11,23, oder aber bildlich und übertragen: Ps 10,1 »warum, Jahwe, stehst du ferne?«; 102, 27 »sie werden vergehen, du aber bleibst«).

c) Mit der Präp. *lifnē* »vor« beschreibt

'md genauer die Haltung des Dieners, der vor seinem Herrn steht und seine Befehle empfängt (vgl. die Abbildungen der Hammurabi-Stele, ANEP Nr. 515; eines Reliefbildes von Bar Rakab, ANEP Nr. 460; von Darius, ANEP Nr. 463). Die Wendung begegnet in vier typischen Situationen:

(1) Im alltäglichen Leben steht der Knecht vor seinem Herrn: so Josua im Dienste Moses (Dtn 1,38), die Sunamitin zur Verfügung Elisas (2Kön 4,12), Naeman im Dienste des Gottesmannes (2Kön 5,15), die Leviten zur Verfügung des Volkes (Ez 44,11).

(2) Am königlichen Hof steht der Minister vor dem König: die Minister Salomos (1Kön 10,8); Gedalja unter der Oberherrschaft der Chaldäer (Jer 40,10); Daniel und seine Gefährten bereiten sich auf den Dienst am Hof vor (Dan 1,5); der himmlische Hofstaat steht vor Jahwe (1Kön 22,19.21; vgl. auch Apg 7,55 Jesus zur Rechten Gottes »stehend«, nicht »sitzend«).

(3) Im Kult steht der Priester vor Gott; daher die Ausdrücke »vor der Bundeslade stehen« (Ri 20,28) oder »vor Jahwe stehen« (Ez 44,15 par. →*qrb*, →*šrt* pi.; vgl. Num 16, 9 par. →*'bd*). Analog dazu bedeutet »vor den Götzen stehen« soviel wie »den Götzen dienen« (Ez 8,11). Die Wendung »vor Jahwe stehen« ist häufig in der dtn.-dtr. Literatur, wo sie den Dienst der Leviten (Dtn 10,8; 18,7) in der Nachfolge Moses am Horeb umschreibt (Dtn 4,10; 5,5; Ps 106,23). Die Formel bezeichnet auch den Prophetendienst Elias und Elisas (1Kön 17,1; 18,15; 2Kön 3,14; 5,16; vgl. 1Kön 19,11). Bei Jeremia bezieht sie sich auf das Amt des Fürbitters (Jer 15,1; 18,20), ähnlich schon bei Abrahams Fürbitte für Sodom (Gen 18,22 J). Sie wird schließlich auf die ganze zum Kult versammelte Gemeinde ausgeweitet (Lev 9,5; 2Chr 20, 13; vgl. Apk 20,12), ja sogar auf die ganze Schöpfung (Jes 66,22f.). Zur Frage der Stellung beim Gebet im AT vgl. D. R. Ap-Thomas, VT 6, 1956, 225–228.

(4) In eschatologischen Zusammenhängen wird die Wendung *'md lifnē Jhwh* in mehreren verschiedenen Bedeutungen verwendet. Sie bezeichnet einerseits das (negierte) Standhalten vor Jahwe im Kampf (Am 2,15; Nah 1,6; Mal 3,2; s.o. 3b) oder im Gericht (Ps 76,8; 130,3; vgl. Apk 6, 17; s.o. 4b), andererseits den Dienst des Gotteslobes (Jes 66,22f., s.o. 3). Mit ihr kann auch die Hoffnung des Gläubigen nachhaltig zum Ausdruck gebracht werden (Jer 35,19; vgl. Lk 21,36).

5. Die LXX gibt *'md* am häufigsten durch ἱστάναι und seine Komposita wieder, seltener auch durch μένειν (Gen 45, 9) oder διαμένειν (Ps 19,9) in zeitlicher Bedeutung (s.o. 3c). Beide Verbgruppen begegnen in ähnlicher Verwendung auch im NT; vgl. A. Oepke, Art. καθίστημι, ThW III, 447–449; F. Hauck, Art. μένω, ThW IV, 578–581; W. Grundmann, Art. στήκω, ThW VII, 635–652; ders., Stehen und Fallen im qumranischen und ntl. Schrifttum, in: H. Bardtke, Qumran-Probleme, 1963, 147–166. *S. Amsler*

עָמָל *'āmāl* Mühsal

1. *'āmāl* »Arbeit, Mühsal« ist Verbalnomen zum intransitiven Verbum *'ml* q. »arbeiten, sich abmühen« (Barth 105; BL 462f.) mit dem Verbaladjektiv *'āmēl* »sich abmühend« (substantiviert Ri 5,26; Spr 16,26 »Arbeiter«; Hi 3,20 »Mühebeladener«; Hi 20,22 l *'āmāl*).

Die Wurzel *'ml* ist im Semitischen weit verbreitet. Das Verbum begegnet auch im Aram. (DISO 217; LS 530) und im Arab. (Wehr 579). Im Akk. gibt es ein Nomen *nēmelu* »Gewinn, Profit« (AHw 776b), im Aram. *'ml* (altaram. in Sef. I A, Z. 26 »Unglück«, reichsaram. in Cowley Nr. 40, Z. 2 »Anstrengung«), im Äth. *mā'bal* »Werkzeug« (GVG I, 226).

In 1Chr 7,35 ist *'āmāl* männlicher Eigenname (vgl. aber Noth, IP 253); als Parallele kommt der palm. PN *'ml'* (J. K. Stark, Personal Names in Palmyrene Inscriptions, 1971, 45.106) in Frage, während die Lesung des angeblichen edomitischen Namens *Qwś'ml* ganz unsicher ist (Th. C. Vriezen, OTS 14, 1965, 331).

2. Das Subst. *'āmāl* kommt im AT 55 × vor, davon 4 × innerhalb der Geschichtsbücher (Gen 41,51; Num 23,21; Dtn 26, 7; Ri 10,16); am häufigsten steht es in Pred (22 ×), gefolgt von Ps (13 ×), Hi (8 ×), Jes (3 ×), Hab und Spr (je 2 ×), Jer (1 ×). Durch diese Streuung wird deutlich, daß *'āmāl* im ganzen der späten Sprache angehört. Das Verbum steht 11 × (8 × in Pred, je 1 × in Jon, Ps und Spr), das Verbaladjektiv 9 × (Pred 5 ×, Hi 2 ×, je 1 × in Ri und Spr). Von den 75 Belegen der Wurzel begegnen 35 in Pred, 14 in Ps, 10 in Hi.

3. *'āmāl* umfaßt einen Bedeutungsbereich, der sich im Dt. erst seit Luther (vgl. H. Geist, Arbeit. Die Entscheidung eines Wortwertes durch Luther, Luther-Jahrbuch 13, 1931, 83–113) aufgespalten hat: »Arbeit« neben »Mühe, Mühsal, Not«. Diese Auffassung, Arbeit = Mühe, hat das Hebr. mit vielen alten Sprachen gemein (vgl. auch lat. labor; zum Dt. u.a. Kluge 29; H.Malige-Klappenbach, FF 35, 1961, 51–54).

Die Grundbedeutung von *'āmāl* kann etwa folgendermaßen umrissen werden: *'āmāl* bezeichnet in erster Linie den Vorgang der Arbeit (so fast nur in Pred; vgl. das Verbum in Spr 16,26 und das Verbaladjektiv in Ri 5,26; Spr 16,26) und die Mühe, die sie bereitet (par. →*'āwæn* »Unheil« Ps 90,10; Hi 5,6), alsdann das Ergebnis der Arbeit, und zwar einmal den Erwerb, Besitz, den man sich erarbeitet hat (Ps 105,44; vgl. dazu Jes 45,14, wo in ähnlichem Zusammenhang *jegīa'* steht; bei Pred oft in der formelhaften Wendung *'ml 'āmāl*, Pred 2,11.18ff.; 5,17; 9,9), und zum andern die Not, Qual, die man anderen bereitet (par. *'āwæn* Jes 10,1; Hab 1,3; Ps 10,7 u.ö.; vgl. G.Fohrer, FS Thomas 1968,102; zur Bed. »Besitz, Reichtum« vgl. H.L.Ginsberg, Studies in Koheleth, 1950, 3; ders., Supplementary Studies in Koheleth, Proceedings of the American Academy for Jewish Research 21, 1952, 35f.; O.Loretz, Qohelet und der Alte Orient, 1964, 235.265.280).

Es ist zweifelhaft, ob man auf Grund der atl. Belege den Aspekt der »Arbeit« (ohne jede Wertung derselben, vgl. Ri 5, 26; Spr 16,26) allein der späteren und den der »Mühe, Mühsal« der älteren Sprache zuschreiben kann (so GB 600b). Soziologisch könnte man umgekehrt argumentieren: erst die Arbeit des Ackermanns wurde für die isr. Stämme zur Mühe, Qual.

Unter den sinnverwandten Vokabeln (vgl. einerseits →*'bd*, →*'śh*, →*p'l*, andererseits *l'h* q. »müde werden«, ni. »sich abmühen«, hi. »müde machen«, *telā'ā* »Mühsal«) sind die Ableitungen der Wurzel *jg'* am wichtigsten: *jg'* q. »ermüdet sein, sich bemühen« (20×, davon Jes 10×), pi. »ermüden« (Jos 7,3; Pred 10,15), hi. »ermüden« (Jes 43,23f.; Mal 2,17.17), *jegīa'* »Mühe, Arbeit« und »Ertrag, Besitz, Vermögen« (16× in breiter Streuung), *jāgā'* »Erwerb« (Hi 20,18), *jegī'ā* »Anstrengung« (Pred 12,12), *jāgēa'* »müde, sich abmühend« (Dtn 25,18; 2Sam 17,2; Pred 1,8), *jāgīa'* »ermüdet« (Hi 3,17).

Im Bibl.-Aram. werden *'abīdā* »Arbeit« (→*'bd*) und *'ns* q. »Mühe machen« (Dan 4,6) verwendet.

4. a) Im Reden zu Gott kann *'āmāl* der Ausdruck für eine konkrete Not sein, in der sich ein einzelner oder das Volk befindet: sie wird ihm klagend vorgehalten (Hi 7,3 par. →*šāw'*; Jer 20,18 par. *jāgōn* »Kummer«), er wird um Errettung aus ihr gebeten (Ps 25,18 par. *'onī* »Elend«); im Bekenntnis der Zuversicht kann sie genannt werden (Ps 10,14 par. *ká'as* »Kränkung«). Gott reut die Not Israels (Ri 10, 16); die Errettung aus ihr wird lobend berichtet (Ps 107,12; Dtn 26,7 par. *'onī* »Elend« und *láḥaṣ* »Bedrückung«; vgl. auch Gen 41,51). An all diesen Stellen wird oft nicht deutlich, welche besondere Not gemeint ist (ohne Beziehung Mensch-Gott steht *'āmāl* als Bezeichnung für eine Not Num 23,21 »nicht sieht man Unheil in Israel«, par. *'āwæn*; Jes 53,11 »um der Mühsal seiner Seele willen«; Spr 31,7).

b) *'āmāl* wird zur Beschreibung des Menschenloses, wohl aus der Verallgemeinerungstendenz der Klage (Vergänglichkeitsklage) und der Erkenntnis heraus, daß das Leben von mühsamer Arbeit bestimmt ist (Ps 73,5; 90,10); dies geschieht besonders in Pred, wo aber auch noch deutlich die Arbeit in ihrer positiven Bedeutung im Hintergrund steht (z.B. 3,13; 5,17; 8,15; 9,9).

c) In der Feindklage und der daraus erwachsenden Feindschilderung ist *'āmāl* häufig die Bezeichnung für das böse, lügnerische und gewalttätige Handeln der Feinde. Wie der Feind selbst, so ist auch ihr *'āmāl* meist in keinem konkreten Handeln zu fassen. Das Nomen steht in diesem Gebrauch parallel zu *'āwæn* »Unheil« (Jes 59,4; Ps 10,7; 55,11; Hi 15,35), zu *šǽqær* »Trug« (Ps 7,15), zu *mirmā* »Trug« (Hi 15,35; vgl. Ps 10,7; 55,11f.), zu *ḥāmās* »Unrecht« (Ps 7,17; vgl. Hab 1,3). In unmittelbarer Nachbarschaft steht *'āmāl* außerdem zu *tōk* »Bedrückung« (Ps 10,7; 55,11f.), zu *hawwā* »Verderben« (Ps 55, 11f.), zu *mādōn* »Streit« und *rīb* »Hader« (Hab 1,3). – In gleicher Weise kann das Handeln der Frevler bezeichnet werden (Spr 24,2 par. *šōd* »Gewalttat«; vgl. Hab 1,3).

d) Die Feinde und Frevler wirken nicht nur *'āmāl*, sondern ernten es auch. Diese Tat-Tatfolge wird in Hi 4,8 in der Form eines »Sprichwortes« (Horst, BK XVI,69) gezeigt: »Die Unrecht (*'āwæn*) pflügen und Unheil (*'āmāl*) säen, die ernten es auch« (vgl. Gal 6,7). In Hi 15,35 wird dafür als Vergleich der Verlauf von Schwangerschaft und Geburt herangezogen: »Sie sind mit Mühsal (*'āmāl*) schwanger und gebären Unheil (*'āwæn*), und ihr Schoß bereitet Trug (*mirmā*)«, ähnlich auch Ps 7, 15; Jes 59,4. Wahrscheinlich gehört Ps 140,10 txt? auch in diesen Zusammenhang. Zur schwierigen Stelle Hi 5,6f. s. Horst, BK XVI,80f.

5. In den Qumran-Texten kommt *'āmāl* in ähnlicher Bedeutungsskala wie im AT vor (1QpHab 8,2; 10,12; 1QS 9,22; 1QH 10,32; 11,1.19; 4QDibHam 6,12). Die LXX gibt *'āmāl* 23× mit μόχθος (Dtn 26, 7; 22× in Pred), 14× mit πόνος (Gen 41,

51; Num 23,21; je 2× in Jes, Hab, Hi, Spr; 4× in Ps), 13× mit κόπος (Ri 10,16; Jer 20,18; 2× in Hi, 9× in Ps), 3× mit ὀδύνη (Hi), je 1× mit πονηρία (Jes 10,1) und κακός (Hi 16,2) wieder. Vgl. F. Hauck, Art. κόπος, ThW III,827–829.

S. Schwertner

ענה *'nh* I antworten

1. Der herkömmlicherweise in den Wörterbüchern vorausgesetzte Unterschied zwischen vier homonymen Wurzeln *'nh* I »antworten«, *'nh* II »gebeugt sein«, *'nh* III »sich beschäftigen« und *'nh* IV »singen« (vgl. GB 603ff.; KBL 718ff.; Zorell 612f.; so auch Lis. 1094ff.; anders Mand. 899ff., der I und II trennt, IV zu I rechnet und III teilweise bei I und teilweise bei II unterbringt) ist alles andere als unbestritten. Daß *'nh* IV »singen« von den anderen homonymen Wurzeln zu trennen ist, mag angesichts arab. *ġannā* »singen« (vgl. GB und KBL, a.a.O.; Barr, CPT 127; L. Delekat, VT 14, 1964, 37f.) einleuchten, wenn auch die Tatsache, daß eine entsprechende Wurzel *ġnj* im Ug. fehlt, und der Umstand, daß die der hebr. Wurzel *'nh* verwandte ug. Wurzel *'nj* »antworten« möglicherweise auch »singen« bedeuten kann (so F.I. Andersen, VT 16, 1966, 109ff.; vgl. J.C. de Moor, The Seasonal Pattern in the Ugaritic Myth of Ba'lu, 1971, 93f., und ders., UF 1, 1969, 224 Anm. 2), zu Bedenken Anlaß gibt. Auch →*'nh* II »gebeugt sein« ist aus praktischen Gründen von den anderen homonymen Wurzeln zu trennen. Der Versuch, *'nh* I und *'nh* II zu identifizieren (L. Delekat, a.a.O. 35–39 mit Lit.) hat zwar vieles für sich, will aber bislang nicht völlig überzeugen (vgl. C. Barth, FS von Rad 1971, 49 Anm. 25). Die Trennung einer Wurzel *'nh* III »sich beschäftigen« (Belege nur in Pred 1,13; 3,10 und 5,19) von *'nh* I läßt jeden Grund vermissen, weil jene »Wurzel« samt ihren Ableitungen aus etymologischen und semasiologischen Gründen zu *'nh* I zu rechnen ist (vgl. Delekat, a.a.O. 38f.).

Die Wurzel *'nh* I, die auch im Aram. (vgl. KBL 1110a; DISO 218) und im Ug. (*'nj* »antworten, entgegnen«; UT Nr. 1883; WUS Nr. 2060) begegnet, hängt etymologisch mit äg. *'n(n)* »(sich) umwenden« (vgl. W.A. Ward, JNES 20, 1961, 37) und akk. *enū* »umwenden, ändern« (AHw 220f.) zusammen, trotz der Tatsache, daß »antworten« im Akk. *apālu* (AHw 56f.) und *awāta turru* (AHw 89b, vgl. hebr *šūb* hi. *dābār*) heißt.

Von der Voraussetzung ausgehend, daß *'nh* ursprünglich »umwenden« meint, und zwar entweder Umwenden des Antlitzes, um Aufmerksamkeit zu bekunden, oder Umwenden der Augen, um eine Person oder eine Sache zu beobachten, können wir aus semasiologischen Gründen (s.u. 3) auf eine Grundbedeutung »reagieren, erwidern« schließen, die allen Bedeutungsgehalten von *'nh* I und III samt ihren Ableitungen zugrunde liegt: »sich umwenden« > »reagieren« > »jemandem oder etwas seine Aufmerksamkeit zuwenden« > »sich beschäftigen mit« > »willig reagieren«, d.h. »erhören«, »antworten« usw.

Zu dieser semasiologischen Kette gehört auch arab. *'anā* »am Herzen liegen, interessieren«, VIII »sich bemühen, jemandem seine Aufmerksamkeit widmen« (vgl. Wehr 583b).

Sehr problematisch ist Mal 2,12 txt? *'ēr we'ōnǣ* »Wachender(?) und Antwortender(?)«. Welche Wurzel liegt vor? Vgl. noch A. Malamat, SVT 15, 1966, 211–213; B. Hartmann, FS Baumgartner 1967, 104f.; zu I. Eitan, HUCA 12/13, 1937/38, 59 vgl. Barr, CPT 165.243.250. Schwierig ist auch Pred 10,19, gewöhnlich als »das Geld gewährt alles« (GB 603b; O. Loretz, Qohelet und der Alte Orient, 1964, 266 Anm. 228) gedeutet, aber wohl eher als »das Geld läßt jeden willig reagieren« (also hi.) zu erklären.

Im hebr. AT kommt das Verbum *'nh* im Qal (intransitiv wie transitiv) sowie im Ni. und Hi. vor. Als Ableitungen sind zu verzeichnen: von *'nh* I das Subst. *ma'anǣ* I »Antwort« (vgl. ug. *m'n* »Antwort«: UT Nr. 1883; WUS Nr. 2060a); traditionell von *'nh* III: *ma'anǣ* II »Zweck«; *ma'anā* »Pflugbahn« (vgl. GB 447a; KBL 549b), weiter *'injān* »Beschäftigung« (vgl. Wagner Nr. 222) und *'ōnā* »willige Beschäftigung, ehelicher Umgang« (anders GB 605a und KBL 720a) und die Partikeln *já'an* »wegen, weil« (s.u. 3b; ausführlich erörtert von M.J. Mulder, OTS 18, 1973, 49–83; vgl. auch D.E. Gowan, VT 21, 1971, 168–185) und *lemá'an* »um ... willen« (ausführlich erörtert von H.A. Brongers, OTS 18, 1973, 84–96). Im Bibl.-Aram. ist nur *'nh* q. bezeugt.

Ob das Nomen →*'ēt* »Zeit« hierher gehört, ist ungewiß (KBL 745b mit Lit.; vgl. auch J. Muilenburg, HThR 54, 1961, 234, und J. Barr, Biblical Words for Time, ²1969, 86–109; anders J.R. Wilch, Time and Event, 1969, 155–160). Zu erwähnen sind auch die PN *'anājā* und *Ja'naj* (vgl. Noth, IP 185.198).

Der Name der Göttin *'anāt* hängt m.E. mit *'nh* in der Bed. »sexuell willig/respondierend sein« zusammen (vgl. Hos 2,17; Ex 21,10; s.u. 3a). Anders A.S. Kapelrud, The Violent Goddess, 1969, 28 (vgl. J.C. de Moor, UF 1, 1969, 224).

2. Statistik: Das hebr. Verbum *'nh* I kommt 316× im AT vor (q. 309×, davon Hi 57×, Ps 36×, 1Sam 35×, Gen und 1Kön je 19×, Jes 16×, Sach 14× usw. [das Qal fehlt auffälligerweise in Ez]; ni.

5× ; hi. 2× [Hi 32,17; Spr 29,19; anders Mand.]; zur Abgrenzung der Wurzeln [nach Lis.] →*'nh* II); die 3 Belege von *'nh* III (Pred 1,13 q.; 3,10 q.; 5,19 hi.) sind hier nicht mitgerechnet. Das aram. Verbum begegnet 30× in Dan, immer in Verbindung mit *'mr*.

Wegen der stereotypen Gesprächsformel *'nh-w'mr* »erwidern ... und sagen« zeigt sich eine deutliche Häufung von *'nh* in den Büchern Sam, Kön, Sach und Hi. Im Hebr. kommt diese Konstruktion 142× vor, davon etwa 100× als Gesprächsformel im Dialog (vgl. P. Joüon, Bibl 13, 1932,309–314). In 5 Fällen (Gen 24,50; 31,14; Ex 24,3; 1Sam 30,22; 1Kön 18, 24) steht bei Kollektiven und mehreren Subjekten *'nh* im Sing. und *'mr* im Plur. (vgl. R.J. Williams, Hebrew Syntax, 1967, 45; Joüon 462). Ex 19,8 und Dtn 27,15 finden wir bei einem Kollektiv als Subjekt beide Verben im Plur. Statt *'mr* begegnet 6× *dbr* pi. *'æl* (Jos 22,21; 1Kön 12,7; 2Kön 1,10.11. 12; Gen 34,13 ohne *'æl*, Glosse?; vgl. Jer 23,35.37).

Die Nomina kommen nur selten vor: *ma'anæ* I »Antwort« 6× ; vereinzelt *ma'anæ* II »Zweck« (Spr 16,4), *ma'anā* »Pflugbahn« (1Sam 14,14; Ps 129,3) und *'ōnā* »ehelicher Umgang« (Ex 21,10); ferner *'injān* »Beschäftigung« 8× (nur Pred); die Partikeln *jáʿan* 99× und *lemáʿan* 270× (Einzelheiten bei Mulder, a.a.O. 67f. und Brongers, a.a.O. 85f.).

3. a) Das Verbum *'nh* bedeutet in erster Linie nicht »antworten«, sondern »reagieren«. Diese Grundbedeutung tritt deutlich zutage in den vielen Fällen, in denen *'nh* in einem Kontext vorkommt, wo von einem Dialog nicht die Rede ist. Es bringt in einer bestimmten Situation die Reaktion einer Person in bezug auf eine andere zum Ausdruck. Diese Reaktion braucht nicht mit Worten zu geschehen: die Wendung *'ēn 'ōnæ* meint »eine Reaktion gab es nicht« (Ri 19,28; 1Sam 14,39; 1Kön 18, 26.29; Jes 50,2; 66,4). Die Reaktion kann sich als Tat oder als Verhalten gestalten, meistens im günstigen Sinne. So meint *'nh* Hos 2,17 die »willige Reaktion« (in sexuellem Sinne) der jungen Braut (anders Wolff, BK XIV/1,36f.52f.; vgl. C. van Leeuwen, Hosea, 1968,68), eine Bedeutung, die auch dem Nomen *'ōnā* »ehelicher Umgang« (Ex 21,10; anders GB 605a und KBL 720a) zugrunde liegt. Hierher gehören auch Hos 2,23f. »willig reagieren hinsichtlich« (anders A. Guillaume, JThSt 15, 1964,57f.). In vielen der 78 Stellen (davon 35 in Ps), an denen Jahwe Subjekt von *'nh* ist und dieses nicht notwendigerweise eine Reaktion mit Worten meint, handelt es sich um den besagten Bedeutungsgehalt. Hierher gehören besonders die Fälle, in denen *'nh* üblicherweise mit »erhören« wiedergegeben wird (Belege bei Delekat, a.a.O. 40 Anm. 3), wo aber »willig reagieren« eine bessere Übersetzung darstellt (zwischen *šm'* und *'nh* wird Jes 30,19; 65,24; Jer 7,13; 35,17 und Jon 2,3 unterschieden). Die zum Wortfeld von *'nh* zählenden Verben (ob sie nun mit *'nh* parallel stehen oder nicht) bestätigen öfters die hier vorgeschlagene Bedeutung.

Vgl. z.B. *šūr* »achten auf« (Hos 14,9), *nbṭ* hi. »anschauen« (Ps 13,4), *nṭh 'ōzæn* »das Ohr neigen« (Ps 86,1; 102,3), *'zn* hi. »hören« (Ps 143,1; Hi 9,16), *qšb* hi. »aufmerken« (Ps 55,3), *bīn* hitpo. »Aufmerksamkeit zuwenden« (Hi 30,20), *'zr* »helfen« (Jes 49, 8), *'zb* »verlassen« (Jes 41,17; vgl. 1Sam 28,15), *pnh 'æl* »sich zuwenden« (Ps 69,17; →*pānīm* III/3), *'lm* hitpa. »sich entziehen« (Ps 55,2f.), *str* hi. *pānīm* »das Antlitz verbergen« (Ps 69,18; vgl. Mi 3,4); *ḥnn* »gnädig sein« (Jes 30,19; Ps 27,7), *jš'* hi. »helfen« (2Sam 22,42 = Ps 18,42; Jes 46,7; Ps 20,10; 22,22; 60,7 = 108,7; vgl. Ps 69,14; 118,21; 2Sam 22,36 = Ps 18,36; nach M. Dahood, Psalms I, 1966,116 mit Lit., meint *'nh* in Fällen wie diesen »to conquer«); »nicht reagieren« ist Synonym von *ḥrš* hi. »taub sein« (2Kön 18,36 = Jes 36,21).

Auch in Fällen, in denen *'nh* Verben des Rufens und Suchens und sogar *dbr* pi. »sprechen« vorangehen, bringt *'nh* mit Jahwe als Subjekt nur selten eine Reaktion mit Worten zum Ausdruck.

Belege: *qr'* »rufen« Jes 58,9; 65,24; 66,4; Jer 7, 27; 33,3; Jon 2,3; Ps 3,5; 4,2; 17,6; 20,10; 22,3; 81,8; 86,7; 91,15; 99,6; 102,3; 118,5; 119,145; 120,1; 138,3; Hi 5,1; 9,16; 12,4; 13,22; 19,16; Spr 1,28; 21,13; Hhld 5,6; mit *bešēm* 1Kön 18,25ff. (vgl. V.36) und Sach 13,9; Jahwe als Subjekt von *qr'* und der Mensch Subjekt von *'nh* Jes 50,2; 65,12; Jer 7, 13; 35,17; Hi 14,15; *z'q* »schreien« 1Sam 7,9; 8,18; Jes 30,19; Mi 3,4; *ṣ'q* »schreien« Jes 46,7; Hi 35,12 (vgl. 19,7); *šw'* pi. »schreien« Ps 18,42 (cj. 2Sam 22,42); Hi 30,20; *drš* »suchen« Ez 14,7 (vgl. V.4); Ps 34,5; *š'l be* »befragen« 1Sam 14,37; 23,4; 28,6; *pll* hitp. »beten« Jer 42,4; *dbr* pi. Ex 19,19.

Hierher gehören auch Fälle, in denen *'nh* als zweites Objekt *šālōm* »Friede« (Gen 41,16; Dtn 20,11), *qāšā* »Hartes« (1Sam 20,10; 1Kön 12,13; 2Chr 10,13; vgl. *'azzōt* Spr 18,23) oder *nōrā'ōt* »furchtbare Großtaten« (Ps 65,6) hat: d.h. »mit ... reagieren in Hinblick auf« (vgl. aber *dābār* explizite als zweites Objekt 1Kön 18,21; 2Kön 18,36; Jes 36,21; Jer 42,4; 44,20; Ps 119,42; plur. Sach 1,13; Hi 33,13) und auch die »Erwiderung« eines Grußes (2Kön 4,29; Neh 8,6).

b) Handelt es sich um eine Reaktion mit Worten, erfährt *'nh* durch *'mr* »sagen« oder *dbr* pi. *'æl* »reden zu«, wie in der Dialogformel (s.o. 2), eine Näherbestimmung. Als diese Formel als Hendiadys begriffen wurde, konnte *'nh* in dieser Bedeutung auch ohne *'mr* verwendet werden. In vielen Fällen kommt in Dialogen statt *'nh we'mr* bloßes *'mr* vor (hierzu s. B.O. Long, JBL 90, 1971,129–139).

Die Redewendung *šūb* hi. *dābār* bedeutet »Bericht erstatten, Bescheid geben« (Num 22,8; Jos 14,7; 22,32; 1Sam 17,30 u.ö., vgl. L.R.Fisher, Ras Shamra Parallels I, 1972,300f.; mit *'amārīm* Ri 5,29). Zu der Frage nach der Bedeutung von *'annōt* Ex 32,18 vgl. F.I.Andersen, VT 16, 1966,108–112; R.Edelmann, VT 16, 1966,355, und R.N.Whybray, VT 17, 1967, 122.243.

Die mittels *'nh* in Worten zum Ausdruck gebrachte Reaktion kann sich auch aus Erfahrenem oder Wahrgenommenem oder Gesehenem ergeben, so Ri 18,14; 1Sam 14,28; 2Sam 13,32; Jes 14,10; 21,9; Sach 1,10.11.12; 4,11.12; 6,4; Hi 3,2; Hhld 2,10 und Est 10,2. Hierher gehören auch 1Sam 9,17 und die fünf Fälle, in denen man mit Worten auf die Vollziehung einer Ritualhandlung reagiert: Dtn 21,7; 25,9; 26,5; 27,14.15, und weiter ein Fall wie Spr 26,4.5. In diesem Zusammenhang ist die Verwendung von *'nh* als Ausdruck der Rechtssprache im Sinne von »Zeuge sein«, d.h. »aufgrund einer wahrgenommenen Situation vor dem Gericht reagieren«, besonders wichtig.

So oft in Hi, wo *'nh* in der Dialogformel forensischen Bedeutungsgehalt zeigt, und weiter auch in 9,13ff. 32; 15,2; 19,7; 23,5; 32,1.12; 40,2 (die zwei letztgenannten Stellen par. *jkḥ* hi. »zurechtweisen«); vor allem mit *b^e*, zunächst neutral, d.h. ungeachtet ob es in bonam oder in malam partem stattfindet: »zeugen in Hinblick auf« (als *'ēd* »Zeuge« Ex 20,16; Dtn 5,20; des weiteren 1Sam 12,3 und Mi 6,3), dann auch »zeugen wider« (Num 35,30; Dtn 19,16.18; Hi 15,6; Spr 25,18, vgl. den noch betonteren Ausdruck *b^efānīm* Hos 5,5; 7,10 und Hi 16,8; Dtn 31,21 aber *lifnē* »in Hinblick auf«, *l^e'ēd* »als Zeuge«). Zu *'nh* im prozessualen Bereich vgl. H.J.Boecker, Redeformen des Rechtslebens im AT, 1964, 103, und Horst, BK XVI/1, 148; mit *'al* »wider« nur Ex 23,2 und im übertragenen Sinne 2Sam 19,43 »sich wenden gegen«. Aus dem Bereich der Gerichtsbarkeit wechselte *'nh* in die Alltagssprache hinüber Gen 30,33; 2Sam 1,16; Jes 3,9; 59, 12; Jer 14,7 und Ruth 1,21. Aus diesem Gebrauch hat sich die Begründungspartikel *já'an* ergeben: ursprünglich ein Jussiv »er zeuge« um die Anklage einzuleiten, später zu einer erstarrten verbalen Form »zeuge« > »wegen« geworden (vgl. Mulder, a.a.O. 49ff., und für den Sitz im Leben vor allem Gowan, a.a.O. 168ff.).

4. In weitaus den meisten Fällen, in denen Jahwe als Subjekt von *'nh* verwendet wird (62 von insgesamt 78, davon 30 in Ps), »reagiert« Gott aufgrund menschlicher Initiativen, d.h. aufgrund des »Rufens«, »Suchens« usw. des Menschen (Belege s.o. 3a). Mitgezählt sind die 14 Fälle aus Ps, in denen *'anēnī* »antworte mir!« begegnet (davon 12× in Klageliedern des Einzelnen und 2× in den mit diesen verwandten Vertrauenspsalmen), durch das Jahwe gebeten wird, willig zu reagieren (weiter 1Kön 18,37). Ebenfalls mitgezählt sind Fälle, in denen implizite ein »Rufen« gemeint ist: Gen 35,3; 1Sam 28,15; Jes 41,17; 49,8; Ps 20,2; 22,22; 81,8; 99,8; 119,26.

Nur vereinzelt (6×) ist davon die Rede, daß Jahwe selber die Initiative ergreift: 1Sam 9,17 Jahwe reagiert in einem bestimmten Augenblick und zeigt den erwählten König; Jo 2,19 »Jahwe reagierte willig und versprach seinem Volk«; Hos 2,23 »ich werde willig reagieren in Hinblick auf die Himmel«; Hos 14,9 »ich bin es, der willig reagiert, und der ich mich um ihn kümmern werde«; Sach 10,6 »ich, Jahwe, bin ihr Gott und ich werde hinsichtlich ihrer willig reagieren«; Ps 65,6 »mit furchtbaren Taten reagierst du hinsichtlich unser in Gerechtigkeit«.

Ob Jahwe oder ein Mensch die Initiative ergreift, läßt sich bei den Stellen 2Sam 22,36 (cj. Ps 18,36; vgl. Kraus, BK XV, 139; anders Dahood, Psalms I, 1966,103.116); Ps 20,7; 38,16 und 118,21 schwer entscheiden. Nicht mitgezählt sind Jer 23,35.37; Sach 1,13; Hi 38,1; 40,1.6, wo es sich um einen Dialog handelt; auch nicht Hi 23,5; 33,13 und Ruth 1,21, wo *'nh* im rechtlichen Sinne begegnet.

In allen Fällen, in denen davon die Rede ist, daß Jahwe »nicht reagiert«, liegt die Initiative beim Menschen, der »ruft«: 1Sam 8,18; 14,37; 28,6.15; 2Sam 22,42 = Ps 18,42; Mi 3,4; Ps 22,3; Hi 30,20; 35, 12; vgl. auch Spr 1,28 (von der Weisheit) und Hhld 5,6 (profan), weiter 1Kön 18, 26.29 und Jes 46,7 (von den Göttern, die nicht reagieren).

Theologisch von großen Interesse ist, daß, wenn der Mensch Subjekt von *'nh* ist, nicht dieser, sondern Jahwe, der »ruft«, die Initiative ergreift (→*qr'* Jes 50,2; 65,12; Jer 7,13; 35,17; Hi 14,15; weiter Mi 6,3: »zeuge in bezug auf mich«). Es handelt sich immer um eine der Reaktion des Menschen vorangehende, eventuell durch einen Vermittler geäußerte, provozierende Anrede von seiten Jahwes. Für ausführliche Überlegungen zum Thema »die Antwort Israels« vgl. C.Barth, FS von Rad 1971, 44–56, vor allem 48ff.

5. LXX verwendet zur Übersetzung von *'nh* hauptsächlich ἀποκρίνομαι, aber auch andere Verben, entsprechend den verschiedenen Bedeutungsgehalten von *'nh* (z.B. Gen 30,33; Ex 20,16; Hi 9,3.14.15 usw.); auch *šūb* hi. *dābār* wird, abgesehen von einigen Stellen (z.B. Hi 33,5 und 35,4; vgl. Joh 1,22; 19,9), durch ἀποκρίνομαι wiedergegeben. Zum NT vgl. F.Büchsel, Art. ἀποκρίνω, ThW III, 946f. In den Qumranschriften begegnet *'nh* 12× (Belege bei Kuhn, Konk. 167), davon 8× in der Dialogformel. Dem späteren, vom Aram. her beeinflußten Sprachgebrauch gemäß, findet sich hier zum ersten Male *'nh le* statt *'nh* mit Akk. (1QH 4,18). Zu der unter Einfluß von Spr 16,1 *ntn ma'anē lāšōn* entstandenen Bedeutung von *ma'anǣ* im Sinne von »Zungenreden« (1QH 11,34 und 17,17) vgl. Barth, a.a.O. 47 Anm. 12.

C.J. Labuschagne

עָנָה *'nh* II elend sein

1. Die Wurzel *'nh* II (*'*nw*), deren Grundbedeutung wahrscheinlich »gebeugt, gedrückt sein« ist, begegnet im Kan. (phön.: *'nh* pi. »bedrücken, unterwerfen« KAI Nr. 26 = Kar. I, Z.18.19.20; moab.: *'nh* pi. »bedrängen« KAI Nr.181, Z.5.6), Aram. (altaram.: unsicher KAI Nr.202A, Z.2 »niedrig / demütig / unterwürfig«?, vgl. DISO 218; R.Degen, Altaram. Grammatik, 1969, 82; A.Jepsen, MIO 15, 1969, 1f.; reichsaram.: *'nwh* »Armut« Ah.105, vgl. DISO 218; bibl.-aram.: *'anē* »elend« Dan 4,24; spätere Dialekte: vgl. KBL 1110a; LS 534b; Drower-Macuch 26b), Arab. (*'anā* »demütig, unterwürfig sein«, Wehr 583) und Altsüdarab. (*'nw* »demütig sein, sich unterwerfen«, W.W. Müller, Die Wurzeln Mediae und Tertiae y/w im Altsüdarabischen, 1962, 81), jedoch nicht im Ug. (zu Driver, CML 141b, vgl. UT Nr. 1846/1883).

Im allgemeinen unterscheidet man *'nh* II »elend sein« als eigene Wurzel von →*'nh* I »antworten« und den weniger häufigen Wurzeln *'nh* III »sich abmühen« (q.: Pred 1,13; 3,10; hi. »zu schaffen geben« Pred 5,19; dazu *'injān* »Geschäft, Sache«, 8× in Pred; vgl. Wagner Nr.222; *ma'anǣ* »Zweck« Spr 16,4) und *'nh* IV »singen« (q. 13×, pi. 3×, Abgrenzung nach Lis. 1098), so u.a. GB 603f.; KBL 718f.; Zorell 612f. Anders L.Delekat, VT 14,1964, 35–49, der *'nh* I–III zusammennimmt; vgl. schon H.Birkeland, *'ānī* und *'ānāw* in den Psalmen, 1933, 10f.; E.Bammel, ThW VI, 888: »*'ānī* vom Stamme *'nh* bezeichnet die Situation des Antwortens und die Willigkeit dazu und in der entwickelteren Form die Stellung der Niedrigkeit gegenüber dem Antwort Erheischenden«; vgl. dagegen E.Kutsch, ZThK 61, 1964, 197.

Im AT kommt das Verbum in allen Stammformen außer dem Ho. vor (s.u. 3a); als Adjektive begegnen *'ānī* und *'ānāw* (3b–d), als Substantive *'onī* (3e), *'anāwā*/ *'anwā*, *'ænūt* und *ta'anīt* (3f).

2. Die Statistik ist wegen umstrittener Zuweisung einzelner Stellen zu den verschiedenen Wurzeln bzw. Vokabeln erschwert. Rechnet man mit Lis. 2Sam 22, 36 zu *'nh* I q., Jes 25,5 und Ps 55,20 zu *'nh* II hi., Ps 119,67 zu *'nh* II q. und Spr 3, 34 (Q) zu *'ānāw*, so ergeben sich folgende Zahlen: *'nh* q. 4× (Jes 31,4; Sach 10,2; Ps 116,10; 119,67), ni. 4× (Ex 10,3; Jes 53,7; 58,10; Ps 119,107), pi. 57× (Ps 8×, Dtn 7×, Ex, Ri und 2Sam je 5×, Gen, Lev, Num und Jes je 4×), pu. 4× (Lev 23,29; Jes 53,4; Ps 119,71; 132,1), hi. 4× (1Kön 8,35 = 2Chr 6,26; Jes 25, 5; Ps 55,20), hitp. 6× (Gen 16,9; 1Kön 2,26.26; Ps 107,17; Dan 10,12; Esr 8,21), Verbum insgesamt 79× (Ps 13×); *'ānī* 75× (Ps 29×, Jes 13×, Hi 7×, Spr 5×), *'ānāw* 21× (Ps 12×, Jes und Spr je 3×), *'onī* 36× (Ps 10×, Hi 6×), *'anāwā* 4× (Zeph 2,3; Spr 15,33; 18,12; 22,4), *'anwā* 2× (Ps 18,36; 45,5), *'ænūt* 1× (Ps 22,25) und *ta'anīt* 1× (Esr 9,5), nominale Formen somit insgesamt 140×.

3. a) *'nh* q. wird von einem Löwen (»sich ducken« Jes 31,4) und von Menschen verwendet (»gebeugt sein, leiden«, s.o. 2); *'nh* ni. wird reflexiv (»sich demütigen« Ex 10,3) und passiv gebraucht (»gedrückt, gebeugt werden«, übrige Stellen). *'nh* hi. ist kausativ: »demütigen« (so wohl 1Kön 8,35 par.; Jes 25,5 und Ps 55,20 sind textlich schwierig). Am häufigsten und in zahlreichen Bedeutungsnuancen wird faktitives *'nh* pi. verwendet (dazu passives pu. und reflexives hitp.; nur Ps 107,17 hitp. hat passive Bedeutung: »geplagt werden«): »bedrücken, schlecht behandeln, demütigen, erniedrigen« o.ä., auch »bezwingen« (Ri 16,5f.) und »vergewaltigen« (Gen 34,2; Dtn 22,24.29 u. ö.); sowohl für das warnend-strafende Handeln Gottes (Dtn 8,2.3.16; 1Kön 11, 39 u.ö.) als auch für die kultische Selbstkasteiung (*'nh* pi. *næfæš* Lev 16,29.31; 23, 27.32; Num 29,7; 30,14; Jes 58,3.5; Ps 35,13; pu. Lev 23,29; hitp. Dan 10,12; Esr 8,21; vgl. *ta'anīt* »Fasten« Esr 9,5) wird das Verbum verwendet (→*ṣūm*; zu den »Selbstminderungsriten« vgl. E.Kutsch, ThSt 78, 1965, 25–37).

b) Bedeutung und gegenseitiges Verhältnis der beiden Ausdrücke *'ānī* und *'ānāw* sind in der atl. Wissenschaft häufig diskutiert worden; vgl. u.a. A.Rahlfs, *'ānī* und *'ānāw* in den Psalmen, 1892; A. Causse, Les »pauvres« d'Israël, 1922, H. Birkeland, *'ānī* und *'ānāw* in den Psalmen,

1933; A. Kuschke, Arm und reich im AT mit besonderer Berücksichtigung der nachexilischen Zeit, ZAW 57, 1939, 31–57; J. van der Ploeg, Les pauvres d'Israël et leur piété, OTS 7, 1950, 236–270; A. Gelin, Les Pauvres de Yahvé, 1953; J.J. Stamm, ThR 23, 1955, 55–60 (Literaturbericht); E. Kutsch, ʿanāwāh »Demut«, ein Beitrag zum Thema »Gott und Mensch im AT«, 1960 (Masch.); P. van den Berghe, ʿAni et ʿAnaw dans les Psaumes, in: R. de Langhe (ed.), Le Psautier, 1962, 273–295; Delekat, a.a.O.; Kraus, BK XV, 82f. (Exkurs); J.M. Liaño, Los pobres en el Antiguo Testamento, Estudios Biblicos 25, 1966, 117–167; K. Aartun, BiOr 28, 1971, 125f; Ihromi, ʿamm ʿānî wādāl nach dem Propheten Zephanja, Diss. Mainz 1973 (bes. 30–53).

Drei Hauptprobleme stellen sich im Hinblick auf die beiden Ausdrücke: (1) Handelt es sich um zwei vollständig verschiedene Bezeichnungen (*ʿānī* »arm« gegenüber *ʿānāw* »demütig«)? Im Unterschied zu früheren Autoren neigt man heute eher dazu, die beiden Ausdrücke einander anzugleichen und in *ʿānāw* eine Dialektvariante oder vielleicht eine späte aramaisierende Nebenform zu *ʿānī* zu sehen (so Birkeland, a.a.O. 14–20; A. George, Dictionnaire de la Bible, Supplément 7, 1961, 387; E. Bammel, ThW VI, 888; anders Delekat, a.a.O. 44–48; zur Nominalbildung jetzt auch Aartun, a.a.O.). (2) Ist eine semantische Entwicklung von *ʿānī*/*ʿānāw* anzunehmen, und zwar von der ursprünglichen profanen Bed. »arm, mittellos« bzw. »ohne ausreichenden Grundbesitz« (Delekat) zu der nachexilischen Bed. »demütig, fromm«? Der Armutsbegriff wäre damit, wohl unter dem Einfluß der Prophetie, spiritualisiert worden (so u.a. R. Kittel, Die Psalmen, 61929, 284–288; Humbert, a.a.O.; Gelin, a.a.O.). Auch hier ist eine vorsichtige Stellungnahme angebracht: der Ausdruck »arm« dürfte seine materielle und soziologische Bedeutung auch nach dem Exil bewahrt haben; der religiös-ethische Nebensinn bildet eine sekundäre Komponente, deren Gewicht von Fall zu Fall im Hinblick auf den Kontext zu bemessen ist. (3) Welche Rolle haben die »Armen« in Israel gespielt? Bildeten sie insbesondere in der nachexilischen Zeit eine Partei oder wenigstens eine Bewegung (so in je verschiedener Weise u.a. Rahlfs, Kittel, Causse)? Auch in dieser Frage ist nach den Arbeiten von van der Ploeg, Kuschke u.a. keine einseitige Antwort möglich: die »Armen« haben in der Geschichte ihres Volkes und in der atl. Überlieferung sicher eine wichtige Rolle gespielt, sowohl direkt als auch mehr oder weniger passiv, doch kann man von ihnen nicht als einer Organisation sprechen, mindestens im Bereich der kanonischen Texte. So ist in allen drei Problembereichen die Forschung beim gegenwärtigen Stand der Kenntnisse und im Hinblick auf die komplexen Situationen, auf die sich die atl. Begriffe beziehen, nicht in der Lage, ganz eindeutige Urteile zu fällen.

c) *ʿānī* bezeichnet »einen, der sich in einem Zustande von verminderter Fähigkeit, Kraft und Wert befindet« (Birkeland, a.a.O. 8), jemanden »sous le coup d'une misère actuelle ou permanente, pauvreté économique et aussi maladie, prison, oppression« (George, a.a.O. 387); es kann somit durch »arm, elend, erbärmlich, unglücklich« o.ä. übersetzt werden.

Das Wort ist vom Bundesbuch an (Ex 22,24) während der ganzen atl. Zeit belegt, und zwar in Gesetzen (7 × : Ex 22, 24; Lev 19,10; 23,22; Dtn 15,11; 24,12. 14.15), bei den Propheten (25 × : Jes 3,14. 15; 10,2.30; 14,32; 26,6; 32,7Q; 41,17; 49,13; 51,21; 54,11; 58,7; 66,2; Jer 22, 16; Ez 16,49; 18,12.17; 22,29; Am 8,4Q; Hab 3,14; Zeph 3,12; Sach 7,10; 9,9; 11, 7.11), in den Psalmen (30 ×: Ps 9,19Q; 10, 2.9.9; 12,6; 14,6; 18,28 = 2Sam 22,28; 22,25; 25,16; 34,7; 35,10.10; 37,14; 40, 18 = 70,6; 68,11; 69,30; 72,2.4.12; 74, 19.21; 82,3; 86,1; 88,16; 102,1; 109,16. 22; 140,13) und in der Weisheitsliteratur (13 × : Hi 24,4.9.14; 29,12; 34,28; 36,6. 15; Spr 15,15; 22,22; 30,14; 31,9.20; Pred 6,8); es begegnet nicht in den erzählenden Texten. In einem Viertel der Fälle wird der Plural verwendet.

ʿānī steht öfter in Parallele zu *'æbjōn* (→*'bh* 4; Dtn 15,11; Am 8,4; Ps 9,19 u.ö.; die wohl junge Doppelformel *ʿānī we'æbjōn* begegnet 15 ×, →*'bh* 4c) und den anderen synonymen Ausdrücken für »arm« (s.u. 3g) wie *dal* (Jes 10,2; 26,6; Zeph 3,12; Ps 82,3.4; Hi 34,28; Spr 22,22) und *rāš* (Ps 82,3). Der *ʿānī* wird zusammengestellt mit denjenigen, die nicht die vollen Rechte in Israel besitzen: mit dem Fremden (Lev 19,10; Ez 22,29; Sach 7,10 u.ö.), der Waise (Jes 10,2; Sach 7,10; Hi 24,9 u.ö.), der Witwe (Jes 10,2; Sach 7,10), ferner mit dem Hungrigen, Obdachlosen und Nackten (Jes 58,7), dem Unterdrückten (Ps 74,21 *dak*), dem Hilflosen (Hi 29,12), demjenigen, der »zerschlagenen Geistes« ist (Jes 66,2), usw. Er erscheint als Opfer der sozialen Bedrückung, wenn man ihn

»zermalmt« (Jes 3,15 *ṭḥn* q.; Spr 22,22 *dk'* pi.), »beraubt« (Ps 35,10 *gzl*), »verschlingt« (Hab 3,14 *'kl*), »bedrückt« (Dtn 24,14; Sach 7,10 *'šq*), »wegfängt« (Ps 10, 9 *ḥṭp*), »tötet« (Hi 24,14 *qṭl*) usw.; er hat es zu tun mit dem »Frevler« (*rāšā'* Ps 10,2; 37,14; Hi 36,6), dem »Schurken« (*kēlaj* Jes 32,7, vgl. V.5 *kīlaj*; vgl. R. Borger, AfO 18, 1958, 416); vgl. weiter Jes 3, 14f.; 10,2; Ps 18,28 und etwa Hi 24,4–14.

Neben den Texten, welche die konkrete Situation des *'ānī* schildern, sind aber auch die zu nennen, die seine geistige Haltung zum Ausdruck bringen: er schreit zu Jahwe (Ps 34,7), ist vor ihm verzagt (Ps 102,1), er sucht Zuflucht beim Zion (Jes 14,32) oder beim Namen Jahwes (Zeph 3,12), er lobt seinen Namen (Ps 74,21) usw.; die Psalmen sind voll von ihren Hilferufen und Dankliedern. Denn der *'ānī* gehört zum Volk Israel, das Jahwes Volk ist, somit zu Jahwe selber (Ex 22, 24; Jes 3,15; 49,13; Ps 72,2.4 usw.): die Armen sind die »Armen meines/seines Volkes« (Jes 10,2; 14,32). Jahwe erbarmt sich ihrer (Jes 49,13), er hört ihr Rufen (Hi 34, 28), er erhört sie (Jes 41,17), vergißt sie nicht (Ps 74,19) und verbirgt sein Angesicht nicht vor ihnen (Ps 22,25), sondern errettet sie (Ps 35,10), schafft ihnen Recht (Hi 36,6), hilft ihnen (Ps 34,7) usw. In Übereinstimmung mit den im alten Orient geläufigen Vorstellungen vom Königtum erwartet man vom Herrscher, daß er die Armen schützt, ihnen zum Recht verhilft und ihnen zu Hilfe kommt (Ps 72,2.4); daher soll sich Zion freuen über das Kommen seines Königs, der »gerecht und siegreich« ist, dazu *'ānī* (Sach 9,9, hier wohl »demütig«; anders E. Lipiński, VT 20, 1970, 50f.).

d) Von den 21 Stellen mit *'ānāw* im AT steht nur Num 12,3Q, das einzige Vorkommen in den erzählenden Texten, im Sing. (von Moses »Demut«, wohl späterer Zusatz; vgl. J. Schildenberger, Moses als Idealgestalt eines Armen Jahwes, FS Gelin 1961, 71–84). Der Plur. begegnet selten in den weisheitlichen Texten (Spr 3, 34Q; 16,19Q; 14,21Q), einigemal bei den Propheten (seit Amos: Jes 11,4; 29, 19; 61,1; Am 2,7; Zeph 2,3) und öfter in den Psalmen (Ps 9,13Q; 10,12Q.17; 22, 27; 25,9.9; 34,3; 37,11; 69,33; 76,10; 147,6; 149,4).

'ānāw ist in der Bedeutung nicht grundlegend von *'ānī* unterschieden: »arm, niedrig, gebeugt, gering, demütig«, auch »sanftmütig« (vgl. die gr. Wiedergabe mit πραΰς, s.u. 5). Es wird wie *'ānī* zusammengestellt mit *'æbjōn* (Jes 29,19; Ps 69,33f.) und mit *dal* (Jes 11,4; Am 2,7), mit denen, die »zerschlagenen Herzens« sind (Jes 61, 1), die Jahwe suchen (Ps 22,27; 69,33), usw. Die *'anāwīm* stehen im Gegensatz zu den Stolzen (Spr 16,19Q), den Spöttern (Spr 3,34Q) und den Frevlern (Ps 147,6). Ihr Recht wird gebeugt (Am 2,7), aber Jahwe vergißt sie nicht (Ps 10,12Q), er erhört ihr Sehnen (Ps 10,17), lehrt sie seinen Weg (Ps 25,9), rettet sie (Ps 76,10; 149,4), gibt ihnen einen gerechten König (Jes 11,4), usw. Daher loben die *'anāwīm* ihren Gott (Ps 22,27), sie freuen sich in ihm (Jes 29,19; Ps 34,3; 69,33), sie werden beschenkt (Ps 22,27; 37,11), usw. Die Armen des AT sind so nicht einfach nur arm, sondern werden mehr und mehr, vor allem in den Psalmen, aber nicht nur in den späten Zeugnissen der israelitischen Frömmigkeit, zu den »Armen Gottes« (vgl. Gelin, a.a.O.; R. Martin-Achard, Yahwé et les *'anāwīm*, ThZ 21, 1965, 349–357).

e) *'onī* ist allgemeiner Ausdruck für Elend in verschiedener Form (Kummer, Leiden, Erniedrigung, Bedrückung usw.). Das Wort begegnet vor allem in den Psalmen (Ps 9,14; 25,18; 31,8; 44,25; 88,10; 107,10.41; 119,50.92.153), den Klageliedern (Klgl 1,3.7.9; 3,1.19) und in der Weisheitsliteratur (Hi 10,15; 30,16.27; 36,8.15.21; Spr 31,5), daneben jedoch auch in den erzählenden Teilen des AT (Gen 16, 11; 29,32; 31,42; 41,52; Ex 3,7.17; 4,31; Dtn 16,3; 26,7; 1Sam 1,11; 2Kön 14,26; Neh 9,9; 1Chr 22,14), dagegen nur einmal bei den Propheten (Jes 48,10). Nach D.W. Thomas, JThSt 16, 1965, 444f., meint *'onī* in Ps 107,10 und Hi 36,8 nicht »Elend« allgemein, sondern speziell »Gefangenschaft«.

'onī bezeichnet sowohl das Elend Einzelner (Hagar, Lea, Jakob, Joseph, Hanna, Hiob, Psalmdichter) als auch das des Volkes Israel (in Ägypten, zur Zeit Jerobeams II.) und der Stadt Jerusalem nach der Katastrophe von 587 v.Chr. (Klgl). In der Mehrzahl der Fälle wird das Elend des Volkes oder des Gläubigen zu Jahwe in Beziehung gebracht: Gott kümmert sich um das Elend der Seinen und befreit sie davon (z.B. Gen 16,11; 29,32; Ex 3,7.17; Dtn 26,7; Ps 9,14; 25,18; 31,8; 44,25 u.ö.).

f) *'anāwā* bezeichnet die Demut und Herablassung; als Parallelbegriff begegnet die Jahwefurcht (Spr 15,33; 22,4), als Gegensatz der Stolz (Spr 18,12). Das Wort findet sich auch in Zeph 2,3, einer Stelle, der

Gelin, a.a.O. 33ff., große Bedeutung beimißt, deren Echtheit aber von manchen Kommentatoren bestritten wird (dagegen wiederum C.A.Keller, Commentaire de l'AT XIb,199: Zephanja wendet sich in der Sprache des isr. Humanismus an die kleinen, verkannten und ungeliebten Leute, die allein in der Lage sind, den prophetischen Aufruf zu vernehmen.

Die Stellen mit *'anwā* »Milde(?)«, Ps 18, 36 (vgl. 2Sam 22,36) und 45,5, sind textlich umstritten, ebenso *'ᵉnūt* »Leiden(?)« in Ps 22,25 (vgl. BHS und die Komm.). *ta'ᵃnīt* »Fasten« (Esr 9,5) ist Verbalnomen zu *'nh* pi./hitp. (s.o. 3a).

g) Zum Wortfeld der Armut gehören neben den Ableitungen der Wurzel *'nh* und neben *'æbjōn* (→*'bh*) noch einige weniger häufige Vokabeln, die teilweise bereits in 3cd als Parallelworte zu *'ānī*/*'ānāw* erwähnt worden sind und in expressiven Reihungen mehr oder weniger synonym verwendet werden:

(1) *dal* »gering, unansehnlich, arm« o.ä. (Wurzel *dll* mit weiter Verbreitung in den sem. Sprachen; vgl. HAL 212f.214; WUS Nr. 744; UT Nr. 664; DISO 58) wird im AT 48× verwendet, wie die folgenden Adjektive stärker auf den wirtschaftlichen und soziologischen Bereich begrenzt (Spr 15×, Hi 6×, Jes und Ps je 5×, Am 4×, ferner Gen 41,19; Ex 23,3; 30,15; Lev 14,21; 19,15; Ri 6,15; 1Sam 2,8; 2Sam 3,1; 13,4; Jer 5,4; 39,10; Zeph 3,12; Ruth 3,10; dazu das kollektive Subst. *dallā* »die Geringen«, 2Kön 24,14; 25,12; Jer 40,7; 52,15.16; *dll* q. »gering sein« 6× : Ri 6,6; Jes 17,4; 19,6; Ps 79,8; 116, 6; 142,7). *dal* begegnet bereits im Bundesbuch (Ex 23,3), in alten Erzählungen (Gen 41,19; Ri 6,15; 2Sam 3,1) und bei den Propheten des 8. Jh. (Jes 10,2; Am 2,7; 4,1; 5,11; 8,6). Es steht öfter neben *'æbjōn* (1Sam 2,8; Jes 14,30; 25,4; Am 4,1; 8,6; Ps 72,13; 82,4; 113,7; Hi 5,15f.; Spr 14, 31) und *'ānī* (s.o. 3c) bzw. *'ānāw* (s.o. 3d), auch neben *rāš* (Ps 82,3f.), *jātōm* »Waise« (Ps 82,3) und *'almānā* »Witwe« (Hi 31,16). *dal* wird sowohl in ganz profanen wie auch in mehr oder weniger religiös gefärbten Zusammenhängen verwendet (Gen 41,19 magere Kühe; Ri 6,15 geringes Geschlecht; Jes 10,2; Am 2,7; 4,1; 5,11; 8,6 prophetischer Protest gegen die Unterdrückung der Armen; Jes 11,4; Ps 72, 13 Rechtsschutz durch den König; Jes 14, 30; 25,4; Zeph 3,12; Ps 113,7 Hilfe und Zuflucht bei Jahwe).

(2) *rāš* »arm« (21×, davon 14× in Spr, ferner 1Sam 18,23; 2Sam 12,1.3.4; Ps 82, 3; Pred 4,14; 5,7) gehört als Part. zum Verbum *rūš* »arm sein« (q. Ps 34,11; Spr 10,4; hitpo. »sich arm stellen« Spr 13,7; vgl. noch →*jrš* ni. »arm sein« Gen 45,11; Spr 20,13; 23,21; 30,9; hi. »verarmen lassen« 1Sam 2,7; Subst. *rēš*/*rīš* »Armut« 7× in Spr), das nur im Hebr. belegt ist. Von allen Synonymen ist *rāš* die neutralste Bezeichnung des Armen in seiner sozialen und wirtschaftlichen Lage, eine Vokabel der Weisheitsliteratur, die aber auch in den Davidserzählungen vorkommt. *rāš* ist das häufigste Oppositum zu *'āšīr* »reich« (2Sam 12,1–4; Spr 14,20; 18,23; 22,2.7; 28,6; vgl. *rēš* »Armut« neben *'ōšær* »Reichtum« in Spr 30,8; im AT begegnen *'šr* q. 2× Hos 12,9; Hi 15,29; hi. »bereichern« 14×, hitp. »sich reich stellen« 1× Spr 13,7; *'āšīr* »reich« 23×, *'ōšær* »Reichtum« 37×); weniger häufig fungieren als Opposita *dal* (Ex 30,15; Spr 10,15; 22,16; 28,11; Ruth 3,10) und *'æbjōn* (Ps 49,3). Soweit *rāš* in theologischen Zusammenhängen verwendet wird, reflektieren diese die traditionellen Lehren der Weisheitsdichtung bezüglich der Armut (s.u. 4); speziell erwähnt sei hier nur Spr 30,8 »gib mir weder Armut noch Reichtum« mit der theologischen Begründung in V.9.

(3) *miskēn* »arm« kommt nur in Pred vor (Pred 4,13; 9,15.15.16; dazu *miskēnūt* »Armut« Dtn 8,9; ganz unsicher ist *mᵉsukkān* in Jes 40,20, vgl. Elliger, BK XI/1,60–62). Zur semasiologisch interessanten Vor- und Nachgeschichte des Wortes (akk. *muškēnu* »Palasthöriger, Armer«, AHw 684a; > aram./hebr./arab. »arm« > ital. meschino/franz. mesquin »armselig, kleinlich«) vgl. Wagner Nr. 177/178 (mit Lit.); E. Littmann, Morgenländische Wörter im Deutschen, ²1924, 101.

(4) *ḥāsēr* »ermangelnd« (17×) ist Verbaladjektiv zu *ḥsr* »entbehren, abnehmen« (q. 19×, pi. »entbehren lassen« Ps 8,6 und Pred 4,8; hi. »Mangel haben« Ex 16, 18 und »mangeln lassen« Jes 32,6; *ḥásær* »Mangel« Hi 30,3; Spr 28,22; *ḥōsær* »Mangel« Dtn 28,48.57; Am 4,6; *ḥæsrōn* »Mangel« Pred 1,15; *maḥsōr* »Mangel« 13×, davon 8× in Spr; bibl.-aram. *ḥassīr* »mangelhaft, minderwertig« Dan 5,27) und gehört wegen der allgemeineren Bedeutung nur teilweise in das Wortfeld der Armut.

4. Die Übersicht in 3a–g zeigt ein vielfältiges Bild der Aussagen über das Phänomen der Armut von der vorstaatlichen bis in die nachexilische Zeit. Es hält daher auch schwer, eine zusammenhängende Geschichte der Einstellung des AT gegenüber der Armut nachzuzeichnen (vgl. neben der in 3b genannten Lit. noch z.B. W.W.

Baudissin, Die atl. Religion und die Armen, Preußische Jahrbücher 149, 1912, 193–231; H. Bruppacher, Die Beurteilung der Armut im AT, 1924; P. A. Munch, Die Beurteilung des Reichtums in den Psalmen 37.49.73, ZAW 55, 1937, 36–46; S. Wibbing, EKL I, 115f.; E. Kutsch, RGG I, 622–624; II, 77f.; C. U. Wolf, IDB III, 843f.); insbesondere muß man sich davor hüten, eine ursprünglich ganz profan beurteilte Armut einer nachexilischen, spiritualisierten Armutsfrömmigkeit gegenüberzustellen. Sicher ist auch die Verschiedenheit der literarischen Gattungen bei der Beurteilung der Stellen zu berücksichtigen.

Auf dem Hintergrund altorientalischer Vorstellungen (→*'bh* 4) beobachtet die Weisheitsliteratur das Phänomen der Armut und nennt auch beiläufig einige Gründe dafür (Faulheit Spr 20,13; vgl. 10,4 txt em; Trunksucht Spr 23,21; Geschwätz Spr 14,23, usw.). Obwohl sich der göttliche Segen in Erfolg und Wohlergehen erweist, bleibt der Arme dennoch das Geschöpf Gottes, dem es zu helfen gilt (Spr 22,9; 29,13; vgl. Hi 29,12.16; 31,19f.); was man für ihn tut, tut man für Gott (Spr 14,31; 19,17).

Auch die Gesetzgebung in Israel sieht eine Verbindung zwischen dem Armen und dem Gott des erwählten Volkes; sie setzt sich für die Personen ein, deren Rechte gemindert oder gefährdet sind, so schon das Bundesbuch (Ex 23,3.6.11), gefolgt vom Deuteronomium (vor allem Dtn 15, 1–18; 24,10–22) und vom Heiligkeitsgesetz (Lev 19,9ff.; 23,22).

Auf der Linie des Bundesrechtes übernehmen die Propheten mit besonderem Gewicht die Verteidigung der Geringen, die in Elend und Unglück gekommen sind. Amos (2,6f.; 4,1 u.ö.) und in seinem Gefolge Jesaja (1,17; 10,2 u.ö.), Jeremia (2, 33f.; 5,26ff. u.ö.) und Ezechiel (16,49; 22,29 u.ö.) bekämpfen die Unterdrückung der Armen und die Beugung ihres Rechts und verkünden, daß Jahwe auf ihrer Seite steht.

Mit eben diesem göttlichen Eingreifen rechnen die Psalmdichter in ihrer Bedrängnis durch die meist nicht näher definierten Feinde; sie klagen, rufen um Hilfe und preisen Gott für sein Einschreiten (Ps 9, 10.13.19; 10,8ff.; 12,6; 22,25; 35,10; 69, 33f. u.ö.).

Auf die eine oder andere Weise bringen so die größeren atl. Textgruppen der Weisheit, der Gesetzgebung, der prophetischen Verkündigung und der Psalmenfrömmigkeit die Armen in eine Beziehung zu Jahwe. Der Gedanke, daß die Schwachen und Mittellosen zu unterstützen sind, insbesondere auch von seiten des Herrschers, ist zwar im ganzen alten Orient verbreitet und maßgebend, aber das Eintreten der Propheten für die Armen verbindet diese gewissermaßen definitiv mit Jahwe. Die Gebete Israels gründen in eben dieser Überzeugung und bezeugen, daß die einzige Hoffnung der bedrückten Gläubigen in der Treue Jahwes ihnen gegenüber liegt. Die Armen betrachten sich als Gottes »Klienten«, nicht wegen ihrer Verdienste, die gering genug sind, sondern aufgrund des Wohlwollens, das Gott ihnen entgegenbringt. Für das AT sind die Armen nicht einfach Arme, sondern die »Armen Gottes«, die von ihm her Befreiung und Freude zu erwarten haben (Ps 34,19; Jes 29,19; 61,1ff.).

5. In der nachkanonischen Literatur wird die atl. Linie weiter ausgezogen: die Armen gehören zu Gott, sie bekennen seinen Namen und erwarten alles von ihm; ihre »Armut« bedeutet zugleich oder vor allem eine geistige Haltung der »Demut« vor Gott. In Qumran und in anderen jüdischen Kreisen zu Beginn der christlichen Ära (vgl. die Ebioniten) wird so »arm« zu einer Art von religiösem Ehrentitel (vgl. dazu u.a. J. Maier, Die Texte vom Toten Meer, II, 1960, 83–87 mit Lit.).

Auch die LXX tendiert dazu, den geistlichen Charakter der Armut vor Gott zu unterstreichen, ohne allerdings absolute Unterschiede zu markieren; sie verwendet neben πτωχός (I) und πένης (II) »arm« vor allem auch ταπεινός (III) »demütig« und πραΰς (IV) »sanft« (bzw. deren Ableitungen). Nach Liaño, a.a.O. 162–167, ergibt sich folgende Statistik:

	I	II	III	IV
'ānī	38	14	8	5
'ānāw	4	3	5	8
'æbjōn	11	29	2	–
dal	20	8	4	–
rāš	10	7	1	–

Die Unterschiede und die Konvergenzen zeigen, wie der Begriff der Armut sowohl von der wirtschaftlichen als auch von der spirituellen Seite her gefaßt wird. Vgl. weiter dazu und zum NT F. Hauck, Art. πένης, ThW VI, 37–40; F. Hauck – S. Schulz, Art. πραΰς, ThW VI, 645–651; F. Hauck – E. Bammel, Art. πτωχός, ThW VI, 885–915; W. Grundmann, Art. ταπεινός, ThW VIII, 1–27. *R. Martin-Achard*

עָנָן *'ānān* Wolke

1. Hebr. *'ānān* »Gewölk, Wolke« (BL 470) und aram. *'anān* »Wolke« (Dan 7,13; vgl. u. a. Jastrow 1095f.; LS 533) haben in arab. *'anān* »Wolken (kollektiv)« eine Entsprechung. *'nn* pi. »Wolken versammeln« (Gen 9,14; BL 220.437) ist denominiert; ein Zusammenhang mit *'nn* po. »Wahrsagerei, Zauberei treiben« bleibt unsicher (GB 606a; Zorell 615; anders KBL 721b; vgl. noch L.Kopf, VT 8,1958, 190). Als nomen unitatis kommt einmal das Fem. *'anānā* vor (Hi 3,5; vgl. den Plur. Jer 4,13).

2. *'ānān* begegnet 87 × (dazu 1 × bibl.-aram. *'anān*), gehäuft in Ex und Num (je 20 ×), ferner Ez 11 ×, Hi 6 ×, Dtn 5 ×, Gen und Ps je 4 ×. *'anānā* und *'nn* pi. sind Hapaxlegomena (s. o.).

Unter den Vokabeln des Wortfeldes ›Wolke‹ ist *'ānān* die häufigste. Es folgen *'āb* mit 30 (Hi 8 ×, Jes 7 ×, Ps 5 ×) und *šáḥaq* mit 21 Belegen (Ps 9 ×, Hi 5 ×).

3. Über die verschiedenen Bezeichnungen für Wolke, Dunst, Nebel usw. im AT orientieren außer den Wörterbüchern u. a. Dalman, AuS I, 110–114; R.B.Y.Scott, Meteorological Phenomena and Terminology in the OT, ZAW 64, 1952, 11–25; Ph.Reymond, L'eau, sa vie, et sa signification dans l'AT, 1958, 11–18.29–31.35–41; J. Luzarraga, Las tradiciones de la nube en la Biblia y en el Judaismo primitivo, 1973, 15–41. Neben *'āb* »(Regen-) Wolke« und *šáḥaq* »(Staub-/Zirrus-)Wolke« o.ä. sind auch speziellere und seltenere Wörter zu erwähnen: *'arāfæl* »Wolkendunkel« (→*'ōr* 3), *qiṭōr* »Rauch« (Gen 19,28) bzw. »Nebel« (Ps 148,8), *nāśī'* »Dunst, Wolke« (→*nś'*) und *ḥāzīz* »Gewitterwolke« o.ä. (Sach 10,1; Hi 28,26; 38,25). Für unsere Zwecke mag der Hinweis genügen, daß *'ānān* offenbar mehr das Gewölk oder den Nebel als ausgebreitete, undurchsichtige Masse meint, während die einzelne konturierte Regenwolke mit *'āb* bezeichnet wird (Scott, a.a.O. 24f.; Reymond, a.a.O. 14).

Abgesehen von den konkret-meteorologischen Zusammenhängen (vgl. noch E.F. Sutcliffe, The Clouds as Water-Carriers in Hebrew Thought, VT 3, 1953, 99–103) wird *'ānān* wie auch seine Synonyme häufig in Vergleichen und Metaphern verwendet. Es dient etwa zur Kennzeichnung der Vergänglichkeit (z.B. Jes 44,22 »ich habe deine Missetaten weggefegt wie eine Wolke [*'āb*], und wie einen Nebel [*'ānān*] deine Sünden«; Hos 6,4 »ist doch eure Liebe der Morgenwolke gleich«), des schrecklichen Dunkels (z.B. *'ānān* in den Schilderungen des Tages Jahwes: Ez 30,3; Jo 2,2; Zeph 1,15), der immensen Ausdehnung (Ez 38,9.16 »du wirst kommen wie eine Wolke, das Land zu bedecken«) und der überragenden Höhe (Ps 36,6 »bis an den Himmel reicht deine Güte, und deine Treue bis zu den Wolken«; vgl. 57,11), vgl. Reymond, a.a.O. 29–31; Luzarraga, a.a.O. 32ff.

4. Bei der Verwendung von *'ānān* in theologischen Zusammenhängen (vgl. u.a. A. Oepke, ThW IV,907f.; Reymond, a.a.O. 35–41; H.W.Hertzberg, BHH III,2181; Luzarraga, a.a.O. 45ff.) lassen sich grob zwei Bereiche unterscheiden, einerseits die Aussagen des Schöpferglaubens über Gottes Herrschaft über die Wolken (a), andererseits die in verschiedenen Traditionen beheimatete Vorstellung von Wolken als Mittel der Offenbarung Jahwes (b).

a) In allgemeinen Aussagen über Jahwes Macht über die Wolken begegnen *'ānān* und (häufiger noch) die sinnverwandten Vokabeln (*'āb, šáḥaq*) namentlich im Hiobbuch (Hi 26,8.9; 37,11.15; 38,9; vgl. 36,29; 37,16; 38,34.37), aber auch sonst an verschiedenen Orten, teilweise in Schilderungen der Theophanie und des Gerichtshandelns Gottes (Gen 9,14; Ps 97,2; vgl. 2Sam 22,10.12 = Ps 18,10.12.13; Jes 5,6; Ps 68,35; 77,18; 78,23; 147,8; Spr 8,28; zum Einherfahren Jahwes auf den Wolken vgl. Nah 1,3, ferner Dtn 33,26; Jes 19,1; Ps 104,3 und → *rkb* 4). Hier können auch die Schilderungen des Tages Jahwes angeschlossen werden, in denen neben *'ānān* auch *'arāfæl* vorkommt (Ez 30,3.18; 32,7; 34,12; Jo 2,2; Zeph 1,15; vgl. noch Jer 13,16 und Hi 3,5). Die Vorstellung, daß Gott von der Welt durch die Wolken auch geschieden sein könne, kommt in je verschiedener Ausprägung in Hi 22,13f. und Klgl 3,44 vor. Zur Wohnung Jahwes im Wolkendunkel 1Kön 8,12 = 2Chr 6,1 vgl Noth, BK IX,181f.

b) Die Wolke als spezielles Mittel der Offenbarung und gleichzeitig der Verhüllung der Gegenwart Gottes begegnet in den Traditionen über die Mosezeit (Ex 13,21.22; 14,19.20.24; 16,10; 19,9.16; 24,15.16.18; 33,9.10; 34,5; 40,34–38; Lev 16,2.13; Num 9,15–22; 10,11.12.34; 11,25; 12,5.10; 14,14; 17,7; Dtn 1,33; 4,11; 5,22; 31,15; Ps 78,14; 99,7; 105,39; Neh 9,12.19), in Nachklängen auch in Aussagen über das Jerusalemer Heiligtum (1Kön 8,10.11 = 2Chr 5,13.14; Ez 1,4; 10,3.4; eschatologisch Jes 4,5, vgl. Wildberger, BK X,160f.). Das Wort *'ānān* dominiert hier, anders als an den unter (a) genannten Stellen, fast vollständig (*'āb* noch in Ex 19,9; *'ᵃrāfæl* in Ex 20,21; Dtn 4,11; 5,22). Die Tradition von der Führung des Volkes durch die Wüste bei JE und davon abhängigen Stellen spricht von einer Wolkensäule (*'ammūd 'ānān*) oder auch *'ānān* allein, die priesterliche Tradition von der Gegenwart Gottes in der Wolke beim Zeltheiligtum verwendet nur *'ānān*. Die überlieferungsgeschichtliche Herleitung dieser Vorstellungen ist umstritten. Noth, ATD 5,86, rechnet die Wolken- und Feuersäule zur Sinaitheophanie; »das Phänomen der Wolken- und Feuersäule geht vermutlich zurück auf die Beobachtung eines tätigen Vulkans, wie sie in die Erzählungen von den Vorgängen am Sinai zweifellos hineinspielt«. Andere Autoren gehen aus von der kultisch-rituellen Darstellung der Sinaioffenbarung im Festkult, bei der Räucherwolken ihren festen Platz hatten (A. Weiser, FS Bertholet 1950, 523f.; W. Beyerlin, Herkunft und Geschichte der ältesten Sinaitraditionen, 1961, 142f.154f.163.177f.; H.-P. Müller, VT 14, 1964, 183f.; vgl. auch G.H. Davies, IDB III, 817f.).

5. Zur Nachgeschichte der atl. Aussagen mit *'ānān* vgl. A. Oepke, Art. νεφέλη, ThW IV, 904–912; E. Manning, La nuée dans l'Ecriture, Bible et Vie Chrétienne 14, 1963, 51–64; Luzarraga, a.a.O. 212–245.

E. Jenni

עָפָר *'āfār* Staub

1. **'apar-* in der Bed. »lose Erde, Staub« ist neben dem Hebr. im Akk., Ug., Arab., Aram. und Syr. belegt und ist als Nominalstamm gemeinsemitisch (P. Fronzaroli, AANLR VIII/23, 1968, 271.287.298).

Das AT bildet von diesem Stamm das Subst. *'āfār* und das denominierte Verbum *'pr* pi. »(mit Erde) bewerfen«.

Nur im Hebr., Jüd.-Aram. und Äth. belegt ist außerdem das *'āfār* laut- und bedeutungsverwandte *'ēfær* »lockere Erde, Staub« (W. Leslau, Ethiopic and South Arabic Contributions to the Hebrew Lexicon, 1958, 11), das über das Akk. *eperu* (AHw 222f.; CAD E 184–190.246) in das Hebr. Eingang gefunden haben könnte (J. Heller, VT 12, 1962, 339–341; HAL 77f.).

2. *'āfār* ist im AT 110 × belegt (Hi 26 ×, Jes 15 ×, Ps 13 ×, Gen 9 ×), *'pr* pi. 1 × (2Sam 16,13) und *'ēfær* 22 × (Hi 4 ×, Jes 3 ×; von Gen 18,27 und 2Sam 13,19 abgesehen, erst ab Jer und Ez in Gebrauch).

3. Die Grundbedeutung von *'āfār* »lockere, lose Erde, Staub« führt in die nächste Nähe des Bedeutungsbereichs von →*'ᵃdāmā* »Ackerboden« (vgl. Gen 2,7; 3,19) und →*'æræṣ* »Erde« (Gen 13,16; 28,14 u.ö.), was vereinzelt die Austauschbarkeit der Wörter ermöglicht (vgl. 1Sam 4,12; 2Sam 1,2 mit Jos 7,6; Ez 27,30), bzw. ihre Parallelisierung (Jes 47,1; Hi 5,6; 14,8).

Der erweiterte Gebrauch des Wortes ist bestimmt durch die Betonung verschiedener Aspekte der Grundbedeutung, sodaß *'āfār* einerseits »Mörtel, Wandverputz« (Lev 14,41.42.45) heißen kann, andererseits Zerstörungsreste bezeichnet, wie den »Staub« von vernichteten Kultgeräten (Dtn 9,21; 2Kön 23,4.6.12.15), den »Trümmerschutt« zerstörter Städte (1Kön 20,10; Ps 102,15; Neh 3,34; 4,4), sowie die »Asche« von verbranntem Sündopfer (Num 19,17 par. *'ēfær* V. 9f.). *'āfār* gilt außerdem als Nahrung der Schlange (Gen 3,14; Jes 65, 25; Mi 7,17). Der Plur. begegnet nur zweimal im AT: *'afrōt zāhāb* »Goldstaubkörner« (Hi 28,6) und *'afrōt tēbēl* »Erdschollen« (Spr 8,26).

Im AT nicht belegt ist die im Akk. vorkommende Bed. »Volumen« und »Territorium« (AHw 223; CAD E 189f.).

Das *'āfār* eng verwandte *'ēfær* (vgl. Num 19,9f.17 und Gen 18,27; Hi 30,19; 42,6) unterscheidet sich nur insofern von jenem, als es überwiegend in der Bed. »Staub« verwendet wird. Für »Asche« wird *'ēfær* mit Sicherheit nur in Num 19,9f. gebraucht (vgl. noch Ez 28,18; A. Schwarzenbach, Die geographische Terminologie im Hebr. des AT, 1954, 129: »in *'ēfær* nur die Bedeutung ›Asche‹«).

Zu *'ābāq* »(Pulver-)Staub« (Dtn 28,24 neben *'āfār*; Jes 5,24; 29,5; Ez 26,10; »Russ« Ex 9,9; *'ᵃbāqā* »[Gewürz]Pulver« Hhld 3,6) vgl. Schwarzenbach, a.a.O. 129f.; HAL 9a.

'āfār begegnet im AT als Bild für Menge und Überfluß (Gen 13,16; 28,14; Num 23,10 [vgl. aber arab. Etymologien bei A. Guillaume, VT 12, 1962, 335–337: »Krieger«; C. Rabin, Tarbiz 33, 1963/64, 114: »Menge«]; Jes 40,12; Sach 9,3; Ps 78,27; Hi 27,16; 2Chr 1,9; vgl. Ex 8,12f.; ähnlich *ḥōl* »Sand« [22 ×, außer Ex 2,12; Dtn 33,19; Jer 5,22; Spr 27,3 immer Bild für Menge]), für völlige Vernichtung (2Sam 22,43 = Ps 18,43; 2Kön 13,7; Jes 41,2), für Wertlosigkeit und Nichtigkeit (Zeph 1,17; Ps 7,6; Hi 22,24), sowie für Erniedrigung und Demütigung (2Sam 16,13; Jes 25,12; 29,4; 47,1 u.ö.). Als Bild für Unterwerfung findet sich die Wendung »Staub lecken« (Jes 49,23; Ps 72,9), und für das Gegenteil, die Unterwerfung aufheben, die Wendung »den Staub abschütteln« (Jes 52,2).

Als Bild für die unüberschaubare Menge (Jes 44, 20; Ps 147,16?), für Wertlosigkeit (Hi 13,12) und für Demütigung (Mal 3,21) wird auch *'ēfær* verwendet.

4. a) Der theologische Gebrauch von *'āfār* im engen Sinn ist ermöglicht durch die bildliche Verwendungsweise des Wortes: Jahwe erniedrigt, demütigt, vernichtet (stößt in den Staub Jes 25,12; 26,5) und hebt die Niedrigkeit des Geringen auf (richtet auf aus dem Staub 1Sam 2,8; 1Kön 16,2; Ps 113,7).

b) Zum theol. Gebrauch im weiten Sinn ist die Verwendung von *'āfār* und *'ēfær* in den Trauer-, Buß- und Selbstminderungsriten zu rechnen (E. Kutsch, ThSt 78, 1965, 23–42; G. Fohrer, Geschichte der isr. Religion, 1969, 216); dazu gehören: Staub aufs Haupt streuen, sich in den Staub setzen, sich in Staub wälzen (Jos 7,6; 2Sam 13,19; Jes 58,5; 61,3; Jer 6,26; Ez 27,30; Jon 3,6; Mi 1,10; Hi 2,8.12; 30,19; 42,6; Klgl 2,10; Est 4,1.3; Dan 9,3).

c) In den weiteren theol. Gebrauch gehört auch die im AT von J erstmals formulierte Vorstellung, daß der Mensch aus *'āfār* gebildet ist und erst durch den von Gott eingehauchten Lebensodem zu einem Lebewesen wird (Gen 2,7; 3,19; 18,27; Westermann, BK I, 280f.362). Diese Vorstellung ist vor allem im Psalter und bei Hiob aufgenommen worden, mit der schon bei J ausgedrückten Absicht, die Vergänglichkeit und Nichtigkeit des Menschen vor Jahwe vor Augen zu führen. Der Mensch ist Staub (Gen 3,19; Ps 103,14; Hi 4,19; 8,19) und kehrt zum Staub zurück (Gen 3,19; Hi 10,9; Pred 3,20; mit →*'ᵃdāmā* Ps 146,4; mit *dakkā'* »Zermalmtes, Staub« Ps 90,3), wenn Jahwe den Odem (→*rūᵃḥ*, *nᵉšāmā*), den er gegeben, wieder zurückzieht (Ps 104,29; Hi 34,15; Pred 12,7). Hierin unterscheidet nach Qohelet (Pred 3,18–20) nichts den Menschen vom Tier, sie sterben beide. So setzt das AT den Toten dem Staub gleich (Ps 30,10), nennt die Toten »die im Staub wohnen« (Jes 26,19), »die im Staubland schlafen« (Dan 12,2) und bezeichnet die Sterbenden als »die sich in den Staub betten« (Hi 7,21; 20,11; 21, 26), »die zum Staub hinabsteigen, niedersinken« (Ps 22,30; Hi 17,16); der dem Tod gegenübergestellte Beter fühlt sich von Jahwe in den Todesstaub gelegt (Ps 22,16). Von hier aus könnte *'āfār* auch als Bezeichnung für die Unterwelt verstanden werden (Jes 26,19; Hi 17,16 par. →*šᵉ'ōl*; Dan 12,2; vgl. akk. *bīt epri* »Haus des Staubes = Unterwelt«, Gilg. VII, IV Z.40. 45; N.H. Ridderbos, *'āfār* als Staub des Totenortes, OTS 5, 1948, 174–178).

5. Im frühen Judentum und im NT (Apk 18,19 mit χοῦς, der häufigsten Wiedergabe von *'āfār* in LXX) ist von Staub gelegentlich im Zusammenhang mit den Trauerriten die Rede (vgl. Levy I, 148b). Die Vorstellung, daß der Mensch Staub ist und zum Staub zurückkehrt, spielt in Qumran eine größere Rolle (1QS 11,21f.; 1QH 3,21; 10,4f. u.ö.). *G. Wanke*

עֵץ *'ēṣ* Baum

1. Das zweiradikalige Urwort **'iḍ*- > **'iṣ*- ist gemeinsemitisch (Bergstr. Einf. 186; P. Fronzaroli, AANLR VIII/23, 1968, 276.290) und bezieht sich auf alles, was in der Pflanzenwelt aus Holz besteht und mit Holz im allgemeinen zu tun hat. Die Ableitung des Wortes von einer angeblichen, wenig (im AT gar nicht) belegten Verbalwurzel *'ṣh* II (so BDB 781) ist unwahrscheinlich und nicht nötig zu seiner Erklärung.

Das fem. *'ēṣā* in Jer 6,6 ist wohl als *'ēṣāh* (mit Suffix der 3.sing.fem.) »ihre Bäume, ihr Baumbestand« zu lesen (vgl. Dtn 20,19; Rudolph, HAT 12, 42; zu Jes 30,1 →*j'ṣ* 3c).

Im Aram. (DISO 21.219; KBL 1053a) ist *'q* (äg.-aram.) bzw. *'ā'* (Dan 5,4.23; Esr 5,8; 6,4.11) auf die Bed. »Holz, Balken« eingeengt, während für »Baum« *'īlān* verwendet wird (Dan 4,7.8.11.17.20.23).

2. *'ēṣ* kommt im AT 330× vor (inkl. 1Sam 17,7 Q; Ez 45×, Ex 31×, Gen 30×, 1Kön 29×, Lev 21×, Dtn 20×, Jes 17×, Jer 15×), dazu 1× *'ēṣā* (Jer 6,6, s.o. 1).

***3.** Wie im Akk. (*iṣu*, AHw 390f.), Ug. (*'ṣ*, WUS Nr. 2078) und Äth. (*'eḍ*, Dillmann 1025f.) besitzt hebr. *'ēṣ* noch den vollen Bedeutungsumfang mit den beiden Hauptbedeutungen »Bäume (kollektiv), Baum« und »Holz«, während im Aram. (s.o. 1) und im Arab. (*šaǧar(a)*, Wehr 415a) für »Baum« Neuerungen eingetreten sind. Bei der Bed. »Baum« liegt der Akzent ganz auf dem Gattungsmäßigen, während einzelne Baumarten (z.B. *'ǽræz* »Zeder«, *'ēšæl* »Tamariske«, *bᵉrōš* »Zypresse«, *gǽfæn* »Weinrebe«, *zájit* »Ölbaum«, *lūz* »Mandelbaum«, *šiqmā* »Sykomore«, *tᵉ'ēnā* »Feigenbaum«, *tāmār* »Dattelpalme«) oder Baumformen (z.B. *sᵉbak/sᵉbōk* »Gestrüpp« oder die Wortgruppe *'ájil/'allōn/'ēlā/'ēlōn* [anders G. Greiff, ZDPV 76, 1960, 161–170] »großer Baum«, meist als »Eiche/Terebinthe« verstanden) spezielle Bezeichnungen erhalten. Vgl. weiter BRL 83–87; A.E. Rüthy, Die Pflanze und ihre Teile im biblisch-hebräischen Sprachgebrauch, 1942; M. Zohary, IDB II, 284–302 (Lit.).

Die mannigfachen Verwendungsweisen des Wortes *'ēṣ* können hier nur angedeutet werden. Von den Bäumen ist die Rede im Zusammenhang mit den Früchten (Gen 1, 11f.29; Ps 148,9 u.ö.) und dem Schatten (Ri 9,15 u.ö.), die sie spenden; sie dienen als Orientierungspunkt (1Sam 14,2; 22,6) und sind Gegenstand der Kriegsgesetzgebung (Dtn 20,19f.). Zahlreiche einzelne, lokalisierte Bäume spielen im Kult oder als Wahrzeichen eine gewisse Rolle (Gen 12,6; 21,33; 35,4.8; Jos 24,26 u.ö.). Die Propheten und die Deuteronomisten wenden sich gegen die Baumverehrung und die hölzernen Götter (vgl. etwa Dtn 4,28; 12,2; 16,21; 28,36.64; 29,16; Ri 6,26; 1Kön 14,23; 2Kön 16,4; 17,10; 19,18 = Jes 37,19; Jes 44,13ff.; 45,20; 57,5; Jer 2,20.27; 3,6.9.13; 10,3.8; 17,2; Ez 6,13; 20,28.32; Hos 4,12f. [anders H.L.Ginsberg, FS Baumgartner 1967, 74]; Hab 2, 19; bibl.-aram. Dan 5,4.23). *'ēṣ* in der Bed. »Holz« begegnet als Brennholz (Gen 22,3; Dtn 19,5; Neh 10,35), Bauholz (Hag 1,8; aram. *'ā'* Esr 5,8 u.ö.), als Material für allerlei Gegenstände (Dtn 10,1; 19,5 u.ö.), als Heilmittel (Ex 15,25), als Galgen (Gen 40,19; Dtn 21,22f.; Est 5,14 u.ö.) usw. In der dichterischen Sprache wird *'ēṣ* in einfachen Vergleichen (Jer 17,8; vgl. Hi 18,16) wie in ausgeführten Gleichnissen (Ez 15; 31 [dazu F.Stolz, Die Bäume des Gottesgartens auf dem Libanon, ZAW 84, 1972, 141–156]; Dan 4 aram. *'īlān*) verwendet; vgl. auch die beiden Fabeln in Ri 9,8–15 und 2Kön 14,9.

4. Zwei besondere Bäume mythischen Ursprungs sind im AT belegt: der »Baum des Lebens« (a) und der »Baum der Erkenntnis von Gut und Böse« (b).

a) *'ēṣ (ha)ḥajjīm* »Lebensbaum« erscheint Gen 2,9b und 3,22b (J), ferner Spr 3,18; 11,30; 13,12; 15,4. Während er in Spr bildlich, zur Beschreibung des Wertes der Weisheit angewandt wird, ist er in der Paradiesgeschichte einer der beiden Bäume des Gartens Eden, deren Beziehungen zueinander noch nicht geklärt sind; das Problem wird oft durch Annahme zweier Quellen gelöst (vgl. O.Loretz, Schöpfung und Mythos, 1968, 109ff.; ein konsequenter Versuch der Quellenscheidung neuerdings bei W.Fuß, Die sogenannte Paradieserzählung, 1968, 32ff.). Daß es sich um »eins der vielen Lebenssymbole der altorientalischen Denkart« (so Gemser, HAT 16,29; vgl. noch Ch.Kayatz, Studien zu Proverbien 1–9, 1966, 105f.) handelt, steht außer Zweifel. Vielleicht ist der im alten Israel bezeugte Baumkult auf ihn zurückzuführen (James, s.u.) und ist sogar der siebenarmige Leuchter (*m^enōrā*) eine stilisierte und symbolische Darstellung des Lebensbaumes. Jedenfalls verleiht der Baum Unsterblichkeit, ein Gedanke, der auch im AT durch Gen 3,22 (Vriezen, Widengren, s.u.) und im Spätjudentum bezeugt ist. Dies erklärt die vielen Mythen und Sagen, die u.a. im Zweistromland von der Suche nach dem Lebensbaum bzw. dem Lebenskraut zu berichten wissen. Im Genesis-Bericht spielt der Baum allerdings eine untergeordnete Rolle, wie im ganzen AT. Das wird im hellenistischen Judentum und besonders in der Apokalyptik anders und führt zu mannigfachen Spekulationen: TestLev 18,10–11 haben wir die Verheißung, daß Gott den Weg zum Paradies und zum Lebensbaum wieder eröffnen wird; 4Esr 8,52 haben der Seher und seine Brüder, im Unterschied zu den Weltbewohnern, Zugang zum Paradies und zum Lebensbaum; PsSal 14,3 identifiziert allegorisch Paradies und Lebensbaum mit der Gemeinde der Frommen; 1QH 8,5–6 darf der Sänger in der Nähe von »Bäumen des Lebens« (Plur.!) weilen. Es ist also nicht zufällig, daß im NT der Begriff sich gerade in der Offenbarung findet, vgl. Apk 2,7 und 22,1ff.

Zum Thema »Lebensbaum« vgl. u.a.: W.Staerk, L'arbre de la vie et l'arbre de la science du bien et du mal, RHPhR 8, 1928, 66–69; Th.C.Vriezen, Onderzoek naar de Paradijsvoorstelling bij de oude semietische Volken, 1937 (Reg. s.v. levensboom); P.Humbert, Etudes sur le récit du paradis et de la chute dans la Genèse, 1940, 21ff.; G.Widengren, The King and the Tree of Life in Ancient Near Eastern Religion, 1951; G.Pidoux, Encore les deux arbres de Genèse 3, ZAW 66, 1954, 37–43; I. Engnell, »Knowledge« and »Life« in the Creation Story, SVT 3, 1955, 103–119; E. O.James, The Tree of Life, FS Thatcher 1967, 103–118; F.Vattioni, L'albero della vita, Augustinianum 7, 1967, 133–144; W. H.Schmidt, Die Schöpfungsgeschichte der Priesterschrift, ²1967, 207ff.; weitere Lit. bei Westermann, BK I,288f.

b) Der »Baum der Erkenntnis von Gut und Böse« (*'ēṣ haddá'at ṭōb wārā'*) findet sich nur in Gen 2–3 (J), wo er, im Unterschied zum vorher genannten, eine wichtige Rolle spielt (2,9.17; →*ṭōb* 3e; →*jd'* III/1c). Es geht nicht an, den Text dadurch zu korrigieren, indem man die beiden letzten Wörter des Ausdruckes streicht (so zuletzt Schmidt, a.a.O. mit Lit.). Auch wenn die jetzige Konstruktion manchen Exegeten schwerfällig erscheint, so ist sie doch durchaus korrekt: wir haben hier einen stat.cs., der einen Inf.cs. mit zwei Objekten regiert. Moralistische, pädagogische und rein sexuelle Erklärungen des Wesens des Baumes und also des göttlichen Eßverbots gehen fehl, wenn auch Elemente von jeder dieser Deutungen, besonders der letzten, vorhanden sind: »Erkenntnis« muß hier wohl im vollsten Sinn der Wurzel *jdʿ* aufgefaßt werden: »besitzen, Macht haben über, verfügen über« o.ä. Der Merismus, der das Objekt bildet, drückt allgemein das zwischen den beiden Extremen Enthaltene aus, hier also »alles«, d.h. was sich zwischen Gut und Böse befindet. Wer vom Baume genießt, dem wird somit Allmacht verliehen, was durch das Versprechen der Schlange veranschaulicht wird: »Ihr werdet wie Götter (oder »göttliche Wesen«) sein, indem ihr Gutes und Böses erkennen werdet«, also »über alles Macht besitzen werdet«. Die manchmal angeführten altorientalischen Parallelen sind alle zweifelhaft, doch der angedeutete Sinn der Wurzel *jdʿ* dürfte einen möglichen Sitz im Leben aufdecken. Wir haben es wahrscheinlich mit antikanaanäischer Polemik zu tun; dort, wo in Kanaan die lebensspendende Schlange (*nāḥāš*) den Menschen befähigte, im Sexualkultus als Gott zu handeln und, wenn auch nur beschränkt, in die göttliche Sphäre einzudringen, erzeugt dasselbe Verfahren gegenüber dem Gott Israels Frustration und Tod.

Weitere Lit. zum »Baum der Erkenntnis«: Vriezen, a.a.O.; M. Buber, Der Baum der Erkenntnis, ThZ 7, 1951, 1–8; Engnell, a.a.O.; H.G. Leder, Arbor scientiae, ZNW 52, 1961, 156–182; J.A. Soggin, La caduta dell'uomo nel terzo capitolo della Genesi, Studi e Materiali di Storia delle Religioni 33, 1963, 227–256; ders., Osservazioni filologico-linguistiche al secondo capitolo della Genesi, Bibl 44, 1963, 521–523; Schmidt, a.a.O. 223f.; ferner die Lit. bei →*jdʿ* III/1c und bei Westermann, BK I, 328–333.

5. In 1QH 8,4ff. sind verschiedene atl. Motive mit dem Stichwort *ʿēṣ* kombiniert. In der LXX sind δένδρον »Baum« und ξύλον »Holz« die normalen Wiedergaben für *ʿēṣ*. Zum NT und der dortigen Vorstellung vom Lebensbaum vgl. J. Schneider, Art. ξύλον, ThW V, 36–40. *J. A. Soggin*

עשׂה *ʿśh* machen, tun

1. Die Wurzel **ʿśj* »machen, tun« begegnet in althebr. Inschriften und im Moab. (DISO 222f.) sowie im Altsüdarab. (und weiteren südsem. Dialekten, vgl. W.W. Müller, Die Wurzeln Mediae und Tertiae y/w im Altsüdarabischen, 1962, 79). Die Hauptzweige der sem. Sprachen verwenden für »machen, tun« je verschiedene Wurzeln (akk. *epēšu*, phön.-pun. →*pʿl*, aram. →*ʿbd*, arab. *ʿml/fʿl* [→*ʿāmāl*], äth. →*gbr*).

Die Angaben über ein Vorkommen der Wurzel im Ug. (zu WUS Nr. 2113 vgl. u.a. P. van Zijl, Baal, 1972, 123f.) und in amorit., pun. und äg.-aram. Personennamen sind unsicher (Huffmon 201; F.L. Benz, Personal Names in the Phoenician and Punic Inscriptions, 1972, 385; M. Lidzbarski, Phön. und aram. Krugaufschriften aus Elephantine, 1912, 19).

Zu den älteren Versuchen einer Anknüpfung an arab. Wurzeln vgl. GVG II, 514; GB 622a; zu neueren Vorschlägen, einzelne atl. Stellen von verschiedenen arab. Verben her zu erklären, vgl. Barr, CPT 333 (Lit.).

Im AT begegnen neben dem Qal noch das Ni. (s.u. 3c) und einmal ein Pu. (Ps 139,15 »geschaffen werden«, wohl qal pass., vgl. Zorell 632b), dazu als nominales Derivat *maʿᵃśǣ* (s.u. 3d). Die Stellen Ez 23,3.8 (pi.) und V.21 (q.) sind wohl einer eigenen Wurzel *ʿśh* II »drücken« zuzurechnen (GB 624; vgl. Zimmerli, BK XIII, 530; Jenni, HP 131f.; G. Rinaldi, BeO 10, 1968, 161).

Zu den Eigennamen *ʾælʿāśā*, *Jaʿᵃśīʾēl*, *Maʿᵃśējā(hū)*, *ʿᵃśājā* usw. vgl. Noth, IP 171f.; die Namen *Mʿśjh(w)* und *ʿśj*/*ʿśjhw* sind auch auf Siegeln belegt (F. Vattioni, Bibl 50, 1969, 387f.).

2. *ʿśh* »machen, tun« ist mit 2627 Belegen hinter →*ʾmr* »sagen« und →*hjh* »sein« das dritthäufigste Verbum des AT. Es fehlt in keinem atl. Buch, in den erzählenden Texten (bes. Ex 25–31.35–40) ist jedoch eine größere Dichte festzustellen (s. Tabelle; inkl. 1Kön 22,49Q; Mand. hat Ex 25,24 doppelt; 2Chr 33,2 im Nachtrag; Num 9,3a und 1Sam 14,32K fehlen). Von den 235 Belegen des Nomens sind ein knappes Drittel Plurale.

	qal	ni.	pu.	*maʿᵃśǣ*	total
Gen	150	3	–	6	159
Ex	316	7	–	40	363
Lev	78	16	–	2	96
Num	120	7	–	4	131
Dtn	160	3	–	13	176
Jos	63	–	–	1	64
Ri	89	2	–	4	95
1Sam	85	3	–	4	92
2Sam	83	2	–	–	85
1Kön	153	1	–	13	167
2Kön	155	3	–	4	162
Jes	100	2	–	27	129
(1–39)	(52)	(1)	–	(17)	(70)
(40–55)	(31)	(1)	–	(2)	(34)
(56–66)	(17)	–	–	(8)	(25)
Jer	151	2	–	14	167
Ez	208	8	–	7	223

	qal	ni.	pu.	*ma'ašā*	total
Hos	15	–	–	2	17
Jo	4	–	–	–	4
Am	10	–	–	1	11
Ob	1	1	–	–	2
Jon	7	–	–	1	8
Mi	6	–	–	2	8
Nah	2	–	–	–	2
Hab	3	–	–	1	4
Zeph	4	–	–	–	4
Hag	2	–	–	2	4
Sach	8	–	–	–	8
Mal	8	1	–	–	9
Ps	108	1	1	39	149
Hi	36	–	–	5	41
Spr	34	–	–	3	37
Ruth	13	–	–	–	13
Hhld	4	–	–	1	5
Pred	29	14	–	21	64
Klgl	2	–	–	2	2
Est	43	12	–	1	56
Dan	21	3	–	1	25
Esr	10	1	–	1	12
Neh	51	4	–	1	56
1Chr	39	–	–	2	41
2Chr	156	3	–	10	169
AT	2527	99	1	235	2862

3. Das Bedeutungsfeld von *'śh* ist sehr groß, die Skala der Bedeutungsnuancen außerordentlich breit. Das deutsche Wortfeld »machen, tun« ist ein Äquivalent, durch das man dem Bedeutungsgehalt des hebr. Wortes und seines Kontextes fast immer sachzutreffend auf die Spur kommt. Die vielfältigen Bedeutungen von *'śh* erschließen sich nach den verschiedenen Subjekten, Objekten und Präpositionen, mit denen das Verbum konstruiert wird. Die überwiegende Mehrheit der Belege nennt Menschen (gelegentlich auch Organe des menschlichen Körpers), Menschengruppen oder Völker als Subjekt. Etwa bei einem Sechstel der Belege liegt explizit theologischer Gebrauch mit Jahwe als Subjekt vor. Eine verhältnismäßig kleine Gruppe von Belegen findet sich mit verschiedenen Subjekten: Tieren, Pflanzen, Gegenständen und Abstrakta.

a) Entsprechend der Grundbedeutung von *'śh* »machen, tun« wird *'śh* mit Akk. zunächst von der Herstellung der verschiedensten Gegenstände gebraucht, auch eines Gottesbildes (mit *'ᵆlōhīm* Ex 32,1. 23.31; Ri 18,24; mit *pǽsæl* Ex 20,4 = Dtn 5,8; Dtn 4,16.23.25; Ri 17,3f.; den Göttern der Völker 2Kön 17,29ff.). Mit doppeltem Akk. hat *'śh* die Bedeutung »herstellen aus, verarbeiten zu«, mit Akk. und intentionalem *lᵉ* »machen zu« (Jes 44,17). Etwas weiterführend kann *'śh* auch die Zubereitung von Speisen, Gastmahlen und Opfern ausdrücken (Gen 18,8; 19,3; Ex 10,25). Je nach Objekt nimmt *'śh* nicht selten die Bedeutung »erwerben« an (mit *kābōd* »Reichtum« Gen 31,1; *ḥájil* »Reichtum« Dtn 8,17; *nǽfæš* »Leute« Gen 12,5, wobei gerade die Verbindung mit *nǽfæš* den Besitzcharakter des Sklaven im hebr. Denken unterstreicht; vgl. M.Dahood, Bibl 43, 1962, 351, zu Pred 2,8 und phön. *p'l* in Kar. = KAI Nr. 26, I,6f.). In der Konstruktion mit *šabbāt* »Sabbat«, *pǽsaḥ* »Passa«, *ḥāg* »Fest« u.ä. erhält *'śh* die Bedeutung »begehen, feiern« (Ex 12,48; 31, 16), mit *jāmīm* »verbringen« (Pred 6,12). Lediglich eine Frage des Umgangs mit der dt. Sprache, die in bezug auf »machen« wesentlich nuancenreicher als das Hebr. ist, ist die Wiedergabe von Wendungen wie *'śh* mit Obj. *sᵉfārīm* »Bücher« (Pred 12,12), *milḥāmā* »Krieg« (Gen 14,2), *šālōm* »Friede, Freundschaft« (Jos 9,15), *'ēbæl* »Trauer« (Gen 50,10), *šēm* »Name« (Gen 11,4). Relativ häufig begegnet im AT die Verbindung *'śh mᵉlākā* »arbeiten, eine Arbeit verrichten«.

Der Bereich personaler Beziehungen, die Verantwortung des Menschen in seinem Tun und Verhalten gegenüber anderen Menschen und gegenüber Gott wird durch das Verbum *'śh* auf vielfältige Weise angesprochen, in der vorwurfsvollen Frage (Gen 12,18), mit Relativsatz (Ex 24,7), mit einer ganzen Reihe von Nomina im Akk. und mit den Partikeln *lᵉ*, *'im*, *'ēt*, *bᵉ* u.a. Folgende Nomina erscheinen häufiger in Verbindung mit *'śh* (berücksichtigt sind hier auch die Vorkommen mit Jahwe als Subjekt): *ra'* (75 ×; häufig in der dtr. Wendung »tun, was Jahwe mißfällt«) bzw. *rā'ā* »Böses«, *mišpāṭ* »Recht« (über 50 ×), *ḥæsæd* »Gunst, Gnade« (36 ×), *jāšār* »das Rechte« (34 ×), *ṭōb* bzw. *ṭōbā* »Gutes« (32 ×), *ṣᵉdāqā* »Gerechtigkeit« (23 ×), *miṣwā* »Gebot« (16 ×), *tō'ēbā* »Greuel« (15 ×), *ḥōq* »Satzung« (10 ×, *ḥuqqā* 3 ×), *'ᵆmæt* »Treue« (7 ×), *rāṣōn* »Willen«, *šālōm* »Heil« und *tōrā* »Gesetz« (je 4 ×). Je konkreter das Objekt ist, desto stärker wird das unspezifische *'śh* durch andere Verben verdrängt (→*'hb*, →*bqš*, →*gml*, →*drš*, →*hlk*, →*'bd*, *rdp* »nachjagen«, →*šm'*, →*šmr*).

Daß in *'śh ṭōb* Pred 3,12 »sich's gut sein lassen« ein Gräzismus vorliegt (εὖ πράττειν, so K.Budde, Megilloth, 1898, 134, und Hertzberg, KAT XVII/4, 100), wird von R.Gordis, Koheleth, ²1955, 222, mit Hinweis auf 2Sam 12,18 *'śh rā'ā* »be miserable« bestritten. Doch überzeugt dieser Hinweis nicht, da die von Gordis vorgeschlagene Übersetzung schwerlich den Sinn trifft. Vgl. aber noch O.Loretz, Qohelet und der Alte Orient, 1964,47f.

Bei den Partikeln überwiegt der Gebrauch von *l^e^* mit oder ohne bestimmtes Objekt »jemandem etwas antun«. *l^e^* gibt die Person an, auf die sich ein Tun oder Verhalten richtet (Gen 20,9; 31,12). Seltener und schon prägnanter ist die Verwendung von *'im*, häufig mit *ḥæsæd* (Gen 24,12.14; 40,14; 47,29 u.ö., insgesamt 24 ×), gelegentlich auch mit *ṭōb(ā)* (Gen 26,29; Ri 9,16; Ps 119,65) und *rā'(ā)* (Gen 26,29; 31,29). *'im* unterstreicht das Gemeinschaftsverhältnis, das zwischen Personen besteht und zu einem entsprechenden Tun verpflichtet. An einigen Stellen findet sich auch *'ēt* (1Sam 24,19; 2Sam 2,6; Ez 22,14, l *'ittāk*), *b^e^* (Est 6,6) und *'al* (1Sam 20,8, vielleicht ist *'im* zu lesen).

Nicht gerade häufig wird *'śh* absolut gebraucht und bedeutet dann »handeln, einschreiten, vollbringen« (Gen 41,34; 1Sam 26,25; Esr 10,4), »tätig sein« (Spr 31,13), »ans Werk gehen« (1Chr 28,10), »sich zu schaffen machen« (1Kön 20,40, vgl. Montgomery, Kings 330, gegen Textänderungen; anders G.R.Driver, FS Nötscher 1950, 55; vgl. auch Barr, CPT 246f.).

b) Gelegentlich wird *'śh* auch von Pflanzen, Pflanzungen bzw. Saatgut ausgesagt und bedeutet dann »hervorbringen, tragen, ergeben« (Frucht Gen 1,11f.; Jes 5, 2.4.10; Jer 17,8; Ez 17,23; Nahrung Hab 3,17; vgl. Gen 41,47; Lev 25,21), »erzeugen« (Mehl Hos 8,7), auch »treiben« (Zweige Ez 17,8; Hi 14,9). Seltener werden Tiere als Subjekte genannt (Dtn 1,44; 2Sam 24,17).

An gegenständlichen und abstrakten Subjekten sind belegt: *'æræṣ* »Land« (Gen 41,47), *qæræn* »Horn« (Dan 8,12), *bāśār* »Fleisch« (Ps 56,5), *'ōṣæb* »Götzenbild« (Jes 48,5), *kōaḥ* »Kraft« (Dtn 8,17), *rūaḥ* »Geist; Sturmwind« (1Kön 22,22; Ps 148,8), *m^e^šūbā* »Abtrünnigkeit« (Jer 3,6), *śimḥā* »Freude« (Pred 2,2).

Von den 16 Belegen des Part.pass. ist Neh 3,16 erwähnenswert, wo das Part. die Bedeutung »künstlich angelegt« annimmt (von einem Teich).

c) Das Ni. hat durchweg passivische Bedeutung bzw. wird unpersönlich gebraucht. Über den dem Qal analogen Gebrauch hinaus sind folgende Bedeutungen anzuführen: Stoffe werden verwendet bzw. verarbeitet (Lev 7,24; 13,51; Ez 15,5). In Verbindung mit *m^e^lākā* »Werk« wird gelegentlich auch der resultative Aspekt zum Ausdruck gebracht: »abgeschlossen, fertig werden, zustande kommen« (Neh 6, 9.16). Frucht wird gewonnen (Num 6,4 vom Weinstock). Im Zusammenhang mit einem Rechtsfall erhält *'śh* die Bedeutung »verfahren werden« (Ex 21,31; Num 15, 11; Esr 10,3); ein Gesetz bzw. ein Beschluß wird ausgeführt (Est 9,1; Dan 11, 36), ein Urteil vollstreckt (Pred 8,11). Im vorjuristischen Bereich kann *'śh* die Bedeutung »Brauch sein, üblich sein« annehmen (Gen 29,26). Weiter kann *'śh* das Gewährtwerden einer Bitte, das Erfülltwerden eines Wunsches wiedergeben (Ri 11, 37; Est 5,6; 7,2; 9,12).

Sodann bringt *'śh* ni. die Entsprechung zum aktiven Tun, Verhalten zum Ausdruck, klassisch formuliert im Sinne des ius talionis Lev 24,19 (vgl. Jes 3,11; Ob 15). In diesem Zusammenhang erhält es die Bed. »ergehen« (Dtn 25,9; 1Sam 11,7; Jer 5,13).

Schließlich nimmt *'śh* ni. die Bed. »sich befinden, ergehen« und vor allem in späteren Texten »geschehen« an: Jes 46,10; Ez 12,25.28; Est 4,1; Dan 9,12; 13 × in Pred, hier in ganz umfassendem Sinn (Pred 1,9) mit der Wendung »unter der Sonne« (8 ×) bzw. »unter dem Himmel« (1,13) bzw. »auf Erden« (8,14.16).

d) Das Nomen *ma'^a^śæ* meint das Objekt von *'śh*, dessen Vollzug und das Ergebnis des Vollzugs (vgl. G.Fohrer, Twofold Aspects of Hebrew Words, FS Thomas 1968, 101). Es bezeichnet bes. in Ex 26–30. 36–39 und 1Kön 7 die verschiedensten Handwerkerarbeiten, das aus einem bestimmten Material, Stoff Gefertigte, Hergestellte, wobei in den betreffenden Cs.-Verbindungen entweder der Herstellende oder die nähere Bezeichnung des Hergestellten oder – wesentlich seltener – der Stoff im st. abs. erscheint. *ma'^a^śæ* kann dann das kunstvoll Gefertigte zum Ausdruck bringen (Jes 3,24 Frisur; Num 31,51) und im Dt. adjektivisch wiedergegeben werden. Mit der Vergleichspartikel *k^e^*, aber auch ohne sie, stellt sich die Bed. »Machart« ein (mit *k^e^* Ex 28,8.15 u.ö.; ohne *k^e^* 1Kön 7,28, vgl. Noth, BK IX,142). Sodann bedeutet *ma'^a^śæ* »Arbeit« (Gen 5,29, Gegensatz: Ruhe; Ex 5,4.13; Ri 19,16; Ez 46,1 *j^e^mē hamma'^a^śæ* »Werktage«). Entsprechend dem mehrdimensionalen Gebrauch hebr. Nomina meint *ma'^a^śæ* auch den Ertrag der Arbeit (Ex 23,16 der Feldarbeit; Jes 65,22; Ez 27,16.18 »Erzeugnis«). Hab 3,17 nimmt es die Bedeutung »Frucht« an (hier die einzige Stelle im AT, wo *ma'^a^śæ* auf eine Pflanze bezogen ist). Weiter meint *ma'^a^śæ* allgemein die »Tätigkeit«, das »Geschäft« (Gen 46,33; 47,3) und dementsprechend als deren Ergebnis und Ertrag den »Besitz« (1 Sam 25,2, so K. Budde, Die Bücher Samuel, 1902, 164; Pred 2,4). Ps 45,2 bezeichnet es das Lied des Sängers.

Als Verbalabstraktum meint *ma'aśæ* das Tun, Verhalten und Werk des Menschen, das immer ethisch qualifiziert ist und den Menschen definiert. Umgekehrt ist das Tun und Werk eines Menschen durch diesen definiert (Ez 16,30; Pred 8,14). Der *ma'aśæ* eines Menschen entspricht entweder den ethischen Erwartungen an ihn oder er widerspricht ihnen, er ist gut oder böse (auch wenn die Verbindung mit entsprechenden Adjektiven oder Nomina selten ist, 1Sam 19,4; Pred 4,3; 8,11; Esr 9,13; Jes 59,6 *ma'aśē 'āwæn*).

Die typisch atl. Verbindung *ma'aśē jād(ájim)* »Werk der Hände« begegnet im MT des AT 54× (15× von Jahwe). Nur an wenigen Stellen ist die Verbindung nicht theologisch qualifiziert. Das Werk seiner (des Menschen) Hände ist Gegenstand des Segens Jahwes, seines Zorns, seiner Vergeltung. Besonders im dtr. und dtr. geprägten Sprachgebrauch wird *ma'aśæ* in Verbindung mit *jād* »Hand« oder *ḥārāš* »Handwerker« – gesteigert in der Wendung *ma'aśē jedē 'ādām* bzw. *ḥārāš* – in der Götzenpolemik gebraucht und bringt verächtlich die Nichtigkeit der Heidengötter und Götterbilder zum Ausdruck: »Machwerk von Menschenhänden« (Dtn 4,28; 27,15; 2Kön 19,18 = Jes 37,19; Jer 10,3; Ps 115,4; 135,15; 2Chr 32,19; vgl. Jes 2,8; Jer 1, 16; 25,6.7; 44,8; Hos 14,4; Mi 5,12). Sie sind ein Werk des Gespötts (Jer 10,15 = 51,18), ihre Taten sind nichtig (Jes 41,29, nur hier ist von den *ma'aśīm* der Götter die Rede).

Der Prediger fragt skeptisch nach dem Sinn des menschlichen Tuns, ja grundsätzlich nach dem Sinn dessen, was unter der Sonne geschieht. So erhält *ma'aśæ* an einigen Stellen – zumal in Verbindung mit *'śh* ni. – die Bed. »Geschehen« (Pred 1,14; 2,17; 4,3; 8,9.17).

4. a) Implizit theologischer Sprachgebrauch liegt überall da vor, wo das Tun des Menschen ein von Jahwe gebotenes bzw. verbotenes ist. So ist der Bau der Arche (Gen 6,14.22), der Stiftshütte (Ex 25,8), der Vollzug der Opferanweisungen (Lev 4,20), kultischer Handlungen (Lev 8,34) und Ordnungen (Num 1,54; 8,7) gebotenes Tun, das Machen von Gottesbildern (Ex 20,4) verbotenes Tun. Von Jahwe geboten ist das Halten der →*berīt* und der Gehorsam gegenüber den zehn »Worten« (Dtn 4,13 *debārīm*), seinen Geboten (Dtn 28,1) und Satzungen (Dtn 28,15), der *tōrā* (Dtn 28,58), das Tun seines Willens (vgl. Ps 143,10). Jahwe gebietet *mišpāṭ* »Recht« (Mi 6,8) und *ṣedāqā* »Gerechtigkeit« (Gen 18,19), *ḥæsæd* »Gnade« und *raḥamīm* »Barmherzigkeit« (Sach 7,9), das Tun des Rechten (1Kön 11,33) und Guten (Dtn 6,18). Das Tun des Menschen untersteht dem Urteil Jahwes, ist *be'ēnē Jhwh* qualifiziert (→*'ájin* 3c.4a). Die Wendung *be'ēnē Jhwh* bzw. »in meinen/deinen/seinen Augen« begegnet im AT über 100 × in Verbindung mit *'śh*, überwiegend in dtn. und dtr. geprägtem Sprachgebrauch. Dem Tun (*ma'aśæ*) des Menschen korrespondiert der Segen (Dtn 2,7; 14,29; 15,10; 16,15; 24,19; 28,12) bzw. der Unmut Jahwes (Dtn 31,29; 1Kön 16,7; 2Kön 22, 17; Jer 25,6.7; 32,30; 44,8; 2Chr 34,25). Jahwe vergilt dem Menschen sein Tun (Jer 25,14; Ps 28,4; 62,13; Klgl 3,64). Das Tun des Menschen bzw. seine Taten sind Gegenstand des Gedenkens Gottes (Neh 6,14; vgl. Am 8,7; Ps 33,15), seines Richtens (Jes 57,12; Pred 12,14).

In seinem Tun verhält sich der Mensch zu Gott und zeigt darin sein Wesen; es ist Tun des ersten Gebots oder Abfall zu anderen Göttern (1Sam 8,8; 2Kön 22,17; Jer 44,8; Hag 2,14; Ps 106,35.39), es ist Äußerung des Glaubens an bzw. der Umkehr zu Jahwe (vgl. Jon 3,10) oder Vertrauen auf die eigenen Taten und Schätze (Jer 48,7). Das Tun des von Jahwe Gebotenen hat die Verheißung des Lebens (Lev 18,5; Dtn 4,1; Neh 9,29; vgl. Ex 20,12; Ez 18,32; Am 5,14).

b) Explizit theologisch ist der Sprachgebrauch da, wo vom Tun Jahwes die Rede ist. Seinem unspezifischen Charakter entsprechend kann mit dem Verbum *'śh* Gottes Tun in allen Bereichen wiedergegeben werden: sein Handeln in Geschichte und Natur, in der Menschen- und Völkerwelt wie in der Schöpfung, in Vergangenheit, Gegenwart und Zukunft. Es beschreibt sein Heilshandeln an Israel zu Beginn der Vätergeschichte (Gen 12,2) und beim Auszug aus Ägypten (Ex 14,13.31; 15,11), Jahwe wirkt *ješū'ā* »Hilfe« (Ex 14, 13), *tešū'ā* »Heil, Sieg, Rettung« (1Sam 11, 13; 2Sam 23,10.12), *pælæ'* »Wunder« (Ex 15,11), *niflā'ōt* »Wundertaten« (Ex 3,20; 34,10; Jos 3,5; Ps 72,18), *gedōlā* »Großes« (Dtn 10,21; 2Sam 7,21), *ṣedāqōt* »Heilstaten« (1Sam 12,7; Ps 103,6), *'ōt* »Zeichen« (Num 14,11.22; Jos 24,17; Ri 6,17), *šefāṭīm* »Gerichte« (Ex 12,12; Num 33,4), *kālā* »Vernichtung« (Jes 10,23; Jer 4,27; 5,18; 30,11; 46,28; Ez 11,13; Zeph 1,18), *hārīšōnōt* »das Frühere« (Jes 48,3), *ḥadāšā* »Neues« (Jes 43,19).

'śh ist der allgemeinste Ausdruck für Schaffen im AT (W. Foerster, ThW III, 1007).

Die spezifischen Verben →*qnh*, →*br'* und →*jṣr* haben das unspezifische *'śh* zu keiner Zeit der atl. Literatur verdrängt, ja sie konnten sich in späteren Texten z. T. nicht einmal behaupten (*br'* und *jṣr* fehlen in Hi). Nicht einmal bei Dtjes. und P werden *jṣr* und *br'* häufiger gebraucht als *'śh*. Ein Unterschied in der Verwendung läßt sich nicht feststellen: *'śh, jṣr* und *br'* werden bei Dtjes. parallel gebraucht, nur daß *'śh* Gottes schöpferisches Handeln im umfassendsten Sinn ausdrückt (Jes 45,7; 44,24 mit dem Obj. *kōl* »alles«; vgl. Jes 43,7, wo die Reihe emphatisch mit *'af-'aśītīw* abschließt, wenn man nicht mit Fohrer, Jes. III, 59, die beiden letzten Verben streicht, und 46,11, wo ebenfalls *'śh* die Reihe beschließt). P scheint zwar das spezifische *br'* zu bevorzugen (Gen 1,1.27; 2,4a; 5,1.2), gebraucht aber daneben an gleichgewichtiger Stelle *'śh* (Gen 1,26.31; 2,2; 5,1; 9,6; vgl. Westermann, BK I, 239). J verwendet *'śh* im Sinne von *jṣr* (Foerster, a.a.O.).

'śh beschreibt Jahwes Schöpfungshandeln in allen seinen Dimensionen: Jahwe hat die Erde gemacht (Ex 20,11; 31,17; 2Kön 19,15; Jes 45,12.18; Jer 10,12 = 51,15), das Meer (Ex 20,11; Jon 1,9; Ps 95,5) und das Trockene (Jon 1,9), den Himmel (Ex 20,11; 31,17; 2Kön 19,15; Ps 96,5), das »Firmament« (*rāqīa'* Gen 1, 6f.), die Himmelskörper (Gen 1,16; Hi 9,9), Sonne und Mond (Ps 104,19), die »Luken [am Himmel]« (*'arubbōt* 2Kön 7, 2.19), die Tiere (Gen 1,25; 3,1; Hi 40,15), den Menschen (Gen 1,26; 5,1; 6,6; 9,6; Jer 27,5; einzelne 1Sam 12,6), die Völker (Dtn 26,19; Ps 86,9). Jahwe schafft *ḥajjīm* »Leben« (Hi 10,12).

Jahwes geschichtsmäßiges Walten, sein kosmisches Wirken wie sein Handeln im Leben des einzelnen Menschen werden mit dem Verbum *'śh* wiedergegeben. Jahwe übt →*ḥæsæd* (Gen 24,12; Ex 20,6; 2Sam 2, 6) und *'æmæt* (2Sam 2,6; Neh 9,33), er wirkt *mišpāṭ* (Dtn 10,18; Ps 146,7), *šālōm* (Jes 45,7; Hi 25,2) und *rā'ā* (1Sam 6,9; Am 3,6). Wer Jahwe ist, erweist sich in seinem *'śh*. Sein Tun ist Explikation seines Namens (Jer 14,7; Ez 20,44; vgl. Jes 48, 11). Besonders Dtjes. begründet Jahwes Einzigartigkeit mit seinem Wirken (41,4. 20; 44,24; 45,7; 48,3.11).

Eine gewisse Sonderstellung nimmt Gen 3,21 ein, weil nur hier im AT das Verbum *'śh* ein handwerkliches Tun Gottes, ein Anfertigen aus vorhandenem Material bezeichnet (s. hierzu Westermann, BK I, 366).

Jahwes Gottheit erweist sich in der Übereinstimmung von seinem Reden und seinem Tun. Von Jahwe gilt, daß er sagt, was er tut, und tut, was er sagt (Gen 21,1; Num 23,19; 2Kön 10,10; Am 3,7; Ez 17, 24; vgl. Jes 46,11 *jṣr*). Was Jahwe will, das tut er (Ps 115,3).

c) Das Partizip *'ōśǣ* wird gegen 80 × von Jahwe ausgesagt, davon ca. 20 × in der technischen Bed. »Schöpfer«. Doch ist der technische Gebrauch nicht überall eindeutig festzustellen, da für den Hymnus der Partizipialstil charakteristisch ist und jedes Part. verbal aufgelöst werden kann. Selbst da, wo das Part. nominale Rektionskraft hat und im st. cs. mit einem Nomen ein Genetivverhältnis bildet, liegt nicht immer technischer Gebrauch vor (beachte den jeweiligen Kontext in Am 4,13; 5,8; Ps 136,4–7). Doch wird man bei den Bildungen mit personalen Suffixen technischen Gebrauch annehmen dürfen: Hos 8,14; Jes 17,7 (Glosse, s. B. Duhm, Das Buch Jesaia, [5]1968, 133); 27,11; 44,2; 51, 13; 54,5; Ps 95,6; 149,2; Hi 4,17; 31,15; 35,10; Spr 14,31; 17,5; 22,2; außerdem in der formelhaften Wendung *'ōśē šāmájim wā'āræṣ* (Ps 115,15; 121,2; 124,8; 134,3) und in der Frage ». . . spricht das Werk zu seinem Schöpfer?« (Jes 29,16). Im Blick auf die Götzenmacher wird man nicht von »Schöpfern« reden (Ps 115,8; 135,18).

Der technische Gebrauch ist somit nicht weit verbreitet: älteste Belege sind Hos 8,14 (s. Wolff, BK XIV/1, 188) und Jes 29,16, ferner Dtjes. 3×, Ps 6×, Hi 3×, Spr 3× und 2× in nachjes. Texten innerhalb Jes 1–39.

Das Part. von *qnh* wird 2× technisch gebraucht (Gen 14,19.22), das von *br'* 3× (Jes 43,1.15; 45,18), *jṣr* 2× (Jer 10,16 = 51,19), *p'l* 1× (nur Hi 36,3).

d) Der theologische Gebrauch von *ma'aśǣ* begegnet im AT ca. 56× (Ps 104, 13 ist der Text zweifelhaft, s. BHS und die Komm.). Unter dem Begriff *ma'aśǣ* wird Jahwes gesamtes Tun in Völkerwelt und Schöpfung wie im Leben des einzelnen Menschen subsumiert (vgl. G. von Rad, Das Werk Jahwes, FS Vriezen 1966, 290–298).

Im Dtn und dtr. Sprachgebrauch werden die die Geschichte Israels begründenden Heilstaten Jahwes angesprochen (Ex 34,10 nachjahwistisch, s. Noth, ATD 5, 215; Dtn 3,24; 11,3.7; Jos 24,31; Ri 2, 7.10).

In der Verkündigung Jesajas wird *ma'aśǣ* zu einem »entscheidenden Begriff der prophetischen Geschichtstheologie« (W. H. Schmidt – G. Delling, Wörterbuch zur Bibel, 1971, 654; vgl. von Rad, a.a.O. 292f.) und meint das Geschehen, das Jahwe im Begriff ist herbeizuführen (Jes 5, 12.19; 28,21). Der *ma'aśǣ* Jahwes kann durchaus erkannt werden (5,12), andererseits betont aber der Prophet dessen Fremdheit, weil er sich gegen Israel richtet. In den nachjesajanischen Texten bezieht sich *ma'ᵃśæ* auf die Heilszeit (10,12, Einschub, s. Wildberger, BK X,390f.; 29, 23), auf Assur, dessen Bekehrung als Gottestat bezeichnet wird (19,25), auf das Volk der Gerechten, das Jahwe schafft (60,21; 64,7).

Im Psalter begegnet der Begriff vor allem im Hymnus (14×), Danklied (8×) und Klagelied (6×). Er bezeichnet im Hymnus sowohl die gesamte Schöpfung (8,7; 103,22) als auch Teile derselben (Himmel 8,4; 102,26; Gestirne 19,2; die Fülle der Schöpfungswerke 104,24.31) oder umfassend Jahwes gerechtes Walten (92,5), seine Machttaten in Völkerwelt und Natur (145,4.17). Gelegentlich kann *ma'ᵃśæ* personifiziert werden und dann »Geschöpf« bedeuten (145,9f.). Im Danklied benennt der Beter mit dem Begriff die Heilungs- bzw. Rettungstat, um deretwillen er sich dankbar an Jahwe wendet (107, 22; 118,17; 138,8). Auch ist von den großen Geschichtstaten Jahwes die Rede (111, 2). Im Klagelied erinnert der Beter Jahwe an seinen heilschaffenden *ma'ᵃśæ* in der Vergangenheit (143,5) bzw. an sein Gerichtswirken (28,5; 64,10), um Jahwe auch jetzt zu einem gerechten Einschreiten in seiner bedrängten Lage zu bewegen. Er rühmt die Unvergleichlichkeit von Jahwes Werken (86,8; vgl. 139,14).

Im Hiobbuch meint *ma'ᵃśæ* Gottes Walten in der Natur (37,7). Daneben wird der Mensch als »Werk seiner Hände« bezeichnet (von Hiob 14,15; der Mensch in seinen sozialen Gegensätzen 34,19).

Im Buch des Predigers ist der *ma'ᵃśæ* Gottes das, was der Mensch nicht verstehen kann, was die Grenze menschlichen Fragens und Forschens übersteigt (3,11; 8,17; 11,5).

Durchgängig im AT – auch wenn selten ausdrücklich betont – gilt die Auffassung, daß Jahwe in seinem *ma'ᵃśæ* gerecht (Dan 9,14; vgl. Ps 92,5; 145,17), verläßlich ist (Ps 33,4). Nach Spr 16,11 sind alle Gewichtsteine Jahwes Werk, d.h. Jahwe setzt die Norm gerechten Masses.

5. Die Verwendung von *'śh* in Qumran entspricht derjenigen im AT (*'śwt ḥdšh* 1QS 4,25 »neue Schöpfung«). Doch zeichnet sich bei dem Nomen *m'śh* – überwiegend im Plur. – bereits der technische Gebrauch im Sinne der Werke des Menschen ab (1QS 1,5; 11,16; CD 2,8).

Die LXX gibt *'śh* fast durchweg mit ποιεῖν wieder, daneben vereinzelt mit χρᾶν, ἐργάζεσθαι, πράσσειν, nie mit κτίζειν, das Äquivalent der spezifischen Verben *br'*, *jsd*, *jṣr*, *kūn* und *qnh* ist.

Zum NT s. H. Braun, Art. ποιέω, ThW VI,456–483; Chr. Maurer, Art. πράσσω. ThW VI,632–645; G. Bertram, Art. ἔργον, ThW II,631–653. *J. Vollmer*

עֵת *'ēt* Zeit

1. Das Subst. *'ēt* »Zeit« ist nur hebr. (außerbiblisch im Lachisch-Ostrakon Nr. 6 [KAI Nr. 196], Z. 2 *'t h't hzh* »zu dieser Zeit« als akkusativische Zeitangabe, vgl. H.-P. Müller, UF 2,1970, 234f. Anm. 62) und phön.-pun. (DISO 224; phön.: Kar. [KAI Nr. 26] A III,2 *b't qṣr* »zur Zeit der Ernte«, vgl. C IV,5; KAI Nr. 14, Z. 3.12 *bl 'tj* »[ich wurde dahingerafft] nicht zu meiner Zeit«) belegt. Ein akk. Subst. *inu/ittu (enu/ettu)* »Zeit« wird in den neueren Wörterbüchern nicht anerkannt (AHw 382b.405f.; CAD I/J 153b.304–310).

Als Ableitungen begegnen im AT das Adj. *'ittī* »einer, der zur bestimmten Zeit da ist; bereitstehend« (Lev 16,21; die Emendation bei J.R. Wilch, Time and Event, 1969, 138, ist nicht gerechtfertigt) und das Adverb *'attā* »jetzt, nun« (zur Form vgl. GVG I,464; Joüon 81.225; K. Beyer, Althebr. Grammatik, 1969,66: **'ittā*), während der Personenname *'attaj* (1Chr 2,35f. u.ö.) von Noth, IP 191, anderweitig hergeleitet wird.

In der Schreibung *'t* ist *'attā* (nach F. M. Cross – D. N. Freedman, Early Hebrew Orthography, 1952, 52f., eine umgangssprachliche Nebenform **'at*; nach L. A. Bange, A Study of the Use of Vowel-Letters in Alphabetic Consonantal Writing, 1971, 127, historische Schreibweise ohne Bezeichnung des unbetonten *-ā*; vgl. Ez 23,43 K und Ps 74,6 K) ausserbiblisch gut bezeugt, vgl. *w't* »und nun« in den vorexilischen hebr. Texten von Murabba'āt (P. Benoit – J. T. Milik – R. de Vaux, DJD II, 1961, 96 Nr. 17, Z. 2; 8. Jh. v. Chr.), Tell 'Arad (vgl. J. C. L. Gibson, Textbook of Syrian Semitic Inscriptions I, 1971, 49–54) und Lachisch (Ostrakon Nr. 4 [= KAI Nr. 194], Z. 2) und die Wendung *'t kjm* »jetzt an diesem Tage« (KAI Nr. 192, Z. 3 verdoppelt; Nr. 194, Z. 1; vgl. Müller, a.a.O. 235: **'attā kajjōm*; →*jōm* 3e [7]).

Die etymologische Herleitung von *'ēt* ist umstritten (vgl. die Zusammenstellungen bei GB 628a; KBL 745f.; Wilch, a.a.O. 155–160). Unter der Voraussetzung eines adverbiell verwendeten ug. Nomens *'nt* in der Bed. »jetzt« (1Aqht 154.161.162. 168; vgl. UT 102 Anm. 3 und Nr. 1888; anders WUS Nr. 2065) und dessen Zusammengehörigkeit mit hebr. *'ēt* und aram.

k'n/k'nt/k't »jetzt« (DISO 125; dazu *wk't* häufig in Hermop. Nr. 1–6.8, *wk'n* in Nr. 7, Z. 2; bibl.-aram. *k^e'an* 13 ×, *k^e'ǣnæt* Esr 4,10.11; 7,12; *k^e'æt* Esr 4,17, vgl. KBL 1086b) wäre an ein zweiradikaliges Wort *'n*+fem. Endung *-t* zu denken (zuletzt Wilch, a.a.O.). Einleuchtender erscheint die ältere Ableitung von der Wurzel →*j'd* »bestimmen« (**'id-t* > **'itt* > *'ēt*, eig. »Termin«), wie sie u.a. von BL 450 angenommen wird (vgl. noch Zorell 636; E. Vogt, Lexicon Linguae Aramaicae Veteris Testamenti, 1971, 85b; J.C. de Moor, The Seasonal Pattern in the Ugaritic Myth of Ba'lu, 1971, 149); aram. *k'nt* wäre dann durch Geminatendissimilation entstanden und *k'n* daraus zurückgebildet (so BLA 255).

2. *'ēt* ist im AT 296 × (exkl. Ez 23,43 K; Ps 74,6 K; in Lis. fehlt Ps 4,8) vertreten (Pred 40 ×, davon 31 × in c. 3; Jer 36 ×, Ps 22 ×, Dtn und Ez je 18 ×, Dan und 2Chr je 16 ×, 2Kön und Jes je 11 ×, Gen, Ri und Hi je 10 ×, 1Chr 9 ×), *'ittī* 1 × (Lev 16,21), *'attā* 433 × (inkl. Ez 23,43 Q; Ps 74,6 Q; am häufigsten in erzählenden Büchern: 1Sam 46 ×, Gen 40 ×, 2Sam 30 ×, Jes und 2Chr je 29 ×, Ri 24 ×, 1Kön 23 ×, 2Kön 22 ×, Ex 20 ×, Jos 19 ×, Hi 18 ×, Jer 16 ×, Num 15 ×).

3. Als Antwort auf die Frage »wann?« (→*mātaj*) und damit zur Situierung eines Ereignisses in der Zeit verwendet das Hebr. mannigfache adverbielle und präpositionelle Ausdrücke, die in diesem Wörterbuch nur teilweise behandelt werden (*'āz* »damals« →*jōm* 3e; →*'ḥr*, →*jōm*, →*qǣdæm*, →*qēṣ*, →*rōš*). Der gemeinte Zeitpunkt oder Zeitabschnitt kann aber auch als solcher substantivisch namhaft gemacht werden. Am häufigsten geschieht dies durch →*jōm* »Tag, Zeit«, dem die Grundbedeutung jedoch nie ganz verloren geht, in zweiter Linie durch das allgemeinere, von einer naturgegebenen Zeiteinheit unabhängige Subst. *'ēt*, dessen Hauptbedeutung mit »(bestimmter) Zeit(punkt) von/für« umschrieben werden kann. Von dieser lexikalischen Bedeutung mit ihren drei Komponenten (a) »Zeitpunkt«, (b) »bestimmt« und (c) »von/für«, die je nach den im Kontext vorhandenen Gegebenheiten des Wortfeldes unterschiedlich verstärkt oder abgeschwächt werden können und damit verschiedene aktuelle Bedeutungen ergeben können (vgl. W. Schmidt, Lexikalische und aktuelle Bedeutung, 1963), soll im folgenden bei der semasiologischen Diskussion des Wortes und seiner Abgrenzung von sinnverwandten Vokabeln ausgegangen werden. Die Verwendung des Plurals ist dabei gesondert zu behandeln (s.u. d).

a) Daß *'ēt* ein Zeitbegriff ist, geht sowohl aus dem allgemeinen Gebrauch des Wortes (vgl. u.a. die Verbindung mit den Präpositionen *min* »seit« und *'ad* »bis zu« (s.u.) und mit den Adjektiven *qārōb* »nahe« [Jes 13,22; Ez 7,7; →*qrb* 3c.4e] und *rāḥōq* »fern« [Ez 12,27 Plur.; →*rḥq* 3]) als auch aus dessen Ableitung *'attā* »zu dieser Zeit =jetzt« (s.u. e) hervor und wird nirgends bestritten (zu Wilch s.u. c). Gegenüber dem dt. Wort »Zeit« oder engl. »time« hat *'ēt* allerdings einen engeren Bedeutungsumfang, insofern es nicht die Zeitdauer oder den ausgedehnten Zeitraum meint (auf die Frage »wie lange?« werden vorzugsweise Wendungen mit *jāmīm* »Tage, Zeitdauer, Zeitraum« [→*jōm* 3f–i] verwendet; vgl. weiter →*dōr*, →*'ad*, →*'ōlām*), sondern den irgendwie bestimmten Zeitpunkt oder Zeitabschnitt, wobei »Punkt« natürlich nicht mathematisch als kleinstmöglicher Zeitabschnitt zu fassen ist (dafür *rǽga'* »Moment, Augenblick«, das ebenfalls auf die Frage »wie lange?« antwortet; im AT 21 ×, exkl. Hi 21,13 *rǽga'* »Ruhe«; bibl.-aram. *šā'ā* »Augenblick« Dan 3,6.15; 4,16.30; 5,5). In Ri 11,26 meint *'ēt* nicht die vom Glossator hinzugefügten »300 Jahre« der isr. Besetzung des Gebietes am Arnon, sondern das »damals« der Zeit Balaks im Gegensatz zur jetzigen Situation (gegen Wilch, a.a.O. 60). Über die Zeitdauer ist mit *'ēt* ebensowenig ausgesagt wie beim räumlichen Gegenstück *māqōm* »Ort« über die Ausdehnung.

Anders als →*'ōlām* (»fernster Zeitpunkt«) kommt *'ēt* nicht fast nur in Verbindung mit Präpositionen (oder als adverbieller Akk.), sondern auch als grammatikalisch selbständiger Satzteil (Subjekt, Objekt, Prädikat) vor (73 × von 278 Vorkommen im Sing.). Im ersteren Fall wird ein Ereignis auf einen bestimmten Zeitpunkt angesetzt, im letzteren erscheint der Zeitpunkt objektiviert als eigene Größe in Aussagen über sein Vorhandensein, Eintreffen, Bekanntsein oder seine Wertung.

Unter den mit *'ēt* verbundenen Präpositionen ist *b^e* am häufigsten (137 ×). Allein die Wendung *bā'ēt hahī* »zu jener Zeit« begegnet 68 × (dazu Zeph 3,20 txt em), meistens auf einen Zeitpunkt der Vergangenheit bezogen (52 ×, davon 15 × in Dtn, s.u. 4c; als locker anfügende Einleitungsformel einer Erzählung mit impf.cons. Gen 21,22; 38,1; 1Kön 11,29; als präzisere Zeitangabe vor allem im Annalenstil mit Perf. 1Kön 14,1; 16,6; 18,16 u.ö.;

1Kön 8,65 neben *bajjōm hahū* »an jenem Tag« V.64; Est 8,9 mit Datumsangabe), seltener auf die Zukunft gerichtet (16 × in prophetischen Drohungen und Verheißungen, meistens mit Impf.; Mi 3,4 neben *'āz* »dannzumal«; in Jer 33,15; 50,4.20; Jo 4,1 in der Doppelformel *bajjāmīm hāhēm ūbā'ēt hahī* »in jenen Tagen und zu jener Zeit«). Je 15 × stehen die Wendungen *bᵉkol-'ēt* »zu jeder Zeit« (s.u. b) und *bᵉ* + *'itt-* + Suffix (s.u. c), ferner 35 × eine Cs.-Verbindung *bᵉ'ēt* + Subst./Inf./Verbalsatz (Gen 31,10; 38,27; Ri 10,14; 1Sam 18,19; Jes 33,2; 49,8 u.ö., besonders häufig in Jer [14 ×, z.B. Jer 6,15 *bᵉ'ēt pᵉqadtīm* »zur Zeit, da ich sie heimsuche« mit Genetivsatz, vgl. BrSynt §144]), 2 × negiert *bᵉlō 'æt-* »nicht zur Zeit von ...« (Lev 15,25) bzw. *bᵉlō 'ittækā* »nicht zu deiner Zeit = vor der für dich bestimmten Zeit« (Pred 7,17, s.u. c) und je 1 × *bā'ēt* »zur rechten Zeit« (Pred 10,17, s.u. c) und *bā'ēt hazzōt* »in solcher Zeit« (Est 4,14a).

Auch mit *lᵉ* wird der Zeitpunkt der Handlung angegeben (BrSynt §107b), beim Sing. von *'ēt* 20 × (Gen 8,11; 24,11. 11; Dtn 32,35 »auf die Zeit, da ihr Fuß wanken wird«; Jos 10,27; 2Sam 11,1.2; 1Kön 11,4; 15,23; Jes 17,14; Sach 14,7; Ps 21,10 txt?; 32,6 txt?; 71,9; Ruth 2,14; Pred 9,12; 1Chr 12,23, s.u. b; 20,1.1; 2Chr 18,34; nicht zur Angabe des Zeitpunktes, sondern zur Einführung des selbständigen Dativobjektes dient *lᵉ* in Jer 8,15; 14,19; Hi 38,23; Est 4,14b; Dan 8,17), ferner mit *kᵉ* (BrSynt §109b; nicht Vergleichspartikel, wie Wilch, a.a.O. 34–40, meint) ohne merklichen Bedeutungsunterschied gegenüber *bᵉ* und *lᵉ* (22 ×), und zwar 8 × in der Wendung *kā'ēt māḥār* »morgen um diese Zeit« (mit demonstrativem Art.; Ex 9,18; 1Sam 9, 16; 20,12; 1Kön 19,2; 20,6; 2Kön 7,1.18; 10,6; vgl. Jos 11,6 *māḥār kā'ēt hazzōt* »morgen um diese Zeit«), 4 × in der ähnlichen Wendung *kā'ēt ḥajjā* »übers Jahr um diese Zeit« (Gen 18,10.14; 2Kön 4,16. 17; zur Bedeutung von *ḥajjā* vgl. die Lit. bei →*ḥjh* 3c), 5 × *kā'ēt* »um diese Zeit = jetzt« (Num 23,23, vgl. Noth, ATD 7,149.164; Ri 13,23 txt?; 21,22; Jes 8,23 txt?, vgl. J.A.Emerton, JSS 14, 1969,151–175; dagegen Wildberger, BK X,363f.: »wie die frühere Zeit« mit masc. Attribut *hārīšōn*; Hi 39,18 txt?, l *kᵉ'ēt* mit folgendem Genetivsatz; vgl. noch *kᵉmō 'ēt* in Ez 16,57 txt?, l *kᵉmō 'attā*, vgl. Zimmerli, BK XIII, 341) und 3 × mit folgendem Genetiv (1Sam 4,20; Dan 9,21; 2Chr 21,19). Die weiteren mit *'ēt* verbundenen Präpositionen sind: *'ad* »bis« (12 × : Jos 8,29; 2Sam 24,15; Ez 4,10.11; Mi 5,2; Ps 105,19; Dan 11,24, s.u. b; 11,35; 12,1.4.9; Neh 6,1), *min* »seit« (Jes 48,16; Ez 4,10.11, s.u. b; Ps 4,8; Dan 12,11; Neh 13,21; 1Chr 9,25; 2Chr 25,27) und *'æl* »zu« (1Chr 9,25, s.u. b). In vier Fällen steht *'ēt* als adv. Akk. (Jer 51,33; Ez 27,34 txt?, l *'attā*; Hos 13,13 txt?, vgl. aber Rudolph, KAT XIII/1,239 »zur rechten Zeit«; Ps 69,14).

Als selbständiger Satzteil fungiert *'ēt* einerseits in Aussagen, die einen Zeitpunkt qualitativ werten (Jer 30,7 »eine Zeit der Not ist es für Jakob«; 51,6; Am 5,13; Mi 2,3; Dan 12,1; vgl. auch Esr 10,13 »aber das Volk ist zahlreich und es ist Regenzeit« mit der Wendung *wᵉhā'ēt gᵉšāmīm* im Sinne von »die Zeit ist die der Regengüsse«, vgl. GK §141d; BrSynt §14b; Rudolph, HAT 20,94; J.Barr, Biblical Words for Time, ²1969, 119), andererseits in verschiedenartigen Aussagen über das Vorhandensein eines bestimmten Zeitpunktes (negiert: Gen 29,7 »es ist noch nicht Zeit zu ...«; Hi 22,16; fragend: 2Kön 5,26 txt?, vgl. z.B. J.Gray, I & II Kings, 1963, 457: l *ha'attā lāqaḥtā*; Hag 1,4; positiv: Ez 16, 8.8; 30,3; Hos 10,12 txt?, vgl. aber Rudolph, KAT XIII/1,200f.: »und es ist Zeit, zu suchen«; Ps 81,16 txt?; 102,14; 119,126; ferner 33 × in den allgemeinen Sätzen von Pred 3,1–8.17; 8,6.9; 9,11), über sein Eintreffen (mit *bō'* »kommen«: Jes 13,22; Jer 27,7; 46,21; 49,8 [hi. »bringen«, vgl. 50,31, nach andern adv. Akk.]; 50,27.31; 51,33; Ez 7,7.12; Hag 1,2.2 txt em; mit *ng'* hi. »eintreffen«: Hhld 2,12), mit *'ēt* als Objekt bei den Verben *jd'* »kennen« (Hi 39,1.2; Pred 8,5; 9,12), *šmr* »einhalten« (Jer 8,7), *qwh* pi. lᵉ »hoffen auf« (Jer 8,15; 14,19), *ḥśk lᵉ* »aufsparen für« (Hi 38,23), sowie mit dativischem *lᵉ* in Est 4,14b »um einer solchen Gelegenheit willen« und Dan 8,17 »das Gesicht gilt für die Endzeit«. Ein Teil dieser Stellen enthält bereits die in Abschnitt c) zu erwähnende Bedeutungsnuance »rechte Zeit«.

b) Die Komponente »bestimmte Zeit« im Sinne von »irgendwie erkennbare, als bestimmt gedachte Zeit« ist mit der ersten Komponente »Zeitpunkt« fast automatisch gegeben, kann aber in gewissen Zusammenhängen neutralisiert werden, so teilweise im Plural und in verallgemeinernden und pluralisierenden Wendungen: *bᵉkol-'ēt* »jederzeit« (Ex 18,22.26; Lev 16,2; Ps 10,5; 34,2; 62,9; 106,3; 119,20; Hi 27,10; Spr 5,19; 6,14; 8,30; 17,17; Pred 9,8; Est 5,13 *bᵉkol-'ēt 'ᵃšær* »solange als«; vgl.

noch die neupun.-lat. Bilingue Trip.32 [=KAI Nr.126] von Leptis Magna aus dem 1.Jh.n.Chr., Z.4 *lk[l ḥʿ]t=perpetuus*, Z.9 *kl ḥʿt=semper*), *mēʿēt ʿad-ʿēt* »von Zeit zu Zeit« (Ez 4,10.11; etwas anders 1Chr 9,25 *mēʿēt ʾæl-ʿēt* »[je sieben Tage] von Termin zu Termin«), *leʿæt-jōm bejōm* »Tag für Tag« (1Chr 12,23; Wilch, a.a.O. 44f.: »contradiction in itself«); in Dan 11,24 meint jedoch *weʿad-ʿēt* nicht unbestimmt »eine Zeitlang«, sondern »bis zu einem (von Gott festgesetzten) Zeitpunkt« (vgl. J.A.Montgomery, The Book of Daniel, 1927, 452).

Umgekehrt kann das Merkmal der Bestimmtheit auch verstärkt werden (2Sam 24,15 txt? *ʿad ʿēt mōʿēd* »bis zur bestimmten Zeit«; Esr 10,14 und Neh 10,35 *ʿittīm mezummānīm*, Neh 13,31 *ʿittīm mezummānōt* »festgesetzte Zeiten«, mit dem Part. von *zmn* pu. »bestimmen«, das vom Subst. *zemān* denominiert ist), während für die Wortbedeutung »Frist, Termin, Datum, (absichtlich) festgesetzte Zeit« die speziellen Wörter *zemān* (aram. LW, vgl. Wagner Nr. 77/78; HAL 262b; ursprünglich aus akk. *simānu* »(richtiger) Zeitpunkt, Zeit« [AHw 1044b, Wurzel *wsm* »zugehören, passen«] oder aus dem Pers. [u.a. G.Widengren, Iranisch-semitische Kulturbegegnung in parthischer Zeit, 1960, 106]; im hebr. AT 4×: Pred 3,1 par. *ʿēt*; Est 9,27.31; Neh 2,6, einzige Stelle mit bestimmter Zeitangabe auf die Frage *mātaj* »wann?«; im Bibl.-Aram. 11× *zeman* »Zeit, Zeitpunkt, Frist« und »Mal«, vgl. KBL 1072a) und *mōʿēd* (→*jʿd*, auch zu aram. *ʿiddān* »Zeit, Jahr«) zur Verfügung stehen; vgl. noch das Hapaxlegomenon *ʾæšūn* »Zeit(punkt)« in Spr 20,20Q (vgl. HAL 91a).

c) Mit der Aufstellung des dritten Bedeutungsmerkmals »(Zeit) von/für« wird zunächst festgehalten, daß *ʿēt* (wie →*jōm* 4a) normalerweise in konkreten, den jeweiligen Zeitinhalt nennenden Zeitbestimmungen auftaucht, nicht in abstrakten Aussagen über die Zeit als solche (generelle Sätze über den »richtigen Zeitpunkt« begegnen erst spät bei Qohelet, s.u. 4; zum Plural in allgemeinen Aussagen s.u. d). Die Näherbestimmung durch den Zeitinhalt geschieht auf mannigfache Weise durch Demonstrativpronomina, Possessivsuffixe, Adjektive, genetivische Substantive, Infinitive und abhängige Sätze (Beispiele s.o. a) oder ergibt sich unausgesprochen aus dem Zusammenhang.

Versucht man die Sing.-Stellen (unter Weglassung der in 3b genannten verallgemeinernden Wendungen und der abstrakten Aussagen über die Zeit in Pred) im Hinblick auf die Angabe des Zeitinhaltes zu ordnen, so ergeben sich zwei Hauptgruppen: die eine enthält die Verweise auf einen bereits genannten oder als bekannt vorausgesetzten (vergangenen, gegenwärtigen oder zukünftigen) Zeitpunkt und verwendet regelmäßig Präpositionen und den Artikel (92×; der Artikel begegnet sonst nur noch 3× bei *hāʿēt* als Subjekt: Ez 7,7.12; Esr 10,13), die andere vereinigt die Stellen mit konkreten inhaltlichen Näherbestimmungen (gewöhnlich durch Possessivsuffix, nachfolgenden Genetiv, Infinitiv mit oder ohne *le*, abhängigen Satz mit oder ohne *ʾašær*; vgl. noch Est 4,14b; Dan 11,24; Hi 22,16 mit Näherbestimmung durch Vergleich oder aus dem Zusammenhang) und steht ohne den Artikel.

Das Merkmal der Inhaltsbezogenheit kann zurücktreten, wenn *ʿēt* durch einen Zeitbegriff selber näherbestimmt wird, z.B. in *leʿēt ʿǽræb* »zur Abendzeit« (Gen 8,11; 24,11; Jes 17,14; Sach 14,7; vgl. Jos 8,29; 2Sam 11,2) oder *beʿēt ṣohorájim* »zur Mittagszeit« (Jer 20,16); in diesen Fällen wird die entsprechende einfache Zeitbestimmung *bāʿǽræb* »am Abend« (Gen 29,23; 30,16 u.ö.) nur aus stilistischen Gründen leicht verdeutlichend umschrieben, aber weder die besondere Situation oder die Faktizität unterstrichen (gegen Wilch, a.a.O. 21f.). Das gleiche Merkmal kann betont hervortreten, namentlich wenn *ʿēt* mit einem Possessivsuffix den für jemand/etwas charakteristischen, passenden, richtigen Zeitpunkt ausdrückt (21× Sing. mit Suffix, davon 15× mit *be*; mit Suffix der 2. Pers.: Ez 16,8 fem.; Pred 7,17; 3. Pers.Sing.: Dtn 11,14; 28,12; Jes 13,22 fem.; 60,22 fem.; Jer 5,24; Ez 22,3 fem.; 34,26; Hos 2,11 par. *bemōʿadō*; Ps 1,3 »der seine Frucht bringt zu seiner Zeit«; 104,27; 145,15; Hi 5,26; 38,32; Spr 15,23; Pred 3,11; 9,12; 3.Pers.Plur.: Lev 26,4; Jer 33,20; Ps 81,16 txt?); in einzelnen Fällen wird damit speziell die Zeit des Todes oder des Gerichts bezeichnet (Jes 13,22; Ez 22,3; Ps 81,16; Pred 7,17; 9,12; vgl. phön. *bl ʿtj*, s.o. 1), ohne daß *ʿēt* damit bereits diese Bedeutung annähme (für die erwähnte, leicht verhüllende Redeweise eignet sich recht gut die dt. Übersetzung »Stunde« in ihrer angestammten alten Bed. »Zeitpunkt«; vgl. auch Jer 27,7 »Stunde seines Landes«; Ez 30,3 »Stunde der Heiden«); vgl. noch *bāʿēt* »zur rechten Zeit« in Pred 10,17. Auch für diese Spezialbedeutung »richtige Zeit« ist ein vereinzelter

Spezialausdruck im AT zu verzeichnen: *'ōfæn* Spr 25,11 (»ein Wort gesprochen *'al 'ofnāw*«; vgl. HAL 76b; Gemser, HAT 16,90f.).

Auch über die genannten Stellen hinaus kann da und dort die Konnotation »rechte Zeit für« oder »Gelegenheit für« mitschwingen, so z.B. Hag 1,2 »Gelegenheit, den Tempel zu bauen«; Est 4,14b »um einer solchen Gelegenheit willen«. Auch in diesen Fällen bleibt *'ēt* ein reiner Zeitbegriff; die deutliche Ausrichtung auf den Zeitinhalt fordert nicht, daß der Zeitinhalt in die Wortbedeutung von *'ēt* aufzunehmen wäre.

An diesem Punkt ist zur Hauptthese des Buches von J.R. Wilch, Time and Event, 1969, Stellung zu nehmen, wonach *'ēt* nicht nur den Zeitpunkt eines Geschehens, sondern darüber hinaus »occasion«, »occurrence«, »opportunity«, »situation« beinhaltet (p. 164: »the word *'ēth* was used in the OT in order to indicate the relationship or juncture of circumstances, primarily in an objective sense and only secondarily in a temporal sense, and to direct attention to a specifically definite occasion or situation«). Nun zeigt schon das Programm (p. 20) und die Anlage der Untersuchung (Kap. II–IV: Verwendung von *'ēt* innerhalb der Natur- und Sozialordnung, bei einem singulären historischen Geschehen, im Zusammenhang des Endgeschehens ...), daß Wilch nicht eigentlich an der Wortbedeutung, sondern an den Kontexten, in denen das Wort verwendet wird, interessiert ist. Die geschilderten Größen der »definite occasion«, »juncture of occasions«, »situation« usw. mitsamt den dazugehörigen Folgerungen in bezug auf Ereignishaftigkeit, Historizität usw. betreffen dabei nicht eigentlich die Bedeutung von *'ēt*, sondern das durch *'ēt* (und den Kontext) jeweils Bezeichnete, die gemeinte Sache (zur Unterscheidung von »meaning« [bzw. »information«] und »reference«, die bei abstrakten Größen naturgemäß schwieriger ist als bei konkreten Dingen, vgl. Barr, CPT 118. 291f.; ferner etwa H. Geckeler, Strukturelle Semantik und Wortfeldtheorie, 1971, 41–83). Die methodische Unklarheit und das zeitweilige Einfließen der Kontextsituation des Wortes in die Wortbedeutung (dazu noch in dem Spezialfall, daß die in die Wortbedeutung aufgenommene Situation selber als »significant situation« [p. 64] bestimmt wird) führen bisweilen zu inhaltlichen Überlastungen (z.B. Ri 4,4 *bā'ēt habī* »in the same situation«, p. 48f.) und zu manchmal gezwungenen Differenzierungen zwischen durchaus ähnlichen Wendungen wie *bajjōm habū* und *bā'ēt habī* (p. 56–59), hindern aber nicht, daß auf der Ebene des Bezeichneten und in bezug auf die atl. Zeitauffassung wertvolle Ausführungen gemacht werden.

d) Der Plural begegnet nur in späten Texten (18×, neben dem häufigeren *'ittīm* in Ps 9,10; 10,1; 31,16 auch *'ittōt*). Die meisten Stellen sind von den Sing.-Bedeutungen von *'ēt* her ohne weiteres zu verstehen. Ein numerischer Plur. »Zeitpunkte« liegt vor in *le'ittīm mezummānīm/-ōt* »zu bestimmten« Zeiten (Esr 10,14; Neh 10,35; 13,31 »für die Abgabe des Holzes zu bestimmten Zeiten«), wohl auch in Hi 24,1 (vom Allmächtigen aufgesparte) *'ittīm* »(Gerichts-)Zeiten«, par. *jāmāw* »seine (Gerichts-)Tage« (vgl. Fohrer, KAT XVI, 367). Wenn in Neh 9,28 der Text *rabbōt 'ittīm* »zu vielen Zeiten = viele Male« zu belassen ist, bekommt *'ittīm* hier sogar die für aram. *zeman* (Dan 6,11.14 *zimnīn telātā bejōmā* »dreimal täglich«) belegte Bed. »Mal« (vgl. Rudolph, HAT 20,164; anders BH³), für die sonst im Hebr. *pá'am* gebräuchlich ist (im AT 118×, davon 100× in der Bed. »Mal« und 18× in den übrigen Bedeutungen »Fuß, Tritt, Stoß, Amboß«), daneben seltener *'aśærat mōnīm* »zehnmal« (Gen 31,7.41) und *šālōš regālīm* »dreimal« (Ex 23,14; Num 22,28.32.33).

Häufiger werden aber die einzelnen unbestimmt gelassenen Zeitpunkte zusammengefaßt zu einer Summe von *'ittīm*, die wie der Plur. *jāmīm* »Tage« (→*jōm* 3f) praktisch einen »Zeitraum« bezeichnen, so in Ez 12,27 *le'ittīm rehōqōt* »über ferne Zeiten (weissagt er)« (par. *lejāmīm rabbīm*) und in der Wendung *bā'ittīm hāhēm* »in jenen Zeiten« (Dan 11,14; 2Chr 15,5; vgl. noch Dan 11,6 txt? *bā'ittīm* »in d[ies]en Zeiten« und 11,13 txt? »nach Verlauf der Zeiten/einiger Jahre«). Auch *le'ittōt baṣṣārā* »zu Zeiten der Dürre« (Ps 9,10; 10,1) wird hierhergehören, ebenso, falls der Text überhaupt in Ordnung ist, die den Zeitinhalt näher qualifizierenden Stellen Jes 33,6 txt? »dann wirst du sichere Zeiten haben« (O. Kaiser, ATD 18, 1973, 267) und Dan 9,25 txt? »aber in der Bedrängnis der Zeiten« (Plöger, KAT XVIII, 133f.). Sowohl die »(richtigen) Zeitpunkte« als auch allgemeiner die »Zeiten = Zeitläufte« dürften gemeint sein in Est 1,13 »die Weisen, die sich auf die Zeiten verstanden« und 1Chr 12,33 »die sich auf die Zeiten verstanden, sodaß sie wußten, was Israel zu tun habe«.

Nur an zwei Stellen scheint der Plur. von *'ēt* von der zeitlichen Bedeutung zu einer mehr inhaltlichen Füllung übergegangen zu sein: Ps 31,16 »in deiner Hand steht mein Geschick« (*'ittōtaj* = »die für mich bestimmten Zeitpunkte«) und 1Chr 29,30 »(die Geschichte des Königs David aber, von Anfang bis zu Ende ... ist aufgezeichnet ...) mitsamt seiner machtvollen Regierung und den *'ittīm*, die über ihn und Israel und alle Königreiche der Länder ergangen sind (*'br* q.)«, wo man an eine allgemeine Bezeichnung für die Zeitereignisse oder Schickungen zu denken hat (vgl. J. Barr, Biblical Words for Time, [2]1969, 123).

e) Über die Verwendung von *'attā* »jetzt« im AT handeln L. Köhler, ZAW 40, 1922, 45 f.; Lande 46–52; A. Laurentin, Bibl 45, 1964, 168–195.413–432; H.A. Brongers, VT 15, 1965, 289–299; E. Jenni, ThZ 28, 1972, 1–12; vgl. auch P. Tachau, »Einst« und »Jetzt« im NT, 1972 (bes. S. 21–70).

Das Adverb dient, immer in der direkten Rede gebraucht, der Aktivierung der Sprechsituation, entweder für einen ganzen Satz (über 220 × *we'attā* »und nun«, z. B. Jos 1,2 »mein Knecht Mose ist gestorben; und nun – mache dich auf«; dazu alleinstehendes *'attā* »nun: . . .« gegen 40 ×, z. B. 1Sam 9,6) oder zur Näherbestimmung des Prädikats unterhalb der Satzebene, wobei das »jetzt« semantisch in Opposition zum Früheren (Gen 46,34; Ex 9,18; Jos 14,11; 2Sam 19,8b; 15,34; Jes 16,13 f. u. ö.; in der Formel »jetzt weiß ich«: Gen 22,12; Ex 18,11; Ri 17,13; 1Kön 17,24; Ps 20,7; »nunmehr« in Namensätiologien: Gen 26,22; 29,32.34; Gegenüberstellungen des jetzigen und des früheren Zustandes in der Klage: Jes 1,21; 16,14; Ez 19,13 u. ö., usw.) oder zum Späteren (Ex 5,5; 6,1; Num 11,23; 22,4 u. ö.; »von nun an bis in Ewigkeit« Jes 9,6; 59, 21; Mi 4,7; Ps 113,2 u. ö.; prophetisch vergegenwärtigte Zukunft: Jes 33,10; 43, 19; 49,19; Jer 4,12 u. ö.) oder zu beiden Seiten (Kategorie der Aktualität gegenüber einem Immer; so bei dem vom Bewußtsein eines heilsgeschichtlichen Ablaufs getragenen abschnitteinleitenden *we'attā* »jetzt aber« bei Dtjes. in Jes 43,1; 44,1; 49,5; vgl. 48,16b; 52,5; Tachau, a. a. O. 34–41) oder zu einem Irgendwann steht (Kategorie der Wirklichkeit bei hypothetischen Aussagen in Gen 31,42; 43,10; Ex 9,15 u. ö.; ausführlichere Einteilung der Stellen mit *'attā* nach den Gegebenheiten des Wortfeldes bei Jenni, a. a. O. 10–12).

4. a) Es könnte naheliegen, an die Untersuchung des innerhalb des Wortfeldes »Zeit« neben →*jōm* und →*'ōlām* wichtigsten Wortes *'ēt* eine Behandlung des sog. »hebräischen Zeitbegriffes« anzuschließen. An Literatur zu diesem Thema würde es nicht fehlen, von der heute weitgehend überholten Arbeit von C. von Orelli, Die hebr. Synonyma der Zeit und Ewigkeit genetisch und sprachvergleichend dargestellt, 1871, bis zur bereits erwähnten Monographie von J. Wilch, Time and Event, 1969, die S. 2–17 eine Übersicht über die wichtigeren Veröffentlichungen bietet (daraus u. a.: Pedersen, Israel I–II, 487–491; G. Delling, Art. καιρός, ThW III, 456–465; ders., Art. χρόνος, ThW IX, 576 ff.; W. Vollborn, Studien zum Zeitverständnis des AT, 1951; J. Marsh, The Fulness of Time, 1952; G. Pidoux, A propos de la notion biblique du temps, Revue de Théologie et de Philosophie, III/2, 1952, 120–125; C.H. Ratschow, Anmerkungen zur theol. Auffassung des Zeitproblems, ZThK 51, 1954, 377–385; W. Eichrodt, Heilserfahrung und Zeitverständnis im AT, ThZ 12, 1956, 113–125; Th. Boman, Das hebr. Denken im Vergleich mit dem Griechischen, (1952) [5]1968; J. Muilenburg, The Biblical View of Time, HThR 54, 1961, 225–271; M. Sekine, Erwägungen zur hebr. Zeitauffassung, SVT 9, 1963, 66–82; vgl. noch kultur- und religionsvergleichende Arbeiten wie M.P. Nilsson, Primitive Time-Reckoning, 1920; S.G.F. Brandon, Time and Mankind, 1951; ders., History, Time and Deity, 1965).

Die Diskussion ist gekennzeichnet durch den mannigfach erneuerten Versuch, als Schlüssel für gewisse exegetische Schwierigkeiten oder zur Elimination der Spannung zwischen überzeitlicher göttlicher Realität und zeitlich-geschichtlich vermittelter Heilserfahrung eine gegenüber der unsrigen teilweise oder vollständig andersartige Zeitauffassung im AT zu postulieren. Der sog. ›chronologischen‹ Zeit wird je nachdem gegenübergestellt eine ›gefüllte‹, ›konzentrierte‹, ›realistische‹, ›psychologische‹ oder ›innere‹ Zeit, oft im Anschluß an moderne philosophisch-theologische Strömungen. Die angestrebte Aufhebung der Zeitlichkeit oder des zeitlichen Abstandes von den Heilsereignissen wird erreicht entweder durch Gleichsetzung der Zeit mit ihrem Inhalt (Pedersen, a. a. O. 487 f.: time »is identical with its substance« . . . »times of the same substance are therefore identical«) oder durch Überbetonung des καιρός-Aspekts der Zeit und ihres Entscheidungscharakters. Demgegenüber ist mit Eichrodt, a. a. O. (danach u. a. E. Jenni, Art. Time, IDB IV, 642–649; Wilch, a. a. O. 169–171; vgl. Barr, a. a. O. 150 f. 158), zu betonen, daß es der Postulierung eines dem unsrigen entgegengesetzten Zeitgefühls nicht bedarf, daß vielmehr das AT an der zeitlichen und historischen Besonderheit der Ereignisse und an der Unterscheidung von Zeit und Inhalt, insbesondere von Vergangenheit, Gegenwart und Zukunft immer interessiert geblieben ist (vgl. auch H.W. Wolff, Anthropologie des AT, 1973, 127–140; zu der bei Eichrodt zugrunde liegenden theol. Sicht des Zeitproblems vgl. u.a. E. Brunner, Die christliche Lehre von Gott, 1946, 285–291; ders., Das Ewige als Zukunft und Gegenwart, 1953, 46–64).

Wie dem auch sei, es ist deutlich, daß solche Diskussionen über den atl. Zeitbegriff sich nicht allein auf Wortuntersuchungen oder andere Beobachtungen über die vorhandenen sprachlichen Mittel (Tempora, Adverbien), sondern nur auf konkrete Satzaussagen in den Texten und deren systematische Auswertung stützen können. Spätestens seit J. Barr, Biblical Words for Time, (1962) ²1969, ist es deutlich geworden, welche methodischen Unzulänglichkeiten und Gefahren der unvermittelte Übergang von der Wortuntersuchung zur Diskussion von allgemeinen Vorstellungen und Denkstrukturen mit sich bringt. Ob und wie oft ein atl. Text (auf der Ebene des Satzes) die Ereignisse in der Zeit situiert und voneinander zeitlich abhebt, kann dabei viel wichtiger sein als die lexikalischen und syntaktischen Mittel (etwa *k^e*+Inf., Zeitadverbien oder Wendungen, in denen Substantive für »Zeit« o.ä. vorkommen), mit denen dies geschieht. Auch der Vergleich zwischen den im Hebr. und z.B. im Ägyptischen zur Verfügung stehenden Vokabeln für »Zeit« (vgl. E. Otto, Altäg. Zeitvorstellungen und Zeitbegriffe, Die Welt als Geschichte 14, 1954, 135–148) ist nicht ohne weiteres geeignet, das Spezifische des atl. Denkens herauszustellen. Abgesehen von der etwas größeren Fülle an Wörtern für Zeitperioden scheint das Äg. mit einem ähnlichen Inventar an sprachlichen Mitteln ausgestattet zu sein (mit *'ēt* wäre am ehesten *tr* zu vergleichen), obwohl das äg. Zeit- und Geschichtsbewußtsein sich vom atl. in manchen Punkten unterscheiden dürfte (H. Brunner, Zum Zeitbegriff der Ägypter, Studium Generale 8, 1955, 584–590; E. Hornung, Geschichte als Fest, 1966); da wo der Ägyptologe das Besondere des äg. Denkens zur Sprache bringt, stützt er sich automatisch auf Textzusammenhänge und nicht mehr auf die Betrachtung der vorhandenen lexikalischen Mittel. Ähnliches müßte für den Vergleich mit der babylonischen oder der griechischen Zeitauffassung gelten; zu dem unzureichenden Versuch von Boman vgl. die berechtigte Kritik von J. Barr, The Semantics of Biblical Language, 1961 (dt.: Bibelexegese und moderne Semantik, 1965, 52–92). Unter diesen Umständen kann es bei der Besprechung der Verwendung von *'ēt* in theologischen Zusammenhängen nur um die Vorführung einiger charakteristischer Aussagen und Formeln bei einzelnen Verfassern, nicht aber um eine Behandlung des atl. Zeitbegriffes als solchen gehen.

b) Im Bereiche des Schöpfungsglaubens wird Gott als der Herr über die Naturerscheinungen bezeugt. Tag und Nacht treten ein »zu ihrer Zeit« (Jer 33,20), er führt die Sterne heraus »zur rechten Zeit« (Hi 38,32); der Mensch dagegen kennt die Zeit des Werfens der Steinböcke nicht (Hi 39, 1.2). Ein mehrfach wiederkehrender Topos der Segensverheißung ist die Verfügungsgewalt Gottes über den Regen »zu seiner Zeit« (Lev 26,4; Dtn 11,14; 28,12; Ez 34, 26; vgl. Jer 5,24). Im Hymnus wird der Schöpfer dafür gepriesen, daß er seinen Geschöpfen rechtzeitig und immer wieder ihre Nahrung gibt (Ps 104,27; 145,15 »aller Augen warten auf dich, und du gibst ihnen ihre Speise zu seiner Zeit«). Persönlicher noch und umfassender ist die Vertrauensaussage in Ps 31,16 »in deiner Hand steht mein Geschick« (s.o. 3d).

In besonderer Weise ist das Thema des »rechten Zeitpunktes« bei Qohelet in den Vordergrund getreten (vgl. u.a. K. Galling, Das Rätsel der Zeit im Urteil Kohelets, ZThK 58, 1961, 1–15; ders., HAT 18, 1969, 93–95; Zimmerli, ATD 16/1, 167–174; O. Loretz, Qohelet und der Alte Orient, 1964, 186–188.251–254; Wilch, a.a.O. 117–128; G. von Rad, Weisheit in Israel, 1970, 182–188.295–306; H.W. Wolff, Anthropologie des AT, 1973, 137 bis 140). Der anaphorische »Maschal vom ›Zeitpunkt‹« zeigt im allgemein formulierten Lehrsatz (Pred 3,1; vgl. V. 11.17) und in der verdeutlichenden Reihe von vierzehn Antithesen (3,2–8), daß »alles zu seiner rechten Zeit eintritt und Gott über den jeweiligen Zeitpunkt bestimmt« (Loretz, a.a.O. 182.200.253). Die Aussage entspricht in ihrer noch keineswegs fatalistischen oder deterministischen Form durchaus der vom Prediger übernommenen weisheitlichen Tradition; für den altorientalischen wie den atl. Weisen ist die auf den rechten Zeitpunkt gerichtete Erkenntnisbemühung etwas Grundlegendes (Loretz, a.a.O. 200, zu den Stellen aus dem Sirachbuch; von Rad, a.a.O. 184f., nennt u.a. das Lehrgedicht über das Tun des Landmanns in Jes 28,23–29; ferner Jer 8,7; Ez 16,8; Am 5,13; Hi 5,26; Spr 15,23; 25,11; vgl. noch Pred 10,17; man wird hier auch an die »Weisen, die die Zeiten kennen« von Est 1,13 und an die »Söhne Issachars, die sich auf die Zeiten verstanden, so daß sie wußten, was Israel zu tun hatte« in 1Chr

12,33 denken können, vgl. Rudolph, HAT 21,108f.). Erst mit der an den Maschal angehängten Reflexion (3,9ff.) bricht die spezifische Problematik des Predigers auf: »alles hat er gar schön gemacht zu seiner Zeit..., nur daß der Mensch das Werk, das Gott gemacht, von Anfang bis zu Ende nicht fassen kann« (V.11). An weiteren Stellen bezeichnet Qohelet mit *ʿēt* speziell den Zeitpunkt des Todes, der unvorhergesehen kommt (8,5f. neben *mišpāṭ* »Gericht«, 9,11 neben *pǽgaʿ* »Widerfahrnis, Mißgeschick«, sonst nur noch 1Kön 5,18; 9,12a *ʿittō* »sein Zeitpunkt«; V.12b *leʿēt rāʿā* »zum bösen Zeitpunkt«; vgl. noch 7,17), auch hier noch weitgehend im Rahmen der traditionellen Lehre (Loretz, a.a.O. 255ff.).

c) Neben den im Natur- und Menschenleben jederzeit möglichen Zeitpunkten stehen solche, die in der Geschichte Gottes mit seinem Volk eine besondere Rolle spielen. Eine terminologische Verfestigung wie etwa beim →*jōm Jhwh* ist allerdings kaum festzustellen.

Für die Vergangenheit käme wohl nur die Wendung *bāʿēt hahī* in Frage, die vor allem in dtn.-dtr. Texten beliebt ist (vgl. J.Plöger, Literarkritische, formgeschichtliche und stilkritische Untersuchungen zum Deuteronomium, 1967, 218–225). In Dtn 1–10 weist sie 15 × auf gewisse Ereignisse in der Anfangszeit des Volkes hin (Dtn 1,9.16.18; 2,34; 3,4.8.12.18.21.23; 4, 14; 5,5; 9,20; 10,1.8), denen als Korrelat das »Heute« der Gegenwart des Sprechenden im Bewußtsein des heilsgeschichtlichen Ablaufs gegenübersteht (Dtn 2,30; 4,20. 38; 6,24; 8,18; 10,15; 29,27).

Für die Gegenwart als die entscheidende Zeit zum Handeln kann hingewiesen werden auf Stellen wie Hos 10,12 txt? »und es ist Zeit, Jahwe zu suchen« (wenn der MT belassen wird, vgl. Rudolph, KAT XIII/1, 201); Hag 1,4 »ist etwa für euch die Zeit gekommen, in getäfelten Häusern zu wohnen, während dieses Haus in Trümmern liegt?«; Ps 102,14 »es ist Zeit, sie zu begnaden«; 119,126 »es ist Zeit, daß der Herr einschreite«; vgl. Est 4,14, ferner *weʿattā* »jetzt aber« in Jes 43,1; 44,1; 49,5, s.o. 3e). Häufiger als *ʿēt* begegnet jedoch in dieser Verwendung *hajjōm* »heute«, mit dem »die entschlossene Ergreifung des Augenblicks zur Gehorsamsentscheidung« gefordert wird (Eichrodt, a.a.O. 116, zu Dtn 5,1; 8,19; 11,2.26.32; 15,15; 26,16f. 18; 27,9f.; vgl. Wolff, a.a.O. 132–135).

Für die Bezeichnung eines singulären Zeitpunktes im zukünftigen Handeln Gottes wird *ʿēt* vor allem in der spätvorexilisch-exilischen Zeit häufig gebraucht. Die abschnitteinleitende adverbielle Wendung *bāʿēt hahī* »zu jener Zeit« wird in Drohworten (Jer 4,11; 8,1; Zeph 1,12; nicht als Einleitungsformel in Mi 3,4) und in Verheißungen verwendet (Jes 18,7; Jer 3,17; 31,1; Zeph 3,20; verbunden mit »in jenen Tagen« Jer 33,15; 50,4.20; Jo 4,1; vgl. H.Greßmann, Der Messias, 1929, 83f.; H.D.Preuß, Jahweglaube und Zukunftserwartung, 1968, 174f.). Die übrigen Stellen mit *ʿēt* enthalten fast nie Heilsankündigungen (Jes 49,8 »Zeit des Wohlgefallens« neben »Tag des Heils«; 60,22 »zu seiner Zeit lasse ich es eilends kommen«). Die Bezeichnungen für Unheils- und Gerichtszeitpunkte stehen oft neben solchen mit →*jōm* (3d.4b) und variieren diese (Dtn 32, 35; Jer 46,21; 50,27.31; im näheren Umkreis der Vorstellung vom »Tage Jahwes« nur Jes 13,22 und Ez 7,7.12 [mit dem Art.]; 21,30.34; 30,3 »nahe ist der Tag Jahwes..., die Stunde für die Heiden wird er sein«). Bei Jeremia wird das Gericht gekennzeichnet als Zeit der Heimsuchung (Jer 6,15; 8,12; 10,15; 46,21; 49,8; 50,27.31; 51,18), des Zornes (18, 23), der Rache (51,6), der Ernte (51,33). Jer 27,7 »die Stunde auch seines Landes« und Ez 22,3 »damit ihre Stunde komme« verwenden wie Jes 13,22 »ihre Zeit« und Ez 30,3 »Stunde der Heiden« die prägnante Kennzeichnung des Zeitpunktes durch einen Personen-Genetiv (s.o. 3c). Für Ezechiel typisch ist schließlich noch die Wendung *beʿēt ʿawōn qēṣ* »zur Zeit der Endstrafe« (Ez 21,30.34; 35,5 par. »zur Zeit ihres Verderbens«; vgl. dazu Zimmerli, BK XIII,493). Weder hier noch im Danielbuch (*ʿēt qēṣ* »Endzeit« Dan 8,17; 11,35.40; 12,4.9) ist *ʿēt* selber jedoch ein eschatologischer terminus technicus (wohl aber →*qēṣ* [4c])

5. Im hebr. Sirachbuch und in der Qumranliteratur (je etwa 40 ×) behält *ʿēt* im großen und ganzen seine atl. Verwendung (Wilch, a.a.O. 138–151). Zu dem schwierigen Ausdruck *mwldj ʿt* »die Geburten der Zeit(?)« (1QH 12,8, neben *jswdj qṣ* »Grundlagen der Zeit«) vgl. M.Delcor, Les Hymnes de Qumran (Hodayot), 1962, 247f.; Hypostasierungen und Personifizierungen der Zeit begegnen jedenfalls hier ebensowenig wie etwa in Pred 9,11 (*ʿēt* Subj. zu →*qrh* »treffen, widerfahren«). Im späteren jüdischen Schrifttum wird *ʿēt* durch *zemān* zurückgedrängt (Barr, a.a.O. 125).

In der LXX wird *ʿēt* am häufigsten durch καιρός wiedergegeben (Wilch, a.a.O. 151–155); vgl. dazu und zum NT u.a. G.Delling, Art. καιρός, ThW III,456 bis 465; ders., Art. χρόνος, ThW IX,576ff.; Barr, a.a.O. 21ff.125ff. (Lit.). *E.Jenni*

עתר *ʿtr* beten

1. Die hebr. Wurzel *ʿtr* »beten« wird seit J.Wellhausen, Reste arab. Heidentums, ²1897, 118.142, allgemein mit dem arab. *ʿatara* »Opfer schlachten« in Verbindung gebracht. Doch läßt sich im AT bis auf den textlich problematischen Beleg von *ʿātār* »Räucherduft« in Ez 8,11 (»duften« im Syr. und Arab. sonst *ʿṭr* mit *ṭ*) keine besondere Beziehung der Wurzel zur Opferhandlung nachweisen (angedeutet nur 2Sam 24,25); vgl. J.Herrmann, ThW II, 782; P.A.H.de Boer, OTS 3, 1943, 135; D.R.Ap-Thomas, VT 6, 1956, 240f.

2. Das Verbum kommt im AT 20 × vor (5 × q., 8 × ni., 7 × hi.). Mandelkern 939d nimmt noch Spr 27,6 q. und Ez 35,13 hi. hinzu, die Lis. 1143 mit GB 630b einer Wurzel *ʿtr* II »reichlich sein« zuweist, doch sind beide Stellen textlich unsicher. Problematisch sind auch die Nomina *ʿātār* »Anbeter« (Zeph 3,10) und *ʿᵃtæræt* »Reichtum(?)« (Jer 33,6). Gehäuft findet sich das Verbum in Ex 8–10 (2 × q., 6 × hi.); es fehlt in Ps.

3./4. *ʿtr* heißt im Qal und Hi. gleichbedeutend (q. immer Impf.cons.-Formen, hi. bes. Imp.-Formen) »bitten, beten«, im Ni. tolerativ »sich erbitten lassen«. Es wird nur theologisch gebraucht: Adressat des Bittens ist immer Jahwe (mit *lᵉ* oder *ʾæl*), und es ist immer Gott, der sich von Israel oder einem Einzelnen (mit *lᵉ*) erbitten läßt. Die Zugehörigkeit zu den Verben des Klagens und Bittens zeigt sich in dem parallelen Gebrauch mit →*ṣʿq* »klagen« (Ex 8,4f. und V. 8), »seine Hände zu Jahwe erheben (*prś*)« (Ex 9,28 und V. 29.33); vgl. auch →*pll* hitp. »beten« und *tᵉḥinnā* »Flehen« (2Chr 33, 13), sowie *tᵉfillā* »Gebet« (2Chr 33,19), bzw. →*šmʿ* »(Klage) erhören« (Hi 22,27; 2Chr 33,13). Wie *ḥnn* q. »gnädig sein«/hitp. »um Gnade bitten« umgreift *ʿtr* beide Seiten des Klagevorgangs, nur ist bei *ḥnn* die Zuwendung Gottes das Primäre, bei *ʿtr* das menschliche Bitten.

Eine allgemeine Bezeichnung für Beten ist *ʿtr* jedoch nur in einem Teil, insbesondere der späten Stellen (q.: Ri 13,8; Hi 33, 26; hi.: Hi 22,27; ni.: Jes 19,22; Esr 8,23; 1Chr 5,20; 2Chr 33,13.19). Daneben läßt sich ein spezifischer Sprachgebrauch erkennen: In der Frühzeit ist *ʿtr* neben *pll* hitp. eine der wichtigsten Bezeichnungen für die Fürbitte (mit den Präp. *lᵉnōkaḥ* Gen 25,21; *bá'ad* Ex 8,24; *lᵉ* Ex 8,5): Isaak bittet Jahwe für seine unfruchtbare Frau (Gen 25,21 q.) und Mose für Pharao um Abwendung der Plagen (q.: Ex 8,26; 10, 18; hi.: Ex 8,4.5.24.25; 9,28; 10,17). Die häufige Verwendung in den Plagengeschichten (J) läßt einen vom normalen Gebetsvorgang abweichenden Sprachgebrauch erkennen: Überall ist vorausgesetzt, daß die Plage von Gott stammt (anders bei *zʿq* Ex 2,23f.) und nur durch die Hilfe eines Gottesmannes aufgehoben werden kann. Jahwe erhört dabei nicht ein Flehen aus der Not (vgl. →*ṣʿq*), sondern handelt »nach dem Wort des Mose« (Ex 8,9.27) und nimmt die Plage weg (*sūr* q. Ex 8,25; hi. 8,4.27). *ʿtr* bezeichnet hier also ein machtvolles beschwichtigendes Einwirken eines Gottesmannes auf Gott. Es vollzieht sich immer unter Ausschluß der Öffentlichkeit (Mose geht von Pharao hinaus Ex 8,8.26; 9,33; 10,18) und kann in seinem Zeitpunkt vorher bestimmt werden, was die Macht des Gottesmannes beweist (Ex 8,5f.). Ohne Zweifel, hier zeigen sich deutliche Züge »religiöser Magie«, aus deren Bereich die Fürbitte stammt (vgl. de Boer, a.a.O.; F.Hesse, Die Fürbitte im AT, 1951). Noch weiter vom Gebetsvorgang entfernt sind 2Sam 21,14 und 24,25 (ni.): 2Sam 21 vollstreckt David eine ungerächte Blutschuld des Hauses Sauls an den Gibeoniten; in 2Sam 24 kauft er einen Altarplatz und opfert, beidemal um eine Plage (Hungersnot bzw. Pest) von Israel abzuwenden. Beidemal heißt es: »da ließ sich Jahwe zugunsten des Landes beschwichtigen«. So bezeichnet wahrscheinlich *ʿtr* ursprünglich ganz verschiedene Weisen eines stellvertretenden beschwichtigenden Einwirkens auf den erzürnten Gott, die mit Gebet nichts zu tun haben brauchten. Erst später wurde dieser spezifische Vorgang in das allgemeine Gebetsgeschehen eingeebnet; seine ursprüngliche Nähe zum magischen Handeln könnte aber verhindert haben, daß *ʿtr* für das gottesdienstliche Gebet (Ps) verwendet wurde. Von der angenommenen ›Grundbedeutung‹ ist auch die anders verlaufene Bedeutungsentwicklung im Arab. (s.o. 1) gut erklärlich.

5. In der LXX ist die eigentliche Bedeutung von *ʿtr* noch weiter verwischt. Sie übersetzt *ʿtr* q./hi. mit δεῖσθαι, εὔχεσθαι, das ni. mit εἰσ- oder ἐπακούω. *R.Albertz*

פאר *p'r* pi. verherrlichen

1. Das Verbum *p'r* kommt nur im Pi. in transitiver und im Hitp. in reflexiver Bedeutung vor (»verherrlichen« bzw. »sich verherrlichen, sich rühmen«) und hat, wie das zugehörige Subst. *tif'æræt* (Jes 28,5 und Jer 48,17 *tif'ārā*) »Zierde, Ehre, Stolz« (BL 495) keine unmittelbaren Entsprechungen in den verwandten Sprachen (ältere Etymologien bei J. Barth, Etymologische Studien ..., 1893, 21f.; W. J. Gerber, Die hebr. Verba denominativa..., 1896, 133f.; Nöldeke, NB 186; vgl. GB 631f.; wie Barth, a.a.O., verbindet Zorell 639b *p'r* mit arab. *fḫr* »sich rühmen«).

Das Subst. *pe'ēr* »Kopfbinde, Turban« (Ex 39,28; Jes 3,20; 61,3.10; Ez 24,17.23; 44,18) dürfte als äg. Lehnwort von den übrigen Vokabeln zu trennen sein (KBL 750).

2. *p'r* erscheint 13 × im AT (pi. 6 × : Jes 55,5; 60,7.9.13; Ps 149,4; Esr 7,27; hitp. 7 × : Ex 8,5; Ri 7,2; Jes 10,15; 44,23; 49, 3; 60,21; 61,3), *tif'æræt* (inkl. *tif'ārā*) 51 × (Jes 18 × [davon Dtjes. 3 ×, Tritojes. 7 ×], Ez und Spr je 6 ×, Jer 5 ×, Ps 4 ×, 1Chr 3 ×, Ex und Sach je 2 ×, Dtn, Ri, Klgl, Est und 2Chr je 1 ×). Verbum und Substantiv sind gehäuft in Jes (27 von 64 Belegen der ganzen Wurzel).

3. Außerhalb des theologischen Sprachgebrauchs findet sich das Verbum nur im Hitp. (Jes 10,15 »sich rühmen«, par. *gdl* hitp. »großtun«; Ex 8,5 Imp. mit *'al*, gewöhnlich als Höflichkeitsformel »verherrliche dich« = »geruhe« verstanden [zu anderen Deutungen und Textänderungen vgl. G. Beer, Exodus, HAT 3, 1939, 48; C. Rabin, Scripta Hierosolymitana 8, 1961, 397: »wählen«, vgl. akk. *pâru*]).

tif'æræt bezieht sich auf alles, was Menschen sich freuen und stolz sein läßt: »Schmuck, Glanz, Pracht, Stolz« o.ä. des Siegers (Ri 4,9), des Königs (Jer 13,18; Est 1,4), der Braut (Jes 62,3; Ez 16,12.17. 39), der Feiernden (Jes 28,1.4; 52,1; Spr 4,9), der reichen Frauen (Jes 3,18); als »Schmuck« gilt den Chaldäern Babylon (Jes 13,19), den Moabitern ihre junge Mannschaft (Jer 48,17).

4. Die meisten Belege von *p'r* und *tif'æræt* spiegeln Israels Freude an Gottes Handeln wider, insbesondere bei Tritojesaja.

a) Das Verbum drückt im beschreibenden Lob Gottes Hinwendung zu Israel bzw. seine Rettung aus (vgl. in der hymnischen Begründung Ps 149,4 pi. bzw. Jes 44,23 hitp.), in der Sprache des Segens das neue, stetige Bundeshandeln, in dem Gott sich an Israel verherrlicht (Jes 55,5 pi.; vgl. Dtn 26,19 *tif'æræt*), in der Form der Berufung des Gottesknechts Jahwes paradoxes Tun (Jes 49,3 hitp.). Von Deuterojesaja hat Tritojesaja das Verbum in seine Heilsverkündigung übernommen, besonders in die Schilderung des neuen Heilszustandes (Jes 60,[7.]13 pi.; 60,21; 61,3 hitp.), selten in die Ankündigung eines Geschehens (Jes 60,7.9 pi.). Gottes Handeln wird von der Gemeinde (Ps 149, 4) und von Dtjes. als Verherrlichung beschrieben, von Tritojes. als »das Sich-Verherrlichen Gottes in der und durch die Verherrlichung des Zion« (Westermann, ATD 19,286).

b) *tif'æræt* ist einer der vielen Begriffe des Schönen, mit denen Israel das Wirken seines Gottes bejaht: Jahwe selbst ist Israels *tif'æræt* (beschreibendes Lob Ps 89, 18; Heilsschilderung Jes 60,19; Bitte um Zuwendung im Volksklagelied Jes 63,15; Heilsankündigung Jes 28,5), als *tif'æræt* erfährt es sein Wirken in der Geschichte (Heilsankündigung Jes 46,13; 52,1; 62,3; Jer 33,9; geschichtlicher Rückblick im Volksklagelied Jes 63,12.14; Geschichtspsalm Ps 78,61; beschreibendes Lob Ps 96,6; Klagelied des Einzelnen Ps 71,8; sogar in Anklage Jer 13,11; Ez 16,12.17 und Gerichtsankündigung Ez 16,39 [23, 26]; bei Tritojes. und Ez besonders in der Bildrede von der Braut) und sein segnendes Tun (Ankündigung eines Heilszustandes Jes 4,2 [60,7]; Heiligtumsklage Jes 64,10; vgl. die Segenswirkung in Spr 16, 31; 17,6; 19,11; 20,29; 28,12). *tif'æræt* eignet Jahwe (beschreibendes Lob 1Chr 29,11.13); auch der Tempelbau geschieht zu seiner *tif'æræt* (1Chr 22,5; 2Chr 3,6; vgl. *p'r* pi. Esr 7,27; vgl. noch Ex 28,2. 40). Mit dem Ort seiner segnenden Gegenwart verwirft Gott zugleich »Israels Pracht« (Leichenlied Klgl 2,1).

c) Verbum und Substantiv veranschaulichen aber auch Freude und Stolz, die aus dem Treiben erwachsen, mit dem Menschen Gottes Tun bestreiten (*p'r* hitp.: Ri 7,2; *tif'æræt*: Gerichtsankündigung Jes 3, 18; 10,12; 13,19; 28,4; Jer 13,18.20; Ez 24,25; Anklage Jes 20,5; 28,1; Spottlied Jes 44,13; vgl. noch Sach 12,7).

d) *tif'æræt* begegnet häufig in der Nähe von *'aṭārā* »Kranz« (Jes 28,1.3f.5; Spr 17, 6) oder in der Cs.-Verbindung *'aṭæræt tif'æræt* »herrliche Krone« o.ä. (Jes 62,3; Jer 13,18; Ez 16,12; 23,42; Spr 4,9; 16, 31); es steht gerne aufgereiht mit allerlei semasiologisch benachbarten Begriffen (vgl. Est 1,4; 1Chr 29,11), z.B. neben *kābōd* »Ehre« (Ex 28,2.40; Jes 4,2), →*šēm*

»Ruhm« (Dtn 26,19; Jes 63,12.14; Jer 13, 11; 33,9; 1Chr 22,5; 29,13), *tᵉhillā* »Lob« (Ps 71,8; formelhaft zusammen mit *šēm* Dtn 26,19; Jer 13,11; 33,9), *gā'ōn* »Hoheit« (Jes 4,2; 13,19; vgl. *gē'ūt* Jes 28,1), *ṣᵉbī* »Schmuck« (Jes 4,2; 13,19; 28,1.4.5), *'ōz* »Macht« (Jes 52,1; Jer 48,17; Ps 78, 61; 89,18; 96,6), *hādār* »Pracht« (Ps 96,6; Spr 20,29), *hōd* »Hoheit« (Ps 96,6; 1Chr 29,11) u.a.m.

5. Unter den zahlreichen Übersetzungsmöglichkeiten der LXX für *p'r* und *tif'ǽræt* ragen δοξάζειν und δόξα hervor; vgl. dazu und zum NT G. von Rad – G. Kittel, Art. δοκέω, ThW II,235–258; R. Bultmann, Art. καυχάομαι, ThW III,646–654.

D. Vetter

פדה *pdh* auslösen, befreien

1. Im Unterschied zu →*g'l* ist *pdh (*pdj)* ein gemeinsemitisches Verbum, das sich mit Ausnahme des Aram. in allen sem. Sprachen findet. In den einen hat es mehr einen speziell-rechtlichen und in den anderen mehr einen allgemein-helfenden Sinn. Der erstere zeigt sich klar im Arab. (*fadā* »loskaufen [einen Menschen oder eine Sache] durch Stellen eines Gegenwertes«; die entsprechenden Substantive sind mit »Lösegeld« zu übersetzen, vgl. Lane VI,2353f.) und ähnlich im Äth. (Dillmann 1378–1380) und Altsüdarab. (*pdjt* »Lösegeld, Bezahlung«, vgl. Conti Rossini 217b). Der allgemeine Sinn der Wurzel liegt im Akk. vor, wo sie in der Form *padû/pedû* »verschonen, loslassen« erscheint (AHw 808b). Als Beispiele seien genannt der PN *Ilī-ipdianni* »Mein Gott hat mich verschont/befreit« und die Bitte aus einem Gebet an Ischtar »rette (*pi-di-šú*) aus dem Maul der Zerstörung!« (AfO 19,1959/60, 53.163). Im Weltschöpfungsepos Enūma eliš (VII,29) ist *padû* gebraucht für die durch die Erschaffung der Menschen ermöglichte Freilassung der rebellischen Götter, d.h. nach der Parallelstelle in VI,34 (mit *wašāru* D »loslassen«) handelt es sich darum, daß diese vom Dienst für die übrigen Götter befreit werden.

Im Ug. begegnet das Verbum *pdj* in der von einem Loskauf handelnden Urkunde PRU II, Nr. 6 (1006 [= 184], Z. 2.12). Mit R. Yaron, der sie in VT 10, 1960, 83–90, bespricht, ist *pdy* dem Zusammenhang gemäß durch »er hat losgekauft« zu übersetzen. Aus dieser einen Stelle ist aber kaum zu schließen, daß das Verbum im Ug. nur die erwähnte Bedeutung hatte und also mit dem Arab. und Äth. übereinstimmte. Das ist unwahrscheinlich wegen der Personennamen *Pdy* und *Bn-Pdy* (UT Nr. 2013) = *Pa-di-ya* (PRU III, 253a) und *Bin-pí-di-ya* (PRU III,195, Z. 15), zu denen wohl auch der Königsname Padi (von Ekron) gehört (vgl. noch W. Baumgartner, ThZ 2, 1946, 57 Anm. 1). Es ist ja kaum zweifelhaft, daß diese Personennamen die mit dem hebr. *pdh* übereinstimmende Wurzel *pdj* enthalten, die dann nicht nur »loskaufen«, sondern auch »befreien« bedeuten würde. Ob es aber erlaubt ist, den ug. PN *Pdy* mit »Er (der Gott) hat befreit/gerettet« zu übersetzen, ist wegen der keilschriftlichen Wiedergabe sehr fraglich. Beide Formen dürften eher einen nominalen Charakter haben, entweder nach dem Typus qātil, d.h. »Erlösender/Befreiender«, oder nach dem von qatīl, d.h. »Erlöster/Befreiter« (im ersteren Sinn wird die Form aufgefaßt von Gröndahl 71). Nach dem Vorstehenden ist damit zu rechnen, daß das Ug. die Wurzel *pdj* in einem spezielleren und in einem allgemeineren Sinn gebrauchte, wie es auch für das Hebr. zutrifft.

Zu *pdj* im Pun. vgl. KAI II,92.114 zu Nr. 73 und Nr. 103 (Z. 2 der PN *B'lpd'* »Baal [er]löste ihn«).

Im AT begegnet das Verbum meist im Qal, seltener im Ni. (Ps 49,8 ist ni. statt q. zu lesen), Hi. (nur Ex 21,8; in Num 18,15. 15.16.17 wird hi. statt q. vorgeschlagen) und Ho. (nur Lev 19,20 Inf.abs., wohl gemäß der anschließenden Form des Perf. Ni. als Ni. zu vokalisieren). Dazu kommen die Subst. *pᵉdūjīm* »Loskauf«, *pᵉdūt* »Erlösung« und *pidjōn* »Loskauf« (Nebenform *pidjōm* Num 3,49a.51 K, nach V.48.49b. 51 Q wohl als *pᵉdūjīm* aufzufassen). Zu den mit *pdh* gebildeten Eigennamen s.u. 4c.

2. Für die Wurzel *pdh* (ohne Eigennamen) gibt es im AT 70 Belege (Verbum 58×, Substantive 12×), was einen deutlichen Abstand gegenüber den 118 bei →*g'l* darstellt.

	Qal	Ni.	Hi.	Ho.	Subst.	total
Ex	7	–	1	–	2	10
Lev	1	2	–	1	–	4
Num	5	–	–	–	6	11
Dtn	6	–	–	–	–	6
1Sam	1	–	–	–	–	1
2Sam	3	–	–	–	–	3
1Kön	1	–	–	–	–	1
Jes	3	1	–	–	1	5
Jer	2	–	–	–	–	2
Hos	2	–	–	–	–	2
Mi	1	–	–	–	–	1
Sach	1	–	–	–	–	1
Ps	14	–	–	–	3	17
Hi	3	–	–	–	–	3
Neh	1	–	–	–	–	1
1Chr	2	–	–	–	–	2
AT	53	3	1	1	12	70

Von den Substantiven findet sich *pᵉdūjīm* 5× (Num 3,46.48.49.51 Q; 18,16), *pᵉdūt* 4× (Ex 8,19 txt em, s. BH³ [anders A.A. Macintosh, VT 21,1971, 548–555]; Jes 50,2, von LXX als Inf.q. *pᵉdōt* aufgefaßt; Ps 111,9; 130,7), *pidjōn/pidjōm* 3× (Ex 21,30; Num 3,49, s.o. 1; Ps 49,9).

3. a) Die obige Liste zeigt, daß *pdh* in der gesetzlichen Literatur einen festen Platz hat, und zwar findet es sich hier teils in eherechtlichen und teils in kultischen Bestimmungen. Wir stellen die ersteren (Ex 21,8; Num 19,20) voran, weil Ex 21,8 zu den Rechtssätzen (*mišpāṭīm*) des Bundesbuches und damit zum alten weltlichen Recht gehört. Somit wird etwas aus dem profanen Gebrauch von *pdh* greifbar, wie das auch für Hi 6,23 zutrifft.

Ex 21,7–11 setzt die Sätze über das Sklavenrecht (V.2–6) fort. In beiden Abschnitten geht es um Angehörige des israelitischen Volkes, die wohl wegen wirtschaftlicher Notlage hatten zu Sklaven werden müssen. Beim Manne (V.2–6), der als selbständige Rechtspersönlichkeit für sich handeln kann, ist diese Situation durch die Worte *'æbæd 'ibrī* angegeben; denn *'ibrī* ist in der Rechtssprache »Bezeichnung des wirtschaftlich und sozial Gesunkenen, der sich zeitweilig oder dauernd seiner Freiheit begeben muß« (so A.Alt, RGG III,105; vgl. Alt, KS I,291ff.; ferner F.Horst, Gottes Recht, 1961, 97; etwas anders K.Koch, VT 19,1969, 78).

Für das rechtlich nicht selbständige Mädchen mußte dagegen der Vater handeln (V.7–11). Er konnte seine Tochter zur (Schuld-)Sklavin werden lassen. Anders als der entsprechende Sklave wurde eine solche im siebten Jahr nicht von selber frei. Für sie war (V.7) im Normalfall eine Freilassung nicht vorgesehen. Doch gab es für sie dennoch gewisse Möglichkeiten (V.8–11), darunter die, daß ihr Herr sie zunächst für sich bestimmt (V.8 Q), er ihrer dann aber – so ist vorausgesetzt – überdrüssig wird. Wenn es so ist, kann er sie loskaufen lassen (*pdh* hi.), aber er ist nicht befugt, sie einem *'am nokrī* zu verkaufen. Dieses bedeutet entweder »fremdes Volk«, d.h. konkret »Ausländer«(so Noth, ATD 5, 136.144) oder »fremde Familie« (so A.Jepsen, Untersuchungen zum Bundesbuch, 1927, 28 Anm.2; J.J.Stamm, Erlösen und Vergeben im AT, 1940, 8 Anm.2). Im zweiten Fall steht der fremden Familie notwendigerweise die eigene als die für die Auslösung der Sklavin zuständige gegenüber. Doch wird auch im ersten Fall für die Auslösung kaum an eine andere Größe gedacht sein. Das ergibt eine Situation, die als Terminus eher *g'l* als *pdh* verlangte, vgl. dazu u. 3d.

Auch die eherechtliche Bestimmung von Lev 19,20 dürfte altem bürgerlichen oder weltlichen Recht entstammen. Im Sinne des Heiligkeitsgesetzes ist sie dann in V.21f. kultisch ergänzt und so diesem Korpus integriert worden. Die alte Rechtsnorm von V.20 regelt – so Noth, ATD 6,123 – den Fall »eines Geschlechtsverkehrs mit einer Sklavin, die schon von jemandem zur Ehe ausersehen, aber von ihm noch nicht losgekauft (*pdh* ni.) bzw. von ihrem derzeitigen Herrn noch nicht freigelassen worden ist«. Weil es noch nicht zur Ehe im rechtlichen Sinn kam, liegt kein Ehebruch vor, auf den die Todesstrafe hätte folgen müssen. Die Strafe wird mit dem Wort *biqqōræt* bezeichnet, dessen Bedeutung noch unklar ist. Heißt es »Schadenersatzpflicht« (so HAL 145b) oder »Abrügung« (Elliger, HAT 4,243. 260 Anm.51)? Diese weltliche Strafe wird nach V.21f. durch eine kultische Bußleistung ergänzt.

Ohne schon jetzt eine Abgrenzung des Verbums *pdh* gegenüber *g'l* zu versuchen, wird man soviel sagen dürfen, daß die Wahl von *pdh* hier mit der Unbestimmtheit hinsichtlich des Auslösenden zusammenhängt, wie sie mit der passivischen Ausdrucksweise »aber losgekauft ist sie nicht« gegeben ist.

Hier ist Hi 6,23 anzufügen, eine hypothetische Frage Hiobs an seine Freunde: »Ist es, daß ich gesagt hätte ... errettet mich aus der Hand des Bedrängers und kaufet mich los aus der Gewalt des Tyrannen?« Diese Stelle steht gewiß außerhalb der gesetzlichen Literatur, aber sie setzt eine Situation voraus, wie sie auch dort visiert war, nämlich den Freikauf eines Armen aus der Schuldsklaverei. Dieser kann sich allerdings auch auf einen Menschen beziehen, der in die Gewalt von Räubern geriet (vgl. dazu Fohrer, KAT XVI, 173). Ob nun das eine oder das andere zutrifft, so geht es nach dem Zusammenhang um einen Loskauf als Freundesdienst und nicht um den Rückkauf eines Familienmitgliedes durch ein anderes.

Außer dem Verbum ist auch das Subst. *pidjōn* »Lösegeld« im alten Gewohnheitsrecht zu belegen, und zwar bezeichnet es Ex 21,30 das Lösegeld (*pidjōn nafšō*), das der vergeblich gewarnte Besitzer eines stößigen Ochsen, der einen Menschen tödlich verletzte, dafür entrichten kann, daß er nicht selber sterben muß. So hätte es nach V.29 einer wohl älteren Anschauung entsprochen. Die Auslösung durch ein Lösegeld kommt dabei mit dem überein, was beim stößigen Ochsen die Gesetze von Eschnunna (§54) und der Codex Hammurabi (§251) allein noch kennen. Der Sinn von *pidjōn* nach Ex 21,30 ist klar: er meint das Lösegeld, das zur Auslösung eines dem Tode verfallenen Lebens entrichtet werden muß.

Das Gleiche bedeutet der Ausdruck *pidjōn nafšō* (so mit LXX statt *nafšām*) auch Ps 49,9. Obwohl einem Psalm zugehörend, darf man den Wortlaut hier nennen, weil er in einer weisheitlichen und damit nicht-kultischen Maxime auftritt: »Keiner kann sich selber loskaufen, nicht kann er Gott sein Lösegeld (*kofrō*) geben. Zu teuer ist der Loskauf seiner Seele, und abstehen wird er für immer, weiter zu leben« (V.8–10a; zum Text vgl. B.Duhm, Die Psalmen, ²1922, 201; Stamm, a.a.O. 16 Anm.5; eine etwas andere und ebenfalls erwägenswerte Emendation bei Kraus, BK XV, 362f.). Das unentrinnbare und durch keine menschliche Leistung abzuwendende Todesgeschick ist für den Psalmisten die feststehende Tatsache, der auch der Reiche sich beugen muß (V.7). Nach V.16 weiß der Dichter jedoch für sich noch um eine neue, die Todesgrenze durchbrechende Möglichkeit (s.u. 4b).

b) In der Kultgesetzgebung ist *pdh* Terminus für die Auslösung der Erstgeburten bei Mensch und Tier. Nach der älteren, aber vielleicht nicht von Anfang an zum Korpus von Ex 34,14–26 gehörenden Ordnung von Ex 34,19f. ist es so, daß die menschliche Erstgeburt ausgelöst werden soll, ebenso die des (nicht opferbaren) Esels durch ein Schaf. Während es beim Menschen keine Ausnahme gibt, ist es beim Esel möglich, daß er nicht ausgelöst, dafür aber getötet und so dem profanen Gebrauch entzogen wird. Wie die menschliche Erstgeburt ausgelöst werden soll, bleibt ungesagt; erst eine jüngere Vorschrift (Num 18,16) setzt dafür den Betrag von 5 Sekel Silber ein. Man darf aber vermuten, daß jene Auslösung in älterer Zeit durch das Opfer eines Stückes Kleinvieh geschah (so u.a. Noth, ATD 5, 80).

Mit Ex 34,19f. stimmt im wesentlichen Ex 13,2.12.13 überein, wobei der zweite und ausführlichere Text jünger und vom älteren abhängig sein dürfte (zur dtr. Herkunft von Ex 13,1–16 vgl. L.Perlitt, Bundestheologie im AT, 1969, 227). In der älteren und in der jüngeren Fassung ist mit *tifdǣ* »du sollst auslösen« der erwachsene, kultfähige Israelit angeredet. Das stimmt mit den Sätzen des apodiktischen Rechts überein und entspricht auch im Kult der Praxis einer frühen Zeit, wie etwa den Verboten von Dtn 16,21–17,1 zu entnehmen ist. Später trat der Laie gegenüber dem Priester zurück, und so versteht man, daß in der Auslösungs-Vorschrift von P in Num 18,15–18 vorgeschlagen wurde, das ursprüngliche *tifdǣ* »du sollst auslösen« in *tafdǣ* »du sollst auslösen lassen (hi.)« zu ändern (s.o. 1). Nicht der Laie, sondern der Priester ist angeredet.

In Num 18,15–18 wird das Recht der Priester auf das Fleisch der nicht auszulösenden Erstgeburten betont, und außerdem gibt V.16 (ein Zusatz in dem umgebenden Text), wie schon erwähnt, die Auslösung der menschlichen Erstgeburt durch einen Geldbetrag frei.

Lev 27,27 steht *pdh* neben *g'l* noch einmal zur Angabe der Auslösung der Erstgeburten unreiner Tiere, die hier ebenfalls nicht mehr durch ein Opfer, sondern durch Geld erfolgt (→*g'l* 4b). In Lev 27,29 schließlich wird verboten, einen dem Bann verfallenen Menschen auszulösen (*pdh*). Das ist – so Noth, ATD 6, 181 – ein Nachklang des alten strengen Banngebotes. In nachexilischer Zeit wurde es jedoch nicht mehr geübt, da nach Esr 10,8 an die Stelle der Tötung eines Menschen sein Ausschluß aus der Gemeinde trat, während sein Besitz an das Heiligtum fiel.

Dem Verbum *pdh* im Sinne der Auslösung eines Lebewesens durch Geld entspricht das Subst. *p^edūjīm* »Auslösung« in dem priesterschriftlichen Abschnitt Num 3,40–51. Hier begegnet das Wort, das ein Abstraktplural zu einem vorauszusetzenden Sing. *pādūj* ist (vgl. zu dieser Funktion des Plurals GK §124f), in V.46.48.49.51. *p^edūjīm* meint dabei die Auslösung der Jahwe gehörenden Erstgeborenen aus dem Volk durch die Leviten (vgl. dazu schon V.11–13). Nach dem Text ist die Annahme die, daß die 22000 Leviten, die es nach V.39 gab, 22000 Laien für Jahwe ersetzen können. Nun beträgt nach V.43 die Zahl der Laien aber 22273, und der in Frage stehende Abschnitt (V.40–51) regelt mit Hilfe des Terminus *p^edūjīm* die Auslösung der 273 Überschüssigen durch Geld, d.h. durch die den Priestern zu entrichtende Zahlung von 5 Sekel pro Kopf. So unklar die dem Kapitel zugrunde liegenden faktischen und ideologischen Verhältnisse sind, so deutlich ist doch der besondere Inhalt von *p^edūjīm*: er geht auf die Auslösung von Personen, auf die Jahwe einen Anspruch hatte. Daß diese Auslösung durch Geld geschieht, entspricht der säkularisierenden Anschauung der späteren Zeit. Sie hat jedoch in Num 3,11–13 noch die tiefe ältere Auffassung neben sich, nach der ein Lebewesen nur durch ein anderes ersetzt werden kann.

Das führt in die Nähe von 1Sam 14,45, einer Stelle, die wegen ihres kultisch-rituellen Inhaltes hier angefügt werden darf, obwohl sie der geschichtlichen Literatur angehört. Jonathan, der unwissentlich Sauls mit einem Fluche gegen den Übertretenden verbundenes Enthaltungsgelübde gebrochen hat, ist nach des Königs Wort (V.39) dem Tode verfallen, »aber das Volk (d.h. der Heerbann) löste den Jonathan aus, daß er nicht sterben mußte« (V.45). Wie das geschah, sagt der Text nicht; so bleibt offen, ob ein Mensch – ein Israelit oder ein Kriegsgefangener – oder ein Tier geopfert wurde. Eine Auslösung durch Geld kommt für diese frühe Zeit dagegen kaum in Betracht (gegen R.J. Thompson, Penitence and Sacrifice in Early Israel outside the Levitical Law, 1963, 109).

c) Beim Rückblick zunächst auf den vorigen Abschnitt (3b) zeigt sich, daß *pdh* im kultischen Bereich vorwiegend die Auslösung der Erstgeburten bezeichnet, die Jahwe zustehen. In älterer Zeit geschah sie durch das ersatzweise dargebrachte Opfer eines Stücks Kleinvieh und später durch Geld. Somit gehört die Stellung eines Gegenwertes mit zu der durch *pdh* bezeichneten Sache. Mit Rücksicht auf die später vorzunehmende Abgrenzung gegenüber *g'l* (s.u.3d) mag doch darauf hingewiesen sein, daß der Mensch bei der Erstgeburt ein Wesen auslöst, auf das er nie ein Recht hatte.

Geht es bei den auszulösenden Erstgeburten um ein Gut, das der Kultgemeinde nie gehörte, so geht es bei der Auslösung vom Tode um Menschen, auf die von seiten der Rechtsgemeinde kein Anspruch mehr bestand. Nach Lev 27,29 und 1Sam 14,45 gibt es diese Auslösung im kultischen Bereich, nach Ex 21,30 in dem des weltlichen Rechts und nach Ps 49,8 in der weisheitlichen Maxime. In einer ironisch-drohenden Frage wird die Befreiung vom Tode Hos 13,14 abgelehnt. Man wird diesen Gebrauch von *pdh* beachten, umso mehr, als er bei *g'l* keine selbständige Entsprechung hat. Eine Ausnahme bildet nur Hos 13,14, wo *g'l* aber in Parallele mit *pdh* steht. Trotzdem genügt das nicht, um das Verbum *pdh* allgemein dahin zu charakterisieren, daß es »das Befreien oder Lösen aus unsichtbaren Bindungen meine, denen Mensch oder Tier so verfallen sind, daß sie sich selbst nicht daraus lösen können...« (A. Jepsen, Die Begriffe des »Erlösens« im AT, FS Hermann 1957, 153–163 [Zitat S.154]; vgl. auch O.Procksch, ThW IV, 332). Dem stehen außer Ex 21,30 auch die Stellen Ex 21,8; Lev 19,20; Hi 6,23 (s.o. 3a) entgegen, bei denen *pdh* die Befreiung aus direkter und konkreter menschlicher Macht meint. Das führt zur Frage nach dem ursprünglichen Sinn von *pdh* und zum Versuch, es gegenüber *g'l* abzugrenzen (3d).

d) Im religiösen Sprachgebrauch (s.u. 4) geht es um die Auslösung durch Gott, bei der es keinen zu entrichtenden Gegenwert mehr gibt. Dadurch tritt der spezifisch rechtliche Gehalt zurück und der befreiend-rettende tritt in den Vordergrund. Dieselbe Entwicklung ist auch bei →*g'l* (4a) festzustellen, und ihr entspricht es, daß im AT beide Verben miteinander in Parallele gesetzt werden können (Jes 35,9f.; 51, 10f.; Jer 31,11; Hos 13,14; Ps 69,19). Außerdem steht *pdh* parallel mit *nṣl* hi. »retten« (Jes 50,2), mit *mlṭ* pi. »retten« (Hi 6,23) und in lockerer Weise mit *jṣ'* hi. »herausführen« (Dtn 7,8; 9,26; 13,6). Wie ist es von der spezielleren zur allgemeineren Bedeutung gekommen?

Es liegt nahe, für *pdh* einen dem Verbum *g'l* ähnlichen Weg anzunehmen, der von einem profanen und begrenzten, rechtlichen Sprachgebrauch zu dem erweiterten religiösen führt. Bei *g'l* steht der Ursprung im Familienrecht fest (→*g'l* 3b). Da bei *pdh* in der profanen und in der kultischen Verwendung das Gewicht auf der Erlegung des Lösegelds liegt und nicht auf den am Rechtsvorgang beteiligten Personen – sie können der Familie des Auszulösenden angehören (Ex 21,8), müssen es aber nicht (Lev 19,20; Hi 6,23) –, so kommt nicht der gleiche Ursprung wie für *g'l* in Frage. Viel eher ist an das Handelsrecht als Ausgangspunkt zu denken, was durch den Gebrauch des Verbums im Arab., Äth. und zum Teil im Ug. bestätigt wird (s.o. 1). In diesen Sprachen wäre die ursprüngliche Bedeutung des Verbums erhalten, die das Hebr. noch in Resten und das Akk. gar nicht mehr bewahrte. Mit Nuancen im einzelnen ist die Entfaltung von *pdh* in dieser Weise aufgefaßt worden von O. Procksch, ThW IV,329–337, und J.J. Stamm, Erlösen und Vergeben im AT, 1940, 10f. Dem hat Jepsen, a.a.O. 154, widersprochen. Er hält für das alte Israel eine Scheidung zwischen einem profanen und einem religiösen Lebensbereich und entsprechend für *pdh* die Unterscheidung eines hier und dort verschiedenen Sprachgebrauchs für problematisch. Er glaubt, mit der einzigen Bedeutung von »erlösen« oder »befreien« überall auskommen zu können.

Man würde Jepsen vielleicht zustimmen, wenn nicht die anderen sem. Sprachen wären. Ihr Gewicht hat er unterschätzt; doch ist ihm trotzdem zuzugeben, daß die Entwicklung bei *pdh* möglicherweise nicht so direkt von dem Bereich des Handelsrechts ausging, wie ich es zusammen mit Procksch früher annehmen wollte.

Dafür spricht die Analogie des akk. Verbums *paṭāru* (dazu AHw 849–851). Von einer konkreten Bed. »trennen, spalten« aus heißt es im Akk. »(ab)-lösen, auslösen«. Das Lösen kann sich profan auf Dinge beziehen, wie z.B. Ketten, und in der religiösen Sprache auf geistige Realitäten wie Sünde, Zorn und Strafe. Im politisch-rechtlichen Sinn heißt es »(Gefangene) freilassen« und »(Soldaten) beurlauben« und außerdem »durch Geld auslösen, einlösen«. Diese Auslösung kann von einem Familienmitglied zugunsten einer zugehörigen Person oder einer Sache, z.B. eines Feldes, geschehen (vgl. die Belege bei →*g'l* 3b) oder von einem Herrn zugunsten eines Sklaven und von einem König zugunsten eines Bediensteten (vgl. PRU IV, 110, Z. 25, und 165, Z. 7). Aus dem Vorstehenden ergibt sich, daß *paṭāru* kein ursprünglicher Rechtsterminus ist, daß es aber in bestimmter Anwendung zu einem solchen wird.

Mit *pdh* mag es sich ähnlich verhalten. Von einer nicht mehr erkennbaren (konkreten) Grundbedeutung aus gewann es den Sinn von »lösen, loslassen, befreien«, wie sie mit leichten Variationen in mehreren semitischen Sprachen bewahrt ist. Von dem allgemeinen Sinn spaltete sich die Sonderbedeutung von »auslösen (durch Stellung eines Gegenwertes)« ab, die im Arab. und Äth. die Oberhand erhielt, während sie im Ug. und Hebr. die mit dem Begriff des Lösens gegebene allgemeine Note nicht zu verdrängen vermochte. Verglichen mit *g'l* ist *pdh* der weitere und in seinen Ursprüngen nicht in einem bestimmten Rechtsbezirk beheimatete Begriff. Weil die beiden Verben immerhin verwandten Inhalts sind, näherten sie sich einander an, so daß *pdh* mitunter da gebraucht wird, wo man *g'l* erwartete, wie es Ex 21,8 der Fall ist.

Wenn es sich bei *pdh* »einlösen (durch Stellung eines Gegenwertes)« um eine abgeleitete und nicht um die ursprüngliche Bedeutung handelt, so kann das Verbum nicht mehr von vornherein als »handelsrechtlicher Terminus« definiert werden (so Stamm, a.a.O. 11). Es ist kein solcher, aber es wird in bestimmter Verwendung zu einem solchen. Daran ist festzuhalten, weil bei *pdh* im Unterschied zu *g'l* »der Nachdruck nicht auf dem Subjekt, sondern auf der Handlung liegt« (so Procksch, a.a.O. 333). Eine der Auslösung vorangehende und sie begründende feste Beziehung zwischen den Beteiligten braucht nicht zu bestehen. So erklärt es sich, daß *pdh* Terminus ist für die Auslösung der Erstgeburt; denn mit ihr gibt Jahwe den Menschen etwas frei, auf das sie keinen Anspruch hatten. Besteht hier ein Noch-nicht des Anspruches, so gilt bei den dem Tode Verfallenen ein Nicht-mehr, und daraus leitet sich der Gebrauch von *pdh* ebenso ab (vgl. dazu schon 3c).

Hi 6,23 erscheint die Befreiung aus der Hand eines Tyrannen als Freundesdienst, wofür *pdh* und nicht *g'l* das geeignete Verbum war. Lev 19,20 bleibt die auslösende Instanz offen, so daß sich von daher die Bevorzugung von *pdh* erklärt (vgl. 3a). Eindrücklich prägt sich der Unterschied zwischen den beiden Verben auch darin aus, daß nur von *g'l* das Part. *gō'ēl* als stehendes Beiwort Jahwes gebildet wurde. Das bei *pdh* entsprechende *pōdǣ* kommt zwar Ps 34,23 einmal vor, aber nur als Gelegenheitsbildung (vgl. noch Dtn 13,6).

4. a) Wie schon angedeutet (3d), unterscheidet sich der religiöse Sprachgebrauch vom profanen und kultischen dadurch, daß er nur Jahwe als Subjekt des Auslösens und demgemäß nie die Entrichtung eines Gegenwertes kennt.

Wenn man wie bei *g'l* auch für *pdh* die zugehörigen Belege nach dem Personenkreis, der die Auslösung/Befreiung erfährt, ordnet und außerdem die Zeitstufe berücksichtigt, in der sie geschieht, ergibt sich folgendes Bild:

1) Rettung des (bzw. der) *Einzelnen:*
   a. In der Vergangenheit: 2Sam 4,9; 1Kön 1,29; Jes 29,22; Ps 55,19; 71,23; Hi 33,28; Sir 51,2;
   b. In der Gegenwart bzw. nahen Zukunft: Jer 15, 21; Hos 7,13; 13,14; Ps 25,22; 26,11; 31,6; 34,23; 44,27; 49,16; 69,19; 119,134; 130,8; Hi 5,20;
2) Rettung des *Volkes:*
   a. In der Vergangenheit: Dtn 7,8; 9,26; 13,6; 15,15; 21,8; 24,18; 2Sam 7,23 = 1Chr 17,21; Mi 6,4; Ps 78,42; 111,9; Neh 1,10;
   b. In der endzeitlichen Zukunft: Jes 35,10 = 51, 11; 50,2; Jer 31,11; Sach 10,8 (in der Zukunft liegende Vergangenheit).

b) Sucht man die Belege einigermaßen nach dem Alter zu ordnen, so dürfen 2Sam 4,9 und 1Kön 1,29 voranstehen, da die eine Stelle der »Erzählung von Davids Aufstieg« und die andere der sog. »Thronfolgeerzählung« angehört, die beide in der Zeit Salomos entstanden sein dürften. Nach diesen Quellen hat David zweimal beim Leben Jahwes gegebenen eidlichen Zusicherungen den preisenden Zusatz beigefügt: »der mein Leben aus aller Not erlöst hat«. Wie K.Budde, Die Bücher Samuel, 1902, 216, bemerkt, findet sich dieser

Satz sonst nicht mehr im AT; darum ist nicht zu entscheiden, ob er von David frei geschaffen wurde, oder ob er eine übernommene liturgische Formel darstellt.

In jedem Fall steht der Satz dem Gebrauch von *pdh* in den Psalmen nahe. Am häufigsten findet sich *pdh* hier in der Bitte »erlöse mich!« (Ps 26,11; 69,19; 119,134) des einzelnen Psalmisten, der nach Ps 69,5.27.30 krank und angefeindet, nach 119,134 von Mitmenschen bedrückt ist, und der sich nach 26,11 einer falschen Anklage (Abfall von Jahwe) gegenübersieht. Im Klagelied des Volkes Ps 44,27 ergeht die Bitte »erlöse uns um deiner Huld willen!« im Namen der Gemeinschaft. Ihr Hintergrund ist schwere, durch Feinde verursachte Not. Ebenfalls auf die Gemeinschaft ausgerichtet ist die Bitte »erlöse, Gott, Israel aus allen seinen Nöten!« (V.22) in dem sonst mehr von den Motiven des individuellen Klageliedes bestimmten Ps 25.

Der Dank in der Form »du hast erlöst« ist Ps 71,23 innerhalb des Lobgelübdes (V.18–24) von vorausblickender Art (Ps 71 ist seiner Gattung nach ein Klage- und Bittlied). Jener Dank bezieht sich nach V.20 auf eine vielleicht durch Krankheit verursachte Todesgefahr und auch auf die Verfolgung durch Feinde (V.4.10ff.). Eine ebenfalls prospektive Richtung hat nach dem überlieferten Text der Dank in dem Klage- und Bittlied Ps 55,18b.19a »und er hörte meine Stimme und befreite zum Frieden mein Leben«; gemeint ist wieder Befreiung aus Machenschaften von Feinden, zu denen auch ein einstiger Freund zählt (V.14), und mit *šālōm* »Frieden« ist die dauernde Sicherheit davor angegeben (mit Kraus, BK XV,401, ist gegen Stamm, a.a.O. 14 Anm.5, der MT beizubehalten).

In den Dankliedern Hi 33,27b.28 und Sir 51 (V.2) meint der Loskauf, auf den der Gerettete zurückblickt, die Befreiung aus der Macht der Unterwelt. Es steht fest, daß es dabei nicht um die Wiederbelebung Toter, sondern um die Genesung aus schwerer Krankheit geht (vgl. Stamm, a.a.O. 15f.). Da aber nach hebr. Denken der Tod durch die Krankheit unter den Menschen seine Macht ausübt, kann der Kranke als ein Toter gesehen und kann Genesung als Rettung aus der Unterwelt beschrieben werden. Es liegt, wie Ch. Barth, Die Errettung vom Tode in den individuellen Klage- und Dankliedern des AT, 1947, gezeigt hat, mehr als eine bloß bildliche Ausdrucksweise vor. Ganz fern liegt eine solche auch im Preis von Gottes rettendem Handeln in Hungersnot und Krieg (Hi 5,20).

Zwischen Bitte und Dank steht die Äußerung der Zuversicht oder des Vertrauens darauf, daß Jahwe zur Befreiung bereit und auch fähig ist. Diese liegt im Klagelied Ps 31,6 vor, wo man mit D. Michel, Tempora und Satzstellung in den Psalmen, 1960, 92, übersetzen wird: »In deine Hand befehle ich meinen Geist, du wirst mich erlösen, Jahwe, Gott der Treue«. Die Not des Beters wird durch Feinde (V.9.12.14.19) und wohl auch durch Krankheit (V.10f.) verursacht. Daraus erwartet er, befreit zu werden. Kraus, BK XV, 248, sieht im Psalmisten wohl mit Recht einen unschuldig Verfolgten. Mit Psalm 130 ist wieder ein Klagelied zu nennen, das der in Frage stehenden Zuversicht Raum gibt (V.7). Sie gründet in der Huld (*ḥæsæd*) und in der Erlösung (*pᵉdūt*), d.h. Erlösungsbereitschaft oder Erlösungskraft, die bei Jahwe sind. Aus ihnen erwächst im anschließenden Heilsspruch (V.8) »ja, er wird Israel erlösen aus allen seinen Sünden« die Erwartung einer letzten, wohl endzeitlich gedachten Befreiung. Es ist das die einzige Stelle, wo *pdh* sich nicht auf eine Not, sondern auf die Sünde bezieht. Jedoch, wenn sie aufgehoben ist, ist nach der ganzheitlichen Anschauung des AT auch die Not zum Ende gekommen.

Mit dem Ausblick auf die Erlösung findet das Danklied Ps 34 seinen schönen Abschluß: »Jahwe erlöst die Seele seiner Knechte, keiner büßt, wenn er ihm vertraut« (V.23).

Wie wir sahen, bedeutet in den Dankliedern Hi 33,27b.28 und Sir 51,2 Rettung aus dem Tod die Befreiung von Krankheit. Es liegt nahe, mit Barth, a.a.O. 158–161, das auch für Ps 49,16 »doch Gott erlöst meine Seele, er entreißt mich der Macht der Unterwelt« anzunehmen. Doch spricht das auch sonst für die Entrückung eines Toten gebrauchte Verbum →*lqḥ* der zweiten Vershälfte und auch das Ganze des Psalms, das zu Beginn (V.5) als »Rätselwort« gekennzeichnet ist, für eine den üblichen Glauben durchbrechende Erwartung, nämlich die einer endgültigen, mit einer Entrückung verbundenen Befreiung vom Tode (vgl. dazu Stamm, a.a.O. 16f.; von Rad I,419f.; Kraus, BK XV,368).

Die Bekenntnisse Jeremias sind ohne die individuellen Klagepsalmen nicht denkbar. Darum ist es erlaubt, hier die dem Propheten auf seine Klage (Jer 15,10–12.

15–18) zuteil gewordene Zusage der Rettung vor Bösen und Gewalttätigen (V.21) anzufügen. Das *nṣl* hi. aus der Berufung (Jer 1,19) ist nun durch *pdh* ergänzt und verstärkt. Darin spiegelt sich die seit Jeremias Anfängen größer gewordene Feindschaft. Es besteht so kein Grund, V.21 mit P.Volz, Der Prophet Jeremia, ^{2}1928, 173 Anm.1, als »matte, breite Erweiterung« zu streichen.

Die Erlösungsaussagen der Psalmen beziehen sich weithin auf konkrete und innerweltliche Nöte, unter denen neben Krankheit und Tod die Feinde am meisten hervortreten. Eine allgemeine, über den Einzelfall hinausblickende Aussage ist selten. Wir haben sie nur Ps 34,23 in einem diese Welt wohl kaum überschreitenden Horizont und Ps 130,7f. in einem verhalten endzeitlich orientierten Ausblick. Daß die konkrete und innerweltliche Situation vorherrscht, ist keine Schranke. Es ist eine Folge des Bewußtseins, daß der Mensch in allem auf Gott angewiesen ist, der ihm im Glück und Unglück begegnet. Wenn dadurch auch Unglück, Not und Anfeindung ihre letzte Ausweglosigkeit verlieren, so werden sie nicht weniger zur schweren Anfechtung. In welchem Maße das gilt, zeigt sich gerade darin, daß deren Aufhebung nicht allein als ein Retten (*nṣl* hi. / *mlṭ* pi.), sondern auch als ein Loskaufen oder Befreien beschrieben wird.

c) Der Dank, wie ihn die Psalmen äußern, findet sich auch in den Personennamen. Es sind aus dem AT die folgenden: *P^edājā(hū)*, *P^eda'ēl/P^edā'ēl (Pdh'l)* »Jahwe/El hat befreit«, *P^edāṣūr* »Der Fels hat befreit« (zu dem auch in Mari begegnenden theophoren Element →*ṣūr* vgl. M. Noth, FS Alt 1953, 148). Bei dem imperfektischen PN *Jifd^ejā* ist es ungewiß, ob er ebenfalls als vergangenheitliche Aussage oder als Wunsch »Jahwe möge befreien« übersetzt werden soll. Von den Verbalsatznamen abgeleitet ist die Kurzform *Pādōn*. Zwei der vorstehenden Namen kommen auch außerhalb des AT vor: in Elephantine *Pdjh* (Cowley Nr.43, Z.12; dazu *Pdjhw* auf den Siegeln Nr.45 und 235 bei F.Vattioni, Bibl 50,1969, 365.384) und *Pd'l* auf einem Siegel des 8. Jh. (Moscati, EEA 56, Nr. 13; Vattioni, a.a.O. 373). Schon oben 1a sind aus dem Akk. der parallele PN *Ilī-ipdianni* »Mein Gott hat mich verschont/befreit« und aus dem Pun. *B'lpd'* »Baal (er)löste ihn« erwähnt worden (vgl. F.L. Benz, Personal Names in the Phoenician and Punic Inscriptions, 1972, 97.389).

Hinsichtlich der Deutung der Namen läßt sich mit Noth, IP 180, erwägen, ob sie sich auf die Gefahren bei der Geburt selber beziehen. Weil jedoch im Akk. wie im Hebr. die Personennamen sich oft der in der religiösen Sprache gebräuchlichen Verben bedienen, wird man *pdh* hier nicht anders als in den Psalmen verstehen und es auf die Situation der Mutter oder des Kindes beziehen wollen, vgl. das bei →*g'l* (4i) zum PN *Jig'āl* Bemerkte. Gilt der Dank der Mutter, so kann neben anderem auch an die Befreiung von Kinderlosigkeit gedacht sein; gilt er dem Kind, so kommt vor allem Genesung aus Krankheit in Betracht.

d) Mit den 9 Belegen für das Qal und dem einen für das Ni., die hinter den 14 der Psalmen (13 × Qal, 1 × Ni.) etwas zurückstehen, ist *pdh* nicht häufig bei den Propheten. Es ist auch seltener als *g'l*, das in der prophetischen Literatur 27 × vorkommt (darunter Part. *gō'ēl* 14 ×). Davon entfallen freilich auf Deutero- und Tritojesaja 22 Belege (darunter Part. *gō'ēl* 13 ×). Darin prägt sich die fest in der Botschaft Deuterojesajas verankerte Bevorzugung von *g'l* aus (→*g'l* 4f), wie sie *pdh* bei keinem der Propheten und auch sonst nicht im AT erreichen konnte. Es hatte in der religiösen Sprache mehrere ihm inhaltlich verwandte Verben neben sich, deren sich die Propheten mehr bedienten, wenn sie vom kommenden Heil sprachen: →*jš'* hi., →*nṣl* hi., *mlṭ* pi. (→*plṭ*) »retten« und →*'zr* »helfen« (vgl. dazu Stamm, a.a.O. 98ff.).

Immerhin begegnet *pdh* in den drei zeitlichen Perspektiven, die wir zuvor (4a) unterschieden, d.h. es steht für die Befreiung des Volkes in der Vergangenheit, in der zur Zukunft hin offenen Gegenwart und in der endzeitlichen Zukunft.

Das grundlegende Rettungsgeschehen der Vergangenheit ist für Israel die Befreiung aus Ägypten, für welche das Deuteronomium erstmalig *pdh* einsetzte (s.u. 4e). Bei den Propheten findet sich das nur Mi 6,4, wo Micha seinen Gott in der Selbstverteidigung gegenüber dem Volk sprechen läßt: »Denn ich habe dich aus dem Lande Ägypten heraufgeführt, aus dem Hause der Knechtschaft erlöst . . .«. Die Frage, ob die Gerichtsrede Mi 6,1–8, in der V.3–5 einen Unterabschnitt bilden, von Micha stammt oder nicht, und damit zusammenhängend die weitere, wie die dtr. Diktion in V.4 zu erklären sei – ob aus gemeinsamer Tradition oder aus direkter Abhängigkeit –, muß hier unentschieden bleiben; vgl. dazu auf der einen Seite W. Beyerlin, Die Kulttraditionen Israels in der

Verkündigung des Propheten Micha, 1959, 69–74, und auf der anderen Sellin-Fohrer 490; O. Kaiser, Einleitung in das AT, 1969, 178.

Auf eine andersartige Befreiung in der Vergangenheit ist Jes 29,22 angespielt mit dem hymnisch-preisenden Satz »der Abraham erlöst hat«. In Jes 29,16–24 gehört er einem Zusammenhang an, der kaum auf Jesaja selber zurückgehen dürfte. Worauf diese Erlösung sich bezieht, ist ungewiß. »Obschon eine spätjüdische Sage von der Erlösung Abrahams aus Ur in Chaldäa als dem ›Feuer der Chaldäer‹ erzählt, ist vielleicht einfach an seine mancherlei Rettungen und Bewahrungen nach den biblischen Erzählungen gedacht« (so Fohrer, Jes. ²II, 87; zu der erwähnten Sage vgl. R. Meyer, ThW III, 467).

Bezogen auf eine nahe und nicht mehr mögliche Befreiung aus der Not seiner Gegenwart verwendet Hosea in 7,13 und 13,14 das Verbum *pdh*. Obwohl 7,13 »und ich soll sie loskaufen . . .« die Gegenmacht nicht genannt ist, kann nach dem Kontext (5,8–7,16) damit nur der heranrückende Assyrer, Tiglatpilesar III., gemeint sein (vgl. Wolff, BK XIV/1, 140). Hos 13,14, wo *pdh* und *g'l* zusammen auftreten, ist das Todesverhängnis (*šᵉ'ōl* und *māwæt*) die Gegenmacht. Nach dem weiteren Inhalt von V. 14 wirkt sie sich als Seuche aus (vgl. Rudolph, KAT XIII/1, 245). Doch lassen 13,15 und 14,1 auch die Möglichkeit offen, daß zur Auswirkung jener Macht als Seuche noch die in der Gestalt fremder Völker, besonders des Assyrers, hinzukommt (vgl. Wolff, a.a.O. 297). Sowohl in 7,13 als auch in 13,14 erscheint *pdh* in einer abweisenden Frage, somit als eine vor Gott nicht mehr mögliche Erlösungsaussicht (mit Rudolph und Wolff ist das eben auch für 13,14 anzunehmen, eine Stelle, die Weiser, ATD 24, ²1956, 98ff., als Verheißung auffaßt).

Im Zusammenhang mit der endzeitlichen Rettung verwenden die Propheten *pdh* in fünf Fällen. Sie setzen bei Dtjes. ein (Jes 50,2; 51,11), der sonst *g'l* bevorzugt. Wenn er sich 50,2 trotzdem einer von *pdh* abgeleiteten Form (*pᵉdūt* bzw. txt em *pᵉdōt*) bedient, so sicher deshalb, weil er mit der rhetorischen Frage »ist meine Hand zu kurz zur Befreiung, oder habe ich keine Kraft zum Retten?« auf die große und sich nicht in einem einzelnen Ereignis erschöpfende Erlösungskraft Jahwes hinweisen will.

Bei Jes 51,11 stimmt der Wortlaut weithin mit Jes 35,10 überein. Die nach Zion Heimkehrenden sind »von Jahwe Befreite«. Da Jes 34–35 auch sonst Berührungen mit Dtjes. hat, kann 35,10 von 51,11 abhängig sein. Da aber 51,11 sich nicht gut an V. 10 anfügt, ist auch umgekehrt möglich, daß 35,10 ursprünglich ist und nachträglich hinter 51,10 eingeschoben wurde (so W. Eichrodt, Der Herr der Geschichte [= Die Botschaft des AT, 17/II], 1967, 224). Westermann, ATD 19,200, spricht zwar 51,11 dem Propheten nicht ab, doch weist er dem Vers versuchsweise den Platz hinter 52,3 an. Im Text von Jes 35, 10 ist *pdh* inhaltlich vom vorangehenden *g'l* sicher nicht unterschieden und dient der Wiederholung des Gedankens in den parallelen Halbversen 9b und 10a. Sollte 51,11 die ursprüngliche Fortsetzung von V. 10 sein, so sind die *pᵉdūjē Jhwh* als solche, die den zweiten, endzeitlichen Exodus erleben, den *gᵉ'ūlīm* gegenübergestellt, mit denen die am Schilfmeer Geretteten gemeint sind (→*g'l* 4e). Auch wenn 51,11 hinter 52,3 gestellt wird, sind die *pᵉdūjē Jhwh* nicht anders zu charakterisieren.

In der Heilszusage von Jer 31,11 sind wieder *pdh* und *g'l* verbunden. Dem verbannten Israel (Jakob) ist die Befreiung aus der Gewalt eines Stärkeren angekündigt und als Folge davon die Heimkehr der Zerstreuten. Es ist wohl nicht zu bezweifeln, daß hier die Botschaft Deuterojesajas aufgenommen und ihre Hoffnung einer neuen Situation gemäß über den Horizont des babylonischen Exils hinaus ausgedehnt wurde.

Allgemeiner, aber wohl ebenfalls endzeitlich ausgerichtet, ist die Zion und seinen Bekehrten geltende Erwartung von Jes 1,27. Sie stellt eine Nachinterpretation zu 1,21–26 dar und eröffnet den Ausblick auf ein neues Zionsvolk, das von denen gebildet wird, die sich für die göttliche Gerechtigkeit entscheiden. Sie erlösen sich aber nicht selber, sondern sie werden erlöst, womit indirekt und doch deutlich auf Jahwe hingewiesen wird als auf den, der die Befreiung bewirkt. Die Macht, der gegenüber er es tut, ist nicht genannt. Sicher ist sie politischer Art; sie wäre dann näher zu bestimmen, wenn die Entstehungszeit des Verses angegeben werden könnte. Es läßt sich an die Babylonier, Perser oder Griechen denken.

Sach 10,8 bietet den wohl spätesten Beleg für *pdh* in endzeitlichem Zusammenhang. Das Sätzchen »denn ich erlöste sie« steht in der die Heimkehr der Zerstreuten ankündigenden Verheißung 10,3–12. Ob es ihr nun von Anfang an zugehörte oder erst nachträglich eingefügt wurde, so nennt es in jedem Fall die Voraussetzung, unter der die Heimkehr erst möglich wird. V. 10 erwähnt Ägypten und Assur, d.h. Ptolemäer und Seleukiden, als feindliche Völker; von ihnen sind somit die Zerstreuten loszukaufen, was Jahwe zu seiner Sache macht.

e) Als eine Neuerung wandte das Deuteronomium das Verbum *pdh* auf die Befreiung aus Ägypten an (Dtn 7,8; 9,26; 13,6; 15,15; 21,8; 24,18). Wie von Rad I,191 ausführt, betrachtet die Vorstellung vom »Loskauf« das Heilsgeschehen nicht mehr von seiner kriegerischen Seite her, sondern als einen befreienden Rechtsakt Jahwes. Mit der Verwendung von *pdh* in diesem Sinn ergänzt das Dtn den älteren Sprachgebrauch, der sich mit den Verben →*jṣ'* hi. »herausführen«, →*'lh* hi. »heraufführen« und *nṣl* hi. »retten« begnügt hatte (vgl. dazu Stamm, a.a.O. 18f., und zu *jṣ'* hi. und *'lh* hi. P. Humbert, ThZ 18, 1962, 357–361. 433–436; ferner H. J. Boecker, Die Beurteilung der Anfänge des Königtums in den dtr. Abschnitten des 1. Samuelbuches, 1969, 39–43). Die Berücksichtigung von *pdh* schloß für das Dtn das ältere *jṣ'* hi. keineswegs aus. Es kommt bei ihm mehrfach vor, und auch *'lh* hi. ist wenigstens einmal (20,1) zu belegen. So hat sich dieses *pdh* denn auch in den späteren Schriften nicht durchgesetzt. P gebraucht es nicht und zieht dafür *jṣ'* hi. vor, das neben seltenerem *'lh* hi. in der nach-dtr. Literatur auch sonst noch seinen Platz hat (vgl. dazu bes. Humbert, a.a.O. 357f.).

Das eben Gesagte spiegelt sich auch darin wider, daß *pdh* mit Beziehung auf das Ägypten-Ereignis in den vom Dtn direkt oder indirekt beeinflußten Dokumenten nur selten vorkommt. Die Belege sind: aus der geschichtlichen Literatur 2Sam 7, 23 = 1Chr 17,21; Neh 1,10; aus den Psalmen 78,42 und 111,9. Aus den Propheten ist die schon zuvor besprochene Stelle Mi 6,4 anzufügen.

5. a) *pdh* ist auch im nachbibl. Hebr. noch gebraucht (u.a. Sir 51,2). Nicht wenige Belege sind aus Qumran beizubringen (vgl. Kuhn, Konk. 174), und zwar vor allem aus den Lobliedern und der Kriegsrolle. In den ersteren gibt *pdh* vor allem den Dank für geschehene Erlösung wieder (1QH 2,32.35; 3,19; 1Q 45 1,2 = DJD I,144; 4QpPs 37 2,19), und einmal scheint sich die Bitte zu finden (1QH 17, 20). In der Kriegsrolle ist statt des Verbums das Subst. *pᵉdūt* »Erlösung« bevorzugt. Es meint entweder die endzeitliche Erlösung durch Gott (so 1QM 1,12; 14, 10; 15,1; 18,11; 4QMᵃ 8 = ZAW 69, 1957, 135), oder es bezeichnet die kämpfenden Söhne des Lichts als »Volk der Erlösung« (so 1QM 1,11f.; 11,9; 14,5; 17, 6; unklar ist 13,14, vgl. auch DJD I, 95 IV, 2). In der Damaskusschrift (CD 16,8) steht *pdh* in bezug auf den Eid, der auch um den Preis des Todes nicht gelöst werden kann. Das ist eine einzigartige, im AT nicht begegnende Verwendung.

b) Das NT kann in seiner Sprache die spezifisch hebr. Unterscheidung zwischen *g'l* und *pdh* nicht beibehalten. Es verwendet unter seinen Erlösungsverben das in der LXX zur Wiedergabe von *g'l* und *pdh* beliebteste λυτροῦσθαι nur wenig und etwas mehr das in der LXX bei *g'l* und noch ausgeprägter bei *pdh* zurücktretende ῥύεσθαι. Weitaus am häufigsten benützt das NT aber das bei *g'l* in der LXX-Übersetzung gar nicht und bei *pdh* nur zweimal verwendete σῴζειν. Nach diesem Befund kann zu *pdh* im Ausblick auf das NT nichts ausgeführt werden, was nicht schon bei *g'l* gesagt worden wäre; vgl. daher →*g'l* 5.

J. J. Stamm

פֶּה *pǣ* Mund

1. Das monosyllabische Nomen *pǣ* »Mund« (Bergstr. Einf. 184; P. Fronzaroli, AANLR VIII/19, 1964, 255.269.278), dessen st. cs. *pī* ähnlich wie der st. cs. von →*'āb* und →*'āḥ* (im Gegensatz zu *śǣ* »ein Stück Kleinvieh« mit dem st. cs. *śē*) gebildet ist, begegnet als *p* im Ug. (WUS Nr. 2180; UT Nr. 1992) und als *pū* im Akk. (AHw 872–874), während altakk. und altass. *pā'um* und *pī'um* ebenso wie arab. *fam*, aram. *pum* und äth. *'af* bikonsonantische Formen zeigen (vgl. J. Barth, ZDMG 41, 1887, 633f.; zu phön.-pun. *pj* und aram. *pm* in den Inschriften der atl. Zeit s. DISO 227. 229; zu den Eigennamen vgl. Huffmon 128.254; Gröndahl 170). Als Plurale begegnen *pijjōt* (Spr 5,4), *pējōt* (Ri 3,16) und die reduplizierte Form *pīfijjōt* (Jes 41,15; Ps 149,6), jeweils von zweischneidigen Schwertern o.ä. gebraucht.

Etymologische Verwandtschaft mit *pē'ā* »Seite, Rand«, *pōt* »Stirn« (1Kön 7,50; Jes 3,17) und →*pānīm* »Angesicht« ist zwar nicht ganz ausgeschlossen (vgl. GVG I,333.421; einigermaßen anders H. Holma, Die Namen der Körperteile im Ass.-Bab., 1911, 13f.), aber zweifelhaft.

2. Im hebr. AT ist *pǣ* 500 × (inkl. den reduplizierten Plur., s.o. 1; exkl. 1Sam

13,21), im aram. Dan *pum* 6× belegt. *pæ* fehlt in Jon, Hab, Hag und Ruth; eine Häufung läßt sich in Num (49×, davon 19× in der Wendung *'al-pī Jhwh* »gemäß dem Befehle Jahwes«), Ps (68×, inkl. Ps 149,6), Hi (36×) und Spr (56×) feststellen. Von all diesen Belegen beziehen sich rund 85 auf Gott (3 auf Götter), 270 auf Menschen, 10 auf Tiere und 90 auf Sachen (davon 35× in der hauptsächlich dtr. Wendung *lefī ḥæræb* »mit der Schärfe des Schwertes«); die restlichen Vorkommen sind präpositionale Bildungen. Nicht gezählt ist *pīm*, eine Gewichtsangabe in 1Sam 13,21 (KBL 759a; H.J. Stoebe, KAT VIII/1,255: »ein Drittel«; anders früher GB 634b; Zorell 642f.).

3./4. In erster Linie meint *pæ* als Körperteilbezeichnung die zum Leibesinnern Zugang bietende Öffnung, den Mund. Der Begriff wird im übertragenen Sinne verwendet von der Erde (Gen 4,11; Num 16,30 u.ö.), von der →*še'ōl* »Unterwelt« (Jes 5,14; Ps 69,16; 141,7; vgl. M. Dahood, Bibl 51, 1970, 395; J.B. Burns, VT 22, 1972, 245f.), von einer Höhle (Jos 10, 18), einem Brunnen (Gen 29,2), einem Epha-Gefäß (Sach 5,8), einem Sack (Gen 42,27), vom Halsloch eines Kleides (Ex 28,32; Ps 133,2), vom Tor einer Stadt (Spr 8,3, vgl. Gemser, HAT 16,44; davon abgeleitet ist die Wendung *pæ lāfæ* »vom einen Ende bis zum andern« 2Kön 10,21; 21,16; *mippæ 'æl-pæ* Esr 9,11, so KBL 753a; vgl. GB 635a und Zorell 643a), ferner vom Rande eines Flusses (Jes 19,7, so Zorell und GB, anders KBL), von einer Schlucht (Jer 48,28), von den scharfen Schneiden des Dreschschlittens (Jes 41,15) und eines Schwertes (Ri 3,16; Ps 149,6; Spr 5,4; zu akk. *pū* in der gleichen Bedeutung s. AHw 874b; allgemein zum metaphorischen Gebrauch des Wortes im Akk. und Hebr. vgl. Dhorme 83–86); letztere Verwendung führte zum Ausdruck *lefī ḥæræb* »mit der Schärfe des Schwertes« (anders Th.J. Meek, BASOR 122, 1951, 31–33; G. Fohrer, BHH II, 1249: »weil das Schwert das Fleisch frißt«; Zorell 643a: secundum ius belli«). Am 6,5 bedeutet *pæ* nicht »Laut, Klang« (so GB 635a), sondern liegt präpositionale Verwendung vor (»gemäß«, vgl. Rudolph, KAT XIII/2, 217). Zu *pæ* in Verbindung mit den Präp. *ke*, *le* und *'al* s. die Wörterbücher.

Beim Menschen, nie bei Gott, ist der Mund Organ des Küssens (mit *nšq* q. 1Kön 19,18; Hi 31,27; Hhld 1,2) und Organ des Essens (Ez 3,3; 4,14; Nah 3,12; Sach 9,7 par. *šēn* »Zahn«; vgl. Mi 3,5; Ps 58,7; Klgl 2,16 und zu den ug. Parallelen L.R. Fisher, Ras Shamra Parallels I, 1972, 310; von Tieren Ps 22,14), weswegen der Ausdruck *bekol-pæ* (Jes 9,11) »gefräßig« meint und in der Wendung *pī šenájim* (Dtn 21,17; 2Kön 2,9; Sach 13,8, nicht »doppelter Teil«, sondern »zwei Drittel«, vgl. GB 635a; A. Jirku, ZAW 37, 1917/18, 110; F. Rundgren, JCS 9, 1955, 29f.; etwas anders KBL 754a) *pæ* »Mundvoll, Portion« bedeutet (s. Dhorme 86).

Als menschliches Organ des Redens begegnet *pæ* par. zu *lāšōn* »Zunge« (Ex 4,10; Ps 73,9, vgl. H. Donner, ZAW 79, 1967, 336–338; Ps 78,36 u.ö.; zu weiteren Belegen und ug. Parallelen vgl. Fisher, a.a.O. 309f.; *lāšōn* »Zunge, Sprache« kommt im AT 117× vor, davon in Ps 35×, Spr 19×, Jes 15×, Hi 9×; aram. *liššān* »Zunge, Sprache« 7× in Dan) und *śāfā* »Lippe« (Jes 11,4; 29,13; Mal 2,6.7; Ps 51,17 u.ö.; vgl. Fisher, a.a.O. 311; H.W. Wolff, Anthropologie des AT, 1973, 121; Dhorme 84–89; J. Oelssner, Benennung und Funktion der Körperteile im hebr. AT, Diss. 1960). Zum Ausdruck *pæ 'æḥād*) »einstimmig« (1Kön 22,13 = 2Chr 18,12) und »einträchtig« (Jos 9,2) s. Joüon 379; Dhorme 84; B. Couroyer, RB 61, 1954, 559; zu aram. *kefum ḥad* s. DISO 229, zum Akk. AHw 872f.

Entweder in der Bed. »Mund« oder in der abgeleiteten Bed. »was im Munde ist, was aus dem Mund herauskommt«, also »Wort, Ausspruch, Befehl«, begegnet *pæ* in Verbindung mit einer großen Zahl von Verben (vgl. Wolff, a.a.O. 121f.). Auffällig ist, daß das Verbum →*'mr* »sagen« nie in Verbindung mit *pæ* verwendet wird, obgleich der Ausdruck *'imrē-fī* »Worte meines Mundes« einigemale vorkommt (Dtn 32,1; Ps 19,15; 54,4 u.ö.; von Jahwe Hos 6,5; vgl. Ps 138,4; Hi 23,12). In Verbindung mit *dbr* pi. dient *pæ* zur Hervorhebung, so daß »reden mit dem Mund« den Bedeutungsgehalt »feierlich versprechen« (Dtn 23,24; Jer 44,25; von Jahwe 1Kön 8,15.24 = 2Chr 6,4.15) oder »persönlich reden« (Gen 45,12; Ps 145,21) erlangt. Der Ausdruck wird vor allem in Jes von Jahwe verwendet (Jes 1,20; 40,5; 58,14; vgl. auch Mi 4,4 und Jer 9,11). Gleichen Charakters ist die Verwendung von *pæ* als Subj. oder Obj. in Verbindung mit *nqb* »bestimmen« (Jes 62,2, von Jahwe), *ṣwh* pi. »gebieten« (Jes 34,16, von Jahwe), *š'l* »fragen« (Gen 24,57; von Jahwe: Jos 9,14; Jes 30,2), *rṣh* »Wohlgefallen haben an« (Ps 49,14; anders Zorell 643a), *hll* pi. »rühmen« (Spr 27,2), *'nh* »Zeugnis ablegen« (2Sam 1,16), *ršʿ* hi. »schuldig sprechen« (Hi 15,6), *spr* pi. »erzählen« (Ps 71,15), *ṣdq* »im Recht sein« (Hi 9,20). Dieses Moment des Persönlichen wird auch in Wendungen wie *dbr* pi. *pǣ 'æl-pǣ* (Num 12,8) und *dbr* pi. *pǣ 'æt|ʿim-pǣ* »von Mund zu Mund reden« (Jer 34,3 und 32,4, par. »von Angesicht zu Angesicht« →*pānīm*) zum Ausdruck gebracht. Manchmal handelt es sich bei *pǣ* um eine poetische Floskel (Jes 9,16; Ps 49,4; 66,14; 144,8.11 u.ö.). Bei aller Würdigung des Zusammenhanges zwischen Mund und Herzen (Ps 54,4; Spr 16,23) wird doch äußeres Wort von innerer Gesinnung unterschieden (Jes 29,13; Jer 9,7; 12,2; Ez 33,31; Ps 62,5). In Verbindung mit →*qr'* hat *pǣ* hervorhebende Bedeutung in Jer 44,26, poetische Wirkung in Ps 66,17 und Spr 18,6, aber technische Bedeutung im Sinne von »diktieren« in Jer 36,18 (vgl. *ktb mippǣ* »nach Diktat schreiben« Jer 36, 4.6.17.27.32; 45,1). Die Wendung *kebad pǣ* »schwerfälligen Mundes« bringt die Unfähigkeit zu Beredsamkeit zum Ausdruck (Ex 4,10). Nächst *pṣh* »aufsperren«, das in Verbindung mit *pǣ* unter anderem »reden« bedeutet (Ri 11,35.36; Hi 35,16), begegnet öfter *ptḥ* »öffnen« im selben Sinne (Jes 53,7; Ez 21,27; 24,27; Ps 38,14; 39,10; 78,2; Hi 3,1; 33,2; Spr 24,7; 31,8.9.26; Dan 10,16), auch von Jahwe gesagt, der den Mund jemandes öffnet (Ez 3,27; 33,22; vgl. Num 22,28); vgl. die Wendung *piṯḥōn pǣ* »Auftun des Mundes« (Ez 16,63; 29,21) und *piṯḥē pǣ* »Türen des Mundes« (Mi 7,5). Andere Verben, die in Verbindung mit *pǣ* begegnen, sind: *pʿr* »aufsperren« (Hi 16,10), *rḥb* hi. »weit öffnen« (Jes 57,4; Ps 35,21; 81,11; vgl. 1Sam 2,1 q.), *šīt pǣ baššāmájim* »den Mund an den Himmel setzen« für »Großmäuligkeit« (Ps 73,9, vgl. H. Donner, ZAW 79, 1967, 336–338; P.A.H. de Boer, VT 18, 1968, 260–264; vgl. Ri 9,38), weiter *gdl* hi. »einen hohen Ton anschlagen« (Ez 35,13; Ob 12), *nbʿ* hi. »schmählen, verächtlich reden« (Ps 59,8) und Verben wie *hgh* »murmelnd bedenken« (Ps 37,30), →*hll*, →*ngd*, →*jdh*, →*jdʿ*. Die Wendung »aus dem Munde hervorkommen« mit →*jṣ'* (Jos 6,10) wird meistens als technischer Ausdruck in bezug auf Verheißung oder Gelübde verwendet (Num 30,3; 32,24; Ri 11,36; Jer 44, 17; vgl. Dtn 23,24) und bezieht sich auch auf Jahwe (Dtn 8,3, vgl. H. Brunner, VT 8, 1958, 428f.; Jes 45,23; 48,3; 55,11; nur Hi 37,2 vom Donner). *ml'* »voll sein« mit Subj. *pǣ* wird Ps 10,7; 71,8 u.ö. profan, *ml'* pi. »füllen« mit Obj. »Mund« Ps 81, 11 aber von Jahwe gebraucht. Jahwe beschafft dem Menschen einen Mund (Ex 4, 11) und legt (*śīm*) jemandem Worte in den Mund (Ex 4,15a; Num 22,38; 23,5.12.16; Jes 51,16; 59,21a). Letztere Wendung rührt vom profanen Bereich her, in welchem sie den Auftrag, auf ganz bestimmte Weise zu reden, zum Ausdruck bringt (2Sam 14,3.19; Esr 8,17; vgl. Dtn 31,19). Deswegen ist der Prophet für Jahwe *kefī* »wie mein Mund« (Jer 15,19; vgl. Ex 4, 16) und redet »wie der Mund Jahwes« (2Chr 36,12; vgl. Esr 1,1; 2Chr 35,22) im Gegensatz zum falschen Propheten (Jer 23,16). Das Wort Jahwes ist im Munde des Propheten (2Chr 36,21.22) und die *tōrā* im Munde Israels (Ex 13,9; Dtn 30, 14). Vgl. weiter Jes 53,9; Mi 6,12; Zeph 3,13; Ps 5,10; 34,2; 38,15; Spr 4,24 und 6,12 für andere Dinge, die im Munde sind. So kann auch ein Wort aus jemandes Munde weggenommen werden (*nṣl* hi. Ps 119, 43) und etwas verloren gehen (*krt* ni. Jer 7,28) aus dem Munde (vgl. *mūš* »weichen« Jos 1,8; Jes 59,21b; *škḥ* ni. »vergessen werden« Dtn 31,21; weiter *lqḥ* »nehmen« Hi 22,22; *bqš* pi. »suchen« Mal 2,7; *šmʿ* »hören« Ez 3,17; 33,7; Sach 8,9; vgl. ni. Ex 23,13). Die Wendung *mrh pǣ* »sich einem Befehl widersetzen« begegnet einmal in bezug auf die Anordnung Josuas (Jos 1,18), überall sonst aber in bezug auf den Befehl Jahwes (Num 20,24; 27,14; Dtn 1,26.43; 9,23; 1Sam 12,14.15; 1Kön 13,21.26; Klgl 1,18; mit *ʿbr* »übertreten« Ps 17,3; 1Sam 15,24). Der Ausdruck *ʿal-pī Jhwh* »wie Jahwe geboten hatte« gehört dem Sprachgebrauch der Priesterschrift an (Ex 17,1; Num 3,16.39.51; 4,37.41 u.ö.; vgl. S. Schwertner, ZAW 84, 1972, 31). In Verbindung mit *pǣ* meinen *qpṣ* »verschließen« (Jes 52,15; Ps 107,42; Hi 5,16), *ḥśk* »zurückhalten« (Hi 7,11), *skr* ni. »geschlossen werden« (Ps 63,12) und besonders *śīm jād ʿal-pǣ* »die Hand auf den Mund legen« (Ri 18,19; Mi 7,16; Hi 21,5; mit *kaf* Hi 29,9; vgl. weiter Hi 40,4; Spr 30,32) so viel wie »zu reden aufhören« (vgl. B. Couroyer, RB 67, 1960, 197–209). Zum Gebrauch von *šmr* und *nṣr* in diesem Zusammenhang (»im Zaum halten«) vgl. Ps 39,2; 141,3; Spr 21,23 bzw. Spr 13,3.

5. Die LXX gibt *pǣ* meistens buchstäblich mittels στόμα, aber auch durch ῥῆμα, πρόσταγμα und λόγος wieder. Für eine Übersicht der Verwendung von »Mund« in der LXX, den Targumim, den rabbinischen Texten, im Schrifttum von Qumran

(Kuhn, Konk. 174f., zählt etwa 120 Belege für *pǣ*) und im NT vgl. K. Weiss, Art. στόμα, ThW VII, 692–701.

C. J. Labuschagne

פחד *pḥd* beben

1. *pḥd* »beben« ist nur im Hebr. und Jüd.-Aram. belegt (AHw 810a verzeichnet noch akk. *paḥādu* »erschrecken, beben« als kan. Fremdwort in Ugaritica V, 32h).

Von der Wurzel finden sich neben dem Verbum im Qal, Pi. (Jenni, HP 224: »immer wieder erfolgendes Erschauern«) und Hi. (»in Beben versetzen«) das abgeleitete Nomen *páḥad* »Beben, Schrecken« (statt des fem. Subst. *paḥdā* ist in Jer 2,19 eine Verbform zu lesen, vgl. Rudolph, HAT 12, 18) und ev. der Personenname *Ṣ*ᵉ*lofḥād* (Num 26,33; 27,1.7 u.ö.; LXX: Σαλπααδ; vgl. aber Noth, IP 256, gegen die Deutung *ṣēl páḥad* »Schutz vor Schrecken«).

Páḥad Jiṣḥāq (Gen 31,42.53) ist Bezeichnung des von Isaak verehrten Gottes, der zu dem Typus der Vätergötter gehört (Alt, KS I, 24–29). Traditionell wird *páḥad* von der gleichen Wurzel *pḥd* abgeleitet und mit »Schreck Isaaks« wiedergegeben, also als »archaische Bezeichnung des Numens« aufgefaßt, »dessen Erscheinung Isaak in Schrecken gesetzt und eben dadurch für immer an sich gebunden hat« (Alt, a.a.O. 26), oder, unter Abschwächung des numinosen Gehalts, im kultischen Sinn als »Gegenstand der Verehrung« (J. Becker, Gottesfurcht im AT, 1965, 177 bis 179). L. Kopf, VT 9, 1959, 257, gibt die Deutung »die Zuflucht Isaaks«, doch ist diese Ableitung unsicher. Eher dürfte nach dem Vorschlag von W.F. Albright, Von der Steinzeit zum Christentum, 1949, 248.434 Anm. 84, eine solche von **pḥd* II (vgl. KBL 757b) in Frage kommen und der Name in Anlehnung an palm. *paḥdā* »Clan, Familie« (vgl. DISO 226) und arab. *faḫiḏ* als »Verwandter Isaaks« zu deuten sein (so auch O. Eißfeldt, JSS 1, 1956, 32 Anm. 2 = KS III, 392 Anm. 4; H. Ringgren, Israelitische Religion, 1963, 18; H. Weidmann, Die Patriarchen und ihre Religion ..., 1968, 129 Anm. 18; G. Fohrer, Geschichte der isr. Religion, 1969, 23; R. de Vaux, Histoire ancienne d'Israël, 1971, 259; die beiden letzteren gegen N. Krieger, Judaica 17, 1961, 193-195).

2. Statistik: *pḥd* q. 22 × (Jes 7 ×, Ps 5 ×, Jer 3 ×), pi. 2 × (Jes 51,13; Spr 28,14), hi. 1 × (Hi 4,14); *páḥad* 49 × (bzw. ohne Gen 31,42.53: 47 ×; Hi 10 ×, Ps 9 ×, Jes 5 ×, Jer, Spr und 2Chr je 4 ×), *paḥdā* 1 × (s.o. 1).

3. Die ursprüngliche Bedeutung der Wurzel, die überall noch zum Tragen kommt, ist »zittern, beben« (vgl. Hi 4,14 hi.; P. Joüon, Bibl 6, 1925, 175; Becker, a.a.O. 7f.). Sie führt sowohl zur Bed. »vor Freude beben« (Jes 60,5 »dein Herz wird beben und weit werden [*rḥb* q.]«; Jer 33,9 par. *rgz* »erbeben«) als auch, was überwiegend der Fall ist, zur Bed. »vor Schrecken beben« (Dtn 28,66; Jes 33,14), »erschrekken« (Jer 36,24; Spr 3,24; verstärkt durch die figura etymologica mit *páḥad* in Ps 14, 5 = 53,6; Hi 3,25; vgl. Dtn 28,67), »erschrecken vor« (mit *min* bzw. *mipp*ᵉ*nē*, Jes 19,16.17; Ps 27,1; 119,161; Hi 23,15). Als constructio praegnans (GK §119ee–gg) begegnet *pḥd 'æl* in der Bed. »jemandem zitternd entgegengehen« (Jer 2,19 txt em; Hos 3,5; Mi 7,17; vgl. Jer 36,16), wobei die Bedeutung des Zufluchtsuchens mitschwingen mag (vgl. Kopf, a.a.O. 257).

Analog zum Verbum hat das Subst. *páḥad* die Bed. »Beben« (Hi 4,14 par. *r*ᵉ*'ādā*), »Schrecken« (Jes 24,17 = Jer 48, 43 in Assonanz mit *páḥat* »Grube« und *paḥ* »Fangnetz«; Spr 3,25; Klgl 3,47 ebenfalls Wortspiel mit *páḥat*), den man vor jemandem hat (Dtn 2,25 par. *jir'ā*; 11,25 par. *mōrā'*; Est 8,17; 9,2.3), der von jemandem (Ps 31,12) bzw. von etwas (Ps 91,5) ausgeht. Nach P. Joüon, Bibl 2, 1921, 338, ist *páḥad* dabei in Ps 53,6 und Hhld 3,8 in der Nuance unseres Begriffs »Gefahr« zu verstehen, für den das Hebr. kein eigenes Wort besitzt. Dieselbe Bedeutung dürfte auch in Ps 91,5; Hi 3,25; 39,22; Spr 1,26.27.33; 3, 25 gegeben sein (so Becker, a.a.O. 8 Anm. 65). In abgeschwächter Bedeutung kommt *b*ᵉ*lī-fáḥad* »ohne Erschrecken« (Hi 39,16) im Sinn von »unbekümmert« vor.

Als Parallelbegriffe zur Wurzel *pḥd* sind vor allem zu erwähnen: *rgz* »erbeben« (Ex 15,14; Dtn 2,25; Jer 33,9; Mi 7,17), →*jr'* »sich fürchten« (Jes 51,12f.; Mi 7,17; Ps 27,1), *rá'ad* bzw. *r*ᵉ*'ādā* »Beben« (Ex 15, 15f.; Jes 33,14; Hi 4,14), *ḥrd* »beben« (Jes 19,16; *ḥ*ᵃ*rādā* »Beben, Angst« Jer 30,5), *bhl* ni. »erschrecken« (Ex 15,15f.; Hi 23,15; vgl. *bhl* pi. in Hi 22,10); vgl. noch *jgr* q. »fürchten« (Hi 3,25), *rhh* q. »sich fürchten« (Jes 44,8, vgl. Becker, a.a.O. 17) und *ḥoggā* »Furcht, Zittern« (Jes 19,17; vgl. GB 213b; HAL 278b: »Beschämung«). Zu den Vokabeln des Fürchtens vgl. sonst →*jr'* (III/1e).

Der Gegensatz kann ausgedrückt werden u.a. durch →*bṭḥ* »getrost sein« (Jes 12,2 q.; *báṭaḥ* Spr 1,33 neben *š'n* pil. »ruhig sein«; vgl. Ps 78,53) und →*'mn* hi. »sicher sein« (Dtn 28,66).

4. Für den theologischen Gebrauch der Wurzel *pḥd* sind vorzugsweise folgende Bereiche relevant:

a) *pḥd* q. bzw. *páḥad* werden verwendet als Termini numinosen Erschreckens vor Gott (Hi 23,15) und bei seinen Taten als Geschichtshandeln und Machterweis (Ex 15,16; Jes 19,16; 33,14; Mi 7,17). Gegenstand numinosen Schreckens sind außerdem Israel bzw. die Juden (Dtn 2,25; 11, 25; Ps 105,38; 119,120; Est 8,17; 9,2.3), David (1Chr 14,17) oder das Gesetz (Ps 119,161; vgl. Becker, a.a.O. 41f.).

b) *páḥad* kennzeichnet die Furchtbarkeit Gottes im Zusammenhang seiner Hoheit und seines Königtums (Jes 2,10.19.21 par. *hadar ge'ōnō* »hehre Majestät«, →*g'h* 4b und →*hādār* 4; Hi 25,2 par. *hamšēl* »Herrschaft« [substantivierter Inf.hi. von *mšl*]).

c) *páḥad* wird verwendet als Terminus für den von Gott gewirkten Schrecken (Hi 31,23 txt em), wobei die typischen Wendungen *npl 'al* »fallen auf« (Ex 15,16 neben *'ēmā* »Schrecken«; 1Sam 11,7; Hi 13,11; vgl. Est 8,17; 9,2.3) und *hjh 'al* »kommen über« (2Chr 14,13; 17,10; 20, 29) gebraucht werden. Es ist namentlich die Tradition des Jahwekrieges (vgl. G. von Rad, Der Heilige Krieg im alten Israel, 1951, 10ff.63ff.) zu erwähnen, in der *páḥad* (mit gen. subjectivus) in der Cs.-Verbindung *páḥad Jhwh* (1Sam 11,7; 2Chr 14, 13; 17,10) und *páḥad 'ælōhīm* (2Chr 20,29) oder auch absolut verwendet (Ex 15,16; vgl. Jer 49,5) vorkommt (zur Terminologie vgl. →*hmm* 4 und Becker, a.a.O. 66–72 mit Hinweis auf akk. *ḫattu*, *pirittu* und *puluḫtu*). Dabei kann, wie Dtn 2,25 und 11, 25 zeigen, der von Gott gewirkte Schrekken auch ein Erschrecken vor Menschen mit implizieren (*páḥad* mit Suffix als Gen. objectivus; vgl. auch Est 8,17; 9,2.3; Ringgren, ATD 16/2,140).

d) Abgeschwächt ist *páḥad* (beim Chr. sonst typischer Begriff für den Gottesschrecken) in 2Chr 19,7 (par. *jir'at Jhwh* in V.9) als sittliche Gottesfurcht (mit Zug zur Gewissenhaftigkeit) zu verstehen. Dieselbe Bedeutung hat *páḥad 'ælōhīm* in Ps 36,2; die »Gottesfurcht« »erweist sich nach den Grundsätzen der *ḥokmā* in weisem und gutem Handeln« (Kraus, BK XV,282). In Spr 28,14 meint *pḥd* pi. menschliche Ängstlichkeit und Vorsicht (Becker, a.a.O. 236).

5. Die Qumrantexte kennen denselben Gebrauch der Wurzel wie das AT (Kuhn, Konk. 176b; RQ 14,1963,218). Die LXX gibt die Wurzel hauptsächlich mit φόβος/φοβεῖν wieder, einige Male mit ἔκστασις (1Sam 11,7; 2Chr 14,13; 17,10; 20,29) und τρόμος (Dtn 2,25; Jes 19,16). Zum NT vgl. A. Oepke, Art. ἔκστασις, ThW II,447–457; G. Bertram, Art. θάμβος, ThW III,3–7; ferner →*jr'* 5. *H.-P. Stähli*

פלא *pl'* ni. wunderbar sein

1. Die Etymologie von *pl'* ist unsicher; syr. *pelē'tā* »Rätsel« und namentlich arab. *fa'l* »Omen« stehen der hebr. Wurzel semantisch zu fern, als daß eine sichere Ableitung möglich wäre. Umstritten ist auch, ob eine oder mehrere hebr. Wurzeln angenommen werden müssen. Während GB 641f. und Lis. 1154f. von *pl'* »wunderbar sein« (mit der Nebenform *plh* in Ps 4,4 hi.; 17,7 hi.; 139,14 ni.) ein *pl'* II »(Gelübde) erfüllen« und *plh* »absondern« trennen, versuchen KBL 759b; G. Quell, Das Phänomen des Wunders im AT, FS Rudolph 1961, 253–300 (S. 297), und Jenni, HP 231, alle Vorkommen von einer einzigen Wurzel »anders, auffallend, merkwürdig sein« abzuleiten. Mir scheint die Annahme mehrerer Wurzeln wahrscheinlicher zu sein (s.u. 3b).

Im AT sind *pl'* I ni., hi. und hitp. belegt, dazu nominal *pælæ'* »Wunder«, *pil'ī* »wunderbar« und fraglich *miflā'ā* »Wunder« (Hi 37,16 Verschreibung für *nifle'ōt*). Hinzu kommen die Eigennamen *Pelā(')jā*, *Pallū'* (Noth, IP 191) und vielleicht *'ælīfelēhū* (HAL 54b).

2. Das Verbum *pl'/plh* begegnet insgesamt 78×; davon entfallen auf *pl'/plh* »wunderbar sein« 69× (ni. 57×, hi. 11×, hitp. 1×), auf *pl'* »(Gelübde) erfüllen« 5× (pi. 3×, hi. 2×) und auf *plh* »absondern« 4× (ni. 1×, hi. 3×). Das Nomen *pælæ'* kommt 13×, *miflā'ā* 1× (s.o.) und das Adj. *pil'ī* 2× (Ri 13,18; Ps 139,6) vor. Besonders häufig wird das substantivierte Part.fem.plur. ni. *niflā'ōt* »wunderbare Dinge« verwendet (44× von 57× ni.).

Bibl.-aram. ist die Wurzel nicht belegt; für »Wunder« wird hier *temah* verwendet (Dan 3,32.33; 6,28); im Hebr. bezeichnet *tmh* q. »staunen« das befremdete, erschreckte Erstaunen (8×; hitp. »sich anstarren« Hab 1,5; Subst. *timmāhōn* »Verwirrung« Dtn 28,28; Sach 12,4).

Die statistische Verteilung der Wurzel *pl'/plh* I ist signifikant: Knapp die Hälfte aller Belege (41×) begegnet im Psalter; nimmt man die Psalmengattungen in den anderen Büchern hinzu, erhöht sich der Anteil auf zwei Drittel. Anders als →*'ōt* »Zeichen« und *mōfēt* »Wunder« (→*'ōt* 4) findet sich *pl'/plh* auffallend selten in den Geschichtsbüchern und fehlt fast ganz in der Prophetie.

3. a) Die Wurzel *pl'/plh* bezeichnet in der großen Hauptgruppe ihres Vorkommens ein Geschehen, das einem Menschen gemessen an dem, was er gewohnt ist und erwartet hat, außergewöhnlich, unmöglich, eben wunderbar erscheint. *pælæ'* hängt nie am Phänomen als solchem, sondern umfaßt sowohl das unerwartete Geschehen als auch die staunende Reaktion des Menschen darauf (vgl. dt. »Wunder« und »verwundern«; anders H. J. Stoebe, Anmerkungen zur Wurzel *pl'* im AT, ThZ 28, 1972,13–23, der vermutet, »daß *pl'* das Moment einer von dem Wirkenden ausgehenden, oder an ihn gebundenen Wirksamkeit enthält«). Darum ist die Sprache, in der von *pælæ'* gesprochen wird, die der freudigen Reaktion (Lob). Das Verwundern, das Staunen schließt die Anerkennung der Grenzen eigener Vorstellungs- und Fassungskraft ein. Da das Geschehen des *pælæ'* ein Überschreiten des Gewohnten, normalerweise Erwarteten bedeutet, wird es überwiegend als Handeln Gottes begriffen (s.u. 4).

Im schmalen »profanen« Sprachgebrauch begegnet vor allem, aber keineswegs auf ihn beschränkt, eine eigenartige komparativische Konstruktion mit *pl'* ni. Hier tritt ganz der Aspekt menschlichen Begrenztseins in den Vordergrund: Der Ortsrichter, dem »ein Rechtsfall zu schwierig ist«, soll sich an die vom Dtn propagierte zentrale priesterliche Gerichtsbarkeit in Jerusalem wenden (Dtn 17,8). Im Zahlenspruch Spr 30,18f. staunt der weisheitliche Beobachter über Phänomene, die ihm rätselhaft und unerklärlich sind (par. →*jd'* negiert): die geheimnisvolle Zielstrebigkeit, mit der die verschlungenen, scheinbar ziellosen Wege des Adlers, der Schlange, der Schiffe und des Mannes auf Liebesabenteuern zu ihrem Ziel kommen. Und dem in seine Schwester verliebten Amnon erscheint es unmöglich, d.h. außerhalb der durch Anstand und Hofetikette gezogenen Grenzen liegend, seinen Wünschen nachzugeben (wörtlich: »aber es war [zu] wunderbar in den Augen Amnons ...«; 2Sam 13,2); ähnlich Dtn 30,11; Ps 131,1 (Part. ni.). So weist dieser komparativische Gebrauch gerade auf das durch Erfahrung und Sitte Gewohnte. Wie eng sich darauf das wunderbare Handeln Gottes bezieht, kann Sach 8,6 verdeutlichen: Der verzweifelte Rest des Volkes sieht nach menschlichem Ermessen keine Möglichkeit für eine Änderung der trostlosen Lage; da fragt Jahwe: »wenn es dem Rest dieses Volkes unmöglich erscheint, muß es dann auch mir unmöglich (zu wunderbar) erscheinen?« (vgl. Gen 18,14). Viele solche Erfahrungen zusammenfassend kann man bekennen: »Jahwe ..., für dich ist nichts unmöglich« (Jer 32,17; vgl. V.27), und staunend gestehen sich immer wieder Menschen ein, daß das Handeln Gottes an ihnen ihre Vorstellungskraft übersteigt (Ps 139,6 mit Adj.; Hi 42,3 mit Part. ni.).

Außerhalb dieser Gruppe begegnet *pl'* »profan« nur noch selten: Wenn David die Liebe Jonathans rühmt, sie sei wunderbarer als Frauenliebe (2Sam 1,26), stimmt das mit dem gegebenen Bedeutungsfeld voll überein: auch die Liebe ist ja eine die normale menschliche Erfahrung transzendierende Macht. Ein Stück darüber hinaus führen einige Stellen, an denen *pl'* in malam partem gewendet ist: es kann den unvorstellbaren Sturz Jerusalems (Klgl 1,9) und die Ungeheuerlichkeiten bezeichnen, die Antiochus IV. gegen Gott redet (Dan 11,36; 8,24 txt?). Auch hier ist *pl'* das, was das menschlich Gewohnte sprengt, aber in anderer Richtung (s.u. 4c). Nur an einer einzigen und späten Stelle wird *pl'* nicht auf ein Geschehen, sondern auf ein Objekt bezogen (2Chr 2,8): der Tempel soll groß und wunderbar sein.

b) Von diesem geschlossenen Bedeutungsfeld heben sich zwei kleinere Stellengruppen ab:

(1) Im Pi. heißt *pl'* Lev 22,21; Num 15,3.8 »ein Gelübde (*nédær*) erfüllen«; die Hi.-Bedeutung Lev 27,2; Num 6,2 scheint identisch zu sein, ist aber nicht ganz klar. KBL 760a und Quell, a.a.O. 297, postulieren, es gehe um »besondere Gelübde« oder um eine »extreme Opferpraxis«, um eine Verbindung zur sonstigen Wurzelbedeutung zu erhalten. Doch läßt der Kontext nichts davon erkennen; im Gegenteil *pl'* pi. *nédær* scheint im Heiligkeitsgesetz und Priestergesetz der normale Ausdruck für die Erfüllung eines Gelübdes zu sein, da die sonst häufige Konstruktion mit *šlm* pi. hier völlig fehlt. Es handelt sich um eine abgegrenzte priesterliche Fachsprache; die Annahme einer zweiten Wurzel *pl'* ist darum nicht unwahrscheinlich.

(2) Wieder eine andere Bedeutung hat *plh* in den Plageerzählungen: Jahwe macht hinsichtlich der Plagen einen Unterschied zwischen dem Land und Besitz der Israeliten und der Ägypter (Ex 8,18; 9,4; 11,7). Diese nüchterne, eindeutig separative Bedeutung läßt sich nur mit *pl'* in Zusammenhang bringen, wenn man wie KBL von einer sehr abstrakten »Grundbedeutung« »anders sein« ausgeht, die jedoch nirgends belegt ist. Sonst heißt *pl'* hi. »unvorstellbar, wunderbar, fremdartig handeln«. Die Annahme einer dritten Wurzel *plh* hat einiges für sich. Schwanken kann man nur in der Zuordnung von Ex 33,16 ni. Ist gemeint: »wir sind abgesondert von allem Volk, das auf der Erde ist« oder: »wir sind durch Wunder betroffen vor allem Volk ...«? Aber vielleicht spielt der sicher spät anzusetzende Autor absichtlich mit den verschiedenen Wurzelbedeutungen.

4. a) Mit *pælæ'* oder *niflā'ōt* wird in der überwiegenden Mehrzahl der Fälle das Rettungshandeln Jahwes bezeichnet (Jer 21,2), und zwar sowohl die großen Rettungstaten am Volk in der Frühzeit der Geschichte Israels (Mi 7,15; Ps 77,12; 78,12; 106,7.22; Neh 9,17 u.ö.) als auch die vielerlei Rettungen, die einzelne Menschen erfuhren (Ps 4,4 hi.; 9,2; 17,7 hi.; 31,22 hi.; 107,24; 118,23 ni., u.ö.).

Damit ist schon zweierlei klargestellt: (1) Das Wunder ist im AT ganz überwiegend auf das Geschichtshandeln Gottes, nicht auf sein Wirken in der »Natur« bezogen. Die gängige Einordnung des Wunders unter die »Schöpfung« (so z.B. O. Procksch, Theologie des AT, 1950,454ff.) oder die »Welterhaltung« (so Eichrodt II, 108ff.) ist irreführend. Auch wenn immer wieder erkannt wurde, daß Wunder im AT nicht von der Durchbrechung des Naturgesetzes her definiert ist (Eichrodt, a.a.O. 108; W.Vollborn, RGG VI,1833), so verleitet die aus der Neuzeit stammende Alternative immer noch dazu, Wunder im AT primär auf Schöpfung und »Natur« zu beziehen (so H.Clavier, BHH III,2188f.; Vollborn, a.a.O. 1833f.; Procksch, a.a.O. 457).

(2) Das Wunder ist im AT primär nicht auf Theophanie und Wortoffenbarung bezogen; *pælæ'* gehört nicht in den Bereich des Heiligen, Sakralen und Numinosen (gegen Quell, a.a.O. 294f.). Nirgends im AT wird eine Theophanie als Wunder bezeichnet (nur eine Einzelheit innerhalb einer Angelophanie einmal Ri 13,18; unklar Ri 13,19) und die einzige Verbindung von *pl'* und *qdš* findet sich in Jos 3,5: »Heiligt euch, denn morgen wird Jahwe Wunder tun in eurer Mitte!«. Sie kommt dadurch zustande, daß ein Rettungsgeschehen (Schilfmeerdurchzug) sekundär zu einem kultischen Vorgang (Ladeprozession) umgestaltet worden ist.

Die Tatsache, daß *pl'* vor allem auf das Rettungshandeln Gottes bezogen ist, zeigt, daß Wunder im AT nicht das Durchbrechen einer objektiv feststehenden Ordnung (z.B. des Naturgesetzes) meint, sondern das Überschreiten des von einem Menschen in seiner Situation konkret Erwarteten und für möglich Gehaltenen. Die konkrete Situation ist hierbei die Not. Sara erwartet Gen 18 in ihrer Not der Kinderlosigkeit, daß sie nach menschlichem Ermessen weiter kinderlos bleiben wird. Das Wunder ist, daß Gott ihr eine unerwartete Möglichkeit eröffnet, indem er ihr die Geburt eines Kindes ankündigt (V. 14). Der Rettungsvorgang selber kann dabei ganz »natürlich« sein, braucht es aber nicht (vgl. etwa 2Kön 6,6). *pl'* meint die neue, unerwartete Möglichkeit, die Gott dem Menschen »im Abgrund« eröffnet (Ps 107,24).

Die Abgrenzung von den anderen Begriffen für Wunder ist nicht ganz klar. Auch *nōrā'ōt* (par. Ps 106, 22; vgl. Dtn 10,21; 2Sam 7,23; Jes 64,2), bzw. *mōrā'* (Dtn 4,34; 26,8; Jer 32,21), *mōfēt* (par. nur Ps 105,5 = 1Chr 16,12) und *'ōt* (besonders häufig *'ōt ūmōfēt* Dtn 7,19; 26,8 u.ö.) können die Rettungstaten Jahwes an Israel bezeichnen, insbesondere im dtn. und dtr. Sprachgebrauch. Einmal liegt wohl einfach nur eine verschiedene Sprachtradition vor, ein andermal meinen die verschiedenen Begriffe ursprünglich wohl verschiedene Aspekte am Wundergeschehen. Sicher ist das bei →*'ōt*, das eigentlich das Zeichen, dann das wunderbare Vorzeichen meint; *mōrā'* meint wohl die furchterregende Wirkung (→*jr'*). Unsicher ist die eigentümliche Bedeutung von *mōfēt*; es kann wie *'ōt* »Vorzeichen« bedeuten (Jes 20,3; Ez 12,6.11), meint dann aber auch das Wunder als Machtdemonstration eines Gottesmannes oder Gottes (Ex 4,21; 7,3.9; 11,10), was *pælæ'* nur ganz am Rande bedeutet (Ex 3,20; 34,10).

Wenn *pælæ'* und *niflā'ōt* vor allem die Rettungstaten Jahwes meinen, verlangt der Tatbestand, daß die Begriffe in den zahlreichen Rettungs- und Wundererzählungen des AT so gut wie ganz fehlen (Gen 18,14 schon reflektierend; 2Chr 26,15), eine Erklärung: Das mit *pælæ'* Gemeinte ist nicht die Tat Gottes als solche (gegen Quell, a.a.O. 290f.), die unmittelbare Erfahrung der Rettung, sondern dazu gehört die staunende Reaktion des Menschen, der sich seine hoffnungslose Notsituation und Gottes unerwartetes Eingreifen vor Augen hält. Weil die freudige, überschwengliche Reaktion des Geretteten mit zu *pælæ'* hinzugehört, wird vom Wunder Jahwes ganz überwiegend in den Lobpsalmen gesprochen und gesungen.

Seinem zusammenfassenden Charakter gemäß begegnet *pl'* häufig in den Begründungen der kollektiven (Ps 98,1 »singet Jahwe ein neues Lied, denn er tat Wunder«; vgl. Ps 72,18; Jo 2,26) und individuellen Lobrufen (Ps 31,22 »gelobt sei Jahwe, denn er hat mich wunderbar begnadigt«; Jes 25,1), dann in den imperativischen (Ps 96,3 »erzählet ... unter den Völkern seine Wundertaten«; Ps 105,2 = 1Chr 16,9; jussivisch Ps 89,6; 107,8.15.21. 31) und kohortativen Aufrufen (Ps 9,2 »ich will Jahwe loben ... all deine Wundertaten erzählen«; Ps 75,2; 139,14?). Seltener kommt *pl'* im Korpus der Lobpsalmen vor (Ps 107,24; 118,23; vgl. 40,6); hier werden die Rettungstaten meist konkret genannt. Besonders in den Hymnen ist eine Ausweitung der konkreten Rettungserfahrung auf alles Handeln Gottes zu erkennen, sodaß *pl'* schließlich auch das Schöpfungshandeln mit umfassen kann (Ps 136,4; Hi 5,9=9,10). Daß Gott Wunder tut, wird zu einem Motiv, das ihn über alle Götter erhöhen soll (Ex 15,11; Ps 86,10). Eine ähnliche Entwicklung ist in der Klage zu beobachten: sind die Rückblicke auf Gottes Heilstaten, an die sich die Klagenden in der Not klammern, noch ganz konkret: »Ich will gedenken deiner Wundertaten von Urzeit an« (Ps 77,12), so sind die Bekenntnisse der Zuversicht schon viel allgemeiner: »Du bist der Gott, der Wunder tut« (Ps 77,15; 86,10; Jer 32,17). Daneben kommt *pl'* in der Bitte (»erweise Wunder deiner Huld, Retter derer, die sich bergen«, Ps 17,7; Mi 7,15) und im Lobgelübde vor (Ps 26,7; 71,17; 88,11.13). Die staunende Erinnerung an die Wunder der Frühzeit wird in den Geschichtspsalmen zum Zeichen der Treue Israels (Ps 78,4.12; 105,5 = 1Chr 16,12), das Vergessen der Wundertaten Jahwes zum Aufweis seines Abfalls (Ps 78,32; 106,7.22; Neh 9,17). In nachexilischer Zeit wird *pl'* sogar auf die Gesetze ausgeweitet, denen der Fromme nachsinnt (Ps 119,18.27.129).

b) In der späteren theologischen Weisheit verbindet sich die staunende Naturbeobachtung (Spr 30,18) mit dem hymnischen Lob der Wundertaten Gottes. Erst hier haben die Wunder Gottes nichts mehr mit seinen geschichtlichen Rettungstaten zu tun, sondern werden in seinem geheimnisvollen Wirken in »Naturvorgängen« (Hi 37,5) und in der Staunen erregenden, weisen Einrichtung seiner Schöpfung (Hi 37,14.16) gesehen (vgl. von Rad I, 463f.).

c) In der Prophetie hat *pl'* einzig bei Jesaja eine gewisse Bedeutung bekommen. Eigentlich in die Tradition staunender Naturbeobachtung gehört das Gleichnis Jes 28,23–29. Gegenüber den Angriffen, seine Unheilsankündigung treffe nicht ein, weist der Prophet auf die Arbeit des Bauern, die nicht immer gleich ist, sondern je und je ihre Zeit hat. So tut auch Jahwe nicht immer nur Unheil; sein Geschichtshandeln entzieht sich dem Nachrechnen: »wunderbar ist sein Rat, groß seine Weisheit« (V.29). Solch wunderbare Regierung wird auch der Heilskönig ausüben (Jes 9,5). In Jesajas Gerichtsprophetie begegnet *pl'* nur Jes 29,14, hier aber fast unübersetzbar gehäuft: gegen sein heuchlerisches Volk, das meint, ihn mit oberflächlichen frommen Übungen besänftigen zu können, will Jahwe weiterhin unvorstellbar und ganz und gar unerwartet handeln (*jōsīf lᵉhaflī' . . . haflē' wāfælæ'*). Hier greift Jesaja auf die negative Bedeutung zurück, die *pl'* auch haben kann; bewußt doppeldeutig wird es damit zum Ausdruck für Jahwes Gerichtshandeln (vgl. Dtn 28,59 und die Anklage Hiobs Hi 10,16 hitp.).

In der Apokalyptik kann *pl'* auch einmal die endzeitliche Rettung bezeichnen (Dan 12,6).

5. Das Wortfeld, durch das die LXX *pl'* wiedergibt, ist recht breit. Es überwiegen θαυμάσιος, θαυμαστός und θαυμαστόω (Quell, a.a.O. 291 Anm. 115, gibt den Tatbestand falsch wieder), in denen wie in dem hebr. Wort das Wunder von der staunenden Reaktion des Menschen her begriffen wird (anders G. Bertram, ThW III,31). Das mehr objektive τέρας dient nur zweimal zur Übersetzung von *pl'*, dagegen ganz überwiegend der von *mōfēt*. Der überschwengliche Zug des Redens vom Wunder kommt in Worten wie ἔνδοξος, ἐξαίσιος und μέγας zum Ausdruck. Der komparativische Sprachgebrauch wird meist mit ἀδυνατέω o.ä. umschrieben.

Die Qumrantexte nehmen in der Verwendung von *pl'* (Kuhn, Konk. 144.176f.) vor allem Motive der Psalmensprache auf. Zu den Vokabeln für »Wunder« im NT und seiner Umwelt vgl. G. Bertram, Art. θαῦμα, ThW III,27–42; H. Clavier, BHH III,2188–2191 (Lit.); W. Mundle – O. Hofius, Art. Wunder, ThBNT II/2, 1443 bis 1452 (Lit.). *R. Albertz*

פלט *plṭ* pi. **retten**

1. Die Wurzel **plṭ* »entkommen« ist gemeinsemitisch, wenn man mit Fronzaroli u.a. akk. *balāṭu* »leben« (AHw 98f.; CAD B 46–63) als ostsem. Neuerung dazunimmt (P. Fronzaroli, AANLR VIII/19, 1964, 248f.; 20, 1965, 250.263.267; →*ḥjh* 1; vgl. noch EA 185,25.33; WUS Nr. 2223; DISO 228: jaud. *plṭ* pa. in KAI Nr. 215, Z. 2 ». . . haben ihn die Götter von Ja'udi aus seinem Verderben errettet«).

Im AT begegnet *plṭ* q. (s.u. 3a), pi. und hi. (s.u. 3c), dazu die nominalen Ableitungen *pālīṭ/pālēṭ* »Entronnener« (3d), *pᵉlēṭā* »Schar Entronnener; Entrinnen« (3e), *miflāṭ* »Zufluchtsort« (3f), sowie eine Reihe von mit *plṭ* gebildeten Eigennamen (*'ᵉlīfælæṭ*, *Jaflēṭ*, *Palṭī'ēl*, *Pᵉlatjā* usw.; vgl. Noth, IP 155f.180; H. Schult, Vergleichende Studien zur atl. Namenskunde, 1967, 114–116 mit außerbiblischen Analogien).

Mit *plṭ* pi./hi. ist *mlṭ* pi./hi. in der Bedeutung und in der Konstruktion so ähnlich, daß eine gemeinsame Behandlung beider Verben gerechtfertigt ist (s.u. 3c; vgl. noch den PN *Mᵉlatjā* Neh 3,7). Nur bei *mlṭ* ist das Ni. in der Bed. »entrinnen« belegt (s.u. 3b), dazu einmal hitp. »(sich davonmachen), hervorsprühen« (Hi 41, 11).

Ob *mlṭ* aus *plṭ* entstanden ist (so KBL 529a; G. Fohrer, ThW VII, 972), oder ob auf arab. *mlṣ* »gleiten, entschlüpfen« (Wehr 821a) zu verweisen ist (so Zorell 441b; vgl. Fohrer, a.a.O. Anm.24), ist unsicher. Nach arab. *mlṭ* »schwach behaart sein« wird in KBL 529b *mlṭ* hitp. »sich kahl erweisen« (Hi 19,20) als eigene Wurzel *mlṭ* II abgetrennt (anders G.R. Driver, SVT 3, 1955, 80).

2. Das Verbum *plṭ* kommt im AT 27 × vor (q. nur Ez 7,16; pi. 24 × ; hi. 2 ×, Jes 5,29 und Mi 6,14); die Pi.-Stellen sind auf den Psalter konzentriert (19 ×, sonst noch im Psalm 2Sam 22,2.44; ferner Mi 6,14 neben hi.; Hi 23,7; in Hi 21,10 in der Bed. »kalben« < »davonbringen«). Von den nominalen Ableitungen begegnen *pālīṭ* 19 × (Ez 7 ×, Jer 3 ×, Ri 2 ×), *pālēṭ* 5 × (Jer 3 ×), *p^e^lēṭā* 28 × (Jes 5 ×, Esr 4 ×), *miflāṭ* 1 × (Ps 55,9).

Bei *mlṭ* lauten die Zahlen: ni. 63 × (1Sam 12 ×, Jer 8 ×, Gen und Hi je 5 ×), pi. 28 × in weiter Streuung (Jer und Ps 5 ×, Hi 4 ×, Jes 3 ×), hi. 2 × (Jes 31,5 »retten«; Jes 66,7 »gebären«), hitp. 1 × (Hi 41,11; zu Hi 19,20 s.o. 1). Somit ergeben sich für die Wurzel *mlṭ* 94 Belege gegenüber 80 bei *plṭ*.

3. a) *plṭ* q. ist nur Ez 7,16 belegt in der Bed. »in Sicherheit sein, aus der Gefährdung heraus sein«. Aber Hi 23,7 wird man besser q. statt pi. vokalisieren (s. BH[3]): »ich würde für immer frei sein von (*min*) meinem Richter« (anders Fohrer, KAT XVI, 362f.).

b) Bei *mlṭ* ni. ist die konkrete Grundbedeutung »aus einer Enge entschlüpfen, in gefahrvoller Enge hindurchschlüpfen« in 2Sam 4,6 erkennbar, wo die Mörder neben der schlafenden Wärterin »hindurchschlüpfen«. Im Kausativ bzw. Faktitiv ist diese konkrete Grundbedeutung »aus der Enge herausschlüpfen lassen« deutlich, wo das Verbum den Geburtsvorgang beschreibt: Jes 66,7 *mlṭ* hi. »gebären«; Jes 34,15 *mlṭ* pi. »Eier legen« (vgl. BH[3]); vgl. Hi 21,10 *plṭ* pi. »kalben«.

Sonst wird das Ni. vor allem gebraucht bei vor Feinden Fliehenden, die »entkommen« und somit tödlicher Gefährdung »entrinnen«, meist im Zusammenhang kriegerischen Geschehens. Auch hier geht es um eine konkrete Bewegung: aus der Enge der Bedrängnis hinaus. Die Person, vor der einer flieht, steht mit der Präp. *min* (meist *mijjad/mikkaf* »aus der Hand bzw. Gewalt«, nur Jer 41,15 *mipp^e^nē*), ebenso der Ort, aus dem einer flieht. Der Ort, zu dem jemand entkommt, steht im Akk. der Richtung oder mit *'æl*. Oft steht ein Verbum des Fliehens parallel im vorangehenden Satzglied (→*nūs*: 1Sam 19,10; 1Kön 20,20; Jer 46,6; 48,19; Am 9,1; Sach 2,10f.; vgl. Gen 19,20; 1Sam 30,17; 2Sam 1,3f.; neben *mlṭ* pi. *nǽfæš*: Jer 48,6; 51,6; Am 2,15f.; *brḥ*: 1Sam 19,12.18; vgl. 22,20). *nūs* und *brḥ* meinen nur den Vorgang des Fliehens, *mlṭ* ni. dagegen das erfolgreiche Entkommen, »den Verfolgern entwischen« (Ri 3,26). Besonders anschaulich wird dies in den beiden Bildern Ps 124,7: »Wie ein Vogel entkam unsere Seele dem Netz der Vogler; das Netz zerriß und wir waren frei«.

Gehäuft begegnet *mlṭ* ni. in den Erzählungen von Davids Flucht vor Saul (11 × in 1Sam 19,10–27,1). Wo die Flucht erst geplant ist (z.B. 1Sam 27,1), wird man im Dt. besser mit »sich in Sicherheit bringen« übersetzen. Gleichbedeutend mit *mlṭ* ni. ist die Wendung *mlṭ* pi. *nǽfæš* »sein Leben retten« (1Sam 19,11; 2Sam 19,6; 1Kön 1,12; Jer 48,6; 51,6.45; Ez 33,5; Am 2,14.15; Ps 89,49).

Mehrfach steht der Imp. von *mlṭ* ni. bzw. von *mlṭ* pi. *nǽfæš* in der Aufforderung zur Flucht, literarisch innerhalb von Völkersprüchen der Prophetenbücher (Jer 48,6; 51,6.45; Sach 2,11 1c G »nach Zion rettet euch, die ihr bei der Tochter Babel wohnt«, vgl. BHS; vgl. Gen 19,17). Es handelt sich um eine feste Gattung, wie R. Bach, Die Aufforderung zur Flucht und zum Kampf im atl. Prophetenspruch, 1962, 15–50, nachgewiesen hat. Die ursprüngliche Situation, in die die Aufforderung zur Flucht hineingehört, ist 1Sam 15,6 geschildert: Die Aufforderung ergeht an eine sich im Kriegsgebiet aufhaltende, aber mit dem Angreifer befreundete oder in einem Bundesverhältnis stehende Gruppe, damit diese bei der Vollstreckung des Bannes nicht mitbetroffen wird. *mlṭ* ni. hat eine ziemlich feste Beziehung zu dieser Gattung.

Eine weitere feste Gruppe des Gebrauchs haben wir bei *mlṭ* ni. mit Negation im Befehl, an einer Gruppe ein Strafgericht zu vollziehen (1Kön 18,40 »keiner von ihnen soll entrinnen!«; analog 2Kön 10,24 txt em pi. pr ni.), vor allem im prophetischen Gerichtswort, das einen Vernichtungsbeschluß Jahwes verkündet (Jer 32,4; 34,3; 38,18.23 gegenüber einem Einzelnen, dem König; vgl. auch Ez 17,15.18, wo der König aber für das Volk steht; vgl. weiter Am 2,14f. pi.; 9,1 gegenüber dem eigenen Volk; ferner 1Kön 19,17). Jer 42,17 und 44,14a ist das Gleiche mit Hilfe des Subst. *pālīṭ* formuliert (»es wird keinen Entronnenen geben«), ähnlich Ez 7,16 mit *plṭ* q.

Bildlicher und übertragener Gebrauch von *mlṭ* ni. in der Bed. »davonkommen, verschont, gerettet werden« liegt vor in Jes 20,6; Jer 48,8; Ez 17,15.18; Dan 11, 41; 12,1; in der Weisheitsliteratur begegnet bei der antithetischen Schilderung des Frevlers und des Gerechten ein absoluter Gebrauch im Sinne von »dem als göttlichem Strafgericht verstandenen Unheil entrinnen« (Spr 11,21; 19,5; 28,26; vgl. Hi 22,30; Pred 7,26; in ironischer Verkehrung Mal 3,15).

c) *mlṭ/plṭ* pi. hat die faktitive Bed. »entrinnen lassen«, »in Sicherheit bringen = retten« (zum Unterschied von Pi. und Hi. vgl. Jenni, HP 106f., bes. zu Mi 6,14). Die Betonung liegt dabei auf dem Ergebnis: angesichts drohender Vernichtung »in Sicherheit bringen«. In der Psalmensprache (s.u. 4a) ist daraus ein allgemeiner Ausdruck des Rettens geworden.

Wie im Ni. steht auch im Pi. zur Angabe der Bedrohung, vor der jemand rettet, die Präp. *min* »aus, vor«. Mehrfach steht zu *mlṭ/plṭ* pi. parallel →*nṣl* hi. »(der Gewalt oder dem drohenden gewaltsamen Zugriff eines andern) entreißen« (2Sam 19,10 im Siegeslied; Jer 39,17f. in einer prophetischen Heilszusage; Ps 18,49; 22,9; 31, 2f.; 71,2; 82,4). Die Konstruktion mit *min* ist für beide Verben typisch; sie zeigt, daß beidemal das Retten ein Vorgang der Bewegung (aus etwas heraus) ist (im Unterschied etwa zu *pdh* »loskaufen«). Beide Verben stehen sich in der Bedeutung so nahe, daß dort, wo sie parallel vorkommen, kein Bedeutungsunterschied erkennbar ist.

Ein weiteres Parallelwort ist in den Psalmen →*jš'* hi. »retten« (Ps 31,2f.; 37,40; 71, 2; 107,19f.). Jes 31,5 steht »retten« (*nṣl* hi. und *mlṭ* hi.) komplementär neben *gnn* »beschirmen« und *psḥ* »verschonen«, ohne daß das stetige, bewahrende Handeln mit dem punktuell-aktuellen rettenden Handeln in eins gesetzt würde. Ähnlich steht in dem Heilswort Jes 46,4 beides nebeneinander: »ich will tragen (*sbl* [→*nś'* 3a. 4c]) und retten«. Dagegen wird Ps 41,2f. und Ps 107,20 der Unterschied zwischen stetigem und aktuellem Handeln Gottes wohl kaum noch empfunden, so daß es hier zu einer noch weiteren Nivellierung der Bedeutung kommt (ähnlich Ps 91,14; 144,2). Ein allgemeines Wort für »retten« ist *mlṭ* pi. auch Pred 9,15 (»ein Weiser rettete die Stadt durch seine Weisheit«).

Ein Sonderfall ist *mlṭ* pi. in 2Kön 23,18 »so verschonten sie seine Gebeine«; die Bed. »verschonen« ergibt sich hier, weil das Subjekt ein Vernichter ist. Am 2,15a und Hi 20,20 ist wohl ni. statt pi. zu vokalisieren.

d) *pālīṭ/pālēṭ* ist ein »Entronnener«, und zwar fast ausnahmslos ein im Krieg dem Schwert Entronnener, der bei der kriegerischen Niederlage durch die Flucht sein nacktes Leben gerettet hat (*pᵉlīṭē ḥǽræb* Jer 44,28; Ez 6,8; vgl. Jer 51,50). Synonym dazu ist *śārīd* »Entronnener« (28 ×, davon 9 × in Jos 8,22 und 10,20–40, Jer und Hi je 4 ×; vgl. *śrd* q. »davonlaufen« Jos 10, 20), mehrfach in formelhafter Reihung *śārīd ūfālīṭ* (Jos 8,22; Jer 42,17) bzw. *pālīṭ wᵉśārīd* (Jer 44,14a; Klgl 2,22; vgl. Ob 14). Ein »Entronnener« ist verschiedentlich der Bote, der von der vernichtenden Niederlage berichtet (Gen 14,13; Ez 24, 26f.; 33,21f.).

Die verbale Grundbedeutung »entschlüpfen« ist 2Kön 9,15 noch erkennbar. In dem Spottwort Ri 12,4f., die Gileaditer seien »fahnenflüchtige« Ephraimiten, ist der kriegerische Hintergrund nicht deutlich. Gen 14,13 bezieht sich auf ein Entrinnen vor Gefangenschaft (vgl. Jes 49, 24f. *mlṭ* ni.), sonst stets auf eine tödliche Gefährdung durch das Schwert. Gen 14, 13; Jos 8,22 und 2Kön 9,15 steht *pālīṭ/pālēṭ* in einem Bericht von Sieg bzw. Niederlage, dazu Num 21,29 in einem Siegeslied und Klgl 2,22 in einer Volksklage. Sonst kommt das Wort, abgesehen von Am 9,1 nur bei den Propheten um die Exilszeit vor (16 × : Jes 40ff. 2 ×, Jer 6 ×, Ez 7 ×, Ob 1 ×). Die Ez-Stellen stehen alle in Gerichtsworten bzw. deren Rahmen, die als Erweisworte stilisiert sind und sich auf die Ereignisse um 587 beziehen. Auch an den übrigen Prophetenstellen ist *pālīṭ* der dem in einer kriegerischen Katastrophe vollzogenen göttlichen Strafgericht Entronnene (→*š'r*).

e) *pᵉlēṭā* (davon dt. »Pleite«, vgl. Kluge 555a) ist meist die »Schar der Entronnenen« (20 ×) bzw. dinglich »das Entronnene« (Ex 10,5; Jo 2,3); seltener bezeichnet das Wort den Vorgang des Entrinnens, die »Rettung« (Gen 45,7; 2Sam 15,14; Jer 25,35; Jo 3,5; Ob 17; 2Chr 12,7). Auch hier geht es durchweg darum, in einer kriegerischen Katastrophe (durch Flucht) mit dem nackten Leben davonzukommen. Nur einmal (Neh 1,2) sind die der Gefangenschaft entgangenen Judäer gemeint. Ex 10,5 und Jo 2,3 ist dies auf Naturkatastrophen (Hagel, Heuschrecken) übertragen; das Wort bezeichnet hier den der Vernichtung entgangenen Rest der Ernte. Der sonst nur auf Personen bezogene Ausdruck ist Dan 11,42 auf ein Land (Ägypten) angewendet.

Parallel gebraucht wird *š^e'ērīt* (→*š'r*; Gen 45,7; 2Kön 19,31; Jes 15,9; Esr 9,14; 1Chr 4,43), *š^e'ār* (Jes 10,20) und *jætær* (Esr 9,8 txt em) »Rest«, *mānōs* »Zuflucht« (Jer 25,35), außerdem Formen des Verbums *š'r* (ni. »übrig sein« Gen 32,9; Ex 10,5; Ri 21,17 txt em; 2Kön 19,30 = Jes 37,31; Jes 4,2f.; Esr 9,15; Neh 1,2; 2Chr 30,6; hi. »übrig lassen« Esr 9,8).

f) *miflāṭ* »Zufluchtsstätte« ist nur Ps 55, 9 belegt, nach Gunkel u.a. aber auch in 2Sam 22,2 = Ps 18,3 ohne Änderung der Konsonanten zu lesen. An der letzten Stelle ist es Gottesprädikat in einer Reihe synonymer Prädikationen im Danklied. Die erste Stelle steht in einer Klage des Einzelnen (Wunsch des Bedrängten).

4. a) Der theologische Gebrauch wurde z.T. bereits in 3 behandelt, besonders der Gebrauch der beiden Verben und der Ableitungen im prophetischen Gerichtswort. Im Pi. ist sehr häufig Gott das Subjekt des Rettens (*mlṭ* pi. 7×, *plṭ* pi. 18×). Hinzu kommen Ps 22,6 (*mlṭ* ni. mit Gott als logischem Subjekt) und Jes 31,5 (*mlṭ* hi., in 1QIs[a] *plṭ* hi.).

In den Psalmen ist Gott immer Subjekt (außer Ps 33,17 und 89,49 mit *mlṭ* pi., 82,4 mit *plṭ* pi.; 32,7 und 56,8 sind textlich unsicher). Von den Psalmstellen stehen sieben in der Klage des Einzelnen (Bitte: 17,13; 31,2; 71,2.4; Rückblick auf vergangenes Heilshandeln 22,5; nominales Kontrastmotiv 40,18; 70,6), fünf im Danklied im Bericht von der Rettung (2Sam 22,44 = Ps 18,44; Ps 18,49; 107, 20; 116,4), eine in der Klage des Volkes (89,49 in der Vergänglichkeitsklage) und eine im Hymnus (33,17), außerdem zwei in weisheitlichen Psalmworten (37,40; 41, 2) und eine in der göttlichen Heilszusage an einen Einzelnen (91,14; vgl. Jer 39,18 die Heilszusage an Ebedmelech).

b) *mlṭ/plṭ* pi. und die zugehörigen Derivate begegnen auch mehrfach im prophetischen Heilswort. 2Chr 12,7 bezieht es sich auf eine konkrete geschichtliche Situation: Jerusalem wird vor der drohenden Zerstörung durch die Ägypter bewahrt. Die Zusage Jes 31,5, daß Jahwe Jerusalem »beschirmen und retten« wird, scheint sich auf eine bestimmte geschichtliche Stunde zu beziehen, die übrigen Heilsworte dagegen blicken aus auf endzeitliches Geschehen. Die als Bestreitung formulierte Heilsankündigung Jes 49,24f. bezieht sich auf die kurz bevorstehende Befreiung aus dem babylonischen Exil, versteht das ganze Geschehen aber als ein letztgültige Wirklichkeit schaffendes; ebenso Jes 45,20 das Wort an die »Entronnenen der Völker« wie 46,4 das entsprechende Wort an den Rest Israels (vgl. auch Jer 50,28; 51,50). In einer Erweiterung des Völkerspruches über Edom wird Ob 15b–18 »der Tag Jahwes über alle Völker« erwartet, an dem es allein auf dem Zion »Rettung« geben wird. Der »Tag Jahwes« wird als eine endgültige Wirklichkeit schaffende weltweite Katastrophe erwartet, in der nur entrinnt, wer den Namen Jahwes anruft (Jo 3,5). Auch die vermutlich nachexilischen Worte Jes 4,2 und 10, 20 scheinen mit ihrer Einleitungsformel »an jenem Tage« und ihrer Erwartung für die »Entronnenen« Israels in diesen Vorstellungskreis zu gehören. Jes 37,30–32 = 2Kön 19,29–31 dürfte eine an die zeitgeschichtliche Situation Hiskias nur lose anschließende nachexilische Heilserwartung für die »Entronnenen und Übrigen des Hauses Juda« sein. Jes 66,19 erwartet, daß dem endgültigen Gericht »Entronnene« als Künder der Herrlichkeit Jahwes zu den fernen Völkern hinausgehen werden. Schließlich ist der Apokalyptiker Daniel zu nennen, der in seiner Zukunftsschau eine unvergleichliche politische Katastrophe erwartet, in der aber das erwählte Volk »entrinnt« (Dan 12,1).

Es zeigt sich also eine feste Verbindung von *mlṭ/plṭ* und ihren Derivaten mit einer Gruppe nachexilischer prophetischer Heilsworte, die Heil ansagen für einen entronnenen Rest Israels nach einem weltweiten Gericht an der Völkerwelt.

5. In den Qumranschriften wird *plṭ* als Verbum und Substantiv in den Hodajoth mehrfach ähnlich wie in den Dankliedern des Psalters gebraucht, z.B. 1QH 5,18 »das Leben des Armen hast du gerettet«, wobei die »Rettung« des Einzelnen als »Bewahrung« verstanden wird: 9,33 »deine heilvolle Obhut ist da, um meine Seele zu retten« (vgl. 6,25; 9,29). In der Damaskusschrift wird in der Darstellung vergangener (CD 7,14.21) wie künftiger (19, 10) kriegerischer Heimsuchung vom Entrinnen (*mlṭ*) einer Gruppe gesprochen. Dagegen heißt es dort von den Gottlosen, daß es für sie »keinen Rest und keine Entronnenen« geben werde (CD 2,7; die gleiche Formel auch 1QM 1,6 und 1QS 4,14; vgl. 1QH 6,32). Jedoch hat Gott Einzelne, nämlich die Glieder der Gemeinde, erweckt, »um eine Schar Entronnener für das Land übrig zu lassen« (CD 2,11). *mlṭ* hi. »gebären« ist 1QH 3,9 belegt (vgl. 3, 10 *plṭ* ni. von der Leibesfrucht).

In der LXX wird vor allem mit σῴζειν

(sonst für *jš'* hi.) und Komposita übersetzt. Zum Gebrauch im spätjüdischen Schrifttum und im NT vgl. W. Foerster – G. Fohrer, Art. σῴζω, ThW VII, 966–1024.

E. Ruprecht

פלל *pll* hitp. **beten**

1. *pll* hitp. »beten« und das davon abgeleitete Subst. *t^e^fillā* »Gebet« sind nur im Hebr. belegt (eventuell noch neupun. *tplt* »Gebet, Bitte«, vgl. KAI Nr. 162, Z. 4; KAI III, 26b).

Mit größter Wahrscheinlichkeit ist *pll* hitp. von der im AT (und vielleicht im Akk., vgl. AHw 813b.816a) an einigen Stellen verbal, nominal und in Eigennamen (vgl. Noth, IP 187f.; J.J. Stamm, FS Baumgartner 1967, 319) begegnenden Wurzel *pll* mit weitgehend juridischer Verwendung nicht zu trennen (so von den Lexika u.a. Zorell 651f.; anders KBL 763, wo zwei verschiedene Wurzeln angenommen werden). Etymologie und Bedeutung dieser Wurzel sind allerdings etwas umstritten (vgl. u.a. P.A.H. de Boer, OTS 3, 1943, 126ff.; M.D. Goldman, ABR 3, 1953, 1–6; D.R. Ap-Thomas, VT 6, 1956, 230–239; J.L. Palache, Semantic Notes on the Hebrew Lexicon, 1959, 59f.; E.A. Speiser, The Stem *pll* in Hebrew, JBL 82, 1963, 301–306). Nach Speiser (a.a.O. 302ff.) ist von Ex 21,22 *p^e^līlīm* »Einschätzung« auszugehen (vgl. LXX; Targum Onkelos: »Richter«); zu diesem Abstrakt-Nomen im Plur. (auch Dtn 32,31 »even in our enemies estimation«) paßt das nomen unitatis *p^e^līlā* »Entscheidung« (Jes 16,3 par. *'ēṣā* »Rat«), ferner das Adj. *p^e^līlī* (Hi 31,11 [txt em].28 *'āwōn p^e^līlī*, nach Fohrer, KAT XVI, 423.425: »Schuld, die vor den Richter gehört«) und das dazu gebildete Abstraktum *p^e^līlijjā* »Entscheidung« o.ä. (Jes 28,7). Von der Grundbedeutung »einschätzen« ergeben sich weiter für *pll* pi. die Bed. »vermuten« (Gen 48,11) und »Schiedsrichter sein, vermitteln, eintreten für« (1Sam 2,25; Ez 16,52; Ps 106,30; ebenso hitp. in 1Sam 2,25), für mittelhebr. *pilpēl* »untersuchen, disputieren«, und schließlich für *pll* hitp. »fürbittend eintreten für, beten« (< »um günstige Einschätzung/Entscheidung bitten«, vgl. *ḥnn* hitp. »um *ḥēn* bitten«; vgl. auch Palache, a.a.O.; I.L. Seeligmann, FS Baumgartner 1967, 278).

Damit erübrigen sich die etymologischen Vermutungen, die *pll* hitp. mit der Wurzel *npl* »fallen« (»sich niederwerfen« > »anbeten«; vgl. K. Ahrens, ZDMG 64, 1910, 163) oder mit arab. *falla* »Einschnitte machen« zusammenbringen (vgl. J. Wellhausen, Reste arabischen Heidentums, [2]1897, 126 Anm.5, dessen Vermutung oft aufgenommen wurde; dabei wird auf 1Kön 18,28 hingewiesen, wo allerdings nicht *pll* hitp., sondern *gdd* hitpo. verwendet ist; bei *pll* hitp. findet sich nirgends ein Hinweis auf die Praxis ritueller Selbstverwundung).

2. *pll* hitp. begegnet 79× (ohne 1Sam 2,25, s.o.; 2Chr 14×, 1Kön und Jer je 10×, 1Sam 9×, Jes 7×, 2Kön 6×), *t^e^fillā* 77× (Ps 32×, 2Chr 12×, 1Kön 8×, Jes 5×). Besonders gehäuft stehen die Vokabeln im Tempelweihgebet Salomos 1Kön 8 (2Chr 6).

3. a) Nach den meisten Autoren ergibt sich für *pll* hitp. primär die Bed. »(mittlerisch) Fürbitte tun« (zur Fürbitte allgemein vgl. N. Johansson, Parakletoi, 1940; P.A.H. de Boer, De Voorbede in het Oude Testament, OTS 3, 1943; F. Hesse, Die Fürbitte im AT, 1951; Eichrodt III, 311ff.; vgl. jetzt auch J. Jeremias, Kultprophetie und Gerichtsverkündigung in der späten Königszeit Israels, 1970, 140–150; G.C. Macholz, FS von Rad 1971, 313ff.). Hierher gehören etwas mehr als 25 Stellen; das Objekt der Fürbitte wird in den älteren Texten mit *b^e^'ad* »zugunsten, für« (Gen 20,7; Num 21,7b; Dtn 9,20; 1Sam 7,5; 12,19.23; 1Kön 13,6; Jer 7,16; 11,14; 14,11; 29,7; 37,3; 42,2.20; Ps 72, 15; Hi 42,10), in den jüngeren mit *'al* »wegen« angeschlossen (Hi 42,8, vgl. V. 10; Neh 1,6; 2Chr 30,18; ohne direkte Nennung des Objekts: Gen 20,17; Num 11, 2; 21,7; Dtn 9,26; 2Kön 4,33; 6,17.18; Jer 42,4; Neh 1,4).

Die Fürbitte richtet sich immer an Gott, was verschiedentlich explicite ausgedrückt wird durch *'æl Jhwh*/*'^æ^lōhīm* (Gen 20,17; Num 11,2; 21,7; Dtn 9,26; 1Sam 7,5; 12, 19; 2Kön 4,33; 6,18; Jer 29,7; 37,3; 42, 2.4.20).

Subjekt der Fürbitte sind in älteren Texten besonders machtbegabte (Gottes-) Männer: Abraham (als →*nābī'* bezeichnet, Gen 20,7.17 E), Mose (Num 11,2 J; 21, 7 E; Dtn 9,20.26), Samuel (1Sam 7,5; 12, 19.23; vgl. zu Mose und Samuel Jer 15,1), ein Gottesmann (1Kön 13,6), Elisa (2Kön 4,33; 6,17f.). Jeremia nimmt diese (›altprophetische‹) Tradition des Fürbitteamtes wieder auf (Jer 7,16; 11,14; 14,11, an diesen Stellen allerdings wird Jeremia die Fürbitte verboten; 37,3; 42,2.4.20; von daher ist es verständlich, daß 2Makk 15,12–16 Jeremia als großer Fürbitter im Gedächtnis des Volkes geblieben ist). Zugleich weitet er aber das Amt der Fürbitte auf das Volk allgemein aus (Jer 29,7; vgl. dazu Hesse, a.a.O. 48). Als Fürbitter finden sich schließlich noch eine vom Psalmsänger aufgerufene unbenannte Mehrzahl (Ps 72,15), in späteren Texten Hiob (Hi 42,8.10), Nehemia (Neh 1,6), Hiskia (2Chr 30,18). Es fällt auf, daß *pll* hitp. als Fürbitte nie eine priesterliche Funktion darstellt.

Objekt der Fürbitte ist normalerweise Israel (Num 21,7; 1Sam 7,5; 12,19.23; Jer 7,16; 11,14; 14,11; 42,20) bzw. dessen Rest (Jer 42,2), weiter der König (Jer 37, 3; Ps 72,15), einzelne (Hi 42,8.10; Gen 20,7 ein Nichtisraelit), ein feindliches, heidnisches Volk (Jer 29,7).

Fürbitte erfolgt meistens angesichts des Zornes und der Strafe Gottes über die Sünde des Volkes, wobei aus dem Kontext hervorgeht, daß es bei der alten Fürbitte keine Rolle spielt, ob der davon Betroffene seine Schuld anerkennt oder nicht. Hesse, a.a.O. 19, spricht deshalb von einer Art »magischer« Vorstellung der Fürbitte. Erst 1Sam 12,19 wird zum ersten Mal das Schuldbekenntnis relevant.

b) In zweiter Linie bekommt *pll* hitp. die allgemeinere Bed. »beten«. Explizit oder implizit richtet sich das Gebet an Gott (anders nur Jes 16,12; 44,17; 45,20, wo zu einer fremden Gottheit, zu Götzen gebetet wird, und Jes 45,14, wo Israel das Objekt ist; B.Duhm, Das Buch Jesaja, [4]1922, 317f., und Westermann, ATD 19, 137, schwächen allerdings insofern ab, als sie *pll* hitp. hier mit »flehen« bzw. »huldigen« wiedergeben).

pll hitp. wird manchmal absolut gebraucht (1Sam 2,1; Jes 16,12; Dan 9,20; Esr 10,1; 2Chr 7,1.14); einige Male findet sich als figura etymologica *pll* hitp. *tefillā* »ein Gebet beten« (2Sam 7,27; 1Kön 8, 28f.54; 2Chr 6,19f.). Meistens wird es mit der Präp. *'æl* »zu« verwendet (1Sam 1,26; 8,6; 2Sam 7,27; 1Kön 8,33.44.48.54; 2Kön 19,20 = Jes 37,21; 2Kön 20,2 = Jes 38,2; Jes 37,15; 45,20; Jer 29,12; 32, 16; Jon 2,2; 4,2; Ps 5,3; 32,6; Neh 2,4; 4,3; 2Chr 6,34; 32,24; 33,13), wenige Male mit *lifnē* »vor« (1Sam 1,12; 1Kön 8, 28; 2Kön 19,15; Neh 1,4; 1Chr 17,25; 2Chr 6,19.24), nur einmal mit *'al* »zu« (1Sam 1,10) und einmal mit *le* »zu« (Dan 9,4). Die Sache, um die gebetet wird, wird mit *'æl* angeschlossen (1Sam 1,27; 2Kön 19,20 = Jes 37,21; mit *'al* 2Chr 32,20). Einige Stellen im Tempelweihgebet Salomos zeigen, daß aus der Ferne in Richtung auf das Land Israel, auf die erwählte Stadt bzw. zum Tempel hin gebetet wird (1Kön 8,29f.35.42.44.48 par. 2Chr 6,20ff.); das irdische Tempelhaus wird aufgefaßt als »Ort des Empfangs der Gebete des Königs und des Volkes« (Noth, BK IX, 185).

Subjekt von *pll* hitp. sind sowohl Einzelne als auch das Volk. Nur an wenigen Stellen ergibt sich die ganz allgemeine Bed. »beten« (vgl. etwa 1Sam 8,6; 2Sam 7,27). Einmal legt sich jene von »beten« im Sinne eines Dankgebetes nahe (1Sam 2,1). Der Kontext der meisten Stellen aber weist *pll* hitp. als qualifiziertes bittendes und/oder klagendes Beten aus, sei es als Gebet des Einzelnen (1Sam 1,10.12.26.27; 2Kön 19,15.20 u. par.; 20,2 u. par.; Jon 2,2; 4,2; Ps 5,3; 32,6; 2Chr 32,24; 33, 13), sei es als Gebet des Volkes (1Kön 8, 33.35.44 u. par.; Jes 16,12; vgl. Dan 9,4), das angesichts einer Notlage vor Gott gebracht wird (zur Volksklage vgl. Gunkel–Begrich 117ff.).

c) »Das Nomen *tefillā* ist erst in Gebrauch gekommen, als *pll* hitp. bereits allgemein ›beten‹ hieß« (Hesse, a.a.O. 94). Nur an einigen wenigen Stellen kommt es in der Bed. »Fürbitte« vor, so etwa Ps 35,13; 84, 9; 109,4, besonders aber in der Wendung *nś' tefillā be'ad* (2Kön 19,4 = Jes 37,4) bzw. *nś' rinnā ūtefillā* (Jer 7,16; 11,14; nach Hesse, a.a.O. 94, war diese Wendung vielleicht neben *pll* hitp. »fester Terminus für die offizielle Fürbitte«).

Fast die Hälfte der *tefillā*-Stellen (s.o. 2) findet sich in den Psalmen, in denen der Beter (in den Klageliedern des Einzelnen) Jahwe in der Not bittet, er möge seine *tefillā* hören (u.a. →*šm'*, *'zn* hi. [→*'ōzæn*], →*qšb* hi., →*'nh* I; Ps 4,2; 17,1; 39,13; 54,4; 55, 2; 61,2; 69,14; 86,6; 88,3.14; 102,2; 141, 2; 143,1; vgl. Ps 42,9; 109,7; 141,5 txt?; Klgl 3,8), oder in denen er in der Gewißheit der Erhörung jubelt (Ps 6,10) bzw. im Danklied dafür dankt (Ps 65,3; 66, 19f.; 102,18; Jon 2,8), daß Jahwe seine *tefillā* angenommen hat. *tefillā* bezeichnet hier eindeutig das Bitt- und Klagegebet (vgl. auch Hi 16,17).

Von hier aus wird dann in den Psalmenüberschriften *tefillā* zum terminus technicus für die Gattung des Klageliedes des Einzelnen (Ps 17,1; 86,1; 102,1; 142,1; vgl. Hab 3,1), was Ps 102,1 besonders deutlich zeigt: »*tefillā* eines Elenden, wenn er verzagt ist und seine Klage vor Jahwe ausschüttet«.

Freilich ist der Terminus *tefillā* nicht auf das Klagelied des Einzelnen allein eingeschränkt worden. Er bezeichnet auch die ihm verwandte Gattung des Klagegebetes des Volkes in öffentlicher Not (1Kön 8,

45.49 = 2Chr 6,35.39; Ps 80,5; Klgl 3, 44; vgl. Ps 90,1) bzw. dessen Vertreters (1Kön 8,28f. u. par.; Dan 9,3.17.21; Neh 1,6.11; die Bed. »Fürbitte« schwingt hier zum Teil mit). In 1Kön 8 werden dabei mit »so wollest du vergeben« (V. 30) »die künftigen Gebete als (vorwiegend) Bußgebete charakterisiert« (Noth, BK IX, 185).

Ferner wird auch das Prosagebet des Einzelnen (»das sich vom Klageliede des Einzelnen wesentlich nur durch die äußere Form unterscheidet«, Gunkel–Begrich 260) *t^e^fillā* genannt (vgl. 2Sam 7,27; 2Kön 20, 5 = Jes 38,5; vgl. 2Chr 33,18.19; Gunkel–Begrich 119.259f.; Kraus, BK XV, XXIIIf.).

In der Abschlußformel Ps 72,20 wird schließlich die bis dorthin reichende Psalmensammlung als *t^e^fillōt Dāwīd* »Psalmen Davids« bezeichnet.

Nur einige wenige Stellen lassen *t^e^fillā* in der allgemeinen Bed. »Gebet« erkennen (Spr 15,8.29; 28,9; Neh 11,17 bezeichnet *t^e^fillā* das Gemeindegebet schlechthin; vgl. Jes 1,15; 56,7; 2Chr 30,27).

d) Folgende Begriffe werden hauptsächlich parallel zu *t^e^fillā* verwendet, die diese wiederum als Klage- und Bittgebet ausweisen: *t^e^ḥinnā* »Flehen« (1Kön 8,28.38. 45.49.54; 9,3; Ps 6,10; 55,2; Dan 9,20; →*ḥnn* 3g.4e), *taḥ^a^nūnīm* und *taḥ^a^nūnōt* »Flehen« (Ps 86,6; 143,1; Dan 9,3.17), *rinnā* »Klageruf« (1Kön 8,28; Ps 17,1; 61,2; 88,3; →*rnn*), *šaw'ā* »Hilferuf« (Ps 39,13; 102,2), *dim'ā* »Tränen« (2Kön 20,5 = Jes 38,5; Ps 39,13).

Neben *pll* hitp. begegnen u.a. →*bqš pānīm* »das Antlitz suchen« (2Chr 7,14), *z'q* »schreien« (2Chr 32,20; →*ṣ'q*), *ḥlh* pi. *pānīm* »besänftigen« (1Kön 13,6; →*ḥlh* 3b), *jdh* hitp. »bekennen« (Dan 9,4.20; Esr 10,1; Neh 1,6; →*jdh* 4h), →*qr'* »rufen« (Jer 29,12), →*š'l* »erbitten« (1Sam 1,27). Vgl. weiter die Zusammenstellungen zum Wortfeld des Betens bei J. Herrmann, ThW II,782–787; →*'tr*.

Als Gebetsgebärden werden im Zusammenhang mit *t^e^fillā* bzw. *pll* hitp. erwähnt: →*'md* »stehen« (1Kön 8,22; vgl. *nṣb* ni. »stehen« 1Sam 1,26), *kr'* »niederknien« (1Kön 8,54), →*ḥwh* hišt. »sich niederwerfen« (Jes 44,17; 45,14), *npl* hitp. »sich niederwerfen« (Esr 10,1), *sgd* »sich beugen« (Jes 44,17), *kn'* ni. »sich demütigen« (2Chr 7,14), *prś kappájim* »die Hände ausbreiten« (1Kön 8,38.54; Jes 1,15), *maś'at kappájim* »Erheben der Hände« (Ps 141,2). Zu den Gebetsgebärden vgl. die Abbildungen in BHH I,521f.; ferner D.R. Ap-Thomas, VT 6, 1956, 225–230.

An Begleithandlungen zum Gebet finden sich Weinen (→*bkh*) und Fasten (→*ṣūm*), Fasten in Sack und Asche (→*'āfār*), vgl. Dan 9,3f.; Esr 10,1; Neh 1,4; ferner Opfer in Hi 42,8.

Normalerweise wird laut gebetet worden sein; deshalb wirkt das stille Gebet auffallend (1Sam 1,12f.).

e) Normalwort für »beten« ist im Bibl.-Aram. *ṣlh* pa. (KBL 1116a; zur Etymologie und Verbreitung im Sem. vgl. P. Fronzaroli, AANLR VIII/20,1965,254. 264.268; WUS Nr.2317; DISO 245; Fitzmyer, Gen. Ap. 114.215a), sowohl zur Bezeichnung der kultischen Fürbitte (Esr 6,10 mit *l^e^* »für«; vgl. Cowley Nr.30, Z.26 mit '*l* »für«) als auch des privaten Gebetes (Dan 6,11 mit *q^o^dām* »vor«; vgl. Cowley Nr.30, Z.15 mit *l^e^* »zu«). Vgl. sonst noch *sgd* »huldigen« (→*ḥwh* hišt. 3) und *jdh* ha. »preisen« (→*jdh* hi. 1).*

5. Qumran führt mit verhältnismäßig wenig Belegen den atl. Sprachgebrauch fort (*pll* hitp. in 1QH 17,18 ergänzt; *t^e^fillā* 5×, s. Kuhn, Konk. 177c.236a). Im Judentum wird das Achtzehnbittengebet als das eigentliche Hauptgebet zur *t^e^fillā* schlechthin. Die sog. Gebetsriemen (vgl. K.G. Kuhn, BHH I, 525f.), deren Begründung in Ex 13,16; Dtn 6,8; 11,18 gesehen wird, werden *t^e^fillīn* (Sing. *t^e^fillā*) genannt. Die Etymologie des Wortes ist freilich nicht ganz sicher. Nach G. Lisowski, Jadajim, 1956, 48f., ist der Begriff von *t^e^fillā* »Gebet« »zunächst auf die Kapseln wegen der in ihnen verwahrten wesentlichen Gebetsteile, dann auf die ganze Ritualie übertragen worden« (anders J. Levy, Chaldäisches Wörterbuch II, ³1966, 550; vgl. auch StrB IV,250ff.).

LXX gibt *pll* hitp. hauptsächlich mit προσεύχεσθαι, einige Male mit εὔχεσθαι, *t^e^fillā* meistens mit προσευχή, einige Male mit εὐχή wieder. Zum Gebet (im AT und) im NT vgl. H. Greeven – J. Herrmann, Art. εὔχομαι, ThW II,774–808; H. Schönweiss, Art. Gebet, ThBNT I,421–433.

H.-P. Stähli

פָּנִים *pānīm* Angesicht

I. Der ursprünglich zweiradikalige Stamm **pan-* (H. Holma, Die Namen der Körperteile im Ass.-Bab., 1911,13; Dhorme 44 Anm. 6; F. Nötscher, »Das Angesicht Gottes schauen« nach biblischer und babylonischer Auffassung, 1924 [²1964], 4; vgl. GB 646; J. Reindl, Das Angesicht Gottes im Sprachgebrauch des AT, 1970,16) ist in allen sem. Sprachzweigen belegt (vgl. P. Fronzaroli, AANLR VIII/19, 1964, 255. 269), begegnet aber in einigen von ihnen nur in verbaler (äth.) oder nur in nominaler Verwendung (ug., zu dem in WUS Nr. 2230 angenommenen verbalen Beleg vgl. UT Nr. 2059 und Driver, CML 103; vgl. auch UF 1, 1969, 75.171). Die lediglich als tertiae infirmae belegten verbalen Formen (hebr. *pnh* »sich wenden«; aram. *pnj* »sich wenden, zurückkehren« [Sef. III, 7, vgl. Fitzmyer, Sef. 110f.; DISO 230; LS 578];akk. *panû* »sich wenden an, vorangehen« [AHw 822b]; arab. *fanija* »vergehen« [Wehr 651a]; äth. *fannawa* »wegschicken« [Dillmann 1371]) werden meistens als Denominativa betrachtet (Dhorme, a. a. O.; Nötscher, a. a. O.; Reindl, a. a. O.; AHw 822b; GB 646; anders KBL 766).

Im Hebr. kommt das Nomen wie in den übrigen westsem. Sprachen (vgl. noch DISO 229f.; Friedrich § 225) nur als Plural vor (nach BL 524f.; Meyer II, 49 auch in dem Ortsnamen *Penū'ēl* bzw. *Penī'ēl*, wo der alte st. cs. plur. **panū* [Nominativ] bzw. **panī* [Gen./Akk.] nachwirkt; anders GK § 90k; vgl. auch Noth, IP 255, Nr. 1164, und L. Kopf, VT 8, 1958, 209f.). Im Akk. meint sing. *pānu(m)* »Vorderseite, Oberfläche« usw., plur. *pānū* aber »Angesicht« (AHw 818–822).

Nominale Weiterbildungen der Wurzel sind im Hebr.: *penīmā* (*pānīm* mit -*ā* locale) in der adv. Bed. »hinein, drinnen« mit dem Adj. *penīmī* »innerer« (GB 650a; KBL 768), ferner die Konjunktion *pæn* »daß nicht, sonst«, ursprünglich wohl ein Subst. »(Ab)wendung, Umkehrung«, daher »im umgekehrten Fall, sonst, anders«. Fraglich ist, ob hebr. *pinnā* »Ecke, Eckturm« von *pnh* »sich wenden« herzuleiten ist (so KBL 767b); wegen der Verdoppelung des *n* ist eher *pnn* vorauszusetzen (so GB 649b; möglich ist allerdings, daß *pnn* eine Nebenform von *pnh* darstellt, vgl. GB 650a).

Im Bibl.-Aram. wird für »Gesicht« **'anaf* verwendet (Dan 2,46 und 3,19 *'anpōhī*; → *'af* 1).

Mit *pānīm* gebildete Personennamen fehlen im AT, abgesehen von dem nur in späten Texten belegten Namen *Penū'ēl* (1Chr 4,4; 8,25Q; vgl. Lk 2,36); zu den ug., phön.-pun. und akk. Personennamen vgl. Gröndahl 173; F.L. Benz, Personal Names in the Phoenician and Punic Inscriptions, 1972, 392; Stamm, AN 231. Zum Frauennamen *Peninnā* vgl. J.J. Stamm, FS Baumgartner 1967, 328; E. Lipiński, VT 17, 1967, 68–71.

II. Mit über 2100 Belegen gehört *pānīm* zu den am häufigsten vertretenen Wörtern des AT. Mit Abstand die größte Zahl der Belege entfällt allerdings auf Stellen, an denen *pānīm* in Verbindung mit einer Präposition (meistens *le*, *min* oder *'al*) zu einem neuen Ausdruck präpositionalen Charakters verschmolzen ist und oft seine nominale Bedeutung völlig oder fast völlig verloren hat. In der folgenden Tabelle sind zuerst die Gesamtzahlen der Belegstellen von *pānīm* aufgeführt (inkl. 1Kön 6,17 txt?, vgl. Noth, BK IX, 100; exkl. 1Kön 6,29; inkl. Spr 15,14 K *pnj* [Q: *pī*]), sodann die darin enthaltenen Zahlen für *lifnē* und *millifnē* mitsamt ihren Suffixformen sowie für adv. *lefānīm* »früher« (inkl. Jes 41,26 *millefanīm* »von alters her«).

	pānīm total	davon: *lifnē*	*millifnē*	*lefānīm*
Gen	141	56	5	–
Ex	128	62	3	–
Lev	107	76	4	–
Num	119	83	3	–
Dtn	132	67	5	3
Jos	91	51	2	3
Ri	46	22	–	4
1Sam	98	62	3	2
2Sam	73	41	1	–
1Kön	100	56	3	–
2Kön	73	32	2	–
Jes	89	27	2	1
Jer	128	44	4	1
Ez	155	38	2	–
Hos	9	1	–	–
Jo	8	5	–	–
Am	7	2	–	–
Ob	–	–	–	–
Jon	4	1	3	–
Mi	5	3	–	–
Nah	5	1	–	–
Hab	3	1	–	–
Zeph	3	–	–	–
Hag	2	1	–	–
Sach	16	9	–	–
Mal	10	3	–	–
Ps	133	49	6	1
Hi	70	16	–	2
Spr	43	22	–	–
Ruth	2	–	–	1
Hhld	2	1	–	–
Pred	21	10	5	–
Klgl	11	3	–	–
Est	37	30	4	–
Dan	33	15	1	–
Esr	10	7	1	–
Neh	31	23	1	1
1Chr	63	40	4	2
2Chr	119	71	9	1
AT	2127	1031	73	22

Eine Unterscheidung von Stellen mit *pānīm* in ursprünglicher substantivischer Bedeutung und solchen, an denen das Wort in Verbindung mit Präpositionen diese ganz oder fast ganz verloren hat, ist oft schwierig und eine Sache subjektiven Ermessens. Außer *lifnē* und *millifnē* begegnen noch (*mē*)*'al-penē* (über 200×), *mippenē* (über 300×) und Verbindungen mit anderen

Präpositionen (gegen 100×), so daß für *pānīm* in ursprünglicher Bedeutung etwa 400 Stellen übrigbleiben. Gliedert man die Stellen mit *pānīm* nach den Verwendungsbereichen des Wortes, so stehen knapp die Hälfte der Belege im Zusammenhang mit Menschen (und Tieren), etwa drei Zehntel in bezug auf Gott (göttliche Wesen) und etwas mehr als ein Fünftel in bezug auf Sachen und Abstrakta.

Das Verbum *pnh* begegnet 134× : q. 116× (Dtn 16×, Ez 13×, Ri, 1Kön, Ps und 2Chr je 8× [exkl. 2Chr 25,23]). pi. 8×, hi. 8× (Jer 5×), ho. 2× ; ferner *pæn* 133× (Dtn 28×, Spr 18×, Gen 17×, Ex 13×, Ps 9×), *p^enīmā* 14× (inkl. *millifnīm* 1Kön 6,29 txt?; 2Chr 29,18 ist von Lis. 1174c nach b zu versetzen), *p^enīmī* 32× (Ez 24×).

III. Bei der Verwendung von *pānīm* sind zu unterscheiden: (1) »Angesicht« im eigentlichen Sinn, (2) in erweiterter Bedeutung »Aussehen« o.ä., (3) »Blick (der Augen«, (4) »Person, jemand«, (5) in übertragener Bedeutung »Vorderseite, Oberfläche« o.ä. und (6) die verschiedenen präpositionalen Verwendungen.

1. a) Im eigentlichen Sinne meint *pānīm* »Angesicht« die Vorderseite des Hauptes/Kopfes eines Lebewesens. Der Begriff bezieht sich gelegentlich auf Tiere (Gen 30, 40; Ez 1,10; 10,14; 41,19; Hi 41,6 txt?; 1Chr 12,9; vgl. auch phön. *pn* in der Kilamuwa-Inschrift, KAI Nr. 24, Z. 11), einigemale auf Himmelswesen (Jes 6,2; Ez 1,6. 10; 10,14.21; 41,18.19; Dan 10,6) oder deren Abbild (Ex 25,20; 37,9; 2Chr 3,13 bei Cheruben; vgl. auch 1Sam 5,3.4 vom Bild Dagons), sonst aber – wenn nicht anthropomorph für das Angesicht Gottes verwendet (s. u. IV.) – auf das Angesicht eines Menschen (z. B. Gen 9,23; 43,31; Ex 34,29.30.35; Lev 13,41; 2Kön 4,29.31; 8,15; Jes 25,8; Ez 1,10; 8,16; 10,14; Hos 2,4; Hi 4,15; 16,16; 24,15; 34,29; zu Spr 27,19 s. die Komm.). Von Städten oder einem Volk wird *pānīm* nur verwendet, wenn sie personifiziert dargestellt werden (Jer 13,26; Hos 2,4; Nah 3,5).

Gemeint ist somit der Teil des Hauptes, mit dem man sieht und der von anderen gesehen wird (vgl. das sum. Ideogramm IGI für »Auge« und »Angesicht« und gr. πρόσωπον »was vorne gesehen wird«). Daher kann *pānīm* außer »Angesicht«, »Vorderseite«, »Oberfläche« und »Person« auch »Blick (der Augen)« meinen; nicht nur Begriffe wie →*rōš* »Haupt, Kopf«, *'appájim* »Nase« > »Gesicht« (→*'af*) und *mēṣaḥ* »Stirn« (Ez 3,8; das Wort 13× im AT), sondern auch *'ēnájim* »Augen« (→*'ájin*) und →*nǽfæš* »Seele« (weil die Augen Spiegel der Selee sind) können als Synonyme eintreten. Als Gegensatz zu *pānīm* kann *'ōræf* »Nacken« verwendet werden (Jer 2,27; 18,17; 32,33).

Die manchmal vorgeschlagene Herleitung des Wortes *pānīm von →pæ »Mund«* (GVG I,333) ist unsicher (vgl. Holma, a. a. O. 13 Anm. 1; GB 646a).

Einigemale begegnet *pānīm* als quantitativer Plural (Jes 13,8; Ez 1,6.8.10; 8,16; 10,22; 41,18).

b) Buchstäbliche Bedeutung hat *pānīm* in folgenden Wendungen: *sbb* hi. *pānīm* »das Angesicht wenden, umkehren« (Ri 18,23; 1Kön 8,14 = 2Chr 6,3; 1Kön 21,4; 2Kön 20,2 = Jes 38,2; vgl. Ez 1,9; in übertragenem Sinne 2Chr 29,6; 35,22); *jrq b^efānīm* »ins Angesicht speien« als Zeichen der Entehrung und grausamen Verhöhnung (Num 12,14; Dtn 25,9; vgl. Jes 50,6; Hi 30,10; Mk 10,34 par.; 14,65 par.; 15,19 par.); *ksh* pi. *pānīm b^eḥēlæb* »das Angesicht mit Fett bedecken« als Zeichen der Wohlbeleibtheit, also »fett werden lassen« (Hi 15,27; vgl. Fohrer, KAT XVI, 275; Horst, BK XVI/1, 231f.; nicht Auflegen von Fett für gewisse zauberische Riten und Gebräuche, so S. Mowinckel, Psalmenstudien I, 1921, 109); *npl 'al pānīm* »sich auf das Angesicht (eines Toten) werfen« (Gen 50,1; vgl. 2Kön 13,14 und Gen 23,3). Oft (25×) meint *npl 'al pānīm* (mit Suffix) »aufs (eigene) Angesicht (zu Boden) niederfallen« (Gen 17,3.17 u.ö.; zu ähnlichen Ausdrücken vgl. →*'af* 3a; →*ḥwh* hišt. 3). Die Wendung bezeichnet den Akt höchster Ehrerbietung bei der Begrüßung (Jos 5,14; 2Sam 9,6, vgl. 1,2; 14,4; 1Kön 18,7; Ruth 2,10; 1Chr 21,16) und beim Gebet (Num 14,5; 16,4.22; Jos 7, 6.10; Ez 11,13; vgl. auch Hi 1,20; 1Sam 5,3.4 Dagon vor der Lade Jahwes); man fällt aber auch aufs Angesicht zu Boden aus Erschrecken vor der Erscheinung der göttlichen Herrlichkeit (Lev 9,24; Num 17,10; 20,6; Ez 1,28; 3,23; 43,3; 44,4), vor einer sonstigen furchterregenden Erscheinung (Ri 13,20; 1Kön 18,39; Dan 8,17; vgl. auch 1Sam 28,20) und beim Erstaunen über die Kundgabe göttlicher Verheißung (Gen 17,3.7).

c) Ebenfalls ist *pānīm* buchstäblich zu verstehen, wenn vom Verhüllen des Angesichts die Rede ist. Dazu diente entweder der Mantel (1Kön 19,13) oder der Schleier (Gen 38,15). Man verhüllt das Angesicht zum Zeichen der Trauer (2Sam 19,5 *lūṭ* »verhüllen«, vgl. BL 403) und bei der Theophanie (1Kön 19,13 *lūṭ* hi.; vgl. im Koran Sure 73,1 und 74,1). Eine verheiratete

Frau, die sich aus sakralen Gründen fremden Männern hingibt, setzt sich verschleiert an den Weg (Gen 38,15 *ksh* pi. »bedecken«). Nach persischer Sitte wurde einem zum Tode Verurteilten das Angesicht bedeckt (Est 7,8 *ḥpḥ* »verhüllen«; vgl. Bardtke, KAT XVII/5,359; anders Reindl, a. a. O. 11). Dagegen meint *str* hi. *pānīm* nicht das Verhüllen des Angesichts, sondern die Abwendung des Blickes (s. u. 3), so bei einer Theophanie (Ex 3,6), vor Schmähungen (Jes 50,6) und bei einem Verachteten, den man nicht anblickt (Jes 53,3; zum theologischen Gebrauch s. u. IV/2d).

2. a) Das Angesicht eines Menschen läßt als »Spiegel der Seele« (vgl. Sir 13,25) auf seine seelische und physische Verfassung schließen, spiegelt daher seine Stimmung, Gesinnung und seinen Gesundheitszustand wider. Deswegen hat *pānīm* in erweitertem Sinne oft die Bedeutung »Ansehen, Aussehen« (Reindl, a.a.O. 10f.; Nötscher, a.a.O. 9f.; Dhorme 42ff.; A.R. Johnson, Aspects of the Use of the Term *pānīm* in the Old Testament, FS Eißfeldt 1947, 155–159). Dabei ist fast immer an lebende Menschen gedacht. Doch wird *pānīm* in diesem Sinne auch von der Leichenstarre verwendet (Hi 14,20); man kann das Gesicht einer Sache wenden (*sbb* pi.), d.h. ihr ein anderes Aussehen geben (2Sam 14,20).

b) Einem trüben Gesicht *(pānīm rā'īm)* sieht man Herzeleid an (Gen 40,7; Neh 2, 2, vgl. V. 3), einem verdrießlichen Gesicht (*pānīm zō'ᵃfīm*) mangelndes Wohlbefinden (Dan 1,10). Heimliches Gerede bringt verdrießliche Gesichter (*pānīm niz'āmīm*, Spr 25,23). Jakob erkennt am Gesicht Labans die Änderung seiner Gesinnung (Gen 31,2.5; zur Deutung von Spr 27,19 vgl. Gemser, HAT 16,97; Dhorme 49; Nötscher, a.a.O. 9 Anm. 2). Auch ohne jeglichen Zusatz meint *pānīm* gelegentlich ein trauriges oder düsteres Gesicht (1Sam 1, 18; Hi 9,27; zu akk. Entsprechungen vgl. Nötscher, a.a.O. 10). Vor Furcht wird das Angesicht totenblaß (Jer 30,6; vgl. Jes 29,22) bzw. verstört (Ez 27,35; zu 2Kön 8,11 vgl. die Komm.) oder entstellt (Hi 14,20). Es kann verlegen werden (Ps 34,6 *ḥpr*; vgl. M.A. Klopfenstein, Scham und Schande nach dem AT, 1972, 177–180) oder »Röte sammeln« (*qbṣ* pi. *pārūr*), d.h. sich verfärben (Jo 2,6; Nah 2,11), entweder so, daß »ansammeln von Röte«, also »glühend, rot werden« (vgl. »Flammengesichter« Jes 13,8), oder umgekehrt »Röte einsammeln, einziehen«, also »(vor Schreck) blaß werden« gemeint ist. In diesem Falle wäre aber eher *'sp* »einsammeln« als *qbṣ* pi. »versammeln« zu erwarten, vgl. Rudolph, KAT XIII/2,52, und für eine andersartige Deutung der erwähnten Stellen R. Gradwohl, Die Farben im AT, 1963,25f.

c) Ein fröhliches Herz macht das Angesicht heiter (Spr 15,13). Ein leuchtendes Angesicht (wörtlich: *'ōr pānīm* »das Licht des Angesichts« Spr 16,15, vgl. 15,30; Hi 29,24) meint die strahlend heitere Miene, die Wohlgesinntheit verbürgt und ganz konkret Leben und Glück für den bedeutet, dem sie gilt (Reindl, a.a.O. 137; zum theologischen Gebrauch der Wendung s. u. IV/2 und →*'ōr* 4b). Die Weisheit eines Menschen macht seine Züge hell (Pred 8,1). Das Öl, das Jahwe samt anderen Gaben den Menschen verleiht, läßt ihr Angesicht vor Zufriedenheit glänzen (Ps 104,15; vgl. auch 1Sam 14,27). Zu den entsprechenden akk. Wendungen vgl. Dhorme 51ff.; Nötscher, a.a.O. 11–13.

d) In den Gesichtszügen äußert sich auch Beschämung oder Mangel jeder Scham. Der stehende Ausdruck *bōšæt pānīm* »Scham des Angesichts« qualifiziert die Schande als eine Sache, deren man öffentlich ansichtig wird, und meint daher Einbuße an öffentlichem Ansehen, also »Gesichtsverlust«, öffentliche Schande oder Beschämung (Jer 7,19; Ps 44,16; Dan 9,7f.; Esr 9,7; 2Chr 32,21; vgl. auch 2Sam 19,6 »du hast all deine Knechte öffentlich beleidigt«; Klopfenstein, a.a.O. 35f. 47f. 66.93.105). Schande, die das Angesicht bedeckt (*kᵉlimmā* Jer 51,51; Ps 69,8; *būšā* Ez 7,18, ursprünglich wahrscheinlich ganz konkret das Schandtuch, vgl. Klopfenstein, a.a.O. 71f.; vgl. *qālōn* Ps 83,17), ist mehr als bloße psychologische Reaktion gegenüber der Umwelt, sondern objektiver Verlust an Prestige (vgl. Zimmerli, BK XIII, 177; vgl. auch Pedersen, Israel I–II, 241f). Die erwähnten Wendungen kommen vor allem im Zusammenhang mit einer durch Feinde herbeigeführten politischen Katastrophe vor, die aber öfters durch Abfall von Jahwe verursacht worden ist. Sie begegnen deswegen besonders in Bußgebeten (Dan 9,7.8; Esr 9,7) und Klageliedern (Ps 44, 16; 69,8; vgl. Jer 51,51), gelegentlich auch in Schelt- und Drohworten (Jer 7,19; Ez 7,18).

Ein hartes Gesicht zeigt derjenige, dem es an Scham, Scheu und Mitgefühl mangelt. Ein Volk, das im Krieg Greise und Kinder erbarmungslos behandelt, ist *'az pānīm* (Dtn 28,50; →*ʿzz*). Mit schamlosem Gesicht (*ʿzz* hi. *pānīm*) nähert sich das sich wie eine gewerbsmäßige Hure gebärdende ehebrecherische Weib einem arglosen jungen Mann (Spr 7,13). Der Gottlose setzt ebenfalls eine freche Miene auf (*ʿzz* pi. *b^e fānīm*, Spr 21,29). Abtrünnige verraten die Verstockung ihrer Herzen dadurch, daß sie ein hartes Gesicht zeigen (*q^e šē fānīm*, Ez 2,4), und machen ihr Antlitz härter als Felsgestein (Jer 5,3). Härte des Angesichts kann auch bei einem Propheten eintreten, wenn er keinerlei weichen Gefühlsschwankungen nachgibt und in seiner Botschaft eine ausweglose Härte zeigt (Ez 3,8f.; vgl. Zimmerli, BK XIII,81). Die sich gegen Furcht und Scham wehrende Härte bzw. Widerstandskraft des Knechtes Jahwes (Jes 50,7) erwächst, anders als bei Ezechiel (Ez 3,8f., vgl. auch Jer 1,18), aus der Bejahung der ihn treffenden Schläge und Schmähungen (vgl. Westermann, ATD 19,187).

3. a) Als Sitz des Sehens kann *pānīm* auch den Blick (der Augen) meinen und daher als Synonym von *ʿēnájim* »Augen« eintreten (z.B. Jes 5,21). So entspricht *pānīm b^e/ʾæl-pānīm* »von Angesicht zu Angesicht« (s. unten IV/1b) der Wendung *ʿájin b^e ʿájin* »Auge gegen Auge« (Num 14, 14; Jes 52,8; vgl. auch Jer 32,4). Der Ausdruck *nśʾ pānīm* (wenn nicht entsprechend akk. *wabālu pānī* »Nachsicht üben« verwendet, dazu s. u.) meint wie *nśʾ ʿēnájim* »den Blick erheben, hin(auf)blicken« (mit *pānīm*: 2Sam 2,22; 2Kön 9,32; vom Schuldigen, der seine Blicke nicht frei zu Gott zu erheben wagt Hi 11,15; 22,26; mit *rūm* hi. Esr 9,6; vgl. Lk 18,13; mit *ʿēnájim*: Gen 13,10.14; 18,2 u.ö., →*ʿájin* 3a[2]). Beide Redensarten sind mit akk. *našū ēnā* »die Augen erheben« gleichbedeutend und meinen wie diese öfters (in Verbindung mit der Präp. *ʾæl*) »liebend (oder sehnend) hinblicken auf« (mit *pānīm* nur von Gott gesagt, Num 6,26; vgl. noch →*nǽfæš* III/3b).

Im Gegensatz zu einem gehobenen Blick, der Heiterkeit, Glück, Freude und Gewißheit zum Ausdruck bringt, steht der gesenkte Blick (Gen 4,5.6; vgl. auch *npl* hi. *pānīm* Jer 3,12 von Gott; Hi 29,24), der Zorn und Unmut bezeugt.

b) Die Bedeutung »Blick (der Augen)« für *pānīm* läßt sich weiter auch durch die synonymen Wendungen *śīm pānīm* und *ntn pānīm* belegen (→*śīm*, →*ntn*). Die Bedeutung beider Ausdrücke wechselt, je nachdem welche Präposition vom Verbum abhängt (Reindl, a.a.O. 110–119). So bedeutet *ntn pānīm ʾæl* »den Blick wohin richten« (Dan 9,3; vgl. 10,15; Gen 30,40), *śīm pānīm* mit Akk. der Richtung »sich begeben nach« (Gen 31,21; vgl. auch *šīt pānīm ʾæl* »sich begeben nach« Num 24,1), *śīm pānīm ʿal* »ins Auge fassen, beabsichtigen« (1Kön 2, 15), *śīm pānīm* in Verbindung mit *l^e* + Inf. cs. »beabsichtigen, etwas zu tun«, vor allem vom Vorhaben einer Reise (2Kön 12,18; Jer 42,15.17; 44,12; Dan 11,17.18Q. 19Q; 2Chr 20,3 *ntn pānīm l^e* + Inf. cs. von der Absicht Josaphats, Jahwe zu suchen; gegensätzlich *sbb* hi. *pānīm* »die Absicht aufgeben« 2Chr 35,22); vgl. auch die abgekürzte Redeweise *dǽræk hénnā p^e nēhæm* »der Weg dorthin ist ihr Ziel« (Jer 50,5) und *pānāw lammilḥāmā* »seine (Sanheribs) Absicht war der Kampf ...« (2Chr 32,2; vgl. EA 295, rev. 9; Dhorme 47; s. auch Hab 1,9 txt?).

Besondere Bedeutung hat *śīm pānīm ʾæl/ ʿal* »das Angesicht richten gegen« in Ez 6,2; 13,17; 15,7 *śūm*; 21,7; 25,2; 28,21; 29,2; 35,2; 38,2 (vgl. 21,2 und *kūn* hi. *pānīm* 4,3.7). Nach Ausweis der Bileamgeschichte handelt es sich bei diesem Ausdruck ursprünglich um den konkreten optischen Kontakt des Propheten mit dem von ihm durch sein mächtiges Wort zu Treffenden (Num 22,41; 23,13; 24,2), wobei alte Vorstellungen von der Wirksamkeit der Berührung mit dem bösen Blick nachwirken. In Ez ist die Redeweise aber verblaßt und der einst selbständige Zug der Zeichenhandlung wird zur Begleithandlung des ausgesprochenen Wortes des Propheten (Zimmerli, BK XIII,143). Wenn es heißt, daß Daniel Gott sein Angesicht zuwandte, um zu beten (*ntn pānīm ʾæl*, Dan 9,3), dürfte auch dieser Wendung ursprünglich der Gedanke des wirklichen Schauens des in der gottesdienstlichen Präsentation sichtbaren sanctissimum zugrunde liegen (Zimmerli, a.a.O.).

Mit *b^e* konstruiert wird die Wendung *śīm* bzw. *ntn pānīm* nur von Gott verwendet (dazu s. u. IV/2).

4. a) Weil das Wesen eines Menschen in seinem Angesicht zum Ausdruck kommt und dieses ihn charakterisiert, kann *pānīm* in erweitertem Sinne auch zur Bezeichnung der ganzen Person eintreten. Geradezu das Musterbeispiel für diese Verwendung von *pānīm* bildet 2Sam 17,11: »Ganz Israel von Dan bis Beerseba soll sich um dich (Absalom) scharen, so zahlreich wie der Sand am Meer; du selbst (*pānǽkā*) wirst dann in ihrer Mitte ziehen!« Vgl. auch Gen 32,21; Jer 49,5 (»jeder für sich«); Hi 40,

13; Spr 27,17 (Benehmen der Person, vgl. Gemser, HAT 16,97).

b) Die Bed. »Person, jemand« scheint auch vorzuliegen, wo von *nkr* hi. *pānīm* »jem. anerkennen, auszeichnen, berücksichtigen« die Rede ist (Spr 28,21). Darum kann *nkr* hi. in dieser Bedeutung auch ohne *pānīm* verwendet werden (Jer 24,5; Ruth 2,10.19; vgl. Jes 61,9; vgl. auch die synonymen Begriffe *jd' pānīm* Spr 27,23, von Tieren gesagt, und *jd'* Spr 12,10; *hdr pānīm* »jem. ehren« Lev 19,32; ni. Klgl 5, 12 und *hdr* q. Ex 23,3). Die Wendung *nkr* hi. *pānīm* ist ursprünglich in der Alltagssprache beheimatet, siedelte dann aber auch in die Rechtssphäre über, allerdings nur so, daß immer mit ausdrücklichen Worten auf die Gerichtsbarkeit verwiesen wird (*bammišpāṭ*) und der Ausdruck in diesem Bereich nur im üblen Sinne verwendet wird als »Partei ergreifen für (den Schuldigen)« (Dtn 1,17; 16,19; Spr 24,23; vgl. 17,15; 18,5; vgl. auch *hdr pānīm* Lev 19,15). Pejorativ ist *nkr* hi. *pānīm*, allerdings als Ausdruck der Alltagssprache, auch in Spr 28,21 verwendet.

Dem Ausdruck *nkr* hi. *pānīm* entspricht in weitgehendem Maße die Wendung →*nś' pānīm*, soweit diese nicht *nś' 'ēnájim* gleichkommt (s.o. 3). Die Wendung gehört ursprünglich nicht zum Bereich des Rechts (gegen I.L. Seeligmann, FS Baumgartner 1967,270ff., und viele andere), etwa so, daß sie andeute, daß der Richter beim Freispruch das Haupt des Angeklagten, der bis dahin auf den Knien mit dem Angesicht zu Boden gelegen hatte, das Haupt erhob. Sie begegnet nur im übertragenen Sinne als »willfahren, begünstigen, Rücksicht nehmen auf, Nachsicht üben« (Gen 19,21; 32,21; Num 6,26; Dtn 28,50; 1Sam 25,35; 2Kön 3,14; Mal 1,8.9; Hi 32,21; 42,8.9; Klgl 4,16; vgl. auch Spr 6,35), entspricht akk. *wabālu pānī* »Nachsicht üben«, ist ebensowenig wie *nkr* hi. *pānīm* für den Rechtsbereich bezeichnend (dazu s.u.) und bildet den Gegensatz zu der ebenfalls in der Alltagssprache beheimateten Wendung *šūb* hi. *pānīm* »jem. zurückweisen, seine Bitte nicht gewähren« (1Kön 2,16.17.20.20; Ps 132,10 = 2Chr 6,42). Die Wendung *nś' pānīm* hat also grundsätzlich nichts zu tun mit *nś'* →*rōš* (transitiv) »zu Ehren bringen« (Gen 40,13.20; 2Kön 25, 27 = Jer 52,31; vgl. akk. *našū rēša*) oder *nś' rōš* (intransitiv) »das Haupt erheben« (Sach 2,4; Hi 10,15; vgl. Ri 8,28; Ps 83,3; gegen Seeligmann, a.a.O. 268f.). Wie *nkr* hi. *pānīm* kann aber auch *nś' pānīm* gelegentlich die ungerechtfertigte Parteiergreifung meinen (vom Richter: Lev 19,15; Spr 18,5; vgl. Hi 13,10; von den Göttern Ps 82,2; von den Priestern Mal 2,9; Gott ist nicht zu bestechen Dtn 10,17; Hi 34,19; 2Chr 19,7).

Der Ausdruck *neśū' fānīm* (2Kön 5,1; Jes 3,3; 9,14; Hi 22,8) ist weder als »Günstling (des Königs)« (so Dhorme 47), noch als »der, der sein Antlitz erheben darf« bzw. »dessen Antlitz (von anderen) erhoben wurde« (Nötscher, a.a.O. 17), sondern als »erhaben von Ansehen«, also als »Angesehener« zu deuten. Es handelt sich um die Bezeichnung für Männer, die in der Gesellschaft eine hervorragende Stellung einnehmen.

c) Weil nach Ausweis der oben erwähnten Stellen *pānīm* als wichtigster Körperteil des Menschen synekdochisch für die ganze Person eintreten kann, wird das Wort auch oft ganz abgeschliffen und ohne besonderen Nachdruck verwendet, oder wird zu einer stilistischen Floskel, die dem Wortlaut eine gewisse Feierlichkeit verleiht (vgl. Ps 42,6.12; 43,5; *ješū'ōt pānaj/pānāw* »mein/sein Heil«; vgl. Reindl, a.a.O. 13; Johnson, a.a.O. 157f.). So kann *pānīm*, vor allem in Verbindung mit einem Personalsuffix, das Personalpronomen ersetzen (mit →*r'h* »sehen, unter die Augen treten« Gen 32,21; 33,10; 46,30; 48,11; Ex 10,28f.; 2Sam 3,13; 14,24.28.32; *r'h pānīm* im Zusammenhang mit der Erwähnung hochgestellter Personen auch »zur Audienz zugelassen werden« Gen 43,3.5; 44,23.26; Ex 10,28 oder »beim Hofe zugelassen werden« 2Sam 3,13; 14,24.28.32). Vgl. auch den stehenden Ausdruck *rō'ē fenē hammǽlæk* »die das Angesicht des Königs sehen« (2Kön 25,19 = Jer 52,25; Est 1,14 von den königlichen Dienern, die ständig in seiner Umgebung sind; vgl. zu den akk. Parallelen Nötscher, a.a.O. 77ff., und Dhorme 48; zum ganzen Reindl, a.a.O. 149f.; mit *bqš* pi. »(auf)suchen« 1Kön 10,24; Spr 29,26, vgl. A.R. Johnson, a.a.O. 158, und *šḥr* pi. *pānīm* »aufsuchen« Spr 7,15; mit *qdm* pi. »entgegentreten«: feindlich Ps 17,13; nicht feindlich Ps 89, 15; 95,2). Gelegentlich kann *pānīm* das Reflexivpronomen umschreiben (*qūṭ* ni. *bifnēhæm* »gegen sich selbst Ekel empfinden« Ez 6,9, vgl. 20,43; 36,31; *'nh befānāw* »gegen sich selbst zeugen« Hos 5,5; 7,10; *r'h* hitp. »sich (im Kampf) konfrontieren« 2Kön 14,8.11).

5. Im übertragenen Sinne meint *pānīm* die dem Betrachter zugewandte Seite eines Gegenstandes, eines Gebietes, einer Menschenansammlung, einer Sache oder eines Geschehens. Von Übertragung läßt sich in diesem Zusammenhang allerdings nur reden, wenn man voraussetzt, daß *pānīm* ursprünglich das Angesicht eines lebenden Wesens, besonders das des Menschen, meint. Dies läßt sich jedoch nicht mit genügender Sicherheit beweisen. Es ist durchaus möglich, daß das Nomen ursprünglich zuallererst »Vorderseite« meinte und dann spezieller »Angesicht« (vgl. akk. *pānum* »Vorderseite«, Plur. *pānū* »Angesicht«).

a) *pānīm* steht so für die Vorderseite einer Buchrolle (Ez 2,10, allerdings adv. im Gegensatz zu *'āḥōr* »Rückseite«), die Front des Tempels (Ez 41,14; 47,1 u.ö.), die Vorderseite eines Tores (Ez 40,6.15.20. 22.44; 42,15; 43,4), der Tempelzellen (Ez 40,45f.), des Vorhangs (Lev 4,6.17), des Leuchters im Heiligtum (Num 8,2.3), den Eingang eines Zeltes (Ex 26,9; Num 17,8; 19,4), die Öffnung eines Brunnens (2Sam 17,19), oder für die Scheibe des Vollmondes (Hi 26,9 txt em). Es meint aber auch die Schneide des Schwertes (Ez 21,21) oder eines Werkzeuges (Pred 10,10). Man kann das Aussehen einer Sache wenden, d.h. der Sache ein anderes Gesicht geben (2Sam 14,20). Gelegentlich ist die Rede vom *pānīm* der Schlacht, d.h. von der vordersten Front (2Chr 13,14; vgl. 2Sam 11, 15) bzw. von der gegnerischen Front (2Sam 10,9 = 1Chr 19,10). Dementsprechend meint *pānīm* auch die Vorhut (Jo 2,20; vgl. Reindl, a.a.O. 14; Nötscher a.a.O. 5).

b) Besonders in Verbindung mit Begriffen wie Land, Erde, Meer, Himmel meint *pānīm* »Oberfläche«, vor allem in der Verbindung *'al-pᵉnē* (s.u. 6). Als Synonym tritt gelegentlich →*'ájin* (3d) »Auge« ein. Ohne *'al* ist im AT die Rede von der Oberfläche der Urflut (Hi 38,30), des Ackerbodens (Gen 2,6; 8,13; Jes 28,25; Ps 104,30), der Erde (Jes 14,21; 27,6) und der mit Unkraut bedeckten Fläche eines Weinbergs (Spr 24,31).

6. In sehr vielen Fällen (s. o. II.) ist *pānīm* im st. cs. mit einer Reihe von Präpositionen so eng verbunden, daß der Begriff öfters seinen nominalen Charakter verloren hat und zu einer neuen präpositionalen Wendung geworden ist. Es handelt sich dabei um Verbindungen mit *lᵉ* (s.u. a), *min+lᵉ* (=*millᵉ-*), *min*, *'al* (s.u. b), *min+'al* (=*mē'al*), *'æl*, *bᵉ*, *(mē)'ēt*, *min+mūl* (=*mimmūl*), *'æl-mūl*, *min+'im* (=*mē'im*), *nōkaḥ*, *nægæd*, *'al/'æl-'ēbær* und *lᵉ'ummat*. Zur Verwendung dieser Präpositionen in Verbindung mit *pānīm* s. vor allem GB 647–649; Reindl, a.a.O. 17–52.

a) Die Präp. *lifnē* »vor (dem Angesicht von)«, bei Verben der Bewegung »vor (das Angesicht) hin«, »vor (dem Angesicht) her«, wird in lokalem Sinne verwendet »um in allen Fällen eine genaue Ortsangabe zu gewährleisten, weil *lᵉ* allein zu vieldeutig ist« (Reindl, a.a.O. 19), vgl. Ex 7,9.10; Num 3,38; 1Sam 8,11; 14,13 u.ö.

Zum Ausdruck *'md lifnē* vgl. →*'md* 4c. Oft begegnet *lifnē* bei Verben der Bewegung, vgl. →*ntn*, →*hlk*, →*jrd*, →*'br*, auch in übertragenem Sinne: *śīm lifnē* vom Vorlegen des Gesetzes (Ex 19,7; 21,1), besonders in der dtn.-dtr. Lit. als *ntn lifnē*, →*ntn* III/3d.

In Verbindung mit Ortsnamen meint *lifnē* öfters »gegenüber« (Gen 23,17; Ex 14,2.9; Num 33,7.47 u.ö.) und alterniert in diesem Sinne mit *'al-pᵉnē*.

In Verbindung mit Personen meint *lifnē* (wie *lᵉ'ēnē*) öfters »vor den Augen von«, »in Gegenwart von« (Ex 4,21; 11,10; Dtn 25,2; 1Sam 19,24; 2Kön 5,3; 25,29), dann auch »unter Aufsicht von« (Num 8,22; wie *'æt-pᵉnē* 1Sam 2,11.18).

Auffällig ist die Verwendung von *lifnē* in militärischen Ausdrücken (vgl. akk. *lapān* bei Verben des Fliehens, AHw 534b und ug. UT 1012,29 *lpn ib* »dem Feind [preisgeben]«), so →*qūm lifnē* »standhalten vor« (Lev 26,37; Jos 7,12.13), *jṣb* hitp. *lifnē* »standhalten vor« (Dtn 9,2), →*'md lifnē* »standhalten vor« (Ri 2,14); →*nūs lifnē* »fliehen vor« (Jos 7,4; 2Sam 24,13), *pnh lifnē* »fliehen vor« (Ri 20,42), *npl lifnē* »fallen vor« (1Sam 14,13; 2Sam 3,34; vgl. Jer 19,7; →*jṣ' lifnē* »ausziehen gegen« (1Chr 14,8; 2Chr 14,9), *ngp* ni. »geschlagen werden« (Lev 26, 17; 1Sam 4,2; 7,10; 2Sam 10,15.19 u.ö.), jeweils im Zusammenhang mit der Erwähnung eines Gegners. Da dieser manchmal mit dem Namen einer einzelnen Person angedeutet ist (vgl. Ri 4,15; 1Sam 14,13), meint *pānīm* hier kaum »Front (des Feindes)«, sondern vielmehr »(vor den) Augen (des Feindes)«.

Sehr oft wird *lifnē* im temporalen Sinne verwendet (Gen 13,10; 27,7.10; 29,26; 30, 30; 36,31; 50,16; Num 13,22; Dtn 33,1; 1Sam 9,15; Jes 18,5 u.ö.). Adv. meint *lᵉfānīm* dementsprechend »früher« (Dtn 2,10; Jos 11,10 u.ö.).

Wie *lᵉ'ēnē* (Dtn 4,6) und *bᵉ'ēnē* (Gen 19, 14; 21,11; 28,8 u.ö.) meint *lifnē* gelegentlich »in den Augen von«, d.h. »nach dem Urteile von, nach Ansicht von« (Gen 10,9; 1Sam 20,1; 2Kön 5,1; Jer 33,24; Ps 19,15; Spr 14,12; Pred 9,1), besonders in Verbindung mit Begriffen wie *raḥamīm* »Erbarmen« (Gen 43,14; 1Kön 8,50; Ps 106, 46; Dan 1,9; 2Chr 30,9), »Gunst und Gnade« (Est 2,17), »Wohlgefallen« (Ex 28, 38; Lev 1,3) und in der Wendung *jṭb lifnē* »es scheint (ihm) gut« (Neh 2,5f.).

Manchmal meint *lifnē* auch »zur Verfügung von« (Gen 13,9; 24,51; 34,10; 47,18; Jer 40,4) oder »zugunsten von«, »im Dienste von« (Gen 24,12; 27,20; 2Kön 5,2; Jes 42,16; Est 2,23; vgl. auch Spr 22,29 und *hlk* hitp. *lifnē* »im Dienste jemandes verkehren« (1Sam 12,2; Ps 116,9).

Wie *mippenē* scheint *lifnē* manchmal kausale Bedeutung zu haben, so Jo 3,4 (»wegen«, »angesichts« statt »bevor«, »ehe«, vgl. 2,10f.).

Schließlich ist *lifnē* manchmal Ausdruck der Reverenz, so in devoter Sprechweise wie »reden vor dem Angesicht Jahwes« (Ex 6,12.30, vgl. Beer, HAT 3,42).

b) Die Präp. *ʿal-penē* (vgl. Reindl, a.a.O. 40–46; GB 649) meint in Verbindung mit Begriffen wie *ʾadāmā* »Erdboden, Ackerboden« (Gen 6,1.7; 7,4; 8,8 u.ö.), *ʾæræṣ* »Erde», »Land« (Gen 7,3; 8,9; 11,4.8.9 u.ö.), *májim* »Wasser« (Gen 1,2; 7,18 u.ö.), *tehōm* »Urflut« (Gen 1,2 usw.) »auf (der Oberfläche von)« bzw. »auf/über (die Oberfläche) hin«. Hierher gehört auch *ʿal-penē* im Sinne von »auf der Vorderseite (Oberfläche) von«, so beim der Erde zugekehrten Firmament (Gen 1,20), bei Gebäuden (1Kön 6,3; 2Chr 3,17), beim Wind (Ps 18,43 »wie Staub vor dem Wind«). In Lagebeschreibungen von Örtlichkeiten meint *ʿal-penē* »gegenüber« (Gen 23,19; 50,13 u.ö.; vgl. Reindl, a.a.O. 43; GB 649; nicht immer »östlich«).

In Beziehung auf Personen meint *ʿal-penē* sehr oft »vor bzw. unter den Augen von« (Ex 20,20, anders Reindl, a.a.O. 41; Lev 10,3; Dtn 11,4; Jer 6,7; Ps 9,20; mit *ʿbr* »vor jem. vorüberziehen« Gen 32,22; Ex 34,6; 2Sam 15,18; vgl. Ex 33,19). »Vor den Augen von« führt zur Bedeutung »unter Aufsicht von« (Num 3,4b) und »zu Lebzeiten von« (Gen 11,28; vgl. E.A. Speiser, Genesis, 1964, 78; U. Cassuto, A Commentary on the Book of Genesis II, 1964, 271; GB 649).

Ebenfalls in Beziehung auf Personen meint *ʿal-penē* gelegentlich »auf Kosten von«, »zum Nachteil von« (Gen 25,18; Dtn 21,16; wohl auch Gen 16,12, so Speiser, a.a.O. 118.188; Gunkel, Gen. 188, O. Procksch, Die Genesis, [3]1924, 112, und von Rad, ATD 3,[9]148: »seinen Brüdern sitzt er auf der Nase«), ferner auch im feindlichen Sinne »in Richtung auf jem. hin« (Ps 21,13). Hi 1,11; 6,28; 21,31 entspricht *ʿal-penē* dem präpositionalen Ausdruck *ʾæl-penē*, vgl. 2,5 »ins Gesicht hinein, offen, unerschrocken« (Reindl, a.a.O. 49f.).

IV. »Wenn vom ›Angesicht Gottes‹ gesprochen wird, dann verbinden sich damit zwar höchst unterschiedliche Vorstellungen und Aussagen, man gebraucht das Wort jedoch in keinem anderen Sinne als vom Menschen auch ... In der Verwendung des Wortes *pānīm* tauchen die gleichen Aspekte und die gleichen Bedeutungsnuancen auf, es ergeben sich dieselben metaphorischen Verwendungen und die gleiche Aufweichung der konkreten Bedeutung bis zur Sinnentleerung« (Reindl, a.a.O. 198). Zwar lassen bestimmte, mit *pānīm* zusammengesetzte Ausdrücke eine Bevorzugung im religiösen oder im profanen Sprachgebrauch erkennen, »diese Bevorzugung oder Spezialisierung hat jedoch in keinem Fall zur Ausprägung eines eigenen Begriffes ›Angesicht Gottes‹ geführt, der sich deutlich gegenüber den anderen Verwendungen abgrenzen ließe« (ebd. 198). Der Begriff »Angesicht Gottes« ist somit im AT nicht zu einem theologischen Begriff verselbständigt worden, sondern existiert nur als Redeweise (ebd. 200). Dabei handelt es sich um Stellen, an denen »Angesicht Gottes« Subjekt einer Aussage ist (IV/1) oder Objekt, entweder einer Handlung Gottes (IV/2), oder eines Menschen (IV/3), um präpositionale Verbindungen (IV/4) und um die Wendung *læḥæm pānīm* »Brot des Angesichts« (IV/5).

1. a) Eine ausgeprägte theologische Bedeutung von *penē Jhwh* »Angesicht Jahwes« wäre noch am ehesten an den wenigen Stellen zu vermuten, wo die Wendung handelndes Subjekt einer Aussage ist (Ex 33,14; Dtn 4,37; Jes 63,9; Klgl 4,16).

Das von schwierigen literarkritischen Problemen belastete, aus verschiedenen (sich mit dem Thema der Gegenwart Gottes inmitten seines Volkes befassenden) Stücken zusammengesetzte Kapitel Ex 33 spricht zunächst davon, daß Jahwe seinem Volk einen Boten (→*malʾāk*) mitschicken, selbst aber nicht mitziehen wolle. V. 12-17 (aus anderer Quelle!) heißt es jedoch, daß Jahwe nach wiederholten Vorstellungen des Mose verspricht: »Mein Angesicht (*pānaj*) soll also mitziehen, und ich will dir Ruhe verschaffen« (V. 14, vgl. auch V. 15). Aus V. 16 geht hervor, daß es sich bei *pānīm* nicht um einen Repräsentanten Jahwes handeln kann (vgl. »daran, daß du [mit uns] ziehst«), sondern nur um die persönliche Gegenwart Gottes, wie denn auch *pānīm* 2Sam 17,11 in profaner Verwendung und in gleicher Verbindung mit *hlk* »(mit)-gehen« die persönliche Gegenwart eines Menschen (Absalom) inmitten seines Volkes bezeichnet. Sinngemäß gibt daher auch LXX *pānīm* Ex 33,14.15 mit αὐτός wieder. Als eine »Erscheinungsform des überirdischen Gottes« (Beer, HAT 3,159; vgl. Noth, ATD 5,211f.; J.P.Hyatt, Exodus, 1971,316: »the presence of Yahweh is in the angel who goes before them«) ist *pānīm* hier also nicht zu deuten (vgl. Reindl, a.a.O.64; Nötscher, a.a.O.47–49).

Dementsprechend spricht auch Jes 63,9 davon, daß »nicht Bote (l *ṣīr*) und nicht Engel«, also nicht ein Mittelwesen, sondern daß »er (Jahwe) selbst« (*pānāw*) seinem Volke geholfen hat (Westermann, ATD 19, 308; Nötscher, a.a.O. 51; ausführliche Begründung bei Reindl, a.a.O.80–84; anders etwa B.Duhm, Das Buch Jesaja, ^{5}1968, 466: »Vertreter, Repräsentant, Resident der Gottheit«). Daß *pānīm* hier eine vom Boten oder Engel zu unterscheidene Erscheinungsform Jahwes darstelle, wird weder durch den Textzusammenhang noch durch die uns bekannten Pentateuchtraditionen nahegelegt, weil in letzteren im Zusammenhang mit dem Auszug aus Ägypten von einem als *pānīm* bezeichneten Repräsentanten Jahwes nirgends die Rede ist (die öfters zum Vergleich herangezogene Stelle Ex 33,14 bezieht sich auf die Führung in der Wüste und befürwortet auch für sich genommen eine Deutung von *pānīm* als Mittelwesen nicht, s.o.).

Auch Dtn 4,37 ist nicht davon die Rede, daß Jahwe Israel aus Ägypten mittels eines Repräsentanten herausgeführt habe. Dies geschah vielmehr »durch sein persönliches Eingreifen« (*b*^{e}*pānāw*), vgl.V.34 und LXX αὐτός (Reindl, a.a.O.76–79; Nötscher, a.a.O.49f.; anders C.Steuernagel, Das Deuteronomium, ^{2}1923,69: »die *pānīm* Jahwes ist seine Erscheinungsform und sein irdischer Repräsentant«; ähnlich A.Bertholet, Deuteronomium, 1899,19f., vgl. auch von Rad, ATD 8,35).

Zur Hervorhebung seines persönlichen Handelns kann *p*^{e}*nē Jhwh* auch Klgl 4,16 verwendet sein (so Reindl, a.a.O.85–88; Kraus, BK XX, 66; Plöger, HAT ^{2}18,155; Rudolph, KAT XVII/3,246.249; Weiser, ATD 16,351), obgleich die Möglichkeit, daß die Wendung in diesem Zusammenhang den »Zornesblick Gottes« meint (vgl. unten 2c und Nötscher, a.a.O. 39) nicht auszuschließen ist.

Falls Jes 27,3 statt des überlieferten *pæn jifqōd* nicht *pæn jippāqēd* »damit man nicht heimsuche« (so BH^{3}; BHS; M.L. Henry, Glaubenskrise und Glaubensbewährung in den Dichtungen der Jesajaapokalypse, 1967,195; Kaiser, ATD 18,179), sondern *pānaj pōqēd* (so W. Rudolph, Jesaja 24–27, 1933, 23; E.S. Mulder, Die Theologie van die Jesaja-Apokalipse, 1954, 58) zu lesen ist, läge auch an dieser Stelle ein Beispiel der Verwendung von *pānīm* in der oben erwähnten Bedeutung vor (»ich selbst kümmere mich um ...«).

An all diesen Stellen handelt es sich also nicht um einen Begriff, durch den Gottes Gegenwart mittels eines als *pānīm* bezeichneten Mittelwesens (etwa ähnlich dem Boten Jahwes) angedeutet wäre, sondern um eine dem profanen Gebrauch von *pānīm* entsprechende, die persönliche Anwesenheit zum Ausdruck bringende Redeweise. Daß Ex 33,14.15 (und an den anderen erwähnten Stellen) das »Angesicht Jahwes« geradezu verselbständigt erscheine und »im ›Angesicht‹ die verzehrende Heiligkeit, die das sündige Volk nicht zu ertragen vermöchte, in gewissem Sinne mediatisiert ist« (so W.Zimmerli, Grundriß der atl. Theologie, 1972,61), will daher nicht überzeugen und kann auch nicht durch das auf einigen karthagischen Votivstelen begegnende, der weiblichen Gottheit Tinnit beigelegte Epitheton *pn b'l* begründet werden. Die exakte Bedeutung dieser Formel ist immer noch umstritten. Man hat daran gedacht, daß die Benennung Tinnit von einer anderen Göttin gleichen Namens unterscheiden will, daß sie die Aufstellung ihres Kultbildes »vor Baal« bezeichne, oder auch, daß damit angedeutet sei, daß Tinnit die Gattin Baals oder wesensmäßiges Abbild der männlichen Gottheit sei (vgl. KAI II,96). Nach W.F.Albright, Yahweh and the Gods of Canaan, 1968,117f., meint *tnt pn b'l* »Glory of the Face of Baal« (*tnt* > *tmnt*, vgl. Ps 17,5; ebd. 37 Anm. 86).

b) Die Wendung *pānīm 'æl-pānīm* »von Angesicht zu Angesicht« (Gen 32,31; Ex 33,11; Dtn 34,10; Ri 6,22; Ez 20,35) bzw. *pānīm b*^{e}*fānīm* (Dtn 5,4) dient zur Darstellung des unmittelbaren und persönlichen Verhältnisses zwischen Gott und seinen Erwählten (Reindl, a.a.O.70–75; Nötscher, a.a.O. 54f.; s. auch oben III/3a zu *'ājin b*^{e}*'ājin* und →*pæ̅*). Von »Angesicht zu Angesicht« redete (*dbr* pi.) Gott mit Mose Ex 33,11 (»wie einer mit seinem Freunde redet«; E) und ebenso persönlich verkehrte (*jd'*) Gott mit ihm Dtn 34,10. Demgemäß wird die prophetische Würde Moses von der Aarons und Mirjams abgehoben, indem es Num 12,8 (J bzw. L) heißt, Jahwe habe mit Mose »von Mund zu Mund« geredet, und dieser sei der Gestalt Jahwes ansichtig geworden (vgl. auch Ex 34,29–35). Ein gewisser Widerspruch zu dieser altertümlichen Vorstellung, bei der Mose »mit einer ans Mythische grenzenden Würde begnadet« ist (O. Eißfeldt, Israels Führer in der Zeit vom Auszug aus Ägypten bis zur Landnahme, FS Vriezen 1966,63), liegt Ex 33,12–23 (J) vor, wo Mose das Schauen des Angesichts Gottes (*pānīm*) und seiner Herrlichkeit (*kābōd*) versagt wird (»denn kein Mensch kann mich sehen und am Leben bleiben«, Ex 33,20; vgl. Gen 32,21; Ri 6,23; vgl. Nötscher, a.a. O. 22–25.43–47) und er nur die Rückseite Jahwes zu sehen bekommt. In anderen sagenhaften Erzählungen wird der Himmlische, den ein Mensch »von Angesicht zu Angesicht« zu sehen bekam, als *'īš* »Mann« (Gen 32,25 J bzw. L), als *'ælōhīm* »göttliches Wesen« (Gen 32,31 J bzw. L) oder als »Bote Jahwes« bezeichnet. An anderer Stelle liegt gewiß übertragener Gebrauch der Wendung vor, wie aus dem Vergleich zwischen Dtn 5,4 (»von Angesicht zu Angesicht hat Jahwe mit euch auf dem Berg aus dem Feuer heraus geredet«) und Dtn 4,12.15 (V.12 »aber eine Gestalt konntet ihr nicht wahrnehmen, sondern nur eine Stimme«; V.15 »ihr habt... keinerlei Gestalt gesehen«) hervorgeht. Unmittelbarer Verkehr Gottes mit seinem Volke ist aber Jes 52,8 und Ez 20,35f. gemeint.

2. Zahlreich sind die Stellen an denen »Angesicht Gottes« als Objekt einer Aussage erscheint. Dabei kann es sich entweder um *pānīm* als Objekt einer Handlung Gottes oder um das einer menschlichen Tätigkeit handeln (s.u. 3). In all diesen Fällen liegen Verwendungen in übertragener Bedeutung vor, bei denen also nicht eine Aussage über das Angesicht Gottes als solches, sondern über Gottes Verhältnis zum Menschen oder des Menschen Verhältnis zu ihm gemacht wird. Sämtliche Redewendungen lassen sich aus der Profansprache erklären oder entsprechen Ausdrücken, die in der Umwelt Israels üblich waren.

a) In den Aussagen, in denen »Gottes Angesicht« als Objekt einer Handlung erscheint, handelt es sich um die Zuwendung seines Gnade bzw. Leben spendenden oder Unheil bringenden Blickes. In babylonischen Gebeten kommt häufig die Bitte »sieh mich gnädig an« vor. Der Sache nach meint der gute Blick der Gottheit im Gegensatz zur schädlichen Wirkung des bösen Blickes von Dämonen und Menschen die gnadenvolle göttliche Zuwendung zum Beter und ist daher mit Erhörung identisch (vgl. etwa »dein Blick ist Erhörung, dein Wort ist Licht« in einem Gebet an Ištar, s. B.A. van Proosdij, L.W. King's Babylonian Magic and Sorcery, 1952, 62–63, und vor allem Nötscher, a.a.O. 119–126, wo weitere Beispiele angeführt werden). Der gnädige Blick der Gottheit meint Erbarmen und Fürsorge für Personen und Sachen (Tempel, Land), so daß diese nicht dem Verderben anheimfallen (Belege bei Nötscher, a.a.O. 122; für sum. Parallelen ebd. 123f.), sie wirkt das Leben bzw. (für den König) eine lange Regierungszeit (ebd. 124–126). Dagegegen führt der zornige Blick der Gottheit zum Verderben. Unglück trifft ein, wenn sie ihren Hals, ihr Angesicht oder sich selbst abwendet, vgl. etwa »wie lange ist dein Angesicht (noch) abgewandt?« in einem Gebet an Ištar, vgl. St. H. Langdon, Sumerian and Babylonian Psalms, 1909, 268; Nötscher, a.a.O. 121; vgl. auch Ps 13,2).

»Das Licht des Antlitzes« (akk. *nūr pānī*) verrät die Gesinnung des Wohlwollens und des Gunsterweises und meint so die gewährte Gunst (Dhorme 53; vgl. ug. *wpn špš nr by m'd* »das Angesicht der Sonne (= des Königs) leuchtete sehr auf mich«, PRU II,15 = UT 1015,9–10; vgl. auch UT 117,17 und Reindl, a.a.O. 278 Anm. 369, weiter L.R. Fischer, Ras Shamra Parallels I,1972,55–56). Dasselbe kann gemeint sein, wenn die Gottheit ihre Augen erhebt (vgl. Nötscher, a.a.O. 142f.; zum profanen Gebrauch der Wendung oben III/3a).

Entsprechende Wendungen im AT lassen sich daher aus altorientalischem Sprachgut erklären, wo sie schon lange in der Kult- und Gebetssprache verwurzelt waren. Daß die erwähnten Ausdrücke insgesamt ihren Ausgang aus der Profansprache bzw. aus der des königlichen Hofes genommen haben, wird dadurch nahegelegt, daß sie alle auch Elemente der Alltagssprache bilden, auch die Wendung »leuchtendes Angesicht«, die daher nicht von astralen Erscheinungen herzuleiten ist (wie J. Boehmer, Gottes Angesicht, 1908,331–337, vorgeschlagen hat; s. dazu Reindl, a.a.O. 143f.; vgl. auch Dhorme 51f.; Nötscher, a.a.O. 11ff.). Aus diesen Ausdrücken läßt sich daher nicht begründen, daß die »Vorstellungswelt und Sprachformen der Psalmen von der Theophanie als dem Mittelpunkt kultischen Heilsgeschehens und -erlebens her bestimmt sind« (gegen A. Weiser, FS Bertholet 1950,519). Weil in den einschlägigen atl. Wendungen (»das Angesicht erheben«, »leuchten lassen«,

»richten gegen«, »abwenden«, »senken«) *pānīm* der Sache nach den Blick Gottes meint, sind entsprechende Wendungen mit *'ēnájim* (»Augen«, →*'ájin*) öfters nachzuweisen.

b) Im aaronitischen Segen Num 6,26 meint *nś' pānīm* »das Angesicht erheben« (ähnlich wie akk. *našū ēnā*) liebendes Hinblicken und bezieht sich auf die göttliche Gewährung konkreter Heilsgüter (Reindl, a.a.O. 130). Gleiche Bedeutung hat der ebenfalls im aaronitischen Segen Num 6,25 und Ps 31,17; 67,2; 80,4.8.20; 119,135; Dan 9,17 verwendete Ausdruck *'ōr* hi. *pānīm* »das Angesicht leuchten lassen«. Aus diesem göttlichen Akt ergibt sich die Gewährung von Segen (Ps 67,2) und Rettung (31,17; 80,4.8.20), die Wiederherstellung des »verwüsteten« Heiligtums (Dan 9,17) und (vergeistigt) die Erlangung des Heilsgutes der Erkenntnis der Satzungen Jahwes (Ps 119,135); vgl. auch substantivisches *'ōr pānīm* »Licht des Angesichts«: profan vom König Spr 16,15 als lebenspendende Huld, vgl. auch Spr 14,35; 19,12; von Hiob Hi 29,24 txt? (vgl. Fohrer, KAT XVI,401.403) als Wohlgesinntheit, vgl. V. 25; von Gott Ps 44,4 als machtvolles und rettendes Handeln; Ps 89,16 vom »Wandeln« in Gottes heilbringender Gegenwart; zu Ps 4,7 txt? vgl. die Komm.; zu den erwähnten Stellen s. die ausführliche Erörterung bei Reindl, a.a.O. 127–145.

c) In Verbindung mit der Präp. *bᵉ* werden die Wendungen *ntn pānīm* und *śīm pānīm* »das Angesicht richten gegen« nur von Gott gebraucht (vgl. ug. *wbhm pn b'l* UT 75 I,33, das M. Dahood, Psalms I, 1966, 133, mit »and with them was the fury of Baal« übersetzen möchte, das aber eher eine Parallele zu Ps 34,17 bildet, s. I. Engnell, Studies in Divine Kingship in the Ancient Near East, ²1967, 126 Anm. 4, und hiernach). Die beiden synonymen Ausdrücke (Ez 15,7!) sind charakteristisch für das Heiligkeitsgesetz (Lev 17,10; 20,3.6; 26,17, bzw. Lev. 20,5) und Ez (14,8; 15, 7a bzw. 15,7b); weiter nur Jer 21,10; 44,11 (*śīm pānīm*, allerdings mit der Erweiterung *lᵉrā'ā* »zum Bösen«), vgl. Dhorme 44; Nötscher 128–131; Reindl 110. Die Wendungen bilden immer die »Einleitungsformel zum Urteilsspruch«: Diese Formel »behauptet ihren Charakter auch dort, wo sie von ihrem eigentlichen Ort im sakralen Recht in prophetische Gerichtsrede übernommen wird. Sie kündigt stets das kommende Urteil an: ›Ausrottung‹ (Bann), Preisgabe (im umfassenden Sinn oder speziell an einen Feind), Vernichtung« (Reindl, a.a.O. 119). Der Begriff *pānīm* steht in diesen Wendungen für den strafenden Zorn des richtenden Gottes (vgl. auch Ps 34,17; s. dazu Dhorme 47), aber diese Bedeutung ist hier nicht durch *pānīm* als solches, sondern durch die Präp. *bᵉ* bedingt (vgl. Ps 34,16, wo *'ēnájim* keine andere Bedeutung als *pānīm* V. 17 hat, aber *'æl* die huldvolle Gesinnung Jahwes zum Ausdruck bringt; vgl. auch die Erweiterung *lᵉrā'ā* »zum Bösen« Jer 21,10; 44,11, dazu Dhorme 44 und Am 9,4).

Ähnlich wie in profaner Verwendung (vgl. oben III/2) kann *pānīm* zwar allein schon den Zornesblick Jahwes meinen (Ps 21,10, vgl. Ps 9,4; 80,17; Jer 4,26; s. Nötscher, a. a. O. 39). Ps 80,17 ist die Bedeutung von *pānīm* aber durch *ga'ªrat* »Drohen«, Pred 8,1 durch *'ōz* »Härte« bedingt (anders M. Dahood, Psalms I, 1966, 133.207 und Bibl 44, 1963, 548). Zu Klgl 4,16 s. o. 1a.

d) Der Kontakt Gottes zu den Menschen wird abgebrochen, wenn er »seinen Blick verbirgt« (→*str* hi. *pānīm*), »abwendet« (*sbb* hi. *pānīm*), »entfernt« (→*sūr* hi. *pānīm*), »sein Gesicht nicht zeigt« (*lō r'h* hi. *pānīm*) oder »seinen Blick senkt« (*npl* hi. *pānīm*).

Die auch in profaner Verwendung benutzte Redeweise vom »Verbergen« bzw. »Verhüllen« des Angesichts (Ex 3,6; Jes 50, 6; 53,3) meint nicht das Bedecken des Angesichts, etwa mit einem Mantel (dafür gibt es andere Ausdrücke im Hebr., vgl. oben III/1c), sondern das Verbergen des Blickes, so daß die Beziehung zu einer Person oder einer Sache gelöst wird, vgl. Jes 59,2 (»eure Sünden sind es, die zwischen euch und Gott trennen! Und eure Frevel, sie verdecken den Blick [Jahwes] vor euch, so daß er nicht hört«). Die Wendung entspricht *'lm* hi. *'ēnájim* »die Augen verdecken, untätig bleiben, vernachlässigen, nicht helfen« (profan: Lev 20,4; 1Sam 12,3; Ez 22,26; Spr 28,27; von Gott: Jes 1,15; vgl. Ps 10,1) und *'lm* hi. *'ōzæn* »das Ohr verbergen« (Klgl 3,56). Somit kommt der Ausdruck *str* hi. *pānīm* völliger Abwendung von einer Person oder einer Begebenheit gleich (vgl. die ständige Übersetzung der LXX ἀποστρέφειν τὸ πρόσωπον und akk. *suḫḫuru pānī* »das Angesicht (ab)wenden«; s. Nötscher, a.a.O. 133). Die theologische Bedeutung von *str* hi. *pānīm* steht deswegen nicht im Gegensatz zum profanen Sprachgebrauch, weil sich auch dort mit der Wendung nicht in erster Linie der Gedanke des Schutzes, sondern des Abwendens verbindet (gegen Reindl, a.a.O. 91.107).

Die von Dahood, a. a. O. 64, vorgeschlagene Herleitung von *histīr* in der Wendung *histīr pānīm* von *sūr* »abwenden« (Hi. mit infigiertem *t*) wird, abgesehen von der Frage, ob derartige infigierte Formen im Hebr. des AT für möglich zu halten sind, durch den synonymen Ausdruck *'lm* hi. *'ēnájim* widerraten. Vgl. auch S.B. Wheeler, The infixed *-t-* in Biblical Hebrew, The Journal of the Ancient Near Eastern Society of Columbia University 3/1, 1970/71, 28–31, der Dahoods These ablehnt.

Weil der Mensch, wie alle Lebewesen (Ps 104,29), nur von der Gnade des zugekehrten Angesichts bzw. Blickes Gottes leben kann (Num 6,25f.), muß er am abgewendeten Blick Gottes zugrunde gehen. Deswegen ist die Redewendung *str* hi. *pānīm* charakteristisch für die Klage, indem der Beter Jahwe anfleht, für ihn seinen gnadenspendenden Blick nicht zu verbergen. Nach Ausweis der parallelen Versglieder ist damit gemeint, Jahwe möge ihn erhören (Ps 102,3; vgl. 22,25), ihm antworten (69,18; 143,7), ihn nicht vergessen (13,2; 44,25; vgl. 10,11), ihn nicht verstoßen (88, 15), ihn nicht verwerfen und nicht im Stich lassen (27,9) und ihn nicht als seinen Feind betrachten (Hi 13,24). Diese Abwendung Jahwes ist nicht durch einen Willkürakt Gottes, sondern durch die menschlichen Sünden, die seinen Zorn hervorgerufen haben, bedingt (Dtn 31,17; 32,20; Jes 8,17; 54,8; 59,2; 64,6; Jer 33,5; Ez 39,23.24.29; Mi 3,4; Hi 13,23f.; 34,29). Eben weil die Sünden den Zorn Jahwes entfachen, kann der Beter ihn anflehen, seinen Blick vor den begangenen Missetaten zu verbergen, also sie nicht zu beachten (Ps 51,11, vgl. 39,14). Sonst ginge der Beter der heilsamen Fürsorge Jahwes verlustig (Ps 13,2ff.), er geriete in Bestürzung (30,8, vgl. 104,29) und entbehrte der Lebenskraft (143,7, vgl. 13,4). Zu all diesen Stellen im einzelnen s. Reindl, a.a.O. 90–109, und L. Perlitt, Die Verborgenheit Gottes, FS von Rad 1971, 367–382.

Jeweils nur einmal heißt es, daß Gott sein Angesicht »abwendete« (Ez 7,22) oder es »entfernte« (2Chr 30,9). Erstgenannte Wendung ist in der Profansprache geläufig (Ri 18,23; 1Kön 8,14; 2Chr 29,6 u. ö.) und bildet den Gegensatz zu »den Rücken kehren« (*ntn 'ōræf*, 2Chr 29,6). Ihre Bedeutung entspricht der Sache nach *str* hi. *pānīm*, nur steht hier *pānīm* fast stellvertretend für die ganze Person. Dagegen dürfte *sūr* hi. *pānīm* eher »jemandem den Blick (die Beachtung) entziehen« meinen. Eine direkte Parallele in der Profansprache fehlt für diesen nur einmal belegten Ausdruck, vgl. aber *mēsīr 'oznō* »wer sein Ohr (dem Hören der Weisung) entzieht« Spr 28,9.

Gleichbedeutend mit den erwähnten Wendungen heißt es, daß Gott in seinem Zorn seinem Volke »den Rücken und nicht das Angesicht zeigt« (Jer 18,17, l hi.; vgl. Jer 2,27; Reindl, a.a.O. 124f.) und daß er seine Gesichtszüge im Zorn gegen sein Volk »sinken«, d.h. »verfinstern« läßt (Jer 3,12; Reindl, a.a.O. 125f.).

3. Nicht nur wendet sich Gott dem Menschen bzw. seinem Volk oder allen Lebewesen zu, auch menschliche Tätigkeit sucht ihn zu erreichen, indem Menschen sich wünschen, Gottes Angesicht zu »schauen« (*r'h* oder *ḥzh*), zu »suchen« (*bqš* pi.), »günstig zu stimmen« (*ḥlh* pi.), ihm »entgegenzutreten« (*qdm* pi.) oder ihn zu »begünstigen« (*nś' pānīm*).

a) Die Redewendung »das Angesicht Gottes schauen« (*r'h/ḥzh pᵉnē Jhwh/'ᵉlōhīm*) findet sich im AT, abgesehen von Ex 33,20, nicht in alten Theophanieerzählungen, sondern ist terminus technicus der Kultsprache. Sie ist der Umwelt Israels entliehen. Zwar ist die entsprechende Wendung im kan. Bereich bisher nicht belegt, aber sie begegnet des öfteren in der bab. Kultsprache, besonders in Gebetstexten (*amāru pānī ili*). Dort meint der Ausdruck im wörtlichen Sinne »auf das Kultbild schauen«, dann aber auch (weil man erwartete, daß die Gottheit ihr Angesicht dem Beter gnädig und hilfreich zuwenden werde, vgl. Gen 33,10) »um Gnade und Hilfe bitten« (zum Thema des Schauens des Angesichtes Gottes in Ägypten und Babylonien vgl. im einzelnen Nötscher, a.a.O. 60–76). Dem buchstäblichen Sinne entspricht die Bed. »das Heiligtum aufsuchen«, vor allen Dingen im AT, weil wegen des bildlosen Jahwekults von einem Sehen des Angesichts Jahwes in Israel nicht die Rede sein kann. Da überhaupt das Schauen des Angesichtes Jahwes für einen Menschen seinen Tod bedeutet (Ex 33,20), haben die Masoreten (vgl. aber schon LXX) aus dogmatischen Gründen die Qal-Formen von *r'h* in der Wendung *r'h pᵉnē Jhwh/'ᵉlōhīm* in Ni.-Former umvokalisiert (näheres bei Reindl, a.a.O. 147–149).

Naturgemäß ist die Wendung *r'h pᵉnē Jhwh* charakteristisch für die kultische Festgesetzgebung: man soll Gottes Angesicht nicht mit leeren Händen schauen, d.h. beim Besuch des Heiligtums Gaben darbringen (Ex 23,15; Dtn 16,16), und dreimal im Jahre sollen alle männlichen Israeliten das Angesicht Gottes schauen, d.h. zum (Zentral-) Heiligtum wallfahrten (Dtn 16,16; Ex 23, 17; 34,23, vgl. V. 24 und Dtn 31,11; die

Wendung nur in dtn.-dtr. Lit.). Auf den Besuch des Heiligtums bezieht sich die Wendung auch Jes 1,12 und Ps 42,3 (zu diesen Stellen und zu 1Sam 1,22 s. die Komm. und Reindl, a.a.O. 155–157). Während Hi 33,26 das mittels des Schauens des Angesichts Gottes angedeutete kultische Erleben schon »Ausdruck der gnadenhaften Wirklichkeit in der Beziehung des Menschen zu Gott« ist (Reindl, a.a.O. 157), meint *ḥzh pᵉnē Jhwh* immer ein glückliches Leben in der gnadenvollen Gottesgemeinschaft und ist so »Inbegriff des Heils im umfassendsten Sinne« (Ps 11,7; 17,15; Reindl, a.a.O. 158ff.). Die Wendung ist zwar in der Kultsprache verwurzelt, bedeutet aber nie »das Heiligtum besuchen«.

b) Die Redewendung »das Angesicht Gottes suchen« (*bqš* pi. *pᵉnē Jhwh/'ᵉlōhīm*; 2Sam 21,1; Hos 5,15; Ps 24,6; 27,8; 105,4 = 1Chr 16,11; 2Chr 7,14; zu den Bildungen mit Partizip s. u.) alterniert mit dem häufiger belegten Ausdruck »Gott suchen« (→*bqš* pi. *Jhwh/'ᵉlōhīm*, also ohne *pānīm*). Daraus geht hervor, daß *pānīm* in der besagten Wendung die Bedeutung »Person« hat, vgl. Ps 105,3.4 = 1Chr 16, 10.11, wo *bqš* pi. *Jhwh* und *bqš* pi. *pānāw* in Parallele stehen. Man sollte daher das »Angesicht Gottes« in diesem Ausdruck nicht auf das Gottesbild, das zu sehen der Fromme im Heiligtum aufsuchte, beziehen (gegen Reindl, a.a.O. 174), auch daher nicht, weil sich eine entsprechende Wendung bislang in der Literatur der Umwelt Israels nicht belegen läßt (Nötscher, a.a.O. 136). Der Ausdruck, der in profaner Bedeutung für das Aufsuchen eines Königs verwendet wird (1Kön 10,24 = 2Chr 9,23; Spr 29,26), entpricht in manchen Fällen →*drš Jhwh* »Jahwe suchen« (niemals *drš pᵉnē Jhwh!*), nirgends aber →*š'l Jhwh* »Jahwe durch ein Losorakel befragen« (vgl. Reindl, a.a.O. 165 gegen C. Westermann, Die Begriffe für Fragen und Suchen im AT, KuD 6, 1960, 2-30). Sie zeigt eine Reihe Bedeutungsnuancen: (1) Gott befragen durch eine Mittelsperson (2Sam 21,1; ohne *pānīm* Ex 33,7; Lev 19,31); die Redewendung entpricht so *drš Jhwh*. (2) In weitaus den meisten Fällen meint *bqš pi. (pᵉnē) Jhwh* »sich um Jahwes Huld und Hilfe bemühen«, einmal wenn der unschuldig Angeklagte sich in seiner Not im Bereich des Tempels an Jahwe wendet, um ein Heilsorakel zu erlangen (Ps 27, 8), dann auch, wenn das Gottesvolk in echter Bekehrung Jahwe sucht (Hos 5,15 par. *šḥr* pi. »[Gott] suchen«, vgl. auch Jes 26,9; Ps 63,2; 78,34; Hi 8,5). Hosea stellt dem äußerlichen Suchen Jahwes im Tempel mit Schafen und Rindern ein Suchen in ernster Umkehr gegenüber und konsoziiert daher öfters »bekehren« (→*šūb*) mit dem Suchen von Jahwe (Hos 3,5; 5,6, vgl. V.4; 7,10). Diese Konsoziierung ist von dtn.-dtr.-chron. Kreisen aufgegriffen worden (Dtn 4,29; Jer 29,13, vgl. 50,4; 2Chr 15,4.15, vgl. 7,14; Reindl, a.a.O. 169). (3) Als statischer, sich nicht auf konkretes einmaliges Tun beziehender Begriff begegnet *mᵉbaqqᵉšē (pᵉnē) Jhwh/'ᵉlōhīm* (par. *dōrᵉšē Jhwh*) als Umschreibung für die sich an Jahwe haltenden Frommen Israels (Ps 24,6; ohne *pānīm* Jes 51,1; Ps 40,17 = 70,5; 69,7; 105,3 = 1Chr 16,10; Spr 28,5; vgl. für diese statische Bedeutung auch Ps 105,4 = 1Chr 16,11; Zeph 1,6; 2,3). Ob sich dieser statische Begriff als der abgeschliffenere und von einem festgeprägten Sprachgebrauch im Sinne des Aufsuchens eines Heiligtuns (Hos 5,6) abgeleitete bezeichnen läßt, bleibt angesichts des wohl hohen Alters von Ps 24, der schon den Ausdruck *mᵉbaqqᵉšē pānāw* »die sein (Gottes) Angesicht suchen« zeigt, ungewiß (gegen Reindl, a.a.O. 171-174). Vieles spricht für die These Westermanns (a.a.O.), daß die Redewendung *bqš* pi. *pᵉnē Jhwh* unter Einfluß des profanen, im Zusammenhang mit der königlichen Audienz verwendeten Ausdrucks gebraucht wurde.

c) Die Redewendung *ḥlh* pi. *pᵉnē Jhwh* »das Angesicht Gottes günstig stimmen« begegnet nur in dtn.-dtr. und späterer Literatur.

Etymologisch stellt man *ḥlh* in dieser Wendung am besten zu *ḥlh* II »süß, angenehm sein«, pi. »süß, angenehm machen« (so Zorell 242b) statt zu *ḥlh* I »krank, schwach sein«, pi. »schwach machen«, woraus auf »sanft machen, besänftigen« geschlossen wird (so etwa KBL 300; HAL 303f.; Reindl 175; →*ḥlh* 1.3b). Ganz abwegig ist jedenfalls der Gedanke, daß *ḥlh* pi. *pānīm* das Streicheln des Angesichtes der Gottheit bzw. des Gottesbildes als besänftigenden Ritus meine, so mit Recht Reindl, a. a. O. 184, gegen Boehmer, a.a.O. 327, und A.E. Gulin, Das Angesicht Gottes, 1922, 7f.

Der religiöse Sprachgebrauch ist aus dem profanen hervorgegangen. In diesem meint *ḥlh* pi. *pānīm* »jemandem huldigen, jemanden günstig stimmen« (Ps 45, 13; Hi 11,19; Spr 19,6). Dementsprechend bedeutet die Wendung im religiösen Sprachgebrauch Gott »günstig stimmen«, ihm »huldigen« und ihn »verehren«. Daß dabei der Ausdruck ursprünglich im Gegensatz zu der Rede vom »harten« Angesicht (s.o. III/2d) verwendet sei und daher die Vorstellung vom Zorn Gottes im Hintergrund stehe, ist unbeweisbar und wird durch den profanen Gebrauch nicht bestätigt (gegen Reindl, a.a.O. 176–183.). Die Wendung ist charakteristisch für die Fürbitte (Ex 32,11; 1Kön 13,6) und das Gebet um Rettung (2Kön 13,4; Jer 26,19; 2Chr 33,12). Auf das Opfer bezogen begegnet der Ausdruck nur 1Sam 13,12 (vgl. Mal 1,9). Beim nachexilischen Propheten Sacharja meint er dann auch »Jahwe kultisch verehren« (Sach 8,21 [par. *bqš* pi.]. 22). Schließlich bedeutet er spiritualisiert »Jahwe verehren« (Ps 119,58; Dan 9,13).

Weder aufgrund der semantischen Verwendung des Ausdrucks noch aufgrund etymologischer Erwägungen läßt sich aus *ḥlh* pi. *pānīm* auf eine Umstimmung oder Besänftigung des zornigen Gottes schließen (auf Opfer bezogen begegnet die Wendung 1Sam 13,12, wo aber nicht von einem Sühnopfer die Rede ist, vgl. R. Rendtorff, Studien zur Geschichte des Opfers im AT, 1967, 124f.; Mal 1,9 ist vom profanen Gebrauch des Ausdrucks hṣr zu erklären, vgl. den Vergleich mit einer Gabe für den Statthalter). Die Auffassung, daß die Wendung auf eine ältere ritualistische, durch Ideen der satisfactio und placatio bestimmte Stufe der kultischen Vorstellungswelt Israels hindeute (so Vriezen, Theol. 251f.), findet also keine Bestätigung und erscheint außerdem wegen der Tatsache, daß die Wendung nur in späterer Literatur begegnet, ungewiß.

d) Nur zweimal belegt ist der Ausdruck *qdm* pi. *pᵉnē Jhwh* »dem Angesicht Gottes entgegengetreten« (Ps 89,15; 95,2). Die Wendung ist aus dem profanen Gebrauch hervorgegangen, wo *qdm* pi. auch »entgegentreten« meinen kann (in bonam und in malam partem, obgleich *qdm* pi. in Verbindung mit *pānīm* dort nur in malam partem begegnet, Ps 17,13). Die Wendung, die im außerisraelitischen Bereich keine Entsprechungen hat, meint: dem auf seinem Thronsitz sitzenden Gott-König entgegentreten (entweder ist der himmlische [Ps 89,15] oder der irdische Thron Jahwes [Ps 95,2] gemeint). Der Begriff *pānīm* hat hier zweifellos die Bedeutung »Person«.

e) An einer Stelle (Hi 13,8; vgl. V. 10) ist die Wendung *nś' pānīm* im Sinne von »parteiisch jem. begünstigen« (s.o. III/4b) auf Gott übertragen worden, indem Hiob fragt, ob die Freunde sich in einseitiger Parteinahme als Gottes Prozeßvertreter gebärden wollten (Horst, BK XVI/1, 199; Fohrer, KAT XVI, 248; Reindl 190).

4. a) Auf Jahwe bezogen hat die präpositionale Verbindung *lifnē* die gleichen Bedeutungsnuancen wie im profanen Gebrauch, doch begegnet die temporale nur einmal (Jes 43,10); die Verwendung von *lifnē Jhwh* im Zusammenhang mit militärischer Sprache ist direkt durch den profanen Gebrauch in denselben Versen bedingt (1Chr 22,18; 2Chr 14,12; Reindl 25).

In lokalem Sinne kommt *lifnē Jhwh* gelegentlich in alten Theophanieerzählungen (Gen 18,22 J; 1Kön 19,11; vgl. auch Hab 3,5; Ps 50,3; 97,3), in Visionen (1Kön 22, 21) oder in Schilderungen von Gottes Majestät (Ps 96,6) und segenspendender Güte (Ps 85,14) vor, sehr häufig aber ist die Wendung, vor allem in den Gesetzespartien von P, als kultischer terminus technicus. Sie meint in diesen Fällen der Sache nach »im Heiligtum« oder »beim Heiligtum«, gelegentlich auch »vor der Lade«, also »vor« der Stelle, wo Jahwe gegenwärtig ist. »Vor Jahwe« werden Opfer dargebracht (Lev 3,1.7.12 u.ö.), Tiere geschlachtet (Lev 1,5.11; 3,8.13 u.ö.), stehen die Kultgeräte (Schaubrottisch Ex 25,30; Leuchter Ex 27,21; Lev 24,3; Altar Lev 4,18) und versammelt man sich (Num 16, 16, vgl. V. 18). Auch in anderen Quellen als P begegnet *lifnē Jhwh*, obgleich seltener, in dieser Bedeutung: »vor Jahwe«, d.h. im Heiligtum, wird geopfert (Ri 20,26; 1Sam 11,15), gebetet (1Sam 1,12; 2Sam 7,18), geweint im Sinne der Trauerliturgie (Dtn 1,45; Ri 20,23. 26), breitet Hiskia den Brief Sanheribs aus (2Kön 19,14), wird das Los geworfen (Jos 18,6) und haut Saul Agag in Stücke (1Sam 15,33 zu Gilgal). »Vor Jahwe« im Sinne von »vor der Lade« tanzt David (2Sam 6,5.14.16. 21), überschreiten die Israeliten den Jordan (Num 32,21.27) und zieht man in den Kampf (Num 32,29). In all diesen Wendungen ist *lifnē* schon so abgeschliffen, daß die Wendung keine Aussage über Gottes Angesicht, sondern nur über den Ort seiner Präsenz bringt. Vor allem in späterer Literatur ist der Ausdruck so abgeschwächt, daß auch die Beziehung zum Kult oder zur Heiligkeit verloren gegangen ist; Nehemia fastet und betet im fremden Land »vor dem Angesicht Jahwes« (Neh 1,4).

Vom Kultbereich gelöst erscheinen manchmal auch Segnen, Fluchen und Bundschließen *lifnē Jhwh*. Beim Segen und Fluch mag die Wendung aber ursprünglich als solche keine Beziehung zum Kult (s. jedoch Num 5,12-28; 1Kön 8,31), sondern vielmehr kausale Bedeutung gehabt haben (»von Jahwe gesegnet...«; Gen 27,7

[Segen]; Jos 6,26 [Fluch]; vgl. Nötscher 109f.). Bundschließen geschah ursprünglich im Heiligtum, aber David und Jonathan schließen ihren Bund in der Wüste *lifnē Jhwh* (1Sam 23,18). Vgl. G. Wehmeier, Der Segen im AT, 1970, 108–110; Reindl, a.a.O. 30; →*brk*, →*'rr*, →*b^erīt*.

Wie im profanen Gebrauch meint *lifnē Jhwh* manchmal »in den Augen, nach dem Urteil, nach Ansicht Jahwes« (Gen 6,11. 13; 7,1; 10,9; Lev 16,30; Dtn 24,4; Jes 66,22; Ps 143,2) oder auch »im Dienste Jahwes«, besonders in der Wendung *'md lifnē Jhwh* in den Elia-Elisa-Legenden (1Kön 17,1; 18,15; 2Kön 3,14; 5,16; sonst nur Jer 35,19; Gegensatz: *millifnē Jhwh* »weg aus Jahwes Dienst« Jon 1,3).

Zu *hlk* hitp. *lifnē Jhwh* vgl. Nötscher, a. a. O. 103. 112–114, und →*hlk* (4b). Zu »Bestand haben vor Jahwes Angesicht« und »Wohnen vor Jahwes Angesicht« s. Nötscher, a. a. O. 114–116; → *kūn*, → *jšb*.

b) Wie manchmal im profanen Sinne (s. o. III/6b) scheint *'al-pānaj* im ersten Gebot des Dekalogs (Ex 20,3; Dtn 5,7) »mir zum Nachteil« zu meinen (vgl. J.J. Stamm, Der Dekalog im Lichte der neueren Forschung, ²1962, 39). Diese Erklärung des Ausdrucks ist wahrscheinlicher als »mir zum Trotz« (so etwa E. König, Das Deuteronomium, 1917, 86f.; L. Köhler, ThR 1, 1929, 174), »neben mir« (so etwa G. Beer, HAT 3, 98; diese Bedeutung für *'al-p^enē* ist nirgends mit Sicherheit belegt), »vor mir« (so E. Nielsen, Die zehn Gebote, 1965, 78) oder lokal »mir gegenüber« (so R. Knierim, Das erste Gebot, ZAW 77, 1965, 20-39).

c) Zu anderen auf Jahwe bezogenen präpositionalen Ausdrücken mit *pānīm* vgl. Reindl, a.a.O. 36ff.

5. Besondere Erörterung erfordert schließlich die Wendung *læḥæm happānīm* »Brot des Angesichts«, »Schaubrote« (Luther) (Ex 35,13; 39,36; 1Sam 21,7; 1Kön 7,48; 2Chr 4,19; vgl. *læḥæm pānīm* (Ex 25,30), *læḥæm hattāmīd* »das ständige Brot« (Num 4,7), *læḥæm hamma'^arǽkæt* »Reihenbrot« (Neh 10,34; 1Chr 9,32; 23, 29), *ma'^arǽkæt læḥæm* »Brotreihe« (2Chr 13,11) und *ma'^arǽkæt tāmīd* »ständiges Reihenbrot« (2Chr 2,3). Gemeint sind die Brotfladen, die als Gaben »vor Gott« (vgl. Ex 25,30) auf einem Tisch (*šulḥan happānīm* Num 4,7; vgl. 2Chr 29,18) hingelegt wurden und im israelitischen Kult den Priestern als »hochheilige Speise« zufielen (Lev 24,9; 1Sam 21,4ff.; vgl. Mk 2,25f.; daß dieses Essen »an essential part of the rite« gewesen ist, läßt sich allerdings nicht nachweisen, anders P. A. H. de Boer, An Aspect of Sacrifice. I. The Divine Bread, SVT 23, 1972, 27-36, bes. 31). Die Wendung *læḥæm happānīm* meint, ähnlich wie *šulḥan happānīm* und spätjüd. *mal'ak pānīm* (s.u.V.) Brot der persönlichen Gegenwart (Jahwes), so mit Recht A.R. Johnson, a.a.O. 155: »Yahweh's ›personal‹ bread«. Daß die Brote mit einem Bild der Gottheit versehen waren (»stamped with an image of the deity«), wie P.A.H. de Boer meint (a.a.O. 35), ist eine unhaltbare These. Ihr steht entgegen, daß eine Abbildung Jahwes im israelitischen Kult (erst recht in priesterlich-levitischen Kreisen) aufgrund des Bildverbots von Ex 20,4 auszuschließen ist, Jer 44,19 (vgl. 7,18) gerade nicht von Broten »stamped with an image of the deity« spricht (vielmehr ist an Brote in Form eines Sternes zu denken) und der *šulḥan happānīm* nicht ein Bild Jahwes gezeigt hat, sondern so genannt wurde, weil dieser »vor dem Angesicht Jahwes«, d. h. in seiner Präsenz, stand (Ez 41,22). Daß bei der Wendung *læḥæm happānīm* ein folgendes *lifnē Jhwh* (vgl. Ex 25,30) tautologisch wäre, ist wegen der vielfach belegten abgeschwächten Bedeutung von *lifnē* nicht zu halten (gegen de Boer, a.a.O. 34).

V. Die meisten der im AT bezeugten Wendungen mit *pānīm* finden sich im Schrifttum von Qumran wieder (vgl. Kuhn, Konk. 178f.). Besondere Hervorhebung verdient jedoch der Ausdruck *'ōr* hi. *pānīm* im Sinne der göttlichen Erleuchtung der Frommen (1 QH 3,3; 4,5 [»für deinen Bund«]. 27 [»durch mich«, d.h. durch den Lehrer]; vgl. O. Betz, Offenbarung und Schriftforschung in der Qumransekte, 1960, 111–114), weiter *pānīm* als »Schlachtreihe« (1QM 5,3.4 u.ö.) und die Wendung *mal'ak pānīm* (1QSb 4,25.26; 1 QH 6,13; vgl. Jub 1,27.29; 31,14; Test. Juda 25,2; Test. Levi 4,2; äth. Hen 40,2ff.) zur Bezeichnung der Engel der göttlichen Gegenwart, d.h. der höchsten Engel vor seinem Thron. Zu beachten ist auch, daß *nś' pānīm* im Segensspruch 1QS 2,4 durch *ḥsdjw* »seine Gnade« näher bestimmt worden ist (»er [Gott] erhebe sein gnädiges Angesicht«) und zur Fluchformel *nś' pnj 'apw* »er erhebe sein zorniges Angesicht« 1QS 2,9 führt.

Zum Sprachgebrauch von »Angesicht« in der LXX, bei Philo und Josephus, in den Pseudepigraphen und in der rabb. Lit. sowie im NT vgl. E. Lohse, Art. πρόσωπον, ThW VI, 769–781. *A.S. van der Woude*

פעל *p'l* machen, tun

1. Die Wurzel *p'l* ist in den süd- und nwsem. Sprachzweigen belegt. Das Verbum findet sich häufig in phön. und pun. Inschriften (DISO 231f.). Im Ug. kommt die Wurzel nur in zusammengesetzten Personennamen vor (Gröndahl 171), als Verbum dafür *b'l* (WUS Nr. 546, vgl. Nr. 1595.2242; UT Nr. 494.2075; fraglich ist die Verwendung von *b'l* im Sinne von *p'l* in Hi 31,39 und an anderen Stellen, vgl. M.Dahood, Bibl 43, 1962, 361f.; 44, 1963, 303; HAL 136f.; dagegen Barr, CPT 100f.). Im Aram. ist *p'l* nur spät belegt (LS 585f.; zu CIS II,138A, Z. 1, vgl. KAI [Nr. 271] II,324 [Kanaanismus]; DISO 231 [Lesung?]). In sämtlichen sem. Belegen hat *p'l* die Grundbedeutung »machen, tun«.

P.Humbert, L'emploi du verbe *pā'al* et de ses dérivés substantifs en hébreu biblique, ZAW 65, 1953, 35–44, vermutet, daß die Wurzel *p'l* aus dem Phön. und Kan. in das Hebr. Eingang gefunden hat, und sieht in ihrer relativen Seltenheit im AT (dafür →*'śh*) einen Reflex der Sorge um die Reinheit der »klassischen« Jahwereligion.

Als abgeleitete Nomina begegnen neben dem Segolatum *pṓ'al* »Tun, Arbeit, Erwerb« die qatul-Bildung *pe'ullā* »Tun, Erwerb, Lohn« sowie die Bildung mit m-Präfix *mif'āl* »Tat« (nur Plur.). Zu den Eigennamen *'ælpá'al* (1Chr 8,11.12.18) und *Pe'ulletaj* (1Chr 26,5) s. Noth, IP 172.189 Anm. 3; Humbert, a.a.O. 44.

2. Das Verbum *p'l* ist im AT 57 × belegt, nur im Qal. Ps (26 ×) und Hi (12 ×, inkl. Hi 37,12 Inf., s. KBL 770b; Fohrer, KAT XVI,479) vereinigen auf sich zwei Drittel der Gesamtbelege. Das restliche Drittel verteilt sich auf Dtjes. (5 ×), Spr (4 ×) und Jes 26,12; 31,2; Hos 6,8; 7,1 sowie vereinzelt Ex 15,17; Num 23,23; Dtn 32, 27; Mi 2,1; Hab 1,5; Zeph 2,3. *p'l* findet sich weder in erzählenden noch in Gesetzestexten. Es ist ein Wort der gehobenen, dichterischen Sprache (auch Jes 44,9–20 ist gebundene Rede, vgl. Fohrer, Jes. III, 75ff.; Westermann, ATD 19,117ff.). Der überwiegende Gebrauch weist in exilisch-nachexilische Zeit.

Sicher vorexilisch sind Hos 6,8; 7,1; Jes 31,2; Ps 28,3; 101,8; Hab 1,5. Ex 15,17 ist aufgrund der Vorstellung, daß Jahwe sich in Jerusalem eine Wohnung, den Tempel, bereitet hat, frühestens in der letzten vorexilischen Zeit anzusetzen (vgl. G.Fohrer, Einleitung in das AT, 1969, 205). Num 23,23 ist Zusatz (vgl. H.Holzinger, Numeri, 1903, 118; Noth, ATD 7,149). In Mi 2,1 ist die Wendung *pō'alē rā'* eine unbedachte Glosse (K.Marti, Das Dodekapropheton, 1904, 272; Weiser, ATD 24,245, u.a.). Zeph 2,3 ist ebenfalls sekundär (Marti, a.a.O. 367f.; Elliger, ATD 25,69).

Das Subst. *pṓ'al* begegnet 37 × im AT, 35 × im Sing. und 2 × im Plur., ausschließlich in gehobener Sprache (in der Wendung *rab-pe'ālīm* [s.u. 3b] zur Charakterisierung Benajas, eines der dreißig Helden Davids, 2Sam 23,20 = 1Chr 11, 22; in einem Segenswort, Ruth 2,12) bzw. metrisch gebundener Rede (Ps 11 ×, Jes 6 × [davon Dtjes. 3 ×], Hi 5 ×, Spr 5 × [inkl. 21,6, wo *pō'ēl* zu vokalisieren ist, vgl. BH³], Jer 3 × ; Dtn und Hab je 2 × ; 2Sam, Ruth und 1Chr je 1 ×).

pe'ullā ist 14 × belegt, 12 × im Sing. und 2 × im Plur., mit Ausnahme von 2Chr 15,7, einem sehr jungen erzählenden Text, und Lev 19,13, einem ebenfalls jungen Gesetzestext, durchweg in metrisch gebundener Rede.

mif'āl findet sich 3 ×, jeweils im Plur. (Ps 46,9 und 66,5 fem.; Spr 8,22 masc.).

Älteste Belege von *pṓ'al* sind 2Sam 23,20; Dtn 33,11; Jes 5,12; Ps 28,4; von *pe'ullā* Ps 28,5; Jer 31,16.

3. Die Bedeutungen von *p'l* erschließen sich je nach Subjekt- und Objektgebrauch sowie dem jeweiligen Zusammenhang. Als Subjekt begegnen Menschen und Gott und an einer Stelle die Regenwolken, die tun, was Gott ihnen befiehlt (Hi 37,12).

a) Mit *p'l* wird ein Tun und Verhalten des Menschen wiedergegeben, das ihn vor Jahwe qualifiziert. In dem Spottlied Jes 44,9–20 wird *p'l* vom Herstellen und Bearbeiten eines Gottesbildes gebraucht. In dem Klagelied Ps 7 appelliert der Beter an das gerechte Gericht Jahwes, da er von einem Feind bedrängt wird, der seine Pfeile glühend machte (V. 14) und eine Fallgrube aushob (V. 16). In Spr 21,6 nimmt *p'l* die Bedeutung »erwerben« an, wird aber nicht wertneutral gebraucht, sondern bringt ein Fehlverhalten zum Ausdruck (Schätze durch Betrug erwerben). Außer →*'ā́wæn* in der formelhaften Wendung *pō'alē 'ā́wæn* finden sich die Objekte *šǽqær* »Trug« (Hos 7,1), *rā'* »Böses« (Mi 2,1), *'awlā* »Unrecht« Ps 119,3; Ps 58, 3 txt?), *'ā́wæl* »Unrecht« (Hi 34,32), *mišpāṭ* »Recht« (Zeph 2,3), *ṣǽdæq* »Gerechtigkeit« (Ps 15,2). *p'l* beschreibt in der Regel ein Tun und Verhalten des Menschen, das verkehrt ist, weil es den an ihn gerichteten Erwartungen Jahwes nicht entspricht. Zweimal wird *p'l* mit einer Präposition konstruiert (*le* Hi 7,20; *be* Hi 35,6) und ist mit »antun« wiederzugeben, beide Male im Zusammenhang einer

Eventualschuld Hiobs. In den Fragesätzen Ps 11,3 und Hi 11,8 nähert sich *p'l* den Bedeutungen »vermögen, ausrichten« im Sinne der Ohnmacht des Gerechten bzw. Hiobs. An zwei sicher nicht alten Stellen wird mit *p'l* ein Tun des Menschen zum Ausdruck gebracht, das dem Willen Jahwes entspricht: Ps 15,2 ist von dem *pō'ēl ṣædæq* die Rede, der sich Jahwe nahen darf, in dem Zusatz Zeph 2,3 von den Demütigen des Landes, die Jahwes Willen tun.

Überwiegend, jedoch nicht »immer« (so Wolff, BK XIV/1,155; vgl. Humbert, a.a.O. 44) schwingt in *p'l* im AT der »Unterton des Jahwefeindlichen oder Fremdkultischen« mit. Dem entspricht, daß sich mit diesem Verbum die formelhafte Wendung *pō'alē 'āwæn* herausbilden konnte. Sie begegnet im AT 23× (→*'āwæn* 3a). Die *pō'alē 'āwæn* bilden unter den Feinden in den individuellen Klageliedern keine genau abgrenzbare Gruppe. In ihrem Verhalten und Tun werden sie wie die anderen Feinde (*rešā'īm*, *'ōjebīm*, *merē'īm*) geschildert (vgl. K.-H. Bernhardt, ThWAT I, 151ff.). Ihr »Tun« besteht in einem Mißbrauch des Wortes. Sie reden Lügen (Ps 101,7f.), schärfen ihre Zunge wie ein Schwert (Ps 64,3f.), ihre Kehle ist ein offenes Grab (Ps 5,10), sie reden *šālōm*, während sie auf Unheil sinnen (Ps 28,3). Die Einheit von Reden und Tun kommt deutlich in Ps 141,4 zum Ausdruck. Sie schädigen den Beter durch Verleumdung, Frevel, falsche Aussagen, weil ihrem Wort einmal die geschehensmächtige Kraft innewohnt, zum anderen ihr Wort zur Tat drängt. Das verderbliche Tun der *pō'alē 'āwæn* ist gegen den *ṣaddīq* und damit letztlich gegen Jahwe selbst gerichtet. Die *pō'alē 'āwæn* sind Jahwes Feinde (Ps 14,4f.; 92,8–10; Hi 34,8f.). Sie leugnen Gott, fragen nicht nach Jahwe und verlassen sich auf menschliche Macht (Jes 31,1f.).

b) *pō'al* wird in dreifacher Hinsicht gebraucht: es bezeichnet einmal den Vollzug, das »Tun, Handeln«, dann das Ergebnis des Tuns, »Tat, Werk«, und schließlich das, was durch das Tun gewonnen wird, »Lohn, Erwerb« (vgl. G. Fohrer, Twofold Aspects of Hebrew Words, FS Thomas 1968, 95ff. 102). Der Mensch qualifiziert sich durch seinen *pō'al* – ad bonam und ad malam partem. Der *pō'al* ist *jāšār* »recht« (Spr 20,11; 21,8) bzw. *zak* »rein« (Spr 20, 11) und *ḥāmās* »Gewalttat« (Jes 59,6). Jahwe wird dem Menschen nach seinem *pō'al* vergelten (Jer 25,14; Ps 28,4; Hi 34, 11; Spr 24,12; Ruth 2,12; vom Menschen Jer 50,29; Spr 24,29), ja der sündige *pō'al* eines Menschen trägt schon den Keim zum Untergang in sich (Jes 1,31, s. Fohrer, Jes. I,49). Konkret nimmt *pō'al* die Bedeutungen »Arbeit, Tagewerk« (Ps 104,23) und »Lohn« (Jer 22,13; Hi 7,2) an. In dem Bildwort Jes 45,9 txt? ist von dem Werk des Töpfers die Rede.

Die Wendung *rab-pe'ālīm* (2Sam 23,20 = 1Chr 11 22) wird den verschiedenen Aspekten von *pō'al* entsprechend unterschiedlich gedeutet: »groß an Taten« (so die meisten Komm.) bzw. »begütert« (so K. Budde, Samuel, 1902, 322, der darauf hinweist, daß in dem unmittelbaren Zusammenhang erst von der Herkunft des Benaja die Rede ist). Doch legen der Gesamtkontext und das verhältnismäßige hohe Alter von 2Sam 23,20 die erste Deutung nahe (vgl. K. Elliger, Die dreißig Helden Davids, PJB 31, 1935, 64ff. = KS zum AT, 1966, 107ff.).

c) *pe'ullā* bezeichnet »Arbeit«, auch »Mühe« (Jer 31,16; 2Chr 15,7), die »Tat« (Ps 17,4 Plur.), dann »Lohn« für Arbeit (Lev 19,13; Ez 29,20), auch »Gewinn« bzw. »Erwerb« (Spr 10,16; 11,18).

d) Während das Verbum *'ll* po. »handeln an« und »Nachlese halten an« (10×; *'ōlēlōt* »Nachlese« 6×), hitp. »jemandem etwas antun, seinen Mutwillen treiben an« (7×; *ta'alūlīm* »Mutwille« Jes 3,4; »Mißhandlung« Jes 66,4), hitpo. »vollführen« (Ps 141,4), meistens ein negatives Bedeutungselement enthält, können die von dieser Wurzel abgeleiteten Substantive *'alīlā* »Tat, Handlung« (24×, davon 8× in Ez; dazu Jer 32,19 txt? *'alīlijjā*) und *ma'alālīm* »Taten« (41×, davon 17× in Jer) sowohl gute als auch schlechte Taten bezeichnen und werden nicht selten auch für Taten Gottes gebraucht.

4. a) In seinem theologischen Gebrauch ist *p'l* eingeschränkt auf Jahwes Handeln im Horizont der Menschen- und Völkerwelt. Mit folgenden Objekten bzw. in folgenden Zusammenhängen erscheint das Verbum mit Jahwe als Subjekt: Ex 15,17 (Tempel); Num 23,23 (?); Dtn 32,27 (Züchtigungen und Straftaten Jahwes an Israel); Jes 26,12 (»alle unsere Taten«); Jes 41,4 (Berufung des Kyros); 43,13 (absolut: »ich handle – wer will es wenden?«); Hab 1,5 (*pō'al*, Jahwes Einschreiten in der Völkerwelt); Ps 31,20 (*ṭūb* »Güte«); 44,2 (*pō'al*, Landnahme); 68,29 (txt?); 74,12 (*ješū'ōt*, wahrscheinlich bezogen auf Weltentstehungsmythen und Ereignisse der Grundgeschichte Israels, vgl. Kraus, BK XV,517); Hi 22,17 (*mā*, Frage); 33,29 (Vergebung der Sünden und Erlösung vom Tod); 36,3 (*pō'alī*, »mein Schöpfer«); 36, 23 (*'awlā*, in einem modalen Fragesatz: »Wer könnte sagen: ›Du hast Verkehrtes getan!‹?«); Spr 16,4 (*kōl*, »alles hat Jahwe zu seinem Zweck geschaffen«).

In der Regel wird mit *p'l* Jahwes Einschreiten in der Geschichte Israels und der Welt wie sein Eingreifen in das Leben des einzelnen Menschen wiedergegeben. Mit Ausnahme der vorisraelitischen Tradition in Ps 74,12ff. wird nirgends auf die Erschaffung der Welt angespielt (s. dazu Humbert, a.a.O. 38). Für Jahwes schöpferisches Handeln am Anfang stehen Israel andere Verben zur Verfügung (→*br'*, →*jsd*, →*jṣr*, →*'śh*, →*qnh*). Spr 16,4 bezieht sich auf Jahwes schöpferisches Handeln in der Gegenwart im Sinne seiner providentia, in Hi 36,3 handelt es sich um ein persönliches Bekenntnis Elihus (»mein Schöpfer«).

b) An 14 Stellen ist vom *pō'al* Jahwes die Rede (immer im Sing.; vgl. G. von Rad, Das Werk Jahwes, FS Vriezen 1966, 290ff.), 1 × vom *pō'al* der Götter (Jes 41, 24 in einer Nichtigkeitserklärung). Der Begriff *pō'al* gehört zur Topik der Gebetssprache. Man gedenkt des Werkes Jahwes (Ps 44,2; 77,13; 143,5) oder erbittet (Ps 90,16) oder rühmt das Werk Jahwes (Dtn 32,4; Ps 64,10; 92,5; 111,3). *pō'al* bezeichnet Jahwes Handeln an der Völkerwelt (Jes 5,12; Hab 1,5), sein Kommen zum Gericht (Hab 3,2), mit *pō'al* wird auf die Landnahme angespielt (Ps 44,2), auf Jahwes Machttaten in der Vergangenheit (Ps 77,13; 95,9 in der Wüstenzeit; stark generalisierend 111,3; 143,5), an sein befreiendes Wirken in der Zukunft appelliert (Ps 90,16), sein gerechtes Walten zum Ausdruck gebracht (Dtn 32,4; Ps 64,10; 92,5; Hi 36,24). *pō'al* beschreibt Jahwes Handeln in der Geschichte, der Menschen- und Völkerwelt, meist im Sinne seiner Machttaten in der Vergangenheit Israels und seines machtvollen Einschreitens und gerechten Waltens in Gegenwart und Zukunft. Dem Begriff haftet die Nuance der »res gestae« an (vgl. Humbert, a.a.O. 42, und den wohl ältesten Beleg, 2Sam 23,20). An einer Stelle freilich wird der *pō'al* Jahwes im Horizont der Schöpfung und der Geschichte entfaltet und sowohl auf die Erschaffung der Welt wie auf die mit der Berufung des Kyros unmittelbar bevorstehende geschichtliche Wende bezogen (Jes 45,11; vgl. zu dieser Besonderheit Deuterojesajas R. Rendtorff, Die theologische Stellung des Schöpfungsglaubens bei Deuterojesaja, ZThK 51, 1954, 3–13).

c) Das Substantiv *peʿullā* wird 7 × von Jahwe gebraucht. Ps 28,5 ist von den Gerichtstaten Jahwes die Rede, die die Frevler übersehen (vgl. Kraus, BK XV,228. 231, der jedoch Sing. liest). Jes 40,10 und 62,11 sind damit die zurückkehrenden Erlösten gemeint, Jahwes »Lohn« für seine Mühe und Arbeit an Israel (s. K. Elliger, BK XI,37). Jahwe erteilt »Lohn« (Jes 49, 4; 61,8) und so kann *peʿullā* auch die Bedeutung »Strafe« annehmen (Jes 65,7; Ps 109,20).

d) *mif'āl* wird nur von Jahwe gebraucht. Spr 8,22 wird das Subst. auf die Weisheit bezogen, das erste der Werke, die Jahwe geschaffen hat. Ps 46,9 und 66,5 ist von den *mif'ᵃlōt Jhwh* bzw. *'ᵉlōhīm* innerhalb eines Aufrufs »kommt und seht« die Rede. Ps 66,6ff. spielen auf die Rettungstaten beim Durchzug durch das Schilfmeer und Überschreiten des Jordan (vgl. Kraus, BK XV,457f.) sowie die unbegrenzte Weltherrschaft Jahwes an. Ps 46,10ff. entfalten die *mif'ᵃlōt* im Blick auf die im Glauben geschehende Vorwegnahme der eschatologischen Taten Jahwes (vgl. G. Wanke, Die Zionstheologie der Korachiten, 1966, 118). Mit diesem einen Begriff werden demnach Jahwes Schöpfungswerke, seine Heilstaten in der Vergangenheit und in eschatologischer Zukunft sowie seine Herrschaft über die Völkerwelt bezeichnet.

5. Im Qumran-Schrifttum kommt *p'l* 4 × vor, *peʿullā* häufiger (Kuhn, Konk. 179a; RQ 14, 1963, 219a). Der Sprachgebrauch entspricht dem des AT, nur ist das Part. nicht mit *'āwæn* verbunden, sondern mit *rāšā'* (1QH 14,14).

Die LXX gibt *p'l* meist mit ἐργάζεσθαι wieder. Wo ein bestimmtes Objekt fehlt, verwendet sie überwiegend ποιεῖν, dessen Gebrauch ganz und gar unspezifisch ist.

Das Subst. *pō'al* gibt die LXX überwiegend mit ἔργον wieder (meist im Plur.), ebenso *peʿullā*. Für *mif'āl* gebraucht die LXX an allen drei Stellen ἔργα.

Zum Judentum und NT vgl. G. Bertram, Art. ἔργον, ThW II,631–653; H. Braun, Art. ποιέω, ThW VI,456–483; Chr. Maurer, Art. πράσσω, ThW VI 632–645; H. Preisker, Art. μισθός, ThW IV,699–736.

J. Vollmer

פקד *pqd* heimsuchen

1. a) Die Wurzel *pqd* ist außer im Hebr. auch im Akk., Ug., Phön.-Pun., Aram., Arab. und Äth. belegt, jedoch bislang nicht im Altsüdarab.

Die Deutung der altsüdarab. Amtsbezeichnung (oder des PN?, vgl. E. Glaser, Altjemenitische Nachrichten, 1908, 98 Anm. 1.174f.; N. Rhodokanakis, Sitzungsberichte der Österreichischen Akademie der

Wissenschaften in Wien 198/2, 1922, 49; G. Ryckmans, Les noms propres sud-sémitiques I, 1934, 312) *fqdn* (CIS IV 418, Z. 1.4) bzw. (kollektiv?) *fqdtn* (Glaser Nr. 1606: 6×) als nominale Bildung der Wurzel *pqd* mit der Bed. »Beauftragter, Beamter, Aufseher, Inspekteur« (Glaser, a.a.O. 175; L.-H. Vincent, RB 49, 1940, 104; vgl. auch GB 654a) scheitert am abweichenden dritten Radikal der diesem Wort zugrunde liegenden Wurzel.

Im Akk. bedeutet *paqādu(m)* »übergeben, anvertrauen; versorgen, betreuen; mustern, überprüfen; in ein Amt einsetzen, beauftragen« (AHw 824b–826b). In den älteren westsem. Dialekten kommt das Verbum *pqd* nur vereinzelt und zudem meist in beschädigten Kontexten vor. Daher wird hier – anders als im Akk. – die wirkliche Breite seiner Bedeutung nicht mehr hinreichend deutlich.

Ug. *pqd* heißt in 127 (= II K VI) Z. 14 »verfügen, verlangen« (WUS Nr. 2257; vgl. UT Nr. 2090: »to give orders«).

Im Phön. ist in CIS I 88, Z. 4.5, das Qal »beauftragen« (Friedrich § 131; anders DISO 233: »faire la surveillance«, vgl. Harris 138) und das passive Jo. (= Ho.) »beauftragt werden« (Friedrich § 148; DISO 233; anders: Harris 138) belegt. Das Vorkommen des Ni. *npqd* in KAI Nr. 119 (= Trip. Nr. 37), Z. 3, ist strittig (vgl. DISO 233f. und KAI z.St.).

Im älteren Aram. bzw. Reichsaram. besagt der Grundstamm in KAI Nr. 233, Z. 17 (Ostrakon aus Assur, 7. Jh. v.Chr.); Ah. Z. 192 (vgl. auch das Part. pass.: Ah. Z. 103) »befehlen« (DISO 233), das in Cowley Nr. 20, Z. 7, belegte Ho. »deponiert sein, in Verwahrung gegeben sein« (DISO 233).

Im Arab. eignet dem Grundstamm des Verbums *faqada* die Bedeutung »nicht finden; verlieren; verloren haben; vermissen«, während das Bedeutungsfeld »suchen; prüfen, inspizieren, untersuchen; besichtigen, besuchen« hier dem abgeleiteten V. Verbalstamm vorbehalten ist (Wehr 645a). Im Äth. bedeutet das Verbum »suchen, untersuchen« (Dillmann 1360f.).

Zu den nominalen Bildungen der Wurzel im sem. Sprachkreis s.u. 1c.

b) Die Grundbedeutung der Wurzel *pqd* ist umstritten. Dafür in Betracht gezogen werden: »vermissen, sich kümmern um« (KBL 773a) oder: »mit Sorge bzw. Interesse auf/nach etwas schauen« (H. Fürst, Die göttliche Heimsuchung, 1965, 20f.28f.; vgl. Zorell, 662b, und E. A. Speiser, BASOR 149, 1958, 21 = Oriental and Biblical Studies, 1967, 178: »to attend to with care«) oder: »Nachschau halten; sich eingehend um etwas kümmern; eine eingehende Kontrolle vornehmen« (J. Scharbert, Bibl 38, 1957, 139) bzw. »jem./etw. überprüfen, kontrollieren; nach dem Rechten sehen« (J. Scharbert, BZ NF 4, 1960, 222 = Um das Prinzip der Vergeltung in Religion und Recht des AT, 1972, 295). ferner: »(auf-, be-)suchen« (GB 654a; K. H. Fahlgren, Ṣᵉdāḳā, nahestehende und entgegengesetzte Begriffe im AT, 1932, 66; AHw 824b) und: »anordnen« (M. Buber, Moses, ²1952, 169).

Abwegig sind die in der älteren Lexikographie unternommenen Versuche einer Zurückführung der Wurzel *pqd* auf eine zweiradikalige Basis mit der Grundbedeutung »scheiden, auseinanderspalten, um zu urteilen oder zu untersuchen« (J. Fürst, Hebr. und chaldäisches Handwörterbuch über das AT, II, 1863, 232a.233a) bzw. »to look for« (P. Haupt, AJSL 26, 1909/10, 228).

c) Im Hebr. kommen vom Verbum *pqd* alle Verbalstämme vor. Eine Besonderheit bieten jedoch das Hitp. und das mit ihm bedeutungsgleiche Hotp. »gemustert werden«, die wegen der fehlenden Verdopplung des mittleren Radikals nicht als Reflexivstämme zum Pi., sondern als solche zum Qal mit infigiertem *-t-* aufzufassen sind (vgl. H. Yalon, ZAW 50, 1932, 217; Meyer II, 123.125f.; anders: GK § 54l).

Nominale Bildungen der Wurzel sind im Hebr.:

(1) die Abstraktbildung *pᵉquddā*, die »Heimsuchung« bedeutet im Sinne von »im eigenen Gewaltbereich durchgeführte(r) dienstaufsichtliche(r) Überprüfung, die die Betroffenen für Versäumnisse und Verfehlungen verantwortlich macht und dagegen einschreitet« (F. Horst, Gottes Recht, 1961, 289 = Um das Prinzip der Vergeltung in Religion und Recht des AT, 1972, 210; vgl. auch F. Horst, RGG VI, 1344), daneben aber auch »Musterung« (2Chr 26,11), »Dienstauftrag« (Num 3,32.36; 4,16.16), »Obhut« (Hi 10,12), »Verwahrtes, Zurückgelegtes« (Jes 15,7 par. zu *jitrā* »Erübrigtes«), »Wache« (2Kön 11,18; Ez 44,11; 2Chr 23,18; 24,11, vgl. B. Stade, ZAW 5, 1885, 281–283, und s. Jer 52,11: *bēt-happᵉquddōt* »Gefängnis«), ferner: »Aufsicht(sbehörde), Verwaltung« (Num 4,16; Jes 60,17 par. zu *nōgᵉśīm* »Herrschaft«; 1Chr 26,30; 2Chr 17,14) und »Amt, Amtsklasse, Amtseinteilung« (Ps 109,8; 1Chr 23,11; 24,3.19, vgl. dazu F. Horst, RGG I 335); – im Akk. entspricht diesem Substantiv *piqittu(m)* »Übergabe, Belieferung; Musterung, Überprüfung, Inspektion; Beauftragung; Verwaltungs-, Betreuungsbereich« (AHw 865);

(2) das in 2Sam 24,9; 1Chr 21,5 im Ausdruck *mispar mifqad-hāʿām* »Ergebnis der Volkszählung«, in 2Chr 31,13 in der Be-

deutung »Auftrag, Anordnung« belegte Substantiv *mifqād*, das in Ez 43,21 als Bezeichnung eines Teils des Jerusalemer Tempelplatzes (»Musterungsplatz«?, »angeordneter Ort«?) und in Neh 3,31 in der Benennung eines wohl dorthin führenden Tores vorkommt (vgl. M. Avi-Yonah, IEJ 4, 1954, 247; doch s. auch J. Simons, Jerusalem in the OT, 1952, 340–342); – das analoge phön.-pun. Nomen *mpqd*, das in CIS I 88 Z. 4.5 vielleicht ebenfalls den Teil eines Tempels bezeichnet (vgl. DISO 163), hat auf Münzen der Stadt Leptis Magna die Bedeutung »Magistrat« (L. Müller, Numismatique de l'Ancienne Afrique II, 1861, 10; III, 1862, 192; vgl. Harris 139; DISO 234 und s. auch KAI Nr. 119 = Trip. 37, Z. 3);

(3) der nur in späten Ps belegte Plural **piqqūdīm* »(göttliche) Befehle« (Ps 19,9; 103,18; 111,7; 119: 21 ×), der hier als Wechselbegriff zu anderen – in Ps 19,8–15 und 119 gehäuft auftretenden (vgl. Kraus, BK XV, 159.819) – Ausdrücken für »Gesetz« und »Wort« Gottes wie *tōrā* »Weisung«, *'ēdōt* und *miṣwōt* »Gebote«, *berīt* »Verpflichtung«, *'imrā* »Wort«, ferner zu: *'æmæt* »Treue«, *mišpāṭ* »Rechtsentscheid«, *ṣedāqā* »Rechtserweis«, *niflā'ōt* »Wundertaten« und *'orāḥōt* »Wege (Jahwes)« vorkommt;

(4) die Beamtenbezeichnung *pāqīd* »Beauftragter, Beamter, Aufseher, Inspekteur«, die, ohne auf einen bestimmten Amtsbereich festgelegt zu sein, für Amtsträger mit zivilen (Gen 41,34; Ri 9,28; Est 2,3; Neh 11,9), militärischen (2Kön 25,19 = Jer 52,25) und kultischen (Jer 20,1; 29,26; Neh 11,14.22; 12,42; 2Chr 24,11; 31,13) Funktionen Verwendung findet; – dieser Titel entspricht akk. *paqdu(m)* »Beauftragter, Verwalter« (AHw 827a; W. Eilers, AfO 9, 1933/34, 333 mit Anm. 4) und aram. *pqd* (KAI Nr. 224, Z. 4.10.13) / *pqjd* »Beauftragter, Offizier, Verwaltungsfunktionär« (DISO 234: »officier, magistrat«), die beide vor allem in der Perserzeit häufig belegt sind (neubab.: G. Cardascia, Les archives des Murašû, 1951, 235b; aram.: Cowley Nr. 37, Z. 6; RES 248 A = 1798 A, Z. 1; Driver, AD 103; vgl. dazu Driver, AD 15–17.88–90 und zum pers. Hintergrund dieses Titels O. Klíma, ArOr 23, 1955, 481);

(5) das Substantiv *piqqādōn* »hinterlegtes Gut« (Lev 5,21.23), »Vorrat« (Gen 41, 36), das in akk. *puquddû(m)* »förmliche Übergabe, anvertrautes Gut« (AHw 880a) und aram. *pqdwn* »Depositum« (Cowley Nr. 20, Z. 7; vgl. DISO 234) sem. Äquivalente besitzt (zu nab. *pqdwn* in der Grabinschrift aus Petra CIS II 350, Z. 4, s. J. T. Milik, RB 66, 1959, 560: »dépôt, garde, charge, responsabilité«, anders: J. Cantineau, Le Nabatéen II, 1932, 137b: »ordre«; vgl. auch A. Parrot, Malédictions et violations de tombes, 1939, 85–88);

(6) die in Jer 37,13 in der Cs.-Verbindung *bá'al peqīdūt* »Wachthabender« belegte Abstraktbildung *peqīdūt* »Aufsicht, Wache«, die akk. *piqittūtu* »Beauftragtenstellung« an die Seite zu stellen ist (AHw 865b; zu den der hebr. Cs.-Verbindung *bá'al peqīdūt* korrespondierenden akk. Wortverbindungen *bēl piqitti* »Beauftragter« und *bēl piqittūti* »Beamter« s. AHw 120 und E. Klauber, Assyrisches Beamtentum nach Briefen aus der Sargonidenzeit, 1910, 39f.).

Hinzuweisen ist noch auf akk. *piqdu* »Übergabe, Zuweisung« (AHw 865a), *pāqidu(m)* »Betreuer« (AHw 827a) und *pitqudu* »umsichtig« (AHw 870b).

2. Formen der Wurzel *pqd* kommen im AT insgesamt 381 × vor und zwar nur in den hebr., nicht in den bibl.-aram. Teilen: Qal 234 × (Num 97 × ; Jer 37 ×), Ni. 21 ×, Pi. 1 × (Part.: Jes 13,4), Pu. 2 ×, Hi. 29 × (Jer 10 ×), Ho. 8 ×, Hitp. 4 × (Ri 20/21), Hotp. 4 ×. Von den Nomina der Wurzel ist *pequddā* 32 × (Jer 9 ×), *mifqād* 5 ×, **piqqūdīm* 24 × (nur Ps), *pāqīd* 13 ×, *piqqādōn* 3 × und *peqīdūt* 1 × (Jer 37,13) belegt. Formen der Wurzel fehlen in Jo, Ob, Jon, Nah, Hab, Hag, Mal, Hhld, Pred und Dan.

Die obige Aufstellung zur Wortstatistik folgt Mand.; Lis. zählt den Beleg 2Kön 12,12 doppelt: einmal zum Qal (= K) und einmal zum Ho. (= Q); ferner rechnet er die Vorkommen des Part. pass. Qal in Ex 38,21; Num 4,49; 7,2 mit Barth § 82e und GB 655b als Belege eines Abstraktnomens **pequdīm* »Musterung« (vgl. dazu H. Fürst, a.a.O. 31 Anm. 2).

3. Das Verbum *pqd* verfügt im Hebr., wie bereits der Überblick über die Bedeutungen der hier belegten nominalen Bildungen der Wurzel erkennen läßt, über eine beachtliche Bedeutungsbreite.

a) Hinter der vor allem im theologischen Sprachgebrauch des AT verbreiteten Bedeutung »aufmerksam bzw. prüfend nach jem./etwas sehen« (mit folgendem Akk. bzw. indirektem Fragesatz: 1Sam 14,17; 20,6; 2Kön 9,34 oder präpositionalem Ausdruck mit *'al* bei negativer Intention der Überprüfung: 2Sam 3,8; Jes 27,3) scheint die anschauliche Bed. »aufsuchen, besuchen, um nach jem./etwas zu sehen«, zu stehen. Diese begegnet in der Simsonerzählung in Ri 15,1, wo *pqd* vom Besuch des Mannes bei der Frau in der Ṣadiqa-Ehe ausgesagt ist (vgl. W. Plautz, ZAW 74, 1962, 24f.), in der Erzählung von Davids Aufstieg in 1Sam 17,18, wo das Verbum sich auf den Besuch von Verwandten bezieht, deren Befinden man in Erfahrung bringen möchte (*pqd l*ᵉ*šālōm* »nach dem Befinden sehen«), ferner – in späteren Texten bildlich übertragen auf den König und die leitenden Beamten (Jer 23,2; Sach 11,16) und auf Jahwe (Sach 10,3b) – für die Suche eines Hirten nach verlorenen Tieren seiner Herde und weiterhin für das prüfende Absuchen des eigenen Wohn- und Lebensbereiches (Hi 5,24; von Jahwe: Zeph 1,12).

In diesen Verwendungen steht *pqd* parallel einerseits zu *jd'* »wahrnehmen, achten auf« (Hi 35,15), *nbṭ* hi. »hinblicken, hinsehen« (Ps 80,15), *r'h* »(nach etwas) sehen« (Ex 4,31; 1Sam 14,17; Ps 80,15), andererseits zu *bḥn* »prüfen, auf die Probe stellen« (Ps 17,3; Hi 7,18), *glh* pi. »aufdecken« (Klgl 4,22), *ṣrp* »(durch Schmelzen) prüfen« (Ps 17,3) sowie schließlich zu *bqš* pi. »suchen, ausfindig machen« (Sach 11,16), *ḥpś* pi. »(gründlich) suchen« (Zeph 1,12). Vgl. noch bibl.-aram. *bqr* pa. »nachforschen« (KBL 1059a), als Aramaismus auch hebr. *bqr* pi. (HAL 144b; Wagner Nr. 45; →*bqš* 1), das in Ez 34,11f. (Vergleich Gottes mit einem Hirten) eine zu *pqd* analoge Bed. »sich kümmern um, betreuen« annimmt (s.u. 4a).

Im einzelnen ist zu den hier anzureihenden Bedeutungsnuancen zu bemerken:

(1) Die Bed. »vermissen«, die für das Qal nur in 1Sam 25,15; Jes 34,16 anzusetzen, aber beim Ni. häufiger anzutreffen ist (»vermißt werden, abhanden kommen, fehlen, leer bleiben« u.ä.: Num 31,49; Ri 21,3; 1Sam 20,18.18.25.27; 25,7.21; 2Sam 2,30; 1Kön 20,39; 2Kön 10,19; Jer 23,4) ist (gegen KBL 773a) wohl kaum die Grundbedeutung des Verbums, sondern ergibt sich resultativ aus der ergebnislosen Nachsuche nach Verschwundenem oder Abhandengekommenem (vgl. J. Scharbert, BZ NF 4, 1960, 215 mit Anm. 41 = Um das Prinzip der Vergeltung in Religion und Recht des AT, 1972, 285f. mit Anm. 41; Fürst, a.a.O. 20f.).

(2) In der Nähe zu »vermissen« steht die emphatische Anteilnahme im Sinne von »sich sehnen nach«, die das Verbum in Jer 3,16 (Objekt: die in Verlust geratene Lade) und in Ez 23,21 (Objekt: die Unzucht der dahingegangenen Jugendzeit) ausdrückt – parallel zu *'lh 'al-lēb* »in den Sinn kommen« (Jer 3,16) und zu *zkr* »gedenken« (Jer 3,16; zu *zkr*, dem häufigsten Parallelbegriff im Wortfeld von *pqd*, s. darüber hinaus: Jes 23,16f.; 26,14; Jer 14,10; 15,15; Hos 8,13; 9,9; Ps 8,5; 106,4 und vgl. auch *škḥ* »vergessen« als Gegenbegriff zu *pqd* in Jes 23,15–17).

(3) Mit über 100 Belegen, von denen 75 auf das Part. pass. (plur.) *p*ᵉ*qūdīm* »Gemusterte« entfallen, ist unter den Vorkommen des Qal die der Heeres- und Verwaltungspraxis zugehörige technische Bed. »mustern« außerordentlich stark vertreten. Auf sie entfallen fast die Hälfte der Belege für das Qal, wobei sich die Vorkommen auf P und hier auf die Volkszählungskapitel des Buches Num konzentrieren (Ex 30,12–14; 38,25f.; Num c. 1–4: über 60 ×; 7,2; 14,29; c. 26: 19 ×; außerhalb von P: Jos 8,10; 1Sam 11,8; 13,15; 15,4; 2Sam 18,1; 24,2.4; 1Kön 20,15.15.26; 1Chr 21,6; 23,24; 2Chr 25,5). Als Passiv dienen das Hotp. (Num 1,47; 2,33; 26,62; 1Kön 20,27) und das auf die beiden Schlußkapitel des Ri-Buches beschränkte Hitp. (Ri 20,15.15.17; 21,9) »gemustert werden« (s.o. 1c).

In dieser Verwendung ist *pqd* Wechselbegriff zu *nś' rōš* »die Zahl, Summe aufnehmen, zählen« (Ex 30,12; Num 1,2.49; 26,2, vgl. auch das gleichbedeutende *nś' mispār* in Num 3,40) und korrespondiert dem akk. Ausdruck *(ṣābam) paqādu(m)* »(Kriegsleute) mustern«, der in den altbab. Briefen aus den Archiven von Mari (Belege: AHw 825b) neben *ṣābam šaṭāru(m)* »Kriegsleute (in eine Konskriptionsliste) einschreiben« und *ebēbu(m)* (D-Stamm) »reinigen« / *tēbibtu(m)* »Reinigung« (vgl. zu diesem Begriff: J.-R. Kupper, Les nomades en Mésopotamie au temps des rois de Mari, 1957, 23–29; CAD E 4–8; AHw 180b–181b) vorkommt. Dieser letzte Begriff belegte, – wenn er in den Maribriefen nicht generell auf die technische Bedeutung »Zählung, Musterung, Zensus« festgelegt sein sollte (so: J.-R. Kupper in: Studia Mariana, 1950, 99–110) oder im Sinne von: »(Stämme durch genaue Festlegung ihrer Pflichten) von (weiteren) Anforderungen freistellen« zu verstehen wäre (so: AHw 181b; vgl. CAD E 6a–7a) –, mit dem Erfordernis einer Lustration der von der Zählung Betroffenen auch für den Bereich von Mari den prekären Charakter, der im Bewußtsein der Beteiligten einem solchen Zensus zukam. Diesen verdeutlicht im AT die durch Davids Volkszählung (2Sam 24; 1Chr 21) bewirkte Seuche (s. dazu G. von Rad, Der Heilige Krieg im alten Israel, ²1952, 37f.) und die bei

P in Ex 30,11–16 zur Abwendung einer vergleichbaren Plage vorgeschriebene »Erhebungsgabe für Jahwe« jedes Gemusterten zur »Sühne für sein Leben« (*kōfær nafšō*, Ex 30,12; vgl. 30,15.16, und s. dazu E.A. Speiser, BASOR 149, 1958, 17–25 = Oriental and Biblical Studies, 1967, 171–186).

Wie in Mari handelt es sich in Israel bei solchen Erhebungen um regelmäßige Aufnahmen der wehrfähigen Männer in Konskriptionslisten (vgl. die Bezeichnung der der Musterung Unterliegenden als *kol-jōṣē' ṣābā'* »jeder, der zum Heerbanndienst auszieht«, Num 1,3.45, und *ṣ^ebā'ō ūf^eqūdēhæm* »sein Heerhaufen und [zwar] ihre Gemusterten, Num 2,4.6.8.11 u.ö.) bzw. um die Gewinnung einer Übersicht über die Zahl der für einen aktuellen Feldzug zur Verfügung stehenden Wehrfähigen (so die Stellen abgesehen von P, 2Sam 24 und 1/2Chr), aber auch um die Erstellung von Grundlagen für Landzuweisungen (Num 26,52–56).

(4) Schwierig sind Jer 6,6, wo *hī hā'īr hofqad* (Ho.) vielleicht wiederzugeben ist mit: »dies ist die Stadt, von der (aufgrund einer Untersuchung) feststeht« (Rudolph, HAT 12,42; doch s. LXX und vgl. BHS z.St.), und Ex 38,21, wo aufgrund der üblichen Deutung der hier vorkommenden Formen von *pqd* zu übersetzen wäre: »Dies ist die Berechnung (der Kosten) der Wohnung (*p^eqūdē hammiškān*), der Wohnung des Zeugnisses, die vorgenommen wurde (*pqd* pu.) auf Anordnung des Mose« (s. KBL 773b.774a; vgl. Galling, HAT 3,172; Noth, ATD 5,224; doch s. dagegen: K.Koch, Die Priesterschrift von Exodus 25 bis Leviticus 16, 1959, 41 Anm. 3: **pāqūd* = »das, was scharf nachgeprüft-geordnet und bereitgestellt wird«, und Fürst, a.a.O. 31 Anm. 2: *p^eqūdīm* = »Aufnahme, Beschreibung«).

b) Daneben bedeutet *pqd* im Hebr. parallel zu *'mr* »sagen« (Hi 36,23) – wie im Ug. und im älteren Aram. (jedoch wohl kaum unter aram. Spracheinfluß, gegen: GB 654b; Fürst, a.a.O. 21f.) – »anweisen, befehlen, gebieten« (Num 4,27.49; Hi 36,23) und speziell in Parallele zu Ausdrücken für das militärische Aufgebot »aufbieten« (Jer 51,27; passiv dazu die Bedeutung des Ni. in Ez 38,8 und des Pu. in Jes 38,10). Hierher gehört vielleicht auch *pqd* hi. *l^e* in Jes 10,28: »beordern nach« (KBL 774a; vgl. Kaiser, ATD 17, 119.121; Wildberger, BK X,423f.; doch s. anders: H.Donner, Israel unter den Völkern, 1964, 30f.).

In speziellen Anwendungsbereichen ergeben sich folgende Bedeutungen:

(1) In der Sprache der Verwaltung und des Heerwesens ist die Verwendung von *pqd* im Sinne von: »mit einem Auftrag oder Amt betrauen, bestellen zu, einsetzen« verbreitet. Diese Bedeutung eignet neben dem Qal (Num 3,10; Dtn 20,9 und s. die hierhergehörigen Ausdrücke: *pqd 'ēt* »[als Diener] beigeben«, Gen 40,4, und *pqd b^ešēmōt* »namentlich beauftragen«, Num 4,32) insbesondere dem Hi. (1Sam 29,4; 2Kön 25,23; der Auftrag, das Amt oder der Amtsbereich, für die die Bestallung erfolgt, erscheinen dabei im präpositionalen Ausdruck mit *b^e*: Gen 39,5; Jer 40,5.7; 41,2.18; Est 2,3; mit *l^e*: 1Kön 11,28; vor allem aber mit *'al*: Gen 39,4.5; 41,34; Num 1,50; Jos 10,18; 2Kön 7,17; 25,22; Jes 62,6; Jer 40,11; 1Chr 26,32). Als Passive zum Qal und Hi. in dieser Verwendung dienen neben dem Part. pass. Qal, das im Ausdruck *p^eqūdē haḥājil* »Vorgesetzte des Heeres« in Num 31,14 (vgl. Num 31,48; 2Kön 11,15; 2Chr 23,14, doch s. dazu W.Rudolph, FS Bertholet 1950, 475 und HAT 21,273) vorkommt, einerseits das Ni. (Neh 7,1; 12,44) und andererseits das Ho., von dem das Part.plur. *hammufqādīm* »die Beauftragten« in 2Kön 12,12(Q); 22,5.9; 2Chr 34,10.12.17 belegt ist.

Der Gebrauch von *pqd* in dieser Bedeutung entspricht dem von akk. *paqādu(m) ana* »beauftragen zu« (AHw 826a) bzw. *ana piqittūti paqādu(m)* »in eine Beauftragtenstellung, ein Amt einsetzen« (AHw 865b; Klauber, a.a.O. 39f.). Zimmern 10 (vgl. auch Fürst, a.a.O. 22–25) vermutet wegen dieser Bedeutungsberührung akk. Spracheinfluß auf den hebr. Sprachgebrauch; doch ist diese Bedeutung von *pqd* auch sonst westsem. belegt (s.o. 1a).

(2) Insbesondere in der Sprache von Handel und Verkehr begegnet *pqd* darüber hinaus im Sinne von »übergeben, anvertrauen, verwahren«. Diese Verwendung von *pqd* ist der von akk. *paqādu(m) ana* »(zur Verwahrung, zum Transport o.ä.) übergeben, anvertrauen« (AHw 824b–825a) analog, weswegen Zimmern 18 sie auf akk. Spracheinfluß zurückführt. Sie kommt westsem. aber auch im Aram. vor (s.o. 1a und 1c[4]).

In dem genannten Sprachbereich begegnen das Qal in 2Kön 5,24 und das Hi. in Jer 36,20 als termini technici mit der Bed. »ins Depot geben, hinterlegen« (vgl. auch *pqd* hi. *'al-jad* »übergeben«, 1Kön 14,27 = 2Chr 12,10, und die passive Konstruktion *pqd* ho. *'ēt* »hinterlegt sein bei«, Lev 5,23). Darüber hinaus besagt das Hi. in Jer 37,21 »verwahren« im Blick auf einen Gefangenen, während die in Jer 40,7; 41,10 vorkommende Hi.-Konstruktion mit *'ēt* »unterstellen« bedeutet im Bezug auf die nach 587 v.Chr. Babylon unterworfene judäische Bevölkerung und ihr Verhältnis zu dem von Nebukadnezar II. eingesetzten (Unter)statthalter Gedalja. Der Zusammenhang dieser Verwendung von *pqd* mit der ihr zugrunde liegenden Bedeutung »anweisen, befehlen« wird für das Qal noch in Hi 34,13 deutlich, wo das Verbum im Sinne von »anbefehlen« parallel zu *śīm ('al)* »auferlegen« steht (vgl. Fohrer, KAT XVI,464).

4. a) Bereits in der altorientalischen Umwelt des AT begegnet *pqd* im mesopotamischen Schrifttum verbreitet in religiöser Verwendung: akk. *paqādu(m)* im Sinne von »versorgen, betreuen« wird häufig von den großen Göttern des mesopotamischen Pantheons ausgesagt (vgl. Tallqvist 152f.; AHw 825b), so in dem mittel- bis spätbab. oft belegten Götterprädikat »der die Gesamtheit von Himmel und Erde betreut« (z.B. R.Borger, AfO Beiheft 9, 1956, 95, Z. 13; H.Hunger, Babylonische und assyrische Kolophone, 1968, Nr. 328, Z. 1; E.Ebeling, ArOr 21, 1953, 365, Z. 13; W.G.Lambert, AfO 18, 1957/58, 386, Z. 18, u.ö.) oder in Prädikationen wie altbab.: »die großen Annunaku, die die Geschicke betreuen« (W.G.Lambert – A.R.Millard, Atra-ḫasīs, the Babylonian Story of the Flood, 1969, 58f., Z. 219f.) oder jungbab.: »Nabû, ... die Gesamtheit der Menschen betreust du, du nimmst ihr Gebet entgegen, du schenkst ihnen Heil« (KAR Nr. 25: II: 27ff. = E.Ebeling, Die akk. Gebetsserie ›Handerhebung‹, 1953, 16f., Z. 9b–12) und: »Die Menschen der Länder insgesamt betreust du; was immer Ea, der König, der Regent, hervorbringen ließ, ist überall dir übergeben. Die den Lebensodem haben, die weidest du allzumal; du bist ihr Hirt, seien sie droben oder drunten ... Was dort unten dem Fürsten Kusu, den Annunaku zugehört, betreust du; die Oberwelt aller Wohnstätten hältst du in Ordnung. Der Hirt der unteren Welt, der Hüter der Oberwelt, der das Licht der ganzen Welt wahrt, Schamasch, bist du!« (Großer Šamaš-Hymnus = Lambert, BWL 126–129, Z. 23–34; SAHG 241).

Im westsem. Bereich sind Belege für vergleichbare Gottesprädikationen bzw. -konzeptionen, die – unter Verwendung von *pqd* – »die Gottheit als ›Aufseher‹, ›Statthalter‹ oder ähnlich bezeichnen und damit ebenso ihre Herrschergewalt wie die Zuständigkeit und Verbundenheit mit dem Verehrer zum Ausdruck bringen wollen« (H.Gese u.a., Die Religionen Altsyriens ..., 1970, 225), bislang auf den in griech. Inschriften aus Gerasa vorkommenden Gottesnamen Πακειδᾶς (vgl. dazu Vincent, a.a.O. 98–129; O. Eißfeldt, AO 40, 1941, 24f.), eine Wiedergabe des aram.st.emph. *pāqīdā* (s.o. 1c[4]), und den in einer delischen Weihinschrift (vgl. Vincent, a.a.O. 102f.) gebrauchten zusammengesetzten Gottesnamen Πακειδοκώσος beschränkt, der wohl weniger die Identität des Πακειδᾶς mit dem edomitischen Hauptgott Qaus als vielmehr seine funktionale Zuordnung zu diesem Gott ausdrücken will.

Im AT findet sich *pqd* in theologischer Verwendung als Begriff für die heilvolle Hinwendung Jahwes zu Einzelnen oder zu Israel als Volk im Sinne von »aufmerksam sehen nach, achten bzw. schauen auf, sich jemandes annehmen« (mit folgendem Akk.) bereits in der älteren Erzählung: Solche Zuwendung Jahwes wird hier aktuell in der die Not einer unfruchtbaren Frau wendenden Schwangerschaft (Sara: Gen 21,1 J; Hanna: 1Sam 2,21) oder in der Abhilfe, die eine konkrete Notlage des Volkes findet (die Bedrückung Israels in Ägypten bei J und E: Gen 50,24.25; Ex 3,16; 4,31; 13,19; eine Hungersnot: Ruth 1,6), erfahren. In der exilisch-nachexilischen Prophetie bzw. in aus dieser Zeit stammenden Glossen und Zusätzen zu den Büchern älterer Propheten bezeichnet *pqd* in dieser Verwendung sodann den bevorstehenden Akt der erneuten Zuwendung Jahwes zu Israel, der die Rückkehr der Exilierten oder der Diaspora einleiten wird (Jer 29,10; Sach 10,3b; Zeph 2,7 parallel zu *šūb šᵉbūt* »das Geschick wenden«), zu dem deportierten König Zedekia (Jer 32,5: Zedekia hier vielleicht – im Blick auf 2Kön 25, 27–30 – in irrtümlicher Verwechslung mit Jojachin; doch s. anders: Rudolph, HAT 12,208), ferner zu den nach Babylon verschleppten Tempelgeräten (Jer 27,22), die deren Rückgabe (vgl. Esr 1,7–11; 6,5) bewirken wird, aber auch zu der in Vergessenheit (*škḥ* ni. »vergessen werden«, Jes 23,15f.) und Bedeutungslosigkeit gesunkenen Stadt Tyrus (Jes 23,17), die dadurch ihre frühere Bedeutung wieder erlangen soll, wenn auch zu dem alleinigen Zweck, daß Israel der Ertrag ihrer Handelstätigkeit zufallen kann.

Den Zusammenhang, der zwischen dieser Verwendung von *pqd* im AT und dem skizzierten religiösen Gebrauch des Verbums im Akk. besteht, verdeutlichen insbesondere die Belege aus der Kultlyrik des AT: denn in dieser findet sich ebenso der in den akk. Götterprädikationen mit *pqd* zum Ausdruck gebrachte Gedanke der Fürsorge der Gottheit für die Menschen und ihren Lebensraum wie die spezielle Beziehung, die in der Gebetsbeschwörung KAR Nr. 25: II: 27ff. zwischen dieser Fürsorge der Gottheit für die Menschen, der Erhörung von Gebeten und der Gewährung von Heil besteht. So ist im individuellen (Jer 15,15; Ps 106,4) und im kollektiven (Ps 80,15) Klagelied *pqd* im Sinne der – aktuellen – heilvollen Zuwendung Jahwes zum Beter ausdrücklicher Gegenstand der Bitte des oder der Klagenden (vgl. hierzu insbesondere den Bittruf Ps 106,4 »nimm dich meiner an mit deiner Hilfe«). In Abstraktion von der konkreten Situation wird Jahwe andererseits im Hymnus allgemein dafür gepriesen, daß er sich des Landes im Fruchtbarkeit spendenden Regen »annimmt« (Ps 65,10; vgl. dazu Kraus, BK XV,452f.) und daß er des Menschen »gedenkt« (*zkr*) und ihn »wohlwollend ansieht« (*pqd*: Ps 8,5; s. auch Ps 144,3, wo formal analog in Gestalt der Frage: »Was ist der Mensch, daß . . .«, aber unter Gebrauch von *jd'* »(er)kennen, sich kümmern« und *ḥšb* pi. »schätzen, beachten« derselbe Gedanke zum Ausdruck gebracht ist; vgl. W.H.Schmidt, ThZ 25, 1969, 6–10). Hierher gehört auch Hi 10,12, wo unter Verwendung des Substantivs *pequddā* »Obhut«, dessen Bedeutung sich an dieser Stelle »dem Begriff der erhaltenden Vorsehung« nähert (Fohrer, KAT XVI,217), der Gedanke von Ps 8,5 (in ironischer Wendung?, vgl. Fohrer, a.a.O.) aufgenommen ist.

Für das Wortfeld, in dem *pqd* an diesen Stellen begegnet, sind als Parallel- und Gegenbegriffe zum Verbum: *zkr* »gedenken« (Jes 23,16; Jer 15,15; Ps 8,5; 106,4), *nbṭ* hi. »(vom Himmel) herabblicken« (Ps 80,15), *r'h* »sehen nach« (Ex 4,31 im Ausdruck *r'h 'onī* »das Elend ansehen«; Ps 80, 15), *škḥ* ni. »vergessen werden« (Jes 23, 15f.) und zum Substantiv *pequddā* »Obhut« in Hi 10,12 *ḥajjīm wāḥǽsæd* »Lebensglück und Verbundenheit« charakteristisch. Neben diesem Begriffspaar verdeutlichen vor allem die in Gen 21,1; Jer 29,10 folgenden Hinweise auf das göttliche Verheißungswort, der Parallelausdruck *šūb šebūt* »das Geschick wenden« in Zeph 2,7 und das Interpretament »mit deiner Hilfe *(ješū'ā)*« in Ps 106,4 die heilvolle Intention die der mit *pqd* bezeichneten Zuwendung Jahwes hier zukommt.

b) Weitaus verbreiteter ist im theologischen Sprachgebrauch des AT die Verwendung von *pqd* »heimsuchen« im Sinne eines auf Überprüfung gerichteten Einschreitens Jahwes, das für Vergehen und Unterlassungen zu Rechenschaft und Verantwortung zieht. Dabei steht an den Stellen, an denen das Verbum absolut gebraucht (Ex 32,34; Jes 26,14; Hi 31,14; 35,15 txt em, vgl. Fohrer, a.a.O. 472; passiv: ni. Jes 24,22; 29,6; Spr 19,23) oder mit dem Akk. der Person konstruiert ist (Jer 6,15; 49,8; 50,31; Ps 17,3; 59,6; Hi 7,18), stärker der Aspekt der Überprüfung und der Aufdekkung von (verborgenen) Vergehen im Vordergrund, während dort, wo die Person, gegen die sich das Einschreiten Jahwes richtet, mit *'al* (Jes 24,21; 27,1; Jer 9,24; 11,22; 21,14; 23,34; 27,8; 29,32; 30,20; 44,13.29; 46,25; 51,44.47.52; Hos 12,3; Am 3,14b; Zeph 1,8.9.12; Sach 10,3a; vgl. das Ni. Num 16,29; Jes 27,3) oder gleichbedeutendem (vgl. BrSynt 104) *'æl* (Jer 46,25; 50,18) eingeführt ist, ferner: wo begangene Übeltaten das Objekt des Verbums sind (1Sam 15,2; Jes 10,12; Jer 14, 10; Hos 8,13; 9,9; Ps 89,33; Klgl 4,22) oder wo der Ausdruck *pqd 'āwōn (ḥaṭṭā't* o.ä.*) 'al* »die Schuld (Verfehlung o.ä.) heimsuchen an . . .« begegnet (Ex 20,5; 32,34; 34,7; Lev 18,25; Num 14,18; Dtn 5,9; Jes 13,11; 26,21; Jer 5,9.29; 9,8; 23,2; 25,12; 36,31; Hos 1,4; 2,15; 4,9; Am 3,2.14a; vgl. auch Hos 4,14, wo statt eines substantivischen Sachobjekts ein mit *kī* eingeleiteter Objektsatz folgt), stärker der Aspekt der Ahndung von (bereits offenkundigen) Vergehen betont ist. Doch läßt sich eine strenge bedeutungsmäßige Abgrenzung allein aufgrund der Konstruktionen nicht vornehmen.

(1) Den Aspekt der Überprüfung verdeutlichen insbesondere Stellen wie Ps 17,3, wo *pqd* im Unschuldsbekenntnis des Gebets eines Angeklagten neben *bḥn* »prüfen, auf die Probe stellen« und *ṣrp* »(durch Schmelzen) prüfen« die (nächtliche) Erforschung des Herzens durch Jahwe besagt, und Hi 31,14, wo Hiob in dem – Ps 17,3 analogen – Zusammenhang seines Reinigungseids auf das jederzeit mögliche prüfende Einschreiten Gottes hinweist, ferner Stellen wie Jes 26,21 und Klgl 4,22, wo *pqd* dem »Aufdecken« (*glh* pi., negiertes *ksh* pi.) von vergossenem Blut und Verfehlungen parallel steht, und Zeph 1,12, wo der Sinn des Verbums durch das »Absuchen« (*ḥpś* pi.) des nächtlichen Jerusalem mit der (Öl)lampe expliziert wird. Hierher gehört auch Hi 7,17f., wo die in Ps 8,5 (144,3) im hymnischen Lob begegnende Frage: »Was ist der Mensch, daß . . .« (wie übrigens auch in Hi 15,14) ins Negative gekehrt ist: daß Gott den Menschen »groß werden, aufwachsen läßt« (*gdl* pi.) und ihm dabei seine Aufmerksamkeit zuwendet« (*šīt libbō 'æl*, Hi 7,17), ist hier anders als an den beiden hymnischen Stellen nicht Anlaß zum Lob, sondern wird als Bedrük-

kung erfahren, weil, wie Hi 7,18 die Aussage weiterführt, die Zuwendung Gottes nach der Erfahrung Hiobs fortwährende Überwachung (*pqd*) und zur Verantwortung ziehende Überprüfung (*bḥn*) bedeutet.

(2) Häufiger sind jedoch Stellen, an denen Interpretamente und Parallelbegriffe für *pqd* den Sinn eines unmittelbar ahndenden Einschreitens Jahwes gegen Vergehen und diejenigen, die sie begangen haben, sicherstellen.

Dabei geht es nicht nur darum, daß Jahwe – wie an den angeführten Stellen – die menschliche Tat »an den Tag bringt«, – freilich: um sie »in entsprechendem Ergehen in Kraft (zu) setzen«, »indem er die Tat am Täter wirksam werden läßt, sie auf ihn zurücklenkt und vollendet« (*šūb* hi., *pqd*, *šlm* pi.), – also: um das »In-Kraft-Setzen und Vollenden des Sünde-Unheil-Zusammenhangs« (so: K. Koch, ZThK 52, 1955, 1–42 [Zitate: 13.31.7] = Um das Prinzip der Vergeltung in Religion und Recht des AT, 1972, 130–180).

Zwar könnten insbesondere Stellen, an denen *pqd* parallel zu *šūb* hi. *(k^{e})ma'^{a}lālāw l^{e}* »jemandem (gemäß) seine(n) Taten zurückerstatten, vergelten« (Hos 4,9; 12,3) bzw. *p^{e}quddā* parallel zu *šillūm* »Heimzahlung, Vergeltung« (Hos 9,7) steht oder an denen das Maß für das Einschreiten Jahwes mit einem Ausdruck wie »entsprechend der Frucht eurer Taten« (Jer 21,14; vgl. Hos 12,3: »gemäß seinem Wandel«) umschrieben wird, im Sinne K. Kochs auf die »Auffassung von der schicksalswirkenden Tatsphäre« als dem hier vorgegebenen Vorstellungsrahmen hindeuten (doch s. dagegen: F. Horst, Gottes Recht, 1961, 287–290 = Um das Prinzip der Vergeltung in Religion und Recht des AT, 1972, 208 bis 211; J. Scharbert, Bibl 38, 1957, 139 bis 142, und BZ NF 4, 1960, 209–226 = Um das Prinzip der Vergeltung in Religion und Recht des AT, 1972, 278–299).

Aber die Intensität der mit *pqd* zum Ausdruck gebrachten Anteilnahme Jahwes an den Menschen und ihren Taten (vgl. dazu für die Ps: E. Pax, Studii Biblici Franciscani Liber Annuus 11, 1960/61, 72–74) wie auch die Eigenart seines mit *pqd* bezeichneten Eingreifens gehen über eine Beteiligung lediglich von der Art und zu dem Zweck, »daß die Tat in Schicksal umschlägt« (K. Koch, ZThK 52, 1955, 21 = Um das Prinzip der Vergeltung in Religion und Recht des AT, 1972, 154) deutlich hinaus. Dies zeigen neben den übrigen Parallelbegriffen zu *pqd* wie *zkr* »gedenken« (Jer 14,10; Hos 8,13; 9,9), *jd'* »wahrnehmen, achten auf« (Hi 35,15) und *nqm* hitp. »sich rächen« (Jer 5,9.29; 9,8) und den bei dieser Verwendung im Wortfeld des Verbums begegnenden Gegenbegriffen wie *ḥnn* »gnädig sein« (Ps 59,6), *nqh* pi. »ungestraft lassen« (Ex 34,7; Num 14,18), *nṣr*/ *'śh ḥæsæd* »Verbundenheit, Huld bewahren« (Ex 34,7) bzw. »erweisen« (Ex 20,6; Dtn 5,10; vgl. Num 14,18 und s. auch Ps 89,33), *nś' 'āwōn* (etc.) »Schuld (etc.) wegnehmen, vergeben« (Ex 34,7; Num 14,18) und *rṣh* »Gefallen haben« (Jer 14,10; Hos 8,13) insbesondere Interpretamente, die die Mittel nennen, deren sich Jahwe bei seinem ahndenden Einschreiten bedient. Dabei handelt es sich um – mit *b^{e}* eingeleitete – präpositionale Ausdrücke: »(heimsuchen) mit seinem schweren, großen und harten Schwert« (Jes 27,1), »mit dem Schwert, mit Hunger und mit Seuche« (Jer 27,8; 44,13), »mit dem Stock . . . und mit Schlägen« (Ps 89,33) und – beim Ni. – »(heimgesucht werden) mit Donner und mit Erdbeben und lautem Schall, Wind und Sturm und fressender Feuerflamme« (Jes 29,6; zur kontroversen Frage, ob die Heimsuchung des Ariel bzw. Jerusalems hier heil- oder unheilvollen Sinn habe, s. die gegensätzlichen Stellungnahmen von Donner, a.a.O. 154f.; Fohrer, Jes. II,75; Kaiser, ATD 18,210f.213, einerseits und H.-M. Lutz, Jahwe, Jerusalem und die Völker, 1968, 100–110, andererseits). Auch in Jer 36,31 schließlich, wo die von Jahwe angedrohte Heimsuchung darin besteht, daß »ich über sie . . . all das Unheil bringe, das ich ihnen angesagt habe, ohne daß sie hörten« (vgl. auch Jer 49,8), liegt deutlich eine andere Vorstellung zugrunde als der immanente Zusammenhang von Tat und Ergehen.

Nimmt man hinzu, daß in Jes 26,21 die Rede von Jahwes »Ausziehen von seiner Stätte«, um die Schuld der Erdenbewohner zu ahnden, offensichtlich auf das Bild einer (königlichen) Strafexpedition anspielt (J. Scharbert, BZ NF 4, 1960, 219 = Um das Prinzip der Vergeltung in Religion und Recht des AT, 1972, 291; s. auch J. Jeremias, Theophanie, 1965, 19.132.160), so liegt als Vorstellungsbereich, der mit dem Theologumenon von der ahndenden Heimsuchung durch Jahwe angesprochen ist, eher »die im eigenen Gewaltbereich durchgeführte dienstaufsichtliche Überprüfung« nahe, »die die Betroffenen für Versäumnisse und Verfehlungen verantwortlich macht und dagegen einschreitet« (F. Horst, Gottes Recht, 1961, 289 = Um das Prinzip ... 210, und RGG VI, 1344; vgl. J. Scharbert, BZ NF 6, 1960, 217–219 = Um das Prinzip ... 289–292).

In dieser Verwendung begegnet das Verbum *pqd* in einer im Zusammenhang des Bilderverbots des Dekalogs in Ex 20, 5f. und Dtn 5,9f. und in sekundären Zusätzen zu J in Ex 34,7 und Num 14,18 überlieferten Bekenntnisformel (Zimmerli, GO 239f.) bzw. Gebetsanrufung (J. Scharbert, Bibl 38, 1957, 130–150), die besagt, daß Jahwe »die Schuld der Väter an den Söhnen (Ex 34,7: + und an den Enkeln), am dritten und am vierten Glied« (der Generationenfolge) heimsuche. Diese Formel ist in den uns vorliegenden Fassungen mit der voran- oder nachgestellten, ebenfalls auf Jahwe bezogenen Gegenaussage konfrontiert: »der Gnade erweist bis ins tausendste Glied denen, die mich lieben und meine Gebote halten« (Ex 20,6; Dtn 5,10) oder: »der Gnade bewahrt bis ins tausendste Glied, Schuld, Auflehnung und Vergehung vergibt, aber nicht ganz ungestraft läßt« (Ex 34,7) bzw. »der langmütig und reich an Gnade ist, der Schuld und Auflehnung vergibt, aber nicht ganz ungestraft läßt« (Num 14,18; →*ḥæsæd* IV/2ab und vgl. die Abwandlungen der Formel in Dtn 7,9f. und Jer 32,18, die ohne erkennbaren Bedeutungsunterschied *šlm* pi. »heimzahlen, vergelten« statt *pqd* aufweisen).

Die Formel von der Schuld der Väter ist vermutlich erst sekundär auf Jahwe übertragen worden und dem Kult zugewachsen. Sie ist ursprünglich vielleicht eine apodiktisch formulierte Mahnung an die Rechtsgemeinde gewesen, bei einem Gerichtsverfahren »nicht nur das schuldige Sippenhaupt, sondern alle Angehörigen ... seiner Sippenwohngemeinschaft« zur Rechenschaft heranzuziehen (L. Rost in: FS Hermann 1957, 229–232), wobei sich die solidarische Haftung für die Schuld zunächst wohl nicht auf vier aufeinanderfolgende (J. Scharbert, Solidarität in Segen und Fluch im AT und in seiner Umwelt I, 1958, 127f.), sondern auf die vier unter einem gemeinsamen (Zelt-) Dach beieinander hausenden Generationen bezog.

Die Belege für das Theologumenon von Jahwes ahndender Heimsuchung konzentrieren sich insbesondere auf die Prophetie. Sieht man von 1Sam 15,2 ab, wo die Zusicherung Jahwes: »Ich suche heim, was Amalek Israel angetan hat« (GK §106m; anders: Hertzberg, ATD 10,95; Stoebe, KAT VIII/1,283), im Zusammenhang einer »Aufforderung zum Kampf« im Jahwekrieg erscheint, die der als »Prophet« gezeichnete Samuel an Saul richtet (vgl. R. Bach, Die Aufforderungen zur Flucht und zum Kampf im atl. Prophetenspruch, 1962, 94.101–112), so gilt jedenfalls in der vorexilischen Schriftprophetie seit Amos die angedrohte Heimsuchung Jahwes durchgehend Israel (Am 3,2.14; Hos 2,15; 8,13; 9,9; 12,3 txt em, vgl. Wolff, BK XIV/1, 267) und Juda (Jer 5,9.29; 14,10) selbst und ihren Verfehlungen. Dabei werden öfter Einzelne (Hos 1,4: das Haus Jehus; Jer 29,32: der Prophet Semaja und seine Nachkommen; Jer 36,21: König Jojakim, seine Nachkommen und seine Diener; vgl. auch die in Ps 89,32f. den Nachkommen Davids für den Fall, daß sie Jahwes Satzungen und Gebote mißachten, angedrohte Heimsuchung mit Stock und Schlägen) oder bestimmte Gruppen innerhalb des Volkes (Zeph 1,9.12; Jer 11,22; 44,13.29), besonders seine verantwortlichen Führer (Hos 4,9; Zeph 1,8; Jer 6, 15; 23,2.34; für die nachexilische Zeit vgl. die redaktionelle Interpolation Sach 10,3a und s. dazu Elliger, ATD [3]25,158; Horst, HAT [3]14,250) als Objekte der Heimsuchung Jahwes neben dem Volk hervorgehoben oder als die seiner Heimsuchung ausschließlich Unterworfenen genannt, denen gegenüber Hos 4,14 die zum Ehebruch verführten Töchter und Schwiegertöchter ausdrücklich von solcher ahndenden Heimsuchung ausnimmt.

Demgegenüber leitet Jer 27,8, wo Jahwes Heimsuchung mit Schwert, Hunger und Seuche ausgedehnt ist auf »ein (jedes) Volk und Königreich, das Nebukadnezar, dem König von Babel, nicht dient und das seinen Nacken nicht in das Joch des Königs von Babel gibt« (zum Text s. Rudolph, HAT 12, 177), über zum Sprachgebrauch der exilisch-nachexilischen Prophetie, in der die strafende Heimsuchung Jahwes durchweg den Fremdvölkern und ihren Herrschern (Jes 10,12; Jer 9,24; 25,12; 30,20; 46,25; 49,8; 50,18.31; vgl. auch den Bittruf Ps 59,6: »Wache auf, alle Völker heimzusuchen«) angedroht ist, ferner: den Göttern der Fremdvölker (Jer 46,25; 51,44.47.52), schließlich dort, wo die Prophetie sich zur Apokalyptik wendet, den fremden Herren, die an Jahwes Stelle Israel beherrschen (Jes 26,13f.), und – in universaler Ausweitung – »dem Heer der Höhe in der Höhe und den Königen der Erde auf der Erde« (Jes 24,21f.), der Bosheit des Erdkreises und der Schuld der Frevler (Jes 13,11) bzw. der Schuld der Erdenbewohner (Jes 26,21) und dem Leviathan (Jes 27,1), der hier wohl als mythische Chiffre für »das Böse selbst« steht (Kaiser, ATD 18,179; anders: O. Kaiser, Die mythische Bedeutung des Meeres in Ägypten, Ugarit und Israel, [2]1962, 148f.), wobei sich die Erwartung der göttlichen Heimsuchung auf den eschatologischen »Tag Jahwes« (Jes 13,9) bzw. auf »jenen Tag« (Jes 24,21; 27,1) richtet. Heimsuchen wird von hier aus sodann im apokalyptischen Schrifttum zum »terminus technicus für dieses Kommen zu seinem großen Tag« (P. Volz, Die Eschatologie der jüdischen Gemeinde im ntl. Zeitalter, 1934, 164f.; W. Harnisch, Verhängnis und Verheißung der Geschichte, 1969, 308 Anm. 3; für Qumran s. dazu: J. Daniélou in: Les manuscrits de la mer morte, 1957, 115f.; H. Braun, Spätjüdisch-häretischer und frühchristlicher Radikalismus I, 1957, 103 Anm. 2; H. Ringgren, The Faith of Qumran, 1963, 152f.; H. Braun, Qumran und das NT I, 1966, 92).

Die Verbindung der Heimsuchung Jahwes mit einem bestimmten, von diesem heraufgeführten Zeitpunkt knüpft an eine bereits in vorexilischer Zeit ausgebildete Vorstellung an, wobei es sich freilich – im Unterschied zur Apokalyptik – um einen inner-, nicht endzeitlichen Termin handelt. So reden Ex 32,34; Am 3,14 vom »Tag meines Heimsuchens« (*jōm poqdī*; vgl. auch Zeph 1,8f.; Jer 9,24) und Jer 6,15; 49,8; 50,31 von der »Zeit, da ich sie (o.ä.) heimsuche« (*'ēt-peqadtīm*). Hierher gehören insbesondere die beim Nomen *pequddā* »Heimsuchung« häufigen Cs.-Verbindungen mit Zeitbegriffen: *jōm pequddā* »Tag der Heimsuchung« (Jes 10,3; Hos 9,7; Mi 7,4 txt em, vgl. Weiser, ATD 24, 285), *'ēt pequddātām* »die Zeit ihrer Heimsuchung« (Jer 8,12; 10,15; 46,21; 50,27; 51,18) und *šenat pequddātām* »das Jahr ihrer Heimsuchung« (Jer 11,23; 23,12; 48,44). Den unheilvollen Charakter dieses Israel (Hos 9,7), Juda (Mi 7,4) und bestimmten Gruppen innerhalb des Volkes (Jes 10,3; Jer 8,12; 11,23; 23,12), in der exilisch-nachexilischen Prophetie dann auch Ägypten (Jer 46,21), Babylon (Jer 50,27) und seinen Götzen (Jer 10,15; 51,18) angedrohten Zeitpunkts der Heimsuchung verdeutlichen Parallelbegriffe wie: *jōmām* »ihr Tag« (Jer 50,27) *jōm 'ēdām* »der Tag ihres Unglücks« (Jer 46,21), *jemē haššillūm* »die Tage der Heimzahlung« (Hos 9,7), ferner *rā'ā* »Unheil« (Jer 11,23; 23,12) als inhaltliche Bestimmung dessen, was von Seiten Jahwes zu diesem Termin bevorsteht. Auch die Ankündigung »herbeigekommen sind die Heimsuchungen (*pequddōt*) der Stadt (Jerusalem)« in Ez 9,1 gehört offenbar in diesen Zusammenhang (vgl. Ez 7,7; 12,23 und s. Zimmerli, BK XIII, 195f.), obwohl hier ein als nomen regens vorangestellter Zeitbegriff fehlt und der (mit Fohrer, HAT 13,53, intensiv zu deutende oder mit Zimmerli, a.a.O. 196, als doppelsinnige Anspielung auf die im folgenden genannte »Mehrzahl der Gerichtshelfer« zu verstehende) Plural *pequddōt* schwierig bleibt (s. dazu auch Eichrodt, ATD 22, 46.64).

(3) Selten werden das Nomen *pequddā* und *pqd* ni. demgegenüber für negative Widerfahrnisse gebraucht, die nicht von Jahwe herrühren.

So unterscheidet Num 16,29 J im Blick auf das bevorstehende böse Ende der Aufrührer Dathan und Abiram von dieser göttlichen Heimsuchung den natürlichen Tod als ein Widerfahrnis (*pqd* ni. *'al*) »das allen Menschen widerfährt« (*pequddat kol-hā'ādām*). Dem Weisheitsspruch Spr 19,23 zufolge schützt Jahwefurcht davor, daß man von Unheil (*ra'*) getroffen wird (*pqd* ni.), und ähnlich sagt in Jes 27,3 Jahwe dem Weinberg Israel zu: »damit ihm kein Leid widerfahre (vgl. K. Marti, Das Buch Jesaja, 1900,197), behüte ich ihn Tag und Nacht«.

(c) Im Vergleich mit diesen beiden Verwendungen sind die übrigen Bedeutungen der Wurzel *pqd* im theologischen Sprachgebrauch des AT sehr viel weniger häufig anzutreffen.

(1) So begegnet die im profanen Sprachgebrauch beim Qal außerordentlich verbreitete Bed. »mustern« (s.o. 3a [3]), von Jahwe ausgesagt, nur einmal in Jes 13,4 im Zusammenhang des Vorstellungskreises vom eschatologischen »Tag Jahwes« (vgl. Jes 13,6) beim Part. pi.: »Jahwe Zebaoth mustert das Heer der Schlacht« (vgl. dazu Jenni, HP 228f.).

(2) Nur vereinzelt findet sich im theologischen Sprachgebrauch des AT auch *pqd* (mit folgendem *'al*) in der Bed. »anweisen, befehlen, gebieten«.

Sieht man von dem mit dieser Bedeutung des Verbums zusammenhängenden Nomen **piqqūdīm* »(göttliche) Befehle« (s.o. 1c [3]) ab, so ist dieser Gebrauch von *pqd* beim Verbum nur in Zeph 3,7 im Blick auf die Summe der göttlichen Willensoffenbarung an Israel und im Zusammenhang des Tempelbauedikts des Kyros noch einmal in Esr 1,2 = 2Chr 36,23 im Blick auf den dem Perserkönig von Jahwe zugekommenen Befehl zum Wiederaufbau des Jerusalemer Tempels belegt.

(3) Öfter begegnen allerdings Stellen, an denen *pqd* (mit folgendem *'al* oder *'æl*) im Sinne von »einsetzen, bestellen, aufbieten« von Jahwe ausgesagt wird.

Dabei handelt es sich in der Zwiesprache Moses mit Jahwe in Num 27,16f. um die Bestellung eines Nachfolgers für Mose. In Jer 1,10 ist das gleichbedeutende und gleich konstruierte Hi. für die Bestellung Jeremias zum Völkerpropheten gebraucht (zur Textherstellung und zur Deutung des Verses, insbesondere der folgenden Infinitivkonstruktion, die bei *pqd* ungewöhnlich ist und nur noch einmal – beim Hi. – in Jos 10,18 begegnet, s. W.L. Holladay, JBL 79, 1960, 363f.; R. Bach in: FS von Rad 1961, 7–32; E. Vogt, VD 42, 1964, 242 bis 247; S. Herrmann, Die prophetischen Heilserwartungen im AT, 1965, 165–169; Rudolph, HAT 12,4.7f.).

Hierher gehören vielleicht auch die textlich schwierigen Stellen Jer 13,21 und 49,19 = 50,44, wenn man in Jer 13,21 den MT beizubehalten hat: »was wirst du sagen, wenn er über dich einsetzt, die du als vertraute Freunde an dich gewöhnt hattest, als Haupt?« (vgl. Weiser, ATD 20, 1959, 115.124; anders: Rudolph, HAT 12, 92), und in Jer 49,19 = 50,44 als Text herzustellen hat: *ūbeḥīrī 'ēlǣhā 'æfqōd* »und ich bestelle meinen Erwählten über sie« (vgl. BH³, anders: BHS).

Feindlicher Sinn eignet dem folgenden *'al* beim Qal und Hi. im Drohwort Jer 15,3: »Vier Geschlechter bestelle ich gegen sie, ist der Ausspruch Jahwes: das Schwert zum Töten, die Hunde zum Wegschleifen, die Vögel des Himmels und die Tiere des Landes zum Fressen und zum Vertilgen«, ferner in der göttlichen Fluchandrohung Lev 26,16: »Ich werde gegen euch den Schrecken, die Schwindsucht und das Fieber aufbieten, die die Augen erlöschen und das Leben sich verzehren lassen«, sowie in Ps 109,6 in dem vom Beter des Psalms dargebotenen Zitat des Fluchs seiner Feinde: »Bestelle einen Frevler gegen ihn, ein Widersacher stehe zu seiner Rechten!«.

(4) Selten kommt im theologischen Sprachgebrauch des AT schließlich auch die Bedeutung »übergeben, anvertrauen, anbefehlen« vor.

So weist die zweite Elihurede in Hi 34, 13 mit der rhetorischen Frage: »Wer hat ihm seine Erde anbefohlen (*pqd 'al*), wer ihm das ganze Festland auferlegt (*śīm 'al*)?«, den Gedanken, die Fürsorge Gottes für die Welt (vgl. Hi 34,14f.) könne durch einen diesem zugekommenen Auftrag bedingt sein, ausdrücklich ab und tritt damit in Kontrast zu Götterprädikationen des Zweistromlandes, die solche Fürsorge bestimmter Götter aus einer ausdrücklichen Beauftragung herleiten, z.B. wenn von Nergal ausgesagt wird: »Es hat dir Enlil, dein Vater, die Schwarzköpfigen, die Gesamtheit der Lebewesen gegeben, das Vieh Sumuqans, das Getier, hat er deiner Hand anvertraut« (E. Ebeling, Die akk. Gebetsserie ›Handerhebung‹, 1953, 114f., Z. 9f.; vgl. auch – für Šamaš – die oben zitierte Stelle aus dem Großen Šamaš-Hymnus).

Hierher gehört auch die Vertrauensäußerung Ps 31,6 »in deine Hand befehle ich meinen Geist«. Sie korrespondiert dem Vertrauensausdruck in einem Gebet Assurbanipals an Nabû: »Mein Leben ist vor dir aufgeschrieben, meine Seele dem Schoß der Ninlil übergeben« (M. Streck, VAB 7, 1916, 346, Z. 21; SAHG 293), und den in Gebetsbeschwörungen des Zweistromlandes häufigen Bittrufen an verschiedene Götter wie: »Šamaš, ... den gnädigen Händen meines Gottes und meiner Göttin übergib mich zum Heil und Leben!« (A. Schollmeyer, Sumerisch-babylonische Hymnen und Gebete an Šamaš, 1912, 96. 98, Z. 1–3), oder: »Nusku, Sohn Ekurs, ... Enlil ist gnädig, zum Heil vertrau mich (ihm) an!« (Ebeling, a.a.O. 40f., Z. 19. 22).

Neben Ps 31,6 (für das Hi.) ist Jes 26,16 (für das Qal) die einzige Stelle, an der im theologischen Sprachgebrauch des AT Menschen das Subjekt von *pqd* sind. Doch ist der überlieferte MT: *Jhwh baṣṣar peqādūkā* »Jahwe, in der Not suchten sie dich« nicht unbestritten (vgl. E. Liebmann, ZAW 24, 1904, 77–80; Kaiser, ATD 18, 168 Anm. 10; s. auch BHS).

5. Zur Nachgeschichte des Begriffs im Judentum und im NT vgl. H.W. Beyer, Art. ἐπισκέπτομαι, ThW II, 595–619; speziell zur Apokalyptik und zu Qumran s.o. 4b(2); zur LXX s. K. Koch, ZThK 52, 1955, 38 = Um das Prinzip der Vergeltung in Religion und Recht des AT, 1972, 175; Fürst, a.a.O. 33–46; H.S. Gehman, VT 22, 1972, 197–207. *W. Schottroff*

פרר *prr* hi. **brechen**

1. *prr* findet sich außer im Hebr. (hi. »zunichte machen, [eine Verpflichtung, ein Gebot] brechen«) im Akk. (AHw 829f.: *parāru* G »sich ablösen« u.ä., D »auflösen«).

Belege im Ug. (UT Nr. 2121) und Pun. (DISO 237) sind unsicher.

Im AT ist von *prr* nur (kausatives) Hi. und das Ho. gebraucht. Als Nebenform erscheint *pūr* hi. »vernichten« (Ez 17,19; Ps 33,10; 89,34 txt? [vgl. BHS]).

Das Mittelhebr. kennt auch pi. »zerbröckeln« und pilp. »zerbröckeln, zerrühren«, außerdem als Derivat *pērūr* »das Zerbröckeln, Zerbröckeltes, Brocken«, das Jüd.-Aram. neben af. »ungültig machen« das itpa. »zerrühren« und itpalp. »zerbröckelt werden« sowie das Derivat *pērūrā* »Mehlbrei«.

Als selbständige Wurzel ist *prr* II anzusehen (mit GB 662; KBL 782; gegen Gesenius, Thesaurus 1131; Levy IV, 131f.140): qal mit hitpo. »hin und her schwanken« (Jes 24,19), po. »aufstören« (Ps 74,13), pilp. »schütteln, hin und her zerren« (Hi 16,12). Das Verbum begegnet auch im Mittelhebr. (pilp.), Jüd.-Aram. (palp.) und Syr. (etp.) in der Bed. »zucken, sich wälzen, im Todeskampf liegen«.

2. *prr* hi. kommt 43 × vor, davon 8 × in Num (15,31 und 30,9–16, zweimal mit Inf.abs.), 5 × in Ez, je 4 × in Jes und Jer, 3 × in Hi; *prr* ho. steht 3 × (Jes 8,10; Jer 33,21; Sach 11,11); *pūr* hi. 3 × (s.o.).

Die ältesten Belege sind 2Sam 15,34 und 17,14; bis zum Exil kommen hinzu: 1Kön 15,19; Jes 14,27; Jer 14,21; 31,32; Ez 16, 59; 17,15.16.18; Jes 8,10 (ho.); Dreiviertel der Stellen sind exilisch und nachexilisch.

3. Gegenüber dem auf gegenständliche Objekte ausgerichteten Gebrauch der entsprechenden Stammformen im Akk., Mittelhebr. und Jüd.-Aram. ist im atl. Hebr. *prr* hi. und ho. mit abstrakten Substantiven verbunden. Die Wiedergabe im Dt. richtet sich nach dem Objekt: einen Rat (2Sam 15,34; 17,14; Esr 4,5; Neh 4,9; ho. Jes 8,10; vgl. Jes 14,27 sowie *pūr* hi. Ps 33,10) oder Pläne (Hi 5,12; Spr 15,22) »zunichte machen«, ebenso Jahwes Recht (Hi 40,8), die Zeichen der Orakelpriester (Jes 44,25); die Gottesfurcht »verderben« (Hi 15,4), seinen Zorn »beenden« (Ps 85,5, Textänderung [s. BHS] nicht notwendig), die Bruderschaft »auflösen« (Sach 11,14), Jahwes Weisung (Ps 119,126), sein Gebot (Num 15,31; Esr 9,14) »übertreten«, ein Gelübde (nicht: »übertreten«, sondern) »ungültig machen« (Num 30,9.13.13.14. 16), vor allem aber eine Verpflichtung (*b^{e}rīt*) »brechen« (s.u. 4).

Hinsichtlich der Objekte unterscheidet sich *prr* hi. deutlich etwa von *šbr* »zerbrechen« (vgl. Jenni, HP 176–178) und *šḥt* pi. »vernichten« (doch vgl. auch *šḥt* pi. *b^{e}rīt* Mal 2,8).

Nur in Pred 12,5 scheint *prr* hi. intransitiv gebraucht zu sein: die Kaperfrucht »bricht, platzt« (so KBL 781).

4. In der Hälfte aller Belege hat *prr* hi. das Obj. →*b^{e}rīt* »Verpflichtung«. Ein Mensch »bricht« die Verpflichtung, die er gegenüber einem anderen Menschen übernommen hat (1Kön 15,19 = 2Chr 16,3; Jes 33,8), die ihm von einem Menschen (Vasallenbestimmung Ez 17,15.16.18) bzw. von Jahwe auferlegt ist (Gesetz Gen 17, 14; Lev 26,15; Dtn 31,16.20; Jes 24,5; Jer 11,10; 31,32; Ez 16,59; 44,7). Jahwe »bricht« (nicht) seine Zusage an die Israeliten (Lev 26,44; Ri 2,1; Jer 14,21), an David (Jer 33,21), an die Völker (Sach 11, 10). Die Bestimmung (= Ordnung) Jahwes bezüglich Tag und Nacht kann nicht aufgehoben werden (Jer 33,20, vielleicht ho. *tūfar* statt der Hi.-Form herzustellen).

Keiner der Belege für eine Verpflichtung, die zwischen Gott und Mensch steht, ist vordeuteronomisch. Mit 22 Stellen ist *prr* hi. *b^{e}rīt* der wichtigste Ausdruck für den Bruch einer Verpflichtung (→*b^{e}rīt* III/6c). Für diese Wendung die Rechtspraxis der altorientalischen Vertragsabschlüsse als »Sitz im Leben« anzunehmen (W. Thiel, *Hēfēr b^{e}rīt*. Zum Bundbrechen im AT, VT 20, 1970, 214–229), erübrigt sich angesichts des Sachverhaltes, daß *b^{e}rīt* auch hier (mit vielleicht möglicher Ausnahme von 1Kön 15,19b) »Verpflichtung«, nicht »Bund, Abkommen« bedeutet.

5. In Qumran setzt sich der atl. Sprachgebrauch fort mit den Wendungen »eine Zusage (*b^{e}rīt*) brechen« (4QDibHam 5,8; 6,7; Subj. Jahwe) und »eine Satzung (*ḥōq*) brechen« (CD 1,20). Als Objekt des »Zerbrechens« erscheint hier auch *qajjāmē qædæm* »was seit früher besteht« (1QH 13,12). Auch wo »Pfeile« Subjekt zu *prr* hi. sind (1QH 2,26; 3,27), ist nicht ein eigener Stamm *prr* hi. »commovere« zu postulieren (so Kuhn, Konk. 181); auch hier liegt die Bed. »vernichten« vor. Neu ist *prr* hitp. im Sinne von »zerbrechen, zugrunde gehen« (1QH f 3,5).

Die hauptsächlichste Wiedergabe von *prr* hi. in der LXX, διασκεδάζειν »zerstreuen, auflösen«, begegnet im NT nicht.

E. Kutsch

פֶּשַׁע *pæša'* Verbrechen

1. *pš'* begegnet außer im nachbiblischen Hebr. und Jüd.-Aram. nur noch mit abweichender Bedeutung im Syr. (LS 613b: torpuit, perterritus est; insipienter egit) und bisher einmal im ug. Subst. *pš'* (2Aqht [= II D] VI,43 par. *gan* [→*g'h* 1]; WUS Nr. 2287: »Vergehen, Sünde«; UT Nr. 2128: »sin«).

Das AT kennt *pš'* q. und ni., dazu das masc. Segolatnomen *pæša'*.

2. Das Verbum ist im AT 41 × belegt, 40 × im Qal und 1 × im Ni. (Spr 18,19); Konjekturen sind möglich in 1Sam 13,3; Jes 64,4; Hi 35,15; Pred 3,16 (s. BH^{3}). Am häufigsten ist *pš'* q. in Jes (9 ×, davon

Dtjes 5×, Tritojes 2×), es folgen 2Kön 6×, Jer und 2Chr 4×, Ez und Hos 3×, 1Kön, Am und Ps je 2×, vereinzelt Zeph 3,11; Spr 28,21; Klgl 3,42; Dan 8,23; Esr 10,13. Die Stellen Am 4,4.4; Hos 7, 13; 8,1; 14,10; Jes 1,2.28; Spr 28,21 und einige 1/2Kön sind die ältesten. Das Verbum kommt somit im 8. Jh. in Geschichtsschreibung und prophetischer Verkündigung auf und erreicht um 600 seine weiteste Verbreitung.

Das Nomen *pæša'* mit 93 Belegen (Ps 14×, Spr 12×, Jes 11×, Ez, Am und Hi je 10×, Mi 6×, Gen, Ex, Klgl und Dan je 3×, Lev und 1Sam je 2×, Num, Jos, 1Kön und Jer je 1×) überwiegt in den erzählenden und poetischen Büchern. Die ältesten Belege sind: Gen 31,36; 50,17.17; Ex 22,8; 1Sam 24,12; 25,28; Am 1,3–2,6; 3,14; 5,12; Mi 1,5.5.13; 3,8; Spr 28,2.13. 24; 29,6.16.22; vielleicht Jos 24,19.

3. Der Begriff *pæša'* wurde auf Grund einer Exegese von Ex 22,8 durch L. Köhler, ZAW 46, 1928, 213–218, fast allgemein mit »Bestreitung, Rebellion« übersetzt, woraus sich weitreichende Folgen für die atl. Hamartiologie ergaben. Diese Interpretation hat sich jedoch als unhaltbar erwiesen. Vgl. zum Ganzen S. Porúbčan, Sin in the OT, 1963; R. Knierim, Die Hauptbegriffe für Sünde im AT, 1965 (dort S. 143 Anm. 81 weitere Lit., u.a. H.W. Hertzberg, FS Rudolph 1961, 97–108).

a) Zunächst sind für die Bestimmung der Grundbedeutung mehrere andere alte Belege neben Ex 22,8 unerläßlich. In Gen 31,36, einer fast kompletten Beispielerzählung zu Ex 22,8, kann sich *pæša'* dem Kontext V. 31–37 zufolge nur auf den Akt des Diebstahls (Stichwort *gnb* »stehlen«) beziehen, nicht aber auf dessen Bestreitung durch Jakob. Nach 1Sam 24,10–14 bezieht sich *pæša'* auf *šlḥ jād bᵉ* »Hand anlegen an« und auf *hrg* »töten«. Nach Spr 28, 24 bestreitet ein Sohn, der seine Eltern »beraubt« (*gzl*), *pæša'* zu begehen. In Gen 50,17 ist der Begriff auf Menschenraub bezogen. Die Belege in Am 1,3.6.9.11.13; 2,1.(4.)6 (vgl. den Exkurs bei Wolff, BK XIV/2, 185f.) beziehen sich allesamt auf verbrecherische Taten; vgl. Am 5,12; Mi 1,13; 3,8; Zeph 3,11 q. In allen diesen Belegen ist es unmöglich, *pæša'* mit »Bestreitung, Rebellion« zu übersetzen. Darüber hinaus verbieten das Alter der Belege und die darin erkennbaren spezifischen Situationen die Annahme, daß der Begriff hier in sekundär erweiterter Bedeutung verwendet sei.

b) Aber auch die übliche Exegese von Ex 22,8 selbst ist unhaltbar. Zunächst beruht die Annahme von »Bestreitung« auf einer inkonsequenten und in sich mehrfach widersprüchlichen Exegese des Verses. Dem Sinn nach bietet folgende Übersetzung die geringsten Schwierigkeiten: »In Bezug auf jeden Fall von Eigentumsdelikt (*pæša'*), betreffe es ein Rind, einen Esel, ein Schaf, einen Mantel oder irgend etwas, das verlorengeht, bezüglich dessen einer sagt: ›Dieser war (oder hat) es‹ – vor Gott soll die Angelegenheit der beiden kommen! Wenn Gott ihn (den Angeklagten) schuldig spricht, soll er seinem Genossen doppelten Ersatz leisten«. Diese Interpretation wird bestätigt durch die älteste Exegese von Ex 22,8, die in Dtn 22, 1–3 vorliegt. Dtn 22,1–3 aber behandelt den Fall einer Unterschlagung fremden Eigentums, nicht aber den der Bestreitung eines Eigentumsanspruchs.

Der Kontext Ex 22,6–14 handelt von Eigentumsdelikten, aber nicht von Fällen der Bestreitung. Sachbezogene Begriffe sind auch hier: *'bd* »verlorengehen«, *gnb* »stehlen« (V. 6) und *šlḥ jād bᵉ* »Hand anlegen an«, vgl. 1Sam 24,11. Diese Thematik war der sachliche Grund für die Erweiterung von V. 6f. durch V. 8, wie u.a. die beide Argumente abschließende Urteilsbestimmung in V. 8b zeigt.

c) Auch das Verbum gibt nur scheinbar Anlaß zur Übersetzung »rebellieren«. 2Kön 8,20.22 nötigt zur Frage, ob *pš' mittáḥat jād* den Grundvorgang der vollzogenen Loslösung aus einem Gemeinschaftsverband meint oder nur den Vorgang der Auflehnung, des Protestes dagegen, sei dieser erfolgreich oder erfolglos. Darum ist bei der Bestimmung des Begriffes zwischen (vollendetem) Abfall und (versuchter) Auflehnung zu unterscheiden. Die Wortverbindung »*pš'* aus der Hand...« und der Kontext von 2Kön 8,20.22 (vgl. 2Chr 21,8.10) beweisen aber eindeutig das Faktum des vollzogenen Abfalls, des Selbstentzuges aus fremder Oberhoheit und damit einer Art Eigentumswegnahme. Nur scheinbar steht dem die Präpositionalverbindung *pš' bᵉ* in anderen Texten entgegen. Aber *bᵉ* »mit« sagt nichts über eine Bewegungsrichtung, sondern etwas über eine Verbundenheit. K.H. Fahlgren, *ṣᵉdāḳā*, nahestehende und entgegengesetzte Begriffe im AT, 1932, 19, hat den scheinbar paradoxen Sachverhalt der Loslösung, des Abfalls denn auch richtig durch »brechen mit« übersetzt. Diese Übersetzung bewährt sich in allen hierher gehörenden Belegen: Hos 7,13 (par. *ndd min* »weichen von«); Jes 1,28 (par. *šǽbær* »Zerbrechen«, *'zb* »verlassen«); Jer 2,29–31 (par. *rûd* »frei schweifen«); 3,13f. (par. *šûb* »zurückkehren«). Auch das Verbum wird somit zur Bezeichnung von Situationen verwendet, in denen es um ein Delikt der Wegnahme fremden Besitzes oder des Bruches mit jemand geht (vgl. 1Kön 12,19; 2Kön 1,1; 3,5.7). Die Verbindung *pš' 'al* Hos 8,1 ist singulär und dürfte sekundären Sprachgebrauch darstellen. KBL 785a hat den hier dargestellten Sachverhalt getroffen, wenn er die Bedeutung von *pš'* ni. (Spr 18, 19) mit »Abfall erleiden(?)« vermutet.

d) Aus den dargelegten Sachverhalten dürfte sich die Grundbedeutung des Begriffes ableiten lassen. Zunächst ist deutlich, daß *páša'* nicht identisch ist mit den genannten Parallelbegriffen (bes. *gzl* »rauben«, *gnb* »stehlen«, *šlḥ jād b*ᵉ »Hand anlegen an«). *páša'* ist vielmehr ein formaler Oberbegriff, der die verschiedenen mit jenen Begriffen bezeichneten Arten von Sach- und Personendelikten unter sich zusammenfaßt. Die Tatsache, daß der Begriff, vor allem in Ex 22,8, als genau bekannt vorausgesetzt wird, zeigt, daß er schon früh ein rechtlicher terminus technicus für gerichtlich zu ahndende Verbrechen war. Das Verbum in 2Kön 8,20.22 u.ö. ist dementsprechend ein völkerrechtlicher Begriff, der den Abfall, den Entzug eines Teiles aus einem Staatsgefüge ausdrückt (vgl. auch I. Plein, ZAW 78, 1966, 10). Die sinngemäße Übersetzung, die zugleich das im Wort vorausgesetzte Gemeinschaftsdenken beinhaltet, ist demnach für das Verbum: mit Präp. *b*ᵉ »brechen mit«, mit *mittáḥat jād* »wegbrechen von«, absolut »verbrecherisch handeln«. Für das Ni. gilt die passive Bed. »Abfall erleiden, Verbrechen erleiden, Bruch (einer Brudergemeinschaft) erleiden«.

e) Die Geschichte des Begriffes beginnt mit seiner Verwendung in rechtlichen Zusammenhängen: der Bitte um Vergebung (in verschiedenen Formen und Wortverbindungen, u.a. →*nś'* »tragen«; Gen 50, 17; 1Sam 25,28), der Verteidigung, Rechtfertigung oder Diskussion (Gen 31,36; 1Sam 24,12; Spr 28,24; rechtliche Redeformen innerhalb oder außerhalb eines Prozesses), der Rechtsformulierung (Ex 22,8). Der Begriff taucht also zunächst, und zwar als terminus technicus, im Rahmen von unkultischer, rechtlicher Verordnung, von Prozeß und von Händeln mit rechtlichen Implikationen auf.

Sodann kommt es zur Ausweitung seiner Bedeutung in andere Sitze im Leben. In der Weisheit ist formelhaft die Wortverbindung *ksh* pi. *páša'* »Verbrechen bedekken« (Spr 10,12; 17,9; 28,13; Hi 31,33; vgl. Spr 19,11 *'br 'al* »vorbeigehen an«). Hier ist *páša'* nicht notwendigerweise ein gerichtlich zu ahndendes Vergehen. Zum »Bedecken« oder »Bekennen und Lassen« (Spr 28,13) kann es auch außerhalb des Prozesses kommen. Diese Auffassung hat offenbar ihren Grund in dem Bemühen weisheitlichen Denkens, alle möglichen Fälle von *páša'* zu erfassen und den Weg zur Überwindung ihrer Unheilswirkung festzustellen. Vgl. auch Spr 12, 13; 28,2; 29,6. In diesem Bereich wird der ursprüngliche Rechtsbegriff schließlich verwendet im Sinne von verwerflichem, unmoralischem Handeln. In der Paränese, zumeist in Form einer Gottesrede, dringt der Begriff (mit Suffix der 2.Pers. Plur.) sodann in explizit theologische Zusammenhänge vor. Zunächst dient er zur (bedingten) Ankündigung der Unvergebbarkeit der *pᵉšā'îm* (Ex 23,21; Jos 24,19; Am 5,12), sodann zum Ruf zur Umkehr (Ez 18,30f.) und zur Ankündigung der Vergebung (Jes 43,25; 44,22; vgl. auch Jes 50,1; Hi 35,6). Die frühen Gerichtspropheten nehmen den Begriff in verschiedenen Formen in ihre Gerichtsverkündigung auf. Amos knüpfte die Formulierung seiner Gerichtsbegründungen wahrscheinlich an die Form des alten Bundesrechts (Ex 22,8) an und verweist somit auf Herkunft und Autorität seiner Verkündigung (vgl. Am 1–2). Micha definiert seine prophetische Aufgabe als »Vermelden des *páša'*« (Mi 3,8; vgl. Jes 58,1; Hi 36,9; Klgl 1,5.22). Zur Gerichtsverkündigung vgl. ferner Mi 1,5; Jes 50,1; Jer 5,6; Ez 14,11; 37,23; 39,24. Das Verbum ist häufig in der anklagenden Jahwerede »sie brachen mit mir« verwendet (Jes 1,2; 43,27; 66,24; Jer 2,8.29; 33,8; Ez 2,3; Zeph 3,11; vgl. ferner Jes 46,8; 48,8; 53, 12; 59,13; Jer 3,13; Ez 18,31; 20,38; Hos 14,10; Am 4,4).

In der exilisch-nachexilischen Zeit begegnet der Begriff überwiegend in kultischen und kultrechtlichen Texten (abgesehen von Hi): in der Doxologie des Vergebens Gottes (→*nś' páša'*) in der Liturgie des nachexilischen Laubhüttenfestes oder des ihm vorangehenden Versöhnungstages (Ex 34,7; Num 14,18; Mi 7,18–20; vgl. Lev 16,16.21; Ps 32,1), in der Bitte zu Gott um Vergebung (1Kön 8,50; Ps 25,7; 51,3), in der Unschuldsbeteuerung (Ps 59,4b+5a) und Diskussion (Hi 7,21; 13,23; 33,9f.; 34,6), im Bekenntnis (Jes 53,5; 59,12; Ez 33,10; Mi 6,7; Ps 25,7;

32,5; 39,9; 51,3.5; 65,4; 103,12; Hi 14, 17; Klgl 1,14.22).

4. a) Ein theologischer Begriff ist *pæša‘* darum, weil die durch ihn bezeichneten Taten Jahwe oder sein Hoheitsrecht treffen und deshalb sein Gericht herausfordern oder seiner Vergebung bedürftig sind. Die Tatsache, daß der Begriff zunehmend in ausdrücklich theologischen Kontexten erscheint, ist dabei nur von sekundärer Bedeutung; denn grundsätzlich bezieht er sich auf alle Arten von verbrecherischen Taten, die rechtlich faßbar sind. Solche Taten verfielen aber vor allem deshalb dem Verdikt Jahwes, weil das Verhältnis zwischen Jahwe und Israel (und den Menschen) in rechtlichen Kategorien verstanden war, und weil auch ein »profanes« Verbrechen durch die Tatsache, daß Jahwe der Herr des Rechtes war, ohne weiteres auch theologisch disqualifiziert war. Mehr: *pæša‘* wurde – etwa bei Amos – deshalb zum schwersten Begriff für Sünde, weil Israels Verhältnis zu Jahwe am profiliertesten in der Sphäre des Rechts ausgeprägt war. Dieses theologische Verständnis ist nicht überall explizit sichtbar und wohl auch unterschiedlich entwickelt, aber es ist auch in nichtkultischen Vorgängen oft genug deutlich (vgl. Gen 31,36; 50,17; Ex 22,8; 1Sam 24,12; 25,28; Hi 7,21; 13,23; Spr 28,13 »bekennen und lassen«).

b) Die speziell theologische Eigenart des Begriffes wird durch seine oben dargestellte Grundbedeutung bestimmt: Wer *pæša‘* begeht, rebelliert nicht einfach gegen Jahwe oder bäumt sich gegen ihn auf, sondern er bricht mit ihm, nimmt ihm das Seine weg, raubt, unterschlägt es, vergreift sich daran. Obwohl dies immer ein bewußtes Verhalten impliziert, bezeichnet der Begriff als solcher nicht die Gesinnung, sondern das Verbrecherische einer Tat, das im Wegbrechen von Eigentum oder im Bruch einer Gemeinschaft besteht. Darum ist nach dem AT das schwerste Phänomen von Sünde Verbrechen als Bruch, jedoch nicht »die Auflehnung des menschlichen Willens gegen den Willen Gottes« (Köhler, Theol. 160).

c) Das dargelegte Verständnis von *pæša‘* bestimmt sein Verhältnis zu den anderen Hauptbegriffen für »Sünde«. →*ḥṭ’* meint »ein Ziel verfehlen«. Es führt am Ziel vorbei. *‘wh* (→*‘āwōn*) meint »beugen, verdrehen«. Es verdreht den Lauf der Dinge. *pš‘* meint »brechen (mit)«. Es führt vom Gemeinschaftspartner oder seinem Besitz weg. Der Unterschied der Begriffe liegt nicht in verschiedenen Psychologien, sondern in ihrer verschiedenen Herkunft: Wort der Umgangssprache, dynamistischer Ausdruck, Rechtsbegriff. Schließlich heißt *pæša‘* nicht »Sünde«. Denn so sehr der Begriff eine theologische Dimension hat, so sehr ist das AT, wie auch sonst, daran interessiert, von »Sünde« so zu reden, daß es Taten und Vorgänge bei ihrem eigenen Namen nennt.

d) Die Geschichte der theologischen Bedeutung des Begriffes zeigt eine Entwicklung vom Einzelfall zum Umgreifenden. Dies wird nicht nur sichtbar im Übergang von Wendungen aus einem klar umgrenzten »profanen« Fall (z.B. Bitte um Vergebung: Gen 50,17; 1Sam 25,28; Verteidigung: Gen 31,36; 1Sam 24,12; Spr 28, 24) in kultische Vorgänge, in denen ein bestimmtes Vergehen nicht mehr sichtbar ist (1Kön 8,50; Ps 25,7; 51,3; 59,4, wobei im Kultus mehr bekannt als bestritten wird: Ps 25,7; 32,5; 39,9; 51,3.5 u.ö.). Es wird auch sichtbar im Übergang von der Singularform (47 von 93 Belegen) zur Pluralform (vgl. u.a. Jes 53,5; 59,12; Ez 33, 10; Ps 32,5; 39,9; 51,3.5; 65,4; 103,12; Klgl 1,14.22; vgl. auch die Näherbestimmungen mit *kōl* »Gesamtheit« und *rōb* »Vielzahl« Lev 16,21; 1Kön 8,50; Jer 5,6; Ez 14,11; 18,30.31; 37,23; Ps 5,11 u.ö.). Bei Amos ist die Entgrenzung des Begriffes vom einzelnen Fall am deutlichsten sichtbar: Während er das Wort durchaus in seiner ursprünglichen Härte (»Verbrechen«) gebraucht und die Herkunft vom Einzelfall erkennen läßt, verwendet er es erstmals in großem Stil als Schlüsselwort, mit dem die Taten einer ganzen Geschichtsepoche in der Form eines Verdiktes Jahwes als Verbrechen abgestempelt werden. Der genannten Entwicklung zufolge geht es im theologischen Verständnis von *pæša‘* mehr und mehr um die *Totalität* der Verbrechen einer Epoche, des Volkes oder eines Einzelnen, und um die Totalität ihres Bruches mit Jahwe. Totalität aber, so ausgesagt, ist radikale Gerichtstheologie. Diese Gerichtstheologie ist jedoch durchbrochen, wo im Gottesdienst in Aussagen mit demselben Wort Jahwes Vergeben proklamiert, erbeten und gepriesen wird (Ex 34,7; Lev 16,16; Num 14,18; 1Kön 8,50; Jes 43,25; 44,22; Mi 7,18; Ps 32,1).

5. In den Qumrantexten begegnet das Verbum 3× (1QS 1,25 Sündenbekenntnis der Gemeinschaft) und das Nomen etwa 40×. Ungefähr die Hälfte der Belege haben traditionell formelhaften Charakter.

Dies zeigt, daß der Begriff in konsequenter Fortsetzung seiner früheren Entwicklung nunmehr zu einem festen, weithin formelhaften Begriff der kultischen Sprache der Gemeinschaft von Qumran geworden ist.

LXX bietet für das Verbum und für das Nomen zahlreiche verschiedene Begriffe, voran ἀσέβεια, ἀνομία und ἁμαρτία und stammverwandte Vokabeln. Es ist deutlich: Der hebr. Begriff ist in LXX nicht nur sehr unregelmäßig übersetzt worden, sondern in seiner Grundbedeutung auch verlorengegangen. Vgl. G. Quell – G. Bertram – G. Stählin – W. Grundmann, Art. ἁμαρτάνω, ThW I, 267–320; W. Gutbrod, Art. ἀνομία / ἄνομος, ThW IV, 1077–1080; W. Foerster, Art. σέβομαι, ThW VII, 168–195. *R. Knierim*

פתה *pth* verleitbar sein

1. Es ist umstritten, ob hebr. *pth* »verleitbar, töricht sein« und die dazugehörigen Nomina mit der aram. gut belegten Wurzel **ptj* »breit sein« (DISO 239; KBL 1114f., Suppl. 206a; Fitzmyer, Gen.Ap. 134f.; LS 615b) und mit arab. *fatan* »Jüngling« (Wehr 623a) zusammenzubringen (so u.a. Zorell 674f.; J. Hoftijzer, OTS 12, 1958, 25f.; vgl. noch E. Ullendorff, VT 6, 1956, 193) oder als gesonderte Wurzel zu behandeln ist (so GB 666; KBL 786), zu der außer den nachbiblischen hebr. und jüd.-aram. Äquivalenten vielleicht auch ein ug. Beleg gehören könnte (UT Nr. 2129; vgl. WUS Nr. 2289).

Nimmt man zwei gesonderte Wurzeln an, so ist *pth* hi. »breit machen« in Gen 9,27 (Namenserklärung zu *Jǽfæt*) als Lehnwort zur aram. Wurzel zu rechnen (Wagner Nr. 242), weniger wahrscheinlich *pth* q. Part. in Spr 20,19 (GB 666b: »die Lippen öffnen«; dagegen KBL 786a: »törichter Plauderer«) und die als Hi. gelesene Form von *pth* pi. in Spr 24,28 (BDB 834b mit Vorbehalt; vgl. aber W. McKane, Prophets and Wise Men, 1965, 573f.).

Das Verbum begegnet im q. »verleitbar, töricht sein«, ni. »sich bereden lassen«, pi. »betören, verleiten« und pu. »betört werden«. Dazu kommen als Abstraktnomina *pǽtī* II und *p^etajjūt* »Einfalt« und das Personenwort *pǽtī* I »Einfältiger«, dessen Pausalform die Kontextform **p^etī* gänzlich verdrängt hat (BL 583; Joüon 242; zu den Varianten der Pluralform vgl. GK §93x; BL 579).

Der Personenname *P^etū'ēl* (Jo 1,1) ist bei Noth, IP 255, unerklärt, von KBL 786b mit *p^etī* »Jüngling« verbunden (vgl. noch W.W. Müller, ZAW 75, 1963, 313; J.K. Stark, Personal Names in Palmyrene Inscriptions, 1971, 109; F.L. Benz, Personal Names in the Phoenician and Punic Inscriptions, 1972, 396).

2. Das Verbum kommt insgesamt 27× vor (inkl. Spr 20,19; 24,28; q. 5×, ni. 2×, pi. 17×, pu. 3×), *pǽtī* I 18× (Spr 14×, Ps 3×, Ez 1×), *pǽtī* II 1× (Spr 1,22) und *p^etajjūt* 1× (Spr 9,13), die Wurzel somit insgesamt 47×. Eindeutiger als beim Verbum ist bei den Nomina eine Konzentration in Spr festzustellen (Verbum 5×, Nomina 16×; auch *pǽtī* in Ps 19,8 und 119, 130 ist weisheitlich geprägt.

3. Das Personenwort *pǽtī* kennzeichnet einen Menschentyp, der jugendlich, unbesonnen und voreilig, darum verleitbar und töricht, aber auch lernbedürftig und lernfähig ist: den »Einfältigen«, für den noch Hoffnung ist (McKane, a.a.O. 265.342.563 u.ö.: »an untutored youth«). Unter den weisheitlichen Begriffen für »Tor« im AT ist es der mildeste (vgl. U. Skladny, Die ältesten Spruchsammlungen in Israel, 1962, 35 u.ö.; T. Donald, VT 13, 1963, 285–292).

Das semasiologische Profil der Vokabel kommt durch die Synonyme und Opposita gut zum Vorschein. Der »Einfältige« ist ein *ná'ar* »Knabe, Jüngling« (Spr 1,4; 7,7), der »arm an Verstand« (*ḥ^asar-lēb* 7,7; 9,4.16) ist; unbesonnen gerät er ins Unglück (22,3; 27,12); naiv »traut er jedem Wort« (14,15) und ist ein »Tor« (→*k^esīl* 1,22.32; 8,5). Der Gegentyp ist der »Kluge« (*'ārūm* 14,15.18; 22,3; 27,12), der »Weise« (→*ḥākām* 21,11) und der »Verständige« (*nābōn* 19,25, →*bīn*). Obwohl der »Einfältige« seine »Einfalt« (*pǽtī* II, Spr 1,22) liebt und »Torheit« (*'iwwǽlæt* 14,18, →*'æwīl*) erbt, wird er dazu aufgefordert, »Klugheit« (*'ormā* 8,5) zu lernen, was negativ durch Beachtung des Schicksals der »Spötter« (*lēṣ* 19,25; 21,11, vgl. 1,22) und positiv durch die Weisheitslehre der »Sprüche« (*m^ešālīm* 1,1.4) geschehen kann, wie ihn sonst »das verläßliche Zeugnis Jahwes« »weise macht« (→*ḥkm* hi.Part., Ps 19,8).

Vom Verbum steht der Grundstamm, der den Zustand des leicht verleitbaren, törichten Seins ausdrückt, den durchaus weisheitlich geprägten Nomina am nächsten. Das ist vor allem der Fall in den Partizipialformen von Spr 20,19 und Hi 5,2 (par. →*'æwīl* »Tor/töricht«) sowie in der herben Anklage in Hos 7,11, wo Ephraim mit »einer törichten Taube« verglichen wird, die »ohne Verstand« (*'ēn* →*lēb*) ist. Im Mahnwort von Dtn 11,16 (vgl. Hi 31,27) wird vor einem »törichten Herzen« gewarnt, weil damit die Apostasie anfängt.

Der Doppelungsstamm, der das Bewirken des verleitbaren, törichten Zustandes eines Menschen transitiv und faktitiv ausdrückt (vgl. Jenni, HP 21), meint aktives »verleiten, verführen, betören«, oder auch »überreden«, weil das Mittel öfter Worte sind; nur darf die dabei ausgeübte Macht nicht verkannt werden, so besonders, wenn Gott der Bewirkende ist.

Von Menschen ausgesagt, meint *pth* pi. verführerisches oder betörendes Überreden auf sexuellem Gebiet (im Bundesbuch, Ex 22,15, in bezug auf eine Jungfrau; vgl. Hi 31,9 ni.), im rechtlichen (vgl. Spr 16, 29 in bezug auf Gewalttat; sonst 24,28; positiv in 25,15 pu.; allgemeiner in Ri 14,15; 16,5; 2Sam 3,25) sowie im religiösen Bereich (vom lockenden Überreden der Sünder Spr 1,10, vgl. Ps 1; vom falschen Bekenntnis des Volkes Ps 78,36 par. →*kzb* pi. »lügen«). Insonderheit aber bezieht sich die Vokabel auf Gottes bezwingendes Überreden: metaphorisch in bezug auf Gottes Gerichts- und Heilshandeln an Israel (als Frau, Hos 2,16), vor allem aber von Gottes machtvollem Bewirken in gewissen Propheten, das sich sogar in einer Verblendung auswirken kann, so negativ in bezug auf die falschen Propheten (1Kön 22,20–22 par. 2Chr 18,19 bis 21; vgl. Ez 14,9 pu.) und positiv, obwohl klagend, in Jeremias letzter Konfession (Jer 20,7.10 pi., ni. und pu.).

4. Der »Einfältige« wird nie mit →*nābāl*, dem frevelhaften »Toren«, oder mit *rāšā'*, dem »Gottlosen«, verglichen; er steht vielmehr unter Gottes Schutz (vgl. Ps 116,6) und verfehlt sich »aus Unwissenheit« (vgl. Ez 45,20). Seine »Einfalt« ist jedoch nicht religiös bedeutungslos oder ungefährlich für ihn selbst und seine Mitmenschen: durch sie gerät er ins Unglück (Spr 22,3; 27,12); seine »Abtrünnigkeit« (*m^e^šūbā*) tötet ihn (1,32); nur wenn er die Gemeinschaft der »Einfältigen« verläßt, sich auf den Weg der Einsicht begibt und Klugheit lernt (8,5; 9,4.6.16), kann er leben (9,6), wie umgekehrt die »Einfalt« (*p^e^tajjūt*) mit Frau Torheit, deren Weg in den Tod führt, verbunden ist (9,13). Mögen dem »Einfältigen« gewisse Möglichkeiten der Erziehung und des Heils noch offenstehen, so ist gleichzeitig nicht zu verkennen, daß die Haltung der »Einfalt« als Torheit letzten Endes nur ein Schicksal des Unheils bewirken kann, was durch den religiös-ethisch weithin negativen Gebrauch von *pth*, besonders im Doppelungsstamm, nur noch deutlicher herausgestellt wird. Umso rätselvoller muß auf diesem Hintergrund das Reden bzw. das Klagen über die bezwingende Betörung Gottes erscheinen.

5. Zum Qumran-Schrifttum (Verbum und Nomen *ptj* bzw. *pwtj*; Kuhn, Konk. 182f.; RQ 14,1963,220), zur LXX (Verbum meist durch ἀπατᾶν, *pǽtī* vor allem durch ἄφρων, ἄκακος und νήπιος wiedergegeben) und zum NT (Mt 11,25 par.) vgl. etwa G. Bertram, Art. νήπιος, ThW IV, 913–925; I.D. Amusin, Vestnik drevnej istorii 1961, 3–22, vgl. ZAW 73,1961, 322; J. Dupont, Les «simples» (*petâyim*) dans la Bible et à Qumrân, FS Rinaldi 1967, 329–336 (mit Lit.). *M. Sæbø*

צָבָא *ṣābā'* Heer

1. Die Wurzel *ṣb'* ist in fast allen sem. Sprachzweigen belegt (akk.: *ṣabā'u* »zum Krieg ausziehen«, *ṣābu* »Leute, Arbeiter, Kriegsheer«, CAD Ṣ 41b.46–55; ug.: *ṣb'* »Heer, Krieger«, WUS Nr. 2299; UT Nr. 2138; hebr.: *ṣb'* »Heer« auch im Lachisch-Ostrakon Nr. 3 = KAI Nr. 193, Z. 14; altsüdarab.: *ḍb'* »Krieg führen«/»Krieg«, Conti Rossini 226b; A. Jamme, Cahiers de Byrsa 8,1958/59, 161; äth.: *ṣab'a*/*ḍab'a* »Krieg führen«, Dillmann 1281–1283).

Zu einer möglichen phön. Belegstelle für *ṣb'* vgl. DISO 240; KAI Nr. 46, Z. 5; M. G. Guzzo Amadasi, Le iscrizioni fenicie e puniche delle colonie in occidente, 1967, 86.

Äg. *ḏabi'u* »Heer« ist sem. LW, vgl. W. Helck, Die Beziehungen Ägyptens zu Vorderasien im 3. u. 2. Jt. v. Chr., 1962, 577.

Vom Verbum sind im AT das Qal und das Hi. belegt (s.u. 3a); als nominale Ableitung begegnet nur das Subst. *ṣābā'* (s.u. 3b).

2. Statistik: *ṣb'* q. kommt 12 × vor (Num und Jes je 4 ×), hi. 2 × (2Kön 25,19 = Jer 52,25), *ṣābā'* 486 × entsprechend folgender Tabelle (exkl. *ṣib'ōt* Jer 3,19 [Mand. 983b], vgl. Rudolph, HAT 12,28; inkl. 2Kön 19,31Q; Sach 9,8 txt?; Dan 8,13 txt?, vgl. Bentzen, HAT 19,56; unter »Plur.« [auf *-ōt*] auch Ps 103,21 und 148,2 mit masc. Endung; G = Gottesepitheton *ṣ^e^bā'ōt*):

	ṣābā'	davon Plur.	davon G
Gen	4	–	–
Ex	5	5	–
Num	77	16	–
Dtn	4	1	–
Jos	5	–	–
Ri	4	–	–
1Sam	10	5	5
2Sam	15	6	6
1Kön	14	4	3
2Kön	10	2	2

	ṣābā'	davon Plur.	davon G
Jes	70	62	62
Jer	87	82	82
Hos	1	1	1
Am	9	9	9
Mi	1	1	1
Nah	2	2	2
Hab	1	1	1
Zeph	3	2	2
Hag	14	14	14
Sach	54	53	53
Mal	24	24	24
Ps	23	21	15
Hi	3	–	–
Dan	6	–	–
Neh	2	–	–
1Chr	26	4	3
2Chr	12	–	–
AT	486	315	285

ṣ^ebā'ōt begegnet als Gottesepitheton in folgenden Verbindungen:

(1)		*Jhwh*		*ṣ^ebā'ōt*		240×
(2)	*hā'ādōn*	*Jhwh*		*ṣ^ebā'ōt*		5×
(3)	*'^adōnāj*	*Jhwh*		*ṣ^ebā'ōt*		15×
(4)	*'^adōnāj*	*Jhwh*		*haṣṣ^ebā'ōt*		1×
(5)		*Jhwh*	*'^elōhīm*	*ṣ^ebā'ōt*		4×
(6)			*'^elōhē*	*ṣ^ebā'ōt*		2×
(7)		*Jhwh*	*'^elōhē*	*ṣ^ebā'ōt*		14×
(8)		*Jhwh*	*'^elōhē*	*haṣṣ^ebā'ōt*		2×
(9)	*'^adōnāj*	*Jhwh*	*'^elōhē*	*haṣṣ^ebā'ōt*		1×
(10)		*Jhwh*	*'^elōhē*	*ṣ^ebā'ōt*	*'^adōnāj*	1×

(5) und (6) sind Ersatz für ursprüngliches *Jhwh ṣ^ebā'ōt* im elohistischen Psalter (Ps 59,6; 80,5.20; 84,9 bzw. Ps 80,8.15); (4) = Am 9,5; (8) = Hos 12,6; Am 6,14; (9) = Am 3,13; (10) = Am 5,16; vgl. B.N. Wambacq, L'épithète divine Jahvé Sᵉba'ôt, 1947, 55, und s.u. 4.

Aus der statistischen Tabelle geht hervor, daß *ṣ^ebā'ōt* als Gottesprädikat im Pentateuch, in Jos und Ri völlig fehlt. Auch Ez hat das Epitheton nicht, anders als Jes mit insgesamt 62 (Dtjes. 6 ×, Tritojes. 0 ×) und Jer mit insgesamt 82 Belegen. Die Häufung der Gottesbenennung gleich nach dem Exil ist auffällig (Hag/Sach/Mal). Abgesehen von 1Chr, wo es nur in von 2Sam abhängigen Texten vorkommt, fehlt das Prädikat in der späten atl. Literatur. In den Psalmen überwiegt das Epitheton in Zionsliedern und verwandten Gattungen (Ps 46,8.12; 48,9; 24,10; 84,2.4.9.13; 89, 9). Auffällig ist die mannigfache Verwendung in Ps 80 (V. 5.8.15.20), einem Psalm, der offenbar in Nordisrael entstanden ist und von Eißfeldt, KS III, 221–232, um 725 v.Chr. datiert wird (dazu s.u. 4). In 1/2Kön findet sich die Gottesbenennung nur im Munde der Propheten Elia (1Kön 18,15; 19,10.14), Elisa (2Kön 3,14) und Jesaja (2Kön 19,31 Q). Die Authentizität von Hos 12,6 ist umstritten (vgl. Wolff, BK XIV/1,276f.), während das Prädikat in Mi 4,4 im Munde der Pseudopropheten vorkommt (vgl. A.S. van der Woude, FS de Liagre Böhl, 1973, 396–402). Abgesehen von Protojesaja findet sich das Gottesprädikat bei den Propheten vorwiegend in festen Formeln (vgl. F. Baumgärtel, Zu den Gottesnamen in den Büchern Jeremia und Ezechiel, FS Rudolph 1961, 1–29 [mit Tabellen]). Zur Geschichte der Gottesbezeichnung s.u. 4.

3. a) Die verbalen Belege der Wurzel *ṣb'* meinen in der Militärsprache im Qal »in den Krieg ziehen« (Num 31,7.42; Jes 29, 7.7.8; 31,4; Sach 14,12), im Hi. »zum Krieg ausheben« (2Kön 25,19 = Jer 52,25). Im Bereich des Heiligtums meint *ṣb'* q. entweder die von Leviten für das Heiligtum geleistete Arbeit (Num 4,23; 8,24; nicht den kultischen Dienst, vgl. Num 8,26 und J. Milgrom, Studies in Levitical Terminology I, 1970, 61) oder die Tätigkeit der Frauen, die Hilfsdienste am Eingang des Begegnungszeltes verrichteten (Ex 38,8.8; 1Sam 2,22). Daß diese Frauen statt »den für das Geschehen am Heiligtum besonders wichtigen Eingang sauberzuhalten« (Hertzberg, ATD 10,23) vielmehr »prostituées sacrées« gewesen seien (so R. Dussaud, Les origines cananéens du sacrifice israélite, 1921, 15; vgl. auch K. Galling in G. Beer, HAT 3, 1939, 172, der die in Ex 38,8 erwähnten Spiegel als »Aphrodite«-Spiegel deutet, vgl. 2Kön 23,7), ist unwahrscheinlich, weil *ṣābā'* sich nie auf kultischen, sondern immer auf profanen Dienst bezieht.

b) Das Subst. *ṣābā'*, dessen Grundbedeutung durch die auch sonst vielfach ineinander übergehenden Begriffe »Masse, Wucht, Schwere, Macht« umschrieben werden kann (Eißfeldt, KS III, 110f.), meint den Dienst, »den man nicht von sich aus tut, sondern der einem von oben her auferlegt wird. Das war in der Regel Kriegsdienst, das konnte aber auch Arbeitsdienst sein« (Elliger, BK XI, 14). Der Begriff hat sowohl konkrete als auch abstrakte Bedeutung. So meint *ṣābā'* »Heerdienst« (besonders in Verbindung mit →*jṣ'* »ausziehen zum Heerdienst« Num 1,3. 20.22 u.ö.; vgl. auch →*'lh laṣṣābā'* Jos 22,12 und →*bō' laṣṣābā'* Num 4,30.35.39.43; ferner *ḥ^alūṣ(ē) ṣābā'* Num 31,5; 32,27; Jos 4,13; 1Chr 12,25; 2Chr 17,18 und *ḥālūṣ laṣṣābā'* 1Chr 12,24 »zum Heeresdienst gerüstet«), dann aber auch »Kriegszug« (in Verbindung mit *milḥāmā* »Krieg« Num 31, 14; Jes 13,4; 1Chr 7,4; 12,38) und »Heer(haufen)« (Num 31,21.32.48.53; 2Sam 3,

23 u.ö.; vgl. auch *śar ṣābā'* »Heerführer, Feldhauptmann« Gen 21,22 u.ö.). Der fem. Plur. ist an mehreren Stellen militärisch im Sinne von »Heerhaufen« zu deuten (Dtn 20,9; 1Kön 2,5; Ps 44,10; 60,12; 68,13; 108,12; 1Chr 27,3). Die gleiche Bedeutung liegt wahrscheinlich auch bei den in Num 1; 2; 10 häufig begegnenden Formen im Sing. und im fem. Plur. vor, zumal die Volkszählung von Num 1 offenbar mit militärischem Ziel geschieht (vgl. Num 1,3; D.Kellermann, Die Priesterschrift von Numeri 1,1 bis 10,10, 1970, 15), obgleich die unter militärischem Gesichtspunkt durchgeführte Zählung für P offenbar einfach ein Element der äußeren Ordnung des Volkes darstellt (Noth, ATD 7,21) und *ṣebā'ōt* an anderen P-Stellen im allgemeinen die Scharen Jahwes bzw. die Scharen Israels meint (Ex 6,26; 7,4; 12,17.41.51), weswegen auch Wambacq, a.a.O. 140, letztere Bedeutung für Num 1; 2 und 10 annimmt.

Daß *ṣābā'* nicht-militärisch eine »große Menge« meinen kann, zeigt Ps 68,12 (vgl. Jes 34,2). Dem entspricht *ṣebā' haššāmájim* zur Bezeichnung der Sterne als »Himmelsheer«. Dieser Ausdruck ist vor allem in der dtn.-dtr. Literatur geläufig und bezieht sich dort immer (wie auch in Zeph 1,5 und 2Chr 33,3.5) auf die Gestirnwelt als Gegenstand abgöttischer Anbetung (Dtn 4, 19; 17,3; 2Kön 17,16; 21,3.5; 23,4.5; Jer 8,2; 19,13). Der altorientalischen Vorstellung von den Sternen als Himmelsmächten entspricht dann weiter auch die Bezeichnung der um Jahwes Thron herum gescharten Engel als *ṣebā' haššāmájim* (1Kön 22,19 = 2Chr 18,18; Neh 9,6). Als Fürst dieser *ṣābā'* wird Gott selbst bezeichnet in Dan 8,10, während in Jos 5,14 in einer Theophanie von dem Fürsten des Heeres Jahwes die Rede ist, mit dem eine →*mal'ak Jhwh*-ähnliche Gestalt gemeint ist, die als Bote Jahwes gleichzeitig von ihm verschieden und mit ihm identisch gedacht ist. An Engelmächte als Diener Gottes ist auch in Ps 103,21 und 148,2 txt em gedacht.

Ganz andere Bedeutung hat *ṣebā' haššāmájim*, wenn diese Wendung in Nachbildung der Terminologie der Nachkommenschaftsverheißung an die Erzväter statt *kōkābīm* »Sterne« zur Bezeichnung der unzählbaren Sterne gebraucht wird (Jer 33, 22; vgl. auch Dan 8,10). Ohne *šāmájim* meint *ṣābā'* manchmal alle Himmelskörper, wenn durch sie die Schöpfermacht Jahwes hervorgehoben werden soll (Jes 40,26; 45,12; Ps 33,6). Durch Zeugma kann der Ausdruck dann auch auf die Erde ausgedehnt werden (Gen 2,1 P). Apokalyptische Rede liegt vor, wenn in Jes 24,21 gesagt wird, daß Jahwe einst »das Heer der Höhe« (*ṣebā' hammārōm*) zur Verantwortung ziehen wird, mit dem wohl am ehesten die die Herrschaft Gottes in Frage stellenden Gestirngottheiten gemeint sein dürften (vgl. O.Plöger, Theokratie und Eschatologie, 1959, 76).

Der verbalen Verwendung von *ṣb'* entsprechend kann das Subst. auch die von den Leviten am Heiligtum geleistete Profanarbeit meinen (Num 4; 8,24.25, immer P). Schließlich benützt die spätere Literatur *ṣābā'* auch zur Bezeichnung des mühsamen Dienstes des Tagelöhners (Hi 7,1), des Frondienstes (Hi 10,17; 14,14; vgl., Jes 40,2, dazu Elliger, a.a.O. 14) und einer großen Mühe (Dan 10,1).

*c) Unter den zu *ṣb'* q. und *ṣābā'* sinnverwandten Vokabeln sind einige Wörter von unterschiedlichem Gewicht für »Kriegsheer«, »Kampf, Krieg« und »kämpfen« zu erwähnen: *'agaf* »Kriegsheer« (HAL 11a) kommt nur bei Ezechiel vor (7 × : Ez 12, 14; 17,21; 38,6.6.9.22; 39,4); *gedūd* bezeichnet sowohl den »Raubzug« als auch die »Streifschar, Kriegsschar« (HAL 170a; 33 ×); *maḥanǣ* bedeutet »Lager (allgemein)«, »Kriegslager« sowie »Heer« (im AT 216 ×, davon Num 49 ×, Ri 28 × [ohne den Ortsnamen in 18,12], 1Sam 22 ×, Ex 19 ×, Lev 18 ×, Jos 17 ×, 2Kön 15 ×, Dtn 10 ×, Gen und 1Chr je 8 ×, Propheten insgesamt nur 6 ×); zu *ḥájil* »Kraft, Vermögen« und »Heer« →*kōaḥ* 3.

Für »Kampf, Krieg« ist *milḥāmā* das gebräuchliche Wort (319 ×, davon 1/2 Chr je 32 ×, 1Sam 31 ×, 2Sam 29 ×, Jer 24 ×, 1Kön 23 ×, Ri 20 ×, Dtn und Jos je 18 ×, Jes 14 ×, Num 12 ×, 2Kön und Ps je 10 ×); vgl. noch das unsichere *lāḥæm* in Ri 5,8, das Hapaxlegomenon *naftūlīm* »(Ring-)Kampf« (Gen 30,8; vgl. *ptl* ni. »ringen« Gen 30,8 im Wortspiel zum Namen Naphthali; sonst *'bq* ni. »ringen« Gen 32,25.26) und das aram. LW *qerāb* »Kampf« (Wagner Nr. 270; im hebr. AT 8 ×, bibl.-aram. 1 × in Dan 7,21).

Normalwort für »kämpfen« ist *lḥm* ni. (167 ×, mit ähnlicher Verteilung wie *milḥāmā* und Schwerpunkt in den Büchern Num-Jer: Ri 31 ×, 1Sam 21 ×, Jos 17 ×, Jer 16 ×, 2Chr 15 ×, 2Kön 12 ×, 2Sam und 1Kön je 9 ×, Dtn und Jes je 7 ×); selten ist *lḥm* q. »kämpfen« (Ps 35,1; 56,2. 3, jeweils Part.)

4. Die theologische Verwendung der Wörter für »Heer« und »kämpfen/Krieg«

ist konzentriert auf (a) den Bereich der »Jahwekriege« und (b) die Gottesbezeichnung *Jhwh ṣᵉbā'ōt*.

*a) Nur ein kleiner Teil des für die Vorstellungen vom »Jahwekrieg« charakteristischen Vokabulars wird durch Wörter wie *lḥm* ni. »kämpfen« und *milḥāmā* »Krieg« gebildet (vgl. u.a. →*hmm* 4; →*ḥrm* 4a; →*jṣ'* 4a; →*ntn* III/3b; →*pḥd* 4c). Zu erwähnen sind die Formel »Jahwe streitet (*lḥm* ni.) für euch« (Ex 14,14.25; Dtn 1,30; 3,22; 20,4; Jos 10,14.42; 23,3.10; Neh 4,14) und die Ausdrücke *'īš milḥāmā* »Kriegsmann« (Ex 15,3 von Jahwe; vgl. Jes 42, 13; →*'īš* IV/1), *gibbōr milḥāmā* »Held im Streit« (Ps 24,8; →*gbr* 4e), *milḥᵃmōt Jhwh* »die Kriege Jahwes« (1Sam 18,17; 25,28; »Buch der Kriege Jahwes« Num 21,14, →*sēfær* 3c) sowie Aussagen wie »Krieg hat Jahwe mit Amalek von Geschlecht zu Geschlecht« (Ex 17,16 im sog. Bannerlied) und »denn Jahwes ist der Krieg« (1Sam 17,47).

Eine Übersicht über das ganze Material und die ältere Literatur zum Krieg im AT, speziell zum »Jahwekrieg«, bieten u.a. O. Bauernfeind, Art. πόλεμος, ThW VI,501 bis 515 (ders., Art. μάχομαι, ThW IV, 533f.); H.-J.Kraus, RGG IV,64f.; vgl. auch W.H.Schmidt, Atl. Glaube und seine Umwelt, 1968, 34f.92–95. Grundlegend ist immer noch die Untersuchung von G. von Rad, Der Heilige Krieg im alten Israel, 1951; wichtigere Arbeiten seither sind u.a. R.Bach, Die Aufforderungen zur Flucht und zum Kampf im atl. Prophetenspruch, 1962; R.Smend, Jahwekrieg und Stämmebund, 1963; F.Stolz, Jahwes und Israels Kriege, 1972.

b) Die Frage nach der Bedeutung von *ṣᵉbā'ōt* als Gottesepitheton in der Verbindung *Jhwh ṣᵉbā'ōt* (267 ×, inkl. die Stellen, an denen ursprüngliches *Jhwh* durch *'ᵉlōhīm* ersetzt wurde) bzw. *Jhwh 'ᵉlōhē ṣᵉbā'ōt* (18 ×, s.o. 2) ist sehr umstritten und hat zu den verschiedensten Antworten geführt. Das attributiv zu *Jhwh* hinzugefügte *'ᵉlōhē ṣᵉbā'ōt* ist zweifelsohne eine Cs.-Verbindung. Ob aber *Jhwh ṣᵉbā'ōt* genetivisch oder vielmehr attributivisch zu erklären ist, also als »der Jahwe der *ṣᵉbā'ōt*« oder als »Jahwe, (der) *ṣᵉbā'ōt* (ist)«, läßt sich von vornherein nicht entscheiden, weil eine genetivische Erklärung auch bei einem Eigennamen nicht ausgeschlossen ist (vgl. Eißfeldt, a.a.O. 106; M.Tsevat, HUCA 36, 1965, 49–58; anders G.R.Driver, JBL 73, 1954, 125–128). Unsicher ist auch, ob *Jhwh ṣᵉbā'ōt* eine Kürzung der dreigliedrigen Formel darstellt und daher von dieser her zu erklären ist (so Köhler, Theol. 32), oder ob vielmehr *Jhwh 'ᵉlōhē ṣᵉbā'ōt*, das zahlenmäßig bedeutend weniger belegt ist, eine sekundäre Erweiterung der zweigliedrigen Formel bildet (so Wambacq, a.a.O. 100).

W.R.Arnold, The Ephod and the Ark, 1917, 142–148, deutet die zweigliedrige Formel zwar genetivisch, versteht aber den Plur. *ṣᵉbā'ōt* als Genetiv mit generischer oder adjektivischer Bedeutung (»Jahwe, der Kriegerische«). Obwohl diese Erklärung grammatikalisch möglich ist, muß Arnold selber gestehen, daß die von ihm angenommene Deutung des Gottesepithetons sich schlecht mit dessen Verwendung bei den Propheten verträgt. Auch die Tatsache, daß das Gottesprädikat im Pentateuch, in Jos und in Ri nicht belegt ist, läuft der Deutung von *Jhwh ṣᵉbā'ōt* als »Jahwe, der Kriegerische« zuwider.

Ganz anderer Art ist die Deutung der Gottesbezeichnung, die *Jhwh* verbal bzw. als nomen agentis erklärt (vgl. F.M.Cross, HThR 55, 1962, 256: **ḏū yahwī ṣaba'ōt* »He who creates the [heavenly] armies«; D.N.Freedman, JBL 79, 1960, 156: »[The One Enthroned upon the Cherubim] creates the Hosts [of Israels]«; vgl. auch W.F.Albright, JBL 67, 1948, 379–381; ders., Yahweh and the Gods of Canaan, 1968, 148; J.Obermann, JBL 68, 1949, 309: »Sustainer of the Armies«). Diese Deutung (abgelehnt von R.de Vaux, Histoire ancienne d'Israël, 1971, 427f.), bei der *Jhwh ṣᵉbā'ōt* als ältere Formel vorausgesetzt ist, macht jedoch die Entstehung der dreigliedrigen Formel *Jhwh 'ᵉlōhē ṣᵉbā'ōt* schwer verständlich.

Die mannigfachen für *ṣᵉbā'ōt* als Gottesprädikat vorgeschlagenen Deutungen (dazu Wambacq, a.a.O. 4–45) lassen sich in drei Hauptgruppen einteilen. Die Befürworter der ersten Gruppe beziehen *ṣᵉbā'ōt* auf die Heerscharen Israels (vgl. 1Sam 17, 45 »mit dem Namen des Herrn der Heerscharen, des Gottes der Schlachtreihen Israels«) und weisen dabei auf die enge Verbundenheit des Gottesepithetons mit der von ihnen als Kriegsheiligtum Israels verstandenen Lade hin (E.Kautzsch, Art. Zebaoth, Realencyklopädie für protestantische Theologie und Kirche 21,1908, 620–627; E.König, Theologie des AT, 1922, 161; D.N.Freedman, JBL 79,1960, 156). Die Vertreter dieser militärischen Deutung weisen jedoch meistens darauf hin, daß der Kultname im Laufe der Zeit eine Erweiterung oder Umbildung seiner Bedeutung erfahren hat, weil die Propheten die Gottesbenennung oft in einem Zusammenhang benutzen, wo Jahwe sich *gegen* sein eigenes Volk wendet.

Diese angenommene Weiterentwicklung der Bedeutung entspricht der Meinung der Befürworter der zweiten Gruppe, die *Jhwh ṣᵉbā'ōt* von vornherein auf kosmische Scharen bezogen sein lassen, seien es die Sterne als Astralmächte (A.Jeremias, Das AT im

Lichte des Alten Orients, [3]1916,392f.; B.Duhm, Israels Propheten, [2]1922, 64; Köhler, Theol. 33: »Absage an die heidnische Vorstellung, daß die Sterne Götter seien«), die Engel als die den Hofstaat Jahwes bildenden himmlischen Heerscharen (O. Borchert, Der Gottesname Jahve Zebaoth, ThStKr 69,1896, 619–642; F.M. Cross, HThR 55,1962, 256), die »depotenzierten mythischen Naturmächte Kanaans« (V. Maag, Jahwäs Heerscharen, SThU 20, 1950, 27–52 [Zitat S. 50]: Jahwe wird in der Formel als Obherr dieser numinosen Mächte angesprochen), die Dämonen (F. Schwally, Semitische Kriegsaltertümer I, 1901, 46; vgl. auch J. Wellhausen, Die kleinen Propheten, [3]1898, 77: »vielleicht eigentlich die Heere der Dämonen«) oder der Inbegriff aller irdischen und himmlischen Wesen (Eichrodt I, 120f.; vgl. Wellhausen, a.a.O. 77: »wahrscheinlich die Welt und alles, was darinnen ist«; Wambacq, a.a.O. 272ff., der *ṣ^ebā'ōt* von Haus aus auf die »Masse« des Volkes Israels bezieht, bei den Propheten jedoch auf die Kreaturen überhaupt deutet). Gegen diese kosmologische Deutung spricht, daß die himmlischen Heerscharen (in welcher Bedeutung auch immer) im AT niemals als *ṣ^ebā'ōt*, sondern immer entweder als *ṣ^ebā' haššāmájim* »Himmelsheer« oder (in späteren Texten) als *ṣ^ebā'āw* »seine Heere« (Ps 103,21; 148,2; masc. Plur.) bezeichnet werden.

Deswegen hat die dritte Deutung des Gottesprädikats, die den Begriff *ṣ^ebā'ōt* als intensiven Abstraktplural versteht (wie z. B. *'ēṣōt* »[wahre] Klugheit«, *dē'ōt* »[gründliches] Wissen«, *ḥ^amūdōt* »[großer] Liebling« Dan 9,23) und die von Eißfeldt, a.a.O. 110–113, ausführlich begründet worden ist, die größte Wahrscheinlichkeit für sich (vgl. auch Vriezen, Theol. 124f.; Tsevat, a.a.O. 55: »plural of extension and importance«, vgl. 2Kön 13,14). Diese Erklärung des Epithetons als »Jahwe der Mächtigkeit« bzw. »Jahwe, der Allmächtige« entspricht nicht nur der häufig in der LXX begegnenden Wiedergabe der Gottesbenennung mit κύριος παντοκράτωρ »Herr Allherrscher«, sondern auch der Tatsache, daß *Jhwh ṣ^ebā'ōt* charakteristische Bezeichnung für den auf dem Kerubenthron sitzenden Gott-König ist (1Sam 4,4; 2Sam 6,2 = 1Chr 13,6; vgl. 2Kön 19,15 = Jes 37,16; Ps 80,2; 99,1) und *ṣ^ebā'ōt* demgemäß die königliche Herrschermacht prädiziert. Die Belege des Epithetons in Sam und Ps bestätigen, daß sobald Israel es für seinen Gott verwendete, »it had become the name of a god whose principal attribute was royal majesty« (J.P. Ross, VT 17, 1967, 92).

Ob dieses Gottesepitheton, mit dem der im Heiligtum von Silo als Kerubenthroner verehrte Gott-König Jahwe benannt wurde, ein durch die Übertragung des Titels eines ursprünglich in Silo verehrten *'el ṣ^ebā'ōt* auf Jahwe von Israel den Kanaanäern entlehntes oder vielmehr ein in der eigenen Kultgemeinde entstandenes Gottesprädikat darstellt, läßt sich nicht mehr mit Sicherheit entscheiden (dazu Eißfeldt, a.a.O. 119–121; R. de Vaux, Les chérubins et l'arche d'alliance, les sphinx gardiens et les trônes divins dans l'ancien Orient, MUSJ 37, 1960/61, 91–124 = Bible et Orient, 1967, 231–259; W.H. Schmidt, Königtum Gottes in Ugarit und Israel, [2]1966, 89f.; Roß, a.a.O. 92). Obgleich das Epitheton sich auch späterhin in Nordisrael behauptet hat (in Prophetenkreisen: 1Kön 18,15; 19,10.14; 2Kön 3,14; vgl. auch den nordisr. Ps 80), war die Gottesbenennung nach der Einbringung der Lade durch David nach Jerusalem vor allem an das dortige Heiligtum gebunden, wie auch durch die häufige Verwendung des Prädikats bei dem von der Zionstheologie stark beeinflußten Propheten Jesaja und in den Zionsliedern (Ps 46; 48; 84) bestätigt wird. Bei manchen späteren Propheten tritt der freie Gebrauch des Titels zugunsten seiner formelhaften Verwendung bedeutend zurück (Jer, Hag, Sach, Mal; vgl. Baumgärtel, a.a.O.). Sie greifen besonders gern zu dieser häufig noch mit anderen Prädizierungen verbundenen Gottesbezeichnung, wenn sie mit Nachdruck die ganze Machtfülle Jahwes herausstellen wollen (Eißfeldt, a.a.O. 122; vgl. Jes 6,3; 54,4f.; Mal 1,11). Der eigenartige Umstand, daß diese Gottesbenennung bei Tritojesaja sowie bei Ezechiel im Gegensatz zu ihrer häufigen Verwendung bei Jeremia überhaupt nicht begegnet, ist schwer zu erklären (vgl. Baumgärtel, a.a.O. 27ff.). Nach W. Keßler, Aus welchen Gründen wird die Bezeichnung »Jahwe Zebaoth« in der späteren Zeit gemieden?, WZ Halle 7,1957/58, 767–771 = Gottes ist der Orient, FS Eißfeldt 1959, 79–83, findet man auf diese Frage nur dann eine einleuchtende Antwort, wenn man voraussetzen darf, daß der Begriff *Jhwh ṣ^ebā'ōt* immer noch an integrierte numinose Mächte und etwa auch heidnische Götter erinnerte (vgl. Maag, a.a.O.). So sei es verständlich, daß Ezechiel die Formel meidet, »weil er die Alt-Judäer ja ganz von einer Beziehung zu solchen dunklen Mächten lösen und sie zur alleinigen Verehrung Jahwes zurückführen wollte« (a.a.O. 771 bzw. 83). Doch läßt sich in diesem Falle die Wiederbelebung der Formel bei den frühen nachexilischen Propheten schwer erklären, während auch die Deutung von *ṣᵉbā'ōt* als einer aus dem Kampf des Jahweglaubens mit den »depotenzierten mythischen Naturmächten Kanaans« herausgewachsenen Bezeichnung ernsten Bedenken unterliegt, weil eine derartige Depotenzierung im alten Orient ohne Parallele bleibt und unter der Hand »Götterversammlung« und »Hofstaat (eines Gottes)« verwechselt werden (vgl. A.S. van der Woude, De mal'ak Jahweh: een Godsbode, NedThT 18,1963, 11).

5. Die LXX hat *Jhwh ṣᵉbā'ōt* in den meisten Fällen mit κύριος παντοκράτωρ und weiter auch mit κύριος (θεός) σαβαωθ (vor allem in 1Sam und Jes) wiedergegeben. Die vereinzelt begegnende Übersetzung der Gottesbezeichnung mit κύριος τῶν δυνάμεων dürfte außer in Ps und 2Kön der hexaplarischen Rezension entstammen (vgl. Wambacq, a.a.O. 60 und die dort angeführte Lit.). Öfters begegnet κύριος (θεός) παντοκράτωρ, meist aber einfaches παντοκράτωρ in den Apokryphen und Pseudepigraphen des AT (Stellen bei Bousset-Greßmann 312 Anm. 2). In den Qumranschriften ist *Jhwh ṣᵉbā'ōt* nicht sicher belegt (vgl. jedoch 1QSb 4,25), während κύριος παντοκράτωρ im NT einmal in einem atl. Zitat (2Kor 6,18) und sonst nur in Apk vorkommt (vgl. W. Michaelis, ThW III, 914). Auch κύριος σαβαωθ ist belegt (Röm 9,29; Jak 5,4, allerdings in einem Zitat).

A.S van der Woude

צדק *ṣdq* gemeinschaftstreu/ heilvoll sein

I. 1. *ṣdq* ist eine westsem. Wortwurzel; sie begegnet akk. nur in Personennamen westsem. Herkunft (Buccellati 179; Huffmon 92f.96–99.123.256f.) und als Nomen nur im Brief eines vorisr. Königs aus Jerusalem (EA 287,32; CAD Ṣ 59b). Das Arab. verwendet *ṣdq* besonders für die »Wahrheit« von Aussagen und hat damit eine Bedeutung spezialisiert (H.H. Schmid, Gerechtigkeit als Weltordnung, 1968, 69f.), ebenso das Jüd.-Aram. und Mittelhebr., wo das Nomen *ṣidqᵉtā/ṣᵉdāqā* vor allem »Wohltätigkeit, Almosen« heißt (Levy IV, 173a; Jastrow II, 1263f.; s.u. IV/6) und sich über das Bibl.-Hebr. hinaus eine Reihe neuer Derivate finden, die sich auf eine juristisch verstandene Rechtfertigung im Sinne einer Be- oder Verurteilung durch Gott beziehen (*ṣdq* pi., *ṣiddūq*, *ṣadqān*). Da jedoch Peschitta (vgl. Dan 8,14!) wie Targum (z.B. Am 5,7.12.24) in der Regel keineswegs das aram. *ṣdq/zdq* für bibl.-hebr. *ṣdq* einsetzen, also Bedeutungsunterschiede empfinden und in diesen Fällen meist die aram. Wurzel *zkh/zkj* verwenden, ist bei Rückschlüssen aus den späten Sprachstufen Vorsicht geboten.

Im AT ist das Verbum im Qal, Pi. und Hi. (vgl. Jenni, HP 41ff.) geläufig; im Ni. (Dan 8,14 »zu seinem Recht gebracht werden« vom Heiligtum) und im Hitp. (Gen 44,16 »sich als *ṣaddīq* ausweisen«) steht es nur je einmal. Bei den nominalen Ableitungen sind die Subst. *ṣædæq* (masc.) und *ṣᵉdāqā* (fem.) anscheinend bedeutungsgleich, sodaß sie im folgenden zusammen behandelt werden (vgl. jedoch den Versuch einer Unterscheidung bei A. Jepsen, *ṣdq* und *ṣdqh* im AT, FS Hertzberg 1965,40: »*ṣdq* geht auf die richtige Ordnung, *ṣdqh* auf ein rechtes Verhalten, das auf Ordnung zielt. Erst in der Spätzeit übernimmt *ṣdq* die Funktion von *ṣdqh*, als sich dieses konkretisiert« [zur Bed. »Almosengeben«]); dazu kommt das Adj. *ṣaddīq* (BL 479).

2. Altaram. bedeutet das Subst. *ṣdq* und das entsprechende Adj. »Loyalität« eines Königs oder Oberpriesters als Knecht (*'bd*) vor seinem persönlichen Gott oder gegenüber dem ass. Großkönig als dem »Herrn« (KAI Nr. 215,11.19; 216,4f.; 217,3.5; 219,4; 226,2; 228A, 15 *ṣdqh* »Loyalitätsgeschenk«; vgl. DISO 243).

Phön. tauchen nur Adj. und Subst. auf, und zwar ausschließlich mit Bezug auf einen König oder Kronprinzen (W.W. Baudissin, Kyrios III,1929, 379–428). Es drückt dann das richtige loyale Verhalten vor den Göttern (KAI Nr. 4,6; 10,9) oder Königen (KAI Nr. 26 A I,12) aus, das zugleich die Grundlage für ein langes Leben bildet (KAI Nr. 4 und 10), scheint also nicht bloß eine Verhaltensweise, sondern eine andauernde Mächtigkeit guter Könige vorzustellen. Unklar sind die Wendungen von einem *ṣdq*-Sohn (KAI Nr. 16, wohl »legitimer Sohn, Erbsohn«) und *ṣdq*-Sproß (KAI Nr. 43,11, vgl. Jer 23,5; A. van den Branden, BeO 6,1964, 60–72; ders., OrAnt 3, 1964, 245–261; J. Swetnam, Bibl 46,1965,29–40).

Der einzige deutliche ug. Beleg (Krt [= IK = Herdner, CTA Nr. 14] Z. 12; unklar UT Nr. 32 [= CTA

Nr. 60], Z. 5) bezieht sich auf die Königin (zur Vielzahl der Deutungen vgl. Schmid, a. a. O. 70). Da auch im AT *ṣdq* häufig mit dem Königtum zusammenhängt, bestehen hier zweifellos Verbindungen, die aber deswegen wenig für das Verständnis abwerfen, weil in den Inschriften *ṣdq* nie näher erläutert wird.

3. In zahlreichen Personennamen bildet *ṣdq* den theophoren Bestandteil (vgl. Gröndahl 187f.; F. W. Benz, Personal Names in the Phoenician and Punic Inscriptions, 1972, 398f. mit Lit.; Noth, IP 161f. 189; Schmid, a. a. O. 70f. 74; s. o. I/1). Beispiele wie *Ṣdqdkr* »*Ṣdq* gedenkt« oder *Ṣdqjd'* »*Ṣdq* weiß« (altsüdarab., Conti Rossini 162b. 222b) lassen vermuten, daß damit eine Gottheit gemeint ist, die nicht nur gute Taten bewirkt, sondern auch darüber wacht, daß dem Täter seine Taten nicht vergessen werden. Die Gottheit wird selbständig erwähnt, zusammen mit ihrem »Bruder« *Mīšōr* »Geradheit« nicht nur bei Philo Byblius, sondern auch ug. (Ugaritica V, 585 A 14; H. Gese u. a., Die Religionen Altsyriens ..., 1970, 169f.). Durch die theophoren Königsnamen *Malkī-ṣǣdæq* (Gen 14,18) und *'ᵃdōnī-ṣǣdæq* (Jos 10,1) ist sie auch für das vorisr. Jerusalem belegt (vgl. R. A. Rosenberg, The God Ṣedeq, HUCA 36, 1965, 161–177; Benz, a.a.O. 399).

4. Das Götterpaar ist nicht zu trennen von der akk. Göttin *Kittu(m)* »Recht, Gerechtigkeit« (AHw 494f.) und dem Gott *Mī/ēšaru(m)* »Gerechtigkeit, Recht« (AHw 659f.), die nicht nur im alltäglichen Gebrauch den richtigen Lebenswandel und das faire Gerichtsverfahren ausdrücken, wobei auf ihre göttliche Natur wenig reflektiert wird, sondern in den Kultliedern Kinder des Sonnengottes sind, die bei seiner Epiphanie zu seiner Rechten und Linken einhergehen (SAHG 320, vgl. sum. S. 222) und den »Weg« des irdischen Königs so bereiten, daß er nicht nur die Fähigkeit empfängt, gerecht zu regieren, sondern – Zusammenhang von Tun und Ergehen! – ihm daraus Wohlergehen und Reichtum entspringt (SAHG 289; H. Ringgren, Word and Wisdom, 1947, 53 bis 59). Wo im AT *ṣǣdæq* und *mīšōr* miteinander auftreten (Jes 11,4; Ps 45,7f. vom König; vgl. phön. KAI Nr. 4,6) oder – stärker hebraisiert – vom »(auf)richten (in) *ṣǣdæq* und *mēšārīm* (Plur. oder erstarrtes Lehnwort?; →*jšr*)« die Rede ist (Ps 9,9; 58,2; 98,9, stets göttliche Aktionen), liegt die Verwandtschaft mit dem akk. Sprachgebrauch auf der Hand. Vielleicht ist auch die häufige hebr. Kombination *ṣᵉdāqā* (fem.) *ūmišpāṭ* (masc.; Reihenfolge auch umgekehrt) eine Übersetzung der akk. Wendung.

5. Eine größere Rolle noch spielt in der äg. Religion die Maat, eine Größe, die nicht nur »Wahrheit« und »Gerechtigkeit« umfaßt und für Ethik und Justiz grundlegend ist, sondern die von Ägyptologen gern als »die Weltordnung« (Lit. bei Schmid, a.a.O. 50 Anm. 263) gedeutet wird. Sie steht in einem besonders engen Verhältnis zum Pharao, dessen Regieren durch Maat nicht nur das Volk, sondern die Welt erhält. Maat ist zugleich Inbegriff aller richtigen Tätigkeit des Privatmanns. Die Deutung als Weltordnung beinhaltet jedoch eine (methodisch noch nicht ausgewiesene) Entmythologisierung. Die Maat ist primär eine Göttin, Tochter des Sonnengottes Re, der zugleich der höchste Gott ist (anders in Babylonien), und zugleich eine unentbehrliche Opferspeise für Götter und Könige. »Ich habe die Maat, die er liebte, dargebracht, da ich weiß, daß er (Amun) von ihr lebt. (Auch) mein Brot ist sie, und ich trinke von ihrem Tau. Ich bin ja von einem Leibe mit ihm« (Hatschepsut; S. Morenz, Ägyptische Religion, 1960, 128; vgl. H. Bonnet, Reallexikon der äg. Religionsgeschichte, 1952, 430–434; AOB Nr. 104; ANEP Nr. 572). Die Weltordnung pflegt man normalerweise nicht zu verspeisen.

Der gewöhnliche Ägypter ist wie der König aufgerufen, ständig Maat zu tun und zu reden. Dahinter steht die Vorstellung einer ständigen, durch verantwortliches Tun vollzogenen »Zirkulation« zwischen göttlichem und menschlichem Bereich (S. Morenz, Gott und Mensch im alten Ägypten, 1964, 122). Weiter ist Maat als Lehre Gegenstand der Erziehung, insbesondere in den Weisheitsschriften. Beziehungen zum AT werden da greifbar, wo Maat zum Fundament des königlichen Thrones wird, analog der Stützung des Thrones durch *ṣǣdæq* beim König oder bei Gott im AT (Ps 89,15; 97,2; Spr 16,12; 20,28 txt em; H. Brunner, Gerechtigkeit als Fundament des Throns, VT 8, 1958, 426–428; anders Z. W. Falk, VT 10, 1960, 72–74). Außerdem ist mit einem starken Einfluß der Vorstellung von der Lehrbarkeit der Maat auf die isr. Weisheit und ihre Rede sowohl von der *ḥokmā* (→*ḥkm*) wie der *ṣᵉdāqā* zu rechnen.

II. Die Gesamtzahl der Belege der Wurzel im hebr. AT (ohne die Eigennamen) beläuft sich auf 523 (dazu 1 × aram. *ṣidqā* in Dan 4,24):

	Qal (Ni.)	Pi. (Hitp.)	Hi.	*ṣad-dīq*	*ṣǽ-dæq*	*ṣᵉdāqā*	(Plur.)	total
Gen	1	(1)	–	10	–	3		15
Ex	–	–	1	3	–	–		4
Lev	–	–	–	–	5	–		5
Dtn	–	–	1	4	7	6		18
Ri	–	–	–	–	–	2	(2)	2
1Sam	–	–	–	1	–	2	(1)	3
2Sam	–	–	1	2	–	4		7
1Kön	–	–	1	2	–	3		6
2Kön	–	–	–	1	–	–		1
Jes	3	–	3	14	25	36	(3)	81
Jer	–	1	–	3	6	8	(1)	18
Ez	1	2	–	16	4	20	(3)	43
Hos	–	–	–	1	2	1		4
Jo	–	–	–	–	–	1		1
Am	–	–	–	2	–	3		5
Mi	–	–	–	–	–	2	(1)	2
Hab	–	–	–	3	–	–		3
Zeph	–	–	–	1	1	–		2
Sach	–	–	–	1	–	1		2
Mal	–	–	–	1	–	2		3
Ps	3	–	1	52	49	34	(2)	139
Hi	14	2	1	7	7	4		35
Spr	–	–	1	66	9	18		94
Pred	–	–	–	8	3	–		11
Klgl	–	–	–	2	–	–		2
Dan	(1)	–	1	1	1	3	(2)	7
Esr	–	–	–	1	–	–		1
Neh	–	–	–	2	–	1		3
1Chr	–	–	–	–	–	1		1
2Chr	–	–	1	2	–	2		5
AT	22(1)	5(1)	12	206	119	157	(15)	523

Schon ein erster Blick zeigt eine Konzentration der Wortwurzel in Jes, Ez, Ps und Spr, wo sich mehr als zwei Drittel der Belege finden. Das sind Bücher, in denen vor allem Jerusalemer Überlieferungen vorherrschen, und zwar sowohl weisheitlicher Art (Spr, vgl. Hi und Pred), wo das Adj. *ṣaddīq* besonders betont ist, wie auch kultischer Art mit Hervorkehren der Substantive (Ps; manche Belege aus den geschichtlichen Büchern sind ebenfalls hymnischer Art und gehören in diese Gruppe, ebenso zahlreiche Stellen bei Ez und Dtjes.). Eine Untersuchung der theologischen Bedeutung sollte bei diesen Komplexen einsetzen.

III. 1. Die Lexika und Bibelübersetzungen pflegen, von der gr. Übersetzung δικαιοσύνη und der lat. iustitia (LXX, Vulgata) geleitet, das Verbum *ṣdq* mit »gerecht sein«, die Substantive mit »Gerechtigkeit, Recht« wiederzugeben. Zweifellos wertet *ṣdq* bestimmte menschliche und göttliche Verhaltensweisen als positiv. Aber unter welchem Gesichtswinkel? Seit Beginn begriffsgeschichtlicher Untersuchungen zum Hebr. ist die Antwort umstritten (Übersicht über die Lit. bei Schmid, a.a.O. 1f.).

a) Allein die geschichtlichen Bücher, obwohl sie die Wortwurzel spärlich gebrauchen, geben konkrete Beispiele, welches Verhalten *ṣdq* ist und welches nicht. Alt ist der Gebrauch für ein ersprießliches Verhältnis zwischen König und Untertan (s.o. I/2), für wechselseitige Treue und Loyalität, die entsprechend dem Standesunterschied sich auf verschiedene Art äußert. Oberste Aufgabe des Königs ist es, »gedeihliche Ordnung (*mišpāṭ*) und *ṣᵉdāqā* für sein ganzes Volk« zu schaffen (2Sam 8,15; vgl. Dtn 33,21; 1Kön 10,9; Jer 22, 3.15; 23,5; 33,15; Ez 45,9; Spr 21,3; der Ausdruck ist »demokratisiert« seit Ez 18,5. 19.21.27; 33,14.16.19).

Als *mōšēl ṣaddīq* wirkt der König belebend auf sein Land wie die aufgehende Sonne (2Sam 23,3), und als oberste Berufungsinstanz (oder als Patron der Rechtsschwachen?) greift er in Gerichtsverfahren ein und macht durch seinen Spruch *ṣdq* den, der im Recht ist (2Sam 15,4 hi.). Umgekehrt ist ein Untertan *ṣaddīq*, wenn er nicht rebelliert (*pš*ʿ, 1Sam 24,18, vgl. V. 12) oder gar die Hand gegen den Gesalbten ausstreckt (1Sam 26,23 *ṣᵉdāqā*). Solange er treu ist, besitzt er eine *ṣᵉdāqā* beim König (2Sam 19,29).

b) *ṣdq* wird jedoch auch im außerstaatlichen Bereich verwendet, so bei jedem anderen Herr-Knecht-Verhältnis. Das Substantiv wird benutzt, wo ein Knecht (ʿ*æbæd*) wie Jakob seinem Dienstherrn, und sei es dem eigenen Schwiegervater (Laban), treue Hilfe leistet, die über äußere Pflichten hinausgeht: »Antworten wird mir am künftigen Tag meine *ṣᵉdāqā* (= der treue Einsatz für den Dienstherrn), denn sie wird zu meinem Lohn hinzukommen vor deinem Angesicht« (Gen 30,33 E?). Schon bei diesem alten Beleg ist *ṣᵉdāqā* mehr als bloß pflichtgemäßes Verhalten, geht deshalb über Anspruch auf Lohn hinaus, ja, ist überhaupt nicht nur Verhalten, sondern Mächtigkeit, die der rechtschaffene Mensch sich durch seine Taten gewinnt und die sich bis in die Qualität seiner materiellen Produkte (der Schafherde bei Jakob) auswirkt.

Daneben gibt es einen Gebrauch des Adjektivs *ṣaddīq*, das vielleicht einen weiteren Bedeutungsumfang besitzt als die Substantive. Es wird gebraucht auch für ein Verhalten unter Gleichberechtigten und bezeichnet (in der Ortsgemeinde) den unbescholtenen Bürger. Als besonders verrucht gilt, wenn Räuber einen solchen *ʾīš ṣaddīq* überfallen und töten (2Sam 4,11; 1Kön 2,32; vgl. Gen 18,24f; 20,4).

c) Wo Streit ausbricht, ist der Zustand von *ṣᵉdāqā* im Zusammenleben von Menschen (Gruppen) gestört und eine Entfremdung innerhalb einer festen Gemeinschaft aufgebrochen, die unheilvoll weiterwirkt, kommt es nicht zu Gegenmaßnahmen, zur Wiederherstellung von *ṣᵉdāqā*, unter Umständen durch Eingreifen eines Dritten. Nach der zur Polarisierung neigenden hebräischen Auffassung muß eine Partei der verantwortliche Störenfried und damit frevlerisch (*rāšā'*), die andere dagegen rechtschaffen und deshalb unschuldig (*ṣaddīq*) und also zu Unrecht in ihrem ungetrübten Lebensvollzug beeinträchtigt sein. Wer in einen Streit verwickelt ist, lebt nicht mehr im Vollsinn des Wortes, hat keine *ṣᵉdāqā* mehr, mag er auch noch so *ṣaddīq* sein.

Zwischen Völkern ist der Krieg ein solcher Fall, wobei Israel überzeugt ist, daß Jahwe einschreitet und die *ṣᵉdāqā* seines Volkes wieder heraufführt (Ri 5,11; Dtn 33,21). Ein anderer Konfliktfall findet sich dort, wo Knechte gegenüber einem Herrn (*'ādōn*), der sie gastfreundlich aufgenommen hatte, wegen eines Diebstahls sich zu rechtfertigen suchen (Gen 44,16 hitp.). Auch innerhalb eines »Haushalts« gibt es solche Auseinandersetzungen. Als pater familias hatte Juda seine verwitwete Schwiegertochter zum Feuertod verurteilt, weil sie sich als Dirne verdingt hatte und schwanger geworden war. Sobald Juda jedoch erkennen muß, daß sie es um der Leviratsehe willen getan hat (und er selbst Vater des Kindes ist), gesteht er ein: »Sie hat loyal gehandelt und ist unschuldig, ich nicht (*ṣādᵉqā mimmænnī*)« (Gen 38,26). Auch hier geht übrigens das *ṣdq*-Verhalten des Betreffenden (der Frau) zugunsten der Gemeinschaftsbindung (der Ehe mit dem verstorbenen Mann) weit über bloße Pflichterfüllung hinaus.

d) Eine institutionalisierte Form zur Beseitigung von Friedensstörungen ist das Gerichtsverfahren, das in vorexilischer Zeit in der Zuständigkeit der Gesamtheit der freien Männer einer Ortsgemeinde liegt, die sich im Tor versammeln und keiner besonderen richterlichen Instanz bedürfen. Da die rechtsfähigen Männer zugleich die kultfähigen sind, hat jeder Prozeß religiösen Rang. Die Pflicht, dabei dem *ṣaddīq*-Partner, sei er Kläger oder Angeklagter, wieder zu seiner *ṣᵉdāqā* zu verhelfen, wird durch (kultische?) apodiktische Verbotsreihen eingeschärft. Denn ein *ṣaddīq*, dessen gesunde unbescholtene Existenz (*ṣᵉdāqā*) von der Öffentlichkeit bestritten und damit vernichtet wird, ist ein Widerspruch in sich und eine Schadensquelle für seine Umgebung (Ex 23,7f.). Erst in jüngeren Interpretationen solcher Verbotsreihen wird das *ṣdq*-Prädikat nicht nur auf die Prozeßgegner, sondern auch auf das richtende Kollegium insofern bezogen, als es sich gegenüber dem zu Unrecht in den Streitfall verwickelten Volksgenossen »in *ṣædæq*« zu begeben hat (Lev 19,15). Bei juridischem Gebrauch steht jedoch nie »Gerechtigkeit« des Richters (wie es deutschem Sprachgebrauch entspräche) im Vordergrund, sondern die Wiederherstellung der *ṣᵉdāqā* des Klägers oder des Angeklagten durch Freispruch und Wiederherstellung seiner ungeschmälerten bürgerlichen Existenz, zu der die Verdammung des »ungerechten«, d.h. frevlerischen Gegners gehört. Im Hintergrund scheint eine Rechtsauffassung zu stehen, nach der jeder Prozeß einer Störung von Gemeinschaftsverhältnissen entspringt, die wieder einzurichten sind. Infolgedessen sollte kein Prozeß (der Theorie nach) nur mit Freispruch einer Partei ohne die Verurteilung der anderen enden. Wenn der *ṣaddīq*-Partner freigesprochen und damit wieder in sein Ansehen und seine gedeihliche Lebensmöglichkeit eingesetzt wird (*ṣdq* hi.), wird zugleich die gegnerische Partei (und sei es nur wegen ungerechtfertigter Anklage) als Frevler verurteilt (*rš'* hi.), etwa zu 40 weniger 1 Stockschlägen (Dtn 25,1–3; vgl. 19,19). In *ṣædæq* richten heißt also nicht »unparteiisch« freisprechen oder strafen, sondern im Interesse der Allgemeinheit einen Konflikt so beseitigen, daß dem in seinem Lebensvollzug Beeinträchtigten wieder zum Recht verholfen und der Friedensstörer unschädlich gemacht wird, so daß ein maximaler Zustand des allgemeinen öffentlichen Einvernehmens und der Wohlfahrt hervorgeht.

2. a) Die Deutung und Übersetzung des als *ṣdq* beschriebenen menschlichen Verhaltens bereitet den Exegeten seit langem Schwierigkeiten. Die alten Übersetzungen (s.o.) legen nahe, an ein gerechtes, d.h. normgemäßes Verhalten zu denken, das dann dem göttlichen Gesetz als der Norm oder zumindest einer absoluten Idee der Gerechtigkeit entspringt. Der Gegenbegriff →*rš'* galt deshalb als Bezeichnung der Gottes- und Gesetzlosigkeit (LXX ἄνομος). Noch heute sind Exegeten der Meinung, bei *ṣdq* sei an eine feste Norm gedacht(G. Quell, ThW II,177; Jacob 75ff.). Die Art solcher Norm wurde der Bibelwissen-

schaft jedoch zunehmend undeutlicher. Bezeichnend ist E. Kautzsch, Abhandlung über die Derivate des Stammes *ṣdq* im alttestamentlichen Sprachgebrauch, 1881, 53: »Über diesen Begriff des Sichdeckens mit irgendeiner Norm kommen wir ... nicht hinaus«. Ein Bezug auf eine bestimmte feste Norm, also auf göttliche Gebote, ist vorexilisch nirgends nachzuweisen und dort ausgeschlossen, wo in alten Erzählungen *ṣ^e^dāqā* über ein pflichtgemäßes Handeln hinausgeht (z.B. Gen 38,26). Überdies ist erstaunlich, wie wenig selbst in späten Texten bei der Rede von *ṣdq* – im Unterschied etwa zum Begriff »Furcht (*jir'ā*) Gottes« – auf *tōrā* o.ä. Bezug genommen wird (Ausnahmen Dtn 4,8; Ps 19,10 und Ps 119). Bindung an eine fixierte Norm ist also nicht nachweislich (in der modernen, soziologisch beeinflußten Sprache wird im Gegensatz zur dogmengeschichtlichen Tradition mit mehr oder minder fließenden Verhaltensnormen gerechnet, also Sitte, Brauchtum als Norm gefaßt. In diesem Sinn ist *ṣdq*-Handeln natürlich wie jedes sittliche Verhalten normgebunden).

b) H. Cremer hat *ṣ^e^dāqā* erstmals als einen funktionellen Begriff, näherhin als gemeinschaftsgemäßes Verhalten gedeutet (Die paulinische Rechtfertigungslehre im Zusammenhang ihrer geschichtlichen Voraussetzungen, ²1909). Das hat weithin Anklang gefunden (Eichrodt I,161f.; Köhler, Theol. 17f.; von Rad I,382–395; K. Koch, ›Gemeinschaftstreue‹ im Israel der Königszeit, ZEE 1961, 72–90; ders., *ṣdq* im AT, Diss. theol. Heidelberg 1953). In der Tat lassen die angeführten Belege, in denen *ṣdq*-Verhalten konkretisiert wird, sich auf institutionalisierte Gemeinschaftsverhältnisse beziehen, die dann durch *ṣdq*-Taten aufrechterhalten und bewährt werden. Der Begriff »Gemeinschaft« ist näherer Erklärung bedürftig. *ṣdq* ist nicht belegt, wo es um Blutsbande geht (Gen 30, 33 steht Jakob im Arbeitsverhältnis zum Schwiegervater), wohl aber für die gegenseitige Unterstützung innerhalb der Ortsgemeinde, für die Relation zwischen Herr und Knecht, König und Untergebenem, auch Patron und Schutzbürger (Dtn 1,16), Hausherr und Gastfreund (Gen 44,16; 20, 4?), dagegen wiederum nicht im internationalen Verkehr und Handel. Umstritten sind Stellen, in denen Gewichtssteine und Maßbehälter »des *ṣædæq*« gefordert werden (Lev 19,36; Dtn 25,15; Ez 45,10). Geht es dabei um den ungeschmälerten Bestand der isr. Volksgemeinschaft auch bei Wirtschaftspraktiken (vgl. den Kontext), oder soll im Gegenteil herausgestellt werden, daß unabhängig von jedem Gemeinschaftsverhältnis das »richtige Maß« verwendet werden soll (Schmid, a.a.O. 99 gegen Koch)? Schwierig ist außerdem, daß zwar die Wurzel *ṣdq* häufig auf das rechte Verhalten des Menschen zu seinem Gott (und umgekehrt) angewandt wird, aber kaum je mit dem für das Gottesverhältnis grundlegenden Begriff *b^e^rīt* (»Bund«) zusammengestellt wird (Ausnahme z.B. Ps 50,5f.). Für die Bundestreue Jahwes steht in der Regel *ḥæsæd*, dem auf seiten des menschlichen Partners gelegentlich *ṣ^e^dāqā* entspricht (z.B. 1Kön 3,6).

c) Eine originelle Lösung schlägt H.H. Schmid vor. Er versteht analog altorientalischen Ordnungskonzeptionen *ṣædæq* als Weltordnung, wie sie seit Beginn der Welt besteht und sich in den Bereichen von Recht, Weisheit, Natur und Fruchtbarkeit, Krieg und Segen, Kult und Opfer manifestiert. Der höchste Gott garantiert die Weltordnung und setzt den König als seinen irdischen Vertreter ein. Jeder einzelne Mensch hat sich an dieser umfassenden Ordnung auszurichten (ähnlich schon A. Jepsen, *ṣdq* und *ṣdqh* im AT, FS Hertzberg 1965, 78–89). Allerdings ist nicht leicht zu erklären, warum z.B. eine Witwe, die sich als Dirne verdingt, nicht gegen die Weltordnung verstößt (Gen 38, 26; Schmid, a.a.O. 92f.), während schon ein einfacher Diebstahl solches bewirkt (Gen 44,16; Schmid, a.a.O. 104 Anm. 119). Außerdem ist *ṣdq* im AT auf bestimmte gesellschaftliche Phänomene beschränkt, erscheint nie für kosmische Ordnungen wie Gestirne und Meer (die mit Jahwes Gesetz jedoch verbunden werden können, Jer 5,22; vgl. 31,35).

d) Eine weitere Schwierigkeit für abendländisches Verständnis bietet die Beobachtung, daß die Substantive *ṣædæq*/*ṣ^e^dāqā* nie bloß ein sittliches Verhalten, sondern von den Anfängen an (s.o. Gen 30,33; auch phön., s.o. I/2) einen Zustand gesunden, unangefochtenen und heilvollen Ergehens einbegreifen. In Psalmen und Prophetenstellen herrscht bisweilen dieser Aspekt so sehr vor, daß die Übersetzer sich gezwungen sehen, das Substantiv mit »Heil« wiederzugeben (z.B. Jes 51,1–5, Zürcher Bibel). Wie ist die Doppelheit zu erklären? J. Pedersen hat *ṣdq* als Selbstbehauptung der auf gutes Leben und Aussehen ausgerichteten, den Menschen nach hebräischer Ansicht durchwaltenden »Seele« verstanden und also sittliches Verhalten und Heilszustand im Wort *ṣdq* als Einheit von Mittel und Zweck gedeutet (Israel I/II, 1926, 378ff. = dt.: Die Behauptung der Gerechtigkeit, in: Das Prinzip der Vergeltung in Religion und Recht des AT, hrsg. von K. Koch, 1972 [fortan: Prinzip ...], 8–43).

K. H. Fahlgren hat auf die stete Verkoppelung von gutem und bösem Tun einerseits, heilvollem oder unheilvollem Ergehen andererseits bei theologisch wichtigen Vokabeln des Alten Testamentes verwiesen und daraus auf eine »synthetische Lebensauffassung« bei den Israeliten geschlossen, die Tat und Tatfolge unlöslich verknüpft sieht (ṣ^edāḳā nahestehende und entgegengesetzte Begriffe im AT, 1932 = Prinzip ... 87–129 [Teilabdruck]). »Alles Gute im Leben wird von der Gemeinschaft geschaffen, erhalten und verteilt. Gegen das Gemeinschaftsprinzip zu handeln ist deshalb in jeder Beziehung schlecht, zugleich Bosheit und Unglück, Vergehen und Strafgericht« (Prinzip ..., 127).

K. Koch hat diesen Gedanken weitergeführt und darauf hingewiesen, daß hierbei nicht nur Ursache und Wirkung in eins gedacht, sondern die sittlich belangvolle Tat zugleich als Sphäre vorgestellt wird, die den Täter fortan umhüllt, so daß von einer Auffassung schicksalwirkender Tatsphäre auszugehen ist (Gibt es ein Vergeltungsdogma im AT?, ZThK 52, 1955, 1–42 = Prinzip ..., 130–180): »Durch sein Tun ›schafft‹ der Mensch sich eine Sphäre, die ihn bleibend heil- und unheilwirkend umgibt. Diese Sphäre ist von dinglicher Stofflichkeit und gehört zum Menschen in ähnlicher Weise wie sein Eigentum« (Prinzip ..., 176). Gott wirkt dabei mit, indem er den Tun-Ergehen-Zusammenhang bei jedem Täter durch sein Walten bald und vollständig in Kraft setzt (zur Diskussion um die These vgl. die übrigen Beiträge in: Prinzip ..., insbesondere von F. Horst und H. Gese). Freilich ist über den Aufsatz von Koch hinaus stärker zu betonen, daß die Fähigkeit zum Tun des Guten und damit die Voraussetzung für einen Guttat-Heils-Zusammenhang von Jahwe vorgängig dem Menschen bzw. dem Volk Israel übereignet werden muß (s. u. zu den Psalmen). Mit von Rad I, 388, läßt sich dann *ṣ^edāqā* verstehen »etwa wie ein Kraftfeld, in das Menschen einbezogen und dadurch zu besonderen Taten ermächtigt werden«.

e) Schließlich ist umstritten, wie weit *ṣdq* ein doppelseitiges Verhalten in der Art einer justitia distributiva beinhaltet, also auch oder gar vornehmlich Strafgerechtigkeit bedeutet. Bezeichnenderweise wird eine solche Deutung fast nur gegenüber Stellen laut, die von Gottes *ṣǽdæq*/*ṣ^edāqā* reden (F. Nötscher, Die Gerechtigkeit Gottes bei den vorexilischen Propheten, 1915; A. Dünner, Die Gerechtigkeit nach dem AT, Schriften zur Rechtslehre und Politik 42, 1963; Schmid, a.a.O. 175f.; dagegen H. Cazelles, A propos de quelques textes difficiles relatifs à la justice de Dieu dans l'Ancien Testament, RB 58, 1951, 169–188). Anlaß zu solcher Deutung geben auch Stellen, die *ṣdq* auf Gerichtsverfahren beziehen, wobei freilich im AT das *ṣaddīq*-Sein des Klägers oder Anklägers eine größere Rolle spielt als dasjenige des Richters (s. o. III/1d), und Aussagen, die Jahwe als *šōfēṭ* bezeichnen, was normalerweise in den deutschen Bibeln nicht nur mit »Richter« übersetzt, sondern von den Exegeten auch im Sinn eines abendländischen Richterideals verstanden wird, obwohl das Objekt des göttlichen *špṭ* im AT oft nur die Armen, Rechtsschwachen und Unschuldigen sind, was vielleicht doch eine andere Übersetzung von *špṭ* empfiehlt. Von Rads Urteil ist deshalb begreiflich: »Der Begriff einer strafenden *ṣ^edāqā* ist nicht zu belegen; er wäre eine contradictio in adiecto« (I, 389).

IV. 1. Nirgends wird die Wurzel *ṣdq* so häufig, so betont und vielseitig gebraucht wie im Psalter. Nur hier tritt das Zusammenspiel von göttlichem und menschlichem *ṣǽdæq* klar hervor; die sporadische Redeweise mancher Prophetenstelle wird von hier aus deutbar.

a) Allein im Psalter überwiegt die maskuline Form *ṣǽdæq* die feminine *ṣ^edāqā*; der Bedeutungsunterschied ist unverkennbar, nicht leicht zu erheben und wohl nicht zu allen Zeiten in der Psalmendichtung in gleicher Weise empfunden worden. Im Danklied heißt es (40, 10f.): »Ich künde *ṣǽdæq* in großer Kultversammlung ... Deine *ṣ^edāqā* verberge ich nicht inmitten meines Herzens«; hier scheint *ṣ^edāqā* die einzelne göttliche Aktion zugunsten des Täters zu meinen, die in einem umfassenden *ṣǽdæq* (ohne Suffix) gründet (vgl. 89, 15–17). *ṣǽdæq*-Zustand kann aber nicht nur Voraussetzung (auf der göttlichen Seite), er kann auch Folge (auf der menschlichen Seite) von *ṣ^edāqā* sein. Die Königsfürbitte Ps 72 erhofft eine Gabe von *ṣ^edāqā* an den König, die ihn befähigt, sein Volk in *ṣǽdæq* aufzurichten und die Hügel Fruchtbarkeit bringen zu lassen in *ṣ^edāqā* (V.

1–3). Ähnlich legt der späte Ps 119 (V. 142 »deine *ṣᵉdāqā* ist *ṣǽdæq* für immer und deine Tora ist Beständigkeit«) nach dem Kontext nahe, daß Mitteilung der Tora in der Mosezeit als eine *ṣᵉdāqā*-Tat gilt, die einen bleibenden *ṣǽdæq*-Zustand für die Israeliten begründet hat (V. 141–144). Andererseits entspricht dem *ṣǽdæq* des Königs Ps 18,21.25 in der Parallele 2Sam 22,21.25 *ṣᵉdāqā* – wurde zu gewissen Zeiten kein Unterschied gespürt?

b) In kollektiven, besonders hymnischen Liedern wird gerühmt, daß ein im Himmel befindlicher *ṣǽdæq*/*ṣᵉdāqā* (89,17; 97,2; Jepsen, a.a.O. 86) im Zuge von Theophanien auf die Erde herab kommt, um in Israel den anscheinend verbrauchten menschlichen *ṣǽdæq* neu zu stiften (85,11–14; 99,4 fem.), wobei die übrigen Völker zuschauen (98,2 fem.). Als Übermittler fungieren der (lebend vorgestellte) Himmel (50,6; 85, 12; 97,6), die riesenhafte Hand Jahwes (48,11) oder das Licht des göttlichen Angesichts (24,4f. fem.; 85,14). Auch untergeordnete Gottwesen können übermitteln (für nichtisraelitische Völker? 58,2; 82,3 hi.). Als universaler Gottkönig läßt Jahwe sein Volk also an einer Mächtigkeit teilhaben, die ihn selbst umgibt (9,5; 89,15–17; 99,4; 103,17–19). Ziel solcher theophaner Übereignung ist die (am Herbstfest?) auf dem Zion versammelte Kultgemeinde. Ähnliche Vorstellungen werden mit äg., bab. und kan. »Gerechtigkeit«-gottheiten, die den Sonnengott begleiten, verbunden. Die Exegeten sehen diese Vorstellungszusammenhänge im AT meist als poetisches Bild an. Kann aber eine Größe, die in Jerusalem bis auf die Tage Davids als lebendige und unentbehrliche Gottheit verehrt worden war, schlagartig zu einer blassen Abstraktion herabgesunken sein? Allerdings wird *ṣǽdæq* im isr. Gebrauch der Personhaftigkeit und Verehrungswürdigkeit entkleidet und also entmythisiert, bleibt aber eine raum- und dinghafte Sphäre, die man als Wirkungsgröße (oder Hypostase) einstufen kann. Bezeichnenderweise wird für sie wie bei Eigennamen kein Artikel verwendet (Ausnahmen Jes 1,26; 32,17; 61,3; Pred 3,16; Dan 9,7).

Hat *ṣǽdæq*/*ṣᵉdāqā* beim Fest auf Volk und Land sich niedergelassen, begabt sie diese mit 1) Leben und Fruchtbarkeit (Ps 65, 6ff.; 72,1ff.; 103,6; mit Regen Hos 10,12; Jes 45,8; Jo 2,23f.), 2) Sieghaftigkeit über mögliche Feinde (Ps 48,11f.; 129,4f. [*ṣaddīq*]; Mich 7,9f.; Ri 5,11; Dtn 33, 20f.), 3) Fähigkeit zum Tun des Guten (Ps 99,4; Hos 2,21; Jes 1,21.27; 33,5; Hi 33,26). Der dritte Punkt ist entscheidend und Voraussetzung für 1) und 2). Weil die mit *ṣǽdæq* begabten Kultgenossen (als solche heißen sie *ṣaddīqīm* Ps 33,1; 142,8) im Alltag gemeinschaftstreu und sittlich gut handeln, werden sie für sich und ihre Umgebung Wohlfahrt und Sieg kraft schicksalwirkender Tatsphäre heraufführen. Eine solche Konzeption schließt von vornherein aus, daß das Moralische unter Menschen sich von selbst versteht; vielmehr rechnet der Israelit mit einem gleichsam naturgegebenen Drang zu selbstzerstörerischem Egoismus bei Menschen. Das Moralische muß regelmäßig neu geweckt werden. Dafür genügt nicht intellektuelle Belehrung, sondern nur ein die gesamte Existenz erfassendes Erlebnis der kultischen Überwindung jeder Entfremdung zwischen Mensch und Mensch, zwischen Mensch und Wirklichkeit überhaupt und also zwischen Mensch und Gott. Erst dadurch wird der Wille und das Bewußtsein geweckt, gemeinschaftstreu zu leben, weil man sich in der Sphäre des göttlichen Gemeinschaftsheils geborgen weiß. Die Ankunft des *ṣǽdæq* auf der Erde war erstmalig und voraussetzungslos im Zusammenhang der Schöpfung geschehen (Ps 33, 4–6; 89,11–17). Die Erneuerung durch die Theophanie (im Herbstfest?) setzt jedoch eine Zirkulation voraus: nur wer im Alltag sich als *ṣaddīq* benommen hat, wird durch die *ṣǽdæq*-Tempeltore eingelassen (118,19f.) und empfängt hinterher wieder neu Segen und *ṣᵉdāqā* (24,5f.; 68,3f. *ṣaddīq*). Die Übereignung der göttlichen Wirkungssphäre auf menschliche Träger erfolgt vermutlich im sakramentalen Opfermahl (*zibḥē ṣǽdæq* Ps 4,6; 51,21; Dtn 33,19; vgl. Ps 65,5f.; 132,8f.; Koch, ZEE 1961, 83–87; anders Schmid, a.a.O. 100–102). Eine *ṣᵉdāqā*-Begabung eines *rāšā'*, also eine »Rechtfertigung des Gottlosen«, ist nicht nur in den Psalmen, sondern im gesamten AT undenkbar (anders H. Reventlow, Rechtfertigung im Horizont des AT, 1971).

c) Häufiger noch wird in individuellen Liedern *ṣdq* benutzt. Das Entsprechungsverhältnis zwischen göttlicher und menschlicher *ṣᵉdāqā* steht dann im Vordergrund. Wer an Jahwes *ṣǽdæq* Gefallen hat, an dessen *šālōm* (→*šlm*) hat Jahwe Gefallen (Ps 35,27). Der notleidende Psalmist fleht um Erhörung »in (göttlicher) *ṣᵉdāqā*« (31,2f.; 71,2; 143,1; vgl. 119,40) oder »höre, Jahwe-*ṣǽdæq*« (17,1; Identifikation beider Größen? Schmid, a.a.O. 76) oder auch »antworte mir, Gott meines *ṣǽdæq*« (4,2).

Die im Himmel befindliche riesige *ṣᵉdāqā* möge zum Licht für den Jahwetreuen werden (36,7–11). Geschieht es, wird der ins Wanken geratene *ṣaddīq* wieder befestigt (7,10), kehrt der *mišpāṭ* (= äußere Existenz) wieder zum *ṣǽdæq* zurück, dem Zustand der Wohlfahrt (94,15).

Dabei ist eine Weg(*dǽræk*)-Vorstellung wichtig, die Lebenswandel und Lebenslauf in einem umfaßt, also den Tat-Ergehen-Zusammenhang in seiner geschichtlichen Folge umgreift. Wer seinen Weg auf Jahwe wälzt (37,5–7; vgl. 23,3), dessen *ṣǽdæq* bricht eines Tages wie Licht hervor. Ein Aufenthalt im Tempel ist nützlich, weil er ermöglicht, daß Jahwes Weg und *ṣᵉdāqā* zur bestimmenden Kraft für die eigene Geschichte werden (5,9; vgl. V. 13).

Die Zirkulation von göttlicher und menschlicher *ṣᵉdāqā* macht begreiflich, daß an einigen Stellen der Träger nicht mehr deutlich ermittelt werden kann. Jahwe liebt (*'hb* 11,7; 33,5) *ṣᵉdāqā* – heißt das, daß er gern eigene Heilstaten durchführt, oder daß er menschliche *ṣaddīqīm* liebt (146,8)? In *ṣǽdæq* wird Jahwes Angesicht geschaut (17,15) – in derjenigen des Beters (11,7) oder in derjenigen des Gottes, die sein Angesicht umstrahlt?

Im Gebet des Angeklagten spielt *ṣdq* eine besondere Rolle (7; 17, vielleicht auch 35 und 69). Wahrscheinlich steht dahinter die Praxis eines Gottesgerichtes für Fälle, die für die Ortsgemeinde undurchschaubar sind und deswegen am Tempel durch Ordal entschieden werden (1Kön 8,31f.). Dabei wird anscheinend von Jahwe nicht nur Schuld oder Unschuld für den konkreten Konfliktsfall, sondern das Verhalten gegen Freund und Feind im gesamten bisherigen Lebensweg geprüft (7,4–6; 17, 3–5). Jahwes Richten (*špṭ*) läuft dann auf eine sofortige Vollendung des Tat-Ergehens-Zusammenhangs am *ṣaddīq* und *rāšāʿ* hinaus (7,9f.17f.; 69,28f.), wobei die Theophanieterminologie eigenartigerweise hinzutritt (7,7f.; 17,13–15; 35,23f.).

Ein anderer Anlaß, die *ṣᵉdāqā* des Einzelnen zur Sprache zu bringen, war die Tempeleinlaßliturgie, bei der der Heiligtumsbesucher von Priestern nach seinem rechtschaffenen Lebenslauf befragt (15; 24) und nach bejahender Antwort vermutlich durch ein deklaratorisches Urteil »er ist gemeinschaftstreu/heilsfähig« (*ṣaddīq hū*; erhalten nur Ez 18,9) auf den bevorstehenden Heilsempfang verwiesen wurde. Mit diesem Satz wurde *ṣᵉdāqā* göttlich angerechnet (→*ḥšb* 4a). Vielleicht wurde die gleiche Formel beim Gottesgericht benutzt; so ließe sich wenigstens die Übertragung auf die geschichtliche Tat des Pinehas verstehen, dem sein blutiges Einschreiten gegen Götzendienst zugunsten des Volkes als *ṣᵉdāqā* angerechnet wird (Ps 106,31). Dagegen wird der berühmte Satz Gen 15,6 (E? Dtr?) wohl auf die Tempeleinlaßsituation zurückschauen: »Er glaubte an Jahwe und es wurde ihm als *ṣᵉdāqā* angerechnet«. Angesichts einer unwahrscheinlich klingenden Nachkommensverheißung glaubt Abraham. Dafür wird ihm »Heilsfähigkeit« bescheinigt, weil ein solcher Glaubensakt der *ṣᵉdāqā* eines ganzen Lebenslaufes entspricht (G. von Rad, Die Anrechnung des Glaubens zur Gerechtigkeit, ThLZ 76, 1951, 129–132 = GS 130–135; K. Koch, Tempeleinlaßliturgien, FS von Rad 1961, 45–60).

An einigen Stellen wird deutlich, daß *ṣdq* nicht nur die Tat des Einzelnen, sondern auch sein Ergehen beinhaltet; denn mit der Tat bereitet der Mensch sein Schicksal. Der *ṣaddīq* »sproßt« (*prḥ* Ps 72, 7; 92,13), genießt im Laufe der Zeit die Frucht seiner Taten (58,12); sein Horn (*qǽræn*), Sinnbild seiner Kraft, erhebt sich (75,11; 112,9); ein Licht wird ihm zuteil, das seinerseits *ṣaddīq* = heilskräftig ist (112,4; vgl. 97,11). Die *ṣᵉdāqā* eines Rechtschaffenen bleibt in seinem Haus und erzeugt Vermögen und Reichtum (112,3).

Der Umschlag von der *ṣdq*-Tat zum *ṣdq*-Ergehen geschieht nur durch Zutun Jahwes, der wegen solcher Mitwirkung als *ṣaddīq* gerühmt wird. Hinter diesem Prädikat wird oft eine iustitia distributiva vermutet (zuletzt Schmid, a.a.O. 148). Sicher ist die Annahme nicht. Wenn Jahwes Einschreiten zugunsten des *ṣaddīq* auch zur Folge hat, daß der *rāšāʿ* entmachtet und vernichtet wird (71,24 [*ṣᵉdāqā*]; 129,4), gibt es doch keinen Beleg, in dem das Bestrafen des Frevlers für sich genommen, also ohne Bezug auf einen *ṣaddīq*, dem dadurch geholfen wird, Ausfluß göttlicher *ṣᵉdāqā* ist. Das gilt auch dort, wo Jahwe als *šōfēṭ ṣaddīq* besungen wird (7,12, vgl. V. 10; 9,5), was nicht einfach »gerechter Richter« bedeutet, wie es die Suggestion der modernen Bibelübersetzungen nahe legt, sondern das dem Herrscher zukommende »Aufrichten« und Erhalten der loyalen Untertanen. Die parallelen Ausdrücke, die Jahwes *špṭ bᵉṣǽdæq* »aufrichten (aus der Kraft der) *ṣǽdæq*-Sphäre« besingen, haben als Objekt das Fruchtland bei sich (*tēbēl* 9,9; 96,13; 98,9); warum soll gerade diese Größe Objekt eines forensischen Urteils sein? Stellen wie 69,28f., wonach der *ṣaddīq*, nicht aber der Frevler zu Jahwes *ṣedāqā* gelangt, und 143,1, wonach der Beter um göttlicher *ṣedāqā* willen nicht gerichtet werden will, schließen eine iustitia distributiva aus. Wo Jahwe als *ṣaddīq* gelobt wird, sind die Parallelwörter »gnädig« (*ḥannūn* 116,5), »treu« (*ḥāsīd* 145,17), während sein Zürnen antithetisch steht (7,12).

Hat der Beter Jahwes Hilfe erfahren, göttliche *ṣedāqā* erlebt und eigene *ṣedāqā* wiedererlangt, rühmt er am kultischen Ort öffentlich die ihm zugewandte göttliche *ṣedāqā*/*ṣædæq* (22,32; 35,28; 40,10f.; 51, 16; 71,15f.19.24; 88,13; 145,7).

d) In den Königspsalmen spielt der Herrscher eine Vermittlerrolle zwischen Gottes Heil und Israel. Er gilt als bevorzugter Empfänger der Heilsgabe *ṣedāqā*. Sie setzt ihn instande, nicht nur sein Volk aus der Sphäre des *ṣædæq* heraus aufzurichten, sondern geheimnisvoll auf die Fruchtbarkeit der Berge und Täler einzuwirken und schließlich unter den Untertanen ein gegenseitiges Verhalten in *šālōm* und *ṣædæq* zu wecken (72,1–6). Fährt er zum Kriegszug aus, trägt sein Dahinstürmen epiphane Züge. Er wird von *ṣædæq* begleitet wie Jahwe (45,4–8). Auch dem König wird aber *ṣædæq* nicht selbstverständlich zu eigen. Nur wenn er die Wege und Gesetze Jahwes bewahrt hat, Gott und Menschen gegenüber saubere Hände hat, eignet ihm jener *ṣædæq*, von dem er erwarten kann, daß Jahwe ihn ausreifen (*gml*) läßt und damit die Tat auf den Täter zurückwendet, oder sein Licht aufstrahlen läßt (18,21–30).

2. Eine andere Sicht spricht aus dem Buch der S p r ü c h e. Hier geht es um die *ṣedāqā*, die der Mensch durch sein weises Handeln sich selbst beschafft; nur am Rand wirkt Jahwe segnend mit (*ṣaddīq*: 3,33; 10,3.6f.; 18,10).

Das maskuline *ṣædæq* wird auffallend oft mit dem König in Beziehung gesetzt (in 5 von 9 Belegen), der seinen Thron nach 25,5 mit *ṣædæq*, nach 16,12f. aber mit *ṣedāqā* stützt, was an der letzten Stelle als »Wohlgefallen an Lippen des *ṣædæq*« erläutert wird (in den Sprüchen ist ein Unterschied zwischen beiden Formen der Substantive kaum erkenntlich, vgl. auch 8,15f. mit V. 18). Das königliche Tun (*'śh*) von *ṣedāqā* und Rechtsordnung (*mišpāṭ*) ist besser (zur Gewinnung von Heil?) als Schlachtopfer (21,3). Es äußert sich speziell im Aufrichten der Armen (31,9).

Überwiegend handeln die Weisheitssprüche jedoch von dem einzelnen Vertreter der herrschenden Gesellschaftsschicht, der *ṣaddīq* ist, wenn er weise ist und umgekehrt (9,9; 11,30; 23,24; Hos 14,10). *ṣdq*-Verhalten zeigt er bei freigiebigem Schenken (21,26), bei Verzicht auf falsche Rede (13,5), bei Fürsorge für die Armen (29,7), ja selbst für Haustiere (12,10). Wirkt der Weise als Beisitzer bei einem Prozeß mit, verhindert er das Niederstrecken eines (anderen) *ṣaddīq* (18,5; 24,23f.; vgl. 17,15). Natürlich teilt er von seiner *ṣedāqā* auch anderen mit (12,17).

Der Besitz von *ṣædæq* versteht sich für die Weisheit nicht von selbst. Notwendig ist eine Belehrung und Einsicht (1,3; 2,9). Denn auch für die Weisheit ist sittlich gutes Handeln keine Sache, die sich von selbst versteht. Um zu erkennen, was in konkreten Situationen gut oder schlecht ist, bedarf es der Aufklärung durch die in allen weisen Lehren wirksame, lebendige und gestalthafte Weisheit, die letztlich in Jahwe ihren Ursprung hat. Die Weisheit (*ḥokmā*) tritt an die Stelle kultischer Übereignung in den Psalmen. Sie erlaubt dadurch die Vorstellung einer allgemein menschlichen, nicht nur israelitischen *ṣedāqā*. Besonders Spr 8 schildert die personifizierte Weisheit als Übermittlerin von *ṣædæq* (V. 8.15f.20).

Stärker als die Konkretion des *ṣdq*-Verhaltens beschäftigt die Weisen dessen Folgen für den Täter selbst. Bei dem Bestreben, in den Abläufen des menschlichen Lebens Ordnungen aufzuspüren und zu ergründen, dem Hauptziel der Weisheit, ist die Feststellung eines individuellen Guttats-Heils-Zusammenhangs und eines entsprechenden Sünde-Unheils-Zusammenhangs das häufigste Thema (von Rad I, 430–450; Koch, Prinzip ..., 131–140; Schmid, a.a.O. 157–160). Wer als *ṣaddīq* lebt, »sproßt« (11,28), er sät sich eine zukunftsträchtige Saat (11,18f.) und wird die Frucht seines Tuns genießen (11,30; Jes 3,10f.); er steht festgegründet für immer (10,25.30; 12,3.7.12G). Sein ganzes Haus ist von einer positiven Kraft erfüllt (15,6). Zwar ist zeitweise Beeinträchtigung nicht ausgeschlossen; ein *ṣaddīq* mag wenig besitzen (16,8 *ṣedāqā*), kann auch siebenmal zu Fall kommen, aber steht wieder auf (24,16). Es ist eine »natürliche« Gesetzmäßigkeit, daß stete *ṣedāqā* schließlich zum Leben im Vollsinn des Wortes (*ḥajjīm*) führt und vor vorzeitigem Tod bewahrt (10,2.16; 11,4.19.30; 12,28). Der Mund des *ṣaddīq* kann sogar zur Lebensquelle für andere werden (10,11, vgl. V. 21.32).

Wie im Psalter ist die Einheit von Lebenswandel und -weg (→*dǽræk*, *'ōraḥ*) ein wichtiges Stichwort. Wo der Einzelne *ṣ*ᵉ*dāqā* übt, schafft er sich eine Sphäre von heilswirkender Guttat, die seinen »Weg« vollständig (13,6, vgl. 11,5; Jes 26,7) werden läßt, so daß er zum guten Leben führt (12,28) bis zum glücklichen Altern (16,31, vgl. 2,20; 4,18; 20,7). Die Auffassung schicksalwirkender Tat wird 21,21 prägnant zusammengefaßt:»wer *ṣ*ᵉ*dāqā* und Bundestreue (*ḥǽsæd*) nachstrebt, erfährt Leben, *ṣ*ᵉ*dāqā* und Ehre (*kābōd*)«.

3. a) Die vor- und frühexilischen Propheten reden viel weniger von *ṣǽdæq*/*ṣ*ᵉ*dāqā*, als man erwarten sollte. Nur Amos läßt den Mangel an *ṣdq*-Verhalten zum Zentrum seiner Kritik an Israel werden, und zwar so, daß er das Niederstoßen der *ṣ*ᵉ*dāqā* oder ihre Verwandlung zum Bitterstoff beklagt (Am 5,7; 6,12), wobei sie als ein Israel vorgängig geschenktes, dinghaftes Potential gilt, das durch eigenes gutes Tun zu bewähren und erhalten wäre. Dabei wird vielleicht eine Überlieferung vorausgesetzt, daß die von Jahwe gesteuerte Heilsgeschichte nicht nur mit der Gabe des gelobten Landes, sondern mit einer in diesem Zusammenhang erstmalig geschehenen *ṣ*ᵉ*dāqā*-Übereignung endete; von da an war es für Israel möglich, durch gemeinschaftsgemäßes Verhalten die Gottesgeschichte seinerseits weiter zu führen (*ṣ*ᵉ*dāqā* verbunden mit dem Haus Joseph und Bethel Am 5,4–7; eine entsprechende Tora an Jakob in Bethel über den nunmehr möglichen *mišpāṭ* Hos 12,5, vgl. 10,4f.11–15; Erweis göttlicher *ṣ*ᵉ*dāqōt* in Gilgal, die menschliches *mišpāṭ* nach sich ziehen Mi 6,5–8). Bei Jesaja schließt die Heilsgeschichte mit der Erwählung des Zions und der Übereignung der gemeinschaftsgebundenen Heilssphäre an Stadt und Heiligtum (Jes 1,21, vgl. 28,16f.; K. Koch, Die Entstehung der sozialen Kritik bei den Profeten, FS von Rad 1971, 249–257).

Doch das Erbe ist verspielt. Das Zunichtewerden der *ṣ*ᵉ*dāqā* zeigt sich im einzelnen darin, daß wenig begüterte *ṣaddīq*-Volksgenossen bei den Zusammenkünften der Ortsgemeinde im Tor übervorteilt und ihrer freien Existenz beraubt werden (Am 2,6; 5,11f.; Jes 5,23; 29,21). Wo *ṣ*ᵉ*dāqā* derart gegen alle Vernunft (Am 6,12; Jes 5,7) in ihr Gegenteil verkehrt ist, bleibt nur der Sünde-Unheil-Zusammenhang zukunftsbestimmend und wird von Jahwe bald und gänzlich zu seinem tödlichen Ziel geführt, zur Katastrophe von Volk und Staat.

Gibt es ein Entrinnen? Im Zusammenhang der *ṣ*ᵉ*dāqā*-Vorstellung deutet Am 5,21–24 vielleicht eine Möglichkeit an: »Ich hasse, ich verachte eure Feste ... Entfernt von mir den Lärm eurer Lieder und den Klang eurer Harfen, den ich nicht höre. So wird sich wie Wasser *mišpāṭ* daherwälzen und *ṣ*ᵉ*dāqā* wie ein immerwährender Bach«. Paradoxerweise wäre gerade der Verzicht auf den falschen Kultbetrieb ein entscheidender Schritt zur Neuzuwendung Gottes und zur Neubegabung mit *ṣ*ᵉ*dāqā* (meist wird V. 24 freilich übersetzt: »Vielmehr möge sich [euer] *mišpāṭ* daherwälzen ...«, obwohl die hebräische Grammatik für einen adversativen Gebrauch des Impf.copulativum sonst keinen Beleg kennt; Lit. bei Schmid, a.a.O. 113 Anm. 162).

b) Bei Hosea und Jesaja liegt der Ton mehr auf der künftig hereinbrechenden *ṣ*ᵉ*dāqā*. Sie wird zusammen mit ähnlichen Wirkungssphären zum Schlußpunkt einer neuen Heilsgeschichte. Für Hosea ist sie das Brautgeld, das Jahwe mit dem neuen Bund seinem Volk vermacht und das sich bis hinein in die Fruchtbarkeit des Bodens auswirkt (Hos 2,20–25). Für Jesaja umhüllt sie den künftigen Heilskönig und verbreitet von da aus Fähigkeit zum Tun des Guten und Sieg über alle Frevler (Jes 9,6; 11,4–9; 16,5; 32,1). Zugleich erfüllt *ṣǽdæq* das neu erwählte Zion und eröffnet den Einwohnern die Möglichkeit, hinfort in *ṣ*ᵉ*dāqā* zu leben (1,26f.).

c) Die Prophetie der babylonischen Epoche betont angesichts der aus Israel verschwundenen *ṣ*ᵉ*dāqā*, die sich im geschichtlichen Horizont schwerwiegender noch darstellt als die frühere Sünde Nordisraels (*ṣdq* pi.: Jer 3,11; Ez 16,51f.), daß Gott dennoch *ṣaddīq* bleibt (Jer 12,1), nach wie vor täglich den lichtvollen *mišpāṭ* schenkt (Zeph 3,5, vgl. Jer 9,22) und dem einzelnen Frommen *ṣǽdæq* aufrichtend zur Seite steht (Jer 11,20; 20,12).

Von da wird zur Umkehr vom frevlerischen zum gemeinschaftstreuen Weg aufgerufen, den neuen Trachten nach *ṣǽdæq* (Jer 4,1f.; Zeph 2,3). Für Ezechiel erfordert das eine Beachtung apodiktischer Verbotsreihen, ja göttlicher Gesetze allgemein, die hier erstmals im Zusammenhang dieser Vorstellung auftauchen. Das Gebot zeigt dem Menschen, welche Taten heilwirkend sind, zum Leben führen, damit der *ṣaddīq* lebt »in seiner *ṣ*ᵉ*dāqā*« (Ez 14,14; 18,5–9. 14–17.20 u.ö.). Wer danach jetzt umkehrt, hat die Gewähr, bei der kommenden Katastrophe am Leben zu bleiben (Ez 18; 33,

12ff.). Ähnlich ist wohl das berühmte Wort Hab 2,4 zu deuten, das auf die prophetische Vision und ihre Weissagung bezogen ist: »Der *ṣaddīq* wird durch sein Vertrauen (in das prophetische Wort) am Leben bleiben«.

Bei Jeremia wird der eigentliche Durchbruch von *ṣǽdæq/ṣedāqā* auf Erden erst von der eschatologischen Zukunft erwartet. Wieder wird er vornehmlich an den Heilskönig geknüpft (Jer 23,5; J. Swetnam, Bibl 46, 1965, 29–40) und an das neu geweihte Zion (31,23; 50,7). Bei Ezechiel fehlt auffälligerweise (wie in der gleichzeitigen Priesterschrift und in der deuteronomistischen Literatur) jeder Bezug auf ein Hereinbrechen der göttlichen *ṣedāqā* in der Heilszeit und ihre Übereignung an den Menschen. Steht hier eine Abwehr bestimmter Jerusalemer Kultüberlieferungen im Hintergrund?

4. Dem Sprachgebrauch der Psalmen kommen deutero- und tritojesajanische Texte (vgl. noch J. J. Scullion, UF 3, 1971, 335–348) am nächsten. Hier wird das ganze Volk aufgerufen als eines, das sich fern von *ṣedāqā* befindet (Jes 46,12; 48,1; 51,1.7). Während Deuterojesaja aber seine Zuhörer dem *ṣǽdæq* schon nachjagen sieht (51,1) und selbst bei den Heiden eine Sehnsucht danach verspürt (51,5), deshalb den Einbruch der göttlichen Wirkungsgröße in unmittelbarer Zukunft erwartet (46,13; 51,5), lassen tritojesajanische Aussagen eine Fernerwartung der eschatologischen *ṣedāqā* erkennen (59,14), weil das Volk noch längst nicht *ṣaddīq* ist. Hier kommt zudem ein neuer Ton auf, in dem sarkastisch von der gegenwärtigen *ṣedāqā* des Volkes gesprochen wird, die es wie ein schmutziges Kleid umhüllt (57,12; 64, 5), also in ihr Gegenteil verkehrt ist.

Für Deuterojesaja bringt die Heilswende mit der Rückkehr Jahwes zum Zion zugleich das Offenbarwerden von *ṣǽdæq/ṣedāqā*, was mit Theophanie und insbesondere mit der göttlichen (rechten) Hand verknüpft wird (41,10f.; 51,5; 59,16; als Brustpanzer 59,17). Deuterojesaja denkt nicht an die Manifestation einer abstrakten göttlichen Eigenschaft, sondern an eine Machtsphäre, die wie eine Wasserflut über das treue Volk strömt und es ungeheuer vermehrt (48,18) wie gegen Feinde unangreifbar macht (54,14–17; 45,24f.). Maskulines und feminines Substantiv werden dabei so zugeordnet, daß *ṣǽdæq* vom Himmel träufelt, damit *ṣedāqā* auf Erden sproßt (45,8, vgl. 61,11), oder so, daß *ṣǽdæq* die sieghafte Macht ist, die Himmel und Erde verschwinden, aber *ṣedāqā* bestehen bleiben läßt (51,5–8, vgl. 58,2). Tritojesaja sieht *ṣedāqā* noch stärker dinghaft, gestalthaft; sie bricht als Lichtphänomen bei der eschatologischen Theophanie herein (58, 8; 62,1f., vgl. 59,9), wird zur Brautgabe Jahwes an Volk und Land (61,10f.), ja zusammen mit *šālōm* zur Regierung des eschatologischen Israel (60,17, vgl. 1,7 und 1,26f.).

Auch die menschlichen Gestalten, die der Heilswende vor- und zugeordnet sind, werden mit *ṣǽdæq* begabt. So der Perserkönig Kyros, dem *ṣǽdæq* zum wunderhaften Sieg über alle Feinde verhilft und ihn zum Einsatz für Israel treibt (41,2; 45,13), wie auch der geheimnisvolle Gottesknecht, den Jahwe nach einer Zeit der Erniedrigung *ṣdq* werden läßt (hi. 50,8), den er in *ṣǽdæq* beruft und bei der Hand ergreift, damit er zum Bundesmittler und Licht für die Völker wird (42,6), und der durch sein stellvertretendes Leiden »die Vielen« *ṣdq* werden läßt (hi. 53,11). Ähnliches gilt für den »Geistbegabten« 61,1–3.

Der Hochschätzung der Prophetie entspricht es, daß Deuterojesaja nicht erst die eschatologische Heilswende selbst, sondern schon ihre Ankündigung durch jetzt ergehende Weissagung als eine Manifestation göttlicher *ṣedāqā* versteht (45,23, vgl. 63,1). Ebenso stuft er die als Gotteswort ergangene (priesterlich überlieferte oder prophetische?) Tora ein (42,21; 51,7). Es wäre falsch, hier einen Gegensatz zwischen bereits vorhandenem und eschatologischem Hervortreten von *ṣǽdæq/ṣedāqā* zu suchen. Vielmehr scheint Deuterojesaja das Übereignen der göttlichen Heilsgröße an die Menschen als einen geschichtlich vermittelten Vorgang zu verstehen; auch das Eschaton bräche dann nicht unabhängig von der bisherigen Geschichte, sondern in einer bestimmten Kontinuität mit ihr herein (zum menschlichen *ṣǽdæq* gehört es deshalb, der geschichtlichen Wege Jahwes zu gedenken, 64,4; auch 48,1?).

Das Adjektiv und das Verbum (im Qal) benutzt Deuterojesaja für denjenigen, der bei einem Prozeß (Streitgespräch?) durch Akklamation der Zuhörer (?) als Sieger hervorgeht (41,26; 43,9.26), eine Sonderbedeutung, die mit dem Gebrauch der Substantive nicht verbunden zu sein scheint.

5. In den nachexilischen Weisheitsbüchern Hiob und Prediger vollzieht sich der Bruch mit der bis dahin fast überall akzeptierten Auffassung von schicksalwirkender Tat. Im Hiobbuch wird sie von den Freunden noch hartnäckig verteidigt bis hin zu dem Satz, daß Gott nichts davon habe, wenn ein Mensch *ṣaddīq* sei, sondern nur dieser selbst (Hi 22,2f., vgl. 27, 16; 36,6f.; 33,26; 35,6–8). Hiob dagegen versucht hartnäckig, an seiner *ṣᵉdāqā* festzuhalten, obwohl sein unheilvolles Geschick ihn Lügen zu strafen scheint (27, 5f.; 29,14), und muß doch zu dem Ergebnis gelangen, daß vor Gott kein Mensch *ṣdq* ist (9,2; 40,8).

Von einer eigenen Existenzproblematik weiter entfernt, aber in den Konsequenzen radikaler, kommt der Prediger zu der Feststellung, daß die menschlichen Taten erfahrungsgemäß gerade nicht das Schicksal wirken: »Es gibt den *ṣaddīq*, der in seinem *ṣǽdæq* zugrunde geht, und es gibt den *rāšā'*, der lange lebt in seiner Bosheit« (Pred 7,15; vgl. 8,14; 9,1f.). Daraus folgt die etwas befremdliche Maxime: Sei nicht zu *ṣaddīq*, sei auch nicht zu frevelhaft (7,16f.).

Dagegen vollzieht Jesus Sirach wieder die Rückwendung zum Standpunkt der alten Weisheit. Nur Toren behaupten, das Werk des *ṣǽdæq* sei nicht zu erfahren (Sir 16,22). »Vögel lassen sich nur bei ihresgleichen nieder, so kommt die Gerechtigkeit (?) zu denen, die sie üben« (27,9). Neu ist ein Kompensationsgedanke, nach dem unter Umständen überschüssige Guttaten begangene Sünden ersetzen können: *ṣᵉdāqā* sühnt Sünde (3,30 vgl. V.14).

6. Für die Apokalyptik wird *ṣǽdæq* zu einem grundlegenden Begriff für das eschatologische Heil. Nachdem Sünde versiegelt und Schuld gesühnt ist, wird ewiger *ṣǽdæq* heraufgeführt und damit alle Prophetie erfüllt, heißt es schon bei Daniel (9,24; vgl. 4Esr 7,114). Im 1Hen ist es »ein durchgehender Grundgedanke des Buches, daß Gerechtigkeit das Kennzeichen der messianischen Zeit sei« (G. Schrenk, ThW II,188). Ein besonderes Gewicht hat der Begriff auch im 4Esr, wo die Endzeit durch die völlige Abwesenheit der Gerechtigkeit unter den Menschen gekennzeichnet ist (5,11) und die Werke der *ṣaddīqīm* betont werden, die unter Umständen gegenwärtig vom Täter getrennt einen Schatz im Himmel bilden (7,34.77.83). Gottes Gerechtigkeit ist auch in dieser Spätzeit nicht strafend, sondern zeigt sich darin, daß Gott sich derer erbarmt, die keinen Schatz an guten Werken haben (8,48f.).

Dan 4,24 hat das aram. *ṣidqā* vielleicht schon die später im Judentum wichtige Bedeutung »Wohltat, Almosen«, was auf eine spezifisch aram. Vorgeschichte zurückgehen wird (F. Rosenthal, Sedaka, Charity, HUCA 23/I, 1950/51, 411–430).

V. 1. In Qumran spielen die Substantive *ṣǽdæq* und *ṣᵉdāqā*, aber auch der von Gottes heilsgeschichtlichen Taten benutzte Plur. *ṣᵉdāqōt* eine zentrale Rolle. Außerdem werden Qal und Hi. des Verbums gebraucht (Kuhn, Konk. 185f.). Der Gründer der Gemeinde wird nie mit seinem Namen, nur mit dem Titel *mōrǣ haṣṣǽdæq* (ca. 10×) benannt, und die Mitglieder der »Einung« nennen sich stolz »Söhne des *ṣǽdæq*« (1QS 3,20.22; 9,14), Gott wird als *'l ḥṣdq* gerühmt (1QM 18,8). An sich ist *ṣǽdæq* eine Wirkungsgröße in den Himmelshöhen (1QM 17,8). Der Quell der *ṣᵉdāqā* ist dem gewöhnlichen Auge verborgen, aber der Sänger der Danklieder hat ihn gesehen und erlebt, wie von dort sein *mišpāṭ* (Heilszustand?) auf ihn zugekommen ist (1QS 11,5f.). Von besonderer Bedeutung ist, daß das atl. Entsprechungsverhältnis – Gott übereignet *ṣǽdæq* nur dem, der *ṣaddīq* ist – sich aufgelöst hat. Die göttliche *ṣᵉdāqā* wird mit Sündenvergebung verbunden: »Durch seine *ṣᵉdāqōt* werden meine Sünden weggewischt« (1QS 11,3.12–14; vgl. 10,11). Solche Aussagen stehen auf der Schwelle vom Alten zum Neuen Testament und erinnern schon von fern an die paulinische Rede von der δικαιοσύνη ϑεοῦ (P. Stuhlmacher, Gerechtigkeit Gottes bei Paulus, ²1966, 154–166 und die dort S. 149 angegebene Lit.).

2. Zur Wiedergabe von *ṣdq* in der LXX (δίκαιος, δικαιοσύνη usw.) und zur Verwendung der gr. Begriffe im NT und in seiner Umwelt vgl. u.a. G.H. Dalman, Die richterliche Gerechtigkeit im AT, Kartellzeitung akademisch-theologischer Vereine an deutschen Hochschulen 7,1897,89–94. 121–125 (noch immer nützlich); G. Quell – G. Schrenk, Art. δίκη, ThW II,176–229; R. Bultmann, Theologie des NT, 1953, §§ 28–31; R. Mach, Der Zaddik in Talmud und Midrasch, 1957; Stuhlmacher, a.a.O.; H. Seebass, Art. Gerechtigkeit, ThBNT I, 502–509 (mit Lit.); H. Thyen, Studien zur Sündenvergebung im NT und seinen atl. und jüd. Voraussetzungen, 1970.

K. Koch

צוה *ṣwh* pi. **befehlen**

1. Das Verbum *ṣwh* »befehlen« begegnet nur im Hebr. (vgl. noch DISO 244, aber auch Leander 74, zu reichsaram. *ṣwt* »Befehl« in Cowley Nr. 37, Z. 14; mit Konsonantenumstellung arab. *wṣj* II »Auftrag geben«, Wehr 955a; L. Kopf, VT 8, 1958, 197f.; äg. *wḏ* »befehlen«, A. Erman – H. Grapow, Äg. Handwörterbuch, 1921 [1961], 43). Von dem im Pi. und Pu. sich findenden Verbum ist durch Präfigierung von m- das fem. Verbalnomen *miṣwā* »Befehl, Gebot« abgeleitet (BL 492; zur Femininform bei Gesetzestermini vgl. K. Albrecht, ZAW 16, 1896, 98). Über den Grundstamm ist nichts Sicheres auszumachen (Jenni, HP 248). Normalerweise hat das Pi. von transitiven Grundstämmen Resultativfunktion (Jenni, HP 126; G. Liedke, Gestalt und Bezeichnung alttestamentlicher Rechtssätze, 1971, 192 Anm. 2).

2. Das Verbum *ṣwh* begegnet im AT 485 × im Pi. und 9 × im Pu., das Subst. *miṣwā* 181 ×. Verbum und Substantiv treten gehäuft im Dtn und in der dtr. Literatur auf (*ṣwh* pi.: Dtn 88 ×, Ex 53 ×, Num 46 ×, Jos 43 ×, Jer 39 ×, Lev 33 ×, Gen 26 ×; *miṣwā:* Dtn 43 ×, Ps 26 × [davon 22 × in Ps 119], 2Chr 19 ×, Neh 14 ×, 1Kön 12 ×, Lev und Spr je 10 ×).

3. a) *ṣwh* pi. ist ein Verbum des Redens, das eine spezifische Form des Redens bezeichnet: das befehlende und gebietende Reden eines Übergeordneten zu einem Untergeordneten.

Auch →*'mr* und →*dbr* pi. nehmen manchmal die spezifische Bed. »befehlen« an.

ṣwh pi. regiert – wie andere spezifische verba dicendi (z. B. →*'nh* oder →*š'l*) – den doppelten Akkusativ der angeredeten Person und der Sache (Meyer III, 76; vgl. Gen 3,17; 7,9; Ex 16,16; Dtn 1,18 u.ö.). Die angeredete Person kann auch mit *l*ᵉ (Ex 1,22; 2Kön 20,1; Jer 47,7), mit *'æl* (Ex 25,22; 2Sam 17,23; 1Kön 11,10; Jer 27,4) und mit *'al* (Gen 2,16; 1Kön 11,11; Jes 5,6; Jer 35,6; Am 2,12; Est 2,10.20; 4,8.17; vgl. BrSynt § 108c) eingeführt werden; die gleichen Präpositionen dienen auch zur Bezeichnung von Personen und Sachen, in bezug auf die etwas befohlen wird – ganz wie bei →*'mr* und →*dbr* pi.

Daß auch Sachen »befohlen« wird (Stellen bei KBL 797a, Nr. 2), beruht auf Personifizierung (vgl. Am 9,3f.; Wolff, BK XIV/2, 392) und ist kein Anlaß, eine der Bed. »befehlen« vorausliegende Bed. »bestellen, aufbieten« anzunehmen (so KBL; dagegen Liedke, a.a.O. 192 Anm. 2; vgl. G. Östborn, TORA in the O.T., 1945, 47 Anm. 2, dort auch Lit.).

Übergeordnete, die befehlen oder gebieten, sind: Könige (Gen 12,20; 26,11; 45, 19; 47,11; Ex 1,22; 5,6; 1Sam 18,22; 21, 3; 2Sam 4,12; 9,11; 13,28f.; 18,5.12; 21, 14; 1Kön 2,43.46; 5,20.31; 22,31; 2Kön 11,5.9.15; 16,15f.; 17,27; 22,12; 23,4.21; Jer 36,26; 37,21; 38,10.27; 39,11; Est 3,2; 4,5; Esr 4,3; Neh 5,14; 2Chr 19,9), Stamm- und Familienväter (Gen 18,19; 28,1; 49,33; 50,16; 1Sam 17,20; Jer 35, 6ff.), -mütter (Gen 27,8; Ruth 3,6); Brüder (1Sam 20,29); Heerführer (Jos 1,10; 3,3; 6,10; 8,4; 10,27; 2Sam 11,19; 2Kön 11,5.9.15); Priester (Lev 13,54; 14,4f.36. 40). Untergeordnete, die den Befehl oder das Gebot empfangen, sind: Diener (Gen 32,18.20; 50,2; 1Sam 18,22; Ruth 2,9.15; Jer 32,13 u.ö.); Söhne (s.o. Väter und Mütter); Soldaten (s.o. Heerführer) u.a.m.

Befehl und Gebot sind beides Hoheitsakte, unterscheiden sich aber darin, daß der Befehl eine einmalige Handlung in einer bestimmten Situation auslöst, das Gebot hingegen dauernde Geltung besitzt über die Einzelsituation hinaus. Das Gebot richtet eine Grenze auf und ist deshalb seinem Wesen nach Verbot; die Ausführung eines Befehls wird gemeldet und damit ist der Befehl gegenstandslos (vgl. C. Westermann, Grundformen prophetischer Rede, 1960, 78; ders., BK I, 304f.; O.H. Steck, Die Paradieserzählung, 1970, 87f.). Beide werden mit *ṣwh* pi. bezeichnet (zu den syntaktischen Formen der Verbindung s. KBL 797, Nr. 3), der Befehl z.B. 2Sam 13,28f.: »Absalom befahl seinen Knechten: Gebt acht! Wenn Amnon vom Wein guter Dinge geworden ist und ich zu euch sage: Haut den Amnon nieder!, dann bringt ihn um! . . . Und die Knechte Absaloms taten Amnon, wie ihnen Absalom befohlen hatte« (ähnlich Gen 50,2; 2Kön 16, 15f. u.ö.), das Gebot z.B. Am 2,12b: »Und den Propheten habt ihr geboten: Ihr sollt nicht weissagen!« (ähnliche Gen 2, 16f.; 2Kön 14,6 [Prohibitive aus Dtn 24, 16]; 2Kön 17,35 u.ö. [Liedke, a.a.O. 193f.194 Anm. 3]).

Befehle ergehen meist im Imperativ/Vetitiv, Gebote meist im Prohibitiv und der entsprechenden positiven Form des »heischenden Präsens« (dazu Liedke, a.a.O 36.187ff.).

Die Struktur »Befehl – Ausführung des Befehls« spiegelt sich in den formelhaften Wendungen: X handelt »gemäß allem, was befohlen hat Y« (2Sam 9,11; 21,14; 2Kön 11,9; 16,16; Jer 35,8.10.18; 36,8; Ruth 3,6; Est 3,12; 4,17) und: X handelt, »wie befohlen hat Y« (Num 32,25; Jos 4,8; 1Sam 17,20; 2Sam 13,28f.; Esr 4,3), die man als »Ausführungsformeln« bezeichnet hat (Noth, ATD 5,76.78; Liedke, a.a.O. 192).

Besonders charakteristische Situationen für Befehle sind Kampf und Krieg (z.B. 2Sam 18,5.12; 1Kön 2,46 und s.o. Heerführer) und die Botensendung (Gen 32,5. 18.20; 50,16 – wobei *ṣwh* pi. nicht den Inhalt der Botschaft meint, sondern den Befehl zum Ausrichten der Botschaft, sich also auf →*'mr* bezieht). Die letzten Worte eines Hausvaters vor seinem Tod werden ihrem Charakter als verpflichtendes Vermächtnis entsprechend durch *ṣwh* pi. qualifiziert: Gen 49,29.33; 2Sam 17,23; 1Kön 2,1; 2Kön 20,1 = Jes 38,1.

Angesichts des aufgezeigten Bedeutungshorizontes überrascht es nicht, *ṣwh* pi. in Verbindung mit folgenden Stämmen zu finden: →*dābār* und *dbr* pi. (z.B. 1Sam 21,3 u.ö.), →*'mr* (wobei *'mr* meist den Beginn des Befehls oder Gebots kennzeichnet), →*'śh* (z.B. 2Sam 21,14; Jes 48,5 u.ö.; s. die Ausführungsformeln), →*šlḥ* (Ex 4,28; 1Sam 21,3; Jes 10,6 u.ö.).

b) Für *miṣwōt/miṣwā* gelten dieselben Gesichtspunkte. *miṣwā* wird erlassen von Königen (1Kön 2,43; 2Kön 18,36; Est 3,3; Neh 11,23; 12,24.45; 2Chr 8,14f.; 24,21; 29,15.25; 30,6.12; 35,10.15f.; diese Stellen haben wohl O. Procksch, Theologie des AT, 1950, 564f. zu der These veranlaßt, *miṣwā* sei ursprünglich ein Terminus des Königrechts; die These überzeugt kaum, da die Stellen überwiegend spät, chronistisch sind), von Vätern (Jer 35,6ff.), von Weisheitslehrern (Spr 2,1; 3,1; 4,4; 7,1f.; vgl. G. Bauckmann, ZAW 72, 1960, 37f.) und entsprechenden Untergebenen erteilt. Wo sich aus dem Kontext der Wortlaut einer *miṣwā* ermitteln läßt, handelt es sich um Ge- und Verbote, vgl 2Kön 18, 36: Das Schweigen der Israeliten gegenüber den Schmähungen des Assyrers wird begründet mit der *miṣwā* Hiskias »ihr sollt ihm nicht antworten!« (ähnlich 1Kön 2,43. 46 u.ö., s. Liedke, a.a.O. 189ff.). Die Formulierung »*miṣwōt*, die nicht getan werden dürfen« (Lev 4,2ff.; 5,17) zeigt im Vergleich mit Num 15,22, daß *miṣwā* Ge- und Verbote bezeichnen kann (Liedke, a.a.O. 191). – Im übrigen wird das Substantiv nur an ca. 10% seiner Vorkommen n i c h t in Zusammenhang mit Jahwe verwendet, wobei die weisheitlichen Stellen besonders ins Auge fallen (J. Fichtner, Die altorientalische Weisheit, 1933, 82ff.; KBL 556, Nr. 1; W. Zimmerli, ZAW 51, 1933, 181 Anm. 1; auch →*tōrā* begegnet in Spr nur als Menschenwort).

4. a) Das mit weitem Abstand häufigste Subjekt von *ṣwh* pi. ist Jahwe/Gott. Empfänger des *ṣwh* pi. sind die Israeliten, vor allem Mose (im Pentateuch), Propheten (Jer 1; 14,14 u.ö.), Priester (Ez 9,11 u.ö), aber auch fremde Völker (Jes 10,6; Jer 50,21; Klgl 1,17 u.a.) und Jahwes Engel (Ps 91,11). Die Disputationsfrage Jahwes an sein Volk in Jes 45,11: »Wollt ihr über das Werk meiner Hände mir Vorschriften machen (*ṣwh* pi.)?« zeigt die Unmöglichkeit, Jahwe zum Empfänger eines Befehls zu machen. Jahwegebot und »Gebot von Menschen« sind unvergleichbar (Jes 29, 13). Schließlich ist Jahwes *ṣwh* pi. Schöpferwort (Jes 5,6; 45,12; Ps 33,9; 78,23; 148, 5; Hi 36,32?; 37,12) ebenso wie es »Geschichte macht« (Jes 48,5). Zahlenmäßig am herausragendsten ist die Verwendung des Verbums als Terminus für die Gebots- und Gesetzesproklamation Jahwes (vor allem in: Ex 25,22; 27,20; Lev 7,38 u.ö.; im Dtn: Dtn 4,5.13f.23; 5,12.15.16 (Dekalog) u.ö.; beim Dtr.: Jos 1,7; 8,35; 22, 2.5; Ri 3,4 u.ö.). Für P ist dieser Verwendungsbereich von *ṣwh* pi. in besonderer Weise konstitutiv. »Das befehlende und gebietende Wort nämlich hat für P eine seine gesamte Theologie bestimmende Bedeutung. Für P beruht alles Geschehende auf dem gebietenden Wort Gottes« (Westermann, BK I, 118). Während in der Geschichte das Gebot Gottes an einen Menschen (z.B. Noah Gen 6,22; 7,16; Abraham Gen 21,4; Mose und Aaron Ex 6,13 u.ö.) oder an einen Mittler (Mose Ex 25ff.) ergeht, fehlt beim Schöpfungsbefehl noch das menschliche Gegenüber, weshalb P in Gen 1 nicht *ṣwh* pi., sondern das allgemeinere *'mr* verwendet.

Der Betonung der Gebotsübermittlung bei P entspricht es, daß die »Ausführungsformeln« (s.o. 3a) sich mit Jahwe als Subjekt vor allem in den P-Ausführungsberichten Ex 36ff. und Lev 8–9 finden (Stellen bei Liedke, a.a.O. 192 Anm. 6 und 7), aber auch sonst im AT (Dtn 1,19 u.ö.; Jer 13,5; 1Chr 24,19; vgl. Gen 7,5 J; Dtn 1,3.41 u.ö.; 1Kön 9,4; Jer 11,4; Sir 7,31). Eine weitere P-Formel mit *ṣwh* pi. ist der »Weitergabebefehl«: »befiehl dem X zu sagen«, in welchem Gott das *ṣwh* pi. an einen Menschen weitergibt (Lev 6,2; 24,2; Num 5,1f.; 28,2; 34,2; 35,2; R. Rendtorff, Die Gesetze in der Priesterschrift, ²1968, 68f.; R. Kilian, Literarkritische und formgeschichtliche Untersuchungen zum Heiligkeitsgesetz, 1963, 4). Spezifisch für das Dtn ist die formelhafte Wendung »*miṣwōt* (par. andere Termini), die ich (Mose?) euch/dir (heute) geboten habe« (Partizipialformel oder »Promulgationssatz«, s. N. Lohfink, Das Hauptgebot, 1963, 59–63.297f.): Dtn 4,2.40; 6,2.6; 7,11; 8,1.11; 10,13; 11,8. 13.22.27f.; 12,11.14.28; 13,1.19; 15,5.11. 15; 19,7.9; 24,18.22; 26,16; 27,1b.10; 28, 1.13f.; 30,8.11.16, auch Gen 27,8. Ebenfalls dtn.-dtr. ist die Wendung »der Weg, den ich dir befohlen habe« (Ex 32,8; Dtn 9,12.16; 13,6; 31,29; Jer 7,23; →*dæræk*).

Jahwe befiehlt →*tōrā* (Lev 7,37f.; Num 19,2 u.ö.), →*berīt* (Jos 7,11; 23,16 u.ö.), *ḥuqqīm* (Num 30,17; Dtn 6,20 u.ö., →*ḥqq*), *miṣwōt* (Lev 27,34; Ri 3,4 u.ö., s. Partizipialformel; vgl. 1Kön 8,58; 11,11.38) und *mišpāṭ* (Ps 7,7, →*špṭ*).

Nicht nur die Gebotsmitteilung, auch das Prophetenwort beruht auf Gottes *ṣwh* pi. Die Vollzugsberichte in Ez 12,7; 24,18; 37,7 zeigen dies ebenso wie Jer 1,7.17; 13,5f.; 14,14; 23,32; 26,2.8; 29,23. Der Prophet gibt den Befehl Jahwes weiter: Jer 27,4. Interessant ist, daß in Lev 17,1f. ein Rechtskorpus (H) als Botensendung eingeleitet ist, wobei die Botenformel mit *ṣwh* pi. formuliert ist (S. Wagner, ThWAT I, 367).

b) Der Plural des Substantivs, *miṣwōt*, begegnet in Dtn, Dtr. und Chr. meist in Reihungen mit anderen Termini für Gebot und Gesetz (→*ḥqq* 4d). Mag *miṣwā* ursprünglich terminus technicus zur Bezeichnung des Gebotes gewesen sein (so Liedke, a.a.O. 187ff.; früher schon J. Morgenstern, HUCA 33, 1962, 59ff.), hier sind alle Termini nivelliert und bezeichnen synonym das Ganze oder Teile des »Gesetzes«. Für Dtn ist die Zusammenstellung *miṣwōt/ḥuqqōt* (Dtn 6,2; 8,11 u.ö.) kennzeichnend, beim Dtr. begegnet *ḥuqqīm/ḥuqqōt/mišpāṭīm/miṣwōt* in fast jeder möglichen Kombination, ähnlich im Chr., bei dem sich auch *tōrā* hinzugesellt (2Chr 14,3; 19,10 u.ö.). Vgl. die Tabelle bei Liedke, a.a.O. 13ff.

Das Dtn verwendet neben dem Plural auch den Singular *miṣwā* zur Bezeichnung eines Korpus von Rechtssätzen und Geboten, ja zur Bezeichnung des »Gesetzes« insgesamt (ähnlich →*tōrā*; vgl. von Rad I, 234). Das zeigt sich in Dtn 5,31; 6,1 und 7,11, wo *miṣwā* als umfassende Bezeichnung neben *ḥuqqīm/mišpāṭīm* auftritt, sowie an der Formulierung *kol-hammiṣwā* in Dtn 5,31; 6,25; 8,1; 11,8.22; 15,5; 19,9; 26,13; 27,1; 31,5; vgl. beim Dtr. Jos 22, 3.5; 2Kön 17,19.37 und Jer 32,11. Lohfink, a.a.O. 55ff. urteilt, *miṣwā* sei das tragende Wort im Dtn für »Gesetz« (vgl. J. van der Ploeg, CBQ 12, 1950, 258). Der Chr. ahmt diesen Sprachgebrauch nach: Esr 10,3; 2Chr 8,13; 14,3; 19,10; 29,25; 31,21.

Jahwes *miṣwōt/miṣwā* soll(en) gehört werden (*'zn* hi.: Ex 15,26; →*šm'*: Dtn 11,13. 27f.; Ri 2,17; 3,4 u.ö.), getan werden (→*'śh:* Lev 4,2ff.; 5,17; 22,31; Dtn 27,10; Jos 22,5 u.ö.) und bewahrt werden (→*šmr:* Gen 26,5; Ex 12,17 txt em; 20,6; Dtn 4,2; 5,29; 6,2ff.; 7,9 u.ö.; →*nṣr:* Ps 78,7; vgl. Spr 3,1; 6,20). Die Menschen aber brechen sie (→*prr:* Num 15,31; Esr 9,14), übertreten sie (→*'br:* Est 3,3; 2Chr 24,20) und verlassen sie (→*'zb:* 1Kön 18,18; 2Kön 17,16; Esr 9,10; 2Chr 7,19). Weitere Verben vgl. in Ps 119.

5. In Qumran findet sich *ṣwh* pi. und *miṣwā* nur in »gesetzlichem« Sinn. Bezeichnend ist, daß die in 1QS häufig begegnende Ausführungsformel »wie er befohlen hat« anders als in P nie den Gottesnamen enthält (1QS 1,3; 3,10; 8,21; 9,15.24; 1QSb 3,24). Vgl. M. Delcor, RB 61, 1954, 543.

Zu Spätjudentum, LXX und NT vgl. G. Schrenk, Art. ἐντέλλομαι, ThW II, 541 bis 553, sowie G. Delling, Art. διατάσσω, ThW VIII, 34–36, bes. 34 Anm. 6; O. Schmitz, Art παραγγέλλω, ThW V, 759–762. *G. Liedke*

צום *ṣūm* fasten

1. Das Verbum *ṣūm* »fasten« kommt im Hebr. und Aram. (alt nur im Elephantine-Papyrus Cowley Nr. 30, Z. 15.20, also im Bereich der atl. Religion) vor und ist von daher als religiöser terminus technicus ins Arab. und Äth. eingedrungen (Nöldeke, NB 36; A. J. Wensinck – J.H. Kramers, Handwörterbuch des Islam, 1941, 650).

Neben dem Verbum steht das Subst. *ṣōm* »Fasten«.

2. *ṣūm* q. begegnet 21 ×, *ṣōm* 26 × (ältere Erzählungen: Ri 20,26; 1Sam 7,6; 31,13 = 1Chr 10,12; 2Sam 1,12; 12,16.21.22.23; 1Kön 21,27 bzw. Subst. 2Sam 12,16; 1Kön 21,9.12; Propheten: Jes 58,3–6 3 + 4 ×; Jer 14,12 q.; 36,6.9 Subst.; Jo 3 ×, Jon 1 × Subst.; Sach 3 + 4 ×; in den Ketubim etwas häufiger in Est [2 + 2 ×], Ps [3 × Subst.]; vereinzelte Belege in Dan – 2Chr).

3./4. Das Fasten ist Element der inoffiziellen und offiziellen Religion in Israel; zu ersterer sind die Totenbräuche zu zählen (vgl. von Rad I, 288ff.). Das Fasten hat sich als Restbestand kanaanäischen Totenkults erhalten, wobei als Dauer ein Tag (2Sam 1,12) oder sieben Tage (1Sam 31, 13) belegt sind (der Verzicht auf Speise erfolgt – wie heute noch im islamischen Ramadan – nur tagsüber). Neben *ṣūm* wird das Verbum →*bkh* »weinen« genannt (2Sam 1,12), doch gehörten noch andere Sitten zur Trauer (vgl. H. Schmid, RGG VI, 1000f.; W.C. Robinson, BHH I, 465f.).

Elemente der Totenklage – darunter das

Fasten – sind Bestandteile des regulären Kultes geworden; so in der selbstdemütigenden Klage dessen, der sich verschuldet hat und göttliche Vergebung und Hilfe erhofft (»Selbstminderungsriten«; 2Sam 12, 16.21–23; 1Kön 21,27; vgl. E.Kutsch, ThSt 78,1965, 25ff.). In beiden genannten Fällen geht dem Selbstminderungsritus eine prophetische Gerichtsankündigung voraus; aus der ersten Stelle ist ersichtlich, daß die Klage, zu der Fasten und Weinen gehören, im Liegen vollzogen wird (möglicherweise unter Einholung eines Orakels, wenn *bqš* pi. *'ᵆlōhīm* »Gott aufsuchen« [V.16] so gedeutet werden darf; vgl. auch Esr 8,23), bei der zweiten wird das Anlegen des Trauergewandes (*śaq*) vermerkt.

Auch zum normalen, kultisch geregelten Vollzug der Klage des Einzelnen hat das Fasten gehört (Ps 35,13; 69,11; 109, 24, daneben Erwähnung des Trauergewandes; Ziel des Fastens ist Selbstdemütigung, *'nh* pi. *næfæš* Ps 35,13; →*'nh* II). Schließlich wird das Beten und Fasten von der kultischen Situation abgelöst und zur Privatangelegenheit, zur individuellen frommen Übung (Dan 9,3, neben dem *śaq* die Erwähnung von Asche [*'ēfær*, →*'āfār*]; Neh 1,4 neben →*bkh*, →*'bl* hitp., →*pll* hitp.; 9,1). Manchmal sind die Elemente der Trauer säkularisiert Ausdruck religiös nicht qualifizierter Verzweiflung (Est 4,3; vgl. auch bibl.-aram. *ṭᵉwāt* »unter Fasten« Dan 6,19).

Auch im kultischen Leben der Gemeinschaft spielt das Fasten eine Rolle, in erster Linie im Zusammenhang mit der Klage des Volkes. Einen Volkstrauertag auszurufen kann mit dem Ausdruck →*qr' ṣōm* bezeichnet werden (Jer 36,9, vgl. V.6; Jon 3,5 neben *śaq*-Anlegen; in Jo 1,14 und 2,15 *qdš* pi. *ṣōm*). Ziel des Fastens ist wie in der individuellen Klage die Selbstdemütigung (*'nh* pi. *næfæš* Jes 58,3ff.; im angedeuteten Gottesorakel wird das »Fasten« in vergeistigter Weise gefordert und alle Äußerlichkeit angeprangert). Zum Ritual gehören auch Opfer (Jer 14,12 *'ōlā* und *minḥā*) und das *šōfār*-Blasen, Weinen und Klagen (Jo 1,14; 2,12ff.). Auch in 1Sam 7,6 ist die Situation der Volksklage vorausgesetzt (bei schwerer Bedrängnis durch die Philister). Die Not wird (deuteronomistisch) als Strafe für Abfall von Jahwe und Götzendienst interpretiert, das Fasten bekommt damit Bußcharakter; dabei ist die historisch wohl richtige Erinnerung erhalten, daß bei solcher Gelegenheit prophetische Fürbitte ihren Ort hatte (vgl. von Rad II,59f.).

In nachexilischer Zeit scheinen das Fasten und die dazugehörigen Volksklage-Riten zum Bestandteil jedes größeren Jahwe-Festes geworden zu sein (Sach 7,5; 8,19).

Nicht sicher zu bestimmen ist die Funktion in Ri 20,26; 1Kön 21,9.12. Bei der ersten Stelle geht es wohl um die Praktik der Orakeleinholung im Zusammenhang des »heiligen Krieges« (auch Opfer gehören dazu; vielleicht war das Fasten überhaupt Bestandteil des »heiligen Krieges«, vgl. F.Schwally, Semitische Kriegsaltertümer I, Der heilige Krieg im alten Israel, 1901, 50f.). Möglicherweise ist aber auch hier an eine Volksklage nach einem militärischen Fehlschlag gedacht. Die zweite Stelle ist eventuell durch ein als literarisches Motiv in Israel bekanntes Ersatzkönigsritual bestimmt, zu welchem das Fasten gehört hätte; der Notiz wäre dann keinerlei historischer Wert zuzuschreiben (vgl. M.A.Beek, SVT 15,1966, 27f.; anders die meisten Exegeten, vgl. zuletzt H. Schulz, Das Todesrecht im AT, 1969, 115–117).

5. In Qumran wurde das Fasten in Festzeiten gehalten, doch war es als individuelle fromme Übung offenbar nicht bekannt (*ṣōm* nur in 1QpHab 11,8; vgl. zur Sache aber auch CD 6,19 [*ta'ᵃnīt*, vgl. →*'nh* II], ev. auch 11,4). Im NT dagegen wird derartiges Fasten als bekannt vorausgesetzt; Jesus und die Gemeinde setzen sich damit auseinander (vgl. bes. Mt 6,16–18; Mk 2,18–20; dazu J.Behm, Art. νῆστις, ThW IV,925–935). *F.Stolz*

צור *ṣūr* Fels

1. Unmittelbare Entsprechungen zu *ṣūr* »Fels« (ursprünglich mit stimmlosem emphatischem Interdental) sind nur im nwsem. Raum belegt (amorit. und phön. in Personennamen, vgl. Huffmon 258; F.L. Benz, Personal Names in the Phoenician and Punic Inscriptions, 1972, 402; ug. *ġr* »Berg«, vgl. WUS Nr.2166; UT Nr.1953; G.Garbini, Il Semitico di Nord-Ovest, 1960, 29f.; A.Jirku, ZDMG 113,1964, 481f.; J. de Moor, JNES 24,1965, 362f.; W. von Soden, FS Baumgartner 1967, 291–294; hebr. auch in der Siloah-Inschrift, Z.3 und 6; vgl. noch N.Avigad, IEJ 5, 1955,165f.; H.-P. Müller, UF 2,1970,234; aram. *ṭūr* »Berg«, vgl. DISO 100; KBL 1078b; E.Vogt, Lexicon Linguae Aramaicae Veteris Testamenti, 1971, 68b); das damit verwandte ṣōr »Kiesel« (*ṣurr-; zu Ṣōr »Tyrus« vgl. Garbini, a.a.O. 32f.; W. Röllig, BiOr 19,1962, 23; E.Y. Kutscher, JSS 10,1965,35–37; W.T. Claassen, Die rol van /ṣ/ (Tsade) in die Noordwes-Semitiese tale, Stellenbosch 1969 [Masch.], 104ff.) ist gemeinsemitisch verbreitet (P. Fronzaroli, AANLR VIII/23,1968, 271.287.298).

2. Abgesehen von den mit ṣūr »Fels« gebildeten Ortsbezeichnungen (Ri 7,25 und Jes 10,26 »Rabenfels«; 1Sam 24,3 »Steinbockfelsen«; 2Sam 2,16 txt?) und den Orts- und Personennamen, in denen ṣūr als theophores oder prädikatives Element erscheint (Bēt-Ṣūr Jos 15,58 u.ö.; Pᵉdāṣūr Num 1,10 u.ö.; 'œlīṣūr Num 1,5 u.ö., usw.; vgl. Noth, IP 129f.156f.; ders., FS Alt 1953, 148; H. Schmidt, Der heilige Fels in Jerusalem, 1933, 87), begegnet ṣūr 70 × im AT (Ps 24 ×, Jes 12 ×, Dtn 9 × [davon 8 × in Dtn 32], 2Sam 7 ×, Hi 6 ×). Bibl.-aram. ṭūr ist 2 × belegt (Dan 2,35.45). ṣōr »Kiesel« bzw. »Feuersteinmesser« findet sich 6 × (Ex 4,25; Jos 5,2.3; Ez 3,9; Ps 89,44 txt? ṣūr, vgl. Kraus, BK XV,615; Hi 22,24 ṣūr, vgl. Fohrer, KAT XVI,351).

Für 'ǽbæn »Stein« ergeben sich nach Abzug der Ortsbezeichnungen (auch Jos 15,6; 18,17; 1Sam 20,19; 1Kön 1,9) 269 Belege (Ex 33×, Dtn 25×, 1Kön 24×, Jos 22×, Ez 17×, Gen 15×, Jes und 2Chr je 14×, Hi und Spr je 11×, Lev, 1Sam und 1Chr je 10×, Sach 9×); dazu kommt in Ex 1,16 und Jer 18,3 die Dualform 'obnájim.

3. a) Im eigentlichen Sinne begegnet ṣūr »Fels« (gelegentlich auch »Felsblock« oder »(Fels-)Berg«; vgl. A. Schwarzenbach, Die geographische Terminologie im Hebr. des AT, 1954, 113f.) z.B. im Zusammenhang mit dem Wasserwunder in der Wüste (Ex 17,6.6; Dtn 8,15; Ps 78,15.20; 105,41; vgl. auch Jes 48,21 und Ps 114,8). Der Honig und Öl spendende Fels ist Bild des Überflusses (Dtn 32,13; Ps 81,17; Hi 29, 6). Weiter erscheint der Fels als Stätte der göttlichen Epiphanie (Ex 33,21.22), als heiliger Ort (Ri 6,21), als Opferstätte (Ri 13,19) und als Zufluchtsort Ps 27,5; 61,3; Hi 24,8; am Jahwetag: Jes 2,10.19.21).

Sinnverwandt mit ṣūr sind sǽla‘ »Fels« (60 ×, dazu Ri 1,36; 1Sam 23,28; 2Kön 14,7; Jes 16,1 in Ortsbezeichnungen; auf Gott bezogen steht sǽla‘ 5 × : 2Sam 22,2 = Ps 18,3; Ps 31,4; 42,10; 71,3; vgl. Schwarzenbach, a.a.O. 114–116), kēf »Fels« (Jer 4,29; Hi 30,6; aram. LW, vgl. Wagner Nr. 130), ḥallāmīš »Kiesel« (Dtn 8,15; 32, 13; Jes 50,7; Ps 114,8; Hi 28,9; vgl. HAL 308a), ferner 'ǽbæn »Stein« (s.u. b), har »Berg« (→Ṣijjōn 3c), gibʻā »Hügel« (Num 23,9 par. ṣūr wie im Ug., vgl. S. Gevirtz, Patterns in the Early Poetry of Israel, 1963, 56f.) und in übertragenem Sinne maḥsǣ »Zuflucht« (→ḥsh), jᵉšūʻā »Hilfe« (→jšʻ), ʻōz »Stärke, Zuflucht« (→ʻzz; →ʻūz), miśgāb »Anhöhe, Zuflucht« (→ʻūz 3).

b) 'ǽbæn »Stein« (Gen 11,3; Ex 15,5 u.ö. als kollektiver Sing. verwendet) ist gemeinsemitisch (arab. nur in Toponymen, sonst durch ḥaǧar verdrängt; vgl. Fronzaroli, a.a.O. 271.287.298) und bedeutet im Unterschied zu ṣūr niemals »Fels« (oder »Berg«). Der Begriff dient zur Bezeichnung von Feldsteinen (Ps 91,12; Gen 28,11 als Kopfstütze; Sach 12,3 als Hebestein zur Erprobung der physischen Kraft), Malsteinen (Gen 31,46; Jos 24,27; 1Sam 7,12), Schleudersteinen (1Sam 17,49; Sach 9,15; 1Chr 12,2), Kultsteine (Gen 35,14; dafür spezieller maṣṣēbā [im AT 36 ×], vgl. L. Delekat, BHH II,1169), Altarsteinen (1Sam 6,14; 14,33), steinernen Götzenbildern (Jer 2,27; Ez 20,32; Dan 5,4.23), Bausteinen (2Sam 5,11; Jes 28,16; Jer 51,26), Verschlußsteinen (Gen 29,3.8.10 eines Brunnens; Jos 10,27 einer Höhle; Sach 5,8 von einer Bleiplatte), Erz- (Dtn 8,9; Hi 28,2) und Edelsteinen (Gen 2,12; Ex 28,9ff.; 1Kön 10,10.11; Ez 1,26), Amuletteinen (Jes 54,12), Steintafeln (Ex 24, 12; 31,18; Dtn 4,13), Gewichten (Lev 19, 36; Dtn 25,13.15; Mi 6,11; Spr 20,10.23; vgl. A. Strobel, BHH II,1166–1169 mit Lit.; R.B.Y. Scott, Weights and Measures of The Bible, BA 22,1959, 22–40; zum »königlichen Gewicht« 2Sam 14,26 als offizieller Währung vgl. Scott, a.a.O. 34) und als Richtlot verwendeten Steinen (Jes 34, 11; vgl. Sach 4,10, wo K. Galling, FS Rudolph 1961, 91, hāʼǽbæn habbᵉdīl allerdings nicht als »Senkblei«, sondern als »ein Stück des priesterlichen Ornats, genauer gesagt, die in der ›Tasche der Entscheidung‹ liegenden, zum aussondernden Losen bestimmten Steine Urim und Tummim« deuten möchte und dementsprechend habbādīl bzw. habbᵉdīlā »[der] Trennung« liest). Vor Schrecken wird der Mensch wie Stein (Ex 15,16). In übertragenem Sinne ist die Rede von einem steinernen, d.h. verhärteten Herzen (Ez 11,19; 36,26).

Laut Anordnung von Ex 20,25 (vgl. Dtn 27,5f.; Jos 8,31; 1Makk 4,47) sollen bei einem aus Steinen aufgeschütteten Altar die Steine unbehauen bleiben, wohl »weil eine Bearbeitung mit menschlichen Werkzeugen die Ursprünglichkeit und Integrität und damit die erforderliche Heiligkeit beseitigen würde« (Noth, ATD 5, 142). Weil V.24 den Ackerboden des Kulturlandes voraussetzt, dürfte das Verbot seinem Ursprung nach aus Kreisen weidewechselnder Wanderhirten stammen (Noth, a.a.O.). Die Annahme, daß das Verbot aus einer Vorstellung, die in den Steinen den Sitz von Numina sah (vgl. A.S. Kapelrud, ThWAT I,51), zu erklären sei, wird durch die Tatsache widerraten, daß im kan. Raum schon in der Spätbronzezeit behauene Altäre vorhanden waren (so in Hazor, vgl. J.P. Hyatt, Commentary on Exodus, New Century Bible, 1971, 226).

Steinigung (*sql* q. »steinigen« 12×, in Dtn 13,11; 17,5; 22,21.24; Jos 7,25 *bā'abānīm* »mit Steinen«; ni. »gesteinigt werden« Ex 19,13; 21,28.29.32; pu. »gesteinigt werden« 1Kön 21,14.15; in späterer Literatur *rgm* q. 16×, mit oder ohne [*bā*]*'æbæn*) ist eine besondere Form der Ächtung des Verbrechers, der dem Kollektivverband nicht mehr angehören kann (vgl. R. Hirzel, Die Strafe der Steinigung, Abhandlungen der Sächsischen Gesellschaft der Wissenschaften 27, 1909, 223–266) und begegnet demenstprechend, wenn es sich nicht um Lynchjustiz (Num 14,10; 1Kön 12,18) handelt, im AT, im Judentum und im NT als sakrale Todesstrafe (A. Phillips, Ancient Israel's Criminal Law, 1970, 23–25). Das Gesetz ordnet Steinigung bei Gotteslästerung (Lev 24,14.16.23; 1Kön 21,10–14 Justizmord!), Götzendienst (Dtn 17,5), Verführung zum Abfall von Jahwe (Dtn 13,11), Sabbatschändung (Num 15,35f.), Zauberei und Wahrsagerei (Lev 20,27), Molochopfer (Lev 20,2) und Übertretung eines Tabugebotes (Ex 19,13; Jos 7,25) an. Hinzu kommen Vergehen im Bereich der Sexualsphäre, darunter vor allem Ehebruch (Dtn 22,21; Ez 16,40; 23,47; vgl. Dtn 22,24), und dauernde Verletzung der elterlichen Autorität durch einen widerspenstigen Sohn, die die Verwerfung der von den Eltern überlieferten Jahweverehrung meint (R.H. Kennett, Deuteronomy and the Decalogue, 1920, 66f.; Phillips, a.a.O. 80f.; Dtn 21,18–21).

Die traditionelle Erklärung von *æbæn bōḥan* (Jes 28,16) als »Prüfstein« läßt sich wohl ebensowenig wie die Deutung als »Schiefergneis« (der in Palästina nicht heimisch ist) behaupten (→*bḥn* 1; vgl. auch Galling, a.a.O. 73: Fachausdruck der Bausprache). Vielmehr handelt es sich um einen Festungsstein im Sinne der für den Burgbau der Königszeit charakteristischen Quader (M. Tsevat, ThWAT I, 591f.; vgl. 1QS 8,7f.; 1QH 6,26; 7,9).

Bei einigen atl. Stellen läßt sich erwägen, ob *'bn* nicht als →*bēn* »Sohn« mit prosthetischem Aleph zu deuten ist (vgl. arab. *ibn* und vereinzelt im Phön.-Pun. *'bn*, s. Friedrich 37; Benz, a.a.O. 258; zu den atl. Stellen vgl. A.S. van der Woude, NedThT 20, 1966, 249–252). In diesem Falle wäre *'bnj 'ēš* Ez 28,14 nicht als »Feuersteine«, sondern als »Feuerwesen« zu deuten, ferner *'bnj bōr* Jes 14,19 nicht als »Steine der Unterwelt«, sondern als »Unterweltsbewohner«, und *'bnj śādǣ* Hi 5,23 nicht als »Feldsteine«, sondern als »Ackerdämonen« bzw. »Erdmännchen« (vgl. J. Reider, HUCA 24, 1952/53, 102). In Gen 49,24b wäre dann auch *'bn Jiśrā'ēl* nicht als Gottesepitheton entsprechend *ṣūr Jiśrā'ēl* »Fels Israels« (2Sam 23,3; Jes 30,29; s.u. 4) zu deuten, sondern unter Annahme eine Defektivschreibung als »Kinder Israels« zu erklären, sodaß der Halbvers zu übersetzen wäre: »durch die Macht des Starken Jakobs, durch die Hilfe des Hirten der Kinder Israels«. Dementsprechend wäre auch zu erwägen, ob in Ex 1,16 *'bnjm* (die Bed. »Töpferscheibe«, die für Jer 18,3 zutrifft, ist hier nicht möglich) nicht »Kinder« (→*bēn* III/2a) bedeutet. Die üblichen Erklärungen, etwa im Sinne der als Gebärstuhl verwendeten Steine, der weiblichen Genitalien oder eines Bettes von Ziegelsteinen, auf das nach äg. Brauch das Neugeborene nach der Abnabelung gelegt wurde (vgl. die Komm. und H.A. Brongers, NedThT 20, 1966, 241–249), befriedigen jedenfalls kaum.

4. Vorwiegend in Hymnen, individuellen Dank-, Vertrauens- und Klageliedern ist der feststehende, unerschütterliche Fels in übertragener Bedeutung stereotypes Bild für die Hilfe Gottes (Ps 18,47; 62,3; 89,27; 95,1), den von ihm gewährten Schutz (Jes 17,10; Ps 28,1; 31,3; 62,8; 71,3), die bei ihm gefundene Geborgenheit (Ps 18,3.32; 94,22; 144,1), sein rettendes Handeln (Ps 19,15; 78,35) und seine unerschütterliche Treue (Jes 26,4; Ps 73,26; 92,16), vgl. Noth, IP 156f.; J. Begrich, ZAW 46, 1928, 255; D. Eichhorn, Gott als Fels, Burg und Zuflucht, Diss. Marburg 1969). Ebenfalls in poetischer Literatur tritt *ṣūr* (wie in einigen Personennamen, s.o. 1) als Ehrentitel für eine der üblichen Gottesbezeichnungen ein (Dtn 32,4.15.18.30.31; 1Sam 2,2; 2Sam 22,32 = Ps 18,32; Jes 44,8; Hab 1,12; Ps 75,6 txt em; vgl. *ṣūr Jiśrā'ēl* 2Sam 23,3; Jes 30,29). Auch fremde Götter werden so bezeichnet (Dtn 32,31.37). Diese Verwendung von *ṣūr* begegnet besonders in Unvergleichlichkeitsaussagen (Dtn 32,31; 1Sam 2,2; 2Sam 22,32 = Ps 18,32; Jes 44,8; vgl. C.J. Labuschagne, The Incomparability of Yahweh in the OT, 1966, 70f.115f.). In all diesen Fällen ist *ṣūr* nicht kosmologisch-mythologisch im Sinne des göttlichen Erzeugers zu deuten, weil im Kontext fast aller Stellen das Schwergewicht auf dem Schutzgewähren und der majestätischen Stärke Jahwes liegt (H. Ringgren, Israelitische Religion, 1963, 76; anders G. Ahlström, Psalm 89, 1959, 115). Eine ähnliche Erklärung trifft auch für Dtn 32,18 zu, weil dort »der Fels, der dich gebar« Jahwe nicht als mythologischen Erzeuger, sondern als den Gott, dem Israel seine Existenz als Gottesvolk verdankt, bezeichnet (→*jld* 4c).

Ganz anderer Art ist die Charakterisierung Abrahams als *ṣûr* im Sinne des Erzeugers bzw. des Ahnherrn Israels (Jes 51,1; vgl. Mt 3,9; N.A. van Uchelen, ZAW 80, 1968, 183–190; C.R.North, The Second Isaiah, 1964, 209; anders P.A.H. de Boer, OTS 11,1956, 58–67, der »den Felsen, den ihr ausgehauen habt« liest und unter Hinweis auf CD 6,9f. auf »those who pursue rights, who seek Yhwh« deutet, a.a.O. 65). Diesem Gebrauch des Wortes dürfte die mythologische und märchenhafte Vorstellung vom Felsen als Geburtsstätte zugrunde liegen (van Uchelen, a.a.O. 188; P.Volz, Jesaja II, 1932, 110 Anm. 1).

5. Weil in den hellenistischen Religionen Fels und Stein als Symbol oder Verkörperung eines Gottes vorkommen, ersetzt die LXX bildhaftes *ṣûr* meist durch Begriffe, die den Sinn des Bildes wiedergeben sollen (vgl. O.Cullmann, ThW VI,95; G.Bertram, ZAW 57,1939, 101), um mögliche Mißverständnisse auszuschließen. Dementsprechend deutet die spätjüdische Exegese *ṣûr* in diesen Fällen als *ṣajjār* »Bildner, Schöpfer« (C.Wiegand, ZAW 10,1890, 85–96). Im NT wird Gott ebenfalls niemals als Fels bezeichnet, in den Qumranschriften nur ein einziges Mal (1QH 11,15). 1Kor 10,4 deutet den Ex 17,6 u.ö. erwähnten Wüstenfels auf Christus. Zugrunde liegt die im Spätjudentum bezeugte (StrB III,406ff.) und schon im AT angelegte (Jes 48,21; Ps 81,17; 114,8) Legende vom mitfolgenden und Wasser spendenden Wunderfels (O.Cullmann, Art. πέτρα, ThW VI,94–99; ferner J.Jeremias, Art. λίθος, ThW IV,272–283).

A.S. van der Woude

צִיּוֹן *Ṣijjôn* Zion

1. *Ṣijjôn* wird im AT stets ohne Artikel verwendet, was den Ausdruck als Eigennamen ausweist. Die Etymologie ist unsicher; wie bei anderen Ortsnamen dürfte eine Bildung mit Afformativ **-ān* vorliegen (vgl. BL 500; Meyer II,37), vgl. etwa *ʿæqrôn* usw., wobei in diesen Namen oft etwas von der Beschaffenheit des betreffenden Ortes deutlich wird. In *Ṣijjôn* könnte demnach die Wurzel **ṣjj* »trocken sein« vorliegen. Ausführlicher zur Etymologie G.Fohrer, ThW VII,293 (Lit.).

2. Der Name begegnet im AT insgesamt 154 mal, mit sehr unterschiedlicher Streuung: Jes 47×, Ps 38×, Jer 17×, Klgl 15×, Mi 9×, Sach 8×, Jo 7×, ferner 2Sam 5,7 = 1Chr 11,5; 1Kön 8,1 = 2Chr 5,2; 2Kön 19,21.31; Am 1,2; 6,1; Ob 17.21; Zeph 3,14.16; Hhld 3,11. Er fehlt völlig in Gen – 1Sam, Ez, Hos, Jon, Nah, Hab, Hag, Mal, Hi, Spr, Ruth, Dan, Esr, Neh.

Recht häufig ist der Ausdruck *bat Ṣijjôn* »Tochter Zion«; es handelt sich dabei um die Personifizierung des Ortes (26 Belege), auch in der Form *betûlat bat Ṣijjôn* »jungfräuliche Tochter Zion« (Jes 37,22 = 2Kön 19,21; Klgl 2,13); zum hier vorliegenden Genetivverhältnis s. GK §128k.

20 mal begegnet *har Ṣijjôn* »Berg Zion« (bzw. Plur. Ps 133,3), womit die topographische Eigenart des Ortes gekennzeichnet wird.

Ein Vergleich mit dem Vorkommen des Namens Jerusalem läßt die Häufungen von Zion bei Jes, Ps und Klgl wie auch das Zurücktreten bei Jer und vor allem Ez deutlich werden. *Jerûšālēm* ist im hebr. AT 643× belegt, dazu aram. *Jerûšelæm* 26×, insgesamt 669× (2Chr 127×, Jer 107× [bei Lis. fehlt die Doppelung in Jer 38,28], 2Kön 63×, Jes 49×, Esr 48×, Sach 41×, Neh 38×, 2Sam 30×, 1Kön 29×, Ez 26×, 1Chr 24×, Ps 17×, Dan 10×, Jos 9×, Mi und Hhld je 8×, Klgl 7×, Jo 6×, Ri und Pred je 5×, Zeph 4×, Am, Ob und Mal je 2×, 1Sam und Est je 1×). Jerusalem fehlt in Gen – Dtn, Hos, Jon, Nah, Hab, Hag, Hi, Spr und Ruth.*

3. a) Die älteste Lokalisierung des Namens Zion findet sich in 2Sam 5,7 (= 1Chr 11,5). Hier wird die alte Jebusiterstadt als *meṣûdat Ṣijjôn* »Festung Zion« bezeichnet. Der Ausdruck ist erläutert durch →*ʿîr Dāwīd* »Davidsstadt« (dieselbe Gleichsetzung von Zion und Davidsstadt in 1Kön 8,1 = 2Chr 5,2, wo berichtet wird, die Lade sei von hier in den neu errichteten Tempel gebracht worden).

Die Lage dieser »Festung Zion« ist heute klar: Es handelt sich um das Südende des Osthügels von Jerusalem. Offenbar hieß der ganze Hügelzug Zion, eine etwas erhöhte Stelle muß den Namen Ophel getragen haben (kaum der spätere Tempelberg). Salomo errichtete den Tempel im Norden der »Festung Zion« auf der höchsten Erhebung des Hügelzugs und erschloß das Gebiet zwischen der alten Stadt und dem Tempel der Besiedlung. Jene Altstadt behielt den Namen »Davidsstadt« (total 44 Belege im AT), die u.a. öfter als Ort der Königsgrabstätten genannt wird; vgl. die Karte in BHH II,831f. Zur Archäologie Alt-Jerusalems vgl. K.Kenyon, Jerusalem, 1968, bes. 27ff.

b) Mit Ausnahme der soeben genannten Belege kommt der Name Zion auffälligerweise im AT nur in Texten vor, die von kultischer Sprache geprägt sind.

An vielen Stellen bezeichnet Zion einfach die Stadt Jerusalem, entsprechend sind denn beide Namen häufig parallel gebraucht (z.B. Jes 2,3; 4,3; 30,19 u.ö.; auch *bat Ṣijjōn* neben *bat Jerūšālēm* u.ä. 2Kön 19,21; Jes 52,2; Klgl 2,13; *har bat Ṣijjōn* neben *gib'at Jerūšālēm* Jes 10,32 Q). In Ps 76,3 steht neben *Ṣijjōn* parallel *Šālēm*, eine Variante des Stadtnamens Jerusalem. Insgesamt ist an über 30 Stellen in irgend einer Weise die Nennung des Zion mit derjenigen Jerusalems verbunden.

Ab und zu wird neben dem Zion Juda (bzw. die Städte Judas) genannt (Jer 14, 19; Ps 69,36), der Ort ist damit als politisches Zentrum des Südreiches gesehen. Auch Kombination mit dem Namen Israel ist belegt (Zeph 3,14). Wenn die »Tochter Zion« und die »Tochter Edom« einander entgegengesetzt werden, sind auch hier politische Größen anvisiert (Klgl 4,22).

Umstritten ist Am 6,1, wo der Prophet gegen die »Sichern auf dem Zion und die Sorglosen auf dem Berg Samarias« polemisiert. Mit Sicherheit ist anzunehmen, daß Amos dieses Wort nur an die Stadt Samaria adressiert. Ist »Zion« hier terminus technicus für eine auf einem Berg gelegene Hauptstadt geworden (Fohrer, a.a.O. 294)? Derartiger Gebrauch wäre ganz singulär. Am ehesten ist eine Glosse anzunehmen, die in späterer Zeit Amos' Gerichtswort auch auf Jerusalem bezogen haben will (so zuletzt Wolff, BK XIV/2,315; vgl. aber auch die andere Lösung von A.Weiser, ATD 24, [5]1967, 175).

c) Im besonderen bezeichnet Zion aber Jerusalem als die Stadt Jahwes und seinen Wohnsitz, den Tempel. Wenn parallel zu Zion *har haqqōdæš* verwendet wird (Ps 2,6 »mein heiliger Berg«; 110,2 usw.), so ist wohl in erster Linie an den Tempelberg gedacht (vgl. Mi 3,12 = Jer 26,18: hier sind parallel der Zion, Jerusalem und *har habbájit* »der Tempelberg« genannt; Jes 2,2 = Mi 4,1 *har bēt-Jhwh*).

Das Subst. *har* »Berg, Gebirge« wird im AT 558× verwendet (ohne Ri 1,35 im Ortsnamen *Har-Ḥǽræs*; Jes 57×, Ps 54×, Dtn 53×, Jos 52×, Ex 48×, Ez 47×, Ri 34×, Num 27×, Gen und Jer 21×; bibl.-aram. *ṭūr* »Berg« Dan 2,35.45). Über das Wortfeld von *har* handelt ausführlich A.Schwarzenbach, Die geographische Terminologie im Hebr. des AT, 1954, 6–9; zur religionsgeschichtlichen Bedeutung der Berge im AT und in seiner Umwelt vgl. z.B. W. Foerster, Art. ὄρος, ThW V,475–486.*

Die Verbindung *har hā'ælōhīm* in Ex 3,1; 4,27; 18,5; 24,13; 1Kön 19,8 meint den »Gottesberg« der Sinai-Horeb-Tradition, ebenso *har Jhwh* in Num 10,33, während *har Jhwh* in Jes 2,3 = Mi 4,2; Jes 30,29; Sach 8,3 und Ps 24,3 den Zion bezeichnet (2Sam 21,6 txt em: bei Gibeon). In Ez 28, 14.16 meint *har (qōdæš) 'ælōhīm* dagegen den mythischen Götterberg im Norden (vgl. Jes 14,13 *har mō'ēd* »Berg der Zusammenkunft [der Götterversammlung]«; vgl. Zimmerli, BK XIII,685), von dem auch Ps 68,16 (auf den Tabor lokalisiert?, vgl. Kraus, BK XV,470f.) die Rede ist. Ps 36,7 (und 50,10 txt em) ist *harerē 'ēl* »Gottesberge« eine Art »Superlativbildung« (Kraus, BK XV,283; →*'ēl* III/4). Die umgekehrte Cs.-Verbindung *'ælōhē hārīm* »Gott der Berge« (bzw. »Götter der Berge«) im Gegensatz zu »Gott der Ebene« kommt 1Kön 20,23.28 im Munde der aramäischen Feinde vor; der Abschnitt will bezeugen, daß Jahwe überall, nicht nur im Bergland, mächtig ist.

»Zion« meint also im AT zunächst die Stadt Jerusalem in ihrer politischen und geschichtlichen Existenz, und zwar in kultischem Sprachbereich und also religiösem Denkzusammenhang: Es handelt sich um die Stadt Jahwes. Der Zion ist der Ort, wo Jahwe wohnt oder mindestens erreichbar ist, in erster Linie also der Tempelort.

4. a) Wahrscheinlich kommt dem Zionsnamen schon seit Beginn der israelitischen Herrschaft über Jerusalem theologische Qualität zu.

Es ist höchst wahrscheinlich, daß David das jebusitische Jerusalem mit List einnahm und bei der Inbesitznahme nicht wesentlich beschädigte; die »Festung Zion« blieb intakt und wurde »Stadt Davids« (vgl. H.J.Stoebe, ZDPV 73,1957,73–99). Aber auch die Einwohner der Stadt blieben wohnen, einer aus ihren Reihen wurde sogar Priester unter David (Zadok; vgl. dazu H.H.Rowley, JBL 58, 1939, 113 bis 141 und FS Bertholet 1950,461–472; weitere Lit. bei K.Koch, BHH III, 2200). Nach Ps 110, in welchem jebusitische Königsideologie ausdrücklich auf den israelitischen Jerusalemer König übertragen wird, garantiert Jahwe die Herrschaft des Königs vom Zion aus über die das Reich bedrohenden feindlichen Fremdvölker (V.2).

b) In welcher Weise ist der Zion in der Vorstellungswelt des Jerusalemer Kultus qualifiziert?

Der Zion ist zunächst Jahwes Wohn- und Thronsitz (mit dem Verbum *škn* Jes 8,18; Ps 74,2, vgl. 135,21, mit *jšb* Ps 9,12, vgl. 132,13; Ps 146,10; beide Verben bzw. Derivate davon finden sich auch in der kultischen Terminologie des kanaanäischen Ugarit, vgl. W.H.Schmidt, ZAW 75,1963,

91 f.; ders., Königtum Gottes in Ugarit und Israel, 1966, 70 Anm. 6 und 82 Anm. 8). In Ps 76,3 ist von Jahwes Behausung (*sōk* und *mā'ōn*) auf dem Zion die Rede (dazu F. Stolz, Strukturen und Figuren im Kult von Jerusalem, 1970, 213).

Der Zion gilt als Gegenstand der Erwählung durch Jahwe (Ps 132,13; vgl. Ps 78,68). Umstritten ist, ob dieser Gedanke schon dem Traditionsbestand der vorisraelitischen Zeit angehört, ob es sich um eine typisch altisraelitische Neuinterpretation oder erst um eine späte deuteronomisierende Vorstellung handelt (vgl. →*bḥr* IV/2d; E. Rohland, Die Bedeutung der Erwählungstraditionen Israels für die Eschatologie der atl. Propheten, 1956, 145 ff.; Kraus, BK XV, 879 ff.; G. Fohrer, a.a.O. 307). Jedenfalls liegt hier der Ursprung der deuteronomischen Jerusalem-Erwählungstheologie, die jedoch den Zionsnamen meidet.

Der Zion ist der Ort von Jahwes heilvollem Wirken (Verbindung mit Begriffen wie *ṣ^edāqā*, Jes 1,27; *tōrā*, 2,3 usw.). Dies wird besonders bei seinem Erscheinen deutlich, das mit den Farben einer Gewittertheophanie geschildert wird (Jes 31,9; Am 1,2; Ps 50,2).

Mit der Theophanie ist die Hilfe Jahwes für sein Volk verbunden. Die Aussage ist doppeldeutig: Jahwe hilft vom Zion her (Ps 14,7; 20,3), hier ist also der Wohnort Gottes im Blickfeld; andererseits gilt die Hilfe Jahwes dem Zion (Ps 69,36). Die Hilfe gilt zuerst dem König, in seinem Kampf gegen die feindlichen Fremdvölker (Ps 2,6; 110,2; als Motiv der Königsfürbitte Ps 20,3), doch ist bei der Erwähnung des Triumphs Jahwes über die Völker der König nicht unbedingt genannt (Ps 48,3 ff.; 76,3 ff.; 99,2, auch ohne Nennung des Zionsnamens etwa Ps 46,6 ff.; Jes 17,12 ff.). Auf der anderen Seite ist von der friedlichen Wallfahrt der Völker zur Weisung Jahwes am Zion die Rede (Jes 2,2 ff.).

Auch der Einzelne erwartet Jahwes Hilfe vom Zion her (Ps 9,15). Von hier aus geht schließlich Jahwes Segen ins Land hinaus (Ps 128,5; 134,3).

Der Zion als Wohn- und Thronstätte hat seine besondern Qualitäten: Er bildet die Spitze des Zaphon (des berühmten Gottesberges bei Ugarit im Norden Palästinas, Ps 48,3), daher die Behauptung seiner überragenden Größe (vgl. Jes 2,2; Ps 78,68). Er ist Inbegriff des Schönen und Zentrum der Welt (Ps 48,3; 50,2, vgl. S. Terrien, VT 20, 1970, 315–338). Jahwe hat den Zion geschaffen (mit *kūn* pol. Ps 87,5, mit →*jsd* Jes 14,32; 28,16, bei dieser Stelle ist davon die Rede, daß in Jerusalem der Fundament-»Eckstein« liegt, der in der Schöpfungskonstruktion seine besondere Bedeutung hat, vgl. Hi 38,6), er wankt darum nicht (Ps 125,1). Zions- und Weltschöpfung sind wohl als ein Vorgang zu verstehen, die genannten Verben werden für beide Ereignisse gebraucht und entstammen wieder dem kanaanäischen Kultvokabular (Stolz, a.a.O. 171 ff.).

Die Vorstellung, daß zum Tempel der »Weltberg«, die zentrale Stelle des Kosmos gehört, ist wiederum nicht spezifisch israelitisch. Königtum, Tempel, Schöpfung, Weltberg und Triumph gegen die Feinde sind auch in Mesopotamien Elemente ein und desselben Vorstellungszusammenhanges, vgl. Stolz, a.a.O. 78 ff. 109 ff.

Auf dem Zion feiert Israel seinen Gottesdienst für Jahwe. Hier kann es Gottes Taten schauen (Ps 84,8). Jahwe kommt hier das Lob Israels zu (Ps 65,2; 97,8; 147,12). In Ps 132; 48,13 ist wohl von einer Prozession auf dem Zion die Rede.

Andere Texte reden viel deutlicher von einer derartigen Prozession, ohne daß der Zionsname vorkäme. Um Klärung des zugrunde liegenden Festgeschehens mühen sich mancherlei Hypothesen. Handelt es sich um ein Thronbesteigungsfest Jahwes, das in manchem andern altorientalischen Neujahrsfesten zu vergleichen wäre (grundlegend S. Mowinckel, Psalmenstudien II, 1922; zuletzt F. Stolz, Jahwes und Israels Kriege, 1972, 38 ff.)? Jedenfalls wird Jahwes Königstitel mit dem Zionsnamen verbunden, Jer 8,19. Handelt es sich um ein »königliches Zionsfest«, in dessen Zentrum in erster Linie die spezifisch israelitischen Themata der Erwählung von Zion und Davidsdynastie gestanden hätten (H. J. Kraus, Die Königsherrschaft Gottes im AT, 1951, 27 ff.; ders., Gottesdienst in Israel, [2]1962, 215 ff.)? Zahlreiche Exegeten widersprechen derartigen Hypothesen energisch, vgl. z. B. E. Kutsch, Das Herbstfest in Israel, Diss. Mainz 1955.

Auch im übrigen sind Alter und Stellenwert der sog. »Zionstradition« höchst umstritten. Vor allem ist die Frage nach dem Ursprung des Themas »Kampf gegen die Fremdvölker am Zion« kontrovers. Entstammt dieses bereits der vorisraelitischen Jerusalemer Kulttradition? Oder verdankt es sich einer Kriegstheologie, die mit der Lade nach Jerusalem gekommen ist? Doch ist die Lade nur gerade in Ps 132 ausdrücklich mit der Zionstheologie in Zusammenhang gebracht. Hat die Rettung

Jerusalems vor dem Feinde um 701 zu diesen Aussagen geführt? Damals freilich kam es gar nicht zu einer militärischen Auseinandersetzung. Vgl. im einzelnen bes. Rohland, a.a.O. 119ff.; G. Wanke, Die Zionstheologie der Korachiten, 1966, bes. 70ff.; H.M. Lutz, Jahwe, Jerusalem und die Völker, 1968 (Lit.); Stolz, a.a.O. bes. 72ff.; J. Jeremias, Lade und Zion, FS von Rad 1971, 183–198. Zum ganzen Traditionskomplex auch J. Schreiner, Sion-Jerusalem. Jahwes Königssitz, 1963; von Rad II, 162ff.

Im Folgenden ist vorausgesetzt, daß alle genannten Themata der Jerusalemer Kulttradition von Anfang an zugehörten.

c) Die Propheten haben die Zionstradition in verschiedenartiger Weise aufgenommen. Jesaja hat zunächst ein positives Verhältnis dazu, er versteht sein Auftreten als Auftrag des auf dem Zion wohnenden Gottes (8,18) und sagt den Schutz Jahwes für seine Stadt zu (14,32). Doch das Schutzverhältnis gilt nicht, wenn sich die Jerusalemer nicht Jahwes Willen und Tun entsprechend verhalten; daß Jahwe seine Ordnung durchsetzt, gereicht der Stadt zum Gericht (1,27). Der andrängende Feind wird zum Gerichtswerkzeug in Jahwes Hand (10,32ff.). Zwar ist festgehalten, daß der Zion Jahwes ursprünglichstes Schöpfungswerk ist, aber diese Schöpfungsordnung wird für die, die sich nicht an ihr orientieren, zum Untergang (28, 16ff.). Am Ende seiner Tätigkeit stellt Jesaja fest, daß Jahwe den Zion beinahe preisgegeben und der völligen Zerstörung überlassen hätte (1,8f.). Umstritten ist die Echtheit von 2,2–5. Macht Jesaja sich in dieser Weise die Zionsideologie zum Gegenstand seiner Zukunftserwartung? Vgl. etwa Wildberger, BK X,75–90, gegenüber Fohrer, Jes. I,50–54, und O. Kaiser, ATD 17,1960,17–22.

Der aus der judäischen Landschaft stammende Prophet Micha hat demgegenüber ein eindeutig negatives Verhältnis zur Zionstradition. Zion und Jerusalem sind mit Blut und Unrecht gebaut (3,10 – es ist also gerade nicht Jahwe, der den Zion schuf!), entsprechend soll die Stadt völlig zerstört und entvölkert werden (3,12; das Wort hat in Israel einen tiefen Eindruck hinterlassen, vgl. das Zitat in Jer 26,18). Weitere Gerichtsankündigungen finden sich in 4,10 (die zweite Hälfte des Verses ist sekundär), wohl auch in 1,16 (der Zionsname ist hier wohl zu ergänzen, dafür in 1,13 zu tilgen, vgl. K. Elliger, ZDPV 57,1934,95f.98f. = Kleine Schriften zum AT, 1966,20f.24).

Für Hosea, den Nordreichspropheten, spielt der Zion natürlich keine Rolle; bei Amos ist die Echtheit von 1,2 umstritten (vgl. Wolff, BK XIV/2,151f.; Rudolph, KAT XIII/2, 117f.).

Jeremia spricht wiederum vom Gericht gegen den Zion: die anstürmenden Völker sind also als Vollstrecker von Jahwes Unheils-Willen gesehen (4,6.31; 6,2.23; 9,18). In seiner Klage bedenkt der Prophet das Geschick der Stadt (14,19).

d) Bei der Zerstörung Jerusalems durch die Babylonier 587 haben sich die Gerichtsandrohungen gegen den Zion bewahrheitet. Jetzt wird die Klage über den zerstörten Zion laut (Klgl 1,6.17; 2,1.4.6. 8.10.13.18; 4,11.22; 5,11.18; Jes 64,9; zu den Klgl-Stellen vgl. B. Albrektson, Studies in the Text and Theology of the Book of Lamentations, 1963,214ff.). Doch regte sich bald die Hoffnung auf Jahwes Initiative zum Wiederaufbau (Ps 51,20; 102, 14.17.22) und zur Rettung überhaupt (Ps 126,1).

Im Exil sang man unter dem Hohn der Feinde die alten Zionslieder (Ps 137,1) und erwartete die Rache Jahwes für die babylonischen Untaten an seinem Heiligtum (Jer 50,28; 51,10.24).

In diese Situation hinein trifft die Botschaft Deuterojesajas. Dem Zion wird das Heil zugesagt: Jahwe kommt zurück, er übernimmt wieder seine Königsherrschaft (Jes 40,9; 41,27; 46,13; 51,11.16; 52,7f.). Die Klage Zions wird durch die tatkräftige Antwort Jahwes endgültig gestillt, das Heil bricht an, die Exilierten kehren zurück (49,14ff.). Die Herrlichkeit des Zion wird alle Kategorien der Erfahrung transzendieren und Züge des Paradieses annehmen (51,3).

Bemerkenswert ist, daß bei Ezechiel, dem anderen großen Exilstheologen, – wie auch im Deuteronomium und weitgehend in der Deuteronomistik – der Begriff Zion fehlt, obwohl durchaus Elemente der Zionstradition aufgenommen sind (zu Ez vgl. Zimmerli, BK XIII,63*; im Dtn vor allem die Erwählung Jerusalems). Ist allenfalls »Zion« hier ein zu politischer Begriff?

e) In nachexilischer Zeit wird die von Deuterojesaja neu geweckte Zionshoffnung in manchen Kreisen maßgeblich. Wieder spricht man von Jahwes Wohnen auf dem Zion (Zeph 3,14ff.; Sach 2,14; 8,2f.). Immer noch wartet man auf die Rückkehr der Exulanten (Mi 4,7; Jes 35,10; 60,14; Jer 3,14; 31,12 usw.). Jahwe wird sein Königtum mit Macht durchsetzen (Mi 4,7; Jes 24,23), der von ihm gesalbte König wird sich durchsetzen in wunderbarer Gewaltlosigkeit (Sach 9,9). Am Zion soll das Gericht über die feindlichen Völker vollendet werden (Mi 4,11–13; Zeph 3,14–16; Sach 1,14ff.; 9,13), auf der anderen Seite erwartet man die Ankunft der unterworfenen, willfährigen Völker (Jes 18,7; vgl. Jes 60), die sich Jahwes Herrschaft beugen. Die Sünder in den eigenen Reihen werden vernichtet (Jes 33,14). Der Zion wird als Heiligtum dann auch für das Nordreich Bedeutung haben (Jer 31,6). Ganz allgemein sind die alten Themen hier also – wie bei Deuterojesaja – Gegenstand der Zukunftserwartung. Die Zustände nach dem Wiederaufbau von Stadt und Tempel haben es offenbar nicht gestattet, die am Zionsgedanken haftenden Vorstellungen als realisiert zu erleben.

Auffällig ist wieder, daß in der Priesterschrift und im chronistischen Geschichtswerk der Zionsbegriff fehlt, wenn man von chronistischen Zitaten aus älteren Quellen absieht. Dies könnte wieder an der politischen Wertigkeit des Namens liegen.

5. Die nachexilischen Hoffnungen bleiben z.T. auch im nachalttestamentlichen Judentum lebendig, sie spielen im NT – mit Ausnahme vielleicht der Johannes-Apokalypse – keine entscheidende Rolle. Vgl. G. Fohrer-E. Lohse, Art. Σιών, ThW VII, 291–338. *F. Stolz*

צלח *ṣlḥ* gelingen

1. Die Wurzel *ṣlḥ*, deren Einheitlichkeit und Bedeutungsentwicklung umstritten sind, weist im Süd- und NWSem. einige Äquivalente auf, die für das Hebr. heranzuziehen sind (arab. *ṣlḥ* »in Ordnung sein, gedeihen«, Wehr 473b; altsüdarab. *ṣlḥ* »prosperavit«, Conti Rossini 224b; phön. nur in Personennamen, vgl. F.L. Benz, Personal Names in the Phoenician and Punic Inscriptions, 1972, 400; reichsaram. *ṣlḥ* pa. in Ah. 125, s.u.; bibl.-aram. *ṣlḥ* ha. »gut gehen lassen, vorankommen«, KBL 1116; im späteren Aram. neben »Gelingen haben« auch »spalten«; vgl. außer den Lexika noch J. Blau, VT 7, 1957, 100f.; E. Puech, Sur la racine »*ṣlḥ*« en hébreu et en araméen, Sem 21, 1971, 5–19). Während BDB 852 (vgl. LS 629f.; KBL Suppl. 182a) die Wurzeln *ṣlḥ* I »durchdringen, vorwärtsschreiten« und *ṣlḥ* II »in gutem Zustand sein, gedeihen« unterscheidet, nimmt man neuerdings (wie schon u.a. GB 683; Zorell 691f.) eine einheitliche Bedeutungsentwicklung »eindringen« > »durchdringen« > »gelingen« an (Blau, a.a.O.; Puech, a.a.O., unter Weglassung der späten Bed. »spalten«, die GB 683a an den Anfang stellt).

Für Am 5,6 will Blau im Anschluß an GB 683b u.a. und unter Hinweis auf die Versionen eine eigene Wurzel *ṣlḥ* »brennen« annehmen (danach Rudolph, KAT XIII/2, 189). Diese eine, textlich sehr schwierige Stelle reicht aber kaum aus, die Begründung einer solchen Wurzel im Hebr. sicherzustellen, zumal syr. *ṣrḥ* »brennen sowie akk. *ṣelû* »brennen«, die herangezogen worden sind, lautlich nicht naheliegen, und die Versionen aufgrund von *kāʾēš* »wie Feuer« hier sinngemäß frei übersetzt haben können. Puech, a. a. O. 8–12, der in die Erörterung die Stelle Sir 8,10 miteinbezieht, geht von der Grundbedeutung »pénétrer« für *ṣlḥ* aus, das in Zusammenhängen, wo von Feuer die Rede ist, die Bed. »anzünden« annehmen kann. Dasselbe gilt dann auch für aram. *ṣlḥ* pa. in Ah. 125, wo man früher mit »schneiden, spalten« übersetzt hat (Cowley 224; DISO 245); vgl. Puech, a.a.O. 12ff., und P. Grelot, Documents araméens d'Egypte, 1972, 440: »un homme enflammant des bûches dans les ténèbres sans être vu«.

Im AT wird die Wurzel nur als Verbum angetroffen (hebr. Qal und Hi., aram. Ha.); sie begegnet nicht als Bestandteil von Eigennamen.

2. Das hebr. Verbum kommt insgesamt 65× vor, davon 25× im Qal (1Sam, Jer und Ez je 5×, Ri 3×) und 40× im Hi. (2Chr 10×, Gen 7×); aram. *ṣlḥ* ha. begegnet 4× (Dan 3,30; 6,29; Esr 5,8; 6,14).

Das Qal hat seinen Schwerpunkt einerseits mit der konkreten Bed. »eindringen in« o.ä. in Ri/1Sam (mit Subj. *rūaḥ*: Ri 14, 6.19; 15,14; 1Sam 10,6.10; 11,6; 16,13; 18,10; vgl. noch 2Sam 19,18; Am 5,6 s.o. 1), andererseits mit der übertragenen Bed. »gelingen, Gelingen haben« bei den Propheten (Jes 53,10; 54,17; Jer 12,1; 13,7. 10; 22,30.30; Ez 15,4; 16,13; 17,9.10.15; ferner Ps 45,5 in sehr unsicherem Text sowie Num 14,41 und Dan 11,27). Beim Hi. sind Konzentrationen in Gen (7× in 24, 21.40.42.56 und 39,2.3.23), in Dan (4×, dazu 2× aram.) und im chron. Geschichtswerk (15×, dazu 2× aram.) festzustellen.

3. Bei seinem relativ begrenzten Vorkommen weist das Verbum einen etwas weiträumigen Gebrauch auf, der sich nicht leicht gliedern läßt. Der übertragene Sinn »gelingen« ist vorherrschend (b). Problematisch ist vor allem die konkrete Anwendung (a) mindestens an einigen Stellen. Doch scheint eben der konkrete Gebrauch ein geeigneter Ausgangspunkt für die semasiologische Klärung des Wortes zu sein, dessen phraseologische Verbindung mit →*dæræk* »Weg« hier noch aufschlußreich ist. Dabei dürfte die Einheit des Wortes trotz seiner breiten Anwendung verständlich zu machen sein.

a) Konkret kann das Verbum im Qal transitiv vom Überqueren des Jordans (2Sam 19,18 txt?; Puech, a.a.O. 6–8: »eindringen in«, um die Königsfamilie überzusetzen) und intransitiv vom prophetisch-charismatischen Kommen des Geistes Jahwes/Gottes »über« (*'al*: Ri 14,6.19; 15,14; 1Sam 10,6.10 neben *nb'* hitp.; 11,6) eine Person oder »zu« (*'æl*: 1Sam 16,13 von der charismatischen Ausrüstung König Davids; 18,10 gegensätzlich von einem von Gott gesandten bösen Geist bei Saul) ihr gebraucht werden. In beiden Fällen ist eine Bewegung des Subjekts nach vorwärts oder auf ein Ziel hin ausgedrückt (vgl. Blau, a.a.O. 100 Anm. 4, gegen die Annahme in KBL 803b, *ṣlḥ* bedeute »tauglich, stark, wirksam sein«; ähnlich Puech, a.a.O. 6: »pénétrer«, vgl. Gen 41,38).

Dieselbe Vorstellung scheint durchzuschimmern, wenn beim kausativen Hi. von Gott gesagt wird, daß er jemandes »Weg« (*dǽræk*) in bezug auf eine Reise »vorankommen«, »ans Ziel kommen«, d.h. »gelingen« läßt (Gen 24,21.40.42.56; Ri 18,5). Auch der Mensch kann Subjekt des Gelingen-Lassens seines Weges sein (Dtn 28,29 *dǽræk* im eigentlichen Sinne; Jos 1,8 und Ps 37,7 übertragen vom »Vorhaben« oder »Wandel«); Jes 48,15 ist entweder Gott Subjekt (mit Textänderung, vgl. BHS) oder der Weg selber (mit intransitivem *ṣlḥ* hi. »gelingen«); in letzterem Fall wird sonst bei *dǽræk* das Qal verwendet (Jer 12,1 »warum kommt gut voran/gelingt der Weg Frevler?«).

b) Die übertragene Bed. »Gelingen haben, gelingen« liegt im Qal 15 × vor (Stellen s.o. 2), ferner 25 × im intransitiven Hi. (regelmäßig in Dan und 1/2Chr; dazu aram. in Dan 6,29; Esr 5,8; 6,14); kausatives Hi. in der Bed. »es jemandem gelingen lassen« findet sich, abgesehen von den erwähnten Stellen mit Obj. *dǽræk*, 6 × (Gen 39,3.23; Ps 118,25; Neh 1,11; 2,20; 2Chr 26,5; dazu aram. Dan 3,30).

Gelegentlich begegnet ein erweiterter Gebrauch in bezug auf Dinge, so von einem Baum, der wächst (Ez 17,9.10 q.; Ps 1,3 hi.), negativ von der Wirkung einer Waffe, die ausbleibt (Jes 54,17 q.), und von einem Hüftschurz, der verdorben ist und darum »zu nichts mehr taugt«, als Symbol des verdorbenen Volkes, das ohne »Gelingen« sein wird (Jer 13,7.10 q.). In den meisten Fällen aber geht es um Menschen oder um deren Vorhaben, wobei es auffällt, daß die Aussagen sehr oft einen theologischen Bezugsrahmen haben. So kann der erfolgreiche Fortgang eines Vorhabens, etwa eines Kriegszuges (1Kön 22,12. 15 = 2Chr 18,11.14; negiert Jer 32,5; vgl. Jes 48,15; Dan 8,12.24, jeweils hi.) oder einer Bauunternehmung (hi.: 1Chr 22,11; 2Chr 7,11; 14,6; aram. ha. Esr 5,8; 6,14) oder auch des Tuns eines Menschen im allgemeinen (Ps 1,3 hi. »und alles, was er tut, gelingt«; ähnlich 2Chr 7,11; 31,21; 32,30; auch 1Chr 29,23; 2Chr 26,5; vgl. noch das *l*ᵉ der Person in Neh 1,11; 2,20), im Mit-Sein Gottes oder in seinem Beistand begründet oder von der Ausrüstung des Menschen durch Gott abhängig sein (s.u. 4). Neben dieser mittelbaren Einwirkung Gottes kann seine direkte Veranlassung des Erfolges ausgesagt werden (Stellen mit kausativem Hi., s.o.); sein »Wille« (*ḥēfæṣ*, Jes 53,10) und sein ausgesandtes »Wort« (Jes 55,11) können wirksam »vorankommen«, »ans Ziel kommen« (s.u. 4). Wie beim »Weg«-Begriff kann der Mensch aber auch selbständiger sein Gelingen bewirken, entweder in Abhängigkeit von Gott durch die persönliche Frömmigkeit und Gesetzestreue (vgl. Jos 1,8; 1Chr 22,13; 2Chr 31, 21; auch Num 14,41 q. sowie 2Chr 24,20) bzw. durch die von Gottes Gesetz bewirkte Weisheit (Ps 1,3), oder aber gegen Gott (vgl. Jer 22,30 q.; Ez 17,15 q.; auch 2Chr 13,12; 24,20), wie es vor allem mit den Frevlern (Jer 12,1 q.; 37,7 hi.; vgl. Ps 1,4; auch Spr 28,13 hi.) und den gottwidrigen Figuren in Dan der Fall ist (vgl. Dan 8,12.24.25; 11,36). Umgekehrt gab es in Israel fromme »Glückliche«, denen »alles gelang«, weil Gott »mit ihnen« war (Joseph war *'īš maṣlīªḥ*, Gen 39,2; weiter Salomo, 1Chr 29,23, und Hiskia, 2Chr 32, 30, in bezug auf ihre Regierung).

*c) Zum Wortfeld des Gelingens gehören noch die Verben *kšr* q. »richtig sein, gelingen« (Pred 11,6; Est 8,5 Verbaladj. *kāšēr* »recht«; hi. Pred 10,10 txt?; dazu *kišrōn* »Gelingen« Pred 2,21; 4,4; »Gewinn« Pred 5,10; wohl Aramaismus, vgl. Wagner Nr. 139/140) und →*śkl* q. »Erfolg haben« (1Sam 18,30), hi. »Erfolg, Gelingen haben« (Dtn 29,8; Jos 1,7.8; 1Sam 18,5.14.15; 1Kön 2,3; 2Kön 18,7; Jes 52,13; Jer 10,21; Spr 17,8) neben sonstigem »verstehen, Einsicht haben, klug handeln« und »klugmachen« (Ps 32,8; Spr 16, 23; 21,11; Dan 9,22; Neh 9,20; 1Chr 28, 19); *śkl* hi. ist nach Westermann, ATD 19,208, »eines der hebräischen Verben, das eine Handlung und ihr Ergebnis zugleich umfaßt. In dieser weiten Bedeutung ist die

Erfahrung bewahrt, daß weises Handeln zum Erfolg führt«.

Ein ähnliches Schwanken zwischen den Bedeutungen »Klugheit, Umsicht« und »Erfolg, Gelingen« zeigt offenbar das nach seiner Herkunft undurchsichtige (jetzt gewöhnlich nach H. Bauer, ZAW 48, 1930, 77, mit *jēš* »vorhanden sein« zusammengebracht, anders noch BL 496; vgl. Horst, BK XVI/1, 84: »das, ›was vorhanden ist‹, wäre einerseits das ›zur Verfügung Stehende‹ an Kraft, Fähigkeit und Klugheit, wie andererseits das ›Verfügbarwerden‹ im Gelingen und Erfolg«) und von den Versionen uneinheitlich wiedergegebene (vgl. die Liste bei Hölscher, HAT 17, 20) Subst. *tūšijjā*, das der Sprache der Weisheit angehört (12 ×, davon Mi 6,9 und Hi 30,22Q aus Textgründen ausscheidend): die Bed. »Klugheit, Umsicht« o.ä. scheint in Spr 3,21 (par. *meẓimmā* »Besonnenheit«); 18,1 (anders Gemser, HAT 16,24.74: »Kraft«) und Hi 11,6 (vgl. Horst, BK XVI/1,163. 168) vorzuliegen, die Bed. »Gelingen, Erfolg« an den übrigen Stellen (Jes 28,29 neben *ʿēṣā* »Rat«, →*jʿṣ* 4a; Spr 2,7; 8,14; Hi 5,12; 6,13; 12,16; 26,3; vgl. Sir 38,8; vgl. zum Ganzen u.a. K.J. Grimm, JAOS 22, 1901, 35–44; J.F. Genung, JBL 30, 1911, 114–122; Pedersen, Israel I–II, 517f.; G. Kuhn, Beiträge zur Erklärung des salomonischen Spruchbuches, 1931, 3f.; Zorell 894a; Fohrer, KAT XVI, 133; G. von Rad, Weisheit in Israel, 1970, 109 Anm. 8).

4. Wie schon aus der allgemeinen semasiologischen Übersicht hervorgeht, ist der atl. Gebrauch des Verbums *ṣlḥ* in der überwiegenden Mehrzahl seiner Belege stark theologisch geprägt. Allgemein und etwas unproblematisch darf es somit gelten, daß »Gelingen« – direkt oder indirekt – von Gott her kommt, insonderheit so, daß Gott »mit« jemandem ist (*ʾæt*: Gen 24,40; 39,2f. 23; →*ʿim*: 1Chr 22,11), was Ausdruck des Segens Gottes ist (vgl. H.D. Preuß, ZAW 80, 1968, 139–173; D. Vetter, Jahwes Mit-Sein – ein Ausdruck des Segens, 1971; C. Westermann, Der Segen in der Bibel und im Handeln der Kirche, 1968, 16ff.). Doch wird das »Gelingen« auch mit Gottes Heilstaten (Ps 118,25 »laß es doch gelingen« neben dem Gebetsruf »errette doch«; vgl. Jer 2,37; auch 1Kön 22,12.15 = 2Chr 18, 11.14) und Erbarmen (Spr 28,13 Sündenvergebung) verbunden. Gegenüber der Gewißheit, daß Gottes Geist (s.o. 3a) und Wort (Jes 55,11) nach Gottes Willen sich erfolgreich auswirken und somit Ausdruck von Gottes souveränem Walten sind, wird aber das »Gelingen« der Frevler ein schweres Problem (vgl. Jer 12,1), wobei man zur Geduld mahnen (Ps 37,7) oder vor Ungehorsam gegenüber Gottes Gebot warnen kann (Num 14,41; insbesondere 2Chr 13, 12; 24,20, sowie 20,20 »so wird es euch glücken« par. »so werdet ihr bestehen« mit *ʾmn* ni., vgl. Jes 7,9), zumal zwischen Tat und Tatfolge eine enge Verbindung angenommen wird (s. etwa 2Chr 24,20; 26,5; s.o. 3c; vgl. K. Koch, ZThK 52, 1955, 2ff.; G. von Rad, Weisheit in Israel, 1970, 170ff.).

5. In der außerbibl. Qumranliteratur kommt *ṣlḥ* hi. nur zweimal vor (1Q 27, 1, 2,5; CD 13,21), und zwar im übertragenen Sinne. In der LXX wird das Verbum über 40 × durch εὐοδοῦν und Ableitungen übersetzt, vgl. W. Michaelis, Art. εὐοδόω, ThW V, 113–118. *M. Sæbø*

צֶלֶם *ṣǽlæm* Abbild

1. Mit hebr. *ṣǽlæm* verwandte Substantive finden sich vielleicht im Ug. (PRU II, Nr. 2, Z. 59) und Phön. (CIS I,34 = RES 1533; nach A. van den Branden, FS Rinaldi 1967, 69, auch in CIS I, 88 Z. 5), vor allem aber im Akk. (*ṣalmu* »Statue, Relief, Zeichnung, Sternbild, Kultfigur, Körperform«, übertragen »Abbild«, vgl. CAD Ṣ 78–85) und im Aram. (Grabstelen aus Nērab mit Reliefdarstellungen aus dem 7. Jh., KAI Nr. 225, Z. 3.6.12; Nr. 226, Z. 2 »dies ist sein Bild«; bibl.-aram. in Dan 2–3 »Standbild«, Dan 3,19 *ṣelem ʾanpōhī* »sein Gesichtsausdruck«, vgl. GenAp 20,2; ferner im Nab., Palm., Syr. usw., vgl. KBL 1116b; DISO 245; LS 630a); arab. *ṣanam* »Götzenbild« ist LW aus dem Aram. (Fraenkel 273); vgl. noch altsüdarab. *ṣlm* »Statue« (Conti Rossini 224b).

Die Ableitung von *ṣēl* »Schatten« (neuerdings wieder bei W.H. Schmidt, Die Schöpfungsgeschichte der Priesterschrift, ²1967, 133 Anm. 1; vgl. P. Bordreuil, RHPhR 46, 1966, 368–391) läßt sich nicht halten (s. dazu die grundsätzlichen Bedenken von F. Rosenthal, OrNS 8, 1939, 148–150, gegen die von A.S. Marmardji wieder behauptete und auch auf dieses Beispiel angewandte ursprüngliche Biliteralität der sem. Sprachen). In Wirklichkeit ist das Wort von einer sem. (hebr. aber nicht nachzuweisenden) Wurzel *ṣlm* abzuleiten (arab. *ṣlm* »abhauen, behauen, schneiden, schnitzen«, so Th. Nöldeke, ZDMG 40, 1886, 733f.; ZAW 17, 1897, 186f.). F. Delitzsch wollte *ṣǽlæm* allerdings mit akk. *ṣalāmu* / arab. *ẓalima* »schwarz werden, dunkel sein« zusammenstellen (Prolegomena eines neuen hebr.-aram. Wörterbuchs zum AT, 1886, 140 Anm. 4; dagegen z.B. J. Cantineau, Syria 14, 1933, 171 Anm. 2), während P. Humbert, Etudes sur le récit du paradis et de la chute dans la Genèse, 1940, 156, das wenigstens für die beiden Psalmstellen, an denen *ṣælæm* vorkommt (39,7; 73,20), annehmen wollte (s. auch KBL 804b und Suppl. 133b). Doch ist die Aufteilung auf zwei Wurzeln wenig wahrscheinlich und die durchgehende Ableitung von *ṣlm* »abhauen« einleuchtend, vor allem weil das akk. *ṣalmu* eindeutig »Statue« bedeutet.

2. *ṣǽlæm* begegnet im hebr. AT 17 × (Gen 5 ×, 1Sam und Ez je 3 ×, Ps 2 ×, je 1 × Num 33,52; 2Kön 11,18 = 2Chr 23, 17; Am 5,26). Dazu kommen 17 bibl.-aram. Belege in Dan 2,31f.34f.; 3,1–19. Die ältesten Stellen finden sich in der Ladeerzählung (1Sam 6,5.5.11); alle anderen dürften exilisch-nachexilisch sein.

3. Vom Akk. und der Wurzelbedeutung von *ṣlm* her kommt man für *ṣǽlæm* leicht zur Bed. »Statue, Bildsäule«. Nach 2Kön 11,18 = 2Chr 23,17 werden im Tempel Baals zu Jerusalem Altäre und *ṣ^elāmīm* zerstört, was doch wohl »Götterstatuen« meinen muß. In Ez 7,20 wird man *ṣalmē tō'^abōtām* (aus Silber und Gold verfertigt) als »ihre scheußlichen Götterbilder« verstehen müssen. Um »Götterbilder« muß es sich auch bei den *ṣalmē massēkōt* von Num 33,52 handeln, allerdings in diesem Fall nicht um Statuen, sondern um Gußbilder. Die Grundbedeutung der Verbalwurzel *ṣlm* ist also nicht mehr empfunden worden. An der doch wohl sekundären Stelle Am 5,26 ist der Text leider recht unsicher; möglicherweise sind Bilder der bab. Gottheiten Kewan (*Kajawānu*) und Sakkut gemeint. Es ist aber bemerkenswert, daß das Wort wohl gelegentlich für Götzenbilder verwendet werden kann, aber nicht zu einer eigentlichen Bezeichnung dafür geworden ist (vgl. →*t^erāfīm* und die unter →*'^elīl* 4 als letzte Gruppe von Synonymen für »Götze« angeführten Vokabeln). Bereits weiter entfernt von der anzunehmenden Grundbedeutung ist Ez 23,14, wo von *ṣalmē Kaśdīm* »Bildnissen der Chaldäer« gesprochen wird, Figuren, deren Umrisse auf einer Wand eingeritzt wurden, wobei man die Fläche mit Mennige-Rot ausgefüllt haben mag. Noch unsicherer in der genauen Erfassung ist man bei *ṣalmē zākār* »Mannsbilder« in Ez 16,17, die ebenfalls aus Silber und Gold hergestellt sind und mit denen Jerusalem »gebuhlt« hat. Manche Ausleger denken dabei nicht an Götterbilder oder Statuen (so z.B. Zimmerli, BK XIII, 357), sondern an phallische Symbole (so z.B. Fohrer, HAT 13, 89). In 1Sam 6,5.11 sind die *ṣ^elāmīm* »Abbilder« der Beulen und Mäuse, die das Philisterland verheeren, im Aussehen natürlich dem Abzubildenden ähnlich. Man schickt diese Beulen bzw. Mäuse mit der unheilbringenden Lade aus dem Land fort. Dabei ist noch deutlich das magische Bildverständnis zu fassen: indem man die Abbilder wegschafft, hofft man, sich der Sache selbst entledigen zu können. Wenn in V.3f. diese Beigaben zur Lade als Sühnegeschenke (*'āšām*) bezeichnet werden, so ist das zweifellos eine sekundäre theologische Interpretation. Möglicherweise sind die »Mäuse« Symbole für die »Beulen«, vielleicht sind aber zwei verschiedene Plagen zusammengesehen. *ṣǽlæm* ist also mehr als »Abbild« nach unserem Verständnis: in ihm ist das Abgebildete selbst präsent, im Verfügen über das Abbild kann man über das Abgebildete seine Macht ausüben. Es leidet keinen Zweifel, daß man in der Regel mit dem Nachwirken dieses magischen Weltverständnisses rechnen muß, wo von einem *ṣǽlæm* gesprochen wird.

Die beiden Psalmstellen (39,7; 73,20) stehen allerdings für sich. Beidemal dient *ṣǽlæm* dazu, die Nichtigkeit des Menschen zu umschreiben. »Nur wie ein *ṣǽlæm* geht der Mensch einher« (39,7, par. →*hǽbæl* »Hauch«; die Zürcher Bibel übersetzt mit »Schatten«, was den Sinn nicht schlecht trifft, obwohl oben [1] der Zusammenhang mit *ṣēl* abzulehnen war). In 73,20 ist der Text unsicher; unter Verwendung von *ṣǽlæm* scheint das Menschenleben mit einer flüchtigen Traumerscheinung verglichen zu sein. Es versteht sich ohne weiteres, daß ein Wort, das »Abbild« bedeutet, am Ende einer längeren Bedeutungsentwicklung zur Bezeichnung der Wesenlosigkeit einer Person verwendet werden kann. Doch ist *ṣǽlæm* damit vom ursprünglichen Verständnis dessen, was ein Bild ist, sehr weit entfernt, und es zeigt sich, daß dem Begriff eine beachtenswerte Flexibilität eigen ist.

Als Parallelbegriffe begegnen (außer dem erwähnten →*hæbæl* in Ps 39,7): *d^emūt* »Gleichheit, Abbild« (Gen 1,26; 5,3; →*dmh*) und *maśkīt* »Bild, Gebilde« (Num 33,52; zu *śkh* »spähen« Ps 35,12 cj). Sinnverwandte Vokabeln für »Gestalt« sind weiter *qæṣæb* (1Kön 6,25; 7,37; in Jon 2,7 »Grundlage«; mit ähnlicher Grundbedeutung wie *ṣlm*/*ṣælæm*: vgl. *qṣb* q. »abschneiden« 2Kön 6,6; »scheren« Hhld 4,2), *t^emūnā* (Ex 20,4 = Dtn 5,8; Num 12,8; Dtn 4,12.15. 16.23.25; Ps 17,15; Hi 4,16) und *tō'ar* (15 × ; Gen 29,17 u.ö. in ästhetischem Sinn).

4. Theologisch relevant sind neben den genannten Stellen, wo *ṣǽlæm* das Götzenbild meint, vor allem die Gen-Stellen (3 × in 1,26f., dazu 5,3 und 9,6), in denen die Priesterschrift das Wort hat (zur Forschungsgeschichte vgl. J.J.Stamm, Die Imago-Lehre von Karl Barth und die atl. Wissenschaft, in: Antwort, Festschrift zum 70. Geburtstag von Karl Barth, 1956, 84–98; ders., Die Gottebenbildlichkeit des Menschen im AT, ThSt 54,1959; H.Wildberger, Das Abbild Gottes, ThZ 21,1965, 245–259.481–501; O.Loretz, Die Gottebenbildlichkeit des Menschen, 1967; Westermann, BK I,203–214; in diesen Arbeiten ist auch die wichtigste Lit. zur ›Gottebenbildlichkeit‹ genannt). Gen 1,26f. bezeugt, daß Gott den Menschen nach seinem *ṣǽlæm* erschaffen habe. Die Stelle ist, wenn man vom Nachklang in Gen 5 und 9 absieht, im AT singulär, hat aber als Grundlage der Imago-Dei-Lehre der Kirche in der Auslegungsgeschichte größtes Interesse gefunden. Gerade darum, weil Gen 1,26f. so isoliert dasteht, hat die Stelle der theologischen Spekulation freien Raum gegeben.

In V.26 ist *b^{e}ṣalmēnū* durch *kidmūtēnū* bis zu einem gewissen Grad interpretiert. Die LXX übersetzt κατ' εἰκόνα καὶ καθ' ὁμοίωσιν (Vulgata: ad imaginem et similitudinem nostram); die beiden Präpositionen *b^e* und *k^e* dürften in der Tat denselben Sinn haben (man beachte, daß Gen 5,3 *bidmūtēnū k^{e}ṣalmēnū* mit Vertauschung der Vokabeln sagt). Man sollte aber nicht »*nach* unserem Bilde« übersetzen, sondern »als unser Bild« oder »zu unserem Bild« (*b^e* essentiae).

Auch die Bedeutung der beiden Vokabeln *ṣǽlæm* und *d^{e}mūt* liegt zweifellos nicht weit auseinander. Von der Wurzelbedeutung her heißt *d^{e}mūt* »Gleichheit« (→*dmh* 3b). Auf keinen Fall sind *ṣǽlæm* und *d^{e}mūt* zwei dem Inhalt nach wesentlich verschiedene Aussagen, die so voneinander zu trennen wären, wie die Kirche zwischen imago und similitudo unterschieden hat (s. dazu U.Luz, Das Gottesbild in Christus und im Menschen im NT, Concilium 5,1969, 763 bis 768). Man wird aber auch in *d^{e}mūt* kaum eine Abschwächung der als allzu kühn empfundenen Aussage, daß der Mensch Gottes Bild sei (die Übersetzung »Ebenbild« sollte man meiden), sehen dürfen.

In der Formulierung fallen zwei Dinge auf: in V.26 der Plural »lasset *uns* Menschen machen nach *unserem* Bilde« und in V.27 die Hinzufügung *b^{e}ṣǽlæm '^{e}lōhīm*. Letztere kann doch nur einen Sinn haben, wenn sie das vorangehende *b^{e}ṣalmō* sozusagen korrigieren will: Nicht direkt Abbild Gottes ist der Mensch, sondern Abbild von göttlichen Wesen. Diese Deutung ist gesichert durch Ps 8,6 »du hast ihn wenig niedriger gemacht denn '*^{a}lōhīm*«, was nicht »Gott«, sondern nur »göttliche Wesen« heißen kann. Gott hat den Menschen »'*^{a}lōhīm*-artig« geschaffen. Im Hintergrund steht die aus Babylonien und Kanaan wohlbekannte Vorstellung von der ›Götterversammlung‹: der Götterkönig ist umgeben von ihm untergeordneten Gottwesen (oder in abgeschwächter Fassung: Gott ist umgeben von dienstbaren Geistern), die seinen Willen erfüllen (vgl. Ps 103,19–21). Dann liegt es aber nahe, daß auch der Plural von V.26a weder ein plur. majestatis noch ein plur. deliberationis (so wieder Westermann, BK I,200) ist, sondern daß Gott sich in seinem Entschluß mit seinem himmlischen Hofstaat zusammenschließt.

Bei der Beantwortung der Frage, was denn mit der Gottabbildlichkeit des Menschen inhaltlich gemeint sei, darf der Zusammenhang, in dem *ṣǽlæm '^{a}lōhīm* steht, nicht außer acht gelassen werden. Der Mensch als Bild Gottes soll über die andern Kreaturen herrschen (*rdh*, V.26.28) bzw. sich die Erde untertan machen (*kbš*, V.28). Die Verben lassen erkennen, daß der Mensch als Herrscher, sozusagen als König über die Schöpfung, gesehen ist. Das wird wiederum bestätigt durch Ps 8, dessen anthropologische Aussagen offensichtlich im selben Traditionsstrom wie Gen 1,26f. stehen: »mit Ehre und Schmuck hast du ihn gekrönt; du machtest ihn zum Herrscher (→*mšl* 4a) über das Werk deiner Hände, alles hast du ihm unter die Füße gelegt« (V.6b.7). Der Blick auf den genannten Psalm zeigt zudem, daß die Aussagen von Gen 1 über die Beauftragung des Menschen zur Herrschaft über die übrige Schöpfung in einem ursprünglichen Zusammenhang mit seiner Erschaffung stehen (gegen Westermann, BK I,216); Gottabbildlichkeit und »Investitur« des Menschen gehören aufs engste zusammen. Das findet eine weitere Stütze darin, daß in der Umwelt Israels der *König* als Bild des Gottes bezeichnet wird. Zwar fehlt es nicht ganz an Texten, die von der Erschaffung des Menschen überhaupt nach dem Bild der Gottheit sprechen (für Babylonien vgl. V.Maag, Sumerische und bab. Mythen von der Erschaffung des Menschen, Asiatische Studien 8,1954, 85–116; ders., Atl. Anthropogonie in ihrem Verhältnis zur altorientalischen Mythologie, ebd. 9,1955, 15–44; Westermann, BK I, 212f.; für Ägypten vgl. E.Hornung bei Loretz, a.a.O. 123–156; E.Otto, Der Mensch als Geschöpf und Bild Gottes in Ägypten, FS von Rad 1971, 335–348). Weit häufiger aber wird davon gesprochen, daß der König bzw. Pharao »Bild« der Gottheit ist. Im akk. Bereich wird der König gepriesen als Bild der Gottheit Bel oder Schamasch (z. B. »der Vater des Königs, meines Herrn, war das Abbild Bels, und der König, mein Herr, ist ebenso das Abbild Bels«, CAD Ṣ 85b, vgl. Wildberger, a.a.O. 253ff.). Noch häufiger findet sich der Titel in Ägypten, besonders in der 18. Dynastie: der Pharao ist »Abbild des Re«, »heiliges Abbild des Re«, »mein lebendes Abbild auf Erden« usw. Dabei ist im Blick auf Gen 1,26f. zweierlei wichtig: 1) daß in solchen Zusammenhängen von der Herrschaft des Pharao mit ähnlichen Begriffen wie in Gen 1 von der Herrschaft des Menschen gesprochen wird, z.B. »der König, leiblicher (Sohn des Re) . . . der gute Gott, Abbild des Re, Sohn des Amun, der die Fremdländer niedertrampelte« (W. Helck, Urkunden der 18. Dynastie, Übersetzung zu den Heften 17–22, 1961, 176) oder »es liegt die Erde unter dir wegen deiner Tüchtigkeit« (a.a.O. 385); 2) daß auch vom *Erschaffen* des Königs gesprochen wird (vgl. dazu auch Ps 2,7), z. B. »prächtiges Ebenbild des Atum, den Harachte selbst geschaffen hat; göttlicher König, Herr der großen Doppelkrone; mit schönem Gesicht, wenn er erschienen ist mit der *ʾtf*-Krone; dessen Macht weit ist . . .« (a.a.O. 213). Es dürfte also feststehen, daß die Vorstellung von der Gottabbildlichkeit des Menschen ihrem Ursprung nach mit den Vorstellungen des Alten Orients vom König als dem Sohn, dem Repräsentanten, Statthalter, Mandatar Gottes auf Erden zusammenhängt (vgl. dazu W.H. Schmidt, Die Schöpfungsgeschichte der Priesterschrift, ²1967, 127–154).

Damit ist aber auch der Interpretation der Imago-Dei-Vorstellung der Weg gewiesen. Die Gottabbildlichkeit besteht nicht in besonderen geistigen Fähigkeiten oder einer besonderen Geistnatur, nicht in der äußeren Gestalt, speziell dem aufrechten Gang des Menschen (Humbert, a.a.O. 153–175; L. Köhler, ThZ 4,1948, 16–22). Man wird auch nicht sagen können, daß die Stelle den Menschen als ein »von Gott anzuredendes Du, aber auch als Gott verantwortliches Ich« umschreibe (K. Barth, Die kirchliche Dogmatik, III/1, 1945, 222), ebensowenig daß sie das Personsein des Menschen (z. B. F. Horst, Der Mensch als Ebenbild Gottes, in: Gottes Recht, 1961, 230) oder die Fähigkeit des Menschen, mit Gott zu verkehren, seine »Anlage zur Religion« (W. Riedel, Die Gottesebenbildlichkeit des Menschen, 1902, 42) im Auge habe.

Als Abbild von Gottwesen hat der Mensch teil an der diesen gegebenen Machtfülle. Wie im Bild die Macht des Gottes, sein Glanz und seine Pracht gegenwärtig ist (vgl. Ps 8,6) und von ihm her ausstrahlt, so ist dem Menschen göttliche Verfügungsgewalt, göttliche ›Herr-lichkeit‹ verliehen. »So wie auch irdische Herrscher in Provinzen . . . ein Bildnis ihrer selbst als Wahrzeichen ihres Herrschaftsanspruches aufrichten, so ist der Mensch in seiner Gottesbildlichkeit auf die Erde gestellt als ein Hoheitszeichen Gottes und dazu aufgerufen, Gottes Herrschaftsanspruch auf Erden zu wahren und durchzusetzen« (G. von Rad, Vom Menschenbild des AT, in: Der alte und der neue Mensch, Beiheft EvTh 8,1942, 5–23, Zitat S. 7). Oder, wie H. van den Bussche, L'homme créé à l'image de Dieu (Gen 1,26–27), Collationes Brugenses et Gandavenses 31, 1948, 195, es formuliert hat: »Dieu a créé l'homme comme son représentant, son vizir, et celui-ci ressemble d'une certaine façon à son maître . . . L'homme devient un fondé de pouvoir de Dieu, dont il administre les biens . . .«.

5. Die LXX übersetzt *ṣælæm* in der Regel mit εἰκών »Bild«. Zweimal hat sie εἴδωλον »Götzenbild« gewählt (Num 33,52; 2Chr 23,17, an der Parallelstelle 2Kön 11,18 dagegen εἰκών); 1Sam 6,5 hat sie mit ὁμοίωμα »Bild, Gestalt« übersetzt, und in Am 5,26 bietet sie τύπος »Form, Abbild«.

In den Qumrantexten findet sich *ṣælæm* bisher 3× (CD 7,15.17.17), und zwar als Aufnahme und Interpretation von Am 5,26. Hingegen ist die Idee der Gottabbildlichkeit im Spätjudentum im Blick auf die Weisheit aufgenommen worden, so besonders in Weish 7,25f.: Sie ist »ein Hauch der Kraft Gottes, ein lauterer Ausfluß der Herrlichkeit des Allmächtigen; . . . sie ist ein Abglanz des ewigen Lichtes, ein fleckenloser Spiegel des göttlichen Wirkens und ein Abbild seiner Güte«. Auch bei Philo ist die Sophia Gottes Abbild, doch wird daneben auch der Logos εἰκὼν τοῦ θεοῦ genannt. Aber auch in der Anthropologie Philos liegt die Vorstellung von der Abbildlichkeit vor, sei es daß der Mensch direkt Gottes Abbild ist, sei es daß er εἰκών des Logos ist.

Dieselbe Doppelheit ist auch im NT festzustellen. Einerseits wird der Christus als εἰκὼν τοῦ θεοῦ bezeichnet (2Kor 4,4;

Kol 1,15; vgl. auch Phil 2,6), andererseits kann auch der Mensch Gottes Abbild genannt werden (Jak 3,9, hier allerdings nicht εἰκών, sondern ὁμοίωσις). Nach 1Kor 11,7 ist der Mann Abbild und Abglanz (εἰκών und δόξα) Gottes, die Frau hingegen die δόξα des Mannes. Im Hintergrund der ntl. εἰκών – Aussagen stehen zweifellos nicht so sehr die atl. Stellen, als vielmehr die rabbinische Exegese von Gen 1,26f. (1Kor 11,7 und Jak 3,9) und die jüdisch-hellenistische Logos- und Weisheitsspekulation (2Kor 4,4; Kol 1,15; vgl. Luz, a.a.O. 763), wobei auch hier noch einmal die äg. Königsideologie sich geltend zu machen scheint (vgl. Wildberger, a.a.O. 496–501).

Zum NT und seiner Umwelt vgl. G. Kittel – G. von Rad – H. Kleinknecht, Art. εἰκών, ThW II,378–396; W. Mundle – O. Flender – J. Gess – L. Coenen, Art. Bild, ThBNT I,117–122; F.W. Eltester, Eikon im NT, 1958; J. Jervell, Imago Dei. Gen 1,26 im Spätjudentum, in der Gnosis und in den paulinischen Briefen, 1960; H. Hegermann, Die Vorstellung vom Schöpfermittler im hellenistischen Judentum und im Urchristentum, 1961; E. Larsson, Christus als Vorbild, 1962; P. Schwanz, Imago Dei, 1970 (mit Lit.). *H. Wildberger*

צמח *ṣmḥ* sprießen

1. Die Wurzel **ṣmḥ* »sprießen, wachsen« ist im NWSem. bezeugt (ug. im PN *Yṣmḥ*, vgl. Gröndahl 59.189: kausativ »er möge wachsen/sprießen lassen«; phön. und neupun. *ṣmḥ* »Abkömmling, Sproß«, KAI Nr. 43, Z.11; 162, Z.2; 163, Z.3; DISO 246; mittelhebr., jüd.-aram., chr.-pal., syr. *ṣmḥ* »sprießen«, syr. meist »glänzen, strahlen«, LS 631f.). Zu akk. *šamāḫu* »üppig wachsen, gedeihen« →*śmḥ* 1.

Das Verbum wird im AT im Qal, Pi. (vgl. Jenni, HP 50f.) und Hi. (kausativ) verwendet; dazu kommt das Subst. *ṣǽmaḥ* »Sproß, Gewächs«.

2. Statistik: *ṣmḥ* q. 15× (Jes 4×, Gen 3×), hi. 14× (Jes 4×, Ps 3×), pi. 4×, *ṣǽmaḥ* 12× (Ez 3×, Jes und Jer je 2×; inkl. Sach 3,8 und 6,12, bei Mand. unter den Namen gebucht). Von den insgesamt 45 Belegen finden sich 10 in Jes (5× das Verbum in Dtjes), je 6 in Gen und Ez, 5 in Ps, je 3 in Jer, Sach und Hi.

3. Die Wurzel *ṣmḥ* gehört zum Vokabular des pflanzlichen Lebens (vgl. A.E. Rüthy, Die Pflanze und ihre Teile im bibl.-hebr. Sprachgebrauch, 1942, 9.48f.; ebd. 75 zum sinnverwandten Subst. *'ēb* »Trieb« in Hi 8,12 und Hhld 6,11). Sie bezeichnet das Sprießen der Pflanze aus dem Erdboden (Gen 2,9 hi.; par. *jṣ'* hi. »hervorgehen lassen«: Jes 61,11 hi.), wie sie wächst (Dtn 29,22 hi. neben *'lh* »aufgehen, wachsen«), Blätter hervorbringt (Ez 17,9) und Früchte trägt (Ex 10,5). Der Ausdruck betrifft nicht speziell das Keimen des Samenkorns (*zǽra'* ist nie Subjekt zu *ṣmḥ*) oder das Blühen (dafür *prḥ*, das neben »sprießen« spezieller »blühen« bedeutet [im AT q. 29×, hi. 5×, *pǽraḥ* »Sproß, Blüte« 17×]; andere Vokabeln für »blühen«: *nṣṣ* hi. Hhld 6,11; 7,13; Pred 12,5; *ṣūṣ* q. Ez 7,10; hi. Num 17,23; Jes 27,6; Ps 72,16; 90,6; 92,8; 103,15; für »Blüte« o.ä.: *gib'ōl* Ex 9,31; *nēṣ* Gen 40,10; *niṣṣā* Jes 18,5; Hi 15,33; Plur. *niṣṣānīm* Hhld 2,12; *ṣīṣ* Num 17,23; 1Kön 6,18.29.32.35; Jes 28,1; 40,6.7.8; Ps 103,15; Hi 14,2; *ṣīṣā* Jes 28,4), sondern das ganze dynamische Phänomen der Entwicklung und Entfaltung der Pflanze (Hos 8,7 »Halme ohne Sproß bringen kein Mehl«). Der Israelit staunt über dieses Wachsen, das umso wunderbarer erscheint, als im palästinischen Klima der Vegetationsrhythmus beschleunigt ist (Jes 35,1f.; 40,6f.). So hat *ṣmḥ* den Nebenklang des Überflusses, der Lebensentfaltung (Ez 17,6; Pred 2,6), der Schönheit und des Erfolgs in einer glücklichen Existenz (Jes 44,4; Ez 16,7). Urheber dieses Wachstums ist der Erdboden (*'adāmā*, Gen 3,18; 19,25) mit seiner reichen Fruchtbarkeit (Hi 8,19); entscheidend wichtig sind aber das Wasser und vor allem der Regen, die den Boden befruchten und ihn Pflanzen hervorbringen lassen (Gen 2,5; Jes 55,10; Hi 38,27). Nach einem Regenguß kann man das Eintreten dieses Phänomens erwarten; es wird darum zum Bild für die Hoffnung (Jes 55,10; Ps 104,14). Während man in Ugarit die Vegetationskraft den Göttern Baal oder Dagan zuschreibt, führt man sie in der Theologie Israels auf das Werk Jahwes zurück: er läßt regnen und läßt den Pflanzenwuchs aus dem Boden hervorsprießen (Gen 2,5; Jes 44,4; Ps 65,11; 104,14; 147,8; Hi 8,19).

b) In analoger Übertragung kann *ṣmḥ* auch im Bereich der menschlichen Physiologie verwendet werden: er beschreibt das Wachsen des Bartes (*zāqān*) und der Haare (*śē'ār*; Lev 13,37 q.; sonst pi.: Ri 16,22; 2Sam 10,5; Ez 16,17; 1Chr 19,5) oder das Zuheilen einer Wunde durch neues Fleisch (*'arūkā*, Jes 58,8).

c) Beim Vergleich des ganzen Menschen mit einer Pflanze dient *ṣmḥ* zur Beschreibung der Lebensentfaltung (Ez 16,6f. par. *ḥjh* »am Leben bleiben«), des Glückes (Jes 44,4) oder auch militärischer Erfolge (2Sam 23,5), während das Fehlen des *ṣǽmaḥ* Bild für Untergang und Tod ist (Hos 8,7f.; Hi 8,18f.). Vgl. die übertragene Verwendung von *prḥ* in Jes 27,6; Ps 72,7 u.ö., von *ṣūṣ* hi. in Ps 92,8 u.ö.

4. a) Eine spezielle Verwendung begegnet im Rahmen der Königsideologie. Die »letzten Worte Davids« (2Sam 23,1–7), die wahrscheinlich eine vorisraelitische Jerusalemer Königstradition benützen, schildern mit *ṣmḥ* hi. den David gewährten politischen Erfolg (V.5). Ps 132,17 drückt damit die Erwartung einer Erneuerung der davidischen Dynastie aus. Sodann bedient sich Jeremia des Ausdruckes *ṣǽmaḥ ṣaddīq* »gerechter Sproß«, um damit den erwarteten König zu bezeichnen, der das gegenwärtig von den Davididen, namentlich von Zedekia so schlecht verwaltete Königsamt im Vollsinne wieder ausüben wird (Jer 23,5). Die Verwendung des Ausdruckes in einer phön. Inschrift aus Zypern (s.o. 1) zur Bezeichnung des legitimen Erben der Dynastie paßt dazu gut (vgl. KAI II,60f. und die in →*ṣdq* I/2 angeführte Lit.). Im Unterschied zu einfachem *zǽraʿ* »Same, Nachkommenschaft«, das die ununterbrochene Reihe der Abkömmlinge der Dynastie bezeichnet (2Sam 7,12), kündet der Prophet mit *ṣǽmaḥ ṣaddīq* einen legitimen Erben an, durch den die bedrohte und angefochtene Dynastie vollständig erneuert und in ihre Vorzugsstellung wieder eingesetzt werden soll. Sacharja nimmt das Jeremia-Wort wieder auf und bezieht es auf Serubbabel; dabei wird *ṣǽmaḥ* zu einem eigentlichen Titel (Sach 3,8), der das Heilswalten des Messias als des Trägers der Erneuerung der ganzen Gemeinde zum Ausdruck bringt (Sach 6,12). Schließlich bezieht Jer 33,15 diesen Titel auf die doppelte Linie der Könige und Priester, die für immer in Jerusalem herrschen sollen (par. *bēn* »Sohn« V.21 und *zǽraʿ* »Nachkommen« V.22; vgl. J.G. Baldwin, VT 14, 1964, 93–97).

b) Wegen des Abbruches der Kontinuität der Davidsdynastie verschwindet der Titel *ṣǽmaḥ* während der Exilszeit; er fehlt bei Ezechiel und Deuterojesaja. Dagegen findet das Verbum bei Dtjes. eine neue theologische Verwendung in der Bezeugung des Handelns Jahwes in der Geschichte seines Volkes: So gewiß wie der Pflanzenwuchs nach dem Regen aufsprießt, wird das Heil des Volkes unmittelbar auf das persönliche Eingreifen Jahwes folgen (Jes 45,8; vgl. 42,9; 43,19; 61,11). Das kommende Heil für das Volk wird ebenso wunderbar sein wie das Wachsen der Bäume am Ufer des Wassers (44,4). Die Schöpfermacht Jahwes wird sich von neuem erweisen (Jes 4,2). Das Vokabular des pflanzlichen Lebens ist hier vollständig übertragen auf den Bereich der Geschichte, wo es allerdings nicht eine kontinuierliche Entwicklung, sondern vielmehr das Wunderbare, die Harmonie und die Gewißheit des Heilshandelns Jahwes zum Ausdruck bringt.

5. Im Spätjudentum begegnet der Königstitel *ṣǽmaḥ* wieder im Rahmen der Messiashoffnung, so in der bab. Version des Achtzehngebets mit Zitat aus Jer 33,15 und Ez 29,21: »Den Sproß Davids deines Knechts laß eilends sprossen und sein Horn werde hoch durch deine Hilfe! Gepriesen seist du, Herr, der ein Horn des Heils sprossen läßt!« (vgl. G.Dalman, Die Worte Jesu, ²1930, 237f.).

In Qumran verwenden 4Q Patr 3f. und 4Q Fl 1,11 den Titel »Sproß Davids« zur Bezeichnung des legitimen Herrschers, der anstelle des Herodes die Davidsdynastie wiedererstehen läßt und ihr den ihr zukommenden Platz inmitten des Volkes wieder einräumt. Vgl. L.Moraldi, RSO 45, 1970, 209–216.

Das NT hat den Titel *ṣǽmaḥ* nicht übernommen, vielleicht aus Opposition gegen die Hoffnung auf eine politische Wiederherstellung des Königtums Davids. Dagegen verwenden die Reich-Gottes-Gleichnisse aus dem Bereich der Vegetation die Bildkraft des Wachsens der Pflanzen zur Veranschaulichung der wunderbaren Entfaltung (Mk 4,30–32) und des sicheren Kommens des Reiches (Mk 4,26–29). Die hauptsächliche Wiedergabe von *ṣmḥ* in der LXX, ἀνατέλλειν, ist im NT nur in Hebr 7,14 (vgl. noch Lk 1,78 ἀνατολή) möglicherweise mit »sprossen« zu übersetzen; vgl. dazu H.Schlier, Art. ἀνατέλλω, ThW I,354f.

S. Amsler

צנע *ṣnʿ* bedachtsam sein

1. Die Wurzel *ṣnʿ* begegnet im Mittelhebr. und im späteren Aram. als Verbum wie in abgeleiteten Nominalformen in der Bed. »heimlich, verborgen sein« (Verbum) und »einer, der zurückgezogen lebt«, der

»demütig, fromm« ist (Nomen); im Syr. (LS 633a) ist dabei stärker das Moment der Verschlagenheit, der List betont. Auf dieses Bedeutungsspektrum führt die übliche Übersetzung von Mi 6,8: »demütig wandeln« (Vulgata: sollicitum ambulari) zurück. In dieser Linie liegt auch die Wiedergabe durch: »in Reinheit wandeln« (J. H. Hertz, ET 46, 1934/35, 188). Dagegen liegt in dem ἕτοιμον εἶναι der LXX (Theodotion: ἀσφαλίζεσθαι; Quinta: φροντίζειν) stärker ein willentliches Element. Von daher nahm D. W. Thomas, JJSt 1, 1948/49, 182–188, als Grundbedeutung der Wurzel »kräftigen, bewahren« an und verwies dazu auf arab. *ṣnʿ* »machen, bereiten« (> nab., vgl. DISO 246), äth. *ṣanʿa* »fest sein«, altsüdarab. *mṣnʿt* »befestigtes Lager«. Allerdings sprechen eine Reihe von Gründen entscheidend gegen diese Ableitung (vgl. H. J. Stoebe, WuD NF 6, 1959, 183f.).

2. Im AT selbst begegnet der Stamm nur zweimal, Mi 6,8 als Inf.abs.hi. *haṣnēaʿ* und Spr 11,2 als Adj. der qātūl-Form im Plur. (*ṣenūʿīm*). Etwas häufiger ist das Vorkommen bei Sir (34,22 [LXX 31,22] und 42,8 nominal wie Spr 11,2; in 16,25 und 35,3 [LXX 32,3] Inf.hi. wie Mi 6,8). Dazu kommen 1QS 4,5; 5,4; 8,2 (*hṣnʿ lkt* wie Mi 6,8, indessen mit anderer Vergegenständlichung der Aussage). Diese außer-atl. Vorkommen müssen zum Verständnis herangezogen werden. Zu beachten ist die allgemeine Affinität zu Ausdrücken für »Weisheit, Klugheit« (*ḥokmā* Spr 11,2; *śkl* Sir 35,3; *dʿj* Sir 16,25; *ʿormā* 1QS 4,5f.).

3. Spr 11,2 kann *ṣānūaʿ* trotz des übereinstimmenden Zeugnisses von LXX ([στόμα] ταπεινῶν) und Vulgata (humilitas) kaum »demütig« bedeuten (vgl. Theodotion: ἐπιεικῶν; Symmachus: ἐπιμελέσιν); es muß vielmehr nach dem analog gebauten Spr 13,10 (*jʿṣ* ni. »sich belehren lassen«) als Ausdruck für ein einsichtsvolles Verhalten verstanden werden, zu dem *zādōn* »Vermessenheit« in Widerspruch steht. Das wird durch Sir 42,8 bestätigt (»ein Mann, den alle Lebenden für klug halten«; gemeint ist Einsicht in die Verhältnisse, in denen man sich böser Nachrede aussetzen darf) und durch Sir 34,22 nicht widerlegt (»bei allem, was du tust, sei besonnen«; vgl. Stoebe, a.a.O. 188).

4. Mi 6,8 ist der Inf.abs. *haṣnēaʿ* als adverbielle Bestimmung des folgenden Inf. *lǽkæt* (→*hlk*) aufzufassen (anders J. P. Hyatt, AThR 34, 1952, 232–239). Die Wendung ist im Zusammenhang mit den in V.3–5 genannten Heilstaten Jahwes zu verstehen und bedeutet einen Wandel mit Gott, der einsichtsvoll die Zuwendungen Gottes erkennt und die Folgerungen, die sich daraus für das eigene Verhalten, auch gegenüber anderen Menschen ergeben, bejaht. Darin besteht Verwandtschaft mit der Gotteserkenntnis bei Hosea (Stoebe, a.a.O. 191f.; vgl. auch Th. Lescow, Micha 6,6–8, 1966). Daß dafür das eher weisheitliche Verbum *ṣnʿ* hi. gewählt ist, mag auffallen; es könnte seinen Grund darin haben, daß hier innermenschliche Verhältnisse sehr nachdrücklich im Blickpunkt stehen.

Von den Sir-Stellen mit *ṣnʿ* hi. weist besonders einprägsam Sir 16,25 in diese Richtung (»einsichtig will ich meine Erkenntnis kundtun«); die Einsicht in die göttlichen Wunderwerke läßt seine Strafe verstehen und ermöglicht zuletzt eine Bekehrung.

5. In den drei Stellen aus den Qumrantexten (s.o. 2) steht das Verhalten der Mitglieder innerhalb der Gemeinde im Blickpunkt, doch geht es auch hier um Einsicht und Verständnis für die Forderungen der Gemeinschaft. Gerade von diesen Stellen ausgehend ist Hyatt, a.a.O. 236, ebenfalls zu dem Ergebnis gekommen, daß in *hṣnʿ* ein Ausdruck für »weise, klug« o.ä. vorliege.

Zur LXX-Wiedergabe von Mi 6,8 (s.o. 1) vgl. Lescow, a.a.O. 56.60f., und W. Grundmann, Art. ἕτοιμος, ThW II,702–704.

H. J. Stoebe

צעק *ṣʿq* schreien

1. *ṣʿq* »schreien« und die im AT gleichberechtigt vorkommende, wahrscheinlich einen Dialektunterschied verratende (BL 28) Nebenform *zʿq* haben ihre Entsprechung im Arab. (Wehr 342b.468a) und im Aram. (Subst. *ṣʿ[qh]* ergänzt in Sef. II A, Z.8f., vgl. Fitzmyer, Sef. 48.86; *ṣʿq* q. in Cowley Nr. 52, Z.6, neben *zʿq* q. in Nr. 71, Z.17, vgl. DISO 79.246; bibl.-aram. *zʿq* q. in Dan 6,21, vgl. KBL 1072b; syr. *zʿq*, LS 202).

Neben *ṣʿq*/*zʿq* q. »schreien« begegnen im AT beide Formen im ni. »zusammengerufen, aufgeboten werden« und im hi. »zusammenrufen, aufbieten« (*zʿq* hi. in Sach 6,8 und Hi 35,9 in der Bedeutung des Grundstammes), *ṣʿq* einmal auch im pi. »(sukzessive) Schreie ausstoßen« (2Kön 2,12; vgl. Jenni, HP 154f.). Als Substantive dienen *ṣeʿāqā* und *zeʿāqā*, während *záʿaq* in Jes 30,19 und 57,13 nicht als eigenes Subst. (so Mand. 360b; KBL 263b), sondern als Inf.q. zu betrachten ist (Bergstr. II,116,; Zorell 214a; HAL 266a).

2. Das Verbum begegnet in seinen beiden lautlichen Abwandlungen 128 × (*ṣʿq* 55 ×, *zʿq* 73 ×), und zwar q. 107 × (47 + 60 ×), ni. 12 × (6 + 6 ×), hi. 8 × (1 + 7 ×), pi. 1 × (*ṣʿq*), dazu 1 × bibl.-aram. *zʿq* q.; das Nomen steht 39 × (*ṣeʿāqā* 21 ×, *zeʿāqā* 18 ×). Die Wurzel kommt in fast allen Büchern des AT vor (insgesamt 167 × hebr. und 1 × aram., davon *ṣʿq* 76 ×, *zʿq* 91 + 1 ×); Häufungen finden sich in Jer (21 ×), Ri (19 ×), Ex (16 ×), Jes (15 ×), 1Sam (14 ×), Ps (11 ×). Im Pentateuch kommt neben 27 Formen mit *ṣʿq* nur je einmal *zʿq* q. (Ex 2,23) und *zeʿāqā* (Gen 18,20) vor; sonst sind kaum Bevorzugungen der einen oder der andern Form zu konstatieren. Im Folgenden steht *ṣʿq* für beide lautlichen Formen.

3. *ṣʿq*/*ṣeʿāqā* bezeichnet immer eine laute, emotionsgeladene Äußerung (»Schreien, Geschrei«), vgl. etwa das Brüllen des Herrschers Pred 9,17 und die Erläuterung (*be*)*qōl gādōl* »mit lauter Stimme« 1Sam 28, 12; 2Sam 19,5; Ez 11,13; Neh 9,4. Sie kann sowohl artikuliert (mit *lēmōr* Ex 5,8. 15; mit *wajjōmær* 2Kön 6,5; Zitat ohne Einführung Jer 48,3f.; Hi 19,7 u.ö.) als auch unartikuliert sein (Schreien in Wehen Jes 26,17).

Die spezifische Bedeutung von *ṣʿq* ergibt sich erst, wenn man es von den anderen Begriffen lautlicher Äußerungen abgrenzt. Von →*qrʾ* »rufen« unterscheidet sich *ṣʿq* dadurch, daß seine Heftigkeit primär nicht darin begründet ist, sich über einen Abstand hinweg hörbar zu machen; vielmehr ist sie überwiegend durch eine akute Notsituation bedingt (vgl. den erschreckten Aufschrei der Elisajünger: »Der Tod ist im Topf!« 2Kön 4,40). Von den Verben schmerzlicher Reaktion (*ʾnḥ* »seufzen«, →*bkh* »weinen«, *jll* hi. »heulen« u.ä., s.u.) unterscheidet sich *ṣʿq* dadurch, daß es meist nicht bloße Reaktion auf das erfahrene Leid bleibt, sondern einen anderen zu erreichen sucht, der möglicherweise eine Wende der Not herbeiführen könnte (das Verbum ist in zwei Drittel der Vorkommen explizit [meist mit *ʾæl*, seltener mit *le* oder Akkusativobjekt] oder implizit an eine Person gerichtet). So meint die Wurzel *ṣʿq* den Vorgang des menschlichen Notschreis, der zugleich Schmerzensschrei und Hilferuf (*ṣʿq* par. *šwʿ* pi. »um Hilfe rufen« Hab 1,2; Hi 19,7; Klgl 3,8) ist (vgl. auch W. Richter, Die Bearbeitungen des »Retterbuches« in der deuteronomischen Epoche, 1964, 18–20). Bald überwiegt der eine, bald der andere Aspekt. Beide Aspekte haben ihren Grund in dem urtümlichen Bewußtsein kreatürlicher Zusammengehörigkeit der Menschen, welches bewirkt, daß jeder, der den Schmerzensschrei eines anderen Menschen hört, diesem ganz selbstverständlich zu Hilfe eilt.

Für die Bezeichnung des Schreiens, Stöhnens, Klagens usw. stehen im Hebr. mehr als zwanzig verschiedene Wurzeln zur Verfügung, von denen allerdings manche nur selten vorkommen. Die Mannigfaltigkeit beruht zum Teil auf Variationen onomatopoetischer Art (vgl. etwa die Verwendung des n-Lautes in *rnn*, *ʾnn*, *ʾnh*, *ʾnḥ*, *ʾnq*, *nʾq*, *nhq*, *nhg*, *nhm*, *nhh*) und auf Metaphern aus dem Gebiet der Tierlaute (vgl. *nhm*, *nhq*, *šʾg*). Bedeutungsmäßig am nächsten bei *ṣʿq* stehen die beiden gemeinsemitischen Verben *ṣwḥ* q. »laut schreien« (Jes 42,11; *ṣewāḥā* »Geschrei« Jes 24,11; Jer 14,2; 46,12; Ps 144,14) und *ṣrḥ* q. »schreien« (Zeph 1,14; hi. »den Kriegsruf erheben« Jes 42,13 par. *rūaʿ* hi.; in Jer 4,31 und Ez 21,27 wird das Subst. **ṣáraḥ* »Kriegsgeschrei« konjiziert), dazu das vielseitigere *rūaʿ* hi. »schreien, das Feldgeschrei erheben, jauchzen« (40 × ; pil. Jes 16,10; hitpal. Ps 60,10; 65,14; 108,10; *rēaʿ* »Geschrei« Ex 32,17; Mi 4,9; Hi 36,33; *terūʿā* »(Kriegs-/Fest-/Trompeten-) Lärm« 36 ×, vgl. P. Humbert, La Terouʿâ, 1946) und das speziellere *šwʿ* pi. »um Hilfe rufen« (21 ×, davon 9 × in Ps und 8 × in Hi; *šáwaʿ* »Hilferuf« Ps 5,3; *šawʿā* »Hilferuf« 11 ×). Ursprünglich auf Tiere bezogen sind: *šʾg* »brüllen« (des Löwen, →*ʾarī*; 20 ×, öfters bildlich von Jahwe oder seinem Donner, von Feinden, in Ps 38,9 auch von der Klage des Beters; *šeʾāgā* »Brüllen« 7 ×, meist vom Löwen; Ps 22,2 und 32,3 von der Klage des Beters; Hi 3,24 im Plur. von den Klagen Hiobs), *nhq* »schreien, iahen« (Hi 6,5 Wildesel; 30,7 Gesindel), *nhm* »knurren« (Jes 5,29. 30 und Spr 28,15 vom Löwen, ebenso *náham* »Knurren« Spr 19,12; 20,2; in Ez 24,23 und Spr 5,11 »seufzen, klagen«, von Menschen ausgesagt) und vielleicht auch *ʿīṭ* »(schreiend) herfallen über« (vgl. arab. *ʿjṭ* II »laut schreien«; 1Sam 14,32; 15,19; 25,14; *ʿájiṭ* »Raubvogel« 8 ×). Von den Bezeichnungen des Wehklagens seien zunächst einige allgemeinere Verben der Lautäußerung (→*qōl*) genannt, danach die spezielleren Verben des Stöhnens, Seufzens usw.: *hgh* q. »gurren (Taube), knurren (Löwe), murmeln, sinnen« usw. (23 × ; dazu Jes 59,13 txt em; hi. Jes 8,19; Subst. *hægæ* 3 ×, *higgājōn* 4 ×, *hāgūt* »Sinnen« Ps 49,4; an einigen Stellen ist *hgh* mit »wimmern« [Jes 16,7; Jer 48,31], *hægæ* mit »Seufzen« [Ez 2,10] zu übersetzen; vgl. noch *hāgīg* »Seufzen« Ps 5,2; 39,4), *hmh* q. »lärmen« o.ä. (34 × ; in Ps 55,18 und 77,4 »stöhnen«), ferner *ʾnḥ* ni. »stöhnen« (12 × ; *ʾanāḥā* »Seufzen, Stöhnen« 11 ×), *ʾnq* q./ni. »stöhnen« (Jer 51,52; Ez 26,15 bzw. Ez 9,4; 24,17; *ʾanāqā* »Stöhnen« Mal 2,13; Ps 12,6; 79,11; 102,21), *nʾq* q. »stöhnen« (Ez 30,24; Hi 24,12; *neʾāqā* »Stöhnen« Ex 2,24; 6,5; Ri 2,18; Ez 30,24), *nhg* pi. »stöhnen« (Nah 2,8), *pʿh* q. »stöhnen« (Jes 42,14); *jll* hi. »heulen, wehklagen« (30 ×, nur bei Propheten; par. *ṣʿq*/*zʿq* Jes 14,31; 65,14 u.ö.; *jelēl* »Geheul« Dtn 32,10;

j^{e}lālā »Geheul« Jes 15,8.8; Jer 25,36; Zeph 1,10; Sach 11,3), *jbb* pi. »klagen« (Ri 5,28), *'nh* q. »klagen, trauern« (Jes 3,26; 19,8; *'ōnī* »Trauer« Dtn 26,14; Hos 9,4; *ta'^{a}nijjā* und *'^{a}nijjā* »Klage« nebeneinander in Jes 29,2; Klgl 2,5), *'nn* hitpo. »sich beklagen« (Num 11,1; Klgl 3,39), *'lh* q. »wehklagen« (Jo 1,8; aram. LW, vgl. Wagner Nr. 15), *nhh* q. »wehklagen« (Ez 32,18; Mi 2,4; *n^{e}hī* »Wehklage« Jer 9,9.17.18.19; 31,15; Am 5,16; Mi 2,4; > *nī* Ez 27,32 txt?; vgl. noch *hī* Ez 2,10, Zimmerli, BK XIII,10f.).*

a) An einen Menschen kann der Notschrei in sehr unterschiedlichen Situationen gerichtet sein. So schreit ganz Ägypten in der Hungersnot zum Pharao (Gen 41,55) und ein Prophetenschüler zu Elisa, als er seine geborgte Axt verliert (2Kön 6,5; vgl. Gen 27,34; Num 11,2; 2Kön 4,1.40).

b) Eine Spezialisierung des Sprachgebrauchs läßt sich da erkennen, wo ein Mensch durch die Unrechtstat eines anderen in Not gerät. Hier ist der Notschrei nicht nur ein Schrei um Hilfe, sondern hat auch rechtliche Konsequenzen. So ist der Ausruf »→*ḥāmās* (*wāšōd*)« des von einer Gewalttat Bedrohten zugleich ein Appell an die Rechtsgemeinde zum Eingreifen (Jer 20,8; Hi 19,7; vgl. Hab 1,2; Gen 16,5 und von Rad, ATD 2/3, 86.162.179), und der Schrei der Frau im Falle der Notzucht wird Beweismittel bei der Rechtsfindung (Dtn 22,24.27; I. L. Seeligmann, FS Baumgartner 1967, 259). Innerhalb dieses Sprachbereiches bezeichnet die Wurzel *ṣʿq* speziell den Schrei nach Rechtshilfe (oft an den König gerichtet: 2Sam 19,29; 1Kön 20,39; 2Kön 6,26; 8,3.5; vgl. Est 4,1; an andere: Jes 5,7; Hi 34,28; Spr 21, 13; Neh 5,1.6; ohne *ṣʿq* 2Sam 14,4; an Gott: s.u. 4). Dieser kann sich ein Stück weit aus der akuten Notlage entfernen, um zu einem besonders von Personen minderen Rechts bewußt eingesetzten Klagemittel zu werden (vgl. 2Kön 8, 1ff.), doch bleibt die Verbindung zum »echten« Notschrei erhalten (vgl. 2Kön 4,1ff.).

Man hat im Anschluß an G. von Rad diesen Sprachgebrauch weithin eng mit dem germanischen Zetergeschrei in Beziehung gesetzt und daraus gefolgert, »daß die hebräische Wurzel *ṣʿq* bzw. *zʿq* im Alten Testament der terminus technicus für das Zetergeschrei ist« (H. J. Boecker, Redeformen des Rechtslebens im AT, ^{2}1970, 62; vgl. Seeligmann, a.a.O. 257ff.; J. Jeremias, Kultprophetie und Gerichtsverkündigung in der späten Königszeit, 1970, 72; G.C. Macholz, ZAW 84, 1972, 174). Doch scheint mir gegenüber dieser communis opinio Vorsicht geboten: Weder war das germanische Zetergeschrei eine einheitliche (die ursprüngliche Bedeutung von zeter/jodute ist umstritten, wahrscheinlich ist ein militärischer Alarmruf gemeint) und weit verbreitete Rechtsinstitution (vgl. L. L. Hammerich, Clamor, 1941, 186ff., gegen W. Schulze, Kleine Schriften, 1934, 160–189), noch ist der Schrei um Rechtshilfe in Israel je zu einer festen Institution (so Boecker, a.a.O. 62. 64) geworden wie das »gerûchte« im mittelalterlichen sächsisch-thüringischen Recht. So ist im AT bezeichnenderweise die Rechtshilfe auf den Notschrei nicht gesetzlich festgelegt (vgl. dagegen Sachsenspiegel I 53 § 1), und der Notschrei ist im AT nie zu einer förmlichen Verlautbarung geworden, die eventuelle Selbsthilfemaßnahmen als Notwehr deklariert (so im Magdeburg-Breslauer Recht von 1261, § 40; Texte bei Hammerich, a.a.O. 194ff.). Man kann darum nur mit Vorbehalt *ṣ^{e}ʿāqā* mit »Zetergeschrei« wiedergeben. Sicher falsch ist es, in diesem Sprachgebrauch die »ursprüngliche« Bedeutung von *ṣʿq* zu sehen, von dem alle anderen Verwendungsweisen abgeleitet werden könnten (so Boecker, a.a.O. 65f.). Die Wurzel *ṣʿq* ist nicht »der terminus technicus für das Zetergeschrei«, ihre Verwendung ist viel breiter. Sie hat zwar in einem spezialisierten Gebrauch eine Bedeutung bekommen, die dem »Zetergeschrei« entfernt vergleichbar ist, aber sie ist nie ein Fachausdruck einer fest umreißbaren Rechtsinstitution geworden.

c) Eine andere Sonderbedeutung hat *ṣʿq* im militärischen Bereich bekommen: es bezeichnet hier das »Aufbieten des Heerbannes« (*zʿq* q. Ri 12,2 und bis auf *zʿq* hi. in Sach 6,8 und Hi 35,9 alle Belege von *zʿq*/*ṣʿq* ni./hi., z.B. Ri 6,34f.; 7,23f. bzw. Ri 4,10.13). Auch dahinter steht eine Not (vgl. Ri 12,1ff.), nämlich die Bedrohung durch übermächtige Feinde, aber sie betrifft eine größere Gruppe und ist damit weniger direkt. Aus dem Notschrei wird der Alarm (ad arma!) des Heerführers und aus der Hilfe die Heerfolge der Stämme. *ṣʿq* wird somit zur politischen Aktion, die personale Struktur von Not und Rettung wird von der militärischen von Befehl und Ausführung überdeckt.

R. Smend will auch diese Bedeutungsvariante dem »Zetergeschrei« einverleiben (Jahwekrieg und Stämmebund, ^{2}1966, 15); das geht selbst Boecker zu weit (a.a.O. 65 Anm. 2). Handelt es sich dort um einen individuell-rechtlichen, so hier um einen politisch-militärischen Vorgang.

d) In etwa einem Drittel aller Belege liegt das Gewicht ganz auf der schmerzvollen Reaktion, während der Aspekt des Hilferufs stark zurücktritt. So kann *ṣ'q* einmal die Totenklage bezeichnen (2Sam 19,5; vgl. Ez 27,30) und häufig die Reaktion auf eine das Land verwüstende Plage (Ex 11,6; 1Sam 5,10) oder eine drohende (Jes 14,31; Jer 25,34; Ez 21,17) oder eingetretene (1Sam 4,13f.; Jes 15,4f.8; Jer 48,3–5.20. 34) totale militärische Niederlage. Da erhebt sich die *ṣa'aqat-šæbær*, das »Geschrei über den Zusammenbruch«. In dieser Gruppe hat die Wurzel *ṣ'q* (das Nomen häufiger als das Verbum) eine ähnliche Bedeutung wie die anderen Äußerungen des Schmerzes (*bkh* Jes 33,7; Jer 48,31f.; *jll* hi. Jes 14,31; Jer 47,2; 48,20.31; 49,3; Ez 21,17).

4. In fast der Hälfte aller Vorkommen ist die Wurzel *ṣ'q* (Verbum 64×; Nomen 10×) explizit oder implizit an Gott gerichtet. Sie bezeichnet hier das Klagen zu Gott in allen seinen verschiedenen Ausprägungen: die Klage des Volkes (Ex 2,23f.; 3,7.9; Ri 10,10; Jo 1,14; Neh 9,4), die Klage des Einzelnen (Jon 1,5; Ps 9,13; 77,2; 88,2; 142,2.6) und die Klage des Mittlers (Ex 8,8; 15,25; 1Sam 7,9; Ez 9,8; Hab 1,2). Wenn nun gerade *ṣ'q* zu einer der wichtigsten Bezeichnungen des Klagevorgangs werden konnte, dann hat das für das Verständnis des Gebets im AT wichtige Konsequnzen: *ṣ'q* ist von allen Ausdrücken für »beten« (vgl. →*pll* hitp. 2Chr 32,20; *ḥnn* hitp. Ps 142,2; *šw'* pi. Hab 1,2; Klgl 3,8 und →*'tr*) am stärksten emotional gefärbt, es gehört von Hause aus nicht zur religiösen Sprache (anders z.B. →*'tr*). Seine breite Verwendung zeigt, daß man im AT zwischen dem alltäglichen Notschrei und dem an Gott gerichteten Gebet keinen wesentlichen Unterschied sah: Klage ist im AT nicht die liturgisch gehäufte Bitte um dies oder das, sondern primär Hilfeschrei aus einer akuten Notsituation. Das zeigt am deutlichsten die Klage, mit der die Geschichte Israels anhebt (Ex 2,23f. P; 3,7 J; 3,9 E), sie ist mit dem Schmerzensschrei der von den ägyptischen Antreibern geknechteten Israeliten völlig identisch. Später kommt es zwar im Zuge der Institutionalisierung der Klage als einer besonderen gottesdienstlichen Begehung zu einer Differenzierung zwischen beidem, die dem *ṣ'q* einen Teil seiner Unmittelbarkeit nimmt (*ṣ'q* bezeichnet auch dann noch die Klage, als diese sich zum Sündenbekenntnis [Ri 10,10] und Bußgebet [Neh 9,4] gewandelt hatte!), doch den Bezug zur akuten Notsituation hat es trotz aller erkennbaren Spezialisierung (vgl. etwa die rituelle Umrahmung der Volksklage Jo 1, 13f.) nie verloren.

Noch etwas anderes macht *ṣ'q* für den Klagevorgang im AT deutlich: Daß Gott die Klage erhört (*šm'* Ex 3,7; Num 20,16; Ps 34,18; *'nh* 1Sam 7,9; Jes 30,19; *'zn* hi. Ps 77,2; *'tr* ni. 1Chr 5,20) und rettend eingreift (*jš'* hi. Ri 10,12.14; 1Sam 7,8; 2Chr 20,9; *nṣl* hi. Ps 34,18; *ḥnn* Jes 30,19; *mlṭ* ni. Ps 22,6; *'zr* 2Chr 18,31) gründet weder in einer zufälligen »Laune«, noch in einer Rechtsverpflichtung Gottes (so Boecker, wo er versucht, die Klage vom »Zetergeschrei« abzuleiten, a.a.O. 65f.), sondern darin, daß er sich genauso wie ein Mensch von dem Notschrei eines gequälten Menschen rühren läßt. Dieses Faktum ist eine der wichtigsten Erfahrungen, die Israel gemacht hat: sie hebt an mit der Erhörung des *ṣ'q* der geknechteten Israeliten in Ägypten (Ex 3,7ff.), beherrscht die Bekenntnisse, die dieser Rettung gedenken (Num 20,16; Dtn 26,7; Jos 24,7; vgl. Neh 9,9), und setzt sich fort in den Vertrauensäußerungen und Lobliedern Einzelner (Ps 9, 13; 22,6; 34,18) und der Gemeinde (Ps 107,6.13.19.28). Für die Deuteronomisten ist der Zusammenhang von Klage und Erhörung das einzige Kontinuum in der vom Abfall Israels bedrohten Geschichte (Ri 3,9.15; 4,3; 6,6.7; 10,10; 1Sam 12,8; vgl. Neh 9,27f.). Aber das ist nur die eine Seite. Israel hat auch erfahren müssen, daß Jahwe die Klage nicht erhört: Das zeigen eindrücklich einige Schilderungen des Klagens (Klgl 3,8; Hi 19,7; vgl. Ps 77,2. 8ff.; 88,2; 142,2.6 und Hi 35,12), und die Nicht-Erhörung der Klage gehört zur Gerichtsankündigung, die die Propheten dem ungehorsamen Volk anzusagen hatten (1Sam 8,18; Jer 11,11f.; Mi 3,4; vgl. mit anderen Verben Jer 7,16; 14,12). Zum Abfall Israels gehört hinzu, daß es sich nicht mehr »von Herzen« in seiner Not an Jahwe wendet (Hos 7,14; 8,2), sondern an andere Götter, die nicht helfen können (Ri 10,14; Jes 57,13; vgl. 46,7). In der Spätzeit gehört die Erhörung der Klage zu den Schilderungen der Heilszeit (Jes 30, 19), doch ist dieses Geschehen nicht mehr auf Israel beschränkt, sondern wird auch auf fremde Völker ausgeweitet (Jes 19,20). So durchzieht das Geschehen von *ṣ'q* und *šm'* die Geschichte Jahwes mit seinem Volk wie ein roter Faden.

Neben der Klage aus allen nur denkbaren Lebensnöten kann auch der Schrei aus einer Rechtsnot von Gott erhört werden. Altertümlich wirkt die Vorstellung, daß sich Jahwe des Schreis des Blutes eines heimlich Ermordeten annimmt (Gen 4,10; Hab 2,11; Hi 16,18). Daneben gewährt Jahwe den Armen, Witwen und Waisen, die eine schwache Position in der Rechtsgemeinde haben, seine Rechtshilfe (Ex 22, 22.26; Hi 34,28).

5. Die LXX übersetzt die Wurzel *ṣ'q* hauptsächlich mit βοᾶν und κράζειν einschließlich der Komposita und Nomina. βοή entspricht *ṣe'āqā* genau, es kann Lärm, Klagegeschrei, Hilferuf und Alarm bedeuten; die Reaktion auf den Notschrei bezeichnet βοηθεῖν »auf einen Hilfeschrei hinzulaufen«. Die Verwendung von βοᾶν in Lk 18,1–8 (Gleichnis vom ungerechten Richter) und Mk 15,34 (Klageschrei Jesu am Kreuz) zeigt, daß auch das NT das Gebet ähnlich wild und unmittelbar wie das AT verstehen konnte. *R. Albertz*

צָפוֹן *ṣāfōn* Norden

1. Die Etymologie des Wortes *ṣāfōn* »Norden« ist unsicher; vor allem zwei Möglichkeiten werden diskutiert. Bei einer Ableitung von *ṣpn* »verbergen, aufbewahren« (→*str* 3e) ist am ehesten eine passive Bedeutung anzunehmen: »(vor der Sonne?) verborgener Ort«. Wahrscheinlicher ist die Verbindung mit *ṣph* »spähen, Ausschau/Wache halten«, so daß das Substantiv »Ausschau« (BL 499) oder konkret »Ausschaupunkt« (O. Eißfeldt, Baal Zaphon, Zeus Kasios und der Durchzug der Israeliten durchs Meer, 1932, 17f.) meint.

Den in den Texten von Ras Schamra/Ugarit belegten Berg *ṣpn* identifizierte Eißfeldt 1932 mit dem antiken Mons Casius, dem heutigen *dschebel el-'aqra'* an der nordsyrischen Mittelmeerküste, und diese (nur auf indirekten Zeugnissen beruhende) Gleichsetzung hat sich weitgehend durchgesetzt (a.a.O. 5ff.; vgl. KS II, 265.503; de Langhe, Albright u.a. [s.u]; Kritik bei A. Lauha, Zaphon, 1943, 14.80.84f.).

ṣāfōn wäre demnach – ähnlich wie *jām* »Westen« oder *nǽgæb* »Süden« – von einem geographischen Eigennamen zur Bezeichnung der Himmelsrichtung geworden.

Da *ṣāfōn* im AT einige Male parallel zu »Himmel« steht (Jes 14,13) oder der Bed. »Himmel« nahekommt (vgl. Hi 26,7; Ez 1,4), haben J. de Savignac, VT 3, 1953, 95f., und E. Vogt, Bibl 34, 1953, 426, auch die Übersetzung »bewölkter Himmel« vorgeschlagen.

Für die lokale Deutung spricht der »Umstand, daß *ṣāfōn* kein allgemein-semitischer Name für die nördliche Himmelsrichtung ist, sondern außer im Hebr. nur im Phön. und im Aram. gebraucht wird, d.h. das Wort hat nur bei denjenigen Westsemiten Verbreitung gefunden, die die Angelegenheit mit kanaanäischen Augen betrachten« (Lauha, a.a.O. 13; vgl. DISO 246; F. L. Benz, Personal Names in the Phoenician and Punic Inscriptions, 1972, 401f.).

ṣāfōn ist nach Ausweis von Jes 43,6 (vgl. Hhld 4, 16 vom Nordwind; anders Ps 89,13) feminin (vgl. K. Albrecht, ZAW 16, 1896, 41).

Als adjektivische Ableitung begegnet *ṣefōnī* »nördlich« (Jo 2,20 substantiviert: »der Nördliche«, s.u. 3/4c).

2. Ohne die Ortsnamen *Ṣāfōn* (Jos 13, 27; Ri 12,1) und *Bá'al Ṣefōn* (Ex 14,2.9; Num 33,7) begegnet das Wort 152× im AT (Ez 46×, Jos und Jer je 25×, Dan 9×); dazu kommt einmal *ṣefōnī*.

3./4. Da die Verwendung des Wortes in einfachen geographischen Angaben (oft in Reihung mit den anderen Himmelsrichtungen, z.B. Gen 13,14; 28,14; Dtn 3, 27) oder zur Bezeichnung des Nordwindes (Hhld 4,16) keiner besonderen Erörterung bedarf, sind hier nur die mythologischen außerbiblischen Vorstellungen in Ugarit (a) sowie die atl. Vorstellungen vom Gottesberg im Norden (b) und dem Feind aus dem Norden (c) zu besprechen.

An Lit. ist u.a. zu vergleichen: H. Greßmann, Der Ursprung der israelitisch-jüdischen Eschatologie, 1905, 113ff.174ff.; ders., Der Messias, 1929, 164ff.; G. Westphal, Jahwes Wohnstätten nach den Anschauungen der alten Hebräer, 1908, 44ff.; H. H. D. Stocks, Der »Nördliche« und die Komposition des Buches Joel, Neue Kirchliche Zeitschrift 19, 1908, 725–750; F. Wilke, Das Skythenproblem im Jeremiabuch, FS Kittel 1913, 222–254; S. Mowinckel, Psalmenstudien II, 1922, 261ff.; O. Eißfeldt, Baal Zaphon, Zeus Kasios und der Durchzug der Israeliten durchs Meer, 1932; B. Alfrink, Der Versammlungsberg im äußersten Norden, Bibl 14, 1933, 41–67; A. Lauha, Zaphon. Der Norden und die Nordvölker im AT, 1943; R. de Langhe, Les textes de Ras Shamra-Ugarit et leurs rapports avec le milieu biblique de l'A.T., II, 1954, 217ff.; A. S. Kapelrud, Joel Studies, 1948, 93–108; H. J. Kraus, Gottesdienst in Israel, ²1962, 235f.; J. Maier, Vom Kultus zur Gnosis, 1964, 97ff.; J. Jeremias, Theophanie, 1965, 116f.; W. H. Schmidt, Königtum Gottes in Ugarit und Israel, ²1966, 32ff.; G. Wanke, Die Zionstheologie der Korachiten, 1966, 64ff.87ff.; H. M. Lutz, Jahwe, Jerusalem und die Völker, 1968, 125ff.; W. F. Albright, Yahwe and the Gods of Canaan, 1968, 109ff.; A. Ohler, Mythologische Elemente im AT, 1969, 33ff.154ff.; F. Stolz, Strukturen und Figuren im Kult von Jerusalem, 1970, 90ff.

a) In den ugaritischen Texten erscheint der Zaphon als Wohnstätte des Gottes Baal. Der Gott ist bereits durch seinen Namen eng mit dem Berg verbunden: *b'l ṣpn* »Herr des Zaphon« oder *b'l mrjm ṣpn* bzw. *b'l b(ṣrrt) ṣpn* »Herr der Höhen des Zaphon«. Ja, der Ortsname *ṣpn* kann als Eigenname des Gottes gebraucht werden. Baal herrscht in seinem Palast bzw. Tempel auf dem Zaphon als König, und dort wird er begraben (vgl. die Belege in UT Nr. 2185; WUS Nr. 2345; J.C. de Moor, UF 2, 1970, 190ff.; A.S.Kapelrud, Baal in the Ras Shamra Texts, 1952, 57; Schmidt, a.a.O. 32f.). Umstritten ist nur, ob der Name *il ṣpn* eine Beziehung des Gottes El zum Zaphon andeutet (zuletzt U.Oldenburg, The Conflict between El and Ba'al in Canaanite Religion, 1969, 104f.; Stolz, a.a.O. 145) oder nicht eher »Gott des Zaphon« zu übersetzen und auf Baal zu deuten ist. Zum Baal Zaphon vgl. noch H.Bauer, ZAW 51, 1933, 97f.; W.F.Albright, FS Bertholet 1950, 1–14; Eißfeldt, KS IV, 53–57; Haussig I, 256ff.; M.J.Mulder, Ba'al in het Oude Testament, 1962, 155ff.; M.H.Pope, JBL 85, 1966, 461f.; L.R. Fisher – F.B.Knutson, JNES 28, 1969, 158 Anm. 8; H.Gese u.a., Die Religionen Altsyriens . . ., 1970, 123ff.; W.Helck, Betrachtungen zur großen Göttin und den ihr verbundenen Gottheiten, 1971, 175f. u.a.; J.C. de Moor, The Seasonal Pattern in the Ugaritic Myth of Ba'lu, 1971, 53f. u.a.; P.J. van Zijl, Baal, 1972, 332ff. u.a.

Nach Ex 14,2.9; Num 33,7 lag in der Nähe des Sirbonischen Sees ein (verschieden lokalisierter – vgl. Mulder, a.a.O. 156 Anm. 183) Ort Baal Zaphon, wohl ein Heiligtum des auch in Ägypten verehrten Gottes. – In Jos 13,27; Ri 12,1 wird ein Ort Zaphon im Ostjordangebiet erwähnt (vgl. N.Glueck, BASOR 90, 1943, 19ff.; 92, 1943, 26f.; F.V.Filson, BASOR 91, 1943, 27f.).

b) Der Norden spielt im AT in verschiedenen, voneinander auffällig unabhängigen Traditionskomplexen eine Rolle. Zwischen den Vorstellungen vom Gottesberg und vom Feind aus dem Norden (c) ist bisher kein eindeutiger Überlieferungszusammenhang erkennbar; z.B. wird in Jer 4–6 der Gottesberg nicht erwähnt.

Für den religionsgeschichtlichen Vergleich kommt den Ugarittexten ein Vorrang zu (auch Wanke, a.a.O. 65f.), weil sie wie das AT den Terminus *ṣpn* enthalten. Dennoch werden wie vor der Entdeckung von Ras Schamra weiterhin öfter babylonische Parallelen vom Gottesberg herangezogen (z.B. Krinetzki, a.a.O. 86f.), und Lauha greift betont »auf die gemeinorientalische kosmologische Anschauung babylonischen Ursprungs« (a.a. O. 80; vgl. 36f.) zurück. Doch scheinen die Vorstellungen vom Gottesberg im Zweistromland durch charakteristisch andere Momente (kosmologisch das Korrespondenzverhältnis bzw. Ineinander von Himmel und Erde, astrologisch die Beziehung zum Nordpol bzw. Polarstern) geprägt zu sein (Alfrink mit Lit.). Hier wäre ein stärker differenzierender Vergleich nötig.

Im Spottlied auf den König von Babylon spielt ein Zitat auf den Mythos vom Aufstieg und Fall eines Gottwesens an: »Zum Himmel will ich aufsteigen, über die Sterne Els erheben meinen Thron, mich setzen auf den Versammlungsberg, auf den Gipfeln(?) des Zaphon« (Jes 14, 13). Das Wort ist nicht nur literarisch, sondern auch traditionsgeschichtlich spät; denn es vereinigt verschiedene, ursprünglich kaum zusammenhängende Motive (Schmidt, a.a.O. 34f.; R.Rendtorff, ZAW 78, 1966, 281). Selbst die Vorstellung vom Götterberg oder Berg Zaphon, der bis in den Himmel reicht (vgl. zuletzt M.Metzger, UF 2, 1970, 146f.), scheint in Ugarit nicht belegt zu sein. So kann man den Text kaum für die Rekonstruktion ältester religiöser Anschauungen (Baal habe El vom Zaphon verdrängt) ausnutzen (M.H. Pope, El in the Ugarit Texts, 1955, 102f.; dazu A.Caquot, Syria 35, 1958, 52ff.; Oldenburg, a.a.O. 104ff.; vgl. dagegen die Verbindung mit der griechischen Mythologie bei J.W.McKay, VT 20, 1970, 451ff.).

Im Zionslied Ps 48,2f. wird die Gottesstadt bzw. der Gottesberg unter anderem mit den Appositionen »Berg Zion, Gipfel des Zaphon, Stadt eines großen Königs« gepriesen. »Das läßt sich nur verstehen als eine Übertragung der Attribute des mythologischen Gottesberges auf den Zion« (Westphal, a.a.O. 46). Da in Ugarit der Zaphon als Thron des Gottkönigs gilt, darf man präzisieren: »Der Baal wird entthront, und Jahwe nimmt seinen Platz ein« (Eißfeldt, a.a.O. 20; vgl. W.H. Schmidt, a.a.O. 33f.; Lutz, a.a.O. 164f.).

Weitere Anspielungen auf die mythische Bedeutung von *ṣāfōn* im AT bleiben undeutlich.

In Ezechiels Vision »kommt das Sturmwetter von Norden her« (1,4). Auffälligerweise ist der Ausgangspunkt der Jahwetheophanie nicht der Sinai im Süden oder der Zion. »Der Prophet kennt den Gottesberg im Norden und läßt seinen Gott von dorther kommen, weil das Heiligtum auf dem Zion zerstört ist« (Greßmann, Messias 168). Doch meint *ṣāfōn* wohl nur abgeschwächt »Norden«; die Aussage bleibt mehrdeutig-blaß und will auch kaum eine genaue Angabe über Jahwes Herkunft machen (vgl. Zimmerli, BK XIII,51f.; Ohler, a.a.O. 33f.).

Ein ähnlicher Nachklang findet sich in der Theophanieschilderung Hi 37,22: »Von Norden kommt goldener Glanz«, nämlich Gottes Hoheit.

»Die Fürsten des Nordens« (Ez 32,30; vgl. Jer 1, 15; dazu Zimmerli, BK XIII,791) versteht Eißfeldt (11f.; vgl. G.Fohrer, HAT 13,181) als »die Fürsten (im Lande) des Berges Zaphon«. Auch Ps 89,13a finden Eißfeldt u.a. den Gottesberg wieder (vgl. die Erwähnung von Tabor und Hermon V. 13b); doch liegt wegen des Parallelismus *jāmīn* »Süden« die Übersetzung »Norden« näher. Das Gegensatzpaar »Norden – Süden« will die Ganzheit umfassen.

In der hymnischen Schöpfungsprädikation »der den Norden über die Öde ausspannt, die Erde über dem Nichts aufhängt« (Hi 26,7) regt das Verbum (vgl. Jes 40,22; 51,13 u.a.) dazu an, *ṣāfōn* im Gegensatz zur Erde als Himmel zu verstehen (Fohrer, KAT XVI,382.384); doch läßt sich die zugrundeliegende Vorstellung (wird ein Berg »ausgespannt«?) kaum exakt bestimmen.

Die kleine Geographie Gen 2,10–14 scheint (anders als Gen 2,8; 3,24) den paradiesischen Garten in den Norden zu verlegen, ohne allerdings den Begriff *ṣāfōn* zu verwenden.

Nach Lev 1,11 ist die Nordseite des Altars speziell für die Kleinviehschlachtung vorgesehen; doch hängt diese Sonderbestimmung kaum mit der Gottesbergvorstellung zusammen. Vgl. noch die Ex 40, 22; 2Kön 16,14; Ez 8,3.5.14 erwähnten kultischen Stätten.

Schließlich ist nach Jer 15,12 der Norden Fundstätte des Eisens.

c) In den sog. »Skythenliedern« (B. Duhm) Jer 4,5–6,26 erwartet Jeremia einen nicht namentlich bezeichneten »Feind aus dem Norden«, und ähnliche Vorstellungen begegnen auch bei anderen Propheten.

Charakteristische Merkmale sind: Der Feind kommt aus der Ferne (Jer 4,16; 5, 15; 6,22; vgl. Jes 5,26; 10,3; 13,5; 30,27; 39,3; Hab 1,8; Dtn 28,49), aus dem Norden (Jer 4,6; 6,1.22; vgl. 1,14f.; 10,22; 13,20; 25,9.26; 46,20.24; 47,2; 50,3.9. 41; 51,48; Jes 14,31; 41,25; Ez 26,7; 32, 30; 38,6.15; 39,2), mit unverständlicher Sprache (Jer 5,15; vgl. Jes 28,11; 33,19; Dtn 28,49), in Windeseile (Jer 4,13.20; 6, 26; vgl. Jes 5,26; Ez 38,9.16; Hab 1,8; Dtn 28,49), auf Pferden bzw. Wagen (Jer 4,13.29; 6,23; vgl. 8,16; 47,3; 51,27; Jes 5,28; Ez 38,4.15; Jo 2,4; Hab 1,8), ist schonungslos (Jer 6,23; vgl. Jo 2,3; Dtn 28,50), belagert bzw. zerstört Städte (Jer 4,16; 5,17; 6,4ff.23; vgl. Jes 14,31; Jo 2,7; Dtn 28,52) u.a.

Hauptziel der Forschung war, diesen Feind historisch zu bestimmen. Doch fand keiner der verschiedenen Identifikationsvorschläge – Skythen (einziger Beleg Herodot I,105; vgl. den erst später bezeugten Ortsnamen »Skytho-polis« = Beth-sean), Meder, Chaldäer oder gar Alexander d. Gr. (Literaturübersicht bei Rudolph, HAT 12,47ff.; H.H.Rowley, Men of God, 1963, 134 Anm. 4. 140ff.) – unbestritten allgemeine Anerkennung. Darum hat man wohl mit der Namenlosigkeit Ernst zu machen: »Jeremia will gar keinen bestimmten, politisch genau faßbaren Feind beschreiben. Er hat von Jahwe die Kunde bekommen, daß eine Kriegsmacht von Norden hereinbreche. Mehr weiß er nicht und will er nicht wissen« (P.Volz, Der Prophet Jeremia, [2]1928, 58; ähnlich Rudolph, HAT 12,49; Lutz, a.a.O. 126 u.a.). Aber: »Daß Jeremia die Erfüllung seiner Weissagungen von dem Feind aus dem Norden in dem Erscheinen der Chaldäer gesehen hat, das steht außer Frage« (Wilke, a.a.O. 254). Tatsächlich scheint der Prophet das bevorstehende Gericht zunehmend zu konkretisieren: Künden Vision und Deutung von Jer 1,13f. allgemein »von Norden das Unheil« an (V. 15 ist wohl erläuternde Erweiterung), so bestimmt Jer 4–6 es als Fremdvolk; später wird es genauer auf die Babylonier bezogen (25,9ff.32; vgl. 3,12.18; 10,22; 13, 20; 16,15; 23,8; 31,8; 46,6.10.20.24; 47, 2 u.a.), wenn nicht sogar Nebukadnezar persönlich (27,5f.; 43,10) genannt wird.

Traditionsgeschichtlich sind wohl die Ankündigung des Feindes (vgl. bes. die Berührungen mit Jes 5,26ff.) und die Herkunft aus dem Norden (vgl. Jer 1,13f.) zu unterscheiden. Umstritten ist, ob sich die Feindschilderungen »auf den Grenzen der empirischen Kategorien oder sogar jenseits von ihnen» bewegen (Lauha, a.a. O. 66; vgl. zuletzt H.Reventlow, Liturgie und prophetisches Ich bei Jeremia, 1963, 101ff.) oder zunächst keine mythischen Züge tragen (vgl. bes. B.S.Childs, The Enemy from the North and the Chaos Tradition, JBL 78, 1959, 187–198). Von den Ausmalungen der Tradition in späterer Zeit abgesehen, ist anscheinend nicht die Eigenart des Feindes, sondern höchstens sein Ursprungsort mythisch. – Nach Lauha (85ff.; vgl. Wanke, a.a.O. 89ff.) liegt überhaupt eine sagenhafte Vorstellung zugrunde, die auf ein historisches Ereignis, den Einbruch der Seevölker um 1200 v.Chr., zurückgeht.

Tatsächlich bleibt der Ursprung der Erwartung vom Feind aus dem Norden ungewiß. Sie ist in Ugarit nicht belegt; bestenfalls lassen sich entferntere Parallelen aus dem mesopotamischen Raum und der allgemeinen Religionsgeschichte beibringen (Lauha, a.a.O. 53f.). Vielleicht darf man gewisse Vorformen der Erwartung dem AT selbst entnehmen: Nach der Ankündigung des Jahwetages Jes 2,12–17 scheint die Theophanie von Norden nach Süden über Palästina herzufahren. Auch Amos, der den angedrohten Feind (3,11; 6,14) ebenfalls nie mit Namen nennt, sagt eine Verbannung »über Damaskus hinaus« (5,27; vgl. 4,3; 6,2) an, sieht also das Gericht von Norden hereinbrechen, ohne aber den Terminus *ṣāfōn* zu verwenden.

Schließlich wirkt die Schlußstrophe des Kehrversgedichtes Jes 5,26ff. wie ein Vorläufer der Ankündigung des Feindes aus dem Norden. Wieder wird der Name des Feindvolkes (Assur) verschwiegen, und die Charakteristika (Herkunft aus der Ferne, Schnelligkeit, Unermüdlichkeit, Unbesiegbarkeit) sind gleich.

In den ähnlich unbestimmten Drohungen Zephanjas enden die Völkersprüche mit der Ankündigung, daß Jahwe »seine Hand gegen Norden reckt, Assur vernichtet, Ninive zur Öde macht« (2,13). Ob das nach Jo 2 hereinbrechende »mächtige Volk« erneut (wie in Jo 1) einen Heuschreckenschwarm oder nicht eher ein feindliches Heer verkörpert, ist umstritten. Erst recht wird *haṣṣ^e^fōnī* »der Nördliche«, den Jahwe »von euch zu entfernen« verheißt (2,20), ganz verschieden (vgl. den Forschungsüberblick bei Kapelrud, a.a.O. 93ff.) auf die Heuschrecken, den Nordwind, ein mythisch-göttliches Wesen (zuletzt G.W.Ahlström, Joel and the Temple Cult of Jerusalem, 1971, 33f.), Jahwe selbst bzw. seinen Boten (Rudolph, KAT XIII/2,64f.) oder – doch wohl am wahrscheinlichsten – auf ein feindliches Heer (zuletzt Wolff, BK XIV/2,73f.; Lutz, a.a.O. 38.129f.) bezogen. In Ez 38f. erscheint der aus dem äußersten Norden herbeigeführte Gog (39,2; vgl. 38,6.15) nicht mehr als von Jahwe beauftragtes Strafwerkzeug (vgl. Jer 4,6 u.a.), sondern wird »auf den Bergen Israels« selbst vom Gericht getroffen (vgl. Jo 2,20; schon Jes 14,25 u.a.). Dabei ist traditionsgeschichtlich anscheinend zwischen dem Gog-Motiv und der Vorstellung vom »Feind aus dem Norden« zu unterscheiden (Lutz, a.a.O. 69f.127ff.; vgl. Zimmerli, BK XIII,100*f.938ff.). Sacharja erwartet eine Geistausgießung im Norden (6,6.8), die die Rückkehr der im Norden wohnenden Diaspora (2,10; vgl. Jer 16,15; 23,8; 31,8 u.a.) bewirken soll. Dan 11,6ff. schließlich nennt die Herrscher des Seleukidenreichs »Könige des Nordens«.

5. Zum NT vgl. W.Foerster, Art. ὄρος, ThW V,475ff. *W.H.Schmidt*

צרר *ṣrr* befeinden

1. Die gemeinsemitische Wurzel *ṣrr* II »befeinden« o.ä. (ursprünglich mit stimmhaftem emphatischen Interdental, vgl. Bergstr. Einf. 182; akk.: *ṣerru* »Feind«, *ṣerretu* »Nebenfrau, Rivalin«, vgl. CAD S 137f.; ug.: WUS Nr. 2353; UT Nr. 2200; M.Dahood, Bibl 51, 1970, 403f.; phön. und aram.: DISO 247; KBL 1111a; LS 544b; arab.: *ḍarra* »schädigen«, vgl. Wehr 487; vgl. weiter KBL 818b; W.A. Ward, Or 31, 1962, 405f.) ist wegen des andersartigen ersten Radikals zu unterscheiden von *ṣrr* I »zusammenschnüren; eng sein« (mit dem Subst. *ṣārā* »Not«, das im AT 70× vorkommt, davon 22× in Ps).

Im hebr. AT begegnen das Verbum *ṣrr* q. »befeinden« (mit dem häufig substantivierten Part. *ṣōrēr* »Feind«) und die Nebenform *ṣūr* II »anfeinden«, sowie die Subst. *ṣar* »Feind« und *ṣārā* »Nebenfrau« (davon vielleicht *ṣrr* q. in Lev 18,18 denominiert, vgl. KBL 818b und Elliger, HAT 4,240), im Bibl.-Aram. *'ār* »Widersacher« (Dan 4,16 par. *śānē'* »Feind«).

2. Die Wortgruppe (exkl. 1Sam 2,32; Jes 5,30; 59,19; Ps 32,7; Est 7,4: nach Lis. zu *ṣar* I bzw. *ṣūr* I zu rechnen) ist namentlich in den Psalmen verbreitet: *ṣrr* II q. 27× (davon 17× Subst. *ṣōrēr*), mit 14 Belegen in Ps und je 4 in Num und Est; *ṣūr* II q. 5× (Ex 23,22; Dtn 2,9.19; Ri 9,31; Est 8,11); *ṣar* II 70× (davon 26× in Ps, 9× in Klgl, 6× in Jes, je 4× in Dtn und Jer) und *ṣārā* II 1× (1Sam 1,6).

3./4. Ähnlich wie →*'ōjēb* ist *ṣar* eine allgemeine Bezeichnung für »Feind, Widersacher«, die aber mit Ausnahme von Est 7,6 (Haman; vgl. noch Klgl 2,4, wo Jahwe mit einem Feind verglichen wird; in beiden Fällen steht *ṣar* neben *'ōjēb*) nicht für Einzelpersonen, sondern generell oder kollektiv verwendet wird (ebenso *ṣōrēr*, wiederum abgesehen von den auf Haman bezogenen Stellen Est 3,10; 8,1; 9,10.24).

Die Feinde sind für gewöhnlich politisch-militärische Feinde Israels bzw. Judas (Num 10,9; 24,8; Dtn 32,27; 33,7; Jos 5,13; 2Sam 24,13 = 1Chr 21,12; Jes 9,10 txt em; 63,18; Jer 30,16; [48,5 txt?]; 50,7; Ez 30,16 txt em; 39,23; Am 3,11; Mi 5,8; Sach 8,10; Ps 44,6.8.11; 60,13. 14 = 108,13.14; 74,10; 78,42.61; 81,15; 105,24; 106,11; 107,2; 136,24; Klgl 1,5. 7.10.17; 2,17; Est 7,6; Esr 4,1; Neh 4,5; 9, 27.27; mit *ṣrr/ṣūr* q.: Ex 23,22; Num 10,9; 25,17.18; 33,55; Dtn 2,9.19; Ri 9,31; Jes 11,13.13; Ps 74,4.23; 129,1.2; Est 8, 11), seltener die Feinde Einzelner wie Abrahams (Gen 14,20), Davids (2Sam 24, 13 = 1Chr 21,12; Ps 89,24.43; 1Chr 12,18), eines Psalmbeters (Ps 3,2; 13,5; 27,2.12; 112,8; 119,139.157; mit *ṣrr* q.: Ps 6,8; 7,5.7; 23,5; 31,12; 42,11; 69,20; 143,12), Hiobs (Hi 6,23; 16,9), des Unschuldigen (Am 5,12) oder des Gottlosen (Ps 10,5). Von den Feinden Jahwes ist die Rede in Dtn 32,41.43; Jes 1,24; 26,11; 59,18; 64,1; Jer 46,10; Nah 1,2; Ps 78,66; 97,3; Hi 19,11 (mit *ṣrr* q.: Ps 8,3).

Als hauptsächliche Parallelausdrücke figurieren →*'ōjēb* (2.3a; vgl. noch Jes 59,18; Ps 89,23f.), →*śn'* Part.pi. (Dtn 32,41; Ps 44,8; 89,24), *qām* (→*qūm*; Ps 3,2; 44,6), *gōjīm* »Völker« (Num 24,8; Jes 64,1), *rōdēf* »Verfolger« (Ps 119,157), *'ārīṣ* »Tyrann« (Hi 6,23); vgl. noch *qn'* pi. (→*qin'ā*) neben *ṣrr* q. in Jes 11,13.

Zur theologischen Verwendung von *ṣrr/ṣar*, insbesondere in den Psalmen, ist das zum häufigeren Parallelwort →*'ōjēb* (4) Gesagte zu vergleichen.

5. In der LXX wird *ṣrr/ṣar* am häufigsten durch ἐχϑρός und seine Ableitungen wiedergegeben, daneben auch (in Vermengung mit *ṣrr* I) durch ϑλίβειν und, wie dieses, um im Parallelismus mit *'ōjēb* einer Wiederholung von ἐχϑρός auszuweichen (vgl. aber Ps 89,43), durch ὑπεναντίος; vgl. W. Foerster, Art. ἐχϑρός, ThW II, 810–815; H. Schlier, Art. ϑλίβω, ThW III, 139–148.

E. Jenni

קבץ *qbṣ* sammeln

1. Hebr. *qbṣ* »sammeln, versammeln« (mit ursprünglichem emphatischem stimmhaftem Interdental) hat Entsprechungen im Ug. (WUS Nr. 2386; UT Nr. 2205) und im Südsem. (arab. *qbḍ* »ergreifen«, Wehr 659; äth. *qbṣ* »sich zusammenziehen«, Dillmann 438f.; altsüdarab. *qbḍ* in Eigennamen); LS 643 nimmt auch aram. *qb'* »festsetzen« hinzu (danach G.R. Driver, JThSt 36, 1935, 294, zu Jes 57,13 txt? *qibbūṣ*, vgl. Barr, CPT 122.334).

Das hier mitzubehandelnde Verbum *'sp* »sammeln, wegnehmen« ist im Akk. (*esēpu*, AHw 248f.) und Kan. belegt (ug.: WUS Nr. 332; UT Nr. 283; phön.-pun.: DISO 141.173 zu den Subst. *m'spt* und *n'spt*, neuerdings auch als Verbum, vgl. J. Starcky, MUSJ 45, 1969, 263f.).

Nur im Hebr. kommen *qbṣ* und *'sp* häufig nebeneinander vor. Im Aram., wo *'sp* nur spärlich im Jüd.-Aram. erscheint (Jastrow I, 95a), ist für »sammeln« *knš* üblich (DISO 123; bibl.-aram. q. »versammeln« Dan 3,2; hitpa. »sich versammeln« Dan 3,3.27; GenAp 12,16, vgl. Fitzmyer, Gen.Ap. 48f.90.191; KBL 1086a; LS 335f.).

Das Element *qbṣ* begegnet in den hebr. Ortsnamen *Qabṣe'ēl* (Jos 15,21; 2Sam 23,20 = 1Chr 11,22) und *Qibṣájim* (Jos 21,22; 1Chr 6,53); vgl. noch Huffmon 146.258; G. Ryckmans, Les noms propres sud-sémitiques, I, 1934, 28.188.365). Von der Wurzel *'sp* werden die Personennamen *'āsāf* (2Kön 18,18.37 = Jes 36,3.22; Ps 50,1 u.ö.; auch auf einem kan. Siegel aus Megiddo, vgl. Diringer 168f.; F. Vattioni, Bibl 50, 1969, 360 Nr. 7) und *'abī'āsāf* (Ex 6,24; vgl. 1Chr 6,8.22; 9,19) gebildet (Noth, IP 181f. mit Hinweis auf Ps 27,10; vgl. den phön. Frauennamen *'spt* in KAI Nr. 59, Z. 1; F.L. Benz, Personal Names in the Phoenician and Punic Inscriptions, 1972, 272).

Von *qbṣ* sind alle Stammformen außer Hi./Ho. belegt, dazu die Subst. *qebūṣā* »Sammeln« (Ez 22,20) und, allerdings textlich angefochten, *qibbūṣ* »Sammlung« (Jes 57,13). Bei *'sp* begegnen dieselben Stammformen, dazu die Subst. *'āsīf* »Einsammeln« (auch im Gezer-Kalender [KAI Nr. 182, Z. 1]; vgl. DISO 20; S. Talmon, JAOS 83, 1963, 183 Anm. 46), *'āsōf* »Vorrat«, *'ósæf* »Einsammeln«, *'asēfā* »Einkerkerung«, *'asuppā* »Sammlung« und *'asafsūf* »Gesindel« (BL 483).

2. Abgesehen von den Eigennamen ist die Wurzel *qbṣ* im AT 129 × belegt, davon q. 38 × (inkl. Neh 13,11, in der Bombergiana pi.), ni. 31 × (Jes 8 ×), pi. 49 × (Jes und Ez je 11 ×), pu. 1 × (Ez 38,8), hitp. 8 ×, *qebūṣā* 1 × (Ez 22,20), *qibbūṣ* 1 × (Jes 57,13 txt?).

Die Wurzel *'sp* kommt 209 × vor (exkl. 1Sam 15,6; 2Sam 6,1; inkl. Jer 8,13 und Zeph 1,2 Inf. abs.; inkl. 2Kön 22,20 = 2Chr 34,28, letztere Stelle bei Lis. 616a unter *jsp* hi.), davon q. 103 ×, ni. 81 ×, pi. 8 ×, pu. 5 ×, hitp. 1 ×, *'āsīf* 2 × (Ex 23,16; 34,22), *'āsōf* 3 × (Neh 12,25; 1Chr 26,15. 17), *'ósæf* 3 × (Jes 32,10; 33,4; Mi 7,1), *'asēfā* (Jes 24,22), *'asuppā* (Pred 12,11) und *'asafsūf* (Num 11,4) je 1 ×.

3. a) *qbṣ* wird verhältnismäßig selten im allgemeinen Sinne von »sammeln (Obj.:

unpersönliche Dinge wie Speise, Geld usw.)« verwendet (q.: Gen 41,35.48; Dtn 13,17; Ps 41,7; Spr 13,11; 28,8; 2Chr 24, 5; pi.: Jes 22,9; 62,9; Jo 2,6; Mi 1,7; Nah 2,11; vgl. *qᵉbūṣā* Ez 22,20). Häufiger ist die Bed. »versammeln (Obj.: Leute oder Lebewesen)«, oft mit Angabe des Ortes (z.B. 1Sam 7,5 Mizpa; 1Kön 18,20 Karmel) oder des Zweckes (z.B. 1Sam 28,1 Krieg; 2Chr 20,4 Kult).

b) *'sp* hat einen weiteren Bedeutungsbereich als *qbṣ*: neben »sammeln« und »versammeln« bedeutet *'sp* auch »ernten« (Ex 23,10.16; Dtn 16,13; Hi 39,12 u.ö), »aufnehmen« (Ps 27,10 von Gott; Oppositum ist *'zb* »verlassen«) und »entziehen, wegnehmen« (1Sam 14,19 Hand; Ri 18,25 Leben; Gen 30,23 und Jes 4,1 Schmach, vgl. Noth, IP 181f.; usw.), woraus sich »befreien« (2Kön 5,3.6.7 vom Aussatz), aber auch »(das Leben) wegnehmen = sterben lassen« (Ps 26,9 mit *næfæš*; 104,29 mit *rūaḥ*; Hi 34,14 mit *nᵉšāmā*) und »ausrotten« (Zeph 1,2 neben *sūf* hi.) entwickelt. Auf diese Ambivalenz stoßen wir in Jes 49,5: K *lō (l') jē'āsēf* »wird nicht weggerafft« neben Q *lō (lw) jē'āsēf* »wird zu ihm gesammelt«. An einigen Stellen wird *'sp* im Zusammenhang der Leichenbestattung verwendet (2Sam 21,13 q.; Jer 8,2 ni.; 25,33 ni.; Ez 29,5 ni. neben *qbṣ* ni.; vgl. pun. *m'spt 'ṣmj* »Sammelort meiner Gebeine«, DISO 141; vgl. Sir 38,16). *'sp* ni. *'æl 'ammāw* bedeutet »sich zu seinen Verwandten versammeln = sterben« (Gen 25,8.17 u.ö.; →*'āb* III/2a.IV/2a; →*'am*). Zu *'sp* q./pi. »den Zug beschließen, die Nachhut bilden« (q.: Jes 58,8 von Jahwe; pi.: Num 10,25; Jos 6,9.13; Jes 52,12 von Jahwe) vgl. Jenni, HP 159f.

c) Als Synonym zu *'sp* und *qbṣ* in allgemeiner Bedeutung begegnet in späten Texten *kns* q. »(Dinge) sammeln« (Ps 33,7); Pred 2,8.26 [neben *'sp*]; 3,5 Oppositum: *šlk* hi. »wegwerfen«; Neh 12,44) und »(Leute) versammeln« (Est 4,16; 1Chr 22,2), pi. »versammeln« (Ez 22,21; 39,28; Ps 147,2, jeweils mit Jahwe als Subjekt); vgl. aram. *knš* (s.o. 1).

Alle anderen Synonyma des Sammelns haben speziellere Dinge als Objekt: (1) *'rh* q. »(Früchte) pflücken« (Ps 80,13; Hhld 5,1); (2) *lqṭ* q. »(etwas am Boden) auflesen« (14×, davon 9× in Ex 16 Manna), pi. »auflesen, einsammeln« (21×, davon 11× in Ruth 2 Ähren), pu. »aufgelesen werden« (Jes 27,12 bildlich), hitp. »sich sammeln« (Ri 11,3 Männer); vgl. *læqæṭ* »Nachlese« (Lev 19,9; 23,22); (3) *qwh* ni. »sich sammeln (Wasser), zusammenströmen« (Gen 1,9; bildlich Jer 3,17 Völker); vgl. *miqwǣ* »Ansammlung (von Wasser)« (Gen 1,10; Ex 7,19; Lev 11,36) und *miqwā* »Sammelplatz (für Wasser)« (Jes 22,11); (4) *qšš* po. »(Stroh, Holz) sammeln« (Ex 5,7.12; Num 15,32.33; 1Kön 17,10.12; vgl. Zeph 2,1 txt? q./hitpo.); (5) *rkš* q. »(Besitz) sammeln« (Gen 12,5; 31,18.18; 36,6; 46,6); vgl. *rᵉkūš* »Besitz« (28×); →*j'd*; →*qāhāl*.

4. *qbṣ* q. wird nur in Ez 22,19.20 bildlich für Jahwes Gerichtshandeln verwendet (vgl. Hos 8,10 pi.). Dagegen hat *qbṣ* pi. an den meisten Stellen Jahwe als Subjekt (andere Subjekte nur in Jes 13,14; 22,9; 62,9; Jer 49,5; Hos 9,6; Jo 2,6; Mi 1,7; Nah 2,11; 3,18; in Jes 34,16 Jahwes Geist) und findet eine besondere Verwendung in der soteriologischen Sprache der exilischen und nachexilischen Literatur; Anlaß dazu gab die Hoffnung auf eine Einsammlung der Zerstreuten Israels bzw. Judas (Dtn 30,3.4 dtr., vgl. von Rad, ATD 8,131; Jes 11,12; 40,11; 43,5; 54,7; 56,8.8; Jer 23,3; 29,14; 31,8.10; 32,37; Ez 11,17; 20,34.41; 28,25; 29,13 die Ägypter; 34,13; 36,24; 37,21; 39,27; Mi 2,12; 4,6; Zeph 3,19.20 txt em; Sach 10,8.10; Ps 106,47 = 1Chr 16,35; Ps 107,3; Neh 1,9; vgl. Ez 38,8 pu.). An solchen Stellen wird *qbṣ* pi. neben allgemeinen bzw. metaphorischen Ausdrücken für Helfen/Erretten (→*jš'* hi.) oder Erlösen (→*g'l*, →*pdh*) verwendet (vgl. Jer 31,10f.; Zeph 3,19; Sach 10,8; Ps 106, 47 = 1Chr 16,35 u.ö.). Mit dem Pi. im Gegensatz zum Qal wird das unerwartete oder nicht ohne weiteres selbstverständliche Zustandekommen des Ergebnisses unterstrichen (Jenni, HP 186–188).

Die gleiche soteriologische Verwendung zeigen *'sp* q. in Jes 11,12; Ez 11,17; Mi 2, 12; 4,6, jeweils neben *qbṣ* pi., und *kns* pi. in Ez 39,28 (vgl. V.27 *qbṣ* pi.) und Ps 147,2. Die übrigen Stellen mit Jahwe als Subjekt zu *'sp*, meistens in der Bed. »wegnehmen« (Gen 30,23; 2Kön 22,20 u.ö.), sind theologisch nicht besonders auffällig; vgl. etwa noch Ps 85,4 »du hast hinweggenommen all deinen Grimm« und *'sp* q. »aufnehmen« in Ps 27,10.

5. In den Qumrantexten wird *'sp* etwa 20× verwendet, *qbṣ* dagegen nur 3×, und zwar immer in bezug auf die Aufhäufung von Vermögen durch die Priester in Jerusalem (1QpH 8,11; 9,5; 4QpNah 11; vgl. Kuhn, Konk. 20f.189). Häufigste Übersetzung von *qbṣ* und *'sp* in der LXX ist συνάγειν, das auch im NT von der Versammlung der Gemeinde gebraucht wird (z.B. Apg 11,26; 14,27). *J.F.A.Sawyer*

קֶדֶם *qǽdæm* Vorzeit

1. In allen sem. Sprachzweigen ist die Wurzel *qdm* in oft mehreren Wortarten (Subst. »Vorderseite«, Adj. »vorderer«, Präp. »vor«, Verbum »vorwärtsgehen, zuvorkommen« usw.) in räumlicher und in zeitlicher Bedeutung vertreten (vgl. Bergstr. Einf. 187; P. Fronzaroli, AANLR VIII/20, 1965, 258.265.269; für die älteren Sprachperioden vgl. u.a. AHw 891b.926a; WUS Nr. 2389; Gröndahl 175; DISO 251–253; LS 646–648).

Im hebr. AT ist das Verbum nur im Pi. (»entgegenkommen, entgegentreten« o.ä., in der Bed. »zuvorkommen, früh tun« [Ps 119,147.148] und »das erste Mal tun« [Jon 4,2] vielleicht unter aram. Einfluß, vgl. Wagner Nr. 252/253) und Hi. (»heranbringen« Am 9,10; textlich unsicher in Hi 41,3) belegt. Die Substantive haben räumliche und/oder zeitliche Bedeutungen: *qǽdæm* »Vorderseite = Osten; frühere Zeit, Vorzeit«, *qédæm* in der Lokativform *qédᵉmā* »nach Osten«, *qadmā* »früherer Zustand, Ursprung«, *qidmā* als Präp. *qidmat* »gegenüber«, *qādīm* »Osten, Ostwind«, *qᵉdūmīm* (nur Ri 5,21 in ungeklärter Bedeutung als Beiwort zum Bach Kison), *qadmōn* »östlich«, *qadmōnī* «östlich« und »vormalig«. Das Bibl.-Aram. kennt *qadmā* »frühere Zeit« (als Präp. *qadmat* »vor«), *qadmāj* »erster, früherer« und die Präp. *qᵒdām* »vor« (zeitlich und räumlich).

Zum Personennamen *Qadmī'ēl* (Esr 2,40 u.ö.) vgl. Noth, IP 256 (Nr. 1216).

2. Von den 204 Belegen der Wortgruppe im hebr. AT (dazu 47 in den aram. Teilen) findet sich ein ganzes Drittel in Ez, bedingt durch die Vorliebe für *qādīm* »Osten« (48 ×) in Ez 40–48. *qdm* pi. begegnet 24 × (12 × in Ps), hi. 2 × (s.o.); von den Nomina stehen *qǽdæm* 61 × (fast gleich häufig in räumlichem wie in zeitlichem Sinn, in ersterem 9 × in Gen, in letzterem 9 × in Ps und 6 × in Jes), *qédmā* 26 × (Num 8 ×, Jos 4 ×), *qadmā* 6 × (Ez 4 ×), *qidmā* 4 ×, *qᵉdūmīm* 1 ×, *qādīm* 69 × (in der Bed. »Osten« Hab 1,9 und 49 × in Ez; in der Bed. »Ostwind« 19 ×, davon je 3 × in Gen, Ex, Ez und Hi), *qadmōn* 1 × (Ez 47,8) und *qadmōnī* 10 × (6 × in räumlichem und 4 × in zeitlichem Sinn); bibl.-aram. *qadmā* 2 × (Dan 6,11; Esr 5,11), *qadmāj* 3 × (Dan 7,4.8.24) und *qᵒdām* 42 × (Dan 38 ×, Esr 4 ×).

3./4. a) Von den Vokabeln dieser Wortgruppe sind *qǽdæm*/*qādīm* »Osten« theologisch kaum relevant geworden (vgl. allenfalls die Herleitung der Weisheit, aber auch der Wahrsagerei aus dem Osten: 1Kön 5,10; Jes 2,6; zur solaren Interpretion Jahwes in Ez 8,16 *qédmā* vgl. Zimmerli, BK XIII,221; zum Ostwind als Werkzeug Jahwes vgl. u.a. Ex 10,13; 14,21; Jes 27,8; Hos 13,15; Jon 4,8; Ps 48,8). Dagegen wird *qdm* pi. »(feindlich oder freundlich) entgegentreten, begegnen« als allgemeine Bezeichnung des Verhältnisses zwischen Mensch und Gott verwendet (vgl. auch →*qrb*). Die Wendung »jemandem mit etwas entgegenkommen« ist auch im profanen Sprachgebrauch belegt (Dtn 23,5; Jes 21,14); für Mi 6,6 »womit soll ich vor Jahwe treten ... soll ich vor ihn treten mit Brandopfern ...?« ist daher nicht Herkunft aus dem kultischen Bereich anzunehmen (Th. Lescow, Micha 6,6–8, 1966, 21, dort auch zu dem parallel verwendeten *kpp* ni. »sich beugen«; →*ḥwh* hišt. 3), wenn auch in der Psalmensprache das Verbum ein paarmal in Anlehnung an kultische Sprache verwendet wird (Lescow, a.a.O. Anm. 63, zu Ps 95,2 »lasst uns mit Dank vor sein Angesicht treten«; vgl. Ps 88,14; 89,15). Von Jahwes Entgegentreten mit Segen, Güte und Erbarmen ist in Ps 21,4; 59,11Q; 79,8 die Rede.

b) In zeitlicher Bedeutung kann *qǽdæm* »frühere Zeit, Vorzeit« wie →*'ōlām* (3bc) einen Beiklang haben, der die damit qualifizierten Größen mehr oder weniger stark der göttlichen Sphäre annähert. Gott selber ist nach Dtn 33,27 ein uraltewiger Gott *'ᵆlōhē qǽdæm* par. *zᵉrō'ōt 'ōlām*; vgl. Hab 1,12; *qǽdæm* allein ist allerdings nicht als Gottesbezeichnung anzunehmen, gegen M. Dahood, CBQ 30, 1968, 513, zu Spr 8,23). Entsprechend können auch seine Schöpfungswerke dieses Prädikat erhalten, so die Weisheit (Spr 8,22.23), die Berge (Dtn 33,15) und der Himmel (Ps 68,34; bei *náḥal qᵉdūmīm* Ri 5,21 ist die Deutung unsicher). Auch hier ist wie bei *'ōlām* der zeitliche Abstand von der Gegenwart relativ; es kann sich um eine mythische Urzeit (Jes 51,9; vgl. Ps 74,12) oder auch um eine frühere Zeit des eigenen Lebens handeln (Hi 29,2). Uralte Herkunft gilt als besondere Qualifikation bei äg. Königsgeschlechtern (Jes 19,11), bei der Stadt Sidon (Jes 23,7) und beim kommenden messianischen Herrscher (Mi 5,1; welche Traditionen hier aufgenommen werden, ist nicht ganz deutlich). An anderen Stellen wird das Wort auf die Zeit der Väter (Mi 7,20), die Anfangszeit des Volkes (Ps 44,2; 74,2), die

Zeit Davids (Neh 12,46) oder der Propheten (Ez 38,17 *jāmīm qadmōnīm*) bezogen. Zeitlich recht unbestimmt bleiben Ps 77,6.12; 78,2; 119,152; 143,5. Neben der positiven Wertung der früheren Zeiten in der gegenwärtigen Notzeit des Volkes (Jer 30,20; 46,26; Klgl 1,7; 5,21) begegnet bei Dtjes. die Aufforderung, angesichts der kommenden Heilszeit des Früheren nicht mehr zu gedenken (Jes 43,18). Mehrfach wird Gottes allmächtiges Geschichtshandeln bezeugt mit dem Hinweis darauf, daß er sein Werk seit langem schon verkündet (Jes 45,21; 46,10) und gefügt habe (2Kön 19,25 = Jes 37,26; Klgl 2,17).

5. In den Qumrantexten begegnet neu die steigernde Wendung *miqqædæm ʿōlām* »von ewiger Urzeit her« (1QH 13,1.10; CD 2,7). In der LXX wird *qædæm* häufig durch Wendungen mit ἀρχαῖος übersetzt, vgl. G. Delling, ThW I,485. *E. Jenni*

קדשׁ *qdš* heilig

I. 1. Die sem. Bildungen der Wurzel *qdš* (vgl. Bergstr. Einf. 100; P. Fronzaroli, AANLR VIII/20, 1965, 249.262.267) gehen anscheinend auf zwei ursem. Grundformen **qadiš* und **qaduš* zurück, die beide der beschreibenden Wortklasse (dazu GAG §52a) angehören.

Auf die Form **qadiš* weisen im Akk. das Nomen *qadištu(m)* »Reine, Geweihte« und die Verbformen *qa-dì-iš* »ist geweiht« (Stativ G-Stamm) Ugaritica V, 9,22, *qa-di-šu* »sind heilig« (ebenfalls Stativ G-Stamm) EA 137, 32 sowie, mit Metathese der Konsonanten *dš*, *lā qašid* »ist unsauber« BWL 215,13. Aus dem Hebr. wären hierfür das Verbaladjektiv (Part.q.act.) *qādēš* »Heiliger« und die Verbform *qādēšū* »sind heilig« Num 17,2 (entgegen *weqādaš* Ex 29,21) signifikant, aus dem Aram. und Syr. das Adj. *qaddīš(ā)* »heilig« (als Intensivbildung aus **qadiš*, vgl. BLA 192), aus dem Arab. das dort isolierte *qiddīs* für christliche »Heilig(e)«, das vielleicht dem Aram.-Syr. entlehnt ist.

Auf die Form **qaduš* gehen hebr. *qādōš* »heilig« mit dem Abstraktum *qōdæš* (< **qudš*) »Heiligkeit, Heiligtum« zurück, ferner syr. *qudšā*, »Heiligkeit, Heiligtum«, arab. *qadusa* »heilig, rein sein« (Impf. *jaqdusu*) mit der adj. Intensivbildung *al-qaddūs* »der Hochheilige, Hochreine« und wieder dem Abstraktum *quds* oder *qudus* »Heiligkeit, Reinheit«.

**qadiš* scheint ostsem. und nwsem., **qaduš/s* westsem. beheimatet zu sein.

2. Die Wurzel beschreibt offenbar schon ursem. den Zustand bzw. die Eigenschaft der Heiligkeit; sie bezeichnet also einen numinosen Wertbegriff sui generis. Die elementare Einheit des Begriffs bedingt die große Geschlossenheit im Bedeutungsspektrum seiner Wurzelderivate. Lediglich die ästhetische Konnotation der Reinheit, die besonders im Akk. und Arab. hervortritt, bringt hier eine Modifikation, die aber dem Wesen des Numinosen entspricht. Der Begriff der ethischen Reinheit ist wohl überall sekundär.

Adjektive und Zustandsverben zur Bezeichnung numinoser Eigenschaften scheinen in den Formtypen *qatil* und *qatul* relativ häufig zu sein. Man vergleiche zu **qadiš* aus dem Hebr. *'āmēn* »zuverlässig« (?), *dāwǣ* »krank, menstruierend« (als negativen Wertbegriff), *ḥānēf* »unheilig«, *ṭāmē'* »unrein«, *jāfǣ* »(prächtig>) schön«, *kābēd* »gewichtig«, *ʿārēl* »unbeschnitten«, *šālēm* »integer«, *šāmēm* »öde« sowie zu **qaduš 'ājōm* »schrecklich«, *gābōah* »hoch«, *gādōl* »groß«, *ṭāhōr* »rein«, *ʿāmōq* »tief, geheimnisvoll«.

Die oft angenommene Grundbedeutung »abgesondert« (vgl. etwa Eichrodt I,176f.) ist nur eine abgeleitete: das Heilige wird zu seinem Schutz und zum Schutz vor ihm in einem Temenos o.ä. vom Profanen getrennt, sobald die entsprechende Schutzbedürftigkeit wahrgenommen ist; das Erleben des Heiligen als des »ganz Anderen« setzt im übrigen einen Ausgangspunkt des Verstehens beim Profanen voraus, wie er sich erst von der modernen Normalität einer Abwesenheit des Numinosen nahelegt.

3. a) Das Akk. hat aus dem Adj. **qadišum* > **qadšum* > *qaššu(m)*, fem. *qadištu(m)*, »geweiht, heilig« das Zustandsverb *qadāšu(m)* »heilig, rein sein« gebildet, das bezeichnenderweise im G-Stamm nur als Stativ vorkommt. Von dessen D-Stamm »reinigen« leitet sich das Verbaladj. *quddušu* »geheiligt, gereinigt« her. Aus dem Adj. **qadšum* wird nach GAG §36b durch euphonische Metathese *qašdu(m)* mit dem Zustandsverb *qašādu(m)*, das im G-Stamm wieder nur stativisch vorkommt, und dem vom D-Stamm abgeleiteten *quššudu* »hochheilig« (vgl. AHw 891f.906a.926a.930a).

b) Unter den nwsem. Sprachen kennt das Ug. das Adj. *qdš* »heilig«, das im Plur. als Standesbezeichnung gebraucht wird (s.u. III/3). In der Wendung *šph lṭpn wqdš* »Sproß des Freundlichen und (der ?) Heiligen« 125 (=IIK I–II) 11.22 scheint *qdš* das Epithet oder der Name einer Göttin gewesen zu sein (WUS Nr. 2394); es stände in dieser Funktion freilich neben dem näher liegenden *qdšt* 1004,17 (vgl. den PN *bn qdšt* 400V,11) und der Verwendung von *qdš* in Verbindung mit *amrr* für eine männliche Gottheit 51 (=IIAB) IV,16f. (vgl. *qd⟨š⟩ wamr[r]* Z.8 und *qdš amrr* ʿnt VI [=V AB, F] 11). Das Nomen *qdš* hat in *bn qdš* als

Parallelbegriff zu *il* (Stellen: L.R.Fisher (ed.), Ras Shamra Parallels, II, 1974, §33b) offenbar die abstrakte Bedeutung »Heiligkeit«, also *bn qdš* »Sohn der Heiligkeit« > »Heiliger«; diese abstrakte Bedeutung hätte sich dann in dem häufigen *qdš* »Heiligtum« (auch als Ortsname) sekundär konkretisiert. Für »Heiligtum« wird 2011,15 die Präformativbildung *mqdšt* gebraucht.

Im Phön.-Pun. (DISO 165.253f.) dominiert das Adj. *qdš*. Das Subst. *qdš* bezeichnet KAI Nr.17, Z.1; Nr.78, Z.5 (*kdš*!); Nr.145A, Z.1f. wieder »das Heiligtum«. Ein Verbum *qdš* ist nur im Jif. belegt, und zwar mit der am ehesten kausativ zu nennenden Bedeutung »widmen, darbringen« (mit Dativ des Empfängers, anders neupun. KAI Nr.121) in Weihinschriften, dazu einmal pun. im reflexiv-kausativen Hitp. »sich darbringen« KAI Nr.138, Z. 1.

Innerhalb des aram. Sprachbereichs erscheint das Adj./Subst. *qaddīš(ā)* »heilig/Heiliger« vielleicht in *b'l qdšn* »der Herr der Heiligen« Ah. 95 (DISO 253f., dort auch Diskussion), sicher und häufig (13×) in Dan, im Jüd.-Aram., in *qdjš 'jl'* »Heiliger Gottes« des gnostischen Bekenntnisses für »Waw« Z.2 (s.u. V.), im Palm., Syr. und Mand. Das Nominalabstraktum *qudšā* hat jüd.-aram. die Bedeutungen »Heiligkeit, Heiligtum« und steht mit Determination als »der Heilige« für Gott (J. Levy, Chaldäisches Wörterbuch, II, 1868, 348) als Hort der Heiligkeit. – Vom Verbum fehlt durchweg der Grundstamm. Das Pa. hat jüd.-aram., syr. und mand. die bei Zustandsverben übliche faktitive Bedeutung »heilig machen, heiligen«; daneben wird es ästimativ (»heilig halten«) und deklarativ (»für heilig erklären«) verwendet (Levy, a.a.O. 347; LS 649), palm. auch kausativ mit Dativ des Empfängers (»widmen«, vgl. DISO 253). Itpa. bzw. Etpa. sind passiv oder reflexiv zum Pa. Das Af. »widmen« und »für heilig erklären« findet sich im Jüd.-Aram. (Levy, a.a.O.), ebenso in der Bed. »widmen« in zwei palm. Grabinschriften. – Für das »Heiligtum« werden jüd.-aram. auch die Präformativbildungen *maqdaš/maqdešā* (ebenso syr.) und *muqdēš(ā)* gebraucht.

4. Im Hebr. bezeichnet das Perf.Qal des Verbums *qdš* den gegenwärtigen (Num 17,2 [Jes 65,5 ist Pi. zu lesen!]) oder zukünftigen (Ex 29,21 [Perf.cons.]) Zustand des Heilig-Seins und entspricht darin, möglicherweise archaisierend, dem Stativ des akk. (GAG §77d) und ug. (UT §13,25) Zustandsverbums (zum stativischen Perf. im Hebr. s. Meyer I,20; III,49f). Das Impf. ist ingressiv (»heilig werden«), und zwar zeitlos (Ex 29,37; 30,29; Lev 6,11.20; Hag 2,12), für die Gegenwart (1Sam 21,6) oder für die Zukunft (Dtn 22,9), während Num 17,3 für die Vergangenheit das Impf. cons. verwendet. Das Pi. ist faktitiv, d.h. es bezeichnet die Herbeiführung des vom Perf.Qal benannten Zustands (»heilig machen, heiligen« wie im Akk. und Aram.); daneben tritt u.a. Ex 20,8; Dtn 32,51 die ästimative Bed. »für heilig halten« und etwa Ex 19,23 die deklarative Bed. »für heilig erklären« (Jenni, HP 41.59f.), beides wie im Aram.-Syr. Das Pu. ist passiv zum Faktitivum: »heilig gemacht werden«, das Hitp. reflexiv dazu: »sich heiligen, weihen« (vom Menschen wie pun.), »sich als heilig erweisen« (Ez 38,23 von Gott). Die letztere Bedeutung vertritt sonst das Ni., wenn es nicht einfach wie Jes 5,16 mit ingressivem (Impf.) Qal bedeutungsgleich ist (vgl. Bergstr. II,90), was auch sonst bei Zustandsverben der Fall ist; daneben fungiert Ni. Ex 29,43 wie Pu. als Passiv zum Faktitivum (»heilig gemacht, geweiht werden«) oder Lev 22,32 zum Ästimativum (»als heilig behandelt werden«). Für das Hi. dominiert der kausative Begriff »widmen, darbringen« mit dem Dativ Gottes als des Empfängers (wie phön.-pun. Jif.), daneben begegnet die faktitive Bed. »heilig machen, weihen« (etwa Jos 20,7; 1Chr 23,13; 2Chr 29,19; 30,17) wie im aram. Sprachraum, während »für heilig halten« zurücktritt (Num 20,12; 27,14; Jes 29,23; vgl. Jenni, HP 59f.).

Das Adj. *qādōš* wird sehr häufig durch das Abstraktum *qōdæš* als Genetiv-Attribut ersetzt (zum Zusammenhang von Adjektiven nach *qatul* und Abstrakta nach *qutl* BL 460f.); adjektivisch ist *qōdæš* aber auch im absoluten Gebrauch (Lev 10,10) oder als Prädikativ bei *hjh* »sein« (Lev 21,6). Sekundär nimmt das Abstraktum *qōdæš* »Heiligkeit« wie in den übrigen sem. Sprachen die Konkretbedeutung »Heiligtum« an oder bezeichnet andere Dinge, denen Heiligkeit anhaftet, auch in der Steigerungsstufe *qōdæš (haq)qodāšīm* »Allerheiligstes«.

Das Nomen *miqdāš* mit **ma*-Präformativ benennt, wie im Ug., Aram.-Syr. und arab. *maqdis*, »was heilig ist« (zum Präformativ **ma*- vgl. GK §85e; GVG I,375ff.), insbesondere den heiligen Ort als »Heiligtum«, heilige Dinge wie die Opfergabe (Num 18,29), Jahwe als Hort der Heiligkeit (Ez 11,16) und wohl auch die »Heiligkeit« als solche (Lev 19,30; 26,2).

Zum Mittelhebr. s.u. V.

Weil sich der Begriff keines der Wurzelderivate weit von der Grundbedeutung entfernt, werden diese im folgenden gemeinsam behandelt. Für die ältere Lit. zur Heiligkeit in AT vgl. u.a. Jacob 69; F.Horst, RGG III,148–151; J.A.Soggin, BHH II,681f.

Wenn man von einem frühen dynamistischen Heiligkeitsbegriff absieht (dazu s.u. III/1–5), so scheint die Betonung der Heiligkeit göttlicher Gestalten auf kanaanäischen Einfluß zurückzugehen, sowohl was die Heiligkeit Els und Jahwes selbst anbetrifft (s.u. IV/1), als auch die einer Mehrzahl göttlicher Gestalten (IV/2). In vorexilischer Zeit ist der Gebrauch der Wurzel eher zurückhaltend; nur Jesaja, der der kanaanäischen Tradition Jerusalems auch sonst nahesteht, zeigt einen relativ häufigen Wortgebrauch, der sich auf die unechten Partien des Jesajabuches einschließlich Dtjes. überträgt. Die Heiligkeit numinoser Stätten (IV/3), Zeiten (IV/4), geweihter Menschen (IV/5) und Gaben (IV/6) hat zwar primitive Wurzeln, findet aber insbesondere bei Ez, P und im chronistischen Werk subtile Definitionen und Regulationen; die Beobachtung des Gebrauchs von *qdš* vermittelt uns daher Informationen über das frühjüdische Sakralwesen, in dem *das* Heilige neben seiner Beziehung zur persönlichen Gottheit ein eigenes, verdinglichendes Interesse in Anspruch nimmt.

II. Die Streuung der Wurzelderivate in den einzelnen biblischen Büchern ist die folgende (der Beleg Ez 7,24 wird nach Mand. als Pi. gezählt):

	q.	ni.	pi./pu.	hi.	hitp.	*qṓdæš*	*qādōš*	*qādēš qedēšā*	*miqdāš*
Gen	–	–	1	–	–	–	–	3	–
Ex	3	1	22	1	1	70	2	–	2
Lev	2	2	15	10	2	92	20	–	9
Num	2	1	3	4	1	57	7	–	5
Dtn	1	–	2	1	–	4	7	2	–
Jos	–	–	1	1	2	2	1	–	1
Ri	–	–	–	2	–	–	–	–	–
1Sam	1	–	2	–	1	3	2	–	–
2Sam	–	–	–	2	1	–	–	–	–
1Kön	–	–	1	2	–	12	–	3	–
2Kön	–	–	1	1	–	3	2	1	–
Jes	1	1	–/1	3	2	23	38	–	4
Jer	–	–	7	2	–	6	2	–	2
Ez	–	6	8/1	–	1	57	2	–	30
Hos	–	–	–	–	–	–	2	1	–
Jo	–	–	4	–	–	3	–	–	–
Am	–	–	–	–	–	2	–	–	2
Ob	–	–	–	–	–	2	–	–	–
Jon	–	–	–	–	–	2	–	–	–
Mi	–	–	1	–	–	1	–	–	–
Nah	–	–	–	–	–	–	–	–	–
Hab	–	–	–	–	–	1	2	–	–
Zeph	–	–	–	1	–	2	–	–	–
Hag	1	–	–	–	–	1	–	–	–
Sach	–	–	–	–	–	5	1	–	–
Mal	–	–	–	–	–	1	–	–	–
Ps	–	–	–	–	–	45	15	–	5
Hi	–	–	1	–	–	–	3	1	–
Spr	–	–	–	–	–	1	2	–	–
Ruth	–	–	–	–	–	–	–	–	–
Hhld	–	–	–	–	–	–	–	–	–
Pred	–	–	–	–	–	–	1	–	–
Klgl	–	–	–	–	–	1	–	–	3
Est	–	–	–	–	–	–	–	–	–
Dan	–	–	–	–	–	13	3	–	3
Esr	–	–	–/1	–	–	6	–	–	–
Neh	–	–	3	2	–	7	3	–	1
1Chr	–	–	–	6	2	17	–	–	2
2Chr	–	–	4/2	7	11	30	1	–	5
hebr. AT	11	11	76/5	45	24	469	116	11	74

Aram. *qaddīš* »heilig« kommt 13× vor, und zwar nur in Dan; andere Derivate fehlen hier.

III. Für eine dynamistisch-magische Religiosität ist *qdš* zunächst mit dem Begriff des Machthaften verbunden. Die Bildungen werden dabei konkurrenziert durch solche von *nzr* für die positive Wertigkeit (ni. »sich weihen«, etwa mit Beziehung auf ein niederes, illegitimes Numen Hos 9,10; vgl. die Nomina *nḗzær* »Weihung, Diadem« und →*nāzīr* »Geweihter«) und von *ḥrm* negativ »for the sphere which is utterly incompatible with what is sacred« (Pedersen, Israel III/IV, 272).

1. »Heilig« im Sinne des mana-Geladenen können zunächst G e g e n s t ä n d e sein. Der Priester von Nob unterscheidet 1Sam 21,5 »gewöhnliches Brot« (*lǽḥæm ḥōl*) von »heiligem Brot« (*lǽḥæm qṓdæš*), wie es Jahwe als *lǽḥæm happānīm* periodisch aufgetragen wird; um letzteres genießen zu können, muß man sich des Geschlechtsverkehrs enthalten haben: die Leiber der Essenden müssen selbst heilig sein (V.6), wie es beim Zug in den heiligen Krieg ja der Fall ist. Aber auch das ist eine notbedingte Ausnahme. Ursprünglich hat jedes Ding seine eigentümliche »Macht«; darum verbietet Dtn 22,9, einen Weinberg mit zweierlei Gewächs zu bepflanzen, weil sonst »das Ganze heilig wird«. Insbesondere Pretiosen haftet Heiligkeit an: Klgl 4,1 weist Gold und das Edelmetall *kǽtæm* durch den Parallelismus als »heilige Steine« aus (vgl. J.A.Emerton, ZAW 79,1967, 233–236).

Die gleiche Wertung mag zugrundeliegen, wenn akk. *qudāš(t)u(m)*, jüd.-aram. *qᵉdāšā/qādāšā/qaddīšā* und syr. *qᵉdāš(t)ā* den »(Nasen- oder Ohr-)Ring« bedeuten (J. Jeremias, Mt 7,6a, in: Abraham unser Vater, FS Michel 1963, 271–275).

2. Daneben stellen bestimmte Vorgänge Machtverbindungen her und werden darum tabuisiert. Das gilt von der weiblichen mensis, von deren Unreinheit (*ṭum'ā*) sich Bathseba 2Sam 11,4 gerade befreit (*qdš* hitp.), als David zu ihr eingeht, was sein Verbrechen erschwert. »Heilig« ist und macht der Krieg (1Sam 21,5f.; vgl. die Enthaltungen 1Sam 14,24ff.; 2Sam 11, 11). Entsprechend lautet der Aufgebotsruf *qaddᵉšū milḥāmā ʿal* »heiligt den Krieg gegen« (Jer 6,4; Jo 4,9; Mi 3,5); vgl. Jos 7,13 »heilige das Volk« (ferner Jer 51,27f.) und die auf die von Jahwe aufgebotenen Gegner seines Volks bezogene Wendung Jer 22,7 (J. Braslavi, Beth Miqrā 10, 1965, 43–47 [neuhebr.]). Wenn etwa *ḥǽræm* »Fremdheiliges« bei den Kriegern ist, können sie nach Jos 7,12f. vor ihren Feinden nicht bestehen, bis sie es entfernt haben. Die so Präparierten heißen Jes 13,3 *mᵉqud-dāšīm* »Geheiligte«; ein gewöhnlicher Marsch im Gegensatz zum Kriegszug wird 1Sam 21,6 *dǽræk ḥōl* genannt. Das Hi. bedeutet Jer 12,3 jemanden, hier die Feinde des Propheten, für die Vernichtung am Tage des Tötens »darbringen«, während es Zeph 1,7 die Weihe der am Jahwetag zum Opfer Geladenen meint (vgl. Jenni, HP 61). Wie einen Krieg, so heiligt man auch eine *ʿᵃṣārā* »(Enthaltung >) Festversammlung«: *qaddᵉšū ʿᵃṣārā* 2Kön 10,20 (mit Beziehung auf Baal), *qaddᵉšū ṣōm qirʾū ʿᵃṣārā* Jo 1,14; 2,15 und *qaddᵉšū qāhāl* Jo 2,16 sind Formeln des Aufrufs zur Volksklage (dazu H.W. Wolff, ZAW 76,1964,48–56).

3. Unter den geweihten Menschen einer eher altertümlichen Prägung kennt das AT den →*nāzīr* »Geweihten« und den *qādēš* bzw. die *qᵉdēšā*.

Der *nāzīr* ist »heilig« (*qādōš*), »bis die Zeit, für die er sich Jahwe weiht« (*nzr* hi. als Denominativ), abgelaufen ist, Num 6,5 (8). Hat er sich durch die Berührung mit einem Toten verunreinigt, so soll das Haupt(haar) des Nasiräers, wo seine Macht konzentriert ist, durch den Priester unter Opferung von Tauben wieder heilig gemacht werden (*qdš* pi.).

Dagegen scheinen der *qādēš* und die *qᵉdēšā* zu den lebenslang tätigen Kultfunktionären zu zählen.

Schon altass. steht *qaššum* für einen Kultfunktionär; das akk. Fem. *qadištu(m)* (*qašdatu*, *qaššatum*, *qadiltu*) bezeichnet eine Frauenklasse, deren Tätigkeit zum Sexuellen, offenbar aber nicht speziell zum Ischtarkult in Beziehung steht. Ihr sum. Pendant nu gig bekleidete in voraltbabylonischer Zeit eine höhere gesellschaftliche Stellung; auch für spätere Perioden spricht nach J. Renger (ZA 58, 1967, 179-184) manches gegen eine einfache Einordnung der nu gig/*qadištu(m)* als Kultprostituierte. Doch ist auffällig, daß sich die *qadištu* nach MSL I 99,7; 100,11 auf der Straße aufzuhalten pflegt, von wo sie einen Knaben adoptiert; auch in dem Text AOAT I 4,11 erscheint sie in nicht eben feiner göttlicher und menschlicher Gesellschaft.

Für die ug. *qdšm* (nur masc.!), die an 4 von 5 Belegstellen nach Priestern (*khnm*) und dreimal zusammen mir Handwerkern genannt werden, ist die Übersetzung »Kultprostituierter« nach W. von Soden, UF 2, 1970, 329f., nicht zwingend.

Daß hebr. *qᵉdēšā* die Prostituierte meint, dürfte wegen Gen 38,21f. unzweifelhaft sein; doch fehlen hier die kultischen Beziehungen (H.L. Ginsberg, FS Baumgartner 1967, 75 Anm. 2), und so wird an der Sache kein Anstoß genommen. In der prophetischen Anklage Hos 4,14 ist *qᵉdēšōt* par. zu *zōnōt* »Huren« gebraucht und der Umgang mit diesen mit dem Opfer verbunden; Hos 12,1 stellt die *qᵉdēšīm*, falls so mit J. Wellhausen, Die kleinen Propheten, 128, zu lesen ist, mit dem El-Kult in Juda zusammen (vgl. aber auch IV/2). Im Jerusalemer Tempel hatten die *qᵉdēšīm* eigene Räume; hier woben Frauen Kleider für Aschera (2Kön 23,7). Josia hat die Institution der *qᵉdēšīm* mit dem gleichen oberflächlichen Erfolg aufgehoben wie observante Könige vor ihm (1Kön 15,12; 22, 47; vgl. 14,24). Auch das Verbot von Kadeschen beiderlei Geschlechts Dtn 23, 18 denkt an Prostituierte, wie das Parallelverbot (V.9), Dirnenlohn und »Hundegeld« (zum Ausdruck W. Thomas, VT 10, 1960,424ff.) auf Grund eines Gelübdes in den Tempel zu bringen, deutlich macht. Hi 36,14 scheint vorauszusetzen, daß die *qᵉdēšīm* durch Krankheitsfolgen ihres Umgangs (?) eines frühen Todes sterben; der Ausdruck kann aber auch metonymisch für »Jugendalter« (Abstraktplural) gebraucht sein (P. Dhorme, Le Livre de Job, 1926,496; Fohrer, KAT XVI,473).

4. »Heilig« im dynamistischen Sinne sind etwa Num 18,17 die Erstlinge (vgl. pun. *qdmt qdšt* »heilige Erstlinge« in den Opfertarifen von Marseille und Karthago KAI Nr. 69,12; Nr. 74,9), die ursprünglich vielleicht zur Erhaltung und Steigerung des in ihnen besonders wirksamen Segens eliminiert wurden (vgl. Lev 19,25; Ez 44, 30). Sie sind Jahwe zu »weihen« (Ex 13,2 *qdš* pi.) oder »darzubringen« (Num 3,13; Dtn 15,19 *qdš* hi.); ihm gehören sie (Ex 13,2; Num 3,13; 8,17). Jede profane Nutzung ist ausgeschlossen, eventueller Verzehr an die heilige Stätte gebunden (Dtn

15,19f.). Nach Lev 19,23f. dürfen die drei ersten Jahresernten von Bäumen nicht gegessen werden; der vierte Jahrgang ist *qōdæš hillūlīm leJhwh*, eine Jahwe beim Dankfest geweihte Gabe, die dem Kultpersonal zukommt (Elliger, HAT 4,261).

5. Jes 65,5 zitiert in einer Anklage gegen Teilnehmer illegitimer Kulte deren Warnruf gegenüber Nichtpartizipanten: »Halt dich zurück! Komm mir nicht nahe! Denn ich mache dich heilig.« (l *qiddaštīkā* als perfectum declarativum oder Koinzidenzfall). Eine solche Heiligkeit würde offenbar von den Gewarnten oder den Warnern als negativ bewertet werden: man fürchtet entweder Befleckung mit fremder (dämonischer?) Heiligkeit und eventuell die Umständlichkeiten besonderer Verhaltensvorkehrung oder auf Seiten der Warner Verschwendung numinoser Energie.

Wie die Betreffenden zu der prekären Heiligkeit kommen, deutet der nachträglich ergänzte Vers 66,17 an: sie »heiligen« (*mitqaddešīm*) und »reinigen sich« (*miṭṭaharīm*) zur Vorbereitung von Kulten, die in Gärten vollzogen werden und bei denen man sich »hinter einem (Priester?, Mystagogen?) in der Mitte« (txt?) anordnet (vgl. Ez. 8,10f.).

IV. 1. Eine persönliche Religiosität gegenüber dem Heiligen kommt erst da auf, wo die heilige Macht in der Gottheit Gestalt findet und dadurch zugleich willenhaft und für den Menschen anrufbar wird.

a) Die älteste Stelle, an der Jahwe *qādōš* genannt wird, ist 1Sam 6,20. Nachdem in Beth-Schemesch 70 (nach einer Glosse 50000) Mann von Jahwe erschlagen worden waren, weil die Söhne Jechonjas an der allgemeinen Freude über die Ankunft seiner Lade nicht teilgenommen hatten (LXX), äußert sich die Trauer der Bewohner in den Worten: »Wer kann vor Jahwe, diesem heiligen Gott, (be)stehen?« Solche Heiligkeit ist weiterhin dynamistisch, insofern sie einem Kultgegenstand anhaftet (vgl. 2Sam 6,6f.); zugleich aber wird die von diesem ausgehende Vernichtungsmacht als Macht eines Gottes verstanden, der sich durch die Indolenz der Unbeeindruckten persönlich beleidigt fühlt.

Auf der pun. Votivtafel KAI Nr. 104,1 und der pun. Türinschrift von Mactar KAI Nr. 145,4 werden mit Gottesnamen ähnliche Attribute, nämlich *l'ln hqdš* »dem heiligen Gotte« und *l'lm hqjdš* (ebenso), in Verbindung gebracht.

b) Die Gestalt des heiligen Gottes hat sich vom machttragenden Gegenstand gelöst, wo sich Jahwe in der Epiphanie als der Heilige zeigt. Wenn Jahwe dem Propheten Jesaja, offenbar im Tempel von Jerusalem, als hoch und erhaben thronender König mit den Seraphen als Hofstaat erscheint, hört der Mensch, wie diese ihren Herrn als *qādōš* preisen; interpretierend wird hinzugefügt: »seine Gewichtigkeit (*kebōdō*) füllt die ganze Erde« (Jes 6,3). Vor der Reinheit dieses heilig-gewichtigen Gottes empfindet der Prophet sich und sein Volk als »unrein«, und zwar im Blick auf die Lippen als Organ der aufzutragenden Prophetenrede (V.5). So wird der dynamistische Heiligkeitsbegriff, nach dem sich Heiligkeit im *kābōd* zeigt (vgl. Ex 29,43), zwar nicht ins Allgemein-Ethische transponiert, wohl aber der Willenhaftigkeit Jahwes Genüge getan, indem die Heiligkeit zu der Unreinheit menschlicher Rede in eine Gegensatzentsprechung tritt.

Die Prädizierung eines Gottes als heilig wird im vorisraelitischen Kanaan besonders häufig gewesen sein. Für das Ug. wäre auf die entsprechende Bezeichnung der Stimme Ba'ls 51 (=II AB) VII,29.31, die Verwendung von *bn qdš* als Homonym für *il* und von *qdš* in zusammengesetzten Gottesnamen wie *ltpn wqdš* und *qdš (w) amrr* (s. I/3b) hinzuweisen. Auch im Phön. (KAI Nr. 14,9.22 [vgl. *šd/r qdš* als Epithet für Ešmun Z.17] und KAI Nr.15; 16) und Pun. (etwa KAI Nr. 104,1; 114,3; 145,4, für eine Göttin 162,3) ist *qdš* als Gottesattribut gängig. Auch im Blick auf die oben zu 1Sam 6,20 genannten pun. Parallelen, vor allem aber wegen der hohen Wahrscheinlichkeit, mit der für die Kontextvorstellung vom Königtum Jahwes (Jes 6,1–5) und seiner Ratsversammlung (H.-P. Müller, ZNW 54, 1963, 254–267) kanaanäischer Ursprung anzunehmen ist, darf man vermuten, daß die Betonung der Heiligkeit Jahwes, insbesondere bei Jesaja, auf kanaanäischen Einfluß zurückgeht (vgl. O. Procksch, ThW I,88; W. Schmidt, Wo hat die Aussage: Jahwe »der Heilige« ihren Ursprung?, ZAW 74, 1962, 62–66).

In der Epiphanieschilderung Hab 3,3 wird parallel zum Subjekt *'ælōah* absolut gebrauchtes *qādōš* gesetzt; ähnlich Jes 6,3 sagt der gleiche Vers, daß Jahwes Ruhm (*tehillātō*) die Erde füllt, während seine Pracht (*hōdō*) den Himmel deckt. Der jetzige Zusammenhang bezieht das Sich-als-Heilig bzw. Herrlich-Erweisen Jahwes in dem Zitat Lev 10,3 auf seine Feuerepiphanie. Num 20,13 verbindet das Sich-als-Heilig-Erweisen mit dem rettenden und zugleich richtenden Erscheinen des *kebōd Jhwh* (V.6b), wobei Mose Wasser aus dem Felsen schlägt (V.11); zum Gericht wird dieses Erscheinen, weil Mose und Aaron in ihrem Unglauben Jahwe nicht »als heilig behandelten« (hi.), wie es ihm entsprochen hätte (V.12; vgl. Jes 8,13 MT).

c) Wie in dem beschreibenden (hymnischen) Gotteslob von Jes 6,3 die Heiligkeit Jahwes gepriesen wird, so fordert der Thronbesteigungspsalm 99 (V. 5.9) dazu auf, Jahwe zu loben, weil er heilig ist (vgl. die entsprechenden Aufforderungen zum Lob seines Namens Ps 99,3; 103,1; 105,3; 106,47; 111,9; 145,21 oder seiner heiligen Nennung [*zēkær*] 30,5; 97,12). Nach Ps 89,19 führt der »Heilige Israels« das Epithet »unser König«; sein Königtum über die Völker übt er nach Ps 47,9 »auf seinem heiligen Thron« aus (vgl. Jes 57,15). Ein Lobgelübde an den »Heiligen Israels« ist Ps 71,22, wozu sich das eschatologische Loblied Jes 12 mit V. 6 stellen ließe. Auch in dieser hymnischen Topik scheint kanaanäische Tradition nachzuwirken. Ebenfalls dem beschreibenden Lob gehört der Preis der Unvergleichlichkeit Jahwes in seiner Heiligkeit 1Sam 2,2 an; vgl. die rhetorischen Fragen Ex 15,11; Jes 40,25; Hab 1,12; Ps 77,14. In Ps 22,4 und 33,21 motiviert die Heiligkeit Jahwes ein Bekenntnis der Zuversicht; doch kann die unberührte Heiligkeit Jahwes »über den Lobgesängen Israels« Ps 22,4 in ihrem Widerspruch zur Not des Menschen auch Gegenstand eines verhaltenen Vorwurfs sein.

In der Prophetenklage Jer 23,9 wird die Heiligkeit der Worte Jahwes zum Bezugspunkt des eigenen Zerbrechens. Hiob (6,10b) dagegen beteuert, »die Worte des Heiligen« nicht verborgen gehalten zu haben. – Die Bitte um Zuwendung kann in der Klage des Einzelnen Ps 51,13 angesichts quälender Sündenanfälligkeit die Form annehmen: »Nimm deinen heiligen Geist nicht von mir!« Vgl. die Klage um das Ausbleiben des heiligen Geistes als rettender Macht in den Charismatikern Jes 63,11.

d) Aber die Heiligkeit Jahwes hat zugleich verpflichtenden Charakter. So wird Ex 22,30 innerhalb des Bundesbuches, programmatisch dagegen im Heiligkeitsgesetz (Lev 17–26) eine Jahwe entsprechende Heiligkeit des Menschen gefordert. »Ihr sollt heilig sein; denn ich bin heilig, Jahwe, euer Gott!« (Lev 19,2). Dabei nimmt »heilig« die Bedeutung der ethischen Reinheit an. Der Jussiv *qᵉdōšīm tihjū* wird 11,44f. und 20,7 mit Hilfe des Hitp. plerophorisch variiert; Lev 20,26 steht bei der Begründung der erläuternde Satz: »ich habe euch aus allen Völkern ausgesondert, daß ihr mir gehört«.

e) Negativ wird der verpflichtende Charakter der Heiligkeit Jahwes insbesondere innerhalb der prophetischen Unheilsankündigung als Kriterium der Anklage gegen Israel wirksam.

Jesaja verwendet in dieser Weise das Epithet »der Heilige Israels«. Ihn hat Israel verlassen bzw. verworfen (1,4): statt auf ihn blicken sie auf Ägypten mit seinen Rossen, Streitwagen und Fahrern (31,1). Auf Unheilsankündigungen in seinem Namen reagiert man mit Spott (5,19.24) und Redeverbot (30,11); auch der Ruf zu vertrauensvoller Haltung ihm gegenüber trifft nur auf Unwillen (30,11). Nach dem Einschub 5,15f. ist Jahwe durch ein an Israel vollzogenes Gericht groß bzw. als *hāʾēl haqqādōš* »heilig geworden« (ni.). In unechten Bildungen wie 10,20; 17,7; 29,19 wird das künftige Vertrauen des Volkes auf den »Heiligen Israels« angekündigt (vgl. 29,23 »sie werden heilig halten den Heiligen Jakobs«).

Zur Norm der gegen Israel gerichteten Anklage wird die Heiligkeit Jahwes auch, wenn Ez 13,19 den Frauen vorwirft, sie hätten durch verbotenen Zauber Jahwe bei seinem Volk entweiht (*ḥll* pi.); vgl. 43,8 und den dtr. Einschub Am 2,7, des weiteren Jes 63,10). Eine Entweihung des heiligen Namens Jahwes bedingt nach Ez 36, 20f. ebenso die Unheilsgeschichte, die sich Israel durch seinen Wandel eingetragen hat. So ist Jahwe dem exilierten Volk nach Ez 11,16 »nur wenig zu einem *miqdāš*, d.h. einem Hort heilhafter Heiligkeit, geworden«.

Schließlich erkennt der Dtr. Jos 24,19, daß Israel wegen der Heiligkeit Jahwes, die hier mit einer allem Verzeihen abgeneigten Eifersucht identisch ist, diesem Gott gar nicht dienen kann.

f) Freilich begründet die Heiligkeit Jahwes schließlich auch eine neue Heilssituation für Israel, wenn etwa der Jesaja der Legende 37,23 Sanherib, den Feind Israels, der Hybris gegenüber dem »Heiligen Israels« anklagt; vgl. 10,17; 47,4; Jer 50,29; 51,5. Nach Ez 28,22 wird Jahwe an dem gerichteten Sidon »(ge)heilig(t)« (*qdš* ni.) und »geehrt« (*kbd* ni.); vollends an Gog wird er sich »als heilig erweisen« (*qdš* hitp., Ex 38,23). – Entsprechend motiviert die Heiligkeit Jahwes das Heilsorakel an Israel. Schon Hos 11,9 erklärt eine bloße Einschränkung der Gerichtsdrohung mit den Worten: »Gott bin ich und nicht Mensch, heilig in deiner Mitte; nicht komme ich mit Schrecken« (vgl. Rudolph, KAT XIII/1,212). Nach Ez 28,25 wird Jahwe durch sein Heilshandeln vor den Augen der Heiden an seinem Volk »(ge)heilig(t)«; vgl. 36,23; 39,7.25. Indem er selbst für den künftigen Gehorsam Israels sorgt, verhindert er, daß sein heiliger Name wieder profaniert werde (20,39; 43,7f.). Mit der gleichen Intention wird Jahwe in den Heilsorakeln Deuterojesajas »der Heilige Israels« genannt (41,14.16.20; 43,3; 48,17; 54,5; 55,5, vgl. 47,4 sowie 60,9.14); Jes 43,14; 45,11; 49,7 werden Heilsorakel im Namen des »Heiligen Israels« gegeben (vgl. 57,15 und das absolut stehende *qādōš* in dem Diskussionswort 40,25).

Gelegentlich beschwört Jahwe eine Ankündigung bei seiner Heiligkeit, so in dem Unheilsorakel Am 4,2 und in der variierten Nathanweissagung Ps 89,36; im gleichen Sinne wird die Zusage an Abraham Ps 105,42 ein »heiliges Wort« genannt.

g) Ganz fremd ist der Begriff der Heiligkeit Gottes auch der Weisheit nicht. Nach Spr 30,3 (G) hat El den Sprecher eine Weisheit gelehrt, die als *dá'at qedōšīm* »Wissen um den Heiligen« (Majestätsplural) spezifiziert wird; 9,10 stehen *jir'at Jhwh* »Jahwefurcht« und *dá'at qedōšīm* einander parallel. Zu Hi 6,10 s.o. 1c. Dan 4,5f.15; 5,11 wird die märchenhafte Weisheit des Mantikers Daniel von Heiden auf den »Geist der heiligen Götter« zurückgeführt.

2. Nicht selten wird der Plural *qedōšīm* auf numinose Gestalten angewendet, die innerhalb der Jahwereligion die Nachfolge des kanaanäischen Pantheons angetreten haben.

Leider sind einige Texte offenbar bewußt entstellt. Für Dtn 33,2aβ empfiehlt sich die Lesung *we'ittō ribebōt qōdæš* nach Peschittā (»und mit ihm heilige Scharen«): Jahwe wird dann bei seinem Kommen von Sinai/Seir/Paran durch eine Gruppe untergeordneter Numina begleitet, die auch V.3 (txt em) mit »alle Heiligen sind in seiner Gewalt« voraussetzt. Hos 12,1 stellt, falls MT in etwa richtig ist (vgl. aber auch III/3), El und die *qedōšīm* zueinander; doch könnte zu MT auch wie in Spr 9,10; 30,3 an einen Abstraktplural gedacht werden (vgl. IV/1g). Während Hi 5,1 *qedōšīm* eine Pluralität von Göttern meint, an deren einen Hiob sich betend wenden könnte, scheint Ps 16,1–3 El und Jahwe einerseits, die *qedōšīm* und *'addīrīm* (cj) andrerseits oppositionell zu verwenden: erstere sind das legitime Gegenüber frommen Vertrauens (V.1.2a), die »Heiligen« und »Herrlichen« dagegen nicht (H. Gunkel, H. Schmidt u.a., zuletzt C. Schedl, ZAW 76,1964,171–175). Zum Nebeneinander der Wurzeln *qdš* und *'dr* weist M. Dahood in Fisher, a.a.O. §483 auf ug. 125 (=II K I–II) 7/8, wo sie als Adj. auf *ḥl(m)*, einen großen Vogel (?), angewendet werden.

Nach Ps 89,8 ist El »furchtbar im Rat der Heiligen«, die der Parallelvers als »seine ganze Umgebung« bezeichnet; entsprechend steht V.6 *qehal qedōšīm* »Versammlung der Heiligen« als Parallelbegriff zu *šāmájim* »Himmel« (vgl. *qedōšāw* par. mit *šāmájim* Hi 15,15). V.7b preist Jahwe als unvergleichlich *bibnē 'ēlīm* »unter den Göttersöhnen« bzw. »El-Söhnen« (sofern der Plur. *'ēlīm* für den Sing. steht wie im Phön. nach Friedrich-Röllig §240,4; 306,1), die nach dem Parallelvers mit Jahwe »im Gewölk« sind.

Von einer »Versammlung der heiligen Götter von Byblos« (*mpḥrt 'l gbl qdšm*), die den »Himmelsbaal« und die »Herrin von Byblos« umgibt, weiß auch die Jeḥimilk-Inschrift KAI Nr. 4,4/5. Zu hebr. *benē 'ēlīm* in Ps 89,7 vgl. die Ausdrücke *kl bn 'lm* par. mit *qdšm/t* für die Mitglieder eines Götterrates KAI Nr. 27,11, zur Vorstellung eines »Kreises der Götter-/El-Söhne« (*dr bn 'lm*) KAI Nr. 26 A III,19 und vielleicht die aram. Wendung *b'l qdšn* »Herr der Heiligen« Aḥ. 95 (dazu I/3).

Sach 14,5 wendet das Kommen Jahwes mit »alle(n) Heiligen«, das wir hinter Dtn 33,2f. vermuten, ins Eschatologische.

In Dan erscheinen aram. *qaddīš* 4,10.20 (par. *'īr* »Wächter«) und hebr. *qādōš* 8,13 für jeweils einen einzelnen Engel; der aram. Plur. *'īrīn* par. mit *qaddīšīn* steht 4,14 für den himmlischen Rat. Mit O. Procksch, S. Mowinckel, M. Noth (FS Mowinckel 1955, 146–161 = GesStud 274–290) u.a. wird man bei den *qaddīšē 'æljōnīn* »Heiligen des Höchsten« (zum Plur. *'æljōnīn* BLA 305) 7,18 an einen Engelrat denken dürfen; als deren Repräsentant empfängt der Menschensohn V.14 »Macht, Ehre und Reich«, die damit zugleich an das »Volk der Heiligen des Höchsten«, das observante Israel, übergehen V.27; auch mit *'am qōdæš* 12,7 (8,24 cj) ist Israel gemeint. Dagegen hat die Verwendung des Begriffs »Heilige (des Höchsten)« als Objekt zu *'ābedā qerāb 'im* »es macht Krieg gegen« 7,21 und zu *jeballē* »er wird aufreiben« (wie hebr. *blh* pi. 1Chr 17,9) V.25 die verfolgten Gläubigen im Auge (R. Hanhart, FS Baumgartner 1967,90–101); V.21f.25 gehören zur jüngsten, auf die Ereignisse der Jahre 167–164 unmittelbar bezogenen Schicht des literarisch vielfältig aufgestockten Textes, und insbesondere V.21f. fällt als Nachtrag zur Visionserzählung aus dem Rahmen der Deutung.

Zum Begriff der »Heiligen« insbesondere in den Apokryphen, Pseudepigraphen und in der Qumranliteratur vgl. C. Brekelmans, OTS 14, 1965, 305-329, und L. Dequeker, OTS 18, 1973, 108–187.

3. a) Die Anwesenheit eines Gottes teilt einer Stätte dessen Heiligkeit mit, wie umgekehrt der einen Ort umwehende numinose Schauder fragen läßt, ob dort ein Gott wohne oder wer er sei. So hört Mose Ex 3,5 J aus dem Feuer im Dornbusch die Stimme Jahwes, die ihn zum Ausziehen der Schuhe auffordert; fast gleichlautend ist die Anweisung, die Josua Jos 5,15 durch den »Anführer des Heeres Jahwes« bei Jericho erfährt. Nach Ex 19,12.23 J soll Mose den Sinai gegen unbefugtes Berühren umgrenzen und so »heilig machen«.

b) Ein heiliger Berg kanaanäischer Provenienz, den Israel für Jahwe okkupierte, war der Zion. Ihn preist Ex 15,(13)17 als Ziel göttlicher Führung; vgl. Ps 78,54. Der Ausdruck *har qōdæš* + Pronominalsuffix der Gottheit scheint ursprünglich der Zionstradition anzugehören Ps 48,2; Plur. 87,1, ferner Ps 2,6; 3,5; 15,1; 43,3; 99,9; außerhalb des Psalters begegnet er in den Heilsankündigungen Jes 11,9; 56,7;57,13; Ez 20,40; Jo 4,17; Ob 16; Zeph 3,11, sowie mit Ausdehnung der Heiligkeit auf das umgebende Land Jer 31,23; Sach 2,16.

Daß die sakrale Würde des Zion von einem anderen (kanaanäischen) Gebirge auf diesen übertragen wurde, geht nicht nur aus den Plur.-Ausdrücken Ps 30,8; 36,7 (*harᵉrē-'ēl* !); 50,10; 76,5; 87,1; Jes 14,25; 65,9, sondern vor allem aus seiner Lokalisierung am »Äußersten des Zaphon« (ug. *ṣpn* = *ǧebel el-'aqra'* in Nordsyrien) hervor. Ex 28,14 versetzt den mit dem Urmenschen identifizierten König von Tyros auf den *har qōdæš 'ᵆlōhīm*, wo er inmitten feuriger Steine dem Kerub beigesellt zu sein scheint.

Von der Weihung (*qdš* hi.) von sechs Asylstädten für Totschläger berichtet Jos 20,7; vgl. *bdl* hi. Dtn 4,41. Interessant ist, daß der Totschläger durch Berührung des Altars im Heiligtum der Asylstadt nicht selbst heilig zu werden scheint.

c) Der Kultruf »Jahwe (ist) in seinem heiligen Tempel« (Ps 11,4; Hab 2,20) sagt, was den Tempel heilig macht; gleichzeitig freilich ist nach Ps 11,4 Jahwes Thron im Himmel, und Hab 2,20 zieht die enthusiastische Konsequenz, daß alle Welt vor Jahwe verstummen müsse. Nach Ps 46,5 ist die Gottesstadt »die heilig(st)e der Wohnungen des Höchsten«; nach Ex 15, 11 wird Jahwe im Heiligtum mehr als die *'ēlīm* »(ver)herrlich(t)« (vgl. Ps 77,14, anders M.Dahood, Psalms, II,1968,230). Ps 68,6 zieht aus Gottes Anwesenheit »in seiner heiligen Wohnung« asylrechtliche Konsequenzen. Das Heiligtum ist Ausgangspunkt des Heilsorakels Ps 60,8 = 108,8 oder der Hilfe Jahwes 20,3 (vgl. 68,36); der Klagende hebt seine Hand zum Allerheiligsten 28,2, wie sich denn auch die Proskynese »nach deinem heiligen Tempel hin« richtet 5,8; 138,2 (vgl. 65,5; 150,1). In hymnischer Prädikation wird die Heiligkeit des Tempels Ps 93,5 ausgesprochen, ein Stück Klage um den heiligen Tempel ist Jes 64,10. – Als Begründung für ein rituelles Gebot erscheint Lev 21,23 die Formel: »Ich bin Jahwe, der sie (die Heiligtümer) heiligt«. Unheilsankündigungen gegen die Heiligtümer Israels Am 7,9 (vgl. die Drohung Lev 26,31) bzw. Moabs Jes 16,12 haben ihr Pendant an Anklagen wegen der Entweihung des Tempels Ez 28,18; Mal 2,11 (vgl. Lev 20,3; 21,12.23). Dtjes. dagegen fordert die »heilige Stadt« Jerusalem auf, sich in Prachtgewänder zu hüllen 52,1. Nach dem Dtr. weiht Jahwe den von Salomo erbauten Tempel, um seinen Namen dahin zu setzen 1Kön 9,3 (2Chr 7,16; 30,8; 36,14). Die Anweisung zum Bau eines Heiligtums an Mose Ex 25,8 geschieht, »daß ich unter ihnen wohne«. Nach Ez 42,20 soll eine Mauer das Heilige (*qōdæš*) vom Profanen (*ḥōl*) trennen; zur entsprechenden Aufteilung des Landes Juda 48,15. Zur Weihe des zuvor verunreinigten Tempels 2Chr 29,5.17.19.

d) Heilig sind auch die Teile und das Inventar des Tempels. Nach Ri 17,3 weiht Micha eine Menge gestohlenen Silbers Jahwe, um ein Gottesbild daraus zu machen. Detailliert werden die diesbezüglichen Angaben in nachexilischer Zeit. Ez 42,13; 44,19; 46,19f. sehen heilige Räume (*liškōt haqqōdæš*) vor, wo die Priester die hochheiligen Opfergaben (*qodšē haqqᵒdāšīm*) zubereiten und essen bzw. die Priestergewänder aufbewahrt werden. Die Sühnung (*kpr* pi.) des Altars regelt Ex 29,36f. (vgl. Lev 16,33): durch die Sühnung wird er geweiht (*qdš* pi.) und somit hochheilig (*qōdæš qᵒdāšīm*), so daß er seine Heiligkeit auf jeden überträgt, der ihn berührt (vgl. für heiliges Gerät Ex 30,29). Das Begegnungszelt wird durch Jahwes *kābōd* »(ge)-heilig(t)«, was sich auf Altar und Priester überträgt Ex 29,43f. Zur Salbung heiliger Gegenstände gibt es heiliges Öl (*šǽmæn qōdæš* Ex 30,22–33; vgl. 37,29). P kennt ein Tempelgewichtsmaß, das *šǽqæl haqqōdæš* heißt Ex 30,13 u.ö.; *kǽsæf haqqᵒdāšīm* 2Kön 12,5 ist wohl Geld als Weihgeschenk, *'ōṣᵉrōt haqqᵒdāšīm* 1Chr 26,20 mag den Vorrat an Weihegaben im Unterschied vom Tempelschatz (*'ōṣᵉrōt bēt hā'ᵆlōhīm*) bezeichnen (Rudolph, HAT 21,177).

Der *debīr*, der Hinterraum des Tempels, heißt *qōdæš* (Lev 16,2f. 16f.20.23.27; Ez 41,21.23), *qōdæš haqq°dāšīm* (Ex 26,33f.; 1Kön 6,16; 7,50; 8,6; Ez 41,4; 2Chr 4,22; 5,7), *bēt qōdæš haqq°dāšīm* (2Chr 3,8.10) oder *miqdaš haqqōdæš* Lev 16,33; vgl. *debīr qodšǣkā* Ps 28,2.

4. Mit dem Begriff der Zeit, der Festzeit, wird die Wurzel *qdš* in Verbindung gebracht, wenn etwa Jehu 2Kön 10,20 listig befiehlt, für Baal eine *ʿaṣārā* »Festversammlung« zu heiligen (*qdš* pi.); vgl. zum Aufruf zur Volksklage III/2. Jes 30,29 spricht im Vergleich für die künftige Siegesfreude von der »Nacht, da man sich für einen Reigen (Umgang) heiligt«. Der Begriff »Festtage« heißt Esr 3,5 *(kol-)mōʿadē Jhwh hamequddāšīm*.

Anders als die älteren Sabbatgebote Ex 23,12; 34,12 befiehlt Ex 20,8 (=Dtn 5,12) ausdrücklich, den Sabbat zu »heiligen«; das scheint auf das (relativ späte) Aufkommen einer kultischen Sabbatbegehung hinzuweisen. Ez 20,12.20 kennt den Sabbat als (Bundes-)Zeichen und so als göttliche Gabe; das Gebot, den Sabbat zu heiligen (V.20a), verfolgt den Zweck der Erkenntnis, »daß ich es bin, der sie (Israel) heiligt« (V.12b); ebenso verbindet Ex 31,13 das Verständnis des Sabbats als (Bundes-)Zeichen mit dieser Erkenntnisformel. Tritojesaja nennt 58,13 den Sabbat Jahwes heiligen Tag. Eigentümlich ist Lev 19,30; 26,2 die Erweiterung des Sabbatgebots um die Mahnung *miqdāšī tīrāʾū* »meine Heiligkeit fürchtet« (vgl. I/4). In Gen 2,3 P (Ex 20,11) scheint »er heiligte« (*qdš* pi.) mit »er segnete« (*brk* pi.) synonym; so lenkt der Heiligkeitsbegriff entsprechend dem Gebrauch von *brk* Gen 1,22.28 zur Vorstellung des Machthaften zurück, was vielleicht der Bezeichnung des Sabbats als *qōdæš lākæm* Ex 31,14 (35,2) bzw. *qōdæš leJhwh* 31,15 mit der unproportionierten Todesdrohung für den Fall der Entweihung entspricht.

Nehemia, Esra und die Leviten proklamieren Neh 8,9.11 die Heiligkeit des Laubhüttenfestes als eines Freudentages, wobei das Schweigegebot der Leviten an den Kultruf Hab 2,20 (vgl. 3c) erinnert. Das Jobeljahr wird Lev 25,12 als *qōdæš lākæm* bezeichnet.

5. Die Heiligkeit Gottes teilt sich auch den Menschen mit, die mit ihm zu tun haben.

a) Ehe der epiphane Jahwe Menschen gegenübertreten kann, muß diese ein Mittler heiligen (*qdš* pi.) Ex 19,10.14 J (vgl. Jos 7,13); man muß sich heiligen (meist Hitp.), wenn ein Wunder (Num 11,18 J; Jos 3,5), ein Krieg (Dtn 23,15) oder ein Opfer (1Sam 16,5) bevorsteht. Setzt sich der Mensch nicht zu dem heiligen Gott in Entsprechung, so schlägt das zu seinem Unheil aus Ex 19,22.

Von Israel als von einem für Jahwe, seinen Gott, heiligen Volk wird dagegen erst seit dem Dtn programmatisch gesprochen Dtn 7,6; 14,2.21; 26,19 (28,9); Grund solcher Heiligkeit ist die Erwählung Israels zum Volk des Eigentums Jahwes 7,6; 14,2, die gegenseitige Bundesproklamation 26,17–19 oder Jahwes eigener Eid 28,9. Entsprechende Aussagen erscheinen als Begründungen von Geboten 7,6; 14,2.21; 26,19, oder das bezeichnete Heilsgut ist an die Bedingung der Gebotserfüllung gebunden 28,9 (vgl. Ex 19,5f. dtr.). Dem Inhalt nach sind Gebote wie 7,6 (Fremdgötterverbot) und 14,2.21 (paganen Brauch betreffend) eher kultjuridisch als ethisch.

In den Heiligkeitsforderungen von Ex 22,30 und des Heiligkeitsgesetzes (IV/1d) wird die Nötigung, der Heiligkeit Gottes zu entsprechen, gleichsam verewigt und ethisiert.

Nach den Erkenntnisformeln Ex 31,13; Ez 20,12; 37,28 ist es Jahwe, der Israel heiligt, was dessen Umgebung an der Sabbatinstitution Ex 31,13; Ez 20,12 und der Wiederherstellung des Tempels Ez 37,28 erkennt. Lev 20,8; 21,8 (?); 22,32 dient die Formel »(denn) ich bin Jahwe, der euch heiligt« der Gebotsbegründung.

Dagegen wird der Rest von Zion/Jerusalem Jes 4,3 »heilig« genannt werden, nachdem »Jahwe den Kot der Töchter Zions abgewaschen hat ... durch den Geist des Gerichts und der Säuberung«: die Heiligkeit des neuen Gottesvolkes ist nun seine ethische Fleckenlosigkeit, wie sie durch Sühnung der Schuld, nicht eigentlich durch Vergebung zustandekommt. Durch das gleiche Mittel wird nach Lev 10,3 Jahwe an den ihm nahestehenden Priestern und am ganzen Volk »(ge)heilig(t)« bzw. »(ver)herrlich(t)« (beidemal Ni.); vgl. Num 20,12f.

Zum Synonym für »Gläubige« wird der Plural *qedōšīm* Ps 34,10 und Dan 7,21.25 (vgl.2), ebenso οἱ ἅγιοι Weish 18,9. Ins Nationale tendiert der Begriff *zæraʿ (haq)qōdæš* Esr 9,2; Jes 6,13 (Glosse). – Der Begriff des individuellen »Heiligen« fehlt im AT, obwohl seine Gestalt in der Propheten- und Märtyrerlegende innerhalb und außerhalb der kanonischen Schriften gegenwärtig ist.

b) Stark spezifizierte Vorstellungen und Begriffe haben Teile des AT im Blick auf die Heiligkeit des Priesters entwickelt.

Als die Lade in das Haus Abinadabs kam, weihte (*qdš* pi.) dieser seinen Sohn, daß er die Lade Jahwes hüte 1Sam 7,1; zu *qdš* pi. als Terminus für die Priesterweihe vgl. Ex 28,3.41; 29,1.33.44; 30,30; 40,13; Lev 8,12.30; 21,15. Aaron heißt Ps 106,16 *qᵉdōš Jhwh* (vgl. Lev 21,6f.; Num 16,7). Trotz Ex 30,32 wird nach Num 35,25 der Hohepriester mit dem heiligen Öle gesalbt (vgl. für David Ps 89,21). Lev 21 erläßt umfängliche Anweisungen für den Schutz der priesterlichen Heiligkeit gegen Verunreinigung (dafür *ṭm'* hitp. V.1.3.4.11, *ḥll* pi. V.15, *ḥll* hi. V.4.9), u.a. mit der formelhaften Begründung, daß Jahwe selbst den Priester (V.8; vgl. 22,9.16) bzw. Hohenpriester (21,15) heilige.

Sichtbar wird die Heiligkeit des Priesters an den heiligen Kleidern Ex 28,2.4; 31,10; 35,19.21; 39,1.41; 40,13; Lev 16, 4.32 (vgl. Ex 29,21), die beim Dienst vor Schuldbefleckung und Tod schützen Ex 28,38.43. Sie werden bei der Priesterweihe zusammen mit *nézær*, dem Diadem, verliehen Ex 29,5f. Eine Aufzählung der hohenpriesterlichen Kleidungsstücke findet sich Lev 16,4, zum Stirnblatt mit der Inschrift *qṓdæš lᵉJhwh* vgl. Ex 28,36f.; 39,30; Lev 8,9. Lev 16,23f. und Ez 44,19 sehen vor, daß sich der Priester nach Verrichtung seines Dienstes durch Ablegen der Kleider desakralisiere; Lev 10,7; 21,12 dagegen verbieten ihm das Verlassen des Heiligtums überhaupt.

Aufgabe des Priesters ist vor allem der Opferdienst Ex 28,38; Lev 21,6.8 (vgl. Ez 46,20). Die umfassende Aufzählung priesterlicher Pflichten Ez 44,15–31 nennt daneben die Belehrung des Volkes in der Unterscheidung von »heilig« (*qṓdæš*) und »profan« (*ḥōl*), »rein« und »unrein« (V.23; vgl. die Anklagen Zeph 3,4; Ez 22,26); zur priesterlichen Trennung beider noch Lev 10,10; Hag 2,12f. – Ex 29,37; 30,29; Lev 6,11.20 deklarieren, daß, wer Heiliges berührt, selbst heilig wird; so lenkt priesterliche Theologie zu primitiv-dynamistischen Anschauungen zurück.

Der Ausdruck *mᵉlā́kæt haqqṓdæš* »heiliger Dienst« Ex 36,4; 38,24 und seine Varianten Ex 36,1.3 und 1Chr 6,34 haben an phön. *mlkt qdšt* KAI Nr. 37 A 7 ihre Parallele.

Eine Ausweitung priesterlicher Heiligkeit auf das ganze Volk liegt Ex 19,5f. (dtr.) vor; dagegen wird sie Num 16 ausdrücklich ausgeschlossen (vgl. die Abwehr König Usias vom Räucheropfer 2Chr 26,18 und die Restriktion 2Chr 23,6).

c) Nichtpriesterliche homines religiosi werden nur selten mit Begriffen der Wurzel *qdš* prädiziert, so Elisa im Munde einer Dame aus Sunem 2Kön 4,9 und Jeremia in der Berufungserzählung 1,5 (*qdš* hi. mit dem Subjekt Jahwes).

6. Heilig sind schließlich die Gaben, die der Mensch der Gottheit darbringt, etwa Jos 6,19 der Teil der Kriegsbeute, der in den »Schatz Jahwes« eingeht. Zur Heiligkeit des unbedacht Gelobten Spr 20,25. Das an Festtagen zu opfernde Kleinvieh heißt Ez 36,38 *ṣōn qᵒdāšīm*. Ez 42,13 zählt die von Priestern in heiligen Räumen (s.o. 3d) zu verzehrenden *qodšē qᵒdāšīm* auf. Der Ausdruck *qṓdæš qᵒdāšīm* wird bei P vielfältig für die Opfer verwendet, sonst Ez 44,13; Esr 2,63; Neh 7,65; 2Chr 31,14. Mit der Möglichkeit von Schuldbefleckung an den *qᵒdāšīm*, die die Israeliten weihen (*qdš* hi.), bzw. an den *mattᵉnōt qodšēhæm* rechnet Ex 28,38 (vgl. Lev 22,2); der Priester kann die Schuldbefleckung wegen seines Stirnblatts (s.o. 5b) tragen.

Spezifische Verordnungen für den Umgang mit den heiligen Opfergaben enthalten Ex 29,27ff.; Lev 6f.; 8,31ff.; 14,13; zum Umgang mit den geweihten Früchten Lev 19,24f., mit Gelübdegaben 27,9.26, zur Vernichtung von Gefäßen, die durch Opfer sakralisiert sind, Lev 6,21.

Unter *tᵉrūmat haqqṓdæš* Ez 45,6f.; 48,10.18.20; Ex 36,6 und *tᵉrūmat haqqᵒdāšīm* Lev 22,12; Plur. Num 18,19 sind wohl nicht »heilige Hebeopfer«, sondern einfach »heilige Gaben« zu verstehen, wobei an eine Wurzel *rīm* II »schenken« entsprechend akk. *riāmu(m)/râmu* »(be-)schenken« zu denken ist (W. von Soden, UF 2, 1970, 269–272). Die gleiche Wurzel findet sich in den Wendungen *rīm* hi. *tᵉrūmā* Ez 45, 1.13; 48,8f.20; Ex 35,24; Num 15,19f.; 18,19.26. 28f., *rīm* hi. *zᵉhab hattᵉrūmā* Num 31,52, *rīm* hi. *ma'šār* Num 18,24 u.ä. sowie in *rīm* hi. *lᵉ* »spenden« Lev 22,15; 2Chr 30,24; 35,7–9, wo offenbar überall nicht an *rūm* I q. »hoch sein«, hi. »erhöhen«, zu denken ist.

V. 1. Zur Wurzel *qdš* in der Qumranliteratur vgl. neben dem unter IV/2 Genannten F. Nötscher, Heiligkeit in den Qumranschriften, in: Vom Alten zum Neuen Testament, 1962, 126–174, und S. Lambergits, De heiligheidsgedachte in de teksten van Qoemran, Diss. Leuven 1963.

2. Zum Begriff in der LXX (ἅγιος und Derivate) und im NT vgl. außer A. Fridrichsen, Hagios – Qadoš, 1916; E. Williger, Hagios, 1922; R. Asting, Die Heiligkeit im Urchristentum, 1930; W. Staerk, Soter I, 1933, 109f., die einschlägigen Lexikonartikel (u.a. O. Procksch – K.G. Kuhn, Art. ἅγιος, ThW I,87–116) und J. Barr, Bibelexegese und moderne Semantik, 1965,280–283, sowie P. Jovino, L'Église Communauté des Saints dans les ›Actes des Apôtres‹ et dans les ›Épitres aux Thessaloniciens‹, RivBibl 16,1968,495–526.

Die Bezeichnung Jesu als ὁ ἅγιος τοῦ θεοῦ Mk 1, 24; Lk 4,34; Joh 6,69 hat in der Prädikation des zahlensymbolisch mit »Waw« bezeichneten gnostischen Heilands eines von A. Dupont-Sommer edierten Bekenntnisses aus dem ersten christlichen Jahrhundert (La doctrine gnostique de la lettre »Waw« d'aprés une lamelle araméenne inédite, 1946, 13) ihr Pendant, wo dieser als *qdjš 'jl'* »Heiliger Gottes« (Z.2), als *br t'wn* »Sohn des Theos«, *br (w)t'wn (w)'jl'* »Sohn des Theos Gottes« und als *'r* »Licht« tituliert wird. In welcher Richtung die Abhängigkeit verläuft, muß noch offen bleiben.

3. Das rabbinische Hebr. und Aram. hat von der Wurzel *qdš* einige termini technici gebildet, die zum festen Bestandteil der religiösen Sprache des Judentums geworden sind. Das aram. Adj. *qaddîš(ā)* bezeichnet ein nach dem Morgen- und Abendgebet oder nach einem haggadischen Vortrag (Soṭa 49a) zu sprechendes aram. Lobgebet. Das hebr. Verbalnomen zum Faktitivum (Pi.) *qiddûš*, aram. *qiddûš(ā)* meint den Segensspruch, der am Anfang des Sabbats oder anderer heiliger Tage über dem Weinbecher gesprochen wird, daneben Lustrationen, das Zubereiten des Lustrationswassers und Initiationen wie die Verkündigung des Neumondes und des Jobeljahrs sowie die Trauung (Levy IV,252/3; ders., Chaldäisches Wörterbuch II, 349). Das aram. Abstraktum *q^edûš(š)ā* steht für das Rezitieren der Bibelstellen Jes 6,3; Ez 3,2; Ex 15,18 am Schluß des Morgengebets.

H.-P. Müller

קָהָל *qāhāl* Versammlung

I. 1. Innerhalb des Nordwestsem. scheint das Primärnomen *qhl* ursprünglich nur im Hebr. beheimatet zu sein: es fehlt im Ug., Phön. und älteren Aram.; die mittelhebr., jüd.-aram., chr.-pal. und syr. Verwendungen des Wortes hängen vom Hebr. ab.

Die Grundbedeutung von *qāhāl* ist »Versammlung, versammelte Menschenmenge«. An keiner Stelle bezeichnet das Wort den Vorgang des Zusammenrufens (gegen L. Rost, Die Vorstufen von Kirche und Synagoge im AT, 1938, 31); für eine entsprechende ältere Bedeutung spricht allerdings, daß *qāhāl* nie im Plural vorkommt und nur selten (s. u. III/4b) die Volksmenge in ihrem Bestande, abgesehen von ihrem Versammelt-Sein, beinhaltet. Statt des Plurals werden *maqhēlîm* (Ps 26,12) und *maqhēlôt* (Ps 68,27) gebraucht, wozu wiederum die Singulare fehlen. – Gleichbedeutend mit *qāhāl* ist die Nebenform *q^ehillā*, zu der mittelhebr. ein Plural gebildet wird.

Der von H. Bauer (ZAW 48,1930,75) vorgeschlagenen Herleitung von *qāhāl* < **qāl* »rufend« steht die Schwierigkeit eines Bedeutungswandels »Rufer« > »Versammlung« entgegen, vor allem aber das Fehlen eines Verbums *qûl* im Hebr. – Gegen die umgekehrte Derivation **qahlu* > *qôl* (W.F. Albright, SVT 4,1957,256) ist zu sagen, daß ein **qahlu* »Ruf« nicht belegt und ein Primärverbum *qhl* »rufen, versammeln« darüber hinaus wegen der denominativen Bildung *qhl* hi. »versammeln« unwahrscheinlich ist.

Häufiges Synonym von *qāhāl* ist seit P *'ēdā* (→*j'd*), dort terminus technicus für die um den *'ohæl mô'ēd* versammelte Kultgemeinde (zum Nebeneinander beider Vokabeln Rost, a. a. O. 87–91; zu ihrem semasiologischen Verhältnis zuletzt P. Azzi, La notion de l' »Assemblée« dans l'AT, Melto. Recherches Orientales 1,1965,7–23). In nachexilischer Zeit ist daneben *miqrā'* gebräuchlich; s. u. IV/2b.

2. Das denominative Verbum *qhl* kommt als Q. nur in der künstlichen Bildung *qōhælæt* (s. u. III/3) vor. Das Hi. meint das Hervorbringen des vom Nomen Bezeichneten: »einen *qāhāl* einberufen« (Synonyme →*qbṣ* und *kns* pi.); ihm gegenüber ist das Ni. tolerativ: »sich zum *qāhāl* einfinden« (Synonyme *'sp* ni., →*j'd* ni. und *qbṣ* ni.).

3. Eine Isoglosse liegt in altsüdarab. *qhl/qhlt* »Versammlung« vor, wobei die Verbindung *gw(j) qhlm* CIH 570,9; RES 3566,13 eine »Ratsversammlung«, *qhlt 'ṯtr ḏjhrq* RES 2970,1; 2975,1 »die Gemeinde des (Gottes) *'Aṯtar ḏū Juharīq*« (fragmentarisch noch RES 2957,1; 2967,1; 3003) bezeichnet (W.W. Müller, brieflich).

4. An die Stelle der dort fehlenden Wurzel *qhl* tritt akk. *paḫāru(m)* II »versammeln« mit dem Nomen *puḫru(m)* »Versammlung« (nicht: Gemeinde); AHw 810f.876f.

Ug. entsprechen dem die Nomina *(m)pḫr(t)* und *dr* »Kreis« (oft par.), wobei ersteres sich mit *m'd* (vgl. hebr. *mô'ēd*) verbinden kann. Mit hebr. *'ēdā* ist *'dt* zusammenzustellen; *pqr yḫd* meint vielleicht den Vorsteher einer religiösen Gemeinschaft (UT Nr. 1087). Daß als verbales Pendant einstweilen nur *'sp* PRU 2, Nr. 2, Z. 49, belegbar zu sein scheint (freundlicher Hinweis der Ugarit-Forschungsstelle Münster), zeigt die Prädominanz der nominalen Begriffsprägungen auch in diesem Bereich.

Aram. herrscht die primär verbale Wurzel *knš* vor, die in der Form *kns* ins Hebr. überging, mit dem bekannten Derivat *k^enæsæt* für die »Gemeinde« und das israelische Parlament.

Zu arab. *ǧama'a* mit vielen Derivaten vgl. Lane I/2,455–459; Wehr 121–123.

II. Die Wurzel *qhl* begegnet 173×, die Nomina 134×, die Verbformen 39×. Alle Ableitungen sind vorexilisch selten. Die

Verwendung von *qāhāl* für die Kultgemeinschaft, für die die dtn. Tradition richtunggebend war, bedingt seinen häufigeren Gebrauch im Psalter, bei P (Nomen etwa 20 ×, Verbum etwa 12 ×) und im chr. Geschichtswerk.

Die wichtigsten Gen. – Verbindungen sind wie folgt gestreut: *qᵉhal Jiśrā'ēl* begegnet 13 ×, davon 1 × im Dtn (31,30), 1 × bei P (Lev 16,17) und 4 × im chr. Werk (vgl. dazu die ähnlichen Wendungen Ex 12,6 P; Num 16,3 P; Ri 20,2; 2Chr 24,6); *qᵉhal Jhwh* steht 10 ×, davon 6 × innerhalb Dtn 23,2-9, 2 × bei P und 1 × im chr. Werk (1 Chr 28,8); *kol-haqqāhāl* findet sich 21 ×, davon 1 × 1Sam 17,47, 1 × bei P (Ex 16,3, vgl. Lev 16,33) und 19 × im chr. Werk; *kol-qᵉhal* + Gen. steht darüber hinaus 20 ×, davon 4 × bei Ez, 3 × bei P und 5 × im chr. Werk.

Im ganzen verteilen sich die Belege folgendermaßen:

	qhl ni.	hi.	*qāhāl*	*qᵉhillā*	*qōhælæt*	*maqhēlīm/ maqhēlōt*
Gen	–	–	4	–	–	–
Ex	1	1	2	–	–	–
Lev	1	1	5	–	–	–
Num	3	6	12	–	–	–
Dtn	–	3	11	1	–	–
Jos	2	–	1	–	–	–
Ri	1	–	3	–	–	–
1Sam	–	–	1	–	–	–
2Sam	1	–	–	–	–	–
1Kön	1	2	6	–	–	–
2Kön	–	–	–	–	–	–
Jes	–	–	–	–	–	–
Jer	1	–	4	–	–	–
Ez	1	1	15	–	–	–
Jo	–	–	1	–	–	–
Mi	–	–	1	–	–	–
Ps	–	–	9	–	–	2
Hi	–	1	1	–	–	–
Spr	–	–	3	–	–	–
Pred	–	–	–	–	7	–
Klgl	–	–	1	–	–	–
Est	5	–	–	–	–	–
Dan	–	–	–	–	–	–
Esr	–	–	5	–	–	–
Neh	–	–	5	1	–	–
1Chr	–	3	7	–	–	–
2Chr	2	2	26	–	–	–
AT	19	20	123	2	7	2

III. 1. Schon Gen 49,6 werden *sōd* »Rat« und *qāhāl* im Zusammenhang mit dem Krieg gebraucht (s. u. 4). *qhl* hi. steht 1Kön 12,21a für das Zusammenrufen des Heeres, vgl. ni. 2Sam 20,14 Q; 1Kön 12,21b. Um einen kriegerischen *qāhāl* scheint es sich in der vor-dtn. Grundschicht von Dtn 23, 2–9 zu handeln (s. u. IV/2); auf dem *qᵉhal Jhwh* geschah nach Mi 2,5 offenbar die Verteilung des eroberten Landes, wie es Jos 13ff. veranschaulicht. 1Sam 19,20 txt em scheint *qᵉhillā* auf die das Heer begleitende Prophetenschar zu übertragen. Kaum noch kriegerischen Charakter dagegen hat der *qᵉhal Jiśrā'ēl* als königlicher »Kurverein« 1Kön 12,3, obwohl in V. 16 kriegerisches Formelgut anklingen mag (G. von Rad, Der Heilige Krieg im alten Israel, ⁵1969, 14).

Innerhalb der Exilsprophetie wird *qāhāl* auch in Unheilsankündigungen verwendet: während nach Ez 17,17 lediglich die erhoffte Hilfe Ägyptens *bᵉḥájil gādōl ūbᵉqāhāl rāb* bei der Belagerung Jerusalems ausbleiben wird, bietet Jahwe nach 23,24 Babylon mit Wagen, Rädern und einem *qᵉhal 'ammīm* gegen sein Volk auf. – In engerem Anschluß an eine alte Kriegsprophetie gegen Israels Feinde sagt Ez 26,7 ähnliches im Blick auf ein Heranrücken Nebukadnezars gegen Tyros (vgl. die Glosse 32,3); der kriegerische *qāhāl* der Stadt fällt dabei nach 27,27 (sekundärer Vers) ins Meer (vgl. die Glosse V.34b). Schon seit langem liegt der *qāhāl* Assurs erschlagen um dessen Grab (32,23, vgl. V. 22); nach Jer 50,9 wird Jahwe auch gegen Babylon einen *qᵉhal gōjīm* heraufführen. – Zur eschatologischen Heilsprophetie wird die Ankündigung eines Aufgebots Gogs und seines *qāhāl rāb* Ez 38,4, wenn Jahwe ihn trügerisch zum Kampf gegen Juda auffordert (V.7), bis sein *qāhāl* dem Spott der Händlervölker von den Enden der Erde anheimfällt (V. 13); vgl. 1 QM 11,16.

Nachdtn. Kriegsideologie liegt dem Gebrauch des Begriffs 1Sam 17,47, ferner 2Chr 20,5.14 (*qhl* ni. V. 26) zugrunde, priesterschriftlicher Sprachgebrauch Ri 20, 2; 21,5.8 (vgl. *qhl* ni. mit Subj. *'ēdā* 20,1). 2Chr 28,14 verwendet *qāhāl* für das Heer der feindlichen Nordisraeliten. Est 8,11; 9,2.15.16,18 gebrauchen *qhl* ni. für das Sich-Versammeln der Juden im Exil, damit sie durch ein Antipogrom ihr Leben retten und für die Mordabsichten ihrer Gegner Rache nehmen.

2. Seit der Königszeit wird *qāhāl* auch für die Gerichtsgemeinde verwendet (Spr 5,14; 26,26 *qhlh* Sir 7,7, 2 × mit Synonym *'ēdā*), wie akk. *puḫru(m)* (AHw s. v. A3a.4). Das sich Jer 26,9 im Tempel zusammenrottende »Volk« (*qhl* ni.) wird zusammen mit den »Fürsten Judas« (V. 10) zum Tribunal, das durch *kol-qᵉhal hā'ām* (V. 17) benannt zu werden scheint. Richterlich ist auch der *qāhāl*, den nach Ez 16,40 seine einstigen Partnervölker gegen Israel zugleich kriegerisch »heraufführen werden«; ähnlich 23,46f., wo *'æbæn qāhāl* (ohne Art.!) das

קָהָל *qāhāl* Versammlung

Exekutionsmittel ist. *qhl* hi. »(Gericht) einberufen« wird Hi 11,10 mit dem Subj. Gott verbunden: an welches Gericht ist gedacht? Von einem (haupt)städtisch-aristokratischen Richteramt her (vgl. Dtn 17,8f.) liesse sich die mehrmalige Verwendung von *qāhāl* für die versammelte politische »Nobilität« im chr. Werk verstehen, obwohl immer religiöse Anlässe vorliegen. 1Chr 13,1 gehören zu dem in V.2.4 genannten *qᵉhal Jiśrāʾēl* bei der Überführung der Lade noch die Heeresgruppenführer. Der *qāhāl*, der Salomo 2Chr 1,3.5 nach Gibeon begleitet, zunächst *kol-Jiśrāʾēl* genannt, wird dann aber durch eine explikative Apposition als »die Obersten der Tausendschaften und Hundertschaften, die Richter und alle Fürsten von ganz Israel, die Familienhäupter« spezifiziert (V. 2; zum Lamed explicativum F. Nötscher, VT 3, 1953, 378). 2Chr 23, 1f. zählt Honoratioren und deren Anhänger auf, die sich nach V.3 als *qāhāl* auf die Salbung des Joas verpflichten. Der 2Chr 29,23 zusammen mit dem König genannte *qāhāl* besteht nach V.20 aus *śārē hāʿir*: eine Repräsentantengruppe, nicht das ganze Volk, vollzieht den bezeichneten Übertragungsritus. Nach einer Apposition in 2Chr 24,6 treten Mose und *haqqāhāl* mit einer Steuerforderung für den *ʾōhæl mōʿēd* vor Israel (zur Konstruktion Rudolph, HAT 21, 274). Neh 5,13 schließlich stellt *kol-haqqāhāl* und *hāʿām* einander oppositionell gegenüber. – Umgekehrt werden 2Chr 28,14; Esr 10,14 die *śārīm* von *kol-haqqāhāl* unterschieden.

qhl hi. wird schon Dtn 31,28 auf Stammesälteste und *šōṭᵉrīm* angewendet; vgl. 1Chr 28,2, wo ἐν μέσῳ τῆς ἐκκλησίας in LXX offenbar eine Lesung mit *qāhāl*, statt des masoretischen *ʿal-raglāw*, zugrunde liegt.

3. Die Bildung *qōhǽlæt* gibt die Frage auf, ob es einen weisheitlichen *qāhāl* gegeben habe, woran vielleicht auch Sir 15,5 denkt. Der Ausdruck bezeichnet Pred 12,8 und 7,27 txt em, wo jeweils der Art. gebraucht wird, den Ausüber einer mit dem Q. (!) von *qhl* bezeichneten Tätigkeit, etwa, entsprechend dem Obj. *hāʿām* 12,9, den Einberufer und Leiter einer öffentlichen Lehrversammlung; noch b. ʿAbōdā zārā 18ᵃ bedeutet *mqhjl qhlwt* das Versammeln von Lernwilligen durch einen Rabbi. Pred 1,1 f. 12; 12,8–10, wo der Art. fehlt, ist aus der Amtsbezeichnung ein Eigenname geworden.

Mit Art. und in der gleichen Fem.-Bildung wird Esr 2,55, ohne Art. Neh 7,57 *sōfǽræt* verwendet; vgl. *pōkǽræt haṣṣᵉbājīm* Esr 2,57. Zu Männernamen mit *-t* auch O. Loretz, Qohelet und der alte Orient, 1964, 146 Anm. 53. Eine phön. Parallelbildung ist *mmlk[t]* KAI Nr. 14, Z.9, mit der konkreten Bed. »König« (Friedrich-Röllig, § 306,2); zu arab. Parallelen Joüon § 89 b.

4. *qāhāl* ist offenbar immer auch unterminologisch gebraucht worden.

a) Schon Gen 49,6 und Num 22,4 J hat die Vokabel einen ungünstigen Klang: »(schlechte) Gesellschaft, Bande«. Ps 26,5 spricht von *qᵉhal mᵉrēʿīm*, der »Rotte von Übeltätern«; vgl. 1QH 2,12. Pejorative Konnotation empfängt das Wort durch den Zusammenhang Num 20,12 P. Zur ähnlichen Verwendung von *ʿēdā* vgl. KBL 682 b, 2.

b) Eine zufällig versammelte Menge ist der *qāhāl* von Jer 44,15; ebenso bedeutet, obwohl der Zusammenhang eine Sakralversammlung im Auge hat, *qāhāl gādōl* 1Kön 8,65 einfach »eine große (Volks-) Menge«, ähnlich 2Chr 30,13; Esr 10,1. Noch allgemeiner »Öffentlichkeit« scheint *qhl* Sir 34,11; 44,15; 46,7 zu beinhalten; zu *baqqāhāl* Hi 30,28 s. u. IV/3.

In der Spätzeit wird *qāhāl* trotz nebenherlaufender terminologischer Verwendungsweisen zum Quantitätsbegriff ohne die Vorstellung eines aktuellen Versammelns (vgl. wiederum akk. *puḫru(m)*, AHw s. v. C), so bei P in *qᵉhal ʿammīm* Gen 28,3; 48,4 und *qᵉhal gōjīm* Gen 35,11 »Völkermenge« und in den plerophorischen Ausdrücken *kōl qᵉhal ᵃdat-Jiśrāʾēl* Ex 12,6 (LXX: πᾶν τὸ πλῆθος...); Num 14,5, wo der Begriff »Gemeinde« an *ᵃdat* haftet. Zu diesem Gebrauch ist auch *kol-haqqāhāl* »die Gesamtheit« Esr 2,64 = Neh 7,66 am Ende der Heimkehrerliste zu stellen (anders H.C.M. Vogt, Studien zur nachexilischen Gemeinde in Esra-Nehemia, 1966,98), ebenso *lᵉkol-haqqāhāl* »nämlich die Gesamtzahl« (mit Lamed explicativum) 2Chr 31,18 nach einer Aufzählung von zu registrierenden Personengruppen.

IV. 1. Während akk. *puḫru(m)* oft eine Versammlung göttlicher Wesen meint (AHw s. v. A 1.2), was ebenso von den unter I/4 genannten ug. Begriffen gilt (UT Nr. 697.1512.1816.2037; vgl. phön. *mpḫrt ʾl gbl qdšm* »die Versammlung der heiligen Götter von Byblos« KAI Nr. 4, Z.4/5, und *dr bn ʾlm* »Kreis der Götter-/El-Söhne« Nr. 26 A III, Z.19), begegnet ein entsprechender hebr. Ausdruck mit *qāhāl* nur in *qᵉhal qᵉdōšīm* »Versammlung der Heiligen« Ps 89,6 (→*qdš* IV/2), dem in V. 7 *bᵉnē ʾēlīm* und in V. 8 *sōd qᵉdōšīm* entsprechen: die »Heiligen« sind Jahwe als Hofstaat (*sᵉbībāw*

V. 8) zugeordnet wie seinem religionsgeschichtlichen Vorgänger El, dessen Namen er in V. 8 (.27) übernimmt (vgl. *ʿadat ʾēl* Ps 82,1). – Dem akk. *puḫur eṭemmē* (AHw a.a.O., A 2) ähnelt *qehal refāʾīm* »die Versammlung der Schatten« Spr 21,16.

2. In der nomistischen Literatur und deren Einflußbereich bezeichnet *qāhāl* meist die Kultgemeinschaft mit fest umgrenzter Zugehörigkeit.

a) Den Ausschlag dafür scheint das Gemeindegesetz Dtn 23,2–9 in seiner (wiederum uneinheitlichen) vordtn. Grundschicht gegeben zu haben, wo ein »durch Zerquetschung Entmannter oder am Glied Verstümmelter« und ein Bastard (?) ebenso grundsätzlich vom *qehal Jhwh* ausgeschlossen sind (V. 2.3a) wie ein Ammoniter oder Moabiter (V. 4a), und das im Gegensatz zu den Edomitern und Ägyptern (V. 8), wie es eine spätere Regel (V. 9) noch präzisiert. Die genitale und genetische Integrität mag dabei ursprünglich Voraussetzung für die dynamistische Kapazität der Kriegsschar gewesen sein (für die auch Vorkehrungen wie Dtn 20,5–8; 1Sam 14,24; 21,5f.; 2Sam 11,11 sorgten), wogegen die Zulassung von Fremdlingen vielleicht auf alten Ordnungen in (Grenz-?)Heiligtümern beruhte (dazu K. Galling, FS Bertholet 1950,176–191; anders für Edom etwa J.R. Bartlett, JThSt 20, 1969,1–20), die der *qāhāl* frequentierte.

Während 23,5f. die Anordnungen nachträglich mit beiläufigeren Heilsgeschichtsdaten begründet, verlegt 18,16 den »(Stiftungs-)Tag der Gemeinde« (*jōm haqqāhāl*) auf das Datum des Horebgeschehens, was 9,10; 10,4 entfaltend wiederholt und 5,22; 33,4 mit der Gabe des Dekalogs bzw. der Tora verbindet. Die kriegerische Männergemeinde wird zur Observantengesellschaft; es ist dann nur konsequent, wenn Jes 56,3ff. die alten strengen Zulassungsbeschränkungen lockert.

Zu M. Noths Herleitung von *qāhāl* aus einem Sprachgebrauch der altisraelitischen Amphiktyonie (Das System der zwölf Stämme Israels, 1930,102f. Anm. 2) nimmt G.W. Anderson (Israel: Amphictyony: *ʿam; ḳāhāl; ʿēḏâh*, FS May 1970,135–151) mit Recht kritisch Stellung.

Der Dtr. stellt Jos 8,35 *kol-qehal Jiśrāʾēl*, zu dem nun auch Frauen, Kinder und *gērīm* gehören, als Hörer des von Mose verlesenen Gesetzes vor; 1Kön 8,14.14.22.25 verwendet er denselben Ausdruck für die der salomonischen Tempelweihe beiwohnende Gemeinde.

Num 16,33bβ, ein Zusatz zu J, der dessen Angabe 33abα terminologisch bekräftigt, läßt Datan und Abiram, die sich gegen Mose aufgelehnt haben, *mittōk haqqāhāl* verschwinden. Klgl 1,10 beklagt, daß Heiden, »denen du befohlen hast, nicht in deinen *qāhāl* zu kommen«, sogar ins Heiligtum eingedrungen sind.

b) Obwohl die P-Erzählung *qāhāl* auch unterminologisch verwendet (s.u. III/4b), ist der Begriff hier zumeist Synonym für das noch fester geprägte *ʿēdā* »(Kult-)Gemeinde«. Vor der Weihe der Aaroniden ergeht Lev 8,3 der Befehl Jahwes an Mose, *kol-hāʿēdā* zu versammeln (*qhl* hi.), was *ʾæl-pæṯaḥ ʾōhæl mōʿēd* geschieht (*qhl* ni. V.4); zu *qhl* hi. + Obj. *ʿēdā* bei P vgl. Ex 35,1; Lev 8,3; Num 1,18; 8,9; 16,19; 20,8.10, zu *qhl* ni. + Subj. *ʿēdā* Num 17,7 (Jos 18,1; 22,12). Für den konstitutiven Zusammenhang, in dem *haqqāhāl* (ebenso wie *hāʿēdā* zum *ʾōhæl mōʿēd* steht, ist auch Num 20,6, sowie aus gesetzlichen Texten Lev 4,14; 16,33; Num 10,3.7, charakteristisch. Num 20,10 fungiert *haqqāhāl* bzw. *hāʿēdā* (V. [1f. 8.] 11) als Zeuge, wie durch Moses Stab Wasser aus dem Felsen strömt; da das Wunder durch das Hadern des Volkes gegen Mose provoziert wurde (V. 3–5), darf dieser *ʾæt-haqqāhāl hazzæ* nicht in das verheißene Land führen (V. 12). Die Worte von Aufrührern gegen Mose und Aaron Ex 16,3; Num 16,3; 20,4 bringen den gewichtigen Begriff *qehal Jhwh* bzw. *kol-haqqāhāl hazzæ* gegen deren Autoritätsanspruch bzw. verfehlte Führung ins Spiel. Die auf Grund einer anderen Zusammenrottung (*qhl* ni.) Num 17,7 der *ʿēdā* (V. 6f. 10f.) drohende Vernichtung wird von Aaron aufgehalten, indem er mit Sühnemitteln *ʾæl-tōk haqqāhāl* läuft (V. 12).

Innerhalb der gesetzlichen Partien von P ist mit dem dauernden Ausschluß von Personengruppen Dtn 23,2.3a.4a.8 die »Ausrottung« des nicht entsühnten unreinen Mannes *mittōk haqqāhāl* Num 19,20 (par. V. 13 *mij Jiśrāʾēl*) vergleichbar: normalerweise freilich wird der Unreinheit durch Lustrationen abgeholfen (vgl. 1QSa 2,4; CD 11,22). Die Lev 4,21 *ḥaṭṭāʾt haqqāhāl* »Gemeindesündopfer« genannte Darbringung wird nach dem vorliegenden Text fällig, wenn *kol-ʿadat Jiśrāʾēl* ein rituelles Tabu verletzt und die Sache vor dem *qāhāl* verborgen geblieben ist (V. 13); sie besteht in einem männlichen Rind, das der *qāhāl* vor dem *ʾōhæl mōʿēd* unter Übertragungszeremonien schlachtet (V. 14f.). Lev 16,17 ist *kol-qehal Jiśrāʾēl* Gegenstand einer hohenpriesterlichen Sühnehandlung, ebenso V. 33 *kol-ʿam-haqqāhāl*, und zwar zusammen mit dinglichen Heiligtümern und den übrigen Priestern (vgl. das Gegenüber von opferndem und segnendem Priester und *kl qhl Jśr'l* Sir 50,13.20). Die Bedrohung der Integrität des *qāhāl* und deren Beseitigung gehören in den Bereich des dynamistischen Vorstellens und Verhaltens: seine Heiligkeit ist physisch-materieller Art.

Während im Dtn *'ēdā* ganz fehlt, dominiert es in P mit mehr als 100 Belegen gegenüber *qāhāl*. Im Gegensatz zu beiden Begriffen meint *miqrā' qōdæš* innerhalb P nicht so sehr eine institutionell begrenzte und sakralrechtlich geschützte Sozietät, sondern die aktuelle festzeitliche Sakralversammlung; insofern ist *miqrā' qōdæš* komplementär zu *'ēdā* und *qāhāl*, deren Bedeutung sich zum Habituell-Statischen hin verschoben hat.

c) Im chr. Werk ist (*kol-haq*)*qāhāl* schließlich das Modell für die Vollversammlung der jüdischen Kultgemeinde, wenn sie in epochalen Stunden der Heilsgeschichte vom König oder der nachexilischen Führung zu religiösen Zwecken zusammengerufen wird (1Chr 28,8; 29,1.10.20; 2Chr 29,28.31 f.; 30,2.4.17.23.24[2 ×].25[2 ×]), wobei in Esr/Neh reformerische Anlässe vorliegen (Esr 10,12.14; Neh 8,2.17; 13,1, mit *qᵉhillā* Neh 5,7). Das Verbum *qhl* wird 1Chr 13,5; 15,3; 2Chr 5,2; 20,26 mit entsprechendem Bezug gebraucht.

Frauen und Kinder sind an solcher Vollversammlung Esr 10,1; Neh 8,2 beteiligt. Den Charakter einer abgegrenzten Gemeinschaft nimmt *qāhāl* an, wenn Neh 13,(1 f.)3, entsprechend dem Zitat aus Dtn 23,3 f., *kol-'ēræb* »alle Beduinen« (?) *mij Jiśrā'ēl* ausgeschlossen werden; am Beispiel der fremden Frauen exerziert Nehemia denn auch die Eliminierung »alles Ausländischen« (*kol-nēkār*) aus der Gemeinde (V. 30). Bannung mit Enteignung wird Esr 10,8 denen angedroht, die der religiösen Obrigkeit ungehorsam sind; der dabei gebrauchte Ausdruck *qᵉhal haggōlā* (vgl. *kol-bᵉnē haggōlā* V. 7) mag auf eine Reminiszenz an Jer 31,8 zurückgehen, wie sie auch in der Apposition zu *kol-haqqāhāl* Neh 8,17 vorliegen kann; alle Observanten nehmen in Anspruch, die in der Weissagung Jeremias Gemeinten zu sein, wobei freilich an keine sektiererische Abgrenzung von den einst Daheimgebliebenen bzw. der Masse der Gemeinde zu denken ist (vgl. Vogt, a.a.O. 39 f. 42 f.; anders M. Smith, New Testament Studies 7,1960/61, 357 f.).

'ēdā begegnet im chr. Werk nur 1 × (2Chr 5,6); das entspricht seinem Fehlen in Dtn.

3. In der liturgischen Literatur ist *qāhāl* die gottesdienstlich versammelte Gemeinde. Sie zu weihen, wird im Aufruf zur Volksklage Jo 2,16 gefordert (H.W. Wolff, ZAW 76,1964,48–56), wie denn Hi 30,28 auch die Klage des einzelnen *baqqāhāl* geschieht, wenn der Ausdruck nicht einfach »öffentlich« bedeutet (Fohrer, KAT XVI, 422, s.o. III/4b) entsprechend akk. *ina puḫrim*. Umgekehrt verspricht der Klagende im Lobgelübde, Jahwe im *qāhāl* zu preisen Ps 22,23 (.26); 35,18, mit Plur. *maqhēlīm* 26,12, wie es nach 107,32 auch die aus Seenot Geretteten tun sollen; zur Lobsituation vgl. ferner 40,10f.; 149,1; 1QH 2,30; mit Plur. *maqhēlōt* Ps 68,27. Dtn 31,30 setzt den Vortrag des folgenden Moseliedes *bᵉ'oznē kol-qᵉhal Jiśrā'ēl* voraus.

Ecclesiola in ecclesia ist der *qᵉhal ḥᵃsīdīm* Ps 149,1 (vgl. *'ᵃnāwīm* V. 4) und 11QPsᵃ XVIII, Z. 10 (vgl. mutmaßliches *qᵉhal rabbīm* in V. 1b des syr. Textes); der *qᵉhal ḥᵃsīdīm* wird mit der συναγωγὴ 'Ασιδαίων 1Makk 2,42 identisch sein (M. Hengel, Judentum und Hellenismus, ²1973,319.323).

4. Nirgends im AT bezeichnet *qāhāl* die eschatologische Heilsgemeinde; lediglich 1QM 4,10 ist *qhl 'l* Aufschrift eines Feldzeichens der eschatologischen Krieger.

V. 1. Die Qumransekte wählt, offenbar um sich vom übrigen Judentum abzuheben, als Selbstbezeichnung *'dh* (bes. 1QSa), vor allem aber Bildungen mit *jḥd* »Einung« (bes. 1QS), *'ṣh* »Rat«, *hrbjm* »die Vielen« (bes. 1QS) oder *brjt* »Bund« (bes. CD); vgl. H. Braun, Qumran und das NT 2, 1966, 145–149. *qhl* bedeutet wieder eher die Gemeindeversammlung (1QH 2,30; 1QS 1,25; 2,4; CD 7,17; 11,22; 12,6); daneben wird *qhl* (1QM 11,16; 14,5 15,10; 18,1; 4QMᵃ 3) bzw. *qhlh* (1QM 1,10; 1QH 2,12) auch auf die Feinde des Gottesvolkes bezogen.

2. Im Rabbinischen haben *qāhāl* und *'ēdā* nur eine bescheidene theologische Bedeutung: die Bezeichnung für die versammelte Gemeinde (auch für den Hohen Rat) ist *kᵉnǽsæt*, das in Qumran sehr selten ist, und entsprechend aram. *kᵉništā*; für das Versammlungshaus steht *bēt hakkᵉnǽsæt*. Immerhin kennt der Talmud den *qhl' qdjš' dbjrwšlm* »die heilige Gemeinde von Jerusalem« (b. Ber 9ᵇ; Jōmā 69ᵃ; Bēṣā 14ᵇ; 27ᵃ), offenbar eine pharisäische Gemeinschaft des 1.Jh. n. Chr. (Ph. Seidensticker, Die Gemeinschaftsform der religiösen Gruppen des Spätjudentums und der Urkirche, Studii Biblici Franciscani Liber Annuus 9,1958/59,94–198, bes. 113).

Zum Gebrauch von ἐκκλησία und συναγωγή im frühjüd. Schrifttum vgl. W. Schrage, »Ekklesia« und »Synagoge«. Zum Ursprung des urchristlichen Kirchenbegriffs, ZThK 60,1963,178–202, bes. 109 f., spez. zur Verwendung von συναγωγή für die jüd. Einzelgemeinde und das Synagogengebäude daselbst 195 f.; ders., ThW VII, 807 f.

3. Daß die Wahl des Begriffs ἐκκλησία für die Kirche des NT vorwiegend aus einem Sprachgebrauch der LXX herzuleiten sei, hat Schrage (a.a.O. 178–189) mit guten Gründen bestritten (vgl. J.Y. Campbell, The Origin and Meaning of the Christian Use of the Word ΕΚΚΛΗΣΙΑ, JThSt 49, 1948, 130–142); nach Schrage, a.a.O. 198, handelt es sich um eine Eigenbildung der hellenistisch-christlichen Gemeinde.

Auffällig ist, daß unter den Genetivattributen zu ἐκκλησία 9 × (τοῦ) θεοῦ, nur 1 × dagegen τοῦ Χριστοῦ (Röm 16,16, vgl. aber auch Gal 1,22; 1Thess 1,1; 2,14), nie τοῦ κυρίου begegnet, obwohl ἐκκλησία κυρίου in LXX 6 × für *q^e^hal Jhwh* steht. Daraus auf ein Vorbild des Gebrauchs von *'dh* in Qumran zu schließen (so H. Kosmala, Hebräer – Essener – Christen, 1959, 44–75), scheint freilich äußerst gewagt; denn *'dh* würde mindestens ebenso wahrscheinlich auch auf συναγωγή führen.

Profan für eine Zusammenrottung (synonym συστροφή V. 40) wird ἐκκλησία nur Apg 19,32.39f. gebraucht.

Mit συναγωγή meint das NT meist das Synagogengebäude (Schrage, a.a.O. 196; ders., ThW VII, 828). Nur Jak 2,2 begegnet es für eine christliche Versammlung, während die alte Kirche συναγωγή auch für die gottesdienstlichen Zusammenkünfte und Versammlungsstätten der Christen, ja als christliche Selbstbezeichnung verwendet (Schrage, ThW VII, 839); erst hier wird sich der Einfluß der LXX geltend machen, die *qāhāl* meist, *'ēdā* nie mit ἐκκλησία wiedergibt, συναγωγή dagegen seltener für *qāhāl*, häufig für *'ēdā* einsetzt.

H.-P. Müller

קוה *qwh* pi. **hoffen**

1. Sem. Parallelverben zu *qwh* pi. »hoffen« sind sicher akk. *qu''û* »erwarten, warten auf« (auch *quwwû*, AHw 931) und syr. *qwj* pa. »ausharren, erwarten« (LS 651b); GB 706a, KBL 830 u.a. nehmen auch arab. *qawija* »stark sein« dazu.

Nach einer oft übernommenen Vermutung von K. Ahrens, ZDMG 64, 1910, 187, ist *qwh* pi. von *qaw* »Schnur« (im AT 13 ×, dazu *tiqwā* »Schnur« Jos 2,18. 21) denominiert, doch müßte man dann mit Zimmern 35 hebr. *qaw*, aram. *qawwā* und das von dort ins Arab. übergegangene *quwwat* mitsamt den davon denominierten Verben als Entlehnungen aus dem Akk. betrachten, wo *qû(m)* »Faden, Schnur« seinerseits LW aus sum. *gu* ist (AHw 924b, nicht mit dem Verbum *qu''û* in Zusammenhang gebracht).

Unabhängig von dieser Etymologie ist festzuhalten, daß eine Grundbedeutung »gespannt sein« der Verwendung von *qwh* pi. ausgezeichnet entspricht, besser jedenfalls als der etwas vage Oberbegriff »solidité, cohérence« o.ä. bei P.A.H. de Boer, OTS 10, 1954, 225–246 (bes. S. 241), wo auch *qwh* II ni. »sich sammeln« (Gen 1,9; Jer 3,17; *miqwǣ* II »Ansammlung« Gen 1,10; Ex 7,19; Lev 11,36; *miqwā* »Sammelplatz« Jes 22,11) mit *qwh* I zusammenzubringen versucht wird.

Für Ps 52,11 nehmen J. Barth, Etymologische Studien ..., 1893, 29f., und ihm folgend u.a. Zorell 716a ein Verbum *qwh* III »verkünden« (vgl. akk. *qabû* »sagen«) an.

Nominale Ableitungen zu *qwh* sind *miqwǣ* und *tiqwā* »Hoffnung«. Von *qwh* q. kommt nur das Part. vor (vgl. Jenni, HP 171–173).

2. Das Verbum *qwh* q. begegnet 6 × (Jes 40,31; 49,23; Ps 25,3; 37,9; 69,7; Klgl 3, 25, immer im Part.plur. mit Gen.obj. »auf Jahwe/mich/dich/ihn«), *qwh* pi. 41 × (Ps 14 ×, Jes 13 ×, Hi 5 ×, Jer 4 × und je 1 × in Gen 49,18; Hos 12,7; Mi 5,6; Spr 20, 22 und Klgl 2,16), zusammen 47 ×; davon sind 28 Belege auf Jahwe und 19 nicht auf Jahwe bezogen. Von den 32 Stellen mit *tiqwā* (Hi 13 ×, Spr 8 ×, Ps 3 ×) sind nur zwei auf Jahwe bezogen (Ps 62, 6; 71,5); bei *miqwǣ* (5 ×) ist Jahwe direkt genannt in Jer 17,13; 50,7, gemeint in Jer 14,8; vgl. Esr 10,2; negiert ist die Hoffnung in 1Chr 29,15.

Nimmt man die auf Jahwe bezogenen Stellen des Verbums und der beiden Nomina zusammen, so scheinen sie zunächst etwa gleichmäßig auf die Psalmen und die Propheten verteilt zu sein (dazu Gen 49, 18; Spr 20,22; Klgl 3,25); doch zeigt die genauere Bestimmung (s.u. 4g), daß von den 14 prophetischen Stellen 8 psalmeneigenen Redeformen angehören; dasselbe gilt für Klgl 3,25 und die einzige Stelle aus den Geschichtsbüchern, Gen 49,18. So zeigt die genauere Statistik, daß von den 33 auf Jahwe bezogenen Stellen 26 der Psalmensprache angehören.

Von den in 3f zu behandelnden Vokabeln des Wartens, die in bestimmten Zusammenhängen mit *qwh* fast gleichbedeutend werden (dt. »hoffen« und »harren«), begegnet *ḥkh* »warten« 14 × (q. 1 × in Jes 30,18; pi. 13 ×), davon auf Jahwe bezogen 7 × (Jes 8,17; 30,18; 64,3; Hab 2,3; Zeph 3,8; Ps 33,20; Dan 12,12), *śbr* q. »prüfen« 2 × (Neh 2,13.15), pi. »warten, hoffen« 6 × (auf Jahwe bezogen: Jes 38, 18; Ps 104,27; 119,166; 145,15; sonst noch Ruth 1,13; Est 9,1), Subst. *śēbær* »Hoffnung« 2 × (Ps 119,116; 146,5), aram. *sbr* q. »trachten nach« 1 × (Dan 7,25). Bei *ḥkh* gehören von den 7 theologischen Stellen 5 zur Psalmensprache, 2 zur Prophetie; bei der Wurzel *śbr* sind 6 Stellen auf Jahwe bezogen, alle in Psalmen bzw. Psalmmotiven. Nimmt man die Verhältnisse bei →*jḥl* hinzu (Verbum 41 ×, davon 27 × auf Jahwe bezogen; *tōḥælæt* 6 ×, davon Ps 39,8 und Klgl 3,18 Hoffnung auf Jahwe), so ergibt die Statistik, daß in etwas mehr als der Hälfte der Stellen die Verben des Hoffens und Harrens auf Jahwe bezogen sind, die Nomina nur etwa zu einem Sechstel. Eindeutig ergibt sich, daß das auf Jahwe bezogene Hoffen sich ganz überwiegend in Psalmen oder Psalmmotiven findet. Wo es in Prophetenbüchern begegnet, ist es überwiegend auch hier Psalmensprache. Das Hoffen auf Jahwe fehlt fast ganz in den Geschichtsbüchern und in der Weisheit, während das nicht auf Jahwe bezogene Hoffen dort häufig ist.

3. Das Verbum »hoffen« ist ein Musterbeispiel dafür, wie verschieden das scheinbar sinngleiche Wort in zwei verschiedenen Sprachräumen gemeint sein kann. Das dt. Wort »Hoffnung« kann sowohl den Vorgang des Hoffens wie auch das Erhoffte bezeichnen; das gleiche gilt für »Erwartung«. Demgegenüber meint das gr. ἐλπίς einseitig das Erhoffte; so R. Bultmann, ThW II,515.518, wo er das Wesen des gr. Hoffnungsbegriffes so zusammenfaßt: »Erwartungen und Hoffnungen sind die Bilder, die der Mensch sich von seiner Zukunft entwirft«, oder, noch prägnanter: »..., daß die ἐλπίς das vom Menschen aus entworfene Zukunftsbild enthält«. Für die hebr. Verben und Nomina des Hoffens und Wartens wäre diese Definition schlechthin unzutreffend; der Unterschied zeigt sich schon daran, daß der gr. Begriff offenkundig vom Nomen her konzipiert ist, der hebr. ebenso eindeutig vom Verbum her. Er zeigt sich weiter daran, daß im Hebr. die Verben des Hoffens und Wartens denen des Vertrauens (→*bṭḥ*) in der Bedeutung sehr nahestehen; darauf hat Bultmann, a.a.O. 518–520, mehrfach hingewiesen.

Zu den Vokabeln und zum Begriff der Hoffnung im AT vgl. u.a. C. Westermann, Das Hoffen im AT, Theologia Viatorum 4, 1952/53, 19–70 = Forschung am AT, 1964, 219–265; J. van der Ploeg, L'espérance dans l'AT, RB 61, 1954, 481–507; P.A.H. de Boer, Etude sur le sens de la racine *qwh*, OTS 10, 1954, 225–246; W. Zimmerli, Der Mensch und seine Hoffnung im AT, 1968 (mehr zum Inhalt der Hoffnung auch Th.C. Vriezen, ThLZ 78, 1953, 577–587; S. Pinckaers, NRTh 77, 1955, 785–799; W. Zimmerli, FS Vriezen 1966, 389–403).

a) An zwei Stellen richtet sich *qwh* pi. in feindlichem Sinn auf eine Person: Ps 56,7 und 119,95 »mir lauern Frevler auf, mich zu vernichten«; vgl. *ḥkh* pi. in Hos 6,9. Das Verbum bezeichnet hier das gespannte Aussein auf jemanden mit der Absicht der Vernichtung; die Übersetzung »hoffen« wäre hier nicht angebracht.

b) Die gleiche Bedeutung des gespannten Ausseins auf etwas zeigt eine Stellengruppe, in der dieses Erhoffen enttäuscht wird: Hi 6,19 »es schauen aus (*nbṭ* hi.) die Karawanen Temas, die Wanderzüge aus Seba hoffen auf ihn (den Trugbach)«; 30, 26 »denn Gutes erhoffte ich und Böses kam, ich harrte (*jḥl* pi.) auf Licht und es kam Dunkel«; weiter Jes 59,9.11; Jer 13, 16; 14,19 = 8,15; Ps 69,21; Hi 3,9. In jedem Fall ist das gespannte Aussein auf etwas ein Noch-nicht, ein Lechzen, ein Suchen nach etwas Daseinsnotwendigem. Wo immer Hoffen begegnet, zeigt es einen Mangel an; zur Sprache kommt es da, wo das Erhoffte ausbleibt.

c) Gerade so kann auch von einem vergeblichen Aussein auf etwas, einem »Hoffen« Gottes geredet werden, das enttäuscht wird, so in der kühnen Sprache des Weinbergliedes Jesajas: »und er erhoffte, daß er (der Weinberg) Trauben brächte« (Jes 5, 2.4.7), das sein Ziel in der Enttäuschung Gottes an Israel, seinem Weinberg, hat. Die gesamte prophetische Verkündigung ist voll von dieser Enttäuschung Gottes, der auf sein Volk hohe Erwartungen gesetzt hatte.

d) Es muß auffallen, daß vom Hoffen so überwiegend negativ gesprochen wird (anders mit *qwh* pi. nur noch Jes 64,2; Mi 5, 6; Klgl 2,16); das Hoffen muß also besonders dort bewußt geworden sein, wo das Erhoffte nicht eintrat. Es macht sich dort bemerkbar, wo es sich lange hinzieht, ohne Erfüllung zu finden. Eben dies wird zum Thema im Hiobbuch. Von den 30 Stellen, an denen das Nomen *tiqwā* ohne Beziehung auf Jahwe steht, fallen 13 auf das Hiobbuch. In ihm hebt sich das Reden Hiobs von Hoffnung deutlich ab von dem seiner Freunde; zwei Auffassungen von Hoffnung treten hier in einen schroffen Kontrast. In 7,1–6 sieht Hiob das Menschenleben aus seiner Sicht des Leidenden unter dem Bild: »... wie des Sklaven, der nach Schatten lechzt (*š'p*), wie des Tagelöhners, der des Lohnes harrt (*qwh* pi.)« (V. 2). Für ihn ist das ganze Leben nur noch Warten auf den Sold, nur noch Lechzen nach Schatten. Dieses vom Leid gezeichnete Dasein kann am Ende des Abschnittes auch so bezeichnet werden: »meine Tage fliegen schneller als ein Weberschiffchen, sie schwinden dahin ohne Hoffnung« (V. 6). Scheinbar liegt ein Widerspruch vor: dasselbe Dasein, das in V. 2 als ein Hoffen auf etwas bezeichnet wird, ist nach V. 6 ein Dasein ohne Hoffnung. Dieser Widerspruch löst sich aber auf, wenn man V. 2 versteht: es ist ein immer weiter sich dehnendes Hoffen, das das Erhoffte nie erlangt. In ähnlicher Beziehung stehen Verbum und Nomen zueinander in 17,13.15. 15. In 19,10 klagt Hiob Gott an: »er riß meine Hoffnung aus wie einen Baum ...«; vgl. 14,7 und 19: »des Menschen Hoffnung tilgt er aus«. Hier ist in extremer Weise die Begrenztheit menschlichen Daseins ausgesprochen: die Hoffnung reicht nicht über den Tod hinaus. An diesem äußersten Rand eines Daseins, das nur noch Leid ist, kann der Tod zur Hoffnung werden: Hi 6,8; vgl. 3,21 (*ḥkh* pi.).

In schroffem Gegensatz zum Reden des Leidenden und vom Leid Angefochtenen steht das Reden der Freunde von der Hoffnung. Sie haben eine Lehre von der Hoffnung und warten damit vor Hiob auf. Für sie ist alles ganz klar: Die Frommen können hoffen, sie haben eine Hoffnung, die Gottlosen nicht (Hi 4,6; 5,16; 8,13; 11, 18.20; 27,8). Wenn also Hiob klagt, daß seine Hoffnung vernichtet wird, so ist dies für die Freunde ein sicheres Zeichen für seine Gottlosigkeit. Die Freunde vertreten die Lehre von der Hoffnung, wie sie sich in der frommen Weisheit findet, z.B. Spr 11,7: »Wenn der Frevler stirbt, ist es aus mit der Hoffnung, und die Erwartung (*tōḥǣlæt*) des Gottlosen wird zunichte« (dazu 10,28; 11,23; 23,18; 24,14; 26,12; 29, 20; vgl. Ps 9,19). Der Verfasser des Hiobbuches sieht in dieser lehrmäßigen Festlegung der Hoffnung das Gefährliche; nach ihm hält dagegen Hiob gerade in seinem äußerst skeptischen Reden von der Hoffnung fest, daß Gott es ist, der die Hoffnung gibt und der sie nimmt. Indem Hiob die Gefährdung des Hoffens in der Wirklichkeit menschlichen Existierens zugibt und erträgt, hält er an der Hoffnung als einer von Gott dem Menschen gegebenen Möglichkeit fest.

e) In einer kleinen Gruppe von Stellen (alle um das Exil herum, abgesehen von der singulären bildlichen Wendung *pǣtaḥ tiqwā* »Pforte der Hoffnung« in Hos 2,17) wird von der Hoffnung Israels gesprochen; auch hier ist der Grundton der der verlorenen oder vernichteten Hoffnung: Ez 37, 11 »Verdorrt sind unsere Gebeine, dahin unsere Hoffnung; wir sind verloren«; dazu Jer 29,11; 31,17; Ez 19,5; Sach 9,12; mit *miqwǣ* 1Chr 29,15; vgl. *ṣph* pi. »spähen« Klgl 4,17; *mabbāṭ* »Aussicht, Hoffnung« Jes 20,5.6; Sach 9,5.

Von der Hoffnung Einzelner spricht die Wendung *jēš tiqwā* »es ist noch Hoffnung« Spr 19,18; Ruth 1,12; Klgl 3,29; man könnte hier auch »Aussicht« übersetzen.

f) Unter den sinnverwandten Vokabeln sind neben denen des Vertrauens (→*bṭḥ*; namentlich *biṭṭāḥōn* »Zuversicht, Hoffnung« 2Kön 18,19 = Jes 36,4; Pred 9,4; ferner die positiven Verwendungen von *kǣsæl* und *kislā* »Zuversicht« [→*kesīl* 1], z.B. Hi 4,6 *kislā* par. *tiqwā*) und des Ausschauens (*ṣph* pi. »spähen«, etwa Mi 7,7 par. *jḥl* hi.; Klgl 4,17; Subst. *mabbāṭ* zu *nbṭ* hi. »ausschauen«, s.o. e) sowie des Subst. *'aḥarīt* »Zukunft« (neben *tiqwā* in Jer 29,11; Spr 23,18; 24,14; →*'ḥr* 4a) vor allem die Vokabeln des Wartens zu nennen: →*jḥl* pi./hi. (*tōḥǣlæt*), *ḥkh* q./pi. »warten« (nicht auf Jahwe bezogen: 2Kön 7,9; 9,3; Hi 3,21; 32,4; Ps 106,13; Hos 6,9 txt? wahrscheinlich »auflauern«; Subj. Jahwe: Jes 30,18 »darum harrt Jahwe darauf, euch gnädig zu sein«; auf Jahwe bezogen: s.o. 2; vgl. noch M. Wagner, FS Baumgartner 1967, 361f.) und *śbr* pi. »hoffen, warten« mit Subst. *śēbær* »Hoffnung« (s.o. 2; aram. Lehnwort, vgl. Wagner Nr. 292/293), auch *ktr* pi. in Hi 36,2 mit der Sonderbedeutung »warten, harren« (wohl aram. Lehnwort, vgl. Wagner Nr. 144).

Als Gegenbegriff käme am ehesten *j'š* ni. »verzweifeln« in Frage (1Sam 27,1; Hi 6,26 Part. »ein Verzweifelter«; in Jes 57,10; Jer 2,25; 18,12 Part. mit der Bed. »vergeblich, aussichtslos«; pi. »in Verzweiflung bringen« Pred 2,20).

4. Von der Hoffnung auf Jahwe ist an 33 Stellen mit *qwh* und seinen Ableitungen die Rede (q./pi. 28 × einschließlich der Doppelungen in Ps 27,14; 40,2; 130,5; *tiqwā* 2 × in Ps; *miqwǣ* 3 × in Jer), davon 17 × in Ps und Klgl; in Psalmmotiven auch *qwh* pi. in Jes 25,9.9; 26,8; 33,2; Jer 14,22, und *miqwǣ* Jer 14,8; 17,13; 50,7. Von den 28 Vorkommen des Verbums stehen 13 in der 1.Pers.Sing./Plur. (dazu Ps 130,5 »meine Seele hofft«; Ps 62,6 und 71,5 *tiqwātī* »meine Hoffnung«); das weist auf den Gebrauch im Bekenntnis der Zuversicht.

a) Die Stellen Jer 14,22 »Jahwe, unser Gott, wir hoffen auf dich«; V. 8 »du Hoffnung Israels, du sein Retter in der Not«; Jes 33,2 »Jahwe, sei uns gnädig; auf dich hoffen wir«; ferner Jes 25,9.9; 26,8 bezeugen ein pluralisches Bekenntnis der Zuversicht in den Vokabeln des Hoffens innerhalb der Volksklage.

b) Das singularische Bekenntnis der Zuversicht begegnet Ps 39,8 »aber nun, was hoffe ich, Herr? Meine Erwartung (*tōḥǣ-*

læt) – auf dich geht sie«; 130,5f. txt em »ich hoffe auf Jahwe . . . und auf sein Wort warte ich, es hofft meine Seele auf Jahwe mehr als die Wächter auf den Morgen«; dazu Ps 25,5.21; 40,2.2; 62,6; 71,5 (*tiqwā* par. *mibṭāḥ* »Zuversicht«); 143,9 txt em; verselbständigt in der Randglosse Gen 49,18.

c) In Ps 39,8 und 130,5 stehen *qwh* pi. und *jḥl* hi./*tōḥælæt* im Parallelismus (die beiden Wurzeln auch sonst parallel gebraucht in Jes 51,5; Mi 5,6; Hi 30,26; Spr 10,28; 11,7; Klgl 3,25f.). Es liegt ein Begriffspaar vor, ähnlich dt. »hoffen und harren«. Im Bekenntnis der Zuversicht stehen Verben des Wartens sonst noch in Mi 7,7; Ps 33,22; 38,16; 69,4 (*jḥl* pi./hi.); Ps 33,20 (*ḥkh* pi.). Eine reflektierende Erweiterung des Bekenntnisses der Zuversicht ist der ganze Abschnitt Klgl 3,21–30, in dem sich die Verben des Harrens und Wartens häufen. Das Harren auf Jahwe ist Folge des Nachdenkens: »deswegen harre ich auf ihn« (V. 24 *jḥl* hi., verabsolutiert V. 21 »deswegen harre ich«); reflektierend sagt V. 25, daß es gut sei, auf Jahwe zu harren (*qwh* pi.). Die eigentliche Bedeutung zeigt besonders V. 26 txt em (*jāḥīl*): »gut ist es, schweigend zu harren auf Jahwes Hilfe«. Reflektierende Weiterbildung sind auch die Sätze vom Harren auf Gott in Ps 119: »mein Schirm und mein Schild bist du; auf dein Wort harre ich« (V. 114 *jḥl* pi., ebenfalls V. 43.49.74. 81.147); mit *śbr* pi. V. 166 (vgl. V. 116 mit *śēbær*). Alle diese Stellen sind Variationen des Bekenntnisses der Zuversicht. Eine Weiterbildung ist vor allem darin zu sehen, daß die Zuversicht in Ps 119 sich auf Gottes Wort richtet. Es ist zu beachten, wie in diesem Psalm das ›Wort Gottes‹ eine selbständige Größe wird. Die vielen Stellen in Ps 119 zeigen die Betonung, die das Psalmmotiv des Bekenntnisses der Zuversicht in der Spätzeit erhält, und seine allmähliche Herauslösung; dabei häuft sich der Gebrauch der Vokabeln des Harrens.

d) Die Verselbständigung des Motivs zeigt sich vor allem in zwei Weiterbildungen. Die Verheißung für die Hoffenden (Harrenden) erwächst aus der reflektierenden Erweiterung des Motivs in Klgl 3, 21–30; V. 25f. »gut ist Jahwe denen, die auf ihn hoffen . . .«; dazu *qwh* q. Ps 25,3; 37,9; 69,7; *jḥl* pi. Ps 33,18; 147,11; *śēbær* Ps 146,5; vgl. *qwh* pi. Mi 5,6. Es wird verheißen: »keiner, der auf dich hofft, wird zuschanden« (Ps 25,3; der gleiche Satz in Wunschform Ps 69,7). Die Verheißung an die Hoffenden begegnet mehrfach bei Deuterojesaja: ». . . die aber auf Jahwe hoffen, werden in Kraft erneuert« (Jes 40, 31 *qwh* q.; dazu 49,23). Vielleicht hat die Form bei Deuterojesaja ihren Ursprung. – Diese Weiterbildung hat in der Struktur der Psalmengattung keine notwendige Funktion mehr, daher auch keinen festen Platz. Sie kann dem Bekenntnis der Zuversicht folgen (*qwh* q. Ps 25,3; Klgl 3, 25f.) oder neben ihm stehen (*jḥl* pi. Ps 33, 18); sie kann aber auch, wie in den übrigen Stellen, von ihm unabhängig begegnen, auch in anderen Psalmengattungen wie 25; 37 (Weisheitspsalmen) und 33; 146; 147 (Lobpsalmen). Bei den Verben des Vertrauens begegnet die gleiche Erweiterung (z.B. Ps 40,5 »heil dem Mann, der Jahwe sein Vertrauen [*mibṭāḥ*] sein läßt«). Eine weitere Veränderung liegt darin, daß das Part.q. von *qwh* »die auf Jahwe Hoffenden« allmählich zu einer Bezeichnung der Frommen wird, die in Ps 25,3; 37,9 den Frevlern gegenübergestellt werden.

e) Die andere Weiterbildung ist die Mahnung zum Hoffen (Harren). Ihre Herkunft aus dem Bekenntnis der Zuversicht zeigt Ps 42/43 in dem Kehrvers 42,6.12; 43,5: »was bist du so gebeugt, meine Seele . . . harre (*jḥl* hi.) auf Gott . . .!« Inhaltlich ist dieser Vers ein Bekenntnis der Zuversicht, abgewandelt in einen Selbstzuspruch, der Form nach eine Mahnung zum Hoffen. So läßt dieser Psalm noch erkennen, wie die Mahnung zum Hoffen (Harren) sich aus dem Bekenntnis der Zuversicht entwickelt hat. Typisch für diese Mahnung ist Ps 27,14 »hoffe (*qwh* pi.) auf Jahwe; sei stark, und fest sei dein Herz, und hoffe auf Jahwe!«. Ps 27 ist ein Klagepsalm des Einzelnen und schließt in V. 13 mit dem Bekenntnis der Zuversicht; in V. 14 wendet sich der Psalmist zur Gemeinde und ruft sie zum Hoffen: ein besonders bezeichnender Übergang vom Gebet in die Paränese (vgl. Ps 55,23) und damit in die fromme Weisheit; so in Ps 37, 7.34; am Ende der Elihu-Reden Hi 35,14; Spr 20,22 (*qwh* pi. bzw. *jḥl* hi. statt *ḥīl*, →*jḥl* 1). Im Jussiv steht die Mahnung zum Hoffen Ps 130,7; 131,3 (*jḥl* pi.); ähnlich in dem Zusatz Hos 12,7 (*qwh* pi.). Der Mahnung zum Hoffen entspricht die Mahnung zum Vertrauen (beides nebeneinander in Ps 37,3.5.7.34; sonst noch Ps 4,6; 62,9; 115,9.10.11 u.ö.).

f) In anderen Psalmformen begegnen die Verben des Hoffens ganz selten: in Ps 71,14 *jḥl* pi. im Lobgelübde (auch 52,11 *qwh* pi., hier wahrscheinlich ein Textfehler; es ist dem Zusammenhang und dem

Parallelismus entsprechend ein Verbum des Lobens anzunehmen), im Beweggrund zur Bitte Jes 38,18 *śbr* pi. In beiden Fällen ist Motivwanderung anzunehmen.

Völlig abweichend dagegen ist der Gebrauch von *śbr* pi. in Ps 104,27 und 145,15 (»aller Augen warten zu dir hin, und du gibst ihnen ihre Speise zu seiner Zeit«). Dieser Gebrauch ist sonst dem ganzen AT fremd; vielleicht ist ägyptischer Einfluß anzunehmen.

g) Die Verben des Hoffens und Wartens in den Prophetenbüchern gehören z.T. Psalmmotiven an (Bekenntnis der Zuversicht, Verheißung an die Hoffenden, Mahnung zum Hoffen; s.o. 4a–e). Von diesem Vorkommen in Psalmmotiven sind einige wenige Stellen zu unterscheiden, in denen das Verbum in einen erkennbaren Zusammenhang mit der prophetischen Botschaft tritt.

Jes 8,17 »und harren will ich (*ḥkh* pi.) auf Jahwe, der sein Angesicht verbirgt vor dem Haus Jakob, und auf ihn will ich hoffen (*qwh* pi.)« ist aus der Situation von Jes 7–8 zu verstehen. Der König hat dem Wort des Propheten nicht geglaubt. Daraufhin wird dem Propheten geboten, ein Zeichen zu setzen, das das Bewahren des Wortes für die Zukunft sichert: 8,1–4. Für ihn selbst tritt nun eine neue Situation ein; er muß auf das Eintreffen des Wortes und damit dessen Bestätigung warten. Dies spricht Jesaja in 8,17 in der Sprache der Psalmen aus (auch das ›Verbergen des Angesichts‹ ist Psalmensprache); das Warten und Hoffen hat aber hier nicht mehr, wie in den Psalmen, die eigene Rettung zum Ziel, sondern das Eintreffen und die Bestätigung des Gotteswortes. Das Bekenntnis der Zuversicht ist in das Amt des Propheten hinübergenommen. – Ganz in die Nähe von Jes 8,17 gehört Hab 2,3 (*ḥkh* pi.), wo Gott den Propheten zum Harren ermahnt. In Zeph 3,8 (*ḥkh* pi.) ist die Mahnung zum Warten an das Volk gerichtet. Die Verheißung an die Harrenden geht in Jes 40,31 (*qwh* q.) in der Weise in die prophetische Heilsverkündigung ein, daß Israel im Exil in seinem Warten auf Rettung durch sie getröstet wird (ein Anklang hieran in Mi 5,6 (*qwh* pi.).

Während in Jes 8,17 und 40,31 die Beziehung zur Psalmensprache eindeutig ist, findet sich ein ganz neuer Gebrauch in 42, 4 »und auf seine Weisung harren (*jḥl* pi.) die Inseln« und 51,5 »auf mich harren (*qwh* pi.) die Gestade und auf meinen Arm warten sie (*jḥl* pi.)« (60,9 *qwh* pi. ist der Text zu ändern, vgl. Westermann, ATD 19,282). Hier ist von etwas in der Geschichte der Prophetie ganz Neuem die Rede: dem Warten der Völker auf Heil von Jahwe, dem Gott Israels, das darum auch einen sprachlichen Ausdruck erhält, der hier zum erstenmal begegnet.

Abgesehen von Jes 42,4 und 51,5 lassen alle anderen Stellen, an denen in der Prophetie Worte des Hoffens und Wartens begegnen, die Herkunft aus der Sprache der Psalmen erkennen. Der allgemein üblich gewordene Sprachgebrauch, nach dem von den prophetischen Heilserwartungen oder der Heilshoffnung in der Prophetie gesprochen wird, hat in den Texten des AT keinerlei Anhalt. Mit der Hoffnung oder den Hoffnungen Israels hat es die Prophetie nicht zu tun. Es ist vielmehr eindeutig festzustellen, daß die Vokabeln des Hoffens und Wartens im AT ihren Ort nicht in der prophetischen Verkündigung haben; das Hoffen und Warten auf Jahwe hat seinen ursprünglichen Ort im Bekenntnis der Zuversicht in den Psalmen.

h) Übersehen wir nun die Gebrauchsgruppen von *qwh* im ganzen, so zeigt sich, daß die auf Gott bezogenen Sätze mit diesem Verbum im Bekenntnis der Zuversicht (»ich hoffe auf dich« o.ä.) eine für das Gottesverständnis und Gottesverhältnis des AT charakteristische sprachliche Neubildung darstellen. Wir hatten gesehen, daß *qwh* pi., wo es nicht auf Gott bezogen ist, ganz überwiegend negativ artikuliert wird. Es wird überwiegend von der enttäuschten oder verlorenen Hoffnung geredet, und es ist gerade dieses negative Reden von der Hoffnung, das im Hiobbuch reflektiert und radikalisiert wird. In diesem gesamten nicht auf Gott bezogenen Gebrauch hat *qwh* pi. niemals eine Person zum Objekt bzw. ist niemals auf eine Person gerichtet. Es wird niemals auf einen Menschen gehofft, sondern immer nur auf etwas. Was erhofft wird, ergibt sich aus der Situation; in jedem Fall aber ist es etwas wie Heil, Rettung, Licht, Wende der Not o.ä. Davon weicht der auf Gott bezogene Gebrauch des Verbums ab, in dem sich die Hoffnung direkt auf die Person Gottes richtet: »ich hoffe auf dich«. Eigentlich erfordert das hebr. Verbum das Erhoffte als Objekt; es wird damit verändert, daß an die Stelle des Erhofften der tritt, von dem man es erhofft. Man könnte von einer Breviloquenz sprechen: Gott ist dann der, dessen Wesen Helfen und Retten ist. Wo sich aber das Hoffen auf Gott richtet, wird von diesem Hoffen an allen Stellen ohne jede Ausnahme positiv gesprochen. Es spiegelt sich in dieser Wendung die Geschichte Israels mit seinem Gott, in der dieser Gott für sein Volk die Hoffnung geworden ist.

5. Über die Wiedergabe der hebr. Vokabeln des Hoffens und Wartens in der LXX geben die oben (3.) genannten Arbeiten von van der Ploeg, de Boer (auch über Targume und Peschitta) und Zimmerli (S. 16–18) Auskunft. An erster Stelle steht bei den Verben nicht ἐλπίζειν (zur Hälfte für →*bṭḥ*, zu je etwa einem Fünftel für →*ḥsh* und →*jḥl*; nur je 2 × für *qwh* pi. und *śbr* pi.), sondern (ὑπο)μένειν und Ableitungen (regelmäßig für *qwh* in den Ps, für *ḥkh* mit einer Ausnahme, häufig für *jḥl* außerhalb der Ps). Bei den Substantiven überwiegt ἐλπίς, bei *tiqwā* (Hi, Spr) gegenüber ὑπομονή (Ps).

Zum Spätjudentum und zum NT vgl. u.a. W. Grossouw, RB 61, 1954, 508–532; R. Bultmann – K.H. Rengstorf, Art. ἐλπίς, ThW II, 515–531; F. Hauck, Art. μένω, ThW IV, 578–593; Chr. Maurer, Art. προσδοκάω, ThW VI, 725–727. *C. Westermann*

קוֹל *qōl* Stimme

1. Das Nomen *qōl* »Laut, Stimme« (bibl.-aram. *qāl*, KBL 1119b) ist gemeinsemitisch, mit Ausnahme freilich des Akk., in welcher Sprache *qūlu* die entgegengesetzte Bed. »Stille, Schweigen« hat (AHw 927b) und das verwandte Verbum *qālu* nicht »rufen« (vgl. arab. *qāla* »sagen«) meint (so GB 706b und Zorell 717a im Gefolge von F. Delitzsch), sondern »schweigen, aufpassen« (s. AHw 895 und vgl. E. Reiner, FS Landsberger 1965, 247–251). Verwandtschaft von *qōl* mit dem Nomen →*qāhāl* »Versammlung«, das unabhängig vom Hebr. nur noch im Altsüdarab. belegt ist (vgl. E. Ullendorf, VT 6, 1956, 196), ist nahezu sicher (s. W.F. Albright, SVT 4, 1957, 256; GB 705a; KBL 829a; anders BDB 874b und vgl. J. Barr, Bibelexegese und moderne Semantik, 1965, 123–133) und wird durch analoge Fälle wie *nūr* und *nhr* »Licht«, *mūl* und *mhl* »beschneiden«, *mūr* und *mhr* »tauschen«, *rūm* und *rhm* »hoch«, *rūṣ* und *rhṭ* »laufen« usw. bestätigt (s. H. Bauer, ZAW 48, 1930, 75; S. Rin, BZ 7, 1963, 27; C.J. Labuschagne, OuTWP 1967, 60 Anm. 32). Zum Zusammenhang mit *qōhǽlæt* »Redner« s. H.H. Hirschberg, VT 11, 1961, 378, und E. Ullendorf, VT 12, 1962, 215.

Weder im Hebr. noch im Ug. begegnet *qōl* als Element der Personennamen. Im PN *Qōlājā* (Noth, IP 32 Anm. 1) ist das erste Element unverständlich (anders H. Bauer, ZAW 48, 1930, 74.79) und im Ug. ist *ql bl* nicht PN (so M.C. Astour, Hellenosemitica, 1965, 290f.; ders., JAOS 86, 1966, 277; vgl. Gröndahl 176), sondern meint »bringe Kunde« (s. J. Blau – S.E. Loewenstamm, UF 2, 1970, 32f., und M. Dahood, Bibl 52, 1971, 345).

2. Im hebr. AT begegnet *qōl* 505 ×, im aram. Dan *qāl* 7 ×. Der Begriff fehlt in Hos, Ob, Mal und Est und begegnet am häufigsten in Jer (81 ×), Ps (59 ×), Dtn (38 ×), 1Sam (37 ×), Jes (36 ×), Ez (32 ×), Ex (31 ×), Gen (25 ×), Hi (21 ×), 1Kön (16 ×) und Dan (8 + 7 ×).

3. Im eigentlichen Sinne bezeichnet *qōl* alles, was akustisch vernommen werden kann. Die erste Hauptbedeutung ist »Laut«. So findet der Begriff im Bereich der Natur Verwendung für das Dröhnen des Donners (24 × direkt auf Jahwe bezogen, dagegen mehr oder weniger selbständig in Ex 9,29.33.34; 19,16; 20,18 und Ps 77,18, obgleich nicht von Jahwe gelöst, vgl. Ex 9,28 *qōlōt ʼ*ᵉ*lōhīm* und Ex 9,23, wo gesagt wird, daß Jahwe Donnerschläge kommen läßt; vgl. 1Sam 12,17.18; 2Sam 22,14; Ps 18,14), das Tosen der Gewässer (*qōl májim rabbīm* Ez 1,24; 43,2; Ps 42,8; 93,4; →*t*ᵉ*hōm* Hab 3,10), das Rauschen des Regens (1Kön 18,41), ein Geräusch (Ez 37,7: nach O. Betz, ThW IX, 274, eines Erdbebens, anders Zimmerli, BK XIII, 894).

Dazu bezeichnet *qōl* aber auch die durch menschliche oder tierische Bewegungen hervorgebrachten Geräusche (menschliche Schritte: Gen 3,8.10; 2Kön 6,32; 11,13; 2Chr 23,12; Stampfen der Pferde: Jer 4,29; 47,3; 2Kön 7,6; Ez 26,10; Geräusch der Flügel himmlischer Wesen: Ez 1,24; 3,13; 10,5), weiter Lärm, Geräusche und Töne der von Menschen hergestellten Wagen oder Werkzeuge (Kriegswagen: Ez 26,10; vgl. 3,13; Jo 2,5; Kriegszeug, verbunden mit Kriegsgeschrei: Ex 32,17; Jer 50,22; *t*ᵉ*rūʻā* »Kriegsgeschrei«: 1Sam 4,6; Ez 21,27; Handmühle: Jer 25,10; Pred 12,4) und vor allem der Musikinstrumente: Widderhorn (*šōfār* Ex 19,16.19; 20,18; Jos 6,5.20; 2Sam 6,15; 15,10; 1Kön 1,41; Jer 4,19.21; 6,17; 42,14; Ez 33,4.5; Am 2,2; Ps 47,6; 98,6; Hi 39,24; Neh 4,14; 1Chr 15,28), Zither (*kinnōr* Ez 26,13; vgl. DISO 258), Flöte (*ʻūgāb* Hi 21,12), Trompeten (*ḥ*ᵃ*ṣōṣ*ᵉ*rōt* 2Chr 5,13). Häufungen von Geräuschen werden Ex 32,17f.; 1Kön 1,40–45; 2Kön 7,6; Ez 1,24; 3,13; 26,10; Jo 2,5; Nah 3,2 erwähnt. Wenn kein einziger Laut vernommen wird, sagt der Hebräer *'ēn qōl* (1Kön 18,26.29; 2Kön 4,31); vgl. noch *qōl d^emāmā daqqā* (1Kön 19,12 Zürcher Bibel: »Flüstern eines leisen Wehens«). Weiter bezeichnet *qōl* den Lärm, der sich kaum näher bestimmen läßt, so den Lärm einer Stadt (1Kön 1,41), einer Menschenmenge (1Sam 4,14; Ez 23,42) oder des Falles einer Stadt oder eines Baumes (Jer 49,21; Ez 26,15; 31,16).

In der oben erwähnten Hauptbedeutung begegnet *qōl* des öfteren in st. cs. (»Laut von ...«). Dem Genetiv eignet in diesen Fällen die Funktion der Näherbestimmung. Aus dieser Verwendung hat sich der Gebrauch von *qōl* als Interjektion ergeben; der Begriff am Anfang des Satzgebildes erlangt die Bedeutung einer deiktischen Interjektion (vgl. GVG II,7; GK § 146b; Joüon 500). Angesichts der Tatsache, daß eine derartige Verwendung von *qōl* sich nicht immer mit aller Sicherheit bestimmen läßt, muß eine genaue Zählung der Belegstellen, die diesen Gebrauch der Vokabel aufweisen, auf sich beruhen (GB 707a erwähnt 15 Stellen; Zorell 716b dagegen über 20; in Betracht zu ziehen wären gegebenenfalls auch Jer 4,15; 10,22; 25,36; Hhld 2,8; 5,2; C. Peters Bibl 20, 1939, 288–293, erwähnt noch Ps 118,15; Jer 31,15 und – zu Unrecht – Ps 3,5). Freilich haben LXX und Targ. *qōl* nie interjektionell aufgefasst (vgl. O. Betz, ThW IX, 275 Anm. 12).

Die zweite Hauptbedeutung von *qōl* ist »Stimme«, nicht nur die des Menschen, welche diesen erkennbar macht (Gen 27, 22; Ri 18,3; 1Sam 24,17a; 26,17), sondern auch die von Tieren (1Sam 15,14; Jer 2, 15; 8,16; 9,9; 46,22; Am 3,4; Zeph 2, 14; Nah 2,8; Sach 11,3b; Ps 104,12; Hi 4,10; Pred 12,4b; Hhld 2,12.14), die eines Seraphen (Jes 6,4) und anthropomorph die Gottes (s.u. 4). Falls *qōl* in einer Cs.-Verbindung begegnet und der Genetiv in Näherbestimmung den Charakter des durch die Stimme hervorgebrachten Lautes bezeichnet, schwankt die Bedeutung der Vokabel zwischen »Laut« und »Stimme«, z.B. der Laut/die Stimme des Weinens *b^eki* (Jes 65,19; Ps 6,9; Esr 3,13; vgl. Hi 30, 31), des Zetergeschreis *ṣ^e'āqā* bzw. *z^e'āqā* (1Sam 4,14; Jer 48,3; 51,54; Ez 27,28; vgl. Jes 30,19), des Grauens *páḥad* (Jes 24,18; vgl. Hi 15,21), des Ächzens *'^anāḥā* (Ps 102,6), des Jubels *rinnā* (Jes 48,20; Ps 47,2); vgl. weiter die stereotype Wendung »die Stimme des Jubelns und der Freude, die Stimme des Bräutigams und der Braut« Jer 7,34; 16,9; 25,10; 33,11.

Im übertragenen Sinne eignet *qōl* die Bedeutung »Nachricht, Kunde« in der Wendung *'br* hi. *qōl b^e* »eine Nachricht (oder: Proklamation) bekanntgeben« (Ex 36,6; Esr 1,1; 10,7; Neh 8,15 par. zu *šm'* hi.; 2Chr 30,5; 36,22; 2Chr 24,9 mit *ntn* in gleicher Bedeutung; Pred 10,20 mit *hlk* hi., vgl. Gen 45,16; zum ug. *ql* »Kunde« s. M. Dahood, Bibl 52, 1971, 345). Ebenfalls im übertragenen Sinne begegnet die Vokabel in der Verbindung *qōl hā'ōt* »das Zeugnis des Zeichens« Ex 4,8, aber dieser Gebrauch von *qōl* läßt einen deutlichen Zusammenhang mit der stereotypen Wendung *šm' l^eqōl* »zuhören, gehorchen« erkennnen (s.u.). Gleiche übertragene Bedeutung hat *qōl* in Verbindung mit *d^ebārīm* (Dtn 1,34; 5,28; 1Sam 15,1; Dan 10,6.9; vgl. Ps 103,20; zum aram. *ql dbrj* s. DISO 258) und mit *millā* Hi 33, 8; 34,16; *qāl millajjā* Dan 7,11). Dtn 4,12 bezeichnet *qōl d^ebārīm* »den Laut der Worte«, das heißt »hörbare Worte«, so wie *qōl 'ālā* Lev 5,1 eine »hörbar ausgesprochene Verfluchung« meint (nach A. Phillips, Ancient Israel's Criminal Law, 1970, 138 »public proclamation of the curse«). In Verbindung mit bestimmten Verben begegnet *qōl* in einer Anzahl idiomatischer Wendungen: *šm' l^eqōl* (15 × ; davon lediglich 4 × auf Jahwe bezogen: Ex 15,26; Ri 2,20; 1Sam 15,1; Ps 81,12), *šm' 'æl-qōl* (nur Gen 21,17) und besonders *šm' b^eqōl* »auf die Stimme hören« (etwa 90 ×, davon etwa 60 × vom Hören auf die Stimme Jahwes; in dieser Verwendung begegnet der Ausdruck vorwiegend in Dtn, dem dtr. Schrifttum und in Jer; mit *šm'* hi. Ez 27,30; Ps 26,7 hat *b^e* jedoch instrumentale Bedeutung), weiter *šm' qōl* (also mit Akk.; über 60 ×, davon auf Jahwe bezogen: Dtn 4,12.33; 5,23.24.25.26; 18,16; mit *šm'* hi. 9 ×, davon lediglich Dtn 4,36 von Jahwe, der seine Stimme hören läßt; mit *šm'* ni. 10 ×). In Verbindung mit Synonymen von *šm'* begegnet *qōl* in den Ausdrücken *qšb* hi. *b^eqōl* (Ps 66,19; 86,6) bzw. *l^eqōl* (Jer 6,17; Ps 5,3; Hhld 8,13) und *'zn* hi. *l^eqōl* (Hi 34,16). In Verbindung mit *nś'* kommt *qōl* in der Wendung *nś' qōl* »die Stimme erheben« vor, im absoluten Gebrauch freilich nur einmal Ps 93,3, weil an allen anderen einschlägigen Stellen der Begriff mit einem zweiten Verbum verbunden ist: mit →*qr'* »rufen« (Ri 9,7), mit *rnn* »jubeln« (Jes 24,14; pi. Jes 52,8) und besonders mit *bkh* »weinen« (Gen 21, 16; 27,38; 29,11; Ri 2,4; 21,2; 1Sam 11, 4; 24,17; 30,4; 2Sam 3,32; 13,36; Hi 2, 12; Ruth 1,14; mit *ntn* Num 14,1; vgl. Gen 45,2). Mit →*rūm* hi. als Synonym von *nś'* begegnet *qōl* nur Gen 39,15.18; Jes 37, 23; vgl. 1Chr 15,16. Zu *ntn qōl* →*ntn* III/2a.

In Verbindung mit Verben des Rufens, Redens usw. hat *qōl* meistens adverbialen

Sinn, indem es die durch das jeweilige Verbum zum Ausdruck gebrachte Handlung intensiviert, so besonders *qōl gādōl* in Verbindung mit *qr'* »rufen« (Gen 39, 14; 1Kön 18,27.28; 2Kön 18,28; Jes 36,13; 2Chr 32,18; ohne *b^e* Ez 8,18; 9,1), mit *z'q* »um Hilfe schreien« (1Sam 28,12; Neh 9,4; ohne *b^e* 2Sam 19,5; Ez 11,13; vgl. aram. Dan 6,21), mit *'mr* »sagen« (Esr 10,12; mit *qōl rām* Dtn 27,14), mit *bkh* »weinen« (Esr 3,12; ohne *b^e* 2Sam 15,23), mit *dbr* pi. »reden« (ohne *b^e* Dtn 5,22 mit Jahwe als Subjekt), mit *hll* pi. »loben« (2Chr 20, 19), mit *brk* pi. »segnen« (Spr 27,14; ohne *b^e* 1Kön 8,55), mit *šb'* ni. »schwören« (2Chr 15,14) und mit *r'm* »donnern« (1Sam 7,10 mit Jahwe als Subjekt). Der Begriff *qōl 'æḥād* »einstimmig« (Ex 24,3) entspricht der Bedeutung nach *pæ 'æḥād* (→*pæ*).

Der Ausdruck *qōlī 'æl* »meine Stimme ist zu ...« begegnet an einigen Stellen als Synonym von »rufen« (par. zu *qr'* Ps 3,5; Spr 8,4; vgl. Ps 27,7; 141,1; par. zu *ṣ'q/z'q* Ps 77,2; 142,2), in welchen Fällen *qōl* als selbständiges Subjekt erscheint (vgl. GK § 144m; anders Joüon 463f.; wiederum anders C. Peters, Bibl 20, 1939, 292, der *qōlī* in Ps 3,5 interjektionelle Bedeutung beimißt). Schwer zu entscheiden ist, ob *qōl Jhwh* in Mi 6,9 selbständiges Subjekt ist, oder ob *qōl* an dieser Stelle interjektionelle Bedeutung hat (so Joüon 500; vgl. GK § 146b).

Andere Verben, die in Verbindung mit *qōl* verwendet werden, sind *rū'* hi. »jauchzen« (Ps 47,2), *ṣhl* pi. »gellen lassen« (Jes 10,30) und *š'g* »brüllen« (Hi 37,4, auf den Donner bezogen).

4. Von den über 500 Vorkommen der Vokabel entfallen rund 100 auf Stellen, an denen von Gottes Stimme die Rede ist. Von diesen beziehen sich 24 Belege auf den Donner als Stimme Gottes. Obgleich der Hall des Donners als *qōl Jhwh* betrachtet wird, eine Anschauung, die das alte Israel mit den Kanaanäern und den Assyrern gemeinsam hat (zu den Parallelen vgl. O. Betz, ThW IX, 276 Anm. 17.18, mit Lit.) und die im AT öfters bildhaft verwendet wird, um den numinos übermenschlichen und majestätischen Charakter Gottes zum Ausdruck zu bringen (vgl. 1Sam 7,10; Jes 30,30; Jo 4,16; Am 1,2; Ps 18,14; 46,7; 68,34; 77,18f.; 29,3–9 u.ö.; die letzterwähnte Stelle wird oft fälschlich als Beispiel für die interjektionelle Verwendung von *qōl* angeführt, s. GB 707a; Zorell 716b; C. Peters, a.a.O. 288ff.), ist der Sinngehalt der Wendung durch diese Feststellung noch nicht erschöpft. Denn während gemäß der Darstellung der älteren Sinaitradition von Ex 19,16ff. die Donnerschläge die Stimme Jahwes darstellen und sie beim Verkehr Jahwes mit Mose und mit seinem Volk unerläßlich sind (vgl. V. 19), freilich als Element, das dem Volk unerträglich vorkommt (Ex 20,18–21), wird in Dtn die Stimme Jahwes von den Naturerscheinungen unterschieden. Das Volk hörte den »Schall der Worte« (Dtn 4,12; vgl. Hi 4, 16; Num 7,89 hat LXX als »Stimme Jahwes« verstanden). Ein noch größerer Unterschied zwischen Epiphanieerscheinungen und Stimme Jahwes zeigt 1Kön 19: nach dem Eintreffen bestimmter Naturphänomene »kam eine Stimme zu ihm und sprach« (V. 13), eine Anschauung, die auch für Ezechiel charakteristisch ist (vgl. Ez 1,28) und weiter nur noch bei Jesaja (6,8; vgl. 40,3–8; 1Kön 22,19–23; Ps 103,20) vorkommt, was also bedeutet, daß das Hören von von Jahwe hörbar ausgesprochenen Worten im klassischen Prophetismus sonst keine Rolle spielt (vgl. J. Lindblom, ZAW 75, 1963, 263–288, besonders 282f.). Im Buche Daniel (4,28) findet sich die Vorstellung der vom Himmel fallenden Stimme, eine Vorstellung, die im Spätjudentum von großer Wichtigkeit wurde (s. O. Betz, ThW IX, 278ff.). In der dtr. Paränese, in der die Wendung *šm' b^eqōl Jhwh* für die dtr. Predigt besonders charakteristisch ist (schon Ex 19,5!), meint *qōl Jhwh* den in der Lehrtradition zutage tretenden Willen Jahwes, der im hic et nunc der Predigt transparent gemacht wird (vgl. Dtn 4,40; 5,3; 6,6; 7, 11 usw.; Ps 50,7ff.; 81,9ff.; 95,7). Zu erwähnen ist schließlich auch, daß der umgekehrte Gedanke, d.h. daß Jahwe die Stimme des Menschen hört bzw. auf sie hört, 27× im AT begegnet (Num 20,16; 21,3; Dtn 1,34.45; 5,28; 26,7; 33,7; Jos 10,14; Ri 13,9; Jon 2,3; Ps 5,3.4; 6,9; 18,7; 27, 7; 28,2.6; 31,23; 55,18; 64,2; 77,2; 116,1; 119,149; 130,2; 140,7; 141,1; Klgl 3,56).

5. Kuhn, Konk. 191f., verzeichnet gegen 40 Belege des Wortes in den Qumrantexten. Die Verwendung schließt sich an den atl. Sprachgebrauch an. Der dtr. Thoragehorsam wird als »Hören auf die Stimme des Lehrers der Gerechtigkeit« interpretiert. Vgl. dazu und zum Gebrauch von *qōl* bzw. φωνή im rabbinischen Schrifttum und im NT O. Betz, Art. φωνή, ThW IX, 272–294. *C. J. Labuschagne*

קום *qūm* aufstehen

1. Die Wurzel *qūm* »aufstehen« findet sich, meist reich entwickelt, in allen sem. Sprachen (im Akk. allerdings nur als kan. LW, vgl. AHw 896b; Huffmon 259; WUS Nr. 2417; UT Nr. 2214; Gröndahl 178; DISO 165.254–258.333; F. L. Benz, Personal Names in the Phoenician and Punic Inscriptions, 1972, 404; KBL 1118f.; LS 652–655; Wehr 711–715; W. W. Müller, Die Wurzeln Mediae und Tertiae y/w im Altsüdarabischen, 1962, 94; Dillmann 451–455; usw.).

Im hebr. AT sind *qūm* q. und hi. am gebräuchlichsten, seltener pi., po., hitpo. und ho. Die nominalen Ableitungen umfassen neben gängigen Bildungen wie *qāmā* »das auf dem Halme stehende Getreide« (Part. q. fem.), *qōmā* »Höhe, hoher Wuchs« (BL 458) und *māqōm* »Standort > Ort« (BL 491) noch eine Reihe seltener oder unsicherer Bildungen: *j^eqūm* »Bestand, Lebewesen« (BL 488), *qīm* »Gegner(?)« (Hi 22,20 txt?, vgl. Fohrer, KAT XVI, 351), *qīmā* »Aufstehen« (fem. Inf., BL 452), *qōm^emijjūt* »aufrechte Haltung« (BL 505; Gulkowitsch 110), *t^eqūmā* »Standhalten« (BL 496) und *t^eqōmēm* (Textfehler in Ps 139,21, vgl. BL 497). Das Bibl.-Aram. kennt beim Verbum q. »aufstehen, dastehen, bestehen« (vgl. noch →*'md* 1), pa. »aufstellen«, ha. »aufrichten«, ho. »aufgestellt werden«, dazu die Nomina *q^ejām* »Verordnung« und *qajjām* »dauernd«.

Die mit *qūm* q./hi. gebildeten Personennamen wie *'^adōnīqām*, *J(^eh)ōjāqīm* (Kurzform *Jāqīm*) etc. sind wohl nur zum kleineren Teil auf das helfende Auftreten Gottes zu beziehen (so durchweg Noth, IP 176f. 200f.); mehrheitlich handelt es sich um sog. Ersatznamen (*'^aḥīqām* »mein Bruder ist [wieder] erstanden«; *'æljāqīm* »Gott hat [wieder] erstehen lassen«; vgl. Stamm, HEN 417–420).

2. Die statistische Tabelle umfaßt unter Qal auch das substantivierte Part. act. *qām* »sich gegen jem. Erhebender = Gegner« (12× : Ex 15,7; 32,25; Dtn 33,11; 2Sam 22,40.49 = Ps 18,40.49; Jer 51,1; Ps 44,6; 74,23; 92,12; Klgl 3,62), unter »übr. V(erben)« 4× po. (Jes 44,26; 58,12; 61,4; Mi 2,8), 4× hitpo. (Ps 17,7; 59,2; Hi 20,27; 27,7) und 3× ho. (Ex 40,17; 2Sam 23,1; Jer 35,14), unter »übr. N(omina)« 3× *j^eqūm* (Gen 7,4.23; Dtn 11,6), je 1× *qōm^emijjūt* (Lev 26,13), *qīm* (Hi 22,20), *qīmā* (Klgl 3,63), *t^eqūmā* (Lev 26,37) und *t^eqōmēm* (Ps 139,21).

	Qal	Pi.	Hi.	übr. V.	*māqōm*	*qōmā*	*qāmā*	übr. N.
Gen	41	–	10	–	47	1	–	2
Ex	13	–	6	1	10	10	1	–
Lev	5	–	2	–	24	–	–	2
Num	23	–	9	–	19	–	–	–
Dtn	21	–	14	–	33	–	3	1
Jos	15	–	6	–	9	–	–	–
Ri	35	–	7	–	14	–	2	–
1Sam	40	–	7	–	24	2	–	–
2Sam	30	–	6	1	12	–	–	–
1Kön	27	–	13	–	16	13	–	–
2Kön	19	–	4	–	13	3	1	–
Jes	27	–	6	3	17	2	2	–
Jer	24	–	18	1	46	2	–	–
Ez	3	1	5	–	17	8	–	–
Hos	1	–	1	–	2	–	1	–
Jo	–	–	–	–	1	–	–	–
Am	5	–	5	–	2	–	–	–
Ob	2	–	–	–	–	–	–	–
Jon	6	–	–	–	–	–	–	–
Mi	5	–	1	1	1	–	–	–
Nah	2	–	–	–	2	–	–	–
Hab	1	–	1	–	–	–	–	–
Zeph	1	–	–	–	2	–	–	–
Hag	–	–	–	–	1	–	–	–
Sach	–	–	1	–	1	–	–	–
Mal	–	–	–	–	1	–	–	–
Ps	40	2	7	2	8	–	–	1
Hi	18	–	2	2	21	–	–	1
Spr	9	–	1	–	3	–	–	–
Ruth	3	1	2	–	3	–	–	–
Hhld	4	–	–	–	–	1	–	–
Pred	1	–	2	–	9	–	–	–
Klgl	3	–	–	–	–	–	–	1
Est	3	7	–	–	3	–	–	–
Dan	1	–	1	–	–	–	–	–
Esr	7	–	–	–	5	–	–	–
Neh	8	–	2	–	6	–	–	–
1Chr	4	–	2	–	8	–	–	–
2Chr	13	–	5	–	21	3	–	–
hebr. AT	460	11	146	11	401	45	10	8

Zu diesen 1092 Belegen der hebr. Wurzel (Verbum 628×, Nomina 464×) kommen noch 39 aram. Belege (q. 13×, pa. 1×, ha. 19×, ho. 2×, *q^ejām* 2×, *qajjām* 2×; alle Stellen außer Esr 5,2 q. und 6,18 ha. in Dan).

3. a) Die mannigfachen Gebrauchsweisen von *qūm* können hier nur in groben Zügen geschildert werden (vgl. GB 707f.; KBL 831–833). Die Grundbedeutung »aufstehen, sich erheben« zeigt sich in den Aussagen, bei denen *qūm* q. neben sinnverwandten Wurzeln auftritt, z. B. Ex 33,8 »das ganze Volk erhob sich, und jeder blieb am Eingang seines Zeltes stehen (*nṣb* ni.)« (ähnlich Gen 37,7 von Garben); Hi 29,8 »die Alten erhoben sich, blieben stehen (→*'md*)«; Jes 33,10 »jetzt will ich aufstehen, spricht Jahwe, jetzt will ich mich erheben (→*rūm* hitpo., vgl. BL 405), jetzt will ich mich aufrichten (→*nś'* ni.)«. In eigentlicher Bedeutung wird das Verbum von einem Menschen verwendet, der sich von seinem Lager (1Sam 3,8) oder von seinem Sitz (Jon 3,6) erhebt oder auch nach dem Fallen wieder aufsteht (Mi 7,8; Spr 24,16); daneben begegnet metaphorischer Gebrauch in der Bed. »auftreten«, auf eine ganze Generation (Ri 2,10; Jos 5,7 hi.) oder auf Ereignisse der Geschichte angewendet (Ps 27,3 Krieg; Spr 24,22 Verderben; Ez 7,11 Gewalttat; Nah 1,9 Not, etc.). Daraus entwickelt sich die absolute Bed. »zustande kommen, sich ereignen« (von einem Ereignis z.B. Jes 7,7 und 14, 24 par. →*hjh* »geschehen«; von einem Plan Jes 8,10; 46,10; Jer 51,29; Spr 19,21).

Das Hi. hat die kausative Bed. »aufrichten« o.ä.; man richtet Steine als Masseben auf (Lev 26,1; Dtn 16,22), man errichtet Altäre (2Kön 21,3) oder das Heiligtum (Ex 40,18); Wachen werden aufgestellt (Ri 7,19; Jer 51,12); ein Gestürzter wird wieder aufgerichtet (1Sam 2,8; Am 5,2; Ps 113,7), eine zerfallene Hütte wird wieder hergestellt (Am 9,11).

Dtjes. verwendet *qūm* po. zur Beschreibung des Wiederaufbaus der Trümmer Judas (Jes 44,26; vgl. 58,12; 61,4, jeweils par. *bnh* »bauen«). In der späten Sprache begegnet das Pi. in der Bed. »(be)kräftigen« (Ps 119,28.106; Ruth 4,7), »eintreffen lassen« (Ez 13,6) und »einsetzen, anordnen« (Est 9,21–32; aramaisierend, vgl. BL 394f.; Wagner 138).

b) Zahlreiche Gegenbegriffe illustrieren die Grundbedeutung der Wurzel: *škb* »sich hinlegen, (da)liegen« (Dtn 6,7; 1Sam 3,6), →*jšb* »sich setzen, sitzen« (Gen 19,1; Ps 139,2), →*ḥwh* hišt. »sich verneigen, sich niederwerfen« (Gen 23,7; Ex 33,10), *kr'* »sich beugen, knien« (1Kön 8,54), *npl 'al pānīm* »auf dem Angesicht liegen« (Jos 7, 10). Andere Antonyme heben besondere Nuancen heraus: im Unterschied zum Fallen des besiegten Feindes (*npl* Ps 18,39; 20,9) bezeichnet *qūm* das, was dem Angriff widersteht und Bestand hat (1Sam 13,14; 2Sam 23,10; Jes 28,18; Am 7,2); im Gegensatz zu dem, was zugrunde geht (→*'bd* Spr 28,28), beschreibt *qūm* das, was gültig ist und beständig bleibt (Num 30, 5ff. Gelübde; 1Sam 24,21 das Königtum Davids; Jes 40,8 und Jer 44,28f. das Wort Gottes, s.u. 4b), auch das, was starr geworden ist (1Sam 4,15 und 1Kön 14,4 die Augen im Alter), was endgültig fest bleibt (Dtn 19,15 Urteil). In der Formel *npl-qūm* »fallen und sich (nicht) wieder erheben« (Jes 24,20; Jer 8,4; 25,27; Am 5,2; 8,14) bekommt *qūm* die Bedeutung der Wiederherstellung, die im Hi. dazu dient, ein heilvolles Handeln zu bezeichnen: der Schwager läßt den Namen des verstorbenen Bruders wieder erstehen (Dtn 25,7; Ruth 4,5.10), Jahwe erhebt den Armen aus dem Staub (1Sam 2,8; vgl. Ps 41,11), und der Gottesknecht richtet die Stämme Jakobs wieder auf (Jes 49,6, vgl. V.8; s.u. 4d).

c) Aktives Handeln und Sich-Bewegen setzen voraus, daß der Handelnde sich erhebt; entsprechend wird *qūm* häufig mit Handlungsverben koordiniert und bezeichnet dann den Beginn der Handlung oder der Bewegung, manchmal mit *le* + Inf. konstruiert (Gen 37,35; Jos 8,3), meistens mit einer finalen Kopula: sich erheben, um zu gehen (Gen 22,3), hinaufzugehen (Gen 35,3), zu nehmen (Gen 32,23), hinüberzugehen (Gen 31,21) usw. Man sagt aber auch: sich aufmachen, um zu reden (Jer 1,17), zu hören (Num 23,18), sich zu setzen (2Sam 19,9), sich den fremden Göttern zu ergeben (Dtn 31,16) usw., wobei das Verbum *qūm* seinen präzisen Sinn verloren hat und eine Art Hilfsverbum neben dem eigentlichen Handlungsverbum geworden ist. Diese Rolle als Hilfsverbum ist offensichtlich in den Befehlsformeln, bei denen der Imp. *qūm* ohne Kopula neben den Imp. des Handlungsverbums gestellt ist: *qūm lēk* »gehe!« (Gen 28,2), *qūm rēd* »geh hinab!« (Dtn 9,12), *qūmū šūbū* »kehret um!« (Gen 43,13), *qūm rīb* »halte Gericht!« (Mi 6,1), usw. Der Imp. *qūm* dient hier nur dazu, die bezeichnete Handlung hervorzuheben.

d) Die Wurzel wird mit zahlreichen Präpositionen verbunden, um den Ort, wo man sich erhebt, zu bezeichnen. Einige Präpositionen geben dem Verbum eine spezielle Bedeutung: mit *'al* beschreibt *qūm* gewöhnlich den Angriff gegen einen Feind (Dtn 22,26; Jes 14,22; Ps 3,2); von daher stammt der Gebrauch des Part. plur. *qāmīm* + Personalsuffix zur Bezeichnung der Feinde jemandes (Ex 15,7; Ps 18,49; 44,6 u.ö.; mit *'al* Ps 92,12). In der Konstruktion mit *be* gehört das Verbum zum Vokabular des Gerichtswesens und bezeichnet die Anklage eines Belastungszeugen (Dtn 19,15a. 16; Mi 7,6; Ps 27,12; vgl. 35,11), während *qūm* + *le* das Eingreifen des Entlastungszeugen zugunsten des Angeklagten meint (Ps 94,16; vgl. Hi 19,25). In der Sprache des Handels bezeichnet *qūm* + *le* den (dauernden) Übergang einer Sache in den Besitz eines anderen (Gen 23,17f.20; Lev 25,30; 27,19).

*e) Neben den Ableitungen anderer Wurzeln mit m-Präformativ wie *mākōn*

»Stätte« (→*kūn*), *maṣṣāb* »Standort, Posten« (10×, Wurzel *nṣb*), *ma'amād* »Stellung«/ *mo'omād* »Stand« (→*'md*), *mā'ōn* »Aufenthaltsort« (18×, Wurzel *'ūn) ist *māqōm* ein recht allgemeines Wort für »Ort« (Gen 1, 9 u.ö.; 1Sam 5,3 »Standort«), konkret auch für »Ortschaft« (z.B. Gen 18,24). Das Bibl.-Aram. verwendet für »Ort« *'atar* (ursprünglich »Spur«, so noch Dan 2,35; in Esr 5,15; 6,3.5.7. »Ort«; vgl. die damit verwandte Relativpartikel *'ašær*, ursprünglich »Ort, wo ...«, vgl. HAL 94b mit Lit.). Die häufige Verwendung des Wortes *māqōm* »Ort« in nwsem. Inschriften (DISO 165; J.G. Février, Cahiers de Byrsa 9, 1960/61, 33–36; vgl. Sznycer 53) und im AT für Begräbnisplätze oder für Heiligtümer besagt noch nicht, daß *māqōm* direkt auch die Bed. »Grab« oder »Heiligtum« angenommen hätte (zur Verwechslung von Bezeichnung und Bedeutung vgl. Barr, CPT 292, gegen M. Dahood, Bibl 43, 1962, 360). Zu *māqōm 'aḥēr* »andere Stelle« als Umschreibung für Gott in Est 4,14 vgl. →*'ḥr* 3; P.R. Ackroyd, ASTI 5, 1967, 82–85).

Eine Verallgemeinerung der Bedeutung von »Weideplatz« (so auch akk. *nawûm*, vgl. AHw 771) zu »Stätte« zeigt das Wort *nāwǣ* (→*r'h* 3). Die ursprüngliche Bedeutung begegnet z.B. in 2Sam 7,8 = 1Chr 17,7 »ich habe dich von der Weide hinter den Schafen weggeholt«; in verallgemeinertem Sinn ist u.a. von der »(Wohn-)Stätte« Jahwes die Rede (Ex 15,13 »zu deiner heiligen Stätte«; 2Sam 15,25; Ps 83,13).

4. Auf theologischer Ebene spielt die Wurzel *qūm* in einigen speziellen Kontexten eine wichtige Rolle:

a) *qūm* q. bezeichnet anthropomorphistisch das persönliche Eingreifen Jahwes (Jes 33,10; Ps 12,6; vgl. F. Schnutenhaus, ZAW 76, 1964, 6–8): Wie ein Krieger, der ins Feld zieht (Jes 28,21), erhebt er sich, um seine Feinde anzugreifen (Am 7, 9; Ps 68,2), um den Gottesschrecken vor sich her zu verbreiten (Jes 2,19.21) und um den Schwachen zu Hilfe zu kommen (Ps 76,10; 102,14). Daher kommt die Bitte, Jahwe möge für die Seinen einschreiten: *qūmā* »erhebe dich!« (Num 10,35; Ps 3,8; 7,7; 9,20; 10,12; 17,13; 35,2; 44, 27; 74,22; 82,8; 132,8; 2Chr 6,41; vgl. das Aufgebot Baraks durch Debora in Ri 4,14).

b) Die dtn.-dtr. Theologie und auch Jer verwenden das Hi., um zwei Aspekte des Handelns Jahwes in der Geschichte auszudrücken: (1) Jahwe läßt Menschen aufstehen, um durch sie sein Volk zu leiten (vgl. H. Bardtke, Der Erweckungsgedanke in der exilisch-nachexilischen Literatur des AT, FS Eißfeldt 1958, 9–24, auch zu *'ūr* hi. »erwecken«): Propheten (Dtn 18,15.18; Jer 6,17; 29,15; vgl. Am 2,11), »Richter« (Ri 2,16.18; 3,9.15), Priester (1Sam 2,35) und vor allem Könige (1Kön 14,14; Jer 23,4.5; Ez 34,23; Sach 11,16). Andererseits hatten schon Amos (6,14) und Habakuk (1,6) die Wendung gebraucht, um das Kommen der Feinde, die Jahwe gegen sein sündiges Volk aufbietet, anzukünden; der Dtr. nimmt das Thema in seiner Anklagerede gegen Salomo auf (1Kön 11,14.23). (2) Die Geschichte selber ist das Werk Jahwes, der die Ereignisse so fügt, daß er die Verheißung für die Väter (Dtn 8,18; 9,5; Jer 11,5), für David (2Sam 7,25; 1Kön 2,4; 6,12; 8,20) oder auch die Worte der Propheten (1Sam 3,12; 1Kön 12,15; Jer 23,20; 28,6; 29,10; 30, 24; 33,14; vgl. Jes 44,26; Neh 9,8; Dan 9,12) erfüllt (wörtlich: »aufrichtet«).

Nur Gen 26,3b und Jer 11,5 wird *qūm* hi. mit *šebū'ā* »Eid« verbunden. An der ersten Stelle scheint die Wendung einer später zur jahwistischen Erzählung hinzugefügten Reflexion anzugehören, die auf dem dtr. Vokabular fußt (vgl. Dtn 9,5; Noth, ÜPt 30; von Rad, ATD 4, 9217).

qūm hi. mit Obj. *dābār* »Wort« wird auch vom Handeln der Menschen verwendet, die den Bundessatzungen treu sind (Dtn 27,26; 2Kön 23,3) und die Gebote halten (1Sam 15,11.13; 2Kön 23,24; vgl. Jer 35,16; Neh 5,13). Bereits bei Jesaja werden die Pläne, welche die Menschen nicht zustande bringen (*qūm* q.; Jes 7,7; 8,10), dem Willen Jahwes, der sich immer ererfüllt, gegenüberstellt (Jes 14,24 q.; vgl. Jer 51,29 q.). So wird *qūm* hi. mit Obj. *dābār* zu einer der Wendungen, die die Treue Jahwes gegenüber seinem Wort bezeugen (Neh 9,8; vgl. Ps 119,38; Spr 19, 21 q.).

c) Die priesterliche Tradition in P wählt *qūm* hi. →*berīt* »einen Bund aufrichten«, wo andere Traditionen →*krt* oder →*ntn* verwenden (Gen 6,18; 9,9.11.17; 17,7.19.21; Ex 6,4; Lev 26,9). P stellt damit die Initiative Jahwes, der seine Herrschaft über die Welt errichtet, heraus, aber auch die unerschütterliche Gültigkeit der Heilsordnung, die den Menschen das Leben vor ihm ermöglicht.

d) In Ausweitung der Verwendung von *qūm* hi. »(etwas Gefallenes wieder) aufrichten« kommt das Verbum in Parallele zu →*ḥjh* »(wieder auf)leben« an zwei Textstellen, welche die Hoffnung auf eine Rückkehr zum Leben ausdrücken. In Hos 6, 2, vielleicht in Anspielung auf den kan.

Mythus vom sterbenden und wiederauflebenden Baal (vgl. Wolff, BK XIV/1, 150f.), sprechen die Israeliten ihre Hoffnung auf eine baldige Wiederherstellung (Heilung oder Auferstehung?) aus: »er wird uns neu beleben (*ḥjh* hi.) . . ., er wird uns wieder aufrichten (*qūm* hi.) . . .«; aber Hosea zeigt den illusorischen Charakter dieser Hoffnung auf (V. 4). Der gleiche Parallelismus der Verben begegnet in der Jesaja-Apokalypse in der Klage Jes 26,19 txt em: »deine Toten mögen wieder aufleben, die Leichname der Meinen mögen sich wieder erheben!« Außer *qūm* werden aber auch noch andere Verben zur Bezeichnung der Auferstehung gebraucht: Ez 37,10 verwendet die Parallele *ʿmd-ḥjh*, und Dan 12,2 benützt das Bild vom Erwachen (*qīṣ* hi.) der Schlafenden.

5. In der LXX ist *qūm* am häufigsten durch ἀνιστάναι wiedergegeben, vor allem im Qal (vgl. Gen 4,8; 13,17 u.ö.), aber auch im Hi. (vgl. Gen 9,9; 1Sam 2,8; Ruth 4,10). Man begegnet auch dem Simplex ἱστάναι und anderen Komposita. In der speziellen Bed. »gültig bleiben« verwendet sie (ἐμ)μένειν (Jes 40,8; Jes 7,7; 8,10; Spr 19,21). Das Hi. wird gerne durch (ἐξ)εγείρειν übersetzt (z.B. Gen 49,9; Ri 2,16; Hab 1,6; Sach 11,16).

Auch im NT entsprechen ἀνιστάναι und ἐγείρειν den meisten Bedeutungen von *qūm*. In der Verkündigung der Auferstehung Christi, dem Unterpfand der Auferstehung der Toten, überhöht das NT entscheidend das, was das AT unter Verwendung von *qūm* hi. von der Macht Jahwes, die Werkzeuge seines Willens zu erwecken (s.o. 4b) und Gefallene aufzurichten (s.o. 3ab/4d), bezeugt. Vgl. A. Oepke, Art. ἀνίστημι, ThW I, 368–372; ders., Art. ἐγείρω, ThW II, 332–337. *S. Amsler*

קלל *qll* leicht sein

1. Die Wurzel *qll* »leicht, klein, verächtlich sein« o.ä. ist gemeinsemitisch (Bergstr. Einf. 190; vgl. AHw 893; DISO 259; Bezeugung im Ug. unsicher, vgl. WUS Nr. 2409). In Faktitiv- und Kausativstämmen kennen alle wichtigen Dialekte die Bed. »gering achten, verachten, schmähen« o.ä.

Außer Betracht bleiben hier die homonymen Wurzeln *qll* »glatt sein« (pilp. »schärfen« Pred 10,10; Adj. *qālāl* »glatt« Ez 1,7; Dan 10,6) und *qlql* »schütteln« (pilp. »schütteln« Ez 21,26; hitpalp. »geschüttelt werden« Jer 4,24; vgl. die viel zu weit gehenden Zusammenstellungen bei G.J. Botterweck, Der Triliterismus im Semitischen, 1952, 40–44).

Im AT ist unsere Wurzel als q., ni., pi., pu. und hi. belegt, dazu in den nominalen Ableitungen *qᵉlālā* »Schmähung« (BL 463), *qīqālōn* »Schande« (GVG I,247), *qal* »leicht, gering« o.ä. (BL 453) und *qᵉlōqēl* »gering« (GVG I,370; BL 482). In Jer 3,9 ist das Wort *qōl*, obwohl von der Tradition einstimmig als Subst. »Leichtfertigkeit« (BL 455) gedeutet, eher als *qōl* »Stimme« zu interpretieren (anders z.B. Rudolph, HAT 12,22).

2. Im hebr. AT finden sich Ableitungen der Wurzel insgesamt 128 ×, und zwar das Verbum 79 × (q. 12 ×, ni. 11 ×, pi. 40 ×, pu. 3 ×, hi. 13 ×), das Subst. *qᵉlālā* 33 ×, das Adj. *qal* 13 ×, dazu je 1 × *qōl* (Jer 3,9), *qᵉlōqēl* (Num 21,25) und *qīqālōn* (Hab 2,16).

Die Verteilung über die verschiedenen Bücher und Literaturgattungen ist ziemlich gleichmäßig. *qll* pi. ist am häufigsten in 2Sam (8 ×) und Lev (7 ×), *qᵉlālā* in Dtn (11 ×) und Jer (9 ×).

3. a) Als Grundbedeutung ist »leicht sein« festzuhalten (vgl. zur Wurzel J. Scharbert, »Fluchen« und »Segnen« im AT, Bibl 39, 1958, 8–14; H.C. Brichto, The Problem of »Curse« in the Hebrew Bible, 1963, 118–199), was jedoch in doppeltem Sinne weiterentwickelt werden kann: einerseits »leicht sein« = »schnell, flüchtig sein, sich rasch bewegen, sich verflüchtigen« usw., von flinken Tieren (Pferden, Kamelstuten, Vögeln) und flüchtigen Phänomenen gesagt (Wolken, Weberschiffchen, rasch vergehenden Tagen [par. *klh* »zu Ende sein« Hi 7,6; par. *brḥ* »fliehen« Hi 9,25]), wie vor allem von Menschen (leichtfüßigen Läufern und schnellen Truppen), andererseits »leicht sein« = »leichtwiegend, klein, unbedeutend, geringfügig, verächtlich sein«. In dieser Verwendung steht die Wurzel in antithetischem Verhältnis zu →*kbd* »schwer sein« (so formell in 1Sam 2,30; 2Sam 6,22; 1Kön 12,10; Jes 8,23; 23,9; Hab 2,16), und die semantische Entwicklung ist in jeder Hinsicht oppositionell zu derjenigen von *kbd*. Sie reicht dementsprechend von physischer Leichtigkeit und Geringfügigkeit (z.B. Gen 8,8.11 q.; Jon 1,5 hi.) über mehr moralische Geringfügigkeit wie Betungslosigkeit einer Sache, Leichtigkeit einer Arbeit, einer Aufgabe usw. (hi.: Ex 18,22; 1Kön 12,4.9.10; ni.: 1Sam 18,23; 2Kön 3,18; 20,10; Spr 14,6) und geringe

Einstufung auf einer Wertskala (ni.: 1Kön 16,31; 2Kön 3,18; Jes 49,6) zu Leichtfertigkeit (z.B. in der Wendung *'al-n^eqallā* [Part.ni.fem.] »leichthin« Jer 6,14; 8,11) und vor allem Verächtlichkeit (q.: Gen 16,4f.; 1Sam 2,30 par. *bzh* »verachten«; Nah 1,14; Hi 40,4; ni.: 2Sam 6,22 par. *šāfāl* »niedrig«; hi.: 2Sam 19,44; Jes 8,23; 23,9; Ez 22,7). Diese letztere Bedeutung (q. »verächtlich sein«; hi. »gering achten, verächtlich machen, verachten«; vgl. *q^elōqēl* »verächtliche Sache« Num 21,5 und *qīqālōn* »Schande, Verachtung« Hab 2,16) ist im Blick auf die wichtige Verwendung unserer Wurzel im Pi. (s.u. b) besonders zu unterstreichen. Es drängt sich übrigens die Vermutung auf, daß sich die Parallelbildung *qlh* ni. »verachtet werden« (Dtn 25,3; 1Sam 18,23; Jes 3,5; 16,14; Spr 12,9, immer Part.; hi. »verachten« Dtn 27,16; *qālōn* »Schande« 17 ×, davon 8 × in Spr) unmittelbar an diese Nuance der zweikonsonantigen Wurzel *ql* anschließt.

b) *qll* pi. (mit Passiv) hat offensichtlich sowohl deklarative als faktitive Funktion; denn »deklarativ« ist hier identisch mit »faktitiv«. Jemanden als »leicht«, d.h. verächtlich, geringfügig, unbedeutend erklären, bedeutet nichts anderes als ihn zu einem verächtlichen Menschen machen (im Unterschied zum mehr ästimativen *bzh* »verachten, geringschätzen« [q. 32 ×, ni. 10 ×, hi. 1 ×; Subst. *bizzājōn* »Geringschätzung« Est 1,18; Nebenform *būz* q. 14 ×, Subst. *būz* »Verachtung« 11 ×, *būzā* »Verachtung« 1 ×]). Das einen andern als verächtlich hinstellende Wort hat die tatsächliche, sozusagen endgültige Verächtlichkeit des Betreffenden zur Folge. Wort und Tat decken sich vollständig. Zur Erklärung kann auf die für den hebr. Menschen lebenswichtige Rolle der »Schwere« (*kābōd*, →*kbd*), d.h. der »Ehre«, des »Ansehens«, hingewiesen werden. Solches »Gewicht« verlieren, also »leicht«, d.h. verächtlich, ehrlos gemacht werden, ist dem Hebräer gleichbedeutend mit Verlust der Existenz (in Jes 65,20 steht *qll* pu. »leicht gemacht werden« parallel zu *mūt* »sterben«). Obwohl das schmähende Wort an sich schon wirksam ist, treten doch gelegentlich noch das Wort unterstreichende Handlungen hinzu, so z.B. die gewissermaßen magischen Stein- und Erdschollenwürfe, mit denen der David »verächtlich machende« Simei sein Opfer noch völlig zu eliminieren sucht (2Sam 16,5ff.).

Im Blick auf die existenzbedrohende Wirkung des Schmähwortes bietet sich für *qll* pi. an manchen Stellen die Übersetzung »fluchen, verfluchen, verwünschen« an. Doch ist die eben herausgearbeitete besondere Nuance stets im Auge zu behalten und in diesem Sinne unser Verbum von andern Wurzeln wie →*'rr* (»als *'ārūr*, verflucht bezeichnen«; neben *qll* pi. in Gen 12,3; Ex 22,27), *'lh* (»eine bedingte Verfluchung aussprechen«, →*'ālā*), *z'm* (etwa: »zornig anfahren, heftig beschelten«; q. 11 ×, ni. Part. »verwünscht« Spr 25,23; Subst. *zá'am* »Verwünschung« 22 ×), *qbb* (»verfluchen«, vermutlich mit Unterstützung magischer Handlungen; 14 ×, davon 10 × in Num 22–24; zu *nqb* »lästern« Lev 24,11.16.16 vgl. Elliger, HAT 4,335 Anm. 9), ferner *gdp* pi. »lästern« (7 × ; *giddūf*/*giddūfā* »Lästerworte« 3 bzw. 1 ×) und *ḥrp* (»schmähen«; q. 4 ×, pi. 34 × ; *ḥærpā* »Schmähung, Schmach« 73 ×) sorgfältig zu unterscheiden. *qll* pi. ist das geläufigste Verbum zur Wiedergabe der Schmäh- und Lästerrede, mit welcher ein sich unsicher oder schwach fühlender Mensch sich über einen andern zu erheben sucht. So wird in den Texten das »Verächtlich-Machen, Verwünschen« erwähnt als Aktion und Reaktion ausgebeuteter Sklavenmenschen, die sich auf diese Weise ihren Unterdrückern gegenüber Luft zu schaffen versuchen, z.B. bei Simei (2Sam 16,5ff.), bei Sklaven (Spr 30,10; Pred 7,21), Untertanen (Ri 9, 27; Pred 10,20; vgl. Jes 8,21), Schuldnern oder um ihr Geld bangenden Gläubigern (vgl. Jer 15,10), Armen (Pred 10,20), oder überhaupt als Ventil für Unmut und Frustration (Pred 7,22; vgl. Jer 15,10) oder Wut (Neh 13,25). Ähnlich macht Hiob in tiefster Verzweiflung »seinen Tag« verächtlich: er sucht sich dieses Tages zu entledigen, ihn aus der Welt zu schaffen (Hi 3,1).

Da indessen jede Gesellschaft, auch die israelitische, gewisse Rangordnungen anerkennt und ausdrücklich schützt, verbietet die atl. Tradition das Verächtlichmachen und Schmähen von Respektspersonen wie Eltern (Ex 21,17; Lev 20,9; Spr 30, 11; vgl. Ez 22,7 hi.), Richtern und politischen Führern (Ex 22,27, wo *'ælōhīm* neben *nāśī'* oft als »Richter« verstanden wird, vgl. aber C.H.Gordon, JBL 54, 1935, 139–144; →*'ælōhīm* III/3; ferner 2Sam 16,9; 19,22; Pred 10,20) und Plutokraten (Pred 10,20). Kunstvoll erzählte Geschichten lehren, daß Leute, die das dennoch tun, die verdiente Strafe erhalten (z.B. Simei, 1Kön 2,8.41–46).

c) Da das Verächtlichmachen, Verwünschen, Beschimpfen eines Mitmenschen das Gegenteil ist von Aufmunterung und

Glückwunsch, d.h. von »*bārūk*-Sagen« (= dem anderen sagen, er sei »gesegnet«, ihn somit »segnen«; →*brk* III/2), steht *qll* pi. 7× in formeller Opposition zu Ableitungen von *brk*. Diese Opposition erscheint noch schärfer beim Subst. *qᵉlālā*, das 13× in Opposition zu *brk* steht, vor allem zu dem nach der gleichen Nominalform gebildeten Subst. *bᵉrākā*. Dank dieser Opposition wird *qᵉlālā* der eigentliche Terminus für das einen Mitmenschen verwünschende Fluchwort. Jakob fürchtet, ein »Fluchwort« statt eines Segenswortes auf sich zu ziehen (Gen 27,12), während andererseits Bileams Fluchworte in Segensworte verwandelt werden (Dtn 23,6; Neh 13,2). Wenn jemand am frühen Morgen seinen Nächsten allzu laut grüßt, d.h. ihm mit einem *bārūk*-Spruch entgegentritt, kann dieses Segenswort u.U. als Verwünschung ausgelegt werden (Spr 27,14). Im Dtn werden alle *'ārūr*-Sprüche, d.h. Verfluchungen für den Fall des Ungehorsams, im Ausdruck *qᵉlālā* zusammengefaßt (Dtn 11,26.28.29; 27,13; 28,15.45; 29,26; 30,1.19; Jos 8,34) und (außer Dtn 29,26) der *bᵉrākā* entgegengesetzt. Ein »Geschmähter«, der als Folge seines unverantwortlichen Benehmens verächtlich gemacht, verflucht worden ist, wird zum personifizierten, in Verwünschungen von seinen Mitmenschen zitierten, beispielhaften »Fluchwort« (*qᵉlālā*). Dies wird häufig in Jer gesagt, und zwar in den für Jer charakteristischen, totale Entehrung, ja Vernichtung drohenden Synonymenreihen (Jer 24,9; 25,18; 42,18; 44,8.12.22; 49,13).

Das Eintreffen einer *qᵉlālā*, d.h. einer Verwünschung, eines Fluchwortes, wird mit dem Verbum →*bō'* »kommen« ausgedrückt: die *qᵉlālā* »kommt«, d.h. die Verwünschung, z.B. die *'ārūr*-Formel, erfüllt sich (Dtn 28,15.45; 29,26 [hi.]; Ri 9,57; Ps 109,17). Die Weisen lehren jedoch, daß eine grundlos ausgesprochene Verwünschung nicht »kommen«, d.h. sich nicht auswirken, sich vielmehr ins Nichts auflösen werde; hier erfährt also der Glaube an die Wirksamkeit des Schmähwortes eine gewisse Korrektur durch den Glauben an die stärkere Macht der Wahrheit (Spr 26,2).

4. Theologisch ist die Wurzel (vor allem *qll* pi. und *qᵉlālā*) in drei Bezügen bedeutsam:

a) Wenn schon die durch den göttlichen Willen sanktionierte Sozialordnung das Schmähen von Respektspersonen untersagt (s.o. 3b), so ist das Schmähen der allerhöchsten Autorität, nämlich Gottes, ganz besonders bedenklich (Lev 24,10–23; vgl. Ex 22,27). Aus der frevelhaften Furchtbarkeit gotteslästerlichen Tuns erklärt sich die bewußte Verstümmelung des Ausdrucks »Gott schmähen« in 1Sam 3,13 MT und vielleicht auch die masoretische Lesung von Ps 37,22. Umgekehrt kann eine (sehr selten bezeugte) Berufung auf Gott die Wirksamkeit des Schmähwortes erhöhen (1Sam 17,43 Goliath; 2Kön 2,24 Elisa).

b) Jahwe, absoluter Herr über alle Dinge, ist Herr auch über die Schmähworte der Menschen. Er kann Simei veranlassen, den gedemütigten König zu schmähen (2Sam 16,10f.), und außerdem das geduldige Ertragen solcher Schmähungen mit Gutem belohnen (V. 12). Er kann überhaupt eine Schmähung in Segen verwandeln (Modellbeispiel: Bileam), oder auch jemanden, der Abraham und seine Nachkommen »schmäht«, als *'ārūr* bezeichnen, ihn somit verfluchen (Gen 12,3). Der Geschmähte kann also nichts Besseres tun, als sich wie David Gott anzuvertrauen. Hierher gehört auch, daß Jahwe gewisse Menschen zu einem »Fluchwort« machen kann (2Kön 22,19; Jer 24,9; 25,18 u.ö.).

c) Das AT geht noch weiter. Nicht nur ist Jahwe absoluter Herr über die Schmäworte: er kann auch seinerseits seine Geschöpfe »verächtlich machen«, sie »verwünschen« und sie so einer echten Existenz berauben. In Ps 37,22 (MT) ist die Rede von den »Geschmähten«, den »Verwunschenen« Jahwes, die, im Gegensatz zu den »Gesegneten«, ausgerottet werden. Nach der Sintflut beschließt Jahwe (nach J), den Erdboden »nicht mehr verächtlich zu machen«, d.h. ihn nicht mehr zu verwüsten und zu vernichten (Gen 8,21; vgl. u.a. W.M.Clark, ZAW 83, 1971, 207 mit Lit.; zur »Verwünschung« des Erdbodens vgl. Hi 24,18). Die Überzeugung, daß Jahwe »verächtlich machen, verwünschen« könne, liegt auch der dtn. Rede vom Fluch (*qᵉlālā*) zugrunde, den Jahwe seinem Volke vorlegt, und der sich im Falle des Ungehorsams erfüllen werde (Dtn 27–30; 11,26ff.).

5. Die relativ seltene, sich eng an atl. Vorbilder anschließende Verwendung der Wurzel in Qumran gibt zu keinen Bemerkungen Anlaß (vgl. die »Fluchenden« in 1QS 2,4–5.10, nach dtn. Ritual: *'ārūr*-Sprüche, bekräftigt mit doppelte »Amen«).

In der LXX wird die Wurzel, ihren mancherlei Nuancen entsprechend, auf mannigfache Weise wiedergegeben. Für *qll* pi. und *q^elālā* erscheinen in der Regel Ableitungen von ἀρά, womit die behandelten Ausdrücke von anderen Wörtern für »fluchen« ununterscheidbar werden (vgl. F. Büchsel, Art. ἀρά, ThW I,449–452). An einer Reihe von Stellen finden sich indessen bezeichnenderweise Wendungen wie κακολογεῖν (Ex 21,17; 22,27; 1Sam 3,13; Spr 20,20), κακῶς ἐρεῖν (Lev 19, 14; Jes 8,21), κακῶς εἰπεῖν (Lev 20,9). Zum NT vgl. die Lit. zu →*'rr* 5 und →*'ālā* 5.

C. A. Keller

קִנְאָה *qin'ā* Eifer

1. Hebr. *qin'ā* »Eifer, Eifersucht« ist Verbalabstraktum (Nyberg 213; mit Abstraktplural *q^enā'ōt* in Num 5,15.18.25.29, vgl. Joüon 417 Anm. 3) einer Wurzel *qn'*, die in der Bed. »eifern, eifersüchtig sein« nur noch in der nach-atl. Literatur (vgl. noch LS 675a) und im Äth. (Dillmann 445f.) lebendig ist. Im Ug. ist das Vorkommen fraglich (vgl. WUS Nr. 2425; UT Nr. 2246, zu 52 [= SS], Z. 21); arab. *qn'* »dunkelrot werden« ist wohl nicht zur etymologischen Erklärung heranzuziehen (vgl. hierzu und zum Ganzen F. Küchler, Der Gedanke des Eifers Jahwes im AT, ZAW 28, 1908, 42–52; K.-H. Bernhardt, Gott und Bild, 1956, 86–92; H. Brongers, Der Eifer des Herrn Zebaoth, VT 13, 1963, 269–284; B. Renaud, Je suis un Dieu jaloux, 1963).

Im AT ist außer dem Subst. *qin'ā* das Adj. *qannā'*/*qannō'* »eifernd, eifersüchtig« (zur Form BL 478f.; Meyer II,30; O. Loretz, Bibl 41, 1960, 411–416) und das Verbum im Pi. und Hi. gebräuchlich (*qn'* pi. »eifersüchtig machen« Dtn 32,21 und 1Kön 14,22; sonst »eifersüchtig sein, sich ereifern« o.ä., vgl. Jenni, HP 70.265.270f.).

2. *qin'ā* begegnet im AT 43 × (Ez 10 ×, Num 9 ×, Jes 7 ×); 24 × handelt es sich um den Eifer Gottes, der sich etwa ebenso oft für wie gegen sein Volk auswirkt, 19 × um den des Menschen. Das Adj. *qannā'* begegnet 6 × (Ex 3 ×, Dtn 3 ×), *qannō'* 2 × (Jos 24,19; Nah 1,2), beide stets von Gott gebraucht (außer bei Nah 1,2 stets gegen das eigene Volk). Das Verbum ist 30 × im Pi. gebraucht (Num 6 ×, 1Kön 5 ×, Spr 4 ×; 5 × von Gott, 24 × vom Menschen und 1 × im Bild von Bäumen, Ez 31,9), ferner 4 × im Hi. (Dtn 32,21 mit Gott, Dtn 32,16 und Ps 78,58 mit Menschen, Ez 8,3 mit einem Götzenbild als Subjekt der Aussage). Im ganzen kommt die Wurzel *qn'* im AT 85 × vor, am häufigsten in Num (15 ×) und Ez (13 ×).

3. Im zwischenmenschlichen Bereich gibt die Wortfamilie die oft von starkem Affekt begleitete Haltung des einen Partners einem zu diesem in Konkurrenz stehenden Partner gegenüber an. Der Bedeutungsspielraum ist je nach der Konstruktion (*qn'* pi. mit Akk., *b^e* und *l^e*) und nach dem Kontext recht weit (vgl. E. M. Good, IDB II,806f.; Brongers, a.a.O.; A. Jepsen, ZAW 79, 1967, 287f.) und keineswegs nur auf die Beziehung der Geschlechter zueinander eingeengt (so ursprünglich nach Küchler, a.a.O.): er reicht bei *qn'* pi. von »beneiden, eifersüchtig sein auf« (Gen 26, 14 die Philister gegenüber Isaak wegen seines großen Besitzes; 30,1 Rahel auf ihre Schwester Lea, solange ihr ein Kind versagt ist; 37,11 die Brüder auf Joseph; Jes 11,13 Ephraim gegen Juda, vgl. Wildberger, BK X,471; Ez 31,9 alle Bäume Edens auf die Stärke Ägyptens; Ps 106,16 die Israeliten auf Mose und Aaron; Spr 24,1 der Weise gegenüber den Bösen) über »sich ereifern« (Ps 37,1 über die Missetäter; 73,3 über die Übermütigen; ähnlich Spr 3,31; 23,17; 24,19) zu »eifern für« (Num 11,29 Josua für Mose; 2Sam 21,2 Saul für Israel und Juda; für Jahwe: Num 25,11.13 Pinehas; 1Kön 19,10.14 Elia). Auf eheliche Eifersucht beziehen sich *qn'* pi. und *qin'ā* in Num 5,14f.18.25. 29f.; Spr 6,34; 27,4, ferner *qin'ā* auf leidenschaftliche Liebe Hhld 8,6, auf wirtschaftliche Konkurrenz Pred 4,4 und 9,6, auf Feindschaft unter Völkern Jes 11,13 und Ez 35,11, auf die blinde Leidenschaft des Toren Hi 5,2 und Spr 14,30, endlich auf religiösen Eifer 2Kön 10,16 (Jehu); Ps 69,10; 119,139. Eine Wertung ist im Begriff selber nicht von vornherein enthalten, während die Übersetzungen meistens zu wertenden Ausdrücken greifen müssen (dt. »Eifersucht, Neid« usw. gegenüber »Eifer« als legitimer Verteidigung von Rechten, engl. »jealousy« und »zeal«; zu Luther vgl. Bernhardt, a.a.O. 89 Anm. 3).

4. Im alten Orient wird höchstens vom Neid der Götter untereinander gesprochen, nirgends aber vom Eifer eines Gottes seinen Verehrern gegenüber. Hier konnte im Rahmen der polytheistischen Grundanschauung die Verehrung des einen Gottes ohne Schwierigkeiten mit der Verehrung eines anderen Gottes verbunden oder durch sie ersetzt werden (zur Ausnahme bei Echnaton vgl. etwa E. Hornung, Der Eine und die Vielen, 1971, 240–246). Auf dem Boden des AT hingegen war dieser Wechsel von Anfang an undenkbar. Der sich sein Volk erwählende Gott Jahwe duldete keine Nebenbuhler. Er wird an zentralen Stellen als der eifersüchtig über seine Einzigartigkeit wachende Gott vorgestellt. Das erste Gebot des Dekalogs macht dies durch seine Begründung unmißverständlich deutlich. Jahwe will der Gott Israels sein, der über jedem Abfall zu einem anderen Gott strafend wacht.

Die Vorstellung von dem Eifer Jahwes, die mit seiner Unnahbarkeit, Hoheit und Heiligkeit korrespondiert (J. Hänel, Die Religion der Heiligkeit, 1931, 134–236, bes. 196ff.: »Eiferheiligkeit«), ist »die Grundkomponente des ganzen alttestamentlichen Gottesbegriffs« (Eichrodt I, 133 Anm. 15; vgl. Jos 24,19 *qannō'* neben *qādōš* »heilig«). Vgl. zum Thema des Eifers Jahwes außer Küchler, Bernhardt, Brongers und Renaud (s.o. 1) noch u.a. G. L. Richardson, The Jealousy of God, AThR 10, 1927, 47–50; W. Zimmerli, Das zweite Gebot, FS Bertholet 1950, 550–563; von Rad I, 216–225; Vriezen, Theol. 128; W.H. Schmidt, Atl. Glaube und seine Umwelt, 1968, 75f.; ders., Das erste Gebot, 1969, 18f.; Wildberger, BK X, 385f.).

Von Jahwes »Eifer« ist zuerst in der nicht sicher datierbaren liturgisch geprägten Formel *'ēl qannā'* bzw. *'ēl qannō'* »eifernder Gott« die Rede (Ex 20,5 = Dtn 5,9; Ex 34,14.14; Jos 24,19; nachwirkend in Dtn 4,24; 6,15; Nah 1,2 par. *nōqēm* »Rächer«, →*nqm* 4; →*'ēl* III/3). Entsprechend kann recht anthropomorphistisch gesagt werden, daß die Verehrung anderer Götter Jahwes Eifer erregt (pi./hi.: Dtn 32, 16.21; Ps 78,58; vgl. Ez 8,3); Ez 8,3.5 spricht von einem *sēmæl haqqin'ā* »Eiferbild« im Tempelbezirk (zu diesem Kultpolemischen Ausdruck vgl. Zimmerli, BK XIII, 192.212–215; Renaud, a.a.O. 154–156). Unter Verwendung von *qin'ā* reden die Propheten von der strafenden Vergeltung, die Gott an seinem abgefallenen Volke übt (Ez 5,13; Zeph 1,18; 3,8, an diesen Stellen gehäuft mit Ausdrücken des göttlichen Zorns; vgl. in der Volksklage Ps 79,5, in der Fluchandrohung Dtn 29, 19), wobei Ezechiel auch das Bild der Ehe zwischen Gott und Volk gebraucht (Ez 16,38.42; 23,25; Hos und Jer ohne Verwendung eines Wortes aus der Wortgruppe *qn'*). Der Eifer Jahwes sucht aber nicht nur strafend sein Volk heim. Er richtet sich auch gegen die Fremdvölker und führt zum Heil für sein Volk, wenn jene seinem Volke und damit ihm selbst zu schaden trachten. Gott vollendet damit sein Werk (Jes 9,6 »der Eifer des Herrn der Heerscharen wird dies tun«, nach Renaud, a.a.O. 106ff. späterer Zusatz). Diese Anschauung tritt besonders im und nach dem Exil zutage (pi.: Ez 39, 25; Jo 2,18; Sach 1,14; 8,2; *qin'ā*: 2Kön 19,31 = Jes 37,32; Jes 26,11; 42,13; 59, 17; 63,15; Ez 36,5.6; 38,19; Sach 1,14; 8,2).

5. Das antike Judentum in der Zeit zwischen den beiden Testamenten betont unter dem Einfluß hellenistisch-griechischer Gedanken besonders die ethische Seite der Eifersucht, häufig bei der Beschreibung der Beziehungen der beiden Geschlechter zueinander (Sir 9,1.11; Pirqe Aboth 4,21 usw.; vgl. Jastrow 1390f.; M. Hengel, Die Zeloten, 1961, 61–64). Im religiösen Bereich tritt in der Zeit der Makkabäerkämpfe der Eifer für Gottes Sache in den Vordergrund (1Makk 2,24. 26f.50.54.58; 4Makk 18,12; Hengel, a.a. O. 154–181; A. Strobel, BHH I, 376f. mit Lit.; B. Salomonsen, New Testament Studies 12, 1965/66, 164–176). Der Gedanke, daß der Eifer Gottes das eigene Volk straft, fehlt. In den Schriften von Qumran ist der Eifer für die Sache Gottes von großer Bedeutung (1QS 9,23; 1QH 14,14 u.a. vgl. Kuhn, Konk. 193).

In der LXX entspricht der Wortgruppe *qn'* fast immer ζῆλος mit seinen Ableitungen. Für das NT vgl. A. Stumpff, Art. ζῆλος, ThW II, 879–890. *G. Sauer*

קנה *qnh* erwerben

1. Die Wurzel **qnj* »erwerben« ist gemeinsemitisch (zum Westsem. vgl. DISO 165.260f.; zum Akk., in dem sie sich selten findet, vgl. AHw 898b). Umstritten ist jedoch durchweg, ob außer der Bed. »erwerben, besitzen« o.ä. auch noch »schaffen« (im NWSem., Ug., Arab.?) belegt ist.

Von den ug. Belegen (UT Nr. 2249; WUS Nr. 2426; CML 144) seien nur zwei erwähnt: Aschera, die Gattin Els, trägt den Titel *qnyt ilm* (51 [= II AB = CTA 4] I,23; III,26.30.35; IV,32; fragm. [= CTA 8] 2), der verschieden wiedergegeben wird: »Erschafferin, Herrin, Gebärerin der Götter« (vgl. Gray, Legacy 177.265; G.W. Ahlström, Aspects of

Syncretism in Israelite Religion, 1963, 74f.). Er ist vielleicht mit Prädikationen Els als des Göttervaters (→*'āb* IV/3a) vergleichbar. In einem unsicheren Zusammenhang findet sich der Passus *dyqny ḏdm* (1 Aqht [= I D = CTA 18] 220), der öfter »der die Berge geschaffen hat« übersetzt wird.

Das Verbum ist im AT im Qal, Ni. (Jer 32,15.43) und Hi. (Sach 13,5, wo aber der Text in *'adāmā qinjānī* »der Acker ist mein Erwerb« zu emendieren ist, vgl. BHS) belegt. Substantive der Wurzel sind *qinjān* »Besitz, Eigentum« (BL 500; nach Wagner Nr. 266 möglicherweise ein Aramaismus), *miqnǣ* »Erwerb, Besitz« und *miqnā* »Erwerb durch Kauf«. Ferner begegnen im AT die Personennamen *'ælqānā* und *Miqnējāhū* (vgl. Noth, IP 172; zu ähnlichen Namen in der Umwelt vgl. H. Schult, Vergleichende Studien zur atl. Namenkunde, 1967, 123f.; Gröndahl 176; F. Vattioni, Bibl 50, 1969, 361; F.L. Benz, Personal Names in the Phoenician and Punic Inscriptions, 1972, 404f.). Das Bibl.-Aram. hat in Esr 7,17 *qnh* q. »kaufen«.

2. *qnh* q. begegnet im hebr. AT 81 × (Spr 14 ×, Gen 12 ×, Jer 11 ×, Lev 9 ×, Ruth 6 ×), ni. 2 ×, hi. 1 × (s.o. 1), *qinjān* 10 ×, *miqnǣ* 76 × (Gen 28 ×, Ex 13 ×, Num 8 ×), *miqnā* 15 × (10 × bei P, vgl. Elliger, HAT 4, 353 Anm. 12, und 5 × in Jer 32,11–16); dazu 1 × aram. *qnh* q.

3. a) Der Bedeutungsspielraum des Verbums ist im AT in gleicher Weise wie bei den verwandten Sprachen das Hauptproblem; schon die alten Übersetzungen kommen zu keinem einheitlichen Urteil. Reicht als Sinngehalt »erwerben, besitzen« aus, oder hat man *qnh* auch durch »schaffen« wiederzugeben bzw. sogar eine entsprechende eigenständige Wurzel vorauszusetzen? Darüber hinaus werden »Herr sein, herrschen« oder »hervorbringen, erzeugen, gebären« als Übersetzungsmöglichkeiten vorgeschlagen (vgl. außer den Kommentaren und Lexika u.a.: Ahlström, a.a.O. 71 ff.; W.F. Albright, BASOR 94, 1944, 34 Anm. 2; ders., FS Mowinckel 1955, 7f.; ders., FS Robert 1957, 23; ders., BASOR 173, 1964, 52; ders., Yahweh and the Gods of Canaan, 1968, 105.107; H. Bauer, ZAW 51, 1933, 89f.; C.F. Burney, JThSt 27, 1926, 160–177; H. Cazelles, VT 7, 1957, 422.429; Z.W. Falk, JSS 12, 1967, 241–244; W. Foerster, ThW III, 1006; H.L. Ginsberg, BASOR 98, 1945, 22 Anm. 68; Ch. Hauret, Recherches de Science Religieuse 32, 1958, 358–367; F. Hecht, Eschatologie und Ritus bei den »Reformpropheten«, 1971, 11; P. Humbert, FS Bertholet 1950, 259–266 = Opuscules d'un hébraïsant, 1958, 166–174; W.A. Irwin, JBL 80, 1961, 133–142; P. Katz, JJSt 5, 1954, 126–131; L. Köhler, ZAW 52, 1934, 160; ders., Theol. 69; J.A. Montgomery, JAOS 53, 1933, 107.116; ders., HThR 31, 1938, 145; R. Rendtorff, ZAW 78, 1966, 284ff.; G. Rinaldi, Aegyptus 34, 1954, 61f.; H. Ringgren, Word and Wisdom, 1947, 99ff.; J. de Savignac, VT 4, 1954, 430f.; H. Schmid, ZAW 67, 1955, 181f.; I.S. Stadelmann, The Hebrew Conception of the World, 1970, 6; F. Stolz, Strukturen und Figuren im Kult von Jerusalem, 1970, 130ff.149f. 168ff.; F. Vattioni, RivBibl 3, 1955, 165 bis 173.220–228; 7, 1959, 180f.; G. Levi della Vida, JBL 63, 1944, 1–9; ders., FS Friedrich 1959, 302ff.; D.H. Weiss, HThR 57, 1964, 244–248).

Falls man nur einen Stamm *qnh* annimmt, kann man auf verschiedene Weise eine Beziehung zwischen »erwerben« und »schaffen« herstellen: (1) »sich arbeitend erwerben« (L. Köhler, ZAW 52, 1934, 160; G. von Rad, ThW V, 503); (2) »wer sich etwas erschaffen hat, ist zugleich der Besitzer« (Schmid, a.a.O. 181); (3) »Möglicherweise kommt man am nächsten an die Grundbedeutung des Wortes heran, wenn man bedenkt, daß *qnj/w* auch ›gebären‹ bedeuten kann, so daß man als allgemeinsten Ausdruck ›hervorbringen‹ annehmen kann, woraus sich als Bedeutungsvarianten ›besitzen, in Besitz nehmen‹, ›gebären‹, ›erschaffen‹ herausdifferenzierten« (Stolz, a.a.O. 132; vgl. de Savignac; Irwin).

Alle drei Ansätze sind ungewiß, wenn nicht (schon wegen der Hauptbelege im AT, s.u. 3b–e) unwahrscheinlich. Ebenso unsicher bleibt jedoch die Annahme (Humbert, Vattioni) zweier homonymer Wurzeln (**qnj* bzw. **qnw*?), so daß Etymologie und Grundbedeutung von *qnh* letztlich ungeklärt sind.

Die Vermutung, daß *qnh* die Elternschaft ausdrückt (Hauret, Irwin; auch M. Dahood, CBQ 30, 1968, 513; Stolz, a.a.O. 132, u.a.), stützt sich – abgesehen von den mehrdeutigen ug. Belegen – vor allem auf die schwer verständliche Namenserklärung Gen 4,1, die das Verbum wohl nur auf Grund der Volksetymologie gebraucht (s.u. 4d). Außerdem müßte es sowohl »gebären« als auch »zeugen« heißen bzw. die Allgemeinbedeutung »hervorbringen« haben, da es auf die Mutter (Gen 4,1) und den Vater (Dtn 32,6) angewendet wird; vgl. noch im Zusammenhang mit der Geburt Ps 139,13; eventuell Spr 8,22.

Da umstritten ist, wo die Übersetzung »schaffen« im AT zutrifft, bleibt in der folgenden Darstellung nur die Möglichkeit, die einschlägigen Aussagen in ihrem jeweiligen Kontext kurz vorzuführen (s.u. 4).

b) Das Verbum *qnh* ist vorwiegend in der Alltagssprache zuhause. Seine Hauptbedeutung – und damit auch seine Grundbedeutung? – ist kaum allgemein »erwerben«, sondern präzis »kaufen«. Demgemäß bildet *qnh* den Gegensatz zu *mkr* »verkaufen« (Gen 47,20; Lev 25,14; Neh 5,8 u.ö.; *mkr* q. im AT 57×, ni. 19×, hitp. 4×; *mækær* »Kaufpreis, Ware« 3×; *mimkār* »Verkauf, Ware« 10×; *mimkæræt* »Verkauf« 1×; vgl. aram. *zbn* q. »kaufen« Dan 2,8 neben *zbn* pa. »verkaufen«) und ist häufig mit der Angabe des Preises (*b^e* pretii; GK §119p) verbunden (Gen 33,19; 47,19; 2Sam 24,24 = 1Chr 21,24; Jes 43, 24; Jer 32,25.44, vgl. V.9; Am 8,6). Die Kaufobjekte erscheinen im Akkusativ: Haus (Lev 25,30), Feld (Gen 33,19; Jer 32, 7ff.; Ruth 4,4f. u.ö.; nach *qnh* ni. als Subjekt: Jer 32,15.43), Tenne (2Sam 24,21), Baumaterialien (2Kön 12,13; 22,6; 2Chr 34,11), Hüftschurz (Jer 13,2.4), Flasche (Jer 19,1), Lamm (2Sam 12,3) u.a., aber auch Personen (Gen 39,1; 47,19.23; Lev 22,11; Am 8,6; Neh 5,8; vgl. Dtn 28,68; zu Sach 13,5 hi. s.o. 1), besonders Sklaven (Ex 21,2; Lev 25,44f.; Pred 2,7). *qnh* (*l^e'iššā*) scheint auf Grund der in Ruth 4 (V.5.10) vorliegenden speziellen Situation jedoch kaum im strengen Sinn »(durch Entrichtung des Brautpreises) kaufen« (→*'rś* 3), sondern blasser »(als Frau) erwerben« zu meinen (Weiss; Rudolph, KAT XVII/1,64; →*g'l* 3d). Die Person, von der man etwas kauft, wird mit Hilfe der Präpositionen *min* (Lev 25,44), *mijjad* (Gen 33,19; Ruth 4,5.9 u.ö.), *mē'ēt* (Gen 25,10; Jos 24,32 u.ö.) oder *mē'im* (2Sam 24,21) angegeben. Der künftige Besitzer wird mit *l^e* »(kaufen) für« bezeichnet (Gen 47,20.23; Jes 43,24; Jer 32,7f.; Ruth 4,8 u.ö.), und der Handel kann *nægæd* »in Gegenwart von« bestimmten Personen als Zeugen erfolgen (Ruth 4,4, vgl. V.10f.).

Aus dem wiederholten Vorkommen des Imperativs »kaufe es (dir)!« (Jer 32,7f.25; Spr 4,5.7; Ruth 4,4.8) hat H.J. Boecker, Redeformen des Rechtslebens im AT, ²1970, 168f., auf eine feste, im Rechtsgeschäft übliche Redewendung geschlossen, »die ihrer Funktion nach als Formel der Kaufaufforderung zu bestimmen ist«.

Der Kaufpreis heißt *kæsæf miqnā* (Lev 25,51, vgl. V.16). Über den Kauf kann – zumindest in späterer Zeit (weiß Ruth 4,7f. von einem älteren Brauch?) – eine Urkunde ausgestellt werden, die nach Jer 32, 11ff. →*sēfær hammiqnā* »Kaufbrief« genannt wird (zum Aussehen vgl. Rudolph, HAT 12,209ff. mit Lit.).

c) Analog zu *mōkēr* »Verkäufer« wird das Part.act. q. *qōnæ* zum festen Begriff »Käufer« (Lev 25,28.50; Dtn 28,68; Sach 11,5; Spr 20,14; vgl. Sir 37,11). Das Gegenüber »Käufer – Verkäufer« dient wie andere Gegensatzpaare als Bild für das menschliche Alltagsleben als ganzes (Jes 24,2; Ez 7,12; vgl. Zimmerli, BK XIII, 176). Zumindest das Part. hat aber nicht nur ingressive, sondern auch resultative Bedeutung: Erwerben wird zum Besitzen. So meint *qōnæ* »Besitzer, Herr« (Jes 1,3; vgl. Lev 25,30; Sach 11,5).

d) *qnh* wird sodann übertragen-bildhaft verwendet für den Gewinn von Weisheit und Erkenntnis: »Der Erwerb (Besitz?) von Weisheit ist besser als Gold und der Erwerb von Einsicht kostbarer als Silber« (Spr 16,16; vgl. 4,5.7; 17,16; 18,15; auch 1,5); »wer Herz (d.h. Verstand) erwirbt, liebt sich selbst« (Spr 19,8; vgl. 15,32; →*lēb* 3e). Auch von der Wahrheit gilt: kaufe sie, aber verkaufe sie nicht (Spr 23, 23)!

e) Eindeutig von der Bed. *qnh* »(käuflich) erwerben« her sind abzuleiten die Subst. *miqnæ* »Erwerb, Besitz«, nämlich an Grund und Boden (Gen 49,32), vor allem aber an Vieh (Gen 29,7 u.ö.), und *miqnā* »Erwerb durch Kauf« (Gen 17,12f. u.ö.). Auch *qinjān* heißt durchweg »Besitz, Eigentum«; vgl. die in Gen 34,23; Jos 14,4; Ez 38,12.13 (vgl. Gen 31,18) belegte »stereotype paronomastische Wortverbindung« (Noth, HAT 7, 78) *miqnæ w^eqinjān* »Hab und Gut«. Eine Ausnahme scheint jedoch Ps 104,24 vorzuliegen (s.u. 4b).

4. In ihrer Bedeutung stark umstritten sind – von Gen 4,1 abgesehen – vor allem die Belege, in denen Gott als Subjekt von *qnh* auftritt. Sie erlauben durchweg nur eine mehr oder weniger wahrscheinliche, keine zwingend eindeutige Übersetzung. Aus methodischen Gründen wird in dem folgenden knappen Überblick nur dann von der Hauptbedeutung »erwerben« abgewichen, wenn es der Zusammenhang nahelegt.

a) Im sog. Meerlied des Mose Ex 15,1–18 finden sich innerhalb der Schilderung der Landnahme (V.13b–17) für das wandernde Israel die Prädikationen »dein Volk« und »das Volk, das du erworben (*qnh*) hast« (V.16). Diese Übersetzung liegt am nächsten, weil sie am ehesten dem auffällig ähnlichen Titel »das Volk, das du erlöst hast« (V.13; →*g'l* 4e) entspricht.

Ähnlich ist der Sprachgebrauch im Volksklagelied Ps 74. Der einleitenden Frage »Warum hast du uns auf ewig verworfen?« folgen Bitte und Begründung (V.2): »Gedenke deiner Gemeinde, die du vormals erworben, zum Stamm deines Eigentums erlöst hast!« »Als ›Beweggrund zum Einschreiten‹ nennen die ...

asyndetischen Relativsätze die Erwählung, die als einmal vollzogene und noch gültige Entscheidung Gott zum Eintreten für die Jahwegemeinde und das Zionsheiligtum bestimmen soll« (W. Schottroff, »Gedenken« im Alten Orient und im AT, ²1967, 190). Der Parallelismus (*g'l*) spricht erneut für die Übersetzung »erwerben, für sich gewinnen« o.ä. Vom Zusammenhang her liegt wie in Ex 15,16 der Gedanke an ein mythisches Hervorbringen, an Vaterschaft oder auch an Schöpfung fern. Falls *qnh* von Hause aus die Bedeutung »erschaffen« zukäme, wäre sie hier auf die Geschichte übertragen worden.

Wie in beiden zuvor genannten Texten geht der geschichtliche Rückblick in Ps 78 von den Ereignissen der Frühzeit, wie Exodus und Landnahme, unmittelbar zur Erwählung des Zion über (V.54): »Er brachte sie in sein heiliges Gebiet, zum Berg, den seine Rechte erworben hat«. Entsprechend Ex 15,17 bezieht sich die Angabe kaum nur allgemein auf das gebirgige Palästina, sondern (zumindest auch) speziell auf Jerusalem mit seinem Heiligtum. Das Objekt von Gottes Wirken ist anstelle des Volkes der Berg; doch ist dem Zusammenhang nach (V.54a) nicht kosmisch an dessen Erschaffung (vgl. Am 4, 13), sondern geschichtlich an dessen Aneignung durch Jahwe (V.54a; Ex 15,17) gedacht.

In dem Zusatz Jes 11,11 wird die Erwartung auf die Heimkehr der Zerstreuten als Hoffnung ausgesprochen, daß Jahwe »den Rest des Volkes loskauft« (vgl. Neh 5,8; Jes 43,3).

b) In den Bereich eines anderen Wortfeldes führen die folgenden Belege.

Das sog. Moselied Dtn 32 stellt Gottes Treue und den Abfall des Volkes gegenüber. V.6 nimmt in der Anrede an das Volk Weisheitstradition auf: »Durftet ihr Jahwe so vergelten, ihr törichtes und unweises Volk? Ist nicht er dein Vater, der dich erschaffen (*qnh*; vgl. GK §20g.75ll), nicht er es, der dich gemacht (*'śh*) und bereitet (*kūn* pol.) hat?« Israel verdankt Jahwe »als dem schöpferischen Vater des Volkes« (E. Baumann, VT 6, 1956, 417) seine Existenz. Ein entsprechendes Bekenntnis (auch als rhetorische Frage) im Kontrast zur Treulosigkeit des Volkes findet sich Mal 2,10. Mit dem Begriff ›Vater‹ ist also nicht die Vorstellung der Zeugung, sondern der Schöpfung verbunden (vgl. auch Jes 64,7; →*'āb* IV/3c); mythische Anschauungen klingen höchstens nach, wie Dtn 32,18 das Bild von Vater *und* Mutter auf Gott überträgt. Vor allem Katz, a.a.O. 127, und Ahlström, a.a.O. 73, suchen in V.6 – unter Hinweis auf den allgemeineren Gebrauch des Verbums *kūn* pol. »feststellen« (→*kūn* 4a) und die ug. Wendung *il mlk dyknnh* »El, der König, der ihn bereitete(?)« (Belege →*'āb* IV/3a) – für *qnh* die Bedeutung »erwerben« durchzuhalten, jedoch kaum mit Recht. Wie die unmittelbaren Parallelwörter *'āb* und *'śh* zeigen, liegt die Übersetzung »schaffen« näher, obwohl V.10ff. das Wirken Gottes geschichtlich explizieren.

In Ps 139 begründet der Beter seine Einsicht, daß er sich stets und überall in Gottes Gegenwart befindet, mit dem Bekenntnis zum eigenen, persönlich-individuellen Geschaffensein: »denn du bist es, der du meine Nieren geschaffen (*qnh*), mich im Mutterleib verborgen gehalten (beschützt, gewoben?) hast« (vgl. zuletzt J. Holman, BZ 14, 1970, 64f.). Wie in Dtn 32 ist der Kontext (V.14) durch Weisheitsdenken geprägt, das auch zu ähnlichen Schöpfungsaussagen (Hi 10,8; Pred 11,5) kommen kann. Die in V.15f. nachwirkende mythische Vorstellung von der Entstehung des Menschen in der (Mutter) Erde wird in V.13 vorweg als Tat Gottes interpretiert; doch haben V.13 wie V. 15f. dieselbe Intention, aus dem Ursprung des Menschen seine restlose Offenheit vor Gott zu folgern. Die Nieren sind Organ wie Symbol der innersten, heimlichsten Regungen des Menschen (vgl. →*lēb* 3g). So macht der Zusammenhang die Übersetzung von *qnh* durch »schaffen« o.ä. (vgl. Ahlström, a.a.O. 72: »either ›to form‹ or ›to give birth to‹«) sehr wahrscheinlich, während die Bedeutung »erwerben« (von »Nieren«) kaum sinnvoll erscheint.

In Spr 8,22ff. preist sich die personifizierte Weisheit selbst, um (ähnlich wie Ps 139,13ff.) aus dem Ursprung Schlußfolgerungen für die Gegenwartsbedeutung (nämlich ihre Autorität, V.32ff.) zu ziehen. Den Negativschilderungen (V.24ff.), die im Stil altorientalischer Kosmogonie den Zustand der Welt vor der Schöpfung beschreiben, gehen zwei positive Sätze voraus, die die Weisheit als frühestes, d.h. zugleich bestes Werk Gottes charakterisieren. Gott ist betont Subjekt des Satzes (vgl. Spr 3,19), so daß auch syntaktisch das Abhängigkeitsverhältnis deutlich wird: »Jahwe schuf mich (*qnh*) als Anfang seines Waltens (?), als erstes seiner Werke, vorlängst« (V.22; vgl. die Lit. bei H.H. Schmid, Wesen und Geschichte der Weisheit, 1966, 150; G.v. Rad, Weisheit in

Israel, 1970, 197f.). Die Weisheit ist vor aller Schöpfung (vgl. V.24f.), aber nicht ewig präexistent; »sie besitzt keine urweltliche Existenz neben Gott, der sie entdecken muß« (G.Fohrer, ThW VII, 491; vgl. Gemser, HAT 16,49). So würde die Übersetzung *qnh* »erwerben« den im Text sonst nicht belegten Gedanken eintragen, daß die (Person) Weisheit erst von Gott zu gewinnen war.

Demnach ist in drei Texten, in denen jeweils Gott Subjekt ist (Dtn 32,6; Ps 139, 13; Spr 8,22), auf Grund des Zusammenhangs für *qnh* die Bedeutung »schaffen« vorzuziehen.

Einen weiteren Beleg bietet möglicherweise das Substantiv *qinjān*. Ps 104,24 preist Gott in hymnischer Anrede: »Wie zahlreich sind deine Werke, Jahwe! Du hast sie alle in Weisheit gemacht; deiner Schöpfung(en) ist die Erde voll«. Unabhängig von der Frage, ob der in der 2. Pers. stilisierte Zwischensatz (V.24aβ) an dieser Stelle einen Zusatz darstellt oder nicht, ist die Beobachtung: Die beiden Rahmensätze laufen parallel, so daß *qinjānǣkā* den Plural *maʿaśǣkā* »deine Werke« expliziert. Darum überzeugt die Übersetzung »Schöpfung, Geschöpf« mehr als »Besitz« (L.Köhler, ZAW 52, 1934, 160; vgl. P.Humbert, a.a.O. 170: »richesses«). Oder sollte die Punktation von *qinjānǣkā* als Singular auf Grund der Bedeutung »Besitz« erfolgen, während bei der Lesung als Plural an »Geschöpfe« gedacht ist? Auffällig ist erneut der weisheitliche Hintergrund, und sinngemäß ist wieder Gott Subjekt des Satzes.

c) Auch in dem viel diskutierten Titel *ʾēl ʿæljōn qōnē šāmájim wāʾāræṣ* »El der Höchste (bzw. der höchste Gott), Schöpfer Himmels und der Erde« (Gen 14,19.22) begegnet *qnh* in einer Gottesprädikation, die jedoch im Kontext so isoliert auftritt, daß er keine wesentliche Erklärungshilfe bieten kann.

El Eljon scheint der (ein) Stadtgott von Jerusalem gewesen zu sein, der später mit Jahwe identifiziert wurde (vgl. Gen 14, 22 u.a.). Allerdings wird die Auffassung vertreten, daß in dem Doppelnamen zwei verschiedene Gottheiten vereint sind (vgl. die Lit. bei W.H.Schmidt, Die Schöpfungsgeschichte der Priesterschrift, ²1967, 28 Anm. 2; →*ʾēl* III/3).

Aus Texten von Karatepe (KAI Nr. 26 A III,18) und Leptis Magna (KAI Nr. 129,1) ist der Titel *ʾl qn ʾrṣ* belegt. Auch der heth. Gott Elkunirsa ist wohl mit diesem Prädikat zu verbinden (H.Otten, MIO 1, 1953, 135ff.; ANET Suppl. 1969, 83), und in Palmyra findet sich ein Gottesname *ʾlqwnrʿ* (vgl. die Arbeiten von Levi della Vida; Albright [bes. FS Mowinckel 1955, 7f.]; Eißfeldt, KS II,426; M.H.Pope, El in the Ugaritic Texts, 1955, 27.51ff.; Haussig I,280; DISO 260; zuletzt Rendtorff, a.a.O. 284ff.; Stolz, a.a.O. 130ff.; U.Oldenburg, The Conflict between El and Baʿal, 1969, 16f.; H.Gese u.a., Die Religionen Altsyriens . . ., 1970, 113ff.; W.Helck, Betrachtungen zur großen Göttin und den ihr verbundenen Gottheiten, 1971, 194).

Die Übersetzung »Schöpfer (auch: Besitzer, Herr) der Erde« ist umstritten. Ein Pendant »(Eljon) Schöpfer des Himmels« o.ä., das in Ergänzung zu dem mehrfach belegten Titel die universale Aussage von Gen 14,19ff. ergäbe (vgl. höchstens »Baal Schamaim«), ist nicht bezeugt. So bleiben Herkunft und Alter der im AT vorliegenden *vollen* Titulatur unsicher.

Innerhalb des AT selbst läßt sich die Wendung von Gen 14,19.22 am ehesten mit der formelhaften Schöpferprädikation »(Jahwe) Schöpfer (*ʿōśē*) Himmels und der Erde« parallelisieren (Ps 121,2; 124,8 u.ö.; vgl. Schmidt, a.a.O. 166 Anm. 1). Besteht dieser Vergleich zu Recht, dann ist einerseits für *qnh* wieder die Bed. »schaffen« gegeben; andererseits liegt die Vermutung nahe, daß *qnh* ein Israel aus der Umwelt vorgegebenes und im AT durch *ʿśh* interpretiertes bzw. ersetztes Wort ist. Insofern wird die Auffassung von Humbert, a.a.O. 174, *qnh* »schaffen« sei »une relique du langage mythologique et cultuel, cananéen et préisraélite«, im Recht sein, obwohl die übrigen atl. Belege keine sichere Stütze für diese Ansicht bieten.

d) Im Unterschied zu den bisher erwähnten Zeugnissen bleibt die Namenerklärung von Gen 4,1b schwer verständlich, ja undeutlich: »Ich habe einen Mann gewonnen/geschaffen/bekommen (*qanītī*) mit (Hilfe von?) Jahwe«. Jede Übersetzung ist nur ein Versuch.

Einen Überblick über die mannigfaltigen Vorschläge zum Verständnis des Satzes bietet Westermann, BK I,394ff., der selbst für die Bed. »schaffen« plädiert, aber S. 383 »gewinnen« übersetzt. Vgl. zuletzt J.M.Kikawada, JBL 91, 1972, 35ff.

Scheinen die Verbindung mit Gen 2–3 sowie die Situation der Geburt für die Gleichung *qnh* = »schaffen« zu sprechen, so gerät diese Auffassung jedoch sachlich in Schwierigkeit, weil ein Entsprechungsverhältnis von göttlichem und menschlichem Handeln im Zusammenhang sonst nicht zum Ausdruck kommt, also auch kaum intendiert ist. Außerdem ist in den übrigen atl. Belegen stets Gott selbst Subjekt des Schaffens (vgl. noch den Eigennamen *'ælqānā*, was immer er bedeuten mag), und *qnh* findet sich in Gen 2–3 gar nicht. Ist »schaffen« im Munde der Frau überhaupt denkbar, und wieso lautet das Objekt »Mann«? So ist die Übersetzung »schaffen« äußerst ungewiß, wenn nicht unwahrscheinlich; der Satz bleibt letztlich dunkel, so daß alle Argumentationen über den Sinn von *qnh* in Gen 4,1 höchst fragwürdig bleiben. Vermutlich findet sich das Verbum hier nicht in einem ihm von Haus aus gemäßen Kontext, sondern ist nur durch die Volksetymologie des Namens Kain (= »Schmied«?) erzwungen; von daher erklärt sich jedenfalls der ungewöhnliche Gebrauch.

5. Hauptsächliche Übersetzung von *qnh* in der LXX ist κτᾶσθαι. Zu Schöpfungsaussagen in nachatl. Zeit vgl. die Lit. zu →*br'* 5; K.H.Schelkle, Theologie des NT I, 1968, 27ff. *W.H.Schmidt*

קֵץ *qēṣ* Ende

1. Das Nomen *qēṣ*, auch ug. als *qṣ* »Ende, Zipfel« belegt (WUS Nr. 2434), ist Derivat des gemeinsemitischen Stammes *qṣṣ* »abhauen, zerstückeln« (KBL 848f.). Er findet sich im atl. Hebr. 14 × (4 × qal, 9 × pi., 1 × pu.), seine mit Ausnahme des Arab. bisher nur nordwestsem. belegte Nebenform *qṣh* »abbrechen, stückweise lostrennen« 5 × (1 × qal, 2 × pi., 2 × hi.; KBL 846b; DISO 262).

Als Derivat von *qēṣ* kommt das Adj. *qīṣōn* »letzter, äußerster« priesterschriftlich 4 × vor (Ex 26,4.10; 36, 11.17; Analogiebildung zu *rīšōn* »erster«, vgl. GVG I,293). Sofern man der Konjektur zustimmt, ist ferner *haqiṣṣōtī* Ps 139,18 »ich bin am Ende« wohl als Denominativum von *qēṣ* aufzufassen (KBL 849a: *qṣṣ* II; Kraus, BK XV,914).

2. Die 67 Belege des Nomens sind über das ganze AT zerstreut und treten nur bei Ez und Dan etwas gehäufter auf: Pentateuch 10 ×, Jos–Kön 6 ×, Propheten 20 × (Ez 9 ×) und Ketubim 31 × (Dan 15 ×). Wird, wie es meist und zu recht geschieht, *qinṣē* Hi 18,2 mit *qiṣṣē* (plur.cs.) in Verbindung gebracht (Geminaten-Dissimilation), so erhöht sich die Gesamtzahl der Belege auf 68.

3. a) In der Form *miqqēṣ* dient das Nomen 22 × dazu, eine bestimmte oder unbestimmte Zeitdauer auszudrücken: »nach Verlauf von ...«. Es wird zu diesem Zweck entweder mit der entsprechenden Angabe der Tage (z.B. Gen 8,6), der Monate (z.B. Ri 11,39) oder der Jahre (z.B. Gen 16,3) verbunden, oder ohne Zahlwort bloß mit *jāmīm* »einige Zeit« (→*jōm* 3f) verknüpft (z.B. 1Kön 17,7). In derselben Bedeutung, aber stets nur zur unbestimmten Zeitangabe, kommt 4 × in späten Texten *leqēṣ* vor, gefolgt von *jāmīm* (Neh 13,6), *šānīm* »Jahre« (Dan 11,6; 2Chr 18,2) und *'ittīm* (Dan 11,13 txt?); vgl. noch die etwas umständliche Wortfolge in 2Chr 21, 19 (txt?).

b) Der temporale Begriff »Ende« wird Jer 51,13 auf Babel bezogen, Hi 16,3 auf »windige Worte«, Hi 18,2 auf das Geschwätz, Hi 28,3 auf die Finsternis und Ps 119,96 auf die Vollkommenheit, während die Negation *'ēn qēṣ* Jes 9,6 das Friedensreich, Hi 22,5 die Schuld, Pred 4,8 die Mühsal, 4,16 das Volk und 12,12 das »Büchermachen« betrifft.

Im räumlichen Sinne in der Wendung »letzter/äußerster Rastplatz« bzw. »letzte/äußerste Höhe« findet sich die Vokabel 2Kön 19,23 und Jes 37,24. Unklar bleibt Jer 50,26, wo *miqqēṣ* möglicherweise »vom (letzten/äußersten) Ende«, d.h. »von allen Enden« meint (so die Zürcherbibel; vgl. indessen z.B. Rudolph, HAT 12,302).

c) Vom Ende des Menschenlebens ist Ps 39,5 und Hi 6,11 die Rede. In diesen Zusammenhang gehören auch die beiden Belege in Klgl 4,18, doch wird im Ausdruck »unser Ende« neben dem Sterben auch der Untergang Jerusalems miteinbeschlossen. Und Gen 6,13 findet diese Vorstellung noch eine Ausweitung, indem »das Ende alles Fleisches« die Vernichtung alles Lebens und aller Lebensgrundlagen beinhaltet.

d) Auf die Endzeit bezogen wird der Begriff je einmal bei Am und Hab, 8 × bei Ez und 13 × bei Dan. Am 8,2 und Hab 2,3 sowie mehrfach Ez und Dan gebrauchen dabei die Vokabel absolut, während Ez 21,30.34 und 35,5 diese lapidare Ausdrucksweise zu *'ēt 'awōn qēṣ* »Zeit der Endstrafe« erweitert und Dan 8,17 u.ö. die Wortverbindung →*'ēt qēṣ*, 8,19 *mō'ēd qēṣ* »Endzeit« (vgl. 11,27) und 12,13 *qēṣ hajjāmīn* »Ende der Tage« gewählt wird.

e) An Synonymen sind zu nennen: *qāṣæ* (92 ×, davon Jos 15 ×, Jes 10 ×, Ex und Dtn 9 ×, Num und Jer 8 ×), *qāṣā* (28 ×, davon Ex 21 ×), *qēṣæ* (5 ×, immer mit *'ēn* negiert: Jes 2,7.7; Nah 2,10; 3,3. 9), *qāṣū* (3 ×, nur plur. *qaṣwē-'æræṣ* »Enden der Erde«: Jes 26,15; Ps 48,11; 65,6), *qeṣōt* (7 ×; vgl. J.Geyer, VT 20, 1970, 87–90) und *qeṣāt* (9 ×; aram. LW, vgl. Wagner Nr. 268/269; bibl.-aram. *qeṣāt* »Ende« Dan 4,26.31; »Teil« Dan 2,42), alles Derivate des Stammes *qṣh* (s.o. 1) und stets »Ende« o.ä. (lokal oder temporal) bedeutend, aber nie auf die Endzeit bezogen. Ebenfalls nicht eschatologisch ausgerichtet sind *'ǽfæs* »Ende« (auch adverbiell als Negation oder Einschränkung und in der Bed. »Nichts«; *'ǽfæs kī* »nur daß«; im AT 43 ×; →*'ájin* 3; →*'ǽræṣ* 3b), *sōf* »Ende« (5 ×; aram. LW, vgl. Wagner Nr. 199); zu *'aḥarīt* »Ende« →*'ḥr* 4.

f) Das Bibl.-Aram, hat aus dem Hebr. als terminus technicus Dan 2,28 den Ausdruck *'aḥarīt jōmajjā* »Ende der Tage« in endzeitlicher Bedeutung entlehnt (Plöger, KAT XVIII,46); im übrigen wird bibl.-aram. für »Ende« 5 × *sōf* (Dan 4,8.19; 6,27; 7.26.28) und 3 × *qeṣāt* (s.o. e) verwendet, stets in nicht-eschatologischem Sinn.

4. a) Bei der Frage nach dem theologischen Sprachgebrauch ist von Am 8,2 auszugehen, wo zum erstenmal der Begriff »Ende« im Sinne von »Endzeit« auftritt. Sich organisch aus der Vision vom Obstkorb entwickelnd, meint »gekommen ist das Ende (*qēṣ*, in Anspielung auf das vorangehende *kelūb qájiṣ* »Obstkorb«) über mein Volk« sachlich dasselbe, was 5,18–20 vom Tag Jahwes ausgesagt wird, charakterisiert diesen allerdings mit letzter Schärfe als Gerichtstag über Israel.

Erst Ezechiel nimmt diese radikale Redeweise wieder auf und steigert sie noch: in den drei Versen Ez 7,2.3.6 kommt die Drohung des »Endes« nicht weniger als fünfmal vor, zweimal sogar ohne Artikel (V. 2.6), in 21,30.34 und 35,5 wiederum in der inhaltlich noch intensivierten Wortfolge *'ēt 'awōn qēṣ* (s.o. 3d). Beachtenswert ist dabei, daß in Ez 7 das »Land Israel« angeredet wird, dessen »Ende« komme, womit auch jeder Verlaß auf den Besitz des verheißenen Landes zunichte gemacht wird.

b) Einen Abglanz dieser prophetischen Verwendungsart von *qēṣ* spiegelt die Ez nahestehende Priesterschrift wider, wenn Gen 6,13 zu Beginn der Sintflutgeschichte an Noah Jahwes Bescheid ergeht: »das Ende alles Fleisches ist vor mich gekommen = ist bei mir beschlossen«, desgleichen in der bedrückenden Feststellung: »unser Ende war nahe/gekommen« Klgl 4,18, denn beidemale handelt es sich vordergründig zwar nicht um das endzeitliche Gericht, aber dennoch um ein Gerichtshandeln Jahwes, das in innerem Zusammenhang mit dem Endgericht verstanden wird; *qēṣ* bekommt hier einen ambivalenten Charakter, Vgl. dazu Zimmerli, BK XIII,169; Kraus, BK XX,76.

Ambivalenten Sinngehalt hat *qēṣ* auch bei dem etwas schwierigen Text Hab 2,3 »noch ist der Offenbarung ihre Frist gesetzt, doch sie drängt zum Ende« (Zürcherbibel). Es geht zu weit, wenn Zimmerli, a.a.O. 170, anmerkt, hier sei *qēṣ* »zur Zeitskala des apokalyptischen Rechnens geworden«, denn die Verkündigung Habakuks unterscheidet sich als Ganzes in ihrer Wesensart doch zu sehr von der Apokalyptik. Hinter Hab 2,3 steht vielmehr die echte und der Prophetie auch anderwärts nicht unbekannte Bedrängnis durch das Ausbleiben des Eingreifens Jahwes und des Gottesreiches (vgl. Ez 12,27f.), die nur durch die *'æmūnā*, die beharrende Glaubenstreue, überwunden werden kann (Hab 2,4; vgl. M.A.Klopfenstein, Die Lüge nach dem AT, 1964, 204f.). Richtig ist indessen Zimmerlis Nachsatz (a.a.O.), daß *qēṣ* Hab 2,3 »die Fülle seiner inhaltlichen Bedrohlichkeit verloren« hat. Dies hängt mit dem Umstand zusammen, daß das Endgericht hier nur noch den Feinden, nicht mehr aber Israel gilt, was Hab von Am und Ez entschieden abhebt, ihn indessen einerseits der Heilsprophetie und anderseits in dieser Hinsicht der Apokalyptik zuordnet.

c) In apokalyptischer Verwendung gebraucht Dan die Vokabel als festen terminus technicus. Die Endzeit, welche sowohl die letzte Notzeit als auch die anbrechende Heilszeit umschließt, ist aus der sonstigen irdischen Geschichte herausgehoben und steht viel stärker als je bei den Propheten in dualistischem Gegensatz zu der dem nahen Untergang entgegentreibenden ungöttlichen Welt. Dieses Ende läßt sich berechnen, da es von Gott genau vorherbestimmt ist (vgl. 11,27; 12,7; 8,14 und 12,12). Geheimnisvolle Offenbarungen sind dem Apokalyptiker verständlich, und er sehnt in einer Art von Weltuntergangsstimmung das »wunderbare Ende« herbei (12,6f.), da es nicht mehr das Gericht über Israel, sondern die Rache an den Feinden, die Erlösung aus der Drangsal und sogar die Totenauferweckung (12,13) bringt, d.h. mit andern Worten letztlich das Gottesreich in der verherrlichten Gestalt eines Reiches Juda (vgl. W.Baumgartner, Das Buch Daniel, 1926, 27ff.; Plöger, a.a.O. 174ff.).

5. In den Qumrantexten ist bisher ein eschatologischer Gebrauch von bloßem *qēṣ* nicht nachgewiesen. Soll die Endzeit zum Ausdruck gebracht werden, so findet sich *'ḥrwn* hinzugesetzt. In der rabbinischen

Literatur dagegen schließt *qēṣ* die Eschatologie durchaus mit ein, wobei nun die messianischen Erwartungen und die Berechnungen des »Endtermins« (welche Bedeutung *qēṣ* jetzt geradezu bekommen kann, vgl. auch den Plural *qiṣṣīm* »berechnete Termine«) großes Gewicht erhalten (G. Delling, ThW VIII, 53f.; H.-G. Link, ThBNT III, 1488f.).

Im Qumranschrifttum wie auch sonst im nachbiblischen Hebräisch kommt *qēṣ* in starkem Ausmaß auch die Bedeutung »Zeit, Zeitabschnitt, Periode« zu (M. Wallenstein, VT 4, 1954, 211ff.; N. Wieder, JJSt 5, 1954, 22; K. Elliger, Studien zum Hab-Kommentar vom Toten Meer, 1953, 182f. 192f.; G. Delling, ThW VIII, 54 Anm. 28; Jastrow 1403f.), ohne jedoch die ursprüngliche ganz zu verdrängen (vgl. DJD V, Nr. 169, II, 6; G. Delling, a.a.O. Z. 31ff.). Auch bei atl. Belegstellen mag diese Bedeutung schon mitschwingen, vgl. etwa den Terminus *miqqēṣ* »nach Verlauf von«; besonders bei Dan wird aber mit ihr, beispielsweise im Sinne von »Endperiode«, zu rechnen sein (vgl. KBL Suppl. 184a; nicht überzeugen kann dagegen M. Wallensteins Vorschlag [a.a.O.], dieses Verständnis auch auf Gen 6,13 zu übertragen).

In der LXX wird *qēṣ* hauptsächlich durch τέλος (nur im nichteschatologischen) und συντέλεια (auch im eschatologischen Sinn), ferner durch ἔσχατος, καιρός u.a.m. wiedergegeben. Dabei bezieht sich τέλος nie, ἔσχατος hingegen meist auf *'aḥarīt*. Vgl. W.C. van Unnik, FS Vriezen 1966, 335–349; G. Kittel, Art. ἔσχατος, ThW II, 694f.; G. Delling, Art. τέλος, ThW VIII, 50–67. *M. Wagner*

קצף *qṣp* zornig sein

1. Die verbale Wurzel *qṣp* »zornig sein« ist außerhalb des Hebr. noch in den Amarna-Glossen (EA 82,51 und 93,5 N-Formen par. akk. *ašāšu* Št »to become worried«, CAD A/II, 424b; DISO 262) und im Aram. bekannt (Ah. Z. 101 *kṣph* »sein Zorn«, vom König gesagt; zur Form vgl. Leander 17; bibl.-aram. *qṣp* q. »ergrimmen« Dan 2,12; *qeṣaf* »Zorn« Esr 7,23; KBL 1119f.; LS 687b, u.a. *qeṣīfā* »traurig«).

Ein Zusammenhang mit arab. *qaṣafa* »zerbrechen« (Wehr 686a und Suppl. 105b) ist zweifelhaft; eine arab. Etymologie dürfte eher für hebr. *qǽṣæf* II »abgeknickter Zweig« (Hos 10,7; vgl. J. Blau, VT 5, 1955, 343; anders u.a. C. Cohen, Journal of the Ancient Near Eastern Society of Columbia University 2, 1969, 25–29: »Schaum«) und *qeṣāfā* »Stummel« (Jo 1,7) heranzuziehen sein.

qṣp wird im AT im Q., Hi. (»erzürnen«) und Hitp. (»in Zorn geraten«) gebraucht; dazu kommt das Verbalnomen *qǽṣæf* »Zorn« (BL 458; bibl.-aram. *qeṣaf*, BLA 183).

Abweichende Deutungen einzelner Stellen aufgrund sprachvergleichender Überlegungen geben G. R. Driver, JThSt 36, 1935, 293, zu 2Kön 3,27 (nicht »Zorn«, sondern »Traurigkeit« nach dem Syr.; vgl. Barr, CPT 122), und A. Guillaume, JSS 9, 1964, 288f., zu Jes 8,21 hitp. (»abmagern« nach arab. *qaḍuba*; bei der bisherigen Übersetzung bleibt Wildberger, BK X, 355).

2. Das Verbum kommt im hebr. AT 34 × vor: q. 28 × (11 × vom menschlichen und 17 × vom göttlichen Zorn), hi. 5 × (Menschen rufen den göttlichen Zorn hervor), hitp. 1 × (Jes 8,21). Das Subst. *qǽṣæf* wird 28 × benutzt, stets im Singular. Nur 2 × dient es zur Bezeichnung des menschlichen Zorns; 25 × umschreibt es den Zorn des Gottes Israels und 1 × den eines fremden Gottes (2Kön 3,27). Mit den beiden aram. Belegen (s.o. 1) ergeben sich somit 64 Vorkommen der Wurzel *qṣp* (Jes 11 ×, Sach 7 ×, Dtn und 2Chr je 6 ×, Num und Jer je 5 ×).

3. Wie die anderen Begriffe für Zürnen (→*'af*, →*ḥēmā*, →*ḥrh*, →*'æbrā*) bezeichnet *qṣp* die menschliche Gemütsbewegung des Zornes über einen anderen Menschen. Eine Nuancierung den anderen Begriffen gegenüber läßt sich von der Etymologie her nicht geben. Die Belegstellen lassen jedoch den Schluß zu, daß es sich oft um eine rasch aufsteigende, heftige und bald auch wieder verklingende Gemütsbewegung handelt. So erzürnt sich Pharao über seine ungetreuen Knechte (Gen 40,2; 41,10), Mose wird zornig über den Ungehorsam des Volkes (Ex 16,20) oder Einzelner (Lev 10,16; Num 31,14). Ferner wird berichtet vom Zorn der Philisterfürsten über Achis (1Sam 29,4), Naemans über Elisa (2Kön 5,11), Elisas über Joas (2Kön 13,19), der Obersten Jerusalems über Jeremia (Jer 37,15), des Königs Ahasveros über Vasthi (Est 1,12) und der Kämmerer über ihren König (Est 2,21).

Nur in Jes 8,21 kommt das Hitp. vor. Wegen des fragmentarischen Textes (Wildberger, BK X, 355–361) ist das Verständnis erschwert. Das abtrünnige Volk (oder die Bewohnerschaft der unter assyrische Herrschaft geratenen Gebiete, Wildberger, a.a.O. 358) leidet Not und Hunger. Daraufhin erzürnen sie sich (GB 721b:

»von Wut übermannt werden«) und »fluchen ihrem König und ihrem Gott«.

Wo das Subst. *qǽṣæf* auf menschliches Verhalten angewendet wird, bezeichnet es einmal neben »Dunkelheit«, »Not« und »Krankheit« den »Ärger« als Ertrag des hinfälligen Menschenlebens (Pred 5,16), weiter neben *bizzājōn* »Geringschätzung« den »Verdruß«, der sich aus dem Ungehorsam der Fürstinnen nach dem Vorbild Vasthis ergeben könnte (Est 1,18).

4. Den 11 Fällen, wo sich *qṣp* q. auf den menschlichen Zorn bezieht, stehen 17 Bezeugungen gegenüber, bei denen es sich um den göttlichen Zorn handelt. Er erhebt sich bei Ungehorsam (Lev 10,6) und Sünde (Num 16,22; Pred 5,5; Klgl 5,22) und wird besonders im dtr. Bereich (Dtn 1,34; 9,19; Jos 22,18) und von den Propheten erwähnt (Jes 47,6; 54,9; 57,17.17; Sach 1,2). Gerade bei letzteren wird aber auch immer wieder darauf hingewiesen, daß der Zorn nur kurz währt (Jes 57,16) und von Erbarmen und Hilfe abgelöst werden wird (Jes 64,4.8; Sach 1,15.15).

Bei allen Stellen mit Hi.-Formen wird der Zorn Gottes durch den Abfall und die Sünde des Volkes ausgelöst (Dtn 9,7.8.22; Ps 106,32, jeweils auf Ereignisse während der Wüstenwanderung bezogen; allgemeiner Sach 8,14). Die Nähe zum dtn. Gedankengut ist bezeichnend (→*k'ṣ* 4).

Im gleichen Rahmen bewegt sich die Verwendung des Substantivs (25 × von Gott). Gottes Zorn erhebt sich über Ungehorsam und Sünde (Num 1,53; 17,11; 18, 5; Jos 9,20; 22,20; Ps 38,2; 102,11); er wird besonders von den Propheten erwähnt (Jer 10,10; 21,5; 50,13; Sach 1,2. 15; 7,12). Er ist am Werke bei der Vertreibung des Volkes aus dem Lande (Dtn 29, 27), wird aber auch ein Ende finden in der erneuten Sammlung des Volkes (Jer 32, 37). Nach dem Exil wird deutlich, daß der Zorn nicht ewig währt, sondern durch Gnade und Erbarmen abgelöst wird (Jes 54,8), sodaß das Wohlgefallen an seine Stelle tritt (Jes 60,10). In späteren prophetischen Texten wendet er sich auch gegen die Feinde zugunsten Israels (Jes 34,2). Die Tatsache, daß das Wort gehäuft im chr. Geschichtswerk zur Bezeichnung der gleichen eben erwähnten Sachverhalte verwendet wird (1Chr 27,24; 2Chr 19,2.10; 24,18; 29,8; 32,25.26), könnte darauf hindeuten, daß es in späterer Zeit besonders im priesterlichen Denken beheimatet war. Der Gebrauch in Num 1,53; 17,11 und 18,5 würde diese Annahme unterstützen.

Der Satz in 2Kön 3,27 »und es entstand ein großer *qǽṣæf* gegen Israel« (nachdem Mesa von Moab, von den Israeliten bedrängt, seinen Erstgeborenen auf der Mauer geopfert hatte) ist exegetisch umstritten. Gewöhnlich deutet man ihn auf den Zorn des Moabitergottes Kamosch, dem das Opfer gegolten hatte (vgl. J. Gray, I & II Kings, 1963, 439). In der Mesa-Inschrift (Z. 5) ist ebenfalls vom Zorn des Kamosch, dort gegen sein eigenes Volk, die Rede (→*'af* 4b).

5. Die Wurzel *qṣp* ist in Qumran und im Spätjudentum nicht gerade häufig (DJD V, Nr. 176, 20,2; Jastrow II, 1406f.). Am auffälligsten ist, daß *Qǽṣæf* zum Eigennamen eines Engels der Zerstörung wurde (Targum Jeruschalmi zu Num 17,11f.). Das wichtigste Äquivalent der LXX für *qṣp* ist ὀργή. Für das NT →*'af* 5; →*ḥēmā* 5.

G. Sauer

קרא *qr'* rufen

1. Die Wurzel *qr'* »rufen« ist mit Ausnahme des Äth. gemeinsemitisch (zu akk. *qerû* »einladen« vgl. AHw 918; zu ug. *qr'* »rufen« vgl. UT Nr. 2267 und WUS Nr. 2448; zu phön.-pun. und aram. *qr'* »rufen« vgl. DISO 263f.). Als Ableitungen kommen im Hebr. vor: das als Nomen belegte Part. act. *qōrē'* »der Rufer« zur Bezeichnung einer Rebhuhnart (vgl. KBL 851b; GB 725a; als Tiername auch im PN *qōrē'* belegt, vgl. Noth, IP 230), das Nomen *miqrā'* »Herbeirufung, Ausrufung, Vorlesung, Sammelplatz« (vgl. E. Kutsch, ZAW 65,1953,247–253; P. Katz, ebd. 253–255), das substantivierte Part. pass. *qārī'* »Berufener, Abgeordneter«, das nur in den Verbindungen *qᵉrī'ē hā'ēdā* (Num 1,16 K; 26,9 Q) und *qᵉrī'ē mō'ēd* (Num 16,2) vorkommt und nicht »Ankündiger der Festtage« (so W.A. Irwin, AJSL 17,1940,95–97) oder »Berufene zur Versammlung«, sondern »Berufene der Versammlung, Abgeordnete, Deputierte« meint, eine Amtsbezeichnung, die auch Ez 23,23 (*qᵉrū'īm*) und in den Qumranschriften begegnet (vgl. Kuhn, Konk. 195), und schließlich das nur einmal belegte Nomen *qᵉrī'ā* »Verkündigung« (Jon 3,2). Ungewiß ist, ob das ug. Nomen *qr* »Ruf, Schrei, Lärm« (vgl. UT Nr. 2263; WUS Nr. 2448) ein ihm entsprechendes hebr. Äquivalent hat (so M. Weippert, ZAW 73,1961,97–99; vgl. M. Dahood, Psalms I, 1966, 122), wohl aber ist es wahrscheinlich, daß das Nomen *māqōr* Ps 68,27 von einer Wurzel *qūr* »zusammenrufen« herzuleiten ist (vgl. M. Dahood, Psalms II, 1968, 148; L.R. Fisher, Ras

Shamra Parallels, I, 1972, 329). Zur verbalen Form *qārā't* als 3. Pers. fem. sing. in Jes 7,14 vgl. GK § 74g; Wildberger, BK X, 267; anders G. Rinaldi, BeO 10, 1968, 134.

2. Das Verbum *qr'* findet sich im hebr. AT 730 × (q. 661 × ; ni. 62 × ; pu. oder q. pass. 7 ×, vgl. GK § 52e) und im aram. AT 11 × (davon 10 × q. und 1 × hitp.). Es fehlt in Ob und Nah und begegnet sehr häufig in Gen, Jes, Jer und Ps, wie die nachfolgende Übersicht zeigt (exkl. Num 1,16 Q; 26,9 K, s. u. *qārī'*; exkl. Jes 41,2; Jer 4,20; Spr 27,16, s. u. →*qrh*): qal: Gen 105 ×, Jes 62 ×, Ps 56 ×, Jer 51 ×, 1Kön 40 ×, 1Sam 36 ×, Ex und 2Kön je 34 ×, Ri und 2Sam je 27 ×, Dtn 19 ×, Num, Jos und Spr je 15 ×, 2Chr 13 ×, 1Chr 12 ×, Hos, Sach und Hi je 10 × ; ni.: Jes 15 ×, Jer 11 ×, Gen und Est je 6 × ; pu.: Jes 6 ×, ferner Ez 10,13.

Bei den Nomina begegnet *miqrā'* 23 × (Lev 11 ×, Num 7 × ; 19 × in Verbindung mit *qōdæš*), *qōrē'* 2 ×, *qārī'* 3 × (Num 1,16 K; 16,2; 26,9 Q) und *qerī'ā* 1 ×.

3. Das Verbum *qr'*, das nur selten von Tieren (vgl. Ps 147,9; zu Jes 21,8 und 34, 14 s. BH³) und fast nie im übertragenen Sinne verwendet wird (mit *tehōm* »Urflut« als Subjekt Ps 42,8; mit *ḥokmā* »Weisheit« Spr 1,21.24; 8,1.4; 9,3; mit *kesīlūt* »Torheit« Spr 9,15), ist im Hebr. der übliche Ausdruck für »rufen«. Streng genommen hat *qr'*, abgesehen von Wendungen wie *ntn qōl*, *nś' qōl*, *qōl 'æl* (→*qōl*), keine Synonyme, weil Begriffe, die dafür eventuell in Betracht kämen, alle Spezialbedeutungen haben, so *hgh* »halblaut lesen«, *zkr* »erwähnen, nennen« (→*zkr*), →*qdš* pi. »heiligen, aufrufen« (nicht nur im Zusammenhang mit Festen par. zu *qr'* verwendet Jo 1,14; 2,15, so Kutsch, a.a.O. 249 Anm. 2, sondern auch mit einer Mahlzeit 1Sam 16,5), *šrq* »(herbei)pfeifen« (Jes 5,26; 7,18; Sach 10,8), →*ṣ'q* bzw. *z'q* »um Hilfe rufen« als termini technici für das Zetergeschrei (vgl. dazu H.J. Boecker, Redeformen des Rechtslebens im AT, 1964, 61–66) und die übrigen Verben, die »schreien« bedeuten (→*ṣ'q* 3).

Im Akk., wo die Wurzel *qr'* wie im Arab. eine andere semantische Entwicklung zeigt, hat *qr'* die Spezialbedeutung »einladen«, während eine Anzahl anderer Verben für »rufen« verwendet werden, so *zakāru*, *nabû*, *ragāmu* und vor allem *šasû*, das semantisch am ehesten hebr. *qr'* entspricht. Während im Hebr. *p'r* »den Mund aufsperren« meint, ist im Ug. für dieses Verbum die Bed. »rufen, aussagen, nennen« belegt, vgl. UT Nr 2078; WUS Nr. 2245. Zum Verbum **qwh* II »rufen« Ps 19,5 s. M. Dahood, Psalms I, 1966, 121–122.

Die Grundbedeutung von *qr'* ist anscheinend: durch den Laut der Stimme die Aufmerksamkeit jemandes auf sich ziehen, um mit ihm in Kontakt zu kommen. Die Reaktion des Gerufenen heißt →*'nh*, das zuallererst »reagieren« meint, oder auch →*šm'* »hören«. Es nimmt daher nicht Wunder, daß *qr'* oft in engstem Zusammenhang mit *'nh* (vgl. Jes 50,2; 58,9; 65,12.24; 66,4; Jer 7,13.27; 35,17; Ps 4,2; 17,6; 22,3; 91,15; 99,6; 102,3; 118,5; 119,145; 120,1; 138,3; Hi 5,1; 9,16; 12,4; 13,22; 19,16; Spr 1,28; 21,13; Hhld 5,6) oder mit *šm'* (Sach 7,13; Ps 4,4; 34,7) verwendet wird. Mehrfach folgt *qr'* als dem Ausdruck, der das Ereignis der Kommunikation bezeichnet, ein verbum dicendi wie *'mr* »sagen« (Gen 3,9; 12,18; 19,5; 21,17; 22,11.15; 24,58 u.ö.; par. zu *qr'* Jes 61,6 ni.; 62,4 ni.; Spr 1,21), *dbr* pi. »sprechen« Gen 20, 8; Ex 34,31; Lev 1,1; par. zu *qr'* Jes 65, 24; 66,4; Jer 7,13.27; 20,8; 35,17; Ps 50, 1), *ngd* hi. »kundtun« (1Sam 19,7; 2Sam 18,25; 2Kön 7,10.11), *spr* pi. »erzählen« (Gen 41,8) oder *śīm debārīm* »Worte vorlegen« (Ex 19,7). Im Falle eines Aussätzigen, der »unrein, unrein« rufen soll (Lev 13,45), meint *qr'* etwaigen Kontakt Vorbeugendes statt Bewirkendes, vgl. auch Klgl 4,15.

Das Verbum *qr'* besitzt verschiedene Bedeutungsnuancen, die sich nicht primär aus einer bestimmten Bedeutungsentwicklung, sondern aus der Verwendung innerhalb eines bestimmten Kontextes ergeben, so »zurufen«, »ausrufen«, »berufen«, »anrufen« usw. Diese durch Kontext und Lebensbereiche bedingten Bedeutungen sind im Einzelnen nicht immer genau von einander unterschieden. Der nachfolgende Abschnitt stellt einen Gliederungsversuch dar.

a) Wenn es sich um Kommunikation durch Verwendung des Lauts der Stimme handelt, meint *qr'* »zurufen«, so z. B. von Leuten, die sich befeinden: Goliath ruft den Schlachtreihen Israels zu (1Sam 17,8); Abner ruft Joab zu (2Sam 2,26), der assyrische Marschall ruft den Judäern zu (2Kön 18,28); gemäß den Kriegsregeln sollte man zuallererst dem Gegner »zurufen betreffs eines friedlichen Abkommens« (Dtn 20, 10); nach Beendigung eines Konflikts ruft man dem Gegner »Frieden« zu (Ri 21,13), vgl. Mi 3,5, wo das Verbum aber ebensogut »ankündigen, verkünden« bedeuten kann. Eng verwandt mit der Bedeutungsnuance »zurufen« ist die des Proklamierens, der Erklärung und der Verkündigung: inhaltlich kann es sich um einen Schrei handeln, z. B. »Achtung!« (Gen 41,43), »unrein, unrein!« (Lev 13,45; vgl. Klgl 4,15), »Schwert Jahwes und Gideons« (Ri 7,20), um eine Ankündigung wie »so tut man dem Manne, den der König zu ehren wünscht« (Est 6,9.11), um eine feierliche Erklärung wie »mein Vater bist du!« (Ps 89,27; vgl. M.Dahood, Psalms II,1968, 317) oder um eine echte Proklamation wie »ein Fest für Jahwe ist morgen!« (Ex 32,5). Im Falle offizieller Erlasse wie des letztgenannten meint *qr'* meistens »ausrufen«: so im absoluten Sinne vom Ausrufen einer Proklamation (Lev 23,21), vom Ausrufen eines Erlasses der Loslassung (*š^e^miṭṭā*, Dtn 15,2), der Freilassung (*d^e^rōr*, Lev 25, 10; Jes 61,1; Jer 34,8.15.17; vgl. M.David, OTS 5,1948,63–79), eines Fastens (*ṣōm*, 1Kön 21,9.12; Jer 36,9; Jon 3,5; Esr 8, 21; 2Chr 20,3), freiwilliger Gabenspendung (*n^e^dābōt*, Am 4,5), einer Feier (*'^a^ṣārā*, Jo 1,14; 2,15; vgl. den Exkurs bei Wolff, BK XIV/2,23f., mit Lit.), eines Festes (*mō'ēd*, Klgl 1,15), eines Tages (*jōm*, Klgl 1,21), eines Jahres der Huld Jahwes (*š^e^nat-rāṣōn l^e^Jhwh*, Jes 61,2), einer Versammlung (*miqrā'*, Jes 1,13), einer heiligen Versammlung (*miqrā' qōdæš*, Lev 23,2.3.4.37; vgl. Kutsch, a.a.O. 247ff.), des Königtumes (*m^e^lūkā*, Jes 34,12; vgl. Neh 6,7) und vielleicht auch des Krieges (*milḥāmā*, so M.Dahood, Bibl 52,1971,348f.: »when war is declared« Ex 1,10 txt?, vgl. aber Mi 3,5, wo *qdš* par. zu *qr'* begegnet; dazu Kutsch, a.a.O. 249 Anm. 2; →*qrb* 3b).

In der prophetischen Literatur wird *qr'* zum terminus technicus für »verkünden« (1Kön 13,32; 2Kön 23,16.17; Jes 40,2.6; 58,1; Jer 2,2; 3,12; 7,2; 11,6; 19,2; 20,8; 46,17 txt?; 49,29; Jo 4,9; Jon 1,2; 3,2.4; Sach 1,4.14.17; 7,7 mit Jahwe als Subjekt; Neh 6,7). In einigen Fällen kommt *qr'* mit dieser Bedeutung in Verbindung mit →*šēm Jhwh* vor. Diese Stellen müssen strengstens von denen, wo der öfters verwendete Ausdruck *qr' b^e^šēm Jhwh* »den Namen Jahwes anrufen« (s.u. 4) begegnet, unterschieden werden. In den vorhin erwähnten Fällen handelt es sich um eine Proklamation oder Verkündigung der Bedeutung des Namens Jahwe: so *qr' šēm Jhwh* »den Jahwenamen verkünden« (Dtn 32, 3), *qr' b^e^šēm Jhwh* »vom Namen Jahwes Kunde geben« (Jes 12,4; Ps 105,1 = 1Chr 16,8) und weiter zwei Stellen, an denen Jahwe Subjekt ist: Ex 33,19; 34,5 (vgl. V. 6). Die Präp. *b^e^* hat hier dieselbe Bedeutung wie in der Verbindung *dbr* pi. *b^e^* Dtn 6,7; 1Sam 19, 3.4 (vgl. GK § 119 l).

b) Eine öfters vorkommende Bedeutungsnuance ist »aufrufen« im Sinne von »zu sich berufen« oder »einladen«. Sie begegnet besonders in den Fällen, in denen von Kontaktaufnahme bei einer gewissen Entfernung gesprochen wird: Pharao läßt Abram zu sich rufen (Gen 12,18), Abimelech beruft seine Diener (Gen 20,8), vgl. weiter Gen 24,57.58; 26,9; 27,1; 28,1; 39,14 usw. Ohne Bedeutungsunterschied wird *qr'* an diesen Stellen entweder mit Akk. oder mit den Präp. *'æl* und *l^e^* konstruiert. Manchmal geht das Verbum →*šlḥ* »senden« dem Verbum *qr'* voran (z.B. Gen 27,42; 31,4; Ex 9,27; Num 22,5.37; 1Kön 2,42; 12,3; *šlḥ* par. zu *qr'* Jer 9,16). Wenn es sich um eine Mahlzeit handelt, erlangt *qr'* die Bedeutung »einladen« (Ex 2,20; 34,15; Num 25,2; 1Sam 16,3 u.ö.). Daraus ergibt sich *qārū'* (Part. pass.) als terminus technicus für »Eingeladener« (1Sam 9,13.22; 2Sam 15,11; 1Kön 1,41.49; Zeph 1,7; Spr 9,18; zum Unterschied zwischen *qārū'* »gerufen, eingeladen« und *niqrā'* »genannt« s. Joüon 115 Anm. 2). Wenn rufen zu einem anderen Zweck gemeint ist, erhält *qr'* die Bed. »aufrufen«, so im juristischen Sinne »jemanden vor die Schranken des Gerichts rufen« (1Sam 22, 11; Jes 59,4, vgl. K.Cramer, ZAW 27, 1907,81f.; Hi 9,16; 13,22; s. dazu Boecker, a.a.O. 58 Anm. 1). Diese juristische Bedeutung liegt auch Dtn 25,8 vor (vgl. P. Volz, ZAW 32,1912,127). Ebenfalls wird *qr'* in diesem Sinne an Stellen wie Jes 44, 7 und Hi 14,15 verwendet. Weiter meint *qr'* »einberufen« oder »anmustern« zum Heerdienst, z.B. Ri 8,1; Jer 4,5 (vgl. Jes 31,4 ni. und Hos 7,11), dazu vgl. R.Bach, Die Aufforderungen zur Flucht und zum Kampf im alttestamentlichen Prophetenspruch, 1962,51ff. (eine Behandlung von *qr'* fehlt jedoch). Mit Jahwe als Subjekt meint *qr'* weiter »berufen« (Jes 41,9; 49,1 par. zu *zkr* hi. *šēm*; 51,2; 54,6; vgl. weiter 2Kön 3,10.13; 8,1; Jes 13,3 par. zu *ṣwh* pi.; 22,12.20; 41,4; 42,6; Jer 1,15; 25,29; Ez 38,21; Hos 11,1; 11,2 txt?; Jo 3,5; Am 5,8; 7,4 txt?; 9,6; Hag 1,11; Ps 105, 16). In diesem Sinne wird *qr'* in Verbindung mit *šēm* im Ausdruck *qr' b^e^šēm* »namentlich berufen« verwendet, wobei Jahwe als »(Be)rufender« in intensive Beziehung zum Berufenen tritt (vgl. GK § 119 k): so mit Bezaleel (Ex 31,2; 35,30), mit den Sternen (Jes 40,26), mit Israel (Jes 43,1; nicht aber 45,3.4, wo *qr'* »nennen« bedeutet); in profaner Verwendung meint der Ausdruck »mit Namen nennen« im Sinne von »anweisen, angeben« (Jos 21,9; Est 2,14 ni.; 1Chr 6,50).

c) In Verbindung mit *šēm* ist *qr'* terminus technicus der Namengebung (→*šēm*). Dabei handelt es sich ursprünglich um zwei Wendungen: *qr' šēm* + Akk. des Namens »den Namen x nennen« (Gen 3,20; 4,25. 26; 5,2.3.29 u.ö.) und *qr' šēm* l^e/'*æl* »einen Namen nennen für«, »jemandem einen Namen geben« (Gen 2,20; 26,18; Jes 65,15; Ps 147,4; Ruth 4,17a). Letzterer Ausdruck wird einmal absolut verwendet, also ohne Präp. im Sinne von »als Namengeber auftreten« (Ruth 4,11; dazu C.J. Labuschagne, ZAW 79, 1967, 364–367). Sehr geläufig sind Kurzformen der erwähnten Wendungen (mit Ellipse von *šēm*): *qr'* l^e/'*æl* »nennen« (Gen 1,5.8.10; 2,19; 33,20; 35,18; Ex 33,7; Num 13,16.24 u.ö.); *qr'* mit doppeltem Akk. »nennen« ist selten (Gen 26,33; Num 32,41; Jes 60,18). Im Zusammenhang mit der Namengebung meint *qr'* b^e*šēm* einige Male »nach einem Namen nennen« (Num 32,38. 42; Jes 43,7 ni.; 44, 5; 48,1 ni.; 48,2 ni. mit *min*; 65,1 pu. txt?). Hierher gehört auch der Ausdruck *qr' 'al-*$š^e$*mō* »nach seinem eigenen Namen nennen«, »nach sich selbst benennen« (Dtn 3,14; 2Sam 18,18; vgl. auch Esr 2,61 ni.; Neh 7, 63 ni.; elliptisch ohne *šēm* 1Chr 23,14 ni.; mit b^e*šēm* Ps 49,12 txt?). Juristische Bedeutung hat der terminus technicus *qr'* ni. *šēm 'al* »der Name jemandes wird ausgerufen über, proklamiert über«, wenn im Falle des Eigentumswechsels der Name des neuen Besitzers offiziell ausgerufen wird (2Sam 12,28; Jes 4,1; dazu K. Galling, ThLZ 81, 1956, 65.70; Boecker, a.a.O. 166–168). Auf den Namen Jahwes bezogen bringt diese Wendung Jahwes Herrschaft zum Ausdruck: über Israel (Dtn 28,10; Jes 63, 19 par. zu *mšl* b^e »herrschen«; Jer 14,9 par. zu b^e*qǽræb* »in der Mitte von«; weiter 2Chr 7,14), über der Lade (2Sam 6,2), über dem Tempel (1Kön 8,43; Jer 7,10.11.14.30; 32,34; 34,15; 2Chr 6,33), über der Stadt (Jer 25,29; Dan 9,18.19), über den Völkern (Am 9,12), über dem Propheten (Jer 15,16). Zu einer Übersicht über diese und verwandte Ausdrücke vgl. M. Weinfeld, Deuteronomy and the Deuteronomic School, 1972, 325.

»Nennen des Namens« nach dem Tode eines Menschen bringt zum Ausdruck, daß er fortlebt. Der Same der Übeltäter wird nie wieder »genannt« werden (Jes 14,20), Jakobs Name möge in seinen Söhnen »genannt« werden (Gen 48,16, vgl. Gen 21,12) und der Name des Boas möge in Israel »genannt« werden (Ruth 4,14; in diesem Falle hat die Wendung die zusätzliche Bed. »berühmt sein«).

d) Aus der Bedeutungsnuance »proklamieren, verkündigen« hat sich die Bed. »lesen« ergeben, offenbar weil »lesen« anfangs »vorlesen« in der Öffentlichkeit war, z.B. im Falle von amtlichen Erlassen. An den Stellen, wo *qr'* »lesen« bedeutet, hat es in den allermeisten Fällen die Schattierung »vorlesen«. Charakteristisch ist, daß LXX *qr'* »verkündigen« manchmal mit »lesen« übersetzt hat (Jer 2,2; 3,12; 7,2. 27; 19,2; ἀναγινώσκειν). Die Bed. »für sich selbst lesen« begegnet nur Dtn 17,19 und Hab 2,2 (beidemale mit b^e) und 2Kön 5,7; 19,14; 22,8.16; Jes 29,11.12; 34,16; 37,14 (mit Akk.). Die Israeliten lasen wahrscheinlich laut, sogar in ntl. Zeit (Apg 8,30: »er hörte ihn den Propheten Jesaja lesen«), wie u.a. die Verwendung von *hgh* im Sinne von »halblaut lesen« zeigt (vgl. HAL 228a; L. Köhler, ZAW 32, 1912, 240). Zur Sitte des Lautlesens s. A. Tacke, ZAW 31, 1911, 312–313; E. König, ZAW 37, 1917/18, 163 Anm. 1.

In der Bed. »öffentlich vorlesen« begegnet *qr'* in verschiedenen idiomatischen Wendungen: *qr'* + Akk. »etwas vorlesen« (Jer 36,8.23; 51,61.63), *qr'* + Akk. + b^e'*oznē* »etwas vorlesen vor den Ohren von« (Ex 24,7; 2Kön 23,2 = 2Chr 34,30; Jer 29,29; 36,6.10.13.14.15.21), *qr'* + Akk. + *nǽgæd* »etwas öffentlich vorlesen« (Dtn 31,11; Jos 8,34.35), *qr'* + Akk. + *lifnē* »etwas vorlesen in Gegenwart von« (2Kön 22,10; 2Chr 34,24; ni. Est 6,1) und *qr'* b^e »vorlesen aus« (Neh 8,8.10; 9,3; ni. 13,1). Neh 8,8 meint *miqrā'* »Vorlesung«, ein Wort, das im späteren Hebr. das am meisten Vorgelesene, d.h. die heilige Schrift, bezeichnet (vgl. Kutsch, a.a.O. 252f.).

Die Bed. »diktieren« Jer 36,18 (mit '*æl*) hat sich ebenfalls aus »proklamieren, verkündigen« entwickelt.

4. Als Bezeichnung für »rufen« zu Jahwe kommt *qr'* 89× vor, davon 47× in den Ps; nur 5× begegnet das Verbum vom Rufen zu anderen Göttern (1Kön 18,24–28; zur These, daß *liqrat* Am 4,12 vom Rufen zu den Göttern spricht, s. G.W. Ramsey, JBL 89, 1970, 187–191 [»prepare to call your gods«]; anders R. Youngblood, JBL 90, 1971, 98; →*qrh* 3a). Das Verbum wird mit dieser Bedeutung entweder promiscue mit l^e oder '*æl* (mit '*æl:* Dtn 15,9; 24,15; Ri 16,28; 1Sam 12,17.18; 1Kön 8,43.52 u.ö.; mit dem Akk. verbunden: Jes 55,6; Ps 17,6; 18,4.7; 31,18; 50,15; 53,5 par. 14,4; 86,7; 91,15; 118,5; 145,18; Klgl 3,57; an einigen Stellen wird *qr'* absolut verwendet, aber der Kontext zeigt deutlich, daß vom Rufen zu Gott die Rede ist: Ps 3,5; 27,7; 34,7; 56,10; 69,4; 102,3; 116,2) oder mit *šēm* konstruiert, wobei *šēm* Akk. ist (Ps 99,6; Klgl 3,55; zu Dtn 32,3 s.o. 3a) oder *b^e^šēm Jhwh* gesagt wird, in welchem Falle *b^e^* nicht instrumentale Bedeutung hat, sondern die enge Beziehung zwischen Rufendem und Angerufenem zum Ausdruck bringt (s.o. 3b). Jer 10,25 und Ps 79,6 entspricht *qr' b^e^šēm Jhwh* dem Begriff →*jd'*! Die Wendung *qr' b^e^šēm Jhwh* (bzw. mit Suffix) begegnet 17× als »(den Namen Jahwes) anrufen« (Gen 4,26; 12,8; 13,4; 21,33; 26,25; 1Kön 18,24; 2Kön 5,11; Jes 64,6; Jer 10,25; Jo 3,5; Zeph 3,9; Sach 13,9; Ps 79,6; 80,19; 116,4.13. 17; nicht mitgezählt sind Ex 33,19; 34,5; Jes 12,4; Ps 105,1 = 1Chr 16,8, wo *qr'* »verkündigen« meint, s.o. 3a. Vgl. weiter →*šēm* (Lit.).

Die exakten Bedeutungsnuancen von *qr'* lassen sich in den oben erwähnten Fällen manchmal nur schwierig bestimmen: das Anrufen von Jahwe, das nicht immer kultisch gemeint ist, hat verschiedenen Sinn: loben, danken, klagen, schreien, um Hilfe rufen, wie aus parallel verwendeten Verben wie *šw'* pi. »schreien« (Ps 18,7) und *ḥnn* hitp. »flehen« (Ps 30,9) und aus dem jeweiligen Kontext hervorgeht. Weil *qr'*, wie *z'q* und *ṣ'q* (s.o. 3), das Zetergeschrei bezeichnen kann (Gen 39,14.15.18), nimmt es nicht Wunder, daß *qr'* »anrufen« auch im Sinne von »um Hilfe rufen (zu)« begegnet (so z.B. Dtn 15,9; 24,15; Ri 15,18; 16,28; Ez 8,18; Jon 2,3; Ps 28,1; 30,9; 50,15; 57,3; 81,8; 86,7; 88,10).

Jahwe ist 75× Subjekt von *qr'*, davon 20× in Jes (anders als bei Lis. sind Ex 34,5; 1Sam 3,6–8 und Jes 41,4 mitgezählt worden); nur 3× ist ein Engel Subjekt (Gen 21,17; 22,11.15) und 2× eine himmlische Stimme (Jes 40,3.6) Bei P tritt Jahwe als Namengeber auf (Gen 1,5.8.10; 5,2; mit Unrecht betrachtet Lis. Gen 11,9 Jahwe als Subjekt, weil *qr'* hier, wie 16,14; Ex 15,23; Jes 9,5, unpersönlich verwendet wird). Zur Bedeutung der Namengebung →*šēm*.

Auffällig ist, daß *qr'* als Bezeichnung einer Handlung, durch die Jahwe Kontakt herstellt, abgesehen von Gen 3,9, wo Jahwe die gelöste Beziehung zu den Menschen wiederherstellt (das Protevangelium!), im Pentateuch ausschließlich Mose zum Objekt hat (Ex 3,4; 19,3.20; 24,16 und Lev 1,1; Num 12,5, wo Aaron und Mirjam Objekt sind, bedeutet *qr'* »zu sich berufen«), während im dtr. Geschichtswerk das Objekt Samuel ist, eine Tatsache, die aufs neue darauf hinweist, daß Samuel in der Mosetradition stand (1Sam 3,4.6.8.9.10; vgl. M.Newman, FS Muilenburg 1962, 86–97). In der prophetischen Literatur ruft Jahwe Israel (Hos 11,1; Jes 54,6), die Geschlechter (Jes 41,4), die Entkommenen (Jo 3,5), den Stammvater Abram (Jes 41,9; 51,2), den Gottesknecht (Jes 42,6; 49,1), den Propheten Jeremia (Jer 1,15) und den Jahweknecht Eljakim (Jes 22,20).

5. Für die Qumrantexte verzeichnet Kuhn (Konk. 195 und RQ 14, 1963, 224) 20 Belege, die sich an den atl. Sprachgebrauch anschließen. *qr'* wird in der LXX vornehmlich durch καλεῖν wiedergegeben, seltener durch βοᾶν (meist steht βοᾶν für *z'q*/*ṣ'q*), aber auch durch andere Verben entsprechend den verschiedenen Bedeutungsgehalten von *qr'*: κηρύσσειν und ἀναγινώσκειν. Zur LXX und zum NT vgl. K.L.Schmidt, Art. καλέω, ThW III, 488–539; E.Stauffer, Art. βοάω, ThW I, 624–627; W.Grundmann, Art. κράζω, ThW III, 898–904; O.Betz, Art. φωνέω, ThW IX, 295–297; G.Friedrich, Art. κηρύσσω, ThW III, 695–714; R.Bultmann, Art. ἀναγινώσκω, ThW I, 347. *C.J.Labuschagne*

קרב *qrb* sich nähern

1. *qrb* »sich nähern, nahe sein« ist gemeinsemitisch (Bergstr. Einf. 187; zum Akk. vgl. AHw 901b.915–917; zum NWSem. vgl. WUS Nr. 2429; UT Nr. 2268; DISO 264f.; KBL 1120; LS 691f.).

Im AT findet sich das Verbum hebr. im Qal (mit Part. bzw. Verbaladj. *qārēb* »herannahend«), Ni., Pi. und Hi., aram. im Qal, Pa. und Ha. Dazu kommen das fem. Verbalabstraktum *qirbā* »Annäherung«, die Subst. *qorbān* »Darbringung« und *qurbān* »Lieferung«, sowie das Adj. *qārōb* »nahe«.

Das Subst. *q^e^rāb* »Kampf« (2Sam 17,11 txt?; Sach 14,3; Ps 55,22 txt?; 68,31; 78,9; 144,1; Hi 38,23; Pred 9,18) ist Lehnwort aus dem Aram. (bibl.-aram. in Dan 7,21; Wagner Nr.270); auch akk. *qarābu* stammt nach W. von Soden, OrNS 37,1968, 264, aus dem Aram. (umgekehrt früher Zimmern 13; KBL 1120b). Wahrscheinlich gehört auch der Plur. *q^e^rōbīm* Ez 23,5.12 in der Bed. »Kampfbereite, Krieger« hierher (Wagner Nr.271).

Nicht von unserer Wurzel abzuleiten sind *qæræb* »Inneres, Mitte« (227×, davon Dtn 41×, Ps 27×, Lev 24×, Jos 20×) und *'aqrāb* »Skorpion« (vierradikalig, vgl. Meyer II,32; gegen KBL 731a; L.Köhler, JSS 1,1956, 17).

2. Das Verbum (inkl. *qārēb*, s.o. 1) begegnet im hebr. AT 293×, davon qal 107× (Num 14×, Lev und Dtn je 13×, Jes und Ez je 9× inkl. Ez 9,1, Ps 7× inkl. Ps 55,19), ni. 2× (Ex 22,7; Jos 7, 14), pi. »nahebringen« 7× (vgl. Jenni, HP 75f.), hi. 177× (Lev 89×, Num 50×, Ex und Ez je 8×), im aram. AT 9× (qal 5×; pa. »darbringen« Esr 7,17; ha. »hineinführen« Dan 7,13; »darbringen« Esr 6,10.17). *qirbā* steht 2× (Jes 58,2; Ps 73, 28), *qorbān* 80× (Lev 40×, Num 38×, Ez 2×), *qurbān* 2× (Neh 10,35; 13,31), *qārōb* 77× (exkl. Pred 4,17 q.; Ez 11×, inkl. 23,5.12; Ps 9×, Dtn und Jes je 8×), ferner *qᵉrāb* 8× hebr. und 1× aram.

3. a) Die Grundbedeutung des Verbums im Qal ist »sich nähern, nahe kommen«. *qrb* wird in der Regel mit nachfolgendem *'æl* konstruiert, gelegentlich auch mit *lᵉ* (Ex 12,48), *lifnē* (Ex 16,9; Lev 16,1; Num 9,6 u.ö.), *bᵉ* (Ri 19,13) oder *'al* (2Kön 16, 12). Entsprechend dieser Grundbedeutung ist das Hi. mit »heranbringen, nahe herzubringen« zu übersetzen und das Adj. *qārōb* mit »nahe«; auch die Bedeutungen der selteneren Ableitungen folgen aus dieser Grundbedeutung.

Synonym zu *qrb* q. und hi. wird in mehreren Bedeutungszusammenhängen *ngš* q./ni. und hi. gebraucht, gelegentlich auch im Parallelismus zu *qrb* (vgl. Jes 41,1.21; 65,5). Im Unterschied zu dem nur auf das räumliche (oder zeitliche) Verhältnis abzielenden *qrb* ist *ngš* ein Verbum der Bewegung mit der Grundbedeutung »herzutreten«, das nicht in zeitlichem und kaum in übertragenem Sinne verwendet wird (Impf./Imp./Inf.qal und Perf./Part. ni. bilden zusammen ein Paradigma; *ngš* q. begegnet 68× [davon 15× in Gen], ni. 17× [in BH³ 1Sam 14,24 ist *ngš* Druckfehler für *ngś*, vgl. Hertzberg, ATD 10,83 Anm.6; entsprechend ist Lis. 902c nach 901c zu versetzen], hi. »darbringen« 37×, ho. »gebracht werden« 2×, hitp. »sich nähern« 1×; zu den Entsprechungen im Akk. und Ug. vgl. AHw 710b; WUS Nr.1749/1750; E.Ullendorff, JSS 7,1962, 340).

Oppositum zu *qrb* ist →*rḥq* (zur meristischen Verwendung von *qārōb* und *rāḥōq* s. →*rḥq* 3).

b) An den meisten Stellen bezeichnet *qrb* das Nahekommen im räumlichen Sinne: wenn sich Personen einander (Gen 37,18) oder einem bestimmten Gegenstand nähern (Ex 3,5; auch z.B. »sich der Arbeit nähern« = »sich an die Arbeit machen« Ex 36,2), oder auch mit dem Nebensinn, wenn eine Menschengruppe mit einem bestimmten Anliegen kommt (Num 31,48; 36,1; Dtn 1,22 u.ö.). Einige besondere Verwendungsweisen sind im folgenden noch zu erwähnen:

(1) Das Wortfeld ist häufig durch kultische Begriffe charakterisiert: man tritt heran zum Passa (Ex 12,48; Lev 21,17f.; Num 17,5), zum Altar (Ex 40,32; Lev 9,7f.; 2Kön 16,12), zum Opfer (Lev 21, 17), zum heiligen Zelt (Lev 9,5; Num 18, 22), zum Tisch (Ez 44,15f.), zum Berg (Dtn 4,11), zu Jahwe (Ex 16,9; Lev 16,1; vgl. Ps 65,5 pi.). In diesem Zusammenhang kann man als Synonyma vor allem *'md (lifnē)* »treten vor« (Lev 9,5; Dtn 4, 11; Ez 44,15f.), aber auch *bō'* »kommen« (Ex 40,32) finden.

(2) Nicht selten begegnet das Verbum auch im Zusammenhang mit kriegerischen Unternehmungen: man naht sich dem (rückt aus zum) Kampf (Dtn 20,2; vgl. *ngš* in Ri 20,23; 1Sam 7,10; 2Sam 10,13 u.ö.), man rückt an, kommt in die Nähe der Feinde (Dtn 2,19.37; 20,10; Jos 8,5; Ri 20,24; 1Sam 17,48 u.ö.). Hierher gehört wohl auch das von dieser Verwendung des Verbums abgeleitete Nomen *qᵉrāb* »Kampf« (2Sam 17,11; Sach 14,3 par. *lḥm* ni.; Ps 55,22 txt?; 68,31; 78,9; 144,1 par. *milḥāmā* »Krieg«; Hi 38,23 neben *milḥāmā*; Pred 9,18 »Weisheit ist besser als Kriegswaffen«).

(3) Weiter ist eine Gruppe von Belegen zu nennen, in welchen *qrb* das Herantreten zur Gerichtsverhandlung und zum Gerichtsurteil bezeichnet: Jos 7,14; Jes 41, 1.5 (par. *'th* »kommen«); 48,16; 57,3; anders Mal 3,5, wo Jahwe zum Gericht herannaht. Vgl. noch *ngš* Jes 50,8.

(4) Schließlich wird *qrb* als »sich nähern« im geschlechtlichen Sinn gebraucht: Gen 20,4 (vgl. V.6 *ng'* »berühren«); Lev 18,6. 14.19; 20,16; Dtn 22,14; Jes 8,3; Ez 18,6; vgl. *ngš* Ex 19,15. Beim Adj. *qārōb* vgl. Ez 23,5.12, falls nicht eine Ableitung zu *qᵉrāb* »Kampf« anzunehmen ist (s.o. 1).

(5) In übetragener Bedeutung kann *qrb* auch einmal mit »entgegenkommen« (par. *'śh ḥæsæd* »Huld erweisen«) übersetzt werden (1Kön 2,7).

c) *qrb* q. kann auch im zeitlichen Sinn verwendet werden und bezeichnet dann das Nahekommen irgend eines bevorstehenden Ereignisses: Tage der Trauer (Gen 27,41), Sabbatjahr (Dtn 15,9), die vom Propheten angekündigten Tage (Ez 12, 23), Schrecknisse (Jes 54,14), die Zeit des Sterbens (Gen 47,29; Dtn 31,14; 1Kön 2,1), das Ende (Klgl 4,18), der Ratschluß

Jahwes (Jes 5,19 par. *bō'* »kommen«; Ez 9,1).

Auch das Adj. *qārōb* weist diesen zeitlichen Aspekt auf (Num 24,17 par. *'attā* »jetzt«; Dtn 32,35; Jes 13,6.22; Ez 7,7, vgl. V.8 *miqqārōb* »in kurzem«; 30,3.3; Jo 1,15; 2,1; 4,14; Ob 15; Zeph 1,7.14.14); zur Bezeichnung der Nähe des Tages Jahwes s.u. 4e.

d) Beim Adj. finden sich eine ganze Reihe von Belegen, nach welchen »nahe« in verwandtschaftlichem Sinne gemeint ist. *qārōb* ist von daher der »Verwandte«. So steht *qārōb* neben →*'āḥ* »Bruder«, →*'ēm* »Mutter«, →*bēn* »Sohn«, *bat* »Tochter« usw. (Ex 32,27; Lev 21,2.3; 25,25; Num 27, 11; 2Sam 19,43; Ps 38,12; Hi 19,14; Ruth 2,20; 3,12; Neh 13,4). Der eigentliche Verwandtschaftsgrad, den *qārōb* bezeichnet, kann je nach Zusammenhang verschieden sein. In der Regel ist *qārōb* als Oberbegriff für alle Arten von Blutsverwandtschaft gebraucht, so Lev 21,2: Ein Priester darf sich an keinem Toten verunreinigen, außer an seinen nächsten Blutsverwandten: Mutter, Vater, Sohn, Tochter, Bruder, unverheiratete Schwester. In gleicher Richtung sind diejenigen Belege zu verstehen, wonach der nächste Verwandte als »Löser« einzutreten hat (Lev 25,25; Num 27,11; Ruth 2,20; 3,12). Wohl nicht an ein Verwandtschaftsverhältnis im engeren Sinne ist in Ps 38,12 gedacht (*q^erōbaj* »meine Nächsten« neben *'ōh^abaj* »meine Freunde« und *rē'aj* »meine Genossen«, →*rēa'*); vgl. auch Spr 27,10 »besser ein naher Nachbar als ein ferner Bruder«.

e) *qrb* hi. hat zunächst kausative Bedeutung: »herzutreten lassen« (Ex 28,1; 29, 4.8; 40,12.14 u.ö.), »bringen« (Lev 2,8; Num 15,33; Jos 8,23; Ri 3,17f.; 5,25 u.ö.). Das Hi. kann aber auch in ähnlicher innerlich-kausativer Bedeutung wie das Qal gebraucht werden: »sich nahen« (Gen 12, 11; Ex 14,10; Jes 26,17). Zum Unterschied zwischen *qrb* pi. und hi. vgl. Jenni, HP 75–77.

Vor allem ist nun *qrb* hi. zu einem terminus technicus in derKultsprache geworden, wo es das »darbringen« von Opfergaben an den Altar bezeichnet. Die Belege häufen sich in Lev-Num und Ez 43ff. Hier stößt man auf eine Reihe von Synonyma: *bō'* hi. »bringen« (Lev 2,8), *ngš* hi. »heranbringen« (Mal 1,8), *ntn* »(auf den Altar) legen« (Lev 22,22), *šūb* hi. »darbringen« (Ps 72,10).

Von dieser kultischen Bedeutung des Verbums im Hi. ist dann das Nomen *qorbān* zu verstehen, das mit »Darbringung« zu übersetzen ist, aber auch das Dargebrachte selbst, das »Opfer« bezeichnen kann.

qorbān kann allein stehen und dann entweder Brandopfer (Lev 1,2.3.10.14 u.ö) oder Speiseopfer (Lev 2,5) oder Heilsopfer (Lev 3,1) usw. meinen. *qorbān* kann auch als Oberbegriff für ganz verschiedene Opferarten gebraucht werden (Lev 22,18; Num 15,4; 15,25; 18,9). Es geht aber auch Verbindungen mit anderen Opferbegriffen ein (Erstlingsopfer Lev 2, 12; Speiseopfer Lev 2,1.4.13; Feueropfer Lev 22,27). Oft ist *qorbān* in Verbindung mit *qrb* hi. (z.B. Num 6,14) oder *bō'* hi. gebraucht (Lev 4,23.28; Num 5,15 u.ö.).

4. In mehr oder weniger ausgeprägt theologischer Verwendung begegnen Formen der Wurzel *qrb* in den Bereichen des Kultes (4a–b), des Rechtslebens (4c–d), der prophetischen Eschatologie (4e) und, mit Jahwe als Subjekt, vor allem in Hymnen und Gebeten (4f).

a) Daß man sich Jahwe bzw. dem Ort, wo er gegenwärtig ist, nicht nähern darf, ist eine sehr urtümliche Vorstellung, die gelegentlich auch mit *qrb* q. ausgedrückt wird: so in der ursprünglichen Lokalüberlieferung von der »heiligen Stätte« Ex 3,5 (vgl. Noth, ATD 5,26), der sich Mose nicht nähern und deren Umgebung Mose nur mit nackten Füßen betreten darf. Nach Dtn 5,26f. weigert sich das Volk, an den Berg heranzutreten, weil es sonst sterben müsse; Mose allerdings darf sich nähern (vgl. jedoch Dtn 4,11). Hierher gehören auch Gen 28,16f.; 32,31; Ex 19,12; Ri 6,22f. u.a., zwar jeweils ohne *qrb*, aber mit der deutlichen Folgerung, daß der sterben muß, der Jahwe zu nahe tritt bzw. ihn von Angesicht zu Angesicht sieht (vgl. Jes 65, 5). Dasselbe Motiv begegnet mit dem Verbum *ngš* Ex 24,2 und, in der prophetischen Heilsverheißung wieder aufgenommen in Jer 30,21.

Ähnliches wird auch vom Wanderheiligtum der »Lade« ausgesagt (Jos 3,4, *qrb* allerdings sekundär in den Zusammenhang eingefügt; vgl. 2Sam 6,6f., ohne *qrb*). Auch mit dem »Zelt« sind derartige Vorstellungen verbunden (vgl. Ex 33,8.10, ohne *qrb*). In den P-Stücken in Num wird dies aufgenommen, allerdings dahingehend modifiziert, daß sich nur ein Stamm, die Leviten, dem »Zelt« nahen dürfe (Num 1,51; 3,10.38; 17,28; 18,7, jeweils *qārēb*; vgl. 18,3f.). Oder es darf sich nur eine bestimmte Priestergruppe (?) nahen (Lev 16,1ff.; vgl. 10,1ff.) oder nur Priester, die kein körperliches Gebrechen haben (Lev 21,17ff.) und rein sind (22,3). Oft sind solche Sätze begleitet von der stereotypen Aussage, daß ein Unberufener, der sich naht, sterben muß (→*zār* 3c). Man vergleiche weiter Ex 40,32.46; 2Kön 16,12 (König Ahas naht sich einem fremden Altar); Ez 42,14; 44,15f. Gelegentlich ist auch davon die Rede, daß das Volk vor Jahwe (das Zelt) herantreten soll (Ex 16,9; Lev 9,5); in Wirklichkeit jedoch steht man von ferne, während – so Lev 9,7f. – nur Aaron und seine Söhne ganz an den Altar herantreten (vgl. zum ganzen Komplex Eichrodt I,176ff., mit weiterer Lit.; von Rad I,218ff.).

Man kann also deutlich folgende Linien unterscheiden: (1) Jahwe bzw. seinem Wohnort darf sich kein Mensch nähern; wer sich nähert, muß sterben (Ex 3,5; Jos 3,4; vgl. Gen 28,16f.; 32,31); (2) Alle (das Volk) treten vor Jahwe (Ex 16,9; Lev 9,5; Dtn 4,11), wobei man allerdings stets den Eindruck hat, als sei das ein Herantreten in respektablem Abstand (Ex 16,10 »... sie wandten sich nach der Wüste hin, und siehe, die Herrlichkeit Jahwes erschien in der Wolke«). Dtn 4,11 wird durch 5,26f. (nur Mose tritt wirklich heran), Lev 9,5 durch 9,7f. (nur die Priester treten nahe heran) wieder eingeschränkt. (3) Nur Mose darf herantreten (Dtn 5,27; vgl. Ex 19,12); (4) Nur Priester (Num 1,51 u.ö.) bzw. bestimmte Priestergruppen (Lev 21, 17ff. u.ö.) dürfen herantreten.

b) *qrb* hi. ist vor allem terminus technicus der Kultsprache und bezeichnet das »Darbringen« des Opfers. *qrb* hi. in diesem Sinne wird auf jede mögliche Opferart bezogen, auch auf ungehörige Opfer (Lev 10,1; Num 15,7.13; 26,61). Normalerweise wird das Opfer Jahwe dargebracht (*le Jhwh*, *lifnē Jhwh* oder *rēaḥ nīḥōaḥ le Jhwh* »zum lieblichen Geruch für Jahwe«). Sehr altertümlich ist Num 28,2, wo die Opfergabe (*qorbān*) als Speise Jahwes bezeichnet wird. Daß ein Opfer, das nicht Jahwe dargebracht wird, auf Ablehnung stößt, ist selbstverständlich (2Kön 16,12; Ez 20,28).

Gelegentlich kann *qrb* hi. auch im weiteren Sinne das Heranbringen-Lassen des Opfertieres zum Opfer (Lev 8,18.22 u.ö.) oder das Herantreten-Lassen zum heiligen Zelt bedeuten (Ex 29,4.8 u.ö.).

c) Eine Reihe von apodiktisch formulierten Rechtssätzen zeigen auf, wo Jahwe der geschlechtlichen Annäherung eine Grenze setzt (*qrb* q. im geschlechtlichen Sinn, s.o. 3b[4]): bei Blutsverwandten (Lev 18,6), bei der Frau des Vaterbruders (18,14), bei der Frau während des Monatsflusses (18,19; vgl. Ez 18,6), bei Tieren (20,16). Bei den genannten Belegen ist *qrb* q. verwendet, sonst bei ähnlichen Verboten in diesem Zusammenhang Verben wie →*glh* pi. (4c) oder *škb* »liegen bei«.

d) Wenn bei strittiger Rechtslage der Rechtsstreit vor Jahwe gebracht wird oder die Streitenden vor Jahwe »hintreten«, wird jeweils *qrb* gebraucht. So bringt Mose die Sache der Erbtöchter vor Jahwe (Num 27,5 *qrb* hi.). Nach Dtn 1,17 soll eine Sache, die der menschlichen Gerichtsbarkeit zu schwer ist, vor Jahwe gebracht werden (*qrb* hi.), damit er sie höre. Wenn ein solcher Fall eintritt, werden die Streitenden aufgefordert, vor Jahwe heranzutreten (Ex 22,7 pi.; Jos 7,14 q./ni., V. 16 bis 18 hi.; 1Sam 10,20f. hi.; 14,36 q.).

Bei Deuterojesaja stoßen wir wieder auf diesen Zusammenhang, wo aufgefordert wird, zum Rechtsstreit herzuzutreten: Jes 41,1.5; (48,16); vgl. 41,21 und ferner 57,3. Dabei sind nun allerdings die Völker aufgefordert, heranzutreten.

e) Einen relativ breiten Raum, vor allem in der prophetischen Literatur, nimmt die Rede vom nahen Unheil bzw. Heil ein; dabei wird besonders das Adj. *qārōb* verwendet (s.o. 3c). Vom nahen Tag des Verderbens oder des Gerichts sprechen Dtn 32,35; Jes 13,6.22; Jer 48,16; Ez 7,7; 12, 23 q.; 22,4 hi.; 30,3; Jo 1,15; 2,1; 4,14; Ob 15; Zeph 1,7.14 (→*jōm* 4b zur Vorstellung vom »Tag Jahwes«). Die Tatsache, daß der Tag Jahwes als *nahe* angekündigt wird, unterstreicht das Gerichtswort in seiner Schärfe. Jahwe selbst kann sich zum Gericht nahen (Mal 3,5). Zu möglichen Vorläufern der Vorstellung vgl. J.-G. Heintz, VT 21,1971, 528–540 (ausgehend von dem Mari-Brief ARM X, Nr. 6).

Daneben ist auch der Hinweis darauf zu finden, daß das Heil nahe ist: Jes 51,5 »alsbald naht sich mein Heil, geht aus meine Rettung«; 56,1 »bald wird mein Heil kommen und meine Gerechtigkeit sich offenbaren«; vgl. weiter Jes 46,13; 54,14; Ez 36,8.

f) Schließlich ist eine Reihe von Belegen zu nennen, wonach Jahwe selbst nahe ist. Daß Jahwe sich seinem Volk naht, zur Hilfe, zum Kampf, ist ein sehr altes Theologumenon (vgl. die Epiphanien), doch werden hier Verben wie →*jṣ'* (Ri 5,4; Ps 68,8), →*qūm* (Ps 68,2) u.a. verwendet, nicht jedoch *qrb*.

qrb bezeichnet in späterer Zeit mehr das stete Nahe-Sein Jahwes. Gott ist nahe denen, die ihn anrufen (Dtn 4,7; Jes 55,6;

Ps 145,18; Klgl 3,57, jeweils mit *qr'* »anrufen«; vgl. Lev 10,3; Ps 148,14). Dieselbe Vorstellung begegnet in der Bitte, Jahwe möge doch dem Betenden nahe sein (1Kön 8,59; Ps 22,12 »sei nicht ferne von mir, denn Not ist nahe«; 69,19 »nahe dich meiner Seele«; 119,169), ebenso in Zuversichtsäußerungen (Jes 50,8 »er, der mir Recht schafft, ist nahe«; Ps 85,10 »seine Hilfe ist nahe denen, die ihn fürchten«; Subst. *qirbā* in Ps 34,19 und 73,28; vgl. Jes 58,2 in der prophetischen Mahnrede).

In diese Richtung gehen dann auch die Aussagen, daß die Worte Jahwes, das Gesetz, nahe und verständlich sind (Dtn 30, 14); nur die Bösen sind dem Gesetz fern (Ps 119,151).

Der Gottlose kann darum nicht in der Nähe Gottes leben (Jer 12,2 »du bist nahe ihrem Mund, doch fern ihrem Herzen«), und wer sich Gott nicht naht, ist gottlos und über ihn ergeht das prophetische Wehe (Zeph 3,2; *qrb* ist hier im weiteren Sinne zu verstehen, wie das parallel gebrauchte Verbum *bṭḥ* »vertrauen« zeigt).

Die Aussage, daß Jahwe der nahe Gott ist, darf nun aber wiederum nicht dahin mißverstanden werden, als ob er nur sähe, was sich direkt vor seinen Augen abspielt (Jer 23,23 »bin ich denn nur ein Gott aus der Nähe und nicht ein Gott aus der Ferne?«). Auch bedeutet das nicht, daß er nur in die Nähe wirken kann (Jes 57,19 »ich schaffe Heil den Fernen und den Nahen«).

5. Die Wurzel *qrb* findet in der LXX keine einheitliche Entsprechung: oft steht προσέρχεσθαι, dann auch ἐγγίζειν; *qrb* hi. »darbringen« wird durch προσάγειν und προσφέρειν aufgenommen (vgl. K.L. Schmidt, Art. προσάγω, ThW I, 131–133; H. Preisker, Art. ἐγγύς, ThW II, 329–332; J. Schneider, Art. προσέρχομαι, ThW II, 680–682; K. Weiß, Art. προσφέρω, ThW IX, 67–70). *J. Kühlewein*

קרה *qrh* widerfahren

1. Die Wurzel begegnet im Hebr. in den beiden Formen *qrh (*qrj)* und *qr'* II (manchmal nebeneinander: Gen 42,4.38 *qr'* und 44,29 *qrh*; Dan 10,14 K: *qrh*, Q: *qr'*; in der erstarrten Wendung l^e + Inf.cs. *liqrat* »entgegen, gegenüber« immer *qr'*). Außerbiblisch kommt *qry* »treffen, begegnen« im Ug. (WUS Nr. 2454; UT Nr. 2277) und *lqrt* »(Picke) gegen (Picke)« in der Siloah-Inschrift Z. 4 vor. Weitere (schwache) Bezeugungen stammen aus dem Pun. (Poen. 1023, s. DISO 264; fraglich, vgl. Sznycer 144) und dem Reichsaram. (Cowley Nr. 71, Z. 18 *qrh* »geschehen«); zum späteren Aram. und zu südsem. Entsprechungen vgl. LS 691a.

Im AT sind beide Formen im q. »widerfahren, treffen, begegnen«, ni. »sich treffen lassen, sich vorfinden« und hi. »treffen lassen, fügen« bezeugt. Nominalbildungen sind: *qārǣ* »Widerfahrnis«, *q^erī* »(feindliche) Begegnung«, *miqrǣ* »Zufall, Geschick« und vielleicht *jiqrā* »Zusammentreffen« (so L. Köhler, ThZ 3, 1947, 390 bis 393, zu Jes 28,16; KBL 399a; traditionell zu *jāqār* »wertvoll« gestellt [→*kbd* 1], so z. B. Kaiser, ATD 18,198).

Unsicher ist die Zugehörigkeit zur Wurzel bei *qōrā* »Balken, Gebälk« (Gen 19,8; 2Kön 6,2.5; Hhld 1,17; 2Chr 3,7), *m^eqārǣ* »Gebälk« (Pred 10,18) und denominiertem *qrh* pi. »zimmern, mit Balken bauen« (Ps 104,3; Neh 2,8; 3,3.6; 2Chr 34,11), erst recht bei *qirjā* »Stadt« (→*'īr* 1).

2. Statistik: *qr'/qrh* q. begegnet 25× (12+13×; inkl. Jes 41,2, von anderen zu →*qr'* I gezählt), ni. 12× (6+6×; inkl. Jer 4,20, bei Lis. zu *qr'* I gerechnet, vgl. auch Rudolph, HAT 12,36), hi. 4× (1+3×), *liqrat* 121× (inkl. Jos 11,20 nach Mand.; 1Sam 20×, 2Kön 16×, 2Sam 13×, Gen und Ri je 11×, Num 9×, Ex und 1Kön je 7×, Jos 5×), *qārǣ* 1× (Dtn 23,11), *q^erī* 7× (nur in Lev 26,21–41), *miqrǣ* 10× (Pred 7×; 1Sam 6,9; 20,26; Ruth 2,3), insgesamt 180× (*qr'* 140×, *qrh* 40×).

3. a) Der Begriff des (feindlichen oder freundlichen, absichtlichen oder zufälligen) Begegnens von Personen wird im Hebr. vor allem durch die Verben *pg'* »auf jemanden treffen, jemanden antreffen« (Gen 32,2; Ex 5,20 u.ö.; oft in feindlichem Sinn »herfallen über« o.ä.), *qdm* pi. »entgegenkommen, entgegentreten« (Dtn 23,5 u.ö., oft mit Gaben; →*qǣdæm*) und →*mṣ'* »erreichen, antreffen, finden« (Gen 4,14 u.ö.; vgl. noch *mḥh* II »stoßen, treffen auf« Num 34,11 vom Verlauf einer Grenze; Wagner Nr. 159) ausgedrückt. Demgegenüber treten bei *qrh/qr'*, soweit nicht der präpositional erstarrte Inf.cs. *liqrat* »entgegen, gegenüber« vorliegt, die persönlichen Subjekte mehr zurück (im Qal nur Dtn 25,18 »wie sie [die Amalekiter] dir entgegentraten auf dem Wege«). *liqrat* dient zur Bezeichnung des Gegenübers von Personen (Gen 15,10 von Dingen: »er legte je einen Teil dem andern gegenüber«) in freundlicher oder feindlicher Weise (oft bei Verben der Bewegung: etwa 40× mit →*jṣ'* »ausziehen«, 15× mit →*hlk* »gehen«;

vgl. noch die feste Redewendung *hlk 'im...* [+*bᵉ*]+*qᵉrī* »sich jemandem widersetzen« in Lev 26,21–41). Die Wendung »gegenüber Gott« begegnet Ex 19,17 »da führte Mose das Volk aus dem Lager heraus, Gott entgegen« und Am 4,12 »bereite dich, deinem Gott zu begegnen, Israel!«.

b) Charakteristisch für die meisten Stellen ist die Verwendung abstrakter Größen als Subjekt zu *qrh/qr'*. Allerlei Ereignisse und Wechselfälle des menschlichen Lebens »widerfahren« und »begegnen« mehr oder weniger zufällig bzw. ohne explizite Angabe des Urhebers; es ist davon die Rede entweder in allgemeinen Zusammenfassungen (Gen 42,29 »alles, was ihnen begegnet war«, vgl. Est 4,7; 6,13; Gen 49,1 »alles, was euch in Zukunft begegnen wird«, vgl. Dan 10,14; Num 11,23; Jes 41,22 »was sich begeben wird«) oder in spezielleren Aussagen über angenehme (Jes 41,2 *ṣædæq* »Heil«; Spr 27,16 txt?; Ruth 2,3 mit *qrh* q. *miqrǣ* »es traf sich, daß sie gerade auf das Grundstück des Boas kam«) und weniger angenehme Widerfahrnisse (*'āsōn* »Unglück«: Gen 42,4.38; 44,29; *rā'ā* »Unglück«: Dtn 31,29; Jer 44,23; *milḥāmā* »Krieg« Ex 1,10; *'āwōn* »Schuld« 1Sam 28, 10; weiter Lev 10,19; Jes 51,19; Jer 13, 22; Hi 4,14; vgl. *qārǣ* »(nächtliches) Widerfahrnis« Dtn 23,11, euphemistisch umschreibend für rituell verunreinigenden Samenerguß; vgl. 1Sam 20,26 *miqrǣ*). In 1Sam 6,9 wird *miqrǣ* in ausdrücklicher Unterscheidung von Gottes Urheberschaft als »(böser) Zufall« definiert. Bei Pred wird *miqrǣ* zu einem der Ausdrücke für »Geschick« im allgemeinsten Sinn (Pred 2,14. 15; 3,19 3×; 9,2.3).

Synonym zu *qrh* q. erscheint *'nh* pu. »widerfahren« in Ps 91,10 (*rā'ā* »Unglück«) und Spr 12,21 (*'āwæn* »Unheil«), während *'nh* pi. »widerfahren lassen« in Ex 21,13 (»Gott hat es seiner Hand widerfahren lassen«, d.h. »durch ihn gefügt«) mit *qrh* hi. (s.u. 4) zu vergleichen ist.

Auch von den in 3a genannten Verbalwurzeln können sinnverwandte Vokabeln gebildet werden: *pǽga'* »Widerfahrnis« (1Kön 5,18 *pǽga' ra'* »Mißgeschick«), »Zufall« (Pred 9,11); *qdm* hi. »begegnen« (Am 9,10 *rā'ā* »Unheil«).

c) Das Moment des Zufälligen tritt stark hervor bei *qr'* ni. »sich treffen lassen« (Dtn 22,6 vom zufälligen Fund eines Vogelnestes; 2Sam 1,6 »ich kam von ungefähr auf den Berg Gilboa«; 18,9 »da kam Absalom von ungefähr den Knechten Davids zu Gesichte«; 20,1 »nun war dort von ungefähr ein nichtswürdiger Mensch«.

Zu den übrigen Ni.-Stellen und zu Hi.-Stellen mit theologischem Sprachgebrauch (außer *qrh* hi. »sich zufallen lassen, sich erwählen« in Num 35,11) s.u. 4.

4. In der Darstellung der Geschichte zwischen Gott und seinem Volk wird *qrh/qr'* an einigen Stellen zur Bezeichnung der kontingenten göttlichen Führung und Offenbarung verwendet. In den Ereignissen während der Wüstenwanderung wird das Eintreffen des Wortes Jahwes erkannt: Num 11,23 »Jahwe aber sprach zu Mose: Ist etwa die Hand Jahwes zu kurz? Du wirst bald sehen, ob mein Wort dich trifft (*qrh* q.) oder nicht«. Auch der Zufall (*miqrǣ*) von Ruth 2,3 »ist für den Erzähler natürlich göttliche Fügung (vgl. V.20)« (Rudolph, KAT XVII/1, 48; ein direkter Ausdruck für Gottes Fügung ist *sibbā* »Wendung« in 1Kön 12,15 par. 2Chr 10, 15 *nᵉsibbā*, vgl. Th. Willi, Die Chronik als Auslegung, 1972, 87).

qrh/qr' hi. wird gebraucht, wenn es darum geht, die göttliche Führung und Fügung auszusagen: Gen 24,12 »füge es doch heute für mich« (vgl. von Rad, ATD 3, 205.207, zur »Profanität der Ausdrücke, mit denen der Erzähler von dieser Führung spricht«); 27,20 »Jahwe, dein Gott, hat es mir begegnen lassen«; Jer 32,23 »darum ließest du all dieses Unglück über sie kommen«.

An zwei Stellen beschreibt *qrh/qr'* ni. das persönliche Eingreifen Jahwes in das Leben der Menschen: bei der Herausführung aus Ägypten (Ex 3,18 »Jahwe, der Gott der Hebräer, ist uns begegnet«; ebenso 5,3; anders C. Rabin, Scripta Hierosolymitana 8, 1961, 399: *qrh* »zum Fest einladen«, vgl. 2Kön 6,23 *krh kērā* »ein Festmahl geben«; vgl. Barr, CPT 102f.) und in der Bileamgeschichte (Num 23,3.4.15.16). In beiden Fällen läßt sich Jahwe unerwartet und persönlich jemandem begegnen und bringt diejenigen, denen er erscheint, zum Gehorsam ihm gegenüber.

5. Die LXX übersetzt *qrh* und *qr'* meistens durch συναντᾶν oder συμβαίνειν. An einigen Stellen wird *qr'* I vorausgesetzt, z.B. Ex 3,18; 5,3 (προσκαλεῖν); Am 4,12 (ἐπικαλεῖν). Das NT folgt dem Sprachgebrauch der LXX (z.B. Mt 25,6; Mk 10,32; 14,13; Apg 20,22; 1Kor 10,11).

S. Amsler

קשב *qšb* hi. **aufmerken**

1. Die Wurzel *qšb* kommt nur im Hebr. vor (vgl. noch L. Kopf, VT 8, 1958, 201f.).

Außerbibl. ist das Hi. des Verbums *qšb* vielleicht auf dem aus der Zeit kurz vor 722 v.Chr. stammenden Samaria-Ostrakon C 1101 (= KAI Nr. 188) belegt, wenn man hier in Z. 2 mit KAI den Imp.sing. hi.: *brk hp'm hqšb w*[...] »Baruch, endlich(?) sei aufmerksam und [...]«, oder – bei anderem Verständnis dieser Textzeile – den Imp.plur. hi. *hqšbw* (vgl. DISO 267) zu lesen hat (doch s. anders S.A.Birnbaum in J.W.Crowfoot – G.M.Crowfoot – K.M.Kenyon, The Objects from Samaria, 1957, 11–16; K.Galling, ZDPV 77, 1961, 173–185).

Neben dem einmal (in Jes 32,3) belegten Qal »aufmerksam sein« begegnet von den Stämmen des Verbums nur noch das kausative Hi. »aufmerken, hinhören«. Nominale Derivate der Wurzel sind das Substantiv *qǽšæb* »Aufmerksamkeit, Aufmerken« (1Kön 18,29; 2Kön 4,31; Jes 21,7.7) und die Steigerungsadjektive (vgl. Barth 48 bis 51; BL 479.480) *qaššāb* (Neh 1,6.11) und *qaššūb* (Ps 130,2; 2Chr 6,40; 7,15; nur im plur.fem. *qaššūbōt* belegt) »aufmerksam«.

2. Formen der Wurzel *qšb* kommen im AT insgesamt 55 × vor: qal 1 ×, hi. 45 × (Jes, Jer, Ps und Spr je 8 × ; Sach, Hi und 2Chr je 2 × ; 1Sam, Hos, Mi, Mal, Hhld, Dan und Neh je 1 ×), *qǽšæb* 4 × , *qaššāb* 2 × , *qaššūb* 3 × .

3. a) Der spezifische Bedeutungsgehalt der Wurzel, der sie von den ihr bedeutungsverwandten und in Reihungen häufig neben ihr erscheinenden Verben des Hörens *'zn* hi. »das Ohr (→*'ōzæn*) gebrauchen, hinhören« (Jes 28,23; 42,23; 51,4; Hos 5,1; Ps 17,1; 86,6; Spr 17,4 txt em) und →*šm'* »hören« (1Sam 15,22; Jes 28,23; 34,1; 42,23; 49,1; Jer 8,6; 18,19; 23,18; Hos 5,1; Mi 1,2; Mal 3,16; Ps 10,17; 17,1; 61,2; 66,19; 130,2; Hi 13,6; 33,31; Spr 4,1; 7,24; Hhld 8,13; Dan 9,19) abhebt, liegt im willentlichen und bewußten aufmerksamen Hinhören.

Dies verdeutlichen die Stellen, die *qšb* als den bewußten und aufmerksamen Gebrauch der Ohren in Parallele setzen zu anderen Ausdrücken für die Zuwendung der Aufmerksamkeit wie *nṭh* hi. *lēb* »das Herz zuwenden« (Spr 2,2) bzw. *nṭh* hi. *'ōzæn* »das Ohr zuneigen« (Spr 4,20; 5,1; vgl. auch Dan 9,18f.), insbesondere aber zu einer analogen Disposition der Augen, die aufmerksames Zusehen ermöglicht, so Jes 32,3: »dann werden die Augen der Sehenden nicht (mehr) ›verklebt sein‹ (s. BHS), und die Ohren der Hörenden werden aufmerksam sein (*qšb* q.)« (vgl. dazu die Kontrastaussagen Jes 6,10; 29,9f.), und Neh 1,6: »es möge(n) doch dein Ohr aufmerksam (*qaššāb*) und deine Augen offen sein, daß du hörst auf das Gebet deines Knechtes« (vgl. die ähnlichen mit *qaššūb* formulierten Aussagen in 2Chr 6,40; 7,15).

Umgekehrt verhindern die mangelnde Disposition des Gehörorgans (Jer 6,10: ein »beschnittenes« Ohr; vgl. Sach 7,11), die Weigerung zu hören (Sach 7,11: *m'n* pi. *lehaqšīb*; s. ähnlich Spr 1,24) und die vorgängige Verwerfung (*m's*) des Inhalts einer Rede (in Jer 6,19: der *tōrā*) solche Aufmerksamkeit des Hörens, wie sie *qšb* zum Ausdruck bringt. Wie dem Tauben (Sach 7,11) geht dem Schlafenden (1Kön 18,27b.29: spöttisch vom stumm bleibenden Baal) und dem Toten (2Kön 4,31) neben der Fähigkeit zur Rede (*qōl*: 1Kön 18, 29; 2Kön 4,31) und Antwort (*'nh*: 1Kön 18,29) auch die zu solchem Aufmerken (*qǽšæb*) ab.

Absolut gebraucht oder mit folgendem Akk. (Jer 23,18; Ps 17,1; 61,2; Hi 13,6; vgl. auch Jes 21,7, ferner Ps 10,17; Spr 2,2 und s. dazu GB 731b–732a) bzw. mit einem präpositionalen Ausdruck mit *'æl* (Jes 51,4; Jer 18,18f.; Sach 1,4; Ps 142,7; Neh 9,34; vgl. Neh 1,11), *be* (Ps 66,19; 86,6), *le* (Jes 48,18; Jer 6,17; Ps 5,3; 55,3; Spr 2,2; 4,1.20; 5,1; 7,24; Hhld 8,13; Neh 9,34; vgl. Ps 130,2; 2Chr 6,40; 7,15) oder *'al* (Jer 6,19; Spr 17,4; 29,12) konstruiert, kennzeichnet das Hi. von *qšb* in der Bedeutung »aufmerken, hinhören« die Tätigkeit des Spähers oder Wächters (Jes 21,7; Jer 6,17) oder auch die Reaktion der Bewohner einer plötzlich von einem feindlichen Heer überzogenen Landschaft, die aufmerksam auf das Klagegeschrei in den Nachbarorten achten, das ihnen das Herannahen des Feindes ankündigt (Jes 10,30).

Andere Verwendungen des Hi. von *qšb* sind: einem Lied lauschen (Hhld 8,13); aufmerksam hinhören, um zu einem begründeten Urteil über Äußerungen und Verhalten eines anderen zu kommen (Jer 8,6); einen Menschen aushorchen, um ihn mit seinen eigenen Worten zu Fall zu bringen (Jer 18,18); auf Lügen hören (Spr 29,12).

b) Neben den Parallelbegriffen bzw. -ausdrücken *'zn* hi. »hinhören«, *šm'* »hören«, *nṭh* hi. *lēb/'ōzæn* »das Herz/Ohr zuwenden, zuneigen« (s.o) begegnet *qšb* hi. häufig in meist zwei-, selten drei- (Hos 5,1; 2Chr 20,15) oder viergliedrigen (Jes 28,23; 34,1) Aufrufen zum Hören, die zur Eröffnung weisheitlicher (Jes 28,23; Spr 4,1.20; 5,1; 7,24) oder rechtlicher Belehrung (Hi 13,6; 33,31) dienen, sich dann aber auch öfter an der Spitze prophetischer Worteinheiten (Jes 34,1; 49,1; 51,4; Hos

5,1; Mi 1,2; 2Chr 20,15) finden wie z.B.: »horcht her und hört meine Stimme, merkt auf und hört meinen Ausspruch« (Jes 28, 23); »hört dies, ihr Priester, merkt auf, ihr vom Haus Israel, und ihr vom Königshof, horcht her« (Hos 5,1); »hört, ihr Völker alle, merke auf, Erde und was sie erfüllt« (Mi 1,2).

Ihrer formgeschichtlichen Eigenart nach sind diese Aufrufe wohl weniger wahrscheinlich mit L.Köhler, Dtjes. stilkritisch untersucht, 1923, 111–113, als »Zweizeugenrufe« dem Rechtsleben und hier dem Beginn der Gerichtsversammlung zuzuweisen (vgl. dazu auch H.B.Huffmon, JBL 78, 1959, 285–295; J.Harvey, Bibl 43, 1962, 172–196; E. von Waldow, Der traditionsgeschichtliche Hintergrund der prophetischen Gerichtsreden, 1963, 12–25; M.Delcor, VT 16, 1966, 8–25), sondern vermutlich eher mit Wolff, BK XIV/1, 122f., als genuin weisheitliche »Lehreröffnungsformeln« anzusprechen (s. dazu auch Horst, BK XVI, 198f.; H.J.Boecker, Redeformen des Rechtslebens im AT, ^{2}1970, 83f.; I. von Loewenclau, EvTh 26, 1966, 296f.).

In der Funktion von »Lehreröffnungsformeln« finden sich vergleichbare Aufrufe auch in der altorientalischen Weisheitsliteratur, so z.B. in einer anonymen äg. Lehre des Mittleren Reiches: »Beginn der Lehre, die ein Mann für seinen Sohn gemacht hat. Höre meine Stimme; halte dich fern davon, meine Rede zu fliehen, laß nicht nach in deiner Aufmerksamkeit auf das, was ich dir zu sagen im Begriff bin!« (H.Brunner, Altägyptische Erziehung, 1957, 161; vgl. weiter: Amenemope III, 9f. = H.O. Lange, Das Weisheitsbuch des Amenemope, 1925, 32f., und für den mesopotamischen Raum: Bab. Theodizee III, 25f.; XXV, 265f. = Lambert, BWL 72f. 86f.).

Der Bedeutung, die die äg. Weisheit dem Hören als dem Weg zu weisheitlicher Erkenntnis überhaupt beimißt (→*šm'*; vgl. Brunner, a.a.O. 131f.), entspricht in Israel die Verheißung des Weisheitslehrers in Spr 2,1–6: »Mein Sohn, wenn du meine Worte annimmst und meine Gebote bei dir verwahrst, indem du dein Ohr aufmerksam der Weisheit leihst, dein Herz der Einsicht zuneigst, ... dann wirst du die Furcht Jahwes verstehen und die Erkenntnis Gottes finden: denn Jahwe gibt Weisheit, aus seinem Mund stammen Erkenntnis und Einsicht«. – Umgekehrt liegen für die Weisheit die negativen Folgen in die falsche Richtung gelenkter Aufmerksamkeit auf der Hand: »der Bösewicht achtet auf heillose Lippe« (Spr 17,4); »ein Herrscher, der auf Lügenwort achtet, – alle seine Diener sind Schurken« (Spr 29,12); und die personifizierte Weisheit selbst kündigt in Spr 1,24–27 ihren Sport und ihr Gelächter über das Unglück an, das bevorsteht, »weil ich rief und ihr euch weigertet, meine Hand ausstreckte und niemand achtgab« (V.24).

4. Im theologischen Sprachgebrauch des AT gehört *qšb* hi., im Sinne von »aufmerken, hinhören« von Jahwe ausgesagt, neben den ihm hier häufig parallelen Verben *'zn* hi. »hinhören« und *šm'* »hören« (s.o.) zu den Begriffen, die im individuellen Klagelied für jene »Bitten allgemeiner Art« charakteristisch sind, »die Jahwe zum Anhören des Gebetes bewegen wollen« (Gunkel-Begrich 218f.), wie z.B. »merke auf mein lautes Schreien, mein König und mein Gott« (Ps 5,3; vgl. weiter Ps 17,1; 61,2; 86,6; 142,7) bzw. mit persönlichem Objekt: »merke auf mich und erhöre (*'nh*) mich« (Ps 55,3; vgl. Jer 18,19 und s. ferner Dan 9,19, wo das Verbum absolut gebraucht ist). In einigen späten Gebeten des AT sind statt des Hi. von *qšb* in solchen Bitten Umschreibungen mit *hjh* »sein« und den Adjektiven *qaššāb* (Neh 1,6.11)/*qaššūb* (Ps 130,2; 2Chr 6,40) »aufmerksam« gebraucht.

In enger Korrespondenz zu diesen Bitten stehen die Aussagen von Ps 10,17 und Ps 66,19, in denen der Gedanke, daß Jahwe sein Ohr neigt bzw. auf das Flehen des Beters achtet, Gegenstand der Gewißheit der Erhörung bzw. des Dankes ist. In diesen Zusammenhang gehören auch 2Chr 7,15, wo Jahwe in Entgegnung auf die von Salomo in seinem Tempelweihgebet in 2Chr 6,40 ausgesprochene Bitte zusichert, daß seine Augen offen und seine Ohren aufmerksam sein werden auf das Gebet an diesem Ort, und Mal 3,16, wo davon die Rede ist, daß Jahwe die Reden seiner angefochtenen Gemeinde aufmerksam anhört.

Während LXX, die in 2Chr 6,40; 7,15 *qaššūb* mit ἐπήκοος »der (die Gebete) erhört« wiedergibt, Jahwe damit als θεὸς ἐπήκοος (vgl. dazu O.Weinreich, Athenische Mitteilungen 37, 1912, 1–68) interpretiert, spricht 1Kön 18,29 umgekehrt dem Baal polemisch die Fähigkeit zu solchem aufmerksamen Hören ab: ungeachtet aller Versuche seiner Propheten, ihn zum Reagieren zu bringen, erfolgt »kein Laut, keine Antwort, keine Erhörung«.

Von Menschen ausgesagt, nähert sich im theologischen Sprachgebrauch des AT die

Bedeutung von *qšb* hi. durchweg »gehorchen«, so in der kultpolemischen Sentenz 1Sam 15,22: »Gehorsam ist besser als Opfer, Aufmerken (besser) als Fett von Widdern«, vor allem aber parallel zu *'šh tōrā* »das Gesetz halten« (Neh 9,34) und wenn Bezeichnungen für die göttlichen Gebote wie *miṣwōtaj* »meine Gebote«, *debāraj* »meine Worte« u.a. Objekte des Verbums sind (Jes 48,18; Jer 6,19; Neh 9,34). Sieht man von 1Sam 15,22 ab, so sind die Stellen, an denen dieser Gebrauch des Verbums zu beobachten ist, sämtlich exilisch-nachexilisch. Charakteristisch für diese Verwendung von *qšb* ist, daß, abgesehen von der Verheißung Jes 32,3 und von den Mahnungen Jes 42,23; 48,18, das Zeitwort hier immer in negativen Aussagen die den Ungehorsam Israels umschreiben, vorkommt (Jer 6,10.19; Sa 1,4; 7,11; Neh 9,34; 2Chr 33,10).

Schwierig ist die wohl nachprophetische und prophetiekritische Glosse Jer 23,18: »Denn wer hat im Rate Jahwes gestanden, daß er ›ihn‹ sehen und sein Wort hören kann? Wer hat sein Wort erlauscht (*qšb* hi.) und gehört?« (vgl. dazu Rudolph, HAT 12, 152; doch s. anders H.-J. Kraus, Prophetie in der Krisis, 1964, 41–45).

5. Sir 3,29: »Ein weises Herz versteht die Sprüche der Weisen, und ein aufmerksames Ohr freut sich an der Weisheit« liegt auf der Linie der oben genannten Belege für *qšb* im Bereich der atl. Weisheit. Für Qumran vgl. CD 20,18, wo Mal 3,16, und 4QDibHam 5,21, wo Jes 48,18 aufgegriffen ist. Häufigstes Äquivalent für *qšb* in der LXX ist προσέχειν. *W. Schottroff*

קשׁה *qšh* hart sein

1. Die Wurzel *qšh* »hart sein« ist außer im Hebr. nur im Aram. (DISO 267; LS 703; Drower-Macuch 416b) und im Arab. (*qasā*, Wehr 681a) belegt.

Verwandt ist vielleicht äg. *ḳsn* »schlimm, übel, schwierig (sein)« (Erman-Grapow 5,69).

Sinnverwandt, aber vielleicht auch wurzelverwandt ist *qšḥ*, das nur im Hi. begegnet (Hi 39,16 »hart behandeln«; Jes 63,17 »verhärten« des Herzens durch Gott), vgl. F. Hesse, Das Verstockungsproblem im AT, 1955, 17.

Neben dem Verbum (q., ni., pi. und hi.) kommen im AT das Adj. *qāšǣ* »hart« und das Subst. *qešī* »Halsstarrigkeit« vor. Ob *miqšǣ* »kunstvoll geflochtenes Haar« (Jes 3,24; vgl. Wildberger, BK X,139f.) und *miqšā* »gedrehte Arbeit« (Ex 25,18. 31.36; 37,7.17.22; Num 8,4.4; 10,2) zur gleichen Wurzel gehören, ist unsicher.

2. *qšh* q. kommt 5 × vor, ni. 1 ×, pi. 1 ×, hi. 21 × (mit Obj. *'ōræf* »Nacken« 11 ×, mit Obj. *lēb(āb)* »Herz« 3 ×), *qāšǣ* 36 × (7 × in Verbindung mit *'ōræf* »Nacken«, 5 × in Verbindung mit *'abōdā* »Dienst, Arbeit« und 6 × als neutrisch gemeintes substantiviertes fem. Adj., davon 2 × Plur.), *qešī* 1 × (Dtn 9,27).

3. Die verbalen und nominalen Belege haben immer übertragene Bedeutung und meinen entweder die Härte einer Sache, durch die sich Menschen belastet fühlen, oder die Härte, die jemand im Umgang mit anderen zeigt. So wird das Qal von der leidenschaftlichen Heftigkeit des Zornes (Gen 49,7; vgl. Hhld 8,6 Adj.), der Schwierigkeit einer Rechtssache (Dtn 1, 17; vgl. Ex 18,26 Adj.), der Schwierigkeit einer Entscheidung (Dtn 15,18) und der Schärfe des Redens (2Sam 19,44; vgl. den Gebrauch des neutrisch gemeinten substantivierten fem. Adj. *qāšā* »Hartes« für eine »harte Botschaft« 1Sam 20,10; 1Kön 12, 13; 14,6; 2Chr 10,13) verwendet. Die formelhafte Wendung von der hart auf jemandem liegenden Hand (→*kbd* 4a; →*jād*) zur Bezeichnung der schwer auf einem Volk lastenden Bedrückung (1Sam 5,7; vgl. Ri 4,24 und den ähnlichen Gebrauch von →*ḥzq*) steht möglicherweise auch im Hintergrund des nur einmal belegten Ni. (Jes 8,21). Das ebenfalls einmal vorkommende Pi. wird von einer schweren Geburt verwendet (Gen 35,16) und entspricht dem Gebrauch im Hi. (Gen 35,17). Abgesehen von den unten (4) zu erörternden Stellen meint das Hi. weiter das Stellen einer schwierigen Frage, durch die sich der Angeredete überfordert fühlt (2Kön 2,10), oder die Verhärtung des auf einem Volke lastenden Joches des Frondienstes (1Kön 12,4 = 2Chr 10,4; vgl. den Ausdruck *'abōdā qāšā* für den von einem Despoten einem Volke auferlegten Zwangsdienst Ex 1,14; 6,9; Dtn 26,6; 1Kön 12,4; Jes 14,3; 2Chr 10,4).

Abgesehen von den im Zusammenhang mit den verbalen Belegen bereits erwähnten Verwendungen wird das Adj. *qāšǣ* zur Bezeichnung einer hartherzigen Person (1Sam 25,3; 2Sam 3,39; Jes 19,4), des harten Loses der Armen (Hi 30,25), der Heftigkeit des Krieges (2Sam 2,17; vom Kriegsschwert Jes 27,1) und der grausamen Härte einer geschichtlichen Katastrophe (die Gott Menschen erleben läßt, Ps 60,5) gebraucht.

Synonyma von *qšh* sind →*'mṣ*, →*ḥzq* und →*'zz*; vgl. noch *ṣānūm* »hart« Gen 41,23 (von unfruchtbaren Ähren). Oppositum zu *qšh* ist *rkk* »weich sein«, das ebenfalls gerne übertragen verwendet wird (q. »weich, zart, zaghaft sein« 6×, pu. »erweicht werden« Jes 1,6; hi. »verzagt machen« Hi 23,16; Subst. *rōk* »Weichheit« Dtn 28,56; Adj. *rak* »weich, weichlich, zart, mild, sanft« 16×, in 2Sam 3,39 *qāšǣ* gegenübergestellt; Subst. *mōræk* »Verzagtheit« Lev 26,36).

4. Mit *'ōræf* »Nacken« als Objekt (das gelegentlich auch fehlen kann: Ex 13,15; Hi 9,4, »jemandem trotzen«, mit *'æl* konstruiert) begegnet *qšh* hi. im Sinne von »den Nacken hart machen« besonders in der dtn.-dtr. und chron. Literatur (Dtn 10,16; 2Kön 17,14; Jer 7,26; 17,23; 19, 15; Spr 29,1; Neh 9,16.17.29; 2Chr 30,8; 36,13; vgl. *'ōræf qāšǣ* »Halsstarrigkeit« Dtn 31,27, und *q^e šē 'ōræf* »halsstarrig« Ex 32,9; 33,3.5; 34,9; Dtn 9,6.13; vgl. Jes 48,4). Das Bild ist von den Rindern hergenommen, die als Zugtiere verwendet werden und bei denen die meiste Kraft in ihrem Nacken konzentriert zu sein scheint (vgl. Hos 4,16; Jer 5,5). Wer sich gegen das Auflegen des Joches sträubt, ist »hartnäckig« (vgl. Hesse, a.a.O. 13). Die metaphorische Wendung ist besonders charakteristisch für den paränetischen Predigtstil. Ist mit *'ōræf* als Objekt stets der reflexive Vorgang gemeint, durch den Menschen sich gegen Gottes Wort auflehnen und ungehorsam sind, so bezieht sich *qšh* hi. mit *lēb* bzw. *lēbāb* »Herz« als Objekt entweder auf die Verstockung durch Gott (Ex 7,3 P; vgl. Hesse, a.a.O. 21–23.40–79; K.L. Schmidt, Die Verstockung des Menschen durch Gott, ThZ 1, 1945, 1–17) oder auf die Selbstverhärtung (Ps 95,8; Spr 28,14; vgl. auch Ez 3,7). Nur einmal ist →*rūaḥ* »Geist« als Objekt verwendet (Dtn 2,30, Verstockung durch Gott). Zum Ganzen vgl. Hesse, a.a.O.; →*ḥzq* 4 und →*lēb* 4d.

Ri 2,19 spricht von einem »harten Weg« (*dæræk qāšā*), d.h. einem harten Wandel: »Es liegt eine Art constructio praegnans vor: Statt erst zu sagen, daß der Mensch halsstarrig ist und deswegen unbeirrt den einmal beschrittenen Weg einhält, wird gleich gesagt: Der Mensch hat seinen Wandel ›hart‹ gemacht. Man sieht, wie das Bild hier schon seine Anschaulichkeit eingebüßt hat und gar nicht mehr als ein solches empfunden wird« (Hesse, a.a.O. 14). Die Genetivverbindung von *qāšǣ* mit *pānīm* »Gesicht« findet sich nur in Ez 2,4 (sekundäre Erläuterung; vgl. noch Ah. Z.101, vom Zorne des Königs, P. Grelot, RB 68, 1961, 183). Unsicher ist der Text von 1Sam 1,15 und Jes 27,8 (dazu s. die Komm.).

5. Von Hartnäckigkeit im Sinne der Selbstverstockung ist auch in den Qumranschriften (1QS 5,5; 6,26; 1QH Fragm. 12,4) und im NT (vgl. Schmidt, a.a.O.) die Rede, im NT jedoch vorwiegend in atl. Zitaten. Ausdrücklich wird auch von Verstockung durch Gott gesprochen (Röm 9,18; vgl. K.L. und M.A. Schmidt, Art. παχύνω, ThW V, 1024–1032).

A.S. van der Woude

ראה *r'h* sehen

1. *r'h* »sehen« kommt in den südsem. Sprachen vor, bei den kan. außer im Hebr. sicher belegt nur im Moab. (DISO 268f.; aram. →*ḥzh*; akk. und ug.: →*'mr* 1).

Das hebr. Verbum erscheint im Qal, Ni., Pu., Hitp., Hi. und Ho. Abgeleitete Nomina sind: *rō'ǣ* »Seher« (substantiviertes Part.q.), *rō'ǣ* II »Gesicht« (Barth 151; GVG I,343), *r^e'ī* »Spiegel« (Hi 37,18), *r^o'ī* »Sehen« o.ä. (BL 461), *r^e'ūt* »Anblick« (Pred 5,10Q, K *r^e'īt*), *mar'ǣ* »Sehen, Aussehen, Erscheinung« (BL 491), *mar'ā* »Erscheinung« (Ex 38,8 »Spiegel«). Die Zugehörigkeit von *tō'ar* »Form, Gestalt« (im AT 15×, in Gen 29,17; 39,6; Jes 52,14; 53,2; Est 2,7 neben *mar'ǣ*) zur Wurzel *r'h* (so u.a. GB 869a; Montgomery, Kings 83) ist fraglich (vgl. Zorell 886b.893a). Im Bibl.-Aram. begegnet als kan. LW *rēw* »Aussehen« (Dan 2,31; 3,25; BLA 184; KBL 1123a).

rā'ā in Dtn 14,13 als Bezeichnung einer Vogelart ist nach Lev 11,14 als *dā'ā* zu lesen (vgl. BH³; HAL 199b).

Zu den mit *r'h* gebildeten Eigennamen *R^e'ājā*, *Jir'ijjā* etc. vgl. Noth, IP 186.198.

2. Von den im AT 1303× vertretenen Verbalformen entfallen auf den Grundstamm 1129 Belege (inkl. Gen 22,14a; 1Sam 14,27K; Ez 28,17 Inf. *ra'^a wā*; Hi 7,8 Part.q.; 10,15 txt? Imp.q., nach GB 736a und Lis. Adj. *rā'ǣ*; exkl. Gen 16,14 NP; Ex 5,21 ni.; Neh 6,16 in Mand. 505c und 1059a; 2Chr 10,16 varia lectio). Bei den 133 Nominalbildungen begegnet *mar'ǣ* am häufigsten (103×, s. Tabelle); dazu kommen *rō'ǣ* I 11× (1Sam 9,9.9.11. 18.19; Jes 30,10; 1Chr 9,22; 26,28; 29,29; 2Chr 16,7.10), *r^o'ī* 4× (Gen 16,13; 1Sam 16,12; Nah 3,6; Hi 33,21), *mar'ā* 12× (Gen 46,2; Ex 38,8; Num 12,6; 1Sam 3, 15; Ez 1,1; 8,3; 40,2; 43,3; Dan 10,7.7. 8.16), während *rō'ǣ* II, *r^e'ūt* und *r^e'ī* Hapaxlegomena sind (s.o. 1).

	qal	ni.	hi.	übr.	*mar'ǣ*
Gen	123	14	3	1 hitp.	11
Ex	70	16	4	2 ho.	2
Lev	37	10	–	1 ho.	11
Num	39	5	3	–	4
Dtn	56	5	6	1 ho.	2
Jos	15	–	1	–	1
Ri	34	6	4	–	2

	qal	ni.	hi.	übr.	*mar'ǣ*
1Sam	74	2	–	–	2
2Sam	43	3	1	–	3
1Kön	25	11	–	–	–
2Kön	55	1	7	2 hitp.	–
Jes	74	4	4	–	3
Jer	66	2	3	–	–
Ez	70	4	3	–	36
Hos	4	–	–	–	–
Jo	1	–	–	–	2
Am	5	–	4	–	–
Ob	2	–	–	–	–
Jon	2	–	–	–	–
Mi	5	–	1	–	–
Nah	1	–	1	–	1
Hab	6	–	1	–	–
Zeph	–	–	–	–	–
Hag	2	–	–	–	–
Sach	18	1	3	–	–
Mal	2	1	–	–	–
Ps	87	5	8	–	–
Hi	50	–	–	1 pu.	2
Spr	12	1	–	–	–
Ruth	2	–	–	–	–
Hhld	7	1	1	–	3
Pred	46	–	1	–	2
Klgl	16	–	–	–	–
Est	12	–	3	–	4
Dan	18	4	–	–	12
Esr	1	–	–	–	–
Neh	6	–	–	–	–
1Chr	19	–	–	–	–
2Chr	24	6	–	2 hitp.	–
AT	1129	102	62	10	103

3. a) Die Hauptbedeutung von *r'h* q. ist »sehen«. Dabei steht allen anderen Bedeutungsrichtungen voran die sinnliche Wahrnehmung. Hier ist zu unterscheiden (1) einfaches »sehen (mit den Augen [→*'ájin*])« (z.B. Jos 8,20; Ri 13,20), prägnant: das Augenfällige sehen (1Sam 16,7), jemandem zusehen (Ri 16,27); (2) sehen und hören (→*šm'*) zusammen in der Bed. »gewahr werden« (z.B. Dtn 4,28; Ps 135,16f.); (3) Wahrnehmung durch andere Sinne in der Bed. »hören« (z.B. Gen 2,19; 42,1), »empfinden, spüren« (z.B. Jes 44,16 Hitze), »genießen« (z.B. Pred 8,16 den Schlaf; 9,9 das Leben), »erfahren, erleben« (z.B. Jer 5,12 Krieg, Hungersnot; Hi 7,7 Gutes; Ps 90,15 Schlechtes; Ps 89,49 den Tod).

b) Aus der Hauptbedeutung hervorgegangen sind verschiedene übertragene Gebrauchsweisen: (1) geistige Wahrnehmung in den Bedeutungen »feststellen, beobachten, merken« (z.B. Gen 16,4f.; 1Sam 26,12; Jes 29,15), »erkennen, einsehen« (z.B. Gen 26,28; 37,20; 1Sam 12,17), sehen und hören zusammen = »zur Kenntnis nehmen, verstehend vernehmen« (z.B. Jes 52,15; Ez 40,4), »unterscheiden« (z.B. Mal 3,18), »bedenken« (z.B. Ex 33,13), dazu die Interjektion »siehe!« (z.B. Gen 41,41); (2) allgemeine Lebensäußerungen in der Bed. »leben« = »Licht schauen« (positiv: Hi 33,28; Pred 7,11 »die Sonne schauen«; negativ: Ps 49,20; Hi 3,16), »Erfahrungen machen, sich etwas aneignen« (z.B. Hi 4,8; Pred 1,16), »das Angesicht sehen« = »vertrauten Umgang haben mit« (2Kön 25,19 = Jer 52,25); (3) in der Bed. »besehen« (z.B. Gen 11,5; Lev 13,3ff.), »nach etwas sehen« (Hi 37,24), speziell »sich um etwas kümmern« (Gen 39,23), mit *b*e »mit Freude/Schmerz ansehen« (z.B. Gen 21,16; 44,34; 1Sam 6,19; vgl. Ps 35,17 gleichgültig; Spr 23,31 [vgl. Barr, CPT 257f., gegen G.R. Driver, Bibl 32,1951, 187; ders., JSS 9, 1964, 348f.]), »besuchen« (z.B. 2Sam 13,5f.; Ps 41,7), »ausersehen, auswählen« (z.B. Gen 41,33; 1Sam 16,17; Part.pass. *rā'ūj* »ausersehen, geeignet« Est 2,9), mit *'al* »genau betrachten« (Ex 1,16), mit *min* »jemandem etwas absehen« (Ri 7,17), »entdecken« (Ri 16,5). Bildliche Redeweise begegnet bei Personifikationen (z.B. Ps 114,3 vom Meer, Ps 97,4 von der Erde).

c) Im Ni. findet sich das Verbum in tolerativer Modifikation seiner Hauptbedeutung: »sich zeigen, erscheinen« (z.B. von Menschen Lev 13,19; 1Kön 18,1f.), »sichtbar werden, erscheinen« (z.B. Gen 1,9 vom Trockenen); von der Sinneswahrnehmung entfernt ist die Bed. »vorhanden sein« (negiert z.B. Ri 19,30; 1Kön 10,12). Passiven Sinn hat die einzige Pu.-Stelle (Hi 33,21). Die sinnliche Wahrnehmung ist auch in der Bedeutung der Kausativstämme enthalten: hi. »jemanden etwas sehen lassen, jemandem etwas zeigen« (z.B. Num 13,26; Ri 1,24f.), »jemanden etwas empfinden, erfahren lassen« (Pred 2,24), ho. »jemandem gezeigt werden« (z.B. Lev 13,49). Reziproke Bedeutung eignet dem hitp. »sich gegenseitig ansehen« (Gen 42,1), speziell: »sich im Kampf messen« (2Kön 14,8.11 = 2Chr 25,17.21).

d) Von der Hauptbedeutung geht auch der Sprachgebrauch der nominalen Derivata aus (s.o. 1). Neben verschiedenen nomina actionis allgemeinerer Art kommen auch speziellere Bedeutungen vor: *r*e*'ī* (Hi 37,18) und *mar'ā* (Ex 38,8) »Spiegel«; in bezug auf visionäres Schauen *rō'ǣ* »Seher« (s.u. 4e), *rō'ǣ* II »Gesicht« (Jes 28,7), *mar'ǣ* (Ez 8,4 u.ö.) und *mar'ā* (alle Stellen außer Ex 38,8) »Gesicht, Vision« (s.u. 4f).

*e) Als weitere Verben des Sehens außer →*ḥzh* »schauen« sind noch zu erwähnen: (1) *nbṭ* hi. »blicken, hinsehen« (im AT 68×, davon Ps 17×, Jes 14×, Klgl 6×, Hab und Hi je 5×; *nbṭ* pi. »blicken« Jes 5,

30; Subst. *mabbāṭ* »Hoffnung=wonach man hoffend ausblickt« Jes 20,5.6; Sach 9,5), öfter auch in theologisch relevanten Zusammenhängen, z.B. Ex 3,6 »da verhüllte Mose sein Antlitz, denn er fürchtete sich, Gott anzuschauen« und Num 12,8 »die Gestalt Jahwes schaut er (Mose)« (s.u. 4a); Jes 63,15; Ps 13,4 u.ö. von der Zuwendung Gottes zum Menschen (s.u. 4b); Jes 5,12; 22,11 u.ö. von der Zuwendung des Menschen zu Gott (s.u. 4c); (2) *ṣph* q./pi. »spähen« (8× bzw. 9×, dazu *ṣōfǣ* »Späher« 19×, *miṣpǣ* »Warte« Jes 21,8 und 2Chr 20,24, *ṣippijjā* »Warte« Klgl 4,17; vgl. H. Bardtke, FS Eißfeldt 1958, 19 bis 21); (3) *šgḥ* hi. »blicken« (3×: Jes 14,16; Ps 33,14 von Gott; Hhld 2,9); (4) *šūr* »gewahren, ansehen« (16×, davon 10× in Hi); (5) *šzp* »erblicken« (Hi 20,9; 28,7; in Hhld 1,6 »bräunen« von der Sonne); (6) *šʿh* q. »blicken« (12×, davon Jes 5×; von Gottes gnädigem Blicken bzw. Wegblicken: Gen 4,4.5; Hi 7,19; 14,6; hi. Ps 39,14 txt em; zu den früher als *šʿh* hitp. aufgefaßten Formen →*jr'* III/1e[7]); (7) *šqp* ni./hi. »(durch das Fenster) blicken« (ni. 10×, hi. 12×, ferner *mašqōf* »Oberschwelle« Ex 12,7.22.23 und weitere Bauausdrücke in 1Kön 6,4; 7,4.5, vgl. Noth, BK IX,97f.).

4. Beim theologischen Sprachgebrauch (vgl. auch H.-J.Kraus, Hören und Sehen in der althebräischen Tradition, Studium Generale 19, 1966, 115–123=Biblisch-theologische Aufsätze, 1972, 84–101) werden behandelt: (a) Gott-Sehen durch Menschen, (b) Gott sieht die Menschen, (c) der Mensch sieht das Handeln Gottes, (d–f) visionäres Schauen, (g) *r'h* ni. als Terminus der Offenbarung, (h) *mar'ǣ* u.a. in der Segensbeschreibung.

a) Die Rede vom Sehen Gottes oder des Angesichtes Gottes kommt in verschiedener Fassung und Funktion vor. (1) In der älteren Sagenüberlieferung sieht ein Mensch auf die Stunde seiner Rettung zurück: Gen 32,31 »ich (Jakob) habe Gott von Angesicht zu Angesicht geschaut«; Gen 16,13 »hier habe ich (Hagar) dem nachgeschaut, der mich erschaute« (Ortsätiologien von Pniel bzw. Lahai-Roi). Gideon reagiert auf seine Begegnung mit dem Gottesboten mit einem Aufschrei, den er mit einem Hinweis auf das an ihm Geschehene begründet: »... ich habe den Boten Jahwes von Angesicht zu Angesicht geschaut« (Ri 6,22; ähnlich 13,22). Die Formulierungen stehen jeweils in einer Erzählung von der Not und ihrer Wende durch Gottes Tun. (2) Aus dem kultischen Bereich stammt die Formel *r'h 'æt-pᵉnē Jhwh* »das Angesicht Jahwes schauen«. Aus dogmatischen Gründen (vgl. Ex 33,20 »du kannst mein Angesicht nicht schauen, denn kein Mensch bleibt am Leben, der mich schaut«) scheint ursprüngliches Qal in Ni. verbessert worden zu sein, wie die Konstruktion mit dem Akkusativ vermuten läßt (Ex 23,15.17; 34,20.23.24 u.ö.; vgl. BH³; W.W. Baudissin, »Gott schauen« in der atl. Religion, ARW 18, 1915, 173–239, bes. 181ff.). In außerisraelitischen Kulten bezog sich die Gottesschau auf die Verehrung des Götterbildes im Tempel (Baudissin, a.a.O. 173ff.; F.Nötscher, »Das Angesicht Gottes schauen« nach biblischer und babylonischer Auffassung, 1924). Dagegen schloß Jahwes Souveränität seine Vergegenständlichung im Abbilden und Ansehen aus (Ex 20,4=Dtn 5,8; vgl. G. von Rad, ThW II,378–380; W.Zimmerli, Das zweite Gebot, FS Bertholet 1950, 550 bis 563=GO 234–248). Trotzdem darf das Gott-Schauen nicht als ein rein geistiger Akt im Gegensatz zur sinnlichen Aufnahme verstanden werden. Der unter (1) aufgeführte Sprachgebrauch bezeugt, daß Gott einem Menschen in der realen Welt seines Daseins begegnet. Wie immer das »Gott-Sehen« im Zusammenhang mit dem isr. Kult auch vorzustellen ist (zu Ex 33, 18ff. und Ps 27,4 [*ḥzh*] vgl. G. von Rad, FS Bertholet 1950, 429f.=GesStud 239f.), es ging nicht im kultischen Vorgang auf; es hatte seinen Bezugsort da, wo Israel das ihm zugewandte Handeln Gottes erfuhr: in der Geschichte. Dies bestätigen auch die Stellen in den individuellen Klage- und Vertrauenspsalmen, in denen →*ḥzh* »schauen« mit dem Obj. →*pānīm* »Angesicht« (Ps 11, 7; 17,15) oder *nōʿam* »Freundlichkeit« (Ps 27,4) Jahwes verbunden ist, oder *r'h* mit *ʿōz* »Stärke« und *kābōd* »Herrlichkeit« Gottes (Ps 63,3; vgl. G. von Rad, ThW II, 244; W. Michaelis, ThW V,326), ferner der Ausdruck →*bqš* pi. *pᵉnē Jhwh* von der Hinwendung zu Jahwe in der Erwartung seiner Hilfe (z.B. Hos 5,15; Ps 27,8; vgl. noch O.García de la Fuente, Augustinianum 8, 1968, 477–540). (3) In abgeschliffenem Sprachgebrauch nahm *r'h 'æt-pᵉnē Jhwh* die Bed. »in das Heiligtum eintreten« an (z.B. Ps 42,3; vgl. Kraus, BK XV,197).

b) Die Geschichte der Rettungen im AT beginnt damit, daß Jahwe das Elend der Bedrängten »sieht« (Zusage Ex 3,7, neben →*šmʿ* und →*jdʿ*), bevor er eingreift (V.8). »Gott sieht« drückt aus, daß Jahwe auf die Geschehnisse eingeht – im Gegensatz zu den zum Menschen und zur Zeit beziehungslosen Götzen (Dtn 4,28; Ps 115,5–7; 135,16f.). Aus der persönlichen Begegnung mit Gott erwächst für Israel Hilfe. Entsprechend geht dem Flehen um Gottes Eingreifen die Bitte um seine Zuwendung zu den Rufenden voraus (1Sam 1,11; Jes 37,17; 63,15 par. *nbṭ* hi. »schauen«; ebenso im Klagelied des Volkes Ps 80,15;

vgl. im Klagelied des Einzelnen Ps 35,17. 22 *r'h*; Ps 13,4 *nbṭ* hi.). Die Erfahrung, daß der erhabene Gott »in die Tiefe sieht«, ist zur Grundaussage des Lobes in Israel geworden (Gen 29,32; Ps 33,13; 113,6; vgl. Ps 9,14; 138,6; vgl. C. Westermann, Das Loben Gottes in den Psalmen, ⁴1968, 83–98). Dagegen hat sich Israel schon von Jahwe abgekehrt, wo es nicht mehr um Gottes Zuwendung ringt (Ez 8,12; 9,9 »Jahwe sieht uns nicht, Jahwe hat das Land verlassen« als Zitat; vgl. Ps 10,11).

In diesen Zusammenhang des die Not sehenden Helfens Gottes gehören auch die mit *r'h* gebildeten theophoren Eigennamen (Danknamen; s. o. 1; vgl. Noth, IP 186).

c) Wie *r'h* Gottes Zuwendung beschreiben kann, so wird es auch angesichts der Folgen seines Handelns verwendet: Die davon Betroffenen »sehen« sein Tun (z. B. Ex 34,10; Dtn 3,21; 4,3.9; 11,7; 28,34. 67; Jes 42,18.20; 53,11; 62,2; Mi 7,9); Jahwe »läßt sehen (hi.)« (Dtn 3,24; Mi 7,15; Ps 50,23; 59,11; 78,11; 91,16, vgl. V. 8). Aufgrund des prophetischen Wortes »sehen« die Völker in der geschichtlichen Tat ein Geschehnis des »Erweises« Jahwes (*r'h* ersetzt →*jd'* in der Erkenntnisaussage Ez 21,4; 39,21, vgl. W. Zimmerli, Erkenntnis Gottes nach dem Buche Ezechiel, 1954, 7 = GO 44). Jahwes Wirken in der Geschichte aber nicht beachten, das heißt, sein Gericht herausfordern (Anklage Jes 5,12b: *r'h* par. *nbṭ* hi.). Das Nicht-Sehen (bzw. Nicht-Hören) kennzeichnet das Volk, zu dessen Verstockung Jesaja ausgesandt wird (Jes 6,9f.; vgl. Dtn 29,3; Jer 5,21; Ez 12,2).

d) *r'h* kann im Qal die Bed. »Gesichte sehen« (Num 24,2; Jos 5,13; 2Kön 2,10. 12; 6,17; Jes 21,3.6f.; Ez 8,13.15 u.ö.) bzw. im Hi. »Gesichte zeigen« (Num 23,3; Jer 38,21; Ez 11,25 u.ö.) annehmen (vgl. Dan 8,1 *r'h* ni. vom Erscheinen eines Gesichts). →*ḥzh* »schauen« meint den Empfang von Vision und Audition (z. B. Num 24,4.16; Jes 1,1; Am 1,1; Mi 1,1). Dagegen bezieht sich *r'h* auf den Vorgang der Schauung, der in der Regel auch das Hören einschließt (Num 23,3; Jer 38,21; Ez 11, 25 u.ö.). Kann *ḥzh* allgemein den Offenbarungsempfang bezeichnen (Jes 13,1; 29, 10; Ez 12,27 u.ö.; vgl. Wildberger, BK X,5f.; Wolff, BK XIV/2, 154), so gehört *r'h* zur Sprache des Visionsberichtes (vgl. Zimmerli, BK XIII,41*). Zu früheren Versuchen, die Bedeutungen der beiden Wurzeln zu unterscheiden, vgl. J. Hänel, Das Erkennen Gottes bei den Schriftpropheten, 1923, 7–13; Th.H. Robinson, Prophecy and the Prophets in Ancient Israel, 1923, 28.41ff.; F. Häußermann, Wortempfang und Symbol in der atl. Prophetie, 1932, 4–8; A. Jepsen, Nabi, 1934, 43–56; A.R. Johnson, The Cultic Prophet in Ancient Israel, ²1962, 11–16.

Unter dem Einfluß des Visionsstils (vgl. Sach 2,1; 5,1.9; 6,1; Dan 10,5 mit Gen 31,10) ist *r'h* q. an wenigen Stellen in die Traumerzählung eingedrungen, deren Sprache sich deutlich von der des Visionsberichtes abhebt (vgl. Gen 41,5 mit V. 22; zu *r'h* hi. Gen 41,28 vgl. *ngd* hi. V. 25).

In den prophetischen Eigenberichten visionären Erlebens eröffnet eine Einleitungsformel (der meist *wᵉhinnē* »und siehe« folgt) die Schilderung der Schau (bisweilen auch einen Teilabschnitt; zu Ez 1,15 vgl. Zimmerli, BK XIII,27). Ihre Gestalt variiert; in der mit *r'h* q. gebildeten Einleitungsformel bezeichnet sich der die Vision Erzählende als den Schauenden (1. Pers. sing. des Perf.: 1Kön 22,17.19; Jer 4,23, vgl. V. 24ff.; Ez 37,8; Am 9,1; Sach 1,8; zu Hab 3,2 vgl. BHS; 1. Pers. sing. des Impf.cons.: Jes 6,1; Ez 1,4.15; 2,9; 8,2. 7.10 u.ö.; Sach 2,1.5; 5,1; 6,1). Die mit *r'h* hi. konstruierte Einleitungsformel hebt den Urheber der Schauung hervor (»so ließ Jahwe mich schauen« Am 7,1.4.7; 8,1; vgl. 2Kön 8,10.13; Jer 24,1; Sach 3,1 Subj.: der Engel). Ohne solche Einleitungsformeln beschreiben andere Darstellungen das Geschaute (Jes 21,1–10; Nah 2,2.4–11; 3,1–3; vgl. zu den Ereignisvisionen F. Horst, Die Visionsschilderungen der atl. Propheten, EvTh 20, 1960, 193–205, bes. 202ff.).

Der ursprüngliche Zusammenhang für die erste Gestalt der Einführung ist der Seherspruch (anders Wolff, BK XIV/2, 113, der an die »Eröffnung einer freien Zeugenrede« denkt, vgl. Am 5,1). Ihn charakterisiert, daß der Seher seine Visionen im eigenen Wort wiedergibt, wie die Legitimationsformel →*nᵉ'ūm*, mit dem Namen des Sehers verbunden, anzeigt (Num 24,4.16). *r'h* mit dem Ich des Sehers als Subjekt löst dort das visionäre Erleben in einen Bericht auf (Num 23,9 »denn von der Höhe der Felsen sehe ich es, erschaue es . . .«; 23,21, vgl. BH³; 24,17). Die Redeformen des Seherspruchs wurden im späteren prophetischen Visions- und Auditionsbericht verwendet. Dabei blieb die Funktion von *r'h* (anders als die von *nᵉ'ūm*) erhalten (mit Angleichung der Verbalform an den Botenspruch). Im seltenen Visionsabschluß begegnet *r'h* hi. Ez 11,25 (vgl. Zimmerli, BK XIII,42*).

Auf die durch die Eröffnungsformel eingeführte Visionsschilderung folgt im Formschema der Wortsymbol- bzw. -assonanzvisionen (so F. Horst) die »göttliche Vergewisserungsfrage« an den Propheten: »Was siehst du?« o.ä. (Jer 1,11.13; 24,3; Am 7,8; 8,2; Sach 4,2; 5,2). Die Vergewisserungsfrage Jahwes in Ez 8,6.12.15.17 leitet W. Zimmerli, FS Robert 1957, 154 bis 164 = GO 120–132; ders., BK XIII,208, aus dem Zusammenhang mit dem »Erweiswort« her; anders G. Fohrer, Studien zur atl. Prophetie, 1967, 19.

e) Auch die alten Bezeichnungen für den Seher lebten weiter: 1Sam 9,9 erklärt *rō'æ* als den älteren Titel für →*nābī'* »Prophet« (vgl. G. Hölscher, Die Profeten, 1914, 125). Der Chronist gebraucht das Nomen als Epitheton für Samuel (1Chr 9,22; 26,28; 29,29) und anderweitig (2Chr 16,7.10). Ebenso kann der Begriff *ḥōzæ* einem *nābī'* gelten (2Sam 24,11; 2Kön 17,13; Jes 29, 10; vgl. R. Hentschke, Die Stellung der vorexilischen Schriftpropheten zum Kultus, 1957, 150; R. Rendtorff, ThW VI, 810). Daneben scheinen beide Ausdrücke auf ein Charisma (vielleicht das des »Sehers«) hinzuweisen, das nicht jeder *nābī'* besaß: Gabe und Funktion des *ḥōzæ* unterscheiden Amos von einem *nābī'* und *bæn-nābī'* (Am 7,12.14; vgl. Wolff, BK XIV/2, 359–361), wie Jesaja (vgl. Jes 28,7), dem man gleich anderen »Sehern« (30,10 *rō'īm* und *ḥōzīm* stehen parallel) das visionäre Schauen verbieten will (Wildberger, BK X,5).

f) *mar'ā* bezeichnet das Visionsgeschehen an den Propheten (Num 12,6 par. *ḥ^alōm* »Traum«), auch ein reines auditives Widerfahrnis (1Sam 3,15, vgl. Johnson, a.a.O. 11 Anm. 9; Horst, a.a.O. 196). Der Gebrauch von *mar'ōt '^ælōhīm* für das Schauen von Gottesgesichten bei Ez (1,1; 8,3; 40,2; zu 43,3 vgl. BHS) läßt eine alte Formel aus der Überlieferung der Seher vermuten (vgl. Zimmerli, BK XIII,47); vgl. *mar'ōt hallájlā* »Nachtgesichte« (Gen 46,2). Auch im Sing. steht der Begriff für das visionäre Sehen (Dan 10,7.8.16). Das masc. *mar'æ* kann wie das fem. *mar'ā* verwendet werden (Ez 11,24; 43,3; in Dan 8,16.26f. promiscue mit *ḥāzōn*, in 9,23 und 10,1 par. *dābār* »Wort«). Häufiger deutet *mar'æ* innerhalb der Schilderung einer Vision den Gegenstand der Schau an: »Aussehen«, »etwas, das aussah wie« (Ez 1,5.13.27f.; 8,2 u.ö.; Nah 2,5; Hi 4,16). Die nur annähernd beschreibende Funktion des Ausdrucks wird durch die Verbindung *k^emar'æ* »anzusehen wie« o.ä. hervorgehoben (Ez 1,13.26f.28; 8,2; 10,1; 40,3; unter Einfluß von Ez in Dan 8,15; 10,6.18; Jo 2,4; vgl. Dan 10,16 *kidmūt*, →*dmh* 3b), ebenso durch die Verdoppelung *mar'æ k^emar'æ* (Ez 40,3; 41,21; 43,3).

Einmal findet sich das abgeleitete Subst. *rō'æ* II »Gesicht«: Anders als die »Seher«, zu denen sich Jesaja zählt (Jes 30,10), versagen die Amtspropheten und »wanken beim Gesicht« (28,7).

g) *r'h* ni. mit Gott als Subjekt (ca. 45 ×, meist Jahwe/Gott, aber auch *k^ebōd Jhwh* »die Herrlichkeit Jahwes« bzw. *mal'ak Jhwh* »der Bote Jahwes«; vgl. F. Schnutenhaus, ZAW 76, 1964, 10) ist verschieden verwendet worden:

(1) als terminus technicus für das Erscheinen Gottes an einem dadurch geheiligten Ort (Ex 3,2; vgl. H. Greßmann, Mose und seine Zeit, 1913, 21ff.; R. Rendtorff, Die Offenbarungsvorstellungen im AT, in: W. Pannenberg, Offenbarung als Geschichte, 1961, 21–41; dazu W. Zimmerli, »Offenbarung« im AT, EvTh 22, 1962, 15–31). Zwar behauptete sich das kultätiologische Schema (Abfolge: Gotteserscheinung – Altarbau o.ä.) in der Überlieferung; aber schon in den J-Erzählungen verblaßt der Bericht vom Erscheinen Jahwes hinter dem neuen Ziel der Erscheinung: der göttlichen Verheißungsrede (Gen 12,6f.; 26,24f.; JE-Fassung von Ex 3). P hat die Bindung an einen Kultort gänzlich aufgegeben und gebraucht die ursprünglichen Elemente des ἱερὸς λόγος nur noch zur Rahmung der Gottesrede (Gen 17,1bff.; 35,9ff.). Jahwes *kābōd* erscheint – in Weiterbildung der Jerusalemer Tempeltradition (Jes 6; Ps 97) –, um Gottes Machterweis gegen das ungehorsame Volk anzukündigen (Ex 16,10; Num 14, 10; 16,19; 17,7; 20,6). Seiner eigentlichen Funktion entkleidet, dient das verselbständigte *r'h* ni. schließlich nur noch als Einleitung einer ganzen, auf eine Gottesrede hinauslaufenden Erzählung (z.B. mit dem Motiv der Ankündigung der Geburt eines Kindes Gen 18,1–15, vgl. C. Westermann, Forschung am AT, 1964, 19.61ff.; vgl. Gen 26,2f.; Ri 6,12ff.; 1Kön 3,5ff.; 9,2ff.), als versetzbarer Zusatz (1Kön 9,2b; 11,9) oder allgemeine Aussage (1Sam 3,21). Für eine Theophanie Jahwes im Kult ist *r'h* ni. nicht belegt (vgl. Rendtorff, a.a.O. 24).

(2) Der späte Gebrauch von *r'h* ni. bezieht sich auf Gottes Erscheinen am Sinai bzw. am »Zelt der Begegnung« (Num 14, 14 sekundäre Erweiterung in J, vgl. Nötscher, a.a.O. 23.34; Dtn 31,15 Fragment, vgl. von Rad, ATD 8,135; Jer 31,3) und

auf Jahwes Epiphanie (vgl. Westermann, a.a.O. [4b] 65–72; zu Sach 9,14; Mal 3,2; Ps 102,17; vgl. Zeph 2,11 txt em; Schnutenhaus, a.a.O. 10f.). – Die Aussage vom Erscheinen Gottes erregte Anstoß; P setzte daher dem *r'h* ni. der Väterzeit das *jd'* ni. der Zeit nach Mose entgegen (Ex 6,3; vgl. Rendtorff, a.a.O. 25ff.; Zimmerli, a.a.O. 17ff.; ders., Ich bin Jahwe, FS Alt 1953, 186.188 = GO 18.20).

h) Die Subst. *mar'ǣ* und *r°'ī* begegnen in der Segensbeschreibung: Die Schönheit des Körpers wurde als Ausdruck des Segens empfunden (Gen 39,6; 1Sam 16,12, vgl. V.18 *'īš tō'ar*); die abstoßende äußere Erscheinung deutete die Gemeinschaft als ein Ausbleiben des Segens (Jes 52,14 »unmenschlich sein Aussehen und nicht mehr menschlich sein Anblick«; 53,2 »weder Gestalt noch Schönheit ... kein Ansehen ...«; vgl. Westermann, ATD 19,205. 211).

5. In der LXX entsprechen dem hebr. Verbum vornehmlich ὁρᾶν und ἰδεῖν sowie βλέπειν. Im NT wirken die vielfältigen Verwendungen von *r'h* und seinen Ableitungen nach (vgl. W. Michaelis, Art. ὁράω, ThW V,315–381), häufig in unmittelbarem Anschluß an die atl. Redeweise, aber auch in neuer Deutung. Z.B. ist das Schauen (des Antlitzes) Gottes der himmlischen Welt vorbehalten (Apk 22,4); jetzt sehen wir nur unvollkommen (1Kor 13,12), im Sohn aber sehen wir schon den Vater (Joh 12,45). Die atl. Wendung »Gott schauen« im Sinne des Besuches im Tempel ist auf das himmlische Heiligtum übertragen (Mt 18,10). »Gott sieht« bezeichnet auch hier seine Zuwendung (Mt 6,4.6; Lk 1,48; Apg 7,34), die Verstockten aber »sehen« sie nicht (Mk 4,12; 8,18). Der Visionsstil zeigt den Einfluß des AT (z.B. Mk 1,10; Apg 7,55f.; 9,10.17; Apk 1,2.11; 4,1; 9,17). *D. Vetter*

ראש *rōš* Kopf

1. a) Die hebr. *rōš* zugrunde liegende Wurzel **ra'š-* ist gemeinsemitisch (Bergstr. Einf. 183; P. Fronzaroli, AANLR VIII/19, 1964, 254f.268).

Sie begegnet arab. in der Form *ra's*; durch Wechsel *a'* > *ē* am Silbenende wird aus ihr akk. *rēšu(m)* neben seltenem *rāšu(m)* und altakk. *rāšum* (AHw 973b), dem ug. *riš* (UT §5,16), äth. *re'es* und aram.-syr. *rēšā* entsprechen. Während äg. Umschriften für kan. *r'š* meist *rš*, aber auch *riš* bieten (Burchardt Nr. 635.638, 605.636), ist durch EA 264,18 (*ru-šu-nu* »unser Haupt«) die Aussprache **rōš* bezeugt, die auf Wechsel *a'* > *ā̊* > *ō̊* zurückgeht; vgl. als kan. Lehnwort im Altbab. von Mari (ARM X,9,12'.15') *rūšum* »Türsturz« und bab./neuass. *rūštu(m)* »erste Qualität, bestes Feinöl« (AHw 966f.). Zum Wurzelvokal vgl. auch K. Beyer, Althebr. Grammatik, 1969, 19.26.27. Qumran kennt neben *r'š*, *rwš* und *rš* die Schreibungen *rw'š* (= **ro'oš* mit sekundärer Restitution des ', vgl. ροως LXX 2Sam 15,32; 16,1) und *r'wš* (vgl. *rē'oš* im sam. Hebr. auf Grund regressiver Vokaldissimilation; R. Macuch, Grammatik des sam. Hebr., 1969, 91.384).

Dagegen bleibt im Plural hebr. wie auch teilweise ug. der ursprüngliche Wurzelvokal *a* erhalten, vermutlich weil auf ' hier ein Vokal folgte (GK §23c; BL 620; UT §8,9). Fem. Pluralendung entsprechend ug. *rašt* bzw. *rišt* scheint in **mērāšōtēkæm* Jer 13,18 txt em vorzuliegen (Dahood, UHPh 15).

Die Spezifikation der Bedeutung zu **ra'š-* ist in den sem. Sprachen auffallend gleichförmig. Dem gegenständlichen Gebrauch für »Kopf« treten figurative Verwendungen gegenüber, und zwar im sozialen Sinne für »Oberhaupt, Führer«, lokal für »Gipfel, Spitze«, temporal für »Anfang« oder wertend für »der/die/das Beste«.

Das Arab. und das Äth. haben für »Oberhaupt, Führer« eigene Formen gebildet, die neben *ra's* bzw. *re'es* gebraucht werden, nämlich arab. *ra'īs* und äth. *ra'as*/*re'ūs*; nur das Arab. und das Äth. haben von der nominalen Wurzel das Verbum *ra'asa* mit der Hauptbedeutung »Oberhaupt, Führer sein, werden« abgeleitet.

b) Unter den Derivaten ist *rēšīt* das wichtigste; es wird unter 3e als einziges gesondert behandelt.

Das *ē* der Wurzelsilbe mag unter aram. Einfluß für älteres *ā* eingetreten sein (vgl. sam.-hebr. *rāšet*; Macuch, a.a.O. 413). Das Afformativ *-īt* ist von Wurzeln III *ī* + Femininendung *t* für Abstrakta auf die Wurzel *rōš* übertragen worden (BL 504f.). Parallelbildungen sind akk. *rēštu(m)* I »Anfang, Spitze, erste Qualität« (AHw 972f.), phön.-pun. *r'št* »Auserlesenheit« (J. Friedrich – W. Röllig, Phön.-pun. Grammatik, ²1970, §207) und syr. *rēšītā* »Anfang«.

In *rīšōn* »erster«, auch als Ordinalzahl, entspricht das *ī* vielleicht schon ug. *rišn* (PN, UT Nr. 2296); unmittelbar geht die Aussprache auf das auch durch Qumran-Schreibung *r'jšwn* bezeugte *rā'īšōn* der sam. Tradition zurück (Macuch, a.a.O. 24.409). Das Afformativ *-ōn* kennzeichnet denominative Adjektive (Meyer II,37).

In *(haššānā) hārīšōnīt* Jer 25,1 ist das Afformativ analog der Bildung der übrigen Ordinalzahlen durch die fem. Beziehungsendung *-īt* vermehrt.

m^e ra'^a šōt mit Sing.- (1Sam 26,7) oder Plur.-Suffix (Gen 28,11) bzw. Gen. (1Sam 26,12) wird adv. zu *rōš* im gegenständlichen Begriff verwendet, also: »zu Häupten«. Das Präformativ *ma-* hat hier lokale Funktion (vgl. phön. *mr'š* »Haube«, KAI Nr. 11); *-ōt* ist schwerlich Pluralendung, sondern trotz Meyer II,39 seltenes Afformativ. Oppositum ist *marg^e lōt* (Ruth 3,4.7.8.14; Dan 10,6).

Zu *rōšā* s.u. 3d(1), zu *rīšā* s.u. 3e(1).

2. *rōš* kommt im MT der BH³ 596 × vor (exkl. Spr 13,23; dazu aram. *rēš* 14 × [Dan 13 ×, Esr 1 ×]); dazu gibt es drei Belege, bei denen der Gebrauch von *rōš* als Landesname (LXX; anders Zimmerli, BK XIII, 925.947) erwogen werden muß (Ez 38,2f.; 39,1); *rišōn* erscheint 182 ×, *rēšīt* 51 ×, *m^{e}ra'^{a}šōt* 10 ×, *rišōnīt* (Jer 25,1), *rōšā* (Sach 4,7) und *rišā* (Ez 36,11) je einmal.

Auffällig ist, daß das Chr. Werk, insbesondere in seinen Personenlisten, *rōš* vorwiegend im sozialen Sinne verwendet: gut 100 Belegen im Sinne von »Oberhaupt, Führer«, z.T. für niedere Positionen und Funktionen, stehen knapp 20 für den gegenständlichen, metonymischen und figurativen Gebrauch gegenüber.

(mē)rōš und *rēšīt* im absoluten Gebrauch für »Anfang (der Welt)« begegnen erst seit Dtjes.

Die Verteilung der Vokabeln auf die atl. Bücher zeigt folgende Tabelle:

	rōš	*rēšīt*	*rišōn*	*m^{e}ra'^{a}šōt*
Gen	20	3	10	2
Ex	26	2	11	–
Lev	40	2	9	–
Num	41	4	13	–
Dtn	17	7	12	–
Jos	15	–	5	–
Ri	28	–	4	–
1Sam	23	2	2	6
2Sam	32	–	6	–
1Kön	23	–	5	1
2Kön	17	–	3	–
Jes	28	1	19	–
Jer	13	6	10	1
Ez	37	4	5	–
Hos	2	1	1	–
Jo	3	–	1	–
Am	6	2	–	–
Ob	1	–	–	–
Jon	3	–	–	–
Mi	5	1	1	–
Nah	1	–	–	–
Hab	2	–	–	–
Zeph	–	–	–	–
Hag	–	–	2	–
Sach	6	–	7	–
Mal	–	–	–	–
Ps	33	3	2	–
Hi	13	3	2	–
Spr	10	5	2	–
Ruth	–	–	1	–
Hhld	9	–	–	–
Pred	3	1	2	–
Klgl	9	–	–	–
Est	5	–	3	–
Dan	1	1	6	–
Esr	13	–	6	–
Neh	16	2	3	–
1Chr	73	–	13	–
2Chr	22	1	16	–
AT	596	51	182	10

3. a) *rōš* (aram. *rēš*) wird gegenständlich für den »Kopf« eines Menschen (2Sam 4,8 für den abgeschlagenen Kopf), eines Tieres (z.B. Gen 3,15), einer Statue (Dan 2,32.38), eines Gottesbildes (1Sam 5,4) und des in der Vision geschauten Gottes (Dan 7,9) verwendet. Mehrere Köpfe haben die *tannīnīm* »Drachen« (Ps 74,13), *liwjātān* »Leviathan« (V. 14) und das »dritte Tier« Dan 7,6.

Die vergleichende Beschreibung des menschlichen Hauptes hat ihren Platz im erotischen Beschreibungslied (Hhld 5,11; 7,6).

Einige verbale Wendungen mit *rōš* als Objekt erfassen die Gebärdensprache des Kopfes.

Intransitives →*nś' rōš* mit reflexivem Pronominalsuffix beim Nomen »(sein) Haupt erheben« bezeichnet die Haltung des Schuldlosen Hi 10,15, die (antezipierte) Siegesstimmung Ps 83,3 (ebenso *rūm* mit Subj. *rōš* Ps 27,6) bzw., bei Negation des Verbums, die Reaktion auf den Verlust der Unabhängigkeit Ri 8,28; Sach 2,4 (anders Zorell 533b).

Transitives *nś' rōš* + Gen. »(jemandes) Haupt erheben« wird vom Herrscher gebraucht, der seinen Diener im Amt rehabilitiert (Gen 40,13.20, ironisierend mit *mē'ālǣkā* für »aufhängen« Gen 40,19) oder seinen Gefangenen begnadigt (2Kön 25, 27), aber auch von der Weisheit Sir 11,1 und von Jahwe 11,13 (mit präpositionalem Obj. *br'šw*).

Entsprechend kann *rūm* hi. *rōš* verwendet werden: intransitiv Ps 110,7 vom eben inthronisierten König (»darum erhebt er ›sein‹ Haupt«) oder transitiv von Gott im Bekenntnis der Zuversicht des Klagepsalms Ps 3,4 und von der *dá'at* »Wissenschaft« des Arztes Sir 38,3. Oppositum zum intransitiven Gebrauch ist *jrd* hi. *rōš* + reflexives Pronominalsuffix + *lā'āræṣ* »(seinen) Kopf zur Erde neigen« Klgl 2,10.

nū' hi. *rōš* (auch mit präpositionalem Objekt) + *'aḥ^{a}rē* oder *'al* des Betroffenen »(über jem.) den Kopf (mit dem Kopf) schütteln« ist ein Gestus des Hohns, wie die Parallelverben in den durchweg poetischen Texten zeigen (*l'g* »verspotten« 2Kön 19,21; Ps 22,8, *būz* »geringschätzen« 2Kön 19,21, *hjh ḥærpā* »ein Gegenstand der Schande sein« Ps 109,25).

Dagegen bezeichnet *nūd* mit *l^{e}* des Betroffenen »(über jem.) den Kopf schütteln« offenbar eine Gebärde des Mitleids, wie die Verbindungen mit *nḥm* pi. »trösten« (Nah 3,7; Ps 69,21; Hi 2,11; 42,11) sowie mit *ḥml* »Mitleid empfinden« und *š'l l^{e}šālōm l^{e}* »(jem.) nach dem Befinden fragen« (Jer 15,5) zeigen. *nūd* hi. *b^{e}rōš* mit *'al* der Person »(über jem.) mit dem Kopf schütteln« Jer 18,16 scheint darüber hinaus eine Abwehrhaltung (par. *šmm* »schaudern, sich entsetzen«) zu implizieren. Wahrscheinlich war die Gebärde des *nū'* hi. *rōš* von der des *nūd* q./hi. *(b^{e}rōš)* (ursprünglich?) deutlich zu unterscheiden; allerdings enthält *m^{e}nōd rōš* »Kopfschütteln« Ps 44,15, wenn *mašal* im Parallelglied »Spottvers« bedeutet (V.16!), wiederum das Element des Hohns.

b) Metonymisch steht *rōš*:

(1) für das »Haupthaar«, und zwar als Obj. zu *glḥ* pi. (Lev 14,9; Num 6,9; Dtn 21,12; Jes 7,20) bzw. *gzz* (Hi 1,20) »scheren« und zu *nqp* II hi. »rundum stutzen« in der Wendung *p^{e}ʾat rōš^{e}kæm* »Rand eures Haupt(haar)s« Lev 19,27;

(2) für das »Individuum«, und zwar distributiv *l^{e}rōš* + Gen. der Beteiligten »pro Kopf« (Ri 5,30; vgl. *laggulgōlæt* Ex 16,16; 38,26; Num 3,47), numerativ *l^{e}rāšē* + Gen. der Gezählten »an Kopfzahl« (1Chr 24,4; vgl. *l^{e}gulg^{e}lōtām* Num 1,2.18.20.22; 1Chr 23,4.24) und singularisierend *rōš ḥ^{a}mōr* »*ein* Esel« (2Kön 6,25);

(3) für die »Person« im Sinne des pars pro toto bei Segen und Fluch: im Segensspruch folgt auf das Subj. *b^{e}rākā* (bzw. dessen Plur.) *l^{e}rōš* + Gen. des Segensempfängers (im Nominalsatz Spr 10,6; 11,26, im Verbalsatz Gen 49,26; Dtn 33,16; vgl. zum Fluchspruch Jer 23,19); im Fluchspruch kann die den Fluch verdienende Tat Subjekt sein, so in der Formel *dāmō b^{e}rōšō* Jos 2,19 o.ä. (vgl. H.J.Boecker, Redeformen des Rechtslebens im AT, ^{2}1970, 138ff.; dort weitere Lit.) und in Verbalsätzen mit *šūb b^{e}rōš* »auf das Haupt zurückfallen« (1Kön 2,33; vgl. noch J.J. Rabinowitz, VT 7, 1957, 398f.; ders., VT 9, 1959, 209f.), *ḥūl ʿal rōš* »auf das Haupt zurückkehren« (2Sam 3,29). Gott ist Subjekt und die Fluchtat Objekt in Verbalsätzen mit *šūb* hi. *ʿal/ʾæl/b^{e}rōš* »auf das Haupt zurückfallen lassen« (z.B. 1Kön 2,32) und *ntn b^{e}rōš* (1Kön 8,32, oft bei Ez). Eine Steigerung zu *ʿal rōš* in diesem Zusammenhang ist *l^{e}maʿlā rōš* Esr 9,6.

c) Zum figurativen Gebrauch von *rōš* vgl. Dhorme 19ff., ebd. auch zu den im Wortfeld benachbarten Körperteilbezeichnungen *qodqōd* »Scheitel« (im AT 11×), *gulgōlæt* »Schädel« (12×) und *mō^{a}ḥ* »Gehirn« (Hi 21,24 »Mark«).

Wenn es von Personen gebraucht wird, bezeichnet figuratives *rōš* das »Oberhaupt«, den »Führer« einer sozialen Gruppe. Vgl. J.R. Bartlett, The Use of the Word *rōš* as a Title in the OT, VT 19, 1969, 1–10.

(1) Schon in ältester Zeit wird man *rōš* für den Stammesführer gebraucht haben. Entsprechende Spezifikationen sind: *rāšē hāʿām* »Oberste des Volkes« (Num 25,4 J), *rōš ʾummōt* »Geschlechter-Haupt« (Num 25,15 R^{J}, mit Glosse *bēt-ʾāb*), *rāšē šibṭēkæm* »Häupter eurer Stämme« (Dtn 1,15; 5,23), *rāšē hammaṭṭōt* »Stämme-Häupter« (1Kön 8,1). Ex 18,25 E berichtet, wie »tüchtige Männer« aus ganz Israel als *rāšīm ʿal-hāʿām* »Häupter über das Volk« eingesetzt werden, und zwar für militärische und judiziale Funktionen (vgl. Dtn 1,15). Außer »Ältesten« (Dtn 5,23; 1Kön 8,1) und *n^{e}śīʾīm* (Num 25,14; 1Kön 8,1; →*nśʾ* 4a) treten später oft Judizialpersonen neben die *rāšīm* (*šōf^{e}ṭīm* und *šōṭ^{e}rīm* Jos 23,2; 24,1, *q^{e}ṣīnīm* Mi 3,1.9). Ez 38,2f. und 39,1 kann *nāśīʾ* nach der syr. Übersetzung glossierendes Interpretament zu *rōš* sein (G.A. Cooke, Ezekiel, 1951, 409.415); einige übersetzen *n^{e}śīʾ rōš* als »Großfürst« (jedoch s.o. 2). P kennt den terminus technicus *rōš bēt ʾābōt* (Num 7,2; 17,18; ähnlich Ex 6,14.25; →*ʾāb* III/4), der beim Chronisten in verkürzten Formen auftritt (*rāšē hāʾābōt* 1Chr 8,28; 24,31 u.ö.; *rāšīm l^{e}ʾābōt* Neh 11,13). Adverbiell in davon abgeleitetem Sinne ist *hārōš* 1Chr 5,7.12 gebraucht: »zuoberst«, nämlich in den Familienlisten (*tōlēdōt* V. 7, vgl. 1Chr 8,28); adv. Oppositum ist *hammišnæ* »an zweiter Stelle« (V. 12). 1Chr 12,10 tritt adv. *hārōš* für die Ordinalzahl ein.

(2) Spezialisiert erscheint *rōš* als Terminus für den militärischen Führer. Unter den Helden Davids gibt es ein »Haupt der Drei« (2Sam 23,8.18) und/oder(?) ein »Haupt der Dreißig« (V. 13 txt?; 1Chr 11, 11.15; 12,19). Der Chronist gebraucht außerdem für die Davidszeit die Bezeichnungen *rōš hagg^{e}dūd* (1Chr 12,19), *rōš hāʾ^{a}lāfīm* (V. 21), *rōš haṣṣābāʾ* (V. 15), *rōš hæḥālūṣ laṣṣābāʾ* (V. 24) sowie *rōš haggibbōrīm* (11,10; vgl. 2Chr 26,12); *rōš* und *śar* setzt er 1Chr 11,6 als militärische Titel identisch (vgl. aber *hārōš l^{e}kol-śārē haṣ^{e}bāʾōt* 2Chr 27,3). *rōš* allein für den militärischen Führer steht 1Chr 12,3 u.ö.

(3) Auch der König heißt *rōš* Hos 2,2; Jes 7,8f. (vgl. Ps 18,44 *rōš gōjīm* und Hi 29,25 *rōš* par. *mælæk*). Wie Ri 10,18; 11,8; 1Sam 15,17 zeigen, ist die Bezeichnung *rōš* geeignet, die Kontinuität des Königtums zur alten Tribalverfassung sichtbar zu machen.

(4) Später wird *rōš* auch für höhere kultische Funktionsträger gebraucht: Jes 29, 10 steht *rāšēkæm* laut Glosse für die »Seher« 2Kön 25,18 *kōhēn hārōš* für den »ersten Priester« (Oppositum: *kōhēn hammišnæ*), ein Ausdruck, den der Chronist übernimmt (1Chr 27,5 txt em; 2Chr 19,11; 24, 11; 26,20) und abwandelt (*hakkōhēn hārōš* 2Chr 31,10; Esr 7,5; *hārōš* 2Chr 24,6). Chr. nennt außerdem »erste Sänger« (*rōš hatt^{e}hillā* Neh 11,17 txt em, Oppositum *mišnæ mēʾæḥāw*; *rāšē ham^{e}šōr^{e}rīm* Neh 12, 46).

(5) Chr. verwendet *rōš*/*rēš* noch für verschiedene Funktionäre anderer Art, z.T. mit Aufgaben ad hoc, so Esr 5,10 für den Leiter des Tempelaufbaus, 7,28 der Rückwanderung, 8,17 für einen Ortshauptmann (Bürgermeister), 8,16 allgemein für führende Personen. Neh 11,3 beginnt eine Liste von *rāšē hammedīnā* (quid?) mit Wohnsitz in Jerusalem.

(6) Im sozial wertenden Sinne wird *rōš* selten gebraucht. Jes 9,13 steht *rōš* mit Oppositum *zānāb* »Schwanz« für die höhere Gesellschaftsschicht; vgl. 19,15. *'ābōt hārōš* 1Chr 24,31 mit Oppositum *'āḥīw haqqāṭōn* sind die »führenden Familien«. »Kopf« und nicht »Schwanz« soll Israel nach Dtn 28,13 in der Völkergesellschaft sein (vgl. aber V. 44), entsprechend Jer 31,7 *rōš haggōjīm*.

d) Wenn es von Sachen gebraucht wird, bezeichnet figuratives *rōš* die »Spitze« oder den »Anfang« solcher Gegenstände und Einheiten, von denen eine räumliche oder zeitliche Erstreckung oder eine Wertung ausgesagt werden kann.

(1) Besonders häufig ist der figurative Gebrauch von *rōš* (meist mit Gen.-Attribut) im räumlichen Sinne.

rōš räumlich wird zunächst auf Berge (z.B. Ex 19,20), Hügel (Ex 17,9), Felsen (2Chr 25,12), Bergfesten (Ri 6,26) u.ä. bezogen; auch absolut kann es »Gipfel« bedeuten (2Sam 15,32; 16,1).

Sodann benennt es die »Spitze« bzw. das (obere) »Ende« anderer natürlicher oder künstlicher Gegenstände. *rāšē habbekā'īm* 2Sam 5,24 sind die »Wipfel der Bakasträucher«; daneben wird *rōš* auf den Zweig (Jes 17,6, anders GB 738a), die Aehre (Hi 24,24), den Turm von Babel (Gen 11, 4), die Himmelsstiege (28,12), das Bett (47,31; vgl. S.Bartina, Estudios Eclesiásticos 38, 1963, 243–247), die Tragstangen der Lade (1Kön 8,8) und das Szepter (Est 5,2) angewendet. *rōš* bezeichnet den Türsturz Ps 24,7 (= akk. *rūšum*; vgl. P.R. Berger, UF 2, 1970, 335f.), das Kapitell der Säule (1Kön 7,19) und vielleicht auch das Dach (Hab 3,13 txt?). *berōš haqqerū'īm* »an der Spitze der Geladenen« 1Sam 9,22 läßt an das obere Ende der Tafel denken; entsprechend adv. Gebrauch *'ēšēb rōš* »ich sitze oben« Hi 29,25. Andere räumlich erstreckte Einheiten, deren Anfang oder Ende *rōš*/*rēš* heißen, sind Wege (Ez 16,25; 21,24.26; 42,12), *ḥūṣōt* »Plätze/Straßen« (Jes 51,20; Klgl 4,1) und die Wortreihe einer Schrift (Dan 7,1 mit Oppositum *sōfā* in V. 28). Verwandt ist die Vorstellung von den vier »Armen« des Urstroms Gen 2,10.

Gern wird räumliches *rōš* auf das (ziehende) Heer bezogen; vgl. die personale Bed. »Heerführer« (3c[2]). Die *śārē ṣebā'ōt* befinden sich *berōš hā'ām* Dtn 20,9; adv. stehen Mi 2,13 *lifnēhæm* »vor ihnen« und *berōšām* »an ihrer Spitze« nebeneinander (vgl. adv. *bārōš* »an der Front« 2Chr 13, 12). Auch eine liturgische Versammlung sieht den Platz *berōš hā'ām* »zuoberst« vor (1Kön21,9.12); die Schuldigsten gehen nach Am 6,7 *berōš gōlīm* »an der Spitze der Verbannten« in das Exil. Der Plur. *rāšīm* wird für »Abteilungen« des Heeres gebraucht (Ri 7,16.20; 9,34.43; 1Sam 11,11; 13,17f.; Hi 1,17).

Gelegentlich bezeichnet *rōš* das höchste bzw. das vorderste Exemplar einer Gruppe von Gegenständen. *rōš kōkābīm* Hi 22,12 scheint der »höchste Stern« (= Himmelspol) zu sein (Fohrer, KAT XVI, 351; anders N.Peters, Das Buch Job, 1928, 242: »Gesamtzahl d. St.«); der Eckstein heißt *rōš pinnā* Ps 118,22 (zum einzelnen H. Gunkel, Die Psalmen, [2]1968, 508, gegen Dalman, AuS VII,66) und wohl auch *'æbæn hārōšā* Sach 4,7 (vgl. **r*[']*št* LXX Sir 9,13). *hārōš* Ez 10,11 ist »das vorderste« der Räder des göttlichen Thronwagens; vgl. die Verwendung von *rōš* für die »Haupt«-Stadt Jes 7,8f.

(2) Figuratives *rōš* im zeitlichen Sinn benennt den »Anfang« einer Zeitstrecke oder die »erste« einer Reihe von Zeiteinheiten und von gezeitigten Handlungen (Handlungsergebnissen).

Dabei wird zunächst an eine gegenständlich begrenzte Zeitstrecke gedacht. Eine terminologisch bezeichnete Zeiteinheit hat *berōš haššānā* »am Jahresanfang« Ez 40,1 im Auge (vgl. Num 10,10; 28,11, ferner Ri 7,19); *rōš ḥodāšīm* Ex 12,2 heißt »der erste Monat«. Weniger spezifisch ist die Bezeichnung in adv. Ausdrücken wie *bārōš* »zum ersten Male« 1Chr 16,7 und *mērōš* »früher« Jes 41,26; 48,16.

Doch kann sich (*mē*)*rōš* auch auf den Anfang der Zeit überhaupt beziehen. *rōš 'afrōt tēbēl* im Kontext von Schöpfungsaussagen Spr 8,26 bedeutet »die ersten Erdschollen« (anders Gemser, HAT 16, 46: »die Masse der Schollen des Erdreichs«); *mērōš* Spr 8,23 steht par. zu *mē'ōlām* »seit je« und wird durch folgendes *miqqadmē-'æræṣ* »zur Urzeit der Erde« interpretiert. »Am Anfang (der Welt)« bedeutet *mērōš* auch Jes 40,21 (par. *mōsedōt hā'āræṣ* »Gründung der Erde«); Jes 41,4 nennt sich Jahwe aretalogisch *qōrē' haddōrōt mērōš* »der die Geschlechter von Anbeginn rief«. Vgl. W.Eichrodt, ThZ 20, 1964, 161–171; anders P. Humbert, ZAW 76, 1964, 121 bis 131.

In den Zusammenhang der figurativen Verwendung von *rōš* in zeitlichem Sinn gehört auch die adj. Ableitung *rīšōn* »erster, früherer« (substantiviert »die Früheren = die Vorfahren«, →*'āb* III/2a) mit ihren häufigen adv. Wendungen: *mērīšōn* »von Anbeginn« (Jer 17,12), *(bā-/lā-)rīšōnā* »zuerst, voran, früher« o.ä. (Gen 13, 4; 28,19; 33,2; 38,28 u.ö.).

In bezug auf Kinder, Jungtiere und Früchte wird *rīšōn* konkurrenziert durch die spezielleren Vokabeln der gemeinsemitischen Wurzel *bkr* (Bergstr. Einf. 182): *b^ekōr* »erstgeboren« (122×, davon Num und 1Chr je 25×, Ex 20×, Gen 16×, Dtn 11×), *b^ekīrā* »die ältere« (6×), *b^ekōrā* »Erstgeburt(srecht)« (10×; zur Institution vgl. de Vaux I,72), *bikkūrā* »Frühfeige« (4×), *bikkūrīm* »Erstlinge« (17×), *bēkær* »junger Kamelhengst« (Jes 60,6) und *bikrā* »junge Kamelstute« (Jer 2,23), dazu als denominierte Verbalformen *bkr* pi. »erste Früchte tragen« (Ez 47,12) und »zum Erstgeborenen machen« (Dtn 21,16), pu. »als erstgeboren bestimmt sein« (Lev 27,26), hi. Part. »Erstgebärende« (Jer 4,31), ferner in einigen Personennamen (Noth, IP 230).

(3) Figuratives *rōš* im wertenden Sinne liegt vor in *rāšē b^eśāmīm* »die besten Balsame« (Hhld 4,14; vgl. Ez 27,22), *rōš śimḥātī* »meine höchste Freude« (Ps 137,6) und pejorativ in *rōš kælæb* »der schlimmste Hund« (2Sam 3,8). In Dtn 33,15 verbindet sich der Begriff des »Besten« (*rōš*) mit dem Gedanken an das Urzeitliche. *hjh l^erōš* Klgl 1,5 bedeutet »obenauf sein«.

Figuratives *rōš* im wertenden Sinne kann durch *b^ekōr* mit der Bed. »bevorzugt« konkurrenziert werden: so steht *b^ekōr* Ps 89,28 parallel zu *'æljōn*; vgl. *b^ekōrē dallīm* »die Ärmsten der Armen« (Jes 14,30).

Abstrakt kann so gebrauchtes *rōš* unmittelbar den Sinn von »Wert« annehmen, und zwar als Erstattungsbetrag (*šlm* pi. + Akk. + *b^erōšō* Lev 5,24 oder *šūb* hi. in gleicher Konstruktion Num 5,7 »etwas in seinem Wert erstatten«), in der Bed. »Inbegriff« Ps 119,160 und vor allem »Summe« Ps 139,17 (vielleicht auch Hi 22,12; Spr 8,26), wozu die Wendung *nś' rōš* »die Summe ziehen« (Ex 30,12; Num 1,2; 4,2; 26,2; 31,26) zu beachten ist (vgl. *nś' mispār* Num 3,40).

e) Die Bedeutungen des Abstraktums *rēšīt* entsprechen denen von figurativem *rōš* im zeitlichen und im wertenden Sinne.

(1) Zeitliches *rēšīt* bezeichnet zunächst wieder den »Anfang« einer gegenständlich begrenzten Zeitstrecke, so den einer terminologisch fixierten Einheit (*rēšīt haššānā* »Anfang des Jahres« Dtn 11,12) oder den des Lebens (*rēšītō* Hi 42,12; vgl. 8,7); Oppositum ist jeweils *'aḥ^arīt* (→*'ḥr* 4). Die Zeitstrecke kann aber auch durch das Geschehen bezeichnet sein, das sie ausfüllt: »Anfang des Streits« (Spr 17,14), »Anfang der Herrschaft« (Gen 10,10; Jer 26,1; 27, 1; 28,1; 49,34), ganz allgemein in bezug auf *dābār* »(jedwedes) Geschehen« (Pred 7,8); vgl. *rīšōtēkæm* »eure frühere Lage« (Ez 36,11), Plur. zu nicht belegtem *rīšā*.

Den Anfang der Zeit überhaupt berührt *rēšīt* Jes 46,10 (par. zu →*qædæm*; vgl. V. 9 *rīšōnōt mē'ōlām* »das seit je [geschehene Frühere]«). In diesem Sinne absolut gebraucht ist das Wort auch Gen 1,1 und Sir 15,14 (1*mr'šjt* mit J.B. Bauer, ThZ 20, 1964, 2); zu Gen 1,1 vgl. H. Junker, Bibl 45, 1964, 477 bis 490; Westermann, BK I, 135f. mit Lit.; anders P. Humbert, FS Mowinckel 1955, 85–88; W.R. Lane, VT 13, 1963, 63–73.

rēšīt bezeichnet dann auch das »erste« einer Reihe von Handlungsergebnissen, insbesondere den Erstgeborenen, der *rēšīt 'ōn* »Erstling der Manneskraft« (Gen 49,3; Dtn 21,17; Ps 105,36) bzw. *rēšīt 'ōnīm* (Ps 78,51) heißt (jedesmal im Zusammenhang mit *b^ekōr*), und die Erstlingsfrucht (Hos 9,10). Metonymisch steht so verstandenes *rēšīt* Dtn 33,21 für den Erbanteil des Erstgeborenen. Hi 40,19 spricht von Behemoth als *rēšīt darkē-'ēl*, dem »Erstling des Handelns Els« (vgl. Spr 8,22), was dem absoluten Gebrauch von *rēšīt* Jes 46,10; Gen 1,1; Sir 15,14 entspricht.

Eine technische Spezifikation des Begriffes liegt in der Bed. »Erstlingsopfer« vor: Neh 12,44; mit Gen. der Opfermaterie Num 15,20; Dtn 18,4; 26,2.10; Ez 44,30; Neh 10,38; 2Chr 31,5; mit Gen. *t^ebū'ā* »Ertrag« + Suffix Jer 2,3; Spr 3,9; mit Gen. *qāṣīr* »Ernte« + Suffix Lev 23, 10. Gelegentlich steht *rēšīt* mit dem Gen. eines anderen Opferbegriffes (1Sam 2,29; Ez 20,40; vgl. Lev 2,12) oder gar mit dem Synonym *bikkūrīm* (Ex 23,19; 34,26; Ez 44,30); hier nimmt *rēšīt* die wertende Bed. »das Beste« an (vgl. Num 18,12f., wo *rēšīt* und *bikkūrīm* mit *ḥēlæb* »das Erlesene« zusammenstehen).

(2) Wertendes *rēšīt* liegt vor in *rēšīt hā'āræṣ* »das Beste des Landes« (Ez 48,14) und *rēšīt š^emānīm* »das beste Oel« (Am 6,6); *rōš haggōjīm* Jer 31,7 (s.o. 3c[6]) entspricht *rēšīt (hag)gōjīm* Num 24,20; Am 6,1. Pejorativ ist *rēšīt ḥaṭṭā't* »die Erzsünde« Mi 1, 13 (J. Wellhausen, Die kleinen Propheten, [4]1963, 21.137).

Abstrakt kann so gebrauchtes *rēšīt* den Sinn von »Inbegriff« annehmen, so *rēšīt ḥokmā* »Inbegriff der Weisheit« Ps 111,10 (anders G. von Rad, Weisheit in Israel, 1970, 92f.; vgl. Spr. 4,7), ähnlich *rēšīt dá'at*

Spr 1,7 (anders O. Loretz, BeO 2, 1960, 210f.); für Elam ist der Bogen *rēšīt gᵉbūrātām* »der Inbegriff seiner Schlagkraft« Jer 49,35. Die Bed. »Summe« scheint Dan 11,41 vorzuliegen: *rēšīt bᵉnē ʿammōn* »alle Ammoniter«.

4. a) Obwohl das AT gelegentlich geradezu hypostatisch vom »Angesicht Jahwes« spricht (→*pānīm*), gibt es keine eigentümliche Vorstellung vom Haupt Gottes in ihm. Ez 1,22.25f.; 10,1 erwähnt nur beiläufig die Häupter der Keruben. Die visionäre Schau des Hauptes Gottes Dan 7,9 steht im AT isoliert: sie antezipiert Gottes Epiphanie am Ende der Zeit; die spätere Apokalyptik kennt die Schau des Hauptes Gottes seitens des in den Himmel Entrückten (1Hen 71,10; vgl. Apk 1,14).

b) Die Beziehung des Begriffes *rōš* zur Anschauung eines Heerzuges kann dazu dienen, Jahwes Funktion im Kriege zu benennen. Jes 7,8f. scheint *rōš* in Approximation an die Bed. »König« Jahwe als überlegenen Kriegsherrn bezeichnen zu wollen, so freilich, daß der Hörer den letzten Schluß selbst ziehen muß. 2Chr 13, 12 kombiniert die Formel *ʿimmānū ʾēl* »mit uns ist Gott« mit dem Einherschreiten Jahwes »an der Spitze« (*bᵉrōš*) seines Heerbanns, der hier allerdings einer Prozession ähnlich sieht. Mi 2,13 (nachexilisch) stellt Jahwe und den Heilskönig an die »Spitze« der heimkehrenden Exulanten. Im Prosahymnus 1Chr 29,11 wird Jahwe als der gepriesen, der sich königlich zum Haupt eines Universums (*lᵉkōl lᵉrōš*) erhoben hat.

c) Ihre wichtigste theologische Funktion gewinnen *rōš*, *rēšīt* und *rīšōn(ā)*, wo sie, figurativ im zeitlichen Sinne gebraucht, die zurückliegende Heilszeit Israels oder die Urzeit der Welt in ihrem Gegenüber zu Gegenwart und Zukunft markieren.

Deuterojesaja zeigt mit dieser Wortgruppe, wie sich das künftige Rettungshandeln Jahwes an Israel zu dem vergangenen verhält, das jenem zum Modell dient und zugleich von ihm überboten wird. *bārīšōnā* Jes 52,4 weist auf die Zeit der Heilsereignisse, durch die Jahwe Israel begründete. Dagegen soll Israel der *rīšōnōt* (Plur.) *mēʿōlām*, d.h. seiner gesamten zurückliegenden Heilsgeschichte, gedenken (46,9), um sich von der alleinigen Gottheit Jahwes zu überzeugen, der *mērēšīt* »von Anfang« das gegenwärtige »Ende« dieser Heilsgeschichte (V. 10) und ihren ebenso gegenwärtigen Neubeginn durch Kyros (V. 11) angekündigt hat. Die die Zeitstrecke bis zur Gegenwart umfassenden *rīšōnōt* »früheren Dinge« konnten andere Götter nicht kundtun (41,22; 43,9), wohl aber Jahwe (42,9). *mērōš* »früher« (41,26; 48,16) orientiert sich am Zielpunkt des Auftretens von Kyros, das für den Neubeginn der Geschichte Jahwes mit Israel stiftenden Charakter hat. Entsprechend kann 43,18f. umgekehrt dazu aufgefordert werden, die *rīšōnōt* bzw. *qadmōnijjōt* zu vergessen, weil Jahwe jetzt Neues schafft – ein Motiv, dem Tritojesaja 65,17 kosmische Dimensionen gibt. Die Überlegenheit Jahwes über die Götter und ihre Völker weist Dtjes. erstmalig im Blick auf das Geschichtsganze nach, soweit es sein Auge umgreift; Ziel dieses Nachweises ist die Selbstprädikation Jahwes als *rīšōn* und *ʾaḥᵃrōn* (48,12 »ich bin der erste, ich auch der letzte«; vgl. 41,4), der 44,6 der Satz hinzugefügt ist: »außer mir ist kein Gott«.

Vgl. C.R. North, The »Former Things« and the »New Things« in Deutero-Isaiah, FS Robinson 1950, 111–126; M. Haran, Between Ri'shonôt (Former Prophecies) and Ḥadashôt (New Prophecies), neuhebr., 1963; A. Schoors, Les choses antérieures et les choses nouvelles dans les oracles deutéro-isaïens, EThL 40, 1964, 19–47.

Wenn Dtjes. *mērōš* (40,21; 41,4) und *mērēšīt* (46,10) im Blick auf den Anfang der Zeit überhaupt verwendet, so deckt sich für ihn die Geschichte Israels mit der Geschichte schlechthin; die »Welt« seines Volkes ist der Inbegriff aller Wirklichkeit. Gen 1,1; Spr 8,22 und Sir 15,14 rücken den in diesem Sinne gebrauchten Begriff (*mē*)*rēšīt* ebenso wie es Spr 8,23.26 mit (*mē*)*rōš* geschieht, vollends in mythische Dimensionen: insbesondere der Satz Gen 1,1 definiert die folgende Schöpfungserzählung als urzeitlich, da das in ihr Berichtete alle folgende Zeit mit dem sich darin wiederholenden Geschehen in sich beschließt und normierend vorzeichnet.

d) In der Weisheit dagegen kann *rēšīt* abwertend gebraucht werden: die sittliche Weltordnung und das ihr entsprechende vorsehende Handeln Gottes erweisen sich am Ende eines Geschehensablaufs, nicht an seinem »Anfang« (Hi 8,7; 42,12; Pred 7,8).

Im Sinne von »Inbegriff« dienen *rōš* Ps 119,160 und *rēšīt* 111,10; Spr 1,7 dem systematischen Erfassen eines Ganzen von einem Kernmotiv her, und zwar im Bereich des Ethos.

e) Wie bei vielen Völkern gelten Kopf und Haar des Menschen als Ort besonderer numinoser Möglichkeiten (Ri 16,13ff.) und erfahren deshalb rituelle Sorgfalt. Insbesondere das Haupt des Nasiräers ist geweiht (*rōš nizrō* Num 6,9.18 P; →*nāzīr*)und wird nur nach Verunreinigung oder am Ende der Nasiräatszeit unter Beachtung von Vorkehrungen geschoren (*glḥ* pi.).

Das Lösen des Haars (*pr'*) geschieht als Trauerbrauch und ist Priestern verboten (Lev 10,6; 21,10). Dem Toten wird das Stirnhaar anscheinend auch geopfert (Verbote Lev 21,5; Dtn 14,1), so daß die Stirnglatze Trauermerkmal ist (Am 8,10); vielleicht handelt es sich dabei aber entsprechend der Schur des Nasiräers um eine Desakralisation bei der Trauerlösung (vgl. J.Henninger, Zur Frage des Haaropfers bei den Semiten, Die Wiener Schule der Völkerkunde 1956, 349–368). Das Haar-Scheren (*gzz* Hi 1,20), das Verhüllen des Hauptes (2Sam 15,30; Jer 14,3f.; Est 6,12), sein Bestreuen mit Staub (→*'āfār* 4b; Hi 2,12; Klgl 2,10) und Asche (*'ēfær* 2Sam 13,19) und das Legen der Hände auf den Kopf (2Sam 13,19; Jer 2,37) sind Klagegebärden, die ursprünglich der Unkenntlichmachung gegenüber unheilvollen Mächten dienen mochten; zu 1Kön 18,42 vgl. A.Jirku, ZDMG 103,1953, 372.

Das Lösen des Haars (*pr'*) geschieht aber auch bei der konditionalen Selbstverfluchung des Ordals (Num 5,18), seitens Aussätziger (Lev 13,45) und vielleicht im heiligen Kriege (Ri 5,2); umgekehrt hat das Scheren (*glḥ* pi.) bei der Wiederaufnahme von ehemals Aussätzigen in die Gesellschaft (Lev 14,9) und bei der Ehelichung einer weiblichen Gefangenen (Dtn 21,12) den Charakter der Desakralisation.

Man segnet, indem man dem Betreffenden die Hand auf den Kopf legt (z.B. Gen 48,14); auf die gleiche Weise werden schädigende Kräfte auf das Sühnopfer übertragen (z.B. Ex 29,10). Der Vermittlung numinoser Macht dient ursprünglich auch das Salben des Hauptes, das wie das Segnen die Rezeptivität des Empfängers für höhere Kräfte letztlich voraussetzt: so werden die »Spitze« der Massebe (Gen 28,18), der König und das »Haupt« Aarons gesalbt (Lev 8,12); dagegen dient das Haupt-Salben Ps 23,5 der bloßen Erquickung (vgl. Ps 141,5; Mt 6,17).

Eine Krone (*'aṭārā*) auf dem Haupt trägt der König (2Sam 12,30; 21,4) und die Königinmutter (Jer 13,18); eher an einen Kranz ist bei den Trunkenen Jes 28,1.3 zu denken, wo in V.5 *'aṭārā* durch *ṣefīrā* »Geflecht, Kranz« interpretiert wird. Ein sprachliches Gegenstandssymbol für *kābōd* »Ehre« ist die Krone auf dem Haupt Hi 19,9 (vgl. Klgl 5,16).

Nach Ez 13,18.21 dienen von Frauen verfertigte Kopfbedeckungen(?) verschiedener Größe dem magischen Zweck, »Menschenleben (*nefāšōt*) zu jagen«; der Sinnzusammenhang ist unbekannt.

Sitz geistiger Regungen ist der Kopf in den Daniellegenden, und zwar für Träume und Gesichte (Dan 2,28; 4,2.7.10; 7,1.15), die einmal (4,2) *harhōrīn* »Phantasien« genannt werden.

f) In den Bedeutungen »Spitze« und »Anfang« dient *rōš* der Auszeichnung heiliger Orte und Zeiten; die numinose Valenz einer Stätte und eines Zeitabschnitts ist an solchen hervorgehobenen Punkten gesteigert. Präsenz und Epiphanie der Gottheit auf Bergspitzen machen diese zur Anbetungsstätte; Ex 17,9 ist der »Gipfel« der Platz für einen Kriegssegen (vgl. 1Kön 18,42). »In den Wipfeln der Bakasträucher« war nach 2Sam 5,24 das Schreiten Jahwes zu hören. Weg-»Anfänge« sind Stätten des niederen Kults, den die Propheten verabscheuen (Ez 16,25; 21,26; vgl. Klgl 4,1).

Am Anfang von Zeitabschnitten liegen die Feste, das Neujahrsfest Ez 40,1 bzw. nach dem späteren Kalender das Passah-Mazzot-Fest Ex 12,2 P. Zu Riten für den Monatsanfang vgl. etwa Num 10,10; 28,11.

5. Im Mittelhebr. des Talmud und Midrasch tritt wie schon beim Chronisten der soziale Begriff von *rōš* »Oberhaupt, Führer« in den Vordergrund; j.R.hasch. I,57b wird *rēšīt* gegen das bibl. Hebr. im Sinne von »Amt« verwendet. Die übrigen figurativen Verwendungen von *rōš* sind demgegenüber seltener. Vgl. Levy IV, 407f.; zum ähnlichen Befund des Targum-Aram. ders., Chaldäisches Wörterbuch über die Targumim II, ²1966, 397.

Zum *'ādām qadmōnī* oder *'ādām hārīšōn* als makrokosmischem Menschen vgl. C.Colpe, ThW VIII, 413f.

κεφαλή wird im NT natürlich gegenständlich gebraucht, u.a. in Schilderungen visionärer Erscheinungen Christi (Apk 1,14; 14,14; 19,12), der 24 Ältesten um Gottes Thron (Apk 4,4) und anderer Gestalten (etwa Apk 12,1). Metonymisch wird κεφαλή in der aus dem Hebr. übersetzten Fluchformel Apg 18,6 verwendet. Unter den figurativen Verwendungsweisen überwiegt die soziale insofern, als sie einen Hoheitstitel Christi ermöglicht: κεφαλή ist Christus in bezug auf die Gemeinde (Eph 4,15; 5,23; Kol 1,18; 2,19), die sein Leib ist (Eph 1,22f.; 4,16), in bezug auf den Kosmos (ὑπὲρ πάντα Eph 1,22, das V.23b entfaltet wird) und dessen ἀρχαί und ἐξουσίαι (Kol 2,10). Wie Christus das »Haupt« der Gemeinde, so ist der Mann das »Haupt« der Frau (Eph 5, 23); nach 1Kor 11,3 sind Gott, Christus, der Mann und die Frau als κεφαλή einander vorgeordnet. *rōš* und *rēšīt* im temporalen Gebrauch entsprechen in LXX und im NT ἀρχή, und zwar sowohl für den »Anfang« einer gegenständlich begrenzten Zeitstrecke, als auch für den Anfang der Zeit überhaupt, letzteres in den Wendungen ἀπ' ἀρχῆς κτίσεως (Mk 10,6; 13,19; 2Petr 3,4), ἀπ' ἀρχῆς κόσμου (Mt 24,21) oder im absoluten Gebrauch ἐν ἀρχῇ (Joh 1,1) und κατ' ἀρχάς (Hebr 1,10). Christus heißt Apk 3,14 »der Anfang der Schöpfung Gottes« (vgl. ἀρχηγός Apg 3,15; 5,31; Hebr 2,10; 12,2). Jud 6 scheint ἀρχή entsprechend *rēšīt* j.R.hasch. I,57b »Amt« zu bedeuten.

Vgl. G. Delling, Art. ἄρχω, ThW I, 476–488; H. Schlier, Art. κεφαλή, ThW III,672–682; W. Bauer, Gr.-dt. Wörterbuch zu den Schriften des NT, [6]1963, 221ff. 850f. *H.-P. Müller*

רַב *rab* viel

1. a) Die hebr. Wurzel *rbb* »viel sein« findet sich auch in anderen sem. Sprachen (arab.: Wehr 287f.; altsüdarab.: Conti Rossini 235b; ug.: WUS Nr. 2482; UT Nr. 2297; Gröndahl 179; phön. und aram.: DISO 270–272), doch immer in der Bed. »groß sein, Herr sein«. Eine Ausnahme macht das Äth. mit der Bed. »ausbreiten« (Dillmann 286f.). Im Akk. fehlt sie. Hier ist die verwandte Wurzel *rbj* beherrschend (*rabûm* »groß sein, werden«; *rubû* »Fürst« u.a.; vgl. AHw 934–940. 980b. 991f.; s. auch Huffmon 260), die neben dem Hebr. auch im Arab. belegt ist (Wehr 291f.; W.W. Müller, Die Wurzeln Mediae und Tertiae y/w im Altsüdarabischen, 1964, 54; vgl. Conti Rossini 236). Zum Problem der zweikonsonantigen Wurzel im Sem. und ihrer Erweiterung zur dreikonsonantigen durch innere Längung des zweiten Radikals oder Suffigierung von *w* bzw. *j* vgl. J. Kuryłowicz, Studies in Semitic Grammar and Metrics, 1972, 8–12 (s. auch Meyer II, 142). Weitere Folgerungen aus dieser sprachlichen Verschiedenheit zwischen westsem. *rbb* und ostsem. *rbj* zu ziehen, ist nicht gut möglich (s. P. Fronzaroli, AANLR VIII/19, 1964, 170). Das Syr. setzt zusätzlich noch eine Wurzel *jrb* voraus (LS 308f. 706–708).

b) Im Hebr. begegnet uns *rbb* nur im Qal und im Pu. (Ps 144,13 *m^erubbābōt* »verzehntausendfacht«, denominiert aus *r^ebābā*). Nominale Ableitungen sind *rab* »viel«, *rōb* »Fülle, Menge«, *r^ebābā* »große Menge, zehntausend«, *ribbō* »zehntausend« und vielleicht *r^ebībīm* »Tauregen« (s.u. 3d).

Als Eigennamen sind zu erwähnen *J^erubbá'al* (Ri 6,32; 7,1; 8,29.35; 9× in Ri 9; 1Sam 12,11; vgl. Noth, IP 206f.: *rbb* muß hier die Bed. »groß sein« haben; s. aber Conti Rossini 236) bzw. *J^erubbǽšæt* (2Sam 11,21), *Jārob'ām* (1Kön 11,26.28. 29.31.40 u.ö.; Noth, IP 206; J.J. Stamm, FS Albright 1971, 449–452) und *Mērab* (Tochter Sauls: 1Sam 14,49; 18,17.19), deren Name allerdings ungeklärt ist (doch s. J.J. Stamm, FS Baumgartner 1967, 333, der ihn von einer Wurzel *jrb* »viel sein« ableiten will). Die Ortsnamen *Rabbā* (Dtn 3,11; Jos 13,25; 15,60; 2Sam 11,1 u.ö.; vgl. dazu *Ṣīdōn rabbā* in Jos 11,8; 19,28; *Ḥ^amat rabbā* Am 6,2) und *Rabbīt* (Jos 19,20) sind bei W. Borée, Die alten Ortsnamen Palästinas, [2]1968, 40.109 bzw. 50; F.M. Abel, Géographie de la Palestine, II, [2]1938, 61, und J. Simons, The Geographical and Topographical Texts of the OT, 1959, 120.151 bzw. 184f., behandelt. Zum »Tor Bat-Rabbim« in Hhld 7,5 s. Gerleman, BK XVIII, 194.199; anders Rudolph, KAT XVII/2, 167.169.

Die Wurzel *rbb* ist belegt im Qal »viel sein, werden« und im Pi. und Hi. »viel, zahlreich machen« (zum Unterschied s. Jenni, HP 108f.). Mit Präformativ gebildete nominale Derivate sind *'arbǣ* (HAL 80f.: eig. »Schwarm« >) »Heuschrecke«, *marbǣ* »Vermehrung, Menge«, *marbīt* »Mehrzahl«, *tarbūt* »Nachwuchs«, *tarbīt* »Zuschlag, Aufgeld«; zu einem ev. *mirbā* »Weite« Ez 23,32 vgl. Zimmerli, BK XIII, 534.

Nicht in diesen Bedeutungskreis gehört die Wurzel *rbb* II (GB 742a; KBL 870a), die nur im Part. des Qal erhalten (*rōbǣ* »Schütze« Gen 21,20; zu Jer 50,29 vgl. Rudolph, HAT 12,304) und vielleicht mit *rmh* »werfen« verwandt ist (GVG I, 228: *m* > *b*). Eine Nebenform dazu dürfte *rbb* II »schießen« (GB 740b; KBL 869a), das auch nur im Qal belegt ist (Gen 49,23; Ps 18,15), sein, mit seinem Nomen *rab II »Geschoß« (Jer 50,29; Hi 16,13; zu Spr 26,10 vgl. Gemser, HAT 16,94f.; zu Am 7,4 cj vgl. Barr, CPT 335).

2. *rbb* kommt 24× vor: 23× im Qal (Ps 6×, Jes 4×, Jer und Hos je 3×) und 1× im Pu. (Ps 144,13). Seine nominalen Ableitungen sind folgendermaßen belegt: *rab* 474× (Zuweisung der Formen nach Lis., aber Hi 36,18 unter *rōb*; inkl.

Jos 11,8; 19,28; Am 6,2a; Spr 26,10; Hhld 7,5; mitgezählt sind auch die Stellen, wo *rab* Bestandteil eines ass.-bab. Titels ist) mit der Streuung Ps 57 ×, Ez 47 ×, Jer 45 ×, Jes 32 ×, 2Chr 30 ×, Dan 24 ×, Dtn 22 ×, Spr 20 ×, 2Kön 19 ×, Num 17 × usw.; *rōb* 152 ×, davon in 2Chr 27 ×, Ps 17 ×, Ez und Spr je 12 ×, Jes und 1Chr je 11 ×, Hi 10 ×; *r^e^bābā* 16 ×, davon in 1Sam 4 ×, Dtn 3 ×, Ps 2 ×; *ribbō* 10 × (exkl. Hos 8,12K), davon in Neh 3 ×, Esr und 1Chr je 2 ×, Jon, Ps und Dan je 1 ×; *r^e^bībīm* 6 × (Dtn 32,2; Jer 3,3; 14,22; Mi 5,6; Ps 65,11; 72,6).

rbh findet sich im Qal 59 × (2Sam 18,8 entgegen Lis. als hi. gezählt; in Gen 13 ×, Dtn 10 ×, Spr 6 ×); Pi. 4 × (Ri 9,29; Ez 19,2; Ps 44,3; Klgl 2,22); Hi. 162 × (Pred 17 ×, Ez 16 ×, Gen 15 ×, Dtn 10 ×); *'arbǣ* 24 × (Ex 7 ×, Jo und Ps 3 ×); *marbǣ* 2 × (Jes 9,6; 33,23); *marbīt* 5 × (Lev 25,37; 1Sam 2,33; 1Chr 12,30; 2Chr 9,6; 30,18); *tarbūt* 1 × (Num 32,14); *tarbīt* 6 × (Ex 18,8.13.17; 22,12; Lev 25,36; Spr 28,8); zu *mirbā* s. o. 1.

Im aram. Teil des AT findet sich *rbh* q. »groß werden« 5 × (ausschließlich in Dan) und pa. »groß machen« 1 × (Dan 2,48); *rab* »groß« in Dan 20 × und 3 × in Esr; *ribbō* »Myriade« in Dan 7,10.10; *r^e^bū* »Größe« 5 × in Dan.

3. a) Schon ein Blick auf die Häufigkeit der beiden Verben läßt *rbb* weit hinter *rbh* zurückfallen. Auffällig ist auch, daß ersteres nur im Perf. und Inf. des Qal belegt ist und außer der denominativen Pu.-Form (Ps 144,13; vgl. KBL 868f.) keine weiteren Stammesmodifikationen aufweist. Unterschiede bei gleichem Subjekt sind nicht festzustellen (man vgl. Gen 1,28 mit 6,1; Ex 23,29 mit Dtn 7,22). Dabei erweist sich keine der Wurzeln als sekundär. Beide bilden bestimmte Formengruppen. Daß sie sich gegenseitig ergänzen – so Bergstr. II, 171 –, kann man nicht sagen, auch wenn vierfach vorkommendem *rabbā* (Gen 18,20; Ex 23,29; Jes 6,12; Hos 9,7) nur ein *rāb^e^tā* (1Sam 14,30) gegenübersteht.

Nicht immer entspricht die Übersetzung mit »viel« unserem dt. Sprachgebrauch und muß oft diesem angeglichen werden, wobei meist das Adj. »groß« entsprechend ist: Geschrei (Gen 18,20), Niederlage (1Sam 14,30), Weisheit (1Kön 5,10), Verödung (Jes 6,12), Vergehen (Jes 59,12), Verschuldung (Hos 9,7), Schmerzen (Ps 16,4), Herrlichkeit eines Hauses (Ps 49,17), Viehbesitz (1Chr 5,9); s. auch 1Sam 25,10 (»Knechte sind genug vorhanden«); Ez 16,7 (»groß werden« = »heranwachsen«, par. *gdl* q.; vgl. Hi 39,4, par. *ḥlm* q. »kräftig werden«); Hi 33,12 (»Gott ist größer als der Mensch«).

Entsprechend ihrem stativischen Charakter können beide Verben auch komparativisch konstruiert werden, entweder mit *min*, »größer, mehr als« (Gen 43,34; Dtn 7,7; 14,24 [»der Weg ist zu weit«]; 1Kön 5,10; Jer 46,23; Ps 69,5; Hi 33,12), oder mit *'al*, »zu viel« (Ex 23,29; Dtn 7,22). Als reines Formverbum ist *rbh* in 2Sam 18,8 (»und der Wald fraß mehr Leute als«) gebraucht. Mit Subjekten der Zeit und der Strecke bildet es idiomatische Wendungen wie »die Zeit vergeht« (*hajjāmīm*: Gen 38,12; 1Sam 7,2; vgl. aber Spr 4,10; 9,11 mit *š^e^nōt ḥajjīm* bzw. *jāmǣkā* »lange leben«) und »der Weg ist zu weit« (*dǣræk*: Dtn 14,24). Das Pi. hat faktitiven Charakter, der im Dt. verschieden wiedergegeben werden kann: »ein Heer vermehren« (Ri 9,29), »Kinder bzw. Jungtiere großziehen« (Ez 19,2; Klgl 2,22, par. *ṭpḥ* pi. »pflegen«), »den Kaufpreis hoch ansetzen« (Ps 44,13). Zur akzidentiellen Auffassung dieser Formen gegenüber einer substantiellen im Hi. vgl. Jenni, HP 108f.

Die weitaus häufigste Stammesmodifikation im Bereich der Wurzel *rbh* ist das Hi., wobei aber ein Gutteil der Belegstellen auf den fast immer adverbiellen Inf. *harbē* fällt (50 ×), der allein oder mit dem erstarrten Akk. *m^e^'ōd* »sehr« bei Nomen und Verbum die Quantität bzw. Intensität zum Ausdruck bringt (zum Verbum vgl. 1Sam 26,21 »schwer irren«; 2Kön 10,18 »besser dienen«; Hag 1,6 »viel säen«; Pred 5,19 »an etw. viel denken«; 7,17 »allzu gottlos sein«). Dieselbe Verwendung zeigt einmal der Inf. cs. *harbōt* in Spr 25,27. An den anderen Stellen gibt *rbh* hi. einmal die Mehrung von Besitz (Num 26,54 »Erbgut«; vgl. 33,54; 35,8; Dtn 17,16.17: Pferde, Frauen, Silber und Gold; Ez 28,5; Spr 13,11; 28,8: Reichtum), die Erhöhung des Preises (Gen 34,12: Brautpreis; Lev 25,16: Kaufpreis) und die Prosperität an Familienmitgliedern (1Chr 7,4; 8,40; 23,11: »viele Kinder/Frauen haben«) an. Aber auch andere Dinge können in ihrer Zahl vermehrt werden: Altäre (Hos 8,11; 10,1), Städte (Hos 8,14) und Kaufleute (Nah 3,16). Hier liegt auch der Grund für Wendungen, in denen das finit gebrauchte Verbum eine adv. Übertragung erfährt und das nominale Objekt nunmehr die

Aktion ausdrückt: »die *tᵉfillā* mehren« = »viel beten« (Jes 1,15); »den *šīr* mehren« = »fleißig singen« (Jes 23,16); »die *jāmīm* mehren« = »lange leben« (Hi 29,18; vgl. Pred 11,8: *ḥjh šānīm harbē*); s. auch Jes 57,9; Jer 2,22; Ez 16,25.26.29.51; 23, 19; 24,10; Hos 12,2; Hi 40,27; Spr 6,35; Pred 10,14; Dan 11,39; Neh 6,17; 9,37; 2Chr 33,23. Derselbe Fall tritt bei der Konstruktion mit *lᵉ*+Inf. (ev. mit *min*) auf (vgl. J. Hoftijzer, VT 20, 1970, 428f.): »etw. viel (mehr) tun (als)« Ex 30,15 (*ntn*); 36,5 (*bō'* hi.); 1Sam 1,12 (*pll* hitp.); 2Sam 14,11 (*šḥt* pi.); 2Kön 21,6 = 2Chr 33,6 (*'śh*); Am 4,4 und Esr 10,13 (*pš'*); 2Chr 36,14 (*m'l*); mit verbum finitum in 1Sam 2,3 (*dbr* pi.); zu Ex 16,17.18 vgl. Jenni, HP 47. Als weitere Präp. tritt *'ad* »bis« hinzu (1Chr 4,27 »heranreichen an«). *marbē ragléjim* in Lev 11,42 ist der »Vielfüßler«.

b) Das Adj. *rab* drückt die Vielheit von Zahl und Menge aus. *rab* können sein Menschen und ihre Gruppierungen (z.B. Gen 26,14; Num 22,15; Ri 8,30; 9,40; 16,30; 1Kön 11,1; 18,25; Jes 54,1; Jer 3,1; 12,10; 16,16.16; 50,41; Ez 16,41; Am 8,3; Ps 119,157; Hi 1,3; 5,25; 36,28; Spr 7,26; 19,4; 28,2; 31,29; Est 2,8; Dan 11,26; 1Chr 4,27; 5,22; 28,5), Tiere (Vieh: Gen 30,43; Jon 4,11; Ps 22,13; 2Chr 26,10; Fische: Ez 47,9), Besitztümer (allgemein Besitz: Gen 13,6; Num 32,1; Dtn 3,19; Jos 22,8; Spr 13,7; 2Chr 32,29; Schätze: Jos 22,8; Spr 15,6.16; Gold/Geld: 1Kön 10,2; 2Kön 12,11 = 2Chr 24,11; Ps 19,11; Beute: 2Sam 3,22; Ps 119,162; 2Chr 14,13; 20,25; 25,13; 28,8; Häuser: Jes 5,9; Am 3,15; Geschenke: 2Chr 21,3), Länder (Jer 28,8), Städte (Sach 8,20), Inseln (Ez 27,3.15; Ps 97,1; Dan 11,18) u.a.; ferner wird es gebraucht, um größere Ansammlungen von Menschen zu kennzeichnen (*ḥájil* »Heer« 2Kön 6,16; Dan 11,10; vgl. Ps 68,12; Jo 2,11; *qāhāl* »Versammlung« Ez 17,17; 38,4; Ps 22,26; 35,18; 40,10f.; Esr 10,1; *hāmōn* »Getümmel« Jes 16,14; Ps 37,16; Hi 31,34; Dan 11,11.13; 2Chr 13,8; 20,2.12.15; *'am* bzw. *gōj* »Volk« Ex 5,5; Num 13,18; 21,6; Dtn 2,21; 20,1; Jos 11,4; Ri 7,2.4; 1Kön 5,21; Ez 26,7) und Mengen von flüssigen oder festen Stoffen (Wasser: Num 20,11; Ez 17,5.8; 19,10; 31,5.7; 2Chr 32,4; Wein: Est 1,7; Blut: 1Chr 22,8; Stroh: Gen 24,25; Erz: 1Chr 18,8), wobei aber die Wendung *májim rabbīm* auch stereotyp für die Kennzeichnung des Meeres (Jes 23,3; Ez 27,26; 31,15; par. →*tᵉhōm*, *nāhār*) oder des Urwassers überhaupt, dem alle Meere und Ströme entstammen (2Sam 22,17 = Ps 18,17; Jes 8,7; 17,13; Jer 41,12; vgl. Jer 51,55; Ez 1,24; 26,19 par. →*tᵉhōm*; 32,13; 43,2; Ps 29,3; 107,23; par. zu *jām*: Hab 3,15; Ps 77,20; 93,4), verwendet wird. Dem entspricht *tᵉhōm rabbā* in Gen 7,11; Jes 51,10; Am 7,4; Ps 36,7. In den Psalmen 18,17; 32,6; 144,7 (vgl. Hhld 8,7) meint *májim rabbīm* allgemein die Drangsal, in der sich der Beter befand. Verbunden mit *jāmīm* »Tage« (vgl. KAI Nr. 181,5: moab. *jmn rbn*) gibt es die adv. Zeitbestimmung »lange Zeit« wieder (Gen 21,34; 37,34; Ex 2,23, vgl. Lev 25,51 *rabbōt baššānīm*; Lev 15,25; Num 20,15; Dtn 1,46; 2,1; 20,19 u.ö.; aber 1Kön 3,11 = 2Chr 1,11 »langes Leben«).

Übertragen gebraucht wird es dann in Verbindung mit *rā'ā* »Übel« (Gen 6,5; Dtn 31,17.21; 1Sam 12,17; Jo 4,13; Ps 34,20; Hi 22,5; Pred 2,21; 6,1; 8,6), *mᵉhūmā* »Bestürzung« (Ez 22,5; Am 3,9; Sach 14,13; 2Chr 15,5), *pǽša'* »Auflehnung« (Am 5,12; Ps 19,14; Spr 29,22; vgl. Ps 25,11; 2Chr 28,13), *makkā* »Schlag« (Num 11,33; 2Chr 13,17), *māqōm* »Ort« (1Sam 26,13), *dǽræk* »Weg« (1Kön 19,7) u.ä.

Der attributiven, auf ein Substantiv bezogenen Verwendung steht einerseits eine prädikative (Num 22,3; 1Kön 4,20; Jes 54,13; Spr 14,20 u.ö.), andererseits eine absolute als Subj./Obj. gegenüber (Ex 19,21; 23,2.2; Jos 10,11; Jes 8,15; Jer 20,10 u.ö.; zur Form *rabbātī* in Klgl 1,1.1 s. BL 526.599; in den Psalmen 31,14; 55,19; 56,3; 119,157 geben die *rabbīm* die Gegenspieler des bedrängten Beters an). Oft bewegt sich die Bed. »viele« in Richtung »Mehrzahl«, »alle«; so in 1Kön 18,25; Ps 71,7; 109,30; Hi 23,14; Spr 10,21; 19,6 par. →*kōl*; 29,26 par. →*'īš* »jeder«; Dan 9,27; vgl. Hi 4,14 *rōb*. Der fem. Sing. (cs.)/Plur. hat öfters adv. Färbung (Jes 42,20; Ps 62,3; 65,10; 78,15; 120,6; 123,4; 129,1.2; Hi 16,2; 23,14; 1Chr 18,8 [vgl. 2Sam 8,8 mit *harbē*]; vgl. auch Ps 106,43 und Pred 7,22 *pᵉ'āmīm rabbōt* und Neh 9,28 txt? *rabbōt 'ittīm* »viele Male«). Schließlich kann *rab* mit den Präp. *lᵉ* (»genug für«: Gen 33,9; Num 16,3.7; Dtn 1,6; 2,3; 3,26; 1Kön 12,28; Ez 44,6; 45,9; s. auch Gen 45,48; Ex 9,28; 2Sam 24,16 = 1Chr 21,15; 1Kön 19,4) oder *min* mit komparativischem Sinn (s.o.) konstruiert werden.

An wenigen Stellen entspricht *rab* dem aram. Sprachgebrauch mit der Übersetzung »groß«: Gen 25,23 (im Sinne »der ältere«; par. *ṣā'īr* »klein«); Jos 11,8; 19,28 (s. 1b); 2Sam 23,20 = 1Chr 11,22 (*rab pe'ālīm*; GB 652b »mit großem Betrieb«; K. Elliger, PJB 31, 1935, 67 »groß an Taten«; →*p'l* 3b); Jes 53,12 (vgl. Westermann, ATD 19,206; anders E. Sellin, ZAW 55, 1937, 210); Ps 48,3 (Jahwe als Großkönig, vgl. Ps 47,3 *mǽlæk gādōl*; s. Kraus, BK XV, 358); Hi 32,9 (»Hochbetagte«?; par. *zeqēnīm* »Greise«; so M. Dahood in L.R. Fisher, Ras Shamra Parallels I, 1972, Nr. 514; vgl. aber Fohrer, KAT XVI, 449); Hi 35,9; 2Chr 14,10 (par. *'ēn kōaḥ* »kraftlos«; s. Rudolph, HAT 21,240). Mit der oben angegebenen Variation zwischen »viel/groß« kommt man hier nicht mehr aus. Kan.-aram. Beeinflussung ist nicht auszuschließen (vgl. phön. *rbt* in KAI Nr. 10,2ff.; 14,15; 17,1 als Anrede der Göttin Astarte und ug. *rbt 'aṯrt jm* in 49 [= I AB] I, 16.19.25; 51 [= II AB] I, 14–15.22 u.ö.). Zu *malkī rab* cj in Hos 5,13; 10,6 s. W.M. Müller, ZAW 17, 1897, 334–336; Wolff, BK XIV/1, 134; anders Rudolph, KAT XIII/1,124f.; G.R. Driver, JTS 36, 1935, 295.

Ausschließlich in den Kapiteln 2Kön 18f.; 25; Jes 36f.; Jer 39f.; 52 und damit durch die geschichtliche Situation bedingt tritt *rab* als Bezeichnung bzw. Titulatur für die Obersten des ass.-bab. Heeres auf (vgl. auch Jer 39,13 »der Oberste des Königs von Babylon«): *rab-šāqē*, *rab-ṭabbāḥīm*, *rab-sārīs*, *rab-māg*; dazu s. E. Klauber, Ass. Beamtentum nach Briefen aus der Sargonidenzeit, 1910, 52 Anm. 2.73ff.; Zimmern 6; ders., ZDMG 53, 1899, 116–118; M. Ellenbogen, Foreign Words in the OT, 1962, 151f. In jüngeren Texten wie Jon 1,6 (*rab haḥōbēl* »Kapitän«) und Est 1,8 (*rab bájit* »Palastvorsteher«; vgl. Gerleman, BK XXI, 61) handelt es sich entweder um Analogiebildung oder Basierung auf dem historischen Hintergrund. Im Ug. kann *rb* den »Meister (einer Zunft)« bezeichnen (s. A. Salonen, BiOr 27, 1970, 43; WUS Nr. 2482; z.B. *rb khnm* 18 [= CTA 55], 1; *rb nqdm* 62 [= CTA 6] VI, 54f.; *rb ḥršm* 1121 [= PRU 2, Nr. 121], 9; vgl. AHw 938a).

c) Von den rund 150 Belegen (Hos 8,12 txt?; vgl. Wolff, BK XIV/1, 170; KBL 870a) mit *rōb* »Fülle, Menge« sind nur etwa 10% absolut, d.h. als Subjekt oder Objekt ohne irgendwelche Präpositionen oder personalen Suffixe, zu finden. Am häufigsten wird *rōb* mit *le* (= »in Fülle«) konstruiert (55 × : 1/2Chr 36 ×, 1Kön 5 ×, Dtn und Ri je 3 ×), zur Angabe von großen Mengen an Schlachtvieh, Kostbarkeiten und Kulturbäumen (1Kön 1,19.25; 10,10.27), Gold, Silber und Kleidern (Sach 14,14) und als Qualitätsangabe der realen Segnungen des Kulturlandes (Neh 9,25). In 2Chr 31,10 ist es mit der Präp. *'ad* »bis« kombiniert in der Bed. »überaus viel«. Eine weitere präpositionale Bildung ist *mērōb* »auf Grund der Menge« (z.B. Jos 9,13 »vom weiten Weg«; 1Sam 1,16 »aus großem Unmut«; Sach 8,4 *mērōb jāmīm* »wegen des Alters«; aber Jes 24,22 »nach vielen Tagen«; Ausnahmen: Ez 23,42; Spr 16,8). Wenn auch hier im Ansatz vorhanden, so bleibt die Reichhaltigkeit der Übersetzungsmöglichkeiten besonders bei den anderen Verbindungen mit Präp. (*be* 40 ×, *ke* 7 ×, *'al* 5 ×) erhalten, so daß einzig *lārōb* sich zu einer adv. Bestimmung entwickelte. Die oben angedeutete Diskrepanz zum absoluten Gebrauch und die scheinbare Konkurrenz zum Adj. finden ihre Erklärung darin, daß der Hebräer anscheinend nur ungern ein mit einem Adj. verbundenes Nomen in eine präpositionale Abhängigkeit bringt. So wirkt in Jer 30,14f. und Hos 9,7 die Präp. in den Verbalsatz nach, wenn nicht sogar das *rabbā* der letzten Stelle ein Adj. ist (gegen Lis. 1310c). Dasselbe gilt für Ps 106,7 und Est 5,11, wo das nomen rectum der Genetivverbindung ein Personalsuffix bei sich hat.

d) *rebābā* »sehr große Menge, Unzahl > zehntausend« (KBL 869a) ist neben *ribbō* das Zahlwort für »10000« (s. Meyer II, 88; BL 503). Doch geht seine Bedeutung mehr in die Richtung einer unbestimmten, großen Zahl. Direktes Zahlwort ist es eigentlich nur in Lev 26,8; Dtn 32,30; Ri 20,10. Die ug. Entsprechung *rbt* (UT Nr. 2299) dürfte eher auf *ribbō* hinweisen, das im Hebr. und Aram. ein Kanaanismus ist (so H. Bauer, OLZ 29, 1926, 802; Meyer II, 42.88; BL 503; anders GB 742a; Bergstr. I,93; Wagner Nr. 275; zu *ribbāt/at* in den Alalach-Tafeln vgl. M. Tsevat, HUCA 29, 1958, 127; AHw 980b). Späte Textstellen wie Jon 4,11; Dan 11,12; Esr 2,64.69; Neh 7,66.70.71; 1Chr 29,7.7 widersprechen dem nicht (vgl. H. Bauer, a.a.O.).

Inwieweit *rebībīm* »Tauregen« mit der Wurzel *rbb* zusammenhängt, ist nicht ganz sicher (GB 742b: zu *rbb* II?). Eine Etymologie aus akk. *rabābu* »schwach werden, nachgeben« (AHw 933) läßt sich im Hebr. nicht verifizieren. Ebenso hilft ug. *rb/rbb* (vgl. UT Nr. 2298; M. Dahood, UF 1, 1969, 16 Anm. 3) für sich gesehen nicht weiter. Zur meteorologischen Identifizierung von *r^ebībīm* als »regenähnlicher Tau« s. Dalman, AuS I, 94f. 313; P. Humbert, ThZ 13, 1957, 488; P. Reymond, L'eau, sa vie et sa signification dans l'Ancien Testament, 1958, 22; J.C. de Moor, The Seasonal Pattern in the Ugaritic Myth of Ba'lu, 1971, 83.99.

e) *marbǣ* »Vermehrung, Menge« kommt nur zweimal in textlich unsicherem Zusammenhang vor (Jes 9,6; 33,23). *marbīt* »Mehrzahl« (1Chr 12,30; 30,18; 2Chr 9,6) nuanciert in Lev 25,37 (par. *tarbīt* und *nǽšæk*; GB 459a »Zins«; s. auch Meyer II, 35; GVG I, 383) und 1Sam 2,33 seine Bed. in »Zuwachs« bzw. »Nachwuchs«. Man vgl. auch *tarbūt* »Nachwuchs, Brut« in Num 32,14 und *rbh* pi. in Ez 19,2; Klgl 2,22 (s.o. 3a). *tarbīt* »Zuschlag, Aufgeld« steht immer neben *nǽšæk* »Zins«, durch das es qualifiziert ist (s. auch ug. *trbjt* UT Nr. 2301; zur Form vgl. BL 496; zur akk. Entsprechung Zimmern 18). *'arbǣ* »Heuschrecke« findet sich auch in anderen älteren sem. Sprachen (AHw 234a; UT Nr. 332; WUS Nr. 377; KAI Nr. 222, A 27; vgl. P. Fronzaroli, AANLR VIII/23, 1968, 286. 296.302). Zur unsicheren zoologischen Bestimmung und Klassifizierung vgl. L. Koehler, ZDPV 49, 1926, 328–333; B. Hartmann, BHH II, 715f. (mit Lit.).

f) Die im Aram. übliche Wurzel für »viel; viel sein« (*śg'*, KBL 1125f.) ist im hebr. AT sehr gering vertreten: *śgh* q. »wachsen« in Ps 92,13; Hi 8,7.11; hi. »groß machen« Ps 73,12; die Variante *śg'* ebenfalls nur im Hi. »groß machen, preisen« in Hi 12,23; 36,24; dazu das Adj. *śaggī'* »erhaben« in Hi 36,26; 37,23. Bezeichnend sind diejenigen Wurzeln, die zu der unsrigen parallel stehen: *kbd* hi. »gewichtig, zahlreich machen« Jer 30,19; hitp. »sich als zahlreich erweisen« Nah 3,15; *kābēd* »gewichtig, zahlreich« Ex 12,38; vgl. Num 22,15; 1Kön 3,9; 10,2 u.ö.; *'ṣm* »stark, zahlreich sein« Ex 1,7; Jes 31,1; Jer 5,6; 30,14f.; Ps 38,20; 40,6; 69,5; *'āṣūm* »stark, mächtig (an Menge)« Ex 1,9; Dtn 7,1; 9,14; 26,5; Jes 8,7; Jo 2,2.11; Am 5,12; Sach 8,22; Ps 35,18; 135,10 u.a.; →*gādōl* »groß« Dtn 2,21; 26,5; Jos 17,17; Jer 25,14; 27,7; 28,8; 32,19; 50,41; Ez 17,17; 38,15; Ps 147,5 u.a.; *kabbīr* »stark« Hi 31,25; *'ammīṣ* »stark« 2Sam 15,12; *dgh* »wimmeln« Gen 48,16.

4. Bei einer Untersuchung des theologischen Gebrauchs der Wurzel *rbb/rbh* dürfte es von vornherein klar sein, daß ein Großteil dieses nicht der Wurzel an sich, sondern den Bezugswörtern, d.h. den mit Adj. versehenen oder als Subj./Obj. verwendeten Substantiven, anhaftet, nach denen dann auch meist gefragt werden muß. Dennoch läßt sich vor allem für die Verben eine spezifische Verwendung nachweisen. Diese beginnt schon in der P-Schöpfungsgeschichte, wo nach der Erschaffung der Vögel, Wassertiere (Gen 1,22) und dann des Menschen (Gen 1,28) die Aufforderung Gottes zur Fruchtbarkeit (*prh* »fruchtbar sein«) und Vermehrung (par. *ml'* »füllen«) steht. Gen 6,1 wird der Erfolg des göttlichen Befehls konstatiert, der allerdings in der Sintflutgeschichte Gefahr läuft, aufgehoben zu werden. Doch erneuert Gott im noachitischen Bund (Gen 9,1 [par. *brk* pi. »segnen«]. 7; vgl. 8,17) seine Zusage, indem er sie mit dem Segen verbindet. Im Zusammenhang mit den Patriarchen und speziell bei P (zu J vgl. Gen 16,10) ist Gottes Verheißung durch diese Worte gekennzeichnet: Abraham Gen 17,2; 22,17 (par. *brk* pi.); Ismael Gen 17,20 (par. *brk* pi.; *prh* hi. »fruchtbar machen«); Isaak Gen 26,3f.24 (par. *brk* pi.; *hjh* →*'im/'ēt* »mit jemandem sein«); Jakob Gen 28,3; 35,11; vgl. 48,4; Joseph Gen 48,16; zu Laban vgl. Gen 30,30. Näheres darüber s. bei →*brk* pi. IV/1b; H.D. Preuß, ZAW 80, 1968, 139–173; D. Vetter, Jahwes Mit-Sein, ein Ausdruck des Segens, 1971.

Auch während des Aufenthalts in Ägypten wird die Verheißung nicht vergessen und als erfüllt dargestellt: Ex 1,7 (P; vgl. Westermann, BK I, 194; par. *prh* »fruchtbar sein«, *šrṣ* »zahllos sein«, *'ṣm* »stark sein«, *ml'* ni. »erfüllt werden«). 12 (par. *prṣ* »sich ausbreiten«; GB 661b: »vor Fülle und Menge die Schranken durchbrechen«). 20. Im Abschluß des Heiligkeitsgesetzes wird für die Bewährung in Gottes Geboten und Satzungen seine Zuwendung (*pnh* q.) und sein Aufrechthalten des Bundes (*qūm* hi. *b^erīt*) in Aussicht gestellt (Lev 26,9). An den exponierten Stellen des Dtn wie in der Einleitung (Dtn 1,10; 6,3; 8,1.13; vgl. 10,22) und den Schlußreden (Segen und Fluch: Dtn 28,63, par. *ṭōb* hi. »wohltun«, dagegen *'bd* hi. »ausrotten«, *šmd* hi. »zerstören«; 30,5.16, par. *ḥjh* »leben«) ist, meist als Folge des Haltens der Gebote, die Mehrung Israels verheißen. Für die Erfüllung eines bestimmten Gebotes, das des Bannes, vgl. Dtn 13,18 (par. *ntn raḥamīm*). In der klassischen Stelle des Erwählungsglaubens Dtn 7,6–8 spielt gerade die Kleinheit des Volkes eine Rolle.

Unter dem Eindruck des Endes Jerusalems prophezeit Jeremia die Sammlung Israels und seine Mehrung in der Zeit des gerechten Davidssprosses (Jer 23,3). Dem entspricht die Schilderung der Zustände im neuen Bund (Jer 30,19). Zu Jer 33,22 vgl. Rudolph, HAT 12,219. Die Vorstellung der Mehrung ist bei Ezechiel ebenfalls auf die Zeit der Begnadigung, der Rückkehr aus dem Exil, beschränkt. Die Städte werden wieder bewohnt und die Trümmer weggeschafft sein. »Ich (Jahwe) werde euch mehr Gutes tun als in der ersten Zeit, und ihr werdet erkennen, daß ich Jahwe bin« (Ez 36,10.11; zur Formel in V. 11 vgl. W. Zimmerli, Erkenntnis Gottes nach dem Buche Ezechiel, ²1969, 41–119). Korn, Früchte und Bäume werden gemehrt ebenso wie die Menschen (Ez 36,29.30. 37). Vgl. auch Sach 10,8: »Sie sollen so zahlreich sein, wie sie einst waren«. Als einen Rückblick auf das Handeln Gottes in früheren Zeiten kann man Jes 51,2 und Neh 9,23 verstehen, wobei die Mehrung des anfänglichen Israel zu den Grundaussagen dieses Handelns gehört. Von daher müssen auch die vorangegangenen Texte betrachtet werden. Daß man sich gerade damals dieser Aussagen erinnerte, lag wohl besonders an der extremen politischen Situation mit ihren Nöten und Hoffnungen. In der Gottesrede im Zusammenhang mit dem leidenden Gottesknecht Jes 53,11–12 (vgl. Jes 52,15) begegnet absolutes *rabbīm*, die »Vielen«, als Adressat des Heilshandelns des Gottesknechtes (vgl. von Rad II, 264f.). Auch hier kann der Ausdruck im inklusiven Sinn von »alle« verstanden werden (s.o. 3b; J. Jeremias, Art. πολλοί, ThW VI, 356–538). Ob eine Verbindung mit den *rbjm* der Qumrantexte (s.u. 5) besteht (so J. Morgenstern, VT 13, 1963, 331f.), ist zweifelhaft.

Ein weiteres Spezifikum ist die fast konstante Verbindung des Adj. *rab* mit →*'am* bzw. *gōj* »Volk«. Eine erste Gruppe bezeichnet Israel als *'am rab* insofern, als es als Ergebnis des fruchtbaren Mehrens gedacht ist (Gen 50,20; Ex 1,9; Jos 17,14.15 [par. *brk* pi.].17; 1Kön 3,8 [par. →*bḥr* »erwählen«; *spr* ni. »gezählt werden« *mērōb*].9; 2Chr 1,9). Vgl. auch Dtn 26,5 im kleinen geschichtlichen Credo. Die andere und weitaus größere gibt die Pluralität der Nationen (Ez 3,6; 27,33) wieder, ihre Stellung in der Völkerwallfahrt (Jes 2,3.4 = Mi 4,2.3), im Ansturm als feindliche Völker zum Zion (Ez 38,6.8f. 15.22; Mi 4,11.13) und am Tag Jahwes (Jo 2,2). In Ez 32,9.10; 38,23; 39,27 zeigt es die universale Wirksamkeit Jahwes auf. Das gehäufte Vorkommen in Dan 11 ist Ausdruck der Gewaltigkeit der Ereignisse der Endzeit.

Schließlich geben *rab/rōb* den Aussagen über Jahwes Wesenheit die göttliche Qualität: *raḥamīm* »Erbarmen« (2Sam 24,14; Ps 119,156; Dan 9,18; Neh 9,19.27.31), *ṭūb* »Güte« (Jes 63,7; Ps 31,20; 145,7), *'ᵆmūnā* »Treue« (Klgl 3,23), *kōaḥ* »Macht« (Jes 63,1; Ps 147,5; vgl. Jes 40,26), *gā'ōn* »Hoheit« (Ex 15,7). Zur Formel »ein barmherziger und gnädiger Gott, langmütig und groß an Gnade und Treue« (Ex 34,6; Jo 2,13; Jon 4,2; Ps 86,15; 103,8; vgl. 145,8 *gᵉdol-ḥǽsæd*; Neh 9,17; nur *rōb ḥǽsæd* Jes 63,7; Ps 5,8; 106,7; Klgl 3,32; Neh 13,22) →*ḥǽsæd* IV/2a.

5. In der LXX stehen für *rab* meist μέγας und πολύς samt Zusammensetzungen. Die Verbalwurzel geben πλεονάζειν und πληθύνειν und Komposita wieder. *rōb* ist größtenteils mit πλῆθος übersetzt.

Eine besondere Wendung stellt *hrbjm* in den Qumrantexten dar, wo es gehäuft in 1QS – fast ausschließlich in Kol. 6 und 7 – auftritt: »Sitzung der Vielen« (1QS 6,8.11; 7,10), »Aufseher der Vielen« (1QS 6,12), »Rat der Vielen« (1QS 6,16) u.a. Es bezeichnet hier die Vollversammlung der ordentlichen Gemeindemitglieder (vgl. etwa Ps 40,4; 71,7; 109,30). S. auch R. Marcus, JBL 75, 1956, 299; J. Carmignac, RQ 28, 1971, 575–586. Zum NT vgl. J. Jeremias, Art. πολλοί, ThW VI, 536–545. Der spätjüd. Titel »Rabbi« ist behandelt bei J.W. Doeve, BHH III, 1541f., und bei E. Lohse, Art. ῥαββί, ThW VI, 962–966. *Th. Hartmann*

רוּחַ *rūaḥ* Geist

I. Entsprechungen zu hebr. *rūaḥ* »Wind, Geist« begegnen im ganzen westsem. Bereich, z.B. ug. *rḥ* »Wind; Duft« (WUS Nr. 2494; UT Nr. 2308), pun. *rḥ* »Geist« (KAI Nr. 79, Z. 11; DISO 276), aram. *rwḥ* »Wind, Geist« (seit Sef. III, Z. 2, vgl. Fitzmyer, Sef. 104; DISO 276; KBL 1123; LS 718), arab. *rūḥ* »Lebensodem« und *rīḥ* »Wind«, äth. *rōḥa* »fächeln« (P. Fronzaroli, AANLR VIII/20, 1965, 139.145). Auffällig ist das

Fehlen des Wortes im ostsem. Zweig (im Akk. dafür *šāru* »Wind, Odem«, vgl. J. Hehn, Zum Problem des Geistes im Alten Orient und im AT, ZAW 43,1925, 210 bis 225; Fronzaroli, a.a.O.).

Das hebr. (und bibl.-aram.) Nomen *rūaḥ* (fem.) gehört möglicherweise zur Gruppe der lautmalenden Schallworte (vgl. D.W. Thomas, ZS 10, 1935, 311–314) und ahmt dann das Geräusch des vorbeipfeifenden Windes und des erregten Atems nach (vgl. D. Lys, »Rûach«. Le souffle dans l'AT, 1962, 19ff.). Das Verbum *rūḥ* (nur hi. »riechen«) und das Subst. *rēaḥ* »Geruch« (auch bibl.-aram.) bezeichnen demgegenüber schon eine Spezialisierung: das beim Einatmen geschehende Riechen.

Wie eng die Beziehung zu *rwḥ* q. »leicht, weit sein« (1Sam 16,23; Hi 32,20; Part. pu. »weit« Jer 22,14), *ræwaḥ* »Weite, Raum« (Gen 32,17) und »Befreiung« (Est 4,14), *rewāḥā* »Erleichterung« Ex 8,11; Klgl 3,56) ist, ist umstritten. GB 748–750 und Zorell 760a nehmen zwei Wurzeln an, KBL 877a nur eine. Lys, a.a.O. 19, leitet ab: »ce qui est accessible et ouvert à l'air, ce qui est aéré, donc spacieux«, doch wird eine Verbindung eher in der Linie des Atemvorganges zu denken sein: erleichtert aufatmen, dann die in der »Rettung« erfahrene Weite, die mit neuer Lebenskraft ausgefüllt werden kann (vgl. KBL 877a; J.H. Scheepers, Die gees van God en die gees van die mens in die Ou Testament, 1960, 93–97); darauf deutet auch akk. *napāšu*, das zugleich »blasen, (auf)-atmen« und »weit werden« bedeutet (AHw 736f.; A.R. Johnson, The Vitality of the Individual in the Thought of Ancient Israel, 1947, 27 Anm. 1).

II. Das Wort *rūaḥ* begegnet im AT 378 × hebr. und 11 × aram. (nur Dan), *rēaḥ* 58 × hebr. (Num 18 ×, Lev 17 ×, Hhld 8 ×, Gen, Ex und Ez 4 ×, vereinzelt Jer 48,11; Hos 14,7; Hi 14,9; alle Stellen in Lev, Num und Ez, sowie Gen 8,21; Ex 29,18. 25.41 bieten *rēaḥ nīḥōaḥ*, →*nūaḥ* 4b) und 1 × aram. (Dan 3,27), ferner das Verbum im Hi. 11 × (von Gott Gen 8,21; Lev 26,31; 1Sam 26,19; Am 5,21 als Ausdruck für gnädige Annahme des Opfers; von Götzen, die nicht riechen können, Dtn 4,28; Ps 115,6).

Die Verteilung von hebr. *rūaḥ* auf die biblischen Bücher zeigt folgende Tabelle:

Gen	11	Ez	52	Ps	39
Ex	11	Hos	7	Hi	31
Lev	–	Jo	2	Spr	21
Num	14	Am	1	Ruth	–
Dtn	2	Ob	–	Hhld	–
Jos	2	Jon	2	Pred	24
Ri	10	Mi	3	Klgl	1
1Sam	16	Nah	–	Est	–
2Sam	3	Hab	2	Dan	4
1Kön	11	Zeph	–	Esr	2
2Kön	5	Hag	4	Neh	2
Jes	51	Sach	9	1Chr	5
Jer	18	Mal	3	2Chr	10

Diese grobe Statistik ist nur wenig signifikant, weil sie weder die verschiedenen Bedeutungssphären des Wortes, noch die zeitliche Schichtung der Bücher berücksichtigt. Doch zeigt sie den recht weit gestreuten Gebrauch des Wortes in erzählenden, prophetischen und weisheitlichen Zusammenhängen; das verbietet von vornherein eine Fixierung auf eine bestimmte Tradition oder Sprache. Zu beobachten ist eine gewisse Häufung in den frühen Geschichtsbüchern (Ri, 1Sam), ein fast völliges Fehlen in der Prophetie des 8. Jh. (das Vorkommen im Jesajabuch gehört bis auf zwei Stellen [s.u. IV/2a] späteren Schichten an) und ein starkes Anwachsen in der späten Heilsprophetie (von Ez an), in den Psalmen und in der Weisheit. Den Höhepunkt seiner Verwendung hat *rūaḥ* erst in exilisch-nachexilischer Zeit erfahren. Das Wort fehlt in Rechtstexten (vgl. auch die genaueren, aber von vielen exegetischen Entscheidungen belasteten Statistiken, die Lys, a.a.O. 330ff., gibt).

III. 1. Die Grundbedeutung von *rūaḥ* ist zugleich »Wind« (III/2–6) und »Atem« (III/7–11), beides aber nicht als wesenhaft Vorhandenes, sondern als die im Atem- und Windstoß begegnende Kraft, deren Woher und Wohin rätselhaft bleibt.

Die Frage, ob die primäre Bedeutung »Wind« oder »Atem« ist, hat in der Forschung eine gewisse Rolle gespielt (vgl. dazu Scheepers, a.a.O. 88f.; P. van Imschoot, Théologie de l'AT, I, 1954, 183f., bes. Anm. 2), doch ist sie als unsachgemäß zurückzuweisen (vgl. Ex 15,8). Die Alternative umgehen wollen Bestimmungen der Grundbedeutung wie »air in motion« (Johnson, a.a.O. 27) oder »le mouvement de l'air« (P. van Imschoot, L'action de l'esprit de Jahvé dans l'AT, RScPhTh 23, 1934, 553–587, S. 554); doch muß sofort hinzugesetzt werden, daß der Hebräer »Luft« abgesehen von dieser Bewegung gar nicht kennt (L. Köhler, ZAW 32, 1912, 12).

2. *rūaḥ* als Bezeichnung des Windes ist notwendigerweise etwas, was sich in Bewegung befindet und was die Kraft hat, anderes in Bewegung zu setzen.

Die nominalen Näherbestimmungen beziehen sich demgemäß einerseits auf die Richtung (a), andererseits auf die Heftigkeit (b) der Bewegung des Windes.

a) *rūaḥ (haq)qādīm* (Ex 10,13.13; 14,21; Jer 18,17; Ez 17,10; 19,12; 27,26; Jon 4,8; Ps 48,8; *qādīm* par. *rūaḥ* Jes 27,8; Hos 12,2; 13,15; Hi 15,2; *qādīm* allein Gen 41,6. 23.27; Ps 78,26; Hi 27,21; 38,24; →*qædæm*) ist der Ostwind, der aus der Wüste hereinbricht (*rūaḥ midbār* Jer 13,24; vgl. Hos 13,15; Hi 1,19). Gemeint ist der besonders im Frühjahr in Palästina auftretende Schirokko (s. z.B. M.Noth, Die Welt des AT, [4]1962, 29f.), der so heiß ist (Jon 4,8; Jer 4,11), daß er mit einem Schlage die Vegetation der Frühjahrsregenzeit verdorren läßt (Jes 40,7; Ez 17,10; 19,12; Ps 103, 16), und so heftig (Ex 14,21; Jes 27,8), daß er schwere Verwüstungen anrichten kann (Ps 48,8; Hi 1,19).

rūªḥ jām, der Westwind (»Meerwind«, vgl. noch G.Hort, ZAW 70, 1958, 51) begegnet nur selten (Ex 10,19); als vorherrschender Wind in Palästina war er offensichtlich weniger erwähnenswert. An ihn ist auch zu denken, wenn von den Begleiterscheinungen Wolken (*'āb* 1Kön 18,45; Ps 104,3; Hi 30,15) und Regen (*gǽšæm* 1Kön 18,45; 2Kön 3,17; Spr 25,14; *zǽræm* Jes 32,2; *māṭār* Jer 10,13 = 51,16 = Ps 135,7) gesprochen wird, vgl. auch Gen 3,8. Daß der Nordwind (*rūªḥ ṣāfōn* Spr 25, 23) den Regen bringt, entspricht anderen klimatischen Bedingungen (vielleicht ägyptischen, vgl. Gemser, HAT 16,92).

Wie stark der dynamische Charakter von *rūªḥ* war, zeigt sich auch daran, daß sich die Richtungsangabe erst relativ spät (von Ez an) von der konkreten Bewegung des Windes verselbständigen konnte. Der Grad der Abstraktion ist durchaus verschieden: *zrh lᵉkol-rūªḥ* »in alle Winde (= Himmelsrichtungen) zerstreuen« (Ez 5,10.12; 12,14; vgl. 17,21) steht der konkreten Bed. »Wind« noch recht nahe; weiter zurück tritt diese in *'arba' rūḥōt haššāmájim* »die vier Himmelsrichtungen« (Sach 6,5; Dan 8,8; 11,4; vgl. Sach 2,10); reine Richtungsangabe wird *rūªḥ* als Bezeichnung der Seiten des Tempels (1Chr 9,24; Ez 42,16–20).

b) *rūªḥ* kann durchaus auch den leichten Lufthauch bezeichnen (Jes 57,13 par. →*hǽbæl* »Hauch«; vgl. Gen 3,8, gegen N.H. Snaith, The Distinctive Ideas of the Old Testament, [3]1947, 145f.), doch ist eine Steigerung zum heftigen und stürmischen Wind sehr viel häufiger: adjektivisch *rūªḥ gᵉdōlā* (Jon 1,4; Hi 1,19), *rūªḥ qāšā* (Jes 27,8; vgl. Ex 10,19; 14,21), adverbiell mit *mālē'* (Jer 4,12); in Cs.-Verbindung *rūªḥ sᵉ'ārā* (Ez 1,4; Ps 55,9 txt em, vgl. BHS; 107,25; 148,8; mit Plur. *sᵉ'ārōt* Ez 13,11. 13), wohl pleonastisch zu verstehen, denn *sᵉ'ārā* bedeutet auch ohne *rūªḥ* »Sturm« (par. zu *rūªḥ* in Jes 41,16; ebenso *sá'ar* Jon 1,4; *sūfā* »Sturm« Jes 17,13; Jer 4,12f.; Hos 8,7; Hi 21,18). Aber auch ohne Näherbestimmung kann *rūªḥ* »Sturm« bedeuten (1Kön 19,11).

Wahrscheinlich hat auch die Gottesbezeichnung an einigen Stellen steigernde Funktion: *rūªḥ 'ᵉlōhīm* (Gen 1,2) und *rūªḥ Jhwh* (Jes 59,19) »Gottes- bzw. Jahwe-Sturm«, doch ist das umstritten (vgl. Westermann, BK I,148f. mit Lit.; dazu D.W. Thomas, A Consideration of Some Unusual Ways of Expressing the Superlative, VT 3, 1953, 209–224; Snaith, a.a.O. 153).

3. Die Verben, die mit *rūªḥ* verbunden sind, verteilen sich demgemäß fast ausschließlich auf zwei Gruppen: a) Verben der Bewegung, b) Verben des In-Bewegung-Setzens.

a) Der Wind bricht auf (*ns'* Num 11,31), bricht los (*bq'* ni. Ez 13,11 txt em, vgl. V.13), er kommt (*bō'* Jer 4,12; Ez 1,4; Hos 13,5; Hi 1,19), er ist in dauernd kreisender Bewegung (*sbb*, *hlk*, *šūb* Pred 1,6), er streicht vorbei (*'br* Ps 103,16; Hi 37,21; vgl. Gen 8,1). Auffällig ist, daß es die normalen Verben der Bewegung sind, die hier begegnen; die im Dt. feste Verbindung »der Wind weht« kommt im Hebr. nur ganz sporadisch vor (*nšb* Jes 40,7, vgl. hi. Ps 147,18). Das bedeutet aber: nicht die besondere Art der Bewegung ist das Entscheidende, sondern die Tatsache der Bewegung als solche.

Das wirft ein Licht auf das Verständnis von Gen 1,2. Das Verbum *rḥp* pi. bezeichnet nicht einen ersten Schöpfungsakt, sondern es ist gebraucht, weil auch in der Zustandsschilderung der »Welt vor der Schöpfung« *rūªḥ* ohne eine Bewegung einfach nicht denkbar ist (»und Gottessturm bewegte sich über der Wasseroberfläche«, Westermann, BK I,107.147–150).

b) Der Wind bewegt sich nicht nur, sondern setzt anderes in Bewegung. Die in ihm wirksame geheimnisvolle Kraft wird darin gerade sichtbar.

Sehr häufig begegnet ein Vorgang, den man sich seit alters auch beim Dreschen zunutze gemacht hat: der Wind zerstiebt das trockene Stroh (*ndp* Ps 1,4; *rdp* Jes 17,13; *pūṣ* hi. Jer 18,17). In der verkürzten Formulierung »wie Spreu vor dem Wind« (*mōṣ/qaš/tǽbæn lifnē rūªḥ*) ist dieser Vorgang zu einem beliebten Vergleich für den Untergang der Feinde und Frevler geworden (Jes 17,13; Jer 13,24; Ps 1,4; 35,5; 83,14; Hi 21,18; vgl. Jer 18,17; 22,22; Hab 1,11 txt?; Hi 15,30 txt em). Es gehört überhaupt zum Vermögen des Windes, daß er etwas aufheben, her- und wegtragen kann (*nś'* Ex 10,13.19; Jes 57,13; 64,5; aram. Dan 2,35). Hinzu kommen verschiedene, meist zerstörende Wirkungen: der Wind läßt Bäume erzittern (Jes 7,2), peitscht den Strom (Jes 59,19), wühlt das Meer auf (Ps 107,25; Dan 7,2), zerbricht die größten Schiffe (Ez 27,26; Ps 48,8) und zerreißt sogar Berge und Felsen (1Kön 19,11). Zur verdörrenden Wirkung des heißen Ostwindes s.o. 2a. So kann der Wind mit seinen zerstörerischen Wirkungen zum häufig gebrauchten Bild für Gottes Gericht werden (Jes 57,13; Jer 4,11.12; 49,36; Ez 13,11.13; 17,10; 19,12; Hos 4,19; 13,15; Ps 35,5; 48,8 u.ö.).

4. Dem Menschen gegenüber hat der Wind den Charakter des Nicht-Greifbaren und Flüchtigen. Das spiegelt sich syntaktisch darin, daß der Wind zwar häufig Objekt eines göttlichen (s.u. 5), selten aber eines menschlichen Handelns ist. Wohl kann der Mensch den Wind beobachten (2Kön 3,17; Pred 11,4), aber verfügen kann er über ihn nicht (Pred 8,8). Steht *rūªḥ* aber als Ziel menschlichen Handelns, so soll damit von vornherein ein sinnloses Tun dargestellt werden: »Wind weiden« (oder »sich mit Wind befreunden«, s. Wolff, BK XIV/1, 193.266 zu Hos 12,2), »Wind säen« (Hos 8,7), »Wind bergen« (Spr 27, 16), »Wind erben« (Spr 11,29; vgl. Jes 26, 18).

Von daher kann *rūªḥ* zur Bezeichnung der Nichtigkeit (Jes 41,29 par. *'ájin* [txt em], *'ǽfæs*, *tōhū*; vgl. Mi 2,11), Sinnlosigkeit und Nutzlosigkeit menschlichen Tuns werden und hat darin einen ähnlichen Bedeutungswandel durchgemacht wie →*hǽbæl* (par. zu *rūªḥ* in Pred 1,14; 2,11.17.26; 4,4.16; 6,9), allerdings in geringerem Ausmaß. Wie *hǽbæl* steht *rūªḥ* häufig in negativen Urteilen: so in der Konstruktion mit *l*ᵉ Jer 5,13 »die Propheten sind für Wind = sind nichts wert«; Hi 6,26; Pred 5,15; in Cs.-Verbindung Hi 15,2; 16,3; dann als Prädikat im Nominalsatz: Jes 41,29 (Gerichtsurteil über fremde Götter); Hi 7,7; 30,15; vgl. Ps 78,39 in einer Klage über die Vergänglichkeit des Lebens, ferner in den resignierenden Urteilen Kohelets über die menschliche Arbeit:

*r*ᵉ*'ūt rūªḥ* (Pred 1,14; 2,11.17.26; 4,4.6; 6,9) bzw. *ra'jōn rūªḥ* (Pred 1,17; 4,16) ist in der Bedeutung nicht ganz sicher. Wahrscheinlich ist es als Gen.obj. zu verstehen und meint »Streben nach Wind« = »sinnloses Streben« (meist abgeleitet von aram. *r'h* [vgl. hebr. →*rṣh*], wie es in *r*ᵉ*'ū* »Wille« Esr 5,17; 7,18 vorliegt). Dieses Verständnis wird durch Hos 12,2; Spr 27,16 usw. gestützt.

Die genaue Nuance des entwertenden Begriffs ergibt sich je aus dem besonderen Zusammenhang.

5. Es ist für das atl. Denken bezeichnend, daß es einerseits den Wind durchaus in seinen realen physikalischen Erscheinungen beobachten, ihn andererseits aber in mehr oder minder enge Beziehung zu Jahwe bringen kann. Die rätselhafte im Winde wirksame Kraft, sein unbekanntes Woher, legten es wohl besonders nahe, in ihm und seinen Wirkungen ein Handeln Gottes zu sehen.

a) *rūªḥ* ist Objekt, Mittel oder Begleiterscheinung eines göttlichen Handelns. Im Gegensatz zum Menschen hat Gott Gewalt über den Wind.

(1) Der Wind ist Mittel eines konkreten göttlichen Handelns in der Geschichte zur Rettung (Ex 14,21; Num 11,31) oder Bestrafung seines Volkes (Ez 13,11ff.). Jahwe veranlaßt seine Bewegung (Kausativstamm der Verben der Bewegung: Gen 8,1 *'br* hi.; Jer 49,36 *bō'* hi.; Ez 13,13 *bq'* pi.; Ps 147,18 *nšb* hi.) oder benutzt ihn als Mittel seines Handelns (*b*ᵉ instrumenti Ex 14,21; Jes 27,8); er bestellt (*mnh* pi. Jon 4,8; vgl. Ps 107,25) und schleudert (*ṭūl* hi. Jon 1,4) den Wind; dieser kommt durch Jahwe (*l*ᵉ Jer 4,12) oder bricht von ihm her auf (*ns'* *mē'ēt Jhwh* Num 11,31). Wie selbstverständlich stehen zuweilen Handeln Gottes und Aktion des Windes nebeneinander (Ex 10,13; Ez 13,11.13).

Daß der Wind von Gott herkommt, soll wohl auch die Cs.-Verbindung *rūªḥ Jhwh* in Jes 40,7 und Hos 13,15 ausdrücken (Gen. auctoris), möglicherweise ist sogar an ein direktes Blasen Jahwes gedacht (so Jes 27,8; 40,24); nichtsdestoweniger ist der konkrete heiße Wüstenwind gemeint.

(2) Der Wind ist Geschöpf Gottes und Zeichen seiner Majestät als Weltschöpfer. Gott hat den Wind geschaffen (*br'* Am 4, 13) und kann frei über ihn verfügen (Jer 10,13 = 51,16 = Ps 135,7; Ps 104,4; Hi 28,25; Spr 30,4). Winde sind seine Boten (Ps 104,4), der Wind vollzieht sein Wort in der Schöpfung (Ps 148,8; vgl. Ps 29), als Atem Gottes die Herrschaft über die Kreatur (Ps 147,18 par. *dābār* »Wort«).

(3) Zeichen der in Schrecken versetzenden Majestät Gottes ist der heftige Wind als Begleiterscheinung der Theophanien (Ez 1,4; Dan 7,2; vgl. *s*ᵉ*'ārā* in Hi 38,1; 40,6).

b) *rūªḥ* »Wind« ist identisch mit dem Atem Jahwes. Diese eigentümliche Ineinssetzung liegt vor (*rūªḥ* neben →*'af*, *n*ᵉ*šāmā* »Atem«, *nšp* »blasen«) in Ex 15, 8.10; 2Sam 22,16 = Ps 18,16; Jes 11,15; 30,28, vgl. V.33; Hi 4,9; 15,30; vielleicht 26,13. Dennoch sind die Wirkungen dieses Atmens, Blasens oder Schnaubens Jahwes denen des Windes und Sturmes recht ähnlich: Ex 14,21 wird vom Austrocknen des Meeres durch den Wind berichtet, das Lied Ex 15,8 besingt dasselbe Ereignis als Aufstauen der Wasser durch den Atem Gottes (vgl. Jes 11,15). Mythischer klingt schon

2Sam 22,16 = Ps 18,16: von Jahwes Schnauben und Schelten werden die Betten des Meeres und die Fundamente der Erde aufgedeckt; noch eindeutiger liegt Kampfgeschehen in Jes 30,28 vor: Jahwe verzehrt mit seinem Feueratem das feindliche Assur; zum Chaoskampf gehört wohl Hi 26,13. Auch die Frevler vernichtet er mit seinem Schnauben (Hi 4,9; 15,30; vgl. dazu die *sa'ªrat Jhwh*, die sich auf das Haupt der Frevler stürzt, Jer 23,19 = 30, 23).

Wie ist diese Identifikation zu beurteilen? Man wird wohl kaum den Wind generell als Atem Gottes verstehen dürfen (P. van Imschoot, Théologie de l'AT, I, 1954, 184), noch diese Stellengruppe als poetisch-metaphorische Redeweise abtun können (Scheepers, a.a.O. 130). Vielmehr ist es wichtig festzuhalten, daß die Vorstellung des Windes für die Israeliten so offen war, daß man in ihm durchaus – wenn auch nur in bestimmten Zusammenhängen – den Atem Gottes selber verspüren konnte.

Der ursprüngliche Zusammenhang sind wahrscheinlich die Epiphanievorstellungen (Jes 30,27–33; Ps 18,8–16 par.; dazu C. Westermann, Das Loben Gottes in den Psalmen, ⁴1968, 69–76; J. Jeremias, Theophanie, 1965). Es geht dann nicht um eine theoretische Ableitung des Windes aus dem Atem Gottes, sondern um eine Verquickung, die sich in dem machtvollen Kommen Gottes zur Rettung seines Volkes vollzieht (zu den einzelnen Vorstellungen, die z.T. übernommenes Gut sind, vgl. Westermann, a.a.O. 71; Jeremias, a.a.O. 73ff.); zum Kommen Gottes gehört auch das Einherfahren Jahwes auf den Flügeln des Windes (2Sam 22,11 = Ps 18,11; vgl. Hi 30,22; im Zusammenhang der Schöpfung Ps 104,3, dazu Jeremias, a.a.O. 88f.). In Verbindung mit der Vorstellung vom Chaoskampf (Hi 26,13) ist dann die Epiphanietradition auch in das Loblied Ex 15,8.10 hineingewandert (vgl. Jeremias, a.a.O. 96).

Gegen eine zu enge Verbindung Jahwes mit heftigen Winderscheinungen, wie sie sowohl in der Theophanie- wie in der Epiphanietradition (Jes 66,15; Nah 1,3; Sach 9,14) vorliegt, polemisiert offensichtlich 1Kön 19,11ff.

6. Eine Zwischenstellung zwischen der Grundbedeutung »Wind« und der übertragenen Bedeutung »Geist« nimmt *rūªḥ* in einer Gruppe von Stellen ein, in der von der Entrückung oder Entführung eines Propheten gesprochen wird (1Kön 18,12; 2Kön 2,16; Ez 3,12.14; 8,3; 11,1.24; 43, 5; vgl. Ez 37,1; Apg 8,39).

An Wind lassen die verwendeten Verben denken: →*nś'* (1Kön 18,12; 2Kön 2,16; Ez 3,12.14; 8,3; 11,1.24; 43,5), →*bō'* hi. (Ez 8,3; 11,1.24; 43,5), *šlk* hi. »werfen, verschlagen« (2Kön 2,16), dazu →*lqḥ* (Ez 3,14), →*nūªḥ* hi. (Ez 37,1; vgl. 40,1f.). Bis auf die letzten beiden Verben sind alle auch als Wirkung des normalen Windes belegt.

Dennoch geht es hier um außergewöhnliche Wirkungen (ein Gottesmann oder Prophet wird an einen anderen Ort versetzt) und um eine besondere *rūªḥ* (in den Elia-Erzählungen heißt sie *rūªḥ Jhwh*, bei Ez nur *rūªḥ*), doch steht zuweilen die Hand Jahwes und eine visionär geschaute Gestalt (Ez 8,3; 37,1; 40,1), einmal sogar Jahwe selber (37,1) in Konkurrenz zu ihr.

Wieder wird man nicht mit einem theoretisch abgeleiteten Sprachgebrauch, sondern mit einem besonderen, in populären Gottesmann-Traditionen beheimateten Vorstellungskreis zu rechnen haben. Dieser begegnet in der Frühzeit der isr. Prophetie, bezeichnenderweise aber nur als Erwartung anderer an die Propheten (Elia), und wird dann von Ez wieder aufgegriffen (Zimmerli, BK XIII, 1264f.), um den Abstand zwischen seinem exilischen Wohnort und Jerusalem, dem er Gericht anzusagen hat, zu überwinden (Ez 8,3; 11,24, vgl. V.1). Doch schillert bei ihm die Vorstellung zwischen realer und visionär erfahrener Ortsveränderung; das hat zur Folge, daß *rūªḥ* teilweise von der bewegenden Kraft zu einer Art visionärer Sphäre verwandelt wird (*bammar'æ bᵉrūªḥ 'ᵉlōhīm* »im Gesicht im Geiste Gottes« 11,24; vgl. 8,3; *bᵉrūªḥ Jhwh* 37,1). Diese Entführungen sind zu unterscheiden von den Entrückungen zu Gott (auch →*lqḥ* Gen 5,24; 2Kön 2,3), sonst wäre das Mißverständnis der Prophetenjünger 2Kön 2,16 gar nicht möglich. Die offensichtlich volkstümliche Vorstellung taucht in ntl. Zeit in Apg 8,39 und in den Entrückungen Jesu wieder auf.

7. Die zweite Grundbedeutung von *rūªḥ* ist »Atem«, aber nicht als etwas dauernd Vorhandenes, sondern als die sich im Atemstoß äußernde Kraft. Vom Vorgang des Ein- und Ausatmens her ist sie zugleich »im Menschen« und »außerhalb des Menschen«, geht sie von ihm aus und wirkt auf ihn ein.

rūªḥ bezeichnet nicht den »normalen« Atem, der zum Leben des Menschen hinzugehört (*nᵉšāmā*, im AT 24 ×, davon Hi 7 ×, Jes 4 ×, Jos 3 × ; *nšm* q. »schnauben« Jes 42,14; aram. *nišmā* »[Lebens-]Odem«

Dan 5,23; vgl. T.C. Mitchell, VT 11, 1961, 177–187), sondern den besonderen Atemvorgang, in dem sich die dynamische Vitalität des Menschen äußert.

Snaith, a.a.O. 144, hat die These aufgestellt: »The word ruach stands for hard, strong, violent breathing as against neshamah, which means ordinary, quiet breathing«. Doch läßt es Jes 42,14, wo das Verbum *nšm* das Schnaufen einer Gebärenden meint, zweifelhaft erscheinen, ob damit das Richtige getroffen ist. Es geht nicht um zwei Qualitäten des Atmens, sondern um zwei verschiedene Aspekte, unter denen das Atmen gesehen wurde: *n^ešāmā* meint den Atem, der das Lebendig-Sein vom Tot-Sein unterscheidet (Dtn 20,16; Jos 10,40; 11,11.14; 1Kön 15,29; 17,17; Ps 150,6), also als kreatürliche Grundgegebenheit mit mehr stetigem Charakter. Deswegen begegnet bei der Erschaffung des Menschen ursprünglich *n^ešāmā* (Gen 2,7); erst später konnte *rū^aḥ* gleichbedeutend gebraucht werden (s.u. 8).

Im Unterschied zu *n^ešāmā* bezeichnet *rū^aḥ* ursprünglich den Atem ganz unter dem Aspekt der dynamischen Vitalität. Als die Königin von Saba den ungeheuren Reichtum Salomos sieht, konstatiert der Erzähler: »und kein Atem war mehr in ihr« (1Kön 10,5 = 2Chr 9,4), d.h. ihr stockte der Atem vor Staunen, sie war »starr vor Staunen«. Um das wilde Einatmen geht es Jer 2,24 und 14,6 (*š'p rū^aḥ* »nach Luft schnappen, lechzen«), um das erregte Ausatmen Hi 8,2; 15,13; Jes 25,4 »Schnauben«, in welchem sich psychische Vitalität (Wut) entlädt (dazu s.u. 9a; vgl. auch das Schnauben Jahwes, s.o. 5b). Der Atem eines Kranken kann Ekel erregen (Hi 19,17).

»Hauch des Mundes/der Lippen« kann für das Geschehen wirkende Wort stehen (Ps 33,6; Jes 11,14); sie stehen auch in äg. wie bab. Texten häufig parallel (vgl. L. Dürr, Die Wertung des göttlichen Wortes im AT und im antiken Orient, 1938; J. Hehn, ZAW 43, 1925, 218f.).

In einer Gruppe von Stellen, die wohl als die ältesten in diesem Zusammenhang zu gelten haben, tritt die im Atem sich äußernde Vitalität des Menschen ganz in den Vordergrund: Gen 45,27; Ri 15,19; 1Sam 30,12; 1Kön 21,5. *rū^aḥ* ist hier die vitale Lebenskraft, die wieder zurückkehrt (*šūb*), wenn der fast verdurstete Simson trinkt (Ri 15,19) und der fast verhungerte Ägypter zu Essen bekommt (1Sam 30,12); sie ist der Elan, die psychische Spannkraft, der Lebenswille, der auf eine gute Nachricht hin aufleben (*ḥjh* Gen 45,27) oder aufgrund von »tödlichem« Ärger weichen kann (*sūr* 1Kön 21,5). Die Komplexheit der physisch-psychischen Vitalität macht der erbarmenswürdige Zustand Ahabs 1Kön 21,4f. deutlich: er fällt vor Ärger völlig in sich zusammen, legt sich ins Bett, dreht sich zur Wand, weil er niemanden sehen will, und ißt nichts mehr (vgl. Hi 17,1; Spr 15,4; theologisch abgewandelt Ez 2,2; 3,24).

A.R. Johnson, The Vitality of the Individual in the Thought of Ancient Israel, 1949, 28ff., will diese Bed. »Vitalität« direkt von der Grundbedeutung »Wind« ableiten: »just as the *rū^aḥ* qua ›wind‹ was observed to rise and sink, so this ebb and flow in one's vitality was described in terms of the absence or presence of *rū^aḥ*« (S. 29). Die Bed. »Atem« hält er dagegen für eine späte, möglicherweise nachexilische Abstraktion (S. 31f.). Es ist aber undenkbar, daß die Israeliten sich die Kraft der Vitalität ohne eine sinnenfällige Äußerung vorstellen konnten; doch hat Johnson insofern recht, als *rū^aḥ* nicht den Atem abgesehen von der hinter ihm stehenden Vitalität bezeichnen kann.

8. Es ist zu beobachten, wie der dynamische Charakter von *rū^aḥ* eingeebnet worden ist zu dem mehr stetigen, das Lebendig-Sein als solches bezeichnenden Atem. Diese Entwicklung zeigt sich einmal in den Götzenpolemiken von der späten Königszeit an (Jer 10,14 = 51,17; Hab 2,19; Ps 135,17), zum anderen im Zusammenhang des urgeschichtlichen Redens vom Menschen. Das alte Wort für den kreatürlichen, zum lebendigen Menschen hinzugehörigen Atem war *n^ešāmā* (s.o. 7); Gott hat sie ihm bei der Schöpfung eingeblasen (Gen 2,7; zu der weit verbreiteten Vorstellung s. Westermann, BK I, 281ff.). Erst seit der Zeit des Exils ist *rū^aḥ* in den Zusammenhang der Menschenschöpfung gelangt und konnte von da an wie *n^ešāmā* den »Lebensodem« bezeichnen: Gott gibt (*ntn* Jes 42,5), bildet (*jṣr* Sach 12,1) oder schafft (*'śh* Jes 57,16) ihn dem Menschen, oder Gottes Odem schafft und belebt den Menschen als ganzen (*'śh* und *ḥjh* pi. Hi 33,4); beide Vorstellungen werden identifiziert in Hi 27,3: Hiobs Lebensodem ist der Hauch Gottes. Ganz verdrängen konnte *rū^aḥ* den alten Sprachgebrauch mit *n^ešāmā* nicht (beide Wörter parallel in Jes 42,5; 57,16; Hi 27,3; 33,4; vgl. Hi 32,8).

Vorexilisch wären höchstens Gen 6,3 und 7,22, doch sind beide Stellen unsicher. Der »wunderliche Ausdruck« (so Gunkel, Gen. 63 zu 7,22) *nišmat rū^aḥ ḥajjīm* erklärt sich wohl am besten als redaktionelle Vermischung von *nišmat ḥajjīm* Gen 2,7 J und *rū^aḥ ḥajjīm* Gen 6,17; 7,15 P (das wird jetzt auch von P. van Imschoot, Théologie de l'AT, II, 1956, 5 Anm. 3, gegen RB 44, 1935, 482, angenommen). Gen 6,3 ist textlich und inhaltlich schwierig und steht dazu im Kontext einigermaßen isoliert. Das Nebeneinander von *rū^aḥ* und →*bāśār* begegnet sonst erst spät (Gen

6,17; 7,15; Num 16,22; 27,16 P; vgl. Hi 10,12; 34,14; Ps 78,39) und erweist den Text in dieser Gestalt als überarbeitet.

Möglicherweise kann Ez 37, der früheste Zusammenhang, in welchem *rūªḥ* in der Bed. »Lebensodem« vorliegt (allein achtmal), ein Stück weit aufhellen, wie es zu diesem Bedeutungswandel gekommen ist. Wenn Ez den verdorrten Gebeinen ihre Neuschöpfung anzukündigen hat (V. 5) und diese selber mitvollziehend visionär schaut, dann antwortet er damit auf einen Satz der Klage, der V. 11 auch zitiert wird: »Verdorrt sind unsere Gebeine und hin ist unsere Hoffnung« (Ps 22,15; 42,11; 102, 4; Hi 14,19; 17,15; Klgl 1,13; 3,4 u.ö.). In dieser Klage ist genau die Zerstörung der vitalen Lebenskraft gemeint, die *rūªḥ* ursprünglich bezeichnet. Indem nun Ez die Wende der Not mit eigentümlicher Realistik als Neubelebung der verdorrten Gebeine beschreibt, führt er *rūªḥ* in eine neue Bedeutungsebene über: Die zurückkehrende Lebenskraft wird analog zur Menschenschöpfung zum Lebensodem, der die Toten anbläst (*npḥ* wie Gen 2,7) und sie lebendig macht (*ḥjh* pi. V. 5.6.9. 10.14). Eine ähnliche Entwicklung läßt sich in der Heilsankündigung Jes 57, 14–21 aufzeigen. Es spricht dann einiges dafür, daß *rūªḥ* durch die Verquickung von Rettung und Menschenschöpfung in den Heilsankündigungen der Propheten in die Schöpfungssprache gedrungen ist, teils neben *nešāmā*, teils diese verdrängend.

In der Terminologie des P ist dieser Wandel bereits vollzogen: Die Lebewesen (früher *næfæš ḥajjā* Gen 2,7.19 u.ö.) heißen jetzt »Fleisch, in dem Lebensodem (*rūªḥ ḥajjīm*) ist« (Gen 6,17; 7,15); Gott wird als der angesprochen, der Lebensodem für alles Fleisch gibt (Num 16,22; 27,16). Das gleiche gilt für die Weisheit (Hi 10,12; 34,14; Pred 3,19.21.21; 12,7) und einige Psalmen (104,29f.; 146,4).

Möglicherweise im Zusammenhang mit diesem Bedeutungswandel steht ein Wandel im Reden von der Menschenschöpfung. Von der Gabe des Lebensodems wird jetzt mehr dynamisch gesprochen entsprechend dem Auf und Ab der menschlichen Vitalität: jederzeit kann Gott seinen Odem abziehen und wieder aussenden (Ps 104,29.30; Hi 34,14). Damit expliziert die fromme Weisheit die totale Abhängigkeit des Geschöpfes von seinem Schöpfer (Hi 10,12); sie bewegt sich damit durchaus in gemeinorientalischem Rahmen (Hehn, a.a.O. 213–218).

Die Bezeichnung des Königs als Lebenshauch Klgl 4,20 geht auf äg. Einflüsse zurück (häufig in den Amarnabriefen, vgl. Hehn, a.a.O. 218; Dürr, a.a.O. 104f.).

In Hi 32,8 liegt eine Verbindung von Gabe des Lebensodems und Gabe besonderer Weisheit vor.

9. a) Aus der komplexen Vitalität kann die psychische Komponente mehr in den Vordergrund treten. In dieser Verzweigung hat *rūªḥ* ein reiches Bedeutungsfeld ausgebildet: sie kann eine ganze Skala menschlicher Gemütsverfassungen bezeichnen, von den heftigsten Emotionen bis zum Erliegen jedes Elans.

Der ursprüngliche dynamische Charakter von *rūªḥ* zeigt sich auch hier: direkt bezeichnet *rūªḥ* nur die impulsiven, das Leben steigernden psychischen Kräfte wie Zorn, Wut (Ri 8,3; Jes 25,4; Ez 3,14; Spr 29,11; Pred 10,4; von Gott Sach 6,8), Mut, Durchhaltewillen (Num 14,24; Jos 2,11; 5,1; Spr 18,14), mit →*gbh* noch gesteigert zu Hochmut (ursprünglich positiv; belegt nur negativ: Spr 16,18; Pred 7,8; vgl. Ps 76,13), wie sie sich z.T. noch direkt im erregten Atem zeigen. Bei den deprimierenden, das Leben einschränkenden Gemütsverfassungen ist *rūªḥ* dagegen immer negativ qualifiziert (zumeist durch Cs.-Verbindung, aber auch adjektivisch und verbal): mit der niedrigen (Wurzel *špl* Jes 57,15; Spr 16,19; 29,23), zerschlagenen (*dakkā'* Jes 57,15; Ps 34,19; *nākē'* Spr 15,13; 17,22; 18,14), zerbrochenen (Wurzel *šbr* Jes 65,14; Ps 51,19; Spr 15, 4) und verlöschenden (*khh* Jes 61,3; Ez 21,12) *rūªḥ* ist immer die Zerstörung des Elans, der psychischen Spannkraft gemeint (vgl. auch Gen 26,35; 1Sam 1,15; Jes 54,6). Ursprünglich immer etwas Negatives, eine Not, wird dieser Vorgang später zu einer frommen Haltung umgewertet: Demut (Spr 16,19; 29,23) und Zerknirschtheit (Jes 66,2; Ps 34,19).

Dieser Gebrauch von *rūªḥ* berührt sich häufig mit dem von →*lēb* (par. Jos 2,11; 5,1; Jes 65,14; Ez 21,12; Ps 34,19; 51,19; Spr 17,22; vgl. 15,13). Ursprünglich bezeichnet *lēb* ein Organ (»Herz«), konnte dann aber ausgeweitet werden zu einem »focal point of a whole range of psychical activity« (Johnson, a.a.O. 77). Doch dürfen die Überschneidungen nicht dazu verleiten, *rūªḥ* analog zu *lēb* als »Sitz der Gefühle« zu bestimmen (so van Imschoot, a.a.O. II,34; vgl. ders., RScPhTh 23, 1934, 554; F. Baumgärtel, ThW VI,359f. u.a.). *lēb* ist von vornherein an den Menschen gebunden, ist etwas Vorhandenes, das dann allerdings an der dynamischen und ganzheitlichen Konzeption des atl. Menschenbildes teilhat. *rūªḥ* ist ursprünglich nicht in der gleichen Weise Bestandteil des Menschen, sondern eine Macht, die den Menschen nicht nur von innen heraus, sondern auch von außen her beherrschen kann (s.u. 9b). Auch wenn man die aus dem Animismus stammende »Doppelgängertheorie«, wie sie z.B. P. Torge, Seelenglaube und Unsterblichkeitshoffnung im AT, 1909, 2f., vertritt, mit Recht zurückgewiesen hat (so Eichrodt, II,86f.), so wird man sich vor einer zu schnellen Parallelisierung von *rūªḥ* und *lēb*, die später sicherlich ihr Recht hat (s.u. 10), zu hüten haben.

An der Art des Atems zeigt sich noch eine andere Gemütsverfassung: ist er »kurz« (Wurzel *qṣr* Ex 6,9; Hi 21,4; Spr 14,29; von Gott Mi 2,7), so weist er auf Nervosität und Ungeduld (vgl. das dt. »kurzatmig«); ist er »lang« (Wurzel *'rk* Pred 7,8), weist er auf Bedächtigkeit und Geduld (vgl. *qar* »kalt« Spr 17,27 K).

Häufiger ist die Zusammensetzung mit den Atmungsorganen: *'appájim* (→*'af* 3a; →*nǽfæš* III/1a).

b) Entsprechend ihrem ambivalenten Charakter kann *rūªḥ* auch als von außen kommende Macht psychische Wirkungen haben; meist sind diese pathologischer Art. Gerade die ins Krankhafte reichenden Gemütszustände werden ja bis heute nicht so sehr als ›eigene Stimmung‹, sondern als Verfallenheit an fremde Mächte erfahren. Im AT begegnen: die blinde Eifersucht (Num 5,14.14.30), die hemmungslose sexuelle Begierde (Hos 4,12; 5,4) und die Depression (1Sam 16,14.15.16.23.23; 18, 10; 19,9); sie alle sind Wirkung verschiedener Mächte: des Geistes der Eifersucht, der Hurerei und des bösen Geistes Gottes.

Die Bewertung dieser und noch einiger hinzukommender Stellen ist in der Forschung sehr kontrovers gewesen. An ihr spiegeln sich die beiden großen Richtungen des Verständnisses des Wortes *rūªḥ* in der Forschung der letzten hundert Jahre. Die ältere, von der vergleichenden Religionsgeschichte herkommende Richtung sah in diesen Stellen die ursprüngliche Bedeutung des Wortes *rūªḥ*, die »Dämon« gewesen sei; sie sei dann im Zuge einer Unterordnung unter Jahwe verlorengegangen und habe sich im Judentum wieder verselbständigt (vgl. B. Stade, Biblische Theologie I, 1905, 99; P. Volz, Der Geist Gottes und die verwandten Erscheinungen im AT und im anschließenden Judentum, 1910, 2ff.; P. Torge, Seelenglaube und Unsterblichkeitshoffnung im AT, 1909, 14ff.; noch J. Hempel, Gott und Mensch im AT, ²1936, 105). Diese Sicht ist von der neueren Richtung entschieden zurückgewiesen worden (P. van Imschoot, RScPhTh 23, 1934, 574ff.; ders., Théologie de l'AT I, 194; Eichrodt II,28; Scheepers, a.a.O. [s.o. I] 96–119).

Diese geht bewußt von dem biblischen Tatbestand aus und verweist darauf, daß nach dem ganzen Sprachgebrauch (Verben, fast immer fem. Geschlecht, nie Plur. in dieser Bedeutung) *rūªḥ* hier nicht als persönliches Wesen, sondern als unpersönliche Macht verstanden worden ist (ein Sonderfall ist 1Kön 22,22). Doch fragt sich, ob diese scharfe Alternative das Eigentliche trifft (vgl. etwa das Ineinander von Wind und Dämonen im Babylonischen, J. Hehn, ZAW 43, 1925, 221). Wichtiger ist, daß es die gleichen existentiellen Erfahrungen sind, die hinter dem »Dämonenglauben« und dieser biblischen *rūªḥ*-Vorstellung stehen (das räumen auch van Imschoot, a.a.O. I,194; II,29f., und Eichrodt II,28 Anm. 30, ein). Von da aus erhält die hier getroffene Zuordnung dieser Stellengruppe ihre Berechtigung (ähnlich Johnson, a.a.O. 34f.).

Auch wenn es im AT nicht zu einer ausgebildeten Dämonenvorstellung kommen konnte, so zeigt sich die Eigenständigkeit dieser Mächte daran, daß *rūªḥ* überall von den verschiedenen Wirkungen her (Geist der Eifersucht Num 5,14 u.ö.; der Hurerei Hos 4,12; 5,4; des Taumelns Jes 19,14; des Tiefschlafs Jes 29,10; der Unreinheit Sach 13,2), kaum aber nach ihrer Herkunft qualifiziert ist (nur 1Sam 16,14 »von Jahwe«; 16,15.16.23 und 18,10 »böser Gottesgeist«; 19,9 »böser Jahwegeist«). Wohl kann Jahwe diese Mächte schicken (Ri 9, 23; 2Kön 19,7 = Jes 37,7), dennoch behalten sie eine gewisse eigene Aktivität.

In der Aufstiegserzählung Davids dient das Motiv von der bösen *rūªḥ*, die Saul überfällt, dazu, den Fluch des zum Abstieg Verurteilten auszumalen (1Sam 16ff.); zur Linderung der Depressionen kommt David an den Königshof, doch gerade aus ihnen erwachen die Mordanschläge Sauls. Noch direkter auf das politische Geschehen bezogen ist die *rūªḥ*, die Zwietracht (Ri 9,23) und Verwirrung (2Kön 19,7 par.) stiftet (vgl. Jes 19,14). Die Propheten erklären damit den unverständlichen Abfall (Hos 4,12; 5,4) und die Verstockung Israels (Jes 29,10; vgl. Sach 13,2).

10. *rūªḥ* wird in Angleichung an die von einer Organbezeichnung herkommenden anthropologischen Begriffe (vor allem *lēb* »Herz«) Willens- und Aktionszentrum des Menschen. Ihr ursprünglich dynamischer Charakter wird damit weitgehend eingeebnet; er bleibt nur insofern bestehen, als das gesamte atl. Menschenverständnis ein mehr dynamisches ist. Erst in diesem abgeleiteten Bedeutungszusammenhang kann *rūaḥ* auch einige Male den menschlichen »Geist« bezeichnen, aber nicht so sehr als Teil, sondern als Vermögen des Menschen. Einerseits meint *rūaḥ* das Innerste des Menschen, andererseits die ganze Existenz; so kann sie in der poetischen Sprache ein Synonym für »ich« werden.

Die recht große Anzahl von Stellen, die hierhin gehören, kann doch nicht darüber hinwegtäuschen, daß es sich um einen meist späten und abgeleiteten Gebrauch handelt. Auch hier scheint Ezechiel die ausweitende Entwicklung des *rūaḥ*-Begriffes entscheidend mit gefördert zu haben, als er das neue Willenszentrum, das zur Umkehr und zum neuen Gebotsgehorsam nötig ist, nicht nur *lēb ḥādāš* »neues Herz« (Ez 18,31; 36,26) und *lēb bāśār* »fleischernes Herz« (11,19; 36,26 im Gegensatz zum alten »steinernen Herzen«), sondern daneben auch noch *rūaḥ ḥadāšā* »neuen Geist« nannte (11,19; 18,31; 36,26). Diese Gleichsetzung von *rūaḥ* und *lēb* beherrscht die weitere Wortgeschichte: Ex 35,21 (»freiwillig«, mit *lēb* V. 5.22); Dtn 2,30; Ps 51,12.14; 78,8; Dan 5,20; vgl. Spr 16,32; 25,28.

Wie *lēb* kann *rūaḥ* von Ez auch allgemeiner als geistiges Zentrum, »Verstand« gebraucht werden: Ez 11,5; 20,32 (mit *lēb* 14,4.7). *rūaḥ* bezeichnet auf dieser Linie das Vermögen besonderer Klugheit (Jes 19,3; 40,13 von Gott, par. *ʿēṣā* »Rat«, vgl. Jer 19,7; Hi 20,3?), die geheimen Gedanken (Spr 16,2; vgl. mit *lēb* 1Sam 16,7).

rūaḥ ist das Aktionszentrum eines Menschen, das Gott erregen (*ʿūr* hi.) und ihn damit zu einer Entscheidung oder Handlung bringen kann (Jer 51,11, vgl. V. 1; Esr 1,1.5; 1Chr 5,26.26; 2Chr 21,16; 36, 22). Hier wirkt der dynamische Charakter von *rūaḥ* noch nach. Ähnlich ist der eigenartige innere Drang, der in einer sekundären Augestaltung der Thronwagenvision Ezechiels den Gleichlauf von Tieren und Wagen bewirkt (Ez 1,12.20.21; 10,17).

rūaḥ ist das »Innerste« (Mal 2,15.15.16; Ps 32,2; 106,33; 142,4; 143,4 par. *lēb*; Pred 7,9), aber nicht als Teil, sondern als das, was die ganze Existenz ausmacht (Gen 41,8; Dan 2,1.3; 7,15). Von dem ganzheitlichen atl. Menschenverständnis her steht sie in den Psalmen, besonders in den Klagen des Einzelnen, für die ganze Existenz, das Ich des Beters (Jes 26,9; Ps 31, 6; 77,4.7; 143,7; Hi 6,4; 7,11; 17,1; vgl. 10,12).

11. Außergewöhnliche menschliche Fähigkeiten können im populären Sprachgebrauch auf eine übernatürliche, ja göttliche *rūaḥ* zurückgeführt werden. Joseph und Daniel, die die besondere Gabe der Traumdeutung besitzen, werden als Männer bezeichnet, in denen der göttliche Geist (*rūaḥ ʾᵉlōhīm* Gen 41,38) bzw. der Geist der heiligen Götter ist (Dan 4,5.6. 15; 5,11.12.14; vgl. 6,4), und zwar beide von Nichtisraeliten, so daß man eine außerisraelitische Redeweise vermuten könnte. Möglicherweise hängt dieser Sprachgebrauch mit Gottesmann-Traditionen (2Kön 2,9.15) und einem populären Prophetenverständnis zusammen (Hos 9,7); auch das Reden von den besonderen Fähigkeiten des messianischen Königs mag hier eine seiner Wurzeln haben (s.u. IV/4b).

IV. 1. Es war an vielerlei Stellen zu beobachten, wie die konkreten Bedeutungen »Wind« und »Atem« in einen nicht mehr sinnlich wahrnehmbaren Bereich vorstießen, ohne allerdings damit weniger real zu sein. Man mag hier »Geist« übersetzen, man mag auch von einer ›übertragenen Bedeutung‹ reden, doch muß man sich im klaren sein, daß die Übergänge fließend sind, weil die geheimnisvolle im Wind und Atem wirksame Kraft von vornherein offen ist auf Gott hin. Darum ist der spezifisch theologische Gebrauch von *rūaḥ* als Geist Jahwes oder Geist Gottes weder terminologisch noch sachlich scharf von dem »profanen« Gebrauch abgegrenzt.

rūaḥ Jhwh begegnet 27× (darin die Doppelüberlieferung 1Kön 22,24 = 2Chr 18,23; die LXX weicht in der Gottesbezeichnung vom MT ab in 1Sam 11,6; 19, 9; einmal begegnet ferner die abgewandelte Form *rūaḥ ʾᵃdōnāj Jhwh* Jes 61,1). Zur Grundbedeutung »Wind« gehören davon drei Stellen (Jes 40,7; 59,19; Hos 13,15, s.o. III/2b.5a); eine Zwischenstellung zwischen »Wind« und »Geist« nimmt die *rūaḥ Jhwh* bei den Prophetenentführungen ein (1Kön 18,12; 2Kön 2,16; dazu Ez 37, 1, s.o. III/6). Zu den psychischen Reaktionen gehört Mi 2,7 »Jahwes Ungeduld« (III/9a); sogar die den Menschen von außen befallende depressive Macht kann *rūaḥ Jhwh* heißen (1Sam 19,9, LXX πνεῦμα θεοῦ; s.o. III/9b). Auch *rūaḥ* als besondere geistige Fähigkeit konnte auf Jahwe übertragen werden: Jes 40,13 (s.o.

III/10). Für den spezifisch theologischen Gebrauch verbleiben 18 bzw. 19 Stellen (Ri 3,10; 6,34; 11,29; 13,25; 14,6.19; 15,14; 1Sam 10,6; 16,13.14; 2Sam 23,2; 1Kön 22,24 = 2Chr 18,23; Jes 11,2; 63,14; Ez 11,5; Mi 3,8; 2Chr 20,14; dazu Jes 61,1).

rūªḥ 'ªlōhīm begegnet 16×, dazu 5× aram. *rūªḥ 'ªlāhīn* (die LXX schwankt 1Sam 11,6; 19,9). Zur Grundbedeutung »Wind« gehört wahrscheinlich Gen 1,2 (s.o. III/2b). Die Macht, die Saul in Depressionen stürzt, heißt viermal *rūªḥ 'ªlōhīm (rā'ā)* (III/9b). Zu Ez 11,24 s.o. III/6, zu Hi 27,3 *rūªḥ 'ªlōªh* und 33,4 *rūªḥ 'ēl* s.o. III/8. Rechnet man die besondere Begabung zur Traumdeutung (Gen 41,38; Dan 4,5.6.15; 5,11.14; s.o. III/11) nicht zum engeren theologischen Gebrauch, so verbleiben für diesen 9 Stellen (Ex 31,3; 35,31; Num 24,2; 1Sam 10,10; 11,6; 19,20.23; 2Chr 15,1; 24,20).

Hinzu kommen an die 20 Stellen, in denen *rūªḥ* durch ein Suffix der 1.Sing. (Jes 30,1; 42,1; 44,3; 59,21; Ez 36,27; 37,14; 39,29; Jo 3,1.2; Hag 2,5), der 2.Sing. (Ps 51,13; 139,7; 143,10; Neh 9,20.30) und der 3.Sing. (Num 11,29; Jes 48,16; 63,10.11; Sach 7,12) auf Jahwe bezogen ist (abgesehen wurde hier von den Fällen, in denen der Atem Jahwes gemeint ist, s.o. III/5b). Aus sachlichen Erwägungen wird man noch Num 11,17.25.25.26; 27,18; 1Kön 22,21.22.23 = 2Chr 18,20.21.22; 2Kön 2,15; Jes 31,3; Hos 9,7 hinzuzunehmen haben, so daß sich für den theologischen Gebrauch insgesamt über 60 Stellen ergeben, doch bleiben gerade in der letzten Gruppe viele Unsicherheiten.

Es sind also durchaus sehr verschiedene Erfahrungen von *rūªḥ* mit Gott in Verbindung gebracht worden; dennoch geschah das nicht wahllos, sondern hat zu besonderen, wenn auch nicht immer leicht abgrenzbaren Traditionen innerhalb der atl. Geschichte geführt (IV/2–6).

2. In der Frühzeit hat der Geist Gottes in zwei Zusammenhängen einen festen Ort gehabt: a) im charismatischen Führertum, b) in der ekstatischen Prophetie (zuerst deutlich herausgestellt von P. van Imschoot, L'action de l'esprit de Jahvé, RScPhTh 23, 1934, 556ff.; vgl. Théologie de l'AT, I, 184f.192; vgl. noch A. Jepsen, Nabi, 1934, 12–40). In beiden Zusammenhängen ist *rūªḥ* eine dynamisch explosive Kraft, die einen Menschen überfällt und ihn für kurze Zeit zu besonderen Aktionen befähigt.

Den dynamischen Charakter zeigen die gebrauchten Verben: *ṣlḥ 'al* »auf jemanden eindringen« (Ri 14,6.19; 15,14; 1Sam 10,6.10; 11,6; mit *'æl* 1Sam 16,13; 18,10), →*lbš* »anziehen« (Ri 6,34; 1Chr 12,19; 2Chr 24,20), *p'm* »stoßen« (Ri 13,25), *hjh 'al* »kommen über« (Num 24,2; Ri 3,10; 11,29; 1Sam 19,20.23, vgl. 16,16; 2Chr 15,1; 20,14; mit *'æl* 1Sam 16,23), *npl 'al* »fallen auf« (Ez 11,5). Man beachte, daß sich die *rūªḥ Jhwh* hinsichtlich der dynamischen Verben von der depressiven Macht, die Saul überfällt, nicht unterscheidet.

a) Die Erscheinung des charismatischen Führertums in der Frühzeit Israels ist in notwendiger Weise an die *rūªḥ Jhwh* gebunden. Sie ist die Weise, in welcher Jahwe in dieser Epoche die Rettung seines Volkes erwirkt: die von ihr ergriffenen Männer werden Mittler der Rettungstat. In ihren kriegerischen Aktionen schien Jahwe selber die Führung zu ergreifen, ihre Kriege waren letzten Endes »Kriege Jahwes« (dazu R. Smend, Jahwekrieg und Stämmebund, 1963, bes. 20ff.).

Wie fest die *rūªḥ Jhwh* mit dieser Epoche israelitischer Geschichte verbunden war, wird daran deutlich, daß der Dtr. den Richtererzählungen ein programmatisches Stück vorfügt (Ri 3,7–11), in welchem sein Schema von Abfall-Gericht-Klage-Rettung (2,11–16) charakteristisch abgewandelt ist: die *rūªḥ Jhwh* kam über Othniel (3,10). Auch für einen Späteren war also diese Epoche durch die *rūªḥ Jhwh* entscheidend geprägt. Weniger fest ist überliefert, an welcher Stelle des Jahwekrieges sie ihren Ort gehabt hat. Über Jephtha kommt sie unmittelbar vor der Kampfhandlung (Ri 11,29), Gideon und Saul treibt sie dazu, erst einmal den Heerbann zusammenzurufen (Ri 6,34; 1Sam 11,6); in allen drei Fällen jedoch ist es sie, die die Aktionen in Gang setzt, steht ihr Kommen an der Spitze einer Kette von Verbalsätzen. Verschieden ist auch das Verhältnis von Berufung und Geistergriffenheit: Während Saul scheinbar zufällig vom Geist Jahwes überfallen und damit zum Retter erweckt wird, ist Jephtha schon ein von den Ältesten bzw. dem Volk verpflichteter Heerführer (Ri 11,10f.) und Gideon zuvor schon von Gott berufen (Ri 6,14f.). Doch in allen Fällen bleibt die Geistergriffenheit ein einmaliges, vorübergehendes Geschehen, das ursprünglich nicht zu einem stetigen Amt legitimiert; das schließt nicht aus, daß Gideon erfolglos, Saul mit Erfolg die Königswürde angetragen wurde (Ri 8,22ff.; 1Sam 11,14), und daß Jephtha das Amt eines »kleinen Richters« wahrgenommen hat. Mit dem Aufkommen einer stetigen politischen Institution mußte der dynamische *rūaḥ*-Begriff schwerwiegende Umwandlungen erfahren (s.u. 4).

Eine besondere Stellung nehmen in diesem Zusammenhang die Simson-Erzählungen ein. Urtümlicher als in den Erzählungen vom Jahwekrieg bewirkt die *rūaḥ Jhwh* hier eine augenblickliche Steigerung der Vitalität und Kraft (Ri 14,6.19; 15,14), die nur insofern locker mit der Geschichte Israels verbunden ist, als sie im Verhältnis zu der Besatzungsmacht der Philister eine gewisse Rolle spielt, die aber keine Rettung bewirkt, sondern primär Machtdemonstration ist (Zerreißen des Löwen Ri 14,6; der Fesseln 15,14). Noch dazu wird die besondere Kraft in den Erzählungen nicht nur auf die *rūaḥ Jhwh* zurückgeführt (vgl. 13,4f.; 16,3.28). Ob man hier eine Vorstufe zum theologischen Sprachgebrauch oder dessen Verwilderung finden will, auf jeden Fall können diese Stellen den fließenden Übergang von theologischem und anthropologischem Gebrauch deutlich machen: die *rūaḥ Jhwh* führt zu einer außergewöhnlichen menschlichen Vitalität, wie sie auch Saul in entsprechende psychische Erregung versetzt (1Sam 11,6). Doch sind diese Phänomene in der Tradition der Kriege Jahwes zu einem die Rettungsgeschichte konstituierenden Element geworden.

b) Neben den Charismatikern hat man offensichtlich auch die ekstatische Prophetie mit der *rūaḥ* in Verbindung gebracht. Diese wird ganz überwiegend *rūaḥ 'ælōhīm* genannt (Ausnahme: 1Sam 10,6), und darin spiegelt sich möglicherweise der kanaanäische Ursprung dieser Erscheinung. Die *rūaḥ* kommt über die ganze Gruppe und bringt sie in Verzückung (*nb'* hitp.), sie ist aber nicht auf diesen Kreis beschränkt, sondern kann Unbeteiligte, die in die Nähe geraten, überfallen, so Saul (1Sam 10,10; 19,23) und seine Knechte (19,20f.). Der ansteckende Charakter war offenbar gerade das Auffällige dieser Erscheinung. Obwohl die Wirkung der *rūaḥ* (Ekstase) nur vorübergehend war (19,24), ist sie doch wiederholbar und in gewisser Weise provozierbar gewesen; darauf deuten die Musikinstrumente 1Sam 10,5f. (vgl. 2Kön 3,15ff.). Möglicherweise beruht auf diesem Unterschied zur *rūaḥ Jhwh* in den Jahwekriegen das Spottwort: »Ist Saul etwa unter den Propheten?« (1Sam 10,12; 19,24), gemeint in dem Sinn: Kann Saul etwa die *rūaḥ Jhwh* in den Jahwekriegen genauso immer wieder provozieren, wie es die ekstatischen Propheten mit der *rūaḥ 'ælōhīm* tun, so daß er daraufhin ein stetiges Führungsamt beanspruchen könnte? (Deutung von E. Ruprecht). Das Sprichwort ist später mißverstanden worden und hat Erzählungen gebildet, welche die prophetische Ekstase, die 1Sam 10,6 durchaus positiv gesehen wird, stark negativ zeichnen (10,10–13a; 19,8–24; ähnlich negativ 18,10, wo die Ekstase mit dem bösen Geist Gottes in Verbindung gebracht wird); man wird darum in der Deutung der einzelnen Züge vorsichtig sein müssen. Nur soviel ist deutlich, daß *rūaḥ* in diesem Traditionszusammenhang nicht auf die Vermittlung eines Wortes hinzielt; deswegen fehlt eine feste Bindung an die Geschichte wie beim charismatischen Führertum (s.o. a), die Erscheinung als Ganze bleibt episodenhaft.

Zuweilen kann auch die »Hand Jahwes« (→*jād* 4b) ekstatische Erscheinungen bewirken (2Kön 3,15; vgl. Ez 8,1; 37,1; 40,1) und außergewöhnliche Kraft vermitteln (1Kön 18,46). Daran zeigt sich, daß der Geist Gottes nicht die einzige Weise war, außergewöhnliche Erscheinungen dieser Art zu beschreiben.

Stark abgewandelt taucht diese Tradition in dem späten Zusatz Num 11,14–17. 24b–30 wieder auf. Hier sind späte prophetische Gruppen offenbar daran interessiert, ihre *rūaḥ* von der des Mose herzuleiten, die dieser von Amtes wegen besitzt. Damit ist *rūaḥ* zu etwas durchaus Stetigem geworden (vgl. das Verbum *nūaḥ* »ruhen« 11,25.26; vgl. 2Kön 2,15), und auch die Verzückung (*nb'* hitp. 11,25–27) scheint ein dauernder Zustand, eine fromme Haltung zu werden (l *welō jāsūfū* »und hörten nicht mehr auf«, vgl. Noth ATD 7,74). Wieder eine andere Gruppe hat gegen die Beschränkung der *rūaḥ* auf die Siebzig das alte dynamische Element geltend gemacht: sie kann über eine Entfernung hinweg Eldad und Medad in Verzückung geraten lassen (V. 26–28; Verbindung von Schriftauslegung und Inspiration wie Jes 34,16?). Ein noch Späterer wünscht sich die Ausweitung des *rūaḥ*-Besitzes auf das ganze Volk (V. 29; dazu s.u. 5).

3. a) Es gibt dagegen keinen ursprünglichen Zusammenhang zwischen *rūaḥ Jhwh* und der Vermittlung eines göttlichen Wortes. Diese begegnet nur vereinzelt, aber ganz uneinheitlich in der »vorklassischen Prophetie«, sie fehlt dagegen völlig in der Schriftprophetie von Amos bis Jeremia. Erst in nachexilischer Zeit wird die Prophetie selbstverständlich als Wirken des göttlichen Geistes verstanden.

Obgleich der auffällige Tatbestand, daß *rūaḥ Jhwh* in der Schriftprophetie so gut wie ganz fehlt, seit langem beobachtet worden ist und immer wieder notiert wird (z.B. Volz, a.a.O. [III/9b] 62ff.; P.van Imschoot, RScPhTh 23, 1934, 570f.; J. Hänel, Das Erkennen Gottes bei den Schriftpropheten, 1923, 172f.; Köhler, Theol. 103), wird er doch immer wieder, z.T. von den gleichen Forschern, verwischt. So kann Hänel den Geist »Triebkraft zum Reden« nennen (S. 168), Scheepers »the mediator of divine words« (S. 312), vgl. van Imschoot, a.a.O. 571–573; Snaith, a.a.O. 154. Das läßt sich nur aus dem Zwang christlicher Tradition verstehen, in der »Geist« unter den Oberbegriff »Offenbarung« gehört (so in der Theologie von van Imschoot »agent actif de la révélation« I,183; Hänel § 11: »Der unmittelbare Offenbarungsempfang«; Köhler § 39: »Gott offenbart sich durch den Geist«).

Die zur Rechtfertigung angeführten Belege sind immer wieder Hos 9,7; Mi 3,8; Jes 30,1; 31,3. Doch bezeugt Hos 9,7 nur, daß in populärer Auffassung der *nābī'* »Prophet« auch *'īš hārūªḥ* »Mann des Geistes« genannt werden konnte, was am ehesten an mögliche Gottesmanntraditionen denken läßt (2Kön 2,9.15). Mi 3,8 ist syntaktisch überfüllt: abhängig von *kōªḥ* »Kraft« erscheinen neben *rūªḥ Jhwh* noch *mišpāṭ* »Recht« und *gᵉbūrā* »Stärke« (vgl. Jes 28,6). Ob man nun *rūªḥ Jhwh* streichen will (J.Wellhausen u.a.) oder nicht, der Nachsatz »um Jakob seine Übertretung und Israel seine Sünde zu verkünden« ist doch nur aus einem weiten Abstand zur Prophetie zu formulieren (vgl. Dtr.); darüber hinaus macht das Verbum *ml'* »voll sein« wahrscheinlich, daß es sich hier um eine Glosse handelt; es begegnet mit *rūªḥ* sonst nur bei P (Ex 31,3; 35,31; Dtn 34,9).

Es bleiben die beiden Stellen Jes 30,1 und 31,3; doch berechtigen sie wohl kaum zu Köhlers Urteil: »Jesaja ist der Prophet des Geistes Gottes« (Köhler, Theol. 104). In der Hauptsache sind zwei Möglichkeiten der Deutung dieser Stellen erwogen worden:

(1) Der Geist ist das innere Wesen Gottes; sie beruft sich darauf, daß 30,1 »von mir«, 31,3 *'ēl* »Gott« parallel steht (z.B. F.Baumgärtel, ThW VI,361f.; Lys, a.a.O. 84ff.; van Imschoot, a.a.O. I,197).

(2) Es ist speziell der durch den Propheten wirksame Geist gemeint; dafür sprächen die Formulierungen »meinen Mund fragen (*š'l*)« und »Jahwe befragen (*drš*)« (30,1; 31,1), so z.B. van Imschoot, RScPhTh 23, 1934, 572; B.Duhm, Das Buch Jesaja, 1892, 192 zu 30,1.

Gegen (1) spricht grundsätzlich, daß es sich um eine zu abstrakte, dem atl. Denken fremde Vorstellung handelt, auch wenn von den Neueren die dynamische Seite mehr betont wird. Gegenüber (2) wäre zu fragen, ob nicht doch eher ein Machtwirken Jahwes als ein Wirken durch das Wort gemeint ist (besonders in 31,3).

Fragt man nach konkreten Machtwirkungen Gottes, so bietet sich wie von selbst die Tradition des Jahwekrieges an. Die Vermutung, daß Jesaja hier diese Tradition in verkürzter Redeweise aufnimmt, erhält darin eine Stütze, daß er sich in einer anderen vergleichbaren Situation ebenfalls auf diese bezieht (bes. Jes 7,9), wie G. von Rad gezeigt hat (von Rad II,170f.). Gegenüber ängstlich politischem Kalkül hält Jesaja daran fest, daß allein der Geist Gottes zur Rettung befähigen kann, durch den Jahwe selber in den Kampf eingreift (31,4f.; vgl. Ri 5,4f.). Weder Verträge (30,1) noch die Kriegsmacht der Verbündeten (31,3) haben mit dieser *rūªḥ* zu tun, noch können sie auch nur entfernt Ähnliches leisten (vgl. auch Sach 4,6). Gottesbefragung hat es ebenfalls im Jahwekrieg gegeben (Jos 9,14; Ri 1,1; 18,5; 20,18.23.26f.; vgl. C.Westermann, KuD 6, 1960, 10); möglicherweise ist hier an eine Befragung durch den Propheten gedacht (vgl. 1Kön 22,5ff.; Vermischung von *š'l*-Befragung und *drš*-Befragung [→*drš* 4b]; etwas anders Westermann, a.a.O. 21). So spricht viel dafür, daß die Stellen Jes 30,1; 31,3 nicht von der Prophetie her, sondern von den Jahwekriegen her zu verstehen sind.

b) Der Grund für das auffällige Fehlen von *rūªḥ Jhwh* in der Schriftprophetie (nur Ez bildet eine Ausnahme) mag darin gesucht werden, daß sich die von ihr bekämpfte »Heilsprophetie« z.T. auf sie berief. Dafür spricht die Auseinandersetzung Micha ben Jimlas mit den Hofpropheten Ahabs (1Kön 22 = 2Chr 18).

Im Streit um das rechte Gotteswort führt Micha eine Vision an, die nur dann sinnvoll ist, wenn sich seine Gegner auf eine Vermittlung des Gotteswortes durch die göttliche *rūªḥ* beriefen. Er gesteht ihnen zu: Wohl ist der Geist in ihrem Mund, auch hat Gott ihn gegeben (V. 23), doch ist es ein Lügengeist (*rūªḥ šæqær*, V. 22.23), der sich auf Jahwes Auftrag hin aus dem himmlischen Hofstaat aufgemacht hat, um Ahab zu betören (*pth* pi., V. 20.21.22). Die Personalisierung (*hārūªḥ* »der Geist«, V. 21) mag alte Vorstellungen aufnehmen, hier dient sie allein polemischen Zwecken. Daß Micha in das Zentrum der theologischen

Legitimierung seiner Gegner trifft, zeigt die wütende Reaktion ihres Wortführers Zedekia. Seine Frage, wie denn die *rūªḥ Jhwh* von ihm zu Micha herübergelangt sein könne (*'br*), um mit ihm zu reden (*dbr* pi., V. 24), macht deutlich, daß die Heilspropheten ihre Worte als Worte des Geistes selber verstanden, der in gewisser Weise an ihre Person gebunden war; doch ist Text und Vorstellung nicht ganz sicher. Micha beruft sich statt dessen auf das Reden Jahwes (V. 14.28). Das Wort Jahwes, ohne jede Vermittlung, wird dann auch einzige Legitimation bei den Schriftpropheten (vgl. die Botenformel, →*'mr* 4).

c) Doch bleiben Herkunft und Art der *rūªḥ*-Vorstellung in dieser »vorklassischen« Epoche der Prophetie weitgehend im Dunkeln. Gegen eine einlinige Ableitung aus der ekstatischen Prophetie spricht schon das Vorkommen von *rūªḥ* im Sehertum (Num 24,2; vgl. 2Sam 23,2). Doch ist weder die Terminologie (Num 24,2 *rūªḥ 'ælōhīm*; 2Sam 23,2 *rūªḥ Jhwh*) noch die Vorstellung (dynamisch - statisch) in diesem Traditionszweig einheitlich. Noch hinzu kommen Gottesmanntraditionen bei Elia/Elisa (2Kön 2,9.15); hier ist die *rūªḥ* so fest an eine Person gebunden, daß sie nach dem Erstgeburtsrecht vererbt werden kann; sie wirkt aber kein Wort, sondern reine Machtdemonstrationen (2Kön 2, 14f.).

d) Erst in nachexilischer Zeit, als der Geist Gottes seine spezifischen Funktionen weitgehend verloren hatte, ist auch die Prophetie im Rückblick als Wirken des Geistes verstanden worden (Neh 9,30; Sach 7,12, man beachte die terminologische Fixierung »durch seinen Geist vermittels seiner Propheten«; vgl. Mi 3,8; Ez 11, 5 Glosse). So versteht die Chronik alles prophetische Reden als inspiriertes Reden (2Chr 15,1; 20,14; 24,20), das aber nicht auf die Propheten beschränkt ist (1Chr 12, 19). Zwar schloß man sich an den alten Sprachgebrauch der Frühzeit an (s.o. IV/2), doch zeigen die Trost- und Mahnreden nur zu deutlich ein Verständnis von Prophetie, das frühestens seit dem Dtr. belegt ist.

4. Mit dem Aufkommen des Königtums vollzieht sich ein entscheidender Bruch in der Vorstellung von der *rūªḥ Jhwh*. Aus der ehemals dynamisch-eruptiven Kraft wird etwas Statisches: eine bleibende Gabe für den Gesalbten Jahwes, die ihm besondere Fähigkeiten verleiht und eine besondere Form des Mitseins Jahwes verkörpert. *rūªḥ* gerät damit in die Nähe des Segens. Als Ausstattung des messianischen Königs hat *rūªḥ* in exilischen und nachexilischen Heilsworten einen festen Ort bekommen (zum Ganzen vgl. P. van Imschoot, RScPhTh 23, 1934, 566ff.; Théologie de l'AT I, 186ff.192).

Die Veränderung zeigt sich auch in den verwendeten Verben: *ntn 'al* »geben auf« (Num 11,25.29; Jes 42,1) und *nūªḥ 'al* »ruhen auf« (Num 11,25.26; 2Kön 2,15; Jes 11,2); das alte *ṣlḥ* »eindringen« taucht zwar noch einmal in der Situation des Überganges auf (1Sam 16,13), erhält aber einen Zusatz »von diesem Tage an«, der ihm seinen ursprünglichen dynamischen Charakter nimmt. Dazu kommt *ml'* »voll sein von« (Ex 31,3; 35,31; Dtn 34,9; Mi 3,8).

a) Wenn auch aus einigem Abstand, in 1Sam 16,13f. ist der Übergang richtig lokalisiert: mit dem Übergang zum stetigen Amt des Königtums Davids wird die *rūªḥ Jhwh* etwas Bleibendes. Sie kommt nicht mehr spontan, sondern wird an Riten (Salbung 1Sam 16,13; Jes 61,1; Handauflegung Dtn 34,9) gebunden und damit an die Sukzession des Amtes: mit der Salbung Davids weicht (*sūr*) die im Gegensatz zu 1Sam 11,6 statisch vorgestellte *rūªḥ 'ælōhīm* von Saul (vgl. 2Kön 2,9.15; Num 11, 17ff.). Dabei ist der Übergang der *rūªḥ* von Saul zu David gleichbedeutend mit dem Übergang des Segens (1Sam 18,12).

b) Wieweit diese Vorstellung bei den historischen Königen eine Rolle gespielt hat, läßt sich nicht sicher abschätzen; sie begegnet aber voll ausgebildet in bezug auf den messianischen König in prophetischen Heilsworten (Jes 11,2; 42,1; 61,1). Der verheißene messianische König ist Träger des Geistes (11,2); dieser verleiht ihm die Fähigkeiten für seine ganz und gar unpolitische Regierung: Weisheit, Einsicht, Rat, Stärke, Erkenntnis und Jahwefurcht (28,5 sekundär ausgeweitet). Der designierte Gottesknecht erhält den Geist (42,1); er soll *mišpāṭ* »Rechtsurteil« durch sein Leiden zu den Völkern bringen (vgl. Westermann, ATD 19,77–81). Infolge der in den Gottesknechtliedern vollzogenen Verschmelzung von Charismatikertum, königlichem und prophetischem Amt kann sich Tritojesaja mit seiner Trostbotschaft in die Linie dieser Verheißung stellen (61,1).

Diese Verheißung führte dazu, daß man in nachexilischer Zeit auch die Führer der Frühzeit (Mose und Josua) selbstverständlich als Geistträger verstand (Num 11,17; 27,18; Dtn 34,9); auch die Handwerker am Tempel sind aufgrund des göttlichen Geistes zu ihrer Kunstfertigkeit befähigt (Ex 31,3; 35,31).

Hier wird der Zusammenhang zum »anthropologischen« Sprachgebrauch, in welchem *rūªḥ* besondere Fähigkeiten des Menschen bewirkt (s.o. III/11), nur allzu deutlich.

5. In exilischen und nachexilischen Heilsworten tritt neben die Geistbegabung eines erwählten Einzelnen die Verleihung des Geistes an das ganze Gottesvolk (Ez 36, 27; 37,14; 39,29; vgl. 11,19; 18,31; 36, 26; Jo 3,1f.; Jes 32,15; 44,3; 59,21; Hag 2,5). Beide Vorstellungen, die sich logisch eigentlich ausschließen müßten, bleiben unausgeglichen nebeneinander bestehen. Doch handelt es sich bei ersterer um eine relativ geschlossene Tradition, so ist das bei letzterer nicht der Fall. Vielmehr geht es dort um einen Komplex disparater Vorstellungen, die nur z.T. an ältere Sprachgebräuche anknüpfen. Sie stimmen darin überein, daß *rūªḥ* in allen Fällen ins Stetige eingeebnet ist.

Über die Verschiedenheit der Vorstellungen kann auch nicht hinwegtäuschen, daß *rūªḥ* fast überall mit dem Suffix der 1.Sing. gebraucht ist. Darin zeigt sich nur, daß der Ort dieser Vorstellung die Jahwerede, speziell die prophetischen Heilsankündigungen und Heilsschilderungen sind. Die Verben *špk* »ausgießen« (Ez 39, 29; Jo 3,1.2), *jṣq* »ausgießen« (Jes 44,3) und *'rh* ni. »ausgeleert werden« (Jes 32, 15) lassen *rūªḥ* wie eine Art Flüssigkeit erscheinen. Die Vorstellung lehnt sich an die von der von außen kommenden psychischen Macht an (Jes 19,14; 29,10; vgl. Sach 12,10), wobei auch die Vorstellung des segenspendenden Regens (Jes 32,15; 44,3) einen Einfluß gehabt haben mag. Daneben begegnen *ntn* »geben« (Ez 36,26.27; 37,14) und *'al* »auf« im Nominalsatz (Jes 59,21).

a) Am reichsten ist die Verheißung einer endzeitlichen Verleihung des Geistes an das ganze Gottesvolk bei Ezechiel entwickelt. In Ez 36,27 knüpft er an den neuen, von ihm in dieser Weise eingeführten Sprachgebrauch an (s.o. III/10), in welchem *rūªḥ* neben *lēb* zum Willenszentrum des Menschen wird (11,19; 36,26; vgl. 18,31). Nach der Geschichte des Ungehorsams (Ez 20) ist eine Umkehr (18, 31f.) nur möglich, wenn Gott dem Gottesvolk ein neues Willenszentrum einpflanzt, »damit sie in meinen Satzungen wandeln« (11,19f.; vgl. 36,27). Daneben steht die Anknüpfung an den anderen, ebenfalls von Ez vorangetriebenen Sprachgebrauch von *rūªḥ* als Lebensodem (37,14; s.o. III/8). Der Geist, der die zu Tode Verzweifelten wieder zum Leben bringt, ist kein anderer als der verheißene Gottesgeist. Beide Aspekte sind wohl gemeint, wenn 39,29 von einer mit der Geistausgießung beginnenden immerwährenden Zuwendung Gottes spricht (vgl. die Konzeption vom neuen Bund in Jer 31,31ff., mit der Geistbegabung kombiniert in Jes 59, 21). Gerade die Verwendungsweise des *rūªḥ*-Begriffs bei Ez legt es nahe, anzunehmen, daß die Ausweitung der Geistverleihung auf das ganze Volk über die von Hause aus universalistischen anthropologischen Wortbedeutungen gelaufen ist.

b) In Jo 3,1f. wird die Geistausgießung mit *nb'* ni. »weissagen«, *ḥlm ḥªlōmōt* »Träume träumen« und *r'h ḥæzjōnōt* »Gesichte sehen« expliziert. Wohl knüpft Joel damit an die alte Tradition der ekstatischen Prophetie an, doch wird diese grundlegend geändert: »Prophet sein« wird zu einem stetigen Zustand, der ein besonders nahes Verhältnis zwischen Gott und seinem Volk bezeichnet (vgl. Num 11,29) und alle sozialen Unterschiede aufhebt (V. 2; vgl. Wolff, BK XIV/2,78ff.).

c) In der in Schilderung des Heilszustandes übergehenden Heilszusage Deuterojesajas in Jes 44,1–5 ist *rūªḥ* par. *bᵉrākā* »Segen« die göttliche Segenskraft, die das jetzige in seiner Hoffnungslosigkeit verdorrte Israel zu neuem Wachstum bringt (V. 3); wahrscheinlich ist ein unnatürliches Wachstum durch Proselyten gemeint. Noch mehr in den Bereich der Segenssprache ragt *rūªḥ* in der Heilsschilderung Jes 32,15–20: Der von der Höhe ausgegossene Geist wirkt zugleich ein Aufsprossen der Natur, Recht und heile Gemeinschaft (*šālōm* V. 17).

Die Zusage, daß Gottes Geist (und Wort) inmitten Israels bleiben werde, wird Hag 2,5 zum Ausdruck seines Beistandes und seiner Treue.

6. In der Spätzeit wird *rūªḥ* zu einem umfassenden theologischen Begriff, der kein spezifisches göttliches Handeln mehr bezeichnet (Jes 34,16; 63,10.11.14; Ps 51, 13; 139,7; 143,10; Neh 9,20; vgl. auch Mi 3,8; Sach 7,12; Neh 9,30); oft ist auch einfach nur »Gott« gemeint (vgl. die Ausweitung des anthropologischen Sprachgebrauches). Erst jetzt kommt es zu der Verbindung »heiliger Geist« (Jes 63,10. 11; Ps 51,13), eigentlich ein Widerspruch in sich, wenn man sich die ursprünglich dynamische Bedeutung von *rūªḥ* und den statischen Charakter von *qādōš* »heilig« vor Augen führt.

V. Die LXX übersetzt in Dreiviertel aller Fälle *rūªḥ* mit πνεῦμα, das zwar ursprünglich auch etymologisch jener durchaus entspricht, das aber im Hellenismus schon mit einer Fülle von philosophischen und weltanschaulichen Vorstellungen belastet ist, deren Aufnahme die LXX wenn nicht vollzogen, so doch vorbereitet und begünstigt hat. Trotz dieser Vereinheitlichung bleibt die Variationsbreite des atl. Wortfeldes einigermaßen erhalten: die Grundbedeutungen erscheinen in ἄνεμος »Wind« und πνοή »Wind, Hauch«; zahlreich sind besonders Worte, mit denen versucht wird, die Vielfalt der Gemütszustände, die *rūªḥ* bezeichnen kann, sachgerecht wiederzugeben (z.B. θυμός, ὀλιγόψυχος), selten tauchen auch andere anthropologische Begriffe auf (αἷμα, νοῦς, ψυχή).

rūªḥ hat im Judentum eine breite und überaus vielschichtige Geschichte gehabt, deren Aufarbeitung eine eigene Untersuchung erforderte (vgl. die Übersicht, die E. Sjöberg in ThW VI, 373–387 gibt; P. Schäfer, Die Vorstellung vom heiligen Geist in der rabbinischen Literatur, 1972; zu Qumran vgl. F. Nötscher, Geist und Geister in den Texten von Qumran, FS Robert 1957, 305–315).

Ins NT gehen vor allem die beiden konkurrierenden Linien der späten Heilsprophetie weiter: die mit der Designation zum messianischen König verbundene *rūªḥ* in der Taufe Jesu (Mk 1,10f. par.) und die Ausgießung des Geistes auf das ganze Gottesvolk in der Verleihung des Pfingstgeistes an die Urgemeinde (Apg 2); dazu H. Kleinknecht – F. Baumgärtel – W. Bieder – E. Sjöberg – E. Schweizer, Art. πνεῦμα, ThW VI, 330–453.

R. Albertz / C. Westermann

רום *rūm* hoch sein

1. Die Wurzel *rūm* »hoch sein« ist im ganzen westsem. Sprachbereich belegt (vgl. u.a. Huffmon 261f.; WUS Nr. 2514; UT Nr. 2311; DISO 168.275f.280; KBL 1123b; LS 720f.; W. W. Müller, Die Wurzeln Mediae und Tertiae y/w im Altsüdarabischen, 1962, 59f.). Sie geht im Jüd.-Aram. in *r'm* über; vgl. auch *r'm* q. in Sach 14,10 (BL 404). Als weitere Nebenform kommt im AT *rmm* vor (q. Hi 24,24; ni. Num 17,10; Ez 10.15.17.19).

Im hebr. AT finden sich neben dem Verbum im Qal »hoch sein, sich erheben« (mit dem Verbaladj. *rām* »hoch«, vgl. Joüon 112.166f.), Po. »in die Höhe bringen« (mit Po. pass.), Hi. »erheben« (mit Ho. pass.) und Hitpo. »sich erheben« zahlreiche nominale Derivate, von denen aber nur *rūm* »Höhe, Stolz« (substantivierter Inf. q., BL 452), *rāmā* »Anhöhe« (substantiviertes fem. Verbaladj.), *mārōm* »Höhe« (BL 491) und *t^erūmā* »Abgabe« (BL 496) gebräuchlich sind, während die übrigen Hapaxlegomena sind: *rōm* »Höhe« (Hab 3,10 txt?), *rōmā* »Erhebung« (Mi 2,3 adv. Akk. »aufrecht/stolz«), *rāmūt* (Ez 32,5 txt?, vgl. Zimmerli, BK XIII, 764), *rōmām* »Erhebung, Lobpreisung« (Ps 149,6), *rōmēmūt* »Erhebung« (Jes 33,3), *t^erūmijjā* »Abgabe« (Ez 48,12, substantiviertes Zugehörigkeitsadj., vgl. Zimmerli, BK XIII, 1207; anders Wagner 132).

Das Bibl.-Aram. kennt das Verbum im Qal, Po., Ha. und Hitpo., dazu das Subst. *rūm* »Höhe«.

Von der Wurzel abgeleitet sind weiter die Ortsnamen *Rāmā* (»Anhöhe«), *Mērōm* (»Höhenplatz«, vgl. Noth, HAT 7, 148) u.a., sowie zahlreiche Personennamen wie *'ªbīrām/'abrām*, *'ªdōnīrām*, *'ªḥīrām* > *Ḥīrām/Ḥīrōm*, *J(ªh)ōrām* etc., vielleicht auch *Jirm^ejā(hū)* (Noth, IP 52.145f. 201; Rudolph, HAT 12,3; weiter Huffmon 261f.; Buccellati 178; Gröndahl 182f.; F. L. Benz, Personal Names in the Phoenician and Punic Inscriptions, 1972, 408f.; vgl. aber auch W. von Soden, UF 2, 1970, 269–272). Zum Namen *R^emaljāhū* vgl. D. M. Beegle, BASOR 123, 1951, 28; W. L. Moran, FS Albright 1961, 61.

2. Das Verbum (inkl. Verbaladj. *rām*) kommt in 189 hebr. und 4 aram. Belegen vor: qal 68× (ohne Verbaladj. [nach Lis.] 37×, davon 19× in Ps; dazu 1× aram. in Dan 5,20), po. 25× (davon 13× in Ps), po. pass. 3×; dazu 1× aram. in Dan 4,34 (Ps 66,17; 75,11; Neh 9,5), hitpo. 2× (Jes 33,10; Dan 11,36; dazu 1× aram. in Dan 5,23), hi. 88× (davon 14× in Num, je 11× in Jes und Ps; dazu 1× aram. ha. in Dan 5,19), ho. 3× (Ex 29,27; Lev 4, 10; in Dan 8,11Q). Nominale Belege (ohne 31× *rām*) finden sich 147× hebr. und 5× aram. (*rūm*), nämlich *rūm* 6×, *rāmā* 5× (inkl. 1Sam 22,6 txt?), *mārōm* 54× (davon Jes 16×, Ps 13×) und *t^erūmā* 76× (Ez 20×, Num 18×, Ex 17×, Lev 6×), die übrigen je 1× (s.o. 1).

3. Sämtliche Bedeutungen von *rūm* und seinen Derivaten gruppieren sich eng um die Grundbedeutung »hoch sein, sich erheben«.

a) *rūm* q. wird gebraucht u.a. von Sternen (Hi 22,12), Felsen (Ps 61,3) und Strassen (Jes 49,11). Das Verbaladj. *rām* »hoch« findet sich vor allem in bezug auf Berge (Dtn 12,2; Jes 2,14), Hügel (Ez 6,13; 20, 28; 34,6) und Bäume (Jes 2,13; Ez 17,22) verwendet. Bei Menschen bezeichnet es den hohen Wuchs (Dtn 1,28; 2,10.21; 9, 2; vgl. *rāmē haqqōmā* »die Hochgewachsenen« Jes 10,33).

Für *rūm* po. bieten sich je nach Kontext verschiedene Übersetzungen an: »emporheben« (Ps 27,5), einen Baum »hochwachsen lassen« (Ez 31,4), Wellen »auftürmen« (Ps 107,25), ein Gebäude (den Tempel) »aufrichten« (Esr 9,9 par. →*'md* hi.; vgl. ug. *rmm hkl* »einen Palast errichten«, 51 [=IIAB] V,114.116; VI,17 par. *bny* »bauen«). In erweiterter Bedeutung wird es vom Aufziehen, Großziehen von Kindern gebraucht (Jes 1,2; 23,4 par. *gdl* pi.).

b) Kausatives Hi. findet sich im gegenständlichen Bereich vom Hochheben, Aufheben eines Stabes (Ex 14,16; 7,20 mit *b^e*), eines Steines (Jos 4,5), eines Mantels (2Kön 2,13), der Hand (Ex 17,11; Num 20,11), die zum Schwur erhoben wird (Gen 14, 22; Dan 12,7), des Angesichts (Esr 9,6), eines Joches bzw. eines Kindes (Hos 11,4; vgl. Wolff, BK XIV/1,258). Die Übersetzung »aufrichten« legt sich Gen 31,45 (Obj. *maṣṣēbā* »Malstein«); Jes 49,22 und 62,10 (Obj. *nēs* »Panier«; vgl. →*nś'* *nēs* Jes 11,12; 13,2) nahe; vgl. altaram. *whrmw šr* »sie richteten eine Mauer auf« (KAI Nr. 202 A,10).

Erweitert wird *rūm* hi. vom Erheben der Stimme in der Bed. »laut reden, rufen« verwendet: *rūm* hi. *qōl* (Gen 39,15.18; Jes 40,9; 58,1 par. →*qr'* »rufen«; Jes 13,2 mit *l^e* der Person; Ez 21,27; Hi 38,34; Esr 3,12) bzw. *b^eqōl* (1Chr 15,16); vgl. *qōl rām* »mit erhobener Stimme, laut« (Dtn 27,14). Für 2Kön 19,22 = Jes 37,23 *rūm* hi. *qōl 'al* »die Stimme gegen jemanden erheben« legt sich nach dem Kontext und den Parallelbegriffen *ḥrp* pi. »höhnen« und *gdp* pi. »lästern« die Übersetzung »hochfahrend reden« nahe.

Von »aufheben« aus ergibt sich auch die Bed. »wegheben, wegnehmen, entfernen« (Jes 57,14; Ez 21,31; 45,9 par. →*sūr* hi.; ho. pass. Dan 8,11 Q; in Opfervorschriften Lev 2,9; 4,8.19 u. ö.).

In kultischen Vorschriften schließlich hat *rūm* hi. die Bed. »darbringen« (s. u. 3g zu *t^erūmā*).

c) Folgende Wortverbindungen mit übertragener Bedeutung lassen den ursprünglichen konkreten Sinn noch erkennen:

rūm q. in Verbindung mit →*jād* »Hand« ergibt (als Symbol von Macht und Kraft) die Bed. »mächtig sein, triumphieren« (Dtn 32,27; Mi 5,8; vgl. auch *b^ejād rāmā* »mit erhobener Hand« Ex 14,8; Num 33,3). *rūm* hi. *jād b^e* »die Hand erheben gegen« (1Kön 11,26f.) »meint ursprünglich das Ausholen zu einem (Tot-)Schlag, dann aber übertragen ... das Übergehen zum Angriff auf jemanden« (Noth, BK IX,256; vgl. in der Zürcher Bibel »sich empören«). Zu *b^ejād rāmā* »vorsätzlich« vgl. →*jād* 3d (2); →*z^erōa'* *rāmā* »ein hoch erhobener Arm« Hi 38,15 bezeichnet die hochmütige, frevlerische Haltung der *r^ešā'īm* »Gottlosen«.

qæræn »Horn« kommt als Subjekt beim Qal (1Sam 2,1; Ps 89,18 Q.25; 112,9) und Po. pass. (Ps 75,11) und als Objekt beim Hi. (1Sam 2,10; Ps 75,5.6; 92,11; Klgl 2,17; 1Chr 25,5) vor; »das Bild ist vom Wildochsen (Ps 92,11) hergenommen, der mit hochaufgerichtetem Horn in der Fülle seines Kraftgefühls, den Gegner herausfordernd, dasteht, ein Bild, das auch den Babyloniern bekannt ist« (H. Gunkel, Die Psalmen, 1926, 327; zum metaphorischen Gebrauch von hebr. *qæræn* und akk. *qarnu* »Horn« vgl. Dhorme 34–41). Positiv umschreibt das Bild Begriffe wie »triumphieren« (z. B. 1Sam 2,1), »Macht verleihen« (vgl. 1Sam 2,10 par. *ntn 'ōz* »Lebens-Kraft geben«), negativ (Ps 75,5.6) die maßlose Hybris der *r^ešā'īm*.

rūm hi. *rōš* »das Haupt erheben« wird Ps 110,7 vom König – als »Geste strahlender Überlegenheit« (Kraus, BK XV,762) – und Ps 140,9–10 txt em (vgl. Gunkel, a. a. O. 595) von den Feinden des Angeklagten ausgesagt und bedeutet soviel wie »stolz, siegreich sein, triumphieren«. Ps 3,4 »jemandes Haupt erhöhen« (Subj. Jahwe), nach H. Schmidt, Die Psalmen, HAT 15, 1934,7, ursprünglich der Rechtsakt, in dem der Richter einen Beschuldigten vom Boden aufhebt und ihn damit freispricht, ergibt die Bed. »jemanden auszeichnen, zu Ehren bringen, zur Machtstellung erheben«; →*rōš* 3a; vgl. akk. *ullû rēša* »to be proud« (CAD E 126).

An verschiedenen Stellen wird *rūm* q. mit →*lēb* »Herz« (Dtn 8,14; 17,20; Ez 31,10; Hos 13,6; aram. Dan 5,20) oder mit *'ēnájim* »Augen« (→*'ájin*; Ps 131,1; Spr 30,13) als Subjekt verwendet (vgl. auch *'ēnájim rāmōt* Ps 18,28; Spr 6,17), um eine hochfahrende, hochmütige, überhebliche Gesinnung zu bezeichnen (vgl. *rūm* »Stolz« Jes 2,11.17; *rūm lēb* Jer 48,29; *rūm 'ēnájim* Jes 10,12; Spr 21,4; *nś' mārōm 'ēnájim* »die Augen hoch erheben« 2Kön 19,22 = Jes 37,23).

Eventuell ist auch altaram. Sef. III (= KAI Nr. 224), Z. 5f. *wlthrm nbšhm mnj* ähnlich zu verstehen, so F. Rosenthal, BASOR 158, 1960, 29 Anm. 4; vgl. DISO 276: »tu ne feras pas leur âme haut hors de moi (i. e. dédaigneuse à mon égard, ou oublieuse à mon égard)«; nicht ausgeschlossen ist freilich auch die Bed. »wegnehmen, vorenthalten« (vgl. DISO 275; KAI II, 267).

d) In übertragener Bedeutung zeigt *rūm* (wie schon in den in 3c behandelten Wendungen) einen positiven und einen negativen Gebrauch; vgl. →*g'h*, →*gbh*, →*nś'*.

Positiv ergibt sich die Bed. q. »(emporsteigen =) zu Ehren kommen« (Jes 52, 13 par. →*śkl* hi., →*nś'* ni. und →*gbh*), po. »einen Menschen in seiner Geltung erhöhen, zu Ehren bringen« (1Sam 2,7; 2Sam 22,49 = Ps 18,49; Ps 9,14; Hi 17,4 [zur Form vgl. Horst, BK XVI/1,242]; Spr 4,8 par. *kbd* pi. »ehren«; 14,34), ebenso hi. (1Sam 2,8; 1Kön 14,7; Ps 75,8; 89,20; 113,7; aram. ha. Dan 5,19). Als Gegenbegriff findet sich hier *špl* hi. »erniedrigen« (1Sam 2,7; Ps 75,8; aram. ha. Dan 5,19; vgl. 2Sam 22,28; ferner Ah. 149f.: »If thou, my son, wouldst be [exalted, humble thyself before God] who humbles the lofty man and [exalts the humble man]« [Cowley 217.225; ähnlich ANET 429]).

Negativ bezeichnet *rūm* die hochmütige, hochfahrende Gesinnung (*rām* 2Sam 22,28; Jes 2,12; hitpo. »sich stolz erheben« aram. Dan 5,23; 11,36). Zu den Parallelbegriffen und Synonyma des Hochmuts vgl. →*g'h* 3b.

e) Das Subst. *rāmā* findet sich einmal in der Bed. »Anhöhe« (1Sam 22,6) und wird von dieser aus vom Appellativum zum Ortsnamen (s. o. 1). Ez 16,24.25.31.39 ist es, synonym mit *gab* »Sockel«, im Zusammenhang der mit der Ischtarverehrung aus Assur eingedrungenen, auf Altarsockeln vorgenommenen kultischen Preisgabe als terminus technicus für einen (gemauerten, vgl. *bnh* »bauen«) Altar(sockel)«, eine »Hochstätte« zu verstehen (vgl. O. Eißfeldt, JPOS 16,1936, 286–292 = KS II, 101–106).

f) *mārōm* »Höhe« (vor allem poetisch verwendet) bezeichnet zunächst konkret die Höhe der Berge (2Kön 19,23 = Jes 37,24a; Jer 31,12; Ez 17,23; 20,40; 34,14 – hier dürfte nach Zimmerli, BK XIII, 457, die Vorstellung des mythischen Götterberges im Hintergrunde stehen; vgl. ug. *mrym ṣpn* 51 [= IIAB] IV,19; V,85 u. ö), eines Hügels (Jer 49,16; vgl. Ob 3 txt?), einer Stadt (Spr 9,3.14; nach W.F. Albright, SVT 3,1955,9; vgl. ders., JPOS 14,1934, 134 Anm. 175, ist damit die Akropolis gemeint), allgemein eine hochgelegene Stelle (Jes 22,16; 26,5), so daß sich z. T. einfach die Übersetzung »nach oben, in die Höhe« anbietet (2Kön 19,22 = Jes 37,23; Ps 75,6; in Hab 3,10 txt? dürfte *rōm* im selben Sinn verstanden werden).

Erweitert bezeichnet *mārōm* bzw. *m^erōmīm* (so Ps 148,1 Hi 16,19; 25,2; 31,2 als Plural der räumlichen Ausdehnung, vgl. GK § 124ab) die Höhe des Himmels (Jes 24,18.21; 32,15; 38,14; 58,4; Ps 18,17; 71,19; 93,4; 144,7; Hi. 16,19 par. →*šāmájim* »Himmel«; 31,2 par. *mimmá'al* »oben, droben«; Klgl 1,13) als Wohnung Gottes (Jes 33,5; 57,15; Jer 25,30 par. *m^e'ōn qodšō* »seine heilige Wohnstatt«; Mi 6,6 »Gott der Höhe«; Ps 7,8; 68,19; 92,9; 102,20; Hi 25,2). An wenigen Stellen (Jes 32,15; 38,14; 58,4) dürfte *mārōm* als Ersatz für die Gottesbezeichnung (aus Scheu vor deren Verwendung?) stehen (vgl. Fohrer, Jes. ²II,132.197 Anm. 35).

Übertragen wird *mārōm* als sozialer Begriff für die hohe Stellung eines Menschen gebraucht (Jes 24,4; Pred 10,6; vgl. auch Hi 5,11). Ferner dient das Wort zur Kennzeichnung der hochmütigen Haltung (2Kön 19,22 = Jes 37,23; Ps 73,8; 75,6; ev. auch Ps 56,3, vgl. BDB 929a).

g) Der Terminus *t^erūmā* »Erhebung, Abgabe«, oft auch »Hebe(opfer)« genannt, der in etwa einem Drittel der Stellen in Verbindung mit Jahwe vorkommt *t^erūmā l^eJhwh* bzw. *t^erūmat Jhwh*), findet sich erstmals im Dtn, hauptsächlich bei Ez und P (oder in Nachträgen dazu) und in einigen späteren Texten, und zwar fast ausnahmslos in kultischen Bestimmungen. Er wird mit den Verben *rūm* hi. (Num 15,19; 18, 19.24.26.28.29; 31,52; Ez 45,1), →*bō'* hi. »bringen« (Ex 35,5.21.24; 36,3; Dtn 12,6; Neh 10,38; 2Chr 31,10.12), →*ntn* »geben« (Ex 30,13–15; Num 15,21; 31,29.41), →*lqḥ* »erheben« (Ex 25,2.3; 35,5) und →*qrb* hi. »darbringen« (Lev 7,14) konstruiert. Der Begriff, schon Dtn 12,6.11.17 als bekannt vorausgesetzt, wird nirgends näher erklärt.

Ursprünglich dürfte damit vielleicht eine bestimmte Art sakraler Darbringung von Gaben gemeint sein, indem ein Stück durch *t^erūmā* »Erhebung«, d. h. durch Hochheben vor dem Altar Jahwe geweiht und symbolisch übereignet, jedoch nicht verbrannt wurde, sondern dem Priester zur Nutznießung zufiel (vgl. Noth, ATD 6,50; nach Elliger, HAT 4,102f., ist *t^erūmā* von Hause aus ein fiskalischer Begriff, vgl. Spr 29,4; anders G.R. Driver, JSS 1,1956, 100–105, der *t^erūmā* von einem akk. Verbum *tarāmu* »to levy, remove« ableiten und als von den jüdischen Exilierten übernommenen ass.-bab. fiskalischen terminus technicus erklären möchte, dabei aber übersieht, daß der Begriff schon vorexilisch belegt ist; vgl. auch ug. *trmmt*

»offering« nach UT Nr 2311; W. von Soden, UF 2,1970,271, erwägt einen Zusammenhang mit akk. *riāmum/râmu* II »schenken« und eine ursprüngliche Bed. »Geschenk«).

t^erūmā erscheint im AT als allgemeiner Begriff für verschiedene kultische Abgaben, die den Priestern (Lev 7,14.32; 22,12; Num 5,9; 18,8.11.19.28; Ez 44,30; 2Chr 31,10.12.14; ev. Mal 3,8) und den Leviten (Num 18,24), bei Ez auch dem Fürsten (*nāśī'*, Ez 45,16) zufallen, und zwar insbesondere vom Tieropfer die sog. »Erhebungskeule« (*šōq t^erūmā*, Ex 29,27f.; Lev 7,34; 10,14.15; Num 6,20 zusammen mit der »Schwingungsbrust« *ḥ^azē t^enūfā*), von Landprodukten (Lev 7,14; Num 15,19f.; Neh 10,38.40; vgl. 2Sam 1,21 *ś^edē t^erūmōt* txt?), von den an die Leviten entrichteten Zehnten (Num 18,26–29) und von der Kriegsbeute (Num 31,29.41.52). Im ezechielischen Aufriß wird in c. 45 und 48 *t^erūmā* speziell auf das Land eingegrenzt, von dem ein Stück als heilige Weihegabe *t^erūmat haqqōdæš* Ez 45,6f.; 48,10.18.20b. 21a.b; nur *t^erūmā* 45,1; 48,8f.20a.21a) für den Tempel und für die Nutzung durch Priester und Leviten ausgesondert wird. Weiter bezeichnet *t^erūmā* die Abgaben für die Ausstattung des Heiligtums (Ex 25, 2.3; 35,5.21.24; 36,3.6; Esr 8,25), die in der nachexilischen Gemeinde laufend erhobene Kultsteuer (Ex 30,13–15, vgl. Noth, ATD 5,193).

Die Qumrantexte zeigen eine Übertragung insofern, als hier in der Wendung *t^erūmat ś^efātájim* (1QS 9,4; 10,6.14) auf den Lobpreis Gottes als »Hebeopfer der Lippen« hingewiesen wird. Zur rabbinischen Festlegung der *t^erūmā* vgl. StrB IV,646ff.

In der Bed. »Abgabe, Steuer« findet sich *t^erūmā* im profanen Bereich Spr 29,4 (*'īš t^erūmā* »wer auf Abgaben, Steuern aus ist«) und Jes 40,20 *m^esukkān t^erūmā* »wer nur wenig abgeben kann«).

4. Die Bedeutungen der Wortgruppe *rūm* im theologischen Bereich hängen eng mit dem in Abschnitt 3 Erarbeiteten zusammen. Es sind hauptsächlich folgende Bereiche zu nennen:

a) *rūm* bezeichnet die hochfahrende, hochmütige Gesinnung des Menschen (s. o. 3cd). Während nun in teilweise mehr allgemein weisheitlichen Aussagen festgestellt wird, daß Gott den Hohen erniedrigt und den Niedrigen erhöht (vgl. 1Sam 2,8; Ps 113,7; Ah. 150), und deshalb zur demütigen Haltung diesem gegenüber ermahnt wird (vgl. Ah. 149), zudem gesagt wird, daß »hochmütige Augen« zu den Dingen gehören, die Jahwe haßt (Spr 6,17; vgl. 21,4; 30,13), wird nun an einigen Stellen das *rūm* des Menschen als Hybris des Gottlosen (vgl. Ps 75,5.6; Hi 38,15, daneben die Unschuldsbeteuerung des Gerechten Ps 131,1) gegenüber Gott qualifiziert, die Jahwe vergessen läßt (Dtn 8,14; Hos 13,6), die sich an Gottes Stelle setzt (so Ps 73,8 nach H. Ringgren, VT 3,1953, 267). Nach Jesaja, der an die Weisheit anknüpft, besteht der Jahwetag deshalb gerade darin, daß Jahwe in seinem Anspruch, allein »hoch« zu sein, das Gericht über diesen Hochmut ergehen läßt (Jes 2,12; vgl. →*g'h* und →*gbh*; Wildberger, BK X, 108).

b) Als Aussage über Gott bezeichnet *rūm* (hauptsächlich in hymnischen Texten) dessen alleinige souveräne Erhabenheit (Ps 46,11; 99,2; 113,4; 138,6; vgl. Jes 57,15; Hi 25,2) im Zusammenhang der alten Tradition vom Königtum Gottes als des Himmelskönigs und Weltenherrs (vgl. Jes 33,5) und Weltenrichters (vgl. Ps 7,8; Jer 25,30; Hi 21,22 – hier als Richter über die *rāmīm*, die nur an dieser Stelle in der Bedeutung von »Erhabenen« als himmlische Gerichtsversammlung vorkommen; vgl. dazu Fohrer, KAT XVI, 345), der – auf ewig (*l^e'ōlām* Ps 92,9) – in der Höhe, *mārōm*, wohnt (s. o. 3f; E. Sellin, Das Zwölfprophetenbuch, I, ³1929,342, sieht in *'^ælōhē mārōm* Mi 6,6 eine Parallele zur alten Gottesbezeichnung *'ēl 'æljōn*), der auf Zion gegenwärtig ist (vgl. Ps 18,47; 99,2) und seine herrliche (Retter-)Macht kundtut (vgl. Ps 18,17; 57,6.12; 108,6; 144,7) und sich aus seiner Höhe des Niedrigen annimmt (vgl. Jes 57,15; Ps 102,20; 138,6).

Für Aussagen über Jahwes Erhabenheit wird bisweilen auch *śgb* ni. »hoch, erhaben sein« verwendet (Jes 2,11.17; 33,5; sein Name: Jes 12,4; Ps 148,13; seine Allwissenheit: Ps 139,6; vgl. Hi 36,22 hi. »erhaben handeln«). *śgb* q./ni. ist sonst gebräuchlich für hochragende Städte und Mauern (q. Dtn 2,36; ni. Jes 26,5; 30,13; bildlich in Spr 18,10.11; übertragen von einem glücklichen Menschen in Hi 5,11 q.).

c) »Dem *rām* . . . gebührt, entspricht der Akt des huldigenden und anbetenden *rōmēm*. D. h. Jahwe soll in aller Form als der ›Hohe und Erhabene‹ erkannt und anerkannt werden« (Kraus, BK XV,684 zu Ps 99,5). *rūm* po. mit Gott als Objekt findet sich denn auch vorwiegend in hymnischer Literatur (vgl. Ex 15,2; Jes 25,1; Ps 30,2; 34,4; 99,5.9; 107,32; 118,28; 145,1; aram. Dan 4,34; ev. cj Ps 18,2) und ist am besten mit »erheben, preisen« wiederzugeben. Vgl. an Parallelbegriffen →*brk* pi. (Ps 145,1), *gdl* pi. (Ps 34,4), →*hll* pi. (Ps 107,32; 145,2), →*jdh* hi. (Jes 25,1; Ps 118,28), aram. *hdr* pa. und *šbḥ* pa.

(Dan 4,34). Als Lobpreisung Gottes ist auch *rōmām* (Ps 149,6; 66,17 txt em) zu verstehen.

d) In die erwähnte Tradition von der Erhabenheit Gottes sind die mit *rūm* zusammengesetzten biblischen und außerbiblischen theophoren Nominalsatznamen als »Bekenntnisnamen« einzureihen (s.o. 1).

5. Qumran und das Spätjudentum führen den atl. Gebrauch der Wurzel weiter. Die LXX gibt *rūm* hauptsächlich durch ὑψοῦν wieder, das Hi. daneben verschiedentlich durch Komposita von αἴρειν. Zum NT vgl. besonders G. Bertram, Art. ὕψος, ThW VIII,600–619. *H.-P. Stähli*

רחם *rḥm* pi. sich erbarmen

1. Sowohl **raḥm-* »Mutterschoß, Eingeweide« als auch die Ableitungen, die das in diesem Körperteil lokalisierte Sich-Erbarmen bezeichnen (Dhorme 134f.), sind gemeinsemitisch (Bergstr. Einf. 188; P. Fronzaroli, AANLR VIII/20, 1964, 257.272. 279; G. Schmuttermayr, Bibl 51, 1970, 499–532; akk. *rēmu/rêmu*, AHw 970f.; äth. transponiert *mḥr*, Dillmann 157f.); das Subst. als pars pro toto-Bezeichnung für »Mädchen« findet sich im Ug. (WUS Nr. 2502; UT Nr. 2321; A. van Selms, Marriage and Family Life in Ugaritic Literature, 1954, 110f.), Hebr. (Ri 5,30 von kriegserbeuteten Frauen) und Moab. (KAI Nr. 181, Z. 17). Die allgemeine Bedeutung des Verbums ist die einer sich zumeist vom Höheren zum Niederen erstreckenden Liebe (»sich erbarmen«); namentlich im Aram. wird die Bed. zu »lieben« überhaupt erweitert (DISO 277f.; LS 723f.). Als Element in Personennamen begegnet die Wurzel im Akk. (Stamm, AN 167f. 190.291ff.), Amorit. (Huffmon 261) und Hebr. (Noth, IP 187.199).

Im AT kommen vor: das Subst. *ræḥæm* »Mutterschoß« (zu Jer 20,17 vgl. Rudolph, HAT 12, 132) neben *ráḥam* »Mädchen« (s.o.; Dual *raḥ^a^mātájim*), der Abstraktplural *raḥ^a^mīm* »Erbarmen« (bibl.-aram. *raḥ^a^mīn*, Dan 2,18; vgl. BLA 305), die Adj. *raḥūm* »barmherzig« (BL 480) und aramaisierend *raḥ^a^mānī* »barmherzig« (BL 501; Wagner Nr. 283), das Verbum im Qal (nur Ps 18,2 txt? in der Bed. »[Gott] lieben«, →*'hb* III/1; IV/3; vielleicht Aramaismus, anders Schmuttermayr, a.a.O.), Pi. und Pu.

In Personennamen ist die Wurzel eher selten: *Ráḥam* 1Chr 2,44 (nach Noth, IP 187, Kurzname; nach Nöldeke, BS 86, = *rāḥām* »Geier« mit ursprünglichem *ḫ*), *R^e^ḥūm* Esr 2,2 u.ö. (Noth, IP 38.187: Kurzname) und *J^e^raḥm^e^'ēl* Jer 36,26 u.ö. (unsicher ist *J^e^rōḥām* 1Sam 1,1 u.ö.; Noth, IP 226: »weich, zart«).

2. Statistik: *rḥm* q. 1× (s.o.), pi. 42× (Jes 12×, Jer 10×, Ps und Hos je 4×), pu. 4× (Hos 3×, ohne den Symbolnamen *Lō Ruḥāmā* in Hos 1,6.8; dazu Spr 28,13); *ræḥæm* 30× (Hi 5×, Gen, Ex, Num und Jer je 4×), *ráḥam* 2× (Ri 5,30), *raḥ^a^mīm* 39× (inkl. 1Kön 3,26; Ps 11×, Neh 5×, Jes 4×), *raḥūm* 13× (Ps 6×), *raḥ^a^mānī* 1× (Klgl 4,10); bibl.-aram. *raḥ^a^mīn* 1× (Dan 2,18).

3. a) *ræḥæm* bezeichnet den Mutterschoß als den Ausgangsort alles menschlichen wie tierischen Lebens, häufig in der Verbindung mit *péṭær* »was (den Mutterschoß) durchbricht, Erstgeburt« (Ex 13,2.12.15; 34,19; Num 3,12; 18,15; Ez 20,26; *piṭrā* Num 8,16). Bildliche Verwendung begegnet in Ps 110,3 txt? (»aus dem Schoß der Morgenröte«) und Hi 38,8 (Geburt des Meeres); in Hi 24,20 ist der Text zu ändern (s. BH³). Die meisten Aussagen mit *ræḥæm* setzen Jahwe als den Herrn über Geburt und Leben voraus (s.u. 4a).

b) *raḥ^a^mīm* bezeichnet allgemein das Gefühl des Erbarmens, ursprünglich wohl den Sitz dieses Gefühls (»Eingeweide, Inneres«), vgl. die bildlichen Wendungen mit *kmr* ni. »entbrennen« (Gen 43,30; 1Kön 3,26; in Hos 11,8 mit *niḥūmīm* »Mitleid«, vgl. Rudolph, KAT XIII/1, 212), wobei wohl an die physiologischen Begleiterscheinungen einer starken Erregung zu denken ist (vgl. Dhorme 134f.); auch in Spr 12,10 »das ›Herz‹ der Frevler ist grausam« kommt man mit der konkreten Bed. »Inneres« o.ä. besser durch (nicht: die Lebensförderung ist todbringend, so A. Jepsen, KuD 7, 1961, 263). In erweitertem Parallelismus kann *mēʿīm*, das eigentliche Wort für »Eingeweide, Inneres, Leib«, zu *raḥ^a^mīm* hinzutreten (Jes 63,15; vgl. Jer 31,20 neben *rḥm* pi.).

Stärke und Charakter des emotionalen Elements sind durch die Art des Subjekts und den Grad der inneren Beteiligung bestimmt; jedenfalls ist *raḥ^a^mīm* zunächst die »weiche Stelle« im Wesen eines Menschen (Gen 43,30). Dieses Verständnis liegt auch in der Verbindung von *raḥ^a^mīm* mit *ntn* »geben, verleihen« vor (in Jes 47,6 mit *śīm*; in 2Chr 30,9 Nominalsatz oder, bei Annahme eines Textversehens, mit *hjh*, vgl. Rudolph, HAT 21, 300): Jahwe läßt jemanden Erbarmen finden vor jemandem (in verschiedenen Konstruktionen Gen

43,14; Dtn 13,18; 1Kön 8,50; Jes 47,6; Jer 42,12; Ps 106,46; Dan 1,9; Neh 1,11; vgl. auch Cowley Nr. 30, Z. 2 in den aram. Elephantinetexten). Dabei wird in den älteren(?) Texten die reale Folge dieses Gefühls durch ein weiterführendes Perf.consecutivum ausgedrückt (Gen 43,14; Dtn 13,18; 1Kön 8,50; Jer 42,12). *raḥamīm* ist also ein auf Konkretisierung hin angelegtes Gefühl (H.J. Stoebe, VT 2, 1952, 246; Jepsen, a.a.O. 261–264).

In Am 1,11 »weil (Edom) sein Erbarmen vernichtet hat« wird *raḥamīm* neuerdings als Terminus des Vertragswesens gedeutet (vgl. M. Fishbane, JBL 89, 1970, 313–318; R. B. Coote, JBL 90, 1971, 206–208).

c) *rḥm* pi. »sich erbarmen« wird an den verhältnismäßig wenigen Stellen mit menschlichem Subjekt entweder von einer Mutter (Jes 49,15), von einem Vater (Ps 103,13) oder von Feinden (1Kön 8,50; Jes 13,18; Jer 6,23; 21,7; 42,12; 50,42) ausgesagt. Das starke Zurücktreten der femininen Subjekte ist eher zufällig und nötigt in Jes 49,15 weder zur Textänderung noch zur Annahme eines von *ræḥæm* denominierten Verbums (M. Dahood, Bibl 44, 1963, 204f.: **meraḥēm* »Gebärerin«). Die Aussage hier ist von Klgl 4,10 her zu verstehen, wo *raḥamānī* eher »mütterlich empfindend« als »weichherzig« bedeutet. Aufhören der in naturhafter Verbundenheit wurzelnden Mutterliebe ist das schlechthin Unnatürliche. Jes 49,15 zeigt, wie Jahwes Liebe alles menschlich Vergleichbare transzendiert.

Bei maskulinem Subjekt ist zunächst an die Liebe des Vaters gedacht (Ps 103,13 im Vergleich mit der göttlichen Liebe). Damit ist das in dieser Liebe liegende Willensmoment stark betont, so besonders bei dem mit *rḥm* pu. gebildeten Symbolnamen *Lō-Ruḥāmā* »Ohne-Erbarmen« (Hos 1,6.8; 2,25) bzw. *Ruḥāmā* (Hos 2,3; vgl. *rḥm* pi. Hos 1,6.7; 2,6.25). Es handelt sich dabei nicht um eine im Emotionalen wurzelnde väterliche Zärtlichkeit, sondern um eine willentliche Anerkennung (bzw. Ablehnung) der Vaterschaft mit den sich gegenüber dem Kind daraus ergebenden Pflichten der Lebenssicherung und des Schutzes. Die im Begriff liegende Differenziertheit erklärt sich vielleicht noch aus frühen im magischen Bereich wurzelnden Vorstellungen von einem über das physische Leben hinausgehenden »wahren Leben« (Aufnahme in die Gemeinschaft; vgl. C.H. Ratschow, Magie und Religion, 1947, 32f.). Sie könnten noch den Hintergrund für die verschiedenen die Geburt symbolisierenden Adoptionsriten (z. B. Gen 30,3; 48,12; 50,23; vgl. A. Musil, Arabia Petraea, III, 1908, 214) bilden (vgl. Stoebe, a.a.O. 246).

Unmittelbar gehört hierher auch die Zusammenstellung von *rḥm* pi./pu. mit *jātōm* »Waise« in Hos 14,4 (Zusatz), Jes 9,16 (hier Waisen vor Witwen genannt, sonst meist umgekehrt; vgl. Ps 68,6 »Vater der Waisen«) und Jer 31,20. Weniger profiliert sind natürlich die Aussagen, wo das Subjekt zu *rḥm* pi. ein feindlicher Eroberer ist (positiv 1Kön 8,50 und Jer 42,12 mit vorangehendem *ntn* + *[le]raḥamīm*; negiert Jes 13,18; Jer 6,23; 21,7; 50,42). Indessen schwingt auch hier der Gedanke an Lebenserhaltung, Lebensermöglichung immer noch mit.

rḥm ist im AT immer vom Höheren gegenüber dem Niedrigeren, niemals vom Menschen gegenüber Gott gebraucht. Ps 18,2 ist *rḥm* q., wenn nicht überhaupt zu ändern (vgl. Kraus, BK XV, 138.142), als Aramaismus zu erklären (vgl. Jenni, HP 222f.; anders Schmuttermayr, a.a.O.).

d) Sinnverwandte Verben, die neben und parallel zu *rḥm* pi. gebraucht werden, sind vor allem →*ḥnn* q. »jemandem gnädig sein« (Ex 33,19; 2Kön 13,23; Jes 27,11; 30,18; Ps 102,14; vgl. Ps 116,5 *ḥannūn* »gnädig« par. *meraḥēm* »barmherzig« und s.u. 4 zu *raḥūm*), *ḥml* q. »Mitleid empfinden, schonen, sparen« (Jer 13,14; 21,7) und *ḥūs* q. »betrübt sein, sich erbarmen, schonen« (Jes 13,18; Jer 13,14; 21,7), ferner →*šūb* q./hi. *šebūt* »das Geschick wenden« (Dtn 30,3; Jer 30,18; 33,26; Ez 39,25), *nḥm* pi. »trösten« (Jes 49,13), *jšʿ* hi. »helfen« (Hos 1,7) u.a.; für *śmḥ* »sich freuen« in Jes 9,16 wird nach arab. *samuḥa* »gütig, großmütig sein« ein ursprüngliches Verbum **šmḥ* »schonen« vermutet (KBL 986a; Wildberger, BK X, 203.206).

Gegenüber *rḥm* pi. betont *ḥml* q. stärker das Moment des Verschonens (»Bedauern, Mitleid empfinden, schonen [wollen], sparen [wollen]«; im AT 40×, davon 7× in Ez, 5× in Jer, je 4× in 1Sam, Hi und Klgl; mit Subj. Gott 17×, davon 13× negiert; zur Etymologie vgl. HAL 315a, anders L. Kopf, VT 8, 1958, 172; substantivische Ableitungen sind *ḥæmlā* [Gen 19,16; Jes 63,9] und *ḥumlā* [Ez 16,5] »Mitleid«; zum PN *Ḥāmūl* s. Noth, IP 181). Während *rḥm* pi. transitiv ist (»jemanden sein Erbarmen spüren lassen«), wird die mit *ḥml* ausgedrückte Empfindung mit Präpositionen auf ihr Ziel gerichtet oder dann absolut ausgesagt (vgl. Jenni, HP 223). Die Folge des Bedauerns ist nicht wie bei *rḥm* pi., daß jemand in lebenssichernde Verhältnisse (wieder) eingesetzt wird, sondern daß er vor einem drohenden Schicksal oder einer beschlossenen Strafe verschont bleibt. Ein solches Bedauern kann schließlich allgemein als Mitleid, Erbarmen verstanden werden (vgl. etwa Jer 15,5; Jo 2,18; Mal 3,17); die Grenzen verwischen sich namentlich in jüngeren Texten (Ez 16,5 nähert sich *ḥumlā* sehr stark dem Sinn von *rḥm* pi. an, ebenso *ḥæmlā* Jes 63,9). Zu *maḥmāl* in Ez 24,21 vgl. Zimmerli, BK XIII, 569; →*næfæš* III/3b.

Bedeutungsmäßig noch etwas weiter von *rḥm* pi. entfernt ist das häufig mit *ḥml* q. parallele Verbum *ḥūs* q. »bekümmert sein« (Etymologie unsicher, vgl. die Lit. bei HAL 286a; H. Cazelles, GLECS 12/13, 1967–69, 132–134; im AT 24×, davon 9× in Ez, 5× in Dtn; nur 6× positiv verwendet). In zwei Drittel der Fälle ist *'ájin* »Auge« Subjekt; die Wendungen ohne *'ájin* sind gleichbedeutend (vgl. L. Köhler, OLZ 32, 1929, 617f.; anders D. Künstlinger, OLZ 33, 1930, 969f.). Gemeint ist eine Emotion, die nicht notwendig zu konkreten Maßnahmen führt (»bekümmert sein, sich Gedanken machen über« oder, da Gedankenlosigkeit oft als Grausamkeit verstanden werden muß, »mitleidig blikken, Mitleid empfinden«). In der dreigliedrigen Formel Jer 13,14 und 21,7 mit *ḥml* q., *ḥūs* q. und *rḥm* pi. steht letzteres Verbum sachlich richtig am Ende, während die ersten beiden vertauscht werden können.

In einem ähnlichen semantischen Bereich bewegt sich das Hapaxlegomenon *'gm* q. »betrübt sein wegen« = »Mitgefühl haben mit« (Hi 30,25; vgl. J. Scharbert, Der Schmerz im AT, 1955, 60).

Als deutlicher Gegenbegriff zu *rḥm* pi. ist das Adj. *'akzārī* »grausam« zu erwähnen (Jer 6,23; 50,42; im AT 4× *'akzār* und 8× *'akzārī*; daneben *'akzerijjūt* »Grausamkeit« Spr 27,4).

4. a) In verschiedenen Wendungen mit *ræḥæm* wird Jahwe als der Herr des Lebens bekannt. Er verschließt und öffnet den Mutterleib (Gen 20,18; 29,31; 30,22; 1Sam 1,5.6; vgl. Hos 9,14; Spr 30,16), er bereitet die Frucht darin (Gen 49,25) und läßt sie daraus hervorgehen (Hi 10,18). Auflehnung gegen Jahwe kann sich daher als Vorwurf gegen den Mutterschoß äußern (Jer 20,17.18; Hi 3,11 »Warum starb ich nicht bei meiner Geburt, verschied nicht, als ich aus dem Mutterschoß kam?«). Mit der Nennung des *ræḥæm* kann sich auch das Wissen um eine ethische Verpflichtung gegen den Nächsten verbinden (Hi 31,15 »hat nicht, der mich erschuf, auch ihn erschaffen? und Einer uns im Mutterschoß bereitet?«; vgl. auch Am 1,11 G, s. Rudolph, KAT XIII/2, 127). Auch wo mit *ræḥæm* ein Zeitraum gekennzeichnet wird (»von Mutterleib an«), steht diese Zeit unter Jahwes Plan (Jes 46,3; Jer 1,5; Ps 22, 11) bzw. unter seiner Ablehnung (Ps 58,4).

b) Vier Fünftel aller Belege mit *rḥm* pi. haben Gott als Subjekt; bei *rḥm* pu. ist Gott immer der Handelnde. Die Hosea-Stellen zeigen, daß das mit *rḥm* pi. beschriebene Tun Jahwes die Einsetzung (bzw. die Wiedereinsetzung) in die Wirklichkeit eines Kindschaftsverhältnisses bedeutet (Hos 1,6; 2,6.25), die nicht sentimental, sondern durchaus real ist (s.o. 3c). In der Zeit des Exils wird die durch *rḥm* pi. bezeichnete Wiederherstellung des zerstörten Gottesverhältnisses in der Rückführung in das verheißene Land (Jer 12,15; 42,12 G; Sach 10,6, vgl. V.10) oder im Bleiben darin (Jer 42,12 MT) greifbar, ebenso im Wiederaufbau einer zerstörten Stadt (Jer 30,18 Samaria; Ps 102,14 Zion). Allgemein kann die Wiederherstellung auch durch →*šūb šebūt* »das Geschick wenden« bezeichnet werden (Dtn 30,3; Jer 30,18; 33,26; Ez 39,25); dabei ist zu beachten, daß diese Schicksalswende nicht Folge des Erbarmens ist, sondern ihm vorausgeht.

Anders als z.B. *ḥæsæd* (IV/2) steht *rḥm* pi. in ausschließendem Gegensatz zum Zorn Gottes bzw. löst diesen ab, weil er das rechte Verhältnis des Volkes zu Gott suspendiert (Dtn 13,18; Jes 54,8; 60,10; Hab 3,2 [anders B. Margulis, ZAW 82, 1970, 413]; Sach 1,12; 10,6; vgl. Klgl 3,32).

Dieser Hintergrund der Einsetzung in neue oder der Wiederherstellung ursprünglicher Verhältnisse bleibt auch noch erkennbar, wenn das Part. pi. *meraḥēm* »Erbarmer« in jüngeren Texten zum Gottesprädikat schlechthin wird (Jes 49,10; 54, 10, vgl. V.8 *gō'ēl* [→*g'l*]; Ps 116,5). Im allgemeinen wird aber in den Aussagen über Gott das Verbum *rḥm* pi. mit anderen theologischen Termini verbunden, wodurch viel gefülltere Prädikationen möglich werden. So ist an einigen Stellen die Vergebung Voraussetzung für die Wiederverleihung der durch die Sünde verlorenen Gottesgemeinschaft, wie sie durch *rḥm* pi. ausgedrückt wird (Jes 55,7; Mi 7,19; vgl. auch 1Kön 8,50, wo Jahwe indirekt handelt; Dan 9,9 *raḥamīm*; auch Spr 28,13, wo *rḥm* pu. die Vergebung einschließt; vgl. Stoebe, a.a.O. 247). Weiterhin gehört hierher die Verbindung von *rḥm* pi. mit →*ḥæsæd* »Gnade« (Jes 54,8.10; Klgl 3,32). Die Bereitschaft Gottes zum *ḥæsæd* ist offenbar die Voraussetzung zum Erbarmen (s.u. 4c). Jes 14,1 steht parallel zu *rḥm* pi. das Verbum →*bḥr* »erwählen«, und zwar mit *'ōd* »nochmals« zum Ausdruck der Wiedererwählung.

c) Ein größeres Gewicht kommt der Verbindung von *rḥm* pi. mit →*ḥnn* q. »jemandem gnädig sein« zu. Sie begegnet Ex 33, 19; 2Kön 13,23; Jes 27,11 (hier negiert in bezug auf den Schöpfer); 30,18; Ps 102, 14, teilweise wohl in Abhängigkeit von einer liturgisch geprägten Form. Am häufigsten kommen die Adjektive der beiden Wurzeln nebeneinander vor (11 ×; *raḥūm* allein sonst nur Dtn 4,31 und Ps 78,38), entweder in der Reihenfolge *raḥūm wᵉḥannūn* (Ex 34,6 u.ö.) oder *ḥannūn wᵉraḥūm* (Jo 2,13 u.ö.; →*ḥnn* 4b; →*'ēl* IV/1; zur Formel vgl. J. Scharbert, Bibl 38, 1957, 130 bis 150; R.C. Dentan, VT 13, 1963, 34–51); die letztere ist wohl organischer (vgl. Ex 33,19 und Ps 102,14). *raḥūm* ist durchgängig auf Jahwe bezogen (Ps 112,4 bildet davon keine Ausnahme; der hier genannte Gerechte ist Jahwe, vgl. Ps 111,4; 116,5 und z. B. Kraus, BK XV, 770.772f.).

d) Noch häufiger als beim Verbum ist bei *raḥᵃmīm* Gott als der indirekt (s.o 3b) oder direkt Handelnde ausgesagt. Das Wort begegnet vor allem in der Psalmen- und Gebetssprache (Jes 63,7.15; Ps 25,6; 40,12; 51,3; 69,17; 77,10; 79,8; 103,4; 106,46; 119,77.156; 145,9; Klgl 3,22; Dan 9,9.18; Neh 9,19.27.28.31; vgl. das Bekenntnis 2Sam 24,14 = 1Chr 21,13), seltener in der prophetischen Verkündigung (Jes 54,7; in Hos 2,21 und Jer 16,5 als Gabe an Israel; Sach 1,16; in Sach 7,9 als Jahwes Forderung an den Menschen). Dabei ist zu beachten, daß an den meisten Stellen eine enge Verbindung mit *ḥǽsæd* besteht. Eine Ausnahme bei den Psalmen bilden 119,77.156 und 145,9; diesen beiden sehr jungen Psalmen steht der Gedanke an einen Geschichtserweis des Erbarmens fern.

Soweit *ḥǽsæd* Sing. ist und beide Begriffe eine Einheit bilden, steht *ḥǽsæd* vor *raḥᵃmīm* (Ps 103,4; Jer 16,5; Hos 2,21; Sach 7,9; vgl. Dan 1,9). Bei stärkerer Absetzung der beiden Begriffe voneinander bleibt das Prinzip der Anordnung bestehen (Ps 51,3; 69,17; Klgl 3,22; die Ausnahme Ps 40,12 hat wohl formale Gründe). Das läßt vermuten, daß *raḥᵃmīm* hier nun selbst den Charakter eines konkreten Erweises angenommen hat, der als Ausfluß einer *ḥǽsæd*-Gesinnung verstanden wird (»Barmherzigkeitserweis«). Unterstrichen wird dies durch die attributive Wendung *raḥᵃmīm rabbīm* »viel/großes Erbarmen« (2Sam 24,14 = 1Chr 21,13; Ps 119,156; Dan 9,18; Neh 9,19.27.28 [txt em]. 31; vgl. Jes 54,7) und durch die Genetiv-Verbindung *rōb raḥᵃmīm* »Menge des Erbarmens« (Ps 51,3; 69,17). Eine Änderung tritt erst da ein, wo *ḥǽsæd* seinerseits in den Plural tritt, also die Bed. »*ḥǽsæd*-Erweise« bekommt. Dann tritt *raḥᵃmīm* an die erste Stelle und kennzeichnet umfassend die Haltung oder Gesinnung einer das Leben fördernden Barmherzigkeit (Jes 63,7; Ps 25,6; Klgl 3,22, das dagegen zu sprechen scheint, ist textlich unsicher). In dieser Linie liegt es, daß *raḥᵃmīm* schließlich direkt zu einer Art von Hypostase werden kann (Ps 79,8).

5. In den Qumrantexten, wo *raḥᵃmīm* häufig in den Dankliedern vorkommt, wird der Sprachgebrauch der atl. Psalmen fortgesetzt (Kuhn, Konk. 204). *raḥᵃmīm* gewinnt einerseits an Gewicht und Selbständigkeit, andererseits verwischen sich die Konturen der einzelnen Begriffe immer mehr (vgl. *ḥsdj rḥmjm* 1QS 1,22; *rḥmj ḥsdw* 1QS 2,1).

In der LXX wird der Stamm *rḥm* ziemlich regelmäßig durch οἰκτίρειν oder ἐλεεῖν übersetzt (ebenso *ḥūs* durch φείδεσθαι; weniger profiliert ist die Wiedergabe von *ḥml*). Vgl. dazu und zum NT R. Bultmann, Art. ἔλεος, ThW II, 474–483; ders., Art. οἰκτίρω, ThW V, 161–163; H. Köster, Art. σπλάγχνον, ThW VII, 548–559; H.-H. Esser, Art. Barmherzigkeit, ThBNT I, 52–59; E.C.B. MacLaurin, The Semitic Background of Use of ›*en splanchnois*‹, PEQ 103, 1971, 42–45. *H.J. Stoebe*

רחק *rḥq* fern sein

1. Die Wurzel *rḥq* ist gemeinsemitisch (im Arab. durch *b'd* ersetzt; zu *raḥīq* »Wein [von fernher]« vgl. Fraenkel 158).

In der näheren Umgebung des AT ist hinzuweisen auf Belege aus dem Ug. (WUS Nr. 2505; UT Nr. 2324; *mrḥq* auch in der zeitlichen Bed. »Zukunft«: M. Dietrich–O. Loretz, Ugaritica VI, 172; P. Fronzaroli, JSS 16, 1971, 216) und Aram. (DISO 168. 278f. [in den Elephantinetexten ist *rḥq* q. häufig juristischer Terminus in der Bed. »verzichten«]; KBL 1124a).

Vom Verbum begegnen im AT q. »fern sein, sich entfernen«, pi./hi. »entfernen« (vgl. Jenni, HP 74f.), ni. »entfernt werden« (nur Pred 12,6 K txt?), an nominalen Ableitungen das Verbaladjektiv *rāḥēq* »sich entfernend« (Ps 73,27), das Adj. *rāḥōq* »fern« (bibl.-aram. *raḥīq* Esr 6,6) und das Subst. *mærḥāq* »Ferne«.

2. Das Verbum findet sich im AT 58 × (Geschichtsbücher nur 10 ×, Prophetie 18 ×, Ketubim 30 ×), davon im Qal 29 × (Ps 8 ×, Jes 5 ×, Hi 4 ×, Ez 3 ×), im Ni. 1 ×, im Pi 4 × (Jes 3 ×, Ez 1 ×), im Hi. 24 × (Ps, Hi und Spr je 4 ×, Ex 3 ×); *rāḥēq* steht 1 × (s. o.), *rāḥōq* 85 × (Jes 18 ×, Jer 8 ×, Ps 7 ×, Dtn und Hi je 5 ×, Ex, Jos und Spr je 4 ×), *mærḥāq* 18 × (Jes 7 ×, Jer 5 ×), aram. *raḥīq* 1 ×.

3. Die Grundbedeutung des Verbums im Qal ist »fern sein, sich entfernen«, im Hi. »entfernen«. *rḥq* wird in der Regel mit nachfolgendem *min* »von« konstruiert. Hinzuweisen ist auf den Gebrauch des Inf.abs. hi. *harḥēq* als Adverb »fern« (Gen 21,16; Ex 33,7; Jos 3,16). Entsprechend ist die Grundbedeutung des Substantivs »Ferne« und die des Adjektivs »fern« (meist im räumlichen Sinn; zeitlich von der Vergangenheit 2Kön 19,25 = Jes 37,26; Jes 22,11; 25,1, von der Zukunft 2Sam 7,19 = 1Chr 17,17; Ez 12,27; in übertragener Bed. »unzugänglich« Dtn 30,11; Pred 7, 23.24; »höher stehend« Spr 31,10).

Während sich durchlaufende Parallelbegriffe nicht finden, wird der Gegensatz sehr häufig durch die Wurzel →*qrb* »nahe sein« markiert (beim Verbum z. B. Jes 54,14 q.; Jes 46,13 pi.; Ps 22,12 Adj.; beim Adj. Dtn 13,8; Jes 33,13 u.ö.). Die beiden Adjektive *rāḥōq* und *qārōb* verknüpfen sich vor allem zu einem Gegensatzpaar in der geläufigen Redewendung »es sei nah oder fern« zur Bezeichnung einer Gesamtheit (vgl. Dtn 13,8; 1Kön 8,46; Jes 57,19; Jer 25,26; 48,24; Ez 22,5; Est 9,20; Dan 9,7).

Im Wortfeld von *rḥq* finden sich nicht selten auch die Verben →*ʿmd* (in der Wendung *ʿmd mērāḥōq* »in der Ferne stehen bleiben« Ex 20,18.21; 1Sam 26,13; 2Kön 2,7; Jes 59,14; Ps 38,12; vgl. Ps 10,1 mit *be*), →*rʾh* (»von fernher sehen« Gen 22,4; 37,18) oder →*bōʾ* (q. »kommen« / hi. »bringen« Jes 13,5; 43,6; 49,12; 60,4.9; Hab 1,8; Sach 6,15). Als Nomen ist →*ʾæræṣ* »Land« im Wortfeld von *rḥq* geläufig (*mēʾæræṣ [ham]mærḥāq* Jes 13,5; 46,11; Jer 4,16; 6,20; Spr 25,25; vgl. Jes 8,9; 33,17; Jer 8,19; *mēʾæræṣ reḥōqā* Dtn 29,21; Jos 9,6.9; 1Kön 8,41 = 2Chr 16, 32; 2Kön 20,14 = Jes 39,3).

4. Der theologische Sprachgebrauch der Wurzel konzentriert sich auf die Prophetie und die Psalmen.

a) In der prophetischen Anklage ist zu hören, daß wie bereits die Väter sich von Jahwe entfernten (Jer 2,5; Ez 44,10), so auch die gegenwärtige Generation (Jes 29,13 pi.; Ez 8,6; vgl. Ez 11,15 txt em, eine doppelsinnige Aussage der in Jerusalem Gebliebenen über die Verbannten). Gelegentlich weist die prophetische Anklage auch darauf hin, daß der Umgang mit Menschen und Dingen aus der Ferne Abfall von Jahwe bedeutet (2Kön 20,14 = Jes 39,3; Ez 23,40; vgl. Jer 6,20).

Die prophetische Gerichtsankündigung prophezeit einerseits das aus der Ferne kommende Unheil: Jes 5,26; 10,3; Jer 4,16; 5,15; Hab 1,8; vgl. Jes 30,27; aufgenommen ist das Motiv im Rahmen der Fluchrede Dtn 28,49. Andererseits wird Israel eine Wegführung in die Ferne angekündigt: Jes 6,12; Jer 8,19 in einer Klage des Propheten; Jer 27,10; Jo 4,6; vgl. Ez 11,16 im Rückblick (*rḥq* hi. par. *pūṣ* hi. »zerstreuen«). In den Fremdvölkersprüchen bedeutet gleiches Gericht über die Feinde (Jes 13,5; Jo 2,20) für Israel Heil.

Genau entsprechend ist in der prophetischen Heilsankündigung einerseits davon die Rede, daß für Israel das Heil von fern her kommen wird: Jes 46,11 »ich rufe ... aus fernem Land den Mann meines Plans« (vgl. Jer 31,3), andererseits davon, daß Jahwe sein Volk aus fernen Landen wieder heimführen wird: Jes 43,6; 49,12; 60,4.9; Jer 30,10; 46,27. Hierher gehört auch das Weitertragen dieses Heils bis an die »fernen Gestade« Jer 31,10; vgl. Jes 49,1; 66,19 (vgl. Westermann, ATD 19,337).

b) Vom Fernsein Jahwes ist an einigen Stellen in den Psalmen die Rede. Wenn sich Jahwe mit seinem Heil bzw. mit seiner Hilfe vom Beter fernhält, ruft das dessen Klage hervor (Ps 10,1; 22,2; vgl. Jes 59, 9.11), aber auch, wenn er von dem in Not Geratenen die Freunde fernhält (Ps 38,12 88,9.19). Entsprechend äußert der Klagende die Bitte, Jahwe möge doch nicht weiterhin von ihm fern sein: Ps 22, 12.20; 35,22; 38,22 (par. →*ʿzb* »verlassen«); 71,12.

In der Schilderung der Gottlosen wird darauf hingewiesen, daß Jahwe dem Gottlosen (im Gegensatz zum Frommen) fern sei: Jer 12,2; Ps 119,155; Spr 15,29.

c) Es sind noch drei weitere Zusammenhänge zu nennen, in welchen die Wurzel *rḥq* zu finden ist:

(1) In der elohistischen Sinaiperikope (vgl. Noth, ATD 5,121–135) begegnet das auch in anderen Zusammenhängen belegbare Motiv (z. B. Ex 19,12f. J; Ri 6,22; 2Sam 6,6f.; Jes 6,5), daß sich das Volk nicht in die Nähe der Heiligkeit Gottes wagte, sondern in der Entfernung stehen blieb (Ex 20,18.21) bzw. von ferne anbetete (Ex 24,1).

(2) Gelegentlich wird *rāḥōq* im zeitlichen Sinne gebraucht, um auszudrücken, daß Jahwe alles von fern her bestimmt hat

(2Kön 19,25 = Jes 37,26 par. [*le*]*mīmē qǣdæm* »seit den Tagen der Vorzeit«; Jes 25,1; vgl. Jes 22,11 in der prophetischen Anklage: »ihr schautet nicht auf den, ... der es von fern her bereitet hat«). Als Verben werden in diesem Zusammenhang →*'śh* »machen, tun, bereiten« (2Kön 19,25 = Jes 37,26; Jes 22,11; 25,1) und →*jṣr* »formen, bilden, schaffen« (2Kön 19,25 par.; Jes 22,11) gebraucht.

(3) Ps 138,6 und 139,2 dient *rḥq* im Rahmen des Gotteslobes dazu, die Größe Gottes durch den Hinweis zu unterstreichen, daß er von fern her den Stolzen stürzen (138,6) und die Gedanken der Menschen verstehen kann (139,2).

5. Weder die Qumrantexte (Kuhn, Konk. 133b.204ac) noch die Wiedergabe in der LXX (am häufigsten durch Ableitungen von μακρός) bieten Besonderheiten. Zum NT vgl. H. Preisker, Art. μακράν, ThW IV, 374–376. *J. Kühlewein*

ריב *rīb* streiten

1. Der Stamm *rīb* (vgl. KBL 888b zum Akk., Syr. und Arab. mit Verben je verschiedener Bedeutung) ist nur im Hebr. und im Altaram. (KAI Nr. 224, Z.17.26) in der Bed. »streiten« o.ä. belegt. Im AT findet sich das Verbum im Qal und im Hi. (Part. *mērīb* »Gegner«); das Subst. *rīb* »Streit« ist als substantivierter Inf. zu interpretieren (BL 452); *rībōt* in Dtn 17,8 und Hi 13,6 ist Plur. einer Femininbildung; *merībā* »Streit« ist Verbalnomen mit m-Präfix (BL 492); *jārīb* »Streitgegner« ist mit j-Präfix gebildet (BL 488); das nur in Hos 5,13 und 10,6 vorkommende *jārēb* ist – falls nicht beide Stellen zu emendieren sind (seit W.M. Müller, ZAW 17, 1897, 334ff.; Rudolph, KAT XIII/1,124f.) – mit *jārīb* gleichzusetzen (GB 316a).

Die allenfalls in Frage kommenden amorit. und ug. (WUS Nr. 2478.2479; UT Nr. 2330) Personennamen werden von Huffmon 260 und Gröndahl 178f. anders abgeleitet, ebenso bei M. Dietrich–O. Loretz, OLZ 62, 1967, 548, der hebr. Name *J(eh)ōjārīb* mit seinen Kurzformen *Jārīb*, *Jerībaj*, *Rībaj*, der nach Noth, IP 201, als »Jahwe möge streiten (zugunsten des Namensträgers)« zu erklären ist. Als Ortsname begegnet *Merībā* (vgl. Noth, ATD 5,111f.). Der Name *Jerubbá'al* (Ri 6ff.) ist trotz Ri 6,32 nicht von *rīb* ableitbar (KBL 401a.868f.; Noth, IP 206f.; vgl. aber J.J. Stamm, FS Albright 1971, 449–452, der für die Namen Jerubbaal und Jerobeam die Nebenform *rūb* zu *rīb* entsprechend Ri 21,22K und Spr 3,30K annimmt); zu *Merī-bá'al* (1Chr 9,40b; in 8,34 und 9,40a *Merīb Bá'al*) vgl. Noth, IP 143 Anm. 2.

2. Das Verbum *rīb* begegnet im hebr. AT 65 × im Qal (gleichmäßig verteilt) und 2 × im Hi. (1Sam 2,10; Hos 4,4), das Subst. *rīb* 60 × (inkl. Hi 33,19 K; Spr 12 ×), der fem. Plur. *rībōt* 2 × (s.o. 1), *merībā* 2 × (Gen 13,8; Num 27,14), *jārīb* 3 × (Jes 49,25; Jer 18,19; Ps 35,1), *jārēb* 2 × (s.o. 1), die ganze Wurzel (ohne die Namen) somit 136 ×.

3. *rīb* und seine Derivate finden sich im AT in drei sich überschneidenden Lebens- und Sprachbereichen (»Sitz im Leben«): in den Bereichen des (a) außergerichtlichen, (b) des vorgerichtlichen und (c) des gerichtlichen Konflikts. Der mit *rīb* bezeichnete Vorgang spielt sich zwischen zwei Parteien ab, die als Streitpartner entweder auf gleicher Stufe stehen (symmetrischer Konflikt) oder nicht auf gleicher Stufe stehen (asymmetrischer Konflikt).

Beispiele: Hirten–Hirten (Gen 13,7; 26,20–22), Bruder–Bruder (Gen 13,8), Jakob–Laban (Gen 31, 36), Mann–Mann (Ex 21,18; 23,2; Dtn 19,17; 25,1; Jes 58,4; Spr 3,30; 25,8–9), Jerusalemer–Jerusalemer (2Chr 19,8.10), Ephraimiten–Gideon (Ri 8,1), Balak–Israel (Ri 11,25), Jephtha–Ammoniter (Ri 12, 2), Leute von Silo–Benjaminiten (Ri 21,22), Edom–Zion (Jes 34,8); bildlich: Glieder des Körpers gegeneinander (Hi 33,19, vgl. Fohrer, KAT XVI,453f.).

rīb unterscheidet sich von →*špṭ* und →*dīn* vor allem dadurch, daß diese Wörter verschiedene Arten der Streit*entscheidung* bezeichnen; *rīb* ragt in diesen Bereich nicht hinein.

a) *rīb* im Bereich des außergerichtlichen Konflikts bezeichnet den Streit zwischen Einzelpersonen oder zwischen Gruppen. Ex 21,18 »wenn Männer streiten und ein Mann schlägt einen anderen mit einem Stein ...«, die Tatbestandsbeschreibung in einem der kasuistischen Rechtssätze des Bundesbuches, zeigt deutlich, daß *rīb* den mit Körperverletzungen verbundenen handgreiflichen Streit zwischen Männern bezeichnet. Das ist gegen die Tendenz vieler Autoren festzuhalten, die in *rīb* nur einen Terminus des Prozeßrechts sehen (auch KBL 888f.). In Dtn 25, 1 »wenn zwischen Männern Streit (*rīb*) ist und sie treten vor Gericht (*mišpāṭ*) und man hat ihnen Recht (*mišpāṭ*) gesprochen, indem man den Unschuldigen freisprach, den Schuldigen verurteilte (*ṣdq* hi.; *rš'* hi.), ...« ist deutlich zu sehen, daß *rīb* die das Gerichtsverfahren (*mišpāṭ*) erst auslösenden Ereignisse meint. Ps 55,10–12 bestätigt diese These: *rīb* findet sich hier par. zu →*ḥāmās*, →*'āwæn*, →*'āmāl*, *tōk* »Bedrükkung« und *mirmā* »Trug«; in Dtn 21,5 neben *nǽga'*. Die (teilweise synonyme) Parallelität zu *mādōn* »Streit, Zank« (→*dīn*) in Spr 15,18; 17,14; 26,21; Jer 15,10; Hab 1,3, vgl. 1QH 5,23.25, zu *maṣṣā* »Streit, Hader« in Jes 58,5, zu *mahalūmōt* »Prügel« in Spr 18,6, vielleicht auch die zu →*qṣp* »zürnen« und →*'af* »Zorn« in Jes 57,16 und Spr 30,33, weist auf denselben Sachverhalt hin (mit I. L. Seeligmann, FS Baumgartner 1967, 256). Anlaß von Streit in diesem Bereich ist das Antun von Bösem (→*gml rā'ā*, Spr 3,30); der Beginn des Streits wird mit *gl'* hitp. »losbrechen« bezeichnet und mit der Entfesselung von Wasser verglichen (Spr 17,14; 20,3); Spr 30,33 schildert in Vergleichen das Entstehen von Streit aus Zorn; Spr 26,21 bringt diesen Übergang mit *ḥrr* pilp. »in Glut bringen« zum Ausdruck; die Beendigung eines Streites wird mit *šqṭ* hi. »Ruhe schaffen« (Spr 15,18) bezeichnet. *šalwā* »Sorglosigkeit, Ruhe« ist in Spr 17,1 Oppositum zu *rīb*. Der Weise wird im Gegensatz zum Toren als einer geschildert, der sich nicht in *rīb* verstrickt (bes. Spr 20,3; 26, 17; vgl. Gemser, HAT 16,24).

Für *rīb* als Streit zwischen *Gruppen* sind typisch die bei J erhaltenen Reste von Brunnenstreiterzählungen (Gen 13,7f.; 26, 20ff.; vgl. C. Westermann, Forschung am AT, 1964, 66ff.). Streitpartner sind die Hirten Lots bzw. der Stadt Gerar und die Hirten Abrahams; der Streit geht um Lebensraum (Gen 13) und Lebensmittel (Gen 26). Dieser Streit ist »Krieg« im vorstaatlichen Stadium (Westermann, a.a.O. 68). Die nächste Stufe der Entwicklung stellen die Kämpfe der israelitischen Stämme dar, die in Ri 12,2 (Ammoniterkämpfe) mit *rīb* bezeichnet werden. *rīb* als Bezeichnung kriegerischer Auseinandersetzungen begegnet in Ri 11,25 (Moab-Israel, par. *lḥm* ni., vgl. auch Ps 35,1), in Jes 34,8 (Zerstörung Jerusalems durch u.a. Edom im Jahr 587) und in 2Sam 22, 44 = Ps 18,44 (mit LXX ist »Kämpfe der Völker« zu lesen).

Stellen für außergerichtlichen Streit eines einzelnen gegen eine Gruppe oder umgekehrt finden sich nicht. Das mag Zufall sein oder darin seinen Grund haben, daß außergerichtlicher *rīb* im wesentlichen nur als symmetrischer Konflikt denkbar ist. In asymmetrischen Situationen findet Streit entweder überhaupt nicht statt oder er verwandelt sich sofort in Vorgänge, die mit »unterwerfen« o.ä. bezeichnet werden (z.B. *kbš* pi., *rdd*, KBL 423.874b), – oder es gelingt, ihn in vorgerichtlichen Streit mit seinen geordneteren Formen zu überführen (s.u. b).

b) Die Verwendung von *rīb* für den vorgerichtlichen Streit (zur fließenden Unterscheidung von vorgerichtlicher und gerichtlicher Auseinandersetzung s. H. J. Boecker, Redeformen des Rechtslebens im AT, 1964) ist vor allem durch im Kontext begegnende vorgerichtliche Redeformen zu identifizieren. So bezeichnet *rīb* in Ri 6,31 das mit einer »Aufforderung zur Herausgabe des Angeklagten« beginnende »Streiten für Baal« (Boecker, a.a.O. 20ff.). In Ri 8,1 findet sich *rīb* neben der vorgerichtlichen »Beschuldigungsformel« (Boecker, a.a.O. 30). Beschuldigungsformeln qualifizieren *rīb* auch in Neh 13,11. 17.25; 5,7 als vorgerichtlich (Boecker, a.a.O. 26.28.31). Auch das Streiten Jakobs mit Laban (Gen 31,36 J) beginnt mit einer »Appellation des Beschuldigten« (V.36ff., Boecker, a.a.O. 49; vgl. auch den Rechtsterminus *'nh* in V.36, J. Begrich, Studien zu Dtjes., [1938] 1963, 37f.).

An diesen Stellen streiten (mit Ausnahme von Gen 31,36) ein Einzelner und eine Gruppe: Ri 6,31 die Leute der Stadt – Gideons Vater Joas; Ri 8,1 Ephraimiten – Gideon; Neh 13,11.17.25; 5,7 Nehemia – Vornehme, Adlige u.a. Dieser Umstand weist vielleicht darauf hin, daß die lockere Institution des vorgerichtlichen Streites besonders in solchen Fällen ihren Sitz hat, in denen wegen der Asymmetrie des Konfliktes außergerichtlicher Streit nur zuungunsten des schwächeren Partners enden kann (s.o. a).

Auch in Ex 17,2 J findet sich *rīb* in Zusammenhang mit einer »Frage des Beschuldigers« (Boecker, a.a.O. 42); in diesem ältesten Text der *Merībā*-Tradition streitet das Volk gegen Mose. Das Verständnis der *Merībā*-Tradition wird durch die Annahme erschwert, daß der Rechtsterminus *merībā*, verstanden als »Gerichtsverfahren«, nicht zu dem Motiv des Murrens passe (so Noth, ÜPt 135 Anm. 348; Seeligmann, a.a.O. 256 u.a.). Diese Annahme ist unnötig, wenn *merībā* auch den außer- und vorgerichtlichen Streit bezeichnen kann. – Zur *Merībā*-Tradition vgl. Noth, ATD 5,111f.; ATD 7,127ff.185f., und G. Morawe, BHH II,1194.

c) Im Bereich des Rechtsstreites bezeichnet *rīb* die »Verhandlung des Streites vor Gericht« (Begrich, a.a.O. 37), und zwar meist das *Gerichtsverfahren im ganzen* (so mit L. Köhler, Dtjes. stilkritisch untersucht, 1923, 110; B. Gemser, The RIB- or Controversy-Pattern in Hebrew Mentality, SVT 3, 1955, 122–125; Wolff, BK XIV/1, 1961, 39; Boecker, a.a.O..54 Anm. 2; A. Gamper, Gott als Richter in Mesopotamien und im AT, 1966, 195; gegen E. Würthwein, ZThK 49, 1952, 4 Anm. 1). Belege dafür sind z.B. die beiden Gebote aus dem »Richterspiegel« des Bundesbuches Ex 23,3.6; außerdem 2Sam 15,2.4; Jes 1,23 (par. *mišpāṭ*); 50,8 (par. *mišpāṭ* und *ṣdq* hi.); Ez 44,24 (par. *špṭ*); Hi 31,13; Spr 18,17 (par. *ṣdq* hi.); 22,23 (»im Tor«); Klgl 3,36 (par. *mišpāṭ*); vgl. Dtn 1,12; 19, 17; 2Chr 19,8.10. Auch Dtn 17,8 zeigt den umfassenden Charakter von *rīb*, wenn mit dem Obertitel »Streitsachen« (*dibrē rībōt*) die *mišpāṭ*-Angelegenheiten →*dām*, *dīn* und →*nǽga'* zusammengefaßt werden. – Zum Gang des isr. Gerichtsverfahrens s. Boecker, a.a.O., und D.A.McKenzie, VT 14, 1964, 100–104.

rīb kann daneben auch *einzelne Elemente* des Gerichtsverfahrens bezeichnen, allerdings nie solche Elemente, die mit dem Abschluß des Verfahrens zu tun haben (s.o.): in Ri 21,22 Q; Ho 2,4; 4,4 die Anklage (in dieser Bedeutung oft mit *b^e*, Boecker, a.a.O. 54 Anm. 2), in Jes 1,17; Hi 29,16 die Rechtshilfe, das Eingreifen zugunsten des Angeklagten, in Jes 41,21 den Gegenstand des Streites (Elliger, BK XI, 177), in Hi 13,6 die Streitreden während der Verhandlung (Horst, BK XVI/1, 198f.), in Ex 23,2 txt em; Jer 18,19 die Streitpartner, die sonst *'īš rīb* genannt werden (Hi 31,35).

Oft läßt sich die Bedeutung von *rīb* anhand der beistehenden Präposition präzisieren: *rīb* absolut, *rīb 'im* und *rīb 'æt* bezeichnen meist das ganze Verfahren, *rīb b^e* meint die Anklage, *rīb 'æl* »Anklage erheben bei«, *rīb l^e* »streiten zugunsten«, *rīb 'al* »streiten wegen« (vgl. Boecker, a.a.O. 54 Anm. 2; KBL 888f., dazu Suppl. 222a, aber immer noch ungenau).

In den hier genannten Texten sind die Streitpartner wieder (wie in a) durchweg gleichen Ranges, meist einzelne Personen. Diese Beobachtung zeigt, daß im geordneten Rechtsverfahren der Konflikt symmetrisiert ist, auch wenn Gleichheit der Partner nicht gegeben ist. Wird im Gerichtsverfahren die Symmetrie durchbrochen, so ist das Recht gebeugt (vgl. Ex 23,3.6; Hi 31,13).

Damit ergibt sich eine logische Abfolge der drei Bereiche von *rīb*: *rīb* ist (a) symmetrischer außergerichtlicher Streit – *rīb* ist (b) asymmetrischer vorgerichtlicher Streit, in den ein schwächerer Partner sich flüchten kann und der dann (c) in einen durch das Verfahren symmetrisierten gerichtlichen Streit münden kann. Ob dieser logische Zusammenhang auch der Bedeutungsentwicklung von *rīb* entspricht, ist nicht auszumachen, da sich in allen drei Bereichen alte Belege finden.

4. *rīb* kann in allen drei Lebens- und Sprachbereichen *theologisch* gebraucht werden: z.B. außergerichtlich Dtn 33,7; Jes 19,20; 49,25 (par. Ausdrücke des Helfens); vorgerichtlich Jes 45,9 (Beschuldigungsfrage); Jer 12,1 (par. *ṣdq* hi. und *mišpāṭ*); gerichtlich 1Sam 24,16; Jes 3,13 (par. →*dīn*, →*špṭ*), Mi 6,2 (par. →*jkḥ*). Jahwe kann dabei sowohl Subjekt als auch Objekt von *rīb* sein. *Jahwe* als *Subjekt* findet sich vor allem in den Klagepsalmen des Einzelnen: Gott soll streiten oder streitet gegen die Feinde des Beters (Ps 31,21; 35, 1.23; 43,1; 119,154; Klgl 3,58; vgl. auch Spr 22,23; 23,11; Jer 11,20; 20,12), auch in der Volksklage (Ps 74,22), in der Heilsankündigung (Jes 49,25) und in den Gerichtsankündigungen an fremde Völker (Jer 25,31; 50,34; 51,36). Ebenso wie in diesen Texten tritt Jahwe als Rechtshelfer auf in Dtn 33,7; 1Sam 24,16; 25,39; Jes 19,20; 51,22; Jer 11,20; Mi 7,9, vgl. 1Sam 2,10 Q. Die theophoren Personennamen mit *rīb* (s.o. 1) gehören in diesen Zusammenhang. Die Prophetie des 8./7. Jh. kennt den Streit Jahwes gegen sein eigenes Volk (Jes 3,13; 27,8; 57,16; Jer 2,9; Ho 4,1; 12,3; Mi 6,2; vgl. Gemser, a.a.O. 128ff.).

Die Herkunft der prophetischen Gerichtsreden und -szenen ist kontrovers: während die Mehrzahl der deutschsprachigen Forscher das profane Gerichtsverfahren als Hintergrund annimmt (Köhler, a.a.O.; Begrich, a.a.O.; C. Westermann, Grundformen prophetischer Rede, [4]1970; Wolff, a.a.O.; Boecker, a.a.O.; u.a.m.), vertritt Würthwein, a.a.O., u.a. die These vom kultischen Ursprung. Daneben steht die Theorie, das internationale Recht (Vasallenverträge) habe als Modell prophetischer Gerichtsrede gedient, z.B. J. Harvey, Le »Rib-Pattern«, réquisitoire prophétique sur la rupture de l'alliance, Bibl 43, 1962, 172–196; J. Limburg, The Root *rīb* and the Prophetic Lawsuit Speeches, JBL 88, 1969, 291–304; vgl. R. North, ZAW 82, 1970, 31ff. (Lit.). – Der Sprachgebrauch von *rīb* ist ein Argument für die erstgenannte These.

Der Rechtsstreit zwischen Hiob und Gott kann einerseits als Streit Jahwes gegen Hiob (Hi 23,6; 31,35; 37,23; vgl. dazu die sprachlich falsche Deutung des Namens Jerubbaal in Ri 6,32), andererseits als Streit Hiobs gegen Gott (Hi 9,3; 33, 13; 40,2) verstanden werden, *Gott* also als *Objekt* zu *rīb*. Zu Hi vgl. zuletzt G. Many, Der Rechtsstreit mit Gott (Rib) im Hiobbuch, Diss. München 1970. – Jer 12, 1 faßt die Situation Hiobs genau, wenn Jeremia klagt: »Du bist im Recht (*ṣaddīq*),

Jahwe, wenn ich gegen dich streiten wollte«. Ähnlich asymmetrisch ist der Streit des Geschöpfes mit seinem Schöpfer (Jes 45,9) und der Streit des Volkes gegen Jahwe (Num 20,13; Jer 2,29). Jahwe ist in solchem Streit Angeklagter und Richter zugleich, so wie er in der prophetischen Anklage Kläger und Richter zugleich ist (Boecker, a.a.O. 87ff.98.132). Von Menschen als Rechtshelfern für Gott (Hi 13,8) oder für Baal (Ri 6,31) kann nur als von einer unmöglichen Möglichkeit die Rede sein.

Da ein Konflikt, in dem Jahwe Partner ist, in keinem Fall symmetrisch sein kann (das Hiob-Problem!), verwischt sich im theologischen Gebrauch die Differenzierung symmetrisch/asymmetrisch und damit auch die Differenz der drei Lebens- und Sprachbereiche von *rīb*.

5. Für die Qumrantexte verzeichnet Kuhn, Konk. 205, gegen zwanzig Belege des Substantivs. Der Sprachgebrauch entspricht genau dem des AT, die außergerichtliche Bedeutung steht im Vordergrund (z.B. par. *lḥm* ni. in 1QM 4,12; 1 QH 7,23). In LXX wird *rīb* – seinen Lebens- und Sprachbereichen im AT entsprechend – einerseits mit μάχεσθαι und λοιδορεῖν, andererseits mit δίκη und κρίνειν wiedergegeben. Zu LXX und NT vgl. O. Bauernfeind, Art. μάχομαι, ThW IV,533f.; H. Hanse, Art. λοιδορέω, ThW IV,295–297; G. Quell – G. Schrenk, Art. δίκη, ThW II,176–229; F. Büchsel – V. Herntrich, Art. κρίνω, ThW III,920–955. *G. Liedke*

רכב *rkb* reiten, fahren

1. Die Wurzel *rkb* ist außer im Hebr. auch in anderen sem. Sprachen belegt (Bergstr. Einf. 189), so im Akk. (*rakābu* mit der Bed. »besteigen«, auch »reiten« und »fahren«, AHw 944f.) und im Ug. (*rkb* »hinaufsteigen auf« und »einherfahren«, vgl. WUS Nr. 2511; UT Nr. 2331); vgl. noch u.a. DISO 279f.; LS 730f.; E. Ullendorff, VT 6,1956,194f.

Nominale Derivate der Verbalwurzel *rkb*, die im Hebr. im Qal und Hi. belegt ist, sind im AT *rǽkæb* »(Streit-)Wagen« (meist kollektiv), *rakkāb* »Fahrer« (nomen agentis), *rikbā* »Fahren« (nomen actionis), *rᵉkūb* »Fahrzeug«, *mærkāb* »Wagen« (1Kön 5,6) und »Sattel« (Lev 15,9; Hhld 3,10), *mærkābā* »Wagen«.

2. Im AT ist das Verbum *rkb* insgesamt 78× belegt (exkl. 2Kön 19,23K, vgl. Jes 37,24), davon q. 58× (2Kön und Jer je 6×, 2Sam 5×) und hi. 20× (2Kön 5×). Das Nomen *rǽkæb* kommt insgesamt 119× im AT vor (Ex 15,21 ist in Lis. von 1336b nach 1335a zu versetzen), gehäuft vor allem in 2Kön (19×), 1Kön (16×), 2Chr (14×), Jes (11×), Ex (10×) und Ri (9×). *rakkāb* und *mærkāb* sind je 3× belegt, *rikbā* findet sich nur Ez 27,20, *rᵉkūb* nur Ps 104,3; für *mærkābā* finden sich 44 Belege (2Chr 6×, 1Kön, 2Kön und Sach je 5×).

3. Die Bedeutung der Verbalwurzel *rkb*, die vielfach mit der Präp. *ʿal* »auf« konstruiert wird (vgl. Lev 15,9; Num 22,22.30; Ri 10,4; 12,14; 1Sam 25,20; 30,17; 2Sam 18,9; 19,27; Jes 19,1; Sach 1,8; Ps 45,5 u.ö.), kann zunächst allgemein mit »sich fortbewegen auf« umschrieben werden. Als Fortbewegungsmittel finden sich im Zusammenhang mit *rkb* Tiere und Fahrzeuge (akk. auch Schiffe), so daß *rkb* q. mit »reiten« bzw. »fahren« und *rkb* hi. kausativ mit »reiten lassen, fahren lassen« wiedergegeben werden kann.

Als Reittiere werden außer dem allgemeinen *bᵉhēmā* »Tier« (Neh 2,12) im Zusammenhang mit *rkb* erwähnt: *ḥᵃmōr* »Esel« (Ex 4,20; 1Sam 25,20.42; 2Sam 16,2; 19,27; 1Kön 13,13; Sach 9,9), *ʾātōn* »Eselin« (Num 22,22.30; Ri 5,10; 2Kön 4,24), *pǽræd/pirdā* »Maultier« (2Sam 13,29; 18,9; 1Kön 1,33.38.44), *ʿájir* »Eselhengst« (Ri 10,4; 12,14), *gāmāl* »Kamel« (Gen 24,61; 1Sam 30,17) sowie *sūs* »Pferd« (Gen 49,17; 2Kön 9,18.19; 18,23 = Jes 36,8; Jer 6,23; 50,42; Ez 23,6.12.23; 38,15; Hos 14,4; Sach 1,8; 10,5; 12,4; Hi 39,18; Est 6,8.9.11; vgl. noch Jes 30,16 *qal* »Renner«, ferner das homonyme Subst. *pārāš*, das »Reiter, Lenker« [47×] und »Pferd« [10×] bedeutet, vgl. BL 461.479). Umstritten ist jedoch, ob *rkb* an allen Stellen, an denen es im Zusammenhang mit *sūs* gebraucht wird, mit »reiten« übersetzt werden muß. So ist zu erwägen, ob nicht an einigen Stellen mit »fahren« oder »lenken« zu übersetzen ist (vgl. dazu und zum folgenden S. Mowinckel, Drive and/or Ride in O. T., VT 12,1962, 278–299), da *sūs* nicht nur Reitpferde, sondern insbesondere dort, wo es mit *rǽkæb* (vgl. Ex 14,9.23; 15,19; Dtn 11,4; 20,1; Jos 11,4; 1Kön 20,1.21.25; 2Kön 2,11; 5,9; 6,14.15.17; 7,6.14; Jes 31,1; 43,17; 66,20; Jer 17,25; 22,4; 46,9; 50,37; 51,21; Ez 26,7.10; 39,20;

Ps 20,8; 76,7) oder *mærkābā*/*mærkāb* (vgl. Jos 11,6.9; 2Sam 15,1; 1Kön 5,6; 10,29; Jes 2,7; Jer 4,13; Mi 5,9; Hab 3,8; Sach 6,1–3; 2Chr 1,16.17; 9,25) zusammen vorkommt, auch Zugpferde von Streitwagen bezeichnet (vgl. M. Löhr, Ägyptische Reiterei im A.T.?, OLZ 31,1928, 924). So ist jedenfalls an den Stellen, an denen *rkb* im Kontext zusammen mit *sūs* und *rǣkæb* bzw. *mærkābā* vorkommt, mit »fahren« bzw. »lenken« zu übersetzen: Jer 17,25; 22,4 »die auf Wagen mit Pferden fahren«; in Jer 51,21 stehen »Pferd und sein Lenker« im synonymen parallelismus membrorum mit »Wagen und sein Fahrer« (vgl. Hag 2,22 und Hab 3,8). Aus der Beobachtung, daß *sūs wᵉrǣkæb* als stehender Begriff im AT gebraucht wird, hat Mowinckel geschlossen, daß auch an Stellen, an denen *sūs* allein vorkommt, das Wort »Zugpferd eines Streitwagens« bedeuten kann und gewissermaßen als pars pro toto für *sūs wᵉrǣkæb* steht; das Verbum *rkb* muß an diesen Stellen dann entsprechend mit »fahren« oder »lenken« übersetzt werden (s. dazu Mowinckel, a.a.O. 284ff.). In diesem Zusammenhang ist auf Ex 15,1.21 hinzuweisen, wo die Übersetzung von *sūs wᵉrōkᵉbō* strittig ist: »Roß und Reiter« (z.B. Jerusalemer Bibel, Zürcher Bibel, ähnlich Buber); »Roß und Streitwagenkämpfer« (z.B. Noth, ATD 5,95f.; F. Crüsemann, Studien zur Formgeschichte von Hymnus und Danklied in Israel, 1969,19); »Roß und Mann« (so unentschieden die Revision der Luther-Bibel von 1964); »Roß und Wagen« (z.B. M. Luther; H. Greßmann, Die Anfänge Israels, SAT I/2, ²1922,53, die Punktation *sūs wᵉrikbō* voraussetzend). Die Entscheidung kann an dieser Stelle ebensowenig wie Am 2,15 (*rōkēb hassūs*) allein aufgrund philologischer Überlegungen getroffen werden. Vielmehr wird die Übersetzung »Roß und Reiter« bzw. »der auf dem Pferd reitet« (Am 2,15) durch historisch-archäologische Überlegungen fraglich. In beiden Fällen handelt es sich um einen militärischen Kontext, die Kavallerie aber ist im Alten Orient eine relativ späte Erscheinung, während von Pferden gezogene Streitwagen schon früh im Gebrauch waren und auch nach Einführung der Kavallerie (in Assyrien unter Assurnasirpal II. um 860) in Syrien und Palästina das Hauptelement des Militärs blieben; Israel selbst besaß keine Reiterei (s. dazu J. Wiesner, Fahren und Reiten in Alteuropa und im Alten Orient, AO 38,1939, 70f.; de Vaux, II, 21–25; vgl. auch Löhr, a.a.O. 923–927). Ex 15,1.21 wäre dann mit »Roß und sein Lenker« oder auch »Roß und Streitwagenfahrer« zu übersetzen; ebenso Am 2,15 »der das Pferd lenkt«. Hingegen ist in Jes 30,16 (vgl. Hos 14,4) wohl die Übersetzung »reiten« für *rkb* vorzuziehen (gegen Mowinckel, a.a.O. 286).

Gegenüber der Bedeutung »reiten«, »fahren« tritt die in anderen sem. Sprachen, besonders im Akk., stärker vorhandene Bedeutung »besteigen« im AT weitgehend zurück. Nur an einigen Stellen, an denen *rkb* zusammen mit dem Verbum der Bewegung *hlk* gebraucht wird, ist die Bedeutung »besteigen« zu erwägen, aber nicht notwendig in jedem Fall anzunehmen (vgl. Gen 24,61; 1Sam 25,42; 2Sam 19,27; 1Kön 13,13f.; 18,45; 2Kön 9,16). Daß jedoch Anklänge an die Bedeutung »besteigen« in der Wurzel *rkb* im Hebr. nicht ganz verloren gegangen sind, zeigt 2Kön 13,16, wo *rkb* hi. *jād ʿal haqqǣšæt* »die Hand auf den Bogen legen« bedeutet (gegen S. P. Brock, Νεφεληγερέτα = *rkb ʿrpt*, VT 18,1968, 395–397, der die Bedeutung »to put together« annimmt). Auch für das Nomen *rǣkæb*, das allgemein im Kontext mit militärischen termini gebraucht wird, hat sich an drei Stellen eine Bedeutung erhalten, die mit der Bed. »besteigen« entfernt verwandt ist: Dtn 24,6; Ri 9,53 und 2Sam 11,21 bezeichnet *rǣkæb* den »*oberen* Mühlstein« (vgl. dazu K.J. Cathcart, *Trkb qmḥ* in the Arad ostracon and biblical Hebrew *rekeb*, »upper millstone«, VT 19,1969, 121–123; B. Otzen, VT 20, 1970, 239–242).

Fahren bzw. Reiten ist keineswegs eine allgemein verbreitete Fortbewegungsart für jedermann, sondern bleibt im allgemeinen angesehenen und hochstehenden Personen vorbehalten. So gilt es offenbar als besonderes Zeichen des Ansehens für einen Mann, wenn seine Söhne auf Eselhengsten reiten (Ri 10,4; 12,14); dem König werden Esel zum Reiten für seine Familie als Ehrengeschenk übergeben (2Sam 16,2); der König (vgl. 1Kön 18,45; Sach 9,9) und die Prinzen (vgl. 2Sam 13,29; 18,9; 19,27; 1Kön 1,33.38. 44) fahren oder reiten; auch bedienen sich wohlhabende Frauen des Esels als Reittier (1Sam 25,20.42; 2Kön 4,24). Männer, die geehrt werden sollen, läßt man fahren oder reiten (vgl. Gen 41,43; Est 6,9.11).

4. Das Erscheinen Gottes zur Hilfe für Bedrängte kann als »Einherfahren« Jahwes, oftmals verbunden mit Gewittererscheinungen, beschrieben werden. So wird in Ps 18 das Erscheinen Jahwes als Antwort auf das Rufen des Bedrängten als mit vulkanischen (V. 8.9.16) und gewittrigen (V. 10–15) Erscheinungen verbunden geschildert; Jahwe »fährt auf dem Cherub und fliegt dahin« (V. 11; vgl. 2Sam 22,11; zu der dahinterstehenden bildlichen Vorstellung vgl. O. Keel, Die Welt der altorientalischen Bildsymbolik und das Alte Testament, 1972, Abb. 295. 296 auf S. 196f.; vgl. weiter Kraus, BK XV, 141f.). Jes 19,1 schildert das Herankommen Jahwes gegen Ägypten als ein Fahren auf schneller Wolke. Ähnlich wird auch in Ps 68,5 das Nahen Gottes als ein Fahren auf Wolken (»bejubelt den, der auf Wolken fährt«; vgl. Kraus, BK XV, 464.466) oder ein Fahren über den Himmel (Ps 68,34 »der über die Himmel fährt, die Himmel der Urzeit«) beschrieben; vgl. auch Dtn 33,26 »niemand gleicht dem Gott Jeschuruns, der am Himmel einherfährt, dir zu helfen« (vgl. auch Ps 104,3 »der Wolken zu seinem Fahrzeug macht«). In allen diesen Texten ist davon die Rede, daß Gott zur Hilfe oder gegen Feinde naht. Die Vorstellung, daß Jahwe auf Wolken oder am Himmel einherfährt, berührt sich eng mit der aus den Ugarit-Texten bekannten Bezeichnung Baals als *rkb 'rpt* (vgl. Kraus, BK XV, 472; W.H. Schmidt, Königtum Gottes in Ugarit und Israel, [2]1966, 84f.89; H. Gese u.a., Die Religionen Altsyriens . . ., 1970, 122f.; J. C. de Moor, The Seasonal Pattern in the Ugaritic Myth of Ba'lu, 1971, 98; P. J. van Zijl, Baal, 1972, 329–331). Die Deutung von *rkb 'rpt* als »cloud gatherer« (so Brock, a.a.O.) ist von der Bedeutung von *rkb* im Akk., Ug. (s.o. 1) und Hebr. her sehr unwahrscheinlich. *rkb* hi. »einherfahren lassen« mit Jahwe als Subjekt kann Dtn 32,13 und Jes 58,14 fast im Sinne von »herrschen lassen über« verstanden werden (so vielleicht auch Ps 66,12).

5. In den Qumrantexten ist *rkb* in 1QM einige Male belegt. – LXX übersetzt *rkb* q. an etwa der Hälfte der Belegstellen mit ἐπιβαίνειν; die Nomina *rækæb* und *mærkābā* werden fast an allen Stellen mit ἅρμα wiedergegeben. *R. Ficker*

רנן *rnn* jubeln

1. Die Wurzel *rnn* »jubeln, schreien« o.ä. kommt außerhalb des AT (und des nachatl. Hebr. und Aram.) noch im Ug. (PRU II, Nr. 1, Z. (5.)6; WUS Nr. 2520; UT Nr. 2337) und im Arab. (Wehr 327b) vor.

Unsicher sind ein palm. Beleg (DISO 281) und der Zusammenhang mit akk. *erni/ettu(m)* (W. von Soden, OrNS 16, 1947, 68f.; AHw 242f.; CAD I/J 178f.).

Neben dem Verbum, das sich im Qal, Pi., Pu. und Hi. findet, werden als Derivate die Nomina *rinnā* »lauter Ruf«, *r^enānā* »Jubel« und *r^enānīm* »Straußenweibchen (Plur.)« (nur Hi 39,13; vgl. G.R. Driver, PEQ 87, 1955, 12f.; Fohrer, KAT XVI, 514), sowie der Eigenname *Rinnā* (1Chr 4, 20) gebildet.

Als Nebenform begegnet *rnh* q. »klirren« in Hi 39, 23. In Ps 32,7 ist *ronnē* zu emendieren (s. BHS).

2. Das Verbum *rnn* ist im AT 53× belegt: q. 19× (Jes 9×), pi. 28× (Ps 21×, Jes 4×), pu. 1× (Jes 16,10 »gejubelt werden«), hi. 5× (Ps 65,9 und Hi 29,13 kausativ »jubeln lassen«; sonst »jubeln«: Dtn 32,43; Ps 32,11; 81,2). Die Hauptmasse der Belege findet sich in den Psalmen (25×) und in Jes 40–66 (8×). Ein ähnliches Bild ergibt sich für das Subst. *rinnā* (33×, davon 15× in Ps und 7× in Jes 40–66). *r^enānā* begegnet 4× (Ps 63,6; 100,2; Hi 3,7; 20,5), *r^enānīm* 1× (s.o.).

3. Betrachtet man die Verteilung der Belege und bedenkt man weiterhin, daß *rnn* auch außerhalb der Psalmen in poetischen, psalmenartigen Texten vorkommt (z.B. Jes 12,6; 24,14; Jer 31,7; Zeph 3,14; Sach 2,14), so ist deutlich, daß *rnn* vorwiegend in den Bereich der kultischen Sprache gehört; jedoch kann der Sprachgebrauch nicht auf den Kult beschränkt werden (vgl. Spr 1,20; 8,3). *rnn* meint zunächst eine laute Äußerung, meist der Freude, an manchen Stellen aber auch der Klage oder des Schmerzes (Klgl 2,19), oder nur lautes Rufen (Spr 1,20; 8,3; vgl. Kraus, BK XV, 584), so daß vorgeschlagen wurde, *rnn* als onomatopoetisches Wort (s. F. Brown–S. R. Driver–Ch. A. Briggs, A Hebrew and English Lexicon, 1907, 943) für »gellendes Schreien« (»ringing cry«, s. auch N. E. Wagner, *rinnā* in the Psalter, VT 10, 1960, 435–441) anzusehen. Es muß jedoch darauf hingewiesen werden, daß *rnn* nicht nur ein lautes, unter Umständen unartikuliertes, richtungsloses Schreien meint; in Spr 1,20 und 8,3 wird mit *rnn* das werbende, Aufmerksamkeit erregende Rufen der Weisheit bezeichnet.

rnn wird parallel gebraucht mit Verben, die ein lautes Schreien oder ein Erheben der Stimme oder auch Äußerungen mehr musikalischer Art bezeichnen. In diesem Sinn stehen zu *rnn* parallel: *ṣhl* »(wiehern), jubeln« (Jes 12,6; 24,14; 54,1; Jer 31,7); *rūaʿ* hi. »laut schreien« (Jes 44,23; Zeph 3, 14; Hi 38,7; Ps 95,1 pi.; Ps 81,2 hi.); *ntn qōl* »Laut geben« (Spr 1,20); *nśʾ qōl* »die Stimme erheben« (Jes 52,8); *ṣwḥ* »(vor Freude) schreien« (Jes 42,11); *šīr* »singen« (Ps 59,17); *zmr* pi. »musizieren« (Ps 71,23; 98,4); *mḥʾ kaf* »in die Hände klatschen« (Ps 98,8). Daß in den meisten Fällen mit *rnn* laute Freudenäußerungen bezeichnet werden, ist auch durch den parallelen Gebrauch von Verben aus dem Wortfeld »Freude«, »sich freuen« gesichert; so werden parallel zu *rnn* gebraucht: →*gīl* »jubeln« (Jes 49,13 q.; 35,2 pi.; 16,10 pu.; Ps 32, 11 hi.); *śmḥ* »sich freuen« (q.: Zeph 3,14; Sach 2,14; Ps 35,27; Spr 29,6; pi.: Ps 5, 12; 67,5; 90,14; hi.: Ps 32,11; vgl. 92,5); *ʿlṣ* »frohlocken« (Ps 5,12 pi.); *ʿlz* »jubeln« (Zeph 3,14 q.; Ps 96,12 pi.; 149,5 pi.).

In ähnlicher Weise wie *rnn* ist auch das Nomen *rinnā* gebraucht, in dem das Element der Freude ebenfalls beherrschend ist, das aber auch für einen Klage- oder Gebetsruf stehen kann (vgl. 1Kön 8,28 = 2Chr 6,19; Jer 7,16; 11,14; 14,12; Ps 17, 1; 61,2; 88,3; 106,44; 119,169; 142,7). Da *rinnā* nicht nur die Bed. »Freudenruf« haben kann, sondern auch »Klageruf« oder »Gebetsruf«, könnte man annehmen, es handle sich hier um Homonyme; weit wahrscheinlicher dürfte jedoch sein, daß diese verschiedenen Bedeutungen »find their point of contact in the fact that they are loud cries or shouts which are directed to YHWH in an attempt to achieve results« (Wagner, a.a.O. 440). Ausgehend von der Beobachtung, daß an einigen Stellen der Wortlaut eines Ausrufs als *rinnā* (bzw. mit *rnn*) bezeichnet wird (vgl. Ps 35, 27; 118,15; vgl. auch 1Kön 22,36), läßt sich vermuten, daß das Nomen *rinnā* eine ganz bestimmte Art von Kultruf bezeichnet (vgl. Wagner, a.a.O. 440).

Subjekt zu *rnn* sind (1) Menschen, sowohl einzelne (Jes 54,1; Ps 59,17; 92,5; Spr 29,6; vgl. auch die Stellen, an denen Körperteile als pars pro toto Subjekt sind: *lāšōn* »Zunge«: Jes 35,6; Ps 51,16; *śefātájim* »Lippen«: Ps 71,23; *lēb* und *bāśār* »Herz« und »Fleisch«: Ps 84,3), als auch eine Mehrzahl von Menschen (Lev 9,24; Jes 24,14; 42,11; 65,14; Jer 31,7; Ps 5, 12; 20,6; 33,1 u.ö.). (2) Es finden sich auch personifizierte Begriffe als Subjekt, so die »Weisheit« in Spr 1,20; 8,3; auch die »Tochter Zion« kann Subjekt zu *rnn* sein (Zeph 3,14; Sach 2,14; vgl. Jes 12,6; »Zion« allein Klgl 2,19), ebenso auch die »Trümmer Jerusalems« (Jes 52,9). (3) Schließlich ist die Schöpfung Subjekt zu *rnn*: Himmel und Erde (Jer 51,48), die gesamte Erde (Ps 98,4). Aber auch einzelne Bereiche der Schöpfung können Subjekt sein, so der Himmel (Jes 44,23; 49, 13), die Morgensterne (Hi 38,7), die Berge (Ps 98,8) und die Bäume (Ps 96,12; 1Chr 16,33).

4. Eine klare Unterscheidung von profanem und theologischem Sprachgebrauch ist bei *rnn* nicht möglich, da es außer an den wenigen Stellen, an denen es nicht eindeutig theologisch bestimmt ist (Jes 16, 10; Jer 51,48; Hi 29,13; Spr 1,20; 8,3; 29,6), fast ausschließlich in kultisch bestimmter Sprache belegt ist. Aus dem gleichem Grunde ist es nicht möglich, eine bedeutungsgeschichtliche Entwicklung der Vokabel *rnn* aufzuzeigen.

An der Mehrzahl der Belegstellen wird *rnn* im Zusammenhang mit dem Gotteslob verwendet. Dabei fällt zunächst auf, daß *rnn* hier an zahlreichen Stellen steht, die zum Gotteslob auffordern. So erscheint *rnn* im Imperativ in Jes 12,6; 44,23; 49, 13; 54,1; Jer 31,7; Zeph 3,14; Sach 2,14; pi.: Jes 26,19; 52,9; Ps 33,1; 98,4; hi.: 32,11; 81,2; im Jussiv findet sich *rnn* Jes 42,11; Ps 35,27; pi.: 5,12; 67,5; 71,23 u.ö. Eine Reihe dieser Aufrufe zum Lob sind zweiteilig. Sie enthalten zunächst die meist mit einem Imperativ ausgedrückte Aufforderung zum Lob, der im zweiten Teil – vielfach mit *kī* »denn« angeschlossen – die Begründung für die Lobaufforderung folgt. So schließt sich dem Aufruf in Dtn 32,43 hi. »jubelt Jahwe zu, ihr Himmel ...« (zum Text vgl. F. Crüsemann, Studien zur Formgeschichte von Hymnus und Danklied in Israel, 1969, 42f.) die mit *kī* eingeleitete Begründung »denn das Blut seiner Knechte rächt er...« an (zur Begründung des Lobaufrufs mit *kī* vgl. Gunkel–Begrich 42). Ebenso folgt in Jes 12,6 (vgl. den Aufbau der vorhergehenden Verse 4 und 5) dem Aufruf zum Loben die Begründung: »Jauchze und juble, Bewohnerin Zions, denn (*kī*) groß ist in deiner Mitte der Heiligen Israels« (vgl. auch den Aufbau von Jes 44,23; 49, 13; 54,1; Sach 2,14; Jes 52,9 pi.). Nicht immer wird die Begründung des Aufrufs zum Lob mit *kī* angeschlossen, sie kann auch wie in Jes 42,10ff. in einem perfektischen Verbalsatz bestehen: Auf die Aufforderung zum Singen, Loben, Jauchzen, Jubeln und Verkünden in den Versen 10–12 folgt in V. 13 der begründete Satz: »Jahwe zieht wie ein Held aus ...«.

Inhaltlich ist der Aufruf zum Lob mit einem Handeln Jahwes begründet. So ist in Jes 44,23 die Begründung für den Aufruf zum Lob, daß Jahwe Jakob losgekauft (*g'l*) und sich an seinem Volk verherrlicht (*p'r* hitp.) hat; Jes 49,13; 52,9 wird der Lobaufruf mit dem Hinweis darauf begründet, daß Jahwe sein Volk tröstet (*nḥm* pi.); Jes 42,11.13 ist der Hinweis auf Jahwes kriegerisches Ausziehen Begründung, Dtn 32,43 die Feststellung, daß Jahwe das Blut seiner Knechte rächt. In Ps 96,12f. und 98,8f. ist der Grund für den Aufruf zum Jubeln die Ankunft Jahwes zum Gericht über die Erde und die Völker (vgl. auch Ps 67,5 »es sollen sich Nationen freuen und jubeln, daß du die Völker gerecht richtest«). Mit der Vokabel *rnn* wird also zum jubelnden Gotteslob aufgerufen, das als Antwort auf ein Handeln Jahwes zu verstehen ist.

Die Beobachtung, daß *rnn* in Jes 12,6; 54,1; Zeph 3,14f. und Sach 2,14 in imperativischen Hymnen (zu den Imperativen in den Hymnen und zur Gattung des »imperativischen Hymnus« vgl. Gunkel–Begrich 32ff.; C. Westermann, Das Loben Gottes in den Psalmen, [4]1968, 98f.; Crüsemann, a.a.O. 19ff.) seinen Platz hat, in denen (a) der Imperativ ein Imp.fem. sing. ist, in denen (b) der auf den Imperativ folgende *kī*-Satz eine Anrede an die zum Jubeln Aufgeforderte (in diesen Fällen Jerusalem/Zion) enthält, in denen (c) die Topik auf den Fruchtbarkeitskult hinweist, hat Crüsemann (a.a.O. 55ff.) zu der Vermutung veranlaßt, diese Texte seien ursprünglich »eine Art Fruchtbarkeitsorakel« (a.a.O. 64) und die in ihnen verwendete Terminologie stamme aus dem Fruchtbarkeitskult (vgl. auch P. Humbert, Laetari et exultare dans le vocabulaire religieux de l'Ancien Testament, Opuscules d'un hébraïsant, 1958, 144). Den Zusammenhang von *rnn* mit der Sprache des Fruchtbarkeitskultes hat Crüsemann wahrscheinlich gemacht (vgl. auch das von C. Westermann zu →*gīl* Gesagte), doch muß betont werden, daß *rnn* auch außerhalb dieser Zusammenhänge häufig vorkommt, so daß nicht eindeutig gesagt werden kann, daß *rnn* ursprünglich und allein in der Sprache der Fruchtbarkeitskulte verwurzelt war.

Besonders deutlich wird in einigen Klagen des Einzelnen, daß *rnn* die laut jubelnde Antwort auf ein Handeln, hier besonders ein rettendes Handeln Jahwes ist. So findet sich *rnn* in der Klage im Bekenntnis der Zuversicht bzw. im Lobgelübde: »Aber ich will deine Macht besingen und am Morgen jubeln (*rnn*) über deine Güte, denn du bist meine Burg geworden und meine Zuflucht am Tage meiner Not« (Ps 59,17; vgl. auch Ps 51,16; 63,8; 71,23). Daneben kann *rnn* in der Bitte einer Klage auftreten, wenn der Beter darum bittet, die, die ihm Recht wünschen, möchten doch Anlaß haben, zu jubeln und Jahwe zu loben (Ps 35,27), oder die, die Jahwe vertrauen, möchten jubeln und jauchzen über Jahwe (Ps 5,12).

Aber nicht nur das laute Jubeln darüber, daß Jahwe in einer Notlage durch sein Handeln geholfen hat, wird mit *rnn* bezeichnet, sondern auch das lobende Jubeln über Jahwes Größe (Jes 12,6), seine Werke (Ps 92,5), seine Gerechtigkeit (Ps 51,16; 145,7), seinen Namen (Ps 89,13) oder auch darüber, daß er zum Gericht kommt (Ps 96,12f. = 1Chr 16,33; Ps 98,8f.).

5. In den Qumrantexten ist sowohl das Verbum *rnn* (1QS 10,14.17; 1QM 14,2.6.; 1QSb 2,25) als auch das Nomen *rnh* (1QM 4,4; 12,13.15; 19,7; 1QH 11,5.14.26) belegt; der Sprachgebrauch ist dem des AT ähnlich.

Eine einheitliche Wiedergabe von *rnn* in der LXX gibt es nicht. Jedoch ist das Äquivalent zu *rnn* in den Psalmen fast ausschließlich ἀγαλλιάομαι, dessen Sprachgebrauch im NT dem der LXX entspricht (vgl. R. Bultmann, Art. ἀγαλλιάομαι, ThW I,18–20). Außerhalb der Psalmen, besonders in Deuterojesaja, wird häufig εὐφραίνω (vgl. R. Bultmann, Art. εὐφραίνω, ThW II,770–773) zur Übersetzung von *rnn* benutzt, das im NT oft profane Freude, »zumal die Freude des festlichen Mahles« (R. Bultmann, a.a.O. 772; vgl. Lk 12,19; 16,19), aber auch die kultische Freude (Apg 7,41) und die eschatologische Freude (Apk 12,12; 18,20) bezeichnen kann.

R. Ficker

רֵעַ *rē*ᵃ' Nächster

1. Entsprechungen zu *rē*ᵃ' »Gefährte, Freund, Nächster« sind auch in anderen sem. Sprachen belegt; aus der Umwelt des AT vgl. akk. *rū'u*, fem. *rūtu* (AHw 997f.); ug. *r'* (WUS Nr. 2521; UT Nr. 2339); hebr. *r'* (Siloah-Inschrift = KAI Nr. 189, Z. 2.3.4); aram. *r'* (Ah. Z. 113.222; DISO 281; nach Leander 77 hebr. LW?); zu den Personennamen vgl. Huffmon 260f.; Gröndahl 178; F. L. Benz, Personal Names in the Phoenician and Punic Inscriptions, 1972, 409f.; Noth, IP 10.153f. (nicht hierher gehört der Frauenname *Rūt*, vgl. H. Bruppacher, ThZ 22,1966,12–18; J. J. Stamm, FS Baumgartner 1967, 325f.).

Das Hebr. kennt außer den Subst. *rē*ᵃ', *rē'æ*, *mērē*ᵃ' (BL 465), fem. *rē'ā*, *ra'jā*, *re*ᵉ*'ūt* noch ein Verbum *r'h* II q. »sich mit jemandem einlassen« (Hi 24,21; Spr 13,20; 28,7; 29,3; wahrscheinlich auch Jes

44,20; Hos 12,2, vgl. die Komm.), pi. »als Brautführer (*mērēaʿ*) dienen« (Ri 14,20; vgl. A. van Selms, JNES 9, 1950, 65–75), hitp. »sich befreunden« o.ä. (Spr 22,24).

2. *rēaʿ* kommt im AT 187× vor (inkl. Hi 6,14; exkl. 2Sam 12,11; Ps 139,2.17 *rēaʿ* III »Absicht, Gedanke«, vgl. Wagner Nr. 284; davon Spr 33×, Dtn und Jer je 21×, Ex 20×, Hi 14×, Sach und Ps je 8×, Gen und 1Sam je 7×). Von den übrigen Substantiven sind belegt: *rēʿæ* 4× (2Sam 12,11; 15,37; 16,16; 1Kön 4,5), *mērēaʿ* 7× (Gen 26,26; Ri 14,11.20; 15,2.6; 2Sam 3,8; Spr 19,7), *rēʿā* 3× (Ri 11, 37Q.38; Ps 45,15), *raʿjā* 9× (nur Hhld) und *reʿūt* 6× (Ex 11,2; Jes 34,15.16; Jer 9,19; Sach 11,9; Est 1,19).

3. *rēaʿ* besitzt einen weiten Spannungsbogen von Bedeutungsnuancen (J. Fichtner, Der Begriff des »Nächsten« im AT, WuD N.F. 4,1955, 23–52 = Gottes Weisheit, 1965, 88–114; ders., ThW VI, 310–314). Ohne scharfe Abgrenzung lassen sich ein engerer (a), ein weiterer (b) und ein pronominaler Gebrauch (c) erkennen; die meist etwas spezielleren Bedeutungen der stammverwandten Vokabeln fügen sich in dieses Schema ein.

a) An einer Reihe von Stellen bedeutet *rēaʿ* im engeren Sinne »(persönlicher) Freund, Vertrauter, Gefährte, Genosse«. So ist nach Gen 38,12.20 Hira von Adullam der Freund Judas; vgl. Ex 33,11 »von Angesicht zu Angesicht, wie jemand mit seinem Freunde redet«; 2Sam 16,17 »Absalom aber sprach zu Husai: Ist das deine Liebe zu deinem Freunde? Warum bist du nicht mit deinem Freunde gezogen?«; vgl. weiter die Freunde Hiobs (Hi 2,11; 16,20; 19,21; 32,3; 35,4; 42,7.10) und Stellen wie Ex 32,27; Dtn 13,7; 2Sam 13,3; 1Kön 16,11; Jes 3,5; Jer 9,3; 23, 35; Mi 7,5; Ps 35,14; 88,19; 122,8; Hi 17,5; Spr 17,17; 18,24; 19,6; 27,10. Gelegentlich kann *rēaʿ* mehr im geschlechtlichen Sinn als »Liebhaber« verstanden werden (Jer 3,1; Hos 3,1; Hhld 5,16 par. *dōd* »Geliebter«; vgl. *raʿjā* »Geliebte« in Hhld 1,9.15; 2,2.10.13; 4,1.7; 5,2; 6,4, mit Ausnahme von 2,2 immer in der Anrede »meine Freundin«).

Nicht selten begegnet *rēaʿ* in Reihungen mit Verwandtschaftsbegriffen, z.B. Ex 32,27 »tötet alles, Brüder, Freunde und Verwandte«; Dtn 13,7 »wenn dich dein leiblicher Bruder oder dein Sohn oder deine Tochter oder das Weib an deinem Busen oder dein Freund, der dir so lieb ist wie dein Leben, heimlich verführen will«; 1Kön 16,11 »weder Blutsverwandte (*gōʾalīm*) noch Freunde«; →*ʾāḥ* »Bruder« (auch Jer 9,3; 23,35; Ps 35,14; 122,8; Spr 17,17; 27,10 u.ö.); →*qrb* 3d (*qārōb* »Verwandter« Ex 32,27; Ps 15,3; 38,12 u.ö.); →*gʾl* 3d.

Unter den Synonymen ragt hervor *ʾōhēb* »Freund« (vgl. z.B. Ps 38,12; 88,19; Klgl 1,2; Spr 14,20; →*ʾhb* III/1–3). In der Bed. »persönlicher Freund« kommt *ʾallūf* dem engeren Begriff von *rēaʿ* sehr nahe (Jer 3,4; 13,21; Mi 7,5 par. *rēaʿ*; Ps 55,14; Spr 2,17; 16,28; 17,9). Als Gegenbegriff ist vor allem →*ʾōjēb* »Feind« zu nennen (neben *rēaʿ* in Klgl 1,2).

Auch wo *rēaʿ* mit »Gefährte, Genosse« übersetzt werden kann, ist die Zugehörigkeit zu einer mehr oder weniger geschlossenen Gruppe nicht betont (vgl. 1Kön 20,35 von den Prophetenjüngern; Sach 3,8 von der Gruppe um den Hohenpriester Josua; *mērēaʿ* Ri 14,11.20; 15,2.6 von den Brautgesellen oder Festgenossen Simsons). Vgl. für diese Bedeutung eher *ḥābēr* »Genosse« (Ri 20,11; Jes 1,23; 44,11 u.ö., im AT 12×; *ḥabbār* »Genosse« Hi 40,30; *ḥabǽræt* »Gefährtin« Mal 2,14; bibl.-aram. *ḥabar* »Gefährte« Dan 2,13.17.18; *ḥabrā* »Gefährtin« Dan 7,20) und bibl.-aram. *kenāt* »Kollege« (Esr 4,9.17.23; 5,3.6; 6,6.13).

Eine besondere Entwicklung vom Ehrentitel zum Amtstitel durchläuft der Ausdruck »Freund des Königs« (*rēaʿ hammǽlæk* 1Chr 27,33; *rēʿæ hammǽlæk* 1Kön 4,5; vgl. *rēʿæ Dāwīd* 2Sam 15,37; 16,16; vgl. auch *mērēaʿ* in Gen 26,26), der in der Zeit Davids und Salomos begegnet und später wohl durch die Amtsbezeichnung *jōʿēṣ* »Ratgeber« ersetzt worden ist. Vgl. dazu und zum mutmaßlichen (äg.) Vorbild u. a. R. de Vaux, RB 48,1939, 403–405 = Bible et Orient, 1967, 198–201; E. Bammel, ThLZ 77, 1952, 205–210; Fichtner, a. a. O. 93; A. van Selms, JNES 16,1957, 118–123; de Vaux I,188f.; H. Donner, Der »Freund des Königs«, ZAW 73, 1961, 269–277; A. Penna, Riv Bibl 14, 1966, 459–466; Noth, BK IX/1, 64f.; S. Herrmann, Geschichte Israels in atl. Zeit, 1973, 229.

b) In der Regel ist *rēaʿ* im weiteren Sinne als »Mitmensch, Nächster« zu verstehen, wobei das genaue Verhältnis je nach dem Zusammenhang verschieden sein kann, nicht aber in jedem Fall genau erkennbar wird. So kann *rēaʿ* ein Volksgenosse sein (Lev 19,16 par. *ʿammīm*; 19,18 par. *benē* →*ʿam*; Dtn 15,2 »er soll seinen Nächsten und Bruder nicht drängen«, vgl. V. 3 »den Ausländer magst du drängen«); er kann aber auch der Nachbar sein (Ex 11,2 *rēaʿ* und *reʿūt* von der äg. Nachbarschaft; Dtn 19,14 und 27,17 vom Grenznachbarn; Spr 3,29 »der arglos neben dir wohnt«; 25,17). In den meisten Belegen, gerade auch in Gesetzestexten, ist jedoch nicht eindeutig zu sagen, ob es sich beim *rēaʿ* um den Volksgenossen handelt, oder ob einfach der Mitmensch, dem man im Leben begegnet, gemeint ist (Ex 20,16f. = Dtn 5,20f.; Ex 21,14.35; 22,6ff.; Lev 19,13; 20,10; Dtn 19,5.11.14; 23,25f. u.ö.; Spr 3,28.29; 6,1.3 u.ö.). Wenn auch faktisch meist nur Volksgenossen in Frage kommen, so ist *rēaʿ* doch keineswegs terminus technicus für die Glieder des Gottesvolkes geworden.

Auch in der Bed. »Nächster« steht *rēaʿ* oft in Verbindung mit Verwandtschaftsbezeichnungen (s.o. a), so mit *'āḥ*, das seinerseits auch in erweiterter Bedeutung für Nicht-Verwandte verwendet werden kann (vgl. Dtn 15,2; Jes 41,6; Jer 23,35; 31,34; 34,17; Hi 30,29 auf Tiere bezogen).

c) Der ursprüngliche Bedeutungsgehalt der Freundschaft und Nähe verblaßt in der häufigen pronominalen Bed. »anderer« (so 1Sam 15,28 »Jahwe reißt heute das Königtum über Israel von dir und wird es einem anderen [*lerēʿakā*] geben, der besser ist als du«, vgl. 28,17 und Est 1,19 fem. *reʿūt*; 2Sam 12,11 *rēʿǣ*; Spr 6,1 steht *rēaʿ* sogar parallel zu →*zār* »Fremder«). Ähnlich wie →*'īš* und →*'āḥ* (3d) werden *'īš* und *rēaʿ* in mannigfachen Wendungen zur Bezeichnung der Reziprozität verwendet (*'īš le/'æl-rēʿēhū* »einander« Gen 11,3; 43,33; Ex 18,7; Dtn 19,11 u.ö.; diese und ähnliche Wendungen etwa 70 × im AT und 3 × in der Siloah-Inschrift, s.o. 1; auch von leblosen Dingen wie in Gen 15,10 »und legte je einen Teil dem anderen gegenüber«). Das fem. Gegenstück dazu ist *'iššā – rēʿūtāh* »eine ... die andere« (alle Stellen mit *reʿūt* außer Est 1,19, in Jes 34,15.16 und Sach 11,9 auch von Tieren).

4. a) Nur an einer Stelle wird mit *rēaʿ* Gott selber bezeichnet: Hi 16,21 »daß er Recht schaffe dem Manne im Streit mit Gott und schlichte zwischen dem Menschen und seinem *rēaʿ*«, wobei *rēaʿ* entweder den »Freund« (Fichtner, a.a.O. 92; vgl. Fohrer, KAT XVI, 281.291f.) oder den »(Rechts-)Partner« meint (Horst, BK XVI, 240.253f.). Mit einem Freund wird Jahwe nur verglichen in Ex 33,11 »Jahwe redete mit Mose von Angesicht zu Angesicht, wie man mit einem Freunde redet«. Damit wird die Einzigartigkeit des Verhältnisses Jahwes zu Mose deutlich gemacht (vgl. Num 12,6–8; Dtn 34,10). Es handelt sich um eine Ausnahme; der Vergleich wird sonst nicht in bezug auf Jahwe gebraucht.

b) Jahwe tritt dafür ein, daß innerhalb der isr. Rechtsgemeinde das Recht des Nächsten geschützt wird: Ex 20,16 = Dtn 5,20 »du sollst nicht falsches Zeugnis reden wider deinen Nächsten«; Ex 20,17 (vgl. Dtn 5,21) »du sollst nicht begehren nach dem Hause deines Nächsten ...«; Ex 21,35 »wenn jemandes Rind das Rind eines andern stößt ...«; Lev 19,13 »du sollst deinen Nächsten nicht bedrücken noch berauben ...«; Dtn 19,14 »du sollst die Grenze deines Nächsten, welche die Vorfahren gezogen haben, nicht verrücken ...«; 27,24 »verflucht ist, wer seinen Nächsten heimlich erschlägt«. An diesen und ähnlichen Stellen in den Gesetzestexten wird mit *rēaʿ* der Mitmensch, der Nachbar, derjenige, dem man gerade begegnet, bezeichnet, ohne daß der Anwendungsbereich des Gebotes juristisch genau festgelegt würde, wenn auch im Kontext, namentlich im Deuteronomium und im Heiligkeitsgesetz, faktisch der Rahmen der Volksgemeinschaft nicht überschritten wird (vgl. jedoch die Ausweitung des Liebesgebotes von Lev 19,18 auf den Fremdling, der im Lande wohnt, V. 34). Zum Gebot der Nächstenliebe im AT vgl. die ausführlicheren Angaben unter →*'hb* IV/1.

Unrecht gegenüber dem Nächsten wird zum Anklagepunkt bei den Propheten, unter Verwendung von *rēaʿ* namentlich bei Jer und Ez (vgl. Jer 5,8; 9,7; 22,13; 29,23; Ez 18,6.11.15; 22,11.12; 33,26). Das bevorstehende Gericht wird die Zerrüttung der heilsamen zwischenmenschlichen Ordnungen bringen (vgl. Jes 3,5; Jer 9,3f.; 19,9; Mi 7,5).

Auch in der Spruchweisheit wird das rechte Verhalten dem Nächsten gegenüber eingeschärft (vgl. u.a. Spr 3,28.29; 6,29; 14,20.21; 16,29; 26,19; Hi 6,14 txt?).

c) Die prophetische Anklage, daß Israel Jahwe wie ein treuloses Weib (→*'iššā* 4f) verlassen hat und mit anderen Liebhabern buhlt, wird unter Verwendung des Begriffes *rēaʿ* in Hos 3,1 und Jer 3,1.20 laut. Das Bild der Ehe, das der kan. Mythologie entnommen ist (Wolff, BK XIV/1,15f.41. 53f.), wird auf das Verhältnis zwischen Jahwe und Israel übertragen, dient aber eben dazu, Israels Neigung zum kan. Baalskult mit seiner kultischen Prostitution zu bekämpfen. Es ist ganz unverständlich, daß Israel Jahwe die Treue bricht (Jer 3,20 »wie ein Weib seinem Freunde die Treue bricht, so habt ihr mir die Treue gebrochen, Haus Israel«) und sich anderen Freunden naht (Jer 3,1 »du aber hast mit vielen Liebhabern gebuhlt«), während Jahwe trotz alledem mit seinem Volke wieder neu beginnt (Hos 3,1 »geh abermals hin, liebe ein Weib, das einen andern liebt und eine Ehebrecherin ist, gleich wie Jahwe die Söhne Israels liebt, wiewohl sie sich zu fremden Göttern wenden . . .«).

5. Zur Aufnahme des Begriffs in der LXX, in Qumran, im Judentum und im NT vgl. Fichtner, a.a.O. 104–114; J. Fichtner – H. Greeven, Art. πλησίον, ThW VI, 309–316. Das Gebot der Nächstenliebe aus Lev 19,18, kombiniert mit Dtn 6,5, wird aufgegriffen in Mt 22,34–40; Mk 12,28–31; Lk 10,25–28. Gerade bei Lukas wird aber sehr deutlich, daß der Nächste im NT nicht mit dem Nachbarn oder Volksgenossen identisch ist, sondern jeden Menschen ohne Rücksicht auf Glauben und Nationalität einschließt. Die Antithese der Bergpredigt (Mt 5,43–48) dehnt die Forderung der Nächstenliebe vor allem noch auf die Feinde aus.

J. Kühlewein

רעה *rʿh* weiden

1. *rʿh* (**rʿj*) »weiden, weiden lassen, hüten (Obj. Vieh, übertragen auch Menschen)« ist in den meisten sem. Sprachen belegt (Bergstr. Einf. 189). Zum Qal gehört das substantivierte Part. *rōʿǣ* »Hirt« (vgl. akk. *rēʾû*; ug. *rʿy*, WUS Nr. 2522; phön. und aram.: DISO 281); seltener und meist relativ spät belegt sind die Ableitungen *reʿi* »Weide«, *mirʿǣ* »Weide, Futter« und *marʿīt* »Weideplatz«.

2. Für *rʿh* q. gibt es 168 Belege (inkl. 2Kön 10,12, exkl. Jes 44,20 und Hos 12,2 mit *rʿh* II »sich einlassen mit«, →*rēaʿ*), davon (nach Lis.) 83 × substantiviertes *rōʿǣ* und 1 × fem. *rōʿā* »Hirtin« (Gen 29,9). Ausgeprägte Häufungen begegnen in den ›Hirtenkapiteln‹ Ez 34 (31 ×, sonst in Ez nur noch 37,24) und Sach 11 (10 × von 14 Belegen in Sach) gegenüber normaler Streuung in Jer (27 ×), Gen (23 ×), Jes (16 ×), Ps (8 ×), 1Sam und Hhld (je 7 ×). *mirʿǣ* ist 13 × belegt (Ez 34 4 ×), *marʿīt* 10 × (Ps 4 ×), *reʿi* 1 × (1Kön 5,3).

3. Je nach Subjekt und Objekt stehen verschiedene Übersetzungsmöglichkeiten für *rʿh* q. zur Verfügung: a) Subj. Menschen: »(Vieh) auf die Weide treiben, weiden lassen, weiden (transitiv)« (Gen 29,7; 30,31.36 u.ö.), absolut »Hirt sein, hüten« (besonders im Part.; Gen 37,2.13.16; 1Sam 16,11 u.ö.), übertragen »(Menschen) hüten = regieren« (2Sam 7,7 = 1Chr 17, 6; Jer 3,15 u.ö.), mit personifiziertem Subjekt »nähren, erquicken« o.ä. (Hos 9,2 Tenne und Kelter; Spr 10,21 die Lippen des Frommen), »regieren« o.ä. (Jer 22,22 Sturm; Ps 49,15 der Tod); b) Subj. Vieh: »weiden (intransitiv)« (Gen 41,2.18; Ex 34,3 u.ö.), »abweiden« (Jes 30,23), bildlich und übertragen auch von Menschen (Jes 14,30; 49,9) und dann teilweise in malam partem »abweiden = verwüsten« (Jer 2,16; Mi 5,5 u.ö.), wobei die Grenze dieser metaphorischen Verwendung (z.B. Spr 15,14 »weiden = auf etwas aus sein« o.ä.) gegenüber *rʿh* II »sich mit jemandem/etwas einlassen« unscharf wird (Jes 44,20 Asche »weiden«; Hos 12,2 Wind »weiden«?).

Unter den zum Wortfeld von *rʿh* gehörenden Bezeichnungen für die Weidetiere ist am häufigsten *ṣōn* (*ṣʾn*) »Kleinvieh (aus Schafen und Ziegen bestehend)«, aus stilistischen Gründen meistens mit »Schafe« übersetzt (im AT 274 × ; Gen 63 ×, Ez 29 ×, 1Sam 20 × ; dazu die Nebenform *ṣōnǣ* 2 ×); seltener sind *bāqār* »Rinder« (183 ×, oft in Reihungen mit *ṣōn*; Num 50 ×, 2Chr 18 ×, Gen 17 ×, Lev, 1Sam und 1Kön je 12 ×) oder einzelne Tierkategorien in Verbindung mit *rʿh* genannt (z. B. Rinder Ex 34,3; Jon 3,7; 1Chr 27,29; Kühe Gen 41,2.18; Jes 11,7; Kalb Jes 27, 10; Lamm Jes 65,25; Zicklein Hhld 1,8; Esel Gen 36,24; Eselinnen Hi 1,14). Das allgemeinste Wort für die vom Hirten betreuten Tiere ist *ʿēdær* »Herde« (im AT 39 ×, davon 10 × in Gen, 6 × in Jer, 5 × in Hhld; neben *rʿh* 1Sam 17,34; Jes 40,11; Jer 6,3; 31,10; 51,23 u.ö.).

Die sinnverwandten Verben sind entweder allgemeiner (→*šmr*, Jer 31,10) oder spezieller, vgl. die Verben des Führens wie *nhh*, *nhg* q./pi., *nhl* pi. (→*nhh* 3). Zu *rōʿǣ* sind teilweise synonym die Berufsbezeichnungen *bōqēr* »Viehzüchter« (Am 7,14; vgl. H.J. Stoebe, WuD NF 5, 1957, 160–181) und *nōqēd* »Schafzüchter« (2Kön 3,4; Am 1,1; Wolff, BK XIV/2, 154; Rudolph, KAT XIII/2, 113f.; S. Segert, FS Baumgartner 1967, 279–283). Zur Bezeichnung des Weideplatzes dienen außer den Ableitungen von *rʿh* noch *kar* »Weide« (Jes 30,23; Ps 37,20; 65,14; in Jes 14,30 ev. zu konjizieren), *nāwǣ* »Weide« und allgemeiner »Stätte« (Plur. *neʾōt*; meist in poetischen Texten; im AT 45 ×, davon Jer 14 ×, Jes 6 ×, Ps 5 × ; vgl. noch *nāwā* Hi 8,6; *nājōt* 6 × in 1Sam 19,18–23; 20,1 und akk. *nawûm* in den Mari-Texten; vgl. D. Edzard, ZA 53, 1959, 168–173; A. Malamat, JAOS

82, 1962, 146; M. Weiß, ThZ 23, 1967, 16f.), *migrāš* »Weidegebiet (um die Stadt)« (114× fast nur in Listen; Jos 58×, 1Chr 44×; in Lis. ist Ez 36,5 zu ergänzen; dazu *migrešōt* »Triften?« Ez 27,28; zur genaueren Bedeutung von *migrāš* vgl. L. Delekat, VT 14, 1964, 13–23).

4. In einer Gesellschaft, in der die Wirtschaft hauptsächlich aus Landbau und Viehzucht besteht, konnte der Hirtentitel leicht auf Gott, den König und die Obrigkeit im allgemeinen übertragen werden (vgl. zur Sache und zum Bild im AT und im alten Orient u.a. Dalman, AuS VI, 146–287; J. Jeremias, ThW VI, 484–501; V. Hamp, Das Hirtenmotiv im AT, FS Faulhaber 1949, 7–20; J.G. Botterweck, Hirte und Herde im AT und im alten Orient, FS Frings 1960, 339–352; D. Müller, Der gute Hirte. Ein Beitrag zur Geschichte äg. Bildrede, ZÄS 86, 1961, 126–144; Ph. de Robert, Le berger d'Israël, 1968; I. Seibert, Hirt–Herde–König, 1969 [zu Mesopotamien]).

a) Jahwe ist Hirt, eine Vorstellung, die ihren klassischen Niederschlag in Ps 23, 1–4 gefunden hat; vgl. noch Ps 28,9; 80, 2; ferner Gen 48,15; 49,24; Jes 40,11; Hos 4,16; Mi 7,14 (vgl. Eichrodt I, 354 s.v. Hirte; J. de Fraine, L'aspect religieux de la royauté israélite, 1954, 137; V. Maag, Der Hirte Israels, SThU 28, 1958, 2–28). Aus Gen 49,24, wo *rō'æ 'æbæn Jiśrā'ēl* (zum Text vgl. die Komm. und →*ṣūr*) parallel zu *'abīr Ja'aqōb* (→*'abbīr* 4) steht, darf man schließen, daß der Titel sehr alt ist, ja bis in die Zeit der Väterreligion zurückgeht. Vgl. noch mittelbar Jes 63,11; Jer 13,17; 23,1–4; 31,10; 50,19; Ez 34,11ff.; Sach 9,16 txt em; Ps 68,8; 74,1; 77,21; 78,52f.; 79,13; 95,7; 100,3; 121,4, wo vom Volk als der »Herde« (*'ēdær*) oder der »Schafe (seiner Weide)« (*ṣōn, mar'īt*) die Rede ist, oder wo eine zu diesen Begriffen gehörige Terminologie erscheint. In vielen Fällen ist deutlich, daß die Bezeichnung Jahwes als eines Hirten Variante zum Titel →*mælæk* »König« ist.

b) Der König als der von der betreffenden Gottheit eingesetzte Hirt ist im alten Orient seit den ältesten Zeiten häufig belegt (vgl. u.a. S. Mowinckel, Psalmenstudien, II, 1922, 306ff.; C.J. Gadd, Ideas of Divine Rule in the Ancient East, 1948, 38ff.; de Fraine, a.a.O. Reg. s.v. pasteur; K.-H. Bernhardt, Das Problem der altorientalischen Königsideologie im AT, 1961, 68 Anm. 1; Seux 189 [*nāqidu*]. 243 bis 250 [*re'û/rē'û*]. 356 [*utullu*]. 441–445 [sum. *sipa*]). Enannatum I. von Lagasch (25. Jh. v.Chr.), Hammurapi von Babylon (18. Jh. v.Chr.) und Assurbanipal von Assur (668–627) haben u.a. den Hirtentitel getragen; in anderen Fällen wird er sogar zum terminus technicus für den vergöttlichten Monarchen, wo er den Träger als Manifestation des Hirtengottes Dumuzi/Tammuz auszeichnet. Im Zweistromland bezieht sich der Hirtentitel einerseits auf die kultischen Befugnisse des Königs als Oberhaupt des Priestertums und Mittler zwischen den Göttern und dem Volk; andererseits ist der König Hirte, indem er sein Volk sammelt und schützt, es reichlich mit irdischen Gütern versieht und die Gerechtigkeit wahrt.

Auch in Israel sind solche Gedanken weitverbreitet, wenn auch der König dort eine zwar wichtige, aber kaum mit der seiner mesopotamischen Kollegen vergleichbare Rolle im Staatskult spielt; im weltlichen Regiment sind seine Funktionen sehr ähnlich, vgl. 2Sam 5,2 = 1Chr 11,2; 2Sam 7,7 = 2Chr 17,6; Ps 78,71f.; vom verheißenen König: Jer 23,4; Ez 34, 23f.; 37,24; Mi 5,3. Bei alledem verwundert es (Jeremias, a.a.O. 486f.), daß bei keinem uns bekannten regierenden König der Hirtentitel in Israel unmittelbar belegt ist.

c) Auch die Anführer des Volkes tragen manchmal den Hirtentitel: Jer 2,8; 3,15; 10,21; 22,22; 23,1f.; 25,34–36; Ez 34,2ff.; Sach 10,3; 11,4ff.; 13,7 (vgl. M. Sæbø, Sacharja 9–14, 1969, 215.237f. 278f.). Jes 44,28 verwendet ihn für Kyros. Es handelt sich also anscheinend um einen vor allem auf die Exilszeit beschränkten Gebrauch. Als Amtsträger Israels stehen auch diese oft unter dem Gericht und sollen in Zukunft durch »wahre« Hirten ersetzt werden.

5. In der LXX wird unsere Wortgruppe zur Hauptsache durch νέμειν/νομή und ποιμαίνειν/ποιμήν usw. wiedergegeben. Zur Verwendung der Begriffe im NT und seiner Umwelt vgl. J.G.S.S. Thompson, The Shepherd-Ruler Concept in the OT and its Application to the NT, Scottish Journal of Theology 8, 1955, 406–418; J. Jeremias, Art. ποιμήν, ThW VI, 484–501; E. Beyreuther, Art. Hirte, ThBNT II, 697–701. *J.A. Soggin*

רעע *r''* schlecht sein

1. Anders als →*ṭōb* »gut« ist *ra'* »schlecht, böse« und die dazugehörige Verbalwurzel *r''* nicht gemeinsemitisch. Das Adjektiv begegnet im Akk. (*raggu* »böse, schlecht«, AHw 942; sonst *lemnu* und *ṣēnu*) und Phön. (Kar. I,15 »böse Menschen«; substantiviert I, 9 »all das Böse«; III, 17 »aus Bosheit«, vgl. KAI Nr. 26; DISO 281), fehlt aber gänzlich im Aram. (zu Ah. 113 vgl. DISO 281 und P. Grelot, Documents araméens d'Egypte, 1972, 439; →*rē^{a}ʿ* 1), wo die Wurzel *bʾš* dafür eintritt (DISO 31f.; bibl.-aram. *bʾš* q. »schlecht sein« Dan 6,15; Adj. *b^{e}ʾīš* > *bīš* »böse« Esr 4,12; vgl. KBL 1056a).

Unsicher ist das Vorkommen der Wurzel *r*ʿʿ im Ug. (WUS Nr. 2523; dagegen UT Nr. 2606) und der bisweilen vermutete etymologische Zusammenhang mit arab. *raʿāʿ* »Gesindel« (Vollers nach GB 768a). Abzulehnen ist ein Zusammenhang mit →*rē^{a}ʿ* (gegen W.L. Dulière, FS Altheim II, 1970, 1–26).

Im AT findet sich das Verbum im Qal, Ni. (Spr 11,15 »übel behandelt werden«; 13,20 »schlecht werden«) und Hi. (»schlecht machen, schlecht handeln, übeltun«, öfters mit substantiviertem Part. »Übeltäter«). Als Nomina begegnen *rō^{a}ʿ* »Schlechtigkeit« (*qutl*-Abstraktum zu *raʿ*, BL 455) und *mēraʿ* »Übeltun« (nur Dan 11,27), dazu *raʿ* »böse«, oft substantiviert: *raʿ* und fem. *rāʿā* »Böses, Unglück«.

2. Statistik: Folgt man der Zuweisung der mehrdeutigen Formen zu *r*ʿʿ q. bzw. *raʿ* und *rāʿā* bei Lis., so ergeben sich folgende Zahlen (Mand. nimmt Num 11,10; 22,34; Jos 24,15; 2Sam 19,8 und Jer 40,4 zu q. statt zu *raʿ*, ferner Jer 11,16 txt? zu *r*ʿʿ II »zerbrechen«): *r*ʿʿ q. 24×, ni. 2×, hi. 68× (inkl. Part.; Ps 14×, Jer 11×, Jes 8×), *mēraʿ* 1×, *rō^{a}ʿ* 19× (davon Jer 11×), *raʿ* 356× (Spr 47×, Jer und Ps je 33×, Dtn 28×, Gen und 2Kön je 26×, Ez und Pred je 17×, Ez 16×, 1Kön 15×, Jes und 2Chr je 14×) und *rāʿā* 311× (Jer 90×, Ps 31×, Spr 21×, 1Sam 20×, Pred 14×). Von den insgesamt 781 Belegen der Wurzel entfallen somit allein 146 auf Jer, weitere 80 auf Ps und 75 auf Spr.

3./4. Während das Dt. mit den Begriffen ›Schlechtes‹ und ›Böses‹ zwei Aspekte des Unguten wenigstens annähernd unterscheidet, vereinigt das Hebr. sie unter einem einzigen Ausdruck. Die im Grunde sehr verschiedenen Vorstellungen werden, mindestens im Ansatz, dadurch zusammengehalten, daß es sich bei *raʿ* zunächst nicht um das »Böse an sich« handelt, sondern daß ein Lebensbezug besteht, der die jeweilige Bedeutungsnuance erkennen läßt (in Dtn 30,15 sind *raʿ* und »Tod«, *ṭōb* und »Leben« gleichgesetzt; vgl. auch Mi 3,2). Darum scheidet man zwischen *ṭōb* und *raʿ* (2Sam 14,17; 19,36; 1Kön 3,9; Jes 7,15) und ist es gefährlich, zu *raʿ ṭōb* zu sagen (z.B. Jes 5,20; zu den Fragen, die hinter der »Erkenntnis von Gut und Böse« stehen [Gen 2,9.17] vgl. →*ṭōb* 3e). Zwei weitere Seiten des Unguten werden im Hebr. ebenfalls nicht terminologisch geschieden: das mehr passiv erlebte »Unglück« und die mehr als Handlung aufgefaßte »Bosheit«. Hier spielt nicht zuletzt auch die »synthetische Lebensauffassung« und die Betonung des Tun-Ergehen-Zusammenhangs eine Rolle (vgl. speziell zu *raʿ* K.H. Fahlgren, in K. Koch, Um das Prinzip der Vergeltung in Religion und Recht des AT, 1972,122–126).

Im folgenden werden – ohne prinzipielle Scheidung zwischen profanem und theologischem Sprachgebrauch – behandelt: (a) *raʿ* (und *r*ʿʿ q.) in Beurteilungen und Entscheidungen, (b) *raʿ*/*rāʿā* als »Unglück« o.ä., (c) als »Bosheit, Übeltat« o.ä., (d) die Verwendung von *r*ʿʿ hi.

a) Gemessen an *ṭōb* tritt die Nennung dessen, für den (*l^{e}*) etwas *raʿ* ist, sehr zurück; sie fehlt gänzlich in der Weisheit, ist aber auch sonst selten (z.B. 2Sam 19,8) und ist dadurch, daß es sich um Verbalformen handelt (z.B. 2Sam 20,6; Neh 13,8), von vornherein anders akzentuiert. Gerade für die Weisheit ist es eben wesentlich, nach dem, was frommt, und nicht nach dem Gegenteil zu fragen (vgl. auch Am 5,14). Ebenso fehlt ein komparatives *min* in weisheitlichem Sinn (Ausnahme vielleicht 2Sam 19,8). Nicht eine Sache ist schlechter, ungünstiger als eine andere, sondern man handelt schlechter als andere (z.B. q. 2Sam 20,6; hi. 1Kön 16,25; Jer 7,26; 16,12), oder man behandelt einen schlechter als den anderen (z.B. Gen 19,9 hi.).

Das ändert aber nichts daran, daß sich mit der Aussage *raʿ* ihrem Wesen nach ein Urteil bzw. eine Entscheidung verbindet. Darum ist die Formulierung häufig, etwas sei schlecht im Urteil (*b^{e}ʿēnē*, →*ʿájin* 3c) jemandes, zunächst verbal (Gen 21,11.12; 38,10; 48,17; Num 11,10; 22,34; Jos 24,15; 1Sam 8,6; 18,8; 2Sam 11,25.27; Jes 59,15; Jer 40,4; Spr 24,18; 1Chr 21,7), aber auch mit dem Adj. *raʿ*, entweder mit persönlichem (z.B. Gen 38,7) oder unpersönlichem Bezug (indeterminiertes *raʿ* als Hinweis auf noch nicht Geschehenes, das Anstoß erregen könnte, 1Sam 29,7; determiniertes *raʿ* für das bereits getane, bekannte Mißfällige, 1Sam 15,19; 2Sam 12,9).

Die Bedeutung von *r‘‘* q./*ra‘* in diesen Wendungen bestimmt sich nach der Person und den Mitteln des Urteilenden. Kann er das, was ihm ungut erscheint, nicht ändern, so ist beim Verbum wohl die Übersetzung »bekümmert sein« angemessen (z.B. Gen 21,12; Num 11,10; 1Sam 8,6). Enthält das Urteil aber eine Entscheidung, die die Möglichkeit einer ändernden Maßnahme einschließt, so ist an »Anstoß nehmen, als ärgerlich zurückweisen« zu denken (z.B. Jos 24,15; Jer 40,4). Das Adj. *ra‘* kann neutral, ohne ethische Akzentuierung sein (Gen 28,8; Ex 21,8), es braucht zunächst nicht mehr zu besagen, als daß etwas unpassend erscheint (1Sam 29,7). Ist dagegen Jahwe der Beurteilende (z.B. Jes 65,12; 66,4; Ps 51,6), so bekommt schon von daher *ra‘* den Charakter des objektiv Bösen, der Sünde, die abzulehnen und zu ahnden ist, denn Gottes Urteil ist ebenso letzte Norm wie es das uneingeschränkte Vermögen zur Strafe in sich schließt (unabhängig davon, wie Gen 38,7 = 1Chr 2,3 einmal verstanden wurde, verbietet der Gesamttenor jetzt jeden Gedanken an Willkür). Das bildet den Hintergrund der bekannten, vor allem dtr. Formel →*‘śh hāra‘ be‘ēnē Jhwh* »das Böse im Urteil Jahwes tun« (Num 32,13; Dtn 4,25; 9,18; 17,2; 31,29; Ri 2,11; 3,7.12; 4,1; 6,1; 10,6; 13,1; 1Sam 15,19; 2Sam 12,9; 1Kön 11,6; 14,22 und noch weitere 20× in den Königsbüchern samt den entsprechenden Parallelstellen der Chronik, immer bei der dtr. Kennzeichnung der Regierung des jeweiligen isr. oder judäischen Königs; außerhalb der historischen Bücher: Jer 32,30; 52,2; Jes 65,12; 66,4; Ps 51,6).

Bezeichnenderweise fehlt eine entsprechende Formel mit *ṭōb*; statt dessen begegnet → *jāšār* (3b/4). Die Formel mit *ra‘* ist in gewisser Weise erstarrt; mit *ra‘* wird bereits etwas Absolutes ausgesagt (vgl. Jer 18, 10 K *rā‘ā*), was die Bestimmung durch *be‘ēnē Jhwh* eigentlich ebenso unnötig macht wie die nähere Angabe dessen, worin das *ra‘* besteht (vgl. z. B. Dtn 9,18; 17, 2; Ri 2,11; 3,7 gegenüber Ri 13,1 u.ö.).

b) Bei attributivem *ra‘* und bei substantiviertem *ra‘*/*rā‘ā* ist die gleiche Bedeutungsbreite wie in den übrigen Fällen zu erwarten (vgl. etwa Dtn 23,10 »hüte dich vor allem Ungehörigen«; Mal 1,8 »es hat nichts weiter auf sich«; 1Kön 22,8 = 2Chr 18,7 »lauter Ungünstiges«; dagegen Jer 2,19 »bitterböse«). Aufs Ganze gesehen, differenziert sich der Sinn von *ra‘* danach, ob die Aussage eher aktivisch oder passivisch ist, d.h. ob die Erfahrung des von *ra‘* Betroffenen oder des *ra‘* Tuenden im Vordergrund steht.

Im ersten Fall bedeutet *ra‘*/*rā‘ā* »Unglück, Unheil, Beschwerlichkeit« im weitesten Sinn. Krankheiten sind schwer (z.B. Dtn 7,15; 28,35; Hi 2,7; Pred 6,2; 2Chr 21,19), eine Züchtigung ist schmerzhaft (Spr 15,10; vgl. Ez 14,21), ein Schicksal ist leidvoll (Pred 9,3), ein Tun erscheint sinnlos (Pred 2,17), ein Geschäft ist schlecht (Spr 20,14; Pred 1,13; 4,8; 5,13), Waffen sind unheilbringend (Jes 32,7; Ez 5,16; Ps 144,10), wilde Tiere sind bedrohlich (Gen 37,20. 33; Lev 26,6; Ez 5,17; 14,21 u.ö.). Hierher gehören auch die unheilbringenden Boten (Ps 78,49) und die unheilvolle Botschaft (Jer 49,23). Ein Land ist unfruchtbar (Num 20,5), Wasser ist ungesund (2Kön 2,19; vgl. 4,41). Eine Gruppe für sich stellen die mit *ra‘* gebildeten Qualitätsangaben dar: Tiere oder Früchte haben einen Makel und sind minderwertig (z.B. Gen 41,3f.19f.; Lev 27,10ff.; Jer 24,2. 3.8 die schlechten Feigen). Das Aussehen kann schlecht sein (Gen 41,21 von Tieren; aber auch von Menschen: Gen 40,7; Neh 2,2). Schließlich müssen hier die kummervollen Tage genannt werden (Gen 47,9; Spr 15,15), davon abgesetzt die unheilvollen Tage und die unheilvolle Zeit (Am 5,13; 6,3; in Cs.-Verbindung mit →*jōm* [3d]: Jer 17,17.18; 51,2; Ps 27,5; 41,2; Spr 16,4; vgl. Pred 7,14).

Bekommt hier *ra‘*/*rā‘ā* durch die jeweilige Beziehung seine konkrete Bedeutungsnuance, so ist der Sinn des absolut gebrauchten Substantivs allgemeiner und deswegen auch schwerer zu bestimmen. Man kann einen gewissen Unterschied darin sehen, ob die Aussage mit oder ohne Rücksicht darauf gemacht wird, durch wen dieses *ra‘* verursacht ist. In letzterem Fall ist die blasseste Bedeutung »Kummer, Leid« (z.B. Gen 44,34; Zeph 3,15; mit *rā‘ā*: Gen 44,29; Jon 4,6; Pred 11,10), der gewöhnliche Sinn »Unglück, Not« (z.B. Gen 48,16; Ps 10,6; 23,4; 121,7; Hi 5,19; Spr 5,14; 12,21 u.ö.; mit *rā‘ā* z.B. 1Sam 6,9, wo gerade zur Frage steht, ob es sich um eine Züchtigung von Gott oder bloß um ein Unglück handelt; 2Kön 14,10; Jer 15,11; 38,4; Sach 1,15; Hi 2,11; Spr 17,20; 24, 16; Neh 1,3; 2,17). Wenn der Ausgang dieses Unglücks vor Augen steht, ist an »Verderben« zu denken (z.B. Gen 19,19; Ri 20,34; 1Sam 25,17, jeweils *rā‘ā*). In den meisten Fällen ist das *ra‘* aber durch jemanden verursacht, sei es daß er ausdrücklich genannt ist, oder daß er wenigstens deutlich zu erkennen ist (z.B. Gen 31,29a Laban; Jer 39,12; Ez 11,2; Ps 56,6; Spr 13,17; 21,12; Pred 8,9 u.ö.). Dann steht hinter *ra‘* die Vorstellung eines zugefügten Unheils bzw. der daraus stammenden unheilvollen Lage. Dieses Unheil kann ein Mensch sich durch sein Verhalten auch selber zufügen (Jer 7,6; 25,7). Eine genaue Abgrenzung ist hier aber nur noch sehr schwer möglich. Legt man das sicher etwas grobe, aber ausreichende Verständnisschema an, daß, was der eine Böses tut, dem anderen zum Unheil wird, so verschiebt sich der Gedanke, je nachdem ob man stärker an den Täter oder an den Betroffenen denkt. Die Stellen, bei denen beide Möglichkeiten denkbar sind, sind zahlreich (z.B. 1Sam 20,7.9.13; 23,9; 24,10; 2Kön 21,12; 22,16; Est 7,7; 8,3). Schwer ist auch bei suffigierten Formen zu entscheiden, ob es sich um einen Gen. subjectivus (»mein Unheil«) oder einen Gen. objectivus (»das gegen mich geplante Böse«) handelt (vgl. dazu u.a. Num 11,15; Jer 2,27.28; 11,12. 14; 48,16; Ob 13; Pred 5,12). Die gleiche Unklarheit besteht da, wo *rā‘ā* mit →*rūaḥ* »Geist« verbunden ist (Ri 9,23; 1Sam 16,14.15.16.23; handelt es sich um einen Geist, der Böses wirkt oder dessen Folge Unheil ist?).

Der fem. Plural *rā‘ōt* in der Bed. »Drangsale, Leiden« kommt Dtn 31,17.21; 32,23; Ps 34,20; 40,13; 71,20; 88,4 vor, also verhältnismäßig selten (s. noch u. 3/4c). Vgl. in diesem Zusammenhang auch *r‘‘* ni. »übel ergehen« (Spr 11,15; 13,20).

Nach dem bisher Gesagten muß eine Spannung da entstehen, wo Jahwe selbst es ist, der *ra‘* (Jes 31,2; 45,7 »der ich Heil wirke und Unheil schaffe«) bzw. *rā‘ā* (so an den meisten Stellen) bewirkt, denn einerseits steht er im Blickpunkt der Aussage, andererseits kann er ja nichts Böses, ja eigentlich nicht einmal in vordergründigem Sinne Unheilvolles tun (vgl. Jer 29,11). Diese Vorstellung findet sich, wenngleich in vorprophetischen Texten selten, auch an frühen Stellen, die sicher nicht (wie z.B. Ri 2,15; 1Kön 9,9; 2Kön 22,20) dtr. beeinflußt sind (vgl. die Wendung »Jahwe läßt sich des Unheils gereuen« Ex 32,12.14; 2Sam 24,16 = 1Chr 21,15; auch Jer 18,8; 26,3.13.19; 42,10; Jo 2,13; Jon 3,10; 4,2; →*nḥm* 4a; sonst etwa Ex 32,12; Dtn 29,20; 31,29; Hi 42,11). Vor allem wichtig sind 2Sam 17,14; 1Kön 21,29; 2Kön 6,33. Wir begegnen hier dem Glauben an die universale Macht des Gottes Israels, die, im Ansatz früh vorhanden, etwa zur Zeit Jeremias voll zum Ausdruck kommt (Jer 16,10; 18,8; 19,15 u.ö.; Ez 6,10; 7,5; 14,22; auch Mi 2,3; vgl. schließlich Jes 45,7). Zu beachten ist, daß das Verbum *‘śh* »tun«, bei menschlichem Subjekt häufig (s.u. c), sich nur Jer 18,8; 26,3; 42,10; Ez 6,10 findet; ungleich häufiger ist *bō’* q. »kommen« (Ez 7,5) und hi. »bringen« (z.B. Jer 19,15; 32,42; 35,17; 36,31 u.ö.; auch 1Kön 9,9; 21,21.29; 2Kön 21,12; 22,16.20; Ez 14,22; Hi 42, 11). Bedenkt man, daß es sich meist um die determinierte Form des Substantivs handelt und daß in diesem Zusammenhang die Verben →*ḥšb* »planen« (Mi 2,3; Jer 18,8; 26,3) oder (neben anderen) *dbr* pi. »ansagen, androhen« sich finden (Jer 16,10; 19,15; 26,13.19; 40,2; Jon 3,10; vgl. Jos 23,15), so wird deutlich, daß es sich hier um ein ebenso Willkür wie Zufälligkeit ausschaltendes Strafhandeln handelt, und daß Unheil die Zurücknahme einer gnädig gegebenen heilsamen Ordnung bedeutet (vgl. Jes 45,7).

c) Anders steht es, wenn derjenige, der *ra‘*/*rā‘ā* bewirkt, ein Mensch ist. Dann ist mit *ra‘* das aktiv Böse gemeint, meist im umfassenden Sinne der Bosheit. Die Aktivität des Menschen kann dabei auf verschiedene Weise charakterisiert werden; zumeist geschieht es durch Ausdrücke des Tuns im weitesten Sinn (→*‘śh* »tun«/*ma‘aśæ* »Werk«: Jes 56,2; Mal 2,17; Ps 34,17; Spr 2,14; Pred 4,17; 8, 11.12; Neh 9,28; 2Chr 33,9; vgl. die dtr. Formel *‘śh hāra‘ be‘ēnē Jhwh*, s.o. a; →*p‘l* »tun« Mi 2,1; →*gml* »antun« Ps 7,5; Spr 31,12; *ḥrš* »bereiten« Spr 6,14; 12,20; 14,22; vgl. noch die Wendung *rōa‘ ma‘alālīm* »Bosheit der Taten« Dtn 28,20; Jes 1,16; Jer 4,4; 21,12 u.ö.; Hos 9,15; Ps 28, 4; vgl. 1Sam 25,3) oder des Sinnens, Redens und Trachtens (Gen 8,21, vgl. Pred 9,3; Ez 11,2; Hos 7,15; Ps 41,6; 109,20; Spr. 15,26 u.a.m.).

Wie schon die masc. Form zeigt, ist dieses *ra‘* als eine reale, konkrete Wirklichkeit vorgestellt, auch wenn es selten durch nähere Bestimmungen erläutert wird (z.B. Mi 2,1f.; Spr 1,16). Jedenfalls wird das Böse in der doppelten Beziehung gesehen: Böses gegen Menschen bedeutet gleichzeitig Böses gegen Gott (z.B. Jes 11,9; Mal 2,17; Ps 97,10). Eine deutliche Verallgemeinerung des Sinnes ist auch für die fem. Abstraktform *rā‘ā* schwerlich festzustellen; allenfalls ließe sich dafür Jer 26,19b und 44,7 (»große Schlechtigkeit«), Jes 57,1 (»weil die Bosheit herrscht, wird der Gerechte dahingerafft«), vielleicht auch Ps 50,19; 52,3; Spr 16,30 nennen. Die verbalen Ausdrücke sind vielfach die gleichen: Tun, Ersinnen, Vergelten (z.B. Gen 26,29; 44,4; 50,17.20; Ps 15,3; 35, 12; 38,21; Spr 3,29; Neh 6,2 u.a.m.). Auch da, wo determiniertes *rā'ā* nicht das Unheil bezeichnet oder wenigstens ambivalent ist (s.o. b), soll das Böse nicht abstrahierend auf seinen eigentlichen Nenner gebracht werden, sondern ist es meistens durch den Kontext durchaus konkret bestimmt (z.B. Gen 39,9; 50,15; Ri 20,3.12; 2Sam 3,39). Diese reale Konkretheit erlaubt den Ausdruck »Böses mit Gutem (bzw. umgekehrt) vergelten«, also Tat gegen Tat zu stellen (z.B. Gen 44,4; 1Sam 24,18; Jer 18,20; Ps 35,12; 38,21; Spr 17,13, jeweils mit *rā'ā*). Darum kann das Böse »ausgetilgt« werden (*b'r* pi.: Dtn 13,6; 17,7.12; 19,19 u.ö. mit *ra'*; Ri 20,13 mit *rā'ā*; zu der Formel »du sollst das Böse aus deiner Mitte austilgen« und ihrer Herkunft vgl. J. L'Hour, Bibl 44,1963, 1–28; R.P. Merendino, Das dtn. Gesetz, 1969, bes. 336–345). Es ist geradezu räumlich vorhanden vorgestellt, so daß man von ihm weichen kann (*sūr mēra'* Ps 34,15 u.ö., s. die Stellen bei →*sūr* 4a; vgl. noch Jes 59,15 und die andersartigen Wendungen in 1Sam 25,39; Jes 59,7; Jer 4,14; 9,2; 18,8; 23,10; Spr 1,16).

Wird *ra'* als Adjektiv von einem Menschen (Volk, Gruppe) ausgesagt, so bezeichnet es immer den Bösen, nie den Unglücklichen, Bekümmerten (Ps 5,5; 7, 10; 140,12; Spr 11,21; 12,13 u.ö.). In besonderem Maße gilt dies von den Pluralen (Gen 13,13; Jer 6,29; 12,14; 15,21; Ez 30,12; Spr 4,14; 12,12; 14,19; vgl. Ez 7,24 »die schlimmsten der Völker«; eigenartigerweise fehlt dieser Plural in den Ps gänzlich [78,49 bezieht sich wohl auf dämonische Mächte]). Dasselbe gilt auch von allem, was zum bösen Menschen hinzugehört (seine Taten: 2Kön 17,11; Esr 9,13; Neh 9,35 u.ö.; seine Wege: 2Kön 17,13; Ez 20,44; 33,11; 36,31; Sach 1,4; 2Chr 7,14 u.ö.; vgl. auch →*šēm ra'* »üble Nachrede« Dtn 22, 14.19; Neh 6,13).

Der absolute fem. Plural *rā'ōt* meint in der Mehrzahl der Fälle die konkreten Übeltaten, Missetaten (z.B. Jer 2,13; 3,5; 44,9; Ez 6,9; 20,43; Hos 7,1; Ps 55,16; 141,5; Spr 15,28 u.ö.; zur selteneren Bed. »Drangsale, Leiden« s.o. b).

d) Für *r''* hi. ist die allgemeine Bed. »schlecht handeln, jemandem Schwierigkeiten machen, Schaden zufügen« zu erkennen. Die Dimension, in der das geschieht, ist situationsbedingt verschieden. Zunächst handelt es sich um einen verhältnismäßig engen Bereich zwischenmenschlicher Beziehungen, die da greifbar werden, wo *r''* hi. ein Objekt nach sich zieht (Num 16,15, vgl. die Konkretisierung in 1Sam 12,3; Dtn 26,6; 1Sam 25,34; mit Präp.: »jemandem ein Leid antun« 1Sam 26,21; Ps 105,15 = 1Chr 16, 22; »jem. benachteiligen, jemandem schaden« Gen 31,7; Num 20,15 u.ö.). Dabei ist nicht immer böse Absicht vorausgesetzt (z.B. Gen 43,6). Man kann sich auch selbst Nachteil zufügen (Ps 15,4; 37,8). Besondere Verantwortungslosigkeit wird charakterisiert durch »übel mitspielen« (Gen 19,9). Ist das Objekt ein Gegenstand, so ist »zerstören, vernichten« gemeint (Ps 74,3).

An einigen Stellen ist das Verbum direkt oder indirekt modal gebraucht, um eine andere Handlung als böse zu kennzeichnen (Gen 44,5; 1Kön 14,9; Jer 16, 12; 38,9; Mi 3,4).

Der Bezugshintergrund wird dabei selten ausgesprochen. Üblicherweise bestimmt der Sinn sich vom Lebensanspruch des anderen her. Je allgemeiner und absoluter der Begriff gebraucht wird, um so eindeutiger wird das Tun an dem von Gott erlassenen und vor ihm geltenden Recht gemessen (z.B. Gen 19,7; Ri 19,23; 1Sam 12,25; Jes 1,16; Jer 4,22; 7,26; 13,23; 16,12; 38,9). Mehr an ethischen Normen an sich scheinen Spr 4,16; 24,8 ausgerichtet zu sein.

Während die Hi.-Formen sonst in den Ps zurücktreten, ist das Part.plur. *m^erē'īm* »Übeltäter« verhältnismäßig häufig (9×; ferner Jes 1,4; 14,20; 31,2; Jer 20,13; 23,14; Hi 8,20; Spr 17,4; 24,19; in Jes 9,16 sing. *mēra'*). Es erscheint von vornherein als geprägter Ausdruck, dessen Inhalt einmal durch den Gegensatz zu denen, die auf Gott harren (Ps 37,9), zum andern durch den Parallelismus zu den *r^ešā'īm* »Frevlern« (Ps 26,5; 37,9f.; Spr 24,19), den *pō'^alē 'āwæn* »Übeltätern« (Jes 31,2; Ps 64,3) oder den *'ōśē 'awlā* »Missetätern« (Ps 37,1) bestimmt wird. Dabei ist in den weisheitlichen Texten stärker an den charakterlosen Erfolgreichen gedacht, über den man nicht bitter werden soll (Ps 37,1; Spr 24,19; auch Spr 17,4). Dagegen reden die Klagepsalmen (Ps 22,17; 26,5; 64,3) von der Rotte der *m^erē'īm*, wodurch diese gleichsam zu einem Requisit der chaotischen Mächte der Bedrohung werden. Gegenständlicher werden sie gesehen, wenn von ihrer

Brut (Jes 1,4; 14,20) oder ihrer Hand (Jer 20,13; 23,14; Hi 8,20) geredet wird. An 12 Stellen ist Jahwe Subjekt von *r''* hi. (Ex 5,22; Num 11,11; Jos 24,20; 1Sam 17,20; Jer 25,6.29; 31,28; Mi 4,6; Zeph 1,12; Sach 8,14; Ps 44,3; Ruth 1,21; dazu kommen Jes 41,23 und Jer 10,5 mit den Göttern als Subj.). Anzumerken ist, wie theologisch unbedenklich gesagt wird, daß Jahwe Leid zufügt, ohne daß explizit an eine Strafe gedacht wäre (z.B. Ruth 1,21; auch Mi 4,6 geht über »Schmerz zufügen«, Num 11,11 über »Schwierigkeiten machen« nicht hinaus). Es kann Jahwe auch vorgeworfen werden, daß er dem Menschen nicht nur Leid antut, sondern damit auch unrecht an ihm handelt (z.B. Ex 5,22; Num 11,11; 1Kön 17,20). In derselben Linie liegt wohl die gegenteilige Meinung der Gottlosen, daß man von Jahwe weder Benachteiligung noch Förderung, also weder Schaden noch Nutzen erwarten könne, womit ihm jede Macht zu einer Äußerung seines Gottseins abgesprochen werden soll (Zeph 1,12; vgl. auch Jes 41,23 und Jer 10,5, von Götzen gesagt). In direktem Gegensatz dazu stehen Stellen wie Ps 44,3 und vor allem Jos 24,20. Selten und hauptsächlich auf prophetische Texte beschränkt sind die Zitate, die von einem erkennbaren und im Grunde auch anerkannten Strafhandeln Gottes berichten (Jer 25,6.29; 31,28; Sach 8,14).

5. Zu *r''/ra'* und ihren Äquivalenten in der LXX, im Judentum und im NT vgl. W. Grundmann, Art. κακός, ThW III, 470–487; G. Harder, Art. πονηρός, ThW VI, 546–566. *H.J. Stoebe*

רפא *rp'* heilen

1. Das Südsem. kennt die Wurzel *rp'* (arab., äth. *rf'*) in der Bed. »flicken, ausbessern, zusammennähen« (Wehr 314b; Dillmann 320; Conti Rossini 243f.) und dürfte den ursprünglichen Wortsinn wiedergeben. Die im Phön.-Pun. und Reichsaram. (DISO 282; vgl. LS 740b) sich findende Bed. »heilen« ist wohl davon abgeleitet und denkt, entsprechend der Entwicklung ärztlicher Tätigkeit, an die wundärztlichen Maßnahmen. Im Akk. fehlt der Stamm außer in Personennamen (AHw 956a; *ripûtu* »Heilung« in EA 269,17 ist kan. Fremdwort, AHw 987b); das dort für »Arzt« häufige *asû* ist sum. LW (AHw 76b: »Wasserkundiger«; davon abgeleitete Formen ersetzen im Aram. *rp'*, vgl. HAL 71a; LS 31f.; zum Arab. und Äth. vgl. Fraenkel 261). Wie weit ein Zusammenhang zwischen *rp'* »heilen« und hebr. *r^efā'îm* »Totengeister« (Jes 14,9; 26,14.19; Ps 88,11; Hi 26,5; Spr 2,18; 9,18; 21,16; phön.-pun.: DISO 282; ug.: UT Nr. 2346) besteht, mag offen bleiben; zum Problem der (atl. und) ug. Rephaim vgl. H. Gese, Die Religionen Altsyriens ..., 1970, 90–92 mit Lit.; H.-P. Müller, UF 1, 1969, 90; A. van Selms, UF 2, 1970, 367f.; P.J. van Zijl, Baal, 1972, 281.

Im AT findet sich das Verbum im Qal (mit substantiviertem Part. *rōfē'* »Arzt«), Ni. (pass.), Pi. (vgl. Jenni, HP 139.144) und Hitp. (»sich heilen lassen«); dazu kommen die Nomina *r^efū'ā* »Heilung« (nur Plur.), *rif'ūt* »Heilung« (Spr 3,8; vgl. G.R. Driver, Bibl 32, 1951, 175; Gemser, HAT 16, 26) und *marpē'* »Heilung«. Zur Verwendung der Wurzel in einer Reihe von Eigennamen (darunter *R^efā'ēl* 1Chr 26,7, vgl. Tob 3,16; 12,15 den Engelnamen Ραφαηλ; als Ortsname *Jirp^e'ēl* Jos 18,27) vgl. Noth, IP 179.212, dazu außerhebr. u.a. Huffmon 263f.; Gröndahl 180; J.K. Stark, Personal Names in Palmyrene Inscriptions, 1971, 112b mit Lit.

Von einer Nebenform zur Wurzel *rp'* scheint *t^erūfā* »Heilmittel« (Ez 47,12; Sir 38,4) abgeleitet zu sein.

Orthographische Überschneidungen von *rp'* mit *rph* »schlaff sein« (BL 376.426) nötigen nicht zur Annahme einer einzigen, im Gegensinn entfalteten Wurzel (so R. Gordis, JQR 27, 1936/37, 55); *marpē'* »Gelassenheit« in Spr 14,30; 15,4; Pred 10,4 gehört zu *rph*. Zu 2Kön 2,21f. vgl. D. Sperber, ZAW 82, 1970, 114–116.

2. Das Verbum begegnet im AT 67 × in folgender Verteilung: qal (inkl. 5 × substantiviertes Part. *rōfē'* »Arzt«, Gen 50,2.2; Ex 15,26; Jer 8,22; 2Chr 16,12) 38 × (Ps 7 ×, Jes 6 ×, Jer und Hos je 5 ×), davon 29 × mit Jahwe als Träger der Handlung; ni. 17 × (Jer 5 ×, Lev 4 ×), pi. 9 × (Jer 3 ×), hitp. 3 ×. *marpē'* steht 13 × (Spr 6 ×, Jer 4 ×), *r^efū'ā* 3 × (Jer 30,13; 46,11; Ez 20,21; dazu Sir 3,28) und *rif'ūt* 1 × (Spr 3,8; dazu Sir 38,14). Von den insgesamt 84 Belegen der Wurzel finden sich 19 in Jer und je 7 in Jes, Ps und Spr.

3. a) Abgesehen von religiös-übertragenem und verallgemeinertem Gebrauch (s.u. 4) beziehen sich die Vokabeln der Wurzel *rp'* zumeist auf Heilung von Verletzungen (z.B. 2Kön 8,29 = 2Chr 22,6; 9,15 hitp.) und Krankheiten aller Art (speziell Unfruchtbarkeit: Gen 20,17; Hautkrankheiten: Lev 13,18.37; 14,3.48; Num 12,13; Dtn 28,27.35; 1Sam 6,3; Jer 30, 13). In zwei Textzusammenhängen bezeichnet *rp'* q./pi. auch das Gesund- bzw. Genießbar-Machen des ungesunden oder salzigen Wassers (2Kön 2,21f.; Ez 47,8f. 11). Verhältnismäßig selten ist die Übertragung auf das Reparieren von Dingen (eines zerstörten Altars: 1Kön 18,30 pi.; des zerbrochenen Töpfergeschirrs: Jer 19, 11; der Erdbebenrisse: Ps 60,4).

Ein seltenes Synonym zu *rp'* ist *ghh* q. »heilen« (Hos 5,13 par. *rp'* q.) mit dem Subst. *gēhā* »Heilung« (Spr 17,22; vgl. HAL 174b). Häufigstes Parallelverbum ist *ḥbš* »(Wunden) verbinden« (q. Jes 30,26; 61, 1 ohne *rp'*; Ez 30,21; 34,4.16; Hos 6,1; Hi 5,18; pi. Ps 147,3; pu. Jes 1,6 ohne *rp'*; Ez 30,21; vgl. *ḥōbēš* »Wundarzt« Jes 3,7); vgl. noch *'arūkā* »Heilung« (Jes 58,8; Jer 8,22; 30,17; 33,6; übertragen auf Mauern: Neh 4,1; 2Chr 24,13; HAL 82b) und *te'ālā* »Heilung« (Jer 30,13; 46,11). Zu *rp'* innerhalb des Wortfeldes »retten« vgl. J.F.A.Sawyer, Semantics in Biblical Research, 1972, 37.47.76f.

b) In Israel wurde wie im ganzen alten Orient Krankheit auf die Einwirkung göttlicher bzw. dämonischer Kräfte zurückgeführt; die vorhandenen Unterschiede in der Herleitung der Krankheit haben ihren Grund in der Ausschließlichkeit des Jahweglaubens. Eine Ausnahme bilden in gewisser Weise die wundärztlich zu behandelnden verschiedenen Verletzungen und Brüche, also alle die Fälle, deren Versorgung ebenso eine Notwendigkeit war, wie sie andererseits im Bereich des Möglichen stand (vgl. die Vorschriften des Kodex Hammurapi, §215–225). Wegen der genannten Grundauffassung kann es im AT wie im alten Orient ebensowenig eine natürliche, wissenschaftliche Betrachtung der Krankheitsursachen und -abläufe wie eine systematische Besinnung auf die Behandlungsmöglichkeiten geben (vgl. dazu P.Humbert, Maladie et médecine dans l'AT, RHPhR 44, 1964, 1–29). Das schließt indessen nicht aus, daß sich mit der durch *rp'* bezeichneten Heiltätigkeit in weiterem Sinne doch empirische Erfahrungen über anzuwendende Mittel verbanden. Zum mindesten hat man, auch wenn man sie als Strafe für Sünden verstand, Krankheiten unterschieden (Lev 13–15; Dtn 28, 27f.) und zum Teil so beschrieben (1Sam 5,6; 2Chr 21,18f.), daß der natürlich ungesicherte Versuch einer modernen diagnostischen Bestimmung gemacht werden konnte. Wenngleich in ganz bescheidenen Anfängen gab es auch etwas wie eine Hygiene (vgl. E.Neufeld, BA 34, 1971, 42–66). Es erscheint deswegen als zu eng, wenn K.Stendahl, Svensk Exegetisk Årsbok 15, 1950, 5–33, dem Begriff *rp'* jeden Bezug auf körperliche Heilung abspricht und ihn auf das durch kultische Mittel zu erreichende Heilsein beschränkt, denn dann wird eine wesentlich biblische Erkenntnis nivelliert (zur Frage vgl. bereits W.W. Baudissin, Adonis und Esmun, 1911, 385 bis 390). Wenn, wie oft betont (z.B. J. Hempel, Heilung als Symbol und Wirklichkeit, NAWG 1958, 237–314), die Medizin des AT so weit hinter der medizinischen Bildung Ägyptens zurückbleibt, könnte der Grund mit darin liegen, daß Dämonenglaube und in magischen Bereichen wurzelnde Vorstellungen (wohin ja letzten Endes auch die äg. Mumifizierungen zu rechnen sind; vgl. zu Gen 50,2ff. W.Spiegelberg, OLZ 26, 1923, 421–424) im AT, wenn schon nicht gänzlich unbekannt (S.Mowinckel, Psalmenstudien I, 1921), doch keine wesentliche Rolle spielten.

Wenn dem Priester für die Beurteilung der Virulenz von Hautkrankheiten Regeln angegeben werden (Lev 13,18ff.37; 14, 3f.), so enthält die dem zugrunde liegende Diagnostik vermutlich auch den Ansatz zu einer Behandlung. Aber unter den Heilenden erscheint der Priester deswegen doch nicht, denn das Entscheidende kommt auf jeden Fall von Jahwe. 2Chr 16,12 wird Asa von Juda vorgeworfen, daß er in einer Krankheit Zuflucht nicht bei Jahwe, sondern bei Ärzten gesucht habe; dabei ist am ehesten an ausländische (an heidnischen Kultorten praktizierende?, vgl. 2Kön 1,2) Ärzte zu denken (vgl. auch Hempel, a.a.O. 284). Aber noch der unter dem Einfluß hellenistischer Bildung stehende Sirach (38,1–15) bemüht sich nicht nur um die Hebung des Sozialprestiges des Ärztestandes, sondern auch um den Ausgleich von Glauben und Medizin.

c) Als Heilmittel erscheint im Zusammenhang mit *rp'* am ehesten *ṣorī* »Balsam« (Jer 8,22 neben *rōfē'*; 46,11 neben *refū'ōt*; 51,8 neben *rp'* ni.). Für die Salbenbereitung werden Vokabeln der Wurzel *rqḥ* verwendet (q. »Salbe reiben«, *raqqāḥ* »Salbenreiber« usw.); im medizinischen Bereich begegnet aber erst Sir 38,8 neben dem »Arzt« (*rōfē'*) der »Apotheker« (*rōqēaḥ*), der »Salbe« (*mirqáḥat*) bereitet.

4. a) Vor allem bei den Propheten wird *rp'* »heilen« im Zusammenhang mit Wunden, Schwären und Verletzungen als Bildern für den schlimmen Zustand eines Volkes verwendet (Hos 5,13 *ḥolī* »Krankheit« und *māzōr* »Eiterwunde«, die der König von Assur nicht heilen kann; ähnlich Jer 30,13.17; 33,6 mit plastischer Beschreibung einer Wundheilung). Die Vorstellung einer Verwundung durch Schlag (*ngp* und *nkh* hi. »schlagen«) steht hinter den Stellen Jes 30,26 (par. *ḥbš* »verbinden«); Jer 14,19; 15,18; 30,17; vgl. Jes 19,22; 57,17f., die des Zerbrechens (*šbr*), Zerreißens (*ṭrp*) und Zerschmetterns (*mḥṣ*) hinter Dtn 32,39; Jes 30,26; Jer 6,14; Ez 30,21; 34,4; Hos 6,1; Hi 5,18; Klgl 2,13. Mit weisheitlicher Zielsetzung charakterisiert *'ēn marpē'* »unheilbar« einen plötzlichen, endgültigen Zusammenbruch (Spr 6,15; 29,1).

In diesem bildhaften Sprachgebrauch kennzeichnen »Schlag« und »Zerbruch« meist äußere Katastrophen, die über das Volk gekommen sind (Jes 19,22; 30,26; Jer 6,14; 30,13.17; Klgl 2,13). Aber auch feindliche Einwirkung ist Jahwes Werk (ausdrücklich Dtn 32,39; Hos 5,13; 6,1; Jes 57,17.18; Jer 14,19; Ez 30,21). Darum kann Heilung nur von ihm kommen (Jes 19,22; 30,26; Jer 30,17; 33,6), man erwartet sie umsonst von Menschen (Jer 6,14; 30,13; Ez 30,21; 34,4; Hos 5,13).

Die Verwendung der erwähnten einprägsamen Bilder hat zwei Voraussetzungen. Zunächst einmal steht dahinter die Anschauung, daß fehlende Behandlung mindestens qualvoll, bei schweren Wunden tödlich sein muß. Der Gegensatz »heilen« – »töten« (Pred 3,3) steht indirekt auch hinter Spr 4,22 (*marpē'* neben *ḥajjīm* »Leben«) und Jer 8,15; 14,19 (Gegensatz *be'ātā* »Schrecken«). Nicht ganz so plastisch begegnet dieser Gedanke auch Ps 60,4 und 147,3. Dazu mag auch Hos 11,3 gestellt werden, obwohl hier *rp'* nicht recht zum vorhergehenden Bild väterlicher Fürsorge paßt.

Die andere Voraussetzung ist das Wissen darum, daß Jahwe ebenso souveräner Lenker der Geschichte wie Herr über Leben und Tod ist (Dtn 32,39; 1Sam 2,6). Darum ist er auch der Herr der Krankheit, dieses unübersehbaren Geflechtes von in ihren Ursachen nicht zu erkennenden Erscheinungen, bei denen es keine Hoffnung auf eine erfolgreiche Behandlung gibt.

Einigermaßen überraschend ist 1Sam 6,9, wo in einer freilich stark stilisierten Darstellung die Frage aufgeworfen wird, ob die Pest eine Schickung Jahwes oder ein bloßer *miqrā* »Zufall« gewesen sei. Wahrscheinlich steht auch hier im Hintergrund die Auffassung, daß für Krankheiten sehr verschiedene Gottheiten, auch Dämonen verantwortlich sein können.

b) Über den rein metaphorischen Gebrauch hinaus bekommt *rp'* dort, wo Jahwe Subjekt ist, noch einen tieferen Gehalt. Der Leidende bittet Jahwe um Heilung von seiner Krankheit, weil er weiß, daß diese nicht Willkür Gottes, sondern eine Antwort darauf ist, daß die Sünde des Menschen seine Herrlichkeit verletzt. So ist besonders der Aussatz Mirjams (Num 12,9ff.) Strafe Gottes, bezeichnenderweise nicht anders, als wenn ein Vater seiner Tochter ins Gesicht speit (V.14; vgl. dazu *ngp* »schlagen« 2Chr 21,18 und die Ausdrücke des Schlagens sonst); ebenso steht es mit anderen Krankheiten, die Jahwe heilt (Gen 20,17; vgl. 12,17) oder zum Verderben führen läßt (Lev 26,16.25; Dtn 28,27.35). So wird *rp'* mit einem neuen, vertieften Inhalt gefüllt und meint mit der Heilung zugleich Vergebung (vgl. J.J. Stamm, Erlösen und Vergeben im AT, 1940, 78–84). Ebenso wird *rōfē'* »Arzt« in der hymnischen Literatur ausschließlich von Jahwe gebraucht (Ex 15,26 »denn ich, Jahwe, bin dein Arzt«, mit Beziehung auf die Krankheiten Ägyptens; Ps 103,3 »der dir all deine Schuld vergibt und alle deine Gebrechen heilt«; Ps 147,3 »der da heilt, die gebrochenen Herzens sind, und ihre Wunden verbindet«; vgl. auch 2Kön 20,5.8). In situationsbedingtem Extremismus kann das zu einer Haltung wie in 2Chr 16,12 führen (s.o. 3b).

Es ist nun sehr wesentlich, daß diese Auffassung bzw. Erkenntnis nicht auf das Symptomatische der einzelnen Krankheitserscheinung beschränkt bleibt, sondern sich zu einer grundsätzlichen Einsicht in den Zustand des Menschen vor Gott verdichtet (vgl. dazu vor allem Humbert, a.a.O. 24f.; auch Hempel, a.a.O. passim). Besonders kennzeichnend dafür ist es, daß zu *rp'* als Objekt *mešūbā* tritt (Jer 3,22; Hos 14,5), der »Abfall«, nicht »die Folgen des Abfalls«. Hierher gehört auch Jes 6,10, wo in der (unmöglichen) Umkehr das Volk sich Heilung verschaffen könnte, und mittelbar die Nennung der »Wege« des Volkes in Jes 57,18 (auch wenn *derākāw* nicht direktes Objekt zu *rp'* ist). Weiterhin kommt es in den Psalmen da zum Ausdruck, wo sich die Bitte um Heilung mit dem Sündenbekenntnis vereint (Ps 41,5; inhaltlich vgl. auch 30,3–6). Heilung ist also immer mehr als ein medizinisch verifizierbarer körperlicher Vorgang. Deswegen verbindet sich Jer 17,14 die Bitte um Heilung mit dem Verlangen nach umfassender Errettung (→*jš'* hi./ni.), und in 2Chr 7,14 wird Vergebung (→*slḥ*) als Voraussetzung der Heilung genannt. Wo keine Vergebung mehr möglich ist, gibt es auch keine Heilung mehr (2Chr 36,16). Noch in einer sehr jungen, schon stark hypostasierten Form wird Heilung (*marpē'*) in Zusammenhang mit Gerechtigkeit (*ṣᵉdāqā*) gebracht (Mal 3,20).

Erst damit wird es ganz deutlich, wie umfassend auch das metaphorisch gebrauchte *šǽbær* »Bruch, Zerbrechen« gedacht ist. Ps 60,4 redet bildlich von den Rissen der Erde und der Heilung des ganzen Landes (vgl. 2Chr 7,14). Charakteristisch sind auch die Stellen, an denen Heilung verheißen (bzw. erbeten) wird bei denen, die zerbrochenen Herzens sind (Ps 147,3), deren Gebeine erschrocken sind (Ps 6,3), oder die sich sonst dem Tode verfallen wissen (Ps 107,18–20). Ganz allgemein braucht darum das Objekt solchen göttlichen Heilens (bzw. beim Ni. das Subjekt) nicht der einzelne Mensch zu sein; die Stellen Jes 19,22; 57,18.19; Hos 7,1; 11,3; Sach 11,16?; 2Chr 30,20 denken an ein Volk; Jer 51,9 an eine Stadt (Babel, das menschliche Helfer freilich nicht zu heilen vermögen).

Eine besondere Ausprägung gewinnt der Gedanke der Heilung Jes 53,5; er bringt den Zusammenhang von Sünde und Krankheit, Heilung und Vergebung in doppelter Weise, fast widersprüchlich zum Ausdruck. Der Knecht ist tatsächlich zerbrochen und ganz real zerschlagen, nicht um seiner Sünde willen, sondern als Stellvertreter. So werden seine Krankheiten an denen geheilt, die sie gar nicht getragen haben.

Eine wohl im Wesen der Weisheitsliteratur liegende Umbildung des Vorstellungsbereiches von *rp'* findet sich in den Proverbien. Wenn die Worte der Weisheit (Spr 4,22), die Zunge des Weisen (12, 18), der treue Bote (13,17) *marpē'* »Heilung« genannt werden, so bedeutet das eine Sinneinschränkung, denn das hier gemeinte Wohlbefinden kann zwar als Folge einer Heilung auftreten, aber nicht eine körperliche und geistliche Heilung im eigentlichen Sinn meinen. Noch weiter geht der metaphorische Sprachgebrauch in Spr 3,8 (*rif'ūt* »Labsal«?) und 16,24 (*marpē'* »Erquickung«). Indessen enthält Spr 4,22 im Kontext das Wort *ḥajjīm* »Leben« und damit eine Erinnerung an die eigentliche Bedeutung. Das Gleiche wäre von Ez 47,8.9.11 zu sagen (zu *marpē'* »Gelassenheit« und zu 2Kön 2,21 s.o. 1).

5. In der Qumranliteratur spielen *rp'*/*marpē'* nur eine geringe Rolle. In der LXX wird die Wurzel mit großer Regelmäßigkeit durch ἰᾶσθαι wiedergegeben. Zu Krankheit und Heilung im NT und in der Umwelt vgl. u.a. A.Oepke, Art. ἰάομαι, ThW III,194–215; H.W.Beyer, Art. θεραπεύω, ThW III,128–132; O.Michel, BHH II,679–681. *H.J.Stoebe*

רצה *rṣh* Gefallen haben

1. Die Wurzel *rṣw/j* (mit ursprünglichem stimmhaftem emphatischem Interdental, kan. > *ṣ*, aram. > ', südsem. > *ḍ*) ist nur westsem. belegt (vgl. AHw 960a; Huffmon 265; WUS Nr. 2536; UT Nr. 2348; EA 127,25?; F.M.Cross, FS Glueck 1970, 301; Wehr 310f.; A.Jamme, Cahiers de Byrsa 8, 1958/59, 164f.; W.W.Müller, Die Wurzeln Mediae und Tertiae y/w im Altsüdarabischen, 1962, 55f.). Ob ein etymologischer Zusammenhang mit aram. *r'j* (bibl.-aram. *rᵉ'ū* »Wille« Esr 5,17; 7,18; *ra'jōn* »Gedanke« Dan 2,29.30; 4,16; 5,6. 10; 7,28; phön. *r't* »Beschluß« in KAI Nr. 60, Z. 4, und hebr. *rᵉ'ūt*/*ra'jōn* »Streben« in Pred 1,14; 2,11.17.26; 4,4.6; 6,9 bzw. Pred 1,17; 2,22; 4,16 sowie *rēᵃ'* »Absicht« Ps 139,2.17 als aram. Lehnwörter, vgl. Wagner Nr. 284–287; DISO 281) besteht, ist umstritten (vgl. LS 738; KBL 1124b), aus semasiologischen Gründen jedoch wahrscheinlich.

Eine Zerlegung von *rṣh* in zwei verschiedene Wurzeln: I »Gefallen haben«, II »bezahlen; ersetzt bekommen« (so u.a. GB 771f.; KBL 906; anders Zorell 786) ist etymologisch schwach begründet und läßt sich bei einer semasiologischen Prüfung kaum aufrecht erhalten. Die wenigen Belege für *rṣh* II lassen sich mühelos im Sinnbereich von *rṣh* I mit der Grundbedeutung »annehmen« unterbringen, mit dem Unterschied, daß hier statt der positiven Einschätzung eine unbestimmte oder negative zum Vorschein kommt: »auf sich kommen lassen, als seinen Teil annehmen (müssen)« (s.u. 3a).

Von *rṣh* wird das Verbalabstraktum *rāṣōn* »Wohlgefallen« abgeleitet (BL 499). Zu erwähnen sind noch die Eigennamen *Riṣjā* und *Tirṣā* (vgl. Noth, IP 229; Huffmon 265; J.K.Stark, Personal Names in Palmyrene Inscriptions, 1971, 112b).

2. Das Verbum *rṣh* I findet sich im Qal 42× (inkl. Spr 23,26K; Ps 13×, übrige Bücher unter 4×, Prophetenbücher insgesamt 13×), im Ni. 6× (alle in Lev), im Pi. (Hi 20,10 »begütigen«) und Hitp. (1Sam 29,4 »sich gefällig machen«) je 1×. Unter *rṣh* II werden 7 Belege verzeichnet (q. 5× in Lev 26,34.41.43.43 und 2Chr 36,21; ni. 1× in Jes 40,2; hi. 1× in Lev 26,34). *rāṣōn* erscheint 56× (Spr 14×, Ps 13×, Lev 7×, Jes 6×). Die meisten Belege des Verbums und des Nomens sind spät, nur eine geringe Zahl gehört sicher in die vorexilische Zeit.

3. a) Die Grundbedeutung des Verbums *rṣh* dürfte »annehmen« sein. Der ursprüngliche Sitz des Ausdrucks ist vielleicht in der Beute- oder Erbteilung zu suchen; dabei konnte der Beteiligte den ihm zukommenden Anteil gut oder schlecht finden, ihn wohlwollend annehmen oder eher widerstrebend auf sich zukommen lassen. Der lexikalische Befund gibt zu erkennen, daß das Verbum fast ausnahmslos als Ausdruck einer positiven Einschätzung gebraucht wird: »etwas gut finden, Gefallen haben an etwas« (*rṣh* I).

rṣh II »auf sich kommen lassen, als seinen Teil annehmen (müssen)« wird in Lev 26 fast wortspielartig in seiner negativen und in seiner neutralen Bedeutung verwendet: die Israeliten haben ihren *'āwōn* (»Schuld/ Strafe«) anzunehmen (V. 41.43; vgl. →*nś'* *'āwōn* in gleichem Sinn), das Land wird die Sabbatjahre als ihm gebührenden Anteil annehmen (V. 34.43). Auch beim Ni.-Beleg Jes 40,2 ist von der Grundbedeutung auszugehen: die Schuld ist von Jerusalem angenommen, d.h. die ihm gebührende Strafe ist anerkannt worden, was als Zeichen der Reue und Buße gewertet wird.

b) Zur Abgrenzung des Verbums *rṣh* I »gütig annehmen, Gefallen haben an« von den sinnverwandten Verben des Liebens vgl. →*ḥpṣ* (3a) »Gefallen haben« und →*'hb* (III/4) »lieben«. »In *rṣh* ist das Moment der Anerkennung stark ausgeprägt. *rāṣūj* ist weniger ›geliebt‹ als ›beliebt‹ (Dtn 33,24; Hi 20,10; Est 10,3); vgl. hitp. ›sich beliebt machen‹ 1Sam 29,4. Darum eignet sich das Wort gut für die Kultsprache« (so G. Quell, ThW I,21 Anm. 7).

Das Wohlgefallen kann sich auf eine Person oder eine Sache beziehen (je etwa 20 Belege; an den Stellen mit menschlichem Subjekt: Gen 33,10; Dtn 33,24; Mal 1,8; Ps 50,18; Hi 34,9; Spr 3,12; Est 10,3; 2Chr 10,7 mit persönlichem Objekt; Ps 49,14; 62,5; 102,15; Hi 14,6; Spr 23, 26K; 1Chr 29,3 mit sächlichem Objekt). Meistens wird das Objekt im Akk. zum Verbum gestellt, es kann aber auch mit *b*ᵉ (Ez 20,41; Mi 6,7; Hag 1,8; Ps 49,14; 147,10; 149,4; 1Chr 28,4; 29,3) oder *'im* (Ps 50,18; Hi 34,9) eingeführt werden; selten folgt *l*ᵉ + Inf. (Ps 40,14).

c) Die Abstraktbildung *rāṣōn* bezeichnet am häufigsten die subjektive Empfindung des Wohlgefallens, d.h. der Huld und Gnade eines Höhergestellten bzw. Gottes; einigemal erscheint *rāṣōn* objektiviert: »das, was jemandem gefällig ist« (vgl. die Analogie bei *ḥēfæṣ*, →*ḥpṣ* 3b). In beiden Bedeutungen findet sich das Wort zunächst im theologischen Sprachraum. Eine profane Verwendung ist fast nur in der Weisheit zu finden (Huld eines Königs: Spr 14,35; 16,13.15; 19,12; was jemandem wohlgefällig ist: Spr 10,32; 11,27).

In der späten Sprache ist eine Bedeutungsverschiebung eingetreten; das Wort kann eine willkürliche Entscheidung meinen (Est 1,8; 9,5; Dan 8,4; 11,3.16.36; Neh 9,24.37, immer mit vorangehendem *k*ᵉ; Gen 49,6 mit *b*ᵉ). Nur vereinzelt findet sich die in den Qumrantexten häufige Verwendung des Wortes im Sinne von »Wille« als Kraft und Fähigkeit des Wollens (2Chr 15,15 »sie suchten ihn [Jahwe] mit ganzem Willen«).

4. Ihre stärkste Verwendung hat die Wurzel in der theologischen Sprache gefunden, und zwar für die Bezeichnung des göttlichen Wohlgefallens (vgl. noch W. Zimmerli, ZAW 51, 1933, 189f.). Gott/ Jahwe ist formell oder sachlich gegen 30 × Subjekt zu *rṣh* (Dtn 33,11; 2Sam 24,23; Jes 42,1; Jer 14,10.12; Ez 20,40.41; 43, 27; Hos 8,13; Am 5,22; Mi 6,7; Hag 1,8; Mal 1,10.13; Ps 40,14; 44,4; 51,18; 77,8; 85,2; 119,108; 147,10.11; 149,4; Hi 33, 26; Spr 16,7; Pred 9,7; 1Chr 28,4; 29,17). Als Objekt erscheinen Sachen fast ebenso oft wie Personen (2Sam 24,23; Jes 42,1 usw.). Unter den Sachobjekten finden sich sowohl Abstrakta (vor allem ethische Werte, z.B. Wege, Tun: Dtn 33,11; Spr 16,7; Pred 9,7; Aufrichtigkeit: 2Chr 29,17) wie Konkreta (Jahwes Land Ps 85,2; Schenkel des Mannes Ps 147,10; Opfergaben Mi 6,7; Mal 1,10.13; Ps 51,18).

Eine wichtige und profilierte Funktion haben die Aussagen von Jahwes Wohlgefallen auf kultischem Gebiet, vor allem in der priesterlichen Kulttheologie, wo *rṣh* ni. (Lev 1,4; 7,18; 19,7; 22,23.25.27) und *rāṣōn* (Ex 28,38; Lev 1,3; 19,5; 22,19.20. 21.29; 23,11; vgl. Jes 56,7; 58,5; 60,7 u.ö.) als termini technici erscheinen. Die Wirkung eines dargebrachten Opfers hängt davon ab, ob es Gott gefällt oder nicht (vgl. E. Würthwein, ThLZ 72, 1947, 147; von Rad I,274, mit Hinweis auf das »kultische Fachwort« *'rb* q. »angenehm sein« in Jer 6,20; Hos 9,4; Mal 3,4, verallgemeinert in Ps 104,34). Einen weiteren, damit zusammenhängenden Verwendungsbereich hat *rṣh* q. in der prophetischen Polemik gegen diese priesterliche sog. Anrechnungstheologie (Jer 14,10.12; Hos 8,13; Am 5,22; Mi 6,7; Mal 1,8.10.13; *rāṣōn* Jer 6,20; vgl. R. Rendtorff, ThLZ 81, 1956, 339–342).

5. In den Qumrantexten bezeichnet *rāṣōn* häufig das göttliche Wollen ganz allgemein (1QS 5,1; 9,13.15.23 u.ö.; vgl. G. Segalla, La volontà di Dio in Qumran, RivBibl 11, 1963, 377–395). Zu den gr. (und lat.) Äquivalenten vgl. N. Walker,

JBL 81, 1962, 182–184; G. Segalla, Riv Bibl 13, 1965, 121–143; zum NT vgl. G. Schrenk, Art. εὐδοκέω, ThW II, 736–748.

G. Gerleman

רשע *ršʿ* frevelhaft/schuldig sein

1. Die Wurzel *ršʿ* »frevelhaft, schuldig sein« ist in dieser Form und Bedeutung nur im Hebr. und, fast immer nach-atl., im Aram. belegt (äg.-aram. Adj. *ršj*ʿ »Frevler« als Gegensatz zu *ṣdjq* »Gerechter« in Ah. 168.171, vgl. DISO 284; jüd.-aram., chr.-pal. und syr., vgl. LS 746a).

Im Äth. und im Arab. hat die Wurzel (*rsʿ*) die abgewandelten Bedeutungen »vergessen« bzw. »schlaff, locker sein (Glieder)« (Dillmann 280f.; Zorell 790b; KBL 910b). Das Gemeinsame der verschiedenen Bedeutungen könnte die negative Tatsache des Nicht-Erfüllens von Verpflichtungen und Funktionen sein.

Im AT kommen *ršʿ* q. und hi. (»für schuldig erklären« neben der innerlich-transitiven Bed. »sich schuldig machen, frevelhaft handeln«, vgl. Jenni, HP 43–45) vor, dazu die Subst. *ræšaʿ* »Frevel, Unrecht« und *rišʿā* »Frevel, Schuld« (vgl. den Dual im vielleicht absichtlich entstellten Personennamen *Kūšan rišʿātájim*, 4 × in Ri 3,8.10; vgl. W. Richter, Die Bearbeitungen des »Retterbuches« in der dtn. Epoche, 1964, 54f.; R. de Vaux, Histoire ancienne d'Israël, 1971, 498) und das Adj. *rāšāʿ* »frevelhaft, gottlos, schuldig« (oft substantiviert »Frevler«), ferner einmal *miršáʿat* »Gottlosigkeit« (2Chr 24,7 von der »ruchlosen« Königin Athalja; vgl. Rudolph, HAT 21,274).

2. Die statistische Tabelle (exkl. Ri 3,8. 10; *rišʿā* in Ez 5,6 als fem. Inf.q. gerechnet) zeigt die relative Häufigkeit der Vokabel gruppe in den Psalmen und in der Weisheitsliteratur (vgl. →*ṣdq*):

	Qal	Hi.	*rāšāʿ*	*ræšaʿ*	*rišʿā*	*miršáʿat*	zus.
Gen	–	–	3	–	–	–	3
Ex	–	1	4	–	–	–	5
Num	–	–	2	–	–	–	2
Dtn	–	1	2	1	3	–	7
1Sam	–	1	2	1	–	–	4
2Sam	1	–	1	–	–	–	2
1Kön	1	1	1	–	–	–	3
Jes	–	2	11	2	1	–	16
Jer	–	–	5	1	–	–	6
Ez	1	–	28	4	4	–	37
Hos	–	–	–	1	–	–	1
Mi	–	–	1	2	–	–	3
Hab	–	–	3	–	–	–	3
Zeph	–	–	1	–	–	–	1
Sach	–	–	–	–	1	–	1
Mal	–	–	2	–	3	–	5
Ps	1	3	82	6	–	–	92
Hi	3	8	26	3	–	–	40
Spr	–	2	78	5	2	–	87
Pred	1	–	7	4	–	–	12
Dan	1	3	2	–	–	–	6
Neh	–	1	–	–	–	–	1
2Chr	1	2	2	–	–	1	6
AT	10	25	263	30	14	1	343

3. Die Wurzel *ršʿ* erscheint im AT als wichtigstes Oppositum zu →*ṣdq* (vgl. K.H. Fahlgren, *ṣedāḳā*, nahestehende und entgegengesetzte Begriffe im AT, 1932; K. H. Richards, A Form and Traditio-historical Study of *ršʿ*, Diss. Claremont 1970 [angezeigt in ZAW 83, 1971, 402]). Der positiven Wurzel *ṣdq* gegenüber ist *ršʿ* der Ausdruck für das negative Verhalten, für üble Gedanken, Worte und Werke, ein gemeinschaftswidriges Benehmen, das zugleich die innere Disharmonie und Unruhe (Jes 57,20) eines Menschen verrät (vgl. Pedersen, Israel I–II, 418f.).

a) *rāšāʿ* heißt im AT an erster Stelle der Mensch, der das Leben seiner Volksgenossen bedroht (z.B. Jer 5,26; Spr 12,6; vgl. Ps 119,95.110; 140,5.9) oder Unschuldigen das Leben nimmt (z.B. 2Sam 4,11). Manchmal sind es die »Armen« (Ps 37,14; 82,4) oder die »Gerechten« (Ps 11,2; 37, 12.32; Spr 24,15), die als Opfer des *rāšāʿ* (bzw. der *rešāʿīm*) beschrieben werden. Durch seine Freveltaten lädt der *rāšāʿ* Blutschuld auf sich, so daß er Blutrache oder – in späterer Zeit – Todesstrafe zu erwarten hat (Num 35,31; 2Sam 4,11). Diese Aspekte – die ruchlose Tat und die Schuld und Strafe, die sich notwendigerweise mit einer solchen Tat verbinden – sind alle in der einen Wurzel *ršʿ* enthalten.

Außer durch Mord und Gewalttaten (Spr 10,6.11; 21,7) konnte man sich auch durch andere gemeinschaftswidrige Taten als *rāšāʿ* erweisen: durch Aufruhr gegen Mose (Num 16,26; vgl. Ps 106,18), Götzendienst, Schädigung der Frau des Nächsten, Raub, Unterdrückung von Armen (u.a. durch Vergehen gegen die Pfand- und Zinsbestimmungen) usw. (Ez 18,5ff.; vgl. 33,15), ungerechten Handel (Mi 6,10f.), Häufung von Reichtum (Ps 73,12; vgl. Jer 5,26f.), Trug (Spr 12,5), Abtrünnigkeit (Ps 58,4 txt?, *zūr* q. »sich abwenden»), Grausamkeit (Spr 12,10).

Als Gegenbegriffe zu *rāšāʿ* erscheinen: *ṣaddīq* »gemeinschaftstreu, gerecht« (über 80 ×, wovon die Hälfte in Spr; vgl. U. Skladny, Die ältesten Spruchsammlungen in Israel, 1962, 7–10. 29–32.53.58–60, mit

Angaben über die Verteilung in den verschiedenen Sammlungen und mit Listen von Parallel- und Gegenbegriffen) und Umschreibungen wie »wer Gerechtigkeit sät« (Spr 11,18), »wer der Gerechtigkeit nachjagt« (Spr 15,9); *tām* »integer« (Hi 9,22; Spr 11,5) und weitere Ableitungen von →*tmm*; *jāšār* »redlich« (Ps 37,37f.; Spr 2,21f.; 11,11 u.ö., → *jšr* 3b); aber auch: der »Weise« (*maśkīl*, Dan 12,10), der »Arme« (*dal*, Jes 11,4; *'ānī*, Hi 36,6; *'ānāw*, Jes 11,4; Ps 147,6), »Fremdlinge, Waise und Witwe« (Ps 146,9); weiter s.u. 4.

Als Parallelbegriffe finden sich: »die den *ṣaddīq* hassen« (Ps 34,22); »Übeltäter« (*pō'alē* →*'āwæn*, Ps 28,3; 92,8; 101,8; 141, 9f.; vgl. Jes 55,7; Hi 22,15.18); »Bösewichte« (*merē'īm*, Ps 26,5; 37,9f.; Spr 24, 19; *ra'*, Ps 10,15; Spr 4,14; 14,19; 24,20, →*r''*; *me'awwēl*, Ps 71,4; *'awwāl*, Hi 16,11 txt em; 27,7; Spr 29,27, →*'āwæl*; *ḥānēf*, Hi 20,5, →*ḥnp*); »Gewalttätiger« (*ḥōmēṣ*, Ps 71, 4; *'ōhēb* →*ḥāmās*, Ps 11,5; *'īš ḥamāsīm*, Ps 140,5; vgl. Ps 139,19 »Blutmenschen«; Hi 38,15 »erhobener Arm«); »Tyrann« (*'āriṣ*, Jes 13,11; Hi 15,20; 27,13; vgl. Ps 37,35; *mōšēl* »Herrscher« Jes 14,5; zu *nādīb* »Edler« in Hi 21,28 vgl. Fohrer, KAT XVI,347); »Stolze« (*gē'īm*, Ps 94,2f.; vgl. Hi 40,12, →*g'h*; *zēdīm* »Freche« Jes 13, 11; *hōlelīm* »Verblendete« Ps 73,3; 75,5); »Reiche« (*'āšīr*, Jes 53,9 txt?; vgl. Ps 17, 13ff.), »Sünder« (*ḥaṭṭā'īm*, Ps 1,1.5; 104, 35); »Spötter« (*lēṣ*, Ps 1,1; Spr 9,7); »Abtrünnige« (*pōše'īm*, Ps 37,38); »Lügner« (Ps 58,4; 109,2); »Treulose« (*bōgēd*, Jer 12,1; Hab 1,13; Spr 2,22; 21,18, →*bgd*); »Taugenichts« (*belijjá'al*, Hi 34,18; vgl. Spr 19,28); »Fremde« (→*zār*, Ez 7,21); »Heiden« (*gōjīm*, Ps 9,6.16f.18); »Feinde« (→*'ōjēb*, Ps 3,8; 17,9; 55,4); weiter s.u. 4.

Die in den Psalmen als Feinde und Übeltäter bezeichneten *rešā'īm* können verschiedener Art sein: (1) die Feinde des Volkes bzw. des Königs, d.h. die feindlichen Völker (z.B. Ps 68,3); (2) die mächtigen Unterdrücker von Armen, Witwen, Waisen und Fremdlingen (z.B. Ps 94,3); (3) frühere Freunde, die sich als treulos erwiesen haben (Ps 55,4; 109,2), Leute, die freundlich reden, aber Böses beabsichtigen (Ps 28,3): in heimlichem Hinterhalt äußern sie ihre verderblichen Worte (Ps 10,7ff.; 17,9ff.; 140,9f.), am liebsten in der Nacht, zu der Zeit, in welcher Übeltaten die kräftigste Wirkung haben (Ps 36,5; vgl. 11,2; 91,5); mit ihren üblen Worten graben sie Gruben und legen sie Netze (Ps 7,16; 9,16; 10,9; 140,6; 141,9), Ausdrücke, die in Babylonien geläufig sind für Fluchworte und magische Kunst, die den Leuten allerhand Übel verursachen (Pedersen, Israel I–II, 448; vgl. Ps 10,7; 109,17f.).

b) Auf Grund mehrerer Sprüche könnte man schließen, der Zusammenhang von Frevel, Schuld und Strafe sei als eine selbstwirkende Gesetzlichkeit im Menschenleben erfahren worden (z.B. Spr 10,24; 11,5; 13,6; 14,32; 18,3; 24,16.20; 28,1; 29,16; Pred 8,8). Man spricht daher wohl von einer »schicksalwirkenden Tatsphäre«. Im AT handelt es sich dann aber wenigstens um ein Schicksal, das Jahwe in Gang gesetzt hat (Spr 16,4), oder das auf den Fluch Jahwes zurückgeht (Spr 3,33). In Spr 11,31 wird →*šlm* pu. »vergolten werden« (oder »vollständig gemacht werden«?), und in 1Kön 8,32 = 2Chr 6,23 heißt es, daß Jahwe die Freveltat auf das Haupt des *rāšā'* zurückfallen läßt. Zu dieser Frage vgl. K.Koch, ZThK 52, 1955, 1–42; J.Scharbert, Šlm im AT, FS Junker 1961, 209–229; von Rad I, 275ff.; →*ṣdq* III/2d.

Die Wirkung der Folge »Frevel-Schuld-Strafe« wurde anfänglich als eine Sache der Kollektivhaftung betrachtet. Ganz Sodom muß umkommen wegen der Freveltaten einiger Einwohner (Gen 18,16ff.). Abraham bittet Gott (ebenfalls entsprechend dem Kollektivdenken), ob nicht umgekehrt die Anwesenheit von Gerechten eine bewahrende Funktion für das Ganze haben könnte (von Rad I,407f.). Daß die Tatfolge sich auch an späteren Generationen auswirkt (vgl. Ex 20,5), wird erst von Ezechiel nachdrücklich abgelehnt: Jeder Mensch steht vor Jahwe für sich mit der entscheidenden Frage, ob er *rāšā'* oder *ṣaddīq* ist, d.h. ob er sich zum Tode oder zum Leben bekennt (Ez 18,5–20; vgl. 3, 18f.); in einem Menschenleben ist sogar (im Gegensatz zu früherem Verhalten) die persönliche Entscheidung neu möglich (18,21ff.; vgl. 33,12ff.), denn es ist der Wille Jahwes, daß der *rāšā'* umkehre und lebe (18,23.32; 33,11).

Zweifel hinsichtlich der Gültigkeit der Tatfolge Frevel-Strafe im Leben des *rāšā'* wurden geäußert in Hi 9,22; 21,7 und Pred 7,15; 8,10.14; 9,2).

c) Obgleich *rš'* an sich nicht juridische Bedeutung hat (vgl. u.a. Skladny, a.a.O. 30), kommt es nicht selten in rechtlichen Zusammenhängen vor (auch in Erzählungen, z.B. Ex 2,13; 9,27). In einem Streitfall gibt es immer einen, der sich gemeinschaftswidrig verhalten hat, entweder der Angeklagte durch sein frevlerisches Benehmen, oder der Kläger durch seine ungerechtfertigte Anklage. Weil dadurch der

Bestand und das Leben nicht nur des Schuldigen, sondern auch der Gemeinschaft gefährdet ist, muß öffentlich vor dem Gerichtsforum festgestellt werden, wer *ṣaddīq* »im Recht« und wer *rāšā'* »im Unrecht, schuldig« ist. Das Gericht – oder in schwierigen Fällen das Gottesgericht (1Kön 8,31f.) – hat also die Aufgabe, den *ṣaddīq* öffentlich »ins Recht zu setzen« (*ṣdq* hi.) und den *rāšā'* »für schuldig zu erklären« (*rš'* hi.), Dtn 25,1 (vgl. K. Koch, *ṣdq* im AT, Diss. Heidelberg 1953, 76ff.; Horst, BK XVI, 159f.; H. J. Boecker, Redeformen des Rechtslebens im AT, 1964, 122f.; →*ṣdq* III/1d), und das Gesetz enthält das apodiktische Verbot, einem *rāšā'* vor Gericht Beistand zu leisten (Ex 23,1, vgl. V.7; Jes 5,23; Spr 17,15; 18,5; 24,24; Hi 34,17). Die Schuld des *rāšā'* muß unbedingt getilgt werden – durch Schadenausgleich oder Bestrafung an Leib und Leben (vgl. Num 35,31), damit die Gemeinschaft wieder lebensfähig wird.

In 1Sam 14,47 hat *rš'* hi. die Bed. »siegen (über die Feinde)«. Der Gedanke ist wohl, daß Gott ein Volk, das *rāšā'* ist, durch den Sieg der anderen Partei seiner Schuld überführt (anders u.a. BH³ und Hertzberg, ATD 10,90f.: Textänderung nach LXX ἐσώζετο).

4. Von einer Trennung zwischen einer profanen und einer religiösen Bedeutung der Wurzel *rš'* kann im AT eigentlich nicht die Rede sein. In der »pansakralen« Gesellschaft, wo die Bestimmungen des Gottesrechts das ganze Leben beherrschten, war jedes gemeinschaftswidrige Verhalten zugleich ein gottwidriges Verhalten. An mehreren Stellen liegt der Nachdruck aber auf der religiösen Bedeutung des *rš'*-Verhaltens. Dies ist der Fall

a) in Texten, die das Opfer oder den Weg der *r^ešā'īm* als »Greuel für Jahwe« bezeichnen (Spr 15,8f.; vgl. V.29: »Jahwe ist fern von den *r^ešā'īm*«; Pred 8,13 »der *rāšā'* fürchtet sich nicht vor Gottes Angesicht«), und wo – namentlich in den Psalmen – die Parallelbegriffe (»Feinde Jahwes« Ps 37,20; vgl. 68,2f.; »die Jahwe hassen« 2Chr 19,2; vgl. Ps 68,2; Hi 8,22; »die Zion hassen« Ps 129,4f.; »wer Gott nicht dient« Mal 3,18) oder die Gegenbegriffe (»seine Frommen« 1Sam 2,9; Ps 37,28; »dein Volk« Hab 3,13; »die ihn lieben« Ps 145,20; »die auf Jahwe harren« Ps 37,9f.; »wer auf Jahwe vertraut« Ps 32,10; »Jahwefurcht« Spr 10,27) deutlich einen religiösen Sinn aufweisen. In solchen Fällen ist *rāšā'* der »Gottlose«;

b) wo Israel sich in geprägten liturgischen Formeln an Jahwe wendet mit dem Bekenntnis seiner Schuld: »wir haben gesündigt (*ḥṭ'* q.) und uns vergangen (*'wh* hi.), sind gottlos gewesen (*rš'* q.)« (1Kön 8,47 = 2Chr 6,37; vgl. Dan 9,15; in der gleichen Bedeutung mit *rš'* hi.: Ps 106,6; Dan 9,5 mit zusätzlichem *mrd* »abfallen«; Neh 9,33 nur *rš'* hi.); vgl. Jer 14,20 »wir erkennen, Jahwe, unseren Frevel (*ræša'*) und die Schuld (*'āwōn*) unserer Väter; ja, wir haben an dir gesündigt (*ḥṭ'* q.)«;

c) im Buch Hiob, wo die Freunde den alten Glauben vertreten, daß ein von schwerem Unheil Getroffener ein *rāšā'* sein muß (Hi 11,20; 15,20ff.; 18,5; 20,5), der gestraft wird von Gott (20,29; 34,7ff.26; 36,6.17), der seinerseits »fern von *ræša'*« ist (34,10, vgl. V.17). Hiob selber aber wird im Glaubenskampf mit Gott durch Zweifel an der Gültigkeit des Tun-Ergehen-Zusammenhangs in seinem eigenen Leben angefochten (10,2f.). Einerseits ist auch sein Glauben nicht frei von der Verbindung *rš'*-Unheil (21,16f.; 27,7.13) und empfindet er sein Leiden als Anklage gegen ihn (16,8–11), andererseits sieht er oft keinen Unterschied zwischen dem Schicksal eines *tām* und eines *rāšā'* (9,22, es sei denn, daß es den *r^ešā'īm* manchmal besser zu gehen scheint, 9,24; 10,3; 21,7) und kann er sich nicht abfinden mit dem Gedanken, daß er »schuldig sei« (*rš'* q. 9,29; 10,7.15) und daß Gott ihn ohne Grund »schuldig erkläre« (*rš'* hi. 10,2; vgl. 9,20f.; 15, 6; 40,8).

5. Im Dualismus der Qumrangemeinde spielt die Wurzel *rš'* eine wichtige Rolle (Verbum etwa 20×, *rāšā'* etwa 55×, *ræša'* etwa 20×, *riš'ā* etwa 40×, vgl. Kuhn, Konk. 209f.; RQ 14, 1963, 227). Unter den Feinden der Gemeinde ragt der »gottlose Priester«, der Gegner des Lehrers der Gerechtigkeit, hervor (*hakkōhēn hārāšā'*, 1QpHab 8,8; 9,9, nach K. Elliger, Studien zum Habakuk-Kommentar vom Toten Meer, 1953, 266, Verschandelung des offiziellen Titels *hakkōhēn harōš* »Hoherpriester«; vgl. 5,9; 9,1.11; 10,5; 11,4f.; 12, 2f.).

In der LXX wird die Vokabelgruppe sehr vielfältig wiedergegeben, *rāšā'* vor allem durch ἀσεβής, ferner durch ἁμαρτωλός und ἄνομος (Statistik bei K.H. Rengstorf, ThW I, 324), die übrigen Vokabeln am häufigsten durch ἀσεβεῖν/ἀσέβεια. Für das NT in seiner Umwelt vgl. G. Schrenk, Art. ἄδικος, ThW I, 150–163; K.H. Rengstorf, Art. ἁμαρτωλός, ThW I, 320–339; W. Gutbrod, Art. ἄνομος, ThW IV, 1079f.; W. Foerster, Art. ἀσεβής, ThW VII, 184–190.

C. van Leeuwen

שׂבע *śb'* **sich sättigen**

1. Die Wurzel *śb'* »satt werden, satt sein« ist gemeinsemitisch (akk. *šebû*; ug. *šb'*, WUS Nr. 2579; UT Nr. 2380; phön.-pun. und aram.: DISO 289; LS 456a; arab. *šabi'a*, Wehr 411f.; altsüdarab.: Conti Rossini 247; zum Äth. vgl. GVG I,169. 239).

Im hebr. AT begegnen neben *śb'* q. noch ni. »satt werden« (Hi 31,31 Part., bei Mand. 1112d unter q.), pi. »satt machen« (Ez 7,19; Ps 90,14) und hi. »satt werden lassen«, ferner das Verbaladjektiv *śābē^{a}'* »satt« und die Verbalabstrakta *śābā'*, *śōba'*, *śob'ā* und *śib'ā* (Ez 16,49) »Sättigung«.

Die Frauennamen *'ælīšæba'*, *Bat-šæba'* und *J^{e}hō-šæba'* gehören nicht zu unserer Wurzel (gegen J. Hehn, FS Marti 1925, 128–136: Zusammenhang mit *šæba'* »sieben« als »Zahl der Fülle«; vgl. KBL 944a; J.J.Stamm, FS Baumgartner 1967, 312f. mit Lit.).

2. *śb'* findet sich im AT im Qal 78× (Spr 18×, Ps 14×, Dtn 7×), im Ni. 1× (s.o.), im Pi. 2× (s.o.), im Hi. 16× (Ps 8×), *śābē^{a}'* 10×, *śābā'* 8× (6× in Gen 41, 29–53 und Spr 3,10; Pred 5,11), *śōba'* 8×, *śob'ā* 6×, *śib'ā* 1× (s.o.). Von den insgesamt 130 Belegen der Wurzel stehen 25 in Ps, 22 in Spr, 10 in Jes, je 9 in Dtn, Ez und Hi, 8 in Gen, 6 in Jer, usw.

3. An fast der Hälfte der Belegstellen des Qal steht das Wort absolut: »satt werden, satt sein«. Wie andere Verben der Fülle bzw. des Mangels kann *śb'* ein direktes Objekt regieren: »an etwas satt werden« (so etwa 30× mit Akk. des Stoffes; vgl. BrSynt §90d). Seltener stehen statt des Akk. präpositionelle Näherbestimmungen (*min* 7×, *l^{e}* 3×). Nur einmal folgt dem Verbum ein Inf. mit *l^{e}*: Pred 1,8 »satt werden zu sehen«.

An den überaus meisten Stellen wird das Verbum von der Stillung des Hungers gebraucht und bezieht sich somit ebenso wie →*'kl* »essen« und →*šth* »trinken« auf eine elementare Funktion des menschlichen und tierischen Lebens. Wenn *śb'* ohne Objekt steht (etwa 35×), ist dieser Hintergrund an etwa Dreiviertel der Stellen ganz klar. Auch in den ug. Texten sowie in den inschriftlichen Belegen aus Karatepe und Sefire (8. Jh. v.Chr.) wird die Wurzel fast ausschließlich im eigentlichen Sinn gebraucht: als Subst. »Sattheit« zusammen mit *mn'm* »Annehmlichkeit« und *trš* »Wein(most)« (KAI Nr. 26, I,6; II,7.13.16; III,7.9), als Verbum von Kindern und Tierjungen, die saugen »und nicht satt werden« (KAI Nr. 222, A 22f.; Nr. 223, A 1). Im AT ist »essen und (nicht) satt werden« eine stehende Verbindung mit etwa 20 Belegen, bes. häufig im Dtn (6, 11; 8,10.12; 11,15; 14,29; 26,12; 31,20). Als Objekte erscheinen im AT in erster Linie verschiedene Speisen: Brot, Korn, Wein, Öl, Honig, Fett usw. Mit Bezug auf das Trinken steht *śb'* nur Am 4,8 und Spr 30,16 (sonst gewöhnlich *rwh* q. »sich satt trinken« (→*šth* 3c).

Durch eine Erweiterung des Objektbereiches bekommt das Verbum die allgemeinere Bed. »genug haben, befriedigt sein«. Am leisesten erscheint die Sinnverschiebung, solange die Objekte auf materielle Güter beschränkt bleiben (»Gutes« Jer 31,14; Ps 104,28; Spr 12,14; »Brandopfer« Jes 1,11; »Pferde und Reiter, Helden und Krieger« Ez 39,20; usw.), ebenso wenn das Sich-Sättigen (in absoluter Stellung) auf Raub (Jer 50,10; Hab 2,5) oder Weide (Jer 50,19; Hos 13,6) bezogen wird. Eine weitere Bedeutungsentfaltung findet sich, wenn der Objektbereich auf Abstrakta erweitert wird, was besonders in der Weisheit der Fall ist: Unruhe (Hi 7,4), Pläne (Spr 1,31), Frucht der Lippen (Spr 18,20), Armut (Spr 28,19), Hurerei (Ez 16,28f.), Schmach (Hab 2,16; vgl. Hi 10,15), Hohn (Ps 123,3f.), Tage (1Chr 23, 1; 2Chr 24,15; mit *śābē^{a}'*: Gen 25,8 txt em; 35,29; Hi 42,17; 1Chr 29,28). Namentlich die präpositionell beigefügten Objekte sind fast durchweg abstrakt: das Gute deines Hauses (Ps 65,5), Leiden (Ps 88,4), Frucht deiner Taten (Ps 104,13), Wandel des Abtrünnigen (Spr 14,14), Schmach (Klgl 3,30), Glück (Pred 6,3). Zur Sättigung der »Seele« →*næfæš* III/3b.

Von hier aus ist der Übergang in die Bed. »überdrüßig sein« durchaus verständlich, die an Stellen wie Jes 1,11; Spr 25,16f.; 30,9 klar zutage tritt. Fast im Gegensatz zu seinem ursprünglichen Sinn steht hier *śb'* den Verben *g'l* q. »verabscheuen« (im AT 8×: Lev 26,11.15.30. 43.44; Jer 14,19; Ez 16,45.45) und *qūṣ* q. »sich ekeln« (Gen 27,46; Lev 20,23; Num 21,5; 1Kön 11,25; Spr 3,11) nahe. Einigemal ist das Sich-Sättigen auf das Sehen übertragen worden: »sich satt sehen« (Ps 17,15; Spr 27,20b; Pred 1,8; 4,8); →*'ájin* 3a(2).

Beim Verbaladjektiv *śābē^{a}'* ist der eigentliche Sinn (Gegensatz zu *rā'ēb* »hungrig«) nur in wenigen Fällen erkennbar (1Sam 2,5; Spr 27,7; vielleicht auch Spr 19,23). An allen übrigen Stellen liegt ein übertragener Sinn vor, der mit der entsprechenden Verbalbedeutung fast gänzlich übereinstimmt.

Von den Verbalabstrakten hat *śābā'* immer den allgemeinen Sinn »Fülle, Überfluß«, während *śōba'*, *sob'ā* und *śib'ā* mit wenigen Ausnahmen (Ps 16,11 und Ez 16,28) fest an den Begriff »essen« geknüpft sind und somit innerhalb des ursprünglichen Sinnbereiches bleiben.

Zum Oppositum *r'b* »hungrig sein« und seinen Ableitungen, die kaum in übertragenem Sinn verwendet werden (vgl. Am 8,11), s. →*šth* 3c.

4. Eine theologische Bedeutung bekommt die Vokabel dadurch, daß sie nicht selten zur Bezeichnung des Genießens bzw. der Verleihung von Jahwes Heilsgütern steht. Das ist der Fall, wenn *śb'* in seinem ursprünglichen Sinn gebraucht wird, wie in der Verbindung »essen und satt werden« (Dtn 6,11; 8,10.12; 11,15; 31,20; Jo 2,26; Ps 22,27; 37,19; 78,29; Neh 9,25; 2Chr 31,10). Aber auch in seinem allgemeineren Sinn kann *śb'* auf göttliche Heilsgaben Bezug nehmen. Besonders beim Kausativ tritt eine theologische Bedeutung klar zutage. In den 16 Hi.-Belegen ist Gott mit nur zwei Ausnahmen (Jes 58,10; Ez 27,33) immer Subjekt. Eine theologische Formverfestigung liegt jedoch nicht vor.

5. Die Qumran-Belege bleiben völlig innerhalb des atl. Verwendungsbereiches (Kuhn, Konk. 211a; RQ 14, 1963, 228a). Die häufigsten gr. Äquivalente in der LXX sind (ἐμ)πιμπλάναι und χορτάζειν; zum ntl. Sprachgebrauch vgl. G. Delling, Art. πίμπλημι, ThW VI,127–134.

G. Gerleman

שָׂטָן *śāṭān* Widersacher

1. Die Wurzel *śṭn*, deren Grundbedeutung mit »anfeinden, sich widersetzen« wiederzugeben ist, ist im Hebr. und, davon abhängig (mit anlautendem *s* bzw. *š*), im Jüd.-Aram., Syr., Mand., Äth. und Arab. belegt (Nöldeke, NB 34.47; zu arab. *šaiṭān* »Satan, Teufel« vgl. noch J. Horovitz, Koranische Untersuchungen, 1926, 120f.; A.J. Wensinck – J.H. Kramers, Handwörterbuch des Islam, 1941, 671f.). Das in GB 782a und KBL 918b angeführte akk. Äquivalent entfällt nach AHw 260b. *śṭm* findet sich nur im Hebr. und Jüd.-Aram.

Von der Wurzel *śṭn* werden im AT das Qal »anfeinden« sowie die Nomina *śāṭān* »Widersacher« und *śiṭnā* »Anfeindung« (in Gen 26,21 auch als Name eines Brunnens), von der Nebenform *śṭm* das Qal und das Nomen *maśṭēmā* »Anfeindung« gebildet.

Ob das Verbum *śṭn* denominiert ist und welcher Nominalbildung *śāṭān* zuzuweisen ist, kann nicht mehr mit Sicherheit gesagt werden (vgl. BL 500; G. von Rad, ThW II,71).

2. Statistik: *śṭn* q. 6 × (Sach 3,1 und 5 × in Ps), *śāṭān* 27 × (Hi 1–2 14 ×, 1Kön 4 ×, Sach 3,1f. 3 ×), *śiṭnā* 1 × (Esr 4,6); *śṭm* q. 6 × (Gen 3 ×, Hi 2 ×, Ps 1 ×), *maśṭēmā* 2 × (Hos 9,7f.).

3. a) In verbaler Verwendung hat die Wurzel *śṭn/śṭm* durchgängig die Bed. »anfeinden, feindlich gesinnt sein, befeinden« (vgl. Gen 27,41; 49,23; 50,15; Sach 3,1). In Klageliedern des Einzelnen bezeichnet das Verbum das Verhalten derjenigen, die den Beter hassen (→*śn'*), ihm Gutes mit Bösem vergelten (*šlm* pi.), ihn bekämpfen (*lḥm* ni.), sein Unheil suchen (*bqš* pi. *rā'ā*), also das Verhalten seiner Feinde (→*'ōjēb*) (Ps 38,21; 55,4; 71,13; 109,4.20.29).

b) Personen oder Gestalten, die sich feindlich oder gegnerisch verhalten, können dementsprechend *śāṭān* »Widersacher, Feind« genannt werden: militärische und politische Gegner (1Sam 29,4; 1Kön 5,18; 11,14.23.25), Prozeßgegner (Ps 109,6; nicht »Ankläger«, so G. von Rad, ThW II,71), Personen, die durch feindliches Verhalten oder Widerspruch ein bestimmtes Vorhaben verhindern wollen (Num 22, 22.32; 2Sam 19,23).

Ob das Nomen *śāṭān* als Funktions- (Horst, BK XVI, 13) oder als Eigenschaftsbezeichnung (von Rad, a.a.O. 71) anzusehen ist, muß im Einzelfall entschieden werden.

Das Nomen *śiṭnā* Esr 4,6, gewöhnlich mit »Anklageschrift« übersetzt, meint wohl eher einen »anfechtenden Einspruch« (Horst, a.a.O. 14).

4. a) Der theologische Gebrauch des Verbums (Gott als Subjekt von *śṭm*) ist selten. Er entspricht der Verwendung des Wortes innerhalb der Klagelieder des Einzelnen: Hi 16,9 (txt?, vgl. Horst, a.a.O. 239.241); 30,21 beklagt das feindliche Verhalten Gottes gegenüber Hiob.

b) Ebenso entspricht die Verwendung des Nomens *śāṭān* im religiösen Bereich seiner profanen Bedeutung. Erstmals in frühnachexilischer Zeit ist eine Gestalt bekannt, die zur himmlischen Ratsversammlung (*b^enē hā'^elōhīm*) gehört und *haśśāṭān* genannt wird (Hi 1,6). Sie erscheint in Hi 1–2 als »Gegner« und »Feind« Hiobs, dessen selbstlose Frömmigkeit sie durch Widerspruch und Einspruch bei Gott herabzusetzen sucht und in Frage stellt, in Sach 3,1f. als »Widersacher« (Prozeßgegner?, vgl. Ps 109,6 mit Sach 3,1: *ʿmd ʿal jᵉmīnō* »zu seiner Rechten stehen«) des Jahweengels, offenbar um dessen Vorhaben mit Josua zu verhindern. An beiden Stellen erscheint ›der Satan‹ als eine dem Willen Gottes untergeordnete Gestalt; von ihm hängt es ab, ob ›der Satan‹ sein grundsätzlich feindliches Verhalten dem Menschen gegenüber (*śāṭān* hier immer mit Art.) zur Geltung bringen kann (Hi 1–2) oder nicht (Sach 3,1f.). Den ihm Ausgelieferten schlägt er mit Unheil jeglicher Art, dem ihm Übergeordneten begegnet er mit hindern wollendem Widerspruch.

Wie im profanen, so ist auch im religiösen Bereich eine speziell juristische Verwendung des Wortes nicht zu erkennen.

Erst in 1Chr 21,1 erscheint *śāṭān* als Eigenname dieser Gestalt des himmlischen Hofstaates, die hier anstelle von Jahwes Zorn, der nach 2Sam 24,1 David zur Volkszählung verleitet, eingesetzt wurde (Rudolph, HAT 21, 142f.; anders T.H. Gaster, IDB IV,225: *śāṭān* »simply a common noun«). 1Chr 21,1 ist erstes Anzeichen für die Verselbständigung der Satansgestalt, wie sie für das frühe Judentum kennzeichnend ist.

Zur Erklärung von Herkunft und Bedeutung der atl. Satansgestalt sind wegen der geringen bzw. fehlenden sprachlichen Belege im AT und in den älteren sem. Sprachen verschiedene Vorstellungen aus dem politischen und religiösen Leben des Alten Orients herangezogen worden. Alle diese Versuche kommen über Vermutungen nicht hinaus, die Meinungen sind daher entsprechend vielfältig: der Satan als böser Dämon Widerpart des individuellen Schutzgottes (H.Gunkel, Das Märchen im AT, 1917, 84f.; vgl. G.Hölscher, Das Buch Hiob, HAT 17, ²1952, 3), als Ankläger vor Gericht (G. von Rad, ThW II,71; G.Molin, BHH III,1674) auf den himmlischen Hofstaat übertragen (Eichrodt II, 139), als »secret political official« (N.H. Tur-Sinai [Torczyner], The Book of Job, 1957, 44), als Verleumder am Hof der Großkönige (A. Brock-Utne, Klio 28,1935, 219–227) u.a.m. (Lit. bei Fohrer, KAT XVI, 82f.).

5. Zur Satansgestalt in Qumran, Spätjudentum und NT vgl. G. von Rad – W.Foerster, Art. διαβάλλω, ThW II, 69–80; W.Foerster – K.Schäferdiek, Art. σατανᾶς, ThW VII,151–165. *G.Wanke*

שׂכל *śkl* hi. einsichtig sein

1. Die Wurzel *śkl* I »einsichtig, klug sein«, von der *śkl* II »kreuzen« (nur Gen 48,14 pi.) trotz J.Blau, VT 7,1957, 101, abzutrennen ist, hat ihre Entsprechungen im Aram. (Ah. 147 *skl* itpa. »klug sein«, vgl. Leander 49; DISO 192; P.Grelot, Documents araméens d'Egypte, 1972,443; anders, wegen der Schreibung mit *s*, z.B. W. Baumgartner, ZAW 45, 1927, 102 = Zum AT und seiner Umwelt, 1959, 90: »benimm dich nicht töricht«; im Bibl.-Aram. und in späteren Dialekten: KBL 1126f.; LS 473b).

In Jes 44,25 (s. BH³) und Pred 1,17 (s. BH³) sind Formen der gegensinnigen Wurzel *skl* »töricht sein« (im AT 23x: ni. »sich töricht verhalten« 1Sam 13,13; 2Sam 24,10 = 1Chr 21,8; 2Chr 16,9; pi. »töricht machen« 2Sam 15,31; Jes 44,25; hi. »töricht handeln« Gen 31,28; 1Sam 26,21; Adj. *sākāl* »töricht« Jer 4,22; 5,21; Pred 2,19; 7,17; 10,3.3.14; Subst. *sákæl* »Torheit Pred 10,6; *siklūt* »Torheit« Pred 1,17; 2,3.12.13; 7,25; 10,1.13) mit *ś* statt mit *s* geschrieben worden.

Die Deutung von *śákæl* in 1Sam 25,3 als »Form« (so F. Perles, JQR N.S.17,1926/27, 233, mit Hinweis auf arab. *šakl* »Form«) hat mit Recht Barr, CPT 244f. 336, in Frage gestellt. In Jer 50,9 ist wahrscheinlich *maśkīl* »erfolgreich« statt *maškīl* »kinderlos machend« zu lesen (vgl. BH³; Rudolph, HAT 12,300).

Im hebr. AT kommt das Verbum mit Ausnahme von 1Sam 18,30 (q. »Erfolg haben«) immer im Hi. vor (s.u. 3a). Die substantivierte Part.-Form *maśkīl* ist fester terminus technicus der Psalmenüberschriften (s.u. 3b). Als Substantiv kommt das Abstraktnomen *śékæl* (*śákæl* in 1Sam 25,3; Hi 17,4; Esr 8,18; Neh 8,8; 1Chr 26,14) vor. Im Bibl.-Aram. begegnen *śkl* hitpa. »betrachten« (Dan 7,8) und das Abstraktum *śoklᵉtānū* »Einsicht« (BLA 198; Dan 5,11.12.14).

2. Die Wurzel *śkl* (insgesamt 90 hebr. und 4 aram. Belege; exkl. Jes 44,25; Jer 50,9; Pred 1,17, s.o. 1) wird hauptsächlich, aber nicht ausschließlich, in weisheitlichen Texten gebraucht: q. 1×, hi. 59× (Spr 13×, Ps 11×, Dan 9×, Jer 5×, 1Sam, Jes und Hi je 3×), *maśkīl* 14× (in Ps) und *śékæl/śákæl* 16× (Spr 6×).

3. a) Die Hauptbedeutung des Verbums läßt sich am besten durch »einsichtig, klug sein« wiedergeben; vgl. die häufigen Parallelverben →*bīn* »verstehen« (Dtn 32,29; Jes 44,18; Ps 94,8) und →*jdʿ* »erkennen« (Jes 41,20; Jer 9,23; Dan 1,4; 9,25; vgl. Jes 44,18; Hi 34,35). Doch liegt öfter das Gewicht auf dem Akt des aufmerksamen Hinsehens, des Wahrnehmens und Achtgebens, wodurch man »einsichtig« wird (Ps 41,2; 64,10; 101,2; 106,7 par. →*zkr* »gedenken«; Hi 34,27; Spr 21,12; Dan 9,13; aram. hitpa. Dan 7,8). Den semasiologischen Hauptakzent hat nun aber der resultative Verbalsinn »einsichtig geworden > verständig, klug sein« (vgl. die Parallelisierung von Auge und Herz in Jes 41,20; 44,18). Im effektiven Sinne ist der »Einsichtige« in seiner Tätigkeit kundig und verständig, dann aber auch erfolgreich, wie es in erster Linie von Königen und anderen Volksführern ausgesagt wird (David: 1Sam 18, 5.14.15, vgl. V.30 qal; Salomo: 1Kön 2,3; Hiskia: 2Kön 18,7; ferner Josua: Jos 1,7.8 par. →*ṣlḥ* hi. »Gelingen haben«; vgl. Dan 8,25 *śēkæl* neben *ṣlḥ* hi.). Während der Mißerfolg der schlechten »Hirten« darin gründet, daß sie »unvernünftig sind« (*b'r* ni. als Gegenbegriff) und sich nicht an Jahwe gewandt haben (Jer 10,21), eignet das einsichtige, erfolgreiche Vorangehen dem kommenden, gerechten König (Jer 23,5; vgl. noch Jer 3,15 und Ps 2,10; vgl. W. McKane, Prophets and Wise Men, 1965, 67f.90–93) und auch dem erhöhten Knecht Jahwes (Jes 52,13; anders G.R. Driver, FS Kahle 1968, 90f.); dieser Gebrauch kommt noch im allgemeineren Sinn vor (vgl. Dtn 29,8; Spr 17,8).

Im kausativen Sinne ist sodann ein Mensch Objekt des Einsichtig-Machens, einer Belehrung, die auf jemandes Lebensführung als Wegweisung zielen kann (Ps 32,8 par. *jrh* hi. »unterweisen« und *j'ṣ* »beraten«), oder es wird allgemeiner ein »weise sein« (→*ḥkm*) oder auch eine besondere Gelehrsamkeit bewirkt (Spr 21,11; Dan 9,22; 1Chr 28,19; vgl. auch 2Chr 30,22 mit innerem Obj. *śēkæl ṭōb*). Die Belehrung kann von einem »Weisen« (*ḥākām*) oder von seinem Herzen als Organ der Einsicht stammen (vgl. Spr 16,23; 21,11), doch öfter wird gesagt, daß sie von Gott bzw. seinem Geist herstammt (vgl. Ps 32,8; Dan 9,22; Neh 9,20; 1Chr 28,19), wie überhaupt die »Einsicht« in unterschiedlicher Weise von Gott abhängig oder auf ihn bezogen ist (s.u. 4).

Abgesehen von *śēkæl* (s.u. 3c) wird die »Einsicht« substantivisch auch durch den Inf.abs. *haśkēl* ausgedrückt (Jer 3,15 par. *dē'ā* »Verstand«, von der Amtsausrüstung der »Hirten« nach Gottes Herzen; Hi 34, 35 par. *dá'at*; Spr 1,3 mit mehreren, weisheitlichen und sozialbezogenen Parallelbegriffen im Rahmen des Prologs der Spr, vgl. Gemser, HAT 16,18f.; Spr 21,16 »Weg der Klugheit«, vgl. Ps 32,8; Dan 1,17 par. *maddā'* »Kenntnis«, von Gott geschenkt; die gegebene »Einsicht« bezieht sich auf »alle Schrift und Weisheit«).

Außer durch das Abstraktum *haśkēl* wird die substantivierende Tendenz im Verbgebrauch noch durch das Part. *maśkīl* vertreten, das vor allem in Spr und Dan vorkommt. Es wird teils attributiv (Spr 10,5; 14,35; 17,2; 19,14 fem., vgl. 1Sam 25,3) und prädikativ (1Sam 18,14.15; Ps 41,2; Spr 10,19; 16,20; 21,12, wohl mit Gott als Subj., vgl. BH³ und die Komm.; 2Chr 30,22) im Sinne von »einsichtsvoll, verständig, klug«, teils auch substantivisch als Personenwort »Verständiger, Kluger« verwendet (Am 5,13; Ps 14,2 = 53,3; Hi 22,2; Spr 15,24; Dan 1,4; 11,33.35; 12,3. 10). Dadurch ist ein Menschentyp gekennzeichnet, dessen Gegentyp der →*nābāl* »Tor« (Ps 14,1f. = 53,2f.; vgl. Ps 94,8 →*kᵉsīl*) und der *rāšā'* »Frevler« (Dan 12,10; vgl. Ps 36,4; Hi 34,26f.; Spr 21,12) sind, der wie der »Weise« ein gelassener Schweiger ist (Spr 10,19; Am 5,13), und der nicht nur kundig und erfolgreich, sondern auch eine gottbezogene Person ist (s.u. 4). Nach Dan handelt es sich um besonders gelehrte und bewährte Fromme (Dan 1,4.17; 11,33.35; 12,3.10). In dtr. und späteren Texten ist das Verhältnis zum Gesetz Gottes wichtig (vgl. Jos 1,8; 1Kön 2,3; Ps 119,99; Neh 8,13; auch Dtn 29,8; Spr 16,20; Dan 9,13).

b) *maśkīl* ist nicht nur Personenwort, sondern auch Fachwort im Rahmen der Überschriften der Psalmen 32; 42; 44; 45; 52–55; 74; 78; 88; 89; 142. Es kommt zudem in Ps 47,8 (als Objekt zu *zmr* pi. »singen, spielen«) vor und meint offenbar – obwohl die betreffenden Psalmen weit unterschiedlicher Gattungen und Inhalte sind – eine bestimmte Psalmenart, ohne daß es jedoch bisher möglich gewesen wäre, den Sinn und die Funktion dieser Bezeichnung befriedigend zu erklären. Die kultische Deutung von G. W. Ahlström, Psalm 89, 1959, 21–26, dürfte allerdings unwahrscheinlich sein gegenüber Deutungen, die den Fachausdruck mit der »Weisheit« in Verbindung bringen (vgl. S. Mowinckel, The Psalms in Israel's Worship, II, 1962, 94.209), sei es im sachlichen Sinne (vgl. V. Maag, SThU 13, 1943, 108–115) oder – vielleicht am wahrscheinlichsten – in bezug auf die kunstvolle Form (vgl. Kraus, BK XV, p.XXIIf., der das Wort durch »kunstvoll gestaltetes Lied« wiedergibt; vgl. sonst noch L. Delekat, ZAW 76, 1964, 282f.; R. P. Carroll, VT 21, 1971, 133f.; J.-B. Dumortier, VT 22, 1972, 177).

c) Das Abstraktnomen *śēkæl*/*śækæl* folgt weithin den Bedeutungsnuancen des Verbums (vgl. Zorell 800b: »quasi nomen verbale ad *śkl* I«). Das Wort, das wohl an sich neutral »Einsicht, Verstand« als geistige Fähigkeit meint (vgl. Hi 17,4a; auch Spr 23,9b), hat abgesehen von Dan 8,25 einen positiven Kontext und wird durchgehend in gutem Sinne verstanden, was noch besonders im Ausdruck *śēkæl ṭōb*

»gute Einsicht« zum Vorschein kommt (Ps 111,10 par. *ḥokmā* »Weisheit«; Spr 3,4 par. *ḥēn* »Gunst«, vgl. Gemser, HAT 16, 26: »freundlichen Beifall«; W.McKane, Proverbs, 1970, 214.292: »good success«; 13,15 neben *ḥēn*; 2Chr 30,22). Das Nomen kennzeichnet im attributiven Sinne das kundige Reden, das vom »Toren« (→*kesīl*) verachtet wird (Spr 23,9), insonderheit aber fähige und erfolgreiche Personen (1Sam 25,3; Esr 8,18; 1Chr 26,14; vgl. noch 1Chr 22,12 und 2Chr 2,11 par. *bīnā*, in bezug auf Salomo; s. auch 2Chr 30,22 und Neh 8,8 von den lehrenden Leviten). Im Gegensatz zur »Torheit« (*'iwwælæt*, →*æwīl* 4; Spr 16,22) schenkt die »Einsicht« ihren Besitzern »Gunst« (*ḥēn*, Spr 13,15) und »Leben« (*ḥajjīm*, Spr 16,22), wobei ihre besondere theologische Note hervortritt.

4. Wie schon aus der obigen semasiologischen Übersicht hervorgeht, ist die Wortsippe *śkl* I weithin theologisch geprägt. Zwar kann die »Einsicht« öfter Ausdruck der Kundigkeit eines Menschen sein, wobei sie einerseits abhängig von Erfahrung/Belehrung und andererseits Voraussetzung für Erfolg ist, doch ist sie in vielerlei Weise auf Gott bezogen, zumal sie jemandes Lebenshaltung wesentlich mitbestimmt und somit eine wichtige haltungsprägende Größe wird, nach der Gott sieht (Ps 14,2=53,3 »Verständiger« par. »der nach Gott fragt«; vgl. Spr 21,12: Gott – falls Subjekt – »stürzt den Frevler ins Verderben«). Irrt man vom »Wege der Klugheit« ab, so stirbt man frühzeitig (Spr 21, 16; vgl. Gemser, HAT 16,80f.); geht man aber als »Verständiger« »den Lebenspfad aufwärts«, so entgeht man der Unterwelt, dem Tod; denn die »Einsicht« ist eine »Quelle des Lebens«, die Heilscharakter trägt (Spr 16,22). Zwischen Tun und Ergehen besteht ein schicksalwirkender Zusammenhang, der nicht bloß zum Erfolg (bzw. Mißerfolg) führt, sondern zu Leben oder Tod (vgl. K.Koch, ZThK 52,1955, 1–42; G. von Rad, Weisheit in Israel, 1970,170ff.). Die gottbezogene und heilbringende »Einsicht« geschieht in Gottesfurcht (Ps 111,10; Spr 16,20; vgl. von Rad, a.a.O. 75ff.). Gott fordert sie nicht nur, sondern bewirkt sie auf verschiedene Weise: er geht mit und leitet (vgl. 1Sam 18,14; 2Kön 18,7; Ps 32,8; Neh 9,20; →*ṣlḥ* 4); er ist an seinen geschichtlichen Heilstaten zu erkennen (vgl. Ps 64,10; 106,7; Neh 9,20; auch Jes 41,20; 44,18); er gibt befähigte Führer und Diener (vgl. Jer 3,15; 23,5; Esr 8,18; Neh 8,8.13); »Einsicht« erhält man auch am »Wort« (Spr 16,20), am »Wort des Bundes« (Dtn 29,8) und vor allem an Gottes »Gesetz« (Jos 1,7f.; vgl. Ps 119,99; Neh 8,8; 1Chr 22,12). Es fehlt nicht an Möglichkeiten, heilbringende »Einsicht« zu gewinnen; darum kann die Anklage wegen ausgebliebener »Einsicht/Klugheit« laut werden (vgl. Dtn 32,29; Ps 94,8; 106,7).

5. Im Qumran-Schrifttum kommen Verbum und Substantive recht häufig vor (vgl. Kuhn, Konk. 134.212; RQ 14,1963,228; F.Nötscher, Zur theologischen Terminologie der Qumran-Texte, 1956,55–58; J.A. Sanders, ZAW 76,1964,65f.). In der LXX wird das Verbum vor allem durch συνιέναι, die Nomina durch σύνεσις wiedergegeben. Vgl. zum Ganzen H.Conzelmann, Art. συνίημι, ThW VII,886–894.

M.Sæbø

שׂמח *śmḥ* sich freuen

1. Mit hebr. *śmḥ* »sich freuen« verwandt ist ug. *šmḫ* »sich freuen« (WUS Nr. 2626; UT Nr. 2432; in 2Aqht [= II D] II,9 »strahlen [vom Antlitz]«; vgl. P.J. van Zijl, Baal, 1972, 120–122; zu einem vermuteten pun. Beleg vgl. DISO 308, aber auch Sznycer 115–119), wie hebr. oft parallel zu →*gīl* gebraucht. Strittig ist, ob akk. *šamāḫu* »wachsen«, arab. *šmḫ* »hoch, stolz sein« (Wehr 441b; L.Kopf, VT 9, 1959, 249.276f.), aram./syr. *ṣmḥ* »üppig wachsen; strahlen, glänzen« (LS 631b) hebr. *śmḥ* und/oder →*ṣmḥ* »sprossen« verwandt sind.

J.C.Greenfield, HUCA 30, 1959, 141–151, nennt verschiedene Beispiele aus sem. Sprachen dafür, daß dasselbe Wort »üppig wachsen, blühen« und »leuchten, strahlen« bedeuten kann. Er hält deshalb die oben genannten Wörter alle für verwandt mit hebr. *śmḥ*, für das er als Nebenbedeutungen »hoch, weit sein« und »leuchten« postuliert. Vgl. auch J.B.Bauer, VD 40, 1962, 184–189, und V.Hamp, WZ Halle 10, 1961, 1333f., die ebenfalls mit diesen Nebenbedeutungen rechnen.

Das Verbum kommt im AT im qal, pi. »erfreuen« und hi. »sich freuen lassen« vor; dazu treten das Verbaladjektiv *śāmē^aḥ* »fröhlich« und das Subst. *śimḥā* »Freude«. Im Bibl.-Aram. ist die im Aram. und in weiteren sem. Sprachen verbreitete Wurzel *ḥdj nur durch das Subst. *ḥædwā* »Freude« (Esr 6,16; KBL 1073f.; DISO 82) vertreten, im Hebr. als LW *ḥædwā* »Freude« (Neh 8,10; 1Chr 16,27) neben *ḥdh* q. »sich freuen« (Ex 18,9; Hi 3,6) und pi. »erfreuen« (Ps 21,7); vgl. Wagner Nr. 83–87.

2. Formen der Wurzel *śmḥ* sind im AT 269 × belegt, und zwar das Verbum 154 × (q. 126 ×, pi. 27 ×, hi. 1 × in Ps 89,43) mit einer starken Konzentration der Belege in den Psalmen (q. 43 ×, pi. 8 ×), das Adj. *śāmē*^{a}*ḥ* 21 × und das Subst. *śimḥā* 94 × (Jes 15 ×, Ps 13 ×); vgl. die statistischen Übersichten bei P. Humbert, RHPhR 22, 1942, 185–214 = Opuscules d'un hébraïsant, 1958, 119–145).

3. Zu erwägen ist, ob die eine Gemütsbewegung beschreibende Grundbedeutung »sich freuen« sich herleitet von der konkreten Bed. »strahlen« als der Ausdrucksseite der Freude, so wie Ps 19,9 »das Herz erfreuen« parallel steht zu »die Augen erleuchten« (vgl. auch Spr 15,30 und Sir 31,20 »eine Freude des Herzens und ein Licht für die Augen«). Zwei viel diskutierte Belege sprechen dafür.

Für Spr 13,9 hat H. L. Ginsberg, BASOR 98, 1945, 15 Anm. 20, danach u.a. Greenfield, a.a.O. 147, vorgeschlagen, entsprechend dem in 1 genannten ug. Beleg zu übersetzen: »Das Licht des Frommen strahlt auf (*jiśmaḥ*)«, wie auch der Parallelismus fordert (vgl. noch M. Dahood, FS Baumgartner 1967, 40f.; Ginsberg, ebd. 72f.). – Schwieriger ist Jes 9, 16, wo der Zusammenhang die Bed. »gnädig sein, sich erbarmen« fordert, weshalb 1QJes^{a} *jaḥmōl* »er hat Mitleid« interpretierend für *jiśmaḥ* einsetzt. Verständlich wäre der Text, wenn man hier die Bedeutung »strahlen« im Sinne von »sein Antlitz leuchten lassen, gnädig sein« annehmen dürfte. Neben Jes 39, 2 und Klgl 2,17 (pi.) ist dies der einzige vorexilische Beleg für die Konstruktion *śmḥ ʿal*. Aber da nur ug., nicht jedoch hebr. *pānīm* »Angesicht« als Subjekt von *śmḥ* belegt ist, bleibt diese Stelle problematisch. – Dagegen ist Spr 10,28 das Substantiv *śimḥā* nicht als Verbform mit der Bedeutung »sprossen« zu lesen (gegen G. R. Driver, Bibl 32, 1951, 179f.; Greenfield, Bauer, Hamp), sondern der Nominalsatz des MT nennt wie Spr 11,23 u.ö. das Ergebnis eines zu erwartenden Wandlungsprozesses: »Das Harren des Gerechten (endet in) Freude.« – Hos 7,3 ist die Festfreude gemeint, die dem König und seinen Beamten anläßlich ihrer durch eigenmächtige und betrügerische Machenschaften erfolgten Einsetzung bereitet wurde (so mit Wolff, BK XIV/1,158). – Damit sind alle ernstlich strittigen Stellen genannt.

śmḥ meint in der Regel nicht eine verhaltene Gemütsverfassung, etwas Zuständliches, sondern die sich spontan und elementar äußernde Freude. Es ist vor allem die Festfreude bei profanen wie religiösen Festen. Sie äußert sich in Freudensprüngen (Jer 50,11), Aufstampfen mit den Füßen und Händeklatschen (Jes 55,12 Ez 25,6), Tanz, Musik und Freudengeschrei (z.B. 1Sam 18,6; 2Sam 6,12.14; 1Kön 1,40.45; Neh 12,27). Diese Freude ist ihrem Wesen nach überschwänglich bis dahin, daß man außer sich gerät vor Freude. Solch dionysische Überschwänglichkeit gehört zu aller Festfreude, gleich ob der Anlaß eine Hochzeit (Jer 7,34; Hhld 3,11), die Weinlese (Jes 9,2; 16,10), die Einholung eines Siegers (1Sam 18,6), ein Ehrengeleit zur Verabschiedung (Gen 31,27) oder beim Einzug (Ps 45,16), die Krönung eines Königs (1Sam 11,15; 1Kön 1,40.45; 2Kön 11,14; Jes 9,2; 1 Chr 29,22), eine Wallfahrt (Ps 122,1; Jes 30,29) oder ein religiöses Fest (s.u.) ist. Dieser Wesenszug wird besonders deutlich, wo es heißt, daß die Menschen »fröhlich sind wie vom Wein« (Sach 10,7) oder »vom Wein« (Jes 22,13; pi. Ri 9,13; Ps 104,15; Pred 10,19).

Die elementarste Äußerung der Freude ist der Freudenschrei oder Jubelruf, der keine oder nur sehr kurze verbale Elemente enthält wie etwa den Ausruf: »Es lebe der König Salomo!« (1Kön 1,39). Deshalb kann *śimḥā* (meist Abstraktbegriff »Freude«) auch terminus technicus für das Freudengeschrei sein (Gen 31,27; 1Sam 18,6; 2Sam 6,12; 1Kön 1,40; Jes 16,10; Jer 7, 34 = 16,9 = 25,10 = 33,11; Ps 137,3; Esr 3,12f.; 2Chr 20,27; 23,18; wohl auch Jes 9,2; 22,13; 24,11; 55,12; Jer 48,33 u.ö.). Auch wo sich als Übersetzung von *śimḥā* »Freude« empfiehlt, sind die konkreten Äußerungen der Freude in der Regel mitgedacht. Daß *śmḥ* vor allem im Freudengeschrei und Jubelruf zum Ausdruck kommt, belegen auch die parallel gebrauchten Verben: →*gīl* »jauchzen« (31 ×, nur in poetischen Texten); *rnn* »jubeln« (12 ×); *ʿlz* bzw. *ʿlṣ* »frohlocken« (8 ×); *śūś* »sich auf etwas freuen« (8 ×); *rū*^{a}*ʿ* hi. »laut schreien« (2 ×); *ṣhl* »wiehern« (2 ×); *pṣḥ rinnā* »in Jubel ausbrechen« (1 ×). Dies sind alles impulsive stimmliche Äußerungen. Ein davon deutlich unterschiedener Vorgang ist *hll* hitp. und *jdh* hi. »loben« (in Ps je 5 × neben *śmḥ*), das sich immer in artikulierten Worten und wohlgeordneten Sätzen vollzieht; denn das berichtende Lob steht immer in einem gewissen zeitlichen Abstand zu seinem Anlaß und unterscheidet sich darin von der spontanen Reaktion im Augenblick der erfahrenen Rettung (vgl. Ps 107,30f.).

Subjekt im Qal sind immer Personen, gelegentlich das Land stellvertretend für seine Bewohner, →*lēb* »Herz« (6 × Subj. im Qal, 5 × Obj. im Pi. ebenso wie 1 × *náfæš* »Seele«). Der Anlaß der Freude – sei es ein Gegenstand, ein Ereignis oder eine Person – wird mit der Präposition *bᵉ* konstruiert (41×) oder in einem durch *kī* eingeleiteten Begründungssatz (10×) genannt; eine Person, auf deren Kosten man sich freut (meist der unterlegene Feind), erhält die Präposition *lᵉ* (9×).

In nachexilischen Texten schwankt wie üblich der Gebrauch der Präpositionen. Deshalb ist die These von M. Dahood (Bibl 43, 1962, 351f.), die Spr 5,18; Pred 2,10 und 2Chr 20,27 belegte Konstruktion *śmḥ min* sei auf Grund eines ug. Beleges als Kanaanismus anzusehen, mit größter Skepsis zu betrachten.

Weitere typische Anlässe der Freude sind a) das Wiedersehen nach langer Trennung (Ex 4,14; Ri 19,3; 1Sam 6,13, wobei nur die letzten beiden Stellen die Konstruktion *śmḥ liqrātō* »er lief ihm freudig entgegen« haben, wie sie typisch ist für Verbindungen mit *liqrāt*, z.B. Ri 15,14) und die Begrüßung hoher Gäste (Jes 39, 2 = 2Kön 20,13 txt em); b) eine gute Nachricht (1Sam 11,9; 1Kön 5,21; Jer 20,15; Est 8,15ff.); c) der Einfall eines treffenden Wortes (Spr 12,20; 15,23) oder Erfolg bei der Arbeit (Pred 3,22); d) Sieg über Feinde (z.B. 1Sam 19,5; 2Sam 1,20; Am 6,13) oder der Tod des Tyrannen (Jes 14,8); e) zur Freude eines Festes gehören gutes Essen und Trinken so unabdingbar hinzu (Jes 22,13; Pred 8,15; Est 9,17–19), daß *śimḥā* Bezeichnung für ein festliches Gelage sein kann (Spr 21,17; Pred 7,4). Das Gleiche gilt vom religiösen Fest (s.u.) weithin.

Wo die festtägliche Fülle an Nahrung Privileg einer sozialen Schicht, der Reichen ist, wird die Freude am Genuß irdischer Güter zu etwas Zuständlichem (Pred 2,8–10; 5,17–19) und wird zu einem Synonym für Wohlleben (Pred 2,26; vgl. 11,8; Spr 21,17). – Zu etwas Andauerndem kann auch die in vielfachen alltäglichen Situationen sich erneuernde Freude an einem Menschen werden, an der Frau (Spr 5,18) oder dem Sohn (Spr 10,1; 23,15.24f. u.ö.) oder dem König (Ri 9,19 ironisch). – Andauernde Freude kennt auch die Schilderung des Heilszustandes für ganz Israel in 1Kön 4,20.

4. Der theologische Gebrauch hat als Schwerpunkte den Bereich der kultischen Feste (a) und der Erwartung künftigen Heiles (b), außerdem die Anfechtung durch den Triumph der Feinde in den Klagen (c).

a) Ein fester Terminus für die Feier kultischer Feste, vor allem im Dtn, ist die Wendung *śmḥ lifnē Jhwh* »fröhlich sein vor Jahwe« (Lev 23,40; Dtn 12,12.18; 14,26; 16,11; 27,7; 1Sam 11,15; Ps 68,4; fraglich dagegen Jes 9,2), oft parallel zu →*'kl lifnē Jhwh* »vor Jahwe essen« (Dtn 12,7.18; 14,26; 27,7; 1Chr 29,22). Daß die gemeinsame Opfermahlzeit für die Gemeinde Mittelpunkt des Festes ist, wird häufig ausdrücklich gesagt (Dtn 12,12; 33,18f.; Ri 16,23; 1Sam 11,15; Neh 12,43; abgewandelt Neh 8,10–12; Est 9,17–22; 2Chr 30, 24f.; im Kontrast dazu Jo 1,16). Die Festtage können *jōm śimḥā* »Freudentag« genannt werden (Nu 10,10; Est 9,19). Die überschwängliche Freude wird immer wieder als Charakteristikum der Festgottesdienste hervorgehoben (Dtn 16,14f.; 26, 11; Jo 1,16 u.ö.). Das gilt auch für Hos 9,1, wo Israel solche Festgottesdienste verwehrt werden, weil für Israel, das seinen Gott verlassen hat, Jahwes Gericht und damit bittere Not bevorsteht.

Die von P. Humbert a.a.O. auf Grund dieser Stelle aufgestellte und von D.W. Harvey, FS Muilenburg 1962, 116–127, und Wolff, BK XIV/1,197, fortgeführte These, daß das Wortpaar *śmḥ – gīl* »ursprünglich dem dionysischen Charakter der kanaanäischen Fruchtbarkeitskulte zugehört« (Wolff, a.a.O.), hat C. Westermann (→*gīl* 4b) zurückgewiesen mit dem Argument: »Das Jauchzen als eine Äußerung der Freude, besonders im Kult, ist ein den meisten uns bekannten Religionen gemeinsames Phänomen«, wie es sich auch für den israelitischen Gottesdienst durchgehend belegen läßt (s.o.).

In den Psalmen begegnet *śmḥ* besonders häufig. Freude ist die unmittelbare Reaktion auf die Rettung des in seiner Existenz Bedrohten, worauf das berichtende Lob zurückschaut (Ps 30,12; 107,30). Der Klagende nennt die Freude vergangener Rettung als Kontrastmotiv (Ps 16,7f.; 42,5) und er blickt hoffnungsvoll auf den Jubel über die Rettung voraus in der Bitte und im Bekenntnis der Zuversicht (Ps 5, 12; 16,9; 31,8; 33,21; 40,17; 51,10; 63,12; 64,11; 70,5; 86,4; 90,15; 109,28; in der Volksklage Ps 14,7 = 53,7; 126,3). – Auf das berichtende Lob des Einzelnen antwortet die Gemeinde mit kurzen Lobrufen, wie Ps 35,27 oder 40,17 einer zitiert wird. Der Klagende kann auf diese Reaktion der Gemeinde bereits vorausschauen (Ps 35,27; 40,17; 64,11). Der Sprecher des berichtenden Lobes fordert die Gemeinde oft ausdrücklich zu solcher Antwort im Lobruf auf (Ps 32,11; 34,3; 69,33; als Selbstaufforderung Ps 9,3; 118,24). – Wie in starker Stilisierung Ps 136 zeigt, antwortet die Gemeinde auch auf den Vortrag des beschreibenden Lobes (Hymnus) mit kurzen Lobrufen (vgl. Esr 3,11; 1Chr

16,36b; 2Chr 7,3b; Ps 106,48). Dazu kann direkt aufgerufen werden (Ps 66,6; 67,5; 96,11; 97,1.12; 105,3; 149,2). – Ps 4,8 wird »Freude« als spirituelle Größe verstanden im Gegensatz zu materiellen Freuden, der »Fülle von Korn und Wein« (vgl. Ps 16,11).

Bei der häufigen Wendung *śmḥ beJhwh* »sich über Jahwe freuen« handelt es sich um eine verkürzte Redeweise für »sich über eine Rettungstat Jahwes freuen« (Ps 21,2; 31,8 die ursprüngliche Langform; die Kurzform in Ps 40,17; 63,12; 64,11; 70,5 im Bekenntnis der Zuversicht innerhalb einer Klage des Einzelnen, Ps 33,21 ebenfalls im Bekenntnis der Zuversicht in einer hymnischen Mischgattung, Ps 85,7 in einer Volksklage in fragender Anklage Gottes; ferner Ps 32,11 im an die Gemeinde gerichteten Aufruf zum Jubel, dem Ps 118,24 eine Selbstaufforderung der Gemeinde entspricht als Echo auf das berichtende Lob des Einzelnen; Ps 9,3 in einer Selbstaufforderung sowohl zum Jubel als auch zum berichtenden Lob, ebenso im Jahwe-Königs-Ps 97,12; Jes 29,19 im Heilswort das singuläre *beJhwh śimḥā*) oder in sekundärer pluralischer Erweiterung im Hymnus (Ps 66,6) »über die Taten Jahwes« oder gar über sein Schöpfungshandeln (Ps 104,34; 149,2).

An den wenigen Stellen, wo →*hll* hitp. oder →*jdh* hi. neben *śmḥ* steht, sind beide Vorgänge deutlich unterschieden, am deutlichsten Ps 107,30f., wo zurückgeblickt wird auf den Jubel (*śmḥ*) über die Rettung und die Geretteten jetzt aufgefordert werden, vor der gottesdienstlichen Gemeinde davon zu berichten (*jdh*). Ps 64,11 blickt der Klagende auf den Jubel (*śmḥ*) nach seiner Rettung und das darauf folgende berichtende Lob (*hll*) voraus: »Der Gerechte möge über Jahwe jubeln, weil er bei ihm Zuflucht gefunden hat, und alle, die redlichen Herzens sind, mögen sich rühmen«, ebenso Ps 43,4 (txt?) mit *jdh*, ähnlich Ps 106,5 (*hll*) im Blick auf die Rettung des Volkes. Ps 34,3 sind die Handlungen verteilt auf den Beter, der im berichtenden Lob »sich Jahwes rühmt« (*hll*) und die Gemeinde, die jubeln soll (*śmḥ*). Ps 105,3 = 1Chr 16,10 fordert zu beidem auf im Blick auf alle, die noch auf Rettung hoffen (*bqš* pi. *Jhwh* und *drš Jhwh*), aber schon jetzt zum Preis von Jahwes vergangenen Rettungstaten aufgefordert werden, ähnlich wie Ps 69,33ff. Ps 97,12 ruft auf zum eschatologischen Lob, zu Jubel (*śmḥ*) und berichtendem Lob (*jdh*). Deshalb, weil zukünftiges Geschehen der Anlaß des Lobes ist, steht die Aufforderung zum Lob hier am Anfang wie am Schluß des Psalms. Ebenso ist Ps 67,4–6 (*jdh*) beides unterschieden. Ps 63,12 stehen *śmḥ* und *hll* als Handlungen verschiedener Subjekte sich polar gegenüber.

b) Die eschatologischen Heilsworte sprechen von der Zeit, wo es wieder Festjubel geben wird (Jer 33,11) und fröhliche Feste das Fasten ablösen (Sach 8,19), wo man jubelt über die Rettung (Jes 25,9; 30,29; 55,12; Sach 10,7). Dabei besteht die Tendenz, die Heilszeit als einen andauernden Zustand der Freude zu schildern (Jes 29, 19; 35,10 = 51,11; 51,3; 61,7; 65,13; Jer 31,13). – Wie die Belagerten bereits bei der Nachricht von den Entsatztruppen in Jubel ausbrechen (1Sam 11,9), so ist von den Hörern einer Heilsankündigung die gleiche Reaktion zu erwarten. Sie werden deshalb verschiedentlich zu solchem Jubel direkt aufgefordert (Jes 66,10; Jer 31,7; Zeph 3,14; Sach 2,14).

Auf Grund von Texten, wo die »Tochter Zion« zum Jubel aufgerufen wird, kommt F.Crüsemann (Studien zur Formgeschichte von Hymnus und Danklied in Israel, 1969, 55ff.) zu der phantastischen Konstruktion, der Aufruf zur Freude habe als Gattung ursprünglich zu einem an Frauen gerichteten Heilszuspruch im Bereich der Fruchtbarkeitskulte gehört und sei von dort auf andere Bereiche übertragen worden, als hätte es je eine Zeit gegeben, in der das Ende der Unfruchtbarkeit einer Frau der einzig mögliche Inhalt einer Heilsankündigung und damit zugleich gattungsspezifisch war. Abgesehen davon sind alle von Crüsemann zitierten Texte an ein Kollektiv adressiert. – G.Mansfeld (Der Ruf zur Freude im AT, Diss. Heidelberg 1965, Masch.) sieht bei z.T. denselben Texten zutreffend, wenn auch einseitig den Aufruf zum Jubel mit der Siegesmeldung als zusammengehörig.

c) Bereits sprachlich abgehoben durch den Gebrauch der Präposition *le* ist die Schadenfreude über das Unglück eines anderen. Der Beter klagt über die Schadenfreude seiner Gegner (Ps 35,15; in der Volksklage Klgl 2,17; Ps 89,43), er bittet, daß sie nicht über ihn frohlocken mögen (Ps 35,19.24; 38,17) und erwartet im Bekenntnis der Zuversicht seinen Triumph über die Feinde (Ps 58,11; vgl. Hi 22,19 und mit Israel als Sprecher Mi 7,8). Der Gerettete dankt, daß die Feinde nicht über ihn triumphiert haben (Ps 30,2). Jes 14,8 freut man sich über den Tod des Tyrannen. In den Völkersprüchen wird den Völkern ihre Schadenfreude zum Vorwurf gemacht (Jes 14,29; Jer 50,11; Ez 25,6; 35,14f.; 36,5; Ob 12; vgl. Klgl 4,21, ferner Am 6, 13 in der Anklage gegen Israel). – Spr 17,5; 24,17 gilt Schadenfreude als verwerflich, wie Hi 31,29 im Unschuldsbekenntnis.

5. In den Qumranschriften begegnen *śmḥ* bzw. *śimḥā* wie im AT in der Klage, im Lob und vor allem in eschatologischen Heilsworten. Sie dienen aber nicht zu einer paradoxalen Charakterisierung der Gegenwart (gegen H.Conzelmann, ThW IX, 354f.). – Die LXX übersetzt weit überwiegend mit εὐφραίνειν und mit εὐφροσύνη, dagegen nur selten mit χαίρειν und Komposita und mit χαρά (vgl. R. Bultmann, Art. εὐφραίνω, ThW II, 770–773; H. Conzelmann, Art. χαίρω, ThW IX, 350–362).

E. Ruprecht

שׂנא *śn'* hassen

1. Die Wurzel *śn'* »hassen« ist im WSem. (ohne Äth.) verbreitet (vgl. WUS Nr. 2648; UT Nr. 2449; DISO 311; KBL 925f.1127; LS 483; arab. *šn'*, Wehr 443b; Conti Rossini 250); im Akk. entspricht *zêru* (CAD Z 97–99).

Wie →*'hb* »lieben« kommt *śn'* im Qal, Ni. (»verhaßt sein«) und Pi. (Part. »Feind«, vgl. Jenni, HP 224) vor. Das Part. Qal ist häufig substantiviert: »Hassender« = »Feind« (auch moab. und altaram.). Als nominale Derivate begegnen *śin'ā* »Haß« (Inf. q. fem., vgl. ug. und phön.) und einmal das Adj. *śānī'* »gehaßt, zurückgesetzt (Frau)« (Dtn 21,15, wohl Variante für Part. pass. q.).

2. Die 164 Belege der Wurzel im hebr. AT verteilen sich wie folgt: *śn'* q. (inkl. *śōnē'*) 129 × (Ps 32 ×, Spr 23 ×, Dtn 18 ×, Gen und 2Sam je 7 ×), ni. 2 × (Spr 14,17 [txt?].20), pi. 15 × (Ps 9 ×), *śin'ā* 17 × (Ps und Spr je 4 ×), *śānī'* 1 × (s.o.). Im Bibl.-Aram. begegnet einmal das Part. q. *śānē'* in der Bed. »Feind« (Dan 4,16).

3. *śn'* q. in seiner allgemeinen Bed. »hassen« (Obj. meist Personen; absolut Pred 3,8; Obj. Dinge: Ex 18,21; Ez 35,6; Am 5,15.21; Mi 3,2; Ps 45,8; 50,17; 97,10; 101,3; 119,104.128.163; 120,6; Hi 34,17; Spr 1,22.29; 5,12; 11,15; 12,1; 13,5; 15,10.27; 28,16; Pred 2,17.18) wird ähnlich wie sein Oppositum *'hb* »lieben«, mit dem es häufig zusammen auftritt (→*'hb* III/1, vgl. noch Ps 97,10; Spr 14,20), von keinem anderen Verbum ernsthaft konkurrenziert. Die substantivierten Part. q. *śōnē'* und pi. *meśannē'* »Hasser« sind dagegen meistens Parallelwörter neben →*'ōjēb* (3a) »Feind« und anderen Synonyma wie →*ṣar* (3/4). In der Bed. »verhaßt werden« begegnen metaphorisch auch Ableitungen von *b'š* »stinken« (ni. 1Sam 13,4; 2Sam 10,6; 16,21; hi. 1Sam 27,12; Jes 30,5K; Spr 13,5; vgl. hitpo. »sich verhaßt machen« 1Chr 19,6).

Die Bedeutungsbreite von *śn'* reicht von stark affektivem »hassen« (verstärkt durch *śin'ā* als inneres Objekt: »mit großem Haß« 2Sam 13,15; »mit frevlerischem Haß« Ps 25,19; »mit vollkommenem Haß« Ps 139,22), manchmal auch ingressiv »zu hassen beginnen, hassen lernen« (z.B. 2Sam 13,15; Jer 12,8; Hos 9,15), bis zu etwas abgeschwächterem »Widerwillen empfinden gegen, nicht mögen, meiden« (z.B. Spr 11,15; 19,7; 25,17; mit Obj. *bæṣa'* »Gewinn« Ex 18,21; Spr 28,16); ähnlich akk. *zêru* (s.o. 1), z.B. in Gilg. XI, 26 »laß fahren Reichtum, dem Leben jag nach!«. Am nächsten kommt *śn'* unter den parallel gebrauchten Verben →*t'b* pi. »verabscheuen« (Am 5,10; 6,8 txt em; Ps 119,163; vgl. *tō'ēbā* »Greuel« Dtn 12,31; Jer 44,4; Spr 6,16); vgl. auch *qūṭ* hitpo. »verabscheuen« (Ps 139,21), *nq' min* »überdrüssig sein« (Ez 23,28), →*m's* »verschmähen« (Am 5,21), →*n'ṣ* »verachten« (Spr 5,12), →*rḥq min* »meiden« (Spr 19,7).

Bezieht sich *śn'* auf das Verhältnis zwischen Mann und Frau, so ist meistens der Gegensatz zu der zu erwartenden oder zur früher vorhandenen Beziehung der Liebe mitgesetzt: »hassen« (Ez 23,29) bedeutet dann »nicht mehr lieben, Widerwillen fassen gegen« o.ä. (Dtn 22,13.16; 24,3; Ri 14,16; 15,2; 2Sam 13,15). Das Part. q. fem. *śenū'ā* bezeichnet eine ungeliebte, verschmähte Frau (Spr 30,23; Sir 7,26; vgl. Jes 60,15 Zion, par. *'azūbā* »Verlassene«). Ein ›relativer‹ Gebrauch von *śn'* ist deutlich erkennbar, wenn von zwei Frauen eines Mannes die eine als *'ahūbā* »Bevorzugte«, die andere als *śenū'ā* »weniger geliebte, zurückgesetzte, verschmähte Frau« bezeichnet wird (Gen 29,31.33 Lea; Dtn 21,15–17 Erbgesetz).

Eine Ehescheidung wird an diesen Stellen mit *śn'* nicht ausgedrückt, wohl aber kann in den Elephantinepapyri aram. *śn'* in juristischen Formeln die technidie technische Bed. »sich scheiden von« annehmen (vgl. u.a. DISO 311 mit Lit.; R. Yaron, JSS 3, 1958, 32–34; ders., Introduction to the Law of the Aramaic Papyri, 1961, 101f.; A. Verger, Ricerche giuridiche sui papiri aramaici di Elefantina, 1965, 118 mit Lit.).

4. a) Auch von Jahwe kann anthropomorphistisch ausgesagt werden, daß er haßt, und zwar nicht nur gottwidrige Dinge und Handlungen (Dtn 12,31; 16,22 heidnische Bräuche; Jes 1,14; Am 5,21 Feste; Jes 61,8 Raub; Jer 44,4 Greuel; Am 6,8 Paläste als Ausdruck des Hochmutes; Mal 2,16 txt em; Ps 36,3 Schuld, indirekt ausgedrückt; Spr 6,16 und 8,13 Böses), sondern auch Personen: sein Volk und Erbe (Jer 12,8; Hos 9,15 in der prophetischen Anklage; Dtn 1,27; 9,28 Zitat des fälschlichen Vorwurfes gegen Gott), Esau (Mal 1,3 mit Betonung der göttlichen Souveränität, vgl. Elliger, ATD

25,179f.), Übeltäter (Ps 5,6; 11,5), Götzendiener (Ps 31,7 txt em).

b) Jahwe als Objekt des Hasses seiner Feinde begegnet nur in allgemeinen Aussagen mit dem Part. q. (Ex 20,5 = Dtn 5,9, vgl. J. Scharbert, Bibl 38,1957,134ff.; Dtn 7,10.10; 2Chr 19,2) und Part. pi. (Num 10,35; Dtn 32,41; Ps 68,2; 81,16; 83,3; 139,21); vgl. dazu →*'ōjēb* 4.

c) In den Rechtsbestimmungen spielt *śn'* eine Rolle bei der Umschreibung der vorsätzlichen bzw. unvorsätzlichen Tötung (Num 35,20 »wenn er ihn aus Haß gestoßen hat«, vgl. V. 21 *'ēbā* »Feindschaft«; Dtn 19,11; gegenteilig Dtn 4,42 »ohne daß er ihm zuvor feind war«; 19,4.6; Jos 20,5). Ein allgemein formuliertes Verbot des Bruderhasses findet sich erstmalig im Heiligkeitsgesetz Lev 19,17: »du sollst deinen Bruder nicht hassen in deinem Herzen« (vgl. dazu und zur positiven Fassung des Gebotes der Nächstenliebe in V. 18 →*'hb* IV/1).

5. In der LXX wird *śn'* meistens durch μισεῖν wiedergegeben. In den Qumrantexten ist im Rahmen des Gegensatzes von Gut und Böse häufig vom Hassen die Rede (Kuhn, Konk. 213). In Lk 14,26 (vgl. Mt 10,37) ist »das verneinte μισεῖν semitisierender Ersatz für das komparativische ›mehr lieben als‹« (J. Jeremias, Ntl. Theologie I, 1971, 215). Vgl. sonst zum NT O. Michel, Art. μισέω, ThW IV, 687–698.

E. Jenni

שְׁאוֹל *še'ōl* Totenreich

1. Das fem. Subst. *še'ōl* ist eine dem Hebr. eigentümliche Bezeichnung des Totenreiches. Als Lehnwort erscheint es im Syr. (LS 773) und Äth. (Dillmann 376f.); für einen Beleg in den aram. Elephantine-Texten s. Cowley Nr. 71, Z. 15 (Leander 95; DISO 286).

Die Etymologie des Wortes ist ein altes und vielerörtertes Problem. Trotz allen Bemühungen ist bis jetzt kein endgültiges Ergebnis erzielt worden.

(1) Die älteren Versuche der Ableitung sind von → *š'l* »fragen, fordern« ausgegangen: »Stätte der Befragung« (König 474), »die Begehrende« (erwähnt in Gesenius, Thesaurus III, 1348, mit Hinweis auf Spr 30,16 und orcus rapax bei Catull); vgl. noch W.F. Albright, JBL 75,1956,257. Eine andere hebr. Etymologie gründet sich auf die Annahme einer zweiten Wurzel *š'l* < *š'l* »aushöhlen« (Gesenius, a.a O.).

(2) Auch akk. Etymologien sind versucht worden (s. dazu und zu obigem L. Köhler, ThZ 2,1946,71f.; zum immer noch auftauchenden »ghost-word« *šu'ālu* vgl. W. von Soden, UF 2,1970,331f.). Größere Beachtung verdient höchstens ein von W.F. Albright erwähnter und dann von W. Baumgartner, ThZ 2,1946, 233–235, weiterentwickelter Versuch, *še'ōl* von *šu'āra*, dem Namen der Wohnung des Tammuz in der Unterwelt, abzuleiten.

(3) Eine Ableitung aus dem Äg. nimmt E. Dévaud, Sphinx 13,1910, 120f., an.

(4) Die am meisten beachtete Erklärung hat L. Köhler, ThZ 2,1946, 71–74; ders., JSS 1,1956, 9.19f., vorgeschlagen. Er leitet *še'ōl* von *š'h* »öde liegen, verwüstet sein« ab. Dabei wäre auslautendes *-l* nicht Wurzelkonsonant, sondern wie in *karmæl* »Baumgarten« (vgl. *kæræm* »Weingarten«; BL 503) Bildungselement. Hinsichtlich des Vokalismus verweist Köhler auf *šemōl* »links« als »einen bis aufs letzte genauen Seitengänger«.

Akzeptiert man Köhlers Etymologie, so würde *še'ōl* zu einer reich entwickelten Wortsippe gehören. Der Bedeutungsumfang von *š'h* ist allerdings nicht ganz klar. GB 796b rechnet mit einer zweiten Wurzel *š'h* hitp. »betrachten« (Gen 24,21) und meint außerdem, aufgrund des übrigen lexikalischen Befundes zwei Bedeutungen von *š'h* I unterscheiden zu müssen: »lärmen« und »öde sein«. In KBL 935a wird der disparate Sinngehalt auf drei verschiedene Wurzeln zurückgeführt: I »öde liegen«, II »brausen«, III »(sich) betrachten«; vgl. die Ableitung *šā'ōn*, die in KBL auf zwei Wurzeln verteilt wird: I »Öde«, II »Lärmen«.

Es ist aber fraglich, ob der semasiologische Befund zu einer derartigen etymologischen Zerlegung Anlaß gibt. Hinter »lärmen« und »wüst sein« liegt wahrscheinlich ein ursprünglicher Bedeutungsinhalt, in dem Hörbares und Sichtbares sich vereinigen. Das zusammenhaltende Band scheint in der Vorstellung der Unordnung und Desorganisation zu liegen, die sich akustisch als »Lärm«, optisch als »Öde«, d.h. verwilderter, unwirtlicher Raum zu erkennen gibt. Ein ähnlicher Bedeutungsinhalt liegt in *hāmōn* »Getöse, Getümmel, Menge« (im AT 85×, davon 26× in Ez) vor, in welchem die Vorstellungen des Geräusches und der Bewegung sich verbinden (vgl. G. Gerleman, FS Elliger 1973, 71–75).

Zur Wortsippe *š'h* gehören als Nominalbildungen: *šā'ōn* »Öde, Getöse«, *še'ijjā* »Verödung« (Jes 24,12), *šē't* »Verödung« (Klgl 3,47), *šō'ā* schließlich wohl auch »Unheil, Unwetter« (vgl. R.B.Y. Scott, ZAW 64, 1952, 24; J.T. Milik, Bibl 38, 1957, 249f.), *šō'* (Ps 35,17 txt?), *mešō'ā* »Verödung« (Zeph 1,15; Hi 30,3; 38,27) und *tešū'ōt* »Lärmen« (Jes 22,2; Sach 4,7; Hi 36,29; 39,7).

2. Das Subst. *še'ōl* hat im AT 66 Belege (inkl. Jes 7,11 *še'ālā*): Ps 16×, Jes 10×, Spr 9×, Hi 8×, Ez 5×, Gen 4×, Num, 1Kön und Hos je 2×, ferner Dtn 32,22; 1Sam 2,6; 2Sam 22,6; Am 9,2; Jon 2,3;

Hab 2,5; Hhld 8,6; Pred 9,10. Das Wort gehört hauptsächlich zur poetischen Sprache; die Hälfte der Belege findet sich in Ps/Hi/Spr.

Die übrigen Vokabeln der Wortsippe sind ziemlich schwach belegt: das Verbum *šʾh* 6 × (q. 1 ×, ni. 3 ×, hi. 2 ×), *šāʾōn* 18 ×, *šōʾā* 12 ×, *tešūʾōt* 4 ×, *mešōʾā* 3 ×, *šōʾ*, *šēʾt* und *šeʾijjā* je 1 ×.

3. Das Verbum *šʾh* vereinigt in sich einen zweifachen Bedeutungsinhalt: »lärmen« und »öde sein«. Bei den Ableitungen tritt entweder das akustische oder das räumliche Moment in den Vordergrund. Ersteres ist fast durchweg der Fall bei *šāʾōn* »Lärmen, Tosen« (nur Ps 40,3 scheint »Öde« gemeint zu sein), letzteres bei den übrigen Derivaten (außer *tešūʾōt*), in denen sich die Vorstellung der Öde, Verödung (konkret oder abstrakt) ausdrückt (zu den sinnverwandten Verben →*šmm*).

4. Auch in *šeʾōl* scheint eine Verengung der Verbalbedeutung in Richtung auf »Öde« vorzuliegen, wenn man das Wort als »Unland« von *šʾh* ableitet; *šeʾōl* wird als negatives Gegenstück der Erde beschrieben (vgl. N.J.Tromp, Primitive Conceptions of Death and Nether World in the OT, 1969, 212; zu den einzelnen religionsgeschichtlichen Vorstellungen, die hier nicht ausführlich behandelt werden, und zu den verschiedenen Bezeichnungen der Unterwelt vgl. außer Tromp, a.a.O., etwa: T.H.Gaster, IDB I,787f.; H.Schmid, RGG VI,912f.; S.Schulz, BHH III,2014f.; H.Ringgren, Isr. Religion, 1963, 222ff.; G.Fohrer, Geschichte der isr. Religion, 1969, 218; A.Heidel, The Gilgamesh Epic and OT Parallels, ²1949, 137ff.; C.Barth, Die Errettung vom Tode in den individuellen Klage- und Dankliedern des AT, 1947, 76ff.; A.Martin-Achard, De la mort à la résurrection, 1956, 36–43; L.Wächter, Der Tod im AT, 1967, 48ff.181ff. (mit Lit.).

Es fällt auf, daß *šeʾōl* sehr häufig in Ortsbestimmungen steht, besonders mit Präpositionen, die die Unterwelt als Endpunkt oder als Anfangspunkt einer Bewegung angeben und somit eine örtliche Auffassung suggerieren (»in die *šeʾōl*« in etwas mehr als der Hälfte der Belege, »aus der *šeʾōl*« 8 ×, »in der *šeʾōl*« 5 ×). Unter den Cs.-Verbindungen (wo *šeʾōl* immer als nomen rectum erscheint) finden sich zwar einige, welche die Vorstellung eines Lebewesens erwecken könnten: »Rachen der *šeʾōl*« (Jes 5,14), ebenso das Bild der eifrig wartenden oder unersättlichen *šeʾōl* (Jes 14,9; Spr 30,16). Häufiger jedoch wird der örtliche Charakter der *šeʾōl* unterstrichen: »Wege/Tiefen/Tore der *šeʾōl*«.

šeʾōl »Unterwelt« und →*šāmájim* »Himmel« können gegensätzlich parallelisiert werden, um die untersten und obersten Bereiche des Kosmos zu bezeichnen (Jes 7,11 txt em; Am 9,2; Ps 139,8; für eine gleiche Verwendung des sum./akk. *kigallu* s. K.Tallqvist, Sumerisch-akkadische Namen der Totenwelt, 1934, 5).

Wie bei den Babyloniern finden sich auch im AT Spuren einer Vorstellung vom Totenreich als einem Gefängnis, und zwar, wenn von den umstrickenden Banden der *šeʾōl* (2Sam 22,6 = Ps 18,6) oder von einem Loskaufen aus der Gewalt der *šeʾōl* (Hos 13,14; Ps 49,16) gesprochen wird (vgl. Tallqvist, a.a.O. 37f.).

Als Synonym zu *šeʾōl* erscheint das nur 6 × belegte *ʾabaddōn* »Untergang, Totenreich« (par. Hi 26,6; Spr 15,11; 27,20 Q; sonst Ps 88,12; Hi 28,22; 31,12), das wie *šeʾōl* räumliche Vorstellungen erweckt. Außerdem werden verschiedene andere Ausdrücke parallel mit *šeʾōl* gebraucht, ohne daß man von eigentlichen, festgeprägten Unterweltsbezeichnungen sprechen könnte. Eher geht es um zufällige Beinamen wie *qǽbær* »Grab« (Ps 88,12), *šáḥat* »Grube« (Jes 38,17; Jon 2,7; Ps 16,10; 30,10; Hi 17,14 u.ö.), *bōr* »Grube, Zisterne« (Jes 14,15; 38,18; Ez 32,18; Ps 30,4; 88,5.7 u.ö.), *mǣwæt* »Tod« (Ps 6,6; 9,14; 18,6; Hi 28,22 u.ö.).

Während bei den Babyloniern *erṣetu* der beliebteste und häufigste Name für die Unterwelt und das Totenreich ist (Tallqvist, a.a.O. 8ff.), läßt sich eine entsprechende Verwendung des hebr. →*ʾæræṣ* (3b) als einer festgeprägten Bezeichnung kaum nachweisen; vgl. jedoch Ex 15,12; Jes 14,12; 29,4; Jon 2,7 und Jer 17,13 txt em; Ps 22,30 txt em.

Zur theologischen Wertung der *šeʾōl* im AT vgl. →*mǣwæt* (3b.4) und C.Barth, a.a.O.; von Rad I,385f. Nur selten wird der negative Zustand in der *šeʾōl* über Einzelzüge und gelegentliche bildliche Verwendungen hinaus genauer ausgemalt (Jes 14,9ff., vgl. H.W.Wolff, Anthropologie des AT, 1973, 155f.; Ez 32,20ff., vgl. Zimmerli, BK XIII,760f.783ff.). Theologisch am bedeutsamsten ist für die in der *šeʾōl* Weilenden das Ausgeschlossensein von Jahwes Kult und Geschichtshandeln (Jes 38,18 »denn nicht lobt dich die Unterwelt ...«; Ps 6,6 »denn im Tode gedenkt man deiner nicht; wer wird in der

Unterwelt dich preisen?«; vgl. Ps 88,4ff.; von Rad, a.a.O.), obwohl Jahwes Allmacht auch über die *še'ōl* noch mächtig ist (Am 9,2; Ps 139,8; vgl. noch Dtn 32,22; Hi 26,6; Spr 15,11). Die *še'ōl* ragt in Krankheit, Not, Gefangenschaft usw. nach atl. Verständnis bereits vor dem physischen Tod bis ins Leben hinein. Von daher sind sowohl die Klagen als auch der Lobpreis des Erretters in den Psalmen zu verstehen (2Sam 22,6 = Ps 18,6; Jon 2,3; Ps 88,4; 116,3 u.ö.; weiter 1Sam 2,6; Ps 16,10; 30,4; 49,16; 86,13 u.ö.; vgl. Barth, a.a.O.).

5. In den Qumrantexten wird *še'ōl* ähnlich wie im AT verwendet (8 × in 1QH). In der LXX wird das Wort normalerweise mit ᾅδης übersetzt; θάνατος findet sich 2Sam 22,6; Jes 28,15; Spr 23,14. In ntl. Zeit macht sich eine Sinnerweiterung des Wortes *še'ōl*/ᾅδης bemerkbar: über die alte Verwendung als Bezeichnung der gesamten Totenwelt hinaus kann das Wort den zwischenzeitlichen Aufenthaltsort entweder aller Toten oder der Seelen der Gottlosen meinen; vgl. J. Jeremias, Art. ᾅδης, ThW I,146–150; H. Bietenhard, Art. Hölle, ThBNT II,710–716. *G. Gerleman*

שׁאל *š'l* fragen, bitten

1. Die gemeinsemitische Wurzel *š'l* (Bergstr. Einf. 188; vgl. WUS Nr. 2566; UT Nr. 2369; DISO 169.286f.; Sznycer 58.107; LS 748) erscheint im Hebr. vor allem als Verbum (q. »fragen, bitten«, ni. »sich Urlaub erbitten«, pi. »fragen, betteln«, hi. »sich erbitten lassen«). Von der Verbalwurzel abgeleitet sind zwei Verbalabstrakta: *še'ēlā* »Bitte« (1Sam 1,17 kontrahiert *šēlā*) und *miš'ālā* »Begehren« (*še'ālā* Jes 7,11 gehört zu →*še'ōl*, vgl. Joüon 80; Nyberg 41; Wildberger, BK X,267). Im Bibl.-Aram. begegnen *š'l* q. »fragen, verlangen« und *še'ēlā* »Frage« (vgl. KBL 1127).

Die Wurzel findet sich ferner in den Personennamen *Šā'ūl* (ca. 400 ×) und *Jiš'āl* (Esr 10,29 K), vielleicht als Volksetymologie auch in *Še'altī'ēl* (vgl. Noth, IP 63. 136.209; ferner Gröndahl 191; K. J. Stark, Personal Names in Palmyrene Inscriptions, 1971, 113a). Zum Ortsnamen *'æštā'ōl* (»Ort der Orakelbefragung«) vgl. H. Bauer, ZAW 48, 1930, 77; HAL 96b.

2. Das Verbum begegnet im hebr. AT 171 ×, auffallend häufig in den Geschichtsbüchern (1Sam 31 ×, 1Kön 15 ×, Ri 14 ×, Gen 13 ×), und zwar im Qal 162 × (1Sam 26 ×, 1Kön 15 ×, Ri 14 ×, Gen 13 ×, Jer 11 ×, 2Sam 10 ×, Ps 9 ×, Dtn 8 ×, Jes und Hi je 7 ×, Ex, 2Kön und 2Chr je 6 ×, Jos und 1Chr je 5 ×), Ni. 5 × (1Sam 20,6.6.28. 28; Neh 13,6), Pi. 2 × (2Sam 20,18; Ps 109,10), Hi. 2 × (Ex 12,36; 1Sam 1,28). *še'ēlā* findet sich 14 × (inkl. *šēlā* 1Sam 1,17; davon 6 × in Est), *miš'ālā* 2 × (Ps 20,6 und 37,4, beidemal im Plur.). Im Bibl.-Aram. ist *š'l* q. 6 × belegt, *še'ēlā* 1 × (Dan 4,14).

3. a) Im Sinnbereich von *š'l* halten sich die beiden verwandten Bedeutungen »fragen« und »bitten« ungefähr die Waage. Dahinter mag eine ursprüngliche Grundbedeutung liegen, in welcher die Vorstellungen des Fragens und des Bittens noch nicht gesondert hervortreten (etwa »sich an jemand wenden«, »um etwas ersuchen«), wobei der Zweck der Hinwendung von sekundärer Bedeutung ist und keine Aufspaltung der Vokabel bewirkt. Zu vergleichen wären andere verwandte Verben, vor allem →*drš* (vgl. C. Westermann, Die Begriffe für Fragen und Suchen im AT, KuD 6, 1960, 2–30). Vergleichbar sind auch lat. rogare und franz. demander. Es könnte auch daran erinnert werden, daß hebr. Wunschsätze nicht selten als Fragen geformt sind (BrSynt §9).

b) Im Sinne von »fragen« = »sich an jemanden wenden in der Absicht, sich über etwas zu erkundigen« ist *š'l* (meistens mit →*'mr* verstärkt) ein Verbum des Sagens und leitet gewöhnlich eine direkte oder indirekte Frage ein. Während die angeredete Person als direktes Objekt steht, wird das, worüber der Fragende sich erkundigen will, mit *le* eingeführt (Gen 32,30; 43,7; Dtn 4,32; Ri 13,18; 2Kön 8,6; Jer 6,16; Hi 8,8), selten als direktes Objekt (Jes 58, 2; Jer 50,5).

Unter Abschwächung der kognitiven Bedeutung erscheint *š'l le* im Sinne von »nach etwas fragen, sich um etwas kümmern« (vgl. →*jd'*, dessen Bedeutungsbereich sowohl »erfahren« wie »sich kümmern um« umfaßt). Die Sinnverschiebung zum Emotionalen hin tritt jedoch bei *š'l* viel weniger hervor als bei →*drš* und beschränkt sich fast ausschließlich auf die Grußformel »nach jemandes Befinden (→*šālōm*) fragen« (Gen 43,27; Ex 18,7; Ri 18,15; 1Sam 10,4; 17,22; 30,21; 2Sam 8,10 = 1Chr 18,10; 2Sam 11,7; vgl. Jer 15,5; Ps 122,6).

Als Terminus der Rechtssprache scheint das Verbum in Ps 35,11 gebraucht zu werden, etwa in der Bed. »anklagen« (vgl. Th. H. Gaster, VT 4, 1954, 73;

für eine ähnliche Verwendung im Aram. s. J.J.Rabinowitz, Bibl 41, 1960, 73f.).

Zu *b'h* q. »fragen« in Jes 21,12 vgl. HAL 135b; anders C.Rabin, FS Rinaldi 1967, 303–309.

c) Als Bezeichnung des Bittens hat *š'l* einen breiten Anwendungsbereich, von der demütigen Bitte (1Kön 2,16.20.22) bis zum schroff fordernden Verlangen (2Sam 3,13; Mi 7,3). Auch »betteln« (Ps 109,10 pi.; Jenni, HP 145: »auf Borg leben«) und »leihen, als Darlehen erbitten« (Ex 22,13; 2Kön 4,3; 6,5; vgl. den Namen *Šā'ūl*, nach Noth, a.a.O. 136, nicht »erbeten«, sondern nach 1Sam 1,28 »[Jahwe] geliehen«; dagegen wohl nicht Ex 3, 22; 11,2; 12,35) gehören zum Sinnbereich von *š'l*.

Als Objekt stehen ganz überwiegend konkrete Dinge (das Verbalabstraktum *š^e'ēlā* als inneres Objekt in Ri 8,24; 1Sam 1,17.27; 1Kön 2,16.20). Das Subjekt ist immer eine Person, ausgenommen Pred 2,10 (»was meine Augen begehrten«).

4. a) In theologischen Kontexten meint *š'l* zunächst das Fragen eines Orakelsuchenden. Es handelt sich dabei um Entscheidungsfragen, die mit Ja oder Nein beantwortet werden können. Zur Bezeichnung der Gottesbefragung in diesem engeren Sinn (anders etwa die Befragung des Priesters in Hag 2,11) findet sich das Verbum auffallend oft in 1Sam (10,22; 14,37; 22,10.13.15; 23,2.4; 28,6; 30,8; ferner, bei Westermann, a.a.O. 11ff., zu ergänzen: 2Sam 2,1; 5,19.23 = 1Chr 14,10.14). Zum einzelnen vgl. →*drš* 4b; Westermann, a.a.O. 9–14; G.Turbessi, Quaerere Deum. Il tema della »ricerca di Dio« nella S. Scrittura, RivBibl 10, 1962, 282–296; J. Lindblom, Lot-Casting in the OT, VT 12, 1962, 164–178; O.García de la Fuente, La búsqueda de Dios en el Antiguo Testamento, 1971).

Die Frage des Orakelsuchenden kann auch an andere Orakelspender als Jahwe gerichtet sein: an einen Baum (Hos 4,12), einen Totengeist (1Chr 10,13), die →*t^erāfīm* (Ez 21,23); vgl. auch Num 27,21 »die Entscheidung der Urim«. Der Gefragte wird fast immer mit *b^e* eingeführt. Die Konstruktion mit direktem persönlichem Objekt ist in theologischen Kontexten sehr selten (Dtn 18,11; Jos 9,14; Jes 30,2). Jahwe als Subjekt des Fragens begegnet nur Hi 38,3 und 40,7.

b) Als verbum petendi ist *š'l* häufig in theologischen Zusammenhängen verwendet. Im Unterschied zu →*pll* hitp. (»flehen aus einer Not«) drückt *š'l* immer einen transitiven Vorgang aus (»jemanden um etwas bitten«). Der theologische Sinnbereich stimmt dabei mit dem profanen genau überein, ein theologisch bedingter Sondergebrauch wird nie ersichtlich. Das bedeutet, daß *š'l* im Unterschied zu →*drš* weder als kultischer Terminus noch als zusammenfassende Bezeichnung des Gottesverhältnisses gebraucht wird. Das an Gott gerichtete Bitten kann die verschiedensten Objekte haben (vgl. z.B. 1Kön 3, 11). In den seltenen Fällen, wo Jahwe Subjekt des Bittens ist, erhält *š'l* (ebenso wie *drš*) die Bed. »fordern« (Dtn 10,12; Ps 40,7).

5. Von den zehn Belegen für *š'l* (Kuhn, Konk. 215) stehen neun im Ni. (»befragt werden«, 1QS 6,4.9.11.15.18; 7,21.21; 8, 25; CD 14,6) und eine im Qal (1QS 6,12 »befragen«).

Seinem Doppelsinn entsprechend wird *š'l* in der LXX mit ἐρωτᾶν bzw. αἰτεῖν übersetzt; zum ntl. Gebrauch dieser Verben vgl. G.Stählin, Art. αἰτέω, ThW I, 191–195; H.Greeven, Art. ἐρωτάω, ThW II,682–686. *G.Gerleman*

שאר *š'r* übrig sein

1. Die Wurzel *š'r* »übrig sein« findet sich außerhalb des Hebr. im Aram. (Verbum und Subst. seit den Elephantine-Texten, vgl. DISO 287f.; KBL 1128a; LS 774a: syr. nur *š^ejārā* »Rest«; zu jüd.-aram. *š^e'ār* »sämtliche, alle« vgl. L.Prijs, ZDMG 117, 1967, 283f.), im Arab. (*sa'ira* »übrig sein«, Wehr 355a) und im Altsüdarab. (Part. *s'r* »übrig«, Conti Rossini 192b). Ob sie auch im Ug. vorkommt, läßt sich bis anhin nicht sicher entscheiden (vgl. WUS Nr. 2570; J.C. de Moor, The Seasonal Pattern in the Ugaritic Myth of Ba'lu, 1971, 211).

Zur Restvorstellung in Mesopotamien vgl. das reiche Material bei G.F. Hasel, The Remnant, Andrews University Monographs 5, 1972, 50–100 (S. 1–44 Lit. und Forschungsbericht zum AT). Es dürfte feststehen, daß sie seit der ältesten sum. Fassung der Fluterzählung in verschiedenen literarischen Gattungen vorkommt (Epos, Klagelied, Hymnus, historische Texte, »Prophezeiungen«), wobei oft das Motiv des Überlebens mitschwingt. Begriffe für »Rest« tauchen allerdings erst relativ spät auf: Hasel kann das akk. Verbum *sâtu* »übrig lassen« (dazu *sittu* »Rest«) und das Subst. *rīḫtu* »Rest« erst im Era-Epos namhaft machen (a.a.O. 82ff.). Hinzuzunehmen sind einige vielsagende Personennamen: *^dNabû-rīḫta-uṣur* »Nabû, schütze den (die) Übriggebliebenen!« u.ä. (Bezug auf den Tod von Angehörigen, vgl. Stamm, AN 288), *Rīḫat-^dAnu* u.ä. (ebd. 305), *E-ri-ḫa-am* »Er ist mir übrig geblieben« (von der Mutter gesagt, ebd. 306), *I-ši-ta-ma-an* (vielleicht: »Wer ist mir übriggebliebenen?«, ebd. 306).

Im AT finden sich neben Verbalformen der Wurzel im Qal (nur 1Sam 16,11 txt?), Ni. und Hi. die beiden Subst. *še'ār* (BL 470; Wagner 122) und *še'ērīt* (BL 505) »Rest«; im Bibl.-Aram. ist nur *še'ār* belegt.

2. Über Vorkommen und Streuung der Vokabeln gibt folgende Tabelle Auskunft (inkl. *še'ār* Jes 7,3; exkl. Jer 15,11 Q):

	Qal	Ni.	Hi.	*še'ār* (aram.)	*še'ērīt*	total
Gen	–	5	–	–	1	6
Ex	–	7	1	–	–	8
Lev	–	4	–	–	–	4
Num	–	1	2	–	–	3
Dtn	–	5	4	–	–	9
Jos	–	8	9	–	–	17
Ri	–	2	1	–	–	3
1Sam	1	4	2	–	–	7
2Sam	–	1	–	–	1	2
1Kön	–	1	3	–	–	4
2Kön	–	11	6	–	3	20
Jes	–	8	–	13	6	27
Jer	–	14	4	–	24	42
Ez	–	4	–	–	7	11
Hos	–	–	–	–	–	–
Jo	–	–	1	–	–	1
Am	–	–	2	–	3	5
Ob	–	–	1	–	–	1
Jon	–	–	–	–	–	–
Mi	–	–	–	–	5	5
Nah	–	–	–	–	–	–
Hab	–	–	–	–	–	–
Zeph	–	–	1	1	3	5
Hag	–	1	–	–	3	4
Sach	–	3	–	–	3	6
Mal	–	–	–	1	–	1
Ps	–	–	–	–	1	1
Hi	–	1	–	–	–	1
Spr	–	–	–	–	–	–
Ruth	–	2	–	–	–	2
Hhld	–	–	–	–	–	–
Pred	–	–	–	–	–	–
Klgl	–	–	–	–	–	–
Est	–	–	–	2	–	2
Dan	–	3	–	– (4)	–	3
Esr	–	2	1	3 (8)	1	7
Neh	–	3	–	3	1	7
1Chr	–	1	–	2	2	5
2Chr	–	3	–	2	2	7
AT	1	94	38	27 (12)	66	226

še'ār begegnet in Jes 10–28 gleich 13 ×, was etwa die Hälfte der Vorkommen ausmacht (die übrigen Stellen mit *še'ār* sind alle nachjesajanisch). Von den *še'ērīt*-Stellen finden sich mehr als ein Drittel im Jeremiabuch (meistens in sekundären Stücken).

3. Die Grundbedeutung der Wurzel ist eindeutig »übrig sein« (so q. und ni.; *š'r* hi. ist kausativ: »übriglassen, zurücklassen«, in Am 5,3 »übrig haben«). Das Ni. wird gern in der Partizipialform verwendet (14 × im Sing., 28 × im Plur.), und gelegentlich besteht kein Unterschied zwischen diesem Partizip und einem der beiden Substantive (z.B. Jes 4,3). Noch weniger läßt sich ein grundsätzlicher Bedeutungsunterschied zwischen den beiden Subst. *še'ār* und *še'ērīt* »Übriges, Rest« erkennen; beide können als abstractum pro concreto (»die übrigen«) verwendet werden, und ähnlich kann der Sing. des Part. ni. *niš'ār* als collectivum erscheinen.

Der Bedeutung nach steht *š'r* die Wurzel *jtr* nahe (ni. »übrig bleiben« [82 ×, inkl. 2Sam 17,12, wo die Verbalform aber auch als hi. aufgefaßt werden kann]; hi. »übrig lassen« [24 ×]; *jǽtær* »Rest« [95 ×]; *jitrā* »Erübrigtes« [2 ×]; *jitrōn* »Gewinn, Vorzug« [10 × in Pred]; *jōtēr* »Rest, Überfluß« [9 ×]; *jōtǽræt* »Lappen [der Leber]« [11 ×, vgl. L.Rost, ZAW 79, 1967, 35–41]; *mōtār* »Vorzug« [3 ×]; bibl.-aram. *jattīr* »außergewöhnlich, sehr« [8 ×]; dazu eine Reihe von Personennamen wie *Jitrō* und *'æbjātār*, vgl. Noth, IP 193), allerdings mit der Nuance, daß *jtr* nicht nur das Übrige, sondern auch das Überschüssige bezeichnen kann (vgl. z.B. ni. Jos 11,11.22; Jes 4,3; Jer 34,7; *jǽtær* Ex 10,5; Dtn 3,11.13; Jos 23,12 neben hi. Ex 36,7; Dtn 28,11; 30,9; *jǽtær* Jes 56,12; Ps 31,24 u.ö.). Dieser Unterschied spiegelt sich darin, daß *jtr*, nicht aber *š'r* (vom Symbolnamen Schear Jaschub abgesehen), zur Bildung von Personennamen verwendet wird (im Sinn von »Überfluß, Reichtum«). Trotzdem steht *jtr* sehr häufig in Parallele zu *š'r*.

In zweiter Linie tritt neben *š'r* die Wurzel →*plṭ* »entrinnen« (in verbalen und nominalen Bildungen), und zwar gleichermaßen bei *š'r* ni. (Gen 32,9; 2Kön 19,30 u.ö.), hi. (Jos 8,22; Esr 9,8), *še'ār* (Jes 10,20) und *še'ērīt* (Gen 45,7; Jes 15,9 u.ö.). Das erklärt sich leicht: das Übriggebliebene ist oft das Gerettete oder Entronnene, weshalb auch das Subst. *śārīd* »Entronnener« (→*plṭ* 3d) im Umkreis von *š'r* zu finden ist (Num 21,35; Jos 8,22 u.ö.). Da die Reduktion eines Volkes oder einer Volksgruppe in der Regel die Folge einer Kriegskatastrophe ist, ist es nicht verwunderlich, daß im Wortfeld von *š'r* auch *nkh* hi. »schlagen« (Gen 32,9; Num 21,35; 1Chr 4,43 u.ö.), *šmd* hi. »vertilgen« (2Sam 14,7) oder *krt* hi. »ausrotten« (Jes 14,22) erscheint. Ein Rest kann groß oder klein sein; es kann darum gesagt werden, daß als Rest »nur« (*raq*) eine kleine Zahl übriggeblieben sei (so z.B. Dtn 3,11). Unter Umständen ist aber festzustellen, daß niemand übrig blieb (in verschiedenen Formeln mit *š'r* ni. z.B. Ex 14,28; Jos 8,17; Ri 4,16; 2Kön 10,21; mit *š'r* hi. Num 21, 35; Dtn 2,34; 3,3; Jos 8,22; 10,28–40; 1Sam 14,36; 2Kön 10,14 u.ö.).

In alltäglicher Verwendung wird im AT bei den verschiedensten Gelegenheiten von einem Rest, von Zurückgebliebenem oder Zurückgelassenem geredet: vom Rest von Lebensmitteln (1Sam 9,24 ni.; Ri 6,4 hi.; vgl. arab. *s'r* IV, Lane IV, 1282), von Korn, Wein, Öl usw. (Dtn 28,51 hi.), von der Nachlese bei der Weinernte (Jes 17,6 ni.; Jer 49,9 = Ob 5 hi.; Jer 6,9 *šeʾērīt*), von noch übrigem Geld (Gen 47,18 ni.; 2Chr 24,14 *šeʾār*; vgl. die Verwendung von *š'r* in den Elephantine-Texten, DISO 287) usw. (vgl. noch z.B. Num 9,12 hi.; Jes 44,17 *šeʾērīt*; Jes 10,19 *šeʾār*). Man stellt fest, daß wenigstens einer noch da ist (Benjamin, Gen 42,38 ni.), daß wenigstens einer oder auch keiner einem Blutbad entrinnen konnte (Dtn 3,11; Ri 4,16; 2Kön 10,17 ni.; 1Kön 15,29 hi.). Gelegentlich will unter Verwendung von *š'r* einfach davon gesprochen werden, daß jemand noch am Leben ist, während die andern schon gestorben sind (Hag 2,3 ni.). *šeʾērīt* kann darum die Spezialbedeutung »Nachkommenschaft« annehmen (Gen 45,7; Jer 11, 23; vgl. *šeʾār* Jes 14,22). Die totale Auslöschung einer Familie oder eines Volkes wird mit der formelhaften Wendung beschrieben, ihr Name (*šēm*) und Rest (*šeʾār* oder *šeʾērīt*) sei ausgerottet worden (2Sam 14,7; Jes 14,22; vgl. Zeph 1,4 txt?). Man muß hierbei in Rechnung setzen, daß für den antiken Menschen die völlige Vernichtung der Familie oder des Volkes ein Unglück ist, das nicht seinesgleichen hat, während man sich auch unter schwerstem Geschick noch trösten kann, falls durch einen »Rest« noch Aussicht auf Weiterbestand und damit Zukunft vorhanden ist. Dieses Daseinsverständnis gibt der Frage des Restes in solchen Zusammenhängen eine Gewichtigkeit, die vom modernen individuellen Erleben von Existenz her nur schwer nachzuempfinden ist (im völkerrechtlichen Genozid-Begriff aber noch nachlebt). Es gilt auch für das AT, was Hasel am akk. Material herausgearbeitet hat: »No remnant means no life and existence; a remnant means life and existence for the individual, community, tribe, city or people« (a.a.O. 100). Rettung eines Restes wenigstens bedeutet Überlebensmöglichkeit für die Gesamtheit.

Es ist darum keineswegs überraschend, daß im AT Vorstellung und Begriff des Restes immer wieder in Erscheinung treten, wo von einer schweren Gefährdung eines Volkes, zumal durch kriegerische Ereignisse, zu sprechen ist. So bedroht Amos die philistäischen Städte nicht nur mit Zerstörung, sondern die *šeʾērīt* der Philister mit dem gänzlichen Untergang (Am 1,8; vgl. auch Jes 14,30; Jer 25,20; 47,4f.). Babel wird Ausrottung auch des Restes angekündigt (Jes 14,22; Jer 50,26). Über die Entronnenen Moabs bzw. den Rest Admas wird der Löwe kommen (Jes 15,9). Andererseits muß es in gewissen Kreisen Altisraels als harte Glaubensfrage empfunden worden sein, daß es sich nicht allein im Besitz des Landes sehen konnte, sondern sich »Reste« der früheren Bewohner erhalten hatten, und hofft im Blick auf die Verheißung des Landes auf deren endgültige Ausschaltung (Dtn 7,20ff.).

4. a) Noch sehr viel mehr mußte aber das Problem des Restes im Blick auf das eigene Geschick für Israel theologische Relevanz gewinnen. Die Forschung hat seit Beginn dieses Jahrhunderts mit viel Mühe versucht, die Herkunft dieses theologisch bedeutsamen Restgedankens zu eruieren. Nach H. Gressmann, Der Ursprung der isr.-jüd. Eschatologie, 1905, 233, ist er letztlich von der Unheilseschatologie her zu verstehen und von dorther in die Heilseschatologie hineingenommen worden. Hingegen ist S. Mowinckel, Psalmenstudien II, 1922, 276–282, der Meinung, daß das Restmotiv Teil des Thronbesteigungsmythus sei, aus dem heraus sich die Eschatologie Israels gebildet habe. W.E. Müller, Die Vorstellung vom Rest im AT, 1939, glaubt von einem politischen Restgedanken ausgehen zu sollen, der auch sonst im alten Orient im Zusammenhang mit der totalen Vernichtungsstrategie nachzuweisen sei. D.M. Warne, The Origin, Development and Significance of the Concept of the Remnant in the OT, 1958 (vgl. das Referat bei Hasel, a.a.O. 32ff.), kommt im Anschluß an Sellin und Dürr zum Schluß, daß das Restmotiv in der frühen religiösen Erfahrung begründet und eng mit dem Gedanken der Erwählung Israels verknüpft sei. Es ist aber zweifellos müßig, nach einem Ursprungsort des allgemeinen Restgedankens zu suchen. Daß man von einem Rest Israels sprach, ergab sich schlicht aus der Tatsache, daß Israel sich nicht unangefochten seines Besitzstandes und der Integrität seines Volkstums erfreuen konnte. So wird häufig, vor allem aber in 2Kön und in den erzählenden Teilen des Jeremiabuches von den Übrig- oder

Zurückgebliebenen bzw. dem Rest gesprochen, ohne daß dabei eine besondere theologische Problematik sichtbar würde. Daß aber in anderen Fällen die Frage um den Rest zu einem bedrängenden theologischen Problem wurde, hängt, wie E. Sellin, Der atl. Prophetismus, 1912, 154ff., bereits gesehen hat, mit dem Gedanken der Erwählung Israels zusammen, genauer: mit der Konfrontation des Erwählungsglaubens mit der harten Wirklichkeit des faktischen Geschickes Israels, aber auch mit der Tatsache seines Versagens in der Treue gegen Jahwe, seinen Gott. Es ist dabei ohne weiteres verständlich, daß der Restgedanke theologisch ambivalenten Charakter aufweisen mußte: Daß von Israel nur noch ein Rest, unter Umständen gar nur noch ein geringer Rest bleibt, kann Ausdruck des göttlichen Zorns über ihm sein. Daß aber ein Rest immerhin geblieben ist, kann als Zeichen der göttlichen Treue oder auch der Gnade und Vergebung über alle Notwendigkeit des Gerichts hinweg gewertet werden. Es ist darum verkehrt, den theologisch bedeutsamen Restgedanken einseitig der Heils- oder Unheilsverkündigung zuschreiben zu wollen; er hat in beiden Bereichen seinen theologischen Ort, oft in beiden Bereichen zur selben Zeit.

b) Das ist bereits beim ersten Vorkommen von *š'r* (ni.) im AT, in Gen 7,23 innerhalb der jahwistischen Fluterzählung, festzustellen: »Nur Noah blieb übrig und was mit ihm in der Arche war«. Das ist, wie das »nur« (*'ak*) unterstreicht, zunächst eine Aussage über die unerhörte Schärfe des göttlichen Gerichts. Aber Noah, der allein übrig bleibt, hat ja Gnade (*ḥēn*) gefunden vor Jahwe (6,8), und seine Verschonung eröffnet der Menschheit Zukunft; 8,22 betont gar: eine gesicherte Zukunft, in der sich der Mensch auf Gottes Treue verlassen kann. Hingegen ist in Gen 45,7 (E oder J) das Übrigbleiben einer *šᵉ'ērīt* einlinig als Akt der Gnade verstanden. Gott hat Joseph nach Ägypten gesandt, um den Brüdern eine »Nachkommenschaft« (*šᵉ'ērīt*) zu »setzen« (*śūm*) im Lande und sie als eine große Zahl »Geretteter« (*pᵉlēṭā*) am Leben zu erhalten. Die Verbindung der Wurzeln *š'r* und *plṭ* (schon Gen 32,9) ist für den Gnadencharakter der göttlichen Vorsehung ebenso bezeichnend wie die Verwendung der Wortfügung *śūm šᵉ'ērīt*. Nach dem weiteren Zusammenhang handelt es sich dabei nicht nur um das Schicksal der Familie Jakobs, sondern um die Zukunft Israels selbst, die im Schicksal der Familie des Stammvaters vorgezeichnet ist. Israel darf den gewissen Glauben hegen, daß ihm Jahwe durch alle Bedrängnisse hindurch noch einen Rest als Schar Geretteter am Leben erhalten wird.

Eine wichtige Abwandlung des Restmotivs begegnet in der Eliatradition. Der Prophet, der klagt, daß ganz Israel Jahwe verlassen habe und er allein noch als Getreuer Jahwes übriggeblieben sei (1Kön 19,10.14 *jtr* ni., auf den Sammler zurückgehend, vgl. G. Fohrer, Elia, ²1968, 39), bekommt die göttliche Zusicherung, daß das Gericht wohl furchtbar sein werde, doch »siebentausend will ich in Israel übriglassen (*š'r* hi.): alle, deren Kniee sich vor Baal nicht gebeugt haben ...« (V. 18). Die Ambivalenz ist wieder klar, aber der Rest ist in diesem Fall nicht nur eine weiter nicht qualifizierte Schar Erretteter, welche die physische Existenz des Volkes sichern, sondern eine Schar Getreuer, die den Kern des Gottesvolkes der Zukunft darstellen. Darin zeigt sich bereits, daß der Prophetismus sich genötigt sah, den Restgedanken neu zu überdenken.

c) Das wird gleich bei Amos deutlich. In Am 5,3 dient die Vorstellung vom Rest allein zur Illustration der Härte des Gerichts. Immerhin wird damit gerechnet, daß ein Rest noch bleibt, während nach 9,1 (hier als Parallelbegriff *'aḥᵃrīt* neben *pālīṭ*, vgl. Wolff, BK XIV/2, 385f.390f.) auch der Rest noch dem Untergang geweiht ist (vgl. auch 3,12). Am 5,15 läßt dagegen die Möglichkeit offen, daß Jahwe sich eines Restes (*šᵉ'ērīt*) erbarmt. Das alte Glaubensmotiv – ein Rest wenigstens von Israel überdauert die Katastrophe – ist hier aufgenommen, aber in für den Prophetismus bezeichnender Absicherung: Das Gericht bleibt Israel nicht erspart, die Freiheit Gottes kann nicht durch dogmatisch verfestigte Glaubenssätze eingeschränkt werden, und die allfällige (→*'ūlaj* 4) Rettung des Restes könnte nur Gnadenakt Jahwes sein (die Echtheit von V. 14f. wird allerdings von manchen Exegeten in Frage gestellt, s. z. B. Wolff, BK XIV/2, 274.295, doch kaum mit durchschlagenden Gründen).

d) Vom Rest spricht auch Jesaja. J. Meinhold, Studien zur isr. Religionsgeschichte I, Der heilige Rest, 1903, 159, glaubte sogar feststellen zu können, daß eben Jesaja die Idee des »heiligen Restes« als eines klar umrissenen dogmatischen Begriffes geschaffen habe, und noch V. Herntrich, ThW IV, 205, ist der Meinung, der Gedanke eines heiligen Restes stehe in der

Prophetie des Jesaja an zentraler Stelle. Das ließe sich vielleicht sagen, wenn alle Stellen in Jes 1–39, die vom Rest sprechen, jesajanisch wären. In Wirklichkeit können, was die Wurzel *š'r* anbelangt, für Jesaja nur gerade 17,3.6 und der Eigenname Schear-Jaschub in 7,3 in Anspruch genommen werden (vgl. U. Stegemann, Der Restgedanke bei Isaias, BZ N.F. 13,1969, 161 bis 186). 17,3 spricht zwar vom Rest Arams, kündet aber an, daß es ihm nicht besser ergehen werde als »der Herrlichkeit der Söhne Israels«. In V.6 wird dieser Rest mit der dürftigen Nachlese an einem Ölbaum verglichen. Wie in Am 5,3 dient hier also die Vorstellung vom Rest lediglich der Herausstellung der Härte des erwarteten Gerichts. Das ändert sich auch nicht, wenn man Jes 30,17 hinzunimmt, wo der Parallelbegriff *jtr* (hi.) begegnet. Doch ist auch 1,8f. (*jtr* ni./hi.) zu bedenken. Zwar spricht auch jene Stelle zunächst lediglich davon, wie umfassend das Gericht über Jerusalem war, aber V.9 deutet an, daß auch der geringe Rest noch untergegangen wäre, hätte nicht Jahwe eine kleine Zahl Entronnener (*śārīd*) übriggelassen. Man muß 1,9 von Formulierungen her verstehen, wie sie in der Ideologie des heiligen Krieges zuhause sind (vgl. Jos 8,22; 10,28–40; 11,8; Dtn 2,34; 3,3). Wenn Israel nicht erleidet, was andern Völkern zuteil wurde, so ist das unverdiente göttliche Gnade.

Mit der dem Begriff inhärenten Ambivalenz ist wohl auch bei der Deutung des Namens Schear-Jaschub (Jes 7,3) zu rechnen, den Jesaja seinem Sohn gegeben hat (zur Schwierigkeit der Deutung s. Wildberger, BK X,277ff.). Wenn der Prophet ausdrücklich den Befehl bekommt, zu seiner Begegnung mit Ahas eben diesen Sohn mitzunehmen, so muß dessen Name als adäquater Ausdruck der Botschaft, die in jener Stunde Jesaja vor dem König zu vertreten hatte, verstanden werden können. Unglücklicherweise ist aber der Sinn der Immanuel-Perikope gerade an dem Punkt, der auch für das Verständnis von *še'ār* entscheidend wäre, hart umstritten, nämlich ob es sich um Ankündigung von Heil oder Unheil handle. Doch wird man das Wort an Ahas in 7,7.8a.9 als ein Heilsorakel verstehen müssen, das durch den Konditionalsatz von V.9b zur Mahnung, sich im Glauben an Jahwe zu halten, umgebogen ist. Es ist darum unwahrscheinlich, daß der Name des Jesajasohnes als Ausdruck der Gewißheit der Bekehrung und damit der Gesichertheit der Rettung zu verstehen ist (vgl. etwa Meinhold, a.a.O. 108f.). Ebensowenig ist aber auch die gegenteilige Meinung, wie sie z.B. S.H. Blank, The Current Misinterpretation of Isaiah's *She'ar Yashub*, JBL 67, 1948, 215, vertritt, gerechtfertigt, nämlich daß der Name nichts denn eine Drohung sei: nur ein Rest kehrt (aus der Schlacht) zurück. Gegen die in dieser Deutung implizierte Auffassung von *šūb* »umkehren« spricht die Nachinterpretation dieses Namens in 10,21f. Man wird ihn weder als bedingungslose Heilsankündigung, noch als Ansage unabänderlichen Unheils zu verstehen haben, sondern als Mahnung und Warnung: Es gibt Heil, aber nicht gleichsam als von Gott für den Rest Israels inszeniertes Fatum, sondern nur sofern der Rest, der die erwartete Katastrophe überdauert, sich entschlossen Jahwe zuwendet. Der Name ist also genauso ambivalent wie die Immanuelweissagung selbst (vgl. Wildberger, BK X, 293ff.) und ist sozusagen die positive Kehrseite zum negativ formulierten Satz in V.9b: »Glaubt ihr nicht, so bleibt ihr nicht«.

e) Der Untergang des Königsreiches Juda mit der schweren Dezimierung der Bevölkerung durch den vorangegangenen Krieg und die Exilierung der Oberschicht hat Israel sehr konkret vor die Frage gestellt, was es um diesen übriggebliebenen Rest sei. Bleibt ihm überhaupt noch Hoffnung? Das Ringen um diese Frage spiegelt sich zunächst in den Zusätzen zur Fluchandrohung in Dtn 28, die als vaticinia ex eventu zu verstehen sind. Israel war doch verheißen, so zahlreich zu werden wie die Sterne des Himmels (V.62). Wenn es jetzt nur noch ein geringer Rest ist, so soll es den Grund dafür bei sich selbst, in seinem Ungehorsam suchen (vgl. auch V.51.55). Der Fluch hat sich verwirklicht, der – parallel zur Segensverheißung – seit seinen Anfängen über ihm lag. Noch hoffnungsloser ist für den Ergänzer der Fluchandrohungen in Lev 26 das Geschick des (exilierten) Israel: der Rest muß in angsterfüllter Verstörtheit leben (V.35) und wird am Ende in den Ländern seiner Feinde elendiglich »vermodern« (vgl. auch Ez 6,12 und 17,21: die Übriggebliebenen werden in alle Winde zerstreut, »damit ihr erkennt, daß ich, Jahwe, geredet habe«, ferner Jer 15,9; 44,12.14).

Die Wende zu einer von Hoffnung getragenen Einschätzung des Restes hat sich in spektakulärem Umschwung bei Deuterojesaja vollzogen. Das der Kinder beraubte, unfruchtbare Weib Israel, das sich völlig verlassen wähnt, sieht sich von Söhnen und Töchtern umringt (Jes 49,21 ff.). Den Übriggebliebenen vom Haus Israel wird Jahwes Treue und damit seine »Rettung« zugesagt (46,3). Es ist beachtenswert, daß diese *še'ērīt* in der parallelen zweiten Vershälfte kurzerhand als »Haus Jakobs« angesprochen wird. Der Rest ist das wahre Israel; ihm gelten die Verheißungen, die dem Gottesvolk seit Urzeiten zugesprochen sind.

Ezechiel hat zwar in der ersten Epoche seiner Wirksamkeit die düstere Aussicht für den Rest von Dtn 28 und Lev 26 geteilt, aber der Gedanke, Jahwe könnte dem Rest ein völliges Ende bereiten, hat ihn hart bedrängt (Ez 11,13). Es ist aber bezeichnend, daß er, als er nach dem Fall Jerusalems von der Zukunft Israels sprach, nicht zur Restvorstellung griff, sondern diese als Auferweckung von Totengebeinen verstand (37,1 ff.).

f) Hingegen zeigen die sekundären Partien von Jes 1–39, daß der Gedanke des Rests die nachexilische Gemeinde stark beschäftigt hat, ja es scheint, daß sich in den Kreisen derer, die das jesajanische Erbe verwalteten, eben die Konzeption herausgestaltete, die man gemeinhin in falscher Verallgemeinerung als den »Restgedanken« des AT zu bezeichnen pflegt. Jes 10,20–22 kann man geradezu als Neuformulierung des Restbegriffs aus nachexilischer Zeit verstehen. An Jesaja anknüpfend, ihn aber auch dogmatisierend, muß der Restbegriff unterdessen zu einem theologischen locus geworden sein. Das jesajanische ganz unsystematische Reden vom Rest wird jetzt strikte als Verheißung aufgefaßt. Von daher wird der Sinn von Schear-Jaschub nun einlinig festgelegt: »Ein Rest kehrt um, ein Rest von Jakob, zum starken Gott« (V.21). Dieser Rest wird zunächst einfach gleichgesetzt mit den »Entronnenen (*p^elēṭā*) des Hauses Jakob« (V.20), d.h. die nachexilische Gemeinde identifiziert sich selbst mit ihm. Das jesajanische Erbe macht sich insofern noch geltend, als der Verfasser der Zuversicht Ausdruck gibt, daß der Rest »sich auf Jahwe stützen« werde, und zwar »in Treue« (V.20). Die folgenden Verse (V.22f.), ob sie vom selben Verfasser oder einem anderen Ergänzer stammen, bezeugen aber gegenüber jener Gleichsetzung ein tiefes Unbehagen, ja sie korrigieren: wirklich nur ein Rest wird umkehren, selbst wenn Israel zahlreich würde »wie der Sand am Meer«.

Andere Aussagen des Jesajabuches über den Rest sind nicht so sorgfältig gegen eine gefährliche Verobjektivierung des Heils abgesichert. Der Berufungsbericht (Jes 6,1–11) hatte von einem Gericht gesprochen, in welchem der Acker nur noch als Wüste übrigbleiben werde (V.11b txt em). Die schwer verständliche Fortsetzung in V.13abα bekräftigt die Radikalität des Gerichts. Aber ein letzter Nachtrag, V. 13bβ, beteuert: Was noch bleibt, ist »heiliger Same«, ein Grundbestand, aus dem heraus sich das neue Israel der Heilszukunft bilden kann. Der Begriff »Rest« fehlt allerdings an dieser Stelle, aber in 4,3 wird expressis verbis von den »Übriggebliebenen« gesprochen (*hanniš'ār*, par. *hannōtār*; vgl. auch *p^elēṭat Jiśrā'ēl* in V.2), und ausdrücklich wird bezeugt, daß er »heilig« sei. V.3b scheint allerdings doch wieder etwas einschränken zu wollen: zur heiligen Gemeinde gehören die, welche zum Leben aufgeschrieben sind. Die Vorstellung, daß aus dem in Juda/Jerusalem zurückgebliebenen Rest bzw. aus den Entronnenen (*p^elēṭā*) sich die neue Gemeinde konstituieren werde, bezeugt auch innerhalb der »Jesajalegende« 37,31 f. = 2Kön 19,30f. Die *še'ērīt* treibt Wurzeln nach unten und setzt nach oben Früchte an, d.h. Israel gedeiht aufs beste. »Rest« ist hier zu einem Theologumenon der eschatologischen Heilserwartung geworden, Terminus für die Gemeinde, die, hindurchgegangen und gesichtet durch das große von den Propheten verkündete Gottesgericht, das wahre Israel der Heilszeit repräsentiert. Von deren Glanz erfahren wir noch etwas mehr in 28,5f., einem sekundären Wort, das bewußt der vorangehenden Unheilsdrohung gegen Samaria das große Glück des geretteten Restes Israels gegenüberstellt. Die Heilsgemeinde ist von Gott selbst prächtig geschmückt. Sie zeichnet sich aus durch den »Geist des Rechts« und die »Heldenkraft« der Verteidiger der heiligen Stadt.

Es wird nicht Zufall sein, daß dieselbe Hoffnung in den Zusätzen zur Schrift eines andern Jerusalemer Propheten einen Niederschlag gefunden hat: Zeph 3,12ff. Der Rest ist hier beschrieben als demütiges und geringes Volk, das seine Zuflucht bei Jahwe sucht. Er zeichnet sich aus durch seine ethische Ernsthaftigkeit und kann sich von aller Verängstigung frei eines gedeihlichen Friedens erfreuen. Wie sehr der Überrest in der Fülle göttlichen Friedens lebt, führt schließlich ein anderer Jerusalemer Prophet aus, Sacharja (8,11f.).

5. a) Der Sprachgebrauch in Qumran weicht nicht vom atl. ab (vgl. Kuhn, Konk.

215; ferner DJD V, 85 *š'rjt* in Nr. 185 II, 2). Obwohl sich die Gemeinde mehrfach als Rest bezeichnen kann (am eindrücklichsten 1QM 14, 8f.: »Aber wir sind der Rest deines Volkes ... bei allen unseren Geschlechtern hast du deine Gnaden wunderbar erwiesen an dem Rest deines Volkes unter der Herrschaft Belials«), gewinnt der Begriff kein großes theologisches Gewicht. Angesichts des fast vollständigen Fehlens der Wurzel im kanonischen Psalter sei im besonderen auf die vier Stellen mit *še'ērīt* in 1QH hingewiesen (6, 8.32; 7, 22; Fragm. 7, 2).

b) Die LXX übersetzt, von unbedeutenden Ausnahmen abgesehen, das Verbum und die Substantive mit Ableitungen von λείπειν: καταλείπω, ὑπολείπεσθαι, κατά-/ὑπόλειμμα, λοιπός und (häufiger) κατάλοιπος.

c) In theologischer Aufnahme des atl. Gedankengutes findet sich der Restbegriff im NT nur in Röm 11, 5, wo Paulus durch die Wendung »Rest gemäß der Auswahl von seiten der Gnade« und die Übernahme der 1. Pers. aus dem masoretischen Wortlaut der Eliatradition (1Kön 19, 18) den Rest als Geschenk der Gnade Gottes interpretiert (vgl. dazu U. Luz, Das Geschichtsverständnis des Paulus, 1968, 80–83). Weitere Lit.: V. Herntrich – G. Schrenk, Art. λεῖμμα, ThW IV, 198–221; J. Jeremias, Der Gedanke des »Heiligen Restes« im Spätjudentum und in der Verkündigung Jesu, ZNW 42, 1949, 184–194 = Abba, 1966, 121–132; J.C. Campbell, God's People and the Remnant, Scottish Journal of Theology 3, 1950, 78–85; B.F. Meyer, Jesus and the Remnant of Israel, JBL 84, 1965, 123–130; C. Müller, Gottes Gerechtigkeit und Gottes Volk, 1964; W. Günther – H. Krienke, Art. »Rest, übrig«, ThBNT II/2, 1042–1046. *H. Wildberger*

שׁבע *šb'* ni. schwören

1. Die uns interessierende Verwendung der Wurzel *šb'* scheint spezifisch hebr. zu sein (ni. »schwören«, hi. »schwören lassen«, Subst. *šebū'ā* »Schwur«; die Form *šebū'ē* in Ez 21, 28 txt? ist unklar, vgl. Zimmerli, BK XIII, 482f.). In älteren aram. Dialekten offenbar unbekannt (dafür *jm'*, vgl. DISO 108; GenAp 2, 14 und 20, 30), findet sie sich nur noch vereinzelt im Jüd.-Aram. (itp.) und im Mand. (af. »beschwören«, Drower-Macuch 447a).

Alle Spekulationen über einen angeblichen Zusammenhang der Bed. »schwören« mit dem sem. Zahlwort *šb'* »sieben« (zuletzt M. R. Lehmann, Biblical Oaths, ZAW 81, 1969, 74–92) sind abzulehnen, u.a. aus folgenden Gründen: (1) Kein einziger atl. Text bringt das »Schwören« mit der Zahl »sieben« in Verbindung; die Erklärungen des Namens »Beerseba« in Gen 21, 23–31 und 26, 31–33 operieren zwar teilweise mit der Idee des Schwörens und teilweise mit der (als sinnlos empfundenen und darum gedeuteten) Zahl »sieben«, sind jedoch voneinander ganz unabhängig; (2) die Analyse des Verbums *šb'* ni. zeigt eindeutig, daß den Hebräern ein Zusammenhang mit dem Zahlwort nicht bewußt war; es ist also unwissenschaftlich, einen solchen auf spekulativer Basis anzunehmen; (3) der Tatsache, daß auch außerhalb Israels bei Vertragsschlüssen und religiösen Riten die Zahl 7 eine gewisse Rolle spielt, ist lediglich die privilegierte Heiligkeit dieser Zahl zu entnehmen; da jedoch keine andere orientalische Sprache daraus ein Verbum für »schwören« abgeleitet hat, ist dies auch für das Hebr. nicht wahrscheinlich.

Es wäre naheliegend, das Verbum *šb'* mit arab. *sb'* zusammenzustellen, das neben »reißen, zerreißen (von einem wilden Tier)« auch »beschimpfen, mit Worten angreifen, fluchen« bedeutet (Lane IV, 1296); die hebr. Ni.-Form könnte auf eine Selbstverfluchung hindeuten, ev. begleitet von einem entsprechenden Ritus; indessen machen es mancherlei Beobachtungen fraglich, ob ein ursprünglicher Zusammenhang mit einem Verbum »reißen« den Hebräern noch bewußt war, und dahingehende Überlegungen sind ins Gebiet der Spekulation zu verweisen.

2. Die Wurzel erscheint im hebr. AT 216 × (inkl. *šebū'ē* Ez 21, 28; s.o. 1): ni. 154 × (Dtn 33 ×, Gen und Jer je 14 ×, Jos und Ps je 12 ×, Jes 10 ×), hi. 31 × (Gen und Hhld je 5 ×, Jos und 1Sam je 4 ×), *šebū'ā* 31 × (davon 8 × in der Wendung »einen Schwur schwören [lassen]« mit dem Verbum gekoppelt: Gen 26, 3; Num 5, 21; 30, 3; Dtn 7, 8; Jos 2, 17.20; 9, 20; Jer 11, 5).

Gehäuft findet sich die Wurzel in Gen (21 ×), Dtn (34 ×), Jos (19 ×), 1/2Sam (20 ×), Jer (15 ×), in Jos und Jer vor allem in dtr. Zusammenhängen. Auffällig ist die sehr spärliche Verwendung in der Weisheitsliteratur: in Spr ist sie überhaupt nicht, in Pred nur 3 × bezeugt (8, 2; 9, 2.2). Offenbar standen die »Weisen« dem Schwören sehr reserviert gegenüber; Pred stellt dessen Wert ausdrücklich in Abrede (9, 2 vgl. auch Sir 23, 10f.).

3. a) *šb'* ni. ist mit »schwören« insofern ungenau übersetzt, als einerseits der Hebräer praktisch nie einen vorliegenden Tatbestand durch einen Schwur bekräftigt, vielmehr sich für die Zukunft verpflichtet, und andererseits das Verbum sehr oft nur »versprechen« zu bedeuten scheint.

Der Behauptung, im Hebr. beziehe sich das »Schwören« praktisch immer auf die

Zukunft, widersprechen Texte wie Ex 22, 10; Lev 5,22.24 nur scheinbar. Im ersteren Falle handelt es sich um den Tod eines zur Wahrung anvertrauten Tieres: wenn sich der Verantwortliche nicht an ihm vergriffen hat, soll »zwischen ihnen (d.h. dem Verantwortlichen und dem Besitzer) ein Jahweschwur walten«. Der Ausdruck ist nach Analogie von 2Sam 21,7 zu verstehen (vgl. 1Sam 20,42; Gen 21,31; 26,31) und besagt, daß die zukünftigen Beziehungen zwischen den beiden normalisiert werden sollen: der Verantwortliche wird von der Ersatzleistung befreit und der Besitzer erhält das tote Tier zurück (ähnlich Kodex Hammurapi §266: der Verantwortliche »soll sich vor Gott reinigen«, d.h. sich von Ersatzleistung befreien). In Lev 5,22 ist mit dem »falschen Schwur« nicht Hehlerei o.ä. gemeint, sondern, wie V. 24 zeigt, ein von den vorangehenden unabhängiges, nach Analogie anderer atl. Stellen zu verstehendes Vergehen.

Daß *šbʿ* ni. nicht immer im formellen Sinne »schwören, einen Eid leisten« heißt, wird durch die Tatsache nahegelegt, daß sich der Gebrauch dieses Verbums in keiner Weise mit demjenigen der sog. Schwurformeln deckt. Es ist ausgeschlossen, aufgrund des Verbums *šbʿ* ni. eine phänomenologische Studie über den Eid im AT zu schreiben (vgl. dafür J. Pedersen, Der Eid bei den Semiten, 1914; F. Horst, Der Eid im AT, EvTh 17, 1957, 366–384 = Gottes Recht, 1961, 292–314). In der Regel finden sich die Schwurformeln in Zusammenhängen, die das Wort *šbʿ* ni. nicht verwenden, und umgekehrt steht nach dem Verbum *šbʿ* ni. nicht immer eine Schwurformel.

Die im AT insgesamt 10 × vorkommende (Selbst-)Verfluchungsformel »so wird (mir/dir) Jahwe/Gott tun und nochmals tun« (1Sam 3,17; 14,44; 20,13; 25,22; 2Sam 3,9.35; 19,14; 1Kön 2,23; 2Kön 6, 31; Ruth 1,17) steht nur zweimal nach *šbʿ* ni. (2Sam 3,35 und 1Kön 2,23, gefolgt von *kī ʾim* oder einfachem *kī*). Das an sich recht häufige »lebendig ist Jahwe!« (→*ḥjh* 4a) findet sich nur 9 × in mehr oder weniger direkter Verbindung mit unserem Verbum (3 × gefolgt von *ʾim*, 2 × von *kī*, 4 × ohne irgendwelche Ergänzung). Darüber hinaus gibt es zahlreiche Möglichkeiten, eine mit *šbʿ* ni. angekündigte Erklärung einzuleiten. Am häufigsten steht *ʾim* (18 ×), weiter *kī* (9 ×), *ʾim lō* (2 ×), *lō* (2 ×), *kī ʾim* (1 ×), *pæn* (1 ×). Sehr gebräuchlich sind auch einfache Infinitivkostruktionen, eingeleitet mit *le* (»schwören, etwas tun zu wollen«, 14 ×) oder *min* bzw. *lebiltī* (»schwören, etwas nicht tun zu wollen«, 2 × bzw. 1 ×). Nicht selten wird die Aussage einfach in Form eines Satzes oder Satzgefüges an das Verbum angeschlossen (z.B. 2Kön 25,24; Jer 40,9; Am 6,8; Hhld 5,8; vgl. Gen 24,37; 50,5.25), gelegentlich in der Form einer bedingten, mit *ʾārūr* (→*ʾrr*) eingeleiteten Verfluchung (Jos 6,26; Ri 21,18; 1Sam 14,28), oder in einem Substantiv als Objekt zusammengefaßt (z.B. Land, Erde, eine Selbstverpflichtungs-*berīt*, Treue, eine Sache usw. »[zu]schwören« bzw. »versprechen«). Schließlich kann das Verbum auch absolut, ohne irgendwelche Ergänzungen stehen (ca. 10 ×).

Die Übersicht zeigt, daß eine Schwurformel nicht unabdingbar zu einer mit *šbʿ* ni. angekündigten Aussage gehört. Ebensowenig ist ein Hinweis auf die Gottheit notwendig (s.u. 4a). Daraus ist zu folgern, daß *šbʿ* ni. in vielen Fällen einfach ein feierliches, unwiderrufliches Versprechen meint, die Verpflichtung, etwas unter allen Umständen zu tun bzw. nicht zu tun.

Man beachte etwa in Ri 21 die drei parallelen Ausdrucksweisen: »die Israeliten schworen in Mizpa: Keiner von uns gibt seine Tochter ...« (V.1), »wir haben bei Jahwe geschworen, unsere Töchter nicht zu geben (*lebiltī tēt*« (V.7) und »die Israeliten hatten geschworen: Verflucht (*ʾārūr*) der Mann, welcher gibt ...« (V.18). Die drei Wendungen sind offensichtlich gleichwertig, ob mit oder ohne Fluchformel oder Hinweis auf Jahwe. Die Formel spielt also keine entscheidende Rolle, wichtig ist allein die Intention, d.h. die unwiderrufliche, verpflichtende Willensäußerung.

Folgende, im Hebr. ganz verschiedenartig formulierte Beispiele für derartige verpflichtende Willensäußerungen mögen genannt sein: Sehr oft »verspricht« man einem andern das Leben, man garantiert es ihm (Jos 2,12ff.; Ri 15,12; 1Sam 19,6; 24,22f.; 28,10; 30,15; 2Sam 19,24; 1Kön 1,51; 2,8; Jer 38,16; 40,9). David »verspricht feierlich«, Salomo werde König sein (1Kön 1,13.17.29f.); weiter, er werde »für Jahwe Platz finden« (Ps 132,2–5), und er verpflichtet sich, aus Trauer über Abner einen Tag lang nichts zu essen (2Sam 3,35). Esau »erklärt feierlich«, auf sein Recht zu verzichten (Gen 25,33). Joab »schwört bei Jahwe«, die Truppen würden David verlassen, falls er nicht sofort den Kampf weiterführe, d.h. er richtet an David die ultimative Forderung, seine Trauer um Absalom zu beendigen (2Sam 19,8).

Die Krieger Davids »verbieten« (»schwören«) diesem, weiterhin mit ihnen ins Feld zu ziehen: sie zwingen ihm so ihren unwiderruflichen Entschluß auf (2Sam 21, 17).

b) Solche verbindlichen Erklärungen können gegenseitig sein, wenn zwei Partner »einander schwören« d.h. wenn jeder dem andern gegenüber sich feierlich verpflichtet. Es entstehen so Freundschaftsbündnisse (1Sam 20,17.42; 2Sam 21,7; Neh 6,18; 10,30) und politische Verträge (Gen 21,23.31; 26,31; 31,53; vgl. Jos 9, 15–20, 2Sam 21,2; 2Chr 36,13).

c) Die Parallelausdrücke bestätigen, daß es sich bei *šbʿ* ni. um eine feierliche, unter Umständen von einer Eventualverfluchung begleitete, oder durch den Hinweis auf Gott bekräftigte Verpflichtung handelt. Es kommen vor: »eine Verpflichtung übernehmen« (*krt* →*b^e^rīt*: Gen 21,27.32; 26,28. 31; Jos 9,15ff.; 2Kön 11,4; Ps 89,4.35f.; 105,9; Esr 10,3.5; →*bōʾ bib^e^rīt*: Ez 16,8; 2Chr 15,11–15), »verfluchen«, d.h. einen Eventualfluch aussprechen (→*ʾālā*: Gen 26, 28.31; Num 5,21; 1Sam 14,24.27; Dan 9,11; Neh 10,30), »ein Gelübde ablegen« (→*ndr*: Num 30,3; Ps 132,2), »Frieden schließen« (Jos 9,15). Wie stark die Idee des formellen »Schwörens« verblassen und diejenige des »Versprechens« dominieren kann, zeigt der Parallelausdruck in Jes 45, 23: »aus meinem Munde kommt Rechtes, ein unwiderrufliches Wort« (vgl. auch Ps 132,11). – Einmal ist ein »feierliches Versprechen« durch ein »Zeichen« gewissermaßen magisch gesichert (Jos 2,12ff.). Sehr altertümlich mutet die Forderung an, zur Sicherung eines eidlichen Versprechens das Zeugungsglied des Begünstigten zu berühren (Gen 24,2.9; 47,29). Für »ein Versprechen einlösen« gebraucht man *qūm* hi. (Gen 26,3; Jer 11,5) bzw. pi. (Ps 119, 106), und für die Befreiung von einem Versprechen (die nur unter ganz bestimmten Bedingungen gewährt wird), Ableitungen von *nqh* »ledig, rein sein« (Gen 24,8; Jos 2,17.20; Sach 5,3; vgl. noch Num 30,3ff.). Auch ein leichtfertig ausgesprochenes Versprechen muß grundsätzlich erfüllt werden, ohne Rücksicht auf gute oder schlechte Folgen (Lev 5,4); denn ein unredlich oder mit falscher Absicht gegebenes Versprechen, oder ein solches, das ganz einfach nicht eingelöst wurde, heißt »lügenhaft« (*laššæqær*, *ʿal-šæqær*) oder »trughaft« (*l^e^mirmā*) und wird vom Jahwismus streng verurteilt (Lev 5,22.24; 19,12; Jer 5,2; 7,9; vgl. 4,2; Sach 5,4; 8,17; Mal 3,5; Ps 15,4; 24,4).

d) Im Hi. bedeutet das Verbum in der Regel »einen Eid fordern«, d.h. »jemandem ein feierliches, bindendes Versprechen abnehmen«. Folgende Personen nehmen anderen ein »eidliches Versprechen« ab: Abraham seinem Sklaven (nämlich, Isaak unter den Verwandten eine Frau zu suchen, Gen 24,3.9), die Patriarchen ihren Nachkommen (sie in Palästina zu begraben, Gen 50,5f.25; vgl. 47,31; Ex 13,19), Ahab dem Propheten Micha (die Wahrheit zu sagen, 1Kön 22,16), das verliebte Mädchen seinen Freundinnen (»die Liebe« nicht zu wecken, Hhld 2,7; 3,5; 8,4, bzw. dem Geliebten den Zustand der Verliebten zu schildern, Hhld 5,8), Esra und Nehemia ihren Zeitgenossen (nichtjüdische Frauen zu entlassen, Esr 10,5; Neh 13,25, bzw. auf Schuldforderungen zu verzichten, Neh 5,12). Da solche Versprechen grundsätzlich, theoretisch, immer eine Verfluchung für den Fall der Übertretung enthalten, kann *šbʿ* hi. in einigen Fällen geradezu die Eventualverfluchung bezeichnen: eine Person ist verflucht, wenn sie dieses oder jenes tut, z.B. Fluchwasser trinkt, obwohl sie die Ehe gebrochen hat (Num 5,19ff.; vgl. 1Sam 14,27; 1Kön 2, 42).

4. Theologisch wird die Wurzel in dreierlei Hinsicht bedeutsam:

a) Die Gottheit kann als Garant und Wahrer des feierlichen Versprechens genannt werden. Das zeigen die sog. Schwurformeln. Die eine, »so wird mir Jahwe tun und nochmals tun, wenn ich dies oder jenes tue bzw. nicht tue« (in der Regel abgekürzt zu der Partikel *ʾim* »wenn«), scheint auf einen symbolisch-magischen Verstümmelungsritus hinzudeuten, der sich bei Eidbruch voll auswirken wird. Die zweite Formel, »lebendig ist Jahwe, wenn ich dies tue bzw. nicht tue«, deren genauer Sinn umstritten ist (vgl. Horst, a.a. O. 377f. bzw. 306f.; M.R. Lehmann, ZAW 81, 1969, 83–85), ruft unmittelbar den »lebendigen« Jahwe an, jedenfalls als Zeugen und Garanten des Versprechens. Es muß jedoch betont werden, daß die Verwendung dieser Formeln durchaus nicht obligatorisch war (s.o. 3a), wenn auch anzunehmen ist, daß eine Bewußtmachung des mit *šbʿ* ni. bezeichneten formellen Tuns in den meisten Fällen Jahwe als Garanten des Versprechens (einer *š^e^būʿat Jhwh*, Ex 22,10; 2Sam 21,7; 1Kön 2,43; Pred 8,2) gezeitigt hätte. Darum kann der Hebräer gelegentlich auch »beim Namen Jahwes etwas versprechen« (6×), bzw. »bei Jahwe« (5 ×), »bei ihm« (Ps 63, 12; 102,9) oder ähnlich (vgl. Jes 65,16; Dan 12,7). In Gen 31,52–53 wird deutlich, daß die angerufene Gottheit als Zeuge der feierlichen Abmachung gegenwärtig gedacht wurde. – In poetischen Texten kann Jahwe als Wahrer des Versprechens durch andere, poetische Größen ersetzt werden (Hhld 2,7; 3,5: durch die wilden Tiere).

b) Da unser Verbum eine unwiderrufliche, totale Verpflichtung ausdrückt, mit unentrinnbaren Folgen im Falle der Nichterfüllung, muß der als Garant und Wahrer angerufene Gott über den Sprecher absolut verfügen können, und dieser muß sich als völlig dem Gott gehörig betrachten. Darum ist »bei Jahwe schwören« praktisch synonym mit »sich zu Jahwe bekennen«. Dies wird Jes 19,18; vgl. 45,23; 2Chr 15,14f. prägnant ausgedrückt mit »sich für Jahwe verpflichten« (*šb'* ni. *leJhwh*). Im Dtn steht »im Namen Jahwes schwören« parallel zu »ihn fürchten, ihm dienen, ihm anhangen« (Dt 6,13; 10,20). In Jes 48,1 erscheint eine ganze Reihe von bezeichnenden Parallelwendungen: »Israel genannt, ausgegangen aus dem Sperma Judas, im Namen Jahwes schwörend, den Gott Israels nennend ...«. Vgl. noch Jes 65,16; Jer 4,2; 12,16; Hos 4,15 (»schwören: lebendig ist Jahwe ...« als typischer Ausdruck jahwistischer Volksfrömmigkeit neben Wallfahrten nach Gilgal und Bethel!); Zeph 1,5; Ps 63,12. Pred nennt »denjenigen, der sich verpflichtet« (*hannišbā'*, vermutlich im Namen »Gottes«, ohne daß ein Name genannt wäre) in einem Atem mit dem »Gerechten, Guten, Reinen, der opfert«, d.h. seine religiösen und moralischen Pflichten erfüllt. »Der Schwüre scheut« steht parallel zu »dem, der fehlt« (Pred 9,2).

Ist also rechtes Schwören ein Bekenntnis zu Jahwe, so charakterisiert das Schwören bei einem andern Gott (einem »Nichtgott«, Jer 5,7) den Abfall von Jahwe. Als fremde Götter, bei denen der Apostat schwört, werden genannt: Baal (Jer 12,16), Milkom (Zeph 1,5) und vielleicht die Numina von Samaria, Dan und Beerseba (Am 8,14, Text schwierig).

c) 75 × heißt es von Jahwe, er habe sich »eidlich verpflichtet«; auffälligerweise ist Gott kein einziges Mal Subjekt des Verbums im Hi.: Gott verlangt vom Menschen keine eidlichen Versprechen! Relativ selten (12 ×, vor allem in Am und Jer) ist gesagt, bei wem Jahwe solche Selbstverpflichtungen ablegt: bei »sich selber« (Gen 22,16; Ex 32,13; Jes 45,23; Jer 22,5; 49,13), bei »seiner Rechten und seinem kraftvollen Arm« (Jes 62,8), bei »seinem persönlichen Leben« (*nafšō*, Am 6,8; Jer 51,14), bei »seiner Heiligkeit« (Am 4,2; Ps 89,36), beim »Stolz Jakobs«, d.h. ihm selber (Am 8,7), vielleicht auch bei »seiner Treue« (Ps 89, 50). Es ist selbstverständlich, daß Jahwe nur sich selber gehört, daß nur er über sich selber verfügen kann, und daß somit als Garant seiner Versprechen, wenn überhaupt jemand, so nur er selber in Frage kommt.

In der Mehrzahl der Fälle verpflichtet sich Jahwe, den Menschen Gutes zu tun. Besonders häufig geht es um die sog. Landverheißung (34 ×, vor allem in der dtr. Tradition), aber auch um den Willen, Israel zu einem großen Volk (3 ×), einem heiligen Volk (Dtn 28,9), zu »seinem« Volk zu machen (Dtn 29,12). Gelegentlich beinhaltet das Versprechen ganz allgemein gute Gaben (Jes 54,9f.; 62,8; Mi 7,20), Frieden (Jos 21,44), Segen (Gen 22,16f.). Auch zugunsten königlicher Einzelpersonen macht Jahwe eidliche Versprechungen, so Davids (2Sam 3,9; Ps 89,4.36.50; 132,11) und des König-Priesters (Ps 110,4).

Indessen kann der Inhalt des »Schwörens« auch drohend sein, und zwar sowohl gegenüber Israel (Num 32,10; Dtn 1,34; 2,14; 4,21; Jos 5,6; Ri 2,15; Jer 44,26; Am 6,8; Ps 95,11 usw.) wie gegenüber Fremdvölkern (Jes 14,24), einzelnen Bevölkerungsgruppen (Frauen: Am 4,2), Familien (1Sam 3,14) oder Gegenständen (Tempel: Jer 22,5). Der Gebrauch der Vokabel weist also darauf hin, daß Jahwe sein Handeln voraus anzeigt, und daß diese Anzeige unwiderruflich, für ihn selber verpflichtend ist.

5. Die Verwendung von *šb'* ni. in Qumran folgt atl. Vorbildern (CD 8,15 zitiert Dtn 7,8; 9,5). Der in die Gemeinschaft Eintretende verpflichtet sich bindend und feierlich (*šebū'at 'issār*), das Gesetz zu halten (1QS 5,8); der Sänger der Hodajoth verpflichtet sich, nicht zu sündigen (1QH 14,17). CD 9,10ff. kennt auch die feierliche Eventualverfluchung nach Sach 5,3; Lev 5,1. Indessen werden ebenfalls das Schwören einschränkende, leider nicht immer klar verständliche Bestimmungen erlassen (CD 9,1ff.; 15,9). CD 16,10 bietet einen Kommentar zu Num 30,9f.

In der LXX wird das Ni. fast immer mit ὀμνύειν (in Jes 45,23 bezeichnender- und richtigerweise mit ἐξομολογεῖσθαι), das Hi. mit ὁρκίζειν bzw. ἐξορκίζειν, das

Subst. mit ὅρκος bzw. ἐνόρκιος (Num 5,21; vgl. Neh 6,18 ἔνορκος für »Schwurgenosse«) wiedergegeben. Zur Verwendung dieser Vokabeln im NT vgl. J. Schneider, Art. ὀμνύω, ThW V, 177–185; ders., Art. ὅρκος, ThW V, 458–467.

C.A. Keller

שׁבת *šbt* aufhören, ruhen

1. Das Verbum *šbt* »aufhören« (ni. »verschwinden«, hi. »zum Aufhören bringen«) ist nur hebr. und pun. (vgl. Friedrich § 146) belegt; in der von *šabbāt* »Sabbat« beeinflußten Bed. »ruhen, den Sabbat halten« hat es die arab. Entsprechung *sbt* (*šabbāt* begegnet als Lehnwort in aram. *šbh* [Ostraka aus Elephantine, vgl. DISO 290; P. Grelot, Documents araméens d'Egypte, 1972, 369–371], syr. *šabbᵉtā* [LS 750], arab. *sabt* [Wehr 356b], äth. *sanbat* [Dillmann 369f.], usw.).

Ob und wie das Nomen *šabbāt* mit dem Verbum zusammenhängt, ist umstritten; sowohl Ableitung des Nomens vom Verbum (E. Kutsch, RGG V, 1259) als auch Denomination des Verbums vom Nomen (R. North, Bibl 36, 1955, 182ff.; ebd. die unwahrscheinliche Vermutung, *šabbāt* hänge mit *šæbaʿ* »sieben« zusammen) sind vorgeschlagen worden. Wahrscheinlich besteht ein Zusammenhang mit akk. *šab/pattum* (zur Nominalbildung vgl. BL 476; Meyer II,29; W. G. Lambert, JThSt 16, 1965, 297). Für akk. *šabātu* (»fegen«) ist die Bed. »aufhören« nicht gesichert. Ein Zusammenhang mit idg. Wörtern (so M. Fraenkel, Das Neue Israel 22, 1970, 801ff.) ist unwahrscheinlich.

Für atl. Empfinden gehören jedenfalls Verbum und Nomen zusammen, was die häufige Verbindung beider Ausdrücke zeigt. Von *šbt* ist das Subst. *mišbāt* »Aufhören« abgeleitet (nur Klgl 1,7), von *šabbāt* das Subst. *šabbātōn* »Sabbatfeier« (Joüon 208) sowie der Personenname *Šabbᵉtaj* (»am Sabbat geboren«; vgl. Noth, IP 222. 258; J. K. Stark, Personal Names in Palmyrene Inscriptions, 1971, 113a).

2. Das Verbum kommt im Qal 27 × vor (in direktem oder indirektem Zusammenhang mit dem Sabbat: Gen 2,2.3; Ex 16, 30; 23,12; 31,17; 34,21.21; Lev 23,32; 25,2; 26,34.35.35; 2Chr 36,21; sonst: Gen 8,22; Jos 5,12; Jes 14,4.4; 24,8.8; 33,8; Jer 31,36; Hos 7,4; Hi 32,1; Spr 22,10; Klgl 5,14.15; Neh 6,3), im Ni. 4 × (Jes 17,3; Ez 6,6; 30,18; 33,28), im Hi. 40 × (Ez 10 ×, Jer 5 ×, Jes und Ps je 4 ×). *šabbāt* begegnet 111 ×, mit Ausnahme von 2Kön 4,23; 11,5.7.9.9; 16,18 txt?; Jes 1,13; Hos 2,13; Am 8,5 nur in Gesetzestexten oder nachexilischen Abschnitten, die sich vorwiegend mit der Einhaltung des Sabbatgebotes beschäftigen (Lev 25 ×, Ex und Ez je 15 ×, Neh 14 ×). *šabbātōn* steht 11 × (Lev 8 ×, Ex 3 × ; in der Verbindung *šabbat šabbātōn* 6 ×, nur bei P), *mišbāt* 1 × (Klgl 1,7).

3. a) *šbt* q. bedeutet »aufhören«; als Parallelausdrücke sind *ḥdl* »aufhören« (Jes 24,8; im AT 58 ×, davon 8 × in Ri, 7 × in Hi, 6 × in 2Chr; dazu *ḥādēl* »aufhörend« Jes 53,3; Ps 39,5; »unterlassend« Ez 3,27; *ḥædæl* »Aufhören = Totenreich«? Jes 38,11 txt?) und *mūš* »weichen, weggehen« (Jer 31,36) belegt. In Neh 6,3 erscheint *šbt* als Folge von *rph* hi. »aufhören lassen«. Das Aufhören kann sich auf verschiedene Bereiche beziehen: *šbt* bezeichnet das Ende einer menschlichen Tätigkeit (z. B. Hos 7,4; Hi 32,1) oder das Ende von Dingen (z. B. Gen 8,22; Jos 5,12; Spr 22,10). Sinnverwandt ist das aram. LW *bṭl* q. »aufhören, untätig sein« (Pred 12,3; vgl. Wagner Nr. 39).

Im Zusammenhang mit der Vorstellung vom Sabbat oder Sabbatjahr bezeichnet *šbt* das zu diesen Zeiten gehörige Ruhen und Feiern von Mensch (Ex 16,30; 23,12; 34, 21 u. ö.), Tier (Ex 23,12), Land (Lev 25,2; in 26 34f. als Fluchandrohung: wenn man dem Land die Sabbatruhe nicht läßt, wird sie nach der verheerenden Einwirkung des Feindes von selbst nachgeholt werden) und Gott (Gen 2,2.3; bemerkenswert ist, daß das Nomen *šabbāt* hier nicht vorkommt, von der Sabbateinsetzung ist also explizit nicht die Rede, obwohl Gott deutlich die Sabbatruhe vollzieht; deutlich von der Sabbateinsetzung für den Menschen spricht P in Ex 31,12–17, wo in V. 17 zur Bezeichnung von Gottes Ruhen *npš* ni. »Atem schöpfen« parallel zu *šbt* verwendet wird). Dieses Ruhen ist nicht auf den Sabbat beschränkt, es gilt auch für den Versöhnungstag (Lev 23,32, dieser Tag ist *šabbat šabbātōn*).

b) *šbt* ni. bedeutet »verschwinden«; das Verbum begegnet viermal in prophetischen Gerichtsankündigungen, die das Ende der Macht Israels (Jes 17,3; Ez 33,28) und seiner Götzen (*gillūlīm* Ez 6,6, par. *šbr* ni. »zerbrochen werden«) oder der Macht Ägyptens (Ez 30,18) ansagen.

c) *šbt* hi. hat die kausative Bed. »aufhören lassen« (in bezug auf eine Arbeit: Ex 5,5, nur hier indirekt im Zusammenhang mit der Arbeitsruhe an einem Jahwefest; Ez 34,10; Neh 4,5; 2Chr 16,5) und »zum Verschwinden bringen, entfernen« (z. B

Ex 12,15 Sauerteig für die Passa- und Mazzenzeit; 2Kön 23,5.11 Götzenpriester und -bilder; Lev 2,13 Salz beim Opfer nicht »fehlen lassen«).

In der Mehrzahl der Fälle ist Jahwe Subjekt zu *šbt* hi. Meist handelt es sich um prophetische Redeformen, vor allem um Gerichtsankündigungen. Jahwe wird dem Hochmut Israels ein Ende setzen (Ez 7,24), seinem Jubeln und Singen (Jer 7,34; 16,9; Ez 26,13; vgl. auch Jes 16,10 und Jer 48, 33, wo aber vielleicht besser und von LXX für Jer 48,33 vorausgesetzt ein – freilich sonst nicht belegtes – *šbt* ho. zu vokalisieren ist), seinen gegen Gott gerichteten Redensarten (Ez 12,23), seinem Götzendienst (Ez 16,41; 23,27.48), seinen Festen (Hos 2,13, darunter ist der Sabbat erwähnt – das Wortspiel ist zu beachten!); Jahwe wird dem Königtum Jehus ein Ende setzen (Hos 1,4), er wird überhaupt Mensch und Vieh vertilgen (Jer 36,29, par. *šḥt* hi.). Die Gerichtsankündigung richtet sich auch gegen die Feinde Israels: dem Übermut der feindlichen Fremdvölker wird ein Ende gesetzt (Jes 13,11, par. *špl* hi. »erniedrigen«), die Macht Ägyptens und besonders seine Götzen werden vernichtet (Ez 30,10.13); ebenso die Moabiter, die ihrem Gott Kamos Opfer bringen wollen (Jer 48,35).

Eine weitere Gruppe von Aussagen findet sich im Psalter. Zur Vorstellung vom Kampfe Gottes gegen die Fremdvölker gehört es, daß er diesen ein Ende bereitet (Ps 8,3; 89,45) bzw. den Kampf gegen die Fremdvölker siegreich beendet (Ps 46,10). Hier liegt wohl die Wurzel zu den Aussagen der prophetischen Gerichtsankündigungen: Was im Psalm Ideologie gegenwärtigen göttlichen Heilshandelns ist, wird vom Propheten als Zukunft angesagt und sehr oft gegen Israel selbst verwendet. Die Psalmdiktion wird im späten Weisheitspsalm umstilisiert zur Aussage, daß Jahwe den Frevlern (nicht mehr politisch, sondern im Sinne der Thora-Frömmigkeit gesehen) ein Ende bereitet (Ps 119,119).

4. a) Die Feier des *šabbāt* ist mit Sicherheit für die Zeit von Amos, Hosea und Jesaja belegt. Alle drei Propheten nennen Neumond und Sabbat zusammen (Am 8,5; Hos 2,13; Jes 1,13); es handelt sich um die einzigen Feiertage, die sich in kürzeren (nicht jährlichen) Perioden wiederholen (*ḥōdæš* und *šabbāt* werden späterhin bis in die Qumrantexte hinein zusammen genannt: Jes 66,23; Ez 46,1; Neh 10,32; 1QM 2,4 usw.). Aus Am 8,5 geht hervor, daß an diesem Tag der Handel untersagt war (ob an generelle Arbeitsruhe zu denken ist, ist unsicher). Bei Jes und Hos stehen Neumond- und Sabbatfeier neben andern Festen, die sicher am Tempel abgehalten wurden (bei Jes 1,13f. *qerō' miqrā'*, »Einberufung einer [außerordentlichen] Festversammlung«, z.B. zu einer Klagefeier o.ä., und *mō'adīm*, womit wohl die Jahresfeste gemeint sind; zudem ist vielleicht in V.14 statt *ḥodšēkæm ḥaggēkæm* zu lesen, vgl. BH[3] und zuletzt Wildberger, BK X, 34; auch bei Hos stehen neben den Festen mit kürzerem Zyklus, Sabbat und Neumond, die Ausdrücke *ḥag* und *mō'ēd*, außerdem *māśōś* »Freude«). Man kann daraus schließen, daß zu jener Zeit der Sabbat primär am Heiligtum gefeiert wurde (diese vorexilische Sabbattempelfeier geht auch aus Klgl 2,6 hervor, hier *mō'ēd* par. *šabbāt*). Jes und Hos wenden sich in Gerichtsankündigungen gegen diese Institutionen der Tempelreligion überhaupt, während Amos die gewinnsüchtigen Händler, die das Ende des Sabbats nicht abwarten können, angreift.

Offenbar hatte der Sabbat jedoch nicht nur für den offiziellen Kult Bedeutung, sondern auch für private religiöse Unternehmungen, wurde doch z.B. der Gottesmann an Neumond und Sabbat konsultiert (2Kön 4,23).

b) Das Sabbatgebot, das Arbeit am Sabbat verbietet, ist zunächst in den drei Versionen des Dekalogs überliefert (außerdem im Bundesbuch Ex 23,12). Dabei begegnet das Nomen *šabbāt* nur in Ex 20,8 und Dtn 5,12f. (an der ersten Stelle mit *zkr* »gedenken«, an der letzteren mit *šmr* »beobachten« verbunden), während in Ex 34,21; 23,12 das Verbum verwendet wird, s.o. 3a). Man hat vermutet, das Sabbatgebot sei ursprünglich wie fast alle anderen Dekaloggebote negativ formuliert gewesen (zuerst Alt, KS I, 317f.). Die Begründungen des Gebotes in Dtn 5 und Ex 20 werden meist als sekundär beurteilt; die erstere argumentiert heilsgeschichtlich mit dem Hinweis auf das Exodusgeschehen und zielt insbesondere in Erinnerung an das einstige Sklavendasein Israels in Ägypten auf die Gewährung der Sabbatruhe auch an Sklaven und Tiere (vgl. Ex 23,12). Die letztere verweist auf das Heptaemeron: Gottes Ruhe in der Vollendung der Schöpfung ist Urbild menschlicher Sabbatfeier.

Die Frage nach dem Alter des Sabbatgebotes ist umstritten. Manche nehmen an, es sei, wie der Dekalog überhaupt, sehr alt und gehe vielleicht gar auf Mose zurück (z.B. Jenni). Andere vermuten, das Gebot sei sekundär in den (älteren) Dekalog eingedrungen (z.B. Schmidt). Doch ist festzuhalten, daß ein derart hohes Alter der gegenwärtigen Gestalt des Dekaloges nicht schlüssig bewiesen werden kann; auch die ersten beiden Gebote haben kaum sehr hohes Alter, sie sind jedenfalls nicht in die Zeit vor der Landnahme zu datieren. Das Thema der Sabbatruhe ist sonst nur in nachexilischen Texten wesentlich. Die häufig vertrene Meinung, der Sabbat sei jedenfalls ursprünglich Ruhetag und nicht kultisch begangener Festtag (z.B. W.H.Schmidt, Alttestamentlicher Glaube und seine Umwelt, 1968, 85f.) ist unbegründet. Zum Sabbatgebot vgl. vor allem H. Schmidt, FS Gunkel 1923, I,78–119; E.Jenni, Die theologische Begründung des Sabbatgebotes im AT, 1956; H.Reventlow, Gebot und Predigt im Dekalog, 1962, 45–60; J.J.Stamm, Der Dekalog im Lichte der neueren Forschung, ²1962, 47–51; ders., ThR 27, 1961, 290–295; E.Nielsen, Die zehn Gebote, 1965, 68.71.80f.; A.R.Hulst, FS Vriezen 1966, 152–164; N.-E.Andreasen, The O.T. Sabbath, 1972; A.Lemaire, RB 80, 1973, 161–185 (Lit.).

Einen Niederschlag hat das Sabbatgebot innerhalb des Pentateucherzählgutes gefunden in Ex 16, einer Episode der Wüstenwanderung: Das Manna soll am 7. Tag nicht gesammelt werden, die Ration für den 6. Tag reicht für zwei Tage; die Erzählung wird in der Regel auf J und P verteilt (die Erwähnung der Sabbatregelung in V.5.29ff. zu J, V.22ff. zu P).

c) Im Exil ist der Verlust der Sabbatfeier im Tempel als sehr einschneidend empfunden worden (Klgl 2,6). Umso mehr Gewicht bekommt jetzt die kultlose Sabbatfeier, die Sabbatruhe, bei den Exulanten. Die Nichteinhaltung des Sabbatgebotes ist als Begründung des Gerichts gesehen (Ez 22,8.26; 23,38), andererseits ist für die Gegenwart die Sabbatheiligung positives Zeichen der Unterscheidung zwischen Israeliten und Nichtisraeliten (Ez 20; die Echtheit des Kapitels ist bestritten, vgl. W.Eichrodt, FS Junker 1961, 65–74). Der ezechielische Entwurf für die kommende Heilszeit sieht eine strikte Einhaltung von Sabbat und Neumondfest vor (Ez 44,24; nach 45,17 gehört der Festvollzug in die Verantwortlichkeit des *nāśī'*, des Priesterfürsten; in 46,1ff. sind Kult- und Opfervorschriften für das Fest genannt).

In der nachexilischen priesterlichen und gesetzlichen Literatur spielt der Sabbat eine große Rolle. P begründet den Sabbat mit der Schöpfung Gottes Gen 2,2f.; die eigentliche Sabbateinsetzung für die Menschen folgt Ex 31,13–16 (Wiederholung des Hinweises auf die Schöpfungsruhe Gottes; Todesstrafe bei Übertretung des Sabbatgebotes; Zeichencharakter für das Verhältnis Gott-Israel; zu Gen 2,1–3 vgl. außer der genannten Lit. W.H.Schmidt, Die Schöpfungsgeschichte der Priesterschrift, ²1967, 154–159). Auch in Ex 35,2f.; Num 15,32ff. wird die Todesstrafe für den Sabbatschänder gefordert, wobei hier insbesondere die Arbeit des Feueranmachens verboten wird. Ob die Begründung des Sabbatgebotes in Ex 20,11 von P abhängig ist, ist umstritten (vgl. zuletzt einerseits Reventlow, a.a.O. 60; Nielsen, a.a.O. 77; dagegen Hulst, a.a.O. 161) Im Heiligkeitsgesetz ist der Sabbat an hervorragender Stelle erwähnt (Lev 19,3.30; 23,3 ist dagegen sekundär in den Festkalender eingeschoben). Andere Gesetzestexte erwähnen ausdrücklich das Sabbatopfer (Lev 24,8; Num 28,9f.; vgl. Ez 45,17; ferner 1Chr 23,31; 2Chr 8,13; 31,3). An diesem Tage wurden auch die Schaubrote erneuert (1Chr 9,32; 2Chr 2,3). Auch in nachexilischer Zeit wird das Handelsverbot für den Sabbat betont (Neh 10,32ff.; 13,15ff.).

Belehrende und prophetische Texte beschäftigen sich auch mit dem Thema Sabbat. Die Gebotsparänese schärft die Inhalte und Segenswirkungen des Sabbatgebotes ein (Jes 58,13f.), die prophetische Heilsankündigung nennt als Bedingung für das kommende Heil die Erfüllung dieses Gebotes (Jes 56,1f.), und eine prophetische Thoraerteilung entscheidet, daß auch der Nichtisraelit, der die Gebote, vorab das Sabbatgebot, hält, zum Volke Gottes zu rechnen ist (Jes 56,3–8). Jedenfalls scheint man das Sabbatgebot als wesentlichstes der Gebote aufgefaßt zu haben (Neh 9,14). Für die kommende Heilszeit wird für jeden Neumond und Sabbat die Völkerwallfahrt zum Zion erwartet (Jes 66,23).

d) Dem Wochensabbat entspricht das Sabbatjahr: jedes 7. Jahr hat der Boden zu ruhen (Brachjahr, Lev 25,2ff.; 2Chr 36,21; wird das Brachjahr nicht eingehalten, so ist als Fluch Krieg und daraus folgende erzwungene Brache des Landes angedroht Lev 26,34f.43). Die vielleicht älteste Ausformung des Sabbatjahrgebotes findet sich (ohne den Terminus *šabbāt*) Ex 23,10f.

Das Alter der Vorstellung vom Sabbatjahr ist unsicher. Es war kaum schon in Kanaan bekannt (dazu mit Recht E.Kutsch, ZThK 55, 1958, 26f.). Es handelt sich wohl um ein bloßes Postulat nachexilischer Theologie (vgl. G.Fohrer, Geschichte der isr. Religion, 1969, 201.321).

Als Sabbatfeier (*šabbat šabbātōn*) gilt auch der Versöhnungstag am 10. des 7. Monats (Lev 16,31; vgl. auch 16,29; 23,32). *šabbātōn* ist zudem der Neujahrstag, der 1. und 8. Tag des Laubhüttenfestes (1., 15. und 22. des 7. Monats; hier ist offenbar die Wochenrhythmik mit dem Festkalender untrennbar verbunden).

e) Über den Ursprung des Sabbats bestehen die verschiedensten Theorien. Der wahrscheinliche Zusammenhang mit akk. *šab/pattu* (Vollmondstag) hat zur Vermutung geführt, es handle sich auch beim Sabbat ursprünglich um einen Vollmondstag (vor allem J. Meinhold, Sabbat und Woche im AT, 1905; ders., ZAW 48, 1930, 121–138), doch deutet im AT nichts darauf hin. Andere dachten an eine nomadische Herkunft aus dem kenitischen Bereich (Ex 35,3; Num 15,32ff. P seien nur vom Schmiede-Stamm her zu deuten, der besondere Tabu-Tage in bezug auf sein Handwerk gekannt hätte; u.a. B.D. Eerdmans, FS Marti 1925, 79ff.). Der Textanhalt für diese Hypothese ist aber viel zu unsicher. Auch periodisch wiederkehrende Markttage wurden zum Vergleich vorgeschlagen (Jenni, a.a.O. 12f.), doch ist am Sabbat der Handel ja gerade verboten, und es ist nicht einzusehen, warum ein Handelstag in sein Gegenteil verkehrt und zum Jahwefest gemacht worden sein sollte. Schließlich ist darauf hingewiesen worden, daß der Sabbat seinen ursprünglichsten Platz bei den beiden großen Jahresfesten in Frühjahr und Herbst hat, so daß also die Festwoche Modell für die Normalwoche wäre (Kutsch, a.a.O. 10ff.; H.-J. Kraus, Gottesdienst in Israel, ²1962, 98–108; Reventlow, a.a.O. 48ff.). Diese Beobachtung kann durch die Vermutung ergänzt werden, daß es sich ursprünglich spezifisch um die Schöpfungsfestwoche handelte, deren Abschluß der Sabbat bildete und die das ganze Jahr hindurch repetiert und kultisch begangen wurde (F. Stolz, WuD NF 11, 1971, 159–175).

5. Im Spätjudentum gewinnt das Sabbatgebot immer mehr an Gewicht; die Kasuistik nimmt einen immer breiteren Raum ein (im AT ist sie erst in Ex 35,2f.; Num 15,32ff. angedeutet). In der Auseinandersetzung zwischen Jesus und seinen Gegnern spielte offenbar das Sabbatgebot eine wesentliche Rolle, indem hier ein verschiedenes Gesetzesverständnis sichtbar wurde; entweder war das Gebot als unverstehbare Forderung Gottes, oder aber als sein hilfreiches Angebot verstanden. Vgl. dazu E. Lohse, Art. σάββατον, ThW VII, 1–35; W. Rordorf, Der Sonntag, 1962.

F. Stolz

שׁגג *šgg* sich versehen

1. Neben *šgg*, einer im Hebr. hauptsächlich nominal belegten Wurzel (q. »sich versehen«; *šᵉgāgā* »Versehen«), steht die verbal häufigere Wurzel *šgh* (q. »irren«, hi. »irreführen«; *mišgǣ* »Versehen«); auch *šᵉgī'ā* »Versehen« und *mᵉšūgā* »Irrtum« gehören als Nebenformen zu der Wortgruppe, während bei *šiggājōn* (in den Psalmüberschriften zu Ps 7 und Hab 3) Bedeutung und Etymologie ungeklärt sind (von akk. *šegû* »Klagelied«?, vgl. Kraus, BK XV, XXIII; G. Rinaldi, Bibl 40, 1959, 285). Die Wurzel *šgg* begegnet auch im Aram. (zu Ah. 137 vgl. DISO 290f.; LS 754f. mit Hinweis auf äth. *sakʷaja*, vgl. Dillmann 383f.).

2. *šgg* q. begegnet 4× (Lev 5,18; Num 15,28; Ps 119,67; Hi 12,16; exkl. Gen 6,3, vgl. Westermann, BK I, 493.507), *šᵉgāgā* 19× (Num 9×, Lev 6×, Jos und Pred je 2×), *šgh* q. 17× (Spr 5×, Jes 28,7 3×), hi. 4×; Hapaxlegomena sind *šᵉgī'ā* (Ps 19,13), *mišgǣ* (Gen 43,12) und *mᵉšūgā* (Hi 19,4).

Die ältesten Belege sind Dtn 27,18; 1Sam 26,21 und Jes 28,7 (vielleicht auch Spr 19,27; 20,1; 28,10) von *šgh* q./hi. und Gen 43,12 J von *mišgǣ*; alle anderen Belege stammen aus der exilisch-nachexilischen Zeit. 17 der 19 Belege von *šᵉgāgā* (inkl. Jos 20,3.9) gehören der priesterlichen Ritualgesetzgebung an; vgl. auch *šgg* in Lev 5,18; Num 15,28; Ps 119,67, *šgh* q./hi. in Lev 4,13; Num 15,22; Ps 119,10.21.118 und *šᵉgī'ā* in Ps 19,13.

3. a) Die Grundbedeutung von *šgh* ist wörtlich sichtbar in Ez 34,6 »auf allen Bergen ... irrte meine Herde umher« und in Dtn 27,18 (hi.) »verflucht, wer einen Blinden auf dem Wege irreführt«. Ins Bildhafte gewendet begegnet sie in Spr 28,10 (hi.) »wer Rechtschaffene auf bösen Weg irreführt«. Den Übergang von der die wörtliche Bedeutung noch enthaltenden Bildrede zur übertragenen Bedeutung markiert Jes 28,7 (dreimal q.) »sie irren umher vom Wein (par. →*t'h*) ... irren umher vom Rauschtrank ... irren beim Sehen«. Alle anderen Belege der gesamten Wortgruppe haben die übertragene Bedeutung von »Irrtum« im Sinne von »unwissentlichem, unbeabsichtigtem Versehen« als Resultat eines Tuns (Qal- und Nominalformen) oder als dessen Verursachung (Hi.-Formen). Vgl. die ähnliche Entwicklung bei →*t'h* »umherirren«, wo aber in der übertragenen Bedeutung das moralisch oder religiös Schuldhafte und Strafwürdige stärker betont wird.

b) Formelhaft ist die Wortverbindung *ḥṭ' bišᵉgāgā* »sich aus Versehen verfehlen« (Lev 4,2.22.27; 5,15; Num 15,27.28). Bezieht sich hier der Irrtum auf *ḥṭ'* »sich verfehlen«, so handelt es sich in Num 15,29 um ein versehentliches Tun (*'śh*, vgl. V.24) und in Num 35,11.15 und Jos 20,3.9 um das versehentliche Erschlagen eines Menschen (*nkh* hi. *nǽfæš*). Alle genannten Belege haben ihren Sitz in Ritual- oder Asylverordnungen, welche die Sühnung bzw. das Asyl für unvorsätzlich, unabsichtlich unterlaufene Verfehlungen oder Fahrlässigkeitssünden reglementieren (vgl. auch Ez 45,20; Ps 119,21.118 und R. Rendtorff, Studien zur Geschichte des Opfers im Alten Israel, 1967, 200ff.).

c) Im Kontext begegnen folgende Parallelbegriffe und -wendungen: »er weiß (*jd'*) es nicht« (Lev 5,17.18); *bibᵉlī dáʻat* »ohne Wissen« (Jos 20,3; vgl. *dáʻat* auch in Ps 119,66f.). Ferner wird man sachlich »und es bleibt ihm verborgen (*ʻlm* ni.)« (Lev 5,2.3.4) und *šbʻ* ni. *lᵉbaṭṭēʼ* »unbesonnen schwören« (Lev 5,4) heranziehen müssen.

Die These von J. Milgrom, The Cultic *šᵉgāgā* and its Influence in Psalms and Job, JQR 58, 1967, 115–125, *šᵉgāgā* setze eine bewußt begangene und für richtig gehaltene Tat voraus, die sich in der Folge als Irrtum herausstelle, dürfte kaum haltbar sein: Die Mehrzahl der Belege reflektiert über die subjektive Verfassung des Täters beim Tun überhaupt nicht. Wo dies dennoch geschieht, kann es nur aus dem Kontext, nicht aber aus *šgg*/*šᵉgāgā* erschlossen werden. Darüber hinaus implizieren mehrere Belege unbeabsichtigtes Tun, z. B. Gen 43,12; Num 35,11; Jos 20,3.9; Jes 28,7; Ez 34,6; vgl. die Wendungen »versehentlich erschlagen«, »versehentlich tun«, »unbesonnen schwören« (s. o.). In Ps 19,13 kann *nistārōt* »Verborgenes« ein Synonym für *šᵉgīʼōt* »Versehen« sein, was eine Parallele zu Lev 5,2–4 wäre. Vgl. ferner Elliger, HAT 4,68.74 zu Lev 4–5. Andere Belege implizieren freilich ein bewußtes Tun, z. B. 1Sam 26,21; Jes 28,7b; Ez 45,20. Insgesamt ist anzunehmen, daß der Begriff ungeachtet der subjektiven Verfassung des Täters das objektive Resultat einer Tat als nicht vorsätzliches, ungewolltes Versehen bezeichnet (Rendtorff, a.a.O. 202f.; vgl. Gen 43,12; Jes 28,7; Ps 119,66f.; Spr 5,19–23; 20,1; Pred 10, 5; vgl. auch den Resultatsbegriff *ʼšm* q. »schuldpflichtig sein« (→*ʼāšām*) im Kontext von *šᵉgāgā*, Lev 4,22.27; 5,17–19).

4. Das Gewicht der theologischen Bedeutung des Begriffes kommt auf verschiedene Weise zum Ausdruck. Der Fluch über den Verführer eines Blinden in Dtn 27,18 ist Teil des alten kultischen Fluchzeremoniells. Im Weisheitsspruch Spr 28, 10 ist die Verführung des Rechtschaffenen auf einen bösen Weg theologisch indirekt als Tatsphäreverhängnis für den Täter angesagt. Der Begriff begegnet ferner in der prophetischen Anklage (Jes 28,7), in der Unschuldserklärung (implizit vor Gott: Hi 6,24; 19,4), im Schuldbekenntnis (1Sam 26,21), zentral in den Sühneritualen (Lev 4–5; Num 15), in der sakralen Asylverordnung (Num 35,11.15; Jos 20,3.9) und schließlich in der Begründung des Jahweurteils (Gen 6,3, falls hier ein Inf. von *šgg* vorliegen sollte, vgl. GK §67p *bᵉšaggām* »in ihrem Irren«).

Das theologische Gewicht eines »Versehens« ist dadurch bestimmt, daß auch die unwissentlichen Sünden »eine objektive Störung der göttlichen Weltordnung« (Elliger, HAT 4,68) darstellen und darum der Sühne bedürftig sind. Irrtumssünde bedeutet nicht geringere Schuld oder Schuldlosigkeit, sondern lediglich das bevorzugte Angebot von Sühne. Dabei ist die Sühneleistung je nach der Stellung des Täters geringer oder größer (Lev 4,2.22. 27; 5,15.18; 22,14; Num 15,24.25.26.27). Grundsätzlich gilt auch für die Irrtumssünde: »Ihm (Jahwe) gehört, der irrt und der irreführt« (Hi 12,16). Die Gefahr unwissentlicher, aber nichtsdestoweniger vollverantwortlicher Verirrung zeigt den Menschen als total abhängig von Gottes Enthüllung (Ps 19,13; 119,66f.), Leitung (Ps 119,10) und Gericht oder Vergebung (Ps 119,21.118). Offenheit für die Enthüllung von Irrtum wird deshalb zu einem wichtigen Anliegen biblischer Anthropologie. Wer sich mit dem Hinweis auf ein »Versehen« entschuldigt, zieht sich nach Pred 5,5 Gottes Zorn zu. Das »Versehen« eines Gewalthabers ist ein schlimmes Übel, weil er es nicht einsieht und zugibt (Pred 10,5). Wo schließlich der Mensch total als →*bāśār* »Fleisch« verstanden wird, der für die Korrekturen seines »Versehens« durch Gottes »Geist« unempfänglich ist (Gen 6,3 P, s. o.), ist die Hoffnung für seine Zukunft dahin.

5. Die Qumrantexte (vgl. Kuhn, Konk. 134b.217b) enthalten 10 Belege für den Begriff (*mišgǣ* 3 ×: 1QH 2,19; CD 3,5; 4QFl 1,9; *šgh* 1 ×: 1QSa 1,5; *šgg* 2 ×: 1QS 8,26; 9,1; *šᵉgāgā* 4 ×: 1QS 7,3; 8,24; 9,1; 1Q27 6,2). Überraschend ist das Gewicht, das in der Gemeinderegel den Irrtumsvergehen beigemessen wird. Gegensatz zu »versehentlich« ist wie in Num 15, 29f. *bᵉjād rāmā* »vorsätzlich (wörtlich: mit erhobener Hand)« (1QS 9,1).

In der LXX wird die Wortgruppe mit zahlreichen verschiedenen gr. Begriffen wiedergegeben, *šᵉgāgā* (mit der Präp. *bᵉ*) am häufigsten mit ἀκουσίως. Vgl. R. Bultmann, Art. ἀγνοέω, ThW I, 116–122; G. Quell, Art. ἁμαρτάνω, ThW I, 267–288 (bes. 271.274–276.281). *R. Knierim*

שַׁדַּי *Šaddaj* (Gottesname)

1./2. a) Die 48 atl. Kontext-Belege für die Gottesbezeichnungen *'ēl šaddaj* (im folgenden »Langform« genannt; 8 ×) und *šaddaj* (im folgenden »Kurzform«; 40 ×) verteilen sich wie folgt: *Pentateuch*: nicht quellenhaft (Stammessprüche): Gen 49,25; Jahwist: Num 24,4.16; Priesterschrift: Gen 17,1; 28,3; 35,11; 43,14; 48,3; Ex 6,3; *Psalter*: Ps 68,15; 91,1; *Prophetie des 6.Jh.*: Schule Ezechiels: Ez 10,5, aus dieser Stelle eingetragen in 1,24 (vgl. zu beiden Stellen Zimmerli, BK XIII, 8.238f.); anonym: Jes 13,6 = Jo 1,15; *Hiob*: 31 Belege, davon 6 in den Elihureden (32,8; 33,4; 34,10.12; 35,13; 37,23), nie in der prosaischen Rahmenerzählung und den Prosa-Einleitungen der Reden; *Ruth*: 1, 20.21.

Die Langform ist auf die Belege bei P und Ez 10,5 beschränkt. Mit den in BHS angegebenen Textzeugen ist jedoch wahrscheinlich auch in Gen 49,25 statt *we'ēt šaddaj* vielmehr *we'ēl šaddaj* herzustellen (so die meisten Kommentatoren; anders J. Blau, VT 6,1956, 212, doch ist *'ēt* vor dem Nominativ in einem alten poetischen Text kaum zu erwarten).

b) Dazu kommen drei mit *šaddaj* zusammengesetzte hebr. Personennamen in der Liste der Stammesrepräsentanten (*nesī'īm*) Num 1,5–16(19), die auch den sekundären Kompositionen Num 2,10–31; 7,12–83; 10,11–28 zugrundeliegt (vgl. dazu M. Noth, Das System der zwölf Stämme Israels, 1930, 15–18.153–156): *'ammīšaddaj* »mein *'am* (Onkel väterlicherseits) ist *šaddaj*«, Vater des Ahieser von Dan (1,12; auch 2,25; 7,66.71; 10,25), *Ṣūrīšaddaj* »mein Berg(!) ist *šaddaj*« (»Berg« im Sinne von Zufluchtsstätte), Vater des Selumiel von Simeon (1,6; auch 2,12; 7,36.41; 10, 19), und *Šedē'ūr* (besser wohl **Šaddaj'ōr* zu vokalisieren, obwohl schon G Σεδιουρ u.ä. hat) »*šaddaj* leuchtet« (so nach dem emendierten Text; MT unerklärbar), Vater des Elizur von Ruben (1,5; auch 2,10; 7,30.35; 10,18). Die hebr. Grundlage des Personennamens Σαρασαδαι (Varianten: Σαλασαδαι, Σαρισαδαι) in Jdt 8,1 ist nicht sicher zu ermitteln.

c) Bisher gibt es nur einen einzigen vorbiblischen Beleg für *šaddaj* in dem semitischen Personennamen eines ägyptischen Dieners des späten 14.Jh. v.Chr. (W.M. Flinders Petrie, Kahun, Gurob, and Hawara, 1890, Tf. 24; M. Burchardt, Die altkanaanäischen Fremdworte und Eigennamen im Ägyptischen II,1910, 43 Nr. 826), der, wie Burchardt und Albright gesehen haben, hebr. **Šdj'mj* entspricht. Vgl. dazu W.F. Albright bei L. Finkelstein (Hrsg.), The Jews; Their History, Culture and Religion, 1949, 7.56 Anm. 20 (unverändert in: The Biblical Period from Abraham to Ezra, 1963, 13.99 Anm. 35); F.M. Cross, HThR 55, 1962, 245. Anders freilich W. Helck, Die Beziehungen Ägyptens zu Vorderasien im 3. und 2. Jahrtausend v.Chr., ²1971, 359 Nr. IX 28, der den Namen ohne ' liest; doch ist die Auffassung Burchardts und Albrights m.E. vorzuziehen. Vgl. dazu auch F.M. Cross, Canaanite Myth and Hebrew Epic, 1973, 53 mit Anm. 38.

d) Eine sichere Entscheidung darüber, ob die Lang- oder die Kurzform die ursprüngliche Gestalt des Gottesnamens repräsentiert, kann nicht gefällt werden. Immerhin spricht das Vorkommen der Kurzform in alten Belegen wie den Namen und den Bileam-Sprüchen zumindest dafür, daß *šaddaj* in der Langform keine im Genetiv von *'ēl* abhängige Näherbestimmung, sondern eine Apposition zu *'ēl* darstellt und daher auch allein vorkommen kann.

e) Wie die wechselnden und z.T. wohl sogar willkürlichen Wiedergaben von (*'ēl*) *šaddaj* in den Versionen des AT zeigen, hatte schon die Antike keine sichere Kenntnis mehr von der Bedeutung des Namens.

In G wird nur die Langform regelmäßig durch θεός mit einem Possessivpronomen wiedergegeben (Gen 17,1; 28,3; 35,11; 43,14; 49,25 [s.o. 1a]; Ex 6,3; einmal θεὸς Σαδδαι Ez 10,5). Sonst finden wir ὁ ἐπουράνιος (Ps 68,15), θεός (Num 24, 4.16), ὁ θεός (Jes 13,6), ὁ θεὸς τοῦ οὐρανοῦ (Ps 91,1), (ὁ) ἱκανός (Ez 1,24 G^A; Hi 21,15; 31,2; 40,2 [an den Hiob-Stellen jeweils asterisziert]; Ruth 1,20.21), (ὁ) κύριος (Hi 6,4.14; 13,3; 21,20; 22,3.23.26; 24,1; 27,10 [αὐτός, auf κύριος bezüglich]; 31, 35), κύριος παντοκράτωρ (Hi 15,25), ὁ τὰ πάντα ποιήσας (Hi 8,3), παντοκράτωρ (Hi 5,17; 8,5; 11,7; 22,17.25; 23,16; 27,2.11. 13; 32,8; 33,4; 34,10.12; 35,13; 37,23). Die jüngeren gr. Übersetzungen Aquila, Symmachus und Theodotion haben an allen belegten Stellen ἱκανός (vgl. dazu auch Ber.R. XLVI,3 zu Gen 17,1: *trgwm 'qjlws 'ksjws w'nqws* [lies **'qnws*], d.h. für *'ēl šaddaj* hat Aquila ἄξιος ἱκανός). Vgl. G. Bertram, ZAW 70,1958, 20–31; ders., Akten des Vierundzwanzigsten Internationalen Orientalistenkongresses, 1959, 211 bis 213; ders., WdO II,5/6, 1959, 502–513.

Hieronymus (Vulgata und Psalterium juxta Hebraeos) ist in seiner Auffassung von *šaddaj* wohl ganz von G abhängig. Er gibt die Langform durch *deus omnipotens*, einmal (Gen 43,14) durch *deus meus omnipotens* wieder und hat für die Kurzform *deus* (Hi 22,3; 40,2), *dominus* (Jes 13,6; Hi 5,17; 6,4.14), *excelsus* (Ps 91,1), *omnipotens* (Gen 49,25; Num 24,4.16; Hi 8,3.5; 11,7; 13,3; 15,25; 21,15.20; 22,17.23.25.26; 23,16; 24,1; 27,2.10.11.13; 29,5; 31,2.35; 32,8; 33,4; 34,10.12; 35,13; Ruth 1,20.21), *potens* (Jo 1,15), *robustissimus* (Ps 68,15) und *sublimis deus* (Ez 1,24).

Die Targume haben durchgängig (*'ēl*) *šaddaj* wie MT. In der syrischen Übersetzung erscheint die Transkription *'ēlšaddaj* gewöhnlich für die Langform (Gen 17,1; 28,3; 35,11; 43,14; 48,3; Ex 6,3; auch Gen 49,25 [s.o. 1a]), einmal (Ruth 1,20) auch für die Kurzform. Sonst werden als »Übersetzungen« verwendet: *'allāhā* »Gott« (Num 24,4.16; Ez 1,24; 10,5 [Langform!]; Jo 1,15; Ps 68,15; 91,1; Hi 21,15.20; 22,17.23.25; 24,1; 31,2.35; 32,8; 33,4; 34,12; 35,13; 40,2), *ḥassīnā* »Starker« (Hi 5,17; 6,4; 8,3.5; 11,7; 13,3; 15,25; 27,2.10.13; 29,5; 37,23), *'ellājā* »Hoher« (Hi 6,14), *šeljā* (Jes 13,6, vielleicht Fehler für **'ellājā*, da die Bed. »Ruhe« gar nicht paßt).

f) Wie die antiken Übersetzungen, so differieren auch die in neuerer Zeit vorgeschlagenen Etymologien ganz beträchtlich. Ein Konsens ist bisher nicht zustandegekommen. Da das gegenwärtig vorhandene Material eine sichere Entscheidung für die Richtigkeit e i n e r Hypothese nicht zuläßt, seien im folgenden – auch unter wissenschaftsgeschichtlichem Aspekt! – die wichtigeren älteren und jüngeren Erklärungsvorschläge und jeweils kurz die kritischen Einwände dazu referiert.

(1) *šaddaj* = »der Gewaltige, Starke«, von der Wurzel *šdd*. Diese Ableitung liegt dem Wortspiel zwischen *šōd* und *šaddaj* in Jes 13,6 = Jo 1,15 zugrunde; doch ist das Wortspiel vielleicht noch nicht in unserem Sinne etymologisch gemeint (vgl. M. Weippert, ZDMG 111, 1961, 44f.). Diese Ableitung hat auch später ihre Vertreter gefunden; vgl. für älteres J. Buxtorf d. J., Dissertationes philologico-theologicae, Basel 1662, 275; C. Iken, Dissertationes philologico-theologicae, Leiden 1749, 7–9; Gesenius, Thesaurus 1366f.; sonst z.B. F. Baethgen, Beiträge zur semitischen Religionsgeschichte, 1888, 293–295; GB 808f.; Noth, IP 130f. Das in diesem Zusammenhang gern zitierte arab. *šadīd* »stark« ist aus lautgesetzlichen Gründen von vorneherein nicht vergleichbar. Vielleicht sind hierher auch die antiken Übersetzungen zu stellen, die den Begriff »stark« o.ä. ausdrücken: κύριος, παντοκράτωρ, *dominus*, *omnipotens*, *potens*, *robustissimus*, *ḥassīnā*; vgl. auch die syr. Wiedergabe von *'ēl šaddaj* durch *Išō' bar 'Alī* als *'allāhā gabbārā* »starker Gott« neben *'allāhā d^{e}-šūw^{e}dājē* (arab. *'ilāh 'al-mawā'īd*) »Gott der Verheißungen« (*'ēl šaddaj* hat nach Gen 17,1ff. usw. nur verheißen, *Jhwh* das Verheißene erfüllt) und *'allāhā da-šmajjā* »Gott des Himmels« (G. Hoffmann, Syrisch-arabische Glossen, 1874, 781). – Bei der Ableitung von *šdd* ist jedoch die Nominalform von *šaddaj* nicht erklärbar. Außerdem bedeutet die Wurzel nicht im positiven Sinn »stark sein« o.ä., sondern impliziert den Aspekt des Gewalttätigen und Zerstörerischen; vgl. dazu schon Isaak Abarbenel bei Buxtorf, a.a.O. 275.

(2) *šaddaj* ist in *šæ-* und *daj* zu zerlegen und bedeutet »der genügt«. Dies ist die Auffassung des antiken Judentums, die schon hinter der Übersetzung ἱκανός in G (Ruth 1,20.21; sonst wohl stets hexaplarischer Zusatz) und den jüngeren gr. Übersetzungen steht, im Midrasch (Ber.R. V,8 zu Gen 1,11; XLVI,3 zu Gen 17,1; XCII, 1 zu Gen 43,14; vgl. *Jalqūṭ Šim'ōnī* ed. Jerus. I,45 zu Gen 17,1) belegt ist und auch von der mittelalterlichen jüdischen Exegese vertreten wird (z.B. von Saadia Gaon in seiner Bibelübersetzung, wo *šaddaj* = *'al-kāfī*, und von Raschi zu Gen 17,1). Zur verschiedenartigen exegetischen Anwendung dieser Etymologie vgl. G. Kittel, ThW I,467; Weippert, a.a.O. 45–47. – Daß die Ableitung künstlich ist, liegt auf der Hand; sie hat deshalb in neuerer Zeit auch keine Anhänger mehr gefunden.

(3) Die Vokalisation *šaddaj* ist unrichtig, da sie auf die Ableitung von *šdd* oder *šæ-* + *daj* zurückgeht, und in **šēdī* oder **šēdaj* (nach Analogie von *'^{a}dōnāj*) zu ändern, wobei vorausgesetzt ist, daß *šēd* »Dämon« o.ä. ursprünglich auch in Israel ein positives Wesen war (vgl. zu bab. *šēdu*, dem Stammwort von hebr. *šēd*, jetzt W. von Soden, Baghdader Mitteilungen 3,1964 [1965], 148–156), und/oder mit arab. *saijid* »Herr« verbunden werden kann. So Th. Nöldeke, ZDMG 40,1886, 735f.; 42,1888, 480f.; G. Hoffmann, Über einige phönikische Inschriften, 1889, 53–55; B. Duhm, Das Buch Hiob, 1897, 34. – Das akk. Lehnwort *šēdīm* wird im AT nur für Fremdgötter oder Dämonen gebraucht (Dtn 32,17; Ps 106,37; genaue Bedeutung unklar). Der bab. *šēdu* gehört nicht zu den großen Göttern; anders *šaddaj* (s.u. 3./4.)! Zudem sind (abgesehen von *'^{a}dōnāj*) Gottesbezeichnun-

gen in stereotyper Verbindung mit dem Suffix der 1. Sing. sonst nicht belegbar.

(4) *šaddaj* hängt mit dem sem. Wort für »Brust« (ug. *ṯd*, hebr. Dual *šādájim*, aram. Dual *tedajjā*, arab. *ṯadj*) zusammen und ist Name einer Fruchtbarkeitsgottheit. Vgl. Buxtorf, a.a.O. 276, der auf klass. Bezeichnungen von Göttinnen (!) als *mammosa* (Ceres, Diana, Isis) verweist; vgl. auch P. Haupt, FS Wellhausen 1914, 212, ferner Albright und Zoller unter (6). – Da es sich bei *šaddaj* um eine männliche Gottheit handelt, ist die Etymologie wenig erwägenswert.

(5) *šaddaj* ist abzuleiten entweder von *šdj* »werfen« (aram. *šd'*) oder von *šdj* (nicht belegt) im Sinne von *'šd* »(er)gießen«; in ersterem Fall bedeutet der Name »(Blitze-)Schleuderer« (κεραύνειος), in letzterem »der (seinen Segen über die ganze Schöpfung) ausgießt«; vgl. Buxtorf, a.a.O. 276; Gesenius, Thesaurus 1367; F. Schwally, ZDMG 52, 1898, 136. – Die stillschweigenden Ergänzungen der Übersetzung zeigen, daß sich diese Etymologie nur mit semantischen Schwierigkeiten durchführen läßt. Dazu kommt, daß die Wurzel *šdj* nicht kanaanäisch ist.

(6) Als die Erschließung der bab.-ass. Texte im 19. Jh. ergab, daß das akk. Wort für »Berg« *šadû* lautete, wurde auch dieses für die Erklärung von *šaddaj* herangezogen. F. Delitzsch (The Hebrew Language Viewed in the Light of Assyrian Research, 1883, 48 Anm. 1; Prolegomena eines neuen hebr.-aram. Wörterbuches zum AT, 1886, 95f.) erschloß als Wurzelbedeutung von *šadû* »sich erheben« und erklärte danach *šaddaj* als den »(Aller-)Höchsten«. Später nahm er für *šadû* auch die Bed. »Herr, Gebieter« an und verwies zugleich auf das Epitheton »Grosser Berg« des Gottes Ellil, sum. kur.gal, akk. *šadû rabû* (Assyrisches Handwörterbuch, 1897, 642f.). Auf der Grundlage der Thesen Delitzschs schlugen dann F. Hommel, Die altisraelitische Überlieferung in inschriftlicher Beleuchtung, 1897, 109f., und J. Hehn, Die biblische und die babylonische Gottesidee, 1913, 265–269, vor, statt *šaddaj* vielmehr *šādī* oder *šādaj* (analog *'adōnāj*) zu vokalisieren und das Wort in der Bed. »Hoher, Allerhöchster« als Synonym zu *'æljōn* (→*'lh* 4b) anzusehen. Sie wiesen das Epitheton *šadû rabû* auch für den Gott *Amurrû(m)* (sum. dMar. dú), den Gott des Westlandes (*māt Amurri(m)*, Syrien-Palästina) nach. Bei E. Burrows, JThSt 41, 1940, 152–161, ist (*'ēl*) *šaddaj* überhaupt mit dem Gott *Amurrû(m)* identisch (s.u.).

Mit Recht hat W.F. Albright, JBL 54, 1935, 173–204, gegen solche Hypothesen eingewandt, daß *šaddaj* nicht direkt von akk. *šadû* abgeleitet werden könne, da in diesem Fall eine hebr. Form wie **šedī* zu erwarten wäre. Er fand das akk. Vorbild für *šaddaj* in dem neuass. Gentilizium *šaddā'û*/**šaddājû* (auch *šaddû'a*) »Bergbewohner« und erklärte *šaddaj* (lautgesetzlich richtige Form nach Abfall der Kasusendungen) als »der des Berges«. Da sich die Form *šaddā'û* in älteren Texten bisher nicht gefunden hat, Albright aber die Übernahme des Gottesnamens in der Patriarchenzeit postulierte, konnte er nur auf eine bronzezeitliche Parallele in Gestalt des »amoritischen« Stammesnamens *Rabbājū* (daneben auch *Rabbû*) der Mari-Texte mit der Bed. »Bogenschützen« hinweisen (Yahweh and the Gods of Canaan, 1968, 94 Anm. 140. 164 Anm. 77). Etymologisch verband Albright nach semantischen Parallelen *šadû* »Berg« mit dem sem. Wort für »Brust« (Wurzel *ṯdj*; vgl. ähnlich auch I. Zoller, RSO 13, 1931/32, 73–75) und konnte so sowohl das anlautende *š* in hebr. *šaddaj* wie den s-Laut (konventionell *š* umschrieben) in der äg. Transkription *Š*;-*d*-*i*- erklären (vgl. dazu F.M. Cross, Canaanite Myth and Hebrew Epic, 1973, 52f. Anm. 36, zum Anlaut von *šadû* auch A.F. Rainey, *Lešōnēnū* 30, 1966, 272; UF 3, 1971, 172, jeweils sub 19.2387 und 19.2654). Albrights These ist weithin übernommen worden; vgl. bes. Cross, a.a.O. 52–60; Ll.R. Bailey, JBL 87, 1968, 434–439; J. Ouellette, JBL 88, 1969, 470f.; H. Gese in: H. Gese–M. Höfner–K. Rudolph, Die Religionen Altsyriens, Altarabiens und der Mandäer, 1970, 133f. Während aber Bailey, Ouellette und E.L. Abel, Numen 20, 1973, 48–59, wie vorher schon Burrows (s.o.) unter Hinweis auf das Epitheton *bēl šadê* »Herr des Berges / Gebirges« des Gottes *Amurrû(m)* (*'ēl*) *šaddaj* mit diesem gleichsetzen und an einen mit Sîn von Harran verwandten Mondgott denken, möchte Cross in *Amurrû(m)* wie (*'ēl*) *šaddaj* eher den amoritischen El erblicken, der »Wettergott«-Eigenschaften besitzt und dem Typus des »göttlichen Kriegers« (vgl. allgemein P.D. Miller, Jr., The Divine Warrior in Early Israel, 1973) zuzuordnen ist (vgl. aber auch Gese). – Der These Albrights muß entgegengehalten werden, daß das Gentilizium *šaddā'û*/**šaddājû*, auf das er seine Erklärung stützt, ebenso wie die zugehörige Nebenform *šaddû* zu *šadû* eine neuass. Neubildung darzustellen scheint, die sich nicht in die altbab. Zeit zurückdatieren läßt. Der Stammesname *Rabbājû*/*Rabbû* ist ebenso wie das damit identische akk. Appellativum *rabbû* »Schütze« (auch als Sternbild) insofern schwer mit *šaddā'*/*jû* vergleichbar, als es sich bei ersterem wahrscheinlich um ein Nomen actoris der Form **fa''āl-* von einem fientischen Verbum, bei letzterem um ein Gentilizium von einem Gegenstandssubstantiv handelt. Man entgeht diesen Schwierigkeiten jedoch, wenn man die Verdoppelung des *d* in *šaddaj* mit Cross, a.a.O. 52 Anm. 33, als sekundär erkennt und die Endung *-aj* als normale nordwestsem. Gentilizendung (**ajju*) auffaßt.

(7) Nach N. Walker, ZAW 72, 1960, 64–66) ist *šaddaj* über das Aram. von dem sum. Gottesnamen bzw. -epitheton ŠÀ.ZU Her»zenskenner« abzuleiten. – Die Ableitung ist lautgesetzlich unmöglich und historisch wenig wahrscheinlich; vgl. dazu ausführlich Weippert, a.a.O. 42–44.

(8) Nachdem P. Haupt, Florilegium ou Recueil de travaux d'érudition dédiés à M. le Marquis Melchior de Vogüé, 1909, 279, beiläufig die Meinung geäußert hatte, daß *šaddaj* vielleicht mit hebr. *śādæ*, Nebenform *śādaj*, zu tun haben könne, schlug M. Weippert, ZDMG 111, 1961, 42–62, unter Hinweis auf den Namen der ug. Göttin *'ṯtrt šd* »Astarte des Feldes/der Flur« (PRU II 106,52.55; V 4 Vs. 10) vor, den Gottesnamen **'ēl śādæ*/*śādaj* zu lesen (spätbronzezeitlich **'el šadê*) und als »El der Flur« zu erklären. – Dabei war übersehen, daß *'ṯtrt šd* nicht eine ursprünglich nordwestsemitische, sondern eine hurritische und letztlich sumerische Göttin ist, die auch als NIN.EDIN(.NA) (sum.), *bēlet ṣēri* (akk.) und *awariwi šauška* (hurr.) vorkommt, wobei e d i n, *ṣēru*, *awari*, *šd* »Steppe« oder »Schlachtfeld« bedeuten. Vgl. schon M. Weippert, ZDPV 82, 1966, 305f. Anm. 172; H. Haag, Bibel-Lexikon, ²1968, 1530.

Für etymologische Erwägungen sind die folgenden Gesichtspunkte zu beachten: 1) Nach Ausweis der äg. Transkription **š*;*-d-ī-* war im späten 14. Jh. v. Chr. der Anlaut des Gottesnamens nicht /*š*/, sondern /*ś*/ oder /*ṯ*/, der Auslaut vokalisch (*-ê*?), nicht ein Diphtong. 2) Die Längung des Dentals ist zuerst für das 6. Jh. in dem Wortspiel zwischen *šōd* (< **šudd-*) und *šaddaj* in Jes 13,6 = Jo 1,15 nachweisbar (allerdings nicht ganz sicher, da das Wortspiel auch einfach an die Konsonantengruppe *šd* angeknüpft haben kann). 3) Die Transkription Σαδδαι Ez 10,5 G ist für die Etymologie wertlos, da ihr die Transkription -σαδαι in den Personennamen gegenübersteht. Diesen Gegebenheiten entspricht am besten die unter (6) referierte These Albrights in der Neufassung von Cross.

3./4. Bei (*'ēl*) *šaddaj* handelt es sich um einen vorjahwistischen (kanaanäischen?) Gottesnamen, über dessen Vorgeschichte und ursprüngliches Wesen wir kaum Angaben machen können. Aus dem Auftreten des fakultativen Namensbestandteils *'ēl* darf man vielleicht schließen, daß *šaddaj* in eine Reihe mit anderen Kultformen oder -epitheta des großen Gottes El wie *'ēl 'ōlām*, *'ēl rŏ'ī*, *'ēl bēt-'ēl*, *'ēl 'æljōn* gehört (vgl. Weippert, a.a.O. 54–56; Cross, a.a.O. 46 ff.; →*'ēl* III/2). Die Identifizierung Els und seiner verschiedenen Manifestationen mit Jahwe, dem Gott Israels (vgl. O. Eißfeldt, JSS 1, 1956, 25–37), im Verlauf der israelitischen Frühgeschichte führte dazu, daß der Name (*'ēl*) *šaddaj* in der uns vorliegenden Gestalt des AT durchweg als Bezeichnung Jahwes verstanden ist. Einen sinnfälligen Ausdruck erhält dieser Sachverhalt in der Theorie von P, daß *'ēl šaddaj* der Name gewesen sei, unter dem sich der Gott Israels den Patriarchen Abraham, Isaak und Jakob offenbarte, bevor er seinen Namen *Jhwh* dem Mose kundtat (Ex 6,2b.3). Für P ist *'ēl šaddaj* der Gott des Väterbundes, der Verheißung von Landbesitz und Nachkommenschaft, mithin der »Gott der Väter« (vgl. A. Alt, Der Gott der Väter, 1929 = KS I,1–78; zu *'ēl šaddaj* als dem »Vätergott« bei P siehe L. Rost, SVT 7, 1960, 356f.). Die Theorie von P wird meist als archaisierende Stilisierung aufgefaßt; doch gibt es Anzeichen dafür, daß (*'ēl*) *šaddaj* in der Vor- und Frühzeit Israels eine nicht unbedeutende Rolle spielte. In der höchstwahrscheinlich in die vorstaatliche Zeit zurückgehenden Liste Num 1,5–16 (s.o. 1b; anders D. Kellermann, Die Priesterschrift von Numeri 1,1–10,10, 1970, 155–159), in der kein einziger das Element *Jhwh* enthaltende Name vorkommt, begegnen neben neun Personennamen mit *'ēl* drei mit dem theophoren Element *šaddaj*. In den wohl ebenfalls in die Zeit vor Saul und David zurückreichenden jahwistischen Bileamsprüchen steht *šaddaj* in Parallele mit *'ēl* und *'æljōn* (in Num 24,4 nach V. 16 zu ergänzen), in dem in seinen wesentlichen Elementen spätestens dem 11. Jh. angehörenden Joseph (Ephraim?)-Spruch des Jakobsegens Gen 49,22–26 *'ēl šaddaj* in Parallele mit *'ēl 'ābīkā* und zwei weiteren Bezeichnungen des »Vätergottes«, *'ᵃbīr Ja'ᵃqōb* und *rō'æ*/

'æbæn Jiśrā'ēl (*rō'æ* und *'æbæn* wohl Varianten; anders M. Dahood, Bibl 40, 1959, 1002–1007). Es ist somit wahrscheinlich, daß einer der »Vätergötter« tatsächlich der (*'ēl*) *šaddaj* gewesen ist, und P hier, wie öfter, altes Gut benutzt und generalisiert hat. Daß die »Vätergötter« (θεοί πατρῷοι) grundsätzlich namenlos gewesen sind, wie Alt in seiner grundlegenden Arbeit annahm, ist nicht erweisbar; es gibt Belege dafür, daß sie die Namen von Großgöttern getragen haben (Cross, a.a.O. 3–12). Die vielleicht alte historische Reminiszenz in Ps 68,15 ist für uns dunkel.

In jüngeren Zusammenhängen liegt ein doppelter Gebrauch von *šaddaj* vor. Eine Gruppe von Stellen verwendet den Namen als archaisierendes Epitheton Jahwes (Jes 13,6 = Jo 1,15; Ez 1,24; 10,5; Ruth 1,20.21; über das Alter von Ps 91,1f., wo *šaddaj* parallel zu *'æljōn* und *Jhwh* steht, läßt sich nichts Sicheres sagen; vgl. aber den ähnlichen Parallelismus in Num 24,4.16). In den echten und den eingeschobenen (Elihu-)Reden des Hiobbuchs ist *šaddaj* neben *'ēl* (36 ×, dazu Elihu-Reden 19 ×), *'ᵉlōᵃh* (35 ×, dazu Elihu-Reden 6 ×) und *'ᵉlōhīm* (4 ×, Elihu-Reden 1 ×) Gottesbezeichnung im Munde von »Heiden«, die natürlich Gott nicht *Jhwh* nennen können; dafür sagt die Rahmenerzählung samt den Prosaeinleitungen der Reden *'ᵉlōhīm* (12 ×) und *Jhwh* (30 ×).

5. Zur Nachgeschichte mögen einige Andeutungen genügen. Außerhalb der Versionen (s.o. 1e) und der exegetischen Bemühungen vor allem des Judentums (s.o. 1f[2]) spielt *šaddaj* zusammen mit anderen atl. Gottesbezeichnungen als zauberkräftiger Name in der antiken Magie eine Rolle, und zwar bis in muslimische Legenden hinein (vgl. R. Basset, Giornale della Società Asiatica Italiana 7, 1893, 44 Z. 9f.; I. Goldziher, ZDMG 48, 1894, 359f.). Ungeklärt ist, ob es sich bei dem palmyrenischen Namen *Šdj'* (J. K. Stark, Personal Names in Palmyrene Inscriptions, 1971, 61[a]) um *šaddaj* handelt. Die durch Hieronymus' Übersetzung *omnipotens* vermittelte Auffassung von *šaddaj* als παντοκράτωρ ist eine der Wurzeln der christlichen Rede von Gott als dem »Allmächtigen« (dabei darf freilich nicht übersehen werden, daß κύριος παντοκράτωρ die gewöhnliche Wiedergabe von *Jhwh ṣᵉbā'ōt* in G darstellt). *M. Weippert*

שָׁוְא *šāw'* Trug

1. Die hebr. Wurzel *šw'*, wohl verwandt mit *nš'* II (ni. »betrogen sein« Jes 19,13; hi. »betrügen« Gen 3,13 u.ö., 12 ×; *maššā'ōn* »Betrug« Spr 26,26; *maššū'ōt* »Trümmer« Ps 73,18; 74,3) und *š'h* »öde, verwüstet sein« (→*šᵉ'ōl*), ist auch im Südsem. belegt (arab. *sā'a* »schlecht, böse sein«, Wehr 399; äth. *saj'* »Frevel«, Dillmann 394). Vgl. noch jüd.-aram. *šahᵃwā* »Wüstenei« (Levy IV, 515b) und syr. *šh'*/*šhj* »erloschen sein (Feuer, Kraft)« (LS 759b).

2. Nach KBL 951a begegnet im AT 2 × *šw'* hi. »übel umgehen mit« (Ps 55,16; 89,23; nach GB 526a *nš'* hi. »angreifen«). Das Nomen *šāw'* ist 53 × belegt, größtenteils in metrisch gehaltenen Texten (Ps 15 ×, Ez 9 ×, Hi 6 ×, Jer 5 ×, Jes 4 ×, Ex und Dtn je 3 ×, Hos und Klgl je 2 ×, Jon, Sach, Mal und Spr je 1 ×). In Hos 12,2 und Ps 63,10 ist das Wort in nach LXX emendierten Texten zu finden (BH^3), während der in Jes 5,18 vorkommende Ausdruck *ḥablē haššāw'* häufig als Schreibfehler betrachtet wird (BH^3; Wildberger, BK X, 178; M. J. Dahood, CBQ 22, 1960, 75; G. R. Driver, JSS 13, 1968, 38).

3./4. *šāw'* wird im biblischen Hebr. (vgl. M. A. Klopfenstein, Die Lüge nach dem AT, 1964, 315–320) meistens in einem recht allgemeinen Sinn von »Trug« oder »Bosheit, Falschheit« verwendet: im Kontext der Rechtsprechung (Ex 23,1 »falsches Gerücht«; Dtn 5,20 →*'ēd šāw'* »falscher Zeuge«, vgl. Ex 20,16 *'ēd šæqær* [→*šqr* 4b]; Jes 59,4; Hos 10,4; vgl. Ps 144,8.11; Spr 30,8), des Götzendienstes (Jes 1,13; Jer 18,15; Hos 12,12; Jon 2,9; Ps 31,7) und der falschen Prophetie (Ez 12,24; 13,6–9.23; 21,28.34; 22,28; Sach 10,2; Klgl 2,14.14). In Hi 15,31.31 ist das Wort in bezug auf das Scheitern der Pläne eines Böswilligen wie auch in bezug auf das daraus folgende Böse selbst belegt (vgl. →*'āwōn*); es kommt in derselben Bedeutung zweifellos auch in Jes 30,28 (MT) vor.

Die zuerst von S. Mowinckel, Psalmenstudien I, 1921, 50–57, formulierte Theorie, daß *šāw'* im alten Israel eine magische Kraft bezeichnet habe (»durch Zauberworte gewirktes Unheil«), kann schwerlich bewiesen werden. In fast allen Zusammenhängen, auch in den Psalmen (vgl. Ps 12,3; 26,4; 41,7; 119,37; 139,20; 144,8.11), könnte das Wort in einem ganz allgemeinen Sinne verwendet worden sein, wie Mowinckel selbst in seinen späteren Schriften vermutet hat (The Psalms in Israel's Worship, II, 1962, 250; vgl. S. Porúbčan, Sin in the OT, 1963, 47f.). Die gegen die Zauberei und heidnische Weissagung gerichtete Gesetzgebung (vgl. Ex 22,17; Dtn 18,10f.) und Predigt (Jes 47,9; Jer 27,9; Ps 58,6 u.ö.) deuten zwar die Möglichkeit an, daß *šāw'* in einigen Gesellschaftsschichten des alten Israel die Bed. »magische Kraft, Zauber« gehabt haben könnte. So hat man aufgrund des dritten Gebotes (Ex 20,7 = Dtn 5,11 »du sollst den Namen [→*šēm* 4b] Jahwes, deines Gottes, nicht aussprechen [→*nś'* 3c] *laššāw'*«), in dem sich ein spezifischer Bezug auf »die im Gottesnamen vorhandene göttliche Macht ... zu Segen- und Fluchwirkungen, zu Beschwörungs- und Zauberhandlungen und überhaupt zu allerlei magischen Unternehmungen« findet (Noth, ATD 5,131; vgl. von Rad, ATD 8,42; A. Phillips, Ancient Israel's Criminal Law, 1970, 54ff.), auf einen magischen Sinn geschlossen; Klopfenstein, a.a.O. 315f., rechnet neben Ex 20,7 = Dtn 5,11 auch Jes 5,18; Ps 41,7; Hi 11,11 und Ps 26,4 (*m^e tē-šāw'* »Zauberer, Beschwörer«), ferner Ps 24,4; Hi 31,5, zu den Stellen, an denen *šāw'* mit großer Wahrscheinlichkeit »Unheil« und »Zauber« bedeutet. Auch hier könnte jedoch der Ausdruck *laššāw'* nicht nur die magische Kraft, sondern deren Mißbrauch bezeichnen (»zum Unheil, mißbräuchlich«).

Auf der anderen Seite des Bedeutungsumfangs ist die üblicherweise angenommene abgeschwächte Bed. »Nichtigkeit« bzw. adverbiell »umsonst, vergeblich« (Ps 60,13 = 108,13; 89,48 txt?; Hi 35,13 bzw. Jer 2,30; 4,30; 6,29; 46,11; Mal 3,14; Ps 127,1.1.2; 139,20 txt?) dann ebenfalls etwas problematisch. Der Unterschied zwischen *laššāw'* und den gewöhnlichen hebr. Wörtern für »umsonst« (*ḥinnām*, *rēqām*) scheint aufgrund der Etymologie (s.o. 1), der häufigsten in LXX belegten Übersetzung (μάταιος, s.u. 5) und der Mehrzahl der Belege im AT in dem gefüllteren Sinne von *šāw'* »Böses, Trug« (Mowinckel, a.a.O. 50) zu bestehen. Vielleicht ist die lat., von gr. μάταιος abgeleitete Übersetzung *vanus* bzw. *vanitas* der Ursprung unserer modernen Deutung.

5. In Sir 30,17 kommt der Ausdruck *ḥjj šw'* (vgl. Hi 7,3) und in 15,7 *mtj šw'* (vgl. Ps 26,4) vor. In den Qumrantexten ist das Wort *šāw'* 6× belegt (Kuhn 217; 3× ohne ' geschrieben; vgl. K. Elliger, Studien zum Habakuk-Kommentar vom Toten Meer, 1953, 67f.). Zum Namen Šwa der tiberiensischen Punktation vgl. BL 109; Meyer I,61. Im Neuhebr. ist das Wort fast ganz auf die der Bibel entnommenen Wortverbindungen beschränkt.

In der LXX sind μάταιος, μάτην o.ä. (gegen 30×), ψευδής (11×, meistens in kultischen und prophetischen Zusammenhängen) und κενός die häufigsten Übersetzungen. Vgl. O. Bauernfeind, Art. μάταιος, ThW IV,525–530; H. Conzelmann, Art. ψεῦδος, ThW IX,590–599; A. Oepke, Art. κενός, ThW III,659–662.

J. F. A. Sawyer

שׁוב *šūb* zurückkehren

1. Die Wurzel *šūb* (**ṯūb*) ist in manchen sem. Sprachen belegt, fehlt aber im Akk., Phön.-Pun. und Äth. (ug.: WUS Nr. 2828; UT Nr. 2661; moab., althebr. und aram. Inschriften: DISO 293.324; zum ganzen vgl. W. L. Holladay, The Root *šûbh* in the Old Testament, 1958, 9–12; seither neues Material, u.a. Sef. III, Z. 6.20.24f.; B. A. Levine, Notes on a Hebrew Ostracon from Arad, IEJ 19, 1969, 49–51).

Im AT begegnet hauptsächlich *šūb* q. »zurückkehren« (intransitiv) und hi. »zurückbringen« (transitiv), selten pol. »zurückbringen« (auch »verleiten«; polal »wiederhergestellt werden« Ez 38,8) und ho. »zurückgebracht werden« (zur Frage des transitiven Qal vgl. Holladay, a.a.O. 114f.; zu intransitivem Hi. vgl. L. Prijs, ThZ 5, 1948, 152f.; Holladay, a.a.O. 115 Anm. 94). Folgende Nomina werden abgeleitet: *šūbā* »Umkehr«, *šībā* (st.cs. *šībat* Ps 126,1, gewöhnlich zu *š^e bīt* emendiert, aber vgl. Sef. III, Z. 24, und Fitzmyer, Sef. 119f.; M. Noth, ZDPV 77, 1961, 149 Anm. 85; s.u. 3c), *šōbāb* und *šōbēb* »abtrünnig«, *m^e šūbā* »Abtrünnigkeit« (plur. »Treulosigkeiten«; vgl. Th. Sprey, VT 7, 1957, 408–410), *t^e šūbā* »Rückkehr« und »Antwort« (BL 496); zu *š^e bīt*/*š^e būt* s.u. 3c.

Zu den mit *šūb* gebildeten Personennamen (*'æljāšīb* u.a., dazu der Symbolname *Š^e'ār Jāšūb* Jes 7,3, vgl. Wildberger, BK X,277f.) s. Noth, IP 199.213; Holladay, a.a.O. 8f.109f.146; ferner Huffmon 266; Gröndahl 200.

Das Bibl.-Aram. verwendet das Verbum in gleicher Bedeutung wie das Hebr. im Qal und Ha., jedoch in der aram. Lautung *tūb* (KBL 1136a).

2. Zur Statistik sind die ausführlichen Tabellen bei Holladay, a.a.O. 6ff.169–191, heranzuziehen. Unter Einschluß einiger umstrittener Stellen (Jer 50,6Q pol.; Ez 35,9Q q.; Ps 23,6 q.; Dan 11,18a K hi.; 2Chr 34,9Q q.; dazu über Holladay hinaus Sach 10,6 hi. [Mischlesart, vgl. BL 405]) und nach Zuweisung der K/Q-Stellen zu je einer bestimmten Stammform (K hi.: 2Sam 15,8; Q q.: Ps 73,10; Q hi.: Jer 33,26; 49,39; Jo 4,1; Ps 54,7; Hi 39,12; Spr 12,14) ergibt sich folgende Tabelle (unter »pol.« auch Ez 38,8 polal; *m.* = *m^e šūbā*, *t.* = *t^e šūbā*; unter »übr.« sind zusammengefaßt: *šūbā* Jes 30,15; *šībā* Ps 126,1; *šōbāb* 3 × : Jes 57,17; Jer 3,14.22; *šōbēb* 3 × : Jer 31,22; 49,4; Mi 2,4):

	q.	hi.	ho.	pol.	Verbum total	*m.* (*t.*)	übr.
Gen	41	25	2	–	68	–	–
Ex	18	9	1	–	28	–	–
Lev	12	6	–	–	18	–	–
Num	21	9	1	–	31	–	–
Dtn	21	14	–	–	35	–	–
Jos	33	3	–	–	36	–	–
Ri	20	9	–	–	29	–	–
1Sam	29	16	–	–	45	(1)	–
2Sam	29	24	–	–	53	(1)	–
1Kön	39	23	–	–	62	(2)	–
2Kön	42	13	–	–	55	-	–
Jes	32	16	–	3	51	–	2
Jer	76	32	1	3	112	9	4
Ez	38	21	–	4	63	–	–
Hos	19	3	–	–	22	2	–
Jo	3	3	–	–	6	–	–
Am	6	9	–	–	15	–	–
Ob	1	–	–	–	1	–	–
Jon	4	1	–	–	5	–	–
Mi	4	–	–	–	4	–	1
Nah	1	–	–	–	1	–	–
Hab	–	1	–	–	1	–	–
Zeph	2	–	–	–	2	–	–
Hag	–	–	–	–	–	–	–
Sach	14	4	–	–	18	–	–
Mal	5	2	–	–	7	–	–
Ps	42	28	–	2	72	–	1
Hi	18	21	–	–	39	(2)	–
Spr	7	16	–	–	23	1	–
Ruth	13	2	–	–	15	–	–
Hhld	4	–	–	–	4	–	–
Pred	10	–	–	–	10	–	–
Klgl	4	10	–	–	14	–	–
Est	4	4	–	–	8	–	–
Dan	12	4	–	–	16	–	–
Esr	3	1	–	–	4	–	–
Neh	12	8	–	–	20	–	–
1Chr	3	2	–	–	5	(1)	–
2Chr	41	21	–	–	62	(1)	–
AT	683	360	5	12	1060	12/(8)	8

Im Bibl.-Aram. sind belegt: *tūb* q. 3 × (Dan 4,31.33.33; ha. 5 × (Dan 2,14; 3, 16; Esr 5,5.11; 6,5).

3. a) Wie bei anderen Bewegungsverben (→*hlk*, →*bō'*, →*qūm*, →*jṣ'* etc.) sind die Gebrauchsweisen bei *šūb* recht mannigfaltig, sowohl in den eigentlichen wie auch in den übertragenen Bedeutungen und mit den verschiedensten Subjekten (meistens Menschen, aber auch Gott, Tiere, Dinge). Eine ausführliche Darstellung der Verwendung des Verbums mit weitverzweigter Klassifikation der Bedeutungen bietet die Monographie von Holladay (a.a.O. 51ff.), auf die hier nur verwiesen werden kann. Die zentrale Bedeutung ist nach ihm: »having moved in a particular direction, to move thereupon in the opposite direction, the implication being (unless there is evidence to the contrary) that one will arrive again at the initial point of departure« (a.a.O. 53); im Unterschied zur früheren Arbeit von E.K. Dietrich, Die Umkehr (Bekehrung und Buße) im Alten Testament und im Judentum, 1936, ist die Rückkehr zum Ausgangspunkt in der Hauptbedeutung inbegriffen, was z.B. bei der theologischen Bedeutung von *šūb* q. »umkehren (zu Gott)« belangreich werden kann. Nicht immer sicher von der Hauptbedeutung abzugrenzen ist die Verwendung von *šūb* q. als Formverbum in enger Verbindung mit einem anderen Verbum zum Ausdruck der Iteration (im Dt. wird *šūb* in diesem Fall am besten adverbiell mit »wieder« o.ä. übersetzt), z.B. Dtn 24,4 »(nach der Auflösung der zweiten Ehe) darf ihr erster Mann, der sie verstoßen hat, sie nicht wieder zum Weibe nehmen (*lāšūb l^e qaḥtāh*)« (vgl. Joüon 533f.).

b) Bei *šūb* hi. (kausativ; ho. pass.) wird durch die Verbalform allein nicht zum Ausdruck gebracht, inwieweit das Objekt selber aktiv an der Handlung beteiligt ist (»zurückführen« und »zurückbringen« usw.). Mit Ellipse des Obj. *dābār* »Wort« o.ä. begegnet die Bed. »antworten« (z.B. Hi 13,22). Während *šūb* pol. »zurückbringen« und »verleiten« (Jes 47,10; Jer 50, 6Q) bedeuten kann, haben *šōbāb*/*šōbēb* »abtrünnig« und *m^e šūbā* »Abtrünnigkeit« (von Gott: Jer 2,19; 3,6.8.11.12.22; 5,6; 8,5; 14,7; Hos 11,7 txt?; 14,5; Spr 1,32) nur den negativen Sinn, *t^e šūbā* dagegen neutralen oder positiven (»Rückkehr« 1Sam 7,17; »Rückkehr des Jahres = Frühling« 2Sam 11,1; 1Kön 20,22.26; 1Chr 20,1; 2Chr 36,10; »Antwort« Hi 21,34; 34,36).

c) Ein besonderes Problem bildet die vieldiskutierte Wendung *šūb* q./hi. (*'æt-*) *š^e būt*/*š^e bīt* »das Geschick wenden, die Wendung herbeiführen« o.ä. (Übersicht über das Material bei Holladay, a.a.O. 110–114; zu den K/Q-Formen vgl. R. Borger, ZAW 66, 1954, 315f.; zur Deutung vgl. u.a. E. Preuschen, ZAW 15, 1895, 1–74; E. Baumann, ZAW 47, 1929, 17–44; N. Schlögl, WZKM 38, 1931, 68–75; ferner u.a.: N. H. Snaith, The Jewish New Year Festival, 1947, 73–75.; G. Fohrer, ThLZ 85, 1960, 412 [= Studien zur atl. Prophetie, 1967, 46]; A. Guillaume, Abr Nahrain 3, 1961/62, 8; J. Lindblom, Prophecy in Ancient Israel, 1962, 392f.; H. Cazelles, GLECS 9, 1960/63, 57–60; H. D. Preuss, Jahweglaube und Zukunftserwartung, 1968, 61 [Anm. 115 mit Lit.]. 141). Die Wendung findet sich 27× (mit *šūb* q. 18×: Dtn 30,3; Jer 29,14; 30,3.18; 31,23; 48,47; Ez 16,53; 29,14; Hos 6,11; Am 9,14; Zeph 2,7; 3, 20; Ps 14,7 = 53,7; 85,2; 126,1 [*šībat*, s.o. 1].4; Hi 42,10; mit *šūb* hi. 9×: Jer 32,44; 33,7.11.26Q; 49,6.39Q; Ez 39,25; Jo 4, 1Q; Klgl 2,14), immer mit Gott als Subjekt. Auffällig ist die Verwendung von *šūb* q. mit einem Objekt; umstritten ist vor allem die Etymologie von *šebūt*/*šebīt* (von *šbh* »gefangen wegführen«, vgl. Num 21, 29 *šebīt* »Gefangenschaft«, oder von *šūb*, wofür die in Abschnitt 1 genannte Stelle in der altaram. Sefire-Inschrift III, Z. 24f.: *wk't hšbw 'lhn šjbt bj*[*t 'bj*] »jetzt aber haben die Götter meine väterliche Dynastie wiederhergestellt«, sprechen dürfte; vgl. KAI II,265.271; Fitzmyer und Noth, a.a.O.).

Die vermutlich erst verhältnismäßig spät erscheinende Wendung (falls Am 9,14 spät anzusetzen ist; zur Glosse Hos 6,11 vgl. Rudolph, KAT XIII/1,143f.) hat mehrere verschiedene Deutungen erfahren. Wer das Subst. *šebūt* (wie *šebīt*) von *šbh* herleitet und »die Gefangenschaft wenden« übersetzt (u.a. Preuschen, a.a.O.), muß die Stelle Hi 42,10 umdeuten, wo diese Bedeutung ausgeschlossen ist. Wer mit »das Geschick wenden, die Wendung herbeiführen« übersetzt (Dietrich, a.a.O.), nimmt eine sekundäre, in nachexilischer Zeit entstandene Annäherung an das lautlich ähnliche *šebīt* an und erklärt dadurch den Bezug auf das Exil und die Restauration. Wer »die Schuldhaft aufheben« übersetzt (Baumann, a.a.O.; KBL 940b), möchte auf diesem Weg zum Begriff der Befreiung aus dem Exil gelangen. Die zweite Lösung wird heute beinahe allgemein angenommen (Holladay, a.a.O. 113), obwohl sie das Problem des transitivischen Gebrauchs von *šūb* q. ungelöst läßt.

Der Ausdruck ist wohl mit dem, was Fohrer (a.a.O.) als »Wiederherstellung des Früheren« im Rahmen einer »restaurativen Eschatologie« bezeichnet hat, zu vergleichen und berührt sich, wie Lindblom (a.a.O.) meint, mit H. Gunkels Vorstellung von der Entsprechung zwischen Urzeit und Endzeit.

*d) Verben mit ähnlicher Bedeutung (Änderung der Bewegungsrichtung) und partieller Übereinstimmung in gewissen Verwendungsweisen sind bei Holladay, a.a.O. 54f. 155f., angeführt und mit *šūb* kontrastiert: (1) *sbb* q. »sich wenden, umgeben« (q. 90×, ni. 20×, po. 12×, pi. »verwandeln« 1×, hi. 32×, ho. 6×, Verbum im AT insgesamt 161×; von den nominalen Ableitungen ist am wichtigsten *sābīb* »Umkreis, Umgebung; ringsum«, 336×, davon 112× in Ez, 28× in Jer, je 19× in 1Kön und Ps, 18× in Num); (2) →*sūr* »von der eingeschlagenen Richtung abbiegen«; (3) *pnh* »sich wenden« (→*pānīm*); (4) *sūg* q. »abweichen, abtrünnig sein« (3×; ni. »sich zurückziehen« 14×; hi. »verrücken« 7×, ho. »fortgetrieben werden« Jes 59,14); (5) *hpk* q. »wenden, umdrehen, verwandeln«, auch »kehrtmachen« (Ri 20,39.41 u.ö.; im AT q. 55×, ni. »sich wenden« 34×, ho. »sich wenden« Hi 30,15, hitp. 4×; Verbum insgesamt 94×).

4. a) Die theologische Verwendung der übertragenen Bedeutungen von *šūb* umfaßt einerseits zu einem kleineren Teil die Abkehr von Gott (*šūb mē'aḥarē*, z. B. Num **14,** 43), andererseits sowohl die Abkehr vom Bösen (*šūb min*, z. B. 1Kön 8,35) als auch in erster Linie die Umkehr und Rückkehr zu Gott (*šūb 'æl-*/*'ad-* usw., z. B. Dtn 30,2). In diesem Sinne behandelt Holladay 164 Stellen (Verbum und Nomina) als zum »covenantal usage« gehörig (a.a.O. 116–157), während die meisten Arbeiten zum Stichwort »Umkehr« (neben anderen Vokabeln wie →*bqš* pi., →*drš* q. usw.) vorwiegend den Begriff der Rückkehr zu Gott untersuchen (vgl. u.a. Dietrich, a.a.O.; Eichrodt III,324–329; G. Fohrer, Umkehr und Erlösung beim Propheten Hosea, ThZ 11, 1955, 161–185 = Studien zur atl. Prophetie, 1967, 222–241; H. W. Wolff, Das Thema »Umkehr« in der atl. Prophetie, ZThK 48, 1951, 129–148 = GesStud 130–150; ders., Das Kerygma des dtr. Geschichtswerks, ZAW 73, 1961, 171–186 (bes. 177ff.) = GesStud 308–324 (bes. 315ff.). Die Notwendigkeit der Umkehr ist vor allem bei den Propheten (b) und in den Geschichtswerken des Dtr. und Chr. (c) betont.

b) Das Ziel der Umkehr bei den Propheten ist die »Wiederherstellung eines ursprünglichen Status« und zwar »im Sinne der Rückkehr in das ursprüngliche Jahweverhältnis« (Wolff, a.a.O. 134 bzw. 135). Dies darf natürlich nicht in dem Sinne aufgefaßt werden, als müßte alles zum Alten zurückkehren, sondern vielmehr so, daß eine »solche ›Rückkehr‹ nur den Ausgangspunkt für einen völlig neuen Anfang« bildet (Fohrer, a.a.O. 164 bzw. 225 Anm. 7).

Beide Meinungen ergänzen sich wohl gegenseitig, umso mehr, als wir nur ein, wenn auch wichtiges, konkretes Beispiel einer solchen Umkehr besitzen: das der Reform Josias (2Kön 22–23 par. 2Chr 34–35). Bei Josia ist der Wille zur Rückkehr zum Alten offensichtlich, und dennoch fängt etwas ganz Neues an. Nach denjenigen, die heute für das hohe Alter des Bundesgedankens eintreten, handelt es sich hier um die Wiederinkraftsetzung der alten Bundessatzungen, von denen das in Kanaan seßhafte Volk abgefallen ist.

Bei Amos scheint die Verwendung von *šūb* als terminus technicus für die Umkehr des Volkes überwiegend zu sein (Am 4, 6–11, wo die Feststellung, daß das Volk nicht umkehren will, geradezu zum Kehrreim der Einheit geworden ist). Bei Hosea wird der Gedanke durch die eherechtliche Fassung, in der er erscheint, gesteigert und anschaulich gemacht: Jahwe ist hier der verlassene, betrogene Ehemann, zu dem das untreue Volk »zurückkehren« soll; da Israel dies aber nicht will, soll es unter dem Gericht nach Ägypten »zurückkehren« (Hos 11,1–11; vgl. noch 5,4). Umstritten ist die Bedeutung von Hos 6,1ff.: ob es sich hier um eine richtige Umkehr handelt, oder ob wir es mit einem Anliegen zu tun haben, das vom Volk nicht tief und ernst genug aufgefaßt wird und deswegen nutzlos, vielleicht sogar schädlich ist. Die meisten Forscher neigen zur zweiten Erklärung, indem sie im Text Begriffe aus der synkretistischen Frömmigkeit finden. Bei Jeremia wird der Gedanke der Ehe neu entwickelt (Jer 3,1ff.; vgl. noch 8,4–7; 14,2ff.; 15,15ff.); zu beachten sind die Wortspiele mit verschiedenen Vokabeln der Wurzel *šūb* (3,12.14.22; 8,4f.; 15,19). Auch bei Jesaja tritt der Umkehrgedanke klar hervor (Jes 30,15); der Name seines ersten Sohnes *Šeʼār Jāšūb* wird hier geradezu zum Programm (7,3ff.; →*šʼr* 4d).

Daß die vorexilischen Propheten eine solche Umkehr im großen ganzen für möglich hielten, ja sogar große Hoffnungen auf sie setzten, steht fest, auch wenn bei Jer 13, 23 »vermag wohl ein Mohr seine Haut zu ändern (*hpk* q.) . . .« schon grundsätzliche Zweifel aufsteigen.

c) In den Geschichtswerken des Deuteronomisten und des Chronisten wird die Mahnung zur Umkehr mit ähnlicher Kraft erhoben und als Entscheidung den Hörern vorgelegt; oft werden zu diesem Zweck die betreffenden Worte wichtigen Personen aus der Vergangenheit Israels in den Mund gelegt oder die betreffenden Handlungen ihnen zugeschrieben: Mose Dtn 30,1–10; Samuel 1Sam 7,3; Salomo 1Kön 8,33ff.46–53 par. 2Chr 6,24ff.36–39; Jahwe durch unbekannte Propheten 2Kön 17, 13; Josia 2Kön 23,25; Jahwe selbst durch Mose und Nehemia Neh 1,9 usw.

Die Frage nach der Möglichkeit einer solchen Umkehr stellt sich beim dtr. und chr. Geschichtswerk anders als bei den Propheten: für den Dtr. ist das Unheil, das durch die Umkehr des Volkes abgewandt worden wäre, schon hereingebrochen und die Aufgabe der Verkündigung ist es nunmehr, das Volk zur notwendigen Besinnung zu führen. Beim Chr. stellt sich die Frage zwar später, doch auch unter ähnlichen Voraussetzungen, mit dem Unterschied, daß die ganze geschichtliche Beweisführung des dtr. Geschichtswerks sich unmittelbar an die prophetische Verkündigung anschließen kann. Der bei den Propheten zuerst überwiegend positiven Mahnung, zu Jahwe zurückzukehren, steht später das negative Gegenstück zur Seite: sich vom Bösen (Sünde, Unzucht, Götzendienst usw.) abzuwenden; diese Forderung ist besonders bei Jeremia und bei Ezechiel lebendig und »hat etwas Konkreteres und Anpackenderes als das mehr abstrakte ›umkehren zu Jahwe‹« (E. Würthwein, ThW IV,982).

5. Die LXX und die anderen gr. Versionen übersetzen *šūb* vorwiegend mit στρέφειν und Derivaten (ca. 70%, Vulgata: vertere und Derivate, ca. 60%; vgl. Holladay, a.a.O. 13–50). Mannigfaltig ist die Verwendung von *šūb* in der Qumrangemeinde (Kuhn, Konk. 134c.217c–219a. 237b; RQ 14, 1963, 208a.229f.), bei den *šbj Jśrʼl*, den »Umkehrenden Israels« (CD 4,2 u.ö.). Im hellenistischen Judentum tritt der Umkehrgedanke nicht nur in den apokalyptischen Büchern, wo er beinahe selbstverständlich zuhause ist, sondern auch in weisheitlichen und sonstigen Schriften hervor (z.B. Sir 17,24–26). Gnädig erweist sich Gott denjenigen, die umkehren (OrMan 13); ja, zum Zweck der Umkehr übersieht er sogar der Menschen Sünden (Weish 11,23); manchmal gewährt er selbst die Umkehr (Weish 12,19; OrMan 8) oder bereitet ihr den geistigen Raum vor (Weish 12,10). Die Umkehr ist der Zweck seines Waltens in der Geschichte (Sir 48,14f.; Weish 11,23; 12,10.18ff.). Auch die (negative) Abkehr wird betont (Sir 48,15; Weish 12,19). »Die Umkehr wird Voraussetzung der Rettung« (E. Würthwein, ThW IV,988), was gewiß den prophetischen Gedankengang wieder aufnimmt und weiterführt, ohne daß allerdings die Gefahr der Gesetzlichkeit, des Legalismus, gebannt wäre. Zum NT vgl. J. Behm – E. Würthwein, Art. μετανοέω ThW IV, 972–1004; G. Bertram, Art. στρέφω, ThW VII, 714–729. *J. A. Soggin*

שׁחת *šḥt* pi./hi. **verderben**

1. Die Wurzel *šḥt* »verderben« o.ä. ist in den wsem. Sprachen vertreten (ug.: UT Nr. 2400, vgl. WUS Nr. 2593; phön.: Kil. [= KAI Nr. 24] Z. 15.16, vgl. DISO 295; aram. vom Altaram. an, vgl. DISO 295; KBL 1129b; LS 771f.: syr. neben *šḥt* pa./af. auch mit partieller Assimilation *šḥṭ*, vgl. äth. *saḥaṭa* »verletzen« [Dillmann 332f.] und arab. *saḥata* »vernichten«).

Eine ostsem. Entsprechung in akk. *šētu* »entweichen« anzunehmen (LS 771b) würde für *šḥt* eine ähnliche Bedeutungsentwicklung wie bei → *'bd* »zugrunde gehen« fordern (so GB 820a; KBL 962b); zur transitiven Grundbedeutung von *šḥt* im Hebr. (und Arab.) vgl. jedoch Jenni, HP 242f.

Im hebr. AT begegnen *šḥt* ni., pi., hi. und ho. (zur Unterscheidung von pi./hi. vgl. Jenni, HP 259–263) und die nominalen Ableitungen *mišḥāt* »Entstellung« (Jes 52,14), *mašḥēt* »Vernichtung« (Ez 9,1) und *mošḥāt* »Verderbnis« (Lev 22,25); auch das Part. hi. *mašḥīt* zeigt öfters die abstrakte Bed. »Verderben«. Im Bibl.-Aram. findet sich das Part. pass. q. *šeḥīt*, substantiviert für »Schlechtes«.

2. *šḥt* ni. begegnet im hebr. AT 6 × (Gen 6,11.12; Ex 8,20; Jer 13,7; 18,4; Ez 20,44), pi. 39 × (Gen und Ez je 7 ×), hi. 115 ×, davon 96 × verbal und 19 × mit substantiviertem Part. *mašḥīt* (Jer 14 + 4 ×, 2Chr 10 + 2 ×, Jes 9 + 1 ×, Dtn und Ps je 9 ×, Gen 8 ×), ho. 2 × (Mal 1,14; Spr 25,26), *mašḥēt*, *mišḥāt* und *mošḥāt* je 1 ×, somit verbale Verwendung 143 × von insgesamt 165 Belegen der Wurzel. Dazu kommt im Bibl.-Aram. 3 × Part. pass. q. *šeḥīt* (Dan 2,9; 6,5.5).

3. a) Die transitive Funktion der beiden vornehmlich verwendeten Stammformen Hi. und Pi. grenzt sich gegenüber der vermuteten Qal-Bedeutung »plötzlich verderben« (Jenni, HP 259) durch die besondere, zwischen Subjekt und Objekt der Handlung bestehende Beziehung ab: Bei *šḥt* hi. deckt sich das zur Tätigkeit veranlaßte Objekt mit dem veranlassenden Subjekt als Subjekt der veranlaßten Tätigkeit: »sich veranlassen, etwas plötzlich zu verderben« (innerlich-kausativ, vgl. Jenni, HP 250ff.); bei *šḥt* pi. wird das völlig passive Objekt in das erreichte Ergebnis der Handlung versetzt: »plötzlich verdorben/vernichtet machen« (resultativ). *šḥt* hi. bezeichnet das aktuelle, absichtliche und daher gerne modal ausgedrückte Verderben, *šḥt* pi. das bloß resultativ konstatierte Herbeiführen des aus der Vernichtungstat folgenden Zustandes. Über die Relation zwischen der im Hi. bzw. Pi. verwirklichten Vernichtungshandlung und ihrem Subjekt geben die subjektiven Aspekte der Verbalformen (BroSynt § 40e) Auskunft und bestätigen ihrerseits die bisher erfaßten Bedeutungsdifferenzierungen: Aktuell verwendetes *šḥt* hi. erscheint überwiegend in der kursiven Darstellungsart des Impf. (43 ×; dazu 17 × verbal gebrauchtes Part.), dagegen selten in der auf Konstatierbarkeit ausgerichteten Betrachtungsweise des Perf. (12 ×), während resultatives *šḥt* pi. gerade im Perf. seine Ausdrucksabsicht angemessen realisieren kann (20 ×), aber im Impf. und Part. nicht belegt ist.

Das unmittelbare und mittelbare Subjekt von *šḥt* pi./hi. begegnet meistens im Sing. und persönlich (hi. vereinzelt Tiere, Ps 78,45), selten dinglich (pi. Gen 9,11.15), nicht abstrakt. Auch in der Leistung des Objekts dominieren Personen und ihre Umschreibungen; nur wenige Male kommen Dinge (hi. Jer 6,5; Ruth 4,6) und Abstrakta (pi. Ez 28,17; Am 1,11) vor.

b) Das Verbum meint stets ein Verderben, das sich im Erfahrungsfeld einer Gemeinschaft oder einzelner Menschen auswirkt: im Kampf (hi.: Ri 6,4; 20,21.25.35.42; 2Sam 11,1; 20,15; 2Chr 24,23; pi.: 1Sam 23,10; 2Kön 19,12), im öffentlichen und privaten Alltag (hi.: 1Sam 6,5; 26,9; Jes 65,8; Jer 49,9; Mal 3,11; Spr 6,32; Ruth 4,6; 2Chr 34,11; pi.: Ex 21,26; 2Sam 14,11; Nah 2,3; ni.: Jer 13,7).

Daß *šḥt* besonders fest im Vorstellungsbereich des Krieges wurzelt, ist auch an einem terminus technicus der Militärsprache erkennbar, zu dem sich das Part. hi. entwickelt hat: Es bezeichnet eine besondere Abteilung in den altorientalischen Heeren (1Sam 13,17; 14,15; Jer 22,7; vgl. Ez 21,36; dazu M. Th. Houtsma, ZAW 27, 1907, 59).

c) Die Bedeutungsnuancen von *šḥt* treten beim Vergleich mit Verben und Wortverbindungen des Kontextes schärfer hervor, die auf ihre Weise »Vernichtung«

signalisieren bzw. Gegenteiliges ausdrükken. Im Zusammenhang mit *šḥt* hi. erscheinen u.a. →*'kl* »verzehren« (Jer 2,30; 15,3; Ps 78,45), *bl'* pi. »verderben« (2Sam 20,20; Klgl 2,8), →*krt* q. »umhauen« (Dtn 20,19.20; Jer 11,19), →*r"* hi. »Übles tun« (Jes 1,4; 11,9; 65,25), →*šbt* hi. »vertilgen« (Jer 36,29), →*šmd* hi. »vertilgen« (Ps 106, 23), →*ḥrm* hi. »vernichten« (Jes 37,11f.), *nps* pi. »zerschlagen« (Jer 51,20), →*t'b* hi. »abscheulich handeln« (Ps 14,1 = 53,2); mit *šḥt* pi. treten (wegen seiner resultativen Bedeutung) noch verschiedenartigere Verben der Gewaltanwendung auf: *būs* po. »zerstampfen« (Jer 12,10), *bl'* pi. »verderben« (Klgl 2,5), *bqq* q. »verwüsten« (Nah 2,3), *hpk* q. »zerstören« (Gen 19,29), *hrg* q. »morden« (Jes 14,20), *hrs* q. »einreißen« (Ez 26,4), *ḥms* q. »verwüsten« (Klgl 2,6), *ktr* ni. »ausgerottet werden« (Gen 9,11), *nkh* hi. »schlagen« (Ex 21,26), *sḥh* pi. »wegfegen« (Ez 26,4), *šdd* q. »verwüsten« (Jer 48,18), *šmd* hi. »vertilgen« (2Sam 14,11).

In Opposition zu *šḥt* pi./hi. stehen u. a. →*nṣl* hi. »retten« (2Kön 19,12 = Jes 37,12), →*š'r* hi. »übriglassen« (Ri 6,4; Jer 49,9), → *nḥm* ni. »es sich leid sein lassen« (2Sam 24,16; Jer 15,6; 1Chr 21,15); vgl. u. a. noch 2Kön 13,23 und Jer 13,14.

4. Im theologischen Sprachgebrauch bezeichnet *šḥt* mit der jeweils durch seine Verbalformen erreichten Prägung Gottes Vernichtungsgericht, aber auch die »verderbte« menschliche Tat (Westermann, BK I, 557–560). Dabei sind die Beziehungen zur Verwendung des Verbums im politischen und privaten Bereich lebendig (ni.: Ex 8,20; Jer 13,7; 18,4; pi.: Jes 14,20; Jer 12,10; Ez 26,4; hi.: Jer 2,30; 6,5; 15,3; 51,20; Ez 23,11; Ps 78,45). Agens des Vernichtungshandelns ist Jahwe/Gott bzw. sein Gerichtshelfer (Sintflut Gen 9,11.15; Tiere Ex 8,20; Jer 15,3; feindliches Heer 2Kön 18,25; Jer 6,5).

In der Passatradition tritt Jahwe selber in der Gestalt des Verderberengels gegen die Ägypter auf (Ex 12,23 J; V. 13 P; vgl. L. Rost, ZDPV 66, 1943, 208f. = KC 104; O. Keel, ZAW 84, 1972, 414–434), nach anderen Vorstellungen führt Jahwe den Würger gegen Israel (2Sam 24,16; 1Chr 21,15) bzw. gegen Juda heran (Jer 4,7; 22,7). Zur Tradition vom Siebenerkreis der Verderber (Ex 9,1ff.) vgl. Zimmerli, BK XIII, 225f. Wahrscheinlich gehen die verschiedenen Vorstellungen vom Würger (Part. hi.) auf die Funktion der Heeresabteilung gleicher Bezeichnung zurück (s.o. 3b).

Der Wortzusammenhang von *šḥt* ist die Gerichtsankündigung (hi. Gen 6,13; 19, 13.14; Jer 13,9.14; 36,29; 51,20; 1Chr 21,12; 2Chr 25,16; pi. Jer 48,18; Ez 5,16; 26,4; 30,11; Hos 13,9 txt em), die Anklage (hi. Jer 6,28; 51,25; Ez 16,47; Zeph 3,7; pi. Ex 32,7; Jes 14,20; Ez 22, 30; 28,17; Hos 9,9; Am 1,11; Mal 2,8), die geschichtstheologische Darstellung (hi. Jer 15,6; Ez 23,11; Ps 78,45), eine theologische Beurteilung (hi. Gen 6,12; Dtn 4,25; Ri 2,19; 2Chr 26,16; 27,2; pi. Gen 13,10; Dtn 32,5; ni. Gen 6,12), die Klage über die Auswirkung des Gottesgerichts (hi. Klgl 2,8; vgl. Jes 51,13; pi. Klgl 2,5.6), die Fürbitte des Mittlers bzw. Propheten (hi. Gen 18,28; Dtn 9,26; 10,10; Ez 9,8), eine Ermahnung (hi. Dtn 4,16; 2Chr 35,21), ein apodiktisch (hi. Lev 19,27; Dtn 20,19.20) oder kasuistisch formulierter Satz (pi. Ex 21, 26).

Negiertes *šḥt* kann zum eigenen Kontrastwort werden, wenn es Gottes Rettungs- oder Heilstat ausdrücken soll. Dabei deckt es das helfende Eintreten Jahwes in seiner Bedeutung für den Hörer gerade auf dem Hintergrund des Vernichtungshandelns auf, an das seine sonstige Verwendung erinnert. *šḥt* findet sich in der Strafverzichtserklärung (hi. Gen 18,28.31.32 bedingt, vgl. 2Chr 12,7; pi. Gen 9,11.15; Hos 11,9), der Ankündigung des geteilten Gotteshandelns (hi. Jes 65,8, vgl. Westermann, ATD 19,321), im Rückblick auf die Vergangenheit (hi. Ps 78,38; pi. Ez 20,17), in einer theologischen Beurteilung (hi. Dtn 4,31; 2Kön 8,19; 13,23; 2Chr 12,12; 21,7), in der Beschreibung des Heilszustandes (hi. Jes 11,9; 65,25).

Das Subst. *mišḥāt* »Entstelltes« beschreibt die Wirkung der Erniedrigung des Knechtes Jahwes auf die Menschen (Jes 52,14, dazu Westermann, ATD 19, 209), das substantivierte Part. hi. »Entstellung« die Wirkung der Vision auf den Schauenden (Dan 10,8).

In der Apokalyptik ist *šḥt* Ausdruck für die kommende Vernichtung (hi. Dan 8,24.25; 9,26; 11,17).

5. Entsprechungen zu *šḥt* in der LXX liefert in erster Linie die Wortgruppe φθείρειν (91×, dazu G. Harder, ThW IX, 100). Zum Vorkommen in der Qumranliteratur vgl. Kuhn, Konk. 219f.; zur Nachgeschichte im talmudischen und midraschischen Schrifttum sowie im NT vgl. G. Harder, Art. φθείρω, ThW IX, 94–106. *D. Vetter*

שׁיר *šīr* singen

1. Die Wurzel *šīr* »singen« ist außerhalb des AT (und des davon abhängigen Jüd.-Aram. und Chr.-Pal.) auch im Ug. belegt (Verbum und Substantiv; vgl. WUS Nr. 2682; UT Nr. 2409).

Ein neupun. Beleg ist unsicher (DISO 298). Mit akk. *sâru* »kreisen, tanzen« ist *šīr* nicht zu verbinden (AHw 1031b; gegen KBL 965b). Dagegen wird *šīr* hergeleitet von sum. *šir*/akk. *šēru* »Lied« u.a. durch G. Rinaldi, Bibl 40, 1959, 285f.; vgl. Zorell 839a.

Im AT begegnet das Verbum im Qal (das Part. *šār(ā)* »Sänger(in)« im Plur. substantiviert), Pol. und Ho.; dazu kommen die Subst. *šīr* »Gesang, Lied« und *šīrā* »(einzelnes, bestimmtes) Lied« (fem. nomen unitatis, Meyer II,42).

2. Das Verbum kommt im AT 87 × vor: q. 49 × (substantiviertes Part. 11 × ; 27 × in Ps), pol. 37 × (Neh 17 ×, Esr, 1Chr und 2Chr je 6 ×, dazu Zeph 2,14; Hi 36,24), ho. 1 × (Jes 26,1). Das Subst. *šīr* hat 77 Belege (davon Ps 42 ×, 1Chr und 2Chr je 7 ×, Jes 5 ×), *šīrā* deren 13 (Ex 15,1 Meerlied; Num 21,17 Brunnenlied; Dtn 31,19.19.21. 22.30 und 32,44 Moselied; 2Sam 22,1 = Ps 18,1 Davidspsalm; Jes 5,1 Weinberglied; 23,15 Spottlied auf eine Dirne; Am 8,3 txt em: *šārōt* »Sängerinnen«).

Sowohl das Verbum als auch das Subst. *šīr* sind hauptsächlich in kultisch bestimmten oder besonders am Kult interessierten Zusammenhängen belegt. So findet sich *šīr* q. 27 × in Ps, *šīr* pol. 35 × im chron. Geschichtswerk, das Subst. *šīr* 42 × in Ps und 17 × im chron. Geschichtswerk.

3./4. Ein profaner und ein speziell theologischer Sprachgebrauch des Verbums *šīr* lassen sich nicht klar voneinander unterscheiden. Das Singen und die Instrumentalmusik gehören von Anfang an in den Bereich des Kultes; erst spät ergibt sich eine Trennung von sakraler und profaner Musik (vgl. C. Westermann, RGG IV, 1201–1205, mit Lit.). So kann nur an drei Stellen gesagt werden, *šīr* bedeute ein profanes Singen (Jes 5,1; Zeph 2,14 Laute eines Vogels; Spr 25,20). Schon in Num 21,17 (Brunneneinweihung) und 1Sam 18,6 (Begrüßung des Königs nach der Schlacht) bezieht sich *šīr* auf Gesänge, die nicht eindeutig profanen Charakter haben, sondern dem Sakralen nahe stehen. In der Mehrzahl der Stellen meint *šīr* nicht ein nur auf ästhetische Wirkung gerichtetes Singen, sondern den gesanglichen Vortrag der in gebundener Sprache formulierten Anrede Gottes, meist des Lobes. So wird in Imperativen dazu aufgefordert, »für Jahwe« zu singen (*šīrū leJhwh* Ex 15,21; Jes 42,10; Jer 20,13; Ps 96,1 = 1Chr 16, 23; Ps 96,1.2; 98,1; 149,1; vgl. Ps 33,3; 68,5.33; 105,2 = 1Chr 16,9), oder der Sänger erklärt seine Absicht, für Jahwe zu singen (*'āšīrā leJhwh* Ex 15,1; Ps 13,6; vgl. Ri 5,3; Ps 27,6; 101,1). *šīr* bezeichnet ein unter Umständen von Instrumenten begleitetes, jubelndes, Gott lobendes Singen, wie der parallele Gebrauch von *zmr* »musizieren« (Ri 5,3; Ps 21,14; 57,8; 68,5.33; 101,1; 104,33 u.ö.; schon ug. *šr* neben *ḏmr* in RS 24.252, Z.3 [Ugaritica V,551]; vgl. S.E. Loewenstamm, VT 19,1969, 464–470; *zmr* pi. im AT 45 ×, dazu *zāmīr* »Gesang« 6 ×, *zimrā* »Spiel, Musik« 4 ×, *mizmōr* »Psalm« 57 ×, nur in Psalmüberschriften), →*hll* pi. »preisen« (Jer 20,13; vgl. Jes 42,10 *tehillā*), →*rnn* »jubeln« (Ps 59,17) und →*brk* pi. »preisen« (Ps 96,2) deutlich zeigt.

Im chron. Geschichtswerk ist *šīr* mit Ausnahme von 2Chr 9,11 (= 1Kön 10,12) und 35,25 (Part. q.) ausschließlich im Part. pol. *mešōrēr* belegt; es dient zur Bezeichnung der im Tempel dienenden Sänger (Esr 2,41.65.70 u.ö.; Neh 7,1.44.67.72 u. ö.; 1Chr 6,18; 9,33 u.ö.; 2Chr 5,12.13 u.ö.) und begegnet vielfach in Aufzählungen neben Bezeichnungen für andere Kultbeamte wie *kōhanīm* »Priester«, *lewijjīm* »Leviten«, *šō'arīm* »Torhüter« und *netīnīm* »Tempelknechte« (vgl. Esr 2,70; 7,7; Neh 7,72; 10,29.40; 12,44f.).

Auch das Subst. *šīr* bezeichnet in der Hauptsache den kultischen Gesang; daneben kann *šīr* jedoch auch in der allgemeinen Bedeutung von »Gesang, Lied« gebraucht werden (vgl. Gen 31,27; Jes 23, 16; 24,9; Ez 26,13; 33,32; Am 8,10; Spr 25,20; Pred 7,5; 12,4). 30 × findet sich *šīr* als Bezeichnung eines Psalms in Psalmenüberschriften, oftmals zusammen mit *mizmōr* (Ps 30; 45; 46; 48; 65–68; 75; 76; 83; 87; 88; 92; 108; 120–134). Der parallele Gebrauch von *šīr* und *mizmōr* in einigen Psalmüberschriften hat in der Forschung zu Spekulationen über das Verhältnis der beiden Termini zueinander Anlaß gegeben. So kommt L. Delekat, Probleme der Psalmüberschriften, ZAW 76,1964, 280–297, zu dem Ergebnis, das von *zmr* »musizieren« abzuleitende *mizmōr* bezeichne »ein zu Instrumentalbegleitung gesungenes Kunstlied« (a.a.O. 280), das von einem einzelnen vorgetragen wird, *šīr* hingegen meine ursprünglich einen Sprechgesang ohne Instrumentalbegleitung und habe die Bed. »Volkslied«. Er begründet diese Unterscheidung mit dem Hinweis auf das steigernde Zeugma *'āšīrā wa'azammerā* »ich will singen und musizieren« (Ps 27,6; 57,8 u.ö.). Doch erscheint diese These zu wenig begründet; es sollte kein besonderer Unterschied zwischen *šīr* und *mizmōr* angenommen werden (vgl. S. Mowinckel, Psalmenstudien IV, 1923; Kraus, BK XV, XVIIIf.). Auch bezeichnet *šīr* keineswegs nur einen Sprechgesang, sondern auch den instrumental begleiteten Gesang. So werden verschiedentlich Musikinstrumente im Zusammenhang mit *šīr* erwähnt: *kinnōr* »Zither« und *tōf* »Handpauke« (Gen 31, 27), *nēbæl* »Harfe« (Am 5,23), *nēbæl* *ʿāšōr* »zehnsaitige Harfe« (Ps 144,9), neben *kinnōr*, *nēbæl* und *tōf* noch *meṣiltájim* »Zimbeln« und *ḥaṣōṣerā* »Trompete« (1Chr 13,8). Auch der Ausdruck *kelē šīr* »Musikinstrumente« (Am 6,5; Neh 12,36; 1Chr 16,42; 2Chr 7,6; 23,13; 34,12), der in 1Chr 15,16 und 2Chr 5,13 zusammen mit einer Aufzählung von Musikinstrumenten erscheint, deutet auf die musikalische Begleitung der Kultlieder durch Instrumente hin (vgl. auch Kraus, BK XV, XVIII; zu den Musikinstrumenten im AT vgl. H. Greßmann, Musik und Musikinstrumente im AT, 1903; S.B. Finesinger, Musical Instruments in the OT, HUCA 3, 1926, 21–76; M. Wegner, Die Musikinstrumente des Alten Orients, 1950; ferner BRL 389–394; C. Westermann, RGG IV, 1201–1205; E. Werner, IDB III, 457–476, mit Lit.; G. Wallis, BHH II, 1258–1262).

Auf die enge Zugehörigkeit zum Kult weisen die Wortverbindungen mit *šīr*: *šīr tehillā* »Lobgesang« (Neh 12,46); *šīr hammaʿalōt* »Wallfahrtslied« (Ps 120–134; vgl. Kraus, BK XV, XX–XXII); *šīr ḥanukkat habbájit* »Lied zur Tempeleinweihung« (Ps 30,1); *šīr Ṣijjōn* »Zionslied« (Ps 137,3); *šīr bēt Jhwh* »Jahwetempellied« (1Chr 6,16; 25,6).

In einer Reihe von Psalmen wird in einem imperativischen Lobruf zu Beginn des Psalms dazu aufgerufen, Jahwe ein »neues Lied« (*šīr ḥādāš*) zu singen (Jes 42, 10; Ps 96,1; 98,1; 149,1; vgl. Ps 33,3; 40,4; 144,9; →*ḥādāš* 4b). Dieses neue Lied entspricht den neuen Taten Gottes; nur mit einem neuen Lied kann auf das je neue Handeln Jahwes geantwortet werden (vgl. Kraus, BK XV, 677f.; Westermann, ATD 19,85).

Das Subst. *šīrā* (s.o. 2) bezeichnet nicht nur kultische, sondern auch höchst weltliche Lieder (Jes 5,1 Weinberglied; 23,15 »Hurenlied«) und in Dtn 31 ein Lehrgedicht.

5. In den Qumrantexten ist *šīr* nicht belegt. Die Übersetzung des Verbums in der LXX ist nicht einheitlich; überwiegend wird *šīr* jedoch mit ᾄδειν wiedergegeben Das Subst. *šīr* wird überwiegend mit ᾠδή übersetzt; neben ᾆσμα werden auch ὕμνος (Jes 42,10; Neh 12,46) und ψαλμός (Ps 46,1; 65,1) verwendet. Vgl. dazu H. Schlier, Art. ᾄδω, ThW I, 163–165; G. Delling, Art. ὕμνος, ThW VIII, 492–506.

R. Ficker

שׁכח *škḥ* vergessen

1. Die Wurzel *škḥ* ist außer im Hebr. auch im Aram. belegt, dort jedoch in abweichender Bedeutung.

a) Im Aram. (s. KBL 1130a) bedeutet das Haf./Af. des Verbums *škḥ* »finden«, das daneben gebräuchliche reflexiv-passive Hitpe./Itp. »sich (be)finden« (Cowley Nr. 34, Z. 4; J. Starcky, Inventaire des inscriptions de Palmyre X, 1949, Nr. 127, Z. 3 txt?) und »gefunden werden«.

Diese Bedeutung ist im Bibl.-Aram. (s. E. Vogt, Lexicon Linguae Aramaicae Veteris Testamenti, 1971, 165b–166a) wie auch sonst im Reichsaram. (s. DISO 299) in zwei Nuancen ausgeprägt:

(1) »finden« im Sinne von: »durch Suchen, Nachforschen, Untersuchen ausfindig machen«, so z. B. in Esr 4,14f. parallel zu *jdʿ* »erfahren«: »wir machen dem König Mitteilung, damit man im Protokollbuch deiner Väter nachforsche (*bqr* pa.), und du wirst im Protokollbuch finden und erfahren, daß jene Stadt eine aufrührerische Stadt ist« (vgl. Esr 4,19), oder in Ah. 34f.: »[Dieser Ahiqar], du sollst einen Ort suchen (*bʿh*), wo du ihn finden wirst, [und ihn töten]« (vgl. P. Grelot, Documents araméens d'Égypte, 1972, 449, und s. Ah. 76); – in dieser Verwendung wird das Verbum vom Auffinden von Personen (Dan 2,25; 6,12; vgl. Cowley Nr. 34, Z. 4 und in Qumran 1Q GenAp 22,7) und Dingen (z. B. einer Schriftrolle: Esr 6,2; eines Anklagegrundes: Dan 6,5f.; vgl. Cowley Nr. 27, Z. 2.13; Nr. 38, Z. 6f., oder anderer Dinge: Dan 2,35; 6,24; vgl. Cowley Nr. 30, Z. 14; Nr. 38, Z. 3f. und in Qumran: 1Q GenAp 21,19) gebraucht, ferner: vom Herausfinden bestimmter Fähigkeiten oder Eigenschaften von Personen (der »Erleuchtung, Einsicht und außergewöhnlichen Weisheit« Daniels: Dan 5,11f.14; der Unschuld Daniels: Dan 6,23; s. auch für das Hitpe. Dan 5,27: »du bist gewogen worden auf der Waage und als mangelhaft – d. h. zu leicht – befunden worden«);

(2) »finden« im Sinne von: »erlangen, bekommen« (vgl. Frahang-i-Pahlavik Kap. XX9e, E. Ebeling, MAOG XIV/1, 1941, 47), so in Esr 7,16: »alles Gold und Silber, das du in der ganzen Provinz Babel bekommen wirst« (vgl. Cowley Nr. 13, Z. 5; Nr. 42, Z. 7f.) und in Qumran – in religiöser Verwendung – 4QTestLevi 1,15: »[um zu f]inden dein Erbarmen vor dir« (J.T. Milik, RB 62, 1955, 400); hierher gehört wohl auch *škḥ* (af.) mit anschließender Inf.-Konstruktion in 1QGenAp 21,13: »ich werde deinen Sa-

men wie den Staub der Erde machen, ohne daß irgendein Mensch findet/erlangt, ihn zu zählen« (vgl. Vogt, a.a.O. 166a; doch s. auch Fitzmyer, Gen.Ap. 134, der hier an eine Af.-Bedeutung »können« denkt – analog der von gr. εὑρίσκειν mit folgendem Inf. in Lk 6,7, vgl. W. Bauer, Gr.-dt. Wörterbuch zu den Schriften des NT, [5]1958, 643f.).

b) Im Hebr. ist die Bedeutung der Wurzel *škḥ* demgegenüber »vergessen«. Vom Verbum *škḥ* begegnen hier neben dem Qal »vergessen« das Ni. »in Vergessenheit geraten, vergessen werden«, das Pi. »in Vergessenheit geraten lassen« (Klgl 2,6; vgl. Sir 11,25.27 und s. Jenni, HP 229), das Hi. »vergessen machen« (Jer 23,27) und das Hitp. »vergessen sein« (Pred 8,10). Als nominale Ableitung der Wurzel ist das nach der Nominalform qatil (Meyer II,25) gebildete Adjektiv *šākē*^{a}*ḥ* »vergessend« (Jes 65,11; Ps 9,18) belegt.

2. Formen der Wurzel *škḥ* kommen im AT insgesamt 122 × vor, 104 × in den hebr. (Qal 86 × : Ps 31 ×, Dtn 13 × ; Ni. 13 × ; Pi. 1 × ; Hi. 1 × ; Hitp. 1 × ; *šākē*^{a}*ḥ* 2 ×) und 18 × in den aram. Teilen des AT (Ha. 9 × ; Hitp. 9 ×). Die Wurzel fehlt in den Büchern Ex-Num, Jos, 2Sam, 1Kön, Jo, Ob-Mal, Ruth, Hhld, Est, Neh-2Chr.

3. Als Gegenbegriff zu →*zkr* »gedenken« (Gen 40,23; Dtn 9,7; 1Sam 1,11; Jes 17, 10; 23,16; 54,4; Ps 9,13; 137,5f.; Hi 11, 16; 24,20; Spr 31,7; vgl. *zikkārōn/zēkær* in Pred 2,16; 9,5) besagt *škḥ* – wie das ihm synonyme Verbum *nšh* (par. zu *škḥ* in Dtn 32,18 txt em, vgl. GK §75s) – »vergessen« in dem Sinne, daß Personen und Dinge, die zeitlich oder räumlich »fern« (»fern von Menschen« Hi 28,4, im Blick auf Bergleute unter Tage) oder »den Augen verborgen« sind (Jes 65,16), einem »aus dem Sinn kommen« (Dtn 4,9), so daß man sie nicht mehr im Bewußtsein hat und wahrnimmt (vgl. die negierten Parallelverben *r'h* »sehen«: 1Sam 1,11; Ps 10,11 und *jd'* ni. »wahrgenommen werden, spüren«: Gen 41,30f.). Neben diesem Entfallen hat *škḥ* auch das Übersehen von vor Augen Liegendem zum Hintergrund (einer Garbe auf dem Erntefeld: Dtn 24, 19; von Schmuck und Gürtel[?]: Jer 2, 32). Oder es resultiert aus der Überlagerung im Bewußtsein präsenter Ereignisse und Verpflichtungen durch andersgeartete Erlebnisse und Bestrebungen und aus dem Genuß von Rauschmitteln (Wein: Spr 31, 5.7). Insbesondere aber kommt Vergessen durch die bewußte Abwendung von gegenwärtigen Personen, Dingen, Verpflichtungen, Erfahrungstatsachen (Hi 39,15) und Verhaltensweisen zustande, die man »hinter seinen Rücken wirft, verschmäht« (*šlk* hi. *'aḥ*^{a}*rē gawwō*: Ez 23,35), vor denen man »das Angesicht verbirgt« (*str* hi. *pānīm*: Ps 10,11; 13,2; 44,25) oder seine Zuwendung »verschließt« (*qpṣ*, von Jahwe in bezug auf sein Erbarmen: Ps 77,10), wobei sich im Blick auf Handlungen für *škḥ* die Bedeutung »unterlassen« ergibt (Dtn 25,19; Hi 9,27; Spr 4,5).

Aufschlußreich hierfür ist das Vorkommen von *škḥ* neben *n'ṣ* »verschmähen, verwerfen« (Klgl 2,6 pi.), *nṭh min* »abweichen von« (Spr 4,5), *'br* »(Gebote) übertreten« (Dtn 26,13), *'zb* »verlassen« (Jes 49,14; 65,11 Adj.; Hi 9,27; Spr 2,17; Klgl 5,20), *šqr* pi. *b*^{e} »trügerisch handeln an« (Ps 44, 18), als Gegenbegriff zu *nṣr* »(Gebote) bewahren, befolgen« (Spr 3,1) und im Kontext von Verben, die die Entfremdung (*zūr min* »jemandem fremd werden«; *ḥšb l*^{e}*zār* »für einen Fremden halten«; *hjh nokrī* »ein Fremder werden«) und das Ausbleiben (*rḥq* hi. *mē'al* »sich entfernen von«; *ḥdl* »ausbleiben«) einem nahestehender und vertrauter Personen ausdrücken (Hi 19, 13–15), bzw. im Gegensatz zu *drš* »fragen nach, sich kümmern um« (Jer 30,14).

Solches Vergessen trifft die Toten (Frevler: Hi 24,20; Gerechte: Pred 8,10; allgemein: Ps 31,13; Pred 2,16; 9,5), die bei den Nachkommenden, wie auch Lebende (Gen 40,23; Jes 23,16 ni.; 49,15; Jer 30, 14; Hi 19,14; 28,4 ni.; die Stadt Tyrus: Jes 23,15 ni.), die bei ihren Zeitgenossen, insbesondere bei engen Vertrauten, aus der Erinnerung geraten bzw. mit denen man keinen Umgang mehr pflegt. Im profanen Sprachgebrauch des AT begegnen darüber hinaus als Objekte von *škḥ*: Gegenstände des alltäglichen Gebrauchs, die man versehentlich übersieht (Dtn 24,19; Jer 2,32), der einem angestammte Lebensbereich, den man in der Fremde vergißt (Jer 50,6; Ps 45,11; 137,5), eine Erfahrungstatsache (Hi 39,15) oder eine Verpflichtung (Dtn 25,19; Spr 31,5) bzw. die Unterweisung des Weisheitslehrers (Spr 3,1; 4,5), die man außer acht läßt, besonders aber begangene Übeltaten (Gen 27,45; Jer 44,9) und vergangenes oder gegenwärtiges Wohlergehen oder Glück (Gen 41,30 ni.; Sir 11,25.27) und Unglück, die über andersgeartetem Erleben aus dem Gedächtnis entschwinden, so insbesondere »Scham« (*bōšæt*) und »Schmach« (*ḥærpā*, Jes 54,4), »Nöte« (*ṣārōt*, Jes 65,16 ni), »Klage« (*šī*^{a}*ḥ*, vgl. H.P. Müller, VT 19, 1969, 365; Hi 9, 27), »Armut« (*rīš*) und »Mühsal« (*'āmāl*, Spr 31,7, vgl. Hi 11,16), »Unheil, Unglück« (*r'h*, Sir 11,25).

Umgekehrt betonen Ausdrücke mit negiertem *škḥ* ni. wie: »ewige, unvergeßliche Schmach« (Jer 20,11; 23,40), »ewige, unvergeßliche Verpflichtung« (Jer 50,5) und die Aussage von Dtn 31,21, daß das in Dtn 32,1–43 folgende Lied des Mose unvergessen »im Munde« der Nachkommen bleibe, gerade die unverbrüchliche und unabdingbare Dauer der angesprochenen Sachverhalte.

In diesen Verwendungen findet sich *škḥ* durchweg mit folgendem Akk.-Objekt oder Objektssatz (eingeleitet mit *'ēt 'ašær*: Gen 27,45; Dtn 9,7 oder *kī*: Hi 39,15), selten absolut gebraucht (Dtn 25,19; Ps 10,11; Spr 4,5) oder mit anschließender Inf.-Konstruktion, so – im Blick auf eine unterlassene Handlung – in Ps 102,5: »ich habe vergessen, mein Brot zu essen« (vgl. auch Ps 77,10 und Jes 49,15a).

4. a) Im theologischen Sprachgebrauch des AT gehört *škḥ* »vergessen«, von Jahwe ausgesagt, zur Topik der individuellen und kollektiven Klage (vgl. Gunkel-Begrich 127f.216–220), in der die von den Betern erfahrene Gottesferne, die sie als Grund ihrer Notlage benennen, auf das Vergessen Jahwes zurückgeführt wird.

In dieser Verwendung begegnet *škḥ* in den für das isr. Klagelied typischen Fragen nach dem Grund und der Dauer der Abwendung Jahwes wie: »warum verbirgst du dein Angesicht, vergißt du unser Elend und unsere Drangsal?« (Ps 44,25; vgl. Ps 42,10; Klgl 5,20); »wie lange, Jahwe, willst du mich immerdar vergessen, wie lange dein Angesicht vor mir verbergen?« (Ps 13,2); »hat Gott vergessen, gnädig zu sein, oder hat er im Zorn sein Erbarmen verschlossen?« (Ps 77,10), ferner in der Elendsschilderung der eigentlichen Klage: »verlassen hat mich Jahwe, der Herr mich vergessen« (Jes 49,14), in Bitten wie: »vergiß nicht immerdar das Leben deiner Elenden, ... vergiß nicht das Geschrei deiner Widersacher, das Toben deiner Gegner, das beständig emporsteigt« (Ps 74,19.23; vgl. Ps 10,12 und das Gelübde der Hanna: 1Sam 1,11) und in der Vertrauensäußerung: »denn nicht immerdar wird der Arme vergessen, entschwindet die Hoffnung der Elenden auf ewig« (Ps 9,19 ni.).

Diesen Ausdrücken der Klage korrespondieren im Heilsorakel die Zusage: »vergißt auch eine Frau ihren Säugling, daß sie sich ihres leiblichen Kindes nicht erbarmte? – selbst wenn diese es vergäßen: ich vergesse dich nicht!« (Jes 49,15, vgl. V.14), und im Hymnus die Aussage: »denn ein Bluträcher (ist er), er gedenkt ihrer, nicht vergißt er das Zetergeschrei der Elenden« (Ps 9,13).

Gegenüber dem Gedanken, der nach Aussage des Beters von Ps 10,11 dem Frevler bei seinen Übeltaten zur Selbstbeschwichtigung dient: »Gott hat es vergessen, sein Angesicht verborgen, er sieht es nimmermehr«, hebt von den seltenen Stellen, an denen in der Prophetie *škḥ* von Jahwe ausgesagt wird, Am 8,7 gerade umgekehrt hervor, daß Jahwe Freveltaten nicht vergißt: »Geschworen hat Jahwe beim Stolze Jakobs: Wenn ich je all ihre Taten vergesse ...!« Und Hos 4,6 droht dem Priester, der gegen seine Dienstpflichten verstoßen hat, indem er die (Gottes)erkenntnis (*haddá'at*) verwarf und die göttliche Weisung (*tōrā*) vergaß, in symmetrischer Entsprechung zu seinem Vergehen an, daß Jahwe ihn deswegen seinerseits verwerfe und seine Söhne vergesse (zur talionartigen Formulierung dieses Spruches vgl. Wolff, BK XIV/1, 97–99; N. Lohfink, Bibl 42, 1961, 303–332).

Daß Jahwe »in Vergessenheit geraten ließ Festtag und Sabbat in Zion« (*škḥ* pi., Klgl 2,6), ist einer der Klagepunkte, den die Klgl im Blick auf die Ereignisse von 587 v.Chr. hervorheben. Demgegenüber beteuert der unter den nach Babylon Exilierten befindliche Sänger von Ps 137 seine unverbrüchliche Verbundenheit mit dem Zion in Gestalt einer Selbstverfluchung: »Wenn ich dich vergesse, Jerusalem, werde meine Rechte vergessen« (Ps 137,5 txt em, vgl. BHS, doch s. anders Delitzsch 91 [§ 95a]).

b) Sehr viel häufiger wird *škḥ* im theologischen Sprachgebrauch des AT von Menschen ausgesagt, vor allem in bezug auf Jahwe, daneben aber auch im Hinblick auf Jahwes Heilserweise und heilsgeschichtliche Taten, auf seine *b^erīt* und seine Gebote. »Vergessen« bezieht sich in diesen Zusammenhängen weniger auf die menschliche Erinnerungstätigkeit als vielmehr auf das praktische Verhalten: die tätige Abwendung und das Zuwiderhandeln.

Dies verdeutlichen insbesondere die Stellen, die das Vergessen Jahwes, seiner Heilstaten, seiner *b^erīt* und seiner Gebote kontrastieren mit: Jahwe »fürchten« (*jr'*), ihm »dienen« (*'bd*), »bei seinem Namen schwören« (*šb'* ni. *biš^emō*) (Dtn 6,12f.), ferner: mit dem Halten (*nṣr*, *šmr*) seiner Gebote (Dtn 8,11; Ps 78,7), dem Lob (*brk* pi.) Jahwes (Ps 103,2) und dem Harren (*ḥkh* pi.) auf seinen Ratschluß (Ps 106,13), bzw. die Stellen, die *škḥ* in Parallele setzen zum Verlassen (*'zb*) Jahwes (Jes 65,11; vgl. Ez 23,35), zur Zuwendung zu anderen Göttern (*hlk 'aḥarē 'ælōhīm 'aḥērīm*: Dtn 8,19; Hos 2,15; vgl. auch Jer 23,27), ihrer kultischen Verehrung (*'bd* »dienen«: Dtn 8,19; Ri 3,7; *jr'* »fürchten«: 2Kön 17,38; *ḥwh* hišt. »verehren«: Dtn 8,19 u.a., vgl. Dtn 4,23; Jer 18,15; Hos 2,15; Ps 44,21), zum Vertrauen auf Trug (Jer 13, 25; auf Paläste: Hos 8,14), zu falschem Handeln (*'wh* hi. *darkō* »verkehrt wandeln«: Jer 3,21; vgl. Ez 22,12) und zum Bruch der auferlegten Verpflichtung (*šqr* pi. *bibᵉrīt* »trügerisch handeln an der Verpflichtung«: Ps 44,18). In Hi 8,13 schließlich ist *šōkᵉḥē 'ēl* parallel zu *ḥānēf* Bezeichnung für den Gottlosen. Nur in Dtn 4,9, wo *škḥ* neben *sūr millēbāb* »aus dem Sinn kommen« steht, und vergleichbaren Stellen wie Dtn 9,7; Jer 44,9; Ps 59,12; 78,11 steht bei der Rede vom Vergessen der Heilstaten Jahwes der Aspekt der Erinnerung im Vordergrund.

Die Mahnung, Jahwe (Dtn 6,12; 8,11. 14.19) und seine Heilstaten (Dtn 4,9), – aber auch: die eigene Widerspenstigkeit (Dtn 9,7) und die von Jahwe auferlegte Verpflichtung (*bᵉrīt*: Dtn 4,23; vgl. beim Dtr.: 2Kön 17,38) – nicht im Kulturland aus Sattheit und Überhebung (Dtn 8,10 bis 14; vgl. Hos 13,6) und zugunsten anderer Götter zu vergessen, ist ein wiederkehrender Punkt, den die dtn. Paränese einschärft. Dabei entsprechen der an Israel gerichteten Mahnung, getreu an der *bᵉrīt* Jahwes festzuhalten (Dtn 4,23), die Zusage, daß Jahwe »ein barmherziger Gott« ist, der »dich nicht verlassen, nicht verderben und nicht die Zusage (*bᵉrīt*) an deine Väter vergessen wird, die er ihnen zugeschworen hat« (Dtn 4,31), ferner: die in Dtn 26,13 im Zusammenhang einer liturgischen Bekenntnisreihe aus Anlaß der Zehntenabgabe in jedem dritten Jahr stehende Versicherung des einzelnen Israeliten: »Ich habe keines von deinen Geboten übertreten und keines vergessen« und – im Kontrast dazu – in der dtr. Geschichtsbetrachtung die wiederholte Feststellung, daß Israel Jahwe vergessen habe (Dtn 32, 18; Ri 3,7; 1Sam 12,9), womit im Sinne der dtr. Geschichtstheologie das grundlegende Versagen Israels in seiner Geschichte ausgesprochen ist (vgl. M. Noth, Überlieferungsgeschichtliche Studien, ²1957, 103).

In der Prophetie kommt *škḥ* in theologischer Verwendung vorwiegend in Scheltworten vor, die Israel als einen Kernpunkt der Begründung für das ihm angedrohte Unheil vorhalten, daß es Jahwe – zugunsten anderer Götter oder falscher Gegenstände des Vertrauens bzw. im Interesse eines jahwewidrigen Verhaltens – vergessen habe (Hos 2,15; 8,14; 13,6; Jes 17,10; Jer 2,32; 13,25; 18,15; 23,27; Ez 22,12; 23,35).

Andere Objekte des Verbums im Zusammenhang solcher Scheltworte sind: die Weisung (*tōrā*) Jahwes (Hos 4,6), das Böse, das die Väter und die gegenwärtige Generation begangen haben (Jer 44,9), der »heilige Berg« in Jerusalem als der legitime Kultort (Jes 65,11).

Selten begegnet das Verbum *škḥ* hier in anderen Gattungen, so in der Volksklage: »horch, auf den Höhen hört man das flehentliche Weinen der Söhne Israels, daß sie ihren Weg verkehrt, Jahwe, ihren Gott, vergessen haben« (Jer 3,21); »kommt, laßt uns Jahwe anhängen in ewiger, unvergeßlicher Verpflichtung« (Jer 50,5 txt em), und im Heilsorakel: »wer bist du, daß du dich fürchtest vor Menschen, die sterben, ... und vergißt Jahwe, deinen Schöpfer« (Jes 51,12f.); »die Scham deiner Jugend wirst du vergessen, der Schmach deiner Witwenschaft nicht mehr gedenken« (Jes 54,4; vgl. Jes 65,16 ni.).

In den Psalmen begegnet die Versicherung der Beter, sie hätten Jahwe und seine Willenskundgabe nicht vergessen, gelegentlich als Unschuldsbeteuerung und als Motiv für Jahwes Einschreiten (vgl. Gunkel-Begrich 132.238f.251) im individuellen und kollektiven Klagelied (Ps 44,18.21; Ps 119,16.61.83.93.109.141.153.176). Umgekehrt kennzeichnen Gottvergessenheit allgemein (Ps 9,18; 50,22) und speziell das Vergessen der Verpflichtung Jahwes (Ps 119,139; vgl. auch Spr 2,17) die Heidenvölker und die Widersacher der Beter, das periodische Vergessen der geschichtlichen Heilserweise Jahwes nach Aussage der Geschichtshymnen aber auch je und dann Israel als ganzes (Ps 78,11; 106,13.21). Demgegenüber ruft der Hymnus dazu auf, die Wohltaten Jahwes nicht zu vergessen (Ps 78,7; 103,2; vgl. auch Ps 59,12).

5. In Qumran wandelt 1Q22,2,4 die Formulierung von Dtn 8,14, 4QpHos^b 2,3 die von Hos 13,6 ab. Zur LXX, die hebr. *škḥ* vor allem durch ἐπιλανθάνεσθαι wiedergibt, s. W. Bauer, Gr.-dt. Wörterbuch zu den Schriften des NT, ⁵1958, 584.

W. Schottroff

שכן *škn* wohnen

1. Die Wurzel *škn* »wohnen« ist außer im Hebr. in mehreren sem. Sprachen belegt (ug.: WUS Nr. 2606; UT Nr. 2414; aram.: DISO 299; KBL 1130a; LS 776; arab. *sakana*, Wehr 381). Im Akk. ist *šakānu* »legen« o.ä. in zahlreichen Stammformen in weitverzweigter Verwendung vorhanden.

Nach Brockelmann u.a. (GVG I,522; G.J. Thierry, OTS 9, 1951, 3–5; L.Wächter, ZAW 83, 1971, 382f.) handelt es sich ursprünglich um eine Š-Form von **kūn* »aufrecht stehen«. Im Hebr. ergäbe sich dabei als ursprüngliche Bedeutung von *škn* »aufrichten« mit folgender Weiterentwicklung: »(in nomadischer Zeit das Zelt) aufrichten« > »sich niederlassen« > »sich aufhalten, wohnen« (vgl. Thierry, a.a.O.). Diese Etymologie mag richtig sein oder nicht, sicher ist jedenfalls, daß die Theorie bei den semantischen Aspekten der Wurzel und ihrerDerivate keine Rolle spielen darf. Eine möglicherweise feststellbare Grundbedeutung fällt in den Zusammenhängen, in denen das Wort uns begegnet, kaum oder gar nicht ins Gewicht.

Außer dem Grundstamm begegnen im AT noch pi. »ansiedeln« (vgl. Jenni, HP 92f.) und hi. »wohnen lassen«, ferner das substantivierte Verbaladjektiv *šākēn* »Anwohner, Nachbar« (BL 464) und das Subst. *miškān* »Wohnung«. Bibl.-aram. kommen *škn* q., pa. und *miškan* in gleicher Bedeutung vor. Zum Personennamen *Šᵉkanjā(hū)* vgl. Noth, IP 194.215.219 (aber auch ders., JSS 1, 1956, 325); ferner Gröndahl 192; J.K. Stark, Personal Names in Palmyrene Inscriptions, 1971, 114a.

2. *škn* q. kommt im hebr. AT 111 × vor (Ps 20 ×, Jes 13 ×, Jer und Hi je 10 ×, Num 9 ×, Gen 7 ×, Dtn 6 × [nur 12,5 txt? und 33,12–28, also nicht im eigentlichen Dtn], Ex, Ez und Spr je 5 ×), pi. 12 × (davon 6 × in Dtn in der Wendung *lᵉšakkēn šᵉmō šām* »seinen Namen dort wohnen zu lassen«: Dtn 12,11; 14,23; 16,2.6. 11; 26,2; vgl. Jer 7,12; Neh 1,9; von den weiteren Belegen sind Jer 7,3.7 und Ps 78, 60 textlich mehr oder weniger zweifelhaft; sonst noch Num 14,30), hi. 6 ×, *šākēn* 20 × (Ps 6 ×, Jer 5 ×), *miškān* 139 × (Plur. *miškānīm*: Ez 25,4; Ps 46,5; *miškānōt* 18 × ; Sing. zur Bezeichnung des zentralen Heiligtums über 100 × bei P: Ex 25–40 58 ×, Lev 4 × [8,10; 15,31; 17,4; 26,11], Num 39 × [außerhalb P noch 16,24.27 redaktionell, vgl. Noth, ATD 7, 105.113, und 24,5 J], Jos 22,19.29; vgl. Elliger, HAT 4,374 Anm. 18). Die drei bibl.-aram. Belege sind: *škn* q. Dan 4,18; pa. Esr 6,12; *miškan* Esr 7,15.

Weit zahlreicher sind, entsprechend der allgemeineren Bedeutung, die Belege der (theologisch wenig relevanten) Wurzel *jšb* »sich setzen, sitzen, wohnen, bleiben«: q. 1034× (inkl. das substantivierte Part. *jōšēb* »Einwohner« an etwa einem Drittel der Stellen; inkl. Ez 35,9 K; exkl. 2Sam 19,33 und den Eigennamen *Jōšēb baššæbæt* in 2Sam 23,8; bei Lis. fehlt Jos 1,14; Jer 145×, Ri 71×, Gen 69×, Jes 66×, Ez 55×, Ps 53×, Jos 52×, 1Kön 50×, 2Chr 49×, Dtn 46×, 1Sam 44×, 1Chr 43×, 2Kön 38×, Num 37×, 2Sam 29×, Lev und Sach je 23×, Ex und Neh je 20×, Mi 11×, Ruth 10×. übrige Bücher 1–9×), ni. 8× (Ez 5×), pi. 1× (Ez 25,4), hi. 38×, ho. 2×, *šæbæt* »Stillsitzen« 7× (nach Lis.), *mōšāb* »Sitz, Wohnsitz« 44×, *tōšāb* »Beisasse« 14× ; bibl.-aram.: q. 4×, ha. 1×.

3. *škn* q. bedeutet intransitiv »sich aufhalten, verweilen, wohnen« (meist mit *bᵉ*), seltener transitiv »bewohnen« (GK §117bb; Jes 33,16; Ps 37,3; Spr 2,21 u.ö.). Über Art und Zeitdauer des Aufenthalts läßt sich vom Verbum her nichts sagen, hier entscheidet einfach der Kontext. Auf ein ständiges Verweilen deuten hin z.B. Gen 35,22; 49,13; Ri 8,11; 2Sam 7,10; Jer 25, 24; Ps 68,7; 69,37. Der dauerhafte Charakter des Wohnens kann durch die Hinzufügung von *lᵉʿōlām* (Ps 37,27), *lāʿad* (Ps 37, 29) oder *lᵉdōr wādōr* (Jes 34,17) mit der Bed. »auf immer, immerdar« o.ä. betont werden. Unter Umständen handelt es sich um ein Wohnen in Zelten (z.B. Gen 9,27; Ri 8,11; vgl. Gen 14,13; 16,12).

Die Partizipialform *šākēn* bedeutet zunächst »Bewohner« (so in Jes 33,24 par. *jōšēb* »wohnend«); Kontext oder Suffixverwendung ergeben öfter die Bed. »Anwohner, Nachbar« (so Jer 6,21; Ps 31,12 par. *mᵉjuddāʿ* »Bekannter«; 44,14; Spr 27,10 u.ö.).

Im profanen Sprachgebrauch heißt *miškān* »Wohnung, Wohnstätte«, z.B. Jes 22,16; 32,18; Jer 51,30; Hab 1,6; Ps 78, 28; Hhld 1,8; par. →*bájit* »Haus«: Ps 49,12; Hi 39,6; par. *māqōm* »Stätte«: Hi 18,21; par. *'ōhæl* »Zelt«: Num 24,5; par. *ṭīrā* »Zeltlager«: Ez 25,4. Aus einer Prüfung der Stellen geht hervor, daß *miškān* an sich nicht »Zelt« bedeutet, sondern vielmehr »Wohnung« im allgemeinen Sinne, wenn auch ein Zelt als *miškān* bezeichnet werden kann.

Ob in der schwer verständlichen Stelle Ps 68,19 für *škn* die Bed. »sich unterwerfen« (KBL 971a nach G.R. Driver, JThSt 33, 1931/32, 43) angenommen werden kann, bleibt zweifelhaft.

4. a) Auch im religiösen Sprachgebrauch von *škn* ist von der Bed. »wohnen« auszugehen. Gott wohnt im Lager inmitten seines Volkes (Num 5,3), im Lande inmitten der Israeliten (Num 35,34), unter Israel (Ex 25,8; 29,45.46; Num 35,34; 1Kön 6, 13; Ez 43,9), auf dem Berge Zion (→*Ṣijjōn* 4b; Jes 8,18; Jo 4,17.21; Sach 8,3; Ps 74, 2; vgl. Ps 68,17), in Jerusalem (Sach 2,14. 15; 8,3; Ps 135,21; 1Chr 23,25), in der Höhe und bei denen, die zerschlagenen Geistes sind (Jes 57,15, vgl. aber Westermann, ATD 19, 260.262). Es handelt sich um ein richtiges Wohnen, einen dauernden Aufenthalt und nicht um ein vorübergehendes Verweilen. Nach 1Kön 8,12 wohnt Jahwe im Wolkendunkel (*'arāfæl*, vgl. ug. *'rpt* »Wolke«; hinzuweisen ist auf Ex 20, 21; 24,15; Ps 18,12; 97,2; s. Noth, BK IX, 182; →*'ānān*).

Schwer zu verstehen ist die Aussage in Dtn 33,16 *šōkenī senǣ* »der im Dornbusch wohnt« (GK § 90l). Wenn hier an Gott gedacht ist, kann doch der auf der Hand liegende Hinweis auf Ex 3,2ff. kaum Entscheidendes zur Erklärung beitragen, weil nichts darauf hindeutet, daß in Dtn 33,16 an einen vorübergehenden Aufenthalt gedacht ist, wie es in Ex 3 der Fall zu sein scheint. Wie überall im Zusammenhang mit dem Wohnen Gottes hat *škn* auch an dieser Stelle die Bed. »wohnen« (S.R. Driver, Deuteronomy, 31902 [1952], 406: »possibly survival of an ancient belief«; M.A. Beek, Der Dornbusch als Wohnsitz Gottes, OTS 14, 1965, 155–161, denkt an eine Verwurzelung in der religiösen Vorstellungswelt der Nomaden).

In Ex 40,35 wohnt die Wolke auf dem Zelt der Begegnung, in Num 9,15ff. auf dem *miškān* (daß es sich in diesen Fällen um etwas Vorübergehendes handelt, hat mit der Bedeutung des Verbums *škn* an sich nichts zu tun). Nach Ex 24,16 wohnt die »Herrlichkeit« Jahwes (*kābōd*) auf dem Berge Sinai; in Ps 85,10 scheint von einem Wohnen des *kābōd* im Lande die Rede zu sein (l *kebōdō* »seine Herrlichkeit«?).

b) Was die Stellen mit *škn* pi. betrifft, so muß vor allem die Formel »seinen Namen wohnen zu lassen« (s.o. 2) genannt werden. Die Formel findet sich außer im Dtn nur Neh 1,9 (von Dtn abhängig). Ob in Jer 7,12 (Silo der Ort, wo Jahwe einst seinen Namen wohnen ließ) auch dtn. Phraseologie vorliegt, scheint mir unsicher (vgl. Jer 7,3.7, wo man entweder pi. oder q. lesen kann; von daher könnte die Verwendung des Verbums in V.12 bestimmt sein). Im Dtn wechselt die Formel mit *lāśūm šemō* »seinen Namen zu setzen« (Dtn 12,21; 14,24; diese Wendung könnte dtr. Zusatz sein), oder sie fehlt nach »die Stätte, die Jahwe ... erwählt«. Weder im dtr. noch im chr. Geschichtswerk ist sie belegt (hier entweder mit *śūm* oder *hjh* ohne Bedeutungsunterschied). Betont wird, daß das Wohnen Jahwes auf das Wohnen seines Namens eingeschränkt wird (sog. →*šēm*-Theologie). Es scheint sich bei dieser Formel um eine spätere Erweiterung der alten Kultformel zu handeln; die *škn*-Vorstellung wird gerade nicht urdeuteronomisch sein. Zu erwägen wäre, ob nicht ein Begriff aus der Jerusalemer Tempeltradition später in den Text hineingebracht worden ist. Nach wie vor ist zweifelhaft, ob die aus den Amarna-Tafeln bekannte Wendung *šakan šumšu* (EA Nr.287,60; 288,5f.) zur Erklärung der Formel herangezogen werden kann.

c) Unter dem Namen *miškān* wird in P für die Wüstenzeit ein Wohnheiligtum vorausgesetzt im Sinne der späteren jerusalemischen Tempeltradition. Dabei ist allerdings das Verhältnis zu einer altertümlichen Zelttradition (*'ōhæl mō'ēd*, →*j'd* 4b; als Erscheinungsheiligtum gedacht?) ein schwieriges Problem (Lit. in Auswahl: A. Kuschke, Die Lagervorstellung der priesterschriftlichen Erzählung, ZAW 63, 1951, 74–105; F. Dumermuth, Zur deuteronomischen Kulttheologie und ihren Voraussetzungen, ZAW 70, 1958, 59–98; L. Rost, Die Wohnstätte des Zeugnisses, FS Baumgärtel 1959, 158–165; W.(H.) Schmidt, *miškān* als Ausdruck Jerusalemer Kultsprache, ZAW 75, 1963, 91f.; S. Lehming, Erwägungen zur Zelttradition, FS Hertzberg 1965, 110–132; M. Görg, Das Zelt der Begegnung, 1967; R. de Vaux, »Le lieu que Yahvé a choisi pour y établir son nom«, FS Rost 1967, 219–228, mit Lit.; M. Metzger, Himmlische und irdische Wohnstatt Jahwes, UF 2, 1970, 139–158; R. von Ungern-Sternberg, Das »Wohnen im Hause Gottes«, KuD 17, 1971, 209 bis 223; K. Koch, Art. *'hl*, ThWAT I,128–141, mit Lit.).

Es ist nicht unbedingt notwendig, daß Zelttradition und *miškān*-Tradition beide israelitisch sind; es ist denkbar, daß die Zelttradition genuin isr. wäre, die andere nicht. Man kann vermuten, daß die Israeliten das Wort *miškān* in der speziellen Bed. »Gotteswohnung« in Jerusalem kennengelernt haben, also zu Anfang der Königszeit. Ist es möglicherweise aus jebusitischer Tradition übernommen? Auf diesen kultisch-religiösen Bereich könnte dann auch die Formel mit *škn* pi. letztlich zurückgeführt werden.

In diesem Zusammenhang vgl. *miškenē 'æljōn* »Wohnungen des Höchsten« Ps 46,5 und ug. *dr il lmšknthm* »das Geschlecht der Götter zu ihren Wohnungen« (128 [=III K=Herdner, CTA 15] III,19; vgl. H. Schmid, Jahwe und die Kulttraditionen von Jerusalem, ZAW 67, 1955, 168–197; Schmidt, a.a.O. 91).

d) Als weitere Vokabeln im Zusammenhang der Vorstellung vom Wohnen Gottes können genannt werden: *jšb* »wohnen« und »thronen« (s.o. 2; z.B. 1Kön 8,13 in bezug auf den Tempel zu Jerusalem; Ps 9,12 *jōšēb Ṣijjōn* »der auf dem Zion thront«; Ps 2,4 *jōšēb baššāmájim* »der im Himmel thront«; vgl. Ps 123,1) und *mōšāb* »Wohnsitz« (Ps 132,13; vgl. auch Ez 28,2; die mit der Vorstellung des Wohnens konkurrierende Vorstellung des Thronens ist eindeutig gegeben beim Vorkommen des Wortes *kissē'* »Sitz, Thron«, z.B. Jes 6,1 [*kissē'* im AT 135 ×, davon in 1Kön 34 ×, Ps 18x, Jer 17 ×]), ferner *mākōn* »Stätte« (*mākōn lešibtekā* »Stätte deines Thronens« Ex 15,17; 1Kön 8,13 = 2Chr 6,2; ähnlich *mekōn šibtekā* 1Kön 8,39.43.49 par. Ps 33, 14; →*kūn*), *mā'ōn* »Aufenthaltsort« (Dtn 26, 15; Jer 25,30; Sach 2,17; Ps 26,8 u.ö.); vgl. noch bibl.-aram. *šrh* q. Dan 2,22 »das Licht wohnt bei ihm«; →*bájit*; →*qdš*. Zum Material und zum geschichtlichen Verhältnis der einzelnen Vorstellungen vgl. Metzger, a.a.O.

5. Gott wohnt im Himmel. Als Andeutung seiner Gegenwart und Manifestation auf Erden wird in späterer Zeit am häufigsten das Wort *šekīnā* verwendet (das »Wohnen«). Auf diese Weise bleibt einerseits die Transzendenz Gottes völlig gewahrt und wird andererseits seine irdische Präsenz zum Ausdruck gebracht. In speziellem Sinne manifestiert sich die *šekīnā* im Heiligtum und in bestimmten als mehr oder weniger sakral empfundenen Umständen. Als Beispiel diene Ex 25,8 MT »ich will unter ihnen wohnen«, im Targum Onkelos »ich werde meine *šekīnā* unter ihnen wohnen lassen«. Inwieweit man bei dieser Bezeichnung von Hypostasierung reden darf, bleibe dahingestellt. Zu *šekīnā* vgl. u.a. StrB II, 314f.; A.Cohen, Everyman's Talmud, 1949, 42ff.

In der LXX und in anderen gr. Übersetzungen wird für *škn* am häufigsten (κατα)σκηνοῦν verwendet, für *šākēn* γείτων. Als Übersetzung von *miškān* findet sich σκηνή (gegen 100 × ; dieses Wort auch gewöhnlich für *'ōhæl*), seltener σκήνωμα. Aus diesen Übertragungen darf nicht auf eine spätere Änderung der Wohnkonzeption im Sinne eines vorübergehenden Verweilens statt eines dauernden Wohnens geschlossen werden. Die Wiedergabe in der LXX könnte beeinflußt sein durch die Lautähnlichkeit von hebr. *škn* und gr. σκηνή. Vgl. W.Michaelis, Art. σκηνή, ThW VII, 369 bis 396, auch für die ntl. Stellen.

A.R. Hulst

שלח *šlḥ* senden

1. Die Wurzel *šlḥ* »senden« ist im NWSem. verbreitet (ug.: WUS Nr. 2610; UT Nr. 2419; phön., hebr. und aram. Inschriften und Papyri: DISO 300–302; als Kanaanismus vielleicht *šuluḫtu* »Sendung« in EA 265,8; vgl. KBL 1130b; LS 780b). Die vermuteten akk. und arab. Entsprechungen sind unsicher oder zu weit entfernt (vgl. u.a. G.Dossin, Studia Mariana, 1950,58; Zorell 849b; L.Kopf, VT 8, 1958,207–209); der Begriff des Sendens wird außerhalb des NWSem. jedenfalls durch andere Verben ausgedrückt, so im Akk. u.a. durch *šapāru* (vgl. noch →*séfær* 1), im Südsem. durch *l'k* (auch ug.; →*mal'āk*).

Im AT begegnen hebr. *šlḥ* q., ni., pi., pu. und hi., aram. *šlḥ* q. (auch pass.). Nominale Ableitungen sind die den verschiedenen Gebrauchsweisen von *šlḥ* entsprechenden Verbalabstrakta *mišlāḥ* in den Verbindungen *mišlaḥ šōr* »Ort, wo man Rinder hinschickt« (Jes 7,25) und *mišlaḥ jād* »woran man die Hand legt« (»Erwerb« Dtn 12,7. 18; »Geschäft« Dtn 15,10; 23,21; 28,8.20), *mišlōaḥ* »Senden« (Est 9,19.22) und *mišlōaḥ jād* »wonach man die Hand ausstreckt« (Jes 11,14), *mišláḥat* »Sendung, Abordnung« (Ps 78,49) und »Entlassung« (Pred 8,8). Der Sonderbedeutung von *šlḥ* pi. »(Wurzeln, Triebe) aussenden« entspricht der Plur. *šelūḥōt* »Ranken« (Jes 16,8) und vermutlich *šelāḥīm* »Schößlinge« in Hhld 4,13 txt? (vgl. Gerleman, BK XVIII, 159f.; anders Rudolph, KAT XVII/2,151). Das Verbalabstraktum des Doppelungsstammes, *šillūḥīm* (Plur.), bedeutet wahrscheinlich »Geschenk, Mitgift« (1Kön 9,16 und Mi 1,14, nach G. del Olmo Lete, Bibl 51,1970,414–416, auch in Ex 18,2, wo man gewöhnlich mit »Entlassung« übersetzt), auch hier in Übereinstimmung mit den Bedeutungsnuancen von *šlḥ* pi. (1Kön 20,34 »schenken«, vgl. A.S. van der Woude, ZAW 76,1964,188–191, der ug. *šlḥ* in 2Aqht [=IID] VI,18.28 und 77 [=NK], 21 heranzieht; vgl. aber auch *ṯlḥ*, UT Nr. 2682).

Fraglich ist die Zugehörigkeit zu unserer Wurzel bei *šælaḥ* »Wurfspiess (o.ä.)« (Jo 2,8, vgl. Rudolph, KAT XIII/2,52f.; Hi 33,18 und 36,12, vgl. Fohrer, KAT XVI, 453f. 473; Neh 4,11.17 txt?; 2Chr 23,10; 32,5) und vielleicht auch bei *šælaḥ* »Wasserleitung« (Neh 3,15, vgl. Rudolph, HAT 20,118; vgl. *šilōaḥ* Jes 8,6, Wildberger, BK X, 323). Sicher nicht hierher gehört *šulḥān* »Tisch« (71 × ; vgl. ug. *ṯlḥn*, WUS Nr. 2870; UT Nr. 2681), das wegen der ug. Entsprechung auch nicht mit aram. *šlḥ*/arab. *slḥ* »Haut abziehen« zusammenzubringen ist (KBL 976f., korrigiert durch Suppl. 190a).

Zu den mit *šlḥ* gebildeten Personennamen vgl. Noth, IP 173; F. L. Benz, Personal Names in the Phoenician and Punic Inscriptions, 1972, 416.

2. Das hebr. Verbum findet sich im AT 847 × (dazu aram. q. 14 ×), und zwar q. 564 × (inkl. 1Chr 8,8, vgl. Rudolph, HAT

21,76; am häufigsten in den erzählenden Partien: 2Kön 63 ×, Jer 62 ×, 2Sam 53 ×, 1Sam 45 ×, 1Kön 40 ×, Gen 36 ×, 2Chr 33 ×, Ex 27 ×, Ri 26 ×, Ps 24 ×, Num 23 ×, Jes 20 ×, Jos 19 ×, Est und 1Chr je 14 ×, Ez 13 ×, Neh 12 ×, Sach und Hi je 8 ×, Dtn 6 ×, Spr 5 ×, Jo und Mal je 2 ×, Hos, Am, Ob, Mi, Hag, Hhld, Klgl, Dan und Esr je 1 ×), pi. 267 × (Ex 46 ×, Gen 29 ×, Jer 27 ×, 1Sam 22 ×, Dtn 16 ×, Ez 14 ×, Ri und Hi je 11 ×, Jes 10 ×, Lev, 2Sam und Ps je 9 ×, 1Kön 8 ×, 2Kön und Am je 7 ×, Num 6 ×, Spr 5 ×, Jos und 2Chr je 4 ×, Mal und 1Chr je 3 ×, Sach 2 ×, Hos, Jo, Ob, Pred und Neh je 1 ×), ferner pu. 10 ×, hi. 5 × und ni. 1 ×. Zu den Substantiven s.o. 1.

3. Allen Verwendungsweisen des Verbums *šlḥ* ist gemeinsam, daß ein Objekt in einer vom Handelnden wegführenden Richtung in Bewegung gesetzt erscheint. Bleibt das Objekt mit dem Handelnden verbunden, so ergibt sich im Dt. die Bed. »(Hand/Stab) ausstrecken« (a); bei der Hauptbedeutung »senden, schicken«, die eine vollständige Trennung impliziert, kann man ein Absenden passiv gedachter Objekte (b) unterscheiden von einem solchen, bei dem das (meist personale) Objekt aktiv einen Auftrag ausführt (c). Die entsprechenden Bedeutungen im Pi./Pu. sind resultativ (d).

a) Gegen 70 × hat *šlḥ* die genannte Bed. »ausstrecken«. Neben dem Obj. »Hand« (*jād* Gen 3,22; 8,9; 19,10; 22,10.12; 37,22; Ex 3,20; 4,4.4; 9,15; 22,7.10; 24,11; Dtn 25,11 u.ö.; *jāmīn* »rechte Hand« Gen 48, 14; mit weggelassenem Objekt 2Sam 6,6; 22,17 = Ps 18,17; Ob 13 txt?; Ps 57,4a txt?; vgl. P. Humbert, Etendre la main, VT 12,1962,383–395, mit Aufzählung der verschiedenen Verwendungsweisen und Abgrenzung gegenüber *nṭh* q./hi. »neigen, ausspannen, abbiegen« und »ausstrecken«; ein weiteres Synonym mit dem Obj. *jād* ist das Hapaxlegomenon *hdh* q. in Jes 11,8, vgl. Wildberger, BK X,438, gegen J. Reider, VT 2,1952,115; →*jād* 4c), teilweise in Wendungen mit übertragener Bedeutung zur Bezeichnung einer feindlichen (»die Hand an jem./etw. legen, sich vergreifen an« Gen 37,22; Ex 22,7.10; 24,11; Est 2,21 u.ö.; aram. Esr 6,12 »wagen«) oder seltener einer neutralen bis freundlichen Unternehmung (Ps 144,7; Hi 28,9; vgl. 2Sam 22,17 = Ps 18,17 und die Wendung *mišlaḥ jād*, s.o. 1; aram. Dan 5,24), begegnen als Objekt noch *'æṣba'* »Finger« (Jes 58,9 Zeigen mit dem Finger als Gestus der Verspottung), *maṭṭæ* »Stab« (1Sam 14,27; Ps 110,2 »Zepter«; vgl. Ri 6,21 *miš'ænæt* »Stab«), *maggāl* »Sichel« (Jo 4,13) und *zemōrā* »Weinranke(?)« (Ez 8,17, vgl. Zimmerli, BK XIII,195.222).

b) An gegen 40 Stellen bezeichnet *šlḥ* q. mit unpersönlichem Objekt die Zusendung von Geschenken und Waren (Gen 32,19; 38,17.20.23; 45,23.27; 46,5; Ri 3,15; 1Sam 16,20; 1Kön 15,9; 2Kön 16,8; Jes 16,1; Est 4,4; Neh 8,10; 1Chr 19,6; 2Chr 2,2.7.14; 8,18; 16,3), das Abschießen von Pfeilen (2Sam 22,15 = Ps 18,15; Ps 144,6) und, immer mit Gott als Subjekt, das Senden und Loslassen von Plagen (Ex 9,14; 23,28; Jos 24,12; Jer 25,16.27; Ps 105,28; 135,9; Klgl 1,13) oder Wohltaten (Jo 2, 19; Ps 20,3; 43,3; 57,4b; 78,25; 111,9; Hi 5,10; s.u. 4b).

c) Die Hauptmasse der Stellen (etwa 450 ×) zeigt *šlḥ* q. in der Bed. »jemanden (in einem bestimmten Auftrag, als Boten usw.) senden« (Gen 24,7.40; 32,4; 37,13. 14 u.ö.) oder, häufig mit Ellipse des persönlichen Objekts und gewöhnlich ohne Obj. »Wort« (Spr 26,6) oder »Brief« (2Sam 11,14; 2Kön 5,5), in der Bed. »Botschaft senden« oder »Auftrag geben« (Gen 20,2; 27,42.45; 31,4; 32,6; 38,25; 41,8.14 u.ö.). Zum Gebrauch der Präpositionen und zu den einzelnen Konstruktionen s. die Lexika.

d) Im Pi. (und Pu.) kehren teilweise die Bedeutungen des Grundstammes in resultativer Modifikation wieder (vgl. Jenni, HP 193–199), verhältnismäßig selten entsprechend (a) in der Bed. »(die Hand) ausstrecken« (Spr 31,19.20 »ausgestreckt halten«) und »(Wurzeln, Zweige, Ranken) ausgestreckt, ausgebreitet halten« (Jer 17, 8; Ez 17,6.7; 31,5 txt?; Ps 44,3 txt?; 80,12; s.o. 1 zu *šelūḥōt* und *šelāḥīm*) oder entsprechend (c) in der Bed. »jemanden senden« (z.B. Jes 57,9; 66,19; pu. »gesandt werden« Ob 1; Spr 17,11; Dan 10, 11), häufiger entsprechend (b) in der Bed. »etwas senden, fortsenden« o.ä. (etwa 70 ×; zur Bed. »schenken« s.o. 1; mit Subj. Jahwe »[eine Plage] auf jemanden/etwas loslassen« Ex 15,7; 23,27; Lev 26,25; Num 21,6 u.ö., s.u. 4b). Am häufigsten ist im Pi. die der seltenen Qal-Bedeutung »loslassen« (Gen 42,4; 43,8; 49,21 Part. pass. »flüchtige[?] Hindin«) entsprechende Bed. »fortschicken, fortgeleiten, loslassen, freilassen, fliegen lassen, freien Lauf lassen, entlassen, ziehen lassen« (etwa 175 ×; Gen 3,23; 8,7.8.10.12; 12,20; 18,16 u.ö.; vom Verstoßen einer Frau Dtn 22,19;

24,1.3; Jes 50,1; Jer 3,1.8; 1Chr 8,8 txt em; pu. Jes 50,1; s.o. 1 zu *šillūḥīm*).

Das Hi. ist innerlich-kausativ und kommt damit dem Qal in der Bed. »(Plage) senden, loslassen auf« sehr nahe (Ex 8,17; Lev 26,22; 2Kön 15,37; Ez 14,13; Am 8,11; jeweils mit Jahwe als Subjekt und mit Hervorhebung des Zeitpunktes des Handlungsbeginnes, vgl. Jenni, HP 252f.).

4. Je etwa ein Viertel der Qal- und der Pi.-Stellen haben Jahwe/Gott als Subjekt. Die meisten Gebrauchsweisen des Verbums sind auch in theologischer Verwendung vorhanden; beim Qal (a) ist die Bed. »jemanden senden« am wichtigsten, beim Pi. (b) die Bed. »etwas senden/loslassen gegen«.

a) Von den in 3a besprochenen Qal-Bedeutungen gehören hierher die bildlich gebrauchten Wendungen »(die Hand) ausrecken« in feindlichem (Ex 3,20; 9,15; 24,11; Ps 138,7; Hi 1,11; 2,5; vgl. 2Sam 24,16 vom Würgengel) oder in freundlichem Sinne (Ps 144,7 aus der Höhe; vgl. 2Sam 22,17 = Ps 18,17; Ps 57,4a; in Jer 1,9 bei der Wortbegabung des Propheten) sowie »(das Zepter) ausstrecken« (Ps 110,2).

Etwas häufiger sind die Belege für »etwas senden« (s.o. 3b), nämlich »(Pfeile) abschießen« (2Sam 22,15 = Ps 18,15; Ps 144, 6) und, ebenfalls in feindlichem Sinn, »(Strafmächte) senden« (Ex 9,14 Plagen; Ex 23,28 und Jos 24,12 *ṣir'ā*, nach der Tradition »Hornissen«, nach KBL 817a; vgl. L.Köhler, ZAW 54,1936,291; ders., Kleine Lichter, 1945,17–22, eher »Entmutigung« Jer 25,16.27 Schwert; Ps 105, 28 Finsternis; 135,9 Zeichen und Wunder; Klgl 1,13 Feuer), sowie in wohlwollendem Sinn »(Gutes) senden« (Jo 2,19 Korn; Ps 20,3 Hilfe; 43,3 Licht; 57,4b Gnade; 78,25 Nahrung; 111,9 Erlösung; Hi 5,10 Wasser). Zu dieser Gruppe sind die zahlreicheren Belege mit dem Pi. in gleicher Bedeutung zu vergleichen.

Am häufigsten ist die in 3c genannte Bed. »jemanden senden«, wobei je nach dem Objekt folgende Gruppen zusammengefaßt werden können: Sendung von göttlichen Mächten zum Schutz oder zu anderen Aufgaben (Engel: Gen 24,7.40; Ex 23,20; 33,2; Num 20,16; Ri 13,8; Sach 1,10; 1Chr 21,15; 2Chr 32,21; Gottes →*pānīm* »Angesicht«: Ex 33,12, vgl. V.14), Sendung von Menschen mit einem nicht im Zusammenhang mit dem Botenamt stehenden Auftrag (das Volk auf einen Weg: Dtn 9,23; 1Kön 8,44 = 2Chr 6,34; einzelne Menschen als Werkzeug der Vorsehung: Gen 45,5.7 und Ps 105,17 Joseph; 1Sam 25,32 Abigail; als Retter: Ri 6,14 Gideon; 1Sam 12,11 die Reihe der Richter; den zukünftigen König zur Salbung: 1Sam 9,16; bestimmte Leute mit einem Auftrag: 1Sam 15,18.20 Saul; Jes 19,20 einen Helfer; Jer 16,16 »Fischer« und »Jäger« zur Verfolgung der Gottlosen; Jer 43,10 Nebukadnezar, vgl. 25,9) und schließlich Sendung von Boten Gottes, insbesondere von Propheten (Mose: Ex 3,14.15; 4,13.28; 5,22; 7,16; Num 16,28. 29; Dtn 34,11; Jos 24,5; 1Sam 12,8; Mi 6,4; Ps 105,26; anonyme Einzelgestalten: Ri 6,8; Jes 42,19; 48,16; 61,1; Mal 3,1; einzelne bekannte Propheten: 1Sam 15,1 und 16,1 Samuel; 2Sam 12,1 Nathan; 2Sam 24,13 Gad; 2Kön 2,2.4.6 und Mal 3,23 Elia; Jes 6,8 Jesaja; Jer 1,7; 19,14; 25,15.17; 26,12.15; 42,5.21; 43,1.2 Jeremia; Jer 28,15 Hananja; Jer 29,31 Semaja; Ez 2,3.4 und 3,6 Ezechiel; Hag 1,12 Haggai; Sach 2,12 txt?.13.15; 4,9; 6,15 Sacharja; Neh 6,12 Semaja ben Delaja; wahre und falsche Propheten in der Mehrzahl: Jer 7,25; 14,14.15; 23,21.32.38; 25,4; 26,5; 27,15; 28,9; 29,9.19; 35,15; 44,4; Ez 13,6; 2Chr 24,19; 25,15; 36,15; vgl. W.Richter, Die sogenannten vorprophetischen Berufungsberichte, 1970,156–158). Anzuschließen sind hier auch die Stellen, an denen von dem durch Gott ausgesandten Geist (Ri 9,23 böser Geist), von seiner Weisung (2Kön 17,13) und von seinem Wort die Rede ist (Jes 9,7; 55,11; Sach 7,12; Ps 107,20; 147,15.18).

b) Beim Pi. mit Subj. Gott begegnen einige in 3d behandelte Bedeutungen nur vereinzelt, so »weggeleiten« (Gen 19,29 Lot; vgl. 1Sam 20,22 David), »freilassen« (Ez 13,20 Seelen; Sach 9,11 Gefangene), »vertreiben« (Gen 3,23 aus dem Garten Eden; Lev 18,24 und 20,23 die heidnischen Landesbewohner, vgl. Ps 44,3; Jer 24,5 und 29,20 ins Exil; 28,16 Hananja weg vom Erdboden), »(Frau) verstoßen« (Jes 50,1; Jer 3,8 Israel), »verwerfen« (1Kön 9,7 txt? Tempel), »preisgeben« (Ps 81,13 der Verstockung; Hi 8,4 in die Gewalt des Frevels; 14,20 in den Tod), »aussenden« (Ps 104,30 Lebensodem; »(Wasser) rinnen lassen« (Ps 104,10 Quellen; Hi 12,15 Wasser losbrechen lassen), »(mit einem Auftrag) senden« (Gen 19,13 Engel; Jes 43,14 ohne Objekt) und »(als Boten) senden« (Jes 66,19 Entronnene an die Völker; vgl. dazu die zahlreichen Qal-Stellen mit dieser Bedeutung).

Alle anderen Pi.-Belege – meist in Fluchworten und in prophetischen Unheilsdrohungen – handeln davon, daß Gott verschiedene Strafmächte »losläßt« (zusammengefaßt in vier Plagen in Ez 14,21; allgemein umschrieben in Mal 2,4 »Unheilsbeschluß« o.ä.), darunter das Schwert (Jer 9,15; 24,10; 29,17; 49,37), Feinde (Dtn 28,48; 2Kön 24,2; Jes 10,6 die Assyrer; Jer 48,12 »Küfer«; 51,2; Sach 8,10 Menschen gegeneinander), Hungersnot (Ez 5, 16.17), Schwindsucht (Jes 10,16; Ps 106, 15), wilde Tiere, Schlangen und Heuschrecken (Num 21,6; Dtn 32,24; 2Kön 17,25.26; Jer 8,17; Jo 2,25; Ps 78,45), Pest (Lev 26,25; Ez 14,19; 28,23; Am 4, 10; 2Chr 7,13), Feuer (Ez 39,6; Hos 8,14; Am 1,4.7.10.12; 2,2.5), seinen Zorn (Ex 15,7; Ez 7,3; Ps 78,49; Hi 20,23), Fluch (Dtn 28,20; Mal 2,2), Schrecken und Entmutigung (Ex 23,27; Dtn 7,20 *ṣir'ā*, s.o 4a).

Die Hi.-Belege nennen in ähnlichem Zusammenhang als Plagen die Bremsen (Ex 8,17 *'ārōb*), wilde Tiere (Lev 26,22), die Feinde Rezin und Pekah (2Kön 15,37) und den Hunger (Ez 14,13; Am 8,11). Vgl. noch in der aram. Vertragsinschrift von Sefire aus dem 8. Jh. den Katalog der Schädlinge, welche die Götter im Falle des Vertragsbruches gegen Arpad loslassen sollen (Sef. I A [= KAI Nr. 222], Z. 30–32, mit dem Verbum *šlḥ*).

5. Im Hebr. von Qumran ist auf die spezielle Verwendung des Ausdrucks *šlḥ jād* in 1QS 6,5 hinzuweisen, wo der Priester seine Hand ausstreckt, um die Mahlzeit zu segnen. Das Mitglied der Sekte, das gegen die Gemeinschaft redet, muß fortgeschickt werden (1QS 7,16.17.25; 8,22). Das Verbum *šlḥ* pi. gehört hier zur Sprache der Exkommunikation; als Opposita dienen →*qrb* »sich nähern« (1QS 6,16.19.22, neben →*rḥq* »sich entfernen«) und *ngš* hi. »herzubringen« (→*qrb* 3a; 1QS 9,16 neben *qrb*; vgl. 11,13; 1QH 12,23; 14,13.18.19; 16, 12; vgl. M. Delcor, Le vocabulaire juridique, cultuel et mystique de »l'initiation« dans la secte de Qumrân, in: H. Bardtke (ed.), Qumran-Probleme, 1963, 118–123).

Erst im nach-atl. Hebr. begegnen die Substantive *šālūaḥ* (atl. nur Part.pass.) und *šālīaḥ* »Abgesandter, ἀπόστολος« (zum spätjüdischen Rechtsinstitut des *šālīaḥ* mit dem bekannten Satz aus Berakot 5,5 *šelūḥō šæl 'ādām kemōtō* »der Abgesandte eines Menschen ist wie dieser selbst« vgl. K.H. Rengstorf, Art. ἀποστέλλω, ThW I,414ff.

In der LXX wird *šlḥ* meistens durch (ἐξ-)ἀποστέλλειν übersetzt, seltener durch (ἐκ)πέμπειν, vgl. Rengstorf, a.a.O. 399 bis 401. »Das, was sich als charakteristisch für das Wort innerhalb seines profangriechischen Gebrauches ergab, geht ihm bei dem Übergang in die biblische Gräzität nicht verloren, sondern bleibt und verbindet sich mit dem, was ihm aus seinem at.lichen Äquivalent zuströmt. Dabei ist festzustellen, daß das Wort es innerhalb der LXX ebensowenig zu einer spezifisch religiösen Färbung gebracht hat wie *šlḥ* im hebräischen AT« (a.a.O. 401). Zum NT vgl. Rengstorf, a.a.O. 397–448; E. von Eicken – H. Lindner – D. Müller, Art. Apostel, ThBNT I,31–38 (mit Lit.).

M. Delcor / E. Jenni

שׁלך *šlk* hi. werfen

1. Das Verbum *šlk* hi. »werfen« ist mit Sicherheit nur im Hebr. belegt (ho. »geworfen werden«; als Abstraktbildung in Jes 6,13 *šallækæt* »Fällen« oder »Gefälltsein« [eines Baumes], vgl. BL 477; Wildberger, BK X,233f.258); zu beachten ist noch ein in Lesung und Deutung unsicheres Wort *šlkn* »Angreifer(?)« in der Mesa-Inschrift (= KAI Nr. 181), Z. 4.

Die in phön.-pun. Personennamen begegnende Wurzel *šlk* ist wohl als *šlk* II vom hier diskutierten Verbum zu unterscheiden (vgl. Noth, IP 181 Anm. 1: »befreien«; KAI II,66.132: »retten, bewahren«; F. L. Benz, Personal Names in the Phoenician and Punic Inscriptions, 1972, 416: »to nourish, provide«, mit Hinweis auf M. Dahood, Psalms, II, 1968, 37f. 80, zu Ps 55,23; vgl. noch G. R. Driver, SVT 3, 1955, 85, und Zorell 852a (*šlk* II) zu Hi 29, 17.

2. Die Statistik zeigt im Hi. 112 Belege (2Kön 15×, Jer 12×, Ex 10×, Ps 9×, Ez 8× usw., ohne Besonderheiten in der Streuung), im Ho. 13 Belege, dazu 1× *šallækæt* (Jes 6,13; vgl. noch den Namen eines Tores in 1Chr 26,16, dazu Rudolph, HAT 21,172).

3. a) Die Grundbedeutung »werfen« ist überall deutlich. Als Objekt des Werfens ist alles Mögliche belegt: Stab (Ex 4,3; 7,9.10.12), Holzstück (Ex 15,25), Steintafeln (Ex 32,19), Angel (Jes 19,8), Meßschnur (Mi 2,5) usw. Die Nuance »wegwerfen« kann dazutreten (z.B. Lev 14,40; 2Kön 7,15; Ps 2,3). Als Ziel des Werfens sind besonders häufig Feuer (Num 19,6; Jer 36,23 u.ö.; um Metall zu schmelzen Ex 32,24) und Wasser genannt (Ex 1,22; Dtn 9,21; Jer 51,63 u.ö.). Das Verbum kann auch die Bed. »fallen lassen« haben (Salz oder Mehl in die Speise »streuen«: 2Kön 2,21; 4,41; Ez 43,24; vgl. umgekehrt *npl* hi. »fallen lassen« und »[Los] werfen«, Jon 1,7; Ps 22,19 u.ö.; ähnlich Hi 15,33 vom Baum, der die Blüten fallen läßt, wobei der Vorgang kausativ, nicht wie im Dt. konzessiv aufgefaßt ist [»veranlassen«, nicht »zulassen«], wie das Parallelverbum *ḥms* »Gewalt anwenden [=mit Gewalt entfernen]« beweist). Schließlich meint das Verbum auch »umwerfen, fällen« (Jer 9,18; Jo 1,7, vgl. aber W.Rudolph, FS Baumgartner 1967, 244: Textänderung nach aram. *šlḥ* »entrinden«, neben *ḥśp* »abschälen«).

Ist ein Mensch Ziel des Werfens und tritt Todesfolge ein, so wird zwischen vorsätzlichem, gezieltem Werfen (Num 35,20 mit *ṣ^e^dijjā* »Nachstellung, böse Absicht«, zu *ṣdh* »nachstellen« gehörig, das nur Ex 21,13 und 1Sam 24,12 vorkommt; vgl. L.Kopf, VT 8,1958,196f.) und fahrlässigem Werfen (*b^e^lō ṣ^e^dijjā*) unterschieden.

Auffällig oft begegnet die Aussage, daß Menschen irgendwohin geworfen werden, vor allem als Leichname (Jos 8,29; 10,27; 2Sam 18,17; 2Kön 9,25.26; ho.: 1Kön13, 24.25.28; Jes 34,3), aber auch lebendig (Gen 37,20.22.24; Ex 1,22). Im weiteren Sinne kann das Verbum dann »aussetzen, preisgeben« meinen (Gen 21,15; Jer 38,6. 9; ho. Ez 16,5), wobei vor allem bei der Jer-Stelle deutlich wird, daß es sich nicht um ein »werfen« im eigentlichen Sinne handelt (dazu M.Cogan, A Technical Term for Exposure, JNES 27,1968,133–135). In jedem Falle meint *šlk* hi. bzw. ho. in diesen Zusammenhängen ein herabwürdigendes, gewalttätiges Handeln am Menschen.

In zwei spezifischen Zusammenhängen spielt der Vorgang des Werfens noch eine Rolle: Die Losentscheidung wird durch das Hinwerfen von Stäben herbeigeführt (Jos 18,8.10; →*gōrāl* 3a), und der Wechsel von Besitzverhältnissen wird angezeigt dadurch, daß dem Käufer ein Schuh hingeworfen wird (Ps 60,10 = 108,10; zur Sache – ohne das Verbum – auch Dtn 25,9 und Ruth 4,7; vgl. Rudolph, KAT XVII/1, 67f. [mit Lit.]).

b) An einigen Stellen läßt sich zwischen eigentlicher und übertragener Bedeutung des Verbums nicht unterscheiden. Das ist der Fall, wenn vom »Wegwerfen der Götzen« die Rede ist (Jes 2,20 *'^æ^lîlîm*; Ez 20,7.8 *šiqqûṣîm*); das Objekt ist hier nicht nur eine physische, sondern auch eine geistige Realität. An vielen Stellen bezieht sich *šlk* hi. nur auf den letzteren Bereich. Hier ist der Ausdruck *šlk* hi. *'aḥ^a^rē gaw/gēw* »hinter sich (bzw. seinen Rücken) werfen« zu nennen (→*n'ṣ* 3a). Objekt ist in drei Fällen Jahwe (1Kön 14,9; Ez 23,35) bzw. seine Thora (Neh 9,26); es liegt dtr. und davon abhängige Diktion vor (vgl. ähnlich Ps 50,17 nur *šlk* hi. *'aḥ^a^rē*). Andrerseits findet sich die Wendung Jes 38,17 in der Sprache des individuellen Gotteslobes (Dank des Erretteten, daß Jahwe die Sünde des Beters »hinter sich geworfen« hat). Die Bed. »wegwerfen« ist auch deutlich in *šlk* hi. *næ̂fæš minnægæd* »das Leben aufs Spiel setzen« Ri 9,17, weiter im religiös positiv qualifizierten Ausdruck *šlk* hi. *pæ̂ša'* »die Sünde wegtun« Ez 18,31 (umgekehrt Dan 8,12 »und es warf die Wahrheit zu Boden«).

Auch das gezielte Werfen kann in der übertragenen Bedeutung gemeint sein; der Betende wird aufgefordert, seine Sorgen auf Gott zu werfen (Ps 55,23, Aufforderung zum Vertrauensbekenntnis in der Klage; ähnlich sonst *gll* q. *'æl/'al* »wälzen auf« in Ps 22,9; 37,5; Spr 16,3), oder er weiß sich auf Gott geworfen (*šlk* ho. im Vertrauensbekenntnis Ps 22,11).

Die Vorstellung »Umwerfen« liegt zugrunde in Hi 18,7: Den Frevler wirft sein eigener Ratschluß um.

c) Neben dem allgemein gebräuchlichen Verbum *šlk* hi. begegnen im AT als Verben des Werfens, teilweise mit etwas speziellerer Bedeutung: *ṭûl* hi. »(weithin) werfen« (9×; ho. 4×, pilp. »hinwerfen« Jes 22,17 mit dem Subst. *ṭalṭēlā* »Wurf«); *jdd* q. →*gōrāl* (3a) »das Los werfen« (Jo 4,3; Ob 11; Nah 3,10); *jdh* q. »schießen« (Jer 50,14) pi. »(nieder)werfen« (Sach 2,4; Klgl 3,53); *jrh* q. »werfen, schießen« (15× inkl. Part. *jōrǣ* »Schütze« 1Chr 10,3; 2Chr 35,23), ni. »erschossen werden« (Ex 19,13), hi. »schießen« (15× inkl. Part. *mōrǣ* »Schütze« 1Sam 31,3.3; 2Sam 11,24; 1Chr 10,3); *rmh* q. »werfen« (Ex 15,1.25; Jer 4,29; Ps 78,9; bibl.-aram. q. 7×, hitpe. 5×).

4. An einem Fünftel der Stellen ist Jahwe Subjekt zu *šlk* hi. Selten ist das Verbum im eigentlichen Sinne gebraucht: nach ganz urtümlicher Vorstellung greift Jahwe Jos 10,11 ins Kriegsgeschehen ein, indem er Steine auf den Feind wirft (sekundär als Hagel gedeutet); nach Ps 147,17 wirft er Eis (gemeint ist Hagel) auf die Erde; nach Hi 27,22 (Jahwe als Subjekt nicht ganz sicher) schleudert er wahrscheinlich Blitze (so nach dem Zusammenhang; zur Vorstellung vgl. etwa die Gewittertheophanien Ps 18,15; 48,8); nach Ez 28,17 wirft Jahwe den Urmenschen vom Gottesberg herunter; vgl. noch 2Kön 2,16, wo die →*rûaḥ Jhwh* jemanden irgendwohin »verschlägt«.

Weniger konkret ist das Werfen Jahwes vorgestellt, wenn die Rede davon ist, daß Jahwe Israel ausreißt (*ntš*) und in ein anderes Land (ins Exil) wirft (Dtn 29,27;

auch passiv mit *šlk* ho. Jer 22,28 par. *ṭūl* ho.) oder daß er Unrat auf Assur wirft (Nah 3,6).

Sonst ist das Verbum ganz auf den geistigen Bereich übertragen; fast immer drückt es ein unheilvolles Handeln Jahwes aus. Es wird geklagt, daß Jahwe den Beter »verworfen« hat (Ps 71,9; 102,11; in Jon 2,4 mit *mᵉṣūlā* »in die Tiefe«); in Klgl 2,1 steht, daß Jahwe die Herrlichkeit *(tif'ǽræt)* Israels vom Himmel zur Erde geschleudert hat (hier ist der Nebenklang »wegwerfen« mitzuhören). Auch vom Handeln an Israels Feinden kann so gesprochen werden (Neh 9,11). Häufig ist die in der Deuteronomistik beheimatete Formel *šlk* hi. *mē'al/mippānīm* »von seinem Angesicht verwerfen« (2Kön 13,23; 17,20; 24,20 = Jer 52,3; Jer 7,15; 2Chr 7,20); dabei geht es immer um die Verwerfung Israels. Der Ausdruck *šlk* hi. *millᵉfānīm* (Ps 51,13 mit gleicher Bedeutung) hat seinen Sitz in der individuellen Klage.

Positiven Klang hat das Verbum in Mi 7,19: Jahwe wirft die Sünde Israels weg, d.h. er vergibt sie; hierher gehört auch die Stelle, wo Jahwe Subjekt im Ausdruck *šlk* hi. *'aḥᵃrē gēw* ist (s.o. 3b).

5. In der LXX wird für *šlk* hi. gewöhnlich ῥίπτειν (und Komposita) gebraucht, seltener βάλλειν (und Komposita). Zum ntl. Befund vgl. F. Hauck, Art. βάλλω, ThW I,524–527; W. Bieder, Art. ῥίπτω, ThW VI,991–993. *F. Stolz*

שׁלם *šlm* genug haben

1. Die Wurzel *šlm* ist im ganzen sem. Sprachgebiet schon seit ältester Zeit fest verwurzelt und kräftig entwickelt (Bergstr. Einf. 189; P. Fronzaroli, AANLR VIII/20, 1965, 251.263.267; W. Eisenbeis, Die Wurzel *šlm* im AT, 1969, 8–51). Im Akk. findet sich in allen historischen Perioden eine Vielfalt an verbalen und nominalen Formen; neben *šalāmu* existiert auch *salāmu* (AHw 1013f.1015f.: Sekundärwurzel zu *šlm*, »freundlich, friedlich sein, werden«, *salīmu* »Frieden, Freundschaft«; vgl. Noth, GesStud I,148f.). Im Ug. ist die Wurzel sowohl als Nomen wie als Verbum häufig (WUS Nr. 2614; UT Nr. 2424; zur Verwendung in der Briefeinleitung →*nṣr* 3 [Lit.]). Für die phön.-pun. und die außerbiblischen hebr. Belege sowie für die reichliche Verwendung der Wurzel im aram. Inschriftenmaterial ist auf DISO 303–305 zu verweisen. In den Elephantine-Papyri ist *šlm* pa. »bezahlen« als Geschäftsterminus belegt; das Nomen *šᵉlām* wird häufig in formelhaften Briefingressen verwendet. Auch im Syr., Arab. und Äth. hat die Wurzel eine Fülle von Formen, die einen breiten Bedeutungsbereich decken.

Die Frage nach der Etymologie der Wurzel ist hinter den Bemühungen, die Grundbedeutung festzustellen, sehr stark in den Hintergrund getreten. Zu einer etymologischen Verbindung von *šlm* mit *šlh* »sorglos, ruhig sein« vgl. H. Torczyner, Die Entstehung des sem. Sprachtypus I, 1916, 243. Der Sinnbereich von *šlm*, der in verschiedenen Zeiten und Sprachen merkwürdig feste Züge aufweist, spricht dafür, daß es um eine elementare Größe menschlichen Lebens geht, deren sprachliche Bezeichnung weiter nicht ableitbar ist.

Im hebr. AT sind vom Verbum Qal, Pi./Pu. und Hi./Ho. belegt, dazu kommen das Adj. *šālēm* und die Subst. *šālōm*, *šǽlæm* (als Opferbezeichnung sing. nur Am 5,22, sonst plur. *šᵉlāmīm*) und die zum Pi. gehörigen Verbalnomina *šillūm*, *šillūmā* und *šillēm* »Vergeltung« sowie *šalmōnīm* »Geschenke«. Das Bibl.-Aram. kennt *šlm* q. »fertig sein« (Esr 5,16), ha. »vollständig machen« (Esr 7,19) und »preisgeben« (Dan 5,26; als Aramaismus *šlm* hi. in Jes 38,12. 13, vgl. Wagner Nr. 310) und das Subst. *šᵉlām* »Wohlbefinden, Heil« (KBL 1131b).

Zu den mit *šlm* gebildeten atl. Personennamen (bei Eisenbeis, a.a.O., vernachlässigt) s.u. 3h; zum außerbiblischen Material vgl. Stamm, AN 152f.176.294ff.; Huffmon 246f.; Buccellati 182; Gröndahl 193 F.L. Benz, Personal Names in the Phoenician and Punic Inscriptions, 1972, 417f.; J.K. Stark, Personal Names in Palmyrene Inscriptions, 1971, 114b; zur Gottheit Šalim vgl. Haussig 306f.; F. Stolz, Strukturen und Figuren im Kult von Jerusalem, 1970, 181–218.

2. Eine Übersicht über die Verteilung der 116 Belege des Verbums und der 358 Belege der Nomina im hebr. AT gibt die folgende Tabelle (q. inkl. 2Sam 20,19 txt?; unter »übr.« sind enthalten: *šillūm* Jes 34, 8; Hos 9,7; Mi 7,3; *šillūmā* Ps 91,8; *šillēm* Dtn 32,35; *šalmōnīm* Jes 1,23; vgl. noch Eisenbeis, a.a.O. 57–80). Das Bibl.-Aram. hat 7 Belege: q. 1×, ha. 2× (s.o. 1), *šᵉlām* 4× (Dan 3,31; 6,26; Esr 4,17; 5,7).

	q.	pi./pu.	hi./ho.	*šālōm*	*šālēm*	*šǽlæm*	übr.
Gen	–	1	–	15	3	–	–
Ex	–	18	–	3	–	4	–
Lev	–	4	–	1	–	30	–
Num	–	–	–	2	–	19	–
Dtn	–	4	1	5	3	1	1
Jos	–	–	3	2	1	3	–
Ri	–	1	–	10	–	2	–

	q.	pi./pu.	hi./ho.	*šālōm*	*šālēm*	*šæ̂læm*	übr.
1Sam	–	1	–	18	–	3	–
2Sam	1	3	1	16	–	3	–
1Kön	1	1	1	11	5	5	–
2Kön	–	2	–	20	1	1	–
Jes	1	7/1	4	29	1	–	2
Jer	–	8/1	–	31	–	–	–
Ez	–	1	–	7	–	6	–
Hos	–	1	–	–	–	–	1
Jo	–	2	–	–	–	–	–
Am	–	–	–	–	2	1	–
Ob	–	–	–	1	–	–	–
Jon	–	1	–	–	–	–	–
Mi	–	–	–	2	–	–	1
Nah	–	1	–	1	1	–	–
Hab	–	–	–	–	–	–	–
Zeph	–	–	–	–	–	–	–
Hag	–	–	–	1	–	–	–
Sach	–	–	–	6	–	–	–
Mal	–	–	–	2	–	–	–
Ps	1	15/1	–	27	–	–	1
Hi	2	7	1/1	4	–	–	–
Spr	–	7/2	1	3	1	1	–
Ruth	–	1	–	–	1	–	–
Hhld	–	–	–	1	–	–	–
Pred	–	3	–	1	–	–	–
Klgl	–	–	–	1	–	–	–
Est	–	–	–	3	–	–	–
Dan	–	–	–	1	–	–	–
Esr	–	–	–	1	–	–	–
Neh	1	–	–	–	–	–	–
1Chr	–	–	1	6	4	3	–
2Chr	1	–	–	6	5	5	–
AT	8	89/5	13/1	237	28	87	6

3. Über die Wurzel *šlm* und namentlich das Subst. *šālōm* existiert bereits eine recht umfangreiche Literatur; erwähnt seien etwa: W. Caspari, Vorstellung und Wort »Friede« im AT, 1910; J. Nibel, Der Friedensgedanke des AT, 1914; Pedersen, Israel I-II, 311–335; G. von Rad, ThW II, 400–405; W. Eichrodt, Die Hoffnung des ewigen Friedens im alten Israel, 1920; H. Groß, Die Idee des ewigen und allgemeinen Weltfriedens im Alten Orient und im AT, (1956) ²1967; J. J. Stamm-H. Bietenhard, Der Weltfriede im Lichte der Bibel, 1959; J. Scharbert, ŠLM im AT, FS Junker 1961, 209–229 = K. Koch (ed.), Um das Prinzip der Vergeltung in Religion und Recht des AT, 1972, 300–324; W. Eisenbeis, Die Wurzel *šlm* im AT, 1969; C. Westermann, Der Frieden (shalom) im AT, in: Studien zur Friedensforschung I, hrsg. von G. Picht und H. E. Tödt, 1969, 144–177; D. J. Harris, Shalom: The Biblical Concept of Peace, 1970; J. I. Durham, *šālōm* and the Presence of God, FS Davies 1970, 272–293; L.M. Pákozdy, Der Begriff »Frieden« im AT und sein Verhältnis zum Kampfe, CV 14, 1971, 253–266; L. Rost, Erwägungen zum Begriff *šālôm*, FS Jepsen 1971, 41–44; H.H Schmid, šalôm »Frieden« im Alten Orient und im AT, 1971 (Lit.); O.H. Steck, Friedensvorstellungen im alten Jerusalem, 1972. Die Ausführungen in 3a–g sind inzwischen als Aufsatz erschienen: G. Gerleman, Die Wurzel *šlm*, ZAW 85, 1973, 1–14.

a) Ein Blick in die Wörterbücher vermittelt den Eindruck, daß der Sinnbereich des Subst. *šālōm* hauptsächlich zwei anscheinend verwandte Vorstellungen umfaßt, einerseits »Friede, Freundlichkeit« und zwar oft in klarem Gegensatz zu Krieg und Feindschaft, andererseits »Wohlergehen, Gedeihen, Glück«, wobei der Ton oft sehr stark auf konkret materiellen Gütern liegt. Während eine ältere Auffassung, die schon in der Septuaginta abzulesen ist, die Vorstellung »Friede« als die Grundbedeutung betrachtete, wird jetzt der Sinnbereich des Wortes fast allgemein stark erweitert erfaßt, und zwar mit besonderer Bezugnahme auf den Vorstellungskreis des »Glücks« und »Wohlseins«. Als Grundbedeutung des Wortes wird fast ausnahmslos auf die Vorstellung der »Ganzheit« verwiesen; so schon Caspari (a. a. O.), ferner besonders eindrücklich Pedersen (a. a. O.), der *šālōm* als einen Grundbegriff der Gedankenwelt und des Seelenlebens im alten Israel darstellen will. Nach Pedersen bezeichnet *šālōm* alles, was zum gesunden, harmonischen Leben gehört, die volle Entfaltung der Kräfte der gesunden Seele. Diese Deutung ist fast ausnahmslos als ein commune bonum der Forschung hingenommen worden; vgl. z. B. Eisenbeis, a. a. O., der für die gesamte Erscheinung der Wurzel *šlm* im ganzen semitischen Sprachgebiet überall die gleiche Grundbedeutung der »Ganzheit und Unversehrtheit« findet, wobei dieser Begriff als etwas durchaus Formales verstanden wird, das mit verschiedenen Inhalten gefüllt werden kann (s. bes. S. 355 f.).

Was diese Deutung verdächtig macht, ist zunächst die allgemeine und formale Natur der Vorstellung »Ganzheit«. Es handelt sich um eine Abstraktion, die als kleinster gemeinsamer Nenner der verschiedenen Verwendungen des Wortes fast intuitiv postuliert wurde. Nur dank ihrer Allgemeinheit und Unbestimmtheit hat diese abstrakte Vorstellung in den einzelnen konkreten Textstellen als leidliche Wiedergabe des *šālōm* Anerkennung finden können. Der Begriff »Ganzheit« ist zu unscharf und allgemein, als daß man mit seiner Hilfe den konkreten Inhalt des *šālōm* beschreiben könnte. Statt mit Hilfe einer Abstraktion nach einer überall gängigen formalen Mindestbedeutung zu suchen, scheint der umgekehrte Weg methodisch richtiger zu sein, d.h. man muß die Grundbedeutung der Wurzel in dem tatsächlichen Sprachgebrauch suchen, und zwar dort, wo ein klar profilierter Bedeutungsgehalt zum Vorschein kommt. Nur an Hand einer Durchmusterung des gesamten Wortbereiches kann man erhoffen, eine konkrete und greifbare Verwendung des Wortes zu finden, die als zentraler Kern und Anfang einer nachweisbaren Bedeutungsentwicklung anzusetzen wäre.

Es stellt sich dann bald heraus, daß der vielverzweigte Bedeutungsbereich des Nomens *šālōm* keinen günstigen Ausgangspunkt darbietet. Der ursprüngliche und eigentliche Sinn dieser Vokabel ist von einer Vielfalt offenbar sekundärer Verwendungen überwuchert und daher schwer erkenntlich geworden; vgl. G. von Rad: »Schwerlich findet sich im Alten Testament noch ein Begriff, der derart im Alltag des Volkes als abgegriffenste Münze umging und der sich doch nicht selten mit konzentriertem religiösem Inhalt gefüllt hoch über die Ebene der vulgären Vorstellungen erheben konnte, wie *šālōm* . . . Ist *šālōm* ein Allgemeinbegriff von allerweitestem Radius, so bringt das mit sich, daß dem Wort nahezu in allen seinen Belegstellen etwas Schillerndes eignet« (ThW II, 400).

Eine klar profilierte Verwendung läßt sich am leichtesten beim Verbum, und zwar für *šlm* pi. nachweisen, das einen klar und scharf profilierten Verwendungsbereich hat: *šlm* pi. meint durchweg »bezahlen, vergelten«. Wie wir sehen werden, liegt die Vorstellung des Vergeltens allen Bildungen der Wurzel *šlm* zugrunde, und dieser semasiologisch entwicklungsfähige Begriff hat besonders für das vielgebrauchte Nomen *šālōm* eine große Fülle von Verwendungsmöglichkeiten entlassen. Es ist nach alledem zweckmäßig, bei der Übersicht über die verschiedenen Ableitungen der Wurzel von dem häufig belegten scharf profilierten D-Stamm auszugehen.

b) Bereits im Bundesbuch hat *šlm* pi. eine reichlich belegte Verwendung als prägnanter Rechtsterminus: »bezahlen, ersetzen«. Es handelt sich um sachenrechtliche Gesetzesbestimmungen, die sich mit der Leistung von Schadenersatz und Genugtuung befassen: »Wenn jemand eine Zisterne offenläßt, oder wenn jemand eine Zisterne gräbt und sie nicht zudeckt, und es fällt ein Rind oder ein Esel hinein, so soll der Besitzer der Zisterne Ersatz leisten« (Ex 21,33f.). Insgesamt finden sich in Ex 21–22 vierzehn Rechtssätze ähnlichen Inhalts, in welchem *šlm* pi. verwendet wird.

Auch in bab. und ass. Rechtstexten, und zwar bereits im Codex Hammurabi erscheint *šalāmu* als festgeprägter Terminus der Rechtssprache und meint wie im Bundesbuch »bezahlen, ersetzen«. In diesem Sinn werden sowohl der G-Stamm wie der D-Stamm innerhalb aller Perioden der mesopotamischen Geschichte häufig gebraucht (vgl. Eisenbeis, a.a.O. 303f.). In den ug. Texten erscheint der D-Stamm von *šlm* als terminus der Geschäftssprache, »bezahlen« (vgl. WUS Nr. 2614).

Es ist fraglich, ob der Gebrauch im Rechtsleben die ursprüngliche und eigentliche Grundbedeutung von *šlm* pi. abspiegelt oder als sekundärer Sondergebrauch einer umfangreicheren Vorstellung zu bewerten ist. Jedenfalls ist die Verwendung des Pi. keineswegs auf das Rechtsleben beschränkt, sondern bezieht sich auf einen viel größeren Sinnbezirk. »Bezahlen« heißt soviel wie: den Pflichten, Ansprüchen, Versprechungen aller Art genugtun. Dabei kann *šlm* pi. ebenso wie unser »vergelten« den zweifachen Sinn von positivem »genugtun« und negativem »ahnden« haben. »Der Herr vergelte dir Gutes« sagt Saul zu David, als dieser ihm das Leben geschenkt hat (1Sam 24,20). »Ich will meinen Hassern vergelten« heißt es aber in Dtn 32,41. Nicht selten ist der Sinn ein absoluter: »Ersatz leisten« bzw. »Vergeltung üben«. Öfter jedoch ist das Verbum mit einem direkten Objekt verbunden, und zwar in den meisten Fällen mit dem Akk. desjenigen, wodurch bezahlt wird, also eigentlich »als Genugtuung leisten«. Das Objekt ist dann fast immer ein Konkretum (Ex 21,37 »er soll fünf Rinder für das eine Rind bezahlen«; abstraktes Objekt dagegen in Jes 57,18).

Wird die Blickrichtung des Verbums ein wenig verschoben, folgt der Akk. desjenigen, was substituiert werden soll. Auch dann kann das Objekt etwas Konkretes sein (2Sam 12,6 »das Lamm soll er vierfach bezahlen«); meistens geht es aber um Taten und Handlungsweisen, die jemand belohnt bzw. bestraft (Ruth 2,12 »Jahwe möge deine Tat bezahlen«; Ps 137,8 »wohl dem, der dir deine Tat vergilt«). Nur an zwei Stellen steht als direktes Objekt die Person, die Ersatz oder Vergeltung erfährt (Ps 31, 24; Spr 13,21; zu *šlm* hi. s.u. 3d).

Als Objekt des Bezahlens ist besonders zu erwähnen *nǣdær* »Gelübde« (Dtn 23,22; 2Sam 15,7; Jes 19,21; Nah 2,1; Ps 22,26; 50,14; 61,9; 66,13; 76,12; 116,14.18; Hi 22,27; Spr 7,14; Pred 5,3). »Gelübde bezahlen« meint wohl ganz konkret: die versprochenen Dinge abgeben (vgl. Jon 2,10; Pred 5,4f.). Ähnlicher Art ist der Ausdruck »eine Schuld bezahlen«, d.h. was man schuldig ist, zurückerstatten (2Kön 4,7), bzw. etwas noch Ausstehendes begleichen (Jer 16,18; 32,18). Weitergehende Übertragungen sind »Dankopfer bezahlen« (Ps 56,13), »die Frucht unserer Lippen bezahlen« (Hos 14,3), »für die Leidensjahre Ersatz geben« (Jo 2,25).

Nur an zwei Stellen könnte es fraglich erscheinen, ob die Vorstellung des Bezahlens immer noch lebendig ist. Einmal Hi 8,6, wo Bildad von der Wiederherstellung Hiobs spricht oder genauer der Wiederherstellung der »Wohnstatt seiner Rechtheit«, die Schaden und Beeinträchtigung erlitten hat. Die Wiederherstellung ist wohl nicht als ein »Vollständigmachen« zu verstehen, sondern hat offenbar den Charakter einer göttlichen Schadenregulierung (vgl. Horst, BK XVI, 130).

Die zweite Stelle, an der die Vorstellung des »Bezahlens« nicht sogleich einleuchtet, ist 1Kön 9,25. Von der behaupteten Grundbedeutung des »Ganzseins« ausgehend, hat man die letzten Worte des Verses gern als eine späte Glosse oder unnötige Wiederholung betrachtet: »Er vollendete das Haus« oder »erfüllte vollkommen den Zweck des Hauses« (Noth, BK IX, 220f.). Auch an dieser Stelle bewährt sich aber die Ableitung von der Vorstellung »Genugtun«, wenn man das Objekt als verkürzte Sprechweise für »Arbeit an dem Haus« versteht; vgl. den entsprechenden Ausdruck bei dem Grundstamm in Neh 6,15: einer Mauer, d.h. wohl doch »der Arbeit an der Mauer« kann genug getan werden; mit *m^e lākā* »Arbeit, Aufgabe« als Subjekt beim Qal in 1Kön 7,51.

c) Das spärlich belegte Qal ist Intransitivum und wird nur in übertragenem Sinn gebraucht: »Genugtuung haben, genug haben, befriedigt sein«, bzw. negativ »Vergeltung (Strafe) tragen, büßen«. Zweimal findet sich ein persönliches Subjekt. In Hi 9,4 meint das Verbum offenbar »jemandem genug sein«, d.h. an Kraft gewachsen sein (»wer trotzte ihm und wäre ihm gewachsen?«). In Hi 22,21 scheint das Qal negativen Sinn zu haben: »ergib dich ihm und hab genug«, d.h. leide Vergeltung, büße.

»Genug haben/sein« kann auch von unpersönlichen Subjekten gesagt werden, und zwar von einer Aufgabe oder Arbeit (*m^e lākā*), die erledigt wird (1Kön 7,51 = 2Chr 5,1); ferner »die Tage deiner Trauer« (Jes 60,20) und »die Mauer«, d.h. wohl doch »die Arbeit an der Mauer« (Neh 6,15; s.o. 3b zu Jo 2,25 und 1Kön 9,25).

d) *šlm* hi. unterscheidet sich grammatisch von *šlm* pi. durch eine veränderte Objektsbezogenheit. Während *šlm* pi. fast immer das, was bezahlt wird, als Objekt zu sich nimmt, bezieht sich das Hi. auf die Person oder Sache, die Vergeltung erhält. Es bedeutet also eigentlich »zum Bezahlungsempfänger machen«. Es kann sich dabei um sehr verschiedenartige Bezahlungen handeln. Als Bezeichnung des notgedrungenen Bezahlens eines Unterwürfigen wird das Hi. im politischen Sprachgebrauch verwendet, und zwar vom Tributleisten (Jos 10,1.4; 2Sam 10,19). Dreimal ist das Objekt ein Abstraktum, und zwar etwas Potentielles, noch nicht in Kraft Getretenes, das jetzt aber »Geltung« bekommt (Jes 44, 26 »der Plan seiner Boten«; 44,28 »mein Vorhaben«; Hi 27,14 »was mich betreffend beschlossen worden ist«). Das Kausativ besagt an diesen Stellen, daß Jahwe bzw. Cyrus die Pläne oder Beschlüsse geltend macht, ins Werk setzt.

Der denominative Charakter des Kausativs (BrSynt §39c) tritt besonders klar zutage, wenn es sich mit einer Präposition verbindet: *šlm* hi. mit *'im*, *'ēt* oder *'æl* wird am besten als Synonym von *'śh šālōm* »Vereinbarung machen« erklärt (Dtn 20,12; Jos 11,19; 1Kön 22,45; Spr 16,7; 1Chr 19,19). Auch in Jes 38,12(.13) meint *šlm* hi. »zum Vergeltungsempfänger machen«, jedoch im negativen Sinn von »strafen« (anders s.o. 1).

e) Dem Verbum schließt sich das Verbaladjektiv *šālēm* semasiologisch eng an. Die Beziehungen gehen sowohl auf das Qal wie auf den D-Stamm. Der Bezug auf das Qal findet sich in Gen 15,16 von der Schuld der Amoriter, die unausgeglichen ist, Vergeltung noch nicht bekommen hat. Von der negativen, strafenden Vergeltung ist auch in Am 1,6.9 die Rede. Die Verschleppungen (*gālūt š^e lēmā*), deren Gaza und Tyrus sich schuldig gemacht haben, sind nicht als totale Aushebungen ganzer Ortschaften zu verstehen (so Wolff, BK XIV/2, 161.191), sondern als »Vergeltungsdeportationen« (für eine andere Deutung s. R.H. Smith, ZAW 77, 1965, 144).

Einigemal wird *šālēm* mit einer Sinnverschiebung ins Innere hin verwendet. Wer genug hat an Lebensbedarf u. dgl., ist »ver-gnügt«, wohlgemut: »Jakob kam wohlgemut zur Stadt Sichem« (Gen 33,18). *šālēm* ist hier synonym mit dem viel häufigeren *b^e šālōm*; hierher gehört auch Gen 34,21 vom Verhältnis zwischen den Sichemiten und den Israeliten.

Ungleich häufiger erscheint *šālēm* als Verbalnomen des D-Stammes, also zur Bezeichnung desjenigen, welcher bezahlt. Bei diesem Wort »Bezahler« kommt eine wichtige Sinnverschiedenheit zum Vorschein, die davon abhängt, ob der Nachdruck auf die Fähigkeit oder auf den Zwang fällt. Wer bezahlen kann, ist einer, der »gilt«, d.h. Wert hat. Wer bezahlen muß, ist ein Abhängiger und Unterwürfiger. Hier ist auf die interessante Vermutung R.H.

Smiths zu verweisen, der *mǽlæk šālēm* in Gen 14,18 als Bezeichnung eines Vasallen oder zur Unterwerfung bereiten Königs verstehen will (a.a.O. 129–153).

Als Bezeichnung des unterwürfigen Bezahlers erscheint *šālēm* besonders, wenn das Wort als Näherbestimmung des Herzens gebraucht wird. Der 14× belegte Ausdruck *lēb(āb) šālēm*, der immer eine Gesinnung in bezug auf Gott bezeichnet, meint nicht ein »ungeteiltes«, sondern ein »bezahlendes«, d.h. unterwürfiges, bereitwilliges Herz. Die Deutung »mit ganzem, ungeteiltem Herzen« kann durch einen Hinweis auf akk. *libbu gamru* nicht gestützt werden, da auch bei der akk. Vokabel die Vorstellung des Bezahlens lebendig ist (s. AHw 279f.).

Eine überraschende Bedeutungserweiterung ins Sinnliche hin scheint an den Stellen vorzuliegen, an denen *šālēm* als bautechnischer Terminus steht, und zwar als Bestimmung von *'æbæn* »Stein«. Zum Bau des Altars sollen Steine verwendet werden, die *š^e^lēmōt* sind, d.h. Steine, »über die man kein Eisen geschwungen hatte« (Jos 8,31). Als der Tempel gebaut wurde, kam gleichfalls nur *'æbæn š^e^lēmā* in Frage (1Kön 6,7). Die erforderte Beschaffenheit der Tempelsteine wird durch die Hinzufügung *massā'* verdeutlicht: sie sollen bereits beim Steinbruch, d.h. ohne Behandlung mit Werkzeugen »nachgiebig, fügsam« sein.

Einen ganz anderen Sinn bekommt *šālēm*, wenn der Nachdruck nicht auf dem Zwang zum Bezahlen liegt, sondern auf dem Können, der Fähigkeit. Das ist der Fall, wenn *šālēm* als Ausdruck der Handelssprache gebraucht wird, und zwar zur Charakterisierung eines Gewichtssteines oder eines Maßes. Stein und Epha sollen *š^e^lēmā*, d.h. gültig sein (Dtn 25,15; Spr 11,1); sie müssen derartig beschaffen sein, daß sie bezahlen können, eine von allen anerkannte Gleichwertigkeit mit der zu ersetzenden Ware haben.

f) Auch das Subst. *šālōm*, das gewöhnlich als »Ganzheit, Unversehrtheit« bzw. als »Friede« aufgefaßt wird, hängt mit der Grundvorstellung des Bezahlens und Vergeltens eng zusammen, und wie bei den übrigen Wortformen ist die »Vergeltung« auch hier ambivalent: sie kann positiv (1) oder negativ (2) sein.

(1) Am häufigsten ist der positive Sinn: »Genugtuung, Genüge«, abstrakt zur Bezeichnung des Zustandes, in welchem man genug hat, konkret von dem, was für jemanden genug, befriedigend ist. Eine scharfe Grenze zwischen abstrakt und konkret gibt es jedoch hier nicht. Für den Begriff des *šālōm* charakteristisch ist, daß er das bloß genau Ausreichende transzendiert und das Volle, das nach vollem oder reichlichem Maß gemessene »Genüge« bezeichnet. Zum Vergleich wäre hier die sinnverwandte Vokabel *daj* heranzuziehen, die das »genau Ausreichende«, den knappen Bedarf meint. Wie *daj* den Überfluß negiert, so *šālōm* den Mangel.

Die Vielschichtigkeit des *šālōm* zeigt sich auch darin, daß es äußeres und inneres Genüge umspannt. Der Übergang von außen nach innen geht mühelos vor sich: Wer Genüge hat an Lebensbedarf u.dgl., hat auch Genüge in sich, ist »ver-gnügt«, wohlgemut (vgl. »Genüge« in J.Grimm – W. Grimm, Deutsches Wörterbuch IV, 1897, 3506f.). Die innerliche Befriedigung berührt sich begrifflich mit »Lust, Freude, Gefallen«. Hierher gehören die Ausdrücke *b^e^šālōm* und *l^e^šālōm*, die besonders gern mit Verba der Bewegung verknüpft werden: »in Zufriedenheit, wohlgemut gehen« usw. Eine Sinnverschiedenheit scheint zwischen den beiden Ausdrücken nicht zu bestehen. Während *b^e^šālōm* vorzugsweise bei *šūb* »zurückkehren« und *bō'* »kommen« steht, wird *l^e^šālōm* vor allem mit *hlk* »gehen« verknüpft.

Als direktes oder indirektes Objekt kann *šālōm* vielen verschiedenen Verba zugeordnet werden. Besonders in Verbindung mit Verba dicendi verschiebt sich der Sinn des *šālōm* in die Richtung von »Lust, Gefallen«, z.B. *dbr* pi. *l^e^šālōm* »einem zu Gefallen reden« (Gen 37,4); ferner mit direktem Objekt Jer 9,7; Ps 35,20; Est 10,3.

Die Formel →*š'l l^e^šālōm* meint eigentlich »sich nach jemandes (äußerem und innerem) Befriedigtsein erkundigen«. Fast immer ist der Ausdruck jedoch zu einer bloßen Grußformel verblaßt, z.B. Ri 18,15; 1Sam 10,4; 17,22; 25,5; 30,21; 2Kön 10, 13. Die Grußformel kann auch ohne Verbum sein, und zwar mit *l^e^*: »Genüge (sei) dir« (Ri 6,23; 19,20 u.ö.) oder adjektivisch stehen wie in 1Sam 25,6 (zu den Grußformeln vgl. Lande 3–9; Schmid, a.a.O. 47 bis 53; ferner E.Salonen, Die Gruß- und Höflichkeitsformeln in bab.-ass. Briefen, 1967; H.Grapow, Wie die alten Ägypter sich anredeten, wie sie sich grüßten und wie sie miteinander sprachen, ²1960).

Eine Sinnverschiebung anderer Art ergibt sich, wenn die Genugtuung zunächst als ein Vorgang betrachtet wird. Fällt der Ton auf die Handlung, die Art und Weise der Genugtuung, kann *šālōm* einen Vertrag, eine Vereinbarung meinen. Hier wäre zunächst zu nennen der Ausdruck »*šālōm* machen« (Jos 9,15; Jes 27,5); dazu vgl. Noth, GesStud 148f. Ferner sei auf phön. *št šlm 't* »eine Vereinbarung (einen Tribut?) treffen« in der Karatepe-Inschrift verwiesen (KAI Nr. 26 I,11). In ähnlichem Sinn erscheint *šālōm* in Verbindung mit →*qr'* und →*'nh* (I) »friedliche Vereinbarung anerbieten bzw. annehmen« (Dtn 20,10f.).

Wird der durch die Ersatzleistung hergestellte Zustand stärker betont, zumal wenn der Ausgleich auf Uneinigkeit, Krieg u.ä. bezogen wird, verschiebt sich die Bedeutung des *šālōm* in die Richtung von »Friede«, d.h. eines Zustandes, der aus gegenseitig entrichteten Leistungen hervorgeht. Der Gegensatz zum Krieg tritt bisweilen klar hervor, z.B. 1Kön 2,5; 20,18; Jes 59,8; Ps 120,6.7; Pred 3,8. Selbstverständlich ist es nicht immer möglich, zwischen »Vereinbarung« und »Friede«, d.h. zwischen *šālōm* als einmaligem Akt und als dauerndem Zustand scharf zu unterscheiden, zumal bei »Friede« eine Art Vereinbarung wohl immer mitgedacht oder vorausgesetzt wird.

In diesem Zusammenhang sollte auch der viermal belegte Ausdruck *b^erīt šālōm* erwähnt werden (Num 25,12; Jes 54,10; Ez 34,25; 37,26). An diesen Stellen wird auf Vorgänge und Erlebnisse in der Vergangenheit zurückgegriffen, die irgendwie als unausgeglichen dastehen. Pinehas hatte eine verdienstvolle Tat getan, durch welche Israel vor der Vertilgung bewahrt wurde (Num 25,5ff.). Als er in der Form einer *b^erīt šālōm* das Recht des Priestertums erhält, wird das offenbar als eine zustehende Vergütung betrachtet. In Jes 54 geht es um die erlittenen Nöte Israels, die keineswegs als wohlverdiente Strafe dargestellt werden, sondern als eine bedauerliche Folge des göttlichen Zornes (54,7), die einen Ausgleich geradezu erforderlich macht. Von unverdient ausgestandenen Leiden spricht auch Ez 34. Die Schafe sind von schlechten Hirten unschuldig geplagt worden. Wie in Jes 54 ist auch hier die Heilszusage als eine göttliche Schadenregulierung zu verstehen. Ez 37,15 nimmt gleichfalls auf die Vergangenheit Bezug, obwohl der Ersatzgedanke hier weniger klar hervortritt. Wesentlich ist, daß an allen diesen Stellen eine spezielle Bundesvorstellung zur Sprache kommt, die nicht zunächst auf Verpflichtungen in der Zukunft gegründet wird, sondern als Ausgleich eines Vorganges in der Vergangenheit zu verstehen ist, also etwa »Vergeltungsbund, Ersatzverpflichtung« (zur Vorstellung einer Genugtuung von seiten Gottes vgl. Jo 2,25; für eine Darstellung zweier verschiedener Bundesvorstellungen – the obligatory type and the promissory type – s. M. Weinfeld, The Covenant of Grant in the Old Testament and in the Ancient Near East, JAOS 90, 1970, 184 bis 203).

(2) *šālōm* meint also »Vergeltung«, und bis jetzt ist die Grundbedeutung überall eine positive gewesen: »Genugtuung, Genüge« o.ä. Es gibt aber Fälle, wo *šālōm* die Vergeltung im negativen Sinn, d.h. als Bestrafung, Rache, Ahndung meint. Hierher gehören einige wichtige Stellen, an denen *šālōm* traditionell als »Friede« oder »Heil« verstanden wird, obwohl der Zusammenhang entschieden gegen diese Interpretation spricht.

In Mi 5,4 bereitet die herkömmliche Übersetzung erhebliche Schwierigkeiten: *w^ehājā zæ šālōm* »so wird der Friede sein«. Was in der folgenden Schilderung einer hypothetischen Zukunft dargestellt wird, hat mit irgendeinem Friedenszustand nichts zu tun. Gerade im Gegenteil – ein eventuelles Eindringen der Assyrer in Israel wird eine regelrechte Vergeltungsaktion auslösen: »Wenn die Assyrer in unser Land einfallen und unsere Paläste betreten, so werden wir ihnen sieben Hirten entgegenstellen und acht fürstliche Männer. Sie werden das Land der Assyrer mit dem Schwerte weiden ...«.

Ebenso fraglich ist die herkömmliche Deutung des *šālōm* in Jes 53,5 vom Knecht Jahwes. *mūsar š^elōmēnū 'ālāw* »unsere *šālōm*-Züchtigung kam über ihn« kann nur sehr gezwungenermaßen als eine uns Heil bringende Strafe interpretiert werden. Gemeint ist sehr wahrscheinlich »die Züchtigung, die wir als Vergeltung verdient hatten«.

Ob *śar-šālōm* in Jes 9,5 als »Friedensfürst« zu verstehen ist, hängt von der Antwort auf die Frage ab, wie die übrigen Thronnamen zu deuten sind, und zwar vor allem *'^abī-'ad*: »Vater der Ewigkeit« oder »Vater der Beute«. Im letzteren Falle (vgl. Jes 53,12!) gäbe »Fürst der Vergeltung« oder »Fürst des Tributs« die bessere Analogie (zu den messianischen Thronnamen in Jes 9,5 vgl. H. Wildberger, ThZ 16, 1960, 314–332; ders., BK X, 381–385).

Auch in Ps 37,37 scheint es zweifelhaft, ob *šālōm* als »Friede, Wohlergehen« zu deuten ist. Es geht in diesem Psalm um das verschiedene Los des Gerechten und des Frevlers. Zuletzt wird jeder sein ihm zukommendes Los erhalten (»das Ende für einen Menschen ist Vergeltung«). »Vergeltung«

wäre, wenn diese Deutung richtig ist, hier doppelsinnig: »Strafe« oder »Genugtuung«.

g) Zur Wurzel *šlm* gehört auch das plurale tantum *šelāmīm* oder *zæbaḥ šelāmīm*, das als Opferterminus dient (Sing. nur Am 5, 22). Nicht nur der Sinn des Wortes, sondern auch die Funktion und ideelle Bedeutung dieser speziellen Opferart liegen weitaus im Dunkeln. Zur Erklärung des Wortes hat man gewöhnlich die behauptete Grundbedeutung »Ganzheit« herangezogen: »Vollopfer, Gemeinschaftsopfer, Abschlußopfer« oder auch (von »Frieden« ausgehend) »Heilsopfer, Friedensopfer« (vgl. u.a. R. de Vaux, Les sacrifices de l'Ancien Testament, 1964, 31–48; R. Schmid, Das Bundesopfer in Israel, 1964; A. Charbel, RivBibl 18, 1970, 185–193; ders., BeO 12, 1970, 91–94.132–137; J.C. de Moor, FS Gispen 1970, 112–117).

Aus der Opfertora in Lev 1–7, wo *šelāmīm* als dritte Opferart beschrieben wird, geht hervor, daß die Darbringung dieses Opfers mit der des Brandopfers *'ōlā* bis auf einen wichtigen Unterschied genau übereinstimmt: das Fleisch des Opfertieres wird nicht ganz auf dem Altar dargebracht und verbrannt, sondern nur die Fetteile. Die Verbrennung des Fettes kann, wie aus Lev 6,5 hervorgeht, als ein selbständiges Opfer betrachtet werden, und zwar als ein Brandopfer. Offenbar muß man damit rechnen, daß in der priesterschriftlichen Kultsprache, und wohl auch außerhalb ihrer, das Brandopfer ein besonderes Teilmoment der *šelāmīm* meinen kann. Damit hängt zusammen, daß diese beiden Opfer besonders oft miteinander verkoppelt werden und zusammen erscheinen (Dtn 27, 6f.; 1Sam 10,8; 13,9; 2Sam 6,17f.; 24,25; 1Kön 3,15; 2Chr 29,35).

Allem Anschein nach hat das *šelāmīm*-Opfer in der alten Zeit Israels einen viel wichtigeren Platz gehabt als die verhältnismäßig spärlichen Erwähnungen in P vermuten lassen. Vor allem scheint diese kultische Begehung eine gesellige Angelegenheit gewesen zu sein, das Mahlopfer par préférence und als solches das Opfer schlechthin (von Rad I,270).

Was den Namen *šelāmīm* betrifft, so scheint er jedoch zunächst der Jahwe zukommenden Gabe exklusiv beigelegt zu sein, während das gemeinsame Kultmahl der Opfernden außer Betracht bleibt. Das geht nicht nur aus dem priesterschriftlichen Sprachgebrauch hervor (Lev 3,1; 7,1 u.ö.), sondern wird auch aus zahlreichen Belegen außerhalb P bestätigt (Ex 20,24; 32,6; 2Sam 24,25; 1Kön 3,15; 9, 25 u.ö.). Wie man erwarten konnte, wird die Bezeichnung nicht selten auf den gesamten Opfervorgang oder auf das ganze Opfertier erweitert, wie z.B. Ausdrücke wie »die Fettstücke der *šelāmīm*« (1Kön 8, 64), »das Blut seiner *šelāmīm*« (2Kön 16, 13) erkennen lassen. Es kann aber kaum zweifelhaft sein, daß dies eine sekundäre pars pro toto-Verwendung ist, hinter welcher ein ursprünglicher Sprachgebrauch steckt, der *šelāmīm* mit dem eigentlichen Opfer, d.h. mit dem Anteil Jahwes, oder richtiger mit den genau aufgezählten und beschriebenen, auf dem Altar zu verbrennenden Fettstücken verband. Diese, und nur diese, sind ursprünglich *šelāmīm* genannt worden.

Damit fällt ein neues Licht auf die Pluralform, die gewöhnlich als ein sog. Abstraktplural betrachtet wird, der den Grundbegriff (»Heilsein« o.ä.) steigern soll. Eine richtigere Erklärung des Plurals scheint zu sein, daß er auf die einzelnen dargebrachten Opferstücke Bezug nimmt.

Aber wie ist der Abstammung des Opferterminus aus der Wurzel *šlm* Rechnung zu tragen? Es ist von vornherein wahrscheinlich, daß *šelāmīm* ebenso wie die übrigen Wurzelformen aus der Vorstellung des »Bezahlens« zu erklären ist. Die nächstliegende Annahme scheint dann zu sein, daß die Jahwe dargebrachten Fettstücke als Ersatz des ganzen, Jahwe grundsätzlich zugehörigen Opfertieres betrachtet wurden, durch welche das bei dem gesamten Mahl zu verzehrende Fleisch »bezahlt« und zugleich freigekauft wurde.

h) Als Bestandteil von Personennamen erscheint die Wurzel *šlm* sehr häufig (vgl. Noth, IP 145.165.174), z.B. in *'abšālōm/'abīšālōm* »(mein) Vater ist Genüge«, *Šelūmī'ēl* »mein Genüge ist Gott« (vgl. Ri 6,24 *Jhwh šālōm*), *(Me)šælæmjā(hū)* »Jahwe gibt Ersatz, macht zufrieden« usw. Die mit *šlm* pi. gebildeten Namen sind als sog. Ersatznamen zu deuten (Stamm, HEN 421f.424); so auch die Kurzform *Šelōmō* »sein Ersatz« (vgl. J.J. Stamm, Der Name des Königs Salomo, ThZ 16, 1960, 285–297: »seine Unversehrtheit«).

4. a) Die Überprüfung des Sinngehalts der Wurzel *šlm* hat erkennen lassen, daß eine scharfe Unterscheidung zwischen einem profanen und einem theologischen Verwendungsbereich nicht möglich ist. Der Begriff des Bezahlens und Vergeltens, der für die Frage nach der Korrelation zwischen dem Tun und dem Ergehen des

Menschen fundamentale Bedeutung hat, hängt mit dem Glauben an Jahwe innerlich zusammen. Explizit oder implizit ist Jahwe der eigentliche Garant des Tun-Ergehen-Zusammenhangs. Daß Gott vergilt heißt, daß er belohnt oder straft. Bei mehr als einem Drittel der Pi.-Belege ist Jahwe/Gott Subjekt, und zwar besonders häufig im Jeremiabuch und in Tritojesaja. An den meisten Stellen ist die Vergeltung Jahwes eine strafende. Die Grundbedeutung von *šlm* pi. »eine zustehende Gegenleistung erstatten« ist jedoch klar ersichtlich, auch wenn Jahwe als Vergelter dasteht, z.B. Jes 57,18; Jo 2,25; Hi 8,6; 41,3; Ruth 2,12. An diesen Stellen hat das Vergelten Jahwes den Charakter eines Schadenersatzes (zu *b^e^rīt šālōm* s.o. 3f).

Von einem menschlichen Vergelten in bezug auf Gott kann nur in beschränktem Sinne die Rede sein: Gelübde, Dankopfer (Ps 56,13), die Frucht der Lippen (Hos 14, 3) werden »bezahlt«. Vgl. ferner Jo 4,4 und Hi 21,31, wo die Möglichkeit einer menschlichen Vergeltung gegenüber Gott grundsätzlich in Abrede gestellt wird.

b) Das Nomen *šālōm* gehört im Sinne von »Vereinbarung« bzw. »Vergeltung« zum theologischen Sprachbereich, ohne daß sich jedoch bei den spärlichen Belegen ein verfestigter theologischer Gebrauch entwickelt hätte. Unvollziehbar ist der Versuch, in *šālōm* einen kultischen Terminus zu finden, der sich besonders auf die kultische Gegenwart Jahwes beziehe (so Durham, a.a.O.).

Bei der häufigen Verwendung des Nomens im Sinne von »Genüge« ist eine scharfe Unterscheidung zwischen einem profanen und einem theologischen Sinnbereich besonders schwierig. Um diese wichtige Verwendung von *šālōm* in größerer Profiliertheit hervortreten zu lassen, ist die Vokabel mit anderen sinnverwandten Begriffen zu vergleichen.

Zunächst kommt dabei *ṣ^e^dāqā* (→*ṣdq*) in Betracht, das bisweilen parallel zu *šālōm* steht (Jes 48,18 »dem Strome gleich wäre dein *šālōm* geworden und deine *ṣ^e^dāqā* wie die Wogen des Meeres«; 60,17 »ich will *šālōm* zu deiner Obrigkeit machen und *ṣ^e^dāqā* zu deiner Regierung«). Eine wirkliche Symmetrie ist aus diesen hochpoetischen Stellen selbstverständlich nicht herauszulesen. Meistens ist der Unterschied zwischen den beiden Vokabeln unüberhörbar, obwohl nicht ganz leicht in einer präzisen Formel zu erfassen. Ein nicht unwichtiger Unterschied scheint darin zu bestehen, daß *ṣ^e^dāqā* durchgehend personbezogen ist und als eine dem Menschen bzw. Gott eigene Kraft oder Ausrüstung erscheint, während *šālōm* von jeglichem persönlichen Subjekt weithin abstrahiert und der Einwirkung einer beteiligten Person entzogen dasteht. Diese Verschiedenheit kommt grammatisch darin zum Ausdruck, daß *ṣ^e^dāqā* viel öfter als *šālōm* mit einem Possessiv-Suffix versehen wird, d.h. *ṣ^e^dāqā* ist von einem leistenden Subjekt aus gesehen, während bei *šālōm* die passive Nutznießung in den Vordergrund tritt. Ein *ṣaddīq* ist ein Mensch, der »Ansprüche anerkannte und erfüllte, die aus der Gemeinschaft, der er zugehörte, an ihn herantraten« (G. von Rad, Weisheit in Israel, 1970, 108). Bisweilen wird die Beziehung zwischen den beiden Begriffen als efficiens – effectum dargestellt: »und das Werk der *ṣ^e^dāqā* wird *šālōm* sein« (Jes 32,17), d.h. mit *ṣ^e^dāqā* verbindet sich die Vorstellung einer Leistung, während *šālōm* ein zu genießendes Besitztum oder richtiger eine zustehende Vergeltung meint.

Die Sinnverschiedenheit der beiden Begriffe kommt auch darin zum Ausdruck, daß *ṣ^e^dāqā* viel ausgiebiger als Subjekt gebraucht wird als *šālōm*. Während jenes mit einer Fülle von aktiven und konkret anschaulichen Vollverben verknüpft wird (wohnen, ausgehen, erreichen, in der Ferne stehen, den Weg ebnen, hervorsprudeln, sprossen, erhöhen, hüten, erretten, Zeugnis ablegen usw.), kommen als verbale Aussagen bei *šālōm* fast nur solche mit *hjh* »sein« in Frage. Nur an einer Stelle, und zwar zusammen mit *ṣǽdæq* findet sich als Prädikat von *šālōm* ein Vollverbum: »Gerechtigkeit und *šālōm* küssen sich« (Ps 85,11).

Eine entsprechende Beobachtung kann bei der Verwendung der beiden Begriffe als Objekt gemacht werden. *ṣ^e^dāqā* erscheint etwa 20 × als Objekt von *ʿśh* »machen«, während bei *šālōm* andere Verben bevorzugt werden, vor allem *ntn* »geben« (Lev 26,6; Jer 14,13 u.ö.; auch *śīm* Num 6,26; *špt* Jes 26,12) und →*bqš* pi./*drš* »suchen« (Dtn 23,7; Ez 7,25 u.ö.). Die Verwendungen der beiden Begriffe als Subjekt bzw. als Objekt scheinen zu bestätigen, daß *ṣ^e^dāqā* als etwas leistungsfähiges bzw. etwas zu leistendes verstanden wird, während bei *šālōm* die Vorstellung eines zu genießenden Besitztums bzw. einer zu erleidenden Vergeltung im Vordergrund steht.

Der Sinnbereich von *šālōm* grenzt auch an den von →*ṭōb* »gut«. Bisweilen kommt eine parallele Verwendung vor: »wir hofften auf *šālōm*, doch es kam nicht Gutes«

(Jer 8,15; vgl. 14,19). Auch zwischen diesen beiden Vokabeln besteht jedoch ein klarer Unterschied. *šālōm* ist zunächst als eine objektive Größe verstanden, als ein Wert, der seine zugehörige Geltung hat, wogegen bei *ṭōb* eine subjektive Sehweise hervortritt: es bezeichnet das, was vom Gefühl als gut empfunden wird. Grammatisch kommt dieser Unterschied darin zum Ausdruck, daß *ṭōb* zur Angabe des empfindenden Subjekts sehr oft von dativischem *lᵉ* oder von *bᵉʿēnē* »in den Augen jemandes« begleitet wird. Bei *šālōm* fehlt ein entsprechender Ausdruck.

5. In den Qumranschriften werden das Verbum und die Nomina in gleichem Sinn wie im AT gebraucht (Kuhn, Konk. 221 f.; für *šlwm* ist neben *šālōm* auch mit *šillūm* »Vergeltung« zu rechnen, z.B. 1QM 4,12). In CD 9,20 bedeutet *šālēm mišpāṭō* »seine Verurteilung wird geltend«.

In der Rechtssprache der Mischna finden sich verschiedene Formen von *šlm*, am häufigsten das Pi., vom Bezahlen eines zustehenden Ersatzes gebraucht.

In den meisten Fällen wird *šālōm* in der LXX mit εἰρήνη übersetzt, was eine starke Verengung des Sinnbereiches der hebr. Vokabel bedeutet. Ein Zusammenhang mit der Vorstellung des »Bezahlens« kommt in den gr. Übersetzungen des Nomens nie zum Vorschein, ebenso wenig bei der Wiedergabe des Adj. *šālēm* (πλήρης, τέλειος usw.). Mehr als die Hälfte der Belege von *šlm* pi. wird in der LXX mit (ἀντ)αποδιδόναι übersetzt. Etwa 25× findet sich das rechtlich präzisere ἀποτίνειν »Schadenersatz leisten«.

Eine Verlängerung der Linien in das NT muß hauptsächlich an εἰρήνη anknüpfen; vgl. W. Foerster – G. von Rad, Art. εἰρήνη, ThW II,398–418. Der Sinnbereich des gr. Wortes deckt sich allerdings nur teilweise mit demjenigen von *šālōm*.

G. Gerleman

שֵׁם *šēm* Name

1. Das zweiradikalige Subst. **šim-* »Name« ist gemeinsemitisch (Nöldeke, NB 140–143; Bergstr. Einf. 188; P. Fronzaroli, AANLR VIII/20,1965,264.268). Altkan., ug. und phön. *šm* waren wahrscheinlich *u*-haltig (vgl. transkribierte Personennamen wie *Šu-um-a-na-ti*, s. UT Nr. 2426; WUS Nr. 2620; Gröndahl 31.34.193f.; F.L. Benz, Personal Names in the Phoenician and Punic Inscriptions, 1972, 419; zu den amorit. PN vgl. Huffmon 247–249) wie akk. *šumu* und bibl.-aram. *šum* (jüd.-aram. *šōm*; zur Assimilation von ursprünglichem *i* an den folgenden Labial *m* vgl. BLA 41). Altaram. begegnet neben *šm* auch *ʾšm* mit Prosthesis eines Aleph (Sef. I C 25; II B 7, vgl. R. Degen, Altaram. Grammatik, 1969, 42; vgl. auch jaud. *ʾšm*, DISO 306) wie arab. *ism* (vgl. mand. *ʿušma*, *ʿšuma*, Drower-Macuch 454f.).

Zur Etymologie von *šēm* vgl. J. Boehmer, Das biblische »Im Namen«, 1898, 20–27; O. Grether, Name und Wort Gottes im AT, 1934, 1; GB 839b; KBL 983a. Nach Nöldeke, a.a.O. 141, ist syr. *šmh* pa. »nennen« (LS 784b) denominiert, vgl. arab. *sammā* »nennen« (Wehr 394) und altsüdarab. *smj* »genannt werden« (W.W. Müller, Die Wurzeln Mediae und Tertiae y/w im Altsüdarab., 1962, 63). Arab. *wsm* »markieren« könnte für eine ursprüngliche Bed. »Kennzeichen« von *šēm* sprechen (Boehmer, Grether).

Prosthesis eines Aleph liegt wahrscheinlich auch vor bei der Gottesbezeichnung *ʾšmbjtʾl* aus Elephantine (Cowley Nr. 22, Z. 124), vgl. Συμβέτυλος in der Weihinschrift von Kafr Nebo bei Aleppo (Eißfeldt, KS I, 224f.; J.T. Milik, Bibl 48, 1967, 565–570. *ʾšmbjtʾl* bedeutet in diesem Falle »Name des (Gottes) Bethel« und entspricht dem Astarte beigelegten Namen *šm bʿl* (KAI II, 23).

Mit *šēm* zusammengesetzte Personennamen sind im AT recht selten: *Šᵉmūʾēl* (Samuel, außer Num 34,20 und 1Chr 7,2 nur vom bekannten Propheten; die Bedeutung des Namens ist allerdings umstritten, vgl. L. Köhler, ZAW 32, 1912, 16; L. Kopf, VT 8, 1958, 209f.; H.J. Stoebe, BHH III, 1663; als theophores Element dürfte *šm* wohl nicht zu deuten sein, gegen Noth, IP 123) und *Šᵉmīdāʿ* (Num 26,32; Jos 17,2; 1Chr 7,19; aus *šēm*+*jdʿ*). Der PN *Šēm* (Gen 5,32 u.ö.) gehört nicht hierher (Noth, IP 123 Anm. 5; KBL 984b).

Zu den mit *šumu* gebildeten akk. Personennamen vgl. Stamm, AN 40–42.236. 261.303f.366f., und C. Saporetti, Onomastica Medio-Assira II, 1970, 162f., zu den nwsem. PN s.o.

2. Erwartungsgemäß begegnet *šēm* auf Menschen und Sachen bezogen vor allem in den historischen Büchern, während vom Namen Gottes bzw. Jahwes vor allem in Lev (10×), Dtn (23×), im dtr. Geschichtswerk (vgl. 1Kön 26×), in Jes (über 30×), Jer (über 40×), Ez (14×), bei den meisten der Kleinen Propheten (Am 7×, Mal 10×), in 2Chr (27×) und namentlich im Psalter (etwa 100×) die Rede ist, insgesamt an 3/7 aller Belegstellen. Die Verbindung *šēm Jhwh* ist daran 87× beteiligt.

	sing.	plur.	total	*šēm Jhwh*
Gen	103	10	113	6
Ex	30	13	43	3
Lev	11	–	11	1
Num	17	32	49	–
Dtn	36	–	36	7
Jos	11	1	12	1
Ri	19	–	19	–
1Sam	33	–	33	2
2Sam	32	2	34	2
1Kön	45	1	46	9
2Kön	23	–	23	2
Jes	54	–	54	8
Jer	55	–	55	6
Ez	24	4	28	–
Hos	4	1	5	–
Jo	2	–	2	2
Am	7	–	7	1
Ob	–	–	–	–
Jon	–	–	–	–
Mi	4	–	4	2
Nah	1	–	1	–
Hab	–	–	–	–
Zeph	5	–	5	2
Hag	–	–	–	–
Sach	6	1	7	1
Mal	10	–	10	–
Ps	106	3	109	20
Hi	7	–	7	1
Spr	7	–	7	1
Ruth	14	–	14	–
Hhld	1	–	1	–
Pred	3	–	3	–
Klgl	1	–	1	–
Est	8	–	8	–
Dan	5	1	6	–
Esr	1	3	4	–
Neh	7	–	7	–
1Chr	43	12	55	4
2Chr	43	2	45	6
hebr. AT	778	86	864	87

Im Bibl.-Aram. ist *šum* 12× belegt (je 6× in Dan und Esr), davon 2× im Plur. (Esr 5,4.10) und 4× auf Gott bezogen (Dan 2,20; 4,5; Esr 5,1; 6,12).

3. a) Die These, daß der Name im ganzen Alten Orient »nicht nur Kennzeichen der Unterscheidung verschiedener Größen, sondern Bestimmung des Wesens der benannten Größen« ist (J. Fichtner, Die etymologische Ätiologie in den Namengebungen der geschichtlichen Bücher des AT, VT 6, 1956, 372; vgl. H. Bietenhard, ThW V, 253; ders., BHH II, 1284, und vor allem Pedersen, Israel I–II, 245: »the name is the soul«), bedarf der Korrektur. Denn abgesehen davon, daß manche Eigennamen auch den Hebräern in ihrer Bedeutung kaum verständlich waren (vor allem fremdländische Namen und Personennamen aus älterer Zeit), stellt der Name »auch bei primitiven Völkern sehr oft keine Wesensbezeichnung seines Trägers dar, sondern hebt etwa nur eine einzelne unterscheidende Eigenschaft an seinem Träger heraus oder erinnert an die Stimmung der Eltern bei der Geburt des zu benennenden Kindes oder an wichtige politische Ereignisse zur Zeit der Geburt oder macht als theophorer Personenname eine Aussage über Gott« (O. Grether, Name und Wort Gottes im AT, 1934, 2). Bei Personennamen, die Tier- oder Pflanzenbezeichnungen sind, läßt sich, auch nicht bei symbolischer Deutung, kaum an ein Ineinander von Name und Wesen des Benannten denken (etwa bei Kaleb »Hund«, Debora »Biene«, Hulda »Blindmull«, vgl. J. Barr, The Symbolism of Names in the OT, BJRL 52, 1969/70, 11–29, bes. 20f.). Für die These, daß der Name Bezeichnung des Wesens seines Trägers ist, beruft man sich zu Unrecht auf 1Sam 25,25, wo im Falle Nabals nicht, wie vielfach gesagt, steht: »Wie jemand heißt, so ist er« (so Fichtner, a.a.O. 372; Grether, a.a.O. 2; Bietenhard, a.a.O. 253), sondern »Wie sein Name, so ist er: er heißt Nabal, und *nebālā* tut er«. Es liegt ein Wortspiel zwischen dem (etymologisch schwer zu erklärenden) Personennamen und *nebālā* vor, während außerdem letzterer Begriff einem ganz anderen semantischen Bereich (dem kultischen) als *nābāl* »töricht« angehört (vgl. J. Barr, a.a.O. 25–28). Mit einer allgemeingültigen Aussage über das Verhältnis zwischen Namen und Wesen einer Person haben die Worte von 1Sam 25,25 schlechterdings nichts zu tun. Es ist vielmehr so, daß wir im Namensbegriff ein dianoetisches (die Bedeutung des Namens nach seinem Sinn; s.u. 3b–g) und ein dynamisches Element (die Bedeutung des Namens nach seiner Kraft und Wirkung; s.u. 3h) zu unterscheiden haben (vgl. O. Procksch, Theologie des AT, 1949, 451; A.-M. Besnard, Le mystère du nom, 1962, 18ff.) und daß die Bedeutung, die Wirkung und die »Macht« eines Namens nicht im ominösen Charakter des Namens als solchem, sondern in der Bedeutsamkeit, der Wirkung und der »Macht« des Trägers dieses Namens begründet ist.

Kenntnis des Namens befähigt zur Gemeinschaft: Kennt man den Namen eines Menschen oder eines Gottes, so kann man ihn herbeirufen, ihn »zitieren«. In diesem Sinne bedeutet Kenntnis des Namens gewissermaßen Macht über die bekannte Person. Hat diese in sich große Macht, dann hat folglich auch sein Name entsprechende Wirkung und kann dieser zu guten und bösen Zwecken benutzt werden. Daraus ergibt sich dann auch die Verwendung der Namen bedeutender Menschen, aber vor allem des Namens Jahwes im Namenzauber (vgl. O. Eißfeldt, Jahwe-Name und Zauberwesen, KS I, 150–171).

Weil der Name Exponent der Persönlichkeit ist, muß sein Träger auf seinen Namen, d.h. auf seinen guten Ruf bedacht sein. Einen Namen im Sinne von Ruhm erhält man, wenn man seine Ehre (→*kbd*) durch Großtaten und Besitz, darunter Kinderreichtum, mehrt. Besonders durch Nachkommen lebt der Name jemandes auch nach seinem Tode fort (Gen 48,16). Wer aber von Gerichten getroffen wird (Ez 23,10), wer keine Kinder hat (vgl. 2Sam 18,18) oder seinen Besitz verliert (vgl. Num 27,4), dessen Name wird von der Erde ausgewischt. In diesen Fällen und in diesem dynamischen Sinne kann der Name zum Wechselbegriff der Person werden.

Göttliche Geheimnamen gibt es in Israel nicht, weil magische Verwendung des Gottesnamens verboten ist und eine direkte Anrufung Jahwes im Gebet allen Gläubigen und nicht nur einer bestimmten Schicht, etwa den Priestern, offen steht.

b) In dianoetischem Sinne wird *šēm* für die Eigennamen von Göttern und Menschen, für die Gattungsnamen von Tieren (Gen 2,20) und für die Namen von Städten (Gen 4,17; 11,9; 19,22; 26,33; 28,19; 36,32.35.39; 50,11; Jos 14,15; 15,15; Ri 1,10.11.17.23.26; 18,29; 1Kön 16,24; 2Kön 14,7; Ez 48,35; 1Chr 1,43.46.50), Orten (Gen 32,3.31; 33,17; 35,15; Ex 15,23; 17,7; Num 11,3.34; 21,3; Jos 5,9; 7,26; Ri 2,5; 2Sam 5,20; 1Chr 14,11; 2Chr 20,26), Bergen (Gen 22,14), Felszacken (1Sam 14,4), Steinhaufen (Gen 31,48f.), Steinen (1Sam 7,12), Opferhöhen (Ez 20,29), Flüssen (Gen 2,11.13.14), Wasserstellen (Gen 26,18.20–22; Ri 15,19), Bäumen (Gen 35,8), Altären (Ex 17,15), Maßeben (2Sam 18,18), Säulen (1Kön 7,21 = 2Chr 3,17) und Tagen (Ez 24,2, vgl. →*jōm* 3b und *ktb šm hjm* »schreibe den Namen des Tages auf« in einem Ostrakon von Tell Arad, J.C.L. Gibson, Textbook of Syrian Semitic Inscriptions, I, 1971, 51, Z. 4; vgl. Est 9,26) verwendet.

Laut atl. Überlieferung gab in älterer Zeit vor allem die Mutter dem Neugeborenen den Namen (Gen 4,25; 19,37.38; 29,32.33; 30,8.11.13.18.20.21.24; 35,18; 38,3 [txt em] .4.5.29 [txt em] .30 [txt em]; vgl. Ex 2,10; Ri 13,24; 1Sam 1,20; vgl. 4,21). Dagegen wird Gen 4,26 J; 5,29 J; 16,15 P; 21,3 P; Ex 2,22 J; 2Sam 12,24 dem Vater die Namengebung zugeschrieben. Dabei entsprechen die Gesetze der atl. Namengebung weitgehend denen der altorientalischen.

Die Probleme der isr. bzw. der altorientalischen Onomatologie können hier nicht im einzelnen erörtert werden. Einige kurze Hinweise müssen genügen. Der grammatikalischen Form nach lassen sich die PN in Satz- und Bezeichnungsnamen einteilen. Die Satznamen »sind ihrem Ursprung nach Aussprüche, die von Vater oder Mutter bei der Geburt des Benannten getan wurden (vgl. Ruben, d.i. *re'ū bēn* »Sehet ein Sohn!«), oder sie enthalten Bitten, Wünsche und Vertrauensäußerungen, die man dem Namenträger in den Mund legte (vgl. *Jeraḥme'ēl* »El möge sich erbarmen«; *'æli'æzær* »Mein Gott ist Hilfe«)« (J.J. Stamm, RGG IV, 1301). Die Satznamen sind entweder als Nominal- oder als Verbalsätze gebildet. Nominalsatznamen waren in Israel in der Frühzeit häufiger als später (Noth, IP 16). Die normale Stellung in diesen Namen ist Subjekt-Prädikat. Das Aufkommen der Voranstellung des Prädikats in späterer Zeit scheint seinen Grund darin zu haben, daß der Hauptton auf die prädikative Aussage gelegt wurde, während das durchweg immer nur den einen Jahwe bezeichnende theophore Namenselement »als selbstverständlich an Wichtigkeit zurücktrat« (Noth, a.a.O. 20). Die Verbalsatznamen zerfallen in Bildungen mit finiten Verbalformen (Perf. und Impf.) und in Partizipialbildungen (recht selten und spät). Bei den mit Perf.-Formen gebildeten Namen überwiegt in ältester Zeit die Wortstellung Nomen-Verbum. Bei den mit Impf.-Formen gebildeten Namen steht das Impf. normalerweise vor dem Nomen. In Bezeichnungsnamen »ist der Namensträger bald nach dem Tage seiner Geburt benannt (vgl. *Ḥaggaj* »Der am Fest Geborene«), bald nach seiner Stellung in der Familie als Erstgeborener usw. Außerdem findet in diesen Namen die Liebe der Eltern zum Kind (vgl. mit *jādīd* »Liebling« zusammengesetzte Namen) sowie die Freude über dieses Ausdruck (vgl. *Šimšōn* »Kleine Sonne«). Zahlreich sind hier auch die Bezeichnungen nach körperlichen Vorzügen oder Schwächen sowie nach Tieren und Pflanzen« (Stamm, a.a.O.).

Als theophore Namenselemente treten

in aus den alten Stammesreligionen stammenden Namen die Verwandtschaftswörter →*'āb* »(göttlicher) Vater«, →*'āḥ* »(göttlicher) Bruder« und →*'am* »(göttlicher) Verwandter« auf, während →*'ēl* »Gott« als theophores Element im Laufe der Königszeit in Personennamen stark zurücktritt, um in nachexilischer Zeit wieder ganz geläufig zu werden (Noth, a.a.O. 90). Als theophores Element ist *Jahwǣ* nie in seiner vollen Form, sondern entweder als *-jāhū/-jā* oder als *Jehō-/Jō-* in Namen überliefert (dazu Noth, a.a.O. 101–108). Die mit diesem Element gebildeten Namen kommen im vorköniglichen Israel nur sehr allmählich auf, beherrschen jedoch vom Anfang der Königszeit an die isr. Namengebung vollkommen. Theophore Elemente kan. Herkunft sind (abgesehen von den gemeinsemitischen Worten *'āb*, *'āḥ* und *'am*) →*'ādōn* »Herr«, →*mǽlæk* »König« und →*bá'al* »Herr«.

Anders als in seiner Umwelt kommen in Israel Personennamen, die den Namensträger als Sohn oder Tochter Jahwes bezeichnen, nicht vor, vgl. aber im außerisr. Bereich *Bæn-'anāt* »Sohn der Anat« zur Bezeichnung des hurritischen Samgar (Ri 3,31; 5,6) und *Bæn-hadad* »Sohn des Hadad« als Benennung dreier Könige von Aram (1Kön 15,18.20; 1Kön 20,1ff.; 2Kön 13,3.24f. u.ö.). Es handelt sich dabei um Beinamen, die durch die betreffenden Gottheiten repräsentierte Qualitäten bezeichnen, welche der Namensträger als Eigenschaften besitzt oder mindestens anstrebt (O. Eißfeldt, Gottesnamen in Personennamen als Symbole menschlicher Qualitäten, KS IV, 276–284).

Nicht als theophore Personennamen (so Noth, a.a.O. 126f.131), sondern gemäß der Erklärung des AT als Akklamationsnamen sind die Personennamen Gad und Ascher zu deuten (»Glückauf«, »Gut Glück«), vgl. Eißfeldt, KS IV, 73–78.

Wie überall werden auch in Israel Namen häufig gekürzt: von zweigliedrigen Namen wird das eine Element (oft das theophore) weggelassen (z.B. *Ja'aqōb* »Jakob« statt *Ja'aqōb-'ēl*, vgl. aber Dtn 33,28) und das andere unverändert gelassen, in der Vokalisation verändert oder mit einer vokalischen Endung versehen (dazu Noth, a.a.O. 36–41).

Papponymie begegnet erst bei den Juden in Elephantine (vielleicht unter äg. Einfluß). In Palästina kam sie erst im 3. Jh. v. Chr. auf (Noth, a.a.O. 56–60). An ausländischen Namen sind im AT äg. (vor allem bei den Mitgliedern des Levistammes: Mose, Aaron(?), Pinehas, Hofni), aram., akk. und pers. Namen bezeugt (Noth, a.a.O. 63f.).

Zur Bezeichnug des Namengebens verwendet das Hebr. →*qr' šēm le* bzw. *qr' šemō/šemāh* »jemandem einen Namen nennen/geben« bzw. »seinen (ihren) Namen nennen« oder *śīm šēm le* (Dan 1,7) bzw. *śīm šemō* (Ri 8,31; 2Kön 17,34; Neh 9,7) »jemandem einen Namen beilegen/nennen« bzw. »seinen Namen beilegen/nennen«. Das Verbum *knh* pi. bedeutet »einen ehrenden Namen geben« (Jes 44, 5 Proselyten; 45,4 König bei der Inthronisation; Hi 32,21f.; Sir 36,17; 44,23; 47,6).

Bei der Frage nach dem Namen jemandes (*š'l lešēm*) sagt man statt *ma-ššemǣkā* »was ist dein Name?«, »wie heißt du?« (Gen 32,28; vgl. Ex 3,13; Spr 30,4) auch *mī šemǣkā* (Ri 13,17). Joüon 446 Anm. 2 erklärt letzteren Ausdruck aus einer Kontamination von zwei Wendungen *mī 'attā* »wer bist du?« und *ma-ššemǣkā* »was ist dein Name?« (»contamination d'autant plus explicable que pour le Sémite le nom est conçu comme une sorte d'équivalent de la personne«, vgl. aram. *man* Esr 5,4).

c) Im erzählenden Stil werden Personen im AT öfters scheinbar promiscue bald mit ihrem eigenen Namen, bald als »X Sohn des Y« bezeichnet (Abner 2Sam 2, 14ff. gegenüber Abner, der Sohn Ners, 2Sam 2,8; 3,37; Jerobeam 1Kön 11,28ff. gegenüber Jerobeam, der Sohn Nebats, 1Kön 11,26; 15,1; 16,31 u.ö., usw.).

Die längere Form »X, Sohn des Y« wird nach D.J.A. Clines, VT 22, 1972, 266–287, verwendet (1) um einen »X, Sohn des Y« von einem gleichnamigen »X, Sohn des Z« zu unterscheiden (2Kön 23,15?); (2) des erzählerischen Stils wegen (um eine neue Gestalt in die Erzählung einzuführen: Ri 3,15; 4,6; 9,26 u.ö.; um eine neue Szene, in der die Gestalt eine Rolle spielt, einzuführen: Ri 5,1; 2Sam 2,[8.]12 u.ö.; in einführenden und abschließenden Zusammenfassungen: Ri 8,29.32); (3) aus formalen Gründen (in juristischen Formulierungen: Ri 6,29; in prophetischen Weissagungen: 1Kön 16,3; 21,22; in anderen formelhaften Wendungen: 1Kön 15,1); (4) aus kontextualen Gründen (wenn das durch »X, Sohn des Y« zum Ausdruck gebrachte Verwandtschaftsverhältnis im Kontext sinnvoll ist: 1Sam 18,20; 2Sam 3,13 u.ö., oder wenn der Name Y für die Erzählung von Bedeutung ist: Ri 9,28.30.31.35).

Auffallend ist, daß eine Person lediglich als »Sohn des Y« bezeichnet werden kann. Dabei liegt im Falle von älteren männlichen Personen herabsetzendes Idiom vor (1Sam 22,12), bei jüngeren aber nicht (1Sam 20,27; 22,9 u.ö. Sohn des Isai; 1Sam 10,11 Sohn des Kisch), ebensowenig wie bei Frauen (1Kön 14,6). In anderen Fällen alterniert »Sohn des Y« stilistisch mit X und liegt somit ein Aufbrechen der geprägten Wortverbindung »X, Sohn des Y« vor (Ri 5,12; 2Sam 20,1; vgl. Clines, a.a.O. 282–287). Im Falle von »Sohn Remaljas« (Jes 7,4ff.; 8,6) und »Sohn Tabeels« (Jes 7,6) denken die meisten Ausleger an herabsetzendes Idiom, aber A. Alt, Menschen ohne Namen, KS III, 198–213, hat wahrscheinlich gemacht, daß »Sohn des Y« eine althergebrachte Sonderbezeichnung königlicher Dienstleute in ererbten Stellungen darstellt (so in ug. Listen; vgl. auch die aus Salomos Zeit stammende Liste der Vögte 1Kön 4,7–19a, in der fünf Personen ohne die eigenen Namen begegnen und nur die Bezeichnung »Sohn des Y« erhalten haben).

d) In den Büchern der Kön und Chr ist den offiziellen Angaben über die Regierungszeit und die Synchronismen der Könige von Juda mit wenigen Ausnahmen (Joram, Ahas) die Nennung der Mutter der Könige hinzugefügt (1Kön 11,26; 14,21; 15,2 u.ö.; 2Chr 12,13; 13,2; 20,31 u.ö.). Mit dieser Mutter, die nicht notwendigerweise die leibliche Mutter ist, sondern auch die Großmutter sein kann (1Kön 15,10, vgl. Noth, BK IX/1,335f.), ist die Königinmutter (*gᵉbīrā*, →*'ēm* 4b) gemeint, welche auf die Politik und theologische Haltung des Königs großen Einfluß auszuüben pflegte (vgl. de Vaux I,180f. 331f. [Lit.]; zur Stellung der Königinmutter (*tavannana*) im heth. Großreich s. A.A. Kampman, JEOL 7,1940,432–442; G. Molin, ThZ 10,1954, 161–175; H. Donner, FS Friedrich 1959, 105–145).

e) Umbenennung von Örtlichkeiten und Personen begegnet öfters im AT und ist im Hoheitsrecht, das der Umbenennende über den Umgenannten ausübt, begründet. »Dabei kann die Art, wie dieses Hoheitsrecht wahrgenommen wird, verschieden sein, indem es bald Beherrschung, wohl gar Ausbeutung der Genannten oder Umgenannten, bald deren patronhafte Beschützung mit sich bringt« (O. Eißfeldt, Umnennungen im AT, KS V, 69). Umnennungen von Örtlichkeiten sind meistens dadurch veranlaßt, daß die betreffenden Örtlichkeiten ihre Besitzer gewechselt haben (Kirjath-Arba/Hebron Gen 23,2; Kenath/Nobah Num 32,42; Lesem bzw. Lais/Dan Jos 19,47; Ri 18,29; Kirjath-Sepher/Debir Jos 15,15 usw.; im Falle von Bethel handelt es sich um die Übertragung des durch eine Theophanie bedingten Namens einer bisher unbesiedelten Stätte auf eine dicht westlich von ihr gelegene Stadt Lus, vgl. Jos 16,2; Gen 28,19; Ri 1,22–26). Doch können auch sonstige Begebenheiten Anlaß zur Umbenennung sein (so Rephidim/ Massa-Meriba Ex 17,1.7; in prophetischen Weissagungen: Tophet bzw. Tal Ben-Hinnom/ Mordtal Jer 7,32; 19,6; Tal der Wanderer / Tal der Gog-Scharen: Ez 39, 11). Umbenennung von Personen findet oft statt, wenn diese ihre Oberherren wechseln (Eljakim/Jojakim 2Kön 23,34; Matthanja/Zedekia 2Kön 24,17). Sie können, wenigstens teilweise, auch Beweis besonderer Ehrung sein (Joseph/Zaphnat-Paneah: Gen 41,45; Daniel/Beltsazzar Dan 1,7 usw.). Wie bei Orten können auch sonstige Schicksale Umbenennungen bedingen (Ben-Oni »Sohn des Unheils«/ Benjamin »Glückssohn« Gen 35,18; Naemi »Liebliche«/ Mara »Bittere« Ruth 1,20). Bei solchen Umbenennungen stehen die alten und neuen Namen öfters in einem Laut- oder Sinnspielverhältnis (Abram/ Abraham; Naemi/Mara, vgl. Eißfeldt, a.a.O. 72f.), bleiben jedoch in anderen Fällen undurchsichtig.

Als terminus technicus für »umnennen« verwendet das Hebr. *sbb* hi. (2Kön 23,34; 24,17; 2Chr 36,4; Num 32,38 txt? ho.); gelegentlich können auch *qr'* »nennen« (Ri 1,17) und *śīm šēm* »nennen« (Dan 1,7) diese Bedeutung haben.

f) Unter Einwirkung der Festsetzung einer Reihe von fünf »großen Namen« durch die Götter beim Regierungsantritt eines äg. Pharaos wurden nach Ausweis von Jes 9,5f. auch dem judäischen König bei seiner Inthronisation Thronnamen verliehen. Der vielfach hochgreifende Sinn wenigstens einiger der in diesem Textabschnitt bezeugten Titel beruht auf äg. Vorbild (*'ēl gibbōr*, vgl. äg. *k' nḫt* »starker Stier«). Ob hinter dem korrupten Anfang von Jes 9,6 der äg. Königstitulatur entsprechend noch ein fünfter Königsname steckt, ist umstritten. Von einigen judäischen Königen sind uns Thronnamen erhalten geblieben (Joahas für Sallum 2Kön 23,31, vgl. Jer 22,11; 1Chr 3,15; Usia für Asarja [oder umgekehrt, so Montgomery, Kings 446] 2Kön 15,13; Jes 1,1 u.ö., vgl. 2Kön 14,21; 15,1 usw.; auch Jojakim 2Kön 23,34 und Zedekia 2Kön 24,17 sind Thronnamen, vgl. A.M. Honeyman, JBL 67, 1948, 12–25; zu ass. Doppelnamen vgl. W. von Soden, ZA 58, 1967, 243f.). Nach M. Dahood, Psalms I, 1966, 11, sei die Verleihung von Thronnamen den Israeliten auch aus kanaanäischer Tradition bekannt gewesen, vgl. UT 1007, Z. 4–7: *b'l ṣdq skn bt mlk ṯġr mlk bny* »legitimate lord, governor of the palace, king of the city, builder king«. Doch dürfte es sich dabei eher um Ehrennamen handeln, sowie diese uns auch aus ass. Inschriften bekannt sind.

Lit.: S. Morenz, Ägyptische und davidische Königstitulatur, ZÄS 49, 1954, 73f.; G. von Rad, Das judäische Königsritual, GesStud 205–213; A. Alt, KS II, 206–225; S. Herrmann, Die prophetischen Heilserwartungen im AT, 1965, 131–135; H. Wildberger, Die Thronnamen des Messias, Jes. 9, 5b, ThZ 16, 1960, 314–332 (Lit.!); ders., BK X, 379f.; R. de Vaux, Le roi d'Israël, vassal de Yahvé, Mélanges E. Tisserant I, 1964, 119–133; A.M. Honeyman, The Evidence for Regnal Names among the Hebrews, JBL 67, 1948, 13–25; W. Zimmerli, VT 22, 1972, 249–252; K.-D. Schunck, VT 23, 1973, 108–110.

g) Etymologische Ätiologien bei Namengebungen liegen vor, wenn im AT ein Name abgeleitet wird aus einem Ereignis, das bei der Geburt eines Menschen oder bei der Gründung einer Stadt oder eines Heiligtums stattgefunden hat, oder auch aus einem Wort, welches damals gesprochen wurde, oder aus einer sonstigen Begebenheit. In Wirklichkeit ist aber fast immer der Name das Primäre, die Erzählung, die sich an ihn knüpft, oder die Erklärung das Abgeleitete. Belege für Namensätiologien finden sich vor allem in Gen (mehr als 40 ×, vor allem J), weiter in Ex und Num (12 ×, vor allem J), Jos (2 ×), Ri (5 ×), 1Sam (5 ×), 2Sam (3 ×), 1Kön (1 ×, aber problematisch: 9,13), 2Kön (1 ×, ebenfalls problematisch: 14,7), 1Chr (5 ×), 2Chr (1 ×), Ruth (1 ×) und Est (1 ×), vgl. J. Fichtner, Die etymologische Ätiologie in den Namengebungen der geschichtlichen Bücher des AT, VT 6, 1956, 372–396. Aus der Vielfalt der Formulierung etymologischer Ätiologien bei Namengebungen lassen sich zwei Hauptformen isolieren: (1) »er nannte seinen (ihren) Namen so und so, denn er sprach (dachte) . . .«, wonach die etymologische Ätiologie folgt (vgl. Ex 2,22). Vollständig ist diese Form nur vereinzelt erhalten, da manche Bestandteile ausgelassen werden können, vgl. die Formulierungen von Gen 3,20; 5,29; 26,22; 31,49 usw.; (2) nach einem Ereignisbericht folgt abschließend die Namensnennung: »deshalb (*'al-kēn*) nennt man den Namen (jener Stätte) so und so« (Ex 15,23), manchmal unter Hinzufügung von »bis zum heutigen Tag« (Jos 7,26). Meistens erscheint diese Formulierung in erweiterter Gestalt, indem das etymologische Motiv noch einmal angefügt wird (Gen 11,9). Während Form (1) für Namensätiologien von Personen charakteristisch ist, bezieht sich Form (2) mit wenigen Ausnahmen (Gen 25,30; 29, 34f.; 30,5f.) nur auf bestimmte Stätten. Die Namengebung mit etymologischer Ätiologie hat ihren eigentlichen Lebensbereich in der Sagenüberlieferung. Deswegen begegnen Namensätiologien von Personen vor allem in der Gen, wo (bei J), anders als in allen anderen atl. Büchern, alle wichtigeren Personen Namenserklärungen erhalten. Ortsnamenätiologien beziehen sich entweder auf Kultlegenden (Gen 22,14 Moria; Gen 28,10ff. Bethel; Gen 32,31 Pniel, usw.) oder auf Stätten, die in der Geschichte der Stämme Israels vor oder nach der Landnahme eine Rolle spielten (Ex 15,23 Mara; 17,7 Massa und Meriba; Jos 7,26 Achor usw.), vgl. Fichtner, a.a.O. Ätiologien der Form (1) sind niemals bestimmend für die Erzählung, in der sie auftreten. Form (2) führt niemals zu einer ausführlichen Erzählung (vgl. B.O. Long, The Problem of Etiological Narrative in the OT, 1968).

Wortspiele sind im AT charakteristisch für etymologische Namenserklärungen (Gen 2,7 *'ādām* - *'adāmā*; 3,20 *Ḥawwā* »Eva« als »Mutter aller Lebenden« [*ḥaj*], vgl. weiter etwa Gen 4,1 [dazu R. Borger, VT 9, 1959, 85f.]; 5,29; 25,25f., usw.), Anspielungen auf bereits bestehende Namen, die als solche den Wert von Motivworten erhalten können (vgl. z.B. Gen 32,21 *pānīm* und V. 31f. Pniel; Gen 19,17–22 Lot – *mlṭ* ni.; weiter Mi 1,10–16), zweideutige Ausdrücke (vgl. »Haupterhebung« im Sinne von Wiedereinsetzung ins Amt und von Hinrichtung Gen 40,13.19.20.22; zu Zeph 3,1.3 vgl. B. Jongeling, VT 21, 1971, 541–547) und schließlich für entstellte Eigennamen von Göttern, Feinden und Orten (Götternamen: *bōšæt* »Schande« statt *bá'al*, vgl. Jer 3,24; 11,13; Hos 9,10 und die PN *'īš-bōšæt* 2Sam 3,14f. statt Eschbaal 1Chr 8,33, *Mefībōšæt* 2Sam 21,8 statt Meri(b)-baal 1Chr 8,34; 9,40; möglicherweise liegt tendenziöse Vokalisation (mittels *bōšæt*) auch vor bei den Götternamen *'aštōræt* (Astarte) und *Mōlæk* (Melek, als Epitheton von Baal), →*bōš* 3d; H.-F. Weiß, BHH I, 267; GB 429b.627b; vgl. etwa Böhl 17 zu den Namen der feindlichen Könige in Gen 14,1–2 und zu Jer 50,21.

Entstellung von Eigennamen kann auch durch Vertauschen des ersten Buchstabens des hebr. Alphabets mit dem letzten, des zweiten mit dem vorletzten usw. stattfinden (Atbasch), vgl. Jer 25,26 *Šēšak* statt Babel. (Lit.: Böhl 11–25; C. Westermann, Forschung am AT, 1964, 39–47; B.S. Childs, A Study of the Formula ›Until this Day‹, JBL 82, 1963, 279–292; J. Bright, Early Israel in Recent History Writing, 1956; M. Noth, SVT 7, 1960, 278ff. und die oben in diesem Abschnitt erwähnte Lit.).

h) Die Wirkung, welche ein Name auslöst, beruht auf der Macht, welche die Person, die diesen Namen trägt, besitzt. Daraus ergibt sich die Verwendung von *šēm* in dynamischem Sinne als Inbegriff der Taten und Leistungen, des Vermögens und des Ruhmes eines Menschen (Besnard, a.a.O. 22ff.; vgl. Pedersen, Israel I–II, 245–259). Als »Exponent der Persönlichkeit« bedeutet *šēm* in dynamischem Sinne daher nicht nur »Nachkommenschaft« (Jes 66,22; vgl. akk. *šumu* im Sinne von »Nachkommenschaft, Sohn«) oder »Vermögen« (Num 27,4), sondern vor allem auch (wie in manchen modernen Sprachen) »Ruhm, Ehre, Ruf«, weswegen *šēm* öfters mit Begriffen wie *tehillā* »Ruhm, Lobpreis« (Dtn 26,19; Jer 13,11; Zeph 3,19.20; von Jahwe gesagt Ps 66,2; 102,22; 145,21; Jes 48,9; Jer 33,9 u.ö.) und *tif'æræt* »Pracht, Auszeichnung« (Dtn 26,19; Jer 13,11; von Jahwe gesagt Jer 33,9; vgl. 1Chr 29,13) alterniert. Die berühmten Helden der Vorzeit (Gen 6,4), namhafte Angesehene (Num 16,2) und berühmte Männer (1Chr 5,24; 12,31) werden als *'anšē (haš)šēm* bzw. *'anšē šēmōt* bezeichnet, vgl. auch 1Sam 18,30; 2Sam 23,18.22. Namensehre (*šēm*) ist kostbarer als viel Reichtum (Spr 22,1) und besser als gutes Salböl (Pred 7,1); vgl. auch Hhld 1,3, wo *šēm* aber fast Wechselbegriff für die Person ist. Ein *maṭṭā' lešēm* (Ez 34,29 txt?) bezeichnet einen Garten, von dem jedermann rühmend spricht. Vgl. auch *šēm* im Sinne von Ruhm eines Königs (1Kön 1,47; 5,11; Ps 72,17; 1Chr 14,17), Ruhm Israels (Ez 39,13), Ruf Jerusalems (Ez 16,14) und Ansehen Abrahams (Gen 12,2). Unbedeutende und verächtliche Leute sind dagegen »namenlos« (*benē belī-šēm* Hi 30,8). Mit Dunkel bedeckt ist der Name einer menschlichen Fehlgeburt (Pred 6,4), d.h. sie ist nichtig und wertlos. Was keinen Namen hat, ist nichtig, chaotisch (vgl. Enuma eliš I,1) und ungeordnet. Der erste Mensch gibt den Tieren Namen als »Akt des aneignenden Ordnens« (G. von Rad, ATD 2,67; vgl. Westermann, BK I,311), nicht um Macht über sie zu erlangen (Gen 2,20).

Weil *šēm* im dynamischen Sinne das bedeutet, was einer Person leiblich (die eigene Existenz, die Familie), materiell (Vermögen, Besitz) und geistig (Ruhm, Ehre) zugehört, kann der Name auch den Tod eines Menschen überdauern und ist man auf seinen Namen bedacht. Weil Absalom keinen Sohn hatte, um seinen Namen nach seinem Tode zu künden (*zkr* hi.), errichtete er zu Lebzeiten einen Malstein (2Sam 18,18; →*jād* 3b). Jahwe verheißt den Verschnittenen ein Gedächtnismal (*jād wāšēm*) im Tempelbereich (Jes 56,5), durch das sie im Gedächtnis der Gemeinde Gottes bleiben werden. Bleibt Nachkommenschaft, bleibt auch der Name (Jes 66,22). Völlige Ausrottung einer Person, einer Familie, einer Gruppe oder eines Volkes heißt aber das Auslöschen des Namens, also dessen, was ihnen leiblich, materiell und geistig gehört (*krt* hi. Jos 7,9; Jes 14,22; Zeph 1,4; Ruth 4,10 ni.; von Götterbildern Sach 13,2; *gr'* ni. Num 27,4; *'bd* q. Ps 41,6; hi. Dtn 7,24; pi. Dtn 12,3; *mḥh* Dtn 9,14; 2Kön 14,27; vgl. *mḥh zēkær* Dtn 25,19; *šmd* ni. Jes 48,19; hi. 1Sam 24,22; *sūr* hi. Hos 2,19 von Göttern; vgl. Th. und D. Thompson, VT 18, 1968, 79–99, bes. 84ff.). Stirbt ein verheirateter Mann, ohne einen Sohn zu hinterlassen, so soll die Frau des Verstorbenen ihrem Schwager angehören und der Erstgeborene, den sie gebiert, soll den Namen des Verstorbenen führen, d.h. als dessen Sohn gelten (*qūm 'al-šēm* Dtn 25,6). Der Schwager »erzeugt Nachkommenschaft« (*qum* hi. *šēm*) für seinen verstorbenen Bruder (Dtn 25,7; vgl. auch Ruth 4,5.10 und *śīm šēm ūše'ērīt le* »jemandem Namen und Nachkommenschaft lassen« 2Sam 14,7). Bei diesen Verordnungen mag auch auf die Zusammenhaltung des Familienbesitzes Rücksicht genommen werden (von Rad, ATD 8,110f.; Thompson, a.a.O.).

Wer Großes leistet, macht sich einen Namen (*'śh šēm* Gen 11,4; 2Sam 8,13) und bleibt deswegen berühmt (zu sum. und akk. Parallelen vgl. Thompson, a.a.O. 85–87).

Weil der Name Exponent der Persönlichkeit ist, kann bald dieser, bald jener Aspekt von *šēm* betont sein. In all diesen Fällen entscheidet der Kontext. So kann der Aspekt des Ruhmes (1Sam 18,30; 1Kön 5,11; Ez 16,15; 39,13; Ps 72,17), der Kraft (2Sam 23,18.22) und Macht (Jer 48,17), aber auch der der Nachkommenschaft (1Sam 24,22; 2Sam 14,7; Jes 66,22; Zeph 1,4), des Besitzes (Num

27,4) und des Andenkens an die Person nach ihrem Tode (Hi 18,17; Spr 10,7; vgl. *zēkær*, dazu W. Schottroff, Gedenken im Alten Orient und im AT, 1964, 287ff., und →*zkr*) hervorgehoben sein.

Statt eines guten Namens kann man auch einen schlechten Ruf haben, weil man »berühmt ist durch Unreinheit« (*ṭᵉmē'at haššēm* Ez 22,5), zum Gerede wird (Ez 23,10) oder weil man anderen seinen Namen zum Fluchwort lassen muß (Jes 65,15). Der Ausdruck *šēm rā'* bedeutet den schlechten Ruf, in den man andere bringt (Dtn 22,14.19) oder den man sich selbst verschafft (Neh 6,13).

4. Die theologische Bedeutung des Namens wird in folgenden Abschnitten behandelt: a) die Offenbarung des Jahwenamens, b) die Anrufung des Jahwenamens, c) der Name Jahwes in der dtn. und dtr.-chr. Literatur, d) der Name Jahwes als Wechselbegriff für Jahwe, e) der Name Jahwes als Hypostase?, f) die Ausrufung des Namens Jahwes als Rechtsakt, g) der Name Jahwes als Inbegriff der Herrlichkeit Jahwes, h) »Jahwe (Zebaoth) ist sein Name«, i) »im Namen« als Bevollmächtigungsformel, j) »mit Namen rufen« als göttlicher Berufungsakt, k) Umbenennung als göttlicher Hoheitsakt.

a) Weil der göttliche Name den Menschen von sich aus unbekannt ist und die Gottheit sich ihren Namen nicht ablisten läßt (vgl. Gen 32,30f.; Ri 13,17f.), muß der unbekannte Gott selber aus seiner Unbekanntheit heraustreten, um bei einer Gotteserscheinung (→*r'h* ni.) dem Menschen durch Selbstkundgabe (→*jd'*) seinen Namen zu offenbaren, damit er in diesem Namen nennbar und rufbar wird (vgl. Ex 3,13 und 15: *šēm* par. zu *zēkær*). Von einer Offenbarung des Jahwenamens (→*Jhwh*; R. de Vaux, FS Davies 1970, 48–75) ist in Ex dreimal die Rede: bei E (Ex 3,14f.), bei J (Ex 34,5ff.) und bei P (Ex 6,2), vgl. Besnard, a.a.O. 32–61. Dabei hebt E, der die Offenbarung des Jahwenamens vor dem Auszug aus Ägypten beim Horeb stattfinden läßt, in der Namensoffenbarung nebst dem Moment des seinem Wesen nach unbestimmbaren und geheimnisvollen Gottes die aktive und dynamische Bedeutung des im Namen *Jhwh* ausgesagten Wirkens Gottes in seiner Zuwendung zu seinem Volke hervor (→*hjh* 4c; Besnard, a.a.O. 34ff.: »Il est vain de nous demander si nous sommes en présence du »Deus revelatus« ou du »Deus absconditus«. Nous sommes devant une dialectique divine plus profonde que cette alternative ...«, a.a.O. 37). Bei J, der den Namen *Jhwh* schon seit der Urgeschichte bekannt sein (Gen 4,26) und die Theophanie bei Gelegenheit der Gesetzgebung am Sinai stattfinden läßt, liegt die Bedeutung der Namenskundgebung Jahwes in der Perspektive der huldvollen Wesensart Gottes, die durch Erwähnung göttlicher Attribute zum Ausdruck gebracht wird (Besnard, a.a.O. 43ff.; zur Geschichte der in Israel liturgisch verwendeten Worte Ex 34,6f. vgl. R.C. Dentan, VT 13, 1963, 34–51, der sie als Produkt der Weisheitsschule interpretiert). Dabei verwendet J für die Namenskundgebung die Wendung *qr' bᵉšēm Jhwh* mit Jahwe als Subjekt (Ex 33,19; 34,5; →*qr'* 3a); in 34,5b ist nicht Mose Subjekt von *qr'* (anders Beer, HAT 3,160; Noth, ATD 5,215), sondern Jahwe. Es handelt sich daher um das Ausrufen bzw. das Proklamieren des Namens *Jhwh* durch Jahwe selbst, nicht um das Anrufen des Namens Jahwes (vgl. Ex 33,19 und unten 4b). Bei P, der (anders als Gen 17,1!) nicht von einer Theophanie spricht, sondern von einer Anrede Gottes an Mose in Ägypten, wird neben der betonten Offenbarung des neuen Namens *Jhwh* statt *'ēl šaddaj* im Anschluß an die Offenbarung in der Väterzeit Gen 17,1ff. die Bundeszusage Jahwes an die Patriarchen herausgestrichen, wobei die Offenbarung des Jahwenamens an Mose zugunsten der Vätertradition Gen 17,1ff. abgewertet worden ist (N. Lohfink, Bibl 49, 1968, 1–8). P betrachtet demgemäß die Offenbarung an Mose nicht als Offenbarungssteigerung (Lohfink, a.a.O. 2ff., gegen R. Rendtorff, Offenbarung als Geschichte, 1961, 25, der meint, daß dem *r'h* ni. Gen 17,1 das *jd'* ni. Ex 6,3 gegenübergestellt ist, und der deswegen schließt: »Das Erscheinen Jahwes wird einer vorläufigen Stufe zugewiesen; mit Mose beginnt etwas Neues: Jahwe gibt sich als er selbst zu erkennen«), sondern sieht die Offenbarung des Jahwenamens an Mose als Weiterführung der göttlichen Selbsterschließung durch Namensmitteilung, die schon in der Väterzeit begonnen hatte (Lohfink, a.a.O. 5).

Zu der etwa Gen 17,1 und Ex 6,2 verwendeten Selbstvorstellungsformel *'anī 'ēl šaddaj* bzw. *'anī Jhwh* und ihrer Geschichte bzw. den ihr ähnelnden Ausdrücken in der Gesetzesproklamation, in der Erkenntnisformel (»erkennen, daß ich Jahwe bin«) und im Selbstlob →*'anī* und vgl. W. Zimmerli, Ich bin Jahwe, GO

11–40; ders., Erkenntnis Gottes nach dem Buche Ezechiel, GO 41–119; ders., Das Wort des göttlichen Selbsterweises (Erweiswort), eine prophetische Gattung, GO 120–132; ders., »Offenbarung« im AT, EvTh 22, 1962, 15–31; K. Elliger, Ich bin der Herr – euer Gott, Kleine Schriften zum AT, 1966, 211–231 (er bezeichnet die Selbstaussage »Ich bin Jahwe« als Heiligkeits- oder Hoheitsformel, ihr Gegenstück »Ich bin Jahwe, euer Gott« als Heilsgeschichts- oder Huldformel und nimmt für beide Formeln einen verschiedenen Sitz im Leben an); Th.C. Vriezen, Exode, XX, 2, Recherches Bibliques 8, 1966, 35–50.

Besondere Erwähnung verdienen die Worte im Altargesetz des Bundesbuches Ex 20,24: *bᵉkol-māqōm* (txt em!) *'ᵃšær 'azkīr 'æt-šᵉmī* »an jedem Ort, wo ich (Jahwe) meinen Namen kundgebe«. In diesem Text ist *'azkīr* weder in *tazkīr* zu ändern (so mit der syr. Überlieferung Beer, HAT 3, 104; H. Bietenhard, ThW V, 254 Anm. 98; A. Jepsen, Untersuchungen zum Bundesbuch, 1927, 53 Anm. 4) noch kausativ zu deuten (»wo ich nennen lasse«, so etwa Noth, ATD 5, 142), vgl. Ps 45,18 und J.J. Stamm, ThZ 1, 1945, 306; H. Cazelles, Etudes sur le Code de l'Alliance, 1946, 43; W. Schottroff, a.a.O. 248. Es handelt sich bei dieser Aussage darum, daß Gott durch Selbstbekundung die Kultstätte für sich legitimiert. Die Wendung *zkr* hi. *šēm* entspricht inhaltlich den dtn Formeln *škn* pi. *šēm* und *śīm šēm* (dazu unten 4c).

b) Vor allen Dingen an der Stätte, an der Gott sich durch Kundgebung seines Namens offenbart hat, wendet sich der Mensch betend, lobend und um Hilfe suchend an Gott. Dafür verwendet das Hebr. verschiedene Ausdrücke (→*qr'* 4), besonders aber außer *qr' 'æl-/lᵉJhwh* und *qr' Jhwh* (Ausdrücke, die für das betende Anrufen Jahwes Ri 16,28; 1Sam 12,17.18; 1Kön 8,43.52 u.ö. gebraucht werden und deswegen für die individuelle Klage charakteristisch sind, Ps 17,6; 18,4.7; 31, 18; 86,5 u.ö.) die Wendungen *qr' šēm Jhwh* (Dtn 32,3; Ps 99,6; Klgl 3,55) und *qr' bᵉšēm Jhwh* (Gen 4,26; 12,8; 13,4; 21,33; 26,25; 1Kön 18,24; 2Kön 5,11; Jes 12,4; 64,6; 65,1; Jer 10,25; Jo 3,5; Zeph 3,9; Sach 13,9; Ps 79,6; 80,19; 105,1; 116,4.13.17; 1Chr 16,8; vgl. Ps 75,2 txt em). Üblicherweise wird *qr' bᵉšēm Jhwh* als »unter Verwendung des Namens Jahwe (an)rufen«, »Jahwe mit dem Namen nennen« gedeutet (so Grether, a.a.O. 19; H. Bietenhard, ThW V, 254; H.A. Brongers, ZAW 77, 1965, 12; Besnard, a.a.O. 100; anders B. Jacob, Im Namen Gottes, 1903, 27), aber wahrscheinlicher ist nach GK § 119k *bᵉ(šēm)* nicht instrumental zu deuten (→*qr'* 4), sondern dient *bᵉ* zur Einführung des Objekts (vgl. auch BrSynt § 106a), wofür auch die ähnlichen semantischen Verwendungen von *qr' bešēm Jhwh* und *qr' šēm Jhwh* sprechen. Daher läßt sich aus ersterer Wendung nicht ableiten, daß mit ihr »ursprünglich der Gedanke eines magischen Zwanges, der durch das Ausrufen des Namens auf die Gottheit ausgeübt werden konnte« (Bietenhard, a.a.O. 254; vgl. Grether, a.a.O. 19), verbunden ist.

Die Wendung *qr' bᵉšēm Jhwh* hat verschiedenen Sinn (vgl. H.A. Brongers, a.a.O. 12ff.; Besnard, a.a.O. 101ff.): (1) sie ist terminus technicus für die kultische Verehrung Jahwes, besonders bei J (Gen 4,26; 12,8; 13,4; 21,33; 26,25), oder auch allgemeiner und nicht unbedingt kultisch Ausdruck für die Verehrung und das Bekennen Jahwes (Jer 10,25, vgl. Ps 79,6 par. *jd'*; Jo 3,5, vgl. Rudolph, KAT XIII/2,73; ausführlich Besnard 128–148; Zeph 3,9 par. *'bd*); (2) wenn eine Antwort Jahwes erwartet wird, bedeutet die Wendung »Jahwe um Hilfe anflehen«: 1Kön 18,24 (Gegenbegriff *'nh* »antworten«); Sach 13,9 (*'nh*); Ps 116,4 (so auch *qr' šēm Jhwh* Klgl 3,55, vgl. *šm'* »erhören« V. 56), oder »Fürbitte bei Jahwe einlegen«: 2Kön 5,11; Ps 99,6 (zu diesem Text vgl. P.A.H. de Boer, OTS 3, 1943, 107; Kraus, BK XV, 685; vgl. auch Jer 15,1); (3) doxologisch »den Namen Jahwes rühmend verkündigen/bekennen«: Ps 80,19; 116,13.17 (vgl. *tōdā*); Jes 12,4 (par. *jdh* hi.); Ps 105,1 = 1Chr 16,8 (par. *jdh* hi.), vgl. auch Ps 75,2 (txt em, vgl. BHS; Kraus, BK XV, 520). Gleiche Bedeutung hat *qr' šēm Jhwh* in Dtn 32,3.

Par. zu diesen Wendungen begegnet *zkr* hi. *bᵉšēm Jhwh* Jes 48,1 (»anrufen«; von fremden Göttern Jos 23,7); Ps 20,8 (»wir rühmen uns des Namens Jahwes«, vgl. Brongers, a.a O. 17f.); Am 6,10 (abergläubisch vom Aussprechen des Gottesnamens, vgl. Wolff, BK XIV/2,328; Rudolph, KAT XIII/2,225; Schottroff, a.a.O. 250ff.; Brongers, a.a.O. 17) und *zkr* hi. *šēm* (vgl. akk. *zakāru šuma*,→*zkr* 3c) Jes 26,13 (Bekennen Jahwes), vgl. Ex 23,13 (vom Aussprechen des Namens fremder Götter). Zu Ex 20,24, s.o. 4a. Zum profanen Gebrauch von *zkr* hi. *šēm* 2Sam 18,18; Ps 45,18; vgl. Schottroff, a.a.O. 246f.

Zu *brk* pi. *bᵉšēm Jhwh* »im Namen Jahwes segnen«, das nur in bezug auf den priesterlichen Segen verwendet wird (Dtn 10,8; 21,5; 2Sam 6,18=1Chr 16,2; Ps 129,8; 1Chr 23,13)→*brk* und Brongers, a.a.O. 8f.; zu *qll* pi. *b^e^šēm Jhwh* »im Namen Jahwes verfluchen« (2Kön 2,24, vgl. 1Sam 17,43)→*qll* und Brongers, a.a. O. 9f.; zu *šb'* ni. *b^e^šēm Jhwh* »beim Namen Jahwes schwören« Lev 19,12; Dtn 6,13; 10,20; 1Sam 20,42; Jes 48,1; Jer 44,26, vgl. Jos 23,7; s. auch Jer 12,16; Sach 5,4 und Gen 21,23; 1Sam 30,15; Jes 65,16) vgl. Brongers, a.a.O. 10f., und→*šb'*.

Weil der Name Jahwes heilig ist (→*qdš*) und es einer Legitimation bedarf, ihn zu verwenden, wird ernstlich gegen Mißbrauch seines Namens im Fluch (Lev 24,11.15f. *nqb* par. zu *qll*; vgl. J. Hempel, Apoxysmata, 1961, 97 Anm. 306; Elliger, HAT 4, 1966, 331) und beim Schwur (Lev 19,12) gewarnt, weil dadurch der Name Jahwes entheiligt wird (→*ḥll* pi., vgl. *tpś* »sich vergreifen an« Spr 30,9). Auch darf man den Namen Jahwes nicht zu magischen Zwecken mißbrauchen (Ex 20,7; Dtn 5,11 *laššāw'* »für Nichtiges«, vgl. J.J. Stamm, Der Dekalog im Lichte der neueren Forschung, ²1962, 47; H. Reventlow, Gebot und Predigt im Dekalog, 1962,44; das Gebot richtet sich, wenigstens in späterer Deutung, auch gegen den Mißbrauch bei Eid und Fluch, vgl. Hos 4,2 und Wolff, BK XIV/1,84f.; Stamm, a.a.O.; Reventlow, a.a.O.).

In vielen der oben erwähnten Fälle läßt sich schwer entscheiden, ob *šēm Jhwh* dianoetisch als Name Jahwes oder vielmehr dynamisch als Wechselbegriff für Jahwe (dazu s.u. 4d) zu deuten ist, weil etwa neben *šb'* ni. *b^e^šēm Jhwh* die (vielleicht ältere)Wendung *šb'* ni. *b^e^Jhwh* (Jos 2,12; 9,18; Ri 21,7; 1Kön 1,17 u.ö.) und neben *qll* pi. *b^e^šēm Jhwh* die Wendung *qll* pi. *bēlōhāw* (1Sam 17,43) erscheint. Vor allem in späteren Texten dürfte *šēm Jhwh* als Wechselbegriff für Jahwe aufzufassen sein.

c) Seit den Arbeiten O. Grethers (Name und Wort Gottes im AT, 1934, 31–35) und G. von Rads (Das Gottesvolk im Dtn, 1929, 37 = GesStud II, 45; Ges Stud I, 109–129; von Rad I, 185–186; von Rad, ATD 8,64) ist unter den Forschern weithin unbestritten, daß die stereotypen dtn. Wendungen »der Ort, den Jahwe erwählen wird« *l^e^šakkēn š^e^mō šām* »um dort seinen Namen wohnen zu lassen« (Dtn 12,11; 14,23; 16,2.6.11; 26,2; vgl. Neh 1,9) und »der Ort, den Jahwe erwählen wird *lāśūm š^e^mō šām* um dort seinen Namen zu setzen« (12,5.21; 14,24; vgl. 2Chr 6,20) als Ausdrücke einer eigentümlichen abstrakt-theologischen dtn. Konstruktion zu deuten sind, in der der *šēm* Jahwes fast dinglich und fast wie eine Persönlichkeit vom transzendenten Jahwe als dessen Vertreter abgehoben worden ist. Mit Hilfe des *šēm*-Begriffes sei in Frontstellung gegen populäre Vorstellungen von der persönlichen Anwesenheit Jahwes am Kultort, besonders in Auseinandersetzung mit der Lade-Theologie (F. Dumermuth, ZAW 70, 1958, 59–98; R. E. Clements, VT 15, 1965, 300–312; E.W. Nicholson, Deuteronomy and Tradition, 1967, 71ff.), unter prophetischem Einfluß (Grether a.a.O., 33; Vriezen, Theol. 212f.) ein Theologumenon entwickelt worden, mit dem »durch kühne Weiterführung der schon vorhandenen Ansätze eine Erscheinungsform Jahves erreicht (ist), in der Jahve selber, aber in der von ihm gewollten Beschränkung wirkt und die man als Hypostase bezeichnen kann« (Eichrodt II, 20–21; vgl. auch Jacob 67; Bietenhard, a.a.O. 255f.; H. Ringgren, Israelitische Religion, 1963, 81f.; R.E. Clements, God and Temple, 1965, 94f.; G. Fohrer, Geschichte der isr. Religion, 1969, 306; ders., Theol. Grundstrukturen des AT, 1972, 40; K. Baltzer, RGG IV, 1303). Anders als in der vom Jahwisten verwendeten Formel *qr' b^e^šēm* (Ex 34,5) und bei *zkr* hi. *šēm* (Ex 20,24) bezeichne *šēm* in den erwähnten Wendungen nicht den ausgesprochenen Namen, sondern seine Aufgabe bestehe darin, »durch sein Dasein am Kultort Jahwe zu vertreten und den Jahwe dargebrachten Kultus im Empfang zu nehmen« (Grether, a.a.O. 34). Dieser Deutung steht nun aber nicht nur die Tatsache entgegen, daß die kultischen Handlungen auch im Dtn *lifnē Jhwh* »vor dem Angesicht Jahwes« (und nicht etwa »vor dem Angesicht des Namens Jahwes«) stattfinden (12,7.12.18; 14,23.26; 16,11; 26,10; vgl. 27,7) und daß die Verwendung der Formel »wo ich früher meinen Namen etablierte« (*škn* pi. Jer 7,12) in Beziehung auf Silo gerade nicht für eine Auseinandersetzung mit der Ladetheologie spricht, sondern auch, daß hebr. *śīm šēm* das Ausgesprochen-Werden des Namens meint (bei der Namengebung: Ri 8,31; 2Kön 17,34; Neh 9,7; vgl. Dan 1,7; beim aaronitischen Segen Num 6,27) und *škn* pi. *šēm* aufgrund akk. Parallelen ebenfalls vom ausgesprochenen Namen zu verstehen ist (vgl. im Beschwörungstext KAR 196, Rs. III, 31f.: *Amar-ga ištakan šum būri* »Amarga nannte er den Namen des Kälbchens«, s. Stamm, AN 366; F.Th.M. Böhl, JEOL 4, 1936, 204, weiter die PN ^d^*Nabû-šuma-iškun*, ^d^*Adad-šuma-iškun*, ^d^*Bēl-šuma-iškun*, die mit PN wie ^d^*Enlil-šuma-imbi* [*nabû*!] und *Sin-*

šuma-izkur [*zakāru*!] in ihren nicht-theophoren Elementen gleichbedeutend sind, vgl. Stamm, AN 141–142). Deswegen muß *škn* pi. *šēm* bzw. *śīm šēm* dem *zkr* hi. *šēm* im Altargesetz Ex 20,24 entsprechen, wo (nicht-kausativ!) von der feierlichen Kundgebung des Gottesnamens an der Kultstätte durch Jahwe selber die Rede ist (vgl. oben 4a). Dann ist bei den besagten dtn. Wendungen »nicht zuerst an den Ort einer gegenständlichen Manifestation Jahwes zu denken, der seinen Namen als Objekt anrufbar macht, sondern an die Stelle, an der auf Grund einer Manifestation Jahwes vollmächtig das *'anī Jhwh* (»Ich bin Jahwe«) ausgesprochen und von ihm her Gnadentat und Recht proklamiert wird« (so Zimmerli, GO 126). Eine spezifische dtn. Namenstheologie gibt es daher nicht (vgl. die Ablehnung einer derartigen Theologie durch R. de Vaux, FS Rost 1967, 219–228, der aber aufgrund von EA 287, 60–63; 288,5-7 *šakānu šuma* ungenau als »prendre possession« deutet, S. 221). Deswegen konnten auch Dtr. und Chr. die besagten dtn. Wendungen aufgreifen, ohne die von ihnen vertretene traditionell-kultische Vorstellung von Jahwes Gegenwart mittels *kābōd* und Lade zu gefährden (*škn* pi. *šēm* Neh 1,9; *śīm šēm* 1Kön 9,3; 2Kön 21,7; 2Chr 6,20; 33,7, auf Jerusalem bezogen 1Kön 11,36; 14,21 = 2Chr 12,13; 2Kön 21,4.7 = 2Chr 33,7). Dann aber müssen auch andere Stellen im dtr. und chr. Schrifttum, an denen davon die Rede ist, daß Jahwe den Tempel für seinen *šēm* heiligt (1Kön 9,7 = 2Chr 7,20), daß für seinen *šēm* ein Haus gebaut wird (2Sam 7,13; 1Kön 3,2; 5,17.19; 8,17.18. 19.20.44.48 = 2Chr 6,7.8.9.10.34.38; 1Chr 22,7.8.10.19; 28,3; 29,16; 2Chr 1,18; 2,3, vgl. 20,8 [zu 1Kön 10,1 txt? vgl. Noth, BK IX, 203]) und daß sein *šēm* im Tempel ist (1Kön 8,16 = 2Chr 6,5; 1Kön 8,29; 2Kön 23,27; 2Chr 7,16; 20,9) oder in Jerusalem (2Chr 6,6; 33,4, immer *šēm Jhwh* oder *šēm* mit einem auf Jahwe bezogenen Suffix!) nicht von einer von Dtn geprägten Namenstheologie her gedeutet werden, sondern vielmehr von der persönlichen, sich im Bereich des Kultes manifestierenden Gegenwart Jahwes (vgl. auch →*pānīm* IV/1), so daß *šēm Jhwh* besonders in der Kultsprache zum Wechselbegriff für Jahwe wird.

d) So wie im profanen Gebrauch in späterer Literatur *šēm* als Wechselbegriff für eine menschliche Person eintreten kann (Num 1,2.18.20.22 u.ö.; 1Chr 23,24; vgl. Apg 1,15; Apk 3,4; 11,13), begegnet auch der *šēm Jhwh* im AT als Wechselbegriff für Jahwe. Abgesehen von einigen, allerdings verdächtigen Stellen (Am 2,7; Mi 5,3; Jes 30,27, s. die Komm.) und den zahlreichen Belegen im Psalter (dazu Grether, a.a.O. 36ff.) findet sich der Ausdruck nur in der späteren prophetischen und in sonstiger nach-dtn. Literatur (Jes 24,15; 25,1; 26,13; 52,5.6; 56,6; 60,9 txt?; 64,1.6; Jer 10,6; 23,27.27; 34,16; Ez 20,9.14.22.39; 36,20.21.22.23; 39,7; 43,7.8; Jo 2,26; Mal 1,6.6; 2,2; 3,16.20; nicht-prophetisch: Lev 18,21; 19,12; 20,3; 21,6; 22,2.32; 24,11.16; 2Sam 22,50 = Ps 18,50; 1Kön 8,33.35.43 = 2Chr 6,24.26.33; Hi 1,21; Klgl 3,55; Dan 2,20; Neh 1,11; 9,5; 1Chr 29,13). Der zur Topik des Hymnus gehörende und deswegen im parallelismus membrorum gleichbedeutend mit Jahwe verwendete »Name Jahwes« steht »fast ausschließlich bei solchen Verben als Objekt . . ., welche verschiedene Weisen bezeichnen, in denen der Mensch die Verehrung bzw. Verunehrung und Verachtung Gottes zum Ausdruck bringt. Hauptsächlich ist es die Sprache des Kultus, zwar nicht die des Opferkultus, sondern vor allem, wenn auch nicht ausschließlich, die des sich in einem Reden vollziehenden Kultus, in der sich der *šēm*-Begriff in dieser Verwendung findet« (Grether, a.a.O. 38f.; eine Tabelle der zahlreichen mit *šēm Jhwh* verwendeten Verben bietet Grether, a.a.O. 37–38). Bei diesem Gebrauch von *šēm Jhwh* schwingt all das mit, was Jahwe als heiliger (daher öfters *šēm qodšō*/*qodšǣkā* »sein/dein heiliger Name«: Ps 103,1; 105,3 106,47; 145,21; 1Chr 16,35; 29,16; vgl. *zékær qodšō* »sein heiliger Name« Ps 30,5; 97,12) und herrlicher Gott (vgl. *šēm kebōdō* »sein herrlicher Name« Ps 72,19; *šēm tif'artǣkā* »dein herrlicher Name« 1Chr 29,13) für seine Verehrer bedeutet. Deswegen kann manchmal auch von der Ehre des Namens Jahwes (*kebōd šemō* Ps 29,2; 66,2; 96,8 = 1Chr 16,29) gesprochen werden.

e) Umstritten ist, ob der Name Jahwes, auch wenn man vom Dtn absieht (dazu s.o. 4c), im AT als fast selbständige Wesenheit im Sinne einer Hypostase begegne (so, allerdings mit einer gewissen Zurückhaltung, Grether, a.a.O. 44ff.; A.R. Johnson, The One and the Many in the Israelite Conception of God, ²1961, 17ff.; K. Baltzer, RGG IV, 1303; zum Begriff Hypostase vgl. etwa G. Pfeifer, Ursprung und Wesen der Hypostasenvorstellungen im Judentum, 1967, 11–16, mit Lit.). Doch bekommt man den Eindruck, daß in den für die These angeführten Belegstellen der Begriff *šēm Jhwh*, ähnlich wie *p^e nē Jhwh* (→*pānīm* IV), »Jahwe in Person« bedeutet (Jer 10,6; Mal 1,11 [3×].14; 2,5; Ps 54,8; 76,2; 135,3; Spr 18,10) bzw. Jahwe in seiner Herrlichkeit (Jes 12,4; Sach 14,9; Ps 8,2.10; 20, 2; 111,9; 148,13). Die Wendung ist also auch hier von dem sich in der Geschichte und in der Schöpfung herrlich erweisenden Gott zu deuten. Daher muß man auch Jes 30,27 (»siehe, der Name Jahwes kommt aus der Ferne«) von dem persönlich gegen die Völker zum Gericht heranschreitenden Jahwe verstehen (anders Grether, a.a.O. 29f., und Kaiser, ATD 18,244, der dtn.-dtr. Einfluß vermutet). Erst recht kann Ex 23,21, wo vom Gottesboten (→*mal'āk*) gesprochen wird, gegen den die Israeliten nicht widerspenstig sein sollen, »weil mein (= Gottes) Name in ihm ist«, nicht als Beleg für *šēm Jhwh* als Hypostase Jahwes angeführt werden, weil ja der Engel selber Repräsentant Jahwes ist und mit den Worten »weil mein Name in ihm ist« daher nur Gottes persönliche Anwesenheit in seinem Boten gemeint sein kann (so mit Recht, Beer, HAT 3,121: »Wie ein König in seinem Gesandten, so ist Jahwe in seinem Engel persönlich anwesend gedacht«; anders H.J. van Dijk, VT 18, 1968, 20f.).

f) Zumindest vor dem Aufkommen von Vertragsurkunden gehörte zu einem ordnungsgemäßen Kaufgeschäft die Ausrufung des Namens des neuen Eigentümers über dem Kaufobjekt als offizieller Rechtsakt hinzu (*qr'* ni. *šēm* N.N. *'al*), nicht um Einspruchberechtigte vom Eigentumswechsel in Kenntnis zu setzen (so K. Galling, Die Ausrufung des Namens als Rechtsakt in Israel, ThLZ 81, 1956, 65–70), sondern als abschließende Kaufbestätigung (so H. Boecker, Redeformen des Rechtslebens im AT, 1964, 165–168), vgl. Jes 4,1. Die Wendung *qr'* ni. *šēm* N.N. *'al* wird somit zum terminus technicus bei Eigentumswechsel jeder Art (2Sam 12,28; vgl. auch W. Heitmüller, »Im Namen Jesu«, 1903, 171). Die Wendung wird im AT öfters auf Jahwe bezogen, um sein Besitz- und Hoheitsrecht zum Ausdruck zu bringen, und ist charakteristisch für die dtn.-dtr. und spätere Literatur (bezogen auf Israel: Dtn 28,10; Jes 63,19; Jer 14,9; Dan 9,19; 2Chr 7,14; auf die Lade: 2Sam 6,2; auf den Tempel: 1Kön 8,43; Jer 7,10.11.14.30; 32,34; 34,15; 2Chr 6,33; auf Jerusalem: Jer 25,29; Dan 9,18. 19; auf die Völker: Am 9,12; auf Jeremia: Jer 15,16); →*qr'* 3c.

Die oben besprochene Wendung muß strengstens von *qr' 'al-š^e mō* »nach seinen (eigenen) Namen benennen«(Dtn 3, 14; 2Sam 18, 18 u. ö.) bzw. *qr' 'al-šēm* N. N. »nach jemandem/etwas benennen« (Est 9,26, Purim nach *pūr*; vgl. Gen 4,17; ni. »sich nach dem Namen jemandes benennen« Esr 2,61 [l *š^e mō*] = Neh 7,63) abgehoben werden. Dagegen ist ernsthaft zu erwägen, ob Ps 49,12 nicht von der Inbesitzname von Ländern zu deuten ist (vgl. Kraus, BK XV, 363; allerdings braucht *b^e* vor *š^e mōtām* nicht gestrichen zu werden, wenn man *b* als beth essentiae deutet): »sie riefen über Länder ihre Namen aus«, d. h. »Länder nahmen sie in Besitz«.

g) Weil der Name in dynamischem Sinne das meint, was den Träger des Namens auszeichnet, bedeutet *šēm Jhwh* (ähnlich wie im profanen Gebrauch, dazu s.o. 3c) öfters die Herrlichkeit, den Ruhm und die Macht Jahwes, wie diese sich in Schöpfung (Ps 8,2.10) und Geschichte (Ex 9,16) offenbaren. Diese Verwendung von *šēm Jhwh* läßt sich in manchen Fällen kaum von dem Gebrauch des Ausdrucks als Wechselbegriff für Jahwe trennen.

So kann man *šēm Jhwh* Jes 30,27 (zur Frage der Echtheit des Textes vgl. etwa H. Donner, Israel unter den Völkern, 1964, 164) am besten von der Person Jahwes und so als Wechselbegriff für Jahwe deuten, aber zugleich scheint der Gedanke an seine schreckenerregende Majestät im Begriff *šēm* mitzuschwingen. Wenn Gottes Name profaniert wird (*ḥll* pi. *šēm Jhwh* Lev 18,21; 19,12; 20,3; 22,2.32; Jer 34,16; Ez 20,39; 36,20;Am 2,7; vgl. mit *ṭm'* pi. »verunreinigen« Ez 43,7.8; mit *nqb* »verfluchen« Lev 24,11.16. 16; mit *n'ṣ* hitpo. »gelästert werden« Jes 52,5; mit *bzh* »verachten« Mal 1,6; mit *tpś* »profanieren« Spr 30,9, vgl. Gemser, HAT 16, 114), wird er selbst gelästert und wird daher seine Ehre verletzt.

Weil Jahwe sich durch die Rettung seines Volkes aus Ägypten »einen Namen gemacht« hat (*'śh šēm* Jes 63,12.14; Jer 32,20; Dan 9,15; Neh 9,10; vgl. Ex 9,16; *śīm šēm* 2Sam 7,23), geben die Gibeoniten vor, aus einem fernen Lande gekommen zu sein auf den Ruf (*šēm*) hin, dessen sich Jahwe dort erfreut (Jos 9,9). So werden auch Fremde aus der Ferne zum Tempel Jerusalems kommen wegen des Rufes, dessen sich Jahwe erfreut (1Kön 8,41; vgl. Jer 3,17). Weil sich mit Jahwes Namen Ruhm (*t^e hillā*) verbindet (Ps 48,11), kann *šēm Jhwh* als Synomym seiner »Ehre« (*kābōd*, Jes 59,19; Ps 102,16; vgl. Ps 72,19; Neh 9,5), seines »Ruhmes«

(*t^{e}hillā*, Jes 48,9; Jer 13,11; Ps 102,22; 106,47 = 1Chr 16,35; Ps 145,21), seiner »Majestät« (*tif'ǽræt*, Jer 13,11) und des Merkmales (*'ōt*) seiner Heilstat (Jes 55,13) eintreten (vgl. auch Jes 26,8, wo *šēm* mit *zēkær* gleichbedeutend ist und »Ruhm, Ehre« Gottes gemeint sind, vgl. Grether, a.a.O. 52; W. Schottroff, a.a.O. 295). Der Beter kann sich auf die Ehre (*šēm*) Jahwes berufen, um ihn zu bewegen, eine drohende Vernichtung abzuwenden (Jos 7,9) oder seine Verheißung in Erfüllung gehen zu lassen (2Sam 7,26; 1Chr 17,24).

Auch in der nach-dtn. Wendung *l^{e}má'an š^{e}mī* »um meines Namen willen« (Jes 48,9; 66,5; Jer 14,7.21; Ez 20,9.14.22.44) bzw. *l^{e}má'an š^{e}mækā* »um deines Namens willen« (Ps 25,11; 31,4; 79,9; 109,21; 143,11; 2Chr 6,32) oder auch *l^{e}má'an š^{e}mō* »um seines Namens willen« (Ps 23,3; 106,8), in der immer der Name Jahwes gemeint ist (vgl. die ebenfalls auf ihn bezogenen Audrücke »um meinetwillen« 2Kön 19,34; 20,6; Jes 37,35; 43,25; 48,11 und »um deinetwillen« Dan 9,19, die mit den vorigen in mancher Hinsicht gleicher Bedeutung sind), scheint öfters im Namen der Gedanke an Jahwes Macht (1Kön 8,42) und Ruhm (Jes 48,9; Jer 14,21, par. »entehre nicht den Thron deines *kābōd*«) mitzuschwingen. Weil Jahwe seinen Ruhm und seine Ehre nicht zu gefährden gedenkt (Ez 20,9.14.22.44), kann man in Klageliedern an seine Barmherzigkeit (Ps 25,11; 79,9; Jer 14,7) oder an seine Rettermacht appellieren (Ps 109,21; 143,11; vgl. 31,4 und H.A. Brongers, OTS 18, 1973, 93f.). Andererseits kann Jes 66,5 nur einfach »um Jahwes willen« bedeuten (Grether, a.a.O. 54).

Ähnlich wird *ba'^{a}būr š^{e}mō (haggādōl)* »wegen seines (großen) Namens« 1Sam 12,22 (dtr.) verwendet: Jahwe wird sein Volk nicht verstoßen, weil es ihm selbst gefallen hat, es zu seinem Volk zu machen.

In der Wendung *bō' b^{e}šēm Jhwh ṣ^{e}bā'ōt* 1Sam 17,45 (vgl. 2Chr 14,10) ist *b^{e}šēm* als »im Vertrauen auf die Kraft (Jahwes)« zu deuten, vgl. Ps 54,3 (par. *g^{e}būrā*, → *gbr*) und Ps 89,25; 124,8; vgl. auch *mūl* hi. *b^{e}šēm Jhwh* »abwehren durch die Macht Jahwes« Ps 118,10.12 (s. H.A. Brongers, ZAW 77, 1965, 3). Ebenfalls läßt sich *bārūk habbā' b^{e}šēm Jhwh* Ps 118,26 am besten als »gesegnet, wer in der Kraft Jahwes in den Kampf zog« deuten (Brongers, a.a.O. 4). Obgleich *ḥsh b^{e}šēm Jhwh* Zeph 3,12 »sich in der Schutzmacht Jahwes bergen« bedeuten kann, vgl. Spr 18,10, ist eher damit zu rechnen, daß Zeph 3,12 (als späterer Nachtrag, vgl. Elliger, ATD 25,79) ähnlich wie Ps 20,2 *šēm Jhwh* als Wechselbegriff für Jahwe verwendet. Dasselbe ist wohl von *bṭḥ b^{e}šēm Jhwh* »auf den Namen Jahwes vertrauen« Jes 50,10 zu sagen. Dagegen mag die Wendung *hlk b^{e}šēm Jhwh* Mi 4,5 aufgrund von Sach 10,12 (l *g^{e}būrātām*) »wandeln in der Kraft Jahwes« bedeuten (Brongers, a.a.O. 5f.). Zu *dgl b^{e}šēm Jhwh* »das Panier im Namen Jahwes erheben« Ps 20,6 txt? vgl. Brongers, a.a.O. 6.

h) Die Wendung *Jhwh ṣ^{e}bā'ōt šēmō* »Jahwe Zebaoth ist sein Name« (Jes 47,4; 48,2; 51,15; 54,5; Jer 10,16; 31,35; 32,18; 46,18; 48,15; 50,34; 51,19.57) bzw. *Jhwh 'ælōhē ṣ^{e}bā'ōt š^{e}mō* (Am 4,13; 5,27) oder auch *Jhwh š^{e}mō* (Ex 15,3; Jer 33,2; Am 5,8; 9,6; vgl. *Jhwh zikrō* Hos 12,6) ist Unterschrift des »partizipialen Hymnus« (F. Crüsemann, Studien zur Formgeschichte von Hymnus und Danklied in Israel, 1969, 95–114). In diesem eigenständigen Typ des isr. Hymnus bilden Partizipialaussagen, die konstitutiv sind für den altorientalischen Hymnus und sich grundsätzlich auf das göttliche Schöpfungs- und Naturhandeln beziehen, das Korpus des Hymnus, dessen Aussagen durch die Unterschrift für Jahwe reklamiert werden (vgl. Am 4,13; 5,8; 9,5f.). Dieser Hymnustyp entstammt der Auseinandersetzung mit den Göttern und desintegrierte, sobald eine rationale Götzenpolemik an ihre Stelle trat (vgl. Jes 44,9–20; 46,5ff. u.ö.), und ist daher als eine typisch vorexilische Gattung anzusehen. Aus der Reklamierung der nach Form und Inhalt den altorientalischen Götterliedern entsprechenden Aussagen über Schöpfungs- und Naturhandeln für Jahwe erhellt, daß die Unterschrift des Partizipialhymnus *Jhwh š^{e}mō* besagen will, daß Jahwe und kein anderer Gott der alleinige Schöpfer und der im Naturgeschehen Handelnde ist. Weil diese und ähnliche Ausdrücke auch sonst in einem hymnischen Kontext (Ex 15,3 *Jhwh š^{e}mō*; Ps 68,5 *b^{e}Jāh š^{e}mō* [*b* essentiae] und im Zusammenhang mit Götzenpolemik Ex 34,14 *Jhwh qannā' š^{e}mō* »Jahwe, Eiferer, ist sein Name«) begegnen, ist es wahrscheinlich, daß *Jhwh š^{e}mō* in den erwähnten doxologischen Aussagen entsprechend profanem Gebrauch (vgl. etwa Hi 1,1 »Hiob hieß er«) »Jahwe heißt er« bedeutet. Die Wendung betont somit, daß derjenige, der in Schöpfung und Naturgeschehen handelt, mit keinem anderen Namen als mit Jahwe bezeichnet werden kann, weil er der alleinige Schöpfer und Herr der Welt ist.

Deswegen scheint *š^{e}mō* oft der Bedeutung des Personalpronomens nahe zu kommen, vgl. Jes 63,16, wo *š^{e}mækā* nicht »eine Abschreiberleistung« ist (so

B. Duhm, Das Buch Jesaja, [5]1968, 469), sondern zum Ausdruck bringt, was Jahwe im Gegensatz zu Abraham wirklich ist, nicht für was er gilt (so mit Recht Duhm, a.a.O.). Vgl. auch Ex 34,14: »Denn Jahwe, Eiferer, ist sein Name, ein eifernder Gott ist er«.

Diese Erklärung wird dadurch bestätigt, daß in der volleren Wendung »Jahwe Zebaoth ist sein Name« die Macht Jahwes durch *ṣ^ebā'ōt* (→*ṣābā'*) betont wird. Weniger einleuchtend ist daher die These, daß *š^emō* in diesen Wendungen den (als Rufnamen verwendeten) Offenbarungsnamen bedeutet (so J. L. Crenshaw, ZAW 81, 1969, 156–175; vgl. auch ZAW 80, 1968, 203–215).

i) Wie andere Boten (1Sam 25,9; Est 2,22) reden (→*dbr* pi.; →*'mr*; Ex 5,23E; Dtn 18,19; 1Kön 22,16 = 2Chr 18,15; Jer 20,9; 26,16; 44,16; Dan 9,6; 1Chr 21,19) und weissagen (→*nb'* ni.; Jer 11,21; 26,9.20, vgl. Esr 5,1) die Jahwe-Propheten »im Namen« (*b^ešēm*) ihres Senders. Für diejenigen Jahwepropheten, die fälschlich (*šǽqær* Jer 14,14; 23,25; 29,21; *laššǽqær* 27,15; *baššǽqær* 29,9) im Namen Jahwes weissagen oder reden (Jer 29,23; Sach 13,3), ohne von ihm gesandt zu sein (Jer 14,15; 27,15; 29,9), bestimmt Dtn 18,20 wie für den Propheten, der im Namen anderer Götter weissagt, die Todesstrafe; vgl. Sach 13,3 (dazu die Komm.). Mit dem Problem der falschen Prophetie hat Israel schwer gerungen, besonders auch Dtn (18,21f.) und Jer, ohne eine objektiv befriedigende Antwort finden zu können, weil es eine solche nicht gibt (zum Problem der falschen Prophetie vgl. J.L. Crenshaw, Prophetic Conflict, 1971 [Lit.]; C.J. Labuschagne, Schriftprofetie en volksideologie, 1968; A.S. van der Woude, VT 19, 1969, 244–260). Vgl. H. A. Brongers, ZAW 77, 1965, 7f.

Auch der Priester ist von Jahwe bevollmächtigt. Daher kann es heißen, daß er im Namen Jahwes Dienst tut (*šrt* pi. *b^ešēm Jhwh* Dtn 18,5.7).

Offizielle Briefe werden im eigenen Namen (Jer 29,25) oder von anderen bevollmächtigt geschrieben (*b^ešēm* N.N. 1Kön 21,8; Est 3,12; 8,8.8.10).

j) Der in vielfacher Bedeutung (s. 4ab) verwendete Ausdruck *qr' b^ešēm* bezieht sich als »mit Namen nennen«, »namentlich anweisen« (profan: Jos 21,9; Est 2,14; 1Chr 6,50) mit Jahwe als Subjekt manchmal, ähnlich wie akk. *zakāru šuma ana* (vgl. Schottroff, a.a.O. 25f.245f.) auf die namentliche, d.h. persönliche Berufung bestimmter Personen zu einer gewissen Aufgabe (Bezaleel Ex 31,2; 35,30; die Sterne Jes 40,26, vgl. Ps 147,4; der Gottesknecht [ohne *šēm*] Jes 49,1). Der Begriff wird manchmal mit der Geburt (Jes 49,1; vgl. die akk. Par.) und der Schöpfung (Jes 40,26) in Zusammenhang gebracht und entspricht *jd' b^ešēm* (Ex 33,12 Mose) bzw. *jd'* (Gen 18,19; Jer 1,5 par. »ich habe dich geheiligt, zum Propheten der Völker bestellt«; →*jd'* IV/1). Zu Jes 45,3.4, wo das göttliche Nennen des Namens sich auf das Ritual der Königseinsetzung bezieht (vgl. *knh* pi. »Ehrennamen geben«!), vgl. den Kyroszylinder ANET 315f. und die Komm.; vgl. auch Jes 41,9 (von Israel; *qr'* par. *ḥzq* hi., vgl. Jes 45,1.3f.).

k) Wie im profanen Bereich Personen von ihren Oberherren einen neuen Namen bekommen können (s.o.), so werden laut dem AT auch von Jahwe oder von seinen Vertretern Namen umbenannt, wenn eine Person oder ein Volk (Jes 62,2) in eine neue Situation hineintritt. Dabei handelt es sich im Falle der Umnennung von Abram (»der Vater[gott] ist erhaben«) in Abraham (»Vater einer Menge [von Völkern]«) Gen 17,5, von Saraj (»Fürstin«) in Sara (Königin, »die zu Völkern werden und Könige hervorbringen soll«) Gen 17,15, von Jakob in Israel (»denn du hast gestritten mit Göttern und Männern und hast die Oberhand behalten«) Gen 32,29, vgl. 35,10; 2Kön 17,34; Hos 12,4–5, von Salomo in Jedidja 2Sam 12,25 (vgl. V. 24b; zu V. 25 vgl. P.A.H. de Boer, FS Vriezen 1966, 25–29) um eine hohe Auszeichnung oder um patronhafte Inschutznahme durch Jahwe. Bei Pashur, der den Namen »Schrecken um-und-um« erhält, ist aber die Androhung kommenden Unheils gemeint (Jer 20,3).

Ganz anderer Art sind indessen die auf Gottes Anordnung den Kindern bestimmter Propheten beigelegten Namen, die als Stichwörter der von ihnen verkündigten Jahwe-Botschaft dienen: beim Propheten Jesaja dessen Söhne *Š^e'ār Jāšūb* (»[Nur] ein Rest kehrt um / zurück« Jes 7,3; vgl. S.H. Blank, HUCA 27, 1956, 86ff.; Wildberger, BK X, 277f.), *Mahēr-šālāl Ḥāš-baz* »Raubebald-Eilebeute« Jes 8,3, vgl. V. 1; zu Immanuel Jes 7,14; 8,8 vgl. Wildberger, a.a.O. 292ff.); beim Propheten Hosea dessen Kinder Jesreel Hos 1,4, Lo-Ruchama »Ohne-Erbarmen« 1,6 und Lo-ammi »Nicht mein Volk« 1,9.

Durch Wortspiele mit Ortsnamen können Propheten die Predigt kommenden Unheils bedrohlich betonen, vgl. Mi 1, 10-16 und Jes 10,28ff. (zu Mi 1,10ff. vgl. K. Elliger, ZDPV 57,1934, 81–152=Kleine Schriften zum AT, 1966, 9–71; G. Fohrer, FS Rost 1967,74ff.; S.J. Schwantes, VT 14,1964, 456–461; A. S. van der Woude, FS Dupont-Sommer 1971,347–353; zu Jes 10, 28ff. vgl. H. Donner, a.a.O. 30–38; ders., ZDPV 84,1968, 46–54; Wildberger, BK X, 423–435, mit Lit.).

Die Umnennung Hoseas, des Sohnes des Nun, in Josua (Num 13,16) gibt davon Kunde, daß nach der Übernahme des Jahwe-Kultus ältere Namen durch jahwehaltige theophore Namen ersetzt wurden, vgl. Eißfeldt, KS V, 74f.

5. Die LXX verwendet für die Übersetzung von *šēm* fast ausschließlich ὄνομα. Manche der oben erwähnten Bedeutungsnuancen von *šēm* finden sich in den Qumranschriften wieder (vgl. Kuhn, Konk. 222f.). Zur Verwendung von *šēm* und ὄνομα in spätjüd. und rabbinischer Zeit und zur Vermeidung des Gottesnamens Jahwe und seiner Bezeichnung als *haššēm* (»Der Name«, vielleicht schon Lev 24,11 txt?.16 txt?) s. H. Bietenhard, Art. ὄνομα, ThW V, 242–283; Bousset-Gressmann 307–320 und G.F. Moore, Judaism I, [9]1962, 424ff.

A.S. van der Woude

שׁמד *šmd* hi. vertilgen

1. Das Verbum *šmd* ist mit Sicherheit außer im atl. (hi. und ni.) und nach-atl. (u.a. auch pi.) Hebr. nur im Aram. nachzuweisen.

Bibl.-Aram. ist *šmd* ha. »vertilgen« in Dan 7,26 belegt, im Jüd.-Aram. *šmd* pa. »zum Abfall zwingen« (KBL 1132a). Ungewiß ist die Pluralform eines Nomens *šmd* »Vernichtung« in einer nab. Inschrift (DISO 307). Zu syr. *šmd* pa. vgl. LS 785a. Ganz offen bleibt die Vermutung einer Verbindung zu akk. *mašādu* »schlagen, walken« (AHw 623a) und arab. *msd* II »massieren« (vgl. GB 841 a).

2. *šmd* ist im hebr. AT 90 × belegt: ni. 21 × (davon Dtn 9 ×, Ps 3 ×), hi. 69 × (davon Dtn 20 ×, Jos 6 ×, Jes, Am und Est je 5 ×, 2Sam 4 ×), dazu 1 × aram. *šmd* ha. Der Schwerpunkt der Verwendung von *šmd* liegt im dtr. Geschichtswerk, erst in zweiter Linie kommen die prophetischen Bücher.

3. Wie bei anderen Verben der Gewaltanwendung (Jenni, HP 205) ist auch bei *šmd* das Hi. gebräuchlich. Vielleicht wird mit dem (gegenüber einer vermuteten transitiven Grundbedeutung) innerlich-kausativen Hi. (»sich veranlassen, etwas zu vertilgen«) besonders das Willentliche der Handlung betont (2Sam 14,7.11.16; vgl. Jenni, HP 250ff.; →*šḥt*). *šmd* ni. »vertilgt, ausgerottet werden« gibt die der Sehweise des angenommenen transitiven Grundstammes entgegengesetzte Handlung wieder, die sich am passivischen Subjekt vollzieht (Gen 34,30; 2Sam 21,5).

Semasiologisch nahe stehen *šmd* hi. »vertilgen« die Verben →*krt* hi. »ausrotten« (Lev 26,30; 1Sam 24,22; Jes 10,7; Ez 25,7; vgl. neben *šmd* ni. Jes 48,19 und Ps 37,38 *krt* ni.), →*'bd* pi. »vernichten« (Num 33,52; Jes 26,14; Est 3,13; 7,4; 8,11; hi. Dtn 28,63; Ez 25,7; aram. ha. Dan 7,26; vgl. *šmd* ni. neben *'bd* q. »zugrunde gehen« in Dtn 4,26; 28,20; Jer 48,8), *nkh* hi. »schlagen« (Jos 11,14; 1Kön 15,29; 2Kön 10,17; vgl. Gen 34,30 ni.), *hrg* »töten« (Est 3,13; 7,4; 8,11), →*ḥrm* hi. »vernichten« (Dan 11,44; 2Chr 20,23); vgl. noch außer →*šḥt* pi./hi. vereinzelte Parallelen wie *mḥh 'æt-šēm* »den Namen vertilgen« (Dtn 9,14), →*klh* pi. »vernichten« (2Sam 22,38), *ntš* »ausrotten« (Mi 5,13), *šdd* »verheeren« (Ez 32,12 ni.). Vgl. noch als Oppositum →*š'r* ni. »übrig bleiben« (2Sam 14,7).

4. Die mit →*krt* hi./ni. und der Separativpartikel *min* gebildete sakralrechtliche Bannformel (in P und H) erklärt den Ausschluß einer Person aus der Kultgemeinschaft und ihre Überantwortung an Jahwe als das Subjekt des »Herausschneidens«. Die Bannaussage begegnet mit *šmd* hi. anstelle von *krt* hi. in einem Nachhall der Formel Dtn 4,3 und in einer formgeschichtlich späten Formulierung Ez 14,9 (dazu Zimmerli, GO 148–177). Der Verbwechsel führt an beiden Stellen zu einer inhaltlichen Korrektur; die Bannformel wird als Strafvollzugsansage interpretiert. Denn *šmd* hi. meint das sichtbare Ausmerzen (ni. pass. Dtn 4,26; Ri 21,16). Das zeigt seine Verwendung neben Ausdrücken wie »vom Erdboden weg« (Dtn 6,15; 1Kön 13,34 u.ö.), »vor jemandem hinweg« (Dtn 2,21f.; Jos 24,8 u.ö.; ni. Dtn 12,30), oder als nähere Bestimmung »bis zur Vertilgung« (Dtn 7,24; Jos 11,14 u.ö.; ni. Dtn 28,20). Sie entspricht dem Banngebot, das von der Kultgemeinschaft die physische Vertilgung (*šmd* hi.) des Gebannten (→*ḥēræm*) aus ihrer Mitte (Jos 7,12) fordert, wie die Blutrache vom Sippenverband die Ahndung (2Sam 14,7.11.16; vgl. 1Sam 14,22).

Vom Banngebot her läßt sich der Gebrauch des Verbums im Zusammenhang von Jahwekriegsvorstellung (G. von Rad, Der heilige Krieg im alten Israel, 1951,

13.19.68ff.) und Landgabetradition verstehen: Der ursprüngliche Sinn des Banngebotes ist bewahrt, wo Menschen den Befehl vollstrecken (Num 33,52; Dtn 2,12.23; 7,24; 33,27; Jos 9,24; 11, 14.20; 2Sam 22,38; Ps 106,34); er ist unter dem Einfluß jener Tendenz abgewandelt, die Jahwe alle Aktivität im Kampfverlauf zuschreibt, und auch der Landgabetradition angeglichen, wenn Jahwe selbst den Bann durch leibliche Vernichtung vollzieht (Dtn 2,21f.; 9,3; 31, 3f.; Jos 24,8; 2Kön 21,9).

Die Vorstellung von Jahwe als dem Agens der Bannausführung hat sich auch in den dtn.-dtr. Aussagen von der Vertilgung der Frevler durchgesetzt (Dtn 6,15; 7,4; 9,8.14.19.25; 28,48.63; vgl. Lev 26,30; Jos 23,15; 1Kön 13,34); menschliche Exekutoren läßt das dtr. Geschichtswerk als Gerichtshelfer Gottes handeln (1Kön 15,29; 16,12; 2Kön 10,17.28).

An den Bannvollzug im Jahwekrieg knüpft auch die prophetische Verwendung von *šmd* an (hi.: Am 2,9, vgl. Wolff, BK XIV/2, 204f.; 9,8, vgl. 1Kön 13,34; Mi 5,13, in V. 9–13 abgewandelte Form der Bannformel; Jes 10,7, vgl. Wildberger, BK X, 396; 13,9 Nachhall der Bannformel; 14,23; 23,11; Ez 25,7, zum Text vgl. Zimmerli, BK XIII, 585; Sach 12,9; Dan 11,8; ni.: Jes 48,19; Jer 48,8.42; Ez 32,12; Hos 10,8).

In der Perserzeit bezeichnet *šmd* hi. den Judenpogrom (Est 3,6.13; 4,8; 7,4), aber auch die staatlich autorisierte Vergeltungstat der Juden an ihren Feinden (Est 8,11).

5. Die LXX übersetzt *šmd* hi./ni. am häufigsten durch (ἐξ)ολεθρεύειν. Zur Verwendung des Verbums in den Qumrantexten vgl. Kuhn, Konk. 223; RQ 14, 1963, 231a (gegen 10×), zum NT vgl. J. Schneider, Art. ὀλεθρεύω, ThW V, 168–171. *D. Vetter*

שָׁמַיִם *šāmájim* Himmel

1. Das Subst. **šamāj-* »Himmel« ist gemeinsemitisch (Bergstr. Einf. 185; P. Fronzaroli, AANLR VIII/20, 1965, 136.144. 149). Anders als im Südsem. (arab. *samā'*, Wehr 394a; äth. *samāj*, Dillmann 341) erscheint es im NWSem. (WUS Nr. 2627; UT Nr. 2427; Gröndahl 194f.; DISO 308; E. Vogt, Lexicon linguae Aramaicae Veteris Testamenti, 1971, 170f.) und im Ostsem. (GAG §61 h: *šamû* < *šamā'ū*, altbab. auch sing. *šamûm* in der Bed. »Regen«; abgeleitet ist auch die Bed. »Baldachin«) als plurale tantum (zur Erklärung vgl. GVG I, 479; Fronzaroli, a.a.O. 149). Die anscheinende Dualform im Hebr. ist in Wirklichkeit eine ungewöhnliche Pluralform (GK § 88d; Joüon 219; Meyer II, 83). Die Ableitung von gleich auslautendem *májim* »Wasser« wird von BL 621 ernsthaft in Betracht gezogen (**ša* = Relativpronomen + **māju* »Wasser«, also »Ort des Wassers«) und von KBL 986b erwogen; es dürfte sich aber wohl höchstens um eine unter Ausnützung der Assonanz gebildete Volksetymologie handeln (vgl. Fronzaroli, a.a.O. 136), bei der der »Himmel« mit der die kosmischen Wasser zurückhaltenden »Feste« (*rāqīa'*) gleichgesetzt wird.

2. *šāmájim* kommt im AT 420× vor (Ps 74×, Dtn 44×, Gen 41×, Jes und Jer je 33×, 2Chr 28×, Hi 23×, 1Kön 20×, 2Kön 16×, Ex und Neh je 14×, Ez 9×, 2Sam, Spr und 1Chr je 6×, Sach, Pred, Klgl und Dan je 5×, Jos, Ri, 1Sam und Hos je 4×, Jo und Hag je 3×, Am, Zeph und Esr je 2×, Lev, Jon, Nah, Hab und Mal je 1×), bibl.-aram. *šemajjā* 38× (Jer 10,11 2×, Dan 28×, Esr 8×).

3. a) *šāmájim* bezeichnet den Himmel als den von Erde und Meer verschiedenen Raum (vgl. u.a. Pedersen, Israel I–II, 453ff.; T. Flügge, Die Vorstellung über den Himmel im AT, 1937; U.E. Simon, Heaven in the Christian Tradition, 1959; G. von Rad, ThW V, 501–509; S. Morenz – G. Gloege, RGG III, 328–333; T.H. Gaster, IDB II, 551f.; L. Rost, BHH II, 719; H. Bietenhard, ThBNT II, 686–695) entsprechend dem bekannten, aus drei Stockwerken bestehenden altorientalischen Weltbild: oben der Himmel, in der Mitte die Erde, ringsherum und unten das Wasser.

Eigentliche Synonyme für *šāmájim* sind nicht belegt. Am nächsten kommt *šāmájim* das speziellere Wort *rāqīa'* »Feste, Firmament« (im AT 17×, davon 9× in Gen 1,6–20, 5× in Ez 1,22–26 und 10,1, ferner Ps 19,2; 150,1; Dan 12,3; vgl. *rq'* q. »stampfen, festtreten, ausbreiten«, von der Erde in Jes 42,5; 44,24; Ps 136,6; vgl. noch *'aguddā* »Gewölbe« Am 9,6). An mehreren Stellen steht *šāmájim* im Parallelismus mit *šeḥāqīm* »Wolken« (Dtn 33,26; Jes 45,8; Jer 51,9; Ps 36,6; 57,11; 108,5; Hi 35,5; vgl. Ps 78,23; Hi 38,37;

→*'ānān*), ferner antithetisch zu *'áræṣ* »Erde« und *še'ōl* »Unterwelt« (s.u.d).

Die Vorstellungen über den Himmel, soweit sie sich in den atl. Texten in typischen Wortverbindungen und Wendungen widerspiegeln, kommen im Lexikon von Köhler-Baumgartner verhältnismäßig ausführlich zur Darstellung (KBL 986–988), so daß hier einige Andeutungen genügen. Wie die Erde besitzt auch der Himmel stabile, feste Umrisse: er wird ausgespannt (*nṭh* q. »ausstrecken, neigen, abbiegen« 136×, davon 20× in Ex; ni. »gespannt werden, sich dehnen« 3×; hi. »ausstrecken, neigen, beugen« 75×, davon 15× in Ps; *nṭh* q. mit Obj. Himmel 9×: Jes 40,22; 42,5; 44,24; 45,12; 51,13; Jer 10,12; 51,15; Sach 12,1; Ps 104,2; Hi 9,8) bzw. aufgerollt (*gll* ni. Jes 34,4), hat Fenster (*'arubbōt* Gen 7,11; 8,2; 2Kön 7,2.19; Mal 3,10; vgl. Jes 24,18), ruht auf Säulen (*'ammūdīm* Hi 26,11) bzw. auf Grundfesten (*mōsedōt haššāmájim* 2Sam 22,8; anders Ps 18,8), kann zerrissen werden (*qr'* q. Jes 63,19), usw. In diesen Fällen drängt sich eine Gleichsetzung mit *rāqīa'* »Firmament, Feste« geradezu auf (vgl. Gen 1,8; Ps 148,4). Vgl. noch F. Lentzen-Deis, Das Motiv der »Himmelsöffnung« in verschiedenen Gattungen der Umweltliteratur des NT, Bibl 50, 1969, 301–327.

b) Ein besonderer Ausdruck für »Luft, Luftraum« ist im Hebr. nicht vorhanden (mittelhebr. dafür *'awēr*/*'awīr* < gr. ἀήρ, Dalman 10b; vgl. T.W. Rosmarin, The Terms for »Air« in the Bible, JBL 51, 1932, 71f.). Das AT behilft sich mit *šāmájim*, wenn es von den »Vögeln des Himmels« o.ä. spricht (*'ōf haššāmájim* 38× von 71 Belegen mit *'ōf* »Vögel«; vgl. Dtn 4,17; Jer 8,7; Ps 8,9; Klgl 4,19 usw.). Absalom schwebt bei seinem Unglücksfall »zwischen Himmel und Erde« (2Sam 18,9), allerlei übernatürliche Erscheinungen spielen sich »zwischen Erde und Himmel« ab (Ez 8,3; Sach 5,9; 1Chr 21,16).

c) Der Himmel erscheint ferner im Zusammenhang mit allerlei »Erscheinungen am und vom Himmel« (KBL 986f., Nr. 2): Wasser (Jer 10,13 = 51,16; Ps 148,4), Regen (Gen 8,2; Dtn 11,11; Jer 14,22 u.ö.), Tau (*ṭal* Gen 27,28; Dtn 33,28), Reif (*kefōr* Hi 38,29), Schnee (*šálæg* Jes 55,10), aber auch Feuer (Gen 19,24), Staub (Dtn 28,24) oder Hagel (Jos 10,11) usw. Es gibt die Vorstellung vom Himmel als dem Schatzhaus Gottes mit seinen Schatzkammern (*'ōṣār* Dtn 28,12; vgl. 32,34), die den Wind (Jer 10,13 = 51,13; Ps 135,7), Schnee und Hagel (Hi 38,22) enthalten (vgl. Ps 33,7 →*tehōm*).

Zum Himmel gehören auch die Gestirne (→*šámæš* »Sonne«; *jārēaḥ* »Mond«, im AT 27×, daneben *lebānā* Jes 24,23; 30,26; Hhld 6,10 und *kǽsæ'*/*kēsǟ* Ps 81,4; Spr 7,20 in der Bed. »Vollmond«; *kōkāb* »Stern«, im AT 37×, davon 10× in der Wendung »Sterne des Himmels«).

Von einem besonderen Zeichen der göttlichen Gnade vom Himmel her, dem Manna (*mān* 14×; Ex 16,15.31.33.35.35; Num 11,6.7.9; Dtn 8,3.16; Jos 5,12.12; Ps 78,24; Neh 9,20; vgl. J. Feliks, BHH II, 1141–1143), ist in Ps 78,24 die Rede (vgl. Ex 16,4 »Brot vom Himmel«; Ps 105,40 »Himmelsbrot«).

d) Die nominalen Aufreihungen »Himmel – Erde« bzw. »Erde – Himmel« und die meristischen Umschreibungen für »Welt(-All)« sind bei →*'áræṣ* (3b) behandelt; vgl. weiter noch →*še'ōl* »Unterwelt« und →*tehōm* »Flut« (dort auch *mabbūl* »Himmelsozean«).

Ein besonderer, noch nicht ganz geklärter Ausdruck ist *šemē haššāmájim* »Himmel des Himmels« (Dtn 10,14; 1Kön 8,27; Ps 148,4; Neh 9,6; 2Chr 2,5; 6,18; vgl. Sir 16,18; dazu B. Alfrink, in: Mélanges E. Tisserant I, 1964, 1–7). Er erscheint immer in Sätzen erhabenen Stils (Hymnen, Gebete, Weisheitssprüche), und, mit Ausnahme von Ps 148,4, immer mit vorangehendem *(haš)šāmájim*, dessen Steigerung er anscheinend beabsichtigt. Die Umschreibung des Superlativs nach dem Muster von *šīr haššīrīm* »das beste Lied« (Hhld 1,1) oder *habēl habālīm* »absolute Eitelkeit« (Pred 1,2) scheint den Himmel in seiner Gesamtheit im absoluten Sinn zu bezeichnen, nicht einen (höchsten) Teilbereich.

4. a) Durch das Schöpfungswort Gen 1,1 und die Erschaffung des *rāqīa'* Gen 1,6 wird der Himmel jeglichem autonomen Sakralbereich entnommen und in die Kategorie des von Gott Erschaffenen versetzt. Das kommt in vielen Texten zum Ausdruck (Gen 2,4b; 14,19.22; Jes 42,5; 45,18; Ps 8,4; 33,6; Spr 3,19; 8,27 u.ö.); vgl. die in diesen Schöpfungsaussagen verwendeten →*br'*, →*kūn*, →*'śh*, →*qnh*. Auch für den Himmel ist aber, obwohl er als Inbegriff der Dauerhaftigkeit gilt (Dtn 11,21; Ps 89,30; Sir 45,15; vgl. KAI Nr. 266, Z. 3 »wie die Tage des Himmels«), ein Ende vorgesehen (Jes 51,6; Hi 14,12), ein Zug, der sich durch das ganze Spätjudentum und das NT hindurch bewahrt; der Himmel soll »aufgerollt« (Jes 34,4) und durch die Erschaffung eines neuen, endzeitlichen Himmels ersetzt werden (Jes 65,17; 66,22; →*ḥādāš* 4a[3]).

Spätere Vorstellungen, deren Ansätze z.T. schon im AT vorhanden sind (z.B. Sach 1,8 G und 6,1, wo das durch zwei Berge dargestellte Himmelstor Himmel und Erde plastisch miteinander in Verbindung bringt; vgl. G. von Rad, ThW V, 508), führen zu einer Art Remythisierung des Himmels, der nunmehr der Ort wird, wo Gott sein Reich in Erwartung seines baldigen Eintreffens bereithält (vgl. auch Dan 7,13 mit dem Bild des auf den »Wolken des Himmels« kommenden Menschen).

b) Der Himmel erscheint oft als Wohnstätte Jahwes und seiner Heerscharen (→*ṣābā'*), sodaß er auch vom Himmel her wirkt (z.B. Dtn 4,39; 10,14; 26,15; 1Kön 8,23.30 u.ö.; Jes 63,15; 66,1; Ps 2,4; 11,4; 20,7; 89,12; 102,20; 115,3.16; Klgl 3,41 usw.; →*škn*; C. Barth, Die Errettung vom Tode, 1947, 46; M. Metzger, Himmlische und irdische Wohnstatt Jahwes, UF 2, 1970, 139–158). Einmal begegnet der altertümliche, mythische Ausdruck *rōkēb šāmájim* »der am Himmel einherfährt« für Jahwe (Dtn 33,26; →*rkb* 4). Als Aufenthaltsort Gottes gehört der Himmel selbstverständlich zur kultisch reinen Sphäre (vgl. Ex 24,10; →*ṭhr*). Der Himmel vermag jedoch Gott nicht zu fassen, weil er jenseits jeder kosmischen Begrenzung steht (1Kön 8,27; 2Chr 2,5; 6,18; vgl. Jer 23,24).

Zu Gott kann man, wenigstens theoretisch, hinaufsteigen (z.B. Ps 139,8; Hi 20,6; Spr 30,4; vgl. noch Gen 11,4; 28,12; 2Kön 2,11; →*'lh* 4a); Gott steigt vom Himmel herab (z.B. Gen 11,5; 2Sam 22,10 = Ps 18,10; Ps 144,5; zu *jrd* vgl. ebenfalls →*'lh* 4a), und vom Himmel her reden er bzw. sein Bote (z.B. Gen 21,17; 22,11.15; Ex 20,22; Neh 9,13; →*mal'āk*) oder blickt er herab (z.B. Dtn 26,15 *šqp* hi.).

c) Seit der persischen Zeit wird Jahwe gerne mit dem Titel »Gott des Himmels« belegt (Ps 136,26, vgl. →*'ēl* IV/3; Jon 1,9; Esr 1,2 = 2Chr 36,23; Neh 1,4 u.ö.; → *'ælōhīm* IV/4; vgl. auch den entsprechenden aram. Ausdruck Dan 2,18f. u.ö. und in den Elephantinepapyri). Die Möglichkeit eines wenn auch seltenen Gebrauchs dieses Titels in älterer Zeit sollte aber nach Gen 24,3.7 nicht ausgeschlossen werden, zumal das Prädikat ›Himmelsgott‹ in der Umwelt des AT nicht unbekannt ist (vgl. zu dem seit dem 10. Jh. v. Chr. in einer phön. Inschrift aus Byblos [KAI Nr. 4, Z. 3] belegten Gott Ba'alšamēm u.a. O. Eißfeldt, Ba'alšamēm und Jahwe, ZAW 57, 1939, 1–31 = KS II, 171–198; ders., RGG I, 805f.; H. Gese u.a., Die Religionen Altsyriens ..., 1970, 182ff.226ff.; H.J.W. Drijvers, Ba'al Shamîn, de Heer van de Hemel, 1971; zu Astarte, der »Himmelskönigin«, die in Jer 7,18; 44,17ff. und in Hermop. IV,1 erwähnt ist, vgl. Rudolph, HAT 12,55f.; J.T. Milik, Bibl 48, 1967, 560ff.; M. Weinfeld, UF 4, 1972, 133–154; zur Anrufung von Himmel und Erde als Zeugen vgl. →*'æræṣ* 4a; Fitzmyer, Sef. 38 mit Lit.).

5. Im Judentum kann *šāmájim* bzw. οὐρανός (in der LXX und im NT auch semitisierend plur. οἱ οὐρανοί) zum umschreibenden Ersatz für das Wort »Gott« werden (so schon aram. Dan 4,23 »sobald du erkennst, daß der Himmel die Macht hat«, vgl. Montgomery, Dan. 242 mit Lit.; im NT »Himmelreich« = »Reich Gottes« u.a., vgl. J. Jeremias, Ntl. Theologie I, 1971, 20), während der Himmel Gegenstand mancher, meistens außerbiblischer Spekulationen wird. Für Einzelheiten vgl. G. von Rad – H. Traub, Art. οὐρανός, ThW V, 496–543; H. Bietenhard, Die himmlische Welt im Urchristentum und Spätjudentum, 1951; ders., ThBNT II, 686–695; C.R. Schoonhoven, The Wrath of Heaven, 1966.

J.A. Soggin

שׁמם *šmm* öde liegen

1. Die Wurzel *šmm* »öde liegen, erstarren, sich entsetzen« o.ä. ist nur im Hebr. und (nach-)atl. Aram. belegt (KBL 988b. 1132a; unsicher WUS Nr. 2631 und DISO 308); es liegt eine zweiradikalige Basis *šm* vor, die vorwiegend als mediae geminatae erscheint, jedoch auch zu I/j erweitert sein kann (im Nomen *j^{e}šīmōn* »Wüste« und in Ez 6,6, wo ein Verbum *jšm* = *šmm* vorausgesetzt ist, vgl. BL 439).

Von *šmm* werden zahlreiche Verbalstammformen und nominale Ableitungen verwendet: q., ni., hi., ho., po. und hitpo., ferner das Adj. *šāmēm* »verödet« und die weitgehend synonymen Substantive *šammā*, *š^{e}māmā* (Ez 35,7 *šim^{e}mā* beruht auf Textverderbnis, vgl. Zimmerli, BK XIII,852), *šimmāmōn* und *mešammā*; das Bibl.-Aram. weist ein Itpo'al auf (Dan 4,16).

2. Die Wurzel begegnet vorwiegend in der prophetischen Literatur, das Verbum besonders häufig bei Ez: qal 35 × (davon Ez 11 ×, inkl. Ez 6,6; Jes 6 ×, Jer 5 ×, Klgl 4 ×), ni. 25 × (davon Ez 11 ×, Jer 3 ×), hi. 17 × (davon Ez 5 ×, Jer 3 ×), ho. 4 × (exkl. Hi 21,5 hi.), po. 7 × (davon Dan 5 ×, inkl. Dan 8,13; 9,27; 12,11) und hitpo. 5 × (dazu 1 × aram.), ferner *ješīmōn* 13 ×, *šāmēm* 3 ×, *šammā* 39 × (davon Jer 24 ×), *šemāmā* 56 × (davon Ez 21 ×, Jer 15 ×, Jes 6 ×, Jo und Zeph je 4 ×), *šimmāmōn* 2 × (in Ez), *mešammā* 7 × (davon Ez 5 ×) und *šimemā* 1 × (s.o. 1).

3./4. Die Grundbedeutung der Wurzel läßt sich etwa durch die Ausdrücke »öde, vom Leben abgeschnitten sein« fassen. Dabei ist zu beachten, daß innerhalb dieser Bedeutungsbreite ein subjektiver oder ein objektiver Aspekt vorwiegen kann. So bedeutet das Verbum im Qal z.B. »sich wie leblos fühlen, erstarren« (vor Schrekken oder Trauer), aber auch »brach, leblos daliegen« (von der Natur, von Menschen usw.). Ähnlich z.B. beim Nomen *šammā*: Der Bedeutungsumfang reicht von »Verödung« (objektiv) bis zu »Erstarren, Entsetzen« (subjektiv). Im Hebr. liegen beide Aspekte ineinander, was die Übersetzung meist nicht wiedergeben kann (ähnlich →*'bl* »trauern«; vgl. J. Scharbert, Der Schmerz im AT, 1955, 55 Anm. 115; N. Lohfink, VT 12, 1962, 267–275).

a) Im Qal bedeutet das Verbum, wenn der subjektive Aspekt vorherrscht, »sich entsetzen«. Anlaß ist oft das Unglück eines anderen; Parallelausdruck ist manchmal *šrq* q. »pfeifen« (1Kön 9,8 [=2Chr 7,21 ohne *šrq*], vgl. Noth, BK IX/1,199: »mit dem apotropäischen Ziel der Abwehr dämonischer Wirkungen«; Jer 19,8; 49,17; 50,13; vgl. *šerēqā* »Pfeifen« neben *šammā* in Jer 18,16 txt em; 19,8; 25,9.18; 29,18; 51,37; Mi 6,16; 2Chr 29,8), auch *nūd* hi. *berōš* »den Kopf schütteln« (Jer 18,16; →*rōš* 3a), *ś'r* q. »erschauern« und *r'm* q. »verstört sein« (Ez 27,35; vgl. auch 28,19). Nach Ez 26,16f. führt das Entsetzen zur Trauer (V. 27 *qīnā* »Klagelied«). Auch das Geschick des leidenden Gottesknechtes erregt Entsetzen (Jes 52,14). In Lev 26,32 wird das Entsetzen der Feinde über Israels Unglück als Fluch angedroht. Etwas anders als in den besprochenen Fällen liegt die Empfindung, wenn jemand angesichts des Tuns des Frevlers in Empörung erstarrt (Hi 17,8; ähnlich Jer 2,12: Himmel und Erde werden als Zeugen von Israels Frevel zum Erstarren aufgerufen, par. *ś'r*). Nach Ps 40,16 endlich erstarrt der Frevler ob seines eigenen Unglücks (par. →*bōš* »sich schämen«, *ḥpr* »beschämt, verlegen sein« und *klm* ni. »bloßgestellt werden« in V. 15; vgl. M.A. Klopfenstein, Scham und Schande nach dem AT, 1972, 96f.166.179).

Wenn der objektive Aspekt überwiegt, ist das Verbum am ehesten mit »öde daliegen« wiederzugeben. Subjekt sind meistens die Erde, die Felder usw. (Gen 47, 19; Ez 12,19 u.ö.; ebenso *šāmēm* »verödet« in Jer 12,11; Klgl 5,18; Dan 9,17 vom Heiligtum). Parallel werden Ableitungen von *ḥrb* »ausgetrocknet sein« (Jes 61,4; Ez 6,6) und *'zb* »verlassen« (Ez 36,4) gebraucht. Die Vorstellung begegnet in der Klage Israels (Klgl 1,4.13 u.ö.), auch in der prophetischen Gerichtsankündigung (Ez 6,6; 12,19; 33,28 u.ö.). Auch der Mensch kann Subjekt sein, so die Frau, die keinen Geschlechtsverkehr hat (2Sam 13,20, vgl. LXX; Jes 54,1 neben *'aqārā* »unfruchtbar«).

b) Im Ni. überwiegt der subjektive Aspekt in Jer 4,9 (par. *tmh* »staunen«) und in Hi 18,20 (neben *śá'ar* »Schauder«). Die Bedeutung ist hier derjenigen des Qal sehr ähnlich. Das gilt auch für die Belegstellen, wo der objektive Aspekt vorherrscht: wieder erscheint als Parallelausdruck *ḥrb* (Ez 29,12; Am 7,9). Der Ausdruck ist vielleicht in stärkerem Maße als das Qal passivisch als »verlassen werden« zu verstehen (von Straßen und Städten: Lev 26,22; Jes 33,8; Jer 33,10; vom Land: Jer 12,11; Sach 7,14; von Gebäuden und Altären: Ez 6,4; Jo 1,17; Zeph 3,6), doch ist in Klgl 4,5, wo Menschen Subjekt sind, mit einer Bed. »zugrunde gehen« zu rechnen (anders J.V.K. Wilson, JSS 7, 1966, 178f.). Der Begriff ist vorwiegend in der prophetischen Gerichtsankündigung zu finden (Ez 4,17; 6,4; Am 7,9 u.ö.), aber auch in der Heilsankündigung, die vom Ende der Gegenwartsbedrängnis spricht (Jes 54,3; Ez 36, 34–36; Am 9,14). Vielleicht ist die Beheimatung des Ausdrucks im Fluch noch ursprünglicher (Lev 26,22; vgl. Ps 69,26, wo die Diktion des Fluches in der Feindklage spürbar wird).

c) Im Hi. hat das Verbum entsprechend dem subjektiven Aspekt die kausative Bed. »verstören« (Ez 20,26 Wirkung eines Gerichtshandelns Jahwes in der vergangenen Geschichte Israels; 32,10 Reaktion auf ein von Jahwe gegenwärtig gewirktes Unheil). In Hi 16,7 ist das Obj. *'ēdā* in der Bedeutung unsicher (par. *l'h* hi. »ermüden«; vgl.

die Komm.). Intransitiv ist das Verbum in Hi 21,5 gebraucht (wie q. »sich entsetzen«; par. »die Hand auf den Mund legen«). In 1Sam 5,6 wird *šmm* hi. in einem Zusammenhang verwendet, in welchem sonst →*hmm* erscheint (ev. ist zu emendieren, vgl. BH³), und auch Ez 3,15 ist textkritisch angefochten (vgl. die Komm.).

Im übrigen bedeutet das Verbum im Hi. objektiv »verheeren, veröden lassen« (Lev 26,31 par. »in Trümmer legen«; Jer 49,20 = 50,45 txt?; Ez 30,12.14 u.ö.).

Das Ho. bedeutet »öde gelassen werden« und begegnet nur als Bezeichnung des Brachliegens von Feldern als Folge von Feindeinwirkung, was in der Fluchandrohung als Ersatz für die freventlich unterlassene Sabbatjahrbrache interpretiert wird (Lev 26,34.35.43; 2Chr 36,21).

d) Im Po. (nur Part. *m^ešōmēm* und > *šōmēm*, vgl. GB 843b) bedeutet das Verbum in Esr 9,3.4 »betäubt«, bei Dan »verheerend, entweihend«; hier qualifiziert es die durch Antiochus IV. Epiphanes vorgenommene Entweihung des Jerusalemer Tempels (in 8,13 mit *pæša'* »Frevel«, in 9,27; 11,31; 12,11 mit *šiqqūṣ* »Greuel« verbunden).

Das Hitpo. meint einerseits »erstarren« als Ausdruck des Erstaunens (Jes 59,16; 63,5), der Not (Ps 143,4 par. *'ṭp* hitp. »verschmachten«), der Bestürzung (über eine Vision Dan 8,27 neben *ḥlh* »krank werden«; vgl. aram. Dan 4,16 bei einem Traum), andererseits aber in Pred 7,16 »sich zugrunde richten«.

e) Die zur Wurzel gehörigen Nomina kommen in denselben Sachzusammenhängen wie das Verbum vor (vgl. auch A. Schwarzenbach, Die geographische Terminologie im Hebräischen des AT, 1954,109 bis 112):

(1) *š^emāmā* »Verwüstung« (in Ez 7,27 »Entsetzen«) begegnet in der Fluchandrohung (Ex 23,29; Lev 26,33; vgl. auch Jos 8,28, wo die Vorstellung zugrunde liegt, daß eine vormals bewohnte Stadt für ewig zur Verwüstung verflucht wird; vgl. S. Gevirtz, VT 13,1963,52–62), in der prophetischen Gerichtsankündigung (Jes 6, 11; Jer 4,27; 10,22 u.ö. bei Jer; Ez 6,14; 12,10 u.ö. bei Ez; Mi 1,7 usw.) und, dazu kontrastierend, in der Heilsankündigung (Jes 62,4).

(2) *šammā* »Verwüstung, Zerstörung« (in Jer 8,21 »Entsetzen, Verstörung«) erscheint ebenso in der Fluchandrohung (Dtn 28,37), in der prophetischen Gerichtsankündigung (Jes 5,9 im Rahmen der Wehe-Rufe; Hos 5,9 und vor allem im Umkreis Jer-Dtr., hier mit Vorliebe in Kombination mit ähnlichen Ausdrücken wie *š^erēqā* (s.o. a), *ḥŏræb* »Verwüstung« (Jer 49,13), *'ālā* »Fluch« (Jer 29,18 u.ö.), *q^elālā* »Fluch« (2Kön 22,19 u.ö.), *ḥærpā* »Schmach« (Jer 42,18 u.ö.) usw. Für sich steht Ps 46,9: Das Wirken Jahwes, der von Jerusalem her gegen die feindlichen Fremdvölker vorgeht, wird als *śīm šammōt* »schauererregende Taten tun« bezeichnet (Diktion des Hymnus).

(3) *m^ešammā* »Verwüstung« (in Ez 5,15 »Entsetzen«) kommt in der prophetischen Gerichtsankündigung (Ez 5,15; 6,14; 33, 28.29; 35,3) und in der Sprache der Klage (Jes 15,6; Jer 48,34) vor.

(4) *šimmāmōn* »Entsetzen« begegnet in Ez 4,16 und 12,19 im Zusammenhang einer Gerichtsandrohung.

(5) *j^ešīmōn* »Wüste« wird nicht nur neutral als geographischer Terminus gebraucht (Num 21,20; 23,28; 1Sam 23,19. 24; 26,1.3, jeweils mit dem Artikel, in bezug auf eine bestimmte Örtlichkeit; vgl. noch den Ortsnamen *Bēt-Haj^ešīmōt* Num 33,49; Jos 12,3; 13,20; Ez 25,9), sondern auch als Ausdruck für eine Stätte des Unheils (Ps 68,8; 78,40; 106,14; 107,4, an den drei letzten Stellen jeweils par. *midbār* »Wüste«). In Dtn 32,10 ist damit das heilvoll erwählende Handeln Jahwes in der Wüste kontrastiert, und die prophetische Heilsankündigung weiß für die Zukunft von einer Bewässerung der Wüste (Jes 43, 19.20).

5. Die Wortgruppe wird in der LXX in erster Linie durch ἀφανίζειν/ἀφανισμός, in zweiter Linie durch ἔρημος und Ableitungen übersetzt (vgl. G. Kittel, Art. ἔρημος, ThW II,654–657); sie findet im NT keine spezifische Fortsetzung.

F. Stolz

שׁמע *šm'* hören

1. Die Wurzel *šm'* »hören« ist gemeinsemitisch (Bergstr. Einf. 183; vgl. u.a. WUS Nr. 2639; DISO 171. 309f.).

Vom Verbum sind bibl.-hebr. die Stammformen Qal, Ni. (passiv), Hi. (kausativ »hören lassen, verkünden«) und Pi. (»aufbieten«, vgl. Jenni, HP 220.251) belegt, bibl.-aram. Qal und Hitpe. (»gehorchen«, BLA 275; KBL 1132b: hitpa.). Dazu kommen sieben nominale Ableitungen: als Inf.-Abstrakta (»Hören; was man hört«, GVG I, 339ff.) *šæma'* »schöner/lauter Klang«, *šēma'* »Nachricht, Kunde; was man von jemandem hört« und *šōma'* »Ruhm, Bekanntheit, Ruf« (nicht »Gerücht« [GB 846b und KBL 992a], das im heutigen Dt. die Bed. »Ruf« verloren hat, vgl. Duden, Etymologie 214a); als Part.pass. fem. *š^emū'ā* »Gehörtes = Nachricht; was gehört wird«; als Verbalsubstantiv abstrakt *mišmā'* »Hören = Wahrnehmung mit den Ohren« und konkret *mišmá'at* »Untertanen; Leibwache(?)« (vgl. moab. *mšm't*, KAI Nr. 181, Z. 28); als Hi.-Abstraktum *hašmā'ūt* »Hörenlassen = Verkünden«.

Auch als Namenelement ist *šm'* gemeinsemitisch (vgl. Noth, IP 185; J.J. Stamm, FS Baumgartner 1967, 311 f.; F. Vattioni, Bibl 50, 1969, 361 ff.; Huffmon 249 f.; Gröndahl 194). Als prädikatives Element kommt es in 13 atl. Voll- und Kurznamen vor (u.a. in Simeon und Ismael; zum Ortsnamen *'æšt^emō^a'* »[Ort des] Kunde Vernehmen[s]« vgl. Noth, HAT 7, 143).

2. Vom Verbum *šm'* sind im AT 1159 hebr. und 9 aram. Formen belegt: hebr. qal 1051 × (inkl. Hi 26,14; exkl. Dan 10,12 und Neh 13,27 [gegen Lis.]; Jer 158 ×, Dtn und Jes je 86 ×, Gen 61 ×, 1Sam 60 ×, 1Kön 58 ×, Ex 47 ×, Ez und 2Chr je 46 ×, 2Kön 42 ×, Hi 39 ×, Num und 2Sam je 32 ×, Spr 30 ×), ni. 43 × (inkl. Dan 10,12; Neh 13,27; Jer 11 ×, Neh 5 ×), pi. 2 × (1Sam 15,4; 23,8), hi. 63 × (Jes 17 ×, Jer 15 ×, Ps 6 ×); aram. qal 8 ×, hitpe. 1 ×. Von den Nomina sind belegt: *šéma'* 17 ×, *šōma'* 4 ×, *šáma'* 1 × (Ps 150,5), *š^emū'ā* 27 ×, *mišmā'* 1 × (Jes 11,3), *mišmá'at* 4 ×, *hašmā'ūt* 1 × (Ez 24,26); davon stehen *šéma'* 13 ×, *šōma'* 2 × und *š^emū'ā* 10 × paronomastisch neben *šm'* q./ni.

Wie die Statistik zeigt, ist *šm'* q. stark vertreten in den erzählenden Büchern (vgl. dagegen Lev nur 7 ×) und in den weisheitlichen Büchern (Hi und Spr), überproportional stark jedoch in Dtn und Jer; *šm'* scheint ein Schlüsselwort der dtn.-dtr. Schule und ihrer Erben zu sein, wie das gehäufte Vorkommen in programmatischen Abschnitten nicht nur hier (41 × in Dtn 4; 5; 13; 28; 30 [dazu 30,16 G]; 44 × in Jer 7; 11; 26; 35; 42), sondern auch anderwärts (Lev 26; Num 14; 1Sam 8; 15; 1Kön 8 [14 ×] par. 2Chr 6 [12 ×]; Ez 2–3 [14 ×]; 33; Sach 7; Dan 9; Neh 9), vielleicht auch bei Dtjes. (q. 29 ×, hi. 14 ×) vermuten läßt. Auffällig ist das Fehlen von *šm'* q. in ganzen Komplexen prophetischer Sprüche (Jes 2–5; 8–15; 25–27; Ez 26–32; Sach 9–14) und in etwa zwei Drittel der Psalmen.

3. Das Feld der Bedeutungen von *šm'* q./ni. wird vom dt. »hören« mit seinem ebenfalls sehr weiten Bedeutungsumfang fast ganz gedeckt; daher ist *šm'* auch nur in Ausnahmefällen nicht mit »hören« übersetzbar. Daß statt des allgemeinen »hören« speziellere interpretierende Ausdrücke zur Wiedergabe von *šm'* gewählt werden können, versteht sich (alle folgenden Stellenangaben bieten nur Beispiele). Ein Wandel der Bedeutung von *šm'* läßt sich im AT nicht beobachten.

a) *šm'* kann die physische Fähigkeit zur akustischen Wahrnehmung (2Sam 19,36; Ez 12,2; Ps 38,14; 115,6) und diese Wahrnehmung selbst (Sprache: Jes 6,9 f.; Dan 12,7 f.; Musik: Ri 5,16; Geräusche: 1Kön 6,7 ni.; 14,6) bezeichnen; im übrigen gibt es kein Hören an sich ohne positive oder negative Bezugnahme oder Reaktion auf den Inhalt des Gehörten in Gedanken, Worten oder Werken. Das zeigt sich auch daran, daß *šm'* selten absolut gebraucht wird (Gen 35,22; Num 12,2). In der Regel sind die für den Zusammenhang entscheidenden Voraussetzungen (Ex 4,31), Folgen (1Sam 7,7) oder Ergänzungen (z.B. im Parallelismus) mitgenannt.

Vom Textzusammenhang und/oder der Interpretation der vorausgesetzten Sprecher-Hörer-Konstellation durch den Bibelleser hängt auch ab, was mit *šm'* jeweils gemeint sein kann; im folgenden eine Auswahl an Möglichkeiten – in fast allen Fällen kommen für die Wiedergabe von *šm'* auch andere Ausdrücke in Frage: »(die Rede eines anderen) mitbekommen« (Gen 37, 17), »mithören (horchen, lauschen?)« (Gen 18,10), »sich etwas anhören« (Gen 37,6), »zuhören« (Hi 15,8; 1Chr 28,2), »von etwas Kenntnis erhalten« (Gen 21,26), »etwas über jemanden erfahren« (Jer 37,5 mit *šéma'*; Jer 6,24 mit *šōma'*), »in Erfahrung bringen« (Num 9,8), »(etwas) zu Ohren (be)kommen« (Gen 41,15 mit *'al* »über«); in der Audition mit dem geistigen Ohre »vernehmen« (Num 24,4; Ez 3,12; Hi 4,16); tun, was jemand sagt oder bittet, wünscht, rät, befiehlt (sehr oft, mit *b^e/l^eqōl* »auf die Stimme hören«), je nachdem also: »eine Bitte, einen Wunsch erfüllen«, »einen Rat befolgen«, »einem Befehl, Gebot, Gesetz gehorchen«, »in einen Vorschlag einwilligen, willfahren«; »sich nach etwas richten, auf etwas hören« (Ez 13,19), »Folge leisten« (Jer 35,14), »jemandem Glauben schenken« (Dtn 18,14 f.).

Da die aktuelle Bedeutung des an sich neutralen *šm'* in hohem Maße vom Kontext abhängt, muß immer wieder geprüft werden, ob mit einer bestimmten Übersetzung Wertungen eingeführt werden, die vom Zusammenhang her nicht gerechtfertigt sind, z.B. Gen 18,10: lauscht und horcht Sara heimlich, oder kann man die Männer auch im Frauenabteil des Zeltes hören?; 1Sam 8,7.9.22: »gehorche der Stimme des Volkes« (revidierter Luthertext) – steht Samuel in einem Unterordnungsverhältnis zum Volk, oder ist gemeint: »höre auf das Volk« im Sinne von »erfülle seinen Wunsch«? (ähnlich 1Kön 3,9 →*lēb šōmē*ᵃ' »gehorsames Herz«).

In einigen Fällen wird *šm'* idiomatisch gebraucht. So heißt es Gen 11,7; Dtn 28, 49 u.ö. »eine Sprache verstehen«. In den Bereich des Rechts gehört 1Kön 3,11 *hābīn lišmōᵃ' mišpāṭ*, das die Fähigkeit zur Urteilsfindung durch Anhörung von Parteien und Zeugen bezeichnet (ähnlich Dtn 1,16); in der bedingten Selbstverfluchung Ri 11,10 ist Jahwe *šōmēᵃ' bēnōtēnū*, derjenige, der die Parteien anhört/verhört (und dann urteilt); auf die Anhörung in Rechtssachen beziehen sich auch 2Sam 15,3 und Hi 31,35 (vgl. G.Ch. Macholz, ZAW 84, 1972, 314f. Anm. 3). Unsicher ist, ob *šm' haṭṭōb wᵉhāra'* 2Sam 14,17 juridisch zu verstehen ist (»alles im Verhör herausbekommen«) oder so etwas wie »allwissend sein« (vgl. 2Sam 14,20) bedeutet.

Subjekte des Hörens sind Menschen, einzeln oder kollektiv, grammatisch auch die Organe des Hörens, Ohr und Herz. Entsprechend der personalen und insoweit anthropomorphen Gottesvorstellung »hört« auch der Gott Israels – die fremden Götter hingegen gelten in der Polemik (Ps 115,6; vgl. Jes 44,9ff.) als Materie ohne Leben (→*'ælōhīm* IV/5; →*'ælīl*), und nur Jos 24,27 »hört« ein Stein als Zeuge die Entscheidung des Volkes für Jahwe.

Gehört wird objektiv oder subjektiv (z.B. 2Kön 7,6 hi.) Hörbares. Die inhaltliche Bestimmung des Hörens ergibt sich naturgemäß aus dem Inhalt der vielfältigen Textzusammenhänge.

Für die vielerlei Konstruktionen von *šm'*, deren feine Unterschiede nicht immer klar werden, wird auf GB 845f.; KBL 990f. verwiesen. Gegen 200× wird *šm'* q. mit →*qōl* »Stimme« konstruiert (direkt oder mit *'æl-*, *lᵉ* oder *bᵉ*); dabei läßt sich aber dem Inhalt nach sehr oft nicht unterscheiden zwischen *šm' ('æt-) qōl* »etwas,/jemanden hören« und *šm' bᵉ/lᵉqōl* »auf etwas/jemanden hören«, und dies wiederum scheint sinngleich mit *šm' lᵉ* »hören auf etwas/jemanden« zu sein. Zu *šm' bᵉ'ōzæn* →*'ōzæn* 3.

b) Begreiflicherweise beschränkt sich das Hören und damit das Verbum *šm'* nicht auf einen einzigen Lebensbereich. Doch sind Begriff und Sache des »Hörens« in Israel wie in Ägypten von zentraler Bedeutung für die Weisheit, denn »die erste Erfordernis dafür, daß die Lehren fruchtbar werden, ist das Hören, das zu einem Gehorchen wird« (H. Brunner, Altägyptische Erziehung, 1957, 131). So fordert der Lehrer (»Vater«) den Schüler (»Sohn«) unermüdlich zum Hören auf – und Hören ist nicht folgenlose Kenntnisnahme, sondern hat Weise-Sein zum Ziel (Spr 23,19) – und so wird gepriesen, wer »hörend« ist (Spr 8,34) bzw. »ein hörendes Ohr« hat; es wird davor gewarnt, im Hören nachzulassen (Spr 19,27). In den Kontext der Weisheit gehört auch der auf äg. Einfluß zurückgehende Ausdruck »hörendes Herz« (1Kön 3,9; vgl. V.12); dazu und zum »Hören« in der äg. Weisheit vgl. Brunner, a.a.O., und →*lēb* 3e, ferner →*ḥkm*, →*jsr*.

Die Höraufrufe im Hiobbuch (13×) sind nicht eindeutig kategorisierbar: während etwa Hi 13,6.17 dem Plädoyer der streitenden Parteien nachgebildet zu sein scheinen, spiegeln 15,8.17; 33,1.31.33; 34,2.10.16 wohl die Disputation der »Weisen« wider.

c) Zum Wortfeld von *šm'* gehören (1) *'zn* hi. (→*'ōzæn*) und →*qšb* hi. als Synonyme, die z.B. im zweigliedrigen (Jes 1,2) und dreigliedrigen (Hos 5,1) Höraufruf parallel zu *šm'* stehen; (2) demonstratives intensives Hinhören wird durch *nṭh* hi. →*'ōzæn* »sein Ohr leihen« ausgedrückt (vgl. z.B. 2Kön 19,16 = Jes 37,17); (3) mehr auf den Verstehensvorgang zielt →*bīn* hi. »verstehen« (Jes 6,9; Dan 12,8; vgl. aber Neh 8,2 *kōl mēbīn lišmōᵃ'* »jeder, der es fassen konnte«), mehr auf die Reaktion auf das Gehörte →*'nh* I »erhören« (Jes 30,19), das wie die anderen Verben mit *šm'* im Parallelismus stehen kann (Jes 65,12.24; Jer 7,13. 27); (4) in den Umkreis von *šm'* gehören auch →*r'h* »sehen« (Jes 6,10; Jer 23,18; Ez 44,5; Hi 13,1; vgl. dazu H.-J. Kraus, Hören und Sehen in der althebr. Tradition, Studium Generale 19, 1966, 115–123 = Biblisch-theologische Aufsätze, 1972, 84 bis 101; Beachtung verdient hier die Prävalenz des Hörens vor dem Sehen im AT, vgl. Kraus, a.a.O. 89–94; G. Kittel, ThW I, 218–220; W. Michaelis, ThW V, 328 bis 330; J. Horst, ThW V, 547f.) und →*jd'* »erkennen«; (5) etwas ferner stehen *śīm lēb* »achtgeben, aufpassen« (Ez 44,5 neben *r'h* und *šm'*; Jes 41,20 neben *r'h* und *jd'*) und →*hlk 'aḥᵃrē* »nachfolgen«, schließlich auch →*šmr* und →*'śh*; (6) wer nicht hören kann, ist *ḥērēš* »taub« (→*'ōzæn* 3; →*ḥrš* 3; Jes 29,18; Ps 38,14), wer nicht hören will, ist unbarmherzig (Gen 42,21) bzw. »trotzig, widerspenstig, renitent«, wie der unbelehrbare Sohn in Dtn 21,18ff.: in diesem Sinne ist →*mrh* »widerspenstig sein« der charakteristische Gegenbegriff zu *šmʿ* (vgl. noch →*mrh* 3c).

d) Wie für das Qal gilt für das Hi.: die Grundbedeutung »hören lassen« ist meist auch die angemessene Wiedergabe; neben »hören, vernehmen lassen« (2Kön 7,6 für eine von Gott herbeigeführte Halluzination) kann es je nach Kontext auch bedeuten: Worte »mitteilen« (Dtn 4,10; 1Sam 9,27), Frieden, Heil »verkünd(ig)en« (Jes 52,7), die Stimme »erschallen lassen« (Jes 30,30), den Kriegsruf »erheben« (Jer 49, 2), etwas »zu Gehör, zur Geltung bringen« (Jes 58,4), Künftiges »voraussagen« (Jes 41,22; 48,5). Bei Jeremia und Deuterojesaja gehört *šmʿ* hi. zu den Termini für die prophetische Verkündigung, wie denn *šmʿ* hi. einen solennen Beiklang hat und in Erzählungen nicht vorkommt (die »feierliche« Drohung Ri 18,25 ist die Ausnahme).

Als Fachausdruck für das Musizieren wird *šmʿ* hi. im chr. Geschichtswerk verwendet (Neh 12,42; 1Chr 15,16.19.28; 16,5.42; 2Chr 5,13); als militärischer Terminus bedeutet es »aufbieten« (1Kön 15,22; Jer 50,29; 51,27; vgl. *šmʿ* pi. 1Sam 15,4; 23,8).

šmʿ hi. steht öfters parallel zu anderen Verben der menschlichen Lautäußerung, am häufigsten neben →*ngd* hi. (Jes 41,22.26; 42,9; 43,9.12; 44,8; 45,21; 48,3.5.6.20; Jer 4,5.15; 5,20; 46,14; 50,2); vgl. weiter z.B. →*qrʾ* »rufen« (Am 4,5), →*ṣʿq/zʿq* »schreien« (Jes 42,2; Ez 27,30), →*nśʾ* »die Stimme erheben« (Jes 42,2), *bśr* pi. »melden« (Jes 52,7; Nah 2,1), →*jdʿ* hi. »kundtun« (Ps 143,8) usw.; par. zu *rʾh* hi. »sehen lassen« steht *šmʿ* hi. in Ri 13,23; Jes 30,30; Hhld 2,14.

4. In theologisch relevanten Texten spielt *šmʿ* keine andere Rolle als sonst: es bezeichnet (a) Gott als Hörer menschlicher Äußerungen, (b) Menschen als Hörer (direkter oder vermittelter) göttlicher Äußerungen.

a) Nirgends wird Gott im AT aufgefordert, das Lob des Beters zu »hören«, und ebensowenig wird indikativisch gesagt, daß Gott das Loben »hört«. Gott hat es als »Hörer« (→*ʾōzæn* 4) ganz überwiegend mit Rufen, Schreien, Klagen, Weinen, Bitten, Wünschen zu tun; von Gott wird erbeten und ausgesagt, daß er »höre«, d.h. helfe, rette, vergebe usw., wie oft im Zusammenhang präzisiert wird (Ex 22,26 »schreit er zu mir, so höre ich, denn ich bin gnädig«; vgl. Ps 4,2 u.ö.).

Num 11,1ff. »hört« Gott eine unbegründete Klage, gerät darüber in Zorn und straft; Klgl 3,61 und Zeph 2,8 »hört« er im Interesse des Klagenden die Schmähungen der Feinde (ein Element der Klage); Mal 3,16 »hört« er die Güte der Gerechten (vgl. V.18), Gen 16,11 das stumme Elend der Hagar, Jos 10,14 den Befehl Josuas an Sonne und Mond, stillzustehen.

»Nicht hören« heißt demgegenüber: der Beter wird ignoriert und mit seinem Anliegen sich selber überlassen. Das Nicht-Hören kann Gott zum Vorwurf gemacht werden, um ihn zu dem gewünschten Eingreifen doch noch zu bewegen (Hab 1,2), allerdings ist *šmʿ* dafür nicht konstitutiv, vgl. Ps 22,2 u.ö. Gott will nicht hören und hört nicht den, der anders handelt als er redet: Gott »ist nicht schwerhörig, vielmehr eure Missetaten stehen trennend zwischen euch und Gott« (Jes 59,1f.). Gott hört den Frommen, nicht den Gottlosen (Spr 15,29; vgl. Ps 34,16.18 G; 66,18); ähnlich wird in der prophetischen Polemik gegen Jahwekult (Jes 1,15; Jer 14,12; Jes 58,1–4) und Fremdkulte (Jer 7,16; 11,11. 14; Ez 8,18) Gottes Nicht-Hören(-Wollen) angedroht; denn das Hören ist ein Vorgang auf Gegenseitigkeit: Gott hört den, der auf ihn hört. Diesen Sachverhalt lassen Übersetzungen, die Gott »erhören«, den Menschen »gehorchen« lassen, nicht klar genug zutage treten.

b) Sieht man ab von den Höraufrufen (z.B. »hört dies«, »hört meine Worte«, »höre[t] das Wort Jahwes«), mit denen sehr verschiedenartige Texte primär oder sekundär eingeleitet werden (→*ʾōzæn* 3), so hat es der Mensch als »Hörer« Gottes ganz überwiegend mit Geboten zu tun (vgl. J. Schreiner, Hören auf Gott und sein Wort in der Sicht des Deuteronomiums, Miscellanea Erfordiana, 1962, 27–47; N. Lohfink, Das Hauptgebot, 1963, 66ff. 299ff.). Auf Jahwe oder seinen Repräsentanten (z.B. Mose, Josua, einen Propheten [Ez 3,7!]) »hören« heißt tun, was Jahwe sagt und will. Der Inhalt dessen, was gehört werden soll bzw. nicht gehört wird, kann nicht im einzelnen ausgeführt werden, denn er hängt von der Situation ab (Beispiele: Ex 6,12; 16,19f.; Num 14,22f.; Ri 2,2; 1Kön 20,35f.; Zeph 3,2; Hag 1, 12; Sach 7,7ff.). Bisweilen ist der Inhalt (auch im Kontext) gar nicht genannt, sondern »hören« wird absolut gebraucht, sodaß der Angesprochene entweder genau wissen muß oder nicht wissen kann, was gemeint ist (1Sam 15,22 »Hören ist besser als Schlachtopfer«; Jes 1,19 »wenn ihr wollt und hört, eßt ihr das Beste des Landes«), oder es wird hinzugefügt: »auf meine Stimme«, »auf mich/mein(e) Wort(e)« (Jer 7,23.28; Hos 9,17; Sach 1, 4; vgl. A.K.Fenz, Auf Jahwes Stimme hören, 1964 [Herleitung aus dem »Bundesformular«]).

Vielfach ist – besonders in dtn.-dtr. Wendungen – generell vom Hören (*šmʿ* ist wiederum nicht alleiniges Leitwort!; →*šmr*, →*ʿśh*, →*jdʿ*, →*bīn*, vgl. Lohfink, a.a.O.) auf die Gebote, Anweisungen, die →*berīt* usw. Jahwes die Rede, auch hier oft ohne weitere Spezifikation (vgl. Gen 26,5; 1Kön 11,38; 2Kön 18,12; Jes 30,9). Auffallend häufig steckt hinter der scheinbar allgemeinen Forderung des Hörens auf die Worte Jahwes nach Ausweis des Kontextes die Forderung der ausschließlichen Jahweverehrung (z.B. Dtn 11,13. vgl. 16.27f.; 30, 16 G.17f.; Ri 2,17.20; 3,4; 2Kön 21,8f.; 22,13 vgl. 17; Jer 9,12f.; vgl. auch Ps 81, 9f.12.14).

Sofern das Jahwe-Hören innerhalb eines Verhältnisses von Überordnung und Unterordnung geschieht, bedeutet es »gehorchen, gehorsam sein« o.ä. Der Sprachgebrauch von *šmʿ* (und von *jeqāhā* »Gehorsam«, nur Gen 49,10 und Spr 30,17) gestattet indessen keine Aussagen über das theologische Problem des Gehorsams/Ungehorsams gegen Gott und seine Bewältigung im AT; dazu ist die Auslegung zusammenhängender Texte mit ihrer differenzierenden Sprechweise notwendig (Lit.: s. die Art. »Gehorsam« in EKL I, 1463 bis 1465; BHH I, 533). Dasselbe gilt vom gottgewollten Nicht-Hören und Nicht-Hören-Wollen im Hinblick auf das sog. Verstokkungsproblem im AT (→*ḥzq* 4; →*lēb* 4d [mit Lit.]).

Die Gottesoffenbarung im AT wird, auch wenn sie mit visionären Erlebnissen verbunden ist, doch vornehmlich gehört; auch hierin zeigt sich die »Prävalenz des Hörens« (zu Vision und Audition vgl. Kraus, a.a.O. 97–101). Wie keiner sonst war Mose von Gott gewürdigt, zu »hören«, nämlich »die Stimme« – scil. Gottes – als solche (Num 7,89; vgl. auch Ex 33,11). Seit er für das Volk hörbar mit Gott redete (Ex 19,9), glaubt man ihm für immer, ist er dauerhaft legitimiert. Ex 20,19 anerkennt das Volk die Mittlerschaft des Mose: während dieser (unmittelbar) mit Gott redet, beschränkt es sich auf das »Hören« des von Mose Übermittelten. Auch die Lösung eines Kultproblems »hört« Mose als (priesterlicher?) Mittler von Jahwe (Num 9,8). Direktes Hören Gottes ist vielleicht auch Jes 21,10 (isolierter Vers in 1. Pers. Sing.) gemeint, doch ist unklar, ob und wie der Unterschied zwischen dem direkten Gott-Hören und der Audition (Num 24,4; Jes 6,8; 21,3; 50,4f.?; Ez 1, 28 u.ö.; Hi 4,16; Dan 8,13.16; *šmʿ* muß jedoch nicht stehen, vgl. 1Sam 9,15; Jes 40,3.6?; 50,5) gedacht ist.

5. Die LXX gibt *šmʿ* und seine Stammformen mit mehr als 30 verschiedenen Vokabeln wieder, in etwa Dreiviertel aller Fälle mit ἀκούειν, sonst meist mit etwa zehn stammverwandten Vokabeln (ca. 200 × εἰσακούειν, ca. 30 × ὑπακούειν). Der Sprachgebrauch der Qumrantexte weicht vom bibl.-hebr. nicht ab. Zum »Hören« im NT, bei Philo, Josephus und den Rabbinen vgl. G.Kittel, Art. ἀκούω, ThW I, 216–225; J.Horst, Art. οὖς, ThW V, 543–558; ferner: J.Gnilka, Zur Theologie des Hörens nach den Aussagen des NT, Bibel und Leben II/2, 1961, 71–81; R.Deichgräber, Gehorsam und Gehorchen in der Verkündigung Jesu, ZNW 52, 1961, 119–122. *H.Schult*

שמר *šmr* hüten

1. Die Wurzel *šmr* ist in zahlreichen sem. Sprachen anzutreffen (akk. *šamāru* »verehren«, C.J. Mullo Weir, A Lexicon of Accadian Prayers, 1934, 323; GAG § 92f; ug. einmal *šmrm* »Wächter«, UT Nr. 2443; Eißfeldt, KS II, 385; sonst *nġr* [→*nṣr* 1]; phön.-pun. und Lachisbriefe: DISO 171.310; älteres Aram.: nur Ah. 97.101 *ʾštmr* »hüte dich«, DISO 310; Leander 56; Hebraismus?).

Über ältere etymologische Versuche referiert GB 847b, über neuere Barr, CPT 119f.141f.336; vgl. noch L. Kopf, VT 9, 1959, 278–280. Einige Wahrscheinlichkeit hat nur die Ansetzung eines homonymen Verbums *šmr* »zürnen« in Am 1,11 (txt em) und Jer 3,5 nach akk. *šamāru* »wild sein« (GB 847f.; G. R. Driver, JThSt 32, 1931, 361–363; D. W. Thomas, JSS 2, 1957, 390f.; M. Held, Journal of the Ancient Near Eastern Society of Columbia University 3, 1970/71, 47–55; zur herkömmlichen Annahme einer Ellipse »zürnen« < »[Zorn] bewahren« vgl. z. B. BroSynt § 127b).

Im hebr. AT wird *šmr* q. »(be)hüten, bewachen, bewahren«, ni. »sich hüten, behütet werden«, pi. »verehren« und hitp. »sich hüten« gebraucht. Dazu kommen als Derivate von *šmr*: plur. *šemārīm* »Bodensatz des Weines« (KBL 994a; vgl. noch P. Humbert, ZAW 62, 1949/50, 207), *šomrā* »Wache«, *šemūrā* »Augenlid«, plur. *šimmūrīm* »Nachtwache«, *ʾašmūrā* und *ʾašmōræt* (BL 487) »Nachtwache«, *mišmār* und *mišmæræt* »Wache, Bewachung«.

Zu den zahlreichen mit *šmr* gebildeten Eigennamen (vgl. Noth, IP 177.259; J.J. Stamm, FS Baumgartner 1967, 319.338) gehört auch *Šōmerōn* (BRL 437: »Wartburg«) = Samaria (bibl.-aram. *Šāmerájin*, Esr 4,10.17).

2. Das Verbum *šmr* ist im AT 468× belegt: qal 427× (inkl. 54× substantiviertes Part. *šōmēr* »Wächter«; Lis. 1477a l Dan 9,4 statt Est 9,4), davon Ps 69×, Dtn 60×, Spr 31×, 1Kön 23×, Ex und Ez je 20×, Num 19×, Lev und 2Kön je 16×; ni. 37× (Dtn 13×, Ex 5×), pi. 1× (Jon 2,9), hitp. 3× (2Sam 22,24 = Ps 18,24; Mi 6,16). Von den Derivaten begegnen *šemārīm* 5× (Jes 25,6.6; Jer 48,11; Zeph 1,12; Ps 75,9), *šomrā* 1× (Ps 141,3), *šemūrā* 1× (Ps 77,5), *šimmūrīm* 2× (Ex 12,42.42), *'ašmūrā/'ašmōræt* 7× (Ex 14,24; Ri 7,19; 1Sam 11,11; Ps 63,7; 90,4; 119,148; Klgl 2,19), *mišmār* 22× (Neh 8×, Gen 6×), *mišmæræt* 78× (Num 29×, Ez und 1Chr je 8×, 2Chr 7×, Ex und Neh je 5×).

3. a) Im profanen Bereich wird *šmr* q. ähnlich wie →*nṣr* überall da verwendet, wo es um das Behüten (Hüten) und Bewahren (auch Aufbewahren) eines Gutes geht. Objekte sind: Menschen (Gen 4,9 Bruder, vgl. noch D. Daube, FS Eißfeldt 1958, 32f., zur sog. Hüterhaftung; 1Sam 26,15f. König; 1Sam 19,11; 28,2; 1Kön 20,39 andere; Dtn 4,9; Ps 71,10; Hi 2,6; Spr 13,3; 16,17; 21,23; 22,5 die Seele = das Leben; Mi 7,5; Spr 14,3; 21,23 den Mund; Jes 56,2 die Hand), Tiere (Gen 30,31 Schafe; Ex 21,29.36 den stößigen Ochsen; 22,9; Hos 12,13; →*r'h*) und Sachen (Gen 2,15 Garten; 3,24 Weg; 2Sam 11,16; 2Kön 9,14 Stadt; 2Kön 11,5–7 Palast; 2Sam 15,16; 16,21; 20,3; Ps 59,1 Haus; Jos 10,18 Höhle; Spr 8,34 Türpfosten; 1Sam 25,21 Besitztum; 1Sam 9,24 Fleisch; Gen 41,35 Getreide; Pred 5,12 Reichtum; Ex 22,6 Geld und Geräte, usw., auch in etwas übertragenerem Sinn: Jer 8,7; Hi 39,1 Zeit einhalten; Jer 20,10; Ps 56,7; Pred 4,17 Schritte eines Menschen; Ps 39,2; Hi 13,27; 22,15; 33,11 die Wege, vgl. auch phön. KAI Nr. 48, Z. 2; Gen 37,11; Pred 8,2 Worte). Die Weisheit bewahrt den Menschen (Spr 2,11), so wie umgekehrt der Weise Rat und Rüge annimmt (Spr 5,2; 13,18; 15,5; 19,8; 22,18; vgl. Lachis-Ostrakon KAI Nr. 194, Z. 11).

In Verbindung mit einem anderen Verbum, das eine Handlung ausdrückt, kommt es zu der Bed. »sorgfältig tun« (Num 23,12; Dtn 4,6; 5,1 u.ö.). Schließlich scheint an zwei Stellen die aus dem Akk. bekannte Übersetzung »verehren« im Hintergrund zu stehen (Ps 31,7 Götzen; Spr 27,18 Herren, par. *kbd* pu.; s.u. 4d zu Jon 2,9 pi.).

Im Part. (*šōmēr*) bezeichnet das Verbum neben der gewöhnlichen Wachausübung in vielen Fällen ein Amt, das verliehen wird. Es entsteht dadurch ein offizieller Titel für Hof- (und Kult-)Beamte: Stadtwächter (Jes 21,11f.; 62,6 u.ö.), Türhüter (1Kön 14,27 u.ö.), Feldhüter (Jer 4,17), Forsthüter (Neh 2,8), Kleiderhüter (2Kön 22,14 = 2Chr 34,22), Haremswächter (Est 2,3.8.14f.). Ein entsprechender Titel ist auch im außerbiblischen Bereich in einer pun. Inschrift aus Malta bekannt: *šmr mḥṣb* »Steinbruchinspektor« (KAI Nr. 62, Z. 7).

b) Das Ni. ist zumeist reflexiv zu übersetzen (»sich hüten«), und hierbei wiederum häufig im Imp. und in Verbindung mit *pæn* »daß nicht« (Gen 24,6; 31,24.29 u.ö.; vgl. Lachis-Ostrakon KAI Nr. 193, Z. 21). Nur an zwei Stellen kann es passivisch wiedergegeben werden (Hos 12,14; Ps 37,28 txt?; s.u. 4d).

c) Das Subst. *'ašmūrā/'ašmōræt* »Nachtwache« entstammt (anders als *šimmūr*, s.u. 4f) dem profanen Gebrauch, wird aber auch in religiöser Rede verwendet. Da in Klgl 2,19 die erste Nachtwache erwähnt wird (*lerōš 'ašmūrōt*), bei der die Klage über Jerusalem beginnen soll, und da ferner Ri 7,19 die mittlere (*hā'ašmōræt hattīkōnā*) als Zeitpunkt für den Überfall Gideons nennt, und da schließlich auch die Morgenwache (*'ašmōræt habbōqær*) bekannt ist (Ex 14,24: Jahwe vernichtet Pharaos Heer; 1Sam 11,11: Saul überfällt die Ammoniter), kann angenommen werden, daß Israel eine Dreiteilung der Nacht kannte.

d) *mišmār* bedeutet die militärische Wache einer Stadt (Jer 51,12; Neh 4,3.16. 17; 7,3; 12,25) oder allgemein die Wache (Hi 7,12), die man sorgfältig ausübt (Spr 4,23), und kann auch zur Bezeichnung des Ortes der Bewachung (Gefängnis) dienen (Gen 40,3.4.7; 41,10; 42,17.19; Lev 24, 12; Num 15,34). Schließlich trägt auch die Dienstabteilung, die die Wache ausübt, diesen Namen (Ez 38,7 so zu verstehen); im AT wird das Wort vor allem für den Dienst am Tempel gebraucht (s.u. 4g).

Die ähnlichen Bedeutungen weist die fem. Form *mišmæræt* auf: »Wache« (Neh 7,3 par. *mišmār*; 2Kön 11,5–7 am Palast; Jes 21,8, vgl. Hab 2,1), »das, was man bewacht/bewahrt« (Ex 12,6; 16,23.32–34; Num 17,25; 18,8; 19,9; 1Sam 22,23; 1Chr 12,30), vgl. auch »Haus der Bewachung = Gefängnis« (2Sam 20,3). Eine wesentlich umfangreichere Verwendung des Wortes ist jedoch im religiösen Bereich festzustellen (s.u. 4g).

4. a) Die gleiche Bedeutungsbreite hat *šmr* q. in religiösen Aussagen. Das Heiligtum muß behütet und bewacht werden (1Sam 7,1 die Lade; später offenbar ein selbständiges Amt, s.u. c). In übertragenem Sinn bewahren und halten die Frommen den Bund (Gen 17,9f. u.ö.), das Recht (Jes 56,1), Liebe und Recht (Hos 12,7) und vor allem die Gebote, Befehle und Weisungen Gottes (Gen 26,5 u.ö.).

Dieser letzte Gedanke beherrscht das ganze Bedeutungsfeld im religiösen Bereich. In vielfältiger Differenzierung des Ausdrucks und der grammatischen Ausgestaltung und der angesprochenen Hörer ist er in fast allen Teilen des AT anzutreffen. Es können nur einige Hinweise für eine Schwerpunktbildung gegeben werden. In Lev geht es vor allem um die Verpflichtung der Leviten (Lev 8,35 u.ö.), ebenso in Num (Num 1,53 u.ö., vgl. Elliger, HAT 4,256 Anm. 6). Das Dtn unterscheidet sich davon insofern, als es hier um das Halten der Gebote für alle geht (Dtn 4,2 u.ö., gegen 50×); diese Gedanken sind in den dtr. überarbeiteten Büchern und in den Psalmen (in Ps 119 allein 21×) sehr häufig anzutreffen. Auch die Weisheitsliteratur macht sich diese Rede zu eigen (Spr 4,4 u.ö.). Im besonderen gilt es, den Sabbat (Ex 31,13.14 u.ö.) und andere Festtage (Ex 12,17 u.ö. Passafeier; Lev 19,3 u.ö. Feiertage) zu halten (insgesamt gegen 20 Stellen). Zusammenfassend kann auch vom Bewahren der Wege Gottes gesprochen werden (Gen 18,19; 2Sam 22,22 = Ps 18,22; Hi 23,11 u.ö., etwa 10×; →*dæræk*).

b) Immer wieder wird betont, daß Gott seine Fürsorge den Menschen zuteil werden läßt. Er behütet und beschützt seine Frommen (Gen 28,15.20 u.ö.). Besonders die Beter der Psalmen werden in aller Not durch diesen Gedanken, oft in Form einer Zusage, getröstet (Ps 12,8 u.ö., insgesamt über 20×). Jahwe ist der »Hüter Israels« (Ps 121,4; *šmr* 6× in diesem Psalm). Schönsten Ausdruck findet diese Aussage im aaronitischen Segen (Num 6,24).

c) Auch im religiösen Bereich dient das Part. *šōmēr* zur Bezeichnung eines Amtes. Hier sind es vor allem die Hüter der Schwelle am Tempel, die eine wichtige Rolle innegehabt zu haben scheinen (2Kön 12,10 u.ö.). Gelegentlich werden sie zu einer Dreiergruppe zusammengefaßt erwähnt (2Kön 25,18 = Jer 52,24; Neh 12,25).

In Jes 62,6 werden die Propheten als Wächter angesprochen (vgl. noch Westermann, ATD 19, 300; sonst ist dafür eher *ṣph* »spähen« gebräuchlich, z.B. Ez 3,17; vgl. H. Bardtke, FS Eißfeldt 1958, 19–21; C.U. Wolf, IDB IV, 806).

d) Von den 35 Vorkommen des Ni. in reflexiver Bedeutung sind 22 dem religiösen Bereich zuzurechnen. Es wird zum Ausdruck gebracht, daß man sich vor Übertretung der Gebote Gottes hüten solle, auch hier häufig in der Form des Imperativs (Ex 19,12 u.ö.). Auch Einzelgebote werden dabei erwähnt: Tragen von Lasten am Sabbat (Jer 17,21), Enthaltsamkeit (Ri 13,4.13; 1Sam 21,5) u.a.

Die beiden Stellen, an denen das Ni. passivisch zu übersetzen ist, gehören der religiösen Sprache an: Israel wurde beim Auszug aus Ägypten durch einen von Gott gesandten Propheten behütet (Hos 12,14); die Gerechten werden bewahrt durch Gott (Ps 37,28; hier wäre allerdings mit LXX aus Gründen des parallelismus membrorum die Lesung *nišmedū* erwägenswert).

Die einzige Pi.-Form in Jon 2,9 txt? umschreibt das Verhalten derer, die sich an Nichtiges halten und dadurch ihren Gott verlassen (vgl. Jenni, HP 223f.).

Das nur 3× bezeugte Hitp. nähert sich in seiner Bedeutung dem Ni. Der Beter hütet sich vor Sünde (2Sam 22,24 = Ps 18,24). Mi 6,16 wirft dem Volke vor, es halte sich an die frevelnde Art Omris und werde deshalb bestraft werden.

e) Das Subst. *šemārīm* bezeichnet die Hefe des gärenden und dadurch sich reinigenden Weins, die man normalerweise nicht trinkt. Den Zornesbecher Jahwes aber (vgl. Jer 25,15ff.) müssen die Gottlosen völlig leeren, bis zur Hefe (Ps 75,9). Der Wein verbleibt normalerweise nicht auf der Hefe. Es ist daher kein gutes Zeichen, wenn das Volk (im Bildwort) auf seiner Hefe liegen bleibt (Jer 48,11 von Moab, mit *šqṭ* q. »ruhen« Zeph 1,12 von den Jerusalemern, mit *qp'* q. »dick, starr werden«). Mit geläutertem Wein (*zqq* pu. »geseiht werden«) aber bewirtet Jahwe die Völker am Ende der Tage (Jes 25,6.6).

f) *šomrā* »Wache« ist der Zaum, den sich der Beter für seinen Mund von Gott erbittet (Ps 141,3, par. →*nṣr*). *šemūrā* »Wache (scil. des Auges)« bezeichnet das Augenlid (Ps 77,5 im Klagepsalm: »du hältst offen meiner Augen Lider«). *šimmūr* ist das Wachen (Jahwes) in der Passanacht (Ex 12, 42), die »Nacht des Wachens« genannt wird (vgl. Noth, ATD 5,78). Mit *'ašmūrā/'ašmōræt* wird zum Ausdruck gebracht, daß die Nachtwachen besondere Zeiten des Gesprächs mit Gott sind (Ps 63,7; 119, 148; Klgl 2,19). Tausend Jahre sind vor Gott wie eine Nachtwache (Ps 90,4).

g) *mišmār* bezeichnet gelegentlich die wachhabende Dienstabteilung am Tempel (Neh 12,24.24; 1Chr 26,16.16), einmal auch im Plural (Neh 13,14). Häufiger jedoch wird dazu *mišmæræt* benutzt (24 × in Num, 8 × in Ez, Sach 3,7 für Josua, 4 × in Neh, 7 × in 1Chr und 5 × in 2Chr). In diesem Wort darf daher der terminus technicus für den Dienst am Heiligtum (Zelt, Tempel u.a.) gesehen werden, der besonders von den Leviten ausgeübt wurde. Als Verbum wird dabei häufig *šmr* herangezogen: *šmr mišmæræt* »den Dienst versehen« (vgl. noch J. Milgrom, Studies in Levitical Terminology I, 1970). Schließlich dient das Substantiv (wieder in häufiger Verbindung mit dem Verbum) zur Bezeichnung des Gehorsams gegen Jahwes Gebote (Gen 26,5; Lev 8,35; 18,30; 22,9; Num 9,19. 23; Dtn 11,1; Jos 22,3; 1Kön 2,3; Mal 3,14; 2Chr 13,11; 23,6; s.o. 3a).

5. Das antike Judentum gebraucht die Wurzel in der gleichen Bedeutung wie das AT sehr häufig (Jastrow 1600f.). Wie im AT die Propheten, so sind nun die Rabbinen »Hüter« (*'nšj mšmr*, Bik 13,12). In derselben Tradition steht auch die Gemeinde von Qumran (vgl. Kuhn, Konk. 135c. 224f.; G. Bertram, ThW IX, 234).

Die LXX übersetzt seltener mit τηρεῖν, zumeist jedoch mit φυλάσσειν (Bertram, a.a.O. 232f.). Für das NT vgl. H. Riesenfeld, Art. τηρέω, ThW VIII, 139–151; G. Bertram, Art. φυλάσσω, ThW IX, 232 bis 240. *G. Sauer*

שֶׁמֶשׁ *šæmæš* Sonne

1. Die Bezeichnungen für das Sonnengestirn gehen in fast allen sem. Sprachen auf eine gemeinsame Wurzel zurück (nach Bergstr. Einf. 185 wohl *śmš*; vgl. weiter P. Fronzaroli, AANLR VIII/20, 1965, 137f. 144.149; DISO 310). Eine Ausnahme macht das Äth. mit *ḍahāj* (Dillmann 1322), das mit arab. *ḍaḥija* „von den Sonnenstrahlen getroffen werden« (Wehr 486a) zu vergleichen wäre. Der Konsonantismus in arab. *šams* (Wehr 442a) könnte das Resultat einer Dissimilation sein (GVG I, 159.234: aus ursprünglichem **sams*). Dagegen wurde ug. *špš* (UT Nr. 2468 und p. 538) als eine eigene Form betrachtet. A.F.L. Beeston, Or 22, 1953, 416f. verweist auf eine altsüdarab. Nebenform *šfs*; vgl. auch M.J. Dahood, in: S. Moscati (ed.), Le antiche divinità semitiche, 1958, 91. Doch wird es sich um dasselbe Wort handeln, dessen mittlerer Konsonant innerhalb der bilabialen Gruppe p-b-m ausgetauscht worden (so Moscati, Introduction 25), oder das das Ergebnis einer »transitional intrusion« (UT 33: *šamš-* > **šampš-* > *šapš-*; zu dieser Aussprache vgl. Ugaritica V, 249) ist. Sein Gegenstück hat es im Amorit. (s. I.J. Gelb, AANLR VIII/13, 1958, 151: *śp/mś*; Huffmon 251) und ev. im Hebr. (Jes 3,18 *šābīs* »Sönnchen« als Schmuckgegenstand; vgl. C.F.-A. Schaeffer, The cuneiform Texts of Ras Shamra-Ugarit, 1939, 62: »sun pendant«; Wildberger, BK X, 135.141; anders KBL 942a: »Stirnband«).

Die Etymologie ist ganz unsicher. Hier seien nur wenige Versuche genannt, die sich ungefähr auf einer Ebene bewegen. J. Levy, Chaldäisches Wörterbuch über die Targumim II, 1867f., will eine Gemeinsamkeit mit der Verbalwurzel *šmš* (s. u. 2) in der Vorstellung von der »schnellen, geschäftigen Beweglichkeit« sehen; F. Schulthess, Zurufe an Tiere im Arabischen, Abhandlungen der Preussischen Akademie der Wissenschaften 1912, Anhang S. 56, leitet das Nomen von arab. *samsam* »hurtig« ab, was sich auf die zitternden Sonnenstrahlen beziehen soll; vgl. GVG I, 260.

Das Geschlecht von *šæmæš* ist mask. oder fem. Eine exakte Zählung ist nur im zweiten Fall möglich (17 × : Gen 15,17; Ex 22,2; Dtn 24,15; Ri 19,14; 2Sam 2,24 etc.), da eine vorangehende mask. Verbform nicht als Beweis für mask. Gebrauch angesehen werden kann (vgl. GK §145, 7a). Um diesen handelt es sich auf alle Fälle bei Stellen wie Gen 19,23; Ri 5,31; Jos 10,12; Jes 13,10 etc.; man vgl. die unterschiedlichen Zählungen bei K. Albrecht, ZAW 15, 1895, 324 (14 ×) und KBL 995a (23 ×). Das Hebr. nimmt damit eine Mittelstellung ein zwischen ug.-arab. weiblicher und akk. männlicher Sonne (vgl. aber C.H. Gordon, Or 22, 1953, 247, der mit dem Seal Princeton 70 einen Beleg bringt, auf dem der Sonnengott Šamaš mit einem fem. Determinativ versehen ist).

Der nur einmal belegte Plur. *šimšōt* Jes 54,12 läßt sich für eine sichere Entscheidung in dieser Hinsicht nicht verwerten, da es sich wohl um einen bautechnischen Ausdruck handelt (par. *še'ārīm* »Tore«; vgl. B. Meissner, Mitteilungen der Vorderasiatischen Gesellschaft 15, 1910, H.5, 46f.: akk. *šamšāti* »runde Votivscheiben«, die man im Hebr. vielleicht als »[Sonnen]-embleme« ansehen kann; Zorell 867a »pinnacula moenium«), der mit *šæmæš* »Sonne« nur mittelbar zu tun hat.

Als atl. Personennamen begegnen *Šimšaj* (Esr 4,8.9.17.23; Noth, IP 223 »Sonne[nkind]«; vgl. neubab. *Samsaia* bei K. Tallqvist, Assyrian Personal Names, 1914, 191; W.F.Albright, JAOS 74, 1954, 231: Alalach-PN *Šapši*/*e*), *Šawšā'* (1Chr 18,16; vgl. KBL 958b: <**Šamšā*; anders GB 793b; Noth, IP 40f.: nicht mehr zu erklärender entstellter Kosename) und *Šimšōn* (Ri 13,24 u.ö. in c. 14.15.16; Noth, a.a.O. 38: Kurzform mit deminutivem Afformativ *-ōn*; s. auch Meyer II, 37; vgl. Albright, a.a.O.: ug. *Špšyn*; GB 850a: akk. *Šamšānu*; KAI Nr.257, Z.2: aram. *Šmjšw* mit gr. Entsprechung Σομεσος, einer »Kurzform des Deminutivtyps *qutail* mit hypokorist. Endung *-ū*«, a.a.O. 303). In welcher Beziehung sie zu der Sonnengottheit als Namensgeber standen, ist nicht mehr ersichtlich (zu einem mit Simson verbundenen Sonnenmythus s.u. 4a); daß es aber eine gab, machen die zahlreichen offensichtlich theophoren Namen aus der Umwelt Israels wahrscheinlich (vgl. Stamm, AN 349f.; Huffmon 250f.; Gröndahl 195; F.L. Benz, Personal Names in the Phoenician and Punic Inscriptions, 1972, 422f.; J.K.Stark, Personal Names in Palmyrene Inscriptions, 1971, 115).

Ähnliches gilt von den Ortsnamen im AT, wobei aber *Bēt Šæmæš* durch sein nomen regens (→*bájit* 3b) klar als ein ehemaliger Kultort einer Sonnengottheit bestimmt ist. Allerdings haben wir es hier mit zwei voneinander unabhängigen Ortschaften zu tun, die in den Texten zu trennen sind in (a) Jos 15,10; 21,16= 1Chr 6,44; 1Sam 6,9.12.12.13.15.19.20; 1Kön 4,9; 2Kön 14,11.13=2Chr 25,21.23; 2Chr 28,18; vgl. 1Sam 6,14.18 *Bēt-haššimšī* mit Nisbe zur Herkunftsbezeichnung »Betsemeser«; (b) Jos 19,22.38; Ri 1,33. 33. Zur Lokalisierung von *'ēn Šæmæš* (Jos 15,7; 18, 17) und *'īr Šæmæš* (Jos 19,41) s. G.Dalman, Jerusalem und sein Gelände, 1930, 156–159 (anders Noth, HAT 7,88) bzw. Noth, a.a.O. 121 (identisch mit *Bēt Šæmæš* [a]). Zum ganzen vgl. auch K.Elliger, BHH I, 229.

Jer 43,13 *maṣṣebōt Bēt Šæmæš* sind die Obelisken der unterägyptischen Stadt On/Heliopolis gemeint (vgl. Rudolph, HAT 12,259).

2. *šæmæš* ist im hebr. AT ohne die Ortsnamen 134 × belegt, und zwar mit folgender Verteilung: Pred 35 × (exkl. 1,13 txt em); Ps 14 × ; Jos 13 × ; Dtn und Jes je 10 × ; Gen und Ri je 6 × ; 2Sam und 2Kön je 5 × ; Ex 4 × ; Jer und Jo je 3 × (exkl. Jer 43,13; gegen Lis. 1477c); Num, Ez, Jon und Mal 2 × ; Lev, 1Sam, 1Kön, Am, Mi, Nah, Hab, Sach, Hi, Hhld, Neh und 2Chr je 1 ×. Das Wort fehlt in den Büchern Hos, Ob, Zeph, Hag, Spr, Ruth, Klgl, Est, Dan, Esr und 1Chr.

Der aram. Teil des AT hat zwei Belege: *šemaš* Dan 6,15 und das Verbum *šmš* pa. »dienen« Dan 7,10 (zur Form s. BLA 123 Anm. 1), dessen Etymologie und Beziehung zum Nomen unsicher sind (vgl. GB 928b; KBL 1132b; DISO 310f.; J.T. Milik, Studii Biblici Franciscani Liber Annuus 10, 1959/60, 160: chr.-pal. PN Σαμμασαιος u.ä. = diaconus; s. auch Wehr 442a: arab. *šammasa* »den Diakonsdienst versehen«, *šammās* »Diakon mit niederer Weihe«).

3. a) Entsprechend der geographischen Lage Palästinas werden mit der Sonne gewisse unangenehme Erscheinungen verbunden. Sie ist heiß (*ḥmm* Ex 16,21) und scheint besonders zur Mittagszeit unerbittlich vom Himmel (vgl. *keḥōm*/*'ad-ḥōm haššæmæš* 1Sam 11,9Q; Neh 7,3 als ungefähre Bezeichnung für die Tageszeit des Mittags); so kann *ḥammā* »Glut« (Ps 19,7 die der Sonne) in poetischen Texten direkt zum Synonym für »Sonne« werden (Hi 30,28; par. *lebānā* »Mond« Jes 24,23; 30, 26; Hhld 6,10). Sie sticht den Menschen (*nkh* hi. Jes 49,10; Jon 4,8; Ps 121,6) und verbrennt seine Haut (*šzp* Hhld 1,6). Doch wird ihr Verschwinden (*qdr* »trüb sein« Jo 2,10=4,15; *ḥšk* »dunkel werden« Jes 13, 10; übertragen Pred 12,2; vgl. *hpk* ni. *leḥōšæk* Jo 3,4) als ein böses Omen empfunden; s.u. 4c. Interessanterweise gilt sie nicht als die primäre Lichtquelle. Das Licht an sich ist vor der Sonne da (Gen 1,3–5 P). So ist die Morgendämmerung für den Tagesbeginn konstitutiv, für den Abend jedoch der Untergang der Sonne (s. bes. S.Aalen, Die Begriffe Licht und Finsternis im AT . . ., 1951, 19f.38f.42; ders. in: ThWAT I, 164–166).

Das Wort für »Morgendämmerung« o.ä. (J.Robertson, The »Dawn« in Hebrew, The Expositor 3, 1912, 86–96, bes. 88: »Morgengrauen«; L.Köhler, ZAW 44, 1926, 56ff.: »Morgenröte«; Dalman, AuS I, 601: »Morgenlicht«) ist *šáḥar*, dessen Etymologie ungeklärt ist (GB 819b stellt einem *šḥr* I »schwarz werden« eine zweite Wurzel im Pi. mit der Bed. »suchen« gegenüber; KBL 962a gibt für *šḥr* II q. »auf etw. aus sein« an). Auch ein Vergleich mit den anderen sem. Sprachen bringt kein befriedigendes Ergebnis (vgl. P.Fronzaroli, AANLR VIII/20, 1965, 141.147.150). Die beiden anderen angenommenen Derivate der Wurzel *šḥr* sind unsicher. Das Abstraktnomen *šaḥ^{a}rūt* (Pred 11,10) wird verschieden als »Morgenröte (des Lebens)«, »schwarze Haare«, »Jugendblüte« gedeutet (vgl. GB 820; KBL 962b; Hertzberg, KAT XVII/4, 206); *mišḥār* »Frühe« (Ps 110,3) steht in einem unklaren Kontext und ist vielleicht als Ergebnis einer Dittographie zu werten (vgl. Kraus, BK XV, 753; zum Sinn s. Aalen, a.a.O. 38). Die Personennamen *'^{a}ḥīšáḥar* (1Chr 7,10), *Šaḥ^{a}rájim* (1Chr 8,8) und *Š^{e}ḥarjā* (1Chr 8, 26) sind nach Noth, IP 169 (vgl. auch 223; außerbiblisch: Diringer 194f.198) bildlich zu verstehen und nicht mit der ug. Gottheit *Šḥr*, der personifizierten Morgendämmerung (vgl. den Text 52 [=CTA 23] mit der Schilderung ihrer Geburt; H. Gese, in: Die Religionen Altsyriens ..., 1970, 80–82), zusammenzustellen (anders A. Jirku, ZAW 65, 1953, 85). Als Ortsname ist *Ṣǽræt haššáḥar* Jos 13,19 belegt.

Die 23 Vorkommen verteilen sich am häufigsten auf die Zeitangabe »als die Morgendämmerung aufstieg« o.ä. (Gen 19,15; 32,25.27; Jos 6,15 par. *škm* hi. »früh auf sein«; Ri 19,25; 1Sam 9,26; Jon 4,7; Neh 4,15, immer mit *'lh*; genaue grammatikalische Aufschlüsselung bei Köhler, a.a.O. 57f.; zu Hos 10,15 s. Rudolph, KAT XIII/1, 205f.). Dabei zeigen Stellen wie Gen 19,23; 32,31; Ri 19,26; Jon 4,8, daß zwischen Morgendämmerung und Sonnenaufgang ein größerer Zeitraum liegt, der aufgrund seiner Lichtverhältnisse gerade in Ländern mit schnell aufsteigender Hitze genutzt wird. Das Verhältnis zwischen *bóqær* »Morgen« und *šáḥar* gibt Ri 19,25f. wieder.

Übertragen wird das Wort Jes 8,20 »für sie gibt es keine Morgendämmerung« und 58,8 »dein Licht wird hervorbrechen wie die Morgendämmerung« gebraucht. In diesem Zusammenhang ist auf ähnliche Aussagen mit *bóqær* (→*'ōr* 3; vgl. Ch. Barth, ThWAT I, 751–754, der sich auch mit J. Ziegler, Die Hilfe Gottes »am Morgen«, FS Nötscher 1950, 281–288, auseinandersetzt) und auf die unter 3a genannten Wendungen mit *šǽmæš* hinzuweisen. Zweimal ist von den »blitzenden Augen der Morgendämmerung« die Rede (Hi 3,9 mit *r'h* »sehen« in der Bed. »leben«; 41,10), wobei aber die zugrundeliegende Vorstellung nicht klar ist (anders Aalen, ThWAT I, 166f.). In Hhld 6,10 wird mit ihr die jugendliche Schönheit eines Mädchens umschrieben. Jo 2,2 ist vielleicht mit BH^3 umzuvokalisieren (vgl. dagegen Rudolph, KAT XIII/1,51).

Zu Jes 14,18 mit *Hēlēl bæn-Šáḥar* und Ps 139,9, der von den Flügeln der Morgendämmerung redet, und ihren dahinterstehenden Mythen vgl. K.L. Schmidt, Lucifer als gefallene Engelmacht, ThZ 7, 1951, 161ff., bzw. Kraus, BK XV, 919.

Bei Ps 22,1 »nach der Hindin der Morgendämmerung« handelt es sich wohl um eine uns unverständliche musikalische Angabe (s. Kraus, a.a.O. §4, Nr. 20; spez. Jirku, a.a.O. 85f.).

Nur drei Stellen bringen Gott mit dem *šáḥar* in Verbindung. Zu Hos 6,3 mit der unsicheren Übersetzung »wie die Morgendämmerung, (so) fest ist sein (Gottes) Aufgang (*mōṣā'*)« und seiner angeblichen Beziehung zur Rechtsprechung s. die ausführliche Diskussion bei Rudolph, KAT XIII/1, 131f. In dem hymnischen Zusatz Am 4,13 wird Jahwe schöpfungstheologisch als der *'ōśǣ* der Morgendämmerung bezeichnet (par. die Verben *jṣr* und *br'*); vgl. Hi 38,12, wo Gott dem *šáḥar* seinen Ort anweist; von Rad, GesStud, ^{2}1971, 139.

Über Jos 10, 12.13 mit *dmm* »stillstehen« und *'md* »stehen (bleiben)« in bezug auf die Sonne und den Mond gehen die Ansichten auseinander. Noth, HAT 7, 64f. möchte in den Wendungen eine Verdunklung der beiden Gestirne sehen. Weiter geht J. Dus, VT 10, 1960, 353–370: *dmm* bezeichne das Schweigen, zu dem in einem Fluch gegen die Gottheiten Smš und Jrḥ als Schutzgötter von Gibeon und Ajjalon aufgefordert werde. Zu der Problematik des Stückes und seiner Diskussion vgl. noch J.C. Matthes, ZAW 29, 1909, 259–267; R. Eisler, AJSL 42, 1926, 73–85; M.J. Gruenthaner, CBQ 10, 1948, 271–290; B.J. Alfrink, Studia Catholica 24, 1949, 238–269; J. Heller, ArOr 26, 1958, 636ff.; J.S. Holladay, JBL 87, 1968, 166–178; P.D. Miller, The Divine Warrior in Early Israel, 1973, 123–128.

Verben des Kommens und des Gehens kennzeichnen die Extrempunkte des täglichen Sonnenablaufs. Am häufigsten ist hier →*bō'* »hineingehen«, das in Verbindung mit *šǽmæš* den Sonnenuntergang ausdrückt (19×: Gen 15,12.17; 28,11; Ex 17,12; 22,25; Lev 22,7; Dtn 16,6 etc.). Mit den Präpositionen *'al* (Dtn 24,15) bzw. *l^e* (Ri 19,14) wird der Bezug auf eine Sache oder Person hergestellt. Das kann zu einem übertragenen Gebrauch wie in Mi 3,6 führen: über den Propheten, die Israel irregeleitet haben, wird die Sonne untergehen, »und der Tag wird ihnen schwarz werden«, so daß sie nicht mehr prophezeien können. Diesen glück- und gottlosen Zustand verdeutlicht die Wendung »ihre/deine Sonne geht unter« (Jer 15,9; vgl. positiv Jes 60, 20). Mit dem vom Verbum abgeleiteten Nomen *mābō'* »Eingang« vollzieht sich ein

Wandel zu der lokalen Bed. »Ort des (Sonnen)eingangs« > »Westen«: Dtn 11, 30; Jos 1,4; 23,4; Sach 8,7; Ps 50,1; 104, 19; 113,3; vgl. Mal 1,11 (für ähnliche Bezeichnungen im Akk. und Arab. hinsichtlich der solaren Orientierung der Himmelsrichtung vgl. K. Tallqvist, StOr 2, 1928, 134.136; für das Phön. s. KAI Nr. 26A, I, Z. 5.18/19). Das Pendant zu *bō'* ist →*jṣ'* »herauskommen« Gen 19,23; Ri 5,31 (vgl. Jes 13,10; Ps 19,6.7 [*mōṣā'* »Ausgang« = »Aufgang«; s. auch phön.: KAI Nr. 26A, I, Z. 4/5.21]; ug. *ṣat špš* CTA 3, B [= 'nt II], 8; Tallqvist, a.a.O. 131: akk. *ṣīt šamši*), häufiger *zrḥ* »aufstrahlen«, das 18 × im AT belegt ist, davon 11 × mit *šǽmæš* verbunden: Gen 32,32; Ex 22,2; Ri 9,33; 2Kön 3,22; Jon 4,8; Nah 3,17; Ps 104,22; Pred 1,5.5. Ähnlich wie bei *bō'*, hier aber ins Positive gewendet, verhält es sich mit der Zusage in Mal 3,20 »euch, die ihr meinen (Jahwes) Namen fürchtet, wird die Sonne der Gerechtigkeit aufstrahlen, die Heilung bringt mit ihren Flügeln« (zur Verbindung von Sonnenaufgang und Recht im Akk. vgl. L. Dürr, FS Sellin, 1927, 41 f.; zur Vorstellung der Sonne als geflügelte Scheibe vgl. Eißfeldt, KS II, 416–419; für den kan. Raum ANEP Nr. 477.486). Dasselbe gilt von dem gerechten Herrscher 2Sam 23,4, »der aufstrahlt ... wie die Morgensonne ohne Wolken« (vgl. Jes 58,10; Ps 112,4 →*'ōr*; Dürr, a.a.O. 45.46 f.; mit *jṣ'* Ri 5,31). Von den übrigen sieben Belegen bewegt sich nur noch Hi 9,7 auf derselben Ebene, wo *zrḥ* von dem Synonym *ḥǽræs* »Sonne« (s.u. 3d) ausgesagt ist (vgl. aber auch Jes 60,3, wo *zǽraḥ* »Aufstrahlen« auf *nōgah* »Glanz« bezogen ist). 2Chr 26,19 meint *zrḥ* das Aufstrahlen (= Ausbrechen) von Aussatz. Dazu kommt die nominale Ableitung *mizrāḥ* »Ort des Aufstrahlens (der Sonne)« > »Osten« (74 × ; 19 × mit *šǽmæš*: Num 21,11; Dtn 4,41 txt em. 47; Jos 1,15; 12,1; 13,5 etc.; zu Dtn 4,41 s. BL 182. 547; meist mit der Präp. *min*, aber auch absolut, in der Bed. »östlich«; vgl. auch das Lokaladverb *mizrāḥā* neben *qḗdmā* »nach Osten« [→*qǽdæm*] Ex 27,13; 38,13; Num 2,3; 3,38; 34,15; Jos 19,13; in Jes 41,25 neben →*ṣāfōn* »Norden« als Richtungsangabe »Nordosten«; vgl. Tallqvist, a.a.O. 153). Öfters erscheint sie zusammen mit *ma'arāb* »Westen« (Jes 43,5; 45,6; 59,19; Ps 107,13) oder *mābō'* (Sach 8,7; Mal 1,11 par. *bekol-māqōm* »allerorts«) und bezeichnet mittels der entgegengesetzten Himmelsrichtung die Gesamtheit des geographischen Gesichtskreises (s. aber Am 8,12 par. *ṣāfōn* in derselben Bedeutung).

Die Wurzel ist weiter Bildungselement in den Personennamen *Zǽraḥ* (21 × : Gen 38,30; 46,12; 1Chr 1,37.44 etc.; vgl. Noth, IP 184: Kurzform von *Zeraḥjā*; KBL 267a; HAL 270a) mit dem Gentilizium *Zarḥī* (Num 26,13.20; Jos 7,17.17; 1Chr 27,8 cj. 11.13) bzw. *'æzrāḥī* (1Kön 5,11; Ps 88,1; 89,1), *Zeraḥjā* (1Chr 5,32.32; 6,36; 7,3.3; Esr 7,4; 8,4; vgl. akk. *Zarḫi-ilu* bei K. Tallqvist, Assyrian Personal Names, 1914, 247) und *Jizraḥjā* (Neh 12,42). Ob *'æzrāḥ* »Einheimischer« (17 ×, fast immer in oppositioneller Par. zu *gēr* »Fremdling« [→*gūr* 3c]: Ex 12,19.48.49; Lev 16,29; 17,15; 18,26; Ez 47,22 etc.; zu Ps 37,35 txt? vgl. Kraus, BK XV, 287; zur Form s. BL 487; vgl. noch KAI Nr. 69, Z. 16: pun. *mzrḥ* »Clan«) zu dieser Wurzel gehört (so KBL 266 f.), ist nicht unbestritten (HAL 270a verbindet es mit einem *zrḥ* II, das von arab. *ṣaruḫa* »rein, unvermischt sein« [Wehr 464a] abgeleitet wird; ähnlich GB 206 f.).

b) Verbunden mit der Präp. *nǽgæd* bildet *šǽmæš* die stereotype Wendung »vor der Sonne«, d.h. in aller Öffentlichkeit (Num 25,4; anders Dus, a.a.O. 370; 2Sam 12,12 neben *bassǽtær* »heimlich« und *nǽgæd kol-Jiśrā'ēl* »vor ganz Israel«), wo niemandem etwas verborgen ist. Ältere Vorstellungen von der Sonne als dem Wächter über die offen dargelegte Wahrheit (2Sam 12,11 »vor den Augen dieser Sonne«; vgl. Ps 19,7 »nichts bleibt vor ihrer [der Sonne] Glut verborgen [*str* ni.]«) könnten hier Vorbild gewesen sein, sind aber nun überdeckt (s. auch u. 4b). Bei Pred erscheint 30 × *táḥat haššǽmæš* »unter der Sonne« (Pred 1,3.9.13cj.14; 2,11.17–20.22; 3,16; 4,1.3.7.15 etc.), das zunächst mit »auf der Welt« richtig gedeutet ist (s. phön. *tḥt šmš* in KAI Nr. 13, Z. 7/8; Nr. 14, Z. 12; vgl. in derselben Bed. griech. ὑφ' ἡλίῳ; elamitisch *naḫḫunte iršarāra*; s. J. Friedrich, Or 18, 1949, 15–29; O. Loretz, Qohelet und der Alte Orient, 1964, 46 f.). Den negativen Aspekt bringt erst der Prediger hinein durch seine abwertende Welt- und Existenzauffassung (vgl. Pred 6,4 f.: glücklich ist die Fehlgeburt, die die Sonne nicht schaut). Neutral ist der Ausdruck in 7,11 *rō'ē haššǽmæš* »die die Sonne schauen« = »die Lebenden«. Dagegen hebt sich die Weisheitsregel 11,7 f. (»gut ist es für die Augen, die Sonne zu schauen«) ab, die nicht in das oben genannte Schema passen will (vgl. Hertzberg, KAT XVII/4, 203 f.). In dem Königslied Ps 72,5.17, einer Fürbitte für den König, die im üblichen Hofstil des alten Orients gehalten ist, geben *'rk* hi. (txt em) *'im šǽmæš* »lange mit der Sonne leben« und *hjh le'ōlām lifnē šǽmæš* »ewiglich vor der Sonne sein« den

Wunsch nach einer langen Dauer des Herrschers bzw. seines Namens wieder (vgl. Kraus, BK XV, 496f.; s. auch Ps 89,37 mit *ke* par. *le'ōlām*; Hi 8,16 mit *lifnē* jedoch in der Bed. »in der Sonne«).

c) Die gängige Übersetzung von *šæmæš* in Jes 38, 8 mit »Sonnenuhr« (so z. B. KBL 995b) ist wegen textlicher Schwierigkeit nicht gesichert (vgl. 2Kön 20, 11; Montgomery, Kings, 508f. 512; G. Fohrer, BHH III, 1822f.: die Sonne bewegt sich auf »eine[r] im Freien gelegene[n] Treppe im Palast«).

d) Als einziges echtes Synonym zu *šæmæš* kommt *ḥæræs* vor (Hi 9,7 par. *kōkābīm* »Sterne«; V. 9 *kesīl* »Orion«), das sonst nur in Ortsnamen belegt ist (Ri 1,35 *Har-ḥæræs*; 2,9 *Timnat-ḥæræs*; 8,13 txt em *Ma'alē haḥæræs*; Jes 19,18 txt em *'īr haḥæræs*; s. dazu J. Simons, The Geographical and Topographical Texts of the OT, 1959, 200.287.295.438f.). Zu *ḥammā* »Glut« s.o. 3a.

Das zur Wurzel *ḥmm* zugehörige *ḥammān* (z. B. Jes 17, 8; 27, 9; Ez 6, 4.6) wird oft fälschlich mit »Sonnensäule« wiedergegeben, ist aber als »Räucheraltar« erkannt worden (s. K. Elliger, ZAW 57, 1939, 256–265; BRL 20; HAL 315f.).

4. a) Theologisch bedeutsam wird im AT die Sonne erst durch ihre Verehrung, die sie in Konflikt zum Jahwismus bringt. Daß eine solche sich schon in frühester Zeit auf palästinischem Boden finden läßt, kann durch die heliophoren Ortsnamen als gesichert gelten (s.o. 1). Zur Frage einer angeblichen Kultstätte des Šmš in Gibeon s. J. Dus, a.a.O. Schwieriger verhält es sich mit der frühisr. Rettergestalt des Simson, der gerne mit solaren Mythen in Verbindung gebracht wurde, die aber als Überinterpretationen dieser Erzählungen gewertet werden müssen (vgl. schon R. Hartmann, ZAW 31, 1911, 69–72; H. Gunkel, Reden und Aufsätze, 1913, 38–64, bes. 61ff.). Ebenso kann der Versuch als gescheitert betrachtet werden, den salomonischen Tempel ursprünglich als einen Ort des Sonnenkultes konzipiert zu sehen, sei es baulich oder ideologisch (vgl. hierfür bes. J. Morgenstern, HUCA 6, 1929, 1–37; ders., HUCA 21, 1948, 454ff.; F. J. Hollis, The Sun-Cult and the Temple at Jerusalem, in: S.H. Hooke [ed.], Myth and Ritual, 1933, 87–110; F. Petrie, Syro-Egypt 3, 1936, 11f.; H.G. May, ZAW 55, 1937, 269–281; zu 1Kön 8,53 G s. Dus, a.a.O. 361–369; dagegen Kraus, BK XV, 157). Plan und Aufbau ist der eines Wohn- und nicht eines offenen Sonnentempels (s. dazu Th.A. Busink, Der Tempel von Jerusalem I, 1970, 651–656 mit Lit. und in Auseinandersetzung mit den verschiedenen Hypothesen). Damit ist ebenfalls hinfällig die Identifikation Jahwes als Sonnengott (vgl. D. Völter, Die Herkunft Jahwes, ZAW 37, 1917, 128; J. Hempel, ZAW 42, 1924, 88–100; J. Morgenstern, VT 5, 1955, 68f.; ähnlich Dus, a.a.O.).

Ps 84,12 wird Jahwe als »Sonne und Schild« betitelt. Die gängige Übersetzung von *šæmæš* mit »Zinne« (wahrscheinlich in Analogie zu Jes 54,12) ist unberechtigt. Wie *māgēn* »Schild« gehört es zu den altorientalischen Königsprädikaten (z.B. als Anrede für Pharao: EA Nr. 45,1; 85,66; 103,2 u.ö.; vgl. Kraus, BK XV, 586; M. Dahood, Bibl 54, 1973, 361: **māgān* »suzerain«).

Etwas anders verhält es sich mit den Textstellen innerhalb des Berichtes über die josianische Reform (2Kön 23,5.11), die von einer Beseitigung derjenigen durch den König sprechen, »welche dem Baal, der Sonne, dem Mond, den Tiersternbildern (*mazzālōt*) und dem ganzen Heer des Himmels (→*ṣābā'*) Opfer in Rauch aufsteigen ließen (*qṭr* pi.)«. Die Pferde, die man »der Sonne« am Eingang des Tempels aufgestellt hatte, wurden weggeschafft und die »Sonnenwagen« verbrannt. Nach traditioneller Meinung entfernte Josia damit Personal und Kultgegenstände des ass. Gottes Šamaš, die in Folge der ass. Oberhoheit über Juda in den Tempel als Anerkennung jener Einzug gefunden hatten (so z.B. Noth, GI 247; S. Herrmann, Geschichte Israels, 1973, 326; Zorell 867a; vgl. auch Busink, a.a.O. 651 Anm. 104; 2Kön 23,5 *kemārīm* »Priester« mit akk. *kumru* [AHw 506a; KBL 442a]). Dagegen wendet sich neuerdings J. McKay, Religion in Judah under the Assyrians, 1973, 32–36, nach dem die Vorstellung vom Sonnengott, der im Wagen fährt, aus dem kan. Kult stammt (vgl. die Gottheit *Rkb'l* neben Hadad, Šamaš u.a. in der Panammuwa I.-Inschrift [= KAI Nr. 214], Z. 2.3.11.18); so ähnlich schon Montgomery, Kings, 530; Zimmerli, BK XIII, 221 zu Ez 8,16; Busink, a.a.O. 655; vgl. M. Cogan, Imperialism and Religion, Diss. 1971, 121–131.221f. 146–191. Wenn also die Verehrung einer ass. Sonnengottheit auszuschließen ist, so doch nicht das Vorhandensein eines Sonnenkultes im Jerusalemer Tempel überhaupt, den wohl auch Ez 8,16 für die Zeit kurz vor dem Zusammenbruch der judäischen Eigenstaatlichkeit bezeugt. Aufgenommen und ablehnend behandelt wird diese Verehrung in den dtn.-dtr. Stellen wie Jer 8,2 (vgl. dort die Verben, die die Zuneigung ausdrücken: *'hb* »lieben«; *'bd* »dienen«; *hlk 'aḥarē* »nachlaufen«; *drš* »befragen«; *ḥwh* hišt. »sich niederwerfen«), Dtn 4,19 (späterer Zusatz?, vgl. M. Noth, Überlieferungsgeschichtliche Studien, [3]1967, 38f.) und 17,3 (Bestimmung über die Austilgung eines Götzendieners aus der Gemeinschaft). Vgl. auch Hi 31,26–28.

In den anderen großen Religionen des alten Orients spielt die Sonne eine weitaus bedeutendere Rolle als in Israel. Man vgl. etwa für Ägypten: A. Erman, Die Religion der Ägypter, (1934) [2]1968, 17–22.27; H. Bonnet, Reallexikon der äg. Religionsgeschichte, [2]1971, 729–733; W. Helck, in: Götter und Mythen im Vorderen Orient = Wörterbuch der Mythologie I, 1965, 389–393 (Re).339f. (Aton); Mesopotamien: E. Dhorme, Les religions de Babylonie et d'Assyrie, 1945, 60–67.86–89; J. Bottéro, in: S. Moscati (ed.), Le antiche divinità semitiche, 1958, 47–50.53–55; D.O. Edzard, in: Wörterbuch der Mythologie I, 1965, 126f. (mit Lit.); R. Labat, in: Les religions du Proche-Orient asiatique, 1970, 266–279 (Texte); Kanaan: H. Gese, in: Die Religionen Altsyriens . . ., 1970, 166.

b) Für die Tatsache, daß in Israel die ursprünglich göttlichen Gestirne entdeifiziert wurden, ist das bekannteste Beispiel der Schöpfungsbericht bei P, wo allerdings das Wort »Sonne« fehlt und nicht ohne Absicht durch *mā'ōr* »Leuchte« ersetzt worden ist (vgl. die ug. Formel *nrt ilm špš* »Šapš, die Leuchte der Götter« 49 [=CTA 6], II, 24; IV, 32.41 u.ö.; die akk. Epitheta für Sin und Šamaš bei Tallqvist 444.456; die äg. Anrede »die ewige Lampe« an den Sonnengott; s. Gunkel, Gen. 109), dem aber jeglicher Anflug von Poesie abgeht. Dieser durchtheologisierte späte Text hat seine Parallelen besonders im Hymnus, Volksdank- und Volksklagelied, die Jahwe als den Schöpfer bekennen: Ps 104,19 »er hat den Mond gemacht (*'śh*) zur Terminbestimmung, die Sonne weiß ihren Untergang«; Ps 136,7f. »danket . . . dem, der die großen Lichter (*'ōrīm*) gemacht hat, die Sonne zur Herrschaft am Tage«; Ps 74,16 »dein ist der Tag, dein auch die Nacht; du hast hingesetzt (*kūn* hi.) Leuchte (*mā'ōr*) und Sonne«; vgl. Jer 31,35. Der Höhepunkt innerhalb dieser Anschauung bietet sich in Ps 148,3 dar: Sonne, Mond und Sterne werden aufgefordert, ihrem Kreator Lobpreis entgegen zu bringen. Freilich darf hier nicht übersehen werden, daß wir es mit einem Endstadium von theologischer Reflexion zu tun haben. Dasselbe gilt auch von Ps 19,5b–7, der ebenfalls entmythologisiert ist, jedoch noch deutlich die ursprüngliche Eigenständigkeit des Sonnengottes als Richter erkennen läßt (vgl. Kraus, BK XV, 156f.; A. Ohler, Mythologische Elemente im AT, 1969, 138; für das Akk. s. O. Schroeder, ZAW 34, 1914, 69f.; SAHG 221f.243 u.ö.), wie sie in den Inschriften von Karatepe (KAI Nr. 26A, III, Z. 18f.) und Afis (KAI Nr. 202B, Z. 24) belegt ist.

c) Als Schöpfer ist Jahwe Herr über die Gestirne. Bedeutsam wird dies bei der Ankündigung seines Tages: ». . ., da lasse ich die Sonne untergehen (*bō'* hi.) am Mittag und bringe Finsternis (*ḥšk* hi.) über die Erde am hellichten Tag« Am 8,9; weiter Jes 13,10; Jo 2,10 = 3,15; 3,4 (vgl. die prophetische Leichenklage über den König Ägyptens Ez 32,7). Damit wären die bei der Schöpfung gewährten Ordnungen (vgl. Jer 31,36 *ḥuqqīm*) aufgehoben. Ob man Tritojesaias Verkündigung für die Heilszeit Jes 60,20 (»deine Sonne wird nicht mehr untergehen und dein Mond nicht schwinden, denn Jahwe wird dein ewiges Licht sein, und die Tage deiner Trauer haben ein Ende«) als positive Umkehrung jenes Gerichtshandelns oder als ein »Aufhören des jetzigen Zeitrhythmus«, einen Hinweis auf ein »Jenseits der Zeit« (so von Rad II, 117 Anm. 16; vgl. Westermann, ATD 19, 290) verstehen darf, ist fraglich (s. dagegen V. 19). Zugrunde liegt die Wendung »jemandes Sonne geht unter« (s.o. 3a), die den Zustand der Glücklosigkeit charakterisiert (vgl. S. Aalen, Die Begriffe Licht und Finsternis im AT . . ., 1951, 70f.71 Anm. 1). Jes 49,10 werden die Menschen in der Zeit des Gottesknechtes nicht von der Sonne geplagt (vgl. den Bekehrungspsalm 121,6, wo Jahwe als *šōmēr* bezeichnet wird).

d) In den Theophanieschilderungen spielt die Sonne keine Rolle (s. auch Aalen, a.a.O. 80ff.; J. Jeremias, Theophanie, 1965, 62–64). Das in diesem Zusammenhang gebrauchte Verbum *zrḥ* »aufstrahlen« (Dtn 33,2; Jes 60,1.2) wird ansonsten hauptsächlich (12 ×) für das morgendliche Aufgehen der Sonne verwendet, aber nur zweimal in Verbindung mit *'ōr* »Licht«, so daß man daraus schließen kann, daß *zrḥ* nicht nur bedeutet, »daß ein Licht hervorglänzt, zum Vorschein kommt« (so Aalen, a.a.O. 39).

In Dtn 33,2 (par. →*jpʿ* hi. »aufstrahlen«) ist es darum gut möglich, heliophantische Elemente zu sehen, die auf Jahwe übertragen wurden. Im jetzigen Kontext liegen aber solare Züge nicht mehr vor (vgl. F. Schnutenhaus, Das Kommen und Erscheinen Gottes im AT, ZAW 76, 1964, 8f.; Ohler, a.a.O. 23).

5. Die LXX übersetzt *šǽmæš* und *ḥǽræs* abgesehen von wenigen Ausnahmen (interpretierend Jes 54,12 ἔπαλξις) immer mit ἥλιος, *zrḥ* meist mit (ἐξ)ανατέλλειν (16×); Dtn 33,2 und Jes 60,2 bezeichnenderweise mit (ἐπι-)φαίνειν. In den Schriften von Qumran nimmt die Sonne keine Sonderstellung ein. Bemerkenswerter sind nur die Stellen CD 10,15 *glgl hšmš* »Sonnenscheibe«, 1Q27, I, 6, wo als Kennzeichen für das Ende des Unrechts »die Gerechtigkeit wird offenbar werden wie die Sonne als Ordnungsprinzip (*tkwn*) der Welt« (vgl. Jer 31,36) und 4QpJes[d] 1,6 zu Jes 54,11f. Zum Spätjudentum und Rabbinismus vgl. Aalen, a.a.O. 102–104.158–163 bzw. 258–262. Die atl. Wendung vom Aufstrahlen der Sonne über jemandem taucht im NT in der Form »leuchten wie die Sonne« auf (Mt 13,43 Gerechte; Mt 17,2; Apk 1,16 verklärter bzw. epiphaner Christus; vgl. Apk 10,1 Engel, aber ohne Verbum). Die Bilder von der kosmischen Veränderung beim Tag Jahwes werden aufgenommen für die eschatologische Vorstellung von der Wiederkunft des Menschensohnes (Mt 24,29 als Zitat aus Jes 13,10), die Pfingstphänomene (Apg 2,20; vgl. Jo 3,4) und die apokalyptischen Geschehnisse (Apk 6,12; vgl. V. 17: »der große Tag seines [=Christi] Zorns ist gekommen«; 8,12; 9,2). Das neue Jerusalem Apk 21,23 wird gemäß Jes 60,1.19f. geschildert (vgl. StrB III, 853). An die atl. Theophanien klingt Hebr 7,14 »aus Juda ist unser Herr aufgegangen« an (anders H. Schlier, Art. ἀνατέλλω, ThW I, 354). Zur frühchristlichen Gebetsrichtung gegen die Sonne s. F. Vattioni, Augustinianum 9, 1969, 475–483.

Th. Hartmann

שׁפט *šp̣t* richten

1. Die Wurzel *šp̣t* (**tp̣t*) begegnet außer im AT im Akk., Ug., Phön.-Pun. und Aram. (vgl. KBL 579f.1002f.1134; M.S. Rozenberg, The Stem *šp̣t*, Phil. Diss. Univ. of Pennsylvania, 1963; Huffmon 268; W. Richter, ZAW 77, 1965, 59–72, bes. 70 Anm. 122; W.H. Schmidt, Königtum Gottes in Ugarit und Israel, ²1966, 36–43; A. Marzal, JNES 30, 1971, 186–217).

Neben *šp̣t* q. findet sich im AT das Ni. und Po. des Verbums. Folgende Substantive sind von *šp̣t* abgeleitet: *mišpāṭ* (s. u. 3d; m-Präformativ-Bildung mit dem Sinn des Verbalnomens; vgl. GVG I, 375f.), *šōfēṭ* »Richter« (substantiviertes Partizip), *šefāṭīm* »Strafgerichte« (Plural der allerdings nicht belegten Form *šǽfæṭ*) und *šefōṭ* »Strafgericht«.

Außerdem begegnet *šp̣t* in einer Reihe von Danknamen; *ʾælīšāfāṭ*, *J(eh)ōšāfāṭ*, *Šefatjā(hū)* und die Kurzformen *Šāfāṭ*, *Šifṭān* (vgl. Noth, IP 187f.).

2. Im AT findet sich das Verbum 144×, und zwar q. 126× (Abgrenzung des Part. gegenüber dem Subst. *šōfēṭ* nach Lis.), ni. 17× und po. 1× (Hi 9,15, vgl. Horst, BK XVI, 140). Die Qal-Stellen sind am häufigsten in Ez (23×), Ps (20×), Ri (14×), 1Sam (13×), Jes (8×), Ex (7×).

Von den Substantiven begegnen *mišpāṭ* 422× (Ps 65×, Ez 43×, Jes 42×, Dtn 37×, Jer 32×, Hi 23×, Spr 20×, Num 19×, 1Kön 18×, Lev 14×, 2Chr 13×, Ex und 2Kön je 11×), *šōfēṭ* 58× (Ps 9×, Dtn 8×, Ri 7×), *šefāṭīm* 16× (Ez 10×) und *šefōṭ* 2× (Ez 23,10, vgl. Zimmerli, BK XIII, 531; 2Chr 20,9).

3. a) Über die »Grundbedeutung« des Stammes *šp̣t* gibt es eine langandauernde Auseinandersetzung:

H.W. Hertzberg, ZAW 40, 1922, 256–287; 41, 1923, 16–76, gibt »seinen Willen durchsetzen« als Grundbedeutung an, aus der sich »(einmalig) entscheiden, richten« und »(dauernd) herrschen, regieren« ergibt. L. Köhler, Deuterojesaja stilkritisch untersucht, 1923, 110; ders., Die hebr. Rechtsgemeinde (1931), in: Der hebr. Mensch, 1953, 151, und K. Fahlgren, ṣedaḳa, nahestehende und entgegengesetzte Begriffe im AT, 1932, 124f., plädieren für »entscheiden zwischen«. V. Herntrich, ThW III, 922–933, folgt Hertzberg. O. Grether, ZAW 57, 1939, 110–121, versteht *šp̣t* immer als »juristisches Entscheiden, Richten«. Ihm folgt J. van der Ploeg, OTS 2, 1943, 144–155; ders., CBQ 12, 1950, 248f., und wieder I.L. Seeligmann, FS Baumgartner 1967, 251–278. Die Parallelen in Ugarit, Mari u.a. zeigen nach Schmidt, a.a.O. 36ff., und Richter, a.a.O. 40ff., daß *šp̣t* ein »westsemitischer Terminus herrschaftlicher Art« ist, der »Zivilverwaltung und Rechtsprechung« umfaßt (vgl. Noth, BK IX 1, 51; Rozenberg, a.a.O.).

Diese Übersicht zeigt, daß eine Einengung auf nur richterliches Entscheiden nicht berechtigt ist. *špṭ* scheint zu den Stämmen zu gehören, bei denen die Suche nach einer »Grundbedeutung« nicht erhellend ist (vgl. H.H. Schmid, *šalōm*, 1971, 46 Anm. 4); sachdienlicher ist es, anhand fester Wendungen mit *špṭ* die volle Breite der Bedeutungsvarianten zu erfassen (G. Liedke, Gestalt und Bezeichnung atl. Rechtssätze, 1971, 63).

b) *špṭ* – so die vielleicht allgemeinste Beschreibung – bezeichnet ein Handeln, durch das die gestörte Ordnung einer (Rechts-)Gemeinschaft wiederhergestellt wird.

Das *špṭ*-Handeln findet statt in einem »Dreiecksverhältnis«: zwei Menschen oder zwei Gruppen von Menschen, deren Verhältnis zueinander nicht intakt ist, werden durch das *špṭ* eines Dritten oder Dritter wieder in den Zustand des *šālōm* gebracht (von Rad I, 383 Anm. 6.144; H.H. Schmid, Gerechtigkeit als Weltordnung, 1968, 68). Dies wird am deutlichsten in der Wendung *špṭ bēn* X *ūbēn* Y »richten zwischen X und Y« (Gen 16,5; 31,53; Ex 18, 16; Num 35,24; Dtn 1,16; Ri 11,27; 1Sam 24,13.16a; Jes 2,4 = Mi 4,3; Jes 5,3; Ez 34,20.22; vgl. Seeligmann, a.a.O. 273; Liedke, a.a.O. 63–68; die literarisch ältesten Stellen von *špṭ* finden sich in dieser Liste, aber auch relativ junge). Subjekt des *špṭ* ist in diesen Belegen meist Jahwe, aber auch Menschen (Ex 18,16; Num 35,24; Dtn 1,16; Jes 5,3). Objekte sind zwei Menschen oder zwei Gruppen von Menschen (z.B. Gen 16,5 Abraham-Sara; Ri 11,27 Israel-Ammon). *špṭ* geschieht, indem die Ursache der Störung zwischen X und Y durch den »Richtenden« beseitigt wird: Jahwe veranlaßt Abraham, Hagar wieder zur Sklavin Saras zu degradieren; damit ist die Ursache des Streites zwischen Abraham und Sara beseitigt (Gen 16,5; Liedke, a.a.O. 65). Ist einer der Streitenden selbst die Ursache der Störung, so muß er folgerichtig »beseitigt« werden: ein Mörder wird durch das *špṭ* der Gemeinde dem Bluträcher ausgeliefert (Num 35,24); die Ammoniter werwerden den Israeliten »in die Hand gegeben« (Ri 11,32; vgl. 1Sam 24,13). Der Doppelcharakter der Präposition *bēn* (verbindend-trennend, vgl. BrSynt § 112) zeigt sich hier: einerseits verbindet das *špṭ bēn* die Streitenden wieder, andererseits trennt es sie, indem es den einen aus dem betreffenden Rechtskreis (Familie, Stamm, Volk, Völkergemeinschaft) ausschließt.

Man wird daher L. Köhlers (Der hebräische Mensch, 1953, 151) klassisch gewordener These »Richten heißt nicht deliktische Tatbestände feststellen und auf Grund dieser Feststellung urteilen und verurteilen, sondern im Hebräischen sind ›Richter‹ und ›Helfer‹ Parallelbegriffe« nur zum einen Teil zustimmen können.

Von den Objekten des *špṭ* aus betrachtet hat nämlich *špṭ* einerseits den Klang von »verurteilen« (1Sam 3,13; Jes 66,16 u.a., bei Ez durchweg in dieser Bedeutung), andererseits von »gerechtsprechen, zum Recht verhelfen« (s.u.). So deutlich ausgesprochen in Dtn 25,1: »Wenn zwischen Männern eine Streitsache anhängig ist (→*rīb*), dann sollen sie zum *mišpāṭ* gehen und man soll ihnen Recht sprechen (*špṭ*): man soll den Gerechten ins Recht setzen (→*ṣdq* hi.) und den Schuldigen für schuldig erklären (→*rš‘* hi.)« (vgl. 2Sam 15,4; H.J. Boecker, Redeformen des Rechtslebens im AT, 1964, 122ff.). So wird verständlich, daß der (sich unschuldig wissende) Angeklagte den »Richtenden« um das *špṭ* im Rahmen der Appellation bittet: wer die schlimmen Folgen eines gestörten Verhältnisses zu tragen hat, der bittet *šofṭēnī* »schaff mir Recht!« (Ps 7,9; 26,1; 35,24; 43,1; vgl. Klgl 3,59 und Gen 16,5; Ex 5,21; Ri 11,27b; 1Sam 24,13.16; Kraus, BK XV, 55f.59f.; A. Gamper, Gott als Richter in Mesopotamien und im AT, 1966). In solcher Lage wird *špṭ* als »retten« verstanden; das zeigen die Wendung *špṭ mijjādǣkā* in 1Sam 24,16b; vgl. 2Sam 18,19.31 (→*jād* 3d.4; Liedke. a.a.O. 69f.), die Stellen, an denen Arme, Geringe, Bedrückte Objekt des *špṭ* sind (Jes 1,17.23; 11,4; Ps 10,18; 72,4; Spr 29,14; vgl. Wildberger, BK X, 48) und die mit *špṭ* gebildeten Danknamen (s.o. 1). Von daher wird verständlich, daß spätestens der Dtr. im Ri-Buch die »Retter« (→*jš‘* 4c) mit den »Richtern« (*šōfeṭīm*) identifizieren konnte (Ri 2,16–19; vgl. Ri 3,9.15; 2Sam 7,11; Ob 21; M. Noth, Überlieferungsgeschichtliche Studien, 1943, 49.55).

Wiederherstellung der Ordnung einer Gemeinschaft ist nicht nur als einmaliges Handeln, sondern auch als andauernde Tätigkeit, als stete Bewahrung des *šālōm* zu verstehen; so ergibt sich die Bedeutung »regieren, herrschen« (Liedke, a.a.O.

70–72). Der König (1Sam 8,5f.20; 1Kön 3,9.28; 2Kön 15,5; Dan 9,12), Jahwe (Ps 67,5; 82,8; 96,13 = 1Chr 16,33; Ps 98,9; Hi 21,22), die *śārīm* (Hos 13,10 txt em) sind Subjekte von *špṭ* in dieser Bedeutung. Auch die oft behandelte Formel »Israel richten« (Ri 3,10; 4,4; 10,2.3; 12,7–9.11.13f.; 15,20; 16,31; 1Sam 4,18; 7,6.15–17; 8,2; 2Kön 23,22) läßt das Regieren über Israel mit anklingen (Richter, a.a.O.59). Interessant ist die Beobachtung, daß der Chr. in 2Chr 1,10f. das juridische *špṭ* aus 1Kön 3,9.11 als »regieren« interpretiert (G.Ch. Macholz, ZAW 84, 1972, 319 Anm. 10).

Aus der Betrachtung von *špṭ* ist für das »Richter«-Problem der vorstaatlichen Zeit Israels kein Aufschluß zu gewinnen, vgl. K. Elliger, RGG V, 1095; G.Ch. Macholz, Untersuchungen zur Geschichte der Samuelüberlieferungen, Diss. Heidelberg, 1966, 122ff. (Lit.); C.H.J. de Geus, NedThT 20, 1965/66, 81–100; K.D. Schunck, SVT 15, 1966, 252–262.

špṭ findet sich parallel zu →*dīn* (3), zu →*rīb*, zu →*jkḥ* hi. (3a), zu →*nqm* (1Sam 24,13). Typische Opposita finden sich in Jer 5,28. Oft ist *špṭ* mit →*ṣdq* verbunden: in den Formeln *špṭ beṣædæq* (Lev 19,15; Jes 11,4; Ps 9,9; 96,13; 98,9), *špṭ ṣædæq* (Dtn 1,16; Jer 11,20; Ps 9,5; Spr 31,9; vgl. Liedke, a.a.O. 68f.); damit ist vergleichbar: *špṭ bæ'æmūnā* (Jes 59,4; →*'mn* D III/7), *špṭ bæ'æmæt* (Spr 29,14; →*'mn* E/III/4.7), *špṭ mēšārīm*, *špṭ mīšōr* (→*jšr* 4), *špṭ 'āwæl* (Ps 82,2). Bei Ez erscheint die Formel *špṭ bemišpāṭīm* (Ez 7,27; 23,24; 44,24).

Die Bedeutungsbreite von *špṭ* bringt es mit sich, daß *špṭ* – anders als z.B. *dīn* (→*dīn* 3) – sich allen Stadien der Rechts- und Institutionengeschichte angepaßt hat: es bezeichnet sowohl das »richten« im schiedsgerichtlichen Verfahren des Sippenältesten- und des Torgerichts (Liedke, a.a.O. 40–42) als auch die autoritären Entscheidungen des Familienvaters (Liedke, a.a.O. 130), des Königs (G.Ch. Macholz, ZAW 84, 1972, 157–181) und der Richter der späteren Zeit (s.u.). Daher ist *špṭ* auch das Normalwort für »richten« im AT.

Das Ni. des Verbums hat überwiegend die tolerative Bed. »sich richten lassen«; zu den syntaktischen Verbindungen s. KBL 1003b. Typisch ist 1Sam 12,7.

c) Das Part. *šōfēṭ* findet sich als Amtstitel »Richter« erst von der mittleren Königszeit an und dann vor allem in Texten aus dem Südreich. Noch in 2Sam 15,4 kann man schwanken, ob *šōfēṭ* verbal oder substantivisch zu verstehen ist (1Sam 8,1 ist sicher dtr.; vgl. Noth, a.a.O. 57). In den Beamtenlisten Davids und Salomos taucht der Titel noch nicht auf (Macholz, a.a.O. 314). Erst in den prophetischen Listen begegnen »Richter«: in Jes 1,26 neben *jō'ēṣ* »Ratgeber« (→*j'ṣ* 3b) und *śar* »Beamter« (1,23), in Jes 3,2f. unter den »Stützen« (Wildberger, BK X, 121–123), neben *śar* bzw. *mælæk* in Ex 2,14; Hos 7,7; Am 2,3; Ps 2,10; in den Listen Zeph 3,3 (in der Kommentierung Ez 22,23ff. sind die *šōfeṭīm* durch *śārīm* ersetzt, vgl. Zimmerli, BK XIII, 525), Hi 12,17–24; 1Chr 23,3–5 (hier tauchen die *šōṭerīm* par. zu den *šōfeṭīm* auf, de Vaux I, 250; vgl. 1Chr 26,29). Die dtr. Aufzählungen Jos 8,33; 23,2; 24,1 sind von den vieldiskutierten Bestimmungen Dtn 16, 18; 17,9ff.; 19,16ff.; 21,1ff.; 25,2 abhängig, in denen vor allem das Nebeneinander von Priestern und Richtern, bzw. von Richtern und *šōṭerīm* schwierig ist (von Rad, ATD 8,81.84; H. Cazelles, SVT 15, 1966, 108ff.). In Fortführung der Thesen von R. Knierim, ZAW 73, 1961, 146–171, hat Macholz, a.a.O. 333–338, gezeigt, daß dieses Nebeneinander auf dem Hintergrund der Justizreform Josaphats (2Chr 19,5ff.) verständlich ist, und daß die Bestimmungen des Dtn die gesamte Justizorganisation Judas dem königlichen Einfluß wieder entziehen wollen.

Die (dtr.?) »Richter« der vorstaatlichen Zeit werden nur in Ri 2,16–19; 4,4 (die Richterin Debora); 2Sam 7,11; 2Kön 23,22; 1Chr 17,6.10; Ruth 1,1 als *šōfeṭīm* bezeichnet; sonst s.o. 3b zur Formel »Israel richten«. In Mi 4,14 ist wohl kein Bezug auf die »Richter« zu sehen (Richter, a.a.O. 50).

d) Daß *mišpāṭ* den Akt des *špṭ*-Handelns bezeichnet, wird deutlich durch seine Verwendung als inneres Objekt zu *špṭ* in Dtn 16,18; 1Kön 3,28; Jer 5,28; Ez 16,38; 23,45; Sach 7,9; 8,16; Klgl 3,59. Gleichbedeutend mit *špṭ mišpāṭ* findet sich →*'śh mišpāṭ* (vgl. 1Kön 3,28): Gen 18,25; Dtn 10,18; 1Kön 8,45.49.59 = 2Chr 6,35.39; Jer 5,1; 7,5; Ez 18,8; 39,21; Mi 6,8; 7,9; Ps 9,5.17; 119,84; 140,13; 146,7; 149,9; Spr 21,7.15 (vgl. Zeph 2,3).

So wenig wie *špṭ* nur juristische Bedeutung hat, läßt sich *mišpāṭ* auf die Sphäre des Rechts einengen. Darauf deuten schon die von *mišpāṭ* abhängigen Genetive der Zugehörigkeit hin: *mišpāṭ* der Armen o.ä. (→*'bh* 4b; Ex 23,6; Dtn 10,18; 24,17; 27,19; Jes 10,2; Jer 5,28; Ps 140,13; Hi 36,6), der Israeliten (Ex 28,30; 1Kön

8,59; Jes 40,27; Mi 7,9), der Priester (Dtn 18,3; 1Sam 2,13; 1Chr 6,17; 24,19; 2Chr 30,16), der Vögte (1Kön 5,8) u.a.m. Sie zeigen, daß *mišpāṭ* nicht nur den Akt des *špṭ* bezeichnet, sondern auch das, was den Armen usw. »gehört«.

Die häufige Parallelität von *ṣǽdæq*/*ṣᵉdāqā* und *mišpāṭ* (*ṣǽdæq*: Jes 16,5; 26,9; 32,1; 51,4f.; Hos 2,21; Zeph 2,3; Ps 72,2; 89,15; 97,2; Hi 8,3; 29,14; 35,2; Spr 1,3; 2,9; Pred 5,7; *ṣᵉdāqā*: Jes 5,7; 9,6; 28,17; 32,16; 33,5; 54,17; 56,1; 58,2; 59,9; Jer 4,2; Am 5,7.24; 6,12; Ps 33,5; 36,7; 99,4; 106,3; Hi 37,23; Spr 8,20; 16,8; die Formel *'śh mišpāṭ ūṣᵉdāqā*: Gen 18,19; 2Sam 8,15 = 1Chr 18, 14; 1Kön 10,9 = 2Chr 9,8; Jer 9,23; 22, 3.15; 23,5; 33,15; Ez 18,5.19.21.27; 33,14.16.19; 45,9; Ps 99,4; zum Traditionsweg dieser Formel vgl. Wolff, BK XIV/2,287f.; ders., Amos' geistige Heimat, 1964,40–46) zeigt, daß *mišpāṭ* ebenso wie *ṣᵉdāqā* als »Bereich« zu verstehen ist (K. Koch, *ṣdq* im AT, Diss. Heidelberg 1953, 35ff.; Liedke, a.a.O. 77). Hi 29,14 und 2Kön 1,7 unterstützen diese Deutung, vgl. auch *mišpāṭ* par. →*ḥǽsæd* (Jer 9,23; Hos 2,21; 12,7; Mi 6,8; Ps 33,5; 89,15; 101,1) und par. →*ṭōb* (Jes 1,17; Hi 34,4). *mišpāṭ* als Bereich meint dabei »das, was einem zukommt«: das kann ein »Anspruch« sein (1Kön 6,38; 2Kön 17,26f.; Jer 5,4f.; 30,18), eine »Pflicht« (»was sich für einen gehört«, Ri 13,12), das »Richtige, Angemessene« (Ex 26,30; 1Kön 18,28; Jes 28,25f.), die »Ordnung« (Gen 40,13; 1Kön 5,8; 2Kön 11,14; Jer 8,7; vgl. zu Hosea Wolff, BK XIV/1,121; im Unterschied zur einmal festgesetzten *ḥōq*-Ordnung ist die *mišpāṭ*-Ordnung einfach vorhanden, ein *špṭ* stellt sie nur wieder her, →*ḥqq* 3c; Liedke, a.a.O. 174; Gegenbegriff zu *mišpāṭ* in dieser Bedeutung ist *mirmā* »Trug« Spr 12,5), das kann schließlich »Lohn oder Strafe« sein (Ez 16,38; 23,45). Zu diesen Interpretationen vgl. Fahlgren, a.a.O. 124–138; Liedke, a.a.O. 73ff.

In diesen weiten Bedeutungshorizont »das, was einem zukommt« paßt sich *mišpāṭ* als gerichtlicher Terminus ein: hier bezeichnet *mišpāṭ* zunächst das Urteil des Gerichts. Dieses Urteil ist mündlich Dtn 17,9ff.; 2Kön 25,6; Jer 1,16; Ps 105, 5; Spr 16,10; 2Chr 19,6), es wird vom jeweiligen Richter gesprochen (Jer 21,12, →*dīn* 3; Num 35,12 par. Jos 20,6; Dtn 16,18; 1Kön 3,28, vgl. V. 27). Den Wortlaut solcher *mišpāṭīm* lernen wir aus Num 35,16ff.; Dtn 19,6; 1Kön 3,27; 20, 39f. kennen: er besteht aus Schuldig- oder Unschuldigerklärung und Rechtsfolgebestimmung (Boecker, a.a.O. 122–143; Liedke, a.a.O. 84ff.). Weitere Belege: Lev 19,15; Dtn 1,17; 25,1; 2Sam 15,2.6; Jes 3,14; 5,7; 10,2; Ez 5,8; 16,38; 21,32; 23,45; Am 5,7.15.24; Hab 1,4.12; Zeph 3,5.8.15; Ps 10,5; 17,2; Hi 19,7; 32,9; 40,8; Spr 24,23. Auch in Jes 53,8 ist *mišpāṭ* als Urteil zu verstehen (Liedke, a.a.O. 87). Gegenbegriff zu *mišpāṭ* als Urteil ist *'af* »Zorn«, Jer 10,24.

In Parallele zu →*rīb* (Jes 3,13f.; Mi 7,9; Ps 35,23; Klgl 3,35f.; 2Chr 19,8) und →*dīn* (Jes 3,14; 10,2; Jer 22,15f.; Ps 9,5; 76,9f.; 140,13; Hi 36,17) hat *mišpāṭ* juridischen Sinn; dasselbe gilt für die Wendung *bō' bᵉmišpāṭ* (*'im*) »ins Urteil gehen (mit)« (Jes 3,14; Ps 143,2; Hi 9,32; 22,4; vgl. 2Sam 15,2.6; →*bō'* 4a; Boecker, a.a.O. 85; D.A. McKenzie, VT 14, 1964, 100; vgl. Pred 3,16 »Ort des *mišpāṭ*« und Gen 14,7 *'ēn-mišpāṭ*; von Rad I, 25), für die Wendungen →*'md lammišpāṭ* »zum Urteil hintreten« (Num 35,12; Jos 20,6; Ez 44,24Q; vgl. 2Chr 19,8); →*'lh lammišpāṭ* (Ri 4,5); →*qrb lammišpāṭ* (Jes 41,1; Mal 3,5), →*qūm lammišpāṭ* (Jes 54,17; Ps 76,10). *mišpāṭ* als Urteil kann – wie *špṭ* (s.o.) – Rettung oder Verurteilung bedeuten. Rettung: Dtn 32,4; Jes 4,4; 30,18; 51,4; 58,2; Jer 9,23; 10,24; Ps 17,2; 33,5; 36,7; 76,10; 101,1; 111,7 (auch Jes 42,1–4 ist *mišpāṭ* mit J. Begrich, Studien zu Deuterojesaja, 1938, 161–170; vgl. J. Jeremias, VT 22, 1972, 31–42, hierher zu stellen). Verurteilung, Vernichtung: Jes 34,5; Jer 48,21; 51,9; Ez 23,24; 39, 21; Mi 3,8; Zeph 3,8; Ps 9,17; 48,12; 97,8; Hi 36,17. Vgl. auch *mišpaṭ-māwæt* »Todesurteil« (Dtn 19,6; 21,22; Jer 26, 11.16). Singular ist *mišpāṭ* als Bezeichnung eines Prophetenspruches in Jer 48, 47b.

Der Art des israelitischen Gerichtsverfahrens entsprechend bezeichnet *mišpāṭ* auch den Urteilsvorschlag, der vom Angeklagten, vom Beschuldiger (Boecker, a.a.O. 72), aber auch vom Richter – im Schiedsverfahren – eingebracht werden kann (Num 27,4f.; 2Sam 15,4; 1Kön 3, 24, vgl. V. 27; 20,39f.). Die Wendung *'rk mišpāṭ* in Hi 13,18; 23,4 ist am besten als »den Urteilsvorschlag zum Kampf aufstellen« zu verstehen; auch in Jer 12,1 ist *mišpāṭ* als »Urteilsvorschlag« möglich (Liedke, a.a.O. 91f.).

Der Urteilsvorschlag des Klägers ist sachlich ein Rechtsanspruch: das, was dem Kläger zukommt. Diese Bedeutung hat *mišpāṭ* vor allem mit dem Genetivattribut der Person: der *mišpāṭ* der Armen und Geringen, der Priester (s.o.), des Königs (1Sam 8,9.11; 10,25), des Beters (Hi 27,2; 35,2), des Sklaven (Hi 31,13), des Erstgeborenen (Dtn 21,17), des Gottesknechtes (Jes 49,4; 50,8), Israels (Jes 40,27). In diesen Zusammenhang gehört auch die Formel *nṭh* hi. *mišpāṭ* »den Rechtsanspruch (eines Armen o.ä.) ablenken, seitwärts lenken, das Recht beugen« (Ex 23,6; Dtn 16,19; Dtn 24,17; 1Sam 8,3; Spr 17,23; Klgl 3,35; vgl. Hi 8,3). Ein Genetiv, der den Inhalt des Rechtsanspruches angibt, findet sich in *mišpaṭ haggeʾullā/hajeruššā* (Jer 32,7.8 →*jrš* 3).

In Ex 15,25b; Jos 24,25b; 1Sam 30,25b ist in der Wendung *śīm (le) ḥōq ū(le) mišpāṭ* präzise »begrenzende Ordnung« und »Rechtsanspruch« zu verstehen (→*ḥqq* 4d; vgl. Ex 21,1; Jes 28,17; 42,4; Hab 1,12; Ps 81,5).

Da die kasuistischen Rechtssätze aus den Urteilssprüchen und Urteilsvorschlägen des Schiedsgerichtsverfahrens hervorgegangen sind (Liedke, a.a.O. 54ff.59), bezeichnet *mišpāṭ* schließlich auch den kasuistischen Rechtssatz (vgl. Alt, KS I, 289 »*mišpāṭīm*, d.h. Sätze für die Rechtssprechung der örtlichen Laiengerichtsbarkeit«); auch das akk. *dīnum(m)*, das *mišpāṭ* sachlich äquivalent ist (→*dīn* 3), bezeichnet sowohl den »Rechtsspruch« als auch die »Rechtssatzung« (AHw 171f.). In Ex 21,1.31; Num 35,24 und in der P-Formel *kammišpāṭ(im)* (Lev 5,10; 9,16; Num 15,24; 29,6.18.21.24.27.30.33.37) bezieht sich *mišpāṭ* (meist im Plur.) auf kasuistische Rechtssätze (Nachweise bei Liedke, a.a.O. 94–98); beim Chr. hat die Formel diesen Bezug verloren: Esr 3,4; Neh 8,18; 1Chr 15,13; 23,31; 24,19; 2Chr 4,7.20; 35,13; vgl. Jos 6,15). Dabei zeigt die Tatsache, daß *mišpāṭ* in Ex 21, 2–11 ein Rechtsinstitut, das »Sklavenrecht«, bezeichnet, daß auch in dieser Bedeutungsvariante noch der Bedeutungshorizont »das, was einem zukommt« präsent ist.

4. Der theologische Gebrauch der Wörter vom Stamm *špṭ* unterscheidet sich nicht vom sonstigen Gebrauch; daher werden hier nur einige Besonderheiten des theologischen Gebrauchs genannt.

a) Wenn Jahwe Subjekt von *špṭ* ist (z.B. Gen 16,5; 18,25; Ex 5,21; Ri 11,27; 1Sam 24,13.16; 2Sam 18,19.31; Jes 33, 22; Jer 11,20; Ez 7,3.8.27 u.ö.; Ps 7,9; 9,9.20; 10,18; 26,1; 35,24; 43,1; 50,6; 51,6; 58,12; 67,5; 75,3.8; 82,1.8; 94,2; 96,13; 98,9; Hi 21,22; 22,13; 23,7; Klgl 3,59; 1Chr 16,33; 2Chr 20,12) oder Götter (Ps 58,2; 82,2.3; vgl. Gen 31,53), dann bezeichnet *špṭ* natürlich autoritatives »Richten«. Die Bitte aus dem Tempelweihgebet Salomos, Jahwe möge seine Sklaven »richten, indem du einen Schuldigen für schuldig erklärst (→*ršʿ* hi.), um seinen Wandel auf seinen eigenen Kopf zu bringen, und einen Gerechten ins Recht setzt (→*ṣdq* hi.), um ihm zuteil werden zu lassen, was seiner Gerechtigkeit entspricht« (1Kön 8,31f. = 2Chr 6,22f.), die genau Dtn 25,1 entspricht (s.o. 3b; vgl. Pred 3,17), zeigt deutlich, daß keine Differenz zwischen dem *špṭ* des Torgerichts und dem *špṭ* Gottes besteht (Liedke, a.a.O. 67f.). Die Ps-Stellen lassen eine Vorstellung von Jahwe als Richter erkennen, die wohl aus den Kulttraditionen Jerusalems stammt: als Schöpfer und Herr der Welt ist er auch ihr Richter (Kraus, BK XV, 200.463.569–574; O.H. Steck, Friedensvorstellungen im alten Jerusalem, 1972,19). *špṭ* wird von hier aus zu einem Terminus der eschatologischen Heils- und Gerichtsankündigung (A. Jepsen, RGG II, 657ff.) und findet sich als Inhalt der Ankündigung rettender Ordnung in Jes 2,4 = Mi 4,3; Jes 51,5 (für die Völker); Ez 34,17.20.22 (für Israel), als Inhalt der Ankündigung ausschließenden und vernichtenden Gerichts in 1Sam 3,13 (für Elis Haus); Jes 66,16; Jer 25,31 (für alles Fleisch); Ez 7,3.8.27; 11,10f.; 16,38; 18,30; 24,14; 33,20; 36,19 (für Israel); Ez 21,35 (für Babel); Ez 38,22 (für Gog); Jo 4,2.12 (für die Völker); Ps 75,3 (für die Frevler). Auch der neue David »richtet die Geringen mit Gerechtigkeit« und zwar »nicht nach dem, was die Augen sehen« (Jes 11,3f.; 16,5; von Rad II, 179ff.; Wildberger, BK X, 450–455, dort Parallelen aus dem alten Orient). Im übrigen s.o. 3b.

Als *šōfēṭ* wird Jahwe in Gen 18,25; Ri 11,27; Jes 33,22 (→*ḥqq* 4a), Ps 9,5; 50,6 bezeichnet; dabei scheint »Richter der Erde« eine Formel zu sein (vgl. Ps 82,8; 96,13 = 1Chr 16,33; Ps 98,9). Vgl. sonst oben 3c.

b) Wenn vom *mišpāṭ* Jahwes gesprochen wird, ist an Urteilsspruch (Jes 3,14; 30,18; Ez 39,21; Zeph 3,5.8; Hi 40,8 u.ö.), an Ordnung, Art und Weise, Rechtsanspruch Jahwes (2Kön 17,26f.; Jes 51,4; 58,2; Jer 5,4f.; 8,7; Hos 6,5; vgl. Wolff, BK XIV/1, 152) gedacht, kaum an das »Gesetz«. Wenn der Plur. *mišpāṭīm* in Zusammenhang mit Jahwe genannt wird – und dies ist an fast allen Plur.-Stellen der Fall – dann sind damit meist die ins Jahwerecht eingegliederten kasuistischen Rechtssätze gemeint (Liedke, a.a.O. 29–31). So Ps 19,10 (*mišpāṭīm* Jahwes); Lev 18,4ff.; 26,15.43; 1Kön 6,12; 9,4; 11,33; Jer 1,16; Ez 5,6f.; 11,20; Ps 89,31 u.ö. (meine *mišpāṭīm*); Dtn 33,10; Jes 26,8f.; Ps 10,5; 36,7; 119,20.39 u.ö. (deine *mišpāṭīm*); Dtn 8,11; 11,1; 26,17; 30,16; 33,21; 2Sam 22,23 = Ps 18,23; 1Kön 2,3; 8,58; Ps 105,7 = 1Chr 16,14 u.ö. (seine *mišpāṭīm*, bes. dtn.-dtr.).

Wo *mišpāṭīm/mišpāṭ* sich in Reihungen mit den anderen Termini für Gebote und Rechtssätze findet, ist seine Bedeutung meist völlig nivelliert; die Wörter dienen dann synonym zur Bezeichnung der Anordnungen und Gebote Jahwes. Für Dtn ist die Reihung *mišpāṭīm/ḥuqqīm* kennzeichnend (s. dazu →*ḥqq* 4d), für H und Ez *mišpāṭīm/ḥuqqōt*, beim Dtr. begegnen die Termini *mišpāṭīm/ḥuqqīm/ḥuqqōt/miṣwōt* (→*ṣwh*) in fast jeder möglichen Kombination, Chr. schließt sich wieder enger an Dtn an (Belege bei Liedke, a.a.O. Tabelle 13–16.185). Zur Formel *ḥuqqat mišpāṭ* →*ḥqq* 4c.

mišpāṭīm/mišpāṭ in diesem Sinn werden oft mit folgenden Verben verbunden: *'śh mišpāṭīm* (Lev 18,4; 19,37; 20,22; 25,18; Dtn 4,1.5.14; 5,1.31; 6,1; 7,11f.; 11,32; 12,1; 26,16; 1Kön 6,12; 11,33; 2Kön 17,37; Ez 5,7f.; 11,12.20; 18,17; 20,11.13.19.21; 36,27; Ps 103,6; 105,5; Neh 10,30; 1Chr 22,13; 28,7); zu *'śh mišpāṭ* und *'śh mišpāṭ ūṣedāqā* s.o. 3d und →*'śh*; *šmr mišpāṭīm* (Lev 18,5.26; 19,37; 20,22; 25,18; Dtn 5,1.31; 7,11f.; 8,11; 11,1.32; 12,1; 26,16f.; 30,16; 1Kön 2,3; 8,58; 9,4; 2Kön 17,37; Jes 56,1; Ez 11,20; 18,9; 20,18ff.; 36,27; Hos 12,7; Ps 106,3; Neh 1,7; 10,30; 1Chr 22,13 2Chr 7,17; →*šmr*. Neben das Tun und Bewahren der *mišpāṭīm* tritt das Hören (→*šm'* Dtn 4,1; 5,1; 7,12; 26,17; 1Kön 3,11.28) und das Sagen der *mišpāṭīm* (→*dbr* pi. Dtn 4,45; 5,1.31; 1Sam 10,25; 2Kön 25,6; Jes 32,7; Jer 1,16; 12,1; Ps 37,30; →*ṣwh* pi. Num 36,13; Dtn 6,20; 8,11; 26,16; 1Kön 8,58; Mal 3,22; Ps 7,7; Neh 1,7; 1Chr 22,13; 24,19; 2Chr 7,17; *spr* pi. »berichten« Ex 24,3; Ps 119,13). Gegenbegriffe dazu: die *mišpāṭīm* verachten (→*m's* Lev 26,15; Ez 5,6; 20,13.16; Hi 31,13), vergessen (→*škḥ* Dtn 8,11), verlassen (→*'zb* Jes 58,2) u.a.

5. In den Qumrantexten wird *mišpāṭ/mišpāṭīm* meist im Sinne von 4 verwendet (vgl. M. Delcor, RB 61, 1954, 541; J. Bekker, Das Heil Gottes, 1964, 71ff.83.91.103ff.122ff.143.162ff.169.188f.). Zur Wiedergabe von *špṭ* und *mišpāṭ* in der LXX und zum NT s. F. Büchsel – V. Herntrich, Art. κρίνω, ThW III, 920–955.

G. Liedke

שׁקר *šqr* täuschen

1. Die Wurzel *šqr* »täuschen, treubrecherisch handeln« ist außerhalb des Hebr. vor allem im Altaram. der Sefire-Inschriften (KAI Nr. 222–224 mit Lit.; Fitzmyer, Sef. 40.107; DISO 319; M.A. Klopfenstein, Die Lüge nach dem AT, 1964, 6–8), vereinzelt als protoaram. LW im Akk. der Mari-Sprache (*šikarum* »Trug, Treubruch«; M. Noth, Die Ursprünge des alten Israel im Lichte neuer Quellen, 1961, 89; Klopfenstein, a.a.O. 175f.; vgl. M. Wagner, FS Baumgartner 1967, 364f.) sowie im Jüd.-Aram. (Dalman 434) und Syr. (LS 801f.) belegt. Arab. *šuqar/suqar* ist vielleicht aram. LW (LS 801b), akk. *tašqirtu* bleibt unsicher (ebd.).

Im Aram. der Sefire-Inschriften begegnet *šqr* pa. als Terminus für das Brechen eines Vertrags oder der aufgrund des Vertrags geschuldeten Loyalität und Treue, bedeutet also »vertragsbrüchig, treulos, perfide handeln«. Das Verbum regiert die Präp. *le*, wenn Personen Gegenstand des Verrats sind, dagegen *be*, wenn der Vertrag selber Objekt ist (Fitzmyer, a.a.O. 107; Klopfenstein, a.a.O. 8).

Hebr. *šqr* begegnet als Qal und Pi. unterschiedslos in der Bed. »vertragswidrig, treulos handeln«. Ungleich häufiger als das Verbum begegnet die einzige belegte Nominalform, das Segolatum *šǽqær* »Rechtsbruch, Treubruch, Trug«, während die für Spr 17,4 vorgeschlagene Konjektur *šaqqār* (KBL 1010b) völlig ungesichert bleibt.

2. *šqr* q. steht 1× (Gen 21,23), pi. 5× (Lev 19,11 P; 1Sam 15,29; Jes 63,8; Ps 44,18; 89,34), *šǽqær* 113× (Plur. *šeqārīm* 5×: Jer 23,32; Ps 101,7; Spr 12,17; 19,5.9). Die Streuung der total 119 Belege weist auffallende und signifikante Dichten bei Jer (37×, in 8,8 und 23,32 je 2×), Ps (24×) und Spr (20×) auf (s.u. 4). Die restlichen 38 Belege verteilen sich auf Jes (8×), Lev und Sach (je 4×), Ex (3×), Dtn, 1Sam, 1Kön, Mi, Hi und 2Chr (je 2×), Gen, 2Sam, 2Kön, Ez, Hos, Hab und Mal (je 1×).

3. a) *šqr* pi. wird zweimal absolut gebraucht, beidemale negiert: einmal in einer Charakterisierung von Jahwes Wesen (1Sam 15,29 »er wird nicht untreu sein«), sodann zum Ausdruck der Treue, die Jahwe billigerweise von den aus Ägypten Befreiten hätte erwarten dürfen (»Söhne, die nicht untreu sein werden«). Viermal weist *šqr* q./pi. Präpositionalrektion auf: ist das Objekt eine Person, so steht *le* (Gen 21,23 Abimelech zu Abraham: »solltest du je vertragswidrig handeln an mir«), aber auch *bᵉ* (Lev 19,11 »ihr sollt nicht einer gegen den andern treulos handeln«); ist das Objekt eine Sache, so steht ausschließlich *bᵉ* (Ps 89,34 Jahwe über David: »ich werde nicht meine Treue brechen«; Ps 44, 18 »wir haben deinen Bund nicht gebrochen«). Schon allein aus diesem syntaktischen Gebrauch bzw. aus dem Fehlen von Akkusativobjekten geht klar hervor, daß *šqr* kein verbum dicendi, sondern ein verbum agendi ist, also ein Handeln oder eine soziale Verhaltensweise ausdrückt. Dasselbe gilt für das Nomen *šǽqær*. Zwar hängt das Substantiv in 35 von 113 Fällen als Akkusativ von einem verbum dicendi (*dbr* q./pi. »sprechen«, Jes 59,3; Jer 40,16; 43,2; Mi 6,12; Sach 13,3; Ps 63,12; 101, 7; *jrh* hi. »orakeln« Jes 9,14; Hab 2,19; *nb'* ni. »weissagen« Jer 14,14; 23,25.26; 27,10.14.16; 29,21; *kzb* pi. »lügen« Mi 2, 11; total 17×) oder als qualifizierender Genetiv von einem nomen dicendi (*dābār* »Wort« Ex 5,9; 23,7; Jes 59,13; Jer 7,4.8; 29,23; Spr 29,12; 13,5; *'ēmær* »Wort« Jes 32,7; ähnlich Hi 36,4; total 10×) bzw. einem membrum dicendi (*lāšōn* »Zunge« Ps 109,2; Spr 6,17; 12,19; 21,6; *śāfā* »Lippe« Ps 31,19; 120,2; Spr 10,18; 12, 22; total 8×) ab. Doch folgt daraus nicht, daß *šǽqær* die Wortlüge im Sinn von Unwahrheit, Unstimmigkeit bezeichne; für diese steht vielmehr →*kzb*. Demgegenüber meint *šǽqær* die aggressive, auf die Schädigung des Nächsten zielende Täuschung, Untreue, Perfidie (s.u. b) auch da, wo diese bloß in Worten daherkommt. In der Mehrzahl der Fälle charakterisiert *šǽqær* jedoch, wie das verbum *šqr*, eine Handlungs- oder Verhaltensweise. So kann es als Akkusativ- bzw. Präpositionalobjekt zu verba agendi wie *'śh* »machen« (2Sam 18,13; Jer 6,13; 8,8.10), *p'l* »tun« (Hos 7,1; vgl. Spr 11,18), *bṭḥ bᵉ/'al* (Jer 13,25; 28,15; 29,31; vgl. 7,4.8), als gen. qualitatis zu nomina agendi wie *'ēd* »Zeuge« (Ex 20,16; Dtn 19,18; Spr 6,19; 25,18 u.ö.), *šᵉbū'ā* »Schwur« (Sach 8,17) bzw. *jāmīn* »rechte (Schwur-)Hand« (Ps 144,8.11), *dǽræk* »Weg« (Ps 119,29) bzw. *'ōraḥ* »Pfad« (Ps 119,104.128), *ḥᵃlōm* »Traum« (Jer 23,32), *ḥāzōn* »Schauung« (Jer 14,14), *'ēṭ* »Schreibgriffel« (Jer 8,8), *mattat* »Gabe« (Spr 25, 14) treten. Es kann weiter als adverbieller Akkusativ Handlungen wie *'wh* pi. »bedrücken« (Ps 119,78), *rdp* »verfolgen« (Ps 119,86), *'jb* »anfeinden« (Ps 35,19; 69,5), *śn'* »hassen« (Ps 38,20) näher charakterisieren und insbesondere in den formelhaften Wendungen *šb'* ni. *laššǽqær/'al-šǽqær (bišᵉmī)* »perfide schwören (auf meinen› Namen)« (Lev 5,22.24; 19,12; Jer 5,2; 7,9; Mal 3,5) und *nb'* ni. *baššǽqær/laššǽqær (bišᵉmī)* »trügerisch als Prophet auftreten (in meinem Namen)« (Jer 5,31; 20,6; 27, 15; 29,9) zwei theologisch relevante Verhaltensweisen negativ qualifizieren.

b) Die im Aram. von Sefire für *šqr* gefundene Bedeutung »Vertragsbruch, Treubruch üben« darf auch als Grundbedeutung von *šqr* im Hebr. des AT gelten, wie aus dessen ältestem Beleg Gen 21,23 deutlich hervorgeht: Anläßlich eines Vertragsschlusses zwischen Abimelech und Abraham (Gen 21,22–31) auferlegt Abimelech seinem Kontrahenten einen Schwur: »wenn du je vertragswidrig handeln solltest an mir ...« (Klopfenstein, a.a.O. 3ff.). Der primäre »Sitz im Leben« ist somit im Vertragsrecht zu suchen, die ursprüngliche Bedeutung als »Bruch eines vertraglich geregelten oder sonst selbstverständlich vorausgesetzten Treue- und Vertrauensverhältnisses« zu paraphrasieren. Diese juridische Bedeutung, noch unmittelbar sichtbar in den sekundären Anwendungsgebieten des falschen Zeugnisses vor Gericht und des Meineids, setzt sich dann um in die theologische Bedeutung »Bundesbruch« und die sittliche Bedeutung »Treu- und Vertrauensbruch«, wobei der Übergang fließend ist und das Rechtliche der Vokabel sowie ihr aktiv-aggressiver Gehalt stets durchschimmert. Nur am Rande kann der Begriff dann zur Bedeutung »Unrichtigkeit« (*šǽqær* als Interjektion im Gespräch: 2Kön 9,12; Jer 37,14) verblassen und schließlich bloß noch die Substanz- und Effektlosigkeit einer Sache bezeichnen (1Sam 25,21; Spr 11,18; 25,14; 31,30).

c) Ein Blick auf die Wortfelder von *šqr* unterstreicht sowohl die Grundbedeutung »Treubruch« wie den »aggressiven« Charakter der Aktion. Die Grundbedeutung wird vorwiegend durch die Opposita profiliert: Wurzel →*'mn* und Derivate (*'ᵉmūnā/'ᵉmæt* Jer 9,2.4; Spr 11,18; 12,17.22; 14, 5.25), ev. ergänzt durch *mišpāṭ* (Jer 5,1–3; Sach 8,17; Ps 119,29f.86) oder *mišpāṭ* + *ṣᵉdāqā* (Jes 28,15–17); vgl. auch *šb'* ni. *bæ'ᵉmæt* (Ps 132,11)/*bæ'ᵉmūnā* (Ps 89,50)/*bæ'ᵉmæt bᵉmišpāṭ ūbiṣᵉdāqā* (Jer 4,2) im Kontrast zum Schwören *laššǽqær/'al-šǽqær* (s.o. a) und prophetisches Wirken *bæ'ᵉmæt* (Jer 23,28; 26,15; 28,9) im Kontrast zu *nb'* ni. *baššǽqær/laššǽqær* (s.o. a). Der »aggressive« Charakter von *šqr* wird vorwiegend durch die Parallelvokabeln unterstrichen: »Gewalttat« *ḥāmās* (Dtn 19,16.18; Ps 27,12; Mi 6,12), *mirmā/rᵉmijjā/tarmīt* »Trug« (Jer 9,4f.; 14,14; Ps 52,5f.; 109,2;

120,2f.; Spr 12,17), *rāʿā* »Arges« (Sach 8,17; Ps 52,5), *śn'* »hassen« (Ps 109,2; Spr 10,18; 26,28), *rš'* »Frevel« (Ps 109,2 txt em), *'āwæn* »Unheil« (Jes 59,3f.; Sach 10, 1f.; Ps 7,15), *pæša'* »Sünde« (Jes 57,4); vgl. zudem die Wendungen: »... um zu verderben Elende durch perfide Worte« (Jes 32,7); »Trugwort haßt der Gerechte, der Ungerechte aber bringt in üblen Geruch und Verlegenheit« (Spr 13,5; ähnlich Spr 10,18); »hinterhältiges *šæqær* redest du wider Ismael« (Jer 40,16).

4. Profaner und theologischer Gebrauch lassen sich kaum trennen, da meistens das atl. Bundesrecht als Bezugspunkt im Hintergrund steht und der ethisch-soziale mit dem religiösen Aspekt eng verknüpft bleibt. Im Folgenden gliedern wir das Belegmaterial nach den wichtigsten Anwendungsbereichen der Wurzel *šqr* auf.

a) Daß das Verbum *šqr* nach Ausweis der Sefīre-Inschriften und von Gen 21,23 im Vertragsrecht wurzelt (s.o. 3b), wird im theologischen Anwendungsbereich durch Ps 44,18 unterstrichen: »Wir haben doch deiner (Jahwes) nicht vergessen noch deinen Bund gebrochen«. Entsprechend darf auch das objektlose *šqr* von Jes 63,8 sakralrechtlich als Brechen des Bundes durch Israel verstanden werden. Im gleichen sakralrechtlichen Sinn wird kontrastierend von Jahwe gesagt, daß er seine Treue nicht bricht (*šqr bæ'æmūnā* Ps 89,34) noch treulos handelt (*šqr* ohne Obj. 1Sam 15,29). Bei Lev 19,11 bleibt offen, ob im weiteren sittlichen Sinn von treulosem oder im engeren juridischen Sinn von rechtswidrigem Handeln die Rede ist; die Parallelverben »stehlen« und »hehlen« (→*kḥš*) in Lev 19,11 sowie das Paradigma von Lev 5,21 bis 24 sprechen eher für das letztere, wobei konkret falsches Zeugnis zwecks Hehlerei gemeint sein könnte (s.u. b).

b) Als erster Anwendungsbereich des Nomens *šæqær* ist das falsche Zeugnis vor Gericht anzuführen (Klopfenstein, a.a.O. 18ff.). Die häufig genannte, für das atl. Rechtsdenken besonders verwerfliche Figur des *'ēd šæqær* tritt uns außerhalb des neunten Dekaloggebots (Ex 20,16; zur Abwandlung in *'ēd šāw'* in Dtn 5,20 s. J.J, Stamm, Der Dekalog im Lichte der neueren Forschung, ²1962,9) besonders in den Spr (6,19; 12,17; 14,5; 19,5.9; 25,18), aber auch in Dtn 19,18 und Ps 27,12 entgegen; kann er nach Dtn 19,16 auch *'ēd ḥāmās* heißen und bringt er nach Ps 27,12 *ḥāmās* vor, so wird deutlich, das *šæqær* den Zeugen als aggressiven Schädiger des Nächsten und Vergewaltiger des Rechts qualifiziert, der »rechtswidrig auftritt wider seinen Bruder« (Dtn 19,18; ähnlich Spr 25, 18). Während er wie »Hammer und Schwert und scharfer Pfeil« (Spr 25,18) Leben vernichtet, gilt von seiner Kontrastfigur, dem *'ēd 'æmæt*, daß er »Leben rettet« (Spr 14,25; vgl. *'ēd 'æmūnīm* Spr 14,5). In den Psalmen fehlt die Genetivverbindung *'ēd šæqær*, doch bezieht sich *šæqær* auf falsche Anklage oder Zeugenschaft vor Gericht, sooft es in »Gebeten von Angeklagten« (H. Schmidt, Das Gebet der Angeklagten im AT, 1928) bzw. Traditionselementen derselben vorkommt (13×; Klopfenstein, a.a.O. 79f.). Möglicherweise ist von falschem Zeugnis, oder korrupter Rechtspraxis überhaupt, noch in Mi 6,12 die Rede, und zwar im Verein mit anderen betrügerischen Machenschaften des Wirtschaftslebens; ähnlich vielleicht Jes 32,7 (B. Duhm, Das Buch Jesaja, ⁴1922, 211).

c) Als weiterer Bereich ist der Falscheid zu nennen (Klopfenstein, a.a.O. 32ff.; F. Horst, Der Eid im AT, EvTh 17, 1957, 366–384 = Gottes Recht, 1961, 292–314). Mehr noch als falsche Zeugenschaft greift er über die sittlich-rechtliche Sphäre in die sakrale hinein, da er ja stets entweder unter falscher Anrufung des Jahwenamens (*bišemī* Lev 19,12; Sach 5,4) oder unter Anrufung falscher Götter (*belō 'ælōhīm* Jer 5,7) erfolgt; im ersten Fall ist das dritte, im zweiten Fall das erste Dekaloggebot tangiert. Deutlich tritt der Bezug auf das altisraelitische Bundesrecht hervor, wo der Meineid in »dekalogähnlichen Rechtsreihen« (Horst, a.a.O. 312) neben Diebstahl, Totschlag, Ehebruch und Abgöttereien (Jer 7,9; ähnlich Mal 3,5) steht oder wo er in einer paränetischen Reihe auftaucht, die an die aus Ps 15 und Ps 24 bekannten Thora-Liturgien erinnert (Sach 8,17). Das gilt auch für den Meineid zum Schutz gehehlten Gutes (Lev 5,22.24) oder zur Bekräftigung von Angeklagten- oder Zeugenaussagen vor Gericht (Ps 63,12?, s. Klopfenstein, a.a.O. 41ff.). Die Formel *šb'* ni. *laššæqær*/*'al-šæqær* darf man geradezu mit »rechtswidrig, bundesbrüchig schwören« übersetzen. Denn »der der Person Jahwes geleistete Eid (ist) auch das Kennzeichen der Bekenntniszugehörigkeit zu ihm ... Der Eid bei anderen Gottheiten ist jedenfalls ein Zeichen von Apostasie« (Horst, a.a.O. 297). Dem Profanbereich näher liegen Erfahrungen mit dem Meineid bei politischen Bündnissen (Ps 144,8.11 *jemīn šæqær* »treulose [Schwur-?]Rechte«,

s. Klopfenstein, a.a.O. 38ff.) oder bei Verträgen zwischen Beisasse und Landesherr (Ps 120,2?, s. Klopfenstein, a.a.O. 51ff.).

d) Ferner ist *šǽqær* als Urteil im Bereich von *Götzendienst und Zauberei* anzutreffen, und zwar qualifiziert es entweder die Götzendiener als ein »Gezüchte des Treubruchs« (*zǽra' šǽqær*), oder das mit Abgötterei verbundene Wahrsage- und Zauberwesen als nutzlosen Unfug (Hab 2,18; Sach 10,2), oder schließlich die Götzen selbst als betrügerische Nichtse (Jes 44,20; Jer 10,14; 16,19f.; 51,17). Im Zusammenhang des zuletzt genannten Gebrauchs charakterisiert *šǽqær*, zumal in Parallele mit *hǽbæl* (Jer 10,14f.; 16,19; Sach 10,2), nicht mehr ein Verhalten oder Verhältnis, sondern vielmehr das Wesen, ja die Physis der Götzen, es verblaßt zur Bedeutung des Wesen- und Wirkungslosen; damit wird aus dem existentiellen Urteil, das von Haus aus in *šǽqær* liegt, ein essentielles. Immerhin ist selbst hier das originäre Moment des Aktiv-Trügerischen nicht ganz verschwunden, da die mit *šǽqær* geführte Götzenpolemik wesentlich unter der Leitfrage nach der rechten Hilfe (Jer 3,23), Vertrauenswürdigkeit (Jer 13,25; Hab 2, 18) und Nützlichkeit (Jer 10,14; 16,19; Hab 2,18; Sach 10,1f.) steht. Die theologische Antwort hält Jer 3,23 in knapper Formulierung bereit: »Fürwahr, zum Betrug (*laššǽqær*) (führen) die Höhen ...; fürwahr, bei Jahwe ... (steht) Israels Hilfe (*t^ešū'ā*)!«.

e) Auf den Bereich der falschen Prophetie wird *šǽqær* namentlich von Jeremia angewendet (G. Quell, Wahre und falsche Propheten, 1952; G. von Rad, ZAW 51, 1933, 109–120; E. Osswald, Falsche Prophetie im AT, 1962; Klopfenstein, a.a.O. 95ff.). Jeremia hat als erster das Phänomen des Pseudoprophetismus zu einem eigentlichen und selbständigen Thema gemacht. Nachgefolgt ist ihm hierin in etwas vermindertem Maß Ezechiel, der jedoch das bei Jeremia gebräuchliche Wort *šǽqær* durch die Nomenklatur →*kāzāb* und/oder →*šāw'* ersetzt. »Der heiße Atem einer persönlich-unmittelbaren Auseinandersetzung, der in Jer 28f. gegenüber namentlich genannten Propheten zu verspüren ist ..., weht Ez 13,1–16 nicht in gleicher Weise. Hier wird im zusammenfassenden Urteil der Distanz zur Prophetie Israels geredet« (Zimmerli, BK XIII, 289). Dem »heißen Atem« Jeremias ist das dynamisch-aggressive, der gefährlichen Perfidie Ausdruck gebende *šǽqær* konform, während die kühleren Urteile *šāw'* und *kāzāb* der theologischen Reflexion Ezechiels angemessen sind. Die von Jer bevorzugte Vokabel *šǽqær* charakterisiert die Aussagen (Jes 9,14; Jer 14,14f. u.ö.; Mi 2,11; Sach 13,3), die Träume (Jer 23,32), die Schauung (Jer 14,14), den Geist (1Kön 22,22f.) oder das ganze Wirken (Jer 5,31 u.ö.) der Pseudopropheten als einen Treubruch gegenüber dem Volk, das erwarten konnte, auf prophetische Weisung vertrauen zu dürfen. Wörtliche Zitate solcher Prophetensprüche, die sich bei Jer finden (Jer 6, 13f.; 14,14f.; 27,10.16; 28,2ff.11; vgl. 1Kön 22,15–17), lassen erkennen, daß es sich dabei im wesentlichen um nationale Heilsprophetie gehandelt hat. Wissentlicher und willentlicher Betrug darf dabei, abgesehen von Mi 2,11, nicht unterstellt werden. Dem entspricht, daß objektive Kriterien nicht zur Verfügung stehen, vielmehr letzlich nur die echte Prophetie die falsche zu entlarven vermag, wie am eindrücklichsten die Auseinandersetzung zwischen Jeremia und Hananja in Jer 28 zeigt. Für diesen Sachverhalt ist bezeichnend, daß Jeremia sein stereotypes Urteil »*šǽqær* weissagen sie (in meinem Namen)« (= ›Lügenformel‹, Klopfenstein, a.a.O. 107) mit dem achtmal wiederkehrenden stereotypen Satz »ich (Jahwe) habe sie nicht gesandt« (›Nichtsendungsformel‹, Klopfenstein, a.a. O. 107.103; erweitert in Jer 23,32 durch »ich habe sie nicht geheißen«, in Jer 23,21 durch »ich habe nicht zu ihnen geredet«, in Jer 14,14 durch beide Zusätze) theologisch begründet, während er umgekehrt 15 × eben diese Sendung, von der zweimal gesagt wird, daß sie *bæ'^æmæt* (Jer 26,15; 28,9; vgl. 23,28) geschehe, als das eigentliche Merkmal des echten Propheten anführt (Klopfenstein, a.a.O. 103). Eine solche theologische Begründung ist allerdings nur dem echten Propheten selbst möglich und von außen nicht verifizierbar. Lediglich an der späten Stelle Sach 13,3 tritt als dogmatisches Kriterium die Übereinstimmung mit der schriftlichen Überlieferung auf; hier wird *šǽqær* zum Verwerfungsurteil über jeden inspiratorischen Prophetismus überhaupt und zur umreißbaren Größe der »Irrlehre«. Dem steht radikal entgegen die älteste Belegstelle 1Kön 22,22f., wo der von Jahwe ausgehende, hypostasierte Geist des inspiratorisch-charismatischen Prophetismus sich ad hoc, in Ausführung einer bestimmten, begrenzten Mission, in die betörende *rūa^ḥ haššǽqær* verwandelt.

f) Neben den genannten spezifischen Gebrauchsweisen begegnet *šǽqær* in vielfältigen anderen religiösen und sittlichen Lebensbereichen. Hosea braucht *pʿl šǽqær* als Oberbegriff für die verkehrte Grundhaltung der Untreue gegen Jahwe und den Nächsten, wie sie sich in den nachfolgend aufgezählten religiösen und sittlichen Vergehen konkretisiert (Hos 7,1ff.). Jeremia klagt, daß *šǽqær* statt *'ᵆmūnā* im Land regiere, was sich besonders in trügerischem Reden äußere (Jer 9,2.4). Der perfide Schreibergriffel *ʿēṭ šǽqær* macht nach Jer 8,8 die Thora zur Lüge; priesterlich-konservativer Institutionalismus steht hier gegen prophetisches Charismatikertum, das allein die Thora immer neu zu aktualisieren vermöchte. Offenbarung, die nicht von Gott kommt (Hi 36,4), Vertrauen auf den politischen Bündnispartner Ägypten statt auf Jahwe (Jes 28,15), Umkehr, die nicht mit ganzem Herzen geschieht (Jer 3,10), weibliche Anmut, zu der nicht Gottesfurcht hinzukommt (Spr 31,30), all das ist *šǽqær*. Mit *šǽqær* erraffte Schätze (Spr 21,6), mit *šǽqær* erschwindeltes Brot (Spr 20,17), mit *šǽqær* gemachter Gewinn (Spr 11,18), sie halten zuletzt nicht, was sie versprechen (vgl. Spr 20,17). In diesem vielfältigen Gebrauch eröffnet sich für die Wurzel *šqr* ein breites Sinnspektrum, das von »Treubruch« über »Unzuverlässigkeit«, »Heuchelei«, »Täuschung« bis hin zur verblaßten Bedeutung »Nichtigkeit« reicht.

5. a) In den Qumranschriften ist das Verbum *šqr* pi. 1 ×, das Nomen *šǽqær* 8 × sicher belegt (1QH 8,37 unsicher; s. Kuhn, Konk. 228). Das Verbum hat seinen spezifischen Gehalt verloren und bedeutet »falsche Angaben machen«, nämlich bezüglich der beim Eintritt in die Gemeinde zu deklarierenden Vermögensverhältnisse (1QS 6,24). Enger lehnt sich der Gebrauch des Nomens an das atl. Vorbild an. Die Damaskusschrift schildert das Auftreten von Irrlehrern mit der vertrauten Wendung *nb'* ni. *šǽqær* (CD 6,1). In den Dankliedern ertönt die aus Ps 109,2 bekannte Klage über die »trügerische Zunge« der Widersacher (1QH 5,27), und das Verstummen ihrer »trügerischen Lippen«, in Ps 31,19 als Bitte ausgesprochen, ist für den Beter von 1QH 7,12 schon in gewisser Hoffnung vorweggenommene Tatsache. Noch ist freilich, wie der Habakukkommentar betont, der »Lügenprophet« (→*kzb*) daran, »mit Perfidie« eine Gegengemeinde zu sammeln und sie »schwanger gehen zu lassen mit Werken des Trugs« (1QpH 10, 10.12; das Bild vom Schwangergehen stammt aus Ps 7,15; Jes 59,4). Deshalb verlangt die Gemeinderegel unter Zitierung von Ex 23,7 (»von einer trügerischen Sache halte dich fern«), daß die Söhne des Lichts den Kontakt mit den Männern des Greuels meiden (1QS 5,15), zu deren Frevelgeist ja u.a. auch »Ruchlosigkeit und Trug« gehören (1QS 4,9). Die Gemeinde selbst, jetzt noch anfällig für das Unreine, wartet der Stunde, da Gott durch den »Geist der Wahrheit« sie reinigen wird von allen »Greueln des Trugs« (1QS 4,21).

b) Die Übersetzungen in der LXX (Klopfenstein, a.a.O. 174f.) bestätigen das oben skizzierte Bedeutungsfeld der Wurzel *šqr*: Von den 114 korrekten Übersetzungen haben 54 die Wurzel ἀδικ- »widerrechtlich handeln, Unrecht tun« (50 ×) bzw. ἀνομ- »gesetzwidrig, ungesetzlich handeln« (4 ×); in gleicher Richtung gehen die Übersetzungen des Verbums *šqr* durch συκοφαντεῖν »falsch anklagen« (1 ×), ἀθετεῖν »(Jahwe) verwerfen, abfallen« (1 ×) und ἀποστρέφειν »sich abwenden«. Die Hälfte der Übersetzungen trifft somit richtig die Hauptbedeutung der hebr. Wurzel (»Vertrags-, Rechts-, Treubruch«). 47 Stellen übersetzen mit der Wurzel ψευδ- »lügen, Lügner sein« und tragen damit der Verwendung von *šqr* für perfiden Wortgebrauch Rechnung. Daneben finden sich noch: 2 × δόλιος, 1 × κενός, 1 × εἰς μάτην, 1 × δωρεάν, womit auch die bei *šqr* am Rand erscheinenden Bedeutungen »Heuchelei, Täuschung, Nichtigkeit« berücksichtigt sind. Was die Psalmen betrifft, so übersetzt hier die LXX 16 × mit ἀδικ- (15 ×) bzw. ἀνομ- (1 ×) und erhärtet so unseren Befund, daß es sich in ihnen vornehmlich um falsche Anklage handelt, wenn sich der Beter über *šǽqær* beschwert.

c) Das NT knüpft deutlich an alttestamentliches Vorstellungs- und Sprachgut an, wo es seinerseits von falschem Zeugnis (vgl. H. Strathmann, Art. μάρτυς, ThW IV,477–520, bes. 519f.), falschem Eid (J. Schneider, Art. ὀμνύω, ThW V,177–185; ders., Art. ὅρκος, ThW V,458–467, bes. 466f.) und falschen Propheten handelt (H. Krämer – R. Rendtorff – R. Meyer – G. Friedrich, Art. προφήτης, ThW VI,781–863, bes. 857f.; vgl. noch unter →*kzb* 5c). Die Verwerflichkeit der falschen Zeugen beim Prozeß gegen Stephanus (Apg 6,13) und Jesus (Mk 14,56f.) wird durch das Zitat des neunten Dekaloggebots in Mt 15,19; 19,18 unterstrichen. Daneben wird, wie der Begriff des Zeugen überhaupt, so auch der des falschen Zeugen übertragen auf den Bereich christlicher Verkündigung (1Kor 15,15). Die Bergpredigt zitiert das Verbot des Meineides aus Lev 19, 12 und gelangt von daher zu Ablehnung des Schwörens überhaupt (Mt 5,33–37; vgl. Jak 5,12); der unter Schwur verleugnende Petrus (Mt 26,27) liefert hierzu das Paradigma. Die ntl. Pseudopropheten (Mt 7,15; 24,11.24 par.) werden mit ihren atl. Vorläufern zusammen gesehen (Lk 6,26). Von Jes 57,4, wo *šǽqær* als überpersönliche Macht erscheint, die ihre üble Brut aus sich entläßt, führt vielleicht eine Linie zu Joh 8,44 (Klopfenstein, a.a.O. 83). – Zum weiteren ntl. Sprachgebrauch vgl. G. Schrenk, Art. ἄδικος, ThW I,150–163; W. Gutbrod, Art. ἀνομία, ThW IV,1077–1080. *M. A. Klopfenstein*

שרת *šrt* pi. dienen

1. Das Verbum *šrt* pi. »bedienen, dienen« ist nur im Hebr. (dazu mittelhebr. und jüd.-aram. *šērūt*/*šērūtā* »Dienst«, Dalman 422b), eine nominale Ableitung *mšrt* »Dienst« im Phön. belegt (DISO 171.321; KAI Nr. 60, Z. 4.8). Der Inf.pi. *šārēt* begegnet im AT auch substantiviert.

Von den Vorschlägen zur Etymologie (vgl. KBL 1012b; Suppl. 192a) ist bemerkenswert, aber unsicher derjenige von H. Bauer, ZDMG 71, 1917, 411 (Zusammenhang mit dem Namen der Göttin Aschera = **'atirat*, vgl. aram. *šmš* pa. »dienen« mit Schamasch). Im Ug. ist die Wurzel nicht sicher nachgewiesen (vgl. WUS Nr. 2684; dagegen UT Nr. 1150; vgl. ferner P. J. van Zijl, Baal, 1972, 110).

2. Das Verbum begegnet 97 × (Ez 17 ×, Ex, Num und 2Chr je 10 ×, 1Chr 8 ×), davon fallen etwa zwei Drittel der Stellen auf den kultischen Gebrauch (meist bei P und Chr.). In der Verteilung der Formen fällt auf, daß das Verbum ganz überwiegend im Part. (45 ×) und im Inf. (32 ×) vorkommt. *šārēt* als Subst. steht 2 × (Num 4,12; 2Chr 24,14).

3. In der Bedeutung steht das Verbum *šrt* pi. »bedienen, dienen« dem Verbum →*'bd* »dienen« nahe, ist aber doch charakteristisch von ihm verschieden und wird nur in späten Gebrauchsweisen mit ihm synonym. Während *'bd* auch »den Acker bearbeiten« und allgemein »arbeiten, dienen« bedeutet, ist *šrt* pi. zunächst und eigentlich das Bedienen einer Person. Der Unterschied zeigt sich sofort ganz klar, wenn das Dienen Jakobs bei Laban *'bd* heißt (Gen 29,15.18.20 u.ö.), das Bedienen der hohen Gefangenen durch Joseph im Gefängnis aber *šrt* (Gen 39,4; 40,4). So ist Josua der »Diener« Moses (Part.pi. *m^ešārēt* Ex 24,13; 33,11; Num 11,28; Jos 1,1), Elisa der Diener oder Jünger Elias (1Kön 19,21; 2Kön 4,43; 6,15). Eine wichtige Ausprägung erhält dieser persönliche Dienst am Königshof als Dienst des Knappen oder Burschen. So wird von dem Diener Amnons erzählt (2Sam 13,17. 18); die Neffen Ahasjas bedienen diesen (2Chr 22,8); Abisag von Sunem bedient den König David (1Kön 1,4.15); Kämmerer bedienen den König Ahasveros persönlich (Est 1,10; 2,2; 6,3); vgl. weiter 1Kön 10,5 = 2Chr 9,4; Ps 101,6; Spr 29, 12. Selten wird das Verbum von hohem politischem oder militärischem Dienst gebraucht (1Chr 27,1; 28,1; 2Chr 17,19); hier ist anzunehmen, daß das Wort synonym zu *'bd* gebraucht ist. An allen diesen Stellen ist das Bedienen eines Höheren durch einen Niederen mit *šrt* pi. bezeichnet, je nach der sozialen Situation etwas verschieden. Das Dienen ist stetig (vgl. das Überwiegen von Part. und Inf.), aber zeitlich begrenzt; es ist das Dienen freier Menschen, oft eine den Diener ehrende Tätigkeit. Der entscheidende Unterschied zu *'bd* liegt darin, daß *m^ešārēt* nie zur Bezeichnung eines Sklaven wird.

4. a) Von der Hauptgruppe, in der *šrt* pi. den kultischen Dienst bezeichnet (s.u. b), ist eine kleine Gruppe zu unterscheiden, in der sich noch die gleiche Grundbedeutung »bedienen« wie in Abschnitt 3 erkennen läßt. Von dem Knaben Samuel wird erzählt, daß er Jahwe (1Sam 2,11; 3,1) bzw. »das Angesicht Jahwes« (2,18) bediente (vgl. Hertzberg, ATD 10,20 Anm. 6). Dieses Bedienen Jahwes kann sich nur auf einen konkreten Gegenstand beziehen, wahrscheinlich die Lade. Hier hat sich die Spur einer Bedeutung erhalten, die sonst in Israel völlig ausgetilgt ist: Wird ein Gott bedient, so ist damit seine Statue gemeint, so wie wir das Bedienen eines Gottesbildes in Ägypten kennen. Daß sie in Israel bekannt war, zeigen Ez 20,32 und 44,12, wo *šrt* pi. für den Götzendienst unter ausdrücklicher Nennung der Bilder gebraucht wird. Wohl aber kann (sehr selten) von himmlischen Dienern Jahwes gesprochen werden (Ps 103,21; 104,4 »der Winde zu seinen Boten macht, zu seinen Dienern Feuerflammen«).

Eine weitere Gruppe von Stellen, beschränkt auf Tritojesaja, verheißt dieses Dienen für die Endzeit (Jes 56,6 »die Fremdlinge, die sich an Jahwe anschließen, ihm zu dienen«; 60,7.10; 61,6); wie

56,6 zeigt, ist hier *šrt* pi. synonym mit *ʿbd* gebraucht.

Von der Grundbedeutung »(einen Höhergestellten) bedienen« her ist es verständlich, daß die für den theologischen Gebrauch von *ʿbd* wichtigste Gruppe, »Gott dienen mit der ganzen Existenz« (→*ʿbd* IV/2b), beim Verbum *šrt* pi. fehlt.

b) Die dem Verbum *šrt* pi. entsprechende Bedeutung ist vielmehr, wo es nicht auf Menschen, sondern auf Gott bezogen ist, das Ausüben des Kultes. Hierfür ist *šrt* pi. das spezifische Verbum, nicht *ʿbd*, das in der Spätzeit *šrt* pi. angeglichen wurde. Daher auch der sehr viel häufigere Gebrauch von *šrt* pi. in diesem Sinn.

Außerhalb von P und Chr begegnet *šrt* pi. als kultisches Dienen in der programmatischen Dienstbestimmung für die Leviten Dtn 10,8, die Jahwe ausgesondert hat »zu stehen vor Jahwe, ihm zu dienen« (so auch Dtn 17,12; 18,5.7; 21,5; vgl. 1Kön 8,11; Jer 33,21.22; 2Chr 29,11.11). In Ez 40–48 steht ähnlich die Wendung »sich Jahwe nahen, um ihn zu bedienen« (Ez 40,46; 43,19; 44,15.16; 45,4) der Grundbedeutung ganz nahe.

Vor allem in P und Chr wird *šrt* pi. terminus technicus für den Kultdienst. Dieser Dienst hat es mit dem Heiligtum zu tun (Num 1,50; Ez 44,27; 45,4.5; 46,24; Esr 8,17; Neh 10,37.40; 1Chr 26,12; 2Chr 31, 2), mit dem Altar (Ex 30,20; Jo 1,9.13; vgl. 2,17; 2Chr 5,14), mit den Kultgeräten (Num 3,31; 4,9.12.14; 2Kön 25,14 = Jer 52,18; *keʾlē [haš]šārēt* »Dienstgeräte« Num 4,12 und 2Chr 24,14), mit der Kleidung der Priester (Ex 28,35.43; 29,30; 35,19; 39,1.26.41; Ez 42,14; 44,17.19), mit dem Dienst als Sänger (1Chr 6,17), als Wächter (Ez 44,11), an der Lade (1Chr 16,4.37). Die priesterliche Hierarchie hat zur Folge, daß niedere Grade als Kultdiener höheren Graden dienen (Num 3,6; 8,26; 18,2; 2Chr 8,14). Es kann auch vom Bedienen der Kultgemeinde geredet werden (Num 16,9; Ez 44,11).

Bei diesem kultischen Gebrauch von *šrt* pi. insgesamt ist wohl das Bezeichnendste der allmählich entstehende und allmählich sich steigernde absolute Gebrauch des Verbums. In den Kernstellen im Dtn (s.o.) ist die Bezogenheit des Dienens auf Jahwe noch klar und eindeutig: »zu stehen vor Jahwe, ihm zu dienen«. Dieser Bezug ist auch noch bei Ez in einer Gebrauchsgruppe vorhanden (s.o.) und begegnet, allerdings nur selten, auch noch in einigen Wendungen beim Chronisten (1Chr 15,2; 23,13; 2Chr 13,10). Der von der personalen Beziehung abgelöste, absolute Gebrauch wird beherrschend, z.B. Ex 30, 20 »wenn sie herzutreten zum Altar, um Dienst zu tun«; 2Chr 23,6 spricht von den »diensttuenden Leviten«. Sieht man diesen absoluten Dienstbegriff im Zusammenhang einerseits mit der quantitativen Steigerung der Kulthandlungen, besonders der Opfer, andererseits mit der hierarchischen Gliederung in Priesterklassen, wobei gesagt werden kann, daß die geringeren den höheren dienen, dann zeigt sich hier ein erhebliches Abweichen von Dtn 10,8 und wenigstens die Gefahr einer Entwicklung des Kultes, in dem der Dienstbetrieb an die Stelle des personalen Wechselgeschehens zu treten droht. Kulturgeschichtlich interessant ist daran, daß hier eine Technisierung des Kultes an sprachlichen Phänomenen zu beobachten ist, die in gewisser Weise (das müßte ein Vergleich mit den altorientalischen Großkulten zeigen) ein antikes Vorspiel zu der Technisierung der profanen Arbeit im Zeitalter der Industrialisierung ist.

Außer →*ʿbd* sind als sinnverwandte Vokabeln noch →*ṣbʾ* (3a) und →*šmr* zu vergleichen, im Aram. *šmš* pa. »dienen« (Dan 7,10; vgl. KBL 1132b) und *plḥ* q. (Dan 3,12.14.17.18.28; 6,17.21; 7,14.27; Subst. *polḥān* »Kultus« Esr 7,19; vgl. KBL 1113a); vgl. R. Meyer, ThW IV,229f.

5. In den Qumrantexten begegnen sowohl der weitere als auch der engere kultische Gebrauch von *šrt* pi. (Kuhn, Konk. 229). In der LXX ist das Verbum in weitaus den meisten Fällen durch λειτουργεῖν (und Ableitungen) übersetzt; vgl. im übrigen die bei →*ʿbd* V. angegebene Lit.

C. Westermann

שׁתה *šth* trinken

1. Das Nebeneinander der Wurzeln **štj* »trinken« (KBL 1014b; im Arab. durch *šrb* ersetzt) und **šqj* »tränken« (KBL 1007a; Bergstr. Einf. 189; akk. und südsem. im Grundstamm, hebr. und aram. im Kausativstamm, vgl. Barth 120; ug. *šqy* auch »trinken«, vgl. WUS Nr. 2677; UT Nr. 2471) ist gemeinsemitisch. Im Hebr. ergänzen sich *šth* q. »trinken« (nur einmal ni.) und *šqh* hi. »tränken« (nur einmal pu.); daß als Kausativ eine vom Qal abweichende Wurzel auftritt, mag u.a. damit zusammenhängen, daß der Kausativ dieses Verbums im Vergleich zum Qal einen stark erweiterten Sinnbereich umfaßt.

Von den nominalen Derivaten ist das m-präfigierte Verbalabstraktum *mištǣ* (s.u. 3b) von einiger Häufigkeit; daneben begegnen vereinzelt *šᵉtī* (Pred 10,17) und fem. *šᵉtijjā* (Est 1,8) »Trinken«.

Das Bibl.-Aram. weist *šth* q. und das Subst. *mištē* »Gelage« (Dan 5,10) auf.

Von *šqh* sind abgeleitet: *šiqqūj* »Getränk« (Hos 2, 7; Ps 102,10; Spr 3,8 »Labsal«), *šōqæt* »Tränkrinne« (BL 451.615; Gen 24,20; 30,38) und *mašqǣ* »Getränk« (Gen 40,21; Lev 11,34; 1Kön 10,5.21 = 2Chr 9,4.20; Jes 32,6; Ez 45,15 txt?) und »wasserreich« (Gen 13,10), vom substantivierten Part.hi. *mašqǣ* »Mundschenk« nicht immer leicht zu trennen (vgl. z.B. Noth, BK IX,203). Die Wurzel ist auch in dem aus dem Akk. stammenden Beamtentitel *rab-šāqē* (eig. »Obermundschenk«, vgl. Zimmern 6; 16× in 2Kön 18,17–19,8 = Jes 36,2–37,8) enthalten.

2. Das Verbum *šth* q. erscheint hebr. 216× in normaler Streuung (Jer 22×, 1Kön 21×, Gen und Jes je 17×, Ez 16×), aram. 5× (Dan 5,1–4.23), ni. 1× (Lev 11,34), *mištǣ* 46× (Est 20×, Gen 5×, Dan 4×), aram. *mištē* 1× (Dan 5,10); Hapaxlegomena sind *šᵉtī* und *šᵉtijjā* (s.o. 1).

šqh hi. (inkl. Part. *mašqǣ* »Mundschenk«, 10× in Gen 40,1–41,9 und Neh 1,11) kommt 70× vor (Gen 9+ 10×, Jer und Ps je 7×), pu. 1× (Hi 21,24), *šiqqūj* 3×, *šōqæt* 2×, *mašqǣ* 9×, *rab-šāqē* 16× (s.o. 1).

3. a) Das Verbum kann absolut stehen oder durch akkusativisches oder präpositionelles Objekt näher bestimmt werden. Wie das bedeutungsmäßig weithin parallele →*'kl* »essen« bezeichnet *šth* erstens und vor allem eine Grundfunktion des menschlichen und tierischen Lebens: die unmittelbare Aufnahme von Flüssigkeit durch den Mund. Als Subjekt erscheinen fast ausnahmslos Menschen oder Tiere (Gen 24, 19.22; 30,38; 2Sam 12,3 u.ö.). Nur vereinzelt wird durch ein unpersönliches Subjekt ein bildlicher Sinn bewirkt: »ein Land ..., das vom Regen des Himmels Wasser trinkt« (Dtn 11,11). Die Aufnahme des Regens durch den Boden oder durch Pflanzen wird sonst nie als ein Trinken bezeichnet.

Um so größer ist die Vielfalt bei den Objekten, wodurch eine beträchtliche Sinnerweiterung des Verbums zustande kommt. Im eigentlichen Sprachgebrauch stehen als Objekt verschiedene Getränke (Wasser, Wein, Milch usw.) und Flüssigkeiten (Blut durch Tiere Num 23, 24; Ez 39,17.18.19; bildlich 1Chr 11,19; zu Ps 50,13 s.u. 4; Urin 2Kön 18,27 = Jes 36,12) oder, selten und nur bei den Propheten, der »(Zornes-)Becher« (Jes 51, 17.22; Jer 49,12; Ez 23,31–34; vgl. Jer 25,15ff.; 51,7; Ob 16; Hab 2,16; Ps 11, 6; 75,9; Klgl 4,21; neben *kōs* »Becher« begegnet auch *saf* »Schale« Sach 12,2 in bildlicher Verwendung für Gottes Zorngericht, dagegen *kōs* in Heilsbedeutung Ps 16,5; 23,5; 116,13; zum Bild des Bechers vgl. Zimmerli, BK XIII,551f.; Kraus, BK XV,91; L. Goppelt, ThW VI,148ff.; H.A. Brongers, OTS 15, 1969, 177–192). Ein uneigentlicher Sprachgebrauch durch Heranziehung von abstrakten Objekten findet sich in der Weisheitsliteratur: *'awlā* »Frevel« (Hi 15,16), *ḥēmā* »Zorn« (Hi 6,4; 21,20), *lá'ag* »Lästerung« (Hi 34,7), *ḥāmās* »Gewalttat« (Spr 26,6). In allen diesen Beispielen wird das Trinken bildlich verwendet, um verschiedene negativ zu bewertende Aktivitäten in gesteigerter Form darzustellen. Vermittelt wird dieser Sprachgebrauch durch die Vorstellung vom Trinken des Zornesbechers Jahwes.

Vereinzelt erscheint eine adjektivische Näherbestimmung der Art des Trinkens: *šth šikkōr* »sich berauscht trinken« (Part. 1Kön 16,9; 20,16).

Eine sprichwörtlich anmutende Redensart mit erotischem Sinn findet sich in Spr 5,15 »trink Wasser aus deinem eigenen Brunnen« (vgl. Hhld 4,12.15; Sir 26,12).

Eine häufig wiederkehrende Verbindung ist »essen und trinken«, besonders wenn die Verben absolut stehen (Gen 24, 54; 25,34; 26,30; Ex 24,11 u.ö.), aber auch mit Objekt, gewöhnlich Brot und Wasser (Ex 34,28; Dtn 9,9.18; 1Kön 13, 18 u.ö.). Sowohl in dieser Verbindung wie auch alleinstehend bezeichnet *šth* nicht selten das Trinken als einen gesellschaftlichen Vorgang (z.B. Ri 9,27; 1Kön 1,25; 4,20 u.ö.). In Est 3,15 und 7,1 steht *šth* allein für »Mahlzeit halten«.

šqh hi. »zu trinken geben, tränken« hat einen gegenüber *šth* erweiterten Verwendungsbereich, vor allem dadurch, daß es auch auf unpersönliche und unbelebte Objekte bezogen wird (z.B. *'ᵃdāmā* »Erdboden« Gen 2,6; *hārīm* »Berge« Ps 104,13; *gan* »Garten« Gen 2,10; Dtn 11,10; *kǽræm* »Weinberg« Jes 27,2f.; *já'ar* »Wald« Pred 2,6; *gǽfæn* »Weinstock« Ez 17,7.)

b) Das Verbalabstraktum *mištǣ* (aram. *mištē*) dient als nomen actionis mit meistens konkretisierter Verbalhandlung: »Trinken, Trinkgelage, Gastmahl«. Selten und spät bezeichnet das Wort das Objekt des Trinkens: »Getränk« (Dan 1,10; Esr 3,7), während an den ebenfalls späten Stellen Pred 10,17 und Est 1,8 die reinen nomina actionis *šᵉtī* und *šᵉtijjā* auftauchen.

c) In das Wortfeld des Trinkens gehören folgende Verben mit spezialisierter Bedeutung: (1) *lqq* q. »auflecken (Hund)« (Ri 7,

5.5; 1Kön 21,19.19.38; pi. Ri 7,6.7, vgl. Jenni, HP 193); (2) *l*" q. »schlürfen« (Ob 16 neben *šth*; *lōaᶜ* »Kehle« Spr 23,2), (3) *gmʾ* pi. »schlürfen« (Hi 39,24 übertragen vom schnellen Pferd, das die Strecke »in sich schlürft«; hi. »schlürfen lassen« Gen 24,17, neben *šqh* hi. in V.18f. Ausdruck der Bescheidenheit in der Bitte); (4) *mṣh* q. »ausschlürfen« (Obj. »Becher«, immer neben *šth*: Jes 51,17; Ez 23,34; Ps 75,9; eig. »auspressen«, so Ri 6,38; ni. Lev 1,15; 5, 9; Ps 73,10; Nebenform *mṣṣ* q. »schlürfen« Jes 66,11); (5) *rwh* q. »sich satt trinken« (Jer 46,10 Blut; Ps 36,9 Fett; Spr 7,18 übertragen: Liebe; pi. »tränken« Jes 16,9; Jer 31,14; Ps 65,11; Spr 5,19; in Jes 34, 5.7 txt em l q.; hi. »tränken« Jes 43,24; 55, 10; Jer 31,25; Spr 11,25; Klgl 3,15; vgl. Jenni, HP 71.109; *rāwǣ* »satt getränkt« Dtn 29,18; Jes 58,11; Jer 31,12; *rᵉwājā* »Überfluß an Trank« Ps 23,5; 66,12; *rī* »Feuchtigkeit« Hi 37,11); (6) *sbʾ* q. »zechen« (Jes 56,12; Hos 4,18, vgl. Rudolph, KAT XIII/1,108; Nah 1,10; substantiviertes Part. *sōbēʾ* »Trinker« Dtn 21,20; Spr 23,20.21; ganz unsicher ist *sābāʾ* »Trinker« in Ez 23,42 txt?; Verbum wahrscheinlich denominiert von *sōbæʾ* »Bier« Jes 1,22; Nah 1,10; vgl. KBL 646a; BRL 110f.); (7) *škr* q. »betrunken werden/sein« (9×, in Hhld 5,1 neben *šth* übertragen »von Liebe«; pi. »trunken machen« 2Sam 11, 13; Jes 63,6; Jer 51,7; Hab 2,15; hi. »trunken werden lassen« Dtn 32,42; Jer 48,36; 51,39.57; hitp. »sich trunken gebärden« 1Sam 1,14; *šākūr* Jes 51,21 und *šikkōr* 13× »betrunken«; *šēkār* »Rauschtrank« 23×; *šikkārōn* »Trunkenheit« 3×). – Erwähnt seien schließlich noch die zum Wortfeld des Essens (→*ʾkl*) und Trinkens gehörigen gegensätzlichen Verben *ṣmʾ* q. »dürsten« (10×; *ṣāmēʾ* »durstig« 9×; *ṣāmāʾ* »Durst« 17×; *ṣimmāʾōn* »dürstendes Land« 3×; vgl. noch *šqq* q. Part. »lechzend« o.ä. in Jes 29,8 und Ps 107,9) und *rᶜb* q. »hungern« (12×; hi. »hungern lassen« 2×; *rāᶜēb* »hungrig« 19×; *rāᶜāb* »Hunger« 101×; *reᶜābōn* »Hunger« 3×; zu *kpn* q. »hungern« Ez 17,7 und *kāfān* »Hunger« Hi 5,22; 30,3 vgl. Wagner Nr. 132/133), die öfter nebeneinander vorkommen (z.B. Jes 49,10; vgl. Dtn 28,48; 29,18; 2Sam 17,29; Jes 29,8; Ps 107,5; neben *ʾkl* und *šth* in Jes 65,13).*

4. Unter den vielen Subjekten des Verbums *šth* fehlt Gott/Jahwe fast völlig. Nur einmal, und zwar in der Form einer rhetorischen Frage, kommt die Vorstellung vom Trinken Gottes vor: Ps 50,13 (→*ʾkl* 4; vgl. Dtn 32,37f. »wo sind ihre Götter... die den Wein ihres Trankopfers tranken?«).

Häufiger ist Gott Subjekt zu *šqh* hi. in teilweise bildlichen Sätzen über sein segnendes und rettendes (Jes 27,3; 43,20; Ps 36,9; 78,15; 104,11.13) oder auch strafendes Handeln (Jer 8,14; 9,14; 23,15 jeweils mit *mē-rōš* »Giftwasser«, vgl. Num 5,11ff. das Trankordal; Ez 32,6; Ps 60,5 mit *jājin tarᶜēlā* »Taumelwein«, vgl. Jes 51, 17.22 *kōs tarᶜēlā* »Taumelbecher« und Sach 12,2 *saf-rāᶜal* »Taumelschale«; Ps 80,6 mit Tränen). Ähnlich werden mit Heilsbedeutung *rwh* pi./hi. (Jer 31,4.25; Ps 65,11), mit Unheilsbedeutung *rwh* hi. (Klgl 3,15) und *škr* pi./hi. (Dtn 32,42; Jes 63,6 txt?; Jer 51,39.57) gebraucht.

Zum Trinken und Nicht-Trinken (vgl. Ex 34,28; Est 4,16) als religiösem Akt vgl. →*ʾkl* 4 und →*ṣūm*; namentlich das Trinken von Wein konnte aus religiösen und kultischen Gründen allerlei Beschränkungen vorübergehender oder dauernder Natur unterworfen werden (Lev 10,9 und Ez 44,21 für den diensttuenden Priester; Num 6,3; Ri 13,4.7.14, vgl. Am 2,12 bei den Nasiräern, →*nāzīr*; Jer 35,5ff. die Rekabiten; Dan 1,12, vgl. V.5.8, Daniel).

5. Die Belege von *šth* in den Qumranschriften (Kuhn, Konk. 229c) halten sich innerhalb des atl. Verwendungsbereiches. Die LXX hat für *šth* q. πίνειν, für *šqh* hi. ποτίζειν; zum NT und seiner Umwelt vgl. L.Goppelt, Art. πίνω, ThW VI,135–160; ferner H.Preisker, Art. μέθη, ThW IV, 550–554. *G. Gerleman*

תְּהוֹם *tᵉhōm* Flut

1. *tᵉhōm* ist die hebr. Form (ohne Fem.-Endung; Plur. *-ōt*) des gemeinsemitischen Wortes **tihām-(at-)* »Meer«, das im Akk. als Normalwort für »Meer« erscheint (GAG § 55j: *tiʾamtum* [jünger *tâmtu*] »Meer«), im Kan. (ug.: WUS Nr. 2749; UT Nr. 2537; N.J.Tromp, Primitive Conceptions of Death and Nether World in the Old Testament, 1969, 59) durch **jamm-* »Meer« (ug.: WUS Nr. 1172/1173; UT Nr. 1106; phön.: DISO 107; hebr. *jām* »Meer, Westen«; aram. *jammā*, DISO 107; LS 303a; bibl.-aram. in Dan 7,2.3; akk. nur als LW in einem Pflanzennamen, CAD I/J 322a; arab. nur als aram. LW, Fraenkel 231) auf die kosmologische Bed. »(ober- und unterirdischer) Ozean« eingeschränkt wurde und im Südsem., wo *baḥr* das »Meer«

bezeichnet, nur noch als geographischer Eigenname (*Tihāma* »Küstenebene an der West- und Südseite Arabiens«, Wehr 87a) begegnet (so P. Fronzaroli, AANLR VIII/20, 1965, 136f. 144. 149; VIII/23, 1968, 273). t^e*hōm* ist also, schon aus lautlichen Gründen, nicht aus dem Akk. übernommen (Zimmern 44: »vielleicht, in alter Zeit«); dagegen ist jüd.-aram. und syr. t^e*hōmā* »Tiefe, Abgrund« LW aus dem Hebr. entsprechend der späteren Bedeutungsentwicklung (s.u. 5; LS 816b; Fronzaroli, a.a.O. 149). Zusammenhang mit einer Verbalwurzel (z.B. GB 871a: *hūm* »lärmen« o.ä.) ist nicht erweisbar.*

2. t^e*hōm* kommt im AT 36 × vor (Ps 42, 8 zweimal; 22 × im Sing., 14 × im Plur.), sowohl als fem. (Gen 49,25; 33,13; Jes 51, 10; Ez 31,4; Am 7,4; Ps 36,7; 78,15) als auch als masc. (Ex 15,5; Jon 2,6; Hab 3, 10; Ps 42,8; 77,17; Hi 28,14; 41,42) konstruiert. t^e*hōm* begegnet mit Ausnahme von Jes 63,13 und Ps 106,9 stets ohne Artikel (wie *tēbēl* »Erdkreis« [→'*bl* 1/2] und →*š*^{e}*'ōl* »Unterwelt«; vgl. Meyer III, 26), ist aber deswegen nicht Eigenname.

Zur Streuung des Wortes vgl. die statistische Tabelle, in die auch *jām* »Meer« (395 ×, davon 24 × *jam-sūf* »Schilfmeer« und *májim* »Wasser« (582 ×, inkl. Jes 25, 10 K) aufgenommen sind. t^e*hōm* kommt überwiegend in der Psalmensprache vor (Ps 12 ×, dazu Ex 15,5.8; Dtn 33,13; Jes 51,10; 63,13; Jon 2,6; Hab 3,10 in Psalmengattungen). Die Vokabel ist aber nicht einer bestimmten Psalmenform eigen, sondern begegnet in Ps und Hi wie auch sonst in ganz verschiedenen Zusammenhängen. Als feste Redewendung begegnet nur t^e*hōm rabbā* »die große Flut« (Gen 7,11; Jes 51,10; Am 7,4; Ps 36,7), offensichtlich eine poetische Wendung, wie überhaupt das Vorkommen der Vokabel t^e*hōm* fast ganz auf poetische Texte beschränkt ist.

	t^e*hōm*	*jām*	(davon *jam-sūf*)	*májim*
Gen	4	13		54
Ex	2	39	(5)	44
Lev	–	2		43
Num	–	19	(4)	45
Dtn	2	14	(3)	21
Jos	–	52	(3)	24
Ri	–	3	(1)	13
1Sam	–	1		8
2Sam	–	2		10
1Kön	–	16	(1)	19
2Kön	–	4		24
Jes	2	31		56
Jer	–	18	(1)	29
Ez	3	59		48
Hos	–	3		3
Jo	–	2		2
Am	1	5		5
Ob	–	–		–
Jon	1	12		2
Mi	–	3		1
Nah	–	3		3
Hab	1	4		3
Zeph	–	3		–
Hag	–	1		–
Sach	–	8		2
Mal	–	–		–
Ps	12	38	(5)	53
Hi	4	12		25
Spr	4	3		14
Ruth	–	–		–
Hhld	–	–		3
Pred	–	2		2
Klgl	–	1		5
Est	–	1		–
Dan	–	2		3
Esr	–	1		1
Neh	–	4	(1)	10
1Chr	–	3		3
2Chr	–	11		4
hebr. AT	36	395	(24)	582
aram. AT	–	2		–*

3. t^e*hōm* bedeutet »Flut« oder »Wasserflut« und bezeichnet entsprechend dem alten Weltbild meistens den Ozean rings um die Erde und unter der Erde (vgl. Ph. Reymond, L'eau, sa vie, et sa signification dans l'AT, 1958, 167ff.; in Ps 33,7 scheint t^e*hōm* auch den Himmelsozean zu umfassen, für den der terminus technicus *mabbūl* existiert, vgl. Ps 29,10 und J. Begrich, ZS 6, 1928, 135–153; zur Bedeutungsentwicklung *mabbūl* »Himmelsozean« > »Sintflut« [Gen 6,17–11,10 12 ×] vgl. J.H. Marks, IDB II, 279f.). Die Bedeutungsgliederung in KBL 1019: 1. sg. die Urflut, 2. pl. die Urfluten, 3. Grundwasser, ist irreführend; nur an wenigen Stellen, an denen der Zusammenhang dies eindeutig erkennen läßt, hat das Wort die Bed. »Urflut« (vgl. W.H. Schmidt, Die Schöpfungsgeschichte der Priesterschrift, ^{2}1967, 80 Anm. 5; Westermann, BK I, 145–147).

a) In einer Gruppe von Stellen wird von t^e*hōm* neutral als von einem Naturphänomen geredet; so Hi 38,30 »wie Stein erstarren die Wasser, und die Fläche der Flut wird fest«; t^e*hōm* ist hier die Wasserflut, die bei großer Kälte zu Eis erstarrt. So wie hier steht t^e*hōm* mehrfach parallel zu *májim* »Wasser« (Gen 1,2; Ex 15,8; Ez 26,19; 31,4; Jon 2,6; Hab 3,10; Ps 77,17; in Ps 42,8 par. *ṣinnōr* »Wasserstrahl?«) oder zu *jām* »Meer« (Jes 51,10; Ps 106,9; 135,6; Hi 28,14; 38,16). Als ein bloßes Naturphänomen begegnet *tᵉhōm* weiter Ps 135, 6, wo es mit den anderen Elementen das Ganze der Welt beschreibt (→*šāmájim* »Himmel«, →*'ǽræṣ* »Erde«); in Ps 148,7 werden »alle Fluten« mit den anderen Kreaturen von der Erde her zum Lob gerufen; ähnlich neutral wird *tᵉhōm* in Hab 3,10; Ps 77,17; 107,26; Hi 28,14; 38,16; 41,24 verwendet.

b) Nun kann *tᵉhōm* den besonderen Aspekt der tiefen Flut, der Tiefe bekommen, so in Ps 107,26 »sie fuhren hinauf zum Himmel, hinunter zu *tᵉhōm*, daß ihre Seele in Not verzagte«. Hier kann man *tᵉhōm* mit »Tiefe« übersetzen, und so bekommt *tᵉhōm* in bestimmten Zusammenhängen die Bedeutung der das Dasein gefährdenden Flut oder Tiefe (vgl. *mᵉṣōlā*/*mᵉṣūlā* »Tiefe« neben *tᵉhōm* in Ex 15,5; Jon 2,4; Ps 107,24; Hi 41,23; sonst noch Mi 7,19; Sach 1,8; 10,11; Ps 68,23; 69,3.16; 88,7; Neh 9,11; *ṣūlā* »Meerestiefe« Jes 44, 27; ferner *ma'ᵃmaqqīm* »Tiefen« neben *tᵉhōm* in Jes 51,10; sonst noch Ez 27,34; Ps 69,3.15; 130,1). In dieser Bedeutung begegnet *tᵉhōm* im Schilfmeerlied Ex 15 beim Untergang der Ägypter (V.5 »die Fluten bedeckten sie, sie fuhren zur Tiefe wie Steine«) und bei der Rettung Israels (V.8 »... erstarrten die Fluten mitten im Meer«; vgl. weiter Jes 63,13 und Ps 106, 9). An das Schilfmeerereignis spielt auch Jes 51,10 an: »Bist du es nicht, der das Meer ausgetrocknet, die Wasser der großen Flut?«, hier aber verbunden mit der Chaoskampf-Vorstellung in V.9. Von der das Dasein bedrohenden *tᵉhōm* spricht auch in Klagepsalmen Einzelner der Rückblick auf die Not: Jon 2,6 »die Wasser gingen mir bis an die Kehle, die Flut/Tiefe umschloß mich«; auch Ps 42,8.8 und 71,20.

c) Der Aspekt der Tiefe kann aber auch eine daseinsfördernde Bedeutung bekommen, wenn nämlich die Flut in der Tiefe als unerschöpflich verstanden ist. So wird *tᵉhōm* in einer Gruppe von Stellen als Quelle des Segens verstanden: Gen 49,25 »mit Segensfülle aus der Flut, die drunten lagert« par. Dtn 33,13; weiter Dtn 8,7; Ps 78,15; Ez 31,4 »die Wasser hatten ihn groß gemacht, die Fluten ihn hochwachsen lassen«; unsicher, ob im Sinn der segnenden Flut oder neutral: Ez 31,15; Am 7,4; Ps 36,7; Spr 8,28. Die Stellen, an denen *tᵉhōm* als Quelle des Segens bezeichnet wird, machen die noch vielfach vertretene Auffassung unmöglich, nach der die Grundbedeutung des Wortes im Hebr. die einer feindlichen mythischen Macht sei.

d) Die bekanntesten Stellen, von denen bei der Erklärung des Wortes *tᵉhōm* meist ausgegangen wird, sind die in den P-Erzählungen von Schöpfung (Gen 1,2) und Flut (7,11; 8,2). Auf die Deutung von *tᵉhōm* in Gen 1,2 hatte den entscheidenden Einfluß H. Gunkel, Schöpfung und Chaos in Urzeit und Endzeit, 1895, der das Wort direkt von bab. Tiamat, dem mythischen Urwesen und weiblichen Chaosprinzip, herleitete und damit eine mythische Grundbedeutung auch für Gen 1,2 annahm. Diese direkte Ableitung ist nicht zu halten (s.o. 1; vgl. A. Heidel, The Babylonian Genesis, ²1951, 98–101). Im AT hat *tᵉhōm* nie die Bedeutung einer mythischen Gestalt (wie *Ráhab* Jes 30,7; 51,9; Ps 87,4; 89,11; Hi 9,13; 26,12; *Liwjātān* Jes 27,1; Ps 74,14; 104,26; Hi 3,8; vgl. 40,25; *tannīn* »Seedrache« Jes 27,1; 51,9; Ps 74, 13). Schon der Ausdruck *'al-pᵉnē tᵉhōm* »auf der Oberfläche der *tᵉhōm*« zeigt, daß kein mythisches Wesen, sondern Wasserflut gemeint ist.

Im Zusammenhang des Schöpfungsgeschehens begegnet das Wort noch Ps 33,7 »er legte in Kammern die Flut«; 104,6 »die Urflut deckte sie (die Erde) wie ein Kleid«; Spr 8,24 »noch ehe die Fluten waren«; 8, 27 »als er das Gewölbe absteckte über der Flut«; 8,28 »... und die Quellen der *tᵉhōm* stark machte«. In Spr 3,20 »durch seine Erkenntnis brachen die Fluten hervor und träufeln die Wolken den Tau« ist das Segenswirken der *tᵉhōm* gemeint.

In der Fluterzählung begegnet *tᵉhōm* in Gen 7,11 »da brachen alle Brunnen der großen Tiefe/Flut auf« und 8,2 »und es schlossen sich die Brunnen der Flut und die Fenster des Himmels«. Beginn und Ende der Flut werden bei P (bei J begegnet das Wort weder bei der Schöpfung noch bei der Flut) so dargestellt, daß »die Brunnen der großen Flut« sich öffnen und dann wieder schließen. Auch hier ist also der Gebrauch von *tᵉhōm* ganz unmythisch: *tᵉhōm* bezeichnet das Wasser unter der Erde, das die Erdoberfläche durchbricht und dadurch die Katastrophe bewirkt. An diese zerstörende Kraft der losgelassenen Flut unter der Erdoberfläche erinnert die prophetische Gerichtsankündigung Ez 26, 19 »... wenn ich die Flut über dich heraufführe und dich die großen Wasser bedecken«.

4. Fragt man nach der theologischen Bedeutung von *tᵉhōm*, so ist zunächst abschließend noch einmal festzustellen:

$t^eh\bar{o}m$ hat im AT nicht die Bedeutung einer widergöttlichen Macht, wie es früher angenommen wurde, es wird nicht personifiziert und hat keine mythische Funktion. $t^eh\bar{o}m$ gehört zur geschaffenen Welt (außer Gen 1,2) und daher zum Wirkungsbereich Jahwes: »Alles, was er will, vollbringt Jahwe im Himmel und auf Erden, im Meer und in allen Tiefen« (Ps 135,6). Auch in der Fluterzählung ist es der Vernichtungsbeschluß Gottes, der die Wasser der $t^eh\bar{o}m$ sich über die Erde ergießen läßt; sein »Gedenken« ist es, das ihre Quellen wieder verschließt. So kann auch das Wirken Gottes in der Geschichte sich der $t^eh\bar{o}m$ bedienen (Ex 15,5.8; Ez 26,19). Ebenso bedient sich Jahwes Segenswirken der $t^eh\bar{o}m$ (Dtn 8,7; Ps 78,15). Schöpferwirken und Wirken in der Geschichte sind aufs engste verbunden in Jes 51,9–10: der Sieg über die Chaosmächte ist in eins gesehen mit der Errettung Israels am Schilfmeer. Für $t^eh\bar{o}m$ aber ist dabei zu beachten, daß es gerade hier, wo es nahe läge, nicht Bezeichnung einer Chaosmacht ist, sondern ganz wie in Ex 15,5.8 die Flut oder die Tiefe des Schilfmeeres bezeichnet. Ganz ähnlich steht es in der Epiphanie-Schilderung Ps 77,14–21, wo das Herankommen Gottes seinem Volk zu Hilfe den Kosmos erschüttert (V.17 »die Wasser sahen dich und erbebten, die Meerestiefen erzitterten«; ähnlich Hab 3,10). Wenn in Ps 148,7 die $t^eh\bar{o}m\bar{o}t$ zum Lob des Schöpfers gerufen werden und in Ps 77,17 die $t^eh\bar{o}m\bar{o}t$ zittern, wenn Gott seinem Volk zu Hilfe kommt, so zeigt dies, wie $t^eh\bar{o}m$ zu der Welt gehört, die Gott schuf und in der er wirkt.

Zur Bedeutung des Wassers und des Meeres im Jahweglauben und zum Thema ›Chaosdrachenkampf‹ und ›Meereskampfmythus‹ vgl. u.a. Ph.Reymond, L'eau, sa vie, et sa signification dans l'AT, 1958; O. Kaiser, Die mythische Bedeutung des Meeres in Ägypten, Ugarit und Israel, 1959; W.H.Schmidt, Königtum Gottes in Ugarit und Israel, 1961, 35–43; ders., Atl. Glaube und seine Umwelt, 1968, 152–156; H.Gese u.a., Die Religionen Altsyriens ..., 1970, 59ff.134f.

5. In den Qumranschriften wird $t^eh\bar{o}m$ in Fortführung der Psalmensprache vor allem in 1QH mehrfach verwendet (Kuhn, Konk. 230). Die LXX übersetzt fast regelmäßig mit ἄβυσσος. Im Spätjudentum und im NT verlagert sich die Bedeutung von $t^eh\bar{o}m$ und ἄβυσσος auf die Erdentiefe als Geistergefängnis und als Totenwelt, vgl. die Deutung von Ps 107,26 in Röm 10,7; vgl. J.Jeremias, Art. ἄβυσσος, ThW I,9; ferner L.Goppelt, Art. ὕδωρ, ThW VIII, 313–333. *C.Westermann*

תּוֹרָה *tōrā* Weisung

1. Von der Wurzel *jrh* III *(*wrj)* begegnen im AT das Subst. *tōrā* »Weisung, Gesetz« (fem. Verbalnomen mit t-Präfix, s. BL 495), das Verbum *jrh* hi. »lehren« (Perf. *hōrā*) und das substantivierte Part. hi. *mōræ* »Lehrer«.

jrh stellt nach wie vor ein sprachliches Problem dar. KBL 402f., GB 317f. und Zorell 329 geben drei Wurzeln *jrh* an, wobei nach KBL 403 alle Stellen von *jrh* II hi./ho. »benetzen/benetzt werden« (hi. Hos 6,3; 10,12; ho. Spr 11,25) durch Korrektur wegfallen (vgl. *jōræ* »Frühregen« Dtn 11,14; Jer 5,24Q; auch *mōræ* II »Frühregen« in Jo 2,23b und Ps 84,7 ist textlich und exegetisch umstritten, vgl. KBL 506a). Ob überhaupt und wie *jrh* III mit *jrh* I »werfen, schießen« zusammenhängt, ist unklar. Die Wellhausensche These, *jrh* III »lehren« sei aus »Los werfen« (*jrh* I; Belegstelle nur Jos 18,6) entstanden, wird heute allgemein abgelehnt (z.B. J.Begrich, BZAW 66, 1936, 68f. = GesStud 238; G.Östborn, Tora in the OT, 1945, 95ff.; R.Rendtorff, RGG VI,950; nur Köhler, Theol. 195, vertritt sie noch). Eine andere Möglichkeit, *jrh* III von *jrh* I abzuleiten, ist der Vorschlag von Gesenius »die Hand, die Finger ausstrecken, um den Weg zu zeigen« (GB 318a; vgl. Spr 6,13; Ps 45,5; Gen 46,28?). Östborn, der die letzte gründliche Untersuchung der Frage durchgeführt hat, stimmt dieser Lösung zu (a.a.O. 4ff.33.169). Eine dritte Möglichkeit ist, *jrh* I und *jrh* III völlig zu trennen; dann stellt sich die Frage, woher *jrh* III abzuleiten ist: akk. *(w)arû* »führen« (CAD A/II,313–316) bietet sich hier an (diese Variante kann auch Östborn nicht ausschließen, a.a.O. 33 Anm. 3.169). Diskutabel ist weiter die zuerst von Delitzsch vertretene These, *tōrā* sei LW aus dem Akk. (*têrtu*; vgl. Zimmern 67f.: »Vorzeichen, Omen«; GAG § 56 l: »Weisung«) und *jrh* hi. dann von *tōrā* denominiert (vgl. I.Engnell, Israel and the Law, 1946, 1ff.; Östborn, a.a.O. 17ff.; Begrich, a.a.O. 238 Anm. 45). Weitere Vorschläge s. KBL 403a; Östborn, a.a.O. 4ff.; G.Rinaldi, BeO 14, 1972, 142; – die Frage kann wohl nur durch die Entdeckung neuen Materials vorangetrieben werden.

2. *tōrā* findet sich im AT 220× (davon nur 12× der Plural *tōrōt*: wahrscheinlich nur Ex 16,28 dtr. und Ex 18,16.20 E vorexilisch; ferner Gen 26,5; Lev 26,46; Jes 24,5; Ez 43,11; 44,5.24; Ps 105,45; Dan 9,10; Neh 9,13): Ps 36× (davon 25× in Ps 119; in weiteren der Weisheit nahestehenden Psalmen: 1,2.2; 19,8; 37,31; 78, 1.5.10; vgl. auch 40,9; 94,12; ferner 89,31; 105,45), Dtn 22×, Neh 21×, 2Chr 17×, Lev 16×, Spr 13×, Jes 12× (Dtjes. 5×), Jer 11× (davon 5× in der C-Schicht), Num und 2Kön je 10×, Jos 9×, Ex und Ez je 7×, Mal 5×, Dan und Esr je 4×, Hos 3×, 1Chr 2×, vereinzelt Gen 26,5; 2Sam 7,19 txt? (vgl. dazu Eißfeldt, KS V, 143–151); 1Kön 2,3; Am 2,4; Mi 4,2; Hab 1,4; Zeph 3,4; Hag 2,11; Sach 7,12; Hi 22,22; Klgl 2,9. Mit je etwas über 40

Belegen ist das Wort in der chron. und der dtn.-dtr. Literatur am stärksten vertreten, gefolgt von den Psalmen (s. o.) und der Priesterschrift (gegen 30 ×).

jrh hi. und das Part. *mōrǣ* (substantiviert in Jes 30,20.20; Jo 2,23a; Hab 2,18; Hi 36,22; Spr 5,13, wobei man an einigen Stellen schwanken kann, ob das Part. schon Substantivcharakter hat, z. B. Hab 2,18) finden sich 51 × (exkl. Jo 2,23b; Ps 84,7 und *mōrǣ* in den Ortsbezeichnungen Gen 12,6; Dtn 11,30; Ri 7,1), davon 8 × in Ps, 7 × in Hi, 6 × in Jes, 5 × in Ex, je 4 × in Dtn und Spr, usw.

3. Ein nicht spezifisch theologischer Gebrauch von *jrh* hi./*tōrā* findet sich fast nur in Spr (a) und Hi (b), selten an anderen Stellen (c).

a) Parallel zu *ḥōq* (→*ḥqq*), *miṣwā* (→*ṣwh* pi.) und →*dābār* findet sich *tōrā* in den Proverbien nie in »nomistischer« (zu Spr 28,4.9; 29,18 vgl. Gemser, HAT 16,21, und G. Bauckmann, ZAW 72, 1960, 37), sondern stets in »chokmatischer« Bedeutung (J. Fichtner, Die altorientalische Weisheit in ihrer isr.-jüd. Ausprägung, 1933, 83; in Spr findet sich *tōrā* nie mit dem bestimmten Artikel, s. A. von Rohr Sauer, Concordia Theological Monthly 43, 1972, 606). Normalerweise wird die »Weisung« des Weisen mit *tōrā* bezeichnet (→*ḥkm* 3b): Spr 13,14 »die *tōrā* des Weisen ist ein Born des Lebens«; 7,2 »bewahre meine *miṣwōt* und du wirst leben, und meine *tōrā* wie deinen Augapfel!«; 3,1 »mein Sohn, vergiß meine *tōrā* nicht!«. Hierher gehört auch Spr 5,13 »die Stimme meiner Lehrer (*mōrǣ*)«. Entsprechend der Tatsache, daß der Übergang zwischen *'āb* als Titel des Weisheitslehrers und *'āb* als leiblichem Vater fließend ist (→*'āb* III/2b), findet sich *tōrā* auch als Weisung des Familienvaters: Spr 4,1f. »hört, meine Söhne, auf die Mahnung (*mūsār*) des Vaters und merkt auf, daß ihr Einsicht lernt, denn gute Lehre gebe ich euch, meine *tōrā* verlaßt nicht!«, vgl. Spr 4,4.11. Auffallend ist *tōrā* als Weisung der Mutter (Spr 1,8 »höre, mein Sohn, auf die Mahnung (*mūsār*) deines Vaters, und verwirf nicht die *tōrā* deiner Mutter!«; 6,20 »bewahre, mein Sohn, die *miṣwā* deines Vaters und laß nicht unbeachtet die *tōrā* deiner Mutter!«). Von der geschickten Hausfrau heißt es: »*tōrā* von Güte ist auf ihrer Zunge« (Spr 31,26). Vgl. →*'ēm* 4a und die akk. Sentenz: »A la parole de la mère comme à la parole de ton dieu, fais attention!« (J. J. A. van Dijk, La Sagesse Suméro-Accadienne, 1953, 105).

Parallel zu *tōrā* (*jrh* hi.) begegnet die ganze Skala der Begriffe für »Weisheit« (vgl. G. von Rad, Weisheit in Israel, 1970, 26): *miṣwā*/*ōt* Spr 3,1; 4, 4; 6,20; 7,2; *ḥokmā* 4,11; 31,26; *mūsār* 1,8; 4,1; 6,23; *lǽqaḥ* 4,2; *bīnā* 4,1; *dābār* 4,4; *dǽræk* 4,11; *tōkáḥat* 6,23. Die weisheitliche *tōrā* soll nicht unbeachtet gelassen (*nṭš* 1,8; 6,20), nicht vergessen (*škḥ* 3,1), nicht verlassen (*'zb* 4,2), hingegen bewahrt (*šmr* 7,2) werden. 31,26 zeigt – wie die Aufforderungen zum Hören (z.B. Spr 1,8 u.ö.) – den mündlichen Charakter der *tōrā*. Die Verwendung von *jrh* hi. in Spr 6,13 »der Zeichen gibt mit seinen Fingern«, was »geheime Verabredungen« meint (Gemser, HAT 16,39), ergänzt das Bild.

Die in vielen Arbeiten vertretene These, *tōrā* sei ursprünglich im AT immer göttliche Weisung und der nichttheologische Gebrauch von *tōrā* sei davon abgeleitet (s. u. 4; Östborn, a. a. O. 89ff.; Begrich, a. a. O. 233ff.; Rendtorff, a. a. O. 950; KBL 1023b; G. Sauer, BHH III, 1494f.; O. Procksch, Theologie des AT, 1950, 563), scheitert an einer genauen Exegese der genannten Proverbia-Stellen, d. h. die weisheitliche *tōrā* muß als ein von priesterlicher und prophetischer *tōrā* unabhängiges Geschehen betrachtet werden (mit B. Lindars, Torah in Deuteronomy, FS Thomas 1968, 122; J. Jensen, The Use of tôrâ by Isaiah, 1973, 67ff.; vgl. H. Schmid, Judaica 25, 1969, 12). Auch scheint die prophetische und die dtn.-dtr. Verwendung des *tōrā*-Begriffes mehr von der weisheitlichen als von der priesterlichen beeinflußt zu sein (Lindars, a. a. O. 128ff.; Jensen, a. a. O. 171ff.). G. Liedke, Gestalt und Bezeichnung atl. Rechtssätze, 1971, 195ff., macht darüber hinaus einige Argumente geltend, die vielleicht die These begründen können, daß die *tōrā* der Eltern, speziell der Mutter, überhaupt der Ursprung des *tōrā*-Vorganges ist, vgl. Östborn, a. a. O. 115: »the earliest instruction was given by the parents«. Sollte dies zutreffen, so könnten die bes. in Spr 22,17–24,21 gehäuft auftretenden Vetitive und Imperative als die ursprüngliche Redeform, in der *tōrā* erteilt worden ist, gelten (Liedke, a. a. O. 198f.). Vgl. Am 4,4f.; 5,4–6.14f. 23f. (H. W. Wolff, Amos' geistige Heimat, 1964, 30–36).

b) Ein späteres Stadium weisheitlichen »Lehrens« finden wir im Hiobbuch. Hi 6,24 fordert Hiob die Freunde auf: »Lehrt (*jrh* hi.) mich, und ich will schweigen, und was ich irrte, macht mir verständlich (*bīn* hi.)!«. In Hi 27,11 bietet Hiob den Freunden an, er werde sie »belehren über Gottes Hand« (Fohrer, KAT XVI, 380). In Hi 8,10 schärft Bildad ein, auf die Lehren früherer Geschlechter zu hören (par. zu *jrh* hi. steht *'mr* »sagen«). Elihu prangert in 34,32 die Lächerlichkeit der Vorstellung an, Hiob könne Gott lehren. Hi 12,7f. spricht im Rahmen einer »theologia animalium« davon, daß selbst das Vieh lehren könne (par. →*ngd* hi. und →*spr* pi.).

c) Ein sachlicher Zusammenhang mit dem weisheitlichen Lehren liegt in Ex 35, 34 P^s vor, wo die Anleitung der Handwerker beim Bau der Stiftshütte mit *jrh* hi. bezeichnet wird (Östborn, a.a.O. 116; von Rad, a.a.O. 34f.; →*ḥkm*). In Ps 45,5 wird die »Rechte« des Königs wie eine selbständige Macht angesprochen, die den König furchtbare Taten »lehren« soll (Kraus, BK XV, 334). Profane Verwendung von *jrh* hi. liegt wohl auch in Gen 46,28 vor, das allerdings textlich unsicher ist (Gunkel, Gen. 463; von Rad, ATD 4,353 [= ^{9}1972, 331]).

4. An allen bisher nicht genannten Stellen findet sich *tōrā* in theologischem Zusammenhang. Zu behandeln sind (a) die *tōrā* des Priesters, (b) die *tōrā* Jahwes und daneben (c) die *tōrā* des Mose.

a) Wenn auch bestritten werden muß, daß »die Tora ursprünglich nur den Priestern zugehört« (Begrich, a.a.O. 233; BHH III, 1494f. mit Lit.; s.o. 3a), so ist doch unverkennbar, daß die *tōrā*-Erteilung zu den wesentlichen Funktionen des Priesteramtes gehört (vgl. von Rad I, 257ff.; W. Zimmerli, Grundriß der atl. Theologie, 1972, 79ff.; Östborn, a.a.O. 89ff.). Bei den Propheten des 8. und 7. Jh. ist die *tōrā* für den Priester so kennzeichnend wie z.B. der →*dābār* für den Propheten (Jer 18,18; Ez 7,26; vgl. *jrh* hi. in Mi 3, 11). Die Priester werden angeklagt, weil sie die *tōrā* Jahwes vergessen haben (Hos 4,6), weil sie ihr Gewalt angetan haben (→*ḥāmās* 4; Zeph 3,4 und die Kommentierung von Zeph 3,4 in Ez 22,26; vgl. Horst, HAT 14,197; Zimmerli, BK XIII, 524f.), weil sie durch (falsche) *tōrā* viele Israeliten zu Fall gebracht haben (Mal 2,8).

Exegetisch offen ist die Frage, ob in Jer 2,8; 8,8 von der Priester-*tōrā* die Rede ist (so Rudolph, HAT 12,16.61; vgl. auch Weiser, ATD 20,72), oder ob die »Schreiber« von 8,8 Vorläufer der nachexilischen Schriftgelehrten sind (W. Gutbrod, ThW IV, 1038; J.P. Hyatt, Torah in the Book of Jeremiah, JBL 60, 1941, 382ff.; W. Richter, Recht und Ethos, 1966, 189 Anm. 126). Ebenso offen ist die Frage, ob in Dtn 17,11 die *tōrā* vom levitischen Priester allein, gemeinsam von Priestern und Richtern (17,9) oder ursprünglich allein vom Richter (so vermutet von Rad, ATD 8,84) erteilt (*jrh* hi.) wird. Unklar ist, ob die »Lügenlehrer« von Jes 9,14 (Tempel-)Propheten oder Priester sind (vgl. Wildberger, BK X, 205.219f.).

Der vielleicht älteste Beleg für den Zusammenhang der *tōrā* mit dem Priester ist der Levispruch des Mosesegens, wo es von den Leviten heißt: »sie lehren (*jrh* hi.) Jakob deine *mišpāṭīm* und Israel deine *tōrā*« (Dtn 33,10; vgl. Noth, GesStud I,316 Anm. 16; Begrich, a.a.O. 233 Anm. 10, will in *tōrōt* ändern). Dem entspricht die junge Stelle Mal 2,6–9, wo der Mißbrauch der *tōrā* durch die Priester (2,9) als »Verderben des Bundes Levis« (2,8) gebrandmarkt wird. 2Chr 15,3 (vgl. Klgl 2,9) verdeutlicht, daß die Abwesenheit eines »lehrenden Priesters« (*kōhēn mōrǣ*) in Israel gleichbedeutend ist mit der Abwesenheit des wahren Gottes und mit der Abwesenheit der *tōrā*. Vgl. das Lehren des Priesters in Lev 10,11; 14,57; Dtn 24,8; 2Kön 17,27f.; Jer 5,31?.

Die priesterliche *tōrā* ist – wenn sie unverdorben ist – *tōrā* Jahwes (s.u. b). »Der Priester teilt einen Wortlaut Jahwes mit« (Begrich, a.a.O. 234). *tōrā* wird mündlich erteilt (Mal 2,6f.; Hag 2,11–13 u.a.m.; Begrich, a.a.O. 236; zum Unterschied zwischen *jrh* hi. und *lmd* pi. s. →*lmd* 3). Der Vorgang einer *tōrā*-Erteilung wird uns aus Hag 2,11–13 deutlich (O. Eißfeldt, Einleitung in das AT, ^{3}1964, 98f.). Nach Zeph 3,4; Ez 22,26; 44,23; Hag 2,11–13; Lev 11,46f.; 12,7f. vermittelt die *tōrā* des Priesters den unwissenden Laien Auskunft über die rechte Unterscheidung zwischen heilig und profan, rein und unrein (vgl. auch Lev 10,10f.; 14,57); als Beispiel wird in Ez 22,26 das Halten des Sabbats genannt (Zimmerli, BK XIII, 524f.; P.J. Budd, VT 23, 1973,4–7.14). Aus den in P^s mit *tōrā* über- und unterschriebenen Abschnitten ergeben sich als weitere Materien der *tōrā*-Erteilung: Passa (Ex 12,49), bestimmte Opfer (Lev 6,2.7.18; 7,1.11.37; Num 15,16.29), Aussatz (Lev 13,59; 14, 2.32.54.57, vgl. Dtn 24,8), Ausfluß (Lev 15,32), Ordal (Num 5,29f.), Nasiräat (Num 6,13.21), vgl. Begrich, a.a.O. 235f. In diesen P^s-Abschnitten sind allerdings mit Sicherheit Inhalte unter den Titel *tōrā* subsumiert worden, die ursprünglich nichts mit *tōrā* zu tun hatten, sondern anderen Zweigen priesterlicher Tätigkeit entstammen.

Begrich, a.a.O. 243ff., versuchte aus sog. prophetischen *tōrā*-Nachahmungen und aus einigen hexateuchischen Belegen eine ursprüngliche Form der Priestertora zu ermitteln, für die vor allem imperativische Ge- und Verbote in der 2. Pers. Plur. charakteristisch sind (z.B. Lev 7,22–25). Neben diese Laienbelehrung über kultische Fragen [*tōrā*] stellte Begrich das unpersönlich formulierte innerpriesterliche Berufswissen (nach Hos 4,6; Mal 2,7 *dá'at* genannt, Begrich, a.a.O. 251ff.; →*jd'* IV/2a). R. Rendtorff, Die Gesetze in der Priesterschrift, ²1963, und K. Koch, Die Priesterschrift von Ex 25 – Lev 16, 1959, differenzierten weiter: Rendtorff schälte aus dem *dá'at*-Material Begrichs die Form des »Rituals« heraus, in dem die einzelnen Akte des Opfers angegeben werden, soweit sie den Laien angehen. Das Ritual wurde wie die *tōrā* an die Laien weitergegeben. Koch differenzierte die Begrichsche *tōrā* in einfache und ausgedehnte *tōrā* und fand auch priesterliche apodiktische Sätze dazwischen (Koch, a.a.O. 97f.). Liedke, a.a.O. 198f., stellte die Frage, ob nicht nur die Vetitive und Imperative als *tōrā* zu bezeichnen seien, die Prohibitive und heischenden Präsentia hingegen als priesterliche *miṣwōt* (→*ṣwh*). – Vgl. auch T. Lescow, ZAW 82, 1970, 362–379.

Daß alle diese Materialien in der Endgestalt von P mit *tōrā* bezeichnet werden, weist auf einen Bedeutungswandel von *tōrā* hin. Die *dá'at* hängt natürlich eng mit der Laienbelehrung zusammen: der Priester schöpft aus der *dá'at*-Tradition, wenn er Laienbelehrung (*tōrā*) erteilt. Deshalb ist es verständlich, daß auch Rituale und andere *dá'at*-Bestandteile als *tōrā* bezeichnet werden können (Begrich, a.a.O. 257f.; Rendtorff, a.a.O. 70f.). Die syntaktisch isolierte Formel *zōt tōrat* + nomen rectum, in Lev 6,2.7.18; 7,1.11; (14,2); Num 6,13; 19,14 als Überschrift und in Lev 7,37; 11,46; 12,7; 13,59; (14,32); 14,54.57; 15,32; Num 5,29; 6,21; (Ez 43,12) als Unterschrift verwendet, weist auf die sekundäre Verbindung dieser Texte mit dem Begriff *tōrā* hin (Rendtorff, a.a.O. 71f.). Nach Begrich, a.a.O. 258 Anm. 174, ist die gesamte priesterliche Lehrtradition in der Esrazeit öffentlich bekanntgemacht worden. Damit wird diese Lehrtradition staatliches Recht, während bis dahin priesterliche *tōrā* und Recht getrennt waren (Begrich, a.a.O. 237).

Synonym zu *tōrā* wird in den Über- und Unterschriften in Pˢ *ḥōq* und *ḥuqqā* gebraucht (→*ḥqq*). Während in den größeren Sammlungen Lev 1–7 und 11–15 *tōrā* überwiegt, findet sich *ḥuqqā* meist bei Einzelstücken (Rendtorff, a.a.O. 73f.; zu Num 19,2; 31,21 *ḥuqqat hattōrā* vgl. →*ḥqq* 4c). In der Wendung *tōrā 'aḥat* (Ex 12,49; Lev 7,7; Num 15,16), welche die einheitliche Gültigkeit einer *tōrā* fordert, ist der in den Über- und Unterschriften sich zeigende Begriffswandel von *tōrā* im priesterlichen Bereich bereits vorausgesetzt (Rendtorff, a.a.O. 72 Anm. 38).

Festzuhalten ist, daß *tōrā* – das übrigens nicht in der P-Grundschrift begegnet (Rendtorff, a.a.O. 72 Anm. 38) – in Pˢ stets ein einzelnes kultisches Gesetz bezeichnet, so daß auch zusammenfassend der Plural *tōrōt* (Lev 26,46 H; Ez 44,5 Q; 44,24) gebraucht werden kann. Hier kündigt sich die spätere rabbinische Kasuistik an (s. u. 5; R. Rendtorff, RGG VI, 951).

b) Vielleicht im Gegenzug zur Monopolisierung und Verfälschung der *tōrā* durch die Priester sprechen Hosea und Jesaja betont von der *tōrā* Jahwes (andere frühere Propheten vermeiden anscheinend das Wort *tōrā*, so z.B. Amos; Am 2,4 ist eine dtr. Ergänzung des Judaspruches, vgl. Wolff, BK XIV/2,198f.). Hosea versteht unter *tōrā* Jahwes nicht einzelne Weisungen, sondern bereits die »gesamte Willenskundgebung Jahwes, die schon schriftlich fixiert ist« (Hos 4,6 par. *dá'at*; 8,1.12 par. →*b^erīt*; s. Wolff, BK XIV/1, 176f.). Jesaja (vgl. Jensen, a.a.O. 171ff.) klagt die Israeliten an, weil sie »die *tōrā* Jahwes verachten« (5,24), weil sie »Söhne sind, die die *tōrā* Jahwes nicht hören wollen« (30,9). *tōrā* bezeichnet bei Jesaja auch noch die einzelne Weisung, wie Jes 1,10 zeigt, wo ein Prophetenwort mit »*tōrā* unseres Gottes« überschrieben wird (vgl. Wildberger, BK X,36f.). In Jes 8,16 wird diese Linie weiter ausgezogen und die ganze Botschaft des Jesaja von ihm selbst mit »*te'ūdā* und *tōrā*« bezeichnet (vgl. Sach 7,12; Östborn, a.a.O. 127ff.). In 8,20 fordert dann ein späterer Bearbeiter mit demselben Begriffspaar Hinwendung zum überlieferten prophetischen Wort (Wildberger, BK X,345.352; von Rad II, 52f.). Dieser Vorstellung entspricht es, daß auch die Propheten »Lügenlehrer« sein können (Jes 9,14), wie die Götzen (Hab 2,18f.). Auch Jeremia wendet die Formel *tōrā* Jahwes polemisch gegen Priester und Volk (Jer 6,19; 8,8; vgl. Rudolph, HAT 12,47; Hyatt, a.a.O.); dem entspricht es, daß bei der Weissagung des neuen Bundes Jahwe spricht: »Ich gebe meine *tōrā* in ihr Inneres« (Jer 31,33; zur Interpretation vgl. von Rad II,224ff.). Nach Jes 2,3 (=Mi 4,2) wird in der Endzeit vom Zion »*tōrā* ausgehen«; solche *tōrā* entscheidet im Sinne von Dtn 17,11 Konfliktfälle zwischen den

Völkern (Wildberger, BK X, 84f.). Ebenso geht für die Völker vom Gottesknecht *tōrā* aus (Jes 51,4; 42,4); Jes 51,7 setzt dabei Jer 31,33 voraus.

tōrā Jahwes bei den genannten Propheten findet sich oft parallel zu →*dābār*, *'imrā* (→*'mr*) und →*b^e rīt*, bei Dtjes. 2×par. zu *mišpāṭ* (Stellen bei Liedke, a.a.O. 15–17).

An welche Traditionen dieses pointierte Reden von der *tōrā* Jahwes anknüpft, ist nicht völlig klar: sicher spielt hier die Sinaitradition eine entscheidende Rolle (vgl. Hos 8,12 mit der Glosse in Ex 24,12 und mit Jos 24,26; G. Schmitt, Der Landtag zu Sichem, 1964, 13ff.; H. Robscheit, Die thora bei Amos und Hosea, EvTh 10, 1950/51, 26–38; H. Schmid, Judaica 25, 1969, 14f.); die Frontstellung gegen die priesterliche *tōrā* wurde schon erwähnt; neuerdings werden auch Einflüsse der Weisheitstradition vermutet (bes. Jensen, a.a.O.) – in der Tat erinnert die Verwendung von *tōrā* als Bezeichnung des Gesamtwillens Jahwes (nur in Ex 18,16.20 E, Gen 26,5 und Ps 105,45 ist von Jahwes *tōrōt* die Rede; an diesen Stellen wirkt sich der Zwang der Reihenbildung aus) stark an die Rede von der *tōrā* der Eltern in den Proverbien (s.o. 3a; vgl. Jes 30,9 mit Spr 4,1f.; vgl. Hi 22,22). – Die Verwendung von *mōræ* in der Bildung »Orakelterebinthe« (Gen 12,6; Dtn 11,30 und im nomen loci Ri 7,1) gehört ebenfalls zu der allerdings versunkenen Vorgeschichte der *tōrā* Jahwes (Östborn, a.a.O. 23ff., überschätzt in seinem Kap. »The Deity as Imparter of Tora« diesen Aspekt). – Zu den Voraussetzungen der Formel »*tōrā* Jahwes« gehört auch das Reden vom »Lehren Jahwes«, das sich schon beim Jahwisten findet: Ex 4,12 Jahwe zu Mose: »ich werde dich lehren, was du sagen sollst«, vgl. V. 15 (vgl. Noth, ATD 5,33). In Ri 13,8 soll der Gottesmann die Eltern Simsons »lehren, was sie tun sollen mit dem Knaben«. Die Redeform ist im Bauerngleichnis des Jesaja (28,26) wieder aufgenommen, ebenso in der Psalmenbitte »lehre mich, Jahwe, deinen Weg« (Ps 86, 11; 27, 11; 119,33; vgl. 25,8.12; 32,8; Jes 2,3 = Mi 4,2). Dem entspricht die Vorstellung von Jahwe als »Lehrer« (*mōræ*) in Hi 36, 22 und Jes 30,20.

tōrā Jahwes ist weiter das Leitwort der sog. Tora-Psalmen (1; 19 B; 119). Sie sind nicht »nomistisch« zu verstehen (vgl. die Exkurse Kraus, BK XV, 157–159. 821–823), da *tōrā* in ihnen als lebenspendende Willensäußerung Jahwes begegnet und die Einstellung des Menschen zur *tōrā* Freude und Lust ist. Die *tōrā*-Frömmigkeit dieser Psalmen ist im Gegensatz zum älteren *tōrā*-Verständnis primär auf den Einzelnen, nicht auf das Volk bezogen (Ps 1,2; 19,8; für Ps 119 ist die Formel »deine *tōrā*« kennzeichnend; in Ps 119 findet sich *tōrā* im Wechsel mit den anderen Wörtern für »Gesetz«, vgl. Liedke, a.a.O. 12). Jes 42,21.24b ist Glosse aus dem Geist der *tōrā*-Psalmen (Westermann, ATD 19, 92f.). Ps 37,31 und 40,9 erinnern an Jer 31,33 (vgl. 1QH 4,10); Ps 94,12 zeigt die Verbindung dieser *tōrā*-Frömmigkeit zur Weisheit. Nur in Ps 78,1.5.10 und 89,31 ist *tōrā* in den Psalmen auf das Volk Israel bezogen (par. →*b^e rīt*, *mišpāṭīm*).

c) Die enge Verbindung des *tōrā*-Begriffs mit dem Namen des Mose ist für die dtr. und chron. Literatur des AT kennzeichnend. *tōrā* begegnet – mit Ausnahme von Dtn 17,11.18f. – im Gesetzeskorpus des Dtn nicht (und in Dtn 17,11 meint es die Einzelunterweisung des Priesters oder Richters; 17,18f. sind wahrscheinlich eine jüngere Zufügung, von Rad, ATD 8,85). In den Rahmenteilen des Dtn (1–4; 27–32) findet sich aber jene Verwendung von *tōrā*, die »von besonderer Wichtigkeit für die große Vereinheitlichung, sonderlich der gesetzlichen Überlieferungen« (von Rad I,234) ist. Während bis dahin besonders die priesterliche *tōrā* Einzelweisung war, nimmt Dtn die von Hosea und vielleicht Jesaja angebahnte Erkenntnis auf, daß die Willensoffenbarung Jahwes an Israel als eine Einheit zu verstehen ist (von Rad I,235).

Folgende Verbindungen begegnen: »diese (ganze) *tōrā*« (1,5; 4,8; 17,18; 31, 9.11; 32,46); »das Buch dieser *tōrā*« (28, 61; 29,20; 30,10; 31,26); »die (alle) Worte dieser *tōrā*« (17,19; 27,3.8.26; 28,58; 29, 28; 31,12. 24); »*tōrā* des Mose/die Mose gegeben hat« o.ä. (1,5; 4,8.44; 31,9).

Im Gegensatz zu den anderen Worten für »Gesetz« im Dtn wird *tōrā* nie durch eine Cs.-Verbindung, ein Suffix oder sonst direkt auf Jahwe bezogen (G. Braulik, Biblica 51, 1970, 65). Darin spiegelt sich einerseits die Mittlerschaft des Mose, andererseits vielleicht die Herkunft des *tōrā*-Begriffs aus der Weisheit: Lindars, a.a.O. 135, hat gezeigt, daß die dtr. Schriftsteller *tōrā* als umfassenden Terminus wohl bevorzugen »because of their didactic purpose«.

Dtn 4,8.44 zeigen, daß *tōrā* zunächst die →*ḥuqqīm* und *mišpāṭīm* von 5,1–26,16 umfaßt (Braulik, a.a.O. 64f.; Liedke, a.a.O. 185), dann aber auch die Fluchsanktionen von c. 28 (vgl. 29,20). 27,3.8. 26 fassen beides schon zusammen. 32,46 faßt auch das Moselied unter die *tōrā*, d.h. *tōrā* meint hier Dtn 1–32 (Braulik, a.a.O. 65).

Ebenso wie in den Gesetzespsalmen haben wir es auch in Dtn keineswegs mit »Gesetzlichkeit« zu tun (von Rad I,232–244); dennoch versteht das Dtn sich selbst in seinen jüngsten Weiterungen als »Schrift«, also als schriftlich fixierten Jahwewillen (17,18; 28,58.61; 29,19f,; von Rad, ATD 8,21).

Diese geschriebene *tōrā* spielt eine zentrale Rolle in der Theologie des dtr. Geschichtswerkes: die Könige Israels und Judas werden an der *tōrā* des Mose gemessen (1Kön 2,3; 2Kön 10,31; 14,6; 21,8; 23,24f.), Josua (Jos 1,7f.), ebenso das Volk (Jos 8,31ff.; 22,5; 23,6; 2Kön 17,13.34.37; vgl. von Rad I,351ff.; H.J. Kraus, EvTh 11, 1951/52, 415–428; R. Smend, FS von Rad, 1971, 494–497). In den dtn.-dtr. Texten ist *tōrā* oft Obj. der Verben →*šmr*, →*'śh*, →*hlk*, →*'zb*, →*ṣwh* pi., *ktb*, →*ntn* (vgl. KBL 1024).

Zentral ist dabei für Dtr. die (Wieder-) Auffindung der *tōrā* des Mose unter König Josia (2Kön 22,8.11; 23,24f.). Diese *tōrā* des Mose ist für Dtr. das Dtn (M. Noth, Überlieferungsgeschichtliche Studien, 1943, 86 Anm. 2). Ein ähnliches Verständnis von *tōrā* findet sich in der sog. C-Schicht des Jer-Buches (Jer 9,12; 16,11; [26,4]; 32,23; 44,10.23); sowie in dtr. Glossen im Pentateuch (Ex 13,9; 16, 4.28); wie beim Dtr. begegnet hier *tōrā* par. zu *ḥuqqōt*, *miṣwōt*, *mišpāṭīm*, *'ēdūt*, *berīt*, *mišmæræt* (s. Tabelle bei Liedke, a.a.O. 13f.). Auch Mal 3,22 und vielleicht Dan 9,10ff. stehen in dtr. Sprachtradition.

Beim Chr. finden wir *tōrā* in denselben sprachlichen Wendungen vor (»diese *tōrā*«, »Buch der *tōrā*« etc.); die Formeln »*tōrā* des Mose« (Esr 3,2; 7,6; 2Chr 23,18; 25,4; 30,16) und »*tōrā* Jahwes/Gottes« (Esr 7,10; Neh 8,8; 10,29; 1Chr 16,40; 22,12; 2Chr 12,1; 17,9; 31,3f.; 34,14; 35,26) stehen nebeneinander. Es fällt auf, daß der Chr. seiner dtr. Vorlage öfter einen Hinweis auf die *tōrā* hinzugefügt hat (vgl. 2Chr 6,16 mit 1Kön 8,25; 2Chr 23,18 mit 2Kön 11,18c; 2Chr 35,26 mit 2Kön 23,28). Interessant ist auch die Weiterverwendung des Ausdrucks »*tōrā* des Mose«, obwohl die Gestalt des Mose in der Geschichtsdarstellung des Chr. überhaupt nicht vorkommt. »Was Dtr. noch geschichtlich begründet hatte, war für Chr. bereits eine Selbstverständlichkeit von zeitloser Geltung« (Noth, a.a.O. 163, vgl. 172.175 Anm. 3). Chr. hat dabei wohl den fertigen Pentateuch im Auge. Wie Dtn-Dtr. kann auch Chr. die *tōrā* noch als Einheit betrachten (1Chr 22,12; 2Chr 12,1; 14,3; 15,3; 35,26), häufiger aber »ist eine sehr viel formalere und äußerlichere Art der Bezugnahme; nämlich in den vielen Fällen, in denen von der Übereinstimmung irgendeines kultischen Brauchs mit einer kanonischen Ritualbestimmung die Rede ist« (1Chr 16,40; 2Chr 23,18; 31,3; Esr 3,2 u.ä.; von Rad I,364). Damit leitet Chr. eine Tendenz ein, die zeitlose *tōrā* in Einzelgebote aufzulösen, welche sich mit der Kasuistik von P^s (s.o. 4a) verbinden wird.

In einem späten Stadium des AT begegnet als Bezeichnung für »(staatliches) Gesetz, (königliche) Anordnung« o.ä. das aus dem Altpers. stammende LW *dāt* (hebr. 21 × : Est 20 ×, dazu Esr 8,36; exkl. Dtn 33,2Q txt?, vgl. HAL 90a; aram. 14 × : Dan 8 ×, Esr 6 × ; vgl. KBL 1067b; Wagner Nr. 71). Das in den Bereich der staatlichen Verwaltung gehörende Wort nimmt im Titel »Schreiber des Gesetzes des Himmelsgottes« (aram. Esr 7,12.21, vgl. V.14.25.26 »Gesetze deines Gottes« und Dan 6,6 »Gesetz seines Gottes« = »seine Religion«) für Esra als den »Referenten für jüdische Religionsangelegenheiten innerhalb der persischen Regierung« (Rudolph, HAT 20, 73, nach H.H. Schaeder, Esra der Schreiber, 1930, 49) die Stelle von *tōrā* im Sprachgebrauch des Chr. ein (vgl. Esr 7,6.10).*

5. Für die Nachgeschichte von *tōrā* sind zwei im AT angelegte Linien ausschlaggebend: (a) die in Ps und in Chr. angelegte Vereinzelung der Einzelweisungen der *tōrā* führen zur Kasuistik der Rabbinen (auch 1Makk gehört in diese Linie; vgl. D. Rössler, Gesetz und Geschichte, ²1962, 12–42; Noth, GesStud 112–136; K. Hruby, Judaica 25, 1969, 30–63); (b) die bei Hos, Jes und vor allem im Dtn entstandene Sicht von der Einheit des »Gesetzes«, die dazu führt, daß nicht nur der Pentateuch, sondern der Kanon des AT als ganzer als *tōrā* bezeichnet werden kann: diese Linie wird in der *tōrā*-Frömmigkeit der Psalmen (s.o. 4b; H. Gese, RGG VI, 1581), in der späteren Weisheit (Fichtner, a.a.O. 93ff.; Bauckmann, a.a.O. 47–55; dazu von Rad, Weisheit in Israel, 1970, 314ff.) und v.a. in der sog. Apokalyptik fortgesetzt (Rössler, a.a.O. 43ff.). – Zu Qumran vgl. M. Delcor, RB 61, 1954, 533–553; 62, 1955, 66–75; spez. zum »Lehrer (*mōræ*) der Gerechtigkeit« vgl. Wolff, BK XIV/2,75f. (Lit.); G. Harder, BHH II, 1064–66 (Lit.). – Zu LXX, Josephus, Philo und NT vgl. H. Kleinknecht – W. Gutbrod, Art. νόμος, ThW IV, 1016–1084;

E. Lohse – O. Bauernfeind, RGG II, 1515–1519; L. M. Pasinya, La notion de »nomos« dans le Pentateuque grec, 1973. Zu 5 insgesamt: J. Maier, Miscellanea Mediaevalia 6, 1969, 65–83. *G. Liedke/C. Petersen*

תכן *tkn* bemessen

1. Die Wurzel *tkn* »bemessen, prüfen« o.ä. begegnet außerhalb des Hebr. nur noch im Targum-Aram. (z. B. pa. Ps 78,20 und 107,36 für hebr. *kūn* hi./po. »bereiten«, also in der Bedeutung von *tqn* pa.; ebenso wohl akk. *taknu* »sorgfältig bereitet« wohl nur Variante zu *tqn*). Im Akk. und Aram. ist die Wurzel *tqn* »feststehen, in Ordnung sein« (D »zurechtstellen, in Ordnung bringen«; vgl. DISO 172.333; bibl.-aram. *tqn* ho. »wieder eingesetzt werden« Dan 4,33, vgl. KBL 1137f.; arab. *tqn* IV »fest, vollkommen machen«, Wehr 84; zum Ug. vgl. WUS Nr. 2759 und Gröndahl 201) gut bekannt; aram. *tqn* ist als Lehnwort auch ins Hebr. übernommen worden (*tqn* q. »gerade sein« Pred 1,15, vielleicht ni. »gerade gerichtet werden« zu punktieren; pi. »gerade richten« Pred 7,13; 12,9; Sir 47,9; Wagner Nr. 328 mit Lit.) und hat wohl auch *tkn* semasiologisch beeinflußt, namentlich in den abgeleiteten Stammformen (vgl. dagegen transitives *tkn* q. [gegenüber intransitivem *tqn* q.] und die Substantivbedeutungen). Vorgeschlagen wurde auch schon, in *tkn* eine sekundäre Denominierung von *t^ekūnā* »Stätte, Einrichtung« (Subst. der Wurzel →*kūn*) zu sehen (vgl. M. Z. Kaddari, RQ 18, 1965, 220).

Im AT sind *tkn* q., ni., pi. und pu. belegt, dazu die Subst. *tōkæn* »Quantum«, *toknīt* »Maß(?)« (BL 505) und *matkōnæt* »Bemessung, Betrag« (BL 493).

2. *tkn* q. begegnet 3 × (in Spr), ni. 10 × (1Sam 2,3 und 9 × in Ez 18,25.29 und 33, 17.20), pi. 4 × (Jes 40,12.13; Ps 75,4; Hi 28,25), pu. 1 × (2Kön 12,12), *tōkæn* 2 × (Ex 5,18; Ez 45,11), *toknīt* 2 × (Ez 28,12 und 43,10 in schwierigem Text, vgl. Zimmerli, BK XIII, 672.1072f.) und *matkōnæt* 5 × (Ex 5,8; 30,32.37; Ez 45,11; 2Chr 24, 13), die Wurzel insgesamt 27 ×.

3. Die Grundbedeutung der Wurzel scheint »bemessen, nach Maß, Gewicht usw. bestimmen« zu sein. In konkreter Bedeutung wird *tkn* pi. in Jes 40,12 (par. *mdd* »messen«) und Hi 28,25 (neben *mišqāl* »Gewicht« und *middā* »Maß«) in poetischen Texten von der Größe der Schöpfung verwendet (etwas anders vielleicht Ps 75,4 »fest hinstellen« im Gegensatz zu *mūg* ni. »wanken«; vgl. noch G. R. Driver, VT 1, 1951, 242f., und dazu Elliger, BK XI, 48 Anm. 1). Dazu paßt 2Kön 12,12 Part.pu. »abgezähltes (Geld)«.

An den übrigen Stellen ist das Verbum mehr in übertragenem Sinne verwendet, so q. »(die Geister/Herzen) wägen = prüfen« (Spr 16,2; 21,2; 24,12), pi. »(den Geist Jahwes) bestimmen« (Jes 40,13) und ni. »gewogen, geprüft werden (Taten)« (1Sam 2,3) und »abgemessen, richtig sein (Weg, Wandel)« (Ez 18,25.29; 33,17.20).

Als sinnverwandte Verben sind einerseits *mdd* »messen« (→*spr* 3a) und *šql* »wägen, darwägen« (q. 19 ×, ni. 3 ×; *mišqōl* [Ez 4,10] und *mišqāl* [49 ×] »Gewicht«, *mišqǽlæt* [Jes 28,17] und *mišqōlæt* [2Kön 21, 13] »Setzwage«, sowie *šǽqæl* »Gewichtseinheit, Schekel« 88 × und bibl.-aram. *t^eqel* Dan 5,25.27; bibl.-aram. *tql* q. Dan 5,27), andererseits in übertragenem Sinne →*bḥn* »prüfen« und die dort (3b) aufgeführten Vokabeln zu erwähnen; vgl. auch →*j'd*.

4. Eine spezielle theologische Bedeutung des Verbums *tkn* ist an den Stellen, wo Gott Subjekt oder Objekt der Handlung ist, nicht erkennbar. An äg. Vorstellungen vom Wägen der Herzen erinnert Spr 21,2; 24,12 (vgl. 16,2), doch könnte auch direkt mit »messen, bestimmen, prüfen« übersetzt werden (vgl. Gemser, HAT 16,70). Den hymnischen Preis der Größe der Schöpfung reflektieren Jes 40,12; Ps 75,4 und Hi 28,25. Die exegetisch etwas umstrittene Stelle Jes 40,13 »wer hat den Geist Jahwes bestimmt« bzw. »wer ermißt den Geist Jahwes« ist ebenso wie V. 12 eine rhetorische Frage: niemand kann die Schöpfung ermessen, erst recht niemand Gottes wunderbar wirkende Kraft (Westermann, ATD 19,44f.; Elliger, BK XI, 50f.).

Von der Bed. »abgemessen, bestimmt sein« gelangt man semasiologisch leicht zur Bed. »in Ordnung, recht sein«, die dem Ni. von *tkn* eignet (doch ist hier vielleicht auch mit der Beeinflussung durch *tqn* zu rechnen). *tkn* ni. beschreibt das Verhalten (*dǽræk* »Weg, Wandel«) Jahwes gegenüber Israel. Während das »Haus Israel« die Richtigkeit des Weges Jahwes bestreitet, stellt Jahwe die Gegenfrage nach der Richtigkeit des Weges des Volkes (Ez 18,25.29; 33,17.20). In 1Sam 2,3 Q geht es entweder um die Taten Gottes (»und seine Taten sind recht«, vgl. z. B. G. Bressan, Samuele, 1954, 72) oder, was wahrscheinlicher ist, um die menschlichen Taten (»und von ihm werden die Taten geprüft«, so die meisten Komm. und Übersetzungen).

5. In Qumran begegnet das Verbum viermal, dazu neu gegenüber dem atl. Hebr. das Subst. *tikkūn* »Bestimmung, Ordnung, Rang« (Kuhn, Konk. 233; RQ 14, 1963, 233; M.Z. Kaddari, The Root *Tkn* in the Qumran Texts, RQ 18, 1965, 219–227); das Nomen (Verbalabstraktum zum Pi.) wird verwendet in bezug auf Zeitbestimmungen, das moralische Verhalten und den jemandem zugewiesenen Platz. Die Bedeutungsentwicklung von *tikkūn* im Hebr. von Qumran läßt ein Ineinanderfließen der Bedeutungen von →*kūn*, *tkn* und *tqn* vermuten (vgl. M. Delcor, Contribution à l'étude de la législation des sectaires de Damas et de Qumran, RB 61, 1954, 543f.; A. Haldar, Studies in the Book of Nahum, 1947, 57).

In Jes 40,13 (s.o. 4) übersetzt die LXX *tkn* pi. frei, aber treffend mit γιγνώσκειν (vgl. Spr 24,12 q.), in Spr 21,2 *tkn* q. mit transitivem κατευθύνειν »geraderichten, lenken« (Kontamination mit *tqn* pi., vgl. Pred 7,14). In Ez 18,25 dagegen gibt intransitives κατευθύνειν »recht sein« *tkn* ni. wieder (V.29 κατορθοῦν; 33,17.20 εὐθύς).

Im NT wird 2Thess 3,5 »der Herr aber lenke eure Herzen zur Liebe gegen Gott« mit transitivem κατευθύνειν eine Reminiszenz aus Spr 21,2 (LXX) sein (mit Sinnverschiebung gegenüber dem MT).

M. Delcor

תמם *tmm* vollständig sein

1. Die Wurzel *tmm* »vollständig werden/sein« begegnet außerhebr. im Ug. (WUS Nr. 2770; UT Nr. 2563), Phön.-Pun. (DISO 329–331), Aram. (erst nachbiblisch) und Arab. (Wehr 86); sie wird u.a. durch *gmr* (→*gml* 1), →*klh*/*kll* (→*kōl*) und →*šlm* konkurrenziert.

Vom Verbum werden im AT das Qal, Hi. (kausativ) und Hitp. (»mit jemandem in Vollständigkeit der Beziehung [=integer] verfahren«, nur 2Sam 22,26 = Ps 18,26) gebraucht (die Benutzung des Verbums ist ug. fraglich [zu 49 I,24 = CTA 6 II,52 nach Driver, CML 111a.153b, vgl. P.J. van Zijl, Baal, 1972, 193f.], phön.-pun. selten [DISO 331]).

Als Adjektive begegnen *tāmīm* (auch substantiviert: Jos 24,24; Ri 9,16.19; Am 5,10 u.ö.) und *tām* (**tamm*-; pun. *tm* zur Bezeichnung der Fehllosigkeit von Opfertieren, vgl. J. Hoftijzer, VT 8, 1958, 288 bis 292; ähnlich vielleicht ug. in Text 1, Z.2, vgl. aber Herdner, CTA 118 [Anm. 1]. 292, und J.C. de Moor, UF 2, 1970, 322. 325; ferner ug. 52 [=SS], Z.66f. *šnt tmt* »volle Jahre«), als Substantive *tōm* (**tumm*-; ug. in Krt [=I K] 24 und pun. [DISO 329] in der auch im AT häufigen Verbindung b^e + *tm* + Suffix »in der Gesamtheit/Vollendung von jem./etw.«), fem. *tummā* (vielleicht auch pun., DISO 330) und m^e*tōm* (mit der Sonderbedeutung »heile/gesunde Stelle am Körper« Jes 1,6; Ps 38,4.8; in Ri 20,48 ist m^e*tīm* »Männer, Leute« [→*'īš* III/1] zu lesen); unsicher ist die Etymologie von *tummīm* »Tummim-Orakel« (mit Ausnahme von 1Sam 14,41 G nur mit *'ūrīm* zusammen auftretend: Ex 28,30; Lev 8,8; Dtn 33,8; Esr 2,63; Neh 7,65; zur Institution vgl. de Vaux II, 204f.447; BHH III, 2066f.).

Die Wurzel *tmm* ist schließlich noch im Personennamen *Jōtām* enthalten (Noth, IP 189f.: »Jahwe hat sich redlich, rechtschaffen gezeigt«; zu ug. und phön.-pun. Namen wie *Iltm* bzw. *Tmb'l* und *B'ltm* vgl. Gröndahl 201; F.L. Benz, Personal Names in the Phoenician and Punic Inscriptions, 1972, 429).

2. Statistik: *tmm* q. kommt 54× vor (Jer 11×, Jos 9×, Dtn und Ps je 6× [inkl. Ps 19,14]), hi. 8×, hitp. 2× (s.o.), *tāmīm* 91× (Lev 22×, Num 19×, Ez 13×, Ps 12×, Spr 6×), *tām* 15× (Hi 7×), *tōm* 23× (Ps und Spr je 7×), *tummā* 5× (Hi 4×, Spr 1×), m^e*tōm* 4× (s.o. 1), die ganze Wurzel (ohne *tummīm* und den Eigennamen *Jōtām*) somit 202×. Die Übersicht ergibt, daß der Gebrauch des Verbums keine Schwerpunktbildung zeigt, während die nominalen Formen – abgesehen von einer Verwendung von *tāmīm* als Opferbegriff (s.u. 3d) – massiert in Ps, Hi und Spr auftreten.

3. a) Das Verbum mit seiner ziemlich gleichmäßigen Streuung wird der allgemeinen Umgangssprache angehört haben. Es bezeichnet das »fertig werden/sein« einer Rede (Hi 31,40), eines Planes (Ps 64, 7 G), einer Handlung (Jos 3,17; 5,8), aber auch des Tempelbaues (1Kön 6,22), des Ausgebens von Geld (Gen 47,15); weiter das »zu Ende kommen« einer zeitlichen Frist (Gen 47,18; Lev 25,29; Dtn 34,8 u.ö.) oder »vollständig werden/sein« einer bestimmten Gruppe (1Sam 16,11), darüber hinaus das Ausreifen einer Pflanze (Jes 18,5; Ez 47,12) und sogar die Erfüllung eines göttlichen Wortes (Jos 4,10).

Wie in der dt. Umgangssprache kann »fertig werden/sein« auch pejorativen Sinn haben: jemand ist »zu Ende« mit seiner Kraft (Lev 26,20). Ein Drittel der Qal-Belege bezieht sich auf »einen bösen Tod sterben«, mehrfach »durch Schwert und Hunger« (Jer 14,15; 44,12.18 u.ö.).

Bei *tmm* ist nicht die Vorstellung eines Mannes leitend, der seinem Werk gegenübersteht und es vollendet, vielmehr geht es um einen Prozeß, der im betroffenen Gegenstand oder Menschen schon angelegt ist und durch immanente Notwendigkeit zu gutem oder bösem Ende führt. Das zeigt sich, wo es um das Sterben geht, z.B. »ihr habt eure Hurerei-Schuldenlast (*zenūt*) zu tragen bis eure Leichname zu Ende kommen (=verwesen?) in der Wüste« (Num 14,33, dabei hilft Jahwe mit, V.35). Ähnlich Klgl 4,22, wo durch die Zerstörung Jerusalems die Schuldenlast (*'āwōn*) der Stadt in ihren notwendigen Endzustand kam. In die gleiche Linie gehört, wenn der Psalmist durch Distanz zu bösen Menschen sich selbst vervollständigt (Ps 19,14; vgl. Hi 22,3). Selten ist Gott kausatives Subjekt des Hi. (Ez 22,15; vgl. Dan 8,23; 9,24 Q).

b) Das Subst. *tōm* taucht abgesehen von drei Belegen in Spr und Hi sowie Ps 25,21 nur mit voranstehender Präposition verbunden auf, beschreibt also Art und Weise einer Tätigkeit, nämlich die Vollständigkeit einer Handlung (z.B. Jes 47,9 »voll kommt es über dich«) oder die subjektive Einstellung des Handelnden (u.a. auch »Ahnungslosigkeit, Arglosigkeit«, z.B. 1Kön 22,34 = 2Chr 18,33). Fünfmal erscheint die Wendung *betom lēbāb* »mit der Vollständigkeit seines Herzens (=Denkens und Wollens) etwas tun« (*'śh* Gen 20, 5.6; vgl. 1Kön 9,4) oder »wandeln« (1Kön 9,4; Ps 78,72; 101,2). Das Verbum *hlk* »wandeln« im Sinn eines einzelnen Unternehmens oder eines ständig geübten Verhaltens wird überhaupt gern mit *tōm* zusammengestellt (2Sam 15,11; Ps 26,1.11; 101,2; Spr 2,7; 10,9; 19,1; 20,7; 28,6). Als Parallelbegriff dient *jōšær* »Geradlinigkeit« (1Kön 9,4; Ps 25,21). Auch bei *tōm* wird es sich um eine allgemeine umgangssprachliche Bestimmung handeln. Doch in der Weisheit wird *tōm* zu einem thematischen Begriff und umreißt die »Vollständigkeit« eines bleibend gemeinschaftstreuen Menschen, dem nach Meinung der Sprüche die Gewähr eines künftigen heilvollen Ergehens entspringt (Spr 10,9; 13, 6; 19,1; 20,7).

c) Das fem. Subst. *tummā* wird außer Spr 11,3 nur in Hi benutzt. Es dürfte das Ergebnis eines beständigen menschlichen *tōm/tāmīm*-Wandels, weniger das Tun als das Ergehen im Rahmen einer übergreifend gedachten schicksalwirkenden Guttat-Heils-Sphäre ausdrücken, so daß es geradezu mit »Vollkommenheit eines glücklichen Lebens« übersetzt werden kann (»die Vollkommenheit der Aufrechten [*tummatješārīm*] leitet sie, aber die verdrehte Art der Treulosen verwüstet sie selbst... Die Gemeinschaftstreue des Vollständigen [*tāmīm*] macht gerade [*jšr* pi.] seinen Weg, aber in seinen eigenen Frevel stürzt ein Frevler«, Spr 11,3.5). Deshalb ist *tummā* ein Gut, das ein Mensch unter allen Umständen festzuhalten sucht (Hi 2,3.9; 27,5).

d) Unter den beiden Adjektiven ist *tāmīm* das häufigere. Die Nominalform qatīl ist vielleicht primär zuständlich gemeint (BL 470). Dem entspricht, daß in der überwiegenden Mehrzahl der Belege *tāmīm* Näherbestimmung zur kultischen Darbringung ist (*qrb* hi., *bō'* hi. *qorbān*, *'śh*; so über 40× in P/H und 11× in Ez), eine Verwendung, die seit der Exilszeit nachzuweisen ist. Es handelt sich um einen geprägten Ausdruck priesterlicher Rituale, wo *tāmīm* nirgends durch ein anderes Wort ersetzt wird, aber als Gegenbegriff *'ašær mūm bō* »was einen Fehl an sich trägt« bei sich hat (Lev 22,18–21; Num 19,2). Durch die Darbringung eines Tieres, das nicht *tāmīm* ist, würde der Opferakt unwirksam, ja schädlich (Lev 22,19–21). Demnach meint *tāmīm* eine nachprüfbare einwandfreie körperliche Beschaffenheit im Gegensatz zu einem verstümmelten oder kranken Tier. Doch wird nicht aus neutraler landwirtschaftlicher Sicht geurteilt (»ein brauchbares, gesundes Tier«), sondern aus strikt kultbezogener Sicht. Das wird durch zwei Formen einer mit *le* angeführten Zweckbestimmung klar. Das entsprechende Tier soll einerseits makellos (*tāmīm*) sein »für ein (Brand-)Opfer« (Lev 9,2f.; Num 6,14), andererseits makellos »für euch (die darbringenden Kultgenossen) werden« (Ex 12,5; Num 28,19.31; 29,8.13 txt em). *tāmīm* ist also ein Relationsbegriff.

e) In einer Minderzahl der Belege charakterisiert das Adj. *tāmīm* Menschen. Im Tetrateuch wird es nur in P so verwendet und dann auf das Gottesverhältnis bezogen (Gen 6,9; 17,1). Die ungetrübte menschliche Gottesbeziehung meint ebenso die Dtn-Stelle 18,13 und Jos 24,14. In den geschichtlichen Büchern taucht *tāmīm* in diesem Zusammenhang nur noch Ri 9,16. 19 für zwischenmenschliche Verhältnisse auf. In den prophetischen Büchern sind einzig anzuführen Am 5,10, wo *tāmīm* die verläßliche wahre und vollständige Rede zwischen Menschen ausdrückt, und Ez 28,15, wo der König von Tyrus mit dem Urmenschen verglichen wird: »*tāmīm* (makellos/glücklich) warst du in deinen Wegen seit den Tagen deiner Erschaffung, bis Übeltat an dir gefunden wurde«.

Umfänglicher werden die Aussagen über den Menschen als *tāmīm* erst in Ps und Spr. Eichrodt III, 274, vermutet deshalb, daß die Anwendung auf den Menschen aus der Opfersprache stammt. Dagegen spricht allerdings, daß das Wortfeld beim zweiten Gebrauch völlig anders ist als bei der Opfersatzung und *tāmīm* nun gern mit Wörtern für Weg (*dæræk*) und Wandel (*hlk*) zusammengestellt wird (Gen 6,9; 17,1; Ez 28,15 u.ö.). Statt der Präp. *l*ᵉ taucht jetzt *'im* hinter *tāmīm* auf (Dtn 18,13; Ps 18,24), was zwar ebenfalls auf einen Verhältnisbegriff verweist (von Rad I, 383 Anm. 6), aber einen anders gelagerten.

Selbst für Gottes Einsicht, Thora, Weg, Werk – doch nicht für Gott unmittelbar – wird gelegentlich das Prädikat *tāmīm* benutzt (Dtn 32,4; 2Sam 22,31 = Ps 18,31; 19,8; Hi 37,16). Sogar ein Stück Holz, das zur Verarbeitung geeignet ist, kann *tāmīm* heißen, wie auch feste Zeiten, die ihrem Ende entgegengehen (Lev 23,15; 25,30; Jos 10,13).

f) Das Adj. *tām* (BL 453) steht (abgesehen von Ex 26,24 = 36,29 txt?) nur Gen 25,27 in den geschichtlichen Büchern, wo Jakob dem schweifenden Esau gegenübergegestellt wird als *'īš tām*, als »gesitteter Mann« (? Zürcher Bibel; vgl. noch G.R. Driver, JThSt 31, 1929/30, 281), der in Zelten weilt. Die prophetischen Bücher enthalten *tām* überhaupt nicht. Dafür erscheint es relativ häufig in Hiob (7 × gegenüber 3 × *tāmīm*). Weder zum Opfertier noch zur Weg-Vorstellung besteht eine erkennbare Beziehung, auch wird *tām* nie von Gottes Verhalten gebraucht. So scheint dieses Adjektiv weniger Gewicht zu haben als *tāmīm* und den »braven Mann« zu bezeichnen. Hhld 5,2 und 6,9 wird die Geliebte als »meine Taube, meine vollkommene (*tammātī*)« besungen. Erst in Hiob und Ps 37,37 rückt *tām* in die Nähe von *tāmīm* und wird gleichsinnig mit *jāšār* (→*jšr*; Hi 1,1.8; 2,3) und gegensinnig zu *'qš* »verdrehen« gebraucht.

4. Der Stamm *tmm* hat in der exegetischen Literatur bisher wenig Beachtung gefunden (vgl. etwa C. Edlund, Das Auge der Einfalt, 1952, 28ff.). Eingehender ist Pedersen, Israel I/II, darauf eingegangen im Rahmen einer für das hebr. Denken vorgeblich grundlegenden primitiven Seelentheorie. Demnach hat für den Hebräer der Mensch nicht Seele, sondern *ist* Seele, und alle seine Lebensäußerungen gründen in Regungen dieser Seele. *tōm/tāmīm* ist demnach »integrity as a quality of the soul« (S. 359). Aber nicht nur das, der Rechtschaffene »acts in integrity, and his acts are integrity, i.e. entirety; this is expressed by his way beeing whole« (S. 337). Darüber hinaus bezeichnen *tōm/tāmīm* auch das Resultat solcher Seelenbewegung, nämlich »happiness« (S. 531).

K. Koch hat demgegenüber darauf verwiesen, daß die zentrale Bedeutung der Seele nirgends im AT zu erheben ist, daß aber nichtsdestoweniger die von Pedersen behauptete Doppelseitigkeit des Gedankens – einerseits ein der Gemeinschaftsbeziehung zu Gott adäquates menschliches Tun, andererseits ein glückhaftes, harmonisches Ergehen – nicht nur bei *tōm/tāmīm*, sondern auch bei einer Fülle verwandter Ausdrücke nachzuweisen ist. Koch erklärt sie aus einer zugrunde liegenden Aufassung von einer schicksalwirkenden Tatsphäre; nach hebräischer Ansicht bildet jede Guttat oder Übeltat eine unsichtbare Sphäre um den Täter, die allmählich auf ihn zurückschlägt in einem entsprechenden Ergehen. Der endgültige Umschlag von der Tatsphäre zum Ergehen wird an vielen Stellen auf Jahwes Eingreifen zurückgeführt (s. die Diskussion in: Um das Prinzip der Vergeltung in Religion und Recht des AT, hrsg. von K. Koch, 1972, zu *tmm* S. 163. 178). Zur Klärung des Sachverhaltes wäre eine genauere Untersuchung des thematischen Gebrauchs der Wurzel in Ps, Hi und Spr dringend zu wünschen.

5. In den Qumranschriften tritt *tmm* mit einer Häufigkeit und Gewichtigkeit auf wie nirgends im AT. Dabei wird der Sprachgebrauch aus Ps und Spr aufgenommen und *tāmīm* häufig mit *hlk* »wandeln« (1QS 1,8; 9,6.8 u.ö.),vor allem aber mit *dæræk* »Weg« zusammengestellt (1QM 14, 7; 1QH 1,36; 1QS 8,10 u.ö.). Neu ist eine Verbindung mit *qdš* »Heiligkeit«, wodurch der Sinn von *tmm* zu »heiliger Vollkommenheit« tendiert, welche die Auszeichnung der Qumrangemeinde vor allen anderen Menschen darstellt (CD 7,5; 20,2. 5.7 u.ö.).

Die LXX hat überraschenderweise *tmm* nur ausnahmsweise mit τέλειος »vollkommen«, sondern in der Regel mit ἄμωμος »makellos« wiedergegeben. Zum NT (u.a. zu Mt 6,22f.; Lk 11,34f.) und seiner Umwelt vgl. C. Edlund, Das Auge der Einfalt, 1952; O. Bauernfeind, Art. ἁπλοῦς, ThW I, 385f.; F. Hauck, Art. μῶμος, ThW IV, 835f.; G. Delling, Art. τέλος, ThW VIII, 50–88. *K. Koch*

תעב *tʻb* pi. verabscheuen

1. *tōʻēbā* »Greuel« und das davon denominierte Verbum *tʻb* (ni. »verabscheut werden«; pi. deklarativ-ästimativ »verabscheuen« [nur Ez 16,25 faktitiv »zum Abscheu machen«; Jes 49,7 wohl in Part.pu. zu korrigieren]; hi. »abscheulich handeln«) ist außerhebr. nur im Targum-Aram. (Subst. und *tʻb* af., Jastrow 1655a.1683b) und im Phön. (Subst. *tʻbt*, DISO 332) bekannt. Die Form *m*^{e}*tāʼēb* in Am 6,8 wird entweder als Nebenform *tʼb* II (GB 868a; Rudolph, KAT XIII/2, 222) oder als euphemistische Änderung des Part. pi. von *tʻb* aufgefaßt (KBL 1015b; Wolff, BK XIV/2, 327).

Die etymologische Erforschung der Wortgruppe ist über Vermutungen noch nicht hinausgekommen. Das Verbum *tʻb* scheint vom Nomen *tōʻēbā* abgeleitet zu sein (Barth 305; P. Humbert, L'étymologie du substantif *tôʻēbā*, FS Rudolph 1961, 157–160; Zorell 892b.905a trennt allerdings Verbum und Substantiv ganz), dieses wiederum müßte als taqtil-Form (BL 495) von einer Wurzel **w/jʻb* (oder *ʻūb/ʻīb* hi. Klgl 2,1 »verdunkeln«?, vgl. L. Kopf, VT 8, 1958, 188f.; Rudolph, KAT XVII/3, 218: »entehren«) abstammen. W. F. Albright, Von der Steinzeit zum Christentum, 1949, 423, erinnert an die enge Verwandtschaft zwischen den Ideen des Tabu und der Heiligkeit und bringt *tōʻēbā* »negatives Tabu, Greuel« mit äg. *wʻb* »reinigen« (Erman-Grapow I, 280) zusammen. Humbert, a. a. O. 158, möchte lieber einen Zusammenhang mit arab. *ʻāba* »fehlerhaft, mangelhaft sein« (Wehr 591f.) herstellen, während Barth 305 für eine Verwandtschaft mit arab. *ʻāfa* »Abneigung, Widerwillen empfinden« (Wehr 593b) plädiert (ebenso Zorell 892b). Andere sem. Sprachen tragen wenig zur Klärung bei. Die phön. Grabinschrift KAI Nr. 13 aus dem 6. Jh. v. Chr. (Z.6 Verbot der Grabschändung: »denn eine solche Tat ist der Astarte ein Greuel«) beweist nur einen aus dem AT geläufigen, formelhaften Wortgebrauch. Aus dem Akk. und Ug. sind keine vergleichbaren Stämme belegt. Es kommt also darauf an, die Wortgruppe *tōʻēbā/tʻb* inneralttestamentlich zu verstehen.

2. Vom Verbum lassen sich im AT 3 Ni.-, 4 Hi.- und 15 Pi.-Formen (dazu Am 6,8, s.o.) aufspüren. Frühe Stellen sind sicher Am 5,10; Mi 3,1; Besonderheiten der Streuung treten nicht hervor.

Anders beim Nomen *tōʻēbā*, das 117 × erscheint und deutlich geballt ist einerseits in exilischen, besonders dtn.-dtr. Texten (Dtn 17 ×, 1/2Kön 5 ×, Jer 5 × dtr. von 8 Belegen) und bei Ez (43 ×), sowie andererseits in der Spruchliteratur (Spr 21 ×). Auffällig ist sein Fehlen in den älteren Gesetzen, z. B. im Bundesbuch (vgl. dagegen die 6 deklarativen Formeln in Lev 18,22–30 und 20,13), in vorexilischen Erzählungen (nur Gen 43,32; 46,34; Ex 8,22.22 in bezug auf die Ägypter; innerisraelitisch sonst *n*^{e}*bālā* »Schandtat« [→*nābāl*] und die Formel »so etwas tut man nicht in Israel« in 2Sam 13,12; dazu H. J. Boecker, Redeformen des Rechtslebens im AT, ^{2}1970, 18f.141f.), bei den frühen Propheten (eigentlich nur Jes 1,13; ev. noch Jer 2,7; 6,15; 8,12) und in den diversen Psalmengattungen (nur Ps 88,9). Die affektgeladene Qualifizierung von Gegenständen oder Personen als *tōʻēbā* scheint also in der späteren Zeit üblich geworden zu sein; sie ist vorwiegend in solchen literarischen Werken anzutreffen, denen die Fixierung von Tabu-Tatbeständen ein theologisches Anliegen war (vgl. zur Statistik und zur zeitlichen Einordnung noch P. Humbert, Le substantif *toʻēbā* et le verbe *tʻb* dans l'Ancien Testament, ZAW 72, 1960, 217–237).

3./4. Die Darstellung der Bedeutungsentwicklung muß sich auf das Nomen konzentrieren, denn semantisch gesehen ist das Verbum auf alle Fälle ein Denominativ. Profane und religiöse Verwendung der Wortgruppe lassen sich dabei nicht sinnvoll voneinander trennen: Der vermeintlich profane Gebrauch kann von einem religiösen (bzw. magischen) Tabu handeln, und angeblich religiöse Sprechweise kann simple »profane« Bedeutungsinhalte vermitteln.

Verbum und Nomen besitzen eine große Anzahl von Synonyma. Für das Verbum seien genannt: *bzh/būz* »verachten« (vgl. Jes 49,7), →*mʼs* »ablehnen« (Hi 19,18f.), →*śnʼ* »hassen« (Am 5,10; vgl. 6,8; Ps 5,6f.; 119,163) und *šqṣ* pi. »als kultisch unrein verabscheuen« (Dtn 7,26). Zum Wortfeld des Nomens gehören u. a. *zimmā* »Schandtat« (Lev 20,13f.; Ez 16,43.58; 22,11; Spr 21,27; 24,9; *zimmā* im AT 28 ×, davon 14 × in Ez), *niddā* »Abscheuliches (Exkrement, Ausscheidung)« (Ez 7,20; Esr 9,11; im AT 30 ×, davon 13 × in Lev), *šiqqūṣ* »Abscheuliches (Kultbild)« (Jer 16,18; Ez 5,11; 7,20; 11,18.21; im AT 28 ×, dazu 11 × *šǽqæṣ* »Abscheuliches«), *tǽbæl* »schändliche Vermischung« (Lev 18,23; 20,12), ferner allerlei kultpolemische Ausdrücke (*gillūlīm* »Götzenbilder« Ez 14,6; 16,36; 18,12; im AT 48 ×, davon 39 × in Ez) und Begriffe für Sünde und Schande. Auffällig ist, daß in den *tōʻēbā*-Sprüchen der Proverbien der synonyme Parallelismus zurücktritt und statt dessen die antithetischen Ausdrücke zur Geltung kommen: *rāṣōn* »Wohlgefallen« (Spr 11,1.20; 12,22; 15,8; →*rṣh*), →*sōd* »Gemeinschaft« (3,32), *ṭāhōr* »rein« (15,26; vgl. J. L'Hour, Les interdits toʻeba dans le Deutéronome, RB 71, 1964, 484).

a) Das, was durch die eigene Wesensbestimmung ausgeschlossen ist, was also gefährlich oder unheimlich erscheinen muß, kann im AT mit *tō'ēbā* bezeichnet werden. Die Unvereinbarkeit zweier Menschengruppen beispielsweise beschreibt Spr 29, 27 sinngemäß mit zweimaligem *tō'ēbā*: »Der Aufrechte kann den Übeltäter nicht ausstehen; der Böse paßt nicht zum Ehrlichen«. Vgl. auch Spr 13,19; 16,12: gewisse Wertsysteme schließen einander aus. *tō'ēbā* wird also zunächst ganz neutral von solchen Dingen gebraucht, die wesensmäßig nicht zu einer definierten Sache gehören, diese vielmehr durch ihr Hinzutreten auflösen oder in Frage stellen würden. Tischgemeinschaft mit Hebräern ist den Ägyptern unmöglich (Gen 43,32; 46,34; vgl. Ex 8,22; Ps 107,18). Weil die eigene Gruppe in Gefahr gerät, gilt das Verbot: »Die Ägypter dürfen nicht mit den Hebräern zusammen essen« (Gen 43,32; vgl. Dtn 14,3: »Du darfst keine *tō'ēbā* essen«).

Von hier aus läßt sich die »theologische« Verwendung der Wortgruppe verstehen: Gewisse Dinge sind mit dem Wesen Jahwes unvereinbar und werden von ihm abgelehnt. »Blutdürstige Menschen und Betrüger verabscheut (*t'b* pi.) Jahwe« (Ps 5,7; vgl. 106,40). Ein gängiger Parallelausdruck ist: »Jahwe haßt (*śn'*, bzw. verachtet, *m's*) dies oder jenes« (vgl. Dtn 12,31; Jes 61,8; Jer 12,8; Am 5,21; 6,8 u.ö.). Daß bestimmte Dinge mit Jahwes Wesen unvereinbar sind, hat sich im Dtn und in Spr in der *tō'ᵃbat Jhwh*-Formel niedergeschlagen (vgl. das oben in Abschnitt 1 zitierte phön. Beispiel KAI Nr. 13, Z. 6; die Formel ist bedeutungsgleich mit der Wendung *tō'ēbā lᵉ*, Jes 1,13; L'Hour, a.a.O. 481 bis 503). Betrug, Lüge und anderes asoziales Verhalten (vgl. Spr 6,16–19; 17,15; 20,10: Zahlensprüche, Reihenbildung!; 11,1.20; 12,22; 16,5 usw.) sind Jahwe ebenso verhaßt wie Kultvergehen und Abgötterei (vgl. Dtn 7,25; 17,1; Spr 15,8; 28,9). Zur Frage von ursprünglichen *tō'ēbā*-Gesetzessammlungen vgl. G. Seitz, Redaktionsgeschichtliche Studien zum Deuteronomium, 1971, 185ff. Natürlich verfällt dann auch der Täter dem Verdikt (vgl. die Pauschalformel: »ein Greuel für Jahwe ist jeder, der so etwas tut«, Dtn 22,5; 25,16 u.ö.). Bei Ez wird häufig in anklagender Gottesrede auf die Schandtaten Israels verwiesen (»deine/eure verachtenswerten Taten« Ez 5,9.11; 7,3.4.9; 14,6; 16,22 u.ö.).

Die Ablehnung oder Ausscheidung des Wesensfremden hat offensichtlich den Zweck, die Homogeneität und Funktionsfähigkeit der Gruppe zu sichern. Kult- und Rechtsgemeinschaften, Verwandtschafts- und Wohngruppen sind vor allem daran interessiert, daß das Fremde (→*zār* 3b: »Der Andere ist der Outsider, dessen Verhalten die Existenz der eigenen Gruppe gefährdet«) als *tō'ēbā* gekennzeichnet und damit ausgeschlossen wird.

b) Im kultischen Bereich werden fremde Kultgebräuche und -gegenstände tabuisiert (vgl. besonders Dtn und Ez): Dirnenlohn (Dtn 23,19), Götterbilder (Dtn 7,25f.), Sexualriten (Ez 22,11), Kinderverbrennung (Dtn 12,31), falsche Opfertiere (Dtn 17,1) oder Speisen (Dtn 14,3) etc. machen die eigenen Kultbemühungen zunichte. Über kultisch relevante Verstöße gegen ethische Prinzipien s.o. Vielfach wird *tō'ēbā* im Sing. oder Plur. rückblickend und summarisch gebraucht für »begangene kultische Fehler«, vgl. die Redewendungen *kol-tō'ᵃbōtájik* »alle deine Schandtaten« (Ez 5,9; 7,3 u.ö.), *kol-tō'ᵃbōt rā'ōt* »alle bösen Kultvergehen« (Ez 6,11; vgl. 8,9 u.ö.), *'śh tō'ēbā* »Kultverbrechen begehen« (Dtn 12,31; 18,9.12; Jer 32,35; 44,22; Ez 16, 47.50; 22,11 u.ö.). Menschen, die sich auf das Verpönte einlassen, werden kultisch untragbar und aus der Gemeinschaft ausgestoßen (vgl. Dtn 18,12; 22,5; 25,16).

c) Rechts- und Verwandtschaftsgruppen benutzen ebenfalls die *tō'ēbā*-Abgrenzung zur eigenen Absicherung. Für Sippe oder Wohngemeinschaft kommt das z.B. in Spr 26,24f. zum Ausdruck: Man darf sich nicht mit einem gehässigen Menschen einlassen, weil in ihm sieben »Untugenden«, d.h. gruppenzerstörende Qualitäten (*tō'ēbōt*) stecken (vgl. Spr 6,16–19). Der Zyniker vergällt die menschliche Gemeinschaft und ist darum untragbar (Spr 24,9). Das gleiche gilt für Gewichtfälscher (Spr 11,1; 20,10.23), Heimtückische (11,20), Lügner (12,22), Hochmütige (16,5), schlechte Richter (17,15). Solche Menschen sind »abscheulich und verderbt« (Hi 15,16 Part. ni. von *t'b* und *'lḥ*; *'lḥ* ni. »verdorben sein« sonst noch in Ps 14,3 = 53,4) und stehen allein da (vgl. Hi 19,19; 30,10 *t'b* pi.). Die Rechtsgemeinde ächtet sie unter Umständen mit *tō'ēbā*-Sprüchen (vgl. Dtn 22,5; 25,15f.; Seitz, a.a.O.).

Das Wort *tō'ēbā* bezeichnet also ursprünglich das, was aufgrund von Gruppennormen als gefährlich und darum angst- und ekelerregend gelten muß. Vielleicht hat die kultische Verwendung die rechtliche und ethische nach sich gezogen; vielleicht ist das Wort aber auch in mehreren Lebensbereichen gleichzeitig zur Abwehr des Fremden gebraucht worden. Das Verbum *t'b* geht im Part.Ni. dem Nomen parallel; im Pi. bringt es die emotionale ~~Abneigung gegen das Fremde zum Ausdruck und beschreibt~~ im Hi. (1Kön 21,26; Ez 16,52; Ps 14,1 = 53,2) die der *tō'ēbā* entsprechende Verhaltensweise.

5. Besonders die kultische Entwicklung beeinflußt die weitere Geschichte der Wortgruppe *t'b*. Im orthodoxen Judentum wird die Ausgrenzung des Verunreinigenden verschärft: Mischna und Talmud zitieren dabei auch die *tō'ēbā*-Regeln, hauptsächlich des Dtn (vgl. Aboda Zara 1,9; 3, 6). In den Qumranschriften kommt das Verbum 15 ×, das Nomen 11 × vor (Kuhn, Konk. 232a.235a; RQ 14, 1963, 233a). Das Griechisch sprechende Judentum (LXX) verwendet für *tō'ēbā* hauptsächlich βδέλυγμα, bei Ez ἀνομία (vgl. W. Foerster, Art. βδελύσσομαι, ThW I,598–600). Im NT ist das Abgrenzungsbemühen der Gemeinde von der »völkischen und natürlichen Grundlage gelöst« (Foerster, a.a.O. 600). Die neue Einstellung zur Umwelt richtet sich (zumindest theoretisch) nicht nach ethnischen oder gruppendynamischen Gesichtspunkten (vgl. Mt 5,11; Röm 12,2; 1Joh 2,15ff.). *E. Gerstenberger*

תעה *t'h* umherirren

1. Die hebr. Wurzel *t'h* mit ihrer aramaisierenden Nebenform *ṭ'h* (nur Ez 13,10 hi. »verleiten«; vgl. Zimmerli, BK XIII,283; Wagner Nr. 116; zum Wechsel von *t* und *ṭ* vgl. *ḥtp/ḥṭp*, *ṣbt/ṣbṭ*, *qšt/qšṭ*; KBL 1015a; CML 128; UT 33) hat ihre Entsprechungen im Aram. (jüd.-aram. *ṭ*'' neben seltenerem, targumischem *t*'' »irren«, Dalman 172b.445b; palm. und syr *ṭ*'' »irren«, DISO 102; LS 282a) und im Arab. (*taġā* »das Maß überschreiten«, Wehr 508a).

Ein ug. Beleg (51 [= IIAB] IV,33 *tġy* »journeyed afar« nach CML 96a.152b) ist in der Lesung und Deutung unsicher. Im Neuhebr. ist *ṭ'h* im allgemeinen Sinn »irren« häufiger als *t'h*, das auf die Bed. »umherirren« beschränkt ist.

Hebr. *t'h* begegnet im Qal, Ni. (»irregeführt werden«) und Hi. (»irreführen«, in Jer 42,20 Q und Spr 10,17 wohl innerlich-kausativ »in die Irre gehen«); als nominale Ableitung existiert *tō'ā* »Verwirrung«.

2. *t'h* q. ist 27 × (Jes 8 ×, Ez 7 ×, Ps 5 ×, Spr 3 ×, ferner Gen 21,14 E; 37,15 J; Ex 23,4; Hi 38,41), hi. 21 × (Jes 6 ×, Jer 4 ×, Hi und Spr je 2 ×, ferner Gen 20, 13 E; 2Kön 21,9; Hos 4,12; Am 2,4; Mi 3,5; Ps 107,40; 2Chr 33,9) belegt. Das Ni. kommt nur in dem unsicheren Vers Hi 15,31 (s. BH³) und in poetischer Verbindung mit dem Hi. in Jes 19,14 vor, das Subst. *tō'ā* 2 × (Jes 32,6; Neh 4,2); zu *ṭ'h* hi. in Ez 13,10 s.o. 1.

3. An einigen Stellen hat *t'h* noch die konkrete Bed. »umherwandern, umherirren, vergeblich umhersuchen« (Gen 20, 13 weg aus dem Vaterhause; 21,14 in der Wüste; 37,15 auf dem Felde; Ex 23,4 Rind und Esel; Jes 16,8 bildlich von Ranken in der Wüste; Ps 107,4 in der Wüste; Hi 38,41 von jungen Raben). Die Vergleiche mit verirrten Schafen (Jes 53,6; Ps 119,176 u.ö.) oder mit dem Herumtappen Betrunkener (Jes 19,14; 28,7; Hi 12,25) führen hinüber zur übertragenen Bed. »in die Irre gehen« (kausativ »in die Irre führen, verleiten, verführen«), mit Subj. »Herz« oder »Geist« auch »verwirrt sein« (Jes 21,4; 29,24; Ps 95,10).

Als sinnverwandte Vokabeln sind außer →*'bd* »in die Irre gehen« und →*šgg* »sich versehen« mit ihren Derivaten noch zu erwähnen: *ndd* »umherirren« (Hi 15,23; sonst »fliehen«, →*nūs*); *būk* ni. »aufgeregt umherirren« (Ex 14,3; Jo 1,18; Est 3,15; *mᵉbūkā* »Verwirrung« Jes 22,5; Mi 7,4); *slp* pi. *darkō* »seinen Weg verdrehen = in die Irre führen« Spr 19,3; *nᵉlōzīm* (Part.ni. von *lūz*) »Irrwege« (Spr 2,15; vgl. Sir 34,8); *tohᵒlā* »Irrtum« (Hi 4,18).

4. In der übertragenen Bed. »in die Irre gehen/führen« wird so *t'h* zu einem wichtigen Ausdruck für Sünde und für die Folgen der Sünde (vgl. u.a. →*'āwōn*, →*šāw'*, →*šgg*, ferner →*dæræk* »Weg«, →*hlk* »gehen«, →*nḥh* »führen«).

Der Sünder wird mit verlorenen Schafen verglichen (Jes 53,6; Ps 119,176), während die Unwissenheit und Torheit der Weisen (Jes 19,13f.), der Propheten und Priester (Jes 28,7) und der Staatsführer (Hi 12,24) mit dem Taumeln Betrunkener gleichgestellt wird. Der Götzendienst (Ez 14,11; 44,10.15; 48,11; Hos 4,12) und die allgemeine Sündhaftigkeit des Gottesvolkes (Jes 47,15; Jer 42,20, vgl. Rudolph, HAT 12,256; Am 2,4; Ps 58,4; 95,10) werden mit *t'h* q./hi. geschildert, auch die Unzucht (Spr 7,25) und Bosheit (Spr 14,22) des Einzelnen (vgl. W. McKane, Proverbs, 1970, 473). Das Volk wird von seinen politischen Führern (2Kön 21,9; vgl. 2Chr 33,9; Jes 3,12) und den Propheten (Jes 9,15; Jer 23,13.32; Ez 13,10; Mi 3,5), in Unglücksstunden aber auch vom Zorn Gottes (Jes 30,28; 63,17; Ps 107,40) in die Irre geleitet.

In der Weisheitsliteratur führt der Weg der Weisen und Frommen zum Leben, so daß das Abweichen von diesem Weg dem Tode gleichkommt (Spr 10,17, vgl. Gemser, HAT 16,112; 12,26; 21,16). Aber auch das Gegenteil findet statt: Jes 29,24 »die irrenden Geistes waren, werden Einsicht lernen«; 35,8 »und Toren werden nicht irregehen«; Ps 119,110 »laß mich nicht abirren von deinen Geboten«.

5. In den Qumrantexten kommen das Verbum *t'h* und das Subst. *tā'ūt* »Verirrung, Irrtum« in religiösem Zusammenhang verhältnismäßig häufig vor (Kuhn, Konk. 235; RQ 14, 1963, 234). In der LXX wird *t'h* fast immer mit πλανᾶν und Ableitungen übersetzt; vgl. dazu und zum NT H. Braun, Art. πλανάω, ThW VI, 230–254.

J.F.A. Sawyer

תְּרָפִים *t^{e}rāfīm* Idol(e)

1. Das im AT in sing. (1Sam 19,13.16) wie plur. (Gen 31,19.34f.) Verwendung bezeugte *t^{e}rāfīm* ist aller Wahrscheinlichkeit nach die hebraisierte Form des heth.-hurritischen Wortes *tarpiš* (Stamm *tarpi-*, > wsem. **tarpi*/*-u*, > hebr. *t^{e}rāfīm*; [B. Landsberger-] H.A. Hoffner, Bibliotheca Sacra 124, 1967, 230–238; JNES 27, 1968, 61–68; zur plur. Form bei Lehnwörtern als Niederschlag kan. Mimation vgl. A. Jirku, Bibl 34, 1953, 78–80) mit der Bedeutung »Geist, Dämon« (chthonisch), zusammen mit *annariš* (entsprechend akk. *lamassu* und *šēdu*) »Schutzgeist, Genius«.

Damit entfallen wohl ältere Ableitungen (1) von hebr. →*rp'* »heilen« G^B zu 1Sam 15, 23: θεραπεία; vgl. P.R. Ackroyd, ET 62, 1950/51, 378–380) und *rpp* bzw. *rph* »schwach, schlaff sein, baumeln« (vgl. G. Hoffmann – H. Greßmann, ZAW 40, 1922, 135 f.); ug. *ttrp* (im Zusammenhang mit *'pd*) scheint eine Form von *rph* zu sein (W.F. Albright, BASOR 83, 1941, 39–42); (2) von (erst nachbibl.) *trp* »faulen«, bzw. *tôræf* u. ä., ein obszöner Ausdruck (schon Targ., zitiert bei G.F. Moore, Judges, ^{2}1898, 382); (3) von *ptrjm* »Ausleger, Deuter von Träumen«, Metathesis (schon altjüd.; vgl. C.J. Labuschagne, VT 16, 1966, 115–117). Lit. bei A.R. Johnson, The Cultic Prophet in Ancient Israel, 1944, 31 f. Anm. 3; H.J. Stoebe, FS Eißfeldt 1958, 238 ff.; H.A. Hoffner, a. a O.; G. Fohrer, BHH III, 1952; O. Keel, BLex^2 1731 f.

2. *t^{e}rāfīm* kommt im AT 15 × vor (2 × als Sing., 11 × mit Art., immer st. abs.). Die Belege verteilen sich auf die Texte Gen 31 (3 ×), Ri 17–18 (5 ×), 1Sam 19 (2 ×) und die Einzelstellen 1Sam 15,23; 2Kön 23,24 (dtr.?) sowie in der Prophetie Hos 3,4; Ez 21,26; Sach 10,2.

3. Es ist davon auszugehen, daß sich das (Fremd-)Wort in atl. Zeit nicht notwendig an allen Stellen auf dieselbe Sache beziehen muß. Erkennbar sind folgende Beziehungen: a) *t^{e}rāfīm* bezeichnet in der Jakob-Laban-Erzählung Gen 31,19 ff. Familiengötter-Idole (plur.), deren Besitz nach hurritischem Brauch das Recht auf Familienführung und Familienbesitz verleiht (vgl. die Nuzi-Texte, dort u.a. *ilāni* genannt, die neben den Ahnengeistern als Hausgötter sakrale Rechtsfunktionen hatten; dazu C.H. Gordon, RB 44, 1935, 34–41; BA 3, 1940, 1–12 Abb.; A.E. Draffkorn, JBL 76, 1957, 216–224). Gedacht ist wohl an Statuetten, die man unter dem Kamelsattel verstecken kann (Gen 31,34). b) In 1Sam 19 hingegen scheint *t^{e}rāfīm* sich auf ein (sing.) Idol von Menschengröße zu beziehen, und zwar nach 19,13 vielleicht auf eine Gesichtsmaske, die eines Ziegenhaargeflechts als Haarersatz bedarf (vgl. K. Elliger, RGG VI, 690 f.) – in der Art der in Hazor gefundenen Kultmaske (Abb. A. Jirku, Die Welt der Bibel, 1957, Tafel 58; BHH III, 1931). c) In Ri 17 f. sind beide Möglichkeiten vorstellbar, wenngleich neben dem Schnitz- und Gußbild und dem Ephod eher an eine Kultmaske als an Kleinfiguren zu denken ist. Ähnliches gilt für die restlichen Belege, die nur erkennen lassen, daß sie *t^{e}rāfīm* als Orakelspender ansehen (neben Ephod Ri 17 f.; Hos 3,4 und in mantischen Zusammenhängen 2Kön 23,24; Ez 21,26; Sach 10,2). *t^{e}rāfīm* scheint demnach wie *'ēfōd* atl. ein Sachausdruck zu sein, der die Vorstellung »Götterfigur, -symbol, Idol« – z.T. noch mit dem Bewußtsein der Fremdheit – evoziert und seines religiösen Bedeutungsanspruchs wegen durchweg eine Stellungnahme provoziert. Ähnlich verhält es sich offenbar mit *'ōb* »Totengeist« (H.A. Hoffner, ThWAT I, 141–145; J. Lust, SVT 26, 1974, 133–142, auch zu *jidd^e'ōnīm*), anders mit *gillūlīm* »Götzen«, *šiqqūṣīm* »Scheusale« (vgl. 2Kön 23,24) und anderen pejorativen Ausdrücken (→*'^{æ}līl*; vgl. Eißfeldt, KS I, 271 f.; H.D. Preuß, Verspottung fremder Religionen im AT, 1971; ders., ThWAT I, 305–308; K. Seybold, ThWAT II, 339f. zu →*hæbæl*.

4. Theologische Bedeutung erhält der Begriff erst durch die Wertung des Kontexts. Gen 31,19.34 verwendet *t^{e}rāfīm* für die Symbole, die im Dialog von den Beteiligten *'^{æ}lōhīm* genannt werden (V. 30. 32). Liegt darin schon eine Distanzierung von dem Schutzpatron des Aramäers, so macht die weitere Erzählung jene gestohlenen *t^erāfīm* vollends zum Gespött, auf denen eine Frau in ihrer vorgeblichen Unreinheit sitzt (V. 34), die sowieso ganz überflüssig geworden sind, weil ein unvergleichlich anderer Gott die Verhältnisse regelt (V. 50ff.). Spott über Herkunft und Format des Jahwes unwürdigen Heiligtums zu Dan soll auch die Nennung der aus häuslichem Winkelkult stammenden *t^erāfīm* Ri 17,5 und 18,14.17f.20 auslösen. Burlesk ist die Schilderung der ganz und gar profanen Rolle eines privaten *t^erāfīm* als Attrappe für den flüchtigen David (1Sam 19,13.16; vgl. Preuß, a.a.O. 56ff.).

Noch Hosea indes ordnet *'ēfōd* und *t^erāfīm* den Einrichtungen zu, die wie Königtum und Beamtenschaft, Opferkult und Massebenverehrung theologisch an sich ambivalente Größen sind, doch, weil eine synkretistische Gefahr geworden, eine Zeitlang dem anfälligen Jahwevolk entzogen werden müssen (3,4). Ez 21,26 zählt die *t^erāfīm*-Befragung zu den mantischen Praktiken des babylonischen Königs am Scheideweg, wagt aber die Behauptung, daß Jahwe sich ihrer als Mittel bedient, seine Entscheidungen mitzuteilen und zu vollziehen (V. 28).

1Sam 15,23 (txt em) und 2Kön 23,24 können die allgemeine Abwertung bereits voraussetzen: *'^awōn* (cj.) *t^erāfīm* gilt als Sünde par excellence; die *t^erāfīm* erscheinen in einer Reihe mit verpönten »mantische(n) Requisiten der Unterwelt« (H. A. Hoffner, ThWAT I, 143; H. Wohlstein, ZRGG 19, 1967, 353–355) und Götzenbeschimpfungen. Doch Sach 10,2 hat wieder Anlaß, die *t^erāfīm*-Orakel neben der Wahrsagerei als Lug und Trug moralisch zu disqualifizieren.

5. Die LXX lassen das Wort z.T. stehen (Ri 17f.), z.T. suchen sie eine Umschreibung (κενοτάφιον »Totenehrenmal« 1Sam 19; εἴδωλα Gen 31; vgl. die mantischen Stellen). Der hebr. Ausdruck sinkt in die Kakophemie ab. Zur Nachgeschichte vgl. L. Köhler, RGG² V, 1051; H.A. Hoffner, a.a.O. *K. Seybold*

STATISTISCHER ANHANG

1. Um das in THAT gebotene wortstatistische Material besser zu erschließen, wird hier anhangsweise eine nach der Häufigkeit geordnete Tabelle aller hebräischen Wörter mit hundert oder mehr Vorkommen geboten. Die Zahlangaben beruhen soweit als möglich auf den beiden Konkordanzen von Mandelkern und Lisowsky (vgl. Bd. I, S. XVII bis XVIII), bei den in Lis. fehlenden Wörtern auf Mand. allein, bei den auch in Mand. nicht verzeichneten Partikeln *'ēt* I (Akk.-Zeichen), *'ēt* II (»mit/bei«) und den einkonsonantigen Präfixen *w-*, *h-*, *b-*, *l-*, *k-*, *m-*, *ha-* und *šæ-* auf eigenen Auszählungen am Text, deren Ergebnisse allerdings, um nicht übertriebene Vorstellungen von Genauigkeit zu erwecken, in den meisten Fällen leicht gerundet worden sind.

In manchen Punkten ist die Abgrenzung der Vokabeln schwierig, so besonders in der Frage, ob mehr oder weniger substantivierte Partizipien noch zum Verbum zu rechnen sind oder selbständig aufgeführt werden sollen. Schon aus Raumgründen konnte hier nicht jede Einzelentscheidung begründet werden. Bei den Eigennamen sind kleinere Varianten der Namensformen zusammengefaßt worden; die Zahlangaben beziehen sich jeweils nur auf die hebr. Teile des Alten Testaments und jeweils auf die Gesamtheit der verschiedenen Träger des gleichen Namens.

Die Tabelle bestätigt eine Reihe von anderweitig gewonnenen Ergebnissen der Lexikostatistik auch für das Hebräische. Die 26 häufigsten Vokabeln (mit je über 2000 Vorkommen) machen bereits die Hälfte des gesamten Textes aus; läßt man die Präfixe weg und berücksichtigt nur die graphischen Einheiten, so halten die Vokabeln mit je über 1000 Vorkommen allen übrigen die Waage. Anhänger des Zipfschen Gesetzes (vgl. Ch. Muller, Einführung in die Sprachstatistik, 1972, 200ff.) mögen ausrechnen, wie genau das Produkt von Häufigkeit mal Rang konstant bleibt. Eine annähernde Zufallsverteilung ist bei keiner Vokabel zu konstatieren.

Bei den in THAT statistisch nicht genauer erfaßten Vokabeln wurde wenigstens das häufigste Vorkommen in einem atl. Buch notiert. Signifikanter wären natürlich die auf den Umfang der Bücher bezogenen relativen Häufigkeiten; hier steht z. B. das Buch Hiob bei den stilistisch wichtigen Vokabeln *'ak* (11 ×), *'im* (108 ×), *'af* (20 ×), *ha-* (94 ×), *hēn* (32 ×), *lō* (320 ×), *mā* (62 ×) und *mī* (62 ×) an vorderster Stelle.

Tabelle der häufigsten hebräischen Wörter

1.	*w-*	und	etwas über 50000 (Gen ca. 4120 ×), davon knapp 15000 Impf.cons. (Gen ca. 2100 ×)
2.	*h-*	Artikel	etwas über 30000 (Jer ca. 2150 ×)
3.	*l-*	für	ca. 20700, davon ca. 4400 selbständige Wörter (Suffixformen)
4.	*b-*	in	ca. 15500, davon gegen 1400 selbständige Wörter (Suffixformen)
5.	*'ēt*	Akk.-Zeichen	ca. 10900 (Ex ca. 1020)
6.	*min-*	von	7550, davon 1332 selbständige Wörter
7.	*Jhwh*	Gottesname	6828 (→I, 703f.)
8.	*'al-*	auf	ca. 5700 (Jer ca. 510)
9.	*'æl-*	zu	ca. 5500 (Jer ca. 525)
10.	*'ašær*	Konj.	ca. 5500 (Dtn ca. 585 ×)
11.	*kōl*	alle	ca. 5400 (→I, 829)
12.	*'mr* q.	sagen	5282 (→I, 212)

13.	*lō*	nicht	ca. 5200	(Jer ca. 515)
14.	*bēn*	Sohn	4929	(→I,316f.)
15.	*kī*	daß	ca. 4470	(Ps ca. 440)
16.	*hjh* q.	sein	3540	(→I,477f.)
17.	*k-*	wie	ca. 3030,	davon ca. 150 selbständige Wortformen
18.	*’ælōhīm*	Gott	2600	(→I,154)
19.	*‘śh* q.	machen/tun	2527	(→II,360f.)
20.	*mǽlæk*	König	2526	(→I,910)
21.	*Jiśrā’ēl*	Israel	2506	(dazu 8 × aram.; →I,783)
22.	*’ǽræṣ*	Erde/Land	2504	(→I,229)
23.	*jōm*	Tag	2304	(→I,708)
24.	*’īš*	Mann	2183	(→I,131)
25.	*pānīm*	Angesicht	2127	(→II,434)
26.	*bájit*	Haus	2048	(→I,309)
27.	*bō’* q.	kommen	1997	(→I,265)
28.	*ntn* q.	geben	1919	(→II,118f.)
29.	*‘am*	Volk	1868	(→II,293f.)
30.	*jād*	Hand	1618	(→I,667f.)
31.	*dābār*	Wort	1440	(→I,434f.)
32.	*hlk* q.	gehen	1412	(→I,487f.)
33.	*hū’*	er	1390	(Gen 120 ×)
34.	*‘ad-*	bis	1263	(Jos 98 ×)
35.	*’āb*	Vater	1211	(→I,1f.)
36.	*zǣ*	dieser	1171	(Jer 135 ×)
37.	*r’h* q.	sehen	1129	(→II,692f.)
38.	*‘im-*	mit	1093	(→II,325)
39.	*‘īr*	Stadt	1092	(→II,268f.)
40.	*dbr* pi.	reden	1084	(→I,434f.)
41.	*Dāwīd*	David	1075	(1Sam 291 ×, 2Sam 285 ×)
42.	*’im*	wenn	1060	(Hi 108 ×)
43.	*hinnē*	siehe	1057	(→I,505)
44.	*šm‘* q.	hören	1051	(→II,975)
45.	*jšb* q.	sitzen	1034	(→II,905f.)
46.	*’æḥād*	einer	970	(→I,105)
47.	*lqḥ* q.	nehmen	939	(→I,876)
48.	*’ēt*	mit/bei	ca. 900	(→II,326)
49.	*šānā*	Jahr	876	(→I,722)
50.	*’anī*	ich	870	(→I,216f.)
51.	*‘ájin*	Auge	866	(→II,260)
52.	*šēm*	Name	864	(→II,936f.)
53.	*jd‘* q.	erkennen	822	(→I,685)
54.	*Jehūdā*	Juda	814	(Jer 183 ×)
55.	*‘ǽbæd*	Knecht	800	(→II,182f.)
56.	*’ájin*	Nichtsein	789	(→I,128)
57.	*jṣ’* q.	hinausgehen	785	(→I,756)
58.	*’iššā*	Frau	781	(→I,247)
59.	*gam*	auch	767	(Gen 95 ×)
60.	*Mōšǣ*	Mose	766	(dazu 1 × aram.; Ex 290 ×)
61.	*šenájim*	zwei	762	(Ex 111 ×)
62.	*’ḗllǣ*	diese	756	(Gen 96 ×)
63.	*nǽfæš*	Seele	754	(→II,72)
64.	*kōhēn*	Priester	750	(Lev 194 ×)
65.	*mā*	was	747	(inkl. *lámmā* etc.)
66.	*ha-*	Fragewort	746	(Hi 94 ×)
67.	*’attā*	du	743	(Ps 117 ×)
68.	*’kl* q.	essen	739	(→I,139)
69.	*’al*	nicht	730	(Ps 117 ×)
70.	*dǽræk*	Weg	706	(→I,456f.)
71.	*kēn*	so	695	(→I,814)

72.	*šām*	dort	691	(Gen 83 ×)
73.	*šūb* q.	zurückkehren	683	(→II, 885)
74.	*Miṣrájim*	Ägypten	681	(Ex 175 ×)
75.	*qr'* q.	rufen	661	(→II, 667)
76.	*J^{e}rūšālēm*	Jerusalem	643	(→II, 544)
77.	*mūt* q.	sterben	630	(→I, 893 f.)
78.	*'āḥ*	Bruder	629	(→I, 98 f.)
79.	*'aḥ^{a}rē*	nach	617	(→I, 112)
80.	*'lh* q.	hinaufgehen	612	(→II, 273 f.)
81.	*zōt*	diese	603	(Jer 94 ×)
82.	*lēb*	Herz	601	(→I, 861; vgl. Nr. 190)
83.	*nś'* q.	tragen	597	(→II, 110)
84.	*rōš*	Kopf	596	(→II, 703)
85.	*mē'ā*	hundert	583	(Num 98 ×)
86.	*májim*	Wasser	582	(→II, 1027 f.)
87.	*śīm* q.	setzen	582	(Jes 54 ×)
88.	*kō*	so	581	(Jer 166 ×)
89.	*bat*	Tochter	579	(→I, 316 f.)
90.	*šlḥ* q.	senden	564	(→II, 910 f.)
91.	*gōj*	Volk	561	(→II, 293 f.)
92.	*ṭōb*	gut	559	(→I, 653)
93.	*har*	Berg	558	(→II, 545)
94.	*'ādām*	Mensch	554	(→I, 42)
95.	*hēm(mā)*	sie	551	(Ez 69 ×; *hḗmmā* 282 ×)
96.	*bō'* hi.	bringen	549	(→I, 265)
97.	*gādōl*	groß	525	(→I, 402 f.)
98.	*'ǽśær*	zehn	511	(1Chr 61 ×)
99.	*qōl*	Stimme	505	(→II, 630)
100.	*táḥat*	unter	505	(Ex 52 ×)
101.	*'ǽlæf*	tausend	504	(Num 104 ×)
102.	*pǣ*	Mund	500	(→II, 406 f.)
103.	*'ōd*	noch	490	(Ez 58 ×)
104.	*ṣābā'*	Heer	486	(→II, 498 f.)
105.	*hī'*	sie	485	(Lev 66 ×)
106.	*ṣwh* pi.	befehlen	485	(→II, 531)
107.	*nkh* hi.	schlagen	480	(2Kön 55 ×)
108.	*rab*	viel	474	(→II, 716 f.)
109.	*qṓdæš*	Heiligkeit	469	(→II, 593 f.)
110.	*'br* q.	vorübergehen	465	(→II, 201)
111.	*qūm* q.	aufstehen	460	(→II, 635 f.)
112.	*'ōlām*	Ewigkeit	440	(→II, 228 f.)
113.	*'^{a}dōnāj*	der Herr	439	(→I, 31 f.)
114.	*'md* q.	stehen	435	(→II, 328 f.)
115.	*'attā*	jetzt	433	(→II, 371)
116.	*šmr* q.	hüten	427	(→II, 983)
117.	*šālōš*	drei	426	(1Chr 40 ×)
118.	*mī*	wer	422	(Hi 62 ×)
119.	*mišpāṭ*	Recht	422	(→II, 1000)
120.	*śar*	Beamter	421	(→I, 932)
121.	*šāmájim*	Himmel	420	(→II, 966)
122.	*tā́wæk*	Mitte	418	(Ez 116 ×)
123.	*ḥǽræb*	Schwert	413	(Ez 91 ×)
124.	*bēn*	zwischen	408	(Gen 76 ×)
125.	*Šā'ūl*	Saul	406	(1Sam 297 ×)
126.	*nā'*	doch	405	(Gen 76 ×)
127.	*kǽsæf*	Silber	403	(Gen/Ex je 41 ×)
128.	*māqōm*	Ort	401	(→II, 635 f.)
129.	*šǽba'*	sieben	401	(Gen 64 ×)
130.	*mizbē^{a}ḥ*	Altar	400	(→I, 680)
131.	*jām*	Meer	395	(→II, 1027 f.)

132.	*zāhāb*	Gold	389	(Ex 105 ×)
133.	*'ēš*	Feuer	378	(→I,243)
134.	*rū^{a}ḥ*	Geist	378	(→II,727 f.)
135.	*n^e'ūm*	Ausspruch	376	(→II,1)
136.	*šá'ar*	Tor	374	(Ez 99 ×)
137.	*npl* q.	fallen	367	(Ez 46 ×)
138.	*dām*	Blut	360	(→I,448)
139.	*šūb* hi.	zurückbringen	360	(→II,885)
140.	*'ānōkī*	ich	358	(→I,216 f.)
141.	*ra'*	böse	356	(→II,795)
142.	*Lēwī*	Levi(t)	350	(Num 75 ×)
143.	*Ja'^{a}qōb*	Jakob	349	(Gen 180 ×)
144.	*'ah^{a}rōn*	Aaron	346	(Ex 115 ×)
145.	*bnh* q.	bauen	346	(→I,325)
146.	*ḥāmēš*	fünf	346	(Num 73 ×)
147.	*'óhæl*	Zelt	345	(→I,309)
148.	*sābīb*	ringsum	336	(→II,888; erg. Ex 31 ×)
149.	*ngd* hi.	mitteilen	335	(→II,32)
150.	*'ādōn*	Herr	334	(→I,31 f.)
151.	*'ēṣ*	Baum	330	(→II,356)
152.	*k^{e}lī*	Gerät	325	(Ex 34 ×)
153.	*śādǣ*	Feld	320	(Gen 48 ×)
154.	*'ō*	oder	319	(Lev 136 ×)
155.	*milḥāmā*	Krieg	319	(→II,502)
156.	*'arba'*	vier	318	(Ez 52 ×)
157.	*nābī'*	Prophet	315	(→II,7 f.)
158.	*'æśrīm*	zwanzig	315	(1Chr 40 ×)
159.	*rā'ā*	Unheil	311	(→II,795)
160.	*'nh* I q.	antworten	309	(→II,336 f.)
161.	*jrd* q.	hinabsteigen	307	(→II,276)
162.	*mṣ'* q.	finden	306	(→I,923)
163.	*m^e'ōd*	sehr	300	(→I,824)
164.	*mišpāḥā*	Sippe	300	(→II,318)
165.	*lǽḥæm*	Brot	299	(→I,138)
166.	*mlk* q.	König sein	297	(→I,910)
167.	*'ēt*	Zeit	296	(→II,371)
168.	*ḥaṭṭā't*	Sünde	293	(→I,542)
169.	*Š^{e}lōmō*	Salomo	293	(1Kön 158 ×)
170.	*b^{e}rīt*	Verpflichtung	287	(→I,341)
171.	*'ōlā*	Brandopfer	287	(→II,274)
172.	*P^{e}lištī*	Philister	287	(1Sam 152 ×)
173.	*jr'* q.	fürchten	284	(→I,766)
174.	*ḥṓdæš*	Monat	283	(→I,525)
175.	*'ōjēb*	Feind	282	(→I,119)
176.	*'attæm*	ihr	282	(Jer 38 ×)
177.	*jṣ'* hi.	hinausführen	278	(→I,756)
178.	*'af*	Zorn	277	(→I,221 f.)
179.	*par'ō*	Pharao	274	(Ex 115 ×)
180.	*ṣōn*	Kleinvieh	274	(→II,792)
181.	*'bd* q.	dienen	271	(→II,183)
182.	*bāśār*	Fleisch	270	(→I,376 f.)
183.	*midbār*	Wüste	270	(Num 48 ×)
184.	*l^{e}má'an*	um . . . willen	270	(→II,337; Dtn 48 ×)
185.	*'ǽbæn*	Stein	269	(→II,539)
186.	*šlḥ* pi.	entlassen	267	(→II,911)
187.	*rāšā'*	frevelhaft	263	(→II,813 f.)
188.	*Bābæl*	Babel	262	(Jer 169 ×; dazu 25 × aram.)
189.	*'lh* hi.	hinaufführen	255	(→II,273)
190.	*lēbāb*	Herz	252	(→I,861; vgl. Nr. 82)
191.	*maṭṭǣ*	Stamm	252	(→II,318)

192.	*rǽgæl*	Fuß	247	(Ps 31 ×)
193.	*'ammā*	Elle	246	(Ez 88 ×)
194.	*ḥǽsæd*	Güte	245	(→I, 601)
195.	*ḥájil*	Kraft	245	(→I, 823)
196.	*g^ebūl*	Grenze	240	(Jos 83 ×)
197.	*ná'ar*	Knabe	239	(→II, 187)
198.	*'ēl*	Gott	238	(→I, 142)
199.	*jld* q.	gebären	237	(→I, 732 f.)
200.	*šālōm*	Friede	237	(→II, 920 f.)
201.	*ḥaj*	lebendig	236	(→I, 550)
202.	*ma'^aśǣ*	Werk	235	(→II, 360 f.)
203.	*pqd* q.	heimsuchen	234	(→II, 470)
204.	*brk* pi.	segnen	233	(→I, 354)
205.	*lajlā*	Nacht	233	(→I, 708)
206.	*'hb* q.	lieben	231	(→I, 61 f.)
207.	*'āwōn*	Verkehrtheit	231	(→II, 243)
208.	*zǽra'*	Same	229	(Gen 59 ×)
209.	*qǽræb*	Inneres	227	(→II, 674)
210.	*'^adāmā*	Erdboden	225	(→I, 57 f.)
211.	*mō'ēd*	Zeitpunkt	223	(→I, 743)
212.	*bqš* pi.	suchen	222	(→I, 333)
213.	*naḥ^alā*	Besitzanteil	222	(→II, 55)
214.	*'ēm*	Mutter	220	(→I, 173)
215.	*tōrā*	Weisung	220	(→II, 1032 f.)
216.	*J^ehōšūa'*	Josua	218	(Jos 168 ×)
217.	*maḥ^anǣ*	Lager	216	(→II, 502)
218.	*šēš*	sechs	216	(Ex/Num je 28 ×)
219.	*šth* q.	trinken	216	(→II, 1023)
220.	*bǽgæd*	Kleid	215	(→I, 261; Lev 55 ×)
221.	*bṓqær*	Morgen	214	(→I, 709)
222.	*Jōsēf*	Joseph	214	(Gen 156 ×)
223.	*mal'āk*	Bote	213	(→I, 901)
224.	*minḥā*	Gabe	211	(→II, 126; Num 62 ×)
225.	*ṣaddīq*	gerecht	206	(→II, 511)
226.	*ḥjh* q.	leben	205	(→I, 550)
227.	*ktb* q.	schreiben	204	(→II, 166)
228.	*'zb* q.	verlassen	203	(→II, 250)
229.	*'^arōn*	Lade	202	(1Sam 40 ×)
230.	*kābōd*	Herrlichkeit	200	(→I, 795)
231.	*škb* q.	liegen	198	(Gen 21 ×)
232.	*ḥāṣēr*	Hof	195	(Ez 52 ×)
233.	*jkl* q.	können	193	(Gen 22 ×)
234.	*šǽmæn*	Öl	193	(Lev 42 ×)
235.	*kaf*	Handfläche	192	(→I, 669)
236.	*nṣl* hi.	retten	191	(→II, 97)
237.	*b^ehēmā*	Vieh	190	(Lev 31 ×)
238.	*šḗbæṭ*	Stamm	190	(→II, 318 f.)
239.	*'ṓzæn*	Ohr	187	(→I, 95 f.; Jer 28 ×)
240.	*Mō'āb*	Moab	187	(Jer 38 ×)
241.	*rē^a'*	Nächster	187	(→II, 787)
242.	*sḗfær*	Buch	185	(→II, 164)
243.	*jš'* hi.	helfen	184	(→I, 786)
244.	*bāqār*	Rinder	183	(→II, 792)
245.	*rīšōn*	erster	182	(→II, 703)
246.	*ḥṭ'* q.	sich verfehlen	181	(→I, 542)
247.	*miṣwā*	Gebot	181	(→II, 531)
248.	*'æfrájim*	Ephraim	180	(Hos 37 ×)
249.	*zāqēn*	alt	178	(Dtn 21 ×)
250.	*qrb* hi.	darbringen	177	(→II, 675)
251.	*jld* hi.	erzeugen	176	(→I, 732)

252.	*śāfā*	Lippe	176	(Spr 46 ×)
253.	*jsp* hi.	hinzufügen	173	(2Sam 14 ×)
254.	*šelōšīm*	dreißig	172	(Num 37 ×)
255.	*zkr* q.	gedenken	171	(→I, 509)
256.	*ḥwh* hišt.	s. niederwerfen	170	(→I, 530)
257.	*r'h* q.	weiden	168	(→II, 791)
258.	*lḥm* ni.	kämpfen	167	(→II, 502)
259.	*melā'kā*	Geschäft	167	(→I, 901)
260.	*'aḥēr*	anderer	166	(→I, 112 f.)
261.	*Binjāmīn*	Benjamin	166	(Ri 45 ×)
262.	*dōr*	Generation	166	(→I, 444)
263.	*ḥūṣ*	draußen	164	(Lev 20 ×)
264.	*pǽtaḥ*	Öffnung	164	(Ez 30 ×)
265.	*ḥamiššīm*	fünfzig	163	(Num 33 ×)
266.	*'ájil*	Widder	162	(Num 66 ×)
267.	*hrg* q.	töten	162	(→I, 895)
268.	*zǽbaḥ*	Opfer	162	(→I, 680)
269.	*rbh* hi.	vermehren	162	(→II, 717)
270.	*š'l* q.	fragen	162	(→II, 841 f.)
271.	*'ak*	nur	161	(Ps 24 ×)
272.	*gibbōr*	Held	159	(→I, 398)
273.	*jrš* q.	beerben	159	(→I, 779)
274.	*sūr* q.	abweichen	159	(→II, 148)
275.	*bad*	Alleinsein	158	(→I, 107; Num 18 ×)
276.	*ṣedāqā*	Gerechtigkeit	157	(→II, 511)
277.	*šēnī*	zweiter	156	(Ex 26 ×)
278.	*drš* q.	fragen nach	155	(→I, 460)
279.	*nūs* q.	fliehen	155	(→II, 47)
280.	*Ṣijjōn*	Zion	154	(→II, 544)
281.	*šb'* ni.	schwören	154	(→II, 856)
282.	*ṣāfōn*	Norden	152	(→II, 576)
283.	*rōb*	Menge	152	(→II, 716 f.)
284.	*'aššūr*	Assur	151	(2Kön 49 ×)
285.	*nǽgæd*	gegenüber	151	(→II, 32)
286.	*mǣwæt*	Tod	150	(→I, 893 f.)
287.	*'arām*	Aram	149	(2Kön 43 ×)
288.	*ḥokmā*	Weisheit	149	(→I, 558)
289.	*'ēdā*	Gemeinde	149	(→I, 743)
290.	*ḥajjīm*	Leben	148	(→I, 550)
291.	*Jirmejā(hū)*	Jeremia	147	(Jer 131 ×)
292.	*bḥr* q.	erwählen	146	(→I, 277)
293.	*Jō'āb*	Joab	146	(2Sam 101 ×)
294.	*Menaššǣ*	Manasse	146	(Jos 43 ×)
295.	*qūm* hi.	aufrichten	146	(→II, 636)
296.	*'abōdā*	Dienst	145	(→II, 183)
297.	*ḥnh* q.	sich lagern	143	(Num 74 ×)
298.	*jájin*	Wein	141	(Jer 15 ×)
299.	*klh* pi.	vollenden	141	(→I, 832; Gen/Ez je 14 ×)
300.	*má'al*	oben	141	(→II, 274)
301.	*mṣ'* ni.	gefunden werden	141	(→I, 923)
302.	*náḥal*	Bach	141	(Dtn 20 ×)
303.	*šámmā*	dorthin	141	(Dtn 35 ×)
304.	*jēš*	Vorhandensein	140	(→I, 128)
305.	*Šemū'ēl*	Samuel	140	(1Sam 129 ×)
306.	*jāmīn*	rechte Hand	139	(Ps 42 ×)
307.	*miškān*	Wohnung	139	(→II, 905)
308.	*neḥōšæt*	Kupfer	139	(Ex 39 ×)
309.	*'āz*	damals	138	(→I, 715; Jes 16 ×)
310.	*ḥākām*	weise	138	(→I, 558)
311.	*mūt* hi.	töten	138	(→I, 893 f.)

312.	*šæ-*	Konj.	138	(Pred 68 ×)
313.	*sūs*	Pferd	137	(2Kön 20 ×)
314.	*nṭh* q.	neigen	136	(→II, 967)
315.	*ns‘* q.	aufbrechen	136	(Num 89 ×)
316.	*’arbā‘īm*	vierzig	135	(Num 20 ×)
317.	*kissē’*	Thron	135	(→II, 909)
318.	*’af*	auch	134	(Jes 30 ×)
319.	*ksh* pi.	bedecken	134	(Ez 20 ×)
320.	*krt* q.	abschneiden	134	(→I, 857)
321.	*mispār*	Zahl	134	(→II, 164)
322.	*sūr* hi.	entfernen	134	(→II, 148)
323.	*‘ǽræb*	Abend	134	(→I, 709)
324.	*šǽmæš*	Sonne	134	(→II, 989 f.)
325.	*Gil‘ād*	Gilead	133	(Ri 31 ×)
326.	*ḥōmā*	Mauer	133	(Neh 32 ×)
327.	*pæn*	daß nicht	133	(Dtn 28 ×)
328.	*par*	Jungstier	133	(Num 52 ×)
329.	*(J*^{e}*)ḥizqijjā(hū)*	Hiskia	131	(2Kön 44 ×)
330.	*rdp* q.	verfolgen	131	(Ps 20 ×)
331.	*nāśī’*	Fürst	130	(→II, 110)
332.	*ḥōq*	Satzung	129	(→I, 627)
333.	*śn’* q.	hassen	129	(→II, 835)
334.	*’*^{æ}*mæt*	Treue	127	(→I, 181 f.)
335.	*bīn* q./hi.	verstehen	126	(→I, 306)
336.	*śmḥ* q.	sich freuen	126	(→II, 829)
337.	*špṭ* q.	richten	126	(→II, 1000)
338.	*(’*^{a}*)naḥnū*	wir	125	(Gen 18 ×)
339.	*ḥēmā*	Erregung	125	(→I, 582)
340.	*’ōr*	Licht	124	(→I, 85 f.)
341.	*J(*^{eh}*)ōnātān*	Jonathan	124	(1Sam 73 ×)
342.	*kō*^{a}*ḥ*	Kraft	124	(→I, 823)
343.	*‘ǽṣæm*	Knochen	123	(→I, 377)
344.	*qāhāl*	Versammlung	123	(→II, 611)
345.	*b*^{e}*kōr*	Erstgeborener	122	(→II, 709)
346.	*ḥ*^{a}*ṣī*	Hälfte	122	(Jos 29 ×)
347.	*liqrat*	entgegen	121	(→II, 682)
348.	*jāšār*	gerade	119	(→I, 791)
349.	*p*^{e}*rī*	Frucht	119	(Dtn 21 ×)
350.	*ṣǽdæq*	Gerechtigkeit	119	(→II, 511)
351.	*rǽkæb*	Wagen	119	(→II, 778)
352.	*ḥzq* hi.	ergreifen	118	(→I, 538)
353.	*pá‘am*	Mal	118	(→II, 378; Ri 13 ×)
354.	*’bd* q.	zugrunde gehen	117	(→I, 18)
355.	*lāšōn*	Zunge	117	(→II, 408)
356.	*mamlākā*	Königsherrschaft	117	(→I, 910)
357.	*nāhār*	Fluß	117	(Jes 21 ×)
358.	*tō‘ēbā*	Greuel	117	(→II, 1051 f.)
359.	*pnh* q.	sich wenden	116	(→II, 435)
360.	*qādōš*	heilig	116	(→II, 593 f.)
361.	*šḥt* hi.	verderben	115	(II, 891)
362.	*’āḥōt*	Schwester	114	(→I, 99)
363.	*migrāš*	Weidegebiet	114	(→II, 793)
364.	*bṭḥ* q.	vertrauen	113	(→I, 301)
365.	*hll* pi.	loben	113	(→I, 493)
366.	*šǽqær*	Treubruch	113	(→II, 1010)
367.	*bkh* q.	weinen	112	(→I, 314)
368.	*biltī*	ohne	112	(Jer 25 ×)
369.	*zbḥ* q.	opfern	112	(→I, 680; Ex 18 ×)
370.	*Jiṣḥāq*	Isaak	112	(Gen 80 ×)
371.	*šlk* hi.	werfen	112	(→II, 916)

372.	*'abšālōm*	Absalom	111	(2Sam 102 ×)
373.	*ml'* pi.	füllen	111	(→I,897)
374.	*'ammūd*	Pfeiler	111	(→II,328)
375.	*šabbāt*	Sabbat	111	(→II,863f.)
376.	*škn* q.	wohnen	111	(→II,905)
377.	*kūn* hi.	bereitstellen	110	(→I,813)
378.	*nǽgæb*	Süden	110	(Jos 26 ×)
379.	*'āfār*	Staub	110	(→II,353)
380.	*kānāf*	Flügel	109	(→I,833f.)
381.	*raq*	nur	109	(Dtn 20 ×)
382.	*šᵉmōnǣ*	acht	109	(Neh 15 ×)
383.	*Šōmᵉrōn*	Samaria	109	(2Kön 49 ×)
384.	*kǽbæś*	junger Widder	107	(Num 68 ×)
385.	*ng'* q.	berühren	107	(→II,37)
386.	*qrb* q.	sich nähern	107	(→II,675)
387.	*šᵉlīšī*	dritter	107	(1Chr 15 ×)
388.	*'ammōn*	Ammon	106	(Ri 27 ×)
389.	*ḥuqqā*	Satzung	104	(→I,627)
390.	*Jārob'ām*	Jerobeam	104	(1Kön 55 ×)
391.	*tāmīd*	ständig	104	(Ps 23 ×)
392.	*'sp* q.	sammeln	104	(→II, 584)
393.	*bāmā*	Anhöhe	103	(2Kön 27 ×)
394.	*mar'ǣ*	Aussehen	103	(→II,692f.)
395.	*r'h* ni.	erscheinen	102	(→II,692f.)
396.	*śrp* q.	verbrennen	102	(→I,244; Jer 22 ×)
397.	*bᵉ'ad/bá'ad*	zugunsten von	101	(Lev/Jer je 12 ×)
398.	*mᵉ'aṭ*	wenig	101	(Gen 11 ×)
399.	*rṓḥab*	Breite	101	(Ez 55 ×)
400.	*rā'āb*	Hunger	101	(Jer 33 ×)
401.	*špk* q.	ausgießen	101	(Ez 32 ×)
402.	*'ædōm*	Edom	100	(Gen 13 ×)
403.	*hēn*	siehe	100	(→I,505)
404.	*jdh* hi.	preisen	100	(→I,674)

2. Obenstehende Tabelle enthält 105 verschiedene Verbalstammformen von 93 verschiedenen Verben. Legt man der Statistik die Gesamtzahl aller Verbalformen eines Verbums zugrunde, so erreichen weitere 27 Verben, insgesamt also 120, die Limite von 100 Vorkommen:

Alphabetische Tabelle der häufigsten Verben

'bd	184	(Nr. 354)	*hjh*	3561	(Nr. 16)
'hb	248	(Nr. 206)	*hlk*	1547	(Nr. 32)
'kl	809	(Nr. 68)	*hll*	146	(Nr. 365)
'mr	5305	(Nr. 12)	*hrg*	167	(Nr. 267)
'sp	200	(Nr. 392)	*zbḥ*	134	(Nr. 369)
bō'	2570	(Nr. 27/96)	*zkr*	222	(Nr. 255)
bōš	129	(→I,269f.)	*ḥwh*	170	(Nr. 256)
bḥr	153	(Nr. 292)	*ḥzq*	290	(Nr. 352)
bṭḥ	118	(Nr. 364)	*ḥṭ'*	237	(Nr. 246)
bīn	171	(Nr. 335)	*ḥjh*	284	(Nr. 226)
bkh	114	(Nr. 367)	*ḥll*	134	(→I,571)
bnh	376	(Nr. 145)	*ḥnh*	143	(Nr. 297)
bqš	225	(Nr. 212)	*ḥšb*	112	(→I,642)
brk	327	(Nr. 204)	*ṭm'*	160	(→I,665)
gdl	118	(→I,402f.)	*jdh*	111	(Nr. 404)
glh	187	(→I,419)	*jd'*	947	(Nr. 53)
dbr	1135	(Nr. 40)	*jṭb*	117	(→I,653)
drš	164	(Nr. 278)	*jkl*	193	(Nr. 233)

jld	492	(Nr. 199/251)	*ʿzb*	214	(Nr. 228)
jsp	213	(Nr. 253)	*ʿlh*	888	(Nr. 80/189)
jṣʾ	1068	(Nr. 57/177)	*ʿmd*	522	(Nr. 114)
jrʾ	334	(Nr. 173)	***ʿnh*** **I**	316	(Nr. 160)
jrd	380	(Nr. 161)	*ʿśh*	2627	(Nr. 19)
jrš	231	(Nr. 273)	*pnh*	134	(Nr. 359)
jšb	1083	(Nr. 45)	*pqd*	303	(Nr. 203)
jšʿ	205	(Nr. 243)	*ptḥ*	135	(q. 97 ×)
jtr	106	(→II, 846)	*ṣwh*	494	(Nr. 106)
kbd	114	(→I, 795)	*qbṣ*	127	(→II, 584)
kūn	217	(Nr. 377)	*qbr*	133	(q. 87 ×)
klh	207	(Nr. 299)	*qdš*	172	(→II, 593 f.)
ksh	155	(Nr. 319)	*qūm*	628	(Nr. 111/295)
kpr	101	(→I, 844)	*qṭr*	115	(hi. 70 ×)
krt	288	(Nr. 320)	*qrʾ*	730	(Nr. 75)
ktb	223	(Nr. 227)	*qrb*	293	(Nr. 250/386)
lḥm	170	(Nr. 258)	*rʾh*	1303	(Nr. 37/395)
lkd	121	(→I, 876 f.)	*rbh*	225	(Nr. 269)
lqḥ	966	(Nr. 47)	*rdp*	143	(Nr. 330)
mūt	845	(Nr. 77/311)	*rūm*	189	(→II, 754)
mlʾ	246	(Nr. 373)	*rʿh*	168	(Nr. 257)
mlk	347	(Nr. 166)	*śīm*	586	(Nr. 87)
mṣʾ	454	(Nr. 162/301)	*śmḥ*	154	(Nr. 336)
nbʾ	115	(→II, 8)	*śnʾ*	146	(Nr. 333)
ngd	370	(Nr. 149)	*śrp*	117	(Nr. 396)
ngʿ	150	(Nr. 385)	*šʾl*	171	(Nr. 270)
ngš	125	(→II, 675)	*šʾr*	133	(→II, 845)
nūḥ	144	(→II, 43 f.)	*šbʿ*	185	(Nr. 281)
nūs	159	(Nr. 279)	*šbr*	146	(ni. 56 ×, q. 52 ×)
nḥm	108	(→II, 60 f.)	*šūb*	1060	(Nr. 73/139)
nṭh	214	(Nr. 314)	*šḥt*	162	(Nr. 361)
nkh	499	(Nr. 107)	*škb*	212	(Nr. 231)
nsʿ	146	(Nr. 315)	*škḥ*	102	(→II, 899)
npl	434	(Nr. 137)	*škn*	129	(Nr. 376)
nṣl	213	(Nr. 236)	*šlḥ*	847	(Nr. 90/186)
nśʾ	654	(Nr. 83)	*šlk*	125	(Nr. 371)
ntn	2010	(Nr. 28)	*šlm*	116	(→II, 920 f.)
sbb	161	(→II, 888)	*šmʿ*	1159	(Nr. 44)
sūr	299	(Nr. 274/322)	*šmr*	468	(Nr. 116)
spr	107	(→II, 164)	*špṭ*	144	(Nr. 337)
ʿbd	289	(Nr. 181)	*špk*	115	(Nr. 401)
ʿbr	548	(Nr. 110)	*šth*	217	(Nr. 219)

3. Die für die Berechnung relativer Häufigkeiten benötigte Tabelle des Gesamtwortbestandes der atl. Bücher in Bd. I, S. XVIII (Promille auf das AT inkl. aram. Teile bezogen), kann nunmehr durch eine dem Herausgeber von Pater H. Th. Willers (O.P.), Puerto Rico, freundlicherweise zur Verfügung gestellte und mit seiner Erlaubnis seiner bevorstehenden Publikation »General Statistics of the Hebrew Bible« entnommene Liste ersetzt werden:

BH³	Wörter	% des hebr. AT		BH³	Wörter	% des hebr. AT	
Gen	20611	6,86	(6,84)	Ri	9884	3,29	(3,36)
Ex	16712	5,56	(5,64)	1Sam	13264	4,41	(4,51)
Lev	11950	3,98	(4,05)	2Sam	11036	3,67	(3,72)
Num	16413	5,46	(5,51)	1Kön	13140	4,37	(4,45)
Dtn	14294	4,75	(4,78)	2Kön	12280	4,08	(4,12)
Jos	10051	3,34	(3,48)	Jes	16930	5,63	(5,45)

BH^3	Wörter	% des hebr. AT		BH^3	Wörter	% des hebr. AT	
Jer	21819	7,26	(7,07)	Ps	19531	6,50	(6,01)
Ez	18731	6,23	(6,23)	Hi	8343	2,78	(2,63)
Hos	2383	0,79	(0,75)	Spr	6915	2,30	(2,10)
Jo	957	0,32	(0,31)	Ruth	1294	0,43	(0,43)
Am	2042	0,68	(0,66)	Hhld	1250	0,42	(0,40)
Ob	291	0,10	(0,08)	Pred	2987	0,99	(1,00)
Jon	688	0,23	(0,23)	Klgl	1542	0,51	(0,46)
Mi	1396	0,46	(0,45)	Est	3045	1,01	(1,09)
Nah	558	0,19	(0,18)	Dan (H)	2324	0,77	(0,83)
Hab	671	0,22	(0,21)	Esr (H)	2541	0,85	(0,89)
Zeph	767	0,26	(0,25)	Neh	5313	1,77	(1,87)
Hag	600	0,20	(0,21)	1Chr	10744	3,57	(3,71)
Sach	3128	1,04	(1,06)	2Chr	13312	4,43	(4,69)
Mal	876	0,29	(0,28)				

hebr. AT	300613	100,00	
Gen – Dtn	79980	26,61	(26,82)
Jos – 2Kön	69655	23,17	(23,64)
Jes – Mal	71837	23,90	(23,43)
Ps – 2Chr	79141	26,33	(26,12)
Jes 1–39	9900	3,29	(3,21)
Jes 40–55	4333	1,44	(1,36)
Jes 56–66	2697	0,90	(0,88)
Hos – Mal	14357	4,78	(4,67)
Ruth – Est	10118	3,37	(3,39)

aram. Dan	3599
aram. Esr	1212
Jer 10,11	15
Gen 31,47	2
aram. AT	4828
hebr. AT	300613
AT total	305441

Die Gesamtzahl von 305441 Wörtern des AT nach Willers bezieht sich auf die graphischen Worteinheiten in BH^3 (durch Spatien oder Maqqeph getrennte Wörter). Rechnet man die präfigierten Partikeln gesondert (z. B. *w*^{e}*lammǣlæk* als vier Einheiten), so ergeben sich etwas über 421000 Einheiten des hebr. AT (300613 plus Nr. 1–4.6.17.66.312 der Häufigkeitstabelle, abzüglich der selbständigen Formen von Nr. 3.4.6.17). Der prozentuale Anteil der einzelnen Bücher verschiebt sich, wenn man die Partikeln einrechnet, bei den prosaischen Büchern leicht nach oben, bei den poetischen etwas nach unten, vor allem wegen des häufigeren Gebrauchs des Artikels in der Prosa. Die betreffenden Prozentzahlen sind oben in Klammern hinzugefügt.

4. In Ergänzung zu den ersten beiden Tabellen folgen hier noch einige statistische Angaben über die Häufigkeitsklassen der hebr. Vokabeln und über den Anteil der Wortarten am hebr. Lexikon.

Wie die Abgrenzung der Vokabeln, so ist auch die Verteilung der einmal festgelegten Lemmata auf Wortarten und selbst die Aussonderung der Eigennamen eine öfters problematische Angelegenheit (gilt z. B. *m*^{e}*'ōd* als Substantiv oder als Adverb, *par'ō* als Titel oder als Name?). Unterschiedlich gewählte Normen ergeben, ganz abgesehen von den möglichen Zählfehlern, ziemlich bald voneinander abweichende Statistiken, von denen keine absolute Geltung beanspruchen kann. Es ist deshalb geraten, bei aller Genauigkeit im einzelnen die Ergebnisse je nachdem nur in runden Zahlen zu formulieren und bei allen Schlußfolgerungen aus den Statistiken die Unsicherheitsfaktoren mitzubedenken.

Eigennamen, die aus zwei Wörtern bestehen (z. B. *Bēt-'ēl*), sind im folgenden als zwei Einheiten gezählt (gegen 800 ×); die Eigennamen in den aram. Teilen des AT (etwas über 300) sind weggelassen. Bei den Verben sind die verschiedenen Stammformen zusammengefaßt.

Tabelle der Häufigkeitsklassen

Häufigkeit	Vokabeln	Vorkommen	Eigennamen	Vorkommen	total	Vorkommen
1	1630 (28,4%)	1630 (0,4%)	900 (35,9%)	900 (2,6%)	2530 (30,7%)	2530 (0,6%)
2–9	2190 (38,1%)	8960 (2,3%)	1120 (44,7%)	4320 (12,5%)	3310 (40,1%)	13280 (3,2%)
10–99	1530 (26,6%)	48050 (12,4%)	450 (18,0%)	10750 (31,1%)	1980 (24,0%)	58800 (14,0%)
≧100	396 (6,9%)	328170 (84,8%)	35 (1,4%)	18630 (53,8%)	431 (5,2%)	346800 (82,3%)
	ca. 5750	ca. 386800	ca. 2500	ca. 34600	ca. 8250	ca. 421400

Verteilung der Hapaxlegomena

Die nur einmal im AT vorkommenden Vokabeln verteilen sich unterschiedlich auf die atl. Bücher. Die relative Häufigkeit (Anteil des Buches an den Hapaxlegomena, gemessen am Umfang des Buches) zeigt Abweichungen bis über das Sechsfache nach oben (Hhld) und unten (1Chr) vom Durchschnitt, wobei der Unterschied zwischen Poesie und Prosa deutlich als einer der bestimmenden Faktoren hervortritt.

	Anzahl	rel. Häufigkeit		Anzahl	rel. Häufigkeit
Gen	68	0,61	Nah	14	4,78
Ex	37	0,40	Hab	16	4,46
Lev	53	0,81	Zeph	9	2,20
Num	32	0,36	Hag	1	0,29
Dtn	57	0,73	Sach	15	0,87
Jos	12	0,21	Mal	3	0,64
Ri	33	0,60	Ps	164	1,68
1Sam	36	0,49	Hi	170	3,97
2Sam	25	0,41	Spr	78	2,28
1Kön	32	0,44	Ruth	5	0,72
2Kön	30	0,45	Hhld	43	6,60
Jes	265	2,99	Pred	25	1,54
Jer	88	0,77	Klgl	33	4,41
Ez	126	1,24	Est	15	0,84
Hos	20	1,64	Dan	12	0,89
Jo	12	2,39	Esr	13	0,90
Am	16	1,49	Neh	16	0,52
Ob	4	3,13	1Chr	10	0,16
Jon	4	1,09	2Chr	26	0,34
Mi	10	1,36	AT	1628	1,00

Nach Wortarten gliedern sich die Hapaxlegomena wie folgt (die Prozentzahlen sind auf die Gesamtzahl der Vokabeln der betreffenden Wortart bezogen):

Subst.	Adj.	Pron.	Num.	Nomina	Verben	übr. Vok.	total	NP
1136 (31%)	100 (28%)	3	1	1240 (31%)	377 (24%)	11	1628 (28%)	902 (36%)

Tabelle der Wortarten

Das Lexikon des hebräischen Alten Testaments setzt sich zusammen aus:

ca.	3640	Subst.	(44,1 %)	mit	ca.	105300	Vorkommen	(25,0 %)
ca.	360	Adj.	(4,4 %)	mit	ca.	7000	„	(1,7 %)
ca.	20	Pron.	(0,24 %)	mit	ca.	8600	„	(2,0 %)
ca.	30	Num.	(0,36 %)	mit	ca.	6800	„	(1,6 %)
ca.	4050	Nomina	(49,1 %)	mit	ca.	127700	Vorkommen	(30,3 %)
ca.	1570	Verben	(19,0 %)	mit	ca.	71500	„	(17,0 %)
ca.	130	übr. Vokabeln	(1,6 %)	mit	ca.	187600	„	(44,5 %)
ca.	5750	Vokabeln	(69,7 %)	mit	ca.	386800	Vorkommen	(91,8 %)
ca.	2500	Eigennamen	(30,3 %)	mit	ca.	34600	„	(8,2 %)
ca.	8250	Lemmata	(100 %)	mit	ca.	421400	Vorkommen	(100 %)

Tabelle der Verbalstammformen

Eine Zusammenstellung der hebr. Verbalformen (inkl. Inf. und Part.) ergibt (mit leichter Rundung):

Qal	49180 (68,8 %)	Vork. in	1115 (71,2 %)	Verben, davon	304	Hapaxl.	(27 %)
Ni.	4140 (5,8 %)		435 (27,8 %)		145		(33 %)
Pi.	6450 (9,0 %)		415 (26,5 %)		134		(32 %)
Pu.	460 (0,64 %)		190 (12,1 %)		111		(58 %)
Hitp.	830 (1,16 %)		175 (11,2 %)		78		(45 %)
Hi.	9370 (13,1 %)		505 (32,2 %)		163		(32 %)
Ho.	400 (0,56 %)		100 (6,4 %)		45		(45 %)
170 übr.	680 (0,95 %)		130 (8,3 %)		108		(64 %)
total	71510	Vork. in	1565	Verben, davon	377	Hapaxl.	(24 %)
			(3105	Stammformen, davon	1088	Hapaxleg.	(35 %)

HEBRÄISCHES WÖRTERVERZEICHNIS

Gerade Ziffern verweisen auf die Spalten des ersten Bandes, kursive Ziffern auf diejenigen des zweiten Bandes.

Mit * sind selbständige Artikel oder der wichtigste unter mehreren Hinweisen markiert.

Innerhalb eines Artikels ist jeweils nur das erste Vorkommen verzeichnet; die gesuchte Information kann daher in vielen Fällen auch in den folgenden Teilen des betreffenden Artikels stehen.

'āb *1.311.392.733.*208.306.1033*
'ēb *564*
'bd *17.270.*87.329.1056*
'ōbēd 18.*191.232*
'ᵃbēdā 18
'ᵃbaddōn 18.*840*
'abdān/'obdān 18
'bh *20
'ᵃbōj 21.476
'ᵃbaṭṭiḫīm 301
'ābī 1.21
'ᵃbī'ēl 9
'ᵃbī'āsāf *584*
'ᵃbīgájil 415
'ᵃbīdān 9.446
'ᵃbijjā 9
'ᵃbīhūd 473
'æbjōn 21.*344*
'ᵃbīṭūb 653
'ᵃbīmǽlæk 9.909
'ᵃbīnēr 90
'ābīr 25
'abbīr *25
'ᵃbīrām *754*
'ᵃbīšūr *139*
'ᵃbīšaj 9.*139*
'ᵃbīšālōm *932*
'æbjātār *846*
'bl *27.315.*971*
'ābēl 28
'ēbæl 28
'ǽbæn 591.626.865.*110.*539.612.708.881.927*
'ᵃbānā 180
'obnájim *539*
'abnēr 90
'bq *502*
'ābāq *354*
'ᵃbāqā *354*
'br 25.835
'ēbær/'æbrā 25.835
'abrām *754*
'abšālōm *932*
'ᵃguddā *966*
'āgēm 30.*80*
'ᵃgaf *502*
'ægrōf 669
'iggǽræt *166*
'ēd 123
'ādōn 3.*31.133.*183*
'ᵃdōnāj 31.702
'addīr *38.402.469
'dm 42.57.448
'ādām *41.320.*89*
'ādām NP 58
'ādōm 57
'ᵃdāmā 41.*57.448.655.779.*353*
'ᵃdāmā 58
'admā NP 58
'ᵃdōnijjā 36
'ᵃdōnī-ṣǽdæq 36.*509*
'ᵃdōnīqām 36.*635*
'ᵃdōnīrām 36.*754*
'dr 38
'ǽdær 39.470
'adrammǽlæk 39
'addǽræt 39.*10*
'hb *60.432.616.*82.835*
'ōhēb 61.*788*
'ᵒhābīm 61
'ᵃhābīm 61
'ahᵃbā 42.61
'ᵃhāh *73.474
'ēhūd 473
'ᵆhī 127.477
'hl 87
'ōhæl 309.743.*176.217.270.906*
'ō 79.404
'ōb 329.464.685.*1058*
'wh *74.580.*77*
'awwā 74.*77*
'ōj/'ōjā 474
'ᵆwīl *77.836.*27*
'ᵆwīlī 77
'ūlaj *79.*21*
'iwwǽlæt 77.564
'ṓmær 212
'ōmār 212
'ā́wæn *81.168.*225.333.462*
'ōn 81.824.*710*
'ōn NP 81
'ōnām/'ōnān 81
'ūṣ 75
'ōṣār *604.967*
'ōr q./hi. 85.244
'ōr *84.403.709.754.807
'ūr 85.244
'ūr NP 85
'ōrā 85
'ūrī'ēl 90
'ūrijjā 90
'ūrīm 85.*1046*
'ōt *91.512.687.*70.414*
'āz/'ᵃzaj 715
'azkārā 508
'zl 487
'zn hi. 95.*685.978*
'zn pi. 273
'ṓzæn *95.*261.978*
'ᵃzanjā 95
'zr 868
'æzrōᵃʿ 523
'æzrāḥ 411.*994*
'āḥ *98.105.474
'aḥ'āb 9.103
'ḥd 104
'æḥād *104.135.*408*
'ḥḥ 98
'ēḥūd 104
'aḥᵃwā 98.345
'ᵃḥūmaj 103
'āḥōr 111.*443*
'āḥōt 99.249
'ḥz *107.876

'āḥāz 110
'āḥūz 108
'ᵃḥuzzā 108.414.780. 124.241
'aḥzaj/'ᵃḥazjā 110
'ᵃḥuzzām 110
'ᵃḥuzzat 110
'ᵃḥijjā 103
'ᵃḥīhūd 473
'ᵃḥīṭūb 653
'ᵃḥīmǽlæk 103.909
'aḥjān 98
'ᵃḥīsāmāk 160
'ᵃḥīqām 103.635
'ᵃḥīrām 754
'ᵃḥīšáḥar 991
'ᵃḥīšār 791
'ḥr 111
'aḥēr 111.168.331. 716.17.639
'aḥar 110.489.518
'aḥᵃrōn 111.716
'aḥᵃrē 111.331
'aḥᵃrīt 111.721.624. 660
'ᵃḥōrannīt 111
'ᵃḥašṭᵉrān 913
'ṭm 96
'ē-zǣ 125
'ē-mizzǣ 125
'ī 474
'jb 118
'ōjēb 63.*118.582
'ēbā 118
'ēd *122
'ajjē *125
'ijjōb 9.118
'ēk/'ēkā/'ēkō 125
'ēkākā 125
'ī-kābōd 125.794
'ájil 356
'ᵆjāl/'ᵆjālūt 254
'ajjāl 453
'ajjālā 65.453
'ēmā 168.504.413
'ájin ('ēn) 125.*127.454. 165
'ēfō 125
'īš 43.101.128. *130.247.320. 328.399.453.89
'īš-bṓšæt 130.271.946
'īšhōd 130
'īšōn 130.261
'īš-ṭōb 130
'itī'ēl 325
'ētān 180.117
'ak 849
'akzāb 180.817
'akzīb 817
'akzār(ijjūt) 765
'akzārī 609.765
'ᵃkīlā 138
'kl *138.87.345. 819.1023
'ṓkæl/'oklā 138
'al 125.767
'ēl *142.554.109. 114.236.254. 546.873.941
'lh I 149.644
'lh II 571
'ālā *149.344.860
'ēlā 153.356
'ᵆlōhīm *153.554.10. 545.560.644
'ᵆlōᵃh 153.155
'ēlōn 153.356
'allōn 314.356
'allūf 788
'ælḥānān 587
'ᵆlī'āb 9
'æljādā' 692
'ælјᵉhō'ēnaj 260
'ᵆlīl *167
'ᵆlīmǽlæk 909
'ᵆlī'ǽzær 940
'ᵆlīfᵉlēhū 414
'ᵆlīfǽlæṭ 420
'ᵆlīṣūr 539
'ᵆljāqīm 635
'ᵆlīšǽba' 819
'æljāšīb 884
'ᵆlīšā' 786
'ᵆlīšāfāṭ 1000
'lm 436
'illēm 639
'almān/'almōn 169
'almānā *169
'almānūt 169
'ælnātān 118
'æl'ālē 273
'æl'āšā 360
'lp 559.872
'ælpá'al 461
'ælqānā 651
'æltōlad 732
'im 689.40.860
'ēm *173.733.1033
'āmā 733.187
'ammā 134.522
'ummā 318
'āmōn 180
'ᵆmūnā *196.602.213
'āmōṣ NP 210
'āmī/'ᵃmīnōn 179
'ammīṣ 723
'āmīr 212
'ml 28.270
'mn *177
'mn ni. *182
'mn hi. *187.304.883
'ommān 180
'āmēn *193.239
'ōmēn 178
'ōmǽnæt 179
'ṓmæn/'ēmūn 179
'ᵃmānā 179.345.860
'ᵃmānā NP 180
'omnā/'omnām 179
'umnām 179
'amnōn 179
'ōmᵉnōt 179
'mṣ *209.539.772. 866
'āmōṣ 209
'ṓmæṣ/'amṣā 210
'amṣā 210
'ᵃmaṣjā(hū) 210
'mr *211.318.434. 2.124.337.408
'mr II 212
'ṓmær 212.130
'ḗmær 212.437
'immēr 212
'imrā 212.1039
'ᵆmōrī 232
'imrī 212
'ᵃmarjā(hū) 212
'ᵆmæt *201.601.695. 213
'ᵃmittaj 179
'ān 125.933
'ánnā 73
'nh 29.571
'nh II 683
'ánā/'ánæ 126.933
'ānūš 569.714
'ᵆnōš 42
'nwš 126
'nḥ 29.588.44.570
'ᵃnāḥā 570
'ᵃnī *216.705.777. 950
'ōnī 81.571
'ᵃnijjā 570
'ānōkī 216
'nn 571
'np 221
'ᵃnāfā 221
'nq 570
'ᵃnāqā 570
'āsōn 683
'āsīf 584
'sp 4.419.671. 877.894.88. 296.*584
'āsāf 584
'āsōf/'ósæf 584
'ᵃsēfā 584

'^{a}suppā 584
'^{a}safsūf 584
'issār 40
'af 218
'af/'appájim *220.396.74. 100.206.739. 1006
'appǽdæn 310
'ph 126
'ēfō 125
'ēfōd 1058
'appájim NP 221
'āfīq 254
'ṓfæl/'āfēl 87
'^{a}fēlā 87
'ṓfæn 377
'ps 832
'ǽfæs 128.231.454. 661.731
'pq 640
'ḗfær 353.710
'^{a}fēr 263
'æfrájim 232
'æṣba' 911
'ṣl 877
'æqdāḥ 244
'rb 87
'arbǽ 716
'^{a}rubbā 367.967
'arba' 729
'rh 585
'^{a}rūkā 564.805
'^{a}rōn 217.255
'ǽræz 356
'rḥ 459
'ṓraḥ 458
'ṓr^{e}ḥā 459
'^{a}rūḥā 139
'^{a}rī/'arjē *225.453
'rk 719.74.739
'ǽræk ('appájim) 222.396.613
'ṓræk 222.395.719
'armōn 169.310
'ǽræṣ 59.*228.531. 655.779.835. 299.354.840
'arṣā 228
'rr *236.356.429. 476.644.858
'rś *240
'^{a}rǽśæt 75.240
'ēš *242.453.203. 541
'æšbá'al 130
'iššā 101.130.*247. 328.733.123
'iššǽ 243.140
'^{æ}šūn 375
'æškār 126
'ǽšæl 356
'šm 252.331.871
'āšām *251.845.87. 538
'āšēm/'ašmā 252
'ašmūrā 709.982
'ašmṓræt 982
'šr *257
'^{a}šær 689.712.89. 639
'ṓšær 258
'ašrē 257.356.477
'šš 130
'æštā'ōl 841
'æšt^{e}mō^a' 975
'ēt ('itt-) 346.252.*325
'th 264.754
'ātōn 318.778
'ittaj 325
'attæm 212
'ætmōl 716
'ætnā/'ætnan 117
'ætnī 117

b^e 559.653
bī'ā 265
bābā 261
bgd *261.519.586. 793
bǽgæd I 261
bǽgæd II 261.868
bōg^{e}dōt 261
bāgōd 261
(l^e)bad 107
bādād 107
bādīl 540
bdl 58
bādāl 96
bāhīr 88
bhl 270.412
b^{e}hēmā 43.53.553.778
bō' 11.93.248. *264.527.721. 754.755.7. 276.374.645. 959.992
būz 643.704.1052
būzā 643
būk 1056
būs 893
bōqēr 792
būr 273
bōr 542.840
bōš *269.569
būšā 269
bzh 151.440.643. 881.643.958. 1052
bzz 111
bizzājōn 643
bāḥōn 272
bāḥūr 276
baḥūrīm 276
b^{e}ḥūrōt 276
bāḥīr 276
bḥl 83
bḥn *272.69.1044
báḥan 272
bṓḥan 272.541
bḥr 62.272.*275. 692.880
b^{e}ḥūrīm 276
Baḥūrīm 277
bṭ'/bṭḥ 871
bāṭū^{a}ḥ 301
bṭḥ 189.*300.161
bǽṭaḥ/biṭḥā 301
biṭṭāḥōn 301.624
baṭṭūḥōt 301
bǽṭæn 175.318.80
bī 34
bīn 279.*305.559. 837.171.978
bēn (bjn) 306.340.667. 709.261.1001
bīnā 306.699
bīrā 310
bájit 7.*308.325. 734.783.73. 186.242.545
Bēt-'ēl 143.313
Bēt-Dāgōn 308
bájtā 311
Bēt Haggān 309
Bēt-Haj^{e}šīmōt 974
Bēt Hakkǽræm 309
Bēt Millō 309
bītān 308
Bēt-'^{a}nāt 308
Bēt-Ṣūr 539
Bēt-Šǽmæš 308.989
bākā' 314.707
bkh *313.112.264. 536.569
bǽkǽ 313
bikkūrā 709
bikkūrīm 709
bākūt 314
b^{e}kī 313.597
bōkīm 314
b^{e}kīrā 403.709
b^{e}kīt 314
bkr 709
bḗkær 709
b^{e}kōr 403.709
b^{e}kōrā/bikrā 709
Bēl 327

blh _602_
bālǣ 525
ballāhā 913
bᵉlī 128.685._947_
bᵉlijjá‘al 272.321.746._213.815_
bl‘ _893_
biltī 128
bāmā 331
bēn 43.146.159.*316.325.733.783._12.306.541_
bnh *325.331.452.525._637_
Bæn-Hᵃdad 321._941_
Binnūj 325
binjā 309.325
Bᵉnājā(hū) 325
bēnájim 134.306
Binjāmīn 232.321
binjān 309.325
Bᵉsōdᵉjā _145_
bá‘ad/bᵉ‘ad 360.845._13.386.428_
b‘h _843_
bᵉ‘ūlā 328
bᵉ‘īr 837
b‘l 241.327._461_
bá‘al 33.132.145.*327.340.438._76_
Bá‘al 328._946_
ba‘ᵃlā 327
Bá‘al Ṣᵉfōn _576_
b‘r I 244
b‘r II 519._801_
b‘r III 837._825_
bá‘ar 837
bᵉ‘ērā 244
bᵉ‘ātā _807_
bāṣūr 686
Bᵉṣal’ēl _223_
bǽṣa‘ _836_
bǽṣær 274
bq‘ 419._277.730_
bqq _893_
bqr 274.333
bāqār 318._792_
bṓqær 86.709._984.991_
biqqṓræt _392_
bqš *333.440.461.671.923._81.87.455_
baqqāšā 75.333
bar I/II 317/648.864
bōr 648
br’ I 325.*336.525
br’ III 336
brh I 139.340
brh II 340
Bārūk 354
bārūr 648
bᵉrōš _356_
bārūt 139.340
brḥ 622._*47.329.422_
bārīᵃḥ _48_
bᵉrī’ā 336
birjā 139.340
bᵉrīt 145.150.262.328.*339.602.696.858._130.147.171.204.217.235.251.487.640.929.1039_
brk I 531
brk II 213.237.*353._605.645.724.952_
bǽræk 353
Barak’ēl 353
bᵉrākā 353._124.645_
bᵉrēkā 353
Bærækjā(hū) 353
brr 273.648
bᵉśāmīm _709_
bśr 361.376.904._979_
bāśār *376.449.552.865._84.261.736_
bᵉśōrā 713.904._123_
bošnā 269
bṓšæt 168.269.331.918._946_
bat 316._261.544_
bᵉtūlā 241.276._544_
btr 858
Bat-Šǽba‘ _819_

gē’ 380
g’h *379.396._206_
gē’ā/gē’ǣ 380
Gᵉ’ū’ēl 380
ga’ᵃwā 380
gᵉ’ūlīm 383
gā’ōn 380.470._254_
gē’ūt/ga’ᵃjōn 380
g’l I 102.*383.671._85.107.258.389_
gō’ēl 383.450._307_
g’l II 383.665
gṓ’al 665
gᵉ’ullā 383._133.241_
gab _261.757_
gbh *394._114_
gābēᵃh/gābōᵃh 394
gṓbah 223.394
gabhūt 394
gᵉbūl 235.629
gibbōr 398.786
gᵉbūrā 398.523
gᵉbīr 33.398
gᵉbīrā 33.176.398._943_
gib‘ā _539.545_
gib‘ōl _564_
gbr *398
gǽbær 132.320.398
Gǽbær 398
Gibbār 398
Gabrī’ēl 398
Gād 232
gdd _87.428_
gᵉdūd _502.706_
gādōl 40.147.*402.709.769._112.723_
gᵉdūlā 402
gᵉdullā 402
giddūf _644_
giddūfā _644_
gdl 38.402.609.733
gṓdæl 402
gādēl 402
gādīl 402.835
Giddēl 402
Giddaltī 402
Gᵉdaljā(hū) 402
gdp 921._644.755_
ghh _805_
gēhā _805_
gaw _4.900.917_
gēw I _917_
gēw II _293_
gēwā 380
gūz _203_
gōj 408._22.143.*290_
gᵉwijjā 378
gōlā 419
gw‘ 894
gūfā 378
gūr I *409._176_
gūr II 409
gūr III 409.768
gōr/gūr 225
gōrāl *412.577._57.917_
gzz _705_
gzl 877._345_
gzr I 510.858
gzr II 139

gil	*415.783.830
gil/gilā	415
gulgṓlæt	705
glh	248.*418.439.686.806.145.175.245.263
gillūlīm	169.520.666.1052
gālūt	419.926
glḥ	705
gillājōn	413.419
gll	918.967
gl‘	773
Gil‘ād	232
gam	218
gm’	1025
Gāmūl	427
g^{e}mūl/g^{e}mūlā	427
gml	*426
gāmāl	778
G^{e}mallī	427
Gamlī’ēl	427
gmr	427.832
gan	1024
gnb	581.877
gnn	97.223.423
g‘l	383.881.4.83
gṓ‘al	345.86
g‘r	*429
g^{e}‘ārā	429
gaf	378
gǽfæn	356.1024
gēr	68.170.*409.521.775.994
garg^{e}rōt	75
gārōn	75
gērūt	409
grz	877
gr‘	629.877
g^{e}rūšā	170
gǽšæm	729
Gat	779
d’b	80.262
d^{e}’ābōn	80
dā’ā	692
dṓbǣ’	254
dibbā	434
d^{e}bōrā	433
d^{e}bīr	433.605
dbq	62.305.*431.622.82
dābēq	431
dǽbæq	431
dbr I	433
dbr II	213 *433.862.881.61.337.408.1009
dābār	*433.539.716.10.166.640.886.1033
dǽbær	433.449
dṓbær	433
dibbēr	433
dabbǽræt	433
dibrā	433
dōb^{e}rōt	433
dgh	723
dgl	960
dǽgæl	92
dāgān	27
dūb	88
dōd	63.99.787
Dāwid	103.268.544
dōdā	99
Dōdō	103
dwh	568
dāwǣ/dawwaj	568
d^{e}waj	568
dūr	443
dōr I	443
dōr II	*443.230
daj	876.928
dīn q.	*445.772
dīn	446.690.1003
dajjān	446
Dīnā	446
dak	344
dk’	345
dakkā’	355.738
dal	170.344
dallā	347
dll	210.347
dlq	244
dallǽqæt	244
dām	334.383.446.*448.74.102.107.225
dmh I	*451.643
dmh II	640
d^{e}mūt	451.558
d^{e}mī	451
d^{o}mī	640
dimjōn	451
dmm	640.329.992
d^{e}māmā	631
dm‘	314.264
dǽma‘	264
dim‘ā	314.264.431
Dān	446
Dānijjēl	446
dē^{a}‘	684
dē‘ā	684
d‘k	244
dá‘at	684.776.358.1037
daq	631
d^{e}rōr	669
drk	456.460
dǽræk	175.403.*456.491.661.122.521.552.1044.1049
drš	333.440.*460.923.11.40.81.88.455.747.842
dšn	78
dāt	690.1042
h^{a}	689
hē’	505
hǣ’āḥ	474.76
hab	118
hbl	467
hǽbæl	168.*467.820.729
Hǽbæl	467
hbr	531
hgh	510.643.409.*570.667.672
hǣgǣ/hāgūt	570
hāgīg	570
higgājōn	570
H^{a}dad	941
hdh	911
h^{a}dūrīm	470
hdr	470.112
hādār	382.*469
h^{a}dārā	470
hāh	73
hō	474
hū’	715
hōd	31.470.*472
Hōd/Hōd^{e}jā	473
Hōdawjā	674
Hōdijjā	473
hwh	477
hawwā I/II	74.77/334
hōwā	852
hōj	*474
hōlēlōt	564
hūm	502
Hōšē^{a}‘	786
Hōša‘jā	786
hī	571
hujj^{e}dōt	674
hjh	241.248.413.439.451.*477.703.924.305.326.329
hēk	125
hēkāl	310
hēlēl	493.992
hakkārā	67
hāl^{e}’ā	715
hullǽdæt	712

hillūlīm	493
hālīk	487
hᵃlīkā	459.487
hlk	11.114.265.331.457.*486.757.894.918.83.276.1049
hǽlæk	487
hll I	87.493
hll II	258.*493.674.704.830
hll III	815
Hillēl	493
hmh	502.570
hǽmmā	505
hāmōn	311.719.838
hmm	*502.413.973
hēn	504
hinnē	218.266.474.*504.724.263.698
hᵃnāḥā	43
has	474.641
hsh	641
hpk	329.888.893.990
haṣṣālā	96
har	744.208.*545.603.1024
hrg	895.87.893.964
hǽræg/hᵃrēgā	895
hrh	174.248.318.733
hārǣ	733
hrs	326.893
hašmāʿūt	975
wᵉ	218.404
wāzār	520
wālād	732
zbd	137
zǽbæd	126
zᵉbūb	328
zbḥ	331.680.280
zǽbaḥ	680.851.140.161.520.931
zbl	113
zēd	381.815
zādōn	381.567
zǣ	707.714.317
zāhāb	474.655.354
zhm	83
zhr	87.647
zṓhar	88.474.647
zūb	248
zūn	139
zōnā	518.596
zūr	520.148.900
zḥl	765
zīd	381
zīqōt	243
zájit	356
zak	648.793.463
zkh	648
zᵉkūr	132
zākūr	509
Zakkaj	648
zkk	648
zkr	*507.643.63.245.899.951
zākār	*132.321.508.691.733.557
zǽkær	508.948
zikkārōn	92.508
Zᵉkarjā(hū)	513
zimmā	519.28.1052
zᵉmōrā	912
zāmīr	896
zmm	643.27
zmn	744.375
zᵉmān	744. 375
zmr	494.783.896
zimrā I	896
zimrā II	254
zānāb	707
znh	331.*518.251
zᵉnūnīm	518
zᵉnūt	518.1047
znḥ	881.88
zēʿā	683
zʿk	244
zʿm	360.437.644
záʿam	223.644
zʿp	437
záʿaf	224
zʿq	568
zᵉʿāqā	568
zāqān	564
zāqēn	4.276.719.112
zqp	160
zqq	986
zār	168.243.410.*520.67.1054
zrh	420.729
zᵉrōaʿ	*522.539.667.112.236
zrḥ	86.754.993
záraḥ	993
Záraḥ	994
Zᵉraḥjā	994
záræm	729
zrʿ	58
zǽraʿ	444.311.564.606
zrq	88
ḥbʾ	177
ḥbb	62
ḥbh	177
ḥbl	171
ḥǽbæl	414.577.780.11.882
ḥōbēl	721
ḥābēr	101.276.788
ḥabbār	788
ḥᵃbǽræt	788
ḥbš	805
ḥag	41.362.866
ḥoggā	412
Ḥaggaj	940
ḥgr	868
ḥad	105
ḥdh	829
ḥædwā	828
ḥdl	864.900
ḥādēl/ḥǽdæl	864
ḥdš	524
ḥādāš	168.350.*524
ḥṓdæš	525.712.721.708.866
Ḥᵃdāšā	525
Ḥodšī	525
Ḥᵃdattā	525
ḥūg	230
ḥūd	108
ḥwh pi.	530.32
ḥwh hišt.	*530.431
ḥawwā	549
Ḥawwā	174.946
ḥūl	705
ḥōl	453.354
ḥōmā	270
ḥūs	764
ḥūṣ	311.707
Ḥūrām	1
ḥōtām	914.166
Ḥᵃzāʾēl	533
ḥzh	273.279.340.*533.9.454.694
ḥāzǣ	862.759
ḥōzǣ	340.533.9.699
ḥāzōn	533.10
ḥᵃzōt	533
ḥāzūt	340.533
ḥizzājōn	533.752
ḥᵃzīz	351
ḥzq	525.*538.866.876
ḥāzāq/ḥāzēq	538
ḥēzæq/ḥṓzæq	538
ḥæzqā/ḥozqā	538
Ḥizqī	538
Ḥizqijjā(hū)	538
ḥṭʾ	*541.850.493.870

ḥaṭṭā' 542
ḥēṭ' 542._113_
ḥæṭ'ā 542
ḥ^{a}ṭā'ā 542
ḥaṭṭā'ā 542
ḥaṭṭā't 168.542.845._161.204.246_
ḥṭp _345_
ḥṓṭær 914
ḥaj 146.218.549._373_
Ḥī'ēl 103
ḥīdā 108
ḥjh 387.*549._83_
ḥajjā 549._88_
ḥājōt/ḥajjūt 549
ḥajjīm 549.662._88.357.807_
ḥīl I 733
ḥīl III 727
ḥájil 134.321.399.670.*823._502_
ḥēq 175
Ḥīrōm _754_
Ḥīrām 103._754_
ḥkh _81.620_
ḥkm *557
ḥākām 30.557.699.837
ḥokmā 557.696.863._510.710_
ḥokmōt 557
ḥōl 457.570.636._594_
ḥl' 567
ḥḗlæb _436.710_
ḥǽlæd 230
ḥlh I 419.*567._973_
ḥlh II 567._456_
ḥ^{a}lōm 330.506._699.752_
ḥ^{o}lī 567._806_
ḥālīlā 73.570
ḥll I 345.519.*570.831._40.607_
ḥll II 430.570
ḥālāl 570
ḥlm I _718_
ḥlm II 506._9.752_
ḥallāmīš _539_
ḥlp _202_
ḥlṣ I _85.98_
ḥlṣ II _500_
ḥlq I 19.576.731
ḥlq II 19.*576._57.137_
ḥālāq 134.576
ḥḗlæq 414.576.780._56_
Ḥḗlæq 578
ḥælqā/ḥ^{a}luqqā 576
Ḥælqaj 578
Ḥilqijjā(hū) 578
ḥallāš 399
ḥām 174
ḥōm 709._990_
ḥmd 75.*579.862
ḥǽmæd 470.579
ḥæmdā 579
ḥ^{a}mūdōt 579._505_
Ḥæmdān 579
ḥammā _990_
ḥēmā 224.332.*581
Ḥāmūl _764_
ḥāmōṣ 584
ḥ^{a}mōr _705.778_
ḥāmōt 174
ḥml _764_
ḥæmlā 62._764_
ḥumlā _764_
ḥmm 581._990_
ḥammān _995_
ḥms 583._893_
ḥāmās *583.841._213.225.571.1012_
ḥmṣ 584._225_
Ḥ^{a}māt 265._716_
ḥēn 587.602._266_
ḥnh 587.709._277_
Ḥannā 587
ḥannūn 147.588.612._764_
Ḥannī'ēl 587
ḥānīk _187_
ḥ^{a}nīnā 588
ḥ^{a}nukkā _897_
ḥinnām 588._883_
ḥnn I *587._137.385.764_
ḥnn II 587
Ḥ^{a}nanjā(hū) 587
ḥnp *597
ḥānēf/ḥṓnæf 29.597
ḥ^{a}nuppā 597
ḥsd 600
ḥǽsæd 62.198.201.*600.662.695._234.516.766_
Ḥǽsæd 600
Ḥ^{a}sadjā 600
ḥsh 303.*621._85_
Ḥōsā 621
ḥāsūt 621
ḥāsīd 600._618_
ḥ^{a}sīdā 600
ḥ^{a}sīn/ḥāsōn _254_
ḥsr 399._348_
ḥāsēr 78._348_
ḥǽsær/ḥṓsær _348_
ḥæsrōn _348_
ḥaf 648
ḥph 270._437_
ḥuppā _176_
ḥpz _47_
ḥofnájim 669
ḥpṣ I 62.*623.643._82_
ḥpṣ II 624
ḥāfēṣ 624
ḥḗfæṣ 624._554_
Ḥæfṣī-bāh 624
ḥpr I 335._87_
ḥpr II 270._437.972_
ḥpś 335
ḥpš _103_
ḥufšā _103_
ḥofšī/ḥofšīt _103_
ḥēṣ 815
ḥṣb 627
Ḥāṣōr 525
ḥ^{a}ṣōṣ^{e}rā _630.897_
ḥāṣēr _270_
ḥōq *627._133.218.235.1009.1033_
ḥqh 627
ḥuqqā 627._235.1009_
ḥqq *626.744.858._133.535_
ḥqr 274._69.177.202_
ḥrb I _972_
ḥrb II _277_
ḥǽræb _407_
ḥṓræb _974_
ḥrd 768.839._87.412_
ḥārēd 768
ḥ^{a}rādā 503.768._412_
ḥrh 224.*633._206_
Ḥ^{a}rūmaf 221
ḥārōn 224.633
ḥǽræṭ 44
ḥ^{o}rī 223.633
ḥrm 635._277.594_
ḥḗræm *635._595.964_
Ḥārīm 635
Ḥ^{o}rēm 635
Ḥormā 635
Ḥærmōn 635
ḥǽræs _995_
Ḥǽræs _545_
ḥrp _4.86.644.755_
ḥærpā 271._113.644.974_
ḥrṣ 744.858
ḥrq 839
ḥrr 633._773_
ḥrš I 639.661._800_
ḥrš II 96.*639
ḥǽræš 639

Ḥǽræš 639
Ḥaršā 639
ḥārāš 560.639.365
ḥērēš 96.639.978
ḥśk 85.374.410
ḥśp 917
ḥšb 82.191.335.510.*641
ḥḗšæb 642
ḥæšbōn 642
ḥiššābōn 642
Ḥ^{a}šabjā(hū) 645
ḥšh 436.640
ḥāšūq 432
ḥšk 87.262.990
ḥṓšæk 87.990
ḥ^{a}šēkā 87
ḥšq 62.286.432.82
ḥḗšæq/ḥiššūq 432
ḥat 768
ḥittā 504.768
ḥatḥattīm 768
ḥittīt 768.131
ḥtk 858
ḥtm 166
ḥōtǽmæt 166
ḥtn 174
ḥātān 174
ḥtp 877
ḥtt 270.768
ḥ^{a}tat 768

Ṭāb^{e}'ēl 653
Ṭāb^{e}'al 653
ṭabbūr 231
ṭabbāḥ 721
Ṭabrimmōn 653
ṭāhōr 647.1052
ṭhr *646.850.104
ṭṓhar/ṭ^{e}hār 647
ṭoh^{o}rā 647
ṭōb 334.606.*652.688.712.793.265.358.794.934
Ṭōb 653
ṭūb 606.652.808
Ṭōbijjā(hū) 653
ṭōṭāfōt 91
ṭūl 413.732.918
ṭḥh 686.263
ṭḥn 345
ṭīrā 906
ṭal 967
ṭalṭēlā 918
ṭm' 519.647.*664.607
ṭāmē' 664
ṭum'ā 664.595
ṭmn 178
ṭʿh 1055
ṭʿm 139.273
ṭáʿam 139
ṭaf 318
ṭpḥ 718
ṭifsār 167
ṭārī 526
ṭrp 807

j'b 20
Ja'^{a}zanjā(hū) 95
j'l I 77
j'l II 22.279.70
j'š 624
jbb 571
j^{e}būl 110.130
Jibḥār 277
Jābīn 306
jbl 110
jābāl 110
j^{e}bāmā 99
Jabn^{e}'ēl 325
Jibn^{e}jā 325
J^{e}bærækjāhū 354
jbš 29.269
Jig'āl 383
jgb 191
jāgēb 191
Jigdaljāhū 402
jgh 840.87
jāgōn 751.840.333
jāgōr 768
jāgī^{a}ʿ 333
j^{e}gī^{a}ʿ 333
Joglī 419
jgʿ 333
jāgāʿ/jāgē^{a}ʿ 333
j^{e}gīʿā 333
j^{e}gīʿā 333
jgr 768.412
jād 142.522.539.*667.897.97.133.365.746.755.911
jdd 413.674.918
j^{e}dīdūt 63
jdh I 674.918
jdh II 472.*674.830
jādū^{a}ʿ 684
jādīd 63.940
J^{e}dīd^{e}jā 70
j^{e}dīdōt 63
j^{e}dīdūt 63.82
jdʿ 62.248.273.279.307.318.419.643.659.*682.167.842.871
J^{e}daʿjā 692
jidd^{e}ʿōnī 685
Jāh 701
j^{e}hāb 118
J^{e}hō'āḥāz 110
J^{e}hō'āš 137
J^{e}hūdā 674
Jhwh 477.554.*701.941
Jehōjādāʿ 692
J^{e}hōjākīn 813
J^{e}hōjāqīm 635
J^{e}hōjārīb 771
J^{e}hōnātān 118
J^{e}hōrām 754
J^{e}hōšǽbaʿ 819
J^{e}hōšāfāṭ 1000
jāhīr 381
J^{e}hallæl'ēl 493
Jō'āb 9
Jō'āḥ 103
Jō'āḥāz 110
Jō'āš 137
jūbāl 110
Jōjādāʿ 692
Jōjākīn 813
Jōjāqīm 635
Jōjārīb 771
Jōkǽbæd 794
jōm 266.437.656.*707.208.212.230.372.483.939
jōmām 707
jōnā 318.453
Jōnātān 118
Jōʿēd 210
jōṣēr 762
jōrǣ 1032
Jōrām 754
Jūšab-Ḥǽsæd 600
Jōšāfāṭ 1000
Jōtām 1046
jōtēr 846
J^{e}zanjā(hū) 95
Jizr^{e}ʿæl 713
jḥd 104
jáḥad 104
jaḥdāw 105.750
J^{e}ḥī'ēl 550
Jaḥ^{a}zī'ēl 533
J^{e}ḥæzqēl 538
J^{e}ḥizqijjā(hū) 538
jāḥīd 105.86
J^{e}ḥijjā 550
jāḥīl 727
jḥl *727.620
Jaḥl^{e}'ēl 727
jḥm 581
jṭb 652.45

jájin 781.1026
jkḥ *730.1003
Jākīn 813
J^{e}konjā(hū) 813
jld 174.248.318.419.723.*732
jǽlæd 318.732
jaldā 732
jaldūt 733
jillōd 732
jālīd 732.187
jll 74.570
j^{e}lēl 570
j^{e}lālā 571
jām 862.202.575.729.1027
jāmīn 523.669.579.911
Jimlā 897
Jimrā 928
jnh 171
Jānō^{a}ḥ 43
jnq 248
jsd I *736.744.548
jsd II 736.144
j^{e}sūd/j^{e}sōd 736
j^{e}sūdā 736
jissōr 738
Jismakjāhū 160
jsr *738.875
jʿd *742.858.210
jʿh 877
jʿz 252
jʿl 569.*746.97
jāʿēl 746
jaʿ^{a}lā 746
jáʿan 336
jáʿ^{a}nā 317
Jaʿnaj 336
jʿṣ 644.*748.146.1004
Jaʿ^{a}qōb 941
jáʿar 1024
Jaʿ^{a}śīʾēl 360
jph 656
jāfǣ 656
j^{e}fē-fijjā 656
j^{o}fī 656
jāfī^{a}ḥ 818.213
Jaflēṭ 420
jpʿ *753.999
jifʿā 88.753
Jǽfæt 495
jṣʾ 86.266.389.413.439.*755.85.88.121.276.405.993
jṣb 329
jiṣhār 913
jāṣīʾ 755
jṣq 751
jṣr 391.*761
jẹ́ṣær 762
Jẹ́ṣær/Jiṣrī 762
j^{e}ṣūrīm 762
jṣt 244.582
jqd 244
j^{e}qōd 244
j^{e}qāhā 981
jāqūd 244
j^{e}qūm 635
Jāqīm 635
jqʿ 83
jqr 795.86
jāqār 795.86.266.682
j^{e}qār 795
jiqrā 682
jrʾ 62.440.*765.87.412.417
jārēʾ 765
jirʾā 765
Jirʾōn 766
Jirʾijjā 692
jārēb 771
J^{e}rubbáʿal 716.771
Jārobʿām 292.716
J^{e}rubbǽšæt 217.716
jrd 709.757.*276
Jardēn 380.203
jrḥ I 413.918.1032
jrḥ II 1032
jrḥ III 740.873.1011.1032
J^{e}rūšā 779
J^{e}rūšālēm 544
jǽraḥ 721
jārē^{a}ḥ 968
J^{e}rōḥām 762
J^{e}raḥm^{e}ʾēl 762.940
jārīb 771
Jārīb/J^{e}rībaj 771
jārēk/jarkā 110
Jirm^{e}jā(hū) 139.754
jrʿ 87
Jirp^{e}ʾēl 804
jrq 436
jrš *778.876.277.348
j^{e}rēšā 779
j^{e}ruššā 414.779
Jiśrāʾēl 60.232.320.*782.542
Jiśśākār 130
jēš 128.142.76.555
jšb 248.622.546.*905
jōšēb 134.329.905
j^{e}šūʿā 198.786
j^{e}šīmōn 58.970
jšm 970
jāšān 525
jšʿ 387.671.*785.85.97.129.258.423
jḗšaʿ 786
Jišʿī 786
J^{e}šaʿjā(hū) 786
jšr *790
jāšār 791.166.266.797
Jḗšær 791
jṓšær 286.791.1047
jišrā 791
J^{e}šūrūn 791
jātōm 170.764
Jatnīʾēl 118
Jitnān 118
jtr 846
jǽtær 425.846
jitrā 468
Jitrō 846
jitrōn 468.578.846
jōtǽræt 846

k^e 68.404.*452.714.559
k^{e}ʾēb 569
kaʾ^{a}šær 453
kbd 96.176.540.768.866.*794.262.642.723
kābēd 794.864.75.302.409.723
kṓbæd 794
k^{e}bēdūt 794
kbh 244
kābōd 146.245.470.*794.900.75.203.907
k^{e}buddā 794
kabbīr 402.723
kbš 932.560.773
kō 213.902.18
khh 740.261.738
kēhǣ 262
kōhēn 187.10.313.706.896
kwh 244
k^{e}wijjā 244
kōkāb 501.708.968
kūn 15.181.326.477.709.744.*812.547.656
Kōnanjāhū 813
kōs 61.1024
Kūšan rišʿātájim 813

kzb *817.826.213.1011
kāzāb 468.817.225
Kōzēbā 817
K^{e}zīb 817
kō^{a}ḥ 470.523.*823
kḥd 686.826.177
kḥl 261
kḥš 819.*825
káḥaš 825
kæḥāš 825
kī I 689.33.89.309.784
kī II 244
Kēwān 557
kīlaj 29.345
kōl 230.378.453.716.*828.82
kl' 831
kǽlæb 709
klh *831.262
kālǣ/kālā 831
k^{e}lūb 661
kǽlaḥ 824
k^{e}lī 437.626.897
kēlaj 345
kiljā 864
killājōn 831.262
Kiljōn 567.831
kālīl 828
kll 828
K^{e}lāl 828
klm 270.972
k^{e}limmā 78.271
kammā 934
k^{e}mō 453
kmr 64
kṓmær 996
kēn I 67.813.131
kēn II 813
kēn III 812
knh 112.942
kinnōr 630.897
K^{e}nānī 813
K^{e}nanjā(hū) 813
kns 585.610
kn' 381
k^{e}nā'ā/kin'ā 110
knp 833
kānāf 231.*833.181
kǽsæ' 712.968
kissē' 916.909
ksh 868.114.436
k^{e}sūt 264
k^{e}sīl I 78.*836.27
k^{e}sīl II 836.995
k^{e}sīlūt 836
ksl 836
kǽsæl I 836
kǽsæl II 564.836.624
kislā 836.624
Kislōn 836
kss 164
ksp 75
kǽsæf 882.202.604.653
k's *838.863
ká'as/ká'aś 839.333
kaf 669.86.97.105.134
kēf 539
k^{e}fōr 844.967
k^{e}fīr 226.453.844
kpn 1025
kāfān 1025
kpp 531.588
kpr 649.*842.86.114.152
kāfār 844
kṓfær I–III 844
kṓfær IV 843.86.141.393
kippūrīm 712.844
kappṓræt 844
kar 792
krh 857.87
kērā 684
k^{e}rūb 834
Kārī 40
K^{e}rīt 857
k^{e}rītūt 857.165
kǽræm 838.1024
karmǽl 838
kr' 531.431.637
krt 340.519.*857.87.297.326.964
k^{e}rūtōt 857
Kaśdīm 557
kšl 270
kaššāf 9
kšr 554
kāšēr 554
kišrōn 554
ktb *166.409
k^{e}tāb/k^{e}tṓbæt 166
kǽtæm 655.594
kātēf 134

l^e 346.356.230
lō 79.147.168.317
Lō dābār 434
l'h 333.972
l^e'ōm 41.318
lēb/lēbāb 213.378.396.510.540.643.656.687.792.815.*861.61.82.113.135.279.326.690.738.756.1047
L^{e}bō' Ḥ^{a}māt 265
lbb 861
labbā 244
libbā 861
l^{e}būš/lābūš 867
lābī' 225.453
l^{e}bijjā 225
l^{e}bānā 968.990
lbš *867.744
lēdā 732
láhab/læhābā 244
lhṭ 139.244
l^{e}hāṭīm 244
lū 79
lwh 592
lūz q./ni. 244.1056
lūz 356
lū^{a}ḥ 165.217
lūṭ 436
lēwī 896
liwjātān 704.1030
lūn *870
lāzūt 244
laḥ/lē^{a}ḥ 526
lḥk 139
lḥm I 277.326.*502
lḥm II 138
láḥæm 27.138.459.594
láḥaṣ 334
ltš 264
lájlā/lájil 708
līn 308.622.870
līṣ 559.596
lájiš 225
lkd 876
lákæd 877
lākēn 813
lmd 318.740.*872.1036
limmūd 872
lámmā/lāmā 685.935
lō^a' 75.1025
l'b 704
lá'ag 1024
l'ṭ 139
l'' 139.1025
lifnē 111.657.265.330
lēṣ 562.837.815
lāṣōn 562
lqḥ 241.248.318.559.671.740.*875.87.111.123.166.284.400.734

lǽqaḥ 559.875
Liqḥī 879
lqṭ 585
lǽqæṭ 585
lqq 139.1024
liqra(')t 681
lāšād 139
lāšōn 408.783.1011
liškā 604

m^{e}'ōd 767.824.718
ma'^{a}waj 74
mūm 131.1048
mā'ōr 85.997
m^{e}'ūrā 85
mōz^{e}nájim 273.110
ma'^{a}kāl 138
ma'^{a}kǽlæt 138
ma'^{a}kṓlæt 138
ma'^{a}māṣ 210
ma'^{a}mār 212
m'n 22.929
m's I 280.440.643. *879.4.1009. 1052
m's II 879
m^{e}'ērā 237
mābō' 265.992
m^{e}būkā 503.1056
mabbūl 968.1028
mibḥōr 276
mibḥār 276
Mibḥār 277
mabbāṭ 623.695
mibṭāḥ 301.625
mēbīn 306
mibnǣ 325
mibṣār 274
m^{e}būšīm 269
mǽgæd 126
migdāl 310.402
Migdōl 402
māgōr|m^{e}gōrā 768
m^{e}gūrīm 232.409
maggāl 912
m^{e}gillā 166
mgn 137
māgēn 176.223.996
mig'ǽræt 429
maggēfā 713
migrāš 793
migr^{e}šōt 793
midbār I 58.433.728
midbār II 433
mdd 164.1043
middā I 164.1043
middā II 126
madwǣ 568
mādōn 446.773
Mādōn 446
maddū^{a}' 685.935
midjān 446
Midjān 713
m^{e}dīnā 446
maddā' 684
mōdā' 684
mōdá'at 684
midrāk 456
midrāš 460
mā|ma- 689.934.942
m^{e}hūmā 502.720
māhīr 167
mhl 629
mah^{a}lāk 487
mah^{a}lāl 493
Mah^{a}lal'ēl 493
mah^{a}lūmōt 773
Mahēr-šālāl Ḥāš-baz 962
mhr II 242.298
mṓhar 242
mōbā' 265
mūg 863.1044
mūl I 865.629
mūl II 959
Mōlādā 732
mōlǽdæt 232.732
Mōlīd 732
mōsād 736.967
mūsād 736
mūsādā 736
mūsār 731.738.1033
mō'ēd 713.*742.375. 546.605.610. 866
mō'ād 742
mū'ādā 742
mū'āf 87
mō'ēṣā 749
mōfēt 93.130.414
mōṣā' 755.993
Mōṣā' 756
mōṣā'ā 755
mōqēd 244
mōqēš 87
mūr 329
mōrā' 765.417
mōrād 276
mōrǣ I 918
mōræ II 1032
mōrāš I 779
mōrāš II 75.779
mōrāšā 779
Mōrǽšæt Gat 779
mūš 149.329.410. 864
mōšāb 905
mōšī^{a}' 786
mōšā'ā 786
mūt 545.*893.87. 329
mǽwæt 321.712.893. 840.1006
mōtār 846
mizbē^{a}ḥ 680
māzōn 139
māzōr 806
mazkīr 508
mazzālōt 996
m^{e}zimmā 700.27.555
mizmōr 896
mizrāḥ 993
mō^{a}ḥ 705
mḥ' 783
maḥ^{a}bē' 176
mḥḥ I 510,157.180. 948.964
mḥḥ II 682
maḥ^{a}zǣ 533
mæḥ^{æ}zā 533
miḥjā 549
maḥ^{a}lǣ 567
maḥ^{a}lā 567
Maḥlōn 567
maḥ^{a}lūjīm 567
maḥ^{a}lṓqæt 576
maḥmād 579
maḥmōd 579
maḥmāl 78.765
maḥ^{a}nǣ 277.502
maḥ(^{a})sǣ 176.222
maḥsōr 348
Maḥsējā 621
mḥṣ 430.807
maḥ^{a}ṣīt 709
māḥār 112.716.373
moḥ^{o}rāt 112.716
maḥ^{a}šābā 642.146
maḥšāk 87
m^{e}ḥittā 471.768
maṭṭǣ 7.318.912
maṭmōn 178
maṭṭā' 947
mṭr 129
māṭār 129.729
maṭṭārā 100
mī 79.454.685. 133.942
mēṭāb 652
Mīkā'ēl 455
Mīkā(hū) 455
Mīkājā(hū) 455
Mīkāj^{e}hū 455
májim 453.719.966. *1027
mīš 149
mīšōr 791.509
Mēša'|Mēšā' 786
mēšārīm 791

makkā 569
mikwā 244
mākōn 737.813.638.909
m^{e}kōnā 813
miklā|miklāʾ 831
miklōl 828
miklōt 831
miklāl 828
maklūlīm 828
makkṓlæt 138
M^{e}kōnā 813
mǽkæs 125
mkr 672.123.137.653
mǽkær 653
makkār 67
miktāb 166
mlʾ 440.585.671.*897.75.133.409.750
mālēʾ 897
m^{e}lōʾ 231.897
m^{e}lēʾā 897
millūʾā 897
millūʾīm 897
malʾāk *900
m^{e}lāʾkā 438.696.*900.363.607.925
malʾākūt 900
Malʾākī 900
millēʾt 897
malbūš 867
millā 438
millōʾ 897
Mallūk 909
m^{e}lūkā 909.268
milḥāmā 134.399.712.166.277.302.*502
mlṭ I 622.48.85.97.396.*420
mlṭ II 421
M^{e}laṭjā 420
mlk I 909
mlk II 749
mǽlæk 35.551.787.*908.34
Mǽlæk 909
Mṓlæk 244.271.909.946
malkṓdæt 877
malkā 909
Milkā 909
malkūt 909
Malkīʾēl 909
Malkijjā(hū) 909
Malkīṣǽdæq 909.509
Milkōm 909
m^{e}lǽkæt 909
Mōlǽkæt 487.909
mll 438
malmād 872
malqō^{a}ḥ 876
malqōḥájim 876
mælqāḥájim 876
m^{e}mād 164
m^{e}mōtīm 893
mimkār 653
mimkǽræt 653
mamlākā 909.310
mamlākūt 909
mǽmær 840
mimšāl 931
mæmšālā 931
mān 968
min 392.404.657.711.96.230.371
mnh 577.643.164.732
mānā 577
mōnīm 378
mānōd 61.704
mānō^{a}ḥ 43
Mānō^{a}ḥ 43
m^{e}nūḥā 43.129.140
mānōs 47.223.425
m^{e}nūsā 47
m^{e}nōrā 357
minḥā 850.41.125
M^{e}naḥēm 60
Mānáḥat 43
mnʿ 22
m^{e}naqqīt 101
m^{e}nāt 414.577.125
mas 191
massād 736
massā 69
Massā 713
msk 121
massēkā 169
miskēn 348
miskēnūt 348
m^{e}sukkān 348.759
m^{e}sillā 459
maslūl 459
mss 863
misʿād 161
mispēd 475
mispōʾ 139
mispār 717.111.163
mistōr|mistār 174
mastēr 174
maʿ^{a}bād 182
maʿ^{a}bār(ā) 201
maʿgāl 459
maʿ^{a}dannīm 81
māʿōz 621.221.253
māʿōn 243.547.639
Maʿazjā(hū) 221
m^{e}ʿaṭ 408
m^{e}ʿī 243
m^{e}ʿīl 920
mēʿīm 175.762
maʿjān 260
mʿl 519.*920
máʿal I 920
máʿal II 273
mṓʿal 273
maʿ^{a}lǣ 273.897
máʿlā 715
maʿ^{a}lāl 661.464
maʿ^{a}mād 328.639
moʿ^{o}mād 328.639
maʿ^{a}māsā 110
maʿ^{a}maqqīm 1029
(l^{e})máʿan 336.959
maʿ^{a}nǣ I 336
maʿ^{a}nǣ II 336.341
maʿ^{a}nā 336
maʿ^{a}rāb I 123
maʿ^{a}rāb II 266.993
maʿ^{a}rīṣ 768
maʿ^{a}rǽkæt 459
maʿ^{a}rāṣā 768
maʿ^{a}śǣ 360
Maʿ^{a}śējā(hū) 360
mappāḥ 88
M^{e}fībṓšæt 271.946
miflāʾā 414
miflāṭ 420
mifʿāl 461
mifqād 469
mōṣ 453.730
mṣʾ 513.588.*922.266.682
maṣṣāb 639
maṣṣēbā 313.540.755.989
m^{e}ṣād 223
mṣh 1025
maṣṣā 773
māṣōd 223
m^{e}ṣūdā 223.544
miṣwā 133.630.*531.1009.1033
m^{e}ṣūlā 919.1029
mḗṣaḥ 540.435
m^{e}ṣiltájim 897
miṣpǣ 695
mṣṣ 1025
maṣṣārā 99
Miṣrájim 232
miqdāš 310.272.592
maqhēlīm|-ōt 610
miqwǣ I 620
miqwǣ II 586.620
miqwā 586.620
māqōm 403.635

māqōr	449.666
miqqāḥ	876
maqqāḥōt	876
miqlāṭ	622.268
miqnǣ	414.651
miqnā	165.651
Miqnējāhū	651
miqsām	413.821
mqq	262
miqrā'	610.666
miqrǣ	649.682.807
meqārǣ	682
miqšǣ/miqšā	689
mar	714.79
mōr	202
mr'	928
mar'ǣ	452.692
mar'ā	692
mera'ašōt	702
Mērab	716
mirbā/marbā	716
marbīt	123.716
margōaʿ	46
margelōt	702
margēʿā	46
mrd	*925
mǽræd	921.925
mardūt	925
mrh	*928.979
mōrā	79
mārōm	282.754
Mērōm	754
mærḥāq	768
merī	312.928
Merīb Báʿal	771
merībā	771
Merībā	771
Merī-báʿal	771
Merājā	928
Merājōt	928
Mirjām	139
mṓræk	691
mærkāb(ā)	777
mirmā	838.225.772.
	1005.1012
mēraʿ	795
mērēaʿ	786
mirʿǣ	791
marʿīt	791
marpē'	804
mrṣ	568
mirqáḥat	806
mrr	79
miršáʿat	813
Merātájim	928
maśśā'	109.126
maśśō'	78.109
maśśā'ā	109
maś'ōt	109
maś'ēt	109.125.431
miśgāb	622.223.255
māśōś	866
maśṭēmā	822
maśkīl	824
maśkīt	169.558
miśrā	932
miśrāfōt	244
maššā'ōn	882
miš'ālā	75.127.841
mešūbā	808
mišbāt	863
mišgǣ	869
Mōšǣ	167
mešō'ā	838
maššū'ōt	882
mešūgā	869
mšḥ	913
mišḥā I	913
mišḥā II	577
mošḥā	913
mašḥīt	473.891
mišḥār	991
mašḥēt	891
mišḥāt	891
mošḥāt	891
mišṭār	167
māšīaḥ	910
mšk	721
miškāb	691
miškān	217.905
mšl I	452.930
mšl II	35.910.*930.
	560
māšāl	92.452.2.113
mōšæl	931
mišlōaḥ	910
mišlāḥ	910
mišláḥat	910
Mešælæm-	
jā(hū)	932
mešammā	971
mišmāʿ	975
mišmáʿat	975
mišmār	982
mišmǽræt	982.1041
mišnǣ	706
mišʿān	161
mašʿēn(ā)	161
mišʿǽnæt	161.912
mišpāḥā	7.444.187.318
mišpāṭ	629.194.1000.
	1039
mašqǣ	1023
mišqōl	1044
mašqōf	695
mišqāl	1043
mišqṓlæt	1044
mišqǽlæt	1044
mištǣ	1023
mēt	90
metīm	132.883.1046
Metūšā'ēl	132
Metūšǽlaḥ	132
mātaj	*933.371
matkṓnæt	1043
metōm	1046
mattān	117
Mattān(ā)	118
mattānā	41.117
Mattenaj	118
Mattanjā(hū)	118
Mitredāt	139
mattat	118
Mattattā	118
Mattitjā(hū)	118
nā'	74.126
Nō'	180
n'h	74.656
n'm	1
ne'ūm	535.*1.698
n'p	248.519
n'ṣ	*3.251.958
ne'āṣā/næ'āṣā	3
n'q	570
ne'āqā	570
nb'	7.745
nebū'ā	7
nābōn	306.837
nbṭ	422.537.112.
	622.694
nābī'	*7.699
nebī'ā	7
nbl I	29.26
nbl II	26
nābāl	837.*26.225.
	317
Nābāl	26
nébæl I	26
nébæl II	26.897
nebālā	519.26.1052
nebēlā	378.26
nablūt	26
nbʿ	7.409
nǽgæb	575
ngd	318.440.903.
	*31.177
nǽgæd	686.31.86.
	265.653.994
ngh	87.754
nṓgah	87.474.754.
	993
negōhā	87
ngḥ	37
nāgīd	282.31
ngn	37
ngʿ	*37.201.374.
	676
nǽgaʿ	446.37

ngp	37.807
ngr	419
ngś	468.675
ngš	276.675
ndb	137
n^{e}dābā	69.41.125.669
ndd	48.490.1056
n^{e}dūdīm	48
nēdǣ	123
niddā	1052
nādīb	29.320.815
nādān	118
ndp	730
ndr	*39
nǽdær/nédær	680.39.125.416.924
nhg I	53.792
nhg II	570
nhh	571
n^{e}hī	475.690.112.570
nhl	53.792
nhm	502.570
náham	570
nhq	570
nhr	88
nāhār	203
n^{e}hārā	88.754
nūd	314.49.61.704.971
nāwǣ I	639.792
nāwǣ II	656
nāwā	792
nū^{a}ḥ	*43.53.129.329.750
Nō^{a}ḥ/Nōḥā	43
nūs	622.*47.422
nūʿ	704
Nōʿadjā	742
nūf	126
nōrā'	765
nāzīr	*50.594.1026
nzr	314.331.39.50.594
nḗzær	50.210.594.607
nḥh	*53.792
Naḥūm	60
nḥl	80.55.129
náḥal	180
naḥ^{a}lā	414.577.779.*55.124.129.143
nḥm	61.387.*59
Náḥam	60
nṓḥam	60
næḥāmā	60
N^{e}ḥæmjā	60
niḥūmīm	60.762
Naḥ^{a}mānī	60
náḥnū	43
nḥr	633
nḥš	93
náḥaš	93
nāḥāš	359
nḥt	44
náḥat/Náḥat	43
nṭh	96.171.673.709.685.900.911.*967.978.1007
nāṭīl	110
nṭl	110
nḗṭæl	110
nṭʿ	326
nṭr I	100
nṭr II	100.108
nṭš	881.28.251.918
nī	571
nīd	61
nīḥō^{a}ḥ	43.727
nk'	37
nkh	895.37.87.277.807.964.990
nākōn	813
Nākōn	813
nṓkaḥ	730.33.136.265.386
nākō^{a}ḥ	730.791
nkr	688.67.112.263.441
nḗkær	124.66
nēkār	168.321.521.*66.617
nokrī	68.410.521.66.391
nēs	92.669.69
n^{e}sibbā	684
nsh	273.693.*69
nǽsæk/nḗsæk	169.126
nsʿ	44.329.730
nāʿīm	63
nʿm	81
nṓʿam	696
náʿar	733.187
naʿ^{a}rā	241.187
npḥ	270.88.737
npl	413.531.124.431.744.916
npṣ	893
npš	71.864
nǽfæš	65.76.311.334.378.450.551.858.*71.113.138.422
naftūlīm	502
nēṣ	564
nṣb	636
niṣṣā	564
n^{e}ṣūrīm	99
nḗṣaḥ/nǽṣaḥ	88.474.207.230
nḗṣaḥ II	449
nṣl	387.671.85.*96.128.258.396.423
niṣṣānīm	564
nṣṣ	564
nṣr	686.*99.176.983
nqb	744.408.644.953
n^{e}qēbā	132.733
nōqēd	792
nqh	*101.114.859
nāqī	793.101
niqqājōn	100
nqm	671.63.*106
nāqām	107
n^{e}qāmā	107.131
nqʿ	83.836
nqp	705
nqr	262
nqš	87
nēr	86.123
Nērijjā(hū)	90.876
nś'	396.544.603.670.78.*109.152.244.263.441.472.704
nśg	924
n^{e}śū'ā	169
nāśī' I	8.933.109.873
nāśī' II	109.351
nśq	244
nš'	882
nšb	730
nšh	899
nāšīm	247
nǽšæk	123.723
nšm	61.734
n^{e}šāmā	73.732
nšp	732
nǽšæf	87
nšq	359.407
nǽšær	453
ništ^{e}wān	166
nātīb	459
n^{e}tībā	308.459
nātīn	117.896
ntn	12.213.248.413.629.868.*117.439.751
Nātān	118
N^{e}tan'ēl	118
N^{e}tanjā(hū)	118
N^{e}tan-mǽlæk	118
ntš	964

sb’	1025
sóbæ’/sābā’	1025
sbb	436.*888.943
sibbā	684
sābīb	888
sᵉbak	356
sᵉbōk	356
sbl	110
sébæl/sóbæl	110.191
sabbāl	110
siblā	110
sgd	531.431
sᵉgōr	862
sᵉgullā	285.414.*142.307
sgr	672
sūg	888
sōd	421.*144.611.1052
Sōdī	145
sūs	26.453.778
sūf	585
sōf	661
sūf	1027
sūfā	729
sūr	420.432.*148.453.888
sḥb	893
sᵉḥī	879
sēṭīm	821
Sīnaj	707
sōk	176.547
sukkā	309.176
skl	824
sākāl	562.824
sǽkæl	824
siklūt	564.824
skr	410
skt	641
slh	4
slḥ	613.114.*150
sallāḥ	151
sᵉlīḥā	151
sll	381.459
sǽla‘	539
slp	1056
slq	272
smk	303.85.160
Sᵉmakjāhū	160
sǽmæl/sémæl	169.649
sᵉnǣ	907
sanwērīm	262
s‘d	862.161
s‘r	111
sá‘ar	729
sᵉ‘ārā	111.729
saf	1024
spd	30.314.475
sph	877
spn	177
spr	318.440.643.162.1009
sōfēr	162
séfær	628.722.792.*162.653
sᵉfār	163
sifrā/sᵉfōrā	163
Sōfǽræt	163
sql	541
sārāb	929
sārā I	148
sārā II	929
srr	929.134
Sᵉtūr	174
str	622.*173.437.871
sétær	686.173
sitrā	173
Sitrī	174
‘āb	834.180.*351.729
‘bd	62.114.331.432.532.83.*182.191.329.1019
‘ǽbæd	32.283.926.*182.236
‘ᵃbād	182
‘ōbēd-’ᵆdōm	182
‘ᵃbōdā	182.690
‘ᵃbuddā	182
‘abdōn	182
‘abdī’ēl	182
‘ōbadjā(hū)	182
‘abdūt	182
‘bh	402
‘ᵃbūr	959
‘br I	244.709.29.114.152.*200.244.378.730
‘br II	881.205
‘ébær	201
‘ᵃbārā	201
‘æbrā	224.*205
‘ibrī	201.391
‘ᵃbārīm	201
‘gb	63
‘ᵃgālā	459
‘gm	30.82.765
‘ad I	*207.230
‘ad II	404.711.933.207.230.371
‘ēd	584.818.*209.882.1013
‘dh I	207
‘dh II	868.210
‘ēdā I	146.*742.300.610.972
‘ēdā II	210
‘ēdūt	52.*210.1041
‘édær	792
‘ūb	1051
‘ūgāb	630
‘ūd	258.743.209
‘ōd	128.709.209.767
‘wh	243.493
‘awwā	243
‘ūz	622.*221.252
‘wl	224
‘ūl	318
‘awwāl	224
‘áwæl	921.*224
‘awlā	321.224
‘ōlām	143.230.311.721.207.*228.372
‘āwōn	13.513.543.113.152.204.225.*243.493.882.1047
‘iw‘īm	243
‘ūf	395
‘ōf	967
‘ūṣ	749
‘wr	262
‘ūr I	868
‘ūr II	97.741
‘ōr	377
‘iwwēr	262
‘iwwārōn	262
‘awwǽræt	262
‘az	76.252
‘āz	252
‘ōz	470.622.122.221.*252
‘ēz	253
‘zb I	432.88.178.*249.972.1009
‘zb II	249
‘izzᵉbōnīm	123.249
‘azgād	903
‘ᵃzūbā	249
‘ᵆzūz	252
‘izzūz	252
‘zz	221.252
‘ᵃzazjā(hū)	253
‘uzzijjā	253
‘uzzī’ēl	253
‘uzzijjā(hū)	253
‘ᵃzīzā	253
‘zr	387.98.*256
‘ézær	257
‘æzrā	257
‘ᵃzārā	257
‘ṭh	868
‘ṭp	80.973
‘ᵃṭārā	388.713

‘aj	_243_
‘ī	_243_
‘īṭ	_570_
‘ájiṭ	_570_
‘ēlōm	_228_
‘jn	_259_
‘ájin	396.656._112. 134.*259.439. 756.765.796_
‘ēn Šǽmæš	_989_
‘īr I	779._*268.544_
‘īr II	_269_
‘ájir	_269.778_
‘ērōm	868
‘ākōr	638
‘kr	638
‘al	_272_
‘al-kēn	_945_
‘lh	389.413.432. 510.643.757. _85.*272.405_
‘ālǣ	_272_
‘ōlā	829.850._161. 272.931_
‘awlā	_224_
‘alwā	_273_
‘ᵃlūmīm	_234_
‘lz	415._783.830_
‘ᵃlāṭā	87
‘ēlī	_273_
‘ᵆlī	_272_
‘illī	_273_
‘aljā	_273_
‘ᵃlijjā	_273.290_
‘æljōn	145.233.406. _273.880_
‘ᵃlīlā	_464_
‘ᵃlīlijjā	_464_
‘ll I	_464_
‘ll II	264
‘ōlēlōt	_464_
‘lm	96.686._177. 228.263.871_
‘ǽlæm	_187.234_
‘almā	_187.234_
‘lṣ	_783.830_
‘am	4.99.285.320. 745._58.143. *290.725_
‘im	346.404._252. *325_
‘md	449.479._*328. 431.635.769. 992_
‘ōmæd	_328_
‘immād	_325.328_
‘æmdā	_328_
‘ammūd	245._328.353. 967_
‘ammōn	103._292_
‘āmōs	_116_
‘ammī’ēl	_292_
‘ammīhūd	473._292_
‘ammīnādāb	_292_
‘ammīšaddaj	_292.873_
‘āmīt	_299_
‘ml	559
‘āmāl	_76.*332_
‘āmēl	_332_
‘ᵃmālēq	_268_
‘mm	452
‘immānū’ēl	_325_
‘ms	_110_
‘ᵃmasjā	_116_
‘mq	686._174_
‘amrām	_292_
‘ᵃmāśā	_116_
‘ᵃmāśaj	_116_
‘nh I	731._213.*335. 341.668.774. 978_
‘nh II	171.248._225. 335.*341.537_
‘nh III	_335.341_
‘nh IV	_335.341_
‘ōnā	_336_
‘ānāw	_341_
‘ᵃnāwā/‘anwā	_342_
‘ᵆnūt	_342_
‘ānī	25.170._341_
‘ᵒnī	_333_
‘ᵃnājā	_336_
‘injān	_336.341_
‘nn	_9.351_
‘ānān	_54.*351_
‘ᵃnānā	_351_
‘ᵃnāt	_336.941_
‘af‘appájim	_261_
‘pr	_353_
‘āfār	58.764._*353. 708_
‘ēṣ	655.750._356_
‘ṣb	840
‘āṣāb	169
‘ōṣæb	169._363_
‘aṣṣǽbæt	840
‘ṣh	_264_
‘ēṣā I	644.731.*749
‘ēṣā II	_356_
‘āṣūm	403._254.310. 723_
‘æṣjōn Gǽbær	398
‘āṣēl	562
‘ṣm I	_254.723_
‘ṣm II	_263_
‘ǽṣæm	377.714
‘ōṣæm	_254_
‘oṣmā	_254_
‘ṣr	823._250_
‘ᵃṣārā	264._595.669_
‘āqōb	791
‘ᵃqārā	733._972_
‘aqrāb	_674_
‘æqrōn	_543_
‘qš	_1049_
‘ēr	_336_
‘rb III	_812_
‘rb IV	266
‘ǽræb	709._376_
‘ēræb	_617_
‘ārōb	_915_
‘ᵃrābā	58
‘rg	75
‘rh	_88.751_
‘ærwā	248.422
‘ārōm	868
‘ārūm	78.837
‘ærjā	868
‘ārīṣ	399._583.815_
‘rk	452._1006_
‘ēræk	44
‘ārēl	865._67_
‘ormā	700
‘ōræf	929._134.436. 690_
‘ᵃrāfæl	87._351_
‘rṣ	768
‘śh I	326.399.436. 540.605.629. 661.792.832. _224.*359.658 797.1009.1047_
‘śh II	_360_
‘āśōr	717._897_
‘ᵃśājā	_360_
‘āśār	104
‘āšīr	_348.815_
‘āšān	380
‘šq	171.881._345_
‘šr	_348_
‘ōšær	_348_
‘šš	_262_
‘aštē	104
‘aštōræt	_946_
‘ēt	552.711.742. _230.336.*370_
‘attā	_370_
‘attūd	26
‘ittī	_370_
‘attaj	_370_
‘ātāq	381
‘tr	_*385.573_
‘ātār	_385_
‘ᵃṭǽræt	_385_
pē’ā	_406.705_
p’r	_387_
peᵉ’ēr	_387_
pā(’)rūr	_437_

pg‘ 18.682
pǽga‘ 383.683
pǽgær 378
pdh 387.671.85.97.141.258.*389
P^{e}dāṣūr 539
p^{e}dūjīm 390
p^{e}dūt 390.390
pidjōm 390
pidjōn 86.390
pǣ *406.436
Pōṭī-fǽra‘ 139
pūk 261
pūṣ 420.730.770
pūr hi. 486
pūr|pūrīm 413
paḥ 87.412
pḥd 270.768.*411
páḥad 470.504.768.411
paḥdā 768.411
pæḥā 327
páḥat 412
pǽṭær|piṭrā 762
pīd 124
pējōt 406
pīm 407
pīfijjōt 406
pōkǽræt 613
pl’ I *413
pl’ II 40.414
pǽlæ’ 414
pil’ī 414
P^{e}lā(’)jā 414
pīlǽgæš 249.733
plh 414
Pallū’ 414
plṭ 671.85.97.*420.846
Palṭī’ēl 420
P^{e}laṭjā(hū) 420
pālīṭ|pālēṭ 420
p^{e}lēṭā 420.846
p^{e}līlā 427
p^{e}līlī(m) 427
p^{e}līlijjā 427
pll 360.532.13.385.*427.573.843
pæn 433.984
pnh 709.49.276.433.888
pinnā 433.708
P^{e}nū’ēl 144.433
P^{e}nī’ēl 144.433
pānīm 59.333.540.567.808.816.112.136.175.253.406.*432.594 (→lifnē)
p^{e}nīmā 433
p^{e}nīmī 433
p^{e}nīnīm 626
P^{e}ninnā 433
pǽsaḥ 362
pissē^{a}ḥ 569
pāsīl 169.331
pǽsæl 169
p‘h 570
p‘l 82.327.225.*461
pṓ‘al 123.461.721
p^e‘ullā 461
P^e‘ull^{e}taj 461
p‘m 744
pá‘am 676.378
p‘r 409.667
pṣh 98.409.423
pṣḥ 830
pṣr 929
pqd 273.419.622.690.107.164.202.244.*466
p^{e}quddā 107.468
piqqādōn 469
p^{e}qīdūt 470
p^{e}qūdīm 470
piqqūdīm 469
pqḥ 98.686.263
piqqē^{a}ḥ 263
p^{e}qaḥ-qō^{a}ḥ 263
pāqīd 469
pǽræ’ 42
pǽræd|pirdā 778
prh 369.724
p^{e}rāzī 270
prḥ 522.564
pǽraḥ 564
p^{e}rī 318.130
pr‘ 740.713
Par‘ō 312
prṣ 724
prr I 345.852.860.40.251.*486
prr II 487
prś 385.431
pārāš 778
pōrāt 318
pšṭ 868
pš‘ 926.488
pǽša‘ 547.114.157.204.225.*488.973
pēšær 690
pōt 406
pitgām 438
pth I 586.27.*495.748
pth II 495
P^{e}tū’ēl 495
ptḥ 97.686.34.263.409
pǽtaḥ 409.623
pittāḥōn 409
pǽtī 495
p^{e}tajjūt 495
ptl 562.502
ptr 34
pittārōn 34

ṣō(’)n 453.756.608.792
ṣæ’^{æ}ṣā’īm 755
ṣb’ 498
ṣābā’ 190.*498.996
ṣ^{e}bī I 470.389
ṣ^{e}bī II 613
ṣdh 87.917
ṣ^{e}dijjā 917
ṣaddīq 793.914.508.565
ṣdq *507.814.1002
ṣǽdæq 198.508.1005
ṣ^{e}dāqā 191.787.508.933.1005
ṣhl 26.633.782.830
ṣṓhar 647
ṣoh^{o}rájim 647.709.376
ṣūd 87
ṣwh 744.*530.1009
ṣwḥ 570.783
ṣ^{e}wāḥā 570
ṣūlā 1029
ṣūm 314.*536.1026
ṣōm 713.536.669
ṣūṣ 564
ṣūr I 277
ṣūr II 582
ṣūr 176.222.*538
Ṣūrīšaddaj 873
ṣūt 244
ṣaḥ 88
ṣāḥī^{a}ḥ 88
ṣájid 139.690
ṣēdā 139
Ṣijjōn 271.*543
ṣīṣ 52
ṣīṣā 564
ṣīṣīt 835
ṣīr I 903
ṣīr II 169
ṣēl 468.223.556
ṣlḥ *551.744
ṣll I 98
ṣll II 87
ṣǽlæm 169.452.556
ṣalmā́wæt 87

Ṣ^{e}lofḥād 411
ṣm' 1025
ṣāmā' 1025
ṣāmē' 1025
ṣim'ā 1025
ṣmḥ 58.*563
ṣǽmaḥ 914.563
ṣmt 519.641
ṣōnǣ 792
ṣānū^a‘ 567
ṣinnōr 1028
ṣānūm 690
ṣn‘ *566
ṣā‘īr 40.403.721
ṣ‘q 429.786.385.*568
ṣ^e‘āqā 568
ṣ‘r 406
ṣph 575.623.695.986
ṣāfōn *575.729.993
ṣ^{e}fōnī 576
ṣippōr 453
ṣippijjā 695
ṣ^{e}fīrā 713
ṣpn 87.177.575
Ṣ^{e}fanjā 177
ṣar 120.521.582
ṣōr 539
Ṣōr 539
ṣrb 244
ṣārāb 244
ṣārǽbæt 244
ṣārā I 713.80.582
ṣārā II 249.582
ṣ^{e}rōr 85
ṣrḥ 430.570
ṣǽraḥ 570
ṣ^{o}rī 806
ṣir‘ā 913
ṣrp 273
ṣrr I 786.582
ṣrr II 120.87.582
Ṣǽræt 991

qbb 360.644
qibbūṣ 584
qbl 740.877
qbṣ 88.437.*583
Qabṣ^e'ēl 584
q^{e}būṣā 584
Qibṣájim 584
qbr 11
qǽbær 840
Qibrōt hatta'^{a}wā 75
qdd 531
q^{e}dūmīm 587
qādōš 147.285.391.769.307.*589.649.752
qdḥ 244
qaddáḥat 244
qādīm 111.587.728
qdm 442.457.587.682
qǽdæm 320.721.587
qḗdmā 587.993
qadmā/qidmā 587
qadmōn 587
Qadmī'ēl 587
qadmōnī 4.721.587
qodqōd 705
qdr 29.87.990
qadrūt 87
qdš 572.651.589
qādēš 589
qṓdæš 310.636.52.140.271.545.589
qhl 610
qāhāl 713.745.146.300.*609.629
q^{e}hillā 610
qōhǽlæt 610.629
qaw 619
qwh I 305.727.81.87.*619
qwh II 585.619
qwh III 620
qūṭ 83.442.836
qōl 403.112.130.570.610.*629.755.783.976
Qōlājā 630
qūm 345.439.479.926.24.40.211.262.276.328.*635.859
qōmā 395.635.755
qōm^{e}mijjūt 635
qūṣ 881.83
qōrā 682
Qūšājā 139
qṭl 895.345
qǽṭæl 895
qṭn 406
qṓṭæn 408
qāṭōn/qāṭān 403
qṭr 114.331.126.280.996
qīṭōr 351
qīm/qīmā 635
qīnā 112.971
qīṣ 641
qájiṣ 661
qīṣōn 116.659
qīqālōn 642
qīr 268
qal 642.778
qōl (*qll*) 642
qlh 643
qālōn 643
qll *641.953
qālāl 641
q^{e}lālā 365.642
ql‘ 87
q^{e}lōqēl 642
qāmā 635
qmṭ 108
qmṣ 876
qṓmæṣ 876
qn' 65.109.647
qannā' 146.647
qin'ā *647
qnh 145.328.671.317.*650
qannō' 647
qinjān 651
qinṣē 659
qsm 413.821.9
qǽsæm 413
qp' 986
qpṣ 410.900
qēṣ 115.269.717.244.384.*659
qṣb 558
qǽṣæb 558
qṣh 659
qāṣǣ 231.660
qāṣā/qēṣǣ 660
qāṣū/q^{e}ṣōt 231.660
qāṣīn 706
qāṣīr 712.710
qṣp 224.*663
qǽṣæf 663
q^{e}ṣāfā 663
qṣṣ 115.659
qṣr 74.739
qāṣēr 222
q^{e}ṣāt 721.660
qar 739
qr' I 213.440.512.166.569.*666.950
qr' II 681
qōrē'/Qōrē' 666
qrb 248.125.329.674.769
qārēb 674
q^{e}rāb 502.674
qǽræb 864.674
qirbā 674
qorbān 41.125.674.1048
qurbān 674
qrh I 384.*681
qrh II 682

qārǣ 682
qārōb 62.371.674. 769
q^{e}rī 682
qārī’ 666
q^{e}rī’ā 666
qirjā 268.682
qǽræn 330.254.363. 522.756
qr‘ 967
qrṣ 731.264
qǽræt 268
qaš 730
qšb 96.881.*684
qǽšæb 685
qaššāb/qaššūb 685
qšh 866.881.929. 134.*689
qāšǣ 929.689
qšḥ 689
qōšṭ 203
q^{e}šī 689
qšr 82
qšš 586
qǽšæt 780

r’h 273.341.440. 505.533.686. 454.*692.978
rō’ǣ 9.692
rā’ā 692
ra’^{a}wā 692
r^o’ī 143.436.692
R^e’ājā 692
r^e’ūt 692
r’m 753
rōš I 8.111.133. *701.756
rōš II 1026
rīšā/rōšā 702
rīšōn 4.105.527.23. 702
rēšīt 565.141.702
rīšōnī 4.13.721.702
rab I 402.613.719. 310.462.*715. 1027
rab II 716
rōb 245.716
rbb I 715
rbb II 716
r^{e}bābā 716
rbh I 369.407.719. 716
rbh II 716
Rabbā 716
ribbō 716
r^{e}bībīm 716
r^{e}bī‘ī 709
Rabbīt 716
rab-māg 721
rab-sārīs 721
rbṣ 151
rab-šāqē 721.1023
rgz 44.411
raggāz 863
rgl 903
rǽgæl 134.378
raglī 134
rgm 541
rg‘ 430.208
rǽga‘ 372
rdd 773
rdh I 932.560
rdh II 876
rdp 87.362.730
Ráhab 1030
rhh 412
rūb 771
rwh 78.820.1025
rāwǣ 1025
rwḥ 727
rūḥ 727
rǽwaḥ 727
rū^{a}ḥ 160.378.396. 467.687.709. 73.111.552. 691.*726
r^{e}wāḥā 727
r^{e}wājā 1025
rūm 396.670.114. 125.608.704. *753
rūm/rōm 754
rōmā/rōmām 754
rōm^{e}mūt 754
rū^a‘ 415.570.633. 783.830
rūṣ 489.33.329
rūš 780.348
Rūt 786
rāzōn 83
rzm 264
rōzēn 913
rḥb 409
rṓḥab 395
rāḥāb 381.396.76
R^{e}ḥab‘ām 292
R^{e}ḥūm 762
raḥūm 147.612.761. 767
rāḥōq 179.371.768
rḥm 63.62.*761
Ráḥam 761
ráḥam/rǽḥæm 761
raḥ^{a}mīm 175.602.132. 761
rāḥām 762
raḥ^{a}mānī 761
rḥp 730
rḥq *768
rāḥēq 768
rī 1025
rīb 446.731.*771. 1002
rīb/rībōt 771
Rībaj 771
rē^{a}ḥ 46.727
rīm 608
rīq 898
rēq/rīq 468.898.75
rēqām 263.898.140. 883
rēš/rīš 348.900
rōk 691
rak 691
rkb *777
rǽkæb 777
rakkāb 777
rikbā 777
r^{e}kūb 777
r^{e}kūš 403.311.586
rkk 772.690
rkš 586
rām 754
rmh 716.918
rāmā/Rāmā 754
rāmūt 754
r^{e}mijjā 828.225.1012
R^{e}maljāhū 754
rmm 753
rnh 782
rinnā 431.782
Rinnā 782
rnn 415.570.*781. 830
r^{e}nānā 782
r^{e}nānīm 782
ra‘ 653.688.714. 265.795
rē^a‘ I 570
rē^a‘ II 62.102.*786. 795
rē^a‘ III 787.810
rō^a‘ 795
r‘b 820.1025
rā‘āb 1025
rā‘ēb 820.1025
r^e‘ābōn 1025
rá‘ad/r^e‘ādā 412
r‘h I 53.*791.881. 983
r‘h II 786.791
rā‘ā 83.334.713. 64.*795
rē‘ǣ 685.786
rē‘ā 786
r^e‘ūt I 249.786
r^e‘ūt II 731.810

r^{e}ʿī 791
raʿjā 63.101.786
raʿjōn 731.810
ráʿal 1026
rʿm 971
ráʿam 180
rʿʿ 547.559.28.265.*794
rp' 85.152.*803.1057
rif'ūt 804
r^{e}fā'īm 615.804
R^{e}fā'ēl 804
rpd 161
rph 210.709.251.804.864.1057
r^{e}fū'ā 804
rpp 1057
rpq 161
rṣh I 67.643.*810
rṣh II 810
rāṣōn 810.1052
rṣḥ 895.87
rǽṣaḥ 895
Riṣjā 810
raq 846
rqḥ 806
raqqāḥ 806
rāqī^{a}ʿ 367.966
rāš 344
ršʿ *813.1002
rǽšaʿ 225.813
rāšāʿ 543.793.29.225.813
rišʿā 813
rǽšæf 245
rǽšæt 779

ś^{e}'ēt 109
śbʿ 75.*819
śābāʿ 819
śṓbaʿ 819
śābē^{a}ʿ 78.819
śobʿā 78.819
śibʿā 819
śbr 274.620
śḗbær 620
śg' 723
śgb 223.760
śgh 723
śaggī' 407.723
śādǣ 542.879
śādaj 879
śǣ 406
śāhēd 210
śūm→śīm
śūś 415
śḥq 315
śēṭīm/śāṭīm 821
śṭh 920.149
śṭm 822
śṭn 63.87.821
śāṭān *821
śiṭnā 821
śī' 109
śī^{a}ḥ 510
śī^{a}ḥ 839.81.900
śīm 223.629.862.121.131.439.953
śīś 415
śkl I 559.700.554.*824
śkl II 824
śḗkæl/śǽkæl 591.837.824
śiklūt 564
śākār 130.123
śǽkær 201.126
ś^{e}mōl 669.838
śmḥ 270.415.129.764.783.*828
śāmē^{a}ḥ 656.828
śimḥā 129.828
ś^{e}mīkā 160
śn' 62.581.83.250.*835.1052
śin'ā 835
śānī' 835
śāʿīr III 168
śʿr I 839.971
śʿr II 688
śáʿar 972
śāʿīr I 134
śēʿār 10.564
śāfā 408.783.1011
śaq 868.537
śqr 264
śar 913.*932.501.706.1004
śrd 424
śārā/Śārā 932
Śāraj 932
śārīd 424.846
śrp 244.519.277
ś^{e}rēfā 244
śrr 932
śtr 174

šæ- 689.712.876
šō' 838
š'g 227.570.633
š^{e}'āgā 570
š'h I/II 838.882
š'h III 687.838
š^{e}'ōl 230.896.284.355.407.*837.1027
Šā'ūl 841
šā'ōn 838
š^{e}'āṭ 83
š^{e}'ijjā 838
š'l 318.463.41.87.126.747.*841.928
š^{e}'ēlā 127.841
Š^{e}'altī'ēl 841
š'n 412
ša'^{a}nān 46
š'p 61.622.735
š'r 726.425.*844
š^{e}'ār 845.884.962
š^{e}'ēr 377
ša'^{a}rā 378
š^{e}'ērīt 425.845
šē't 838
šbh 421.887
šābū^{a}ʿ 710.900
š^{e}būʿā 150.345.40.640.856
š^{e}būt 764.884
šbḥ 494
šḗbæṭ 133.739.*318
šābīb 245
šibjā 232
š^{e}bīl 459
šābīs 988
š^{e}bīt 884
šbʿ 213.40.*855.953.1014
šǽbaʿ 819.856.863
šbr 381.864.262.738.807.864
šǽbær 573.809
šbt 44.*863
šǽbæt 906
šabbāt 712.362.863
šabbātōn 863
Šabb^{e}taj 863
šgg *869.1056
š^{e}gāgā 671.869
šgh 869
šgḥ 695
š^{e}gī'ā 175.869
šiggājōn 869
šgl 241.248
šēgal 249
šgʿ 78
šādájim 175.877
šēd 168.876
šōd 584.571.875
šdd 270.584.277.893.964
Šaddaj 144.286.*873
Š^{e}dē'ūr 873
šw' 882
šāw' 168.820.213.*882.953
šō'ā 838

šūb 428.740.79.122.339.441.479.705.764.*884
šōbāb|šōbēb 884
šūbā 884
šwh I 451
šwh II 138
šū^{a}ḥ 530
šūḥā 87
šw' 570
šǽwa' 570
šaw'ā 787.431.570
šō'ēr 896
šōfār 203.630
šōq 759
šūr 338.695
šōr 910
šōrēr 120
Šawšā 989
šzp 695.990
šaḥ 381
šḥd 137
šōḥad 112.126
šḥh 530
šḥḥ 485.530
šáḥal 226.453
šáḥaq 351.966
šḥr I 990
šḥr II 75.334.442.990
šáḥar 86.990
šaḥ^{a}rūt 991
Š^{e}ḥarjā 991
Šaḥ^{a}rájim 991
šḥt 381.*891
šáḥat 87.840
šṭr 167.706.1004
šaj 126
šībā 884
šīr 783.*895
šīr|šīrā 895
šīt 744.862.121.131
škb 11.241.248.44.131.637.680
š^{e}kṓbæt 131
š^{e}kōl 169
šakkūl 170.733
šākūl 733
šikkōr 1025
škḥ 510.696.178.*898.1009
šākē^{a}ḥ 899
škk 399.582
škl 733.824
škm 991
škn 311.812.208.546.*904.953
šākēn 905
Š^{e}kanjā(hū) 905
škr 1025
šēkār 1025
šikkārōn 1025
šǽlæg 967
šlh 44.920
šēlā 841
Šīlō 268
šalhǽbæt 244
šalhæbætjā 704
šalwā 773
šillūḥīm 124.910
šālōm 344.23.842.*920.1001
šillūm 920
šlḥ I 241.672.901.85.121.166.670.*909
šlḥ II 138
šǽlaḥ 202.910
šilō^{a}ḥ 910
šulḥān 459.910
šlṭ 931
šilṭōn 931
šallǽṭæt 931
šalliṭ 931
šlk 413.4.86.110.*916
šallǽkæt 916
šll 111
šālāl 85
šlm 428.40.479.*919
šǽlæm 850.161.920
šālēm 920
Šālēm 546
šillēm 920
šillūmā 920
Š^{e}lōmō 166.932
Š^{e}lūmī'ēl 932
Šælæmjā(hū) 932
šalmōnīm 126.920
šām 905
šēm 72.287.372.407.441.512.705.710.30.113.669.905*935
Šēm 936
šmd *963
šammā 970
Š^{e}mū'ēl 936
š^{e}mū'ā 975
š^{e}mīṭṭā 669
š^{e}mīdā' 936
šāmájim 229.862.909.208.501.840.*965
šmm 29.329.839.704.*970
šāmēm|š^{e}māmā 970
šim^{e}mā 970
šimmāmōn 971
šmn 866
šǽmæn 321.913.604
šm' 96.436.686.740.40.574.685.*974.1009
šǽma' 974
šēma' 96.113.974
šṓma' 975
šǽmæṣ 877
šmr 440.85.100.792.*982.1009
š^{e}mārīm 982
šomrā 982
š^{e}mūrā 261.982
Šōm^{e}rōn 983
šimmūrīm 982
šǽmæš 266.268.*987
Šimšōn 940.989
Šimšaj 989
šēn 839.102.408
šānā 320.721.758.708
šnn 318.874
š'h 695
š'n 303.883.161
š'' 263
šá'ar 779.988
š^{e}fōṭ 1000
šifḥā 589.187
špṭ 273.446.671.730.518.772.*999
šōfēṭ 789.1000
šǽfæṭ 1000
Šāfāṭ 1000
Š^{e}faṭjā(hū) 1000
Šifṭān 1000
špk 81.88.121.751
špl 381.738.865
šāfāl 381.643
špr 656
špt 138.934
šqḥ 1022
šiqqūj 1023
šiqqūṣ 168.331.520.973.1052
šqṭ 302.640.839.44.773.986
šql 110.1044
šǽqæl 604.1044
šiqmā 356
šqp 695
šqṣ 1052
šǽqæṣ 1052
šqq 75.1025
šqr 818.826.*1010

śǽqær 168.16.213.748.882.1010
śṓqæt 1023
Šārōn 791
śrṣ 724
śrq 971
ś^{e}rēqā 971
ś^{e}rīrūt 865
śrt 187.*1019
śārēt 1019
Šēšak 947
šth 819.*1022
š^{e}tī 1023
š^{e}tijjā 1023
štm 263
št‘ 768.695

t’b I 21
t’b II 1051
ta’^{a}bā 21
ta’^{a}wā 74.77
t^{e}’ōmīm 101
ta’^{a}lā 150
t^{e}’ēnā 356
ta’^{a}nijjā 571
t^{e}’ūnīm 81
tṓ’ar 558.692
t^{e}bū’ā 265.710
t^{e}būnā 306.696
tēbēl 28.354.708.1027
tǽbæl 1052
t^{e}ballūl 262
tǽbæn 730
tabnīt 325.452
tagmūl 427
tṓhū 128.731
t^{e}hōm 230.403.729.*1026
toh^{o}lā 1056
t^{e}hillā 474.493.41
tah^{a}lūkōt 487
tō’^{a}mīm 101
tūgā 840
tōdā 674.41.122
tōḥǽlæt 621
tōkēḥā 730
tōkáḥat 730.740
Tōlād 732
tōlēdōt 444.732.167
tō‘ēbā 168.841.83.836.1051
tō‘ā 598.29.1055
tōṣā’ōt 756
tūr 335.687
tōrā 630.873.171.218.533.*1032
tōšāb 410.905
tūšijjā 555
taznūt 518
taḥbūlōt 563
taḥ^{a}lū’īm 567
t^{e}ḥillā 571
t^{e}ḥinnā 588.431
taḥ^{a}nūnīm/-ōt 588.431
táḥat 86.994
taḥtōn 281
taḥtī 230
tīkōn 281.984
tīrōš 779
Tīr^{e}jā 766
tōk 334.772
t^{e}kūnā 813.1043
tiklā 831
taklīt 831
tkn 274.812.*1043
tṓkæn 1043
toknīt 1043
t^{e}lā’ā 333
tilbṓšæt 867
talmīd 872
t^{e}lunnōt 870
tām 1045
tōm 1046
tmh 414.972
tummā 1046
timmāhōn 414
t^{e}mūnā 558
t^{e}mūtā 893
tāmīd 208.459
tāmīm 202.1045
tummīm 1046
tmk 108
tmm 793.*1045
Timnat-ḥǽræs 995
tāmār 268.356
tnh 117
t^{e}nūk 96
tanḥūmōt 60
tanḥūmīm 60
tanḥū́mæt 60
tannīn 704.1030
t‘b 83.836.*1051
t‘h 687.870.*1055
t^{e}‘ūdā 210.1038
t^{e}‘ālā 273.805
ta‘^{a}lūlīm 464
ta‘^{a}nīt 342
ta‘^{a}ṣūmōt 254
tōf 130.897
tif’ārā/tif’ǽræt 470.255.*387
t^{e}fillā 112.427
tpś 108.876.277.953
tṓfæt 244.918
tiqwā I 619
tiqwā II 620
t^{e}qūmā 635
t^{e}qōmēm 635
t^{e}qūfā 722
taqqīf 254
tqn 791.1043
tq‘ 134
tqp 254
tṓqæf 254
tarbūt/tarbīt 716
t^{e}rūmā 851.125.608.754
t^{e}rūmijjā 754
t^{e}rū‘ā 430.570.630
t^{e}rūfā 804
tarmīt 820.1012
tṓræn 92
tar‘ēlā 1026
t^{e}rāfīm *1057
Tirṣā 810
t^{e}šū’ā 838
t^{e}šūbā 885
t^{e}šū‘ā 786.129
t^{e}šūrā 126

ARAMÄISCHES WÖRTERVERZEICHNIS

'ab 2
'bd 18
'igg^{e}rā *166*
'ædrā' 523
'zh 244
'zl 487
'aḥ 98
'^{a}ḥīdā 108
'aḥ^{a}rī 113.*661*
'oḥ^{o}rī|'oḥ^{o}rān 113
'īlān *356*
'ītaj 128
'kl 140
'^{æ}lāh 154
'^{a}lū 504
'ummā *318*
'mn 183
'mr 212
'^{a}nā 217
'^{a}naf 221.*433.556*
'^{æ}nāš 42
'ā' *356*
'^{a}rū 504
'arjē 225
'^{a}ra'|'^{a}raq 228
'ar'ī 228
'æššā 243
'æštaddūr 925
'āt 91
'th 264
'^{a}tar *639*

bīš *795*
b'š *795*
bṭl *864*
bīrā 310
bájit 308
bl' *602*
b^{e}lō *126*
bnh 325
binjān 325
b'h 334
b^{e}'el 327
bqr *898*
bar 316
brk 354
b^{e}śar 376

g^{e}būrā 398.471
g^{e}bar 398
gibbār 398
gēwā 380
gzr 858
glh 419
gālū 419
gmr 427
g^{e}šem 378

d^{e}baḥ 681
dibrā 434
d^{e}hab 655
dūr 443
dḥl 765
dī 689
dīn 446
dajjān 446
dikrōn 508
dokrān 508
dlq 244
dmh 451
dār 444
d^{e}rā' 523
dāt *1042*

hā' 504
hē-k^{e}dī 125
hdr|h^{a}dar 470
hwh 703
hlk 487
h^{a}lāk 487.*126*
hēn 504
harhōr *714*

zbn *653*
zūn 139
zīw 88.473
z^{e}man *375*

ḥ^{a}bar|ḥabrā *788*
ḥad 104.*408*
ḥ^{a}dē 862
ḥædwā *828*
ḥwh 530.*32*
ḥzh 533.687
ḥ^{æ}zū|ḥ^{a}zōt 533
ḥ^{a}ṭāj 542.*243*
ḥaṭṭājā 542
ḥaj|ḥēwā 550
ḥjh 550
ḥakkīm 557
ḥokmā 557
ḥ^{a}lāq 576
ḥ^{a}mā 581
ḥnn 588
ḥassīr *348*
ḥ^{æ}sen 471
ḥrk 244
ḥ^{a}šōk 87

ṭ'b|ṭāb 653
ṭūr *538.545*
ṭ^{e}wāt *537*
ṭ'm 139
ṭ^{e}'em 139.327

jad 668
jdh *432*
jd' 684
jhb *118*
jōm 707
j'ṭ 748
jqd 244
j^{e}qēdā 244
jaqqīr 795
j^{e}qār 471.795
Jerūš^{e}læm *544*
Jiśrā'ēl 783
jtb *906*
jattīr *846*

k^{e} 453
kidbā 817
kōl 829
kll 828.831
kēn|k^{e}nēmā 813
knš *584*
k^{e}nāt *788*
k^{e}'an|k^{e}'ǽnæt 453.*371*
k^{e}'æt 453.*371*
ktb|k^{e}tāb *166*

lēb|l^{e}bab 861
l^{e}būš 867
lbš 867
l^{e}ḥēnā 249
liššān *408*

madbaḥ 681
middā *126*
m^{e}dōr|m^{e}dār 443
mōt 893
māzōn 139
maḥl^{e}qā 576
mṭ' 922
ml' 897
mal'ak 901
millā 438
mǽlæk 910
m^{e}lak 749.909
malkā 909
malkū 471.909
mll 438
man *942*

mindā 126
mnh 164
minjān 164
ma‘^{a}bād 182
mārē’ 32.327
m^{e}rad|mārād 925
miškan 905
mištē 1023
matt^{e}nā 117

n^{e}bī’ 7
ngd 32
nǽgæd 32
n^{e}gah 87
ndd 48
n^{e}hōr 85
n^{e}har 203
nūd 48
nūr 243
nṭl 110.263
nṭr 100
nīḥō^{a}ḥ 43
npq 755
n^{e}qē 101
nś’ 875
n^{e}šīn 248
nišmā 734
n^{e}tīn 117
ntn 117

sbl 110
sbr 620
sgd 531.432
sōf 661.707
slq 272
s^{e}far|sāfar 163
str 174

‘bd 182
‘^{a}bed 182
‘^{a}bīdā 182
‘^{a}bar 201
‘iddān 742.375
‘^{a}wājā 243
‘ēṭā 748
‘ájin 259
‘īr 602
‘éllā 273
‘illī 273
‘æljōn 273.602

‘ll 264
‘ālam 228
‘nh 336
‘^{a}nē 341
‘^{a}nān 351
‘ār 118.582
‘št 643

pæḥā 327
plḥ 1022
polḥān 1022
pum 407
pšr|p^{e}šar 34

ṣbh 75
ṣidqā 510.529
ṣlh 432
ṣlḥ 552
ṣ^{e}lem 556

q^{o}bel 453
qaddīš 287.589
q^{o}dām 587
qadmā 587
qadmāj 587
qūm 328.635
qṭl 895
q^{e}jām 635
qajjām 635
qāl 629
qn’ 651
qṣp|q^{e}ṣaf 663
q^{e}ṣāt 721.660
qrb 674
q^{e}raṣ 140
q^{e}šoṭ 204

rēš 703
rab 717
rbh 717
ribbō 717
r^{e}bū 717
r^{e}gaz 223
rū^{a}ḥ 727
rūm 394.754
rāz 145
raḥīq 768
raḥ^{a}mīn 761
rē^{a}ḥ 727

r$^{e‘}$ū 731.810
ra‘jōn 810

śg’ 723
śaggī’ 723
śāh^{a}dū 210
śkl 824
śokl^{e}tānū 824
śn’ 118.582.835

š’l|š^{e}’ēlā 841
š^{e}’ār 845
šbḥ 494
š^{e}bīb 245
šbq 249
šēgal 249
šwh 451
šḥt 891
šēzib 249
šēṣī’ 756
škḥ 923.898
škn 905
šlḥ 910
šlṭ 931
šilṭōn 931
šolṭān 931
šallīṭ 931
šlm 920
š^{e}lām 920
šum 936
šmd 963
š^{e}májin 966
šmm 971
šm‘ 974
Šām^{e}rájin 983
šmš 990.1019
š^{e}maš 990
šā‘ā 372
šappīr 656
špr 656
šrh 909
šth 1023

t^{e}dīr 444
tūb 884
t^{e}mah 95.414
tql 1044
t^{e}qel 1044
tqn 1043
tqp 254
t^{e}qof|t^{e}qāf 254

DEUTSCHES WÖRTERVERZEICHNIS
(von Thomas Hartmann)

Das Register stellt die hauptsächlichen Bedeutungen der im Wörterbuch behandelten Vokabeln zusammen. Deshalb sind fast alle Übersetzungen aus dem Hebr., auch die den Kommentaren, Aufsätzen etc. entnommenen, verzeichnet. Dasselbe gilt von den Wörtern des bibl.-aram. Teils des AT. Dazu kommen die angenommenen jeweiligen Grundbedeutungen, die natürlich oft in den benachbarten sem. Sprachbereich hinüberreichen. Bei zwei- oder mehrgliedrigen Bedeutungswendungen wurde dasjenige Wort gewählt, unter dem der Leser am wahrscheinlichsten nachschlagen wird. Nomina stehen stets im Singular, auch wenn sie im Hebr. nur in pluralischer Bedeutung vorkommen. Nicht verzeichnet sind Begriffe in zitiertem fortlaufenden Text, Arbeitsbegriffe (z. B. »Vätergott«), Präpositionen und Exklamationen ohne eigenen Artikel, Übersetzungen der einzelnen hebr. Stammesmodifikationen, wenn sie im Dt. ungebräuchlich sind (z. B. Wendungen mit »machen«, »veranlassen«, »bewirken« usw.).

Teilweise, d. h. wenn für das jeweilige Wortbild relevant, wurden verzeichnet Opposita, Synonyma, Parallelwörter, Passiva, Wortfelder.

Nur die Seitenzahl der jeweiligen Hauptbedeutung mit eigener Artikelüberschrift wurde mit ff. versehen und fettgedruckt. Jede weitere Hauptbedeutung, auch wenn sie gleichwertig neben der ersten gebraucht werden kann, wurde unter ihrem ersten Vorkommen aufgeführt. Kommt ein Wort in einem Artikel mehrmals vor, so ist nur der erste Beleg angegeben.

Gerade Ziffern beziehen sich auf den ersten Band, kursive Ziffern auf den zweiten Band.

abbezahlen *40*
abbiegen *149.911*
Abbild 451.***556ff.***
abbrechen *659*
Abend 709
abfallen 926.*149.277*
abfressen 139
Abgabe *109.754*
Abgeordneter *666*
Abgesandter *163*
abgeschlossen werden *363*
abgesondert *590*
abhauen 336.858.*557.659*
sich abkehren 263
Abkommen *488*
Abkömmling 755
Ablassen *148*
ablehnen 22.880
ableugnen 825
Abmachung 179
abmagern 825.*664*
sich abmühen *332.341*
abnehmen *348*
Abordnung *910*
Abort 669.756
abrechnen 643
Abrechnung 642
in Abrede stellen 825
von sich abreißen *98*
Abrügung *392*
abschlagen 858
abschließen 832
Abschlußopfer *161.931*
abschneiden 115.635.**857ff.**
Abschuldung 256
absehen *694*
Absicht *787.810*
absichtlich 750
absondern *414*
absperren 831
seine Abstammung anerkennen lassen 732
abstreifen *207*
abstreiten 825
Abteilung 92.576.*708*
abtreten *141*
abtrünnig 826.*148.884*
Abtrünnigkeit *884*
abtrünnig werden 262.926
abweichen ***148ff.***
abweiden *792*
(sich) abwenden 520.*148.203.452*
(Ab)wendung *433*
abzählen *165*
abziehen *277*
ach 35.**73f.**474
achten auf 306.816.*476*
Ackererde 58
Ackerland 57
ahnden 427.*924*
Ähnlichkeit 451
Ahnungslosigkeit *1047*
Akropolis 897
All 229.830
alle 43.248.403.830.*89.720*
allein 107
allein sein 107
allerlei 830
Allherr 37
Allmende-Blatt 413
Almosen(geben) *508.529*
als 453
alt 403
Altar 680
Alter 276
Amme 179
Amt 196.812.*468*
Amtseinteilung *468*
Amtsklasse *468*
Amtspflicht 196

anbauen 552
anbefehlen *485*
anbeten 532.*428*
Anbeter *385*
Anblick 535.*264.692*
anderer 99.111.147.168. 521.*789*
andersartig 111.520
anders sein *414*
sich aneignen 534.*694*
anerkennen 675.694.*67*
Anerkennung 493
Anfang 115.571.*703*
anfangen 22.571.737
anfeinden 63.*582.821*
Anfeindung *821*
Anführer 26.*31*
angeben *670*
Angelegenheit 434.624
künstlich angelegt *363*
angemessen 533
Angemessenes *1005*
angemessen sein 534
für angemessen halten 451
angenehm 653
angenehm machen 593
angenehm sein 567.*456*
angesehen 403.*112*
Angesicht *175.406.**432ff.***
angreifen 409.*882*
angrenzen 431
in Angriff nehmen 22
Angst haben 765
anhaften 431
anhangen 62.69.71.286. **431f.**
anhangend 431
Anhänger 70
anhänglich 431
Anhängsel 431
anheimstellen *136*
Anhöhe *754*
Anklage 152
anklagen 422.*842*
Anklageschrift *822*
ankleben 431
ankommen 922
ankündigen *668*
sich an etw. machen *70*
Anmaßung 380
anmustern *670*
Anmut 580.587
Annäherung *674*
Annalen 437
(sich) annehmen 691.877. *476.810*
gütig annehmen *811*
anordnen *468.637*
Anordnung *469.1042*
anraten 750
anrechnen 191.644
anrufen 465.*668.951*
Anrufung 508
Ansammlung *620*
ansässig sein 108
Anschlag 750
sich anschmiegen 431
anschreien 429
(genau) ansehen 534.306.*67*
Ansehen 534.798.*437.643*
Ansicht *264*
ansiedeln *905*
Anspruch 683.*1005*
Fläche in Anspruch nehmen 140
sich anstarren *414*
Anstoß nehmen *797*
Anstrengung 210
antasten *38*
Anteil 414.576.*56*
Anteil haben *56*
Antlitz *136*
antreiben 503.873
antun **426ff.***363.462*
Antwort *336.884*
antworten 213.***335ff.****341. 886*
anverloben **240ff.**
anvertrauen *474*
Anwalt 389
anweisen *473.670*
Anwohner *905*
Anzahl *165*
anzeigen *34*
anziehen 868
anzünden 244
Arbeit 438.900.*182.332. 364.461*
gedrehte Arbeit *689*
arbeiten *182.332.1019*
Arbeiter *183.332*
Ärger *665*
sich ärgern 29.**838ff.**
Arglosigkeit *1047*
mit Argwohn betrachten *259*
Arm **522ff.**667
arm 21.*343*
Armer 170
arm sein/werden 21.780. *347*
Armut *348*
Art 378.458
Arzt *804*
Asche *354*
Asphalt 844
Ast 212
Atem *73.728*
atmen 61.549
auf *272.445*
auf! 475.488
aufatmen *71*
aufbewahren *575*
aufbieten *473.531.568.974*
Aufbruch 757
aufdecken **418ff.***34*
Aufenthaltsort 310.*45*
auffahren *282*
auffallend sein *414*
Aufgang 758.*273*
aufgeben *250*
aufgehen 80.86.758
Aufgeld *716*
(sich) aufhalten 111.*905*
aufheben 852.***109ff.****755*
Aufheben *273*
aufhelfen *209*
aufhören 831.***863ff.***
Aufhören *148.863*
aufladen *113*
(sich) auflehnen **925ff.**
Auflehnung 749.925
aufleuchten 493
aufmerken ***684ff.***
Aufmerken *685*
aufmerksam *685*
Aufmerksamkeit *685*
Aufmerksamkeit zuwenden *336*
aufmerksam sein *685*
Aufnahme *473*
aufnehmen *585*
aufrecht *754*
sich aufregen 839
aufrichten *635.637.755.905*
aufrichtig 197.202
Aufrichtigkeit 203
aufrufen *670*
Aufruhr 380.925
im Kreise aufschichten 443
Aufschluß geben 749
aufschrecken 502
Aufschüttung 897
(sich) aufschwingen 25
Aufseher *167.469*
Aufsicht(sbehörde) *468.470*
sich aufspielen 827
aufstehen *328.**635ff.***
Aufstehen *635*
aufstellen 345.*119.635*
aufstören *487*
aufstrahlen **753ff.***993*
aufsuchen 334.*468*
Auftrag *469*
auftragen *128*
Auftrag geben *912*
auftreten *637*
aufwallen 380
aufzählen *163*
Aufzählung *163*

aufzeichnen 627
aufziehen 405.552
Auge **259*ff*.**366.451*
scharf ins Auge fassen 275
Augenblick *372*
Augenlid *982*
Augenzeugenschaft *264*
Ausbesserung 538
ausbeuten 140
ausbrechen *174*
Ausdehnung 758
auseinanderspalten *468*
auserlesen 276
ausersehen *694*
ausfindig machen 334
ausführen 758
Ausgang 115.755
Ausgangsort 757
Ausgangspunkt 758
sich ausgeben als 826
ausgefertigt 427
ausgerichtet sein *113*
ausharren *44*
aushauen 627
ausheben *279*
aushöhlen *837*
auskundschaften 274
Ausland 521.*66*
Ausländer 68
ausländisch 521.*66*
Ausläufer 758
ausleeren *101*
Auslegung 460
Auslese 276
ausliefern *121.136*
auslösen 387.450.***389ff.***
ausmerzen 19
ausplündern *98*
ausrotten 433.780.857.*585*
ausrufen *668*
Ausrufung *666*
aussagen *34*
aussaugen 502
Ausschau(punkt) *575*
Ausschau/Wacht halten *575*
ausschütten *81*
Aussehen 377.*265.435.692*
aus sein auf 75.334.*792.990*
aussenden *910*
außer 107
außergewöhnlich *846*
äußerst(er) 116.*659*
Äußerung 758
aussetzen *917*
Aussicht *624*
ausspannen *911*
Ausspruch 212.***1ff.****109.408*
Ausstattung 813
ausstrecken *911*
aussuchen 333
auswählen 272.278.333.
341.*694*
auswandern 419
auswärtig 168
Ausweg 757
ausweichen *149*
Ausweis 91

Bahn 487
Balken 857.*356.682*
Ball 443
Band 340.642
Bande *614*
Bann 388.**635ff.**
Banner 92
mit einem Bannfluch belegen 150
Banngabe/-gut 635
Bannung 635
barmherzig 594.612.*761*
Barmherzigkeit 593
bauen 316.**325ff.**
mit Balken bauen *682*
Baum 153.***356ff.***
baumeln *1057*
Baumgarten *838*
Bauplan 325
beachten 644.*477*
Beachtung *109*
um Beachtung bitten 593
Beamter 913.931.*184.469.*
1004
bearbeiten *182*
Beauftragter *469*
beben 766.***411ff.***
Beben *411*
Becher 844
bedacht sein 334.***566ff.***
bedecken 383.843.920.*152.*
492
bedenken 516.*693*
bedeutend sein 405
Bedeutung 580
bedienen *1019*
bedrücken 171.796.*342*
Bedrücker 584
bedürftig 21
beerben **778ff.**
Befehl 139.212.*408.469.531*
befehlen 211.737.*473.****530ff.***
befeinden 118.***582f.****822*
befestigen 325.737
sich befinden 478.924.*364*
beflecken 383
sich befleißigen 334
befragen 462.*18*
befreien 387.760.***389ff.****585*
Befreiung *727*
befremdlich 522.*68*
sich befreunden *787*
befriedigend 653
befriedigt sein *820.925*
Begebenheit 437
begegnen *131.588.682*
(feindliche) Begegnung *682*
begehen *362*
Begehr *73*
begehren 20.74.**579ff.**
Begehren 74.240.333.432.
841
begehrt 279
Begier *73*
Begierde 74
beginnen 737
beglückwünschen 359
begreifen 687
begrenzen 831
im Begriffe sein 334
begütigen *810*
Behälter 311
behandeln *131*
beherrschen 329
behüten *100.982*
bei 112.*325.328*
Beileid *61*
sich beirren lassen 541
Beisasse 410
rettend beistehen *258*
beiwohnen 241.266
Bekannter/s 684.*67*
bekanntgeben *130*
Bekanntheit *975*
bekannt machen 422
(sich) bekennen 674.*861*
(sich) bekleiden **867ff.**
Bekleidung 867
bekommen *898*
(be)kräftigen *637*
bekümmert sein *765.797*
belehren 306.739
beleidigen 839
Belieben *73*
Beliebtheit 625
sich bemächtigen *278*
bemerken 306
bemessen ***1043ff.***
Bemessung *1043*
benachteiligen *802*
Benediktion 366
beneiden *648*
benennen 213
benetzen *1032*
beobachten 534.*693*
beordern *473*
(sich) beraten 748.749.909
Berater 750.909
berauben *98*
berechnen 643

bereitstehen 814
bereitstehend *370*
bereuen 29.*64*
Berg *538*
(sich) bergen **621ff.***221*
Bergungsort *222*
Bericht 139
Berücksichtigung 591
berufen *668*
Berufener *7.666*
sich beruhigen *63*
Beruhigung *43*
berühren ***37ff.***
besänftigen 567.*456*
Besatz 897
sich beschäftigen *335*
Beschäftigung *336*
beschämen 271
beschenken *113.120*
beschimpfen 150
beschließen 749.858
beschlossene Sache 832
Beschluß 750
beschneiden *629*
Beschreibung *473*
beschützen 383
beschwerlich fallen 796
Beschwerlichkeit 798
Beschwernis 798
beschwichtigen 853
Beschwichtigungsgeruch *46*
Beschwörer *9*
besehen *694*
beseitigen *149.203*
Besessener *7*
Besitz 108.311.414.662.779. *143.333.366.651*
Besitzanteil 414.***55ff.***
besitzen *56.359.650*
Besitzer 33.**327ff.***654*
Besitz erhalten/übereignen *55*
im Besitz nehmen 109.778
besorgen 813
besorgt sein 334
Besprechung *146*
bessern 661
Bestand *635*
Bestand haben 178.181.182
beständig 814.*117.160*
Beständigkeit 201
Bestechungsgeld 844
bestehen *330.635*
besteigen *780*
bestellen 742.*131.473.531*
Bestes 276.652.*710*
bestimmen 279.341.627. 732.737.**742ff.**816.858. *128.210.375.1044*
Bestimmung 341
bestrafen 422
bestreiten 825
Bestreitung *489*
besuchen *468.694*
Besucher 487
betäubt *973*
beten 532.***385f.427ff.****573*
beteuern *210*
betören 467.*495*
(sich) (genau) betrachten 534.*67.694.824.838*
Betrag *1043*
betreten 459
betrüben 840
Betrug 261.*882*
betrügen *882*
betteln 461.*841*
bettelnd 21
(sich) (tief) beugen 530. 587.*244.493*
Beugung *244*
Beulenpest 433
Beute 876
Bevölkerung *293*
bevollmächtigen 914
bevorzugen 471
bevorzugt *709*
bewachen **99ff.**982
Bewachung *982*
bewaffnen 898
bewahren 345.*99.100.567. 982*
sich rasch bewegen *642*
in Bewegung setzen *119*
beweinen 314
beweisen 731
(mit Erde) bewerfen *353*
bewerkstelligen *133*
bewirken *119*
bewohnen *906*
Bewohner 134.329.*906*
bewundern 679
bezahlen *123.810.923*
Bezahler *926*
bezeugen 743
Bezeugung *210*
bezwingen *342*
bieten *130*
Bild 169.325.331.452
bilden 233.763
Bildsäule *557*
binden 142.237.642
bis *207*
Bitte 593.*841*
bitten *385.****841ff.***
bitter sein *79*
blasen 61
blenden *262*
Blick *435*
blind *262*
Blindheit *262*
Blöße 422
Blut 386.**448ff.***74.102*
Bluträcher 383.450
Zeit/Zustand des Bluträchers 383
Blutschuld 446.449
Blutstrahl 449
Bluttat 449
Blutvergießen 449
Bocksgeist 168
Bodenbesitzer 329
zu Boden fallen 301
Bodensatz des Weines *982*
böse 659.688.*358.794*
Böses 123.*362.795.883*
Bosheit *796.882*
Bote **900ff.**
Botenamt 900
Botenlohn 904
Botschaft 438
Botschaft bringen 376.904
brach daliegen *971*
Brandopfer 829.850.*161. 272*
Brauch 458
brauchbar 653
Brauch sein *364*
Brausen *838*
Braut 101.249
Brautführer *787*
Brautpreis 242
brav 653.*1049*
brechen ***486ff.***
brechen mit 263.926.*490*
breit sein *495*
brennen 244.*522*
Brennen 634
Brief *163*
bringen 489.*33.677*
Brot 138.*459*
Bruder 1.**98ff.**174.320.*941*
Bruderschaft 98
brünstig sein 581
Brust 862.*877*
sich brüsten 212
Brut *723*
Buch 441.***162ff.***
Buchrolle *166*
Buhle 63
buhlen 63
Bund 341.696.*488.640.929*
Bundesbestimmung *219*
Bundesbruch *1012*
Bundesbuch *171*
Bundessatzung 342
Burg *223*
Bürger 329
büßen 256.*925*

Cypernblume 844

da 218
Dach 647
dahingeben *132*
dahingehen 894
dahinschwinden 28
dahin sein 479
dalassen *45*
damals 715
Dämon 168.*739.876*
dämonisch 156
danach **110ff.**
danken 359.675
dicht daran sein 431
darbringen *592.675.755*
Darbringung *674*
darzählen *163*
Dasein 553
daß nicht *433*
dastehen *635*
Dauer 201.443.*207.210.230*
Dauerhaftigkeit *230*
dauern 178.182
dauernd *191.230.635*
davonbringen *421*
davonkommen *757*
sich davonmachen *420*
Decke 261.*160*
Demut *346*
demütig *343*
(sich) demütigen *342*
Demütiger 397
denken (an) 213.510.**641ff.**
Denkmal 93.669
Denkwürdigkeit 92
deuten *34*
Deutung *34*
Diadem *50*
dick sein 402.836
dienen 71.114.331.532.*182.990.**1019ff.***
dienen zu 478
Diener *182.1020*
Dienerschaft *182*
Dienst *182*
Dienstauftrag *468*
diktieren *672*
doch 73
Dochtschere 876
Dokument *165*
Dorf 844
Drangsal *799*
drehen 402
drinnen 311.*433*
Drittel *407*
drohen 429
drücken *360*
sich ducken *342*
duften 683
dumm 836
Dummheit 78
Dummkopf 77
durchbohren 570.635
durchdringen *551*
durcheinander bringen 502.*148*
Durchgang *201*
seinen Willen durchsetzen *1000*
durchziehen *201*
dürftig 21
Dynastie 311.325

Ebenbild 452.*559*
Ebene 791
Ecke *433*
Eckturm *433*
ehebrechen 263
Ehebrecher 262
Ehefrau 249.328
zur Ehefrau gewinnen 242
Eheherr 132.328
ehelichen 329
Ehemann 33.132.327
Ehre 794.*255.387.643.947*
ehren 359.471.794
in Ehren halten 768
zu Ehren kommen *757*
ehrlich 814
Eid 151.345
einen Eid leisten *857*
Eier legen *421*
Eifer ***647ff.***
eifern *647*
eifernd 146.*647*
Eifersucht *647*
eifersüchtig *647*
eifersüchtig sein *647*
Eigentum 285.***142ff.****307 651*
Eigentümer 33
Eignung 823
einander 135
einberufen *670*
(Gericht) einberufen *613*
sich einbilden 451
eindringen *552*
einer **104ff.**
einerlei/einiges 104
Einfalt *495*
Einfältiger *495*
Einfassung *257*
sich einfinden 742
ein für allemal 107
Eingang 265.*992*
eingedenk 509
eingestehen 681
Eingeweide *761*
eingraben 627
Einheimischer *994*
einholen 431.924
einige *165*
einkehren *149*
Einkerkerung *584*
einladen *670*
zum Fest einladen *684*
sich einlassen *786*
einlösen *397*
einmal 105
einnehmen 876
einrichten 816
Einrichtung 813.*1043*
einritzen **626ff.**
Einsammeln *584*
einschätzen *427*
Einschätzung *427*
Einschmelzer 762
einschreiten *363*
einsehen 534.687.*693*
einsetzen 737.*128.473.637*
Einsicht 306.564.699.875.*824.826*
zur Einsicht gelangen 537
Einsicht haben *554*
einsichtig sein/werden 861.***824ff.***
einsichtsvoll 306.*826*
anfechtender Einspruch *822*
sich einstellen *329*
eintreffen 93.266.*37*
eintreten 922.*7*
eintreten für *427*
einüben *70*
Einweihung 897
einzig 106
Eitles 168
in ekstatische Raserei geraten *12*
Elend *346*
elend 25.*341*
Elender 170
elend sein ***341ff.***
elf 104
Elle 522
Eltern 3.174
empfinden 139.*693*
sich empören 926
emporheben *755*
emporkommen *278*
Ende 111.269.833.***659ff.***
ein Ende bereiten 139
zu Ende bringen 427
zu Ende kommen *1046*
zu Ende sein 427.**831ff.**
Endgültigkeit *230*
Endperiode *663*

Endzeit *661*
Engel 27.157.901
eng sein *582*
Enkel *319*
entbehren *348*
entblößen 421
entbrennen 223.**633ff.**
Entbrennen (des Zorns) 633
entdecken *694*
entehren *1051*
(sich) entfernen *148.281.755.768.864*
sich entfernend *768*
entgegenkommen *587.676*
Entgegennahme 876
entgegennehmen 877
entgegentreten *587*
entgehen *202*
Enthaltung *51*
enthüllen 419
entkommen *420*
entkräftet sein 569
entlassen *912*
Entlassung *910*
Entlastungsbeweis *214*
sich entledigen *98*
entreißen *96.203*
entrinnen *420.846*
Entrinnen *420*
(Schar) Entronnener *420*
Entronnenes *424*
entrücken 878
Entschädigung 254.844
entscheiden *1000*
Entscheidung 446.*427*
Entscheidung treffen 732
entschieden sein 21.832
sich entschließen 22
entschlossen sein 210.223
entschlüpfen *424*
aus einer Enge entschlüpfen *421*
Entschluß 749
sich entsetzen *970*
Entsetzen 168.*973*
entstehen 758
entstehen lassen *128*
Entstelltes *894*
Entstellung 827.*891*
(sich) entsündigen 541
entweihen **570ff.**
entweihend *973*
entwöhnen 427
entziehen *585*
dem (üblichen) Gebrauch entziehen *50*
sich erbarmen *62.**761ff.**829*
Erbarmen 588.602.*761*
erbärmlich *344*
erben *56*
erbitten 334
Erdboden **57ff.**
Erde 58.**228ff.**
lose Erde *353*
erdfarben 57
Erdkreis *1027*
Erdoberfläche 42.59
sich ereifern 634.*647*
sich ereignen 477.*637*
(künftiges) Ereignis 267.438
ereilen *37*
erfahren 139.534.686.*693*
Erfahrungen machen *694*
Erfindung 642
Erfolg *555*
Erfolg haben *554.824*
erfolgreich *824*
erforschen 334.816.*69*
erfreuen *828*
erfreulich 653
erfrischen *161*
(sich) erfüllen 266.899
(Gelübde) erfüllen *414*
in Erfüllung gehen 832
ergeben *363*
Ergebnis 642
ergehen *364*
Ergehen 458
ergehen an 439
sich ergehen 489
ergießen *121.877*
erglänzen 753
ergreifen **107ff.**539.876
ergrimmen *663*
erhaben 394.407.*32*
Erhabener *115*
Erhabenheit 380.470
erhaben sein 394
(sich) erheben 212.*32.111.263.281.636.754*
Erhebung *109.754*
sich erholen *73*
erhören *336*
Erinnerungszeichen 94
erkennen 189.220.247.307.534.**682ff.***67.477.693*
Erkenntnis 564.776.684
erklingen 488
erkranken 569
sich erkundigen 461
erlangen *898*
erlassen *250*
erlauben *133*
erleben 534.*693*
Erleichterung *727*
erleuchten 85
erlöschen *202*
erlösen **383ff.**
Erlöser 391
Erlösung *390*
ermahnen *210*
Ermahnung 750
ermangeln 21
sich ermannen 130
ermuntern 539
ermutigen 539
ernennen *128*
(sich) erneuern 525
erniedrigen *342*
erniedrigt sein 683
ernten *585*
eröffnen 422
erproben 273.*69*
erquicken *79.792*
Erquickung *809*
erregt sein 581
Erregung **581ff.***270*
erreichen 142.432.922
erschaffen *655*
erschallen lassen *203*
erschauern 770
erscheinen 753.*694*
Erscheinung 471.*692*
erschrecken 765.*412*
ersehen 341.534
ersetzen *923*
ersetzt bekommen *810*
ersinnen 584.642
erstarren *970*
erstaunlich 769
das erste Mal tun *587*
erster 105.*587.702*
erster sein 142
erstgeboren *709*
Erstling *596*
Erstlingsopfer *710*
sich erstrecken *201*
ersuchen *126.842*
Ertrag 265.662.897
ertragen *113*
Erübrigtes *846*
(sich) erwählen 69.**275ff.**692.878.*684*
Erwählter 276
erwähnen 213.508
Erwähnung 508
Erwartung 727
erweisen **426ff.**
sich erweisen 355.703.924
Erwerb *461.651*
erwerben *362.462.**650ff.***
erwidern *336*
Erz *164*
erzählen *163*
Erzählung *163*
erzeugen 325.732.*363.651*
Erzeugnis *364*
erziehen 405

Erziehung 739
(sich) erzürnen 518.*664*
sich erzürnt zeigen *205*
Eselsfüllen *269*
essen **138ff.**340
zu essen geben 139
etwas 438
etwas wie 452
ewig 20.*230*
Ewiger *209.236*
Ewigkeit *207.**228ff.***
exerzieren *70*
Export 758
Exulant 419

Fähigkeit 823
Fahne 92
fahren ***777ff.***
Fahren *777*
Fahrer *777*
Fahrgestell 813
Fahrzeug *777*
fallen *427*
fällen *917*
Fällen *916*
falsch darstellen *66*
fälschen *226*
Fälscher *226*
Falschheit *226.882*
Fälschung *226*
Familie 7.311.325.*187.298*
fassen 108.876
fasten *78.**536ff.***
Fasten *342.536*
faulen *1057*
fehlen 541
Fehlgeburt 755
feiern *362*
Feind 63.**118ff.**521.*582.822.835*
feindlich 521
feindlich gesinnt sein *822*
Feindschaft 118
Feld 577
Feldzeichen 92.*69*
Fels ***538ff.***
Felsberg *539*
Felsblock *539*
Fenster 533
fern *768*
Ferne *768*
fernhalten *203*
fern sei es! 73.570
fern sein ***768ff.***
fertig machen 832
fertig sein/werden *363.920.1046*
Fessel 340
fest **177ff.**814.*160*
Feste *253.966*
festhalten 105.180.539
festhalten an 432
Festigkeit 196
Festjubel 493
Festland 28.231
fest sein 301.**538ff.**813
festsetzen **626ff.**742.816
sich festsetzen 109
Festsetzung 742
feststehen 178.181.187.**812ff.***329*
feststehend 813
feststellen 813.*693*
feststellen, was recht ist **730ff.**
festtreten 459
Festung *223*
Festzug 487
fett sein 765.836
Feuer 86.**242ff.**
Feuerstätte 244
Feuersteinmesser *539*
(sich) finden 422.**922ff.***898*
Finsternis 87
finster sein 30.87
Fläche 311
flackern 875
Flamme 244
flechten 402
flehen *429.843*
Flehen 588
Fleisch **376ff.**449.552
fleischfarben 57
Fliehburg *223*
fliehen ***47ff.***
fließen *32*
Fließen 487
Floß 433
Fluch 150.237.345
fluchen 360.*644*
Fluchsanktion 151
Flucht *47*
flüchtig *48*
flüchtig sein *642*
Flüchtling *48*
in die Flucht treiben *47*
Fluchwort *645*
Flügel 25.**833ff.**
Flüstern *1*
Flut ***1026ff.***
folgen 114.432.489
folgend 111
folgendermaßen 213.902
die Folgen tragen 139
Folgezeit 115
fordern 334.461.*837.844*
fördern *258*
Forderung 683
Form *692.824*
formen **761ff.**
sich fortbewegen *778*
(immerwährende) Fortdauer 444.*207*
gefangen fortführen 421
Fortgang 117
fortgehen 418
fortgeleiten *912*
fortnehmen 876
fortschicken *912*
fortziehen 757
Frage *841*
fragen (nach) 213.**460ff.***126.837.**841ff.***
Fraktion 669
Frau **247ff.**
frech *252*
frei *103*
freigeben 571
freigelassen *103*
freilassen *250.912*
Freilassung *103*
fremd 113.147.**520ff.***66*
Fremde 168.***66ff.***
Fremder 521.*67*
Fremdling 68.170.409.521
Fremdlingsschaft 409
als Fremdling weilen/wohnen **409ff.**
fressen 139
Freude 415.*828*
Freudenruf *783*
sich freuen *783.**828ff.***
Freund 61.99.684.*786*
Freundin 101
freundlich 588.653
Freundlichkeit 610.*922*
Frevel 79.83.*226.813*
frevelhaft *813*
frevelhaft sein ***813ff.***
Frevler 79.381.838.*29.813*
Friede 202.*922*
Friedensopfer *931*
fröhlich 653.*828*
fromm 618.*343*
Frucht *364*
Frühe *991*
früher *434*
früherer *587.709*
Frühregen *1032*
früh tun *587*
fügen *682*
fügsam *927*
führen 489.*53*
Führer 628.*703*
Fülle 897.*716.821*
füllen **897ff.**
Fürbitte *430*
fürbittend eintreten für *427*

Fürbitte tun *428*
Furcht 765
furchtbar 765
(sich) fürchten 62.189. 409. **765ff.**
furchterregend 768
furchtsam 767
in Furcht setzen 765
für immer *191*
Fürst *109*
Furt *201*
Fuß 487
Fußbreit 456
Futter *791*

Gabe *41.118.126*
Gang 487
in Gang bringen *119*
ganz 829
Ganzheit *922*
Ganzopfer 828
Gast 409
Gastmahl *1024*
Gattung 378
Gaumen 876
geachtet *112*
Gebälk *682*
Gebanntes 635
gebären **732ff.***421.651*
Gebären 732
Gebäude 309.325
geben 345.362.***117ff.***
Gebet *427*
Gebetsruf *783*
Gebeugtheit *245*
gebeugt sein *335.341*
gebieten 345.*473*
Gebieter 32.327.400.628
Gebieterin 33.176.400
Gebilde 762
Gebirge *545*
Gebot 441.630.*210.531*
Gedächtnis 508
Gedanke 762.*787.810*
gedeihen *551*
Gedeihen *922*
gedenken 345.**507ff.**
Gedenken 508
Gedenkzeichen 92
gedrückt sein *341*
geduldig sein 640
geehrt 795
Gefahr *412*
aus der Gefährdung heraus sein *421*
Gefahr laufen 334
gefährlich 521
Gefährte *786*
gefallen *265*
Gefallen 624.*928*
Gefallen haben 67.279. **623ff.*810ff.***
Gefälltsein *916*
Gefangener 924
gefangen nehmen 109
Gefangenschaft *346.887*
gefestigt 814
Gefolgsmann *186*
gefürchtet 765
gegen *32.272*
Gegenstand 437
Gegenstück *32*
gegenüber *31.444.587*
gegenüberliegende Seite *201*
Gegenwart *264*
gegenwärtig 924
Gegner *635*
gehaßt *835*
Gehege *270*
gehegt 179
geheim *176*
geheimhalten *174*
Geheimnis ***144ff.***
gehen 266.457.**486ff.**
gehen lassen *250*
ans Werk gehen *363*
gehorchen *689.974.981*
gehören 478
gehorsam sein *981*
Geier *762*
Geifer 581
geil sein 76
Geist 378.696.***726ff.***
Gelage *1023*
gelangen (zu) *38*
gelangend 923
Gelassenheit *804*
Geldstrafe 253
Gelegenheit *377*
gelehrt 108
Geliebte 63.*787*
gelingen ***551ff.***
Gelingen 663.*555*
Gelingen haben *552*
geloben ***39ff.***
gelten 642
Gelübde *39.924*
gemein *31*
Gemeinde 7.742.*293.616*
gemein machen *28*
Gemeinschaft 751.*146.293.299*
Gemeinschaftsopfer *931*
gemeinschaftstreu *814*
Gemeinschaftstreue *225*
gemeinschaftstreu sein ***507ff.***
genau 714
Generation **443ff.**
genießen 139.*693*
Genosse *787*
Genüge *927*
genug haben *820.**919ff.***
genug sein *925*
genugtun *924*
Genugtuung *927*
Genugtuung haben *925*
gerade 731.791
gerade sein **790ff.***1043*
Geradheit 791
Gerät 437
gerecht 793.*814*
Gerechter 79.88.564.*104*
Gerechtigkeit 198.788.*255.511*
gerecht sein *511*
gerechtsprechen *1002*
Gerede 434
Gerichtsbezirk 446
Gerichtsverfahren *774*
gering 116.397.*345.642*
gering achten *6.643*
Geringe *347*
geringfügig sein *642*
geringschätzen *643*
geringschätzig reden *3*
gering sein *347*
gern haben 67
Geruch *727*
Gerücht *975*
geruhen 22
Gesalbter 913
Gesamtheit **828ff.**
Gesang *895*
Gesäß 110
Geschäft 625.900.*341.364*
gescheckt 210
geschehen 478.*364*
Geschehen *365*
gescheit 557
Geschenk *117.125.759.910.920*
Geschenktes *117*
Geschichte 722
Geschichtstat 401
Geschick 414.578.*682*
Geschicklichkeit 306
Geschlecht 311.732.*187*
Geschlechtsgeschichte 732
Geschöpf *369.657*
Geschoß *716*
Geschrei *569*
gesegnet 355
Gesellschaft *614*
Gesetz *535.1032.1042*
Gesetzbuch 631.*171*
Gesetzesbestimmung *210*
gesichert sein 181

Gesicht 221.*112.433.692*
Gesichtsfarbe 473
Gesindel *584*
gespannt sein *619*
Gesproß 755
Gestalt 377.451.535.*692*
Gestell 812
Gestorbener 893
Getöse *838*
Getränk *1023*
Getreide *635*
Getümmel 502. *838*
Gewächs *563*
gewähren lassen *249*
gewahr werden 686
in seine Gewalt bekommen 924
Gewalthaber 26
Gewaltherrscher 399
gewaltig 25.**38ff.**402
gewaltig sein *252*
Gewalttat **583ff.**
gewalttätig behandeln 583
Gewand 867
gewandt *48*
Geweihter ***50ff.****122.595*
Geweihtes *117*
gewichtig 800
Gewicht verleihen 797
Gewinn *464.846*
gewinnen für *655*
gewiß 193
Gewissen 864
(sich) gewöhnen 872
Gewölk *351*
es gibt *134*
Gier 74.*73*
gierig sein 76.580
gießen *877*
Gießer 762
Gift 581
Gipfel *707*
Glanz 470.647.753.*265.387*
glänzen 647.755
glatt *641*
glatt sein 576.*641*
glauben 187.304
gläubig 185
Gläubiger *606*
für glaubwürdig halten 188
gleichen **451ff.**
gleichgültig sein 640
Gleichheit 452.*559*
gleich sein 930
(sich) gleichstellen 451
gleichwerden 451
gleiten *47*
Glied 102.762
Glück 258.367.663.*922*
glücklich 356.*1049*
glücklich preisen **257ff.**
Glück wünschen 359
Glut 634
Gnade 600
um Gnade bitten 593
gnädig 588
gnädig sein **587ff.***767.829*
Gott 9.136.**142ff.153ff.**324. 702.*941*
Gotteshaus 310
Göttin 155
göttlich 156.*239*
gottlos *317.813*
Gottloser *497.817*
Gottlosigkeit 79.*813*
Götze 168.467.520.666. 821.*557.1058*
Grab *639*
Grenze 629.*163*
Grenze setzen 832
Grenzlinie 628
Greuel 168.*1051*
groß 40.**402ff.**769.*717*
Größe 402.796.*717*
groß machen 405
Großmutter 174
groß sein/werden 402.*278. 716.717*
Großtat 404.770
großtun 405
Großvater 3.174
großziehen 211
Grundbesitz 109
Grundbesitzer 329
gründen **736ff.**813
Grundlage 736
grundlos 588
Grundstück 576
Gründung 736
grüßen 359
Gunst 587.602
Gunst erweisen 587
Gunstgenosse 620
günstig 653
günstig stimmen *456*
Gurt 642
gürten 538
Gußbild 169
gut **652ff.**688.*265.358*
hinterlegtes Gut *469*
Güte 201.**600ff.**652
Gutes 652
gut finden *811*
gut gehen 654
gut gehen lassen *551*
gut handeln 661
gütig 653
Guttat 427
ha! 475
Haar *52.689.991*
haben 478
haben wollen 21
Hab und Gut 662
haftpflichtig sein/werden 255
Haftung 254
Hälfte 451
Halsstarrigkeit *689*
Halt *328*
halten 108
halten für 644
(sich) halten zu 432.464. 478
haltend 108
aufrechte Haltung *635*
Hand 522.**667ff.**683.*134. 365.755*
handeln *363*
recht handeln 661
Handeln *463*
Handwerker 180.639
hängen lassen 624
Harfe *26*
harren 189.727.*625*
harrend 727
hart *689*
hart behandeln *689*
hart sein ***689ff.***
Haß *835*
hassen 118.***835ff.***
Hasser 71.*835*
Hätschelkind 180
Hauch 168.**467ff.***73*
Haupt 8.*705.756*
Haupthaar *52*
Haus 7.**308ff.**734
Haut 42.57.378
Hauterhebung *109*
Hautmal *109*
heben *69*
Hebeopfer *125.758*
Hebräer *201*
Heer 670.823.*295.**498ff.***
Heerdienst *500*
hehr 40
hehlen 826
Heiden *319*
Heil 258.663.786.*23.516. 920.930*
heilen *152.**803ff.**1057*
heilig 575.*295.**589ff.**594*
(sich) heiligen *592*
Heiligkeit *592*
Heiligtum *592.639*
heilig werden *592*
Heilloses 746
Heilmittel *804*
Heilsfähigkeit *522*

Heilskraft 355
Heilsopfer 850.*931*
Heilung *273.804*
heilvoll sein ***507ff.***
Heimat 60
heimlich 639.*176*
heimsuchen 462.***466ff.***
Heimsuchung *107.468*
heiraten 241.328.877
heiß sein 581
Held 26.40.*257*
helfen 539.747.**785ff.***160.* ***256ff.***
Helfer *62.257*
hell werden 85
vom Himmel herabfahren *283*
herabkommen *44*
Herablassung *346*
heranbringen *587.675*
herannahend *674*
heranwachsen 404.*718*
heraufführen 561
heraufkommen *274*
herausbringen 758
herauskommen 755
herausragen 758
herausreißen *96*
herausziehen *32.96*
Herbeirufung *666*
herfallen über *43*
hernach 116
Herold 508
Herr **31ff.**327.400.702.*654. 941*
Herrin 33.400
herrlich 38.402.769
Herrlichkeit 470.794.900
herrlich sein 38
Herrschaft 931.*167*
Herrschaftsbereich 931
herrschen 332.**930ff.***651. 1000*
Herrschen 931
Herrscher 40.931
Herr sein *651*
herstellen 325.639.*361*
hervorbringen *363.651*
hervorkommen *32*
hervorsprudeln *7*
hervorsprühen *420*
hervorströmen 758
Herz 378.656.687.**861ff.***82. 135.738*
herzutreten *675*
Heuchelei *1017*
Ergebung heucheln 826
heulen *569*
Heuschrecke *716*
heute 714.*383*
Hieb *201*
Hilfe 786.*256*
zu Hilfe kommen *258*
um Hilfe rufen *673*
Himmel 163.*501.**965ff.***
bewölkter Himmel *575*
Himmelsozean *1028*
hinaufbringen *279*
hinaufführen 389.*279*
hinaufgehen ***272ff.***
hinaufsteigen *272*
Hinaufsteigen *273*
hinausführen 389.758
hinausgehen **755ff.**
genau hinblicken 279
hinbringen *45*
hinein *433*
hineinführen *675*
hinfällig werden *202*
hinfliehen *221*
hingehen 264
hingelangen 922
hinhören *685*
hinlegen *43*
sich hinreißen lassen *205*
hinrichten *111*
sich hinstellen *329*
fest hinstellen 812.*1044*
hinstreben 142
hinten 111
hinten sein 433
hinter 112
Hinterbacken 110
hinterer 111
hinterlassen *250*
hinterlegen *474*
Hinterraum 433
Hinterteil 111
hintreten *328*
hinüberführen *202*
hinübergehen *200ff.205*
hinüberziehen *201*
hin- und hergehen 489
Hinweis 91
sich hinwenden *149*
Hirt *32.791*
Hirt sein *792*
hoch *629.753*
hochfahrend 394
hochfahrend sein 394
Hochmut 380.394
hochmütig 380
Hochpflaster 395
hoch sein **379ff.394ff.***32. 753ff.828*
Hochstätte *757*
hochsteigen 380
Höchster *285*
höchstes *273*
Hochwald 380
Hof 311
hoffen 189.***619ff.***
Hoffnung 303.727.*620*
Höhe 380.394.*272.635.754*
Hoheit 380.394.471.**472ff.** *109*
Holder 63
holen 878
Holz 750.*356*
hören 23.95.440.*685.693.* ***974ff.***
Hören *975*
Horn *254.756*
Hüfte 110
Huld 201.610
huldigen *429.456*
Huldigung 365
Hülle *173*
Hunger *73*
Hürde 831
Hure 518
huren **518ff.**
Hurerei treiben 518
(sich) hüten *791.**982ff.***

ich **216ff.**
Idol(e) ***1057ff.***
illegitim 522
immer ***207ff.****233*
Imstande-Sein 823
Inbegriff *709*
Individuum *89*
Innehabung 109
innerer *433*
Inneres 311.*674.762*
innewerden 686
Inschrift *163*
Inspekteur *469*
Interesse haben 624
irgendeiner 105.131
irreführen *869.1055*
in die Irre führen *1056*
in die Irre gehen *1056*
irren *869*
Irrtum *869*
Israel **782ff.**

jagen *47*
Jahr 722.742
Jahwe **701ff.***949*
jammern *44*
jauchzen **415ff.**
jeder(mann) 134.249.399. 830.*89*
jemand 43.*89.435*
Jenseitiges *203*
jenseits *203*
jetzt *370*

Joch *190*
Jubel 415.*782*
jubeln 416.***781ff.***
Juda 785
Jugend 415
Jugendblüte *991*
Jünger 872.*12*
Junges 85
Jüngling *234.495*

sich kahl erweisen *421*
kahl sein 394
kalben *421*
Kampf *674*
Kampfbereiter *674*
kämpfen *277.502*
in den Kampf führen *279*
in den Kampf ziehen *277*
Karawane 487
sich kasteien *78*
kaufen *651.653*
Kehle *73*
keiner 43.105.134.830
keltern 781
kennen 687.*477*
Kennzeichen *69.936*
Kesselwagen 813
Kiesel *539*
Kind 248.318.399.732
Kinder bekommen 326
Kinderlose 170
klagen 30.314
Klageruf *783*
Klang *407*
schöner/lauter Klang *974*
Kleid 261.308.867
Kleinigkeit 243
klein sein *641*
Kleinvieh 756
Klient 409
klirren *782*
klug *826*
klug handeln/machen *554*
Klugheit *555*
klug sein 306.*824*
Knabe 732
Knecht 290.***182ff.***
Knechtschaft *182*
Knecht sein *182*
Knie 353
knurren 502
Kollege 99
kommen **264ff.**922
auf sich kommen lassen *810*
Kommissär *167*
König 35.**908ff.***793.941*
Königin 909
Königinmutter 174.*943*
königlich 913
Königreich 909.*313*
König sein 908
Königsherrschaft 909
Königswürde 909
Königtum 909
beruflich können 306
kontrollieren *467*
Kontrollmann *202*
Kopf ***701ff.***
Kopfbinde *387*
Kopfschmuckanhänger 92
den Kopf schütteln *704*
Körper 376
Körperkraft 81
Korporation *293*
kostbar 580.795
kostbar sein 794
köstlich 279
Kraft 82.399.523.670.**823ff.**
heilschaffende Kraft 355
magische Kraft *883*
kräftigen *567*
kräftig sein 210
Krankheit 567
krank sein **567ff.***456*
Kränkung 839
Kranz 829.*52*
Kreis 443.828.*145*
kreuzen *824*
Krieg 449.*502.773*
Krieger *257.674*
Kriegsheld 400
Kriegsknecht *184*
junge Kriegsmannschaft 276
Kriegsschar *302*
Kriegsvolk *295*
Kriegszug 457.*500*
in den Krieg ziehen *500*
Krone 828.*52*
Krug *26*
krümmen *243*
Krümmung *244*
Kultgemeinschaft *615*
Kultordnung 631
Kultus *1022*
Kummer *798*
sich kümmern 274.334.461.690.*467.477.694.842*
Kunde 212.*631.974*
künden *32*
sich kundgeben 693
Kundgegebener *32*
kundig 108.557
kundtun 684.749.*32*
künftig 111.527
Kupfer *164*
kurz sein *74*
Labsal *809*
lagern 587
Laie 522
Land 12.57.**228ff.**414.779.*139.295*
Ländereien 57
Lappen (der Leber) *846*
lärmen 502.*838.1027*
Lärmen *838*
Last *109.118*
Laub *272*
Laubhütte 309
laufen *629*
Laut *407.629*
Lauterkeit 200
läutern 273
Laut geben 502
leben **549ff.**894
Leben 549.*73.88.357*
lebend(ig) 146.549
Lebendigwerden 549
wieder lebendig werden 551
am Leben erhalten 552
ums Leben kommen 894
Lebensdauer 230.553.*88*
am Leben sein/bleiben 551
Lebenskraft *79*
lebenskräftig 550
lebenslänglich *233*
Lebensmittel 554
Lebensodem *736*
Lebenstag 718
Lebensunterhalt 549
Lebenszeit 718.*88.233*
Leber 794.*75*
Lebewesen 549.*73.635*
leblos daliegen *971*
Lebzeit 549
Leder 42.61
ledig sein *101*
(sich) legen *119.120.160*
Lehre 875
lehren 688.872.*1032*
Lehrer 306.874.*1032*
Leib *84*
Leibeigener *184*
Leibwache *975*
Leiche *73*
Leichnam 378.*26*
leicht *642*
Leichtfertigkeit *642*
leicht sein ***641ff.****727*
leichtwiegend sein *642*
Leid *798*
Leid antun *38*
Leid empfinden *64*
leiden *342*
Leiden *38.347*
leid tun *60*

leihen *121.843*
leiten 459.***53ff.***
Lende 836
lenken *778*
lernen **872ff.**
lesen *672*
letzter 111.*659*
Leuchte 85.*997*
leuchten 85.*828*
leugnen **825ff.**
Leute *89.324.1046*
Licht **84ff.**647.710.*629*
Lichtkörper 85
Lichtöffnung 647
Liebe 61
liebeln 64
lieben **60ff.**286.432.616.*761.811*
nicht mehr lieben *836*
Liebender 63
Liebenswerter 63
Liebesfreuden 61
Liebhaber 63.*787*
lieblich 63
lieblich sein 74
Lieblichkeit 61.591
Liebling 63
Liebschaft 61
Lied *895*
kunstvoll gestaltetes Lied *826*
liefern *123*
Lieferung *674*
liegen lassen *250*
links *838*
die Lippen öffnen *495*
Liste *163*
Listenführer *167*
loben **493ff.**675
Loben 493
Lobgesang 675
Loblied 674
Lobopfer 674
Lobpreis 493.680
Lobpreisung *754*
Lohn *461*
Lohn geben *117*
Los **412ff.***57*
Lösegeld 843.*392*
lösen 571.*34.397*
Löser *677*
Loskauf 390.*390*
loskaufen 387
loskommen *202*
loslassen *250.397.912*
Losorakel 413
stückweise lostrennen *659*
Pflicht zur Lösung 383
Recht zur Lösung 383
Löwe **225ff.**844

Loyalität üben 71
Luft *728.967*
Luftraum *967*
Lüge 168.817.825
lügen **817ff.**
Lügenbach 817
lügnerisch 817
Lust 74.432.*928*
lüstern sein 76
(mehr) Lust haben 279.432

Machart *364*
machen *119.182.****359ff.461ff.***
Macht 523.670.*222.257.500*
böse Macht 168
Macht haben *359*
Machthaber 931
mächtig 931
mächtig sein 38.405
Mädchen 732.*234.761*
Magd *187*
Magnat 39
Mahl 138
Mahlzeit halten *1024*
Mahnzeichen 94
Majestät 404.469.472.804.*255*
makellos *1048*
Mal *378*
Mangel *348*
mangelhaft *348*
Mann 47.**130ff.**156.247.276.329.399.508.*1046*
männlich 132.508
Mantel 39
Maß *1043*
Masse *500*
Massebe 313
Mauer *268*
Meer *1026*
Mehrzahl *716*
meiden *836*
Meinung *264*
Meister 7
melden 376
Meldung 904
Menge 629.798.*501.716.838*
Mensch **41ff.**133.399.*73*
Menschenmenge *609*
Menschheit 43
merken 306.686.*693*
Merkmal 93
merkwürdig sein *414*
Merkzeichen 94
messen *1044*
Messer 138
Milde *347*
minder werden 28

minderwertig *348*
Minister 283.*184*
mißachten 880.*4.202.250*
mit 112.***325ff.***328*
Mitbürger *299*
miteinander 105
Mitgift *910*
Mitglied 101
Mitleid *60*
Mitleid empfinden *65.764*
Mitmensch *788*
Mittag 647
Mitte 862.*674*
mitteilen ***31ff.***979*
mittellos *343*
Modell 325.452
lieber mögen 279
nicht mögen *836*
Moment *372*
Monat 525
Mord 449.895
Morgen 86.709.*991*
morgen 112
Morgendämmerung/-licht/-röte 86.*990*
Mörserkeule *273*
Mörtel *354*
Most 780
Mühe *332.464*
Mühebeladener *332*
Mühe machen *333*
oberer Mühlstein *780*
Mühsal ***332ff.***
Mund 433.***406ff.***436*
mündig *250*
Mundschenk *1023*
Mundvoll *408*
murren 870
musizieren *896*
mustern *472*
Musterung *468.470*
Musterungsplatz *469*
mutig sein 539
Mutter 1.**173ff.**249.317
Mutterschoß *761*
Myriade *717*

Nabel 231
nach 112
Nachbar *905*
Nachbildung 452
nachfolgen 489.*202*
nachfragen 334
nachgiebig *927*
nachher 111
nachhuren 331
Nachkommen 444.755
nachkommend 111

Nachkommenschaft 111. 311.325.444.732.*565.847. 947*
Nachkommenschaft haben 433
nachlaufen 331
Nachprüfer *202*
Nachrede 434
Nachricht *631.974*
Nachschau halten *467*
Nachsicht üben *154*
nachsinnen 644
Nächster 103.***786ff.***
die Nacht verbringen 308
Nachtwache *982*
Nachwuchs *716*
nachzählen *165*
nahe *674*
nahebringen *675*
nahe daran sein 334
nahe kommen *675*
sich nahen *677*
sich nähern ***674ff.***
nahe sein *674*
nähren *792*
Nahrung 140
Name 287.441.508.702.*908* ***935ff.***
Nase 220
Nation *290*
Nebelschwaden *109*
Nebenfrau *582*
nehmen **875ff.***111.128*
Neid *648*
neigen *911*
nennen 213.508.*671.942*
Netz 779
neu 168.**524ff.**
(neu)geboren 732
Neumond 525
nicht 79
Nichtangriffspakt 344
Nichtgott 168
nichtig 167.468
sich mit Nichtigem abgeben 467
Nichtiges *953*
Nichtigkeit **167ff.**468.*883. 1017*
nichtig werden 467
Nichts 83.168
Nichtsein **127ff.**
Nichtsnutz 272
Nichtsnutzigkeit 746
Nichtvorhandensein 128
sich niederlassen *43*
niedertreten 781
sich niederwerfen **530ff.***428*
niedrig *345*
niemand 56
Nieren 864
noch *209*
Norden ***575ff.***
nach Norden gehen *275*
nördlich *576*
Not *332.582.798*
nun *370*
Nutzen 746
nützen **746ff.**
nutzlos 468
nutznießen 139

oben *273*
Oberes *273*
Oberfläche 57.*266.435*
Obergemach *273*
Obergewand 920
Oberhaupt *703*
Oberster 913
Oberstes *273*
Obhut 179.*468*
in seine Obhut nehmen 461
Öde *838*
öde liegen/sein *838.882.* ***970ff.***
oder 79
offen 423
(sich) offenbaren 422.744. *145*
Offenbarung 471
öffnen *34.263*
Ohr **95ff.**
Omen 93
Onkel 99
Opfer 243.253.680.*41.126. 678*
molk-Opfer 918
opfern 331.680.*141.280*
Opferschale *101*
Orakel 821
orakeln 821
Orakelspezialist *9*
ordnen 813
Ordner *167*
Ordnung *1005*
in Ordnung bringen/sein 661.*1044*
ordnungsgemäß tun 658
Orion 836
Ort *372.635*
festgesetzter Ort 742
verborgener Ort *575*
Ortschaft *639*
Osten *587.993*
östlich *587.993*
Ostwind *587*
Ozean *1026*
packen 108
Palast 308
Panier 669
Panik 502
Partei ergreifen *112*
Parteigänger 66
parteiisch sein *112*
Partner *789*
passen 74
Person *89.435*
pervertiert 599
Pervertiertheit 598
pervertiert sein **597ff.**
Pfand 92
zum Pfand nehmen 171
Pfeiler *328*
Pferd 26
Pflicht *1005*
Pflichtverletzung 922
Pflugbahn *336*
pflügen 240.639
pilgern *275*
Plage *37*
plagen 171
Plan 642.749.*146*
planen 451.642.749
törichter Plauderer *495*
Platz *328*
plündern 577
Portion *408*
Posten *328*
Pracht 39.399.**469ff.**473.799 *387*
Prachtgewand 828
prall sein 301
Preis 366
preisen 361.405.472.**674ff.** *760*
preisgeben *121.136.914. 917.920*
pressen 520
Priester *10.313.996.1036*
auf die Probe stellen *69*
Probierstein 272
profan 570
proklamieren 214.*672*
Prophet 136.*7ff.699*
als Prophet auftreten *16*
Prophetenwort *7*
Prophetin *7*
prophezeien *17*
Protokoll 509
Provinz 446
Prozeß 447
prozessieren 447
Prozession 487
Prozessionsbild 169
prüfen **272ff.**275.*69.1043*
Prüfer 272
Prüfung *69*

pst! 474
Pupille 130

Quantum *1043*
Quaste 402
Quelle 758.*260*

Rache *66.107*
Rachedurst *73*
Rachen *75*
(sich) rächen 427.*63*.***106ff.***
Rache nehmen *60.106*
Rachetaten *107*
Rand *406*
Ranke *910*
Ränkespiel 827
Rat 748.749.909
raten **748ff.**909
Ratgeber 748.909.*788.1004*
ratschlagen 750
Ratschluß *145*
Rätsel 108
Rätsel stellen 108
Ratsversammlung 751.*147*
rauben *111*
Räucheraltar *995*
Räucherduft *385*
räuchern 114.331
Rauchsignal *109*
Raum *727*
freier Raum *45*
Raum in Anspruch nehmen 140
reagieren *336.668*
rebellieren **870ff.**927.*490*
Rebellion *489*
rechnen 642
Recht 198.*362.511*
recht 653.791.813
rechten 447
rechtfertigen 731
Rechtsanspruch 447.*1007*
Rechtsbruch *1010*
Recht schaffen 447
Rechtschaffenheit 793
recht sein **790ff.***1044*
Rechtsfall 446
Rechtshelfer 389
(Rechts-)Partner *789*
Rechtssatz 630.*1007*
Rechtsstreit 447
zum Recht verhelfen *1002*
reden 213.433
zur Rede stellen 731
Redewerkzeug 433
Redlichkeit 196
Redner *629*
Regen 85
regieren 447.628.930.*792.1000*
Regierung 931
Reich 931
reich 403.*348*
reichen an/bis 922.*37*
reichlich 653
reichlich sein *385*
Reichtum 81.798.*333.348.385.846*
Reif 844
reifen 427
rein *101*
Reinheit 647.*101*
reinigen 648
Reinigung 647
rein sein **646ff.***104*
Reise 457
reißen *856*
an sich reißen *98*
reiten ***777ff.***
Reiz 625
renovieren 737
Rest 115.*845*
restaurieren 737
retten 387.760.***96ff.****249.* ***420ff.****805.1002*
Retter 789
Rettung *96*
richten **445ff.*****999ff.***
Richter 156.446.913.*1000*
richtig 813
Richtiges *1005*
richtig machen 661
riechen 683.*727*
Ritzzeichung 627
roden 336
rot sein 42.57.448
ruchlos 599
Ruchlosigkeit 599
Rücken 110.647
den Rücken kehren 433
Rückkehr *884*
Rückseite 111
Rücksicht nehmen *112*
rückwärts 111
Ruf 493.*610.782.947.975*
rufen 512.*338.569.610.* ***666ff.***
Rufer *610*
Rüge 740
Ruhe *43.140*
Ruhe haben *44*
ruhen ***43ff.863ff.***
Ruheplatz *45*
Ruhestätte *43.140*
ruhig sein 640.*920*
sich ruhig verhalten 640
Ruhm 493.*947.975*
(sich) rühmen 493.*387*
Ruhmestat 498
Runde in einem Wettlauf 444

Sabbat *863*
Sabbatfeier *863*
den Sabbat halten *863*
Sache 212.433.*341*
sachkundig 684
säen 522
sagen **211ff.**434.*360*
salben 913
Salböl 913
Same *565*
(sich) sammeln ***583ff.****619*
Sammeln *584*
Sammelplatz 742.*620.666*
Sammlung *584*
sanftmütig *345*
Sänger(in) *895*
satt *819*
Sattel *777*
satt sein/werden *819*
sich sättigen *78.****819ff.***
Sättigung *78.819*
Satzung 349.*235*
Säule *328*
Šaddaj (Gottesname) ***837ff.***
schaden *802*
Schadenersatz 254
Schadenersatzpflicht *392*
schaffen 233.325.**336ff.**763.*367.650*
sich zu schaffen machen *363*
Scham 422.*26*
sich schämen 270
Schamteil 269
Schande 168.269.600.*642.946*
schänden 422
Schandgott 331
schändlich handeln 271
Schandtat *1052*
Schar 549
schärfen *641*
Schatten *556*
Schatz 580
schätzen 644.*477*
schauen **533ff.**821.*454.476.697*
mit Interesse schauen *467*
schauerlich 770
Schaum *664*
Schäumen 581
Schaustück 169
Schauung 533.821
scheiden *468*
Scheidung 857
Schein 85

schelten **429ff.**
schenken 592.*608.910*
sich scheuen 768
ehrfürchtige Scheu hegen 768
Scheusal 168.331.520.*1058*
schicken *911*
Schicksal 414
Schiedsrichter sein *427*
Schiefergneis 272
schießen 674.*716.1032*
Schild *223.996*
schlachten 680
Schlachtopfer 851
schlaff sein *804.1057*
Schlag *37*
schlagen 895.*37*
Schlange *359*
schlecht 468.*794*
schlecht behandeln *342*
Schlechtes *891*
Schlechtigkeit *795*
schlecht sein ***794ff.***
Schleppnetz 635
schließlich 116
Schlucht *201*
Schlund *73*
Schlüpfriges 19
Schmach *3*
schmachtend 831
schmähen 600
Schmähung *3.642*
schmausen 140
schmeicheln 826
schmelzen 273
Schmuck 470.*210.255.387*
sich schmücken *210*
Ansehen schmücken 471
schmutzig sein 30
schnauben (vor Zorn) 221. 633
schneiden 336.343
schnell *48*
schnell sein *642*
Schnitzbild 169
Schnur *619*
schön 653
schonen *97.764*
Schönheit 580.663
schön sein 74
Schöpfer *368*
Schöpfung *657*
Schoß 177
Schößling *910*
Schrecken 503.765.*411*
schreiben 627.*163*
Schreiber *162*
(laut) schreien 429.***568ff.*** *667.781*
Schreien *569*
schreiten *207*
Schrift *163*
Schriftart *167*
Schriftstück *162*
Schrift 487
Schuld 255.*244.813*
Schuldableistung 256
Schuldgabe 256
schuldig *813*
sich schuldig machen *813*
schuldig sein 256.***813ff.***
schuldlos *101*
Schuldlosigkeit *101*
schuldlos sein ***101ff.***
Schuldopfer 256
Schuldpflicht 256
schuldpflichtig sein/werden 255
Schuldverpflichtung **251ff.**
Schüler 872
Schulter 523
schütteln *487.641*
Schutz *173.221.252*
Schutzbürger 409
Schütze *716*
schützen *173.258*
Schützling 409
Schutzort *222*
Schutz suchen 304
Schutzzeichen 94
schwach sein 567.*456.1057*
hin und her schwanken *487*
Schwarm *716*
schwarz werden *990*
schweigen 451.**639ff.**
Schweigen 639
Schweiß 683
schwer 794
Schwere 794.*500*
schwerfällig 836.796
schwer sein **794ff.**
Schwester 98
Schwiegermutter 174
Schwiegervater 174
schwierig 795
Schwierigkeit 794
Schwierigkeiten machen *801*
schwinden 758
Schwinge 25
schwitzen 683
schwören 12.331.345.***855ff.*** *1014*
Schwur 345.*855*
Seedrache *1030*
Seele 378.450.552.794.***71ff.***
Segen(sspruch) 365.663
segnen 237.**353ff.***645*
sehen 212.218.341.505.533. ***692ff.***
aufmerksam sehen nach *476*
nach dem Rechten sehen *467*
Sehen *692*
Seher 136.533.*9.692*
sich sehnen 20.*471*
sehr *846*
sein **477ff.**703.*305.360*
Sein 128
Seite 110.669.*406*
zur Seite stehen 478
Sekretär *163*
Selbst 378.*89*
Selbstverpflichtung 342
selbst wenn 80
selten 795
Seltsames 522
senden 900.*163.**909ff.***
Senden *910*
Sendung 900.*910*
setzen *119.136*
seufzen 588.*569*
sexuell willig/respondierend sein *336*
sicher **177ff.**
Sicherheit 301.792
(sich) in Sicherheit bringen *47.175.221.421*
sichern 813
sicher sein 301.813
Sichtbares *265*
sichtbar werden *694*
strahlend sichtbar werden 754
sichten 273
sieben *819.856.863*
Siebent 710
siegen *817*
siehe 218.474.**504ff.**
singen *335.341.**895ff.***
im Sinn haben 644
sinnen 82.644
sinnlos 468
Sintflut *1028*
Sippe 311.444.549.*290*
Sippenangehöriger 100
Sippengenosse *299*
Sklave 34.218.*182*
Sklavin *187*
Skorpion *674*
so 813
Sohn 1.146.154.159.**316ff.** 329.732.*541.942*
Sondereigentum 294
Sönnchen *988*
Sonne ***987ff.***
Sonnenemblem *989*
Sonnensäule *995*
Sonnenuhr *995*

sonst *433*
Sorge 751.*118*
sich sorgen 567
mit Sorge schauen *467*
mit Sorge umgeben *209*
sorgfältig tun 658
sorglos sein *920*
spähen *575*
spalten 635.*552*
sparen *764*
später 111
Speise 138
speisen 138
Speisopfer 850
Spiegel *692*
spielen *37*
Spitze *707*
Sprache 214
sprechen 211.433.*1*
(Bundes-)Sprecher 508.*7.*
115
sprießen ***563ff.***
Sproß *563*
sprossen *828*
Spruch 212.452.*2*
Spur *639*
spüren 686.*693*
Staat *293*
Stab 628
stacheln 873
Stadt ***268ff.****682*
Stamm 7.*292*
Stammesabteilung 92
Stammesangehöriger 100
Stammesfürst 8
Stamm(es)genosse 99.*291*
Stammutter 175
Stammvater 5
Stammverwandter *291*
Stand *328*
Standbild *556*
standhalten *329.635*
Standort *328.635*
stark **25ff.**210.399.402.538.
252
Stärke 210.399.538.*252*
stärken 539
stark sein/werden 81.142.
209ff.398.538.***252ff.****257.*
278.553.876
Stätte 813.*1043*
Statthalter 327
Statue *557*
Staub *201.****353ff.***
staunen *414*
stehen ***328ff.***
aufrecht stehen *905*
stehen bleiben *329.992*
Stein *540*
Steinblock 169
Steinbock 746
steinigen *541*
Stelle 812.*328*
Stellung *328*
hohe Stellung 404
sich stemmen *160*
Steppe 58.433
sterben 11.489.545.**893ff.**
202
Sterben 893
Steuer 487.*759*
Steuererlaß *43*
im Stich lassen *250*
Sticker 642
Stier 26
Stierbild 27
stillehalten 188
stillstehen *328.992*
Stimme ***629ff.****642.977*
stinken 520
stinkend sein 587
Stirn *406*
Stirnband *988*
Stolz 380.*387.754*
stolz *754*
Storch 600
stoßen *37*
Strafe 256.*244.466*
strafen *38.926*
Straffälligkeit 256
Strafgerechtigkeit *518*
Strafgericht *1000*
Straußenweibchen *782*
streben 461
Streben *810*
Streit 446.*771*
streiten ***771ff.***
Streitgegner *771*
(Streit-)Wagen *777*
Stufe *273*
Stummel *664*
stumm sein 639
Stunde *376*
Sturm *729*
Stütze *328*
(sich) stützen 303.***160ff.***
suchen 189.**333ff.**461.816.
923.*455.468.990*
Süden *575*
Sühne 255
sühnen **842ff.***152*
Sühnung 844
Summe *709*
Sünde 168.542.*493*
Sündenschuld *244*
Sünder 542
sündig 542
Sündopfer 542.*161*
süß sein 567.*456*
Szepter 628
Tadler 738
Tafel 419
Tag **707ff.***371*
Tagewerk *464*
tagsüber 707
bewohntes Tal 301
Tat *182.461*
Tätigkeit *364*
tätig sein *363*
tatsächlich 198
Tau 85
taub 639
taub sein 639
tauglich sein *553*
Taumel *243*
Tauregen *716*
tauschen *629*
täuschen ***1010ff.***
Täuschung *1017*
Techniker 642
Teich 353
Teil 578.669.*660*
teilen 336.**576ff.**
Teilnahme bekunden *61*
Tempel 310
Termin *371*
Tiefe *1029*
Tier 225.550.553
tilgen 852
Tisch *910*
Tochter 316
Tod 893
dem Tod zugehen 489
Tor **77ff.836ff.*****26ff.****496*
Torheit 77.836.*26.824*
töricht 77.836.*26.317.824*
töricht sein/handeln 77.
836.*26.495.824*
Tosen *839*
töten 893
Töten 895
Totengeist 685.*804.1058*
Totenreich ***837ff.***
Toter 893
trachten 334.461.924
träge 836
tragen 180.***109ff.****363*
trainieren 873
Träne *264*
tränken *1022*
Tränkrinne *1023*
Trauer 28.81
trauern **27ff.**
trauernd 28
Traumspezialist *9*
Traurigkeit *664*
traurig sein 30
treffen *682*
treiben *47.363*
Treibstecken 872

treten 456
treu 179.618
treubrecherisch handeln *1010*
Treubruch *1010*
Treue 196.201.601
treulos 261
treulos handeln **261ff.***1010*
Treulosigkeit 261.921.*884*
treulos sein **920ff.**
treu sein 178.182
Trift 433
trinken ***1022ff.***
Trinken *1023*
Trinkgelage *1024*
Trittspur 456
trocken sein *543*
Trost *60*
trösten ***59ff.***
trostlos daliegen 28
trotzig sein 928
Trug 83.***882ff.***1010*
trügen 818
trügerisch 817
Trümmer *243.882*
Trümmerschutt *354*
Tüchtigkeit 399
Tummim-Orakel *1046*
tun 481.*119.182.****359ff.461ff.***
nichts zu tun haben wollen 881
tun lassen *133*
Tun (und Treiben) 427. 487.*461*
Turban *387*
Turm 402
Türpfosten 179
Tyrann 26

Übeltat *796*
Übeltäter *795*
übeltun *795*
Übeltun *795*
über *272.445*
überdrüssig *820*
übereinstimmen 74
Überfluß *821.846*
Übergang *201*
übergeben *474*
Überheben *205*
Überhebung *206*
überholen *201*
überlassen *121.250*
Überlegenheit 399
überlegen sein 210.**398ff.**
überliefern *121*
Übermaß *205*
Übermut 380
sich übermütig zeigen *205*
übernachten 308.870
überprüfen *467*
überragen 395
überreden *497*
Überredung 877
Überrest 115
überschreiten *201.205*
übertragen *137*
übertreffen *278*
übertreten 345.*202*
überziehen 108
üblich 533
üblich sein *364*
Übriges *846*
übrig lassen *250.845*
übrig sein ***844ff.***
Ufer 669
fest umbinden 538
umfangen *209*
ehelicher Umgang *336*
umgeben *209*
umhergehen 489
umherirren 18.***1055ff.***
vergeblich umhersuchen *1056*
umherwandern *1056*
Umkehr *884*
umkehren *886*
Umkehrung *433*
umkommen 18.832.*202*
Umkreis 828
umnennen *944*
umschmeicheln 570
Umsicht *555*
umsonst 468.*883*
umstimmen *60*
umwenden *335*
umwerfen *917*
um . . . willen *336*
Unabänderlichkeit *230*
unansehnlich *347*
Unaufhörlichkeit *242*
unbedeutend 167
unbedeutend sein *642*
Unbefugter 522
unbekannt 113
unbeständig 468
unbeweglich stehen 181
unerhört 522
Ungehorsam 749
Ungerechter *224*
Ungerechtigkeit *226*
ungestraft bleiben *101*
ungestraft lassen *101*
Ungestüm 380
Unglück **122ff.***795*
unglücklich *344*
Unheil **81ff.***798.838.883*
mit Unheil belegen 237
Unheilsankündigung *116*
Unheilsmacht 83
unheimlich 770
Universum 830
Unland *839*
unmündig *250*
Unrast *48*
Unrecht 83.*224.813*
unrecht handeln *224*
im Unrecht sein 818
unrein 664
Unreinheit 664
unrein sein **664ff.**
Unrichtigkeit *224.1012*
Unruhe 502
in Unruhe bringen 502
unruhig sein 502
unschuldig *101*
unsinnig 468
Untat 83
untätig sein 640
Unterarm 523
unterdrücken 584
Unterdrückter 584
Untergebener *184*
untergehen 266
Untergang 18
Untergangsort 19
unterlassen *900*
unternehmen 757
Unternehmung 457.900
unterscheiden 305.*693*
unterschlagen 826
unterstellen *474*
unterstützen *160.258*
untersuchen 273.334.461
Untertan *184.975*
unterweisen 688.873
Unterwelt 230.*840.1027*
sich unterwerfen *906*
unterworfen sein 683
Untreue 261
untreu sein 818
unverhüllt 423
unvernünftig *31*
unversehrlich 364
Unversehrtheit *922*
Unwetter *838*
Unzahl *722*
unzählig *165*
Unzuverlässigkeit *1017*
uralt *232*
Uralter *236*
Urflut *1028*
Urheber 2
Urkunde *165*
Urmutter 175
Ursprung 755.*587*
Urteil *264.1005*
urteilen 447

Urteilsvorschlag *1006*
Urzeit *232*

Vasall *184*
Vater **1ff.**31.98.133.173.*12.941.1033*
Vatersbruder *291*
sich verabreden 742
verabscheuen ***1051ff.***
(sich) verabschieden 359
verachten 880.***3ff.****643*
verächtlich behandeln *28*
verächtlich machen *643*
verächtlich sein *641*
Verachtung *643*
verankern 813
veranlassen *119*
verarbeiten *361*
Verbannter 421
Verbannung 419
in die Verbannung gehen 418
(sich) verbergen 621.833.***173ff.****452.575*
verbinden 432
Verbindung 432
verborgen sein *228*
verboten 522
Verbrechen ***488ff.***
verbrecherisch handeln *491*
verbringen *362*
sich verbrüdern 98
verderben ***891ff.***
Verderben *798.891*
Verderbnis *891*
verdorren 271
aus dem Besitz verdrängen 779
verdrehen *244.493*
verdreht sein 598
Verdrehung *244*
Verdruß *665*
verdummen *28*
verdunkeln *1051*
verehren 771.*456.982*
Verehrer *182*
kultische Verehrung 775
Vereinbarung 179.*929*
sich vereinigen 104
Vereinigung 104
verfahren werden *364*
Verfälschung 826
(sich) verfehlen 262.**541ff.***870*
ein Ziel verfehlen *493*
Verfehlung 253.545
verfluchen 149.**236ff.**358.*644*
sich verflüchtigen *642*
Verfluchung **149ff.**
verfügen *359*
zur Verfügung stellen *121*
verführen *497*
vergänglich 468
vergeben 544.613.852.*114.****150ff.****204*
bereit zu vergeben *151*
vergeblich 588.*883*
Vergebung *151*
vergehen *202*
sich vergehen *243*
Vergehen 253.*243*
vergelten 428.*923*
Vergeltung 427.*920.930*
Vergeltungshandlung *107*
vergessen 345.***898ff.***
vergessend *899*
in Vergessenheit geraten *899*
vergewaltigen *342*
vergleichen 451
vergnügt *926*
vergüten *123*
sich verhalten 478
Verhalten 458
verhärten *689*
verhehlen 826
verheimlichen 825
Verheiratete 329
verheißen 12
verheeren *973*
verheerend *973*
(sich) verherrlichen 470.***387ff.***
verhüllen *173*
Verhüllen *174*
verkehren *226.243*
Verkehrtheit ***224ff.243ff.***
verkehrt sein *243*
Verkehrung *226.244*
verkennen *4*
verkommen 28
verkrümmt sein 598
verkünden 530.*36.620.668.974*
Verkünden *975*
verkündigen *672*
Verkündiger *7*
Verkündigung *666*
verlangen 21.61.334.461.*841*
Verlangen 333.*73*
verlassen 345.*149.****249ff.***
sich verlaufen 18
verleitbar sein ***495ff.***
verleiten *495.884.1055*
verleugnen 825
verleugnend 825
Verleugnung 826
sich verloben 241
verloren gehen 17
Verlorenes 18
vermachen *124*
Vermählte 332
Vermehrung *716*
vermessen *252*
vermissen *467*
vermitteln *427*
Vermögen 311.662.670.823.*947*
vermöglich 403
vermuten *427*
vernehmen *976*
sich verneigen 530
vernichten 18.451.638.832.*486.487.802*
Vernichtung 831.*891*
veröden 28
verödet *970*
verödet sein *249*
Verödung *838*
verordnen 341.534
Verordnung 179.352.*635*
Verpflichtung **339ff.**858.*235.487.929*
verraten 422
verriegeln 108
verrinnen *202*
versagen 825
(sich) versammeln 276.*296.583.610*
Versammlung 745.*146.****609ff.****629*
verschaffen *128*
sich zu verschaffen suchen 924.334
Verschlagenheit 827
verschließen 28
verschmähen 880.*3*
verschonen *204.423*
sich verschulden 331
verschweigen 826
verschwinden *863*
sich versehen ***869ff.***
Versehen 869
versetzen *119*
versiegen 28.*202*
sich verspäten 111
versprechen *856*
Versprechen 342
Verstand 139.306.684.*741.826*
verständig *826*
verständig sein *825*
verstehen **305ff.**687.*554*
sich verstehen auf 690
Versteck *173*
verstecken *174*
sich verstellen 826.*66*

Verstellung 826
verstocken 541
verstockt 796
verstören *972*
Verstörung *973*
verstoßen 241.880.*914*
Verstoßene 170
einen Versuch anstellen *69*
versuchen ***69ff.***
sich verteilen 577
vertilgen 780.***963ff.***
Vertrag 533
Vertragsbruch üben *1012*
vertragswidrig handeln *1010*
vertrauen 178.**300ff.***160.621*
Vertrauen 187
Vertrauensbruch *1012*
vertrauensvoll 301
vertraut 684
Vertrauter *299.787*
vertraut sein 690
vertreiben 779.*47.914*
vertrocknen 28
verunreinigen 665
verursachen *119*
verurteilen 447.*1002*
vervollständigen 427
verwahren *474*
Verwahrtes *468*
verwalten 931
Verwaltung *182.468*
Verwaltungsbezirk 447
Verwandter 99.387.684.*290.411.677.941*
Verwandtschaft 732.*290*
verweilen 111.*906*
verwerfen 345.**879ff.***3.914*
verwirren **502ff.**
Verwirrung 502.*414.1055*
in Verwirrung bringen 502
verwitwet 169
verwunden 571
verwünschen 150.*644*
verwüsten *792*
verwüstet sein *838.882*
Verwüstung *973*
verzehntausendfacht *716*
verzehren 139
verzeihen *150*
Verzeihung *151*
verziehen 269
verzögern 111
Verzückter *7*
Verzweiflung 839
Vezir 283
viel 402.***715ff.***
viel sein *715*
vielleicht **79ff.**
Vision *694*
Vitalität *79.736*
Volk 408.745.***290ff.****725*
Volksgenosse 68.99.*298*
Volkslied *896*
voll 897
vollbringen *363*
vollenden 427.756.828.831
Vollendung 831
vollführen 427
völlig 828
vollkommen 829
Vollkommenheit 828.*1048*
vollkommen machen 828
Vollopfer *931*
voll sein 585.**897ff.**
Vollständigkeit *1047*
vollständig machen *920*
vollständig sein/werden 898.***1045ff.***
vollziehen *131*
vor 111.730.*33.136.444.587*
vorankommen *551*
vorbereiten 813
vorbringen *32*
Vorderseite *435.587*
Vorfahre 4
Vorfall 437
sich vorfinden *682*
Vorhaben 757
vorhanden sein *694*
Vorhandensein 128
Vorhof *257*
vorladen 742
vorlegen *136*
vorlesen *672*
Vorlesung *666*
vormalig *587*
Vormund 179
vornehm 38
vorne sein 142
Vorrat *469.584*
vorsetzen *136*
vorsichtig sein 768
vortäuschen 826
vorübergehen ***200ff.****207*
Vorvater 175
vorwärtsschreiten *551*
Vorzeichen 92.*418*
Vorzeichen suchen 93
Vorzeit *232.**587ff.***
Vorzug *846*

Wache *99.100.468.470.982*
wachsen 758
Wachthütte *99*
wacker 653
Wagen *777*
wägen *69*
Wagenrennen 444
wählen 278.*387*
für ein Amt wählen 537
wahr 653.814
Wahrhaftigkeit 197
Wahrheit 201
wahrlich 198
wahrnehmen 686
Wahrnehmung *975*
Wahrsagegeist 685
wahrsagen 413
Wahrsagerei treiben *351*
wahr sein/werden 183.813
Wahrzeichen *70*
Waise 170
wallfahren *275*
Wallung 582
Wand *268*
Wandel 458.*1044*
wandeln 489.*1047*
Wandverputz *354*
wann **933ff.***371*
(Deposit-)Ware 876.*249*
warnen 739.*210*
Warnung 740
warten **727ff.***44.624*
Wärter 184
Wartturm 272
warum 685.935
Wasser *966.1027*
Wasserflut *1028*
immer wasserführend *117*
Wasserlauf 28
Wasserleitung *910*
Wassermelonen 301
wasserreich *1023*
weben 642
Weber 642
Weg **456ff.**487.*1044*
wegen *336*
gefangen wegführen *887*
(in die Verbannung) wegführen 420
Wegführung 419
Weggeführter 419
weggehen *149*
weggerafft werden 18
wegheben *755*
weghuren 263.518
weglaufen 18
wegnehmen 876.*96.152.203.584.755*
wegschaffen *149.203*
Wegstrecke 458.487
wegtragen *109.111*
wegtreiben 433
wegwerfen *916*
Wegzeichen 669
wehe 21.73.**474ff.**
Weib 249
weich *762*

weichen *47*
Weide *791*
weiden (lassen) ***791ff.***
sich weiden 537
Weideplatz *791*
sich weigern 22
Weihe *50*
(sich) weihen 331.635.*50.*
121.592
weil *336*
weilen 308
Wein 780.*768*
weinen **313ff.***264.569*
Weinen 313
Weingarten *838*
Weise 458
Weiser 557
weise sein **557ff.**
Weisheit 557
weissagen 93.*10*
Weisung 349.***1032ff.***
weit *727*
Weite *716.727*
weitergehen *207*
weit sein 39.*727.828*
welken *26*
Welt 229
sich wenden *433*
sich wenden an 464.*842*
sich wenden gegen *339*
wenige *165*
wenn 504
wenn doch 79
wer auch immer 131. 248
werden 477.703.*305*
werden lassen *131*
werfen 674.*716.877.****916ff.***
1032
Werk *190.463*
Wert *709*
wert 795
für wert halten 644
wertvoll *682*
Wertvolles 794
wertvoll sein 405
Wesen 378
Westen 111.*575.993.1026*
westlich 111
wetteifern 633
wichtig 800
widerfahren ***681ff.***
Widerfahrnis *682*
widerlegen 731
widerlich sein 520
widerrufen 880
Widersacher *582.****821ff.***
sich widersetzen *821*
Widerspenstigkeit 928
widerspenstig sein 926.
928ff.
Widerstreben 749
Widerwillen empfinden/
fassen *836*
widmen *592*
wie 125.452
wieder *210*
wiederaufbauen 325
wiedererstatten 428
wiedergutmachen 853
wiederherstellen 552.*79*
Wiederherstellung 254
Worte immer wiederholen
217
Wiederholung *210*
Wille *810.812*
willfahren 22.*112.976*
willig reagieren *337*
willig sein 22
Willkür 74
Wind 467.*726*
Wipfel 212
wirken 478.703
wirklich 198
wirksam sein *553*
wissen 682
Wissen 684
Witwe **169ff.**
Witwenschaft 169
Witwenstand 169
Witwer 169
wo **125ff.**
Woche 710
woher 125
wohin 125
wohlan! 488.*119*
Wohlbefinden *920*
Wohlergehen 663.*922*
Wohlgefallen *810*
wohlgefällig 653
Wohlgeruch 652
wohlgestaltet 653
wohlhabend werden 404
wohlriechend 653
Wohlstand 652
Wohltat *529*
Wohltäter 356
wohltun 654
wohnen 312.443.812.***904ff.***
953
Wohnstatt 443
Wohnstätte *906*
Wohnung 443.813.*905*
Wolke 245.*109.****351ff.***
Wolken versammeln *351*
wollen 1.20ff.279.624
nicht wollen 880
Wort 212.**433ff.**536.*18.408.*
640
Wuchs 394.*635*
Wucht 798.*500*
wuchtig sein 81
Wunder 95.*414*
wunderbar 769.*414*
wunderbar sein ***413ff.***
Wunsch 74.624.*73*
wünschen **74ff.**279
Würde 404.580.795
Würdenträger 913
Wurfmaschine 642
Wurfspieß *910*
Wüste 58.*970*
wüst sein *838*

Zahl *163*
zählen *111.162*
zahlreich 402
Zählung *163*
Zank 447
zanken 446
zart *762*
Zauber 82.*883*
Zauberei treiben *351*
Zauberer *9*
zehntausend *716*
Zeichen **91ff.**202.687.*70.*
414
Zeichen geben 438
als Zeichen nehmen 93
(sich) zeigen 422.*694*
Zeit 630.711.742.*241.336.*
370ff.
fernste Zeit *228*
frühere Zeit *587*
Zeitalter *241*
Zeitdauer 717.*372*
Zeitlauf *378*
Zeitpunkt 711.*371*
Zeitraum 717.*241.372*
Zelt 309.*270*
Zeltlager 443.549
zerbrechen 345.*487.795*
zerhauen 336
hin und her zerren *487*
zerstieben *202*
zerstören *174.802*
Zerstörung *973*
zerstreuen 19.420.577
zerstückeln *659*
zerteilen 858
Zetergeschrei 786.*572*
Zeuge ***209ff.***
(als) Zeugen (her)anrufen
210
zeugen (als Zeuge) *339*
zeugen 733.*652*
Zeugenaussage machen *34*
Zeuge sein *209.339*
Zeugin *210*
Zeugnis *210*

Zeugungskraft 81
Ziege *253*
Ziel *100*
ans Ziel kommen *554*
Zielscheibe *100*
sich ziemen 74
Zierde 469.*387*
zimmern *682*
Zinne *996*
Zion *271.**543ff.***
Zitadelle 310
zittern 766.*411*
zögern 269
Zorn **220ff.**581.*100.108.* ***205ff.**663.664*
Zornesfeuer 246
in Zorn geraten *664*
(Zorn-)Glut 633
zornig sein *205.**663ff.***
Zucht 738
züchtigen **738ff.**
Züchtigung 738
zudenken *122*
Zufall *682.807*
Zuflucht(sort) 621.*47.174. 221.252.256.411.420*
Zufluchtsstätte *221.425*
Zuflucht suchen/nehmen ***221ff.**252*
zugegen sein *211*
zugrunde gehen **17ff.***891. 972*
sich zugrunde richten *973*
Zuhause *45*
zukommen lassen *119*
Zukunft 111
zulassen *133*
zuletzt 116
Zuneigung 591
zunichte machen *486*
zunichte werden 270
zurechtweisen 730.739
Zurechtweisung 740
zürnen 634.*100.982*
zurückbringen *884*
zurückführen *886*
Zurückgelegtes *468*
zurückgesetzt *835*
zurückhalten 111.237.831
sich zurückhaltend zeigen *50*
zurückkehren ***884ff.***
zurückkommen 266
zurücklassen *249.845*
sich zurückziehen 541.*278*
zurufen *668*
zurüsten 813
Zusage 342
zusammenfügen 642
zusammenhelfen *258*
Zusammenkunft *145*
zusammenrufen *568.666*
zusammenschnüren *582*
Zusammentreffen *682*
sich zusammentun 736.*144*
sich zusammenziehen 549
zuschanden werden **269ff.**
Zuschlag *716*
zuschreiben *122*
früherer Zustand *587*
in gutem Zustand sein *551*
zustande kommen *363.637*
zuteilen 576.*56*
zuverlässig 179.814
Zuverlässigkeit 179.196. 202
zuverlässig sein 178.182
Zuversicht 303.836
zuversichtlich sein 301
zuvorkommen *587*
Zuwachs *723*
zuweisen *124*
Zweck *336.341*
zweckmäßig 653
Zweig 212.*663*
Zwilling 101
zwischen 306

PERSONENREGISTER

Gerade Ziffern beziehen sich auf den ersten Band, kursive Ziffern auf den zweiten Band. Häufig zitierte Handbücher wie AHw, BL, DISO, GB, HAL, KAI, KBL, LS, Lis., Mand., Noth, IP usw. sind nicht ins Register aufgenommen worden.

Aalders 757
Aalen 86–90.812.*990f.998f.*
Aartun *253.343*
Abel E.L. *878*
Abel F.M. *716*
Ackroyd 314.471.683.*639.1057*
Aharoni 457.*71*
Ahlström 39.186.*542.581.650f.656.826*
Ahrens 685.*428.619*
Aistleitner XLI (WUS passim). 111.531
Albert 689
Albrecht 221.456.627.*531.576.988*
Albrektson *550*
Albright XXXII.9.26.33.80.118.178.194.233.340.444.458.512.535.557.634.660.781.825.909.XI.*2.7.55.228.237.411.448.504.575–577.610.629.651.658.757.837f.874.877f.880.989.1051.1057*
Alfrink 11.894.*296.576.578.968.992*
Allegro 486
Alleman XXXII
Allen 683
Alonso-Schökel 505
Alt XXVIII.XXIX.XXXII.9.10.27.69.113f.158.234.309.321.327.330.409.413.560.629f.668.715.895.911.915.917f.*32.61.150.172.261.391.411.866.880f.943.945.1007*
Altmann 280.294.692
Amusin *498*
Andersen 158
Anderson 83.*296.615*
Andreasen *867*
Andrew 581
Ap-Thomas 531.567.587f.593.597.*253.331.385.427.431*
Armstrong 647
Arnold *504*
Asensio 126.604.613
Asting *608*
Astour 781.*630*
Auvray *130.261*
Avigad 919.*538*
Avi-Yonah *469*
Azzi *610*

Bach L. 188f.
Bach R. 326.924.*49.222.422.481.485.503.670*
Bacher 791.*37*
Badè 95
Bächli 11.62.69.103.113.408.*295*
Baentsch 58.342.575.650
Baethgen 33.*875*
Baetke XXXII
Bailey H.W. 487
Bailey Ll.R. 144.*878*
Baldwin *565*
Baltzer 517.632.774.*139.954.956*
Balz 778
Bammel 21.23.25.*341.343.350.788*
Bange *370*
Bardtke 114.413.502.915.*44.332.437.639.695.915.986*
Barr XII.XV.XXIX.42.86.123.178.181.188.210f.257.327.433.479.518.521.567.635.684.867.*48.145.163.229–231.242f.249.257.335f.360.363.374.377.379–381.384f.461.584.609.629.639.664.684.694.716.824.938.982*
Bartels 518
Barth C. 121.514.555f.760.786.879.896.*96.98f.154.285.335.340f.399f.839–841.969.991*
Barth J. XXIX.125.276.549.581.633.831.836.893.*1.7.26f.30.332.387.406.470.620.685.692.1022.* .*1051*
Barth K. 48.*XI.561*
Barthélemy XXVII
Bartina 458.*707*
Bartlett *133.615.705*
Basset H. XXXII
Basset R. *881*
Bauckmann 441.567.*533.1033.1042*
Bauder *249*
Baudissin XXXII.8.26.31.34–37.40.*182.348.508.696.806*
Bauer H. XXIX (BL passim). 9.42.653.*163.555.577.610.629f.651.722.841.1019*
Bauer J.B. 458.867.*313.710.828f.*
Bauer W. 674.794.*715.899.904*
Bauernfeind 469.*46.503.777.884.1043.1051*
Baumann A. *156*
Baumann E. 686.689.691.694.696.935.*655.886f.*
Baumgärtel XXXII.36f.74.159.189.215.378.867.*1–3.500.506.738.747.753*
Baumgartner XXXII.XXXIV (HAL passim).XXXV (KBL passim).228.394.907f.*257.390.662.824.838.967*
Becker J. 765f.768–777.*411–413.1009*
Becker J.H.*72*
Beegle *754*
Beek *538.907*
Beer XXIX.XXXII.575.848.*278.387.445.447.459.500.950f.957*
Beeston *138.988*

Begrich XXIX.XXXIV.120.149.258.304f.342.374.508f.513.572.695–697.773.788.915.935.*157.167.171.223.431.688.774.776.784f.901.904.1006.1028.1032.1034–1038*
Behm 142.240.351.450.518.530.639.860.867.*66.141.538.891*
Ben-Hayyim *329*
Ben-Jehuda XXIX.571.575
Benoit *370*
Bentzen 208.915.*498*
Benveniste E. 688
Benveniste G. 478
Benz *26.59.106.118.182.253.291.325.360.401.433.495.509.538.541.551.576.584.635.651.754.786.910.916.920.936.989.1046*
Berger *707*
van den Berghe *343*
Bergmeier 751
Bergmann *96*
Bergsträsser XXIX.17f.62.98.104.107.140.220.225.228.306.313.316.486f.524.541.581.652.667.683.707.727.755.812.828.833.861.867.870.893.897.908.928.933.*63.66.71.99.109.117.187.252f.259.328.356.406.569.582.587.589.592.641.674.701.717.722.761.777.791.841.919.935.965.974.987.1022*
Bernhardt 15.323.704.735.912.915.*463.647–649.793*
Berridge 586
Berry *44*
Berthier 40
Bertholet XXIX.XXXII.XXXIV (HSAT passim).411.522.775.*162.447*
Bertram 79.258.260.382.397.469.548.557.732.739.742.778.830.837f.869.*6.31.148.200.249.290.325.370.413.420.466.495.498.543.761.874.891.987*
Besnard *938.947.949.952*
Betz *460.630f.633f.674*
Beuken 541.*15*
Bewer *7*
Beyer H.W. 118.376.*486.809*
Beyer K. 486.*370.702*
Beyerlin 141.156.267.517.789.*160.327.353.402*
Beyreuther XL.664.*794*
Biard 523.824.*256*
Bi(c)kerman(n) 372.859
Bieder *753.919*
Bietenhard XL.*325.841.921.937f.951f.954.963.966.970*
Billerbeck XXXIX (StrB passim)
Birkeland 120f.*341–344*
Birnbaum *685*
Bischoff 450
von Bissing 200.883
Blachère XXX.*71*
Blank 16.361.574.*852.962*
Blass XXIX.127
Blau 226.244.301.381.383.402.451.505.508.531.633.648.825.*551–553.630.663.824.873*
Boccaccio 403.757
Bodenheimer 600
Böcher 209
Boecker 268.288.446.509.511.513.515.584.730f.761.787.916.*121.123.156.212.214f.288.339.405.571f.574.653.667.670f.687.705.774–777.817.957.1002.1006.1052*
Böhl XXIX.336.*946f.954* (vgl. de Liagre Böhl)
Boehmer *295.450.456.936*
de Boer 351.507.509f.512.518.552.560.752.*13.130.146.307.330.385f.409.427f.460.543.619.621.629.952.962*
Bogaert *120*
Boismard 701
Boman 479.*380f.*
Boneschi 901
Bonnet *510.997*
Bonningues 209
Borchert *505*
Bordreuil *556*
Borée *716*
Borger 186.*29.201.345.475.886.946*
Bornkamm *148*
Boström 72.521.838.*68*
Bottéro *201.997*
Botterweck 336.683.686.689.692–694.*XI.642.793*
Bousset XXIX.17.38.*507.963*
Boyd 112
van den Branden *508.556*
Brandon *380*
Brandt *200*
Braslavi *595*
Bratsiotis 213.*95*
Braulik *45.218.1040f.*
Braun 300.339.765.856.*370.466.483.618.1057*
Breit 69f.103.106
Brekelmans 635.*602*
Brentjes 227
Bresciani XXIX.XXXIV.178.
Bressan *1044*
Brichto 150–152.237.*642*
Briggs 703.861.*XI.72.782*
Bright 9.*947*
Brock *780f.*
Brock-Utne *823*
Brockelmann XXIX (Br Synt passim). XXXIV (GVG passim). XXXV (LS passim). 1.333.549.928.*905*
Brongers 372.404.513.573.618.620.658f.689.*95.336f.379.542.647–649.952f.959–961.1024*
Brønno XXIX.456
Brown F. 703.*XI.782*
Brown R.E. *144.148*
Browne XXXII
Brun 152.240
Brunner E. *381*
Brunner H. 6f.139.564.739.863.*381.409.510.687.978*
Brunotte XXXI
Bruppacher *349.786*
Buber 209.259.689.792.860.*359.468.779*
Buccellati XXIX.587.663.911f.*26.71.257.507.754.920*
Buchanan 111.116f.659.689
Buck 69
Budd *1036*
Budde 27.689.*362.365.398.464*
Büchsel 76.107.152.169.224.240.394.428.445.448.486.522.732.736.857.933.*109.141.159.259.341.647.777.1009*
Buhl XXXIII (GB passim).433
Buis *157*
Bultmann 31.90.197.208f.272.304f.308.418.557.597.603.621.623.701.755.778.897.*117.159.389.530.621.629.674.768.786.835.872*

Bunte 141
Burchard XXVII
Burchardt XXIX.26.*701.873f.*
Burney 869.*651*
Burns *407*
Burrows *877f.*
Busink *995f.*
van den Bussche *562*
Buxtorf d.J. *875.877*

Calice XXX.20.178
Campbell J.C. *855*
Campbell J.Y. *619*
Cantineau 508.516.*470.556*
Caquot 8.90.186.245.321.354.471.516.643.915.*26.30.182.578*
Cardascia *469*
Carmignac 746.*726*
Carroll *826*
Caskel *71*
Caspari 27.79.122.802.837f.*26.28.30f.921f.*
Cassuto *249.445*
Castellino 661
Cathcart *780*
Causse *295.342f.*
Cazelles 141.190.196.513.773.*136.518.651.765.887.951.1004*
Černý 723
Charbel *931*
Charlier 40
Chelhod 353.635
Childs 94.304.509f.515–517.541.715.761.*580.947*
Chouémi XXX
Christ 567
Christian XXXII
Claassen *539*
Clark 689.*646*
Clavier *417.420*
Clemen *285*
Clements 340.*293.954*
Clifford 476
Clines *942f.*
Coats 872
Cody *315f.*
Coenen XL.300.875.*563*
Cogan *917.996*
Cohen A. *909*
Cohen C. *663*
Cohen M. 178.353
Cohen M.A. 65
Colpe 43.323.325.*714*
Conrad 699
Conti Rossini XXX.41.469.652.786.*53.71.106.160.163.249.252.257.268.290.325.389.498.509.551.556.715f.803.819.835.844*
Conzelmann 87.209.919.*141.828.834f.884*
Cook 290
Cooke G. 146.323f.*147*
Cooke G.A. XXX.61.*706*
Coote *763*
Coppens 70.689.915.*XI*
Couroyer 460.*408.410*
Cowley XXVIII.XXX.7.61.102.111.170.178.223.225.237.301.321.327.376.418.511.684.701.738.750.926.*151.160.221.332.401.432.467.469.530.536.552.568.682.757.837.898.936*
Cramer *670*
Cremer *515*
Crenshaw 87.476.*204.961*
Croatto 663
Cross 471.*101.117.236f.254.285.370.504f.810.874.878–881*
Crowfoot *685*
Crüsemann 494.675.679.695.*779.784f.834.960*
Cullmann *543*

Dahl 57.73.300.*295.315*
Dahood XXX.1.3.19.31.39.57.101.104.112.123.140.178.182.211.229f.243.274.276.326f.402.427.433.443.458.487.533.641.684f.750.755.765.781.815.818f.821.*118.120.127.142.209.222.235f.243.249.261.285.338.340.362.407.451–453.461.582.588.601.603.630.632.639.652.666f.669.702.721.723.763.829.831.881f.916.944f.988.996*
Dalman XXX.57.86.209.225.276.365.413.459.642.738.812.825.838.923.*37.47.351.530.566.708.723.793.967.989f.1010.1055*
Danell 782
Daniel *200*
Daniélou *483*
Dantinne 336
Daube 209.668.*983*
Daumoser 300
David *113.669*
Davies XXXII.*353*
Deák 69
Debrunner XXIX.127.443
Degen 409.487.533.779.*35.71.205.341.936*
Deichgräber *982*
Deissler 595.*63*
Delcor 38.234.632.669f.*216.384.536.687.915.1009.1042.1045*
Delekat F. XXXII
Delekat L. 30.95.98.377.549.554.621f.709.*43.141.163.250.262.335.337.341.343.540.793.826.896*
Delitzsch Franz 207.819
Delitzsch Friedrich XXX.21.173.639.*556.629.877.902.1032*
Deller 39
Delling 275.502.633.726.745.833.879.900.933.*53.368.380.385.536.589.663.715.821.898.1051*
Denizeau XXX
Dentan 148.694.*767.950*
Dequeker *602*
Deutsch 304
Dévaud *838*
Devescovi 460
Devoto 709
Dexinger 157
Dhorme XXX.223.353.377f.449.523.667.672.794.834.836.862–864.919.*71.75.164.261.265.407f.432.437f.440.442.450f.596.705.756.761f.997*
Diepold *135.139f.*
Dietrich A.175
Dietrich E.K. *886–888*
Dietrich E.L. *37*
Dietrich M. 18.*113.142.768.771*
Dihle *96*
van Dijk H.J. *120f.249.957*
van Dijk J.J.A. *1033*
Dillmann XXX.225.398.541.567.571.581.621.748.812.872.923.*69.71.96.99.106.150.160.163.249.356.389.433.467.498.583.635.647.715.761.803.813.837.863.869.882.891.965.987*
Dion 220
Diringer XXX.61.95.*584.991*
Dodd 477

Doeve *726*
Dombrowski *221*
Donald 77.837.*27.31.496*
Donner XXXV (KAI passim).5.98.118.144.176.313.469.471.685.877.*43.48.408f.473.480.788.943.958.963*
van Dorssen 188.191
Dossin 102.*292.910*
Dotan *228*
Draffkorn 156.*1058*
Dreyer *268*
Dreyfus 577.780.*57*
Drijvers *242.970*
Driver G.R. XXX.XXXI.XXXII.3.5.11.14.19.28.42.61.86.101.110.122.125.167.178.221.243.247.301.327.380.445f.456.509.518.521.533.537f.550.567.583.592.598.600.633.635.642.657.683.688.705.707.742.749.818.825.829.836.861.873.894.923.926.*44.47.96.102.110.121.144.167f.207.250.257.275.341.363.421.433.469.503.584.664.694.721.758.782.804.825.829.882.906.916.982.1044f.1049.1055*
Driver S.R. 106.640.703.*XI.43.243.317.320.782.907*
Drower XXXI.379.486.571.812.817.923.*32.37.173.341.689.855.936*
Duchrow 98
Duden XXXI.211.*975*
Dünner *518*
Dürr 6.413.439.441.555.562.739.834.*71f.74.735.738.848.993*
Duhm 16.116.207.342.430.751.775.859.*368.393.429.447.505.579.747.876.961.1014*
Dulière *795*
Dumermuth *908.954*
Dumortier *826*
Dunand 516
Dupont J. 260.701.*498*
Dupont-Sommer 409.701.933.*XI.609*
Durham *921.933*
Duru 516
Dus *992.994–996*
Dussaud XXXII.145.508.918.*72.500*
Eaton 647.*215*
Ebeling E. 936.*475.486.898*
Ebeling G. 209
Edelmann *339*
Edlund *1049.1051*
Edsman *162*
Edzard 275.*293.792.997*
Eerdmans 483.619.*869*
Ehrlich 612.*63.143.213*
Eichhorn *542*
Eichrodt XXXI.XXXII.10.34f.62.69f.106.141.166.191.224.332.342.370.484.603.696.745.915.*51.72.77.152f.245.285.287.295.380.383.404.417.428.484.505.515.649.658.679.708.739f.793.823.867.888.921.954.1049*
von Eicken *916*
Eilers XXXII.625.*469*
Eisenbeis *919–922.924*
Eisler *992*
Eißfeldt XXVII.XXIX.XXXI.XXXII.XXXIV.XLI.14.31.34.36.39.93.98.143f.146.149.154.162.168.229.244.271.313.321.330f.452.484.629.632.669.702.722.762.782.792.830.834.915.918.*43.70.85.158.166.172.236.285f.411.449.475.499f.503.505f.575–579.590.757.880.936.939.941.943f.963.970.982.993.1032.1036.1058*
Eitan 85.867.*336*
Elbogen 603.618
Eliade 233.
Ellenbogen XXXI.249.*167.721*
Ellermeier 468.*7.19.241f.*
Elliger XXIX.XXXV.2.19.68.96.100.130.151.163.215.219.244.253f.265.373.380.384.410.449f.516.522.572.575.592.612.615.627.666.755.791.810.835.842f.845.849.858.904.913.922.*XI.25.46.50.74.78.89.91.108.162.199.261.274.299f.348.392.462.464.466.482.500.502.549.582.597.644.651.663.721.758.775.818.836.871f.883.905.951.953.959.963.985.989.995.1003.1044*
Eltester *563*
Emerton 647.683.802.*205.373.594*
Engnell 689.915.*358f.451.1032*
Erman XXXI.95.178.380.642.682.*531.689.997.1051*
Esh 758
Esser *768*
Euler *163.166*
Evans 757

Fahlgren 196.*26–31.468.490.517.796.813.1000.1005*
Falk 448.627.*510.651*
Falkenstein XXXIX.310.860.*142.292*
Fascher *25.96*
Faulhaber *XI*
Feiner *296*
Feliks *968*
Fensham 20.89.171.236.330.835.
Fenz *981*
Feucht 572
Février 40.61.*639*
Fey 81
Fichtner 67.104.224.566.658.751f.842.*96.205.533.787.789.791.936.938 945f.1033.1042*
Fiedler 507
Filson *577*
Finesinger *897*
Finet 557
Finkelstein *243.874*
Fishbane *763*
Fisher L.R. *339.408.450.577.591.601.666.721*
Fisher R.W. 904
Fitzgerald 670
Fitzmyer XXXI.XXXIX.37.57.99f.145.234.300.313.533.623.714.742.778.830.860.919.*35.45.47.100.219.231.242.263.285.432f.495.568.584.726.884.887.899.970.1010*
Flack 603
Fleischer 549
Flender *563*
Flügge *966*
Foerster 38.122.333.336.339.415.579.738.778.780f.790.794.817.933.*59.99.367.427.495.545.582f.651.818.823.935.1055*

Fohrer XXVII.XXXI. XXXIX.6.85.93f.124. 148.155.207.227.258f. 275.301.313.325.342. 381–383.404.452.458. 526.557f.560f.563–567. 571.573f.577.627.666. 696.702f.723.741.745. 753f.775f.786.790.813. 836.853.868.900.*9.19.28. 30.48.51.54.122.141. 143–146.164.167.202. 249.313.333.355.364.367. 378.392.403.407.411.421. 427.436.451.457.461. 463f.475.477f.480.539. 543.545.547.549.551.555. 557.579.596.617.635.657. 699.708.721.758.760.772. 782.789.815.823.839.850. 868.887f.910.954.963. 995.1035.1057*
Fraenkel M. *863*
Fraenkel S. XXXII.29.402. 431.451.*163.168.556.768. 804.1026*
de Fraine 57.868.912.915. *793*
Frankena 385.*219*
Franfort 281.911
Franz 175
Freedman *117.370.504*
Friedrich G. XL.904.*674. 1018*
Friedrich J. XXXII.1.20. 103.216.353.486f.504. 507.549.626.*XI.26.433. 467.541.602.614.702.863. 994*
Frings *XI*
Fronzaroli 42.130.142.220. 225.236.242.247.313.376. 378.394.398.443.477.508. 522.541.549.568.581.635. 647.667.707.709.732.746. 794.861.893.923.*39.50. 71.259.353.356.406.420. 432.539f.587.589.701. 715.723.726f.761.768. 919.935.965f.987.990. 1027*
Füglister *296*
Fürst H. *467.470f.473.486*
Fürst J. *468*
Fuß *357*

Gaboriau 683.686.689.691
Gadd *793*
von Gall 802
Galling XXIX (BRL passim).XXXII.XXXIX. XL.6.37.57.280.282.284. 330.413.512.516.603.669. 736.791.824.913.919.*70. 242.382.473.500.540f. 615.671.685.957*
Gamoran *123*
Gamper *774.1002*
Garbini 20f.919.922.*538f.*
García de la Fuente *696. 843*
Gardiner 7.682
Gaster M. XXXII
Gaster Th.H. 33.149.253f. 915.*823.839.842.966*
Gaston 333
Geckeler *377*
Gehman XXXVII.700. *103.486*
Geiger 271
Geist *332*
Gelb *988*
Gelin 25.*XI.343.346f.*
Gelston *737.915*
Gemser 77.79.123.125.261. 308.395.429.446f.473. 521.564.585f.739.741. 776.821.874.*27.134.145. 203.205.231.253.256.357. 377.407.437.441.555.657. 708.716.729.773f.804. 825.827.958.1033f.1044. 1057*
Genung *555*
George 260.785.*343f.*
Gerber 470.825.*32.66.69. 387*
Gerleman 62.64.92.386. 442.701.709.739.844.874. 897.*202.317.716.721.838. 910.922*
Gerstenberger 476.562.*171*
Gese XXVII.19.564.641. 705.919.*32.236.285.292. 475.509.517.577.658.781. 804.878.970.991.997. 1031.1042*
Gesenius XXXIII (GB passim).XXXIV.261.340. 549.858f.*7.487.837.875. 877.1032*
Gess *563*
de Geus *1003*
Gevirtz 236.*539.973*
Geyer *660*
Gibson *370.939*
Gierlich 89f.
Gils *26*
Gilula 693
Ginsberg 524.533.862.*10. 63.66.257.308.317.333. 357.596.651.829*
Gispen 651,*XI*
Glaser *466f.*
Gloege *966*
Glueck N. 600.603.608f. *XI.577*
Glück J.J. 225.*32*
Gnilka 300.*982*
Görg *908*
Goetze 125.692
Goetzmann 313
Goitein *243*
Gold *43*
Goldman 11.105.642.873. *427*
Goldziher *881*
Good 73.*648*
Goppelt 142.*1024.1026. 1031*
Gordis 600.667.689.*362. 804*
Gordon XXVII.XL (UT passim).102.357. 805.*117.150f.249.644. 988.1058*
Goshen-Gottstein 872.*115*
Gowan *336.339*
Gradwohl 57.835.*438*
Grässer 209
Grapow XXXI.XXXII. XXXIV.95.101.178.218. 380.642.682.*531.689.928. 1051*
Gray XXXIV.3.18.111. 167.169.224.228.409.652. 705.911.915.918f.*67.103. 151.300.374.666*
Grebe XXXI.73
Greenberg 552.*70.142.144. 201*
Greenfield 872f.*329.828f.*
Greeven 103.336.467.533. *43.53.432.791.844*
Greiff *356*
Grelot 411.933.*103.328. 552.795.824.863.898*
Gressmann XXVIII (AOT passim). XXIX.17.38. 116.227.724.772.*384.507. 576.579.700.779.848.897. 963.1057*
Grether 221.224.439.441. 842.*1.18.205.936.938. 951–954.956f.959.1000*
Grimm J./W. 433.*928*
Grimm K.J. *555*
Grimme 675

Gröndahl XXXIV.8.26.31.38.85.212.225.321.327.398.429.446.507.549.587.635.754.762.778.786.791.794.813.909.923.*59.106.117f.182.187.253.257.291f.390.406.433.461.563.587.630.635.651.715.754.771.786.804.841.884.905.920.935.965.975.989.1043*
Grollenberg 628
Gros 458f.
Gross 471.509.892.*921*
Grossouw *629*
Gruenthaner *992*
Grundmann 41.209.275.409.412.541.548.656.664.817.825.881.908.*224.249.256.325.328.332.350.495.568.674.803*
Günther *249.855*
Guidi 125
Guillaume 210.879.*7.337.354.664.887*
Gulin 491.*456*
Gulkowitsch XXXIV.38.383.619f.900.*182.210.635*
Gunkel XXXIV.107.120.156.196.258.298.304f.364.374.429f.695.777.907.915.935.*221–223.253.431.445.601.688.708.736.756.784f.823.887.901.904.995.997.1035*
Gunneweg 535.704.*14*
Gutbrod 587.633.785.*249.495.818.1019.1035.1042*
Guy *26*
Guzzo Amadasi *498*
Gyllenberg 16

Haag XXIX.424.697.*35.879*
Haase 385f.
Hackmann *7*
Hänel 536.683.694.*649.697.747*
Häussermann 673.*698*
Hahn 325.*26*
Haldar 58.*1045*
Hammerich *572*
Hamp 443.*793.828f.*
Hanhart *287.602*
Hanse 431.*777*
Hanssen *141*
Haran 158.*712*
Harder *162.803.894.1042*
Harnisch *483*
Harris D.J. *921*
Harris Z.S. XXXIV.26.31.38.85.178.354.409.486.587.623.642.692.813.794.909.*117.160.257.467.469*
Hartmann B. 1.129.229f.455.781.824.*100.336.723*
Hartmann L.F. 689
Hartmann R. *995*
Harvey *687.776.832*
Hasel *844.847f.*
Hasler 209
Haspecker 778
Hauck 23.260.492.520.575.621.652.667.761.*106.332.335.350.629.919.1051*
Haulotte 869
Haupt XXXII.682.781.*468.877.879*
Hauret *651f.*
Haussig XXXIV.175.327.330.*577.658.920*
Hecht *651*
Hegermann *563*
Hehn 153.454.467.*727.735.737f.740.819.877*
Heidel *839.1030*
Heidland 643.646
Heidt 907
Heim XXXII
Heintz *680*
Heitmüller *957*
Helberg 379
Helck 95.*498.561.577.658.874.997*
Held 140.575.*113.142.982*
Helfgott 300
Helfmeyer 490f.
Heller J. 782.*353.992*
Heller R. XXXII
Hempel 15.87.194.228.312.355.357f.360.568.570.770.835.861.*740.806.808.953.996*
Hengel 492.*618.650*
Henke 330
Henninger 859.*713*
Henry *448*
Hentschke 535.583.626–629.631f.915.*126.140.699*
Herdner XXVII.XXXIV.167.*150.308.908.1046*
Hermann A. 101.863
Hermann R. XXXII
Hermisson 98.110.476.558.561f.565.578.641.645.647.680.865.*122*
Herner XVII.852.*153*
Herntrich XXIX.448.*777.850.855.1000.1009*
Herrmann J. 36.415.532f.579f.781.842f.857.*57.59.159.385.431f.*
Herrmann L. XXXII
Herrmann S. 86.326.515.517f.697.703.705.725.870.*12.21.157.485.788.945.996*
Herrmann W. 112.141.146.324.641.*24.147.262*
Hertz *567*
Hertzberg XXXII.57.65f.112.469.561.596.685.712.869.*70.274.295.352.362.481.489.500.675.817.990.994.1000.1020*
Herwegen XXXII
Hesse XXXV.23.210.540.687.866.*13.386.428–430.689.691*
Hester 781
Heyde 704
Hillers 19.140.227.236.258.359.648.663.*126*
Hintze 863
Hirschberg 61.*629*
Hirzel *541*
Hobbs XXXII
Höfner XXXV.XL.571.705.857.*285.292.878*
Höhne 653
Hölscher 11.275.541.*1.9.164.555.699.823*
Hönig 39.868
Hoffmann *876.1057*
Hoffner *1057f.1060*
Hofius *420*
Hoftijzer XXX (DISO passim).9.27.243.376.448.*140.495.719.1045*
Hogg 209
Holladay 477.*485.884–888.890.992*
Hollenberg *296*
Hollis *995*
Holma 276.667.*406.432.436*
Holman *656*
Holzinger 589.860.*461*
Hommel *162.877*
Honeyman 21.404.523.648.*944f.*
Hooke *995*
Horner 411
Hornung 911.*72f.237.381.560.649*
Horovitz 178.*821*

Horst F. 16.29.102.109.123.150.237.242.249.262.308.311.343.355.360.372.383.411.429.431.446.513.515.534.577.627.632.637.641.681.704.730.754.793.859.913.*55.57.107.123.126f.133.212.334.339.391.436.457.468.479f.482.517.555.561.593.687.698f.756.775.789.817.822.857.860.925.1000.1014.1035*
Horst J. 98.*978.982*
Hort *729*
Houtsma *892*
Hruby *1042*
Huber 830
Huffmon XXXIV.3.8.31.85.99.212.225.275.321.446.477.507.549.579.587.635.653.692.696.705.754.762.786.813.909.923.*43.59.71.106.109.117f.142.151.161.174.182.249.253.257.290f.360.507.538.584.635.687.715.753f.761.771.786.804.810.884.920.936.975.988f.1000*
Hugger *223*
Hulst 193.378.785.*140.295.867f.*
Humbert 15.21.23.90.122.318.336.340.381.390.415f.476.506.521.570.673.689.735–737.759–762.*67f.144.317.343.358.405.461.463.465.556.561.570.651.657f.709f.723.785.805.808.829.832.911.982.1051f.*
Hunger *163.475*
Hunzinger 398
Huppenbauer 90.379.620.651
Hvidberg 315
Hyatt 10.621.*447.541.567f.1035*

Ihromi *299.343*
Iken *875*
van Imschoot *727.733.736.738.740.743.747.750*
Irwin XXXII.19.*652.666*
Iwry 924

Jacob B. 509f.512.*952*
Jacob E. XXXV.69.224.*96.514.593.954*
Jacob G. XXXII
Jacoby XXXI
Jahnow XXXV.475
James *358*
Jamme *498.810*
Janzen 257.260.477
Jastrow XXXV.492.738.839.*106.127.205.221.351.507.584.650.663.666.987.1051*
Jaubert 351
Jean XXX
Jeffery 353
Jellicoe *145*
Jenni XXXV.19.22.64.111.118.210.213.237.241.244.258.267.306.311.315.334f.355.360.405.421f.434.436.451.489.493.539–541.552.558f.577.579.593.648.684.727.732.736.739.779.791.839.845.872f.923.*4f.28f.32.38.53.56.60.62.71.98.106.129.145f.165.202.228.231.236.241–243.360.379f.411.414.423.484.487.497.508.531.563.568.586.592.595.620.647.675.677.716.718.764.768.804.813.835.843.866f.869.891f.899.905.913.963f.974.986.1025*
Jensen J. *1034.1038f.*
Jensen P. 683f.
Jepsen 113.342f.384.387-389.392.534–536.602.604.606f.611.614f.619.685.777.793.935.*XI.2.17.187.341.391.395f.508.516.519.648.698.743.762f.951.1008*
Jeremias A. 230f.627.*504*
Jeremias Joachim 17.20.57.138.*54.117.200.252.543.595.725f.793f.837.841.855.970.1031*
Jeremias Jörg 90.245f.267f.430.725.754.759.*13.15.18.23.44.194.203.480.482.549.571.576.733.998.1006*
Jervell *563*
Jestin *237*
Jirku 130.653.835.*408.538.713.991f.1057f.*
Jocz 300
Johannessohn 486
Johannson *428*
Johnson 383.393.452.534.536.603.912.915.918.*7.9f.25.72f.79.89.91.437.442.460.698f.727f.736.738.956.1057*
Johnston 73
Jones 631
Jongeling *133.946*
Joüon XXXV.6.8.213.258.261.276.382.429.431.453.530.557.669.765.774.835.862.867.870.*7.26.30f.43.53.117.120.130f.133.210.253.328.337.370.408.411f.495.614.631.633.670.753.841.863.886.942.966*
Jovino *609*
Jüngling 156
Junker XXXII.363f.367.369.535.*710*

Kaddari *129.1043.1045*
Käser 260
Kahle XXXII
Kahn 604
Kaiser 85.190.752.773.*378.403.448.473.480.482.486.549.682.957.1031*
Kamil XXIX.XXXIV.178
Kammenhuber *72*
Kampman *943*
Kapelrud 116.330.915.*336.541.576f.581*
Karge 340
Kasch *99*
Katz 702.*202.325.652.666*
Kautzsch XXXIV (GK passim).907.*504.515*
Kayatz 72.97.101.260.556.566.863.*256.357*
Keck 25
Kedar-Kopfstein *129*
Kee 431
Keel *781.893.1057*
Kees 7
Keil 859
Keller 91.93.95.209.259.687.*347*
Kellermann D. 252.*501.880*
Kellermann U. 516
Kennett *541*
Kenyon *544.685*
Kessler *506*
Kienast *117*
Kikawada *658*
Kilian 572.*534*
King *450*

Kingsbury *147*
Kittel G. XL.17.98.118. 216.443.472.474.491f. 908.*389.563.663.876.974. 978.982*
Kittel H. 802.812
Kittel R. XXIX.XXXII. *343*
Klauber *470.474.721*
Kleinknecht 167.443.633. 919.*563.753.1042*
Klíma *469*
Klopfenstein 197.201.203. 207.817–819.822.826.*23. 437f.662.882f.972.1010. 1012–1016.1018f.*
Kluge XXXV.230.*333*
Knierim 14.113.263.322. 543–548.584f.697.*113. 244.247.459.489.1004*
Knight 106
Knudtzon XXXI (EA passim).691
Knutson *577*
Koch XII.78.124.204.215. 259f.280.286.387.449. 506.515f.565.603.645. 651.842.846.852.856.*26. 140.201.234.391.473.479. 486.515–517.520.522. 524f.546.556.796.816f. 827.908.921.1005.1037. 1050*
Köbert 101
Köhler XXXV (KBL passim).XXXVI.1.4.6.21. 34f.42f.86.97.139.169. 173.215.218.225f.272. 301.340.383.452.479.484. 603.689.702f.757.773. 781.829.864.913.915.918. *72.88.113.145.154.158. 184.281.379.459.489.493. 503.515.561.652.657.672. 674.682.687.723.728.747. 765.774.776.837f.913. 936.967.990f.1000.1002. 1032.1060*
König E. XXXVI.77.106. 153.156.166.746.*7.38. 459.504.672*
König F.E. 536
Köster 794.*768*
Kohut XXXIII
Konopásek 127
Kopf 122.244.270.301.415. 427.525.621.624.727.749. 832.909.*50.76.109.163. 187.351.411f.433.531.684. 764.828.910.936.982.1051*
Kopp XXXIII
Kornfeld 99.102.649
Koschaker XXXIII.1.102
Koschmieder 213
Kosmala 116–118.209.399. 402.491f.*619*
Kraeling XXIX (BMAP passim).701
Krämer *26.1018*
Kraetzschmar 340f.673.859
Kramer 911
Kramers *536.821*
Kraus F.R. XXVII.512
Kraus H.-J. 14.37.41.62.72. 89.92.97.114.120.130. 135.204f.207.211.259. 274.323.374f.397.406. 448.471.529.557.592.606. 618.632.650.662.694.701. 735.742.745.751.768.770. 773.775.778.794.813.835. 915.918.*51.81.109.135. 144.147.154.201.217.267. 272.283.307.309.340.343. 393.399f.413.431.447. 464–466.469.477.503. 539.546–548.576.659. 661.689.695f.721.756. 760.764.767.781f.826. 869.879.952.958.978.981. 990.992.994–996.998. 1002.1008.1024.1035. 1039.1041*
Krenkel *295*
Krieger *411*
Krienke *855*
Krinetzki *578*
Kritzinger *295*
Kroeber 909
Kronasser 211
Krüger *XI*
Küchler *647–649*
Kümmel H.M. 849
Kümmel W.G. 209
Künstlinger 18.*191.765*
Kuhl 137
Kuhn G. *555*
Kuhn K.G. XXXVI.38f. 79.84.122.167.211.240. 269.275.299.335.411f. 418.428.442.445.450.466. 502.548.567.575.583.587. 620.623.626.635.701.755. 785.824.856.870.875.892. 919.922.925.927.*6.31.39. 50.66.68.101.109.141. 148.159.242.259.341.405. 411.413.420.432.460.466. 488.498.530.586.609.634. 650.666.674.768.771.777. 818.821.828.837.844.854. 883.890.894.935.963.965. 987.1017.1022.1026. 1031.1045.1055.1057*
Kupper 179.*292.472*
Kuryłowicz *715*
Kuschke 21.23.661.*343.908*
Kutsch 28.30.242.340.342. 352.515.758.823.859f. 913f.*250.326f.341–343. 349.355.537.548.666f. 669.672.863.868f.*
Kutscher 1.26.41.327.*328. 539*
Kuyper 209.608f.880

Labat 281.*997*
Labuschagne 106.128.164. 454f,*117f.127.138.542. 629.671.961.1057*
Lack *285*
Lambdin 21
Lamberigts *608*
Lambert G. *116*
Lambert M. *278*
Lambert W.G. XXX. XXXVI.6.24.30.230. 491.*475.687.863*
Land *7*
Landberg 21.261
Lande XXXVI.34.*184.379. 928*
Landman XL
Landmann 204
Landsberger XXXIII. XXXIX.353.447.684. 691.738.883
Lane E.W. XXXVI.91. 353.843.*290.389.610.847*
Lane W.R. *710*
Lang 245f.
Langdon *450*
Lange 699.*687*
de Langhe 915.*201.343. 575f.*
Langkammer *57.59*
Laroche XL
Larsson *563*
Larue 603
Lauha *575f.578.580*
Laurentin *379*
Lazure 209
Leander XXIX.XXXVI. 505.*663.786.837*
Lebram 567
Leder *359*
van der Leeuw XXXVI. 170.233.429.650.907
van Leeuwen *117.337*

Lehmann M.R. 554.575. *856.860*
Lehmann R. 315
Lehming 535.*69.908*
Leibel 518.*202*
di Lella 27
Lemaire *867*
Lentzen-Deis *967*
Lerch *70*
Lescow *568.588.1037*
Leslau XXXVI.77.433. 812.*252.275.353*
Levi della Vida XL.145. *285.652.658*
Levine *122.884*
Lévy I. XXXIII
Levy J. XXXVI.85.493. 571.575.778.856.*356.432. 487.507.591.714.882.988*
Levy M.A. XXXVI.61
Lewy J. 18.179.413.*201*
L'Hour 289.*801.1052.1053*
de Liagre Böhl XXXVI. 41.915.917. *XI* (vgl. Böhl)
Liaño *343.350*
Lichtenstein *72*
Lidzbarski XXXVI. XXXVII.336.533.623. *360*
Liebmann *486*
Liebreich 683
Liedke 627.629f.632.*107. 123.133.531–535.1001–1003.1005–1009.1034. 1037.1039–1041*
Lifshitz *71*
Limburg *776*
Lindars *1034.1040*
Lindblom 6.215.413.535f. 725.896.*1f.10.634.843. 887*
Lindhagen *182.186f.191*
Lindner *916*
Link *663*
Lipiński 258.915.*345.433*
Lisowsky XVII.XXXVI (Lis. passim).652.*432*
Littmann XXXVI.XL. 571.857.*348*
Ljungman 209
Lods 907
Löhr *49.779f.*
Löhrer *296*
Loewe *66.243*
von Loewenclau 97.*687*
Loewenstamm 40.531.639. 818.858.*100.222f.255. 630.896*
Loffreda 381
Lofthouse 588.590.603
Lohfink 12.29.71.106.210. 432.451.490.517.532.541. 632.640.874.883.*70.132. 137.149.186.198.218. 303–305.534.902.950. 971.980f.*
Lohse 325.847.*96.148.162. 460.551.726.869.1043*
Long 91. 715. *338.946*
Loretz 18.340.427.467.469. 552.832.*3.113.133.142. 209.242.333.336.357.362. 382f.559f.614.647.710. 768.771.994*
Lubscyk 761
von Lücken 36
Lührmann 426.755
Luker 903
Lussier 45
Lust *1058*
Lutz 37.41.725.*296.480. 549.576.578.580f.*
Luz 300.*559.855*
Luzarraga *351–353*
Lyonnet 842.856
Lys 377.379.*71f.95f.727f.*

Maag 9.27.30.36.83.272. 730.747.821.879.*505f. 560.793.826*
Maass 68
MacDonald *117*
MacLaurin *768*
Mach *530*
Macholz *13.116.428.571. 977.1003f.*
Macintosh 429.*390*
Macuch XXXI.379.486. 571.812.817.923.*32.37. 173.341.689.702.855.936*
Maier 313.738.751.778.822. *350.576.1043*
Malamat 734.*55.292.318. 336.792*
Malfroy 566
Malige-Klappenbach *333*
Mandelkern XVII.XXXVI (Mand. passim)
Manning *353*
Mansfeld *834*
Manson *XI*
Mansoor 621
Many *776*
Marchel 9.17
Marcus 566.*726*
Margoulies 467
Margulis *766*
Marin 17
Marks *43.1028*
Marmardji *556*
Marrow 586
Marschall 120
Marsh *380*
Marti 207f.575.699.*XI. 461f.484*
Martin-Achard 280.*49.295. 346.839*
Martinet XII
Marzal *1000*
Masing 600.602.604
Massart 404
Masson 859
Matthes *992*
Mauchline 105
Maurer *162.370.466.629*
May *XI.296.995*
Mayer 246.785
McCarthy 16.517.850.859
McCullough 915.918
McDaniel 505
McHardy 210
McKane 560-562.*27.30. 146f.163.495f.825.827. 1056*
McKay *578.996*
McKenzie D.A. *775.1006*
McKenzie J.L. 696
Meek *407*
Meger 802
Meinhold *850f.869*
Meiser XXXVIII
Meissner 878.*988*
Mendelsohn 5.*185*
Mendenhall 280.284
Mensching 14
Merendino 282.284.*312.801*
Merli 637
van der Merwe 846.*162*
Merz *107*
Mettinger *110.163.167.191*
Metzger *45.578.908.969*
von Meyenfeldt 861f.866
Meyer B.F. *855*
Meyer E. 39.340
Meyer R. XXI.XXIX. XXXVII.4.27.104.111. 228.379.412.486f.508f. 530.588.633.652.683–685.702f.707.732.768. 836.*3.25f.106.117.200. 224.235.299.301.325.403. 433.468.531.543.592.647. 674.702.715.722f.863. 884.899.966.989.1018. 1022.1027*
Michaelis 110.228.309.313. 460.507.537.541.761.930. *55.256.268.507.556.696. 909.978*

Michaud 271
Michel D. XVI.201.213.915.918.*400*
Michel O. 313.327.409.518.682.732.*XI.66.809.837*
Mildenberger 706
Miles XXXI.5.*250*
Milgrom *199.500.871.987*
Milik XXVII.61.178.433.*71.167.370.470.838.898.936.970.990*
Millard *475*
Miller 245.733.*135.137 139f.257.878.992*
Minette de Tillesse 60
Mitchell *735*
Mitzka XXXV
Molin 176.*823.943*
Moltmann 540
Montgomery XXXVII.29.167.228.603.*103.375.652.692.970.995f.*
de Moor 105.781.*45.117.130.173.200.209.237.257.335f.371.538.577.723.781.844.931.1046*
Moore *963.1057*
Moraldi 842f.847.*566*
Moran 66.71.75.432.507.663.723.*243.754*
Morawe *774*
Morenz 15.281.406.699.*510.945.966*
Morgenstern 90.243.487.630.*535.725.995f.*
Morgenthaler XVII
Moriarty 753
Morris 451
Moscati XXXVII.95.125.211.216.228.434.443.530.919.933.*325.401.988.997*
Mowinckel XXXVIII.24.82f.116.121.220.226.258.260.305.355.361.372.476.516.535.627.632.694.725.827.914–917.*1.18.22.25.436.548.576.602.778–780.793.806.826.848.882f.897*
Mowvley *124*
Mühlau 859
Mühlmann 450
Müller C. *855*
Müller D. 281.*793.916*
Müller H.-P. 108.557.560.639.*147.257.353.370.538.598.804.900*
Müller W.E. 637.*848*
Müller W.M. 21.*721*
Müller W.W. 130.*53.253.341.360.495.610.635.715.753.771.810.936*
Müller-Schwefe H.R. 204
Muilenburg 915.*XI.336.380*
Mulder 143.*336f.339.448.577*
Munch 724.*349*
Mundle *420.563*
Muntingh 411.*272*
Murphy 379.765
Murtonen 353.355.360.364f.369.705.*72*
Musil 413.504.*764*

Nauck 632
Neher 603.608
Neiman 378
Neubauer 588.591–594.*326*
Neuberg 443
Neufeld 242.411.*805*
Neugebauer 209
Neumann XXXIII
Newman *674*
Nibel *921*
Nicholson *299.954*
Nicolsky *49*
Nielsen 340.*459.867f.*
Nilsson *380*
Nober 456.458
Nöldeke XXXVII.4.18.20f.28f.42.103.178.221.226.269.353.448.460.600.682f.730.762.870.901.*32.60.63.67.387.536.556.762.821.876.935f.*
Nötscher XXXIII.90.209.300.308.415.456–460.646.661.701.746.794.892.*267.432–459.518.608.613.696.700.753.828*
Norden 220
Nordholt 300
North C.R. 518.830.*543.712*
North F.S. 722
North R. 907.*776.863*
Noth XXIX.XXXVII (Noth, IP passim).5.8f.31.37.58.66.76.89.92.108.114.151.161.174.206.215.217.245.262.265.267.275f.313.323f.340.344.385.400.444.446.483f.517.560.629.635.655.668.701.715.743.758.760.767f.777.782–785.813.818.827.835.855.857.897.899.915.917.*10f.35.43.51f.70.110.115.117.133.135.158.161.171f.202f.249f.261.270.278.283.287.309.314.352f.364.368.373.391.393f.401.430f.434.447.461.501.532.539–541.602.615.640.654.678.695.729.746.754.756.758f.770f.774.779.788.873.883f.887.903.905.907.919.925.940–943.947.950f.955.971.975.987.989.992.996f.1001f.1004.1010.1023.1036.1039.1041f.*
Nougayrol XL.*212*
Nowack 592
Nyberg XXXVII.77.141.214.436.549.587.*117.841*

Obermann *55.504*
Odendaal *99*
Oelssner *408*
Oepke 20.138.251.269.426.570.736.869f.*181.200.332.352f.413.641.809.884*
Östborn *531.1032.1034f.1038f.*
Ohler *576.579.998f.*
Oikonomos *69*
Oldenburg 143.*577.658*
del Olmo Lete *910*
Oppenheim 512.*85*
von Orelli 443.*229.379*
Osswald 215.*22.1015*
Otten 233.*657*
Otto *237.381.560*
Otzen 77.*780*
Ouellette *878*
Overholt *23*
van Oyen 68

Pákozdy *921*
Palache 74.315.402.538.571.647.667.786.836.920.*427*
Pannenberg 204.*700*
Parker 692.*142*
Parrot *470*
Pasinya *1043*
Pax 515.*479*

Pedersen XXXIII.XXXVIII.47.68.150.355.372.429.509.571.689.752.860.*40.72.140.327.379f.438.516.555.814.816.857.921f.937.947.966.1049*
Penna *160.788*
Perles 85.*824*
Perlitt *16.143.178.313.393.453*
Peters *631.633.708*
Petrie *873.995*
Pfeifer 524.*956*
Pfeiffer E. 180.188.193.700.777
Pfeiffer R.H. 771
Phillips 6.*541.632.883*
Picht *921*
Pidoux 267.*358.380*
Pinckaers *621*
Plassmann 355
Plath 766–772.774–777
Plautz 173.249.877.*471*
Plein *491*
van der Ploeg 23.336.400.446.627.*115.167.343.535.621.629.1000*
Plöger J.G. 60.232.234.266.779.*135.139.383*
Plöger O. 208.523.535.*10.25.156.378.447.502.661f.*
Poebel 219
Pope 14.143.418.*122.285.577f.658*
Porteous 208.517.560.*295*
Porúbčan 179f.196.201.261.547.*244.489.883*
Poulssen 918
Preiser 853
Preisker 794.817.925.*6.109.143.466.681.771.1026*
Press 151.413.915
Preuschen *886*
Preuss 540.564.706.723–725.*325–327.384.555.724.887.1058f.*
Priest 100
Prignaud *106*
Prijs *844.884*
Pritchard XXVIII
Procksch XXXIII.98.103.212.214f.234.364.384.387.429.443.605.683.732.742.*1.284.304.307.395–397.417.445.533.598.602.609.938.1034*
van Proosdij *450*
Prucker 701
Puech *551–553*
Puukko 120

Quell 2.7.14–17.34.62.64.66.70.73.106.167.203.209.276.280.300.324.548.632.703.821.858.860.896.*22.249.414.416f.420.495.514.530.777.811.872.1015*

Rabin 81.267.301.781.*100.109.222.262.354.387.684.843*
Rabinowitz 644.*235.705.843*
von Rad XXXIII.XXXVIII.12.14f.30.58.65.69.78.89.94.103.106.109.113.117.139.157.187.191f.214.232–234.284.304.323f.364.370.373.390.414.444.471f.474.484.503f.507.515.517f.533.556–558.561–567.584f.615.631f.637.645.651.656.699.702.706.725f.731.735.739f.745.760.767.770.773.777.785f.790.792f.810.812.835.838.865f.879.896.907f.919.924.*XI.13.20.24.27f.31.45f.49.51f.54.57.114.140.157.167–169.194.204.272.285.292.295f.320.324.368.382.389.400.405.413.419.445.447.465.472.503.517f.522.524.535–537.549.555f.562f.571.586.612.640.649.652.656.679.684.696.700.710.725.812.816.822f.827.840f.883.921f.931.934f.945.947f.953.964.966.969f.992.998.1001.1004.1006.1008.1015.1034–1036.1038.1040–1042.1049*
Rahlfs 352.*218.342f.*
Rainey XXXI.*100.878*
Ramsey *672*
Ranke 70.321
Ratschow 479.481.*380.763*
Redslob 683
Reed 588.590
Rehm 166
Reichmann XII
Reicke XXIX.141.689.701.830
Reider 18.683.686.867.*542.911*
Reif *121*
Reindl *432–459*
Reinelt 583
Reiner *629*
Reiser 377.*12*
Reisner 693
Reiss 694
Renaud *647.649f.*
Rendtorff 143.145.159.219.506.508.624.631.645.680.693.697.805.809.845.*3.7.10.14.21.26.150f.285.457.465.534.578.652.658.699f.812.871.950.1018.1032.1034.1037f.*
Renger *596*
Rengstorf 38.95.316.623.736.872.875.*200.629.818.915f.*
Renner 414
Repo 442.460
Reventlow 449.509.513.515.572.645.750.850.*13.520.580.867–869.953*
Reymond 180.430.*351f.723.1028.1031*
Rhodokanakis *466*
Ricca 209
Richards *814*
Richardson G.L. *649*
Richardson H.N. 837
Richter 282.561.658.707.761.*28f.32.34f.40.135.326.570.813.914.1000.1004.1035*
Ridderbos 120.336.586.915.918.*105.355*
Riedel *561*
Riesenfeld *101.987*
Rin 896.*629*
Rinaldi XXXIII.4.18.30.108.246.273.461.625.670.795.877.*50.116.163.360.652.667.869.895.1032*
Ringgren 9.79.114.180.224.395.413.441.566.685.768.776.908.*XI.411.413.483.509.542.652.760.839.954*
Risch 3
Robert XXXIII
de Robert *793*
Robertson *990*
Robinson H.W. *146*
Robinson J.M. 682
Robinson Th.H. XXXIII.683.*2.697*
Robinson W.C. *536*
Robscheit *1039*
Rocco *137*

Röllig XXXV (KAI passim).143.154.*XI.539.602.614.702*
Rössler 682.*100.1042*
Rohland 924.*547*
von Rohr Sauer *1033*
Romaniuk 778
Rordorf *869*
Rosenberg *509*
Rosenthal 3.486.684.*32.530.556.756*
Rosmarin *967*
Ross *506*
Rost XXIX.XXXIII.XXXIX.7f.14.57f.60.99.102.141.185.229.234.350.742–746.785.792.795.*281.295.311.481.609f.846.880.893.908.921.966*
Roth C. 467
Roth W.M.W. 837.*26–31*
Rowley 280.822.*9.163.546.580*
Rozenberg *999.1001*
Rubinstein *43*
Rudolph K. XXXII.705.*285.878*
Rudolph W. XXIX.XXXIII.XXXV.5.7.11.16.31.42.61.64.71f.91f.101f.104.107.109.112f.115–117.132.136.169.172.175.196.227.242.274.301.309.313.332.354.364.374.380.386.395.399.402.438.451.458.461.472.475.518.567.576f.583.592.594.597.600.615.642.653.657.663.665.674.690.720f.743.791.813.827.830.857.869.873f.888.914.924.928.*14.28.43.66.79.90.102.148.174.176.272.298.318.356.374.378.383.403.407.411.438.447f.473f.476.482.485.498.550.552.580f.600.604.613.642.653.660.684.689.716.721.725.754.761f.765f.771.792.813.823f.887.910.916f.952.970.991f.1025.1035.1038.1042.1051.1056*
Rüger *249*
Rühle *173*
Rüthy *356.564*
Rundgren 274.487.*137.262.408*
Ruppert *327*
Rupprecht *278*
Ruprecht *194.745*
Ružička 316
Ryckmans 8.99.275.508.692.*71.467.584*

Sabourin *133*
Sachau XXXIII
Sæbø 89.123.*10.299.794*
Salomonsen *650*
Salonen A. 504.*721*
Salonen E. *928*
Sander 71.778.*72*
Sanders 567.741.*828*
Saporetti *936*
Sarna 125.*117*
Sarsowsky 240
Sasse 236.*239.243*
Sauer 874.897.*108.1034*
de Savignac *575.652*
Sawyer J.F.A.786.*53.98.129.805*
Schaeder *163.167.1042*
Schäfer *753*
Schäferdiek *823*
Schaeffer XL.508.*988*
Scharbert 13.28–30.71.142.150f.237–239.322.355.357.360.365.367.379.568.612f.839f.*9.72.467.471.479–481.642.765.767.816.837.921.971*
Scharf 3
Schatz *286*
Schedl 600.*601*
Scheepers *727f.733.740.747*
Schelkle *659*
Schenk 376
Schild 484
Schildenberger *345*
Schille 919
Schilling 11
Schlatter 209.*259*
Schlier 194.209.502.524.828.928.*566.583.715.898.999*
Schlögl *887*
Schmaus XXXIII
Schmid H. *286.536.652.839.908.1034.1039*
Schmid H.H. XII.77.88.117.180.197f.235.307.558.564–566.578.739.788.830.834.*507.509–511.515f.518.520.522.524.526.656.921.928.1001*
Schmid J. 857
Schmid R. *931*
Schmidt E. XXXIII
Schmidt Hans 259.689.819.914.917.*135.160.539.601.756.867.1014*
Schmidt Helmut 294
Schmidt J. *229*
Schmidt J.M. 517
Schmidt K.L. 23.412.432.746.919.*325.674.681.691f.992*
Schmidt M.A. 412.*692*
Schmidt W. *371*
Schmidt W.H. 14.86.146.165.214.325.330.337.452.471.660.688.696.702f.705.710.779.805.863.915.918.*19.72.88.147f.285.311.358f.368.477.503.506.546.556.561.576–578.598.649.657.781.867.908.1000.1028.1031*
Schmithals 57.641
Schmitt E. 552
Schmitt G. *296.323.1039*
Schmitz *66.536*
Schmuttermayr *761.764*
Schnackenburg 424
Schneemelcher 325
Schneider 152.269.456.472.761.812.860.*290.359.681.863.965.1018*
Schniewind *37*
Schnutenhaus 90.267.754.759.*639.700.999*
Schönweiss *432*
Schötz 508.842
Schollmeyer *486*
Schoonhoven *970*
Schoors *712*
Schorr 385
Schott XXXIX
Schottroff 237.353.356.358.374.476f.507–511.513.516f.*655.949.951f.959.961*
Schrade *178*
Schrader 878
Schrage 745f.*618f.*
Schreiner 364.915.918.*549.980*
Schrenk 14.17.23.209.296.300.587.626.632.753.*109.148.173.228.249.529f.536.777.813.818.855.1019*
Schroeder *998*
Schürer 775
Schütz *1*
Schult *26.60.420.651*
Schultens 61
Schulthess 221.600.*988*

Schulz H. 895.*538*
Schulz S. 492.520.761.*350.839*
Schulze *572*
Schunck 321.723.725.*319.945.1003*
Schwab *72*
Schwally 61.509.683.691.*505.538.877*
Schwantes 315.*963*
Schwanz *563*
Schwarzenbach 58.*359.539.545.973*
Schweizer 220.325.378f.486.*96.753*
Schwer 24
Schwertner *410*
Scott 112.560.*2.109.313.351.540.838*
Scullion *527*
Sebeok *328*
Seebaß 145.166.379.*327.530*
Seeligmann 433.446.523.786.*34.104f.112.212–214.216f.427.441.571.773f.1000f.*
Seely 429
Seesemann *6.71*
Segal 3
Segalla *812.818*
Segert 857.*117.792*
Seibert *793*
Seidenstricker *618*
Seitz *1053f.*
Sekine 350.*380*
Seligson *72.91*
Sellin XXVII.XXXIII.XXXIX.258.452.509.526.571.592.827.900.*403.721.760.848f.*
van Selms 3.38.61.100f.171.526.685.*XI.69.272.324.761.787f.804*
Seux XXXIX.37.70.281.755.912.*7.142.793*
Seybold *1058*
Shibayama *275*
Siedl 738
Siegfried 859
Simon *966*
Simons *203.469.716.995*
Sjöberg 842.*753*
Skinner *320*
Skladny 77–79.565.699.837f.*27.30.496.814.816*
Smend 145,163.186.188.190.214.350.482f.692.*49.295.303.503.572.744.1041*
Smith M. *617*
Smith R.H. *926f.*
Smith R.P. XXXVIII.91
Smith W.R. 859
Snaith 384.590.603.*60.126.729.735.747.887*
Snijders 520–522.*68.299*
Socin 691
von Soden H. 103.181.204
von Soden W. XXVIII (AHw passim).XXXIII.XXXIX.21.79.93.111.181.225.460.531.538.703.705.*1.73.125.139.538.596.608.674.754.759.782.838.876.944*
Söhngen XXXIII
Soggin 88.258.329.340.530.688.912.919.*32.163.165.299.359.593*
Speiser 123.237.365.670.757.848.*115.122.127.142.211.262.293.295.427.445.467.473*
Sperber 93.*804*
Spicq 73
Spiegelberg *806*
Sprey *884*
Spuler XXXIV
Stade 314.859.907.*468.739*
Stadelmann *652*
Stählin 31.107.224.443.456.522.548.570.583.842.860.*66.249.495.844*
Staerk 116.*358.608*
Stamm XXXIX.3.7–9.61.63.90.98f.103.113.118.120.125.246.301.323.384.387.389.393.409.415.446f.473.509.513.525.580f.653.692.742.760.779.794.813.842f.852.895.915.*60.113f.150.152.154.157.188.204.249.292.343.391.393.396.399f.402.427.433.459.559.635.716.761.771.786.808.819.844.867.920f.932.936.940.951.953–955.975.983.989.1013*
Staples 625
Starcky 642.644.*584.898*
Stark *118.182.253.332.495.804.810.841.863.881.905.920.989*
Stauffer 73.107.167.220.431.486.*674*
Steadman *261*
Steck 164.*24.532.922.1008*
Stegemann *851*
Stein 802
Steiner 381
Steininger *26*
Steinmetzer *111*
Stendahl *805*
Stern 689
Steuernagel 100.161.*299.447*
Stevenson *281*
Stocks *576*
Stoebe 585.588.590.592.604–607.611f.615.659.662.688f.*40.407.414.546.567f.763f.766.792.936.1057*
Stolz *135.286.296.356.503.547–549.576f.652.658.869.920*
Strack XXXIX.156
Strathmann *200.221.270.272.325.1018*
Streck *486*
Strobel *540.650*
Stroes 710
Stuhlmacher 209.904.*530*
Stummer 861
Stumpff *650*
Sutcliffe *351*
Swetnam *508.527*
Sznycer XL.127.178.252.379.504.*639.682.828.841*

Tachau *379*
Tacke *672*
Tallqvist XL.37.230.*142.475.840.989.993f.*
Talmon 105.193f.*584*
Tasker 224
Tawil *242*
Terrien *164.547*
Thausing *237*
Thiel 885.*488*
Thierry 483.*905*
Tholuck 592
Thomas XXXIII.61.87.157.383.445.609.683.896.898.*60.63.71.346.567.596.727.730.982*
Thomsen XXXIII
Thompson J.A. *209*
Thompson J.G.S.S. *794*
Thompson R.J. *395*
Thompson Th./D. *948*
Thureau-Dangin 486
Thurian 518
Thyen 847.*530*
Till 95
Tisserant *945.968*

Tödt 325.*921*
Torczyner 27.93.269f.684. *7.823.920*
Torge *739*
Torrey 447.762
Towner 374f.
Traub *970*
Tromp *75.839.1026*
Tsevat 186f.*116.202.503. 505.541.722*
Tucker *212*
Turbessi *843*
Tur-Sinai 58.*823*
Tushingham 73

van Uchelen *543*
Ullendorff 3.139.225.531. *138.495.629.675.777*
Ullmann XLI
von Ungern-Sternberg 869.*908*
van Unnik *326.328.663*

Valeton 341.859
Vattioni *60.358.360.401. 584.651f.975.999*
de Vaux XLI.5.7.102.141. 242f.281.400.410f.509. 532.575.651.689.702.705. 709f.750.829.834.847. 899.915.918.*103.141.167. 185.187.201.236.281.285. 291.296.299.302.370.411. 504.506.709.779.788.813. 908.931.945.949.955. 1004.1046*
Veenhof 409
Verger 742.*836*
Vergote 7
Vetter D. *2.326.555.724*
Vetter P. 703f.
Viau 701
Victor 627
Vincent 834.*467.475f.*
Virolleaud XL
Vischer XXXIII.103.702. 704
Völter *996*
Vogel XXXIII
Vogt E. 471.*32.371.485. 538.575.898f.965*
Vogt H.C.M. 103.*301.614*
de Vogüé 879
Volck 859
Volkwein *210f.217–219*
Vollborn *380.417*
Vollers *795*
Volten 699
Volz 116.491.627.673.726. 846.914.916.*162.401.483. 543.580.670.739.747*
de Vries 778
Vriezen XXXIII.XLI.41. 66.68.106.188.214.223. 280.284.286.484.547.597. 692.915.*151–153.272. 295.304.314.332.358f. 457.505.621.649.951.954*
Vycichl 26.642

Wächter 156.896.*222.839. 905*
Wagner H. 26
Wagner M. XLI.18.20.62. 88.108.125.139.167.180. 204.216.225.245.264.272. 274–276.308–310.316f. 333.438.443.446.467.494. 509.525.530f.533.577. 600.625.744.749.791.795. 836.872.877.895.929.*4. 32.40.44.98.118.166.182. 202f.207.210.249.254. 272.336.341.348.375.471. 495.502.539.554.571.587. 624.651.660f.674.682. 722.754.761.810.829.845. 1010.1025.1042f.1055*
Wagner N.E. *782f.*
Wagner S. 701.*535*
Wagner V. 895.*86*
von Waldow *326f.687*
Walker *812.879*
Wallenstein *663*
Wallis 791.*271.897*
Walter XXXII.209
Walton 879
Wambacq *499.501.504f. 507*
Wanke 19.158.475f.778. *466.549.576f.580*
Ward 21.443.*335.582*
Warne *848*
Waszink 450
Watts 915.918
Weber XXXI
Wedemeyer XXXIII
Wegenast 875
Wegner 897
Wehmeier 353.355.*327.459*
Wehr XLI.221.223.225. 275.541.587.633.639.667. 736.742.748.861.*47.50. 53.71.96.99.101.106.109. 205.221.253.257.290.328. 332.336.341.428.467.531. 582.610.635.663.689.715. 782.810.819.828.835.844. 863.936.987.990.994. 1027.1045.1051.1055*
Weidmann *411*
Weinfeld *139–141.671.930. 970*
Weingreen 602
Weinreich *688*
Weippert 144.398.446.704f. *71.201.666.875f.879f.*
Weir *982*
Weiser XXVIII.XXXIII. 71.97.180.185–188.202. 209.211.281.303f.516. 615.775.821.827.915.918. *318.353.403.447.450.462. 483.485.545.1035*
Weiss D.H. 241.*652f.*
Weiss H.F. *946*
Weiss K. *117.411.681*
Weiss M. 30.725.*793*
Wellhausen XXXIII.337f. 673.689.*385.428.505.596. 710.747.1032*
Wendel *43*
Wensinck 315.*536.821*
Wernberg-Møller 1.240. 520.523.621.*39*
Werner *897*
Westermann 44.46f.88f. 120f.129.177.189.195. 207.215.219.237.249.267. 321.332f.335.337.355. 363.369.371.374.376. 389–391.429.445.452. 462f.466.473.476.494. 496.506.517.528f.537. 555.630.640.675.679.715. 727.734.802.807.810.901. 904.914f.919.935.*1f.13f. 63.107.116.155.157f.168. 179.194.252.255.270f. 326f.355.358f.367.388. 404.429.439.447.455f. 461.532.534.554f.559f. 621.627.658.697.700.710. 721.724.730.733.736.748. 750.770.773.776.785.832. 842.869.893.895.897.906. 921.945.947.986.998. 1028.1040.1044*
Westphal *576*
Wetzstein 275
Wheeler *453*
Whitley 11
Whybray 566.*339*
Wibbing *349*
Widengren 470.915.*71–73. 210.358.375*

Wieder *663*
Wiegand *543*
Wiéner 70.614
Wiesner *779*
Wijngaards 760f.*139.288.299.308*
Wilch *241.336.370–384*
Wilckens 79.567.838.*31*
Wildberger 7.15–17.27.36.44.51.69.116f.167f.171.180.186–191.193.215.236.260.280.284.287.298.311.324.382.397.412f.439.447.471.475–477.535f.584.640.653.665.692.726.731.733.750.752f.773.786.805.843.890.900.934.*2f.43.57.67.70.73.102.143.161.173.208.251.264.295.325.327.352.369.373.473.549.559.561.563.648f.664.667.689.697.699.760.764.841.851f.866.882.884.910f.916.930.962f.965.988.1002.1004.1008.1036.1038f.*
Wildeboer 821
Wilke *576.580*
Willi *684*
Williams 6.476.*337*
Williger *608*
Willis *296*
Wilpert 76
Wilson *972*
Winter G. 70
Winter P. 324
Wiseman 66.*219*
de Wit 227
Wohlstein *1060*
Wolf *349.986*
Wolff XXIX.XLI.15.37.42.61.64.81.85.97.113.136.175.177.227.234.242.251.255.312.314.319.323f.331f.344.369.417f.421.465.474.476.484.506.518f.535.562.571.574.597.665.689.696f.706.726.730f.735.741.773.779.792.798.820f.827.924.*2.14.20.23f.72.102.148.155.168.251.278.295.337.368.380.382f.403.408.463.482.489.499.531.545.550.581.595.617.641.669.687.697–699.721.731.752.755.774.776.790.792.829.832.840.850.888.902.926.952f.965.1005.1008.1034.1038.1042.1051*
Worden 141
Worrell 751
van der Woude 269.755.903.906.920.*124.138.500.507.541.910.961.963*
Wright 141
Wünsche 61
Würthwein 186.233.400.624.645.*19.66.109.299.774.776.812.890f.*

Yadin XLI.92.652
Yalon *468*
Yaron 327.552.*233.389.836*
Young *117*
Youngblood *672*

Zeitlin *125*
Ziegler 69.87.709.*991*
van Zijl *48.360.577.781.804.828.1019.1045*
Zimmerli XLI.29.36.52.60.63.73.96f.100.105.109.112.115f.129.163.175.177.192.214.219.223.230f.247.259f.268.283.293.308.311f.323.326.350.373f.395f.424.439.451.475.515f.518.532.556.561.563.566.573.578.632.645.666.669.673.693.697–699.726f.748.753.776f.791.810f.813.822.834.851.869.912.914.924.929.*3.20.22.28.48.62.78.93.114.123.125.136.139f.143.147.170.182.184.191.193–195.200.202.223.242.249.261.297f.300.324.360.373.382.384.438–440.448.481.483f.533.546.550.557.571.579.581.588.621.629f.649.654.661f.696–700.703.716.725.734.754.765.812.840.855.873.893.945.950f.955.964f.970.996.1000.1004.1015.1024.1035f.1043.1055*
Zimmermann 31.142.153.*163*
Zimmern XLI.28.781.*142.168.182.210.474.674.721.723.1023.1027*
Zink 651
Zirker 458.516.695
Zobel H.J. 280.284
Zobel J. 6.100.321
Zohary *356*
Zoller *877f.*
Zolli 683
Zorell XI.XLI.77.85.122.180.194.196.265.276.364.470.472.567.702.746.757.825.920.*3.26f.32.60.66f.73.99.119.144.149.163f.207.221.243.335.341.351.360.371.387.407f.421.427.456.467.495.551.555,569.620.629.631.633.692.704.727.810.813.826.895.910.916.989.996.1032.1051*